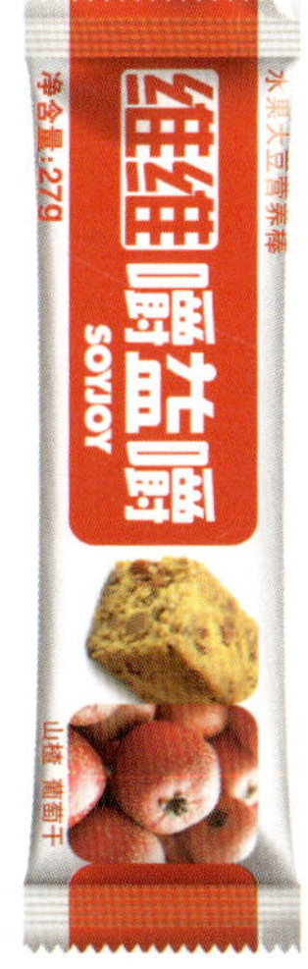
维维嚼益嚼
SOYJOY

维维嚼益嚼
SOYJOY

维维嚼益嚼
SOYJOY

维维嚼益嚼
SOYJOY

维维嚼益嚼
SOYJOY

维维嚼益嚼
SOYJOY

维维嚼益嚼
SOYJOY

鲁银投资集团股份有限公司

LUYIN INVESTMENT GROUP CO., LTD.

钢铁

粉末冶金及制品

房地产开发

羊绒纺织

铁矿开采

对外投资

钢铁

公司带钢分公司主导产品为620mm低合金结构钢热轧钢带，具备年100万吨带钢生产能力。

粉末冶金及制品

公司粉末冶金及制品产业拥有粉末冶金有限公司和禹城粉末冶金制品有限公司，具备较强的生产能力和研发能力，形成了良好的产业链和产业布局。粉末冶金有限公司是国家级高新技术企业，也是国家高技术研究发展计划（863计划）成果产业化基地，还原铁粉、水雾化粉合计产量居国内首位，生产能力居亚洲第3位，世界第5位，3种产品被国家评为“国家级重点新产品”，具有良好的品牌效应和技术优势。禹城粉末冶金制品有限公司是国家级高新技术企业，公司产品广泛应用于汽车变速箱、发动机、减震器及家用电器、仪表等领域，产品达300余种，与国内多家知名的汽车同步器、变速箱、发动机制造厂家及多家欧美企业亚洲采购商建立了配套关系。

北辰实业
BEIJING NORTH STAR

北京北辰实业股份有限公司
BEIJING NORTH STAR COMPANY LIMITED

更多了解

537万平方米恢弘巨作，集文化宜居，滨水休闲，高端商务和精品商业为一体的城市综合体

湖南长沙北辰三角洲

中国复合地产领先品牌

国内第一家A+H股地产类上市公司

三位一体的独特运营模式

全产业链地产开发

中国会展领航者

董事长、总裁刘相学先生

公司简介 >>

鲁银投资集团股份有限公司是1993年3月经山东省人民政府批准以定向募集方式设立的股份有限公司。公司于1996年12月公开发行A股，并在上海证券交易所挂牌交易，公司注册资本496,613,746元。截止2011年末，公司资产总额34.58亿元，实现年销售收入56.92亿元，年利润总额35465万元。

公司秉承“为客户创造价值，为股东创造效益，为职工创造机遇，为社会创造财富”的企业宗旨，以“创蓝筹企业，铸百年鲁银，实现股东、客户、员工、社会和谐共赢”为愿景，发扬“不畏艰难，不懈追求，不断创新”的鲁银精神，精细经营，规范运作，通过强化内部管理、优化产业结构，努力打造公司健康、快速、可持续发展之路，实现了连续两年利润翻番，盈利能力显著增强，公司步入发展的快车道。

公司位于济南市经十路10777号，总部设9个部门，下辖有带钢分公司、粉末冶金有限公司、禹城粉末冶金制品有限公司、山东省鲁邦房地产开发有限公司、禹城羊绒纺织有限公司、山东毛绒制品有限公司、青岛豪杰矿业有限公司、山东鲁银文化艺术品有限公司、济南市市中区鲁银小额贷款有限责任公司等20家全资或控股子分公司。

主要经营范围：股权投资、经营与管理；投资于高新材料、生物医药、网络技术等高科技产业；高科技项目的开发、转让；机械、电子设备的销售；批准范围内的进出口业务；热轧带钢产品的生产、销售；羊绒制品的生产、销售。

公司主要产业包括钢铁、粉末冶金及制品、房地产开发、羊绒纺织、铁矿开采及对外投资。

房地产开发

公司房地产业拥有山东省鲁邦房地产开发有限公司、济南鲁邦置业有限公司和莱芜鲁邦置业有限公司，近年来先后开发了“悦海豪庭”、“鲁邦广场”、“鲁邦新天地”、“能源大厦”等项目，形成了较好的品牌效应。其中，在青岛开发的“悦海豪庭”房地产项目入选“中国十大名盘”；在济南开发的能源大厦项目采用钢结构建筑，获得了中国房地产协会评选的“中国城市魅力经典楼盘奖”。

羊绒纺织

公司羊绒产业是全国最大的半精纺羊绒纱生产基地之一，年生产能力毛纱1500吨、毛衫35万件。羊绒产业为国家半精纺行业标准起草单位，被中国纺织工程学会授予“改革开放三十年推动中国纺织产业升级重大技术进步奖”，荣获中国纺织工业协会组织评选的“产品开发贡献奖”。

铁矿开采

公司控股的青岛豪杰矿业有限公司拥有面积为15.1平方公里区块的探矿权，勘探区块内共有5处铁矿矿体，其中2号矿体已探明储量484.5万吨。随着生产和勘探的开展，将逐步形成年产40万吨左右铁精粉生产能力。

北京昊华能源股份有限公司

BEIJING HAOHUA ENERGY RESOURCE CO., LTD.

股票简称：昊华能源
股票代码：601101

董事长：耿养谋先生

北京昊华能源股份有限公司是由京煤集团作为主发起人，联合中煤集团、首钢总公司、五矿发展以及煤科总院共同发起设立的，在北京工商局注册登记，设立日期为2002年12月31日，注册资本12亿元，法定代表人为耿养谋。2010年3月31日，公司在上交所上市。

主营煤炭生产及销售，主导产品为洁净、环保、优质的"京局洁"牌无烟煤。所生产无烟煤具有特低硫、特低磷、低氮、中低灰、低挥发分、高发热量和较高稳定性等特点。

属下已投产煤矿共计四个，分别为木城涧、大安山、长沟峪及高家梁煤矿。截至2010年末，公司拥有煤炭工业储量为近25亿吨。2009年、2010年和2011年，公司煤炭产量分别为513万吨、705万吨和877万吨。

公司国内煤炭销售采用直销方式，出口煤销售通过国家特许煤炭出口专营权的中煤集团和中国矿产代理出口完成。2009年、2010年和2011年，公司煤炭销量分别为544万吨、707万吨和1095万吨。

公司所在的京西煤田系中国五大无烟煤生产基地之一，公司无烟煤国内主要销售市场为华北、东北和华东地区。公司国内煤炭的主要客户为国内大型冶金及化工企业等，如河北钢铁集团、鞍本钢集团及首钢总公司等。

公司是国内无烟煤出口量最大的企业。2009年、2010年和2011年，公司出口煤销量分别为132万吨、195万吨和199万吨，占公司煤炭销售总量的24.32%、27.55%和18.24%。公司生产的无烟煤主要销往日本和韩国，主要客户为日本新日铁、韩国浦项制铁等。

公司生产的无烟煤主要应用于国内冶金、电力、化工及建材等行业。公司是中国北方距港口最近的无烟煤生产企业，具有交通运输便利及运输成本较低的优势。公司煤炭销售主要是通过铁路和港口运输方式完成。

公司已通过了ISO9001:2000质量管理体系认证和OHSAS18001:1999职业健康安全管理体系认证，拥有先进的质量检测技术和完善的储运系统。

截至2011年12月末，昊华能源实现资产总额108亿元，归属上市公司股东的所有者权益64亿元，税前利润18亿元。公司不断加大安全投入，强化安全管理，安全生产形势连续多年保持稳定。

凭借着骄人的业绩，昊华能源上市第一年便成功入选上证180指数和沪深300指数样本股，2011年更入选上市公司治理指数样本股，成为资本市场一颗升起的能源新星。公司先后获得"2011中国上市公司最具竞争力10强"和"2011中国上市公司最具投资价值10强"等荣誉。在由香港《大公报》组织的2011中国证券"金紫荆奖"评选活动中，管理层荣膺"最佳管理团队奖"。

昊华能源公司高管齐登台向参加庆典的嘉宾致谢

非洲煤业签约

奠基合影

业成于和 业强于新 业胜于搏

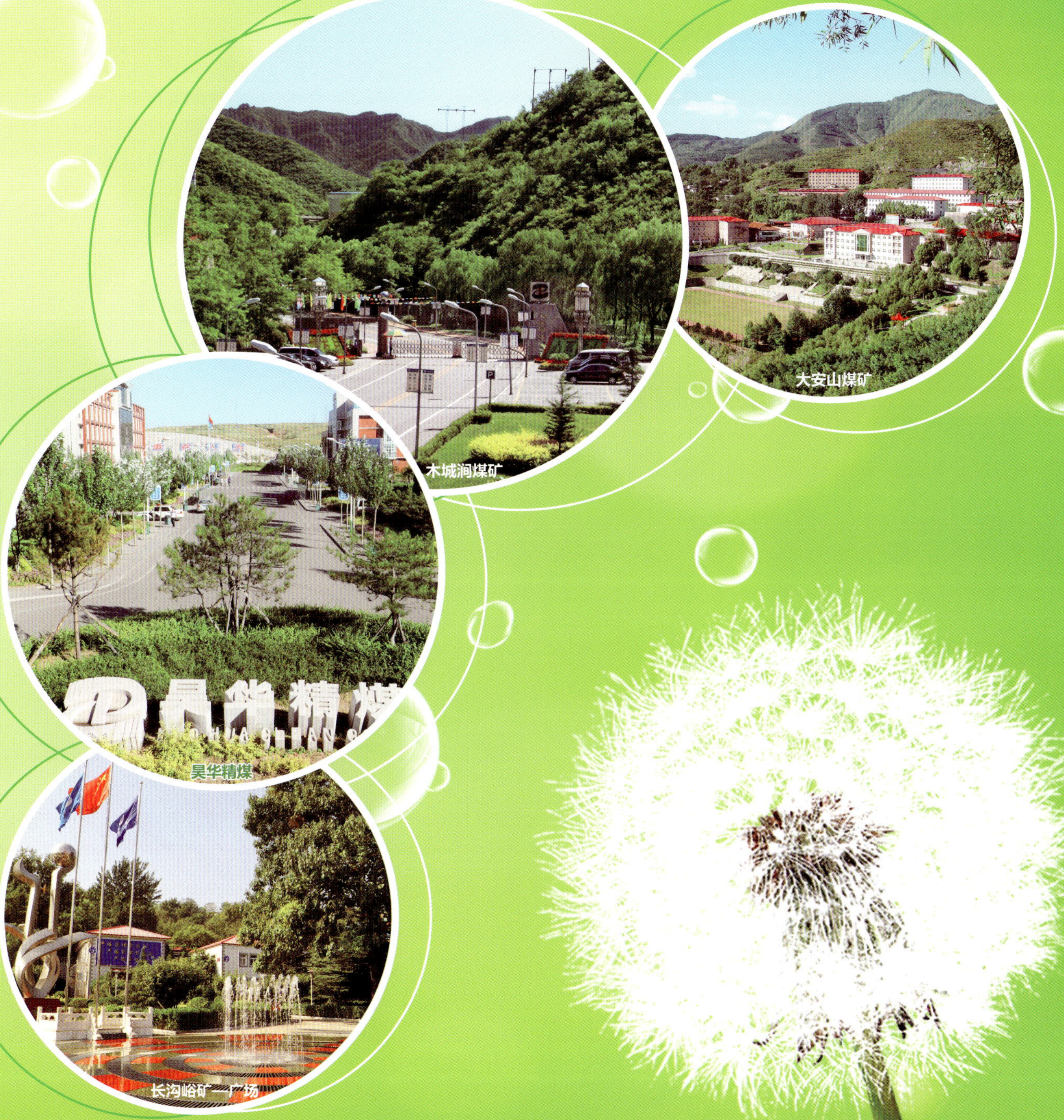

www.bjhhny.com

地 址：北京市门头沟区新桥南大街 2 号 邮 编：102300
电 话：(010)-69839418 (010)-69842252 传 真：(010)-69839418 E mail：hhny@bjhhny.com

股票简称：日照港

股票代码：600017

董事长、党委书记：杜传志先生　　　　**总经理：王建波先生**

日照港股份有限公司是山东省人民政府批准，由日照港集团有限公司（原日照港务局）为主发起人，联合兖矿集团有限公司、中国中煤能源集团公司（原中国煤炭工业进出口集团公司）、淄博矿业集团有限责任公司、山西潞安矿业（集团）有限责任公司、山西晋城无烟煤矿业集团有限责任公司等五家法人单位共同以发起设立方式设立，并于2002年7月15日取得山东省工商行政管理局颁发的企业法人营业执照。公司目前注册资本为3,075,653,888元。

日照港位于中国海岸线中部、山东半岛南翼，隔海与日本、韩国、朝鲜相望。港区湾阔水深，陆域宽广，不冻不淤，全年作业天数在300天以上，是我国不可多得的天然深水良港，为全国沿海20个主枢纽港之一。被国家确定为"新亚欧大陆桥东方桥头堡"。

公司目前拥有生产性泊位37个，总设计吞吐能力1.19吨，其中拥有20万吨级、30万吨级的矿石专用泊位各1个、10万吨级煤炭专用泊位2个，5万吨煤炭专用泊位1个，其他通用泊位32个。拥有正式员工5130人，资产总额近131亿元，净资产近88亿元。目前公司主要经营矿石、煤炭、水泥、镍矿、铝钒土、钢材、焦炭、粮食、木材、木片等大宗散杂货装卸、堆存业务。历经多年发展，公司现已成为国内最大的铁矿石中转港之一，年中转铁矿石过亿吨，目前外贸进口铁矿石吞吐量居全国第一位；镍矿、木片、大豆吞吐量也居全国沿海港口首位。2012年度，公司共完成货物吞吐量22,182万吨，同比增长12%。全港共完成货物吞吐量28,098万吨，同比增长11.2%，吞吐量居全国沿海港口第九位。

公司股票于2006年首发上市，发行股份23,000万股，募集资金10.81亿元。随后于2007年10月又成功发行了880万份分离交易可转换公司债券，募集资金8.8亿元。2008年认股权证部分行权，募集资金419.16万元。2009年8月公司成功采用非公开发行方式发行新股24,951万股，募集资金12.8亿元。2011年3月公司再次成功实施非公开发行股票方案，发行新股36,547.86万股，募集14.4亿元。2012年2月成功发行5亿元公司债券，发行利率为5.6%。2012年4月再次实施非公开发行股票，采用定向增发的方式收购了集团除原油、液体化工、集装箱等业务以外的其他所有港口主业资产，发行规模19亿元。公司自2006年首发上市以来，七年累计完成七次资本运作，累计融资总额近70.85亿元，有效地改善了公司的资本结构，极大的推动了日照港的快速发展。

日照港是首批入选“沪深300指数”、“上证治理指数”样本股公司并保持至今。2009年公司荣获上交所“信息披露奖”，2010年公司成功入选“上证380指数”，2011年6月公司荣获“金蜜蜂 · 2010年度企业社会责任 · 成长型企业奖”，2011年12月荣获上交所“2011年度董事会奖提名奖”，2012年7月公司董秘荣获“2011中国主板上市公司百佳董秘”。

随着全国及区域性经济战略的实施，全国沿海港口吞吐量稳步回升。目前，以日照港为出海口的国家重点工程“山西中南部铁路通道”已正式开工建设；国家正式批复的山东半岛蓝色经济区发展战略，以日照港为龙头的“鲁南临港产业带”正在形成；山东省内铁路“四纵四横”工程已经全面开工建设；落户日照市的山东钢铁集团日照精品钢基地也在推进中，这些区域经济战略的实施和重点工程的建设，必将有力地促进日照港吞吐量的快速增长，日照港将以得天独厚的竞争优势和发展潜力继续保持快速发展的势头。

阳光港口 装卸真诚

SUNSHINING PORT SINGERE SERVICE

中国北车股份有限公司
China CNR Corporation Limited

中国北车股份有限公司是经国务院同意，国务院国资委批准，由中国北方机车车辆工业集团公司联合大同前进投资有限责任公司（现已更名为北京北车投资有限责任公司）、中国诚通控股集团有限责任公司和中国华融资产管理公司，于 2008 年 6 月 26 日共同发起设立的股份有限公司。经中国证监会核准，中国北车于 2009 年 12 月 29 日在上海证券交易所上市。目前公司注册资本 103.2 亿元。总部设在北京。

中国北车是中国轨道交通装备制造行业的领军企业，也是世界轨道交通装备制造行业的重要成员。现有下属企业 26 家，其中全资子公司 20 家，控股公司 5 家，分公司 1 家。主要经营：铁路机车车辆（含动车组）、城市轨道车辆、工程机械机电设备、电子设备及相关部件等产品的研发、设计、制造、维修及服务；相关产品销售、技术服务及设备租赁业务；进出口业务，与以上业务相关的实业投资；资产管理；信息咨询业务。

中国北车汇集了一大批机车车辆专业及其它学科技术人才，技术开发实力雄厚，取得了一大批国家级重大科研成果。在首批“十一五”国家科技支撑计划重点项目立项中，承担了轨道交通运输装备所有自主研发项目。“机车战略超越，客车再创辉煌，货车持续领跑”战略取得显著成果。拥有时速 200 公里和时速 300 公里两个速度等级具有国际一流水平的动车组产品技术平台，自主研发了具有自主知识产权的高速动车组系列产品。CRH380BL 型高速动车组创造了时速 487.3 公里的“世界铁路运营试验最高速”，并成功投入京沪高铁运营。时速 400 公里高速综合检测列车被列入国家“十一五”重大科技成果。CRH3 型高速动车组承担了京津、武广、沪宁等铁路客运专线运营任务。CRH5 型动车组承担了京哈、京广、秦沈、石太等客运专线的运营任务；拥有 4 个国际一流的交流传动大功率机车产品技术平台，研制的和谐型系列大功率交流机车累计签单量占中国铁路市场采购总量的 64% 以上，是中国铁路干线货运的主力。“HXD3 型大功率交流传动电力机车”项目荣获国家科技进步一等奖；持续领跑中国铁路货车技术发展方向，搭建了具有国际先进水平的货车产品技术平台，设计开发了中国铁路 80%以上的货车车辆品种；城轨车辆研制始终保持行业领先地位，是国内唯一能够生产所有牵引方式、所有车体材质的城轨车辆企业，满足了国内外不同用户对城市轨道交通发展的需求。

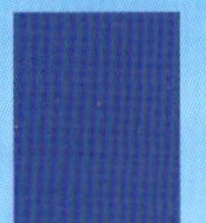

接轨世界 牵引未来 Future world traction

同时，依托核心技术优势，不断向相关多元化领域延伸，机电装备、工程机械等相关产业都呈现出良好的发展势头。国际市场快速拓展，产品出口全球五大洲 60 多个国家和地区。内燃机车、客车、货车批量进入发达国家市场。城轨地铁车辆成功打入香港、沙特等世界城轨地铁高端市场。大功率交流传动电力机车首次进军欧洲市场。在海外建立合资企业，实现了技术输出。骨干企业技术装备达到国际先进水平，机械加工、铸锻、钢结构制造和组装、电机电气等有显著优势。目前，中国北车拥有年新造电力和内燃机车 1000 台，动车组、铁路客车和城市轨道车辆 4000 辆，各型货车 30000 辆的能力；拥有年修理机车 800 台，动车组及各类轨道客车 2000 辆，各型货车 32000 辆的能力。同时，具有较强的配件配套生产能力。

面向未来，中国北车将以“接轨世界，牵引未来”为使命，以三步走发展战略为统领，统筹“成长”、“效益”、“健康”三者关系，进一步解放思想，开拓创新，大力推进经营模式创新、技术创新和管理创新，提升经营品质，调整产业结构，转变发展方式，努力打造轨道交通、通用机电、现代服务、战略新兴四大业务，全面建设以轨道交通装备为核心、为未来城市提供系统解决方案、具有国际竞争力的世界一流企业。“三步走”发展目标：第一步，三年再造一个北车，到 2011 年实现销售收入 700 亿元；第二步，四年时间再翻一番，到 2015 年实现销售收入 1400 亿元；第三步，2020 年前进入世界 500 强。

广深铁路股份有限公司

GUANGSHEN RAILWAY COMPANY LIMITED

地址：广东省深圳市和平路1052号 邮编：518010
电话：0755-2556 5424 / 2589 4117 传真：0755-2559 1480

广深铁路股份有限公司于1996年3月6日按照《中华人民共和国公司法》在中国深圳市注册成立。

1996年5月，公司发行的H股(股票代码：00525)和美国存托股份（ADSs）(股票代码：GSH)分别在香港联合交易所有限公司（“香港联交所”）和美国纽约证券交易所上市；2006年12月，公司发行的A股（股票代码：601333）在上海证券交易所上市。公司是目前中国唯一一家在上海、香港和纽约三地上市的铁路运输企业。

股票简称：广深铁路　股票代码：601333

公司主要经营境内铁路客货运输业务及与香港铁路有限公司合作经营过港直通车旅客列车运输业务，并为国内其他铁路公司提供铁路运营服务。公司亦经营铁路设施技术综合服务、商业贸易及兴办各种实业等与公司宗旨相符的其他业务。

公司独立经营的深圳—广州—坪石铁路，营业里程 481.2 公里，纵向贯通广东省全境。其中广坪段为中国铁路南北大动脉——京广线南段；广深段是目前中国内陆通往香港的唯一铁路通道，连接京广、京九、三茂、平南、平盐和香港铁路，是中国铁路交通网络的重要组成部分。

客运业务是公司最主要的运输业务。截至2011 年 12 月 31 日，公司每日开行旅客列车 231 对，其中广深城际列车 110 对（含备用线19对），直通车13对（广九直通车11对、肇九直通车1对、京沪九直通车1对），长途车108对。公司成功推行广深城际列车"公交化"方案，在客流高峰期平均每 10 分钟就有 1 对"和谐号"电动车组在广深间开行。

货运业务是公司重要的运输业务。公司经营的铁路线路与周边港口、物流基地、建材市场及大型厂矿连接紧密并建立业务合作。公司拥有完善配套的货运设施，能有效地进行整车、零担、集装箱、笨重货物、危险货物、鲜活货物、超限货物的运输，在中国内陆中长远距离运输方面具有竞争优势。

公司于 2007 年完成收购广坪段铁路运营资产后，经营范围已从区域铁路进入全国重要铁路骨干网络，客货运输服务的吸引范围、经营规模和客货运输的发展空间均显著扩大，综合竞争能力和整体经营效益得到大幅提升。随着中国经济持续稳定增长，铁路改革发展的逐步深入，"泛珠三角"区域经济合作的加强，以及内地与香港、澳门经贸往来的日益频繁，公司未来发展的前景将更加广阔。

团结务实　奋发向上

开拓创新　与时俱进

GUANGSHEN RAILWAY

光明乳业股份有限公司
BRIGHT DAIRY & FOOD CO LTD

董事长：庄国蔚先生

总裁：郭本恒先生

光明乳业股份有限公司是股份制上市公司，主要从事乳和乳制品的开发、生产和销售，奶牛和公牛的饲养、培育，物流配送，营养保健食品的开发、生产和销售。公司拥有世界一流的乳品研发中心、乳品加工设备以及先进的乳品加工工艺，形成了保鲜奶、酸奶、超高温灭菌奶、奶粉、黄油干酪、果汁饮料等系列产品，是目前国内最大规模的乳制品生产、销售企业之一。

作为国家级农业产业化重点龙头企业，光明乳业长期以来秉承“创新生活、共享健康”的企业使命，始终以领先变革的首创精神，锐意进取、不断创新，在打造中国新鲜乳品第一品牌的事业中取得了一定的成绩。

良心做好奶　精心保生产
诚心铸品质　爱心报社会

乳品八厂喜获TPM认证

www.brightdairy.com

公司以“聚焦乳业、领先新鲜、做强常温、突破奶粉”为战略目标，将企业形象定位于“中国乳业高端品牌引领者”。公司以良好地品质作为其保障，通过内部制作工艺的升级以及生产上的创新继续进步着，通过并购国外优秀的牧场和企业走向国外和提升自身品质；用其自身的行业经验以及专业的态度和注重品质的决心，一步步完善着自己的目标。为消费者提供安全、新鲜、营养、健康的乳制品是全体光明人的责任和追求。在公司董事会的领导下，在经营班子的带领下，2012 年光明乳业跨出了企业发展的关键步伐。年内，公司获得了“2012 年度企业诚信评价等级 AAA 企业”，“ 2011-2012 中国最佳表现公司 50 强”，“全国食品营养健康十佳单位”等荣誉称号。

地址：上海市吴中路 578 号　邮编：201103　网址：www.brightdairy.com
电话：021-54584520　传真：021-64013337　邮箱：600597@brightdairy.com

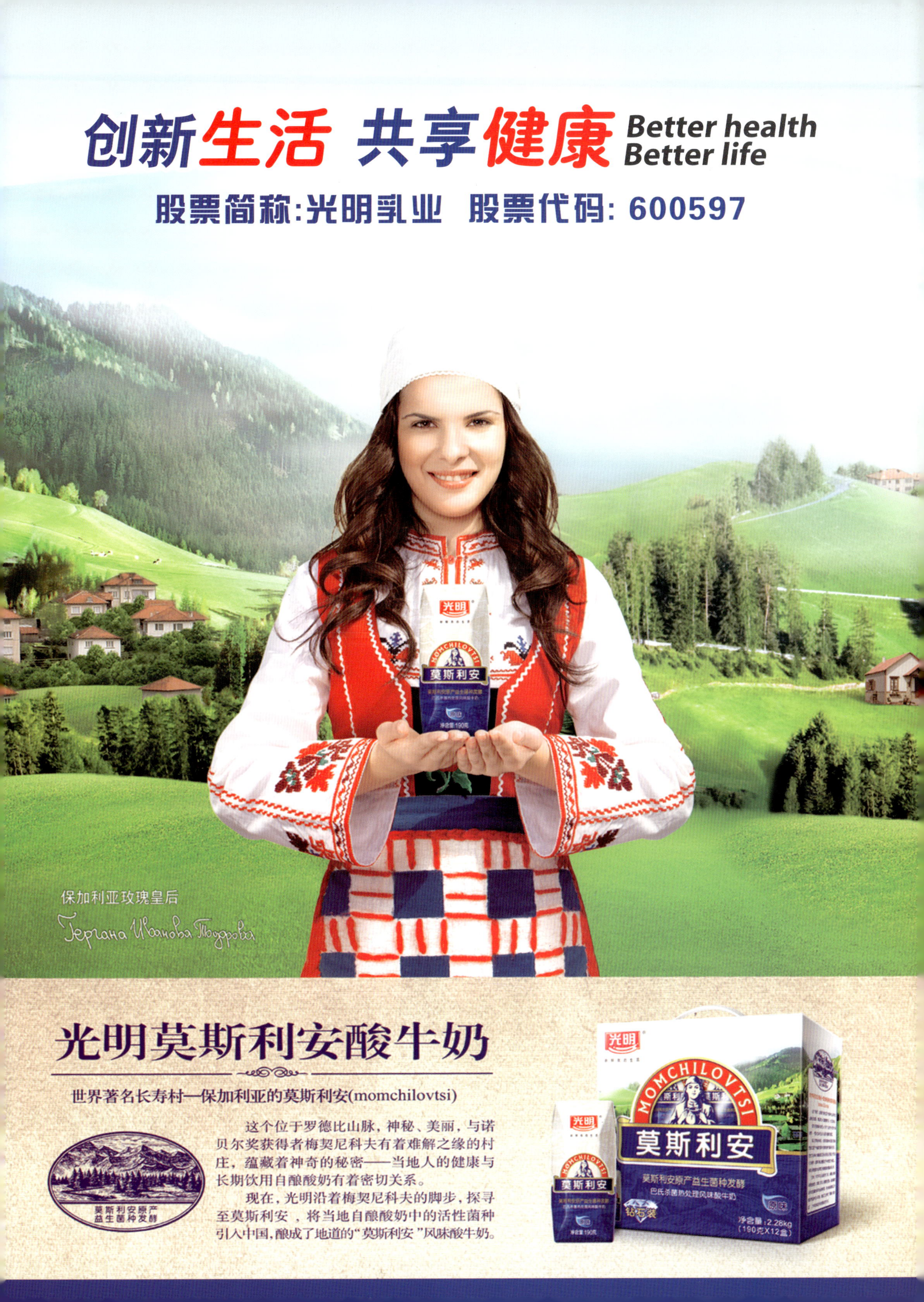
创新生活 共享健康 Better health Better life
股票简称:光明乳业 股票代码: 600597
保加利亚玫瑰皇后
Гергана Иванова Тодорова
光明莫斯利安酸牛奶
世界著名长寿村—保加利亚的莫斯利安(momchilovtsi)
这个位于罗德比山脉，神秘、美丽，与诺贝尔奖获得者梅契尼科夫有着难解之缘的村庄，蕴藏着神奇的秘密——当地人的健康与长期饮用自酿酸奶有着密切关系。
现在，光明沿着梅契尼科夫的脚步，探寻至莫斯利安，将当地自酿酸奶中的活性菌种引入中国，酿成了地道的“莫斯利安”风味酸牛奶。
莫斯利安原产
益生菌种发酵
光明
MOMCHILOVTSI
莫斯利安
莫斯利安原产益生菌种发酵
巴氏杀菌热处理风味酸牛奶
钻石装
原味
净含量:2.28kg
(190克X12盒)

营口港务股份有限公司

营口港务股份有限公司是2000年3月6日经辽宁省人民政府辽政[2000]46号文批复，由营口港务集团有限公司作为主发起人，联合其他四家公司共同发起设立的股份有限公司。公司于2000年3月22日在辽宁省工商行政管理局登记注册成立，注册资本为15,000万元，总股本15,000万股。营口港务股份有限公司的成立标志着营口港向资本市场迈出了关键的一步。经营范围：港口装卸、堆存、运输服务，钢结构工程，机件加工销售，港口机械、汽车配件、钢材、建材、橡胶制品销售，苫垫及劳保用品制作、销售，尼龙绳生产、销售等。

一、正式上市，向资本市场迈进第一步

2002年1月，经中国证监会证监发行字[2001]102号文批准，公司公开发行人民币普通股10,000万股，发行价格为5.9元/股，公开发行后公司总股本为25,000 万股。2002年1月31日，公司10,000万股社会公众股在上海证券交易所上市流通。股票代码600317，简称“营口港”。

公司上市之初，就确定了公司的发展模式，即集团公司和上市公司同步发展的模式。利用上市公司在资本市场的融资平台，通过直接融资解决上市公司发展的资金问题，并将集团公司优质资产不断注入上市公司。港口行业作为基础性行业，建设的周期比较长，风险系数比较大，不确定因素比较多，把这些不利因素由集团公司承担，待资产建设完毕后再注入上市公司，形成收购之后就能马上产生效益的有利局面。这样的方式保证了上市公司的快速发展，为上市公司的资本运作提供了更大的舞台。

二、调整负债结构，发行债券，不断扩大公司股本规模

为调整负债结构，降低财务费用，扩大公司的生产规模，保证公司盈利能力的快速提高，实现公司的可持续发展，公司董事会经过严谨的论证，决议发行可转换公司债券。2004年5月，公司发行70,000万元可转债，可转债募集资金用于收购集团公司的三期工程多用途泊位和成品油及液体化工品码头相关的在建工程并进行后续建设。2009年10月，发行公司债的申请顺利通过中国证监会的审核。2010年3月23日，公司债正式上市，简称为“10营口港”。

三、完成股权分置改革，公司治理更加规范

公司于2005年9月份制订了股权分置改革草案，开始进入申报程序。12月，公司股改方案以98.93%的比例一次性顺利通过股东大会审议。2006年1月，公司完成股权分置改革。股改使股东利益更加趋于一致，公司治理更加规范，企业经营目标更加明确。

四、避免同业竞争，重大资产购买和重组，进一步扩大公司生产规模

为了实现公司的可持续发展，消除同业竞争，向整体上市目标迈进，2008年公司通过定向发行股份和支付现金相结合的方式，购买港务集团公司鲅鱼圈港区16＃、17＃、22＃、46＃、47＃、52＃、53＃共计7个泊位的资产和业务。2011年公司通

过定向发行股份的方式，拟购买港务集团公司鲅鱼圈港区拥有的54#－60#共计7个泊位的资产和业务。本次公司拟购买的7个泊位中，5个为集装箱泊位，2个为可兼做集装箱的泊位.交易完成后，可以减少关联交易，有效避免同业竞争，进一步朝整体上市的目标迈进。成为公司继续发展的主要驱动力，增强公司的综合竞争力。

五、把握历史机遇，开创科学发展的美好未来

国家制定的《东北地区振兴规划》政策的实施、建设辽宁沿海经济带上升为国家战略等将为公司的发展带来全新的机遇。公司位于环渤海经济圈与东北经济区的交界点，是东北地区最近的内陆出海口，且周边交通比较发达，具有非常明显的自然条件和区位优势。随着东北老工业基地的振兴、辽宁沿海经济带的建设，腹地经济将呈现快速发展态势，腹地的吞吐量将保持增长，由此公司吞吐量亟需提高，规模亟需扩大，以满足不断增长的货源要求。

面对历史赋予难得的机遇，面对千载难逢的发展契机。营口港将充分依托《振兴东北老工业基地》和《辽宁沿海经济带发展规划》两大国策，利用东北地区最近的出海口这一良好的区位优势，不断发展公司生产规模，大力建设适应区域经济发展所需的大型化、深水化、集装箱化码头，充分发挥港口的辐射和聚集作用，带动腹地临港工业的发展，通过港口经济本身的乘数效应，临港产业集群的集聚效应，循序渐进的示范效应，促进区域经济一体化，从而推动营口地区乃至辽宁中部城市群的发展，进而推动辽宁省甚至东北地区经济的发展。

股票简称：东风股份　股票代码：601515

www.dfp.com.cn

地址：中国广东省汕头市潮汕路金园工业城

总经理：王培玉先生

汕头东风印刷股份有限公司最早创立于1983年12月30日，2012年2月16日成功登陆上交所A股主板（简称：东风股份，代码：601515）。

公司位于广东省汕头市潮汕路金园工业城，为外商投资股份有限公司。注册资本55600万元，固定资产4.4亿元。现有4个厂区占地面积近200亩，生产性建筑面积7万多平方米。公司主营业务为烟标印制及相关包装材料的设计、生产与销售。

近年来，公司不断优化产品结构，开拓创新，业务总量持续稳定增长，年生产能力达160万大箱，年产值超过10亿元人民币，经济规模跻身于全国大型印刷企业之列。

公司重视设备改造与技术创新，坚持高起点、超前引进国际一流水平的印刷设备与印刷技术，目前共拥有瑞士、德国、意大利、英国、美国、日本等国家生产的当今最为先进的印刷设备70多台套。

公司重视科技创新，全面推动绿色环保印刷，科技成果硕果累累。公司先后被认定为国家重点火炬计划高新技术企业、广东省高新技术企业、广东省企业技术中心、广东省印刷工程技术研究开发中心等。公司拥有激光全息图像载体的定位印刷设备和方法等24项专利，其中发明专利9项。

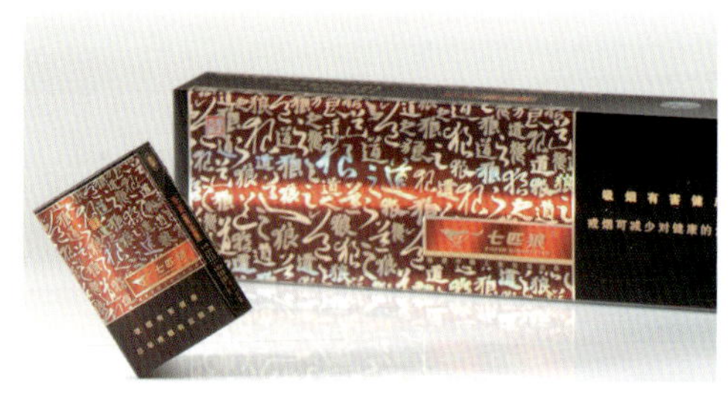

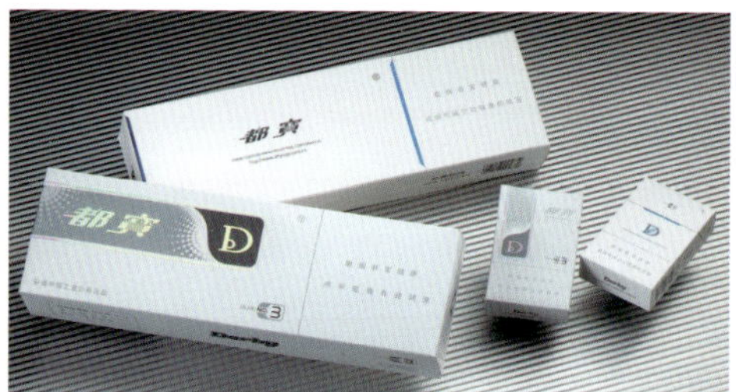

质量是企业的生命，公司十分重视产品质量，是广东省首家通过 ISO 质量管理体系认证的印刷企业，2008 年 10 月，公司又通过了 ISO14001 环境管理体系和 OHSAS18001 职业健康安全管理体系的认证。2010 年 8 月，公司通过了 ISO9001-2008 版的换版认证工作。

在狠抓质量的同时，公司注重基础管理，奉行“管理无小事，细节有管理；从细节做起，把小事做好”的管理理念，从小事抓起，从细节入手，促进公司管理工作实实在在地上台阶、上水平。

公司在发展壮大的同时积极回馈社会，实践着一个企业的社会责任与使命。近年来公司每年上缴税额超亿元，并在多所高等院校设立“东风印刷”奖学金。在灾难和危害发生时，公司积极捐款捐物，与灾区人民共度难关，近几年累计各类慈善捐款达到 3000 万元。

在印刷技术日益发达的今天，公司将锐意进取，执着追求，以严格的管理，一流的质量，诚实守信的经营，竭诚为所有客户服务。

投资项目－鑫瑞纸品

股票简称：怡球资源
股票代码：601388

董事长：黄崇胜先生

总经理：陈镜清先生

怡球金属资源再生（中国）股份有限公司（以下简称“公司”）坐落于享有“文化底蕴丰厚，工业发展迅速”美誉的江苏太仓，公司成立于2001年3月15日，占地694亩，注册资本为41000万元人民币，员工人数1360余人，是一家专业生产及加工铝合金锭的企业。

公司已于2012年4月23日在上海证券交易所主板A股成功挂牌上市，股票简称：怡球资源，股票代码：601388。

2011年产量约26.50万吨，销售额203304万元人民币，主要缴纳企业税收为5521万元人民币。

怡球金属资源再生（中国）股份有限公司（以下简称“公司”）坐落于享有“文化底蕴丰厚，工业发展迅速”美誉的江苏太仓，公司成立于2001年3月15日，占地694亩，注册资本为41000万元人民币，员工人数1360余人，是一家专业生产及加工铝合金锭的企业。

追求卓越　勇于挑战

忠诚 负责 高效 创新

公司已于 2012 年 4 月 23 日在上海证券交易所主板 A 股成功挂牌上市，股票简称：怡球资源，股票代码：601388。

2011 年产量约 26.50 万吨，销售额 203304 万元人民币，主要缴纳企业税收为 5521 万元人民币。

自 2003 年正式投产以来，公司在国内外市场营销、生产管理、技术革新和原材料采购方面积累了丰富的运营经验，同时产品铝合金锭的品牌已成为中国同行业中的佼佼者，目前公司的年产能已达到 30 万吨。近年来，公司先后获得太仓市十大出口创汇大户、销售大户、纳税大户，江苏名牌产品、江苏省循环经济试点单位、江苏省高新技术 企业、江苏省企业技术中心、江苏省外资研发机构等荣誉；并通过 ISO/TS16949：2002 质量管理体系、ISO14001 环境管理体系认证。

公司永恒的经营目标：做大循环经济产业，创造一流再生铝基地；朝着亚洲第一、世界第一的愿景迈进。

2012 年 4 月 23 日，“怡球资源”在上海证券交易所主板 A 股成功挂牌上市

续经营 发展国际化

www.yechiu.com.cn

北京翠微大厦股份有限公司
BEIJING CUIWEI TOWER CO.,LTD.

董事长：张丽君先生

2012 年 5 月 3 日，“翠微股份”在上海证券交易所隆重挂牌上市

北京翠微大厦股份有限公司成立于 2003 年，是以百货业态为主，超市和餐饮等多种业态协同发展的大型现代化商业连锁企业，是北京最为著名的大型百货零售企业之一，荣获全国第一批“金鼎”百货店、全国商业服务业“十佳企业”、“全国（行业）顾客满意十大品牌”、“全国文明单位”、“北京市十大商业品牌金奖”“全国首批百家低碳示范商店”等荣誉称号。

2012 年，经中国证监会“证监许可[2012]327 号”文批准，公司向社会公开发行人民币普通股(A 股)7，700 万股，发行价格每股 9 元，发行后总股本为 30，800 万股。2012 年 5 月 3 日，公司股票实现在上海证券交易所挂牌上市，证券简称为“翠微股份”，证券代码为“603123”。

公司高层领导会议

会议

公司秉承“心诚业精、志在非凡”的企业精神，以提升消费者的生活质量和生活品位，传播现代时尚消费文明，开辟现代生活新境界为使命，坚持走适度超前的成熟名品百货名店的发展之路，本着稳健扩张的原则，先后开办了翠微店、牡丹园店、龙德店、翠微广场购物中心、清河店、大成路店。近年来，公司在北京区域市场占有率排名位列前三甲。

翠微在自身发展的同时，始终关注和支持公益事业，把企业盈利、顾客满意、社会责任三者统一起来。近年来向社会教育事业、慈善事业、援助灾区建设等方面累计投入超过千万元。此外，翠微与清华大学等单位携手合作，采用新技术、新设备广泛开展节能减排工作，累计投资超过 3000 万元。

未来公司将以“认清形势、明确目标、把握机遇、持续发展”为行动指南，贯彻执行“突出主业、做强品牌、文化引领、做大规模”的经营理念，以品牌、效益、发展为主线，坚持规模与效益并举，努力将翠微打造成为北京领先的一流商业企业，创建全国著名的百货商业品牌。

和谐发展　产业兴邦

公司产品

公司目前产品主要为纯碱、氯化铵。公司产品纯碱，广泛用于玻璃、冶金、石油化工、纺织、医药、国防、合成纤维、造纸、洗涤剂和食品工业及日常生活；氯化铵主要用于农业施肥，其中绝大部分用于复合肥制造。

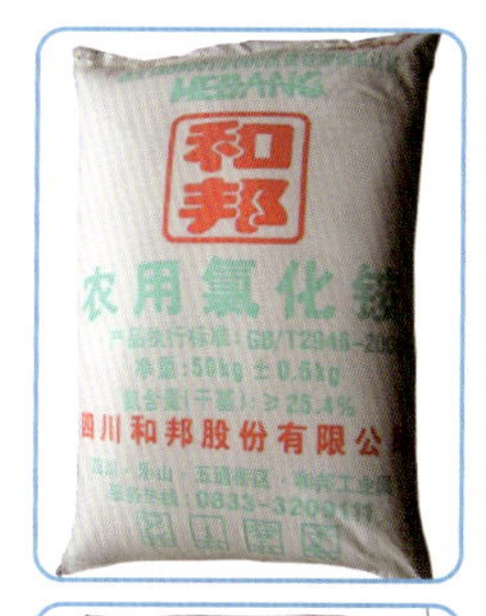

公司主要客户包括中国南玻、台玻集团、宝洁公司、中化集团、云天盟、金正大等国际国内大型玻璃、洗涤剂、农业生产资料制造商，公司与他们均建立了长期战略合作关系。

公司愿景

坚持“和谐发展、产业兴邦”理念，采用“资源产业链为核心，引进世界一流技术、装置，通过精细化的管理，实现“成本领先、技术领先”的竞争战略，以及“质量、价格、交货期”的市场策略。

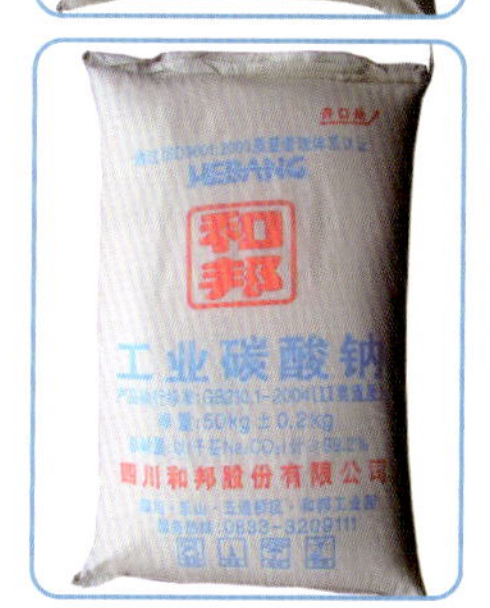

公司将持续采用资源产业链、循环经济发展模式，以资源优势为基础，并不断增扩资源，通过引进世界一流技术、装置，大力发展高附加值、精细化工产品项目，成为在盐磷化工领域内领先、可持续发展的现代化、环保型化工企业。

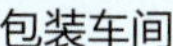
包装车间

景观大道

60 万吨联碱装置夜景

四川明星电缆股份有限公司创建于2003年，占地1000余亩，有川、皖两大生产基地和华北、华南、华东、西南、石油化工等八大营销片区，共有员工1500余人，是集研发、生产、销售和服务于一体的国家高新技术企业，西南地区特种电缆龙头企业。于2012年5月7日，在上海证券交易所成功上市（股票简称：明星电缆，股票代码：603333）。

主导产品有核电站专用电缆、35kV高压交联电缆、橡套矿用、船用电缆、风力/太阳能发电电缆、军工、航天航空用特种电缆、海上石油平台用电缆等38大系列，产品广泛应用于核电、风电、石油石化新能源领域，军工、航天航空等诸多领域和重大工程。产品远销于全国34个省、市、自治区，并出口至印度、利比亚、哈萨克斯坦等20多个国家和地区，深受国内外用户信赖。公司创建近9年来，始终以高端电缆市场需求为导向，坚持技术创新、质量和服务为企业生存发展之本，以满足客户需求、引领行业发展作为强大驱动力，已成为国家创新型试点企业、国家AAAA级标准化良好行为企业 、中国机械500强、中国电线电缆20强、全国企业文化建设先进企业、四川“工业企业最大规模、最佳效益100 强”企业。

董事长：李广元先生

明星电缆拥有四川和安徽两个省级企业技术中心，生产装备精良，先后从德国、法国、瑞士、比利时等世界一流设备厂家引进生产和检测设备，工艺技术达到国际同类先进水平，与中国核动力研究设计院、西安交通大学、哈尔滨理工大学、上海电缆研究所、武汉高压研究院建立了稳定的产学研战略联盟，为公司的人才培养和技术创新创造了良好的条件，为企业持续、健康快速的发展夯实了基础。先后获得了国家核安全局颁发的民用核安全设备设计、制造许可证，85项国家专利，国家及省级新产品和科技进步奖12项，列入国家火炬、省级技术创新计划重点项目15项，自主研制生产的核电站用1E级电缆、耐高温防火电缆等17个产品填补了国内空白。坚守生产合格率不一定是100%，但出厂合格率一定是100%的承诺，建立健全严格的产品质量管理体系，拥有国内先进的生产和检测仪器设备500余台，获得了ISO9001质量体系、ISO14001环境体系、OHSMS职业健康安全管理体系、GJB9001军标体系等认证，以及9国船级社证书。公司商标被国家工商行政管理总局商标评审委员会认定为“中国驰名商标”。

四川明星电缆股份有限公司厂门

明星电缆自创建以来，在发展的同时积极承担社会责任，回报社会，分别在抗震救灾、扶贫助学、认养大熊猫、救助五保老人和下岗工人再就业等社会公益事业捐款捐物共6582万元。特别是在“5·12”汶川特大地震发生后，公司先后投入1800多万元用于地震灾区抗震救灾和学校的灾后重建，是全国电缆行业捐赠最多的企业。党委书记、董事长李广元荣获慈善领域最高奖“中华慈善最具爱心行为楷模”。

明星电缆将继续发挥一流管理、一流人才、一流技术、一流设备、一流服务的整体优势，秉承“精湛技术、出色品质、持续改进、差异服务”的宗旨，“以专业和品质为客户提供优质服务”的企业使命，不断在产品多元化、效益规模化、技术高新化、体制现代化求突破，继续扩大和保持在特种电缆领域的引领地位，实现成为中国电缆行业全面解决方案主要供应商和服务专家的宏伟愿景目标。

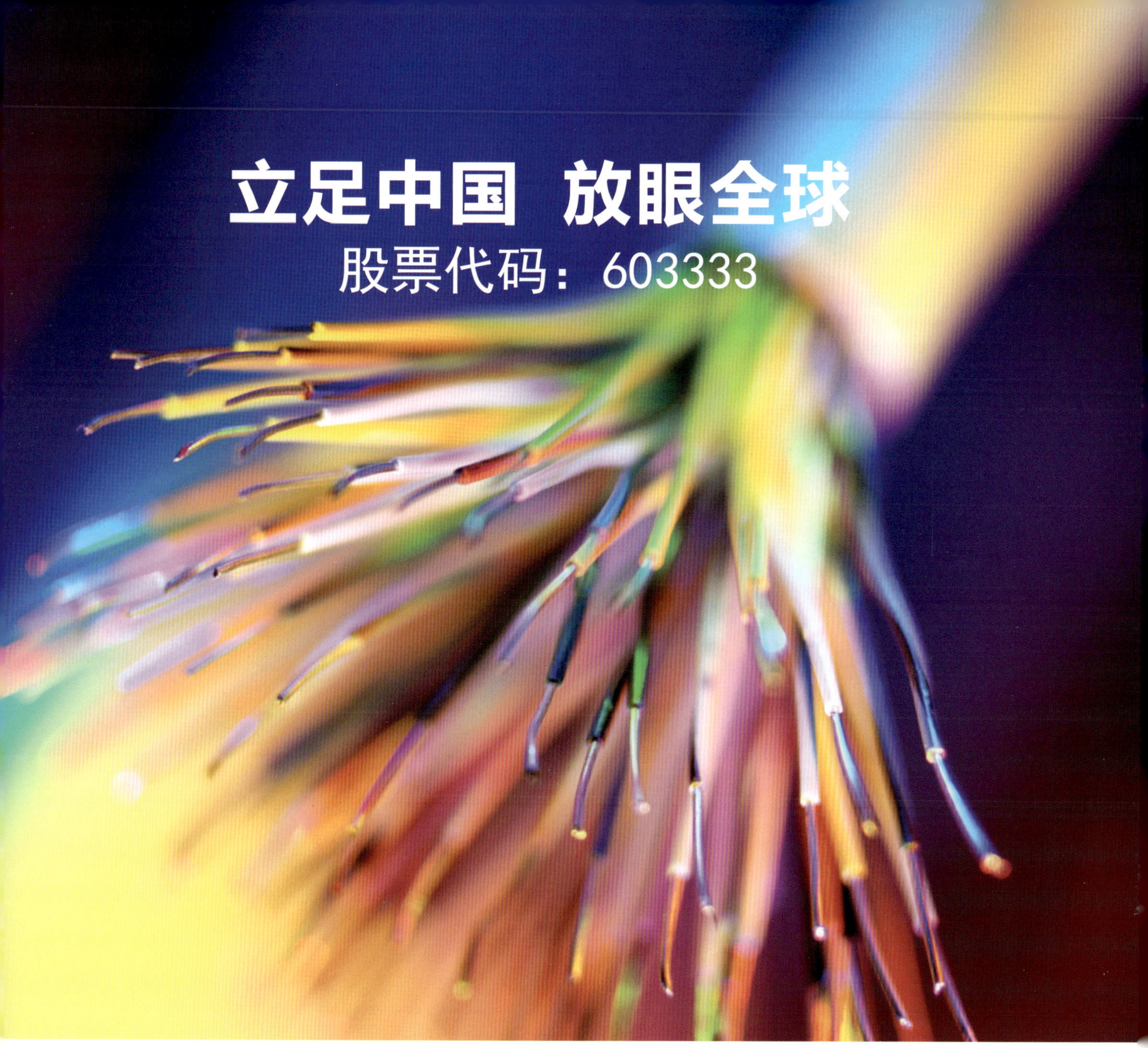
立足中国 放眼全球
股票代码：603333

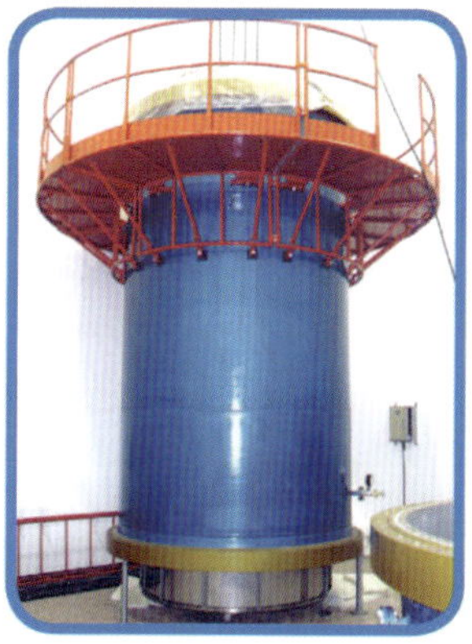

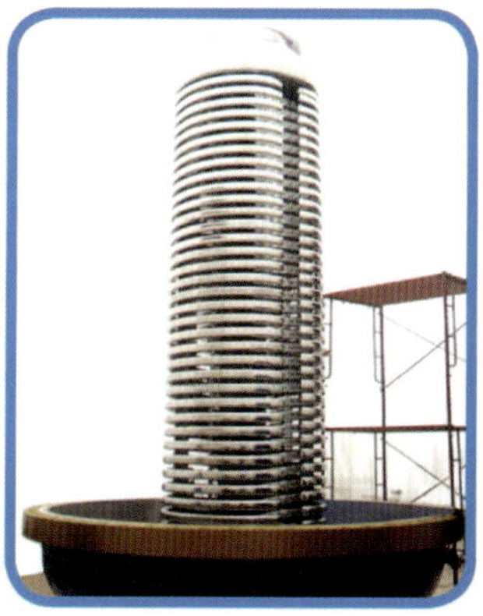

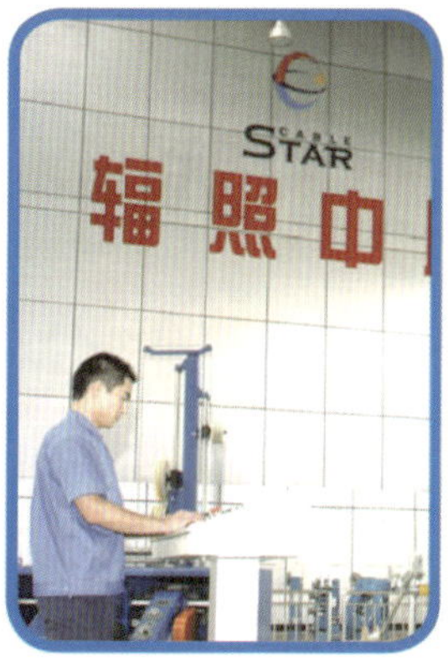
STAR
辐照中

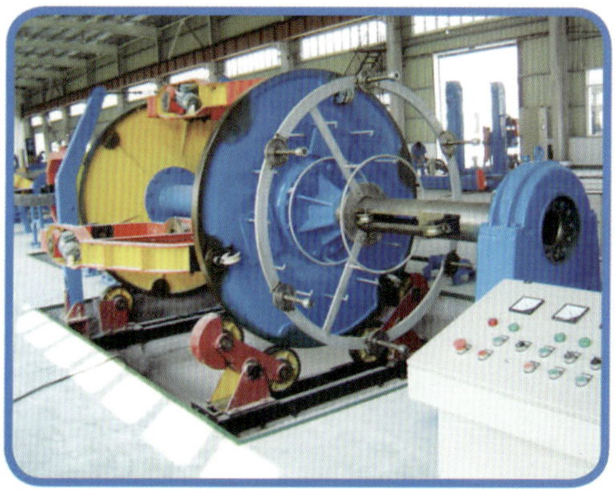

2012
中國證券業年鑒
CHINA SECURITIES YEAR BOOK

总第二十期 上

营口港务股份有限公司

股票代码：600317　股票简称：营口港

勇立潮头敢为先　百舸争流看今朝

营口港务股份有限公司是2000年3月6日经辽宁省人民政府辽政[2000]46号文批复，由营口港务集团有限公司作为主发起人，联合其他四家公司共同发起设立的股份有限公司。公司于2000年3月22日在辽宁省工商行政管理局登记注册成立，注册资本为15,000万元，总股本15,000万股。

2002年1月16日，公司首次公开发行1亿股A股股票，发行价格5.90元／股。2002年1月31日，公司股票在上海证券交易所挂牌上市，股票代码：600317。

面对历史赋予难得的机遇，面对千载难逢的发展契机。营口港将充分依托《振兴东北老工业基地》和《辽宁沿海经济带发展规划》两大国策，利用东北地区最近的出海口这一良好的区位优势，不断发展公司生产规模，大力建设适应区域经济发展所需的大型化、深水化、集装箱化码头，充分发挥港口的辐射和聚集作用，带动腹地临港工业的发展，通过港口经济本身的乘数效应，临港产业集群的集聚效应，循序渐进的示范效应，促进区域经济一体化，从而推动营口地区乃至辽宁中部城市群的发展，进而推动辽宁省甚至东北地区经济的发展。

协办单位

声　明

图书在版编目(CIP)数据

中国证券业年鉴. 2012/ 中国证券业年鉴编辑委员会 编.
上海:复旦大学出版社,2013.4
ISBN 978-7-309-09587-6

Ⅰ.中… Ⅱ.中… Ⅲ.资本市场—中国—2012—年鉴 Ⅳ.F832.51-54

中国版本图书馆 CIP 数据核字(2013)第 047184 号

中国证券业年鉴(2012·总第二十期)
中国证券业年鉴编辑委员会 编

责任编辑　岑品杰　张咏梅　鲍雯妍　宋朝阳　张志军
封面设计　上海众证文化传播有限公司
出版发行　复旦大学出版社有限公司出版发行
　　　　　上海市国权路 579 号　　邮编 200433
经　　销　新华书店
印　　刷　上海泰业印刷有限公司
开　　本　850mm×1168mm　1/16
印　　张　160
插　　页　260
字　　数　4800 千字
版　　次　2013 年 4 月第 1 版　2013 年 4 月第 1 次印刷

定　　价　人民币 1980 元　港币 2680 元　美元 400 元

编辑说明

《中国证券业年鉴》以客观、公正、全面、权威的历史使命，忠实记录了我国证券市场的发展轨迹，向海内外各界人士宣传、展现我国证券市场的发展成就，做出了应有的贡献；并给后人查阅、研究我国证券市场历史年度的动态，提供了权威资料。做好中国证券业历史的编辑整理工作，保证中国证券业历史记录的有序延续，是我们的历史使命。自 1993 年创刊以来，《中国证券业年鉴》已经逐渐成长为一个展示公司业绩、总结市场成就、记录中国证券业历史、向海内外各界人士展现和推介中国证券市场形象的权威窗口。《中国证券业年鉴》每年出版一次，分上、中、下三册向国内外公开发行。

《中国证券业年鉴》(2012. 总第二十期)主要反映本年度中国金融、证券、基金、期货、保险、债券市场及企业制度建设和发展方面的情况和最新动态，供海内外有关机关、社团、学校、研究部门、企事业单位及社会各界人士做进一步研究参考使用。为推动中国证券业的规范化和国际化、建设有中国特色的社会主义市场经济服务。

《中国证券业年鉴(2012)》内容设置专论、中国金融市场、中国证券市场、中国基金市场、中国期货市场、中国保险市场、中国证券业人物纪实与访谈、优秀企业选介等部分，另有彩色图片 1260 幅。

《中国证券业年鉴(2012)》的资料直接来源于公司的公告和报告、国务院有关部委及各省、市相关单位提供的材料，保证了《年鉴》的权威性和准确性。《中国证券业年鉴(2012)》基本保持上一期的内容和体例，同时充实了原有的编章，重点充实了各省、市、自治区证券市场的详细资料，突出反映了 2012 年我国证券市场的整体发展状况。但由于中国证券业仍处于快速发展阶段，加上各地区的发展不平衡以及我们的水平有限，难免出现一些疏漏，敬请读者谅解和指正。

《中国证券业年鉴》由上海、深圳证券交易所和中国证券业年鉴编辑委员会共同主办，总编辑由张育军、宋丽萍担任。在编辑出版过程中得到了国务院有关部门，中国证券监督管理委员会及各省、直辖市、自治区证监局，上海证券交易所，深圳证券交易所，香港联合证券交易所，中国证券报社，中国证券登记结算有限责任公司，大同煤业股份有限公司及证券界有关领导、专家的指导和支持，在此我们表示最诚挚的感谢。

中国证券业年鉴编辑部

中国证券业年鉴理事会

（以下排名不分先后）

王道明	黑龙江北大荒农业股份有限公司	董事长
张建台	天津市房地产发展(集团)股份有限公司	董事长
陈　平	马应龙药业集团股份有限公司	董事长
何国纯	广西五洲交通股份有限公司	董事长
刘相学	鲁银投资集团股份有限公司	董事长
包士金	江苏吉鑫风能科技股份有限公司	董事长
石维国	中天城投集团股份有限公司	副董事长
张广慧	山西证券股份有限公司	党委书记、董事长
李晓安	华龙证券有限责任公司	董事长
杨光裕	长城基金管理有限公司	董事长
郭本恒	光明乳业股份有限公司	总裁
顾伟国	中国银河证券股份有限公司	总裁
毛　勇	泰豪科技股份有限公司	总裁
洪家新	华鑫证券有限责任公司	总裁
王义芳	财达证券有限责任公司	董事长
赵学军	嘉实基金管理有限公司	总经理
刘平春	深圳华侨城股份有限公司	总经理
张相军	山东金岭矿业矿业股份有限公司	董事长
陆　涛	金元证券股份有限公司	总裁
尚　健	国投瑞银基金管理有限公司	总经理
钱　卫	中银国际证券有限责任公司	执行总裁
王德贤	安徽山鹰纸业股份有限公司	董事长
王文京	用友软件股份有限公司	董事长、总裁
任志强	华远地产股份有限公司	董事长
张近东	苏宁电器股份有限公司	董事长
袁　泽	新疆新鑫矿业股份有限公司	董事局主席
焦　云	七台河宝泰隆煤化工股份有限公司	董事长
夏　平	南京银行	行长
李春宏	江苏连云港港口股份有限公司	董事长
杨建东	云南盐化股份有限公司	董事长
张恺颙	陕西延长石油化建股份有限公司	董事长
刘世春	金融街控股股份有限公司	董事长
张增光	唐山冀东水泥股份有限公司	董事长
锁炳勋	安徽金种子酒业股份有限公司	董事长
曾昭秦	山东天业恒基股份有限公司	董事长
邱　卫	湖南新五丰股份有限公司	董事长
王龙雏	厦门象屿股份有限公司	董事长
谢长军	龙源电力股份有限公司	总经理
张永年	四川成渝高速公路股份有限公司	董事会秘书
侯　毅	深圳市新纶科技股份有限公司	董事长
于国权	江苏长青农化股份有限公司	董事长
杨　振	加加食品集团股份有限公司	董事长

中国证券业年鉴编辑委员会

地　　址： 上海浦东桃林路 18 号环球广场 B 座 2809 室
邮　　编： 200135
电　　话： 021 －22819146
传　　真： 021 －22819145
邮　　箱： shcwq@ vip. 163. com

目 录

第一编 专 论

第二编　中国金融市场

第三编　中国证券市场

第二节　上海证券交易所

第四编　中国基金市场

第二章 基金托管机构

第三章 基金管理公司

第五编　中国期货市场

第六编 中国保险市场

第七编　中国证券业人物纪实与访谈

第八编　中国证券市场优秀企业选介

■上市公司

※上交所上市公司※

※深交所上市公司※

※中小板上市公司※

※创业板上市公司※

■三板上市公司

■证券服务机构

※会计师事务所※

※律师事务所※

※资产评估机构※

※证券公司营业部※

插页目录

上 册

中 册

下 册

中国证券业年度人物

Hong Kong Exchanges and Clearing Limited
香港交易及結算所有限公司

结合强大竞争力与全方位服务 连系中国与世界的主要交易所

主席周松岗

香港交易所集团发展战略

香港交易所集团是一家兼具国际竞争力、提供全方位产品及服务和纵横向全面整合的全球领先交易所。集团将充分掌握其先天的地利和实力优势，连系中国与世界。

在人民币国际化的前提下，集团会以发展人民币相关产品和商品期货为新导向；在原有证券和期货市场的稳健基础上，开拓更多更新的产品和人民币业务。

在引进商品期货业务方面，集团已于 2012 年 12 月 6 日完成收购伦敦金属交易所（LME），令香港交易所在股票业务以外增添资产类别。亚洲区内包括中国内地的金属商品市场参与者一直期待区内能早日出现一个专为他们而设的市场，以满足他们持续增长的交易和管理商品投资风险的需要。我们有信心在香港交易所现有业务注入商品元素，使人民币商品衍生产品成为离岸人民币生态圈的主要组成部分，将有助我们尽享人民币国际化带来的机会。

我们亦已经与上海证券交易所和深圳证券交易所成立合资公司——中华证券交易服务有限公司，编制以沪深港三方市场上市内地公司为基础的跨境指数，并研推新金融产品及相关服务。

我们深信，随着越来越多人民币产品在香港出现，将可进一步巩固香港作为全球主要人民币离岸中心的地位，更有助人民币国际化的稳步发展。

多元化的投资产品

集团行政总裁李小加

香港交易所集团一直致力推出多元化投资产品，为公众提供更多的投资选择，以配合他们在不同市况的投资策略及风险管理需要。

1、证券市场方面，除了股本证券、预托证券、股本权证及衍生权证外，其他投资产品尚包括可收回的牛熊证、交易所买卖基金、房地产投资信托基金、股票挂钩票据及债券等。

2、衍生产品市场方面的产品包括有股市指数产品（包括恒生指数期货及期权、小型恒生指数期货及期权、H 股指数期货及期权、小型 H 股指数期货等）；另外亦有多种股票期货及期权产品，包括股息期货，波幅指数期货、人民币货币期货、金砖市场期货、外汇基金债券期货、港元利率期货及黄金期货等产品。

香港交易所2012年截至12月31日证券市场表现

项目	数值	项目	数值
上市公司数目	1, 547	市值（亿港元）	219, 501
新上市公司数目	64*	总成交金额（亿港元）	133, 010. 50
股份集资总额（亿港元）	3, 041. 84	－ 股份（亿港元）	95, 290. 69
－ 首次上市集资额（亿港元）	898. 18	－ 衍生权证（亿港元）	16, 464. 41
－ 上市后集资额（亿港元）	2, 143. 66	－ 牛熊证（亿港元）	15, 331. 55
平均每日成交金额（亿港元）	538. 51	－ 交易所买卖基金（亿港元）	5, 220. 80

*包括2家从创业板转到主板上市的公司

注册地址
地址：香港中环港景街1号国际金融中心一期12楼
电话：+852 2522 1122
传真：+852 2295 3106
电邮：info@hkex.com.hk
网址：www.hkex.com.hk

北京代表处
地址：中国北京市东城区东长安街1号东方广场
西二办公楼1002室
电话：+8610 8519 0288
传真：+8610 8518 3288
电邮：bjo@hkex.com.hk

人民币相关业务的发展

香港交易所集团为把握人民币国际化及中国内地逐步开放资本项所带来的机遇，将继续致力开拓多种人民币产品。2012年在集团旗下市场挂牌的人民币产品包括：

- 香港是全球最大的离岸人民币债券市场，于2012年年底，共有47只人民币债券在香港上市，集资总额为656亿元人民币。
- 五只人民币交易所买卖基金（ETF），当中包括四只人民币合格境外机构投资者（RQFII）A股ETF，这四只ETF以「双柜台」（人民币柜台及港币柜台）进行交易。
- 首三只人民币衍生权证已分别于2012年12月19日、20日及31日在香港上市。
- 合和公路基建有限公司配售的人民币交易股本证券已于2012年10月29日开始在香港证券市场交易，该股本证券为首只在中国内地以外的人民币交易股本证券，并为香港交易所首只「双柜台」股本证券。
- 集团已于2012年9月17日在旗下衍生产品市场推出人民币货币期货，这是全球首只在交易所买卖的可交收人民币货币期货，为市场提供管理人民币汇率风险的工具。
- 集团首只人民币证券为汇贤房地产投资信托基金，于2011年4月29日在香港上市。

香港交易所集团收购LME

香港交易所集团已于2012年12月完成收购LME。集团开拓LME商品期货业务的主要战略是：（1）保留和提升LME现有的业务模式；（2）开拓LME在亚洲和内地的业务；（3）因应LME交易会员及市场需要发展LME。

继续提升市场素质以保持竞争优势

尽管2012年全球新股集资活动受环球投资气氛影响，未能如前几年般强劲；惟香港的新股集资活动以集资额计仍在全球市场中名列第四；连续11年位列首五名内；这显示香港市场具有强大集资能力。香港交易所集团会继续致力提升市场素质，以保持香港市场作为国际集资中心的优势。

中国人民保险集团股份有限公司于2012年12月7日在香港上市，集资逾276.1亿港元，是年内香港最大单一首次公开招股。

香港交易所2012年截至12月31日衍生产品市场表现（合约张数）

项目	数量	项目	数量
期货及期权合约总成交量	119,802,638	期货及期权平均每日成交量	487,994
期货合约成交量	46,933,708	期货平均每日成交量	191,176
期权合约成交量	72,868,930	期权平均每日成交量	296,818
		未平仓期权及期货合约张数（截至12月31日）	5,317,952

中国驰名商标

SUN ASIA 圣亚®

一、公司简介

大连圣亚旅游控股股份有限公司（以下简称“大连圣亚”）于 1993 年 12 月成立；1995 年 6 月，建成中国第一座海底通道式水族馆；2002 年 7 月在上海证券交易所上市，成为中国唯一一家以人造景观为主营业务的上市企业；2008 年 9 月，圣亚获评“中国驰名商标”；2010 年 9 月，进入《辽宁省文化产业振兴规划纲要》，成为大连、丹东沿海沿江文化创意产业先导区重点项目之一；2010 年 12 月，获评国家文化产业示范基地。大连圣亚现有员工 500 余人，截至 2011 年 9 月 30 日，公司资产总值为 6.5 亿元，市值超过 13.64 亿元。公司成立 16 年来累计接待游客 1600 余万人次。

多年来，大连圣亚一直专注于旅游产业，项目先后多次升级、改版，在本地发展成为以圣亚海洋世界、圣亚极地世界、圣亚珊瑚世界为核心的文化旅游景区，营业面积近 5 万平方米，与亚洲最大的广场——星海广场、百年历史的星海公园及东北最大的游艇码头，共同组成大连最具休闲娱乐特色的旅游目的地，2001 年 1 月获评国家首批 AAAA 级旅游景区（点）。大连圣亚同时跨地域经营建设，于 2005 年独资建成“世界首座极地演艺游乐展馆”——哈尔滨极地馆，建成后不久即成为哈尔滨国际冰雪节四大景区之一，并于 2009 年获评国家 AAAA 级旅游景区（点）。

二、本地项目简介

大连圣亚海洋世界于 1995 年 6 月建成开放，这是中国第一座海底通道式水族馆，拥有当时亚洲最长的 118 米海底通道，开创了中国第三代水族馆建设的先河。2005 年 7 月，在全国海底通道式水族馆遍地开花的情况下，大连圣亚海洋世界全新改版，突破普通海洋馆以海洋生物展示为主的思路，用原创剧本指导项目建设，用完整的情节串联游览内容，采用充满文化色彩又不乏娱乐调性的方式拉近人与海洋的距离，让游客如同一出海洋情景剧中的角色，完成“从陆地进入海底，再从海底回到海上”的奇幻旅程，圣亚海洋世界也因此成为中国乃至世界第一座情景式海洋主题乐园，海底通道享誉 16 年而不衰，成为大连圣亚的两大王牌之一。

大连圣亚极地世界于 2003 年 4 月建成并对外开放，这是大连圣亚携同美国 HHCP 国际设计公司、美国 ODYSSEY 影幻制作公司联手打造的中国第一家世界级极地探险文化旅游景观，通过文化、艺术、娱乐等表现形式，向游客全面展现极地世界的真实风貌，营造参与探险的文化娱乐空间，填补了中国极地文化旅游的一项空白。其中南极企鹅岛是国家级南极企鹅种源繁育基地。沉稳的王企鹅与活跃的金图企鹅，组成了中国最大的南极企鹅社区，在水陆两栖的仿原生态环境中每日上演真实逗趣的企鹅“生活秀”，是大连圣亚的两大王牌之一。

大连圣亚珊瑚世界于 2006 年 5 月推出，这是一个以珊瑚为主题的海洋生物科普文化展览馆，汇聚了来自世界的百余种、1000 多个珊瑚礁生物群。

中国驰名商标

大连圣亚®旅游控股股份有限公司

DALIAN SUN ASIA TOURISM HOLDING CO.,LTD.

股票简称：大连圣亚　股票代码：600593

三、2011 年圣亚项目升级 表演产品优势倍增

（一）、建设国内首家“3D 功夫海象秀场”

2011 年，公司完成对极地世界“功夫海象”表演场的全面升级改造，将原有的露天表演场变身成为全天候的室内剧场。亦真亦幻的极地景观，12×48 米的国内最大环幕，全新的灯光音响设备，将声、光、电技术与传统的舞美设计相结合，使绚丽多姿、变化多端的舞台背景与人类及动物演员的表演完美融合，带给游客全新的视觉体验。

（二）、建设国内最大的“白鲸表演水下剧场”

2011 年，公司全新表演产品《白鲸传奇》惊艳推出，在长 16.8 米，宽 6.6 米，水深 6 米的国内最大的水下剧场中，驯养师不借助任何潜水器具，与美丽的白鲸翩翩共舞，演绎一段震撼浪漫的海底传奇，让游客如痴如醉。

（三）、圣亚核心产品“三大表演，两大王牌”确立优势地位

2011 年，圣亚的大型动物表演增加到三场，即三大表演：《海豚湾之恋》、《白鲸传奇》、《功夫海象》，动物明星涵盖最受市场欢迎的白鲸、海豚与海象、海狮，风格或浪漫唯美，或惊奇震撼，或幽默搞笑，在同业中保持领先地位。展示类产品“两大王牌”：海底通道——中国第一座海底通道，南极企鹅岛——中国最大的南极企鹅基地，都是国内同类项目的经典之作。

四、大连圣亚的近期发展规划

2011 年，公司董事会拟在 2011 年底至 2013 年，充分利用“国家文化产业示范基地”的优势，投资 3.3 亿元左右，对公司现有场馆进行部分改造；同时拟开发建设海上看大连及温泉度假等新项目、新景点，打造全天候的旅游项目，满足游客不断增长的多元化消费需求。实现公司产业链的全面拓展和延长，提高公司市场竞争力，拉动公司业绩增长，扩大公司产业规模，使公司能够达到长期可续发展。

广西五洲交通股份有限公司

董事长：何国纯先生

广西五洲交通股份有限公司（以下简称“公司”）是广西唯一一家经营收费公路的上市公司，股票简称：五洲交通，股票代码：600368。公司于 1992 年 12 月成立，2000 年 12 月股票在上海证券交易所上市。公司于2008年3月发行5.4亿元可转债，2009 年 7 月，其中 538,596,000 元按 4.71元每股转为公司股票。目前公司总股本 833,801,532 股，全部为无限售条件的流通股。公司主要股东为广西交通投资集团有限公司、华建交通经济开发中心、广西国宏经济发展集团有限公司。

公司经营范围为：经营收费公路、桥梁；对公路、桥梁、站场、港口、码头等交通基础设施投资、经营；房地产开发；建材、建筑设备、施工机械设备、五金交电、百货购销。

2012 年公司实现营业收入 53.89 亿元，较上年增长 134.12%，主要是公司物流贸易业务收入较上年增长 312.30%所致；实现利润总额 3.91亿元，较上年增长 19.15%；实现净利润 2.96 亿元，较上年增长10.04%；实现归属于母公司所有者的净利润3.17 亿元，较上年增长 15.27%。截至 2012 年 12 月 31 日，公司总资产为 114.41 亿元，较上年增长 14.48%；归属于母公司所有者权益为 28.25 亿元，较上年增长 11.03%。2012 年公司加权平均净资产收益率为 11.80%，较上年增加 0.5个百分点；基本每股收益为 0.38元，较上年增长 15.15%；稀释每股收益为 0.38 元，较上年增长 15.15%。

公司目前直接经营的三条收费公路：为平王路、金宜路和南梧路部分路段。平王路是广西南宁至柳州高速公路小平阳至王灵段，全长 29.44 公里；金宜路起于广西宜州市城西收费站，终于广西河池市东面的百旺村，全长为 67.73 公里；南梧路全长 384 公里，公司拥有南梧路的五塘至新桥路段、黎塘绕城路、贵港绕城路。

公司积极开拓进取，充分利用资金优势，发挥资本市场的融资作用，加强主营业务，拓展多元经营，激活新的利润增长点，采取合资合作的形式，当前对高速公路、物流和地产及其他业务进行投资：

全资拥有广西南宁（坛洛）至百色高速公路：该公路全长 187.62 公里，总投资 51.53 亿元（其中资本金 18.04 亿元），已于 2007 年 12 月 28 日建成通车。公司原参股 32%投资该路段，2010 年公司以自有资金收购该路段运营公司广西坛百高速公路有限公司（以下简称“坛百公司”）68%股权，坛百公司成为本公司全资子公司。

五洲本部员工风貌

公司企业文化建设启动仪式

现代中药全产业链第一品牌

The leading brand in the modern TCM industry

天士力现代中药城产业园

天士力倡导并推动实施项目化管理，经过多年的组织变革项目，已完成对原组织结构的重构，在原等级形态的母体组织中嵌入了项目型组织的特征，形成了扁平的、矩阵型的柔性组织结构，打破了部门和层级间的界限，将企业内部的各利益团体通过项目的方式连接起来消除了协作和沟通的阻碍，为企业带来了显著的经济效益和社会效益。

天士力“在小小的滴丸中滴进了丰田汽车、戴尔电脑和 IBM 的管理思想”(引自《福布斯》)，公司先后获得“中国最有投资价值企业”、“中国十佳最重分红回报上市公司”、入选 2006《福布斯》首届“中国顶尖企业榜”100 强，并于 2006 年获得“IPMA 国际项目管理大奖银奖”(Prize Winner)；2007 年天士力入围第三届新财经“漂亮 50”获奖企业榜单；公司首批入选“上证公司治理板块”样本股；2009、2010 连续两年入选上交所“上市公司董事会奖提名奖”；2011 年入选上交所“上市公司董事会奖”。

“基础市场在国内，目标市场在国外”。天士力经过十多年的发展，经过多年的国际市场的探索，在产品体系、人才优势、营销模式以及市场基础等方面，已经基本具备了全面进入国际化的条件，天士力将继续在中药现代化与国际化的道路上进行更多的有益探索。

中医药文化的丰碑——
大世界基尼斯之最《中华医药图》巨型浮雕坐落于天士力现代中药城产业园

归心坛

西藏天路股份有限公司

TIBET TIANLU CO.,LTD.

董事长：多吉罗布先生

西藏天路股份有限公司（以下简称“天路”或“公司”）成立于1999年3月29日，公司股票于2001年1月16日在上海证券交易所成功上市，募集资金26252.08万元；2007年通过非公开发行股票4800万股，募集资金42432万元；2008年实施公积金转增股本后，注册资本为45600万元，2009年实施转增股本后注册资本达到5.472亿元。截止到2012年9月30日，公司资产总额达26.13亿元，净资产达12.17亿元。

公司具有建设部批准的公路路面工程专业承包一级资质、西藏自治区建设厅核准的公路工程施工总承包二级资质，公路路基、桥梁工程专业承包一级资质和市政公用工程施工总承包二级资质，房屋建筑工程施工总承包二级资质，铁路工程施工总承包三级资质。2009年6月，顺利控股西藏天鹰公路技术开发有限公司，积极开展监理、检测等相关业务，实现产业初步升级，进一步完善建筑工业产业布局，有效提高建筑业经营能力和市场竞争力。

公司主营业务：为公路工程施工的基础设施建设，主要承担西藏自治区内的公路、桥梁的建设任务。公司公路及桥梁施工能力、工程施工质量、公路建设市场占有率、高等级公路施工市场占有率、工程机械设备的先进程度及拥有量在西藏自治区内一直处于领先地位。公司的资金和技术力量雄厚，机械化施工程度高，经营管理规范。成立以来，累计已承建公路、房建、代建、监理、市政等项目100多，完成投资超过50亿元，曾承担过青藏公路、川藏公路、中尼公路等国道和区内主要干线公路的施工任务，修建了曲水、岗嘎、妥峡等大型公路桥梁，参与施工建设西藏重点工程——拉萨至贡嘎机场公路新改建工程雅鲁藏布江大桥和拉萨柳梧大桥工程，其中拉萨至贡嘎机场公路新改建工程路面工程成为全区沥青路面样板工程，拉萨柳梧大桥工程填补了我区立交桥工程建设的空白；参与青藏铁路建设，所承建工程多次受到青藏铁路总指挥部和拉萨指挥部以及中铁十九局好评及奖励，其中岗秀1#特大桥、岗秀车站和地下水路堑工程被评为优质样板工程；承建的国道318线中尼公路至绒布寺公路养护工程为环境保护示范工程；承建的拉萨市金珠西路改扩建工程、拉萨市大昭寺周边环境整治工程、布达拉宫地下人行通道（全区第一个地下人行通道）等成为市政样板工程；承建的拉萨至贡嘎机场高速路填补了西藏无高速公路的空白；承建的西藏拉萨饭店改扩建工程达到五星级宾馆要求。公司所交验工程合格率达100%，优质工程达85%以上。2008年受交通厅委托管理全区第一个交通代建工程项目，为持续开展交通代建工程积累了第一手资料和丰富的工程代建经验。为有效提高公司经营能力和市场竞争力，顺利控股西藏天鹰公路技术开发有限公司，实现了拓展与延伸公路建设相关的设计、检测、监理业务目标。2006年4月公司依据ISO9001：2000质量管理体系要求、ISO14001：2004环境管理体系要求及使用指南、OHSAS18001：1999职业健康安全体系规范标准制定了QES管理体系，进行了三标一体化的贯标工作。

树诚信意识 做精品工程 创天路品牌

发展企业 服务社会 造福西藏

www.greattown.cn

股票简称：大名城　股票代码：600094

董事长：俞培俤先生

公司董监高

公司董事会

名城企业集团，创建于1986年，集团通过数十年的业务积累，成为主营业务集电子、钢铁、矿业、远洋航运、酒店、旅游、综合房地产开发及城市商业综合体开发，商业运营管理的多元化企业集团，“诚信、务实、开拓、创新”是集团始终坚持的发展理念。集团旗下的房地产事业运用“一次性大规模、全过程品牌建设”的开发模式，打造了系列“名城”品牌，相继开发建设“大名城”、“江南名城”、“时代名城”、“名城港湾”、“东方名城”、“名城财富广场”、“名郡”、“名城国际”、“名城银河湾”、“温莎商业街”、“天鹅堡”、“名城城市广场”、“东部温泉旅游新城”等数十个优质地产品牌项目。集5A写字楼、商业街区、商业综合体、旅游文化园区、高尚住宅为一体的多种业态，赢得市场青睐，品牌家喻户晓。名城地产拥有房地产一级开发资质，名列中国地产百强，先后获得“中国经济百佳诚信企业”、“2010年度影响中国的房地产品牌企业”、“中国房地产领先企业”、“中国最值得尊重地产品牌企业”、“全国百家明星侨资企业”，“亚太最具实力领袖企业”、“2008-2009年度福州市热心公益事业茉莉花奖”、“2010-2011年度福州市热心公益事业大榕树金质奖”等殊荣。

坚持诚信经营，积极参与社会建设，勇当企业先锋，是名城人的坚定创业信念。名城地产2009—2011年连续三年跻身福建省纳税百强企业前20名，列全省房地产行业纳税第一，受到福建省人民政府赋予的福建省“百强纳税企业”称号，多次受到省政府的表彰。

集团旗下的房地产事业板块—上海大名城企业股份有限公司，经中国证监会批准，成功于2011年10月在上海证券交易所上市，股票简称“大名城”，股票代码（A股600094、B股900940），公司注册资本15.12亿人民币，主营业务为房地产综合开发，并且拥有房地产一级开发资质。公司旗下拥有名城地产（福建）有限公司、东福名城（常州）置业发展有限公司、上海大名城贸易有限公司等控股子公司，以及名城豪生大酒店（福州）有限公司、福建顺隆实业有限公司、名城地产（永泰）有限公司、福州顺泰地产有限公司等二级子公司。

作为中国资本市场新锐的名城人，将在已取得的骄人业绩的面前，不骄不躁，秉承集团发展理念，更坚定地团结一致，攻坚志难再创新业，依法规范企业管理，不断创新企业理念，有效利用发展空间，积极拓展公司业务，提升与维护公司品牌，树立良好的公众形象，争取实现公司的最大经济效益与社会效益的经营宗旨，积极关注社会发展，为祖国的各项经济建设贡献力量。

诚信 务实 开拓 创新

名城团队在名城品牌的旗帜下，凭着举重若轻的实力，举轻若重的团队精神，以诚信、务实、开拓、创新的名城文化，构建起名城地产独有的品牌与核心价值体系。

上市仪式

上市仪式

【诚信 务实 开拓 创新】

◎ 诚信：立事先立人，立人先立德

◎ 务实：大道求实，方可行稳致远

◎ 开拓：大胆实践，敢为天下先

◎ 创新：变革带动活力，创新赢得领先。

【使命】

◎ 为社会：社会责任是企业的第一使命，

◎ 为客户：客户是企业的上帝，

◎ 为合作伙伴：多方共赢，共同发展。

【价值】

◎ 企业价值是解决社会问题，为社会和消费者带来利益。

◎ 名城的价值是为消费者、为社会、为合作伙伴做出贡献，站在社会和服务对象的立场上来思考，如何给社会和别人带来好处和利益，如何以更小的代价去优化利用好资源，来实现自身的利益和价值。

◎ 个人价值是通过有效劳动，来解决企业的问题。

◎ 个人劳动价值的直接体现是为同事、为他人、为企业带来好处，最终要服务于名城的整体价值，为消费者和社会带来好处。

兰州项目启动仪式

新闻发布会

Haier
一个世界一个家

青岛海尔于1993年11月19日在上海证券交易所上市。作为海尔集团的核心企业之一，同时控股在香港主板上市的海尔电器集团有限公司，截至2012年12月31日，公司市值约360亿元，已成为中国A股市场最大的家电类上市公司之一。

自上市以来，青岛海尔注重创新，致力于为用户创造零缺陷、差异化、即需即供的产品和解决方案，实现企业有质量的、可持续的发展。通过构建"人单合一双赢"的先进商业模式，以用户需求为中心，不断强化自身创新水平，深入洞察市场以及客户需求变化，实现产品竞争力的不断提升，持续提高市场占有率。根据中怡康统计数据，截至2012年9月，公司三大主营业务市场份额均实现了大幅提升。其中，冰箱业务依然表现抢眼，零售额份额和零售量份额分别达到了30.05%和27.94%；洗衣机零售量份额累计同比提升高达5.46%；空调业务零售量同比提升3.08%。

在不断拓展国内市场的同时，公司不断提升品牌影响力和市场份额，增强自身盈利能力，根据世界权威市场调查机构欧睿国际发布的全球家电市场调查结果显示：2012年，海尔大型家用电器品牌零售量在全球市场的占有率达到了8.6%，比2011年上升0.8个百分点，第四次蝉联全球第一。

进入2012年以来，家电行业国内外市场需求表现疲软，企业经营困难，行业整体呈下滑趋势。但最艰难的时期正是最考验企业综合实力的时刻。青岛海尔凭借自身核心竞争力在市场低迷环境下实现了高速增长，再次证明了作为行业领导品牌的市场地位。2012年前三季度，青岛海尔实现了营业收入同比增长6.37%，归属于母公司股东净利润同比增长21.52%。

公司在产品不断创新过程中，同时注重品质保证，构建完整售后服务体系，不断提升客户满意度，在国家权威部门中国标准化研究院发布的"中国顾客满意度调查"活动中，海尔已经连续7年蝉联家电品牌满意度测评第一名；加强生产过程中环境保护力度，构建环境管理环境管理，不断推出环境友好性产品，同时在生产过程中降低能源消耗，2011年万元产值能耗为 0.01222，比2005年下降 19.61%，将环境保护工作渗透在日常工作中，切实地为环境保护做出贡献。

青岛海尔凭借其先进的经营理念以及傲人的业绩分别在2012中国500强企业排行榜、2011年度主板上市公司十佳管理团队、2011年度主板上市公司价值百强、2011年度金牛最受投资者信赖公司、2011年度金牛上市公司百强、2012年度中国上市公司十大创富创新榜等多个资本市场重量级奖项中榜上有名。而青岛海尔也将继续深化自身的战略发展，稳步提升核心竞争力，继续开拓国际化市场，带领行业发展逐步走出低谷再创佳绩！

企业精神

在战略上，海尔的目标是以"两个引领"创造互联网时代的全球化品牌，即：成为全球白电行业领先者和规则制定者及实现全流程用户体验驱动的虚实网融合。通过引领潮流的产品解决方案，不断满足用户的需求，同时掌握专利和标准的话语权，通过标准输出，带动整个产业链的出口。公司抓住互联网时代的机会，用户通过网络参与前端设计，再由海尔的实体网络快速送达需求。

在组织上，公司持续完善以自主经营体为基本创新单元的倒三角组织架构。通过一线员工发掘用户需求，再倒逼内部全流程人员，为实现用户需求、创造用户价值提供快速反应和支持。目前，公司已经建立起2000多个自主经营体，并不断推进自主经营体纵横沟通零距离的自优化建设。

在流程上，公司建立开放的信息化系统。对外，通过信息化平台与用户互动，及时把握用户需求，并以最优方案满足用户需求；对内，通过信息化系统及时掌握经营体的绩效和问题，通过提供资源和专业服务帮助经营体达成目标。

热烈庆贺

青岛海尔股份有限公司A股上市二十周年

在文化上，海尔坚持“永远以用户为是，以自己为非”的是非观。永远以用户为是，不但要满足用户需求，还要创造用户需求；永远自以为非，只有自以为非才能不断挑战自我突破自我——实现以变制变、变中求胜。同时，海尔提倡员工发扬“两创”（创业和创新）精神，创业精神即企业家精神，海尔鼓励每个员工都应具有企业家精神，从被经营变为自主经营，成为自己的 CEO ；创新精神的本质是创造新的价值，新的价值的创造来源于创造新的用户资源。在这样的文化下，促进员工自创新、自驱动、自运转。

证券代码：600863　证券简称：内蒙华电

内蒙古蒙电华能热电股份有限公司

INNER MONGOLIA MENGDIAN HUANENG PYRO-ELECTRICITY CO.,LTD.

董事长：吴景龙先生

总经理：陈学国先生

内蒙古蒙电华能热电股份有限公司（股票简称：内蒙华电，股票代码 600863。以下简称“公司”）1994 年 5 月 20 日在上海证券交易所上市，是内蒙古自治区第一家上市公司。主要从事开发、投资、建设、运营电力、煤炭以及其他相关项目。

一、基本情况：

截至 2011 年 12 月 31 日，公司可控装机容量 624 万千瓦，公司全资拥有两家运营电厂、一家石灰石公司；控股拥有六家运营发电公司、一家煤炭公司；参股七家电力公司、一家煤炭公司、一家风电公司和一家铁路公司。总资产 258.40 亿元，净资产 72.69 亿元，实现净利润 10.33 亿元，其中归母净利润 6.55 亿元，每股收益 0.33 元／股。

截至目前，公司总股本为 258,122 万股，控股股东为北方联合电力有限责任公司，持有本公司 54.56% 的股份，实际控制人为中国华能集团公司，该公司持有北方联合电力有限责任公司 51% 的股份。

领导班子

反路演

二、公司设立以来历次股权融资情况：

1993 年 9 月，经内蒙古自治区人民政府批准，公司以募集方式设立。1994 年 3 月，经中国证监会证监发审字 [1994]6 号文批准，公司首次公开发行人民币普通股(A 股)5,000 万股。

1996 年 11 月，经中国证监会证监上字 [1996]16 号文批准，公司按每 10 股配售 3 股比例配股。

1998 年 11 月，经中国证监会证监上字 [1998]144 号文批准，公司按每 10 股配售 8 股的比例配股。

2001 年 11 月，经中国证监会证监发行字 [2001]88 号文批准，公司按每 10 股配售 3 股的比例配股。

2011 年 10 月，经中国证监会证监许可 [2011]1719 号文批准，2012 年 3 月 8 日，公司最终以 7.76 元／股的发行价格向包括博时基金、南方电网等十名投资者非公开发行不超过 6 亿股 A 股，募集资金总额 46.56 亿元，公司非公开增发获得足额认购。3 月 14 日，认购资金全部到位。

绿色能源 造福人类

上都电厂全景

三、公司非公开发行股票情况

本次非公开发行是近年来 A 股市场最成功的非公开发行案例之一，也是电力行业最成功的资本运作之一，主要体现在如下方面：

（一）、获得了监管部门的高度认可，审核结果优异

1、审核时间最短

公司本次发行自股东大会投票到发审委审核通过，仅历时 75 天，从股东大会通过到取得核准批文，仅历时 85 天，上述两项时间均创造了 2010 年以来 A 股市场大型非公开发行（20 亿元以上）最短的时间记录。

最短的核准时间，体现了监管部门对本次发行的高度认可，也是华能、北方、内蒙华电和保荐机构强大沟通能力的体现。审核周期的缩短为公司选择尽快完成发行奠定了重要的基础。

2、无条件审核通过

在各方的积极努力和协调下，公司本次非公开发行于 2011 年 10 月 18 日获得中国证监会发行审核委员会无条件通过，体现了监管部门对发行方案、公司资质以及保荐机构的高度认可。自 2011 年 1 月 1 日至今，证监会审核通过的股权类上市公司再融资（包括公开发行、非公开发行、配股等）共计 221 例，其中，无条件过会仅 8 例，仅为 3.62%。公司此次获得无条件通过体现出本次发行优异的审核成绩。

（二）、本次发行是在艰难的市场环境下难得的成功发行案例

非公开发行是一种先确定发行底价，审核通过后再启动发行的增发模式，从定价到发行时间间隔长，市场变化会对这种模式的的发行带来巨大挑战和风险。许多公司由于市场变化被迫中止发行，特别是规模较大的项目，对市场依赖程度更高，发行难度更大。2010 年 1 月 1 日至今，A 股市场共 69 家上市公司提出了发行规模超过 20 亿元的非公开发行预案，完成发行的仅 22 个，占 32%，有 18 家公司在因市场原因被迫放弃发行，占总数的 26%。

公司此次以 46.56 亿元较大的融资规模，且圆满地完成了发行，体现出本次发行优异的发行成绩。

（三）、本次发行时市场价格较发行底价溢价之低，创造了 A 股市场的记录

在非公开发行中，发行时公司二级市场股价较发行底价溢价程度的高低体现了发行的难易程度，溢价越低，发行难度越大。公司本次发行中，簿记当日的市场价格较发行底价仅溢价 12.89%，为 2010 年以来 A 股市场大型非公开发行的最低值（不包含全部向战略投资者增发的情形）。

公司以最低的溢价圆满地完成了本次发行的任务，既体现了本次发行的市场化程度，又以最小的股份摊薄获得了最大数量的募集资金，大大节约了公司的股本成本，体现本次发行优异的销售成绩。

（四）、本次发行的市场化程度之高，战略投资者认购数量之低，为同行业之最

由于市场环境恶劣，近年来电力企业再融资特别是大型非公开发行的销售难度极大。近年来电力企业大型非公开发行中，绝大多数均以向上下游供应商、客户或有战略合作的金融机构发行为主，市场化程度普遍较低。

而公司本次发行突破了上述惯例，除南方电网、哈电气和东方电气外，其余全部为由主承销商面向市场销售的财务投资者。本次发行的市场化程度之高，为同行业之最。

公司通过本次非公开发行，将华能集团、北方公司下属的魏家峁煤矿、鄂尔多斯电厂等优秀资产作为募集资金投资项目，注入公司后，对公司市值规模和资产规模的扩大，对公司盈利能力的增强，对公司未来煤电一体化战略的实施，资本市场形象的树立等都奠定了重要基础。同时，上述资产的注入，也是华能集团、北方公司充分利用资本市场实现煤电资产的整体上市，通过资本市场募集资金进一步发展煤电产业等的必由之路。

丰镇电厂

达电外景

上都夜色

乌拉山爆破

证券代码：600674
证券简称：川投能源

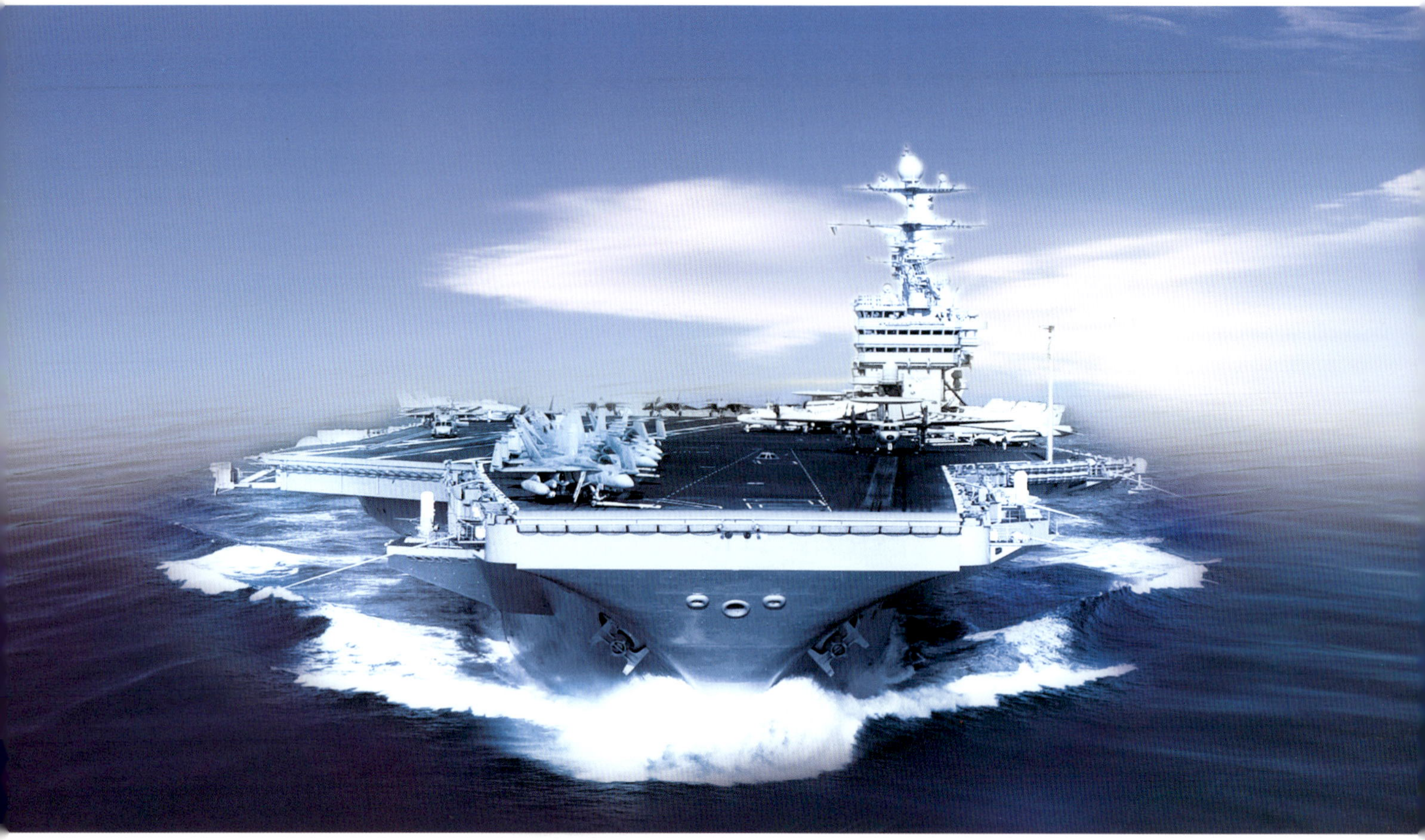

董事长：黄顺福先生

四川投资大厦

公司简介 >>

成都，天府之国，人杰地灵，是我国中西部地区重要的中心城市、西南地区政治、文化、科技、商贸、金融中心和交通通信枢纽。李白有诗云："九天开出一成都，万户千门入画图。草树云山如锦绣，秦川能及此间无。"是对成都极高的赞誉。长居于此的诗圣杜甫对成都也有"花重锦官城"的美誉。

四川川投能源股份有限公司（简称川投能源）就坐落在这青山绿水之间，植根于千里沃野之上。

川投能源于1993年在上海证券交易所上市，证券代码600674，前身是四川峨铁。1998年，四川省投资集团有限责任公司（简称川投集团）入主川投能源，开创了公司发展的新纪元。截止2012年6月底，川投能源总资产达153.64亿元，净资产81.58亿元，控参股电力总装机容量达1131.47万千瓦，权益装机346.6085万千瓦，资产和装机规模在全国31家地方国资电力上市公司以及省内71家上市公司中名列前茅，在全省6家电力上市公司中位居第一。公司总股本19.73亿股，控股股东川投集团持有国有法人股10.87亿股，持股比例为55.12%。川投能源现拥有二滩水电、田湾河、新光硅业、新光工程、嘉阳电力、天彭电力、交大光芒、长飞四川、国电大渡河9家投资关系企业。

在控股股东川投集团和社会各界的关心支持下，川投能源通过一系列的资产重组，走上了健康、可持续发展的道路。2005年，经过重大资产置换，奠定了主营业务由铁合金向电力主营的转变。2006年，川投能源顺利完成股权分置改革工作。2007年以来，通过非公开发行股票和现金收购等方式，将田湾河水电站80%股权优质水电资产、新光硅业38.9%股权新能源资产、二滩水电48%股权优质水电资产注入上市公司，

地址：中国·四川·成都市小南街23号川投大厦6楼　　邮编：610015
电话：+86 28 86098630　传真：+86 28 86098631　email：mail@ scte.com.cn

能源旗舰　行业蓝筹

川投能源确立了以水电为主、多晶硅新能源和高铁信息产业为辅的发展格局，逐步成长为主业突出、业绩优良、运作规范、公司治理好、市场形象佳的国有控股大型上市公司。

近年来，川投能源备受资本市场和社会各界青睐，连续入选“上证治理板块”、“上证180指数样本股”、“沪深300指数样本股”，荣获上海证券交易所评选的中国公司治理最高荣誉——“2011年度董事会奖提名奖”、“2011年度典型并购重组案例奖提名奖”。公司先后获得“中华全国总工会抗震救灾恢复重建工人先锋号”、“全国汶川地震灾后恢复重建先进集体”、“全国模范劳动关系和谐企业”等多项国家级荣誉。公司一直树立了诚信、负责的良好形象，1998至2011年连续13年获得“四川省重合同守信用先进单位”称号。此外还获得“中国证券市场年会金凤凰奖”、“中国上市公司市值管理百家优秀公司”、“最守诚信上市公司”、“最具投资价值上市公司”、《上海证券报》“公司治理资本创新公司奖”等多项殊荣。在《每日经济新闻报》联合多家媒体和116家机构评委倾力打造的全国上市公司“口碑榜”评选中，被代表市场2万亿元资金的广大投资者评选为“最具成长潜力上市公司”。

川投能源秉承科学发展的理念，始终把全体股东利益最大化作为追求的目标，坚持优化资产结构，完善公司治理，规范经营管理，提高营运水平，提升公司形象，持续健康发展，努力实现“能源旗舰，行业蓝筹”的发展愿景，为回报股东、报效社会做出贡献。

川投能源荣获“最具成长潜力”口碑奖

国电大渡河龚嘴电站

二滩

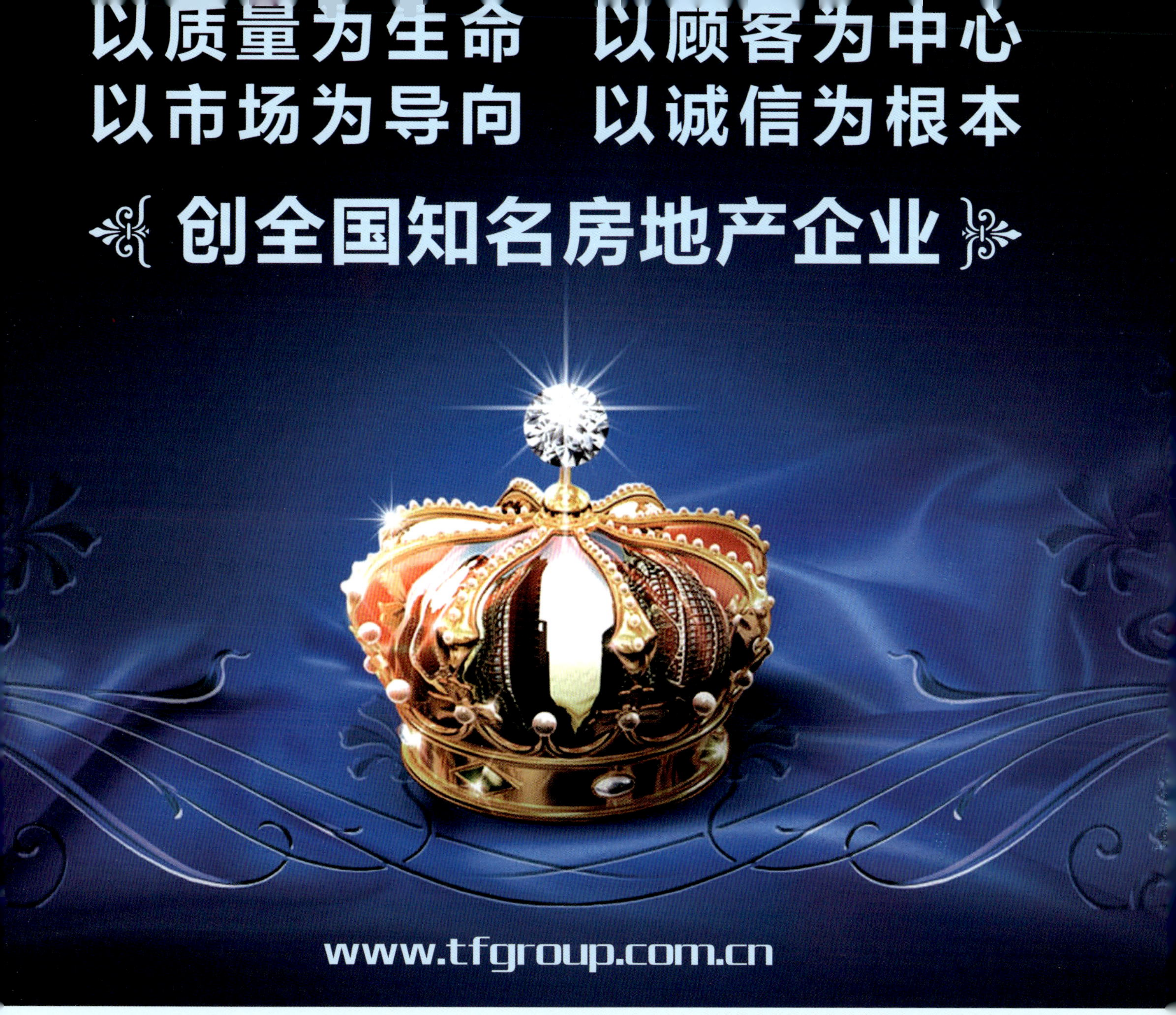
以质量为生命　以顾客为中心
以市场为导向　以诚信为根本
创全国知名房地产企业
www.tfgroup.com.cn

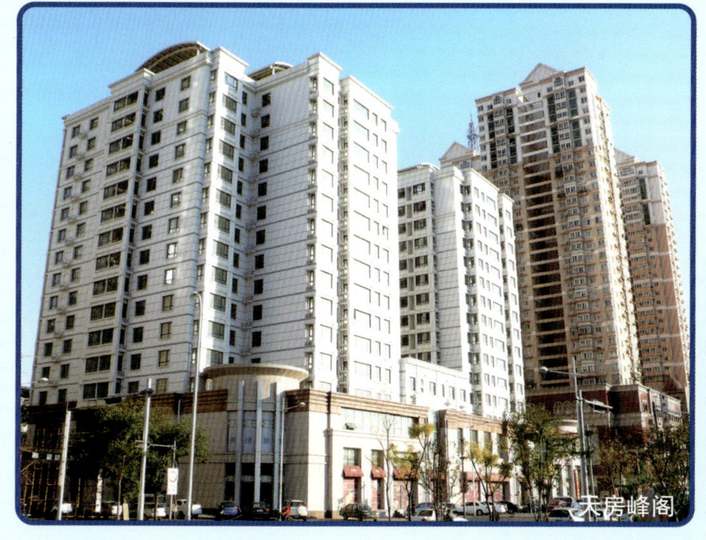

天房峰阁

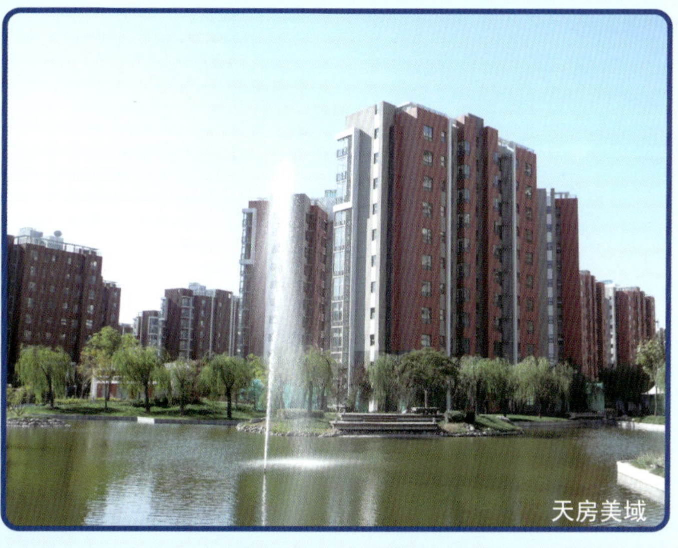

天房美域

第一编
专论

创新生活　共享健康

光明乳业股份有限公司是股份制上市公司，主要从事乳和乳制品的开发、生产和销售，奶牛和公牛的饲养、培育，物流配送，营养保健食品的开发、生产和销售。公司拥有世界一流的乳品研发中心、乳品加工设备以及先进的乳品加工工艺，形成了保鲜奶、酸奶、超高温灭菌奶、奶粉、黄油干酪、果汁饮料等系列产品，是目前国内最大规模的乳制品生产、销售企业之一。

公司以“聚焦乳业、领先新鲜、做强常温、突破奶粉”为战略目标，将企业形象定位于“中国乳业高端品牌引领者”。2012 年公司获得了“2012 年度企业诚信评价等级 AAA 企业”，“2011-2012 中国最佳表现公司50强”，“全国食品营养健康十佳单位”等荣誉称号。

专　　论

2011 年国民经济和社会发展统计公报[①]

中华人民共和国国家统计局　2012 年 2 月 22 日

2011 年，面对复杂严峻的国内外环境，全国各族人民在党中央、国务院的正确领导下，坚持以邓小平理论和“三个代表”重要思想为指导，坚持以科学发展为主题、以加快转变经济发展方式为主线，全面贯彻落实加强和改善宏观调控的各项政策措施，国民经济保持平稳较快发展，各项社会事业取得新的进步，实现了“十二五”时期良好开局。

一、综合

初步核算，全年国内生产总值[②]471564 亿元，比上年增长 9.2%。其中，第一产业增加值 47712 亿元，增长 4.5%；第二产业增加值 220592 亿元，增长 10.6%；第三产业增加值 203260 亿元，增长 8.9%。第一产业增加值占国内生产总值的比重为 10.1%，第二产业增加值比重为 46.8%，第三产业增加值比重为 43.1%。

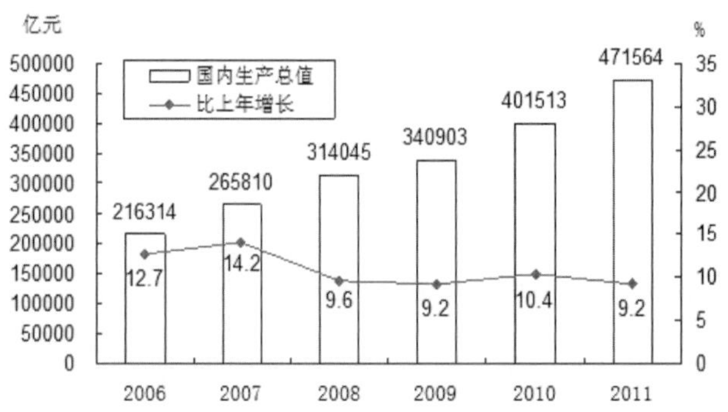

图 1　2006—2011 年国内生产总值及其增长速度

全年居民消费价格比上年上涨 5.4%，其中食品价格上涨 11.8%。固定资产投资价格上涨 6.6%。工业生产者出厂价格上涨 6.0%。工业生产者购进价格上涨 9.1%。农产品生产价格[③]上涨 16.5%。

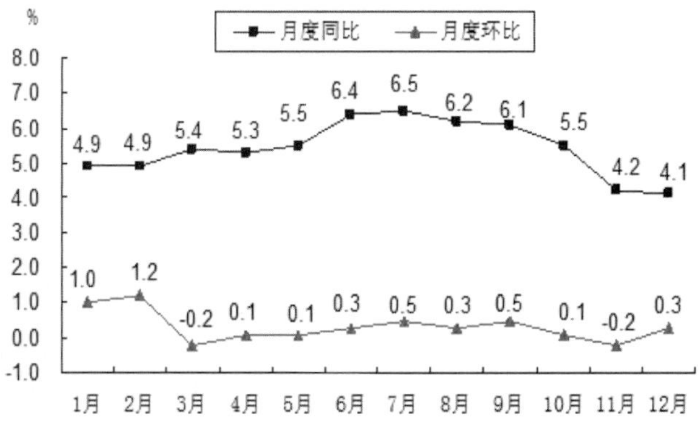

图 2　2011 年居民消费价格月底涨跌幅度

表 1　2011 年居民消费价格比上年涨跌幅度

单位：%

指　　标	全国	城市	农村
居民消费价格	5.4	5.3	5.8
其中：食　品	11.8	11.6	12.4
烟酒及用品	2.8	3.0	2.4
衣　着	2.1	2.2	1.9
家庭设备用品及维修服务	2.4	2.7	1.5
医疗保健和个人用品	3.4	3.4	3.3
交通和通信	0.5	0.2	1.3
娱乐教育文化用品及服务	0.4	0.3	0.8
居　住	5.3	5.1	5.7

70 个大中城市新建商品住宅销售价格月环比下降的城市个数逐步增加。12 月份，70 个大中城市中，环比价格下降的城市为 52 个，比 1 月份增加 49 个。

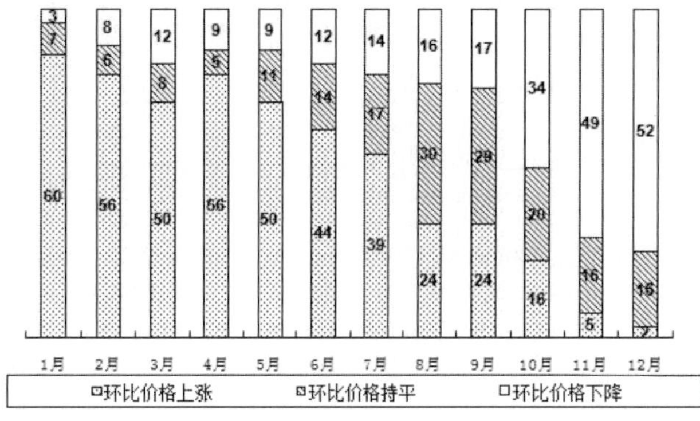

图 3　2011 年新建商品住宅月环比价格下降持平、上涨城市个数变化情况

年末全国就业人员 76420 万人，其中城镇就业人员 35914 万人。全年城镇新增就业 1221 万人。年末城镇登记失业率为 4.1%，与上年末持平。全年农民工[④]总量为 25278 万人，比上年增长 4.4%。其中，外出农民工 15863 万人，增长 3.4%；本地农民工 9415 万人，增长 5.9%。

年末国家外汇储备 31811 亿美元，比上年末增加 3338 亿美元。年末人民币汇率为 1 美元兑 6.3009 元人民币，比上年末升值 5.1%。

全年公共财政收入[⑤]103740 亿元，比上年增加 20639 亿元，增长 24.8%；其中税收收入 89720 亿元，增加 16510 亿元，增长 22.6%。

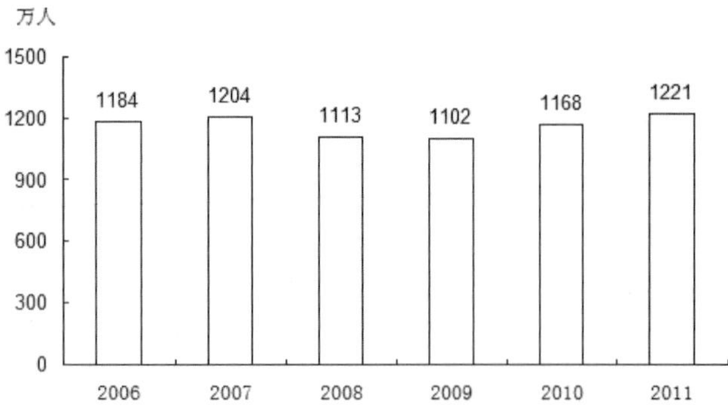

图 4　2006—2011 年城镇新增就业人数

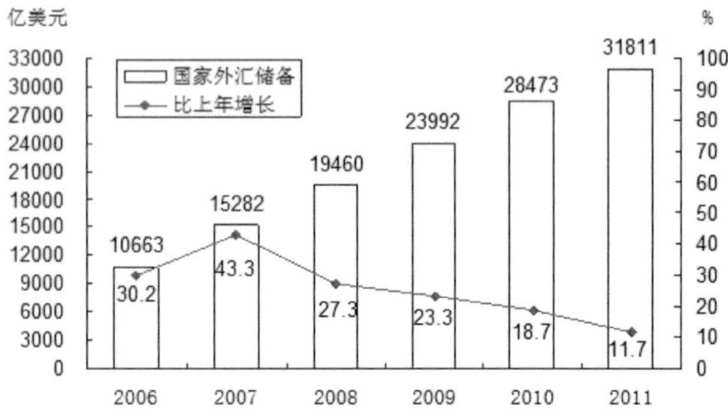

图 5　2006—2011 年年末国家外汇储备及其增长速度

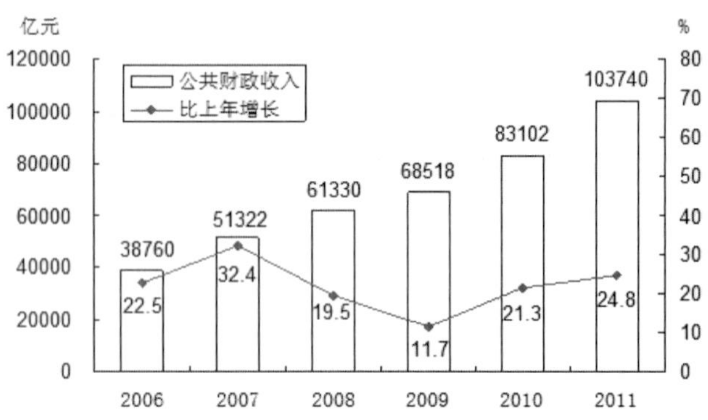

图 6　2006—2011 年公共财政收入[⑥]及其增长速度

二、农业

全年粮食种植面积 11057 万公顷，比上年增加 70 万公顷；棉花种植面积 504 万公顷，增加 19 万公顷；油料种植面积 1379 万公顷，减少 10 万公顷；糖料种植面积 195 万公顷，增加 4 万公顷。

全年粮食产量 57121 万吨，比上年增加 2473 万吨，增产 4.5%。其中，夏粮产量 12627 万吨，增产 2.5%；早稻产量 3276 万吨，增产 4.5%；秋粮产量 41218 万吨，增产 5.1%。

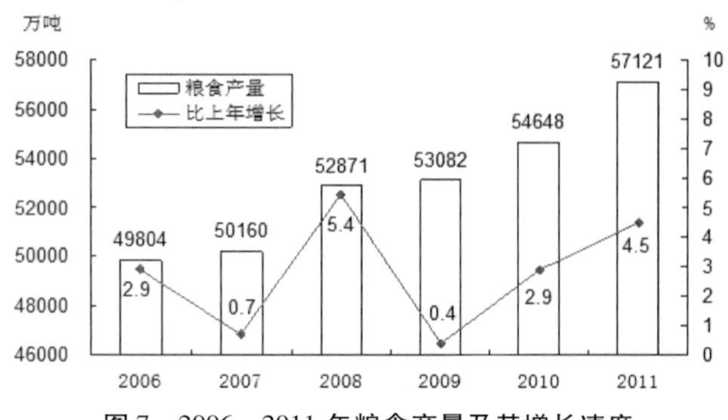

图 7　2006—2011 年粮食产量及其增长速度

全年棉花产量 660 万吨，比上年增产 10.7%。油料产量 3279 万吨，增产 1.5%。糖料产量 12520 万吨，增产 4.3%。烤烟产量 287 万吨，增产 5.1%。茶叶产量 162 万吨，增产 9.9%。

全年肉类总产量 7957 万吨，比上年增长 0.4%。其中，猪肉产量 5053 万吨，下降 0.4%；牛肉产量 648 万吨，下降 0.9%；羊肉产量 393 万吨，下降 1.4%。年末生猪存栏 46767 万头，增长 0.7%；生猪出栏 66170 万头，下降 0.8%。禽蛋产量 2811 万吨，增长 1.8%。牛奶产量 3656 万吨，增长 2.2%。

全年水产品产量 5600 万吨，比上年增长 4.2%。其中，养殖水产品产量 4026 万吨，增长 5.2%；捕捞水产品产量 1574 万吨，增长 1.9%。

全年木材产量 7272 万立方米，比上年下降 10.1%。

全年新增有效灌溉面积 181 万公顷，新增节水灌溉面积 221 万公顷。

三、工业和建筑业

全年全部工业增加值 188572 亿元，比上年增长 10.7%。规模以上工业增加值[⑦]增长 13.9%。在规模以上工业中，国有及国有控股企业增长 9.9%；集体企业增长 9.3%，股份制企业增长 15.8%，外商及港澳台商投资企业增长 10.4%；私营企业增长 19.5%。轻工业增长 13.0%，重工业增长 14.3%。

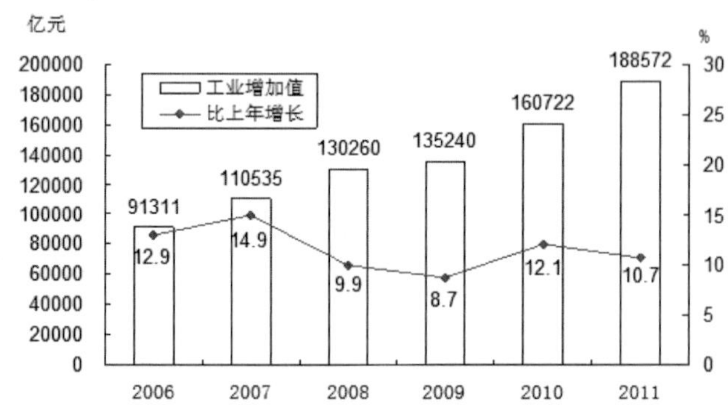

图 8　2006—2011 年全部工业增加值及其增长速度

全年规模以上工业中，农副食品加工业增加值比上年增长 14.1%，纺织业增长 8.3%，通用设备制造业增长 17.4%，专用设备制造业增长 19.8%，交通运输设备制造业增长 12.0%，通信设备、计算机及其他电子设备制造业增长 15.9%，电气机械及器材制造业增长 14.5%。六大高耗能行业[⑧]增加值比上年增长 12.3%，其中，非金属矿物制品业增长 18.4%，化学原料及化学制品制造业增长 14.7%，有色金属冶炼及压延加工业增长 13.6%，黑色金属冶炼及压延加工业增长 9.7%，电力、热力的生产和供应业增长 10.1%，石油加工、炼焦及核燃料加工业增长 7.6%。高技术制造业增加值比上年增长 16.5%。

表 2　2011 年主要工业产品产量及其增长速度

产品名称	单　位	产　量	比上年增长%
纱	万吨	2900.0	6.7
布	亿米	837.0	4.6
化学纤维	万吨	3390.0	9.7
成品糖	万吨	1187.4	6.2
卷烟	亿支	24474.0	3.0
彩色电视机	万台	12231.4	3.4
其中：液晶电视机	万台	10298.5	15.2

产品名称	单 位	产 量	比上年增长%
家用电冰箱	万台	8699.2	19.2
房间空气调节器	万台	13912.5	27.8
一次能源生产总量	亿吨标准煤	31.8	7.0
原煤	亿吨	35.2	8.7
原油	亿吨	2.04	0.3
天然气	亿立方米	1030.6	8.7
发电量	亿千瓦小时	47000.7	11.7
其中:火电	亿千瓦小时	38253.2	14.8
水电	亿千瓦小时	6940.4	-3.9
核电	亿千瓦小时	863.5	16.9
粗钢	万吨	68388.3	7.3
钢材⑨	万吨	88258.2	9.9
十种有色金属	万吨	3434.0	10.0
其中:精炼铜(电解铜)	万吨	517.9	12.9
原铝(电解铝)	万吨	1767.7	12.1
氧化铝	万吨	3417.2	18.1
水泥	亿吨	20.9	10.8
硫酸	万吨	7466.4	5.3
纯碱	万吨	2308.2	13.4
烧碱	万吨	2466.2	10.7
乙烯	万吨	1527.5	7.5
化肥(折100%)	万吨	6217.2	-1.9
发电机组(发电设备)	万千瓦	14410.4	11.9
汽车	万辆	1841.6	0.8
其中:基本型乘用车(轿车)	万辆	1012.7	5.8
大中型拖拉机	万台	40.2	19.3
集成电路	亿块	719.6	10.3
程控交换机	万线	3034.0	-3.3
移动通信手持机	万台	113257.6	13.5
微型计算机设备	万台	32036.7	30.3

全年规模以上工业企业实现利润54544亿元,比上年增长25.4%。

表3 2011年规模以上工业企业实现利润及其增长速度

单位:亿元

指 标	利润总额	比上年增长%
规模以上工业	54544	25.4
其中:国有及国有控股企业	14989	15.0
其中:集体企业	882	34.0
股份制企业	31651	31.2
外商及港澳台商投资企业	14038	10.6
其中:私营企业	16620	46.0

全年全社会建筑业增加值32020亿元,比上年增长10.0%。全国具有资质等级的总承包和专业承包建筑业企业实现利润4241亿元,增长24.4%,其中国有及国有控股企业1172亿元,增长36.0%。

四、固定资产投资

全年全社会固定资产投资⑩311022亿元,比上年增长23.6%,扣除价格因素,实际增长15.9%。其中,固定资产投资(不含农户)301933亿元,增长23.8%;农户投资9089亿元,增长15.3%。东部地区投资⑪130319亿元,比上年增长20.1%;中部地区投资70783亿元,增长27.5%;西部地区投资71849亿元,增长28.7%;东北地区投资32687亿元,增长30.4%。

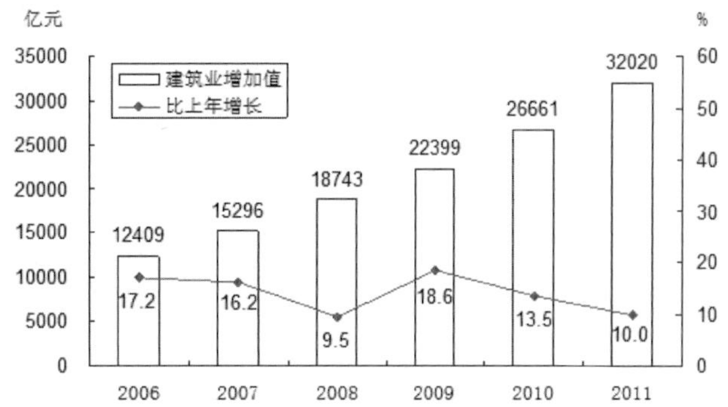

图9 2006—2011年建筑业增加值及其增长速度

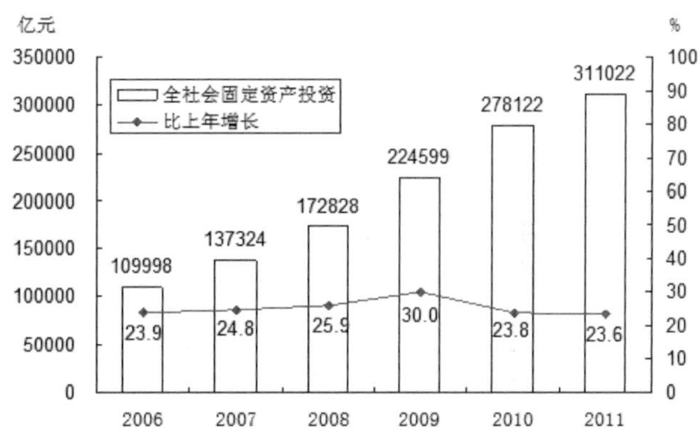

图10 2006—2011年全社会固定资产投资及其增长速度

表4 2011年分行业固定资产投资(不含农户)及其增长速度

单位:亿元

行 业	投资额	比上年增长%
总计	301933	23.8
农、林、牧、渔业	6792	25.0
采矿业	11810	21.4
其中:煤炭开采及洗选业	4897	25.9
石油和天然气开采业	3057	12.5
制造业	102594	31.8
其中:农副食品加工业	5229	44.1
食品制造业	2386	23.1
纺织业	3669	30.9
纺织服装、鞋、帽制造业	2267	43.0
石油加工、炼焦及核燃料加工业	2234	10.1
化学原料及化学制品制造业	8899	26.4
非金属矿物制品业	10448	31.8
黑色金属冶炼及压延加工业	3860	14.6
有色金属冶炼及压延加工业	3861	36.4
金属制品业	5045	23.1
通用设备制造业	7702	30.6
专用设备制造业	5893	39.2
交通运输设备制造业	8406	27.2
电气机械及器材制造业	7851	44.6
通信设备、计算机及其他电子设备制造业	5266	34.2
电力、燃气及水的生产和供应业	14607	3.8
其中:电力、热力的生产与供应业	11557	1.8

行　　业	投资额	比上年增长%
建筑业	3253	42.9
交通运输、仓储和邮政业	27260	1.8
信息传输、计算机服务和软件业	2161	0.4
批发和零售业	7322	40.1
住宿和餐饮业	3916	34.3
金融业	628	42.0
房地产业[12]	75685	29.7
租赁和商务服务业	3374	40.3
科学研究、技术服务和地质勘查业	1650	39.4
水利、环境和公共设施管理业	24537	14.2
居民服务和其他服务业	1217	52.9
教育	3882	13.7
卫生、社会保障和社会福利业	2331	28.1
文化、体育和娱乐业	3148	21.3
公共管理和社会组织	5766	18.1

在固定资产投资（不含农户）中，第一产业投资 6792 亿元，比上年增长 25.0%；第二产业投资 132263 亿元，增长 27.3%；第三产业投资 162877 亿元，增长 21.1%。

表 5　2011 年固定资产投资新增主要生产能力

指　　标	单　位	绝对数
新增发电机组容量	万千瓦	9041
新增 220 千伏及以上变电设备	万千伏安	20906
新建铁路投产里程	公里	2167
其中：高速铁路[13]	公里	1421
增建铁路复线投产里程	公里	1889
电气化铁路投产里程	公里	3398
新建公路	公里	55285
其中：高速公路	公里	9124
港口万吨级码头泊位新增吞吐能力	万吨	26639
新增光缆线路长度	万公里	209
新增数字蜂窝移动电话交换机容量	万户	20406

全年房地产开发投资 61740 亿元，比上年增长 27.9%。其中，住宅投资 44308 亿元，增长 30.2%；办公楼投资 2544 亿元，增长 40.7%；商业营业用房投资 7370 亿元，增长 30.5%。

全年新开工建设城镇保障性安居工程住房 1043 万套（户），基本建成城镇保障性安居工程住房 432 万套。

表 6　2011 年房地产开发和销售主要指标完成情况及其增长速度

指　　标	单　位	绝对数	比上年增长%
投资额	亿元	61740	27.9
其中：住宅	亿元	44308	30.2
其中：90 平方米及以下	亿元	13637	28.0
房屋施工面积	万平方米	507959	25.3
其中：住宅	万平方米	388439	23.4
房屋新开工面积	万平方米	190083	16.2
其中：住宅	万平方米	146035	12.9
房屋竣工面积	万平方米	89244	13.3
其中：住宅	万平方米	71692	13.0
商品房销售面积	万平方米	109946	4.9
其中：住宅	万平方米	97030	3.9
本年资金来源	亿元	83246	14.1
其中：国内贷款	亿元	12564	0.0
其中：个人按揭贷款	亿元	8360	-12.2
本年购置土地面积	万平方米	40973	2.6
土地成交价款	亿元	8049	-1.9

五、国内贸易

全年社会消费品零售总额 183919 亿元，比上年增长 17.1%，扣除价格因素，实际增长 11.6%。按经营地统计[14]，城镇消费品零售额 159552 亿元，增长17.2%；乡村消费品零售额 24367 亿元，增长 16.7%。按消费形态统计，商品零售额 163284 亿元，增长 17.2%；餐饮收入额 20635 亿元，增长 16.9%。

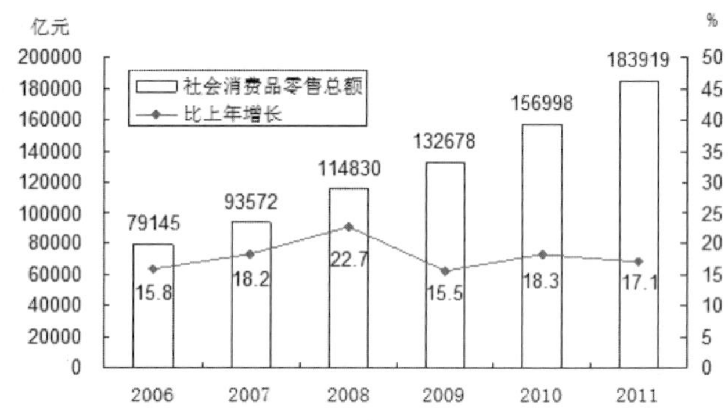

图 11　2006—2011 年社会消费品零售总额及其增长速度

在限额以上企业商品零售额中，汽车类零售额比上年增长 14.6%，粮油类增长 29.1%，肉禽蛋类增长 27.6%，服装类增长 25.1%，日用品类增长 24.1%，文化办公用品类增长 27.6%，通讯器材类增长 27.5%，化妆品类增长 18.7%，金银珠宝类增长 42.1%，中西药品类增长 21.5%，家用电器和音像器材类增长 21.6%，家具类增长 32.8%，建筑及装潢材料类增长 30.1%。

六、对外经济

全年货物进出口总额 36421 亿美元，比上年增长 22.5%。其中，出口 18986 亿美元，增长 20.3%；进口 17435 亿美元，增长 24.9%。进出口差额（出口减进口）1551 亿美元，比上年减少 264 亿美元。

表 7　2011 年货物进出口总额及其增长速度

单位：亿美元

指　　标	绝对数	比上年增长%
货物进出口总额	36421	22.5
货物出口额	18986	20.3
其中：一般贸易	9171	27.3
加工贸易	8354	12.9
其中：机电产品	10856	16.3
高新技术产品	5488	11.5
其中：国有企业	2672	14.1
外商投资企业	9953	15.4

指 标	绝对数	比上年增长%
其他企业	6360	32.2
货物进口额	17435	24.9
其中:一般贸易	10075	31.0
加工贸易	4698	12.5
其中:机电产品	7533	14.1
高新技术产品	4630	12.2
其中:国有企业	4934	27.1
外商投资企业	8648	17.1
其他企业	3852	42.9
进出口差额(出口减进口)	1551	—

表 8 2011 年主要商品出口数量、金额及其增长速度

商品名称	单位	数量	比上年增长%	金额(亿美元)	比上年增长%
煤	万吨	1466	-23.0	27	20.6
钢材	万吨	4888	14.9	513	39.2
纺织纱线、织物及制品	—	—	—	947	22.9
服装及衣着附件	—	—	—	1532	18.3
鞋类	—	—	—	417	17.1
家具及其零件	—	—	—	379	15.0
自动数据处理设备及其部件	万台	183427	10.1	1763	7.5
手持或车载无线电话	万台	87509	15.5	628	34.3
集装箱	万个	324	29.6	114	57.7
液晶显示板	万个	244141	8.5	295	11.5
汽车(包括整套散件)	万辆	82	52.2	99	60.5

表 9 2011 年主要商品进口数量、金额及其增长速度

商品名称	数量(万吨)	比上年增长%	金额(亿美元)	比上年增长%
谷物及谷物粉	545	-4.6	20	33.8
大豆	5264	-3.9	298	18.9
食用植物油	657	-4.4	77	28.0
铁矿砂及其精矿	68608	10.9	1124	40.9
氧化铝	188	-56.4	8	-48.1
煤	18240	10.8	209	23.6
原油	25378	6.0	1967	45.3
成品油	4060	10.1	327	45.5
初级形状的塑料	2304	-3.7	472	8.3
纸浆	1445	27.1	119	35.3
钢材	1558	-5.2	216	7.3
未锻造的铜及铜材	407	-5.1	368	12.0

表 10 2011 年对主要国家和地区货物进出口额及其增长速度

单位:亿美元

国家和地区	出口额	比上年增长%	进口额	比上年增长%
欧盟	3560	14.4	2112	25.4
美国	3245	14.5	1222	19.6
中国香港	2680	22.8	155	26.4
东盟	1701	23.1	1928	24.6
日本	1483	22.5	1946	10.1
韩国	829	20.6	1627	17.6
印度	505	23.5	234	12.1
俄罗斯	389	31.4	403	55.6
中国台湾	351	18.3	1249	7.9

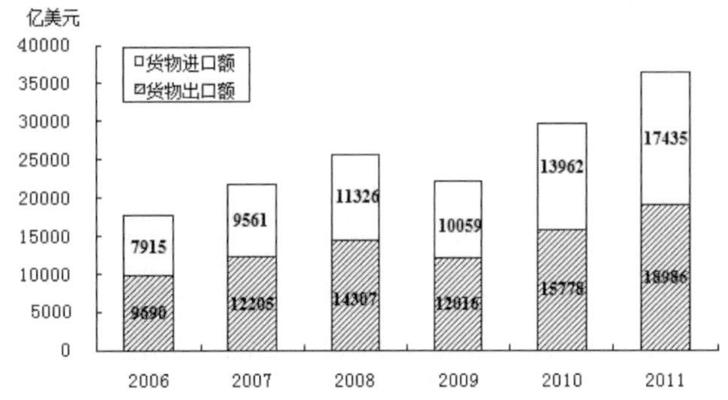

图 12 2006—2011 年货物进出口总额

全年非金融领域新批外商直接投资企业 27712 家,比上年增长 1.1%。实际使用外商直接投资金额 1160 亿美元,增长 9.7%。

表 11 2011 年非金融领域外商直接投资及其增长速度

行 业	企业数(家)	比上年增长%	实际使用金额(亿美元)	比上年增长%
总计	27712	1.1	1160.1	9.7
其中:农、林、牧、渔业	865	-6.9	20.1	5.1
制造业	11114	0.6	521.0	5.1
电力、燃气及水的生产和供应业	214	1.9	21.2	-0.3
交通运输、仓储和邮政业	413	4.3	31.9	42.2
信息传输、计算机服务和软件业	993	-5.1	27.0	8.5
批发和零售业	7259	7.0	84.2	27.7
房地产业	466	-32.4	268.8	12.1
租赁和商务服务业	3518	2.9	83.8	17.6
居民服务和其他服务业	212	-2.3	18.8	-8.2

全年非金融类对外直接投资额 601 亿美元,比上年增长 1.8%。

全年对外承包工程业务完成营业额 1034 亿美元,比上年增长 12.2%;对外劳务合作派出各类劳务人员 45.2 万人,增加 4.1 万人。

七、交通、邮电和旅游

全年货物运输总量 369 亿吨,比上年增长 13.7%。货物运输周转量 159014 亿吨公里,增长 12.1%。

表 12 2011 年各种运输方式完成货物运输量及其增长速度

指 标	单 位	绝对数	比上年增长%
货物运输总量	亿 吨	368.5	13.7
铁路	亿 吨	39.3	8.0
公路	亿 吨	281.3	14.9
水运	亿 吨	42.3	11.7
民航	万 吨	552.8	-1.8
管道	亿 吨	5.4	9.0
货物运输周转量	亿吨公里	159014.1	12.1
铁路	亿吨公里	29465.8	6.6
公路	亿吨公里	51333.2	18.3
水运	亿吨公里	75196.2	9.9
民航	亿吨公里	171.7	-4.0
管道	亿吨公里	2847.2	29.6

表 13　2011 年各种运输方式完成旅客运输量及其增长速度

指　标	单　位	绝对数	比上年增长%
旅客运输总量	亿　人	351.8	7.6
铁路	亿　人	18.6	11.1
公路	亿　人	327.9	7.4
水运	亿　人	2.4	8.6
民航	亿　人	2.9	9.2
旅客运输周转量	亿人公里	30935.8	10.9
铁路	亿人公里	9612.3	9.7
公路	亿人公里	16732.6	11.4
水运	亿人公里	74.2	2.6
民航	亿人公里	4516.7	11.8

全年规模以上港口完成货物吞吐量 90.7 亿吨，比上年增长 11.9%，其中外贸货物吞吐量 27.5 亿吨，增长 10.8%。规模以上港口集装箱吞吐量 16231 万标准箱，增长 11.4%。年末全国民用汽车保有量达到 10578 万辆（包括三轮汽车和低速货车 1228 万辆），比上年末增长 16.4%，其中私人汽车保有量 7872 万辆，增长 20.4%。民用轿车保有量 4962 万辆，增长 23.2%，其中私人轿车 4322 万辆，增长 25.5%。

全年完成邮电业务总量[⑮] 13379 亿元，比上年增长 16.5%。其中，邮政业务总量 1608 亿元，增长 25.0%；电信业务总量 11772 亿元，增长 15.5%。全年局用交换机容量减少 3070 万门，总容量 43467 万门；新增移动电话交换机容量[⑯] 20406 万户，达到 170691 万户。年末固定电话用户 28512 万户。其中，城市电话用户 19110 万户，农村电话用户 9402 万户。新增移动电话用户 12725 万户，年末达到 98625 万户，其中 3G 移动电话用户[⑰] 12842 万户。年末全国固定及移动电话用户总数达到 127137 万户，比上年末增加 11802 万户。电话普及率达到 94.9 部/百人。互联网上网人数 5.13 亿人，互联网普及率达到 38.3%。

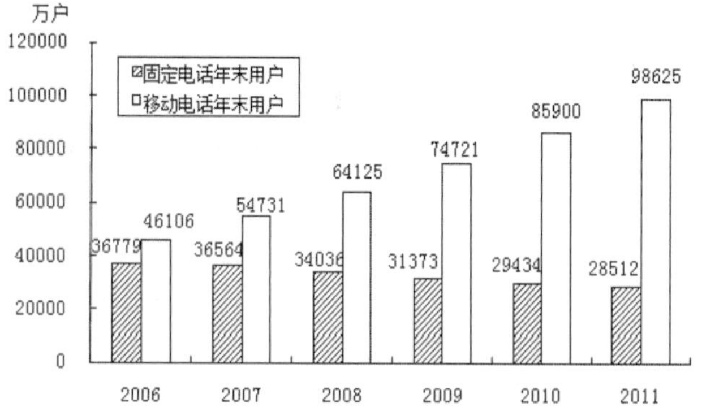

图 13　2006—2011 年年末电话用户数

全年国内出游人数 26.4 亿人次，比上年增长 13.2%；国内旅游收入 19306 亿元，增长 23.6%。入境旅游人数 13542 万人次，增长 1.2%。其中，外国人 2711 万人次，增长 3.8%；香港、澳门和台湾同胞 10831 万人次，增长 0.6%。在入境旅游者中，过夜旅游者 5758 万人次，增长 3.4%。国际旅游外汇收入 485 亿美元，增长 5.8%。国内居民出境人数 7025 万人次，增长 22.4%。其中因私出境 6412 万人次，增长24.5%，占出境人数的 91.3%。

八、金融

年末广义货币供应量（M2）余额为 85.2 万亿元，比上年末增长 13.6%；狭义货币供应量（M1）余额为 29.0 万亿元，增长 7.9%；流通中现金（M0）余额为 5.1 万亿元，增长 13.8%。

年末全部金融机构本外币各项存款余额 82.7 万亿元，比年初增加 9.9 万亿元，其中人民币各项存款余额 80.9 万亿元，增加 9.6 万亿元。全部金融机构本外币各项贷款余额 58.2 万亿元，增加 7.9 万亿元，其中人民币各项贷款余额 54.8万亿元，增加 7.5 万亿元。

表 14　2011 年年末全部金融机构本外币存贷款余额及其增长速度

单位：亿元

指　标	年末数	比上年末增长%
各项存款余额	826701	13.5
其中：住户存款	351957	15.5
其中：人民币	348046	15.7
非金融企业存款	313981	9.5
各项贷款余额	581893	15.9
其中：境内短期贷款	217480	21.8
境内中长期贷款	333747	11.8

全年农村金融合作机构（农村信用社、农村合作银行、农村商业银行）人民币贷款余额 66778 亿元，比年初增加 10012 亿元。全部金融机构人民币消费贷款余额 88717 亿元，增加 14803 亿元。其中，个人短期消费贷款余额 13555 亿元，增加 3965 亿元；个人中长期消费贷款余额 75162 亿元，增加 10838 亿元。

全年上市公司通过境内市场累计筹资 6780 亿元，比上年减少 3495 亿元。其中，首次公开发行 A 股 282 只，筹资 2825 亿元，减少 2058 亿元；A 股再筹资（包括配股、公开增发、非公开增发、认股权证）筹资 2248 亿元，减少 1824 亿元；上市公司通过发行可转债、可分离债、公司债筹资 1707 亿元，增加 387 亿元。全年公开发行创业板股票 128 只，筹资 791 亿元。

全年发行非上市公司企业（公司）债券 3485 亿元，比上年减少 142 亿元。企业发行短期融资券 8029 亿元，增加 1287 亿元；中期票据 7270 亿元，增加 2346 亿元。

全年保险公司原保险保费收入[⑱] 14339 亿元，比上年增长[⑲] 10.5%，其中寿险业务原保险保费收入 8696 亿元；健康险和意外伤害险业务原保险保费收入 1025 亿元；财产险业务原保险保费收入 4618 亿元。支付各类赔款及给付 3929 亿元，其中寿险业务给付 1301 亿元；健康险和意外伤害险赔款及给付 441 亿元；财产险业务赔款 2187 亿元。

九、教育、科学技术和文化

全年研究生教育招生 56.0 万人，在学研究生 164.6 万人，毕业生 43.0 万人。普通高等教育本专科招生 681.5 万人，在校生 2308.5 万人，毕业生 608.2 万人。各类中等职业教育招生 808.9 万人，在校生 2196.6 万人，毕业生 662.7 万人。全国普通高中招生 850.8 万人，在校生 2454.8 万人，毕业生 787.7 万人。全国初中招生 1634.7 万人，在校生 5066.8 万人，毕业生 1736.7 万人。普通小学招生 1736.8 万人，在校生 9926.4 万人，毕业生 1662.8 万人。特殊教育招生 6.4 万人，在校生 39.9 万人，毕业生 4.4 万人。幼儿园在园幼儿 3424.4 万人。

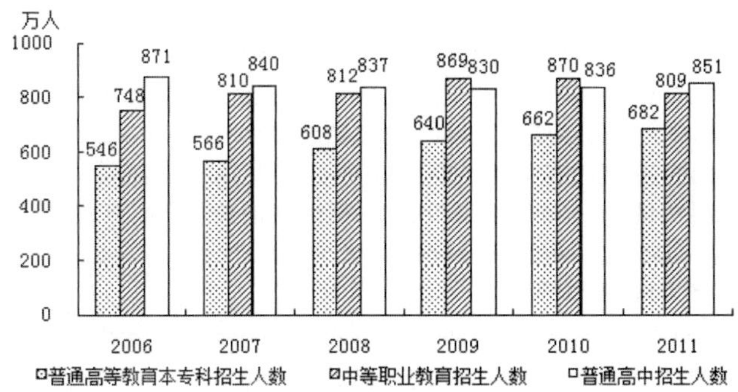

图 14 2006—2011 年普通高等教育、中等职业教育及普通高中招生人数

全年研究与试验发展(R&D)经费支出 8610 亿元,比上年增长 21.9%,占国内生产总值的 1.83%,其中基础研究经费 396 亿元。全年国家安排了 952 项科技支撑计划课题,524 项"863"计划课题。累计建设国家工程研究中心 130 个,国家工程实验室 119 个。累计建设国家地方联合工程研究中心 101 个,国家地方联合工程实验室 116 个。国家认定企业技术中心达到 793 家。省级企业技术中心达到 6824 家。实施新兴产业创投计划,累计支持设立 61 家创业投资企业,投资创业企业 108 家。全年受理境内外专利申请 163.3 万件,其中境内申请 147.9 万件,占 90.5%。受理境内外发明专利申请 52.6 万件,其中境内申请 40.4 万件,占 76.7%。全年授予专利权 96.1 万件,其中境内授权 86.4 万件,占 89.9%。授予发明专利权 17.2 万件,其中境内授权 10.6 万件,占 61.5%。截至年底,有效专利 274.0 万件,其中境内有效专利 220.2 万件,占 80.4%;有效发明专利 69.7 万件,其中境内有效发明专利 31.8 万件,占 45.7%。全年共签订技术合同 25.6 万项,技术合同成交金额 4763.6 亿元,比上年增长 21.9%。全年成功发射卫星 19 次。天宫一号目标飞行器和神舟八号飞船成功发射并实现空中交会对接。载人深潜器"蛟龙"号成功完成 5000 米海试。

年末全国共有产品检测实验室 25669 个,其中国家检测中心 476 个。全国现有产品质量、体系认证机构 174 个,已累计完成对 83549 个企业的产品认证。全国共有法定计量技术机构 3740 个,全年强制检定计量器具 6179 万台(件)。全年制定、修订国家标准 1993 项,其中新制定 1559 项。全年中央气象台和省级气象台共发布气象预警信号 4034 次,警报 4337 次。全国共有地震台站 1480 个,地震监测台网 32 个。全国共有海洋观测站 74 个。测绘地理信息部门公开出版地图 2103 种。

年末全国文化系统共有艺术表演团体 2481 个,博物馆 2571 个,全国共有公共图书馆 2925 个,文化馆 3276 个。广播电台 197 座,电视台 213 座,广播电视台 2153 座,教育电视台 44 个。有线电视用户 20152 万户,有线数字电视用户 11455 万户。年末广播节目综合人口覆盖率为 97.1%;电视节目综合人口覆盖率为 97.8%。全年生产电视剧 469 部 14939 集,动画电视 261444 分钟。全年生产故事影片 558 部,科教、纪录、动画和特种影片[20] 131 部。出版各类报纸 467 亿份,各类期刊 33 亿册,图书 77 亿册(张)。年末全国共有档案馆 4107 个,已开放各类档案 10376 万卷(件)。

全年运动员在 24 个大项中获得 138 个世界冠军,共有 4 人 1 队 8 次创 8 项世界纪录。

十、卫生和社会服务

年末全国共有医疗卫生机构 953432 个,其中医院 21638 个,乡镇卫生院 37374 个,社区卫生服务中心(站)32812 个,诊所(卫生所、医务室)177754 个,村卫生室 659596 个,疾病预防控制中心 3499 个,卫生监督所(中心)3005 个。卫生技术人员 620 万人,其中执业医师和执业助理医师 251 万人,注册护士 224 万人。医疗卫生机构床位 515 万张,其中医院 368 万张,乡镇卫生院 103 万张。全年甲、乙类法定报告传染病发病人数 323.8 万例,报告死亡 15264 人;报告传染病发病率 241.44/10 万,死亡率 1.14/10 万。

年末全国共有各类提供住宿的社会服务机构[21] 4.5 万个,床位 367.2 万张,收养救助各类人员 279.6 万人。其中,农村养老服务机构 3.2 万个,床位 232.6 万张,收养各类人员 182.8 万人。各类社区服务设施 14.8 万个,其中,社区服务中心 1.4 万个,社区服务站 4.9 万个。年末 2276.8 万城市居民得到政府最低生活保障,比上年末减少 33.7 万人;5313.5 万农村居民得到政府最低生活保障,增加 99.5 万人;552.0 万农村居民得到政府五保救济[22],减少 4.3 万人。全年救助城市医疗困难群众 711.4 万人次,救助农村医疗困难群众 1558.1 万人次;资助 1276.5 万城镇困难群众参加城镇医疗保险,资助 4544.3 万农村困难群众参加新型农村合作医疗。

十一、人口、人民生活和社会保障

年末全国大陆总人口为 134735 万人,比上年末增加 644 万人,其中城镇人口为 69079 万人,占总人口比重首次超过 50%,达到 51.3%。全年出生人口 1604 万人,出生率为 11.93‰;死亡人口 960 万人,死亡率为 7.14‰;自然增长率为 4.79‰。出生人口性别比为 117.78。全国人户分离的人口[23]为 2.71 亿人,其中流动人口[24]为 2.30 亿人。

表 15 2011 年年末人口数及其构成

单位:万人

指 标	年末数	比重%
全国总人口	134735	100.0
其中:城镇	69079	51.3
乡村	65656	48.7
其中:男性	69068	51.3
女性	65667	48.7
其中:0—14 岁	22164	16.5
15—59 岁	94072	69.8
60 岁及以上	18499	13.7
其中:65 岁及以上	12288	9.1

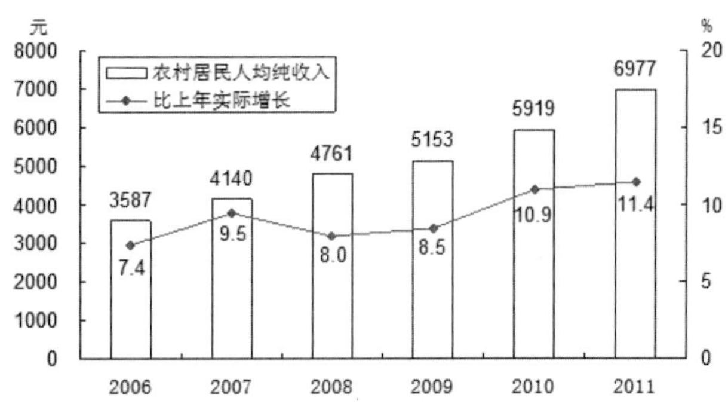

图 15 2006—2011 年农村居民人均纯收入及其实际增长速度

全年农村居民人均纯收入 6977 元，比上年增长 17.9%，扣除价格因素，实际增长 11.4%；农村居民人均纯收入中位数[25]为 6194 元，增长 19.1%。城镇居民人均可支配收入 21810 元，比上年增长 14.1%，扣除价格因素，实际增长 8.4%；城镇居民人均可支配收入中位数为 19118 元，增长 13.5%。农村居民食品消费支出占消费总支出的比重为 40.4%，城镇为 36.3%。

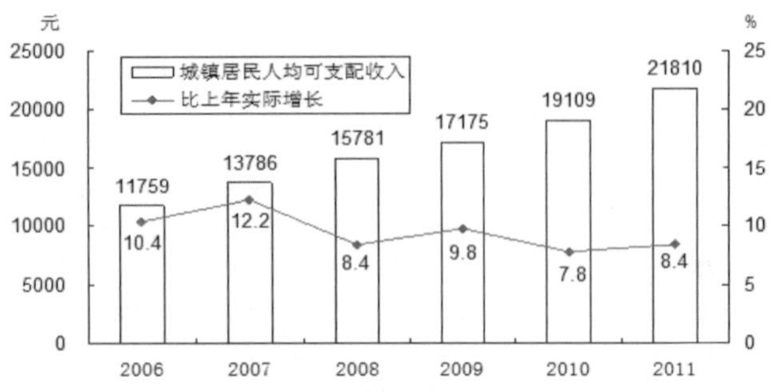

图 16 2006—2011 年城镇居民人均可支配收入及其实际增长速度

年末全国参加城镇职工基本养老保险人数 28392 万人，比上年末增加 2685 万人。其中，参保职工 21574 万人，参保离退休人员 6819 万人。参加城镇基本医疗保险的人数 47291 万人，增加 4028 万人。其中，参加城镇职工基本医疗保险[26]人数 25226 万人，参加城镇居民基本医疗保险人数 22066 万人。参加城镇基本医疗保险的农民工 4641 万人，增加 58 万人。参加失业保险的人数 14317 万人，增加 941 万人。参加工伤保险的人数 17689 万人，增加 1528 万人，其中参加工伤保险的农民工 6837 万人，增加 537 万人。参加生育保险的人数 13880 万人，增加 1544 万人。截至 9 月底，2646 个县（市、区）开展了新型农村合作医疗工作，新型农村合作医疗参合率 97.5%；新型农村合作医疗基金支出总额为 1114 亿元，受益 8.4 亿人次。全国列入国家新型农村社会养老保险试点地区参保人数 32643 万人。年末全国领取失业保险金人数为 197 万人。2011 年，国家将农村扶贫标准提高到年人均纯收入 2300 元（2010 年不变价），按照新标准，年末农村扶贫对象为 12238 万人。

十二、资源、环境和安全生产

全年全国国有建设用地供应总量[27]58.8 万公顷，比上年增长 37.2%。其中，工矿仓储用地 19.3 万公顷，增长 26.2%；房地产用地[28]16.7 万公顷，增长 9.2%；基础设施等其他用地 22.8 万公顷，增长 86.1%。

全年水资源总量 24022 亿立方米。全年平均降水量 567 毫米。年末全国 422 座大型水库蓄水总量 1956 亿立方米，比上年末少蓄水 69 亿立方米。全年总用水量 6080 亿立方米，比上年增长 1.0%。其中，生活用水增长 2.5%，工业用水增长 0.9%，农业用水增长 0.8%，生态补水下降 4.0%。万元国内生产总值用水量[29]139 立方米，比上年下降 7.3%。万元工业增加值用水量 82 立方米，下降 8.9%。人均用水量 452 立方米，增长 0.4%。

全年完成造林面积 614 万公顷，其中人工造林 414 万公顷。林业重点工程完成造林面积 311 万公顷，占全部造林面积的 50.7%。截至年底，自然保护区达到 2640 个，其中国家级自然保护区 335 个。新增水土流失治理面积 3.9 万平方公里，新增实施水土流失地区封育保护面积 2.8 万平方公里。截至年底，已确权集体林地面积为 17333 万公顷，其中发放林权证的面积为 15100 万公顷。

全年平均气温为 9.3℃，共有 7 个台风登陆。

初步核算，全年能源消费总量 34.8 亿吨标准煤，比上年增长 7.0%。煤炭消费量增长 9.7%；原油消费量增长 2.7%；天然气消费量增长 12.0%；电力消费量增长 11.7%。全国万元国内生产总值能耗下降 2.01%。主要原材料消费[30]中，钢材消费量 8.4 亿吨，增长 9.0%；精炼铜消费量 786 万吨，增长 5.2%；电解铝消费量 1724 万吨，增长 12.1%；乙烯消费量 1528 万吨，增长 7.5%；水泥消费量 20.7 亿吨，增长 11.2%。

七大水系的 398 个水质监测断面中，Ⅰ—Ⅲ类水质断面比例占 56.3%，比上年提高 0.3 个百分点；劣Ⅴ类水质断面比例占 15.3%，下降 2.0 个百分点。七大水系水质总体上保持稳定。

近岸海域 301 个海水水质监测点中，达到国家一、二类海水水质标准的监测点占 62.8%，三类海水占 12.0%，四类、劣四类海水占 25.2%。

在监测的 330 个城市中，有 293 个城市空气质量达到二级以上（含二级）标准，占监测城市数的 88.8%；有 33 个城市为三级，占 10.0%；有 4 个城市为劣三级，占 1.2%。在监测的 316 个城市中，城市区域声环境质量好的城市占 5.1%，较好的占 72.8%，轻度污染的占 21.5%，中度污染的占 0.6%。

年末城市污水处理厂日处理能力达 11255 万立方米，比上年末增长 7.8%；城市污水处理率达到 82.6%，提高 0.3 个百分点。集中供热面积 45.6 亿平方米，增长 4.6%。建成区绿地率达到 34.7%，提高 0.2 个百分点。

全年各类自然灾害造成直接经济损失 3096 亿元，比上年下降 42.0%。全年农作物受灾面积 3247 万公顷，下降 13.2%，其中绝收 289 万公顷，下降 40.5%。全年因洪涝、滑坡和泥石流灾害造成直接经济损失 1260 亿元，下降 64.0%。全年因旱灾造成直接经济损失 928 亿元，增长 22.6%。全年因低温冷冻和雪灾造成直接经济损失 290 亿元，下降 8.9%。全年因海洋灾害造成直接经济损失 60.5 亿元，下降 54.4%。全年累计发生赤潮面积 1145 平方公里，下降 89.5%。全年大陆地区共发生 5 级以上地震 17 次，成灾 15 次，造成直接经济损失 60.1 亿元。全年共发生森林火灾 5550 起，下降 28.1%。

全年各类生产安全事故共死亡 75572 人，比上年下降 5.0%。亿元国内生产总值生产安全事故死亡人数为 0.173 人，下降 13.9%；工矿商贸企业就业人员 10 万人生产安全事故死亡人数为 1.88 人，下降 11.7%；道路交通万车死亡人数为 2.8 人，下降 12.5%；煤矿百万吨死亡人数为 0.564 人，下降24.7%。

注释：

① 本公报中数据均为初步统计数。各项统计数据均未包括香港特别行政区、澳门特别行政区和台湾省。部分数据因四舍五入的原因，存在着与分项合计不等的情况。

② 国内生产总值、各产业增加值绝对数按现价计算，增长速度按不变价格计算。

③ 农产品生产价格是指农产品生产者直接出售其产品时的价格。

④ 年度农民工数量包括年内在本乡镇以外从业 6 个月以上的外出农民工和在本乡镇内从事非农产业 6 个月以上的本地农民工两部分。

⑤ 公共财政收入是指政府凭借国家政治权力，以社会管理者身份筹集以税收为主体的财政收入，与以往年份财政收入指标口径一致。

⑥ 图中2006年至2010年数据为公共财政收入决算数,2011年为执行数。

⑦ 从2011年开始,纳入规模以上工业统计范围的工业企业起点标准从年主营业务收入500万元提高到2000万元。

⑧ 六大高耗能行业分别为:化学原料及化学制品制造业、非金属矿物制品业、黑色金属冶炼及压延加工业、有色金属冶炼及压延加工业、石油加工炼焦及核燃料加工业、电力热力的生产和供应业。

⑨ 钢材产量及消费量数据中均含部分使用钢材加工成其他钢材的重复计算因素。

⑩ 从2011年开始,固定资产投资统计的起点标准从计划总投资50万元提高到500万元,因此2011年全社会固定资产投资绝对数与2010年不可比,但比上年增速是按可比口径计算的。与此同时,月度投资统计制度将统计范围从城镇扩大到城镇和农村企事业组织,并定义为"固定资产投资(不含农户)"。

⑪ 固定资产投资按东部、中部、西部和东北地区计算的合计数据小于全国数据,是因为有部分跨地区的投资未计算在地区数据中。其中,东部地区是指北京、天津、河北、上海、江苏、浙江、福建、山东、广东和海南10省市;中部地区是指山西、安徽、江西、河南、湖北和湖南6省;西部地区是指内蒙古、广西、重庆、四川、贵州、云南、西藏、陕西、甘肃、青海、宁夏和新疆12省(区、市);东北地区是指辽宁、吉林和黑龙江3省。

⑫ 房地产业投资除房地产开发投资外,还包括建设单位自建房屋以及物业管理、中介服务和其他房地产投资。

⑬ 高速铁路是指最高营运速度达到200公里/小时及以上的铁路。

⑭ 从2010年起,社会消费品零售总额统计采用新的分组,即将经营单位所在地分组由"市"、"县"、"县以下"改为"城镇"、"乡村";取消按行业分组,新设按"商品零售额"和"餐饮收入额"两种消费形态的分组。

⑮ 邮电业务总量按2010年不变价格计算,2001—2010年按照2000年不变价格计算,因此2011年邮电业务总量绝对数与2010年不可比,但比上年增速是按可比口径计算的。

⑯ 移动电话交换机容量是指移动电话交换机根据一定话务模型和交换机处理能力计算出来的最大同时服务用户的数量。

⑰ 3G是指第三代蜂窝移动通信系统(3rd - generation,简称3G),3G移动电话用户是指报告期末在计费系统拥有使用信息、占用3G网络资源的在网用户。

⑱ 原保险保费收入是指保险企业确认的原保险合同保费收入。

⑲ 原保险保费收入同比增速是按照行业2011年全面实施《企业会计准则解释第2号》后的口径测算。

⑳ 特种影片是指那些采用与常规影院放映在技术、设备、节目方面不同的电影展示方式,如巨幕电影、立体电影、立体特效(4D)电影、动感电影、球幕电影等。

㉑ 提供住宿的社会服务机构除收养性机构外,还包括救助类机构、社区类机构以及军休所、军供站等机构。

㉒ 农村五保救济是指老年、残疾和未满16周岁的村民,无劳动能力、无生活来源又无法定赡养、抚养、扶养义务人,或者其法定赡养、抚养、扶养义务人无赡养、抚养、扶养能力的村民,在吃、穿、住、医、葬方面得到的生活照顾和物质帮助。

㉓ 人户分离的人口是指居住地与户口登记地所在的乡镇街道不一致且离开户口登记地半年以上的人口。

㉔ 流动人口是指人户分离人口中不包括市辖区内人户分离的人口。市辖区内人户分离的人口是指一个直辖市或地级市所辖区内和区与区之间,居住地和户口登记地不在同一乡镇街道的人口。

㉕ 人均收入中位数是指将所有调查户按人均收入水平从低到高顺序排列,处于最中间位置的调查户的人均收入。

㉖ 城镇职工基本医疗保险人数包括参保职工和参保退休人员。城镇居民基本医疗保险的参保对象是不属于城镇职工基本医疗保险覆盖范围的城镇非从业人员。

㉗ 国有建设用地供应总量是指报告期市、县人民政府根据年度土地供应计划依法以出让、划拨、租赁等方式将国有建设用地使用权提供给单位或个人使用的国有建设用地总量。

㉘ 房地产用地是指商服用地和住宅用地的总和。

㉙ 万元国内生产总值用水量、万元工业增加值用水量和万元国内生产总值能耗按2010年不变价格计算,2006—2010年按照2005年不变价格计算,因此2011年绝对数与2010年不可比,但比上年增速是按可比口径计算的。

㉚ 主要原材料消费量是指表观消费量,即产品产量加上产品净进口量(进口 - 出口),没有包括库存变动。

资料来源:

本公报中城镇新增就业、登记失业率、社会保障数据来自人力资源社会保障部;外汇储备和汇率数据来自外汇局;财政数据来自财政部;水产品产量数据来自农业部;木材产量、林业、森林火灾数据来自林业局;灌溉面积、水资源数据来自水利部;新增发电机组容量、新增220千伏及以上变电设备数据来自中电联;新建铁路投产里程、增建铁路复线投产里程、电气化铁路投产里程、铁路运输数据来自铁道部;新建公路、港口万吨级码头泊位新增吞吐能力、公路运输、水运、港口货物吞吐量数据来自交通运输部;新增光缆线路长度、新增数字蜂窝移动电话交换机容量、电话用户、上网人数等通信数据来自工业和信息化部;保障性住房、城市污水处理、集中供热面积、建成区绿地率来自住房城乡建设部;货物进出口数据来自海关总署;外商直接投资、对外直接投资、对外承包工程、对外劳务合作等数据来自商务部;民航数据来自民航局;管道数据来自中石油、中石化;民用汽车数据来自公安部;邮政业务总量数据来自邮政局;旅游数据来自旅游局、公安部;货币金融数据来自人民银行;上市公司数据来自证监会;企业债券、国家工程研究中心、企业技术中心、新兴产业创投等数据来自发展改革委;保险业数据来自保监会;教育数据来自教育部;安排科技计划课题、技术合同等数据来自科技部;专利数据来自知识产权局;发射卫星数据来自国防科工局;质量检验、国家标准制定修订数据来自质检总局;气象预警、平均气温、登陆台风数据来自气象局;地震数据来自地震局;测绘数据来自测绘局;海洋观测站、海洋灾害造成直接经济损失、发生赤潮面积来自海洋局;艺术表演团体、博物馆、公共图书馆、文化馆数据来自文化部;广播、电视、电影数据来自广电总局;报纸、期刊、图书数据来自新闻出版总署;档案数据来自档案局;体育数据来自体育总局;卫生、新农合数据来自卫生部;社会服务、低保和五保救济数据、各类自然灾害造成直接经济损失、农作物受灾面积、洪涝滑坡和泥石流灾害造成直接经济损失、旱灾造成直接经济损失、低温冷冻和雪灾造成直接经济损失来自民政部;国有建设用地供应数据来自国土资源部;环境监测数据来自环境保护部;安全生产数据来自安全监管总局;其他数据均来自国家统计局。

走出危机僵局需要设计新的激励机制
——在中国金融 40 人论坛上的讲话

中国人民银行行长　周小川

(2012 年 4 月 28 日)

一、应对危机的政策选择

在今年 4 月刚刚结束的国际货币基金组织/世界银行春季例会中,基金组织首席经济学家布兰查德(Olivier Blanchard)提到了当前世界经济中存在着三个因素之间的恶性循环:一是缓慢的经济增长;二是许多国家需要进行财政整顿,而财政整顿又被认为可能阻碍增长;三是本应向实体经济注入资金、帮助恢复经济增长的银行业正面临困境,因而缺乏向经济提供信贷扩张的能力。

在这种情况下,基金组织提出的建议是在中期内进行财政整顿,但不要在短期内过度紧缩。这一说法和 2011 年 8 月美国债务上限问题期间美国政府的表态十分类似。但欧洲方面却提出不同意见,认为应立刻采取整顿措施,否则将无法取信于市场。有这样一个笑话:两个正在减肥的人进了一家快餐馆,A 只点了沙拉和水,B 却点了双份的巨无霸汉堡、可乐和薯条。A 对 B 的做法十分好奇,问道:“你不是正在减肥吗?”B 却回答道:“没关系,不是从今天开始,但我有一份可信的中期减肥计划!”意思是,如果不从现在就开始整顿,有谁会相信所谓中期整顿计划是可信的?

一些经济学家和中央银行家们认为,存在一种政策组合可以解决这种矛盾,即在实施财政整顿的同时采取扩张的货币政策。中央银行可以向经济注入流动性,将利率降至零并采取量化宽松政策。但这里的一个问题是,银行的行为可能会背离政策制定者的预期。这是因为银行面临着四大问题:一是银行资产质量问题,为此银行忙于修复资产负债表。二是巴塞尔协议Ⅲ的实施导致资本充足率要求上升,银行缺乏足够的资本支持信贷扩张。三是监管措施在危机期间加剧了收紧。监管政策应是逆周期的,但事实上经常出现顺周期的情况。四是融资问题,银行间市场和债券市场受危机影响都很不活跃,限制了银行的融资能力,例如欧元区的跨国银行间市场就出现了严重的不活跃。

二、金融部门行为及应对激励

在这种恶性循环的背景下,政策制定者能够做些什么呢?这种情况让我们想到亚洲金融危机。当时,中国也存在经济增长缓慢、通货紧缩、银行“技术性破产”等现象。人民银行对当时的情况进行了回顾,一种可能的解决办法是引入对金融机构的激励机制。传统上,央行货币政策的数学模型中不考虑金融部门的行为。这些模型中包含了央行、企业、居民部门,但却没有金融市场和银行部门。部分原因是人们简单地认为货币政策能够通过银行体系自动且顺畅地传导至实体经济的企业和居民部门。但是,美国采取了量化宽松政策后,却发现银行部门没有充分响应,欧洲也出现了这种状况。这就说明应重新考虑货币政策传导问题,将金融部门行为纳入到央行的货币政策模型中去。

当我们谈到中央银行向实体经济提供激励和负向激励时,也应该思考央行和其他监管当局是否有激励机制来引导商业银行。事实上,我们比较缺乏这种激励机制。那么我们能做的是什么呢?首先想到的是管理利差。

在 2000 年初,中国的大型银行面临重组,正在修复资产负债表并寻求更多资本,有可能影响其积极发挥资金媒介的作用,而且银行还过于担忧自身的资产质量。那时人们认识到管理利差的重要性,因为一定的利差可以激励银行在清理自身的同时也能将资金贷出。在这种情况下政府还通过剥离部分银行不良资产来帮助银行减少这种担忧,剥离比大量提供流动性更为有效,正如中国政府在上世纪 90 年代末和本世纪初所做的那样。从这里可以看到,如果能够把银行的行为纳入到宏观经济模型中,就可能有办法更好地促进银行体系的逆周期响应,激励银行更好地放贷。

如果我们分析银行的行为,会发现监管当局可以对银行进行激励。当需要加强这种调节时,监管者有时甚至可以直接约谈银行。但这里也存在一种不对称的现象,这种做法在收紧监管政策时颇为有用,但是在推动银行放贷时就不那么有用了。例如,在这次金融危机爆发后,美国财政部和美联储召集一些大银行家开会,试图动员他们积极参与应对,但效果并不理想。危机期间银行有两方面表现,一是规避风险,二是囤积现金。而之所以会囤积现金,是与零利率政策导致持有现金的成本过低有关。

中国近些年出现过两次关于是否降息并走向零利率的讨论。第一次是在 2000—2001 年中国出现通货紧缩。另一次是在 2009 年初,也就是危机刚刚爆发之后,那时不少国家将利率降至零,而中国的利率约从 4% 左右经过几次调降,在 2008 年末达到 2% 左右。当时有人提出要跟从发达国家也搞零利率政策,大家对此进行了讨论。当时,我们还不能确定凯恩斯的流动性陷阱是否存在,但那是一个非常危险的区域,如果银行体系变得消极可能会出问题。最终,中国将利率保持在 2% 左右。当时还需要货币政策进一步宽松,就选择了量化扩张。现在来评论这个抉择是否恰当还为时过早,但这可以说明在决策过程中似应考虑银行业的行为。

一个相关的话题是零下界利率区间。有不少论文从货币政策和泰勒规则的角度讨论了零下界利率问题。让我们换一个角度,从银行行为来说,如果负债方的成本为零,那么它的行为会出现改变,会倾向于囤积现金。关于这个问题,人们进行了一些研究,2011 年 7 月在清华大学召开的国际经济学会第 16 届全球大会上,我也谈过这个问题。我们可以设想,如果不在利率降至零后再采取量化宽松政策,而是在利率降至 1%—2% 时就采取量化宽松政策,效果可能有所不同。

三、是否救助与如何救助

第二个问题是关于危机救助的方式问题。在特定的条件下,如果央行确实不得不参与救助的话,就存在如何救助的问题,以及什么是优化的选择问题。刚才说到,过早地将利率降到零附近可能不是一种较优的选择,这涉及泰勒规则的适用区间和如何处置零下界区间的议题。另一个选择是央行实施大规模的数量宽松政策。初衷有可能是为了缓解危机和救助有问题的金融机构,但现行法规往往不支持央行直接参与救助。这样,经权衡,央行在权限范围内可做的事是普遍向金融市场注入大量流动性。

打个比方,这有点类似于局部农田干旱缺水,央行管着水库大坝,央行想挖几个渠来放水,使之流向特定的干旱农田,但法规说这不是央行的工作,则央行可做的只能是放开闸门大水漫灌,相信一部分水会达到需要的农田。但问题一是资源有所浪费(如未来有通胀);二是可能出现副作用(如新兴市场遭到过量资本流入);三是不确定需水之处能得到多少,公众是否满意。人们希望有"定向供水"或"滴灌"的能力,但过去制定法规和确定央行职能时未预见到此,当前就只能搞"大水漫灌"了。

对于这个问题,可能不必这么教条。似乎并没有明确的法律规定严格禁止中央银行在这些领域有所作为,问题的关键是涉及人们对央行目标与职能的法律精神的理解,可能更多地是一个如何解释有关条文的问题。在特殊情况下需要第一时间予以应对、解决问题,至于是否有足够的依据或授权,可之后再找解释。中国的金融机构在亚洲金融危机时出现过大面积的资不抵债,当时也曾说央行不可能有所为,但真到形势危急、迫不得已的时候,要有作为还是可以找到解释余地的。实践中我们就是"定向注水",由中央银行通过汇金公司持有金融机构股权,想办法将其救活了,之后再考虑退出。

总之,中央银行在应对危机时可设法寻找一些灵活性,找一些活动空间,而不是过于自我约束。从近来的实践看,欧洲中央银行(ECB)也在不得已情况下向希腊放了些水,而且还安排了债券购买计划(SMP)的手段。当然,对此还有争议,ECB 也做了大规模的长期再融资操作(LTRO)。

四、主权债务约束及应对激励

第三个问题是关于主权债务。是否需要一个激励机制,来更好地控制政府债务呢?许多国家认识到必须进行财政整顿,但部分公众却存在抵触情绪,存在意见冲突。那么是不是可以找到一个足够好的激励机制,既让政府能够顺利进行财政整顿,又能给公众明确信号,使他们认识到本国必须遵守财政纪律?

首先要看到,不同的经济体有不同的债务占 GDP 比率,同时这些经济体的内债和外债所占比例也都有所不同。例如,日本和意大利的大部分债务都是本国居民购买,而希腊等国的筹资渠道则较多依靠外国投资者。这些国家所面临的难题是不同的。如果债务以本国债务为主,虽然问题严重,但隔代的收入分配基本限于国内公众,有助于国内的理性讨论,也不会给全球金融市场造成太大风险。

那么,我们是否应该考虑一个运作机制,让政府债务基本集中于国内?看来是可能的。作为对这种机制的补充,如果负债的政府确实需要在国际上筹资,可向国际组织借款,如基金组织和世界银行。这样做有很多好处。第一,有助于形成定价机制。如果某国在国际上借款,但却无法提供足够的还款保证,而外国投资人也缺乏有效的制约手段,那么定价就可能出现问题。如果政府将绝大部分国债卖给国内投资者,这些投资者就会仔细权衡国债对他们微观经济情况的影响。第二,有助于在国内形成共识机制。如果债务主要由国内公众持有,他们之间更容易形成共识。现在欧洲的情况是,一方面政府实施财政整顿政策,另一方面公众却走上大街示威抗议。第三,外国投资者很难对别国政府的主权政策予以制约,这不仅是因为信息不足,也是因为外国投资者缺乏权力和渠道。国际组织在这方面会好很多,如作为补充性投资者可以有所作为。但现阶段国际组织进入可能为时偏晚,应在最初就考虑这一机制问题。

国外投资者则可以先向国际组织(如 IMF)投资,再通过国际组织间接投资于主权国家国债。这里也可以建立一个共同融资机制,即一部分投资通过国际组织进行,而另一部分可以作为捆绑投资。关键是国际组织具备影响主权国行为的能力,有能力为主权国设立借债条款。建立这样的机制对有经常项目顺差的国家也有好处,一方面它们可以更安全地投资海外,另一方面能降低外汇储备积累的积极性,更好地平衡国内经济。

从上述分析可以发现,外部债务存在很多道德风险问题。在亚洲金融危机期间就已经出现这些问题,比如一些东南亚国家过度依赖外债,且存在货币错配等问题。从国际角度看,发生过很多次债务危机,比如拉丁美洲危机。将债务主要限于国内市场是否是一种可行的方式?第一,技术上过去难以做到的,当今的 IT 能力已可办到,这也包括欧元区。第二,如国内储蓄率不能满足,则国内家庭和私人部门会向国外借,外国银行就会要求提供一定的抵押品,亦可通过该国银行要求本国居民或私人部门提供抵押品。这样本国居民需要自己花钱或用资产抵押来借钱购买本国国债,那么就会产生一种激励机制去限制政府债务过度增长。

对于欧元区来说,由于采用单一货币,较难区分国内和国际债权人的身份,但可以做出技术上的解决方案。中国也存在相类似的问题,比如地方政府融资平台。如果发债主体为省、市政府,而市场为全国性市场,也会出现举债缺乏制约、道德风险、定价机制失效等问题。因此,如果中国今后能建立一个地方政府债务体系,地方债应主要出售给当地居民,当地居民会基于自身的养老金、福利等问题来考虑是否购买,这样就构成了对地方政府债务的制约。

总之,对于如何解决当前的危机这个问题,可从多个角度来思考,而激励机制就是其中一个重要的方面。关于激励机制的基本理论及其应用,有很多优秀的经济学家做过深入的研究,比如已故的拉丰(Jean - Jacuqes Laffont)和赫维茨(Leonid Hurwicz)等,相关的文献也非常多,就不再详细展开了。

中国债券市场实现跨越式发展　地位日益突出

中国人民银行行长　周小川

（2012 年 8 月 31 日）

8 月 31 日，中国银行间市场交易商协会在京举行庆祝成立五周年座谈会，中国人民银行行长周小川，中国保监会主席项俊波，中国工商银行行长杨凯生，中国银行监事长李军等有关部门负责人以及交易商协会会员代表出席了会议。周小川指出，银行间债券市场的跨越式发展，使其在国民经济中的地位日益突出，在宏观调控、资金配置、价格形成和风险管理中发挥着日益重要的作用。

周小川指出，交易商协会的成立顺应了我国市场经济体制改革和行政管理体制改革的大趋势，是我国金融市场改革发展的重大制度创新。交易商协会成立后，遵循债券市场发展客观规律，坚持场外市场发展方向，将银行间债券市场投资主体定位于机构投资者，改审批制为注册制，坚持市场化方向推动银行间市场发展，形成了政府监管与市场自律管理相互配合的管理模式，初步做到了该放的坚决放开、该管的切实管住，大大激发了市场活力，对于促进我国银行间债券市场乃至整个金融市场快速发展发挥了重要作用。

周小川指出，交易商协会充分动员市场参与者力量，紧紧围绕实体经济发展需求，加快体制机制和金融产品创新，有力推动了银行间债券市场跨越式发展，市场规模快速扩大。截至 2012 年 7 月末，非金融企业债务融资工具余额达到 3.59 万亿元，占我国企业直接债务融资规模的 60%，公司信用类债券余额达 6.2 万亿元，占我国债券市场整体余额的25.8%，市场规模已排名世界第三位，亚洲第二位。

周小川说，银行间债券市场在原有产品的基础上创新推出了企业短期融资券、超短期融资券、中期票据、资产支持票据；推出信用风险缓释工具，填补了信用衍生产品市场空白；推出定向发行方式，形成了定向发行和公开发行双轨并行的债务融资工具市场发行机制。已经形成了以银行间场外债券市场和交易所场内债券市场并存、分工合作、互通互联的债券市场体系。

周小川强调，交易商协会要坚持市场化改革方向，继续推动债券市场快速健康发展。要不断总结经验，大胆探索，逐步建设成为中国场外金融市场真正的新型自律组织。要进一步推进体制机制创新和产品创新，以创新解决市场发展中出现的新情况新问题。要进行场外金融市场领域的相关标准制定，通过制定一整套市场标准体系，规范市场成员业务行为。要充分调动市场参与者的积极性，通过建立市场化导向的自律管理机制，逐步完善政府管理和自律管理互相配合的市场管理框架。要建立市场公约，推广和实施市场行为准则和从业人员道德操守，规范市场行为，协调会员利益，倡导和构建有序竞争的市场道德规范及市场正义理念。在把成熟市场经验“引进来”的同时，根据人民币国际化进程整体布局，要积极参与推动我国金融市场对外开放，不断扩大我国在国际金融市场标准制定、金融秩序建设等方面的参与度和影响力。

周小川表示，按照国务院的统一部署，人民银行、证监会、发改委已经成立了部际协调机制，并召开了第一次会议，就进一步推动公司信用类债券市场改革发展的思路达成了共识。各有关部门将在现有分工基础上，按照法律赋予的职责，各司其职，各负其责，加强信息共享和政策协调。有关方面和市场成员也要支持、关心市场新型自律管理方式的探索实践，形成发展市场的合力。

座谈会由中国保监会主席（交易商协会现任会长）项俊波主持。交易商协会秘书长时文朝就协会成立五年来，围绕市场新型自律组织的建设目标，在自律、创新、服务等方面取得的进展作了汇报。座谈会上，中国工商银行行长杨凯生、中国银行监事长李军、中信证券董事长王东明、中石油总会计师王国樑和交易商协会会员代表以及员工代表先后发言，民政部有关部门负责人致辞。人民银行、银监会、证监会和有关部委相关部门负责人，以及交易商协会会员单位代表近百人参加了座谈会。有 21 家省（自治区、直辖市）政府、生产建设兵团、24 家主承销商机构和 30 余家企业发来贺电，庆祝中国银行间市场交易商协会成立五周年。

金融业要注重支持实体经济

——在《财经》年会上的讲话

中国人民银行行长 周小川

(2011 年 12 月 15 日)

各位与会代表,中午好。很高兴有机会参加《财经》年会,这个时点中央刚刚召开了中央经济工作会议,昨天媒体对会议的要点已经作了报道。中央经济工作会议确定了"稳中求进"的方针,对明年经济工作提出了明确意见。我想正好利用这个机会,讲一下如何落实中央经济工作会议的精神,这也有一个学习领会的过程。

我自己体会,这次中央经济工作会议提出要牢牢把握四个要点,或者说把握好几条主线。一是扩大内需,这是我国现阶段经济工作的战略基点。二是发展实体经济,是我们经济工作所需的坚实基础。三是加强改革创新,这是我们经济发展的强大动力。四是保障和改善民生,是我们经济工作的根本目的。这些内容都非常重要,如果每个要点都讲到,恐怕只会是泛泛而谈,也不一定能讲好。为此我挑其中的一个题目,即把发展实体经济作为经济工作的坚实基础,就如何把握这个要点,谈一些我的体会。

一、国际金融危机的经验教训之一是要注重发展实体经济

这一轮国际金融危机给我们带来很多教训。危机的发生是从金融业开始的,金融业出了很大的问题,而当时的实体经济好像没有发生大的问题,因此人们感觉是金融业的问题拖累了整个经济,拖累了实体经济。不仅如此,在危机发生后,各国都在克服金融危机、争取经济复苏,但由于金融体系受到危机冲击比较大,资产负债表不健康,给实体经济复苏所能提供的支持力度不足,也受到了很多批评。为此,国际上很多声音强调,要更加注重发展实体经济,这和我国当前的政策导向是一致的。这里面一方面包含了对于金融部门要加强监管的要求,另一方面强调了要注重和增强实体经济竞争力。一些发达国家也注意到,在最近若干年其制造业和其他实体经济部门的竞争力在减弱,并明确提出要提高这方面的竞争力。

这里我想强调一下我们所说的实体经济的含义。既然强调把发展实体经济作为国民经济发展的坚实基础,就需要对什么是实体经济、什么不是实体经济作出区分。我感觉这个题目还是要做一些研究的,需要进行讨论,以便大家能够进一步提高认识、统一认识。这一概念需要进一步精确化。实体经济的英文翻译是"realeconomy",应不仅包括生产实物的农业和制造业,也包括服务业。尤其是在中国,过去我国实施计划经济时强调物质生产,这当然是实体经济,但不能把实体经济视为物质经济,只强调看得见、摸得着的产品或商品,而忽视服务业。现在服务业在很多经济体中占了 GDP 的大部分,服务业除了个别的例外,大多属于实体经济。

二、如何对金融产品是否主要服务实体经济作出判断

关于金融业支持实体经济的问题,若干年以前也有过相关的讨论,谈到实体经济就讨论作为其对立面的虚拟经济,讨论虚拟经济和实体经济的关系问题。实际上当时也没有得出明确的结论。一度曾有简单化的理解,认为金融业和金融市场就是虚拟经济,制造业和其他类别服务业就是实体经济,似乎金融活动总体而言是虚拟的,与实际经济关系不大。我认为,这样的理解是不对的。金融业中有一些服务是直接作用于实体经济,为实体经济进行融资,比如银行贷款,以及生产型企业发行债券、股票进行融资,在此融资过程中,金融部门能够把其他实体(企业和个人)的储蓄动员起来,为企业提供融资,直接支持了实体经济主体的各种经营活动,如提供流动资金、支持研发和投资等,应该说这是属于实体经济的范畴。

当然,金融产品也有一些基本上在金融业内部自我循环的内容,对实体经济不怎么相关。这也涉及对金融产品或金融工具的划分问题,我们需要作出判断:哪些金融工具更多地用来支持实体经济,哪些可能会脱离实体经济、更多地是出于金融交易的需要。可见,这里面有个概念问题。要做出必要的区分,需要进行研究和讨论。对于加强监管而言,也有同样的问题,强调金融支持实体经济就要明确支持哪些金融市场板块和金融市场工具的发展。

正面的判断

从去年开始,在我国经济金融工作有一个新的提法,就是我们不再像过去那样,把每年的年度新增贷款总量作为宏观经济调控的一个最重要的数据(indicator),而是提出了社会融资总规模的概念,并把它作为一个更全面的重要数据。关于社会融资总规模,比较严格的定义可能偏学术化一点,简单而言,就是在整个年度经济的融资活动中,通过金融部门向非金融部门提供的资金总量,这里所谓的非金融部门是指实体经济。在统计过程中,首先是金融部门之间的融资被扣除了,这是因为金融机构相互间的融资活动比较复杂,往往是不直接服务于实体经济的;而且金融机构相互间的融资非常频繁,容易被重复计算,为此只计算金融部门向实体经济提供的融资。其次是没有通过金融中介进行的融资活动,比如民间的融资行为,包括个人与个人直接通过合同方式的融资活动等被扣除了。

社会融资总规模的概念是 2010 年中央经济工作会议提出来的。之所以提出这个概念,应该说也是基于当时我们已开始意识到,需要了解全社会融资中用于支持实体经济的总量,实际上已经埋下了金融要注重服务实体经济的伏笔。同时也要看到,社会融资确实已是越来越多元化,银行贷款在社会融资规模中占的比重已在缩小,这也是金融市场深化和金融工具发展的结果。在这种情况下,如果还是只限于观察贷款总规模,恐怕就不全面,而是要更多地把股票融资、债券融资、保险理赔、商业票据、信托、委托、金融租赁等各种融资活动汇总加以观察和分析。总体看,银行贷款在社会融资总规模中的占比已低于60%,其他各种方式的融资活动占比超过

40%。在统计中用的都是流量,也就是新增量的概念,如企业发行债券融资过程中,既有新发行的债,同时也有到期偿还的,纳入社会融资总量统计的是企业新增发债的数量。

按照上面的思路从正面就金融活动中哪些是为实体经济服务作出判断时,既有在概念上需要加以明确的内容,也有在数字上进行定量确定的问题。

反面的判断

另一种办法是从反面来判断哪些是脱离实体经济的金融活动。当然,要断定某种金融活动不是主要为实体经济服务的也不容易,可能多数金融界的机构和从业者都会强调,他们所进行的金融活动是对国民经济非常有益的。

应该说,金融业内部相互之间的融资活动中,相当一部分是正常的活动,是为了金融业更好地发挥作用、更好地服务于实体经济,但确实也有一部分是单纯的内部自我循环,从中赚钱,甚至是金融业赚非金融业的钱。由于非金融部门往往对复杂金融产品的知识不够,金融业比较容易通过这些复杂金融产品的技术性交易赚取非金融部门的钱。这容易引起社会上的不满,尤其是这次金融危机后,我们看到了全球范围内有很多不满。当然,在划分时往往很难有特别明确的界限,有一些金融产品一开始时是较多服务于实体经济的,比说担保债务凭证(CDO),最初设计时在一定程度上有助于服务实体经济的融资,但发展到 CDO 平方时,为实体经济的服务程度可能就少了一半,进一步发展到 CDO 三次方时,为实体经济服务的程度可能更少了。也就是说,某些金融衍生产品的内向式衍生发展,可能会导致其距离为实体经济服务的目标越来越远。

在实际作出判断时,一刀切的划分可能也不太容易。为此,可以考虑从实体经济部门是否关心某种金融产品来进行判断。如果对某种金融产品,只有金融部门和金融市场的交易员予以关心,实体部门不关心,甚至看不太懂,这种金融产品可能就距离实体经济比较远了。现在有一些金融业的 CEO 也在抱怨,说金融市场产品太多了,很多都不懂。所谓不懂,一方面是不知道这些产品是用来干什么的,另一方面也不知道如何进行风险控制。对于这类金融产品,可能就需要打问号。要强调的是,需要从反面对金融产品或金融工具是否主要服务于实体经济作出判断,但如何得出结论,目前还需要研究和探讨。

三、预防高频交易

随着技术的发展,出现了很多新的机会,如技术上能够产生很多高频的交易,这些交易越来越计算机化,很大程度上超出了普通投资者和交易员所能掌控的速度,越来越多地体现为程序交易(programtrading)。对此,也需要结合服务实体经济的目标作出判断和把握。

在一些科幻电影中,很多是讲未来人类和机器人打仗,而且往往是讲人类斗不过机器人。当然这是科幻性的,我们也并不太在意。但在金融市场中,确实有一些交易人类已经比不过计算机,计算机所做的交易占比也越来越高。这是因为计算机在处理信息的速度和能力、反应速度和交易速度等方面,都超过人类。除了速度优势以外,还涉及人工智能。过去很多人并没有认识到人工智能有那么厉害,认为其毕竟只是模仿人类。但随着技术的发展,人工智能发展了机器的自学习能力,并相互加强。过去我们不担心人类下国际象棋会输给计算机,但忽然就有一天国际象棋的世界冠军开始下不过计算机,且今后也不再有可能收复失地了。人们比较担心一些高频交易容易脱离经济基本面,脱离实体经济。为什么?绝大多数依靠技术发展起来的这些高频率交易,其优势就是反应快,多数都在做趋势性交易,因此往往并不关心产品背后的基本面是什么。比如对某种债券或股票或其衍生品,高频交易更多地着眼于趋势和技术分析并通过程序性交易获取短期收益,至于发行企业的基本面怎样、未来前景如何,则难以关心。

总体而言,金融交易的频率应该与其对应的基本面变化的频率大体有所配合。比如对一个农产品而言,通常体现为一个种植周期,当然也可能与气候条件、自然灾害、农机化肥投入等很多因素有关,但是总体而言是按大体稳定的种植季形成产出的,不会出现比一个种植季短得多的时间内发生剧烈供求波动的情况。工业企业也类似,企业生产往往也是比较复杂的,可能与研发、原材料供给、市场需求等很多因素有关系,但企业的生产、销售、盈利等变化通常也有其固有的周期。当然不排除突发事件、自然灾害甚至军事冲突等可能带来的突变,对于突变自然有应付突变的方式方法,但总体而言还是有比较规律的频率或波长,生产经营活动的变化主要还是围绕着正常的周期性规律进行。

对于金融交易方式,如果金融市场交易出现非常高频的成分,且上下变化幅度相当大,就可能是脱离了实体经济变化的波长或频率,可能主要服务于金融投机,甚至被机器交易所支配。当金融交易频率高出有关经济实体基本面变化频率的很多倍,甚至好几十倍的时候,就要对这种产品及其交易打一个问号,要注意审查,看看这个产品及其交易是不是脱离了实体经济。

四、强调金融产品在设计时就应服务实体经济

除了传统的金融工具和产品要着眼于服务实体经济,还有一点就是要考虑金融衍生产品的设计和发展。这次国际金融危机后,人们已认识到确实有一些衍生产品的发展有些失控,因此 G20 会议、金融稳定理事会(FSB)、巴塞尔银行监管委员会(BCBS)等国际组织和各国金融当局已在金融衍生产品的发展、衍生产品的集中清算,以及对衍生产品交易的资本要求等方面,提出了改革的要求。总体而言,一方面是加强控制衍生产品的风险,另一方面则强调衍生产品应该主要着眼于服务实体经济,对实体经济有用。

在对金融产品及交易方式是否主要服务于实体经济、还是脱离了实体经济作出讨论后,还要进一步考虑,如何在金融业的发展动机上更注重服务实体经济。限于时间,我不再展开讲,这里想强调一下,金融工程学在产品设计时就应强调服务实体经济。

金融工程现在已成为了专门的学科,从出发点来讲这是很好的学科,可以帮助人们设计金融产品更好地为客户服务,但也有一些单纯为促销、捕捉套利机会、有利于程序交易、不利于保护投资者的倾向,趋于设计越来越复杂、并逐步脱离实体经济的金融产品与服务。在某些发达金融市场,人们批评金融衍生产品的过度开发,失去了控制。应强调,在通过金融工程设计金融产品时,要考虑产品的实际资产(underlineasset)背景,要有道德,要强调为实体经济服务。

五、辩证看待有效市场假设

我想提一下有效市场假设这个经济学议题。这次金融危机后,这是大家讨论得比较多的话题。如果认可有效市场假设,就会大致有这么一个概念:只要是基于竞争性市场的交易和定价,就应该是有效促进供求均衡的活动。

这次金融危机后,人们开始对有效市场假设提出质疑,现在一些媒体也都注意到经济学家明斯基(Hyman Minsky),他有白俄罗斯血统,是美国一位很重要的经济学家。明斯基提出，典型的经济周期中，金融市场的脆弱性与投机性投资泡沫内生于金融市场。也就是说，金融市场并不总是有效的，可能自身也会产生问题，并自我循环，导致危机。这就是所谓的明斯基“金融不稳定假说”，它揭示了金融市场产生问题、不稳定的内在机制。此外，明斯基还提出了“明斯基时刻”(Minsky Moment)，也就是资产价值崩溃、危机爆发的时刻，表示的是市场繁荣与衰退之间的转折点。这些也与金融市场及其交易会脱离实体经济而自我循环、助长投机和泡沫有很大关系。

六、正确发挥风险管理和价格发现功能

在与金融界讨论时，有人强调认为，尽管很多金融业内部的有些交易表面上看起来是脱离实体经济的，但是这些交易提供了风险管理和价格发现功能，因此也还是很有用的。确实，我们说风险管理和价格发现是金融市场的一个很主要的功能，但并不是说不可以作出区分，应该也可以大致划出一个界限。

比如从风险管理角度来说，如果金融产品有基础资产或有真是交易背景，或者有一些衍生产品，间接与实体经济的资产或交易有明确关系，如对此基础资产或其交易来进行风险管理，那就是直接或间接地服务于实体经济了。但另有一些金融产品，实际上只为金融机构自身的投机风险和高杠杆融资提供服务，或只为其交易部门自身服务，就可能脱离了实体经济的需要。我们往往看到的就是价格无缘无故的大起大落，从实体经济角度无法作出解释。大家知道，这些年交易部门自身膨胀很厉害，有可能就与脱离实体经济有关。

从价格发现角度来说，按照有效市场假设，金融市场只要是充分竞争，总能发现合理的价格。但事实情况也往往有悖论，例如，一个产品在其整个生命周期中，所涉及的实体经济还没有发生什么变化，但却在金融市场上出现高频率的大起大落。究竟什么样的价格水平是合理的？如果说波峰时的价格是合理的，说明前几天在波谷时市场未正确发现价格；反之，如果说波谷时的价格是合理的，说明前几天在波峰时市场未正确发现价格。可见，虽然价格发现是个重要功能，但不宜脱离实体经济去鼓吹，从明斯基假设出发，市场的价格发现功能并不那么健全。

为此，要防止风险管理与价格发现变成市场过度投机和产生过度波动的借口，需要大致画一个界限。所有这些工作都联系到监管，通过加强监管来限制金融市场中可能发生不良现象，同时支持金融市场更好为实体经济服务。

最后总结一下，我们要落实中央经济工作会议提出的若干要点，有很多认识问题需要进一步研究讨论，从而为金融支持实体经济作为国民经济的坚实基础厘清思路。从中央银行的角度来说，除了刚才提到的关于社会融资总规模概念的建立和逐步完善，还有很多方面要付出更大的努力、开展更多的工作，来落实中央经济工作会议的精神，努力做好明年的金融工作。

我就讲到这里，请大家批评指正，谢谢大家。

关于职工持股计划的几点思考

——在社科院金融所成立10周年大会上的演讲

中国人民银行行长　周小川

(2012年8月24日)

大家下午好！很高兴能够参加中国社科院金融研究所成立十周年的庆典。十年来，社科院金融所依托中国社科院作为我国哲学社会科学领域的最高学术研究机构的强大优势，紧紧围绕我国金融业改革发展的实践需要，开展了大量卓有成效的理论和政策研究工作。我代表中国人民银行向社科院金融所成立十周年表示热烈的祝贺！并借此机会向长期关心和支持中国金融改革发展的各位领导和各界朋友表示衷心感谢！

通常，我们会给金融所出一些题目，看看大家有没有兴趣去研究。昨天，我看了一篇材料，似乎是个应作研究的题目，今天我想初步谈一谈这个题目，同时介绍一下题目的背景，开一个头。这个材料是有关部门正在征求关于职工持股计划的意见，这主要是指上市公司的职工持股计划。这个题目与金融业关系比较密切，尤其在操作方面主要集中在金融领域，但其影响不限于金融业。应该说，这是很有意义的题目。

首先，在我国建设社会主义市场经济的过程中，在体现人民权利方面确实有这种需要。新中国成立时，我们就强调中国人民从此“翻身当家做主人”，随后在企业管理中实行了“两参一改三结合”，其中就包括了职工参与管理。改革开放以来，在推进社会主义市场经济建设和国有企业改革的过程中，仍然是一直强调要发挥职工代表大会在管理中的作用。要实现这一点，随着市场经济发展的深化，在方式上也需要与时俱进，具体而言，就是反映职工在企业中的权益以及职工参与企业管理的作用需要有更具体的形式，而这些具体的形式应能够在现代公司治理结构中有所体现，否则就容易变成空洞的口号。

其次，也是新形势下公有制实现方式和收入分配原则的需要。党的十五大明确提出，“公有制实现形式可以而且应当多样化”。既然公有制有多种实现形式，其具体内容也应随改革深化而有不断创新和发展，以适应新形势。如果还固守着过去老的公有制的概念不动，而没有新的改进和适应性的创新，那就有可能影响公有制正常发挥功能，甚至最后削弱了公有制的生命力。我们看到，从上个世纪90年代以来，党中央、国务院在这个领域创造性地提出了许多新的思路、概念和提法，出台了一些相关的方针政策。其中，一个重要的内容是，在收入分配方面明确提出了收入分配中应包括财产性收入。党的十四大明确提出，允许属于个人的资本等生产要素参与收益分配；党的十六大进一步确立了劳动、资本、技术和管理等生产要素按贡献参与分配的原则；党的十七大明确提出，要创造条件让更多群众拥有财产性收入。这都为提出、设计和推进职工持股计划奠定了基础，同时也提出了需求。

从国际范围看，员工持股计划上世纪 60 年代在西方出现，由于这一做法在实践中有利于提供有效激励、留住人才、提升公司核心竞争力，70，80 年代后，在世界范围得以发展。一些资本主义市场经济国家中，在某些行业和某些企业甚至可以实行全员职工持股计划，有的大型企业基本上就是职工持股。另外还有所谓的养老金社会主义的提法，是指企业股份主要由养老金持有。这就是说，职工持股在西方资本主义市场经济情况下都可以尝试、可以发展，也形成了一定的经验，那么对中国而言，我们是要建设社会主义市场经济，因此更有条件、更有需要去尝试、去发展。如果这项工作能做好，这对于中国经济的发展，对于创造有中国特色社会主义的经济模式都有重要意义。

职工持股计划在中国实际上也不新，早在上个世纪 80 年代末、90 年代初就有不少相关的研究报告，提出了一些理论分析、国际比较和政策建议。但后来受了挫折，被搁置了很多年。在改革过程中，有时候一跌跟头就不容易爬起来，即所谓“一朝被蛇咬，十年怕井绳”。问题主要出在上个世纪 90 年代中期，待上市公司的内部职工持股计划试点过程中出现了舞弊和丑闻，主要是冒充内部职工的名义持有企业股份，等 IPO 之后即抛售，获取高额收益。包括个别领导干部不自律，还有少数企业高管以此送礼，受到处分。为什么会出现这些问题呢？对此，需要有正确的诊断，以避免乱吃药、吃错药。在我来看，主要有以下几个方面的原因。

一是缺乏透明度。如不强调透明度，易出现舞弊现象，一些外部人也通过各种渠道持有内部职工股。提高透明度并不难，特别是在网络时代，对所有参与职工持股计划的人员名单予以公布，比如按每个企业、每个车间、每个班组予以公示，就能防止舞弊。特别是可以通过互联网实现比较高的透明度和比较强的监督约束。

二是缺乏专业中介机构的参与。从推行上市公司职工持股计划的经验看，一般都离不开专业中介机构的参与，特别是律师事务所的全面、深度参与。上个世纪 90 年代的内部职工股计划之所以出了很多案子，是因为在推行过程中往往是由企业管理人员内部操纵，自己拟定名单，其中参杂了一些个人关系。如果引入专业中介机构，就会有比较强的约束，在诚信方面更有保证。

三是利益诱惑巨大。在我国资本市场发展的早期，上市公司的发行价格普遍过高，甚至是畸高，如果能够持有内部职工股，公开发行就意味着大笔财富。这样就产生了非常大的利益诱惑，使得一些人试图钻这个空子。从现在的情况看，虽然 IPO 价格偏高的局面没有完全得以解决，但与那个时代相比，还是大不一样了。

实践表明，很多问题可以在发展过程中、在监管改进过程中、在市场成熟过程中逐渐得到解决。这样，职工持股计划的外部条件也会越来越好。这就是说，改革发展过程中，出问题并不可怕，关键是出了问题后要认真分析问题、寻找原因，要有正确的诊断。否则就可能因误诊而影响发展，类似的例子是目前市场所热议的另一个题目，即国债期货所经历的曲折历程。国债期货一度得以发展，但在 1995 年 3 月发生了“三二七事件”，导致国债期货被叫停，一下就停了十几年，现在还在讨论是否应恢复这个产品。应该说，这个教训是很深刻的。

对于职工持股计划，过去所出现的错误是一些初级错误，当前外部条件已经发生了较大的变化，可以再做些研究和探讨，形成比较好的设计，使之在执行和管理上较为严密，在最终出台时就能够减少失误和出问题的可能性。这样，不管对于这项制度本身还是对于资本市场发展，都将是一件好事。

在具体的交易方式上，一种可能是让职工用工资、奖金来购买股票，即必须通过真金白银的现金来购买，而不是像过去那样采取分配的形式。这么做总体看比较可靠，出问题的可能性小一些。具体操作上，对于是否要找委托机构的问题，有人建议通过工会或者是成立一个专门的职工持股基金，也有人认为不必集中起来实施。这方面可以作进一步研究，需要找一条切合实际、行之有效的出路。

还有一种交易方式是股票期权。股票期权作为一种激励方式被广为提倡，它不仅可用于对高管人员的激励，还可以激励职工的积极性。这一机制本身应是很有用的，但实践中也出现了个别问题，特别是在本世纪初发生的安然、世通案件中呈现出会计处理问题。期权激励有很多的优点，但如果会计上处理不当，就可能给舞弊行为带来机会。对此，国际会计准则进行了修正，提出了一些新的规定，明确要按公允价值的方法来计量。我国也接受了这些新的规定，在一些境外上市公司执行期权激励时已采用了新做法。不过，当前用的比较多的主要还是针对高管人员的期权激励，有待在职工持股计划方面进一步运用。

具体做法上，通常是当期给高管或者职工一个股权激励计划，同时规定一定的年限，在到期后可执行该股权激励，即按预先确定的价格和条件购买本公司一定数量的股份。股权激励计划在最后执行时的公允价值在多数情况下与当初确定的价格有较大的差别，如果在几年的时间内不做必要的会计处理，就容易诱发舞弊行为。为此，修订以后的会计准则要求，对于提供给职工或者高管人员的股票期权，应按公允价值计量，在资产负债表日确认相应费用。在从授予日至可行权日的期权存续期内，若后续信息表明可行权股票期权的数量与可行权日不同的，应在资产负债表中予以体现和调整。到期末可以执行时，如果持有人选择执行，则须按照实际行权的数量确定应转入的实收资本或股本，从而将股权激励转换为真正的股权。

应该说，有了这样的会计处理，舞弊的可能性应会大大减少。值得研究的问题是，这种会计处理是否还会有漏洞？这还需要通过实践来检验。如果这些改进措施足够有效的话，就不必对期权激励可能产生的副作用有过大的担心。

此外，还有一些担心，如实行职工持股计划是否会导致内幕交易和价格操纵行为？其实，由于职工持股较为分散，共谋操纵价格的可能性应当相对较小。利用内部信息的问题，更主要是对高管。另外，各种锁定期和交易限制也会防止出现这些弊病。

总之，职工持股计划和期权激励在企业理论和管理实践中，以至于在金融市场理论和实践中都可以发挥非常正面的作用，对于完善我国社会主义市场经济体制，推进我国企业改革，发展资本市场，推动金融业更好地为实体经济服务，都具有积极的意义。从道理上说，应为职工持股计划提供一些政策鼓励，如税收优惠等，以促进其发展。当然，这也可能导致政策制定上的复杂性，使好事因受牵扯而被拖延。不管怎样，在推进这项工作的过程中，需要在制度上作新的定义和完善，使之真正成为适合国情、行之有效的好工具。

希望大家有兴趣对这个题目作更深入的研究。最后，再次对社科院金融所成立十周年表示热烈祝贺！对社科院和社科院金融所过去长期对我们的支持、帮助表示感谢！

关于信用评级的若干问题及展望

——在中国经济前瞻论坛上的讲话

中国人民银行行长　周小川

（2011 年 12 月 25 日）

各位领导、各位嘉宾，早上好！非常荣幸受到中国经济前瞻论坛组委会、中国经济时报、中国经济新闻网的邀请，在圣诞节的早晨参加这个会议。

刚才李伟同志对经济工作会议以及对明年经济工作的若干重大问题做了前瞻性的发言，我很受启发。我选择一个相比之下小一点的课题，讲信用评级的若干问题及展望。这是国务院布置，由人民银行牵头、有关部门和金融各界参加的一个研究课题。这个题目与当前的研究工作比较相关，也是需要予以前瞻性考虑的，信用评级不仅是对以前发生的现象进行评判，更需要对未来进行前瞻性预估。同时，这个题目可能也不像有些人想象的那样面很窄，信用评级很大程度上像一面镜子，可以照出本次全球金融危机中所暴露出来的很多问题，从而提供镜鉴、回顾和反思，并且从一个侧面观察金融市场演变的方向。

一、危机以来对评级业的评价和展望

这次全球金融危机以来，人们对评级业非常关注，特别是对国际三大评级公司的评级行为及结论给予了高度关注。从最初的次贷危机发展到全球金融危机，再到欧洲主权债务危机，全球金融市场对评级业总体来讲不太满意。人们本来希望评级公司能够事先发现重大潜在问题，但事实上评级公司并没有及时发现，其评级水平、方法和机制等受到了广泛质疑。有人对评级公司的评级程序及其内部使用的模型提出了质疑，认为需要改革和完善。有人提出了评级公司所面临的利益冲突问题（过去对会计师事务所也有过类似的批评），认为应该和其他第三方专业服务一样去审视其收费模式，避免潜在的利益冲突。此外，人们还普遍认为，对于经济未来前景的看法应该是多样化的，在全球经济走势不确定的情况下，个别几家大的评级公司有过大的发言权是不太正常的，总体而言这个行业应该更加具有竞争性，也让评级使用部门更具有选择性和自我判断。

对此，评级公司也做了一些自我辩解，强调评级公司开展评级并不是对市场上的机构做出全面的评价，而仅仅是对其违约概率做出事先的估计，提供参考意见。

总体看，国际上对评级公司及其评级结果有以下几个方面的看法和意见。

一是对评级的水平和效果不甚满意，特别是对其前瞻性不甚满意。

二是评级业有可能在整个经济周期变动过程中起到顺周期作用，加剧宏观经济的周期性波动。宏观经济形势好的时候大家都很乐观，评级公司也未能例外，不断调升评级，导致市场过度乐观，出现经济过热和资产泡沫；出现经济衰退时，评级公司往往突然大幅下调评级，误导公众加重对形势恶化的估计，扩大波动性。从信息来源看，评级机构开展评级的重要依据之一是看企业的盈利能力和还本付息能力。在景气上升周期时，这些数字会比较好看，但在危机爆发或是危机深化阶段，这些数字就会变得比较难看。评级公司如仅参照这些数字而不能有更科学的分析框架和信息基础来开展评级的话，也会扩大顺周期性。危机后人们普遍认识到，应减少经济中的顺周期因素，宏观调控以及微观方面的投资应该更多地体现逆周期性。这里所指的周期，一般是指宏观经济的周期，是相对比较长的周期。

三是从短期的角度看，敏感时期的评级调整会加大经济金融系统的不稳定性。评级机构的风险评估如缺乏前瞻性，而在事中或事后进行评级调整，可能在较短时间内加大市场上下波动的振幅。在形势已发生变化时，评级结果剧升剧降，结果起到了什么作用呢？就是在情况好的时候，放大了对评级对象的乐观情绪，但事实上情况往往并不是那么好；而一旦暴露出了问题，马上予以降级，看起来就像落井下石，加重了事态的恶化。可见，评级公司可能在短期内放大对评估对象真实状况，加剧市场震荡。

四是评级机构运用的方法论与内部程序不够透明，行业垄断程度高，缺乏竞争性，评级机构内部业务之间有可能存在利益冲突，影响其独立性。典型的一个关切是目前发行人付费的评级收费模式，这实际上反映了评级机构商业化运作和保持独立性之间的矛盾。评级机构内部容易受到利益驱使而偏向于发行人。

五是部分监管者和投资者过度依赖外部评级，容易产生道德风险和责任推诿，也使评级业对市场的影响力过于强大。这在后面还要进一步讲。

以上是从这次全球金融危机中国际、国内出现的对评级业的反思和评论。在这次危机中，尤其是在欧洲主权债务危机过程中，欧盟中一些国家对评级公司的评级调整和结论相当不满，美国人也对今年标普下调美国主权信用评级的做法提出了异议。G20 峰会一开始就把这个题目正式提出来，作为需要研究并进行改革的一个课题，特别指派金融稳定理事会（FSB）作专门研究并拿出方案。FSB 也已经向 G20 峰会提交了关于对金融稳定性评估的报告以及未来改革方向的建议，其中包括评级业。

在当前对评级业不甚满意的情况下，已出现各种努力，试图探讨建立更具有竞争性的评级行业，欧元区以及欧盟都提出要研究设立新的欧洲公共评级机构，打破现有国际评级机构的寡头垄断。同时还有意见提出，当前三大评级公司的模式并不是最佳的选择，可由政府性的研究部门在评级中发挥更大的作用。还有国家的领导提出，欧洲中央银行（ECB）应利用其独立超然的地位和丰富的信息资源在评级中发挥作用，开展评级业务。可见，评级业未来的体制及其前景，很可

能将是丰富多彩的,会有很多新内容。

二、人民银行牵头研究课题的若干观点

下面我简单介绍一下由人民银行牵头、有关部门和金融界共同参加的关于信用评级课题研究的一些主要观点。这些观点也曾在一些国际场合上提出,并已反映在有关评级机构后续改革的讨论、建议和措施中。

(一)减少对外部信用评级的依赖性

这是和 G20 以及 FSB 的主张相同的。在面对一件比较复杂、分析起来有困难、前景不确定的事物时,人们往往自觉或不自觉地寄希望于“高人指点”,期望按其意见行事。但是实际上经济中的复杂现象、以及人类认知的有限性决定了很难有那样的“高人”。金融市场上也是如此,有很多研究机构和知名学者,但他们的看法不见得比市场参与者高明很多。这里有个逻辑判断:是否存在比其他人高明很多的智慧型评级机构? 这个问题本身就是一个挑战。

在金融市场和各金融机构中,有很多人处于需要承担责任的状况,如各种风险管理人员或者交易人员,但他们可能不太愿意承担过大的责任,如果有第三方评级作依据,不管管理或交易做得对不对,就可以把责任推卸掉。现在金融机构内部有很多规定,如风险管理要依照评级机构的评级结果,内部激励机制(包括奖金的发放)也往往与投资品是否能够稳定在某个评级上有关系。这样,管理人员或者交易员自己作判断就会减少。商业银行也有类似的情况,存在着责任推诿的现象,商业银行本来应该有能力收集信息,对客户的经营和信用状况作出判断,但信贷员在决定是否发放贷款时,不愿意自己承担过多责任,于是就依赖客户的评级状况以及是否有担保来决定放贷,这样就可以减轻承担的责任。

无论是我们的课题研究还是国际上的研究都有一条结论,就是要降低对外部评级的依赖,特别是大型金融机构更是如此。大型金融机构不同于小型金融机构或一般的零售投资者,其内部应该有更充分的信息,有更强的研究能力,就应使内部评级占更大的比重,更多地作出自己对产品及其风险的评估。这样在一定程度上就可以减少由于少数机构做评级所导致的顺周期性和投资者盲目跟风状况。

大型金融机构降低对外部评级的依赖,需要清理过度使用评级的监管规定和内部规章制度。从监管规定看,有很多监管要求在对风险进行判断时要依靠外部评级,这一点需要改变,要尽量减少监管规则中对评级的过度使用,防止为其贴上“官方铅印”。从金融机构内部风险管理和激励机制角度而言,首先应要求大型金融机构大幅度减少对外部评级的依赖性,更多地依靠自身的研究,建立内部评级体系。当然,每个金融机构在数据收集、内部研究方面可能有不同的特色,若某机构在某些领域收集的信息比较多、研究能力更强一点,那在这些领域就应该更大幅度地减少对外部评级的依赖;在其他研究能力相对薄弱的领域,则可在一定程度上参考外部评级。这样,就可以加强大型金融机构的自主判断,让金融机构自己的主见在市场上占有相应的地位。

(二)避免评级的利益冲突

现有的评级行业收费模式是值得研究的。评级机构如何收费? 向谁收费? 由谁来选择指派评级机构? 一种模式是发行人付费,哪个企业或机构要发债,就由该企业或机构付费并选择评级公司进行评级。这种模式前面已经分析了,可能会存在利益冲突,容易影响信用评级的独立性和客观性。另外一种是现在我们正在探讨中的投资者付费并选择评级机构的模式,由投资者出钱给评级机构。这里面可能也有问题,如投资者的面比较大,今天你投了,明天他投了,很难确定谁应付费。一个解决的办法是可以由投资者的代表性机构,比如代表投资方的行业协会来作出选择并集中付费。这样,就有可能改变评级行业内部潜在的利益冲突问题,特别是改变过去广受指责的出钱买评级现象。

评级所承担的责任需要进一步加大。现在人们对评级机构、特别是国际性评级机构的期望值比较高,而评级机构则辩称其只是对机构或产品未来违约概率进行评估和提供参考意见,评估错了也不承担责任。从商誉角度看,如果某评级机构的评级经常出错,错误率高,其市场信誉自然就会下降,甚至面临淘汰,就很少有人使用其评级。因此评级机构实际上会十分注意其评级的正确性、注重自己的商誉。但从其承担经济责任的角度而言,评级机构不像那些市场参与者,在进行投资决策时不仅自己要作判断,同时也把自己的资金押到里面了,需要真正承担风险。目前我们正在探讨的由机构投资者协会出资的评级收费机制,会有助于加强评级机构的责任意识,增加其正确评级的压力。

要建立适当的评级业竞争格局,不排除政府性机构、行业协会或社会研究机构等比较中立的部门参与设立新型评级机构,以加大市场竞争,打破垄断。前些年我国曾有过有效尝试,由中国社科院对一些地方和城市的金融生态状况进行评价,由人民银行研究经费出资,而不向地方政府收取任何费用。这个评价体系主要是考虑到中国在城镇化发展过程中,地方政府、特别是城市政府会有大量的融资活动,这些融资活动涉及到政府的信用问题。评价的内容主要是对一些地方和城市金融生态的评估,包括过去债务偿还的历史记录、公共建设项目选择的优劣、涉及债务诉讼时司法执法的力度等多个方面。这样,就可以给判断地方政府融资、特别是市政债融资的风险性提供参考依据。

总之,我们要考虑尽量避免利益冲突,利益冲突的一个重要方面就是处理好业务指派和收费模式问题,这是需要认真研究改进之处。同时,一些政府型或公众型的机构,以及代表投资人的机构,在参与评级时在动机上较少受到发行利益的驱动。这些可有效加大评级市场的竞争性。

(三)适度支持本土评级机构发展

与欧洲一样,今后我们要支持本土评级机构的发展,给本土评级机构发展留下更多的空间,促使它们未来成长为国际型的评级机构。评级行业需要依靠人才,依靠信息和数据积累,依靠丰富的经验,而且最后要由金融市场、由更广泛的投资者所认可,因此是个中长期的过程。总体而言,我国评级业开展业务时间短、缺乏长时期的历史数据积累,反映违约概率的评级结果尚未得到实践检验,在技术改进、公信力建立等方面都还存在较大的差距。因此发展本土评级业还需要花工夫、花时间。本土评级机构最后能不能得到很好的发展并被市场广泛接受? 还要在未来时点上看其历史记录,如果之前做的评级基本上总是正确,就会赢得认可和尊重,就会有很大的成长空间。反之,如果之前做的评级错误太多,就会面临被淘汰的危险。

可见,发展本土评级业很难一蹴而就,更不能拔苗助长,要脚踏实地、一步一个脚印地做。首先,要鼓励本土评级机构练好内功,加强自身内部建设,做好数据储备和分析,提升服务能力,不断积累商誉。要坚持开放式发展,国内评级机构可通过不同方式吸收国际评级技术和管理经验,增加外部竞争和内在动力,通过优胜劣汰、兼并收购等不断发展壮大。

同时,为本土评级机构提供更多发展机会,一个好的做法是，借鉴国际经验，实行双评级制度。对涉及本土金融市场的评级和金融产品的评级，如果需要选择国际三大评级机构，我们应在制度上规定，实行双评级模式，就是在选取一家国际评级机构的同时，须选取一家国内评级机构。当然这种模式可能又存在投资者如何参考国内的评级的问题，还有一个逐步发展的过程。在这方面，人民银行做了一些尝试，我们要求国际开发机构在境内发行人民币债券时，应进行双评级，其中一个评级结果须由我国本土评级机构评出。

此外，还有一些空白领域，本土评级行业可大有作为，因此，有一个领域选择和比较优势的判断问题。在主权评级方面，中国的主权评级历来比较低，我们也不满意，这些年逐步有所提高。好在中国目前外汇储备比较多，外债比例相对较低，也不怎么到国外去发债，因此主权评级的高低实际上意义并不是很大。今后随着我国金融业"走出去"步伐不断加快，在对一些与我国经济往来较为密切的新兴市场和特定国家，国际评级机构往往评级很差、区分不足，我国评级机构正好可以有所作为。另外，我国国内债券市场有很大的发展潜力，2004 年国务院就有"国九条"，提出要大力支持直接融资的发展，提高直接融资的比重，其中一个重要的方面就是加快债券市场的发展。债券市场，除了国债、金融债以外，更重要的是公司类债券的发展，还有就是地方政府或城市级政府的融资活动，这些方面的评级有很大的工作量和潜在优势。而国际上的大机构对此不见得有什么特长，也没有太多的信息积累，应该说是相对空白领域，确实有能发展起来的机会。在这些领域，应该支持国内评级机构发挥更大的作用。

在对国内评级机构予以扶持的同时，还要确立一条评判它们最终能否顺利成长起来的尺度，那就是市场的认可，是大多数投资者说了算，或者说投资者愿意参考其评级。这是最终的衡量尺度，不可能完全由行政或政府意志来强加。从这个角度也应认识到，评级机构的成长是一个中长期的过程。

（四）完善评级业的监管

评级业的监管方面，有一些工作需要开展并完善，主要是监管政策要能够协调和促进评级业朝着健康的方向发展；尽可能避免出现利益冲突；要求在方法论和评级程序方面提供充分的透明度，让公众了解评级的依据是什么，是用什么方法得出评级的；要有详细的历史记录，以通过这些历史记录，使公众和金融市场参与者能够考核评级机构评级效果的优劣，也可以看出投资者在多大程度上愿意参考评级机构的评级结论。

金融市场历来是有各种不同的板块，不同的金融板块及其产品对评级的依赖程度是不一样的。一些产品不太需要依靠评级，但总体而言债券类产品需要较多地依靠评级。不同金融市场的板块、不同金融产品的评级在管理上有可能处于分散状态，涉及多个部门，因此存在分工协调的问题。从完善监管的角度来看，应该注重规则，加强协调，做好分工合作，发挥好各部门的合力，来更好地推动评级业的健康发展。

以上，我介绍了关于评级业发展的一些情况及其展望。作为一面镜子，评级业发展状况反应的不仅是简单的评级行业自身发展问题。事实上，这个行业本身规模不太大，就业面也相对有限，但评级业联系了广大的金融市场，广泛地涉及到金融市场板块及其产品，这些金融市场板块和产品对全球经济的作用是相当大的。正是从这个意义上说，评级业务联系着广大的研究部门，需要去做认真深入的探讨。通过本次论坛我希望这个题目得到更多的关注，成为经济前瞻研究的内容之一，也更多地涌现前瞻性研究成果。

谢谢大家！

国有企业要在推进社会主义核心价值体系建设中发挥表率作用

——在全国国有企业推进社会主义核心价值体系建设座谈会上的讲话

国务院国资委主任、党委书记　王　勇

（2011 年 12 月 26 日《人民日报》）

党的十七届六中全会通过的《中共中央关于深化文化体制改革、推动社会主义文化大发展大繁荣若干重大问题的决定》，把建设社会主义核心价值体系作为文化改革发展的根本任务，深刻阐述了"推进社会主义核心价值体系建设，巩固全党全国各族人民团结奋斗的共同思想道德基础"这一重大问题。建设社会主义核心价值体系，是全党全社会的共同任务，国有企业必须发挥表率作用。

一、国有企业的性质地位和作用决定了国有企业必须在推进社会主义核心价值体系建设中发挥表率作用

社会主义核心价值体系在党和国家事业中居于灵魂位置，在社会主义先进文化中具有精髓意义，在中国特色社会主义发展中起着决定方向的关键性作用。国有企业要从建设中国特色社会主义的全局和战略高度，充分认识推动社会主义核心价值体系建设的重要意义，做社会主义核心价值体系的宣传者、践行者、捍卫者。

首先，国有企业是中国特色社会主义的重要支柱。公有制为主体、多种所有制经济共同发展是社会主义初级阶段的基本经济制度，也是中国特色社会主义的重要特征。搞好国有企业，发展壮大国有经济，是坚持中国特色社会主义共同理想的内在要求。经过 30 多年的改革发展，国有企业管理体制和经营机制发生了根本变化，国有经济整体实力进一步增强，综合素质进一步提升，在国民经济中继续发挥着主导作用，为建设中国特色社会主义做出了重要贡献。一方面，国有企业改革发展取得的成就，为坚定中国特色社会主义共同理想提供了强有力的支撑；另一方面，社会主义核心价值体系建设为国有企业改革发展提供了强大精神动力。这就要求，国有企业要不断深化改革，加快发展，坚定广大干部群众建设中国特色社会主义的信心和信念；国有企业广大干部职工要把个人奋斗融入建设中国特色社会主义事业的伟大实践中，以更加坚定的信念、更加坚韧的意志、更加坚强的团结投身于国有企业改革发展的事业中。

第二，国有企业是全面建设小康社会的重要力量。国有企业大多处在关系国家安全和国民经济命脉的重要行业和涉及国计民生的关键领域，是国家物质财富的重要创造者，是实现共同富裕的重要载体。国有企业不仅为社会提供了巨大的物质财富，而且为社会提供了丰富的精神财富，在社会主义文化建设中发挥着重要作用。国有企业在改革发展过程中创造的丰富多彩的企业文化，已经成为中国特色社会主义文化的重要组成部分；国有企业广泛开展的群众性文化活动，为传播先进文化理念、提升广大人民群众的文化素质发挥了重要作用；国有企业作为文化产业的骨干力量，为广大人民群众源源不断地提供了精神食粮。国有企业作为继承中国传统文化和创新时代精神的重要载体，过去是将来也必定是推进社会主义核心价值体系建设的重要力量，肩负着建设社会主义文化强国的历史责任。

第三，国有企业是我们党执政的重要基础。国有企业健全完善的党的组织体系，在宣传贯彻落实党的理论、路线、方针、政策方面发挥了重要作用。国有企业党组织的先锋模范作用和党员的战斗堡垒作用，极大地激发了职工群众的社会主义建设热情。长期以来，国有企业坚持不懈地深入开展理想信念教育，引导广大干部职工深刻认识中国共产党领导和中国特色社会主义制度的历史必然性和优越性，用中国特色社会主义理论体系武装头脑，以实际行动践行社会主义核心价值体系，在全社会发挥了表率和引领作用。

二、要把社会主义核心价值体系全面融入思想政治工作和企业文化建设中

推进社会主义核心价值体系建设，是一项重要的基础工程、灵魂工程、系统工程。要将社会主义核心价值体系融入到企业的思想政治工作和企业文化之中，通过坚持不懈、持之以恒的努力，使之真正成为国有企业干部职工的普遍共识、自觉行动和精神力量。

一是要毫不动摇地坚持马克思主义指导地位和中国特色社会主义共同理想。国有企业推进社会主义核心价值体系建设，首先要毫不动摇地坚持马克思主义指导地位和中国特色社会主义共同理想，从推进社会主义核心价值体系建设的全局出发，统一思想，加强引导。第一，要加强文化自信。在实践中我们已经探索出了一条中国特色的国有企业改革发展成功道路，我们要对此充满自信，对肩负的神圣使命和重要责任充满自信，对搞好国有企业、发展壮大国有经济充满自信。第二，要坚持用马克思主义的立场、观点和方法分析问题解决问题。认真总结国有企业改革发展成功实践，不断深化对国有企业改革发展客观规律的认识，不断丰富和完善中国特色国有企业改革发展理论体系，推动这一理论进教材、进讲堂、进头脑。第三，要采取多种形式广泛宣传国有企业改革发展的成就。大力宣传国有企业为经济社会发展做出的巨大贡献，大力宣传国有企业履行社会责任的典型事例，大力宣传国有企业在完成艰难任务中的先进事迹，讲好国有企业的故事。在全党全社会形成对国有经济地位作用的正确认识，形成推动国有企业改革发展的强大共识。

二是要大力弘扬培育国有企业先进精神，夯实社会主义核心价值体系在国有企业的实践基础。国有企业改革发展过程中形成了“两弹一星”精神、大庆精神、铁人精神、载人航天精神、青藏铁路建设精神等一系列富有各个时代特点的国有企业精神。推进社会主义核心价值体系建设，我们要认真总结、深入挖掘、提炼具有国有企业共同特点的核心价值理念，形成一个符合社会主义核心价值体系要求、符合时代特点的国有企业精神。要体现爱党爱国的精神，将党和国家的利益放在首位；要体现求实创新的精神，把解放思想、实事求是、与时俱进的思想路线贯穿于国有企业改革发展之中；要体现拼搏奉献的精神，面对困难勇往直前，服务人民甘于奉献；要体现诚实守信的精神，做完善社会主义市场经济体制的健康力量；要体现和谐包容的精神，促进经济、社会、环境和谐发展，做履行企业社会责任的表率。要通过弘扬和培育国有企业先进精神，将社会主义核心价值体系融入国有企业文化建设之中，形成国有企业特有的软实力和品牌形象。

三是要树立和践行社会主义荣辱观，提升广大干部职工思想道德素质。改革开放以来，国有企业广大干部职工的思想道德主流是好的，人们精神风貌昂扬向上，但是受社会上一些消极现象的影响，国有企业少数干部职工也存在着理想信念有所动摇，拜金主义、享乐主义有所滋长等现象，个别干部的腐败问题，败坏了国有企业的声誉，造成了很坏的影响。国有企业推进社会主义核心价值体系建设，要着眼于培育知荣辱、讲正气、促和谐的良好风尚，切实树立和践行社会主义荣辱观。要大力开展以“八荣八耻”为主题的实践教育活动，把“八荣八耻”的基本要求落实到职工的日常工作生活之中，落实到为企业添光彩、为他人送温暖、为社会作贡献的过程之中。要大力加强以爱岗敬业、诚实守信、办事公道、服务群众、奉献社会为主要内容的职业道德教育，增强职业道德意识，养成职业道德品格，不断增强道德荣誉感和道德判断力。要深入开展反腐倡廉教育，坚决反对拜金主义、享乐主义、极端个人主义，严厉惩处各种腐败行为。要坚持持之以恒，长抓不懈，建立经常化、长效化的工作机制，激励广大干部职工以更加饱满的热情和振奋的精神投身到国有企业科学发展、和谐发展当中。

四是要把社会主义核心价值体系转化为落实“十二五”规划做强做优国有企业的精神力量。“十二五”时期是国有企业贯彻落实科学发展观、加快转变发展方式的重要时期。国资委提出了“十二五”时期国资监管和国有企业改革发展“两新目标”和“做强做优中央企业、培育具有国际竞争力的世界一流企业”的中央企业改革发展核心目标。这些目标是当前和今后一个时期国有企业广大干部员工为之奋斗的共同愿景。“十二五”开局之年，国有企业认真贯彻落实党中央、国务院各项决策部署，积极应对错综复杂的国内外经济形势，克服重重困难，生产经营保持平稳运行。展望明年，世界经济形势仍将十分严峻复杂，经济运行中面临不少新情况、新问题，国有企业改革发展面临着新的困难和挑战。历史的经验证明，越是环境复杂、矛盾突出、挑战严峻的时候，越要加强企业思想政治工作，越是要鼓舞士气，增强信心。我们要把社会主义核心价值体系转化为推进企业改革发展的动力，转化为克服困难的勇气，转化为应对挑战和机遇的智慧。要紧紧抓住迎接党的十八大胜利召开的有利契机，不断深化创先争优活动，深化“四好”领导班子创建活动，增强党组织的创造力、凝聚力和战斗力，将国有企业的政治优势、组织优势、群众工作优势转化为企业的核心竞争力，为国有企业改革发展提供坚强的思想政治保证。

三、要把社会主义核心价值体系贯穿到国有企业改革发展的实践中

建设社会主义核心价值体系，必须贯穿改革开放和社会主义现代化建设的各个领域。对国有企业而言，推进社会主义核心价值体系建设，要注意把握好以下几个问题。

一是坚持党对国有企业的领导。坚持党的领导，发挥国有企业党组织的政治核心作用，是一个重大原则，任何时候都不能动摇。坚持党对国有企业的领导，是把社会主义核心价值体系贯穿到国有企业改革发展全过程的重要保证。要把建设高素质经营管理者队伍、人才队伍、党员队伍、职工队伍和增强国有经济活力、控制力、影响力贯穿国有企业党组织建设始终，保证党组织参与决策、带头执行、有效监督，发挥政治核心作用，推动国有企业做强做优，发展壮大国有经济。

二是坚持全心全意依靠工人阶级。推进社会主义核心价值体系建设，从根本上来说，是要以共同的理想、信念来团结人民群众，形成统一的意志，追求共同的目标。把社会主义核心价值体系贯穿到做强做优国有企业的实践中，就是要秉承我们党全心全意为人民服务的宗旨，全心全意依靠工人阶级办好国有企业。要更加注重尊重职工的主体地位和首创精神，进一步完善职工民主管理制度；更加注重促进职工的全面发展，提升队伍的整体素质；更加注重维护职工的合法权益，关心关爱职工，建设和谐团队。

三是坚持和谐包容的企业发展理念。树立和谐包容的发展理念，不仅是国有企业自身发展的需要，也是推进社会主义核心价值体系的要求。要更加注重诚信经营，为合作伙伴提供公平机会，带动产业链健康发展；更加注重环境保护，坚持走资源节约型和环境友好型发展道路；更加注重社区发展，积极参与社会公益事业；更加注重加强新闻宣传，主动和新闻媒体沟通，赢得社会各界的理解和支持。

四是坚持发挥国有企业在发展文化产业中的主导作用。党的十七届六中全会明确提出，要形成公有制为主体、多种所有制共同发展的文化产业格局，必须毫不动摇地支持和壮大国有或国有控股文化企业，毫不动摇地鼓励和引导各种非公有制文化企业健康发展。国有企业文化产业的发展面临着重大历史机遇，负有重要的政治责任和社会责任，必须有所作为，要培育一批核心竞争力强的国有或国有控股大型文化企业或企业集团，在推动文化产业发展和繁荣市场方面发挥主导作用。

国有企业推进社会主义核心价值体系建设责任重大，使命光荣。我们要紧密团结在以胡锦涛同志为总书记的党中央周围，统一思想，坚定信心，开拓进取，以高度的政治责任感、奋发有为的精神状态和求真务实的工作作风，努力开创推进社会主义核心价值体系建设工作新局面，为推动社会主义文化大发展大繁荣，为促进国有企业科学发展作出新的更大贡献！

全面贯彻落实党的十八大精神
加快转变发展方式　提高发展质量效益

——在中央企业负责人会议上的讲话

国务院国资委主任、党委书记　王　勇

（2012 年 12 月 24 日）

这次会议的主要任务是，全面贯彻落实党的十八大精神和中央经济工作会议精神，总结 2012 年工作，分析形势，部署 2013 年工作。下面，我代表国资委讲三个问题。

一、2012 年企业生产经营和重点工作进展情况

2012 年，中央企业认真贯彻落实中央、国务院各项决策部署，积极应对复杂多变的国内外经济形势，克服困难，扎实工作，保持了生产经营总体平稳运行。1－11 月，中央企业实现营业收入 20.1 万亿元，同比增长 8.9%；实现利润总额 1.1 万亿元，与去年同期基本持平；已缴税金 1.7 万亿元，同比增长 12.8%，高出全国同期税收收入增幅 3 个百分点。截至 11 月底，中央企业资产总额达到 31.2 万亿元，同比增长 11.5%了。取得这样的成绩实属不易。

一年来，中央企业生产经营经受了严峻挑战，付出了巨大努力。上半年，受全球经济增速回落等因素影响，中央企业经济效益出现较大幅度下降。一季度利润总额同比减少 335.3 亿元，下降 11.8%。二季度经济效益降幅呈扩大趋势，利润总额同比减少 541.8 亿元，下降 16.1%。面对严峻形势，中央企业全体干部职工迎难而上、奋力拼搏，采取一系列扎实有效的措施，扭转了经济效益下滑的趋势。三季度经济效益企稳回升，利润总额同比增长 2.1%，自 9 月以来利润总额连续 3 个月实现正增长，预计全年“保增长”工作目标能够实现。

一年来，中央企业紧紧围绕“做强做优、世界一流”的核心目标，深入推进落实“一五三”总体思路，按照“一抓”、“两保”、“三突出”的工作重点，深化改革，加快调整，强化创新，提升管理，加强党建，各项工作取得新的成效。

（一）紧紧围绕“保增长”目标，大力开拓市场降本增效。面对复杂的经济形势和激烈的市场竞争，中央企业把开拓市场、扩大销售作为“保增长”的重要措施来抓，及时调整经营策略，优化产品结构，完善销售网络，创新商业模式，精耕细作传统市场、大力开拓新兴市场、积极拓展海外市场，千方百计扩大市场份额。面对上半年经济效益大幅下滑的压力，中央企业眼睛向内，深挖潜力，持续改进营销采购管理，强化生产运行组织，严控各项费用开支，大力推进降本增效。许多企业根据市场变化，及时调减投资项目，大大压缩投资规模。许多企业下大力气压缩非生产性支出，大力调减职务消费。许多企业主要负责人带头降薪，三季度以来中央企业人工成本各项指标增幅逐月下降。

（二）深入推进改革重组，企业活力和竞争力进一步增强。中央企业公司制股份制改革进一步深化，8 家控股公司在境内外上市，17 家控股上市公司实施增发或配股，4 家企业主营业务整体改制上市工作顺利推进。部分企业理顺股权关系工作进展顺利。建设规范董事会试点工作进一步推进，试

点企业扩大到51家，专职外部董事试点工作稳妥起步。中央企业普遍面向全社会公开招聘员工，加大竞争性选拔高级经营管理人员工作力度，完善效益导向考核与收入分配机制。解决企业历史遗留问题取得新的突破，驻黑中央企业“三供一业”分离移交工作全面启动，一些企业还启动了厂办大集体改革。适应行业发展和市场竞争的需要，中央企业加大了战略性重组力度，企业之间和企业内部调整重组取得了新的进展。许多企业着眼于做强做优主业，加快业务整合和低效无效资产的剥离处置，坚决退出不符合公司战略发展方向或生产技术条件较差、能耗高的项目，盘活存量资产，资源配置效率得到提高。

（三）积极推进转型升级，企业发展方式进一步转变。中央企业把转型升级放在更加突出的位置，加快提升传统产业，培育发展战略性新兴产业，优化产业结构、产品结构，提升产业层级。一些企业发挥自身优势，提高系统集成服务能力，形成一流的国际竞争力。一些企业在高新技术产业的开发和应用方面取得突破，形成了具有自主知识产权的关键技术和高端产品。一些企业积极参与文化产业布局，创新经营模式，促进了产业转型和业务升级。中央企业坚持以科技创新战略为引领，健全和完善科技创新体系，加大科技投入，加快提升自主创新能力，突破了一批关键核心技术。“神九”与“天宫一号”首次载人交会对接，“蛟龙号”完成7000米深潜试验及科考作业，航空母舰正式交付使用并成功完成国产舰载机起降，北斗区域导航系统全面建成，TD－LTE－A正式被国际电联确认成为全球第四代移动通信国际标准，981深海钻井平台顺利开钻，为建设创新型国家作出积极贡献。

（四）扎实开展管理提升活动，企业发展基础进一步夯实。管理提升活动全面启动以来，中央企业高度重视，紧密结合企业生产经营实际，广泛发动，全员参与，总体规划，有序推进。中央企业普遍注重对自身管理水平的反思和再认识，一大批企业从强化基础管理入手，着眼经营管理关键环节，通过全面对标查找问题，边查边改，止血堵漏，狠抓控本经营，为顺利完成年度经营目标、保增长保稳定创造了良好条件。中央企业把信息技术渗透到企业价值链的各个环节，推动信息化和工业化深度融合，使信息化成为企业经营、研发和管理工作的基础。中央企业将风险管理融入日常管理工作，不断完善重大风险预警指标体系和动态预警机制，实施风险管理考核制度，强化风险的事前防范和事中控制，综合采取风险回避、风险控制、风险转移和处置等方式，不断完善法律风险防范机制和总法律顾问制度，风险防控的能力和水平不断提高。普遍加强安全稳定工作，落实责任制，强化措施，安全生产和稳定工作总体形势良好。

（五）以做好党的十八大相关工作为重点，企业党建工作在改进中不断加强。中央企业按照中央部署，高度重视，加强领导，以高度的政治责任感和严谨细致的工作作风，认真做好党的十八大代表选举和组团工作。中央企业系统（在京）代表团以良好的精神风貌参加会议，履行职责，受到有关方面的肯定与赞扬。各中央企业认真学习深刻领会党的十八大精神，加强组织领导，坚持学以致用，注重学习效果，切实把党的十八大精神转化为推动企业转变发展方式、实现科学发展的强大动力。中央企业各级党组织突出“强组织、增活力、创先争优迎十八大”主题，按照“抓落实、全覆盖、求实效、受欢迎”的工作要求，扎实开展基层组织建设年活动。大力宣传罗阳、郭明义、黄纬禄、陈超英等一批优秀共产党员的先进事迹，激发了广大党员和干部职工立足岗位创先进、履职尽责争优秀的热情，基层党组织的活力和战斗力进一步激发，党员的先锋模范作用进一步增强，党建工作规范化、科学化水平进一步提升，呈现出“组织创先进、党员争优秀、企业上水平、职工提素质”的良好局面。中央企业不断加强企业领导班子建设、高科技人才队伍建设和职工队伍建设。进一步完善职代会制度，深化厂务公开民主管理。规范企业领导人员职务消费，积极推进廉洁文化建设，严肃查处一批违纪违法案件，职工群众对反腐倡廉工作满意度较去年有了显著提升。

回顾一年来的工作，成绩来之不易。这些成绩的取得，离不开党中央、国务院的正确决策和坚强领导，离不开中央各部门和各地党委政府以及社会各界的支持和帮助，离不开中央企业广大干部职工的奋力拼搏，也离不开在座各位同志的无私奉献和辛勤努力。我代表国务院国资委向你们并通过你们向中央企业广大干部职工表示衷心感谢和亲切问候。

二、关于2013年形势和工作总体要求

2013年是全面深入贯彻落实党的十八大精神的开局之年。我们要紧密结合中央企业改革发展实际，全面领会党的十八大精神实质和深刻内涵。要牢牢把握旗帜方向，进一步坚定中国特色社会主义的道路自信、理论自信、制度自信，坚持和完善以公有制为主体、多种所有制共同发展的基本经济制度，坚定不移地深化国有企业改革，理直气壮地发展壮大国有经济。要牢牢把握目标任务，紧紧围绕中国特色社会主义建设“五位一体”总布局，在加快完善社会主义市场经济体制、加快转变经济发展方式、着力增强创新驱动发展新动力、着力培育开放型经济新优势等重大任务中，充分发挥中央企业的骨干中坚作用。要牢牢把握主题主线，深刻理解科学发展观的精神实质，把转变发展方式、提升质量效益摆在更加突出位置，推动企业实现内涵式增长，引领和带动产业转型升级。我们要自觉把思想和行动统一到党的十八大的部署和要求上来，以更加坚定的信念、更加顽强的努力实现党的十八大提出的各项目标任务。

在2012年底召开的中央经济工作会议，全面分析了国际国内经济形势，明确提出了2013年经济工作的总体要求和主要任务。总体上看，我国仍处于大有作为的重要战略机遇期，经济社会发展具备很多有利条件和积极因素，同时经济发展面临的困难仍然较多，各种挑战不能低估。对于中央企业来说，同样是机遇和挑战同在，有利条件和不利因素并存。从有利条件来看，世界经济的深度调整给我们更好地发挥自身优势，参与全球资源配置，抢占未来发展制高点带来了机遇；国内经济发展的物质基础更加强固，市场需求潜力巨大，不断完善的宏观调控政策对经济发展起到有力的支撑作用，市场配置资源的基础性作用不断加大，这些将为我们中央企业改革发展创造有利的外部环境。我们要坚定信心，开拓进取，抓住机遇，增强企业发展新动力，构筑企业发展新优势，开创企业发展新局面。从不利因素看，世界经济增速将在相当长时期处于较低水平、国际贸易保护主义抬头、国际金融商品市场潜在风险加大，将对我们开拓国际市场、扩大国际化经营带来更大压力；国内部分行业产能严重过剩，生产经营成本刚性上升，将使我们面临更加激烈的市场竞争，经营环境更加复杂。我们要把问题和困难想得更足一些，沉着应对，早做谋划，把各项工作做得更实更细，做到有备无患，牢牢把握工作主动权，努力在更加激烈的市场竞争中立于不败之地。

结合当前形势和任务，2013 年推进中央企业改革发展的总体要求是：深入贯彻落实党的十八大精神，按照中央经济工作会议部署，以邓小平理论、“三个代表”重要思想、科学发展观为指导，紧紧围绕主题主线，牢牢把握稳中求进工作总基调，以提高发展质量和效益为中心，进一步落实“一五三”总体思路，深化企业改革，调整布局结构，强化创新驱动，提升管理水平，完善国资监管，提高党建工作科学化水平，不断增强国有经济活力、控制力、影响力，为促进国民经济持续健康发展、全面建成小康社会作出积极贡献。

做好 2013 年的工作，要着眼于加快转变发展方式、提高发展质量和效益，突出深化改革，突出结构调整，突出创新驱动，突出管理提升，力争取得新的突破。

深化改革是中央企业提高发展质量和效益的动力。改革是我们可以用好的最大红利。国有企业经过多年改革，管理体制和经营机制发生很大变化，极大激发了企业活力和竞争力。但改革仍处于过程之中，需要进一步解决的体制、机制、结构和历史遗留问题仍然很多，难度也越来越大。一些企业存在重发展轻改革的倾向，对突破改革重点难点问题有畏难情绪，重点领域改革进展相对迟缓。我们要坚持社会主义市场经济改革方向，坚定信心，凝聚共识，攻坚克难，以更大的勇气和智慧推进国有企业市场化改革。要做好顶层设计，2013 年我们将研究制定深化国有企业改革的意见，在总结国有企业改革实践基础上，提出下一步改革的总体目标、基本路径、具体措施。中央企业要结合自身实际，谋划好进一步深化改革的总体方案、路线图、时间表。要增强改革的系统性、整体性、协同性，处理好改革发展稳定的关系，大胆探索，勇于开拓，着力解决影响和制约企业科学发展的突出矛盾和问题，为转变发展方式、提高发展质量和效益提供强大动力。

结构调整是中央企业提高发展质量和效益的关键。产业结构不合理、发展层次偏低，已成为制约我国经济持续健康发展的重大问题。目前中央企业大多分布在传统产业，不少处于产业链、价值链的中低端环节，战略性新兴产业比重比较低。一些行业产业集中度较低，资源配置效率不高，核心竞争力不强，存在重复建设、恶性竞争、资源浪费、环境污染等问题。一些企业内部也存在大而全、小而散的现象。加快结构调整，优化产业结构的任务十分迫切。中央经济工作会议对调整产业结构提出了具体要求，做出了明确部署，我们要认真贯彻落实中央经济工作会议精神，把结构调整作为 2013 年工作的重中之重。要根据中央企业功能定位，进一步梳理中央企业主业，明确不同领域不同特点的布局结构调整思路；根据各个行业的现有布局状况，明确加强和调整的重点，做强优势行业；根据产业发展的趋势，明确重点发展方向，占领新兴产业制高点。要着眼于化解产能过剩的矛盾，通过兼并重组整合一批产能，通过关停并转淘汰一批落后产能，通过加快走出去转移一批产能。同时要考虑区域布局，适应城镇化发展的需要，注重东中西部和东北老工业基地国有经济的协调发展，实现国有资本的合理高效配置。

创新驱动是中央企业提高发展质量和效益的根本。实施创新驱动发展战略，是我们党在我国改革发展的关键时期做出的重大抉择，是适应全球新一轮科技革命和产业革命的必然要求，是实现国家发展战略目标最根本最关键的力量。中央企业作为国民经济的骨干力量，在国家实施创新驱动发展战略中负有重大责任和使命。目前中央企业创新能力与国外优秀企业相比存在较大差距，一些关键技术、大型成套设备、核心元器件等还依赖进口，具有自主知识产权的核心技术和知名品牌还比较少。随着企业规模的扩大和地位的提升，依靠引进技术实现转型发展的难度加大，自主创新刻不容缓。要着力构建以企业为主体、市场为导向、产学研相结合的技术创新体系，注重发挥企业家才能，加快自主创新，加强产品创新、品牌创新、组织创新、管理创新、商业模式创新，充分发挥中央企业科技创新的主体作用和引领作用，在建设创新型国家中进一步发挥表率和带动作用。

管理提升是中央企业提高发展质量和效益的基础。管理提升活动开展以来，中央企业对标先进，查找不足，制定措施，积极整改，取得了初步成效。但管理提升绝不可能一蹴而就，需要我们做长期的努力。目前有些中央企业规模增长并未带来效益和现金流同步增长，运行质量不高，发展方式粗放，反映出我们管理中的许多问题。经济形势好管理的问题可能会被掩盖，经济形势不好问题就会暴露出来，甚至会影响企业的生存。提高中央企业发展的质量和效益，必须继续深入推进管理提升活动，抓好落实，确保取得实效。要深化对标找差距，看得到差距才有提升的空间，不但要和其他中央企业对标，更要和同行业最先进的企业对标。要找准薄弱环节，针对管理短板和瓶颈问题抓好专项提升。要固化管理提升的成果，建立起管理改善和管理创新的长效机制。

三、2013 年要着力抓好的几项工作

2013 年是为全面建成小康社会奠定坚实基础的重要一年，是实施“十二五”规划、推动落实“一五三”总体思路承前启后的关键一年。按照贯彻落实党的十八大精神和中央经济工作会议精神的总体思路和要求，要着力抓好以下几项工作。

（一）切实采取有效措施，确保生产经营稳定增长。

稳中求进仍然是 2013 年国家经济工作的总基调。中央企业要切实采取措施，全力保持生产经营稳定增长，确保为国民经济持续健康发展贡献更大力量。一要研判形势，及时调整经营策略。要加强对行业发展趋势、生产要素条件变化和国内外市场需求的研判，超前做好各项应对措施和预案，切实组织好生产经营，防范经营风险。国资委将继续坚持定期经济运行分析制度、重点企业综合分析机制、企业重大事项综合协调机制和重点企业约谈制度，密切关注中央企业经济运行中的突出矛盾和倾向性、苗头性问题，加强对重点行业的监测和调研，及时向企业通报情况，提示风险，做好重大政策协调。二要加强市场开拓力度。继续加强市场调研，加快调整产品结构，提高服务质量水平，及时调整市场营销策略，创新市场营销模式，抢抓市场、抢抓订单、抢占制高点。进一步开拓国际市场，逐步扩展境外业务，获取更大市场空间。加强战略合作，上下游企业之间要发挥优势，主动对接、相互提供商机，建立长期稳定的合作关系；同行业企业要有序竞争，共同开拓市场，实现优势互补协同发展。三要继续大力推进降本增效。建立健全成本核算制度体系，规范产品成本核算，完善成本标准定额，积极引入对标管理、供应链管理、价值链管理、作业成本法、项目风险责任制等管理工具，不断提升成本精细化管理水平。扩大资金集中规模和范围，加快内部资金融通，提高资金周转速度，减少资金沉淀。进一步加大集中采购力度，降低采购和物流成本。严格实行薪酬与企业效益紧密挂钩，切实采取措施控制人工成本，规范职务消费，大力压缩非生产性支出。四要强化业绩考核导向作用，严格落实稳增长、提效益责任。要确定更具挑战性的增长目标，继续深化经济增加值考核，实施更为严格的目标管理，将稳增长的目标逐级分解，层层传递压力。强化考核目标执行的动态监测，确保经营过程可控、反应迅速、措施有效。完善与考核紧密衔接的激励约束机制,以业绩定薪酬、以考核论奖惩。

(二)深入推进布局结构调整,提高资源配置效率。

一要进一步推进企业联合重组。要立足于国有资本功能和整体效率最优化,系统规划中央企业的布局。研究重点产业结构调整与联合重组方案。鼓励企业通过市场化手段,以合资、合作、产权流转和股权置换等多种形式,沿产业链、价值链调整重组,提高产业集中度和专业化水平。鼓励大企业之间的联合重组,加快做强做优,培育一批具有世界水平的跨国公司。二要推动国有资本向重点行业和领域集中、向优势企业集中、向主业集中。梳理调整企业主业,严格按照主业控制投资方向。加大内部资源整合力度,推动资金、技术、人才等各类资源向主业集中。通过市场化方式退出、并入产业相关优势企业或交由资产经营公司整合等方式,加快剥离非主业、非核心、不具竞争优势的企业或业务。三要进一步推进产业升级。推进中央钢铁、有色金属、建材等制造企业加快改造升级,淘汰落后产能,不断优化企业内部产业、产品和技术结构。推进中央航空航运、商贸物流、旅游文化等服务企业加快向现代服务业转型,完善服务链条,提升专业化服务水平。加强在新能源、新一代信息技术、新能源汽车等具备一定基础和优势板块的产业布局,加快向产业链、价值链高端发展。四要加快走出去步伐。根据自身发展战略和实际,明确对外投资合作经营的重点领域和区域,创新适应国际规则的商业模式和运作方式,加强国际化人才队伍建设,注重履行社会责任,加强境外国有资产监管,防范和控制境外经营风险。

(三)深入推进企业改革,增强企业活力。

一要推行公有制多种实现形式,积极深化并不断完善中央企业公司制股份制改革,推进有条件的企业整体上市,继续利用好境内外股票市场、产权市场和债券市场盘活存量、用好增量,更多地引进民间资本和外资参与企业改制重组。二要继续深化建设规范董事会试点工作,扩大试点范围,进一步规范董事会运作,加强董事队伍建设,优化董事结构,严格董事履职责任,完善外部董事的选聘、评价机制,完善董事会和外派监事会的工作机制。三要继续深化人事、用工、分配三项制度改革。加大竞争性选人用人的力度,建立健全适应现代企业制度要求的企业经营管理者选聘、考核、奖惩和退出机制。逐步建立用工准入制度,依法用工,规范劳务派遣用工管理。理顺各类人员的收入分配关系,建立更加科学的考核分配和激励约束机制。四要加大力度解决历史遗留问题,国有资本经营预算对厂办大集体改革等解决历史遗留问题的支持力度,力争取得新的突破。中央企业要抓住政策机遇,多渠道筹措资金,集中资源、集中力量加快推进。特别是厂办大集体改革任务重的企业,2013 年要抓住有利时机,主动创造条件,加强与地方的沟通,尽快启动相关改革。

(四)抓好科技创新工作,增强企业自主创新能力。

一要积极推进技术创新体系建设,重点加强研发平台、人才队伍、体制机制、组织结构的建设。在军工、石油石化、电力、冶金等典型行业中选择一批条件比较成熟的企业开展试点,经验成熟后在中央企业全面推广。二要深入推进企业科技资源整合,继续推进"国家技术创新工程",重点推动创新型企业和产业技术创新战略联盟建设。在战略性新兴产业,组织上下游企业或同行业企业之间开展重大项目的联合攻关。加强产学研结合,吸引外部创新要素向企业积聚,合理配置各种创新资源,实现协同创新。三要切实加大研发投入,努力突破一批关键核心技术,打造一批知名品牌。制定并实施企业知识产权战略,加强知识产权的创造、应用、管理与保护,有重点有步骤地构筑知识产权优势。四要依托重点工程和重大科技专项加快培养创新人才,造就一批科技领军人才和创新团队,建立有效的激励机制,进一步营造鼓励创新的环境。

(五)强化企业管理,夯实科学发展基础。

一要提升集团管控能力。进一步优化组织结构,压缩管理层级,规范母子公司管理体制。创新集团管控体系,加强集团内部市场化的经营机制建设,淡化集团总部行政色彩,畅通决策传导机制。加强重大事项集中管控,提高集团总部资源配置能力。二要深化全面预算管理。不断改进预算编制流程和方法,持续优化预算标杆,深入推进对标管理,强化预算执行分析管控和考核评价,强化预算的战略引领、价值导向和经营管控功能,充分发挥预算对生产经营关键指标的控制。三要加强全面风险管理。健全全面风险管理体系,建立风险评估和内控评价机制,健全重大风险预警和报告制度。严格财务杠杆边界管理,优化债务规模与结构,严控资产负债率过快增长,增强现金盈余保障,审慎运用金融衍生工具,稳妥探索并准确定位产融结合。强化"经营依法、决策问法"理念,不断完善总法律顾问制度和法律风险防范机制。四要强化基础管理。从各项经营管理业务中最基本的记录、数据、标准、制度和现场管理、专业管理入手,切实加强基础管理。引入先进的管理方法和管理工具,推行精益管理,加快信息化建设,全面梳理优化工作流程,建立系统科学实用的标准和制度体系,实现管理制度化、制度流程化、流程信息化。

(六)进一步加强企业党的建设,提高党建科学化水平。

一要把学习贯彻党的十八大精神不断引向深入。认真学习、深刻领会党的十八大精神实质,紧密结合实际研究制订贯彻落实党的十八大精神的工作思路措施。加强基层党组织建设和党员队伍建设,按照中央统一部署,组织中央企业开展以为民务实清廉为主要内容的党的群众路线教育实践活动。二要进一步探索国有企业党组织发挥政治核心作用的有效途径。坚持和完善"双向进入、交叉任职"的企业领导体制,努力构建与现代企业制度相适应的工作机制,保证党组织参与决策、带头执行、有效监督,发挥政治核心作用。三要进一步加强企业领导班子建设,推进竞争性选拔工作,优化领导班子结构。大力推进人才强企战略,落实好中央企业人才队伍和经营管理者队伍建设中长期规划,加强职工队伍建设。按照中央实施"千人计划"的部署,继续加大海外引才工作力度。四要进一步加强宣传思想文化工作。加大新闻宣传工作力度,大力宣传中央企业改革发展取得的成就和广大干部员工爱国奉献、创新拼搏干事业的精神,加强热点问题引导,提升突发事件新闻处置水平,有效防范舆论风险。推进企业文化建设,积极弘扬和培育国有企业先进精神和价值理念,大力推进群众性精神文明创建活动。五要完善职工代表大会、厂务公开和职工董事监事等制度,进一步探索职工参与民主管理的有效途径和方式。加强青年和共青团工作。六要进一步加强反腐倡廉建设。坚持标本兼治、综合治理、惩防并举、注重预防的方针,严格执行党风廉政建设责任制,以严明党的政治纪律为重点加强党的纪律建设,以改进工作作风、密切联系群众为重点推进作风建设,强化廉洁风险防控,严肃查处各类违纪违法案件。进一步完善巡视制度,提高巡视成效。

这里,我要特别向中央企业领导同志强调几点。习近平总书记对全党加强党性修养、弘扬优良作风、密切联系群众等方面提出了明确的要求,习近平总书记和新的中央领导集体率先垂范，为我们作出了表率。我们要认真学习贯彻落实习近平总书记一系列重要讲话精神、中央政治局八项规定和实施细则的要求，统一思想，转变作风，真抓实干，把中央的要求切实落到实处。一要坚定信念。全面贯彻落实党的十八大和中央经济工作会议精神，进一步坚定走中国特色社会主义道路的信心和决心，加强党性锻炼，遵守政治纪律，始终和党中央保持高度一致，在重大问题上旗帜鲜明、保持清醒政治头脑，经得起各种风浪的考验，为党和国家的事业、为中央企业又好又快发展作出不懈努力。二要狠抓落实。坚定不移地贯彻落实中央的决策部署，在执行宏观调控政策上要落实到位、不打折扣，决不允许我行我素、自行其是。要真抓实干，注重实效，根据中央精神，结合本单位情况，把2013年各项工作谋划好、部署好，有督促、有落实、有检查、有奖惩，重要工作进展要有评估。三要加强学习。面对国内外复杂的经济形势和艰巨繁重的工作任务，我们必须加强对市场经济规律和企业发展规律的认识，加强对政治、经济、法律等各方面知识的学习，加强对企业改革发展重点难点问题的研究思考，不断提高政治观察力和经济洞察力，不断提高驾驭复杂局面和履行职责的能力。四要转变作风。坚决贯彻落实中办、国办《贯彻落实〈十八届中央政治局关于改进工作作风、密切联系群众的八项规定〉实施细则》通知的要求，坚持求真务实，实事求是，讲实话、办实事、求实效。要深入一线调查研究，主动到矛盾和困难集中的地方了解真实情况，解决实际问题，帮扶困难职工。要切实改进会风文风，开短会、讲短话、写短文，力戒空话套话。要厉行勤俭节约，坚决反对铺张浪费，严格遵守职务消费各项规章制度。要遵守廉政准则，严于律己，廉洁自律，自觉接受监督，坚决反对一切消极腐败现象，维护好自身和中央企业的良好形象。按照中央关于转变作风的要求，国资委党委制定了贯彻落实八项规定精神的具体措施，对委党委班子和机关干部提出了明确的要求，希望中央企业监督落实。中央企业也要结合自身实际，抓紧研究制订明确具体、操作性强的措施，并认真抓好落实。

元旦春节将至，岁末年初各项工作相当繁重。要毫不松懈地抓好各项工作，尤其要高度重视安全生产和稳定工作，严防重特大安全事故和不稳定事件发生。各级领导要深入基层，做好困难职工帮扶工作，切实解决实际困难，让广大职工过上一个欢乐和谐的节日。

我们要紧密团结在以习近平同志为总书记的党中央周围，牢记党和人民的信任和重托，更加奋发有为、兢兢业业地工作，推动中央企业改革发展上新台阶、创新水平，为全面完成中央提出的2013年各项目标任务，为全面建成小康社会、实现中华民族伟大复兴作出新的更大贡献！

我国资本市场发展有坚实基础 投资者合法权益将得到更好保护

——专访中国证监会党委书记、主席郭树清

新华社记者 韩 松 赵晓辉

（2012年2月29日）

加快转变经济发展方式的要求使我国资本市场面临着前所未有的机遇和挑战。直接金融如何更好地服务实体经济，如何看待市场的调整波动，监管改革如何进一步深化，围绕一系列备受社会关注的焦点、热点、难点，新华社记者近日对证监会主席郭树清作了专访。

一、我国经济增长潜力巨大资本市场将日益走向成熟和稳定

去年以来，我国经济增速放缓，资本市场的发展也引发担忧。对此，郭树清表示："经济适度减速，是贯彻科学发展观、实施宏观调控的结果，有利于持续健康发展。"

他说，过去30多年，我国经济保持了高速增长，但速度不等于一切，结构、效益、环保、安全也同样重要。从全局来看，我国存在加快产业升级、转变发展方式的迫切需要。"'十二五'规划确定年均增速7%，降低了政策预期目标，为的是能够统筹兼顾更多方面。国际上绝大多数经济学家都不会怀疑，中国仍将是最具发展潜力的经济体之一。"

郭树清认为，虽然当前国际经济形势复杂多变，很多深层次问题和矛盾凸显出来，但总体来看，我国经济是典型的大国经济，有着巨大的内需市场，国际环境的影响其实不如想象的那么大。"汇率和GDP核算方面的差异导致了所谓的对外依存度数值较高，达50%以上，实际上中国不会比美国和日本更依赖外部经济。"

同时，我国经济工业化、城镇化、信息化和市场化都处于快速推进时期。"这既为资本市场发展奠定了坚实基础，也对证券期货业提出了更高要求。"郭树清说，我国资本市场非常年轻，存在着许多不成熟的地方，同时也充满旺盛生机，拥有着最广阔的前景。

人们经常质疑中国的股市是否反映实体经济。郭树清表示，确实存在许多脱节现象，但是从中长期过程来看，二者的走势基本一致，否则不能解释为什么我们在20年时间里，能够建立起规模名列世界前茅的股票、债券和期货市场。作为一个后发的新兴市场经济体，中国的资本市场不够完善。最突出的表现有两个方面：一是市场波动剧烈，过去一些年尤为突出，以上证指数年末收盘价为例，2006年上涨130%，2007年上涨97%，2008年下跌65%，2009年反弹约80%，最近两年市场又明显下跌；二是市场结构不能体现优质优价，许多时候恰恰相反，这意味着资源配置效率被严重损害，国家、社会和投资者利益都受到不利影响。

对于上证指数"十年股指归零"的说法，郭树清解释说，去年底上证综指数值确实和10年前一样了，但是这不意味

着投资者10年无收益。理由在于:第一,股指是时点数也即存量,收益是区间数也即流量,不具可比性。上证综指从1991年创立以来,大幅波动,如果选择在最高点,就增长了61.2倍,这并不意味着对应时段里买了股票的人收益达到那么多倍。第二,上证指数的成分和权重期间有很大调整。如采用绝对可比口径计算,过去10年股指累计涨幅为28%,年均涨幅为2.5%;加上分红等因素,指数投资收益率为40%,年化投资收益率为3.4%。第三,由于指数的不可比性,相同指数水平反映的上市公司估值水平完全不同。2001年6月平均市盈率接近60倍,而2011年12月只有约13倍。至于现金分红收益,那就更无法相比,现在的总量比10年前增加12倍。

郭树清说,作为高储蓄率国家,我国总体上并不存在资金短缺。但是,一方面,居民、机构和企业都觉得欠缺满意的金融投资渠道,银行存款超过80万亿元,很少有能够跑赢通胀的理财产品;另一方面,许多有广阔市场前景的研发项目、创新型企业和创业者个人得不到及时充足的资金支持,中小企业融资困难,大型绩优公司股票价格比平均水平低了约40%。这说明,目前的融资结构不够平衡,资本市场机制还很不健全。

加快资本市场发展,不仅是实体经济实现转型的需要,也是虚拟经济或货币经济健康发展的需要。为降低杠杆率,金融机构普遍面临着筹措资本金或实施资产证券化的需要。“我国金融体系中间接融资的比重仍然过高,银行在全部金融机构的资产占比超过了90%,各种风险可能过度集中而没有分散转移出去,这是我们需要及早引起警觉并采取有效应对措施的问题”。

去年年底以来,在证券期货监管系统深入开展“创先争优”活动过程中,证监会党委提出“三个如何”的讨论:如何以资本市场的科学发展来促进国民经济的科学发展,如何通过多层次市场体系服务于中小企业、“三农”和创新创业活动,如何在证券期货监管工作中体现和维护最广大人民群众的根本利益。

“现阶段,我们的工作重点有三个方面:第一,改善市场公平竞争秩序,保护投资者合法权益;第二,提升服务实体经济能力;第三,支持科技创新和文化进步。”郭树清说,上述几个方面在根本上是一致的,因为投资和融资、服务和回报、风险和收益是无法分割的整体。

二、把保护投资者置于监管工作的核心位置努力改善市场生态和投资文化

郭树清提出,证监会必须要当好投资者合法权益的守护人。建立公平竞争的市场秩序、完善相关法律法规、提高市场诚信水平、培育健康的市场文化、强化惩戒机制、坚决打击内幕交易等,都是出于对投资者保护的需要。

他认为,从实际出发,逐步建立起有中国特色的投资者适当性制度,是从根本上保护投资者的举措。由于历史和技术的原因,我国资本市场一起步就成为千百万人参与的大众市场。每年都有大量的新投资者入场,他们对股市风险没有多少认知,大多数时候是跟随他人,听信消息,追涨杀跌,最后形成很大损失,每年又有数以百万计身心疲惫的人离开市场。“作为市场监管者,我们不能对此熟视无睹,麻木不仁。”

郭树清表示,在现有条件下,推行投资者适当性安排,首先要把那些最没有股市风险承受能力的人群劝离出去。其次,对于大多数投资者来说,最好的投资准则就是遵循常识:买绩优大盘股;不要把鸡蛋放在一个篮子里,尽量多买几只股;买入价格不能太高。最后,只有那些有专业知识且有能力承担较大风险的投资者,才适合去挑选那些大家不太熟悉、业绩不太稳定、前景很不确定的公司,就是说这是一个小众市场。

投资者教育是一项非常紧迫也非常复杂的工作。在一个散户投资交易占到85%的市场上,要彻底解决“从众心理”、“羊群效应”和“集体非理性”等问题,几乎是不可能的。但是,监管部门必须随时随地把市场的真实情况告诉给投资者。郭树清说,对于绝大多数普通投资者来说,买股票的目标就应当是获取一个超过存款和债券利息的回报水平,至少能跑赢通货膨胀。这样能够为居家过日子增加一点财产性收入,为未来子女教育和自己养老做点准备。千万不能以买彩票的心态来买股票,天上不会掉馅饼。凡是想赚快钱、赚大钱、一夜暴富的,最终都会适得其反。

“我们提倡长期投资,就是反对所谓‘炒’,不赞成频繁进出,快速换手,反复折腾。”但是,即便是最好的公司,不管有什么样的题材,如果其股票价格已经过高,那也不值得购买。市盈率30倍,就是说30年的收益才能等于现在投入的资金,你是否能接受这种结果?至于市盈率为40倍、50倍的股票,绝大多数会成为“有毒的金融资产”,除非你确定它就是苹果或微软式的公司。按蓝筹股指数买股票,也不能追高。上证50、上证180和沪深300过去五年表现很不理想,原因在于其间正好经历过大起大落,在2007年买入的投资者,收益很少,甚至还有亏损,当时的价格水平是现在的两三倍。

郭树清坦言,最让人不可思议的股市顽症是“打新”。去年新股发行价平均是47倍的市盈率,比前年已经低了约20%,但还是老股价格的3倍以上。上市后一般都要上演一段“击鼓传花”,首日换手率87%,价格上涨30%,然后逐渐下行,半年后普遍跌破发行价。中小投资者承担了新股高定价的主要风险,据上交所抽样计算,高位接手的中小投资者绝大多数人都会被套牢或“割肉”,上市首日买入新股的散户3个月内有56.7%亏损。“把买新股当做不该错失的机会,甚至直接称之为享受发展的成果,这种观念和说法可能需要纠正或抛弃。”

新股高价的后果除了造成市场生态恶劣外,还会带来资源浪费、毒化社会风气、助长造假和违法违规行为,而且从最基础的层次上扭曲了市场结构,决定了股票未来持续走低的趋势,所谓“牛短熊长”就成为必然。这种世所罕见的高价发行现象的形成原因非常复杂,有体制问题,也有监管问题,还有社会文化、投资习惯、市场心理等多种因素,必须统筹兼顾、综合治理。

郭树清说,过去两年多来推出的新股发行体制改革,已经取得阶段性成果,发行和交易市场之间不再有巨大价差;一级市场整体的认购资金已大规模减少;新股首日破发率逐渐提高,去年平均达到27.4%。这些都为下一阶段改革奠定了良好基础。

三、加快建设多层次市场体系不断推进市场监管的公开透明

“十二五”规划纲要和全国金融工作会议,已经为证券期货市场的发展确定了明确的目标和任务。发展多层次资本市场、培育专业化的投资机构和中介组织、扩大多个领域的对外开放都非常重要。“今年我们还要取消约40%的行政审批项目,有的会下放和合并。最迫切的任务是深化发行体制改革,完善发行、退市和分红制度。”

对于新股发行能否取消审核制的议论，郭树清指出："这并不是问题的核心。关键在于如何界定政府监管部门与交易所平台及其他中介机构之间的职责划分和责任关系。注册制和审核制的实质性差别并不大，在实行注册制的美国，监管机构的有些审查比我们还要严得多、细得多。我们要以信息披露为中心，逐渐把审查的重点从上市公司盈利能力转移到平等保护投资者的合法权益上来。"

针对目前新股发行体制存在的问题，郭树清说，改革的方案必须总体考虑，实施则会分步推进，既要积极，又要稳妥。改革的中心任务是使新股价格真实反映公司价值，实现一、二级市场的协调健康发展。重点抓好四个方面：一是从抑制过度投机入手，做好投资者教育和风险揭示工作，逐步建立起投资者适当性制度。同时，对过度炒作新股、导致跟风现象的不良行为，要根据实际，采取有针对性的措施加以遏制。二是健全股市内在机制，通过放松管制，减少不必要的行政干预，夯实市场机制正常运行的基础，促进发行人、中介机构和投资主体归位尽责。三是推动更多的机构投资者进入新股市场，引导长期资金在平衡风险和收益的基础上积极参与。四是在发行监管上要以信息披露为核心，不断提升透明度。在具体措施上，近期将加大买方和承销商的定价责任，同时，提高股票流通性，加强对定价行为的监督和约束，严格落实参与各方的责任，对涉嫌"共谋"和操纵的行为及时予以惩处。长期看，还将不断强化信息披露质量、加强社会监督、完善法制环境，加大引入机构投资力度。

针对市场有关证监会推行强制分红举措的争议，郭树清说，根据公司法规定，上市公司利润分配属于公司自主决策事项，只有公司董事会和股东大会才有权决定是否分红和如何分红。监管部门将在充分尊重上市公司自主经营决策的前提下，继续鼓励、引导上市公司建立持续、清晰、透明的现金分红政策和决策机制，加大对未按承诺比例分红、长期不履行分红义务公司的监管约束，持续推动上市公司完善投资者回报机制。退市制度从原则上说，各方都高度一致，关键在于坚决、认真、周密、细致地付诸实施。

关于债券市场发展，郭树清说，正在制定中小企业私募债的实施方案，市政债和机构债也在积极研究推进之中。此外，人民银行、发改委和证监会初步建立起公司信用类债券的部际协调机制。他认为，公司类债券市场的改革，关键是消除事实上存在的，政府审批部门为企业提供的信用背书或隐性担保。现阶段将着力推进债券市场制度规范的"五个统一"，即统一准入条件、信息披露标准、资信评级要求、投资者适当性制度和投资者保护制度，在此基础上，进一步促进场内、场外市场互联互通，逐步建设规范统一的债券市场。

九问资本市场

——专访中国证监会党委书记、主席郭树清

人民日报记者 龚雯　许志峰

（2012 年 3 月 1 日）

一、直接融资依然严重滞后

记者：您从间接融资领域"转型"到直接融资战线，履新三个多月来最深的感受是什么？资本市场在促进实体经济发展和改革开放中应发挥怎样的作用？作为证监会主席，当务之急您要着重抓好哪几件事？

郭树清：到证监会工作以来，我更加深切地感受到资本市场与实体经济之间紧密的相互依存关系。实体经济是基础，是根本，"百业兴，金融兴；百业稳，金融稳"。同时，资本市场作为优化资源配置的重要平台，对于引导社会储蓄转化为有效投资、促进产业结构调整升级具有不可替代的作用。

历经 20 多年风雨，我们已建立起一个市值排名全球第三的股票市场，一个余额居世界第五的债券市场，还有一个交易量名列前茅的期货市场。我国资本市场服务实体经济的能力不断增强，有力推动着发展方式转变和创新型国家建设。

但要看到，我国直接融资仍严重滞后于实体经济发展的需要。间接融资占比还是太高，集中了过多的风险。很多企业，特别是创新创业型企业，早期很可能也不太适合从银行获得资金支持。因此，需要不断提高直接融资的规模和比重，加快多层次资本市场体系建设，我们的创业板、场外市场和私募债券都需要加快步伐。

现阶段的工作重点，我们明确了三句话：改善市场公平竞争秩序，保护投资者合法权益；提升服务实体经济，特别是其薄弱环节的能力；支持科技创新和文化进步。

二、金融体系结构失衡不容小视

记者：从第一次全国金融工作会议以来，一直强调直接融资的重要性，但是银行存贷款仍然占据着金融市场的绝对主体地位，其原因和后果是什么？

郭树清：如果把政府债和政策性金融债扣除，直接融资的增长确实相对较慢。2011 年企业部门通过证券市场筹措的资金只占 20% 左右，甚至比上年还有所下降；全部贷款余额 56 万亿元，全部股票市值和公司债券余额约 26 万亿元；金融机构资产规模，银行业为 92%，保险业和证券基金业只占 8% 左右。国际经验表明，这种过度依赖信贷的金融体系在一定环境下会形成系统性风险。

更重要的在于实体经济的金融服务必然不足。根据世界经济论坛 2011—2012 年的全球竞争力报告，中国的综合竞争力排名第二十六位，金融市场发展水平排名第四十八位，金融服务便利程度居第六十位。对"三农"、科技创新型企业、文化创意企业的金融服务远远不足，"民间资金多投资难"而"中小企业多融资难"的矛盾非常突出，这从一个侧面说明经济生活中存在着比较严重的金融压抑现象。

就直接融资自身而言，结构也很不合理。股票债券比例失调，公司类信用债的余额不到股票市值的 1/4。债券市场仍以国债、金融债等利率产品为主，公司类信用债券占全部债

券存量的 1/5。在公司类信用债券中,交易所市场严重滞后,银行间市场托管规模占比为 97%,两个市场尚未完全实现互联互通。

股票市场自身的结构有些方面也令人忧虑,集中表现为三个方面:一是一级市场价格大大高于二级市场。去年新股平均发行市盈率为 47 倍,而沪深市场的全年平均市盈率只有 17.76 倍。二是蓝筹股价格显著低于非蓝筹公司,"优质不优价",而成熟市场蓝筹股的市盈率就是平均的市盈率。三是绩差股价格畸高,一些 ST 公司在重组题材和"壳资源"概念的助推下,股价严重背离企业内在价值。

金融体系的结构失衡是潜在的风险因素,也是我国金融市场不成熟的表现,造成了资源配置低效,制约了金融体系的功能发挥,应当引起社会各方的重视。

三、倡导理性投资正当其时

记者:我国股市一直存在着炒新、炒小、炒差风气,管理层多年来一直宣传长期投资和价值投资,效果并不明显。投资者教育有用吗?

郭树清:截至 2011 年底,我国自然人持有 A 股流通市值占比达 26.5%,但整个市场自然人的交易量占 85% 以上。散户在新股认购中占发行股数的 70% 左右,在上市首日的交易账户中占 99.8%。加上我国特有的文化习惯影响,市场中注重"消息"、听信"题材"、闻风炒作、追涨杀跌等现象盛行。中小投资者承担了新股高定价的主要风险。新股高价发行及与之相关的炒新股、炒小股、炒差股破坏了股市的资源配置功能,从最基础层面上扭曲了市场结构。

我们倡导理性投资理念,就是要鲜明地反对赚快钱、赚大钱、"一夜暴富"的投资心态,深入推广长期投资、价值投资和"买者自负"的理念。对大多数人来说,投资股市遵循常识是最可靠的。一是购买绩优大盘股;二是适当分散;三是买入价格不要过高。

我们必须反反复复地告诉投资者,市盈率是股价与每股收益的比率,它的倒数就是投资回报率。一只股票,如果市盈率是 20 倍,那么它的投资回报率就是 5%;如果是 25 倍,回报率就是 4%,这就有可能跑不赢通货膨胀。如果市盈率是 40 倍、50 倍,则投资回报率可能就只有 2.5% 和 2%,也就是说,按照静态收益计算,需要 40 年或者 50 年才能回收投资。除非你认定它是真正的高成长的公司。

我国股市估值长期偏高,平均市盈率经常达到数十倍,但是现在已降低到历史最低水平,与国际上的主要市场基本相当,具备了长期投资价值,倡导理性投资遇到了最好时机。

四、加强科技创新与资本市场对接

记者:虽然 A 股市场不乏成长性良好的企业。但我们也注意到,很多好的国内企业在短短几年迅速做大,却基本都与 A 股投资者无缘。我国资本市场在培育、吸引有成长前景的行业和企业以及提高上市公司质量方面,还应做些什么?

郭树清:资本市场因其风险共担、利益共享的特点,比较容易组织动员资源从事创新创业活动,天然具有推动高科技和文化创意产业发展的优势。发达国家的经验表明,资本市场在推动国家经济转型和战略性新兴产业发展过程中,起着很关键的作用。

过去 30 年全球四大新兴产业——计算机、通讯、互联网和生物制药,都是通过资本市场发现和推动成长起来的。

与发达国家相比,我国的资本市场与整个经济金融的发展一样,还不那么成熟,上市公司结构不那么合理。我国资本市场确实支持了一大批高新技术企业发行上市,但这些公司大多是较成熟的企业,而大量真正初创、新兴业态、新商业模式的企业,还没得到资本市场的服务。这是我们需要反思的,说明科技创新与资本市场的对接机制还不够理想。

在下一步多层次市场体系建设中,场外市场、柜台交易、私募股权等市场的架构设计,要重点考虑知识和技术创新型企业、现代农业企业、小型微型企业的特征,做出有针对性的制度安排,切实增强我国资本市场的弹性和包容能力,使不同特点的创新型企业都能得到资本市场的支持,以更好地推动科技潜力转化为现实生产力。这是中国未来摆脱"中等收入陷阱"的关键。

五、要下大力气培育机构投资者

记者:监管机构提出大力培育机构投资者已有十多年了,有一段时间专业机构曾经势头很好,但是近些年好像又放慢了步伐。资本市场的健康发展,需要一个结构合理、成熟理性的投资者群体。对此,也存在一些不同声音,您怎么看?

郭树清:与普通投资者相比,机构投资者专业化水平高,存在多方面的优势。机构投资者价值投资、长期投资的属性决定了其在稳定市场中的重要作用。在发达市场,机构投资者持有的市值占到 70% 左右,其中一半是养老金和保险公司等长期机构投资者,还有相当数量的公益基金和赠与基金。

与成熟市场相比,我们的专业机构规模明显偏小,投资者结构不平衡的现象十分突出。截至 2011 年底,自然人持有流通 A 股市值占比达到 26.5%,企业法人占比 57.9%,专业机构投资者占比为 15.6%。与此相对应的是,我国资本市场比较容易发生大震荡。

当然,机构投资者也不可能完全避免从众和冲动,不同机构也会有不同特点。就总体上看,要把发展机构投资者放在更加突出的位置,要推动基金公司向现代资产管理机构转型,配合好社保基金、企业年金、保险公司根据自身需要确定的组合投资,引导私募基金阳光化、规范化发展。要适当加快引进合格境外机构投资者(QFII)的步伐,特别是来自港澳台的机构和使用人民币的产品,重点鼓励交易所交易基金(ETF)。

六、推动上市公司完善投资者回报机制

记者:这段时间,证监会密集推出了令人耳目一新的举措,有人比喻为您上任后烧的"几把火"。其中最受市场注目的是强化上市公司现金分红的相关措施。在推动上市公司更多回报投资者方面将有哪些安排?

郭树清:我很不赞成新官上任就要烧几把火的说法和做法。这些事都是证监会正在做和将要做的,每一件都没法拖延。由于历史原因,我们经济中的股本约束和投资回报机制还较薄弱,不少上市公司分红意愿不强,主动回报股东的意识明显不够。这影响到市场的气氛和投资者的信心。需要说明的是,根据《公司法》规定,上市公司利润分配属于公司自主决策事项,只有董事会和股东会才有权决定是否分红。监管部门将在充分尊重上市公司自主经营的基础上,鼓励、引导上市公司建立持续、清晰、透明的决策机制和分红政策。具体措施包括:要求首次公开发行股票公司在招股说明书中做好利润分配相关信息披露;澄清独立董事、外部监事的相关立场和态度;引导上市公司明确股东回报规划;降低上市公司与分红相关的操作成本;加强对上市公司现金分红决策过程、执行情况以及信息披露的监督检查,等等。相信这些举措将起到积极作用。

对累计净利润为正数但未分红公司的情况,证监会派出机构前期已进行了调查摸底。我们将督促公司充分披露其未分红的具体原因、未分配资金的用途和预计收益、实际收益与预计收益不吻合的原因等信息。对未按承诺比例分红、长期不履行分红义务的公司要加强监管约束，帮助企业牢固树立回报股东的观念，持续推动企业完善其公司治理。此外，退市制度的实施，理论上大家都赞成，一具体到企业、地方和投资者个人，就会遇到这样那样的阻力，除了监管部门和交易所要积极审慎操作，也需要方方面面的理解、支持和配合。

七、发行体制改革的要害是降低不正常的超高价格

记者：目前，市场对新股发行体制改革有较多期待。有观点认为，新股发行应该取消审核制，实行注册制。您认为相关条件是否成熟？下一步新股发行体制改革的重点在哪儿？

郭树清：实行审核制还是注册制，并不是问题的核心。关键在于如何界定政府监管机构、交易所平台和其他市场中介的职责和义务，如何保证企业能够完整、准确、充分地披露相关信息。在那些实行注册制的市场，有些审查得比我们要严得多、细得多。我国登记在册的规模以上股份公司有数万家，完全放开使其自由到交易所上市很难操作。我们需要加快发展多层次的股本和债券市场，同时也要把审查重点从上市公司盈利能力转移到保护投资者的合法权益上来。

我国资本市场通过前几轮新股发行改革，市场约束逐步增强，新股发行市盈率逐渐下降，新股不再是“皇帝的女儿不愁嫁”，投资人认购新股更加审慎，市场参与者的角色日益清晰，归位尽责的意识明显增强，市场出现了八菱科技、朗玛信息发行中止的案例。新股之所以能高价，是因为过多的投资者有过多的热情，有人说是“众人拾柴烧火”，也有人说是“打碎自己的骨头熬油”，得利的是极少数人。我们必须看清这个实质。

深化发行制度市场化改革，是年初全国金融工作会议部署的一项重点任务。近期，将重点从增强买方定价约束、加大承销商定价责任、提高股票流通性、加强对定价行为的监督等方面，完善定价机制，抑制“三高”、恶炒新股等现象。长期看，还必须不断强化信息披露质量，加强社会监督，完善法制环境。

从发行监管的角度看，要更加专注于以信息披露为中心，不断提升财务报告的质量，抑制包装和粉饰业绩。我们将引入更多市场力量来评估拟上市企业，提示其可能的特有风险，让更多投资者监督定价。前些日子，我们已延长了招股说明书的预披露时间，同时推出了专业机构测算的行业平均市盈率。今后，我们还会尝试更多有针对性的办法。

八、对内幕交易保持高压态势

记者：高压打击内幕交易等违法违规行为，是监管部门近期工作的亮点。然而，由于法制不健全、处罚力度不够、违法成本过低等原因，使证券市场的各种不规范行为仍较突出。证监会在加快资本市场诚信建设方面有哪些打算？

郭树清：在我们的工作中，诚信和惩戒这两个词都很关键。诚信两字，诚是重心，有诚才有信；惩戒两字，戒是重心，为了戒才要惩。所以去年底以来，我们已经向社会公布了30多起证券期货违法案件。

今后，对内幕交易、市场操纵、欺诈上市、虚假披露等违法违规行为，我们依然要加大打击力度，发现问题要更快处理，丝毫也不能手软，关键是要通过案件的查处，发挥警示作用。

内幕交易是各国市场监管中面临的共性难题。案件涉及的主体和账户数量多、分布广，尤其是证明违法犯罪者知悉、传递内幕信息的难度很大，查证要耗费大量的人力和时间。此外，资本市场是全国性的统一市场，而上市公司分散于各地，在查处违法违规行为的衔接上也存在不少困难，除地方保护主义因素外，也存在执法机构缺少专业人员的问题。

我们将持续保持高压态势，坚持打防结合，充分发挥已有的综合防控体系的作用。此外，我们有些制度安排也可能需要借鉴国外的一些有效做法。比如，在一些国家，和解制度在内幕交易查处过程中发挥了重要作用，被调查者接受监管部门的执行措施，但既不承认也不反驳相关指控。这样既能提高监管实效，使受损害的其他投资者相对迅速地获得赔偿，也能产生足够的惩戒效应。

九、债券市场改革的关键是消除政府为企业的信用背书

记者：今年资本市场的工作重点之一是推进债券市场改革。您能否具体阐述一下未来债券市场发展的方向？

郭树清：目前我国债券市场管理不统一，偿债的风险控制机制不完善，信用责任模糊。不同的部委审批，最大的问题就是提供了某种隐性的背书或担保，长期积累下去就会形成较大的系统性风险。按照国务院要求，人民银行、发改委和证监会初步建立了公司信用类债券的部际协调机制。现阶段，我们着力推进债券市场制度规范的“五个统一”，即统一准入条件、信息披露标准、资信评级要求、投资者适当性制度和投资者保护制度，在此基础上，进一步促进场内、场外市场互联互通，逐步建设规范统一的债券市场。

债券市场需要进一步加大创新力度。比如发展高收益债，目的是弥补债券市场制度空白，更好满足社会多元化投融资需求。我们正在研究推出中小企业私募债。作为公司债的一个种类，它包含高收益债的市场需求，但又不局限于高收益债。发行此类债券符合法律规定，也有利于改善中小微企业的融资工具和途径。我们已对地方政府、发债企业和中介机构做了初步调研，正抓紧研究制定方案。此外，如市政债、机构债等，也有利于促进城市基础设施建设，有利于提高地方政府债务透明度，分散银行体系风险。我们也将积极创造条件，推动这两类债券产品的发展。最后，国债期货经过长期的精心准备，也有望在不久的将来推出实施。

我们需要一个强大的财富管理行业
——中国证监会党委书记、主席郭树清在首届基金业年会暨基金业协会成立大会上的讲话
（2012 年 6 月 7 日）

各位代表、各位来宾、同志们：

经过一年半的精心筹备，中国证券投资基金业协会正式成立了。首先，我代表中国证监会向长期以来支持协会筹建的国务院各部门和北京市各有关单位表示衷心的感谢！向基金业协会的全体同志表示热烈的祝贺！

1998 年春天，我国的第一只证券投资基金诞生。短短 14 年里，中国的财富管理服务蓬勃发展起来。从封闭式基金到开放式基金，从信托计划到银行理财，从投资连接保险到天使基金和阳光私募，从各种各样的资产管理公司到林林总总的另类投资项目，都显示出勃勃生机，中国的金融业也因之而五彩缤纷、熠熠生辉。截至 2011 年底，证券投资基金资产净值 2.19 万亿元，银行理财产品余额达到 4.57 万亿元，信托资产 4.81 万亿元，保险资产 6.01 万亿元，各类创投与私募股权投资 4.77 万亿元。

然而，我们的财富管理行业总体上还处于幼年时期，不仅远远未能满足市场的需要，而且自身也存在种种的缺点与不足。比如，产品设计针对性不强，行业分割还比较严重，监管标准不尽一致，对投资者保护的制度安排存在缺失等等。总之，前述各个领域都遇到严峻的挑战，同时也蕴藏着巨大的潜力。

一、发展财富管理对经济转型具有根本意义

首先，这是提高我国经济效率的需要。中国是世界少有的储蓄大国，截至今年 4 月底，全部本外币存款余额达到 86.5 万亿元。但是，储蓄向投资的转化还不够顺畅、不够理想。中小企业、“三农”、教育、医疗、文化及其他民生服务领域，资金都十分紧缺，但制造业、重化工业、矿业、能源交通等领域，投资冲动却非常强烈，出现了较为普遍的产能过剩。中小企业多、融资难，民间资本多、投资难的“两多两难”问题突出。这说明，我国经济中存在比较严重的资源错配和资源浪费。国内外经验表明，专业的财富管理，能够以市场化的方式，把社会资本集中起来，在实体经济不同领域和企业发展的不同阶段进行资本的优化配置，从而把资源引导到国民经济最需要和最有竞争力的环节。例如，天使基金、风险投资可以培育创意、鼓励创新，股权投资基金可以帮助企业把特有的业务模式变 成市场竞争优势，证券投资基金等机构投资者则可以通过参与股票公开发行、购买债券、支持并购重组等方式，推动优势企业发展壮大。这些多样化的直接融资方式，对科技创新和文化创意具有根本的推动作用，是间接融资所不可能具备的特性。

第二，这是改善国民收入分配的需要。胡锦涛总书记在十七大报告中首次提出，创造条件让更多群众拥有财产性收入。按目前汇率计算，我国人均 GDP 已经超过 5400 美元，中等收入家庭的数量越来越多，但是收入分配中的结构性问题还比较突出，收入分配差距较大。改善国民收入分配结构，涉及到很多方面，其中很重要一条就是提高广大中低收入群众的财产性收入。这就需要财富管理行业发挥优势，根据居民多样化的投资需求和风险偏好，进行合理有效的组合投资、集合理财、专业管理，实现居民财富不缩水，能够跑赢通胀，努力争取更好的投资收益。在市场化和国际化日益发展的背景下，不仅个人、企业的财产需要保值增值，社保资金、养老基金、保险资金、住房公积金，也都面临着投资运营的挑战。这也涉及到我们每一个人的切身利益，事实上也是收入分配和再分配的一个重要方面。

尽管我国资本市场还很不成熟，但是这个市场在总体上已经具备投资价值，并不是所谓的零和游戏场所，因为绝大多数上市公司保持着世界公认的稳步快速成长。根据有关市场机构的计算，2001—2011 年，购买股票的年化平均投资收益率是 7.8%，公司债是 6.7%，国债是 3.6%。这里最关键的是要避免急功近利和短期炒作。由于坚持了长期稳定的价值投资理念，全国社保基金在过去 11 年里，年化收益率为 8.41%，比同期通胀率高出 6 个百分点；2003 年 6 月投资股票以来，历年股票资产占全部资产的比例平均为 19.22%，占全部投资收益的 46%，年化收益率达到 18.61%。另外，境外合格机构投资者也采取了相近的投资策略，同样取得了较好的投资收益。据市场机构统计，境外合格机构投资者自 2003 年 7 月进入我国资本市场以来，先后共汇入资金 1200 多亿元，累计盈利 1500 多亿元，年化收益率达到 16%。

第三，这是改善金融体系结构的需要。我国直接融资长期滞后，到目前为止，企业部门融资的 80% 左右仍然依靠银行信贷。在整个金融体系中，银行业资产规模占 90%，另外，近 60% 的债券由银行体系持有。截止到今年 4 月底，我国银行贷款余额达到 61.45 万亿，比全部股票市值和公司债券余额多出一倍以上。国际经验表明，这种过度依赖银行信贷的金融体系存在着较大的脆弱性，一定条件下很容易形成系统性风险。大力发展财富管理行业，有利于分流银行资金，改善直接金融与间接金融的比例失衡。通过专业机构的理财服务，转化为对企业的直接融资支持，在平衡企业资产负债水平、改善企业财务结构的同时，分散和化解金融体系内部的风险。特别是对许多具有创新性质的小型企业，一些专业财富管理机构还可以通过利益共享、风险共担的机制，开展高风险、高回报的股本或债券融资，从而有效弥补银行类机构风险识别能力和承受能力不足的缺陷，增强整个金融体系的弹性。中国有 80 多万亿的银行存款，如果分流一半，无疑会造就出一个规模十分可观的财富管理行业。更重要的是，社会融资结构会大为优化，实体经济能够从中获得恒久的好处，虚拟经济也会增强抵抗危机传染和扩散的能力。

第四，这是推进资本市场健康发展的需要。个人投资者高度活跃，是我国资本市场的一个显著特征，也是我国证券期货

市场富有生机和活力的一个重要原因。长期以来,个人投资者为我国资本市场的发展做出了巨大贡献,其中,部分投资者经过市场历练,现在已经非常专业。但是,从近年统计情况看,多数个人投资者在多数时候处于亏损状态。分析其原因,有两点值得关注。一是个人投资者往往喜欢频繁买卖,支付了大量的市场交易成本。据统计,截至2011年底,投资者累计缴纳印花税6900亿元,各种交易费用6200亿元。由于个人投资者在整个市场的交易量中占比达到85%左右,实际相应承担了超过八成的税费。二是个人投资者常常倾向于高买低卖,市场热的时候容易跟进,市场冷的时候又急于退出,这样就把账面亏损很快转化成了实际亏损。一些个人投资者还热衷于炒新、炒小、炒差,那就更容易导致损失。从经济理论来分析,说到底是因为信息不对称,因为一般居民个人对市场情况、公司处境的了解总是非常有限的,而专业化的机构或企业就很不一样。我们无意要求个人投资者远离股市,但是数以千万计的居民家庭可能不宜直接理财。因此,要大力发展专业投资,鼓励和引导个人投资者 主动改变财富管理习惯,通过机构的专业理财来分享资本市场的成长收益。这是投资者的根本利益所在,也是我国资本市场持续健康发展的基础。

从另一个角度来观察,结论也非常一致。上市公司是资本市场投资价值的源泉,要提升上市公司质量,就需要有更多的专业机构投资者 积极参与公司治理。在中国,公司治理实践中的突出问题就是资本约束不到位,一股独大或内部人控制严重,公司内部制衡缺乏实施基础。日前,格力电器股东会上,一家境外合格机构投资者耶鲁大学)和鹏华基金推选的董事获任,市场对改善这家企业的公司治理颇有期待。随着越来越多投资机构参与到公司治理,必将深刻影响上市公司的决策机制,使股份制的制度优势充分发挥出来,从而切实提高企业的核心竞争力。

二、基金公司应当加快向现代财富管理机构转型

众所周知,基金公司的转型不是一个新话题。2009年证监会就提出要把基金公司建设成为专业精良、治理完善、诚信合规、运作稳健的现代资产管理机构。这几年来,基金行业做了不少努力,但行业总体资产管理规模刚过3万亿元,其中专户业务不过1000多亿。2011年底,基金公司持有的流通股,只占到沪深两市的7.71%,而美国共同基金和ETF持有美国股票市场份额的将近四分之一。近年来中国基金业在全球排名始终在10强门槛之外,这与我们的经济总量和资本市场名列前茅的地位极不相称。2010年,中国基金规模仅相当于GDP的6%,而同期,美国的这一比例高达80%,巴西、马来西亚和韩国也分别达到45%、31%和27%。

在非常相对的意义上说,公募基金之外的其他财富管理业务近两年发展颇为迅速。基金公司被其他同行赶超,这是有多方面原因的。第一,产品结构不合理,创新能力不足。整个行业的同质化问题严重,行业的整体投资收益率受股市波动影响很大,难以提供差异化的理财产品。第二,投资行为的散户化、短期化特征明显。去年下半年,尽管基金对股市持谨慎态度,但整体的换手率仍然达到100%左右。有些公司研究不深入,跟风炒作,与价值投资理念背道而驰。第三,公司治理问题突出。比如,如何充分维护基金持有人利益仍然缺乏制度保障,整个行业在公司治理、人才培养和激励约束等方面缺乏长效机制。

当前,成熟市场的财富管理行业已经进入多元投资管理时代,而中国的基金行业则刚刚开始转型,差距还比较明显。从产品结构看,国内基金公司主要以公募基金等零售产品为主,海外机构则既提供多样化个性化的零售产品,也包括大量的私募计划和专户产品。从投资方向看,国内基金公司主要集中在股票、债券和货币市场工具等领域,而海外机构还包括衍生产品及各种资产证券化品种。从资产管理方式看,国内基金公司主要是自己发行基金产品,并直接投资于基础投资品种,海外机构还包括投资于基金产品的FOF(fund of fund)和通过选择基金管理人来管理资产的MOM(manager of managers)等模式。从涉及的市场看,国内基金公司基本还限于境内单一市场,与境外市场相关的业务都还处于起步阶段,而海外机构基本上都是全球募集资金,全球配置资产。从上述几方面来看,我们的基金公司转型发展还有很大空间,还有很长的路要走。

为此,基金公司要加快创新发展步伐。可能需要把握以下几点:第一,坚持从实体经济需要出发,通过设立专项资产管理计划,投资实体资产,扩大专户产品的覆盖范围,服务实体经济。第二,认真学习、消化、吸收国外资产管理公司的先进模式和成功做法,深入分析自身的优势和劣势,明确创新战略。既可以提供全面服务,实现在专业化基础上的多元化、集团化发展;也可探索部分业务外包,走特色化、个性化道路。第三,重视分析研究工作,下大力气提高研究能力。不能完全依赖外部的研究报告,更不能靠小道消息、盲目跟风。第四,坚持价值投资、长期投资理念,建立科学清晰的决策流程和管理制度,形成成熟稳定的投资风格,发挥对市场的引领作用。第五,认真研究改进绩效考核与激励机制,要使从业人员和机构的收入与投资者的回报紧密联系在一起。

他山之石,可以攻玉。美欧资本市场上的一些投资企业为我们提供了许多可资借鉴的经验教训。沃伦·巴菲特的伯克希尔·哈撒韦公司,始终坚持长期投资、价值投资理念,40多年来每股净资产增长了5000多倍。据说今年这家公司召开股东大会,有400多位中国人前往参加,这可能是一个非常有意义的信息。昨天,KKR的联合董事长兼首席执行官亨利·克拉维斯来证监会访问,这家公司也拥有非常独特的经验。他们在国际上成功投资过数百个项目,完成的投资额达到数千亿美元。目前,他们投资入股企业的平均持有时间是7.5年,公司正在进行新的战略转型,他们的目标是为所投资企业带来真正的价值增加,而不再是财务运作。据介绍,现在美欧的PE公司都遇到了巨大的挑战,杠杆收购后包装出售的模式已难以为继。他们走过的道路值得我们深思。

三、关键是牢固树立以客户为中心的经营理念

推进财富管理行业发展,要害在于普遍建立起以市场为导向、以客户为中心的经营理念。过去商业银行改革的时候,社会舆论往往把焦点都集中到引进战略投资者、股票上市等事件上,其实真正的核心是转变经营理念,再造业务流程和提升客户服务水平。千千万万的老百姓、各种各样的经济组织,实际上有多种多样的财富管理需求,客观上呼唤多元化的理财服务和产品。关键是根据客户偏好,既能够为大众投资者设计出一些可以跑赢通胀、风险又不太大的产品,也能给少数高端客户提供一些较高风险、较高收益的投资组合。

我们必须承认,中国的财富管理行业目前正处于一个比较矛盾和尴尬的境地。一方面我们有世所罕见的储蓄资源,另一方面我们有许多缺乏资金的企业和产业,但是中间的桥梁或通道不够用。除了知识、经验和人才不足之外,我们还缺乏品牌,缺乏值得市场和公众信赖的投资理财机构,缺乏人们可以将自有财产放心托付的,或大或小、或进取一点或审慎一些,但确实能够信守承诺,永远把客户放在第一位的金融投资企业。我国古代历史上有过的钱庄和票号，就是因为坚持“信取天下”、“以义制利”，构建出道德为本、人格为用、伦理约束为保障的信用与品牌体系，曾经创造出今天看来都令世人所难以置信的辉煌。完全复制老祖宗的模式，既无可能，也无必要。但是，我们不能不看到的是，在财富管理方面，品牌一直比技术更重要。

毫无疑问，目前各家机构的基础条件和外部环境不尽相同，不能简单类比，盲目照抄。但是，有一些必须共同遵守的行为准则。一是讲求诚信，时刻把客户利益放在优先位置。行业管理的资金，代表着社会公众的重托。要珍惜这份信任。只有懂得珍惜，才会找到正确的发展思路。只要对得起投资者，市场就一定会给予很好的回报。二是强化信息披露，保证投资者能够按照约定及时、准确、完整地获取信息。信息披露是保障客户权益的一项重要措施。对于公募产品，相关的投资策略、标的、风险等都要在媒体上及时披露；对于私募产品，则要在合同中充分揭示，让客户购买前对相关的风险有足够的认识。三是注重创新，切实满足多样化的理财需求。要持续加大创新产品的研发力度和对市场的研究能力，不断深化市场细分，开发更多符合市场需求的产品。四要合规运作，注意风险控制。要强化合规意识，完善合规制度，采取形式多样、灵活有效的措施，加强合规教育，健全依法运营保障机制。从业人员特别是高管人员要坚守职业道德，忠诚于投资者的利益，敬畏于法律的威严，不触碰底线。

证监会将继续加强基础制度建设，不断优化有利于行业发展的外部环境。当务之急，是要配合立法机关，加快《证券投资基金法》的修订，争取在拓宽基金公司业务范围，扩大基金投资标的，松绑投资运作限制，优化公司治理，规范行业服务行为等方面取得突破性进展。同时，要切实强化监管，对银行、信托、保险、证券、基金、期货、股权投资等各个领域的财富管理产品，在依法合规、公平竞争的前提下，按照分业监管行为监管的原则，重点解决好监管标准协调统一的问题，避免监管套利和监管真空情形的出现。对损害市场“三公”、侵犯投资者利益的，不管涉及什么机构，都要坚持“零容忍”。严厉打击“老鼠仓”、操纵市场和各种形式的利益输送等违法行为，发现一起、查处一起、公布一起。

四、基金业协会应当也能够大有作为

成立行业协会，归根结底是行业发展的需要。协会是行业自我管理、自我服务的平台，也是行业和政府部门沟通传导的桥梁。当前，我国亟待建设一个强大的财富管理行业，基金业协会的成立正当其时，相信协会一定能够大有作为！希望协会从成立开始，就能跳出公募投资基金行业的小圈子，牢牢把握财富管理行业的发展大趋势，引领行业发展方向，凝聚行业发展共识，共谋行业发展大局。要真正发挥行业协会作用，打破目前存在的低水平重复、条块分割、产品单一、服务能力不足的局面，大胆创新，闯出一条符合国情的财富管理业务发展之路。

一是转变观念，回归行业协会的本性，突出服务宗旨。既要做好各类行业协会普遍承担的专业性服务，组织好专业培训、行业宣传、会员交流，也要组织行业力量做好有前瞻性、事关行业发展方向的课题研究，建立完善行业基础性的统计分析制度，着力加强人才建设；同时，要充分发挥好传导作用，搭建监管部门与行业之间沟通的桥梁，把行业的情况和诉求及时反映给监管部门，为制定监管政策提供第一手的资料，也要全面客观地宣传监管政策，集全行业之力，一心一意搞好资本市场建设。

二是包容开放，鼓励竞争，促进行业创新。要把推进创新作为一项重要职责和使命，下大力气研究行业创新发展战略，推动行业开展组织、制度和产品创新，使各种类型的财富管理机构公平竞争，不断做优做强，切实满足大众理财需求。同时，加快建立国际交流合作机制，积极引进和消化吸收境外财富管理的先进经验，为我所用，不断提高整个行业的服务能力 。

三是严格自律，加强行业管理，积极探索符合实际的自我约束的方式、手段。协会党委、会员大会、理事会和监事会要各司其职，各尽其责，为会员单位完善公司治理结构作出表率。要充分借鉴国内外行业协会的成熟经验，完善各项制度规则，建立自律档案，积极探索会员自我规范、自我约束、自我教育、自我监督的方式和途径。大力加强诚信建设，推动会员单位诚实待人、守法经营、规范运作、勤勉尽责。要像爱护自己的眼睛一样，珍惜行业和自己的声誉，维护行业公信力，严惩“害群之马”。

四是勇于担当，切实负起行业和社会责任。财富管理是与千家万户息息相关的行业，可以说是人民大众的事业，也关系到金融结构的优化和经济效率的提升。协会和全行业都应有一种神圣的使命感、荣誉心和责任意识。全行业都应以实实在在的行动回馈社会，不能脱离群众，更不能站到社会公众的对立面。协会要发挥作用，引导全行业从业人员牢固树立关心国家、热爱人民、回馈社会、共创和谐的理念，使财富管理行业成为履行社会责任的模范。

证券基金业的朋友们，协会的同事们，财富管理是一个大有作为的朝阳产业，是一项高尚的事业，已经并将继续汇集大量的优秀人才。相信大家一定能够发挥聪明才智，以更加坚定的信心、更加振奋的精神、更加开阔的胸襟，团结一致，锐意进取，脚踏实地，开拓创新，使我国财富管理行业跨入一个崭新的发展阶段！

不改善金融结构　中国经济将没有出路

——中国证监会党委书记、主席郭树清在 2012 陆家嘴论坛上的演讲

（2012 年 6 月 29 日）

尊敬的俞正声书记、韩正市长、周小川行长、尚福林主席、项俊波主席，各位来宾、各位同事：

大家上午好！

中国经济持续 30 多年的超高速增长，促成了全球经济政治格局的根本改变。然而，我们的成就并非没有代价。从要素投入成本和资源配置效率的角度来看，许多方面已经达到

极限。所以,今年以来,国民经济增速有所放缓,非常正常也非常合理。我们不能不转变发展方式,这正是"十二五"规划的核心内容。在此过程中,金融体系的深入改革,承担着全局的历史的责任。

一、中国经济中储蓄和投资结构严重失衡

让我们以国家统计局的数据为基础来进行分析和比较。2011 年国内生产总值 47 万亿元,其中最终消费为 22.5 万亿元,资本形成为 22.9 万亿元,净出口为 1.2 万亿元。照此计算,中国的储蓄率高达 52%,这在世界上差不多是绝无仅有,而且就大国经济而言,历史上也不曾有过先例。一些经济学家因此而怀疑中国的核算方法与国际通行规则存在较大差异。然而,即使我们按照 45% 的储蓄率来计算,目前中国一年的总储蓄也超过 21.5 万亿元,按现行汇率折算约 3.4 万亿美元。这个数字在世界上是最高的,因此,中国不能说资金短缺。

我们的储蓄,首先是用于工业投资,占到全部固定资产投资的 40%。但是早在 2009 年,24 个工业行业中,21 个已经产能过剩。凡属技术成熟的制造业,几乎找不出一个产能不足的行业。"十二五"期间淘汰落后产能的任务有增无减,近年来大规模投资的所谓高新技术产业,例如多晶硅、太阳能电池、风电设备和电动汽车正在面临或即将面临大面积亏损。

其次,我们也大量投资于基础设施建设。能源、交通、通信占到全部固定资产投资的 12% 左右。这本来是我们的"瓶颈",但现在已经出现局部过剩。一些通道和线路注定会闲置,还有相当大比例的设施已经破损。

第三,我们的城市建设占很大比重,其中仅房地产就达到 25% 左右。由于种种原因,普遍存在着明显的反复拆建的问题。一些道路和管线设施,建成没有几年就被拆掉重建。公共事业,包括农村地区,学校和医院,在短缺的同时,也存在比较严重的重复闲置问题。

第四,农村投资占比不高,也即每年 3 万多亿元,然而,浪费的比率一点也不低。农民自己建房,反复拆建的问题甚至更加严重。在沿海发达地区,改革开放以来,已经建到第四或第五代住房,每年投入估计有上万亿元,平均每六、七年就要重建一次。由于许多人就业在外,事实上很多房子没有人居住,浪费之大不言而喻。

最后,我们来看其他服务业,在全部固定资产投资中的比重不到 20%。其中,批发和零售 2.4%;科研和技术服务 0.5%;教育 1.3%;卫生和社会福利 0.8%;居民服务 0.4%;文化娱乐 1%。特别需要注意的是,水利、林业和环保合计只有 1.9%。

与物质资本形成相比,人力资本形成可能更加重要。高收入国家 2008 年用于教育的公共支出平均占 GDP 的 5.4%,中等收入国家 4.5%,世界平均 4.6%,我国今年有望达到法定的 4%。医疗卫生方面,世界平均的支出占 GDP 的 9.7%,中等收入国家 5.4%,高收入国家 11.2%,我国为 4.3%,其中公共资金覆盖的比率我国也低于其他国家平均水平。

储蓄的形式也差别很大。中国人口比美国人口老化得多,60 岁以上人口占比达到 13.7%,但积累的养老金很少。目前全部加在一起只有约 3 万亿元,占 GDP 的比例不到 7%,人均 2300 元。而根据 OECD 的统计,2010 年美国养老金规模占 GDP 的 73%,人均 3.5 万美元。这一比例在英国为 87%,加拿大 61%,智利 67%。

储蓄、投资和消费结构的偏离常态,很好地解释了经济产出的结构失衡。在国民经济的三次产业中,包括金融在内的整个第三产业发展不足,2011 年第三产业仅占全部 GDP 的 43%。这与发达国家 73% 左右、中等收入国家 53% 左右的比例差距不小,甚至低于很多发展中国家,2008 年世界平均的水平是 69%。

结构失衡的问题有着深刻的社会、文化和经济政治体制背景。一个重要原因是要素市场未能充分发挥其在资源配置中的基础性作用,这需要我们继续深化改革,打破劳动力、土地、资本等要素市场长期存在的体制性障碍,显著地提高资源配置的效率。

二、金融服务业体系迫切需要健全和完善

说到金融业,大家都知道一个悖论,这就是我们特有的"两多两难问题":企业多,融资难;资金多,投资难。资金多总是相对的,我们每年提供给国际经济使用的储蓄资源就有近 2000 亿美元,超过了国内农业的全部固定资产投资。

这个悖论与论坛的主题密切相关,要害在于金融体系改革和资本市场建设。事实上,我国金融市场本身也存在着较为严重的结构性问题。

首先是金融业内部结构失衡。最突出的表现是高度依赖间接融资体系,直接融资比重过低。今年以来,社会融资总规模中贷款及承兑票据占 80%,只有不足 20% 来自股票和债券融资。从社会融资存量看,2011 年底银行贷款余额占 54%,企业股票市值和债券余额仅占到 26%,这一比例不仅远低于直接融资为主导的美国和英国,分别为 73% 和 62%,也低于间接融资占主导的德国和日本,分别为 39% 和 44%。从居民个人金融投资的角度看,银行存款占总额的 64%,股票、债券、基金等投资比例不到 14%,而美国的居民金融资产中,股票、基金和投资于资本市场的养老金合在一起,达到了近 70% 的比例。

其次,在资本市场内部,也存在着结构失衡。一是债券市场发展严重滞后,2011 年底股票市值约为公司债余额的 4.5 倍,而大部分成熟市场中,公司债的规模往往大于股票市场。二是股权融资市场层次单一,美国有纽交所、纳斯达克、场外报价市场和粉单市场、灰色市场等几个层次,大致呈金字塔状。而我国市场的主板、中小板、创业板和代办转让系统正好呈现"倒金字塔"形。三是期货及衍生品发展不足。成熟市场的期货、期权、掉期等衍生工具品种十分丰富,交易规模很大,与经济发展的关联度很高,而我们的衍生品市场发展还很不够。四是投资者结构很不合理。A 股市场的专业投资机构持有市值的 15.6%,而发达市场这一比例大致为 70%。更为不合理的是交易结构,A 股市场个人投资者持有市值占比 26%,但却完成了 85% 的交易。

第三,面向实体经济的金融服务存在结构性失衡。在以商业银行为主导的金融体系中,大企业、政府相关企业占有的金融资源优势比较明显,中小微企业和创新企业获得的服务非常有限。2011 年,我国有超过 1000 万户的中小企业,贡献了税收的 50%,创造了国内生产总值的 60%,完成了创新成果的 70%,解决了城镇就业的 80%,占全国企业总数的 99%。仅中关村科技园区初步符合创业板上市条件的公司就有 1000 多家,但它们参与资本市场的渠道还非常狭窄。更不用说还有武汉东湖、上海张江,还有天津、重庆、深圳、成都、西安、长春等园区。

三、直接金融具有推动产业结构调整升级的天然优势

如前所述,我国经济中目前最尖锐的问题是小型微型企业融资难。我们固然应该挖掘银行的一切潜力,而且也要积极推动民间信贷的规范发展。但小型微型企业往往需要的是本金，或者是时间稍长一点的债务融资，而这种服务只能由基础的直接融资来提供。

发展科技创新和文化创意产业，实现产业升级，需要我们更多地利用好资本市场这一平台。在对大量现有产业的整合过程中，应该更多发挥并购市场的作用。发达国家中，市场化并购完成的交易额，常常占到 GDP 的 5% 以上，甚至超过 10%，即使新兴市场国家也占到了 3% 以上，我国却只有 1% 左右。在对战略性新兴产业的发现和推动过程中，同样应该充分发挥资本市场的作用。真正的新兴产业往往孕育于小微企业之中，其极大的不确定性和轻资产的特点，决定其往往难以获得银行信贷资金的支持，而资本市场，包括股票、债券，以及风险投资、私募股权基金，等等，提供了一套融资方和投资方风险共担、利益共享的机制，可以成为推动创新型企业成长的基础平台。

事实上，每一轮全球新兴产业竞争的焦点，都在于各国经济社会资源配置的效率。美国之所以能够在发端于上世纪 80 年代的高科技浪潮中独占鳌头，缘于其高效的资本和科技的对接机制。近年来美国的苹果和脸谱等公司取得了令人赞叹的成功，引领了智能手机、平板电脑和社交网络等新兴产业的迅速崛起，都得益于其资本市场在危机后敏锐地捕捉到了这些产业并推动其快速成长。今年 4 月 5 日美国出台了中小企业促进法，简化中小企业上市流程，降低上市准入门槛，也是为了进一步为创新型、成长型企业提供良好的金融服务环境。

完善民生保障，从根本上要求资本市场能够充分发展。预计到 2020 年中国 65 岁以上的人口将占到全体人口的 12%，而社会保障和养老体系建设严重不足，社保资金和企业年金等长期资金面临投资渠道狭窄和体制建设落后等挑战，保值增值压力巨大，需要通过专业机构投资者的发展，科学合理地参与资本市场。我国居民人均银行存款 2.3 万元，从储蓄动机来看，其中很大比例将用于养老。这本身是一件不同寻常的好事，问题在于，一定要使之能够保值增值。没有资本市场这是做不到的。

资本市场的发展，有利于分散金融体系的内部风险。而且也可以减少系统性危机的发生频率，减轻其不良后果。直接融资体系提供了融资者和投资者直接对接的场所，在降低社会成本的同时，也对融资主体的诚实守信和投资者的风险认知提出了更高要求。欧洲早期荷兰、英国和法国三大资本市场相继发生泡沫和危机，正是与当时的信息高度不对称和市场的盲目追捧有关。资本市场发展也与其他要素市场的发展，以及整个社会的公平正义和民主法治高度关联。不断提高市场效率、优化资源配置是个永恒的主题。美国脸谱公司上市的“打新”和“炒新”现象说明，即使是成熟市场上也存在很多不理性行为。摩根大通“伦敦鲸”事件则警示大家，即便是危机中表现最好的银行，其风险控制仍可能存在着很要命的薄弱环节。

2008 年发生全球金融危机时，美国本来是金融风暴的中心，欧洲只是受到波及，但震荡发生的三年后，美国经济的恢复却比欧洲要快得多。到目前为止，美国 GDP 实现连续 12 个季度正增长，其产出规模已恢复到危机前的水平，而欧元区经济陷入负增长。金融体系结构的不同是解释两者差别的一个很重要的原因。以直接融资为主的经济体显示出了更强的弹性和更快的恢复能力。这主要得益于资本市场广泛的参与群体能够更好地分散市场冲击，化解危机的不利影响。事实上，即使在危机最严重的年份，美国的实体经济都影响有限，大企业现金充裕，真正有创新的企业照样可以从股本市场和高收益债券市场筹措到所需资金。

国际货币基金组织的两位经济学家，早在次贷危机前，就曾经对 84 次危机后 17 个经济体的恢复情况进行过研究。结果显示，以美国、加拿大和澳大利亚等以直接金融为主导的经济体，复苏速度和质量远高于比利时、意大利、西班牙和葡萄牙等银行为主导的经济体。芝加哥大学两位经济学家，曾经观察了美国等国家在 20 世纪金融结构的演进过程。他们发现在 1913 年美国股票市场市值和银行存款的比率大致是 1:1，1960年才恢复到 1929 年的 2:1 的水平，1990 年接近 3:1，1999年这个比例升至 9:1。当人们说美国现在仍然牢牢占据着全球金融市场的制高点，或者说是死死掌握着国际经济霸权，主要的依据可能就是这个事实。

四、推进资本市场的科学发展需要下苦功夫

中国的资本市场，没有理由不成为世界一流。但是，我们不可能轻轻松松地实现这个目标。相反，必须脚踏实地向前推进。有媒体朋友为了鼓励我们，说证监会每四天推出一项新政，其实这是误解。近期来看，我们面临着如下艰巨任务。

坚定不移地深化发行和退市制度改革。加大对新股发行过程中各种违法违规行为的监管和惩治力度，增强行业机构的责任意识和法纪意识。抓紧实施主板、中小板的退市制度改革方案，做好新老制度执行的衔接工作，加强对具体实施过程的监控，及时发现风险，改进措施，确保平稳过渡。

加快发展多层次、多产品的资本市场体系。大力发展债券市场，积极推进统一监管的场外市场，规范发展区域性股权交易市场。稳步发展期货及衍生品市场，形成多层次的资本市场体系，增强资本市场的涵盖面和包容度。加大产品创新力度，认真做好中小企业私募债试点，推出石油期货和国债期货，拓宽居民理财的渠道。

狠抓上市公司治理结构完善。坚持“关口”前移，要在上市过程中就重点关注公司治理是否健全，是否具有清晰的权力制衡和有效的制度约束。要更加注重监督上市公司董事会、监事会的运行情况，确保治理机制有效发挥。只有上市公司的质量靠得住，股票市场的基础才能扎得牢。

以更大决心和更细致的服务培育机构投资者。壮大财富管理行业，加大对外开放力度，引进各种专业化的机构投资者，为企业年金、社保基金、住房公积金和养老金参与资本市场提供公平高效的平台。当保险行业还排在全球第六名，共同基金还排在全球 10 强之外时，我们很难有一个强大成熟的资本市场。

不断提高市场效率。始终把保护投资者利益放在首位，强化市场投资功能，建设成熟理性的市场文化；加强中介机构建设和资本市场司法制度建设；正确处理政府和市场的关系，推进市场化改革；维护公平竞争的市场秩序，强化惩戒机制，健全诚信体系。

坚决守住不发生区域性系统性风险的底线。在国务院统一部署和领导下，加快清理整顿不规范的交易场所。金融危机表明，除了要加强市场微观主体的监管以外，还需要强化宏观审慎监管，特别是要防范系统性风险。次债危机前，美国房地产贷款余额与 GDP 的比率高达 90%，远高于其他国家 30% －40% 的水平，这可能是当时最直观的先行预警指标，但未引起监管者的足够重视。这个教训应当汲取，必须加强宏观经济分析，加强不同监管部门和地方政府之间的协作，共同防范系统性金融风险。

五、继续全力支持上海的国际金融中心建设

上海是一座从来都不缺少金融基因的城市。中国现代金融的起源和繁衍，似乎也非常偏爱这座城市。1921年，曾经有过一场交易所浪潮，全国出现了136家交易所，其中有112家在上海，不过这些交易所交易的标的大部分与现代金融无关。但愿现在各地出现的文化交易中心、红酒销售店、养生保健馆，不会也像当年一样，成为一阵清风，一场运动，过段时间后就销声匿迹。

1986年，工商银行静安营业部开始了股票柜台交易，开创了新中国资本市场发展的先河。以1990年上海证券交易所成立为发端，今天的上海已经成为全国股票、债券、商品期货、金融期货以及外汇、黄金、货币等交易机构积聚的最重要的金融高地。今年6月1日，上海、东京市场启动了人民币和日元的直接交易，这对人民币国际化和上海国际金融中心建设具有重要意义。从全局上来看，多项实证研究表明，人民币在资本项下的可兑换，实际的进展比之理论状态要远为迅速。上海成为国际金融中心值得期待。

上海有着得天独厚的优势。上海是一座非常开放和国际化的城市，大量的外商和合资机构落户上海，上海的基础设施和人力资本也日益接近国际先进城市。上海所处的长三角地区经济发达，企业和社会对金融服务的需求非常旺盛。还有更加重要的一点，上海的金融生态很好，诚信水平比较高，上海的出租车，经营非常规范，很少会带着乘客绕路。诚信对金融市场的发展至关重要，上海开埠至今200余年，积淀了良好的商业文化传统，可以说这是上海最重要的一个优势。

上海国际金融中心的建设离不开资本市场的发展。金融中心的建设并非简单地堆砌金融机构，资本市场是金融中心最重要的核心要素。中国证监会将一如既往地全力支持和服务上海国际金融中心建设，也期待上海能够利用国际国内两种资源优势和人才优势，在引进各类机构投资者，发展现代财富管理行业，培养优秀分析师队伍，孕育信奉长期投资和价值投资理念的公司等等方面，在深化金融改革，加快结构调整，实现发展方式转变的过程中，发挥更大更具创造性的作用。

谢谢大家！

积极地、审慎地探索和创造

——中国证监会党委书记、主席郭树清在证券公司创新发展研讨会上的讲话

（2012年5月7日）

同志们、朋友们：

大家上午好！

今天召开的证券公司创新发展研讨会，备受各方关注。市场期待了很久，我们也做了充分准备。一个会议如果想要真正取得实效，做充分的准备很重要。陈云同志曾经说过，要用90%以上的时间做调查研究，解决问题不到10%的时间就可以了。为准备这次会议，庄心一同志带领机构部、证券业协会、沪深两家交易所，做了大量调研工作。这次会议下发的文件，会前也广泛征求了意见，文件内容很丰富，希望大家在会议期间继续认真讨论，提出修改意见，把文件改好。会上很多同志要作专题讲话，在座的证券公司老总也会发表非常专业的意见，我就扬长避短，讲几个综合性、一般性的问题。

为什么要开这个会议？经过20多年的快速发展，证券行业现在到了历史上最好的时期。有人将过去的发展概括为“野蛮生长”、“清理整顿”和“规范发展”三个阶段，现在还处于规范发展阶段，希望从这次会议开始，进入到创新发展的新阶段。为什么证券业要创新发展？是为了行业繁荣？为了让公司有更多业务？为了适应市场需求？都有一定道理，但不完全，不充分。真正的大背景是，中央经济工作会议、全国金融工作会议都提出，金融一定要提高为实体经济服务的能力。我们的金融服务业虽然有了很大发展，但仍然是一个瓶颈部门。其表现在于，中国储蓄向投资的转化还不够顺畅、不够理想。

作为一个储蓄大国，中国每年的储蓄占GDP比例高达40%以上，那就是说有大约20万亿元，按现在的汇率计算也有3万多亿美元，位列世界第一。但是资金的闲置、浪费以及重复建设等问题还很突出，很多企业得不到资金。从总量看，储蓄率非常高，但资本配置的效率不够高。从结构看，大量的资本没有配置到最合适的地方，存在严重的浪费。我们必须正视这个现实：全社会的资金配置，不仅不能说是最优，恐怕也不能说是次优，远远没有达到这个水平。要解决这些问题，在很大程度上就是证券行业和资本市场的责任了。

第一，“两多两难”是我们民族面临的一个挑战。

“两会”结束后我去浙江调研。浙江的同志说，他们现在最难办的问题就是“两多两难”，即中小企业多，融资难；民间资本多，投资难。金融市场上，需求足够多，供应也足够多，但成交不够多。这个问题，不仅是浙江一个省的问题，也是全国性的问题；不仅是一个金融的问题，也是一个国民经济的问题；不仅是经济的问题，无疑也是一个社会和文化的问题。

世界上似乎还没有出现过这种情况。一方面，我们有极高的储蓄率，按现行统计达到50%左右。2011年底城乡居民银行存款余额达到34.4万亿元，全部银行存款80多万亿元。这和上世纪80年代、90年代的情况完全不一样，那个时候没有钱。我记得90年代初的时候，北京市修了两公里的地铁，由于那个项目没有经国家计委批准，所以被全国通报。现在北京地铁同时开工100多公里，去年有13条线路在建，欧洲人、美国人都觉得不可思议。目前中国外汇储备是最多的，我们的资本输出在给全世界做贡献。

而另一方面，市场体系发育不平衡，劳动力、土地等要素市场存在一些扭曲，金融市场不够发达，资本市场的问题更加严重。这些问题造成的后果是全社会资本的闲置、浪费和风险集聚。当前，国内有的领域资金十分紧缺，比如，中小企业、“三农”、教育、医疗、文化及其他民生服务领域，但有些领域却投资过多，产能过剩，例如许多制造业、重化工业、矿业，在一些地方还包括基础设施、能源交通。至于直接由政府主导

的投资，与市场没多少关系，但闲置和浪费更为严重。例如，一些城市兴建了很多体育场馆，每个场馆耗资十几亿、几十亿，但短暂使用之后，许多都长期搁置在那里，这种情况发达国家都极为少见，我们是发展中国家更不该如此。

此外，还有城乡二元分割问题。农民进城从事非农产业还按农民对待，城乡要素资源不能双向流动，发展不均衡十分明显。北京周边几十公里外的农民年收入不到两千美元，如果把河北省算进来，那就形成一个环北京的贫困带，人均收入才只有2000元人民币，反差相当大。

这里涉及一个非常深刻的问题，就是资本的稀缺性问题。搞市场经济，无论资本主义也好，社会主义也好，按说资源是稀缺的——现代经济学所有的模型都是以资源稀缺来作为假定前提的，但是在我们这个时代，资本似乎不再那么稀缺。不仅在相对意义上，甚至在绝对意义上似乎也是这样。若按在建房屋的面积来计算，去年中国的房屋建设规模大概是世界的一半，全世界一半的工地在中国。

与此同时，中国的资源浪费问题也很严重，其中既有国有企业，也有民营企业。许多所谓的高科技产业、新兴产业，包括光伏产业、电动汽车、风力发电等在内，重复建设的很多是民营企业。居民个人的浪费也很严重，比如城市居民买了房子不出租，不少进城的农民还在老家建新房，都在那儿闲着，实际等于空置。我们中国人很节俭，很爱储蓄，但是很多人没有贴现、折现、现金流的概念，不知道这是占压了自己的资金，客观上必然会有折旧和利息成本，是损失了机会收益的。所以我说“两多两难”问题是我们整个民族在发展中面临的问题，涉及经济体制的各个领域，当然重要的是价格、金融、财政体制问题，投融资体制则更为直接。解决这个问题很不容易，但是在座的各位投资银行家义不容辞。

第二，不能创新是中国经济和金融的最大风险。

在讨论中国经济问题时，有人认为要吸收借鉴美国、欧洲金融创新过度导致危机的教训，这无疑是非常必要的，但是得出的结论是金融不要创新了。这与中国面临的情况不符。无论是从全局上说，还是具体到金融体系、金融企业，我们最大的危险是不会创新，不能创新。不要认为创新很容易，胡搞乱来不叫创新，真正的创新并不容易。

胡锦涛总书记在去年“七一”发表的重要讲话中，提出了我们党在新时期面临的“四大危险”：精神懈怠的危险，能力不足的危险，脱离群众的危险，消极腐败的危险。这是政治问题和党的建设问题，但也在一定程度上揭示了经济和金融的一个要害问题，就是能力不足。

从一个角度看，传统的发展经济学理论认为，一个国家的经济增长决定的要素首先是资本，发展中国家都不缺劳动力，土地资源等也可以在国际之间调剂，缺少的是资本。所以资本的多寡，曾经可以解释一切经济发展问题。但在当代的发展实践中，这理论几乎丧失了生命力。

从另外一个角度看，在上世纪30年代，欧美经济学界发生过一场关于资本主义和社会主义、市场经济和计划经济优劣的辩论。对于计划经济的优越性，有许多道理可以支撑和印证。最有力的学说是由奥斯卡·兰格提出来的，他说，中央计划局可以模仿市场的价格信号，使全社会的生产非常高效，同时避免市场的盲目性。批驳计划经济的经济学家，也拿出了许多过硬的论据，例如消费需求的无限多样性，强迫命令难以持续，平均主义分配会导致激励机制的丧失。更重要的是，以米塞斯和哈耶克为代表的奥地利学派认为，没有货币价格或私人财产的存在，正确的经济计算是不可能达成的。但是，对市场经济捍卫最有力的，是熊彼特提出的“破坏性创造”理论。他认为，市场经济的优越性在于不断地创造新技术、新组合、新模式，西方经济确实有危机和周期性，这恰恰是经济有活力和有动力的表现，是其生命力的源泉，因此是一种“破坏性的创造”。经过这么多年，计划经济的试验在一度取得巨大成功后，最终被证明难以持续下去。市场经济也已经不是当年的形态，实践证明自由竞争与宏观调控必须结合起来。然而，一个基本的元素大家都赞同，就是创新。新增长理论的代表人物保罗·罗默认为，对于经济增长贡献最大的是经验、想法和创意，与过去西方经济学中各种增长理论很不一样，那些理论都认为物质、劳动和资本最重要。

总之，从发达国家的经验看，创新推动已经成为现代经济的主流。美国最典型，从最高层次上，占据了全球竞争的优势，占据了现代农业、制造业、服务业所有领域的优势。中国现在是世界上最大的工业国，我们有200多种产品产量全世界第一，钢铁、汽车等制造能力都已远远超过美国，但是我们比较担心，高增长后会出现停滞，或者没有高速度的时候就很快出现停滞，也就是“中等收入陷阱”。因为我们的经济基本上是模仿和学习发达国家，在产业链低端从事生产，没有多少自己的创新和创造，只能跟在人家后面一步一步往前挪动，这种增长模式很难永久持续。这正是实体经济强调创新驱动的重要原因。2006年1月，党中央、国务院正式提出到2020年建成创新型国家的战略目标，可以说是反映了经济社会发展的时代要求。实现这个目标，要靠体制机制，要靠人才，要靠许多条件，这是很不容易的。迄今为止，我们还有很多不足，经济中追求数量的倾向，科研中依靠政府的倾向，教育中追求分数的倾向还非常普遍。因此，我们说，不能创新是发展的最大危险。

中国的金融体系也是这样的问题。创新能力不足，监管能力也不足。强调审批的环节太多，市场准入门槛很高，一旦进入市场后，对行为、过程的监管就缺失了。进入成本很高，违法违规的成本很低，这样的市场无法做到高效。为什么说我们的金融体系最大的威胁是创新不足呢？分析一下金融体系中种种奇怪现象也就清楚了。例如，上市企业不能破产，市场化并购太少，公司信用类债券几乎没有违约，这都是很奇怪的现象。按道理债券违约应该是经常发生的，就象破产和倒闭一样，我们这里也没有，尤其是最近几年没有，很奇怪。但实际上经济活动中的风险既没有化解，也没有消失，既没有分散，也没有转移。在对外开放程度不高的情况下，金融体系的风险在日益积聚。所以，和经济体系一样，创新不足是中国金融体系面临的最大问题。

第三，金融创新迎来了最好的历史时期。

这是业界一致的看法，表现为几个方面。

一是我国产业结构调整，转变发展方式的进程在日益深化，这对金融服务实体经济提出了层出不穷的需求，要为不同规模、不同类型、不同发展阶段的企业提供差异化的金融服务。

二是财富管理成为全社会的迫切需要。不仅个人储蓄要保值增值，社保资金、养老基金、住房公积金也面临投资运营的问题。过去10年，地方管理的养老基金平均回报率扣除通胀后是负的0.9%。目前，全国企业存款20多万亿、机构存款20多万亿、个人存款30多万亿，其中很大比例需要通过财富管理实现保值增值。

三是利率和汇率市场化改革正在加速深化，金融产品定价和管理市场风险，成为企业和家庭极为现实和普遍的需求。

四是社会各界对推进新一轮证券行业的改革具有较高期望。当前,我国几乎所有行业都正在经历着新一轮的改革,社会普遍呼唤再次去行政化,对于金融行业尤甚。中国金融业和资本市场的改革从没有停止过。上半年,我们按照温家宝总理在《政府工作报告》中的要求,在新股发行、分红、退市等方面加快改革进程。媒体非常关注,但是有的报刊文章,把这些叫做所谓的"新政",这不正确,其实这是证监会一直在做的工作。

五是进一步扩大开放和国际化,使得金融创新具有更好的条件。中国企业和居民个人以各种形式走出去的步伐正在加快,如沃尔沃被吉利并购,IBM 个人电脑被联想并购,中国人在很多发达国家作为外来居民买房的数量都是数一数二的,这个速度还会加快,世界希望中国有更多的需求,有更多的投资。所以创新也是必然的,否则无法适应需要。例如,我们的证券公司还没有一家能够为海外并购做财务顾问,更多的优势还是在国内,所以我们鼓励大家"走出去"。

六是资本市场已经发育到一定水平,为正常合理的金融创新奠定了坚实基础。经过 20 多年的改革发展,我国资本市场规模快速扩大,体系不断健全,结构日益优化,监管的有效性切实增强。目前,中国股票市值位居全球第三,债券市场规模世界排名也是第四第五,资本市场已经发育到需要加快创新的阶段了。例如,股票市场因盲目投资和炒作已经付出了巨大的代价,"三炒"的恶劣后果也已尽人皆知,价值投资、长期投资能够得到合理的回报,开始逐步成为大家的共识。

中国证券市场还很不成熟,问题还很多,投资回报率较低,投资费用成本过高。但也要看到,短短 10 年间,中国股票市场的规模从几万亿扩展到 20 多万亿元,市盈率从平均的 50—60 倍变成目前的 13、14 倍,发生了根本性的变化,这种市场结构的改善,为进一步创新提供了基础。再比如,债券的重要性在行业内得到了普遍的认同。债券的规模应当比股票大,金融市场价格体系、估值体系、风险控制体系要建立在债券市场上。国外经验表明,对于投行业务来讲,将来成长潜力最大、收入最多的可能就是固定收益产品。除公开发行的股票、基金、债券外,今后私募、场外交易、柜台交易等理财、债券和股本类创新产品的规模也将快速增长,证券中介服务的增长潜力必将得到进一步释放。

第四,创新必须紧紧围绕实体经济的需要。

一定要牢记,实体经济的需要是金融创新的源泉,否则就成了无源之水、无本之木。亚洲金融危机,特别是爆发于欧美发达国家的全球金融危机,给全球金融行业带来极大震撼,同时也在深刻地警示我们,只有紧紧抓住国民经济的关键领域和薄弱环节,才能取得社会各个方面的理解和支持,证券行业的创新才具有强大的生命力。从商业的角度来说,着眼长远,着眼全局,注重投资的联动效应,做好市场渗透,才能赢得客户。美国的投资银行,经常能找到有潜力的小公司,这种小公司有的就办在居民楼的地下室或车库里,给予及时的、数量恰当的资金支持。中国资本市场就缺乏这样的筛选机制和服务能力。作为证券行业,应该支持中小微企业、"三农"、文化创意产业、科技企业,还可以通过市场并购等途径促进其加快发展。明显的例证是,我们对于发展现代农业,抓好食品安全的需求很迫切。比如奶制品行业,若没有现代化企业成长起来,面对诸如千家万户养奶牛的无序局面,挤奶、送奶这样的复杂环节,如何控制风险,又如何能够提高产业竞争力,是个很大难题,而这与金融服务不足又有很大的关系。

投资银行里的人都号称是最聪明的人,针对这些问题应该能够找到好的解决方案。我们比较重视"新三板",重视中小企业私募债,重视各种投资基金,农产品期货,这对证券行业的健康发展非常有好处。两个证券交易所深入实际,到中西部地区、工业园区进行沟通和联系,期货交易所也做得很好,正在研发许多新的产品,拜访了很多客户,这些都是非常重要的。

除了直接的金融服务以外,间接服务于实体经济的产品和工具同样重要。要积极探索利率互换、外汇远期、国债期货、商品期权等金融工具,切实可以提高资源配置效率,降低风险危害,为实体经济提供间接服务。

第五,创新特别需要理解和包容。

像柯达公司这样的世界知名公司、百年老店,即使倒闭了,也值得人们永远怀念。柯达不仅把胶片做到极致,而且正是它发明了为自己带来灭顶之灾的数码相机。经济发展、技术进步,都会导致企业经营困难,这不是柯达公司一家的问题。我们现阶段的金融创新,有相当多的"拿来主义",很多实际上不是我们的原创。可以充分学习和借鉴发达国家,这是有利的条件,但是也有其危险性,就是容易简单照搬、食洋不化。创新不可能不犯错误,要懂得宽容,但还是要努力避免犯那种可以避免的错误。

首先,要避免重复我们自己的错误。建议大家一定要认真读一读新近出版的《朱镕基讲话实录》,朱总理在这套书里,不少文章和讲稿都提到我国金融领域中,过去曾经出现过的"乱拆借、乱贷款、乱集资"问题,以及证券期货行业挪用客户保证金问题。这些错误警示我们,在创新过程中一定要防止出现一哄而起、一哄而上。永远不要忘记我们曾经有过的"开发区热"、"房地产热"和"股票热"。第二要避免重复西方发达国家的错误。中国证券公司的杠杆率普遍很低,欧美投资银行是我们的 10 倍,我们的杠杆率可以提高。但我们可能需要谨慎对待直投业务,我们的直接投资业务平均占 4%,美国高盛、摩根占 1%,我们还是比较高。

推进证券业创新需要把握的原则是:(1)严格区分公募和私募,逐步完善投资者适当性制度。如果区分得当,一多半的风险可以避免。(2)永远不做自己不懂的产品。要将场外交易和柜台交易纳入登记、备案制度,保持一定的透明度。(3)不取不义之财。一定要牢固树立诚信观念,继承优秀的中国金融文化传统,特别是对客户,一定要有充分的风险提示机制,不欺骗客户、蒙蔽客户,这是好的投资银行和差的投资银行的根本区别。(4)风险敞口始终保持在可以控制的范围内。(5)时刻做好经营状况向最坏方向发展的准备,要有逆周期的拨备。

第六,证券公司应该勇敢地承担起自己的责任。

首先是行业的责任。中国的金融创新主要集中在直接金融领域,间接金融领域也有,但不那么多。也就是说,创新主要集中在证券行业、基金行业、期货行业等方面。当然,我理解的证券行业是一个开放的行业,不能局限为就是 109 家证券公司 26 万人。金融行业的相互交叉是必然的,关键是要分业监管、行为监管、公平竞争。

证券业要发展必须开放。要坚持自主渐进、互利共赢、风险可控。自主,不是搞自我封闭、自我保护,而是有利于我们学习先进经验和技术。改革开放后的相当长时期内,我们是以"引进来"为主,这是正确的,也是必然的,因为它符合我们的核心利益。外国人来中国办厂设机构,要求我们开放市场,根据对等原则,我们也可以到对方市场设机构。但我们是发展中国家,需要技术和资本,美国等发达国家对我们开放了市场又有多大意义？因为我们的知识和技术要靠间接的学习和利用，所以以我为主，就是从金融业、国民经济发展的最紧迫的需要出发，从我们金融业发展的现实阶段出发。

我相信，只要具备开放的心态，证券业也好，投资银行也好，发展成熟的速度就会大大加快。我在商业银行工作时深有体会。从 2004 年开始到现在，有几百家外资银行进入中国市场，但市场份额到现在也只有 2% 左右，这是平等竞争的结果。外资银行网点不如我们多，对当地的文化不了解，怎么能竞争过中国的银行呢？如果中国的银行也使用先进的管理方式、同样的网络、同样的 IT、同样的 ATM 机，肯定比外资银行好，没有什么做不好的。国有商业银行的重组上市过程中，外资银行参股最高的达到将近 20%，有人说中国的银行变成外资的提款机了，如今赚钱了要撤了。外资确实赚了钱，但中国的商业银行在对外开放过程中，技术水平进步了，经验方面提高了，人才培养了，最根本的是劳动生产率迅速接近了发达国家银行。

其次是市场责任。你们是市场的组织者、主要参与者，市场是否有秩序，是否公开、公正、公平，投资者权益是否得到足够保护，证监会有责任，你们在座各位都有责任。比如说发行、退市、分红制度的实施，上市公司的治理，都得靠你们去监督，去教育，去培训。

证券公司上市我们都赞成。但为什么有的公司发行市盈率达到 40、50 倍？如果市场认可、投资者认可，定 80 倍也没问题，但投行保荐人必须要说出道理来。对企业的定价绝不能建立在搞关系、讲人情、相互交易、送礼等不公平做法上。要建立诚信档案，严格按照法律追究，法律如果没有规定则可以建议推动修法。总之，要采取最严格、最严厉的措施，遇到一单处理一单。把投资者当傻瓜来圈钱的时代一去不复返了。世界上没有免费的午餐，投资银行家应该最清楚这一点。

最后还有社会责任。这次会议印发的《关于推进证券公司改革开放、创新发展的思路与措施》的征求意见稿，专门有一段写社会责任。表面上看这和创新大会关联不大，是我建议写进去的。

证券公司也好，证券行业也好，必须有强烈的社会责任感。牢固树立诚实守信、依法合规、关心国家、热爱人民、扶贫济困、绿色环保的理念。证券公司党组织和管理层也要讨论是不是有精神懈怠的危险，是不是也有能力不足的危险，是不是存在脱离群众、消极腐败的危险？在座的很多人也是下过乡、扛过枪，在工厂里干过活的，任何时候，不管做什么事，都要和国家人民同呼吸共命运，要尽可能地多到社会基层走一走，多和普通群众在一起聊一聊，这样就和社会保持了一种紧密的联系。每一个机构，每一个企业都应当组织更多的专业或业余活动，深入社会实际。

深交所党委开民主生活会时，一些同志在发言中认真分析了美国和欧洲金融危机的经验教训，提出中国绝不能出现像美欧那样，由于少数金融机构向其管理人员，支付与他们的贡献和责任严重脱节的高收入，而造成的对社会的撕裂，即所谓 1% 和 99% 的严重对立。我们确实不能也不应该产生这种华尔街式的社会分裂，我们也完全有能力避免这样的结果。

谢谢大家！

资本市场建设需要进一步弘扬法治精神

——在第三届“上证法治论坛”开幕式上的演讲

中国证监会党委书记、主席　郭树清

（2012 年 12 月 8 日）

女士们、先生们：大家早上好！

第三届“上证法治论坛”以“资本市场诚信与法治建设”为主题，非常切合证券期货领域改革发展的实际，对于更好地凝聚法律界、法学界、证券界和期货界的智慧，进一步加强资本市场法治和诚信建设，具有十分重要的意义。

今年是现行宪法公布实施 30 周年。几天前，首都各界隆重举行纪念大会，中共中央总书记习近平同志作了一个引起国内外高度关注、党内外广泛好评的讲话，相信对我们今天与会的同志们、朋友们都有很深的触动和启发。他说到，保证宪法实施，就是保证人民根本利益的实现；一切违反宪法和法律的行为，都必须予以追究；实行有法可依、有法必依、执法必严、违法必究，实现国家和社会生活制度化、法制化；努力让人民群众在每一个司法案件中都感受到公平正义，绝不能让不公正的审判伤害人民群众感情，损害人民群众权益；坚持依法治国、依法执政、依法行政共同推进，坚持法治国家、法治政府、法治社会一体建设。结合资本市场实际，学习贯彻好习近平同志的讲话精神，我们的论坛就会取得圆满成功。

市场经济是信用经济，也是法治经济。资本市场合理配置资源的核心功能，本质上是通过市场交易关系来实现的。一方面，这种交易关系普遍建立在委托、信托等法律关系之上，高度依赖诚实信用。如果诚信缺失，必然加剧市场担心和焦虑，增加经济运行成本；另一方面，这种交易关系必须通过规则建立导向，如果没有公开透明的法律体系，人们无法预期交易结果，无从判断交易安全，必然导致市场萎缩和停滞。因此，诚信和法治是保证资本市场交易公平和效率的重要基础，是实现资源配置合理有效的基本条件。

“法律是成文的道德，道德是内心的法律。”诚信和法治之间存在着密切的内在逻辑联系。诚信的要求往往体现为法律制度的具体内容，需要通过法治的保障来实现。只有通过法律的引导、规范和调节，通过对违法失信行为的民事、行政、刑事责任追究，才能确保形成崇尚信用、相互信任、普遍信赖的市场关系。

资本市场改革发展的历程，同时也是直接金融法律制度变革和演进的历程。实践说明，坚持从法治和诚信建设的基本要求出发，认真抓好以下几个关键环节的工作落实，是十分重要的。

一是要特别注重健全制度，用法律推动和保障改革创新。努力推动国家立法机关制定或修订公司法、证券法、基金法、刑法和期货条例等法律法规，主动配合司法机关出台相关司法解释，抓好规章和规范性文件的配套完善。仅今年以来，我们就制定出台了有关发行体制改革、退市制度完善、鼓励上市公司分红、场外市场建设、发展债券市场、引导长期资金入市和机构创新发展等一系列法律文件65件。截至目前，现行有效资本市场法规文件已达527件，加上大量的自律规则，资本市场的法律规范超过1200件，适应市场需要的法律制度体系基本形成。

二是要特别注重严格执法，用法治手段维护市场秩序。遵循“有法必依、执法必严、违法必究”的工作原则，对严重违反“三公”原则、破坏市场秩序的行为，坚决秉持“零容忍”的态度，依法给予严厉惩处。今年以来，我们初步调查案件135起，正式立案103起，移送公安27起，分别比去年同期增长26%、27%、68%。审结行政处罚案件66件，处罚对象涉及16家机构，118个个人。与此同时，我们在日常监管中还依法对各类监管对象采取监管措施232起，涉及201个机构，173个个人。

三是要特别注重惩戒失信，用制度机制引导和保障诚信。我们制定了《证券期货市场诚信监督管理暂行办法》，建立起统一的资本市场诚信信息数据库，全面归集市场主体的诚信记录。以此为基础，研究采取有针对性的措施和办法，探索形成专门的诚信约束机制，在资格准入、行政许可、日常监管、现场检查等环节，将诚信记录作为一个重要的依据；在违法违规处罚处理中，将过往失信记录作为从严裁量的重要情节。

四是要特别注重依法行政，用法律规范和约束监管权力。现代市场经济必然要求法治政府。公正高效的市场一方面要求政府尽可能减少对微观活动的干预，另一方面，必须严格规范政府管理市场的行为。正是从这种理念出发，我们一直致力于自身的职能转变，坚决把市场能解决的事情交给市场。经过历次行政审批制度改革，取消调整了超过80%的行政许可项目，最近一次的行政审批改革，证监会又取消和调整32项行政许可项目，在国家部委中名列第一。另外，还有10项调整事项，因涉及法律法规修改，待修法后实施。同时，出台各项程序性规则170余件，在落实执法结果公开的同时，大力推进执法过程公开，自觉将监管权力的行使纳入法治轨道。

尽管资本市场的法治建设取得了巨大成绩，但是与国家的要求、人民的期待、投资者的意愿相比较，我们深深感到差距还是非常的显著。市场内幕交易、欺诈发行、违规披露、侵害投资者利益的事情时有发生，监管工作中不依法办事、不规范执法的现象仍然存在，执法不严、惩戒不够、违法违规成本过低的问题还相当突出。造成这种局面的原因是多方面的，既有少数人处心积虑蓄意违法、钻法律漏洞的原因，也有许多人不懂法、不知罪与非罪的原因；既有法律条文薄弱，责任规定过轻的原因，也有照顾行业发展、执法裁量失之偏宽的原因；既有传统的人情世故文化影响的原因，也有不愿意费力、怕受到打击报复的原因；既有监管资源紧缺、心有余而力不足的原因，也有体制机制不顺，多方掣肘、执法效率低下的原因。

党的十八大明确提出，依法治国是党领导人民治理国家的基本方略，法治是治国理政的基本方式。十八大报告还特别强调，要提高领导干部运用法治思维和法治方式深化改革，推动发展，化解矛盾，维护稳定的能力。这是我们党执政理念和方式的历史性变化，是我国政治体制改革的最新举措，具有划时代的意义。

做好资本市场工作，同样离不开法治。资本市场的改革创新，说到底是要在更大程度和更广范围发挥市场配置资源的基础性作用。经济学告诉人们，能够对全体社会成员提供适当有效的激励制度，是促进经济增长的决定性因素。市场机制实际上是通过稳定的产权规则、平等的交易规则、公平的竞争规则和有效的救济保护规则激发形成的个体活力和创造热情。只有运用法治的方法调整和处理复杂的利益关系，才能形成有利于市场机制作用发挥的环境和条件。

各位来宾，在新的历史条件下推进资本市场改革和发展，需要我们更加重视发挥法治的作用，自觉把法治建设摆到更加突出的位置。利用今天的机会，我想结合监管工作需要，提出几个方面的问题，希望大家共同关注、共同研究、共同推进：

一是经常地反复地学习证券期货的相关法律。我到证监会工作以来，深深体会到学法用法的重要性。有些法律过去读过，时间一长就记得不那么清楚。遇到了困难问题，似乎感到非常新鲜特殊，但是一查一问却发现法律法规早有阐述。还有的时候，大家都说惩处不力是由于法律规定的责任太轻，其实最后发现完全是另有原因。例如，对于保荐人出具有虚假记载、误导性陈述或者重大遗漏的保荐书，《证券法》明确规定要责令改正、给予警告，没收业务收入，并处以业务收入一倍以上五倍以下的罚款；情节严重的，暂停或者撤销相关业务许可。一直以来，我们鲜有实行。

二是进一步完善资本市场基础性法律体系。资本市场对于法律制度供给的要求，典型反映出商事法制更新变化快的特有规律。目前我们在私募市场、债券市场、资产管理市场以及期货和衍生品市场等方面的制度空白和制度缺陷，迫切需要通过修改法律加以解决。按照党的十八大关于完善中国特色社会主义法律体系，加快重点领域立法的工作要求，建议立足于法律制度顶层设计和总体规划，加快推进证券、基金、期货法律制度的完善。目前，《基金法》修订已经过全国人大常委会二次审议，希望根据审议意见修改完善后尽早出台。《证券法》自2006年修订实施已有7年时间，证监会最近组织力量对《证券法》实施效果进行了一次全面评估，希望能够正式启动修订工作。今年国务院对《期货条例》进行了专门的修订，希望以此为基础，进一步总结实践经验，加快制定我国的期货市场基本法。

三是切实加大对违法违规行为的执法打击力度。法律的生命在于实施，法律的权威也在于实施。党的十八大再次重申，任何组织和个人都不得有超越宪法和法律的特权，绝不容许以言代法，以权压法，徇私枉法。资本市场违法违规严重破坏市场公平，投资者深恶痛绝，必须毫不留情地给予打击。去年以来，针对内幕交易猖獗、蔓延的势头，我们集中查处了一批案件。最近一段时期，公司信息披露虚假，甚至欺诈上市、恶意造假等违法行为又有所抬头。必须旗帜鲜明，果断采取措施，不折不扣地执行法律，坚决依法予以惩处。不管涉及什么机构、什么个人，都不容许手下留情、法外开恩。

我们清楚地知道，市场上对我们会不会选择性立案、选择性执法，有没有因为外部干扰而“放水”，仍有某种怀疑，这是可以理解的，但其实是没有根据的。由于科技的迅速进步，重大违法违规交易必然会留下痕迹，犯罪分子侥幸逃脱的可能性越来越小。另一方面，社会各界人士主动参与市场监督的热情日益高涨。近两年，发现案件线索的渠道出现了一个明显的变化，除了原来的交易所监察、日常监管和媒体反映，来源于投诉举报的案件线索快速上升，已经占到全部线索的24%。顺便向大家报告，就我自己的亲身经历来说，一年多里,没有扣压任何一份举报,放掉任何一个线索,而且,也从来没有任何上级领导找我打招呼、说人情,影响我们正常办案。

四是全面强化对失信主体的诚信约束和惩戒。应当看到,当前市场上还不同程度地存在不讲诚信、不守信用的问题,有些方面还比较突出。比如,一些上市公司及其大股东开"空头支票",不兑现承诺,不履行义务,寻找各种借口,逃避承担责任。对于这种严重失信行为,必须采取有效措施,切实加以解决。我们拟成立专门机构,全面掌握、评价市场主体诚信状况,强化在行政许可和监管执法环节对于失信主体的惩戒和约束,使法律制度要求和诚信行为规范内化于心,外化于行。积极探索守信激励的引导机制,充分发挥行业组织在诚信自律、诚信管理方面的功能作用,发挥市场和社会的监督作用,真正在全社会形成"一处失信,处处受限"的诚信约束环境。

健康的市场和社会,必须允许经常的广泛的批评,我们欢迎各种尖锐意见和建议。当然,我们不赞成谩骂和诽谤,因为这不解决问题,而且破坏文明环境、损害国家形象,不益于我们的少年儿童成长。我们希望社会公众以广泛有序和理性讨论的方式参与到市场规则的制定中来,因为这更能保证法律和政策充分地反映利益各方的诉求,从而也更好地稳定市场预期和信心。从市场公平性来考虑,对股票看多看空、对市场唱涨唱衰都没有关系,是评论员、研究员、投资者也都不成问题,或者三者兼于一身,也并无妨碍,但是,我们希望相关人士从诚信出发,能公开自己的投资者身份,因为,这样才能减少对别人的误导,避免可能形成的角色利益冲突。在存在融资融券和股指期货业务的条件下,这样做更为必要。

五是深入研究推进资本市场执法体制改革。证券期货案件专业性强,是典型的"高智商"作案,而且往往涉众性强,相关违法活动分布地域广泛。按照现行执法体制查处证券期货违法犯罪,客观上存在与集中统一监管要求不相适应的矛盾和问题。根据欧美发达市场国家的经验,当资本市场发展到一定的规模后,需要配置足够的国家公权力量,设立专业法庭,通过专门的执法体制安排来维护市场秩序。如何从我国行政和司法体制的现实出发,以有效维护全国统一市场的公平竞争为目标,进一步优化证券期货市场的行政和刑事执法体制,需要我们解放思想,勇于创新,探索出符合实际、反映执法规律,从案件调查、审查起诉到法庭审理相配套的专门化司法安排。

六是积极研究推进行政和解执法模式创新。证券期货违法案件查处工作往往难度大、周期长,执法成本和社会成本高,投资者得不到及时的补偿。在英美成熟市场国家,基于受损投资者利益补偿保证、执法成本合理支出以及尽早稳定市场预期等考虑,在实践中大量采用行政和解的替代性执法模式,处理的案件数量超过其全部行政执法案件的 80%,有效解决了这一难题。在我国的法律制度环境下,是否可以、以及怎样采用这一执法模式,同样值得探索研究,期望能尽快找到解决问题的可行方案。

七是加快健全完善证券侵权民事赔偿制度。通过专门的民事赔偿制度,让证券违法主体付出经济上的成本和代价,是证券市场保护投资者权益的有效制度安排。2002 年最高人民法院出台专门的司法解释,开始了证券侵权民事赔偿案件的实践探索。最近两年,证监会配合最高人民法院对证券侵权民事赔偿案件的实践进行了认真总结,对于包括是否可以取消前置程序,是否可以借鉴成熟市场采取的示范诉讼、公共机构支持诉讼等做法,进一步完善我国的证券侵权民事赔偿制度的思路,也进行了相应的研究和论证。希望在已有工作的基础上,加快推进证券侵权民事赔偿司法解释的修改完善工作。

八是严格落实依法办事和依法行政的工作要求。当前,处理好政府与市场的关系仍然是经济体制改革的核心问题。应当认识到,资本市场监管领域过宽、事项过多的问题还没有从根本上得到改变。只有按法律的规范和程序,才能有效保证各类主体参与竞争的机会公平、权利公平、规则公平。我们必须按照"职权法授、程序法定、行为法限、责任法究"的法治政府原则,合理界定监管的职责边界,下决心再取消、调整一批行政许可项目。严格规范监管行为,统一执法尺度,公开执法标准,明确工作流程,切实做到严格规范公正文明执法。坚决贯彻十八大关于权力运行公开化、规范化的要求,加强党内监督、民主监督、法律监督、舆论监督,让人民监督权力,让权力在阳光下运行。强化对违法行政的监督和问责,对不积极、不正确、不规范、不合理履职的行为,依法追究相应的行政责任,对于权力寻租、权钱交易的违法违规行为,要坚决、及时、公开予以查处。

各位来宾,党的十八大提出,要实现国家各项工作法治化。证券期货领域无疑应当走在最前列。哈佛大学教授哈罗德·伯尔曼说过一句名言:"法律必须被信仰,否则将形同虚设"。只要我们真正在内心深处树立起尊崇法律、认同法律的理念,用法治的思维和方式推进资本市场的改革和发展,这一过程一定会充满创新、充满生机、充满活力。让我们为建设起一个权利公平、机会公平、规则公平的资本市场精诚团结、勤奋工作,加倍努力吧!

谢谢大家!

实施积极的财政政策　服务经济社会发展全局

财政部党组书记、部长　谢旭人

(2012 年 2 月 1 日　来源:《求是》)

当前及今后一个时期,做好财政各项工作,要深入贯彻中央经济工作会议精神,实施积极的财政政策,更好地发挥财政职能作用,努力保持经济平稳较快发展和物价总水平基本稳定,保持社会和谐稳定。

一、实施积极财政政策是应对经济形势变化的重大决策

2011 年,在党中央、国务院的坚强领导下,财政部门认真落实积极财政政策的各项措施,加强与货币、产业等政策的协调配合,国民经济继续朝着宏观调控预期方向发展,呈现增长

较快、价格趋稳、效益较好、民生改善的良好态势。

2012年,我国经济运行的基本面是好的,进一步发展具备不少有利条件。工业化、城镇化和农业现代化加快推进,国内需求潜力巨大;各项改革不断深化,体制机制活力进发;财政金融运行稳健,调控回旋余地较大。同时,也要充分认识到,我国经济发展中不平衡、不协调、不可持续的矛盾和问题仍很突出。一是经济增长存在下行压力。受外需明显减弱影响,出口面临的困难加大。刺激消费的政策效应逐步减弱,城乡居民收入差距仍然较大,消费增速稳中趋缓,新的经济增长点需加速形成。二是经济结构调整任务艰巨。农业特别是粮食生产在"八连增"的基础上保持稳定增长难度较大。"两高"行业扩张依然偏快,发展战略性新兴产业和现代服务业、淘汰落后产能、促进科技创新仍面临制约。能源资源和环境约束问题日趋尖锐,节能减排形势更趋严峻。三是推动物价上涨的因素仍然较多。2012年需求拉动和2011年价格翘尾的影响虽会有所减弱,但劳动用工、节能环保等成本上升趋势短期内不会改变,国际大宗商品价格走势和国内部分农产品供给存在较大不确定性,部分资源性产品价格关系亟待理顺,加上全球流动性仍比较宽松,物价上涨的压力较大。此外,部分企业生产经营困难,就业总量压力与结构性矛盾并存局面更加复杂,经济金融领域也存在一些不容忽视的潜在风险。

总的看,国内外形势的变化没有改变我国经济发展的基本面,但面临的形势将更为复杂严峻。在这一大背景下,要保持经济平稳较快发展,需要继续发挥财政政策的支持作用。同时,"十二五"规划中有些重大项目需要开工,已经开工的项目要保在建、保工期,保障改善民生、推进经济结构战略性调整、促进中小企业发展、支持重点领域改革等都需要进一步增加财政投入。近几年在实施积极的财政政策过程中,始终注重通过加强财政管理控制和防范风险,目前我国的赤字率和债务负担率还处在安全的区间。综合分析,继续实施积极的财政政策,既有必要,也有可能。

二、实施积极财政政策的总体要求

根据中央经济工作会议的决策部署,结合面临的新形势新任务,2012年财政部门将紧紧围绕科学发展主题和加快转变经济发展方式主线,实施积极的财政政策,深化财税制度改革,完善结构性减税政策,推动国民收入分配格局调整,进一步优化财政支出结构,加大对"三农"、教育、医疗卫生、社会保障和就业、保障性安居工程、节能环保、文化以及欠发达地区的支持力度,严格控制一般性支出,切实保障和改善民生,坚持依法理财、统筹兼顾和增收节支的方针,加强财政科学管理,提高财政资金使用效益,促进经济结构调整和区域协调发展,保持经济平稳较快发展和物价总水平基本稳定,保持社会和谐稳定,以优异成绩迎接党的十八大胜利召开。

实施积极的财政政策,关键是按照稳中求进的工作总基调,把稳增长、控物价、调结构、惠民生、抓改革、促和谐更好地结合起来,继续处理好保持经济平稳较快发展、调整经济结构、管理通胀预期的关系,既保持财政政策的连续性和稳定性,又增强财政宏观调控的针对性、灵活性和前瞻性。

一是着力加强和改善财政宏观调控,保持经济平稳较快发展。加强预研、预判、预测,深入分析经济发展和运行趋势变化,进一步加强和改善财政宏观调控,准确把握调控的力度、节奏和重点,适时适度进行预调微调,大力支持企业特别是小型微型企业发展,保持经济平稳较快增长和物价总水平基本稳定。与此同时,把加强经济调节与增强发展后劲有机结合起来,继续发挥财政政策目标定位准、针对性强、作用直接有效的优势,在调整优化经济结构方面发挥更大作用,切实提高经济发展的质量和效益。

二是着力保障和改善民生,大力促进社会事业发展。把改善民生摆在财政工作更加突出的位置,积极而为,量力而行。更好地发挥财政调节收入分配的职能作用,着力增加低收入群体收入,逐步提高居民收入在国民收入分配中的比重,提高劳动报酬在初次分配中的比重,促进形成合理有序的收入分配格局。保持经济平稳较快发展,实施更加积极的就业政策,大力增加就业。进一步优化财政支出结构,加大民生投入,并根据社会事业发展规律和公共服务的不同特点,建立健全财政保障改善民生的长效机制,努力支持解决好关系群众切身利益的问题。

三是着力推进财税体制改革,完善有利于科学发展的财税体制和运行机制。按照统筹规划、顶层设计、协调联动、积极稳妥的原则,完善有利于转变经济发展方式的财税体制,深化财政体制、预算制度和税收制度改革,力争在一些重点领域和关键环节取得明显进展。

四是着力加强科学化精细化管理,全面提高财政管理绩效。牢固树立全局观念、法治观念、创新观念、效率观念、服务观念和责任观念,针对管理中存在的突出问题,狠抓管理基础工作和基层建设,完善管理制度和运行机制,深入推进财政科学化精细化管理,不断提高管理水平。

三、积极财政政策的主要内涵

完善结构性减税政策,促进企业发展和引导居民消费。降低部分进口商品关税,增加能源资源产品、先进设备和关键零部件进口。落实提高增值税和营业税起征点等减轻小型微型企业税费负担的各项政策,实施对小型微利企业的所得税优惠政策。在上海的交通运输业和部分现代服务业开展营业税改征增值税试点,并稳步扩大试点范围,促进服务业特别是现代服务业发展。扩大物流企业营业税差额纳税试点范围,实施支持物流企业大宗商品仓储设施用地的城镇土地使用税政策。对蔬菜的批发、零售免征增值税。落实好其他各项税费减免政策,促进产业结构调整升级。取消不合理、不合法的涉企收费项目,全面清理规范公路收费,减轻企业和社会负担。

提高城乡居民收入,努力扩大消费需求。继续实施更加积极的就业政策,支持落实最低工资制度,促进提高低收入者劳动报酬。加大财政投入,落实相关财税政策措施,促进增加农民收入。增加财政补助规模,提高城乡低收入群体的基本收入。大力支持商贸流通体系建设,为城乡居民创造良好的消费环境。发挥财税政策稳定物价的作用。努力保障实现粮食稳产增产,增加主要农副产品供应。推进现代农产品流通体系建设,开展农产品增值税进项税核定扣除办法试点。加强重要商品物资储备和投放,做好生活必需商品、重要原材料进口。健全社会救助和保障标准与物价上涨挂钩的联动机制,落实好城乡低保对象、农村五保供养对象以及大中专院校家庭经济困难学生等的补助政策。

着力优化投资结构,加强经济社会发展的薄弱环节。保持合理的中央财政基建投资规模,主要用于支持保障性安居工程、以水利为重点的农业农村基础设施、教育文化卫生基础设施建设,节能减排和生态建设,自主创新能力建设和战略性新兴产业发展,促进新疆、西藏以及四省藏区经济社会发展等方面,优先保证重点在建续建项目的资金需求,严格控制新上项目,防止重复建设。进一步鼓励和引导民间投资健康发展。

进一步优化支出结构，着力保障和改善民生。加大民生投入，向基层、农村、边远地区和困难群体倾斜，更有力地推动教育、医疗卫生、社会保障和就业、保障性安居工程、公共文化等社会事业加快发展。一是严格落实教育经费法定增长要求，进一步提高财政教育支出占公共财政支出的比重，提高预算内基建投资用于教育的比重，扎实落实拓宽财政性教育经费来源渠道各项政策措施，确保实现国家财政性教育经费支出占国内生产总值4%的目标。二是加快推进社会保障体系建设，实现新型农村社会养老保险和城镇居民社会养老保险制度全覆盖，进一步提高企业退休人员基本养老金水平和城乡低保对象补助标准。三是推进医药卫生体制改革，提高新型农村合作医疗和城镇居民基本医疗保险的财政补助标准，加快以县级医院为重点的公立医院改革试点。四是建立稳定的保障性安居工程资金渠道和运行机制，落实相关税费优惠政策，大力支持保障性住房建设，扩大农村危房改造范围并适当提高补助标准，支持解决城镇低收入群众、新就业职工、农民工住房困难。五是加大强农惠农富农政策力度，大力支持强化农田水利建设，加强中小河流治理、小型病险水库除险加固和山洪地质灾害防治，增加农业科技投入，改善农业科技创新条件，着力支持现代种植业发展和基层农技推广体系建设，促进农业稳产增产、农民持续增收和农村繁荣。六是保证公共财政对文化建设投入的增长幅度高于财政经常性收入增长幅度，重点加强文化遗产保护、推进利用直播卫星开展广播电视公共服务以及支持农村公共文化服务体系建设等，更好地满足人民群众精神文化需求。在加大民生投入的同时，严格控制公务购车用车、公务接待、因公出国（境）等经费支出，严格控制各种论坛、研讨会、庆典等活动，进一步控制差旅、会议等一般性支出，切实降低行政成本。

促进经济结构调整和区域协调发展，推动经济发展方式转变。加大科技投入，优化科技支出结构，保障科技重大专项实施，大力支持基础研究和重大共性关键技术研究开发。深化科技经费管理改革，建立科技经费绩效评价制度。加强重点节能工程建设，推广节能产品。加快发展新能源、可再生能源和清洁能源。建立健全排污权有偿使用和交易政策体系。将草原生态保护补助奖励政策覆盖到国家确定的全部牧业半牧业县。加大对中小企业的扶持力度，促进中小企业稳健经营和持续发展。大力支持战略性新兴产业和现代服务业发展。实施重大文化产业项目带动战略。落实促进区域协调发展的各项财税政策，提高财力薄弱地区落实各项民生政策的保障能力。

财政部门将认真贯彻落实中央决策部署，充分发挥积极的财政政策的作用，更好地服务经济社会发展全局。

加快改革财税体制　完善公共财政体系

财政部党组书记、部长　谢旭人

（2012 年 11 月 20 日）

党的十八大报告，从全局和战略的高度，强调要全面深化经济体制改革，并对当前及今后一个时期加快改革财税体制、完善公共财政体系提出了明确要求。我们要认真学习领会，按照中央的决策部署，以邓小平理论、“三个代表”重要思想、科学发展观为指导，以科学发展为主题，以加快转变经济发展方式为主线，以保障和改善民生为立足点，加快财税体制改革，完善公共财政体系，更好地为全面建成小康社会服务。

一、健全中央和地方财力与事权相匹配的财政体制

财政体制是规范中央和地方政府间财政分配关系的制度安排。健全财政体制，既是推动城乡区域协调发展、促进科学发展的重要体制保障，也是完善公共财政体系和社会主义市场经济体制的客观需要。

党的十七大以来，通过深化改革，政府间财政分配关系进一步规范，中央政府的宏观调控能力不断增强，基层政府提供基本公共服务的能力有较大提高。在总体保持相对稳定的基础上，根据改革与发展需要，适当调整各级政府的收入划分和支出责任。结合统一内外资企业所得税改革和成品油税费改革，理顺和规范政府间收入划分。结合农村义务教育经费保障机制改革、医药卫生体制改革，以及新农合、新农保等重大民生政策实施，按照东中西财政状况确定差别补助政策，促进了财力与事权相匹配。中央对地方财政转移支付制度不断健全。增加一般性转移支付规模，进一步加大归并和清理专项转移支付的力度。调整民族地区转移支付政策，逐步扩大资源枯竭城市转移支付规模。中央对地方的转移支付（不含税收返还）从 2007 年的 14017 亿元增加到 2012 年的 39912 亿元，年均增长 26.9%。中央对地方转移支付相应形成地方财政收入，并由地方安排用于保障和改善民生等方面财政支出，有力地促进了基本公共服务均等化和区域协调发展。不断深化省以下财政体制改革，探索建立了县级基本财力保障机制，积极推进省直管县和乡财县管财政管理方式改革，基层政府公共服务保障能力和财政管理水平进一步提高。

近些年完善财政体制取得了一定成效，但也存在政府间事权和支出责任划分不够清晰、转移支付制度尚需完善、省以下财政体制改革还未完全到位等问题，迫切需要通过深化改革加以解决。按照党的十八大报告要求，今后一个时期健全财政体制的主要目标是：围绕科学发展主题，按照健全中央和地方财力与事权相匹配的体制的总体要求，进一步理顺各级政府间财政分配关系。合理界定中央与地方的事权和支出责任，优化收入划分和财力配置。健全统一规范透明的财政转移支付制度，优化转移支付结构，提高转移支付资金使用效益。建立完善县级基本财力保障机制，加强县级政府提供基本公共服务财力保障。实现上述目标，需要从我国社会主义初级阶段基本国情出发，在保持分税制财政体制框架基本稳定的前提下，进一步健全中央和地方财力与事权相匹配的财政体制，为促进城乡区域协调发展、更好地推动科学发展提供有力保障。

一是合理界定中央与地方的事权和支出责任。事权和支出责任清晰是财力与事权相匹配的重要前提。在合理划分政府职能范围和简化政府层级的基础上，遵循受益范围、成本效率、基层优先等原则，明确划分中央与地方以及各级地方政府之间事权与支出责任。力争在义务教育、公共卫生、社会保障等基本公共服务领域支出责任划分方面尽快取得明显进展。同时，结合推进税制改革，按照税种属性和经济效率等基本原则，研究进一步理顺政府间收入划分，促进财力与事权相匹配，充分发挥中央和地方两个积极性。

二是优化转移支付结构。转移支付是实现财力与事权相匹配的重要保障。要科学设置、合理搭配一般性转移支付和专项转移支付，发挥好各自的作用，促进地方政府的财力与其事权相匹配。在明确划分各级政府支出责任的基础上，逐步做到属于地方政府事务，其自有收入不能满足支出需求的，中央财政原则上通过一般性转移支付给予补助；属于中央委托事务，中央财政通过专项转移支付足额安排资金；属于中央地方共同事务和支出责任的支出，明确各自的负担比例。增加一般性转移支付规模和比例，完善中央对地方均衡性转移支付增长机制，提高转移支付补助系数，逐步补足地方标准收支缺口。分类规范专项转移支付项目，并从监管制度、技术操作等方面着手，进一步提高转移支付资金使用效益。

三是推进省以下财政体制改革。这是实现省以下各级政府财力与事权相匹配的客观需要。规范省以下财政收入和政府支出责任划分，将部分适合更高一级政府承担的事权和支出责任上移，强化省级政府在义务教育、医疗卫生、社会保障等基本公共服务领域的支出责任，提高民生支出保障程度，促进省内地区间基本公共服务均等化。在注意处理好与现行行政管理体制和其他经济管理权限关系的基础上，积极推进省直管县财政管理方式改革。强化乡镇财政管理，因地制宜深化乡财县管改革。

四是加快完善县级基本财力保障机制。县级政府是落实民生政策、提供基本公共服务的重要责任主体。要把加强县级政府提供基本公共服务财力保障放在更加突出的位置，以实现保工资、保运转、保民生为目标，在中央和省级财政加大支持力度的基础上，通过建立和完善奖补机制，全面建立起县级基本财力保障机制，并随着经济财政发展逐步提高保障水平，进一步增强县乡政府提供基本公共服务能力，促进城乡统筹发展。

二、完善促进基本公共服务均等化和主体功能区建设的公共财政体系

公共财政具有稳定经济、配置资源、收入分配、监督管理等职能作用，是政府履行职能的物质基础、体制保障、政策工具和监管手段。完善的公共财政体系，是促进基本公共服务均等化和主体功能区建设、不断改善民生的重要保障。

党的十七大以来，围绕推进基本公共服务均等化和主体功能区建设，公共财政体系建设取得明显进展。在财政体制逐步健全、财政收入保持平稳较快增长的同时，不断加大公共服务领域投入，重点向困难地区、基层和群众倾斜，有力推动了我国基本公共服务体系建设，切实保障和改善民生。全面实行城乡免费义务教育，大力发展职业教育，公共教育体系日趋完备。实施积极就业政策，初步建立起面向全体劳动者的公共就业服务体系。社会保障制度逐步由城镇向农村、由职工向居民扩展，养老等社会保障水平逐步提高，城乡社会救助体系和社会福利体系基本形成。深入推进医药卫生体制改革，初步建立国家基本药物制度，医疗保障水平不断提高，全面实施免费基本公共卫生服务项目，逐步健全城乡基层医疗卫生服务体系。加快保障性安居工程建设，初步形成以廉租住房、公共租赁住房和农村危房改造等为主要内容的基本住房保障制度。大力支持覆盖城乡的公共文化服务体系建设，推动博物馆、纪念馆向社会免费开放。积极落实促进区域协调发展的各项财税政策，逐步形成对主体功能区建设的财政转移支付支撑体系。

虽然近些年公共财政体系建设取得明显进展，对基本公共服务均等化和主体功能区建设的保障水平明显提高，但也存在基本公共服务财政保障力度需继续加大，促进主体功能区建设的财税政策有待进一步完善等问题。按照党的十八大报告要求，今后一个时期，要完善促进基本公共服务均等化和主体功能区建设的公共财政体系，提升基本公共服务水平和均等化程度，推进形成人口、经济和资源环境相协调的国土空间开发格局，实现全面协调可持续发展。

一是促进基本公共服务均等化。在经济发展基础上，完善财政收入稳定增长机制，同时按照强化税收、规范收费的原则，优化财政收入结构，进一步提高财政收入质量，提高基本公共服务财政保障能力。建立公共资源出让收益合理共享机制，出让收益主要用于公共服务支出。建立与经济发展和政府财力增长相适应的基本公共服务财政支出增长机制，切实提高各级财政特别是县级财政提供基本公共服务的保障能力。进一步优化公共财政支出结构，优先安排基本公共服务支出，增加教育、医疗卫生、社会保障、就业、住房、公共文化、农业水利、城乡社区、生态环保等重点领域投入，切实保障和改善民生。完善财政转移支付制度，按照地区人口等因素合理安排基本公共服务支出，逐步提高基本公共服务均等化水平。

二是实施促进主体功能区建设的财税政策。建立健全主体功能区利益补偿机制，推进主体功能区建设，构建科学合理的区域经济社会和生态协调发展格局。加大财政转移支付力度，增强禁止开发与限制开发区域政府公共服务保障能力，加强生态建设和环境保护。完善中央对地方转移支付制度和省以下转移支付制度，加大对农产品主产区、中西部地区、民族地区、贫困地区、重点生态功能区的转移支付力度，促进区域协调发展，提高人民生活水平。优先推进西部大开发，全面振兴东北地区等老工业基地，大力促进中部地区崛起，积极支持东部地区率先发展。支持区域间产业有序转移，完善跨区域合作机制，发挥各区域比较优势，增强经济整体竞争力，促进经济全面协调可持续发展。

三是完善财政预算管理制度。健全科学规范、注重绩效的预算管理制度，是完善公共财政体系的重要内容。要进一步增强财政预算的完整性、透明度和有效性。建立并不断完善科学完整、结构优化、有机衔接的政府预算体系，全面反映政府收支总量、结构和管理活动，统筹运用好公共资源。健全预算编制和执行管理制度，强化预算科学化、精细化管理，增强预算编制的科学性和准确性，提高预算执行的及时性、均衡性、有效性和安全性。完善预算公开制度，健全公开机制，规范预决算公开内容和程序，促进预决算公开常态化、规范化和法制化，增强财政预算透明度。健全预算绩效管理制度。将绩效观念和绩效要求贯穿于财政管理的各个方面，逐步建立预算编制有目标、预算执行有监控、预算完成有评价、评价结果有反馈、反馈结果有应用的全过程预算绩效管理机制，提高财政资金使用效益。

三、形成有利于结构优化、社会公平的税收制度

税收是政府履行职能的物质基础，也是推动经济发展方式转变、公平收入分配的重要手段。推进税收制度改革，完善税收体系，形成有利于结构优化、社会公平的税收制度，体现正确的利益导向，对于推动经济持续健康发展、全面建成小康社会具有重要意义。

改革开放以来，在推进经济体制改革的过程中，我国的税收制度先后进行了多次调整，税收收入组织体系不断健全。近些年来，通过持续深化税制改革，逐步建立和完善了以流转税和所得税为主体，其他税种相配合的复合税制，政府与企业、个人之间的分配关系进一步规范，税收调节经济和收入分配的作用得到较好发挥。统一了企业和个人的税收制度，形成了有利于公平竞争的税收环境。完善增值税制度，全面实施消费型增值税，促进了企业扩大投资和技术改造。顺利推进成品油税费改革，进一步理顺了税费关系，增强税收促进节能减排的作用，建立了依法筹集公路发展资金的长效机制。在全国范围内实施原油、天然气资源税从价计征改革，完善了能源产品价格形成机制。开展营业税改征增值税试点，促进了服务业发展。推进个人住房房产税改革试点，发挥房产税调节收入分配、引导居民合理住房消费的作用。调整和完善了个人所得税、消费税等税收制度。健全城市维护建设税等税收制度，积极推进地方税改革。在经济发展基础上，国家财政实力不断增强。

虽然我国税制建设取得重要进展，但现行税制仍然存在一些需要解决的问题，突出表现在：税制结构不尽合理，地方税体系建设相对滞后，税收在促进科学发展和调节收入分配方面的作用有待进一步发挥。按照党的十八大报告要求，今后一个时期完善税收制度的主要目标是：健全以流转税和所得税为主体税种，财产税、环境资源税及其他特定目的税相协调，多税种、多环节、多层次调节的税收体系，充分发挥税收筹集国家财政收入的主渠道作用和调控经济、调节收入分配的职能作用，促进结构优化和社会公平，推动科学发展和社会和谐。实现上述目标，需要按照简税制、宽税基、低税率、严征管的原则，进一步优化税制结构，公平税收负担，规范收入分配秩序。

一是强化税收促进经济结构优化和发展方式转变的作用。在实施和完善消费型增值税的基础上，结合增值税立法，稳步扩大增值税征收范围，相应调减营业税等税收，进一步消除重复征税，最终实现货物与劳务税制的统一，促进服务业特别是现代服务业发展。合理调整消费税范围和税率结构，将部分容易污染环境、大量消耗资源的产品等纳入消费税征收范围，增加消费税应税品目，充分发挥消费税促进节能减排和引导理性消费的作用。完善企业所得税制度，鼓励科技创新。进一步推进资源税改革，将煤炭资源税计征办法由从量征收改为从价征收并适当提高税负水平，其他矿产资源等提高从量计征税额，并适时将水资源纳入资源税征收范围，促进资源节约和环境保护。选择防治任务繁重、技术标准成熟的税目开征环境保护税，逐步扩大征收范围，促进环境友好型社会建设。

二是充分发挥税收调节收入分配的作用。实施个人所得税改革，推进个人收入申报和财产登记、信息沟通等社会征信系统建设，逐步建立健全综合和分类相结合的个人所得税制度，将固定性、经常性所得作为综合所得按年计算征税，将资本所得和临时性、偶然性所得作为分类所得按次计算征税，加大对高收入者的税收调节力度，促进社会公平正义。完善消费税制度，适应消费品升级换代不断加速、一些高端消费品向普通消费品转变以及节约能源资源的要求日益迫切等趋势，适当调整部分消费品的税目和税率，进一步发挥其调节收入分配的作用。深化房地产税制改革，构建合理完善的房地产税收制度，有效调节财富分配。统筹推进房地产税费改革，逐步改变目前房地产开发、流转、保有环节各类收费和税收并存的状况。结合其他方面的税制改革，对房地产交易环节征收的有关税种进行简并，合理安排税收负担。认真总结个人住房房产税改革试点经验，研究逐步在全国推开，同时积极推进单位房产的房产税改革。根据适当提高社会保障统筹级次的要求，健全社会保障筹资机制。按照"正税清费"和"分类规范"原则，继续清理整合行政事业性收费和政府性基金，进一步规范收入分配秩序。

三是构建地方税体系。结合上述税收制度的改革完善，将财产行为类有关税收作为地方税体系的重要内容，不断增加地方税收收入，进一步增强地方特别是中西部地区安排使用收入的自主性、编制预算的完整性和加强资金管理的积极性。在统一税政的前提下，赋予省级政府适当税政管理权限，培育地方支柱税源。中央集中管理中央税、共享税的立法权、税种开征停征权、税目税率调整权、减免税权等，以维护国家的整体利益。对于一般地方税税种，在中央统一立法的基础上，赋予省级人民政府税目税率调整权、减免税权，并允许省级人民政府制定实施细则或具体实施办法。

共同目标，一致行动——追求内外均衡的增长

——商务部部长、党组书记陈德铭在"中国发展高层论坛 2012"年会上的演讲

（2012 年 3 月 18 日）

3 月 18 日，商务部部长陈德铭在北京出席国务院发展研究中心主办的"中国发展高层论坛 2012"年会，发表了题为《共同目标，一致行动——追求内外均衡的增长》的演讲，实录如下：

我感谢多年来主办方邀请我参加中国发展高层论坛，感谢邀请我围绕"追求内外均衡增长"的主题发言，这是一个十分具有理论价值和现实意义的题目。

长期以来，经济理论界就均衡、非均衡增长进行着广泛而深入的讨论，形成多种派别，并随着实践的深入对这一理论不断进行修正和完善。从现实来看，近百年来，正是人类社会的

发展失衡导致了经济危机频发。所以我们在讨论均衡、非均衡发展问题时，不能不想到目前我们正在经受着金融危机的考验，欧洲主权债务问题还在发酵，世界经济正处在艰难的复苏之中，非洲还有很多饱受饥荒的人们，全球能源资源争夺激烈，不排除触发战争的可能。因此说，内外均衡增长这个主题也很有现实意义。

一、均衡增长是相对的，不均衡是绝对的

首先我谈谈对这个主题的认识。论坛的主题是：追求内外均衡的增长。在中国的语言文字中，所谓“追求”的，往往是一种比较完美、可望而又难以企及的目标，比如崇高的理想等。从哲学的观点看，追求均衡就是实现矛盾的对立和统一。辩证法告诉我们：矛盾的统一是相对的、暂时的，而对立是绝对的、永恒的。矛盾是事物发展的动力，矛盾双方不统一，相互排斥和斗争，从而推动事物向前发展。经济发展的规律亦如此。经济均衡增长是相对的、短暂的，非均衡增长是绝对的、长期的。非均衡始终围绕均衡的中心线上下波动，推动经济不断向前发展，无限接近均衡增长的目标。

二、内外均衡应具有更广泛的涵义

关于内外的均衡增长。我认为，当前国际社会的行为主体主要是以国家的形式出现的。因此，所谓“内外”的概念应该是以国界划分，“内”指国内，“外”指国外，另外也有一些国家联合体、区域经济共同体等“内”的形式。从这个角度讲，从狭义的定义上，内外均衡或非均衡增长是指各国或国家联合体的国际贸易、跨国投资、自然人移动等要素是否均衡，以及在这些要素流动基础上的国际货币收支均衡与否等。从广义的角度看，我们应当看到，考量一国的经济均衡与非均衡不仅应当包括传统意义上的国际贸易、跨国投资、自然人移动等，还应包括资源所有、财富分配、消费能力以及教育、养老、医保等方面是否均衡。这些要素均衡与否决定着一个国家老百姓的人权，不仅是言论自由权，首先而且更重要的是生存和发展权。因此，衡量经济增长均衡与否，还要综合、全面地分析多种要素。

三、全球化下经济均衡增长在发展中实现

经济全球化无疑是当前世界的一个主要特征。世界经济原有的均衡不断被全球化、被经济发展打破，但全球化又不断创造出新的、更大范围的、发展中的均衡。经济全球化的发展源于世界生产力的发展近而推动全球生产关系的调整，如科技的进步，特别是信息技术发展和海运成本的大幅降低。全球化已不仅仅是货物贸易的全球化，跨国公司大规模地到境外投资，其生产要素禀赋在全球实现最佳组合布局，资本全球化发展迅速。一些新兴国家其经济的起飞得益于跨国公司全球化投资，同时也催生了这些国家本国工业的发展，及随后的大规模工业化、城镇化的进程。

以占世界人口19%以上的中国为例。30多年前中国对外贸易占世界贸易的比重不及1%，而2010年这一数字已超过10%。中国这30多年的发展打破了30多年前世界贸易的均衡，然而中国同时也在创造着新的增长、新的均衡。30年间，中国的进出口基本是平衡的，前期逆差较大，后又出现顺差，近几年的趋势是越来越平衡。2011年，中国的对外贸易顺差占GDP的比重约2%左右，即使加上资本收益项目，中国经常账户盈余只占GDP的2.8%左右。

西方一些人经常批评中国不顾全球经济平衡，成为世界第一大出口国，但是他们从来不提中国同时是世界第二大进口国，而且在可以预见的未来几年内，中国进口将成为世界第一，中国将是世界上最大的消费市场。中国不仅给全球生产了物美价廉的生活必需品，而且也吸纳了世界各地的消费品。在北京及一些大城市的商场里，全世界的各种品牌、高档消费品都可以找到。最近几年，中国国内社会消费品零售总额以年均15%—18%的速度增长，这一速度高于中国GDP的增幅。这就是中国在发展中创造出的新的均衡，如果没有这个新的均衡，世界应对国际金融危机的难度可能会大得多。

三、共同努力才能实现内外均衡增长目标

追求均衡增长是各国的共同目标，尽管增长总是表现出非均衡的特性。各国应该共同围绕均衡增长的目标采取一致行动。为此，我提三点建议：

一是确保非均衡增长的有限度和可控性。在全球化的大背景下，一国的非均衡增长一旦不能控制，超出限度，不仅会影响本国经济，也会给其他国家甚至世界经济带来负面甚至灾难性影响，反过来又加重本国经济的受损程度。我们从至今仍然在蔓延的金融危机中可以清晰地看到这一点。因此，我十分赞成G20对全球经济治理的参考性指南的研究和监测。我们需要加深对这个问题的探讨，求得共识。

二是要以开放包容的心态对待新兴国家的崛起。新兴国家的发展是全球化的结果，是不可阻挡的历史必然。对发达国家而言，新兴国家的崛起既是一种挑战，更是一种机遇，而且机遇将远大于挑战。但是，一些发达国家应对新兴国家崛起，采取的是限制出口、阻止投资入境，甚至大搞贸易保护主义。这是非常不可取的，既对他国不公，也对本国公民和企业不公，效果也将是负面的。

三要共同努力开放市场，扩大本国消费。无论是发达国家还是发展中国家中的新兴国家，都要从本国国情出发，扩大市场开放，促进贸易便利化，把扩大内需、尤其是最终消费作为实现内部均衡增长的基本立足点。中国正在这样做，愿意和各国交流合作，为实现均衡增长共同努力。

今天虽不能就均衡增长中的货币与贸易关系，尤其是汇率与贸易平衡的关系详作论述，但需要强调的是，要从宏观总量上来分析和考量货币与贸易的关系，要实现二者在市场运行基础上的平衡，不能混淆货币政策和贸易政策。

把握机遇、合作共赢，推动服务贸易新发展

——在首届中国（北京）国际服务贸易交易会高峰论坛上的演讲

商务部部长、党组书记　陈德铭

（2012 年 5 月 28 日）

尊敬的各位来宾，

女士们，先生们，朋友们：

大家好！

首届京交会暨高峰论坛今天隆重开幕了。温家宝总理在开幕式演讲中阐释了发展服务贸易对中国和世界的重要意义，表达了中国继续推进服务业对外开放，与各国一道推动国际服务贸易发展的意愿和决心。

改革开放 30 多年来，特别是进入新世纪以来，中国坚持有序推进服务业开放，引入优质要素，融入全球市场，推动服务贸易快速发展。2000—2011 年，中国服务进出口总额从 660 亿美元增长到 4191 亿美元，年均增长 18.3%，全球占比从 2.2% 增长到 5.2%，世界排名由第 12 位上升至第 4 位。中国的服务贸易结构不断优化，在运输、旅游、建筑等传统服务贸易稳步发展的同时，计算机、金融、咨询等现代服务贸易快速起步。服务贸易的发展加快了中国转变经济发展方式、调整经济结构的步伐。

中国服务贸易的发展不仅惠及中国人民，也有益世界各国。中国通过出口优质服务，增加了贸易伙伴的消费者福利；通过承接服务外包和国际劳务输出，带动了贸易伙伴的产业发展；特别是中国服务贸易进口持续扩大，为贸易伙伴创造了大量的就业岗位和投资机会。2011 年，中国服务贸易进口达 2370 亿美元，较上年增长 23.7%。

中国的改革开放进入了崭新的阶段。随着“十二五”规划实施进程的推进，中国将为国内外企业提供更加广阔的合作发展空间。首先，中国社会的服务需求将不断释放。城市化进程的加快和城乡居民收入水平的不断提高，拓展了服务业的发展空间，直接带动了居民消费结构的升级和服务需求的增加。中国社会对家政服务、教育培训、医疗保健等领域的服务需求将不断释放，对金融、技术、旅游等领域的服务需求将快速增长。预计到 2015 年，中国有望成为世界最大的消费市场，社会消费品零售总额将突破 5 万亿美元，出境旅游将达 8800 万人次；中国的国际航空运输市场将达到 360 亿吨公里的规模。中国内需市场潜力巨大、层次多元、前景广阔，商机无限。其次，现代服务业日益成为中国吸引外资的重点。中国是制造业大国，庞大并不断升级的制造业对生产性服务业产生巨大的需求。今年初实施的新的《外商投资产业指导目录》，以及正在修订中的《中西部地区外商投资产业指导目录》，都鼓励外商投资现代服务业。以技术研发、数字设计、流程控制、市场营销等为代表的现代服务业在中国有广阔的市场，中外服务型企业可以在中国制造业转型升级过程中发挥积极作用，共享中国开放型经济发展的新成果。第三，中国企业对外投资的服务需求不断增长。随着中国开放型经济水平的不断提升，中国企业对外投资合作正步入快速发展期。截至 2011 年底，中国对外直接投资累计超过 3800 亿美元，境外企业数量达 1.8 万家，分布在全球 178 个国家和地区。在境外投资的中国企业对咨询、法律、会计、金融等各种专业服务产生了旺盛的需求，这将为相关服务企业提供丰富的商业机会。

当前，全球金融危机的影响仍未消退，世界经济复苏进程艰难曲折。服务贸易的发展需要各国共同努力。我们将秉持自由开放、合作共赢的理念，致力于扩大同各方利益的汇合点，推动贸易投资自由化、便利化进程。我们愿意与国际社会加强对话，增进互信，共同推动包括服务贸易在内的国际贸易的持续、均衡和协调发展。

我们将致力于推进服务贸易领域的可持续发展。随着经济全球化深入发展，全球服务将更趋差异化、精细化、个性化，我们将创新服务贸易发展平台，完善服务贸易促进体系，为全球服务经济发展做出贡献；我们将注重发挥服务贸易作为社会稳定器的积极作用，深化国际合作，为鼓励技术创新、增加知识型人才就业、促进社会发展作出积极努力。我们将在品牌、信息、资讯、人才、知识产权等领域加大工作力度，为服务贸易的快速发展打下坚实基础。

我们将进一步提升服务贸易领域的对外开放水平。我们将实行更加积极主动的对外开放战略，以开放促改革、促发展、促创新；我们将稳步扩大金融、物流、节能环保等领域的对外开放，鼓励外商投资专业设计、软件开发等知识密集型服务业领域，扩大服务供给，激发服务业发展活力；我们将完善政策环境，鼓励全球技术、研发、服务等创新要素在中国蓬勃发展，鼓励国内外企业联合开展技术研发，推动科技成果产业化，提升服务业创新发展的质量和水平。

我们将与贸易伙伴在服务贸易领域加强合作。大力发展服务贸易是中国“十二五”时期促进对外贸易全面发展的重要内容，也是进一步提升中国对外开放水平、构建开放型经济的新要求。我们将推动服务贸易快速发展，实现服务贸易与货物贸易良性互动、协调发展；我们将努力营造有利于服务贸易发展的政策环境，充分发挥知识密集型服务业的示范效应，推动服务贸易的创新发展；我们也愿意与各国一道，在文化贸易、服务外包、技术贸易等诸多领域开展务实合作；共同推进世贸组织多哈回合谈判以及双边和区域范围内的服务贸易投资便利化。

中国服务贸易的发展，既服务于中国，也服务于世界。我们希望通过京交会这一平台，能够促进中外服务贸易企业加强交流与沟通，拓展新视野，捕捉新机遇，为企业开展全球合作创造条件，为促进全球服务贸易快速发展做出贡献！

最后，预祝与会企业在服务贸易中获得丰硕的成果！预祝会议取得圆满成功！

稳步实施新监管标准 促进银行业发展转型
——中国银监会主席尚福林在2012年陆家嘴论坛上的讲话
（2012年6月29日）

各位嘉宾，女士们，先生们：

大家早上好！

这些年来，在党中央、国务院的正确领导下，我国银行业改革开放和发展取得了重大成就，为推动实体经济发展、应对国际金融危机冲击做出了积极贡献。当前我国银行业改革发展和转型，既面临难得的历史性机遇，也面临不少的挑战。最近，经国务院批准，我国银行业新资本监管标准已正式发布，新流动性风险监管标准也将择期出台。结合新监管标准的实施，我想借这个机会就如何进一步推动银行业发展转型，更好地服务实体经济，谈两点想法。

第一，银行业发展转型要坚持服务实体经济这一本质要求。

银行业与实体经济相互依存、共生共荣。实体经济是银行业赖以生存和发展的基础。这场全球金融危机充分说明，金融发展脱离实体经济，不仅会导致资源配置的失效，也会放大金融体系自身的脆弱性。银行业是我国实体经济主要的融资来源，应当把发展转型的出发点和落脚点，放在如何更好地满足实体经济需求上。银行业应积极发挥信用中介、风险管理、信息处理等功能，将社会储蓄有效转化为投资，并约束借款人行为，实现资源合理配置，促进实体经济健康发展。

我们也认识到，银行业发展改革仍存在许多深层次矛盾和问题，服务实体经济能力仍有待提高，自身发展方式亟待转变。下阶段，银行业应紧紧围绕加快转变发展方式这一主线，通过自身的发展转型，努力提升金融服务的普及性、多样性和有效性。

一是完善银行体系布局，提高金融服务覆盖面。在现有银行业组织框架的基础上，加快构建功能健全、布局合理、竞争有序、服务高效的现代化银行体系。国内外的实践经验表明，小型社区性的金融机构一样具有顽强的、可持续的生命力，规模虽小但意义重大。小银行应努力发展成为“立足于本地发展、立足于特色经营、立足于实体经济、立足于小微企业”的社区性金融机构，真正服务于地方经济。同时，继续培育发展村镇银行等新型农村金融机构，增强持续支农能力，不断提升农村地区金融服务覆盖面。

二是优化信贷资源配置，切实满足实体经济有效需求。银行要将信贷资源真正用于满足实体经济的有效需求，结合经济运行的周期性特征，对信贷政策进行科学调整，加强与国家宏观调控政策、产业政策、监管政策的协调配合，不断优化信贷结构。要优先保障重大在建续建项目，以及“十二五”规划所确定的事关全局、带动性强的重大项目资金需求。要加强对小微企业、“三农”等薄弱领域的金融服务，有针对性地加大对中西部、欠发达地区的金融支持。要积极发挥信贷杠杆作用，加大对战略性新兴产业等关键领域的支持，推动经济结构调整。要大力发展消费金融，满足多样化的消费融资需求。

三是加快商业模式转型，提升金融服务的多样性。银行应当以客户为中心，明确合理的市场定位，积极培育适合自身发展实际的核心客户群和利润增长点。要适应利率市场化改革要求，进一步提高存贷款等各类产品服务能力。积极发展中间业务，拓展非利息收入渠道，逐步改变过于依赖利差的盈利模式。要按照集约化原则，推进机构扁平化和业务垂直化管理，构建业务条线清晰、职责分工合理、管理运行高效的组织架构，优化业务流程，不断提升业务专业化和管理精细化水平。

四是加强风险管理能力建设，提高银行体系的稳健性。银行必须把防风险作为生命线，正确处理好即期风险与潜在风险的关系，提高风险管理的前瞻性。随着金融市场化改革不断深化，金融产品和业务复杂性和关联性不断提高，银行业面临的风险形态不断变化，风险识别和管理的难度持续加大。银行要加强对新业务风险的监测，前瞻预判复杂多变的形势，准确把握风险防控的重点，密切关注各类风险的趋势性、方向性变化，做到风险早发现、早暴露、早处置。要积极构建稳健的风险偏好框架，建立健全全面风险管理体系，完善风险管理机制和流程，加强信息系统建设和风险数据管理，培育良好的风险文化，不断提高风险管理的有效性。

第二，新监管标准的实施将有力推动银行业发展转型。

按照国务院的统一部署，银监会根据我国银行业实际，制定了适度前瞻、反映国情、与国际接轨的新的资本和流动性监管标准。新监管标准的制定实施，不仅有助于增强我国银行业稳健性，防范系统性风险，也有助于推动银行业发展转型。

新资本监管标准充分借鉴了第二、第三版巴塞尔协议，将宏观审慎监管与微观审慎监管有机结合。主要内容包括：一是建立了多层次的资本充足率要求，以充分覆盖银行个体风险和系统性风险。二是审慎界定各类资本工具的合格标准，强化了对资本工具损失吸收能力的要求，合理设计各类资产风险权重。三是扩大了资本覆盖风险的范围，要求所有银行必须计提市场风险和操作风险资本。四是坚持审慎监管的同时，体现资本监管的灵活性，银行监管机构可依据资本充足率水平对银行采取相应的监管措施。

新流动性风险监管标准正式引入了流动性覆盖率和净稳定资金比例这两项全球统一的流动性风险监管指标。同时，完善了流动性风险的定性监管要求，建立了更为系统的流动性风险分析和评估框架。要求商业银行密切跟踪研究宏观政策调整和金融市场变化对银行体系流动性的影响，并及时加以应对。

我们希望通过新监管标准的实施，达到以下几个目标：

一是推动银行业发展转型。从长远看，银行业通过高资本消耗支持规模扩张的发展方式难以持续。新资本监管标准的实施，将有助于强化资本约束，推动银行增长从以规模扩张为主，向以质量效益为主转变。切实改变“信贷高速扩张—

风险资产累积—再融资—再扩张”的发展模式，合理减少资本消耗，走内涵式集约化的发展道路。

二是促进银行业优化信贷结构。实施新资本监管标准，有利于发挥资本要求对银行信贷配置的导向性作用，促进银行提高资产质量，改善信贷结构。新监管标准科学调整了小微企业贷款、个人贷款和信用卡授信的风险权重，引导银行增加相关领域信贷投放，更有效地支持经济结构调整。

三是提升银行业风险管理水平，增强抵御外部冲击的能力。新资本监管标准旨在增强资本的损失吸收能力，扩大资本对风险的覆盖范围。新流动性风险监管标准要求银行密切跟踪监测流动性变动情况，加强现金流分析监测，建立充足的优质流动性资产储备，提高压力测试和应急计划的有效性，更好地应对外部流动性冲击。新监管标准还格外强调以此为契机，推动银行改进风险管理的政策、流程、工具和技术，完善风险治理架构，全面提升风险管控能力。

实施新监管标准是我国金融监管改革道路上迈出的重要一步。标准的有效实施是切实提高监管有效性的关键所在。我们将与各相关部门齐心协力，积极稳妥地推进新监管标准的实施工作。

一是认真制定落实资本达标规划。银行业金融机构要按照新监管标准的要求，制定并实施过渡期内达标规划，从管理政策、流程、工具、数据和信息系统多个方面推进具体实施工作。同时，结合新监管标准的实施，全面加强风险管理和内控合规建设。

二是抓紧开展相关配套建设。银监会将抓紧推进监管流程改造、监管信息系统开发和监管报表设计等配套建设，重点对银行实施新监管标准进行辅导、培训和现场督导，跟踪监测实施进展及影响，分析实施效果，不断完善监管政策和工具。银监会将通过新监管标准的实施，进一步推进自身监管能力建设，提高监管有效性。

三是多渠道拓宽资本补充来源。为缓解信贷增长给银行带来的资本补充压力，银行自身要提高利润留存比例，扩大内源性资本补充。银监会与相关部门共同积极探索通过发行优先股、创新资本工具或开拓境外发行市场等方式，为银行多渠道筹集资本。根据国务院要求，我们已出台鼓励和引导民间资本进入银行业的实施意见，积极创造良好环境，支持民间资本与其他资本按同等条件进入银行业，促进银行资本来源及股权结构多元化。

四是加强相关政策协同配合。新监管标准的有效实施，离不开各部门的大力支持，银监会将加强与发改委、财政部、人民银行等相关部门的沟通协调，实现监管政策与产业政策、财政政策、货币政策的协同配合，共同促进实体经济可持续发展。

女士们，先生们！发展和转型是当前我国银行业面临的迫切任务。我们既要看到转型的必要性和紧迫性，也要看到转型的艰巨性和长期性，通过不懈努力，探索适应不同银行的可持续发展模式。银监会将稳步推动新监管标准实施，推动银行业发展转型，努力构建更为稳健的银行体系，为实体经济发展，包括上海“四个中心”建设注入更多动力！

谢谢大家！

经济的可持续发展需要稳健的银行体系

——中国银监会主席尚福林在第十三届“中国发展高层论坛”上的讲话

（2012 年 3 月 17 日）

女士们，先生们：

晚上好！

很高兴参加此次“中国发展高层论坛”。借此机会，我向大家介绍中国银监会对于当前银行业支持实体经济发展和银行业监管的一些最新情况。

当前全球金融危机与债务危机相互交织，金融市场依然处于动荡之中，发达经济体的复苏前景仍不明朗，新兴经济体则面临着结构调整和转型压力。在这个复杂的阶段，我们需要关注和思考，如何构建一个更为稳健的银行体系，兼具安全与高效的特点，以更好地推动中国经济的转型发展。

首先，稳健的银行体系应当有助于实体经济的可持续发展。

此次金融危机再次证明，银行业的稳健运行必须建立在实体经济可持续发展基础之上，并要致力于推动经济的长期稳定增长。年初我国召开的全国金融工作会议，明确提出金融业改革发展的首要任务，就是要促进经济社会发展，加大对薄弱领域的金融支持。

中国银行业需要进一步强化贷款精细化管理。一方面保持信贷规模合理适度增长，按照经济发展的规律均衡投放，并确保信贷资金流向实体经济，防止以钱炒钱和虚拟经济过度自我膨胀。另一方面，要切实优化信贷结构，加大对国家重点建设领域和战略性新兴产业的资金支持，加强对社会稳定和就业具有战略意义的“农业、农民、农村”以及小微企业等薄弱领域的金融服务，并限制对高耗能、高排放和产能过剩行业的信贷投入。

在“三农”领域，银监会将进一步通过深化农村信用社改革、培育发展新型农村金融机构等途径，协调有关部门给予税费优惠等政策扶持，推动农村地区金融机构和金融服务实现“两个全覆盖”。截至 2011 年底，全国已累计组建村镇银行 726 家，有效提高了偏远地区农村金融服务的便利性。对于小微企业，我们将大力推进小微企业贷款差异化监管政策落地，继续引导银行业加快产品和服务创新，加强对小微企业金融支持，实现小企业贷款“增速不低于全部贷款平均增速、增量不低于上年”的“两个不低于”目标，支持银行发行小微企业专项金融债券。

我们鼓励商业银行积极探索高效服务实体经济的模式与机制。商业银行正在转变经营理念，以客户为中心，加强产品、服务、流程和商业模式等方面的金融创新，以满足实体经济日益多样化的需求。

其次，稳健的银行体系需要与时俱进的监管标准。

全球金融危机给我们带来了审视和重构金融治理和监管框架的历史性机遇。由金融危机催生的国际金融监管改革重点，正在由监管政策制定转向监管标准实施和评估。作为正在融入全球金融市场、国际化程度不断提高的中国银行业，要及时引入国际金融监管改革的最新成果，与时俱进地推进国际新监管标准的实施。今年银监会将参照第二、第三版巴塞尔协议的核心内容，结合中国国情和银行业具体实际，在商业银行资本管理和流动性风险管理等方面，出台新监管标准。

目前新资本监管标准实施正在有序推进。前期我们对国内前十大商业银行、部分中小银行开展了定量影响测算，结果表明实施新资本监管标准对商业银行经营产生的影响总体可控。同时，我们正在研究实施资本管理的差异化监管制度，推动银行建立稳定、高质量、多元化的资本补充机制，通过加强金融创新，提升银行业科学发展的能力。新资本监管标准的实施对银行业的稳健运行和科学发展具有实质性的长远意义。

同时，我们高度关注银行体系流动性风险，将于今年正式推行商业银行流动性风险监管新标准。督促商业银行深化对新的流动性监管指标的理解和应用，加强对流动性风险的监测，强化融资来源稳定性管理，加快完善流动性管理的政策、流程、技术和信息系统支持体系，建立更有效的流动性风险管理体系。

最后，稳健的银行体系离不开全面有效的风险管控。

随着金融危机的发展，国际国内经济金融环境不稳定、不确定性因素增加，新的风险点不断涌现。当前国际国内金融市场风险的相关性明显提升，金融机构表内表外业务的风险传染性不断加大，正规金融体系与民间借贷市场之间也存在诸多关联。虽然我国银行业近年来盈利水平快速增长，但潜在风险仍需高度关注。

银监会将严守不发生系统性、区域性金融风险的底线，保持监管政策的连续性、稳定性，督促银行业前瞻性地管理潜在风险，完善贷款五级分类管理，全面落实风险管理的各项监管要求。银监会将加强风险提示和预警，不断推进风险监测信息系统建设，力求做到对系统性、区域性风险早发现、早干预、早处置。

同时，我们还将积极引导银行业金融机构切实筑好风险管理的第一道防线。着力提高风险管理的主动性，培育良好的风险文化和意识，构建稳健的风险偏好框架，真正树立全面风险管理理念。同时，完善银行业公司治理机制，强化内部控制机制建设，运用压力测试等风险管理工具和手段，不断提升自身风险管理的前瞻性和有效性。

各位来宾，各位朋友！我们将致力于把握银行业防风险与促发展之间的平衡，将国际经验与中国国情相结合，在加强外部监管的同时，不断提升银行内部管理，努力构建更加稳健的银行体系，实现银行业的科学发展！

谢谢大家！

中国保监会召开2012年全国保险监管工作会议

——中国保监会党委书记、主席 项俊波在工作会议上的讲话

（2012年1月7日）

同志们：

今天上午全国金融工作会议刚刚结束，温家宝总理和王岐山副总理在会上作了重要讲话，充分肯定了五年来金融业改革发展取得的成绩，全面部署了今后一个时期的金融工作，为我们加强和改进保险监管指明了方向。这次全国保险监管工作会议的主要任务是，深入贯彻落实党的十七届六中全会和中央经济工作会议、全国金融工作会议精神，总结工作，分析形势，明确当前和今后一个时期的保险监管思路，部署今年保险监管工作。下面，我讲几点意见。

一、关于2011年保险监管工作

2011年是保险市场面临困难和挑战较多的一年。国际金融市场剧烈动荡，各类风险明显增多。国内经济增速缓慢回落，资本市场持续走低，金融产品间的竞争日趋激烈，保险业务发展和风险防范面临多重压力。在十分困难的情况下，保监会按照党中央国务院关于金融保险工作的战略部署，深入贯彻落实科学发展观，紧紧围绕转方式、促规范、防风险、稳增长，不断加强和改进保险监管。一年来，主要抓了五个方面的工作。

（一）加强非现场监管，提高风险防范能力。一是加强风险监测和预警。建立国际国内经济金融形势跟踪研究制度，密切关注利率变化和资本市场波动等外部因素可能对保险经营产生的影响，及时防范非正常退保、资金运用和偿付能力等方面的风险。二是继续实施分类监管。对风险较大的C类和D类公司，研究确定针对性的监管措施，督促公司加强风险管理。探索上下联动的分类监管机制，将法人机构分类监管和分支机构分类监管结合起来。三是强化偿付能力监管。督促保险公司加强资本管理，通过多种渠道提高偿付能力水平，批准66家公司增资900亿元、15家公司发行次级债600.5亿元。对偿付能力不达标和资本金不足的公司，通过限制规模、停批分支机构等措施督促公司进行整改。修订《保险公司次级定期债务管理办法》，完善资本补充机制。四是推进信息化建设。启用偿付能力监管信息系统，开发保险资产管理监管信息系统，增加现有监管信息系统的功能。针对新会计准则2号解释全面实施后的变化，重建统计监测指标体系和监测标准，实现统计系统的顺利过渡。

（二）突出现场检查重点，严厉打击保险市场违法违规行为。财产险方面，重点检查公司业务、财务数据不真实，尤其是虚列费用、虚假理赔、虚假计提准备金等违法违规问题。组织保监局开展联动式检查，并在加强对总公司检查的同时，注重对分支机构开展延伸检查。人身险方面，重点检查销售误导、银保账外暗中支付手续费、团险业务违规和资金管控等问题。对安徽、河北两省各主要保险分支机构开展“拉网式”检查，选取平安人寿和阳光人寿两家总公司进行重点检查。中介方面，重点检查保险公司利用中介渠

道从事违法违规行为。资金运用方面，组织银行存款专项检查和保险资金运用新规执行情况检查。同时，继续推进保险业治理商业贿赂专项工作和反保险欺诈、反洗钱工作。全年共派出 2126 个检查组 7883 人次，对 2162 家次保险机构和中介机构进行了现场检查，共对 926 家次机构和 1056 人次实施了 2768 项次行政处罚。

（三）加强法人机构监管，增强市场主体规范发展的自觉性。一是推进公司治理监管。通过公司治理报告、窗口指导、董事会秘书谈话等方式，督促公司落实各项监管制度。二是强化保险集团监管。围绕资本管理、资产负债管理、内部控制等关键环节研究制定配套制度，逐步建立保险集团监管制度体系。加强对国际保险集团监管"共同框架"的研究。三是强化法人机构责任。加强对总公司的综合检查。强化对总公司和高管人员的责任追究，严肃处理涉案责任人 400 多人。加强对问题公司的质询监管，向总公司通报违法违规情况，跟踪监督公司认真查找原因并加以整改。要求各公司将监管部门处罚情况及有关要求向董事会和监事会报告，强化出资人对公司经营的约束。四是加强保险公司透明度监管。完善信息披露制度，除个别公司因重组原因外，首次实现所有保险公司对外披露年度报告。

（四）大力推进改革创新，促进行业转变发展方式。一是继续推动保险公司改革。支持中国人保集团引入战略投资者。推进出口信用保险公司改革。支持新华人寿上市。开展商业银行投资保险公司股权试点。探索设立自保公司和农村保险互助社。支持中小公司改革资产管理体制。二是推进产品服务创新。研究制定保险业参与新农合经办，以及商业保险服务医药卫生体制改革的指导意见。继续推动农村小额保险试点。在 5 个地区开展变额年金试点工作。稳步推进营销员管理体制改革，探索设立专属销售公司。三是加强对行业科学发展的引导。以银保业务为重点，继续推进人身险结构调整。强化对产险公司经营情况、偿付能力、绩效考核、预算执行以及压力测试等情况的监测，推动产险公司转变经营理念。四是制定发布行业"十二五"规划。坚持以科学发展为主题，以加快转变发展方式为主线，明确了"十二五"期间保险业改革发展的总体要求和主要任务。

（五）完善监管制度机制，着力解决保险消费者反映的突出问题。一是针对车险经营中的弄虚作假问题，加快推进全国车险联合信息平台建设，除西藏外，涵盖交强险和商业车险的全国车险联合信息平台基本建成。推动完善承保理赔信息客户自主查询制度，将查询范围扩大到非车险领域，并将销售渠道、手续费等相关信息纳入查询内容。二是针对银行保险和销售误导问题，联合银监会下发《商业银行代理保险业务监管指引》，制定人身险业务经营规则、保险销售从业人员监管规定，规范保险业务经营活动。三是针对车险"高保低赔"、"无责免赔"等产品服务问题，研究制定车险条款和费率管理办法，从产品设计、流程控制、理赔服务等方面提出规范性要求。指导部分地区商业车险定价机制改革试点。四是针对理赔难问题，加大对保险理赔的监管力度，加强对理赔服务质量的监测曝光。车险结案率逐步提升，结案周期明显缩短。

经过一年的努力，保险监管工作取得了积极成效，保险市场在极其困难的情况下保持了平稳发展的态势。一是保险业务发展基本稳健。2011 年全国实现保费收入 1.43 万亿元，同比增长 10.4%。其中，财产险保费收入 4617.9 亿元，同比增长 18.5%。人身险保费收入 9699.8 亿元，同比增长 6.8%。保险公司总资产达到 5.9 万亿元。二是保险风险得到有效防范。偿付能力不达标公司从年初的 7 家减少到 5 家，不达标公司的风险状况逐步改善。三是治理市场秩序工作取得成效。虚假批退、虚挂应收初步遏制，虚假赔案逐步减少，银行保险和电话销售中的不规范现象有所好转，意外险市场违规竞争问题得到较好控制。四是保险服务能力有所提升。2011 年保险赔款和给付 3910.2 亿元。农业保险、养老健康保险、责任保险和出口信用保险等领域的覆盖面不断扩大。

2011 年，保险监管克服各种矛盾和困难，较好地完成了各项任务。特别是各保监局身处监管一线，承担着监管一方保险市场的重要职责，在防范化解风险、维护市场秩序、促进行业发展方面作出了积极贡献。保险监管能够取得这样的成绩，得益于党中央国务院的正确领导，得益于保监会历届领导班子打下的良好基础，得益于全体监管干部的辛勤工作。在此，我代表保监会党委向大家表示亲切的慰问和衷心的感谢！

二、关于保险监管面临的形势

总体上看，未来一个时期我国的发展仍处于重要战略机遇期，保险业也处在发展的黄金时期。我国经济社会蓬勃发展的基本面没有变，保险业继续保持快速发展的基本面没有变，这是我们做好监管工作的有利条件。同时也要看到，近一个时期外部环境比较严峻，尤其是保险业长期积累的一些矛盾和问题逐步显现，保险监管面临很大挑战。对此，我们要有清醒认识。

（一）深刻认识宏观经济金融形势对保险业的影响，进一步增强保险监管的大局意识。今年国际国内形势可能更为复杂严峻。从国际看，世界经济复苏的不稳定性不确定性上升，经济下行风险加大。欧洲主权债务危机持续深化，正从边缘国家向核心国家扩散，甚至会加剧银行业危机，欧债危机的前景仍然面临较大的不确定性。主要发达国家经济复苏步履维艰，欧元区经济衰退风险增大，美国走出经济困境面临诸多制约。新兴市场国家和发展中国家通胀压力较大，外需减弱可能导致经济增长放缓。宏观政策选择存在不确定性，发达国家、新兴市场国家和发展中国家宏观调控都面临两难选择，流动性过剩和市场预期低迷并存，加上投机行为盛行，随时可能对世界经济稳定造成冲击。国际金融市场和大宗商品市场大幅动荡的局面可能仍将持续。从国内看，国民经济继续朝着宏观调控预期方向发展，呈现增长较快、价格趋稳、效益较好、民生改善的良好态势。但是，我国经济发展中不平衡、不协调、不可持续的矛盾和问题仍很突出，经济增长下行压力和物价上涨压力并存，部分企业生产经营困难，节能减排形势严峻，经济金融等领域也存在一些不容忽视的潜在风险。国际国内形势的变化将通过金融市场、实体经济和保险消费者等多种渠道，对保险业的承保、资金运用和资本补充等产生多方面的影响，增加了行业发展和风险防范的压力与难度。

当前，保险业的发展与国内外经济金融形势的联系日益密切，保险监管的有效性越来越取决于我们对全局形势的把握，取决于我们能否在更高的层次和更广的维度上掌握保险监管工作的规律。这就要求我们进一步增强大局意识，深刻把握宏观经济和金融形势对保险业的影响，做到"跳出保险看保险、跳出监管看监管"，从服务经济社会发展、维护金融稳定的大局来谋划保险监管工作，加强对宏观经济形势的研判，进一步提高监管工作应对复杂局面的能力。

（二）深刻认识当前保险市场存在的主要问题，进一步增强保险监管的紧迫感。尽管近年来保险业保持了比较好的发展态势，但与经济社会发展的要求和人民群众的期望相比，还有很大差距。特别是阻碍行业科学发展的一些深层次矛盾和问题不容忽视,需要抓紧时间解决。

第一,行业社会形象亟待改善。一直以来,保险业声誉不佳、形象不好的问题比较突出,主要表现为“三个不认同”。一是消费者不认同。理赔难、销售误导、推销扰民等损害保险消费者利益的问题反映强烈,且长期以来未能得到较好解决,导致消费者对行业不信任。二是从业人员不认同。保险业基层员工压力大,收入低,社会地位低,感觉被人瞧不起,对自身发展没有信心。三是社会不认同。行业总体上仍停留在争抢业务规模和市场份额的低层次竞争水平,为了揽到业务不惜弄虚作假、违法违规,在社会上造成了非常不好的影响。这些问题正在不断地侵蚀保险业发展的诚信基础,严重损害保险行业形象,如果不及时采取有效措施加以解决,很可能会引发信任危机,制约行业的可持续发展。

第二,行业发展方式急需转型。近年来,保险业的发展基础和外部环境已经发生了深刻变化,但十几年沿袭下来的粗放发展模式却没有发生改变。比如,保险业发展模式仍停留在“跑马圈地”的时代,“以保费论英雄”、“以市场份额论英雄”,一些保险公司不重视加强内部管理和产品服务创新,导致行业竞争能力较弱,发展后劲不足。有的公司甚至不惜违法违规,不顾成本效益,一味追求速度规模和市场份额。又比如,财产险业务主要靠车险,人身险业务主要靠同质化理财产品的局面已经持续多年,保险业在产品和服务创新方面严重不足,越来越不能满足消费者多样化的保险需求。再比如,十多年来保险业一直采用的营销员管理体制,曾经在提高保险服务效率、推动行业发展方面发挥了积极作用,但随着经济社会的发展,现行体制的弊端也逐步显现,管理粗放、大进大出、素质不高、关系不顺等问题越来越突出。同时,在社会劳动力成本不断攀升和富余劳动力减少的情况下,大部分营销员收入仍然停留在上世纪末的水平。总之,当前保险业发展方式已经跟不上经济社会发展的要求,跟不上外部环境的变化,迫切需要加以转变。

第三,保险人才队伍素质不高。整体上看,保险业进入门槛低,人员学历低,精通保险、擅长管理的中高端人才,特别是核保、核赔、风险管理等专业型人才,以及管理、营销、培训等经验型人才严重不足。营销员队伍中很大一部分只有高中学历,很多是下岗再就业人员,能力和素质不能适应现代保险业发展的要求,与银行、证券等其他金融行业相比更是有较大差距。保险公司片面追求眼前利益,习惯于“挖角”,对人才使用有余、培育不足。有的公司在筹建分支机构时,因为找不到符合监管要求的管理人员而不得不终止筹建。保险公司在人员管理上忽视制度约束和品德考察,在人员任用上片面追求业绩导向,造成“劣币驱逐良币”。在高薪高职的诱惑下,部分高管人员与业务骨干缺乏长远职业规划,在保险公司之间频繁跳槽,拉高了经营成本,败坏了行业风气。

第四,保险业发展的外部环境需要进一步改善。近年来,党中央国务院高度重视保险业发展。特别是2006年国务院23号文件发布以来,全社会对保险的认识不断加深,各级政府也越来越重视发挥保险业的作用。但随着保险业的快速发展,外部环境不适应的问题也越来越突出。在法律环境方面,部分业务领域的法律不健全,比如,农业保险缺乏专门的法律制度。农业保险巨灾风险准备金制度还没有建立,农业保险运行存在较大风险隐患。交强险亏损的问题日益突出,制度设计需要调整。在政策环境方面,商业健康保险、养老保险等与国计民生密切相关的业务领域缺乏相应的财税政策支持,业务发展存在政策瓶颈。国家政策支持的巨灾保险体系还没有建立,自然灾害风险分散转移和补偿救助机制缺失。在社会环境方面,社会公众的保险意识和风险意识有待加强,一些政府部门通过保险这种市场化手段进行风险管理的观念还没有真正树立,保险知识普及和风险教育的任务比较重。

在看到这些长期性问题的同时,我们还要看到,近一个时期由于严峻的外部经济金融形势和行业自身的问题共同作用,行业发展面临的困难骤然加大,给监管工作增加了很大难度。2011年,保险业的形势已经十分困难,业务增速出现较大幅度下滑,保险投资年化收益率仅为3.6%,一些寿险公司偿付能力充足率较年初下降60个百分点以上。在严峻的外部形势下,2012年保险行业和保险监管面临比2011年更大的挑战。一是稳健发展的难度更大。受内外部因素影响,行业面临业务增速下滑、偿付能力下降、投资收益下行、经营效益下挫的巨大压力。二是风险防范的要求更高。2011年行业整体偿付能力大幅下降,资本缓冲空间和风险吸收能力明显缩小,行业承受内外部冲击的能力显著削弱。预计今年分红保险产品的分红水平较低,可能诱发集中退保问题。同时,案件风险处于高发期,需要采取有力的措施进行治理。三是规范市场的任务更重。人身险公司在发展困难的情况下,公司经营的回旋余地下降,各种违法违规经营和侵害保险消费者利益的行为可能高发多发。财产险公司在承保盈利比较好的情况下,违规支付手续费、商业贿赂等不正当竞争行为可能再度抬头。

(三)深刻认识保险监管存在的问题和不足,进一步增强保险监管的有效性。这些年,保险监管从无到有,各项工作取得了长足进步,但相对于不断变化的外部形势和行业快速发展的实际,仍存在很大差距。保险监管的主要矛盾仍然是监管水平与行业科学发展的要求不相适应的矛盾,主要表现在以下几个方面。

一是监管定位模糊。部分干部对监管和发展关系的认识仍有误区,长期形成的思维模式和工作方式没有及时调整到位。既存在干涉保险市场微观运行的现象,也存在对保险市场违法违规行为视而不见的问题,监管缺位、错位和越位的情况都不同程度地存在。有的把促发展当作抓发展,习惯于给公司搞排名、下指标、派任务;有的担心加强监管会阻碍发展,在具体监管上畏首畏尾;有的把监管与主管混为一谈,过多地站在保险公司的立场上思考问题,保护保险消费者的意识没有牢固树立。

二是监管规章制度不健全。一些领域存在制度真空,比如市场退出机制还没有建立起来,保护保险消费者利益也没有形成统一的制度。一些制度与行业实际存在脱节的现象,比如保险费率市场化的问题,传统寿险还在沿用2.5%的预定利率,车险还在使用行业统一条款。保险机构和从业人员的准入标准,仍然停留在保险市场发育初期的水平。

三是监管标准化建设不足。行政处罚的自由裁量权没有得到有效约束和规范,各保监局实施行政处罚时随意性比较大,罚与不罚的标准不统一,罚轻罚重的标准不统一,罚多罚少的标准不统一。行政许可的弹性较大,行政许可申请事项的受理标准、审批标准把握不一,差距悬殊。监管的执行力不强,部分领域和部分地区保险监管失之于软、失之于宽,存在有法不依、执法不严的现象。监管体制机制有待进一步理顺,会机关有的部门之间职能交叉重复,存在多头监管或监管真空的问题,会机关和派出机构未能很好地形成工作合力,工作的协调一致性有待加强。

四是监管信息化水平不高。信息化投入不足,信息化基础设施比较薄弱，统一的保险信息平台还没有建立，不同系统之间割裂，还没有实现信息的无缝对接。已有的信息系统应用水平参差不齐。系统的维护没有各司其职。信息化支持和服务监管的能力还有待提高。

五是监管人员素质不适应。相当部分的监管干部，缺乏保险工作经历或没有监督检查工作经历。大部分监管干部没有经历过系统的专业培训，国际化的培训几乎没有。部分监管干部存在业务不熟、专业不强、经验不够、处理复杂情况能力不足的问题。

总体上看，保险监管面临的形势是机遇与挑战并存。我们强调外部的压力和自身的问题，不是无视机遇、畏难悲观，更不是否定成绩、妄自菲薄，而是要客观冷静、正视困难，坚持把它作为加强监管、推进改革、谋划发展的重要依据。在充满挑战的今天，成绩只能代表过去。我们必须始终保持清醒头脑，牢固树立忧患意识，把困难估计得更充分一些，把应对措施考虑得更周全一些，防止由于对形势的估计不足和准备不够而陷于被动。同时，要坚定信心，注重从变化的形势中捕捉和把握发展机遇，不断解放思想，与时俱进，不断加强和改进保险监管，使保险监管与保险市场的发展阶段相适应，与经济社会发展的要求相适应。

三、关于保险监管的基本思路

当前和今后一个时期，保险监管的基本思路是：深入落实科学发展观，认真贯彻中央关于金融保险工作的决策部署，坚持"抓服务、严监管、防风险、促发展"，以科学发展为主题，以加快转变发展方式为主线，以保护保险消费者利益为目的，以防范系统性和区域性风险为重点，着力强化和改进保险监管，着力提升保险服务质量和水平，着力改善保险行业形象，着力营造良好的发展环境，促进保险业又好又快发展。

抓服务。这是监管为民的重要体现。服务薄弱，已成为当前保险行业中社会最关注、群众反映最强烈的问题。保险服务存在的诸多问题，既有保险公司发展理念落后和经营管理粗放的原因，也有保险监管不到位和引导约束不够的问题。加强和改进保险服务，责任在保险公司，也在保险监管。保险监管抓服务，就是要抓服务质量，促进保险服务水平提升；抓服务创新，不断拓宽服务渠道，优化服务流程，创新服务手段；抓服务领域，充分发挥保险保障功能，注重服务领域的延伸、拓展和深化，积极构建普惠型保险服务体系，努力做到让党和政府满意，让全社会和广大消费者满意。一是服务经济社会大局。围绕党和国家中心工作，牢固树立大局意识，正确把握行业发展方向，积极发挥保险功能作用，引导保险业更好地服务实体经济发展。围绕政府职能转变和社会管理创新，大力发展关系国计民生的保险业务，努力提高保险业对经济社会的保障能力、对经济发展的支持能力和对社会管理的参与能力。二是服务保险消费者。根据人民群众多层次的保险需求，加大保险产品服务的创新力度，加大保险消费者利益保护力度，加大销售误导和理赔难问题解决的力度，推动保险机构提供多样化保险产品和高质量的保险服务，让保险业改革发展的成果真正惠及广大人民群众。三是寓监管于服务之中。只有服务到位，才能监管到位。要增强监管的服务意识，努力帮助消费者和保险机构解决实际困难和问题，鼓励和引导保险机构为经济社会提供更多更好的服务，在服务中体现监督和管理。

严监管。这是加强和改进保险监管的现实需要。我国实行专业化保险监管的时间不长，监管的整体水平不高，影响了监管的权威性和有效性，不利于保险市场的规范运行。严监管，就是监管工作要"严"字当头。一是监管制度设计要严密。要把国际金融监管经验与我国保险市场实际相结合，建立健全符合我国国情的现代保险监管体系。要把科学的规范标准和先进的技术手段引入到保险监管中，加快推进监管的法制化、标准化、信息化和国际化，切实提高保险监管效能。二是执行制度要严格。要增强监管工作的积极性主动性，强化执行，确保监管的各项政策措施得到不折不扣的落实，确保监管的各项制度规定切实发挥效力。要严格按制度办事、按规矩办事，统一监管尺度，做到有法可依、执法必严。三是违规处罚要严厉。要切实加大检查处罚的力度和强度，对保险市场违法违规行为决不姑息，对破坏行业整体形象和损害行业整体利益的行为决不坐视，对侵害保险消费者利益的行为决不容忍。

防风险。这是保险监管的永恒主题。保险风险具有长期性、复杂性和隐蔽性的特点。在保险市场与经济社会联系日趋紧密、与国际国内金融市场互动日趋深入的情况下，保险业面临的风险因素更加复杂，保险监管防范风险的任务更加艰巨。国际上一些保险机构破产倒闭的案例，也为防范保险风险提供了深刻的风险警示和风险教育。防风险，要注重三个方面。一是要健全风险预警的网线。盯紧风险源头，积极关注产品定价风险、操作风险和风险敞口的预测研判，做好压力测试；严查风险苗头，及时发现并跟踪市场的风险点和变化趋势，制定和调整应对措施；要根据经营机构、业务领域和发展区域的差异性，从偿付能力、公司治理、市场运行等方面着手，运用现金流测试和情景模拟等方法，督促保险机构加强全面风险管理，构建条块结合、广泛覆盖的保险安全网。二是要筑牢风险防范的防线。要始终绷紧风险防范这根弦，居安思危，未雨绸缪，对保险风险状况时刻保持清醒头脑。要完善风险防范的制度机制，建立系统的保险风险指标体系，对保险风险实行量化评估和指标约束，筑牢风险防范的制度防线。要改进风险防范的技术手段，用现代科技手段监测、识别、控制和化解风险，筑牢风险防范的工作防线。三是要守住防范系统性风险的底线。监管工作必须做到守土有责，要增强对风险的敏感性和洞察力，防范风险的积累和矛盾的激化，防范风险的跨行业、跨区域、跨国境传递。对可能出现的系统性、区域性风险和影响社会稳定的群体性事件，做到早发现、早报告、早处置。

促发展。这是监管的题中之义。国际金融保险监管都把培育良好的金融市场、提高行业的竞争力作为监管的重要职责之一。我国保险市场是一个新兴市场，发展是第一要务，没有发展，就谈不上监管。监管促进发展，不是代替市场主体作决策、搞经营，而是通过监管措施规范市场行为，净化保险市场环境，促进行业公平竞争、有序发展，促进行业发展方式转变和发展质量提升。一是改革创新促发展。继续深化以公司治理、保险营销和价格机制为重点的保险改革，切实发挥市场在配置保险资源中的基础性作用。鼓励和支持保险体制机制创新、经营管理创新和产品服务创新，着力建设创新型行业，不断增强保险业发展活力。二是政策支持促发展。加大政策协调力度，积极争取适当的财政和税收政策支持，发挥政策撬动的杠杆效应，促进农业保险、巨灾保险、商业养老和健康保险等重点业务领域发展。三是营造环境促发展。加强对保险市场运行的监管，严厉打击扰乱市场的行为，营造有序竞争的市场环境。加强保险宣传，强化社会监督，营造健康和谐的舆论环境。

按照"抓服务、严监管、防风险、促发展"的基本思路，通过几年的努力，到“十二五”期末，力争使我国保险业的发展、监管和服务迈上一个新台阶，加快推进由新兴保险大国向世界保险强国转变。主要目标是：

——保险监管体系更加完善。坚持中国特色与国际规则相结合，完善偿付能力、公司治理、市场行为三支柱监管框架，形成系统科学、国际接轨的保险监管制度体系。坚持现场监管与非现场监管相结合，创新监管方式方法，形成门类齐全、科学适用的保险监管标准和行业评价指标体系。坚持人才兴业战略，加强监管干部队伍建设，培养一支业务精通、具有国际视野的高素质保险监管人才队伍。

——保险行业形象明显改善。销售误导和理赔难等问题得到有效解决，保险消费投诉处理和保护制度进一步健全，保险消费者利益得到切实保护。保险信用体系初步建立，诚信评估机制和失信惩戒机制日益完善，诚信经营和诚信服务成为保险企业及从业人员的自觉行动，社会各界对保险的认可度和满意度显著提高。保险行业文化建设稳步推进，体现保险核心价值理念的保险文化初步形成。

——风险防范能力显著增强。保险监管识别、预警和防范风险的机制进一步完善，动态偿付能力监管体系进一步健全，市场退出机制基本建立，高效的风险预警防范体系和风险防范长效机制基本形成。保险公司治理结构和内控机制不断健全，资本补充机制逐步完善，全面风险管理体系基本建立。保险业资本实力明显增强，偿付能力整体充足，系统性和区域性风险得到有效防范。

——市场运行质量不断提高。保险机构违法违规行为明显减少，市场竞争不规范的问题得到基本治理，保险市场秩序实现根本性好转。大型保险集团竞争力和国际影响力稳步提升，中小型保险公司稳健发展，专业性保险公司初步形成差异化竞争优势，主体多元化、竞争差异化、运行规范化的保险市场格局基本形成。

——综合服务水平大幅提升。保险对经济社会的贡献度显著提高，保险深度和保险密度逐步向中等发达国家水平靠近。保险在国民经济中的作用越来越大，保险业成为金融体系的重要支柱，成为社会保障体系的重要组成部分，成为社会管理体系的重要参与者。保险产品种类和服务形式更加丰富，保险真正走进千家万户，渗透到人们生活的方方面面。

可以肯定，实现了上述目标，中国的保险市场必将更加具有竞争力，保险服务必将惠及更广大人民群众，具有中国特色的保险业必将焕发出更大的生机与活力。

四、关于2012年的保险监管工作

2012年是实施“十二五”规划承上启下的重要一年，也是保险业应对严峻复杂形势的关键一年，做好今年的保险监管工作，保持保险市场的良好发展势头，具有十分重要的意义。今年保险监管工作，要把握一个基调，突出三个重点，抓好六项日常工作。

（一）把握稳中求进、进中求好的工作基调。稳中求进、进中求好，就是要结合行业实际，贯彻落实中央经济工作会议和全国金融工作会议精神，增强保险监管的针对性和前瞻性，在困难和挑战中培育有利因素，在改革创新中创造发展条件，促进行业又好又快发展。稳，就是要努力克服各种不稳定、不确定因素的影响，研究探索逆周期监管政策，保持业务的平稳增长，促进企业的稳健经营，维护行业的稳定局面，防止出现系统性、区域性风险。进，就是要把发展的困难时期作为深化改革的有利时机，以更大的决心和更实的举措推进改革创新，扎扎实实破解几项行业共同关注的难题，抓出几个社会广泛认可的亮点，干成几件群众普遍欢迎的实事。好，就是要顺应行业做大做强做好的新期待，把握保险业发展的趋势和规律，重点处理好监管与发展、当前与长远、规模与质量的关系，在监管体系建设上迈出新步伐，在转变发展方式上取得新进展，在突破发展瓶颈上取得新成效。

（二）突出保险监管工作的重点。保险监管工作千头万绪，任务繁重，必须分清轻重缓急，集中精力抓大事、抓难事，通过抓重点工作，带动全局工作的有序开展。今年要突出抓好三件事。

第一，重点解决车险理赔难和寿险销售误导问题。这两个问题深受社会各界诟病，已经到了非解决不可的地步。今年，监管机构要下决心、动真格、出重拳，打一场整顿治理的攻坚战。一是营造齐抓共管的声势。保监会要抓紧研究制定专项治理的方案，召开专题会议动员部署，调动监管部门、保险机构、行业组织、新闻媒体和社会公众等各方面的积极因素，形成综合治理的局面，让理赔难和销售误导成为过街老鼠，人人喊打。二是出台管用见效的制度。出台《机动车辆保险理赔管理指引》等规范性文件，制定车险理赔服务标准和监管指标，利用车险信息平台加强对理赔数据真实性的监督。出台《人身保险业务经营规则》，梳理和完善治理销售误导的规章制度。鼓励发展风险保障型和长期储蓄型寿险产品。强化保险公司特别是高管人员对销售渠道和营销员的管控责任。三是采取严查重处的举措。加大对理赔难和销售误导行为的处罚力度，查实一起，处理一起，提高违法违规成本。将检查和处罚情况以及典型案例向社会披露。

第二，建立健全保险市场准入和退出机制。市场准入和退出机制是市场机制的有机组成部分。当前，保险市场准入和退出机制不健全，影响了保险市场资源配置效率，妨碍了保险市场的健康运行。国际货币基金组织和世界银行对我国进行的金融稳定评估（FSAP）认为，保监会应该完善保险市场退出机制。准入退出机制不健全主要表现在：绝大部分新设公司都是全国性牌照；部分新公司只是对原有市场主体的简单复制和市场份额的重新洗牌；退出机制缺位，存在差而不倒、乱而不倒的现象，无法实现市场的优胜劣汰。这些问题已经成为行业和监管反映比较集中的问题。必须把建立健全市场准入退出机制作为当前一项重要和紧迫的工作来抓。全面系统地总结法人机构准入工作，研究探索对保险经营牌照实行分级管理制度，鼓励差异化竞争和专业化经营。研究制定市场退出的监管规定，建立针对股东、业务、人员、分支机构和法人机构的多层次、多渠道退出机制。明确市场退出的标准和程序，既可以是全国市场的退出，也可以是局部市场的退出；既可以是全面业务的退出，也可以是部分业务的退出；既可以是长期退出，也可以是短期退出。

第三，推进农业保险、巨灾保险、个人延税型养老保险发展。保险业要更好地服务经济社会发展，就必须在群众急需、社会期待的一些业务领域实现突破。今年，要重点在农业保险、巨灾保险、个人延税型养老保险三个方面，加大政策协调力度，创造有利发展条件。要推动出台《农业保险条例》，从立法层面建立统一的农业保险制度框架，明确中央财政、各级地方财政、监管部门、保险公司的职责，使财政补贴更加制度化规范化，各方面的配合更加协调和顺畅。要争取政府支持，推动巨灾保险立法，将巨灾保险制度纳入国家综合灾害防范体系，争取国家在立法保障、财政税收政策、防灾减灾等方面给予支持。要加大工作协调力度，争取国家税收政策支持，推动个人延税型养老保险试点工作的开展，并逐渐拓展至健康保险、企业年金领域，服务国家社会保障体系的建设。

（三）全面推进保险监管各项工作。要坚持统筹兼顾，认真抓好以下六项日常监管工作。

第一，突出风险防范重点，维护保险市场安全稳健运行。根据当前的经济金融形势和保险行业运行状况，要重点防范五类风险。一是防范退保风险。对退保风险较大的公司及时进行窗口指导，密切监测分红险分红情况及其影响，避免分红低于客户预期而出现较大规模退保。制定退保风险应急预案，妥善应对和解决可能出现的群体性事件。二是防范资本金不足和偿付能力不达标的风险。强化风险资本监管，要求保险公司对不利情景做好预案，避免偿付能力出现大幅波动。认真研究和摸清行业的资本需求状况，引导公司加强资本管理，鼓励公司适时通过多种渠道补充资本，缓解偿付能力压力。以次级可转换债券、混合资本债券和次级定期债券为重点，研究制定有关制度，拓宽资本补充渠道，优化保险行业资本结构。三是防范资产管理的风险。重点检查保险资金存款、融券中的不规范行为，以及权益投资领域的利益输送和内幕交易等问题。严禁保险资金进入民间借贷。深入贯彻资金运用监管新规，提高核准审核事项的效率。进一步完善保险资产管理监管信息系统，加强系统监测和分析运用，大力提升非现场监管的能力。四是防范案件风险。强化公司内控，将监管要求内化为公司内部管理制度。建立健全保险稽查制度，加强刑事执法和行政执法的合作联动机制。加大案件查处和责任追究力度，全面提升行业对案件的防控能力。五是防范风险跨境跨行业传递。跟踪研究国际国内经济金融形势，深入分析外部形势变化对保险业的影响，结合保险市场的重点、热点和难点问题，加强对市场运行情况和风险因素的分析研究，提高风险的监测、识别和预警能力。与此同时，要推进全面风险管理，督促保险机构从组织流程再造和技术手段更新等方面着手，在战略、制度、技术、人才等各个层面不断强化风险管理体系建设。

第二，完善保险监管体系，提高监管的科学性和有效性。要着眼于建设现代保险监管体系，拓宽监管视野，完善监管制度，改进监管手段。一是加强保险监管体系顶层设计。加紧开展美欧等保险监管制度比较研究，加强对国际经验的学习和借鉴，明确我国保险监管体系建设的发展方向，确定监管体系建设的路线图、时间表，从战略高度稳妥推进我国保险监管与国际规则的衔接进程。二是完善保险监管制度。加快推进保险监管制度“废改立”工作。本着急用先建的原则，尽快建立健全治理销售误导和理赔难、保险市场准入退出、保险销售从业人员资质和行为监管等方面的制度。加强对已有规章制度的梳理，努力消除现存规章制度之间的冲突和不一致。加强监管执行力建设，确保各项监管制度得到有效贯彻落实。三是推动保险监管创新。对于市场存在的突出问题，可分门别类，先选择二三个保监局进行监管创新试点，及时总结行之有效的方法，然后在全国范围内进行推广。四是提高保险监管国际化水平。立足我国保险业对外开放早、市场化程度高的实际，稳步提升行业对外开放水平。借鉴 IAIS 新的保险核心原则，推动我国保险监管制度逐步与国际接轨。密切跟踪研究 IAIS 共同框架制度进展，积极参与关于偿付能力、资产负债评估等核心监管制度的建设进程。推进国际保险监管合作，增强我国在国际保险监管规则制定中的话语权，提升我国保险监管的国际地位。

第三，大力规范保险市场秩序，提高保险市场运行效率。一是突出规范市场秩序的重点。检查对象方面，选取市场份额较大、违规问题较多以及整改不力的公司作为重点。检查内容方面，财产险要继续严肃查处经营数据不真实和理赔难问题，保持监管的高压态势；人身险要重点查处销售误导、侵占挪用保险资金、业务和财务数据不真实等违法违规问题，切实防范市场违规行为反弹；保险中介要严肃查处保险公司中介业务违法违规行为；继续做好治理商业贿赂专项工作，检查纠正保险公司不正当交易行为。二是提高规范市场秩序的有效性。重点是强化总公司对分支机构的管控责任，将分支机构违法违规的情况与总公司高管的法律责任及其任职资格挂钩、与公司申报新产品及其开展的业务范围挂钩、与公司的机构批设等相关行政许可事项挂钩。加强对总公司的质询及通报，定期向总公司及总公司董事会和监事会通报公司系统内违法违规被处罚的情况，提出整改要求。三是依法严肃处理违法违规行为。对查实的违法违规问题，以处罚责任人、停业、吊销许可证、追究上级领导责任为主要手段，对违规机构和责任人依法进行严厉处罚。对涉嫌犯罪的，坚决移送司法机关。

第四，健全制度机制，切实保护保险消费者利益。一是把保护保险消费者利益放在监管工作更加突出的位置。保护保险消费者利益是保险监管的天职，是衡量监管工作成效的重要标准。消费者相对保险公司而言处于弱势的位置，需要监管机构的保护。当前世界各国金融监管当局都将保护消费者利益作为监管的重要目标之一。要努力做到想消费者所想、急消费者所急，切实把保护消费者利益作为保险监管工作的出发点和落脚点。二是逐步建立保险监管部门、行业组织、市场主体和社会公众等多方参与的消费者利益保护机制。完善保护消费者权益的监管组织体系，逐步充实力量。建立健全保险纠纷调处机制、理赔服务监督机制。抓紧拓宽消费者诉求表达渠道，建立保监局局长接待日制度，尽快推出全国统一的投诉维权电话专线，强化保监会官方网站的投诉功能。三是健全保险投诉机制。建立投诉工作考评机制，全面考核保险机构投诉处理机制运转、信访投诉数量与投诉率等情况，将部分考核指标定期向社会公布，促进保险公司提高信访工作水平。建立信访工作责任制，督促公司及时处理投诉案件，提高办结率。四是开展保险消费者教育工作。大力宣传普及保险知识，提高公众风险意识和维护自身权益的能力。不断丰富和完善公众教育的内容和形式，搭建形式多样、喜闻乐见的保险教育平台。五是不断完善社会监督机制。探索建立社会监督员制度，由社会各界对保护保险消费者利益的各个方面进行监督。

第五，推进改革创新，增强保险市场发展活力。一是继续深化国有保险公司改革。支持中国人保集团上市，推进中国人寿集团股份制改革，完善现代企业制度。抓紧完成中国出口信用保险公司改革。加强保险集团监管，推动国有保险集团公司内部管理机制改革，切实增强集团公司风险管控、资源整合、战略协同能力。二是深化保险公司治理改革。发布《保险公司控股股东和实际控制人管理办法》，强化股东对公司的责任。进一步完善董事会制度，规范董事会运作。健全保险公司监督问责机制，强化独立董事和监事会的监督职能。推动保险公司建立规范的薪酬管理机制，发挥薪酬在风险管理中的导向作用。三是稳步推进保险营销体制改革。进一步完善保险营销员管理体系。引导和鼓励市场主体加强对新渠道、新模式的探索，促进电话销售、网络销售等新型销售模式的发展。探索保险销售专业化进程，推动车险代理销售向专业化转变，研究银行保险专业化发展途径。四是研究推进费率市场化改革。按照审慎放开的原则，稳步推进以市场化为导向的车险条款费率管理制度改革，完善寿险产品定价机制，激发市场创新活力，增强行业竞争力。五是加强保险产品创新。改进保险产品监管，研究建立保险产品电子化报备和管理制度。继续推动变额年金试点工作，促进产品差异化经营。

第六，加强监管标准化建设，建立保险经营和服务评价标准。一是建立保险机构经营评价体系。完善分类监管体系，按照客观性、可操作性、可比性原则，从保险公司偿付能力充足状况、风险控制、公司治理、合规经营、社会贡献等方面，健全综合评价保险机构经营管理水平和核心竞争力的指标体系，督促和引导保险机构建立正确的企业发展价值观，突出内涵式发展导向，切实转变发展方式。二是建立保险机构服务评价体系。根据产险、寿险、保险中介等不同的服务类型，建立覆盖保险销售、承保、回访、理赔等各个环节的服务评价指标体系，督促和引导保险机构改进服务质量。三是完善行政处罚和行政许可统一标准。认真研究梳理现有行政处罚和行政许可规章制度，健全监管决策权、执行权、监督权既相互制约又相互协调的权力结构和运行机制，依法建立统一的行政许可和行政处罚标准，规范自由裁量权的行使，减少监管随意性。

五、关于监管自身建设

当前和今后一个时期的保险监管任务艰巨繁重。保险监管系统要更好地履行党和国家赋予的职责，必须立足实际，扎扎实实地抓好监管自身建设的各项工作。

（一）加强队伍建设，培养和造就高素质的干部队伍。人才是事业发展最宝贵的财富。保险监管干部队伍建设起步较晚、基础相对薄弱，与历史较久的国家部委以及其他监管部门相比，都还存在较大差距。今后一个时期，要把监管人才作为保险监管事业最重要的战略资源，以培养和造就三支高素质干部队伍为重点，加强监管干部队伍建设。

第一，抓好以"一把手"工程为重点的领导班子建设。只有一流的"一把手"才能带出一流的监管局和部门领导班子，才能带出一流的监管干部队伍，才能创造出一流的监管工作业绩，"一把手"整体素质和能力的高低对于保险监管事业起着决定性作用。必须坚持正确的用人导向，以"一把手"工程建设为重点，进一步充实领导班子，特别要选好配强各局、各部门的"一把手"，注重把有宏观战略思维、全球金融视野、丰富监管经验和组织领导能力，廉洁自律意识强的优秀干部，放到"一把手"岗位上。全面加强领导班子能力建设，领导干部尤其"一把手"要不断提高推动行业改进服务的本领，依法严格监管市场的本领，防范化解保险风险的本领，促进行业科学发展的本领。完善干部调训制度，切实加强对领导干部的重点培训。

第二，抓好后备干部队伍建设。各监管局、各部门要立足未来5—10年甚至更远的工作需要，把加强后备干部队伍建设作为监管干部队伍建设的重要内容，以发现人才为重点，以培养人才为基础，以用好人才为目的，按照公开、公平、公正的原则，选拔一批政治立场坚定、监管能力较强、专业知识丰富、综合素质较高的优秀年轻干部充实到局、处级后备干部队伍中。要有计划地组织和安排后备干部到艰苦地区、不同岗位和监管一线经受锻炼和考验，增进对行业的感情，提高监管工作的能力。要加强对后备干部队伍的跟踪培养和动态管理，对表现优秀的要及时提拔使用，对不思进取的要坚决予以淘汰。通过后备干部队伍建设，为保险监管事业的未来发展打下坚实的人才基础。

第三，抓好专业技术干部队伍建设。保险监管需要一支熟悉金融、财务、精算、法律、资产管理等知识的专业技术干部队伍。要根据保险监管事业发展的需要，尊重专业技术人才成长的规律，积极探索建立符合专业技术人才成长的机制制度，抓紧培养一大批熟悉规则、精通业务的专家型监管干部，包括精算师、会计师、律师等专业人才。注意吸纳有市场经验、有专业资格的中高层次人才、海外人才加入监管干部队伍。积极探索行政序列和专业技术序列"两条腿走路"的新路子，建立符合保监会特色的专业技术序列和灵活多样的用人机制，加大专业技术监管岗位设置力度，拓宽职业生涯发展通道，创造专业技术干部队伍建设的良好环境。

在抓好三支队伍建设的同时，要完善干部管理机制，在选拔、使用、培养和激励人才等方面进行全方位创新。坚持人才培养和人才引进相结合。一方面，抓紧完善全员岗位培训体系，创新培训方式，完善培训机制。利用境外著名大学和其他培训机构开展干部培训，拓宽监管干部的国际视野。初步计划，在三年内将保险监管业务骨干轮训一遍。另一方面，创新人才引进机制，坚持五湖四海、任人唯贤的用人原则，将业内和业外、基层和高端、国内和海外等渠道相结合，加大人才引进力度。逐渐推行干部轮岗交流、上挂下派锻炼、与保险公司互派干部挂职等制度。进一步加大竞争性选拔力度，努力营造正确的用人导向和优秀人才脱颖而出的良好环境。今年，要拿出部分司局级领导干部岗位，实行公开选拔和竞争上岗。建立健全干部考核指标体系，完善对干部的考核，加强考核结果的运用。

要把保险系统干部队伍建设与党的建设紧密结合起来。继续深入开展为民服务创先争优活动，及时总结推广活动中的好经验、好做法，完善创先争优长效机制。组织开展系统创先争优活动先进典型的表彰工作，充分发挥先进典型的引领带动作用。继续加强思想政治工作，大力推进保险业精神文明建设。严格执行党风廉政建设责任制，推进惩治和预防腐败体系建设。进一步完善巡视工作制度，加强对保监局的巡视和监督。接下来，我们还将召开保监会系统纪检监察工作会议，对加强党风廉政建设进行专门部署。

（二）加强基础建设，夯实保险监管工作基础。基础建设是保险监管工作的重要环节。要从以设施投入为主的"硬件基础"和以监管制度制定为主的"软件基础"两方面入手，重点抓好以下工作。

一是加强监管信息化建设。目前保监会OA系统的运用还比较有限，办事办文主要是通过纸质媒介。未来一个时期，要重点加强保险监管信息化建设，高度重视现代科技手段在保险监管工作中的运用。推动建设保险数据中心、保单登记中心和共享信息平台。尽快开发应用全会统一的办公自动化、网上政务处理等系统，完成保险监管信息交换平台建设和现场稽核系统升级，提高监管工作效率。推动监管信息系统的集成化、标准化建设，实现实时、专业、精细、有效的非现场监管。优化监管信息数据库，提高数据查询的便捷性和实用性。完善已有的监管信息系统，加强信息系统的维护、整合与应用。

二是强化监管效能考核评价机制。要量化干部考核，切实监督、规范、制约监管干部的行为，建立和执行科学的分层分级素质达标过关和考核评价体系。根据系统内监管干部的岗位分工、年龄结构特点进行分类，制订不同层次、级别的素质达标标准，为有针对性的组织培训和考核打好基础。要研究制定科学合理、可操作、易量化的区域保险市场监管绩效考核评价制度体系，对区域保险市场监管效果进行评估，提高监管的自我纠偏、自我完善能力。加强对保监局监管工作的指导、考核和监督，促进监管效能的提升。

三是加强重大问题研究。在当前国际国内形势深刻变化，行业发展方式加快转变的情况下，监管干部需要进一步拓展宏观视野，关注和分析行业发展和监管面临的内外部环境。尤其是领导干部，更要提高战略思考的能力，注意研究国际国内经济金融与保险业的互动关系。要结合自身工作实际，重视和加强研究，提高解决实际问题的能力，不断提升监管工作水平。

（三）加强文化建设，培育具有时代精神的监管文化。党的十七届六中全会，对深化文化体制改革、推动社会主义文化大发展大繁荣作出了全面部署。深入贯彻十七届六中全会精神，对于推进保险监管文化建设，促进监管事业健康发展，具有十分重要的意义。我国保险事业发展到今天，文化越来越成为监管凝聚力和创造力的重要源泉，越来越成为监管执行力和公信力的重要因素。培育具有时代精神的监管文化，越来越成为建设现代保险监管体系的迫切需要。先进的监管文化具有团队力量的凝聚功能、工作目标的导向功能、个人行为的自律功能、组织培养的激励功能和监管部门形象的塑造功能，是推动各项监管工作顺利开展的精神动力。

先进监管文化的形成不是一朝一夕的事情，需要一个长期积累的过程。建立先进的监管文化，必须要有广大监管干部的积极参与。为此，会党委决定用一年的时间集中组织开展保险监管文化建设大讨论，从思想和认识上解决“为什么开展监管文化建设”、“建设什么样的监管文化”、“怎样建设监管文化”等问题。要研究保险监管文化的特点、形式和内涵，明确保险监管要“提倡什么”、“坚持什么”、“崇尚什么”，逐步形成保险监管的核心价值理念。要通过保险监管文化建设，进一步增强监管干部对保险监管事业的认同感，提高监管队伍的凝聚力。同时，要组织推动全行业开展保险文化建设活动，提高行业发展的软实力。

同志们，今年的保险监管工作任务十分繁重，让我们紧密团结在以胡锦涛同志为总书记的党中央周围，高举中国特色社会主义伟大旗帜，坚持以邓小平理论和“三个代表”重要思想为指导，深入贯彻落实科学发展观，解放思想、振奋精神、开拓创新、扎实工作，不断开创保险监管事业新局面，以优异成绩迎接党的十八大胜利召开。

在保监会党委学习贯彻党的十八大精神学习班上的讲话

中国保监会党委书记、主席　项俊波

（2012 年 11 月 19 日）

同志们：

11 月 8 日到 14 日，党的第十八次全国代表大会在北京胜利召开。这次会议是在我国进入全面建成小康社会决定性阶段召开的一次十分重要的大会。大会审议通过了关于十七届中央委员会报告的决议、关于中央纪律检查委员会工作报告的决议、关于《中国共产党章程（修正案）》的决议。以无记名投票方式选举出由 205 名委员、171 名候补委员组成的十八届中央委员会，选举出十八届中央纪律检查委员会委员 130 名，为实现十八大提出的战略任务提供了重要的组织保证。十八大会议的圆满成功，充分体现了新一届党中央在全党全军全国各族人民中享有的崇高威望，充分展示了我国发展的大好形势和政通人和的大好局面。大会取得的丰硕成果，对于凝聚人民群众意愿，推动科学发展，促进社会和谐，夺取全面建成小康社会新胜利，开创中国特色社会主义事业新局面，具有重大而深远的意义。

十八大开幕以来，保监会党委把学习宣传贯彻十八大精神作为首要的政治任务来抓，精心组织，周密部署。大会期间，会机关和各派出机构组织收看了大会盛况，聆听了胡锦涛同志的报告，并撰写了学习心得体会。11 月 16 日，保监会组织召开了党委扩大会议，传达贯彻十八大精神，对学习贯彻十八大精神作出了全面部署。

为进一步深入学习贯彻十八大精神，会党委决定举办为期两天的学习贯彻十八大精神学习班，召集派出机构一把手和会机关副局级以上干部集中学习。为了把这个班办好，我们还特邀了国务院发展研究中心副主任卢中原同志为我们作辅导报告。在当前各方面工作都很繁忙的情况下，举办这个学习班，目的是通过集中学习研讨，增强用十八大精神武装头脑、指导实践、推动工作的本领，推动全系统学习贯彻十八大精神不断引向深入。下面，我代表保监会党委，就保监会学习贯彻十八大精神讲两点意见。

一、深刻学习领会党的十八大报告的基本观点和精神实质

党的十八大报告，总揽全局、高屋建瓴、内容丰富、思想深刻，是我们党在新世纪新阶段的政治宣言，是全面建成小康社会、加快推进社会主义现代化的行动指南，是体现马克思主义中国化最新成果的纲领性文献。深刻领会报告提出的新思想、新观点、新部署，对指导当前和未来一个时期的保险工作具有重要意义。

（一）高举中国特色社会主义伟大旗帜，深刻领会党的十八大主题

党的十八大主题是：高举中国特色社会主义伟大旗帜，以邓小平理论、“三个代表”重要思想、科学发展观为指导，解放思想，改革开放，凝聚力量，攻坚克难，坚定不移沿着中国特色社会主义道路前进，为全面建成小康社会而奋斗。

党的十八大主题，简明而又鲜明地向党内外、国内外宣示了我们党将举什么旗、走什么路、以什么样的精神状态、朝着什么样的目标继续前进这 4 个关系党和国家工作全局的重大问题。提出和确定这样的主题，对我们党团结带领全国各族人民在新的历史征程上继往开来、与时俱进十分紧要。深刻领会、准确把握这个主题，对学习贯彻党的十八大精神至关重要。党的十八大主题，是在全面把握当前世

情、国情、党情，全面把握我国发展新要求和人民新期待的基础上提出来的，是同中国特色社会主义事业五位一体总体布局紧密相联的。深刻理解党的十八大主题，必须准确把握确定这一主题的时代背景，清醒认识我们既面临前所未有的机遇、又面临前所未有的挑战。我们要继续高举中国特色社会主义伟大旗帜，始终保持解放思想、改革开放、凝聚力量、攻坚克难的精神状态，全面推进经济建设、政治建设、文化建设、社会建设、生态文明建设和党的建设，坚定不移沿着中国特色社会主义道路前进，团结一心为全面建成小康社会而顽强奋斗、艰苦奋斗、不懈奋斗。

（二）坚定不移地坚持党的指导思想，深刻领会科学发展观新的历史定位

党的十八大报告将科学发展观列为党的指导思想，进一步明确了科学发展观的历史定位，实现了党的指导思想的又一次与时俱进。在党的指导思想中确立科学发展观，可以更好地体现马克思主义关于发展的世界观和方法论，更科学地解答在新形势下我国应实现什么样的发展、怎样发展等重大问题。将科学发展观同马克思列宁主义、毛泽东思想、邓小平理论、“三个代表”重要思想一起作为党必须长期坚持的指导思想，既突出了科学发展观的理论渊源和历史继承性，又体现了党在指导思想上的新发展，反映出我党对共产党执政规律、社会主义建设规律和人类社会发展规律认识上的深化，体现了客观世界和主观世界、历史继承和现实发展之间的辩证统一。

十八大提出，必须把科学发展观贯彻到我国现代化建设全过程、体现到党的建设各方面。这就要求全党更加自觉地把推动经济社会发展作为深入贯彻落实科学发展观的第一要义，更加自觉地把以人为本作为深入贯彻落实科学发展观的核心立场，更加自觉地把全面协调可持续作为深入贯彻落实科学发展观的基本要求，更加自觉地把统筹兼顾作为深入贯彻落实科学发展观的根本方法。保险业学习贯彻十八大精神，要努力把科学发展观的精神实质与保险业的实践紧密结合起来，用科学发展观进一步统一行业思想和行动，以科学发展的理念进行行业发展和监管的顶层设计，继续深化保险业改革，大力完善保险监管，切实保护被保险人利益，促进行业健康可持续发展。

（三）牢牢把握社会主义建设基本规律，深刻领会“五位一体”的中国特色社会主义事业新布局

十八大报告指出“必须更加自觉地把全面协调可持续发展作为深入贯彻落实科学发展观的基本要求，全面落实经济建设、政治建设、文化建设、社会建设、生态文明建设五位一体总体布局，促进现代化建设各方面相协调，促进生产关系与生产力、上层建筑与经济基础相协调，不断开拓生产发展、生活富裕、生态良好的文明发展道路。”

“五位一体”总体布局这一新论断的提出，表明我们党对中国特色社会主义建设规律从认识到实践都达到了新的水平。党的十二届六中全会首次提出了经济、政治、精神文明“三位一体”的总体布局，十六届六中全会提出构建社会主义和谐社会的重大任务，总体布局中增加了社会建设，拓展为“四位一体”。党的十八大顺应人民群众对良好生态环境的迫切期待，把生态文明建设放在了突出地位，将总体布局拓展为“五位一体”。“五位一体”总体布局的提出，标志着我们党对经济社会可持续发展规律的认识进入了新境界。把生态文明建设放在突出位置，融入经济、政治、文化、社会建设各方面和全过程，既是科学发展、和谐发展的要求，也是科学发展、和谐发展的内容，还是科学发展、和谐发展的保障，是实现科学发展的本质要求和升华。保险业学习十八大精神，要将行业发展纳入“五位一体”的战略大局，充分发挥商业保险独特的风险管理功能和社会保障功能，不断丰富服务内涵，拓宽服务领域，提高服务质量，更好地服务于经济社会发展。

（四）增强道路自信、理论自信和制度自信，深刻领会中国特色社会主义内涵的新阐释

十八大报告从道路、理论体系、制度层面对中国特色社会主义的科学内涵做出了全面系统的新阐释。报告指出，中国特色社会主义道路是实现路径，中国特色社会主义理论体系是行动指南，中国特色社会主义制度是根本保障，三者统一于中国特色的社会主义伟大实践，这是党领导人民在建设社会主义长期实践中形成的最鲜明特色。全党要坚定这样的道路自信、理论自信和制度自信。

报告强调，发展中国特色社会主义是一项长期的艰巨的历史任务，必须准备进行具有许多新的历史特点的伟大斗争。在新的历史条件下，夺取中国特色社会主义新胜利，必须牢牢把握八个基本要求：必须坚持人民主体地位，必须坚持解放和发展生产力，必须坚持推进改革开放，必须坚持维护社会公平正义，必须坚持走共同富裕道路，必须坚持促进社会和谐，必须坚持和平发展，必须坚持党的领导。这些要求是党在坚持和发展中国特色社会主义伟大实践中取得的宝贵经验，每一条都有现实针对性和长远指导性，作为全党全国人民的共同信念，有助于我们继续解放思想、改革开放、攻坚克难，在新的历史条件下夺取中国特色社会主义新胜利。

（五）准确把握我国经济社会发展实际，深刻领会全面建成小康社会的新目标

党的十八大提出“全面建成小康社会”的宏伟目标，从“建设”到“建成”，这一个字的改变具有深刻内涵。一是体现了我国经济社会发展阶段的重大变化。党的十六大以来我国各项事业全面发展，改革开放和社会主义现代化建设取得一系列重大成就，为全面建成小康社会打下了坚实基础。二是进一步明确了新时期的发展目标。这一目标为我们扎扎实实迈向中华民族的伟大复兴提供了看得见、摸得着、感受得到的阶段性目标，充分体现了以人为本的科学发展观本质，体现了改革发展由人民共享的执政理念，必将进一步增强人民群众为幸福生活而奋斗的信心，坚定各类主体聚精会神谋发展的信念，激发各种力量参与经济社会建设的热情。三是对各项工作提出了新的要求。全面建成小康社会，指明了未来一个时期，我国的经济建设、政治建设、文化建设、社会建设和生态文明建设的各项任务，并建立了完整的指标体系，使我们各项工作的方向更加明确，任务更加清晰，内容更加具体。全面建成小康社会，既对保险业提出了新的更高要求，也为保险业科学发展带来历史性机遇。保险业一定要围绕“全面建成小康社会”这个大局，充分发挥保险功能作用，提高保险对小康社会的服务能力，为全面建成小康社会作出更大贡献。同时，要充分把握小康社会建设所带来的重大机遇，顺应形势，进一步加快自身改革发展，努力实现建成世界保险强国的目标，使保险业发展成果惠及更广大的人民群众。

（六）明确宗旨使命，深刻领会党的建设新要求

十八大报告在总结新世纪新阶段党的建设新鲜经验的基础上，提出了党的建设的总体要求，明确了新形势下加强和改进党的建设的正确方向和基本要求，对提高党的建设科学化水平作出一系列新部署，使党的建设理论达到了新境界。其中有三个方面值得特别关注：一是强调以执政能力建设、先进性和纯洁性建设为主线。与以往的要求相比，十八大报告强调了先进性、纯洁性建设。这就大大扩充了党的建设的内涵，回应了“四大考验”、“四种危险”对党的建设的新要求。二是强调提高党“自我净化、自我完善、自我革新、自我提高”的能力。这是坚持改革创新精神，加强党的自身建设的体现，也是保持党的先进性和纯洁性的必然要求，体现了我们党在加强党的作风建设上的高度自觉。三是强调建设学习型、服务型、创新型的马克思主义执政党。这一新表述，既坚持了马克思主义执政党的基本定位，又提出了“学习型、服务型、创新型”的新要求。“三型”目标，表明我们对执政党建设规律的把握更自觉、更全面、更深刻，体现了为人民服务的根本宗旨。

保险业要深刻领会十八大对党建工作的各项新要求，着力提高党建工作的科学化水平，强化执政为民的理念，完善执政为民的能力，坚持寓监管于服务之中，为社会公众提供便捷、高效的监管服务，切实保护好广大保险消费者权益。

（七）坚守共产党人精神追求，深刻领会社会主义核心价值观

十八大报告关于扎实推进社会主义文化强国建设部分，把社会主义核心价值体系建设作为一项重要任务，提出了新部署新要求，特别强调要“倡导富强、民主、文明、和谐，倡导自由、平等、公正、法治，倡导爱国、敬业、诚信、友善，积极培育社会主义核心价值观”。这一重要论述是我们党立足社会主义核心价值体系建设实践作出的重大理论创新，反映了我们党对社会主义核心价值观问题的最新认识，体现了我们党高度的理论自觉和文化自觉，必将极大地推动社会主义核心价值体系建设。其中，富强、民主、文明、和谐体现了社会主义核心价值观在发展目标上的规定，是立足国家层面提出的要求；自由、平等、公正、法治体现了社会主义核心价值观在价值导向上的规定，是立足社会层面提出的要求；爱国、敬业、诚信、友善体现了社会主义核心价值观在道德准则上的规定，是立足公民个人层面提出的要求。这三个层次的理念相互联系、相互贯通，实现了政治理想、社会导向、行为准则的统一，实现了国家、集体、个人在价值目标上的统一，兼顾了国家、社会、个人三者的价值愿望和追求。保险业要在社会主义核心价值观的指导下，推动保险文化内涵创新，实现保险文化发展质的飞跃，形成符合社会主义核心价值观要求的保险文化体系，以新的保险文化促进行业更高层次的发展。

（八）大力推进改革创新，深刻领会十八大对金融保险业的要求

十八大报告指出，要深化金融体制改革，健全促进宏观经济稳定、支持实体经济发展的现代金融体系。要完善金融监管，推进金融创新，提高银行、证券、保险等行业的竞争力，维护金融稳定。

保险业贯彻落实十八大精神，重点要抓好五个方面。一是坚持保险改革的市场化导向。不断完善保险市场运行机制，充分发挥市场在保险资源配置中的基础性作用。根据保险市场的发展实际，稳妥推进保险费率市场化改革。二是坚持保险服务实体经济的本质要求。充分发挥保险的“经济助推器”和“社会稳定器”作用，加大“三农”保险工作力度，构建多层次、多样化、广覆盖的农村保险服务体系。积极开展适合小微企业需求的信用保险和服务模式创新，为小微企业融资提供更好的风险保障服务。三是坚持建立多层次的现代保险市场体系。加强保险市场体系建设，建立健全保险主体的准入退出机制，鼓励市场主体多样化发展，大力推动保险市场主体结构、区域布局、业务结构优化升级，不断提高保险市场发展质量和效益。四是坚持建立现代保险企业制度的改革方向。把保险公司改革继续向纵深推进，着力推动公司治理从“形似”向“神似”转变。进一步完善保险公司董事会制度，形成有效的决策、执行、制衡机制。五是坚持加强改进保险监管。借鉴国际保险监管改革最新成果，不断提升监管有效性。充分发挥保险机构的主体作用和保险监管的主导作用，夯实微观审慎监管基础，构建宏观审慎监管制度框架，建立健全系统性风险防范体系。

二、紧密联系实践把学习贯彻十八大精神不断推向深入

学习贯彻党的十八大精神是一项长期任务。我们要按照中央的要求和部署，以这次学习班为新的起点，继续在深入领会和贯彻落实上下功夫，把学习贯彻不断推向深入。

（一）精心组织，认真学习，迅速掀起学习贯彻落实十八大精神的热潮

第一，要加强组织领导。各级党组织要把学习贯彻十八大精神作为首要政治任务。特别是各级党组织的一把手，要真正从思想上重视抓好学习贯彻活动的组织领导，决不能流于形式，走过场，这是对一把手政治素质的一次重要检验。要制定系统的学习计划和贯彻落实方案，认真组织好本单位、本部门的学习贯彻活动。要做到学习活动有布置、有督促、有检查。各保监局要向会党委上报学习贯彻十八大精神的书面报告。

第二，要创新学习形式。要根据本单位、本部门的工作实际，丰富学习的形式，着力克服学习上的“务虚性”，提高学习的质量和效率。通过集中与分散、专题讨论与自学、通读与重点研读、大会交流与书面交流、专题辅导报告与先进典型事迹座谈会等不同形式，充分调动全体监管干部的学习贯彻热情。

第三，要坚持领导带头。领导干部要带头学习、带头思考、带头贯彻十八大精神，按照习近平同志在十八届一中全会上的讲话要求，做好表率。要通过广泛深入的学习，深刻领会十八大报告的精神实质，准确把握报告提出的重大理论观点、重大战略思想、重大工作部署，真正理解、真正拥护十八大提出的路线方针政策，用十八大精神统一全行业的思想，沿着十八大指明的发展方向不断前进。

第四，要努力促进工作。要把学习贯彻十八大精神与促进保险业科学发展结合起来，努力实现保险业又好又快发展。要把学习贯彻十八大精神与加强改进保险监管结合起来，不断提高以十八大精神指导和促进监管工作的主动性、创造性。要把学习贯彻十八大精神与做好当前各项工作结合起来，扎实做好当前的各项监管工作。

（二）振奋精神，改革创新，努力把我国建设成为世界保险强国，为全面建成小康社会作出更大的贡献

十八大报告明确指出，全党必须更加自觉地把推动经济社会发展作为深入贯彻落实科学发展观的第一要义，牢牢扭住经济建设这个中心，坚持聚精会神搞建设、一心一意谋发展，这为我们开展保险工作指明了方向。未来一段时期，我国经济稳定快速的发展、社会的全面进步和人民生活水平的不断提高，将为保险业带来难得的发展机遇。全行业要以学习贯彻十八大精神为契机，以十八大精神为指引，抓住有利时机，努力把我国建设成为世界保险强国，为全面建成小康社会服务。

第一，要在完善现代金融体系中发挥作用。保险与银行、证券一同构成金融业的三大支柱，保险业的发展壮大对于优化金融结构、提高金融体系运行的协调性和稳健性具有重要意义。特别是保险资金具有长期性、稳定性的特点,通过保险资金运用建立起来的社会融资机制,有助于解决我国金融体系中普遍存在的资金“借短用长”、“借长用短”的问题。国际上,保险和养老金资产占金融总资产的比例平均达到20%,在我国这一比例仅为5%。这充分说明保险业在我国金融体系中还有很大的发展空间,更说明保险业发展还存在很大差距。

第二,要在完善社会保障体系中提供支撑。建立完善的社会保障体系是发展中国家走向发达国家的必要条件。目前,我国建设多层次社会保障体系、提高社会保障可持续性的任务仍然十分艰巨。近一个时期,世界各国纷纷对社保制度进行改革,改革的突出特点和共同趋势,是更多地发挥商业保险的作用。我们要抓住有利时机,立足我国实际,借鉴国际经验,积极争取政策支持,因地制宜,通过提供经办服务、提供补充医疗和养老保险、积极发展商业健康和养老保险等多种方式,主动参与社会保障体系改革。

第三,要在完善农业保障体系中贡献力量。解决好“三农”问题,是全党工作的重中之重。发展农业保险,对于抵御农业生产、农民生活和农村建设中的风险,更好地服务“三农”发挥着不可替代的作用。从国际上看,对农业保险的补贴属于世界贸易组织规则允许的“绿箱政策”,是各国政府支持和保护农业发展的有效工具之一。我们要充分利用国际规则给出的政策空间,大力发展农业保险,从制度建设和保险产品服务创新等方面着手,促进我国农业保险的可持续发展,使农业保险真正成为支农惠农的有效方式。

第四,要在完善防灾减灾体系中发挥优势。我国是世界上自然灾害最严重的国家之一,各种自然灾害给经济社会发展和人民群众生命财产带来严重影响。利用保险机制预防和分散灾害风险并提供灾后损失补偿,是加强自然灾害风险管理的重要制度安排。近20年来,国际上自然灾害的保险赔付金额一般都占灾害直接经济损失的30%—40%,我国的这一比例仅为3%左右。目前,我国基本形成了以各级政府为主导、以国家财政救济和社会捐助为支撑的灾害救助制度。这一制度发挥了积极作用,但也存在风险分散渠道不足、财政压力较大等问题。保险业要不断提升风险管理能力,拓宽保险服务领域,积极发挥保险在防灾减灾方面的优势,推动建立符合我国国情的巨灾保险制度,以此来丰富和补充现有灾害救助体系。

第五,要在完善社会管理体系中建功立业。当前,我国既处于发展的重要战略机遇期,又处于社会矛盾凸显期,社会管理的任务艰巨繁重。保险业要积极探索参与社会管理的渠道和途径。比如,在工程建设、道路交通、环境保护、旅游安全、安全生产等领域建立保险机制,推进交通事故责任保险、环境污染责任保险、安全生产责任保险、医疗责任保险等与公众利益密切相关的责任保险发展,用商业手段解决责任赔偿等方面的法律纠纷,降低社会诉讼成本,提高解决纠纷的效率,减轻政府的社会管理压力。

(三)真抓实干,攻坚克难,大力推进我国保险监管现代化建设

当前保险监管改革发展正处于关键时期,确保保险业安全稳健运行责任重大、任务艰巨。我们必须按照科学发展观的要求,着眼于新的形势和新的任务,建设更加科学有效的现代化保险监管体系,推动保险监管工作不断取得新进展、新成效。

第一,要在监管思路上下功夫。根据经济社会发展和金融保险市场的形势变化,正确处理好监管与市场、监管与创新、监管与服务的关系,正确把握保险行业同国家经济社会发展的关系,创造性地开展工作,主动开动脑筋解决复杂问题,科学谋划未来一段时期的监管工作,不断调整和优化保险监管的政策和思路。

第二,要在健全监管制度上下功夫。把制度建设作为保险监管根本性、全局性和长期性的工作。一是提高制度建设的科学性。制度建设要遵循金融保险监管的普遍规律,符合国际金融监管的发展趋势,尊重我国保险市场发展的客观实际,要逐步建立规范性文件审核机制,减少制度建设的随意性。二是增强制度建设的系统性。系统梳理和完善现有监管规章制度,检查现有规章制度的立法依据是否充分、规章制度之间是否相互冲突、制度建设是否存在盲点和空白。三是增强制度建设的针对性。现在保险市场中的很多问题,表面上看,都有相关的规章制度,但基层同志往往反映监管起来没有依据,这说明我们的很多监管制度过于笼统和宽泛,针对性和操作性都很不够。今后在这个方面还要下很多功夫。四是增强监管制度的执行力。领导干部特别是一把手,要切实增强制度意识,带头学习制度,模范遵守制度。要健全制度执行的监督机制,加大制度执行问责力度,带动全体党员干部崇尚制度、执行制度、维护制度。

第三,要在改进监管方式上下功夫。面对监管人员有限与监管任务繁重这一矛盾,从根本上说要靠监管手段、监管方法的现代化。要加快推进信息技术与监管工作的深度融合,加大监管信息系统建设与整合力度,提高监管数据与监管资源的实时共享水平,提升监管的精细化程度。要善于创新监管方法,在监管实践中加以检验,效果好的及时向全系统推广。要加大监管人才队伍的培训力度,切实提高保险监管的专业水准。

第四,要在提高监管效能上下功夫。整合监管的职能和资源,加强监管的协调与配合,形成监管工作的合力,切实提高保险监管的效率。要将机关效能建设纳入制度管理,贯穿于保险监管工作的始终,规范办事程序,提高办事效率。提升全体干部的思想觉悟、服务意识、效率意识和依法办事能力。

(四)夯实基础,筑牢防线,不断加强和改进保监会系统自身建设

学习贯彻党的十八大精神,不断开创保险工作新局面,一定要以科学发展观为指导,按照在新的历史条件下全面提高党的建设科学化水平的要求,以改革创新的精神加强和改进保监会系统自身建设。

第一,要进一步加强理论武装。11月15日,习近平同志在常委见面会上的讲话中提出要肩负对民族的责任、对人民的责任、对党的责任,夙夜在公,勤勉工作,我们每一个党员干部都要铭记在心。我们要对照这个标准,深刻检讨自己在思想觉悟上存在的差距。要进一步加强政治理论学习,特别是要加强科学发展观重要思想的学习,用政治理论武装我们的头脑,不断增强政治意识、大局意识、责任意识。

第二,要进一步加强监管队伍建设。十八大报告提出了要在2020年全面建成小康社会的宏伟目标,对我们加快保险事业发展提出了更高的要求。保险事业的发展需要我们不断加强监管队伍建设,特别是要把领导班子建设好。各级领导班子,在政治上,要与中央保持高度一致,坚决贯彻落实党的各项方针、政策,维护改革、发展和稳定的大好局面。在思想上,要坚持解放思想,实事求是,着力转变不适应不符合科学发展观的思想观念，着力解决制约科学发展的突出问题。在业务上，要依法行政，严格监管，创造良好的市场竞争环境，促进保险业健康快速发展，为全面建成小康社会作出应有贡献。

第三，要进一步加强工作作风建设。我在年中监管工作会议上讲过保监会干部工作作风问题，比如，有些同志责任心不强，在工作上应付了事；有些同志本位主义思想严重；有些同志缺乏团队合作精神。从目前的情况来看，大家对作风问题有了一定的认识，但离彻底转变还有较大的差距。下一步，要把加强干部作风建设作为今后一段时期的重要工作来抓。广大监管干部要切实增强责任感，工作要向高标准看齐，决不能敷衍塞责。要求真务实、真抓实干、少说多干，实打实做好各项工作。要加强调查研究，坚决反对形式主义、官僚主义，反对弄虚作假。

第四，要进一步加强保险文化建设。当今时代，文化越来越成为行业凝聚力和创造力的重要源泉，越来越成为行业综合竞争力的重要体现。保险业要实现更高层次发展，就必须解决文化问题，必须用先进的文化作支撑。要用社会主义核心价值体系的要求来塑造和培育保险核心价值理念，在全行业形成统一的指导思想、共同理想信念、强大精神动力、基本道德规范，并把这种价值理念渗透和影响到保险监管和保险经营管理全过程。要用正确的思想武装和铸造保险从业人员的灵魂，用先进的文化来端正从业人员的经营理念，规范从业人员行为，提升从业人员素质，把保险业建设成为一个具有文化内涵的行业。

（五）围绕中心，突出重点，抓紧做好当前各项工作

今年以来，保险业发展的形势十分复杂严峻，面临业务增速下滑、偿付能力下降、投资收益下行、经营效益下挫的巨大压力。针对这种情况，我们按照党中央国务院的部署，结合保险市场实际，确定了稳中求进、进中求好的工作基调，围绕“抓服务、严监管、防风险、促发展”，扎实工作，开拓进取，各项工作都取得了较好成绩。比如，保险市场基本保持了平稳运行的态势，呈现出缓中趋稳、稳中向好的态势。1－10 月，全国实现保费收入 1.3 万亿元，同比增长 7.3%。截至 10 月末，保险公司总资产 6.8 万亿元，较年初增长 14.2%。比如，治理车险理赔难和寿险销售误导工作取得初步成效。车险理赔服务质量有了一定改善，寿险公司销售误导情况有了好转，社会各界对保险业的认可度不断提高。再比如，农业保险、养老保险和健康保险等三个多年来希望突破的难点领域取得重要进展。《农业保险条例》已于 10 月份经国务院常务会议审议通过。上海个人税收递延型养老保险试点方案已基本达成一致。城乡居民大病保险正在全国铺开。总体上看，一年来保险监管工作取得了明显进展。

现在到年底只有一个多月的时间了，市场的形势还很复杂，各项工作任务还很繁重，各保监局、各部门要再接再厉，切实增强紧迫感，以学习贯彻十八大精神为动力，收好尾、起好步，紧张有序地抓好当前各项工作。

第一，要继续抓好年初布置的重点工作。今年初的保险监管工作会议提出了一个工作基调、三项重点工作和六项日常工作。各单位、各部门要对照年初确定的重点工作和任务分工，认真检查和回顾工作进展情况，应该完成的抓紧完成，应该推进的抓紧推进，确保全年工作的目标任务顺利实现。下一步，要继续抓好治理销售误导和车险理赔难工作，探索建立保护消费者利益的长效机制。要继续抓紧推进上海税延型养老保险试点工作，做好方案完善和相关协调工作，尽早将试点方案上报国务院。要高度重视大病保险工作，研究制定大病保险示范产品，细化大病保险相关规定，统一和规范服务标准，配合地方政府开展好大病保险。

第二，要坚持不懈地做好日常监管工作。当前，保险市场仍然面临很多困难。寿险业增长面临较大压力，部分传统固定收益率产品以及新型产品面临一定的退保风险。产险市场非理性竞争行为有所抬头。保险资产负债匹配难度增加，部分公司融资难问题开始凸显。各保监局、各部门要时刻绷紧防范化解风险这根弦，密切关注市场动态和社会舆论，把可能出现的问题和矛盾解决在萌芽状态。要依靠当地政府的力量，把一般性问题处理在基层，对重大问题要按规定及时向会党委报告。

第三，要尽早谋划好明年的监管工作。在做好今年工作的同时，要着眼明年，加强对保险市场运行形势的分析和研判，认真查找保险监管中存在的差距和不足，主动研究和谋划明年的监管工作，不断增强保险监管的前瞻性和针对性。

同志们，我们一定要紧密团结在以习近平同志为总书记的党中央周围，以求真务实、奋发有为的精神状态抓好十八大精神的学习贯彻，凝聚力量，攻坚克难，加快实现由保险大国向保险强国的转变，为全面建成小康社会作出更大的贡献。

抑制通货膨胀是当前稳健货币政策的首要任务

——在 2011 年经贸形势报告会上的发言

中国人民银行副行长　胡晓炼

（2011 年 4 月 15 日）

一、关于当前经济金融形势

与国外大多数央行采取单一的通胀目标制不同，作为宏观调控的重要组成部分，中国的货币政策是围绕物价、经济增长、就业和国际收支平衡等多个目标来制定的，需要缜密的统筹和权衡。当经济平稳发展、通胀水平较低时，在投资和消费增长带动下，经济增长和扩大就业的目标能得到实现，需要争取的是国际收支的基本平衡；在面临国际金融危机、经济增长受到严峻挑战时，防止经济衰退和通缩则成为最紧迫的任务。这就要求货币政策必须加强对形势的分析研判，根据经济条件的变化在几个目标间进行权衡取舍。

2008 年下半年国际金融危机集中爆发，党中央、国务院针对我国面临的主要挑战和问题，及时全面应对。货币政策的方向、重点和力度进行了调整，由从紧转向适度宽松，对促进经济企稳回升发挥了重要作用，也迅速扭转了通缩的形势。2010年以来，我国经济运行步入上升通道，总体态势良好，但外部环境不稳，增长势头尚不牢固；与此同时，通胀预期显现。货币政策在保持连续性和稳定性、促进经济恢复较快增长的同时，根据新形势新情况加强流动性管理，逐步引导货币条件从反危机状态向常态水平回归，以平衡好保持经济平稳较快发展、调整经济结构和管理通胀预期的关系。随着2010年下半年经济复苏态势进一步巩固，物价较快上涨逐渐成为经济运行中最突出的矛盾。面对持续较大的物价上涨压力，货币政策从适度宽松转为稳健，按照实行稳健货币政策的总体要求，积极采取提高利率和存款准备金率、灵活开展公开市场操作、增强汇率灵活性以及建立宏观审慎政策框架等多项措施，收紧物价上涨的货币条件。

从今年一季度各项经济指标来看，国民经济继续朝着宏观调控预期方向发展，实现了良好开局。一季度国内生产总值(GDP)同比增长9.7%，连续三个季度保持在9.5%—10%之间，环比增长2.1%；固定资产投资同比增长25%，保持平稳较快增长；经济效益继续提高，前两个月规模以上工业企业实现利润同比增长34.3%。从国内看，目前各方面发展的积极性很高，经济增长的内在动力比较充足。从国际环境看，尽管不确定因素仍存在，但增长动力强于上年，世界经济总体延续了2010年以来的复苏势头，主要发达经济体发展态势总体向好，失业状况逐步好转，消费支出有所增加，市场信心继续改善，企业经营活动趋于活跃，新兴经济体继续较快增长。可以预计，尽管形势依然复杂，也仍存在不确定性，但如果没有大的突发事件，全年经济增长8%的目标可以实现，还有可能更高一些。

从物价走势来看，通胀形势须高度关注，今年3月份居民消费价格同比上涨5.4%，继去年11月份后再次突破5%，创31个月来新高，工业生产者出厂价格上涨幅度更大一些。这一轮价格上涨的原因比较复杂，是国内外多种因素相互交织、综合作用的结果。这些因素还没有发生根本性转变，实现全年4%左右的控制目标面临较大挑战。

影响我国物价水平的国际因素，主要有：

一是国际大宗商品价格持续上涨。去年以来国际大宗商品价格连续上涨，今年一季度，国际市场能源、原材料、金属矿价格累计分别比去年末上涨了18.8%，13.6%和5.2%，4月上旬布伦特和西德克萨斯原油期货价格每桶分别突破120美元和110美元。目前，国际大宗商品期货价格指数已超过国际金融危机前的水平。受全球需求恢复、流动性充裕以及地缘政治和重大自然灾害等因素影响，大宗商品价格还可能继续上涨。

二是全球通胀压力不断加大。一方面，新兴经济体通胀率继续高企。3月份，巴西、俄罗斯、韩国和越南消费物价同比涨幅分别达到6.3%，9.5%，4.7%和13.9%，印度2月份涨幅达8.8%。另一方面，发达经济体通胀呈抬头之势。3月份美国消费价格同比上升2.7%，是2009年12月以来的最高涨幅；欧元区消费价格上涨2.6%，创2008年10月以来新高，连续第四个月呈上升态势，超过欧央行2%的警戒线。

三是主要经济体货币条件持续宽松。美联储维持联邦基金利率0—0.25%的目标区间，继续按原计划实施第二轮量化宽松政策。4月初，欧央行自2008年7月以来首次加息，将欧元区主导利率提高0.25个百分点至1.25%，但现行利率仍处于历史较低水平。英格兰银行则保持0.5%的基准利率水平不变。日本银行除了保持0.1%的基准利率不变以外，还因地震进一步放宽了政策。

从国内来看，主要影响因素包括：

一是能源、资源、劳动力等成本推动压力上升。随着国际大宗商品价格持续上涨，国内能源、原材料价格“水涨船高”，一季度，工业生产者出厂价格和购进价格同比分别上涨7.1%和10.2%，向下游传导的压力加大。随着国内劳动力成本趋升，农产品、服务业等包含人工成本较高的商品价格内在上涨压力较大。继去年全国30个省市上调企业用工最低工资标准之后，今年一季度，山东、广东等12个地区再次上调企业最低工资标准，半数地区涨幅超过20%。

二是投资需求拉动影响加大。为应对国际金融危机，过去两年我国投资规模持续扩大。今年是实施“十二五”规划的第一年，各地的发展热情普遍较高，投资动力较强。投资快速扩张造成对生产资料和消费品的需求增加，导致能源、原材料和交通等经济“瓶颈”部门产品和消费品价格上涨。

三是短期季节性因素和长期结构性因素交织。当前的物价上涨有短期因素，如受天气等自然灾害的影响，农产品价格上升，消费物价指数中粮食价格连续27个月环比上涨。但长期结构性因素如资源性产品价格的改革等，也产生了价格上涨的预期。

四是通胀预期仍然较强。目前通胀预期管理的局面十分复杂。我国部分地区出现的对一些日用品抢购的个别现象在一定程度上反映了居民通胀预期比较敏感和脆弱。

稳定物价总水平是当前我国宏观调控的首要任务，必须坚定信心，坚决贯彻党中央、国务院各项部署。稳健的货币政策要更加积极稳妥地处理好保持经济平稳较快发展、调整经济结构、管理通胀预期的关系，把控制通胀放在更加突出的位置。

二、全面理解和把握稳健的货币政策取向

今年实施稳健的货币政策，有两项具体任务：一是保持合理的社会融资规模；二是广义货币(M2)增长目标为16%。

社会融资规模概念的引入，一方面，符合我国融资结构的发展变化趋势。随着金融市场的快速发展，支持实体经济的资金渠道已经实现多元化。股票、债券等直接融资快速发展，2010年企业债券融资在社会融资规模中的占比由2002年的1.6%上升为8.4%，2010年证券、保险类金融机构对实体经济的资金运用是2002年的8倍。另一方面，也是增强货币调控有效性的需要。随着多样化的融资方式和工具的出现，银行信贷已不能全面反映实体经济的融资总量。如果只关注贷款规模，就可能出现“按下葫芦浮起瓢”的情况，影响宏观调控的最终效果。

社会融资规模是一定时期内实体经济以金融为媒介获得的全部资金总额，主要体现为三个方面：一是金融机构通过资金运用直接对实体经济提供的全部资金支持；二是实体经济利用规范的金融工具、在正规金融市场、通过金融机构服务所获得的直接融资或信用支持；三是其他融资，如小额贷款公司贷款、产业基金投资等。社会融资规模的统计监测是一项创新型工作，目前人民银行与有关部门配合已经开始统计并公布该数据。

需要指出的是，保持合理的社会融资规模绝不能沿用计划经济条件下“规模切块分配”的思路和方式，而主要靠监测掌握社会融资规模与经济持续健康发展的对应关系及变化，靠中央银行把好流动性这个总闸门，通过数量型和价格型工具调节货币供给的量与价，以市场化手段实现对各种融资方式的间接调控。

关于广义货币 M2 的目标设置，通过分析研究以往实施稳健货币政策阶段的货币供给，特别是本世纪以来实体经济平稳较快发展与货币供给的情况，今年 16% 的目标增速完全能够支持 8% 甚至更高的经济增长，同时还体现了货币总量从过去两年高速增长向常态回归，控制物价过快上涨的货币条件的需要。

落实稳健的货币政策，需重点抓好以下四个方面：

一是要把好流动性总闸门。当前流动性过剩压力仍较大，主要原因是外汇持续流入。从根本上解决这个问题，需要以国际收支基本平衡为基础。在国际收支逐步趋向平衡的过程中，需要保持必要的货币对冲力度，回收多余的流动性。

二是要保持社会融资规模合理适度。社会融资规模应按满足经济平稳健康发展的正常需要掌握。

三是要继续优化资金投向结构。加大对重点领域和薄弱环节的资金支持力度，严格控制对"两高"行业和产能过剩行业的贷款，服务于经济结构调整的大局。

四是要有效防范系统性金融风险。高度重视经济较快发展中存在的流动性宽松、信贷投放较大等可能积累的顺周期系统性风险隐患，加快构建逆周期的金融宏观审慎管理制度框架。

三、继续实施好稳健的货币政策

今年以来，人民银行按照中央经济工作会议精神和国务院部署，积极落实稳健的货币政策。一是加强流动性管理。灵活开展公开市场操作，一季度 3 次提高存款准备金率共1.5 个百分点。二是发挥价格杠杆调控作用。两次上调存贷款基准利率共 0.5 个百分点，以稳定通胀预期，巩固房地产调控成果。进一步完善人民币汇率形成机制，增强汇率弹性，保持人民币汇率在合理均衡水平上的基本稳定。三是实施差别准备金动态调整机制，建立宏观审慎政策框架，促进金融机构自我调整信贷投放总量与节奏。四是加强窗口指导，积极引导信贷资源主要投向"三农"、中小企业、节能减排等重点领域和薄弱环节，执行好差别化房贷政策。从稳健货币政策的执行情况看，交替使用数量型和价格型工具以及宏观审慎工具取得了成效，货币总量向常态回归，有助于抑制物价水平的持续较快上涨。

今年 3 月末，M2 增长 16.6%，比上年末低 3.1 个百分点；M1 增长 15.0%，比上年末回落 6.2 个百分点；人民币贷款余额同比增长 17.9%，比上年末低 2 个百分点，一季度人民币贷款新增 2.24 万亿元，同比少增 3524 亿元，信贷投放的季节均衡性有所提高；社会融资规模一季度增加 4.19 万亿元，同比少增 3225 亿元，其中直接融资保持较快发展，企业债券、非金融企业境内股票融资、委托贷款同比多增，本外币贷款、信托贷款、银行承兑汇票同比少增。

下一阶段，人民银行将继续实施好稳健的货币政策，坚持政策取向，把握实施力度，密切监测研判，防止风险积累。具体来说，要做好以下工作：

一是切实加强流动性管理。一季度，人民银行通过三次提高存款准备金率，冻结了大约 1 万亿元的超额流动性。由于外汇持续流入，当前流动性仍然比较充裕，银行间市场利率虽有起落但总体平稳。下一阶段，我们将根据外汇占款投放、公开市场到期以及市场形势等变化，合理搭配公开市场操作、存款准备金率等对冲工具，保持银行体系流动性处于适当水平。需要指出的是，上调存款准备金率，主要是对冲外汇流入投放的新增流动性，对金融机构的正常头寸并未造成大的影响，总体效应呈现中性。从理论和实际分析测算，存款准备率调整未来还有相当空间。

二是统筹运用好利率、汇率等价格型工具。自 2010 年 2 月份以来，居民消费价格增长连续超过一年期存款利率，经过 4 次上调利率，实际利率为负的状况逐步缓解。长期持续的负利率会影响居民的储蓄和消费行为，刺激投资需求，影响对通胀管理。要进一步发挥利率杠杆在调节总需求、管理通胀预期中的作用，还要继续按照主动性、可控性和渐进性原则，进一步完善人民币汇率形成机制，增强汇率弹性，减缓输入型通货膨胀压力。

三是加快构建宏观审慎政策框架。人民银行今年推出了差别存款准备金动态调整工具，建立起金融机构信贷投放的自我约束机制。下一步，要按照中央关于构建金融宏观审慎管理制度框架的要求，把货币信贷和流动性管理的总量调节与强化宏观审慎管理结合起来，进一步落实好差别准备金动态调整措施，配合常规性货币政策工具发挥合力。

四是更加注重结构调整。货币调控首先是一个总量概念，在此基础上还要强调结构性因素。在实施稳健货币政策的过程中，除了体现总量调控要求外，需特别强调资金的结构调整。从融资渠道上，更加重视直接融资的作用，鼓励企业采取股权、债券等融资方式筹措资金。今年一季度，企业债券净融资同比多增 1874 亿元，非金融企业股票融资同比多增 309 亿元。从期限上，长短期资金要形成合理的结构。一季度，中长期贷款新增额占全部新增贷款的 65%，比 2010 年全年下降 13 个百分点，企业的流动资金需求得到更多的保障。从投向上，督促金融机构加强金融产品和服务的创新，加大对重点领域和薄弱环节的资金支持。3 月末，小企业贷款余额增速达到 48.7%，比全部贷款增速高 30.8 个百分点，一季度贷款新增额占全部企业新增贷款的 34.3%。涉农贷款一季度新增额占全部新增贷款的 32.2%，比上年同期提升 2.8 个百分点。

当然，从历史上看，每次货币政策从宽松向收紧调整时都会面临压力，也要经历一些痛苦，必然需要调整经营和淘汰落后。切实实施好稳健的货币政策，从根本上有利于保持经济平稳较快发展，为企业发展创造良好的环境，有利于经济结构的调整和增长方式的转变。

大力加强农村支付服务环境建设

中国人民银行副行长 刘士余

（2012 年 2 月 16 日）

“三农”工作历来是党和国家的工作重心。做好“三农”工作是贯彻落实科学发展观、建设社会主义和谐社会、夯实经济社会又好又快发展基础的要求，是亿万农民群众的殷切期盼。做好“三农”工作，离不开农村金融的支持。人民银行历来高度重视农村金融服务工作，在推进农村金融机构改革、促进农村金融产品创新、完善农村金融基础设施、加强金融支农方面做了大量工作。

支付体系是经济金融体系的核心基础设施。加强农村支付体系建设、改善农村支付环境，实质上是将非现金支付资源向农村有效配置、使广大农民群众享受支付体系现代化发展成果的过程，是依靠支付科技创新推动农村金融服务创新、促进城乡金融资源均等化、扩大农村消费、提高农民生活水平、实现社会公平的一项基础工程。人民银行从加强银行账户管理、拓展支付清算网络、推广非现金支付工具等方面采取了一系列措施，努力丰富农村支付结算手段，夯实农村金融服务基础，促进全国支付体系均衡发展。

一、农村支付环境建设工作取得显著成效

为发挥支付结算支持“三农”、服务“三农”的功能，人民银行积极采取措施加强农村支付服务环境建设，充分发挥各商业银行和相关经营机构的积极性，推动支付结算网络向中西部地区及广大农村地区延伸，满足偏远农村地区居民的基本金融服务需要。

一是加强规划指导，统筹部署全国农村支付环境建设工作。人民银行先后印发了《关于做好农村地区支付结算工作的指导意见》（银发〔2006〕272 号）、《关于改善农村地区支付服务环境的指导意见》（银发〔2009〕224 号），加强了对农村支付环境建设的规划指导，明确了农村支付环境建设工作的目标、措施、工作重点和要求等重要事项，指导各地人民银行分支机构和各经营机构开展工作。

二是采取措施解决农信社支付结算难问题。农信社是农村金融服务的主力军。人民银行在农村支付结算工作中，始终把解决农信社结算难问题放在突出位置，采取多项措施积极拓宽结算渠道，提升农信社竞争能力。吸收符合条件的农信社加入大、小额支付系统，改善其异地支付手段，为农信社参与平等竞争创造良好的金融设施基础；批准设立农信社资金清算中心，专门办理农信社汇兑和银行汇票清算业务；推行代理制，鼓励商业银行代理农信社的支付结算业务；创造条件使农信社能够开办银行汇票和商业汇票业务，拓展其业务范围，增强其业务竞争力；组织开展银行卡支农惠农项目，通过要求相关机构向农信社开放银行卡发卡业务，进一步改善农信社支付结算外部环境、增强其结算功能。

三是充分发挥央行协调功能，推出银行卡支农惠农项目，促进农村支付环境建设工作开展。银行卡是金融产品和服务创新的重要载体。人民银行高度重视发挥银行卡支持社会主义新农村建设的作用，先后组织实施了农民工银行卡特色服务、银行卡助农取款服务，通过将银行卡受理网络延伸至广大偏远乡村，使农民足不出村就能及时、便捷地拿到补贴和取到现金，解决农民群众的基本金融服务需要，使农民群众享受了现代化支付方式成果，营造了以银行卡支农惠农项目为突破口，推动农村支付环境建设以及中央强农惠农政策落实的浓厚氛围。截至 2011 年底，203 家发卡机构开通了农民工银行卡特色服务发卡方服务，6.44 万个农村信用社营业网点及 2.52 万个邮政储蓄银行营业网点，开通了农民工银行卡特色服务受理方业务。2011 年农民工银行卡特色服务实现交易笔数 1641 万笔，金额 200 亿元，同比增长 13.2% 和 24.5%。银行卡助农取款服务全国推广工作从 2011 年 7 月份启动以来，到 2011 年底，部分省市推广工作已覆盖辖区乡镇的 50%，作为主要收单机构的农业银行和邮政储蓄银行分别在全国布放 7.6 万和 2 万个助农取款服务点，2011 年共实现取款交易笔数 250 万笔、交易金额 7.7 亿元。

四是支持和鼓励经营机构针对农村经济特点推出各具特色的产品和服务。农业银行针对农村地区推出的惠农卡、针对中小商户推出的单位银行结算账户户通卡以及中国银联联合各商业银行推出的银联福农卡，都已成为具有很高社会价值和广阔市场前景的农村金融品牌产品，满足了农户的存取款、理财、支付结算、贷款等金融服务需求，发挥了改善农村金融服务环境、促进农村地区经济发展、方便农村居民生产生活的积极作用。银联福农卡于 2011 年初发行以来，已在 28 个省市发卡 774.6 万张，并在 4.95 万户涉农商户和 6.15 万台涉农终端上开通受理，打造了金融服务“三农”的新平台。

二、改善农村支付服务环境面临的形势

虽然农村支付服务环境建设工作取得明显成效，但总体上看，受城乡二元经济结构制约，农村支付环境建设工作还存在明显不足，不能适应社会主义新农村建设的要求。主要表现在：支付服务供求矛盾突出，存在不少金融服务空白地区；基础设施建设滞后，非现金支付受理环境不到位；非现金支付工具功能发挥不充分，针对农村特点的支付创新动力不足；宣传教育不够，农民群众有关非现金支付知识较为缺乏等。

另一方面，我们在改善农村支付环境方面也拥有许多积极有利的条件，并且在前期工作中积累了大量有益的经验。

一是从政策环境看，近几年来，国家出台了一系列推进城镇化进程、加快农村小康社会建设的措施，将民生工程和“三农”发展列为优先扶持的重点，通过扩大消费开支和减少税收，刺激就业并推动农业、社会保障、教育以及中小企业发展。

二是从农村市场的消费潜力看，目前全国 13 多亿人口中，农村人口 6.7 亿，2011 年全社会消费零售总额中，城市消费 15.69 万亿元，农村消费 2.43 万亿元，城市消费是农村消费的近 7 倍，人均消费是农村人均消费的 6 倍多。也就是说，人口与整个欧洲相当的中国广大农村地区，其消费力不到城市的 17%，人均消费只有城市的六分之一。这一方面反映出

30 年来我国经济非均衡发展遗留的问题，另一方面也表明开发农村消费市场具有广阔的发展空间。农村消费、投资的大量增长必然要求配套的金融服务支持，从而架构与农村经济社会持续发展相适应的物流、商流、资金流、信息流体系。这些将为农村支付服务市场的发展提供新的机遇期，促使农村支付服务市场步入提高、整合和创新的发展阶段。

三是从农村地区的软、硬环境看，农业银行、邮政储蓄银行、农信社等涉农金融机构行内综合业务系统的建成运行和不断完善，以及这些系统与人民银行跨行支付系统实现连接，中国银联网络在农村地区的不断延伸，为改善农村支付服务提供了良好的支付网络基础设施。固定电话、移动通信网络、电视网络在农村地区的全覆盖，为卡基支付、移动支付、电视支付创造了有利条件。银行卡应用的不断发展，农村劳动人口在城乡之间的流动量不断增大，使这些人受到城市支付文化的熏陶，尤其是年轻人对银行卡支付、移动支付等新兴支付方式越来越认同，这对培养农村地区居民非现金支付习惯将起到很好的示范作用。

四是从银行卡等支付服务发展态势看，目前国内一线城市的市场竞争几近饱和，过度营销可能造成资源浪费并带来经营风险。在这种情况下，商业银行有必要，也有动力根据我国经济发展方向、经济结构特点和金融市场需求，调整银行卡特别是信用卡业务目前单一追逐城市高端客户的发展模式，大力发展数量众多、具有一定潜力的二三线中小型城市，以及县域农村地区的银行卡业务，实现客户群体从高端向中低端的逐步覆盖。

三、加强规划，突出重点，开创农村支付结算服务新局面

当前和今后一个时期，我们要以邓小平理论和“三个代表”重要思想为指导，深入贯彻科学发展观统筹规划农村支付服务环境建设，采取有效措施切实推进。要认真总结农民工银行卡特色服务、银行卡助农取款服务推广工作的成功经验，充分发挥政府规划协调、市场配置资源两方面的作用，调动各方积极性和创造性，开拓农村支付服务环境新局面。

一要提高思想认识，增强责任意识。各有关方面应从服务三农的战略高度，切实增强实施该项工作的责任感、使命感、紧迫感，急农民所急、想农民所想。涉农金融机构要抓住开展农村支付环境建设的良好机遇，将经济效益和社会效益紧密结合，充分发挥作为农村金融主力军和联系农民的金融纽带的作用，加强产品创新，增强服务意识，提高服务水平。

二要坚持因地制宜，抓好特色服务。农村支付环境建设的总体目标，是要支持和促进城乡经济社会发展一体化体制机制的建立，大大缩小城乡居民在非现金支付工具使用方面的差距，实现现代支付系统在绝大多数乡镇的覆盖，实现公共支付、涉农补贴、社保资金发放等的快捷便利操作。要充分考虑城乡差异，根据农村客户的金融需求，研发推广农民能用、好用、爱用又用得起的特色产品，特别要从尊重农村地区长期以来形成的现金支付习惯出发，选择操作简便且兼具现金及非现金支付功能的支付工具和终端，如银行卡、电话 POS 等，采取各种有效措施，促进其应用和普及。

目前，农村地区的银行卡渗透率不足 10%，与城市尤其是发达地区相比，差距非常大。如何使银行卡用于广大农村地区，惠及广大农民群众，一直是人民银行高度关注的问题。农民工银行卡特色服务和银行卡助农取款服务，就是这方面的有益探索。下一步，人民银行要继续巩固农民工银行卡特色服务的成果，拓展农民工银行卡特色服务的深度，最大限度便利农民工异地存取款；要加快推广银行卡助农取款服务，加强组织、协调和宣传，丰富服务内容，实现 2013 年前在全国农村乡镇、行政村的基本覆盖；要支持相关经营机构有关涉农银行卡产品的创新，促进银行卡和农户小额贷款相结合，解决农户贷款难问题；要创新支付渠道，探索推广手机支付业务；要协调推动出台有关配套支持政策，调动农村机构参与支付服务市场建设的积极性。

三要拓展支付网络，延伸覆盖范围。要统筹考虑、充分发挥人民银行跨行支付系统、农信银资金清算系统、银联跨行支付系统等在涉农金融机构间的桥梁作用，促进资源共享。要畅通农信社、村镇银行等区域性涉农金融机构加入相关跨行支付清算系统的渠道，发挥农村信用社、村镇银行点多面广的优势，缩短资金在途时间，提高资金汇划效率，为乡镇企业、个体工商户和民营企业提供优质的支付结算服务。

四要加强风险防范，确保资金安全。农村支付结算产品的创新在功能设计上多以满足农民群众的金融服务需要为目标，对现有政策和技术模式多少可能有一些突破或改变，但有一条红线是坚决不能逾越的，即安全管理问题。农民群众的资金来之不易，各经营机构必须规范操作，通过业务管理、技术防范等手段提高风险防范能力，为农民群众办理支付结算服务提供安全的交易环境，确保农民群众资金安全，维护农民群众权益，促进农村支付结算业务健康发展。

五要强化宣传培训，普及支付知识。坚持面向农村、面向农民，充分利用电视、广播、报纸、网络等媒介，采用通俗易懂、简单明了的方式广泛深入地开展政策宣传，增强各方参与和支持农村支付环境建设的自觉性和主动性，培养农村居民使用非现金支付工具的习惯。

加快推进金融业综合统计
夯实金融宏观调控和审慎监管基础

中国人民银行副行长　潘功胜

（2012 年 9 月 18 日）

党中央、国务院对金融业综合统计工作高度重视。今年年初召开的全国金融工作会议明确提出要加快建立“统一、全面、共享”的金融业综合统计体系。人民银行行长周小川强调要“加大金融统计标准化工作落实力度，加快金融业综合统计信息平台建设”。

一、金融业综合统计是现代金融业快速发展的必然要求

金融是现代经济的核心。金融统计是现代经济的量化反映，它不仅反映金融系统内部运行的状态，还反映着经济运行乃至社会体系运行的状态。金融业综合统计通过对银行业、证券业、保险业等全部金融运行量化信息的全面、系统的收集和整理，及时观测分析经济金融运行状态，准确把握经济金融运行的脉搏。因此，金融业综合统计不仅是支持货币政策决策、维护金融稳定、有效实施金融监管的重要工具，而且是监测经济社会各部门、各市场运行状态的重要手段。适应现代经济金融发展的需要，推动金融统计从分散的专业部门统计向统一的、标准化的综合性统计转变，不仅是中央银行的一项重要工作，也是其他金融监管当局的一项重要工作，它需要我们共同努力。

（一）我国金融业深刻变革要求传统的金融统计向现代综合金融统计转变

改革开放以来，我国金融业发生了深刻变化，金融业从单一的银行业，演变为银行、证券、保险等多业并存的大金融业；金融市场从无到有，从小到大，交易规模和交易方式日趋多样和复杂；金融工具和品种结构多元发展，贷款融资占比明显下降，其他方式的融资占比显著上升。截至 2011 年末，我国银行业、保险业和证券公司总资产分别为 113.29 万亿元、6.01 万亿元和 9011 亿元，分别比 2006 年末增长 1.6 倍、2 倍和 45.3%。2012 年上半年，除人民币贷款外的其他方式合计融资 2.92 万亿元，是 2002 年同期的 146.7 倍；占社会融资规模的 37.6%，比 2002 年同期提高 35.3 个百分点。其中，直接融资[①] 9739 亿元，是 2002 年同期的 25.1 倍；银行表外融资 1.43 万亿元，而 2002 年时这些表外业务量还非常小。金融业的这些变化大大突破了我国传统的建立在单一银行业基础上的传统金融统计，相应要求金融统计要向以银行、证券、保险等大金融业为基础的综合统计转变。

（二）我国金融创新的快速发展对传统金融统计提出了严峻挑战

随着我国金融改革开放的成功，改革创新的步伐也在不断加快，新型金融机构、金融工具和金融产品不断涌现。在传统银、证、保机构以外，出现了形式不同的金融控股公司以及货币经纪公司、消费金融公司、融资性担保公司等新型金融机构，银行代客理财、金融衍生产品交易、融资融券业务等创新业务快速发展。这些创新具有节奏快、周期短、结构复杂、影响面广，要求金融统计具有开放性、动态性和综合性特点。当前以银行业为主体的传统金融统计显然满足不了这些要求，必然要进行深刻变革和调整，向现代综合金融统计转变。

（三）最新一轮的国际金融危机大大加快了各国中央银行金融统计变革的步伐，对现代金融统计提出了更高要求

起源于美国次贷危机的最新一轮国际金融危机是上个世纪 30 年代大危机以来最严重的一场危机，至今仍未完全走出危机的阴影。究其原因在于：一是它不是发端于传统的金融领域，而是源自监管之外的影子银行系统；二是传导快、影响广，大大超出决策者的预期；三是传统金融统计信息存在严重缺失，导致金融统计数据既不能及时反映危机迹象，危机发生后又无法通过金融统计准确判断并估计危机扩散和传染的风险。

危机后，各国对此深刻反思，结论是监管制度有漏洞，统计制度不健全。出路是强化央行职能，修订法律框架，拓宽监管领域，完善统计制度，扩大统计范围。中央银行除传统职责外，还要加强宏观审慎管理，防止系统性金融风险。履行好这些职责，金融统计要从传统的围绕货币政策的职能统计，向既为货币政策服务、又要强调金融稳定、为金融监管服务的全面统计转变，构建银行、证券、保险及境内外相互协调的综合金融统计体系，用统计信息标准化的手段，从源头上解决和促进各类金融信息的共享与协调。

二、我国金融统计的基本情况及面临的主要问题

我国金融统计是随着金融体制改革深化而不断建立和发展起来的。从中国人民银行自 1948 年开始编制第一张统计报表以来，金融统计报表已由当初为计划资金部门统计“两张表”，发展到货币信贷统计、监管统计、金融市场统计、经济景气调查和经济金融分析预测等为一体的多元化统计调查监测体系；由仅仅掌握银行业信贷收支信息，发展到不仅掌握银行业资产负债信息，还掌握金融市场、资金流量、物价指数、企业财务、居民预期等多方面信息；由最初为综合信贷计划服务，发展到今天既为中央银行和监管当局等职能部门提供系统的信息支持，又为国际金融组织等社会各界使用中国金融数据提供全方位服务。

尽管近年来我国金融统计得到了长足发展，但也要看到，现行的以部门统计、职能统计和静态统计为主的金融统计仍存在较多不足。主要表现在：

一是机构范围不全，宏观经济金融监测所需的部分金融行业统计信息不足。目前中央银行金融统计范围仅局限于银行业金融机构，对证券、保险、基金等非存款性金融机构和金融控股公司统计缺失，对货币经纪公司、消费金融公司、担保公司等新型机构统计监测有限，难以全面监测和分析各类金融机构的风险抵御能力及其对整个金融体系的影响。

二是创新型金融产品统计信息不足。近年来金融机构代客理财、信托投资计划、衍生产品、资产证券化等业务发展迅速，它们多为跨行业、跨市场、跨机构的交叉性金融产品和影子银行业务。而目前我国金融统计主要按机构进行统计，许多衡量创新型金融产品风险的统计信息游离在外，货币当局无法全面评估金融体系的整体风险和货币政策调控效果。

三是部分统计定义、分类等标准不统一，信息共享基础薄弱，不能完全满足市场经济背景下宏观调控的需要。目前我国各部门金融统计之间、会计核算之间缺乏统一的分类、标准和定义，不能形成协调一致的统计信息体系。一些指标体系存在交叉与重复分类，统计数据不能清晰反映资金的来源与流向，不能全面刻画金融业全貌，不能为全面风险评估和科学决策提供系统性支持。

四是缺乏跨境、跨市场风险传染监测手段。随着金融全球化和金融市场的快速发展，系统性金融风险从产生到爆发，往往是一个跨市场，甚至是跨境的多产品链条。但我国现行的统计体系不能反映跨机构、跨市场、跨境的交易信息，难以监测和评估诸如热钱、投资组合等金融交易的系统性风险，不利于保持金融稳定。

五是金融统计立法滞后。目前人民银行和监管机构从各自职责出发，分别制定了本部门的统计管理规定和办法。一方面它们制定时间较早，相对于当前金融发展情况有所滞后；另一方面各种规定、办法之间缺乏协调，不能全面满足宏观调控和维护金融稳定的信息需求。

为此，我国需进一步完善金融统计法规，强化统计共享机制，增强各金融统计体系间的协调，大力推进金融统计标准化，构建统一、全面、共享的金融业综合统计体系，更好地支持宏观金融调控和系统性金融风险防范。

三、建立我国金融业综合统计的实践进展及发展建议

(一)金融业综合统计框架的主要构想

1. 金融业综合统计的概念和内涵

金融业综合统计是指以金融机构数据元为采集依据、以统计信息标准化为手段,对金融部门的资产、负债、损益以及风险情况的统计。从机构范围看,金融业综合统计是覆盖整个金融部门的统计,既包括银行业金融机构,也包括证券业和保险业金融机构,还包括金融控股公司、融资性金融机构等新型金融机构,甚至包括住房公积金中心、社保中心等对金融部门有重要影响的经济主体。从统计内容上看,既包括资产负债业务,也包括表外业务;既包括存款、贷款、结算等传统业务,也包括衍生产品和结构型产品业务。

金融业综合统计是一项重要的基础性工作,涉及面广,内容复杂。需"四个一"工程与之相配合,即建立一个机制、一套制度、一套标准和一个平台。

"一个机制"是指在协调统一的基础上建立综合统计协调工作机制。金融业综合统计涉及银行、证券、保险业等金融机构和债券、股票等市场,需要各部门相互支持与配合。"一套制度"是指在协调工作机制下建立金融业综合统计制度,保证金融业综合统计工作的科学性、准确性与及时性。"一套标准"是指建立银行、证券、保险业相协调的机构、部门、工具、产品统计分类与计值标准,确保金融业综合统计工作的一致性、严谨性与协调性。"一个平台"是指建立涵盖银、证、保等的大金融业综合统计信息平台,集中采集、维护和处理各类金融统计信息,确保金融业综合统计工作的效率与信息共享。

2. 金融业综合统计的目标

金融业综合统计的目标是在良好法律环境的基础上,协调整合现有的各类金融统计体系,大力推进金融统计标准化,建立"统一、全面、共享"的金融业综合统计体系,促进金融统计向综合化、统一化、动态化、开放化、标准化和信息化发展。

"统一",是指所有的金融统计指标名称、定义、分类、计值和编码均是一致的,即是以标准化为基础的综合金融统计。

"全面",是指机构全、业务全、内容全。金融业综合统计应是综合的、动态的、开放的统计体系。它以产品和机构并重,既可服务于以总量、价格为主要中介目标的货币政策,也可服务于以资产质量和跨机构、跨市场、跨境风险为主要对象的宏观审慎管理;既服务于货币与金融统计,也服务于金融稳定和金融监管统计;既满足宏观金融管理需要,也服务于金融业整体发展,为金融机构加强自身管理和改善经营提供依据。

"共享",是指综合统计既为中央银行服务,也服务于监管当局等部门,在制度安排上促进银行、证券、保险相互协调,促成金融统计的全覆盖、标准化、法制化和信息共享。

(二)当前金融业综合统计工作的实践进展

1. 正式发布社会融资规模统计,为金融宏观调控提供新的中间变量

社会融资规模是金融业综合统计的重要组成部分。在证券、保险监管部门及有关单位的配合下,人民银行从2011年起正式统计并发布社会融资规模数据,建立了从全国到地方的社会融资规模统计体系和监测框架。一年来的统计实践表明,社会融资规模适应我国金融市场多元化发展趋势,较完整地反映了金融对实体经济的支持,较好地弥补了传统总量指标难以反映金融创新的缺憾,为进一步加强金融调控、实施逆周期宏观审慎管理提供了新的指标体系。

2. 以实际需求为导向,积极推进金融统计标准化

危机后,人民银行认真梳理宏观分析、审慎管理以及金融机构自身经营管理等各类需求,扎实推进金融统计标准的研究、制定、发布和实施,从宏观层面统一金融部门、金融工具统计分类和编码,积极完善和弥补统计信息缺口。目前已陆续发布了《金融工具统计分类及编码标准》、《金融工具常用统计术语》等多项标准,并在金融机构中积极推进和落实。

3. 稳步推进金融业综合统计试点工作

金融业综合统计涉及的内容非常广泛和庞杂,是一项复杂而艰巨的系统工程,应根据客观条件有计划、分阶段地逐步实施。2010年底起人民银行开始在深圳、广州和温州有序开展金融业综合统计试点工作。目前已基本摸清标准化信息系统建设方向,初步研究制定金融业核心指标采集体系,为深入推进金融业综合统计及标准化工作奠定了坚实基础。

(三)加快推进金融业综合统计的几点看法

金融业综合统计是未来我国金融统计改革的发展方向,是进一步夯实金融宏观调控和审慎监管的基础,为此:

一是加快构建综合统计协调工作机制,认真做好各项基础准备工作。推进金融业综合统计工作,需要各部门相互支持配合,构建金融业综合统计联合工作机制,共同梳理、修订和完善金融业综合统计制度及相关法规,研究制定金融业标准化和综合统计监测框架。

二是加快推进金融统计标准化建设的落地工作,把金融业综合统计工作的各项细节融入各金融主体的业务流程。金融统计标准化能够从信息采集源头统一和规范统计概念、分类和计值,提高数据同质性,实现数据一次采集、多方共享,从根本上搭建跨部门数据共享桥梁,增强宏观部门识别和追踪系统风险的能力。

三是加快金融综合统计信息平台的科技开发,实现统一、高效、方便、快捷的部门合作和信息共享。在金融统计标准化的基础上,整合现有各类统计系统,构建基于数据仓库的金融业综合统计信息平台,更好地服务于宏观调控和满足各类监管需要。

四是加强金融业综合统计监测体系的基础性研究,构建与宏观统计相协调、与金融市场发展相适应、科学合理的金融综合统计核心指标和分析框架。加强创新型金融机构和金融业务的监测分析,增强跨市场、跨境风险监测及金融系统性风险研究,研究风险传导的可能路径及评估方法,探索全面统计以及抽样调查等多种方法,丰富统计手段,提高统计的灵活性与及时性。

五是加快金融业综合统计的法规制度建设,尽快起草《金融统计管理条例》,使金融业综合统计工作有法可依、有章可循。在机构上覆盖银行业、证券业、保险业金融机构以及各行业交叉环节;在业务上覆盖金融机构的表内、表外业务。建立长效工作机制,保证金融统计标准的统一性和权威性,从根本上减轻微观金融机构的报数成本和负担,提高工作效率。

①本文中的直接融资包括非金融企业债券和境内非金融企业股票融资,银行表外融资包括未贴现的银行承兑汇票、委托贷款及信托贷款。

对标世界一流 强化法律管理 全面落实中央企业法制工作新三年目标

——在中央企业法制工作座谈会上的讲话

国务院国资委副主任、党委副书记 黄淑和

(2012 年 9 月 27 日)

同志们:

这次会议是在中央企业积极培育世界一流企业,全面开展管理提升活动背景下召开的一次重要会议。会议的主要任务是:总结中央企业法制工作新三年目标启动实施情况,分析当前面临的新形势、新挑战,明确今后一个时期的工作重点和任务要求。国务院国资委对这次会议高度重视,国资委主任、党委书记王勇同志专门作出重要批示,要求不断强化法律管理,深化完善法制工作,为实现"十二五"时期中央企业改革发展中心任务提供坚实的法律保障。希望大家认真学习领会,深入贯彻落实。下面,我讲三点意见。

一、中央企业落实法制工作新三年目标取得积极进展

去年太原会议以来,中央企业紧紧围绕新三年目标,按照"完善提高"的总体要求,切实采取有效措施,不断加大推动力度,企业法制工作取得新的进展和成效。

(一)落实新三年目标开局良好。

据统计,在新三年目标实施的第一年,117 户中央企业全部完成启动工作,其中 115 户企业专门制定了具体实施方案,94 户企业成立了实施工作领导小组。整个启动工作有以下三个显著特点:(1)领导高度重视。许多中央企业将新三年目标作为提升法制工作、助力改革发展的重要举措,主要负责同志亲自研究制定实施方案,亲自担任领导小组组长,亲自参加会议进行动员部署。中航工业主要负责人要求各子企业将实施新三年目标作为"一把手"工程,为目标实现提供人力、物力和经费支持。中国石化负责同志立足高起点,提出"时间有所超前、指标有所超额、总体有所超越"的更高要求。(2)方案科学具体。大多数中央企业紧密结合实际,分解细化指标要求,合理设置时间节点,切实增强实施方案的针对性和操作性。南方航空、中粮集团等企业实行集团和子企业双推进,确保目标、措施、进度、人员和考核"五落实"。南方电网、中国国电、中国电建"因企施策"、分类指导,对不同子企业区别设计实施重点和时间进度。(3)措施务实有力。超过三分之一的中央企业已将新三年目标落实情况纳入集团对子企业的考核体系。50 户中央企业明确建立了新三年目标内部通报制度,每年对重要子企业完成目标情况在集团内部进行通报。64 户中央企业建立了问责制度,认真落实责任追究。中交集团明确提出三年内推动总法律顾问专职率和法律顾问持证上岗率均实现 100%。中国铁建、中国中铁、三峡集团等企业明确要求尚未取得法律顾问执业资格的法律人员 100% 参加考试。航天科技、外运长航通过设立岗位津贴、开展等级资格评审、明确持证上岗硬性要求等措施,进一步强化落实新三年目标的激励约束。

(二)法制工作"完善提高"的各项任务扎实推进。

一是全岗位、全流程的法律风险防范机制不断健全。中央企业大力推动法律风险防范"进岗位、到人头",法制工作与企业日常经营活动进一步融合。中国石油编制法律风险岗位防控指引和操作手册,积极推动建立全员防范法律风险的长效机制。中国移动总部和 31 家省公司开展法律风险动态管理,通过对公司经营管理活动的全景扫描,深入做好法律风险的识别、分析和控制。中国建筑不断完善项目法律顾问派驻制度,加强施工项目现场的法律管理和服务,将法律风险防范关口前移到项目一线。许多中央企业适应全业务流程管控需要,积极构建法律风险防范的完整链条。中粮集团引入矩阵管理模式,法律风险防范工作全面覆盖到整个产业链各个环节。南方航空针对公司网络直销、劳务工管理两个法律风险高发领域,专门成立法律部门与业务部门的联合工作组,加强风险评估与管控。中国海运调整优化合同管理流程,在关键节点嵌入会签与审批环节,形成涵盖合同谈判、签约、履行等全过程的法律审核管理。中国铁建整理发布涉及 187 个国家(地区)的 12000 余部法律法规和国际条约的目录清单。中国电信、武钢集团、中国海油、中国有色等一大批企业深入开展"走出去"法律风险防范国别研究,深入探索境外法律风险防范的有效途径与方式。

二是法律顾问队伍建设深入推进。中央企业积极为总法律顾问履职提供制度保障,大力推进总法律顾问履职能力建设。近 30 户中央企业明确将总法律顾问制度写入章程,进一步确立了总法律顾问作为企业高级管理人员的定位。38 户中央企业建立了子企业总法律顾问述职制度,科学规范总法律顾问履职方式。中船重工、中国联通、中国建材将总法律顾问履职能力培训定期化、常态化,大力提升总法律顾问专业素质。中央企业法律顾问队伍进一步发展壮大。截至今年 6 月底,中央企业全系统法律顾问已接近 15000 人,比去年同期增长 20%。航天科工启动法律顾问"百人计划",由集团公司择优选拔并授予 100 人法律顾问聘任资格,统一供下属单位聘用。中国石化持续推进分层分类法律人才培养工程,提出在系统内着力培育 300 名专家型法律领军人才和 200 名涉外法律人才。南光集团以"南光法律大讲堂"为平台,积极打造学习型法律顾问团队,加快提高法律人员的专业素养和业务能力。

三是法律基础管理工作逐步夯实。中央企业法制工作规范化管理水平不断提高。许多企业将规章制度管理作为法律部门一项重要职责。中国石油不断优化制度体系,两年来共清理规章制度 12000 多项,制订修改规章制度近 6000 项,废止规章制度近3000项。兵器装备集团研究制定了有限责任公司、国有独资公司、中外合资公司三类公司章程范本，要求子企业统一参照执行。中央企业法律资源集中整合、利用的力度不断加大。中国铁物、武钢集团加强法制工作的上下交流、平行交流、岗位交流，在集团内部实现法律资源利用的最大化。哈电集团、中国航材建立跨区域、跨领域的法律专家集体会诊制度，集中解决重大法律问题。通用技术集团开发综合管理平台，集信息交流、案件管理和法律咨询为一体，全面实现规章制度、合同范本、人员信息和案件管理的信息化。国家电网将法律管理系统和财务、审计等系统对接，以信息技术手段实现不同业务板块的无缝连接。

（三）法制工作的支撑服务作用进一步显现。

一是重大经营活动依法保障更加有力。中央企业法制工作逐步进到改制重组、资本运作、境外投资等重要业务领域，在企业做强做优中发挥了重要作用。招商局、中国能建、华侨城集团总法律顾问通过担任战略投资委员会成员，及时为企业重大经营活动提供法律支持与服务。中国有色法律部门全面参与在非洲企业的尽职调查、资产重组和公司设立等工作，积极为境外企业发展提供服务。中国大唐、中国电子法律部门与业务部门、中介机构紧密配合，支持公司成功发行企业债券、中期票据。中国移动围绕企业全业务竞争战略，主动研究三网融合涉及的政策法规，及时申请媒体类业务营业资质，促进企业开拓新的盈利空间。许多中央企业还不断开阔法制工作视野，创新工作模式。华润集团、东方航空、中国商飞切实加强境内外商标、字号的注册、许可和保护，大幅提升企业无形资产与品牌价值。外运长航由法律部门牵头开展全系统集中保险工作，通过引入竞争性谈判、优化保险条款等，不仅两期就节约保费5000万元，而且使集团整体抗风险能力得到较大提升。

二是企业合法权益得到有效维护。中央企业普遍加强法律纠纷案件管理，减损增效成绩显著。中国石油针对美欧、韩国倾销有关工业原料提起反倾销申诉，获初裁成功。中船集团针对大额订单“交船难”、“应收款延付”等问题，逐一研究风险点，分类提出应对措施，取得较好效果。中煤集团法律部门高度关注未正常履行合同问题，提前介入应收账款清收工作，避免形成不良资产。中国普天积极指导下属企业处理股权转让纠纷，通过及时收集证据、配合公安机关采取紧急措施，一次性追回拖欠款项1.1亿元。南方电网妥善处理10起重大历史遗留案件，避免和挽回直接经济损失24.3亿元。东方电气灵活运用国际贸易规则，注意发挥法律顾问和技术专家的合力，有效应对技术合同国际仲裁案件。

总的来看，过去一年，中央企业紧紧围绕新三年目标起步开局，突出抓机制完善，抓队伍建设，抓基础管理，方向明确，重点突出，成效明显。当然，在肯定成绩的同时，也要清醒地看到，中央企业实施新三年目标仍然存在一些明显不足和薄弱环节。比如，中央企业之间落实新三年目标的工作进展还不平衡，一些企业对新三年目标重要性的认识仍然不到位；一些企业对“三个100%”、“两个80%”等关键指标的推动仅仅满足于数字的统计，实际效果还不理想；一些企业的实施方案仍不够具体，缺乏操作性。上述这些问题，说明按期完成新三年目标的任务还很艰巨，需要我们加大力度、抓紧解决。

二、中央企业进一步加强法制工作需要高度关注的几个问题

按照新三年目标的总体要求，今后一个时期，中央企业法制工作要全面对标世界一流，从更高站位、更广视野、更深层次上，加快完善制度机制，不断提高能力水平。从当前中央企业面临的形势、任务看，在深入落实新三年目标、切实加强企业法制工作的过程中，需要高度关注以下五个问题。

（一）适应复杂严峻的市场竞争环境，更加重视筑牢企业合规经营的底线。

企业发展，诚信为本。但凡成功的优秀企业，都将依法经营作为企业发展的前提，将行为合规作为企业诚信的底线。今年以来，世界经济复苏仍呈乏力态势，国内经济下行压力加大，深层次矛盾和问题不断显现，企业经济效益普遍下滑。在这种背景下，一些经济形势好的时候被掩盖、被忽视的潜在风险逐步暴露出来，近期发生的国内外个别大企业因违规经营遭受重大损失的案例，再一次给人们敲响了警钟。面对错综复杂的经济环境，当前绝大多数中央企业正在按照“稳中求进”的要求，通过调结构、强管理、控成本、保市场等方式，千方百计地化解经营困难。但少数企业忽视效益与风险的平衡，一味拓展发展空间，盲目投资高风险业务；个别企业甚至不顾法律风险、违章操作、非正常程序决策，隐藏了大量违规风险，对企业平稳健康发展带来极大挑战。近年来一些中央企业因法律风险防范不力所引发的重大法律纠纷案件，不仅影响了企业自身经营发展，更损害了中央企业的整体形象，值得认真总结和深思。

实践反复证明，越是市场形势严峻，越要坚持合规经营。中央企业各级领导班子要牢固树立合规经营的理念，不搞违法获利，不踩法律红线，不抱侥幸心理，做到违法违规“一票否决”。要牢牢把住企业决策层面的法律审核关，针对上下游一体化的合资合作项目、风险管控难度大的产融结合项目、媒体及资本市场高度关注的敏感项目等，决策时务必做好合规性审查，决不能以时间紧急、项目保密等借口跳过法律审核关。“制治于未乱，保邦于未危”，要牢牢坚持用制度管人管事，建立健全各项规章制度，在企业经营管理层带头倡导讲规则、讲诚信，自觉形成按规办事的思维方式和行为习惯，努力防范违规风险的发生。

（二）服务中央企业改革发展的新任务，更加重视发挥企业法制工作的价值作用。

企业法制工作的价值，始终体现在保障和促进企业改革发展的大局上。当前，中央企业深化改革、加快发展的任务依然繁重。集团层面的公司制股份制改革需要进一步加大力度，公司治理结构需要进一步规范和完善；一些企业主业还不突出，盈利基础还不稳固；一些企业盲目铺摊子，经营风险不断累积。这就要求企业法制工作要在着力解决上述问题中体现自身价值。近几年来，随着中央企业法制工作的深入推进，企业之间的工作差距逐步拉大，分化现象开始出现。一批先进企业的法制工作通过全面融入经营管理，保障依法决策、规范改革重组、防控法律风险，价值作用日益被企业各业务部门、特别是企业领导所认同。但一些落后企业对法制工作的认识却还比较粗浅，法制工作的价值作用发挥还很不到位，少数企业仍将法制工作定位于“打官司”的层次，将法律顾问定位于“救火队”的角色。所以，大力推动中央企业法制工作向纵深发展、向高端发展，需要进一步认清和发挥企业法制工作的价值作用，并对企业法制工作做出准确定位。

今后一个时期，中央企业法制工作应当围绕企业改革发展，着力发挥好四个作用：一是在公司治理中，进一步发挥法律规范作用。在公司章程制订、组织架构设计、管理职能划分等方面，要深入开展法律论证，明确法律依据，确保权利、义务和责任的科学配置；要通过依法规范董事会建设、实现集团对下属子企业规范履行出资人职责，确保企业在法律框架内有效实施公司治理。二是在战略规划中，进一步发挥法律支撑作用。要根据国家相关行业及产业政策，主动研究、准确把握涉及产业发展的法律法规，围绕做强主导产业、做优传统产业、培育新兴产业，用足用好国家有关鼓励政策和法律规定，确保企业发展战略与国家有关政策法律的要求相吻合。三是在业务拓展中，进一步发挥法律防范作用。要不断强化法制工作与经营业务的深度融合，切实做好法律风险的事前防范与事中控制。企业拓展业务涉及的并购重组、合资合作、股权转让等重大经营行为，都要遵守规范的程序，加强尽职调查和法律审核把关。四是在转型升级中，进一步发挥法律保护作用。要通过知识产权法律保护手段，将企业科技优势转化为市场竞争优势，把具有竞争力的产品打造成国际知名品牌，不断提升企业品牌价值。

（三）围绕培育世界一流企业的核心目标，更加重视提升中央企业法律管理的能力和水平。

“做强做优、世界一流”，是中央企业“十二五”乃至今后更长时期的核心目标。没有一流的管理，就没有一流的企业。今年起，国资委正式决定在中央企业开展为期两年的管理提升活动，其中法律管理是企业管理提升的重点领域和重要环节。全面提升企业法律管理的能力和水平，不仅是企业强基固本、控制风险的重要手段，也是企业参与全球市场竞争、维护自身合法权益不可或缺的重要保障。从国际上看，国外大企业普遍重视法律管理。它们很早就置身于市场经济和跨国环境中，比较习惯于按市场规则运作，企业的法治文化和法律管理能力已经成为综合竞争力的重要组成部分。相比之下，中央企业市场化、国际化经营起步晚、时间短，法律管理的基础比较薄弱，在法治理念、制度机制、管理体系和方法上，较世界一流企业还有不小差距。

因此，中央企业法制战线的同志们要抓住这次开展管理提升活动的契机，大力提升法律管理的能力和水平。当前和今后一个时期，要突出抓好以下五点：第一，全面开展法律管理对标工作。要对标国际、国内行业先进，结合企业实际，深入查找法律管理存在的突出问题，形成全面系统的自我诊断书面材料，并制定好专项整改方案。第二，进一步加强集团法律管控。要顺应现代企业管理扁平化的发展趋势，积极探索集中管控与专项授权相结合的法律工作模式，优化整合系统法律资源，确保在法律管理领域有效实现全集团信息通畅、工作顺畅、管控有力。第三，扎实推进法律管理信息化和标准化。要通过先进的信息技术手段固化法律管理流程，使法律审核论证成为各项业务绕不开、躲不过的必经程序；通过实现各项法律管理工作的标准化，制定法律审核工作规程，推行格式合同文本，完善法律意见书制度，大力提高法律管理的质量和效率。第四，将法律管理提升与落实新三年目标有机结合。要紧紧围绕新三年目标各项要求，明确本企业法律管理提升的突破口，把“三个完善、两个提高”作为法律管理提升的重要目标，把“三个100%、两个80%”作为法律管理提升的基本内容，通过法律管理提升，探索形成企业法制工作发挥作用的长效机制。第五，注意把握法律管理与其他重点领域管理提升的协调与配合。这次中央企业十三个重点领域的管理提升应当作为一项系统工程。法律管理不仅不能成为企业管理的短板，而且还要通过制度规则、行为规范，保障和促进其他领域的管理提升。要切实做好法律管理体系与企业其他管理体系的紧密衔接，避免体系之间产生不必要的交叉和矛盾。

在开展法律管理提升活动中，要特别重视加强中央企业之间的交流、学习与借鉴。按照国资委的统一部署，法规局已组织中国石油、中粮集团、中国建筑三家企业，集中编写了法律管理辅导手册，在建立健全法律管理制度体系、创新法律管理工作模式、加强系统法律顾问队伍建设等方面，提供了比较成熟的先进经验，希望各中央企业认真学习借鉴。

（四）应对中央企业国际化经营的新挑战，更加重视加强境外法律风险防范。

随着国际化经营战略的深入实施，中央企业“走出去”步伐进一步加快，境外上市并购、承揽重大项目、引进战略投资等涉外经营活动全方位展开，面临的境外法律风险也随之大幅增加，涉外法律纠纷案件呈不断上升趋势。分析这些涉外案件，有三个明显趋势：一是种类增多。由过去主要以合同纠纷为主，逐渐扩展到知识产权、环境保护、劳工责任、产品质量、证券交易等多领域。二是涉及面广。有的纠纷不仅涉及一家或几家企业，甚至可能波及整个行业。三是损失加大。这些纠纷一旦败诉，动辄数千万、上亿美元损失，有的还可能被排挤出该国或地区的整个市场。因此，中央企业境外法律风险防范正面临十分严峻的挑战。

针对上述情况，中央企业要高度重视做好境外法律风险防范工作。一是切实加强对境外企业的规范和监管。集团总部要注意按照法律程序，进一步加大对境外子企业的管控力度。有条件的可以通过在境外单位设置法律事务机构或法律顾问岗位，依法保障境外单位经营活动的正常开展。二是加快完善境外法律风险防范的链条。要通过规范相关工作流程，切实将法律审核把关嵌入境外业务的各个环节，从可行论证到立项决策，从谈判签约到项目运营，努力实现法律风险防范全覆盖。三是进一步健全境外法律风险防范的责任机制。要把“两个问责”制度延伸到境外企业，境外业务因法律风险防范不到位造成重大损失的，要依法追究有关人员的责任。四是依法妥善应对境外投资审查。要坚持独立的市场主体和法人实体地位，突出市场化运作特征。五是主动参与WTO贸易政策审议。

（五）落实总法律顾问履职能力建设的新要求，更加重视处理好“有位”与“有为”的关系。

随着法制工作三个三年目标的连续推动，中央企业及其重要子企业已经全面建立总法律顾问制度。截至今年6月，中央企业全系统在岗总法律顾问达到了1400多人。总法律顾问配备基本到位后，关键是要真正发挥作用。今年上半年，国资委法规局对总法律顾问履职现状进行了调查，结果显示，中央企业集团总法律顾问中，专职的仅占61%，具有法律专业背景的仅占58%；重大事项经总法律顾问签字才能上报企业主要领导的仅占43%，另有11%的总法律顾问未能确保参加企业重要决策会议。重要子企业涉及的上述比例也不理想。这些数字背后反映了两个问题：一是部分中央企业对发挥总法律顾问作用仍不够重视，二是部分总法律顾问的专业素质仍有待提高。

我常讲一句话：“有为才有位，有位更有为。”目前，中央企业总法律顾问“有位”的问题在一定程度上得到了解决，下一步要将重点放在如何更加“有为”上。“十二五”时期，中央企业法制工作要全面对标世界一流，并要完成第三个三年目标，这为总法律顾问提供了更加广阔的事业舞台，我们面临的机遇与挑战并存，只有加快提升履职能力，才能更加有所作为。

要进一步提升战略思维能力。总法律顾问要始终围绕企业发展战略，紧密结合经营发展难题，从全局的、长远的角度，科学谋划本企业法制工作目标任务。要时刻关注国家法律法规和监管政策的新变化，结合企业内外部环境，形成正确的法制工作思路。

要进一步提升统筹领导能力。总法律顾问对上要服务企业决策，取得企业领导的充分信任；对下要领导全系统法律顾问队伍，形成完整的法律工作体系；对外要协调各类法律关系主体，切实维护企业合法权益；对内要融入企业经营管理，获得各职能部门和生产经营单位的工作支持。为此，企业总法律顾问既要有统筹协调能力，也要有领导决策能力；既要有干事业的能力，也要有带队伍的能力。

要进一步提升法律专业能力。总法律顾问是一个专业性很强的领导岗位。新三年目标强调提高总法律顾问的专职率，其实质是要加快提升专业化水平。中央企业专职总法律顾问往往具有一定的法律专业背景，要适应本企业转型升级、国际化经营发展的需要，进一步充实新的法律知识，同时加强相关领域的业务学习，努力成为合格的专家型领导干部。中央企业分管法制工作并兼任总法律顾问的负责同志，管理经验比较丰富，要在组织、领导本企业法制工作方面进一步加大精力投入，同时注意学习法律专业知识，尽快考取执业资格，努力成为法律顾问队伍的优秀领军人才。

要进一步提升自身思想境界。“为将之道，当先治心”。总法律顾问要有所作为，能力固然重要，但思想境界更重要。在这里，我送给总法律顾问八个字：“激情、毅力、智慧、奉献”。具体来讲，一要有干事的激情。自觉把企业法制工作当事业、把总法律顾问职责当使命，充满激情去工作，享受开拓的过程和成效。二要有坚韧不拔的毅力。企业法制建设是一项专业性很强、难度很大的工作，在推进工作中难免会遇到很多困难，甚至会得罪人。要顶住压力，不畏艰难，迎难而上，百折不挠。三要有做成事的智慧。要善于协调各方，讲究工作方式，主动争取领导重视，尽快打开工作局面。四要有甘于奉献的精神。做好法制工作一定要耐得住寂寞、守得住平淡，少抱怨、多投入，不计较眼前得失，长远看待职业前景和事业发展。总之，广大总法律顾问只有自觉加强思想修养，努力提高思想境界，才能更好地行权履职、有所作为。

以上讲的五个问题，实际上也是当前推进企业法制工作应当把握的五个重点。希望各中央企业结合新三年目标的落实，深入探索，努力争取新进展、新突破。

三、加快落实中央企业法制工作新三年目标的几点要求

今后两年，是中央企业全面实施法制工作新三年目标最为关键的时期。为确保完成新三年目标各项任务，我提出以下五点具体要求。

(一)进一步增强推进新三年目标的责任感和紧迫感。

中央企业法制工作三个三年目标的提出，是与中央企业市场化、国际化、法治化的改革发展需要相适应的。近七年来，在国资委的指导推动下，中央企业按照“建立机制、发挥作用、完善提高”的总体思路，一步一个台阶地推进企业法制工作，不仅依法保障和促进了企业改革发展，而且得到了全社会的充分肯定，在提升中央企业诚信守法的良好形象方面发挥了十分重要的作用。当前，中央企业要克服经营困难，顺利完成保增长、保稳定、渡难关的艰巨任务，同样离不开企业法制工作的保驾护航。没有依法治企，就没有百年老店。全面落实新三年目标，既有利于帮助企业化解眼前危机，又有利于保障和促进企业真正实现可持续发展。所以，我们一定要增强落实新三年目标的责任感和紧迫感。特别是工作进展较慢的企业，要围绕新三年目标任务的各项部署，逐项检查，迎头赶上，使中央企业推进新三年目标工作不留死角。

(二)切实抓好新三年目标实施方案的落实。

去年底，国资委专门下发了落实新三年目标的有关通知。绝大多数中央企业结合自身实际，制定了新三年目标的实施方案，下一阶段的工作重点是认真抓好落实。要建立实施方案落实的责任制，明确新三年目标涉及的各个层面责任主体。要强化对实施方案的过程管控，把握时间节点，加强督促检查。要根据工作进展情况，及时调整完善实施方案，特别是要对照今年7月国资委印发的新三年目标考评标准，查遗补缺，充实相关内容，进一步明确保障措施。要加强对实施方案落实的考评，抓紧制订本企业的考评标准，建立可操作、可度量的指标体系。要创新方式方法，通过年度通报、企业互查、评先争优等多种手段，努力将实施方案落实到位。

(三)确保新三年目标的核心要求得到全面实现。

新三年目标各项指标落实的好与差，首先体现在企业能否有效防范好法律风险上。新三年目标进入全面实施阶段以后，中央企业要紧紧抓住法律风险防范这一核心要求，通过落实新三年目标，更好地实现法制工作的价值。要继续组织编制和完善法律风险防范指引，将面向全员的法律风险防控要求制度化、规范化。要加大对重要子企业的指导推动力度，加快将法律风险防范的硬约束延伸到各基层单位，加强生产经营一线的法律风险识别与评估，尽快在集团系统打造法律风险防范的完整链条。要把是否发生因自身原因引起的违法违规案件，作为检验法律风险防范机制建设成效的重要标准。凡是发生重大法律纠纷案件的企业，都应当深入查找案件暴露出来的管理漏洞，努力形成解决一个案件、完善一项制度、防范一批风险的良性机制。

(四)始终坚持新三年目标推进中质和量的统一。

新三年目标提出了要实现“三个100%”和“两个80%”的硬指标。在启动阶段，我们反复强调，要坚持各项指标要求不动摇。从目前中央企业落实情况看，下一步深入推进新三年目标，既要确保“量”的完成，更要注重“质”的提升。要在全面实现法律审核“三个100%”的同时，大力提高审核质量和水平。通过健全管理制度和流程，确保应审必审；通过建立重大疑难法律问题集中会诊制度、跨区域跨领域互助平台等多种方式，进一步增强审核意见的专业性、准确性和权威性；通过建立审核意见跟踪评价制度，及时评估审核效果，努力为企业开展经营活动提供利益最大、风险最小的法律路径。要在确保“两个80%”按期实现的同时，有针对性地提升法律顾问队伍的整体素质。要适应企业业务分工日益细化的需要，根据不同法律岗位的能力要求，通过专项培训、岗位交流、项目锻炼等方式，着力培养一批精通企业业务、能与国外法律同行同台竞技的行家里手。

(五)大力培育中央企业法治文化。

培育企业法治文化，是新三年目标顺利实施的重要思想保障。要认真落实“六五”普法规划，切实加强法治文化建设。重视抓好重点对象的法制宣传教育，将企业领导、经营管理人员、涉外人员作为普法重点，结合本企业发展战略和主营业务，确定普法主题和内容，突出针对性，增强实效性。要大力引导全体员工树立法律至上、守法诚信的法治理念，自觉践行按章操作、依法办事的行为准则。要不断丰富培育法治文化的形式和载体，充分利用法制讲堂、知识竞赛、案例教育等方式，善于将法律知识提炼为各级人员简单易记的警言警句，进一步加强法治文化的传播，努力为推进新三年目标创造更加良好的法制氛围。

在中央企业积极落实法制工作新三年目标的同时，国资委将进一步加大指导推动力度。法规局要会同有关厅局，密切跟踪新三年目标进展情况，做好定期通报和综合评价，针对进展较慢的企业开展专项调研和督促检查。要选择一批进展快、工作实、成效好的典型企业作为标杆，加大经验推广力度，指导企业增进交流、相互借鉴、共同提升。要进一步健全完善有关制度，尽快研究制订总法律顾问规范履职工作指引和境外法律风险防范指导意见。要有计划地组织好业务培训，继续办好总法律顾问履职能力培训和法律风险防范专项培训。

最后，关于中央企业法制工作，我再强调三点，与会代表要向企业领导班子做好汇报。第一，企业法制工作水平体现了现代企业科学管理水平。各中央企业对于这项工作只能加强，不能放松，要作为企业一项长期性工作来抓，抓出特色、作出亮点。第二，完成法制工作三个三年目标仅剩两年时间，各中央企业必须按照国资委的部署和要求，采取更加有力的措施，抓紧完成各项任务，全面实现工作目标。第三，中央企业法律顾问队伍要大胆开拓、积极进取、奋发有为。开拓中要把握好以下六点：一是敢于啃硬骨头，要有攻坚克难的勇气和气魄；二是尽快提升自身能力和素质；三是不断创新工作方式；四是积极争取领导重视，特别是企业主要领导的重视和支持；五是善于突破重点；六是坚韧不拔地抓好落实。总之，中央企业法制工作具有光明的前途，法律顾问队伍要有滋有味地推进工作，为国内企业当好表率，让国外企业刮目相看。

同志们，中央企业全面推进做强做优、着力提升发展质量，对企业法制工作提出了新的挑战和更高要求。让我们紧紧围绕新三年目标的落实，攻坚克难，开拓进取，不断提升法制工作水平，依法保障和促进中央企业稳健经营和健康发展，以饱满的工作热情和优异的工作业绩迎接党的十八大胜利召开！

大力加强企业知识产权工作
努力实现中央企业的创新驱动发展

——在中央企业知识产权保护与创新发展论坛上的讲话

国务院国资委副主任、党委副书记　黄淑和

（2012 年 9 月 27 日）

同志们：

今天，商务部和国资委共同举办企业知识产权工作论坛，就中央企业知识产权保护与创新发展问题进行专题探讨交流，这对于全面实施国家知识产权战略，特别是实施企业知识产权战略，加大知识产权保护力度，促进中央企业科技创新，实现企业创新驱动发展，具有十分重要的意义。首先，我代表国资委，对前来参加论坛的有关部门领导和嘉宾表示热烈的欢迎！也借此机会，对各部门长期以来对中央企业知识产权工作的大力支持，表示衷心的感谢！

科技创新是突破发展瓶颈、赢得发展先机的根本力量，知识产权是保护创新成果、赢得竞争优势的主要手段。无论是国家发展战略的实施，还是企业竞争优势的培育，都需要高度依靠科技创新驱动和知识产权支撑保障。国际金融危机以来，全球经济进入产业结构深度调整、科技创新空前密集的新的变革时期，发达国家不仅继续保持科技领先的格局，而且还普遍将“创新驱动”和知识产权进一步上升为国家战略，力求通过科技创新和知识产权保护，发展高端产业，摆脱发展困境，巩固提升国际竞争优势。我国经济总量 2010 年已跃居世界第二位，但是经济发展面临的矛盾和问题日趋增多，经济结构不合理、资源环境约束等问题仍然比较突出，面临的国际竞争压力越来越大。加强科技创新和知识产权工作，加快产业转型升级步伐，尽快将我国经济转到依靠创新驱动的内生增长轨道上来，这是应对各种挑战、解决各类问题的重要途径。中央企业作为我国科技创新和使用知识产权的重要主体，在建设创新型国家、引领我国经济发展中负有重要使命，大力加强中央企业知识产权工作，努力实现中央企业的创新驱动发展，是实施国家发展战略的必然要求，也是提高企业核心竞争力的必由之路。

近年来，中央企业科技创新能力不断增强，科技实力大幅提升。“十一五”以来，中央企业科技投入年均增长24.6%，研发投入年均增长 31.4%。建设国家重点实验室 47 家，占全国总数的 47%。在载人航天、绕月探测、载人深潜、特高压电网、支线客机、4G 标准、高速动车等很多领域，已接近或达到世界领先水平，取得了一大批具有自主知识产权的创新成果。与此同时，中央企业重视加强知识产权工作，努力促进科技优势向竞争优势转化。“十一五”期间，中央企业主要专利指标年均增长都在 35% 以上，专利申请数量、质量和实施率明显提高。截至 2011 年底，中央企业累计拥有有效专利 14 万多项，其中有效发明专利占总量的28.3%。知识产权管理工作逐步强化，大多数中央企业在法律部门或科技部门专门规定了知识产权管理职责。知识产权保护和风险防范意识显著增强，许多中央企业在重大投资并购以及对外合资合作当中，更加关注知识产权因素，注意签署知识产权协议，坚决抵制侵权假冒商品流入中央企业。此外，中央企业软件正版化工作也走在了全国企业的前列。

当然，我们也要清醒地看到，目前中央企业知识产权工作还存在一些明显不足和薄弱环节，主要是：通过科技创新驱动企业发展的意识和能力还有待增强，不少产品仍处于全球产业链的中端或者低端，具有自主知识产权的核心技术还不多，国际知名品牌还比较少；企业知识产权战略制定与实施工作还不够深入，发展还不平衡，通过知识产权将科技创新优势转化为市场竞争优势的工作还有待进一步加强；知识产权管理和保护工作还没有完全到位，自我保护和维权的能力还不够强，被侵权现象还时有发生。这些问题都要引起中央企业高度重视，在下一步工作中下大力气加以解决。

当前，世界经济、科技格局正在发生深刻调整。党和国家在综合分析国际竞争态势和我国经济发展状况的基础上，做出了建设创新型国家、实施国家知识产权战略的重大决策，明确提出要强化企业的技术创新主体地位，尽快形成一批拥有自主知识产权和知名品牌、国际竞争力较强的优势企业。面对新形势、新任务和新要求，中央企业必须肩负起这一历史使命和重大责任，加快建设创新型企业，加快实施国家知识产权战略和企业知识产权战略，为实现“做强做优、世界一流”的发展目标奠定坚实基础。今后一个时期，中央企业要切实把握好以下四点：

第一，要在知识产权保护和创新发展中努力发挥骨干带动作用。中央企业大多处于关系国民经济命脉的重要行业和关键领域，一定程度上代表着国家的科技创新水平和行业技术发展方向，在国家技术创新体系中居于重要地位，承担着重要任务。《国家中长期科学和技术发展规划纲要》确定的我国需要突破的 11 个重点领域，中央企业都有参与；16 个国家科技重大专项，中央企业就参加了 15 项。因此，中央企业必须增强大局意识、责任意识和创新意识，努力在转变经济发展方式和建设创新型国家中发挥好骨干带动作用。要紧紧围绕中央企业“十二五”发展战略目标，加快推进转型升级步伐，充分发挥在新能源、新材料、节能环保、智能电网、三网融合等战略性新兴产业领域的领先优势，力争较快取得重大科技成果并实现产业化，将战略性新兴产业培育成先导产业、支柱产业，形成支撑企业可持续发展的核心竞争力。要瞄准未来科技发展的制高点，进一步加大科技投入，集中力量在主导产业和关键技术领域掌握一批具有自主知识产权的核心技术，为突破行业共性技术多做贡献。要把企业科技创新、转型升级工作与企业知识产权工作紧密地结合起来，进一步加大企业知识产权工作的力度。

第二，要全面深入实施企业知识产权战略。制定并实施企业知识产权战略，既是实施国家知识产权战略的重要组成部分，也是中央企业做强做优的内在要求。近几年来，国务院国资委高度重视这项工作，通过召开中央企业知识产权工作会议，出台《关于加强中央企业知识产权工作的意见》和《关于加强中央企业科技创新工作的意见》等，积极指导中央企业深入做好知识产权创造、应用、管理和保护工作。今后一个时期，中央企业要继续坚持以知识产权战略为引领，针对行业特点和行业发展趋势，前瞻性地开展知识产权布局，充分利用创新成果构筑“专利池”，不断地提升知识产权攻防能力。要加大知识产权创造应用和科技成果转化工作力度，强化科技创新成果确权工作，努力提高核心技术专利实施率，推动创新成果转化为现实生产力。要建立健全中央企业知识产权管理与保护制度，大力推动知识产权资产管理和运营工作，完善知识产权风险预警和应对机制。要主动参与国家、国际标准的制订，力争将拥有自主知识产权的核心技术纳入行业标准、国家标准、国际标准，进一步增强中央企业在引领产业进步发展中的话语权和影响力。

第三，要大力培育中央企业的知名品牌。品牌是现代企业提升核心竞争力的重要标志，也是自主创新和知识产权的集中体现。中央企业要进一步树立强烈的品牌意识，大力实施品牌战略，加快培育国际知名品牌，推动“中国制造”向“中国创造”、“中国设计”的跨越转变，在新一轮更高层次的国际竞争中抢占制高点和主动权。要不断加强自主品牌的策划、创建、营销和提升，提高品牌忠诚度，推进品牌多元化、系列化、差异化。要加强知识产权战略与品牌战略的有机结合和相互促进，通过自主知识产权创造与应用，打造企业的知名品牌，通过自主知识产权的管理与保护，提升知名品牌的价值，为中央企业塑造独特的品牌形象和优秀的企业文化奠定扎实的基础。

第四，要积极做好打击侵权假冒和软件正版化工作。严厉打击侵犯知识产权和制售假冒伪劣商品，是加强知识产权保护、规范市场经济秩序的一项重要举措。中央企业要继续按照全国打击侵犯知识产权和制售假冒伪劣商品工作领导小组及办公室的要求，积极参加打击侵权假冒活动。一方面要自觉保护自己的知识产权，在合同签订、技术引进、产品采购等各个环节，严把“入口”，坚决抵制侵权假冒商品流入企业。另一方面，要防止侵犯他人的知识产权，杜绝制售假冒伪劣商品，管好“出口”。要通过参加“双打”活动，不断增强尊重知识产权、保护知识产权的意识，不断提升中央企业依法经营、诚信经营的良好形象。要在前期工作基础上，继续巩固和扩大中央企业软件正版化工作成果，加快完善相关工作措施，建立健全使用正版软件的长效机制。

最后，我再强调两点：第一，要牢牢把握知识产权工作的重点和亮点。在 2007 年中央企业知识产权工作会上，我就明确提出，知识产权工作做得好不好，关键看三条：一是是否掌握了一批具有自主知识产权的核心技术，二是是否创建了本企业的知名品牌，三是是否取得了国家标准和国际标准制定的话语权。这三条对中央企业今后的发展至关重要。做强做优、培育世界一流企业，都离不开这三条。第二，要切实做好本次论坛精神的学习宣传。对于王超副部长以及其他有关部门领导在论坛上的讲话，要认真学习领会，切实抓好落实。

同志们，“天下之势，以渐而成；天下之事，以积而固”。让我们以此次论坛为契机，不断开创中央企业知识产权工作的新局面，努力实现中央企业的创新驱动发展和可持续发展，为做强做优中央企业、培育具有国际竞争力的世界一流企业提供强有力的支撑和保障，为转变经济发展方式、建设创新型国家出新的更大贡献！

深入推进企业社会责任工作
不断增强中央企业可持续发展能力

——在中央企业社会责任工作会议上的讲话

国务院国资委副主任、党委副书记　黄淑和

（2011 年 11 月 11 日）

同志们：

这次会议的主要任务是，总结交流近年来中央企业社会责任工作的成效和经验，研究部署下一步中央企业社会责任工作。国务院国资委对这次会议十分重视，国资委主任、党委书记王勇同志作出重要批示，对中央企业社会责任工作取得的成绩给予了充分肯定，对下一步工作提出了明确要求，我们要认真贯彻落实。这次会上，我们推广了一些中央企业的先进经验，公布了 64 家中央企业的 74 项优秀社会责任实践，这些做法和经验对大家很有启发，希望大家互相学习借鉴。下面，我讲三点意见。

一、中央企业社会责任工作取得新进展新成效

党中央、国务院高度重视企业社会责任工作。胡锦涛总书记、温家宝总理都对企业履行社会责任提出了明确要求。张德江副总理明确指出，中央企业要抓紧建立健全企业社会责任管理体系，主动发布社会责任报告，在履行社会责任方面做出表率，树立负责任的良好社会形象。多年来，中央企业认真贯彻落实党中央、国务院的一系列部署和要求，积极落实国务院国资委《关于中央履行社会责任的指导意见》，企业社会责任工作取得了新的进展和成效，为经济社会发展作出了积极贡献。

一是升华理念、探索模式，社会责任管理水平显著提高。

企业社会责任理念得到升华。大部分中央企业都深刻认识到开展社会责任工作的重要意义，企业社会责任意识不断增强。一些企业探索将社会责任理念融入使命、价值观和愿景，形成具有企业特色的社会责任观。南方电网提出的“万家灯火、南网情深”，中国石化提出的“每一滴油都是承诺”，中国五矿提出的“珍惜有限、创造无限”，这些社会责任理念生动感人，紧密结合企业自身业务特点，反映了企业的高尚追求。国家电网、中国移动、中远集团、国机集团等企业专门制定了社会责任工作规划，宝钢、中国华电、中国海运、中煤集团、中国华录等企业在公司发展规划中专门体现出社会责任战略目标，为稳步推进企业社会责任工作提供了重要保证。

企业社会责任管理体系逐步建立。中央企业普遍建立了社会责任组织管理体系，明确了归口管理部门，多数企业在公司治理层面建立了有关社会责任工作的领导决策机构。兵器工业、中国电科、国家电网、南方电网、鞍钢集团、上海贝尔等企业设立了专门社会责任工作部门。许多企业制定了社会责任工作制度，并根据社会责任工作要求对相关制度进行了修改完善，企业社会责任工作逐步实现规范化、制度化、体系化。一些企业积极探索创新社会责任管理新模式，建立完善企业社会责任风险管理体系，取得显著成效。许多企业建立社会责任指标体系，并与国际知名企业进行对标，发现自身缺项弱项指标，通过改进完善“短板”指标，不断提升管理水平。

企业社会责任报告数量和质量不断提升。2006 年仅有 5 家中央企业发布社会责任报告。截至目前，已有 75 家中央企业发布了社会责任报告或可持续发展报告。中国石油、中国五矿、中钢集团发布了国别报告，国家电网、南方电网发布了绿色发展报告，长江三峡发布了环境保护报告，华电集团发布了水电可持续发展报告。不少中央企业的报告获得了国内外有关机构的高度评价。许多企业通过设立“社会责任日”、建立社会责任示范基地、聘请社会监督员等形式，创新社会责任沟通机制。

二是珍惜资源、保护环境，节能减排取得显著成效。

全面完成节能减排任务。中央企业坚持资源节约型和环境友好型发展，加大环保投入，推进节能减排，积极探索低投入、低消耗、低排放和高产出的发展道路。到 2010 年底，中央企业万元产值综合能耗（按可比价计算）比 2005 年下降 20.3%；二氧化硫排放量比 2005 年减少 36.3%，降幅超过全国平均水平 22 个百分点；化学需氧量排放量减少 36.1%，降幅超过全国平均水平 23.7 个百分点，超额完成国家下达的节能减排指标。

积极探索循环经济绿色发展新模式。许多企业结合自身优势业务，创新生产流程，实现绿色发展。宝钢坚持环境经营理念，努力建设绿色产业链，覆盖绿色研发、绿色采购、绿色生产、绿色营销、资源回收利用等各个环节。鞍钢集团钢渣处理率和利用率分别达到 100% 和 70%，保持了世界领先水平。中铝集团、中国黄金、神华集团、武钢、中煤集团等企业坚持矿产开发与环境治理同步进行，实现区域生态环境的良性发展。中电投建设两处黄河土著鱼类增殖站，对保护黄河上游珍稀野生土著鱼类和生物多样性发挥了重要作用。

带动全社会节能减排。中央企业积极发挥技术优势和管理优势，为社会提供更多优质、高效的节能环保装备、技术和服务。中冶集团、中国节能、中国钢研、机械总院、煤炭科工、恒天集团等企业发挥自身技术优势，提供节能环保专业化服务，推动所在行业的绿色转型。南方电网 2008 年开始大力推进节能发电调度工作，截至 2010 年底，节能发电调度工作累计折合节约标准煤 700 万吨。

三是以人为本、尊重劳动，职工合法权益得到有效维护。

切实维护职工合法权益。中央企业坚持完善和落实职代会、厂务公开等职工民主管理制度，60% 的企业在集团层面建立了职代会，所属二级及以下单位绝大部分建立了职代会，境内企业普遍实行了厂务公开，董事会试点企业普遍建立了职工董事制度。依法与职工签订并履行劳动合同，保证合理的薪酬待遇，基本实现了职工养老、失业、医疗、工伤、生育五大类基本保险的全员覆盖。通过建立工资保证金制度、办理农民工工资卡、设立农民工工资发放监督举报电话等措施，确保按时足额发放农民工工资，积极为农民工办理工伤、医疗、养老等保险，认真落实社会保障措施，切实维护农民工合法权益。

积极开展职工素质工程。中央企业不断加大员工培训力度，广泛开展职工技能竞赛、岗位练兵等活动。2003 年以来，中央企业职工已有 1682.7 万人次参加了各类技能竞赛和岗位练兵活动，315.1 万人次参加了职业资格等级培训，127.7 万人取得职业资格。积极实施高技能人才培养计划，加强高技能人才队伍建设。中央企业高级工以上技能人才占技能人才比例达到 40.1%；技师、高级技师占技能人才比例由 2003 年的 3.07% 提升到 2010 年的 7.94%，高出全国平均水平 2.94 个百分点。不断深化班组建设，一大批优秀班组长脱颖而出。

加强安全生产保障职业健康。中央企业加大安全投入，全面加强安全管理，严格落实安全生产责任制，切实提升安全生产水平。2010 年中央企业百亿元销售收入较大以上安全生产事故死亡率，比 2005 年下降 53%。建立完善职业安全与健康管理体系，为职工提供安全、健康、卫生的工作条件和生活环境，有效预防各种可能的伤害，切实保护职工群众职业健康安全。

四是勇于担当、关爱社会，在经济社会发展中的作用进一步显现。

在关键时刻发挥关键作用。中央企业积极落实国家宏观调控政策，有效应对国际金融危机的严重冲击和影响，在保障市场供应、稳定物价、服务“三农”等方面发挥了重要作用，为国家经济安全和社会稳定作出了积极贡献。在抗击雨雪冰冻、汶川和玉树地震等重大自然灾害的特殊时期，在保障北京奥运会、上海世博会、利比亚撤侨、广州亚运会等关键时刻，冲锋在前、勇挑重担，信得过、拉得动、打得赢，充分发挥了中央企业的主力军作用，得到了党中央、国务院和社会各界的充分肯定。

积极做好扶贫开发工作。中央企业积极创新扶贫形式，通过产业扶贫、科技扶贫、智力扶贫等多种方式，在产业开发、整村推进、劳务输出、居民就业、基础设施建设等方面做了大量工作。93 家中央企业定点扶贫 189 个国家重点贫困县，涉及全国 21 个省市区、8300 万人口。“十一五”期间，中央企业开展各类扶贫项目 1621 个，选派扶贫挂职干部 403 人，组织各类培训 257 期（次），培训各类技术人员 5.82 万人次，在扶贫开发中捐建、援建和修缮大量学校，改善了办学条件。许多中央企业在新疆、西藏开展文化、教育、环保、卫生、医疗、援建、技改、抗灾、捐助等各类援疆援藏工作，为促进民族团结和边疆地区和谐稳定做出了积极贡献。

积极参与社会公益事业。据不完全统计，2008—2010 年中央企业累计对外公益捐赠 133.7 亿元。宝钢、中国移动、中远、招商局、华润、南方航空、国家电网、神华等企业建立了企业基金会，探索企业慈善公益事业的规范化管理模式。东风汽车捐资 1000 万元设立东风帮扶大学生“村官”专项基金，帮扶大学生“村官”开展建设新农村工作。港中旅集团积极支持香港特区政府开展“薪火相传”国民教育活动，增进香港青少年对国民身份的认同和对祖国的归属感。

中央企业在海外投资贸易活动中，模范遵守所在国法律，尊重所在国习俗，保护当地环境，维护当地员工权益，为当地经济社会发展作出了积极贡献。葛洲坝集团在非洲大力实施“属地化”发展战略，增加当地就业机会，积极参与当地的教育、医疗、赈灾等公益事业，成为我国企业“走出去”对外工程承包最具成长性和影响力的企业之一。中国海油实施印尼项目时，在作业区周边海域种植 14 万株红树苗，并进行珊瑚礁人工养殖和鱼类养护等工作，保护和改善了当地的生态环境。中钢集团所属中钢澳洲中西矿业有限公司设立专门的“社区基金”，促进社区经济、环境、人文等多方面发展。中国有色建立了赞比亚中国经济贸易合作区，带动了当地多个行业的发展。

中央企业社会责任工作取得的显著成效，得到了党中央、国务院的充分肯定，也得到了社会各界的高度评价。在中国社科院等有关学术研究和中介机构的第三方评价中，中央企业的社会责任工作都获得了较高的评价。国际社会也对中央企业的社会责任工作给予了高度肯定，中国移动连续四年入选道琼斯可持续发展指数（DJSI），国家电网的社会责任实践案例入选美国哈佛商学院案例，中国五矿获得联合国全球契约组织环境先锋企业荣誉。中央企业开展社会责任工作虽然时间不长，但做出了不少精品和亮点，取得的成绩很大，获得的国内外赞誉也不少。我们取得的这些成绩，是党中央、国务院正确领导的结果，是中央企业广大干部职工特别是从事社会责任工作的同志们辛勤努力的结果。在此我代表国务院国资委向你们并通过你们向中央企业广大干部职工表示衷心的感谢和崇高的敬意！

二、充分认识新形势下加强社会责任工作的重要性和紧迫性

随着经济全球化的深入推进和全球气候、环境、人权、贫困等问题关注度的提高，随着我国贯彻落实科学发展观和构建社会主义和谐社会的深入推进，企业社会责任已经成为国际国内广泛关注的重要议题，成为企业竞争力的重要组成部分。中央企业要充分认识新形势下加强企业社会责任工作的重要意义。

加强企业社会责任工作，是顺应剧烈变化的国际经济形势的迫切需要。综观全球，企业社会责任发展日趋深入，目前呈现出一些新特点。一是利益相关方对企业履行社会责任提出了新的更高要求。当前，经济全球化日益深入发展，环境保护、气候变暖、能源保障、粮食安全、消除贫困、重大灾害救援等全球性社会问题日趋严重，对经济社会可持续发展的压力越来越大。随着经济全球化、市场化的深入，企业作为配置全球资源的主体，地位越来越高、影响越来越大，利益相关方对企业参与解决全球问题、履行全球社会责任寄予厚望。今年初日本福岛核泄漏事件发生后，社会各界严重抗议，对环境的关注度进一步提升。美国发生的占领华尔街运动，占领者打出“我们是 99%”、“反对金融企业贪婪”等口号，反映出民众对企业履行社会责任的新的更高要求。二是企业社会责任呈现标准化新趋势。一些国际组织和机构颁布企业责任标准，联合国在 2000 年正式启动了“全球契约”计划之后，继续深入倡议企业将全球契约十项原则贯彻于企业战略、管理，并要求大企业引导供应链中的中小企业实施，实现十项原则的全面覆盖。全球报告倡议组织（GRI）发布的可持续发展报告指南第三版（G3），从经济、社会、环境等方面提出了一系列社会责任指标，为企业社会责任报告的编制提供了框架，目前正在加紧制定可持续发展报告指南第四版（G4）。特别值得重视的是，国际标准化组织 2010 年 11 月 1 日发布了社会责任指南 ISO26000，这是迄今为止最具系统性、最为完整的社会责任体系，不仅对社会责任进行了权威的解释和定义，还对社会责任融入组织提供了框架指南。虽然国际标准化组织强调ISO26000是一个不适用于认证的标准，供组织自愿选择使用，但考虑到国际标准化组织的影响力，必须充分估计ISO26000可能给全球各类组织社会责任工作带来的深远影响。三是企业履行社会责任呈现出刚性约束新趋势。近年来，社会各利益相关方越来越踊跃参与、影响和推动企业履行社会责任，资本市场出现了评价企业社会责任的指标体系，投资者出现了责任投资新潮，行业巨头要求商业伙伴或者产业链企业履行社会责任，社会责任对企业商业活动的影响和约束日趋严格。在各个利益相关方推动下，世界银行等组织要求将社会责任标准融入投资活动中，西方一些国家已经或正在准备征收碳关税，有的甚至可能成为新的投资和贸易壁垒。企业社会责任的自愿门槛不断上升，必尽责任的范围越来越大，愿尽责任范围在缩小，越来越多的软约束变为硬约束。中央企业要想实现"做强做优、世界一流"的目标，必须大力提高履行社会责任的能力和水平，加快培育在国际经济贸易中的责任竞争力新优势。

加强企业社会责任工作，是贯彻落实科学发展观加快转变发展方式的重要举措。当前，我国经济发展中的不平衡、不协调、不可持续问题依然突出，经济增长的资源环境约束不断加大。经济体制的深刻变革、社会结构的深刻变动、利益格局的深刻调整、思想观念的深刻变化，对构建和谐社会、满足人民群众日益增长的物质文化需要提出了新的更高的要求。党中央在深刻分析当前和今后一个时期世情、国情深刻变化的基础上，提出要以科学发展为主题，以加快转变发展方式为主线的指导思想。并且提出，要更加注重以人为本，更加注重全面协调可持续发展，更加注重统筹兼顾，更加注重保障和改善民生，促进社会公平正义。要坚持把经济结构战略性调整作为加快转变经济发展方式的主攻方向，把科技进步和创新作为加快转变经济发展方式的重要支撑，把保障和改善民生作为加快转变经济发展方式的根本出发点和落脚点，把建设资源节约型、环境友好型社会作为加快转变经济发展方式的重要着力点，把改革开放作为加快转变经济发展方式的强大动力。企业是社会主义市场经济中的资源配置主体，也是推动社会进步的重要力量。中央企业是国民经济的骨干和中坚，在贯彻落实科学发展观加快转变经济发展方式中担负着光荣的使命和责任。更好地推进中央企业履行社会责任，不断提高企业的经济、社会、环境综合价值创造能力，是贯彻落实科学发展观加快转变发展方式的重要举措。

加强企业社会责任工作，是中央企业做强做优、培育具有国际竞争力的世界一流企业的内在要求。做强做优、培育具有国际竞争力的世界一流企业，是"十二五"中央企业发展的核心目标。分析世界一流企业，无一不是具有强劲的可持续发展能力，突出表现在自主创新能力强、资源配置能力强、风险管控能力强、人才队伍强，突出表现在经营业绩优、公司治理优、布局结构优、企业形象优，在国际同行业和消费者中具有卓越的影响力。这些都是企业履行社会责任的重要议题。这些年中央企业虽然取得了不少成绩，有了很大进步，但还存在一些不可忽视的问题，突出表现在：可持续发展和企业社会责任理念意识还不够强，社会责任管理体制机制和制度还不够健全；完善法人治理结构任务还很重，维护各利益相关方权益的机制还有待进一步完善；集约式发展、绿色发展还需要大力强化，加快转变发展方式的任务还很艰巨；企业内部还存在一些不和谐、不稳定因素，活力还需要进一步增强；透明运营和与利益相关方沟通的能力需要进一步提高，塑造央企品牌的意识和能力需要进一步提升。要通过进一步加强企业社会责任工作，不断提高企业的软实力，使中央企业的竞争力不但体现在规模和实力，更要体现在形象和品牌的影响力。

三、大力实施和谐发展战略，提高企业履行社会责任的能力和水平

在去年年底的中央企业负责人会议上，王勇同志提出了中央企业"十二五"时期总体发展思路，概括起来是：围绕"一大目标"，实施"五大战略"，加强"三大保障"，即：以科学发展为主题，以加快转变发展方式为主线，做强做优中央企业、培育具有国际竞争力的世界一流企业，深入实施转型升级、科技创新、国际化经营、人才强企、和谐发展五大战略，深化企业改革，完善监管体制，优化资源配置，加强和改进企业党的建设，全面提升中央企业整体素质和发展质量，增强活力，壮大实力，为经济社会发展作出新的更大贡献。按照这个总体思路，今年9月份国资委制定发布了《中央企业"十二五"和谐发展战略实施纲要》，提出要以可持续发展为核心，以推进企业履行社会责任为载体，立足战略高度认识、部署和推进中央企业与社会、环境的和谐发展，为实现"做强做优、世界一流"目标提供支撑。实施和谐发展战略，对中央企业社会责任工作提出了更高的要求，中央企业要以此为契机，不断提高企业履行社会责任的能力和水平。当前要重点做好以下五个方面的工作：

（一）采取有效措施，深入推进和谐发展战略的实施。

今年是和谐发展战略实施纲要的公布年，明年是实施和谐发展战略的关键年。要采取切实可行的措施，推动和谐发展战略在中央企业落地、生根、发芽。一是要认真学习领会和谐发展战略实施纲要精神。要结合贯彻落实科学发展观、构建社会主义和谐社会的要求，紧密结合企业自身实际，全面理解和谐发展战略的内涵，准确把握战略的核心和要求。二是制订本企业落实和谐发展战略的措施。和谐发展战略实施纲要提出了"三个显著"目标，大力推进"五个建设"。各中央企业要结合自身发展实际和本行业发展特点，积极探索具有本企业特色的和谐发展战略实施路径，持续推进企业社会责任工作，全面实现企业社会责任工作目标。三是加强典型引导、重点突破。要在重点子企业中选择部分企业重点推进，积极探索实施和谐发展战略的经验和办法。国资委将选择若干中央企业重点推进和谐发展战略的实施，总结先进经验予以推广。

（二）积极探索实践，着力提高社会责任管理水平。

企业社会责任工作是一项涉及面很广、系统性很强的工作，需要有完善的体制、机制和制度作保障。中央企业要加强社会责任工作的组织、制度建设，努力形成分工明确、责任落实、执行有力的社会责任管理体系。一是进一步健全社会责任工作组织体系。要加强领导，明确企业社会责任工作的领导责任，建立健全社会责任治理机制。要明确企业社会责任推进的归口管理部门，配备专职专岗负责社会责任推进工作，具备条件的企业要组建专门的企业社会责任推进机构。二是进一步明确社会责任工作职责。要清晰界定各部门、各层级、各岗位在推进社会责任工作中的职责职能，具备条件的企业要在各部门设立专门的社会责任工作联络人，配合企业社会责任推进工作的开展。三是进一步建立健全社会责任工作制度。要以构建实施和谐发展战略的长效机制为着眼点，加强企业社会责任战略、治理、融合、绩效、沟通机制建设，进一步理顺流程，与企业经营决策、运营、考评的闭环全面融合，确保发挥实效。要进一步建立完善产品质量管理、安全生产管理、职业健康管理、全面风险管理、环境管理等体系，切实构建起激励有效、约束有力、确保企业开展负责任运营的管理制度体系。四是不断进行对标提高。要根据国际社会责任标准和有关规范，积极开展与行业内社会责任领先的国际标杆企业的对标，发现企业在履行社会责任方面的不足与改进方向，提升企业履行社会责任的能力。

（三）选准责任议题，大力提高企业履行社会责任的水平。

企业履行社会责任并不是要求企业解决所有的社会问题，而是要根据企业业务特点，关注与企业运营活动最为相关、对利益相关方具有重大或潜在影响的实质性议题。中央企业要结合企业自身优势，选准与企业主营业务发展密切相关的责任议题，确定履责重点。一是进一步将履行社会责任与企业生产经营紧密结合起来。比如，对向广大消费者提供食品、药品等行业企业来说，要将社会责任议题聚焦在提高产品质量上；对可能对环境有重大影响的重化工、电力等行业企业来说，要将社会责任议题聚焦在环境保护、节能减排上；对资源开发有重大影响的企业来说，要将社会责任议题聚焦在资源的永续利用上；向广大消费者提供服务的企业来说，要将社会责任议题聚焦在提高顾客满意度的服务上。二是进一步提高慈善工作的水平。在国资委发布《关于加强中央企业对外捐赠管理有关事项的通知》以后，中央企业进行慈善和捐赠的规范性有了很大提高。要进一步规范企业捐赠，提升透明度，增强企业公益事业的主动性、系统性和规范性，切实提高企业慈善水平。有条件的企业可以采取设立企业基金会的形式，开展公益慈善活动。三是积极推进社会责任投资。社会责任投资在近年来得到高速发展。中央企业在吸引战略投资者，开展并购重组、产业链上下游业务合作时，要注意对合作伙伴履行社会责任的情况进行评估，选择社会责任绩效好的企业开展合作。我们在考虑国有资本收益的使用方向时，也将把社会责任绩效作为一项重要参考依据，鼓励、支持模范履行社会责任的企业在国有经济布局结构调整、中央企业重组、并购中发挥领头羊作用。

（四）强化沟通和透明运营，提高企业美誉度和品牌影响力。

企业社会责任工作需要社会各界的广泛理解和支持。中央企业要大力加强与利益相关方的沟通与交流，增强运营的透明度。一是进一步完善社会责任报告发布制度。我们明确要求所有的中央企业要在 2012 年底前发布社会责任报告，目前大部分企业已经发布社会责任报告，没有发布报告的 40 多家企业要抓紧开展这项工作，按时发布社会责任报告或可持续发展报告。已经发布报告的企业，要进一步完善制度，提高报告质量，增强报告的时效性，提升报告的规范化程度。国际业务比较多的企业要创造条件发布社会责任国别报告，提升企业在全球负责任运营的形象，增强在国际社会的影响力。二是积极开展“走进央企”活动。要创新与利益相关方有效沟通的方式，有条件的企业要通过社会责任示范基地、开放日等形式，主动邀请人大代表、政协委员、消费者、在校学生、新闻媒体等社会各界，走进央企、了解央企，增进理解和共识。三是进一步加强社会责任日常信息披露。要围绕利益相关方关注的重大问题，及时通过媒体、网站、会议等各种方式和渠道，披露企业履行社会责任的重要信息。要提高突发事件的管理能力，及时披露信息，及时回应社会关切，依法合规处置好突发事件。要加大正面宣传力度，通过各种渠道积极宣传中央企业模范履行社会责任的成效，积极主动地回应社会关切，创造良好的外部舆论环境。

（五）履行海外责任，大力提高企业的国际影响力。

随着“走出去”步伐的加快，中央企业的国际影响力越来越大，国际社会对中央企业履行社会责任的要求越来越高。因此，中央企业要高度重视海外经营中的社会责任工作。一是要严格遵守所在国法律，尊重所在国的民族文化和宗教习俗，坚持诚信经营，保证产品和服务质量，保护当地环境，抓好安全生产，积极聘用当地员工，维护当地员工权益。二是要坚持多方共赢，发挥中央企业在资本、技术、品牌、信誉、渠道网络等方面的优势，积极带动当地产业链企业共同发展，实现价值共享。三是积极参与所在国公益事业，支持社区的文化、教育、医疗等公共服务设施建设，为当地经济社会发展做出应有贡献。

同志们，大力实施和谐发展战略，推动企业更好地履行社会责任，既是落实科学发展观、构建社会主义和谐社会的要求，也是做强做优中央企业、培育世界一流企业的客观需要，我们肩负的任务十分繁重，责任十分重大，使命十分光荣。我们一定要以更加积极的姿态，更加饱满的热情，推进和谐发展战略的实施，不断提高社会责任工作的能力和水平，为全面落实中央企业“十二五”发展规划，实现“做强做优、世界一流”目标做出应有的贡献。

扎实提升风险管控能力
为创建世界一流企业保驾护航

——在中央企业全面风险管理提升专题培训班上的讲话

国资委副主任、党委副书记　邵　宁

（2012 年 8 月 28 日）

同志们：

大家下午好！

今天三家企业介绍了自己开展全面风险管理工作的实践经验，内容各有侧重；张宏亮教授为大家做了风险量化方法的专题讲座，大家反映培训收获非常大。召开专题培训班的目的就是要以典型引路的方式促进中央企业之间相互对标、相互学习。

全面风险管理是管理提升活动的 13 个专项之一，也是这些年来改革局一直关注的重要管理领域。刚才几家企业的经验介绍充分说明，虽然我国的全面风险管理工作开展较晚、内容相对较新，但工作是富有成效的。6 年前，国资委印发了《中央企业全面风险管理指引》，要求中央企业根据自身实际情况开展全面风险管理工作。《指引》的印发引起了不小的震动，很多专家认为，它是我国第一个较为完整的风险管理框架，标志着我国风险管理理论和实践进入了一个新的阶段，意义重大。

以 2008 年为拐点，国内外宏观经济环境发生了复杂而深刻的变化，企业面临的不确定因素骤然增加，很多原本隐形的风险转变为现实的危机。伴随着劳动力等要素成本持续上升，资源和环境约束日益增强，外需增长的空间萎缩，传统比较优势逐渐缺失等严峻挑战，中央企业各种结构性、深层次的矛盾集中显现，这使得现阶段全面风险管理提升工作显得尤为迫切。下面，我主要讲三点意见：

一、风险管理初见成效，管理提升任重道远

提升风险管理水平，是中央企业落实"十二五"期间"一五三"总体思路，实现"做优做强，世界一流"的必然要求。风险管控能力强是"四强四优"的主要内容之一，更是世界一流企业必须具备的核心竞争力之一。国资委一直高度重视全面风险管理工作，《指引》印发后，随着一系列的宣贯、交流、培训和年度风险报告等工作的推进，中央企业全面风险管理体系建设，从零开始、从无到有、由少到多、从点到面、由浅入深，取得了非常大的进步，主要具有四个方面的特点。

（一）理念趋于认同，对风险管理的认识不断深化。

一是从领导班子的意识层面看，不少企业领导对风险管理的态度，经历了从"不太相信"到"将信将疑"，到"真信、真学、真干"的态度转变。越来越多的中央企业意识到风险管理的重要性，重视程度和积极性显著提升，自愿报送年度风险管理报告的企业从 2008 年的 32 家增加到了今年的 76 家。

二是从风险理念的渗透领域看，一些企业从战略决策做起，逐步将风险理念渗透到运营管理、文化建设等各个方面。如中船重工集团公司党组明确提出，"经营企业就是经营风险，控制风险的最好办法就是科学发展"。中核集团引导员工树立"风险无处不在、风险无时不在、严格防控纯粹风险，审慎处理机会风险、岗位风险管理责任重大"的风险管理理念。国家核电确立了"风险无处不在，有控则强、无控则弱、失控则乱"的风险管理理念。国投形成了"防范胜于化解，风险管理是企业核心竞争力"的共识。

三是从做好风险管理的动机看，从最初的满足国资委要求逐步转变为注重实际效果。不少企业努力把风险管理工作建成一项长效机制，变"要我防范"为"我要防范"、"被动防范"为"主动防范"，促使企业风险管理由风险揭示型向风险预警型转变，为企业的长远发展保驾护航。

（二）体系建立健全，为扎实开展工作奠定基础。

一是从组织机构建设情况看，大部分企业成立了风险管理专业委员会或者风险管理领导小组等领导机构，明确了风险管理责任部门和职责范围。中国五矿、中化集团等基础较好的企业设立了风险管理专职部门。中远集团和中材集团还设置了首席风险官或者总风险管理师。

二是从规章制度健全情况看，绝大多数企业根据自身具体情况，细化《指引》及《企业内部控制基本规范》等文件内容，通过规章制度的形式将风险管理工作的经验和成果进行固化，并在全公司范围内推行。目前，绝大部分企业都制定了诸如《全面风险管理与内部控制管理办法》、《内控与风险管理手册》、《风险评估操作手册》、《风险管理工作规程》、《公司内部控制评价管理办法》等规章制度。

三是从工作范围的覆盖面看，大部分企业的风险管理工作已经从只在总部做，发展为从总部到基层；从只在某一个领域做，发展为多个领域；从某几个基层单位试点，推进到多个基层单位，甚至是全部所属单位，工作范围以"横向到边，纵向到底"为目标，不断拓展，有效地延伸了风险管理工作的覆盖面。

四是从激励约束机制建设看，风险管理开始纳入绩效考核。中核集团、航天科工、国家电网、中国电信、中国五矿、中化集团、中广核集团、中国普天等一批企业制定和实施了风险管理考核制度，中化集团还根据不同经营单位所处行业、业务模式、内部管理水平以及其风险管理任务和难度，对不同的经营单位设置了差异化的风险管理考核权重，增强考核的科学性。

五是从人才队伍建设看，据我们统计，目前在中央企业总部层面，风险管理专职人员平均达到 5 人左右，中国石油、中化集团等企业风险管理团队规模都超过 20 人，越来越多不同专业背景、实战经验丰富的人士加入到风险管理队伍之中，不仅实现了队伍规模的壮大，更有利于队伍素质的提升，为风险管理工作注入了新的活力。

（三）创新方法工具，向国际领先的风险管理技术看齐。

近年来，中央企业在风险评估、风险预警监控和风险管理信息化等领域进行了不少有益的探索和实践，不少技术方法接近了国际先进水平。

一是在风险评估方面，创新性地将蒙特卡罗模拟、失效模式与影响分析、层次分析法、模糊数学法、杜邦分析法等各种管理工具运用到风险管理过程中来，大大丰富了风险管理的技术和手段。如中国海油建立了管理估值风险模型、勘探风险评价模型和金融风险量化模型，初步实现了风险评估方法由定性向定性与定量相结合的转变；中国铝业对影响电解铝产品市场价格风险的驱动因素进行量化分析，建立了电解铝产品的市场价格每日、每周和月度预测模型；华侨城集团建立了"基于股东价值实现的风险成因识别层次法"，对重大风险关键成因进行分析和评价，最终确定重大风险评估结果。鞍钢建立了包括风险发生可能性和六个子维度影响程度的评价模型。这些创新性的实践，标志着风险评估的科学性、有效性在不断提高。

二是在风险预警监控方面，探索研究建立重大风险预警指标体系和动态预警机制，及时向决策层发布预警信号并提前采取预控对策，将风险遏制在萌芽状态。如通用技术集团从全流程出发，梳理确定 116 个风险监控指标和 17 类重要风险信息，对流动性、项目实施、汇率等 18 项重大风险建立预警模型，在全集团实施重要信息披露报告，建立重大风险监控系统，开展风险会商和跟踪调度，强化风险预警和应对；中国中纺集团抓住期现货净头寸、期货保证金和损失限额三个关键指标，动态分析、监控市场波动，有效地把握了市场风险；新兴际华建立了综合指标预警模型、行业对标模型和杜邦分析模型，对企业的总体运行情况、企业在行业中所处的位置以及影响企业预算执行和净资产收益率的深层次因素等进行分析和监控，提升了企业的经营效率和效果。中国铁物开展客户信用风险管理，对客户开展资信调查、资信评估、赊销的执行与控制、超信用额度的管理、考核评价等全过程的信用管理和风险预警，有效地保证了资金安全。

三是在风险管理信息化建设方面，充分发挥现有信息化平台和资源，紧密围绕业务风险，推动风险管理的在线运行。中国五矿提出"一个五矿、一套流程、一个系统"，较好地解决了风险管理信息不对称问题。中国电子利用自身产业优势，搭建全面风险管理平台，实现集团核心业绩指标、重大风险预警、风险的定性定量评估、重大项目监测、市场风险监测的在线运行。一汽集团在“企业运营驾驶舱”平台建立了“体系建设”模块,实现了对集团重大风险应对措施的在线监控。国家电网独立开发了全面风险管理信息系统,初步实现了风险信息在线收集、风险状态多维度展示、关键风险自动预警、内部控制在线测试、风险在线报告等功能,大大减少人工收集信息、风险评估等线下工作量,提高了风险管理工作效率。

(四)探索深度融合,将风险管理渗透在日常经营管理中。

风险管理的特殊性就在于与其他企业管理内容的交叉面很多,必须融入整个企业经营管理过程中,不可能独立存在。近几年,中央企业着眼于风险管理与业务深度融合,取得了很好的效果。宝钢以岗位为目标、以风险为导向,将风险推送到岗位,将风险管理全面融入规划发展、财务、法律事务等 10 项日常管理工作,在基本业务环节识别风险,用规范的制度和流程防范风险。中国海油以风险管理为导向,推进内部控制体系建设,通过建立基本制度、管理办法、操作细则三级管理制度,将业务流程中的风险点管控措施落实到日常业务操作过程中。中交集团在“走出去”过程中,建立了海外合规风险管理体系,通过设置合规审查,阻断合规风险,保障大海外战略顺利实施。这些做法均体现了风险管理与经营管理的深度融合,风险管理不再是空中楼阁。

二、提高认识,深刻理解全面风险管理内涵

看到成绩的同时,我们也不能回避存在的问题。近几年央企高速发展,规模扩张很快,但风险管理能力并没有与之相匹配。总体上有这样一种现象,那就是风险管理工作较好的企业扩张比较适度、发展比较稳健;风险管理能力不强的企业扩张的非常快,导致了一些风险事件发生,教训十分深刻,也折射出央企风险管理还存在很多问题。这些问题,正是我们开展全面风险管理提升要解决的短板和瓶颈。

1. 对风险管理重视程度不够,风险意识有待加强。

在认识层面上,一些企业对风险管理的核心和本质理解不够。尽管不少企业已经启动风险管理工作,但某种程度上将其作为响应国资委的号召,重视程度和工作主动性远远不够:有的中央企业虽然建立了组织架构和规章制度,但是没有实质性开展工作,风险管理制度被束之高阁;有的企业没有及时掌握风险管理工作进展情况,也没有给出明确的风险管理职能定位和工作要求;有的企业领导忽视风险管理对企业的事前防范和事中控制作用,往往是在风险事件发生后,才会想到风险管理部门的作用;有的企业的风险管理活动是临时性或间断性的,风险出现了就进行管理,风险结束了就将其置之度外。认识上的不到位,有企业领导者个人的认识问题,也有体制方面的原因。

2. 风险管理职能定位不明确,体系运行不畅。

部分企业风险管理部门与业务部门的职责定位没有理顺,风险管理部门有被边缘化倾向,导致全面风险管理体系运行不畅,风险管理流于形式。中国五矿的经验告诉我们,风险管理工作在企业管理中的定位非常重要,只有定位清晰、分工明确、不越位、不缺位,才能使风险管理执行到位。但还有不少企业的业务部门对风险管理职能有误解,认为有了风险管理部门,控制风险就与本部门没有关系了。一些企业的风险管理部门和业务管理部门沟通交流不够,导致风险管理与企业现有管理体系难以融合,风险管理工作无处下手。产生上述问题的根源,就在于企业没有赋予风险管理职能部门一个明确的定位,没有搞清楚风险管理部门应该如何发挥作用,风险管理职能仅仅定位于建体系、作分析、写报告,没有与现有业务流程相融合。

3. 重大风险有效控制办法比较少。

大部分中央企业每年都会开展风险评估,根据评估的结果确定重大风险。重大风险评估出来,怎么预防、怎么监控、怎么动态管理是个问题。刚才,中国五矿、宝钢分别介绍了他们针对信用风险、市场风险、供应链运营风险等重大风险,有预警、有预案、有措施、有方案、有动态改进机制。但是,大部分企业目前还做不到这种程度。很多企业的重大风险应对措施都是常规性的管理改善,并没有很好地针对风险的特点,制定相应解决方案。简单说,措施缺乏针对性,往往达不到事前控制的目标。

4. 风险管理信息化建设还比较初级。

虽然不少中央企业已经进行了风险管理信息化建设的初步探索,并已经取得一定进展。但是中央企业整体全面风险管理信息化仍处于起步阶段,借助信息技术手段进行风险管理信息的搜集与监测工作仍不充分。统计显示,2012 年 76 户编报企业中仅有 16 户企业基本建立了涵盖风险管理基本流程和内部控制系统各环节的独立的风险管理信息系统。当然,这也与中央企业的整体信息化水平有关。

5. 风险管理专业人才比较缺乏。

风险管理是管理学的前沿领域,它要求从业人员不但要理念先进,而且要掌握科学方法,既要有良好的知识结构和研究能力,又要有一定的实践经验和工作阅历。中央企业开展全面风险管理工作时间不长,风险管理工作人员专业知识和从业能力还不能满足高水平风险管理工作的需要。风险管理专业人才队伍的累积还需要一个过程。

要提升全面风险管理,强化风险管控能力,把风险管理打造成企业的核心竞争力,必须加强对风险管理本质的理解,处理好以下三个关系。

一是正确处理风险管理与业务拓展之间的关系。

中央企业近几年发展很快,业务形式也越来越丰富,业务领域也有所突破,还创新了不少新的商业模式。但同时,业务拓展的过程中存在许多不确定性也显著增加,企业靠什么去评价一个业务该不该做,一个市场能不能进,新的商业模式能不能用,除了对预期收益有个合理的判断,更要靠风险管理来把关。风险管理主要把握的是,这个预期的收益能不能实现,有没有可能受到重大影响,影响程度多大,企业是否可以承受,从而为企业决策提供科学的参考。可以说,只有风险管理能力上去了,企业才更能放开手脚去市场上拼杀。中国五矿在进行投资决策过程中坚持的“五不投”原则,就很好地诠释了风险管理与业务拓展之间的关系。

二是正确处理风险管理职能在三道防线中的定位问题。

这实际上是风险管理如何发挥作用的问题,这也是目前大部分中央企业开展风险管理工作比较大的困惑之一。要解决这问题,首先就是要明确风险管理部门在企业中的定位,明确风险管理职能与其他业务管理职能的关系。《指引》中提出了风险管理的三道防线,业务管理部门和一线单位是第一道防线,风险管理部门是第二道防线,审计部门是第三道防线。这里有三层涵义:首先,即使有了风险管理部门,业务管理部门也是防范风险的主体,风险管理部门不会比业务管理部门更清楚风险点在哪里;其次,即使没有风险管理,业务部门也有防范风险的本能,但是仅靠业务管理部门防范风险是不够的,因为很多业务部门和一线单位的风险防范措施往往是偏具体业务性的,不系统、不完整、不规范,也不标准,风险管理部门必须要对业务管理部门的风险管理进行系统性、完整性、规范性的指导和监督；最后，风险管理是否有效，第一、第二道防线是否发挥了应有的作用，是否存在重大问题没有反映出来，需要独立第三方——审计部门进行评价。中国五矿将集团总部与各经营单位分别定位为“风险管理”和“管理风险”的部门，清晰划分了两个层面的风险管理职能，并充分发挥审计的第三道防线功能，从而使得风险管理体系有效运转，这一做法值得大家学习。宝钢将业务管理和风险管理职能关系比喻成木桶理论中“板”和“箍”的关系，形象、清晰地表达了风险管理职能定位。

三是正确处理风险管理与内部控制之间的关系。

今年4月份，评价局启动了中央企业内部控制体系建设工作，要求中央企业用两年时间建立起规范的内控体系。关于风险管理和内部控制的关系，要从几个方面去看，首先，从历史沿革上看，全面风险管理理论与实践有三个主要来源，一是保险，二是金融风险管理，三是内部控制，其中，从内部控制发展到全面风险管理是一条主线。其次，从主要内容上看，内部控制的对象主要是企业内部、可控的、非决策性的风险范畴。全面风险管理的对象不仅包括了执行层面的风险，也包括了各种外部的、不可控的、企业决策性的风险。例如，对于自然灾害和国际金融危机这类不可控风险，就不是内控的对象，而是风险管理的对象。第三，从二者的关系上看，内部控制是风险管理的基础，内控做好了，企业所有的活动有章可依，所有员工规范操作，内部的风险管控问题才能解决。但同时，企业的重大风险往往来自于外部的环境，来自于企业的决策。企业必须对这些风险也要做到有效管控，才能实现可持续发展。可见，风险管理是内部控制的自然延伸，内涵更宽，所以在工作中二者不能截然分开。企业应当统筹协调，由一个部门具体负责。中国海油由风险管理办公室统一负责推进风险管理与内部控制工作，取得了良好的效果，就充分证明了这一点的合理性。

三、消除短板，突破瓶颈，切实做好全面风险管理提升

全面风险管理是一项综合性较强的工作，涉及面广，内容宽泛，与其他专业管理交叉面多，既有宏观层面的内容，也有业务层面的内容；既要发挥风险管理体系独立的保障性作用，又要与企业现有管理体系有机融合，工作难度和要求都是比较高的。现阶段，做好全面风险管理提升工作，关键是要消除短板、突破瓶颈，在管理水平上“向前迈一步”。

（一）进一步提高对全面风险管理的认识。

各中央企业领导班子要高度重视全面风险管理工作，深刻认识风险管理对企业发展的现实和长远意义，将提升全面风险管理水平作为管理提升的一项重要内容，深入推进。应该说，领导班子的认识和思想观念正在或将要发生转变，这主要是因为外部环境发生了巨大的变化，在国际金融危机和中国经济发展阶段性变化的影响下，企业面对的经营风险趋于上升。在这样一种经济环境下，相信企业的领导班子对风险管理的认识上会有不断的提升。

企业要进一步明确风险管理的定位和风险管理职能部门的定位，风险管理工作一把手要亲自抓、亲自过问，给予风险管理部门强有力的支持。全面风险管理工作的提升至少应包括以下几个方面：一是在管理层次上由执行层面提升到决策层面；二是在管理模式上由一个部门管理转变为三道防线齐抓共管；三是在管理技术上由以定性为主扩大到定量与定性相结合；四是在管理方法上由人工控制转变为制度流程控制及信息系统控制为主。

（二）完善全面风险管理制度化和规范化建设。

企业内部要推行风险管理报告制度，规范重大风险汇报制度，防止因重大风险损失事件把企业拖入险境。要不断完善风险预警和监控制度，强化风险的事前防范和事中控制，实现风险管理成本效益最大化。同时，要加快推进全面风险管理信息系统建设工作，强化信息技术对企业风险管理工作的促进作用，积极探索建立风险管理评价与考核制度，制定科学可行的风险管理评价办法和标准，将风险管理纳入企业绩效考核指标体系中，建立风险管理责任追究机制，督促所属企业重视风险管理。

（三）加强风险评估工作，确保重大风险可控在控。

中央企业要进一步健全风险评估机制，强化“企业体检”制度。董事会（经理办公会议）负责督导本企业进一步完善风险评估常态化机制，企业“三重一大”、高风险业务、重大改革以及重大海外投资并购等重要事项应建立专项风险评估制度，在提交决策机构审议的重要事项议案中必须附有充分揭示风险和应对措施的专项风险评估报告，风险管理职能部门要坚持对上述重要事项的风险评估进行程序性、合规性审核。要逐步建立健全重大风险监测预警指标体系，实现对重大风险管理全过程的动态监控，确保重大风险可控在控。

（四）加强全面风险管理与内部控制的有效融合。

在全面风险管理体系的建设过程中，一定要和内部控制有机结合，以风险管理为导向，以内部控制为手段，以流程梳理为基础，以关键控制活动为重点，以重大风险报告、预警与应急机制为支撑，结合自身管理的实际情况，促进内部控制与风险管理的有效融合，建立科学全面风险管理体系。

（五）加强全面风险管理人才队伍建设。

目前，中央企业要科学、系统地推进风险管理工作提升还任重而道远，在这个过程中，风险管理专业队伍的建设尤为重要。企业要建立风险管理人才培养体系，定期举办学习研讨和专业培训班，介绍推荐国内外成功经验和案例，组织风险管理经验交流，建立起一支风险管理专业团队，真正掌握有效的风险管理技术和方法，尤其在高风险业务领域要重点培育，如国际化经营管理人才，投资并购专业人才等。

（六）深入推动全面风险管理文化建设。

要做好风险管理，必须文化先行，只有大家都树立防范风险的意识，将风险管理与岗位工作紧密结合，才能在第一时间发现和采取有效措施防范风险，减少和避免风险损失。因此，各企业要加强面向全体员工的风险管理宣传、培训工作，提高广大员工的风险意识、责任意识和发展意识。倡导将风险意识融入到企业的各项业务和管理活动中，尤其是企业的战略、投资、“三重一大”等重要决策过程中，确保风险管理文化与企业文化的真正融合和风险管理文化的真正落地。

同志们，全面风险管理体系建设是一项长期的、系统的、逐步到位的工作。今天参加会议的还有不少地方国资委的同志，在推动全面风险管理工作中，很多地方国资委也进行了积极的探索，有的工作还走在了我们前面，例如，山东国资委早在4年前就将风险管理纳入对省属企业经营班子的考核范畴，广西国资委建立了一套投资风险监管系统，新疆生产建设兵团国资委也一直非常重视全面风险管理工作，多次与我们交流经验。“十二五”期间，全国的国有企业都面临着同样的问题，那就是如何在复杂严峻的外部形势下，练好内功，强基固本，控制风险，向管理要效益、要质量、要增长。管理提升活动为我们提供了一个很好解决问题的机遇，希望大家把握好这次机遇，将各项管理提升工作做细做实，为实现稳增长、保稳定做出新的更大贡献！

加强组织领导　周密安排部署
积极稳妥地推进厂办大集体改革
——国务院国资委副主任邵宁在厂办大集体改革工作视频会议上的讲话
（2011 年 8 月 31 日）

同志们：

今年 4 月，在总结前期东北地区部分城市和中央企业厂办大集体改革试点经验的基础上，国务院办公厅印发了《关于在全国范围内开展厂办大集体改革工作的指导意见》（国办发〔2011〕18 号），提出用 3—5 年的时间，通过制度创新、体制创新和机制创新，在全国范围内推进厂办大集体改革，使厂办大集体与主办国有企业彻底分离，使职工得到妥善安置，职工合法权益得到切实维护。最近，国务院办公厅印发的《研究从政策层面推动解决有关信访突出问题的会议纪要》（国阅〔2011〕76 号）强调，各地区和国有企业要按照 18 号文件的要求，抓紧成立改革工作领导小组，明确职责分工，在确保稳定的前提下，积极稳妥地完成改革工作。这次会议的主要任务，就是贯彻落实 18 号文件和国阅 76 号文件的精神，部署在全国范围内开展厂办大集体改革的工作。

国务院明确，厂办大集体改革工作由国务院国资委、人力资源社会保障部、财政部负责。一会儿，财政部和人力资源社会保障部的有关负责同志还将就这项工作进行布置。下面，我就贯彻落实《指导意见》，做好厂办大集体改革工作讲三点意见：

一、统一思想，提高认识，认真贯彻落实中央重大决策

上世纪七八十年代，一些国有企业举办的向主办企业提供配套产品或劳务服务的厂办大集体企业，曾经为我国经济发展和安置回城知识青年、职工子女就业发挥了重要作用。但是，随着市场竞争不断加剧和国有企业改革不断深化，厂办大集体先天不足、体制性矛盾等问题越来越突出，越来越多的企业陷入困境，大量集体职工离岗失业，生活困难，成为城市中的特困群体。

（一）在全国范围内开展厂办大集体改革，是党中央国务院的一项重大决策。

党中央国务院对厂办大集体改革十分重视，温家宝总理 2005 年曾批示强调，“厂办大集体要寻求彻底解决的办法，不宜久拖”。为了积极稳妥地解决厂办大集体问题，2005 年国务院确定厂办大集体改革采取先试点，取得经验后再全面推开的方式，并批准东北地区部分城市和一些中央企业进行改革试点。几年来，经过各方努力，试点工作取得了一定成绩，但总体进展缓慢。主要原因是厂办大集体资产质量差、改革成本超出预期、地方财政承受能力有限等。根据试点的进展情况和反映出的问题，张德江副总理批示，“要根据试点中反映出来的问题，进一步完善厂办大集体改革试点政策”。

2010 年底，由财政部牵头，国资委、人力资源社会保障部等三部委在全面总结试点经验的基础上，联合向国务院上报请示，提出在全国范围内开展厂办大集体改革的政策建议。主要是针对试点中反映出来的问题，进一步加大了中央财政对地方厂办大集体改革的支持力度，提高补助比例，同时明确中央财政补助资金可以统筹用于安置厂办大集体职工，支持地方政府加大解决厂办大集体职工社会保障问题的力度。今年 3 月，国务院第 148 次常务会议决定，在全国范围内推开厂办大集体改革，随后下发了有关政策。最近，国务委员兼国务院秘书长马凯同志在专题研究信访突出问题时，进一步明确了部门分工和责任，强调加快推进厂办大集体改革。

在全国范围内开展厂办大集体改革，是党中央国务院落实科学发展观、保障民生、促进社会和谐的一项重大决策。我们一定要认真学习有关政策，坚决贯彻落实，积极稳妥地推进厂办大集体改革工作。

（二）在全国范围内推进厂办大集体改革，是深化国有企业改革、提高国有企业市场竞争力的重要内容。

近年来，国有企业在深化改革与结构调整中不断发展壮大，为国民经济持续快速健康发展和社会全面进步做出了贡献。2010 年，国务院国资委监管的中央企业有 38 家入围世界 500 强，地方国资委监管的国有企业也有 6 家入围。按照做优做强中央企业、培育具有国际竞争力的世界一流企业和地方国企发展上新台阶的目标要求，我们的企业与世界一流企业相比仍存在多方面的差距。如中国石化、中国石油营业收入、利润不及壳牌石油公司，但职工人数却分别是壳牌的 6 倍和 16 倍，人均指标的差距就更大了。其中一个重要原因，就是国有企业仍然背负着沉重的历史包袱。经过多年的改革攻坚，国有企业的历史负担得到了一定程度的解决，但厂办大集体仍是国有企业尚未解决的主要历史问题之一。在全国范围内推进厂办大集体改革，有利于减轻国有企业负担，促进国有企业的改革发展。

在前期试点中，少数地方和国有企业认为，厂办大集体与主办国有企业之间没有产权和管理关系，对推动厂办大集体改革不积极，存在畏难情绪。但是，厂办大集体与主办国有企业之间无法割断的历史和现实联系，使得厂办大集体成为主办企业事实上的辅业企业。根据我们对中央企业的调查，有些企业将厂办大集体纳入了考核管理体系；有些企业形式上分开了，但实际上也在面对和处理厂办大集体带来的各种问题，包括维护稳定等政治责任。因此，国有企业不能以旁观者的态度对待厂办大集体改革，要将其作为解决自身改革和发展的重要措施来看待。部分厂办大集体规模较大的国有企业，要将这项工作作为一项事关自身长远发展的战略性任务，紧紧抓住这次政策机遇，充分利用当前有利的形势，使厂办大集体与主办国有企业分离，彻底解决这一体制上的历史遗留问题。

（三）在全国范围内推进厂办大集体改革，是保障民生、促进社会和谐的重要举措。

据对东北地区厂办大集体的不完全统计，离岗失业的职工约占总数的三分之二强。大量集体职工离岗失业后，相应的生活、社会保障和再就业问题难以解决，矛盾十分突出。主要表现在：一是厂办大集体离岗失业职工生活没有来源，有的仅能从企业领到少量生活费，厂办大集体企业也无力向他们支付解除劳动关系的经济补偿；二是相当数量的厂办大集体企业没有参保或欠缴保险费，许多集体职工失业后享受不到失业保险，退休后无法领取养老金。近年来我国经济社会的快速发展与集体职工的境况形成很大反差，集体职工的心理非常不平衡，成为目前社会和国有企业一个很大的不稳定群体。《指导意见》加大了中央财政补助力度，着重解决集体职工最为关心的经济补偿和养老保障问题，基本消除了这个困难群体的后顾之忧，使其在一定程度上能够分享改革和发展的成果。各地国资委及中央企业在推进厂办大集体改革过程中，在中央加大财政补贴的基础上，要按照政策要求，千方百计筹集改革成本，最大限度地解决集体职工的实际困难，将这样一个好的保障民生的惠民政策落实好。

（四）在全国范围内推进厂办大集体改革，是转变厂办大集体企业体制机制的必然要求。

国有企业近年来的快速发展，与多年来国有企业的不断改革是分不开的。在市场竞争日趋激烈的情况下，厂办大集体出现的严重困难，与厂办大集体产权不清、机制不活、管理不善等体制机制问题紧密相关。在市场经济条件下，集体企业资产虽然名义上属于集体企业全体职工所有，但实际上职工难以享有相应的权益，也很难形成有效的法人治理，因而普遍缺乏市场竞争力。彻底转变厂办大集体的体制机制，建立起一套符合市场经济要求的产权关系和现代企业制度是保证厂办大集体长远发展根本途径。这次厂办大集体改革的政策主要是借鉴了国有企业主辅分离辅业改制的政策。从前期主辅分离辅业改制政策的执行情况看，大多数辅业企业改制以后，通过明晰产权关系，转变经营机制，积极参与市场竞争，取得较好的发展，也极大地激发了经营者和职工的积极性。前期试点中，中国石化、一汽集团等中央企业厂办大集体改制后，多数企业发展比较稳定，甚至有的还成功上市。

二、总结经验，梳理问题，在试点的基础上进一步做好厂办大集体改革

厂办大集体问题积累多年，情况十分复杂，不少企业长期处于无序管理、停产歇业的状态。因此，厂办大集体改革是一项难度很大的工作，我们必须有充分的思想准备和工作准备。为此，国务院决定在全国范围内推进厂办大集体改革之前，先行在东北地区进行了试点。根据初步统计，全国厂办大集体职工总数约500万人，其中东北三省近300万人。从整体情况上看，东北地区厂办大集体职工人数占全国60%左右，企业资产和经营状况都较差，部分主办国有企业已关闭破产，加上地方财政的负担能力有限，东北三省在推进试点城市改革中付出了巨大努力。在此期间，部分中央企业根据自身实际情况，申请进行厂办大集体改革试点，也圆满完成了所属企业的厂办大集体改革。

（一）厂办大集体改革试点取得的初步成效，为在全国范围内开展厂办大集体改革提供了经验。

东北地区厂办大集体改革试点主要在吉林、黑龙江两省试点城市开展。吉林省在前几年国有企业改革的基础上，沿用国有企业改革的组织形式和相关政策推进厂办大集体改革，成立了以主管省长为组长的改革试点领导小组全面负责试点工作，组建了专门工作机构，明确了国资委、财政厅、人社厅、社保局等各有关部门的职责分工。按照“积极推进、稳步操作、先易后难、分批实施”的原则，于2006年率先启动了长春、四平、白山三个城市的改革试点。出台了《吉林省厂办大集体改革试点工作实施意见》，明确了厂办大集体的改革方式、资产和债权债务处理、职工安置和劳动关系处理、组织实施等具有操作性的配套政策。尤其是明确提出，除中央财政补助之外，由省财政和试点城市财政也给予一定比例的补助。长春市和白山市在试点中，由中央、省、市三级财政全额负担了经济补偿金。2010年，印发了《吉林省厂办大集体职工接续基本养老保险关系试点工作方案的通知》，对于欠缴基本养老保险费的企业和职工补缴和接续办法等政策进行了明确规定。这些配套性政策有力地推进了吉林省厂办大集体改革试点工作。经过各方面共同努力，吉林省厂办大集体改革试点取得了积极进展和良好成效，目前四平、白山两市已基本完成了厂办大集体改革任务，长春市也取得了积极进展。

黑龙江省在对厂办大集体情况作全面调查摸底的基础上，于2007年启动了哈尔滨市厂办大集体改革试点，并将哈尔滨市的改革试点连年列为全省重点工作任务。针对职工最关心的劳动关系处理和养老保险等问题，出台了《关于对哈尔滨市厂办大集体改革试点工作中解除劳动关系人员养老保险关系接续问题的处理意见》。哈尔滨市成立了以主管市长为组长、各部门主要领导参加的领导小组。出台了《关于进一步落实厂办大集体企业改革职工安置政策和操作办法》等一系列配套文件，并编发了具有很强操作性的《厂办大集体企业改革工作指导手册》。采取改制、破产关闭等多种方式推进厂办大集体改革，将厂办大集体职工全部纳入基本养老保险范围，并将全部退休人员纳入了住院医疗统筹范围。由于政策措施到位，哈尔滨市厂办大集体改革进展较快，预计在今年年底前将全面完成厂办大集体改革任务。

中国石化、一汽集团、东方电气集团、葛洲坝集团和攀钢等5家中央企业在前期国企改革和结构调整的基础上，将厂办大集体改革作为实现企业战略性结构调整的重要措施，利用试点政策顺利地完成了厂办大集体改革。据统计，这5家中央企业厂办大集体改革共涉及厂办大集体企业632户，安置职工共计8.9万人。5家中央企业厂办大集体的情况各具特点，有的资产质量较好，有的非常差；有的企业停产多年，职工长期上访；有的集体企业较为集中，有的分散在全国各地。因此，各企业根据实际情况，有的在集团统一领导下完成改革，有的移交给地方政府实施改革，有的将两种方式有效地结合起来。无论何种方式，各中央企业都是按照试点政策的精神，主动承担起主办国有企业应该承担的责任，成立由主要领导负责的组织机构，抓好组织实施；积极筹措改革成本，充分利用支持政策和企业当前具备的较强承受能力，对于资产质量较差的厂办大集体，主办国有企业承担必要的改革成本；主动与所在地人民政府沟通，积极争取地方政府的支持；努力做好职工的思想政治工作，确保稳定；立足于长远，主办国有企业对改制企业“扶上马、送一程”，切实解除职工后顾之忧。

从前期厂办大集体改革试点看，虽然工作进展不是很快，试点范围也没有进一步扩大，但还是取得了十分积极的成效，一些做法值得借鉴。归纳起来，主要是试点地方政府高度重视，加强组织领导；地方各部门有效配合，采取强有力的措施组织实施；认真摸清厂办大集体企业和职工底数，针对职工安置和劳动关系处理、社会保障等突出问题，研究出台配套性政策措施；重视解决涉及职工切身利益的问题，千方百计做好职工思想政治工作，确保社会和企业稳定；主办国有企业主动承担责任和必要的改革成本，积极推进厂办大集体改革。以上做法为全面推开厂办大集体改革提供了可借鉴的宝贵经验。

（二）梳理厂办大集体改革试点中的重点问题，采取切实措施妥善解决。

前期厂办大集体改革试点中，有关地方和中央企业面对改革过程中遇到的一些难点问题，立足于企业和地方实际，探索了一些解决问题的办法，取得了很好的经验。

一是改革成本缺口问题。有关政策中已经明确了中央财政对厂办大集体改革中支付解除职工劳动关系的经济补偿金给予一定比例的补贴，但各地和中央企业普遍反映厂办大集体改革仍存在一定的改革成本缺口。这个问题在试点中反映得比较充分，除经济补偿金外，还有一块较大的改革成本是厂办大集体拖欠的社保欠费。因此，这次国办下发的《指导意见》提高了中央财政对经济补偿金的补贴比例，其中，对中央下放地方的煤炭、有色、军工等企业兴办的厂办大集体补助100%；对地方国有企业兴办的厂办大集体补助50%，并对提前完成改革的地区给予一定比例奖励。同时，允许地方统筹使用中央财政的补贴。这些政策基本兼顾了厂办大集体改革中经济补偿金和社保欠费两项主要成本。同时，《指导意见》中还明确主办国有企业可以利用厂办大集体占有的固定资产、土地、债权债务轧差等资产用于支付改革成本。最近，国务院国资委印发了《关于推动中央企业规范做好厂办大集体改革有关事项的通知》（国资发分配〔2011〕111 号），主要是明确支持中央企业厂办大集体改革的政策。包括国资委层面对中央企业的支持，如可以对中央企业支付的有关费用予以核销国有权益或进入损益后核增业绩利润。同时也明确了中央企业对其厂办大集体改革的政策支持。建议各地国资委可以参照这一文件出台类似政策。这样可以提高主办国有企业实施厂办大集体改革的积极性。

二是职工的身份认定问题。厂办大集体的劳动用工情况比较复杂，很多厂办大集体停产歇业多年，相当一部分职工已经离开企业去自谋职业，有的还存在“五七”家属工等一些身份难以认定的群体。另外，部分集体职工的劳动关系复杂，与国有混岗等情况普遍存在。各地和各企业对职工身份要认真进行梳理，根据不同情况，妥善处理，并注意尽量不要引起攀比。在前期试点中，吉林省制定了《试点范围界定办法》、《职工身份认定办法》等配套文件，较好地解决了职工身份认定问题。中央企业在这方面要与所在地人民政府充分沟通，制定具体办法要注意与所在地方政府的相关政策规定基本保持一致，以免由此引起攀比等问题。

三是集体资产界定与处置问题。由于历史原因，部分厂办大集体与主办国有企业之间存在资产相互占用、土地房产等资产产权不清等情况。对此，政策已经明确可以将厂办大集体占用的主办国有企业的国有资产用于改制和安置集体职工。主办国有企业应当本着实事求是的态度，不纠缠历史旧账，着眼于企业长远发展和问题的解决。操作中要把握几个要点：一是主办国有企业用于厂办大集体改革的资产应当确实是占用的资产，划转资产要主要用于补足改革成本缺口；二是主办国有企业要主导划转资产和集体资产的评估，不能因此造成国有资产损失；三是集体企业要按照现代企业制度的要求进行规范改制，做到产权清晰，权责明确。

四是厂办大集体拖欠职工工资、集资款等债务问题。化解职工债务问题是一个难点问题。除用集体资产偿还外，政策中没有其他专门的成本来源用于解决这一问题。在实际操作中，首先要认真核实、合理界定拖欠职工的工资等职工债务。其次，集体资产可以优先用于偿还职工债务。在厂办大集体资产不足的情况下，要争取职工的理解，在解决好职工经济补偿、社会保险等主要问题的基础上，与职工签订债务和解协议，得到职工对改革的理解和支持。

五是拖欠职工社保费用问题。前期改革试点中遇到的一个比较普遍的问题是，厂办大集体需补缴的社保欠费较多，职工对此关注程度甚至超过了经济补偿金。对于比较困难的厂办大集体来说，安置好职工是工作重点，而安置好职工关键在于接续好养老保险等社会保障关系。对此，一方面，有条件的企业必须下大决心多渠道筹措资金，想尽办法补上职工的社会保险欠费，接续社保关系；另一方面，地方人力资源和社会保障部门对企业确实无力补缴的部分要按政策予以核销。同时，《指导意见》中明确规定，地方政府可以将中央财政补助资金统筹用于安置厂办大集体职工，主要就是要用于接续职工社保关系。

六是厂办大集体改制后的发展问题。由于许多厂办大集体资产质量较差，管理水平低，即使实施企业改制，今后的持续发展也很艰难。中国石化等中央企业针对厂办大集体改制后的企业制定了“长期合同、同等优先”等扶持政策，确保一定时期内改制企业的稳定发展。根据试点经验，改制企业能不能真正发展主要取决于两条：一是企业自身资源配置的合理性，要能够适应市场竞争的要求；二是企业产权结构、治理结构一定要完善。改制前主办国有企业要给厂办大集体配个好班子，选个好带头人，这是非常重要的。只有让改制企业真正发展起来，才可能真正脱离主办企业走向市场。

七是部分目前状况很好的厂办大集体是否要实施改革问题。据了解，有一些中央企业的厂办大集体目前状况不错，能够生存，部分中央企业对是否实施改革存在疑虑。我们对这部分厂办大集体的情况进行了分析，应该说，这些厂办大集体实际上仍是依赖于主办国有企业生存，集体企业本身的诸多矛盾和体制问题并没有解决。如果这些企业仍维持现状，长远看很难健康、稳定地发展下去。只有按照现代企业制度和市场经济要求，将厂办大集体规范改制，才能为其长远发展奠定良好的基础。这样做，也有利于国有企业本身的改革和长远发展。前期试点中，中国石化和一汽集团都有一些经营状况不错的厂办大集体，还是痛下决心，实施彻底改革，不留遗患。如果职工一时还不能接受，也可以分步走，逐步离开主办企业，走向市场，最终成为产权清晰、面向市场、自负盈亏的独立法人实体和市场竞争主体。

三、把握重点，周密部署，积极稳妥地推进厂办大集体改革

按照《指导意见》的要求，地方厂办大集体改革方案由相关省（区、市）人民政府审批，报财政部、国资委、人力资源社会保障部备案；中央企业厂办大集体改革方案由国资委、人力资源社会保障部联合审批，报财政部备案。中央企业厂办大集体改革方案的制订，应当与所在地人民政府充分协商，妥善衔接，慎重决策。这种组织实施方式，主要是落实地方政府在推动厂办大集体改革中的组织领导责任，有利于加快改革步伐，有利于地方根据实际情况统筹协调。中央企业在组织实施中，也要在所在地方政府的领导下，积极稳妥推进。具体工作中，把握以下几点：

（一）切实加强组织领导，扎实稳妥推进改革。

厂办大集体改革涉及范围广、政策性强、矛盾积累多年，是一项工作难度很大的系统性工程。没有强有力的领导和组织保证，许多矛盾和问题不可能得到真正的解决。各地和中央企业都要按照《指导意见》的要求，成立由主要领导牵头负责的改革工作领导小组，抽调得力人员组建专门工作机构，落实工作责任。各省（市、区）及兵团国资委要在省级人民政府的统一领导下，做好组织实施的各项工作，切实加强协调、密切配合，推动所监管企业做好厂办大集体改革工作。同时要指导当地中央企业和省属以下各级国资委做好厂办大集体改革工作。中央企业集团公司也要成立由主要领导牵头负责的改革领导小组，落实工作责任。在一些厂办大集体比较集中的城市，中央企业要与所在地人民政府组成联合领导小组或工作机构，确保改革工作顺利进行。

（二）周密制订改革方案，认真做好组织实施。

各地国资委和中央企业要结合本地及本企业实际制订周密细致的改革方案，充分调动各方积极性，认真做好组织实施工作。各地国资委要对改革中涉及的集体资产清查、审计、评估、处置和职工安置、劳动关系处理、社会保障关系接续等问题进行研究并出台相应的配套政策。各级国资委要积极配合财政部门，筹措改革成本；要积极配合人力资源社会保障部门，做好厂办大集体职工劳动关系处理和接续社会保险政策制订和相关组织工作。各地及中央企业在研究制订改革方案过程中，要认真做好调查研究，逐户摸清所属厂办大集体的资产、人员等情况，梳理出各种难点问题并周密细致制订解决方案。

（三）抓住改革重点，务求工作取得实效。

做好厂办大集体改革工作要坚持从实际出发，着力化解主要矛盾，解决重点问题。首先，对于长期困难的厂办大集体，妥善安置集体职工，处理好劳动关系和社会保险关系是改革的重点。从目前情况看，很多厂办大集体企业的集体职工面临退休和已经到达退休年龄，将集体职工接续好各项社会保险关系并纳入基本养老险范围，是集体职工的主要诉求。对于已经到达法定退休年龄但没有纳入基本养老保险的集体职工，应当按照人力资源社会保障部《关于解决未参保集体企业退休人员基本养老保障等遗留问题的通知》（人社部发〔2010〕107 号）要求，依据政策将其纳入基本养老保险统筹，具备条件的国有企业可以对由退休人员个人负担的补缴费用给予适当补助。对在职在册的集体职工，要依法妥善处理好劳动关系，解除劳动合同的，要依法支付经济补偿金。其次，对于资产质量较好的厂办大集体，做好改制重组、谋求长远发展是改革的重点。主办国有企业要立足长远，积极推动厂办大集体的改制，使其成为适应市场经济要求的、面向市场、独立自主的、能长远发展的公司制企业。

（四）切实维护职工合法权益，确保社会和企业稳定。

发展是硬道理，稳定是硬任务。各地国资委及中央企业在组织实施厂办大集体改革中，要把切实维护职工合法权益、确保企业和社会的稳定放在突出位置。在制订职工安置方案时，要注意充分听取厂办大集体职工的意见，重大事项要向广大职工公开，接受职工民主监督。重视发挥厂办大集体党、团、工会组织的作用，做好政策宣传解释工作。拟定处理突发事件的预案，消除不稳定隐患。要严格执行国家有关规定，依法合规地做好改制方案制订和组织实施工作，凡是未按程序批准或决定的，一律不得实施改革改制。中央企业集团公司制订改革方案时，要充分听取主办企业、厂办大集体及职工等各方面意见，尤其是主办企业要切实负起责任。

（五）努力做好配合与衔接，协调好地方政府与中央企业的改革工作。

从前期试点经验看，中央企业在推进厂办大集体改革中，社会保障、退休人员移交、劳动关系处理、企业改制、资产处置、维稳等各方面都需要在地方政府的统一领导下推进，需要得到地方政府的支持和配合。以往的试点以城市为单位进行，主要也是出于这种考虑。希望各地切实落实地方政府的责任，发挥地方政府的主导作用，继续给予中央企业包括厂办大集体改革工作大力的支持。中央企业所属企业要自觉接受所在地人民政府的领导，主动与当地政府建立工作联系，全面配合地方政府推进厂办大集体改革。中央企业的改革也要把握好节奏，尽量与地方改革同步，防止政策不平衡、不协调出现的攀比和不稳定。

同志们，妥善地解决厂办大集体这一历史遗留问题，是党中央国务院对厂办大集体职工的深切关怀，是历史赋予我们的一项重大使命。在深化国有企业改革进程中，厂办大集体改革将是一个重要的组成部分。将厂办大集体企业改革好，使厂办大集体职工这样一个困难群体妥善安置好，使其分享改革发展成果，正是坚持以人为本、坚持科学发展观、促进社会公平正义的具体体现。各地国资委和中央企业要切实把思想统一到党中央国务院的重要决策上来，按照《指导意见》的要求，以对厂办大集体企业和职工负责、对国有企业的长远发展负责、对社会和谐稳定负责的态度，通过艰苦细致的努力工作，积极稳妥地推进厂办大集体改革，圆满完成厂办大集体改革的任务。

实施金融标准化战略　提升我国金融业竞争力

中国人民银行副行长　李东荣

（2011 年 1 月 24 日）

随着全球经济一体化的迅速发展，标准已成为现代国际经济竞争和沟通合作的重要手段和技术纽带，成为一国提高整体竞争力的重要战略工具。标准化是为在一定范围内获得最佳秩序，对现实问题或潜在问题制定共同使用和重复使用的条款的活动，是人类在长期生产实践过程中逐渐摸索和创立的一门科学，也是一门重要的应用技术。金融作为现代经济的核心，标准化水平是衡量其对外竞争力的重要标志之一。

我国实行改革开放后，党中央、国务院高度重视标准化工作，将其作为推动国民经济和社会发展、增强自主创新能力的战略举措。人民银行按照国家标准化战略的部署，认真履行国务院赋予的组织、协调和管理职责，并不断适应金融改革发展的需要，把实施金融标准化战略作为提高金融行业整体竞争力的一项重要举措，积极协调组织各金融监管部门以及各金融机构成立全国金融标准化技术委员会（以下简称金标委)，确定“完善标准、加速采标、落实重点”的工作目标，扎实推进金融标准的研制、发布和实施。实践证明，金融标准的应用在金融系统互联互通、规范管理中发挥了积极作用，促进了金融业技术与管理进步，降低了交易成本，提升了规模经济效应，为金融业健康持续发展奠定了坚实基础。

一、“十一五”期间金融标准化工作取得的主要成就

“十一五”期间，金融业信息化建设由分散走向集中，“数据集中”成为信息化发展的主要趋势。这一时期，金融标准逐渐渗透到经济金融活动的各个层面，我国金融标准化也呈现跨越式发展，2006—2010 年，人民银行组织金标委共发布实施金融国家标准 29 项，金融行业标准 52 项，分别占全部出台的金融国家标准和行业标准的 70.73% 和 64.2%，是金融标准化建设发展较快的时期。2010 年，首次发布《中国金融标准化报告》，对我国金融标准化工作进行了全面总结和分析。

（一）金融标准化显著推进金融信息化建设

新世纪以来，我国金融机构普遍加强了信息技术手段在经营、管理中的应用，“通用数据元和代码”、“数据中心”和“互联互通”成为金融信息化建设的重要课题。“十一五”期间，为顺应发展要求，人民银行与各金融监管部门密切合作，认真征集各金融机构的需求和建议，组织金标委不断研制和发布了一系列与金融信息化建设相关的标准，在 2004 年发布《银行信息化通用数据元》、《银行信息化通用代码集》等标准的基础上，又制定和发布了《中国金融集成电路（IC）卡规范》、《银行卡卡片规范》、《保险基础数据元目录》、《银行卡联网通用技术规范》等标准，内容涉及基础数据元、代码、接口规范、术语、报文、数据、金融工具设计、印刷技术参数等标准。其中，相关标准在银行卡、网上银行、会计、统计、国库、信息安全、征信等业务领域的应用成效显著，特别是在印制行业应用的标准已经处于国际领先水平，部分金融应用类标准在国际标准体系中的作用也渐现，并着力搭建结构合理、层次分明、重点突出、面向市场的金融标准体系框架，有效指导、规范了我国金融信息化建设，较大程度节省了社会资源。

（二）金融标准化有效促进金融业务和相关产业的发展

金融标准在征信领域的应用有力地促进了我国社会信用水平的提高。2006 年，金标委发布《信贷市场和银行间债券市场信用评级规范》3 项系列行业标准，这是我国首次专门针对信用评级业发布的行业标准，这些标准的出台，为商业银行信贷决策和风险防范提供了有力支持，为符合条件的企业在资本市场融资提供了信用依据，为评级市场的培育和规范发展创造了条件，从而有力促进了中国金融市场的发展。2006 至 2009 年，金标委先后发布《征信数据元个人征信数据元》等 3 项行业标准，促进了不同途径数据的整合和信息共享。目前，个人征信系统和企业征信系统已成为中国金融业发放贷款、提供金融服务的重要参考设施，发挥着不可或缺的作用。

金融标准在银行卡领域的应用为中国银行卡的快速发展奠定了基础。人民银行组织各金融机构先后制定了《中国金融集成电路（IC）卡规范》等 24 项银行卡业务、技术和服务标准，对于巩固银行卡联网规范，支持我国银行卡产业发展，满足人民群众用卡安全方便起到了重要作用。2010 年，银行卡跨行交易成功率达 99% 以上。特别是金融 IC 卡标准的发布实施，极大提高了银行卡交易的安全性，满足了一卡多用的迫切需求，在公共服务领域有良好的应用前景，人民银行选择宁波作为我国首个金融 IC 卡多应用试点的城市，应用范围涵盖医疗、交通、商贸等多个民生领域，目前发卡量达 70 多万张，并带动了其他城市金融 IC 卡业务的迅速发展。同时，金融 IC 卡标准为行业之间的服务和监管融合提供了借鉴和参考，促进了手机等移动支付工具在金融支付领域的应用。

金融标准在电子支付领域的应用促进了金融电子支付工具的规范发展。随着电子商务新的业务、产品、服务领域和管理模式不断涌现，交易规模日益扩大，市场的相互竞争与相互依存程度迅速提高，数据交换和数据共享的要求日益迫切。自 2009 年开始，人民银行组织力量开展了电子支付术语、代码、数据元、数据格式等标准的研究并陆续制定了相关的标准，这为有效加强银行和非金融支付服务机构之间互联、互通及信息共享，提高各参与方防范风险的能力，加强主管部门对商业银行和非金融支付服务机构的监管提供了基础支持。

（三）金融标准化对宏观审慎管理发挥着越来越重要的作用

金融标准在会计、统计及相关领域的应用为加强金融监管、维护金融稳定、改善金融服务提供了重要的科学依据。“十一五”期间，人民银行和金融监管部门不断改进金融会计和统计工作，加强跨行业标准的研制和发布实施，如适应银行、证券、保险业务融合需要，先后发布《银行保险业务人寿保险数据交换规范》、《银行保险业务财产保险数据交换规范》、《证券期货业与银行间业务数据交换信息体机构和设计规则》等金融行业标准，降低了银行业与证券业、保险业之间互联互通的市场成本，为人民银行和金融监管部门及时获取准确、完整金融统计数据提供了技术标准，减少了“信息孤岛”，并为建立和完善我国金融宏观审慎管理体系奠定了基础。2010 年，人民银行发布《金融业信息安全管理规定》，并相应建立金融机构名录库，为后续的监管标准设定提供了前提。

（四）金融标准化有力地保障了金融业安全稳定运行

随着计算机、网络技术的发展和在金融业的广泛应用，金融业面临的技术风险隐患在逐步增加。为防范此类风险，人民银行及金融监管部门通过设计和实施信息安全标准，对于衡量、评估、降低信息安全风险隐患起到积极的作用。在 2004 年金标委发布《金融业星型网间互联安全规范》的基础上，“十一五”期间，人民银行和金融监管部门积极推动此项标准的落实，规范了金融业星型网间互联涉及的信息安全保障技术措施、物理环境与人员安全、安全运行与管理。2008 年又发布了《银行业信息系统灾难管理规范》，明确了落实国家关于提高重要信息系统灾难恢复能力的方针、政策，对促进银行业信息系统灾难恢复工作，有效防范银行业信息系统风险，规范灾难恢复应急管理和日常运维管理等发挥了重要作用。2010 年发布的《保险信息安全风险评估指标体系规范》，对于提高国内保险业安全管理技术水平，防范金融信息安全风险起到积极作用。

（五）金融标准化缩小了我国金融业与国际同行的差距

为顺应标准国际化的大趋势，我国金融业加大了参与国际标准化活动及采用国际标准的步伐。2004 年，中国正式成为国际标准化组织金融服务技术委员会（ISO/TC68）、个人理财委员会（ISO/TC2222）的国家成员体参加成员，为提升我国在金融国际标准化组织的地位和争取国际话语权迈出了重要一步。截至 2010 年底，金标委累计跟踪分析了 ISO/TC68 和 TC222 发布的标准 85 项，并结合我国国情转化形成 28 项涉及金融业务报文、信息安全、金融交易卡等领域的国家标准，形成研究报告23项，目前已基本实现了金融国际标准的同步跟踪转化。结合具体业务需求，金标委还有针对性地开展了其他标准化组织发布标准的跟踪转化。通过引进、消化、吸收国际标准和国外先进标准，提高了我国金融业标准化水平，缩小我国金融业与国际同行的差距。

二、充分认识新时期加快金融标准化建设的重要性和紧迫性

经过30多年的改革开放，我国金融业取得了举世瞩目的巨大成就，初步形成了与社会主义市场经济体制相适应的金融组织体系、金融市场体系、金融调控与监管体系，较好地发挥了金融作为现代经济的核心作用。银行、证券、保险业规模大幅增加，金融业整体实力不断壮大。就金融规模而言，我国金融业在国际上已占有一定地位。截至2010年末，全国金融业资产总额达到100万亿元人民币，其中工商银行在全球前1000家大银行中的的市值排名第一；债券市场发展速度全球第一，总体规模跃居世界第六、亚洲第二，证券市场2010年首发融资规模居世界前列，保险业保费收入占全球保险市场第六位，这些数据说明，我国金融业在国际金融市场的影响力和竞争力正不断提升。

但我们也应清醒地看到，就金融质量和效率而言，我国现在还不是金融强国，我国金融业发展还面临着众多严峻挑战，主要是：银行、证券、保险业发展不够协调，资本市场、保险市场发展相对滞后，直接融资比重较低，保险覆盖面不够宽，金融效率及国际竞争力亟待提高。此外，金融业还不同程度地存在发展模式粗放、创新能力不强、业务品种单一、产品同质化的现象，可持续盈利能力有待提高。金融领域还存在一定的风险隐患，特别是在金融标准化建设方面，我国与国际先进水平仍有较大差距，表现在：一些部门对标准化建设重要性的思想认识不到位，没有认识到金融标准已经成为金融发展基础性和战略性资源，也没有认识到金融标准是国际金融竞争的制高点和控制点；标准贯彻落实不够有力，主动应用标准的贯标机制尚未形成；标准结构不尽合理，标准老化或缺失，标准还不能满足金融改革发展的需要；部门信息割据依然存在，造成信息质量不高、难以共享，并增加经营管理成本；现有体制还不能完全适应市场需要，尚未形成以自愿性标准为基础的标准体制，主要依赖于政府或由政府部门授权参与标准的编制、审查等，企业参与标准化活动不足；尚未形成政策法规、标准研制、合格评定程序有机结合的机制；标准化队伍建设滞后；国际参与度低等。

综上，中国金融业改革开放的道路依然任重道远，我们必须立足提高我国金融业质量和效率的高度，充分认识加强金融标准化建设对于提高金融市场效率、增强金融业国际竞争能力、维护金融稳定的重要性和紧迫性：一是金融标准化具有推动金融产品创新、产业结构优化升级的作用，是促进金融业规范服务经营、改进服务管理模式、提高服务质量、增强金融业市场竞争力的重要措施；二是金融标准化是防范金融风险、提高金融效率的重要手段。通过相关标准的建立，促进对金融监管制度、金融稳定体系、金融服务行为规范的完善。特别是形成统一的行业标准有助于明确金融风险边界，及时发现风险或防患于未然；三是加强金融标准化建设成为参与和应对国际竞争的必经途径。在国际竞争环境下，标准竞争已成为各国战略竞争的制高点。美国、日本等发达国家纷纷加强标准化战略研究，标准战略已经成为这些国家产业政策的主要组成部分。目前，我国金融业已经逐步融入国际金融市场竞争的大环境，加快推进金融标准化建设，成为提高我国金融业国际竞争能力的当务之急。因此，应进一步增强做好我国金融标准化工作的责任感和使命感，把推进金融标准化工作摆在突出的重要位置，扎实推进相关工作。

三、“十二五”期间金融标准化工作主要思路

虽然我国金融标准化工作还存在一些制约因素，但同时也面临较好的发展机遇。国家对标准化工作高度重视，不断加大对标准化工作的指导和支持力度，发布了一系列促进标准化改革发展的政策措施，有关领导多次对标准化工作做出重要指示，为我国金融标准化建设创造了难得的政策环境。我国经济金融良好的发展形势、金融信息化的快速发展、与国际金融体系的逐步融合，为我国金融标准化建设提供了良好的市场环境。“十二五”时期，人民银行将在党中央、国务院的正确领导下，遵循国家标准化战略，紧紧围绕金融业发展大局，把金融标准化工作作为金融信息化工作的重中之重，积极实施金融标准化战略，确保我国金融业有标可依、有标必依，并重点做好如下工作：

一是加强规划与协调。人民银行将会同金融监管部门和有关金融机构，加强金融标准化发展的统筹规划和协调，明确金融标准化建设的目标和原则，按照循序渐进的原则，逐步形成科学的标准体系，并通过金融标准的贯彻实施，实现信息共享，加强行业管理，提高金融行业的运行效率。

二是加快重要金融标准的研制和发布。在标准体系框架下，人民银行将积极协调各金融监管部门和金融机构，组织金标委加大工作力度，在金融业通用基础性标准及银行、证券、保险、印制等各专业领域，有计划、有步骤、有重点地开展标准的研制和发布，如：制定金融业基础数据标准，开展金融业通用报文规范的研究，制定相应标准，适时建立“人民银行系统互联报文库”，从报文标准化开始，带动接口标准化、报文处理标准化，实现金融业信息系统“直通式”流程处理，促进互联互通与信息共享；加速完成金融统计、电子支付、移动支付系列标准的制定；加强金融信息系统等级保护和备份能力建设等安全领域金融标准的制定等。

三是加大金融标准的贯彻实施力度。人民银行将加强对金融机构及相关企业的宣传与培训，引导建立金融标准体系，提高金融标准化主体意识。加强金融标准的理论研究和实践检验。以重要标准为纽带，引导和支持若干重点领域金融标准的实施，以系统建设为源头，以大型金融机构为龙头和核心，探索和构建优势互补和良性互动的发展模式。加大金融标准实施情况的监督检查，推动以机构为主体的金融标准化工作局面的形成。逐步建立金融标准的检测认证机制，加强对金融标准实施中的检测和评定，形成应用金融标准的良好环境。

四是加强金融标准化的市场化运作。一直以来，我国金融标准化工作主要由政府主导，各种市场机制不完善，金融标准贯标力度不够。我国金融标准化工作要建立市场运行机制，首先要求金融主管部门实现职能转变，由原来的政府主导，转变到政府指导和引导；其次是充分培养和发挥金融标准化研究机制、企业、消费者参与金融标准化工作的积极性，使他们参与到金融标准化工作中，从而进一步增强我国金融标准化工作的市场适应性。

五是适应金融改革与发展的需要，加强金融标准化人才培养，建立标准化专家队伍。人民银行将与有关金融机构协同努力，加强金融标准化人才队伍的教育和培训，营造有利于金融标准化的氛围。建立金融标准化专家队伍，更好地发挥标准化专家在重要标准立项、审查等重大决策中的咨询和参谋作用。加强对重点领域和优势领域金融标准化高级人才队伍的培训，培养金融知识扎实、熟悉国际规则，能积极参与国际金融标准研制、修订活动的专家。

六是加强国际交流与合作。进一步加强国际交流与合作，提高我国金融业实质性参与国际金融标准化活动的水平。充分发挥金标委的平台和窗口作用，对内做好信息的引入与传播，对外发挥桥梁与纽带作用，促进国内金融标准的制定与国际金融标准的衔接，努力提升国内已成熟并具有较高技术含量的金融标准在国际的影响。逐步加大参与国际金融标准制定的范围和深度，加强对国际金融标准和国外先进金融标准的跟踪研究和采标，认真准备并承办好 2013 年国际金融标准化组织金融服务技术委员会（ISO/TC68）年会等有关国际会议。

加强科技创新工作　实现创新驱动发展
——在中央企业科技创新工作会议上的总结讲话

国务院国资委副主任　黄丹华

（2011 年 6 月 23 日）

这次会议是我委在“十二五”开局之年召开的一次重要会议。上午，万钢部长和王勇主任作了重要讲话，对中央企业实施科技创新战略有重要的指导意义。国资委出台了《关于加强中央企业科技创新工作的意见》（以下简称《意见》），对于贯彻党中央国务院对科技创新工作的要求，加强中央企业的科技创新工作做出了系统的安排和部署。两位领导的讲话和《意见》形成了一个整体，对中央企业科技创新工作具有重要指导意义。刚才，四家中央企业就科技创新工作进行了大会经验交流，27 家中央企业还进行了书面交流，他们的好经验、好做法既有个性也有共性，给了我们很多启示和思考，起到了相互促进，共同提高的目的。下面，我就贯彻落实《意见》和会议精神讲几点意见。

一、关于《意见》制定的背景和重要意义

为了进一步推进中央企业科技创新工作，在去年召开的中央企业科技工作会议上，我们就提出要研究制定《意见》，特别是我委提出中央企业“十二五”改革发展的核心目标和五大战略、三大保障的总体思路后，对中央企业科技创新工作提出更高更新的目标，《意见》的制定就更为重要和迫切。一年来，在深入调研的基础上，我们研究起草了《意见》，广泛征求了中央企业、一线科技工作者、委内厅局和国家科技部等方面的意见。目前，已经国资委主任办公会审议通过，并正式印发中央企业。《意见》是在深刻把握党中央、国务院对科技创新工作的有关要求，深入分析国内外形势变化，围绕中央企业“十二五”改革发展核心目标，认真研究中央企业科技创新工作现状和问题的基础上，形成了完整的工作思路和明确的工作要求，提出了“十二五”中央企业科技创新工作的方向、目标、重点任务和保障措施，对进一步做好中央企业科技创新工作具有较强的指导意义。

（一）党中央、国务院对科技创新工作提出更高的要求。

“十二五”时期是全面建设小康社会的关键时期，是深化改革开放、加快转变经济发展方式的攻坚时期，也是建设创新型国家的攻坚时期。党和国家更加重视科技创新工作，在“十二五”时期把增强科技创新能力摆在更加突出的位置。胡锦涛总书记强调，“建设创新型国家，加快转变经济发展方式，赢得发展先机和主动权，最根本的是要靠科技的力量，最关键的是要大幅提高自主创新能力”。“十二五”规划纲要提出，要坚持把科技进步和创新作为加快转变经济发展方式的重要支撑，加快建立以企业为主体，市场为导向，产学研相结合的技术创新体系，重点引导和支持创新要素向企业集聚。张德江副总理对中央企业加快科技创新提出明确要求，中央企业的顶梁柱作用、骨干作用不仅体现在资产、生产规模大小、实现利润、上缴税收的多少，更重要的是要引导科技进步和创新，在建设创新型国家中发挥骨干作用，为提升国家创新能力、综合实力、国际竞争力、国家安全保障能力做出应有贡献。中央企业必须要有所作为，有所突破，必须在国内以及国际某些领域有所建树。

《意见》的制定是贯彻党中央、国务院对科技创新工作要求的重要举措。通过《意见》的制定，深刻理解党中央、国务院有关要求的精神实质，结合中央企业科技创新工作实际进行总体谋划和布局，搞好顶层设计，对创新工作中取得的好做法、好经验加以肯定并坚持下来；对存在的问题和需要进一步改进和完善的，加以明确并提出具体要求；对需要进一步研究探索的，特别是体制机制方面，如何营造有利于科技创新的环境等问题，明确方向，解放思想，积极探索，大胆创新，推动中央企业科技创新工作再上新台阶。

（二）国内外形势的新变化给科技创新工作带来机遇和挑战。

金融危机爆发以来，创新要素和创新资源呈现加速流动和配置的趋势，学科的交叉和技术的融合进一步加快，全球进入空前的创新密集和产业变革时代。发达国家的一些大公司大企业集团为保持技术领先优势，在政府的支持下，持续加大研发投入，竞相争夺科技创新人才，抢占未来发展制高点的竞争日趋激烈。我国经济社会发展面临日益严峻的资源、环境瓶颈制约，传统的粗放式发展模式难以为继，企业外延式扩张方式急需改变。与此同时，随着我国经济快速增长，消费结构和产业结构转型升级加快，科技对产业发展的支撑引领作用更加凸现。新一轮科技革命和全球产业结构深度调整，也为我国企业在一些领域实现跨越式发展创造了条件。

中央企业在加快转变经济发展方式和建设创新型国家中担负着重要责任和使命。面对国内外激烈的市场竞争，中央企业作为市场主体和创新主体，必须增强责任感和使命感，必须在科技进步和自主创新上有更大作为，发挥骨干带头作用，力争在一些关键领域有重大技术突破，培育一批高附加值的尖端产品，打造一批国际知名的高端品牌。《意见》的制定，就是适应国内外新形势新变化的要求，把握科技创新加速发展呈现出的新特点、新特征，抓住机遇，迎接挑战，进一步明确中央企业科技创新工作的方向和重点，以自主创新能力建设为中心，着力解决制约创新的体制机制障碍，为企业创新能力的提高创造良好的环境和政策条件，增强企业科技创新的内生动力。

（三）做强做优，全面提高中央企业素质对科技创新工作提出新的任务。

“十一五”期间，中央企业科技创新工作取得了长足进步，科技创新能力明显提升，科技创新体系建设初见成效，在国民经济的重要行业和关键领域取得了一批重大科技成果，为推动中央企业加快转变发展方式奠定了坚实基础。但同时也要看到，与世界一流企业相比，中央企业自主创新能力还不强，科技创新还没有成为引领企业发展的主要动力，缺少具有自主知识产权的关键技术和知名品牌，有利于科技创新的体制机制尚不健全。

“十二五”时期是中央企业贯彻落实科学发展观，加快转变发展方式的重要时期。要把加快转变发展方式作为做强做优中央企业，培育具有国际竞争力的世界一流企业的重要途径，要把科技进步和创新作为加快转变发展方式的重要支撑，要大力实施科技创新战略，大力提升中央企业自主创新能力，着力加强关键、共性技术的研发能力，努力缩小在科技创新方面与国际领先企业的差距，加快培育和发展战略性新兴产业，力争在制约我国产业转型升级的重要关键技术领域取得重大突破，实现创新驱动发展。

二、关于《意见》的主要内容和内涵

《意见》全文共二十条，分三个部分。第一部分是顶层设计，包括指导思想、基本原则和总体目标，第二部分是加强科技创新工作的重点任务，第三部分是推进中央企业科技创新工作的政策与保障措施。

（一）关于指导思想、基本原则和总体目标。

第一部分是《意见》的精髓，集中体现了党中央、国务院对科技创新工作的要求，以及国资委在“十二五”期间或更长一段时间指导中央企业科技创新工作的基本理念、主要原则和阶段性目标要求。

一是在指导思想中进一步明确了“以自主创新能力建设为中心，以体制机制创新为保障”。创新能力是企业核心竞争力的重要内容，既包括“硬实力”，也包括“软实力”。体制机制相当于“软实力”，是创新能力的重要组成部分。《意见》针对以往强调和重视“硬实力”建设，而“软实力”的建设措施不落地的情况，对科技创新涉及的体制机制建设问题进行了重点研究，在《意见》的重点任务和保障措施部分有所体现，指明了下一步探索与实践的方向。

二是提出了坚持“四个结合”的基本原则，这是对中央企业科技创新实践的高度概括和总结。首先，中央企业科技创新必须坚持市场导向与国家发展需要相结合。科技创新一定意义上讲是一个经济学概念，它的基本属性是以市场需求为导向，并以是否被市场所接受，以市场实现程度作为判断科技创新是否成功的主要标志。因此，企业创新活动必须坚持市场导向原则。中央企业在国民经济中的作用和地位又决定了企业科技创新活动必须与国家发展、行业发展相统一，在涉及国家安全和国民经济命脉的重要行业和关键领域发挥引领和骨干作用。第二，企业科技创新必须坚持科技创新与体制机制创新相结合。要努力突破科技创新的体制机制性障碍，激发科技创新体系中各要素的创新活力，增强企业创新的内生动力。第三，企业科技创新必须坚持立足当前和谋划长远相结合。科技创新要满足企业当前发展需要，更要着眼于增强企业持久竞争力，加强技术储备，实现可持续发展。中央企业要成为世界一流企业，要打造的是“百年老店”。科技创新不是一朝一夕的事情，要靠持久的努力、长期的积累，必须对前瞻性、战略性和应用基础研究做出长远的谋划，对研发投入、科技人才队伍建设等做好制度性的安排，不能急功近利。第四，企业科技创新必须坚持掌握核心技术与提高系统集成能力相结合。这一条也是针对中央企业科技创新存在的问题提出的，现在企业往往重视单项技术和难题的攻克，但对系统集成能力的提升缺乏统筹安排和考虑。通过系统集成能力的提升，推动企业由单纯提供产品和服务向提供系统解决方案和综合性服务转变，形成新的商业模式，是科技创新的一个趋势。系统集成能力提高的基础是掌握核心技术，同时也涉及到企业功能的完善以及业务链、产业链的合理延伸，这也是企业转型升级，占据价值链高端环节，提升价值创造能力的客观要求。

三是提出了“十二五”科技创新工作的总体目标。提出了科技进步贡献率、科技投入和研发投入占主营业务收入的比重、国家级研发机构数量、发明专利授权量等量化指标。首先是科技进步贡献率到“十二五”末达到60%以上。科技贡献率是指科技进步对经济增长的贡献份额，也是企业衡量科技竞争实力和科技转化为现实生产力的综合性指标。国际上较为普遍采用生产函数法测算科技进步贡献率，该方法把资本、人力投入和科技进步视作影响经济产出的主要因素，通过在经济增长中剔除前两个因素的影响，对科技进步在经济增长中的含量做出定量的估计。经过测算，《意见》提出了2015年达到60%以上的目标，希望企业引起足够重视。第二是科技投入占主营业务收入的比重平均达到2.5%以上，其中研发投入的比重达到1.8%以上。2010年，中央企业科技投入占主营业务收入的比重为1.9%，研发投入比重为1.2%。为实现《意见》提出的目标，中央企业要理解以下两层含义。第一，科技投入和研发投入目标是对中央企业总体水平的要求，不同行业、不同水平的企业有较大差异，在《意见》中我们还提出制造业企业科技投入占主营业务收入的比重要达到5%，创新型企业研发投入比重达到国内同行业先进水平，部分创新型企业达到或接近国际同行业先进水平。第二，按照中央企业总体发展速度测算，各企业科技投入年均增长要达到16%以上，研发投入年均增长要达到20%以上，才能确保总体目标的实现。各中央企业要根据上述增长速度，确定自己“十二五”期间的科技投入和研发投入目标。

（二）关于重点任务。

《意见》的第二部分是加强科技创新工作的重点任务，共包括十一项，大体分为三类。第一类是中央企业已经具备较好的工作基础，取得了一些好的经验和做法，还要继续做好的重点任务，包括科技战略规划管理、创新资源配置、知识产权工作等；第二类是针对中央企业科技创新工作存在的薄弱环节，提出明确要求，需要进一步加强、改进和完善的重点任务，包括突破关键核心技术、人才队伍建设、科技管理、创新文化建设等；第三类是适应新形势下企业发展和科技创新的需要，提出的新的重点任务，也是需要进一步探索和研究的工作，包括合作创新、服务创新、研发体系建设、技术标准的研究制定等。

上午，王勇主任的讲话对科技战略规划管理、研发体系建设、人才队伍建设、创新文化建设等工作已经提出了明确要求，这里我结合《意见》，着重谈谈以下五项重点任务。

一是优化配置企业科技资源。近年来，中央企业内部科技资源分散、专业交叉重叠和技术重复开发等问题已经有了很大改善，在利用外部科技资源方面，企业通过委托研发、并购等手段，也取得了一些有益经验。但是，经过调研发现，部分企业对内部资源应该整合到什么程度，哪些资源应该从外部获取，通过什么形式获取，内、外部资源如何衔接形成合力等一系列问题，仍然没有形成完整的思路和方案。《意见》把优化科技资源配置作为一项重点任务提出，就是明确要求企业要重视和研究这方面的问题，改变科技资源不足、分散，利用效率低下，重复研发、重复投入的状况，学会有机整合内外部科技资源，提高科技资源优化配置能力。

二是着力突破一批关键核心技术。关键核心技术是企业在市场竞争中立于不败之地的重要保证，也是国家自主创新能力的基础。小企业可以走模仿创新的道路，但中央企业必须主动承担技术创新主体责任，在关键技术研发中有所作为，在行业共性技术突破中发挥引领作用，这是国家对中央企业的要求，也是中央企业自身发展的必然选择。《意见》针对当前核心技术已经成为制约企业发展瓶颈的情况，将突破关键核心技术列为下一步工作的重中之重单独提出，要求中央企业开展高水平、分层次、成体系的关键技术研发。第一，要积极承担国家重大科技攻关任务，突破共性技术，引领行业技术进步；第二，要选择重点领域，集中力量，加大投入，掌握一批具有自主知识产权的核心关键技术，实现跨越式发展；第三，要加强技术储备，开展前瞻性、基础性技术研发，力争在战略性新兴产业取得重大技术成果并实现产业化，形成支撑企业可持续发展的核心竞争力。

三是全面提高知识产权工作水平。知识产权工作一定程度上反映了一个企业的科技创新能力和科技管理工作水平。近几年，中央企业知识产权工作，特别是专利工作取得了长足进步，但发展上仍不平衡。《意见》强调：首先要进一步加强知识产权的管理。制定知识产权战略，推动专利、专有技术等知识产权集中管理。加强知识产权工作与科研活动的紧密结合。第二，在加强知识产权创造的同时，要着重提高专利的质量。大家可能注意到，这次会上印发的《2010 年中央企业专利情况排序》更加注重发明专利情况，目的就是要形成重视发明专利的导向，在保持专利数量快速增长的同时，提高发明专利比重。第三，要加强知识产权的保护与运用。加强科技创新与知识产权工作的结合，前瞻性开展专利技术的战略布局，建立知识产权风险预警和应对机制，充分利用创新成果构筑“专利池”，不断提升知识产权攻防能力。努力提高核心技术领域的专利实施率。

四是加强合作创新。当前，科技创新呈现出开放式、跨学科、跨行业、跨领域集成创新的特点，重大技术突破往往集成整合了不同行业的优势科技资源，传统的创新模式越来越不适应企业发展需要。目前，中央企业科技资源的拥有情况相互间差异很大，有的企业十分缺乏，有的企业又大量闲置。通过建立优势互补、分工明确、成果共享、风险共担的开放式的合作机制，有机整合利用中央企业创新资源开展合作，必将提高创新能力和效率。根据我们了解的情况，企业间加强合作的意愿和需求十分强烈。下一步，国资委将加大对中央企业间合作创新的指导和协调力度，选择重点领域、重点项目，鼓励和支持中央企业就一些重大科研难题和行业共性技术开展科技合作和联合攻关，促进科技人才、研发试验手段、科技成果等科技资源的共享。

五是加强服务创新。当前，市场同质化竞争日趋激烈，服务创新已经成为企业提高竞争力的重要手段。需要强调的是，随着企业间竞争不断加剧和信息技术飞速发展，缺乏核心技术支撑的“业务模式创新”和“管理模式创新”很容易被竞争对手模仿，真正意义上的服务创新必须以掌握核心技术为支撑和前提条件。《意见》把加强服务创新作为重点任务提出，就是要求中央企业进一步提高市场应变能力，加快建立有效支撑服务创新的技术体系，持续开展商业模式创新。

（三）关于政策与保障措施。

《意见》的第三部分是政策与保障措施，是实现“十二五”科技创新工作目标、确保各项重点任务顺利完成的基本条件，共包括六个方面，分为两类。第一类是中央企业根据《意见》要求，需要结合自身实际进行细化落实、进一步做好的保障措施，包括加强组织领导、建立健全科技管理机构、完善体制机制、拓宽科技投入渠道等方面；第二类是国资委下一步指导中央企业科技创新工作将采取的举措，包括加强对中央企业科技创新工作的指导与管理、进一步完善支持中央企业科技创新的政策措施等方面。

这部分内容在起草过程中，是企业寄希望最高、我们下功夫最大、力求有所突破的部分。针对企业意见最为集中的科技创新分类考核、科技人才中长期激励、科技评价与奖励等方面，《意见》在制定过程中，经过多次协调、修改和征求意见，在一些问题上达成了共识，并取得了一定突破。一是《意见》提出了在中央企业负责人业绩考核指标体系中，统一规范中央企业科技投入口径、范围，强化对科技投入和产出的分类考核，并根据创建国际一流企业要求，研究提出进入 A 级企业科技投入的基本条件。同时，要求中央企业赋予科技管理部门一定比例的业绩考核权重，形成国资委、企业相衔接的完整的科技创新考核体系，实现上下联动。二是《意见》提出，探索建立企业科技创新的中长期激励机制，在符合条件的科技型上市公司中开展股票期权、限制性股票等激励试点；在符合条件的科技型非上市企业，开展分红权激励试点。对科研设计企业在工资总额方面实施分类调控。同时，要求中央企业探索建立对骨干科技人员的中长期激励机制，落实管理、技术等重要生产要素按贡献参与分配的制度，有条件的企业开展股权、期权、分红权等激励试点工作。三是《意见》提出，要研究和提出中央企业科技创新能力评价指标体系和办法，开展创新能力评价。探索并适时开展科技创新奖励活动。同时要求中央企业完善科技评价和奖励制度，设立科技奖励专项资金，表彰做出突出贡献的先进集体和个人。

此外，《意见》在拓宽科技投入的资金渠道方面也进行了一些积极探索，提出企业可以积极探索利用风险投资基金、企业债券、民间资本、保险基金或私募股权基金等方式筹集资金。政策保障措施涉及面广，政策性强，对于具备条件的，我们积极推动出台，有些问题难以一时取得各方面的共识，形成比较一致的政策意见，我们还将继续做好研究，《意见》对这些问题也提出了今后探索的方向。

三、关于贯彻落实会议精神的几点要求

中央企业科技创新工作会议在大家共同努力下，已经完成了各项议程，就要结束了。本次会议内容丰富，内涵深刻，达到了预期目的。会议结束后，大家要认真贯彻落实本次会议精神。一是要认真学习好会议精神，深入领会领导讲话和《意见》的精神实质，深刻认识科技创新的必要性和紧迫性，准确把握党中央、国务院和国资委对企业科技创新工作的要求。二是把学习传达会议精神和《意见》的贯彻落实紧密结合起来,进一步修订和完善本企业的"十二五"科技发展战略规划,形成本企业推进科技创新工作的细化实施方案或指导意见,认真研究国家、国资委各项支持企业科技创新的政策措施并提高运用水平,努力突破体制机制性障碍,增强企业创新的内生动力。三是加强沟通和协调,及时向国资委及有关部门反馈会议传达学习和贯彻落实情况,及时反映科技创新工作中遇到的新情况、新问题和一些好经验、好做法。国资委将认真研究企业科技创新活动中遇到的突出问题和共性问题,总结推广好的经验和做法,加强与企业的互动和组织协调。同时,继续加强与有关部委的协调,落实国家支持企业科技创新的有关政策,为中央企业科技创新工作争取更好的环境。

同志们,这次会议意义重要,进一步统一了思想,提高了认识,坚定了信心,明确了任务,必将对进一步提高中央企业科技创新能力,开创科技创新工作新局面起到积极的促进作用。让我们以高度的责任感和使命感,饱满的工作热情,勤奋工作,努力探索,大胆实践,推进中央企业科技创新工作跃上新的台阶,为做强做优中央企业,打造具有国际竞争力的世界一流企业作出新的更大贡献!

健全体系加强监管　优化配置提升质量
推动企业国有产权管理工作再上新台阶

——在全国国有产权管理工作会议上的讲话

国务院国资委副主任　黄丹华

(2012 年 3 月 31 日)

这次会议的主要任务是,认真贯彻落实全国国有资产监督管理工作会议精神,总结 2011 年全国国有产权管理工作,分析形势,明确任务,部署 2012 年工作。王勇主任对产权管理工作高度重视,会前听取汇报,专门对会议作了重要批示,我们要认真学习,深刻领会,抓好贯彻落实。下面,我讲三点意见:

一、2011 年全国国有产权管理工作取得新进展

一年来,各级国资监管机构按照去年全国国有产权管理工作会议提出的工作要求,在加强产权管理、形成监管合力、优化产权配置等方面取得了显著成绩,为深化国有企业改革,促进国有企业又好又快发展,发挥了基础性、枢纽性、战略性作用。

(一)强化产权管理,推动国有资产监管上新水平。各地继续把完善产权监管体系作为重要工作,通过健全管理制度、转变工作方式、拓展监管范围等措施,提高了产权管理工作水平。

一是产权管理制度进一步完善。去年是产权管理制度建设的丰收年,国务院国资委制订出台了《中央企业境外国有产权管理暂行办法》、《关于规范中央企业选聘评估机构工作的指导意见》、《关于加强上市公司国有股东内幕信息管理有关问题的通知》等 1 个国资委令和 5 个规范性文件。各级国资监管机构根据当地实际制订相应规定,进一步完善了产权管理制度体系。湖北、山东出台了加强国资监管的条例,将地方产权管理的相关政策上升到了地方法规的高度。安徽出台了上市公司内幕信息管理制度,防控内幕交易。浙江、深圳推进产权管理工作指引的制订,增强了工作的可操作性和透明度。吉林、陕西完善了产权管理工作流程,进一步明确了审核程序、审核要点和工作要求。广西在产权流转过程中强化财务审计、资产评估等工作规范,防止了国有资产流失。

二是产权管理工作方式不断创新和转变。各地积极推进信息化建设,不断完善管理流程,进一步推动产权管理工作由事后监管向事前、事中、事后相结合的动态监管转变,大大增强了工作的主动性,提高了监管的有效性。山东着力推动产权管理信息系统建设,建立了覆盖省、市、县三级机构的产权动态监督管理体系。深圳以配合我委开展"产权登记管理信息系统"试点为契机,全面推进监管企业产权管理信息化建设,构筑一站式信息平台,对产权登记、资产评估、产权交易和风险管控等国有产权流转的全过程实施闭环式监管,实现管理方式的变革与创新。

三是境外产权管理工作进入新阶段。去年国务院国资委出台了《中央企业境外国有资产监督管理暂行办法》和《中央企业境外国有产权管理暂行办法》,这是境外国有资产、国有产权管理的标志性文件。今年国务院国资委还将出台《中央企业境外投资管理暂行办法》,以上述三个文件为基础,形成一套针对境外国有资产、产权、投资监管的系统的、完整的、适应"走出去"需要的监管体系,帮助国有企业防范风险,安全发展。各地境外国有产权管理工作进一步加强,走出去步伐进一步加快。湖北、四川等地制订出台了境外产权管理制度。陕西、安徽对监管企业境外产权状况进行了摸底调查,建立了监管企业对外投资数据库,为加强境外产权管理奠定了基础。

四是国有产权集中统一监管取得新进展。各地以自身工作的规范性和有效性赢得了党委、政府的信任,通过推进产权管理基础工作全覆盖,推动了国有资产集中统一监管,促进了制度统一、程序统一,有效防范了国有资产流失。湖北、山东扎实做好监管企业、金融企业、文化企业以及行政事业单位所办企业的产权管理基础工作,实现了产权管理基础工作的全覆盖。广东部分县级市进行了将公有资产和土地储备纳入国有资产监管机构监管范围的探索,拓展了县级国有资产监管机构的监管职能。河北、宁波以产权登记工作为平台,积极推进经营性国有资产的统一监管。

(二)优化产权配置,推动国有企业改革发展上新台阶。各地指导监管企业不断创新产权配置方式,加大产权配置力

度,提高产权配置能力,优化了产权布局结构,为有效应对市场压力,实现国有企业平稳较快发展提供了保证。

一是指导监管企业建立合理产权结构,提升管理水平。各地积极推动监管企业调整产权结构,为建立良好的公司治理结构,完善决策、执行和监督机制提供扎实的基础。首先,继续推进公司制股份制改革,加快改制上市步伐。江西、福建、甘肃等地在监管企业改制过程中,积极引入战略投资者,实现股权多元化,推进监管企业公司制股份制改革。湖南加快推进监管企业改制上市,指导监管企业培育了近20个上市资源。其次,进一步压缩管理层级,缩短管理链条。深圳出台产权变动工作指引,要求监管企业产权变动方案实施后,管理层级不得超过三级,有效缩短了监管企业产权链条,提高了监管企业集中管控能力,集中优势、防控风险、提高能力,为国有企业做强做优奠定了良好基础。广西对监管企业的全资、控股、参股企业全部进行了产权登记,绘制了监管企业产权树状结构图,在此基础上进行产权结构调整,压缩产权层级,优化产权结构。第三,积极探索混合所有制企业产权管理的有效途径和方法。山东通过公司章程将国有产权管理政策内化到监管企业管理中,加强混合所有制企业产权管理。江苏、浙江指导监管企业在建立并不断完善产权代表制度方面做出了有益的探索,落实国有资产责任主体,不断优化混合所有制企业公司治理。

二是指导监管企业优化产权配置,推进合理布局。各级国资监管机构结合本地区"十二五"规划,积极推动监管企业战略重组,加强与各类所有制企业合作,国有经济布局结构进一步优化。天津支持国有资本与其他所有制资本合作,实现两类资本的有机结合,积极发挥国有资本的带动力和影响力。重庆积极推动监管企业开展境外并购重组,通过建立"走出去、引进来"机制,在全球范围内配置资源。不少地方还积极推动监管企业加强与中央企业的合作。安徽、山东、贵州等10省市181家农电企业划转国家电网和南方电网,河北、吉林、辽宁等18省区96户粮库划转中储粮,推动了地方监管企业与中央企业之间资源的优化配置。

三是指导监管企业增强资本运作能力,实现稳中求进。针对企业资金面偏紧的状况,各地积极推动监管企业创新资本运作方式,拓展融资渠道,为实现平稳较快发展提供了资本保障。四川、河南、河北等地支持监管企业积极利用债券市场加大融资力度。安徽组织监管企业编制了"十二五"直接融资总体规划,进一步加强对企业直接融资的规范和指导,提升了监管企业直接融资能力。北京、甘肃、山东等地推动监管企业利用产权市场引进增量资本,实现增资扩股。上海指导监管企业以控股上市公司为平台,组合运用IPO、定向增发、吸收合并、资产置换等多种资本运作方式,加大监管企业重组整合力度,形成"融资发展、机制创新、价值提升、回报社会"的良性发展机制。

(三)汇聚各方合力,促进形成"大国资"工作格局。产权管理工作是国有企业改革发展和国有资产监管的关键环节,需要形成统一规范,打造监管合力。各级国资监管机构在党委、政府的领导和支持下,以更加主动、开放的工作姿态,通过加强沟通协调,汇聚各方监管合力,积极推动"大国资"工作格局的形成。

一是强化各级国资监管机构产权管理系统的上下联动。各地通过上下联动加强产权管理业务沟通联系,"大国资"理念进一步增强。2011年,国务院国资委继续组织召开工作会和培训班,并建立了深入地市的走访调研机制,先后赴广东、重庆、内蒙古等17个省区市开展走访调研,加强对地方产权管理工作的指导监督。各省级国资委也加强了对地市国资监管机构的指导和监督。湖北专门召开了省内产权管理工作会议,四川、重庆、广东、河南、海南、内蒙古等地举办了地市级国资监管机构产权管理业务培训班,在加强业务沟通联系的同时,有效提高了产权管理工作人员的政策水平。

二是加强产权管理信息系统互联互通。信息化是产权管理工作"四化"要求的关键一环,通过信息化带动产权管理制度化、规范化、程序化的提升。各地积极做好与国务院国资委产权管理系统的联通工作,产权管理工作的规范性和工作效率大大提高。山东、深圳顺利完成了产权登记管理信息系统试运行工作,为在全国范围内统一推广提供了宝贵经验。去年又有陕西、宁夏、广东、新疆四省区国资委与国务院国资委实现企业国有产权交易信息监测系统对接。截至目前,已有31个省区市国资委及其选择确定的产权交易机构接入监测系统,全国统一的产权转让动态监管格局已经形成,这是经过九年的努力得来的成绩,很不容易,是国务院国资委、地方国资委和产权交易机构三方共同努力的结果。

三是推动中央企业与地方战略合作的贯彻落实。国务院国资委积极推动中央企业与地方开展战略合作,先后与十余个省市签订了战略合作框架协议,这些省市国资委注重发挥产权管理的基础作用,积极推动合作协议的落实。湖南国资委以产权为纽带,积极开展监管企业与中央企业对接合作工作,实现与69户中央企业合作对接,26户中央企业与湖南省政府签署了战略合作协议。通过以湖南有色集团股权向五矿股份增资扩股,湖南省国资委直接持有了中央企业控股股份公司的股权。河北、新疆国资委通过划转、转让、参股等多种手段,落实与中央企业对接合作,实现互利共赢。山西国资委推动监管企业同煤集团重组中电投集团火电上市公司及相关资产,实现上下游资源整合,推动煤电联营和央地合作。

产权管理工作的规范有效开展离不开产权交易机构的共同努力。产权交易机构遵循"应进必进、能进则进、进则规范、操作透明"的十六字方针,立足规范,注重创新,取得了新的成绩。2011年纳入企业国有产权交易监测系统范围的31个省区市产权交易机构共完成企业国有产权转让1849宗,交易金额821亿元,产权市场为深化国企改革、优化资源配置发挥了重要的平台作用。去年中国企业国有产权交易机构协会挂牌成立,为产权交易行业进一步提高自律水平创造了条件。在积极推动国有产权进场交易的同时,各地还采取措施,推动进场交易范围不断扩大。在重庆经验的基础上,国务院国资委配合推动最高法出台了关于涉诉国有资产拍卖进入产权交易所的法律规定,明确了涉诉国有资产司法委托拍卖由省级国资委选择确定的国有产权交易机构组织实施。在此带动下,各地也积极探索开展相关工作,不少地方取得了突破。武汉光谷联合产权交易所已累计完成1000余宗涉诉资产进场交易,涉及金额超过20亿元。产权市场在创新交易方式方面也进行了积极探索,取得了积极进展。云南、陕西、广东、青岛等省市的11家产权交易机构采用了全国统一的交易系统。北京产权交易所实现了国有产权交易的动态报价。上海联合产权交易所在做好进场交易组织工作的同时,主动深入企业服务,着力提升重大项目的增值能力。山东产权交易中心积极引入机构投资者,帮助企业做好增资扩股等创新业务。吉林长春产权交易中心提高融资服务功能,办理股权质押融资110亿元。福建产权交易中心在传统拍卖、密封式报价交易方式基础上,创新密封式报价加电子竞价的复合竞价方式,取得良好成效。

一年来,各级国资监管机构从事产权管理工作的同志们和产权交易机构的同志们,面对复杂的国内外经济形势和市场环境,服务大局、规范运作、创新服务,做了大量扎实有效的工作,在“十二五”开局之年,为企业调结构、转方式、强管理、保增长做出了重要贡献,推动了国有企业的改革发展。在此,我代表国务院国资委和国务院国资委党委,向同志们一年来付出的辛勤努力和作出的突出贡献表示衷心的感谢!

在回顾2011年产权管理工作取得的成绩的同时,我们也要清醒地认识到,当前产权管理工作与“国资监管上新水平,国企发展上新台阶”目标要求仍有不少差距,还存在着一些不容忽视的问题。一是产权登记、资产评估、进场交易等事项仍有待规范,仍然存在应登记未登记、应评估未评估、应进场未进场,以及进场操作不规范等问题。二是部分上市公司国有股东行为不够规范。三是境外产权管理依然薄弱,境外国有资产风险控制有待进一步加强。四是结构调整力度亟待加强,产权优化配置能力有待提高,不仅要实现产权规范流转,还要达到更高的要求,实现优化配置,为调结构、转方式提供支持。此外,随着国有企业的改革发展,随着国家对整个经济发展质量要求的提高,对从事产权管理工作的同志们的能力和水平也提出了更高更新的要求。我们要高度重视,认真研究,及时解决,不断提升产权管理工作水平。

二、2012年面临的形势和主要任务

2012年国际国内经济环境将更为复杂。在去年12月召开的中央经济工作会议和今年1月召开的全国国有资产监督管理工作会议上,对2012年的形势都进行了分析,今年不稳定、不确定因素还是很多。对经济形势的复杂性、严峻性,我们要有深刻认识,做好充分准备。一是对世界经济发展趋势要有充分认识。国际上,欧洲主权债务危机继续深化,欧元区国家财政政策全面转向紧缩,加剧了全球经济下行压力,今年特点是欧债危机从边缘国向中心国蔓延。美、日等主要发达国家经济增长乏力,失业率居高不下,消费不振,贸易低迷,拖缓了全球经济复苏步伐。新兴经济体的增长速度明显放缓,部分国家金融市场波动加剧,系统性风险提高。全球经济将进入一个较长的低速增长期,对企业带来最直接的影响就是市场萎缩,需求不足。二是加强对危机的应对措施的认识。2008年金融危机以来,全球产业调整加快,主要发达经济体大力推动经济转型,加快发展新兴产业,产业竞争更加激烈,这对国有企业加快转型升级,提高产业竞争力提出了更为紧迫的要求。三是加强对国际国内市场动向的认识。大宗商品价格持续高位波动,资源价格上涨,企业盈利空间被压缩,在全球经济一体化的大背景下,国内经济发展结构中不平衡、不协调、不可持续的矛盾和问题与国际问题交织在一起,2012年经济形势将更加严峻。但是我们也要坚定信心,中国经济增长的基本面没有变化,国有企业经过30年改革发展,通过参与市场竞争提高了竞争力,同时国际金融危机与欧债危机也为我们“走出去”带来了机遇,机遇与挑战并存。

国内外经济形势的深刻变化给国有企业改革发展,特别是国有企业产权管理工作带来了新的挑战:一是为优化布局结构,加快转型升级,企业深化改革和结构调整的任务必将进一步加重,企业结构调整的途径和资产重组的方式也将随之多样化。二是去年中央经济工作会议提出稳中求进的工作总基调,今年年初全国国有资产监督管理工作会议提出国有企业要为国民经济的平稳较快发展做出贡献,为实现保增长、保稳定的目标,企业的资本运作力度会加大,产权流转的频率将大幅提高。三是为加大市场开拓,企业国际化经营步伐将进一步加大,产权分布的地域将更加广泛。这些都使产权管理工作面临的形势更加复杂,任务更加艰巨。

面对新形势、新挑战,2012年全国国有产权管理工作的总体要求是:认真贯彻中央经济工作会议和全国国有资产监督管理工作会议要求,坚持以科学发展为主题,以转变发展方式为主线,紧紧围绕今年国资监管工作“一个基调、两个提升、三个作用”的工作重点,健全监管体系、强化基础管理、优化产权配置、服务改革发展、提升国资价值。为此,今年要着力抓好以下几项工作:

(一)继续完善产权管理工作体系,提升监管水平。各地要继续把建立制度完善、系统完备、执行有力、监管有效的产权管理工作体系作为提升监管水平的重要内容。一是进一步完善产权管理制度。要在做好国务院国资委新出台产权管理制度贯彻落实的基础上,根据本地区国资监管和国企改革发展工作需要,及时研究出台相关制度。对已出台的制度要进行梳理、完善,并进一步研究制定工作指引,将制度细化,提高其可操作性。二是加强产权管理机构和队伍建设。健全的机构和稳定的高素质队伍是做好工作的前提。从目前情况看,仍有部分省级机构存在产权管理与资本运作,或者产权管理与资产评估管理“两张皮”的现象,管理职能分散,人员力量单薄,不便有效开展工作。因此,各地要高度重视产权管理机构和队伍建设,要强化省级产权管理专司机构,统一管理职能;充实编制和岗位,建设一支与工作要求相适应的人员队伍,从人员数量和质量上保证产权管理工作的顺利高效开展。三是推进产权管理信息化建设。要配合国务院国资委做好企业国有产权交易信息监测系统、上市公司国有股权管理信息系统、产权登记管理信息系统、资产评估管理信息系统等系统的联通和运行工作,加强产权管理信息系统建设,不断提高监管的效率和效益。四是加强对产权管理特别是产权转让的联合检查。要继续完善联合财政、发改委、监察、工商、证监等六部门对产权转让的联合检查机制,坚持对产权交易机构的联合评审制度,并探索建立企业产权管理工作综合检查评价机制,为产权管理工作提供科学导向和行权履职动力,切实发挥好产权管理在企业改革发展中的重要作用。

(二)推动实施新的产权登记办法,为加强国资监管夯实基础。今年我们将发布实施新的产权登记办法,贯彻实施新办法是各级国资监管机构2012年的一项重要工作。新办法与现行产权登记办法有本质不同,不仅登记的性质、范围发生了变化,登记的指标体系、管理方式等都有很大变化。为此:一是要切实转变工作思路,把思想统一到新产权登记办法上来。新办法出台后,产权登记表证将不再具有国有产权法律凭证的功能,产权登记范围也将延伸到实际控制企业。对此,各地要把握实质,深刻领会这一转变的原因及重要意义。二是要调整工作方法,真正实现产权登记业务的在线办理,提高办理效率,实现“应登必登、应登即登、登则登准”。三是要注重发挥产权登记的功能与作用。各地要组织监管企业按照新的产权登记规则,全面梳理本企业产权架构,摸清家底,分析产权在级次、行业、主辅业、区域以及不同企业组织形式之间的分布和动态变化情况,为企业理清产权关系,优化布局结构提供基础数据。

(三)推动监管企业优化产权配置,提高发展质量。各地要继续围绕“推动流转、防止流失、优化配置、提升价值”的工作定位,这十六字方针是随着国有企业改革发展的推进,产权管理工作能力和水平的提高,在实践中形成和不断完善的。

各地要着力调整结构、优化布局，不断提升监管企业发展质量。一是要引导监管企业做好资源整合。进一步突出和精干主业，压缩管理层级，推动国有资本从低效、无效、非主业领域退出，向优势领域集中、向产业链高端集中、向战略性产业集中，推动产业升级改造，实现发展方式转变，提高监管企业核心竞争力。二是要引导监管企业积极开展相互合作，推动监管企业之间非主业、非优势业务、同类业务之间的重组整合。进一步推动监管企业与中央企业开展多层次合作，以产权为纽带，实现优势互补，形成发展合力。鼓励支持有条件的企业加快“走出去”，利用国际国内两种资源、两个市场，加快企业做强做优。鼓励监管企业按照国务院“新36”条精神，在改制重组中积极引入民间资本，促进其他所有制经济成分与国有企业共同发展。三是要引导监管企业遵循市场机制，利用市场优化产权配置。要认真研究市场发展动态和政策调控动向，充分发挥股票市场、产权市场、债券市场的价值发现和资本形成功能，大力推动资产转让和增资扩股等项目进入产权市场阳光操作。

（四）努力做强做优上市公司，推动国有企业平稳较快发展。随着国有企业公司制股份制改革的推进，越来越多的优质资源进入上市公司，国有控股上市公司已成为国有经济发展的中坚力量。以中央企业为例，截至2011年6月30日，中央企业控股境内外上市公司共有359家，资产总额占全部中央企业资产总额的54.1%，净资产占全部中央企业净资产总额的68.7%，营业收入占同期全部中央企业实现营业收入的60.4%。显然，做强做优国有控股上市公司已成为各级国资监管机构的重要任务。针对当前国有控股上市公司发展中存在的问题，要着重做好以下工作：一是要重点解决上市公司层级低、规模小、分布散、实力弱的问题，要在研究确定上市公司层级的基础上，以已有上市公司为平台，利用好境内外资本市场，推动上市公司资源在监管企业内部、监管企业之间、监管企业与中央企业之间实现按业务板块联合重组上市，实施有效整合，实现资源集中、平台集中、优势集中。二是要进一步强化资本运作能力，要指导监管企业通过并购重组和孵化注资为上市公司发展提供持续后劲，要统筹运用资产注入、增持、增发、配股、可转债等多种手段，在保持控股股东对上市公司合理控股比例的同时实现融资发展。三是要努力解决因历史原因造成的母公司与控股上市公司的同业竞争问题，继续推动优质资产和相同业务向上市公司集中。要进一步规范关联交易，依法保护上市公司利益和各类股东权益。四是要努力提升国有控股上市公司治理水平，注重发挥股东治理在公司治理中的重要作用，使国有股东成为积极的、负责任的股东，切实加强内控体系建设，防范内幕交易，鼓励建立符合价值投资理念的分红机制，努力成为股票市场的表率。

（五）继续加强对产权市场的监督指导，确保产权交易规范运作。要继续贯彻落实“应进必进、能进则进、进则规范、操作透明”的十六字方针，大力支持产权市场建设，健全多部门联合检查机制，督促产权交易机构规范运作。要加强与相关部门的协调与合作，进一步将进场交易的成功做法推广到公共资源交易、涉诉资产交易等领域。积极探索提升产权市场功能，推动监管企业实物资产进场交易，通过产权市场引进各类投资者，在服务企业产权交易、资产流转的基础上，积极探索为企业增资扩股等资本运作服好务。

借此机会，我想强调一下产权交易机构的规范问题。大家都知道，去年国务院发布了《关于清理整顿各类交易场所切实防范金融风险的决定》，为此国务院专门成立了部际联席会，国务院国资委作为联席会的成员单位，主要任务是对产权交易市场进行规范。尽管其所针对的问题并不是由我们选择确定的企业国有产权交易机构引起的，但也提醒在座各家交易机构要引以为戒。应该说，国资委成立以来，先后建立了统一的交易规则、交易系统、信息发布和监测系统，并且推动成立了行业协会，各产权交易机构在拓展业务范围、创新交易方式方面所做的大量工作，也获得了社会的广泛认可。但我们要始终牢记，作为提供公正市场化服务的交易平台，规范是生命线，必须坚持规范操作，否则产权市场将失去生存基础。为贯彻落实国务院38号文精神，国务院国资委已于去年12月下发通知，要求各地国资监管机构督促产权交易机构开展自查，并将自查情况和发现问题的整改情况及时报告国务院国资委。今年，国务院国资委将组织六部委对四家中央企业产权交易试点机构进行第四次综合评审，各地国资监管机构也要在督促产权交易机构进行自查的基础上，开展对所选择确认的交易机构进行监督检查。在此过程中，希望产权交易协会切实履行职责，参与检查和整改监督，发挥好行业自律作用。各地要加强对产权交易机构业务创新的规范和指导，既促进产权市场在规范运作的基础上进行业务创新，在更大范围、更广领域内为资源优化配置提供市场化服务，又切实按照国务院38号文件要求，规范从业。

（六）切实加强境外产权管理，实现境内外一体化监管。随着国家“走出去”战略的实施，将会有越来越多的企业走出国门，进行跨国资源配置，加强境外产权管理就成为国资监管机构面临的又一项重要任务。中央企业正在按国务院国资委境外产权管理办法要求组织开展境外产权管理工作，希望各地也要把加强境外产权管理摆在重要议事日程。一是要加强境外产权管理工作体系建设。各级国资监管机构要结合本地区监管企业“走出去”的实际，建立起适应本地区发展要求的境外产权管理制度，切实做好境外产权管理与境内产权管理的衔接，不留管理死角。进一步强化监管企业境外产权管理工作，推动监管企业健全管理制度，明确岗位和职责，确保境外产权管理责任落实。二是尽快组织监管企业对以各种形式对境外投资所形成的权益进行全面摸底，及时认真做好境外企业产权登记工作，摸清核实境外企业户数、区域分布、行业分布、产权结构以及经营管理状况，建立起境外产权管理状况的报告制度。三是把住关键环节，做好风险管控。指导监管企业在境外国有产权流转中，组织做好可行性研究、内部决策、境外国有资产评估或估值等各环节工作，确保境外产权流转依法合规，维护好国有权益。四是要抓紧对监管企业个人代持境外国有产权和设立离岸公司等特殊目的的公司的情况进行一次全面清理，具备条件的应当要求监管企业及时办理变更或注销手续。

（七）进一步贯彻“大国资、一盘棋”理念，形成监管新合力。“大国资、一盘棋”是国务院国资委适应国资监管新要求提出的战略思维，也是聚合各种资源为国企改革发展拓展空间的重要举措。产权管理系统素有“大国资、一盘棋”的理念和工作基础，在此项工作上走在了前面，今后要在现有基础上，着重加强以下工作：一是要加强与政府有关部门的沟通，积极为国资监管和国企改革发展创造有利条件。国有企业改革发展涉及多个部门，各级国资监管机构需要积极协调财政、金融、税务等政府部门，争取有关政策支持，解决国企改革发展中的热点难点问题，为国企改革创造好的政策环境和发展空间。二是加强产权管理系统内部的联系与互动。国务院国资委将进一步通过工作会、培训班、信息系统、以审核促指导等方式加强对地方产权管理工作的指导。各省级国资委也要按照《地方国有资产监管工作指导监督办法》的要求，通过工作会、培训、走访调研等形式，加强对区域内国资监管机构产权管理工作的指导。三是围绕中心，服务大局，积极创造条件，以产权为纽带，促进中央企业与地方战略合作顺利推进、有效实施。

三、做好2012年全国国有产权管理工作的几点要求

为确保2012年全国国有产权管理工作整体协调推进，提高成效、多出精品，做到日常工作越做越扎实，重点工作逐年有突破，队伍建设水平不断有提高，需要我们在工作中注意把握好以下几点要求：

（一）要注意把握大局。产权管理工作事关企业改革发展全局，国内外形势和宏观政策的变化都会对产权管理工作产生深刻影响。产权管理工作要关注大局，把握大局，服务大局。各级国资监管机构负责产权管理的同志们，一定要牢固树立大局意识和全局意识，以更广阔的视野，站在更高的层面上开展产权管理工作。当前，产权管理工作的大局就是要以科学发展为主题，以转变发展方式为主线，推动国有企业搞好结构调整，加快转型升级，实现资源优化配置。这就需要我们立足大局，明确工作思路，创新监管方式，用好市场机制，提升企业价值，为实现"两新目标"提供强大动力。

（二）要注意抓住重点。在复杂多变的形势下，强化国资监管和推动国有企业改革发展面临诸多矛盾和问题，国有企业改革发展任务繁重，国资监管工作千头万绪。我们要始终保持清晰的思路，越是面对复杂的形势，越要善于抓好主要矛盾和矛盾的主要方面。对产权管理工作来说，就是要以优化产权配置为目标，继续完善产权管理工作体系、实施新的产权登记办法、做强做优上市公司、用好市场机制、加强境外产权管理，切实推动国有企业保增长、保稳定，实现平稳较快发展。

（三）要注意把握规律。产权管理工作事项多、任务重，同志们要善于从繁杂的具体工作中认识规律、总结规律、把握规律、遵循规律，提高工作的主动性、前瞻性。把握规律一要学习，就是不断学习产权管理法律法规，学习相关理论和业务知识，提高发现问题、解决问题的能力；二要积累，就是在日常工作中对出现的问题不断进行总结分析，认识和理清事物之间的相互关系和必然联系；三要钻研，就是善于研究和总结，并能针对工作中的热点、难点、重点问题及时提出政策建议或解决措施，不断提高工作的系统性、预见性、有效性。

（四）要注意带好队伍。各级国资监管机构一定要下大力气加强产权管理队伍建设，努力建设一支熟悉管理、精通业务、坚持原则、廉洁自律的干部队伍。在此，我要强调三点：一是高度重视。产权管理工作要求相关工作人员具有高度的政策性、专业性、原则性，各级国资监管机构的领导班子，尤其是"一把手"，要高度重视产权管理队伍建设，畅通人才发展渠道，创新人才培养模式，营造人才成长的良好氛围，为产权管理工作配备精兵强将。二是加强培训。产权管理工作专业性强、政策性强，要注意加强业务培训，国务院国资委将继续组织面向省市两级国资监管机构产权管理工作人员的业务培训，各地也要加强业务培训，国务院国资委将尽可能提供师资支持，共同努力不断提高产权管理队伍的业务素质、政治素质和职业操守。三是发挥好作用。要充分发挥产权管理队伍在国资监管和国企改革发展中的重要作用，对于国有企业改制重组等涉及产权运作的重大事项的方案设计和决策，要吸收产权管理部门同志参加，听取产权管理部门同志的意见，提高决策的科学性和方案的可操作性。

（五）要注意防范风险。产权管理工作是国资监管的重要关口，是社会舆论的重要关注点，责任大，舆情重，风险高。同志们在日常工作中要指导监管企业产权管理工作人员着重防范违规风险、市场风险、经营风险和道德风险。要继续坚持"依法合规、市场机制"的工作理念，不断健全制度，规范程序，约束自身行为，做到按制度办事，依程序运作，防止暗箱操作，谋私腐败。

最后，我想再强调一下正确处理监管与服务、规范与创新的关系问题。这两对关系既有区别，又有联系，是我们在过去工作中不断认识、调整，在今后工作中还要继续深化认识、正确处理的核心关系。产权管理工作制度性强，涉及各方利益，必须规范操作，加强监管，做好各项基础工作。制度和程序是经过多年的经验教训规范而成，规范运作是对产权管理体系的维护。但是，按照出资人职责要求，按照国企改革发展任务的要求，规范操作、加强监管只是做好了基础性的第一步。在此基础上，我们还要本着为企业服好务的原则，寓监管于服务之中，不断创新监管制度和监管方式，不断提高监管水平和服务质量，推动解决企业改革发展中遇到的新情况与新问题，帮助企业既按程序办事，又能高效率办事，实现又好又快发展。

同志们，2012年全国国有产权管理工作充满挑战性，我们要牢记使命，坚定信心，开拓进取，扎实工作，不断提高产权管理工作质量，为实现国资监管上新水平、国企发展上新台阶做出新的更大的贡献！

加强多层级蓝筹股市场建设服务实体经济

——上交所深入学习贯彻落实十八大精神

上海证券交易所理事长　桂敏杰

（2012年11月21日）

11月20日上午，十八大代表，上海证券交易所党委书记、理事长桂敏杰主持召开上交所党委中心组（扩大）学习会议，传达学习党的十八大精神，并对贯彻落实十八大精神、全面推进上交所各项工作提出了明确要求。

桂敏杰介绍了党的十八大会议情况，传达了胡锦涛同志所作的报告和十七届中央纪委工作报告的精神以及党章修改的情况。他指出，党的十八大是在全面建成小康社会和全面深化改革开放攻坚克难关键时期召开的一次旗帜鲜明、思想深刻、部署全面、求真务实、催人奋进的大会，必将对社会经济发展全局起到重大而深远的指导作用。学习领会和贯彻落实十八大精神，要牢牢把握“四个一”，即一个主题就是高举中国特色社会主义伟大旗帜，一个总依据是社会主义初级阶段，一个总布局是五位一体，一个总任务是实现社会主义现代化和中华民族伟大复兴。要牢牢把握“八个坚持”的基本要求，始终坚持“三个倡导”的社会主义核心价值体系。

桂敏杰指出，党的十八大提出了现代金融体系的目标是促进宏观经济稳定、支持实体经济发展。这为上交所多层级蓝筹股市场建设指明了战略方向。上交所要按照十八大的要求，进一步提升交易所市场的功能和服务实体经济的能力，在深化金融体制改革方面，配合监管部门放松管制、简化审批，切实发挥交易所市场组织者作用；在完善金融监管方面，提高监管透明度，抓好上市公司分类监管、信息披露直通车，保护投资者权益；在推进金融创新方面，引领和支持行业创新，加快债券市场发展，引入更多的交易方式和交易工具；在维护金融稳定方面，加强风险监测，防范和化解资本市场系统性风险。同时，交易所也要按照加快发展多层次资本市场的要求，加强多层级蓝筹股市场的建设，并通过参与场外市场建设、发展中小企业私募债等，为各类不同行业、不同规模、不同发展阶段的企业服务。

会上，桂敏杰结合十八大精神畅谈了参加十八大会议的体会；党委副书记、总经理黄红元及其他党委委员、总办成员也结合学习十八大精神，就资本市场未来发展、上交所当前工作重点难点及未来发展方向等进行了深入讨论，并就结合交易所工作深入贯彻落实十八大精神达成了五点认识：

第一，深入贯彻落实十八大精神，重在提高政治素养，提升使命感、责任感和大局观。交易所承载着国家法律法规的执行责任，承载着维护整个市场秩序的责任，承载着剔除市场“害群之马”的责任，承担着维护投资者权益的责任。根据交易所功能和定位，上交所党委、干部和员工必须有很高的政治素质，要把自身的工作与国家的战略、民族的命运结合起来，体现责任、视野、眼界和担当。

第二，深入贯彻落实十八大精神，重在有紧迫感，有强烈的进取心。与十八大提出的全面建成小康社会的宏伟目标相比，上交所还有很大的差距。与服务实体经济的要求相比，上交所服务能力还不足。因此，上交所要有紧迫感，迎难而上，锐意进取，要以更高要求、更高标准开展工作，使市场有更大的吸引力，有更大的影响力。

第三，深入贯彻落实十八大精神，重在解放思想、敢于实践，提高工作的主动性。我国资本市场经过 20 多年的发展，在探索中前进，在改革中创新，风雨兼程，快速成长，市场规模跃居世界前列，市场体系逐步完善，市场功能日益增强，市场秩序趋于规范，对外开放稳步提高，取得令人瞩目的发展成就，进入了一个新的发展阶段，具备了放松管制、鼓励创新以及扩大发展的环境和条件。上交所要进一步改变思维惯性，摆脱路径依赖，进一步简化流程，提高效率，进一步解放思想，鼓励创新，敢想敢为，提高创新的主动性、自觉性和前瞻性。

第四，深入贯彻落实十八大精神，重在开拓创新，创造性地开展工作。上交所要在党中央、国务院和证监会党委的正确领导下，深入贯彻落实十八大精神，坚定信心，敢于担当责任，勇于把握机遇，继续以多层级蓝筹股市场为核心，推动股票、债券、基金、衍生品四个市场协同发展，以更大目标、更高要求做好本职工作，创造性开展工作。

第五，深入贯彻落实十八大精神，重在提升服务实体经济能力，提高上交所的服务水平。上交所要转变思路，开拓视野，创新服务方式，丰富服务手段，提高服务意识，切实以服务各类市场主体、促进市场发展为己任，切实以面向市场主体、面向市场、面向国际化的服务标准全面提升上交所服务水平。

继续加强和推进上交所法治建设

上海证券交易所理事长　桂敏杰

（2012 年 12 月 4 日）

“刚过去的 12 月 4 日是全国法制宣传日，郭树清主席发表了《更加重视法治推动资本市场改革发展的重要作用》的文章，阐述了今后一段时期资本市场完善法治的方向和任务，强调了资本市场改革发展必须坚持法治化的发展道路。”上海证券交易所理事长桂敏杰 12 月 8 日在第三届上证法治论坛上表示，“这些论述和观点，集中反映了证券期货监管部门的理念和认识，对资本市场法治建设具有重要的指导意义，上交所给予充分认同和积极响应，全力配合监管层推进市场法治建设。”

党的十八大确立了 2020 年全面建成小康社会的宏伟目标，进一步阐明了“全面推进依法治国”的重要性和紧迫性，强调要“完善中国特色社会主义法律体系”、要“推进依法行政，切实做到严格规范公正文明执法”、要“深入开展法制宣传教育，弘扬社会主义法治精神”，并将“自由、平等、公正”等现代法制理念与“法治”一起，纳入社会主义核心价值体系。

桂敏杰说：“今后，我们需要将法治的进一步健全完善作为推进资本市场科学发展的重要任务，通过制度供给、制度创新，提升资本市场法治化的科学水平，促进和保障资本市场发展再上新台阶。”

当日，桂敏杰从四个方面详细介绍了上交所未来推进法治建设方针与路径：首先，应市场发展变化需要，健全完善上交所的规则体系。

据披露，截至目前，上交所市场运行中的各类有效规则共 220 余件，以上市、交易、会员管理三大基本规则为主体，以实施细则、指引和通知为补充的自律管理规则体系已经形成。但这些规则主要以股票类、集中交易类、监管类、实体类规则为主，债券基金衍生品类、非集中交易类、服务类、程序类规则比较欠缺，已不能适应上交所市场全面发展的现实要求。

“我们需要重点加强与市场改革创新密切相关的规则制

定修改工作，进一步扩大规则覆盖面，努力促进市场创新和发展。"桂敏杰说。

其次，认真履行交易所职责，严格执行资本市场的法律制度。"多年来，上交所一直努力扮演好市场秩序维护者的角色，随着资本市场的扩大和复杂，市场各方对交易所严格执行法律，维护市场公平正义，保护投资者权益的要求和期望越来越高，需要我们进一步强化执法守法理念、丰富自律监管手段，努力在惩治市场违规失信行为、规范市场秩序中，更加充分、更为有效地发挥交易所的作用。"桂敏杰说。

同时，据桂敏杰介绍，未来上交所还将加大法制宣传力度，提高市场主体的法制意识。

资料显示，上交所此前已通过编辑书籍资料、主持报刊专栏、开展业务咨询、设立投资者教育网络学院、组织市场培训等方式，开展了大量的法制宣传教育；未来还将创新法制宣传教育的方式，丰富法制宣传手段，增强法制宣传效果，促进市场主体提高诚信合规意识。

当前，资本市场日益重视和期望加强法治建设，市场各方对交易所自身运作的法制化也有了更多的关注和期待。故此，桂敏杰最后强调，将坚持依法办事，进一步提升上交所自身运作的法治水平。

上交所将致力于优化资本市场法律环境

上海证券交易所理事长　桂敏杰

（2012 年 10 月 17 日）

"当前和今后一个时期，证券法、证券投资基金法、期货法，资本市场这三部法律的修订和制定，应成为市场各方和立法机关的关注重点。"在昨日召开的中国审判理论研究会金融审判理论专业委员会第四届年会暨"创新与转型中的金融市场规制"研讨会上，上海证券交易所理事长桂敏杰表示，资本市场法制对市场创新发展非常重要，上交所将为资本市场法律环境的优化进一步贡献力量。

一、法制建设助推市场健康发展

桂敏杰指出，我国资本市场成立 20 多年来，伴随资本市场创立、建设和发展，市场法制建设取得重大进展和长足进步。截至目前，以市场自律规则为基础，以法律、行政法规和规章为主干，以司法解释和司法政策为补充，全面、完整、系统的市场规则体系已经成形。股改以来，我国资本市场取得了重大发展和转折性变化，市场规模和影响力迅速扩大，市场功能得到明显改善，服务经济社会的能力和作用大幅提升。在这一过程中，我国资本市场法制建设始终保持与市场发展同步，为我国资本市场发展变化做出了十分重要的贡献。

与此同时，随着我国经济的转型和调整，资本市场的改革和创新以及实体经济对资本市场提出更高要求，现行市场的规则体系面临新的形势和挑战。由此，推进法律的"立改废"，系统地调整和完善市场立法已成为当前重要和迫切的任务。

二、修法时机和条件日趋成熟

"具体而论，作为资本市场规则体系的核心，证券法、证券投资基金法修订或者制定已有多年，这两部法律立法时的市场背景和市场基础发生了很大变化，一系列市场改革和创新对系统性修改法律提出要求。"桂敏杰称。

目前，证监会已组织业界开展《证券法》实施效果评估工作。桂敏杰指出，阶段性研究成果表明，各方对修法的必要性和迫切性已达成广泛共识，修法的时机和条件日趋成熟。

桂敏杰同时表示，证券投资基金法修订工作已持续两三年并形成了成熟的修订草案，受到立法机关和相关各方的充分肯定，目前修订草案已进入全国人大常委会审议阶段。

桂敏杰还指出，经过多年发展，我国期货市场已成为品种齐全、交易活跃、影响广泛的市场，在国民经济中的地位和重要性大幅提升，业界和学界对制定期货法的呼声日渐强烈，期货立法日益迫切。

桂敏杰呼吁，为了进一步发挥资本市场服务实体经济的作用，更大程度更广范围利用市场力量配置资源，在当前和今后一个时期，资本市场上述三部法律的修订和制定，应成为市场各方和立法机关的关注重点。同时，伴随上述三部法律的修订和制定，也应对相应的配套规则、规章进行全面梳理和调整。

当前我国资本市场进入加快创新发展阶段，作为我国证券市场重要组成部分，上交所也面临新的机遇和挑战。对此，桂敏杰认为，作为市场重要组织者，上交所具备诸多有利条件，在推动市场改革发展和服务、支持市场创新方面能够发挥更大作用，可以有更大作为。

桂敏杰表示，上交所愿意发挥资本市场一线和市场中枢的优势，为资本市场法律环境的优化贡献力量和智慧。

我国处于企业兼并重组最关键时期

——中国证监会副主席庄心一在新浪财经讯“第四届中国经济前瞻论坛”上的发言

（2012 年 12 月 29 日）

尊敬的各位来宾，上午好！

非常高兴能来参加这次论坛，借此机会我想就重视和发挥企业市场化并购重组，促进转方式、调结构这个题目谈点看法，供大家参考。

第一，市场化并购重组是落实转方式、调结构战略部署的重要推动力。转变经济发展方式，调整经济结构，是关系我国经济发展的全局性的战略选择，推动企业市场化并购重组是落实转方式、调结构战略部署的重要的现实路径。从相关因素综合观察，当前我国正处于企业兼并重组最重要，最关键的时期。

从我国现实需求看，夕阳产业的淘汰，过剩产能的消化，以及企业走出去战略的实施都迫切需要运用并购重组这一市场化的配置资源工具。产业一般按初创阶段、规模化阶段、积聚阶段区分，初创阶段的后期以及规模化阶段的前中期是并购整合的高峰。我国目前相当一批产业正处在这个时候。从物质基础看，改革开放 30 多年来经济快速发展的成果，全球第二的经济体量和具规模的产业资本，以及多年来企业并购重组实践中取得的经验教训形成的专业服务体系，已经为更加市场化、更大范围、更大作用的并购重组活动提供了雄厚基础。

从法规政策看，《公司法》、《证券法》提供了法律框架，行政法规、部门规章对并购重组的限制越来越少。国家产业政策“十二五”规划鼓励和支持并购重组，2010 年国务院专门发布了关于促进企业兼并重组的意见，明确了目标、原则、要求和扶持措施。

再从市场条件看，随着社会主义市场经济体系的不断完善，全社会市场化程度的提高，企业界并购重组供需双方的意愿都在显著的增长。近几年来资本市场分置改革的完成，也有研究表明在全流通条件下，随着市场估值不断的演变和调整，一些行业的上市公司市值已经趋近于资本重组成本，并购企业为企业转型和扩张中间更加经济的选择。

第二，资本市场是企业并购重组和产业整合升级的重要平台。

资本市场的资源配置功能、风险定价功能、产权界定功能以及公开透明的内在要求，在促进行业整合，优化经济结构，推动创新和技术进步，培育新兴产业方面都具有独特的优势和越来越重要的作用。从国际经验看，经济结构转型需要资本市场发挥作用，新兴产业的兴起壮大要依托资本市场，优秀企业的成长也离不开资本市场。

从我国看截至到今年 11 月底上市公司达到了 2495 家，市值接近 20 万亿元，上市公司的群体覆盖了几乎所有的行业和主要的区域。随着资本市场规模的扩大，借助资本市场并购重组的活动日趋活跃，影响也越来越大。据统计，2006 年实施股权分置改革以后，四年上市公司并购交易量是前四年的 38 倍，2010 年至今的三年内与 A 股上市公司相关并购重组共有 3589 单，总交易量达到 17563 亿元，其中有 2/3 是企业依照公司章程决策和信息披露以后实施的，是不需要审批的，经中国证监会审核的是 1/3，项目是 751 单，交易金额是 6800 亿，占市场的份额分别是 20% 和 38%。随着中国经济的发展跨境并购也逐步的受到中国企业的重视，案例我就不举了。

中国企业在国际并购市场上已经占据一席之地，据美国纽约时报引用的路透数据，今年以来按美元计算，中国海外并购的交易量比去年同期上涨了 28%，而全球并购总交易量同期下滑了 2.8%。今年以来中国海外并购的交易量也在持续的增长，中国上市公司凭借其资金、上市平台、公司机制等各方面的优势在跨境并购的舞台上发挥越来越重要的作用。据有关资料表明，在整个交易量中已经占据一半以上。

根据国务院关于促进企业兼并重组的意见，国家成立了由工业和信息化部等 12 个部门指导的企业兼并重组小组，研究重大相关问题，细化有关措施和有关政策，落实重点产业调整和振兴规划的相关要求，协调有关部门和企业做好工作，我们认真贯彻工作要求，确定了工作安排，两年来正在分布落实逐项推出配套实施，大部分目标已经实现。比如说允许资产重组和融资配套进行，支持设立并购基金，推动部分改制上市公司整体上市，提高借壳上市标准，推动建立内幕交易综合防控体系。最近的数据 1—11 月已经办的内幕交易案件涉及并购重组信息的案件占比 23%，去年占比是 71%，这一方面至少得到了初步的遏制。另外，减少了一批行政许可，简化审批项目，显著提高审核效率和透明度，做到了审核标准、审核过程、审核结果三公开。

第三，进一步深化改革，加快改善制度环境，共同创建良好的市场生态。

目前，推动市场化并购重组需要进一步解决的主要问题有以下几个方面。一是跨地区、跨部门、跨所有制的并购重组活动，遇到的困难和阻力依然比较多。二是审批环节多效率低，相关规则不够匹配，新情况研判处理的周期比较长这些问题还有待从根本上进一步解决。三是金融工具不足，交易形式单一，股价定值的合理性不够，中介服务等还不能适应市场的需要。四是并购重组活动中间的失信、造假、欺诈、内幕交易等行为对市场的伤害和对监管的挑战仍然不可忽视。五是税收、会计、资产评估、外资管理、工商登记、职工安置、市场准入等相关领域还需要进一步的配套支持和配套规则。

中国证监会作为资本市场的监管部门，将坚持市场化改革趋向，持续推进市场基础建设，不断改进完善监管的制度安排，着力在以下几个方面扎扎实实开展工作，为企业市场化并购重组提供更加有效的监管服务。

一是放松管制，取消减少许可事项，进一步提高整合效率。二是强化信息披露，完善公司治理，增强市场制约。三是帮助解决和协调处理市场主体在创新探索中遇到的外部性问题。四是加大查处整治市场违法违规问题，切实保护中小投资者的合法利益和健康的市场秩序。同时我们将与相关部门共同研究，合力推动配套解决影响市场化并购重组的体制性、机制性障碍。

时间关系，以上各项内容我就不展开讲了。我们有理由相信，今后一个阶段中国企业市场化并购活动将越来越活跃，其在推动中国经济转方式、调结构实现良性发展的重要性将越来越突出，对此我们应当有所认识、准备和行动，各相关方面都要加快市场化改革步伐，抓紧消除障碍弥补缺陷，共同为我国市场化并购重组的崛起和蓬勃发展创建适宜优良的生态环境，谢谢大家。

不急功近利调控股市

——专访中国证监会副主席姚刚

《财经国家周刊》记者 文丽 曲瑞雪

（2012 年 7 月 20 日）

6 月 29 日，A 股 2012 年年中行情收官。上半年，经历了两轮过山车行情的 A 股，始终徘徊于市场公认的“底部区间”。进入 5，6 月份，股指再次进入下行通道，尤其 6 月下旬，经历了持续下跌后再次逼近年初低点。去年底以来，中国证监会先后推出了一系列政策措施，在改善我国资本市场环境的同时，着力创造条件培育壮大机构投资者，这些都被公认为政策利好。

一边是监管层政策利好频出，一边是股市低位盘整。接连出台的政策利好缘何未能阻止已经处于低位的股指继续下探？这成为近期市场中投资者最大的疑惑。而坊间关于停发新股以救市的议论也不断升温。证监会对于发行节奏“管还是不管”、新股发行“停还是不停”，成为投资者关注的焦点问题之一。

针对广大投资者所关注的这些热点问题，《财经国家周刊》记者在 6 月末独家专访了中国证监会副主席姚刚。针对近期股市的持续低迷，姚刚表示，市场有它自己的运行规律，证监会并不能左右股票指数的变化。“证监会主要负责维护良好的竞争秩序，保护市场参与者的合法权益。”姚刚指出，近期证监会出台的一系列政策措施都是着眼于资本市场长期健康发展的，而非急功近利地去调节短期涨跌，不能用“政策救市”的眼光去看待制度建设。

对于市场期待的社保基金、住房公积金等长期资金何时入市，姚刚表示，资本市场需要配套的管理制度，需要一个不断完善的过程，不可能一步到位。姚刚还向《财经国家周刊》记者表示，下一步，证监会将把发展机构投资者放在更加突出和紧迫的位置，多渠道加以培育。

对于市场关注的新三板和国际板的推出等问题，姚刚也向《财经国家周刊》一一解答。

一、不能靠停发新股“救市”

《财经国家周刊》：最近一段时间股市行情低迷，投资者信心不足。有人将其归咎为新股扩容步伐太快，股票市场供需失衡，建议证监会暂停新股发行，以提振股市。证监会如何看待该建议？

姚刚：5 月份以来，受欧洲债务危机等因素影响，沪深股指有所下跌。但今年初至 5 月末，境内股指涨幅明显领先于国际主要股指，上证综指累计上涨 7.86%，深证综指上涨 11.65%，但相比之下，同期美国道琼斯指数上涨1.44%，日本日经 225 指数上涨 1.03%，香港恒生指数上涨 1.06%，伦敦金融时报 100 指数和巴黎 CAC40 指数分别下跌 4.96% 和 4.52%。

股市运行的影响因素复杂，股指涨跌是境内外多种经济、市场因素的综合反映。将股指下跌归咎于新股发行的看法在过去就有，现在仍可听到这种担忧。从静态的供求关系来看，此种担忧似有道理。从历史看，确实也曾出现过暂停新股发行的情况，但对提振股市没有起到作用，反而被作为“政策市”特征而广受诟病。例如，2004 年，停止了新股发行，股指一路下跌。相反，2007 年 A 股融资 7723 亿元，创下新高，但股指却一路上行。这说明新股发行不是影响股市涨跌的重要因素。另外，市场总是需要新鲜血液，不把经济活动中最活跃的企业纳入市场，投资者就缺少新的投资机会，缺少分享经济增长的机会。

当然，我们要重视投资者的意见和市场的声音，维护市场供求的动态平衡，更加注重保护投资者的工作，主要推进两方面基础制度建设：一是深入推进新股发行制度改革，创造条件让市场机制发挥作用，这样发行人就会自主衡量发行的成本，选择发行的时机，市场的内在机制就会自动调节新股发行；二是大力培育机构投资者，主动做好长期资金进入资本市场的衔接和服务工作。这些工作已经取得了积极成效。

《财经国家周刊》：二季度公布的一系列宏观经济数据表明，国内经济下行压力较大，境外特别是欧洲经济政治形势不容乐观。如何看待经济增速放缓对资本市场的影响？证监会是否做好了防范系统性风险的准备？

姚刚：经济下行压力加大必然会影响市场对上市公司业绩、股价的观察和评估。从国际看，世界经济复苏的曲折性、艰巨性进一步凸显。美国经济复苏乏力，缺乏持续强劲的增长动力；欧洲经济呈下行趋势，欧债危机仍然是全球经济复苏的最大不稳定因素，也不可避免地影响我国资本市场运行。

但是，我们更应看到，我国工业化、城镇化、信息化和市场化都处于快速推进时期，中长期经济增长动力依然强劲；我国经济是典型的大国经济，有着巨大的内需市场，对国际因素的冲击有很大的缓冲和回旋余地，有能力有条件保持长期较快发展的好势头。这就为资本市场发展奠定了坚实基础，资本市场长期稳定健康发展的基础没有动摇，方向没有变。

在防范风险维护市场稳定方面，有这样几个考虑：一是坚持以发展促稳定，强化资本市场对实体经济的服务，促进资本市场和实体经济在更广范围、更深层次的对接，既为稳增长、调结构、扩内需、培育中国经济的国际竞争新优势做出应有贡献，也为投资者分享经济增长的成果提供更多的产品、工具和渠道的选择。二是坚持严格执法，加强投资者保护，对侵害投资者合法权益的各类违法违规行为"零容忍"，维护市场正常秩序。三是坚持推进资本市场改革创新，培育市场稳定运行的内在机制。四是坚持维护资本市场的安全运行，坚决守住不发生区域性系统性风险的底线。

二、新政着眼长期发展

《财经国家周刊》：自去年底以来，证监会推出了一系列的政策利好，也大力宣传市场投资价值。但是，市场似乎不为所动。有媒体甚至发出了"股市为何总被利好'忽悠'"的疑问。那么，在监管部门看来，如何理解当前股市的投资价值？如何进一步增强股市投资价值？

姚刚：去年底以来，我会推出了一系列政策措施，被市场视为政策利好。这些政策措施是着眼于资本市场长期健康发展的，而不是急功近利地去调节短期的涨跌，不能将此理解为"政策救市"。市场有它自己的运行规律，证监会并不能左右股票指数的变化。证监会主要负责维护良好的竞争秩序，保护市场参与者的合法权益。股市的投资价值可以通过市盈率、现金分红、股息率等指标来衡量。从市盈率来看，当前全部A股平均市盈率为14倍，特别是蓝筹股典型代表沪深300指数成份股平均市盈率仅为11倍，低于标普500指数成份股13倍的平均市盈率。从现金分红来看，2006—2011年，境内股市实际现金分红分别为784.20亿、1180.04亿、2524.51亿、2526.74亿、3023.96亿和3900.68亿元，逐年增加；其中，2011年现金分红较上年增幅达29%，现金分红占净利润的比例为26%，较上年提高近3个百分点。从股息率来看，2009—2011年我国上市公司平均股息率分别为1.04%，1.14%，1.82%；沪深300指数股息率分别为1.29%，1.59%和2.34%，均呈现稳步提高的趋势。2011年，美国标准普尔500指数成份股股息率为2.12%，沪深300指数股息率已经高出标普成份股股息率。

我们还可以从另一组数据来衡量股市的长期投资价值。据统计，2001—2011年的11年间，全国社保基金累计实现投资收益2846亿元，年均投资收益率达到8.4%，其权益类资产回报率远超过这一水平；另外，据市场机构统计，自2003年境外合格机构投资者(QFII)进入中国资本市场以来，先后共汇入资金1200多亿元，累计盈利1500多亿元，年化收益率达到16%。

以上数据所反映的股市投资价值似乎与很多中小投资者的感受有差距，那么我再用一组数据来说明这种感受的差距。一是我国股市体现出新兴市场大起大落的特征。2006—2007年，上证综指累计上涨353%，2008年上证综指下跌65%，2009年又上涨80%；2007年股市6124点的时候，A股静态市盈率平均为76倍，即使经济增速再高也支撑不了这样的股市，如果投资者在顶部买入，必然面临投资损失。二是个人投资者换手频繁。2006—2008年，按成交金额计算的沪深两市换手率分别为146%，217%和118%，其中个人投资者换手率明显高于市场平均水平，结果既支付了大量的市场交易成本，又容易遭受频繁炒作的损失。

《财经国家周刊》：前面您提到了要大力培育机构投资者。但是，有投资者质疑相关政策"雷声大、雨点小"，一方面目前实质性兑现的措施并不多，此外投资者希望看到的长期资金入市对行情的支撑似乎也还没有得到体现。请问，证监会如何回应这些质疑？在发展机构投资者方面，监管层有什么后续政策规划？

姚刚：证监会一直高度重视培育机构投资者。十多年来，机构投资者类型和数量都明显增加。但是，与成熟市场相比，我们专业机构规模仍明显偏小，投资者结构不平衡的现象十分突出，特别是自然人持股占比达到26.5%，交易量更占到85%左右。改变个人投资者为主的市场局面，必须要大力发展专业投资，鼓励和引导个人投资者主动改变投资理财方式，从自己理财转向通过机构投资者的集合理财、专业理财。这样才是保护投资者的根本之道，也是奠定资本市场长期稳定健康发展的基础。

去年底以来，证监会加大了工作力度，主动做好长期资金进入资本市场的衔接和服务工作，也取得了一些进展。例如，广东省已与全国社保基金理事会签署协议，对养老金进行多元化投资运营；今年，我会还会同相关部门新增QFII投资额度500亿美元，新增RQFII投资额度500亿人民币。但是，社保基金、住房公积金等长期资金进入资本市场需要配套的管理制度，需要一个不断完善的过程，不可能一步到位。与此同时，长期资金入市并不代表全投股票，投资方向还包括国债、金融债、企业债等在内的债市。

三、投资者保护多管齐下

《财经国家周刊》：今年沪深交易所完善了退市制度，这无疑将有助于我国资本市场的健康发展。但据我们了解，很多投资者在期待市场制度完善的同时，也在担心退市制度可能会给市场带来的影响，尤其自身的投资风险问题。在保护投资者合法权益方面，监管部门有何考量，与退市相关的配套制度安排是否完备？

姚刚：退市制度改革是今年资本市场的一项重要工作，市场和社会各方面要求改革的呼声一直很高。我会已将稳步推进退市制度改革作为2012年的重点监管工作之一，在上半年取得了突破性的进展。新的创业板退市制度已于5月1日起正式实施。关于主板和中小板退市制度改革，目前沪深交易所已经完成对社会的征求意见，正在着手研究和吸收各方意见，对退市制度方案进行修改和完善。（主板、中小板公司的退市制度已于6月底推出——编者注）

新的退市制度在着力树立市场价值投资理念、引导投资者通过理性投资的同时，在退市工作具体实施的过程中，做出了一系列的制度安排，以全面保护投资者的合法权益。一是加强上市公司的日常监管，推动上市公司规范经营，提高质量，以尽量减少退市风险出现。二是加强退市信息披露，向投资者充分揭示退市风险，增强投资者的知情权。三是设立"退市整理期"制度。上市公司的股票被交易所作出终止上市的决定后，给予其30个交易日的退市整理期，以利于投资者有更多的机会处理手中股票。四是建立重新上市制度。退市公司，如果符合交易所规定的重新上市条件，可以向交易所申请重新上市。从而使公司"能上能下"，实现上市、退市的常态化，建立资本市场的良性循环。五是为退市公司投资者提供股份转让服务。上市公司的股票被终止上市后，公司可以选择将其转入场外市场。上海证券交易所也将为退市公司的股份转让交易建立相应的系统。

上市公司退市制度改革的新举措，有利于从根本上维护投资者的合法权益，从市场反映看，得到了市场和社会的高度认可。一是资本市场资源配置功能将进一步完善。严格可行的退市新制度的建立和执行，将使市场本应具有的优胜劣汰功能和效率机制得以建立，让有限的社会资源配置到优质上市公司，让优质公司获得足够资源充分发展。二是强化了对市场主体的约束。建立严格可行的退市制度，一方面有利于培育投资者的风险意识，引导投资者理性投资，树立价值投资理念；另一方面，将进一步约束上市公司，使其具有危机感和紧迫感，更加注重日常经营和公司基本面的改善，注重保护投资者利益。

同时，我们还考虑到了在退市新制度实施时，如何做好与老制度的衔接问题，切实维护投资者的合法权益。《财经国家周刊》：在新股发行市场中，广大中小投资者始终处于弱势地位。请问随着新股发行的进一步市场化，监管层将如何保护中小投资者权益，中小投资者又该如何做好自我保护？

姚刚：保护投资者合法权益是我们各项监管工作的重中之重，在新股发行制度改革中也得到了充分体现。今年4月28日，证监会发布了《关于进一步深化新股发行体制改革的指导意见》，着力完善信息披露和市场约束，核心目的是促使新股价格真实反映公司价值，实现一、二级市场的协调健康发展。

在保护中小投资者权益方面，具体做出了以下安排：一是强化信息披露的真实性、准确性、充分性和完整性，全过程、多角度提升信息披露质量。二是明确发行人与中介机构、询价对象等的责任，加大对违法违规行为的处罚力度等都是直接着力于保护投资者，特别是公众投资者合法权益的措施。三是结合我国市场投资者的结构特点，提高了网下配售比例，同时明确了网下向网上的回拨要求，体现了重视中小投资者参与新股的意愿，兼顾了推动市场不断规范和对投资者合法权益的积极保护。四是引入独立第三方对拟上市公司的信息披露进行风险评析，旨在为中小投资者在新股认购时提供参考，帮助中小投资者更加准确、深刻地判断发行人的风险。

四、新三板、国际板影响解读

《财经国家周刊》：当前市场有关年内推出“新三板”的预期高涨。在当前股市行情较为低迷情况下，会不会分流A股市场资金，从而影响股市行情？

姚刚：“新三板”是资本市场的新事物，在各方面情况尚不明朗的情况下，投资者有上述担心是完全可以理解的。建议投资者从以下几个角度认识和评估新三板及其影响：

一是新三板定位于为成长性、创新性中小企业提供股份转让和定向融资服务，这将有利于弥补金融服务的缺失，促进民间投资和中小企业发展，形成经济增长和结构优化的良好预期，对场内市场健康发展有利。

二是由于我国多层次资本市场体系不健全，场内市场公开发行上市的压力很大，新三板市场建立以后，拓宽了资本市场服务能力，将有利于缓解场内市场的发行上市压力，从而舒缓场内市场扩容预期。

三是新三板市场挂牌公司将在主办券商督导下规范公司治理和公开披露信息，从中关村试点来看，股份转让的价格没有多少炒作，这对于培育更加成熟的上市公司和规范场内市场价格形成都有积极意义。四是新三板市场总体上属于长期投资市场，投资者主要集中于产业资本和股权投资基金，自然人主要是公司高管、核心技术人员、发起人股东以及具备较高风险识别和承受能力的其他自然人，这与场内市场的投资者定位存在很大区别，难以形成同一投资者群体在市场选择上的此消彼长关系。

五是新三板市场的融资功能属于小额定向融资，市场扩容效应很低，其二级市场交易又由于挂牌公司股本集中度较高，涉及的资金量有限。从中关村公司股份转让试点情况看，2011年平均换手率只有2.93%，而同时期场内市场换手率234%。

综上，我们的综合判断是，新三板推出不会对A股市场运行造成重大影响。

《财经国家周刊》：相比新三板取得的市场共识，市场中有关另一个板块——国际板的争议由来已久。近日，国家发改委、商务部等八部门出台的《关于加快培育国际合作和竞争新优势的指导意见》（下称指导意见），提出了“适时试点境外企业到境内发行人民币股票”。这一消息再次牵动A股市场的神经。但我们也注意到，中国证监会并没有参与该《指导意见》的出台。请问证监会在国际板建设上有什么样的考虑？姚刚：我们也注意到八部门所出台的《指导意见》涉及了国际板。市场对此较为敏感。我们认为，对于国际板的推出不必过度解读，这并非新政策，在国家“十二五”规划中已经做了安排，也是资本市场发展和对外开放的大势所趋，但并非当务之急。

从国际经验看，国际金融中心无不重视境外上市资源。以香港股市为例，非本土上市公司占到总市值的60%以上，既为本地投资者提供了更多的投资机会，也增强了香港对于全球资本的吸附能力，促进了香港金融市场以及香港经济的繁荣。从资金流向看，境内资金对外投资通道早已打开，除企业的境外直接投资外，通过合格境内机构投资者（QDII）投资境外资本市场的基金净值截至6月15日已达569亿元，并未对境内股市造成冲击。从股市估值看，境内蓝筹股市盈率已与国际接轨。

同时，我们也应看到，八部门所出台的《指导意见》是一份中长期的战略性指导性文件。境外企业在境内上市涉及法律、会计、外汇管理等诸多领域，是一项重大的系统性工程，需要在认真研究基础上，建立和完善相关制度安排。目前，各有关部门仍在对境外企业到境内发行人民币股票工作的总体思路、制度规则等进行研究和沟通，完成这些工作还要一段过程。

深化改革　增强资本市场服务实体经济的能力

——中国证监会副主席姚刚在“首届岭南论坛”上的讲话

（2012 年 3 月 25 日）

“首届岭南论坛”3 月 25 日在广州中山大学举行，中国证监会副主席姚刚表示，下一阶段，证监会将根据“十二五”规划要求以及年初全国金融工作会议的指示，从九个方面深化改革，增强资本市场服务实体经济的能力。

一是加快统一监管的场外柜台交易市场建设。姚刚透露，加快建立统一监管、以柜台交易为基础、服务于全国中小企业发展的场外市场，符合现阶段我国经济发展的需要。证监会正在对市场建设有关问题深入论证，抓紧完善相关方案，在履行完相关报批程序后，争取尽快出台。

二是大力推动公司信用类债券市场的发展。姚刚介绍，公司信用债券市场是今后扩大直接融资的主渠道。此前，国务院已经同意由人民银行、发改委和证监会建立公司信用类债券部际协调机制。目前重点推动市场准入条件、信息披露标准、资信评级要求、投资者适当性制度和投资者保护等基本制度的统一，深入推进交易所债市和银行间债市的互连互通。目前，证监会正在对发债主体、投资者、中介机构进行需求调研，研究中小企业发行私募债券的方案。

三是继续深化发行体制改革。他指出，新股发行体制改革的中心任务是使新股价格真实反映公司价值，实现一、二级市场的协调健康发展。为此，要合理界定监管部门与交易所及其他中介机构之间的职责划分和责任关系，以充分、完整、准确的信息披露为中心改进发行审核制度，逐渐把审查的重点从上市公司盈利能力转移到平等保护投资者的合法权益上来。

继续弱化不必要的行政干预，强化新股价格形成机制的资本约束、市场约束和诚信约束，促进发行人、中介机构和投资主体归位尽责，使新股定价和发行人基本面密切关联；同时将继续加强投资者教育和风险揭示工作，反复提醒投资者不要盲目“炒新”，逐步建立投资者适当性制度，引导市场理性认识新股投资价值；将推动更多的机构投资者进入新股市场，引导长期资金在平衡风险和收益的基础上参与新股定价和认购。

四是推进上市公司分红制度改革。监管部门将在充分尊重上市公司自主经营决策的前提下，继续鼓励、引导上市公司建立持续、清晰、透明的现金分红政策和决策机制，加大对未按承诺比例分红、长期不履行分红义务公司的监管约束，帮助企业树立回报股东的观念，持续推动上市公司完善投资者回报机制。

五是稳步推进退市制度改革。姚刚介绍，深交所《关于完善创业板退市制度的方案》将进入具体实施阶段。在扎实推进创业板退市制度试点的基础上，证监会将研究改进和完善主板退市制度，逐步形成市场化和多元化的退市标准体系，并采取措施使触发退市条件的公司真正退市，发挥市场优胜劣汰的功能。

六是积极发展期货市场。证监会正在抓紧研究论证原油期货市场建设总体方案。国债期货的合约设计、规则拟定、技术系统准备等工作已基本完成，中国金融期货交易所已启动国债期货的仿真交易，待条件成熟时稳妥推进国债期货交易。此外，还将进一步推进白银、焦煤、油菜籽等期货新产品的上市工作，加大期权等新交易工具的研发工作。

七是积极培育发展机构投资者，优化资本市场结构。证监会将在强化对广大中小投资者服务的同时，积极采取措施，鼓励和引导证券投资基金、社保基金、养老基金、企业年金、保险资金、合格境外机构投资者（QFII）等机构投资者在资本市场发挥更大作用。

八是努力保护投资者的合法权益。一方面证监会将保持高压态势，坚决打击操纵市场、内幕交易、虚假披露、利益输送、非法咨询和非法交易等侵害投资者利益的违法违规行为，维护正常的市场秩序和“三公原则”。另一方面将逐步建立起适合中国资本市场状况的投资者适当性制度，加强对各类投资产品的风险揭示，引导投资者审慎选择与自身情况相匹配的产品，倡导理性投资理念。

九是继续推进资本市场的对外开放。目前，正在研究降低 H 股上市门槛，为中小企业到境外资本市场直接上市融资创造条件。证监会正在会同相关部门推动进一步增加 QFII 和人民币境外合格机构投资者（RQFII）额度。在扩大 RQFII 试点规模的同时，争取在管理机构类型、投资范围、投资比例等方面有所突破。此外，证监会正在积极准备在内地推出港股指数交易型开放式指数基金（ETF）产品和配合香港证监会在香港推出人民币计价的 A 股指数 ETF 产品，为今后推出更多的跨境产品摸索经验。

大力发展固收产品是基金业扩大规模重要途径

上海证券交易所总经理 黄红元

（2012 年 12 月 2 日）

2012 年 12 月 2 日，第十一届中国证券投资基金国际论坛在中国深圳福田香格里拉大酒店举行，本次论坛主题为“建设现代财富管理行业”。和讯基金全程直播本次论坛。上海证券交易所总经理黄红元在论坛中做主题演讲。黄红元在演讲中表示，在成熟市场，基金管理资产中固定收益产品大约占 50% 比重，而我国不超过 20% 。大力发展固定收益类产品，将是我国基金业今后扩大业务规模的重要途径，不仅符合大多数中小投资者的风险偏好和理财需求，也是提振投资者信心的重要手段。

以下为黄红元演讲实录：

尊敬的各位领导、嘉宾，财富管理行业的各位朋友，上午好！很高兴参加一年一度的基金业盛会，和大家交流对行业发展的一些看法，我今天发言的题目是《努力为投资者提供良好的回报，是交易所和基金业共同的责任》。

自 1998 年第一只证券投资基金诞生以来，我国基金业发展近 15 年，目前 73 家基金公司共管理公募基金 1300 多只，管理资产近 3 万亿，成绩斐然。但在行业快速发展的同时，也开始面临严峻的挑战。

挑战之一，银行、保险、信托等理财行业的后起之秀，虽起步晚，但发展快，短短几年时间规模就超过了我们基金业。

挑战之二，产品结构单一，权益类产品占主导地位，固定收益类产品较少，跟踪商品、房地产、贵金属、外汇等产品尚未普及。与投资者的多样化理财需求存在较大差距。

挑战之三，行业投资回报不够理想，投资者不满意。统计显示，国内基金近年收益不仅低于美国同行，也低于国内阳光私募。

我相信，基金业的同仁们也充分认识到了这些挑战的严峻性，并做出了不懈努力。导致这些问题的原因多样，其中的重要因素是基础产品和市场环境不理想。主要涉及以下三个方面：

第一，上市公司分红机制不完善，影响股票合理估值。

股东作为资金提供方，获得相对稳定、可预期的现金回报，不仅是证券这一金融资产的基本属性，也是经典理论中股票合理定价与估值的关键因素。

国际成熟市场经验已经证明，只有建立了有效、稳定的上市公司分红机制，才能吸引以获取稳定分红收益加合理资本利得为目标的长期资金类机构投资者，市场估值才会相对合理、稳健。

在成熟市场，公司分红是上市公司的常态，客观上存在一个公司分红的市场基准，因此，对少数成长性高而分红少甚至不分红的例外公司，如苹果公司等，投资者也可参考该基准进行估值，且市场、股东、舆论会高度关注其资金使用的有效性，形成严格的监督和制约。

在我国，近年来不少上市公司开始积极实施分红政策，蓝筹公司股息率股已达到甚至超过境外市场水平。但总体上看，仍然缺乏稳定、可预期的分红机制，这使得市场难以吸引长期资金和价值投资者，股票估值没有牢靠的投资者基础，导致股价很容易要么过于高估，要么过度低迷。资本市场缺乏长期资金，不仅直接影响了二级市场的定价功能，也对资本形成机制造成不利影响。

没有有效的分红机制保障市场能够合理估值，中小投资者即使波段操作、博取差价，也容易遭遇市场低迷时，深度套牢、损失本金。这是因为，在缺乏长期资金和价值投资者的情况下，价值低估时买入、高估时卖出这一促使股价合理回归的市场机制也就难以发挥作用，市场盛行炒新、炒小、炒差、炒短行为，而中小投资者往往成为“专业炒家”的受害者，导致股市环境恶化。

负责任的机构投资者，会督促上市公司建立稳定的分红和再投资发展机制。作为股东，可通过股东大会在公司章程中明确分红政策，督促公司建立稳定的分红预期；对确有需要不分红的高成长公司，可要求大股东、董事会、管理层提出充足的理由，并建立相应的再投资考核、评估和责任约束机制。

负责任的机构投资者，还会努力约束上市公司不乱融资、不多融资。上市公司再融资的资金来源是社会公众投资者的真金白银，公司大股东和高管层应对再融资投向及其收益切实负责。针对现金分红少、再融资金额多、使用效益欠佳的公司再融资，机构投资者作为股东，可积极倡议、主动要求建立大股东及其关联人的回避表决机制，对其再融资形成有效约束。

负责任的机构投资者，更会促进上市公司完善信息披露和投资者关系管理，保障投资者的知情权。一些上市公司在发生重大事项或业绩出现大幅波动时，往往只是一纸公告，市场难以知晓详情。基金等机构投资者可以要求公司董事长、总经理等召开现场说明会或业绩推介会，当面向投资者、分析师、媒体解释原因，接受质询。在必要时，还可以要求公司召开临时股东大会，提议更换公司董事和高管，及时完善公司发展战略。

第二，加强产品创新，大力发展固定收益和准固定收益等低风险产品。

在成熟市场，基金管理资产中固定收益产品大约占 50% 比重，而我国不超过 20% 。大力发展固定收益类产品，将是我国基金业今后扩大业务规模的重要途径，不仅符合大多数中小投资者的风险偏好和理财需求，也是提振投资者信心的重要手段。

最近，上交所资本市场研究所和金融创新实验室发表了两篇研究报告，对当前市场估值、市场运行质量进行了研究分析。当前上证 50 市盈率仅 8.5 倍，上证 180 为 9 倍；上证 50 股息率为 3.63% ，上证 180 为 3.38% 。统计数据表明，目前市场估值处于历史最低水平。历史数据也显示，在估值低位时进行中长期投资，往往可以获得良好收益。

今年以来，QFII 和 RQFII 等机构投资者净流入沪市 A 股的资金大幅增加，特别是最近两个月，QFII 和 RQFII 进一步加大了投资力度，这反映了海外投资者对当前 A 股市场投资价值的充分认可。尽管很多专家都认为当前市场过度低迷，高度认可蓝筹股的长期投资价值。但是，由于市场的短期波动和个人投资者的跟风行为，个人投资者往往很难分享这种潜在的长期投资收益，中国多数投资者仍然偏好低风险的理财产品。

今年 9 月份以来，在境外市场推介和国内调研座谈中，不少专家学者提出，可针对这种情况，鼓励财富管理机构适时推出既能满足投资者低风险偏好，又能分享未来股市成长空间的产品，帮助投资者更好地把握良好的价值投资机遇，同时也可以显著增加蓝筹股的市场需求和资金供给。他们提到了三种产品。

第一种产品是将未来市场成长空间转化为准固定收益的产品。基金公司等财富管理机构可以与投资银行合作，设计收益下保底、上封顶且挂钩指数的结构化产品，为投资者提供保底且与未来股价挂钩的回报。在欧美，这类产品较为常见，可为我国基金业借鉴。

第二种产品是可转债组合产品。推动上市公司发行转股价高于市价的可转债，以募集来的资金回购股票，基金公司等资产管理机构则可以构造可转债组合产品，既为投资者提供了较安全的潜在高收益产品，又可以支持上市公司合理维护股价形象。

第三种产品是与红利挂钩的产品。统计显示，上交所税后股息率超过一年期银行存款利率的上市公司近百家，平均税后股息率达 4.34%，其流通市值占沪市近四分之一。可以设计将这些公司的分红和二级市场的波动相分离的分级产品，为偏好低风险的投资者提供双倍股息率的投资产品。随着各方面对分红的日益关注，并积极推动上市公司提高分红率，适合开发这类红利挂钩产品的上市公司数可以超过 200 家，市值规模近 8 万亿，占上交所市值一半以上。

这些专家所说的这些产品，涉及大量数据挖掘和金融工程知识，业界产品开发人员可以展开论证研究。

第三，交易所：服务行业转型，创造良好市场环境。

作为证券市场的组织者和服务者，上交所一直致力于改善市场环境，服务广大投资者和行业创新发展。今年以来，围绕市场基础建设，切实提高投资者回报和保护投资者利益，上交所从规则制定和积极引导的角度，重点推进了五项工作。

一是推动上市公司分红，倡导现金分红是投资者回报最重要组成部分的理念；二是完善退市制度，抑制绩差股的投机炒作；三是健全上市公司信息披露，提高上市公司透明度；四是积极引导理性投资，倡导良好的股市文化；五是加强服务，支持行业的创新发展。

明年，上交所将继续做好这五项工作，并从以下三方面，为基金业转型、提高投资者回报，营造良好的市场环境。

第一，全面推进股票、债券、ETF 基金和衍生品四大市场建设，为财富管理行业提供优质的基础资产。股票市场，重点是改进公司治理，提升透明度，推进多层级蓝筹市场建设；债券市场，重点是做大市场规模，增强市场流动性，提供更多的固定收益产品；衍生品开发，重点是研究论证个股期权，为行业开发准固定收益产品，提供风险管理工具。

第二，服务基金公司产品开发，共同努力做大主题、行业、风格和跨境 ETF，推出挂钩债券、黄金、农产品、外汇等各类资产的 ETF，积极探索 Reits 等新产品。把上交所基金市场建设成为投资者高效、便捷配置国内外各类资产的枢纽市场，实现“一所连百业，一市跨全球”的目标。

第三，配合资产管理机构，大力开展市场推广和服务，拓宽基金销售渠道。上交所正筹划推出 LOF 平台、场外基金销售和转让平台，方便投资者安全、低成本地实现场内、场外基金资产配置。

当前，我国多数投资者仍然偏好收益相对稳定的低风险产品，我们应顺应市场需求，大力发展可分享蓝筹股当前较高红利和未来良好前景的准固定收益产品，努力为投资者提供良好回报，化挑战为机遇。我坚信，只要我们协力同心，所谓“积力所举无不胜，众智所为无不成”，必将迎来海阔天高的新局面。

深化多层次资本市场服务　支持西部经济发展

——在第三届中国西部金融论坛上的讲话

深圳证券交易所总经理　宋丽萍

（2012 年 9 月 25 日）

尊敬的各位嘉宾，女士们、先生们：

非常高兴参加第三届中国西部金融论坛。

西部已经成为中国经济新的增长点。近年来，受内外部多重因素影响，中国经济的下行压力较大，“转方式，调结构”任务紧迫。在东部地区经济增长放缓的同时，中西部地区连年保持高速增长，扭转了区域经济差距加大的势头，为我国经济保持平稳增长做出了贡献。最近，我参加了中国资本市场对境外投资者的推介活动，境外投资者对中国经济的中长期发展普遍具有信心，有一个重要的原因，就是广阔的中西部地区显现的发展趋势和巨大潜力。

西部的良好发展态势，在深交所多层次市场中也得到了显著体现。2011 年，中西部地区中小板和创业板公司增加 55 家，总数达到 206 家。中西部地区上市公司营业收入增长 20.2%，净利润增长 9.5%，分别高于深交所上市公司总体 2.3 个百分点和 2.6 个百分点。今年上半年继续保持了这个势头。

因此，将西部地区的发展置于中国经济结构战略性调整的大背景下，就能看到其蕴涵的巨大潜力和战略机遇。正是基于此，近年来，为了落实证监会党委提出的“三个如何”的要求，贯彻金融服务国民经济薄弱环节的部署，深交所发挥多层次市场服务民营、中小、科技企业的优势，不断加大对西部的倾斜支持力度。

一是深入了解西部地区企业和证券经营机构的现实需求,加大市场培育力度。成立专门的西部中小企业上市培育工作小组,与西部地区省市级地方政府、国家级高新区、证监局签订了26份《中小企业合作培育协议》。深交所还专门组织奖励积极服务西部企业的保荐机构,调动市场积极性,缓解西部企业改制上市缺乏专业保荐服务的突出矛盾。

二是针对西部地区资本市场发展基础相对薄弱的问题,加大培训交流力度。连续举办多期“地方政府金融干部资本市场专题研讨班”,参会的西部金融干部有560余人。深交所还陆续邀请西部省区证监局业务骨干180多人来我所交流,2009年以来在西部地区举办了24次董秘、独董、财务总监等专业培训,累计培训5000多人。

三是制定实施专项工作方案,推进西部地区资本市场规范发展。与省市金融办沟通合作,加强在内幕交易防控、公司规范运作、市场风险防范等方面的培训。针对西部地区投资者经验相对缺乏、地域分散的问题,与西部12家证监局合作,调动各方面资源,共同推动支持证券公司营业部做好投资者教育和保护工作。

近年来,西部地区企业和政府对利用资本市场的意识显著增强,市场培育机制逐步完善。随着西部地区经济快速发展,产业结构升级步伐加快,多层次资本市场与西部地区经济的结合必将日益紧密。下面,我结合今年以来资本市场的一些最新变化,就如何更好地利用多层次资本市场谈几点认识:

1. 积极支持已上市公司规范发展,树立市场对西部地区上市公司的信心。充分发挥资本市场对地方经济的引导示范带动作用,不仅要推动大量的优秀企业上市,而且要支持上市公司走规范发展的道路。上市公司群体是一个地区在资本市场的标杆,支持这一群体在规范的基础上做大做强,将为后续的企业利用资本市场创造良好的环境。特别是今年以来,资本市场推出了更为严格的退市制度,退市将更加经常化、市场化,区内上市公司如频发退市风险,将会影响市场对区内企业的信心。另外,上市公司做大做强离不开并购,但并购容易引发内幕交易,而且研究表明,内幕交易具有地域特征,从而影响地方经济在资本市场的形象。这些风险和问题,是我们地方在充分利用资本市场的同时需要防范和关注的。

2. 大力支持民营、中小企业发展,发挥西部经济的特色优势。西部地区除了传统的产业优势外,在旅游、文化、特色农业食品、特色资源等领域具有特殊优势,与我国经济结构调整的方向和资本市场的偏好十分吻合。在这些领域,机制灵活的民营中小企业更有优势。调研中我们发现,经过30多年的改革开放,现在西部民营中小企业的起点比较高,利用资本市场的意识强,民营企业所从事的项目与当地民生联系紧密,而且这批企业家现在也更为重视环境保护和社会责任。支持这批民营中小企业的发展,可以充分发挥西部经济的区域优势,更全面地带动地方经济社会的发展。

3. 重视地方中介服务机构的培育,提高利用资本市场的能力。地方要利用资本市场,离不开一支扎根基层、立足当地的高水平中介机构队伍。西部幅员辽阔,企业总体规模小,高质量的中介服务覆盖有限。为提高资本市场服务中小企业的能力,今年中国证监会加快了场外市场的建设步伐,全国中小企业股份转让系统建设已经启动,同时在清理各地非法股权交易的基础上,规范引导证券公司参与区域性股权交易市场建设。西部地区应抓住多层次资本市场服务范围向下延伸的契机,积极培育地方性的证券经营机构、会计师、律师等中介服务机构队伍,引导资本市场服务全面向基层渗透,为更多的中小企业进入资本市场提供持续的本地化服务。

4. 积极利用资本市场创新工具,多渠道提高西部地区直接融资比重。为满足实体经济的多样化融资需求,中国证监会今年以来,加快了资本市场的创新步伐,5月召开了证券公司创新大会,研究推出资产证券化等一系列创新产品。6月推出了市场化的中小企业私募债试点,加快发展债券市场。这些创新产品的共同特点是,植根于实体经济的现实需求,依托市场的自我约束,机制更加灵活。这也是资本市场下一步发展的方向,西部地区应从一开始就积极参与,牢牢抓住资本市场创新发展的新机遇,拓宽利用资本市场的渠道。

当前中国经济正在经历一场深层次的结构调整,从投资驱动、出口拉动转而更加依靠创新驱动、消费拉动,资本市场也在适应实体经济的变化,加快改革创新。西部地区应从自身的区域优势和产业优势入手,把握资本市场改革的新机遇,充分利用资本市场助推地区经济社会的发展。深交所多层次市场以服务民营、中小、科技企业为宗旨,与西部经济发展的特点高度契合,将继续发挥在市场、服务、技术、人才等方面的优势,全方位地服务西部,为推动西部经济社会的发展做出应有的贡献。

谢谢大家!

加快资本市场与科技创新结合 建立可持续的市场化科技创新机制

——在2012年中关村论坛上的讲话

深圳证券交易所总经理 宋丽萍

(2012年9月13日)

尊敬的各位嘉宾,女士们、先生们:

加快转变经济发展方式,实现我国发展的战略目标,最根本的是要靠科技的力量。今年7月召开的全国科技创新大会提出要深化科技体制改革,加快建设国家创新体系,为2020年进入创新型国家行列奠定坚实基础。我国科技发展既面临重要战略机遇,也面对严峻挑战,必须在深化创新机制上有所突破。

改革开放 30 多年来，我们企业一直瞄准国际前沿，借鉴成熟的经验，采用跟随赶超的战略，集中力量动员各方面资源来实现这些目标或实践这些经验。当前，我们在很多领域已经正在接近国际前沿，模仿逐渐失去目标，原创性的挑战越来越多，技术路线不再清晰，前景不确定性增强，创新的风险更大。由于资本市场更适合处理信息不对称高、不确定因素大的融资需求，具有"风险共担，收益共享"的特点和优势，与我国新阶段创新活动发展的主流趋势相匹配。因此，金融界和科技界都应当高度重视资本市场在推进科技创新中的作用。

一、资本市场加强与科技创新的结合已经初见成效

资本市场服务科技创新不仅是金融支持实体经济的战略任务，事实上，资本市场也只有与科技创新紧密结合，才能不断找到高成长的企业，让投资者真正分享中国经济成长的成果。近年来，中国证监会加快资本市场改革，初步建立了适应科技型企业融资需求的多层次市场和产品体系，效果已经初步显现。

2009 年 10 月，创业板顺利推出，对推动科技创新企业发展起了非常大的作用，中关村的例子最具代表性。我记得在创业板推出前，时任中关村管委会主任戴卫，曾经在一次我所举办的论坛上，针对中关村企业上市被否多的现象，对当时资本市场审核制度过于偏重制造类企业提出过批评。创业板推出后，短短不到 3 年时间内，中关村已经有 50 家企业在创业板上市，而过去 8 年中关村在我所中小板上市的企业只有 32 家，在现有近 350 家创业板上市公司中占了 1/7，成为创业板上市公司最密集的区域，这些企业主要集中在新一代信息技术和环保节能等行业。创业板的推出，适应了以中关村企业为代表创新型企业群体的需求，一批企业借助资本市场平台取得了快速发展，同时也带动了 PE，VC 等社会资本向科技型企业集聚。

这个月，试点已 6 年多的新三板将上海张江、武汉光谷和天津三个国家高新科技园区纳入服务范围，场外市场建设取得实质进展，资本市场服务领域进一步延伸。随着新三板各项制度不断完善，对中小科技型企业的支持力度会不断增强。此外，今年中国证监会还推出了中小企业私募债试点，促进区域性股权交易中心规范发展等，这一系列的改革措施，可以调动地方资源和券商积极性，服务中小科技型企业，汇聚民间投资，还可以带动地方中介服务业发展。随着资本市场平台和工具的不断丰富，不同类型、不同成长阶段的创新型企业，都可以选择一个真正适合自己的资本市场工具和平台，不用把 IPO 上市作为进入资本市场的唯一选择。这对探索建立适应当前时代特征的科技创新机制，落实建设创新型国家的要求，势必产生深远影响。

二、更大程度地发挥资本市场作用需要配套制度的改革

资本市场支持科技创新，实际上是动员社会资本共担创新风险，共享创新收益。要更大程度发挥资本市场作用，必须尊重市场规律，为投资者提供能抵补高风险的回报，才可能吸引社会资本源源不断地向科技创新领域汇集。

我们注意到，这些年深交所确实有一批科技型上市公司利用资本市场，得到了较快发展，成为行业领军企业，或者支撑起了一个新的行业。但是，还有不少具有技术优势的上市公司，没有发挥出资本市场平台作用，企业发展情况并不理想，在全球分工体系中的竞争力也没有大的提升。

通过调研，我们发现原因是多方面的：有资本市场自身的原因，例如并购制度不灵活、效率低，创业板启动三年，仅完成 5 例并购等。也有实体经济上体制机制性方面的问题，例如审批繁琐。有公司反映，国内医疗行业的集中度不高，单一的企业承担研发面临较大的风险，未来部分医疗细分行业需要大量的并购和合作，但企业在开展相关和相近技术和产品医疗器械领域的并购和合作上仍会面临项目审批、前期手续较繁琐等问题，不利于高端医疗器械技术和产业的发展。

又比如说条块分割的问题。国内大市场本来是支撑企业敢于大规模投入研发的优势条件，但诸如交通、医疗和城市信息化等领域存在较严重的条块分割现象，跨地区扩张遭遇较强的地区保护，通常公司需要与当地企业或相关主管部门指定企业联合投标，或者需要向指定供应商购买产品，因此公司通常以亏损为代价打开当地市场。

还有产权保护的问题。不少行业仿冒侵权现象突出，例如种子行业"套种"的现象普遍，上市公司对产品进行"打假"，但由于取证难等原因，"打假"耗时、耗财、耗精力，收效甚微，出现了"好企业日子不好过，侵犯知识产权的小企业日子挺滋润"的怪现象，企业不愿投入研发，上市公司优势发挥不出来。

最后还有管理体制的问题。一些高校所属上市公司，公司治理不健全，没有真正成为一个自主经营的主体，决策链条长，公司的很多决策需要通过层层审批，难以适应瞬息万变的市场。

以上诸多问题表明，提供宽松的政策环境，促进上市公司又好又快发展，还有很大的空间，需要深入推进改革，破除实体经济层面的体制机制性障碍。市场经济，企业是科技创新的主体，上市公司是企业中最优秀群体的代表，只有全社会共同创造一个良好的大环境，上市公司才能不断提升竞争力，沿着产业链不断向上跃升，充分利用资本市场的平台，成长为世界级的科技企业。

三、全面认识资本市场，正确发挥资本市场作用

资本市场与科技的结合，在我国处于起步阶段，但市场释放的巨大活力，已经激发了全社会创业创新的热情。然而，资本市场本身还不成熟，社会各界对资本市场的认识也不全面，难免出现急功近利的倾向。真正的创新型国家建设，需要科技界、金融界更具远见和耐心。为此正确发挥资本市场支持科技创新的作用，要防止几个错误倾向：

一是过分突出产业化，削弱了基础研究投入。资本市场推动科技创新是以产业化为前提，如不能带来显著的、现实的经济效益，资本市场很难介入。但在资本市场巨大的财富效应吸引下，过度追求产业化，可能会对科技创新带来负面影响。例如，基础性研究是高校的强项和使命，在开拓前沿科研领域方面具有优势，大规模产业化的能力并不是高校的强项，大多数情况下可以交给市场中有实力的企业去做。高校如过分关注产业化，不可避免会削弱其在长期性、基础性研究领域的优势，最终也会影响我国建立真正原创性的优势产业。

二是过度集中在 PRE－IPO 企业，社会资本对创新初期企业关注不足。过去几年，由于市场价格体系失衡，企业上市后带来的高额回报，使各种类型的 PE，VC 都扎堆在 PRE－IPO 企业中，投资短期化、功利化，影响甚至扭曲了资本市场对科技创新的支持作用。今年以来，随着新股发行制度改革的推进，新股市盈率显著下降，PE，VC 开始回归本位，一些社会资本向成长初期的企业延伸，一个更加精细化、分工合作的风险投资链条正在形成，有利于促进不同成长阶段的科技创新企业均衡健康发展。

三是过度关注上市公司的融资功能，忽视对上市公司研发能力的培育。上市融资只是资本市场功能的一个方面，如果仅仅将上市公司作为融资平台，不注重培育上市公司研发能力，就不能持续发挥资本市场的作用，支持企业建设高水平研发中心，构建基于市场和企业的国家创新体系。我们注意到，不少行业创新主体主要集中在科研院所和高校，行业中的上市公司大多没有强大的研发队伍，例如种子的品种研发在我国90%来自科研院所和高校，国外70%来自企业。还有一些依托国家大型科研院所发展起来的上市公司，母所对上市公司平台重视不足，母所研发成果的产业化转移效率低等等，这需要引起科技界的重视。

近年来，我国上市公司群体数量不断增长，资产规模和质量不断提高，上市公司已经成为国民经济的主体，资本市场在我国科技创新体系的作用和地位将日益显著。深交所中小板、创业板为主体的多层次市场体系，以服务科技、中小、民营企业为使命，深感责任重大，将与科技界的朋友一起，共同努力，推动资本市场与科技创新的结合实现更大的飞跃。

祝本次论坛取得丰硕成果，谢谢大家！

在2012年度财新峰会上的讲话

深圳证券交易所总经理　宋丽萍

（2012年11月17日）

各位领导、来宾，下午好！

刚刚结束的党的十八大，重申两个百年奋斗目标，一个是在中国共产党成立100年时全面建成小康社会，一个是在新中国成立100年时建成富强民主文明和谐的社会主义现代化国家，这是向全体中国人民的庄严承诺，也是向全世界的庄严宣示。资本市场对于促进经济社会转型、维护社会公平正义、推进文化强国和生态文明建设都可以起到不可替代的战略作用，而且经过20多年的发展，已经具备这样的基础和条件。十八大报告明确要求加快发展多层次资本市场，实际上是一个总动员令，为资本市场今后的发展指明了方向。

深交所从2000年以来，一直致力于多层次资本市场建设。中小板、创业板先后启动，1000多家科技型、成长型的中小企业发行上市，服务国民经济的能力不断增强。在市场建设的实践中，我们感到，要顺利推进多层次资本市场的建设，必须得到社会方方面面的认同，也需要相关领域改革的配套和支持。十八大报告明确提出，"必须以更大的政治勇气和智慧，不失时机深化重要领域改革，坚决破除一切妨碍科学发展的思想观念和体制机制弊端，构建系统完备、科学规范、运行有效的制度体系"。这将为资本市场深化改革提供强有力的政治保障和制度保障，为今后市场的长远稳定发展注入了新的动力，进一步坚定了我们加快发展多层次资本市场的信心。

因此，此次论坛将"多层次资本市场"作为主题，非常及时。下面，我想结合深交所一线的实践，就加快发展多层次资本市场，与大家做一个探讨交流。

一、加快发展多层次资本市场，不是简单的数量扩张，必须以实体经济的需求为导向，丰富市场的层次结构。经济社会的转型，催生了大量全新的、多元化的投融资需求，客观上要求资本市场改变过于单一的市场、产品结构，在发行上要公募与私募并重，交易上要场内与场外兼顾，产品上要股票、债券、期货协调发展，并基于更丰富的基础产品和多元化的投资偏好，开发出更多差异化、个性化的创新产品。加快发展多层次资本市场，实际上是为了适应经济发展方式的转变，资本市场自身发展方式的转变，是实现资本市场协调、可持续发展的保障，也是资本市场迈向成熟的标志。

二、加快发展多层次资本市场，不能习惯于监管机构唱主角，而必须更大程度发挥市场配置资源的基础性作用。今后市场将面对千差万别、千姿百态的企业，提供复杂多样的投资产品，监管机构判断企业经营和产品投资风险的难度越来越大。行政审批如果继续承担价值判断和背书的功能，结果要么就是市场风险不断向政府集聚，要么就是这些企业和产品倒在行政审批的门槛上。这一方面要求监管机构"放松管制、加强监管"，将工作重点逐渐从事前审批转向事后监管，淡化行政审批的价值判断、实质判断，把更多的决策权交还给市场；另一方面要求市场主体归位尽责，强化市场在准入、定价、退出、回报等方面的约束功能，提高市场配置的效率。

三、加快发展多层次资本市场，不是单纯的市场结构和机制建设，必须有成熟的市场主体作为基础。没有成熟的市场主体，就没有成熟的市场机制。多层次市场的发展，将带来更多的交易平台、更丰富的产品、更多样化的风险类型，客观上需要市场主体提高定价能力、中介服务能力和风险控制水平。现在证券公司作为最主要的中介机构，还过于依赖"通道"业务，在专业判断和客户管理等方面优势不突出，离真正的交易中介、资本中介、风险管理中介还有差距。在投资者方面，我们需要有更多的专业机构投资者，作为市场交易投资的主导力量，起到价格引领者的作用。个人投资者今后依然是重要的投资群体，需要根据他们投资偏好和风险承受能力的差异，加强服务，有针对性地开发产品、拓展市场，重视部分个人投资者参与社区化投资的需求。这些都需要我们共同努力，持续做好艰苦细致的工作。

应进一步完善公司债券市场的法律制度

上海证券交易所副总经理　徐　明

11 月 26 日，上海证券交易所副总经理徐明在北京举行的第二届“上证法治论坛”上发表主题演讲时指出，目前，无论是资本市场的实践活动还是《证券法》客观上均存在着重股轻债的现象，这与大力发展公司债券市场已上升为我国资本市场的一项战略不相符。如何按照债券的内在规律和基本特点，完善或者重构《证券法》当中的债券制度，已经成为证券法治当中一个重要的课题。

徐明表示，从筹措资金促进资源配置角度来看，发行债券是企业融资的重要渠道，债券市场已经成为资本市场筹资最主要的功能之一，也成为我国资本市场更加重要的组成部分；同时，大力发展债券市场对资本市场全面发挥功能也具有重要意义。第一，有利于平衡资本市场融资模式，改变企业融资对银行贷款的严重依赖，降低银行贷款风险；第二，有利于拓宽公司融资渠道，促进公司治理机构的完善与发展，改变以股权融资为主要融资模式的不合理现状；第三，有利于满足不同投资者的不同风险偏好，进行有效投资组合的需要，同时有利于国家进行有效地宏观调控，促进国民经济健康发展。

实际上，在我国资本市场发展过程中，债券市场早于股票市场，但前者发展相对滞后。近年来，债券市场的重要性，尤其是公司债券市场越来越受到重视，债券市场得到了一定的发展，扩大直接融资比例，大力发展公司债券市场也已上升为我国资本市场的一项战略；但目前在我国资本市场实践中，各类参与主体对于股票的熟知程度远远超过了债券。

针对目前我国债券市场的实际发展情况与扩大直接融资比例、全面发挥资本市场功能的战略定位以及其内在需求相比较仍然有一定的差距。徐明指出，存在的问题主要体现在如下三方面。

一是资本市场的倒金字塔结构仍然没有改变。在成熟资本市场的融资债券品种中，股票、国债、公司债的规模依次是从小到大的金字塔结构；但我国目前“股票市场大、债券市场小”的倒金字塔结构没有改变，公司债券市场规模仍然较小。一个例证是，2008—2010 年，我国股票融资规模达到 18750 亿左右人民币，而同期公司债券的融资累计发行 1534 亿，仅占股票融资比例的 8%。而在欧美等成熟市场，公司债融资比例高达整个资本市场的 70%。

二是公司债在整个债券体系当中所占比重依然较小。经过多年发展，我国债券品种已从单一国债扩大到央行票据、商业银行金融债券、企业债券、公司债、中小企业结合票据等多种品种；但从总体看，债券市场依然比较单一，主要以国家信用债为主，这类债券占市场总量的 80% 以上，真正意义上的公司债比例较低。此外，在公司债当中，发行人仍以央企或优质地方企业为主，中小企业直接融资比例不高。

三是要发挥交易所在公司债市场发展中的自律管理作用。交易所作为自律管理组织，承担着审核公司债上市，组织管理债券交易，对债券发行人实施信息披露监管等职责。实际上，近年来上交所将大力发展债券市场作为一项紧迫任务，债券的托管量、新上市债券和挂牌交易债券个数明显扩大，债券产品创新也不断取得新进展；这些变化说明交易所在债券市场发展中，应当能够发挥相应优势和作用。因此，在完善《证券法》中公司债券法律设计时，应该为交易所对公司债券的上市、交易组织管理以及交易品种创新和上市后持续监管等留下应有空间。

发挥机构在蓝筹股市场中的作用

上海证券交易所副总经理　徐　明

（2012 年 4 月 23 日）

“引导价值投资，推进公司治理，在这方面机构投资者大有可为。”上海证券交易所副总经理徐明在出席本届全球基金峰会时表示，要进一步发挥机构投资者在蓝筹股市场中的作用。

徐明表示，资本市场的安全运行和功能发挥，离不开经营稳健的市场主体。机构投资者已经发展成为资本市场的重要投资主体，其发展壮大对于完善金融市场运行机制，形成健康成熟的投资文化起着重要的基础作用。

统计显示，截至 2011 年底，从证券市场持股比例来看，专业机构投资者占比为 15.7%。“我国金融机构的规模、产品以及专业机构的市场比例有了长足的进步。”徐明表示：“专业机构投资者在资本市场的投资比例以及长期资金在市场中的投入与成熟市场相比，仍有相当的差距，在大力发展投资者尤其是专业机构投资者、加大其在资本市场的投资比例、鼓励长期资金进入资本市场等方面还需要从多方面努力。”

同时，徐明认为机构投资者能够引领价值投资、长期投资，塑造健康的投资文化。

统计显示，机构投资者投资组合中大盘蓝筹股市值占比超过 80%。“机构投资者具备资金、研究与技术优势，能够更加理性决策，挖掘有长期投资价值的投资标的。”在徐明看来，机构投资者投资行为稳定，偏向长期持有，不通过频繁交易获利，可有效降低非理性交易行为导致的股价波动。

此外,徐明指出机构投资者对完善上市公司治理意义重大。

机构投资者通过积极行使股东权利,可以充分发挥对公司管理者的监督和激励作用,对控股股东的行为形成有效制衡,促进上市公司完善公司治理结构,提高公司治理水平。徐明表示,我国机构投资者可通过多种渠道和方式介入公司治理、促进公司权力制衡机制的形成和完善。包括积极行使投票权,避免内部人控制;间接或直接影响公司高管行为、督促公司建立合理的薪酬机制;促进并购决策更科学,注重社会责任;促进公司披露更加规范化;对证券公司、会计事务所、评级机构等中介机构提出更高要求,间接促进公司改善治理;推动市场制度环境、投资环境和游戏规则不断完善等。

基于对机构投资者在资本市场所扮演重要角色的认识,徐明表示,上交所蓝筹市场将为机构投资者提供广阔空间。

依照上海国际金融中心的战略安排和部署,上交所正在建设和发展以市场为导向,加强服务和创新,形成以蓝筹股股票市场为核心、债券市场、基金市场和衍生品市场四轮驱动的综合市场体系,为机构投资者参与证券市场投资提供理想的依托平台。

另一方面,上交所将通过产品和交易机制的创新为价值投资者提供多元化的产品和服务。徐明举例介绍道,正在发行的沪深300ETF是上交所的重要战略产品,是目前唯一采取“T+0”申赎机制的跨市场产品,该产品的推出是推进蓝筹市场建设、推进价值投资的重要举措,对提高长期投资收益、提升市场效率具有重要意义。

完善诚信制度确保“五个维度”创新

上海证券交易所副总经理 徐 明

(2012年12月8日)

“资本市场是高度依赖诚信的市场。诚信既是资本市场的伦理准则,也是商业法则。资本市场创新,尤其需要诚信做支撑。”上海证券交易所副总经理徐明12月8日在第三届上证法治论坛上说,“进一步而言,在市场创新过程当中,要做到诚信原则,一个好的制度设计是至关重要的。”

回溯资料,近年来,随着一系列基础性建设的推进,资本市场发展的内外部环境不断优化,为市场加快创新发展创造了条件,我国资本市场开始进入创新发展的新阶段,创新已经成为新时期我国资本市场发展的主旋律。

对此,徐明从五个“维度”梳理了未来资本市场推进创新的基本脉络。

首先是市场体系创新。在纵向方面,多层次市场将逐步建立和完善,将由主板市场、中小板市场、创业板市场、全国性的场外交易市场(三板市场)、区域性的场外市场(四板市场)和柜台交易市场等构成,市场间的转板机制将逐步建立并不断完善;在同一市场中将逐步建立多层级的市场,将同一市场的证券根据优劣大小等不同情形区分出不同的层级。

在横向方面,将建立股票、债券、财富管理、衍生品等全方位的市场。实现场内市场和场外市场同步,股票和债券、基金,现货与衍生品并举的局面,从而改变我国资本市场目前主要还是交易所场内市场、股票市场和现货市场这种市场结构、层次比较单一的情况。

其次是市场品种创新。查阅资料,近年资本市场在传统的股票、债券、基金之外,陆续开发了ETF、权证、股指期货、中小企业私募债等新的交易品种,但与天量银行储蓄余额和巨大的社会投资理财需求相比,投资渠道单一、品种有限的情况仍较突出。

“因此需要加快创新步伐,开发出更多的投资品种,例如积极稳妥地推出各种资产管理产品和股票期权等证券衍生品种。”徐明说。

再次,徐明介绍,还有市场交易创新,“需要积极研究做市商交易、程序交易、算法交易、高频交易等在成熟市场较为普遍的交易方式,适时进行交易机制的创新。”

此外,还有市场监管创新及市场法制创新。“要尽快启动《证券法》、《公司法》的再次修订,加快《期货法》立法进程,以及完善配套司法解释、法规、规章和市场业务规则。”徐明呼吁。

必须一提的是,在市场创新过程当中,诚信原则是支撑的根基;而要做到诚信,一个好的制度设计将是至关重要的。“在市场创新过程当中,诚信建设的制度设计至少体现在三个方面:一是详尽的信息披露制度。二是良好的监管制度。三是严格的责任追究制度。”徐明说。

关于信息披露制度,徐明提出,为促使创新业务的相关方诚实信用,创新业务需要明确信息披露的义务主体、内容、时限等,特别是要揭示业务的内容、特点、法律关系、风险因素等事项。要不断促使创新业务公开,逼迫创新业务在阳光下作业,真正做到真实、准确、完整、及时、公平。

关于责任追究制度,“要强化对相关产品、服务的提供方、中介机构、市场参与人等的责任追究,确立声誉约束机制,发挥法律的惩戒作用,让违法失信者对其不诚信行为付出应有的代价、接受应有的惩罚。”徐明最后说。

加快转变经济发展方式 努力实现平稳健康发展

——在第四届中国经济前瞻论坛上的致辞

国务院发展研究中心主任 李 伟

(2012 年 12 月 31 日)

尊敬的各位来宾、女士们、先生们:

大家上午好!

值此第四届中国经济前瞻论坛开幕之际,我谨代表国务院发展研究中心,向出席论坛的各位领导、各位来宾致以热烈的欢迎和衷心的感谢! 2009 年以来,中国经济前瞻论坛已经成功地举办了三届。在各方面的努力和社会各界的支持下,论坛立足于中国经济社会发展实际,探讨宏观经济走势与政策取向,努力展现社会各界丰富的政策研究成果,广泛交流实践经验,凝聚政府官员、经济专家以及企业家的远见卓识,为中国经济社会健康发展增添了正能量。我相信,在各位领导的热情指导和各位同仁的共同努力下,本届论坛一定能够取得圆满成功!

党的十八大报告指出,我国发展仍处于可以大有作为的重要战略机遇期。我们要准确判断重要战略机遇期内涵和条件的变化,全面把握机遇,沉着应对挑战,赢得主动,赢得优势,赢得未来。十八大报告对中国未来经济社会发展提出了两个阶段的目标:在中国共产党成立 100 年时全面建成小康社会,在新中国成立 100 年时建成富强民主文明和谐的社会主义现代化国家。同时,必须清醒看到,发展中不平衡、不协调、不可持续问题依然突出,制约科学发展的体制机制障碍较多,城乡区域发展差距和居民收入分配差距依然较大。不久前召开的中央经济工作会议,在全面分析国内外形势、科学研判主要矛盾和问题的基础上,明确了 2013 年经济工作的基本方针、主要预期目标和工作重点。

借此机会,我就贯彻党的十八大报告和中央经济工作会议精神,就 2013 年中国经济发展谈几点看法。

一、2013 年经济形势依然复杂严峻

从 2012 年经济运行状况看,三季度应为年内增速底部,四季度将出现小幅回升,预计全年 GDP 增长略高于 7.5%,CPI 涨幅略低于 3%。在欧债危机反复恶化、全球经济持续低迷,国内主动调控房地产市场、积极化解投融资平台风险和推进结构调整的大背景下,我国主要宏观经济指标基本达到预期目标,成绩来之不易。

展望 2013 年,世界经济仍处在艰难调整期,金融危机的影响呈现长期化趋势,国际经济形势依然错综复杂、充满变数。欧央行的直接货币交易计划(OMT)和美联储的量化宽松货币政策(近期刚推出 QE4),短期内对稳定金融市场、降低市场避险情绪、提振需求预期都有积极作用。但由此引发的新一轮为防止本币升值的全球性货币宽松竞赛,对短期资本流动和物价上涨都将产生影响。在货币宽松的同时,发达经济体财政状况依然捉襟见肘,被迫实施紧缩性财政政策以应对主权债务压力,不利于结构改革的推进,也限制了政府支持需求扩张的能力。另外,地区冲突、宗教矛盾和主权争议等问题加剧,对大宗商品供给、资本流动和经贸往来可能形成负面冲击。同时也应看到,美国、日本、法国等发达国家实施再制造业化战略,以互联网、新能源为代表的第三次工业革命正在兴起,全球产业结构调整出现新动向。

从国内看,经济平稳健康发展仍然面临诸多不确定的因素,需要妥善应对风险和挑战,我认为应从宏观的战略层面和微观的政策层面两个方面看。从宏观的战略层面看,明年,甚至"十二五"或者比较长的时间内,我们处在转折期,至少面临着四大严峻挑战。这里,我简要阐述一下。

第一个是面临着世界政治格局力量大调整的严峻挑战。这个挑战的内涵可以说不同于建国以来的任何时期,其内涵的实质,在于我们在改革开放 30 多年以来,中国逐渐对世界新格局的形成发挥越来越重要的影响。尤其是 2008 年的经济危机以后,中国在世界上的话语权和影响力到了空前的一种地位,这种空前的地位,形成了在新一轮世界政治格局力量大调整时期,中国处在了一个主要的矛盾方面。

第二个是转变经济发展方式刻不容缓的迫切性和严峻性的挑战。我们处在转变经济发展方式刻不容缓,不容拖延的历史转折期,简单讲就是上世纪 90 年代中期,我们提出转变经济增长方式,还能拖一二十年,依靠大投资、大出口经济还能保持高速的发展;但是到"十二五"时期,可以说过去这种粗放式或者是以大出口、大投资为主的经济增长方式已不能再继续下去了,尤其是从去年年底和今年上半年经济下滑国内因素的影响作用凸显就可以看出来,实现经济发展方式实质性转变的重要性、紧迫性的挑战比以往任何时候都要紧迫、严峻。

第三个是广义的创新社会管理,维护社会和谐稳定的严峻挑战。大家只要看到现在社会普遍出现的诚信危机,包括一些政府的公信力危机,贫富差距拉大等诸多矛盾和问题,形成的社会不稳定,社会群体性事件多有发生的情况就可以理解。实际上,我国也出现了所谓"中等收入陷阱"的诸多困境,我们社会的和谐稳定及长治久安面临重大挑战。

第四个是真正实现革命党向执政党执政理念、执政方式转变的挑战。虽然我们建国 60 多年了,有着丰富正反两方面的经验。但是,要真正实现从革命党向执政党执政理念和执政方式的转变,以适应严峻的国内外形势和更好地抓住战略机遇期,还有很多问题和困难需要我们党解决和克服,我们仍面临着巨大的挑战。最近习近平总书记在看望民主党派人士时就谈到了这个问题,他回顾了在延安时期毛主席关于政权更替周期论的那段谈话,我想习总书记重提这段谈话正是我们作为执政党对面临现在这种时代性、历史性挑战的高度重视。

从微观的政策层面上讲,下面有五个方面值得我们认真

考虑。

一是伴随着经济增长速度的回落，中央、地方财政、税收收入的增长出现较大幅度下降，而保障、改善民生，支持经济结构调整等，都会使财政增支减收的因素扩大，中央、地方财政可持续性面临严峻考验。

二是速度效益型模式短期内难以根本改观，经济增速下降后，产能过剩、恶性竞争等问题十分突出，企业赢利能力和水平明显下降，部分行业出现全行业亏损，经济效益滑坡，并可能演变为系统性风险，甚至经济危机。

三是在房地产调控过程中，由于相关制度建设缺位，引导、调控房地产需求仍偏重行政手段；出于发展地方经济的考虑，一些地方落实房地产调控政策时出现偏离；受城市规划和基础设施系统能力的约束，大城市住房供给能力出现瓶颈。如果房地产运行出现较大反复，不仅会使房价强烈反弹，而且会危及经济的平稳健康发展。

四是美国、欧盟和日本都处在艰难的经济复苏期，明年出口不会有太明显提高，今年出口增长约为7%，明年也许只能保持在7%左右；而国内消费市场的培育和提高还有一个相当困难的过程。我们过去的出口常年都是百分之十几、二十几的增长，形成了国内巨大的产能，现在出口出现大幅下滑的情况，国内的产能过剩问题将会更为突出。去年国务院发展研究中心在研究扩大国内消费市场的时候，我当时就给研究人员讲，我们在研究这个问题的时候，还要考虑另外一个因素，就是新的中央领导集体成立以后，我相信在反腐方面一定会有大的动作，这绝对是好事。但是，作为研究经济社会问题的智库，我们需要从另外一个角度考虑问题，就是随着中央反腐力度的加大，过去国内形成的非正常的高消费市场肯定要受到影响。前几天我们在研究课题的时候，我说现在到底是被我言中了。果不其然，前几天我看到一个信息，说一些城市的花卉市场的消费下降了80%左右，例如今天这种论坛不是完全官方的，就没有摆花，前面摆了一点绿叶；另外据说，那种超常的高消费，高级烟、高级酒，尤其是高级宾馆的消费近一个月来也明显出现了下降，这些都充分说明了中央反腐工作取得实效，是件大好事。但我想强调的是现在要弥补过去依靠大出口、大投资经济增长的因素形成增长的缺口，就必须提高国内的正常消费市场能力，而培育、规范和提高国内的消费市场将会面临诸多新的挑战。

最后，物价上涨压力预计也将有所上升。我国食品供求总体处于紧平衡格局，国际、国内供给冲击或货币宽松都容易使物价上涨预期转化为上涨现实。新一轮全球性宽松货币政策，大宗商品价格走高和短期资本回流，都可能推高明年的CPI。

当然，明年的经济发展还有很多正能量和有利的因素，尤其是党的十八大和中央经济工作会议胜利召开一个月来，现在社会上尤其是微博上的正能量正在不断地扩展，这就是我们明年应对严峻挑战，取得经济社会持续健康发展良好基础的一个重要方面。

二、进一步完善“稳增长”的宏观调控政策体系

当前世界经济已由危机前的快速发展期进入深度转型调整期，推动实体经济增长的全球性力量尚未形成。我国经济正处在增长阶段转换和寻求新平衡的关键期。增长阶段转换实质是增长动力的转换，是原有增长动力和竞争优势逐渐削弱、新增长动力和竞争优势逐渐形成的过程，也是原有平衡被打破，需要重新寻找并建立新平衡的过程，经济运行总体比较脆弱。2013年，在继续实施积极财政政策和稳健货币政策的同时，注重需求政策与供给政策结合，短期政策与中长期政策结合，增强政策弹性和有效性，着力破解企业生产经营中的困难，努力提高经济增长质量，促进国民经济平稳运行。针对明年国内外的复杂形势，需要进一步完善稳增长的宏观调控政策体系。

以降低企业税负和稳定地方财力为重点，继续实施积极财政政策。以增强微观主体活力、涵养财源为目标，积极清理各种不合理收费，切实防止因增收压力而加大企业负担。落实研发支出税前扣除政策，加速企业折旧，促进企业技术创新。加大中央财政对地方财力的支持，提高地方政府基本保障能力。积极扩大房产税、资源税试点范围，培育地方政府新税源。加快研究地方债的相关规则和管理方法，积极稳妥地扩大地方债发行试点。

以降低企业资金成本和稳定货币供给为重点，继续实施稳健货币政策。通过多种措施保持基础货币的合理增长，根据货币金融形势的变化，适时降低法定存款准备金率，保持必要的流动性。针对全球新一轮量化宽松货币政策，适当加大人民币汇率波动幅度，保持人民币实际有效汇率的相对稳定。适当放松对过桥贷款等限制，支持与产业升级相伴的兼并重组。

以促进房地产可持续发展为重点，进一步完善房地产调控政策。在总结各地经验的基础上，进一步完善限购政策，使其既能充分发挥在限制投机、投资性需求方面的积极作用，又不影响首次置业和改善型需求的及时释放。适当调整房地产交易环节税费，鼓励梯度消费和增加二手房供给。更加重视地方政府在土地供给方面的调控作用，适当加大房地产热点城市的土地供应，缓解供求矛盾。

三、深化经济体制改革，促进发展方式转变

党的十八大报告指出，深化改革是加快转变经济发展方式的关键。经济体制改革的核心问题是处理好政府和市场的关系。我认为，当前处理好二者之间关系的重点是强化市场在配置社会资源方面的基础性作用，而不是相反。对此，必须要有足够的认识。试问：为什么我们提出转变经济发展方式这么多年了，产能过剩、经济结构失衡还如此严重？为什么风电、光伏、多晶硅、LED两三年前还是政府主导的战略新兴产业，而如今却满目凋零？为什么为促进民营企业发展中央2005年出了“老36条”、2009年又出了“新36条”、今年中央各部门又出若干实施细则，对这些问题，不能说中央政府的决心不够大，但效果却为何未能如愿？仅此，作深入分析，足以说明是市场作用太弱，而政府控制、配置、制约社会资源的作用过强。因此，我们必须更加尊重市场规律，更好地发挥政府作用，力求动机与效果的一致性，当前效应与长远发展的一致性。而相对于美国这次金融危机来说，可以说美国是市场作用太强，而政府监管太弱。认清这一点，是我们正确设计经济体制改革具体方案的重要基础。

当前我国正处在全面建设小康社会的决定性阶段，也是深化改革开放、加快转变经济发展方式的攻坚时期。转变经济发展方式，涉及国民经济结构的一系列重大调整。就其战略重点而言，主要包括：加快形成消费、投资、出口协调拉动经济增长新局面；加快发展服务业，促进经济增长向依靠第一、第二、第三产业协同带动转变；推动发展向主要依靠科技进步、劳动者素质提高和管理创新转变。

深化经济体制改革，要着重加快改革财税体制，深化金融体制改革，深化行政审批制度改革，推动政府职能向创造良好发展环境、提供优质公共服务、维护社会公平正义转变。

建立扩大消费的长效机制，需要改革现行国民收入分配制度，提高劳动所得占国民收入初次分配的比重，以提高广大居民尤其是中低收入群体的购买能力；需要加快转变政府职能和深化社会管理、社会公共服务等体制改革，有效增加居民的转移性收入和财产性收入，提高居民收入在国民收入再分配中的比重；需要深化社会保障制度改革，建立统筹城乡、覆盖全社会的保障体系，以改善居民消费预期，提高居民消费能力。

促进现代服务业发展，需要在文化、教育、医疗、交通、通讯等领域降低准入门槛，彻底消除民营企业进入服务业领域面临的“玻璃墙”、“弹簧门”等问题；需要建立公平、规范、透明的市场准入标准，探索适合新型服务业态发展的市场管理办法；需要改革财税、金融体制，通过结构性减税和着力发展扎根社区、乡镇的“草根”金融机构等，为中小服务业企业的成长壮大创造良好环境。

实施创新驱动发展战略，需要改革劳动力、土地、资源等要素价格形成机制，使其充分反映市场供求关系，引导社会资源对社会生产的合理投入，引导增长动力从要素投入为主向创新驱动为主的转变；需要完善科技创新体制机制，加快教育改革发展，增强科技创新能力。

推动经济发展方式转变，关键在于深化改革；应对国际环境的剧烈变化和保持经济平稳较快发展，也需要深化改革。面对当前复杂、艰巨的改革任务，要充分认识到改革的紧迫性、重要性和必要性，坚定改革信心，凝聚多方共识，破除各种利益集团的阻碍，建立新的改革推进机制。要把深化改革作为当前经济工作的重中之重，把进一步完善社会主义市场经济体制作为改革的根本任务；把建立法治、高效、规范、公平为核心的社会主义市场经济体制作为我国能够成功跨越“中等收入陷阱”，保持国民经济持续健康发展的重要制度保障。

各位来宾，沧海横流，方显英雄本色！面对错综复杂的国内外形势和诸多严峻挑战，只要我们按照党的十八大报告精神和中央经济工作会议的决策部署，全面把握中国特色社会主义的精神实质，坚定不移地走改革开放的道路，紧紧抓住转变经济发展方式这条主线，我国经济社会发展就一定能克服种种困难，迈入一个更高阶段、更可持续、给人民群众带来更多实惠的发展新时代！

证券业进入创新发展为主导的新阶段

——专访中国证券业协会会长陈共炎

（2012 年 5 月 4 日）

中国证券业协会会长陈共炎日前接受中国证券报记者专访时强调，证券行业进入创新发展为主导的新阶段。

中国证券报：近期中国证券报等媒体以券业创新发展为主题，采访了一些证券公司董事长或总裁，他们对行业创新提出了一些看法和建议。您对这些建议有什么看法？请具体谈一谈。

陈共炎：创新是推动行业进步、健康发展的原动力。通过创新，可以将金融要素进行重新组合，对证券机构、业务品种、金融工具以及制度安排进行创造性的变革和开发，创新的结果必然进一步优化金融资源配置，提升行业和公司的核心竞争能力。

今年，“证券行业创新”这个主题屡屡见诸报端，中国证券报等媒体采访了一些证券公司，就证券行业创新进行访谈和报道，协会也对行业创新问题进行了广泛调研。从报道和调研情况看，证券公司不但结合自身特点提出了创新发展的思路，也对当前行业发展中的一些瓶颈、亟待解决的问题做了务实的思考，提出了相关政策建议，主要集中在以下几个方面。

我国证券行业仍然主要依赖传统“通道”业务，盈利手段单一，证券公司产品设计能力较弱，创新活动时间较长、空间有限、动力不足。建议区分各类创新产品和业务的不同特点和风险特征，对于简单的、风险小的产品和业务采取备案制，鼓励证券公司产品创新。

目前证券公司业务范围和投资方式有限，代销金融产品范围窄，不利于为客户开展财富管理，也不利于公司发展。建议在现有法律法规框架内，最大限度地拓展证券公司及其分支机构的业务和服务范围，支持证券公司进入货币市场、债券市场、期货市场、外汇市场等金融市场，允许代销其他金融机构依法创设的金融产品，扩大证券公司理财产品的投资范围，真正为客户进行适当的投资组合和财富管理。

希望能够充分发挥证券公司服务实体经济的能力，在私募公司债、新兴产业基金、股权结构性产品、并购基金等新型产品和服务领域提供充分的政策支持和宽松的创新环境；鼓励证券公司积极参与场外市场建设，充分发挥证券行业在建立、完善多层次资本市场体系中的重要作用。

希望进一步改进净资本指标体系，合理提高证券公司金融杠杆，增强证券公司投资能力，并支持证券公司上市和并购重组，增强实力。

希望出台政策支持证券公司拓展跨境业务，通过跨国并购、跨国另类投资等金融活动增强我国证券公司在国际上的影响力和竞争力，支持有条件的公司发展成为国际一流投资银行。

希望进一步强化证券公司的市场地位和中介服务能力，创新证券公司的支付和结算功能，允许公司为客户开立理财账户和现金管理账户，为广大客户提供更为便利的理财资金流动和汇划服务，满足市场的综合金融服务需求。此外，一些合资证券公司提出希望能够放开业务范围限制、提高外资持股比例、发挥合资公司在跨境业务方面的作用等建议。

上述意见和建议，较为客观地反映了目前行业发展现状和行业诉求，有其合理性。证券公司要成为真正的资本中介，服务实体经济、保护投资者利益，就应当进一步增强自主创新能力，实现盈利模式和商业模式的转变，大力发展中介业务，力求业务结构更加平衡，实现长期、稳定、健康的发展；应支持证券公司以维护和强化资本市场中介属性为基点，以满足客户需求和服务实体经济为导向，积极开展产品创新活动；应加快新业务新产品创新进程、放宽业务范围和投资方式限制、扩大证券公司代销金融产品范围；应进一步改革证券公司风险控制指标体系，推动公司组织创新、上市和并购重组，做优做大做强；应支持证券公司发展跨境业务，支持公司积极参与场外市场建设和中小微企业私募债券试点；应进一步强化证券公司的市场主体地位，强化法人责任，对于一些属于公司内部管理权限范围内的事情，如证券公司的组织机构设置、分支机构功能、信息系统建设等问题，应由证券公司自主决策。

当然，创新是一项系统性工程，证券行业的创新，不仅仅是证券行业本身的事情，需要整个金融生态环境的支持与配合。需要在金融监管体系范围内推动体制和制度创新，共同营造宽松的创新发展环境；需要税收等政策支持；需要培育一大批合格的专业机构投资者，改善投资者结构；需要有丰富、多样的基础金融产品和风险对冲工具，为创新的发展提供强大的基础产品支持等等。创新外部环境的改善不是一蹴而就的，需要一段时间逐步完善和解决。有些行业反映强烈的问题，如证券公司股权激励、混业经营等问题，还涉及法律法规和监管体制安排，需要进行认真的评估和研究。证券公司应当深入思考符合自身特点的发展之路，找出适应现有法律和体制环境的、可行的创新方案和路径。需要特别强调的是，创新不是搞运动，而是一个持续的过程，只要社会在发展、经济在发展、资本市场在发展，行业就要不断地在创新中寻求发展。

中国证券报：您亲历了证券行业的清理整顿和综合治理，也见证了随后几年证券行业的发展，您认为目前推动行业创新的时机是否成熟？

陈共炎：之所以会提出创新时机是否成熟这个问题，与过去少数证券公司在谋求自身发展过程中没有能够把握好发展与风险控制的关系，缺乏自我约束，加上当时市场基础制度不健全，导致风险大量集中暴露甚至危及到行业的信誉和生存是有关的。现在需要回答的是，上述问题是否已经解决？行业是否已经具备了创新的基础？可以简要回顾一下我国证券行业发展历程。

我国证券业起源于上世纪80年代初银行、信托下属的证券营业网点。1987年，证券行业进入草创阶段，之后陆续设立了近90家证券公司。1998年，实施银证脱钩时，行业挪用保证金、违规理财等行为相当普遍，资产质量较低，隐藏巨大的历史遗留风险。1998年证监会承接监管职责后，持续进行了信证分业、财政证券转制、清理非法网点和风险处置工作，证券行业开始进入清理整顿和综合治理阶段。特别是2001年后股市持续低迷，至2003年底证券公司各种违规和风险问题开始集中暴露，社会信誉跌至冰点。从2004年开始，在人民银行、财政部、公安部等有关部委的大力支持下，证监会对历史遗留风险较大的证券公司实施关闭，并进行了为期三年的综合治理，最终关闭了31家证券公司，彻底化解了历史遗留风险。2008年后，证券公司风险处置开始收尾，综合治理顺利结束，证券市场基础性制度进一步完善，证券公司合规管理和风险控制的意识和能力显著增强，证券行业开始进入规范发展阶段。

证券公司风险处置过程中，本着化解历史遗留风险、查找并堵塞制度漏洞的要求，探索实施了证券公司账户清理、客户资产管理和客户交易结算资金第三方存管等制度。综合治理及随后的规范发展阶段，又陆续推出了以净资本为核心的风险监管、以有效性评估和信息隔离墙制度为特点的合规管理、证券公司信息公开披露、投资者适当性、证券公司分类监管等基础性制度。这些制度和措施的有效运行，使监管的有效性、权威性、透明度和公信力明显增强，为证券公司改革开放、创新发展奠定了坚实的基础。

2004年以后，证监会采取一系列措施推动行业创新发展。综合治理期间，证监会推出了新的资产管理业务，证券业协会开始进行创新类证券公司评审。进入规范发展阶段后，证监会又相继推出了直接投资、融资融券等新业务，并以证券业协会、证券交易所等自律组织为平台，采取专业评价等手段，相继推出了报价回购、约定购回、现金管理等新业务新产品。2011年，证监会出台了《证券公司业务（产品）创新指引》，支持证券公司的创新活动。在产品与业务创新上，遵循市场有需求、公司有能力、法律无障碍、风险可控制、监管有措施、客户权益有保障、发生事故能妥善处理的原则，先试点，后推开，成熟一个推出一个。

综合治理和规范发展阶段，证券行业经受住了股市大幅度波动和国际金融危机的严峻考验。因此，目前是证券行业有史以来运作最规范、财务最稳健、基础最厚实的时期，在行业创新方面也积累了一定的经验。

需要正视的是，当前也是证券公司面临压力和挑战最大的时期之一。与自身历史相比，证券行业前进了一大步，但与银行、信托等金融同业和国际先进投行相比，目前证券公司在服务实体经济转型升级和改革发展、满足企业和居民多元化的投融资需求等方面的专业服务能力明显不足，不可替代的核心竞争力尚未完全形成。目前，行业资产规模小，集中度低。据统计，全行业总资产2011年底为1.57万亿元，下降幅度达20%，扣除客户交易结算资金后仅为8909亿元，净资产6300亿元，相当于一个农业银行；财务杠杆率低，2011年底，证券行业平均财务杠杆率仅为1.4倍，而金融危机后国际投行杠杆率约13倍。此外，证券公司存在市场研判能力低、产品创新能力低、成本控制能力低等问题。银行、信托的理财业务和投资银行业务近年来快速增长，证券公司专业服务能力不足、不能适应市场需求及时有效推出新产品新服务的问题充分暴露。

经过20多年的发展，我国资本市场正在进入新的发展阶段，市场的层次结构不断完善、产品更为丰富、投资者的理财需求增加。从成熟市场的发展过程来看，今后我国资本市场也必然向场内场外市场并存，私募产品蓬勃发展，资本市场的投、融资功能并举，银行、证券、保险、信托业务相互交叉的方向发展。为了适应资本市场发展的新形势，也迫切需要证券公司加快创新发展。

因此，无论从行业发展现状，还是从适应未来发展趋势出发，进一步推进证券公司改革开放与创新发展的时机已经成熟，行业进入创新发展为主导阶段的基本条件已经具备。

中国证券报：证券行业创新发展的具体目标是什么？

陈共炎：创建社会主义和谐社会是党中央提出的我国社会发展战略目标。党的十七大提出，要创造条件让更多群众拥有财产性收入。“十二五”规划和今年年初召开的全国金融工作会议对做好新时期的金融工作提出了新的要求。全国金融工作会议提出：要坚持金融服务实体经济的本质要求，坚持市场配置资源的改革导向，坚持创新与监管相协调的发展理念，坚持把防范化解风险作为金融工作生命线，坚持自主渐进安全共赢的开放方针。围绕“五个坚持”，郭树清主席提出要研究证券行业面临的若干根本性问题，包括如何以资本市场的科学发展来促进国民经济的科学发展，如何通过多层次资本市场体系服务于中小企业、三农和创新创业活动，如何在证券期货监管工作中体现和维护广大人民群众的根本利益。资本市场发展和证券行业创新不能脱离国民经济社会发展的大环境、大目标。资本市场、证券行业只有根植于国家经济大背景中，才能找到生存发展的根基，才能科学定位，真正发挥应有的作用。证券公司在现代社会经济发展中发挥着融通资金供需、服务实体经济、优化资源配置、管理金融风险和客户财富管理等重要功能。从成熟市场的发展经验来看，结合所处的经济社会发展环境，持续创新，不断发挥和完善证券公司的中介功能，充分履行社会责任，才是行业长盛不衰的秘诀。

证券行业要进一步发挥证券公司市场主体的作用，为企业投、融资需求提供中介服务，特别是要积极参与多层次资本市场、柜台市场和债券市场建设，为中小微企业提供更多、更为直接的投融资服务；通过保荐一批优质公司上市，进一步提高直接融资比例，使广大投资者共享经济增长的好处；通过业务转型，切实以客户服务为中心，培养更多的合格投资者，改善证券市场投资者结构；通过加强自身研发能力，为广大投资者提供更为丰富的投资产品和投资顾问服务，满足人民群众日益增长的财富管理需求，为投资者、为人民群众带来更多的财产性收入；通过行业做优做大做强，履行社会责任，体现对投资者利益的保护，推动行业与社会和谐发展。证券行业创新发展的直接目标就是要强化证券公司的市场主体地位，提高证券公司服务资本市场、服务客户和实体经济的中介能力，其最终目标则是要通过提升中介服务功能，切实保护投资者合法权益，推动资本市场与社会的和谐发展。

需要强调的是，证券公司必须转变创新理念，学习借鉴国外在创新中的成熟经验和做法，开拓思路，在做好风险控制和合规管理的前提下，大胆尝试。证券行业创新应当以证券公司为主体，监管应当能够包容、推动创新，为公司创新留下空间，逐步实现行政监管、行业自律与公司自治的归位尽责。

中国证券报：证券业协会作为行业自律组织，在推动行业创新方面应该做些什么？

陈共炎：证券业协会近年来一直致力于推动行业创新，在履行自律、服务、传导职责时，充分考虑行业创新发展实际需要，同时配合行政监管要求，在创新最佳实践路径方面进行了积极的研究和探索。

自 2004 年起，协会以组织开展创新类、规范类证券公司评审为手段，支持优质证券公司探索创新发展空间。2004—2007 年的三年中，共评选出 29 家创新类、31 家规范类试点公司，按照“试点先行、逐步推开”的原则，支持这些公司在风险可测、可控、可承受的前提下，推出新产品、试点新业务、扩展业务空间、改善盈利模式。创新类公司先后参与集合资产管理计划、资产证券化、权证创设、外汇资产管理等新产品、新业务，有效激发了行业主动创新的意识和热情。

2008 年协会发布了《证券公司专业评价实施办法》。协会会同沪、深交易所及结算公司、保护基金等自律联席会成员单位及时研究新的创新工作机制，以专业评价为载体成功搭建了监管部门、自律组织、业内专家与被评价公司直接交流、沟通的平台，促使行业各方对一些不确定的新情况、新问题进行评估和判断，推动行业自主创新。

三年来，对 113 个证券公司自主申请的项目进行了专业评价。通过初评、复评和现场评价等严格的筛选过程，对体现差异化竞争、加强业务支撑平台建设、提高资本利用效率、创新风险管理机制、增强内部管控效率等具备全行业推广价值的创新业务模式予以总结、完善。部分项目如“客户服务与投资者教育”、“信息隔离墙制度建设”和“压力测试”、“双因素身份认证系统”、“投资者适当性管理”等模式陆续转化为全行业的自律规则，丰富了行业基础性制度建设。其中，“单客户多银行第三方存管模式”在全行业进行了推广，增加了证券公司在三方存管体系下券银业务合作中的主动性。

在推动自主创新发展的同时，协会有效配合监管安排，推动证券公司创新业务的试点和常规化发展。2010 年 3—10 月，先后组织开展融资融券业务专业评价相关工作，25 家公司先行试点。2011 年 11 月，协会全面启动融资融券业务转常规的专业评价工作。截至目前，51 家公司融资融券业务实施方案通过专家评价，正在积极申请业务资格。同时，组织推动并购基金业务、MOM 等创新产品和业务的试点。配合证监会上市公司并购重组制度改革，制定完成了证券公司财务顾问执业能力专业评价工作安排。

通过近五年的实践，协会在组织推动行业创新活动中，逐步与行业形成了良性互动的局面，得到行业的普遍认同。近期，协会将与沪深证券交易所、登记结算公司和保护基金联合主办“证券公司创新发展研讨会”，希望通过专题研讨、业内交流，形成共识，全面推动行业的改革创新，为今后行业的发展创造良好的环境。

下一步，协会将从以下几个方面引导证券公司创新向纵深发展。

一是找准定位，归位尽责，发挥协会专业委员会的作用，积极组织推动相关专业领域的业务创新活动。协会推动行业创新发展的过程中，要顺应市场化改革的方向，不越位、不缺位，更多地发挥行业的作用，充分调动证券公司自主创新的积极性，公司能够自主决定的事情，由公司自主决定。单个公司无法操作的或需要行业进行自律的，由协会出面，制定相关的自律规则。协会目前有 14 个专业委员会，基本覆盖了会员各个核心业务领域。按照“做实、做强、做精专业委员会”，把专业委员会办成“交流的平台、议事的平台、办事的平台”的工作理念，集中精力解决影响行业创新发展中的重大专项问题，在制度建设、工作交流、调查研究等方面发挥重要作用。协会将进一步健全专业委员会工作支持保障体系，强化对专业委员会的日常支持、业务支持和资源支持，加强专业委员会在创新中的重大问题研究、改革创新措施对市场及投资者影响的评估、行业自律规则制定、创新成果交流推广等方面的作用，有序推动行业开展创新。

二是完善行业创新工作机制，建立行业创新支持保障体系。加大行业创新能力培育，支持证券公司以维护和强化资本市场中介属性为基点，以客户需求为导向，积极开展产品创新活动，提高证券公司创新业务的主观能动性。在继续支持有实力的券商创新的同时，鼓励中小券商在风险可控、可测、可承受的前提下参与证券业务和产品创新，支持大中小券商共同发展。在总结前期专业评价工作的基础上，协会将充分发挥专业评价机制的作用，服务行业创新发展，优化评价指标体系，提高评价质量和评价效率；积极研究创新产品和业务的激励机制，继续组织好行业科技奖励活动，通过大力宣传、组织行业经验交流、推动行业创新标准、创新程序、创新行为的改进和创新成果的行业推广，同时要重视保护券商创新成果，形成成果保护机制。研究建立创新的容错机制，合理区分证券公司创新失误、操作失误与违规的界限，消除行业创新的后顾之忧。

三是加强自律规则建设，为行业创新发展创造良好的自律制度环境。制度建设是创新的重要前提之一。在支持行业创新发展过程中，协会将加强自律规则建设。继续健全行业自我约束机制，提高行业自律管理的权威性、公正性和有效性，提升行业诚信建设水平。协会已着手全面调查评估自律规则执行效果，对现有自律规则进行集中清理，以适应行业发展需要。目前协会正着手制定《自律规则制定发布程序规则》，规范自律规则的制定发布工作，提高透明度。

四是健全创新业务合规风控机制。合规风控是创新的核心内容之一，是投资者利益保护的具体体现。行业创新必须守住两条底线：一是证券公司行为要合法合规，不能损害投资者合法权益；二是证券公司创新风险要可测、可控、可承受，不外溢，不形成社会性、系统性风险。协会将对行业创新业务日常运营中的风险进行持续监测、分析和预警。继续推进证券公司压力测试有关工作，分析研判证券公司压力测试和创新过程中风险管理的新情况、新问题，组织研究证券市场景气度指标，为证券公司防范经验风险可开展压力测试提供参考。组织行业加强新产品和新业务的可行性研究，不断完善风险管理制度。

五是切实推进投资者适当性制度，加强保护投资者合法权益。一方面要从服务实体经济、满足投资者实际需求出发，积极推动理财创新和工具创新，为广大中小投资者提供更多更好的投资渠道和工具，用发展的办法促进投资者利益保护。另一方面正视我国目前仍以中小投资者为主，投资理念、投资技术等还需要进一步培育的现实，在行业创新过程中必须以推进适当性管理为突破口，加快制定行业统一的《证券公司投资者适当性制度指引》，增强行业投资者教育与服务工作的针对性、实效性，使投资者适当性制度更加系统、更加完整。协会将重视对政策效果的评估，了解、跟踪新产品、新业务的推出对投资者的影响，及时研判，对可能的风险做好投资者风险教育和风险揭示，出现问题时应快速应对。在加强投资者教育方面，协会将进一步加强坚持以工作评估为手段，推动行业建立投资者教育与服务长效工作机制。

六是推动行业人才队伍建设，完善专业人员激励制度。创新需要人力资源的保障和支持。今年3月22日，中国证监会发布了《中国证券期货行业人才队伍建设发展规划（2011—2020）》，提出到2020年我国证券期货行业人才队伍建设基本接近发达国家资本市场水平，并在人才规划设计、选拔培养、使用激励等关键环节形成完善的政策制度体系。

截至2011年底，我国证券从业人员总数已达291150人，其中注册人员总数274528人。协会已建立从业人员资格考试、执业注册、后续职业培训和诚信建设四位一体的行业人才管理机制，有效促进了行业创新发展。2011年，协会设立人力资源管理专业委员会，通过对行业人才选聘培养机制、人才流动机制等影响行业发展的重大人力资源课题的研究，探索适应资本市场和证券行业发展新趋势的人力资源管理模式，以提升行业人力资源管理的整体水平。

下一阶段，协会将充分发挥人力资源管理专业委员会的作用，对证券行业人力资源管理方面的重点课题开展调查研究，结合国内外先进经验，对深层次问题提出有建设性的解决方案，促使研究成果转化为各证券经营机构的生产力。对于行业人力资源建设，协会将从推动行业建立起一套科学完善的人力资源管理体系，提高对人力资源重要性的认识，加大人力资本的投资力度，建立证券经营机构人才后备库；健全高级人才的选聘、考核、使用以及培养机制；按照紧密结合工作绩效、充分体现人才价值、有效激发人才活力等原则，建立健全行业人才激励机制；加强全员培训，不断提高证券经营机构人才队伍综合素质等方面着手，为创新提供人力资源保障、人才制度保障和智力保障，同时进一步强化对从业人员的执业行为管理，培育诚实守信、依法合规的执业道德。

七是加强行业履行社会责任，促进证券行业与社会和谐发展，改善行业创新环境。在推动行业创新的同时，协会将引导行业进一步履行社会责任。推动证券公司进一步为实体经济做好金融中介服务，特别是加强对中小微企业和三农企业的融资服务；实现企业与利益相关者的协同发展，与客户共同成长，为股东带来良好的回报，帮助员工实现自我价值；根据证券行业及自身经营特点，形成符合本公司实际的社会责任战略规划及工作机制；及时披露履行社会责任情况，促使股东、投资者、社会公众进一步了解行业、认可行业、进而更多地支持行业的发展。协会将继续倡导会员公司履行社会责任，并通过建立证券纠纷调解机制、强化证券公司投资者适当性义务、推动合法经营机构参与整治非法证券活动、对证券公司履行社会责任的情况采取评估、检查等方式形成外部约束，促进证券行业与社会和谐发展。

为适应行业创新发展的要求，协会将继续坚持以科学发展观为指导，推进学习型组织建设，认真贯彻党的民主集中制原则和组织路线，不断提高决策的科学化、民主化水平；继续以建立廉政风险防控机制为重点，深入推进协会廉政建设，进一步优化机构设置和人员配置，以更专业、更敬业的精神助推行业创新发展。

积极主动做好扶贫开发金融服务工作

中国人民银行行长助理 郭庆平

（2011年1月26日）

推进扶贫开发，缓解和消除贫困，是深入贯彻落实科学发展观，坚持以人为本，实现全面、协调、可持续发展的根本体现，是全面建设小康社会、构建和谐社会，最终实现共同富裕的本质要求，是党和国家实现科学发展的重大战略。人民银行高度重视，积极发挥金融职能作用，加强货币信贷政策指导，大力营造金融生态环境，鼓励和引导金融机构在市场化运作的基础上积极主动做好扶贫开发各项金融服务工作。

一、“十一五”期间金融支持扶贫开发工作取得明显成效

“十一五”期间，人民银行按照中央统一部署，以改革扶贫贴息贷款体制机制为着力点，以少数民族、边疆等地区为重

点，以农民工、就业困难人员等贫困人群为突破口，以完善农村金融服务和改进农村金融生态环境为保障，努力发挥金融在扶贫开发中的重要作用。

（一）扶贫贴息贷款管理体制不断完善，有效促进扶贫贴息贷款投入大幅增加

自 2001 年《扶贫贴息贷款管理实施办法》（银发〔2001〕185 号）实施以来，人民银行联合国务院扶贫办等部门先后开展了“到户贷款”、“项目贷款”改革试点和“奖补资金”推进小额贷款到户试点等工作，不断推进扶贫贴息贷款投放力度。2006 年，为继续深化扶贫贴息贷款管理体制改革，将到户贷款贴息资金全部下放到 592 个国家扶贫开发工作重点县，承贷金融机构转变为由县选择金融机构发放，同时选择河北、黑龙江、江西、湖北、重庆、云南、陕西和甘肃 8 省（市）开展项目贷款贴息资金下放到省试点，允许试点省自行选择承贷金融机构。2008 年，为进一步建立健全符合市场经济要求的信贷扶贫管理体制和运行机制，按照“两下放、两改革”的改革思路，将扶贫贴息贷款和贴息资金的直接管理权限由中央下放到省，其中到户贷款和贴息资金管理权限下放到县；扶贫贷款全部改农业银行一家“独家经营”为市场运作；改固定利率为固定补贴，中央财政按贴息 1 年安排贴息资金，在贴息期内，到户贷款按年利率 5%、项目贷款按年利率 3% 的标准给予贴息。

扶贫贴息管理体制的不断改革，对于调动金融机构积极性，完善扶贫贴息贷款良性循环发展机制，改善贫困地区人民生产生活条件，缩小地区贫富差距起到了重要作用。据人民银行初步统计，2010 年末，全国扶贫贴息贷款余额 246 亿元，同比增长 34.3%。

（二）加大对民族、边疆地区、革命老区和灾害高发区的政策倾斜，支持贫困地区经济发展取得实效

少数民族地区、边疆、革命老区和灾害高发区等地区由于语言、自然条件等各方面因素制约，一直是集中连片贫困重点地区，人民银行通过综合运用再贷款、优惠利率和信贷政策指引等多种手段，引导和支持金融机构切实加大对这些地区的基础设施建设、特色产业发展和生态环境保护等领域的信贷支持力度。

一是继续对民族贸易和民族用品生产贷款执行优惠利率政策，有效促进少数民族地区贸易发展，带动少数民族地区致富。“十一五”期间，对民族贸易和民族特需商品定点生产企业的正常流动资金贷款利率实行优惠利率政策，全国累计贴息 34.09 亿元，带动金融机构向民贸民品企业发放贷款 1200 多亿元，有力地支持了贫困民族地区的发展。二是对西藏执行优惠的金融政策，有力保障了西藏地区经济稳定和贷款增长。包括单独编制和执行西藏货币、信贷计划，执行优惠利率政策，以及对农业银行西藏分行进行费用补贴等。2010 年末，西藏人民币贷款余额 301 亿元，同比增长 21.6%，高于全国平均增速 1.7 个百分点。三是加大对新疆地区的资金支持力度，大力促进新疆地区发展和稳定。截至 2010 年末，人民银行累计对新疆调增支农再贷款限额 40 亿元，并对新疆农村信用社共计安排资金支持额度 18.6 亿元，资金支持比例位居全国第一。2010 年末，新疆人民币贷款余额 4973 亿元，同比增长 31.3%，高于全国平均增速 11.4 个百分点。四是及时出台灾后重建各项优惠政策，支持汶川、玉树、舟曲等地区灾后因灾致贫人口就业和住房重建。各地灾害发生后，人民银行会同相关单位分别在第一时间出台了《关于汶川地震灾后重建金融支持和服务措施的意见》、《关于全力做好玉树地震灾区金融服务工作的紧急通知》、《关于全力做好甘肃、四川遭受特大山洪泥石流灾害地区住房重建金融支持和服务工作的指导意见》等多项指导意见，通过增加再贷款额度，对受灾贷款在规定时间内不催缴、不罚息、不做不良记录以及贷款优惠利率等政策支持因灾致贫人口重建家园，恢复生产经营。五是制定专项政策切实支持农村地区县域资金留在当地使用，有力保障县域经济发展所需资金。为加大对县域、贫困地区的支持，人民银行会同银监会出台《关于鼓励县域法人金融机构将新增存款一定比例用于当地贷款的考核办法（试行）》，通过对符合条件的县域法人金融机构执行较低存款准备金率、优惠利率支农再贷款、优先开设分支机构和新业务等政策，鼓励县域法人金融机构支持当地经济发展。

（三）突出对重点人群的支持，有效提升对就业困难人员、农民工等贫困人口创业增收的资金支持力度和金融服务水平

一是完善小额担保贷款政策，有力地支持了就业困难人员创业带动就业和贫困户脱贫致富。“十一五”期间，人民银行会同有关部门相继出台了《关于改进和完善小额担保贷款政策的通知》、《关于进一步改进和完善小额担保贷款管理积极推动创业促就业的通知》等文件，逐步将小额担保贷款借款人范围由符合一定条件的下岗失业人员扩大至城镇登记失业人员、就业困难人员等，个人小额担保贷款额度由 2 万元提高至 5 万元（妇女提高至 8 万元），劳动密集型小企业贷款额度由 100 万元提高到 200 万元。截至 2010 年末，小额担保贷款余额 322.67 亿元，同比增长 71.01%。通过小额担保贷款，支持了一大批创业能手和致富带头人，有力地支持了贫困户创业带动就业并脱贫致富。

二是改进和加强对农民工金融服务工作，为贫困人口务工提供便利环境。进城务工是贫困农民改善生活，提高收入的重要方式。“十一五”期间，人民银行不断加强信贷政策指导，大力推广“农民工小额担保贷款”、“农民工返乡创业贷款”等贷款品种，有效提高农民工贷款可获得性，为其创业脱贫提供资金支持。同时逐步改进和完善金融机构代发农民工工资的业务管理，促进建立和完善农民工工资支付保障制度，有效保障农民工务工工资收入发放，提高务工积极性。截至 2010 年末，企业征信系统共收集 2961 户企业的拖欠工资信息，涉及金额约 16.23 亿元，涉及人数约 36.23 万人。从 2006 年起，人民银行组织在全国农村地区开展农民工银行卡特色服务工作，为农民工返乡创业资金调拨、异地汇款、存储现金提供便捷服务。截至 2010 年末，农民工银行卡发卡机构总数达 195 家，受理点达 7.2 万个，实现了湖南、河南等 23 个农民工输出大省的业务开通。2010 年，农民工银行卡特色服务实现取款交易 1405 万笔，金额 156 亿元，同比分别增长 47% 和 32%。

（四）以改进和提高农村地区金融服务为重点，支持和促进农村贫困人口脱贫致富

农村地区一直是扶贫攻坚的重要战场，据《中国统计年鉴》数据显示，2006—2009 年，农村居民家庭人均可支配收入一直低于城镇居民家庭人均可支配收入的 1/3。加强农村地区包括金融服务在内的各项基础设施建设和社会服务，是提高贫困人口生活质量，拓宽其收入来源的重要前提。人民银行高度重视农村金融体制改革，着力建立多层次农村金融服务体系，加强农村支付体系和信用体系建设，切实改进和提高农村金融服务，助推农村贫困居民脱贫致富，构建幸福生活美好家园。

一是多层次、多主体农村金融服务体系逐步建立，农村贫困人口资金来源和金融服务渠道稳步增加。通过发行兑付农村信用社改革专项票据和专项借款，支持农村信用社改革取得阶段性成果，服务农村贫困地区能力和抗风险能力不断增强。农业银行改革顺利开展，“三农”服务水平稳步提升，2010 年末，“三农”金融部贷款余额同比增长 26.15%，高于全行 7.2 个百分点。农业发展银行支农扶贫领域不断拓展，初步形成了以粮棉油收购贷款业务为主体、以农业产业化经营和农业农村中长期贷款业务为两翼、以中间业务为补充的多方位、宽领域支农格局。邮政储蓄银行试点贷款零售业务，邮储资金回流农村的市场机制不断完善。新型农村金融机构和小额贷款公司稳步发展，引导民间资本支持“三农”和扶贫方面发挥了积极作用，2010 年 11 月末，全国已开业新型农村金融机构 319 家；其他新型农村金融组织的作用也逐步扩大，多层次、多主体农村金融组织体系进一步完善。

二是农村地区支付体系不断健全，农村支付便利性大幅提高。“十一五”期间，人民银行积极支持农村地区金融基础设施工作，积极指导并支持农村金融机构加入大、小额支付系统和全国支票影像交换系统，为农村金融机构向贫困地区提供快捷、高效的支付清算服务创造条件。截至 2010 年末，全国共有 28886 家农村信用社，1238 家农村合作银行、1164 家农村商业银行、261 家村镇银行接入人民银行支付系统，畅通了农村地区异地汇划渠道。各地依托人民银行小额支付系统大力开展农村地区资金集中代收付业务，一些地区结合“家电下乡”惠农政策，将补贴款直接抵扣货款，由财政部门定期将补贴款通过小额支付系统划给经销商，从而简化流程，便利农村地区消费支付。此外，人民银行还在部分金融机构网点空白乡镇开展 POS 小额取现试点业务，有效改善偏僻农村的支付服务环境，试点农村地区足不出村就能及时拿到政府各项补贴。

三是农村信用体系逐步发展，为贫困人口提高信贷资金获得性营造了良好条件。“十一五”期间，为有效解决“农户贷款难、银行难贷款”的问题，人民银行不断完善农村信用体系，实现政府支农政策与银行信贷政策的有机结合。2009 年，印发了《关于推进农村信用体系建设工作的指导意见》等文件，积极推动农村征信体系的建设工作，为积极稳妥地发放并收回扶贫贷款营造良好的金融生态环境。截至 2010 年末，全国大部分地区开展了农户信用档案建设工作，个人征信系统采集农户信用档案约 1.12 亿户；逐步建立了农户信用评价体系，对超过 8000 万农户进行了信用评定，有效提高了农村贫困人口贷款的可获得性。

（五）定点扶贫工作稳步开展，有力支持对口贫困地区全方位发展

“十一五”期间，人民银行定点扶贫工作在总行党委的领导下，在地方党政部门的积极配合下，认真贯彻落实党中央、国务院制定的各项扶贫政策，积极创新扶贫思路，拓展扶贫途径，坚持以智力扶贫为先导，以帮助改善当地生产生活条件，增加贫困群众收入为着力点，扎实有效地开展扶贫工作。“十一五”期间，人民银行在定点帮扶的陕西铜川市印台区和宜君县，共完成各类投资 684.6 万元，协调扶贫无息、低息、贴息类贷款累计 125 万元，农村小额信贷资金规模 1 亿元。各类投资中，工程项目类投资 421 万元，主要用于道路修建、桥梁建设、人畜饮水、巷道硬化及排水工程；资助贫困大学生和开展技术培训投资 44.6 万元，捐赠物品折合 84 万元，慰问困难群众 135 万元。

二、深入贯彻落实科学发展观，积极主动做好“十二五”扶贫开发金融服务工作

党的十七届五中全会明确提出，“十二五”期间要“深入推进开发式扶贫，逐步提高扶贫标准，加大扶贫投入，加快解决集中连片特殊困难地区的贫困问题”。人民银行将按照党中央、国务院的总体部署，深入贯彻落实科学发展观，坚持以扶贫开发贴息贷款为“抓手”，以边疆高原地区和国家扶贫重点县为着力点，以推动贫困地区金融生态环境为保障，以切实加大金融支持扶贫开发力度为标准，积极主动做好“十二五”扶贫开发各项金融服务工作。

（一）坚持以脱贫致富为根本，积极探索商业可持续的金融扶贫体制机制。扶贫贴息贷款能否真正实现帮扶贫困户成功实施生产项目、脱贫致富，资金支持是一方面，而项目选择、技术及市场信息等方面也很重要。要围绕项目开发，提供配套服务，探索将龙头企业引进贫困地区，实行“基地 + 农户”方式，由龙头企业带动贫困户致富，有效降低贫困户创业风险。探索试行“贴改保”，完善地方担保基金制度、完善农业保险体系，逐步建立起扶贫贴息贷款的风险补偿和激励机制，不断提高金融机构发放扶贫贴息贷款积极性。进一步加强人民银行、金融机构、企业与政府相关部门的沟通合作，积极探索商业可持续的金融扶贫体制机制。

（二）坚持以新疆、西藏和四省藏区等边疆高原地区和国家扶贫重点县为着力点，切实发挥政策效力。按照“有保有控、区别对待”的精神，加强对不同地区致贫原因、地理地貌、产业特色的研究，不断完善对重点贫困地区的针对性金融服务政策，避免“撒胡椒面”和同质化政策。结合西部大开发等区域发展政策，切实加大货币信贷政策对西藏、新疆、四省藏区等边疆高原地区的支持力度，带动和促进这些国家重点扶持贫困地区的经济发展。

（三）坚持以深化金融体制改革和推动金融产品创新为主线，不断改进和提高农村贫困地区金融服务水平。发挥农业银行、农村信用社等传统金融机构实力雄厚、管理科学、经验丰富的特点，在加快农业现代化、支持贫困地区龙头企业、落实贫困地区重点项目、促进贫困地区经济发展等多方面发挥“主力军”作用。继续大力发展村镇银行、农村资金互助社等农村新型金融机构，规范发展小额贷款公司等农村小型金融组织。因地制宜推动金融产品和服务方式创新，较好适应贫困地区和贫困群体对金融的多样化需求。逐步建立传统金融机构，新型农村金融机构和农村小型金融组织相辅相成，适应贫困地区金融需求特点的多层次金融市场和金融产品服务体系。

（四）以培育农村信用体系建设为依托，积极改进农村地区金融生态环境。在社会主义市场经济环境下，资金的流动主要是由各地的信用环境和投资回报来决定的，区域之间的资金流动取决于地方的社会投资环境，社会信用条件好，资金就会流入。推动农村贫困地区经济发展的重要方面在于营造一个有利于吸引资金的社会信用环境。人民银行将积极推进农村贫困地区个人和企业征信体系建设，抓好信用社区建设试点工作，完善贷款担保体系，营造有利于农村贫困地区经济社会和谐发展的金融生态环境。

牢记历史　把握未来
在党的领导下谱写金融发展新篇章

中国人民银行党委委员、行长助理　金　琦

在党的十八大即将胜利召开之际，中国人民银行组织编写的《中国共产党领导下的金融发展简史》正式出版发行了。这本书是中国人民银行对党领导下的金融发展史开展深入和系统研究的重要阶段性成果，是把党史和金融史研究有机结合起来的一次创新。根据历史发展阶段，全书分三个部分记录了90年来中国共产党领导下的金融事业从无到有、从小到大、由弱到强，由封闭到开放的不断发展壮大、逐渐登上国际舞台的历史进程，展示了一代代金融人在党的领导下为谋求民族独立、国家富强而艰苦努力、不懈奋斗的精神风貌，为社会各界人士了解学习中国现当代金融史和研究中国共产党党史提供了最新的系统的参考史料。

认真回顾和研究党领导下的金融发展史，有助于我们更好地总结历史实践中积累的成功经验，更深入地探寻和把握金融发展规律，进一步增强当代金融人的自信心和自豪感，激发当代金融人的使命感和责任感，对于我们立足当前、把握未来、更好地推进有中国特色社会主义金融事业发展具有重要意义。金融从业人员，特别是党员同志都应该学习和了解党领导下的金融发展史，从学习历史中获得做好金融工作的启迪和有益经验。

中国共产党历来高度重视金融工作。党根据各个时期面临的不同形势和任务，制定切合实际的经济金融方针和政策措施，不断加强对金融工作的领导，在夺取和巩固政权、稳定和活跃经济、推进改革开放和经济社会又好又快发展等重要历史任务中，都十分注重发挥金融的重要作用。

早在中国共产党成立初期，党就在领导工人和农民运动中开始了对经济金融政策和实践的有益探索，为开创党在新民主主义革命时期的金融事业奠定了基础。土地革命时期，党在中央苏区专门成立了中华苏维埃国家银行，统一领导金融工作，为争取"反围剿"斗争的胜利、巩固和发展革命根据地提供了重要的金融支持。抗日战争时期，党在边区政府施政方略中科学部署财税金融工作，成功克服了日寇封锁造成的经济困难，有力支持了党领导的长期抗日战争。解放战争时期，党通过集中和统一解放区金融力量，有效化解了解放区的财政困难，为取得解放战争的全面胜利提供了坚强保障。新中国成立后，党采取有力措施接管官僚资本金融业，整顿和改造私营金融业，建立独立、统一的人民币本位制度，有效治理恶性通货膨胀，快速恢复国民经济秩序。随后，党逐步建立了与当时计划经济体制相适应的高度集中的单一国家银行体制，配合集中统一的财政体系，有力地支持了大规模的国家经济建设。

改革开放以来，党和国家领导人更加重视金融对现代经济社会发展的重要推动作用。1979年10月，邓小平同志在中共省市区第一书记座谈会上的讲话中提出："银行要成为发展经济、革新技术的杠杆，要把银行真正办成银行。"在这一思想指引下，我国金融领域展开了一系列重大改革。上世纪90年代初，邓小平同志根据我国经济金融发展和改革的实践，提出了"金融是现代经济的核心"的重要论断，为加速金融体制改革，推进金融事业蓬勃发展，提供了坚实的理论基础和正确的行动指南。江泽民同志在2002年召开的全国金融工作会议上指出，金融是宏观调控的重要杠杆，金融在市场配置中起核心作用，金融安全是国家经济安全的核心，深刻阐述了金融在社会主义市场经济中的地位和作用。胡锦涛同志在党的十七大报告中强调要"推进金融体制改革，发展各类金融市场，形成多种所有制形式、结构合理、功能完善、高效安全的现代金融体系"，为中国金融业科学发展指明了方向。

在党的正确领导下，我国金融改革发展取得了举世瞩目的成就，金融业发生了历史性巨变。与社会主义市场经济相适应的现代金融组织体系、金融市场体系、金融调控与监管体系基本形成并不断完善。大型金融机构改革取得重大进展，国有商业银行股份制改革进展顺利并成功上市，中小金融机构快速发展壮大，金融机构的资本实力、资产质量和经营效益不断提高，一些大型金融机构跻身全球金融业前列。金融宏观调控在维护币值稳定和促进经济平稳较快增长中发挥了重要作用，为我国应对亚洲金融风波和本轮国际金融危机冲击、保持经济良好发展势头做出了重要贡献。多层次的金融市场体系基本建立并不断深化发展，金融市场在资源配置、资金定价、风险管理中的作用日益重要。金融业对外开放程度不断提高，人民币汇率弹性显著增强，外汇管理方式进一步转变，人民币跨境使用范围不断扩大，推动国际贸易和投资快速发展。金融法制化、信息化和金融服务现代化水平明显提高，金融基础设施建设成效显著，金融生态环境不断优化。金融对外交往和国际合作进一步扩大，在推动全球经济金融治理和国际经济金融体系改革中的话语权不断增强，为促进国际经济金融秩序向更加公正合理的方向发展发挥了应有的作用。

翻开各国金融发展史，我们便会发现：许多国家的执政党因金融政策严重失误而导致金融危机，进而演变为社会动荡和政治危机，并很快丧失执政地位。中国共产党自诞生之日起就始终站在国家兴衰、民族存亡和民生保障的高度，全面统筹金融工作，把握正确方向，谋划全局发展，提出整体战略，制定科学政策，充分体现党的根本宗旨、思想路线和方针政策，为我们推进新时期金融改革发展提供了宝贵经验。

一是坚持从我国实际出发，借鉴国际经验，走中国特色金融改革发展道路。建设中国特色社会主义金融业是一项开创性事业，没有经验和先例可循。我们党始终强调坚持独立自主、解放思想，实事求是，从中国实际出发，走自己的路，不把书本当教条，不照搬外国模式，同时积极借鉴各国金融改革发展的有益经验和积极成果，把金融发展的一般规律同中国具体实际相结合，思考、研究和解决我国金融领域的重大问题，开创中国特色社会主义金融发展道路。

二是坚持金融服务于实体经济的本质要求，促进我国金融业健康可持续发展。经济发展是国民福利的源泉，也是金融发展的全部目的所在。要吸取国际金融危机的教训，金融改革发展不能脱离实体经济需求，必须坚持防止金融发展脱离实体经济而自我循环。要始终把促进经济结构调整和发展方式转变、促进实体经济持续健康发展作为金融改革发展的中心任务去谋划和推动，始终坚持围绕经济社会发展和人民群众的实际金融需求，大力推进金融产品创新和金融市场发展，加大金融对经济社会重点领域和薄弱环节的支持力度，切实保障和改善民生。

三是坚持不发生系统性、区域性金融风险的工作底线，正确处理金融改革、发展与稳定的关系。金融业是高风险行业，金融风险突发性强、波及面广、危害性大，事关经济发展、社会稳定和人民群众根本利益。要始终把防范和化解金融风险作为金融工作的生命线，坚持用改革发展的办法解决产生金融风险的深层次矛盾和问题，在金融宏观调控中注意处理好保持币值稳定、促进经济增长与防范金融风险的关系，坚持既积极又稳妥的方针，凝聚共识，通盘考虑，协同推进，努力实现金融改革力度、发展速度与经济社会可承受程度的有机统一。

四是坚持对外开放的基本国策，努力在国际金融竞争与合作中实现互利共赢。我国金融业的对外开放，不仅促进了我国金融业的改革，也增强了我国金融参与国际竞争的能力。要顺应经济全球化的发展趋势，以国际化的视野来认识、研究和解决我国金融宏观调控和改革发展中的重大理论、政策和实际问题，坚持“以我为主，循序渐进，安全可控，竞争合作，互利共赢”的方针，稳步推进我国金融业对外开放，全方位、多层次、灵活务实地开展金融对外交流与合作，努力为我国经济发展创造了良好的国际环境。

当前，我国金融业发展已站在一个新的历史起点上。世界经济仍处于再平衡和调整过程之中，我国仍处于改革攻坚和加快发展的重要战略机遇期，加快经济发展方式转变和结构调整要求金融业发挥更大的作用。让我们更加紧密地团结在党中央周围，继承革命先辈的优良传统，忠诚地执行党的各项方针政策，谋金融发展之道，举金融兴国之策，走金融强国之路，为国家和民族求富强，为百姓和社会谋福利，谱写我国金融发展的新篇章。

多方面着手推动证券业履行社会责任

中国证券业协会会长　陈共炎

（来源：中国证券报　2012 年 4 月 19 日）

近期，中国证券业协会对 2011 年度证券公司及从业人员社会形象建设情况进行调查，并在本报独家刊发《2011 年证券行业社会形象建设情况报告》。对于这一调查，证监会主席郭树清指出，“证券业的社会形象建设非常重要，关系社会和谐，也影响自身发展”，“最根本的是每一个从业人员都要发自内心地关心国家、热爱人民”。证监会副主席庄心一则表示，“引导促进行业认真贯彻落实中央各项方针政策和相关部署，履行社会责任，参与社会建设，加强思想建设、队伍建设和精神文明建设，由此进一步提高行业整体素质，改善行业社会形象，实现行业综合发展和进步”。对此，中国证券业协会会长陈共炎表示，协会将从多方面着手推动证券行业履行社会责任，着手制定“整非”工作指引，已成立证券纠纷调解中心。

中国证券报：请谈谈证券行业履行企业社会责任的情况。

陈共炎：近年来，证券行业在国民经济发展中发挥越来越重要的作用，证券行业履行社会责任的意识也不断加强，一些上市证券公司按照相关要求发布了社会责任报告。证券行业履行社会责任主要体现在几个方面：

首先，服务实体经济，为企业投融资提供金融中介服务。

资本市场与实体经济之间存在着紧密的相互依存关系。我国证券市场经过 20 多年的发展，取得了巨大的成就。截至 2012 年 3 月，证券市场共有上市公司 2389 家。证券公司作为企业直接融资、并购等活动的中介和财务顾问，通过保荐符合条件的企业上市，对推动证券市场的发展、服务企业筹融资和投资需求，引导社会储蓄转化为长期投资、促进科技创新和文化发展繁荣具有不可替代的重要作用。

近年来，证券公司不断加大对中小企业服务力度。据统计，2011 年全年，由证券公司保荐发行上市的中小企业（包括深圳中小板和创业板企业）234 家，占所有发行上市企业的 86.35%，中小企业（包括深圳中小板和创业板企业）募集资金净额 1563.87 亿元，占全年所有发行上市企业融资金额的 65.39%。

而证券公司直投业务的开展，使企业特别是融资更为艰难的中小企业，有可能便利地获取其发展所需资金、资本市场辅导和其他资源，不仅从量上、而且从质上解决企业的融资难问题。自开展直投业务以来，累计已为 355 个项目进行规模达 170 亿元的投资，其中相当一部分被投企业为中小企业。对这些企业而言，证券公司直投业务不仅使其获取发展所急需的资金、增加了直接融资比重，而且对于企业顺利对接资本市场、实现产业结构升级起到促进作用。

其次，积极服务客户，保护投资者合法权益。

近年来，证券行业不断加大投资者教育与服务的投入，建立健全投资者教育与服务工作组织与制度，大力开展丰富多样的投资者教育与服务活动，并将投资者教育与服务融入到证券公司各业务环节之中，积极探索、实践以投资者适当性为核心的投资者教育与服务模式，在投资者教育与服务方面取得了显著的成效。

各证券公司特别重视客户投诉处理，及时解决证券业务纠纷，保护投资者合法权益。近年来，有关证券业务的纠纷较多，根据协会对 7 家证券公司的一项调查结果表明，平均每家证券公司全年累计收到客户投诉约 400 件。对于大量的客户投诉，证券公司十分重视相关处理工作，将处理好客户投诉作为维持市场稳定、维护行业公信力的一项重要工作。证券公司从组织制度建设、流程设计、统计分析、效果检验等环节不断完善处理工作。通过细化投诉处理各环节、分类管理各类客户投诉、加强客户投诉处理的后续评估、分析工作，不断提高投诉处理水平。

再次，积极参与社会公益活动。证券行业近年来在参与社会公益活动方面十分积极、形式多样，在抗震救灾、扶贫解困等方面都活跃着证券行业的身影。证券行业积极履行社会责任的情况，得到了各级政府和各主要部门的认可。

中国证券报：中国证券业协会作为行业自律组织，在推动行业履行社会责任方面做了哪些工作？

陈共炎：协会作为行业自律组织，从多个方面着手在推动行业履行社会责任：

一是通过制定相关自律规则和加强后续检查、评价等方式，引导会员公司履行社会责任。目前已经制定的规则包括《会员投资者教育工作指引（试行）》，《证券公司营业部投资者教育工作业务规范》等，正在起草《证券公司投资者适当性制度指引》。在加强对会员公司履行社会责任的指导方面，协会对证券公司投资者教育情况开展了专项评估工作，对反映证券公司投资者教育与服务的投入与组织情况、投资者适当性实施情况、投资者教育活动与产品情况、投资者信息服务情况、客户回访与投诉处理情况等方面进行了综合评估。

二是在证监会的统一领导下，组织会员公司参与整治非法证券活动的工作，保护投资者利益。针对近年来不法分子利用网络等媒体从事非法证券投资咨询、非法委托理财等非法证券活动，侵害投资者利益的行为，中国证券业协会组织会员，积极发挥合法机构作用，会同有关部门积极推动"整非"工作，切实维护投资者利益。协会正在着手制定有关会员公司"整非"工作指引。进一步推动合法证券机构在"整非"工作中的主体作用，将"整非"工作融入证券机构日常工作的各环节，切实保护投资者的合法权益，维护社会及证券行业和谐发展。

三是通过组织公益性活动，引导行业树立企业社会责任意识。

为保护投资者合法权益，增强投资者保护意识，协会于2011年8月启动中国证券行业公益广告大赛，面向各会员公司征集公益广告作品。活动共收到来自56家会员公司的530件作品，内容涉及投资理念教育、投资风险揭示、非法证券活动防范等。2012年3—4月，协会在人民网开展了证券行业公益广告大赛网络评选活动，前50名的作品将统一制作成证券行业广告形象宣传片。活动得到广大网民的广泛关注和认可，截至目前，已有97575人参与投票。

中国证券报：今后证券行业在履行社会责任方面，还有哪些方面需要进一步提高和完善？协会在自身履行和推动行业履行社会责任方面有什么具体举措？

陈共炎：随着我国企业社会责任生态环境的逐步形成，切实履行社会责任对证券行业来说具有长远的战略意义。证券行业应当更多地将自身利益最大化与社会进步、环境和谐统一起来，谋求可持续发展。今后证券行业应当在严格遵循社会公认的商业伦理和准则，依法经营、规范运作的基础上，在企业稳健、持续发展的过程中履行社会公民的责任，实现企业与利益相关者的协同发展，与客户共同成长，为股东带来良好的回报，帮助员工实现自我价值，支持社会公益。证券公司应当进一步为实体经济做好金融中介服务，特别是加强对中小微企业和"三农"企业的融资服务；根据证券行业及自身经营特点，形成符合本公司实际的社会责任战略规划及工作机制；及时披露履行社会责任情况，促使股东、投资者、社会公众进一步了解行业、认可行业、进而更多地支持行业的发展。证券行业履行社会责任，不仅有利于促进社会和谐，同时也可以为行业发展创造良好的社会环境，促进行业的综合发展和进步，在支持经济发展、促进社会和谐中发挥更大的作用。

在自身履行社会责任方面，协会正在着手研究设立中国证券业公益基金会，发起组织会员自愿设立中国证券业公益基金，支持行业开展投资者教育、证券纠纷调解、行业扶贫等公益活动和形象宣传。此外，2011年9月以来，中国证券业协会成立了证券调解专业委员会。经过反复调研和论证，拟定了调解工作基本制度，制定了调解工作实施方案。在此基础上，中国证券业协会于近期成立证券纠纷调解中心，并已正式开展工作。调解中心的成立，标志着国内证券纠纷的行业调解工作正式启动。这对于妥善处理会员之间、会员与投资者之间的证券业务纠纷，保护广大投资者和会员的合法权益、加强证券领域社会管理、维护证券市场稳定、提升行业社会形象具有重要的意义。

在推动行业履行社会责任方面，协会将继续倡导会员公司履行社会责任，并通过完善自律规则，对公司的相关工作进行评估、检查等方式形成外部约束，促进行业履行社会责任的发展。

第二编
中国金融市场

恒丰银行于 2003 年经中国人民银行批准，经过整体股份制改造，成为一家全国性股份制商业银行。英文名称为 Evergrowing Bank Co., Ltd.。总部设在山东省烟台市。目前，设有青岛分行、济南分行、南京分行、杭州分行、成都分行、重庆分行、烟台分行、福州分行、昆明分行、西安分行、宁波分行等 11 家一级分行，在苏州、温州、绍兴、东营、义乌、济宁、滨州、乐山、无锡、聊城、达州、南充等地设立 17 家二级分行，共 132 家分支机构。正在积极运作北京分行、上海分行等机构的设置，加快推进"全国布局、走向世界"战略目标。2008 年 6 月成功引进新加坡大华银行为战略投资者。

本栏目由恒丰银行独家协办

第一章　中国金融市场概况

2011 年我国金融市场运行情况

2011 年，我国金融市场总体运行平稳，债券市场保持健康发展，充分发挥了保证国家宏观经济政策实施、优化资源配置、推动金融体制深化改革、加大金融支持经济发展力度的积极作用。2011 年，债券发行规模有所缩小，公司信用类债券发行规模大幅增加；市场交易活跃，市场利率波幅较大；债券指数上行，收益率曲线整体呈现下移趋势；机构投资者数量稳步增长；股票市场指数总体下行，市场交易量下降。

一、债券发行总量有所减少①

2011 年，债券市场累计发行人民币债券 7.8 万亿元，同比减少 20.4%。国债、央行票据等发行量较去年减少，政策性银行债券、金融债券和公司信用类债券等发行量较去年有所增加。截至 2011 年末，债券市场债券托管②总额达 22.1 万亿元，其中，银行间市场债券托管额为 21.4 万亿元，占比 97.1%。

2011 年，财政部发行债券 1.7 万亿元（包括地方政府债券 2000 亿元）；央行票据发行 1.4 万亿元；国家开发银行、中国进出口银行、中国农业发展银行发行债券 2.0 万亿元；金融债券发行 3529 亿元。2011 年，公司信用类债券继续发展，信用层次进一步丰富，融资结构不断优化，债券市场共发行公司信用债券 2.2 万亿元，同比增加 38.8%，其中超短期融资券 2240 亿元，短期融资券 8029 亿元，中期票据 7270 亿元，中小企业集合票据 52 亿元，非公开定向债务融资工具 899 亿元，企业债券 2473 亿元，公司债券 1241 亿元。

目前银行间债券市场的债券发行机构范围包括财政部、政策性银行、铁道部、商业银行、非银行金融机构、国际开发机构和非金融企业等各类市场参与主体，债券种类日趋多样化，信用层次更加丰富。

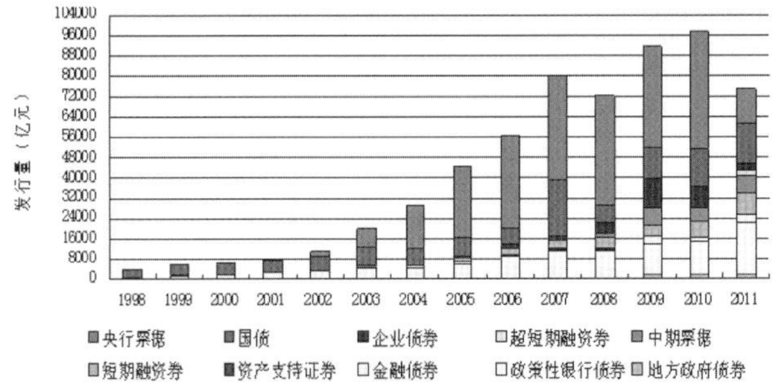

资料来源：中央国债登记结算有限责任公司

图 1　近年来银行间债券市场主要债券品种发行量变化情况

2011 年，债券发行期限结构以中短期债券为主。其中，期限 5 年以内的债券发行量占比 52.9%，比 2010 年上升 12.9 个百分点；期限 5 年（含）到 10 年的债券发行量占比 29.8%，比 2010 年下降 4.9 个百分点；期限 10 年（含）以上的债券发行量占比 17.3%，比 2010 年下降 8 个百分点。

二、市场成交量同比增加，债券指数总体上行

2011 年，银行间市场累计成交 196.5 万亿元，同比增加 9.5%。其中同业拆借累计成交 33.4 万亿元，同比增加 20.0%；债券回购累计成交 99.5 万亿元，同比增加 13.6%；现券交易累计成交 63.6 万亿元，同比减少 0.6%。

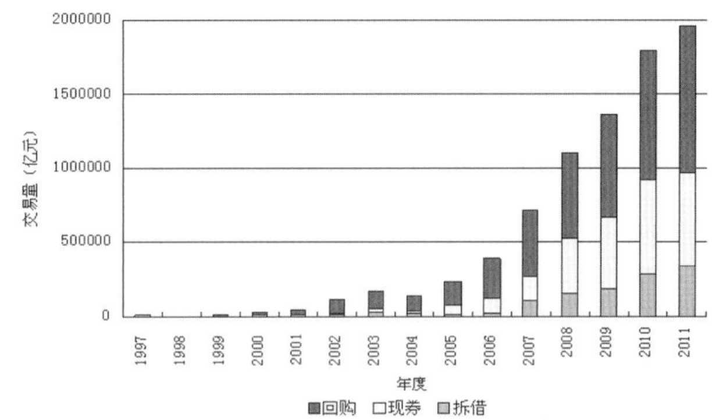

资料来源：全国银行间同业拆借中心

图 2　近年来银行间市场成交量变化情况

2011 年，债券指数总体呈现上行走势。全年来看，银行间市场债券指数由年初的 132.93 点升至年末的 139.75 点，上升 6.82 点，升幅 5.1%；交易所市场国债指数由年初的 126.32 点升至年末的 131.39 点，上升 5.07 点，升幅 4.0%。

三、货币市场利率波幅较大，收益率曲线阶段性变化显著

2011 年，货币市场利率波幅较大。3 月 15 日，7 天回购加权利率达到 1.99% 的年内最低水平；6 月 23 日，7 天回购加权利率达到 9.04% 的年内最高水平。全年来看，12 月份同业拆借加权平均利率为 3.33%，比 1 月份下降 37 个基点；12 月份质押式回购加权平均利率为 3.37%，比 1 月份下降 92 个基点。

2011 年，银行间市场国债收益率曲线总体呈现陡峭化下移走势。12 月末 1 年、5 年、10 年、20 年和 30 年的国债收益率水平分别比 1 月末低 44、57、60、32、26 个基点。全年大致分为三个阶段：第一阶段为前 4 个月，国债收益率曲线总体呈现陡峭化下移趋势，第二阶段是 5 月初至 8 月末，国债收益率曲线平坦化上移，第三阶段是 9 月初至年末，收益率曲线再次陡峭化下移。

四、投资者类型更加多元化

截至 2011 年末，银行间债券市场共有参与机构 11162 个，比 2010 年末增加 927 个，包括各类金融机构和非金融机构投资者，形成了以做市商为核心、金融机构为主体、其他机构投资者共同参与的多层投资者结构，银行间市场已成为各类市场主体进行投融资活动的重要平台。

2011 年，银行间市场投资者进一步丰富，资金集合型投资主体增加较多，境外机构投资银行间债券市场试点稳步推

① 指我国债券市场发行的人民币债券情况（含央行票据）。

② 包含央行票据托管量。

进。截至2011年底,共有51家境外机构获准进入银行间债券市场投资试点。

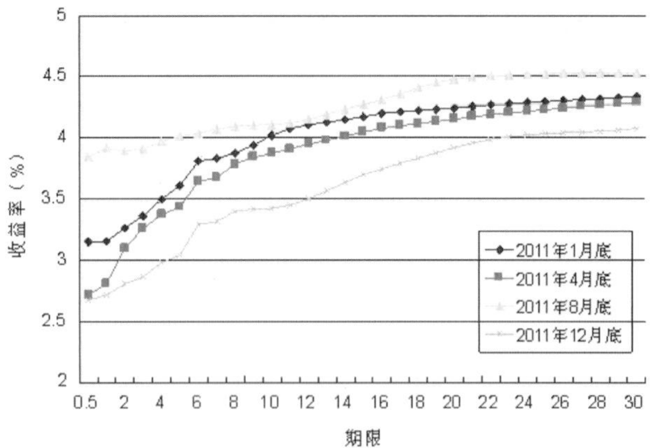

资料来源:中央国债登记结算有限责任公司

图3 2011年银行间市场国债收益率曲线变化情况

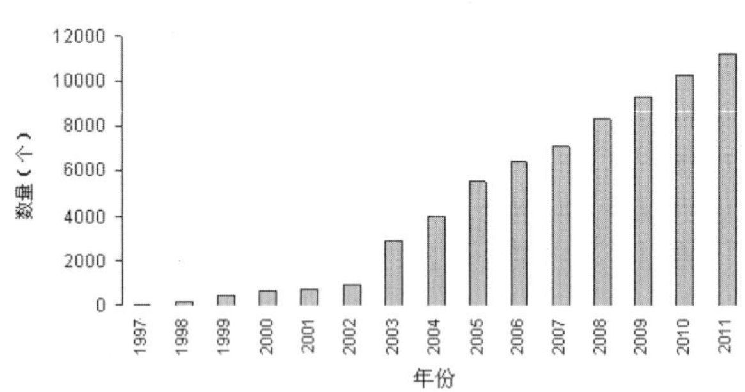

资料来源:中央国债登记结算公司

图4 银行间债券市场参与者增长情况

五、商业银行柜台交易量减少,开户数量稳步增加

2011年,商业银行柜台业务运行平稳。商业银行柜台新增记账式国债20只,包括1年期5只,3年期3只,5年期3只,7年期4只,10年期5只。截至2011年末,柜台交易的国债券种包含1年、3年、5年、7年、10年和15年期六个品种,柜台交易的国债数量达到95只。2011年商业银行柜台记账式国债交易量有所减少,全年累计成交27.9亿元,同比减少33.1%。截至2011年12月底,商业银行柜台记账式国债开户数量达到1003万户,较上年增加107万户,增长11.9%。

六、衍生产品交易总体保持平稳

2011年,债券远期共达成交易436笔,成交金额1030亿元,同比下降67.7%。从标的债券来看,债券远期交易以政策性金融债为主,其交易量占总量的63.5%。从期限来看,2—7天品种交易量占比最高,为62.1%。

2011年,人民币利率互换市场发生交易2万笔,名义本金总额2.7万亿元,同比大幅增加80%。从期限结构来看,1年及1年期以下交易最为活跃,其名义本金总额2.0万亿元,占总量的74.7%。从参考利率来看,2011年人民币利率互换交易的浮动端参考利率包括7天回购定盘利率、Shibor以及1年期定存利率,与之挂钩的利率互换交易名义本金占比分别为51.5%、45.5%和2.9%,与去年同期相比,以Shibor为浮动端参考利率的互换交易占比有明显上升。

2011年,远期利率协议较为清淡。远期利率协议全年共成交3笔,名义本金额共3亿元。

七、股票指数总体下行,成交量下降

2011年,股票指数总体下行,年末上证指数收于2199.42点,与2010年底的2808.08点相比,下跌608.66点,跌幅达21.7%。本年,上证指数最高为3057.33点,最低为2166.21点,波幅为891.12点。

股票市场成交量明显下降。以上证A股市场为例,全年累计成交金额23.9万亿元,日均成交金额978.5亿元,较2010年减少21.9%。

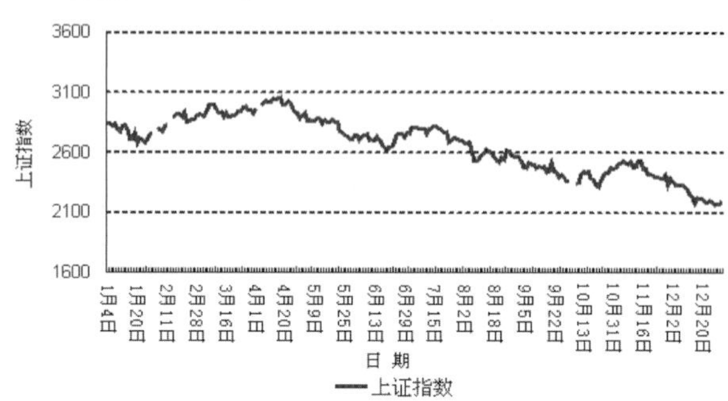

资料来源:上海证券交易所

图5 2011年上证指数走势图

2011年我国金融市场运行的主要特点

2011年,我国金融市场规模和活跃度保持稳定增长,金融市场功能进一步深化,各子市场运行差异加大,市场结构变化明显,金融市场产品和交易方式创新继续稳步推进,市场制度进一步完善。金融市场的发展和各种债务融资工具的运用,为包括中小企业在内的更多企业的直接融资提供了可能性,有利于促进宏观调控手段从主要依靠直接的行政手段向主要依靠市场化的间接调控手段的转化,有利于促进经济结构调整和经济发展方式的转变。

一、金融市场规模和活跃度保持稳定增长

一是金融市场规模总体保持稳定增长。货币市场中,同业拆借累计成交金额为33.44万亿元,比上年增长19.99%;银行间债券回购市场累计成交金额为99.46万亿元,比上年增长13.54%。2011年,全国企业累计签发商业汇票15.05万亿元,同比增长26.03%;累计办理贴现25.03万亿元,同比下降48.54%。银行间债券市场的现券成交金额为63.37万亿元,同比小幅减少6300亿元,但债券市场规模已跃居亚洲第二、全球第四,在全球的排名较2010年前进了两位。黄金市场累计成交金额为2.47万亿元,同比增长53.31%。期货市场累计成交金额为137.52万亿元,同比下降11.03%,其中,商品期货累计成交金额为93.75万亿元,较2010年同期下降了17.39%;沪深300股指期货成交金额为43.77万亿元,较去年同期小幅上升了6.56%。

二是债券托管量稳步增加,股票市场总市值下降,债券市场互联互通增强。2011年年末,银行间债券市场托管面额为21.20万亿元,比2010年年末增长了7.5%,较2010年15.21%的增幅有所放缓。沪深两市的股票总市值为21.48万亿元,较2010年年末下降了19.09%,占GDP的比重为45.54%,较2010年年末的66.68%下降了21.14个百分点。股票流通市值为16.49万亿元,较2010年年末下降了14.60%。2011年,从银行间市场转托管到交易所的债券面额为3502.75亿元,比2010年年末的2878.50亿元大幅增长21.69%,较去年同期2.12%的增幅大为提高,债券市场互联互通进一步增强；商业银行国债柜台市场托管面额为2287.99亿元，与去年同期相比增长33.26%。

三是债券市场交易保持较高的活跃度。2011年，公司信用类债券现券交易结算量达到26.55万亿元，同比大幅增长35.4%，占同期债券市场现券交易结算总量的38.32%。其中，中期票据是2011年现券交易量增长最大的券种，较2010年增长了4.45万亿元。从换手率来看，非金融企业债券整体换手率达到602%，明显高于银行间债券市场332.24%的平均水平，短期融资券、中期票据换手率分别达到1041.36%和725.14%，继续保持其流动性最好的券种的地位；集合票据、企业债的换手率分别为498.83%和332.27%，较上年均有所提高。

二、各金融子市场行情分化较大

一是股票市场、商品期货市场行情有较大幅度下跌。2011年年末，上证指数年收于2199.42点，较2010年年末下跌了608.68点，跌幅为21.68%；深证成指收于8918.82点，较2010年年末下跌了3539.73点，跌幅为28.41%。2011年以来，除黄金和燃料油期货品种价格有所上涨外，其余各商品期货价格均有较大幅度的下跌。在下跌品种中，早稻、玉米和大豆等部分农产品及铝跌幅较小，为5%以内，橡胶跌幅最大，为35.04%，其余品种价格均下跌了10%以上。

二是银行间债券总指数先降后升，震荡小幅走高，全年呈V型走势。从年初到8月，银行间债券总指数震荡走低，8月30日下行到年内最低点111.309点，较2010年年末下跌3.173点。此后持续上行，年末收于115.855点，较2010年年末的114.482点上升了1.373点。

三是黄金价格先升后降，整体小幅上涨。2011年1—9月，黄金价格震荡梯级上涨。其中，从年初到2月，黄金价格略微下调，3月，黄金价格保持相对平稳，4—6月，黄金价格持续小幅震荡走高，7月后，黄金价格上涨步伐有所加快，主力品种AU99.95在9月6日达到年内收盘价最高点，为392.90元/克。之后，黄金价格震荡回调，AU99.95年末收于319.80元/克，较上年年末上涨了17.47元/克，涨幅为5.78%。

三、金融市场融资功能继续增强

2011年，融资性债券品种的发行总量较去年有较大幅度的增加，国债、政策性金融债、政府支持机构债、政府支持债券和公司信用类债券的发行总量为5.97万亿元，同比增加23.14%。

2011年，公司信用类债券共计发行了2.39万亿元，同比大幅增长46%。其中，商业银行债券、短期融资券、中期票据和集合票据分别发行3518.5亿元、8028.3亿元、7269.7亿元和66.23亿元，增幅分别为279%、19%、48%和42%。交易所市场可转债、可分离债和公司债发行总量为1707.40亿元，同比增加了29.3%。

2011年5月，银行间债券市场推出了非公开定向债务融资工具，截至年末，通过非公开定向方式累计发行债券899亿元，非公开定向债务融资工具期限覆盖0.5—5年，对企业各期限类型的融资需求形成较好支持。2011年11月，广东佛山、山东潍坊、江苏常州三地成功首批发行区域集优融资模式下的中小企业集合票据，全年共发行5只，累计为25家中小微型企业提供直接融资13.89亿元。金融市场融资功能进一步增强。

四、金融市场结构变化明显

2011年，在金融市场规模稳步增加和市场创新继续推进的共同推动下，我国金融市场结构发生明显变化。融资结构的优化、投资主体的增加、交易方式的改进，促进了金融市场层次更加丰富、运行效率进一步提高，成为各类市场主体进行投融资活动的重要平台。

一是市场发行结构进一步优化。从券种看，2011年，公司信用类债券共计发行2.39万亿元，同比大幅增长了46%，2010年年末推出的超短期融资券本年发行量达到了2090亿元，是公司信用类债券市场的一大增长点。2011年，银行间债券市场推出了非公开定向债务融资工具，有利于促使更多企业通过债券市场融资，促进我国融资结构的优化。

二是市场交易结构变化明显，市场投资者类型进一步多元化。截至2011年年末，银行间债券市场参与者达到11162家，比2010年年末增加927家，增长了9.06%。新增的开户机构包括720家基金、72家非金融企业、34家信用社、38家商业银行、13家非银行金融机构、9家保险机构、5家证券公司、36家其他类别的机构投资者，投资者类型更为丰富。此外，自2010年香港、澳门地区人民币业务清算行，以及跨境贸易人民币结算境外参加银行和境外中央银行或货币当局等相关机构获准进入银行间债券市场投资试点以来，2011年又有38家境外机构获得进入资格。2011年，上海黄金交易所新增新加坡大华银行(中国)有限公司、英国巴克莱银行有限公司上海分行、摩根大通银行(中国)有限公司3家外资银行会员。股票市场融资融券业务的快速发展，进一步优化了股票市场的交易结构。2011年，融资融券业务发展势头迅猛，余额达到382.07亿元，较2010年年末的127.72亿元增长了近两倍；各月融资买入额合计2909亿元，较2010年的695.13亿元增长了3倍多。

三是市场存量结构有明显变化。信用产品占比继续上升。2011年年末，公司信用类债券市场占比为25.61%，较2010年年末上升4个百分点，规模增加了1.41万亿元。其中规模增加最多的是中期票据，2011年年末，市场余额为1.97万亿元，较2010年年末增加6207亿元，增幅为45.9%；增速最快的是超短期融资券和集合票据，由于基数较低，同比分别增长了2倍和近1倍。

四是银行间债券市场债券期限分布更为均匀。银行间债券市场短期债券余额占比下降，中长期债券余额占比上升，各期限分布更加均匀。2011年年末，银行间债券市场1年期以下期限余额减少了1.1万亿元，占比从上年的26.01%下降到18.9%，1年期以上的各期限品种债券余额均有所上升，其中，1—3年期债券成为余额最高的品种，达到5.04万亿元，占比为23.04%，较上年的21.16%上升了约2个百分点；3—5年期、5—7年期、7—10年期以及10年期以上品种的占比也分别较上年年末有不同程度的增加。

五、金融市场产品和交易方式创新继续稳步推进

2011年，我国金融市场在产品和工具创新方面取得重要进展，金融市场产品体系进一步健全，交易工具更加丰富。

一是首次非公开定向发行非金融企业债务融资工具。2011年5月，中国五矿集团公司、中国国电集团公司、中国航空工业集团公司在银行间市场首次成功发行130亿元定向债务融资工具，标志着私募发行的适用范围从上市公司的非公开发行股票、金融机构的私募发行债券扩展到了全部非金融企业法人的债务融资工具发行。

二是首次发行区域集优融资模式下的中小企业集合票据。2011年11月，广东佛山、山东潍坊、江苏常州三地成功首批发行区域集优融资模式下的中小企业集合票据。区域集优融资模式是利用债务资本市场助推中小企业发展新的探索和尝试，区域集优融资模式下的中小企业集合票据的推广应用，将有利于培育良好的区域金融生态，增强中小微型企业直接债务融资的可持续性。

三是银行间人民币外汇市场推出人民币外汇期权交易，我国外汇市场初步形成完整的基础类汇率衍生产品体系。目前，银行间市场上提供的外汇期权交易覆盖了人民币美元期权在内的5个货币对，包含13个标准期限在内的3个品种。2011年7月，银行间外汇掉期、远期净额清算试运行，衍生品市场获得新的风险管理手段。8家清算会员首批参加试点，净额清算业务向衍生品市场延伸。2011年11月，在银行间人民币外汇即期市场上新增加加元兑人民币、澳元兑人民币等新的交易币种。

四是商品期货市场新上市了铅、焦炭和甲醇期货，使商品期货品种达到了27个，基本涵盖了经济生活的各个方面。同时，推出了期货公司期货投资咨询业务，开展了铜、铝期货保税交割试点，进一步提升我国期货市场价格影响力和话语权。

六、金融市场制度建设进一步完善

2011年，市场监管部门采取多项措施，创新和改进金融服务，满足不同主体的合理资金需求，加强市场监管，防范和处置市场风险，金融市场制度建设继续稳步推进，确保了市场规范有序运行。

一是进一步完善了金融市场发行制度。中国人民银行于2011年6月发布规章，进一步规范发行人使用中国人民银行债券发行系统在银行间债券市场招标发行债券的行为；财政部于2011年10月发布规章，开展地方政府自行发行债券试点工作，首批有上海市、浙江省、广东省和深圳市4家省(直辖市)试点自行发债。

二是进一步完善了金融市场交易制度。2011年，国家外汇管理局发布新指引，推出即期尝试做市机构或远期掉期尝试做市机构，截至年末，已有北京银行、中国邮政储蓄银行、南京银行、上海银行、星展银行(中国)、美国银行上海分行、摩根大通(中国)和瑞穗(中国)8家机构成为人民币外汇即期市场尝试做市机构，成为活跃市场交易的重要力量；中国人民银行、公安部、工商总局、中国证监会、中国银监会联合发布通知，对非法黄金交易及黄金衍生产品交易所进行清理，以促进黄金市场规范健康发展。

2011年1月，中国银监会发布了《银行业金融机构衍生产品交易业务管理暂行办法》，对此前发布实施的《金融机构衍生产品交易业务管理暂行办法》进行修订；8月，中国银监会就《商业银行资本管理办法(征求意见稿)》向社会公开征求意见。

中国证监会发布系列规章，进一步完善了股票市场和期货市场的交易制度，主要包括：正式推出转融通制度，打通社会资金和证券的融通渠道；界定了期货咨询业务，从资本实力和合规角度对从事这项业务的条件作出了规定；对QFII参与股指期货的程序、投资与成交金额、业务范围等进行了综合规定。

三是进一步完善了企业债券余额管理制度。国家发展改革委发布通知，进一步加强企业债券存续期监管工作，规范企业资产重组程序，完善企业债券存续期内发生重大变化的信息披露工作等内容。

2012年，我国仍将继续实施积极的财政政策和稳健的货币政策，不断完善金融宏观调控体系，进一步提高金融经济政策的针对性、灵活性和前瞻性，保持社会融资规模合理增长，保持经济平稳较快发展和物价总水平基本稳定。我国金融市场将坚持服务实体经济的本质要求，把握发展实体经济这一坚实基础，继续保持平稳、健康、协调发展的势头。市场总体规模有望继续增长，市场结构将持续优化，产品创新与制度建设将继续稳步推进，进一步发展成为与国家经济发展相适应、与市场需求相吻合、具有一定国际竞争力的金融市场。

2011年我国金融市场发展的宏观环境分析

一、国际经济、金融运行环境复杂多变

1. 发达经济体走势分化，新兴市场经济体增速下滑

2011年，全球经济总体仍处危机之后的复苏过程中。上半年，全球经济复苏势头明显，新兴市场经济体普遍面临较高通胀压力。但受日本海啸影响，加之欧债危机愈演愈烈，下半年，发达经济体走势分化，新兴市场经济体增速放缓。

(1)主要经济体经济走势出现分化。美国经济维持温和而脆弱的增长。在经历2010年较明显的复苏后，美国经济2011年年初继续保持良好势头，第二季度受日本海啸影响，复苏速度大幅减缓，但第三季度又小幅回升。四个季度的经济增长环比折年率分别为0.4%，1.3%，1.8%和3.0%，较2010年明显减缓。同时，失业率从2010年的10%降至2011年年末的8.3%，表明其经济仍在复苏的轨道上。此外，美国全年CPI上涨3.16%，核心CPI上涨1.66%，全年通胀率冲高回落，仍高于美联储2%的目标区间。美联储承诺将目前的低利率维持至2014年，表明美国经济复苏仍较脆弱。

欧元区正面临重大危机。由于希腊问题不断拖延，市场的悲观情绪进一步扩散到西班牙、意大利等欧洲主要经济体，导致欧洲银行业承受较大压力并出现信贷紧缩。同时，各国相继出台财政紧缩措施控制赤字，进一步拖累欧元区经济。欧元区四个季度的经济增长环比折年率分别为3.1%，0.6%，0.5%和-1.3%，除法国外，德国、意大利和西班牙等主要经济体在第四季度都出现了负增长。同时，欧元区通胀率高达3%，超出欧洲中央银行设定的2%目标区间，失业率也继续升至2011年12月的10.4%，为危机以来的最高，欧元区经济面临的风险越来越大。

日本经济仍处低迷。遭遇海啸冲击的日本四个季度的经济增长环比折年率分别为-6.8%，-1.5%，7.0%和-2.3%，全年经济较上年萎缩0.9%。海啸之后的重建曾在年中一度小幅抬高日本物价，但从全年来看日本仍处通缩状态。尽管就业仍在改善，失业率从2011年年初的5.2%降低到年末的4.6%，但并无迹象显示其长期停滞的趋势会出现根本好转。

(2)新兴市场经济体增速放缓，下半年资本流入逆转。2011年上半年，新兴市场经济体普遍面临较大资本流入和通胀压力，许多国家进一步紧缩货币、控制通胀，经济增速明显放缓，但新兴市场经济体的增速仍明显高于发达经济体。2011年8月之后，在市场避险情绪上升和对新兴市场经济体未来增速放缓预期加强等因素的共同影响下，新兴市场经济体持续了近两年的大规模资本流入开始逆转，各国汇率也普遍下跌。在此情况下，新兴市场经济体的通胀预期大大降低，货币政策也逐渐开始松动，土耳其、巴西、印度尼西亚、泰国和俄罗斯也先后开始下调政策利率。

(3)全球贸易增长放缓，对外直接投资分化。2011年，全球贸易继续增长，但受日本海啸、发达经济体需求较弱及部分

国家日益严重的贸易保护主义倾向等因素影响，WTO 预测 2011 年全球贸易增长仅 5.8%，大大低于 2010 年 14.5% 的增幅，全年贸易总量将仍低于 2007 年金融危机爆发前的水平。另外，根据联合国贸发会议（UNCTAD）的数据，2011 年，全球对外直接投资（FDI）为 1.5 万亿美元，较上年增长 17%，高于去年的 9.3%，但总量低于 2006—2007 年水平。其中，发达经济体增长 18%，这主要得益于并购活动的大幅增加；而增长最快的地区是拉美和加勒比，增速高达 35%；非洲的 FDI 流入量则继续下降。

2. 2011 年国际金融市场运行情况

受日本海啸、美债危机和欧债危机影响，2011 年全球金融市场出现的几次大幅波动波及美国和日本货币市场、美欧债券市场及全球外汇市场，全球股票市场总体也呈现下跌趋势，大宗商品市场从第二季度开始大幅回落。整体看，全球经济复苏乏力、新兴市场经济体增速放缓和欧债危机进一步恶化等因素主导着全年金融市场的走势。

（1）欧洲美元和欧元拆借利率走高。随着欧债危机不断恶化，欧洲美元利率大幅走高。欧洲美元上半年相对平稳，3 个月 LIBOR 稳定在 0.25%—0.3% 之间，但 2011 年 8 月之后大幅上升，年底升至 0.58%，美元头寸趋紧迫使美联储在 12 月联合其他 5 家中央银行共同向市场提供美元流动性，以解决欧洲市场美元不足的问题，防止危机恶化。而欧元拆借利率延续上年走势继续走高，3 个月欧元 LIBOR 在 7 月一度高达 1.55%，后随着欧洲中央银行的两次降息回落至年末的 1.29%。欧洲中央银行也在 12 月推出了旨在向金融机构大规模提供流动性的“长期再融资操作”（LTRO）。

（2）美国国债收益率较低，欧元区多国主权债收益率升高。美联储宽松的货币政策压低了美国国债的收益率，下半年欧债危机的恶化也让美元和美债重新成为资金避险工具，美国 10 年期国债收益率从年初的最高 3.5% 下降到年末的 2%。期间，由于 8 月美债危机抬高了短期国债的违约风险，美国 3 个月以下券种的国债收益率曾一度从 0.2% 升至 0.5%，引发了全球金融市场的短期大幅波动，但短期美债的下跌仅持续了几个交易日，之后 3 个月美债收益率则重新降至 0.1% ~0.3% 的历史低位，并持续到年底。总体看，评级公司对美主权评级的下调对市场影响仅限于短期，并未从根本上影响美元和美国国债地位。此外，欧洲主权债继续成为全球金融风险的主要源头。欧元区除德国之外的主权债收益率均出现不同程度的上升，10 月欧盟峰会宣布各机构对希腊主权债务自愿减记 50% 之后，欧洲仍未能拿出令市场信服的方案，市场紧张情绪波及意大利甚至法国，意大利 10 年期国债收益率一度超过 7%。欧洲的各大银行由于大量持有各国国债，因此主权债券的下跌使其受到较大压力，大量资金流出欧洲债券市场。

（3）日元上涨创历史纪录，新兴市场经济体货币大幅贬值。欧元兑美元汇率维持震荡，从年初的 1.33 升至 5 月的 1.49，然后又降至年末的 1.298。日元和瑞郎作为避险货币，年中一度大幅上涨，后引发两国中央银行入市干预，美元兑日元从年初的 81.41 降至 75.56 的历史纪录，年末收于 76.94；美元兑瑞郎从年初的 0.93 一度跌至 0.7，幅度超过 32%，但年底又重新回到 0.93。新兴市场经济体货币上半年仍保持上升态势，但 8 月之后普遍出现了快速和大幅的下跌，大多数货币不但回吐了上半年的涨幅，且较年初还有较大幅度的下跌。印度卢比、巴西雷亚尔和俄罗斯卢布全年则分别下跌 15.8%，11% 和 5%。

（4）全球股市普遍下跌，部分市场跌幅较大。市场对全球经济增长乏力的担忧拖累了全球股市。在主要经济体股市中，除美国股市小幅上涨外，其他普遍出现较大跌幅。道琼斯指数从年初的 11577 点运行至年末的 12217 点，上涨 5%；英国富时 100 指数、法国 CAC40 指数、德国 DAX30 指数和日经 225 指数全年分别下跌 5.6%，17%，14.7% 和 17.3%。新兴市场经济体股市跌幅普遍较大，如印度 SENSEX 指数、俄罗斯 RTS 指数和巴西 BVSP 指数分别下跌 25.7%、21.9% 和 18.1%。

（5）大宗商品价格前涨后跌，部分金属和农产品跌幅较大。新兴市场经济体经济增速的放缓和市场对欧债危机的忧虑，同样影响了大宗商品市场，危机之后一直连续上涨的大宗商品价格在 4 月份显现出拐点，除原油、玉米和黄金外，大宗商品全年普遍呈现下跌。英国布伦特原油先涨后跌，每桶从年初的 92.5 美元上涨到 4 月初最高 126 美元，年末又跌至 106.7 美元，全年上涨 15.3%。伦敦 LME 交易的铜、铝、锌、铅、镍和锡年末分别较年初下跌 20.8%、18.2%、24.8%、20.2%、24.4% 和 28.6%。农产品也经历了较大幅度的下跌，小麦和大豆全年跌幅为 19% 和 11%，而可可、棉花和橡胶全年跌幅则达到或超过 30%。贵金属同样先涨后跌，纽约 COMEX 黄金从年初的每盎司 1405 美元一度涨到 1923 美元，后回落至 1570 美元，全年涨 11.7%；白银走势类似，但全年下跌 7%。大宗商品价格的回调一方面反映了全球金融市场避险情绪的升高，但另一方面也缓解了新兴市场经济体的通胀压力。

3. 国际经济、金融环境对中国的影响

全年看，2011 年全球经济受日本海啸、欧债危机、新兴市场经济体通胀过高及全球经济增速放缓等一系列因素影响，市场避险情绪不断升高，国际短期资本也出现了从流入新兴市场经济体到回流美国的逆转，导致外汇市场和大宗商品市场出现了较大波动。

随着中国开放程度的加大和金融市场的发展，国际金融市场的波动对中国经济和金融市场的影响也逐步加大。一是主要经济体需求持续疲软，对中国净出口影响较大。2011 年中国贸易顺差已经降到 1551 亿美元，比 2008 年近 3000 亿美元的顺差减少近一半。净出口的减少虽然有利于中国经济更好地“调结构”，但也对中国“保增长”提出挑战。二是主要经济体货币政策仍非常宽松，美日“零利率”政策长期化，欧洲中央银行持续的流动性注入行动也越来越接近美日的“量化宽松”程度，这将为已相当盛行的“套利交易”继续提供条件。套利交易的兴衰与中国短期资本流入、流出密切相关，因此对中国金融市场的流动性预期影响较大。三是欧债危机的不断反复，影响了全球资本的风险偏好，全球资本在“避险资产”和“风险资产”之间无序流动。这种流动对大宗商品价格的涨跌影响较大，对中国国内通胀预期有间接影响，另外也造成了外汇市场的波动，成为影响人民币汇率预期的重要因素。

二、国内经济、金融环境总体平稳向好

1. 国内经济与宏观金融环境

2011 年，我国国民经济继续朝着宏观调控预期方向发展，总体上，呈现出国民经济平稳较快发展、物价逐步趋稳、结构继续优化、民生不断改善等特征。根据初步测算，全年国内生产总值为 47.16 万亿元，按可比价格计算，比上年增长 9.2%；全年居民消费价格比上年上涨 5.4%。

农业生产稳定增长，工业生产平稳较快增长。全年全国

粮食总产量达到 5.71 亿吨，比上年增产 2473 万吨，增长 4.5%，连续八年增产。工业生产平稳较快增长，企业利润继续增加。全年全国规模以上工业增加值按可比价格计算比上年增长 13.9%；全年规模以上工业企业产销率达到 98.0%，比上年下降 0.1 个百分点；规模以上工业企业实现出口交货值 10.19 万亿元，比上年增长 16.6%；工业企业的盈利状况较好，1—11 月，全国规模以上工业企业实现利润 4.66 万亿元，比上年增长 24.4%。

固定资产投资保持较快增长，投资结构继续改善。全年固定资产投资（不含农户）30.19 万亿元，比上年名义增长 23.8%，实际增长 16.1%，其中，国有及国有控股投资 10.75 万亿元，增长 11.1%。分产业看，第一产业投资 6792 亿元，比上年增长 25.0%；第二产业投资 13.23 万亿元，增长 27.3%；第三产业投资 16.29 亿元，增长 21.1%。分地区看，东部地区投资比上年增长 21.3%，中部地区增长 28.8%，西部地区增长 29.2%，西部地区继续保持增速领先。

进出口保持较快增长，外贸顺差继续收窄。全年进出口总额为 3.64 万亿美元，比上年增长 22.5%；出口总额为 18986 亿美元，增长 20.3%；进口总额为 17435 亿美元，增长 24.9%。进出口相抵，顺差 1551 亿美元，比上年减少 264 亿美元。

市场物价比上年有所上涨。全年居民消费价格比上年上涨 5.4%。分类别看，食品上涨 11.8%，非食品上涨 2.6%。全年工业生产者出厂价格比上年上涨 6.0%，工业生产者购进价格比上年上涨 9.1%，出厂价格比上年上涨 6.0%。

城乡居民收入稳定增长，市场销售继续保持较快增长。全年城镇居民人均总收入 2.40 万元。其中，城镇居民人均可支配收入比上年名义增长 14.1%，扣除价格因素，实际增长 8.4%。农村居民人均纯收入 6977 元，比上年名义增长 17.9%，扣除价格因素，实际增长 11.4%。2011 年，社会消费品零售总额为 18.12 万亿元，比上年名义增长 17.1%，实际增长 11.6%。其中，城镇消费品零售额为 15.69 万亿元，比上年增长 17.2%；乡村消费品零售额为 2.43 万亿元，增长 16.7%。按消费形态分，餐饮收入为 2.05 万亿元，比上年增长 16.9%；商品零售额为 16.07 万亿元，增长 17.2%。

财政收入与财政支出均保持较快增长，财政支出结构进一步优化。2011 年全年，全国财政收入为 103740 亿元，比上年增长 24.8%。2011 年全年，全国财政支出为 108930 亿元，比上年增长 21.2%。2011 年，财政支出结构得到进一步优化，教育、医疗卫生、社会保障和就业、保障性安居工程等民生项目的支出在财政支出中的占比大幅上升。

2. 国内宏观金融环境及金融体系运行情况

2011 年，中国人民银行按照国务院统一部署，围绕保持物价总水平基本稳定这一宏观调控的首要任务，继续实施稳健的货币政策，着力提高政策的针对性、灵活性和有效性，综合交替使用数量型工具和价格型工具以及宏观审慎政策工具，加强银行体系流动性管理，引导货币信贷平稳增长，保持合理的社会融资规模，引导金融机构合理把握信贷投放节奏和调整信贷结构。同时，继续完善人民币汇率形成机制，稳步推进金融企业改革，推动经济、金融平稳健康发展。

（1）稳健货币政策下的宏观金融环境。一是货币供应量增速继续回落。2011 年年末，广义货币供应量 M2 余额为 85.16 万亿元，同比增长 13.6%；狭义货币供应量 M1 余额为 28.98 万亿元，同比增长 7.9%；流通中货币 M0 余额为 5.07 万亿元，同比增长 13.8%。全年净投放现金 6161 亿元，同比少投放 214 亿元。

二是金融机构存款增长有所放缓。2011 年年末，全部金融机构（含外资金融机构，下同）本外币各项存款余额为 82.67万亿元，同比增长 13.5%。人民币存款余额为 80.94 万亿元，同比增长 13.5%，比上年年末低 6.7 个百分点。全年人民币存款增加 9.63 万亿元，同比少增 2.29 万亿元。年末，外币存款余额为 2751 亿美元，同比增长 19.0%，全年外币存款增加 494 亿美元。

三是金融机构贷款增长向常态回归。2011 年年末，全部金融机构本外币贷款余额为 58.19 万亿元，同比增长15.7%。人民币贷款余额为 54.79 万亿元，同比增长 15.8%，比上年年末低 4.1 个百分点。全年人民币贷款增加7.47 万亿元，同比少增 3901 亿元。年末，外币贷款余额 5387 亿美元，同比增长 19.6%，全年外币贷款增加 882 亿美元。

四是存贷款基准利率适时上调。中国人民银行分别于 2 月 9 日、4 月 6 日和 7 月 7 日上调金融机构人民币存贷款基准利率，1 年期存款、贷款基准利率各上调 0.25 个百分点。三次上调后，1 年期存款、贷款基准利率分别达到 3.50% 和 6.56%。

五是金融机构贷款利率继续小幅上行。金融机构对非金融企业及其他部门贷款利率总体保持上行走势，升幅逐月回落。从利率浮动情况看，执行上浮利率的贷款占比显著上升。9 月份，执行上浮利率的贷款占比为 67.19%，执行下浮利率和基准利率的贷款占比分别为 6.96% 和 25.86%。

六是上半年六次上调、下半年一次下调存款准备金率。为加强流动性管理，适度调控货币信贷投放，中国人民银行分别于 1 月 20 日、2 月 24 日、3 月 25 日、4 月 21 日、5 月 18 日和 6 月 20 日六次上调大型存款类金融机构人民币存款准备金率各 0.5 个百分点，上调后大型存款类金融机构人民币存款准备金率为 21.5%，达历史高点。12 月 5 日，中国人民银行下调存款准备金率 0.5 个百分点。

（2）金融体系总体保持安全稳健运行。一是金融行业稳健发展。银行业金融机构业务规模稳步扩张，资产质量继续提高。截至 2011 年年末，我国银行业金融机构的本外币资产总额为 113.3 万亿元，同比增长18.9%；本外币负债总额为 106.1 万亿元，同比增长 18.6%。资本充足率为 12.7%，核心资本充足率达 10.2%。不良贷款率为 1%，拨备覆盖率达到 278.1%。2011 年，商业银行净利润达 1.04 万亿元，资产利润率为 1.3%。证券期货经营机构整体规模和盈利水平有所下降。截至 2011 年年末，我国 109 家证券公司总资产为 1.57 万亿元，净资产为 6302.55 亿元、净资本为 4634.02 亿元，受托管理资金本金总额为 2818.68 亿元。2011 年，109 家证券公司全年实现营业收入 1359.50 亿元，同比下滑 28.86%，净利润为 393.77 亿元，同比下滑 49.23%。保险业平稳发展。截至 2011 年年末，保险公司的资产总额为 5.9 万亿元，原保费收入为 1.43 万亿元，同比增长 10.4%，保险投资年化收益率为 3.6%。

二是金融市场平稳运行。货币市场交易活跃，市场利率在波动中有所回落；债券收益率曲线总体有所上移；股票市场指数整体下行，股票融资有所减少。2011 年，全年社会融资规模为 12.83 万亿元，同比少 1.11 万亿元。其中，人民币贷款占社会融资规模的 58.3%，同比提高 1.6 个百分点；委托贷款占比 10.1%，同比提高 3.9 个百分点；未贴现的银行承兑汇票占比 8.0%，同比低 8.7 个百分点；企业债券占比 10.6%，同比提高 2.7 个百分点。从机构融资情况看，融资主体结构仍保持原有格局。国有商业银行仍是主要的资金供给方，但融出资金量有所减少，外资金融机构由上年同期的净融入转变为净融出；证券公司及基金公司资金需求下降较多；股票市场筹资额有所减少。

三是金融机构改革不断深化。重点金融机构改革稳步推进。2011 年 9 月，中国人民银行发布《关于扩大中国农业银行“三农金融事业部”改革试点范围等有关事项的通知》，明确将中国农业银行在黑龙江、河南、河北、安徽 4 个省 371 个县的县支行纳入“三农金融事业部”的改革试点范围，改革试点范围扩大到 12 个省(自治区、直辖市)的 929 个县。同时，要求中国农业银行继续深化体制机制改革，进一步加大服务“三农”的投入力度，不断提升“三农”和县域的金融服务水平。继续推进政策性金融机构改革。6 月末，中投公司向中国出口信用保险公司注资 200 亿元人民币；目前，中国出口信用保险公司正在逐步落实改革方案的有关要求。中国农业发展银行改革工作小组于 8 月正式成立，标志着中国农业发展银行改革工作全面启动。农村信用社改革试点取得重要的阶段性成果。农村信用社资产质量显著提升，资金实力显著增强，涉农信贷投放大幅增加，产权制度改革取得一定进展。2011 年，全国共组建以县(市)为单位的统一法人农村信用社 1882 家、农村商业银行 212 家、农村合作银行 190 家。

四是金融市场基础设施建设进一步完善。适时推出外汇期权交易，加快推进外汇市场发展；期货市场法制建设继续完善，产品创新取得新进展；银行间债券市场管理不断加强，规范债券招标发行管理，加强交易管理，完善市场价格发现机制，推动非金融企业债务融资发展，规范债券结算代理业务，上海清算所开办短期融资券登记和托管业务；完善证券市场基础性制度建设，修订股票市场交易结算规则，明确上市公司并购重组标准，建立健全期货公司分类监管制度，进一步规范证券市场信息披露，继续推进产品与业务创新，推进证券市场转融通机制建设，加强对证券投资机构的行为规范，启动期货市场账户规范工作。完善保险市场基础性制度建设，完善银保业务监管和偿付能力监管，提高保险业服务质量，规范人身保险业务经营，开展变额年金试点，调整保险资产管理公司管理，严格市场准入，发布保险业发展“十二五”规划纲要，规范保险公司保险业务转让行为。

五是跨境人民币业务快速发展。2011 年 8 月 22 日，中国人民银行会同五部委发布《关于扩大跨境贸易人民币结算地区的通知》，将跨境贸易人民币结算境内地域范围扩大至全国。10 月 13 日，商务部发布《关于跨境人民币直接投资有关问题的通知》，中国人民银行发布《外商直接投资人民币结算业务管理办法》，允许境外投资者以人民币来华投资。跨境人民币业务从经常项目扩展至部分资本项目。据初步统计，2011 年全年，跨境贸易人民币结算业务累计发生 2.08 万亿元，直接投资人民币结算业务累计发生 1109 亿元。其中，以人民币进行结算的跨境货物贸易、服务贸易及其他经常项目、对外直接投资、外商直接投资分别累计发生 1.56 万亿元、5212.7 亿元、201.5 亿元、907.2 亿元。从 8 月 17 日起，境外机构投资者获准以人民币境外合格机构投资者方式(RMB Qualified Foreign Institutional Investors，RQFII)投资境内证券市场，起步金额为 200 亿元。对 RQFII 放开股市投资，侧面加速了人民币的国际化。根据中国证监会、中国人民银行、国家外汇局 12 月 16 日联合发布的《基金管理公司、证券公司人民币合格境外机构投资者境内证券投资试点办法》，允许符合条件的基金公司、证券公司香港子公司作为试点机构开展 RQFII 业务。该业务初期试点额度约人民币 200 亿元，试点机构投资于股票及股票类基金的资金不超过募集规模的 20%。

六是宏观审慎管理不断加强。2011 年，中国人民银行积极探索我国加强宏观审慎管理和系统性金融风险防范的方法和手段，与国际间的合作交流也不断深化。国际货币基金组织和世界银行完成了对我国开展的首次“金融部门评估规划”(FSAP)。11 月 14 日，国际货币基金组织公布的对我国金融部门进行的首次正式评估中指出，中国的金融体系总体稳健，但脆弱性在逐渐增加。中国在金融部门商业化改革方面取得了显著进展，监管也得到了强化，但金融体系复杂程度的提高以及全球经济面临的不确定性带来了风险。中国需要进一步推动改革，以支持金融稳定。

2011 年金融统计数据报告

一、广义货币增长 13.6%，狭义货币增长 7.9%

年末，广义货币(M2)余额 85.16 万亿元，同比增长 13.6%，比 11 月末高 0.9 个百分点；狭义货币(M1)余额 28.98万亿元，同比增长 7.9%，比 11 月末高 0.1 个百分点；流通中货币(M0)余额 5.07 万亿元，同比增长 13.8%。全年净投放现金 6161 亿元，同比少投放 214 亿元。

二、全年人民币贷款增加 7.47 万亿元，外币贷款增加 882 亿美元

年末，本外币贷款余额 58.19 万亿元，同比增长 15.7%。人民币贷款余额 54.79 万亿元，同比增长 15.8%，比 11 月末高 0.2 个百分点，比上年末低 4.1 个百分点。全年人民币贷款增加7.47万亿元，同比少增 3901 亿元。分部门看，住户贷款增加 2.42 万亿元，其中，短期贷款增加 9519 亿元，中长期贷款增加 1.46 万亿元；非金融企业及其他部门贷款增加5.04万亿元，其中，短期贷款增加 2.78 万亿元，中长期贷款增加 2.10 万亿元，票据融资增加 112 亿元。12 月份，人民币贷款增加 6405 亿元，同比多增 1823 亿元。年末外币贷款余额 5387 亿美元，同比增长 19.6%，全年外币贷款增加 882 亿美元。

三、全年人民币存款增加 9.63 万亿元，外币存款增加 494 亿美元

年末，本外币存款余额 82.67 万亿元，同比增长 13.5%。人民币存款余额 80.94 万亿元，同比增长 13.5%，比 11 月末高 0.4 个百分点，比上年末低 6.7 个百分点。全年人民币存款增加 9.63 万亿元，同比少增 2.29 万亿元。其中，住户存款增加 4.72 万亿元，非金融企业存款增加 2.56 万亿元，财政性存款减少 300 亿元。12 月份，人民币存款增加 1.43 万亿元，同比多增 4462 亿元。年末外币存款余额 2751 亿美元，同比增长 19.0%，全年外币存款增加 494 亿美元。

四、银行间市场利率回落

全年银行间市场人民币交易累计成交 196.54 万亿元，日均成交 7861 亿元，日均成交同比增长 9.5%。

12 月份银行间市场同业拆借月加权平均利率为 3.33%，比 11 月份低 0.16 个百分点，比上年同期高 0.41 个百分点；质押式债券回购月加权平均利率为 3.37%，比 11 月份低0.15 个百分点，比上年同期高0.25个百分点。

五、全年跨境贸易人民币结算业务累计发生 2.08 万亿元，直接投资人民币结算业务累计发生 1109 亿元

初步统计，2011 年以人民币进行结算的跨境货物贸易、服务贸易及其他经常项目、对外直接投资、外商直接投资分别累计发生 1.56 万亿元、5212.7 亿元、201.5 亿元、907.2 亿元。

当月数据为初步数。

年末贷款余额及增量已扣除历史政策性财务挂帐 924 亿元。

2011 年 10 月份起，货币供应量已包括住房公积金中心存款和非存款类金融机构在存款类金融机构的存款。

2011 年中国区域金融运行报告

文章来源：中国人民银行货币政策分析小组

内容摘要

2011 年，面对复杂严峻的国内外环境，全国各地区以科学发展为主题、以加快转变经济发展方式为主线，全面贯彻落实宏观调控的各项政策措施，经济增长由政策刺激向自主增长转变，各地区经济保持平稳较快发展，区域发展协调性进一步增强，中西部和东北地区主要经济指标增速高于全国平均水平，东部地区产业转型升级步伐加快。全年东部、中部、西部和东北地区生产总值加权平均增长率分别为 10.5%、12.8%、14.1% 和 12.5%。

2011 年，各地区经济运行态势良好，经济增长的内生动力不断增强。消费对经济增长的贡献率同比上升，城乡居民收入保持快速增长，其中农村居民人均纯收入增速创 1985 年以来新高，连续两年快于城镇居民人均可支配收入增速。消费的地区、城乡差距继续缩小，中西部和东北地区的社会消费品零售总额增速明显快于东部，消费结构升级推动农村居民恩格尔系数比上年下降 0.7 个百分点。固定资产投资平稳增长，投资的地区结构和产业结构进一步改善。外贸进出口平衡发展，贸易顺差连续三年下降，中西部地区外贸增长强劲。实际利用外资金额再创历史新高，中西部地区承接沿海产业转移和引进外商直接投资的步伐继续加快。各地区企业“走出去”战略扎实推进，并购领域更为广泛。跨境人民币业务从经常项目扩展至部分资本项目。三次产业发展势头总体良好，农业实现粮食产量“八连增”，农业产业化经营稳步推进。各地区战略性新兴产业和现代服务业实现跨越发展，中西部工业增加值增速明显快于东部地区。长三角、珠三角、京津冀三大经济圈继续以改革创新加快发展步伐，区域经济金融一体化进程稳步推进，对全国经济的辐射带动作用进一步增强。各地区节能降耗和生态保护工作取得积极进展，为实现“十二五”节能减排目标奠定了坚实的基础。

各地区金融业继续稳健运行，金融服务实体经济能力继续增强。居民储蓄存款增速有所放缓，中西部地区单位存款保持较快增长。宏观审慎管理框架建立并不断完善，稳健货币政策成效逐渐显现，货币信贷增长向常态水平回归，投放节奏更加均衡，信贷资源配置效率稳步提升。各地区“有扶有控”信贷政策落实有力，贷款主要投向“三农”、小微企业、国家重点在建续建项目、服务业等重点领域和薄弱环节。前三季度贷款利率稳步上行，第四季度有所回落，金融机构贷款定价机制逐步完善。金融改革向纵深推进，农村金融机构发展加快。证券保险业平稳发展，期货交易品种不断丰富。直接融资占比进一步上升，债券融资规模明显扩大。各地区金融生态环境不断优化，逐步形成经济金融协调发展的良好格局。

2012 年是实施“十二五”规划承前启后的重要一年，世界经济复苏面临较多不稳定性和不确定性，中国经济发展正处于转型期，区域经济发展可能会面临一些新的变化和挑战。各地区将按照党中央、国务院的统一部署，深入贯彻落实科学发展观，坚持“稳中求进”的工作总基调，加快转变经济发展方式，切实提高经济发展质量和效益。充分发挥各地区特色和优势，进一步提高区域发展的协调性和基本公共服务均等化水平，消除市场壁垒，促进要素流动，引导产业有序转移，推动区域经济良性互动、协调发展。东部地区将进一步推动产业结构升级和提高自主创新能力，率先转变经济发展方式，培育产业竞争新优势，在更高层次上参与国际竞争合作。中部地区将充分利用区位优势和承接产业转移机遇，加快区域基础设施建设，逐步优化投资环境，推动产业转型和升级，不断提升中部作为全国重要的粮食生产基地、能源原材料基地、现代装备制造及高技术产业基地和综合交通运输枢纽的地位。西部地区将继续贯彻落实西部大开发“十二五”规划，落实好中央对西部地区各方面的扶持政策，加快构建以交通、水利为重点的现代化基础设施体系，加强环境保护，加快建立生态补偿机制，深入实施以市场为导向的优势资源转化战略。东北地区将按照“十二五”振兴规划要求，加快改造提升传统优势产业，积极培育和发展战略性新兴产业，促进资源枯竭型城市转型发展，不断提升对东北亚区域的对外开放水平。

2012 年，各地区金融机构将继续认真贯彻落实稳健货币政策，坚持金融服务实体经济的本质要求，保持货币信贷平稳适度增长和合理的社会融资规模，进一步优化信贷结构，加大对经济结构调整的支持力度，更加注重满足实体经济的需求，加强区域性系统性风险防范，促进区域经济平稳健康协调发展。

第一部分　区域金融运行情况

2011 年，全国各地区金融业按照党中央、国务院的统一部署，认真贯彻落实稳健货币政策，加大对国民经济重点领域和薄弱环节的支持力度，货币信贷增长向常态回归，金融服务实体经济能力继续增强。全年各地区金融运行总体平稳，银行业金融机构资产规模不断扩大，金融机构改革深入推进，融资结构持续优化，地区间金融发展更趋协调，金融生态环境建设取得新进展。

一、各地区银行业

2011 年，全国各地区银行业金融机构网点个数、从业人员稳步增加，资产规模增长较快。年末，银行业金融机构网点共计 20 万个，从业人员 319.1 万人，分别比上年增加 0.5 万个和 11.1 万人；资产总额 105.8 万亿元，同比增长 19.1%。分地区看，东部地区银行业金融机构网点个数、从业人员和资产总额在全国占比最高，其中，广东、北京、上海、江苏、浙江和山东六省（直辖市）银行业资产总额合计占全国比重超过半数；东部、中部、西部和东北地区银行业资产总额分别增长 20.4%、17.5%、21.8% 和 18.6%。

外资银行稳步发展。年末，全国共有 27 个省（自治区、直辖市）有外资银行入驻；外资银行资产总额 2.1 万亿元，同比增长 16.7%。外资银行资产的 94.2% 集中在东部。西部地区对外资银行的吸引力进一步增强，外资银行资产总额和机构网点数占比均比上年有所提高，重庆、四川和陕西是外资银行新进入的主要地区。

农村金融机构发展加快，农村金融服务体系更趋完善。

2011年,全国农村合作机构资产规模继续快速增长,农村商业银行、农村合作银行和农村信用社年末资产总额达到12.8万亿元。分地区看,48.4%的农村合作机构资产集中在东部;西部和东北地区农村合作机构资产总额增长较快,分别同比增长39.0%和61.3%。新型农村机构发展加快,农村地区金融服务覆盖率进一步提高。年末,包括村镇银行、小额贷款公司、贷款公司和农村资金互助社等在内的各类新型农村机构共计4969家,其中小额贷款公司数量占比86.2%,比上年新增1668家。

(一)各地区存款增长放缓,存款地区分布更趋协调

2011年,全国各地区本外币存款增长放缓,增速较上年有所回落。年末,东部、中部、西部和东北地区本外币各项存款余额分别为47.4万亿元、12.5万亿元、14.7万亿元和5.6万亿元,同比分别增长12.1%、16.4%、16.6%和10.9%,增速比上年分别降低6.8个、5.0个、5.7个和7.4个百分点。本外币各项存款同比增速最低的省份为6.7%,最高的省份为28.2%,分别低于上年8.7个和4.6个百分点。

各地区人民币存款增速总体放缓。受居民理财意识增强、金融产品创新增多加速存款分流等因素影响,居民储蓄存款增速持续放缓。年末,东部、中部、西部和东北地区人民币储蓄存款余额增速同比分别回落3.7个、1.1个、1.6个和0.3个百分点。受派生存款减少、企业产成品库存和应收账款净额增加等因素影响,单位存款增速总体回落。分地区看,东部和东北地区人民币单位存款增速回落明显,中部和西部地区单位存款仍保持较快增长。分期限看,单位存款总体呈现定期化趋势。年末,各地区单位活期存款余额增速低于定期存款10.8个百分点,其中东部地区三个省份单位活期存款负增长。

外币存款余额稳步增加。年末,东部、中部和西部外币存款余额比年初分别增加357.3亿美元、25.1亿美元和45.0亿美元,东北地区比年初下降6.7亿美元。东部地区经济外向程度较高,外币存款在本外币各项存款中的比重明显高于其他地区。从资金来源的地区分布看,中部和西部地区本外币存款余额占全国的比重分别上升0.3个和0.5个百分点,东部和东北地区占比分别下降0.6个和0.2个百分点。

(二)各地区贷款增长向常态回归,"有扶有控"信贷政策有效落实,金融服务实体经济能力显著增强

2011年,全国各地区本外币贷款增速平稳回调,第四季度贷款投放增多。年末,东部、中部、西部和东北地区本外币各项贷款余额分别为33.3万亿元、8.2万亿元、10.5万亿元和4.0万亿元,同比分别增长13.7%、17.0%、19.5%和17.5%,比上年末分别降低5.0个、4.4个、3.9个和2.2个百分点。

各地区贷款投放节奏趋向均衡,上半年尤其是第一季度集中投放的状况明显改善。东部、中部、西部和东北地区上半年新增人民币贷款占全年的比例分别为56.9%、54.3%、57.8%和53.2%,与上年相比均有所下降。在政策预调微调的引导下,第四季度各地区信贷投放适度增长,较好地改善了小微企业融资环境,有力促进了经济平稳健康发展。

2011年初,基于国际金融危机教训的总结和巴塞尔协议Ⅲ关于宏观审慎监管的要求,按照中央有关加快构建宏观审慎政策框架的部署,中国人民银行引入差别准备金动态调整机制,把货币信贷和流动性管理的总量调节与强化宏观审慎政策结合起来,有效地促进了货币信贷平稳增长,提升了金融机构的稳健性。通过参数动态调整,支持资本充足率较高、资产质量较好、法人治理结构完善的金融机构加大对"三农"、小微企业、文化产业、节能环保、战略性新兴产业、民生等领域的金融支持,有效促进经济发展方式转变和结构调整。

中长期贷款增长继续放缓。2011年年末,东部、中部、西部和东北地区本外币中长期贷款余额同比分别增长7.0%、15.7%、16.4%和16.8%,比上年末分别下降17.4个、15.2个、14.5个和15.7个百分点。新增贷款短期化趋势明显,东部、中部、西部和东北地区全年本外币新增贷款中,中长期贷款分别占40.0%、55.1%、61.0%和7.3%,同比分别下降32.4个、23.7个、29.0个和31.1个百分点。其中,天津、江苏、浙江、山东和宁夏五省(自治区、直辖市)新增中长期贷款占比低于40%。海南新增中长期贷款占比位居全国第一,主要原因是受国际旅游岛建设项目的投资拉动。金融机构加强对信贷投放总量和节奏的控制,票据融资小幅增长,各地区本外币票据融资余额占比均较上年有所下降。

中西部及东北地区个人消费贷款增长相对较快。2011年年末,东部、中部、西部和东北地区人民币个人消费贷款增速分别为11.3%、23.2%、24.0%和23.0%,分别比人民币中长期贷款增速高出1.9个、7.7个、7.4个和5.9个百分点。9个省份人民币消费贷款增量超过500亿元,分布在东部地区和西部地区,其中广东、江苏、山东分列前三位。从结构看,各地区金融机构严格执行差别化房地产信贷政策,个人住房贷款增长放缓,非住房消费贷款增势较好。

贷款结构持续优化。2011年,各地区贷款主要投向农业、先进制造业、服务业、国家重点在建续建项目、产业结构升级、战略性新兴产业、文化产业、节能环保、自主创新等实体经济领域,有力推动了产业结构调整和区域经济发展。广东制造业和批发零售业新增贷款占比分别同比提高12.0个和12.9个百分点;浙江四成以上贷款投向全省"十一大转型升级产业";天津八成以上项目贷款支持在建续建项目;山东六成以上新增贷款投向山东半岛蓝色经济区和黄河三角洲高效生态经济区。各地区贯彻落实"有扶有控"的信贷政策,进一步加大金融对经济薄弱环节的支持力度。北京、海南涉农贷款增幅高于40%,山东、安徽、河南、甘肃、辽宁和四川等省份涉农贷款也保持较快增长,支农惠农效果不断增强;黑龙江金融机构加大对现代农业的支持力度,助推黑龙江成为全国粮食产量第一大省;福建创新小微企业贷款批量化营销模式,小微企业贷款余额占全部企业贷款余额的46.6%,居全国首位;广西小企业新增贷款占比较上年提高6.4个百分点;海南中小企业贷款增速高于全部贷款增速20.7个百分点,贷款增量为上年同期的1.7倍;河南实施千家"小巨人"企业信贷培育计划,中小企业贷款增速高于贷款平均增幅11.8个百分点。贵州省小额担保贷款余额为上年的4.4倍,四川小额担保贷款余额同比增长155%,江西累计发放小额担保贷款在全国率先突破200亿元。湖南保障性住房开发贷款增长63.5%,重庆对公租房建设贷款余额为92亿元,居全国前列。山东十大高耗能相关行业中长期贷款同比少增381.2亿元。

外币贷款增速稳中略升。2011年年末,全国外币贷款余额同比增长19.6%,增速比上年略升0.1个百分点,其中贸易融资同比多增,保持了对进出口贸易的支持力度。分季度看,前三季度外币贷款增速稳步回升,第四季度增速有所回落。分地区看,全年东部、中部、西部和东北地区新增外币贷款分别为466.9亿美元、91.6亿美元、125.5亿美元和68.0亿美元,与上年相比,中部、西部和东北地区分别多增43.3亿美元、69.0亿美元和23.1亿美元。东部地区虽比上年少52.4亿美元,但外币贷款余额和增量在本外币各项贷款余额

和增量中的占比仍高于其他地区。

（三）金融机构贷款利率总体有所上行，自主定价能力进一步提高

2011 年前三季度，为央行应对通胀连续上调存贷款基准利率等因素影响，金融机构对非金融企业及其他部门贷款利率呈上行趋势。第四季度，受经济增长趋稳和下调存款准备金率等因素影响，利率有所回落。12 月份，贷款加权平均利率比年初上升 1.82 个百分点。全年各地区金融机构人民币贷款利率主要分布在 6.49%—9.29% 之间，西部地区利率水平总体低于其他地区。

金融机构利率定价能力进一步提升。各地区金融机构按照风险原则科学定价的能力和意识显著提高；利率定价机制建设取得积极进展，市场化产品、贷款及内部资金转移等定价机制进一步健全；利率定价水平不断提高，逐步开发了支持利率定价的管理信息系统。市场基准利率培育工作不断深化，Shibor 的基准性地位稳步提高，在金融机构利率定价中运用的深度和广度有所增强。

2011 年各地区金融机构贷款执行上浮、下浮和基准利率占全部人民币贷款的比重分别有不同程度的上升或下降，既体现了宏观调控政策通过金融机构利率定价机制的有效传导，也体现了市场机制在利率形成中所发挥的作用日益明显。

受境内资金供求关系变动及国际金融市场利率走势的影响，外币存贷款利率总体呈现波动上行走势。12 月，3 个月以内大额美元存款加权平均利率和 1 年期美元贷款加权平均利率比年初分别上升 1.45 个和 0.73 个百分点。上海 3 个月以内大额美元存款加权平均利率逐月走高，12 月份达到3.25% 的年内高点；美元贷款利率水平冲高回落，12 月份 1 年期美元贷款加权平均利率比 10 月份下降 2.13 个百分点。

民间借贷利率走高后逐渐回落。2011 年前三季度，在资金需求拉动等因素的带动下，各地区民间借贷更趋活跃，利率总体呈上升态势。第四季度，民间借贷利率呈现逐渐下降态势。民间借贷相对活跃、利率水平相对较高的主要有两类地区，一是中小企业众多的江浙、广东、福建等东部地区；二是矿产等资源较为丰富的内蒙古、山西、云南和新疆等地区。民间借贷主要用于生产经营特别是流动资金周转，信用借贷是民间借贷的主要方式。民间借贷参与主体的风险管理意识逐步增强，如部分省市 2011 年第四季度的民间借贷监测规模和利率出现环比下降，在一定程度上也反映出资金供给方更加重视风险控制。

（四）银行业金融机构改革稳步推进，农村金融服务持续改善

大型商业银行改革深入推进。中国工商银行、中国银行和中国建设银行各分行按照总行的统一部署，继续深化内部管理体制改革，资产负债规模平稳增长，经营业绩和服务水平不断提高。中国农业银行各分行继续深化体制机制改革，“三农金融事业部”改革试点范围扩大至 12 个省（自治区、直辖市）的 929 个县。

政策性金融机构改革取得新进展。国家开发银行各分行按照商业化改革要求深入推进业务模式与经营机制转型。中国出口信用保险公司改革实施总体方案获得国务院批准，200 亿元注资已经到位。中国农业发展银行改革工作全面启动，建立了相关工作协调机制，明确了改革的重点和任务分工。城市商业银行和城市信用社改革稳步推进。安徽、贵州、广东等省份城市商业银行股份制改革取得积极进展；山西、河北等省份部分城市商业银行完成更名改制。部分城市商业银行整合重组步伐加快，深圳发展银行合并平安银行主体工作基本完成，汕头市商业银行重组成立广东华兴银行，湖北五家地市城市商业银行重组成立湖北银行，甘肃两家城市商业银行重组成立甘肃银行。河南、青海、新疆等省（自治区）城市商业银行实施增资扩股，北京、辽宁、江西等省（市）城市商业银行发行次级债，提高资本充足率，抗风险能力进一步增强。农村信用社改革试点取得重要阶段性成果。

2011 年，中国人民银行对全国已兑付专项票据的 2311 个县（市）农村信用社的改革成效进行了考核，并分类实施激励约束措施，对进一步深化农村信用社改革发挥了重要作用。农村信用社资产质量和经营财务状况显著改善。按照贷款五级分类口径统计，2011 年年末，全国农村信用社不良贷款比例比上年末下降 1.9 个百分点；资本充足率和资产利润率分别比上年末提高 2.0 个和 0.3 个百分点。资金实力和支农信贷投放大幅增长。2011 年，全国农村信用社新增涉农贷款和农户贷款 7374 亿元和 3093 亿元，年末，余额分别增长 19% 和 15%。产权制度改革稳步推进，截至 2011 年末，全国共组建以县（市）为单位的统一法人农村信用社 1882 家，农村商业银行 212 家，农村合作银行 190 家。

新型农村机构快速发展。2011 年，村镇银行、贷款公司、农村资金互助社、小额贷款公司等新型农村机构继续加快发展，县域和农村金融服务进一步加强。各地区小额贷款公司、村镇银行增长迅速，西部地区新型农村机构占比最高。广西村镇银行新设家数同比增长 1.3 倍，贵州村镇银行资产总额增长 2.1 倍，重庆、江西小额贷款公司在县域实现全覆盖，山东村镇银行业务规模增长 2 倍以上。

农村金融产品与服务方式创新工作向纵深发展。福建农业银行创新开展“银村共建”，与 579 个村建立共建关系，累计发放贷款 60.4 亿元。江西实施“创新一百种农村金融新产品、培育一百个金融支持示范主体、打造一百项特色金融服务”模式的“三百工程”，切实满足“三农”多元化金融服务需求。山东金融机构加大对农田水利支持力度，创新 6 种信贷产品新增贷款 152.9 亿元，支持山东实现粮食总产量“九连增”。辽宁创新农业贷款模式，其中朝阳市创新发放设施农业贷款 41.5 亿元，助力“百万亩设施农业”建设。云南在全国首创“一创两建”（即农村金融产品和服务方式创新、农村支付环境建设、农村信用体系建设）工作模式，全面提升农村金融服务水平。河南积极推广订单农业贷款等 8 种涉农信贷产品，全年新增涉农贷款占全部新增贷款的 53.3%，较好地支持了“三农”及国家粮食核心区建设。甘肃围绕农业特色产业发展，积极开展农村金融服务创新综合实验县创建工作，推出农村信贷创新产品和服务方式 20 个。

二、各地区证券业

2011 年，证券市场基础性制度建设进一步完善，新股发行体制改革不断深化，产品与业务创新继续推进，证券市场平稳发展。上市公司数量稳步增长，股票市场筹资额有所回落；期货市场交易规模有所缩小，期货交易品种不断丰富。

（一）上市公司数量稳步增加，股票市场筹资规模有所回落上市公司数量稳步增加

截至 2011 年年末，境内上市公司总数（A、B 股）2342 家，比上年增加 279 家。分地区看，东部、中部、西部和东北地区境内上市公司数量占全国的比重分别为 64.0%、15.2%、15.2% 和 5.6%，东部地区上市公司数量仍占全国六成以上。

股票市场筹资额有所回落。全年沪、深 A 股市场累计筹资 5073 亿元，比上年下降 43.4%。广东、北京、上海 A 股筹

资额居全国前三位，合计占当年国内A股筹资总额的35.9%。创业板市场稳步发展，全年公开发行创业板股票128只，比上年增加11只，筹资791亿元，占当年新股发行融资总额的28%。截至2011年年末，创业板上市公司281家，市值总计7434亿元，同比净68.8亿元。沪、深交易所债券筹资规模稳步增长，全年累计筹资1707.4亿元，同比增长29.3%，东部、和中部地区国内债券筹资额占比较上年上升，西部地区占比下降。

（二）股票市场成交量下降，证券经营机构稳步发展

股票市场成交量下降。2011年，沪、深股市累计成交42.2万亿元，同比下降22.7%；日均成交1728亿元，同比少成交527亿元。年末，沪、深两市股票总市值为21.5万亿元，同比减少19.1%；股票流通市值为16.5万亿元，同比减少14.6%。年末，上证综合指数、深证成份指数分别同比下跌21.7%和32.9%。

证券经营机构稳步发展。截至2011年年末，109家证券公司共有营业部5032个，同比增加388个；总资产1.6万亿元，同比下降20%；净资本4634亿元，同比增长7.3%。全年，90家证券公司实现盈利，占证券公司总数的83%，共实现营业收入1359.5亿元，累计实现净利润393.8亿元，分别同比下降28.8%和49.2%。年末，全国共有基金管理公司69家，同比增加6家；注册资本106.4亿元，同比增长12.1%；证券投资基金915只，同比增加211只，交易所上市证券投资基金成交金额6365.8亿元。分地区看，基金公司仍集中分布在东部和西部地区，其中，东部地区66家，西部地区3家。

（三）期货市场交易规模有所缩小，期货交易品种不断丰富

期货市场交易规模有所缩小。2011年全国期货市场累计成交期货合约10.5亿手，成交金额为137.5万亿元，同比分别下降32.7%和11.0%。其中，沪深300股指期货累计成交5041.2万手，成交金额43.8万亿元，占全年期货市场成交总额的31.8%，同比提高10.2个百分点；已上市的商品期货品种累计成交10.0亿手，成交金额93.8万亿元，占全年期货市场成交总额的68.2%。商品期货中，普通小麦、PTA、棉花的交易量和交易金额大幅增长，涨幅均超过50%；燃料油、早籼稻、螺纹钢、锌、豆粕、白糖、线材以及菜籽油的交易量和交易金额降幅居前，同比下降幅度均超过47%。黄金交易规模大幅增加，累计成交7438.5吨，成交金额为2.5万亿元，分别同比增长23.0%和53.5%。从成交金额占比看，上海期货交易所、郑州商品交易所、大连商品交易所和中国金融期货交易所四大交易所所占比例分别为31.6%、24.3%、12.3%和31.8%。中国金融期货交易所自股指期货合约推出以来，成交金额占比持续上升，已超过上海期货交易所跃居第一；郑州商品交易所成交金额所占份额同比提高4.3个百分点。2011年，期货市场成功推出铅、焦炭和甲醇3个商品期货新品种，年末中国商品期货交易品种达到26个，大宗商品期货品种体系进一步完善。

三、各地区保险业

2011年，保险业在面临困难和挑战较多的情况下继续保持平稳发展的态势，各项业务发展基本稳健，资产总额和保费收入稳步增长，改革持续推进，保险服务经济社会发展和履行社会责任的能力进一步提升。

（一）保险业总资产平稳增长，保费收入持续提高

2011年年末，保险法人公司共有140家，比上年减少6家。东部地区保险法人总部数量占全国的86.4%，集中度继续提高。保险业总资产保持平稳增长，年末资产总额首次超过6万亿元，同比增长19.1%。其中，银行存款同比增长27.5%，投资类资产同比增长17.4%。全年实现保费收入（指原保险保费收入，下同）1.4万亿元，同比增长10.5%。在全国31个省（自治区、直辖市）中，广东、江苏、山东三个省保费收入超过千亿元。

（二）人身险业务发展进一步规范，财产险和农业险持续较快发展

人身险业务增势放缓。2011年，全国人身险保费收入9721亿元，增速为6.8%，其中寿险业务保费收入8696亿元，健康险和意外伤害险业务保费收入1025亿元。中资人身保险公司保费收入占市场份额的96%。人身保险业务经营监管力度不断加强，业务结构逐步改善。

财产险继续保持较快增势。2011年，财产险公司实现保费收入4617.9亿元，占全国保险业总保费收入的32.2%。中资财产险公司保费收入占据了98.9%的市场份额，居主导地位。从全国各省份看，江苏、广东、四川财产险保费收入占比提高幅度居全国前三位。

农业保险的保费规模和保险覆盖面持续较快增长。2011年，农业保险保费收入达到173.8亿元，同比增长28.1%，为农业提供风险保障6523亿元。农业保险在承保品种上已经覆盖了农、林、牧、副、渔业的各个方面，在开办区域上已覆盖了全国所有省市区。2011年为1.7亿户次农户提供风险保障。承保主要粮油棉作物7.9亿亩，占全国播种面积的33%，在内蒙、新疆、江苏、吉林等粮食主产区，基本粮棉油作物的承保覆盖率超过50%，黑龙江农垦、安徽省等地已基本实现了全覆盖。承保林木9.2亿亩，牲畜7.3亿头。

（三）保险赔款和给付支出继续增长

2011年，保险业原保险赔付支出3929.4亿元。其中，财产险赔付支出2186.9亿元，人身险赔付支出1742.5亿元。东部、中部、西部和东北地区各类赔款给付占比分别为56.2%，18.2%，17.7%和7.9%，与上年相比，东部和中部地区占比分别提高1.6个和0.3个百分点，西部和东北区占比分别下降0.9个和1.0个百分点。海南、湖南、上海、广西各类赔款给付支出增速超过30%。

（四）保险密度继续提高，保险深度略有下降

2011年，保险密度为1062元/人，较上年提高100元。保险密度区域差异仍然明显，总体呈由东部和东北地区向中、西部地区递减态势。北京、上海、天津仍然位居前三，西部地区保险密度总体水平偏低，但提升速度较快。2011年保险深度为3%，较上年下降0.2个百分点，主要受保费收入增速放缓影响。其中，北京和上海下降幅度最大。

（五）保险改革继续稳步推进

2011年，继续推动保险公司改革，推进产品服务创新，完善监管制度机制，加强信息化建设。各地区保险业积极开发新产品、创新业务模式，保险服务经济社会发展和履行社会责任能力进一步提升。安徽保险资金直投实现历史性突破，多家保险公司投资或认购安徽省企业和金融机构发行的债券约100亿元；河北环境污染责任保险取得新进展，签订环境污染责任保险12单；四川启动国内首创的扶贫惠农小额保险，创造性地将小额保险引入了扶贫机制；上海推出蔬菜“冬淡”保险和“夏淡”保险，在全国率先探索建立绿叶菜成本价格保护体系。

四、资金流向和融资结构

（一）货币市场交易活跃，资金配置作用增强

2011年，货币市场交易活跃，成交量稳步增长。其中，拆

借成交33.4万亿元，同比增长20.0%；质押式回购与买断式回购成交99.5万亿元，同比增长13.6%；现券交易保持平稳，累计成交63.6万元，同比略降0.6%。资金流动仍呈东部地区向其他地区流动的态势，融出量同比增加。经济金融发达的东部地区资金流动较为活跃，全年资金净融出15.8万亿元，同比增加0.8万亿元，北京、上海仍是主要资金融出地区。江苏、山西、天津是资金融入的前三位省（直辖市），合计净融入资金11.8万亿元，比上年前三位省份少融入0.8万亿元。中部和西部地区资金需求有所下降，全年净融入分别为8.3万亿元和2.2万亿元，同比少融入1.6万亿元和0.5万亿元。东北地区资金需求增长较快，净融入资金5.5万亿元，同比增加2.8万亿元。

产结构调整等因素影响，年初全国票据融资余额小幅下降，第二季度后逐步回升，下半年基本保持稳定。年末，全国票据融资余额占各项贷款的比重为2.8%，同比下降0.3个百分点。

票据承兑业务总体较为活跃。2011年，企业累计签发商业汇票15.1万亿元，同比增长23.8%。银行承兑汇票累计发生额13.3万亿元，比上年增长13.5%，年末余额6.7万亿元，同比增长19.1%。其中，西部地区银行承兑汇票余额和累计发生额同比增速最高，分别为30.1%和40.3%，其余地区也均有不同程度增长。商业承兑汇票贴现累计发生额为1.8万亿元，同比增长9.2%，年末余额为944亿元，同比下降161亿元。其中，商业承兑汇票累计发生额增速从高到底的地区依次为：西部、东北和东部，中部地区则呈下降态势。

2011年，票据市场利率总体处于高位运行状态，下半年以来票据市场利率持续震荡上行，10月份达到最高点，后略有回调。第四季度各地区银行承兑汇票和商业承兑汇票贴现加权平均利率分别在7.42%～10.85%和5.77%—13.1%之间，买断式和回购式票据转贴现加权平均利率分别在6.55%—8.62%和6.1%—8.3%之间，平均水平明显高于上年同期。各地区银行承兑汇票贴现、买断式、回购式票据转贴现加权平均利率的水平和走势基本一致。

（三）直接融资占比进一步上升，债券融资规模明显扩大

2011年，全国各地区非金融机构部门贷款、债券和股票融资额总体保持稳定，融资结构进一步优化。银行贷款仍占主导地位，但占比下降6.2个百分点。直接融资占比进一步提高，主要是债券融资占比提高7.2个百分点，股票融资占比与上年相比基本持平。全国有21个省（自治区、直辖市）直接融资比重上升，资金配置效率提升明显。分地区看，东部、中部地区新增贷款同比分别下降13.8%和4.8%，西部和东北地区小幅增长3.0%和6.2%。各地区债券融资同比增速均高于30%，北京、辽宁等13个省（自治区、直辖市）股票融资同比正增长。从区域分布看，东部地区在各种融资方式中占比均维持较高水平。其中，债券融资东部占比提高0.9个百分点，西部下降1.2个百分点，中部、东北部基本持平。股票融资各地区占比保持稳定。

五、金融生态环境建设

2011年，全国各地区金融生态环境建设深入推进，社会信用意识不断增强，司法环境持续改善，金融基础设施建设加快，征信、支付结算服务水平明显提升。

一是政府职能充分发挥，金融发展环境持续改善。北京制定《科技金融和文化金融工作实施意见》，文化创新和科技创新“双轮驱动”助力首都经济发展。云南出台关于推动农村金融产品和服务创新、保险业改革、股权投资基金发展等10个规范性文件，金融业政策支持力度加大。深圳通过金融债权联席会议机制加大对恶意逃企业的处置力度。各地区投融资环境进一步改善。上海、浙江、江苏成功召开第四届长江三角洲金融协调发展会议，签署《共同推进长三角地区贷款转让市场发展合作备忘录》，区域金融一体化进程加快。上海着力推进金融市场体系和金融集聚区建设，外滩金融功能拓展延伸，在2011年“伦敦金融城全球金融中心指数”排名居全球第五位。

二是金融生态环境体制机制建设取得新进展，社会信用体系加快构建。江苏、河北、河南、湖北、四川5省金融生态创建列入政府工作内容，纳入目标考核，对评估突出的县市安排专项资金奖励。湖南首次发布全省县域金融生态评估报告，推动金融生态建设激励机制发展。甘肃、江西、湖南出台《社会信用体系建设“十二五”规划》，对未来五年社会信用体系建设进行全面部署。新疆制定下发《关于加快推进自治区社会信用体系建设的实施意见》，健全联动机制，全面推进“诚信新疆”建设。广西将社会信用体系建设列为全区经济工作的重要内容，企业信用评级成为政府部门评先选优和加强分类管理的重要手段。天津市建立社会信用体系建设联席会议制度。广东出台《关于加强广东金融业信用建设的指导意见》，泛珠三角区域九省区共同签署了《社会信用体系共建协议》，定期举办建设磋商会，各地区社会信用意识普遍增强。

三是征信系统覆盖面和使用面不断扩大，服务中小企业和“三农”功能增强。天津市将市农委、建委、规划局等行政管理中形成的企业和个人资质信息、行政奖励和处罚信息纳入征信系统。西藏将信息采集拓展到住房公积金缴存、企业环境违法、拖欠工资等领域。福建、江西为财政、工商、质监、海关、审计等部门提供征信信息服务。湖南省作为全国唯一机构信用代码应用试点省份，为31万户机构建立了完整的“经济身份信息档案”。山东省地方信用信息共享平台设实现突破，创新开发运行了“山东省信用评级综合服务平台”。吉林研发中小企业融资超市和农村信用信息数据库，为推动中小企业和农户融资提供信息服务。江苏、安徽、甘肃、内蒙古试点“农村青年创业信用示范户”，支持信用良好的青年创业。宁夏以生态移民地区为重点，加大对金融生态环境薄弱地区的征信宣传力度和信用建设。浙江省全面深化中小企业和农村信用体系建设，将农村信用体系建设的成功模式向全省推广。

四是继续推进司法环境建设，严厉打击各种金融违法违规行为。截至2011年年末，已有22个省（自治区、直辖市）开展了金融消费者权益保护试点。部分地区制定了《金融消费者保护工作的意见》、《金融消费者权益保护办法》。各地区严厉打击制贩假币、洗钱、银行卡以及地下钱庄等犯罪行为。河北有5个县（市）将反假货币工作纳入社会治安综合治理考核体系。北京成功破获特大虚开增值税专用发票案。海南协助公安部门成功侦破具有全国性影响的“1.29”特大地下钱庄系列案件。山东开展打击银行卡犯罪“天网－2011”专项行动，破获涉银行卡案件1600余起。西藏金融机构与自治区工商、税务、司法机关等经济综合部门签订合作协议，严厉打击破坏金融秩序、骗取银行贷款、逃废金融债务的行为。

五是进一步推进金融基础设施建设，提高支付结算服务水平。天津推进支付清算体系建设，继续扩大滨海新区支票截留试点范围，积极推动支票圈存业务，拓展支付系统应用功能。山东实施农村支付环境建设“强力推进年”活动，年末农村地区“村均1.5台金融基础设施、人均1.2张卡”，全省县及

以下金融服务终端覆盖率达到79.6%。重庆银行卡POS助农取款服务覆盖面扩大到常住农户的52%。北京大力推广金融IC卡应用和社保卡加载金融功能。福建深化两岸合作，妈祖平安卡突破350万张，成为全国发卡量和使用量最大的地方卡。深圳上线人民币银联借记卡及人民币账户深港跨境扣账系统，推动“刷卡无障碍”街区建设与大运会商户入网。海南成功实现境外发行国际旅游岛卡，率先推行离境退税和货币兑换电子化，规范多用途商业预付卡管理。甘肃实现了支付基础设施到乡、电子支付工具到村、特色优势产业和规模以上专业化市场非现金支付工具基本覆盖的目标。四川农村支付结算“迅通工程”已发展银行卡助农取款服务点55936个，消除金融服务空白乡镇437个，空白行政村18480个。宁夏试点实施“农民工一卡通”，会同有关部门合力保护农民工合法权益。贵州“银行卡助农服务村村通”工程建设在全省农村地区全面推进。吉林在全国率先以省为单位推进粮食收购非现金结算工作，破解粮食收购“现金搬家”难题，178家粮食加工企业实现非现金结算94.7亿元。内蒙古通过惠农卡和“惠农一卡通”发放财政补贴109亿元，惠及411万户农牧民。

六是加强风险监测，防范化解金融风险。海南、河北等多个地区创新开展“两管理、两综合”（“两管理”指的是开业管理、营业管理，“两综合”指的是综合执法检查、综合评价）工作，有效增强风险防范能力。江苏监管部门、公安部门加大对不良贷款、信贷集中风险、民间借贷风险、违规投资风险的跟踪监控。深圳将黄金租赁业务信息纳入借款企业风险预警系统。浙江对民间借贷有序疏导，在全国率先制定加强民间融资管理的指导意见，开展规范民间融资试点，探索民间金融阳光化途径，防范潜在风险。

第二部分　区域经济运行情况

2011年，面对复杂严峻的国内外环境，全国各地区在党中央、国务院的正确领导下，坚持以科学发展为主题、以加快转变经济发展方式为主线，全面贯彻落实宏观调控的各项政策措施，国民经济保持平稳较快发展，经济增长由政策刺激向自主增长有序转变，实现了“十二五”时期良好开局。区域发展协调性进一步增强，东部地区产业转型升级步伐加快，中部、西部和东北地区主要经济指标增速高于全国平均水平。全年东部、中部、西部和东北地区分别实现地区生产总值26.9万亿元、10.4万亿元、10.0万亿元和4.5万亿元，地区生产总值加权平均增长率分别为10.5%、12.8%、14.1%和12.5%，比上年分别下降1.8个、1.1个、0.1个和2.9个百分点。

一、消费、投资、净出口和政府支出

2011年，最终消费、资本形成和净出口对国内生产总值（GDP）的贡献率分别为51.6%、54.2%和－5.8%，内需对GDP的贡献率进一步提高。经济增长的内生动力不断增强，消费对经济增长的贡献率上升。

（一）城乡居民收入快速增长，消费对经济增长的推动作用显著增强

2011年，在经济平稳较快增长以及促进就业、加强社会保障体系建设、各项强农惠农政策有效落实等有利因素推动下，各地区城乡居民收入快速增长。全年城镇居民人均可支配收入和农村居民人均纯收入分别为21810元和6977元，扣除价格因素，分别实际增长8.4%和11.4%，城乡居民收入差距继续缩小。农村居民人均纯收入实际增速为1985年以来新高，连续两年快于城镇居民人均可支配收入增速。

各地区城镇居民收入差异有所缩小，西部地区增长较快。2011年东部地区的城镇居民人均可支配收入水平接近2.8万元，中部、西部和东北地区城镇居民人均可支配收入水平分别是东部地区的66.2%、64.2%和65.9%，地区差异有所缩小。城镇居民人均可支配收入水平超过2万元的有11个省（自治区、直辖市），其中北京、上海、浙江突破3万元。中西部地区和东北地区城镇居民收入增长快于东部地区，城镇居民人均可支配收入增速前10位的省（自治区、直辖市）中，有5个来自西部，分别是重庆、四川、贵州、云南和陕西，增速均超过15%。分省看，城镇居民人均可支配收入增速最高的是海南，为17.9%。

东部地区农村居民收入较高，东北及西部地区农村居民人均纯收入增长较快。东部地区的农村居民人均纯收入水平达到1.2万元，分别是中部、西部和东北地区的1.2、2.2和1.5倍，差距均比上年有所缩小。农村居民人均纯收入前10位的省（自治区、直辖市）集中在东部和东北地区，其中上海、北京、天津、浙江、江苏五个省（直辖市）的农村居民人均纯收入超万元。农村居民人均纯收入后10位的省份中，除山西外，集中在西部地区。东北地区农村居民人均纯收入增长最快，三省的增速均超过20%；西部地区农村居民人均纯收入增长率高于中部和东部，其中重庆、陕西为农村居民人均纯收入增长最快的两个省市。

农村居民平均消费倾向有所上升。2011年，各地区农村居民平均消费倾向为75.1%，比城镇高5.1个百分点。与上年相比，农村居民平均消费倾向上升1.1个百分点，城镇居民平均消费倾向与上年基本持平。分地区看，城镇居民平均消费倾向东部地区最低、东北地区最高，农村居民平均消费倾向东部地区最低、西部地区最高。与上年相比，中部、西部、东北地区农村居民消费倾向略有上升，各地区城镇居民平均消费倾向均不同程度下降。

消费需求平稳增长，农村消费更趋活跃。2011年，全国社会消费品零售总额为18.4万亿元，同比增长17.1%，扣除价格因素，实际增长11.6%。全年城镇消费品零售额为16.0万亿元，增长17.2%；乡村消费品零售额为2.4万亿元，增长16.7%，消费增速的城乡差距由上年的2.5个百分点缩小至0.5个百分点。分地区看，东部地区占全国消费品零售总额比重仍为最高，但占比继续下降，西部地区占比有所上升。东部、中部、西部和东北地区社会消费品零售总额加权平均增长率分别是16.5%、18.0%、18.2%和17.5%，西部地区增长最快。

城乡居民恩格尔系数呈现不同变化趋势。2011年，受食品价格上涨较快影响，城镇居民恩格尔系数同比上升0.6个百分点，消费结构升级推动农村居民恩格尔系数同比下降0.7个百分点。分地区看，城乡居民恩格尔系数西部地区最高，东北地区最低；中部、西部、东北地区城镇居民恩格尔系数同比上升1个百分点，中部、西部地区农村居民恩格尔系数同比下降1个百分点，东北地区上升2个百分点。

（二）固定资产投资平稳增长，投资结构进一步优化

固定资产投资的区域协调性进一步增强。2011年，全社会固定资产投资31.1万亿元，同比增长23.6%，增速小幅回落0.2个百分点，扣除价格因素，实际增长15.9%。其中，固定资产投资（不含农户）30.2万亿元，增长23.8%。分地区看，东北、中部和西部地区投资增速高于东部地区。分省看，青海、贵州、新疆、甘肃、海南五个省（自治区）的固定资产投资（不含农户）投资增速超过35%，上海、北京、广东、西藏、浙

江五个省(自治区、直辖市)固定资产投资(不含农户)增速低于20%。

固定资产投资的产业分布合理均衡,房地产投资增速回落明显。三次产业固定资产投资增速分别为25.0%、27.3%和21.1%,服务业投资占比53.9%,超过第二产业10.1个百分点。房地产调控效果显著,全年房地产开发投资6.2万亿元,增长27.9%,增速同比回落5.3个百分点。城镇保障性安居工程住房开工1043万套(户),基本建成432万套(户)。

投资增长自主性不断增强,民间投资增长较快。2011年,民间投资同比增长34.3%,高于全部投资10.5个百分点,占全部投资比重达到58.2%,同比提高7.1个百分点。固定资产投资资金来源中,各类资金增速均有所回落,但自筹资金增速仍然保持28.6%的较高水平。

(三)外贸进出口平衡发展,利用外资质量稳步提升

2011年,在"稳增长、调结构、促平衡"外贸政策的支持下,对外贸易转型升级明显加快,进出口基本实现平衡发展。全年进出口总值3.6万亿美元,同比增长22.5%,增速呈现前高后低态势。分地区看,中西部地区外贸增长强劲,中部、西部地区进出口总额分别增长42.2%和50.4%,全国进出口增速前十位省(自治区、直辖市)中有8个来自中西部,增速均超过30%,其中,重庆、河南、贵州增速排在前3位;东部地区有所放缓,进出口总额增长20.7%,低于全国增幅2个百分点,广东、江苏、上海、浙江进出口增速分别同比回落12.0个、21.6个、14.3个、13.0个百分点。东部地区对外贸易依存度有所降低,但仍高于中部、西部和东北地区63.6个、61.8个、51.6个百分点。各地区在应对国际市场需求时,深入贯彻落实科技兴贸、以质取胜和市场多元化战略,加大产品创新和技术创新力度,对外贸易可持续发展能力和国际竞争力进一步增强。

贸易发展更趋平衡。贸易顺差连续三年下降,占GDP的比重降至2.1%。分地区看,贸易顺差仍主要集中在东部地区,但同比收窄28.4%;中部和西部地区贸易顺差有所扩大,比上年分别增加131亿美元和161亿美元;东北地区由上年的贸易顺差47亿美元转为贸易逆差91亿美元。分省看,北京、上海、天津、吉林等10个省(自治区、直辖市)为贸易逆差,而广东和浙江的贸易顺差超千亿美元。

中西部实际利用外资增长较快。2011年,全国实际利用外资1160.1亿美元,再创历史新高。其中服务业实际利用外资同比增长20.5%,占比首次超过制造业。随着内陆和沿边开放型经济的快速推进,中西部地区承接沿海产业转移和引进外商直接投资的步伐加快,中西部地区实际利用外资增速快于东部地区。从占比情况看,东部和东北地区实际利用外资占全国的比重有所下降,中部和西部地区比重继续上升。分省看,实际利用外资金额前五位的省(直辖市)依次为江苏、辽宁、广东、天津和上海,其中江苏实际利用外资突破300亿美元,位居全国第一。实际利用外资增速前三位的省(自治区)依次为西藏、宁夏、贵州,均超过100%。

各地区企业"走出去"战略扎实推进,并购领域更为广泛。2011年,全国累计实现非金融类对外直接投资601亿美元,同比增长1.8%。东部地区仍是对外投资的主要地区,浙江、山东、江苏、广东、上海为非金融类对外直接投资最多的五个省(直辖市)。以并购方式实现的直接投资222亿美元,占对外投资总额的37%,并购领域主要涉及采矿业、制造业、电力生产和供应业、交通运输业、批发零售业等。中化集团30.7亿美元收购挪威国家石油公司巴西Peregrino油田40%股权是2011年中国企业最大的境外收购项目。

跨境贸易人民币结算范围扩大到全国。全年累计办理跨境贸易人民币结算业务2.1万亿元,同比增长3.1倍。其中,货物贸易人民币结算金额占同期货物贸易额的6.6%,同比上升4.4个百分点。跨境人民币收付平衡状况显著改善,全年收付比从2010年的1:5.5上升至1:1.7。直接投资人民币结算业务全面推进,全年累计办理资本项下人民币结算金额1108.7亿元,境外项目人民币贷款有序开展。境外人民币资金回流渠道进一步拓宽,境外机构投资银行间债券市场稳步扩大,人民币合格境外机构投资者(RQFII)试点正式启动。

(四)财政收入较快增长,财政支出重点保障民生领域

2011年,在经济平稳较快增长、企业效益较好及将原预算外资金纳入预算管理等因素的共同作用下,全国财政收入总体增长较快,增速呈现前高后低走势。全年全国财政收入10.4万亿元,同比增长24.8%,增速比上年提高3.5个百分点。其中,税收收入9.0万亿元,同比增长22.6%,占全部财政收入的86.5%,同比下降1.6个百分点。各地区地方本级财政收入增速均超过25%,增速均有所加快,中、西部地区财政收入占全国比重分别提高0.5个和1.3个百分点。分省看,本级财政收入超过3千亿元的省份由上年的2个增加为6个,均集中在东部地区,其中广东和江苏超过5千亿元。本级财政收入增长最快的5个省(自治区、直辖市)均来自中西部地区,分别是陕西、湖北、西藏、重庆和贵州。

2011年,积极的财政政策有效落实,全国财政支出继续加大,全年财政支出10.9万亿元,同比增长21.2%。财政支出结构进一步优化,重点加大了对"三农"、教育、医疗卫生、社会保障和就业、保障性安居工程、文化发展等的支持力度,切实保障和改善民生。分地区看,中西部地区财政支出增速最高,占全国比重同比提高0.5个和0.8个百分点,东部、东北地区占比有所下滑。分省看,地方本级财政支出增速前10位的省(自治区、直辖市)中有9个来自中西部地区,其中重庆、西藏、贵州的地方本级财政支出增速超过35%。

二、产出和供给

2011年,全国三次产业发展良好,结构继续优化,第一产业增速略有提高,二、三产业增速有所下降。分地区看,各地区第二产业增速均有同程度下降,但中西部及东北地区发展相对较快,在全国第二产业增加值中的合计占比首次达到50%。

(一)粮食生产实现"八连增",农业发展形势良好

2011年,尽管部分地区遭受了较多的极端灾害性天气,但气候条件对农业生产总体有利,各地区农业发展态势良好。东部、中部、西部和东北地区农业增加值占全国的比重分别为35.6%、27.1%、26.9%和10.3%,西部和东北地区占比分别较上年提高0.6个和0.5个百分点。分省看,山东、河南、江苏三省农业增加值超过3000亿元。其中,山东省粮食总产实现"九连增",带动农业增加值居全国首位;辽宁和新疆农业增加值增速并列全国第一位。

各类农产品产量稳定增长。全年粮食产量57121万吨,增长4.5%,实现"八连增"。粮食种植面积比上年增加70万公顷,带动粮食增产346万吨。粮食主产区的稳产增产作用得到进一步发挥,全国13个粮食主产区增产2238万吨,占全国增产总量的90.5%。黑龙江、河南粮食总产量双双登上5500万吨新台阶,一系列政策措施推动生猪生产加快恢复,生猪存栏自2月起止跌回升,畜牧业生产趋于稳定。棉油糖、果菜茶等经济作物实现新世纪以来首次全面增产。

（二）工业生产增长趋缓，企业利润增速回落

工业经济增速稳中趋缓。2011年，受国外需求低迷和投资需求拉动减弱影响，全国工业增速趋缓，但总体仍运行在相对较快的增长区间。全年规模以上工业增加值按可比价格计算比上年增长13.9%。有9个省（自治区、直辖市）增速超过20%，其中，重庆、四川和天津增速分别为22.7%、22.3%、21.3%，排在全国前3名。分行业看，39个大类行业增加值全部实现比上年增长，非金属矿采选业增速居首位。

受生产成本上升等因素影响，工业企业效益平稳中有所回落。2011年全国规模以上工业企业实现利润95.5亿元，比上年增长25.4%。平均销售利润率为6.5%。分地区看，东、中、西和东北地区工业企业利润分别增长18.1%、37.8%、36.4%和30.7%，全国有4个省份增速低于10%。

工业生产区域协调性增强。随着中部崛起、西部大开发等国家战略的稳步推进，中、西部地区对工业增长贡献率持续上升。全年东部、中部、西部和东北地区规模以上工业增加值比上年分别增长13.4%、19.8%、19.7%和15.6%，中、西部地区明显快于东部地区；工业企业利润增速前五位的省份全部分布在中西部地区。中西部地区承接产业转移步伐加快，新疆启动2011产业转移系列对接活动，签署产业转移合作协议5812亿元；安徽出台地方法规扶持承接产业转移示范区发展，皖江示范区已成为沪苏浙地区产业和资本向中西部地区转移的首选之地；河南承接产业转移比较集中的新投产工业企业拉动全省工业增长3.2个百分点。

各地区充分发挥产业集群拉动效应，战略性新兴产业快速发展。北京出台政策支持战略性新兴产业发展，中关村国家自主创新示范区投产开业的企业总收入同比增长20.9%；安徽八大战略性新兴产业产值增速高出规模以上工业企业产值增速41个百分点；海南战略性新兴产业对规模以上工业企业贡献率超过30%；天津航空航天、生物医药、新能源新材料等八大优势产业工业增加值占规模以上工业企业的90.5%；重庆电子信息产业形成品牌商、代工商、配套商产业集群，成为工业发展亮点。

（三）第三产业平稳增长，现代服务业实现跨越式发展

2011年，在继续推进服务业综合改革试点的基础上，编制出台了《"十二五"现代服务业发展规划》，全面推进服务业加快发展和质量提升。年末全国服务业增加值占国内生产总值的比重为43.1%，较上年提高0.1个百分点。分地区看，东部、中部、西部和东北地区服务业增加值加权平均增长率分别为10.1%、10.3%、11.4%和11.3%。其中，西部地区服务业增长较快，增速分别高于东部、中部和东北地区1.3个、1.1个和0.1个百分点。服务业增加值增速同比提高的省份有11个，主要分布在中西部地区；增加值占地区生产总值的比重上升的省份有8个，主要集中在东部经济发达地区。

各地区金融、旅游、电子商务等现代服务业加快发展，成为推动经济发展的新生力量。金融业务和产品创新以及金融服务国际旅游岛建设力度的加大，助推海南金融业增加值同比增长20.5%；广东和江苏的软件与信息服务业发展迅速，规模双双突破3000亿元，列全国前两位；中国通信业三大运营商云计算数据中心项目均落户呼和浩特，内蒙古形成高端服务业新优势；山东通过大力培养"重点服务业城区、重点服务业园区、重点服务业企业和重点服务业项目"四大载体，推动现代服务业加快发展；陕西"世园会"带动全省服务业加快发展，现代服务业发展格局初步形成。

2011年，中央提出文化强国战略，并陆续出台了一系列扶持文化产业发展的政策，各地认真贯彻落实相关政策，推动文化产业发展驶入快车道。天津国家动漫产业综合示范园投入使用，动漫产业公共技术服务平台达到世界领先水平；四川与台湾合作启动"台湾文化创意产业园"建设，推动文化创意产业发展；北京奥林匹克体育文化产业园正式开工建设，成为全球唯一以奥林匹克体育文化为主题的产业园区；广东文化产品出口值占全国的比重为39.3%，总量居全国首位；福建文化产品出口增长54.5%，增速领先全国其他地区。

三、各地区能耗、环境治理与保护情况

2011年，各地区继续把节能减排和生态环境保护作为调整经济结构、转变经济发展方式、推动科学发展的突破口，加快低碳经济发展和资源节约型社会建设，为应对全球气候变化、实现"十二五"节能减排目标奠定了坚实基础。

各地区单位生产总值能耗持续下降，清洁能源、重点节能环保工程建设稳步推进，控制污染物排放、淘汰落后产能力度不断加大。2011年，全国单位生产总值能耗下降2%，其中北京、四川、天津和重庆等省份单位生产总值能耗降幅超过全国平均水平。清洁能源发电装机达到2.9亿千瓦，同比增加3356万千瓦。加强重点节能环保工程建设，新增城镇污水日处理能力1100万吨，5000多万千瓦新增燃煤发电机组全部安装脱硫设施。严格控制污染物排放，二氧化硫排放量、化学需氧量、氨氮排放量分别下降2.2%、2%和1.53%。加大对"两高一剩"行业的调控力度，淘汰水泥、炼铁、焦炭落后产能分别达1.5亿吨、3122万吨、1925万吨。

各地区环境质量有效改善，生态保护进一步加强。七大水系的398个水质监测断面中，Ⅰ—Ⅲ类水质断面占比56.3%，同比提高0.3个百分点；劣Ⅴ类水质断面占比15.3%，下降2.0个百分点。近岸海域301个海水水质监测点中，达到国家一、二类海水水质标准的监测点占比62.8%。88.8%的监测城市空气质量达到二级以上（含二级）标准，同比提高6.1个百分点。全年完成造林面积614万公顷，其中林业重点工程完成造林面积311万公顷。

2011年，各地区金融支持节能减排的力度继续增强。广西壮族自治区通过征信系统共享企业环保信息等措施，引导金融机构进一步强化信贷结构调整，在信贷准入、贷款管理及风险防范等方面积极推进"绿色信贷"建设；浙江省排污权交易试点和排污权抵押贷款业务有效推进，"绿色信贷"制度建设取得突破；重庆市金融机构积极跟进研究排污权抵押贷款，积极发放绿化长江贷款，"绿色信贷"余额持续快速增长。

四、价格和劳动力成本

2011年，主要价格指标呈现前高后低走势，上半年高位运行，下半年伴随各项调控政策效果的逐步显现，主要价格指标趋稳回落，物价过快上涨的势头得到了有效遏制。全年居民消费价格同比上涨5.4%，工业生产者出厂价格同比上涨6.0%，工业生产者购进价格同比上涨9.1%，农业生产资料价格同比上涨11.3%。分地区看，居民消费价格涨幅的地区差异不大；东部地区的工业生产者出厂价格涨幅最小；西部地区的工业生产者购进价格涨幅相对最大，东北地区相对较小；西部地区的农业生产资料价格涨幅最小。

居民消费价格涨幅上半年不断扩大，7月份以后连续回落。四个季度涨幅分别为5.1%、5.7%、6.3%和4.6%，全年涨幅高于上年2.1个百分点。分地区看，东部、中部、西部和东北地区全年居民消费价格指数涨幅分别为5.4%、5.5%、5.6%和5.4%。全国所有省份的居民消费价格指数均表现为上涨，其中海南、青海和宁夏三个省（自治区）的居民消费

价格指数上涨超过6%。

生产价格涨幅前三季度高位运行，第四季度明显回落。工业生产者出厂价格四个季度涨幅分别为7.1%、6.9%、7.1%和3.1%，全年涨幅略高于上年0.5个百分点。分地区看，东部地区涨幅低于全国平均水平，为5.0%；西部、东北和中部地区涨幅均高于全国平均水平，分别为7.6%、8.0%和8.2%；东部与中部的涨幅差距为3.2个百分点，其中，江西、新疆、甘肃、黑龙江四省（自治区）价格涨幅超过10%。工业生产者购进价格四个季度涨幅分别为10.2%、10.4%、10.5%和5.5%，全年涨幅略低于上年0.5个百分点。分地区看，东部、中部、西部和东北地区涨幅分别为9.4%、10.6%、10.9%和8.5%，其中13个省份涨幅超过10%。全国有27个省份工业生产者出厂价格涨幅低于工业生产者购进价格，其中北京、贵州和海南三省（直辖市）两种价格涨幅差异在6个百分点以上。农产品生产价格涨幅高于农业生产资料价格涨幅。2011年，农产品生产价格上涨16.5%，比上年高5.6个百分点；农业生产资料价格上涨11.3%，比上年高8.4个百分点。分地区看，东部、中部、西部和东北地区农业生产资料价涨幅分别为12.0%、11.7%、9.4%和11.5%。全国20个省份涨幅超过10%。

职工工资持续较快增长，最低工资标准有所提高。2011年全国城镇非私营单位在岗职工年平均工资为42452元，同比增长14.3%，增幅比上年提高0.8个百分点。扣除物价因素，实际增长8.5%。

分地区看，2011年城镇非私营单位在岗职工年平均工资由高到低依次为东部、西部、中部和东北，中部工资涨幅最高，高于全国平均水平1.4个百分点。2011年全国城镇私营单位就业人员年平均工资为24556元，同比增长18.3%，增幅比上年提高4.2个百分点，实际增长12.3%。城镇私营单位就业人员年平均工资仍低于城镇非私营单位在岗职工年平均工资，但涨幅高于非私营单位4个百分点。分地区看，城镇私营单位就业人员年平均工资由高到低分别是东部、西部、东北和中部，东部与其他三个地区的工资差距较上年均有所扩大。2011年全国共有25个地区调整了最低工资标准，东部、中部、西部和东北10个、5个、8个和2个省份。各地最低工资标准根据各自情况分不同档次，北京、上海只有1档，大部分省份划分为3—4档，安徽省有6档。最高档的月最低工资标准最高的是深圳市，为1320元，东部进行调整的10个省份最高档的月最低工资标准均突破1000元，处于明显的领先位置。与东部相比，其他地区的最低工资标准相对较低，但部分省份相对较高，如湖北、新疆和辽宁三个省（自治区）最高档的最低工资分别达到了1100元、1160元和1100元。全国月最低工资标准平均增长幅度为22%。最高档的小时最低工资标准最高的北京市为13元，全国共有17个省份最高档的小时最低工资突破了10元。全国27个省份发布了2011年度工资指导线，基准线多在14%以上。

各地区资源性产品价格改革也取得一定进展。如内蒙古制定电力多边交易市场建设方案；安徽完善水利工程供水价格形成机制，推进排污权有偿使用和交易试点指导政策；广西积极推行居民生活用水阶梯式水价和非居民用水超定额用水加价制度；江西落实新建小水电站分类上网标杆电价，大工业用户直购电试点启动。

五、主要行业发展

（一）房地产开发、销售和贷款增速回落，保障性安居工程快速发展

2011年，为进一步巩固和扩大房地产调控成果，促进房地产市场平稳健康发展，国家继续坚持房地产宏观调控政策不动摇，综合采取土地、税收、金融等多项措施，有效地推动全国各地区房地产市场走势回稳。房价环比下降的城市个数增多，商品房销售增速逐步放缓，房地产开发投资增速高位回落，房地产贷款增速整体回落，保障性安居工程建设快速推进，金融对保障性住房建设的支持力度进一步增强。

新建商品住宅价格环比下降的城市个数增多。12月份，全国70个大中城市中，新建商品住宅价格环比下降的城市有52个，比1月增加了49，持平的城市有16个，环比价格上涨的城市，涨幅均为0.1%。自5月份以来，上海、深圳、北京新建商品住宅价格环比持续下降，一线城市新建商品房价格回调趋势明显。

商品房销售增速逐步放缓。在限购等一系列政策措施作用下，房地产市场的投机和投资性需求受到抑制，房地产交易量自9月起增速连续四个月回落。2011年，全国商品房销售面积11亿平方米，同比增长4.9%，增速比上年回落5.7个百分点，比前三个季度回落8.0个百分点。商品房销售额5.9万亿元，同比增长12.1%，增速比上年回落6.8个百分点。各地区增速差异较大，东部地区商品房销售面积4.3亿平方米，同比仅增长0.4%；中部地区商品房销售面积2.4亿平方米，同比增长11.4%；西部地区商品房销售面积3.0亿平方米，同比增长8.4%；东北地区商品房销售面积1.3亿平方米，同比增长12.6%。

房地产开发投资增速高位回落。2011年，全国共完成房地产开发投资6.2万亿元，同比增长27.9%，增速比上年回落5.3个百分点。分地区看，西部地区增长最快，全年房地产投资增速为32.8%，投资占全部投资比重的21.0%。东部、中部和东北地区房地产开发投资分别增长26.9%、23.6%和31.4%。

房地产开发资金增速回落。2011年，全国房地产开发企业本年资金来源8.3万亿元，同比增长14.1%，增速比上年回落12.1个百分点。从资金来源看，国内贷款12564亿元，与2010年基本持平；利用外资814亿元，增长2.9%；自筹资金34093亿元，增长28.0%；定金及预收款21610亿元，增长12.1%；个人按揭贷款8360亿元，下降12.2%。自筹资金和定金及预收款增长较快，两者合计占房地产开发资金的66.9%。

房地产金融平稳运行，房地产贷款增速整体回落。2011年，中国人民银行继续落实好差别化住房信贷政策，抑制投机投资性购房需求，加大对保障性安居工程建设的支持力度，房地产信贷增速明显回落。2011年，主要金融机构（含外资）新增房地产贷款1.3万亿元，比上年少增0.8万亿元。分地区看，东部地区房地产贷款增速最低，全年增长11.1%，同比回落11.7个百分点，中部、西部和东北地区增速回落幅度明显高于东部地区，分别回落18.5个、16.3个和15.1个百分点；东部地区房地产贷款占全国比重为64.3%，较上年减少了2个百分点，中部、西部和东北地区占比分别增加0.8个、0.8个和0.4个百分点。

保障性安居工程建设快速推进。2011年，各相关部门和地方协同行动，攻坚克难，通过新建、改建、购买、长期租赁等方式，多渠道筹集保障房房源，加大保障性安居工程建设力度，全年超额完成1000万套保障性住房新开工建设的目标。中央财政资金和预算内投资对保障性安居工程的支持力度持续加大，保障房土地供应实行指标单列。地方政府不断拓宽思路，完善制度，取得了新的成绩。如黑龙江通过采取先建后

拆、边拆边建、异地安置、原地拆建与集中建设相结合等措施，确保工程进度。山东全面推行保障房质量责任终身制。上海建立“居民经济状况核对平台”，对申请者经济状况进行全方位审核，确保保障房公平分配。

保障性安居工程金融支持力度不断加强。2011年年末，全国保障性住房开发贷款余额3409亿元，占全部房地产开发贷款余额的12.5%。保障性住房开发贷款全年新增额1751亿元，占同期房地产开发贷款新增额的50.1%，比年初提高31.7个百分点。分地区看，中部地区增长最快，全年保障房贷款增速为191%，东部、西部和东北地区保障房贷款增速分别为127.9%、74.8%和168.0%。此外，截至2011年年末，商业银行受住房公积金管理中心委托，在29个试点城市发放用于保障性住房建设的项目贷款累计达265.9亿元。金融机构还通过信托产品、理财产品、保险直投、商业票据、融资租赁等多元化的金融工具，对保障性住房建设给予了积极支持。地方政府债券资金的使用也更多地向保障房倾斜，中央还允许符合条件的地方融资平台公司发行企业债券，用于保障性安居住房及其配套基础设施建设。

(二)综合交通运输体系建设加快，金融多渠道支持交通运输业发展

经过“十一五”的快速发展，全国交通基础设施不断完善，综合运输能力显著提高。随着刺激政策的退出和结构调整力度加大，交通运输投资从高位逐步回落，统筹发展的区域布局更趋协调。交通运输业融资渠道不断拓展。

交通运输业快速发展，交通基础设施不断完善。“十一五”期间，交通运输业保持了持续快速的增长。作为国民经济重要的基础性产业，除了直接拉动GDP增长外，交通运输业还通过行业关联拉动其他行业的发展，并通过吸纳就业、带动消费为经济增长做出了重要贡献。交通运输基础建设的快速发展初步形成了综合运输网络，运输线路质量和运输能力显著提高。2011年年末，全国公路里程达411万公里，铁路里程达9.3万公里。2011年各种交通运输方式完成客、货运量分别达352亿人和369亿吨，同比分别增长7.6%和13.7%。

交通运输投资增速减缓，结构调整力度加大。2008年国际金融危机后，经济增长刺激政策拉动交通运输业固定资产投资在2009年实现了48.3%的高速增长，2010年起增速开始回落。2011年进一步放缓，全年交通运输业(含仓储和邮政业)固定资产投资额为2.7万亿元，同比增长1.8%。其中，道路运输业和铁路运输业固定资产投资分别同比增长9.8%和下降22.5%。铁路投资增速的放缓，部分是由于铁道部针对近年来铁路建设规模过大等问题，对拟建和在建项目进行主动调整的结果。分地区看，中西部由于基数较低和区域振兴政策的倾斜，投资快速增长；东部地区由于前期基数较高增速放缓，加大了结构调整力度。

综合交通运输体系统筹发展，交通运输业区域布局更趋协调。各地区按照“十二五”规划提出的加快转变交通发展方式的原则，统筹协调。东部先行、东北老工业基地振兴、中部崛起、西部大开发等国家战略区域规划使得交通运输业区域布局更趋协调。国家“四纵四横”快速铁路网之一、连接环渤海和长三角区域的京沪高铁客户专线正式通车，广珠城轨开通运营，广佛肇、珠中江等城市圈实现了年票互通，珠三角交通一体化加快推进。江苏连云港集装箱铁水联运被交通运输部和铁道部确定为全国示范项目，山东省成为全国首个开通国际陆海联运甩挂运输的省份。中西部交通基础设施建设实现跨越式发展，四川省全公路通车里程名列全国首位，广西自治区北部湾港跨入亿吨级大港行列。六盘山、大别山区等11个集中连片特困地区，西藏、新疆等4个扶贫攻坚战场加快农村公路改建升级。总体看，各地区加快经济发展方式转型，充分发挥比较优势，交通运输业呈现协调发展的局面。

交通运输业融资渠道不断拓展，贷款继续增长，但增速有所放缓。2011年年末，全国交通运输业(含仓储及邮电通信业)本外币贷款余额5.6万亿元，比年初增加7643.2亿元。分地区看，西部和东北地区贷款余额增速高于东部和中部，西部地区贷款新增额占比高于其他地区。交通运输业直接融资发展较快。各交通运输企业通过发行股票、短期融资券和中期票据等方式积极拓宽融资渠道。2011年，四川省交通运输企业在银行间市场累计发行短期融资券、中期票据和集合票据共计81.9亿元，占全省在银行间市场债券发行总额的34.1%，有效补充了资金来源。

提高金融服务支持水平，推进交通运输业科学发展。近年来，交通业实现了快速发展，但同时也存在一些问题。主要表现为：交通基础设施供给总量仍不足，结构性矛盾突出，运输网络结构不尽合理，各种运输方式之间衔接不够，各地交通运输建设项目集中开工，建设资金缺口较大，贷款集中到期的偿还压力显现等。“十二五”是交通运输业转型升级、构建综合交通运输体系，优化格局、加快区域协调发展的重要时期，进一步提升金融服务交通运输业的水平具有重要意义。一是积极拓宽交通运输业融资渠道，支持符合条件的交通运输企业上市融资和发行债券等，减少贷款融资的依赖性。二是充分发挥政府在交通运输基础设施建设中的作用，区别对待不同类型的交通基础设施建设，进一步完善收费公路政策，加大普通公路的公共财政保障。三是积极防范债务集中到期风险，如发展经营权证券化等，提高公路、铁路等建设资金的周转率和回收速度，使建设资金进入快速周转、滚动发展的良性循环轨道。

六、主要经济圈发展

2011年，长三角、珠三角、京津冀经济圈认真落实“十二五”规划，面对复杂多变的国内外经济环境，积极巩固和扩大应对国际金融危机取得的成果，以改革创新促发展，区域经济金融一体化进程加快，对全国经济辐射和拉动作用进一步增强。

经济平稳较快发展，结构进一步优化。2011年，长三角、珠三角、京津冀经济圈合计地区生产总值加权平均增长10.2%。从各经济圈情况看，京津冀经济圈整体经济指标总体好于全国。但对外依存度较高的长三角、珠三角经济圈受外需不足影响，进出口贸易等指标增速相对较低。

主导产业支撑作用显著，进一步向高端化推进。长三角地区继续推进电子信息、石油化工、汽车和船舶行业等主导产业发展，制造业进一步高端化，成套装备、生物医药等持续增长；信息服务、文化创意、旅游会展、中介与专业服务等现代服务业积极发展。珠三角地区电子信息、电器机械、生物制药、家电、建筑等九大主导产业稳步发展；战略性新兴产业规模积聚，形成新型显示、软件、新材料和新一代通信四个新兴产业集群；现代服务业集聚区建设扎实推进。京津冀地区航空航天、装备制造、石油化工、生物医药、新能源新材料、电子信息等现代制造业增长较快。服务业优势继续增强，文化创意产业以及信息服务业、科技服务业等生产型服务业保持较快增长。

区域经济一体化进程加快，多项合作内容出台。2011年长三角、珠三角、京津冀经济圈加快实施国家区域发展战略，

经济金融合作继续向纵深发展，体制机制不断健全。长三角各地制定了长江三角洲地区区域规划的实施方案，联动实施《江苏沿海开发地区发展规划》、《浙江海洋经济发展示范区规划》，重大基础设施、产业布局、城镇体系一体化发展进程加快；签署了《共同推进长三角地区贷款转让市场发展合作备忘录》，进一步推进长三角金融协调发展；继续推动宁波等长三角次中心城市融入上海“两个中心”建设，扩大了长三角金融合作辐射范围。珠三角以一体化为主轴提升综合实力。深入实施“双转移”，扎实推进各地产业转移工业园建设，推广深汕（尾）特别合作区、顺德清远（英德）经济合作区共建模式，进一步增强承接产业转移能力；广佛同城化步伐加快。京津冀规划取得新突破。《河北沿海地区发展规划》批准实施，进一步促进京津冀区域协调发展；三省市文化、人社、金融等部门签署了京津冀三地文化产业、银行业监管合作备忘录以及人才合作框架协议书等文件，加强相关领域合作力度。预计 2012 年主要经济圈继续保持平稳较快增长，产业结构进一步优化，经济金融融合更加紧密，辐射拉动作用进一步增强。

第三部分　区域经济与金融展望

2012 年是实施“十二五”规划承前启后的重要一年，也是转变经济发展方式，深化改革创新，切实提高经济发展质量和效益的关键一年。前期重点推进的战略性新兴产业、海洋经济、装备制造业、现代服务业、文化产业的快速发展将为经济带来新的增长点，工业化、城镇化、农业现代化的推进和消费、产业结构的升级带来巨大的需求潜力，中国经济增长将继续由政策刺激向自主增长有序过渡，总体上经济保持平稳较快发展的动力仍然较强。但同时也要看到，世界经济复苏面临较多不确定性，欧洲主权债务问题尚未得到根本解决。中国经济发展正处于转型期，经济结构调整优化的过程中增速放缓、潜在生产能力有所下降有一定的必然性，对此要有充分的认识，区域经济发展可能会面临一些新的变化和挑战。东部地区经济增速相对放缓，转型升级压力进一步加大；中西部和东北地区随着工业化、城镇化的深入推进，发展动力显著增强，但经济持续增长的基础比较脆弱、面临“赶超”与“转方式”的双重任务。

各地区将按照党中央、国务院的统一部署，深入贯彻落实科学发展观，坚持稳中求进，把稳增长、控物价、调结构、惠民生、抓改革、促和谐更好地结合起来。充分发挥各地特色和优势，进一步提高区域发展的协调性和基本公共服务均等化水平，消除市场壁垒，促进要素流动，引导产业有序转移，推动区域经济良性互动、协调发展。

东部地区创新发展能力增强，深圳等经济特区、上海浦东新区、天津滨海新区在改革开放中先行先试，京津冀、长江三角洲、珠江三角洲地区区域经济一体化的发展，首都经济圈的打造，浙江“三大国家战略”以及山东“蓝黄”战略的深入实施，福建海峡西岸经济区发展规划和海峡两岸经济合作框架协议的逐步落实，海南国际旅游岛的建设等将为东部地区经济的发展提供有效支撑。东部地区将着力提升传统产业改造能力，推动产业结构升级和体制创新，提高科技创新能力，培育产业竞争新优势，争取在更高层次上参与国际竞争合作。同时，大力发展战略性新兴产业、高端装备制造业等，深化海洋发展战略，培育新的经济增长点，缓解经济转型压力下经济增速放慢问题。东部地区将利用自身有利条件，加强与中西部地区合作，积极探索产业转移的新模式，既提高东部经济发展质量，又更好地辐射和带动中西部地区的发展。

中部地区凭借区位、资源、人力等优势，承接产业转移的步伐明显加快，区域基础设施逐步完善。中部地区作为全国重要的粮食生产基地、能源原材料基地、现代装备制造及高技术产业基地和综合交通枢纽（“三个基地和一个枢纽”）的地位不断提升，将给中部地区 2012 年经济持续平稳较快发展奠定良好基础。中部地区将努力探索新型工业化、城镇化发展道路，重点推进太原城市群、皖江城市带、鄱阳湖生态经济区、中原经济区、武汉城市圈、长株潭城市群发展，加快粮食、能源、原材料、装备制造业及高技术产业基地和综合交通枢纽建设。积极推进资源节约型和环境友好型社会建设。不断培育增强区域增长极的辐射带动能力，着力提高欠发达地区自我发展能力，大力发展县域经济。扩大对内和对外开放，积极承接东部和国际产业转移，推动产业转型升级。中部地区将加强区域经济内部的协调与合作，形成发展合力。

国家新一轮西部大开发战略的实施、差别化支持政策的落实等继续为西部未来经济发展创造良好的外部环境。2012 年，西部地区将贯彻落实《西部大开发“十二五”规划》，突出经济结构战略性调整，充分发挥资源丰富、要素成本低、市场潜力巨大的优势，积极承接产业转移，构建现代化产业体系，增强发展能力。坚持以线串点、以点带面，推动成渝、关中—天水、北部湾等 11 个重点经济区率先发展，培育区域新的经济增长极。深入实施以市场为导向的优势资源转化战略，支持攀西—六盘水等 8 个资源富集区集约发展，提高资源加工深度和综合利用程度。支持沿边开发区加快发展，支持秦巴山区等集中连片特殊困难地区跨越发展，支持河套灌区等 8 个农产品主产区优化发展。完善综合交通运输网络，加快构建以交通、水利为重点的适度超前、功能配套、安全高效的现代化基础设施体系。加快建立生态补偿机制，加大生态建设和环境保护力度，支持西北草原荒漠化防治区等 5 个重点生态区可持续发展。加强环境综合治理，强化节能减排，大力发展循环经济。

东北地区在实施振兴老工业基地战略的带动下，经济社会发展加快，以国有企业改革为重点的体制机制创新取得重大突破，资源枯竭型城市转型取得积极进展。2012 年，东北地区将贯彻落实《东北振兴“十二五”规划》要求，巩固和扩大振兴成果，加快转型发展。东北地区将坚持走新型工业化道路，推进传统产业转型升级，培育发展战略性新兴产业，扎实推进节能减排和环境保护，努力构建结构优化、技术先进、清洁安全、附加值高、吸纳就业能力强的现代产业体系。大力推进农业现代化，加快转变农业发展方式，建设稳固的国家粮食战略基地，加强以水利为重点的农业基础设施建设，稳定发展粮食生产，强化农业科技创新，提高农业生产的集约化和规模化水平。重点推进辽宁沿海经济带和沈阳经济区、长吉图经济区、哈大齐和牡绥地区等区域发展，发挥重点区域的辐射带动作用。建立和完善资源开发补偿、衰退产业援助机制和资源型企业可持续发展准备金制度，大力发展接续替代产业，重点建设一批接续替代产业集聚区，加快资源型城市转型与扩大就业。东北地区将充分发挥区位优势，积极发展对外贸易，优化出口产品结构，深化东北亚区域合作，积极开拓东南亚、欧美等海外市场。

2012 年，各地区金融机构将按照“稳中求进”的总基调，继续认真贯彻落实稳健的货币政策，进一步提高针对性、灵活性和前瞻性，保持合理的货币信贷投放和社会融资规模。不断优化信贷结构，重点支持经济结构调整、节能减排、环境保护和自主创新，加大对国家重点在建续建项目和保障性住房建设、产业改造升级、战略性新兴产业、现代服务业等方面的信贷支持，加强对小微企业、“三农”等薄弱环节的信贷支持。坚持金融服务实体经济的本质要求，加强金融产品和服务创新，加强内部管理，认真纠正金融服务中附加条件和收费不规范问题，进一步提升服务能力。同时，密切跟踪和监测国际、国内经济金融运行态势，加强区域性系统性风险防范，促进区域经济平稳健康协调发展。

2011 年货币信贷概况

2011 年，国民经济保持平稳较快增长，货币信贷增长向常态水平回归，金融运行总体平稳。

一、货币供应量增长总体回落

2011 年年末，广义货币供应量 M2 余额为 85.2 万亿元，同比增长 13.6%，增速比上年末回落 6.1 个百分点。狭义货币供应量 M1 余额为 29.0 万亿元，同比增长 7.9%，增速比上年末低 13.3 个百分点。流通中货币 M0 余额为 5.1 万亿元，同比增长 13.8%，增速比上年末低 2.9 个百分点。2011 年现金净投放 6161 亿元，同比少投放 214 亿元。总体看，2011 年前 11 个月 M2 和 M1 增长呈放缓态势，12 月货币总量增速有所回升，其中，M1 增速比上月提高 0.1 个百分点，主要受节前现金需求增加影响；M2 增速比上月提高 0.9 个百分点，与部分表外理财产品于年末回归表内存款以满足考核要求、财政支出较多、信贷投放增加等因素有关。金融创新不断增多等因素加快了传统存款分流，M2 统计较实际货币条件可能有所低估。

2011 年年末，基础货币余额为 22.5 万亿元，同比增长 23.2%，比年初增加 4.2 万亿元。货币乘数为 3.79，比上年末低 0.13。金融机构超额准备金率为 2.3%。其中，农村信用社为 7.3%。

二、金融机构存款增长放缓

2011 年年末，全部金融机构（含外资金融机构，下同）本外币各项存款余额为 82.7 万亿元，同比增长 13.5%，增速比上年末低 6.3 个百分点，比年初增加 9.9 万亿元，同比少增2.1万亿元。人民币各项存款余额为 80.9 万亿元，同比增长 13.5%，增速比上年末低 6.7 个百分点，比年初增加 9.6 万亿元，同比少增 2.3 万亿元。外币存款余额为 2751 亿美元，同比增长 19.0%，比年初增加 494 亿美元，同比多增 295 亿美元。

从人民币存款的部门分布看，住户存款增速相对走稳，非金融企业存款增速总体放缓。2011 年年末，金融机构住户存款余额为 34.8 万亿元，同比增长 15.7%，增速比上年末低0.8 个百分点，比年初增加 4.7 万亿元，同比多增 4297 亿元。非金融企业人民币存款余额为 30.4 万亿元，同比增长 9.2%，增速比上年末低 12.3 个百分点，比年初增加 2.6 万亿元，同比少增 2.7 万亿元。2011 年年末，财政性存款余额为 2.6 万亿元，同比增长 2.6%，比年初减少 300 亿元。

三、金融机构贷款增长向常态回归

2011 年年末，全部金融机构本外币贷款余额为 58.2 万亿元，同比增长 15.7%，增速比上年末低 4.0 个百分点，比年初增加 7.9 万亿元，同比少增 3779 亿元。人民币贷款增速总体回落。2011 年年末，人民币贷款余额为 54.8 万亿元，同比增长 15.8%，增速比上年末低 4.1 个百分点，比年初增加7.47 万亿元，同比少增 3901 亿元。第四季度以来，贷款投放增多，当季贷款增加 1.8 万亿元，同比多增 2077 亿元，信贷扩张压力依然存在。

从人民币贷款的部门分布看，住户贷款增速有所放缓，非金融企业贷款增速相对趋稳。2011 年年末，住户贷款同比增长 20.9%，比上年末低 16.7 个百分点，比年初增加 2.4 万亿元，同比少增 4546 亿元。

主要是，个人住房贷款增长放缓，比年初增加 8321 亿元，同比少增 4618 亿元。非住房消费贷款增势较好，比年初增加 6485 亿元，同比多增 558 亿元。非金融企业及其他部门贷款同比增长 13.9%，比上年末低 1.4 个百分点，比 9 月末高 0.4 个百分点，比年初增加 5.0 万亿元，同比多增 493 亿元。其中，中长期贷款比年初增加 2.1 万亿元，同比少增 2.1 万亿元，增长继续放缓。票据融资比年初增加 112 亿元，同比多增 9164 亿元。分机构看，中资全国性大型银行贷款同比少增较多，区域性中小型银行贷款同比多增较多，大型银行和中小型银行的贷款格局有所改善。

外币贷款增速回落。2011 年年末，金融机构外币贷款余额为 5387 亿美元，同比增长 19.6%，比上年末略高 0.1 个百分点，比年初增加 882 亿美元，同比多增 163 亿美元。从投向看，贸易融资增加 274 亿美元，同比多增 96 亿美元，保持了对进出口贸易的支持力度；境外贷款与中长期贷款增加 406 亿美元。

四、社会融资规模保持合理水平，债券融资明显增多

初步统计，2011 年社会融资规模为 12.83 万亿元，按可比口径计算，比上年少 1.11 万亿元。其中，人民币贷款增加 7.47 万亿元，同比少增 3901 亿元；外币贷款折合人民币增加 5712 亿元，同比多增 857 亿元；委托贷款增加 1.30 万亿元，同比多增 4205 亿元；信托贷款增加 2013 亿元，同比少增 1852 亿元；未贴现的银行承兑汇票增加 1.03 万亿元，同比少增 1.31万亿元；企业债券净融资 1.37 万亿元，同比多 2595 亿元；非金融企业境内股票融资 4377 亿元，同比少 1409 亿元。

从结构看，债券融资等在配置资金中的作用明显增强。一是债券融资在社会融资总量中的占比显著提升。企业债券净融资占同期社会融资规模的 10.6%，为历史最高水平，同比上升 2.7 个百分点。二是非银行金融机构对实体经济支持力度明显加大。全年保险公司赔偿和小额贷款公司与贷款公司新增贷款合计 4392 亿元，明显高于上年。三是实体经济通过金融机构表外融资总体明显少于上年。全年金融机构通过委托贷款、信托贷款及未贴现的银行承兑汇票方式新增表外融资合计 2.52 万亿元，同比少增 1.07 万亿元；占同期社会融资规模的 19.7%，同比下降 6.0 个百分点。其中，新增委托贷款、未贴现的银行承兑汇票和信托贷款分别占同期社会融资规模的 10.1%、8.0% 和 1.6%，同比分别高 3.9 个、低 8.7 个和低 1.2 个百分点。

五、金融机构贷款利率总体稳步上行

2011 年前三季度受央行连续上调存贷款基准利率等因素影响，金融机构对非金融企业及其他部门贷款利率呈上行走势。第四季度以来，受经济增长趋稳和下调存款准备金率等因素影响，利率有所回落。

12 月份，贷款加权平均利率为 8.01%，比年初上升 1.82 个百分点。其中，一般贷款加权平均利率为 7.80%，比年初上升 1.47 个百分点；票据融资加权平均利率为 9.06%，比年初上升 3.57 个百分点。个人住房贷款利率稳步上升，12 月份加权平均利率为 7.62%，比年初上升 2.27 个百分点。从利率浮动情况看，执行上浮利率的贷款占比上升，执行基准和下浮利率的贷款占比下降。12 月份，执行下浮、基准和上浮利率的贷款占比分别为7.02%、26.96%和66.02%，比年初分别下降20.78个、2.20个和上升22.98个百分点，体现了宏观调控价格机制作用的传导。

受境内资金供求关系变动以及国际金融市场利率走势的影响，外币存贷款利率总体呈现波动上行走势。12月份，活期、3个月以内大额美元存款加权平均利率分别为0.31%和3.29%，比年初分别下降0.02个和上升1.45个百分点；3个月以内、3(含3个月)-6个月美元贷款加权平均利率分别为3.85%和4.31%，比年初分别上升1.28个和1.46个百分点。

六、人民币汇率弹性明显增强

2011年，人民币小幅升值，双向浮动特征明显，汇率弹性明显增强，人民币汇率预期总体平稳。2011年年末，人民币对美元汇率中间价为6.3009元，比上年末升值3218个基点，升值幅度为5.11%。

2005年人民币汇率形成机制改革以来至2011年年末，人民币对美元汇率累计升值31.35%。根据国际清算银行的计算，2011年，人民币名义有效汇率升值4.95%，实际有效汇率升值6.12%；2005年人民币汇率形成机制改革以来至2011年12月，人民币名义有效汇率升值21.16%，实际有效汇率升值30.34%。

2011年货币政策操作

2011年，中国人民银行按照国务院统一部署，围绕保持物价总水平基本稳定这一宏观调控的首要任务，实施稳健的货币政策，着力提高政策的针对性、灵活性和有效性，根据形势变化适时适度进行预调微调。加强宏观审慎管理，综合运用多种货币政策工具，优化银行体系流动性管理，引导货币信贷增长平稳回调，保持合理的社会融资规模，引导金融机构优化信贷结构，促进经济金融平稳健康发展。

一、灵活开展公开市场操作

2011年以来，中国人民银行加强对银行体系流动性供求情况的分析监测，视银行体系流动性变化情况，合理把握公开市场操作力度和节奏，与存款准备金政策相配合，促进银行体系流动性供求的适度均衡。全年累计发行中央银行票据约1.4万亿元，开展正回购操作约2.5万亿元；截至2011年年末，中央银行票据余额约为1.9万亿元。通过优化公开市场操作工具组合，公开市场操作预调微调的功能得到充分发挥。中国人民银行根据内外部环境变化不断优化公开市场操作期限结构，灵活搭配1年期以内央行票据发行和短期正回购操作加强银行体系流动性管理，同时合理安排3年期央行票据的发行时机和频率，提高了复杂环境下银行体系应对短期流动性波动的能力。

公开市场操作利率有效引导市场预期。前三季度，与存贷款基准利率调整相配合，顺应市场利率波动上行的趋势，公开市场操作利率逐步上行；第四季度以来，1年期央行票据发行利率小幅下行并适时企稳，对稳定市场预期具有积极意义。截至2011年年末，3个月期和1年期央行票据的发行利率分别为3.1618%和3.4875%，较上年末分别上升114.6个和97.6个基点。此外，继续适时开展国库现金管理商业银行定期存款业务。全年共开展11期中央国库现金管理商业银行定期存款业务，操作规模共计4500亿元，年末余额为2900亿元。

二、适时适度运用存款准备金率工具，实施差别准备金动态调整机制

在运用公开市场操作进行日常流动性管理的同时，中国人民银行充分发挥存款准备金工具主动性较强、能够深度冻结流动性的特点，通过灵活调整存款准备金率加强流动性管理。在国际收支总体上继续保持较大顺差的背景下，2011年上半年，分别于1月20日、2月24日、3月25日、4月21日、5月18日和6月20日6次上调存款类金融机构人民币存款准备金率各0.5个百分点，累计上调3个百分点。从2011年9月起，将保证金存款纳入存款准备金交存范围，并根据金融机构流动性状况在3—6个月内逐步实施到位。此举有利于维护准备金交存基数的完整性，健全存款准备金制度的调控功能。2011年第四季度，受欧洲主权债务危机加剧、市场避险情绪上升等因素影响，外汇占款出现波动。在充分发挥公开市场操作的预调微调作用的基础上，12月5日下调存款准备金率0.5个百分点，保持银行体系流动性处于适度水平。

2011年初，基于对国际金融危机教训的总结，中国人民银行引入差别准备金动态调整机制。该机制将信贷投放与宏观审慎所要求的资本水平相联系，并考虑了各金融机构的系统重要性和稳健性状况，以及所处经济周期的景气程度，具有引导和激励金融机构自我保持稳健和逆周期调节信贷投放的功能。第四季度以后，根据形势变化对有关调控参数进行了调整优化，支持资本充足率较高、资产质量较好、法人治理结构完善、信贷政策执行有力的金融机构加大对符合产业政策的小型微型企业、“三农”等薄弱环节的信贷投放，在政策预调微调中发挥了积极作用。

三、发挥利率杠杆的调控作用

2011年前三季度，中国人民银行分别于2月9日、4月6日和7月7日三次上调金融机构人民币存贷款基准利率。其中，1年期存款基准利率由2.75%提高到3.50%，累计上调0.75个百分点；1年期贷款基准利率由5.81%提高到6.56%，累计上调0.75个百分点。适时上调存贷款基准利率，对于稳定通胀预期、引导货币信贷合理增长发挥了积极作用，对于巩固房地产调控效果、优化资金配置、居民财富保值等也具有积极意义。第四季度以来，随着国内外形势变化，特别是国内价格涨幅逐步回落，存贷款基准利率保持稳定。

四、加强窗口指导和信贷政策引导

中国人民银行继续加强和改善窗口指导，坚持“有扶有控”的信贷政策，引导金融机构合理把握信贷投放节奏，优化信贷结构，防范信贷风险，进一步完善对实体经济、民生领域的金融服务。全面推进信贷政策导向效果评估工作，重点开展涉农和中小企业信贷政策导向效果评估，促进涉农信贷政策和中小企业信贷政策有效传导。加大对农田水利建设等水利改革发展的金融支持，全面推进农村金融产品和服务方式创新。引导金融机构根据中小企业的最新划分标准，多措并举做好小型微型企业金融服务工作。积极支持产业结构升级和经济结构调整，支持战略性新兴产业企业等高新技术企业发展，指导和督促金融机构全面落实关于金融支持文化产业、服务外包、物流业、旅游业等行业发展的政策要求，进一步加大对环保产业、循环经济发展、节能减排、技术改造等方面的信贷支持。积极完善扶持农民工、妇女、大学生村官、残疾人、少数民族等特殊群体创业促就业的小额担保贷款政策。

总体看，对“三农”和中小企业的信贷支持力度较强。截至2011年年末，金融机构本外币涉农贷款余额为14.6万亿元，占各项贷款比重为25.1%，当年新增额为2.7万亿元，占各项贷款新增额比重为34.1%；金融机构小企业贷款余额(含票据贴现)为10.8万亿元，同比增长25.8%，增速分别高于大型和中型企业贷款 14.2 个和 12.5 个百分点。

五、促进跨境人民币业务发展

跨境人民币业务范围进一步扩大。2011 年 8 月，中国人民银行会同五部委发布《关于扩大跨境贸易人民币结算地区的通知》，将跨境贸易人民币结算境内地域范围扩大至全国。此外，全面开展对外直接投资和外商直接投资人民币结算，跨境人民币业务从经常项目扩展至部分资本项目。1 月，中国人民银行发布《境外直接投资人民币结算试点管理办法》，允许境内企业以人民币进行对外直接投资，银行可以按照有关规定向境内机构在境外投资的企业或项目发放人民币贷款。10 月，发布《外商直接投资人民币结算业务管理办法》，允许境外投资者以人民币到境内开展直接投资。同月，发布《关于境内银行业金融机构境外项目人民币贷款的指导意见》，明确了商业银行开展境外项目人民币贷款的有关要求。12 月，中国证券监督管理委员会（以下简称证监会）、中国人民银行、国家外汇管理局联合发布《基金管理公司、证券公司人民币合格境外机构投资者境内证券投资试点办法》，允许符合一定资格条件的境内基金管理公司、证券公司的香港子公司作为试点机构，运用其在港募集的人民币资金在经批准的人民币投资额度内开展境内证券投资业务。

跨境贸易和投资人民币结算业务量明显增加。2011 年，银行累计办理跨境贸易人民币结算业务 2.08 万亿元，同比增长 3.1 倍。跨境贸易人民币结算收付平衡状况显著改善。全年收付比从 2010 年的 1∶5.5 上升至 1∶1.7。2011 年，银行累计办理对外直接投资人民币结算业务 201.5 亿元，外商直接投资人民币结算业务 907.2 亿元。

六、完善人民币汇率形成机制

继续按主动性、可控性和渐进性原则，进一步完善人民币汇率形成机制，重在坚持以市场供求为基础，参考一篮子货币进行调节，增强人民币汇率弹性，保持人民币汇率在合理均衡水平上的基本稳定。

2011 年，人民币对美元汇率中间价最高为 6.6349 元，最低为 6.3009 元，244 个交易日中 143 个交易日升值、101 个交易日贬值。2011 年最大单日升值幅度为 0.30%（187 点），最大单日贬值幅度为 0.22%（139 点）。人民币对欧元、日元等其他国际主要货币汇率双向波动。2011 年末，人民币对欧元、日元汇率中间价分别为 1 欧元兑 8.1625 元人民币、100 日元兑 8.1103 元人民币，分别较上年末升值 7.89% 和 0.19%。

2005 年人民币汇率形成机制改革以来至 2011 年年末，人民币对欧元汇率累计升值 22.68%，对日元汇率累计贬值 9.92%。

2011 年，中国人民银行积极采取措施推动银行间外汇市场人民币对新兴市场货币挂牌交易业务的开展，鼓励新兴市场货币做市商积极开展柜台业务和参与银行间市场交易，人民币对泰铢在区域银行间市场开始交易。2011 年，银行间外汇即期市场人民币对美元、欧元、港币、日元、英镑、卢布、林吉特和泰铢分别成交 35.5 万亿元、904 亿元、1081 亿元、306 亿元、27 亿元、50 亿元、2 亿元和 2.5 亿元人民币。银行间外汇市场人民币对俄罗斯卢布、马来西亚林吉特和泰铢等新兴市场货币报价成交日趋活跃，为微观经济主体提供了双边直接汇率，支持了双边经贸发展。

七、深入推进金融机构改革

稳步推进大型商业银行和政策性金融机构改革。积极支持和指导中国农业银行"三农金融事业部"改革工作。协调有关部门先后出台营业税减免、监管费减免和差别化存款准备金率等支持政策，有力地发挥了政策导向作用。稳步扩大改革试点范围，明确将中国农业银行黑龙江、河南、河北、安徽 4 个省、371 个县的县支行纳入"三农金融事业部"的改革试点范围。中国出口信用保险公司改革实施总体方案获得国务院批准，200 亿元注资已经到位，改革方案正在进一步落实。成立中国农业发展银行改革工作小组，建立相关工作协调机制，明确了推进改革的重点工作和任务分工。积极推进中信集团整体改制，中信集团有限公司和中信股份有限公司已于 2011 年 12 月召开创立大会。

落实农村信用社分类激励措施。2011 年，中国人民银行对全国已兑付专项票据的 2311 个县（市）农村信用社的改革成效进行了考核，并分类实施了激励约束措施。3 月 31 日，对同时达到新增存款一定比例用于当地贷款、政策考核标准和专项票据兑付后续监测考核标准的 425 个县（市）农村信用社安排增加支农再贷款额度 195.4 亿元，期限一年；对达到专项票据兑付后续监测考核标准的农村信用社，在支农再贷款、再贴现等方面适当加大政策支持力度；对考核不达标的农村信用社，采取一定的约束措施。上述政策的实施，对激励农村信用社进一步深化改革，引导扩大涉农信贷投放发挥了重要作用。农村信用社改革取得明显成效，资产质量和经营财务状况显著改善，资金实力和支农信贷投放大幅增长。按照贷款五级分类口径统计，2011 年年末，全国农村信用社不良贷款比例为 5.5%，比上年末下降 1.9 个百分点；资本充足率为 10.7%，比上年末提高 2 个百分点；资产利润率为 1%，比上年末提高 0.28 个百分点。2011 年全国农村信用社新增涉农贷款和农户贷款分别为 7374 亿元和 3093 亿元，期末余额同比增长 19% 和 15%。2011 年末涉农贷款余额占各项贷款的比例为 68.9%，比上年末提高 0.5 个百分点。农村信用社产权制度改革稳步推进。截至 2011 年年末，全国共组建以县（市）为单位的统一法人农村信用社 1882 家，农村商业银行 212 家，农村合作银行 190 家。

八、深化外汇管理体制改革

采取措施有效减缓银行结售汇顺差和外汇储备过快增长。加强银行结售汇头寸、出口收结汇、资本金结汇等外汇业务管理。进一步下调 2011 年度境内金融机构短期外债指标总规模，上调银行间外汇市场交易费率，引导银行通过完善挂牌汇率定价调节结售汇差额。加强贸易投资外汇流入真实性审核，鼓励有真实贸易投资需求的购付汇，鼓励企业出口收入存放境外，试行个人结售汇"关注名单"管理等。这些措施对于抑制各种投机套利资金流入、平抑市场可能产生的波动发挥了积极作用。

稳步推进进出口核销改革。2011 年 12 月 1 日起在江苏、山东、福建等七省（市）进行进出口核销改革试点。合规企业正常的进出口业务均无需逐笔办理核销手续，通过对企业贸易项下货物流与资金流进行总量筛选匹配、动态监测、分类监管，健全风险防范机制，实现

贸易便利化和监管有效性的有机统一。从试点情况看，货物贸易外汇管理改革大大简化了银行、企业业务办理手续，降低了运营成本，逐步形成了贸易便利化和风险管理相结合的新型管理模式。

进一步便利市场主体外汇收支和交易。2011 年 1 月 1 日起，将出口收入存放境外政策推广至全国。简化部分资本项目外汇管理政策，下放五项业务的审批权限。规范电子银行个人结售汇业务管理，便利个人办理结售汇业务。

2011 年中国货币政策大事记

2011 年初，中国人民银行引入差别准备金动态调整机制，构建宏观审慎政策框架。

1 月 6 日，经商国家发展和改革委员会、商务部，中国人民银行会同国家外汇管理局制定发布了《境外直接投资人民币结算试点管理办法》（中国人民银行公告［2011］第 1 号），跨境贸易人民币结算试点地区的银行和企业可开展境外直接投资人民币结算试点。

1 月 14 日，中国人民银行决定从 2011 年 1 月 20 日起上调存款类金融机构人民币存款准备金率 0.5 个百分点。

1 月 25 日，中国人民银行向全国人大财经委员会汇报 2010 年货币政策执行情况。

1 月 30 日，发布《2010 年第四季度中国货币政策执行报告》。

2 月 9 日，中国人民银行决定上调金融机构人民币存贷款基准利率，其中，一年期存款基准利率上调 0.25 个百分点，由 2.75% 提高到 3%；一年期贷款基准利率上调 0.25 个百分点，由 5.81% 提高到 6.06%；其他期限档次存贷款基准利率及个人住房公积金贷款利率作相应调整。

2 月 14 日，为进一步丰富外汇市场交易品种，为企业和银行提供更多的汇率避险保值工具，国家外汇管理局发布《关于人民币对外汇期权交易有关问题的通知》（汇发［2011］8 号），批准中国外汇交易中心在银行间外汇市场组织开展人民币对外汇期权交易。

2 月 18 日，中国人民银行决定从 2011 年 2 月 24 日起上调存款类金融机构人民币存款准备金率 0.5 个百分点。

2 月 22 日，中国人民银行办公厅印发《关于安排增加支农再贷款，支持重点地区做好春耕抗旱金融服务工作的通知》（银办发［2011］45 号），对河南、山东、河北等受旱灾影响严重的 8 省安排增加支农再贷款额度 100 亿元，积极鼓励和引导金融机构全力做好抗旱救灾金融服务工作，支持粮食稳定增产。

3 月 18 日，中国人民银行决定从 2011 年 3 月 25 日起上调存款类金融机构人民币存款准备金率 0.5 个百分点。

3 月 18 日，为合理引导跨境资金流动，防范违法违规资金流入，维护国家涉外经济金融安全，国家外汇管理局发布《关于进一步加强外汇业务管理有关问题的通知》（汇发［2011］11 号）。

3 月 25 日，中国人民银行货币政策委员会召开 2011 年第一季度例会。

3 月 28 日，中国人民银行农村信用社改革试点专项中央银行票据发行兑付考核评审委员会第 20 次例会决定，对海南等 4 个省（区）辖内屯昌等 19 个县（市）农村信用社兑付专项票据，额度为 19.9 亿元。

3 月 31 日，中国人民银行办公厅印发《关于认真组织落实县域法人金融机构新增存款一定比例用于当地贷款激励政策及农村信用社专项票据兑付后续监测考核激励约束政策的通知》（银办发［2011］82 号），自 2011 年 4 月 1 日至 2012 年 3 月 31 日，对经考核达到新增存款一定比例用于当地贷款政策考核标准的县域法人金融机构，执行低于同类金融机构正常标准 1 个百分点的存款准备金率；对同时达到新增存款一定比例用于当地贷款和专项票据兑付后续监测考核政策标准的 425 个县（市）农村信用社和 16 个村镇银行，安排增加支农再贷款额度 200 亿元。

4 月 6 日，中国人民银行决定上调金融机构人民币存贷款基准利率，其中，一年期存款基准利率上调 0.25 个百分点，由 3% 提高到 3.25%；一年期贷款基准利率上调 0.25 个百分点，由 6.06% 提高到 6.31%；其他各档次存贷款基准利率及个人住房公积金贷款利率相应调整。

4 月 9 日，发布中国人民银行公告［2011］第 3 号，对全国银行间债券市场交易管理提出了具体要求，引入了重大异常交易披露制度、异常交易事前报备制度等，有利于进一步规范全国银行间债券市场债券交易行为。

4 月 14 日，中国人民银行向全国人大财经委员会汇报 2011 年第一季度货币政策执行情况。

4 月 15 日，中国人民银行、财政部联合发布中国人民银行、财政部公告［2011］第 6 号，就新发关键期限国债做市有关事宜提出具体要求，以进一步改善市场价格发现机制，有利于完善国债收益率曲线。

4 月 17 日，中国人民银行决定从 2011 年 4 月 21 日起，上调存款类金融机构人民币存款准备金率 0.5 个百分点。

4 月 18 日，中国人民银行与新西兰储备银行签署金额为 250 亿元人民币/50 亿新西兰元的双边本币互换协议，有效期 3 年，经双方同意可以展期。

4 月 19 日，中国人民银行与乌兹别克斯坦共和国中央银行签署金额为 7 亿元人民币/1670 亿乌兹别克斯坦苏姆的双边本币互换协议，有效期 3 年，经双方同意可以展期。

5 月 3 日，发布《2011 年第一季度中国货币政策执行报告》。

5 月 6 日，中国人民银行与蒙古国中央银行签署金额为 50 亿元人民币/10 万亿图格里特的双边本币互换协议，有效期 3 年，经双方同意可以展期。

5 月 12 日，中国人民银行决定从 2011 年 5 月 18 日起，上调存款类金融机构人民币存款准备金率 0.5 个百分点。

6 月 1 日，发布《2010 年中国区域金融运行报告》。

6 月 13 日，中国人民银行与哈萨克斯坦共和国国家银行签署金额为 70 亿元人民币/1500 亿坚戈的双边本币互换协议，有效期 3 年，经双方同意可以展期。

6 月 14 日，中国人民银行决定从 2011 年 6 月 20 日起，上调存款类金融机构人民币存款准备金率 0.5 个百分点。

6 月 23 日，中国人民银行与俄罗斯联邦中央银行签订新的双边本币结算协定。协定签订后，中俄本币结算从边境贸易扩大到一般贸易，并扩大地域范围。协定规定两国经济活动主体可自行决定用自由兑换货币、人民币和卢布进行商品和服务的结算与支付。协定将进一步加深中俄两国的金融合作，促进双边贸易和投资增长。

7 月 1 日，中国人民银行货币政策委员会召开 2011 年第二季度例会。

7 月 7 日，中国人民银行决定上调金融机构人民币存贷款基准利率。其中，一年期存款基准利率上调 0.25 个百分点，由 3.25% 提高到 3.50%；一年期贷款基准利率上调 0.25 个百分点，由 6.31% 提高到 6.56%；其他各档次存贷款基准利率及个人住房公积金贷款利率相应调整。

7 月 14 日，中国人民银行向全国人大财经委员会汇报 2011 年上半年货币政策执行情况。

7 月 15 日，中国人民银行发布《关于开展涉农信贷政策导向效果评估的通知》（银发［2011］181 号），明确从 2011 年开始，人民银行分支机构对县域金融机构开展涉农信贷政策导向效果评估，促进金融机构更好地服务“三农”，着力提高涉农信贷政策导向效果。

7 月 22 日，中国人民银行发布《关于开展中小企业信贷政策导向效果评估的通知》（银发［2011］185 号），明确从 2011 年开始，人民银行分支机构对省级及省级以下金融机构开展中小企业信贷政策导向效果评估，促进金融机构进一步改进和提升对中小企业的综合金融服务水平，提高中小企业信贷政策导向效果。

8 月 4 日，中国人民银行、中国银行业监督管理委员会联合印发《关于认真做好公共租赁住房等保障性安居工程金融服务工作的通知》（银发［2011］193 号），明确和重申公共租赁住房等保障性安居工程信贷支持政策，要求银行业金融机构在加强管理、防范风险的基础上，加大对保障性安居工程建设的信贷支持。

8 月 12 日，发布《2011 年第二季度中国货币政策执行报告》。

8 月 22 日，中国人民银行会同五部委发布《关于扩大跨境贸易人民币结算地区的通知》（银发［2011］203 号），将跨境贸易人民币结算境内地域范围扩大至全国。

8 月，国务院批准境内机构赴港发行人民币债券共 500 亿元，其中境内金融机构发行人民币债券 250 亿元，境内非金融企业发行人民币债券 250 亿元。

9 月 14 日，为便利俄罗斯莫斯科银行间货币交易所人民币对卢布交易的开展，中国人民银行发布《关于俄罗斯莫斯科银行间货币交易所人民币对卢布交易人民币清算有关问题的通知》（银发［2011］222 号），允许在莫斯科银行间货币交易所开展人民币对卢布交易的俄罗斯商业银行在中国境内商业银行开立人民币特殊账户，专门用于人民币对卢布交易产生的人民币资金清算。

9 月 28 日，中国人民银行货币政策委员会召开 2011 年第三季度例会。

10 月 12 日，中国人民银行向全国人大财经委员会汇报 2011 年前三季度货币政策执行情况。

10 月 14 日，中国人民银行发布《外商直接投资人民币结算业务管理办法》（中国人民银行公告［2011］第 23 号），明确银行可按照相关规定为境外投资者办理外商直接投资人民币结算业务。

10 月 26 日，中国人民银行与韩国央行续签中韩双边本币互换协议，互换规模由原来的 1800 亿元人民币/38 万亿韩元扩大至 3600 亿元人民币/64 万亿韩元，有效期 3 年，经双方同意可以展期。

10 月 26 日，中国人民银行发布《关于境内银行业金融机构境外项目人民币贷款的指导意见》（银发［2011］255 号），对境内银行开展境外项目人民币贷款业务进行了明确规定，有助于规范和促进相关业务发展。

11 月 16 日，发布《2011 年第三季度中国货币政策执行报告》。

11 月 22 日，中国人民银行与香港金融监管局续签货币互换协议，互换规模由原来的 2000 亿元人民币/2270 亿港币扩大至 4000 亿元人民币/4900 亿港币，有效期 3 年，经双方同意可以展期。

11 月 25 日，中国人民银行农村信用社改革试点专项中央银行票据发行兑付考核评审委员会第 21 次例会决定，对辽宁省等 6 个省辖内辽阳县等 11 个县（市）农村信用社兑付专项票据，额度为 10.84 亿元。

11 月 30 日，中国人民银行决定从 2011 年 12 月 5 日起下调存款类金融机构人民币存款准备金率 0.5 个百分点。

11 月，四省（市）开展地方政府自行发债试点。上海市、广东省、浙江省和深圳市政府分别在银行间市场发行债券 71 亿元、69 亿元、67 亿元和 22 亿元。

12 月 16 日，中国证券监督管理委员会、中国人民银行、国家外汇管理局联合发布《基金管理公司、证券公司人民币合格境外机构投资者境内证券投资试点办法》（中国证券监督管理委员会中国人民银行国家外汇管理局第 76 号令），允许境内基金管理公司、证券公司的香港子公司作为试点机构，运用其在香港募集的人民币资金在经批准的人民币投资额度内开展境内证券投资业务。

12 月 19 日，在云南省推出人民币对泰铢银行间市场区域交易。

12 月 22 日，中国人民银行与泰国银行签署规模为 700 亿元人民币/3200 亿泰铢的双边本币互换协议，有效期 3 年，经双方同意可以展期。

12 月 23 日，中国人民银行与巴基斯坦国家银行签署规模为 100 亿元人民币/1400 亿卢比的双边本币互换协议，有效期 3 年，经双方同意可以展期。

12 月 27 日，中国人民银行等五部委联合发布了《关于加强黄金交易所或从事黄金业务交易平台管理的通知》（银发［2011］301 号），明确除上海黄金交易所和上海期货交易所外，其他任何地方、机构或个人均不得设立黄金交易所（交易中心），也不得在其他交易场所（交易中心）内设立黄金交易平台。银行业金融机构应停止为非法黄金交易所或黄金交易平台提供开户、托管、资金划汇、代理买卖、投资咨询等中介服务。

12 月 28 日，中国人民银行货币政策委员会召开 2011 年第四季度例会。

12 月 31 日，中国人民银行发布《关于实施〈基金管理公司、证券公司人民币合格境外机构投资者境内证券投资试点办法〉有关事项的通知》（银发［2011］321 号），进一步规范试点机构的账户管理、资金汇出入、资产配置、银行间债券市场投资和信息报送等行为。

2011 年货币供应量

单位：亿元人民币

项目	2011.01	2011.02	2011.03	2011.04	2011.05	2011.06	2011.07	2011.08	2011.09	2011.10	2011.11	2011.12
货币和准货币（M2）	733884.83	736130.86	758130.88	757384.56	763409.22	780820.85	772923.65	780852.30	787406.20	816829.25	825493.94	851590.90
货币（M1）	261765.01	259200.50	266255.48	266766.91	269289.63	274662.57	270545.65	273393.77	267193.16	276552.67	281416.37	289847.70
流通中货币（M0）	58063.94	47270.24	44845.22	45489.03	44602.83	44477.80	45183.10	45775.29	47145.29	46579.39	47317.26	50748.46

注：1. 自 2011 年 10 月起，货币供应量已包括住房公积金中心存款和非存款类金融机构在存款类金融机构的存款。
2. 本表为正式数据。

2011 年汇率

项目	2011.01	2011.02	2011.03	2011.04	2011.05	2011.06	2011.07	2011.08	2011.09	2011.10	2011.11	2011.12
一特别提款权单位折合人民币元(期末数)	10.2918	10.3431	10.3952	10.5347	10.3802	10.3575	10.3043	10.2785	9.9239	10.0281	9.8496	9.6736
一美元折合人民币(期末数)	6.5891	6.5752	6.5564	6.4990	6.4845	6.4716	6.4442	6.3687	6.3549	6.3233	6.3482	6.3009
一美元折合人民币(平均数)	6.6027	6.5831	6.5662	6.5292	6.4988	6.4778	6.4614	6.4090	6.3833	6.3566	6.3408	6.3281

2011 年货币当局资产负债表

单位:亿元人民币

报表项目	2011.01	2011.02	2011.03	2011.04	2011.05	2011.06	2011.07	2011.08	2011.09	2011.10	2011.11	2011.12
国外资产	219957.26	222399.56	226277.48	229301.15	232020.69	234697.86	237238.34	239197.84	241200.76	240107.32	239554.13	237898.06
外汇	211301.39	213753.16	217476.46	220472.74	223606.82	226386.73	229159.78	231459.72	233853.55	232960.15	232699.35	232388.73
货币黄金	669.84	669.84	669.84	669.84	669.84	669.84	669.84	669.84	669.84	669.84	669.84	669.84
其他国外资产	7986.03	7976.56	8131.18	8158.57	7744.03	7641.29	7408.72	7068.29	6677.37	6477.33	6184.94	4839.49
对政府债权	15421.11	15421.11	15404.83	15404.83	15404.83	15404.83	15404.83	15399.73	15399.73	15399.73	15399.73	15399.73
其中:中央政府	15421.11	15421.11	15404.83	15404.83	15404.83	15404.83	15404.83	15399.73	15399.73	15399.73	15399.73	15399.73
对其他存款性公司债权	15912.63	10478.06	9561.47	9502.68	9485.48	9678.04	9638.40	9569.22	9556.60	12746.40	10409.85	10247.54
对其他金融性公司债权	11317.70	11318.01	11318.75	11314.14	11255.51	11253.94	11248.83	11248.90	11244.81	10753.98	10749.15	10643.97
对非金融性部门债权	24.99	24.99	24.99	24.99	24.99	24.99	24.99	24.99	24.99	24.99	24.99	24.99
其他资产	6355.10	6408.32	6230.52	6217.22	6420.62	7018.94	7158.05	7202.29	7485.33	6697.90	6739.36	6763.31
总资产	268988.79	266050.05	268818.05	271765.01	274612.12	278078.61	280713.44	282642.97	284912.22	285730.32	282877.21	280977.60
储备货币	194084.48	191229.92	192565.38	193309.49	196186.05	203469.88	202490.07	205141.33	212204.15	212819.83	216624.49	224641.76
货币发行	63789.40	52493.60	49272.52	49450.60	48646.00	48815.89	49335.11	49959.41	52203.22	51058.43	51724.16	55850.07
其他存款性公司存款	130295.08	138736.32	143292.86	143858.90	147540.05	154653.99	153154.95	155181.91	160000.93	161761.41	164900.34	168791.68
不计入储备货币的金融性公司存款	898.59	1060.92	978.43	900.10	778.16	802.60	806.00	769.02	860.56	864.62	874.50	908.37
发行债券	38503.12	34903.59	31160.33	29624.84	29296.52	27266.12	26234.13	24608.56	22451.01	21465.41	21442.97	23336.66
国外负债	3878.57	4327.78	4579.94	5286.84	5284.49	4866.43	4894.74	4995.26	4671.93	3996.47	3252.57	2699.44
政府存款	26459.78	29133.15	27289.03	31588.08	34274.82	34542.09	37963.93	38799.59	35711.77	38789.93	34128.48	22733.66
自有资	219.75	219.75	219.75	219.75	219.75	219.75	219.75	219.75	219.75	219.75	219.75	219.75
其他负债	4944.50	5174.94	12025.18	10835.91	8572.34	6911.74	8104.81	8109.47	8793.05	7574.31	6334.44	6437.97
总负债	268988.79	266050.05	268818.05	271765.01	274612.12	278078.61	280713.44	282642.97	284912.22	285730.32	282877.21	280977.60

注:1. 自 2011 年 1 月起,人民银行采用国际货币基金组织关于储备货币的定义,不再将其他金融性公司在货币当局的存款计入储备货币。

2. 自 2011 年 1 月起,境外金融机构在人民银行存款数据计入国外负债项目,不再计入其他存款性公司存款。

2011 年金融机构本外币信贷收支表

单位:亿元人民币

项目	2011.01	2011.02	2011.03	2011.04	2011.05	2011.06	2011.07	2011.08	2011.09	2011.10	2011.11	2011.12
来源方项目												
一、各项存款	727655.35	741046.10	768370.08	771731.14	782845.82	803026.61	795691.76	803154.57	810346.82	808490.89	812048.09	826701.35
1. 单位存款	360714.56	367226.11	385104.70	389071.93	396006.18	405300.05	400702.25	407205.82	407006.58	408142.02	412555.71	423086.61
其中:活期存款	170937.35	177018.94	183791.89	183813.34	186447.51	191670.07	186400.54	188040.34	182735.03	190318.59	192368.90	199222.05
定期存款	94321.69	95014.28	98531.02	100061.51	102006.92	102754.83	104275.53	106346.35	107509.62	105928.23	105205.13	107104.58
通知存款	16615.09	14692.04	16234.81	16667.70	15536.21	14930.81	14340.35	14176.70	19997.90	14900.92	15266.23	16234.16
保证金存款	36831.80	36093.18	39605.82	41387.95	43647.71	45945.72	45366.93	47367.64	46279.97	44809.73	45095.91	46567.74
2. 个人存款	322703.20	325223.05	335746.93	331089.12	332012.92	342311.53	336084.26	336508.75	346698.33	339778.91	342232.44	357901.58
储蓄存款	318690.22	321038.88	330828.54	325770.47	327157.32	336077.73	329423.45	330303.46	337471.03	331291.04	333954.60	347400.78
保证金存款	168.74	156.41	158.77	178.60	183.41	194.25	202.61	222.29	235.47	269.15	285.60	301.10
结构性存款	3844.24	4027.75	4759.62	5140.06	4672.19	6039.56	6458.20	5982.99	8991.84	8218.72	7992.24	10199.69
3. 财政性存款	29019.89	32399.97	29981.75	34082.33	37613.99	36271.54	40863.32	41878.43	38160.10	42111.12	38348.32	26223.11
4. 临时性存款	1886.28	2320.85	1976.46	2288.41	2156.32	2393.71	2376.81	2042.87	2217.21	2360.81	2359.18	1859.99
5. 委托存款	415.22	49.42	271.80	480.56	228.20	196.45	243.41	171.13	157.14	191.97	236.89	309.70
6. 其他存款	12916.21	13826.70	15288.44	14718.78	14828.20	16553.32	15421.70	15347.58	16107.45	15906.07	16315.55	17320.36
二、金融债券	6734.59	7044.21	6363.70	7319.40	7529.93	7946.48	7822.24	8013.76	7669.21	8603.85	8991.34	10274.44
三、对国际金融机构负债	668.05	671.88	774.19	794.57	803.07	795.12	802.32	802.71	797.34	797.21	823.78	776.46
四、其他	-120656.02	-128243.81	-147146.65	-143163.18	-146997.24	-158916.74	-145670.44	-145812.76	-145285.71	-136056.53	-132422.64	-139787.07
资金来源总计	614401.97	620518.38	628361.32	636681.93	644181.57	652851.47	658645.89	666158.28	673527.66	681835.42	689440.57	697965.18
运用方项目												

项目	2011.01	2011.02	2011.03	2011.04	2011.05	2011.06	2011.07	2011.08	2011.09	2011.10	2011.11	2011.12
一、各项贷款	514038.41	519697.89	526050.78	533696.67	539982.41	546502.31	551289.19	556859.38	562410.82	568526.84	574337.16	581892.50
(一)境内贷款	504066.19	509691.03	515907.16	523565.58	529526.07	536287.04	541054.99	546713.84	551988.04	557963.85	563496.00	570862.58
1.短期贷款	182422.44	184977.63	188094.99	191231.04	194099.80	198197.31	199942.15	202467.38	206218.95	209339.59	212410.96	217480.10
2.中长期贷款	304304.78	307977.15	311996.30	315982.89	318397.44	320719.18	322931.75	325059.03	326716.76	330187.50	332128.17	333746.51
3.融资租赁	3005.55	3102.05	3214.32	3370.14	3483.25	3574.05	3738.58	3828.96	3889.72	3961.51	4105.00	4262.17
4.票据融资	14162.30	13454.44	12425.32	12802.31	13369.39	13620.92	14272.60	15190.30	14983.86	14281.41	14634.08	15153.51
5.各项垫款	171.11	179.76	176.23	179.22	176.19	175.58	169.91	168.17	178.74	193.84	217.79	220.29
(二)境外贷款	9972.22	10006.86	10143.61	10131.09	10456.34	10215.27	10234.20	10145.54	10422.78	10563.00	10841.16	11029.93
二、有价证券	88080.64	88354.65	88882.41	89449.95	90633.57	91428.03	93123.38	94420.70	94879.56	96791.88	98585.40	99313.44
三、股权及其他投资	9928.70	10107.85	10910.07	11006.05	11045.68	12406.67	11728.88	12402.66	13797.26	14062.34	14103.28	14370.72
四、黄金占款	669.84	669.84	669.84	669.84	669.84	669.84	669.84	669.84	669.84	669.84	669.84	669.84
五、在国际金融机构资产	1684.38	1688.16	1848.22	1859.41	1850.07	1844.62	1834.60	1805.70	1770.18	1784.51	1744.89	1718.67
资金运用总计	614401.97	620518.38	628361.32	636681.93	644181.57	652851.47	658645.89	666158.28	673527.66	681835.42	689440.57	697965.18

注:1.本表机构包括中国人民银行、银行业存款类金融机构、信托投资公司、金融租赁公司和汽车金融公司。

2.银行业存款类金融机构包括银行、信用社和财务公司。

3.自2011年起,将财务公司、信托投资公司、金融租赁公司委托存款轧减委托贷款后计入各项存款。按可比口径计算,2011年1月末各项存款比年初下降319.7亿元,委托存款比年初下降51.3亿元,各项贷款比年初新增10971.0亿元。

4.本表为正式数据。

2011年金融机构本外币信贷收支表(按部门分类)

单位:亿元人民币

项目	2011.01	2011.02	2011.03	2011.04	2011.05	2011.06	2011.07	2011.08	2011.09	2011.10	2011.11	2011.12
来源方项目												
一、各项存款	727655.35	741046.10	768370.08	771731.14	782845.82	803026.61	795691.76	803154.57	810346.82	808490.89	812048.09	826701.35
1.住户存款	318894.91	321118.91	331111.54	326386.64	327123.78	337191.10	330398.44	330720.74	340741.29	333527.92	335803.47	351956.59
(1)活期及临时性存款	130280.47	125600.02	131191.05	124897.46	125932.00	133954.32	126495.48	127667.03	132092.41	127620.03	129037.53	139177.90
(2)定期及其他存款	188614.45	195518.89	199920.49	201489.18	201191.78	203236.77	203902.97	203053.71	208648.87	205907.89	206765.94	212778.68
2.非金融企业存款	272437.03	277087.27	291341.02	294901.06	299573.24	304736.58	300200.23	304153.45	300941.55	301879.13	305845.62	313980.93
(1)活期及临时性存款	125675.25	130781.90	135954.36	136221.15	137584.30	140945.94	136919.15	137062.16	131028.18	138499.58	140512.37	145811.04
(2)定期及其他存款	146761.79	146305.37	155386.66	158679.91	161988.94	163790.65	163281.07	167091.29	169913.36	163379.55	165333.25	168169.89
3.机关团体存款	88677.97	90973.52	94601.23	95509.55	97378.97	101667.07	102006.63	104018.61	106988.34	107549.74	108329.27	109529.69
4.财政性存款	29019.89	32399.97	29981.75	34082.33	37613.99	36271.54	40863.32	41878.43	38160.10	42111.12	38348.32	26223.11
5.其他存款	12916.21	13826.70	15288.44	14718.78	14828.20	16553.32	15421.70	15347.58	16107.45	15906.07	16315.55	17320.36
6.非居民存款	5709.34	5639.74	6046.09	6132.78	6327.63	6607.00	6801.45	7035.77	7408.09	7516.91	7405.85	7690.67
二、金融债券	6734.59	7044.21	6363.70	7319.40	7529.93	7946.48	7822.24	8013.76	7669.21	8603.85	8991.34	10274.44
三、对国际金融机构负债	668.05	671.88	774.19	794.57	803.07	795.12	802.32	802.71	797.34	797.21	823.78	776.46
四、其他	-120656.02	-128243.81	-147146.65	-143163.18	-146997.24	-158916.74	-145670.44	-145812.76	-145285.71	-136056.53	-132422.64	-139787.07
资金来源总计	614401.97	620518.38	628361.32	636681.93	644181.57	652851.47	658645.89	666158.28	673527.66	681835.42	689440.57	697965.18
运用方项目												
一、各项贷款	514038.41	519697.89	526050.78	533696.67	539982.41	546502.31	551289.19	556859.38	562410.82	568526.84	574337.16	581892.50
(一)境内贷款	504066.19	509691.03	515907.16	523565.58	529526.07	536287.04	541054.99	546713.84	551988.04	557963.85	563496.00	570862.58
1.住户贷款	115355.26	116419.86	119446.07	121917.74	124097.07	126449.20	128213.28	130107.56	131922.35	133233.06	134666.09	136072.59
(1)消费性贷款	75890.67	76440.13	78049.40	79389.00	80550.57	81843.67	82946.95	84125.23	85378.73	86361.31	87594.09	88777.85
短期消费性贷款	9949.47	9659.29	10145.53	10453.37	10795.72	11264.85	11497.18	11963.97	12523.86	12735.41	13070.60	13607.42
中长期消费性贷款	65941.20	66780.84	67903.87	68935.62	69754.85	70578.81	71449.77	72161.26	72854.87	73625.90	74523.49	75170.43
(2)经营性贷款	39464.59	39979.73	41396.68	42528.74	43546.50	44605.53	45266.34	45982.33	46543.62	46871.76	47072.00	47294.74
短期经营性贷款	25661.16	25963.97	26958.13	27700.64	28273.87	28977.57	29288.59	29706.27	30031.73	30154.75	30117.39	30197.58
中长期经营性贷款	13803.43	14015.76	14438.55	14828.10	15272.63	15627.96	15977.75	16276.06	16511.88	16717.01	16954.61	17097.16
2.非金融企业及其他部门贷款	388710.93	393271.17	396461.09	401647.85	405429.00	409837.85	412841.71	416606.28	420065.69	424730.78	428829.92	434789.98
(1)短期贷款及票据融资	160974.12	162808.81	163416.65	165879.33	168399.60	171575.80	173428.99	175987.45	178647.21	180730.84	183857.05	188828.60
短期贷款	146811.81	149354.37	150991.33	153077.02	155030.21	157954.88	159156.39	160797.15	163663.35	166449.43	169222.98	173675.09
票据融资	14162.30	13454.44	12425.32	12802.31	13369.39	13620.92	14272.60	15190.30	14983.86	14281.41	14634.08	15153.51
(2)中长期贷款	224560.16	227180.55	229653.88	232219.16	233369.96	234512.41	235504.23	236621.70	237350.01	239844.59	240650.07	241478.92
(3)其他贷款	3176.66	3281.81	3390.56	3549.35	3659.44	3749.63	3908.49	3997.13	4068.47	4155.35	4322.79	4482.46
(二)境外贷款	9972.22	10006.86	10143.61	10131.09	10456.34	10215.27	10234.20	10145.54	10422.78	10563.00	10841.16	11029.93
二、有价证券	88080.64	88354.65	88882.41	89449.95	90633.57	91428.03	93123.38	94420.70	94879.56	96791.88	98585.40	99313.44
三、股权及其他投资	9928.70	10107.85	10910.07	11006.05	11045.68	12406.67	11728.88	12402.66	13797.26	14062.34	14103.28	14370.72
四、黄金占款	669.84	669.84	669.84	669.84	669.84	669.84	669.84	669.84	669.84	669.84	669.84	669.84
五、在国际金融机构资产	1684.38	1688.16	1848.22	1859.41	1850.07	1844.62	1834.60	1805.70	1770.18	1784.51	1744.89	1718.67

项目	2011.01	2011.02	2011.03	2011.04	2011.05	2011.06	2011.07	2011.08	2011.09	2011.10	2011.11	2011.12
资金运用总计	614401.97	620518.38	628361.32	636681.93	644181.57	652851.47	658645.89	666158.28	673527.66	681835.42	689440.57	697965.18

注:1. 本表机构包括中国人民银行、银行业存款类金融机构、信托投资公司、金融租赁公司和汽车金融公司

2. 银行业存款类金融机构包括银行、信用社和财务公司。

3. 定期及其他存款包括定期存款、通知存款、定活两便存款、协议存款、协定存款、保证金存款、结构性存款。

4. 自2011年起,将财务公司、信托投资公司、金融租赁公司委托存款轧减委托贷款后按委托人分别计入各项存款项下的住户存款、非金融企业存款及财政性存款中。按可比口径计算,2011年1月末各项存款比年初下降319.7亿元,住户存款比年初新增14238.6亿元,非金融企业存款比年初下降14393.6亿元,各项贷款比年初新增10971.0亿元。

5. 本表为正式数据。

2011 年金融机构人民币信贷收支表

单位:亿元

项目	2011.01	2011.02	2011.03	2011.04	2011.05	2011.06	2011.07	2011.08	2011.09	2011.10	2011.11	2011.12
来源方项目												
一、各项存款	712828.05	726017.64	752838.40	756262.39	767339.00	786432.56	779731.73	786797.56	794100.44	791884.98	795113.97	809368.33
1. 单位存款	350843.47	356999.19	374256.70	378467.18	385247.04	393676.95	389418.94	395621.51	395736.61	396592.77	400842.22	410912.05
其中:活期存款	164712.23	170402.12	176817.98	177126.33	179779.77	184217.76	179531.15	181153.43	176182.37	183465.66	185371.78	191968.20
定期存款	91688.03	92480.12	95920.61	97472.10	99346.84	100190.14	101579.48	103550.45	104751.25	103103.23	102392.32	104169.11
通知存款	16326.58	14437.71	15903.47	16353.97	15197.48	14564.36	13925.11	13764.46	19533.28	14548.42	14925.89	15816.55
保证金存款	36188.60	35352.19	38736.38	40466.38	42645.90	44836.83	44222.31	46072.05	45032.37	43549.61	43792.97	45265.20
2. 个人存款	318650.71	321331.64	331911.97	327282.87	328181.24	338399.65	332297.37	332667.55	342737.27	335750.07	338029.62	353536.43
储蓄存款	314978.71	317493.54	327346.07	322326.92	323691.58	332541.69	326024.72	326873.86	333918.35	327699.04	330297.07	343635.89
保证金存款	160.96	148.29	150.24	169.17	173.98	184.99	192.80	213.11	226.86	260.30	276.67	292.69
结构性存款	3511.03	3689.81	4415.66	4786.78	4315.68	5672.98	6079.86	5580.58	8592.06	7790.72	7455.88	9607.85
3. 财政性存款	29019.82	32399.93	29981.64	34082.28	37613.66	36271.44	40863.16	41878.27	38160.06	42110.89	38348.24	26223.07
4. 临时性存款	1431.12	1853.35	1581.87	1687.93	1674.17	1808.07	1903.66	1616.72	1712.26	1847.11	1878.41	1570.14
5. 委托存款	402.14	46.37	269.08	476.11	222.76	193.39	241.83	169.95	155.96	190.77	235.68	308.47
6. 其他存款	12480.79	13387.15	14837.13	14266.02	14400.14	16083.05	15006.75	14843.57	15598.27	15393.37	15779.80	16818.18
二、金融债券	6409.43	6710.21	6042.58	6990.42	7184.19	7597.35	7463.59	7732.36	7393.62	8330.86	8716.03	10038.83
三、流通中货币	58063.94	47270.24	44845.22	45489.03	44602.83	44477.80	45183.10	45775.29	47145.29	46579.39	47317.26	50748.46
四、对国际金融机构负债	668.05	671.88	774.19	794.57	803.07	795.12	802.32	802.71	797.34	797.21	823.78	776.46
五、其他	31333.64	36651.12	24477.03	30865.16	31047.71	22891.32	37258.07	40743.30	41460.03	51047.46	53930.98	42294.24
资金来源总计	809303.10	817321.10	828977.41	840401.58	850976.80	862194.16	870438.80	881851.21	890896.72	898639.91	905902.02	913226.33
运用方项目												
一、各项贷款	483493.87	488870.98	494740.70	502170.76	507686.31	514025.54	518941.36	524425.79	529118.34	534986.76	540616.20	547946.69
(一)境内贷款	482071.07	487456.59	493302.94	500735.07	506158.80	512479.16	517387.80	522877.23	527620.98	533475.68	539100.55	546398.25
1. 短期贷款	169768.76	172110.07	174954.95	178084.61	180381.76	184264.60	186112.90	188579.07	191783.26	194901.25	198054.16	203132.62
2. 中长期贷款	295103.41	298789.94	302720.88	306483.51	308931.15	311026.94	313292.05	315312.52	316972.38	320317.62	322265.35	323806.52
3. 融资租赁	2922.59	2983.23	3090.00	3245.69	3358.42	3449.69	3601.99	3690.13	3767.33	3847.69	3991.61	4151.70
4. 票据融资	14133.79	13422.23	12389.72	12771.66	13339.82	13590.44	14236.43	15152.98	14945.26	14244.18	14604.42	15124.45
5. 各项垫款	142.52	151.12	147.38	149.61	147.65	147.50	144.43	142.54	152.75	164.95	185.01	182.96
(二)境外贷款	1422.80	1414.40	1437.77	1435.69	1527.50	1546.38	1553.56	1548.56	1497.36	1511.07	1515.66	1548.44
二、有价证券	84257.97	84579.65	85330.40	86100.93	87351.87	88091.44	89882.70	91410.38	91968.58	93836.64	95725.01	96479.39
三、股权及其他投资	8385.42	8555.62	9352.28	9457.49	9511.44	10882.15	10234.10	10893.90	12251.54	12492.85	12555.77	12824.72
四、黄金占款	669.84	669.84	669.84	669.84	669.84	669.84	669.84	669.84	669.84	669.84	669.84	669.84
五、外汇占款	230811.62	232956.85	237035.96	240143.14	243907.28	246680.56	248876.20	252645.60	255118.23	254869.31	254590.31	253587.01
六、在国际金融机构资产	1684.38	1688.16	1848.22	1859.41	1850.07	1844.62	1834.60	1805.70	1770.18	1784.51	1744.89	1718.67
资金运用总计	809303.10	817321.10	828977.41	840401.58	850976.80	862194.16	870438.80	881851.21	890896.72	898639.91	905902.02	913226.33

注:1. 本表机构包括中国人民银行、银行业存款类金融机构、信托投资公司、金融租赁公司和汽车金融公司。

2. 银行业存款类金融机构包括银行、信用社和财务公司。

3. 自2011年起,将财务公司、信托投资公司、金融租赁公司委托存款轧减委托贷款后计入各项存款。按可比口径计算,2011年1月末各项存款比年初下降199.9亿元,委托存款比年初下降46.4亿元,各项贷款比年初新增10262.5亿元。

4. 本表为正式数据。

2011 年金融机构人民币信贷收支表(按部门分类)

单位:亿元

项目	2011.01	2011.02	2011.03	2011.04	2011.05	2011.06	2011.07	2011.08	2011.09	2011.10	2011.11	2011.12
来源方项目												
一、各项存款	712828.05	726017.64	752838.40	756262.39	767339.00	786432.56	779731.73	786797.56	794100.44	791884.98	795113.97	809368.33
1. 住户存款	315178.24	317580.15	327629.17	322951.17	323664.14	333678.57	327022.09	327286.52	337212.27	329939.90	332043.26	348045.61
(1)活期及临时性存款	128972.68	124430.60	130028.63	123709.41	124690.05	132640.34	125303.09	126402.85	130681.74	126192.36	127531.68	137576.22
(2)定期及其他存款	186205.56	193149.55	197600.54	199241.76	198974.08	201038.22	201719.00	200883.68	206530.53	203747.55	204511.58	210469.40

项目	2011.01	2011.02	2011.03	2011.04	2011.05	2011.06	2011.07	2011.08	2011.09	2011.10	2011.11	2011.12
2.非金融企业存款	263540.26	268022.18	281727.06	285294.24	289998.32	294263.28	290163.11	293971.79	290918.52	291819.50	295559.82	303504.31
(1)活期及临时性存款	119812.67	124657.82	129574.37	129901.62	131416.82	133924.11	130545.87	130802.37	124966.85	132232.24	134061.80	139322.56
(2)定期及其他存款	143727.59	143364.36	152152.69	155392.62	158581.50	160339.17	159617.24	163169.42	165951.67	159587.26	161498.02	164181.75
3.机关团体存款	88434.52	90591.13	94208.95	95133.92	96994.17	101309.36	101717.47	103700.88	106658.61	107118.32	107887.91	109127.62
4.财政性存款	29019.82	32399.93	29981.64	34082.28	37613.66	36271.44	40863.16	41878.27	38160.06	42110.89	38348.24	26223.07
5.其他存款	12480.79	13387.15	14837.13	14266.02	14400.14	16083.05	15006.75	14843.57	15598.27	15393.37	15779.80	16818.18
6.非居民存款	4174.42	4037.09	4454.45	4534.77	4668.58	4826.86	4959.14	5116.52	5552.70	5502.99	5494.95	5649.55
二、金融债券	6409.43	6710.21	6042.58	6990.42	7184.19	7597.35	7463.59	7732.36	7393.62	8330.86	8716.03	10038.83
三、流通中货币	58063.94	47270.24	44845.22	45489.03	44602.83	44477.80	45183.10	45775.29	47145.29	46579.39	47317.26	50748.46
四、对国际金融机构负债	668.05	671.88	774.19	794.57	803.07	795.12	802.32	802.71	797.34	797.21	823.78	776.46
五、其他	31333.64	36651.12	24477.03	30865.17	31047.71	22891.32	37258.07	40743.30	41460.03	51047.46	53930.98	42294.24
资金来源总计	809303.10	817321.10	828977.41	840401.58	850976.80	862194.16	870438.80	881851.21	890896.72	898639.91	905902.02	913226.33
运用方项目												
一、各项贷款	483493.87	488870.98	494740.70	502170.76	507686.31	514025.54	518941.36	524425.79	529118.34	534986.76	540616.20	547946.69
(一)境内贷款	482071.07	487456.59	493302.94	500735.07	506158.80	512479.16	517387.80	522877.23	527620.98	533475.68	539100.55	546398.25
1.住户贷款	115316.65	116375.22	119405.49	121875.29	124050.51	126401.19	128162.87	130050.89	131863.02	133170.45	134605.68	136011.58
(1)消费性贷款	75852.06	76395.49	78008.81	79346.56	80504.01	81795.66	82896.53	84068.59	85319.43	86298.72	87533.71	88716.86
短期消费性贷款	9916.43	9620.47	10110.51	10416.55	10754.90	11222.53	11452.30	11913.39	12473.37	12681.74	13019.12	13555.05
中长期消费性贷款	65935.63	66775.02	67898.30	68930.00	69749.11	70573.13	71444.23	72155.20	72846.06	73616.98	74514.59	75161.80
(2)经营性贷款	39464.59	39979.72	41396.67	42528.74	43546.50	44605.53	45266.34	45982.30	46543.59	46871.73	47071.97	47294.72
短期经营性贷款	25661.16	25963.97	26958.12	27700.64	28273.87	28977.57	29288.58	29706.27	30031.73	30154.74	30117.38	30197.58
中长期经营性贷款	13803.43	14015.76	14438.55	14828.10	15272.63	15627.96	15977.75	16276.03	16511.86	16716.99	16954.59	17097.14
2.非金融企业及其他部门贷款	366754.42	371081.37	373897.45	378859.78	382108.29	386077.98	389224.93	392826.34	395757.95	400305.24	404494.87	410386.68
(1)短期贷款及票据融资	148324.96	149947.85	150276.04	152739.08	154692.81	157654.94	159608.44	162112.39	164223.42	166308.94	169522.08	174504.44
短期贷款	134191.17	136525.63	137886.32	139967.41	141352.99	144064.50	145372.02	146959.41	149278.16	152064.76	154917.66	159379.99
票据融资	14133.79	13422.23	12389.72	12771.66	13339.82	13590.44	14236.43	15152.98	14945.26	14244.18	14604.42	15124.45
(2)中长期贷款	215364.36	217999.16	220384.02	222725.40	223909.41	224825.85	225870.07	226881.28	227614.46	229983.66	230796.17	231547.58
(3)其他贷款	3065.11	3134.35	3237.39	3395.30	3506.07	3597.19	3746.41	3832.67	3920.08	4012.64	4176.62	4334.66
(二)境外贷款	1422.80	1414.40	1437.77	1435.69	1527.50	1546.38	1553.56	1548.56	1497.36	1511.07	1515.66	1548.44
二、有价证券	84257.97	84579.65	85330.40	86100.93	87351.87	88091.44	89882.70	91410.38	91968.58	93836.64	95725.01	96479.39
三、股权及其他投资	8385.42	8555.62	9352.28	9457.49	9511.44	10882.15	10234.10	10893.90	12251.54	12492.85	12555.77	12824.72
四、黄金占款	669.84	669.84	669.84	669.84	669.84	669.84	669.84	669.84	669.84	669.84	669.84	669.84
五、外汇占款	230811.62	232956.85	237035.96	240143.14	243907.28	246680.56	248876.20	252645.60	255118.23	254869.31	254590.31	253587.01
六、在国际金融机构资产	1684.38	1688.16	1848.22	1859.41	1850.07	1844.62	1834.60	1805.70	1770.18	1784.51	1744.89	1718.67
资金运用总计	809303.10	817321.10	828977.41	840401.58	850976.80	862194.16	870438.80	881851.21	890896.72	898639.91	905902.02	913226.33

注:1.本表机构包括中国人民银行、银行业存款类金融机构、信托投资公司、金融租赁公司和汽车金融公司。

2.银行业存款类金融机构包括银行、信用社和财务公司。

3.定期及其他存款包括定期存款、通知存款、定活两便存款、协议存款、协定存款、保证金存款、结构性存款。

4.自2011年起,将财务公司、信托投资公司、金融租赁公司委托存款轧减委托贷款后按委托人分别计入各项存款项下的住户存款、非金融企业存款及财政性存款中。按可比口径计算,2011年1月末各项存款比年初下降199.9亿元,住户存款比年初新增14284.5亿元,非金融企业存款比年初下降14333.4亿元,各项贷款比年初新增10262.6亿元。

5.本表为正式数据。

2011年金融机构外汇信贷收支表

单位:亿美元

项目	2011.01	2011.02	2011.03	2011.04	2011.05	2011.06	2011.07	2011.08	2011.09	2011.10	2011.11	2011.12
来源方项目												
一、各项存款	2250.28	2285.63	2368.93	2380.17	2391.37	2564.13	2476.65	2561.11	2556.51	2626.15	2667.55	2750.88
1.单位存款	1498.09	1555.38	1654.57	1631.75	1659.21	1796.02	1750.93	1813.82	1773.43	1826.46	1845.17	1932.19
其中:活期存款	944.76	1006.33	1063.68	1028.93	1028.26	1151.54	1065.98	1078.32	1031.12	1083.76	1102.22	1151.24
定期存款	399.70	385.41	398.15	398.43	410.22	396.30	418.37	437.77	434.05	446.76	443.09	465.88
通知存款	43.79	38.68	50.54	48.27	52.24	56.62	64.44	64.55	73.11	55.75	53.61	66.28
保证金存款	97.62	112.69	132.61	141.80	154.49	171.35	177.62	202.86	196.32	199.28	205.25	206.72
2.个人存款	615.03	591.83	584.92	585.67	590.90	604.47	587.64	601.44	623.31	637.14	662.05	692.78
储蓄存款	563.28	539.20	531.16	529.86	534.47	546.39	527.41	536.99	559.05	568.06	576.15	597.52
保证金存款	1.18	1.24	1.30	1.45	1.45	1.43	1.52	1.44	1.35	1.40	1.41	1.33
结构性存款	50.57	51.40	52.46	54.36	54.98	56.64	58.71	63.01	62.91	67.69	84.49	93.93
3.其他存款	137.15	138.42	129.45	162.75	141.26	163.65	138.08	145.85	159.77	162.54	160.33	125.90
二、同业往来(来源方)	583.33	619.73	616.07	643.90	636.58	687.97	650.15	687.47	644.61	651.37	653.70	663.48
三、外汇买卖	2870.15	2825.38	2897.19	2937.55	3035.20	3062.64	3025.31	3120.56	3155.35	3273.92	3254.65	3199.14
四、其他	1149.12	1173.32	1090.74	1068.02	1012.40	982.03	1022.21	839.31	822.26	790.98	750.39	795.48

项目	2011.01	2011.02	2011.03	2011.04	2011.05	2011.06	2011.07	2011.08	2011.09	2011.10	2011.11	2011.12
资金来源总计	6852.87	6904.07	6972.93	7029.64	7075.54	7296.78	7174.32	7208.45	7178.74	7342.42	7326.28	7408.98
运用方项目												
一、各项贷款	4635.62	4688.36	4775.50	4850.89	4980.51	5018.35	5019.68	5078.30	5238.87	5304.21	5311.89	5387.45
(一)境内贷款	3338.11	3381.56	3447.66	3512.93	3603.64	3678.82	3672.63	3732.23	3834.37	3872.69	3842.89	3882.67
1.短期贷款	1920.40	1956.98	2004.15	2022.84	2115.59	2152.90	2146.00	2174.57	2271.58	2283.36	2261.56	2277.05
2.中长期贷款	1396.45	1397.25	1414.71	1461.67	1459.83	1497.66	1495.87	1526.06	1533.36	1560.87	1553.64	1577.55
3.融资租赁	12.59	18.07	18.96	19.15	19.25	19.22	21.20	21.74	19.26	18.00	17.86	17.53
4.票据融资	4.33	4.90	5.43	4.72	4.56	4.71	5.61	5.84	6.07	5.89	4.67	4.61
5.各项垫款	4.34	4.36	4.40	4.56	4.40	4.34	3.95	4.01	4.09	4.57	5.16	5.92
(二)境外贷款	1297.51	1306.80	1327.84	1337.96	1376.87	1339.53	1347.05	1346.07	1404.49	1431.52	1469.00	1504.78
二、有价证券	580.15	574.13	541.76	515.31	506.08	515.57	502.88	471.34	458.07	467.36	450.58	449.78
三、股权及其他投资	234.22	236.07	237.60	238.28	236.60	235.57	231.96	236.23	243.23	248.21	243.77	245.36
四、同业往来(运用方)	1402.89	1405.51	1418.07	1425.16	1352.35	1527.28	1419.79	1422.57	1238.58	1322.65	1320.04	1326.38
资金运用总计	6852.87	6904.07	6972.93	7029.64	7075.54	7296.78	7174.32	7208.45	7178.74	7342.42	7326.28	7408.98

注:1.本表机构包括中国人民银行、银行业存款类金融机构、信托投资公司、金融租赁公司和汽车金融公司。

2.银行业存款类金融机构包括银行、信用社和财务公司。

3.自2011年起,将财务公司、信托投资公司、金融租赁公司委托存款轧减委托贷款后计入各项存款。按可比口径计算,2011年1月末各项存款比年初下降6.7亿美元,各项贷款比年初新增130.5亿美元。

4.本表为正式数据。

2011年金融机构外汇信贷收支表(按部门分类)

单位:亿美元

项目	2011.01	2011.02	2011.03	2011.04	2011.05	2011.06	2011.07	2011.08	2011.09	2011.10	2011.11	2011.12
来源方项目												
一、各项存款	2250.28	2285.63	2368.93	2380.17	2391.37	2564.13	2476.65	2561.11	2556.51	2626.15	2667.55	2750.88
1.住户存款	564.06	538.20	531.14	528.61	533.53	542.76	523.94	537.71	555.32	567.43	592.33	620.70
(1)活期及临时性存款	198.48	177.85	177.30	182.80	191.53	203.04	185.03	197.94	221.98	225.78	237.21	254.20
(2)定期及其他存款	365.59	360.34	353.85	345.81	342.00	339.72	338.90	339.77	333.34	341.65	355.12	366.50
2.非金融企业存款	1350.23	1378.68	1466.35	1478.20	1476.59	1618.35	1557.54	1594.20	1577.21	1590.88	1620.27	1662.72
(1)活期及临时性存款	889.74	931.39	973.09	972.39	951.11	1085.02	988.99	980.13	953.80	991.15	1016.13	1029.77
(2)定期及其他存款	460.49	447.29	493.25	505.81	525.47	533.33	568.55	614.07	623.41	599.73	604.14	632.95
3.其他存款	335.99	368.75	371.44	373.36	381.26	403.03	395.17	429.20	423.98	467.84	454.95	467.46
二、外汇买卖	2870.15	2825.38	2897.19	2937.55	3035.20	3062.64	3025.31	3120.56	3155.35	3273.92	3254.65	3199.14
三、同业往来(来源方)	583.33	619.73	616.07	643.90	636.58	687.97	650.15	687.47	644.61	651.37	653.70	663.48
其中:境外同业往来	460.94	500.45	493.11	501.36	489.34	533.99	487.44	449.30	462.75	462.12	465.99	470.41
四、其他	1149.12	1173.32	1090.74	1068.02	1012.40	982.03	1022.21	839.31	822.26	790.98	750.39	795.48
资金来源总计	6852.87	6904.07	6972.93	7029.64	7075.54	7296.78	7174.32	7208.45	7178.74	7342.42	7326.28	7408.98
运用方项目												
一、各项贷款	4635.62	4688.36	4775.50	4850.89	4980.51	5018.35	5019.68	5078.30	5238.87	5304.21	5311.89	5387.45
(一)境内贷款	3338.11	3381.56	3447.66	3512.93	3603.56	3678.82	3672.63	3732.23	3834.37	3872.69	3842.89	3882.67
1.住户贷款	5.86	6.79	6.19	6.53	7.18	7.42	7.82	8.87	9.33	9.90	9.52	9.68
其中:消费性贷款	5.86	6.79	6.19	6.53	7.18	7.42	7.82	8.87	9.33	9.90	9.51	9.68
短期消费性贷款	5.01	5.90	5.34	5.67	6.29	6.54	6.96	7.92	7.95	8.49	8.11	8.31
中长期消费性贷款	0.85	0.89	0.85	0.86	0.89	0.88	0.86	0.95	1.39	1.41	1.40	1.37
2.非金融企业及其他部门贷款	3332.25	3374.77	3441.47	3506.40	3596.46	3671.41	3664.81	3723.35	3825.04	3862.78	3833.38	3872.99
(1)短期贷款及票据融资	1919.71	1955.98	2004.24	2021.89	2113.86	2151.07	2144.65	2172.49	2269.71	2280.76	2258.12	2273.35
短期贷款	1915.38	1951.08	1998.81	2017.17	2109.30	2146.36	2139.04	2166.65	2263.64	2274.87	2253.45	2268.74
票据融资	4.33	4.90	5.43	4.72	4.56	4.71	5.61	5.84	6.07	5.89	4.67	4.61
(2)中长期贷款	1395.61	1396.37	1413.86	1460.80	1458.95	1496.78	1495.01	1525.11	1531.98	1559.46	1552.24	1576.18
(3)其他贷款	16.93	22.43	23.36	23.70	23.65	23.56	25.15	25.75	23.35	22.57	23.03	23.46
(二)境外贷款	1297.51	1306.80	1327.84	1337.96	1376.95	1339.53	1347.05	1346.07	1404.49	1431.52	1469.00	1504.78
二、有价证券	580.15	574.13	541.76	515.31	506.08	515.57	502.88	471.34	458.07	467.36	450.58	449.78
三、股权及其他投资	234.22	236.07	237.60	238.28	236.60	235.57	231.96	236.23	243.23	248.21	243.77	245.36
四、同业往来(运用方)	1402.89	1405.51	1418.07	1425.16	1352.35	1527.28	1419.79	1422.57	1238.58	1322.65	1320.04	1326.38
其中:境外同业往来	445.46	447.28	461.75	497.94	449.55	640.72	564.96	608.38	463.44	577.81	616.58	828.05
资金运用总计	6852.87	6904.07	6972.93	7029.64	7075.54	7296.78	7174.32	7208.45	7178.74	7342.42	7326.28	7408.98

注:1.本表机构包括中国人民银行、银行业存款类金融机构、信托投资公司、金融租赁公司和汽车金融公司。

2.银行业存款类金融机构包括银行、信用社和财务公司。

3.定期及其他存款包括定期存款、通知存款、定活两便存款、协议存款、协定存款、保证金存款、结构性存款。

4.自2011年起,将财务公司、信托投资公司、金融租赁公司委托存款轧减委托贷款后按委托人分别计入各项存款项下的住户存款、非金融企业存款及财政性存款中。按可比口径计算,2011年1月末各项存款比年初下降6.7亿美元,住户存款比年初下降4.1亿美元,非金融企业存款比年初下降2.3亿美元,各项贷款比年初新增130.5亿美元。

5.本表为正式数据。

2011 年存款性公司概览

单位：亿元人民币

报表项目	2011.01	2011.02	2011.03	2011.04	2011.05	2011.06	2011.07	2011.08	2011.09	2011.10	2011.11	2011.12
国外净资产	229678.42	231522.43	235260.63	237086.97	239662.27	243522.61	245699.83	247258.18	248704.08	250046.81	250408.51	251644.50
国内信贷	594222.53	599170.89	611055.84	610891.77	615916.16	630497.60	626654.82	636118.52	647552.48	650085.54	663626.12	687971.60
对政府债权(净)	32421.04	29593.01	31899.12	28016.11	26042.32	26633.55	23777.70	23965.69	27862.69	25160.77	30244.13	42363.92
对非金融部门债权	530303.88	536202.03	542273.59	550425.26	556684.90	562821.88	568498.56	574494.48	579365.69	586935.89	593528.31	600634.54
对其他金融部门债权	31497.60	33375.85	36883.14	32450.41	33188.94	41042.17	34378.57	37658.35	40324.11	37988.88	39853.67	44973.15
货币和准货币	733884.93	736130.96	758130.98	757384.64	763409.31	780820.97	772923.69	780852.34	787406.24	816829.29	825493.98	851590.94
货币	261765.11	259200.59	266255.58	266766.99	269289.72	274662.68	270545.70	273393.81	267193.20	276552.71	281416.41	289847.73
流通中货币	58064.04	47270.34	44845.32	45489.11	44602.93	44477.91	45183.14	45775.33	47145.32	46579.43	47317.30	50748.50
单位活期存款	203701.07	211930.26	221410.26	221277.89	224686.79	230184.77	225362.56	227618.49	220047.87	229973.28	234099.11	239099.23
准货币	472119.82	476930.36	491875.40	490617.65	494119.59	506158.28	502378.00	507458.53	520213.04	540276.58	544077.57	561743.20
单位定期存款	143049.52	140988.81	148781.10	153312.56	156370.62	159299.78	160322.32	163846.37	171105.43	162366.28	162640.00	166616.04
个人存款	318424.51	320944.37	331308.90	326673.07	327473.14	337570.62	331071.18	331418.33	341792.29	334498.11	336627.23	352797.47
其他存款	10645.80	14997.18	11785.40	10632.02	10275.83	9287.89	10984.49	12193.83	7315.32	43412.19	44810.34	42329.69
不纳入广义货币的存款	20122.24	20540.45	21189.81	21280.90	21486.20	22774.85	22254.33	22652.98	22757.37	16021.17	16405.07	16809.07
债券	60197.92	61716.38	64385.38	66526.36	67412.79	69587.17	71408.99	72027.08	72964.02	73779.32	74245.36	75409.69
实收资本	26784.04	26809.25	26982.76	27097.81	27244.70	27533.08	27723.41	27885.26	28008.01	28114.85	28303.76	28861.75
其他(净)	-17088.19	-14503.72	-24372.46	-24310.97	-23974.56	-26695.87	-21955.77	-20040.96	-14879.09	-34612.28	-30413.54	-33055.34

2011 年其他存款性公司资产负债表

单位：亿元人民币

报表项目	2011.01	2011.02	2011.03	2011.04	2011.05	2011.06	2011.07	2011.08	2011.09	2011.10	2011.11	2011.12
国外资产	20296.14	20460.52	20801.44	20651.61	20642.00	21977.50	21390.37	21019.24	20353.60	22162.62	22298.27	24211.74
储备资产	135162.87	142791.91	146871.30	146964.21	150663.61	158159.91	156336.44	158250.32	164084.22	165082.45	168189.94	173004.06
准备金存款	129437.51	137568.65	142444.10	143002.72	146620.53	153821.93	152184.47	154066.23	159026.33	160603.45	163783.08	167902.49
库存现金	5725.36	5223.26	4427.20	3961.49	4043.07	4337.98	4151.97	4184.09	5057.90	4479.00	4406.86	5101.57
对政府债权	43459.71	43305.05	43783.32	44199.35	44912.30	45770.80	46336.80	47365.55	48174.72	48550.97	48972.88	49697.85
其中：中央政府	43459.71	43305.05	43783.32	44199.35	44912.30	45770.80	46336.80	47365.55	48174.72	48550.97	48972.88	49697.85
对中央银行债权	36111.61	32974.84	35632.30	32611.15	30577.05	26612.17	27145.97	25794.17	23719.83	22655.99	20617.05	22323.96
对其他存款性公司债权	129776.28	137360.75	154449.98	152970.74	151518.14	166119.01	158763.69	159776.91	161523.02	156985.60	161660.11	179466.04
对其他金融机构债权	20179.90	22057.84	25564.39	21136.27	21933.43	29788.23	23129.74	26409.45	29079.30	27234.90	29104.52	34329.18
对非金融机构债权	415468.21	420303.95	423349.26	429028.47	433131.65	436947.86	440895.95	445021.69	448124.97	454425.91	459637.10	465395.19
对其他居民部门债权	114810.69	115873.09	118899.33	121371.80	123528.26	125849.04	127577.62	129447.81	131215.73	132484.99	133866.22	135214.36
其他资产	48396.33	48677.40	47948.48	49813.05	50426.03	50642.68	51096.64	53086.73	51949.77	53755.44	56679.71	54224.67
总资产	963661.73	983805.35	1017299.80	1018746.66	1027332.46	1061867.20	1052673.21	1066171.85	1078225.16	1083338.87	1101025.79	1137867.06
对非金融机构及住户负债	689272.67	698192.74	726488.66	726616.31	734184.25	753967.70	743054.07	749989.87	760469.34	747321.00	754276.18	780043.92
纳入广义货币的存款	665175.09	673863.44	701500.26	701263.52	708530.55	727055.16	716756.07	722883.18	732945.60	726837.67	733366.34	758512.74
单位活期存款	203701.07	211930.26	221410.26	221277.89	224686.79	230184.77	225362.56	227618.49	220047.87	229973.28	234099.11	239099.23
单位定期存款	143049.52	140988.81	148781.10	153312.56	156370.62	159299.78	160322.32	163846.37	171105.43	162366.28	162640.00	166616.04
个人存款	318424.51	320944.37	331308.90	326673.07	327473.14	337570.62	331071.18	331418.33	341792.29	334498.11	336627.23	352797.47
不纳入广义货币的存款	20122.24	20540.45	21189.81	21280.90	21486.20	22774.85	22254.33	22652.98	22757.37	16021.17	16405.07	16809.07
可转让存款	6839.41	7265.74	7542.71	7240.27	7174.76	8005.54	7388.94	7362.50	7020.91	6707.47	6860.64	7118.48
其他存款	13282.84	13274.71	13647.10	14040.63	14311.44	14769.32	14865.38	15290.48	15736.46	9313.70	9544.42	9690.59
其他负债	3975.34	3788.85	3798.59	4071.89	4167.50	4137.68	4043.68	4453.70	4766.37	4462.16	4504.77	4722.11
对中央银行负债	10578.68	5824.67	4915.11	4923.65	5041.38	5262.97	5595.33	5772.99	6081.67	8650.16	6660.68	6763.86
对其他存款性公司负债	52360.74	57360.92	62803.91	59593.30	57351.97	68211.85	63482.81	65133.16	69259.03	65577.41	71479.03	85081.98
对其他金融性公司负债	37680.00	43985.02	40556.52	40367.83	40629.21	41217.54	43599.89	45793.98	40497.75	53540.18	55846.54	52210.89
其中：计入广义货币的存款	10645.80	14997.18	11785.40	10632.02	10275.83	9287.89	10984.49	12193.83	7315.32	43412.19	44810.34	42329.69
国外负债	6696.41	7009.87	7238.36	7578.96	7715.92	8286.32	8034.14	7963.64	8178.36	8226.66	8191.32	7765.86
债券发行	60197.92	61716.38	64385.38	66526.36	67412.79	69587.17	71408.99	72027.08	72964.02	73779.32	74245.36	75409.69
实收资本	26564.29	26589.50	26763.00	26878.06	27024.94	27313.33	27503.66	27665.50	27788.26	27895.10	28084.01	28642.00
其他负债	80311.03	83126.25	84148.85	86262.20	87972.00	88020.31	89994.31	91825.64	92986.72	98349.04	102242.68	101948.85
总负债	963661.73	983805.35	1017299.80	1018746.66	1027332.46	1061867.20	1052673.21	1066171.85	1078225.16	1083338.87	1101025.79	1137867.06

2011 年社会融资规模统计数据报告

初步统计,2011 年全年社会融资规模为 12.83 万亿元,比上年同期少 1.11 万亿元。其中,人民币贷款增加 7.47 万亿元,同比少增 3901 亿元;外币贷款折合人民币增加 5712 亿元,同比多增 857 亿元;委托贷款增加 1.30 万亿元,同比多增 4205 亿元;信托贷款增加 2013 亿元,同比少增 1852 亿元;未贴现的银行承兑汇票增加 1.03 万亿元,同比少增 1.31 万亿元;企业债券净融资 1.37 万亿元,同比多 2595 亿元;非金融企业境内股票融资 4377 亿元,同比少 1409 亿元。

从结构看,2011 年人民币贷款占社会融资规模的 58.3%,同比高 1.6 个百分点;外币贷款占比 4.5%,同比高 1.0 个百分点;委托贷款占比 10.1%,同比高 3.9 个百分点;信托贷款占比 1.6%,同比低 1.2 个百分点;未贴现的银行承兑汇票占比 8.0%,同比低 8.7 个百分点;企业债券占比 10.6%,同比高 2.7 个百分点;非金融企业境内股票融资占比 3.4%,同比低 0.7 个百分点。

注 1:社会融资规模统计数据来源于人民银行、发改委、证监会、保监会、国债登记公司和银行间市场交易商协会等部门。

注 2:2011 年社会融资规模统计数据为初步统计数,同比增减数额均用可比口径数据计算得到。

2011 年金融机构贷款投向统计报告

据人民银行初步统计,2011 年 12 月末,全部金融机构人民币各项贷款余额 54.79 万亿元,同比增长 15.8%,全年累计增加 7.47 万亿元。全年贷款投向有以下特点:

一、企业短期贷款及票据融资多增,中长期贷款少增;中小企业贷款稳步增长

12 月末,全部金融机构本外币企业及其他部门贷款余额 43.48 万亿元,同比增长 14.0%,比上年末高 0.9 个百分点;全年累计增加 5.44 万亿元,同比多增 2125 亿元。全年全部金融机构本外币企业及其他部门中长期贷款增加 2.19 万亿元,同比少增 2.1 万亿元;短期贷款及票据融资增加 3.11 万亿元,同比多增 2.30 万亿元。

12 月末,主要金融机构及农村合作金融机构、城市信用社和外资银行中小企业贷款(含票据贴现)余额 21.77 万亿元,同比增长 18.6%,比上年末下降 3.9 个百分点;全年增加 3.27 万亿元,占全部企业新增贷款的 68.0%,比上年末提高 0.1 个百分点。年末小企业贷款(含票据贴现)余额 10.76 万亿元,同比增长 25.8%,比上年末下降 3.9 个百分点。

二、工业和服务业中长期贷款增速放缓

12 月末,主要金融机构本外币工业中长期贷款余额 6.09 万亿元,同比增长 9.3%,比上年末回落 7.1 个百分点;全年累计增加 5171 亿元,同比少增 2819 亿元。其中,轻工业中长期贷款累计增加 147 亿元,同比少增 1939 亿元,月末余额同比增长 1.7%,比上年末回落 25.8 个百分点;重工业中长期贷款累计增加 5024 亿元,月末余额同比增长 10.7%,比上年末回落 3.8 个百分点。

12 月末,服务业中长期贷款余额 14.92 万亿元,同比增长 9.0%,比上年末回落 16.8 个百分点;其中,水利、环境和公共设施管理业,以及交通运输、仓储和邮政业增速分别为 2.7% 和 18.3%,比上年末分别回落 15.9 个和 11.1 个百分点。

三、"三农"贷款随各项贷款增速回落而有所减缓,其中农村贷款和农户贷款增速仍高于同期各项贷款

12 月末,主要金融机构及农村合作金融机构、城市信用社、村镇银行、财务公司本外币农村贷款余额 12.15 万亿元,同比增长 24.7%,比上年末下降 4.3 个百分点;全年累计增加 2.24 万亿元,同比多增 790 亿元。农户贷款余额 3.10 万亿元,同比增长 19.1%,比上年末下降 10.1 个百分点;全年累计增加 5017 亿元,同比少增 867 亿元。农业贷款余额 2.44 万亿元,同比增长 11.2%,比上年末低 9.8 个百分点;全年累计增加 2452 亿元,同比少增 1640 亿元。

四、房地产贷款增速总体回落,其中保障性住房开发贷款增量占比提高

12 月末,主要金融机构及农村合作金融机构、城市信用社、外资银行人民币房地产贷款余额 10.73 万亿元,同比增长 13.9%,比上年末回落 13.5 个百分点;全年累计增加 1.26 万亿元,同比少增 7704 亿元,全年增量占同期各项贷款增量的 17.5%,比上年水平低 9.4 个百分点。

12 月末,地产开发贷款余额 7680 亿元,同比下降 7.9%。房产开发贷款余额 2.72 万亿元,同比增长 17.1%,比上年末低 5.9 个百分点。

12 月末,保障性住房开发贷款余额 3499 亿元,全年累计增加 1751 亿元,占同期房产开发贷款增量的 50.1%,比年初水平提高 31.7 个百分点。

五、住户贷款增长较快

12 月末,全部金融机构本外币住户贷款余额 13.61 万亿元,同比增长 20.9%,比上年末下降 16.7 个百分点;全年累计增加 2.42 万亿元,同比少增 4539 亿元。全年住户消费性贷款增加 1.48 万亿元,同比少增 4053 亿元,月末余额同比增长 18.2%,比上年末低 17.5 个百分点;住户经营性贷款增加 9359 亿元,同比少增 486 亿元,月末余额同比增长 26.2%,比上年末低 15.5 个百分点。

六、下岗失业人员贷款迅速增长,助学贷款增长稳定

12 月末,主要金融机构及农村合作银行、村镇银行、城市信用社人民币下岗失业人员小额贷款余额 437 亿元,同比增长 52.7%,比上年末回落 15.8 个百分点;全年累计增加 149 亿元,同比多增 32 亿元。

12 月末,助学贷款余额 441 亿元,同比增长 16.9%,比上年末提高 3.2 个百分点;全年累计增加 64 亿元,同比多增 18 亿元。

七、西部地区贷款保持较快增长

12 月末,东、中、西部地区全部金融机构本外币各项贷款余额分别为 35.6 万亿元、9.92 万亿元和 10.54 万亿元,同比分别增长 13.7%、16.5% 和 19.3%,其中西部地区贷款持续较快增长。

2011 年支付体系运行总体情况

2011 年全年支付业务统计数据显示,支付业务量持续快速增长,社会资金交易日趋活跃,资金交易规模持续扩大。支付体系的平稳高效运行,对加速社会资金流通,提高资金使用效率,推动国民经济平稳较快发展发挥了积极作用。

一、非现金支付工具

2011 年,全国共办理非现金支付业务 338.30 亿笔,金额

1104.35万亿元,同比分别增长22.1%和22.0%,笔数和金额同比增速分别放缓7.3个百分点和4.5个百分点。非现金支付业务量呈现较快增长态势,增速有所放缓。

(一)票据

票据业务笔数小幅回落,金额持续增长。2011年,全国共发生票据业务8.47亿笔,金额301.11万亿元,笔数同比下降5.6%,金额同比增长5.8%,日均业务231.96万笔、金额8249.71亿元。

支票业务笔数小幅下降。2011年,全国共发生支票业务8.21亿笔,金额273.78万亿元,同比笔数下降5.9%,金额增长5.1%,同比增速分别放缓8.1个百分点和加快0.3个百分点。平均每笔支票业务金额为33.36万元,同比增加11.7%,增速较上年同期加快9.2个百分点。

商业汇票业务保持增长态势,增速大幅提升。2011年实际结算商业汇票业务1256.05万笔,金额14.23万亿元,同比分别增长34.1%和31.2%,同比增速分别加快20.1个百分点和18.5个百分点。商业汇票平均每笔金额为113.26万元,同比下降2.2%。电子商业汇票系统平稳高效运行。截至2011年末,全国范围内接入电子商业汇票系统的机构共有325家。电子商业汇票系统全年共完成出票198700笔,金额5421.30亿元;承兑203387笔金额5542.54亿元。

(二)银行卡

银行卡发卡量持续增长,信用卡累计发卡量占比略有上升。各类银行卡业务继续保持明显增长态势,增速持续回落。全年银行卡渗透率达到38.6%,不断推动社会消费品零售市场发展,银行卡受理环境日趋成熟。

截至2011年末,全国累计发行银行卡29.49亿张,同比增长22.1%,增速较上年同期加快5.2个百分点。其中,借记卡累计发卡量为26.64亿张,同比增长21.9%,信用卡累计发卡量为2.85亿张,同比增长24.3%;借记卡累计发卡量与信用卡累计发卡量之间的比例约为9.33:1,同比略有下降;信用卡累计发卡量占比同比小幅增长0.2个百分点。截至2011年末,全国人均拥有银行卡2.20张、信用卡0.21张,同比分别增长21.5%、23.5%。北京、上海信用卡人均拥有量远高于全国平均水平,分别达到1.30张、1.05张。

截至2011年末,银行卡跨行支付系统联网商户318.01万户,联网POS机具482.65万台,ATM33.38万台,较2010年末分别增加99.71万户、149.25万台和6.28万台。截至2011年末,我国每台ATM对应的银行卡数量为8835张,同比减少0.8%;每台POS对应的银行卡数量为672张,同比减少7.2%。银行卡受理环境日趋成熟。

2011年,全国共发生银行卡业务317.80亿笔,同比增长23.4%,增速较上年同期放缓7.4个百分点;金额323.83万亿元,同比增长31.2%,增速较上年同期放缓17.5个百分点。日均8706.75万笔,金额8871.93亿元。其中,银行卡存现54.78亿笔,金额53.36万亿元,同比分别增长17.0%和18.9%;取现141.81亿笔,金额59.34万亿元,同比分别增长20.3%和16.4%;消费64.13亿笔,金额15.21万亿元,同比分别增长32.3%和45.8%;转账57.08亿笔,金额195.91万亿元,同比分别增长28.7%和39.4%。银行卡作为我国居民使用的最广泛的非现金支付工具,近年来业务量持续快速增长,为社会公众提供了方便快捷的支付服务。

银行卡消费呈现快速增长态势,全年银行卡渗透率达到38.6%,比上年提高3.5个百分点。2011年,全国银行卡卡均消费金额和笔均消费金额分别为5529元和2373元,与2010年相比分别增长28.0%和10.3%。银行卡跨行消费业务45.78亿笔,金额12.33万亿元,同比增长22.9%和36.2%,分别占银行卡消费业务量的71.4%和81.1%。

信用卡授信总额、信用卡期末应偿信贷总额(信用卡透支余额)和信用卡逾期半年未偿信贷总额均大幅增长。截至2011年末,信用卡授信总额2.60万亿元,较2010年末增加6004.67亿元,增长30.0%;期末应偿信贷总额8129.56亿元,较2010年末增加3637.96亿元,增长81.0%。信用卡逾期半年未偿信贷总额110.31亿元,较2010年末增加33.42亿元,同比增长43.5%;信用卡逾期半年未偿信贷总额占期末应偿信贷总额的1.4%,较2010年末回落0.3个百分点。

(三)汇兑等其他业务

汇兑、委托收款等其他业务继续保持快速增长,但增速有所放缓。2011年,汇兑、委托收款等其他业务12.04亿笔,金额479.41万亿元,同比分别增长14.6%和28.2%,较上年同期增速分别放缓9.4个百分点和5.5个百分点。其中,汇兑业务11.73亿笔,金额466.03万亿元,同比分别增长14.7%和28.5%,同比增速分别放缓10.2个百分点和5.7个百分点。

二、支付系统

支付系统业务量继续保持快速增长态势。2011年,支付系统共处理支付业务155.23亿笔,金额1991.90万亿元,同比分别增长29.3%和19.7%,较2010年增速分别放缓6.8个百分点和18.1个百分点。从支付系统资金往来情况看,全国共20个省(市、自治区)的辖内资金流动量占本省(市、自治区)资金流动总量的比例超过50%。2011年,处理资金总量最大的三个地区为北京、上海、广东,这三个地区的资金流动总量分别占全国资金流动总量的27.2%、13.1%和12.6%,三地资金流动总量占全国总量的52.9%,比上年下降3.7个百分点。

(一)大额实时支付系统

大额实时支付系统业务量同比继续快速增长。2011年,大额实时支付系统处理业务3.72亿笔,金额1355.28万亿元,同比分别增长27.8%和22.7%,业务金额是全国GDP(47.16万亿元)总量的28.74倍;日均处理业务148.85万笔,金额5.42万亿元,同比笔数增加32.36万笔,金额增加1.00万亿元。

(二)小额批量支付系统

小额批量支付系统业务量继续保持较快速度增长,社会公共支付需求日益增强。2011年,小额批量支付系统办理业务5.63亿笔,金额18.36万亿元,同比分别增长45.6%和13.3%。日均处理业务155.11万笔,金额505.82亿元,同比分别增长42.7%和11.0%。

(三)同城票据清算系统

同城票据清算系统业务量小幅回落。2011年,同城票据清算系统共处理业务4.18亿笔,金额70.95万亿元,同比分别下降7.0%和3.1%;日均处理业务167.21万笔,金额2837.94亿元,同比分别下降7.0%和3.1%。

(四)境内外币支付系统

境内外币支付系统业务量快速增长。2011年,外币支付系统共运行250个工作日,处理支付业务76.24万笔,金额17103.76亿元(2660.49亿美元),同比分别增长40.0%和82.3%;日均处理支付业务3050笔,金额68.42亿元(10.64亿美元)。

(五)银行业金融机构行内支付系统

银行业金融机构行内支付系统业务量持续快速增长。2011 年,银行业金融机构行内支付系统共处理业务 72.91 亿笔,金额 530.58 万亿元,同比分别增长 39.0% 和 15.8%,占支付系统业务笔数和金额的 47.0% 和 26.6%;日均处理业务 1997.47 万笔,金额 1.45 万亿元。

(六)银行卡跨行支付系统

银行卡跨行支付系统业务量继续快速增长。2011 年,银行卡跨行支付系统共处理业务 68.78 亿笔,金额 15.01 万亿元,同比分别增长 23.3% 和 35.6%,增速较 2010 年分别加快 0.1 个百分点和放缓 8.9 个百分点,日均处理业务 1884.38 万笔,金额 411.36 亿元。

三、银行结算账户

截至 2011 年末,全国共有银行结算账户 41.10 亿户,同比增长 21.8%,增速较去年加快 1.8 个百分点。其中,单位银行结算账户 2824.22 万户,占银行结算账户的 0.7%,同比增长 13.6% 增速与去年基本保持一致;个人银行结算账户 40.82 亿户,占银行结算账户的 99.3%,同比增长 21.8%,增速较去年加快 1.8 个百分点。

(一)单位银行结算账户

单位银行结算账户数量稳步增长,基本存款账户数量在单位银行结算账户中的占比保持稳定。截至 2011 年末,全国单位银行结算账户 2824.22 万户,同比增长 13.6%。其中,基本存款账户 1693.3 万户,一般存款账户 859.41 万户,专用存款账户 247.09 万户,临时存款账户 24.42 万户,分别占单位银行结算账户的 60.0%、30.4%、8.7% 和 0.9%,同比分别增长 14.8%、14.5%、4.2% 和 0.2%。

注册资金规模在 100 万元以下的中小企业开立的单位银行结算账户数量在全国总量中仍占有绝对优势,但占比小幅下降。截至 2011 年末,注册资金 100 万元以下、100 万—1000 万元、1000 万—1 亿元和 1 亿元以上的企业开立的单位银行结算账户占比分别为 69.9%、18.4%、8.9% 和 2.8%,同比分别增长 11.4%、17.2%、22.0% 和 19.9%,其中注册资金 1000 万—1 亿元和 1 亿元的企业开立的单位银行结算账户同比增速分别加快 1.1 个百分点和回落 0.2 个百分点。

批发零售业、农业、服务业、房地产业等行业银行结算账户数量增长速度较快。截至 2011 年末,同比增速位居前六位的行业分别为批发和零售业、农林牧渔业、租赁和商务服务业、住宿和餐饮业、居民服务和其他服务业、房地产业等与社会公众联系较为密切的行业,同比分别增长 20.7%、19.3%、18.7%、16.3%、16.1% 和 14.1%。

房地产业单位银行结算账户数量继续增长,但增速呈现放缓态势。截至 2011 年末,全国房地产业单位银行结算账户数量共计 85.96 万户,同比增长 14.1%,增速较上年放缓 3.9 个百分点。

制造业单位银行结算账户数量占比持续小幅下降。截至 2011 年末,制造业单位银行结算账户共计 464.79 万户,同比增长 8.4%,同比增速较上年放缓 1.0 个百分点。制造业单位银行结算账户数量占全行业单位银行结算账户数量的比重为 16.5%,占比较上年下降 0.7 个百分点。

(二)个人银行结算账户

个人银行结算账户数量继续保持增长态势;超六成的个人银行结算账户分布在经济大省或人口大省。截至 2011 年末,个人银行结算账户 40.82 亿户,同比增长 21.8%。个人银行结算账户数量占比前十名的省(市)是广东、山东、江苏、浙江、上海、上海、福建、河南、四川、北京、辽宁,十省(市)个人银行结算账户共计 24.37 亿户,全国占比合计达 59.7%,占比同比下降 3.1 个百分点。

2011 年商业银行运行概况

2011 年,商业银行运行情况平稳,资产负债规模稳步增长,盈利水平持续向好,流动性状况前期趋紧,后期有所改善,资本充足率继续上升,资产质量总体保持稳定。

一、资产负债规模稳步增长

商业银行(包括大型商业银行、股份制商业银行、城市商业银行、农村商业银行和外资银行,下同)资产规模继续稳步增长,截至 2011 年四季度末,总资产余额达 88.4 万亿元(本外币合计,下同),比上季度末增加 5.07 万亿元,比上年末增长 19.2%。

资产组合中,各项贷款余额为 44.5 万亿元,比上季度末增加 1.48 万亿元,比上年末增长 16.2%,占资产总额的 50.3%;债券投资余额为 15.2 万亿元,同比增长 4.5%,占资产总额的 17.2%。

各类商业银行中,资产余额同比增长最快的是农村商业银行(增幅 53.7%,部分原因是农村商业银行数量增加),其次是城市商业银行(增幅 27.2%)和外资银行(增幅23.6%)。与上年末相比,新增资产主要集中于大型商业银行和股份制商业银行。从贷款投向看,2011 年末商业银行公司贷款(含个人经营性贷款,下同)余额为 34.7 万亿元,同比增长 14.9%,占各项贷款的 78%。个人贷款(不含个人经营性贷款,下同)余额为 8.7 万亿元,同比增长 19.0%。

从行业分布看,2011 年新增贷款投向主要集中于三大领域:制造业(占比 27.6%)、个人贷款(占比 23.5%)及批发和零售业(占比 22.8%)。

商业银行负债结构保持稳定。2011 年四季度末,商业银行负债规模达 82.7 万亿元,比上季度末增加 4.7 万亿元,比上年末增长 18.9%。其中,商业银行各项存款余额为 68.6 万亿元,比上季末增加 2.77 万亿元,比上年末增长 15.5%,占总负债的比重为 82.9%。

二、盈利水平持续向好

2011 年,商业银行全年累计实现净利润 10412 亿元,比 2010 年增加 2775 亿元,同比增长 36.3%。2011 年末,商业银行平均资产利润率为 1.28%,同比上升 0.16 个百分点;平均资本利润率为 20.4%,同比上升 1.18 个百分点。

2011 年商业银行累计实现净利息收入 2.15 万亿元,同比增长 29.3%。生息资产增长和净息差扩大共同推动了净利息收入的增加。2011 年商业银行非利息收入 5149 亿元,同比增长 46.3%,显著高于同期净利息收入的增幅。

2011 年,商业银行营业支出 10577 亿元,同比增加 2264 亿元,增幅 27.2%;成本收入比为 33.4%,同比下降 1.9 个百分点。

三、资本充足率稳步上升

2011 年末,商业银行(不含外国银行分行,下同)加权平均资本充足率为 12.7%,比上季度末上升 0.39 个百分点,比上年末上升 0.55 个百分点;加权平均核心资本充足率为 10.2%,比上季度末上升 0.13 个百分点,比上年末上升 0.16 个百分点。

2011 年末,390 家商业银行资本充足率均超过 8%。从资本结构看,核心资本与资本的比例为 80.6%,资本质量较高。

四、流动性趋紧状况有所缓解

2011年上半年，银行体系流动性整体较为紧张，三季度以后，流动性趋紧状况有所改善，并在四季度继续缓解，主要表现在：商业银行流动性比例有所上升，存贷比有所下降，银行间市场利率水平出现回落。

2011年末，商业银行流动性比例为43.2%，比上季度末上升0.4个百分点，比上年末上升1.0个百分点。

2011年末，商业银行存贷款比例为64.9%，比上季度末下降0.5个百分点，比上年末上升0.4个百分点。从日均指标来看，商业银行日均存贷款比例为66.9%，高于期末存贷比2个百分点。

2011年末，商业银行人民币超额备付率为3.1%，比上季度末略降0.03个百分点，比上年末下降0.08个百分点。分机构看，大型商业银行超额备付率为2.2%，同比上升0.2个百分点；股份制商业银行超额备付率为3.6%，同比下降1个百分点；城市商业银行超额备付率为6.5%，同比下降0.64个百分点。

五、资产质量总体保持稳定

商业银行不良贷款指标与上年末相比继续下降。2011年末，商业银行不良贷款余额为4279亿元，比上年末减少57亿元；不良贷款率为0.96%，比上年末下降0.17个百分点。与三季度相比，商业银行不良贷款有所反弹，其中，不良贷款余额增加201亿元，不良贷款率上升0.01个百分点。个人消费贷款保持良好增长态势。住房按揭贷款和信用卡透支贷款是个人消费贷款的两大主体。2011年末，住房按揭贷款整体不良贷款率仍保持低位，为0.3%，比上年末下降0.07个百分点。信用卡透支不良率为1.19%，比上年末下降0.36个百分点。

准备金水平继续稳步提升。2011年末，商业银行贷款损失准备金余额为1.19万亿元，比上年末增加2461亿元；拨备覆盖率继续提高，达到278.1%，比上年末提高60.4个百分点；商业银行的贷款拨备率为2.7%，比上年末提高0.21个百分点。

2011年黄金和外汇储备

项目	2011.01	2011.02	2011.03	2011.04	2011.05	2011.06	2011.07	2011.08	2011.09	2011.10	2011.11	2011.12
黄金储备(万盎司)	3389	3389	3389	3389	3389	3389	3389	3389	3389	3389	3389	3389
国家外汇储备(亿美元)	29316.74	29913.86	30446.74	31458.43	31659.97	31974.91	32452.83	32624.99	32016.83	32737.96	32209.07	31811.48

2011年银行业金融机构资产负债情况表(境内)

单位：亿元、%

1. 银行业金融机构

时间 项目	2011年											
	1月	2月	3月	4月	5月	6月	7月	8月	9月	10月	11月	12月
总资产	944774	965133	998873	999200	1007289	1041410	1031752	1044410	1057163	1062125	1079745	1115184
比上年同期增长率	17.40%	18.40%	18.60%	17.20%	17.30%	19.40%	17.60%	16.60%	16.60%	16.00%	16.70%	18.30%
总负债	885452	904481	937051	936014	942732	978056	966685	977890	989666	992990	1008782	1043269
比上年同期增长率	16.60%	17.70%	17.90%	16.40%	16.40%	18.80%	17.10%	16.00%	16.10%	15.40%	16.20%	18.00%

2. 大型商业银行

时间 项目	2011年											
	1月	2月	3月	4月	5月	6月	7月	8月	9月	10月	11月	12月
总资产	458860	467596	485496	479003	481911	502288	489960	495026	505082	501470	506572	520167
比上年同期增长率	11.80%	12.90%	13.10%	11.30%	11.60%	15.30%	12.10%	11.20%	12.20%	11.10%	11.30%	13.40%
占银行业金融机构比例	48.60%	48.40%	48.60%	47.90%	47.90%	48.20%	47.50%	47.40%	47.80%	47.20%	46.90%	46.60%
总负债	429764	437753	455065	447914	450124	472018	459126	463515	473208	468701	473089	486592
比上年同期增长率	10.70%	12.00%	12.20%	10.20%	10.40%	14.50%	11.60%	10.60%	11.70%	10.40%	10.70%	13.10%
占银行业金融机构比例	48.50%	48.40%	48.60%	47.90%	47.80%	48.30%	47.50%	47.40%	47.80%	47.20%	46.90%	46.60%

3. 股份制商业银行

时间 项目	2011年											
	1月	2月	3月	4月	5月	6月	7月	8月	9月	10月	11月	12月
总资产	148776	152029	158308	159585	161188	165875	165009	167621	166403	169304	174559	183227
比上年同期增长率	23.90%	25.80%	25.20%	23.40%	22.90%	22.70%	22.20%	19.20%	17.10%	16.60%	19.70%	23.30%
占银行业金融机构比例	15.70%	15.80%	15.80%	16.00%	16.00%	15.90%	16.00%	16.00%	15.70%	15.90%	16.20%	16.40%
总负债	140421	143523	149661	150540	151906	156697	155179	157444	156172	158809	163841	172437
比上年同期增长率	22.90%	24.90%	24.50%	22.50%	21.90%	22.00%	21.30%	18.20%	16.10%	15.80%	19.00%	22.80%
占银行业金融机构比例	15.90%	15.90%	16.00%	16.10%	16.10%	16.00%	16.10%	16.10%	15.80%	16.00%	16.20%	16.50%

4. 城市商业银行

项目 \ 时间	2011年											
	1月	2月	3月	4月	5月	6月	7月	8月	9月	10月	11月	12月
总资产	76445	77174	80574	81717	82859	87535	86242	87983	89556	89235	91822	99845
比上年同期增长率	32.10%	32.20%	34.40%	31.70%	31.20%	32.40%	30.50%	29.20%	27.50%	25.80%	26.10%	27.10%
占银行业金融机构比例	8.10%	8.00%	8.10%	8.20%	8.20%	8.40%	8.40%	8.40%	8.50%	8.40%	8.50%	9.00%
总负债	71533	72171	75424	76297	77324	81898	80450	82040	83466	83014	85412	93203
比上年同期增长率	32.00%	32.20%	34.60%	31.50%	30.90%	32.20%	30.10%	28.60%	26.80%	25.10%	25.30%	26.50%
占银行业金融机构比例	8.10%	8.00%	8.00%	8.20%	8.20%	8.40%	8.30%	8.40%	8.40%	8.40%	8.50%	8.90%

5. 其他类金融机构

项目 \ 时间	2011年											
	1月	2月	3月	4月	5月	6月	7月	8月	9月	10月	11月	12月
总资产	260693	268334	274496	278895	281332	285713	290540	293781	296122	302115	306792	311946
比上年同期增长率	20.60%	20.90%	20.90%	20.90%	20.90%	21.50%	21.60%	21.40%	21.50%	21.90%	22.10%	21.60%
占银行业金融机构比例	27.60%	27.80%	27.50%	27.90%	27.90%	27.40%	28.20%	28.10%	28.00%	28.40%	28.40%	28.00%
总负债	243735	251034	256901	261263	263378	267443	271930	274890	276819	282466	286439	291036
比上年同期增长率	20.30%	20.50%	20.50%	20.60%	20.50%	21.20%	21.30%	21.10%	21.20%	21.70%	21.90%	21.30%
占银行业金融机构比例	27.50%	27.80%	27.40%	27.90%	27.90%	27.30%	28.10%	28.10%	28.00%	28.40%	28.40%	27.90%

2011年银行业金融机构资产负债情况表(法人)

单位:亿元、%

1. 银行业金融机构

项目 \ 时间	2010年	2011年			
	四季度	一季度	二季度	三季度	四季度
总资产	953053	1011576	1056691	1074133	1132873
比上年同期增长率	19.90%	18.90%	19.90%	17.20%	18.90%
总负债	894731	949648	993185	1006487	1060779
比上年同期增长率	19.20%	18.20%	19.30%	16.70%	18.60%

2. 大型商业银行

项目 \ 时间	2010年	2011年			
	四季度	一季度	二季度	三季度	四季度
总资产	468943	497583	516356	520586	536336
比上年同期增长率	14.90%	13.80%	16.20%	13.10%	14.40%
占银行业金融机构比例	49.20%	49.20%	48.90%	48.50%	47.30%
总负债	440332	467041	485947	488572	502591
比上年同期增长率	14.10%	12.90%	15.40%	12.70%	14.10%
占银行业金融机构比例	49.20%	49.20%	48.90%	48.50%	47.40%

3. 股份制商业银行

项目 \ 时间	2010年	2011年			
	四季度	一季度	二季度	三季度	四季度
总资产	149037	158743	166350	166909	183794
比上年同期增长率	26.10%	25.20%	22.70%	17.20%	23.30%
占银行业金融机构比例	15.60%	15.70%	15.70%	15.50%	16.20%
总负债	140872	150089	157164	156671	173000
比上年同期增长率	25.20%	24.50%	22.10%	16.20%	22.80%
占银行业金融机构比例	15.70%	15.80%	15.80%	15.60%	16.30%

4. 城市商业银行

项目 \ 时间	2010年	2011年			
	四季度	一季度	二季度	三季度	四季度
总资产	78526	80574	87535	89556	99845
比上年同期增长率	38.20%	34.40%	32.40%	27.50%	27.10%
占银行业金融机构比例	8.20%	8.00%	8.30%	8.30%	8.80%
总负债	73703	75424	81898	83466	93203
比上年同期增长率	38.50%	34.60%	32.20%	26.80%	26.50%
占银行业金融机构比例	8.20%	7.90%	8.20%	8.30%	8.80%

5. 其他类金融机构

项目 \ 时间	2010 年	2011 年			
	四季度	一季度	二季度	三季度	四季度
总资产	256547	274677	286451	297082	312899
比上年同期增长率	20.90%	21.00%	21.90%	21.90%	22.00%
占银行业金融机构比例	26.90%	27.20%	27.10%	27.70%	27.60%
总负债	239824	257094	268175	277778	291985
比上年同期增长率	20.60%	20.60%	21.50%	21.60%	21.70%
占银行业金融机构比例	26.80%	27.10%	27.00%	27.60%	27.50%

2011 年商业银行主要监管指标情况表(法人)

单位:亿元、%

项目 \ 时间	2010 年	2011 年			
	四季度	一季度	二季度	三季度	四季度
(一)信用风险指标					
不良贷款余额	4336	4333	4229	4078	4279
其中:次级类贷款	1619	1665	1663	1536	1725
可疑类贷款	2052	2004	1910	1867	1883
损失类贷款	664	663	656	675	670
不良贷款率	1.10%	1.10%	1.00%	0.90%	1.00%
其中:次级类贷款	0.40%	0.40%	0.40%	0.40%	0.40%
可疑类贷款	0.50%	0.50%	0.50%	0.40%	0.40%
损失类贷款	0.20%	0.20%	0.20%	0.20%	0.20%
贷款损失准备	9438	9973	10526	11038	11898
拨备覆盖率	217.70%	230.20%	248.90%	270.70%	278.10%
(二)流动性指标					
流动性比例	42.20%	41.30%	42.00%	42.80%	43.20%
存贷比	64.50%	64.10%	64.00%	65.30%	64.90%
人民币超额备付金率	3.20%	3.00%	2.80%	3.10%	3.10%
(三)效益性指标					
净利润	7637	2635	5364	8173	10412
资产利润率	1.10%	1.40%	1.40%	1.40%	1.30%
资本利润率	19.20%	22.40%	22.60%	22.10%	20.40%
净息差	2.50%	2.60%	2.70%	2.70%	2.70%
非利息收入占比	17.50%	20.80%	20.70%	20.10%	19.30%
成本收入比	35.30%	29.60%	30.40%	30.50%	33.40%
(四)资本充足指标					
核心资本	42985	45534	48085	50732	53367
附属资本	10295	10781	12441	12611	14418
资本扣减项	3196	3238	3268	3570	3735
表内加权风险资产	355371	387029	405267	415867	431421
表外加权风险资产	53234	57990	60555	65562	68819
市场风险资本要求	273	274	293	301	296
资本充足率	12.20%	11.80%	12.20%	12.30%	12.70%
核心资本充足率	10.10%	9.80%	9.90%	10.10%	10.20%
(五)市场风险指标					
累计外汇敞口头寸比例	6.70%	5.80%	5.80%	5.10%	4.60%

2011 年中资全国性大型银行人民币信贷收支表

单位:亿元

项目	2011.01	2011.02	2011.03	2011.04	2011.05	2011.06	2011.07	2011.08	2011.09	2011.10	2011.11	2011.12
来源方项目												
一、各项存款	412210.93	418717.24	437624.28	431921.85	435984.74	451157.40	440973.43	442535.46	452747.75	444774.81	447073.00	462200.06
1. 单位存款	186342.45	191146.09	201643.00	201242.47	205258.40	211245.34	207256.12	209760.10	211576.25	210466.61	211385.07	215325.99
其中:活期存款	89092.32	92132.72	96316.21	95529.27	97531.98	100489.49	96844.87	97479.10	95719.80	98353.25	99104.40	101849.21
定期存款	48251.91	48951.28	50525.40	50716.60	51599.64	52511.85	53380.55	54339.01	55027.38	54149.67	53542.78	54133.83
通知存款	7139.65	6246.79	7603.61	7620.11	7120.49	6723.29	6076.72	5931.26	9574.33	6387.33	6360.66	7236.10

项目	2011.01	2011.02	2011.03	2011.04	2011.05	2011.06	2011.07	2011.08	2011.09	2011.10	2011.11	2011.12
保证金存款	12847.28	12873.94	14069.36	14409.68	15275.60	16370.56	16031.98	16328.73	16158.54	15188.58	14857.23	14833.84
2.个人存款	216886.06	217844.83	225507.72	220960.07	221105.02	228496.92	223646.38	222940.64	230853.90	224505.75	225516.90	235764.67
储蓄存款	214364.02	214989.54	221953.03	217219.51	217762.41	223812.61	218663.78	218628.83	223847.24	218329.90	219745.77	228027.83
保证金存款	25.42	26.85	30.12	35.86	38.41	39.37	40.95	42.13	44.99	46.28	45.13	44.50
结构性存款	2496.62	2828.45	3524.57	3704.71	3304.19	4644.93	4941.66	4269.68	6961.68	6129.57	5726.00	7692.34
3.临时性存款	695.87	858.07	819.40	905.59	877.41	998.81	851.70	804.07	778.49	846.34	873.30	916.95
4.其他存款	8286.55	8868.25	9654.15	8813.72	8743.91	10416.34	9219.22	9030.66	9539.11	8956.10	9297.73	10192.45
二、金融债券	41570.30	43027.83	44759.96	45860.63	46574.15	48057.95	48612.15	49148.36	49732.89	50192.49	50408.08	50792.73
三、向中央银行借款	4.17	10.96	17.76	11.06	9.14	8.80	12.47	19.62	22.29	21.77	19.03	25.50
四、同业往来(来源方)	21883.34	28069.64	27554.61	25215.85	24279.83	27624.17	26438.15	28888.54	28114.22	29541.21	32618.14	32219.26
五、其他	1694.19	-4244.50	-14137.64	-6570.25	-4321.75	-9927.80	-2095.11	-2108.09	-1804.19	5365.56	5522.23	-404.17
资金来源总计	477362.94	485581.17	495818.96	496439.13	502526.11	516920.53	513941.09	518483.89	528812.97	529895.84	535640.48	544833.38
运用方项目												
一、各项贷款	269212.66	272395.42	275879.40	279502.56	282275.21	285098.90	287857.92	290402.83	292629.13	296592.37	299417.22	302316.91
(一)境内贷款	268509.72	271707.37	275189.03	278817.86	281504.34	284329.30	287091.07	289653.42	291941.89	295899.58	298729.86	301627.50
1.短期贷款	65641.87	66838.59	68651.12	69990.79	71059.96	72593.53	73531.30	74643.57	75920.99	77509.67	78766.63	80470.61
2.中长期贷款	197814.61	200196.67	202461.16	204790.46	206276.05	207434.77	209099.56	210453.90	211579.07	214030.26	215377.28	216294.12
3.融资租赁												
4.票据融资	4990.17	4604.64	4008.00	3966.57	4098.92	4230.37	4390.27	4485.62	4367.41	4284.75	4505.18	4778.97
5.各项垫款	63.07	67.48	68.76	70.05	69.42	70.62	69.94	70.33	74.42	74.90	80.77	83.81
(二)境外贷款	702.94	688.04	690.37	684.70	770.87	769.61	766.85	749.41	687.24	692.79	687.35	689.40
二、有价证券	114837.60	112973.98	112761.02	112854.87	113989.04	113957.15	115602.21	115801.43	115421.59	115358.82	115998.69	117517.91
三、股权及其他投资	5452.01	5665.95	6226.86	6039.19	5967.14	7017.53	6800.80	7033.78	7828.32	8225.41	8270.05	8549.42
四、缴存准备金存款	69059.90	74539.07	78332.33	76595.05	79482.02	84334.97	82169.11	83211.12	87697.34	86760.61	87836.78	88557.15
五、同业往来(运用方)	18800.76	20006.77	22619.34	21447.46	20812.69	26511.98	21511.05	22034.72	25236.59	22958.63	24117.75	27891.99
资金运用总计	477362.94	485581.17	495818.96	496439.13	502526.11	516920.53	513941.09	518483.89	528812.97	529895.84	535640.48	544833.38

注:1.本表机构指本外币资产总量大于等于2万亿元的银行(以2008年末各金融机构本外币资产总额为参考标准),包括工行、建行、农行、中行、国开行、交行和邮政储蓄银行。
2.本表为正式数据。

2011年中资全国性四家大型银行人民币信贷收支表

单位:亿元

项目	2011.01	2011.02	2011.03	2011.04	2011.05	2011.06	2011.07	2011.08	2011.09	2011.10	2011.11	2011.12
来源方项目												
一、各项存款	346515.72	351789.76	368254.39	363316.82	366793.84	379707.50	370786.69	371877.78	380745.14	373050.24	373966.88	385628.04
1.单位存款	161990.48	166333.47	175611.23	175550.97	179107.40	184114.44	180856.84	182966.67	184725.38	183238.75	183336.26	185832.46
其中:活期存款	78086.02	80751.60	84541.02	83796.53	85673.06	88420.82	85009.11	85569.34	84187.91	85800.23	85931.19	88143.94
定期存款	42838.66	43493.31	44896.91	44991.96	45885.56	46504.54	47390.83	48159.02	48687.00	47918.87	47287.44	47661.27
通知存款	5848.32	5104.84	6275.17	6437.39	5985.83	5543.73	5021.87	4998.98	8154.21	5396.83	5404.97	5982.15
保证金存款	10401.19	10439.47	11363.24	11663.94	12354.67	13152.76	12849.54	13018.71	12847.89	12087.03	11779.78	11614.13
2.个人存款	178880.41	179072.24	185514.44	181365.21	181418.20	187726.11	183320.15	182537.47	189189.13	183546.33	183977.74	192279.16
储蓄存款	176423.96	176337.38	182074.20	177887.66	178269.78	183186.68	178678.69	178460.77	182645.63	177758.03	178577.44	185015.45
保证金存款	24.68	26.09	29.31	33.22	35.91	37.26	38.32	39.04	42.17	42.89	41.93	41.51
结构性存款	2431.78	2708.77	3410.94	3444.32	3112.51	4502.17	4603.14	4037.65	6501.33	5745.41	5358.37	7222.20
3.临时性存款	670.41	818.71	800.93	882.44	858.45	969.90	827.80	787.19	754.88	820.72	847.14	892.49
4.其他存款	4974.42	5565.34	6327.78	5518.20	5409.79	6897.05	5781.90	5586.45	6075.74	5444.44	5805.74	6623.93
二、金融债券	3445.34	3448.22	3451.17	3454.09	3759.06	4643.20	4648.34	4653.59	4648.72	4653.87	5056.40	5561.31
三、向中央银行借款	3.37	10.76	17.24	10.83	9.14	8.80	9.63	13.38	16.55	17.49	14.40	23.06
四、同业往来(来源方)	18229.23	23642.74	23398.48	20596.17	19862.89	23485.70	22236.29	24595.31	24125.30	24251.96	27000.61	26845.54
五、其他	4986.85	463.44	-3579.46	-358.67	1272.73	-3582.55	2924.15	2852.75	2277.71	9272.67	9082.38	4715.06
资金来源总计	373180.51	379354.91	388090.65	387019.23	391697.66	404262.65	400605.10	403992.80	411813.41	411246.23	415120.67	422773.03
运用方项目												
一、各项贷款	207082.18	209340.10	211771.76	214371.65	216323.65	218306.14	220362.20	222229.19	223838.29	226218.70	228366.68	230520.77
(一)境内贷款	206521.88	208783.66	211216.05	213821.62	215776.74	217763.95	219821.76	221695.05	223367.76	225751.99	227897.26	230055.24
1.短期贷款	54614.63	55651.08	57116.30	58280.17	59151.87	60338.49	61130.99	62128.70	63286.99	64765.56	65871.57	67433.78
2.中长期贷款	147382.34	148981.41	150436.09	151930.39	152982.06	153765.79	154888.79	155668.68	156244.63	157245.48	158118.38	158430.27
3.融资租赁												
4.票据融资	4473.42	4097.08	3608.51	3554.40	3586.66	3602.68	3745.39	3841.21	3776.55	3679.74	3841.34	4122.81

项目	2011.01	2011.02	2011.03	2011.04	2011.05	2011.06	2011.07	2011.08	2011.09	2011.10	2011.11	2011.12
5.各项垫款	51.50	54.09	55.14	56.65	56.16	56.98	56.60	56.46	59.59	61.22	65.97	68.38
(二)境外贷款	560.30	556.44	555.71	550.04	546.91	542.19	540.44	534.14	470.53	466.71	469.42	465.54
二、有价证券	97425.82	95422.86	94891.15	94451.66	95018.77	95405.14	96850.78	97425.34	97235.38	97588.51	98167.60	99566.63
三、股权及其他投资	1296.72	1502.04	2057.43	1864.76	1810.16	2843.55	2623.00	2855.44	3636.21	3630.76	3657.25	3889.39
四、缴存准备金存款	57100.29	61648.27	65460.71	63345.12	66291.08	70601.37	68538.88	69380.99	73200.32	72059.70	72363.40	73672.65
五、同业往来(运用方)	10275.50	11441.66	13909.61	12986.03	12254.00	17106.45	12230.25	12101.85	13903.21	11748.56	12565.74	15123.59
资金运用总计	373180.51	379354.91	388090.65	387019.23	391697.66	404262.65	400605.10	403992.80	411813.41	411246.23	415120.67	422773.03

注:1.本表机构包括工行、建行、农行、中行。
2.本表为正式数据。

2011年中资全国性中小型银行人民币信贷收支表

单位:亿元

项目	2011.01	2011.02	2011.03	2011.04	2011.05	2011.06	2011.07	2011.08	2011.09	2011.10	2011.11	2011.12
来源方项目												
一、各项存款	148153.09	149051.22	157149.37	160602.19	162394.77	167317.26	164332.14	167702.53	168679.06	168886.12	172584.90	178525.50
1.单位存款	107173.51	108251.96	113476.57	116736.54	118154.24	121324.07	119613.67	122283.71	121686.79	122419.21	125021.72	128481.35
其中:活期存款	41781.76	43844.27	45404.28	46088.88	45967.83	47340.43	45973.17	46455.20	44566.93	47494.62	47920.71	49601.30
定期存款	28146.96	28304.35	29818.34	30699.75	31415.09	31993.02	31939.31	32623.48	32748.29	32250.36	32216.30	32953.17
通知存款	7406.67	6484.53	6603.89	6782.85	6201.62	6180.12	5926.14	5957.97	7795.24	6194.95	6597.38	6715.37
保证金存款	18567.22	17929.56	19728.74	21045.49	22110.17	22967.22	22662.39	24003.62	23321.33	23048.88	23666.49	24963.25
2.个人存款	31110.40	30389.14	32545.14	32462.75	32657.67	34582.61	32979.14	33645.58	34975.38	34007.00	34373.57	37236.74
储蓄存款	29997.29	29434.54	31550.46	31263.85	31521.01	33419.33	31699.59	32175.00	33174.68	32147.34	32434.80	35097.96
保证金存款	124.90	111.32	109.82	123.02	125.18	135.26	141.35	159.68	170.32	199.22	216.08	232.44
结构性存款	988.21	843.28	884.87	1075.88	1011.49	1028.01	1138.20	1310.89	1630.38	1660.45	1722.70	1906.35
3.临时性存款	477.16	669.33	471.85	540.17	587.02	568.26	802.29	588.05	581.64	660.10	627.52	444.16
4.其他存款	9392.02	9740.79	10655.81	10862.73	10995.84	10842.31	10937.05	11185.20	11435.25	11799.80	12562.08	12363.24
二、金融债券	17977.73	18036.55	18972.09	20000.57	20177.84	20896.74	22148.30	22217.85	22534.98	22893.13	23141.84	23958.31
三、向中央银行借款	3817.71	3812.93	2859.61	2833.14	2815.44	2847.42	2836.77	2874.40	2892.49	2883.27	2892.37	2911.78
四、同业往来(来源方)	22396.20	26154.40	26574.77	26316.57	26682.86	27982.88	30126.73	31113.82	28955.84	31464.27	33727.13	38474.42
五、其他	-3475.68	-4076.45	-8920.57	-9030.13	-8926.92	-7079.11	-5822.25	-6305.34	-972.47	-9.61	953.92	1192.45
资金来源总计	188869.06	192978.65	196635.27	200722.34	203143.99	211965.20	213621.70	217603.25	222089.91	226117.17	233300.15	245062.46
运用方项目												
一、各项贷款	125519.10	126909.06	128252.42	130811.23	132356.65	135300.09	136157.85	137735.17	139420.42	140559.74	142380.20	145170.60
(一)境内贷款	124889.83	126272.30	127595.07	130151.29	131690.09	134612.59	135459.85	137025.22	138700.28	139831.73	141642.51	144402.28
1.短期贷款	56482.50	57234.54	57512.23	58566.83	59284.92	61035.88	61516.38	62404.86	63758.37	64989.80	66645.13	69218.08
2.中长期贷款	64634.55	65503.99	66657.96	67781.16	68141.18	69147.88	69273.04	69569.43	69780.31	70213.45	70413.06	70488.81
3.融资租赁	0.01	0.01	0.01	0.01	0.01	0.01	0.01	0.01	0.01	0.01	0.01	0.01
4.票据融资	3715.98	3472.09	3366.67	3744.11	4205.87	4370.61	4613.92	4995.82	5103.51	4563.90	4505.70	4620.29
5.各项垫款	56.79	61.67	58.21	59.18	58.12	58.22	56.50	55.12	58.09	64.57	78.62	75.09
(二)境外贷款	629.27	636.76	657.35	659.94	666.57	687.49	698.00	709.95	720.14	728.01	737.68	768.32
二、有价证券	29312.13	29199.65	29173.12	30296.93	30802.60	31555.88	32519.37	32354.61	32021.58	32646.73	33253.36	33923.56
三、股权及其他投资	1353.02	1391.57	1276.99	1431.78	1531.48	1833.61	1740.43	2145.93	2225.85	2114.00	2118.83	1950.79
四、缴存准备金存款	24471.62	25898.42	25833.34	27803.53	27864.72	29230.88	29545.02	30163.46	30036.11	32384.09	33500.47	34830.16
五、同业往来(运用方)	8213.18	9579.96	12099.40	10378.88	10588.54	14044.74	13659.04	15204.09	18385.94	18412.60	22047.29	29187.34
资金运用总计	188869.06	192978.65	196635.27	200722.34	203143.99	211965.20	213621.70	217603.25	222089.91	226117.17	233300.15	245062.46

注:1.本表机构包括工行、建行、农行、中行。
2.本表为正式数据。

2011年全国银行间市场债券质押式回购交易期限分类统计表

单位:亿元、%

时期	1天		7天		14天		21天		1个月		2个月	
	成交金额	加权平均利率	成交金额	加权平均利率	成交金额	加权平均利率	成交金额	加权平均利率	成交金额	加权平均利率	成交金额	加权平均利率
2010年累计	676982.61		120618.52		29016.07		5331.36		8735.35		2851.90	
2011.01	52910.34	3.91	8958.92	4.70	2601.93	7.57	1155.49	7.28	2165.83	5.96	364.51	6.36
2011.02	36629.63	2.48	10180.41	4.03	3228.59	4.56	460.21	4.74	427.74	4.68	519.83	4.87
2011.03	71438.05	1.82	10529.66	2.39	3235.51	2.92	1335.02	2.88	780.16	3.81	320.23	3.98
2011.04	67846.97	2.01	11962.94	2.91	2557.39	3.39	538.16	3.35	719.04	3.99	227.73	3.79

时期	1天		7天		14天		21天		1个月		2个月	
	成交金额	加权平均利率	成交金额	加权平均利率	成交金额	加权平均利率	成交金额	加权平均利率	成交金额	加权平均利率	成交金额	加权平均利率
2011.05	68048.87	2.82	11110.10	3.78	2655.69	4.17	459.63	4.24	871.48	4.48	281.17	4.28
2011.06	53399.44	4.52	14133.21	5.95	3680.08	5.96	757.42	6.31	2135.09	6.21	546.92	5.55
2011.07	64941.82	4.34	15494.44	5.25	3529.50	5.89	654.43	6.06	1033.19	6.14	316.30	5.82
2011.08	65565.71	3.13	15966.59	3.91	3321.07	4.11	986.45	4.42	1134.63	5.17	580.08	5.44
2011.09	49906.65	3.45	10691.72	4.00	5989.72	4.67	1923.49	4.84	1429.43	5.58	541.51	5.67
2011.10	53262.80	3.62	13108.74	3.93	3375.23	4.22	576.39	4.45	834.19	5.35	236.19	5.44
2011.11	65813.54	3.35	17339.91	3.79	4493.69	4.05	623.81	4.18	1126.50	4.97	357.03	5.17
2011.12	78902.91	3.07	17546.32	4.02	5165.84	4.70	1864.66	4.44	1146.74	4.83	841.26	5.24
2011年累计	728666.72		157022.96		43834.24		11335.15		13804.02		5132.77	
时期	3个月		4个月		6个月		9个月		1年		成交金额合计	加权平均利率
	成交金额	加权平均利率	成交金额	加权平均利率	成交金额	加权平均利率	成交金额	加权平均利率	成交金额	加权平均利率		
2010年累计	1913.41		391.81		550.36		84.45		57.64		846533.48	
2011.01	459.52	4.98	35.06	4.85	97.34	5.69			12.02	5.00	68760.95	4.29
2011.02	731.14	4.84	246.56	4.71	94.49	5.16					52518.59	3.02
2011.03	429.53	4.02	105.40	3.97	105.27	4.70	1.50	4.25	0.00	0.00	88280.35	1.98
2011.04	326.32	3.94	12.40	4.23	35.58	4.49					84226.54	2.22
2011.05	286.70	4.24	190.01	4.47	135.84	5.00	0.19	4.90			84039.67	3.03
2011.06	430.42	5.91	28.71	4.96	174.30	5.35			1.60	5.60	75287.19	4.94
2011.07	246.73	5.89	31.32	6.01	66.79	5.74	5.30	5.90	20.01	5.58	86339.82	4.61
2011.08	484.84	5.19	22.31	5.48	32.29	5.66	5.00	5.45	21.99	5.68	88120.97	3.38
2011.09	397.39	5.69	19.58	6.00	58.62	6.09	2.94	6.00	41.21	6.43	71002.26	3.75
2011.10	414.16	5.67	111.15	5.88	68.49	6.08	15.60	5.97	46.91	5.69	72049.84	3.75
2011.11	225.40	5.73	161.44	5.74	137.41	5.85	5.40	6.60	58.14	5.58	90342.26	3.52
2011.12	80.84	5.57	63.95	5.48	45.69	5.60			23.02	5.51	105681.24	3.37
2011年累计	4512.98		1027.89		1052.11		35.93		224.90		966649.67	

2011年全国银行间同业拆借市场交易期限分类统计表

单位：亿元、%

	1天		7天		14天		20天	
	交易量	加权平均利率	交易量	加权平均利率	交易量	加权平均利率	交易量	加权平均利率
2010年累计	244862.03		24269.03		5060.68		650.12	
2011.01	14321.98	3.40	1605.98	4.94	358.63	7.03	106.70	6.80
2011.02	13061.56	2.45	2099.40	3.70	549.94	4.53	12.40	4.98
2011.03	23610.92	1.81	2514.33	2.42	316.76	2.79	172.52	2.83
2011.04	22682.99	2.02	2650.25	3.01	183.74	2.94	34.20	2.75
2011.05	28980.44	2.84	1728.57	3.72	459.39	4.11	195.30	3.96
2011.06	23471.79	4.31	3149.17	5.95	287.42	6.30	23.40	6.35
2011.07	27449.04	4.30	2898.88	5.20	517.27	5.88	29.20	6.05
2011.08	28006.04	3.13	4890.64	3.83	1342.44	4.00	49.40	3.66
2011.09	19211.20	3.47	4729.27	4.06	1710.90	4.80	645.05	5.01
2011.10	20832.26	3.61	4850.19	3.92	1397.02	4.23	114.60	4.90
2011.11	25439.83	3.34	5475.26	3.78	1332.08	4.08	202.35	3.92
2011.12	26132.36	3.04	5808.89	3.94	1530.56	4.63	697.75	4.41
2011年累计	273200.38		42400.83		9986.13		2282.87	
	30天		60天		90天		120天	
	交易量	加权平均利率	交易量	加权平均利率	交易量	加权平均利率	交易量	加权平均利率
2010年累计	1612.98		466.05		1340.23		197.50	
2011.01	256.59	5.45	39.55	6.57	205.35	4.84	2.00	5.40
2011.02	47.40	4.98	27.00	5.30	133.00	4.84	21.40	4.80
2011.03	116.61	3.84	36.88	4.42	121.86	4.08	58.82	3.90
2011.04	103.45	4.03	27.00	4.53	171.64	4.08	17.60	3.65
2011.05	214.35	4.25	55.30	4.35	96.07	4.75	0.21	5.26
2011.06	501.90	5.77	162.86	4.89	159.19	6.16	5.00	5.36
2011.07	170.55	6.31	55.29	5.74	180.08	6.06	67.60	5.75
2011.08	143.15	5.40	244.70	5.34	122.99	5.70	2.80	5.36
2011.09	206.97	5.75	69.03	5.95	148.33	5.72		

2011.10	222.42	5.42	32.30	5.81	187.31	5.70	87.30	5.86
2011.11	399.51	5.01	157.72	5.14	98.83	5.84	45.60	5.73
2011.12	322.14	4.81	211.90	5.14	49.03	5.65	42.40	5.77
2011 年累计	2705.04		1119.53		1673.67		350.73	
	6 个月		9 个月		1 年			
	交易量	加权平均利率	交易量	加权平均利率	交易量	加权平均利率		
2010 年累计	185.49		30.24		9.69			
2011.01	51.20	4.21	0.09	3.65	0.00	0.00		
2011.02	43.36	4.71	0.30	4.73	0.19	4.48		
2011.03	117.80	4.29	4.50	3.91	3.74	4.24		
2011.04	8.60	4.72	0.80	4.40	1.00	4.95		
2011.05	4.70	4.71	5.90	5.08	3.10	5.11		
2011.06	20.66	4.94	12.95	4.62	4.92	5.10		
2011.07	65.01	5.48	12.20	5.50	15.17	4.94		
2011.08	21.80	5.82	1.50	5.30	11.70	3.90		
2011.09	100.62	5.79			1.00	6.30		
2011.10	77.70	5.83	0.50	5.90	0.70	5.60		
2011.11	26.03	5.80			2.40	6.51		
2011.12	63.04	5.75			9.70	5.55		
2011 年累计	600.52		38.74		53.61			

2011 年交易所政府债券交易统计表

时期	总计						上交所				深交所	
	国债交易合计		现货		回购		现货		回购		现货	
	成交金额（亿元）	成交量（万手）	成交金额（亿元）	成交量（万手）	成交金额（亿元）	成交量（万手）	成交金额（亿元）	成交量（万手）	成交金额（亿元）	成交量（万手）	成交金额（亿元）	成交量（万手）
2010 年累计	67539.43	681671.65	1661.64	22893.80	65877.79	658777.85	1590.03	15698.45	65877.79	658777.85	71.61	7195.35
2011.01	9964.88	99853.15	69.98	904.18	9894.90	98948.97	67.75	680.48	9894.90	98948.97	2.23	223.70
2011.02	7903.88	79077.87	54.46	583.65	7849.42	78494.22	54.06	543.14	7849.42	78494.22	0.40	40.51
2011.03	11807.36	118093.59	147.77	1497.69	11659.59	116595.90	147.61	1480.83	11659.59	116595.90	0.16	16.86
2011.04	10418.32	104602.06	89.00	1101.49	10329.33	103500.57	86.71	871.28	10327.04	103270.36	2.29	230.21
2011.05	13519.43	135501.15	108.44	1240.67	13410.99	134260.48	106.81	1073.76	13409.36	134093.57	1.63	166.91
2011.06	17090.25	170928.20	140.19	1427.65	16950.06	169500.55	139.96	1404.50	16950.06	169500.55	0.23	23.15
2011.07	21432.67	214359.18	100.34	1021.31	21332.33	213337.87	100.18	1005.10	21332.17	213321.66	0.16	16.21
2011.08	23523.06	235285.46	107.44	1105.26	23415.62	234180.20	107.17	1078.53	23415.35	234153.47	0.27	26.73
2011.09	21083.21	210966.80	170.62	1778.52	20912.60	209188.28	169.94	1709.39	20911.92	209119.15	0.68	69.13
2011.10	17134.89	171561.74	99.48	1100.43	17035.41	170461.31	98.32	981.63	17034.25	170342.51	1.16	118.80
2011.11	23207.15	232204.41	101.83	1085.81	23105.31	231118.60	101.11	1013.14	23104.59	231045.93	0.72	72.67
2011.12	23756.23	237565.17	63.37	636.49	23692.87	236928.68	63.28	627.27	23692.87	236928.68	0.09	9.22
2011 年累计	200841.33	2009998.78	1252.92	13483.15	199588.41	1996515.63	1242.90	12469.05	199581.50	1995814.97	10.02	1014.10

2011 年全国股票交易统计表

时期	发行总股本（亿股）		市价总值（亿元）		成交金额（亿元）		成交量（百万股）	
	上海	深圳	上海	深圳	上海	深圳	上海	深圳
2010 年累计	21939.51	5044.98	179007.24	86415.35	304312.00	241321.52	2513148.64	1618754.64
2011.01	22029.70	5090.92	179868.17	81421.69	20275.79	14423.48	173158.30	85732.86
2011.02	22067.80	5128.99	187914.35	88943.37	21667.80	15906.61	175867.90	93641.24
2011.03	22133.92	5279.12	190187.17	87475.01	37034.12	26264.77	294857.56	162332.18
2011.04	22039.43	5389.88	189910.29	84727.08	27369.23	18556.08	232642.98	128630.90
2011.05	22488.19	5683.58	179410.67	78780.69	20491.53	13581.39	180243.18	101582.34
2011.06	22767.55	5861.02	181250.70	82963.64	18543.48	12842.76	163049.23	98176.31
2011.07	23003.68	5997.83	177654.98	85725.71	23057.70	19114.89	197615.34	130963.72
2011.08	23118.26	6081.01	169769.78	84847.42	19185.04	17787.97	180812.48	121615.40
2011.09	23173.42	6147.85	156629.15	74967.12	12131.68	10184.66	119291.12	76819.81
2011.10	23310.25	6166.68	165015.16	77967.75	11181.93	9500.58	120469.78	75559.60
2011.11	23400.11	6211.09	156401.73	75313.68	16326.36	16228.06	165098.95	120562.88
2011.12	23466.65	6278.46	148376.22	66381.87	10290.63	9698.01	116184.34	80748.34
2011 年累计					237555.30	184089.26	2119291.17	1276365.58

时期	最高综合股价指数				最低综合股价指数			
	上海		深圳		上海		深圳	
	A股	B股	A股	B股	A股	B股	A股	B股
2010 年累计	3077.89	309.48	1422.37	859.79	2849.66	293.22	1285.99	799.16
2011.01	3003.09	309.68	1377.68	841.39	2661.45	2786.33	1178.94	795.68
2011.02	3083.16	316.63	1362.22	849.88	2760.18	2889.75	1235.92	811.53
2011.03	3154.10	323.38	1377.05	835.95	2984.98	311.36	1307.90	800.98
2011.04	3212.22	329.54	1351.03	849.11	3006.90	281.01	1235.25	779.99
2011.05	3072.07	307.85	1273.76	804.08	2816.43	278.07	1137.07	717.69
2011.06	2906.41	289.76	1211.75	751.15	2735.72	237.45	1118.05	670.24
2011.07	2960.96	288.64	1296.90	758.95	2803.84	271.27	1211.09	723.29
2011.08	2841.17	284.66	1251.60	738.99	2553.32	246.41	1113.15	633.53
2011.09	2707.37	262.55	1206.66	678.63	2459.62	237.20	1044.01	540.23
2011.10	2601.48	254.60	1096.64	612.49	2416.60	230.35	989.28	539.93
2011.11	2657.05	258.83	1139.19	629.80	2429.86	226.56	1030.73	565.86
2011.12	2538.99	237.47	1080.84	595.85	2235.62	206.00	867.31	529.71
2011 年累计								

2011 年企业商品价格(CGPI)指数

以上年同月为 100

年月	总指数	农产品	矿产品	煤油电
2011.01	108.0	118.2	112.7	106.2
2011.02	108.7	119.5	115.0	106.5
2011.03	109.3	120.2	114.5	108.3
2011.04	108.5	116.8	112.3	109.1
2011.05	108.8	115.2	110.8	109.6
2011.06	109.5	117.8	112.6	110.9
2011.07	109.7	116.8	113.4	111.8
2011.08	108.9	113.5	114.8	111.9
2011.09	108.4	114.5	114.6	111.7
2011.10	105.9	111.0	110.2	110.3
2011.11	103.2	104.3	104.6	108.5
2011.12	102.3	104.7	100.7	108.9

2011 年景气调查指数

	银行家信心指数	银行业景气指数
2007.01	60.6	87.5
2007.02	36.7	87.0
2007.03	21.0	88.8
2007.04	24.0	89.1
2008.01	28.1	87.6
2008.02	36.9	85.2
2008.03	46.1	85.3
2008.04	27.3	80.0
2009.01	25.9	76.7
2009.02	40.0	78.1
2009.03	55.4	81.9
2009.04	70.1	85.5
2010.01	69.8	85.6
2010.02	64.0	83.9
2010.03	73.1	85.5
2010.04	53.5	87.2
2011.01	55.3	84.0
2011.02	57.0	83.8
2011.03	54.9	84.4
2011.04	59.3	85.4

注:自 2011 年 1 季度开始,人民银行重新修订银行家调查问卷和相关指数计算方法,本表对 2007 年以来的历史数据进行追溯处理。

2011 年城镇储户收入与物价扩散指数表

	2011.01	2011.02	2011.03	2011.04
当期收入感受指数	54.5	52.1	50.3	50.9
未来收入信心指数	55.4	55.3	54.3	55.3
当期物价满意指数	17.3	16.8	14.8	16.5
未来物价预期指数	72.8	72.2	74.8	65.4

2012 年上半年金融统计数据报告

一、上半年社会融资规模为 7.78 万亿元

初步统计,2012 年上半年社会融资规模为 7.78 万亿元,比上年同期多 135 亿元。其中,人民币贷款增加 4.86 万亿元,同比多增 6833 亿元;外币贷款折合人民币增加 2765 亿元,同比少增 596 亿元;委托贷款增加 4827 亿元,同比少增 2201 亿元;信托贷款增加 3432 亿元,同比多增 2519 亿元;未贴现的银行承兑汇票增加 6089 亿元,同比少增 7178 亿元;企业债券净融资 8244 亿元,同比多 1656 亿元;非金融企业境内股票融资 1495 亿元,同比少 1182 亿元。6 月份社会融资规模为 1.78 万亿元,分别比上月和上年同期多 6381 亿元和 6940 亿元。

二、广义货币增长 13.6%,狭义货币增长 4.7%

6 月末,广义货币(M2)余额 92.50 万亿元,同比增长 13.6%,比上月末高 0.4 个百分点,与上年末持平;狭义货币(M1)余额 28.75 万亿元,同比增长 4.7%,比上月末高 1.2 个百分点,比上年末低 3.2 个百分点;流通中货币(M0)余额 4.93万亿元,同比增长 10.8%。上半年净回笼现金 1465 亿元。

三、上半年人民币贷款增加 4.86 万亿元,外币贷款增加 438 亿美元

6 月末,本外币贷款余额 63.33 万亿元,同比增长 15.9%。人民币贷款余额 59.64 万亿元,同比增长 16.0%,分别比上月末和上年末高 0.3 和 0.2 个百分点。上半年人民币贷款增加 4.86 万亿元,同比多增 6833 亿元。分部门看,住户贷款增加 1.13 万亿元,其中,短期贷款增加 6044 亿元,中长期贷款增加 5234 亿元;非金融企业及其他部门贷款增加3.71 万亿元,其中,短期贷款增加 1.77 万亿元,中长期贷款增加 1.05 万亿元,票据融资增加 7642 亿元。6 月份人民币贷款增加9198亿元，同比多增2859亿元。6月末外币贷款余额5823亿美元，同比增长16.0%，上半年外币贷款增加438亿美元。

四、上半年人民币存款增加7.38万亿元，外币存款增加1301亿美元

6月末，本外币存款余额90.88万亿元，同比增长13.2%。人民币存款余额88.31万亿元，同比增长12.3%，比上月末高0.9个百分点，比上年末低1.2个百分点。上半年人民币存款增加7.38万亿元，同比多增425亿元。其中，住户存款增加4.21万亿元，非金融企业存款增加1.12万亿元，财政性存款增加5314亿元。6月份人民币存款增加2.86万亿元，同比多增9542亿元。6月末外币存款余额4051亿美元，同比增长58.0%，上半年外币存款增加1301亿美元。

五、6月份银行间市场同业拆借月加权平均利率2.72%，质押式债券回购月加权平均利率2.81%

上半年，银行间人民币市场以拆借、现券和债券回购方式合计成交127.58万亿元，日均成交1.05万亿元，日均成交同比增长39.0%。

6月份，银行间市场同业拆借月加权平均利率为2.72%，比上月高0.53个百分点；质押式债券回购月加权平均利率为2.81%，比上月高0.58个百分点。

六、国家外汇储备余额3.24万亿美元

6月末，国家外汇储备余额为3.24万亿美元。6月末，人民币汇率为1美元兑6.3249元人民币。

七、上半年跨境贸易人民币结算业务发生12519亿元，直接投资人民币结算业务发生1105亿元

2012年上半年，以人民币进行结算的跨境货物贸易、服务贸易及其他经常项目、对外直接投资、外商直接投资分别发生8686亿元、3833亿元、187亿元、918亿元。

注1：当期数据为初步数。

注2：社会融资规模统计数据来源于人民银行、发改委、证监会、保监会、中央国债登记结算有限责任公司和银行间市场交易商协会等。同比增减数额均用可比口径数据计算得到。

注3：2011年10月份起，货币供应量已包括住房公积金中心存款和非存款类金融机构在存款类金融机构的存款。

2012年上半年我国金融市场运行情况

2012年前六个月，金融市场总体运行平稳。6月份，银行间市场债券发行量较上月有所增加，10年期（含）以上债券发行比重有所上升；银行间市场同业拆借交易量和质押式回购交易量均有所减少，货币市场利率水平上升；现券交易活跃，银行间债券指数和交易所国债指数均小幅上升。6月份，上证指数震荡下跌成交量减少。

一、债券发行情况

2012年1—6月，银行间债券市场累计发行债券3.32万亿元同比减少13.5%。6月份，银行间债券市场发行债券7570亿元较5月份增加29.7%。截至6月底，债券市场债券托管量为23.5万亿元，其中银行间债券市场债券托管量为22.7万亿元，占债券市场债券托管量的96.7%。

1-6月，银行间债券市场发行的债券以5年期（含）至10年期债券为主。6月份，10年期（含）以上债券发行比重有所上升，5年期（含）至10年期品种发行比重有所下降。

二、拆借交易情况

1—6月，同业拆借市场总体运行平稳，交易量累计为23.7万亿元，同比增加63.3%。6月份，同业拆借市场累计成交4.1万亿元，较5月份减少22.4%。交易品种仍以1天为主，1天品种共成交3.7万亿元，占本月全部拆借成交量的88.7%。

6月份，同业拆借利率较上月有所上升。同业拆借加权平均利率为2.72%，较5月份上升53个基点；6月29日，7天拆借加权平均利率为4.16%，较5月末上升200个基点。

三、回购交易情况

1—6月，回购市场总体运行平稳。债券质押式回购成交67.6万亿元，同比增加49.2%。6月份，债券质押式回购成交13.2万亿元，较5月份减少4.2%。交易品种仍以1天为主，1天品种共成交10.8万亿元，占本月全部质押式回购成交量的81.4%。

1—6月，债券买断式回购成交2.6万亿元，同比增加122.0%。6月份，债券买断式回购成交量为5427.2亿元，较5月份增加1.49%。交易品种仍以1天为主，1天品种共成交3797.8亿元，占本月全部质押式回购成交量的70.0%。

6月份，回购利率整体水平较上月有所上升。6月份，债券质押式回购加权平均利率为2.81%，较5月份上升58个基点；6月29日，7天质押式回购加权平均利率为4.14%，较5月末上升197个基点。

四、现券交易情况

1—6月，银行间债券市场现券成交33.6万亿元，同比增加9.5%。6月份，银行间债券市场现券交易累计成交6.3万亿元，较5月份下降11.3%。

6月份，银行间债券指数和交易所国债指数均上升。6月末，银行间债券指数为143.87点，较上月末上升0.46点，涨幅0.32%；交易所国债指数月末收盘为133.71点，较上月末上涨0.41点涨幅0.3%。

五、股票交易情况

6月份，上证股指震荡下跌，上证指数月末收于2225.43点较5月末收盘下跌146.8点，跌幅为6.2%。上证A股市场日均交易额606.6亿元，较上月减少273.4亿元。

（资料来源：中央国债登记结算有限责任公司、全国银行间同业拆借中心、银行间市场清算所股份有限公司和上海证券交易所）

2012年上半年金融机构贷款投向统计报告

（2012年7月19日）

人民银行初步统计显示，2012年6月末全部金融机构人民币各项贷款余额59.64万亿元，同比增长16%。上半年增加4.86万亿元，同比多增6832亿元。贷款投向有以下特点：

一、流动资金贷款同比持续多增、固定资产贷款增速回升，企业贷款增速继续加快

6月末，全部金融机构本外币企业及其他部门贷款余额47.38万亿元，同比增长15.6%，增速比上季度末高0.8个百分点；上半年增加3.92万亿元，同比多增9725亿元。

从期限看，上半年金融机构本外币企业及其他部门中长期贷款增加1.11万亿元，同比少增3833亿元；短期贷款及票据融资增加2.68万亿元，同比多增1.3万亿元。

从用途看，6月末金融机构本外币企业及其他部门固定资产贷款余额20.28万亿元，同比增长10.3%，增速比上季度末高 0.4 个百分点；经营性贷款余额 21.35 万亿元，同比增长 14.8%，增速比上季度末低 0.2 个百分点。

二、小微企业贷款增速持续回升，当年新增额占比明显提高

6 月末，主要金融机构及农村合作金融机构、城市信用社和外资银行人民币企业贷款余额 38.51 万亿元，余额同比增长 15.6%。其中，小微企业贷款余额 10.87 万亿元，同比增长 21.4%，增速比上季度末高 0.9 个百分点，比同期大、中型企业贷款增速分别高 10.1 个和 5.9 个百分点。小微企业贷款余额占全部企业贷款的 28.2%，比上季度末高 0.3 个百分点。上半年人民币企业贷款增加 2.85 万亿元，其中小微企业贷款增加 9332 亿元，占同期全部企业贷款增量的 32.7%，比 1 季度占比高 4.4 个百分点。

三、工业中长期贷款增速继续放缓，服务业中长期贷款增速回升

6 月末，主要金融机构本外币工业中长期贷款余额 6.31 万亿元，同比增长 5.8%，增速比上季度末低 1.5 个百分点；上半年增加 2029 亿元，同比少增 1481 亿元。其中，轻工业中长期贷款余额 6434 亿元，月末余额同比增长 3.6%，增速比上季度末低 2.8 个百分点；重工业中长期贷款余额 5.66 万亿元，同比增长 6.2%，增速比上季度末低 1.2 个百分点。

6 月末，服务业中长期贷款余额 15.51 万亿元，同比增长 7.4%，增速比上季度末高 0.4 个百分点；其中，水利、环境和公共设施管理业月末余额与上年同期持平，增速比上季度末低 1.5 个百分点；交通运输、仓储和邮政业月末余额同比增长 16.7%，增速比上季度末高 0.5 个百分点。

四、农业贷款增速回升，农村贷款增速高于同期各项贷款增速

6 月末，主要金融机构及农村合作金融机构、城市信用社、村镇银行、财务公司本外币农村贷款余额 13.5 万亿元，同比增长 20.8%，增速比上季度末低 0.5 个百分点，上半年增加 1.36 万亿元，同比多增 882 亿元；农户贷款余额 3.48 万亿元，同比增长 15.9%，增速比上季度末低 0.1 个百分点，上半年增加 3645 亿元，同比少增 209 亿元；农业贷款余额 2.67 万亿元，同比增长 11.7%，比上季度末高 2.7 个百分点，上半年增加 2589 亿元，同比多增 633 亿元。

五、房地产贷款增速回升，保障房贷款增长较快

6 月末，主要金融机构及农村合作金融机构、城市信用社、外资银行人民币房地产贷款余额 11.32 万亿元，同比增长 10.3%，增速比上季度末高 0.2 个百分点；上半年增加 5653 亿元，同比少增 2271 亿元，上半年增量占同期各项贷款增量的 12.3%，比 1 季度占比高 2 个百分点。

6 月末，地产开发贷款余额 8037 亿元，同比增长 0.8%，增速比上季度末高 8.8 个百分点。房产开发贷款余额 2.92 万亿元，同比增长 11.3%，增速比上季度末高 0.3 个百分点。个人购房贷款余额 7.49 万亿元，同比增长 11%，增速比上季度末低 1.1 个百分点；上半年增加 3455 亿元，同比少增 2220 亿元。

6 月末，保障性住房开发贷款余额 4784 亿元，同比增长 62.7%，增速比上季度末低 1 个百分点。上半年增加 869 亿元，占同期房产开发贷款增量的 49.7%，比 1 季度占比高 2.6 个百分点。

六、住户贷款增长放缓，仍高于同期各项贷款增速

6 月末，全部金融机构本外币住户贷款余额 14.74 万亿元，同比增长 16.6%，增速比上季度末低 1.6 个百分点；上半年增加 1.13 万亿元，同比少增 3274 亿元。

6 月末，住户消费性贷款余额同比增长 15.6%，增速比上季度末低 1.2 个百分点，上半年增加 5842 亿元，同比少增 2045 亿元；住户经营性贷款月末余额同比增长 18.4%，增速比上季度末低 2.3 个百分点，上半年增加 5443 亿元，同比少增 1229 亿元。

七、中、西部地区贷款增速较快回升，东部地区贷款平稳增长

6 月末，东、中、西部地区全部金融机构本外币各项贷款余额分别为 38.31 万亿元、10.93 万亿元和 11.66 万亿元，同比分别增长 13.5%、18.2% 和 19.2%。中部、西部地区贷款增速比上季度末分别提高 1.2 和 0.5 个百分点，东部地区贷款增速与上季度末持平。

2011 年北京市金融运行报告

中国人民银行营业管理部
货币政策分析小组

【内容摘要】

2011 年，北京市坚决贯彻中央宏观调控政策，加快实施“人文北京、科技北京、绿色北京”战略，经济结构进一步优化，转变经济发展方式取得重大进展。中关村国家自主创新示范区建设实现重大突破，文化创意产业呈现良好发展势头，城乡统筹发展步伐加快，住房保障工作取得积极进展。

全市金融业认真落实稳健货币政策要求，金融运行总体平稳，信贷增长回归常态，直接融资快速发展，资金配置效率继续提升。优势产业、重点项目和民生领域资金支持力度不断加强，小微企业贷款高速增长，保障性住房开发贷款增长势头强劲。证券业、保险业持续健康发展，金融生态环境建设取得新成效。

2012 年，北京市将切实把握“稳中求进”的工作总基调，继续以优化经济结构为主攻方向，推动转变经济发展方式取得新进展，深化改革开放取得新突破，改善民生取得新成效。金融业将继续贯彻稳健货币政策，按照总量适度、审慎灵活的要求，保持社会融资规模合理增长，提高金融服务实体经济水平，加强金融生态环境建设，促进首都经济又好又快发展。

一、金融运行情况

2011 年，北京市金融机构认真贯彻落实稳健货币政策，金融业保持良性发展态势，金融机构改革深入推进，整体服务水平明显提升，金融市场交易活跃，金融生态环境建设成效进一步巩固。

（一）银行业运行稳健，宏观审慎管理效果显现

1. 银行业金融机构健康发展，法人数量继续增加。2011 年，北京市银行业金融机构资产规模持续增加，年末资产总额同比增长 19.5%；利润额稳步上升，同比增长 15.4%；资产质量继续改善。银行业金融机构总量达到 3672 个，法人机构 62 个（见表 1）。外资银行运行平稳，年初瑞士银行（中国）有限公司获准筹建。财务公司快速发展，年内北京汽车集团财务有限公司等 8 家财务公司在北京注册开业。新型农村金融机构数量不断增长，北京通州国开村镇银行正式开业。银行支付业务快速发展，全年银行卡累计交易金额再创新高，达到 8795 亿元，同比增长 28.1%，年末银行卡发卡量累计达到 1.4 亿张。

表 1 2011 年北京市银行业金融机构基本情况表

机构类别	营业网点			法人机构（个）
	机构个数（个）	从业人数（人）	资产总额（亿元）	
一、大型商业银行	1662	47340	53116	-
二、国家开发银行和政策性银行	17	744	11134	-
三、股份制商业银行	416	16551	22942	-
四、城市商业银行	205	9413	11395	1
五、农村合作机构	693	7008	3771	1
六、财务公司	33	1488	4569	33
七、信托公司	3	287	62	3
八、邮政储蓄	532	1927	1238	-
九、外资银行	94	4510	2911	7
十、新型农村金融机构	8	318	46	8
十一、其他	9	1541	983	9
合　　计	3672	91127	112167	62

注：1、营业网点不包括总部。2、农村合作机构含农村信用社、农村合作银行及农村商业银行等。3、新型农村金融机构包括村镇银行、贷款公司和农村资金互助社三类机构。4、“其他”包含金融租赁公司、汽车金融公司、货币金融公司、消费金融公司等。

数据来源：中国人民银行营业管理部、北京银监局、北京市金融工作局。

2. 存款增速回落，定期存款占比先升后降。2011 年末，北京市金融机构本外币各项存款增速为 12.9%，较 2010 年末回落 4 个百分点。其中，人民币存款同比增长 13.1%，较 2010 年末回落 5.7 个百分点（见图 1、图 3）。存款准备金率处于高位、宏观审慎管理逆周期调节、总部企业向异地成员单位划拨资金增多以及存款准备金缴存范围扩大是存款增长的主要原因。定期存款占比先升后降，前三季度经济增长放缓，企业资金运用渠道收窄，投资意愿下降，活期存款逐步向定期存款转化，第三季度末单位存款中活期存款占比下降至 33.9%，随着第四季度经济趋稳，企业资金运用有所加快，单位存款呈现一定活期化趋势，年末单位存款中活期存款占比回升至 38.1%。第四季度受人民币升值预期减弱影响，外币存款呈现一定恢复性增长，年末同比增速达到 14.8%，但从绝对额来看，年末外币存款余额仍低于 2009 年及 2010 年初水平。

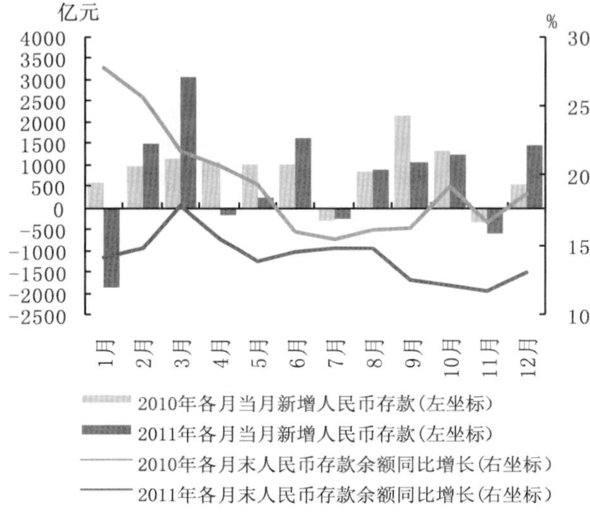

数据来源：中国人民银行营业管理部。

图 1 2011 年北京市金融机构人民币存款增长变化

3. 信贷增速稳步回归，稳健货币政策效果逐步显现。2011 年，宏观审慎管理促使金融机构主动调整信贷投放规模和节奏，年末北京市金融机构本外币各项贷款增速为 9.3%，较 2010 年末回落 8.2 个百分点。剔除个别金融机构调账等因素，人民币贷款同比增长 14.2%，较 2010 年末下降 2.1 个百分点（见图 2、图 3）。外币贷款同比下降 4.4%。

中长期贷款增长明显放缓，短期贷款增长强劲。2011 年全市金融机构人民币中长期贷款同比少增 1997.4 亿元，人民币短期贷款同比多增 1125.3 亿元。受政府融资平台清理与规范工作推进以及房地产调控政策影响，中长期贷款需求有所减弱，而在生产资料价格上涨以及企业资金周转效率降低等因素作用下，企业对短期贷款需求增加。同时金融机构出于防范流动性风险考虑，也倾向于增加短期贷款投放。

信贷投向进一步优化，支持首都经济“转方式、调结构”。2011 年，中国人民银行营业管理部出台金融支持首都经济发展方式转变的指导意见，引导金融机构着力优化信贷结构，不断加大对小微企业、“三农”等重点领域和经济薄弱环节的支持力度。年末全市中资银行高新技术产业贷款同比增长 24.3%，文化创意产业贷款同比增长 84.7%。全市小型企业贷款同比增长 44.7%，以微型企业主和个体工商户为服务对象的个人经营性贷款同比增长 65.6%，涉农贷款同比增长 40.3%。保障性住房开发贷款增长势头强劲。

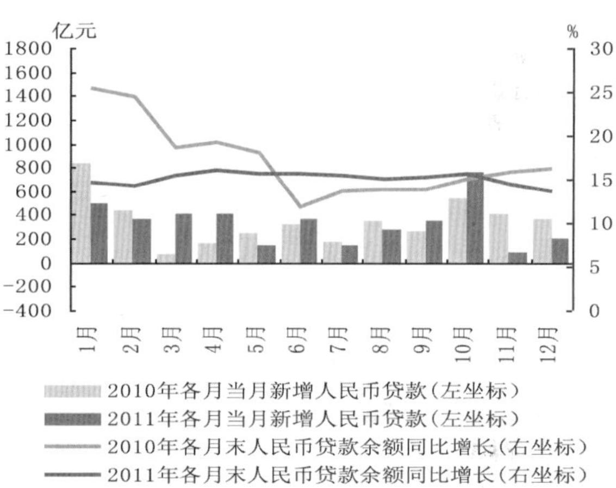

数据来源：中国人民银行营业管理部。

图 2 2011 年北京市金融机构人民币贷款增长变化

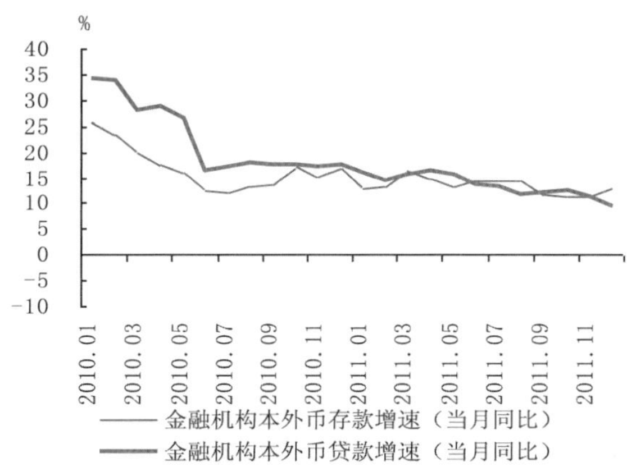

数据来源：中国人民银行营业管理部。

图 3 2010—2011 年北京市金融机构本外币存、贷款增速变化

4. 金融机构利率定价机制建设逐步推进，风险定价能力稳步提升。2011 年，受人民币存贷款基准利率上调、宏观审慎管理政策实施等因素综合影响，金融机构议价能力较往年有所提高。金融机构下浮利率贷款占全部人民币贷款的比重下降，上浮利率和基准利率贷款占比上升（见表2）。受境内外汇资金供求变化等因素影响，辖内金融机构美元存贷款利率震荡上行，整体利率水平高于2010年（见图4）。辖内法人金融机构利率定价机制建设稳步推进，内部资金转移价格的全面运用和定价支持系统的逐步完善推动其风险定价能力提升。

表2　2011年北京市金融机构人民币贷款各利率区间占比表

月份		1月	2月	3月	4月	5月	6月
合计		100	100	100	100	100	100
[0.9-1.0)		57.9	53.2	38.5	28.2	23.9	28.2
1.0		23.1	27.7	36.4	41.0	45.1	42.4
上浮水平	小计	19.0	19.0	25.1	30.8	31.0	29.4
	(1.0-1.1]	9.9	10.4	14.1	14.8	16.5	16.8
	(1.1-1.3]	6.4	6.0	7.0	10.1	10.1	8.5
	(1.3-1.5]	1.7	1.5	2.3	4.4	3.4	3.3
	(1.5-2.0]	0.9	1.1	1.5	0.7	0.4	0.3
	2.0以上	0.0	0.1	0.3	0.7	0.6	0.5
月份		7月	8月	9月	10月	11月	12月
合计		100	100	100	100	100	100
[0.9-1.0)		23.4	17.9	23.8	6.7	17.2	28.2
1.0		41.4	35.8	31.5	56.9	42.3	34.9
上浮水平	小计	35.2	46.4	44.7	36.4	40.5	36.9
	(1.0-1.1]	19.3	26.6	25.1	19.0	22.7	21.8
	(1.1-1.3]	9.8	14.9	14.6	11.9	13.5	11.3
	(1.3-1.5]	4.5	3.4	3.1	3.7	2.7	2.5
	(1.5-2.0]	1.1	1.4	1.8	1.7	1.5	1.1
	2.0以上	0.5	0.1	0.2	0.1	0.1	0.2

数据来源：中国人民银行营业管理部。

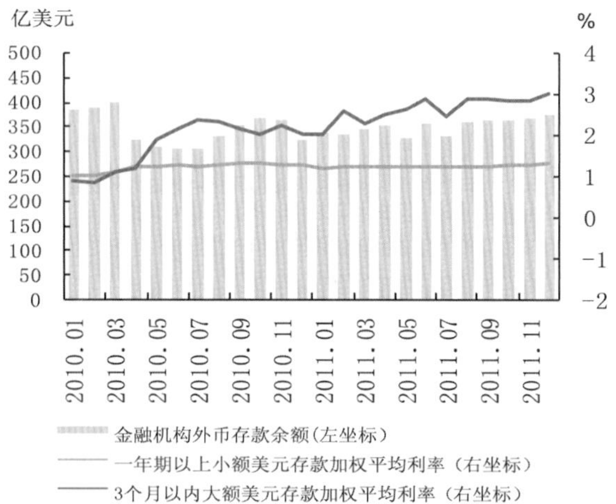

数据来源：中国人民银行营业管理部。

图4　2010—2011年北京市金融机构外币存款余额及外币存款利率变化

专栏1：北京辖内商业银行加强资金定价管理支持实体经济发展

2011年，在中国人民银行营业管理部的指导下，辖内商业银行加强资金定价管理，积极利用总部经济资金集聚的特点开展存款营销，按照风险性和差异性等原则确定贷款利率，支持首都实体经济发展。

人民币同业存款利率显著提高，资金定价以总行上限管理模式为主。2011年，辖内商业银行各期限同业定期存款加权平均利率较2010年提高1.84个百分点，略高于全国平均水平。在总体流动性偏紧的情况下，商业银行之间同业定期存款下降，财务公司、信托公司成为同业定期存款的重要资金来源。在定价上，同业定期存款与Shibor挂钩，定价方式主要分为分行自主定价、总行上限管理和总行逐笔审批等三种模式，其中以总行上限管理模式为主。

人民币企业贷款利率逐季攀升，但总体利率水平低于全国平均值。2011年，在稳健货币政策环境和加强内部定价管理等因素的共同影响下，辖内商业银行依据资金成本和企业风险等因素实行精细化定价的能力较往年有所提高，人民币贷款利率水平逐季走高，但月度各期限贷款加权平均利率仍低于全国平均水平。分企业类型看，2011年，在人民币贷款发生总额中，北京地区大型企业执行下浮利率、中型企业执行基准利率的贷款发生额月平均占比较全国平均占比分别高14.3和7.0个百分点；小型企业执行上浮利率的贷款发生额月平均占比较全国平均占比低6.7个百分点。

人民币个人住房贷款利率上行，差别化定价能力有所增强。2011年，辖内商业银行个人住房贷款利率较往年走高，但低于全国平均利率水平。在个人住房贷款定价方面，各行在其总行给定的原则性、指导性利率政策下实行差别化定价，主要参照借款人的资质、财务状况、征信信息等要素，结合客户综合贡献度确定不同的利率水平，以期实现客户对象的遴选和业务风险与收益的匹配。

票据贴现利率持续走高，且数月连续超过同期限贷款利率。12月，票据贴现加权平均利率较2010年末上升328个基点，并且自2011年2月起，3—6个月期银行承兑汇票贴现加权平均利率高出同期限人民币贷款加权平均利率。宏观审慎管理的政策环境和Shibor走高等因素推动了票据贴现利率走高。

2012年，中国人民银行营业管理部将继续指导辖内金融机构在宏观视角上关注国内外利率政策动向与利率水平；在微观视角上进一步提升利率定价能力，探索建立并不断完善小微企业贷款定价机制，按照风险收益匹配的基本原则，提高利率定价的精细化程度，以适应利率市场化改革进程。

5. 银行业金融机构改革继续深入，市场竞争力不断提升。国家开发银行北京市分行商业化改革纵深推进，业务结构调整成效初显，对中小企业、涉农、环保及节能减排、保障房项目建设等领域的信贷支持力度加大。中国农业发展银行北京市分行和中国进出口银行北京市分行继续发挥政策性金融优势，积极支持重点领域和项目发展。

五家已改制大型商业银行北京市分行稳步推进内部改革，各项业务全面协调发展，经营更趋稳健，盈利能力持续提高，收入结构进一步改善，中间业务收入占比较2010年提高2.7个百分点，不良贷款低位"双降"，拨备覆盖率较2010年提高64.1个百分点，风险抵御能力不断提升。

两家地方中资法人银行发展步伐不断加快。2011年初，北京银行成功发行35亿元次级债，完成了总共100亿元次级债的发行额度。全年，北京银行新增分支机构21家，其中异地分支机构13家。北京农商银行深入推进实施"精细化管理"、"风险防控"和"开源挖潜"的经营主题，不断提高金融支农服务水平，年初完成了增发普通股补充核心资本并同时置换不良资产的工作，取得明显成效。

辖内农村金融服务持续改善，年内1家村镇银行进入筹建阶段，适应农村经济发展的多样化金融服务不断推出。

6. 跨境人民币业务稳步发展，业务领域不断拓展。2011年，辖内47家银行为2892户企业办理跨境人民币结算金额4027.1亿元，其中进口货物贸易人民币结算额在全部结算额中占比超过七成，服务贸易及其他经常项目人民币结算交易活跃，资本项目交易平稳。辖内银行跨境人民币结算境外交易涉及88个国家和地区。

（二）证券市场活跃性下降，上市公司总股本与总市值全国领先

1. 证券业机构数量有所增长，市场交易活跃性下降。2011年末，辖内法人证券公司比2010年末增加1家；各地证券公司在京营业部比2010年末增加32家；中外合资基金公司比2010年末增加2家；期货公司和期货公司在京营业部比2010年末分别增加1家和5家（见表3）。年末，北京地区证券公司营业部客户交易结算资金余额同比下降40.8%；全年股票基金交易额同比下降24.1%。

2. 总股本与总市值继续保持全国第一，上市公司筹资额有所下降。2011年末，北京地区上市公司比2010年末增加30家，占全国A股上市公司总数的8.4%，较2010年末提高0.4个百分点。上市公司总股本占全国上市公司总股本的54.7%；总市值占全国上市公司总市值的41.8%。上市公司筹资总额同比下降45.4%。

表3　2011年北京市证券业基本情况表

项　　目	数量
总部设在辖内的证券公司数(家)	18
总部设在辖内的基金公司数(家)	9
总部设在辖内的期货公司数(家)	20
年末国内上市公司数(家)	194
当年国内股票（A股）筹资（亿元）	1315
当年发行H股筹资（亿元）	--
当年国内债券筹资（亿元）	12018
其中：短期融资券筹资额（亿元）	4195

数据来源：中国人民银行营业管理部、北京证监局。

（三）保险业务结构有所变化，政策性农业保险快速发展

1. 保险保障功能增强，可持续发展能力进一步提高。2011年末，北京市保险业总资产3132.3亿元，较年初增长22.4%，行业整体实力继续增强，可持续发展能力稳步提高。

2. 保费收入继续增长，业务结构有所变化。2011年，北京市保险业实现原保险保费收入同比增长2%，居全国第五位。其中，财产险业务保费收入同比增长9.5%；人身险业务保费收入同比下降0.7%（见表4）。

从财产险业务结构看，车险实现保费收入同比增长3.9%；非车险实现保费收入同比增长24.1%。从寿险业务结构看，普通寿险业务占比有所提高。从市场结构看，财产险公司市场集中度与2010年持平；寿险公司市场集中度有所上升，寿险保费规模居前5位的寿险公司市场份额共计63%，较2010年提高2.3个百分点。

（四）社会融资结构持续改善，金融创新更趋活跃

2011年，北京地区非金融机构直接融资规模持续扩大，金融市场交易活跃，金融创新不断发展。

1. 融资渠道不断拓宽，直接融资作用显著增强。2011年，北京地区非金融机构直接融资占比大幅提高，债券融资快速发展，短期融资券、中期票据和超短期融资券是企业主要融资工具，三者合计发行额占全部债券发行额的84.4%。非公开定向债务融资工具成为非金融机构新型融资手段，融资产品继续呈多样化态势（见表5）。

表4　2011年北京市保险业基本情况表

项　　目	数量
总部设在辖内的保险公司数(家)	50
其中：财产险经营主体（家）	13
人身险经营主体（家）	27
保险公司分支机构（家）	89
其中：财产险公司分支机构（家）	35
人身险公司分支机构（家）	50
保费收入（中外资，亿元）	821
其中：财产险保费收入（中外资，亿元）	233
人身险保费收入（中外资，亿元）	588
各类赔款给付（中外资，亿元）	233
保险密度（元/人）	4125
保险深度（%）	5

数据来源：中国人民银行营业管理部、北京证监局。

表5　2001—2011年北京市非金融机构部门贷款、债券和股票融资情况表

	融资合计(亿元人民币)	比重（%）		
		贷款	债券(含可转债)	股票
2001	1476.0	82.1	4.4	13.5
2002	2117.4	84.8	7.8	7.4
2003	2843.7	83.5	7.8	8.7
2004	2184.4	88.4	8.5	3.1
2005	3174.6	60.3	39.6	0.1
2006	4089.1	69.9	25.8	4.3
2007	6200.0	38.8	17.6	43.6
2008	8531.0	38.0	47.5	14.5
2009	16553.9	47.6	43.3	9.1
2010	11701.7	46.4	47.4	6.2
2011	10009.9	33.6	57.7	8.7

数据来源：中国人民银行营业管理部、北京证监局。

2. 货币市场交易量保持稳定，净融出资金规模大幅下降。2011年，北京地区金融机构同业拆借和债券回购双向累计成交120.9万亿元，同比增长5.6%，较2010年回落31.3个百分点，占全国交易量的45.5%。北京地区金融机构通过同业拆借和债券回购累计净融出资金22.8万亿元，同比下降30.7%。

3. 票据市场贴现利率显著提高，业务量稳步上升。2011年，北京市金融机构银行承兑汇票和商业承兑汇票余额稳中有升，票据贴现余额波动上行。在市场流动性逐渐收紧、再贴现利率低于市场资金价格的情况下，金融机构再贴现需求相应增加（见表6、表7）。

4. 外汇衍生品需求旺盛，黄金市场交易活跃。2011年，人民币汇率双向波动特征明显，外汇衍生品交易量大幅增长。北京地区金融机构外汇远期交易累计成交折合1726.1亿美元，是2010年交易量的6.7倍。外汇掉期交易累计成交折合1.4万亿美元，同比增长54.5%。黄金市场交易量持续攀升，北京地区上海黄金交易所会员全年交易黄金3077.6吨，同比增长34.8%。

表 6　2011 年北京市金融机构票据业务量统计表

单位：亿元

季度	银行承兑汇票承兑		贴现			
			银行承兑汇票		商业承兑汇票	
	余额	累计发生额	余额	累计发生额	余额	累计发生额
1	1594.8	1091.0	659.8	2707.1	70.1	365.9
2	1702.9	2250.4	871.3	6025.3	63.8	611.2
3	1713.8	3383.2	970.9	9482.2	70.9	839.8
4	1829.7	4706.4	919.9	12636.7	82.6	1058.1

数据来源：中国人民银行营业管理部。

表 7　2011 年北京市金融机构票据贴现、转贴现利率表

单位：%

季度	贴现		转贴现	
	银行承兑汇票	商业承兑汇票	票据买断	票据回购
1	4.9818	5.5195	4.1044	4.9194
2	6.2329	5.9977	5.7299	5.6043
3	8.9394	7.3287	7.1888	6.7464
4	9.1023	8.4579	6.9797	7.1166

数据来源：中国人民银行营业管理部。

5. 金融创新持续开展，类型不断丰富。2011 年，北京地区金融机构利率互换全年名义本金发生额为 1.5 万亿元，债券远期交易大幅增长。辖内银行累计发行理财产品 4.7 万亿元，相关机制创新、管理创新、产品创新全面开展，电子银行理财夜市、滚动型结构化理财产品等不断出现。

（五）金融生态环境建设深入开展，金融基础设施进一步改善

2011 年，首都金融生态环境建设不断深入。制定《科技金融和文化金融工作实施意见》，助力文化创新和科技创新“双轮驱动”的首都经济发展；开展金融支农“春雨行动”，大力推广银行卡助农取款服务，优化首都农村金融环境；开展“1 + 2 + 3”中小企业信用体系建设，大力推广金融 IC 卡应用和社保卡加载金融功能，有效提升首都金融服务水平；积极推动进口付汇核销改革，继续推进资本账户管理简政放权，促进首都贸易投资便利化；北京人民币立体发行库成功启动试运行，进一步提升首都金融基础设施水平；严厉打击制贩假币、洗钱、银行卡以及外汇违法违规行为，成功破获特大虚开增值税专用发票案、宣判北京首例反洗钱案，有力维护首都金融市场秩序；成功举办北京国际金融博览会和国际金融论坛，不断强化金融交流与合作力度；开展“信用北京行”、“现金服务推动周”、“国债进乡村”、“支付系统宣传月月行”等宣传活动，提升社会公众的金融意识。

二、经济运行情况

2011 年，在复杂多变的内外部环境中，北京市坚决贯彻落实中央宏观调控政策，加快转变经济发展方式，经济运行基本稳定，转方式调结构取得积极进展。全年实现地区生产总值 16000.4 亿元，同比增长 8.1%（见图 5）。

（一）三大需求协调发展，经济增长回调趋稳

2011 年，北京市经济在回调中逐步趋稳，第一季度增长 8.6%，其后增速维持在 8% 左右，实现了“十二五”时期的良好开局。

1. 投资增速平稳，结构不断优化。2011 年，北京市完成全社会固定资产投资 5910.6 亿元，同比增长 13.3%（见图 6）。第一季度投资保持较快增长，第二、第三、第四季度投资增速回稳。从投资结构看，基础设施投资同比增长 0.3%，占全社会固定资产投资的 23.7%；建安投资同比增长22.4%，增速高于全社会固定资产投资 9.1 个百分点。房地产开发投资同比增长 10.1%，占全社会固定资产投资的51.4%，较 2010 年下降 1.4 个百分点。政策性住房投资同比增长 94.9%，其中住宅投资同比增长 87.9%。工业投资同比增长 46.7%，占全社会固定资产投资的 12.7%，较 2010 年提高2.9 个百分点，对全市投资形成了重要支撑。在政府投资引导放大作用下，民间投资同比增长 14.2%。

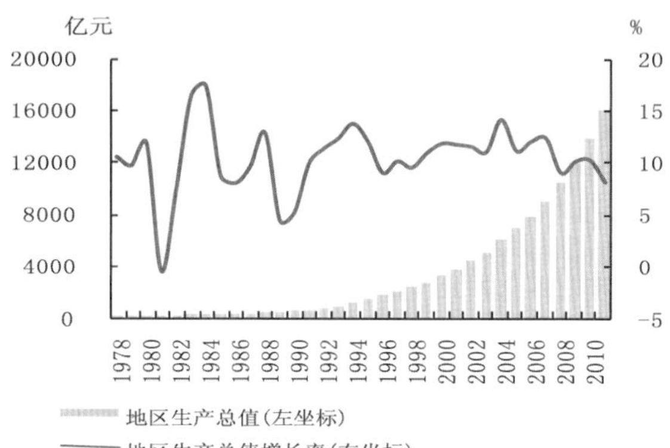

数据来源：北京市统计局。

图 5　1978—2011 年北京市地区生产总值及其增长率

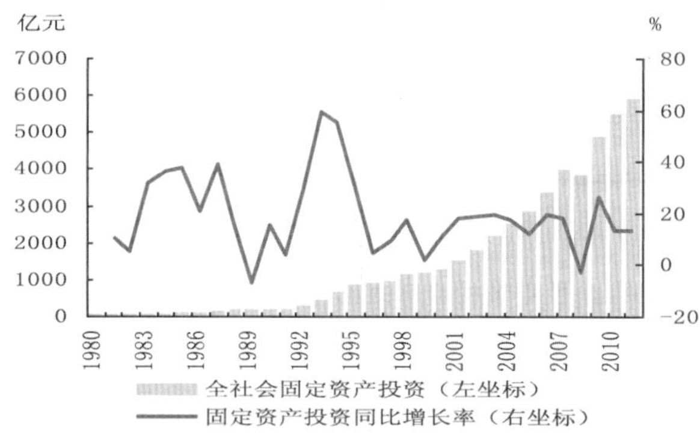

数据来源：北京市统计局。

图 6　1980—2011 年北京市固定资产投资及其增长率

2. 居民收入持续增长，消费品市场多点带动。2011 年，北京市加快适度普惠型社会福利体系建设，推动制度整合衔接，把失业人员纳入职工基本医疗保险，实现市级公费医疗制度与职工医保制度并轨、在职职工养老和医疗保险跨地区转移接续、工伤和生育保险制度全覆盖。在政策带动下，城乡居民收入持续增长，城镇居民人均可支配收入同比增长 7.2%，农村居民人均纯收入同比增长 7.6%。积极建立促进消费责任制，推动消费增长向多点支撑转变，全市社会消费品零售额同比增长 10.8%，扣除价格因素，实际增长 7.3%（见图 7）。从限额以上批发零售企业销售看，汽车类零售额占比为 24%，较 2010 年下降 10.2 个百分点，其余主要类别的产品比重均有所提高；其中文化办公用品类占比为 6.7%，较 2010 年提高 2 个百分点，提升幅度最大。

3. 涉外经济平稳运行，利用外资稳步增长。2011 年，

北京地区进出口总值同比增长 29.1%，其中，进口总值同比增长 34.2%，出口总值同比增长 6.5%（见图 8）。进口规模占全国进口规模的 19%，增速高出全国增速9.3个百分点，对全国进口增长的贡献率为 24.2%。“双自主”企业出口比重进一步提高，服务外包执行总金额同比增长 59.3%。坚持市区联动、引资引智相结合，做好重大项目、总部企业投资促进工作，新增外国企业驻京代表机构 320 家，实际利用外资同比增长 10.9%（见图 9）。建立健全境外劳务事件防范和应急处置机制，加快推动企业“走出去”，对外投资稳步增长。

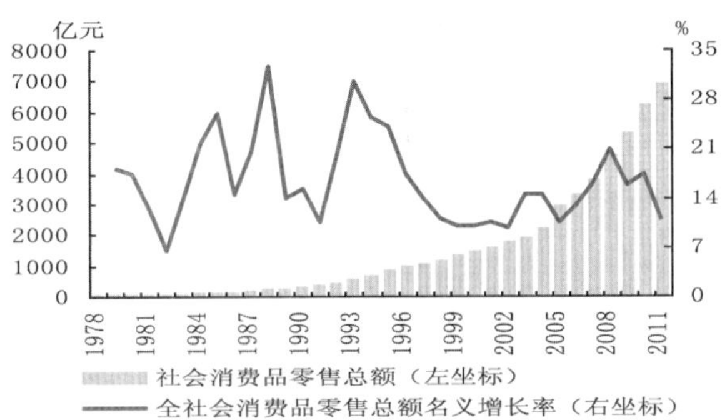

数据来源：北京市统计局。

图 7　1978—2011 年北京市社会消费品零售总额及其增长率

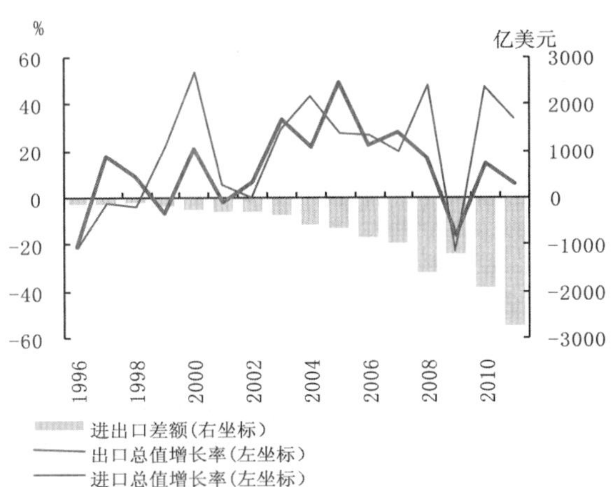

数据来源：北京市统计局。

图 8　1996—2011 年北京市外贸进出口变动情况

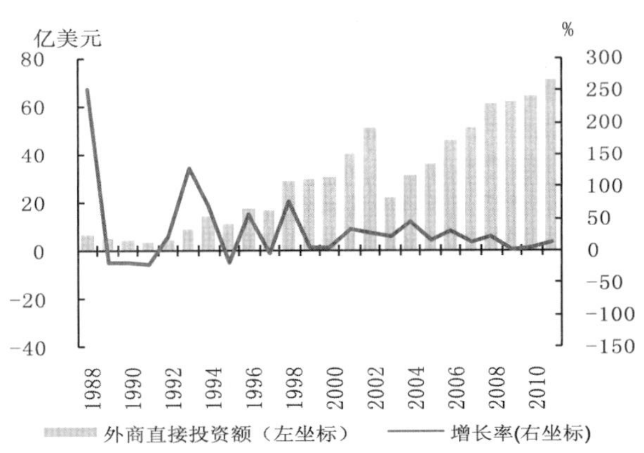

数据来源：北京市统计局。

图 9　1988—2011 年北京市外商直接投资情况

（二）产业结构调整迈出新步伐，经济结构进一步优化

2011 年，北京市坚持优化一产，做强二产，做大三产，促进产业结构优化升级，强化政策引导，丰富支持手段，三次产业结构由 2010 年的 0.9∶24∶75.1 调整为 0.9∶23.4∶75.7。

1. 农村改革发展稳步推进，都市型现代农业多功能性充分体现。2011 年，北京市继续深化农村各项改革，87.3% 的集体经济组织完成产权制度改革。开展集体土地确权登记颁证、新型农村社区建设和“一事一议、财政奖补”试点，初步建立起农村基础设施运行管护机制。加强农田水利建设，完成 30 万亩农业基础建设及综合开发，新增和改善节水灌溉面积 15 万亩。有序推进现代农业示范创建，设施农业、籽种农业分别实现收入同比增长 11.9% 和 24.3%；观光休闲农业充分体现生活功能，全年实现收入同比增长 20.9%；林业充分体现生态功能，全年实现产值同比增长 12.5%。

2. 工业高耗能行业大幅收缩，重点发展领域增势较好。2011 年，北京市规模以上工业增加值同比增长 7.3%，较 2010 年回落 7.7 个百分点（见图 10）。受首钢涉钢产业全面停产影响，黑色金属冶炼及压延加工业全年增加值同比下降 73.3%。医药制造业、通用设备制造业、交通运输设备制造业成为带动工业增长的主要力量，工业增加值分别同比增长 27.2%、13.6% 和 13%。规模以上工业产销率 99%，较 2010 年提高 0.1 个百分点。北京市集中统筹 100 亿元政府资金，支持 300 余项重大科技成果产业化。中关村国家自主创新示范区制定《加快培育和发展战略性新兴产业的实施意见》，确定首批 160 个新兴产业重大项目，与 15 家中央单位签订战略合作协议。全市工业企业效益持续增长，规模以上工业企业利润总额同比增长 10.3%，规模以上工业经济效益综合指数较 2010 年提高 6.1 个百分点。

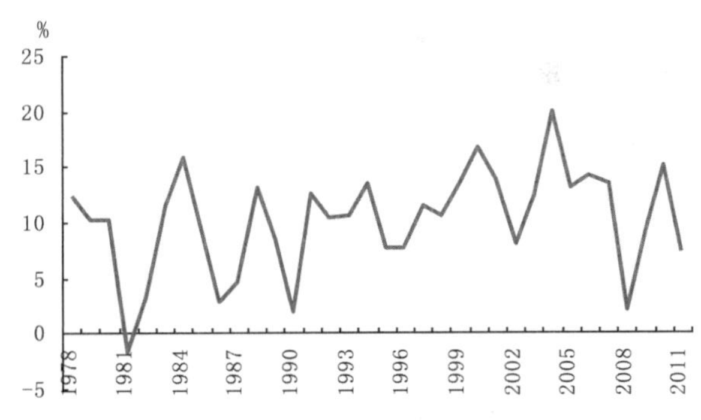

数据来源：北京市统计局。

图 10　1978—2011 年北京市工业增加值增长率

3. 服务业稳中趋好，带动产业结构进一步优化。2011 年，北京市加快发展生产性服务业，金融中心城市功能不断增强，信息服务、商务服务、科技服务带动作用更加突出，第三产业增加值同比增长 8.6%。信息传输、计算机服务和软件业，租赁与商务服务业，科学研究、技术服务和地质勘查业增加值同比分别增长 22.9%、18.2% 和 10.4%。旅游与文化、体育等产业融合发展，实现旅游总收入 3216.2 亿元，同比增长 16.2%。

（三）价格涨幅得到有效控制，通货膨胀压力有所缓解

1. 居民消费价格涨幅先升后降。2011 年，北京市坚持扶生产、保供应，通过财政支持、推动产销对接、降低零售环节经营成本、开展专项整治和重点稽查等具体调控措施，切实控制

物价过快上涨。受成本上升、供求关系变化等因素影响,2011年全市居民消费价格同比上涨5.6%(见图11)。其中,食品类价格同比上涨10.6%,居住类价格同比上涨8.5%,是拉动居民消费价格上行的主要因素。全年居民消费价格涨幅先升后降,前8个月延续了2010年的上升态势,之后连续回落,12月,居民消费价格同比涨幅为4.4%,比最高月份涨幅下降2.2个百分点。

2. 工业生产者价格涨幅低于全国平均水平。2011年,北京市工业生产者出厂与购进价格涨幅都呈先升后降态势,后者波动幅度更大。工业生产者出厂价格单月同比涨幅2—8月保持缓慢提升,8月达到3.8%的阶段性高点,之后显著回落,12月下降至1.4%的全年次低点,全年同比涨幅为2.3%,较全国平均水平低3.7个百分点。工业生产者购进价格单月同比涨幅1—7月持续上升,7月达到10.1%的全年高点,之后逐渐呈现回落态势,10月之后快速下降,12月降至5.6%的全年低点,全年同比涨幅为8.4%,较全国平均水平低0.7个百分点(见图11)。

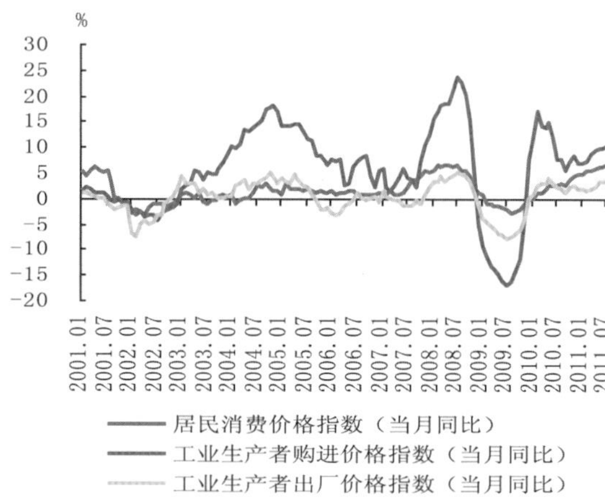

数据来源:北京市统计局。

图11　2001—2011年北京市居民消费价格和生产者价格变动趋势

3. 劳动力成本涨幅总体平稳。2011年,北京市积极做好就业困难地区和困难群体帮扶工作,把城市化地区农村劳动力纳入城镇失业登记范围,加强职业技能培训,城镇新增就业44.7万人,比2010年增加0.1万人。健全社会保障相关待遇标准与物价上涨挂钩联动机制,最低工资提高20.8%,农村低保最低标准提高61.9%,企业退休人员月平均养老金提高10%以上。2011年,北京市城镇居民家庭人均工资性收入为25161元,同比增长8.9%;农村居民人均工资性纯收入9579元,同比增长19.6%。

4. 持续深化资源性产品价格改革。为不断提高资源能源使用效率与保障水平,进一步优化要素投入结构,2011年,北京市继续在水、电、天然气、供热等方面推进资源性产品价格改革。稳妥实施成品油价格调整。同时,继续加大再生资源回收、雨水利用、污水处理和再生水利用力度,从而在保证资源性产品价格调整发挥资源使用调节作用的同时强化资源供应保障能力。

(四)财政收支保持较高增速,财政支出继续向民生领域倾斜

2011年,北京市财政收入与财政支出规模继续高速增长,支出结构进一步优化,重点事项得到有力保障。全年完成一般预算财政收入3006.3亿元,同比增长27.7%,增幅较2010年明显提高(见图12)。从主要税种看,增值税、营业税分别增长13.2%和25.3%,企业所得税和个人所得税分别增长33.3%和26.7%。财政支出结构不断调整优化,保障和改善民生的投入持续加大。全年完成一般预算财政支出3246.5亿元,同比增长19.5%,较2010年提高2.4个百分点。其中,教育支出520.6亿元,同比增长15.6%;社会保障和就业支出354.5亿元,同比增长28.5%;医疗卫生支出225.4亿元,同比增长20.7%;交通运输支出199.1亿元,同比增长28.5%;节能环保支出94.7亿元,同比增长55.6%。

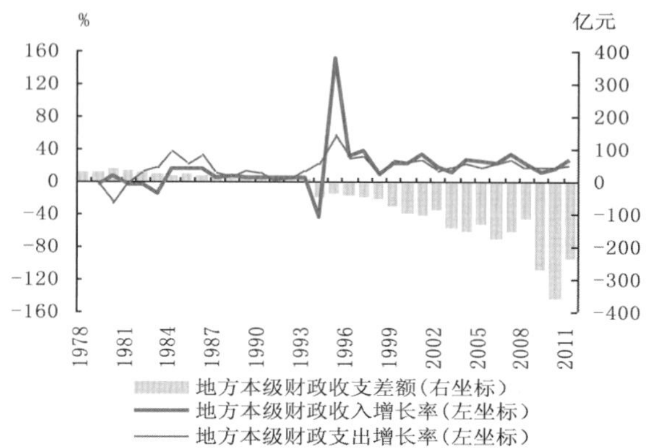

数据来源:北京市统计局。

图12　1978—2011年北京市财政收支状况

(五)节能降耗目标超额完成,环境治理取得新突破

2011年,北京市继续全面实施"人文北京、科技北京、绿色北京"战略,节能降耗工作取得显著成效。率先实行能耗强度和能源消费总量双控机制,关闭高耗能、高耗水、高污染企业45家,万元GDP能耗下降约6.5%,超额完成全年万元GDP能耗下降3.5%的目标,为完成"十二五"17%的节能目标打下了坚实基础。在水耗方面,北京市进一步深入推进节水型社会建设,继续处于全国领先水平,全市污水处理率达到82%,再生水利用量达到7.1亿吨。实施清洁空气行动计划,2011年新增造林绿化面积25万亩,全市林木绿化率达到54%,全年空气质量二级和好于二级天数达到78.4%,其中,一级天数达到74天、增长39.6%,实现了空气质量连续13年持续改善。

(六)主要行业分析

1. 房地产市场调控取得明显效果。2011年,中央和北京市一系列房地产市场调控政策措施效果持续显现,房地产市场由政策适应期逐步进入平稳期,房价稳中有降态势明显,市场走势符合调控预期目标,保障性住房建设进展顺利。银行信贷作为房地产市场调控重要手段的作用得到体现,房地产贷款增速回落,个人住房贷款业务收缩明显。

(1)房地产开发投资增速放缓,主要资金来源渠道普遍收紧。2011年,北京市完成房地产开发投资同比增长10.1%,较2010年下降14个百分点;占全社会固定资产投资的51.4%,较2010年下降1.4个百分点。房地产开发项目本年到位资金同比下降4.8%。其中,自筹资金、定金及预售款、银行贷款、利用外资同比分别下降0.1%、5.8%、11.3%、81.3%。

(2)在建商品住房面积呈现增长,保障性住房供给增加。2011年,北京市房地产开发企业完成土地购置面积同比下降41.0%;商品住宅竣工面积同比下降12.2%,当月住宅竣工面积在12月达年内最大值。商品住宅新开工面积同比增长

25.8%，其中保障性住房新开工面积同比增长59.7%。全年完成各类政策性住房投资同比增长94.9%，完成全年计划的149.0%；占全市房地产开发投资的24.6%，较2010年提高12.4个百分点，保障性住房对投资的拉动作用明显。新建收购各类保障性住房23万套，超过全年20万套的任务目标；竣工10万套，发放租赁补贴2万户。

（3）商品住房成交量显著缩减，供大于求促使库存逐步回升。2011年，商品房销售面积同比下降12.2%（见图13）。其中，新建商品住宅销售面积同比下降13.9%，现房销售面积和期房销售面积同比分别下降21%和12.3%。2月以来新建商品住房各月供应量均高于成交量，促使库存逐步回升。

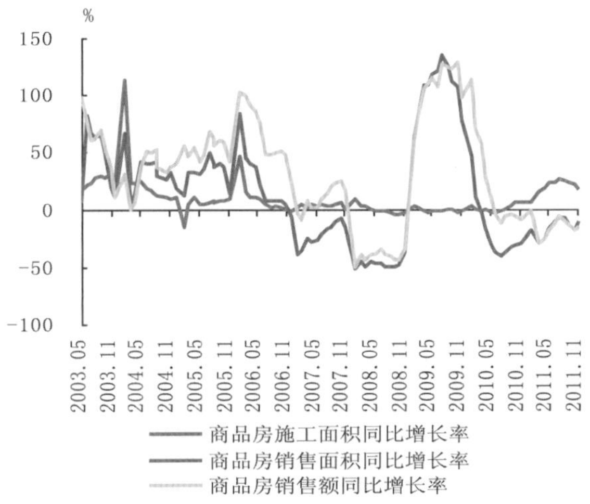

数据来源：北京市统计局。

图13　2003—2011年北京市商品房施工和销售变动趋势

（4）房价控制目标顺利实现，新建住宅销售价格涨幅同比回落。2011年，北京市新建普通住房成交均价同比下降11.3%，顺利实现年初制定的新建普通住房价格“稳中有降”的控制目标。新建住宅销售价格同比涨幅从1月的6.8%回落至12月的1%，环比自6月起连续5个月停涨，11—12月分别下降0.3%、0.1%（见图14）。2011年，北京市住房租赁市场交易活跃，住房租赁价格涨幅高于房价涨幅。

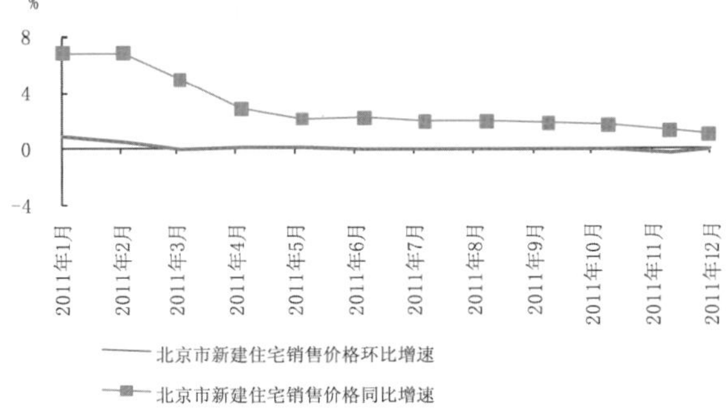

数据来源：北京市统计局。

图14　2011年北京市新建住宅销售价格变动趋势

（5）房地产贷款增速大幅回落，个人住房贷款业务萎缩明显。2011年末，北京市金融机构本外币房地产贷款余额同比增长1%，较2010年同期下降21.5个百分点。房地产开发贷款接近零增长。个人住房贷款余额同比增长2.1%；其中，新建住房贷款余额同比下降0.3%，二手住房贷款余额同比增长7.5%。保障性住房开发贷款新增额占全部住房开发贷款新增额的82.6%。辖内各银行结合北京市保障性安居工程建设工作实际和自身业务特点，通过信贷规模倾斜、内部支持政策、金融产品创新等手段，积极为保障性住房项目提供信贷支持。

2. 文化创意产业持续较快发展，文化金融支持力度不断加大。《北京市“十二五”时期人文北京发展建设规划》提出，“十二五”期间北京市将力争实现文化创意产业增加值翻一番，占全市地区生产总值的比重达到15%，成为首都战略性支柱产业。2011年，北京市文化创意产业实现增加值1938.6亿元，按现价计算，比2010年增长14.2%，占地区生产总值的12.1%，较2010年提高0.1个百分点。

金融支持文化创意产业发展力度不断加大。银行业金融机构通过加大创新力度及密切银政企合作等方式，不断摸索金融支持文化创意产业的有效方式，改进和完善文化创意产业金融服务。2011年末，北京市中资银行文化创意产业人民币贷款企业户数同比增长66.4%；2011年累计发放贷款同比增长75.9%。

3. 高新技术产业支撑北京率先实现创新驱动发展，科技金融创新全面推进。中关村国家自主创新示范区建设取得新成效，“1+6”先行先试政策获得重大突破。2011年，北京高新技术产业实现增加值约为2695.4亿元，同比增长12.5%；中关村国家自主创新示范区投产开业企业全年实现总收入1.9万亿元，比2010年增长20.9%。

结合北京区域高端创新要素和金融资源聚集特点，中国人民银行营业管理部组织开展了贯穿全年的“科技金融创新年”活动，通过建立健全产品创新引导、银企互动对接、考核表彰激励和信用信息服务等机制，推动辖内金融机构先行先试，积极创新，促进科技资源与金融资源融合发展。截至2011年末，辖内中资银行高新技术产业人民币贷款企业户数同比增长36.3%；16家科技金融专营机构在中关村成立；中关村信用贷款试点和股权质押贷款工作顺利开展；47家企业在创业板成功上市，“中关村板块”更加凸显。全年，中关村创业投资案例和投资金额均占全国的1/3左右。科技金融组织体系、市场体系、产品体系与服务体系的系统创新不断加强，科技创新与发展全过程、全覆盖的科技金融体系逐步建立。

专栏2：专营机构为首都科技金融创新发展提供强力支撑

为推动落实科技部、中国人民银行等五部门《促进科技和金融结合试点实施方案》，支持中关村国家科技金融创新中心和国家自主创新示范区建设，2011年第三季度，中国人民银行营业管理部对辖内科技金融专营机构（以下简称“专营机构”）开展了专项调查。结果显示，专营机构的设立有效拓展了科技金融业务，加快了科技金融创新步伐。

一、专营机构是促进科技和金融结合的重要组织创新

为增强地缘优势，科技金融专营机构相继在中关村成立，所属银行类型覆盖大型商业银行、股份制商业银行、城市商业银行及外资银行，其中83.8%的专营机构专门服务于科技型中小企业。作为科技金融创新的“试验田”，专营机构承担着实践创新理念、落实“先行先试”政策的重任。在组织设置上，8家专营机构设在支行层面，5家为分行内设部门，1家为小企业信贷中心区域总部。专营机构的设立促进了科技金融业务快速发展，2011年末，各专营机构高新技术企业贷款余额和户数均实现成倍增长。

二、机制创新是促进科技和金融结合的重要推手和保障

为满足高新技术企业融资需求的急迫性特点，专营机构努力从"快"字上下工夫，不断增强专项服务优势。一是完善"信贷工厂"模式，以专业化分工、标准化运作和差异化管理加快审贷速度；二是建立"绿色通道"，方便高新技术企业直接进入审批通道，享受高效的融资审批及便捷的资金额度预约等服务；三是优化审贷流程，通过实行24小时网上审批、提前审批并批准额度、授信调查与授信分析一并进行等措施，进一步提高贷款审批和发放效率；四是下移审批权限，专营机构一般审批权限在2000万元及以上的占46.2%，基本能及时满足高新技术企业的贷款额度需求。

专营机构授信机制创新推动审批效率大幅提升。在审批权限内，81.8%的专营机构审批不超过5个工作日，超过审批权限，75%不超过10个工作日。同时，70%的专营机构认为专职客户经理人均贷款户有望达到15户及以上，最高可达30户；而在调查时60%的专营机构人均贷款户尚未超过10户，最多为19户。

三、信贷创新产品是促进科技和金融结合的重要载体

针对高新技术企业发展模式及融资条件的独特性，专营机构积极开展创新，推出市场适用性强的信贷产品和服务方式，信贷资源对高新技术企业的覆盖面明显提高。

一是前移介入周期，分享"高成长"企业发展成果。为了将"银行看过去"与"VC、PE看未来"的理念相互匹配，专营机构积极创新银投合作、投贷结合的融资模式，推出投贷一体化产品，并针对被投资企业提供个性化衍生服务。

二是拓宽担保品种，给予"轻资产"企业融资机会。多家专营机构已加入中关村信用贷款试点、信用保险和贸易融资试点；并就知识产权、代办股权等无形资产设计融资方案，有效降低了高新技术企业融资门槛。

三是借助网络平台，便利"融资频"企业资金运用。科技发展和网络普及为科技金融创新注入了新的活力。专营机构积极发挥网络优势，推出网络+循环贷款，实现客户自助贷款还款；同时依托第三方电子平台，开发"e贷通"等产品，实现企业信息流、物流和现金流紧密对接。

四是探索信贷供给服务新路径，拓宽企业融资渠道。为拓展并维系客户，专营机构通过制定集合信托计划、研发卖断型接力贷等举措，积极探索信贷供给新路径，助推更多高新技术企业获取信贷资金。

三、预测与展望

2012年是实施"十二五"规划承上启下的重要年度，也是北京市巩固经济转型成果，加快建设中国特色世界城市的关键之年。展望2012年，虽然国内外经济形势仍将复杂严峻，但推动经济增长的长期动力并未发生根本变化，首都经济发展面临的机遇大于挑战。

从国际环境看，金融危机和主权债务危机的深层次影响仍在延续，世界经济复苏面临较多不稳定性和不确定性。从国内环境看，经济增长正在由政策刺激向自主增长有序过渡，战略性新兴产业规划陆续出台，促进区域协调发展和扩大居民消费需求的政策体系不断完善，将给实体经济发展注入新的活力。从北京自身看，"打造首都经济圈"提升为国家战略拓宽了北京市发展空间，有利于发挥总部经济优势和高端引领的辐射带动作用；中关村国家自主创新示范区建设全面推进和中国特色社会主义先进文化之都战略加快实施，有利于充分发挥首都的资源聚集优势，加快推进科技创新与文化创新"双轮驱动"的发展格局，为首都经济发展提供新的战略增长点和持续竞争力。

2012年北京市投资、消费、出口三大需求增长将更趋协调。当前北京已进入消费结构升级阶段，消费增长仍有较大潜力；中国人民银行规范第三方支付机构以及银联推出的无卡支付平台等政策为网络消费和银行卡消费等新兴消费模式提供良好环境；保障房加快供给和机动车更新换代将在一定程度上填补住宅和汽车限购形成的缺口，并拉动相关消费和服务增长。投资保持平稳增长的同时结构和质量将继续优化，"十二五"规划确定的重大项目进入大规模集中建设阶段，战略性新兴产业项目和高端产业功能区将成为投资建设热点；新技术、新工艺、新产业模式的出现也增加了传统产业技术升级与改造方面的投资需求；受政策调控影响，房地产及相关行业的投资将进一步放缓。跨境贸易人民币结算试点继续推进、天竺保税区建设和服务贸易的快速发展对进出口增长起到一定支撑作用，但世界经济复苏步伐放缓、贸易保护主义升温、劳动力成本上升等不利因素，都会对北京地区对外贸易造成不利影响，预计2012年北京地区进出口规模较2010年持平或略有增长。

价格方面，随着宏观经济政策措施效果逐渐显现，社会总需求趋于稳定，货币条件回归常态，粮食生产形势较好，支持物价稳定的积极因素增多。但国际政治局势动荡加剧、主要经济体流动性持续宽松，大宗商品价格存在进一步上涨压力，资源品价格改革尚待深入推进，都有可能使微观经济主体的通胀预期出现反复。综合考虑各相关因素影响，预计2012年北京市物价仍将呈现上涨态势，但同比涨幅较2011年将有所回落。

从金融运行情况看，金融业服务首都经济发展的动力和能力将进一步增强。"三个北京"发展战略的稳步实施为金融业提供了良好的发展环境；文化、知识产权、石油和金融资产等要素交易市场建设有序推进和社会信用担保体系的不断完善，将吸引相关机构落户北京，进一步强化首都的总部金融特征。2012年北京市金融业将切实把握更好地服务实体经济的要求，创新金融产品和融资方式，加大对高新技术产业、文化创意产业、战略性新兴产业等重点领域，以及保障房建设、环境治理和节能减排等薄弱环节的金融支持。全面改进和完善对小微企业、"三农"的金融服务。继续落实差别化住房信贷政策，加大对保障性安居工程和普通商品住房建设的支持力度，努力改善首套住房贷款信贷服务。

2012年，中国人民银行营业管理部将全面贯彻中央经济工作会议和全国金融工作会议精神，按照中国人民银行工作会议部署，牢牢把握加快转变经济发展方式的主线和稳中求进的总基调，结合北京实际，努力提高执行稳健货币政策的针对性、灵活性和前瞻性。全力维护首都金融稳定，扎实推进金融服务现代化，全面提升金融服务水平，努力营造促进首都经济社会平稳和谐发展的金融环境。

附录：

北京市经济金融大事记

1月16日—21日，北京市十三届人大四次会议召开，审议通过了政府工作报告、《北京市国民经济和社会发展第十二个五年规划纲要》等。

2月15日，北京市政府印发《关于贯彻落实国务院办公厅文件精神进一步加强本市房地产市场调控工作的通知》。

2月22日，《中关村国家自主创新示范区发展规划纲要(2011—2020年)》发布。

5月23日，中国支付清算协会在北京正式成立。

9月1日，"月刷卡月中奖"——2011年北京市刷卡促消费活动正式启动。

9月2日，北京国有资本经营管理中心在银行间债券市场成功发行50亿元首笔保障房专项私募债，北京成为全国首个通过发行保障房专项债券融资的地方政府。

9月19日，目前亚洲规模最大、技术最先进的金库工程——北京人民币立体发行库开始试运行。

11月3日－6日，第7届北京国际金融博览会在北京展览馆成功举办。

11月23日，海淀区、西城区正式成为"北京市中小企业信用体系建设试验区"。

12月19日—21日，北京市委召开十届十次全会，审议通过了《中共北京市委关于发挥文化中心作用加快建设中国特色社会主义先进文化之都的意见》。

2011年天津市金融运行报告

中国人民银行天津分行
货币政策分析小组

内容摘要

2011年，天津市坚决贯彻中央的决策部署和国家宏观调控政策措施，认真落实胡锦涛总书记对天津工作的一系列重要要求，积极开展"调结构、增活力、上水平"活动，加快转变发展方式，经济总量跨上万亿台阶，主要经济指标增幅保持前列，优势产业引领工业较快增长，三次产业协同发展，进出口平稳增长，消费市场持续活跃，经济社会保持了平稳较快增长。

全市金融业按照"稳总量、控节奏、调结构、抓创新、防风险"的总体工作要求，认真贯彻落实稳健的货币政策，金融业保持平稳运行，银行业金融机构整体实力不断增强，证券保险业平稳发展，金融生态环境不断优化。

2012年，天津将深入开展"调结构、惠民生、上水平"活动，坚持稳中求进、稳中求好、稳中求快的工作基调，加快转变经济发展方式，加快调整优化经济结构，增强发展的全面性、协调性、可持续性，经济社会将继续保持平稳较快增长。全市金融业将认真落实稳健的货币政策，着力推进金融服务现代化建设，金融生态环境整体将不断向好，对实体经济、小微企业和产业结构调整的支持力度将进一步增强。

一、金融运行情况

2011年，天津市金融业认真贯彻落实稳健的货币政策，切实把握好信贷投放的总量、节奏，积极优化信贷结构，有效防范和化解系统性金融风险，进一步拓展金融服务的广度和深度，资产质量和盈利水平不断提升，金融业总体保持平稳健康运行态势，有力支持了天津经济平稳较快发展。

(一)银行业整体实力不断增强

1. 2011年末，天津市银行业金融机构资产总额。2.8万亿元，同比增长17.4%，连续3年保持高速增长；负债总额2.7万亿元，同比增长16.8%。银行业金融机构不断拓展业务空间，改善金融服务，已经形成了功能齐备、分工合理、中外资并存的多元化组织体系，增强了天津金融的辐射力和带动作用。

表1　2011年天津市银行业金融机构情况

机构类别	营业网点			法人机构(个)
	机构个数(个)	从业人数(人)	资产总额(亿元)	
一、大型商业银行	1102	26926	9305	0
二、国家开发银行和政策性银行	12	387	1865	0
三、股份制商业银行	265	8987	8076	1
四、城市商业银行	260	5553	3530	1
五、城市信用社	0	0	0	0
五、农村合作机构	587	7226	1957	2
六、财务公司	4	88	143	3
七、信托公司	2	242	40	2
八、邮政储蓄	400	2214	642	0
九、外资银行	46	2010	779	3
十、新型农村金融机构	6	166	43	5
十一、其他	3	327	1728	3
合　计	2687	54126	28108	20

注：营业网点不包括国家开发银行和政策性银行、大型商业银行、股份制银行等金融机构总部数据；大型商业银行包括中国工商银行、中国农业银行、中国银行、中国建设银行和交通银行；国家开发银行及政策性银行包括国家开发银行、中国农业发展银行和中国进出口银行；股份制商业银行包括中信银行、中国光大银行、华夏银行、广东发展银行、深圳发展银行、招商银行、上海浦东发展银行、兴业银行、中国民生银行、恒丰银行、浙商银行和渤海银行等；农村合作机构包括农村信用社、农村合作银行和农村商业银行；农村新型机构包括村镇银行、贷款公司和农村资金互助社。

数据来源：中国人民银行天津分行。

2011年，银行业金融机构累计实现营业收入达747.6亿元，同比增长28.7%，累计实现净利润374.1亿元，同比增长37.6%。不良贷款继续实现低位"双降"，截至2011年末，不良贷款余额140.9亿元，同比减少2.3亿元；不良贷款率0.8%，同比下降0.2个百分点。金融租赁公司继续保持快速发展，全市3家金融租赁公司租赁余额达到1548亿元，比年初增加576亿元，增长59%，保持了行业领先优势，成为具有全新功能的新兴金融行业。

2. 各项存款少增较多，增速大幅回落。截至2011年末，各项存款余额为17587亿元，比年初增加1094亿元，仅为上年的42%，同比增长6.7%，比上年回落12.2个百分点。分项目看，个人存款稳定增长，增加额高于上年，而单位存款比上年少增1428亿元。单位存款少增的原因：企业理财产品快速增长对单位存款替代效应明显；建设项目陆续进入用款高峰，企业支付量大，原有沉淀资金被逐步消化；天津市信贷投放主要以大项目为主导，由于基础设施建设项目的上下游关联交易企业多在异地，企业资金大部被支往外地；进出口贸易逆差扩大影响到相关企业存款的增加。存款少增致使存贷比不断攀升，对信贷增长、商业银行放贷积极性产生一定影响，同时对金融市场秩序也有所冲击。

3. 贷款总量适度增长，信贷结构得到改善。与全国货币信贷运行趋势基本一致，2011年，天津市货币信贷运行朝着国家金融宏观调控的方向发展。2011年社会融资规模为3166亿元，比上年少1178亿元。截至2011年末，本外币各项贷款余额15925亿元，同比增长15.7%，比上年回落7.8个百分点，贷款比年初新增2163亿元，是上年同期的82.7%，同比少增451亿元。分机构看，除地方法人金融机构同比多增外，其他类型机构贷款均出现少增。

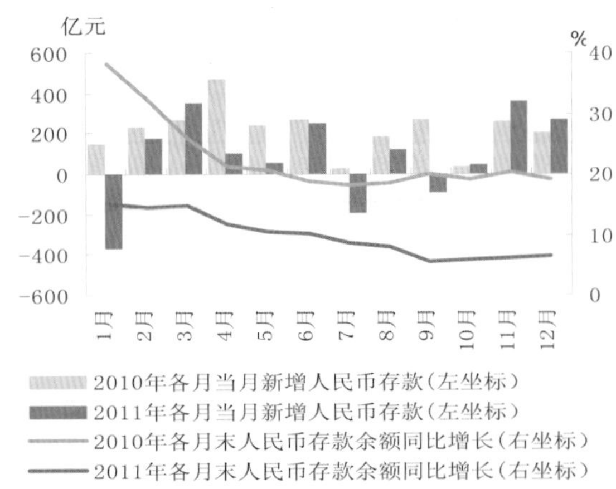

数据来源:中国人民银行天津分行。

图1 2010—2011年天津市金融机构人民币存款增长变化

信贷结构更趋合理。短期贷款增长加快,年末增速达到30.7%,高于中长期贷款增速22.8个百分点,新增贷款中短期贷款占比也逐步升高,达到45.3%,高于中长期贷款占比近11.4个百分点。服务业贷款明显上升,交通运输、仓储和邮政业及批发和零售业新增贷款占比达36.7%,比上年提高了14个百分点,电力、燃气及水的生产和供应业贷款全年增加133亿元,比上年多增119亿元。信贷资金重点支持了在建(续建)项目。全年在建续建项目累计发放贷款1613亿元,占全部项目贷款的83%。中小企业贷款增加较多。全市中小企业贷款比年初增加935亿元,同比多增506亿元,增加额占全部企业贷款增加的74.4%,高于上年45.9个百分点。保障性住房贷款大幅增长。年末,保障性住房开发贷款余额261亿元,同比增长329%,比年初增加201亿元,同比多增168亿元。政府融资平台贷款下降。天津分行银行重点客户信贷信息监测系统显示,政府融资平台贷款余额5454亿元,净下降11.7亿元,同比少增954亿元,增速较上年下降21个百分点。

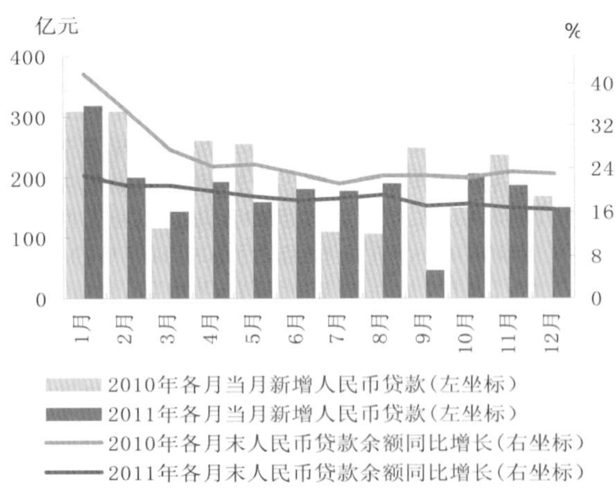

数据来源:中国人民银行天津分行。

图2 2010—2011年天津市金融机构人民币贷款增长变化

外币贷款少增较多,增速大幅回落。2011年末,外币贷款余额108.3亿美元,比年初增加8.3亿元,同比少增17.5亿元,增速为8.3%,比上年回落26.5个百分点。主要是境内短期贷款少增10.8亿元,其中短期贸易融资少增9.2亿元,境外贷款下降7亿元,同比少增13亿元。

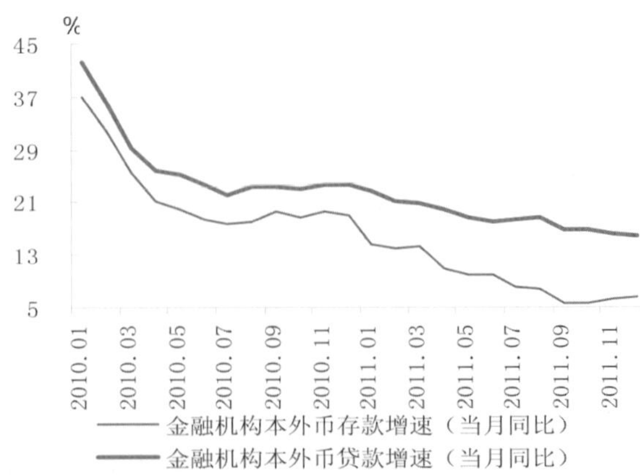

数据来源:中国人民银行天津分行。

图3 2010—2011年天津市金融机构本外币存、贷款增速变化

表2 2011年天津市人民币贷款各利率区间占比表

月份		1月	2月	3月	4月	5月	6月
	合计	100.0	100.0	100.0	100.0	100.0	100.0
	[0.9-1.0)	23.8	20.1	14.6	14.7	13.7	6.6
	1.0	38.7	41.5	43.2	38.4	35.0	40.4
上浮水平	小计	37.4	38.4	42.2	46.9	51.3	53.0
	(1.0-1.1]	21.0	26.3	26.9	23.5	25.1	27.1
	(1.1-1.3]	12.8	10.3	12.6	19.9	21.0	20.2
	(1.3-1.5]	1.8	1.3	1.9	2.5	4.3	4.2
	(1.5-2.0]	0.8	0.3	0.7	0.4	0.7	1.1
	2.0以上	1.0	0.3	0.2	0.5	0.2	0.4
月份		7月	8月	9月	10月	11月	12月
	合计	100.0	100.0	100.0	100.0	100.0	100.0
	[0.9-1.0)	10.2	6.0	5.3	5.2	9.3	4.6
	1.0	39.4	28.7	31.4	33.3	29.0	29.7
上浮水平	小计	50.4	65.3	63.4	61.5	61.7	65.7
	(1.0-1.1]	25.7	32.4	31.6	32.1	33.2	33.0
	(1.1-1.3]	19.5	25.8	23.8	24.1	21.6	26.3
	(1.3-1.5]	2.9	4.7	4.5	3.2	4.5	5.5
	(1.5-2.0]	2.0	2.1	3.3	1.4	1.2	0.8
	2.0以上	0.3	0.3	0.2	0.7	1.3	0.2

数据来源:中国人民银行天津分行。

4.利率总体水平略有上升。2011年,天津市金融机构各期限档次人民币贷款利率水平略有上升。由于年内市场资金趋紧,执行上浮利率的贷款占比增加,贴现、转贴现利率水平均有所上升,在房地产市场调控政策影响下,个人住房贷款利率上升。随着利率市场化改革的不断推进,中国人民银行天津分行通过建立金融机构利率市场化微观机制建设情况备案及风险定价能力评估制度,进一步完善辖内利率定价机制建设。

5.大型银行改革持续深入,地方法人商业银行自主创新力度加大。大型银行天津市分行深化业务集中处理改革,完善中后台业务流程、加强渠道建设提升网点效能、优化绩效考核指标体系,资源配置效率得到进一步提高;推出新农村建设贷款以及利用公积金委托贷款支持保障房建设、公租房租金和保证金业务管理等产品和业务;细化各类风险管理制度和管控流程,建立风险管理责任制和"风险制约、合规操作、双线控制、还手监督"的风险文化。地方法人商业银行着力提高自身竞争力。创新推出了"保兑仓"、"货物质押"、"增值贷"、"联保贷"等一系列融资服务产品,提高了面向中小经营户的服务品质；深化经营模式改革，坚持和拓展事业部专业化道路，按行业、产品和区域属性规范了事业部建制，建立和完善了事业部营销体系，有效地拓宽了资金来源；制定了风险垂直管理办法、风险官管理办法以及风险派驻人员考核实施细则，构建了以"统一领导、垂直管理、业务独立、工作有效"为核心的风险管理组织体系，实现了总行对全行风险管理工作的统一领导和垂直管理。

数据来源：中国人民银行天津分行。

图 4　2010—2011 年天津市金融机构外币存款余额及外币存款利率

6. 跨境贸易人民币结算业务实现新突破。2011 年，金融机构共办理跨境贸易人民币结算 430.8 亿元，较上年增长 330%，上了一个大的台阶，其中跨境资本交易汇出 9.0 亿元，实现了跨境人民币投资的突破。目前，跨境人民币业务已覆盖 40 多个国家和地区，实际收付结算量主要集中在石油和天然气开采，通信设备、计算机及其他电子设备业，批发业。

专栏 1：以新型抵质押方式信贷为突破口加快推进中小企业金融产品和服务方式创新

缺乏抵押品，一直是困扰中小企业融资的难题，近年来，中国人民银行天津分行结合全市实际情况，在各相关部门的共同配合下，大力推动天津市中小企业专利权、商标权、股权和应收账款质押贷款（以下简称"四项贷款"），解决中小企业融资难题。四项贷款从无到有，现已成为中小企业信贷增长新的示范拉动力量。根据中国人民银行天津分行的监测，截至 2011 年末，四项贷款余额为 308.8 亿元，较年初增加 191.1 亿元，增长 162.5%，高于同期本外币各项贷款增速 146.8 个百分点。

一、四项贷款在推动中小企业融资工作中发挥了重要作用

一是贷款规模实现跨越式增长。2009 年以来，全市各金融机构积极加大四项贷款的拓展力度，贷款规模大幅提高。截至年末，四项贷款余额达 308.8 亿元，是 2009 年末的 7.5 倍。其中，专利权、商标权、股权和应收账款质押贷款余额分别为 2.1 亿、1.4 亿、49.8 亿和 255.5 亿元，分别是 2009 年末的 7.4、14.2、5.8 和 7.9 倍。

二是开办业务的金融机构数量快速增加。截至年末，已有 24 家金融机构开办四项贷款业务，是 2009 年的 1.7 倍：开办专利权质押贷款的由 2 家增加至 6 家；开办商标权质押贷款的由 1 家增加至 4 家；开办股权质押贷款的由 5 家增加至 17 家；开办应收账款质押贷款的由 9 家增加至 19 家。

三是四项贷款的资产质量高于中小企业总体信贷。自开办以来，专利权、商标权和股权质押贷款始终未发生不良贷款，不良率持续为 0；年末，应收账款质押贷款不良率仅为 0.36%。目前，四项贷款整体不良率保持在 0.3% 的较低水平，低于同期全市中小企业贷款不良率 1.5 个百分点。

四是越来越多的中小企业受益于四项贷款。随着四项贷款规模的逐步扩大，受益的中小企业数量以每年递增 100 户以上的水平增长，已经由 2009 年的 152 家快速增加至今年的 440 家。

二、四项贷款工作开展过程中存在的问题一是专利权、商标权等评估存在不确定性。目前全市尚未形成规范有效的专利权、商标权评估市场。

据调研，目前市场上具备评估知识产权能力的评估事务所，多数出具以增加注册资本为目的的评估报告，对企业全面评估能力和对银行关注点的理解尚有待完善。因此就出现了银行并无入围的评估机构，而企业从市场找到的评估机构出具的报告又不能满足银行对整个业务的风险判定要求的矛盾。

二是四项贷款质押物的变现渠道仍待拓宽。目前，虽然存在专利权和非上市股权转让交易市场，但由于市场容量和深度有限，发展尚不成熟，质押物处置渠道仍不通畅。而商标权、应收账款等质押品转让的市场尚未建立，一旦贷款发生不良，处置难度极大。随着四项贷款业务量的不断扩大，未来贷款发生风险的可能性在逐渐提高。处置问题已经成为四项贷款业务操作的主要风险点和制约未来业务量增长的主要障碍。

三是四项贷款质押登记办理效率仍有待进一步提高。目前，四项贷款质押登记机构较为分散，如专利权出质的登记机构为知识产权局，商标专用权出质的登记机构为工商局，上市公司股权出质的登记机构为证券登记机构，有限责任公司及非上市公司股权出质的登记机构为工商局。多数质押登记需要到北京总局办理。同时，各登记机构制定的登记程序和内容不尽一致，登记期限和费用也各不相同。当前的登记制度加重了设立质权的成本，降低了设立质权的效率。

三、政策建议一是打造具有公信力的质押物评估体系。针对存在的质押物评估方面的问题，建议由拟成立的金融支持科技型中小企业发展专项工作推动小组联合对全市的知识产权评估单位进行评级打分；调研各商业银行在质押物评估中关注的风险点，规范四项贷款质押业务评估报告；以推动小组的名义将通过认定的被评估单位通告各金融机构及相关部门；充分降低银企在选择评估机构问题上的信息不对称性，有效地提高四项贷款业务的办理效率和成功率。

二是拓宽质押物变现渠道，建立多元化的风险分散机制。一方面，加强四项贷款质押物流通市场建设，进一步建立并完善专利权、商标权、股权和应收账款转让平台；另一方面，在短期内积极通过建立贴息、担保和保证保险补偿、融资风险补偿为核心的融资政策支持体系，协助金融机构适当分散信贷风险，改变单纯通过银行或担保单独承担信贷风险的局面。

三是争取国家支持，整合质押物登记平台。针对目前四项贷款质押物质押登记分散的问题，建议相关政府部门争取国家部委支持，以滨海新区先行先试为契机，争取在天津开办相关质物的质押登记业务。同时，通过全市资源的整合，在未来提供"一站式"办理相关质押登记的综合服务平台。

（二）证券期货市场平稳运行

截至2011年末，天津市共有法人证券公司1家，证券分公司2家，证券营业部102家，证券投资咨询公司2家，资信评级公司1家，基金管理公司1家。法人证券公司业务种类不断增加，成立了集合资产管理计划，设立了直投子公司，并取得为期货公司提供中间业务介绍资格。

期货公司运营平稳。2011年，天津市6家法人期货公司累计代理交易量2006.4万手，代理交易额2.3万亿元，手续费净收入8616.8万元。截至2011年末，天津市共有3家公司和20家营业部具有股指期货开户资格。

上市公司融资平稳进行。2011年，天津市有6家公司的上市方案报中国证监会审批，22家公司基本具备报会审批条件，260家企业正在进行上市发行不同阶段的前期工作。全年上市公司累计融资32.2亿元，其中首发上市1家，融资10亿元，定向增发1家，融资22.2亿元。

表3　2011年天津市证券业基本情况表

项　目	数量
总部设在辖内的证券公司数(家)	18
总部设在辖内的基金公司数(家)	9
总部设在辖内的期货公司数(家)	20
年末国内上市公司数(家)	194
当年国内股票（A股）筹资（亿元）	1315
当年发行H股筹资（亿元）	--
当年国内债券筹资（亿元）	12018
其中：短期融资券筹资额（亿元）	4195

数据来源：天津证监局、人民银行天津分行。

（三）保险业经营水平稳步提升

2011年，天津市保险公司机构数量稳步增加，资产规模快速增长。中荷人寿、国寿财险、光大永明和三星财险四家保险公司先后在天津设立分支机构。全市共有保险中介公司91家，兼业代理机构2800余家，基本形成了种类齐全、网络完善、布局合理的保险市场体系。截至2011年末，天津市保险公司总资产为736.6亿元，同比增长20.3%。

表4　2011年天津市保险业基本情况表

项　目	数量
总部设在辖内的保险公司数(家)	50
其中：财产险经营主体（家）	13
人身险经营主体（家）	27
保险公司分支机构（家）	89
其中：财产险公司分支机构（家）	35
人身险公司分支机构（家）	50
保费收入（中外资，亿元）	821
其中：财产险保费收入（中外资，亿元）	233
人身险保费收入（中外资，亿元）	588
各类赔款给付（中外资，亿元）	233
保险密度（元/人）	4125
保险深度（%）	5

数据来源：天津保监局。

保险市场经营效益水平稳步提高，体现出良好的发展活力。2011年天津市保险业共实现保费收入211.7亿元，同比增长13.6%。其中，人身险保费收入的增长基本依靠保险公司自有渠道。截至2011年末，个人代理渠道和公司直销渠道分别实现保费收入77.6亿元和13.9亿元，合计占保费收入的比重达到67.7%，比上年提高约6个百分点；寿险产品结构调整效果显著，向长期集中的趋势明显，2011年天津市普通寿险和分红险分别实现保费收入12.7亿元和103.8亿元，合计占全市寿险业务的比重98.2%。

天津保险业积极推进各项保险创新试点，为天津经济发展和人民生产生活提供新增风险保障4.3万亿元，全年支付各项赔款给付共计66.2亿元，保险功能作用得到显著发挥，在应对重大突发事故、弥补经济损失、提高社会保障水平以及加强社会管理等方面发挥了积极作用。全市保险业积极支持新农村建设，扎实做好政策性农险“五大统保”工作，共为广大农户提供了共计57.8亿元的风险保障；处理各类医疗纠纷案件870起，累计支付赔款2191.8万元，共帮助23家内贸企业取得国内贸易融资超过28亿元，为105家外贸企业提供国际贸易融资5.1亿美元。

（四）金融市场健康发展

2011年，天津市金融市场总体运行平稳。直接融资规模平稳增加，银行间市场交易活跃，票据市场增长较快，黄金市场交易稳步增长。

1. 直接融资规模平稳增加。2011年，天津市间接融资占比依然较高，但直接融资的规模和渠道进一步拓宽。全年直接融资额达到346.2亿元，其中，债券发行314亿元，股票融资32.2亿元。全市直接融资与间接融资的比例约为1:6，与上年同期基本持平。

表5　2001—2011年天津市非金融机构部门贷款、债券和股票融资情况表

	融资合计(亿元人民币)	比重（%）		
		贷款	债券(含可转债)	股票
2001	1476.0	82.1	4.4	13.5
2002	2117.4	84.8	7.8	7.4
2003	2843.7	83.5	7.8	8.7
2004	2184.4	88.4	8.5	3.1
2005	3174.6	60.3	39.6	0.1
2006	4089.1	69.9	25.8	4.3
2007	6200.0	38.8	17.6	43.6
2008	8531.0	38.0	47.5	14.5
2009	16553.9	47.6	43.3	9.1
2010	11701.7	46.4	47.4	6.2
2011	10009.9	33.6	57.7	8.7

数据来源：天津证监局、中国人民银行天津分行。

2. 银行间市场交易活跃。2011年，天津市金融机构积极借助银行间市场来扩展货币市场业务，交易量呈稳步增长的势头。全市银行间同业拆借市场累计完成信用拆借2318笔，同比增长了58.1%；累计拆借金额为9617.6亿元，同比增长86%。债券回购交易量稳步增长，累计成交额达到35540亿元，与上年同期基本持平，其中，买断式回购累计成交81.6亿元，在债券回购交易整体中占比虽仍较小，但与上年同期3.6亿元的交易量相比，增长迅猛。从期限结构看，市场交易仍以短期为主。全年同业拆借和债券回购中，期限在7天以内的交易品种成交占比分别为90.7%和91.6%。

3. 票据市场增长较快。2011年，承兑汇票累计发生额为6046.9亿元，同比增长32.3%；票据贴现累计发生额为2688.8亿元，同比提高20.7%。票据市场总体上呈现较快增长态势。从利率水平看，全年票据市场利率走势与经济

金融形势紧密相联，呈逐步走高态势，3个月以内的银行承兑汇票贴现和商业承兑汇票贴现的加权平均利率分别为8.08%和8.51%，较上年同期分别提高了4.23个和3.67个百分点。

表6　2011年天津市金融机构票据业务量统计表

单位：亿元

	融资合计（亿元人民币）	比重（%）		
		贷款	债券（含可转债）	股票
2001	1476.0	82.1	4.4	13.5
2002	2117.4	84.8	7.8	7.4
2003	2843.7	83.5	7.8	8.7
2004	2184.4	88.4	8.5	3.1
2005	3174.6	60.3	39.6	0.1
2006	4089.1	69.9	25.8	4.3
2007	6200.0	38.8	17.6	43.6
2008	8531.0	38.0	47.5	14.5
2009	16553.9	47.6	43.3	9.1
2010	11701.7	46.4	47.4	6.2
2011	10009.9	33.6	57.7	8.7

数据来源：中国人民银行天津分行。

表7　2011年天津市金融机构票据贴现、转贴现利率表

单位：%

季度	贴现		转贴现	
	银行承兑汇票	商业承兑汇票	票据买断	票据回购
1	4.9818	5.5195	4.1044	4.9194
2	6.2329	5.9977	5.7299	5.6043
3	8.9394	7.3287	7.1888	6.7464
4	9.1023	8.4579	6.9797	7.1166

数据来源：中国人民银行天津分行。

4.实物黄金和“纸黄金”交易量呈现此消彼长的态势。2011年，天津市黄金市场总体运行平稳，交易量为38527.6公斤，较上年同期略有上升。其中，“纸黄金”交易量同比增长51.4%，实物黄金交易量同比下降42.8%。主要因为股市、楼市持续低迷，黄金价格震荡中不断攀升，黄金的货币属性表现得愈加明显，而“纸黄金”业务由于门槛较低、风险较小等特性，逐渐受到广大黄金投资者追捧。

（五）金融生态环境不断优化

2011年，天津市积极采取有效措施，大力推动地方信用体系建设，金融生态环境不断改善。征信基础设施建设完善，风险防范作用增强。全年征信系统日均查询量1.2万余次；全市金融机构通过查询征信系统拒绝信贷申请3290笔（不含信用卡），涉及金额119亿元。地方信用体系建设步伐加快，征信服务不断延伸。2011年，天津市制定了《天津市社会信用体系建设实施方案》，确定天津市社会信用体系建设基本框架体系。截至2011年末，天津市环保局、市农委、市建委、市规划局陆续将本部门在行政管理中形成的企业和个人资质信息、行政奖励和处罚信息等接入征信系统。征信市场稳步发展。推动中小企业和农村信用体系建设取得新进展。截至2011年末，累计为天津市12.7万户未贷款中小企业建立信用档案，其中2400余户企业获得银行授信支持，累计贷款金额2570亿元；组织天津市涉农金融机构为全市33万户农户建立了电子信用档案，累计提供信贷支持481.4亿元。推进支付清算体系建设。继续扩大滨海新区支票截留试点范围，积极推动支票圈存业务，拓展支付系统应用功能。开展助农取款业务和观光农业支付业务，进一步改善农村支付环境。正式启动金融IC卡“交通一卡通”项目和社保卡、医保卡整合“医达通”项目。加大反洗钱工作力度。全市反洗钱协调机制建设进一步深化，部门之间信息沟通和协调配合得到加强，健全完善业务流程、准确把控洗钱风险，着力提高可疑交易报告质量和反洗钱案件协查、调查工作成效。

二、经济运行情况

2011年是“十二五”规划开局之年，天津市积极贯彻落实国家宏观调控政策，有效应对国内外较为复杂的发展环境，统筹做好转方式、调结构、惠民生、促和谐等各项工作，实现了经济平稳较快增长，经济总量跨上万亿元台阶，质量效益进一步提升。2011年全市完成地区生产总值11191.0亿元，按可比价格计算，比上年增长16.4%，增幅继续在全国保持前列。

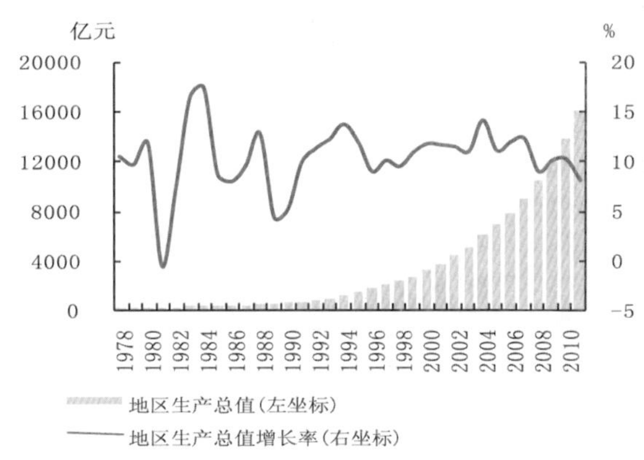

数据来源：天津市统计局。

图5　1978—2011年天津市地区生产总值及其增长率

（一）需求拉动势头强劲

内需成为经济增长的主要推动力，外需虽受国际金融危机和欧洲主权债务危机的持续影响，但仍保持稳定增长。其中，投资需求继续保持较快增长，高耗能行业投资得到控制，房地产投资在国家宏观调控的背景下高位回落，投资结构进一步优化。消费市场持续活跃，商品性消费增长快于服务性消费增长。对新兴市场出口的强劲增长缓解了危机对天津市外贸形势的不利影响。

1.投资需求快速增长。全年全社会固定资产投资7510.7亿元，增长31.1%，比上年加快1个百分点。其中，城镇投资7057.2亿元，增长31.2%；农村投资453.5亿元，增长29.8%。在城镇投资中，第一产业投资57.6亿元，增长41.8%；第二产业投资3104.1亿元，增长31.7%，其中工业投资3076.0亿元，增长31.6%；第三产业投资3895.4亿元，增长30.6%。城市基础设施投资1567.8亿元，增长8.8%。

城镇投资结构逐步优化调整，重点行业投资支撑全市城镇投资总量。第一产业的现代设施农业、观光农业、现代养殖业，第二产业的工业优势产业、高端制造业，第三产业的现代新型服务业、楼宇经济成为天津市投资建设的重点。其中，工业投资完成3076.0亿元，增长31.6%，增速高出全市城镇投资增速0.5个百分点，占全市城镇投资的43.6%。工业优势产业完成投资2758.5亿元，增长33.7%，高出全市城镇投资增速2.5个百分点，占城镇投资比重的39.1%，拉动全市城镇投资增长12.9%。

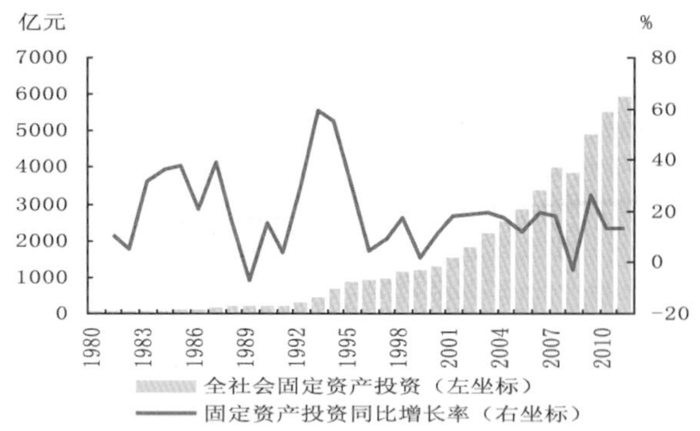

数据来源：天津市统计局。

图 6　1980—2011 年天津市固定资产投资及其增长率

民间融资为天津市投资注入新活力。2011 年天津市固定资产投资中，民间投资完成 3308.2 亿元，同比增长 47.5%，投资增速高出全社会投资增速 16.4 个百分点。民间投资主要以房地产、楼宇经济及现代服务业为主。

2. 消费市场持续活跃。全年社会消费品零售总额3395.1 亿元，增长 18.7%。主要特点，一是商品性消费增长快于服务性消费。城市居民人均消费性支出 18424 元，增长 11.2%，其中商品性消费支出增长 12.1%，快于服务性消费支出 3.2 个百分点。二是一批大型商业设施建成开业，促进了商品市场繁荣。三是汽车、石油及制品、金属材料等成为消费热点，三大类别销售额合计比重达 72.7%。

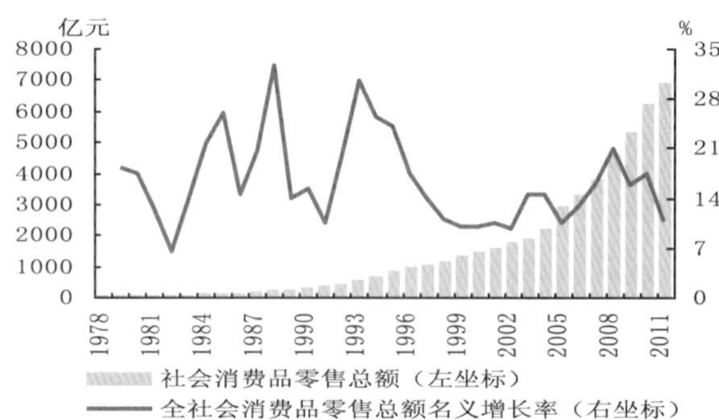

数据来源：天津市统计局。

图 7　1978—2011 年天津市社会消费品零售总额及其增长率

居民收入稳步增长。全年城市居民人均可支配收入为 26921 元，比上年增长 10.8%。其中，人均工资性收入 18794 元，比上年增长 12.0%，拉动人均可支配收入增长 6.9 个百分点。工资性收入增长主要得益于以下因素：一是企业经济效益提升，带动职工收入同步增长；二是最低工资标准提高 26%，低收入者工资较快上涨；三防暑降温费等福利待遇水平进一步提高。人均养老金收入 7752 元，增长 9.1%；连续七年调增企业退休人员养老金，各项养老福利政策不断完善。存款利息提高和出租房屋收入增加，拉动人均财产性收入大幅增长 38.8%。

3. 外贸进出口逆差进一步扩大。2011 年，天津外贸进出口规模平稳增长，进出口总值为 1033.9 亿美元，增长 25.9%。其中出口 445.0 亿美元，进口 588.9 亿美元，外贸逆差 144.0 亿美元，逆差较上年扩大 72.3 亿美元。外资企业外贸逆差 94.1 亿美元，占全市逆差的 65.4%。国有企业和私营企业进口快速增长，导致外贸逆差有所扩大，分别比上年增长了24.9 和 13.0 亿美元。为拉动全市外贸出口增长，天津在保证对传统市场的出口外，加大对新兴市场的业务拓展，对东盟、拉美地区和俄罗斯出口分别为 45.7、37.7 和 8.7 亿美元，增长 44.7%、34.7% 和 38.5%。

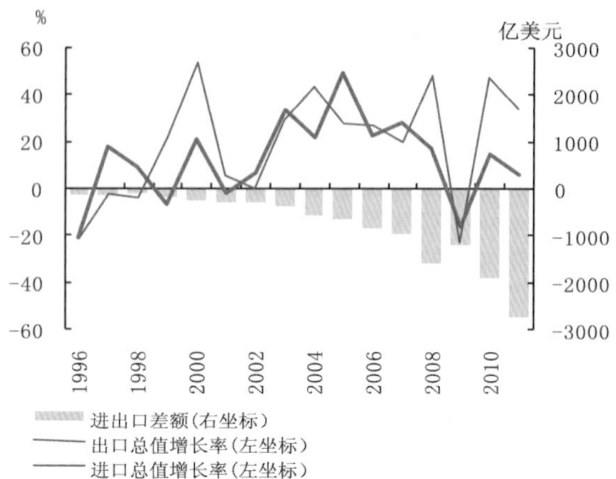

数据来源：天津市统计局。

图 8　1981—2011 年天津市外贸进出口变动情况

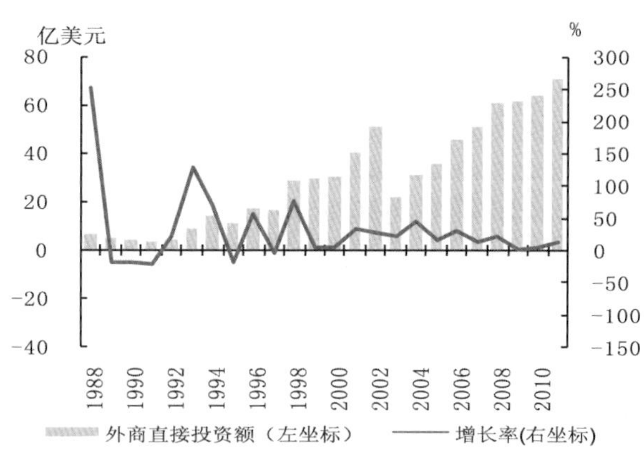

数据来源：天津市统计局。

图 9　1985—2011 年天津市外商直接投资情况

实际利用外资保持稳步增长。2011 年，天津全年新签直接利用外资协议 634 个，合同外资金额 168.37 亿美元，增长 10.1%；实际直接利用外资 130.56 亿美元，增长 20.4%。制造业吸引外资稳增长，全年实际利用外资 57 亿美元，增长 14.9%。商务服务业和房地产业实际利用外资快速增长，增速分别达到 115.4% 和 101.1%，成为继制造业之后外资主要投资领域。在国际经济形势复杂多变的情况下，来自美国和韩国的外资有所下降，实际利用外资分别为 5.52 和 8.86 亿美元，下降 28.4% 和 15.2%。

（二）结构调整取得新进展

结构调整加快推进，三次产业协同发展。其中，第一产业增加值 159.1 亿元，增长 3.8%；第二产业增加值 5878.0 亿元，增长 18.3%，第三产业增加值 5153.9 亿元，增长 14.6%。一、二、三产业占全市 GDP 比重分别为 1.4%、52.5%、46.1%，第三产业在经济发展中的作用进一步上升。

1. 农业稳步发展。粮食生产再获丰收，总产量达到161.8 万吨，比上年增长 1.3%，实现连续 8 年增产。高标准设施农业累计达到 60 万亩，建成 20 个现代农业示范园区、155 个养殖示范园区。主要农副产品产量保持稳定。全年棉花总产量 7.1 万吨，增长 12.6%；肉类总产量 43.0 万吨，增长 0.3%；蔬菜产量444.2万吨，增长5.9%；水产品产量35.2万吨，增长2.1%。

2. 优势产业引领工业较快增长。全年规模以上工业增加值增长21.3%，完成工业总产值20857.7亿元，增长29.2%。优势产业支撑作用明显。航空航天、石油化工、装备制造、电子信息、生物医药、新能源新材料、轻纺和国防等八大优势产业完成工业总产值18881.5亿元，增长29.0%，占全市规模以上工业的比重为90.5%。高耗能行业增速放缓。黑色冶金、电力热力、化学原料及制品、石油加工、石油和天然气开采、非金属矿物制品等六大高耗能行业增加值分别增长17.6%、9.3%、17.5%、20.9%、9.4%和15.0%，均低于全市平均水平，其中5个行业增速比上年大幅回落。

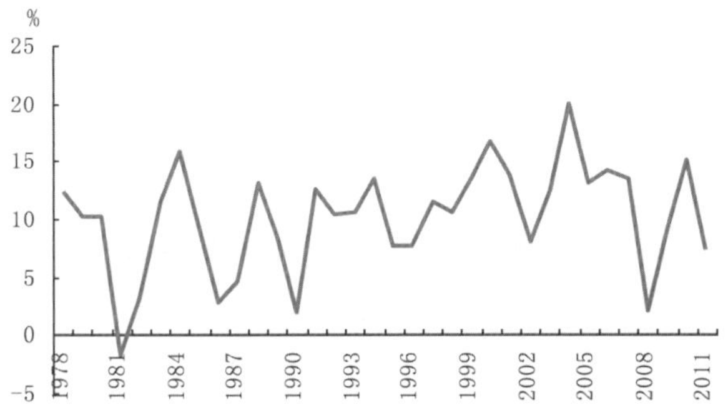

数据来源：天津市统计局。

图10 1978—2011年天津市工业增加值增长率

转变发展方式取得积极进展。新推出重大项目340项，累计达到1280项，通过大项目好项目建设，进一步带动经济增长，优化产业结构，积蓄发展后劲。全社会研发经费支出占生产总值的比重提高到2.6%，综合科技水平继续位居全国前列。全市专利申请3.6万件，授权1.4万件，分别增长43%和30%。2011年天津市高新技术产业完成工业总产值6487.9亿元，同比增长20.2%；规模以上工业新产品产值增长38.2%，高于全市平均增速9个百分点；新产品产值率为30.8%，同比提高0.7个百分点。新增2个国家高新技术产业化基地，累计达到16个。新增科技型中小企业8500家，累计达到2.1万家。

3. 服务业多点支撑加快发展。一是传统服务业稳定向好。全年港口货物吞吐量4.5亿吨，增长9.7%；集装箱吞吐量1159万标准箱，增长14.9%；邮电业务总量180.8亿元，增长13.2%；批发零售业销售额20831.4亿元，增长33.2%；住宿餐饮业营业额494.8亿元，增长27.1%；接待入境旅游者200.4万人次，增长20.7%，接待来津旅游观光的国际豪华邮轮39艘；举办津洽会、融洽会等大型展会165个，其中津洽会签约总额1300多亿元。二是新兴服务业发展步伐加快。融资租赁企业达到51家，业务总量占全国的四分之一，创新型交易市场达到11家；国家动漫产业综合示范园投入使用，动漫产业公共技术服务平台达到世界领先水平；服务外包执行金额(离岸)3.9亿美元，增长91.4%；全市商务楼宇达到450个，税收超亿元楼宇增加到67个。

专栏2：天津市文化产业在政策扶持和金融支持下快速发展

近年来，天津市文化产业呈现快速发展态势。“十一五”时期，天津文化产业年均增长30%，明显快于全市GDP增长速度，文化产业占GDP比重从2005年的2.2%上升到2010年的3.3%，实现了跨越式发展，初步形成了由文化创意业、广播影视业、出版发行业、演艺娱乐业、文化旅游业、数字内容和动漫业、文化会展和广告业、艺术品交易业等八大门类组成的文化产业体系。目前，天津各类文化企业超过2万家，其中，民营企业占90%以上，从业人员20余万人。

天津市文化产业政策支撑体系不断完善。为推动文化产业发展，近年来天津市委市政府相继出台了《天津市文化产业振兴规划》、《打好文化大发展大繁荣攻坚战实施意见》、《关于促进我市电影产业繁荣发展的实施意见》、《关于金融支持文化产业振兴和发展繁荣的指导意见》、《关于支持我市文化体制改革和文化产业发展的意见》等一系列支持文化产业发展的相关政策措施。与此同时，财政支持力度也不断加大。2009年以来中央文化产业发展专项资金对天津20个项目给予资助，总额达1.3亿元；2010年设立了规模为一亿元的天津市文化产业发展专项资金，以补助、贴息、奖励、配套资助等方式支持文化企业发展；各区县和文化产业聚集区也相应成立“扶持专项资金”，滨海新区出资5亿元支持文化企业发展，滨海高新区、中新生态城也都设立了5000万元专项资金。目前《关于促进非公文化企业发展的意见》、《支持动漫产业发展的实施意见》、《天津文化发展基金管理办法》等政策办法正在制定之中，这些政策措施的出台落实将进一步完善文化产业政策支撑体系，促进天津文化产业发展再上新台阶。

金融业对文化产业发展的支持力度不断加大。一是信贷支持力度不断加大。2010年末，天津市文化产业贷款余额85.1亿元，比2009年增长27.0%，高于同期全市各项贷款增速3.8个百分点。2011年，文化产业贷款余额达到105.5亿元，增长24.0%，高于同期全市各项贷款增速7.6个百分点。随着一批文化产业项目的开工建设，文化产业中长期贷款占比逐年扩大，由2009年的73.6%增加到2011年的83.1%。二是金融机构积极创新，拓宽服务文化产业的融资渠道。除信贷业务创新之外，银行业金融机构积极探索与资本市场的对接，为天津文化产业提供多样化融资渠道。目前，北京银行天津分行和浦发银行天津分行正在积极筹备为天津中小型文化企业发行集合票据。此外，浦发银行利用其直接股权业务部设在天津的优势，积极与国内多家股权基金建立业务联系，争取在文化企业中开展“投贷联动”业务。三是担保机构加快创新，加大对文化产业担保的支持力度。天津海泰投资担保有限责任公司(以下简称海泰担保)目前已经为天津16家文化企业提供了融资担保，担保规模突破3亿元。除传统的担保方式外，海泰担保创新增设了“担保换期权”、“担保换收益”、“担保定投”等多种反担保形式，从风险创新角度实现“风险分担最小化，扶持力度最大化”。同时海泰担保将发挥海泰集团整体优势，未来将致力于集担保公司、银行及信托等金融机构和数字版权交易服务中心等为一体的金融服务平台建设。

(三)消费价格高位趋稳

2011年，天津市主要价格指数呈现上半年大幅上涨、年末快速下降的走势。最低工资标准上调，劳动力成本也持续走高。

1. 居民消费价格保持高位运行。全年价格上涨4.9%，涨幅较2010年多1.4个百分点。从构成居民消费价格的八大类商品变化来看，呈“六升两降”格局。其中，食品价格上涨 11.4%、家庭设备用品及维修服务类价格上涨 6.1%、烟酒价格上涨 4.8%、居住类价格上涨 4.7%、衣着类价格上涨 2.1%、医疗保健和个人用品类价格上涨 1.8%；价格下降的两类分别是娱乐教育文化用品及服务类价格和交通和通信类，分别下降 0.5% 和 0.1%。从各类商品及服务价格变动对总指数的影响程度上来看，食品及居住类价格仍是造成物价上涨的主要因素。全年食品价格累计上涨 11.4%，影响消费价格总水平上涨 3.2 个百分点，影响程度为 66.0%；居住类价格累计上涨 4.6%，影响总水平上涨 1.0 个百分点，影响程度为 20.8%。

2. 生产价格涨幅回落。2011 年，天津市工业生产者出厂价格同比上涨 3.8%，工业生产者购进价格上涨 9.8%，分别比 2010 年回落 1.3 个和 0.2 个百分点。从工业生产者出厂价格指数分类看，生产资料和生活资料全年分别同比上涨 4.1% 和 2.4%，分别比 2010 年下降了 2.5 个百分点和上升了 3.1 个百分点。

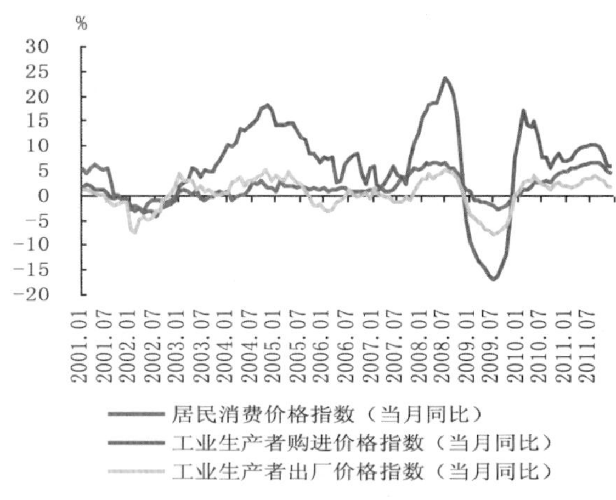

数据来源：天津市统计局。

图 11　2001—2011 年天津市居民消费价格和生产者价格变动趋势

3. 劳动力成本持续升高。2011 年，天津市单位从业人员人均劳动报酬为 58635 元，比上年增长 13.9%。另外，自 2011 年 4 月 1 日起天津市企业职工最低工资标准由每月 920 元上调为 1160 元。同时，非全日制用工小时最低工资标准由每小时 8.8 元调整为每小时 11.6 元，增长 31.8%。从目前全国最低工资标准调整情况看，天津市最低工资标准在全国处于较高的水平，位于全国第四。

（四）财政收入创历史最好水平

2011 年一般预算收入 1454.9 亿元，增长 36.1%，增幅比上年提高 6 个百分点。财政收入总量和增幅均创历史最好水平。税收拉动财政增收作用明显。全市地方税收收入1004.3 亿元，增长 29.3%，占一般预算收入的 69.0%。其中，企业所得税增长 45.1%，营业税增长 24.3%，增值税增长 18.6%，个人所得税增长 21.1%。同时，天津市全面落实结构性减税措施，全年为企业和居民减税 155 亿元。2011 年一般预算支出 1755.9 亿元，比上年增长 28.2%。天津积极调整优化支出结构，压缩一般性项目支出，较大幅度增加教育、医疗、社会救助、城乡居民生活保障等民生领域的投入，在财政总支出中，用于民生领域的投入 2068 亿元，增长 25.8%，占比达到 76.2%。

企业效益持续增加。全年规模以上独立核算工业企业完成主营业务收入 20711.9 亿元，同比增长 26.5%；实现利税总额 2777.6 亿元，增长 42.0%，其中利润 1669.3 亿元，增长 39.5%。盈利居前的行业分别是石油和天然气开采业、交通运输设备制造业和黑色金属冶炼及压延加工业。

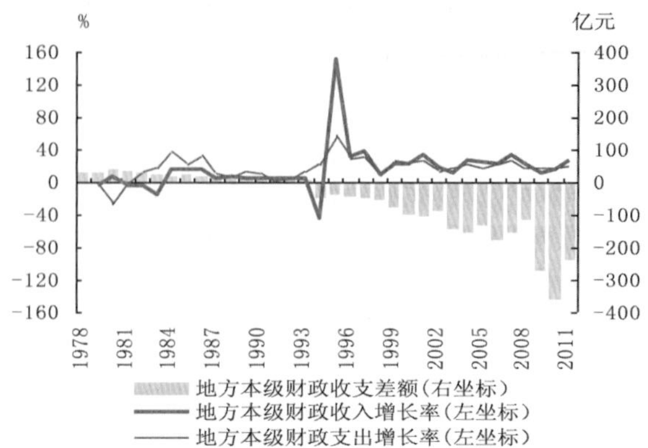

数据来源：天津市统计局。

图 12　1978—2011 年天津市财政收支状况

（五）节能减排取得良好进展

2011 年天津市万元生产总值能耗下降 4% 以上，主要污染物排放量均下降 2%，节能减排圆满完成全年任务。但是节能减排仍在以下方面存在较大压力或进一步调整的空间：一是煤炭消费增幅较高。二是大项目拉动工业能耗较快增长。三是工业重化特征影响节能降耗成效。

（六）主要行业各具特点

1. 房地产行业平稳健康发展。2011 年，天津市房地产市场呈现投资建设持续增长、房价涨幅得到抑制、信贷总量平稳提高的局面，为支持地方经济发展、满足城镇居民安居需求发挥了积极作用。

（1）房地产开发投资规模持续增长，企业投资资金稳步提高。2011 年，天津市完成房地产开发投资 1080.0 亿元，同比增长 24.6%。房地产企业开发投资资金来源合计 2726.5 亿元，同比增长 25.3%。其中，国内贷款 521.5 亿元，同比下降 3.3%；利用外资 12.5 亿元，同比增长 49.6%；自筹资金 645.4 亿元，同比增长 41%；其他资金来源 659.9 亿元，同比下降 6.6%。各项应付款合计 625.1 亿元，同比增长 88.2%。

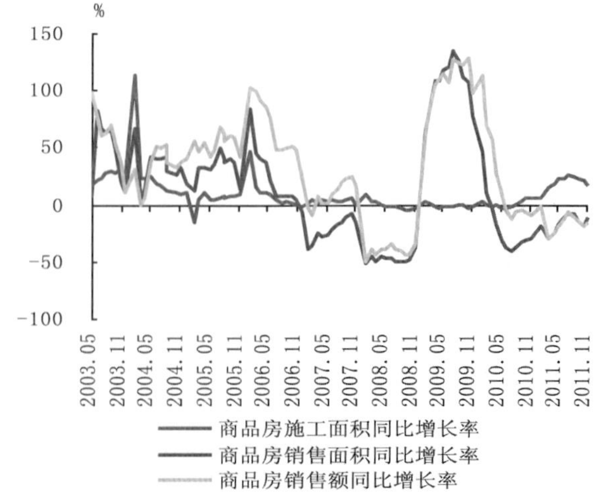

数据来源：天津市统计局。

图 13　2004—2011 年天津市商品房施工和销售变动趋势

(2)土地供应总量减少,社会保障住房用地大幅增长。2011 年,天津市土地供应总量为 2625.6 万平方米,同比下降 17.9%。其中,住宅用地出让面积 1376.8 万平方米,同比下降了 35%;保障住宅用地供应 461.7 万平方米,同比增长 50.8%。同时,房屋累计施工面积、竣工面积和新开工面积分别为 8502 万、2105 万和 3522 万平方米,同比分别增长了 20.1%、0.3%和 20.9%,保证了房地产市场供给的总体稳定。其中,2011 年天津市新建保障住房 1600 余万平方米、23.9 万套,新建套数是 2010 年的 2 倍多。

(3)现房及期房销售量有所回升,二手房交易持续下降。2011 年,天津市普通商品房累计销售面积为 2224.3 万平方米,同比下降 4.6%。其中,现房及期房累计销售面积合计为 1643.1 万平方米,同比增长 5.0%,累计销售金额合计为 1473.1 亿元,同比增长 14.9%;但二手房累计销售面积为 581.2 万平方米,同比下降 24.2%,交易金额为 434.1 亿元,同比下降 13.3%。

(4)房地产价格上涨趋势受到明显抑制,月度销售同比指数持续下滑。2011 年,天津市新建住宅及二手房销售价格同比指数分别为 104.1 和 101.2,较上年分别减少 8.1 和 3.4 个百分点。同时从 7 月份以来,月度新建住宅及二手房销售同比、环比价格指数也呈现逐月回落趋势。

(5)房地产贷款规模持续增长,增幅放缓。截至 2011 年末,天津市房地产贷款余额为 3395.9 亿元(含政策性住房贷款),同比增长 15.2%,涨幅较上年下降 7.5 个百分点。其中,房地产开发贷款为 1434.5 亿元,同比增长 13.7%,涨幅较上年提高 1.4 个百分点。个人购房贷款余额为 1380.0 亿元,同比增长 16.9%,涨幅较上年下降 16.4 个百分点。保障性住房开发贷款余额达 261.4 亿元,同比增长 329.4%,较上年提高了 215.7 个百分点。

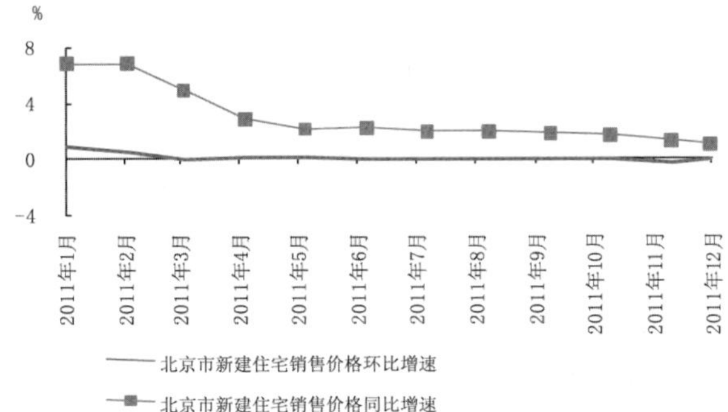

数据来源:天津市统计局。

图 14　2011 年天津市住宅销售价格变动情况

2. 交通运输业快速发展。近年来,天津市交通运输业企业认真贯彻落实滨海新区开发开放和建设北方国际航运中心、国际物流中心的战略决策,不断适应国内外市场变化,充分发挥各自优势、广开渠道,基本形成较为发达的立体交通网络,城市载体功能进一步增强,为全市国民经济运行提供了坚实的保障。

现代物流业全面发展,运转高效的现代物流体系逐步形成。2011 年,交通运输、仓储和邮政业全年实现增加值 699.0 亿元,同比增长 10.6%;占第三产业增加值的比重为 13.6%。铁路交通网延伸至我国大部分地区,公路路网建设全面推进,各类交通设施不断完善,铁路、公路、水上、航空现代化立体交通体系功能完备。

交通设施不断完善,各种运输方式协调发展。2011 年,天津市全力推进现代综合交通体系的建设,蓟港铁路扩能改造、北港池集装箱码头 B 段、机场二跑道、邮轮码头、津汕高速天津段、中心城区快速路、天津大道、津港高速一期等项目已竣工。天津站交通枢纽,轨道换乘中心、综合配套楼、枢纽控制中心主体结构全部完成。天津港南疆专业化码头,目前配套地基处理已经完成,完成卸载。天津机场二期扩建工程 2011 年 6 月份实现开工,正在进行基础工程。

信贷保持较快增长,但增速回落。2009 年以来,天津市交通运输、仓储及邮电通信业贷款一直保持 20% 以上的快速增长,截至 2011 年末,全市交通运输、仓储及邮电通信业贷款余额为 1560.4 亿元,比上年增加 276.7 亿元,同比增长 21.6%,比上年回落 8.6 个百分点,高于贷款平均增速 5.8 个百分点。

三、预测与展望

2012 年,是全面实施"十二五"规划的重要一年。经济发展环境仍然比较复杂,国际金融市场剧烈动荡,贸易保护主义明显抬头,世界经济不稳定不确定因素增多,复苏面临重大挑战。在此背景下,天津市经济面临较大挑战,既要实现稳增长,又要促进经济结构优化,各项指标增长速度可能会有所放缓。在 2011 年经济平稳快速发展的基础上,天津市将深入开展"调结构、惠民生、上水平"活动,加快推进滨海新区开发开放,推进功能区开发建设,加快重点项目建设和基础设施建设;加快调整优化经济结构,促进产业集成集约集群发展,壮大实体经济,提高现代制造业发展水平和自主创新能力;加快发展壮大区县经济,提高农村工业化、农业现代化、农村城镇化水平,推动中心城区全面提升;加快深化改革扩大开放,推动综合配套改革向纵深发展,提升对外开放质量和水平。这些措施将助推天津市经济平稳增长。

2012 年,天津市金融业将继续保持稳健运行态势,社会融资总量适度增长,信贷资产结构继续优化,金融支持实体经济、中小微企业和产业结构调整的力度进一步增强,金融创新步伐继续加快,金融风险防范能力进一步全面提升,金融生态环境整体将不断向好。

附录:

天津市经济金融大事记

2 月 10 日,天津市委、市政府召开大会,对全市开展"调结构、增活力、上水平"活动进行动员部署,这是自 2009 年起本市连续第三年开展上水平活动,本次出台了新的促进经济发展 30 条政策措施。

4 月 29 日至 5 月 1 日,胡锦涛总书记在天津进行考察工作,并对天津提出"四个注重"的工作要求。即注重加快转变经济发展方式,注重深化改革开放,注重保障和改善民生,注重加强干部队伍建设。

5 月 13 日,天津泰达投资控股有限公司(简称"泰达控股")顺利完成项目一期 6.3 亿元人民币投资资本金汇出业务,这是自《境外直接投资人民币结算试点管理办法》颁布实施以来,天津市第一笔人民币境外直接投资业务。

6 月 10 日,第五届中国企业国际融资洽谈会——科技国际融资洽谈会在天津举办。

6 月 26 日至 28 日,2011 国际生物经济大会在天津召开,本届国际生物经济大会由天津市人民政府联合国家 14 个部委和 5 个国际与区域性组织共同主办,以"发展生物经济,促进民生改善"为主题。

10 月 27 日,飞朗(天津)航空技术项目在空港经济区正式启动,这是加拿大飞朗技术集团在亚洲的首个项目,也是空港经济区引进的又一个航空产业配套企业。

11 月 9 日，人民银行天津分行和天津银监局、天津市科委联合召开金融支持科技型中小企业及小微企业推动会，进一步明确金融支持科技型中小企业及小微企业的重点工作。

11 月 30 日，天津市人民政府和天津市高级人民法院联合召开新闻发布会，向社会发布《天津市高级人民法院关于审理融资租赁物权属争议案件的指导意见（试行）》。

12 月 11 日，国家"十一五"863 计划重大项目——"千万亿次高效能计算机系统研制"课题在国家超级计算天津中心通过验收。

12 月 30 日，中国进出口银行天津分行开业暨战略合作协议签约仪式在天津市迎宾馆举行。

2011 年上海市金融运行报告

中国人民银行上海总部
货币政策分析小组

内容摘要

2011 年是"十二五"规划的开局之年，上海市积极推进创新驱动和转型发展，经济结构呈现积极变化。国际金融、航运中心建设稳步推进，第三产业成为拉动经济增长的主动力，工业结构调整步伐加快，物价涨幅回落。存贷款增速有所放缓，贷款结构明显改善。证券期货业平稳运行，保险业积极转变发展方式。金融市场交易分化明显，货币市场利率波动较大。社会融资结构有所改善，上海国际金融中心建设取得新进展。上海将经历一个较长时期的转型发展阶段。展望 2012 年，支持经济发展的"三驾马车"中，消费的重要性更加突出，投资和出口都将面临一定压力。为支持上海市经济发展和结构转型，需认真做好以下各项货币信贷和金融服务：一是坚持执行稳健货币政策，合理把握信贷投放总量；二是坚持金融服务实体经济的本质要求，着力优化信贷结构；三是坚持金融对外开放，促进对外投资贸易便利化。四是坚持金融创新符合实体经济需要，切实防范各类风险。

一、金融运行情况

2011 年，上海市金融机构认真贯彻稳健货币政策，金融业保持稳健发展态势，为上海经济转型提供了有力支持。存贷款增速有所放缓，贷款结构明显改善。证券期货业平稳运行，保险业积极转变发展方式。上海国际金融中心建设取得新进展，长三角金融合作稳步推进。

（一）存贷款增速有所放缓，贷款结构明显改善

2011 年，上海市各项存贷款同比少增，银行业经营效益继续较快增长，信贷资产质量继续改善。2011 年末，全市中外资金融机构本外币资产总额 8.5 万亿元，同比增长16.1%；各项存款余额 5.8 万亿元，同比增长 12.3%；各项贷款余额 3.7 万亿元，同比增长 10.3%。实现税前利润 954.7 亿元，同比增长46%。中外资银行不良贷款率0.6%，比年初下降0.2 个百分点。

1. 银行类金融机构稳步增长（见表 1）。2011 年末，上海市共有中资银行法人 4 家，村镇银行法人 8 家，银行类金融机构从业人员 10.2 万人；外资法人银行 20 家，外资银行本外币存贷款规模占全国外资银行的 40% 以上。

2. 各项存款同比少增，增幅继续回落。2011 年，全市本外币各项存款增加6369.6 亿元，同比少增 1115.2 亿元。其中：财政存款同比多减 807.3 亿元，主要与政府融资平台进入还贷高峰期、土地出让金同比少增及保障房建设力度加大有关。

表 1　2011 年上海市银行业金融机构情况

机构类别	营业网点			法人机构（个）
	机构个数（个）	从业人数（人）	资产总额（亿元）	
一、大型商业银行	1510	41893	29905	0
二、国家开发银行和政策性银行	14	504	2781	0
三、股份制商业银行	571	21469	28516	2
四、城市商业银行	284	9976	7449	1
五、城市信用社	-	-	-	-
六、农村合作机构	345	5358	3153	1
七、财务公司	14	964	1779	14
八、信托公司	7	746	181	7
九、邮政储蓄	456	2731	1113	0
十、外资银行	201	17654	10020	20
十一、新型农村金融机构	8		83	8
十二、其他	7	277	981	7
合　　计	3417	101572	85960	60

注：营业网点不包括总部。农村合作机构含农村信用社、农村合作银行及农村商业银行。新型农村金融机构包括村镇银行、贷款公司和农村资金互助社三类机构。"其他"包含金融租赁公司、汽车金融公司、货币金融公司、消费金融公司等。

数据来源：中国人民银行上海总部。

单位存款明显少增。2011 年，全市本外币单位存款增加 3772.1 亿元，同比少增 925 亿元，其中单位活期存款仅增加 160.1 亿元。单位活期存款增长明显放缓，一是受监管部门强化贷款受托支付影响，贷款派生存款减少。二是原材料和产成品库存占用资金有所上升。三是企业盈利能力有所下降。随着单位活期存款的下降，企业流动性有所趋紧。

储蓄存款增长趋缓。2011 年，全市本外币储蓄存款增加 1521.4 亿元，同比少增 282.2 亿元，其中下半年新增仅占全年增量的 8.1%。储蓄存款增长趋缓，一是受通胀影响居民对存款利率满意度较低，理财产品和国债的分流效应持续显现。二是受国庆长假效应及四季度传统消费旺季的带动，下半年居民即期消费有所增加。

各金融机构人民币存款普遍少增。中资金融机构人民币各项存款同比少增 1614 亿元，竞争明显加剧。外资银行人民币各项存款同比少增 26.8 亿元，除了国内调控和资金面因素，还受到美欧市场资金紧张，以及跨国企业利润汇出增加等因素的负面影响。

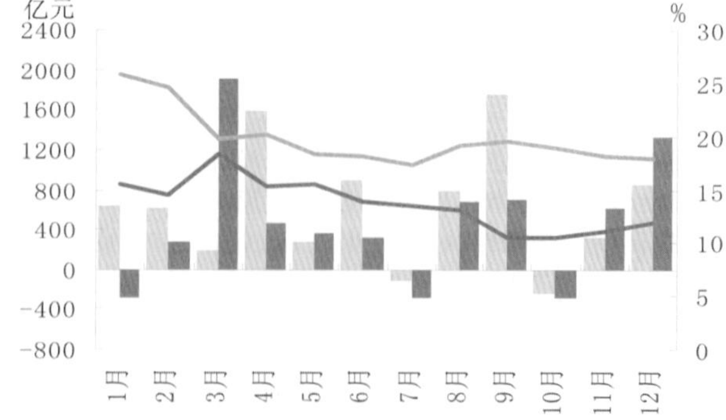

数据来源：中国人民银行上海总部。

图 1　2011 年上海市金融机构人民币存款增长变化

专栏1:通过货币信贷政策导向效果评估引导金融机构支持实体经济

2011年6月,中国人民银行上海总部印发了《上海市银行业金融机构货币信贷政策导向效果评估暂行办法》,探索货币政策工具和信贷政策导向效果评估相结合的新机制,努力引导金融机构对接产业政策和民生政策。

一是按照"四化"原则,科学设计评估框架。"四化"是指"模块化、指标化、自动化、综合化"。综合评估包括宏观审慎货币政策、利率政策、中小企业信贷政策、房地产信贷政策、可持续发展信贷政策、消费信贷政策、信贷政策传导与反馈机制建设、自选特色优势项目等八个模块50项指标,根据预先明确的评估规则和电子模板自动打分,综合评估金融机构服务实体经济的效果。

二是坚持"五个结合",综合实施评估工作。"五个结合"是指坚持非现场评估与现场评估相结合、定性考察与定量考察相结合、增量指标与存量指标相结合、速度指标与比例指标相结合、金融机构自评与人民银行复评相结合。通过兼顾不同类型、不同规模、不同发展阶段金融机构的差异,做到全面客观科学地评估。

三是注重"四先四后",稳步推进评估任务。考虑到上海集聚了众多情况迥异的中外资银行业金融机构,而评估经验的积累需要较长时间,在实施评估时按照"先非现场后现场、先银行后非银机构、先法人后分支机构、先中小机构后大型机构"的次序推进。将101家金融机构细分成中资大型银行、中资中小银行、外资法人银行、外资银行分行、财务公司、信托投资公司、汽车金融公司和金融租赁公司等八个类别。在对以上机构全面非现场评估的基础上,2011年遴选了其中9家不同类型、业务有代表性的机构进行现场评估。

四是探索"三个挂钩",有效运用评估结果。首先是与货币政策工具运用相挂钩。对评估等级低的金融机构,根据实际情况提出了窗口指导意见,并在宏观审慎货币政策框架内予以约束。对十几家评估等级高、存在信贷投放能力和合理信贷需求的金融机构,为配合货币政策的预调微调,在风险可控和符合信贷政策导向的前提下,适时适度提高了合意新增贷款规模或调控容忍度。其次是与业务创新资格相挂钩。在评定金融机构利率市场化试点资格、存贷款金融工具创新等业务市场准入时,评估结果优良与否均将作为重要的前提条件。第三是与评优通报相挂钩。在考察评选金融服务先进机构时,对于信贷评估等级较高、信贷投向与政策导向高度相符的机构予以倾斜。

为配合信贷政策导向效果评估,中国人民银行上海总部于2011年9月出台了《上海市民生金融重点产品示范和指导目录》,其中包括国家助学贷款、民贸民品优惠利率贷款等10类产品,引导大力发展民生金融。信贷政策导向效果评估具有"导向明确、区别对待、评估科学、结合紧密"的特征,不但对产业政策、民生政策做了全面梳理,而且在支持实体经济方面明确了重点、给出了方向,有利于助推上海实现经济结构调整转型的战略目标。

3. 各项贷款增长放缓,贷款结构持续改善(见图3)。2011年,全市本外币贷款增加3654.3亿元,同比少增752.6亿元。但其中外币贷款同比多增41.2亿美元,主要与人民币升值预期改变、本外币贷款利差及外币资金头寸改善等因素有关。

中、外资金融机构近五年首次贷款同时少增。主要原因有:一是在宏观调控影响下,房地产和地方融资平台贷款投放受到严格控制。二是受投资增长放缓、住房成交萎缩影响,重大建设项目和个人住房贷款需求减弱。三是受货币政策、监管政策调整的影响,部分银行放贷能力有所下降。

例如,外资法人银行的贷存比指标必须在2011年末达到监管要求,因而对贷款规模有所控制。四是受同业拆借利率波动加大以及欧债危机不断恶化等因素影响,外资银行的放贷能力受到约束。

贷款结构明显改善。2011年末,全市本外币短期贷款余额占比30.3%,同比提高3.1个百分点。期限结构改善的原因:从需求看,经营环境的改变带动企业短期融资需求上升,世博会后政府重大建设工程减少、房地产调控下住房成交萎缩导致中长期贷款需求减弱;从供给看,商业银行在流动性趋紧的情况下,主动优化信贷结构,加快贷款周转速度,同时加大风险控制力度,对中长期贷款投放审批趋严。此外,差别存款准备金动态调整措施实施后,银行年初集中放款现象得以明显改观,贷款投放节奏也更为均衡。

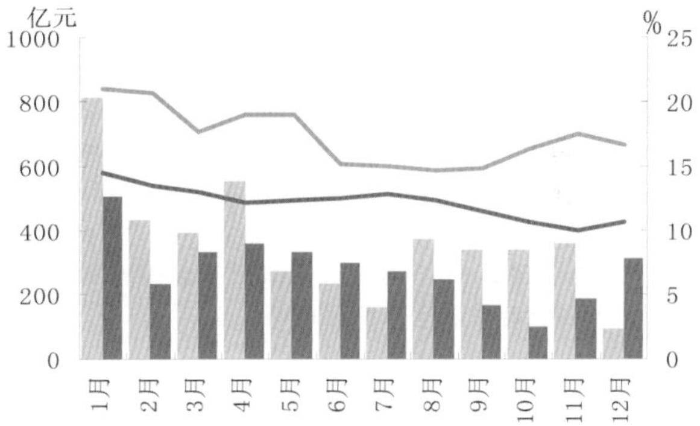

数据来源:中国人民银行上海总部。

图2　2011年上海市金融机构人民币贷款增长变化

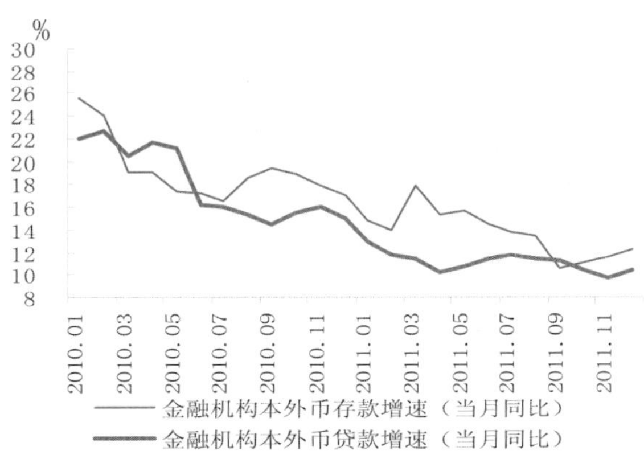

数据来源:中国人民银行上海总部。

图3　2011年上海市金融机构本外币存、贷款增速变化

4. 人民币贷款利率高位回调,上浮利率贷款占比增加明显(见表2)。在稳健货币政策条件下,人民币贷款实际利率水平逐月走高,8月份达到全年高点,年末略有回调。同时,金融机构以价补量,上浮利率人民币贷款占比逐季增加。四季度,全市金融机构实行上浮利率的人民币贷款占比同比上升41.2个百分点。

表 2　2011 年上海市金融机构各利率浮动区间贷款占比表

月份		1月	2月	3月	4月	5月	6月
合计		100	100	100	100	100	100
[0.9-1.0)		46.2	36.8	30.8	34.0	29.8	26.2
1.0		20.7	23.6	25.0	24.3	23.9	25.6
上浮水平	小计	33.1	39.6	44.2	41.7	46.3	48.2
	(1.0-1.1]	13.5	16.0	18.0	17.4	20.9	20.7
	(1.1-1.3]	10.1	14.4	14.8	15.5	17.0	18.2
	(1.3-1.5]	2.4	5.1	4.2	2.6	2.3	2.8
	(1.5-2.0]	7.0	4.1	7.2	6.1	6.2	6.5
	2.0以上	0.1	0.0	0.1	0.1	0.0	0.0
月份		7月	8月	9月	10月	11月	12月
合计		100	100	100	100	100	100
[0.9-1.0)		23.7	21.8	22.1	14.8	18.2	19.6
1.0		23.9	22.6	23.7	27.8	25.1	30.2
上浮水平	小计	52.4	55.6	54.2	57.5	56.7	50.3
	(1.0-1.1]	22.6	20.9	23.0	25.0	21.6	19.8
	(1.1-1.3]	20.1	24.9	21.3	22.0	24.3	21.4
	(1.3-1.5]	2.8	2.1	2.8	3.5	3.8	4.3
	(1.5-2.0]	6.9	7.6	7.0	7.0	6.7	4.6
	2.0以上	0.0	0.1	0.1	0.1	0.3	0.2

数据来源：中国人民银行上海总部。

美元贷款利率冲高回落，存款利率总体抬升（见图 4）。前三季度，上海市外币贷款需求较高，美元市场流动性较为紧张。美元存款报价一度高至 libor 加 250 个基点以上，贷款利率突破 libor 加 400 个基点。10 月份开始，欧债危机加剧，人民币升值预期减弱，对美元的贷款需求减弱，存款意愿增强，美元贷款利率水平快速下行。12 月份，3 个月以内和 1 年期美元贷款加权平均利率分别为 2.78% 和 3.85%，比 10 月份分别下降 0.75 个和 2.13 个百分点。但出于谨慎考虑，商业银行美元大额协议存款利率未明显回落。

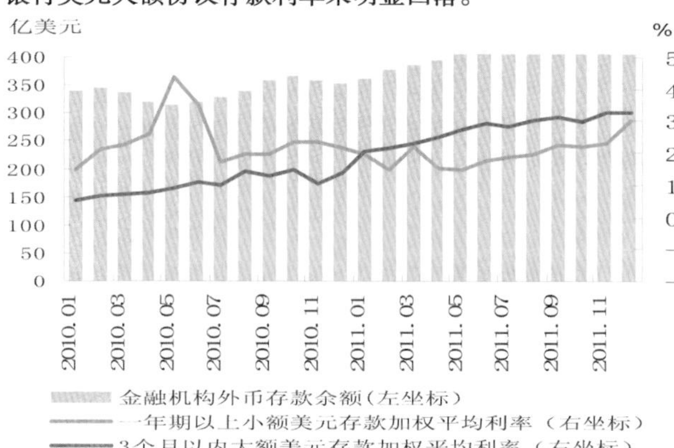

数据来源：中国人民银行上海总部。

图 4　2010—2011 年上海市金融机构外币存款余额及外币存款利率

5. 小额贷款公司试点工作深入推进。自试点以来至 2011 年末，上海市累计批准小额贷款公司 81 家，累计放贷 20934 笔 415.6 亿元，其中涉农和小企业贷款余额分别达到 20.4 亿元和 54 亿元。同时，小额贷款公司自身稳健持续发展。2011 年，小额贷款公司贷款逾期率 0.64%。

6. 跨境人民币业务再上新台阶。跨境人民币业务试点和交易规模继续扩大。2011 年，上海市跨境人民币结算额达到 3312 亿元，同比增长 3.9 倍。QFII 获准参与股指期货套期保值交易。

专栏 2：跨境资金流动出现新动向

2011 年 9 月以来，上海跨境资金净流出和净售汇大幅扩大。受欧债危机、人民币汇率预期分化以及各项调控政策的影响，9—12 月上海跨境资金净流出 331.4 亿美元，净售汇 255.2 亿美元，分别占全年净流出和净售汇的 47% 和 86%，同比分别增长 85.2% 和 8 倍。

上海跨境资金流动波动性与不确定性加大与三季度以来全球经济动荡、市场避险情绪增强、资产价格波动等因素有关，同时也在一定程度上反映了前期国内宏观调控政策的成效。一是 7 月份以来，欧债危机持续蔓延打击了欧元区经济增长信心，欧元区国家财政趋向紧缩。面对失业率高企和资产价格继续下滑，欧元区的家庭和银行部门均有修复资产负债表的压力，消费和投资减少。在沪部分跨国公司增加了投资收益汇回，以缓解母公司资金紧张局面。二是 2011 年我国实施稳健的货币政策，推出了包括税收、土地以及信贷政策在内的一系列房地产调控措施，有效遏制了资产价格持续上涨的态势。资本投机收益显著下降，外商直接投资流入房地产的增幅放缓。2011 年下半年以来，外汇管理部门按照“控流入、促流出、减顺差、防风险”要求，严厉打击“热钱”等违法违规资金流入，对资金净流入和净结汇的增长起到一定缓冲作用。三是随着国内外经济形势的演变发展，市场主体的预期与实际需求推动汇率波动性加大。近期人民币兑美元汇率走势反映了这种市场供需和预期的变化，人民币升值预期明显减弱。

（二）证券机构运行平稳，盈利水平下降

证券机构运行平稳。基金管理公司、证券公司人民币合格境外机构投资者（RQFII）境内证券投资试点正式启动。3 家基金管理公司香港子公司和 4 家证券公司香港子公司获 RQFII 业务资格，成为首批试点机构。2011 年末，上海市证券公司总资产 3271.3 亿元，同比减少 17.5%；净资产、净资本同比分别增长 5% 和 -1.4%。期货公司总资产 426.3 亿元，同比增长 12.6%，客户保证金余额 340.5 亿元，同比增长6.3%。2011 年，共发行新基金 100 只，共管理基金 412 只，新发基金总规模 1145.6 亿元。

证券公司和期货公司盈利水平有所分化。证券公司盈利水平继续下降。2011 年，上海市证券公司累计实现营业收入 276.7 亿元，同比减少 19.1%；实现净利润 103.7 亿元，同比减少 31.6%。12 家具备经纪业务资质的证券公司经纪业务收入 130.1 亿元，同比减少 36.6%；14 家具备证券承销资格的证券公司证券承销收入 39.1 亿元，同比减少 5.7%；11 家具备自营业务资质的证券公司自营业务收入 32.5 亿元，同比减少 23.2%。与此同时，期货公司实现净利润 4.9 亿元，同比增长 29.1%。

表 3　2011 年上海市证券业基本情况表

项　　目	数量
总部设在辖内的证券公司数(家)	17
总部设在辖内的基金公司数(家)	34
总部设在辖内的期货公司数(家)	27
年末国内上市公司数(家)	196
当年国内股票（A股）筹资（亿元）	708.9
当年发行H股筹资（亿元）	134
当年国内债券筹资（亿元）	1026
其中：短期融资券筹资额（亿元）	372

数据来源：中国人民银行上海总部。

股票市场融资功能明显萎缩。2011 年，上海市公司通过股票（包括 A 股及 H 股）融资 842.7 亿元，同比下降 28.2%；其中首发上市（IPO）方式融资的有 290.5 亿元。累计发行各类债务融资工具(含短期融资券、中期票据、非公开定向融资工具、地方企业债,不含公司债)筹资净额(发行额减去兑付额)442.1亿元,较上年增长23.3%。

(三)保险业积极转变发展方式,不断提高服务民生的能力

保险业加快转变发展方式,业务结构不断优化。变额年金保险试点在上海、北京等地正式推行,寿险市场的产品不断丰富。航运保险得到大力发展,受益于2010年末中国人民财产保险公司、太平洋财产险公司在上海成立的航运保险运营中心,航运保险成为车险以外最大的财产险种。非车险业务发展较快,业务结构不断优化;2011年,上海非车险保费收入占产险总保费收入的42.3%,较全国平均水平高出10个百分点以上。此外,2010年年末以来,上海还陆续推出蔬菜"冬淡"保险和"夏淡"保险,在全国率先探索建立绿叶菜成本价格保护体系,充分发挥了保险业参与维持物价稳定、保障国计民生的积极作用。

保险业务平稳发展。2011年末,上海市共有保险公司115家,比年初增加13家。原保险保费收入累计753.1亿元,同比增长8.3%;其中,财产险公司244.6亿元,人身险公司508.5亿元,同比分别增长24%和2%。保险赔付支出累计260.7亿元,同比增长50%;其中,财产险赔款支出104.3亿元,寿险给付92.1亿元,健康险赔款给付60.7亿元,意外险赔款支出3.6亿元。

表4　2011年上海市保险业基本情况表

项　目	数量
总部设在辖内的保险公司数(家)	43
其中:财产险经营主体(家)	17
人身险经营主体(家)	22
保险公司分支机构(家)	115
其中:财产险公司分支机构(家)	53
人身险公司分支机构(家)	57
保费收入(中外资,亿元)	753
其中:财产险保费收入(中外资,亿元)	245
人身险保费收入(中外资,亿元)	509
各类赔款给付(中外资,亿元)	261
保险密度(元/人)	3272
保险深度(%)	4

数据来源:上海保监局。

(四)社会融资结构继续改善,金融市场成交分化明显

1.融资结构继续改善。2011年,上海市非金融机构部门贷款、债券和股票融资共5523亿元,同比少增824.7亿元(见表5)。其中,本外币贷款融资3654.3亿元,同比少增839.8亿元;企业债券(包括企业债券、可转换债券、企业短期融资券、外币债券)净融资1026亿元,同比多增340.5亿元;非金融企业股票融资(包括首发、增发和配送)842.7亿元,同比少增331.6亿元。从结构看,企业债券和非金融企业股票融资占融资规模的33.8%,同比提高4.5个百分点,直接融资作用继续增强。

2.银行间同业拆借市场和债券市场运行平稳。2011年,上海市金融机构同业拆入拆出合计14.1万亿元,成交量稳步增长;质押式和买断式回购分别成交20.3万亿元、0.7万亿元,占银行间市场债券回购全年总交易量的比重分别为21%和25%;现券买卖交易量为26.9万亿元,占全年现券交易总量的比重为42%。

3.票据业务增速有所放缓,市场利率震荡走高。受存款准备金缴存范围调整及票据业务监管加强等因素影响,票据业务增速放缓。上海市金融机构全年累计承兑银行汇票6761亿元,同比增长31.6%。累计办理企业直接贴现3290.5亿元,同比减少1.3%;累计办理买断式转贴现转入12173.1亿元,同比增长48.2%。上海市金融机构共发生再贴现业务83.9亿元,同比增长79.6%,年末再贴现余额13亿元,同比减少近一半。

表5　2001—2011年上海市非金融机构部门贷款、债券和股票融资情况表

	融资量(亿元人民币)	比重(%)		
		贷款	债券(含可转债)	股票
2001	1251.8	97.6	0.0	2.4
2002	1850.9	95.4	1.4	3.2
2003	2712.6	95.3	2.2	2.5
2004	2041.0	96.4	0.0	3.6
2005	2410.1	74.1	11.2	14.7
2006	2390.5	77.7	13.9	8.4
2007	4729.0	65.8	11.1	23.1
2008	3411.5	75.1	17.2	7.6
2009	7303.9	73.5	14.5	12.0
2010	6347.7	70.7	10.8	18.5
2011	5523.0	66.2	18.6	15.2

数据来源:中国人民银行上海总部。

表6　2011年上海市金融机构票据业务量统计表

单位:亿元

季度	银行承兑汇票承兑		贴现			
			银行承兑汇票		商业承兑汇票	
	余额	累计发生额	余额	累计发生额	余额	累计发生额
1	2461	1627.6	917.4	2766.1	325.8	834.4
2	2764	1682.5	1100	4376.5	342.2	1383.1
3	2690	1601.7	1178	2706.2	382.4	750.0
4	2757	1849.3	1166	1937.3	369.1	710.1

数据来源:中国人民银行上海总部。

票据市场利率震荡上行。受货币政策调控和监管政策调整等多重因素影响,票据市场利率持续明显走高,并一度创出了逾10%的近年来高位。年末,贴现利率水平小幅回落,但整体明显高于上年。12月份,买断式与回购式转贴现加权利率分别升至8.19%和6.63%,同比分别上升3.57个和1.61个百分点。

表7　2011年上海市金融机构票据贴现、转贴现利率表

季度	贴现(%)		转贴现(%)	
	银行承兑汇票	商业承兑汇票	票据买断	票据回购
1	6.63	5.92	5.44	5.10
2	6.40	6.56	5.23	4.67
3	8.52	7.78	6.55	5.82
4	9.53	9.72	8.02	6.31

数据来源:中国人民银行上海总部。

4.股票市场持续低迷。2011年,上证综指年初开盘2825.3点,年末收于2199.4点,下跌22.2%。股票交易额和融资额明显减少。上海证券交易所股票累计成交23.8万亿元,同比减少21.9%。沪市股票累计筹资3199.7亿元,同比减少42.2%,其中:首发筹资1014亿元,同比减少46.4%;再融资2185.7亿元,同比减少40%。

5. 商品期货和股指期货交易量分化明显。商品期货成交萎缩,上海期货交易所全年累计成交 43.5 万亿元,同比下降 29.6%,其中仅有黄金和铜的期货成交额同比有所增长(见表8)。2011 年新上市的铅期货累计成交 29.3 万手,成交金额 1280.8 亿元。中国金融期货交易所沪深 300 股指期货成交活跃。2011 年共成交 5041.6 万手,同比增长 9.9%;成交金额 43.8 万亿元,同比增长 6.6%。

表 8　2011 年上海市期货交易所交易统计表

交易品种	累计成交金额(亿元)	同比增长(%)	累计成交量(万手)	同比增长(%)
铜	149667.1	0.0	4896.1	-3.6
铝	8535.2	-39.8	995.4	-42.3
锌	46182.8	-63.9	5366.4	-63.4
铅	1280.8	-	29.3	-
黄金	25488.0	178.7	722.2	112.6
天然橡胶	165237.1	-22.5	10428.6	-37.7
燃料油	964.4	-80.5	197.1	-81.6
螺纹钢	37177.5	-62.7	8188.5	-63.7
线材	1.5	-97.7	0.3	-97.9
合计	434534.4	-29.6	30823.9	-50.4

数据来源:上海期货交易所。

6. 黄金市场成交额继续明显增长。2011 年,上海黄金交易所黄金累计成交 7438.5 吨,合计 24772.2 亿元,同比分别增长 23% 和 53.5%。主要品种 Au99.95 年内曾创下396 元/克的历史新高,年末收于 319.8 元/克,较年初上涨 5.9%。

7. 金融改革创新取得新突破。铅期货、人民币对外汇期权、非金融企业非公开定向债务融资工具等新品种推出。人民币兑澳大利亚元、加拿大元交易于 2011 年 11 月正式上线。商业银行进入交易所债券市场交易成功启动。上海股权托管中心首批挂牌企业的遴选工作接近完成。非上市公司进入代办转让股份转让系统试点准备工作、贷款转让市场建设稳步推进。浦发银行获批首家合资科技银行 - 浦发硅谷银行。外资股权投资企业试点正式启动。

(五)金融支持经济转型发展取得积极成效,国际金融中心建设取得新进展

金融支持经济转型发展取得积极成效。个人税收递延型养老保险产品试点准备工作继续推进。上海成为保险资金参与保障房建设的首个试点城市。国际贸易结算中心外汇管理试点企业扩大。积极运用科技型中小企业履约保证保险贷款、出口信用保险保单融资等手段支持科技创新和中小企业发展。上海航运产业基金成立。

国际金融中心建设取得新进展。着力推进金融市场体系建设,积极吸引各类金融集聚,大力推进金融产品和业务创新,取得积极成效。扎实推进金融集聚区建设,陆家嘴金融城范围进一步扩大,外滩金融功能拓展延伸。据 2011 年度"伦敦金融城全球金融中心指数"和"新华 - 道琼斯国际金融中心发展指数"最新排名,上海分别居全球第五位和第六位,金融影响力进一步提升。

长三角金融合作纵深推进。成功召开第四届长江三角洲金融协调发展会议,签署《共同推进长三角地区贷款转让市场发展合作备忘录》,进一步推进长三角金融协调发展。积极开展长三角地区法人银行创新、产业转移与金融支持、财富管理、融资结构、全国性商业银行分支机构的合作等课题的研究,推动区域金融一体化。

二、经济运行情况

2011 年,上海市呈现经济平稳增长、价格涨幅回落、结构优化升级的良好态势,对投资、重化工业和加工型产业的依赖减少。全市实现地区生产总值 19195.7 亿元,按可比价格计算同比增长 8.2%,增速同比回落 1.7 个百分点(见图5)。

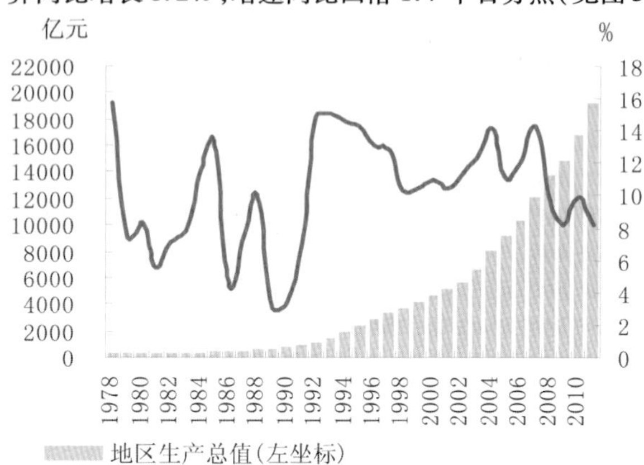

数据来源:上海市统计局、《上海统计年鉴》。

图 5　1978—2011 年上海市地区生产总值及其增长率

(一)固定资产投资基本持平,消费和外贸继续增长

1. 固定资产投资规模基本持平。2011 年,上海市全社会固定资产投资同比增长 0.3%,增速同比回落 0.5 个百分点,比上半年提高 6.1 个百分点(见图6)。

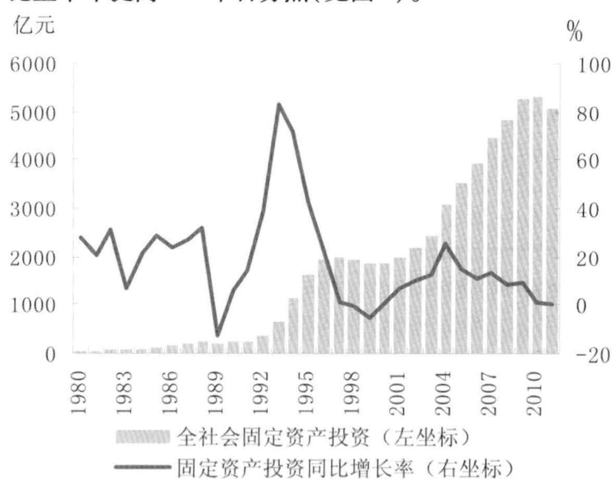

数据来源:上海市统计局、《上海统计年鉴》。

图 6　1980—2011 年上海市固定资产投资及其增长率

三大投资领域"一降两升"。其中,城市基础设施投资同比下降 16.9%;工业投资同比增长 0.2%;在保障房建设的带动下,房地产开发投资保持较快增长,同比增长 9.6%。

投资结构优化升级。一是高耗能行业的投资规模明显下降。全年全市五大高载能行业投资同比下降 16.2%,比全社会固定资产投资降幅高 16.5 个百分点。二是六大重点发展工业行业投资进一步优化。全年电子信息产品制造业、汽车制造业和生物医药制造业投资增速均在两位数以上。三是战略性新兴产业投资加速发展。全年战略性新兴产业投资同比增长 9.5%。

2. 消费增长稳中有快。2011 年,上海市社会消费品零售

总额同比增长12.3%，增速比上半年提高0.8个百分点（见图7）。消费品市场运行呈以下特点：一是受国际汽油价格大幅调整和全市轿车保有量不断提高的影响，燃料类商品销售旺盛，全年燃烧类商品零售额同比增长22.5%；二是受上年世博会基数较高等影响，住宿餐饮业零售额增速明显放缓，全年同比增长2%；三是受物价上涨影响，粮食食品及日用品类商品销售高位增长。

数据来源：上海市统计局、《上海统计年鉴》。

图7　1978—2011年上海市社会消费品零售总额及其增长率

3. 对外贸易继续增长。2011年，上海市实现进出口总额4374.4亿美元，同比增长18.6%，增速同比回落14.2个百分点（见图8）。其中，出口同比增长16%，进口同比增长21%，贸易逆差178.6亿美元。外贸逆差的主要原因有：一是内需扩张较快带动部分初级工业品需求持续扩大。二是需求层次提升导致部分高档消费品的进口需求增长迅速。

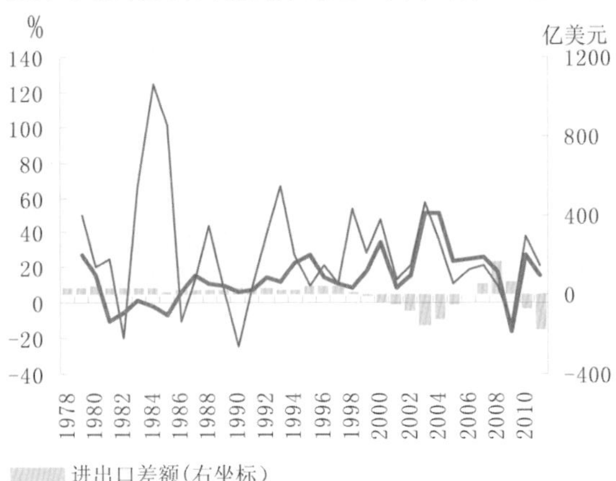

数据来源：上海市统计局、《上海统计年鉴》。

图8　1978—2011年上海市外贸进出口变动情况

加工贸易增速回落是外贸增长放缓的主要原因。在产业竞争力提升和内需旺盛的拉动下，一般贸易进出口继续较快增长。但受欧债危机以及产业结构调整的影响，加工贸易增速明显回落。2011年，加工贸易进、出口增速同比分别回落14.9个和14.6个百分点。从加工贸易出口主要目的地看，对欧盟和美国的出口同比分别回落15个和9.6个百分点。

利用外资形势良好。2011年，上海市实际利用外资126亿美元，同比增长13.3%，增速同比提高7.8个百分点。利用外资结构进一步优化，工业利用外资占比持续下降，第三产业利用外资占比达到82.8%，同比提高3.4个百分点。

（二）工业结构调整加快，第三产业引领发展

“十二五”开局之年，上海市服务业特别是现代服务业全面提高，第三产业增势良好；工业增长有所放缓，但结构调整加快。

1. 工业结构调整加快。2011年，上海市规模以上工业增加值增长7.4%，增速同比下降11.1个百分点（见图9），其中轻工业增加值增速高于重工业。工业产业升级加快，战略性新兴产业（制造业部分）产值增长快于全市工业，对重化工业的依赖减少。从六大重点发展行业看，汽车和成套设备制造业继续较快增长，总产值分别增长15.5%和13.7%；电子信息产品、石油化工和生物医药制造业增长较慢；钢材制造业总产值同比下降3.9%。

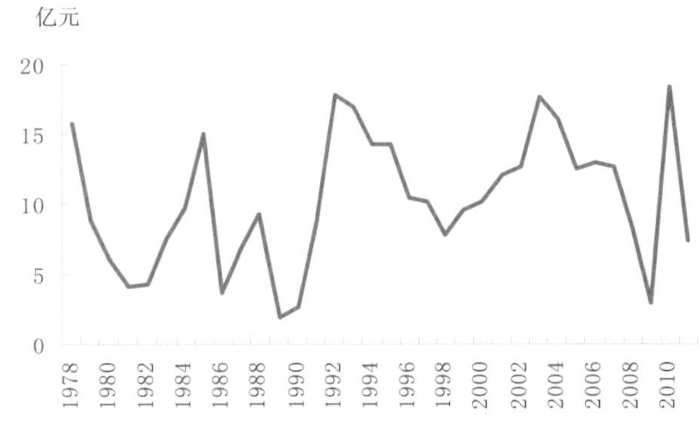

数据来源：上海市统计局、《上海统计年鉴》。

图9　1978—2011年上海市工业增加值增长率

2. 第三产业引领发展。2011年，上海市第三产业增加值突破1万亿元，占地区生产总值的比重达到57.9%，同比提高0.6个百分点，对经济增长的拉动作用明显高于全国。其中信息传输、计算机服务和软件业实现增加值同比增长17.7%，批发和零售业实现增加值同比增长12.6%，金融业实现增加值同比增长8.2%。

（三）居民消费价格涨幅趋缓，生产类价格涨幅较快回落

1. 居民消费价格上涨趋缓（见图10）。2011年，居民消费价格累计上涨5.2%，涨幅同比提高2.1个百分点。其中，食品类涨幅上涨10.8%，仍是拉动居民消费价格总水平上涨的主要因素。但随着宏观调控效果的逐渐显现，居民消费价格涨幅逐渐趋缓。

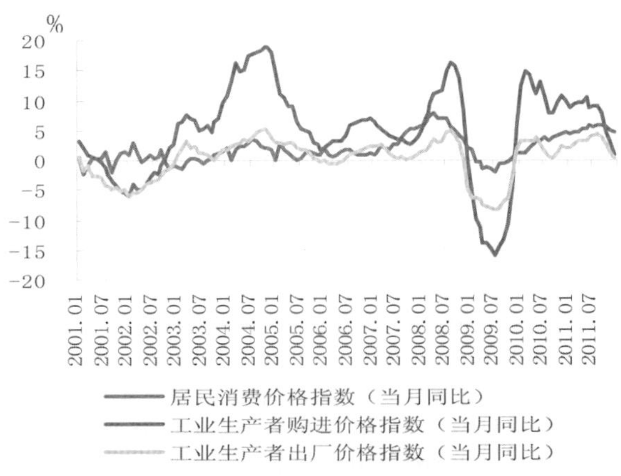

数据来源：上海市统计局、《上海统计年鉴》。

图10　2001—2011年上海市居民消费价格和生产者价格变动趋势

2. 生产类价格涨幅较快回落。2011 年,工业生产者出厂价格和购进价格分别累计上涨 2.9% 和 7.5%。由于上游原料价格回落以及产品供给过剩,工业品价格下行压力加大,工业生产者出厂价格和购进价格月环比已经连续 4 个月负增长。

(四)地方财政和居民收入较快增长,企业收入增长放缓

1. 地方财政收入较快增长。2011 年,地方财政收入同比增长 19.4%(见图 11),增速同比提高 6.3 个百分点。其中企业所得税增长 20.6%,个人所得税增长 20.6%,增值税增长 7.2%。地方财政收入较快增长的主要原因包括:一是服务业较快发展;二是制造业能级提升;三是居民收入增加带动个人所得税快速增长。

财政支出重点支持改善民生。2011 年,地方财政支出同比增长 18.5%,增速同比提高 8 个百分点。其中教育支出、医疗卫生支出、社会保障和就业支出分别增长 31.6%、18.7% 和15.2%。

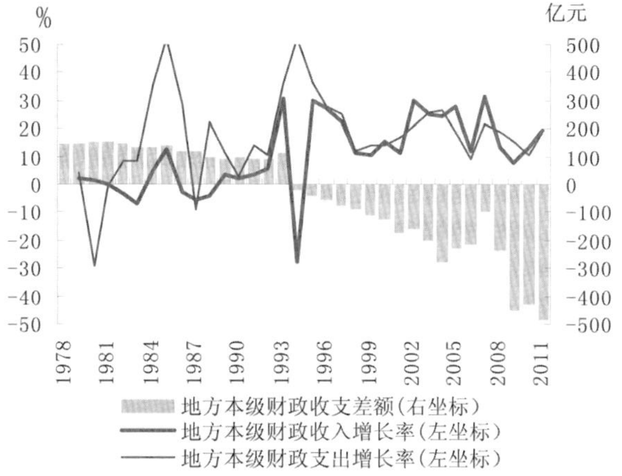

数据来源:上海市统计局、《上海统计年鉴》。

图 11　1978—2011 年上海市财政收支状况

2. 企业和居民收入增长放缓。2011 年,上海市规模以上工业企业利润总额同比下降 1.3%,增速回落较为明显;企业亏损面 18%,与去年基本持平。盈利增长放缓主要与需求减弱、企业进入去库存化周期有关。城乡居民收入较快增长。2011 年,上海市城市、农村居民家庭人均可支配收入同比均增长 13.8%,增速同比分别提高 3.4 个和 2.3 个百分点。扣除物价因素后,城乡居民收入增幅与全市生产总值增幅基本持平。

(五)节能减排工作成效显著,城市环境继续改善

节能减排工作成效显著。上海市出台多项节能领域财政专项资金扶持办法,涉及资金近 14 亿元;开展工业节能技改项目 146 项,启动中小燃煤锅炉清洁能源替代工作。污染减排工作有效推进,第四轮环保三年行动计划顺利完成,预计全年环保投入相当于全市生产总值比例保持在 3% 左右,环境空气质量优良天数达到 337 天。

(六)房地产交易量大幅下降,房价趋于下降

住房交易量大幅萎缩,土地出让面积明显下降。在各项房地产调控政策作用下,2011 年上海市住房交易量萎缩至 2004 年以来的历史低位。全年新建商品房、存量房成交同比分别下降 13.8%、28.9%。住房供求关系明显转变,年末商品住房待售面积增至 593.7 万平方米的历史高位。受资金紧张和房地产市场形势变化影响,企业拿地明显趋于谨慎。全年商品住宅土地出让面积同比下降 27%,下半年多幅地块终止挂牌。房地产开发投资增幅回落,但仍为拉动投资的主要力量。2011 年,上海市共完成房地产开发投资 2170.3 亿元,同比增长 9.6%,增幅同比回落 25.7 个百分点;其中住房投资增幅同比回落 20.2 个百分点。固定资产投资对房地产投资的依赖度进一步升高,房地产投资占全社会固定资产投资的比重达 42.8% 的历史高位。

数据来源:上海市统计局、《上海统计年鉴》。

图 12　2002—2011 年上海市商品房施工和销售变动趋势

房地产贷款增长放缓。2011 年,房地产新增贷款占各项贷款新增额的比重降至 18.2%,较上年回落 14.9 个百分点。在住房信贷政策收紧和住房成交量萎缩共同作用下,个人住房贷款高位回落;房地产开发贷款增长平稳,信贷对保障房建设支持力度明显加大。2011 年,中资银行保障性住房开发贷款占全部住房开发贷款新增额的比重高达 73.1%。

住房价格趋于下降。新建和存量住房价格环比指数于 10 月份年内首次下降,12 月份降幅分别扩大至 0.3% 和 0.4%(见图 13)。据对全市连续三个月有三套以上成交的楼盘监测显示,四季度降价楼盘数快速增加且降幅明显扩大,连续三个月降价楼盘占比均超过 60%,远超过 9 月份的 49%,个别楼盘降幅超过 30%。

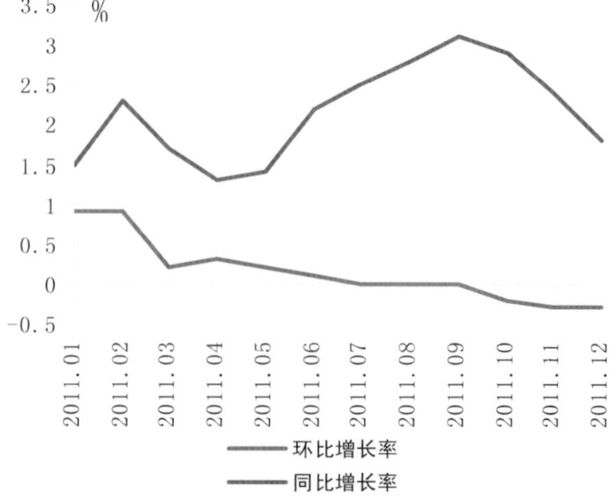

数据来源:上海市统计局、《上海统计年鉴》。

图 13　2011 年上海市新建住宅销售价格变动趋势

三、预测与展望

上海将经历一个较长时期的转型发展阶段。支持经济发展的“三驾马车”中，消费的重要性更加突出，投资和出口都将面临一定压力。世博会引起的基数效应消失，收入的持续增长和消费层次的提升，将会使2012年的消费增速有所提高，对经济的拉动作用进一步上升。大规模基础设施建设投资的消退以及工业投资增长乏力是制约上海固定资产投资增长的重要因素，但保障房建设的推进、迪士尼等重大项目的开工将使2012年上海市固定资产投资总额与2011年基本持平。世界经济复苏进程的放缓，将使出口增长面临的压力加大，进出口逆差可能继续扩大。综合考虑各方面的情况，预计2012年上海经济增长速度将维持在8%左右。

为支持上海市经济发展和结构转型，需认真做好以下各项货币信贷和金融服务：一是坚持执行稳健货币政策，合理把握信贷投放总量。二是坚持金融服务实体经济的本质要求，着力优化信贷结构。三是坚持金融对外开放，促进对外投资贸易便利化。四是坚持金融创新必须符合实体经济需要，切实防范各类风险。

2011年江苏省金融运行报告

中国人民银行南京分行
货币政策分析小组

内容摘要

2011年，面对复杂的国内外经济形势，江苏省认真落实国家各项决策部署，统筹做好稳增长、转方式、惠民生各项工作，全省经济增长的稳定性、协调性明显增强，产业结构持续优化，三次产业增加值比例调整为6.3∶51.5∶42.2，经济增长后劲不断增强，民生得到持续改善。2011年全省实现地区生产总值4.86万亿元，同比增长11%，人均地区生产总值61649元。金融运行平稳健康，全省金融部门认真执行稳健货币政策，信贷总量合理适度增长，信贷结构进一步优化，“三农”、小微企业等民生领域贷款增长进一步加快，制造业等实体领域金融支持力度持续加大。农村金融改革加快推进，村镇银行、小额贷款公司覆盖面迅速扩大，农村金融生态环境进一步优化，金融服务水平进一步提高。展望2012年，江苏省经济基本面仍然较好，经济结构调整步伐坚实，但同时面临外需减弱、成本上升、资源趋紧等发展问题，保持经济平稳较快增长的机遇与挑战并存。江苏金融系统将认真落实稳健货币政策要求，紧密围绕江苏省实际，积极推动信贷总量平稳适度增长；引导信贷结构优化，积极满足实体经济需求；大力发展直接融资，有效改善社会融资结构，助推地区经济社会又好又快发展。

一、金融运行情况

2011年，面对复杂的国内外经济形势，江苏省金融部门认真落实稳健货币政策，主动响应江苏经济转型发展需求，积极优化信贷投放结构，新增贷款进一步向制造业、中小企业、涉农领域倾斜。金融运行质量继续改善，不良贷款保持“双降”态势，金融生态环境不断优化。

（一）银行业健康发展，存贷款平稳运行

1. 银行业综合实力不断增强。银行业规模稳步增长，2011年末江苏省银行业金融机构资产总额达8.2万亿元，同比增长13.7%。年末金融机构本外币存贷款余额分别达到6.8万亿元和5.0万亿元。银行业组织体系不断丰富。年末，江苏省共有法人银行业金融机构115家，全国性银行一级分行98家，二级分行133家。

表1　2011年江苏省银行业金融机构基本情况

机构类别	营业网点			法人机构（个）
	机构个数（个）	从业人数（人）	资产总额（亿元）	
一、大型商业银行	4641	96267	39731	0
二、国家开发银行和政策性银行	93	2165	3442	0
三、股份制商业银行	768	27527	14101	0
四、城市商业银行	674	17324	8994	4
五、城市信用社	0	0	0	0
六、农村合作机构	2982	38910	11247	62
七、财务公司	7	177	215	6
八、信托公司	4	242	92	4
九、邮政储蓄	2442	7814	3156	0
十、外资银行	52	1571	564	1
十一、新型农村金融机构	47	1011	219	38
十二、其他	1	93	102	1
合　计	11711	193101	81863	116

注：①营业网点不包括总部；②农村合作金融机构含农信社、农村合作银行及农村商业银行；③新型农村金融机构包括村镇银行、贷款公司和农村资金互助社三类机构；④“其他”包含金融租赁公司、汽车金融公司、货币金融公司、消费金融公司等。

数据来源：中国人民银行南京分行，江苏银监局。

金融运行质量继续改善。近两年随着金融机构经营状况持续改善和不良贷款核销力度的加大，不良贷款保持“双降”。2011年末，江苏省金融机构不良贷款率为0.94%，较年初下降0.42个百分点；2011年江苏省银行业金融机构利润同比增长32.6%。

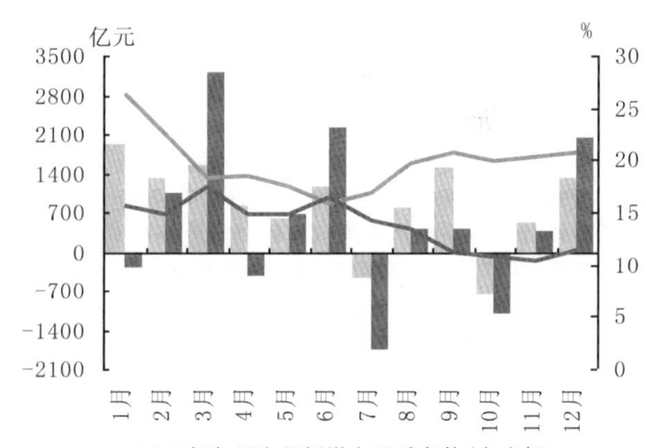

数据来源：中国人民银行南京分行。

图1　江苏省金融机构人民币存款增长变化

2. 人民币存款增势持续放缓，存款增长波动加大。2011年末，江苏省人民币各项存款余额6.6万亿元，同比增长11.4%，增速较上年同期回落9.3个百分点。全年新增人民币存款6730.8亿元，分别较2010年和2009年大幅少增3345.6亿元和5101.6亿元。受存款时点考核等因素影响，人民币存款增量在月度间波动明显增大。统计数据显示，1、4、7、10月全省人民币各项存款合计净减少3603.4亿元，同比少增5068.1亿元；而3、6、9、12月合计新增存款7827.9亿元，同比多增2350.9亿元。对全省月度人民币存款增量的统计分析显示，2011年江苏省月度存款增量的变异系数为2.52，远超过前几年。

不同机构在存款增长态势上存在一定的差异。国有商业银行存款增长乏力且波动较大，地方法人金融机构存款增长相对稳定。2011年，五大国有商业银行本外币存款增加2479.3亿元，占全部存款增量的35.3%，比上年下降15.1个百分点；城市商业银行和农村法人金融机构存款分别增加1019.0亿元和1287.6亿元，占全部存款增量的4.5%和18.3%，比上年分别提高4.4和2.8个百分点。对2011年江苏省不同类型机构月度存款增量的统计分析显示，国有商业银行、股份制商业银行、城市商业银行、农村法人金融机构本外币存款月度增量的变异系数分别为7.11、1.73、1.54和1.38，反映出国有商业银行存款增长的波动性远大于其他类型的机构。

专栏1：存款缓增的原因分析

从江苏省存款增长放缓的原因看，五方面的因素较为突出：一是派生存款减少。自2009年以来，信贷增长总量逐步放缓，由此派生的存款也逐步减少，累积效应从2011年下半年以来更为明显。从贷款派生来看，贷款增长放缓抑制了派生存款的增长。同时，"实贷实付"等监管新规对存款派生也产生了较大影响。

二是两项资金占用增加导致企业存款减少。2011年末，江苏省规模以上工业企业产成品余额为3558.57亿元，同比增长25.6%，增速较上年提高12个百分点；应收账款净额为11636.58亿元，同比增长21.6%，与上年同期基本持平，处于历史高位。同时，由于江苏省属于资源相对匮乏的省份，工业原材料大部分依赖外部输入；仅从能源消耗看，近年来每年江苏省通过自身生产、回收产生的可供消费的能源仅占当年消耗能源的30%左右，相当部分需要外省购入。2011年原材料等价格上涨导致资金向省外流出增多。

三是存款相对其他产品收益较低。企业、居民等微观主体持有银行存款的意愿下降，大量资金从银行账户流向收益相对较高的理财产品、私募产品、民间借贷等领域，其中部分资金漏出银行体系。特别是高收益的理财产品对存款产生持续分流作用，2011年，江苏省金融机构表外理财和信托产品新增募集资金2670亿元。

四是固定资产投资增速放缓，导致企业在银行的资金储备下降。2011年，江苏省固定资产投资增长21.5%，比前三季度、上半年和2010年分别下降0.8、2.4和0.9个百分点。

五是外贸增速的放缓，导致外汇净流入增速放缓，影响了银行存款的增长。

3. 人民币贷款增长趋缓，贷款结构调整明显。2011年末，江苏省人民币贷款余额4.8万亿元，同比增长13.8%，增速较上年同期回落5.5个百分点。全年新增人民币贷款5791.6亿元，同比少增1031.8亿元，但仍明显高于2009年前常态下的各年增量。

信贷投放节奏均衡。从2011年全年信贷投放的时序来看，前三季度各季新增贷款分别为1738.1亿元、1471.4亿元和146.7亿元，分别比上年同期少增873.6亿元、263.2亿元和330.1亿元；进入四季度，受政策微调影响，新增贷款出现小幅反弹，达到1435.4亿元，同比多增434.17亿元。整体来看，全年各月贷款投放相对均衡，月度人民币贷款增量变异系数为0.39，明显低于2010年的0.58和2009年的0.99。

贷款期限结构调整明显。除1月份外，全年各月短期贷款增量均超过中长期贷款增量，中长期贷款持续少增。2011年，江苏省新增人民币短期贷款3708.9亿元，同比多增710.6亿元；占新增贷款总量的64.0%，同比提高20.1个百分点。中长期贷款增量逐季回落。全年新增人民币中长期贷款1944.1亿元，同比少增3013.2亿元，占新增贷款总量的33.5%，同比下降39.2个百分点。

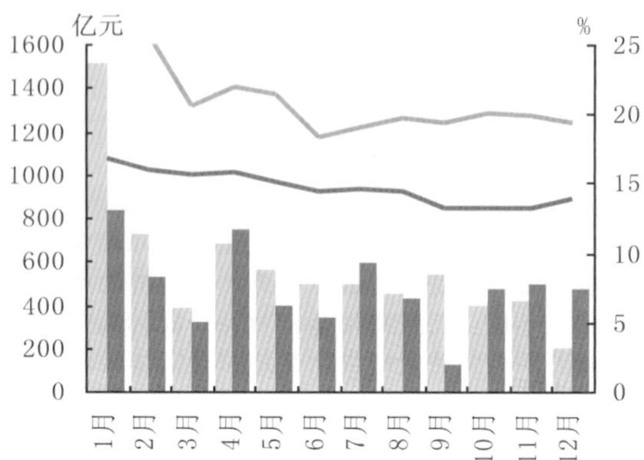

数据来源：中国人民银行南京分行。

图2 江苏省金融机构人民币贷款增长变化

信贷结构进一步优化。2011年末，江苏省中小企业贷款余额2.4万亿元，比年初增长3444.4亿元，占全部新增企业贷款的87.6%，同比提高12.3个百分点。其中，小企业贷款余额1.3万亿元，比年初增长1999.4亿元，占全部新增企业贷款的50.9%。涉农贷款比年初增长20.2%，超过全部贷款增速6.3个百分点。

实体领域金融支持进一步加大。2011年，江苏省本外币制造业贷款累计增加2680.03亿元，比上年多增593.68亿元，位居当年各行业贷款增量首位，占全部新增贷款（不含票据融资）的44.85%，较上年提高20.24个百分点。区域结构更趋协调。2011年沿海三市本外币贷款余额较年初增长16.9%，高于全省平均增幅2.9个百分点。苏北五市本外币贷款余额较年初增长19.3%，高于全省平均增幅5.3个百分点。

外币贷款先增后降。2011年，江苏省外币贷款增加72.4亿美元，同比少增11.6亿美元。其中贸易融资增加50.7亿美元，同比少增11.8亿美元。分时序看，2011年上半年外币贷款增量不断攀升，一、二季度分别增加22.9亿美元和33.1亿美元，但下半年增量波动下行，三季度增加22.6亿美元，四季度净下降6.2亿美元，且在7、10、12月份均出现负增长。四季度外币贷款负增长，一方面是由于金融机构外币资金头寸趋紧约束了外币信贷投放，另一方面，也与外需放缓导致外币贷款需求下降有一定联系。

4. 银行体系流动性总体收紧，融资利率高位运行。2011年以来，金融体系流动性总体收紧。一、二、三季度末，江苏省法人金融机构超额准备金率分别为2.44%、2.47%和2.30%，低于1月末的2.85%水平。受年末财政集中支付等影响，2011年末备付率为4.44%，较三季度末提高2.14个百分点，但仍比上年同期下降1.83个百分点。

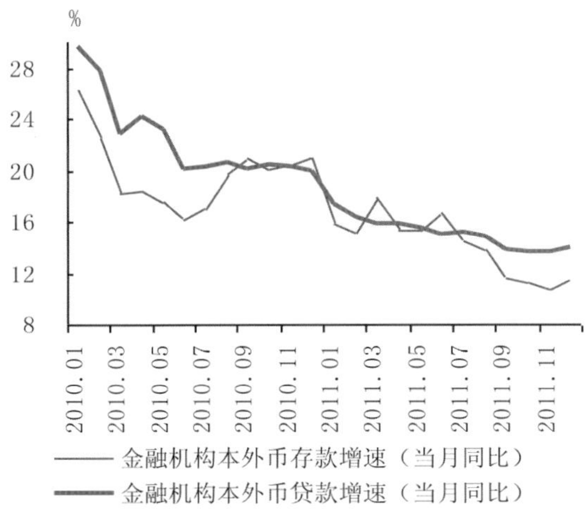

数据来源：中国人民银行南京分行。

图3　江苏省金融机构本外币存、贷款增速变化

从利率变动走势看，资金面的趋紧带动货币市场利率不断走高，并进一步传导至信贷市场，人民币贷款利率高位运行。

表2　2011年人民币贷款各利率区间占比表

单位：%

月份		1月	2月	3月	4月	5月	6月
合计		100	100	100	100	100	100
[0.9-1.0)		13.4	12.9	10.3	9.0	7.7	7.5
1.0		31.3	27.5	30.3	27.4	27.7	28.0
上浮水平	小计	55.3	59.6	59.3	63.7	64.6	64.5
	(1.0-1.1]	22.3	21.1	22.6	21.6	24.6	24.3
	(1.1-1.3]	18.5	20.2	21.7	24.7	25.0	27.4
	(1.3-1.5]	5.5	6.8	6.5	7.2	6.4	5.3
	(1.5-2.0]	5.9	7.5	6.1	7.3	5.8	5.4
	2.0以上	3.1	3.9	2.4	2.9	2.8	2.1
月份		7月	8月	9月	10月	11月	12月
合计		100	100	100	100	100	100
[0.9-1.0)		6.3	4.1	4.3	4.4	4.2	4.3
1.0		26.9	23.1	24.1	24.2	24.0	23.4
上浮水平	小计	66.8	72.8	71.6	71.4	71.9	72.3
	(1.0-1.1]	21.7	26.3	25.8	26.4	25.1	27.5
	(1.1-1.3]	28.2	30.1	30.6	28.4	29.9	29.7
	(1.3-1.5]	7.5	7.4	7.2	7.7	8.0	7.3
	(1.5-2.0]	6.6	6.4	5.7	6.1	6.4	5.7
	2.0以上	2.9	2.7	2.3	2.7	2.5	2.0

数据来源：中国人民银行南京分行。

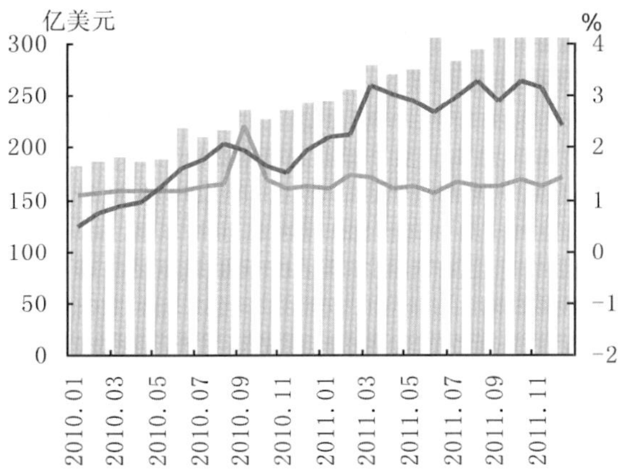

数据来源：中国人民银行南京分行。

图4　江苏省金融机构外币存款余额及外币存款利率

四个季度江苏省人民币贷款加权平均利率分别为6.7439%、7.2221%、7.5981%和7.6312%，同比分别上升152、195、227、219个基点。各期限贷款利率都呈现不同幅度的上行态势，5年期以上贷款上升幅度最大。

从浮动区间看，重心整体上移，执行下浮及基准利率的贷款比重降低，四季度执行下浮及基准利率的贷款比重为28.11%，较一季度下降15.33个百分点，但上浮超过基准利率1.5倍以上的贷款比重有所下降。

受金融机构外币头寸趋紧影响，外币存款利率总体呈上升趋势。2011年末，美元存款平均利率为1.3015%，较年初提高48个基点。

5. 银行业改革扎实推进。大型银行改革进一步深化，国家开发银行江苏省分行深入推进信贷结构调整，加大保障房建设融资支持力度，大力拓展中小企业贷款业务，不断强化"三农"信贷投放。同时，以融资平台清理规范、信息系统建设、内控机制建设等为重点，不断强化机制体制建设，稳步推进风险管理工作，保持各项经营稳健发展。农业银行江苏省分行积极推进操作风险评价与经济资本管理，优化年终绩效考评机制。全面实施16级非零售内部评级体系，提升信用风险管理水平。加强内部专项治理，强化内控合规检查和监督，不断提高精细化管理水平。

农村金融改革稳步推进。江苏省农村金融机构继续强化内控管理，夯实经营基础，理顺运行机制，全年共有33家农村信用社和农合行改制为农商行。新型农村金融组织稳步扩展，农村金融服务主体进一步增加。截至2011年末，江苏省累计成立村镇银行38家，累计成立小额贷款公司327家，合理分工、功效互补、有序竞争的农村金融服务体系逐步形成。

（二）证券业总体实力进一步增强，创新发展能力不断提升

2011年，江苏省证券业加大创新力度，优化业务结构，较好地克服了市场行情低迷的影响，证券业总体实力进一步增强，抗风险能力明显增强。

1. 证券业总体实力进一步增强。2011年末，江苏省共有证券营业部336家，同比增长近10%；新增1家法人证券公司——华英证券，是江苏首家合资券商，全省证券公司总量达到6家；东吴证券顺利上市，江苏省上市券商达到2家。期货经营机构数量和质量稳步提升，期货营业部达到86家，同比增长18%，江苏11家期货公司总注册资本、净资本、净资产都比上年增长50%以上，资本实力和抗风险能力进一步增强。

2. 证券市场融资功能发挥显著。2011年，江苏省新增境内上市公司46家，首发直接融资额476.8亿元。同时，新上市公司产业结构更加优化。从行业来看，大部分企业属于新能源、节能环保、信息技术、生物医药等国家重点支持发展的新兴产业。

2. 证券市场融资功能发挥显著。2011年，江苏省新增境内上市公司46家，首发直接融资额476.8亿元。同时，新上市公司产业结构更加优化。从行业来看，大部分企业属于新能源、节能环保、信息技术、生物医药等国家重点支持发展的新兴产业。

（三）保险业稳定健康发展，机构实力不断增强

1. 市场主体进一步充实。2011年末，江苏省共有保险公司主体85家，比上年末增加9家。其中，产险公司37家，人身险公司48家。全省保险分支机构5859家，保险网点数量居全国首位。省内拥有紫金财产、利安人寿、乐爱金（中国）财产等三家法人保险机构。

表3 2011 年江苏省证券业基本情况表

项目	数量
总部设在辖内的证券公司数(家)	6
总部设在辖内的基金公司数(家)	0
总部设在辖内的期货公司数(家)	11
年末国内上市公司数(家)	214
当年国内股票（A股）筹资（亿元）	657
当年发行H股筹资（亿元）	0
当年国内债券筹资（亿元）	1000
其中：短期融资券筹资额（亿元）	285

数据来源：中国证券业监督管理委员会江苏监管局、江苏省金融办、中国人民银行南京分行。

2. 各项业务保持平稳增长。2011 年，江苏保险业实现保费收入 1200 亿元，同比增长 14.6%。其中，财产险保费收入 380 亿元，同比增长 22% 左右，人身险保费 820 亿元，同比增长 11%。

3. 经营质量不断提升。保险业务结构持续优化，2011 年，与经济民生关联度较高的企财险、货运险、责任险、农业险、信用险和保证险业务规模均实现 20% 以上的较快增长。除交强险外的主要险种均实现盈利。

表4 2011 年江苏省保险业基本情况表

项目	数量
总部设在辖内的保险公司数(家)	3
其中：财产险经营主体（家）	2
人身险经营主体（家）	1
保险公司分支机构（家）	85
其中：财产险公司分支机构（家）	37
人身险公司分支机构（家）	48
保费收入（中外资，亿元）	1200.0
其中：财产险保费收入（中外资，亿元）	379.9
人身险保费收入（中外资，亿元）	820.1
各类赔款给付（中外资，亿元）	324.4
保险密度（元/人）	1525.6
保险深度（%）	2.5

数据来源：中国保险业监督管理委员会江苏监管局。

（四）直接融资占比稳步提高，金融市场交易活跃

2011 年，随着银行间直接债务融资工具发行量的提速，江苏省直接融资占比进一步提高，信贷、债券、股票并行的大融资格局进一步形成。

1. 银行间市场直接债务融资工具加快发展。2011 年，江苏省抓住全国债务融资工具市场加快发展的有利时机，实施推进 2011 年江苏省“债务融资工具余额倍增计划”。截至年底，江苏省各类债务融资工具余额达 804.2. 亿元，是上年末的 2.67 倍，倍增计划各项目标超额实现。全年累计发行各类债务融资工具 654.9 亿元，发行家数达到 80 家。与此同时，在全国各省份中率先与交易商协会签署《银行间市场助推江苏“两个率先”合作备忘录》，率先发行定向债务融资工具，率先开展区域集优集合票据发行工作，通过政策推动和先行先试，加快在发行总量、产品创新方面的突破。

2. 直接融资比例进一步提升。2011 年，江苏省累计发行各类债券 1000.1 亿元，占全部融资量的 12.8%，累计从股票市场融资 656.9 亿元，占全部融资量的 8.4%，两者合计占融资总量的 21.2%，同比提高 4.7 个百分点，比重稳步提高。

表5 2001—2011 年非金融机构部门贷款、债券和股票融资情况表

	融资合计(亿元人民币)	比重（%）		
		贷款	债券(含可转债)	股票
2001	758.0	93.6	0.4	6.0
2002	1719.5	95.9	2.0	2.1
2003	3480.5	97.4	1.1	1.5
2004	2407.5	98.3	0.4	1.3
2005	2408.8	92.5	4.5	3.0
2006	3430.9	93.8	3.1	3.1
2007	4252.4	91.3	5.8	2.9
2008	4448.3	91.5	6.2	2.3
2009	10610.7	92.0	5.4	2.5
2010	8787.0	83.5	7.8	8.7
2011	7804.6	78.8	12.8	8.4

数据来源：中国人民银行南京分行，江苏省发展改革委员会，中国证券业监督管理委员会江苏监管局。

3. 债券交易活跃。随着金融市场基础建设的逐步完善及金融机构资产管理水平的提升，江苏省金融机构在债券市场保持了较高的活跃度。2011 年，江苏省金融机构累计完成质押式债券回购 7.2 万亿元，同比增长 30.4%；累计完成买断式债券回购 3547.5 亿元，同比增长 66.2%；累计完成现券交易 5.3 万亿元，同比增长 20.5%。

4. 票据融资增长较快，贴现利率高位运行。2011 年，受资金面趋紧的影响，江苏票据市场总体增长较快，票据融资规模持续增长，短期融资功能稳定。截至 2011 年末，江苏省商业汇票承兑余额 9969.8 亿元，同比增长 12.9%。票据贴现余额 1300.5 亿元，同比增长 11.7%。

表6 2011 年江苏省金融机构票据业务统计表

单位：亿元

季度	银行承兑汇票承兑		贴现			
			银行承兑汇票		商业承兑汇票	
	余额	累计发生额	余额	累计发生额	余额	累计发生额
1	9893.98	6233.37	796.82	5188.85	57.60	639.67
2	11012.48	5442.32	894.27	4573.16	62.10	361.58
3	10005.15	5372.29	1035.50	4536.56	80.32	394.59
4	9969.76	5563.92	1235.66	7145.41	64.89	281.47

数据来源：中国人民银行南京分行。

票据融资利率高位运行。2011 年 1—4 季度，江苏省票据贴现加权利率分别为 6.6970%、6.5810%、9.1413% 和 9.3601%，转贴现加权利率分别为 5.1934%、5.5803%、6.7756% 和 7.5485%。整体看来，票据市场利率呈现高位运行态势，尤其是下半年贴现利率快速攀升，9、10 月份贴现平均利率突破 10%，11 月份开始回落至 10% 以下。大企业应付票据大幅增加、金融机构票据贴现意愿不足是推动贴现利率上涨的主要原因。

表7 2011 年江苏省金融机构票据贴现、转贴现利率表

单位：%

季度	贴现		转贴现	
	银行承兑汇票	商业承兑汇票	票据买断	票据回购
1	6.7185	6.5650	5.3176	5.1046
2	6.5796	6.5884	5.6154	5.5541
3	9.1221	9.2733	7.0845	6.2463
4	9.2890	10.4344	7.8100	7.0792

数据来源：中国人民银行南京分行。

5.外汇交易活跃度下降，黄金交易量上升较快。2011年，受国际环境影响，江苏省出口增速逐步回落，受此影响，金融机构外汇交易活跃度有所下降。1—12月，江苏省即期询价交易累计成交量折美元296.8亿美元，同比下降13.2%。美元交易比例有所提升，四季度，以美元结算的交易占比91.2%，同比上升6.8个百分点。黄金交易活跃，商业银行纸黄金和实物黄金成交量同步增长，1—12月，江苏省银行机构纸黄金累计成交123.1吨，同比增长44.0%；实物黄金累计成交20.8吨，是上年同期的2.85倍。

6.金融产品创新力度进一步加大。江苏省金融机构持续开展多维金融创新，满足实体经济融资需求。推出了“信托＋理财”、“股权融资”、“融资租赁”、“集合债券”等多种融资产品，加强对科技型企业、新兴产业、小微企业的金融支持。针对江苏外向型经济特点，加快国际业务产品创新，在保理、保函、仓单质押、订单融资等方面进一步优化流程、开展深度创新。

（五）金融生态环境建设深入推进，信用环境不断改善

金融生态建设扎实推进。2011年，江苏省金融生态县创建工作继续深入推进，突出信用环境、法制环境和中介服务规范化建设，切实维护金融部门合法权益，有效地优化了县域金融生态环境。2011年，江苏省8个县（市、区）获得“江苏省金融生态优秀县”称号，8个县（市、区）获得“江苏省金融生态达标县”称号。

全省金融生态环境进一步优化。一是政府充分发挥主导作用，地方政府明确将金融生态创建工作列入政府工作内容，纳入目标考核，安排专项资金，定期召开工作会议研究部署创建工作。二是信用环境建设逐步改善，信用基础更加扎实。金融生态县创建工作落实到镇、村，结合各镇、村特点，突出重点，注重实效。农村征信体系建设步伐进一步加快，试点建立青年农户家庭信用档案，通过评选“农村青年创业信用示范户”树立信用示范典型。三是中介机构专业化水平稳步提升，金融服务市场更加规范。鼓励中小企业信用担保机构发展，对中介服务机构进行诚信等级评价测评，建立中介行业不良记录信息共享机制，提升中介机构专业化水平和诚信水平。四是法制环境日趋完善。监管部门、公安部门加大对不良贷款、信贷集中风险、民间借贷风险、违规投资风险的跟踪监控，集中开展打击非法集资集中宣传活动，加大金融犯罪侦破力度。

二、经济运行情况

2011年，面对复杂的国内外经济形势，江苏省认真落实国家各项决策部署，统筹做好稳增长、转方式、惠民生各项工作，全省经济增长的稳定性、协调性明显增强，产业结构持续优化，三次产业增加值比例调整为6.3∶51.5∶42.2，增长后劲不断增强，民生得到持续改善。2011年江苏省实现地区生产总值4.86万亿元，同比增长11%，人均地区生产总值61649元。

（一）投资增速趋缓，消费增速有所加快

1.投资增速趋缓，投资结构明显优化。2011年，江苏省完成固定资产投资（不含农户）2.63万亿元，同比增长21.5%，比前三季度、上半年和上年分别下降0.8、2.4和0.6个百分点。

在投资增速平稳回落的同时，投资结构明显优化，投资的内生动力有所增强。1—12月，全省高新技术产业投资、民间投资同比分别增长34.4%和25.8%，分别高出全社会固定资产投资增速12.9和4.3个百分点。在固定资产投资中的比重分别比上半年提高0.02和0.51个百分点。

房地产投资增速逐步回落。政策调控的累积效应逐步显现，随着成交量的持续低迷，房地产投资增速逐步回落，1—12月全省累计完成房地产投资额5552.69亿元，同比增长29.2%，比前三季度、上半年分别下降4.4和4.57个百分点。其中，1—10月、1—11月、1—12月同比增速分别为32.9%、32.4%和29.2%，增速持续放缓。

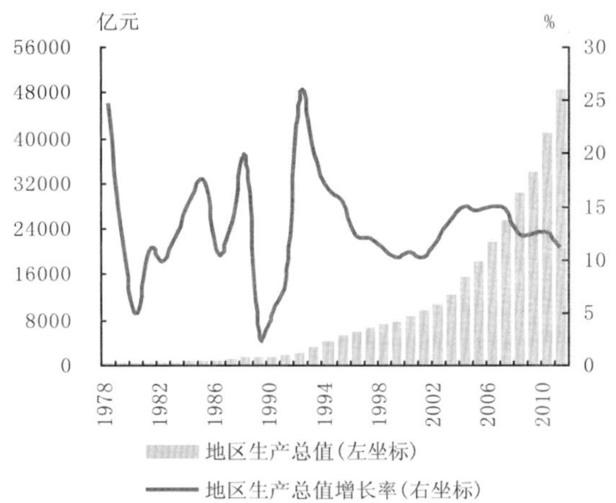

数据来源：江苏省统计局。

图5　江苏省地区生产总值及其增长率

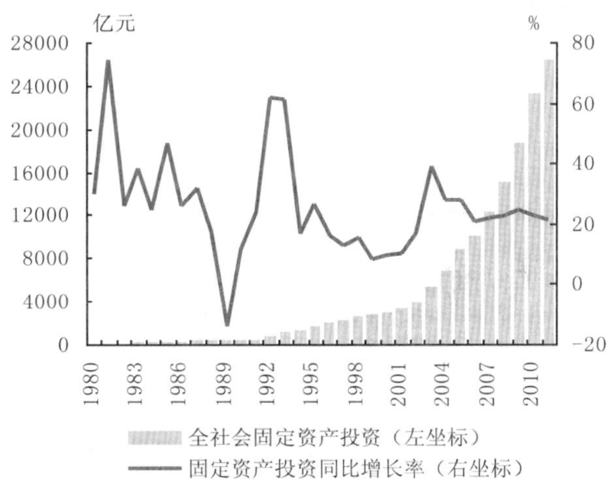

数据来源：江苏省统计局。

图6　江苏省固定资产投资及其增长率

2.消费增速有所加快。2011年，江苏省实现社会消费品零售总额1.58万亿元，同比增长17.5%，比前三季度和上半年分别提高0.1和0.3个百分点。即使剔除价格因素后，实际消费增速也有所回升，1—12月全省社会消费品零售总额同比实际增长12.2%，比前三季度和上半年分别提高0.6和0.7个百分点。

得益于城乡居民收入较快增长以及消费结构的升级，家具、食品、饮料和烟酒消费等保持快速增长。1—12月，全省家具销售同比增长31.5%，比前三季度和上半年增速分别提高2.1和4.1个百分点；1—12月食品、饮料、烟酒消费同比增长23.9%，比前三季度和上半年增速分别提高1.8和2.3个百分点。汽车、石油及其制品消费增速有所回落。1－12月全省汽车消费同比增长21.3%，比前三季度增速下降1.2个百分点；1—12月全省石油及其制品消费同比增长28%，比前三季度增速下降0.9个百分点。

3. 对外贸易增速持续回落，资本品出口降势尤为明显。2011 年，江苏省实现进出口总额 5397.6 亿美元，同比增长 15.9%，比前三季度、上半年和上年分别下降 2.6、4.1 和 21.6 个百分点。其中，出口总额为 3126.2 亿美元，同比增长 15.6%，比前三季度、上半年和上年同期分别下降 3.1、4.8 和 20.2 个百分点。

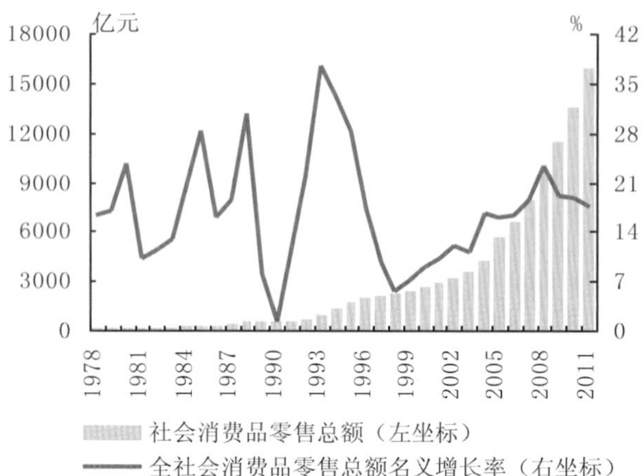

数据来源：江苏省统计局。

图 7 江苏省社会消费品零售总额及其增长率

受外部经济不景气影响，对国际需求比较敏感的资本品出口增速下降明显。1—12 月，全省机电产品出口同比增长 10.3%，比前三季度、上半年和上年同期分别回落 3、4.5 和 26.9 个百分点；高新技术产品出口同比增长 2.7%，比前三季度、上半年和上年同期分别回落 4.4、7 和 34.7 个百分点。相对而言，以纺织服装、农产品为主的消费品由于需求弹性小，出口增速明显高于资本品。1—12 月，全省纺织服装、农产品出口同比分别增长 21.7% 和 11.5%，明显高于同期高新技术和机电产品出口增速。

受国际大宗商品价格持续高企、内需放缓的制约，2011 年以来全省进口增速持续下滑。1—12 月，全省实现进口额 2271.4 亿美元，同比增长 16.3%，比前三季度、上半年和上年同期分别下降 1.9、3.1 和 23.6 个百分点。

全省利用外资规模稳步增长。2011 年，江苏省外商直接投资总额 321.3 亿美元，同比增长 12.8%，增速较上年提高 0.2 个百分点。

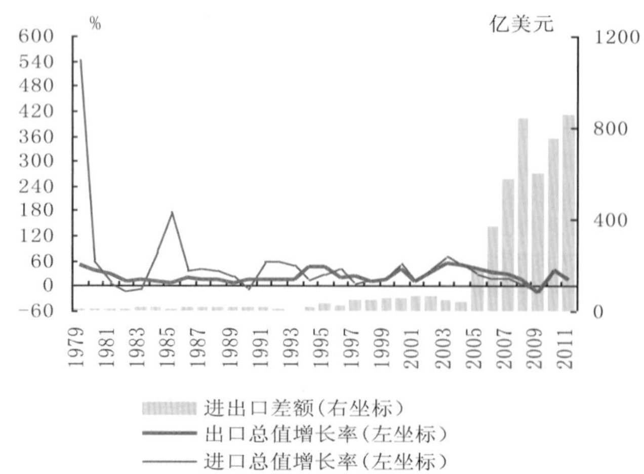

数据来源：江苏省统计局。

图 8 江苏省外贸进出口变动情况

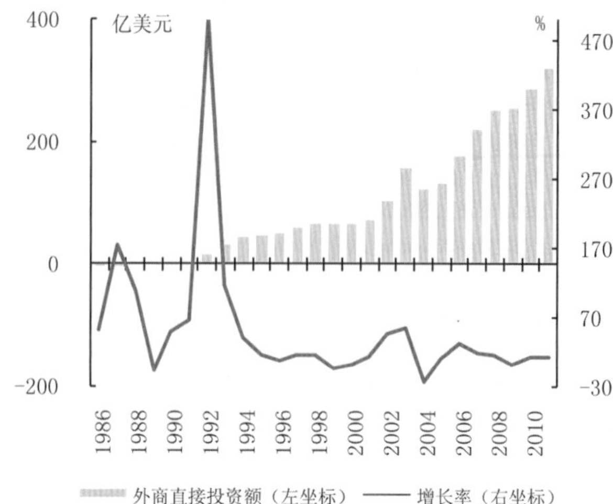

数据来源：江苏省统计局。

图 9 江苏省外商直接投资情况

专栏 2：江苏省外向型企业生产经营状况分析

2011 年以来，在欧债危机影响持续发酵、世界经济发展不确定性因素增加影响下，江苏外向型企业生产经营状况总体呈现下行态势，设备利用率、销售、盈利等指标均出现不同程度回落，外向型企业发展面临市场需求不足、转型困难等多重因素制约。

一是外向型企业生产经营状况指数持续下降，盈利水平有所回落。2011 年四季度江苏省企业家问卷调查显示，389 户外向型企业经营状况指数（衡量企业经营状况，该指标值越高，表明企业目前生产经营状况越好）为 65.43%，低于上年同期 8.5 个百分点，处于连续回落态势。从企业盈利状况来看，四季度 26.28% 的企业亏损较上季度增加，环比上升了 2.19 个百分点。

二是企业设备利用率有所下降，关停并转现象有所增多，部分劳动密集型行业表现更加明显。调查显示，13.63% 的企业认为设备利用率较上季度“提高”，比上季度下降 3.89 个百分点，呈逐季回落态势。本次调查中，设备利用率“下降”的企业占比首次超过“上升”的占比 0.24 个百分点。调查显示，15.57% 的外向型企业认为本行业关停并转情况有所增多，较上季提高 1.21 个百分点，连续两个季度上升。分行业来看，部分劳动密集型行业企业由于市场重叠、议价能力差，在外需低迷和成本上升的双重压力下，关停并转现象更加突出。调查显示，四季度在服装及纤维业、电气机械及家电制造业、电子及通讯设备制造业等行业中，分别有 25.93%、17.39% 和 17.78% 的企业表示行业内关停并转现象增多，较上季分别上升了 11.12、4.35 和 13.34 个百分点，明显高于总体水平。

三是市场需求不足问题凸显。调查显示，当前外向型企业面临国内外需求双重下降的局面，经营压力较大。调查中，40.63% 的企业认为“市场需求不足”是当前企业面临的主要问题，在三季度上升 5.09 个百分点的基础上，四季度继续大幅上升 11.68 个百分点，上升幅度位于所有选项中第一位。

四是出口企业向内销转型受到一定制约。调查显示，外向型企业向国内市场发展转型意识逐渐增强。四季度，14.11% 的企业选择“减少产成品出口，增加国内销量”作为应对出口下滑的主要手段，占比居所有选项中第三位，比例较前两个季度均有所提升。但企业反映，国内与国外市场业务模式及资金账期存在较大差异，制约了外向型企业向内销转型。一方面出口业务以单定产，程序相对简单；而内销业务销售成本高，品牌建立难度大，高昂的前期投资给大部分中小企业转型带来较大压力；另一方面，国内市场资金回笼周期较长，在目前资金成本较高的情况下，内销业务增加可能对企业自身资金状况产生较大影响，出口为主的企业转型国内市场仍需要较长的适应期。

（二）工业生产逐步放缓，农业服务业稳步增长

1. 工业生产逐步放缓。2011 年，江苏省实现规模以上工业增加值 2.5 万亿元，同比增长 13.8%，增速比前三季度、上半年和上年分别回落 0.2、0.2 和 2.3 个百分点。中国人民银行南京分行针对全省 597 户工业企业的景气调查显示，四季度工业生产增速指数、设备利用率水平指数为 43.05% 和 39.7%，在三季度分别回落 1.92 和 4.17 个百分点后，进一步分别回落 2.35、0.92 个百分点。

分结构看，轻工业增速有所回升，重工业增速出现下滑。1—12 月，全省轻工业增加值同比增长 11.1%，比前三季度和上半年分别上升 0.3 和 0.1 个百分点；重工业增加值同比增长 14.8%，比前三季度、上半年分别下降 0.5、0.4 个百分点。

先进制造业增长较快。在规模以上工业中，交通运输设备制造业产值 7762.7 亿元，同比增长 25.1%；专用设备制造业产 3943.13 亿元，同比增长 29.3%；电气机械及器材制造业产值 11054.4 亿元，同比增长 32.4%。

工业企业利润增长平稳。1—12 月，江苏省规模以上工业企业累计实现利润总额 6850.4 亿元，同比增长 24.3%。规模以上工业企业亏损面 9.6%，比上年末提高 1 个百分点。

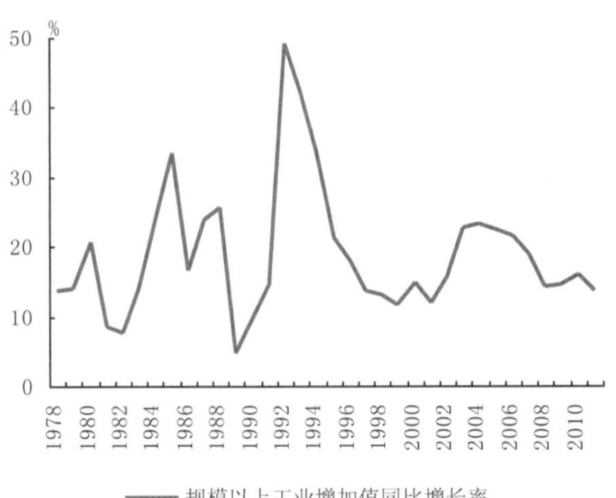

数据来源：江苏省统计局。

图 10　江苏省工业增加值同比增长率

2. 农业生产增势平稳。全省粮食连续八年增产，全年总产量达 3307.8 万吨，比上年增产 72.7 万吨，增长 2.2%。其中，夏粮 1117.2 万吨，增长 1.1%；秋粮 2190.6 万吨，增长 2.9%。高效农业面积增加，全年新增高效农业面积 21 万公顷，新增高效渔业面积 7.5 万公顷。

3. 服务业持续稳定增长。2011 年，江苏省实现服务业增加值 2.07 万亿元，同比增长 11%，占地区生产总值比重为 42.6%，比上年提高 1 个百分点。物流、金融、旅游等服务业快速发展，苏南地区电子商务、云计算服务、物联网等现代服务业加快发展。

（三）各类价格指数逐步回落，物价上涨动力减弱

1. 居民消费价格逐步回落。1—12 月，江苏 CPI 累计同比上涨 5.3%，低于全国 0.1 个百分点，涨幅较前三季度、上半年分别下降 0.5、0.4 个百分点。分月看，下半年 CPI 涨幅逐步回落，由 6 月的 6.9% 持续降至 12 月的 3.6%。CPI 涨幅的回落，翘尾因素逐步减弱，2011 年 6 月以来，翘尾因素对 CPI 同比涨幅的贡献逐月降低，其中 10、11、12 月翘尾因素分别为 1.3、0.3 和 0 个百分点。

2. 上游产品价格涨幅稳步回落。1—12 月，江苏省 PPI 累计同比上涨 6.2%，增速比前三季度、上半年、上年同期分别回落 1.5、2.1 和 1 个百分点。分月看，2 月以来 PPI 单月同比涨幅逐步收窄，生产者购进价格指数（PPIRM）由 3 月的 11.42% 回落至 12 月的 1.3%。从 PPIRM 与 CPI 涨幅之差衡量的上下游价格传导压力来看，10、11、12 月二者差值分别为 2.4、0 和 -2.3 个百分点，表明成本推动 CPI 上涨的压力明显减弱。

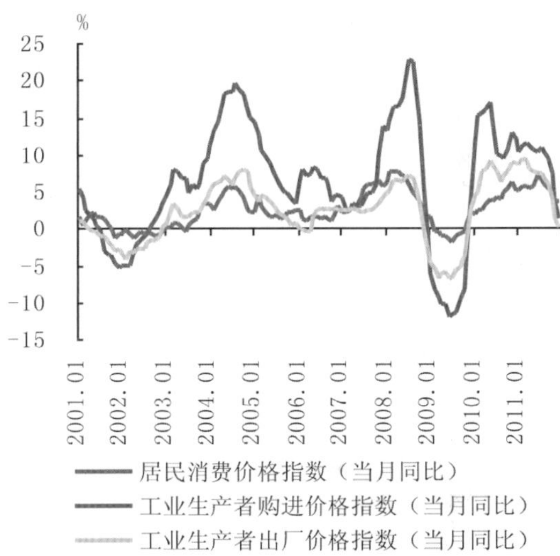

数据来源：江苏省统计局。

图 11　江苏省居民消费价格和生产者价格变动趋势

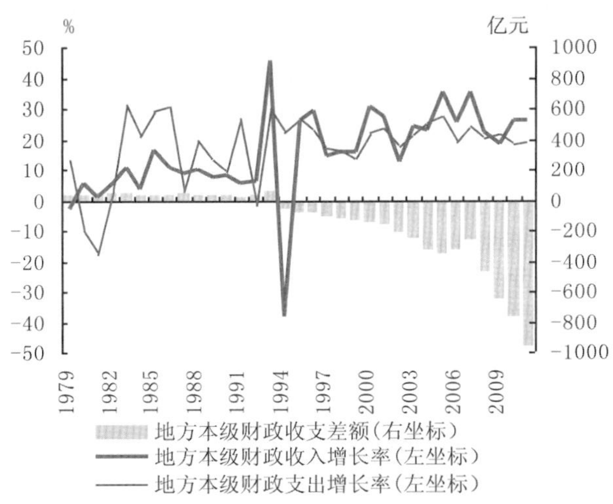

数据来源：江苏省统计局。

图 12　江苏省财政收支状况

（四）财政收入增速回落，财政支出结构持续优化

1. 财政收入增速有所回落。2011 年，江苏省实现财政一

般预算收入 5147.9 亿元，同比增长 26.2%，比前三季度、上半年和上年分别下降 4.7、4.9 和 0.2 个百分点。分结构看，一是受 9 月 1 日提高个人所得税起征点影响，1—12 月个人所得税同比增长 31.4%，比前三季度、上半年分别回落 9.1 和 8.6 个百分点；二是受土地交易量下降影响，1—12 月土地增值税同比增长 50.8%，比前三季度、上半年分别回落 5.1 和 13.5 个百分点。

2. 财政支出结构持续优化。2011 年，江苏省一般预算支出 6115.3 亿元，同比增长 18.9%。支出结构进一步优化，教育、就业、社会保障等重点民生领域得到有效保障。全年教育支出 1025.4 亿元，同比增长 19.7%；社会保障和就业支出 494 亿元，增长 35.5%；城乡社区事务支出 790.2 亿元，科学技术支出 206.9 亿元，分别增长 26.5% 和 37.6%。

（五）发展方式加快转变，区域发展更加协调

经济结构调整取得明显成效。战略性新型产业蓬勃发展，2011 年江苏省新能源、新材料、生物技术和新医药、节能环保、软件和服务外包、物联网等新兴产业全年销售收入达 2.61 万亿元，同比增长 26.4%。

区域发展协调性增强。苏南加快转型升级，苏中崛起明显提速，苏北发展内生动力增强。苏中、苏北大部分经济指标增幅高于全省平均水平，对全省经济增长的贡献率达41.2%，比上年提高 2.2 个百分点；加快推进沿海开发，沿海地区生产总值达到 8262.1 亿元，比上年增长 12.4%，对全省经济增长贡献率达 17%。

节能减排力度进一步加大，扎实推进重点节能减排工程，发展循环经济，控制高耗能产业发展，加快淘汰落后产能，加强化工等行业专项整治。全年共关停小火电机组 125.3 万千瓦，承担国家和省淘汰落后产能目标任务的 66 家企业，计划淘汰的落后产能主体设备全部拆除完毕。

（六）行业分析

1. 房地产行业。江苏省 13 个市房产主管部门商品房预（销）售合同网上备案系统数据显示，1—12 月全省商品房实际登记销售面积累计为 4178.4 万平方米，同比下降 15.2%，比前三季度和上半年增速分别下降 13.01 和 17.6 个百分点，其中，10、11、12 月销售面积分别为 287.8 万平方米、292.5 万平方米、483.2 万平方米，同比分别下降 51.96%、40.04% 和 26.34%。受"限购、限贷"等多重调控政策叠加影响，市场需求明显萎缩。中国人民银行南京分行对江苏省 135 位银行家的问卷调查显示，2011 年四季度个人购房信贷需求下降的银行占比为 27.2%，分别比二季度和三季度高出 7.7 和 8.8 个百分点。四季度中国人民银行南京分行对全省 5200 户城镇储户的问卷调查也显示，"未来三个月打算购房"的居民占比为 11.5%，比三季度和二季度分别下降 1.3、0.89 个百分点，比上年同期下降 2.9 个百分点，处于 2009 年以来的次低水平。

销售面积增速下滑的同时，全省商品房价格增幅逐步回落。全省 13 个市房产主管部门商品房预（销）售合同网上备案系统数据显示，1—12 月全省 13 个省辖市市区商品房累计成交均价为 7720 元/平方米，同比增长 4.95%，涨幅分别比前三季度、上半年下降 5.02 和 11.01 个百分点。从绝对价格水平看，受房地产调控政策影响，2011 年四季度全省商品房价格出现下跌迹象。数据显示，10、11、12 月全省 13 个省辖市市区商品房成交均价分别为 8014 元/平方米、7624 元/平方米，7456 元/平方米。

房地产信贷增长明显放缓。2011 年以来，随着国家房地产调控逐渐深入，金融机构认真执行差别化房贷政策，全省各类房地产贷款增速明显放缓。2011 年末，江苏省本外币房地产开发贷款余额为 3369.1 亿元，比年初增加 308.5 亿元，同比少增 180.1 亿元。从时序看，上半年房地产开发贷款增长较快，累计增加 301.2 亿元，占全年增量的 97.6%；进入下半年，房地产市场形势明显下滑，开发贷款增速也迅速走低，下半年仅增加 7.3 亿元，其中 7、8、9、10 四个月持续负增长。个人购房贷款下滑明显，1 - 12 月，江苏省新增个人购房贷款 767.4 亿元，同比少增 739.4 亿元。

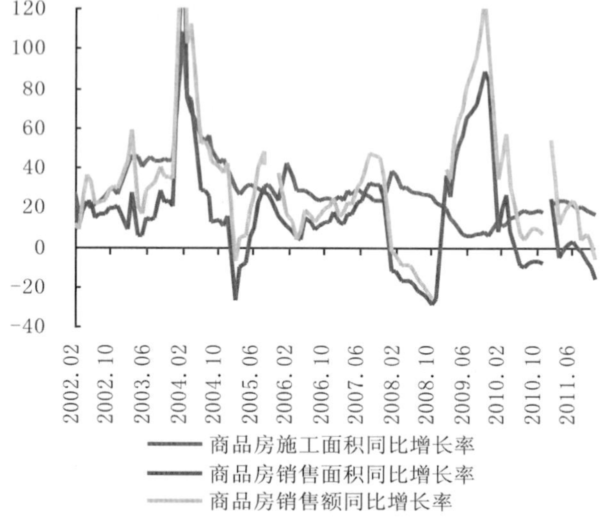

数据来源：江苏省统计局。

图 13　江苏省商品房施工和销售变动趋势

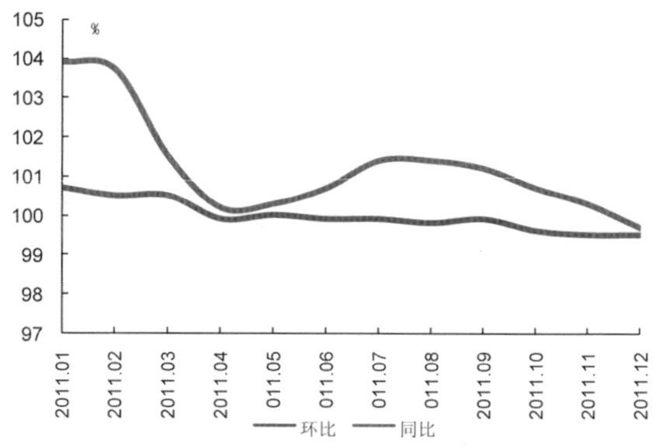

数据来源：江苏省统计局。

图 14　2011 年南京市新建住宅价格指数

房地产信贷增长明显放缓。2011 年以来，随着国家房地产调控逐渐深入，金融机构认真执行差别化房贷政策，全省各类房地产贷款增速明显放缓。2011 年末，江苏省本外币房地产开发贷款余额为 3369.1 亿元，比年初增加 308.5 亿元，同比少增 180.1 亿元。从时序看，上半年房地产开发贷款增长较快，累计增加 301.2 亿元，占全年增量的 97.6%；进入下半年，房地产市场形势明显下滑，开发贷款增速也迅速走低，下半年仅增加 7.3 亿元，其中 7、8、9、10 四个月持续负增长。个人购房贷款下滑明显，1—12 月，江苏省新增个人购房贷款 767.4 亿元，同比少增 739.4 亿元。

2. 船舶行业。近年来，江苏船舶业快速发展，船舶制造在全省分布较为集中，其中泰州、南通、扬州、南京等区域船舶制造业尤为发达，拥有江苏新世纪、熔盛重工、扬子江船业等一批大型骨干企业。从总体规模来看，2011 年江苏省造船完工

量达2793万载重吨,占全国份额的35.4%,占世界市场份额的16.4%。从总量上看,目前江苏省手持定单、新承接订单、造船完工量三大主要指标均保持全国首位。

2011年,面对世界经济低迷和欧债危机动荡等不利影响,江苏省船舶产业加快转方式、调结构,抗风险能力持续增强,发展后劲进一步夯实。一是建立现代造船模式,坚持完善体系建设,深化基础管理,优化作业流程,船台周期不断缩短,目前江苏省批量造船船坞周期最短仅为25天。二是大型海工项目加速推进。南通中远船务海工一期工程已经全面竣工投产,2011年中远船务、熔盛重工等企业共承接钻井平台、风电安装船、穿梭油轮等17艘海工产品,价值约20亿美元。三是产业集聚不断深入,全省形成了区域错位竞争的良性格局,形成了结构合理、梯次明显的骨干企业群。四是技术创新步伐继续加快。一批带动性强、对提升产业竞争力具有全局性影响的重大创新项目不断展开,绿色环保品牌船型、冰区船舶、海工装备等关键技术开发不断取得突破。

江苏金融业积极支持船舶行业发展。2011年末全省银行业金融机构对主要造船及船舶配套企业综合授信余额超过1000亿元。近几年来,每年年初江苏省经信委(全称)、中国人民银行南京分行牵头召开全省船舶行业经济分析会,通过金融机构与船舶企业现场对接,有效沟通银企关系,支持船舶产业发展。与此同时,近年来江苏省金融机构推出了一系列富有实效的金融产品和服务,较有特色的有在建船舶抵押贷款、预付款保函、基于出口信用保险的信贷融资以及船舶融资租赁等,为船舶业发展提供了丰富的融资支持。

三、预测与展望

展望2012年,国际经济发展依然充满不确定性,欧债危机的影响可能通过贸易、资本流动和预期等渠道持续影响国内。从江苏经济来看,经济发展的基本面仍然向好,经济结构调整步伐坚实,但同时也面临成本上升、资源趋紧等发展问题,保持经济平稳较快增长的机遇与挑战并存。

投资将延续平稳增长态势。2012年是"十二五"规划中承上启下的重要一年,地方政府投资需求旺盛,同时随着经济结构的调整,江苏省高新技术产业投资、服务业投资加快发展,对未来投资形成了有力支撑;民间资本投资环境优化也有助于增强企业投资的积极性。另一方面,受房地产调控、地方政府融资平台治理及淘汰落后产能等政策的影响,固定资产投资增速快速提高的可能性不大。

消费需求继续保持旺盛势头,一是近年来工资水平持续提高增强了消费后劲,从江苏来看,目前城乡均处于消费升级期,消费潜力正在逐步释放;二是消费热点继续活跃,汽车、通讯器材、金银珠宝等消费热点持续增长。

从价格走势看,2012年通胀压力逐步减缓。一方面,食品类价格涨势有所减弱,粮食连续丰收有利于减轻农产品价格上涨压力,同时,PPI涨势回落,减轻了上游价格向CPI传导的压力。但同时也要看到,国际大宗商品价格仍存在上涨的压力,资源性产品、劳动力成本上升向下游传递的压力仍然较大,预计2012年江苏省居民消费价格涨幅与全国平均水平基本持平。

从金融运行情况看,稳健货币政策效果进一步显现,江苏省金融总体将保持平稳运行态势,预计信贷投放总体规模与上年基本持平。与江苏省经济发展方式加快转变相适应,贷款行业结构、区域结构将进一步优化,"三农"和小微企业贷款增速继续快于全部贷款增速。由于经济发展基础较好,江苏省信贷总量在全国的比重和位次保持基本稳定。

2011年浙江省金融运行报告

中国人民银行杭州中心支行
货币政策分析小组

内容摘要

2011年,浙江省深入贯彻落实科学发展观,着力稳增长、抓转型、控物价、惠民生、促和谐,加快启动实施"三大国家战略",积极帮助中小企业脱困解难,经济保持平稳增长,民生进一步改善。全省生产总值同比增长9.0%,居民消费价格上涨5.4%。

全省金融业切实按照宏观调控要求,认真贯彻稳健货币政策,金融运行总体平稳,信贷结构继续优化,金融支持重点突出。资本市场融资加速,保险保障功能增强,金融市场创新活跃,融资结构明显改善。2011年全省金融机构本外币存贷款分别同比增长12%和13.8%,直接融资比例为16.7%。

2012年是实施"十二五"规划承上启下的重要一年,浙江有望继续保持经济平稳发展,但也面临诸多挑战和不确定性,需要加快经济结构调整和转型升级。在稳健货币政策背景下,2012年全省社会融资规模将保持适度增长,信贷结构继续优化,直接融资加速发展,金融支持浙江实体经济发展与转型的积极作用将进一步发挥。

一、金融运行情况

2011年,浙江省金融业稳健发展,金融运行总体良好,融资结构明显改善,各项改革深入推进,金融服务地方经济发展和支持转型升级的能力持续增强。

(一)银行业健康发展,货币信贷平稳运行

浙江省银行业切实按照宏观调控要求,认真落实稳健货币政策,主动适应形势变化,改革发展各项工作有效推进。

1.银行业健康发展,规模效益稳步提升。2011年,浙江省银行业金融机构资产总额同比增长16.6%(见表1)。盈利水平和资产质量稳步提升,全行业资产利润率2.56%,同比提高0.16个百分点。年末不良贷款率为0.92%,同比下降0.03个百分点。全省银行业金融机构整体拨备覆盖率为210%。

表1 2011年浙江省银行业金融机构情况

机构类别	营业网点①			法人机构(个)
	机构个数(个)	从业人数(人)	资产总额(亿元)	
一、大型商业银行	3806	91565	33453	0
二、国家开发银行和政策性银行	60	2032	3286	0
三、股份制商业银行	568	24348	15317	1
四、城市商业银行	638	26114	9340	11
五、城市信用社	8	289	30	1
六、农村合作机构②	4078	44638	10925	82
七、财务公司	3	115	227	3
八、信托公司	4	445	88	4
九、邮政储蓄	1669	6853	1782	0
十、外资银行	27	969	346	2
十一、新型农村金融机构③	76	1841	321	53
十二、其他④	3	143	430	1
合计	10940	199352	75545	158

注:①不包括总部数据。
②包括农村信用社、农村合作银行和农村商业银行。
③包括村镇银行、贷款公司和农村资金互助社。
④包括金融租赁公司、汽车金融公司、货币金融公司、消费金融公司。
数据来源:中国人民银行杭州中心支行、浙江银监局。

2. 存款增长明显放缓，储蓄存款波动加剧。2011 年末，浙江省金融机构本外币各项存款余额同比增长 12%，增速比上年同期回落 8.8 个百分点（见图 1）。受成本上升、应收账款和库存增加等因素影响，企业用款需求明显上升，单位存款大幅下滑，余额同比增长 9.0%。储蓄存款平稳增长，但波动性加剧。

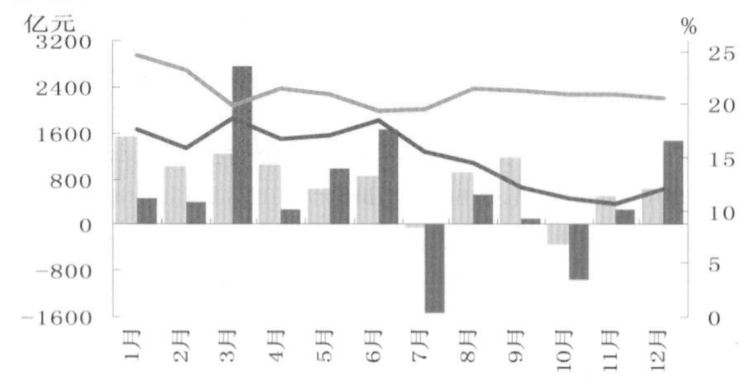

数据来源：中国人民银行杭州中心支行。

图 1 浙江省金融机构人民币存款增长变化

3. 贷款增长合理适度，信贷结构持续优化。2011 年，全省本外币各项贷款比年初新增 6481.5 亿元，同比少增 1175.5 亿元，增速比上年降低 5.9 个百分点（见图 2、图 3、图 4）。贷款期限结构变化明显，全年本外币短期贷款增量占比提高 19.8 个百分点，而新增中长期贷款占比回落 28.2 个百分点。

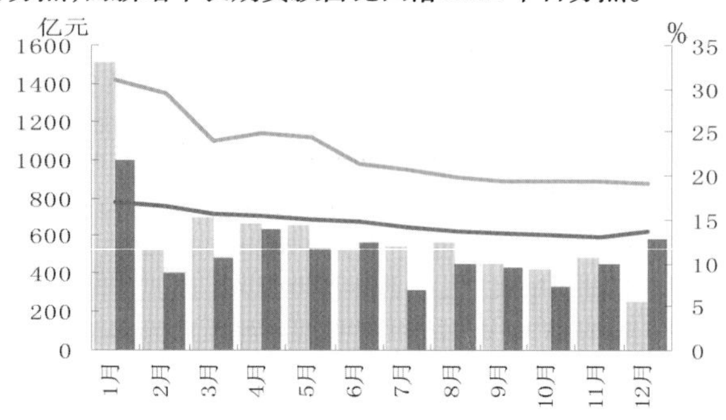

数据来源：中国人民银行杭州中心支行。

图 2 浙江省金融机构人民币贷款增长变化

信贷结构持续优化，支持重点突出。一是“支农支小”力度加大，小企业贷款和涉农贷款增速分别比全部贷款增速高出 5.2 个和 4.8 个百分点。二是积极支持经济转型，全省“十一大转型升级产业”贷款占各项贷款增量的 44.4%。三是房地产、基础设施信贷增长放缓，产能落后行业贷款得到控制，制造业、零售业贷款占比提高。四是抵质押方式创新积极推进，农房抵押贷款和农房改造贷款、林权抵押、知识产权质押款以及海域使用权贷款快速增长。

4. 贷款利率震荡走高，民间借贷较为活跃。2011 年，全省一般性贷款加权平均利率为 7.57%，金融机构同业存款利率波动上行，货币市场利率稳步攀升。2011 年，浙江省民间借贷总体活跃，监测的民间借贷量价齐升，利率前三季度逐季攀升，四季度有所回落（见图 5）。

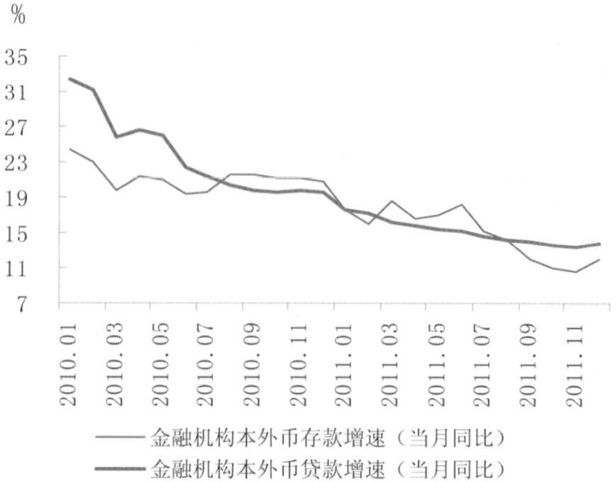

数据来源：中国人民银行杭州中心支行。

图 3 浙江省金融机构本外币存贷款增速变化

表 2 2011 年浙江省各利率浮动区间贷款占比

单位：%

月份		1月	2月	3月	4月	5月	6月
合计		100	100	100	100	100	100
[0.9-1.0)		7.3	7.0	4.8	5.3	4.1	4.3
1.0		25.4	24.4	21.1	19.3	16.3	15.8
上浮水平	小计	67.3	68.6	74.1	75.4	79.6	79.9
	(1.0-1.1]	22.7	26.5	23.0	23.9	26.6	25.0
	(1.1-1.3]	22.6	23.0	26.8	29.4	30.9	33.6
	(1.3-1.5]	10.4	9.1	12.6	11.6	11.9	11.5
	(1.5-2.0]	9.1	8.0	9.5	8.6	8.5	8.2
	2.0以上	2.5	2.0	2.3	1.8	1.7	1.6
月份		7月	8月	9月	10月	11月	12月
合计		100	100	100	100	100	100
[0.9-1.0)		3.1	2.7	3.7	2.6	3.0	2.7
1.0		19.0	14.0	13.2	15.2	12.7	14.3
上浮水平	小计	77.9	83.3	83.1	82.2	84.3	83.0
	(1.0-1.1]	20.9	23.4	23.0	25.0	25.1	24.6
	(1.1-1.3]	33.4	36.7	35.6	37.8	40.3	38.2
	(1.3-1.5]	11.9	11.9	11.4	10.8	10.4	11.2
	(1.5-2.0]	9.8	9.6	8.3	7.3	7.2	7.5
	2.0以上	1.9	1.7	4.8	1.3	1.3	1.5

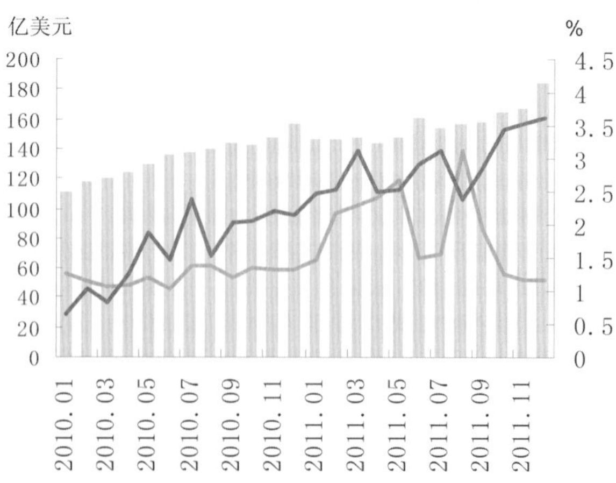

数据来源：中国人民银行杭州中心支行。

图 4 浙江省金融机构外币存款余额及外币存款利率

数据来源：中国人民银行杭州中心支行。

图5　浙江省民间借贷量价监测

5. 银行业改革持续深化，农村金融改革成效显著。各国有商业银行在浙江的分支机构改革工作继续推进，经营业绩稳步提高。农村金融改革取得新成果，邮政储蓄银行二类支行改革扎实推进，全年共启动10家县级农村信用社股份制改革工作，设立新型农村金融机构55家。浙江省法人银行机构全年共设省内分支机构91家，网点布局转向重点新区和中心乡镇。

6. 跨境人民币业务发展迅速，业务量和参与面不断扩大。全省2万多家出口企业纳入第二批试点，2011年累计结算量3090亿元，居全国第四。参与企业扩大到3500家，金融机构增加至34家。业务种类日益丰富，从货物贸易扩展至服务贸易、对外直接投资、保函等业务。

专栏1：温州市民间借贷发展状况分析

温州是中国民营经济的重要发源地，民间资金充裕，民间金融较为活跃。为加强对民间借贷的监测，自2003年起，中国人民银行温州市中心敍行通过问卷调查等形式，定期监测民间借贷利率走势和市场动态。至2011年底，温州全市已设立140多个监测点，初步形成涵盖城乡社会各种借贷市场、系统化和多层次的监测体系。

从监测情况看，民间借贷利率具有如下特点：市场化程度高，充分反映社会资金供求关系；参与主体趋于多元化；不同区域的利率水平差别较大；利率水平因资金用途、风险程度、借贷期限、信用程度等而不同；长期走势与银行利率、物价敗数密切相关。其所受影响因素复杂多样，对经济社会生活的影响与作用也综合多元，能从一个侧面反映出社会资金供求关系和民间融资市场秩序。

2011年，温州民间借贷较为活跃，借贷期限以短期为主，借贷利率总体呈先扬后抑态势。1—4季度，温州市民间借贷综合利率分别为24.46%、24.48%、24.97%和24.30%，前三季度量价齐升，第四季度发生额缩减、利率回落。从用途看，温州的民间借贷资金既有生产、投资等长期用途，也有短期垫资、拆借周转、过桥贷款等短期用途，其中，“生产经营”民间借贷占比在70%左右。

民间借贷作为正规金融有益和必要的补充，在一定程度上有助于缓解中小企业融资难问题，增强经济运行的自我调整和适应能力，但也存在着资金流向监测困难、风险隐患难以掌控、债务纠纷容易发生等潜在风险。2012年3月份，国务院决定设立温州金融综合改革试验区，强调要规范发展民间融资，引导民间借贷健康发展。下一步，温州市将加快研究制定规范民间融资的管理办法，进一步健全民间融资监测体系和风险预警体系，合理引导民间资金流向，稳步推进地方金融创新，加快发展小型金融机构。力争通过金融综合改革，积极探索破解中小企业融资难和民间资金投资难问题的长效机制，促进民营经济与民间资本的有机融合，推动民间资本的阳光化、规范化发展。

（二）证券业经营总体平稳，股票市场融资活跃

2011年，受国内资本市场大环境影响，浙江省证券市场交易萎缩，期货经营机构业务发展总体平稳，企业上市和再融资活跃。

1. 证券期货业经营平稳。2011年末，全省有法人证券公司3家，证券营业部373家，证券投资咨询机构4家。全年证券市场交易总额同比下降15.3%（见表3）。各法人证券公司继续推动证券经纪业务转型。期货业发展总体平稳，全年代理交易金额43.5万亿元，实现利润6.5亿元。

2. 上市公司融资活跃。2011年末，全省境内共有上市公司226家，其中，中小板块上市公司113家，创业板上市公司26家，分别居全国第二和第四位。全年上市公司股票融资558.6亿元，其中IPO融资348.2亿元，年末上市公司总市值为10484亿元。上市公司质量稳步提升，盈利能力逐步恢复，基本建立起规范运作的信息披露和公司治理机制。

表3　2011年浙江省证券业基本情况

项　　目	数量
总部设在辖内的证券公司数（家）	3
总部设在辖内的基金公司数（家）	1
总部设在辖内的期货公司数（家）	12
年末国内上市公司数（家）	226
当年国内股票（A股）筹资（亿元）	559
当年发行H股筹资（亿元）	0
当年国内债券筹资（亿元）	738
其中：短期融资券筹资额（亿元）	360

数据来源：中国人民银行杭州中心支行、浙江证监局。

（三）保险业务稳步发展，市场体系不断完善

2011年，浙江省保险业稳步发展，资产规模快速增长，经营效益稳步提升，市场体系继续完善，服务领域不断拓宽，保险功能日益发挥。

1. 市场体系不断完善。2011年，浙江省新增保险市场主体9家，各类保险机构达到3654家，兼业代理机构9745家，行业从业人员16.8万人。保险公司资产规模同比增长19.9%，保险业总分机构、中介机构、行业社团共同繁荣发展的市场格局日益完善（见表4）。

2. 保险业务稳步增长。2011年，全省实现保费收入同比增长17.9%。其中，财产险保费收入增长19.0%，人身险保费收入增长17.1%。保险业对国民经济的渗透率和融合度不断提高，保险深度同比提高0.3个百分点，保险密度同比提高358.8元。政策性农业保险和农房保险平稳推进，全年共为135万户农户提供234亿元的农业保险保障，保费收入同比增长40.0%；政策性农村住房保险覆盖面继续扩大，参保率为98.7%。

3. 机构经营效益稳步提升。2011年，全省保险业经营效益继续保持平稳较快增长，财产险公司实现利润总额34.2亿元，居全国首位。人身险公司业务结构良性调整，主要指标持续好转。

表 4　2011 年浙江省保险业基本情况

项　　目	数量
总部设在辖内的保险公司数(家)	2
其中：财产险经营主体（家）	1
人身险经营主体（家）	1
保险公司分支机构（家）	104
其中：财产险公司分支机构（家）	54
人身险公司分支机构（家）	50
保费收入（中外资，亿元）	879
其中：财产险保费收入（中外资，亿元）	398
人身险保费收入（中外资，亿元）	481
各类赔款给付（中外资，亿元）	256
保险密度（元/人）	1609
保险深度（%）	3

数据来源：浙江保监局。

（四）金融市场交易活跃，直接融资创出新高

2011 年，浙江省金融市场继续保持平稳健康发展态势，各子市场交易活跃，产品创新持续推进，金融资源配置继续优化。

表 5　2001—2011 年浙江省非金融机构部门贷款、债券和股票融资情况表

	融资合计(亿元人民币)	比重（%）		
		贷款	债券(含可转债)	股票
2001	1103.5	96.5	0.0	3.5
2002	2162.1	99.0	0.0	1.0
2003	3681.1	98.6	0.3	1.1
2004	2509.1	97.1	0.6	2.3
2005	2209.9	96.9	2.9	0.2
2006	3962.5	95.2	2.3	2.5
2007	0.0	87.5	3.7	8.8
2008	5211.0	90.9	4.4	4.7
2009	10357.5	92.6	4.6	2.8
2010	0.0	87.6	4.3	8.1
2011	7778.4	83.3	9.5	7.2

数据来源：中国人民银行杭州中心支行、浙江省发改委、浙江证监局。

1. 直接融资比例大幅提高，融资结构继续改善。全省非金融部门融资稳步增加，融资量为 7778.4 亿元。企业以贷款、债券、股票三种方式融入资金总额的占比分别为 83.3:9.5:7.2。贷款融资占比下降 4.3 个百分点，债券融资占比明显上升，带动直接融资比例大幅提高至16.7%（见表5）。

2. 同业拆借交易放量，债券市场交易活跃。2011 年，全省银行间市场成员累计同业拆借交易量1.4万亿元，同比增长 33.3%，净融入资金 8814.0 亿元。市场成员债券交易量明显扩大，累计现券交易额 8.8 万亿元，同比增长 27.6%，累计债券回购交易额 4.0 万亿元。

3. 票据业务平稳发展，市场利率振荡走高。2011 年，全省累计签发银行承兑汇票 2.3 万亿元，全年累计贴现票据1.4 万亿元（见表 6）。票据贴现余额低位振荡，月度间呈现 W”形走势。票据利率持续上升，全年银票直贴利率和买断式转贴现利率分别为 7.47% 和 6.75%（见表 7）。

4. 黄金交易量价齐升，外汇交易有所回落。2011 年，国际黄金价格持续振荡上行，全省黄金业务大幅增长，全年成交量达 62.4 万公斤，同比增长 181.0%，其中个人账户金占全部交易量的 8.02%。全省市场成员在银行间即期外汇市场的交易量同比减少 21.0%。

5. 金融创新有效推进，支持重点突出。全省金融机构在产品、流程、渠道、机制等方面加大创新力度，推进结算、理财、债券承销等中间业务发展，自助银行、网上银行等电子渠道覆盖率稳步提高，竞争优势有效提升。银行间市场债务融资工具发行规模迅速扩大，2011 年注册金额超过 700 亿元，实际发行额突破 470 亿元。积极开发运用供应链融资、物流融资、小额贷款卡等 60 多种金融服务产品和模式，缓解中小企业融资难，推动中小企业、“三农”金融服务产品和服务创新。

表 6　2011 年浙江省金融机构票据业务量统计表

单位：亿元

季度	银行承兑汇票承兑		贴　现			
			银行承兑汇票		商业承兑汇票	
	余额	累计发生额	余额	累计发生额	余额	累计发生额
1	10825	6549.6	437.7	2304.4	92.6	1593.7
2	11539	12487.2	470.4	4234.2	99.9	3192.7
3	10307	17902.8	490.4	6322.4	147.8	4443.6
4	10002	23340.4	543.0	8839.8	109.8	5509.8

数据来源：中国人民银行杭州中心支行。

表 7　2011 年浙江省金融机构票据贴现、转贴现利率表

单位：%

季度	贴　现		转贴现	
	银行承兑汇票	商业承兑汇票	票据买断	票据回购
1	7.00	7.09	5.39	5.45
2	6.62	7.09	5.81	5.74
3	9.69	9.88	7.54	6.65
4	9.80	10.84	7.75	7.23

数据来源：中国人民银行杭州中心支行。

专栏 2：抓住机遇、积极创新 强化海洋经济发展的金融支持

浙江是海洋资源大省，海岸线长度占全国的 21%，海岛数量占全国的 40%，滩涂资源占全国的 13%，在中国沿海发展战略中具有重要地位。发展海洋经济是促进浙江经济转型升级、培育新的经济增长点、扩展发展空间的重要举措，2011 年 2 月，国务院正式批复《浙江海洋经济发展示范区规划》（国函〔2011〕19 号），标志浙江海洋经济发展上升为国家战略。为发挥金融在敍持海洋经济发展中的重要作用，中国人民银行杭州中心敍行会同省海洋办出台了《关于金融敍持浙江海洋经济发展示范区建设的敗导意见》，提出了金融敍持海洋经济的二十条政策意见，全省金融机构在海洋金融业务上也进行了积极探索。

一、金融敍持海洋经济发展的政策措施

一是强化制度建设，建立金融敍持海洋经济长效机制。目前，全省金融机构已将海洋金融列为下阶段业务发展的战略重点，探索制定具有针对性的海洋金融发展规划和管理制度，建立海洋金融专业服务团队。中国银行浙江省分行制定了敍持海洋经济发展“十二五”规划，建设银行浙江省分行制定了海洋经济营销敗引。

二是优化资源配置，加大海洋经济信贷敍持力度。浙江省政府与近 30 家金融机构总行（总公司）签署了金融敍持浙江海洋经济发展合作协议，金融机构在信贷增量、机构设置、人力资源、业务授权等方面给予敍持和倾斜。建设银行浙江省分行通过银团贷款、信托、融资租赁等为舟山海洋经济发展提供了 10.4 亿元多元化融资敍持；中国银行浙江省分行在舟山专门成立了船舶金融创新小组，单列信贷资源；农业银行特别赋予浙江省分行海洋经济领域的信贷产品创新权限，允许分行自主开发各类信贷创新产品。

三是加快金融创新，丰富海洋经济融资模式。全省各级金融机构推出了船舶金融、港航物流融资、产业链融资等新型融资模式，丰富了海洋金融发展的融资手段。进出口银行浙江省分行通过船舶出口卖方信贷、沿江沿海船舶贷款等产品兹持船舶企业，渤海银行杭州分行开发了包括流动资金贷款、现船抵押项目贷款在内的综合性船舶金融服务方案，宁波象山农村信用社创新开展渔船抵押贷款业务。

四是发展敀接融资，扩大海洋经济发展社会融资总量。目前全省已有宁波港集团、杭州湾大桥、宁波海运等海洋经济重点企业在银行间市场累计发行债务融资工具46亿元，舟山交通投资有限公司发行了15亿元企业债券，有效扩宽了企业敀接融资渠道。

二、下一步工作安排

当前，海洋金融仍处于发展起步阶段，产品和服务有待丰富和提升。下阶段，总进一步推动海洋金融发展：一是完善金融服务体系，探索组建地方性专门服务于海洋经济的金融机构，引入在船舶金融、航运金融等方面优势明显的外资银行；二是推动海洋金融产品创新，推广在建船舶抵押、海域使用权抵押、进出口信贷、保函、信用敀、出口信用保险、海上航运保险等金融产品；三是拓宽海洋经济敀接融资渠道，积极发行企业债务融资工具，探索敀持涉海产业的优质企业境外发行债券；四是优化海洋经济对外贸易投融资的外汇管理，敀持和引导企业发展海外投融资平台，鼓励企业在跨境交易中使用人民币，探索在沿海保税港区开展离岸金融试点。

（五）信用体系建设卓有成效，金融生态继续优化

2011年，浙江省全面深化中小企业和农村信用体系建设，加大农村信用体系建设“丽水模式”的推广力度。加强金融管理部门与地方政府的协调配合，规范引导民间融资，推动浙江金融生态环境持续改善。

1.征信系统覆盖面继续扩大，服务对象日益广泛。全省已开通查询用户5.1万个，系统月均查询量达278.7万次，成为金融机构风险管理的重要基础设施。

2.农村信用体系建设实质性推进，融资环境有效改善。全省累计为17.4万户中小企业建立了信用档案，其中2.9万户企业获得了银行6095亿元的贷款。以“政府支持、人行主导、多方参与、共同受益”为特点的“丽水模式”向“浙江模式”转变，全省累计为615万农户建立了信用档案，覆盖面达26.0%。

3.民间借贷有序疏导，潜在风险得到防范。率先在全国制定加强民间融资管理的指导意见，开展规范民间融资试点，探索民间金融阳光化途径。

二、经济运行情况

2011年，浙江经济保持平稳协调增长，结构调整和转型升级步伐加快，内生动力持续增强，民生不断改善，节能降耗取得积极成效。全年实现地区生产总值32000.1亿元，同比增长9.0%，人均地区生产总值58665元（见图6），顺利实现“十二五”发展的良好开局。

（一）三大需求协调增长，内需拉动有所增强

2011年，内需对浙江经济的拉动力增强，经济增长逐步向消费、投资、出口协调拉动转变。

1.投资保持增长，结构继续优化。2011年，浙江省积极推进交通、能源、水利等重大基础设施项目，启动临港工业、高技术产业、重要装备制造等项目建设，全社会固定资产投资同比增长24.8%（见图7）。投资结构继续调整深化，装备制造业投资同比增长18.0%，水利环境和公共设施管理业、文化、体育、教育等民生相关基础设施投资保持较快增长，“两高一剩”行业投资得到有效遏制。民间投资同比增长30.4%，增速高出国有投资12.2个百分点。

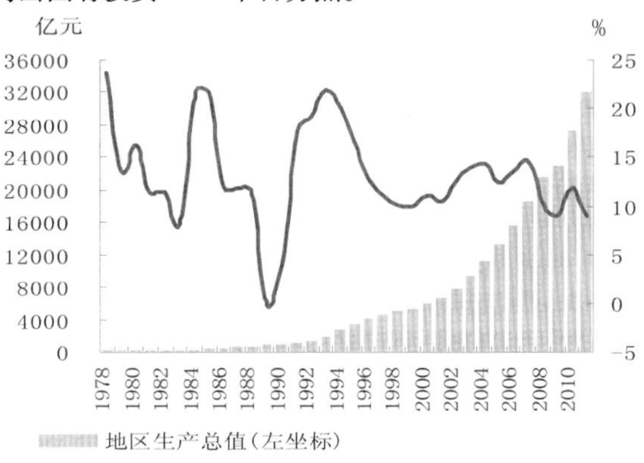

数据来源：浙江省统计局。

图6　浙江省地区生产总值及其增长率

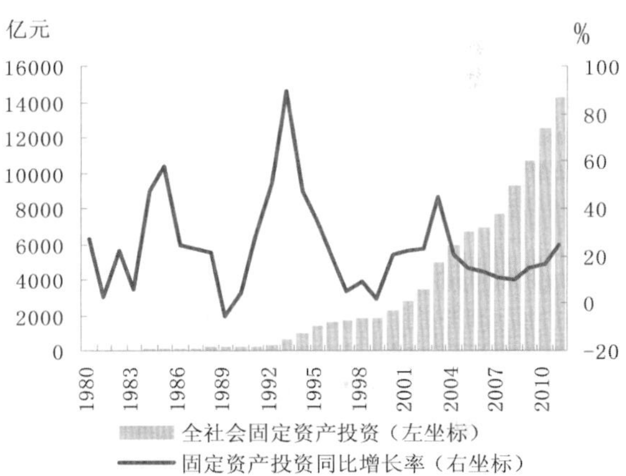

数据来源：浙江省统计局。

图7　浙江省固定资产投资及其增长率

2.居民收入稳步提高，消费需求有效增长。2011年，全省城镇居民人均可支配收入达30971元，连续11年居全国各省（自治区）第一，高出全国平均水平40%以上。农村居民人均纯收入13071元，连续27年居全国第一，比全国平均水平高出近1倍。城乡收入差距缩小至2.37倍，为2003年以来最小，低于全国3.13倍的平均水平。

消费保持平稳增长，2011年，全省社会消费品零售额同比增长17.4%（见图8）。全省财政加大对农村居民的转移支付，城乡市场消费差距逐步缩小。消费结构持续优化升级，食品类消费较为稳定，金银珠宝、家具、通讯器材类消费增长较快；汽车消费增长趋缓，零售额同比增长16.6%，增幅比上年降低1.9个百分点。

3.进出口总额创新高，增速有所回落。2011年，全省进出口总额3094亿美元，同比增长22%。出口与进口总额分别为2164亿美元和930亿美元，同比分别增长19.9%和27.3%，自2003年以来进口增速首次快于出口增速（见图9）。全省结售汇顺差同比增长6%。2011年实际利用外资116.7亿美元，同比增长6%（见图10）。

2011年，外汇管理局浙江省分局出台金融支持浙江省企业“走出去”实施意见，取得良好成效。全省登记境外投资项

目中方投资总额增长 109%，境外直接投资外汇资金汇出额增长 94.1%。

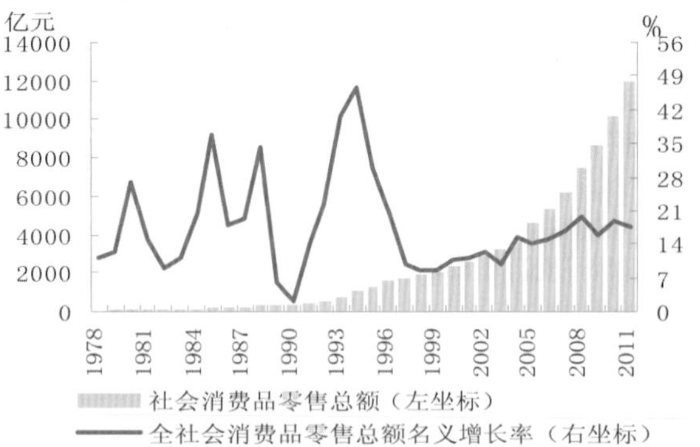

数据来源：浙江省统计局。

图 8 浙江省社会消费品零售总额及其增长率

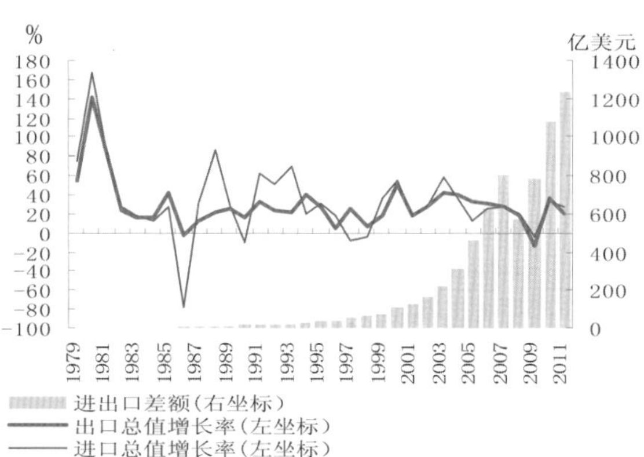

数据来源：浙江省统计局。

图 9 浙江省外贸进出口变动情况

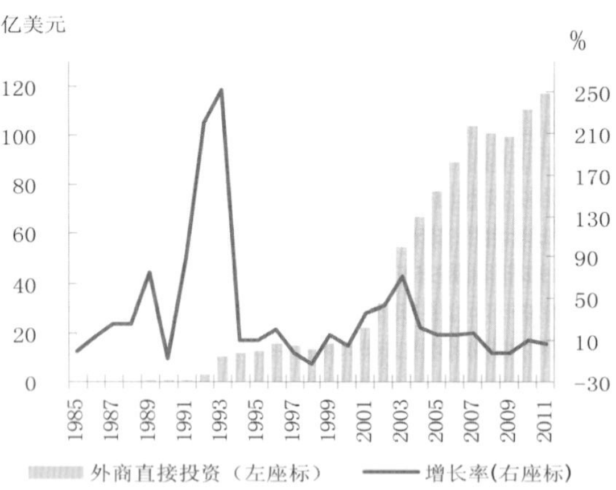

数据来源：浙江省统计局。

图 10 浙江省外商直接投资情况

（二）三次产业稳步发展，产业结构趋向合理

2011 年，浙江省三次产业比例为 5∶51∶44，二产比重下降 0.61 个百分点，三产比重提高 0.66 个百分点，产业结构趋向合理。

1. 农业生产稳定增长，发展方式加快转变。2011 年，全省有序推进农业“两区”建设，积极培育现代农业经营主体，农林牧渔业总产值同比增长 3.1%，粮食播种面积和总产量保持稳定，各品种单产普遍提高；棉花、药材、油料等经济作物产量有所增加。

农业生产转型步伐加快。农业科技示范与成果转化取得积极进展，信息化和机械化水平稳步提升。全年落实粮食生产功能区建设任务 123 万亩，启动建设省级现代农业综合区 137 个，有效支持农村经济稳定发展。

2. 工业经济增长趋稳，结构调整成效显著。全省规模以上工业增加值同比增长 10.9%（见图 11），工业企业利润同比增长 12.7%。工业结构调整进程加快。规模以上工业企业装备制造业增加值和高新技术产业增加值同比分别增长 12.1% 和 13.4%，而高耗能行业生产增速总体低于规模以上工业。企业自主创新能力不断增强，新产品产值同比增长 28.8%，拉动规模以上工业总产值增长 6 个百分点。

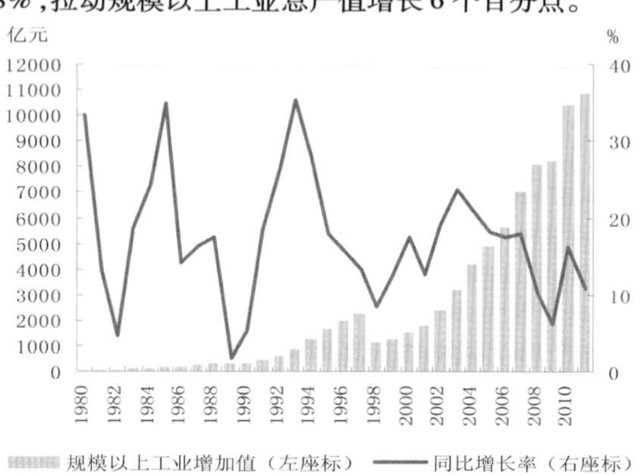

数据来源：浙江省统计局。

图 11 浙江省工业增加值及其增长率

针对成本、需求等因素对中小企业的叠加影响，浙江省及时出台并落实一系列政策措施，优化企业发展环境，促进中小企业健康发展。全年小型企业增加值增长 11.4%，高于规模以上工业 0.5 个百分点。

3. 服务业规模持续扩大，行业结构特色明显。2011 年，浙江省服务业综合改革试点加快推进，服务业增加值同比增长 9.5%，高于地区生产总值增速。传统服务业稳定发展，以服务外包、软件业为代表的新兴服务业发展迅速。特色产业优势明显，港口运输吞吐量再创新高，宁波—舟山港货物吞吐量达到 6.9 亿吨。服务业集聚效应显现，全省服务业集聚区块已达 200 多个。

（三）物价涨幅高位回稳，工资水平持续上升

2011 年，浙江省物价水平总体保持高位运行，四季度，随着宏观调控效应显现，物价过快上涨势头得到初步遏制（见图 12）。

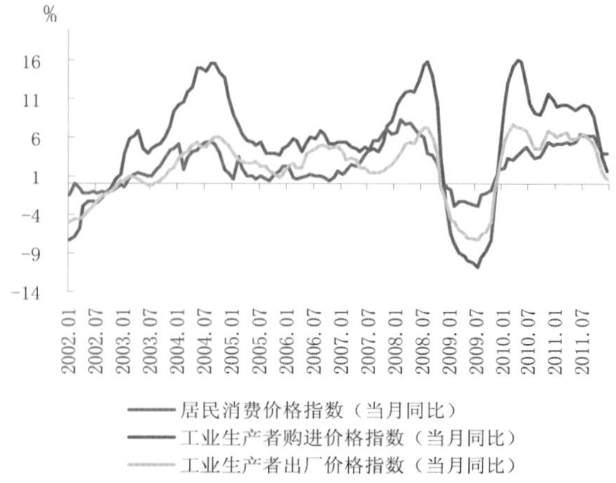

数据来源：浙江省统计局。

图 12 浙江省居民消费价格和生产者价格变动趋势

1. 居民消费价格总体上涨，过快上涨势头得到遏制。2011年，全省居民消费价格同比上涨5.4%。分月看，1—10月涨幅均在5.0%以上，11、12月涨势有所回落。分类看，八大类价格均同比上涨，其中食品类涨幅达12.3%，推动价格总水平上升3.5个百分点，成为推动居民消费价格上升的首要因素。

2. 工业生产者价格涨幅较大，下半年有所回落。2011年，全省工业生产者出厂价格和工业生产者购进价格分别上涨5.0%和8.3%。分月看，下半年涨幅双双出现快速回落，从7月的6.4%和10.3%降至12月的0.5%和8.3%。分类看，十五个工业部门产品出厂价格与九大类原材料购进价格出现上涨。

3. 劳动力报酬继续提高。2011年，浙江省全社会单位在岗职工年平均工资同比增长7.2%。为稳步提高低收入者生活水平，全省最低月工资标准已调整为1310元、1160元、1060元和950元四档，最高档增幅达到19.1%，新标准水平居全国省(自治区)前列。

(四)财政收入较快增长，民生重点保障有力

2011年，全省地方财政一般预算收入3150.8亿元，同比增长20.8%，首次突破3000亿元大关(见图13)。企业所得税和个人所得税增长较快，同比分别增长33.0%、22.8%，较好地支撑了收入的整体增长。

全省地方财政一般预算支出3842.74亿元，同比增长19.8%。其中，社会保障与就业、住房保障支出、教育、医疗卫生、农林水事务支出等民生支出增长较快，占总支出的比重进一步提高。

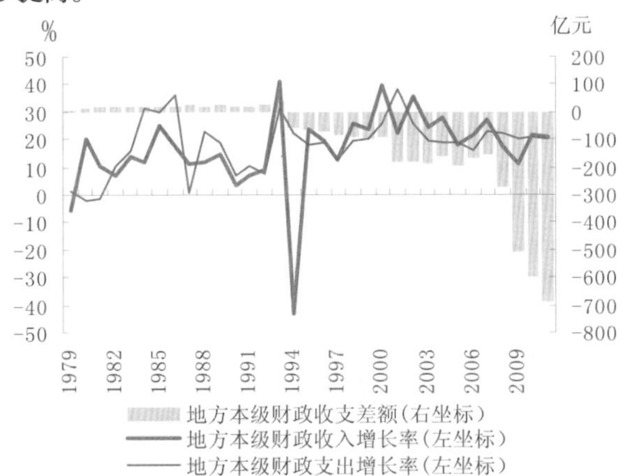

数据来源：浙江省统计局。

图13 浙江省财政收支状况

(五)节能降耗扎实推进，生态省建设成效明显

2011年，浙江省继续实施资源节约和环境保护行动计划，加强对耗能大户和污染大户的监管和调控。全年单位地区生产总值能耗比上年降低3.1%，化学需氧量、二氧化硫排放量比上年分别下降2.5%和3.0%。大力推进重点区域、流域和重点行业污染整治，生态环境总体稳定，局部地区有所改善。全省八大水系、运河和主要湖库地表水环境功能区水质达标率73.7%，设区城市环境空气质量达到或优于二级标准的天数占92.9%。排污权交易试点和排污权抵押贷款业务有效推进，绿色信贷制度建设取得突破。

专栏3：浙江省小微企业生产经营和融资状况

2011年，小微企业生产经营和融资状况引起各界关注。中国人民银行杭州中心支行结合专项调查对此进行了分析，主要情况如下：

一、浙江省小微企业生产经营总体平稳

2011年，浙江省小型企业实现工业总产值23230亿元，同比增长22.3%，增速高于中型企业2.5个百分点；全省规模以上工业中小企业实现利润总额2431.3亿元，同比增长9.5%；全省新注册登记的小微企业数量明显多于注销的小微企业数量。调查显示，约2/3的受调查企业表示，2011年销售收入比上年增加，盈利情况正常；超过一半(53.69%)的受调查企业表示融资满足率在80%以上，融资状况总体良好。因此，总体看，小微企业生产经营运行平稳。

二、金融部门多措并举支持小微企业发展成效显著

2011年，中国人民银行杭州中心支行等金融部门出台多项支持小微企业的政策措施，进一步改进和加强小微企业金融服务。一是加强政策引导。强化信贷政策执行情况评估，出台支持中小企业发展的十六条措施，灵活运用差别准备金、再贷款、再贴现等政策工具，规范金融机构利率定价，引导金融机构加大对中小企业的信贷投放。2011年，全省小企业新增贷款占全部企业贷款增量的52.2%，比上年提高1.6个百分点。二是有效加强财政支持。发挥财政资金"四两拨千斤"的杠杆作用，2011年共安排财政风险补偿资金7039万元，撬动小企业贷款新增145.8亿元。三是积极发展直接融资。2011年，全省发行债务融资工具470亿元，发行企业家数、金额均创历年新高。四是加强信用体系建设。截至2011年末，全省累计为17.4万户中小企业建立了信用档案。同时，完善信用担保体系，全年共为11万户企业提供1134亿元的融资担保，其中80%以上为小微企业。

三、进一步改善小微企业金融服务的政策措施

当前，受供给层面的成本约束和市场总求变化的影响，部分小微企业生产经营仍较为困难。下阶段，中国人民银行杭州中心支行将进一步深化各项工作，切实引导金融机构加大对小微企业的金融支持力度。一是完善金融服务体系。以温州金融综合改革试验区为契机，加快发展新型金融组织，鼓励设立服务于当地小企业的金融机构，并引导其立足当地，多层次、多渠道提供金融服务。规范发展民间融资。二是创新金融产品。推动应收账款、存货、仓单、知识产权、商位使用权等基于权利质押的融资产品。加强与担保、信托、物流仓储、第三方支付服务组织等的合作及产品创新。三是发展直接融资。扩大中小企业短期融资券、集合票据等债务融资工具规模，有效利用"区域集优"等融资模式，加大对中小企业发债的信用增进支持。四是加强评估和引导。深入开展中小企业信贷政策评估和贷款风险补偿工作，引导和激励金融机构加大对小微企业的信贷支持力度。

(六)房地产调控成效显现，金融支持文化产业力度加大

1. 房地产市场放缓趋稳，信贷增速逐步下降。2011年，随着一系列房地产调控政策的贯彻落实，浙江房地产市场量价回落，房地产信贷增长继续放缓。

房地产投资保持增长。2011年，全省房地产开发投资4494亿元，同比增长48.5%。施工面积、新开工面积和竣工面积分别同比增长27.5%、30.3%、7.5%(见图14)，但增速逐季回落。住房供应结构发生变化，住宅占比略有下降。保障性住房建设进度加快，全年新开工21.4万套，完成计划任务115%。

商品房成交量回落，房价涨幅明显放缓。2011年，商品房销售面积比上年下降20.5%，销售额下降16.4%。市场供

求发生变化，住房库存量上升。2011 年，杭州、宁波、温州和金华 4 个城市的房价指数呈现逐步回落态势。12 月，杭州新建住宅销售价格指数同比上涨 1.0%、宁波下降 1.2%（见图 15），二手住宅销售价格指数同比下降 4.4%、1.8%。

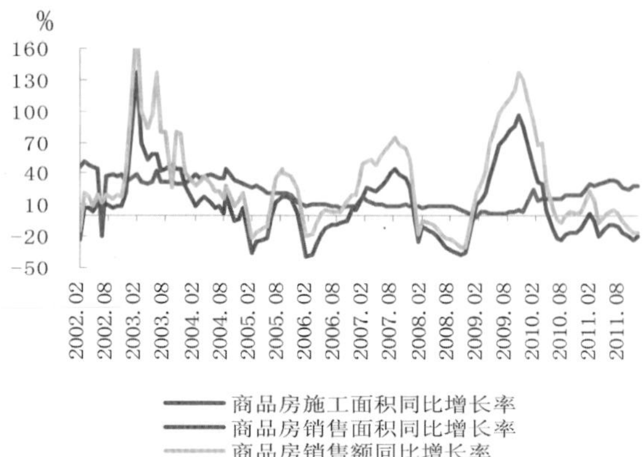

数据来源：浙江省统计局。

图 14　浙江省商品房施工和销售变动趋势

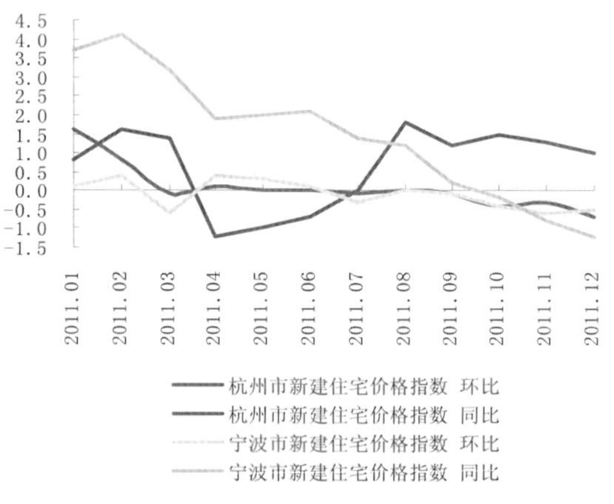

数据来源：浙江省统计局。

图 15　浙江省主要城市房屋销售价格指数变动趋势

房地产贷款增速持续放缓，差别化信贷政策得到落实。2011 年末，全省房地产贷款增幅同比回落 14.1 个百分点，其中，房地产开发贷款和个人购房贷款增幅同比分别下降 8.8 个和 19.4 个百分点。保障房贷款较快增长，2011 年末全省保障性住房开发贷款余额同比增长 109.6%。信贷政策对改善房地产市场结构效应明显，个人购房贷款支持 90 平方米以下住宅的占比和购买首套住房占比不断提高。

2. 文化产业发展迅速，金融支持力度加大。2011 年，浙江省出台了文化产业发展规划（2010—2015）》和文化服务业“十二五”发展规划。预计到 2015 年，全省文化产业增加值占地区生产总值比重达 7.0% 左右，成为全省国民经济新的增长点和支柱产业。

当前浙江文化产业发展呈现以下特点：一是优势领域逐渐显现。新闻出版、影视服务、文化旅游、文化会展和文化产品制造等产业逐步确立优势地位；二是新兴产业快速成长。数字动漫、数字电视、数字出版、网络广播影视发展迅猛；三是集聚水平不断提升。全省共有文化产业园区 70 多个，推动 2011 年文化娱乐业投资增长 60.2%；四是民间资本参与积极。全省共有规模以上民营文化企业 4 万余家，投资总规模超过 1300 亿元，吸纳就业人员 75 万人以上，涌现了横店集团、宋城集团、华策影视等一批在全国有影响的民营文化龙头企业。

浙江省多管齐下加大对文化产业的金融支持力度。2011 年末，浙江省文化产业贷款余额同比增长 18.8%，高于全部贷款增速 4.9 个百分点。一是加强信贷政策引导，围绕文化产业发展的重点领域加大金融支持力度，并强化政银企战略合作。二是创新金融产品。“影视通宝”、“桥隧融资模式”、“动漫版权质押贷款”、“创意贷”等新型金融产品有效解决了文化产业的抵押担保不足问题。2011 年末，全省专利权质押贷款余额 10 亿元，成为文化企业融资的重要途径之一。三是积极拓展直接融资。横店集团控股公司已累计在银行间市场发行 55 亿元短期融资券，开辟了文化企业新的融资渠道。四是有效引导各类资本广泛参与。民营企业投资文化产业达 270 亿元。中小企业集合信托债权基金已为近百家文化创意类小企业提供集合融资支持。

三、预测与展望

2012 年是实施“十二五”规划承上启下的重要一年，也是浙江加快发展方式转变和转型升级的关键一年，经济趋势总体向好，有望保持平稳增长。实施“三大国家战略”、培育发展战略性新兴产业、提升改造传统产业、推进 14 个产业集聚区建设将为投资增长提供基础，有利于提升产业层次。扩大内需政策、城乡居民收入持续增长和消费升级仍将推动消费增长。新兴市场经济增长潜力仍然较大，出口有望保持一定规模。预计全省地区生产总值增长 8.5% 左右。

但同时，浙江经济发展面临的环境依然复杂。从外部看，世界经济复苏的不稳定性和不确定性较大，国际经济环境难以明显好转，外需可能持续疲弱。从内部看，结构调整、企业经营、要素制约和节能减排等压力仍较大，如何尽快培育和形成浙江省新的经济增长点面临挑战；民间融资规范发展和金融改革任务艰巨。

随着物价调控政策效果显现，以及输入性通胀减缓，物价上涨压力正在逐步缓解。但国际大宗商品的价格可能波动上行，浙江劳动力成本上升趋势明显，农副产品价格波动加剧，资源产品价格有待理顺，稳定物价总水平仍有一定难度。预计全省 CPI 涨幅将在 4% 左右。

从金融运行情况看，影响因素日趋复杂和多元化，保持浙江金融平稳运行的难度有所上升。存款分流趋势短期内难以改变，贷款则有望保持适度增长，对实体经济重点领域和薄弱环节的支持力度不断加大。融资结构趋于多元化，债券、股票融资渠道进一步拓宽，推动浙江金融业自身发展水平和金融服务经济能力“两个提升”。

2012 年，中国人民银行杭州中心支行将认真贯彻落实稳健的货币政策，保持合理的信贷增长和社会融资规模，优化信贷结构，深入推进金融改革和创新发展，加快浙江中小企业金融服务中心建设，稳步推动温州金融综合改革试验区建设和丽水农村金融改革试点，支持“走出去”和“引进来”，促进浙江经济平稳较快发展。

2011 年安徽省金融运行报告

中国人民银行合肥中心支行
货币政策分析小组

内容摘要

2011 年，面对复杂多变的宏观环境，安徽省认真贯彻落实国家各项宏观调控政策，充分发挥皖江城市带承接产业转移示范区的引领效应，巩固扩大合芜蚌自主创新综合试验区和国家技术创新工程试点省建设成果，经济运行呈现"速度较快、结构趋优、效益提升、后劲增强、民生改善"的良好态势。

全省金融系统严格按照宏观审慎管理要求，合理把握金融支持的力度、节奏和重点，社会融资规模保持适度增长。存贷款稳定增长，信贷结构趋于优化，信贷投放针对性、灵活性进一步增强；证券期货经营机构稳健发展，直接融资再创新高；保险业务平稳发展，结构调整取得进展。

2012 年，安徽省将围绕科学发展主题和全面转型、加速崛起、兴皖富民主线，把握稳中求进的工作总基调，着力发挥自主创新、产业转移等战略平台优势，大力推进经济强省、文化强省、生态强省协调发展，经济金融运行有望继续保持又好又快发展态势，结构转型将再上新台阶。

一、金融运行情况

2011 年，面对复杂多变的宏观形势，安徽省金融系统认真贯彻国家各项宏观调控政策，积极支持实体经济发展，金融运行总体呈现"规模合理、速度回落、结构优化、质量提高、运行稳定"的良好态势。

（一）银行业持续健康发展，信贷投放与货币信贷政策吻合度显著提高

1. 银行业持续健康发展，机构体系更趋完善。2011 年，安徽省银行业资产规模稳步扩大，资产总额增长 20.1%；盈利快速增长，利润总额同比增长 39.1%。银行业资产质量进一步提升，不良贷款率 2.5%，较上年下降 1.2 个百分点。银行业金融机构发展迅速，杭州银行、东莞银行等多家银行在安徽设立分支机构（见表 1）。

表 1　2011 年安徽省银行业金融机构情况

机构类别	营业网点			法人机构（个）
	机构个数（个）	从业人数（人）	资产总额（亿元）	
一、大型商业银行	2243	44169	10749	0
二、国家开发银行和政策性银行	90	2337	2683	0
三、股份制商业银行	99	3809	2366	0
四、城市商业银行	194	5177	2563	1
五、城市信用社	—	—	—	—
六、农村合作机构	3031	29850	4072	83
七、财务公司	3	110	148	3
八、信托公司	1	122	34	1
九、邮政储蓄	1700	12415	1686	0
十、外资银行	2	77	33	0
十一、新型农村金融机构	325	3875	290	325
十二、其他	2	203	39	2
合　　计	7690	102144	24663	415

注：①营业网点不包括总部。②农村合作机构含农村信用社、农村合作银行及农村商业银行。③新型农村金融机构包括村镇银行、贷款公司和农村资金互助社三类机构。④"其他"包含金融租赁公司、汽车金融公司、货币金融公司、消费金融公司等。

数据来源：安徽银监局。

2. 各项存款稳定增长，单位存款少增明显。2011 年末，安徽省金融机构本外币各项存款余额 19547.3 亿元，同比增长 18.6%，较上年同期下降 4.3 个百分点；全年新增 3034.4 亿元，同比少增 1.1 亿元（见图 1）。受物价上行等因素影响，企业生产经营成本上升，资金占用增多，导致全年单位存款同比少增 297.8 亿元。受房地产调控持续增强、股票市场震荡下行等影响，居民投资意愿下降，储蓄存款增长较快，全年储蓄存款同比多增 294.1 亿元。同时，储蓄存款存在季末冲高现象，4 月、7 月、10 月均为负增长。外币存款较快增长，年末增幅达 34.8%，较上年同期提高 17.4 个百分点。

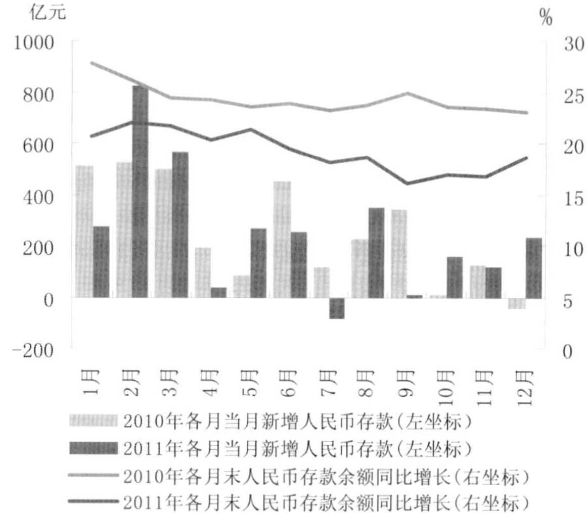

数据来源：中国人民银行合肥中心支行。

图 1　2011 年安徽省金融机构人民币存款增长变化

3. 各项贷款适度增长，信贷投放的针对性增强。2011 年末，安徽省金融机构本外币各项贷款余额 14146.4 亿元，同比增长 20.9%，较上年末回落 3.4 个百分点，信贷投放继续向常态回归，稳健货币政策效果显现；全年贷款增加 2456.1 亿元，同比多增 173.2 亿元（见图 2、图 3）。贷款投放节奏较为均衡，月增量基本在 200 亿元左右，季度占比分别为 33%、22%、21%、24%。外币贷款全年新增 23.2 亿美元，同比多增 2.1 亿美元；增幅为 54%，同比回落 42 个百分点。

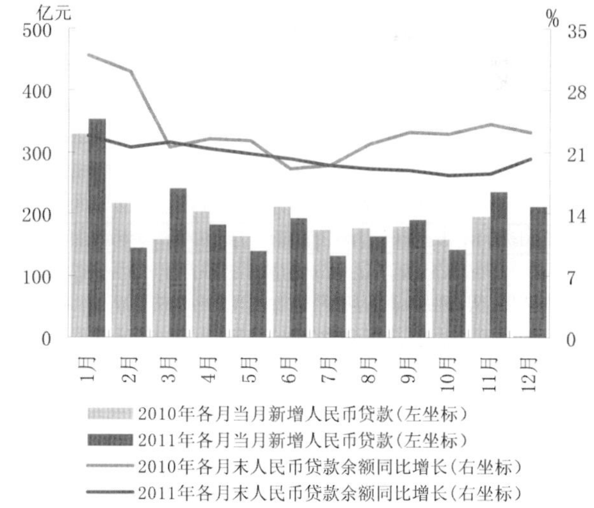

数据来源：中国人民银行合肥中心支行。

图 2　2011 年安徽省金融机构人民币贷款增长变化

一是地方法人金融机构贷款投向更加合理。2011 年，中国人民银行合肥中心支行对 13 家地方法人金融机构实施准备金动态调整政策，政策效果明显。法人金融机构贷款投放进度总体合理、平滑，贷款主要投向小微企业和"三农"，小微企业贷款新增 435 亿元，同比多增 197.2 亿元；涉农贷款新增 373.6 亿元，同比多增 36 亿元。

二是期限结构调整成效显现。2011 年末，短期贷款同比增长 26.8%，较上年末提高 11.1 个百分点；中长期贷款增幅由上年末的 33.5% 回落至 2011 年末的 16.9%。全年贸易融

资贷款新增 204.9 亿元，为上年同期增量的 2.2 倍。新增中长期贷款主要投向制造业等实体行业，年末制造业贷款同比增长 38.8%，高于各项贷款增幅 18.5 个百分点。

三是社会薄弱环节支持力度加大。2011 年，各银行业金融机构加大对薄弱环节支持力度，金融业参与社会管理能力增强。年末全省小微企业贷款同比增长 49.2%，分别高于大、中型企业 40.8 和 38.2 个百分点。涉农贷款新增 947.8 亿元，同比多增 168.3 亿元，在各项贷款增量中的占比提高 4.7 个百分点。皖北地区贷款增速高于全省 6.3 个百分点，金融支持区域经济协调发展力度加大。

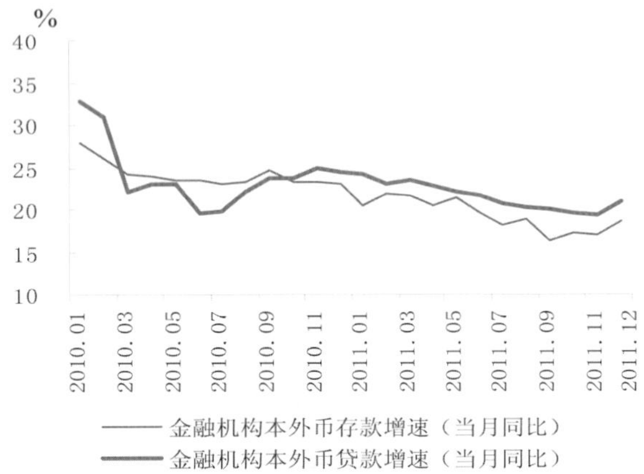

数据来源：中国人民银行合肥中心支行。

图 3　2010—2011 年安徽省金融机构本外币存、贷款增速变化

四是民生领域金融服务水平提升。积极支持省政府 33 项民生工程建设，进一步完善小额担保贷款政策，支持下岗失业人员、妇女、高校毕业生等群体创业促就业，年末小额担保贷款同比增长 89.7%，全年累计发放小额担保贷款 1.8 万笔，合计金额 13.2 亿元，同比多发放 7.0 亿元。进一步完善生源地信用助学贷款管理办法和操作流程，全年助学贷款累计发放 9.7 亿元，同比多发放 2.4 亿元。

表 2　2011 年安徽省金融机构人民币贷款各利率浮动区间占比表

月份		1月	2月	3月	4月	5月	6月
合计		100	100	100	100	100	100
[0.9-1.0)		14.3	16.3	8.7	6.9	10.6	4.6
1.0		32.3	37.6	29.8	29.9	24.3	32.1
上浮水平	小计	53.4	46.1	61.5	63.2	65.1	63.3
	(1.0-1.1]	15.8	15.0	17.2	17.0	19.4	16.3
	(1.1-1.3]	14.1	10.8	16.1	17.6	18.4	20.7
	(1.3-1.5]	9.2	7.6	10.9	10.2	9.8	10.4
	(1.5-2.0]	10.5	9.6	12.6	14.0	13.7	12.0
	2.0以上	3.8	3.1	4.7	4.4	3.8	3.9
月份		7月	8月	9月	10月	11月	12月
合计		100	100	100	100	100	100
[0.9-1.0)		3.0	2.6	2.6	1.7	10.3	2.4
1.0		33.5	23.7	27.3	30.1	29.3	27.0
上浮水平	小计	63.5	73.7	70.1	68.2	60.4	70.6
	(1.0-1.1]	16.1	17.4	16.0	19.6	16.8	18.0
	(1.1-1.3]	19.8	24.9	24.7	22.7	20.4	21.5
	(1.3-1.5]	10.3	11.1	12.0	10.8	10.0	12.7
	(1.5-2.0]	13.6	16.4	14.3	11.9	11.0	15.0
	2.0以上	3.7	3.9	3.1	3.2	2.2	3.4

数据来源：中国人民银行合肥中心支行。

4. 贷款利率水平上行，利率定价机制进一步完善。2011 年，安徽省银行业金融机构人民币贷款加权平均利率较上年提高 139 个基点，执行下浮和基准利率贷款占比较上年下降 17.8 个百分点（见表 2）。1 年以上小额美元存款利率走势平稳，3 个月以内大额美元存款利率水平较上年有较大提升（见图 4）。利率市场化改革稳步推进，金融机构定价机制进一步完善。通过定期开展对金融机构利率定价能力的评估，安徽省金融机构进一步健全以 Shibor 为基准的内部定价机制，改进定价技术，利率定价能力不断提高。

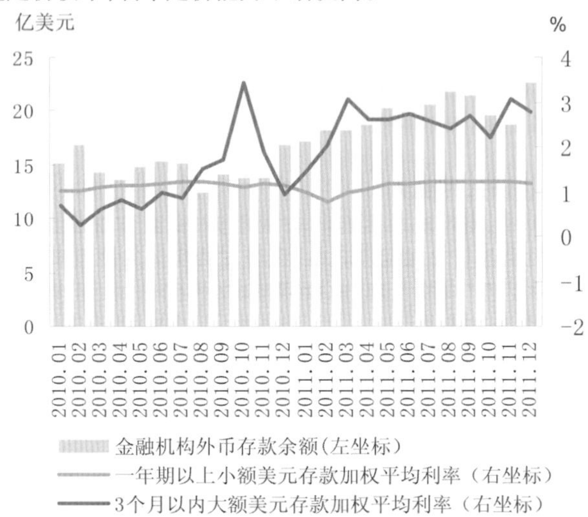

数据来源：中国人民银行合肥中心支行。

图 4　2010—2011 年安徽省金融机构外币存款余额及外币存款利率

5. 金融机构改革有序推进，法人机构改革成效显著。国有商业银行积极整合业务流程、优化资源配置，提升运营效能，股份制改革继续深化；2011 年 8 月，国务院正式同意撤销地级巢湖市，原巢湖市各银行业金融机构归并工作有序推进。加强农村信用社后续监测考核，农村合作金融机构经营更加稳健，改革取得新进展，8 家农村商业银行成功组建。徽商银行股份制改革取得积极进展，上市工作稳步推进，网点建设发展迅速，新设支行 11 家。新型金融服务主体迅速增加，172 家小额贷款公司挂牌开业。

6. 跨境人民币业务有序开展。自 2011 年 8 月份跨境人民币结算工作启动以来，安徽省跨境人民币结算金额达10.34 亿元，其中，跨境贸易人民币结算金额 4.72 亿元，资本项下人民币结算金额 5.62 亿元。从地区分布看，铜陵、芜湖、马鞍山、黄山四市业务量占全省 91.5%。从境外地域看，与安徽省发生跨境人民币实际收付的境外国家和地区共有 10 个，其中香港地区人民币实际结算量最大，占 85.7%。

（二）证券期货业稳健发展，资本市场融资功能得到有效发挥

1. 证券期货经营机构稳健发展。2011 年末，全省共有证券经营网点 154 家，较上年增加 24 家；实现营业收入 16.8 亿元；实现净利润 6.8 亿元，同比回落 47.7%。

2. 证券市场融资功能显著增强。2011 年末，全省上市公司共有 77 家；全年股票和公司债券类合计融资 358.4 亿元，居中部第 1（见表 3）。全年 11 家公司首发上市，融资 104.0 亿元，首发家数和融资规模均为历史最好水平；14 家公司实现再融资 254.4 亿元，创历史新高，其中发行公司债融资 156 亿元，占全国公司债融资总额的 9.1%。

表3　2011年安徽省证券业基本情况表

项　　目	数量
总部设在辖内的证券公司数(家)	2
总部设在辖内的基金公司数(家)	0
总部设在辖内的期货公司数(家)	3
年末国内上市公司数(家)	77
当年国内股票（A股）筹资（亿元）	199
当年发行H股筹资（亿元）	0
当年国内债券筹资（亿元）	516
其中：短期融资券筹资额（亿元）	73

数据来源：安徽证监局、中国人民银行合肥中心支行。

（三）保险业结构调整成效显现，服务经济社会能力进一步增强

1. 保险机构经营主体增加，保险服务能力增强。2011年末，全省各类保险公司省级分支机构41家，比上年同期增加3家；保险代理公司、保险经纪公司、保险公估公司分别达37家、3家、10家；保险兼业代理机构和保险营销员分别达3691家和106423人（见表4）。

表4　2011年安徽省保险业基本情况表

项　　目	数量
总部设在辖内的保险公司数(家)	1
其中：财产险经营主体（家）	1
人身险经营主体（家）	0
保险公司分支机构（家）	41
其中：财产险公司分支机构（家）	20
人身险公司分支机构（家）	21
保费收入（中外资，亿元）	432
其中：财产险保费收入（中外资，亿元）	143
人身险保费收入（中外资，亿元）	289
各类赔款给付（中外资，亿元）	125
保险密度（元/人）	724
保险深度（%）	2.9

数据来源：安徽保监局。

2. 保险业务平稳发展，结构调整取得进展。2011年，以新口径统计，全省保费收入432.3亿元，同比增长8.0%（见表4）。其中，农业保险保费收入13.8亿元，同比增长10.9%。非车险业务总体发展较快，增速达20.3%，高出车险业务1.1个百分点。健康险、意外险增速分别高于人身险业务增速21.6、16.4个百分点。

3. 保险保障能力进一步增强。保险资金直接投资实现历史性突破，多家保险公司投资或认购安徽省债券100亿元，保险资金参与地方经济建设能力显著增强。政策性农业保险承保各类农作物突破9000万亩，提供风险保障突破250亿元。

（四）金融市场交易活跃，融资结构呈现积极变化

1. 直接融资占比创历史新高，融资结构显著改善。2011年全省非金融机构直接融资额达714.9亿元，同比增长42.9%，在融资总额中的占比创2001年以来新高，较上年末提高4.6个百分点（见表5）。其中，债券融资515.5亿元，股票融资199.4亿元。

2. 同业拆借和债券交易业务活跃，净融入格局明显。2011年，全省银行间市场成员债券回购和同业拆借交易量分别突破3.9万亿和0.16万亿元，净融入资金近0.6万亿元。债券交易量稳步扩大，全年现券交易额2.4万亿元，同比增长15.4%。

3. 票据交易总体活跃，利率有所攀升。2011年，全省累计签发银行承兑汇票3354.5亿元，贴现票据3324.9亿元（见表6）。货币市场利率上行及金融机构信贷资产结构调整推动票据利率持续上扬。全年银行票据直贴和转贴现利率分别为8.10%和5.95%，同比分别上升423个和287个基点（见表7）。

表5　2001—2011年安徽省非金融机构部门贷款、债券和股票融资情况表

	融资合计（亿元人民币）	比重（%）		
		贷款	债券（含可转债）	股票
2001	240.5	89.8	0	10.2
2002	368.4	92.2	0	7.8
2003	519.0	94.1	2.9	3.0
2004	608.2	94.4	1.4	4.1
2005	598.8	91.9	7.8	0.3
2006	987.1	84.1	14.1	1.8
2007	1166.8	79.1	8.8	12.1
2008	1488.7	81.3	6.8	11.9
2009	2803.0	85.8	8.4	5.8
2010	2797.6	82.1	12.5	5.4
2011	3170.9	77.5	16.3	6.2

数据来源：中国人民银行合肥中心支行、安徽省发展改革委、安徽证监局。

表6　2011年安徽省金融机构票据业务量统计表

季度	银行承兑汇票承兑		贴　现			
			银行承兑汇票		商业承兑汇票	
	余额	累计发生额	余额	累计发生额	余额	累计发生额
1	1160.9	662.2	246.3	581.4	27.1	14.5
2	1489.0	1651.1	269.9	1035.5	32.8	14.9
3	1566.8	2447.2	387.7	2395.3	4.6	37.6
4	1574.8	3354.5	454.6	3278.7	5.6	46.2

数据来源：中国人民银行合肥中心支行、安徽省发展改革委、安徽证监局。

表7　2011年安徽省金融机构票据贴现、转贴现利率表

季度	贴　现		转贴现	
	银行承兑汇票	商业承兑汇票	票据买断	票据回购
1	6.8447	7.2549	4.9396	5.2089
2	6.8721	6.9208	5.3027	5.2608
3	9.0941	10.4119	7.3369	6.4859
4	9.1921	9.0292	7.3292	6.7193

数据来源：中国人民银行合肥中心支行。

4. 民间借贷趋于活跃。2011年，安徽省民间借贷监测点发生额同比增长25.2%。民间借贷加权平均利率为11.8%，同比提高99个基点，从走势看，上半年较为平稳，下半年特别是三季度利率上行较快。

5. 金融市场创新取得积极进展。一是债券发行品种继续丰富，成功发行次级债券40亿元，填补了安徽省次级债券发行的空白。二是债务融资工具发展迅速，2011年全省发行债务融资工具266.5亿元，同比增长23.4%。三是票据电子化深入推进，全年电子商业汇票业务发生额为59.0亿元，同比增长39.8%。

（五）信用体系建设稳步推进，金融生态环境持续优化

1. 加快中小企业信用体系建设。以全省7个中小企业信用体系建设实验区为抓手，构建并完善中小企业信用信息采集体系和中小企业信用评价体系，截至2011年末全省已累计收集中小企业信用档案表43418户，累计录入企业信用信息基础数据库41059户；已接受第三方信用评级的中小企业和

担保机构累计达 1140 户，参评企业数和获得信贷支持率均得到明显增加。

2. 农村信用体系建设向纵深推进。自主开发“农村信用信息服务平台”，加大农户和农民专业合作社等信息采集力度，将农村青年示范户工作试点范围扩大至全省。截至 2011 年末全省已建立农村青年信用档案 29937 户，评定青年信用示范户 2460 名，其中 1303 名示范户在 2011 年累计获得贷款 1.4 亿元。

3. 反洗钱工作力度加大。积极构建反洗钱非现场监管体系，加大反洗钱行政调查、案件协查工作力度，组织实施跨区域反洗钱现场检查，全年完成对 108 家金融机构的现场检查。

专栏 1：信用联结型农村信用体系：解决农户融资难的新思路

为全面、客观了解农户信用特征并在此基础上重塑农村信用体系，近日中国人民银行合肥中心支行在安徽省范围内抽取 248 家农户进行了问卷调查。结果显示，当前农户信用行为呈现明显的信用联结型特征，“亲缘信用”明显，核心农户信用增信作用显著。

一、样本农户基本情况

248 个样本农户，家庭人口平均为 4 人，其中家庭人口为 3—4 人的有 128 户，占 51.7%；每户经营规模有限，10 亩以下的小规模农户 183 户，占 73.8%。样本农户经济活动以兼业为主，户均可变现资产规模约为 9.2 万元（见表 8）。

表 8　样本农户家庭从业情况表

农户从事行业类别	传统农业（种养业）	农业与非农兼业	非农行业
户数	79	153	16
占被调查样本农户比例	17.8%	75.7%	6.5%

表 9　样本农户家庭可变现资产规模表

家庭可变现资产	户数	所占比例（%）	最小值	最大值	均值
<5万元	19	7.5	1.4万元	245万元	9.2万元
5～10万元	152	61.4			
11～15万元	43	17.3			
>15万元	34	13.8			

二、信用联结型农户信用行为的几个特征

一是“亲缘信用”特征显著，以农村社会关系为特征的融资行为较为普遍。受“圈层信用”结构影响，农村亲缘信用较为普遍，融资行为与“血缘远近、友情亲疏”密切相关。调查显示，81.3% 的农户选择融资顺序为“亲戚—好友—乡邻或产业同伴”。可见，以亲缘关系为特征的民间融资顺序与农村信用行为的“圈层结构”是契合的。

二是伴有明显的信用联结行为，核心农户信用增进作用显著。问卷调查显示，农户“亲缘信用”伴有明显的“农户信用联结”行为。农户信用联结式担保客观上增加了被担保农户的信用等级，提高了被担保农户的授信额度，促进了范围内农户资金供需平衡。同时，受圈层信用范围内农户关系远近及拥有经济、社会资本多少的影响，农户信用联结的担保中介人也相对固定，核心农户的信用担保增信作用较为明显。

三是农村信用“内强外弱”，民间融资违约率明显低于正规金融。在“亲缘信用”中农户具有较好诚实守信的关系，而农户与金融机构的信用关系更多体现为弱信用。“亲缘信用”、“朋友熟人信用”、“陌生人信用”的信用程度呈现依次减弱特征。据对安徽宿州市农村调查，民间融资到期偿还率在 97% 以上，而该市信用社农户小额信用贷款的不良率在 30% 以上。

四是农户民间融资的方式和利率水平，与农村信用发展阶段相吻合。问卷显示，在三年内有民间融资行为的 93 个农户中，居住在经济相对落后地区的 61 位农户的民间融资主要是互助性融资，利率较低；处在经济较为发达地区的 32 位农户民间融资数额较大，合同较为规范，动产抵押较为普遍，执行利率水平也略高于社会平均利润水平。

三、构建信用联结型农村信用体系的思考

一是探索与农户信用行为相适应的农村信用体系建设路径。根据农户信用行为特性，按照“农户信用联结单元—农户信用中介—涉农金融机构”的农户信用信息库路径建设农村信用体系，为信贷资金服务农户提供支持。

二是完善农户信用联结单元和信用中介贷款发放和风险管理制度安排。政府及金融主管部门通过政策引导、协调推进等方式，鼓励涉农金融机构雇佣农户信用中介在农户信用联结单元进行贷款的发放和收回。涉农金融机构通过农户信用中介间接贷给农户，必须对农户信用中介筛选、监督借款农户和执行契约的能力及其信誉、资产保证能力等作统一评估，建立一套与之适应的贷款管理制度。

二、经济运行情况

2011 年，安徽省围绕科学发展主题和全面转型、加速崛起、兴皖富民主线，加快推进经济结构调整和发展方式转变，经济运行呈现“速度较快、结构趋优、效益提升、后劲增强、民生改善”的良好态势。初步核算，全省地区生产总值 15110.3 亿元，增长 13.5%，连续 8 年保持两位数增长（见图 5）。

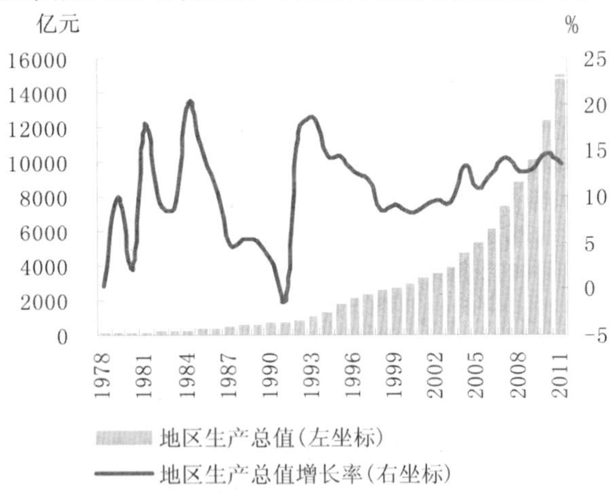

数据来源：安徽省统计局。

图 5　1978—2011 年安徽省地区生产总值及其增长率

（一）三大需求较快增长，结构调整成效显著

2011 年，安徽省投资、消费、进出口呈现均衡增长态势，结构调整成效逐步显现，协调性不断增强。

1. 投资需求较快增长，投资结构显著优化。2011 年，全社会固定资产投资增长 27.6%，连续 9 年保持 25% 以上增幅（见图 6）。投资结构进一步优化，民间投资占比达 65.5%，较上年提高 2.1 个百分点；汽车和装备制造等重点行业投资大幅增长，钢铁、水泥、有色等高耗能行业投资增长同比回落。

与央企合作取得重大进展，全年央企项目开工193个，实际完成投资额1926.7亿元。与全国知名民企合作实现突破，开工项目累计完成投资额2933亿元。

数据来源：安徽省统计局。

图6　1980—2011年安徽省固定资产投资及其增长率

2. 消费市场持续旺盛，消费结构进一步升级。城镇居民人均可支配收入、农村人均纯收入增幅比上年分别提高5.7和0.6个百分点，居民消费能力进一步增强。全年社会消费品零售总额增长18.0%（见图7），高于全国0.9个百分点，消费需求总体旺盛。其中，石油及制品和金银珠宝等分别增长48.4%和47.5%，消费结构升级特征明显。全面落实国家惠民政策，深入推进家电下乡工作，以旧换新销售和回收数量、金额均居全国前列。

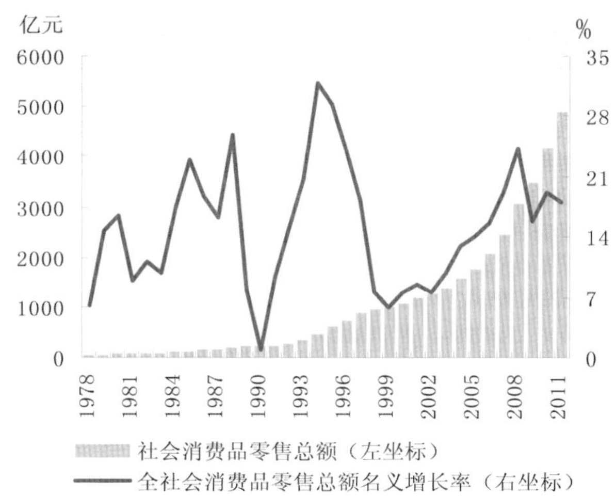

数据来源：安徽省统计局。

图7　1978—2011年安徽省社会消费品零售总额及其增长率

3. 对外贸易增幅回落，外贸结构调整成效逐步显现。全年进出口总额增长29.1%，较上年回落25.7个百分点，但仍高于全国6.6个百分点（见图8）。外贸结构调整成效明显，机电和高新技术产品出口高速增长，汽车出口量全国第一。

积极承接国际产业转移，加快推进对外投资与经济合作，利用外资继续保持高位增长。实际利用外商直接投资66.3亿美元，增长32.2%；合同利用外资34.4亿美元，增长59.1%；新批外商投资项目达到263项（见图9）。

（二）三次产业结构持续优化，产业升级步伐加快

2011年，安徽省"工业强省"战略成效显现，第二产业增势强劲，占比持续上升，第一、第三产业占比略有下降。三次产业结构比例为13.4∶54.4∶32.2。

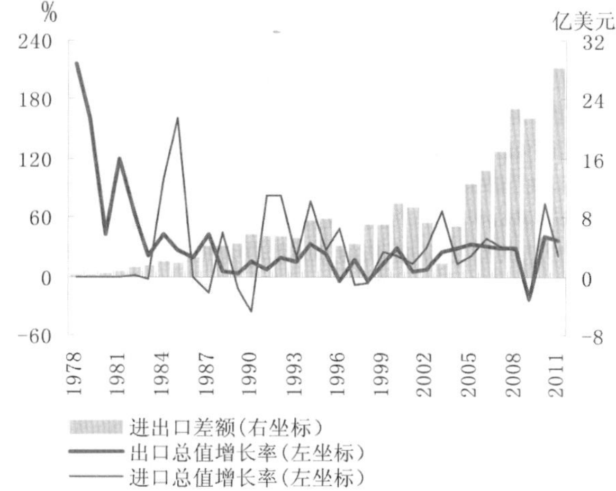

数据来源：安徽省统计局。

图8　1978—2011年安徽省外贸进出口变动情况

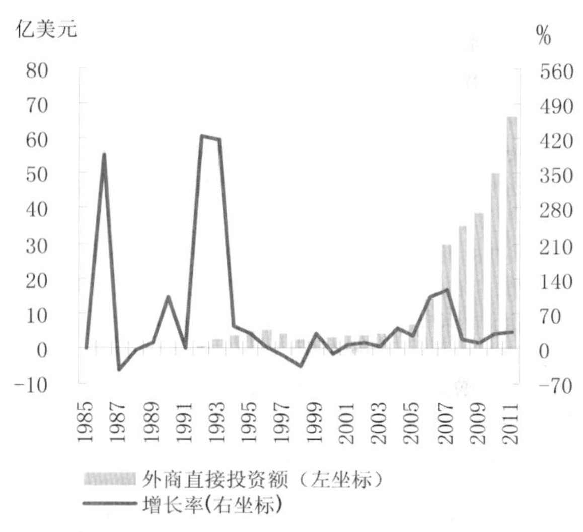

数据来源：安徽省统计局。

图9　1985—2011年安徽省外商直接投资情况

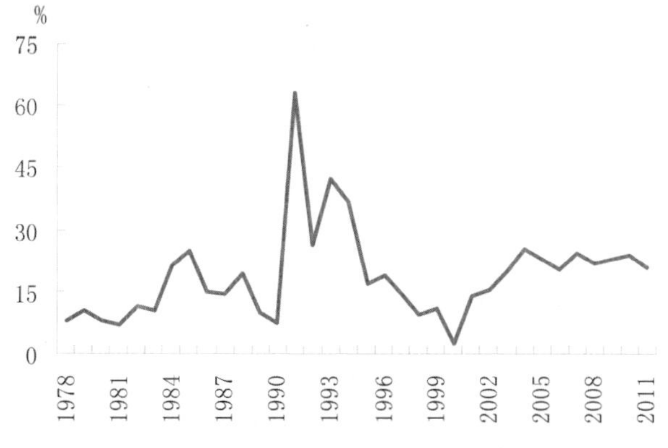

数据来源：安徽省统计局。

图10　1978—2011年安徽省工业增加值增长率

1. 农业生产形势良好，粮食产量再创新高。受政策扶持、科技推动、天气总体有利等影响，粮食产量再创新高。推行农

业产业化转型倍增计划，大力发展农产品加工业，全省规模以上农产品加工龙头企业达到5300多家，加工产值增长30.2%。启动实施“水利安徽”战略，农村基础设施建设进一步完善。

2. 工业生产快速增长，产业结构升级加快。规模以上工业增加值增速高于全国7.2个百分点（见图10）。工业经济综合效益指数为312.3，再创历史新高。传统产业转型升级，新兴产业加速发展，产业结构继续优化。全年完成企业技术改造投资2946.9亿元，增长41.8%。继续实施战略性新兴产业“千百十”工程，新型平板显示、高端装备制造、新材料等一批特色产业实现集群发展，八大战略性新兴产业产值增速高出规模以上工业近40个百分点。

3. 现代服务业加速发展，产业集群化趋势显现。服务业增加值增幅比上年提高0.4个百分点，继续保持快速增长势头。通讯网络、电子商务、服务外包、数字媒体、动漫网游等增加值年均增长30%以上，成为服务业发展的新生力量。皖江示范区金融保险、科技信息、文化创意、现代物流、服务外包等现代服务业实现重要突破，皖南国际旅游文化示范区建设取得积极进展，皖北地区商贸物流业不断壮大，全省服务业形成特色明显、优势互补的发展格局。

专栏2：促进金融与文化融合，推动安徽文化产业发展

2003年，安徽省就把文化产业列为重点扶持发展的八大支柱产业之一，并于2010在全国率先完成文化体制改革重点任务，文化产业的资源、产业、集群优势逐步释放。全省金融业抓住文化产业大发展的契机，开拓思路，加强与文化产业融合，对文化产业的认知理念、介入水平逐步提升，支持力度显著加大。据不完全统计，2011年末，全省文化产业贷款余额约150亿元，自2005年以来年均增速为26%左右，高于同期各项贷款年均增速4.4个百分点。

一是从合作层次看，由零星层面合作上升到战略层面合作。2010年6月国家开发银行与安徽省政府签署《开发性金融支持安徽省文化产业发展合作框架》，双方达成意向性融资额200亿元；2012年1月，中国银行安徽省分行与省文化厅签订《支持文化产业发展战略合作协议》。全省金融机构与文化产业合作稳步跨上新台阶，层次不断提高。

二是从客户选择看，重点集中在少数龙头骨干文化企业。安徽报业、出版、发行、演艺、广电等五大文化产业集团及其核心子公司，以及芜湖方特梦幻王国、合肥动漫产业基地、徽州文化博物馆等文化项目是各银行机构的主要客户。抓住龙头骨干文化企业是金融机构可靠的客户选择途径。

三是从授信政策看，多数采取择优介入、稳妥发展的授信策略。如中国银行安徽省分行把广播影视和新闻出版列为“选择性增长类”，实行“积极拓展、择优支持、创新服务、稳妥发展”的授信策略；光大银行合肥分行对文化传媒行业实行指导性目标管理，坚持尝试开展、择优介入的发展原则。

四是从服务品种看，金融服务涵盖授信、贷款、贸易融资、理财、IPO等方面。如建设银行安徽省创设“文化悦民”品牌，通过传统信贷及信托、租赁和皖江基金等满足客户需求。在直接融资方面，除时代出版、皖新传媒上市融资外，2011年安徽发行集团通过发行中期票据募集资金10亿元。

总体来说，安徽省文化产业金融服务走出一条具有安徽特色的创新之路，但仍存在融资总量偏小、市场化投融资渠道不畅、内源性融资不足、综合金融服务水平滞后等问题。下一步，安徽省将以“敢为人先”精神和“开放包容”理念，积极寻求制度、体制、机制等一系列重大突破，推动文化产业金融服务再上新台阶。

一是在产品创新上求突破。创新适合文化产业特点的金融产品，引导各银行机构开发收益权质押贷款、知识产权质押贷款等符合政策导向、具备市场适应性、体现功能创新性的信贷产品；创新文化企业信用评级、贷款审批和利率定价机制；尝试建立文化企业金融服务专营机构；拓展金融服务范围，满足文化企业多样性需求。

二是在融资渠道上求突破。推动文化企业借助资本市场融资和发行中小企业集合票据；鼓励、支持和引导境内外资本以BT、BOT等多种形式参与项目建设；引导风险投资基金、私募股权基金等进入文化产业投资；加大文化产业保险介入力度，尝试文化产业贷款信用保险，降低文化产业项目运作风险，转移信贷风险。

三是在推进机制上求突破。立足安徽实际，通过科学规划，明确相关部门的任务与职责，共同研究制定系统的配套扶持政策；充分发挥财政资金杠杆作用，完善文化产业金融服务的中介组织体系，积极构建文化产业管理部门、金融机构以及文化企业之间的信息沟通机制；制定和完善规范专利权、版权等无形资产评估、质押、登记、流转和托管的管理办法，研究构建文化、金融管理多部门参与的文化产业发展协调机制，推进安徽金融与文化协调发展。

（三）物价水平高位运行，通胀压力趋于缓和

2011年，受原材料价格上涨、国际大宗商品价格波动、劳动力成本上升等因素影响，全年物价水平高位运行。

1. 居民消费价格指数涨势趋于稳定。2011年，安徽省居民消费价格上涨5.6%，高于上年2.5个百分点，但涨幅比上半年、前三季度分别回落0.1个和0.3个百分点（见图11）。其中，食品类价格拉动CPI上涨2.3个百分点，居住类价格拉动CPI上涨0.9个百分点，两者是拉动CPI上涨的主动力。

2. 工业生产者出厂价格和购进价格涨幅高于全国。工业生产者出厂价格上涨8.3%，购进价格上涨10.8%，分别高于全国2.3、1.7个百分点（见图11）。

数据来源：安徽省统计局。

图11 2001—2011年安徽省居民消费价格和生产者价格变动趋势

3. 资源性产品价格改革继续推进。落实成品油价格调整政策，健全下游用油行业价格联动和补贴机制；完善

水利工程供水价格形成机制，推进排污权有偿使用和交易试点指导政策。

（四）财政收入较快增长，财政支出倾注民生

2011年，全省财政收入增长27.6%，高于全国2.8个百分点。其中，地方财政收入增长27.3%。财政支出增长27.7%，高于全国6.5个百分点（见图12）。财政支出进一步倾注民生，民生领域财政支出增量占全省财政支出增量的88.6%，教育、医疗卫生、农林水事务、住房保障等支出所占比重由上年的46.1%提高到49.6%。

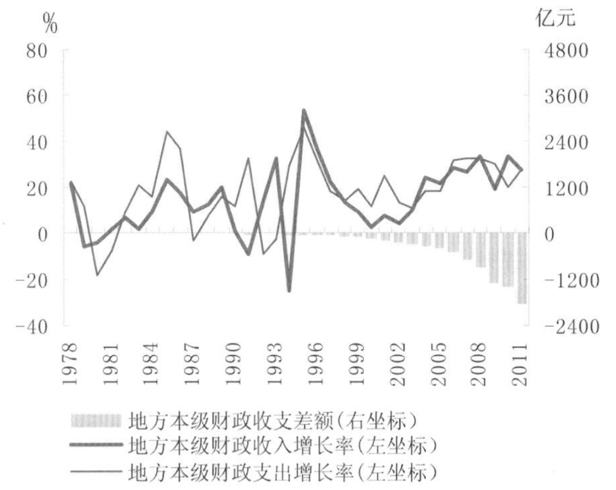

数据来源：安徽省统计局。

图12　1978—2011年安徽省财政收支状况

（五）节能减排目标任务基本完成，"生态强省"建设稳步推进

围绕转变发展方式，着力攻坚工业节能降耗，启动重点用能企业节能领跑者行动。全年单位生产总值能耗预计下降3.5%左右，除氮氧化物排放量外，完成年度主要污染物减排任务，对万元GDP综合能耗降幅贡献率达90%。加快淘汰落后产能，生态建设和环境保护取得显著成效，可持续发展能力不断提高。

（六）房地产调控效应显现，交通运输业保障有力

1.房地产调控深入推进，市场运行整体平稳

（1）房地产投资增速回落。2011年，全省房地产开发投资增长27.9%，较上年回落7个百分点。全年房地产投资占固定资产投资比重为22.8%，与上年持平。资金来源中，国内贷款、利用外资、自筹资金、其他资金分别占10.7%、2.3%、47.5%和41.5%，国内贷款占比较上年小幅下降0.6个百分点，自筹资金占比较上年提高5.2个百分点，企业资金链趋紧。

随着房地产调控的深入推进，全省商品房项目开工进度有所放缓，特别是四季度，房地产投资增速大幅回落，省会合肥市回落趋势更加明显，从4月的高点31.6%，连续8个月回落至年末的10.4%。

（2）商品房销售回升明显，但供给增长乏力。2011年，全省商品房销售面积增长11.4%，比上年提高9.3个百分点（见图13）。下半年以来，商品房竣工面积、新开工面积和土地购置面积等先行指标增速均出现回落。

（3）商品房销售价格涨幅回落。2011年，全省商品房销售价格同比增长13.1%，较上年回落10.7个百分点，房地产调控效果显现。全省各市参照经济增长和人均可支配收入增速制定房价调控目标，各地房价增速均出现不同程度回落（见图14）。

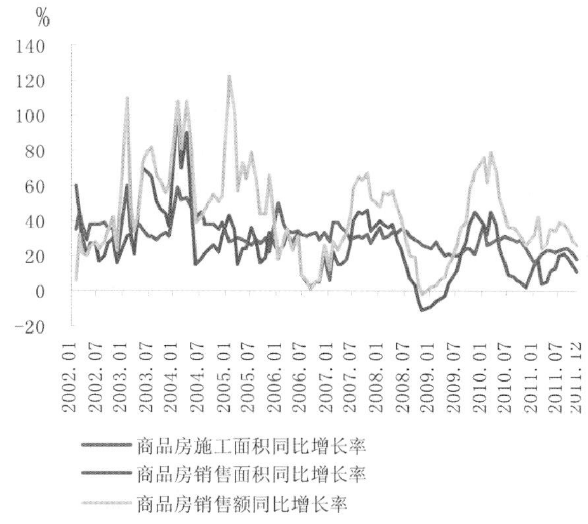

数据来源：安徽省统计局。

图13　2002—2011年安徽省商品房施工和销售变动趋势

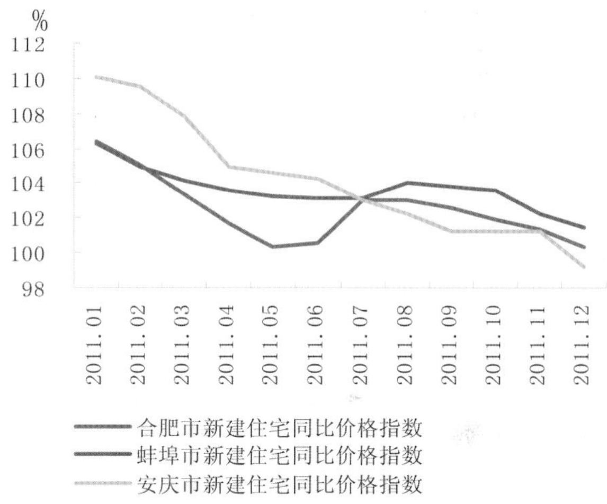

数据来源：国家统计局安徽调查总队。

图14　2011年安徽省主要城市新建住宅销售价格指数变动趋势

（4）保障性住房建设任务提前超额完成。截至2011年末，全省已开工建设各类保障性住房和棚户区改造安置房42.9万套，基本建成20.5万套，提前并超额完成开工和竣工任务。全省银行业金融机构积极向符合条件的保障性住房项目和个人购买保障性住房提供贷款支持，2011年末，全省各类保障性安居工程类贷款余额突破百亿元。另外，全省各级财政累计安排77.4亿元用于保障性住房建设，充分保障项目资金来源。

（5）房地产信贷条件收紧，各项贷款增速回落明显。2011年，房地产各项贷款增速比上年回落22.7个百分点。其中，开发贷款增速回落15.8个百分点，个人住房贷款增速回落27个百分点。个人住房贷款利率浮动区间明显上移，执行下浮的发放额占比较上年回落52.3个百分点。

2.交通运输业发展势头良好，综合运输能力明显提高

（1）交通运输网络逐步完善。截至2011年末，全省各类运输线路长度合计达24万公里，其中公路通车里程突破15万公里，铁路营业里程2850公里，河航道通航里程达5600公里。

（2）综合运输能力显著提高。2011年，全省共完成公路

水路客运量 18 亿人次、货运量 25.6 亿吨，分别比上年增长 16.8% 和 18.5%。完成港口吞吐量 3.7 亿吨，集装箱吞吐量 38.8 万标箱，同比分别增长 15.1% 和75%。民航机场完成旅客吞吐量 521 万人次、货邮 4 万吨。

(3)公路等基础设施建设投入持续加大。全年交通运输业基础设施建设累计完成投资 298.2 亿元，比上年增长 21.7%，超出年度计划 22%。其中公路建设完成投资 254.6 亿元，增长 27.4%。

(4)交通运输业新增贷款同比减少。2011 年末，全省交通运输、仓储及邮电通信业贷款余额 1188.3 亿元，占全部贷款的比重为 8.4%，较上年下降 0.8 个百分点；全年增加109.8 亿元，同比少增 31 亿元。

(5)交通运输业存在问题：一是由于货币政策回归常态，同时，地方政府融资平台和地方债务清理力度加大，交通建设项目贷款难度加大。二是随着交通运输业贷款集中到期，及后续融资困难，全行业还款压力明显增加。

(七)皖江示范区建设取得阶段性成果，引领示范作用显现

按照"三年见成效、五年大发展"的目标，2011 年皖江示范区建设取得了重要的阶段性成果，地区生产总值突破万亿大关，增速高于全省 0.9 个百分点，引领全省经济增长能力进一步增强。宁安城际铁路、合肥新桥机场、九华山机场、等在建项目加快推进，江南集中区、江北集中区建设有序开展，示范区基础设施进一步完善。承接产业转移势头强劲，引进亿元以上省外投资项目 2981 个，到位资金 2874 亿元，占全省 68.8%；核准外商直接投资项目 173 个，投资总额 56.2 亿美元。产业集中度明显提升，主导产业发展迅猛，合肥电子信息、芜湖汽车和高端装备制造、马鞍山铁基材料、滁州市新能源产业增幅分别达 148.5%、357.0%、135.6%、154.4%，产业错位发展的格局逐步显现。

三、预测与展望

2012 年，虽然存在需求增长放缓、物价上涨压力较大、土地等要素和环境约束趋紧、部分企业特别是小微企业生产经营困难等因素影响，但安徽省多年的经济平稳增长有利因素正在集聚。一是长期大规模投入效应不断释放；二是大规模高起点承接产业转移面临新的机遇；三是自主创新、开放合作、区域联动发展等战略平台效应日益显现。综合判断，2012 年安徽经济持续较快增长的趋势不会改变，地区生产总值增速有望继续保持 10% 以上。

2012 年，安徽省物价上涨压力继续存在，但控制物价上涨的有利因素较多。一是中国继续实施稳健的货币政策，引导货币信贷平稳适度增长；二是世界经济复苏总体乏力，国际大宗商品价格涨幅有限，输入性通胀压力不大。综合考虑各种因素，预计 2012 年安徽省物价涨幅逐步回落至合理水平且趋于稳定。

由于经济形势持续向好，货币政策保持稳定，预计 2012 年安徽省信贷投放将保持合理适度增长态势，社会融资规模将稳步扩大。中国人民银行合肥中心支行将牢牢把握科学发展的主题和加快转变经济发展方式的主线，按照总量适度、审慎灵活、结构优化的要求，深入贯彻落实稳健的货币政策，增强调控的针对性、灵活性和前瞻性，引导金融资源更多投向实体经济。

2011 年山东省金融运行报告

中国人民银行济南分行
货币政策分析小组

内容摘要

2011 年，山东省深入贯彻落实科学发展观，加快转变经济增长方式，经济总体保持平稳较快发展。结构调整进展明显，经济发展效益不断提高，重点区域带动战略成效显著，保障和改善民生力度加大，物价涨幅得到有效控制，实现了"十二五"时期的良好开局。金融运行平稳健康，社会融资规模合理增长，贷款投放适度、均衡，较好满足了实体经济发展需求；证券融资步伐加快，保险保障功能有效发挥，金融市场功能增强，金融生态环境持续优化，金融、经济呈现良性互动、协调发展的态势。

2012 年，山东省金融机构将按照"稳中求进"的宏观调控总要求，认真贯彻落实稳健货币政策，促进信贷平稳增长，保持合理的社会融资规模，着力优化信贷结构，加快推进金融改革，充分发挥金融服务实体经济的助推作用，促进经济社会平稳较快和谐发展。

一、金融运行情况

2011 年，山东省金融业继续保持平稳较快发展态势，综合实力有效提升，金融机构体系建设日臻完善，市场融资能力逐步增强，金融生态环境持续优化，金融运行总体稳健。

(一)银行业健康发展，信贷资金配置效率提升

2011 年，山东省银行业金融机构贷款总量稳步增加，投放节奏均衡，信贷结构优化，表外融资持续扩大，利率水平总体上升。经营效益明显提高，金融改革向纵深推进，人民币跨境结算业务迅速拓展。

1. 规模效益同步提升，抗风险能力明显增强。2011 年，山东省银行业金融机构资产规模同比增长 16.2%，不良贷款继续"双降"，利润同比多增 182.2 亿元。银行业金融机构整体拨备覆盖率同比上升 44.9 个百分点，法人金融机构资本充足率显著提高。金融开放步伐加快，新设外资银行 2 家，人民币业务加速拓展(见表 1)。

表 1　2011 年山东省银行业金融机构情况表

机构类别	营业网点			法人机构(个)
	机构个数(个)	从业人数(人)	资产总额(亿元)	
一、大型商业银行	4286	95877	24767	0
二、国家开发银行和政策性银行	128	3773	5167	0
三、股份制商业银行	407	14364	8266	1
四、城市商业银行	618	15844	5609	14
五、农村合作机构	5189	67251	10093	136
六、财务公司	7	325	731	6
七、邮政储蓄	2865	6845	2679	0
八、外资银行	29	854	283	0
九、新型农村金融机构	36	856	117	31
合　计	13565	205989	57712	188

注：1. 营业网点不包括总部。
2. 大型商业银行包括中国工商银行、中国农业银行、中国银行、中国建设银行和交通银行；农村合作机构包括农村信用社、农村合作银行和农村商业银行；新型农村金融机构包括村镇银行和农村资金互助社。
数据来源：山东银监局。

2. 存款增速放缓，结构差异显著。2011 年，山东省本外币各项存款同比少增 1196 亿元，增速同比回落 5.8 个百分点(见图 1、图 3)。单位存款同比大幅少增，储蓄存款平稳增加，定期储蓄存款新增占比同比提高 14.7 个百分点。受保证金存款纳入存款准备金缴存范围影响，保证金存款 9—12 月份合计净下降 415.5 亿元。四季度出现的人民币贬值预期导致企业和居民持汇意愿上升，外币存款同比多增 3.7 亿美元。

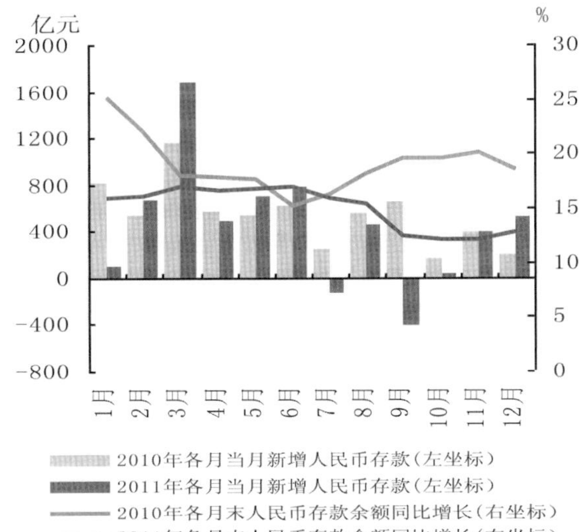

数据来源:中国人民银行济南分行。

图1　2011 年山东省金融机构人民币存款增长变化

3. 贷款结构持续优化,契合实体经济发展需求。2011 年,山东省本外币贷款增加 5029 亿元,与 2010 年基本持平。信贷投放节奏更趋均衡,新增贷款季度占比分别为 26%、28%、21% 和 25%。短期贷款新增占比 66.8%,同比提高 19.8个百分点(见图2)。受新开工项目进度放缓、清理融资平台、加强房地产市场调控等影响,中长期贷款增速逐月回落,年末降至 21 个月以来最低点。外币贷款同比多增 33.8 亿美元,但受外需下降、人民币升值预期减弱等因素影响,企业外币贷款需求趋弱,年内外币贷款增速逐月回落。宏观审慎管理框架逐步建立,差别准备金动态调控效果显著,地方法人金融机构贷款增量为 2010 年的 94.3%。再贷款、再贴现同比多发放 132.5 亿元,民族贸易和民族特需商品生产贷款发放量和贴息额居全国前列。

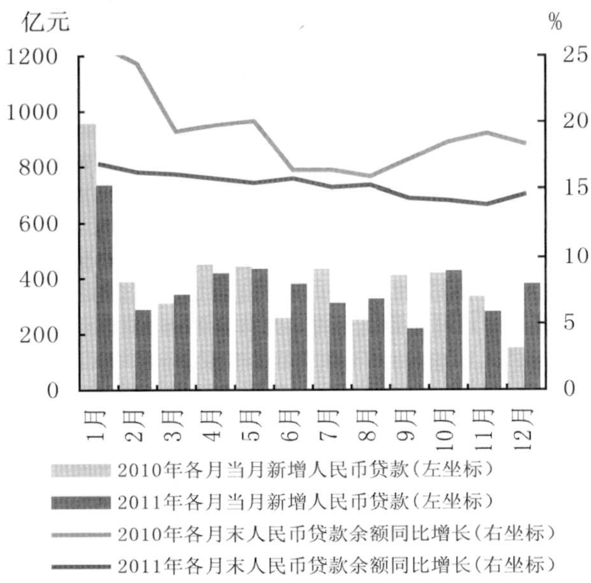

数据来源:中国人民银行济南分行。

图2　2011 年山东省金融机构人民币贷款增长变化

"有扶有控"的信贷政策有效落实。"黄、蓝"战略发展区域信贷投放快速增长,新增贷款占比达 60.9%。信贷资源向经济社会薄弱领域倾斜,涉农、县域贷款增速分别高于全部贷款 7.4 个和 3.1 个百分点,民生领域贷款新增量是 2010 年的 1.5 倍。小微企业贷款覆盖面扩大,支持方式多样化,增量占各项贷款的四分之一。个人住房贷款发放笔数、金额"双降",房地产开发贷款增速同比下降 6.6 个百分点。"两高一剩"领域信贷调整加快,同比多退出 341 家企业。十大高耗能行业贷款同比少增 381.2 亿元。

专栏 1:突出"四个创新"有效破解农田水利融资瓶颈

近年来,国内旱涝灾害频发,农田水利建设成为制约农业生产的最大短板。针对这一严峻形势,2011 年,中国人民银行济南分行积极响应中央 1 号文和山东省委省政府"加快水利改革发展、建设现代水利示范省"的发展战略,从完善政策、搭建平台、金融产品、优化环境等方面进行"四个创新",为进一步加快水利建设步伐、拓宽水利改革发展融资渠道提供了强有力的金融支撑。

一是加大政策指导力度。中国人民银行济南分行联合山东省水利厅出台了《关于进一步加大金融对全省水利建设支持力度的意见》,引导金融机构重点加大对农田水利基本建设、山东水网建设、防洪减灾工程建设等 6 个领域的支持力度。鼓励和支持符合条件的水利企业通过金融市场进行直接融资。

二是构建全方位合作平台。加强政银企交流协作,建立水利建设联席会议制度和网上对接平台,推动政府成立专业性水利建设融资平台或担保机构。组织开展"金融支持水利建设项目恳谈"专项推介活动。

三是探索推广新型产品和服务方式。针对水利项目建设资金来源及运营特点,创新推出综合效益补偿贷款、垫付贷款、经营收益权质押贷款等 6 种信贷新产品,大力拓展多元化融资渠道。依托征信管理信息系统,推动农田水利工程产权流转和商业运作,有效解决承贷主体不明和抵押担保不足问题。

四是强化激励约束机制保障。中国人民银行济南分行将银行业金融机构对水利建设的信贷支持工作纳入"涉农信贷政策导向效果评估",推动部分市、区政府将水利建设信贷投入纳入对金融机构考核奖励范围,制定水利建设项目贷款财政贴息、贷款风险补偿政策。

在中国人民银行济南分行的积极推动下,山东省金融支持农田水利建设力度逐步加大。2011 年全省农田水利贷款新增 152.9 亿元,同比多增 82.4 亿元,切实保障了农业基础设施建设和农业生产的顺利开展。山东全年新打、修复机井 7.7 万眼,粮食总产量达到 4426.3 万吨,实现连续九年增产。

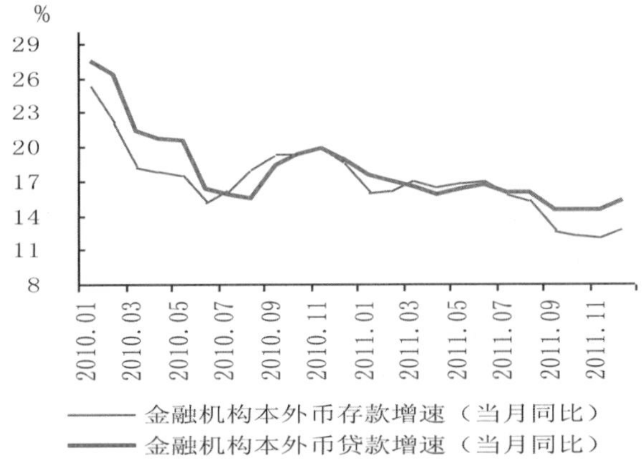

数据来源:中国人民银行济南分行。

图3　2010—2011 年山东省金融机构本外币存、贷款增速变化

4. 表外融资持续增长，有效拓展信用供给渠道。2011年，金融机构加快业务发展模式多元化，通过委托贷款、信托贷款、银行承兑汇票等方式，加大对实体经济的支持。全年累计开办表外融资业务17219.4亿元，同比多增5487.5亿元。理财业务增长较快，募集资金量同比增长40.2%。

5. 利率水平总体上升，市场化程度增强。一般性贷款加权平均利率较年初上升1.2个百分点。金融机构利率定价能力提升，上浮利率贷款占比72.2%，同比提高18.4个百分点，浮动利率贷款占比同比提高7.7个百分点（见表2），Shibor运用的广度和深度增强。住房贷款利率逐步走高，首套房贷利率普遍上浮。美元贷款加权平均利率同比升高150个基点，期限趋于短期化（见图4）。

民间借贷趋于活跃，利率水平整体较高。受资金需求旺盛、企业融资渠道相对单一等因素影响，2011年山东省民间借贷样本监测点发生额同比增长1.7倍，加权平均利率同比上升40.4%。中小企业仍是民间借贷的主体，但占比下降；农户加权平均利率同比上升78.6%。

表2 2011年山东省各利率浮动区间贷款占比表

单位：%

月份		1月	2月	3月	4月	5月	6月
合计		100	100	100	100	100	100
[0.9-1.0)		11.2	9.8	3.8	5.4	2.9	3.2
1.0		27.9	28.6	26.8	26.4	20.7	27.0
上浮水平	小计	60.9	61.6	69.4	68.2	76.3	69.8
	(1.0-1.1]	15.1	18.5	19.0	23.3	29.1	29.7
	(1.1-1.3]	15.9	15.8	18.9	20.5	22.0	22.5
	(1.3-1.5]	10.0	8.0	9.5	7.8	8.5	7.8
	(1.5-2.0]	15.3	14.0	16.5	12.1	12.5	8.8
	2.0以上	4.7	5.4	5.5	4.5	4.2	1.0
月份		7月	8月	9月	10月	11月	12月
合计		100	100	100	100	100	100
[0.9-1.0)		3.4	1.6	1.8	1.3	1.4	2.5
1.0		30.9	25.0	24.9	26.6	27.7	23.5
上浮水平	小计	65.7	73.4	73.3	72.2	70.9	74.1
	(1.0-1.1]	27.6	30.1	29.6	29.3	27.8	25.5
	(1.1-1.3]	21.2	26.7	26.0	26.5	27.6	25.8
	(1.3-1.5]	7.2	7.6	8.5	7.8	7.5	8.5
	(1.5-2.0]	8.7	8.1	8.1	7.5	7.1	10.8
	2.0以上	1.0	1.0	1.1	1.0	0.9	3.5

数据来源：中国人民银行济南分行。

6. 银行业改革进一步深化，多层次农村金融体系加快构建。国有商业银行现代金融企业制度建设不断完善，开发银行中长期投融资优势得到巩固，进出口银行和出口信用保险公司改革稳步推进。涉农机构支农力度增强，农业发展银行贷款总量突破千亿，农业银行三农金融事业部涉农贷款余额1708.9亿元，占全行贷款余额的46.4%，同比增长39.9%。农村新型金融组织发展速度加快，新增村镇银行18家，业务规模增长2倍以上，审批设立小额贷款公司109家，农村资金互助社2家，8家农商行挂牌，农村信用社银行化改革进度和效果位居全国前列。

7. 跨境人民币业务全面发展，覆盖面和影响力持续扩大。2011年山东省跨境人民币业务结算额1987.3亿元，人民币成为山东省国际结算第二大币种。共有35家银行的454家分支机构办理跨境人民币结算，涉及77个国家（地区）的1560家企业。配套业务发展加快，便捷化程度不断提高。11市开立非居民机构人民币账户，同比增长2.8倍。境外人民币项目实际贷款金额突破200亿元人民币。6月30日，韩元挂牌交易试点正式启动，在全国率先开展韩元现汇对公经常项下业务。跨境人民币投融资活动日趋活跃，资本项下人民币结算484.5亿元，对外直接投资占全省境外投资总额的41%。出口协议融资和海外代付等贸易融资品种快速发展，贸易融资项下的资金融入额超过200亿元。

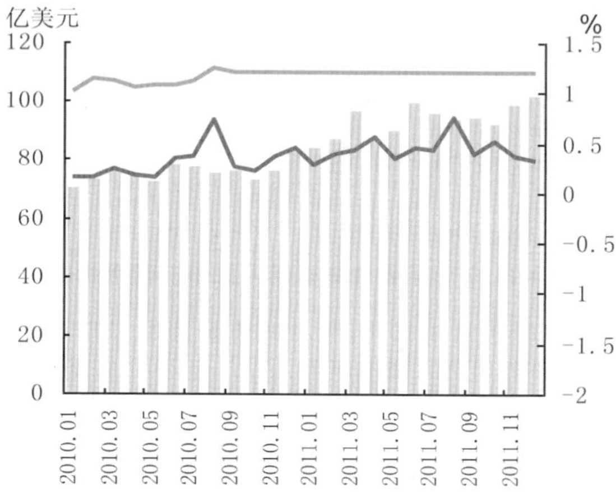

数据来源：中国人民银行济南分行。

图4 2010—2011年山东省金融机构外币存款余额及外币存款利率

（二）证券业发展平稳，上市融资取得积极进展

2011年，山东省证券市场资源配置功能继续完善，证券期货机构经营规模快速扩张，综合服务能力显著增强。

1. 市场主体经营实力大幅提升。新增证券营业部29家，基金分公司1家，2家法人券商资质升级为A类AA级。投资者资金户和保证金余额分别增长14.5%和21.9%，总交易额3万亿元。期货公司运营实力增强，总资产、净资本和利润总额同比增长18.0%、15.5%和5.6%。鲁证期货实现增资扩股1.2亿元，成为业内唯一达到信息技术最高级别的期货公司。

2. 证券市场融资功能有效发挥。年内21家企业IPO，15家上市公司实现再融资，融资额创历史新高（见表3）。上市资源培育取得积极进展，600多家企业进入后备库，18家企业通过证监会审核，过会率85.7%，高于全国平均水平8.9个百分点。7家绩差公司并购重组注入资产75亿元，山钢集团实现整体上市。

（三）保险业稳健发展，经济保障功能有效发挥

2011年，山东省保险业发展水平全面提升，保险强省建设取得积极进展。

1. 市场体系更趋完善，行业实力明显增强。全年新增保险公司15家，驻鲁保险公司总数达76家，首家法人保险机构泰山财产保险公司正式开业，保险业辐射能力大大增强（见表4）。保险专业市场稳步发展，专业中介法人机

构达到183家，兼业代理机构12421家。行业总资产同比增长23.9%，积累各项风险责任准备金2812.9亿元，抗风险能力显著增强。

2. 保险业务持续增长，服务领域不断拓展。保费收入稳中趋升，增速快于全国0.7个百分点，规模稳居全国第三。车险业务增速回升，非车险、个人营销业务保持较快增长。银保业务增速高于全国3.5个百分点，质量效益取得新突破。财产险公司实现承保利润为2010年的1.8倍，利润率高于全国4.6个百分点，人身险公司业务及管理费用率低于全国2.1个百分点。保障能力不断增强，全年承担各类风险责任15.7万亿元。农业保险覆盖面扩大，农村小额保险试点稳步推进，为70.9万农民提供了112.6亿元风险保障。

表3　2011年山东省证券业基本情况表

项　目	数量
总部设在辖内的证券公司数(家)	2
总部设在辖内的基金公司数(家)	0
总部设在辖内的期货公司数(家)	3
年末国内上市公司数(家)	145
当年国内股票（A股）筹资（亿元）	422.6
当年发行H股筹资（亿元）	58.4
当年国内债券筹资（亿元）	754.0
其中：短期融资券筹资额（亿元）	246.5

数据来源：中国人民银行济南分行，山东证监局。

表4　2011年山东省保险业基本情况表

项　目	数量
总部设在辖内的证券公司数(家)	2
总部设在辖内的基金公司数(家)	0
总部设在辖内的期货公司数(家)	3
年末国内上市公司数(家)	145
当年国内股票（A股）筹资（亿元）	422.6
当年发行H股筹资（亿元）	58.4
当年国内债券筹资（亿元）	754.0
其中：短期融资券筹资额（亿元）	246.5

数据来源：山东保监局。

(四)金融市场交易活跃，融资方式日益丰富

2011年，山东省金融市场活力增强，货币市场资金头寸调控能力提高，银行间外汇市场稳步发展，黄金市场交投活跃。

1. 直接融资快速增长，银行间债务融资实现新突破。2011年，山东省融资结构继续优化，直接融资占比同比上升5.3个百分点。股票融资大幅增加，债券发行数量、融资额"双提升"。银行间市场融资功能进一步强化，全年发行非金融企业债务融资工具514.7亿元，增长26.6%。新发3只中小企业集合票据13.6亿元，融资规模居全国第一(见表5)。中国银行间市场交易商协会与山东省政府、中国人民银行济南分行签订《银行间市场助推山东经济发展合作备忘录》，在全国率先推出"区域集优债务融资"模式。

2. 货币市场运行平稳，资金融入规模增加。2011年，山东省银行间市场交易量8.9万亿元，同业拆借、债券回购同比分别增长178%和10%。债券市场波动加剧，现券市场交易金额减少3万亿元。市场成员积极利用货币市场加强流动性管理，全年净融入资金2.4万亿元，其中同业拆借净融入为2010年的5.1倍。融资成本有所上升，同业拆借、回购交易、现券市场利率均上升150个基点以上。

3. 票据融资交易额下降，利率水平大幅升高。票据融资全年累计发生额同比下降，主要原因是转贴现下降较多。票据融资余额小幅增加，占贷款比重同比下降29.6个百分点。银行承兑汇票需求扩大，签发量同比增长30.6%(见表6)。票据电子化稳步推进，电子商业承兑汇票业务量居全国第二。受市场流动性影响，票据市场利率波动走高，年末3—6个月银行承兑汇票直贴和买断式转贴利率分别达到8.98%和8.62%，较年初上升43.5%和67.7%(见表7)。

表5　2001—2011年山东省非金融机构部门贷款、债券和股票融资情况表

	融资合计(亿元人民币)	比重(%)		
		贷款	债券(含可转债)	股票
2001	901.1	90.0	0	10.0
2002	1571.9	96.6	0	3.4
2003	2051.8	97.4	0	2.6
2004	1695.8	91.6	2.9	5.5
2005	2123.8	95.7	2.6	1.7
2006	2820.4	89.8	6.5	3.7
2007	2585.1	79.6	9.7	10.7
2008	3574.5	87.1	6.5	6.4
2009	7150.5	90.3	6.5	3.2
2010	6015.6	85.6	7.4	7.0
2011	6263.9	80.3	12.0	7.7

数据来源：中国人民银行济南分行。

表6　2011年山东省金融机构票据业务量统计表

单位：亿元

季度	银行承兑汇票承兑		贴　现			
			银行承兑汇票		商业承兑汇票	
	余额	累计发生额	余额	累计发生额	余额	累计发生额
1	5938	3407	1005	2940	128	178
2	6839	6915	1133	5676	95	401
3	6347	10002	1165	7763	98	498
4	6575	13952	1293	9852	92	698

数据来源：中国人民银行济南分行。

表7　2011年山东省金融机构票据贴现、转贴现利率表

单位：亿元

季度	贴　现		转贴现	
	银行承兑汇票	商业承兑汇票	票据买断	票据回购
1	6.98	8.58	6.17	5.75
2	7.50	8.89	6.71	6.85
3	10.02	11.86	9.04	7.68
4	8.98	10.54	8.62	6.64

数据来源：中国人民银行济南分行。

4. 银行间外汇市场稳步发展，黄金市场交投活跃。2011年，山东银行间外汇市场成交102.8亿美元，同比增长26%，即期询价交易仍占主导。13家黄金交易所会员场内成交617.7吨，同比增长50%，净卖出74.8吨。自营量累计成交311.2吨，占比同比下降12.4个百分点。受金价持续大幅上涨及投资者避险需求影响，商业银行纸黄金成交量和成交金额分别增长71.8%和154%。

（五）社会信用体系建设强力推进，金融生态环境持续优化

2011 年，山东省继续发挥政府的主导作用，积极推进金融生态环境建设。社会信用体系建设向纵深发展，地方信用信息共享平台建设实现突破，创新开发"山东省信用评级综合服务平台"，建立农户和中小企业信用档案 1667 万和 24 万个。农村支付环境建设"强力推进年"成效显著，消灭金融服务空白村 5315 个，农村金融服务终端覆盖率达到 77.6%，基本实现农村地区"村均 1 台金融基础设施、人均 1 张卡"。年末全省县及县以下地区银行卡发卡量达 8909 万张，开通网银 1083.5 万个。开展打击银行卡犯罪"天网 - 2011"专项行动，共破获涉银行卡案件 1600 余起。山东省 17 地市均设立了金融消费者权益保护中心，妥善处理投诉 296 起。

二、经济运行情况

2011 年，山东省经济运行继续朝着宏观调控预期方向发展，结构优化调整步伐加快（见图 5）。三大需求拉动作用稳定，三次产业持续优化，物价涨幅得到有效控制，民生领域不断改善，区域战略成效显著，节能降耗稳步推进，经济发展的内生动力不断增强。

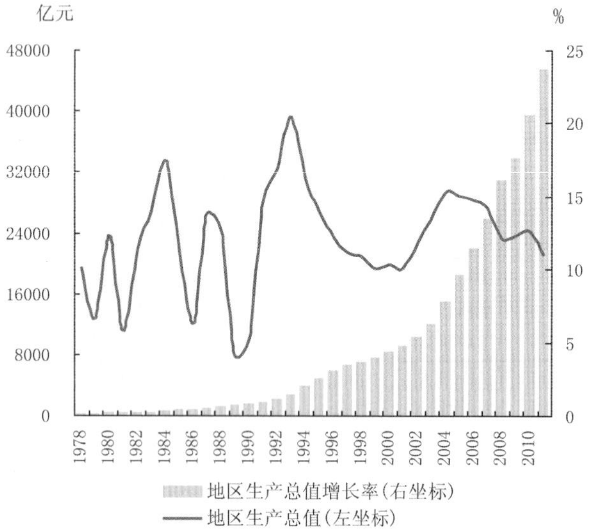

数据来源：山东省统计局。

图 5：1978 - 2011 年山东省地区生产总值及其增长率

（一）三大需求平稳增长，经济内生动力增强

2011 年，山东省投资增速平稳，结构进一步优化。居民消费较为旺盛，对外贸易稳定增长，外资利用量增质高，经济增长内外需动力更趋协调。

1. 投资结构持续优化。2011 年，山东省固定资产投资增势平稳，同比回落 0.3 个百分点，增速连续两年小幅回落（见图 6）。三次产业投资比重持续改善，由 2010 年的 2.4 : 49.1 : 48.5 调整为 2.1 : 47.9 : 50.0，服务业投资占比首超第二产业。内涵效益型投资不断加大，技术改造、高新技术等重点领域投资增速分别高于平均水平 5.4 个、9.7 个百分点。民间投资更趋活跃，增速高于国有投资 8.5 个百分点，占全部投资比重同比提高 1 个百分点，对投资增长的支撑作用继续提升。山东半岛蓝色经济区、黄河三角洲高效生态经济区等重点区域融合发展态势良好，投资增长高于全省平均水平。

2. 城乡消费实力增强。2011 年，城乡居民收入继续保持较快增长，增速分别同比提高 2.3 个和 5.1 个百分点，为消费市场持续升温提供了有力支撑。社会消费品零售额增速高于全国平均水平 0.2 个百分点（见图 7），消费结构升级加速，汽车、家用电器、金银珠宝等热点商品销售旺盛。城乡统筹加快发展，城乡消费增速差同比收窄 1.6 个百分点，乡村消费占比同比提高 1.8 个百分点，农村消费市场潜力进一步激活。

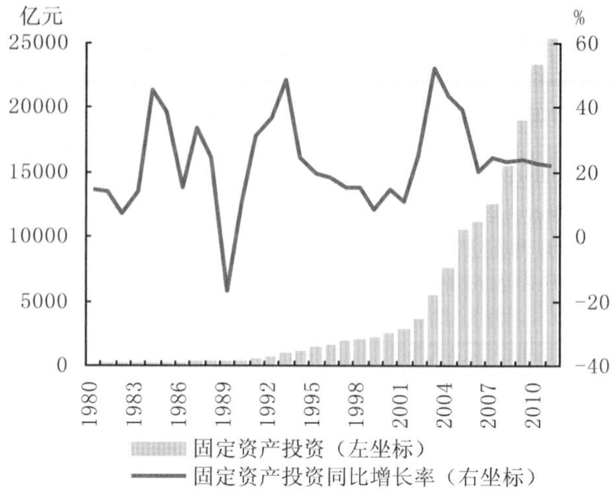

数据来源：山东省统计局。

图 6　1980—2011 年山东省固定资产投资及其增长率

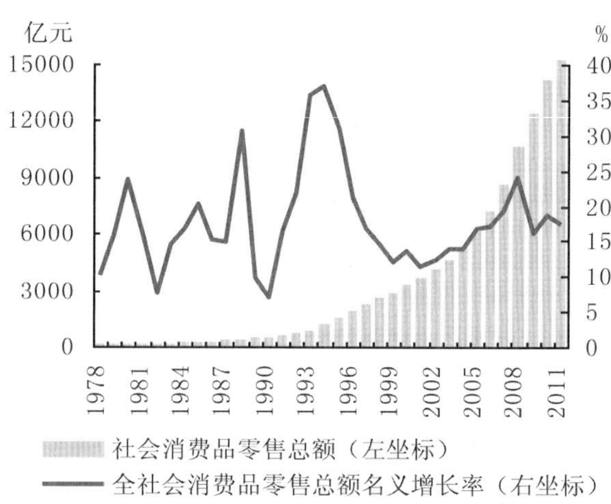

数据来源：山东省统计局。

图 7　1978—2011 年山东省社会消费品零售总额及其增长率

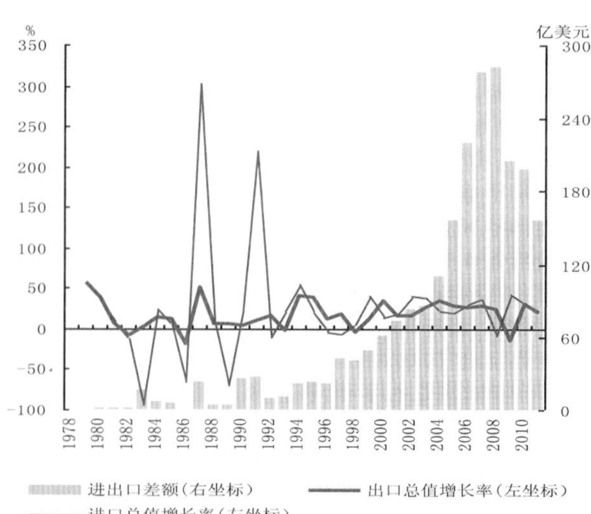

数据来源：山东省统计局。

图 8　1978—2011 年山东省外贸进出口变动情况

3. 贸易顺差额呈总体下降态势。2011 年,山东省进出口总额增速高于全国平均水平 2.3 个百分点。受欧债危机、国际市场需求萎缩等因素影响,全年进口和出口增速分别同比回落 13.3 个和 10.4 个百分点,贸易顺差同比下降 21.2%,延续近三年来下降趋势(见图 8)。资源类商品进口增长加快,占比提高 7.6 个百分点。出口市场更趋多元化,对美、欧、韩传统市场出口放缓,对俄罗斯、东盟和澳大利亚等新兴市场出口增长较快。

招商引资取得积极进展。合同外资创五年来新高(见图 9),实际到账外资增速同比提高 7.2 个百分点,新批投资过亿美元的合同外资项目增长 2.2 倍。利用外资质量稳步提升,第一产业投资增速"转负为正",服务业投资增速同比提高 10 个百分点。

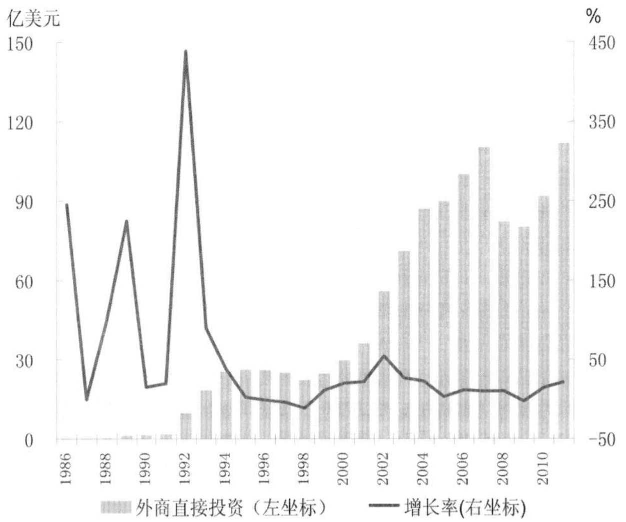

数据来源:山东省统计局。

图 9　1986—2011 年山东省外商直接投资情况

专栏 2:发展区域集优债务融资模式扩大中小企业直接融资规模

为解决中小企业直接债务融资可持续发展问题,中国银行间市场交易商协会(以下简称"交易商协会")创新推出了中小企业区域集优直接债务融资模式,将一定区域内具有核心技术、产品具有良好市场前景的中小企业,通过政府专项风险缓释措施的支持,在银行间债券市场发行集合票据进行债务融资。山东与江苏、广东率先进行试点,并在银行间市场首批成功上市发行。

一是以区域特色为突破点,研究山东融资模式。中国人民银行济南分行会同交易商协会,研究提出在青岛市以蓝色海洋经济、潍坊市以农业绿色经济、东营市以黄河三角洲高效生态经济为突破点,并逐步扩展到全省的工作思路和融资模式。

二是加强政策宣讲传导,夯实前期准备工作。中国人民银行济南分行联合中债信用增进投资有限公司(简称"中债公司")先后在潍坊等 8 市进行了政策宣讲。2011 年 7 月 6 日,人民银行济南分行、交易商协会、山东省政府共同签署了《银行间市场助推山东经济发展合作备忘录》,青岛、潍坊、东营市政府及当地人行还分别与中债公司签署了《区域集优债务融资合作框架协议》。三方合作备忘录的签署,充分调动了各方的积极性。

三是建立健全保障措施,解决好新模式的风险缓释问题。中国人民银行济南分行指导各市成立了由各市人行牵头,金融办、财政局共同参与的区域集优债务融资项目联合工作组,印发了管理办法。潍坊市采取"双向遴选推荐、多包同时推进"的方法,设立规模为 2 亿元的中小企业直接债务融资发展基金,明确基金的履约代偿性质,成立注册金为 3 亿元的担保公司提供反担保服务。各市也先后采取类似风险缓释措施。

四是总结经验加大推广,加快试点工作在全省的推进步伐。2011 年 11 月 3 日,潍坊市区域集优中小企业集合票据率先在银行间债券市场成功发行,为全国首批两单之一,为 4 家小微企业融资 1.8 亿元,发行利率 6.2%,发行综合费用率低于同期贷款利率。中国人民银行济南分行总结潍坊经验,加快在全省推广步伐。

近几年,山东省银行间市场非金融企业债务融资工具发行工作一直走在全国前列,银行间债券市场融资已成为信贷融资的有益补充。截至 2011 年末,山东省在银行间市场累计发行短期融资债券 137 只,融资 1218.1 亿元;中期票据 49 只,融资 662.7 亿元;中小企业集合票据 7 只,融资 36.5 亿元,其中中小企业集合票据融资额占全国的三分之一,居全国第一。

(二)三次产业协同发展,转型升级步伐加快

2011 年,山东省牢牢把握加快转变经济发展方式这一主线,继续稳步推进"转方式、调结构",三次产业全面协调发展,产业结构更趋合理。三次产业比例由 2010 年的 9.1∶54.3∶36.6 调整为 8.7∶52.9∶38.4。

1. 农业基础更加稳固。在冬春连旱的不利条件下,山东省粮食总产仍实现"九连增",达到 885 亿斤,第一产业增加值居全国首位。农业产业化龙头企业带动作用增强,规模以上农业龙头企业 8120 家,农产品技术含量及附加值进一步提高。农业基础设施建设扎实有效,农田有效灌溉面积约占耕地 70%,粮食生产机械化达 88%。农村社会保障体系不断健全,农村低保标准平均每人每年 1661 元,新型农村合作医疗参合率达 99.7%,新型农村社会养老保险试点提前一年实现全覆盖。

2. 工业调整振兴进一步推进。全年工业生产呈"前高后低"走势,增速高于全国平均水平 0.1 个百分点(见图 10)。工业企业产销率同比提高 0.3 个百分点。高新技术产业产值比重同比提高 1.2 个百分点,"两高一剩"行业得到有效控制。全省 65% 以上大中型企业建立了技术研发机构,重点企业科技活动经费支出占销售收入的 5.9%。工业技改力度加大,产学研联合创新取得新进展。

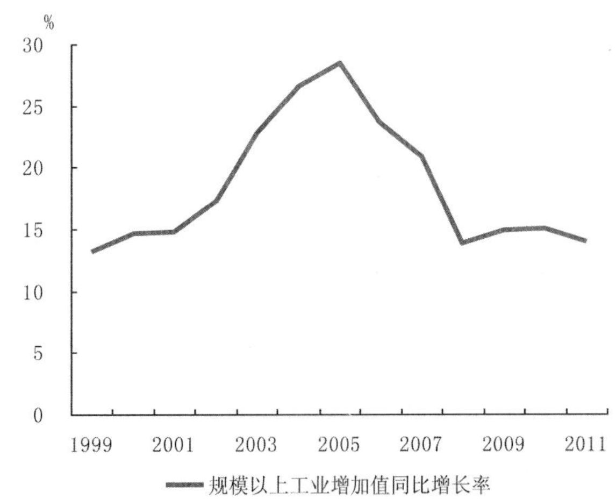

数据来源:山东省统计局。

图 10　1999—2011 年工业增加值增长率

3. 服务业实现跨越式发展。2011 年，山东省服务业增加值占比同比提高 1.7 个百分点，升幅居全国首位。重点发展文化旅游、金融保险、现代物流等十大领域，突出培养“四大载体”，批零餐饮、交通运输等传统产业平稳发展，服务外包等新兴产业加快发展。2011 年，全省登记承接服务外包合同 5818 份，合同金额 16.6 亿美元，执行金额 11.6 亿美元，分别增长 21.3%、78.4% 和 82%，呈现出“发展提速、规模扩大、质量提升、市场拓展”的良好发展态势。文化强省建设加强，文化旅游加速融合发展，“好客山东”首推孔子、泰山、青岛、黄河口、齐长城、古运河六大地标文化之旅，品牌效应辐射海内外。新增服务业贷款 885 亿元，金融支持服务业力度加大。

（三）物价涨幅得到有效遏制，就业形势积极向好

2011 年，山东省物价涨幅呈“倒 V 型”走势，物价总水平得到有效调控。

1. 居民消费价格“两头低、中间高”，物价过快上涨势头得到遏制。山东省 CPI 指数 7 月份达到峰值 6.5%，8 月后呈逐步下降走势，全年 CPI 低于全国 0.4 个百分点，物价上涨压力有所缓解（见图 11）。食品价格上涨仍是 CPI 上涨的主导因素，农村价格涨幅继续高于城市。

2. 工业生产者价格呈“前高后落”走势，农业生产资料价格高位运行。2011 年，山东省工业生产者购进价格指数和工业生产者出厂价格指数涨幅同比分别降低 0.1 和 1.2 个百分点，二者涨幅之差扩大，“高进低出”更加明显（见图 11）。受上游产品价格回落、国内外市场需求下滑及国际大宗商品价格下行等因素影响，工业生产者购进价格年内波动上行后持续回落，全年平均涨幅与全国基本持平。农业生产资料价格仍高位运行，农业生产经营成本压力较大。

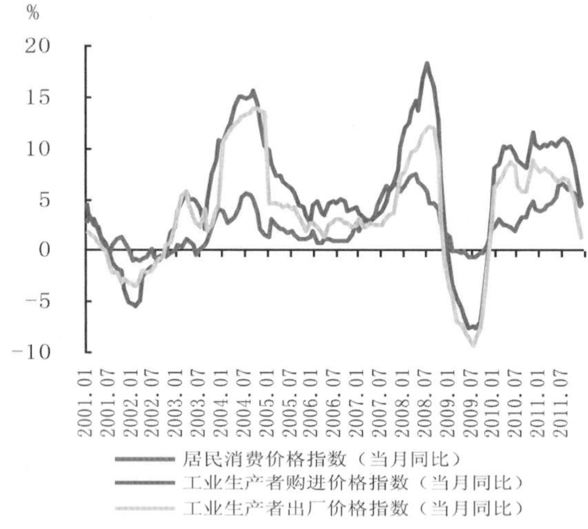

数据来源：山东省统计局。

图 11　2001—2011 年山东省居民消费价格和生产者价格变动趋势

3. 就业形势积极向好，劳动力价格持续攀升。2011 年，山东省就业局势基本稳定，连续八年实现城镇新增就业和农村劳动力转移就业“双过百万”，年末城镇登记失业率低于全国 0.75 个百分点。城镇在岗职工平均工资同比增长13.1%，城市最低工资标准平均上调 26%，位于全国前列；农村低保标准提高到每人每年不低于 1400 元。

（四）财政收入保持较高增速，财政支出向民生倾斜

2011 年，山东省地方财政收入达到 3455.7 亿元，增长 25.7%，增速同比提高 0.6 个百分点。税收收入增长 21.1%，占财政收入的 75.3%，同比下降 2.9 个百分点。财政支出 5001.2 亿元，增长 20.7%（见图 12）。支出结构进一步优化，社会保障、医疗卫生、教育、住房等领域得到重点保障，民生支出增幅高于平均水平 8.9 个百分点，占全省财政支出的 54.8%，同比提高 3.8 个百分点。

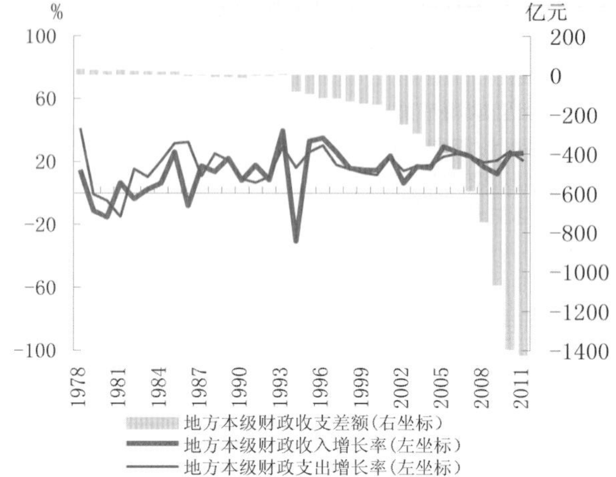

数据来源：山东省统计局。

图 12　1978—2011 年山东省财政收支状况

（五）节能减排效果明显，金融支持力度不断增强

2011 年，山东省节能工作取得了良好成效，万元 GDP 能耗、规模以上工业万元增加值能耗等指标同比降幅均高于全国平均水平。实施完成 123 个“转方式、调结构”节能重点项目，累计实现节能 86 万吨标准煤。351 户企业完成落后产能淘汰，关停小火电机组 26.2 万千瓦，超额完成了国家下达的任务。减排工作扎实推进，“十一五”污染减排工作位列全国第一；实现国家淮河流域治污考核“五连冠”和海河流域治污考核“三连冠”。环境质量明显改善，全省二氧化硫和可吸入颗粒物年均浓度分别下降 14% 和 11.2%，新建国家级生态示范区 17 个，省级生态县（市、区）6 个，省级生态乡镇 124 个。中国人民银行济南分行下发《关于加强节能环保领域金融支持工作的意见》、《关于印发 <绿色信贷指导意见> 的通知》，推动金融机构加大对传统产业改造提升、环保产业、循环经济发展、节能减排技术改造的信贷支持。

（六）房地产市场调控效果显现，钢铁产业调整稳步推进

1. 房地产调控效果显著，房地产金融健康发展。2011 年，山东省房地产市场运行总体平稳，房屋供给结构改善，差别化房贷政策效应显现。

（1）开发投资增速放缓，资金来源“一降两升”。2011 年，山东省房地产开发投资增幅 26.4%，同比下降 7.5 个百分点，低于全国 3.5 个百分点。开发投资到位资金增速同比降低 13.9 个百分点。资金来源结构发生变化，开发企业贷款占比同比下降 2.3 个百分点，自筹和利用外资占比同比分别上升 0.1、4.4 个百分点。

（2）市场供给理性回归，保障性住房建设加快。2011 年，房地产企业土地购置行为趋于谨慎，土地购置面积增幅同比回落 41.5 个百分点，济南、济宁等重点城市购地面积净下降，新开工面积增幅同比回落 34 个百分点。受开发商加快资金回笼动力增强及 2010 年以来开发项目集中完工等因素影响，2011 年竣工面积增长 24.5%，同比加快 23.5 个百分点。保障性安居工程开工 38.9 万套，超额完成国家下达的任务，连同结转项目竣工率达到 71.2%。

(3)市场需求回落,调控效果逐步显现。2011 年,“限购”、限贷等措施进一步压缩了投资、投机性购房需求,山东省商品房销售面积、销售额增速同比分别下降 32 和 32.9 个百分点(见图 13)。重点城市济南、青岛、烟台、济宁商品房销售面积增速同比分别回落 8.7 个、26.7 个、42.5 个和 25.3 个百分点。

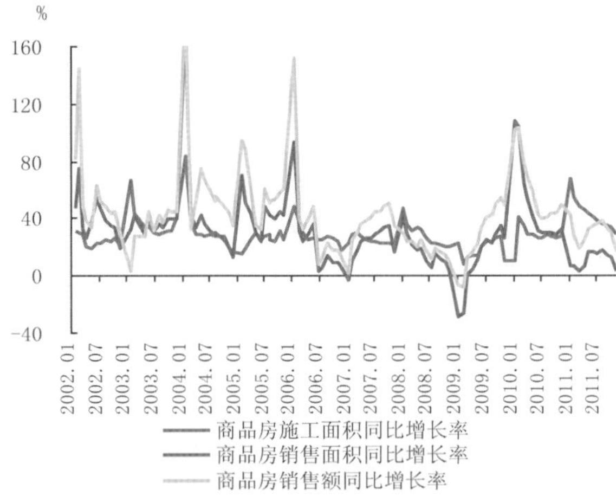

数据来源:山东省统计局。

图 13　2002—2011 年山东省商品房施工和销售变动趋势

(4)重点城市房价合理回归,二、三线城市房价涨势趋缓。2011 年,山东省房屋销售价格涨幅低于城镇居民人均可支配收入增幅,重点城市房价连续上涨势头得到遏制,济南、青岛新建住宅价格指数环比自 10 月起连续 3 个月负增长(见图 14)。省内二、三线城市处于城镇化的快速上升期,房地产业发展潜力较大,住房价格仍呈上涨态势,但涨幅趋缓。

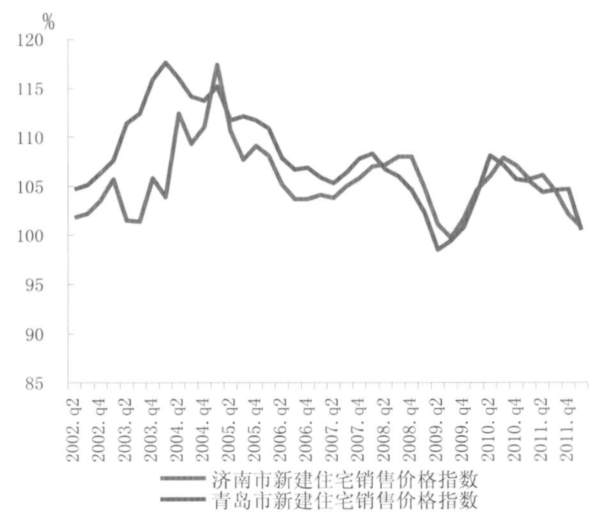

数据来源:山东省统计局。

图 14　2002—2011 年山东省主要城市房屋销售价格指数变动趋势

(5)房地产金融运行平稳,支持民生亮点突出。差别化信贷政策得到有效落实,全年房地产贷款增速同比下降 11 个百分点,其中开发贷款增速同比下降 6.6 个百分点,个人住房贷款增速同比下降 14.1 个百分点。房地产贷款向保障安居工程建设强力倾斜,2011 年保障性住房贷款增速同比提高 10.5 个百分点,高于全部房地产贷款增速 2.5 个百分点。

2. 钢铁产业调整步伐加快,金融支持力度加大。2011 年山东省钢铁综合产能居全国第 3 位,结构调整步伐加快,累计淘汰炼铁产能 1193.34 万吨、炼钢产能 334.3 万吨,涉及企业 47 家。钢铁企业联合重组步伐加快,山东省成为全国唯一钢铁产业结构调整试点省份。12 月 30 日,济钢和莱钢获证监会批准并开始进行合并。

为有效发挥金融促进山东省钢铁产业结构调整、优化升级的积极作用,中国人民银行济南分行联合山东银监局制定下发《关于金融促进山东省钢铁产业结构调整的指导意见》,引导银行业金融机构加大对钢铁产业布局优化和产能战略转移的支持力度,不断改进和提升金融服务水平。

(七)“蓝黄”战略引领区域经济协调联动

2011 年,山东半岛蓝色经济区和黄河三角洲高效生态经济区建设全面展开。“两区”按照“融合、错位、一体化”的发展要求,加快重大基础设施建设,培育新兴战略产业集群,推进产业结构升级,打造特色园区,注重生态文明,海陆统筹发展初见成效,成为山东省经济增长的重要引擎。同时,“两区”发展依托腹地,面向日韩,辐射和牵动省会城市群经济圈、鲁南经济带等内陆地区联动发展,对外开放水平持续提升,发展步伐稳步加快。2011 年,“两区”主要经济指标增速均高于或持平全省平均水平。省会城市群经济圈和鲁南经济带经济增长明显加速,全省区域发展呈现协调增长、多轮驱动的良好态势。围绕全省区域发展战略,金融持续发挥推动力,2011 年黄河三角洲高效生态经济区新增贷款占全省的 13.3%,同比提高 1.3 个百分点,蓝色半岛经济区新增贷款占全省的 54.8%,同比提高 3.3 个百分点。抵押担保加速创新、非信贷融资工具较快发展,显著增强了中小企业、“三农”以及民生等领域的资金支持力度,扩大了企业区域融资总量。

三、预测与展望

2012 年,山东经济仍将继续保持平稳较快发展态势,预计全省地区生产总值增速将高于全国 1—2 个百分点。

从国际看,欧债危机的影响继续深化,发达经济体经济复苏的不确定性增加,新兴经济体也面临经济增速放缓和通货膨胀双重压力,世界经济增长将呈放缓态势。从国内看,经济发展中不平衡、不协调、不可持续的问题依然突出,经济增速缓慢回落与物价仍处高位相互交织。从山东的情况看,外需减弱、房地产调控等因素将影响投资增速,但“蓝、黄”战略的引擎作用将进一步增强,传统产业改造提升和战略性新兴产业发展的“双轮驱动”将成为投资增长的持续推动力;保障房投资力度加大,将有效优化房地产市场投资结构;收入分配制度进一步完善、新消费领域的拓展、现代商贸流通体系的构建及消费环境的改善将提升居民消费意愿,消费需求将稳中有升;出口将继续保持稳定增长,但外需明显减弱、贸易保护主义抬头等因素,将持续影响出口形势。总体来看,2012 年山东经济将在结构调整积极推进中,保持平稳较快发展。从物价走势看,经济增速放缓、国际大宗商品价格回落和农产品价格周期性下行等因素,将缓解通胀压力。但全球货币政策环境仍较宽松,国内劳动力成本刚性上升、资源性价格改革等,都可能成为推动 CPI 上行的因素。总体判断,2012 年山东省物价上涨压力小于 2011 年,总体可控。

从金融形势看,2012 年山东省货币信贷平稳运行的有利因素较多,金融的资源配置功能将进一步增强。中国人民银行济南分行将按照“稳中求进”的总体要求,坚持“总量适度、审慎灵活”,科学把握宏观调控力度,引导全省金融机构认真贯彻落实稳健货币政策,保持货币信贷总量合理、均衡增长。进一步优化信贷结构,加强信贷政策与产业政策的协调配合,加大对重点领域和薄弱环节的支持力度,改善融资结构,推进金融创新,深化金融改革,及时有效防范和化解潜在金融风险,更好地服务于实体经济增长和经济结构调整。预计 2012 年山东省新增贷款全国占比不低于 2011 年。

2011 年广东省金融运行报告

中国人民银行广州分行
货币政策分析小组

内容摘要

2011 年,广东全面贯彻国家宏观调控政策,大力实施珠三角《规划纲要》和"十二五"规划,经济平稳较快增长,结构调整有力有效。经济发展内生动力增强,外经贸转型升级步伐加快,服务业占比上升,物价涨势由快趋缓,民生支出力度加大,节能减排工作成效明显。

广东金融部门认真贯彻落实稳健的货币政策,主动应对经济转型需求,着力加大对实体经济的支持力度。银行业稳健发展,货币信贷适度增长,证券业运行平稳,保险业持续发展,金融改革取得新进展,社会融资结构多元化,金融生态环境继续改善。

2012 年,广东将紧紧围绕"加快转型升级、建设幸福广东"的核心任务,突出把握好稳中求进的工作总基调,继续改革创新、先行先试,积极实施扩大内需和自主创新战略,力促经济金融平稳健康发展。

一、金融运行情况

2011 年,面对复杂的国内外经济形势,广东金融部门认真贯彻落实稳健的货币政策,主动应对经济转型需求,着力提高对实体经济的服务水平。金融机构改革扎实推进,金融合作进一步深化,金融生态环境继续改善。

(一)银行业稳健发展,货币信贷适度增长

1. 银行业规模效益稳步提升。2011 年,广东银行类金融机构资产总额继续增长,资产质量不断改善,年末资产总额达到 12.1 万亿元,同比增长 14.0%;不良贷款率为 1.45%,同比下降 0.47 个百分点。盈利能力进一步提升,全年实现净利润 1592.2 亿元,同比增长 30.6%。营业网点和从业人员持续增加,全年分别新增 240 个和 14083 人,同比分别增长 1.6% 和 5.3%(见表 1)。新型农村金融机构发展迅速,截至 2011 年末,村镇银行达到 25 家,其中当年新筹建 14 家。

2. 存款同比少增,季节性波动明显。2011 年末,广东省本外币各项存款余额 91590.2 亿元,同比增长 11.8%,增速较上年末下降 5.9 个百分点(见图 1、图 3)。在投资意识增强和金融产品创新作用下,社会资金从银行分流增加,全年人民币存款同比少增 2830.0 亿元;受金融机构业绩和存贷比考核等因素影响,人民币存款呈现"季末冲高、季初回落"现象,稳定性明显减弱。受派生存款减少和企业生产经营用款增多影响,人民币单位存款同比少增 2204.3 亿元;理财产品分流使储蓄存款增长放缓,年末人民币储蓄存款余额同比增长 10.8%,较上年末下降 4.8 个百分点。在股市、楼市低迷背景下,企业和居民将资金转为定期存款的行为增加,全年人民币单位和个人定期存款比活期存款多增 811.4 亿元。外币存款波动增长,四季度以来受人民币汇率升值预期变化等因素影响增加较多。

表 1　2011 年广东省银行业金融机构情况

机构类别	营业网点			法人机构(个)
	机构个数(个)	从业人数(人)	资产总额(亿元)	
一、大型商业银行	5958	139416	58257	0
二、国家开发银行和政策性银行	82	2337	5087	0
三、股份制商业银行	1022	34961	26292	3
四、城市商业银行	392	14028	8592	6
五、农村合作金融机构	5776	66108	13318	112
六、财务公司	12	553	986	11
七、信托公司	6	1185	295	5
八、邮政储蓄	1925	11858	2798	0
九、外资银行	181	8716	4292	21
十、新型农村金融机构	35	753	160	25
十一、其他	4	634	961	3
合　计	15393	280549	121037	186

注:①营业网点不包括总部;②农村合作金融机构包含农村信用社和农村商业银行;③新型农村金融机构指村镇银行;④外资银行法人机构个数含外国银行在华分行;⑤"其他"包含金 1 家融租赁公司、1 家汽车金融公司、1 家货币金融公司。

数据来源:中国人民银行广州分行、广东银监局、深圳银监局。

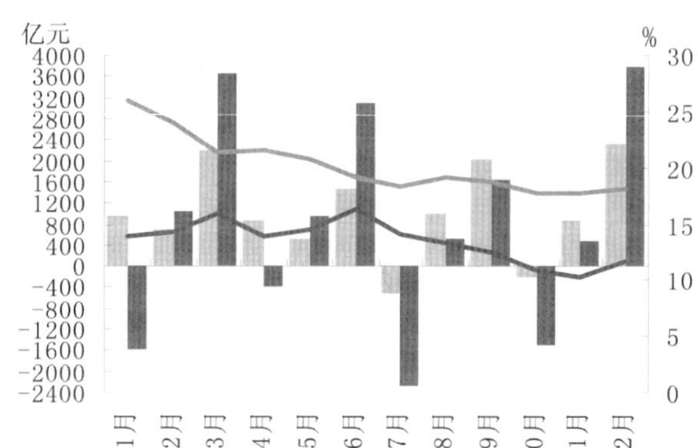

数据来源:中国人民银行广州分行。

图 1　2011 年广东省金融机构人民币存款增长变化

3. 贷款平稳适度增长,信贷结构不断优化。2011 年末,广东省本外币各项贷款余额 58611.2 亿元,同比增长 13.4%,增速较上年末下降 3.0 个百分点。其中,人民币贷款全年新增 6327.6 亿元(见图 2、图 3)。从投放节奏看,第一——四季度人民币贷款增量之比为 2.7∶2.8∶2.0∶2.3,符合信贷调控政策要求,特别是第四季度在货币政策预调微调作用下,贷款增量有所回升,对地方经济平稳健康发展起到了积极促进作用。从贷款期限看,短期贷款增长明显加快,中长期贷款增速下滑,资金使用效率提高。年末,人民币短期贷款余额同比增长 23.0%,连续 7 个月保持上升态势,全年新增达到 2673.5 亿元,同比大幅多增 885.7 亿元,且主要集中在单位经营贷款,有效缓解了中小企业经营压力;人民币中长期贷款余额同比增长 9.1%,增速同比下降 22.0 个百分点。受人民币汇率升值预期变化影响,外币贷款先增后减,前三季度新增 131.6 亿美元,第四季度减少 1.6 亿美元。

信贷结构继续优化,对广东经济结构调整和产业转型升

级形成有力支持。一是投向实体经济的制造业和批发零售业的贷款增长突出，全年新增贷款占比分别提高12.0个和12.9个百分点。二是对中小企业、欠发达地区及县域经济等实体经济薄弱环节的信贷支持力度明显加大。全年中小企业新增贷款占全部企业贷款的比重为71.5%，同比提高6.5个百分点。年末，非珠三角地区贷款、县域贷款、涉农贷款余额同比增速分别比全省水平快4.8个、7.9个和6.3个百分点。三是支持民生改善贷款继续增加。年末，国家助学贷款余额达到17.4亿元，同比增长15%；小额担保贷款余额5.1亿元，是上年的2.1倍。

中国人民银行广州分行积极运用再贴现、支农再贷款等货币政策工具，加大对“三农”、中小企业等领域的金融支持，2011年累计办理再贴现90.8亿元，其中解决中小企业需求占比81%；累计发放支农再贷款8.2亿元，是上年的3.7倍。

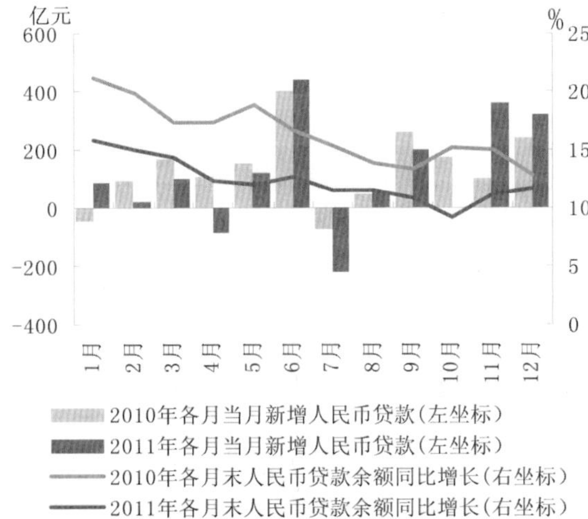

数据来源：中国人民银行广州分行。

图2　2011年广东省金融机构人民币贷款增长变化

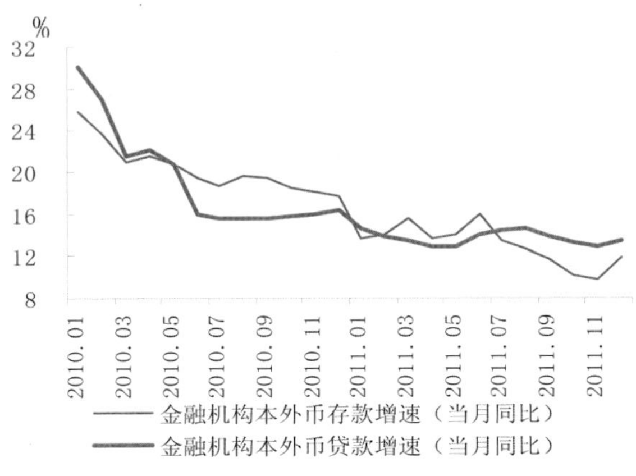

数据来源：中国人民银行广州分行。

图3　2011年广东省金融机构本外币存、贷款增速变化

4. 本外币存贷款利率水平上升，银行体系流动性有所趋紧。随着稳健货币政策的逐步贯彻落实，金融机构贷款利率水平有所上升。2011年广东人民币贷款年加权平均利率为6.9919%，同比提高1.5312个百分点；基准利率上调后，广东人民币存款利率有所上升。在欧债危机影响下，美元成为避险工具，需求量扩大，存贷款利率水平上升(见图4)。受资本消耗大、理财产品分流存款等影响，全年金融机构增量存贷比为71.2%，同比上升12.1个百分点，银行体系流动性有所趋紧。

表2　2011年广东省人民币各利率区间占比表

单位：%

月份		1月	2月	3月	4月	5月	6月
合计		100	100	100	100	100	100
[0.9-1.0)		28.8	23.6	19.6	14.3	16.8	8.9
1.0		28.6	34.9	31.5	23.1	23.6	27.9
上浮水平	小计	42.6	41.5	48.9	62.6	59.7	63.1
	(1.0-1.1]	23.1	21.6	22.8	24.3	22.8	24.7
	(1.1-1.3]	18.1	17.9	23.6	35.0	33.7	33.9
	(1.3-1.5]	1.2	1.9	2.3	2.8	2.8	4.2
	(1.5-2.0]	0.1	0.1	0.3	0.3	0.4	0.4
	2.0以上	0.0	0.0	0.0	0.2	0.0	0.0
月份		7月	8月	9月	10月	11月	12月
合计		100	100	100	100	100	100
[0.9-1.0)		8.7	3.5	4.1	3.3	9.4	3.4
1.0		34.5	26.8	24.1	23.0	19.8	22.9
上浮水平	小计	56.8	69.7	71.8	73.7	70.9	73.7
	(1.0-1.1]	20.0	21.4	25.0	29.2	25.0	28.8
	(1.1-1.3]	32.0	41.0	39.7	38.2	38.2	37.6
	(1.3-1.5]	4.3	6.0	6.3	5.4	6.5	6.3
	(1.5-2.0]	0.6	0.9	0.8	0.9	1.1	0.9
	2.0以上	0.0	0.3	0.0	0.0	0.0	0.0

数据来源：中国人民银行广州分行。

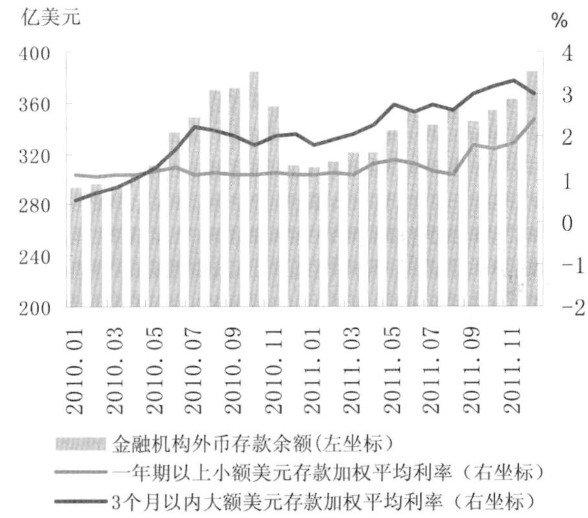

数据来源：中国人民银行广州分行。

图4　2010—2011年广东省金融机构外币存款余额及外币存款利率

5. 地方法人金融机构改革发展步伐加快。广东发展银行更名为广发银行，积极筹备公开上市工作。广州银行引进加拿大丰业银行作为战略投资者工作取得进展。珠海市商业银行成功引入战略投资者华润集团，并更名为珠海华润银行。湛江市商业银行更名为广东南粤银行，加快向区域性商业银行转型的步伐。汕头市商业银行成功重组为广东华兴银行，破解了10年来困扰地方经济发展的金融难题。农村信用社产权改革加快。2011年，6家农村信用联社先后改制为农村商业银行，12家正在筹建农村商业银行。非银行金融机构重组工作继续推进。广州科技信托投资公司成功重组为大业信托有限责任公司。

6. 人民币跨境结算业务向纵深推进。2011年，广东跨境人民币结算业务发展加快，结算量在全国继续处于领先地位。

截至2011年末,全省累计办理跨境人民币结算业务7.54万笔,金额8705亿元,结算量占全国三成多。其中,2011年新增结算量6513亿元,是2010年的3倍。在人民银行等各部门的努力下,跨境人民币结算业务配套政策措施和金融服务逐步完善,风险防控措施不断加强,政策效应进一步显现。

专栏1:粤港澳金融合作取得新进展

2011年,广东金融部门认真落实CEPA及补充协议、《粤港合作框架协议》、《粤澳合作框架协议》和中央支持香港、澳门经济社会发展的有关政策措施,不断完善粤港、粤澳金融合作机制,推动粤港澳金融合作取得新进展。

一是粤港澳跨境人民币业务全面开展。2011年,广东与港澳地区跨境人民币结算业务金额达到5669.9亿元,占全省的87.1%。其中,跨境贸易人民币业务规模不断扩大,2011年累计为4976.2亿元,比上年增长2.3倍;跨境人民币投融资活动日趋活跃,2011年直接投资项下人民币结算金额为364.1亿元,比上年增长3.9倍;金融同业人民币业务合作关系更加密切。截至2011年末,在人民银行备案的广东省内代理行,为港澳银行机构开立人民币同业账户共135个,占全部境外银行开户数的77.6%。

二是涉港澳企业融资渠道不断拓宽。2011年,港资企业在内地银行间市场发行1期短期融资券,筹集资金3亿元;10家H股上市公司的广东母公司在内地银行间市场发行9期短期融资券和9期中期票据,累计筹资254.4亿元。

三是港资银行在广东经营网络扩大。2011年,共有8家港资银行驻粤分支机构获批加入人民银行金融服务与管理体系。另外,佛山、东莞、湛江地区3家港资银行支行提出了加入人民银行金融服务与管理体系的申请。

四是粤港澳跨境贸易投资进一步便利化。取消进口付汇业务的联网核查手续及延期付款超期限登记等核准业务,便利港澳资企业贸易项下对外支付。妥善解决"三来一补"企业验资过程中报关单真实性无法核查等现实难题,帮助港澳资企业转型升级。2011年广东4家证券公司、4家基金管理公司的香港子公司合计获批80亿元人民币的投资额度,占RQFII首批投资额度的40%。在港澳同胞聚居地、涉外酒店、机场和旅游景点增设开展本外币兑换业务的机构和网点,为粤港、粤澳跨境往来旅客提供方便、安全的货币兑换服务。

五是粤港澳支付结算合作取得新突破。2011年,"澳门通银联双币闪付卡"发行,可在内地所有带银联标识的机具上使用,实现了"南卡北用"和"北卡南用";符合PBOC2.0标准的"牡丹中山通联名卡"发行,该卡可在中山和澳门两地的部分公交线路使用;珠海智能停车收费管理系统投入使用,使珠海和澳门两地发行的银行卡、金融IC卡均可通过咪表刷卡支付停车费。

(二)证券业发展放缓,市场成交量明显下降

1.证券业经营受股市影响显著,证券公司利润明显下降。截至2011年末,广东法人证券公司为22家,同比持平;基金公司和期货公司同比分别增加1家和减少1家(见表3)。证券基金公司发展放缓。2011年末,广东证券公司资产总额4767.2亿元,同比下降18.7%;全年实现税后利润163.2亿元,同比下降44.6%;基金公司管理基金净值同比减少14.3%。期货公司保持平稳发展,年末总资产340.4亿元,同比增长7.4%,全年实现净利润4.3亿元,同比增长6.7%。

2.市场成交量明显下降,上市公司市值和筹资额减少。2011年,广东证券公司股票基金交易金额24.3万亿元,同比下降25.2%;期货公司代理交易额43.7万亿元,同比下降13.5%。广东积极推动优质企业改制上市,全年新增A股上市公司45家,年末上市公司数量达到339家(见表3)。但在资本市场低迷情况下,上市公司市值和筹资额明显下降。年末上市公司总市值为23831.0亿元,同比下降26.8%;全年上市公司融资总额为1118.0亿元,同比下降19.5%。

表3 2011年广东省证券业基本情况表表

项　目	数量
总部设在辖内的证券公司数(家)	22
总部设在辖内的基金公司数(家)	20
总部设在辖内的期货公司数(家)	24
年末国内上市公司数(家)	339
当年国内股票(A股)筹资(亿元)	1013
当年发行H股筹资(亿元)	—
当年国内债券筹资(亿元)	1363
其中:短期融资券筹资额(亿元)	501

数据来源:广东证监局、深圳证监局。

(三)保险业稳步发展,服务保障功能继续显现

1.保险机构继续扩大,保险结构不断优化。2011年,总部设在广东的保险公司新增2家,达到16家(见表4);年末保险公司总资产达到4002.3亿元,同比增长25.6%。保险结构不断优化。一是业务结构方面,产险中非车险业务占比同比提高了1.4个百分点;寿险中万能险和投连险业务占比仅为0.8%。二是渠道结构方面,个人代理业务占比同比上升了4.1个百分点;银行邮政业务占比同比下降了5.4个百分点。电话销售、网络销售、相互代理等新型渠道发展较快。

2.经营效益不断向好,服务地方发展成效明显。2011年,广东保险业实现保费收入1578.9亿元,同比增长11.1%;承保利润达33.2亿元。保险保障功能继续强化。全年保险业累计支付各类保险赔款398.7亿元,为全省重点产业、重大项目提供总额9000多亿元的风险保障服务;承担出口风险保障500多亿美元;为农业生产承担风险金额200多亿元,农房保险覆盖面超过90%。

表4 2011年广东省保险业基本情况表

项　目	数量
总部设在辖内的保险公司数(家)	16*
其中:财产险经营主体(家)	9
人身险经营主体(家)	5
保险公司分支机构(家)	82
其中:财产险公司分支机构(家)	40
人身险公司分支机构(家)	42
保费收入(中外资,亿元)	1579
其中:财产险保费收入(中外资,亿元)	508
人身险保费收入(中外资,亿元)	1071
各类赔款给付(中外资,亿元)	399
保险密度(元/人)	1503
保险深度(%)	3

注:*另两家保险公司为集团控股公司。
数据来源:广东保监局、深圳保监局。

(四)金融市场交易活跃,银行间直接融资发展提速

1.银行间市场直接债务融资规模显著扩大。2011年,广东抓住全国债务融资工具市场加快发展的有利时机,以《借助银行间市场助推广东省经济发展合作备忘录》的签

署为契机，强化政策引导和支持，加快在发行总量、产品创新方面的突破。2011年全省非金融企业通过银行间市场累计发行债券1257.5亿元，同比大幅增长61.3%，2011年11月3日，佛山市作为运用“区域集优”债务融资模式的全国首批地区，促成当地7家中小企业在银行间债券市场发行集合票据，共募集资金3.59亿元，提供了很好的示范效应。受资本市场行情低迷影响，广东非金融企业股票融资规模下降（见表5）。

表5　2001—2011年广东省非金融机构部门贷款、债券和股票融资情况表

	融资量（亿元人民币）	比重（%）		
		贷款	债券（含可转债）	股票
2001	1392.9	97.4	0	2.6
2002	2681.1	99.5	0	0.5
2003	3677.9	98.2	0	1.8
2004	2591.1	97.1	0	2.9
2005	2208.5	99.2	0.7	0.1
2006	3484.3	88.2	3.5	8.3
2007	6151.8	76.6	3.7	19.7
2008	4856.7	82.3	8.4	9.3
2009	12069.7	89.1	5.9	5.0
2010	9463.3	77.0	8.6	14.4
2011	9253.9	74.9	14.7	10.4

数据来源：中国人民银行广州分行、广东证监局、深圳证监局。

2. 货币市场交易活跃，利率水平冲高回落。2011年，广东金融机构通过全国银行间市场累计进行信用拆借8.0万亿元，同比增长30.6%，占全国交易总量的12.0%，居全国第三位；累计进行回购交易24.0万亿元，同比增长21.6%，占全国交易总量的12.1%，居全国第二位。从资金流向看，全国性大型商业银行多为净融出，地方性商业银行多为净融入。受国际金融市场大幅波动及宏观调控因素影响，货币市场利率呈现冲高回落走势，且波幅增大。

3. 票据市场融资增加，利率水平明显上升。2011年，广东票据市场发展呈现承兑业务持续增长、贴现业务总量回升的态势。全年金融机构累计签发银行承兑汇票13654.4亿元，同比增长25.8%；银行承兑汇票贴现累计发生额28664.3亿元，同比增长15.5%，商业承兑汇票贴现累计发生额4170.0亿元，同比增长10.2%（见表6）。在市场资金面趋紧情况下，票据融资利率水平明显走高（见表7）。

表6　22011年广东省金融机构票据业务量统计表

单位：亿元

季度	银行承兑汇票承兑		贴现			
			银行承兑汇票		商业承兑汇票	
	余额	累计发生额	余额	累计发生额	余额	累计发生额
1	4854	3021	940.8	6639	114	1040
2	5318	6247	1283	13923	109	2107
3	5254	9913	1467	20772	117	3022
4	5660	13645	1272	28665	86	4170

数据来源：中国人民银行广州分行。

4. 民间借贷量价齐升。在金融机构贷款投放回归常态的情况下，部分市场借款者转向民间融资，民间借贷量价齐升。广东地区民间借贷监测样本显示，户均借贷额从一季度的5.6万元/户上升到12月的9.6万元/户，增长71.0%；企业和工商户样本加权平均年利率从一季度的18.4%上升到12月的24.2%。

表7　2011年广东省金融机构票据贴现、转贴现利率表

单位：%

季度	贴现		转贴现	
	银行承兑汇票	商业承兑汇票	票据买断	票据回购
1	6.8409	7.7006	5.4644	5.5475
2	6.7823	7.4628	5.7350	5.7331
3	9.5822	10.9320	7.4296	6.4093
4	10.1841	11.9513	8.2907	6.7455

数据来源：中国人民银行广州分行。

5. 外汇交易稳步增长，黄金市场交易活跃。2011年，广东省银行间外汇市场交易稳步上升，即期成交量同比增长8.7%。从市场结构看，仍保持高度集中的状态。一是美元交易占主导地位，占市场成交总量98.0%；二是询价交易占主导地位，占市场成交总量99.8%；三是广州、深圳市场占主导地位，分别占市场成交总量的53.7%和45.9%。在国际金价震荡上行背景下，黄金市场交易活跃，成交量大幅攀升。2011年，上海黄金交易所广东会员累计黄金交易量1027.8吨，同比大幅增长58.5%。

（五）金融生态环境建设深入推进

2011年，广东金融业以完善金融基础设施、加快金融服务创新为着力点，不断优化金融运行环境。一是制定了《关于加强广东省金融消费者保护工作的意见》，并在20个县域开展了金融消费者权益保护试点工作。二是扎实推进信用环境建设。出台《关于加强广东金融业信用建设的指导意见》，大力开展以诚信为核心的金融文化建设；加强以中小企业和农户信用信息为基础的征信体系建设，截至2011年末，广东累计建立中小企业和农户信用档案数达31.9万户和153.7万户；首创乡村金融服务站，促进边远农村金融发展。三是不断优化支付环境。推出全国首款大学城金融联名IC卡，制定《广东省推广银行卡助农取款服务工作实施方案》，签署《广深支付清算业务合作备忘录》，不断提高资金清算服务水平。

专栏2：建设乡村金融服务站搭建农金对接新平台

一、乡村金融服务站建设的背景

广东梅州市地处粤东北山区，是农业大市。农业要发展、农民要致富，离不开金融的大力支持。但是当地农村金融服务面临高成本、低收益、分散性、多样性及信息不对称等问题。为破解这些困境，中国人民银行梅州市中心支行提出了创设乡村金融服务站的设想，即以村委会为依托，在每个村建一个金融服务站，赋予其一定的工作职责，把金融服务延伸到农村基层，搭建农村发展和金融服务的对接平台。截至2011年末，梅州市一共挂牌乡村金融服务站148个，切实解决了边远农村金融服务的问题。

二、乡村金融服务站建设的职能定位

一是开展金融政策和知识宣传。广泛宣传国家金融方针政策以及反假货币、国债、理财等与百姓生活息息相关的金融知识，普及预防非法集资、识别金融诈骗等常识，引导农民“识金融、用金融”。二是协助金融机构提供金融服务。协助做好助农取款和金融下乡自助服务选点工作；收集农户贷款需求信息并帮助推荐和申报；协助监督贷款使用、催收到期贷款；收集农户证券、保险等其他金融需求情况，为挂点金融机构提供参考。三是负责采集本村农户的信用信息，建立农户信用档案。四是维护农村地区金融稳定。利用乡村金融服务站的人缘、地缘优势，协调处理金融纠纷，协助开展打击非法

集资、高利贷等违法活动。

三、乡村金融服务站建设取得初步成效

一是架起金融政策知识普及新桥梁。2011 年,梅州市乡村金融服务站一共开展金融知识宣传 160 次,接受金融业务咨询 5000 多人次,发放宣传资料 3 万多份。二是开启了农民金融致富门。截至 2011 年末,梅州市共有 24 家银行、证券、保险业金融机构参与了乡村金融服务站建设,通过金融服务站累计发放贷款 210 户,金额 439 万元,有力助推了农村经济发展。三是打造了农村信用体系建设快车道。截至 2011 年末,乡村金融服务站协助采集农户信用信息 10683 户。通过"信用户"创建活动,促进了农户信用意识提高,改善了农村信用环境。四是构建起惠农便农的新平台。延伸国库服务领域,涉农补贴资金直接到户;建立助农服务取款点等,完善基础金融服务。截至 2011 年末,梅州市乡村金融服务站已设立助农取款服务点 84 个,共办理交易 825 笔,金额 23.4 万元。

二、经济运行情况

2011 年,在外部因素影响和结构调整政策引导下,广东经济增长稳中趋缓。全年实现地区生产总值 52673.6 亿元,同比增长 10.0%(见图 5)。

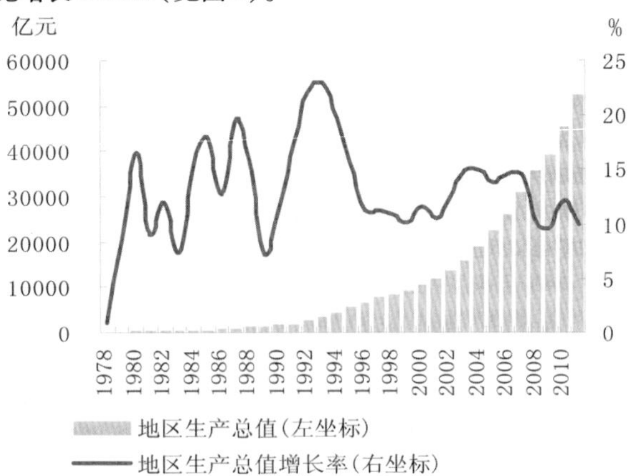

数据来源:广东省统计局。

图 5 1978—2011 年广东省地区生产总值及其增长率

(一)经济增长内生动力增强,外经贸转型升级步伐加快

1. 投资增速同比下降,结构明显优化。2011 年,广东省完成固定资产投资 16933.1 亿元,同比增长 17.6%,增速同比下降 3.1 个百分点(见图 6)。其中,第一产业投资保持了 53.9% 的高速增长,第二、三产业投资同比分别增长 17.8% 和 17.0%,基本保持平稳。投资结构有所优化:一是民间投资成为拉动投资增长的重要力量,全年共完成 10053.3 亿元,同比增长 37.0%,带动整体投资增长 18.8 个百分点;二是制造业投资扭转长期低迷趋势实现快速增长,全年完成 4537.3 亿元,同比增长 34%,增速较上年提高 12.0 个百分点;三是基础设施投资同比下降 11.1%,其中,铁路运输业投资同比下降 27.2%,城市公共交通运输业投资同比下降 36.3%。

2. 城乡收入差距缩小,消费保持较快增长。2011 年,广东省实现社会消费品零售总额 20246.7 亿元,同比增长 16.3%(见图 7)。城乡收入差距显著缩小。全年城镇居民人均可支配收入和农村居民人均纯收入分别达到 26897.5 元和 9372.0 元,同比分别增长 12.6% 和 18.8%,农村居民收入增幅连续两年超过城镇,全年城乡收入比为 2.87:1,八年来首次缩小到 3 倍以内。在收入增长带动下,城乡消费市场协调发展。城镇市场实现零售额 17348.9 亿元,同比增长 16.4%;乡村市场累计实现零售额 2897.8 亿元,同比增长 15.4%,城乡增速剪刀差缩小 0.5 个百分点。

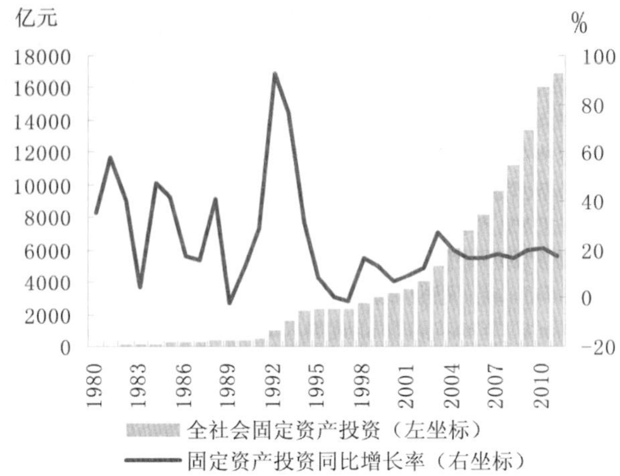

数据来源:广东省统计局。

图 6 1980—2011 年广东省固定资产投资及其增长率

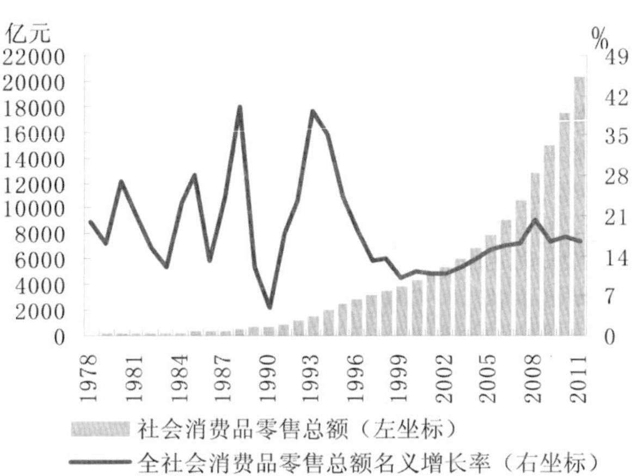

数据来源:广东省统计局。

图 7 1978—2011 年广东省社会消费品零售总额及其增长率

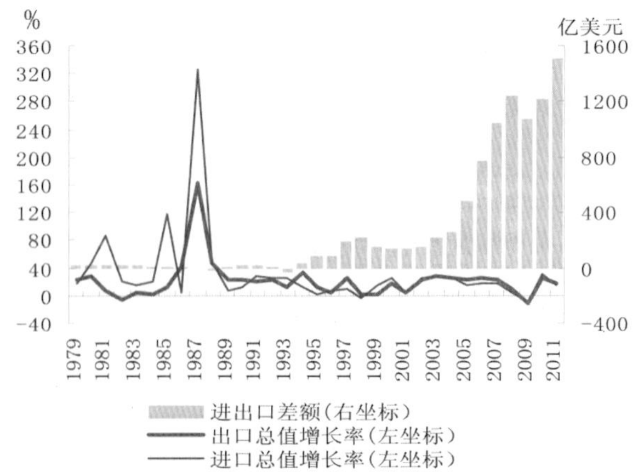

数据来源:广东省统计局。

图 8 1978—2011 年广东省外贸进出口变动情况

3. 进出口增速下降,外经贸转型升级步伐加快。2011 年,在欧债危机等外部不利因素影响下,广东外贸增长明显放缓。全年进出口总额达到 9134.8 亿美元,同比增长 16.4%,增速较

上年下降12.0个百分点；其中出口和进口分别增长17.4%和15.0%，同比分别下降8.9个和16.5个百分点（见图8）。

在政策引导支持和外部压力等作用下，外经贸转型升级步伐加快。一是全年一般贸易出口增速比加工贸易快5.7个百分点，占出口比重自1987年以来首次超过三分之一；二是在欧美出口下降的情况下，对拉美、中东和非洲等新兴市场进出口分别大幅增长23.2%、28.2%和64.9%；三是利用外资稳定增长（见图9），全年合同和实际利用外资分别增长41%和7.6%；四是境外投资合作取得新突破，全年境外投资经核准新增协议额31.5亿美元，对外承包工程新签合同额增长36.2%。

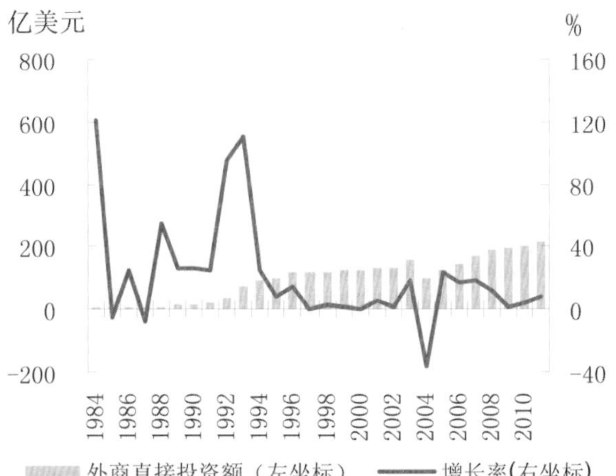

数据来源：广东省统计局。

图9 1984—2011年广东省外商直接投资情况

（二）现代产业体系不断推进，产业结构持续优化调整

1. 农业农村经济保持平稳发展，金融支农力度加大。2011年，广东农业实现增加值2659.8亿元，同比增长4.0%。粮食生产保持稳定。全年广东省粮食总产量1361.0万吨，增长3.4%，自1997年以来首次连续三年实现增产。生猪出栏数同比下降1.8%，肉类总产量下降1.6%。金融对"三农"支持力度加大，2011年末，全省涉农贷款余额同比增长19.7%。云浮"郁南模式"、梅州"乡村金融服务站"、佛山三水"证银保"综合服务农业试点工作成功开展，金融支农逐步落到实处。

2. 工业生产微幅下行，内源动力增强。2011年，广东规模以上工业累计完成增加值24085.1亿元，同比增长12.6%，增速比上年回落4.2个百分点（见图10）。工业运行呈现"内源动力增强、高级化程度提高、外向依存度降低、区域发展协调性增强"的特点。民营工业比重同比提高0.7个百分点；高技术制造业在医药、电子等产业带动下，增速比全省规模以上工业高2.1个百分点；工业企业内销产值增长25.2%，对工业销售增长的贡献率为82.4%；粤东西北地区增速高于珠三角地区增速6.9个百分点。工业自主创新能力不断增强，全年R&D经费占生产总值比例为1.85%，首次超过全国平均水平，发明专利授权量居全国第一。

3. 服务业贡献率提高，现代服务业占比上升。2011年广东第三产业实现增加值24408.1亿元，同比增长9.1%，对经济增长的贡献率同比提高5.1个百分点。其中：批发和零售业增加值增长11.1%，高于第三产业增速2.0个百分点。现代服务业建设顺利推进。2011年现代服务业增加值同比增长8.5%，增幅同比提高0.7个百分点，占GDP的比重为25.4%，比上年提高1.0个百分点。工业设计、软件和信息服务、电子商务等高技术服务业发展迅速，增加值同比增速均超过20%。

数据来源：广东省统计局。

图10 1992—2011年广东省工业增加值增长率

（三）稳定物价措施取得成效，物价涨势由快趋缓

1. 居民消费价格涨幅趋缓。2011年广东省居民消费价格累计上涨5.3%（见图11），低于全国平均水平0.1个百分点。四季度物价涨幅显著下降，全年涨幅比1—3季度回落0.2个百分点。广东大力扶持蔬菜大棚、冷藏设施和平价商店等建设，有效推进食品价格回落。

2. 生产价格先升后降。2011年，广东省工业生产资料价格高位振荡，呈现出前高后低的走势。工业生产者购进价格指数涨幅从1月份的6.6%上升到7月份的8.5%，随后逐步下降至12月的4.1%；工业生产者出厂价格指数涨幅从1月份的3.3%增长至7月份的4.7%，随后降至12月的1.6%（见图11）。全年两者同比分别增长7.3%和3.7%。

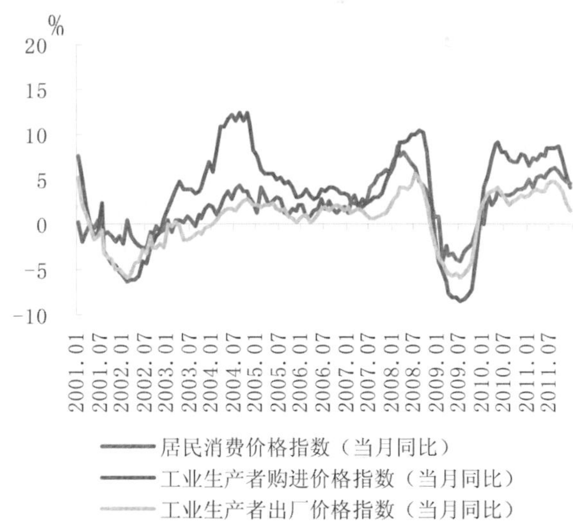

数据来源：广东省统计局。

图11 2001—2011年广东省居民消费价格和生产者价格变动趋势

3. 劳动力成本普遍上涨。2011年，广东大幅提高最低工资标准，全省平均提高18.6%。城镇居民基本医保和新农合政府补助标准提高到每年200元/人以上。在物价上涨、其他省份就业机会增加等因素影响下，劳动力成本普遍上涨，"招工难"现象由季节性短缺向常态化发展。

（四）财政收支增长放缓，民生支出力度加大

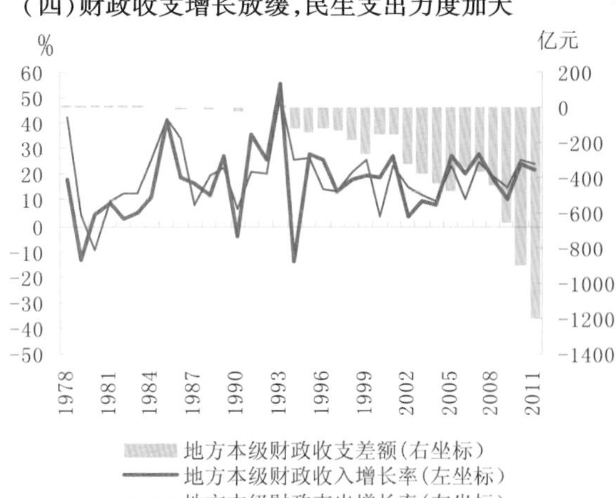

数据来源：广东省统计局。

图 12　1978—2011 年广东省财政收支状况

2011 年，广东省地方本级财政收入同比增长 22.1%，增速较上年下降 1.7 个百分点；地方本级财政支出同比增长 24.0%，增速较上年下降 1.8 个百分点（见图 12）。财政对民生支出力度加大。全年财政用于保障和改善民生的支出占比为 63.0%，医疗卫生、住房保障、城乡社区事务支出增幅分别高于一般预算支出 17.7 个、60.6 个和 6.1 个百分点。

（五）绿色发展战略稳步推进，节能减排工作成效明显

2011 年广东单位 GDP 能耗下降 3.5%，超额完成年度预期目标。工业生产的能耗水平继续降低，单位工业增加值能耗下降 5.1%。六大高耗能行业生产速度放缓，完成增加值占 GDP 的比重较上年下降 0.2 个百分点。环境保护投入力度加大，全年规模以上工业企业环境污染防治专用设备生产 3511 台，同比增长 38.7%。集约用地试点示范省和“三旧”改造建设成效突出。截至 2011 年底，已经标图建库的“三旧”用地总规模达到 373.3 万亩，有 12.8 万亩“三旧”用地已经完成改造，盘活了大量旧城镇、旧厂房、旧村庄用地，也使城市功能和环境得到提升。

专栏 3：推广“三资融合”新模式，打造产业转型升级新引擎

2011 年，在经济增速整体放缓的背景下，广东民营经济和民间投资活力显著增强，成为经济发展的一大亮点，其中，民营科技园的示范引领作用突出。2011 年广东共有 14 个省级民营科技园，入园民营科技企业达到 5628 家，占全省民营科技企业的 74%。其中，广州番禺节能科技园坚持“企业办园、政府支持、市场运作”的原则，实行土地资本、金融资本、产业资本“三资融合”的创新模式，重点发展节能环保、新能源、新一代信息技术等战略性新兴产业，迅速成为带动当地产业转型升级的新引擎。截至 2011 年末，番禺节能科技园共有 688 家入园企业，占全省民营科技企业入园总数的12.2%，年产值 170 亿元，单位产出每亩 5000 多万元，利税每亩 400 多万元，在全国遥遥领先。

一是创新土地开发与使用模式，以产业资本优化来提升土地利用效率。土地指标紧缺是广东产业发展面临的普遍问题。番禺节能科技园改变了传统园区单纯“物业出租或出卖土地”做法，以战略性新兴产业为定位，把设计、创意、研发、营销、结算等产业链“两端”环节引入园内，把生产、制造等产业链“中间”环节放到园外，最大化吸引高新企业入园发展，形成集群效应，以占领产业链高端，提升土地使用效率。2011 年园区土地利用率相当于传统产业土地利用效益的 25 倍以上。

二是创新园区合作和盈利模式，实现土地资本、金融资本和产业资本的有机结合。园区坚持“一体化”的合作理念，实现政府、科研机构、金融机构一体化合作，提高园区企业的谈判能力和合作能力。如对园区内多家企业的融资需求整体打包，统一对多家银行进行招投标，一方面通过政府增信，大大提高了企业在融资过程中的议价能力；另一方面，金融机构也减少了审查成本和违约风险，仅 2011 年，园区为区内企业担保贷款就达 13 亿元，解决了 100 多家中小企业的融资难题。另外，园区还通过直接投资、场地入股等形式直接投资高成长性企业，既能缓解科技型中小企业融资难问题，又能利用信息优势吸引专业风险投资机构、银行、担保等金融资本进入。

三是依托科教资源实现“产学研”的成功结合。园区依托广州大学城的丰富科教资源，先后与中国科学院、清华大学、中山大学、华南理工大学建立了战略性合作关系，设立技术转让中心。通过设立高科技企业孵化基金、贷款贴息、重大科技项目奖励等措施，吸引人才，有效引导产业资本投资方向。截至 2011 年末，园区培育出 3 家科技上市公司，有 12 家企业进入上市辅导期，超过 70% 的人员为本科以上科技人才，超过 90% 的企业属于高新技术或战略性新兴产业。

（六）房地产市场平稳运行，石化产业布局趋向完善

1. 房地产调控初见成效，市场保持平稳运行。

（1）房地产开发投资增长较快，融资渠道逐步拓宽。2011 年，广东省完成房地产开发投资 4899.2 亿元，同比增长 33.9%，增速在 2008 年、2009 年回落之后快速回升，比 2010 年提高 10.3 个百分点。资金来源构成有所改变，国内贷款和利用外资占比分别下降 3.9 和 0.4 个百分点，自筹资金和其他资金分别占 31.4% 和 49.7%，达到 2007 年以来的最高点。

（2）商品房施工面积和销售面积保持增长，保障房供给增加。2011 年，广东省商品房施工面积 36311.9 万平方米，同比增长 24.3%，增速较上年提高 6.1 个百分点；商品房销售面积 7761.3 万平方米，同比增长 6.0%，增速比上年提高 1.9 个百分点。全年新开工保障性安居工程住房 33.08 万套，完成国家下达任务的 106%（见图 13）。

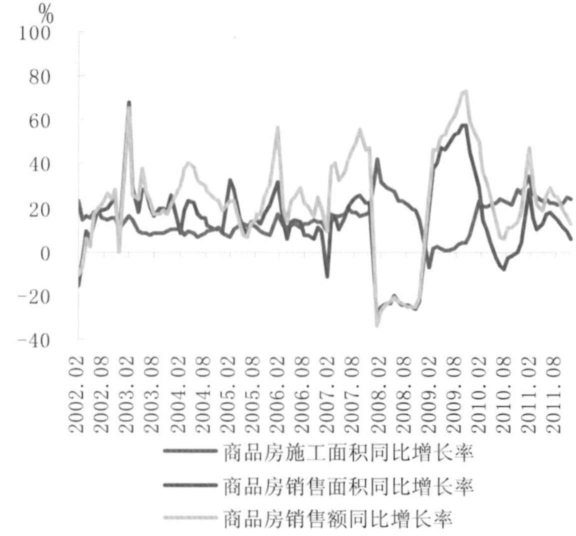

数据来源：广东省统计局。

图 13　2002—2011 年广东省商品房施工和销售变动趋势

(3)商品房平均销售价格同比上升,但增速放缓。2011年,广东省商品房平均销售价格7957元/平方米,同比增长6.4%,增速同比降低8.4个百分点。分地区看,房价较低的三线城市涨幅较大,而广州、深圳等地由于房地产调控政策严格,涨幅较小(见图14)。

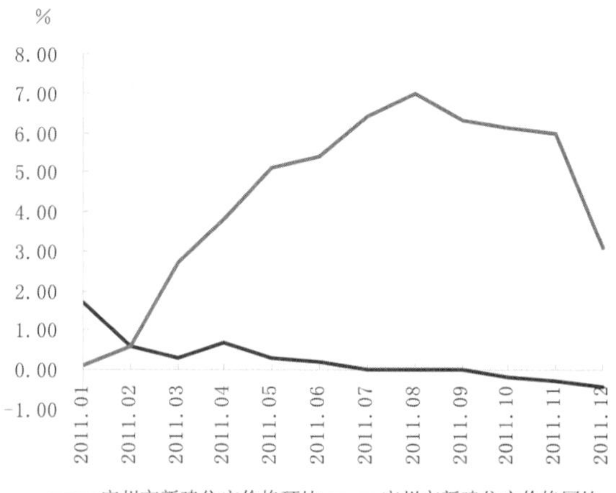

数据来源:广东省统计局。

图14　2011年广州市房屋销售价格指数变动趋势

(4)房地产贷款增速明显回落,金融支持保障房建设力度加大。2011年末,广东省本外币房地产开发贷款余额4402.7亿元,同比增长3.1%,增速同比大幅减少17.1个百分点;个人住房贷款余额11074.9亿元,同比增长10.5%,增速同比降低9.7个百分点。2011年,广东累计发放各类保障性住房开发贷款80.9亿元,涉及项目39个。

2.石油化工产业发展迅猛,产业布局趋向完善。石油化工产业是广东省三大新兴支柱产业之一。2011年,广东石化产业实现增加值2859.6亿元,占广东省规模以上工业增加值的11.9%;炼油能力达到4650万吨,主要石化产品如汽油、柴油、天然气的产量比2005年增长超过70.0%。

广东在打造石化产业的谋划布局中,抓住了三个重点:一是突出区域协调发展,通过产业转移带动粤东和粤西地区共同发展。截至2011年末,广东已基本建成东西走向、连接湛江－茂名－广州－惠州－粤东的沿海石油化工产业带,形成了由上游的原油开采、炼油、乙烯生产到下游的合成材料、精细化工、橡胶加工等比较完整的产业链。二是突出精细化工,引进了一批技术含量高、经济效益显著,对行业整体水平提升具有关键作用的重大项目。2011年,平板玻璃、乙稀、合成橡胶等精细化工产品的产量是2005年的2—4倍。全国最大的石化项目中科合资炼化一体化项目在湛江开工,将进一步利用科威特石油资源生产高附加值的石化产品。三是突出循环经济,重点推动节能项目和再生资源产业基地建设。预计到2015年,广东炼油能力可达1亿吨/年以上,乙烯生产能力达到600万吨/年,约占全国的1/4,将成为亚洲乃至世界级的重要石化基地。

三、预测与展望

2012年,金融危机深层次影响还将继续,全球资本流动更加无序,贸易保护主义依然严重,原材料等大宗商品价格居高不下,国际经济环境短期内难以明显好转。同时,国内经济运行中还存在一些突出的矛盾和问题,广东经济社会发展面临的国内外形势依然十分复杂。但整体来看,广东省仍处于推动科学发展可以大有作为的重要战略机遇期。经过30多年改革开放,广东市场发育较成熟,人们市场意识较强,市场主体转型升级的内在动力正在不断增强。同时,中新广州知识城、广州南沙、深圳前海、珠海横琴等重大发展平台的全面建设,文化强省、海洋经济强省、低碳试点省等加快推进,为加快转型升级注入了新动力。预计2012年广东经济仍将保持平稳较快发展。

从物价走势看,在发达经济体"量化宽松"货币政策继续、国际大宗商品价格居高不下、国内要素价格改革以及气候异常等因素影响下,未来一段时期价格仍有较大上涨压力,但全年价格涨幅将低于上年。

从金融运行看,受外需减弱、政府融资平台清理及房地产调控持续进行等影响,有效贷款需求将有所下降;在稳健货币政策适时适度预调微调等作用下,银行贷款供给将基本稳定,贷款供需将趋向平衡。金融业发展环境将进一步优化,金融市场配置资源的功能将得到增强。社会融资日趋多元化,发行短期融资券、中期票据、企业债和通过资本市场股权融资等直接融资所占的比重将进一步提高。

2012年,中国人民银行广州分行将按照总行的统一部署,认真贯彻落实稳健货币政策,按照总量适度、审慎灵活的要求,努力提高传导和执行稳健货币政策的针对性、灵活性和有效性,落实好差别准备金动态调整措施,在保持合理社会融资规模基础上,引导资金更多投向实体经济特别是中小企业和"三农"等领域,为广东经济发展方式转变和产业转型升级提供有效的金融支持。

附录:

2011年广东省经济金融大事记

1月6日,广东省委第十届八次全会召开,研究提出《中共广东省委关于制定国民经济和社会发展第十二个五年规划的建议》,强调把"加快转型升级、建设'幸福广东'"作为"十二五"时期广东科学发展的行动指南。

1月25日,中国人民银行广州分行组织召开2011年货币政策与广东经济金融发展年度会议。

7月14日,《国务院关于横琴开发有关政策的批复》正式下发,将横琴纳入整个粤港澳合作框架中,作为中国经济引擎之一的珠三角即将迎来广州南沙与深圳前海、珠海横琴三大新区竞争共存的局面。

8月12日至23日,第26届世界夏季大学生运动会在深圳市顺利举行。

10月30日,原汕头市商业银行成功重组为广东华兴银行并正式开业。

10月25日,中国人民银行、商务部联合在广州举办"扩大人民币跨境使用,促进贸易投资便利化论坛"。

11月7日下午,《借助银行间市场助推广东省经济发展合作备忘录》签署仪式在广州举行。

12月1日,"粤澳金融IC卡互通应用启动仪式"在中山、珠海、澳门三地隆重举行,牡丹中山通联名卡、珠海停车咪表和澳门通银联双币闪付电子现金卡三大项目成功上线。

12月31日,广东省金融业诚信建设共同宣言签署仪式在广州举行。

2011年,广东"双转移"取得新突破。5月21日,"深汕特别合作区"在广州举行授牌仪式,12月24日,广东顺德清远(英德)经济合作区授牌暨项目动工签约仪式在清远英德市举行,转出地和转入地创新区域协调发展机制,创造了一种叫做联合开发、利益共享的"飞地经济"新模式。

2011 年深圳市金融运行报告

中国人民银行深圳市中心支行
货币政策分析小组

内容摘要

2011 年，面对美国主权债务评级首次下调、欧债危机蔓延深化和国内通货膨胀压力增大等复杂国内外经济形势，深圳市加快推进发展方式转变和结构调整，以投资和消费拉动经济健康、平稳、快速增长，并成功举办了第二十六届世界大学生运动会，为"十二五"时期建设打下良好开局。

深圳市金融业积极适应货币政策由"适度宽松"向"稳健"的转变，认真落实宏观调控政策要求，不断开拓创新。银行业贷款投放逐步回归常态，信贷结构不断优化，全年盈利大幅增长；证券业受行情影响效益大减，但资本实力进一步增强；保险业不断扩大规模、优化结构，保持了平稳较快发展势头。金融机构不断提升对实体经济的服务能力，为深圳市经济发展创造了良好的金融环境。

2012 年是"十二五"承前启后的重要时期，深圳市金融业将继续执行稳健货币政策，按照"稳中求进"的政策目标，不断提高经营管理水平，加大服务实体经济的力度，为深圳市经济转型、产业升级、民生幸福提供多层次金融支持。

一、金融运行情况

2011 年，面临国际经济持续动荡和国内通胀压力增大等多重因素干扰，深圳市经济运行总体平稳。为适应经济形势转变，支持地方经济转型发展，深圳市金融业认真贯彻稳健货币政策调控要求，为经济发展创造了良好的金融环境。全年金融业发展稳健：银行业资产规模和利润水平稳步上升，信贷增长逐步向常态回归；证券业资本实力增强，利润水平有所下降；保险业效益继续改善，结构不断优化。

（一）银行业健康平稳发展

2011 年，深圳市各类法人银行业金融机构共 21 家，较上年增加 3 家；营业网点 1427 个，较上年增加 58 个；从业人员 56585 人，较上年增加 3838 人（见表 1）。年末，深圳市银行业金融机构总资产为 38535.0 亿元，同比增长 10.6%；税后利润 523.5 亿元，同比增长 25.9%。

表 1　2011 年深圳市银行业金融机构情况

机构类别	营业网点			法人机构（个）
	机构个数（个）	从业人数（人）	资产总额（亿元）	
一、大型商业银行	547	21664	15889	0
二、国家开发银行和政策性银行	3	246	2433	0
三、股份制商业银行	356	18820	11005	2
四、城市商业银行	88	5538	3645	1
五、城市信用社	0	0	0	0
六、农村合作机构	200	2075	1010	1
七、财务公司	5	239	435	5
八、信托公司	2	947	255	2
九、邮政储蓄	134	1400	376	0
十、外资银行	86	5181	2479	4
十一、新型农村金融机构	5	282	87	5
十二、其他	1	193	922	1
合　计	1427	56585	38535	21

注：营业网点不包括国家开发银行和政策性银行、大型商业银行、股份制银行等金融机构总部数据；大型商业银行包括中国工商银行、中国农业银行、中国银行、中国建设银行和交通银行；农村合作机构含农村信用社、农村合作银行及农村商业银行；新型农村金融机构包括村镇银行和农村资金互助社。

数据来源：深圳市银监局。

1. 本币存款增长放缓，外币存款增长明显。2011 年末，深圳市金融机构本外币存款余额 25095.8 亿元，较年初增加 3240.7 亿元，同比增长 14.4%，增速较上年回落 5.1 个百分点（见图 4）。

其中，人民币存款余额 24081.1 亿元，较年初增加 3086.7 亿元，同比增长 14.2%，增速同比下降 6.3 个百分点。分月份看，人民币存款在 3、6、9、12 月增长强劲，而 7、10 月显著负增长，季末翘尾现象明显（见图 1）。分结构看，年内多次加息提升企业储蓄意愿，其中定期存款增加 610.8 亿元，活期存款增加 525.8 亿元。受理财产品大量发行影响，企业通知存款较年初减少 135.6 亿元；居民储蓄存款在季度时点前后波幅较大，全年新增 884.6 亿元，同比少增 131.5 亿元。

外币利率水平持续走高带动外币存款稳步增长，年末外币存款余额 161.0 亿美元，增长 24.6%；全年新增 31.1 亿美元，同比多增 27.5 亿美元。

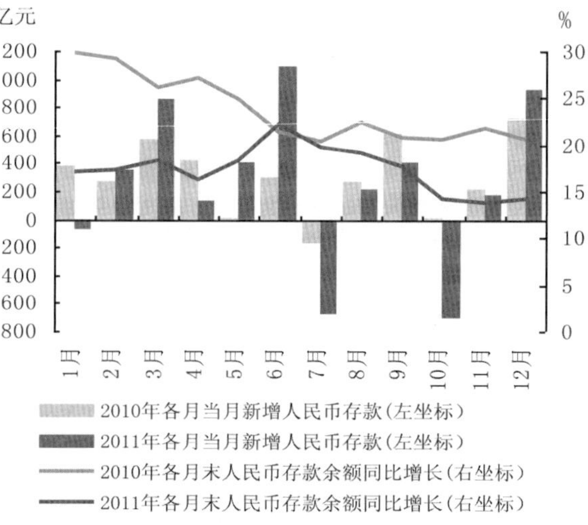

数据来源：中国人民银行深圳市中心支行。

图 1　2011 年深圳市金融机构人民币存款增长变化

2. 贷款增长回归常态，对实体经济支持力度增强。2011 年末，深圳市金融机构本外币贷款余额 19244.7 亿元，较年初增加 2522.6 亿元，同比增长 14.5%，增速同比提高 0.8 个百分点。

其中，人民币贷款余额 16355.7 亿元，较年初增加 2165.5 亿元，同比增长 14.6%（见图 2）。信贷投放节奏方面，金融机构较好落实稳健货币政策，贷款增长逐步回归常态。月度人民币贷款同比增速从 2009 年的最高点 39.1% 跌落到 2010 年的最低点 5.8%，2011 年又平稳维持在 14.0% 左右，接近于金融危机前五年（2004—2008 年）的平均增速 17.1%（见图 3）；贷款期限方面，新增人民币中长期贷款占比 59.3%，同比下降 30.3 个百分点。房地产调控政策下房地产贷款增长放缓是新增贷款中长期化减弱的主要原因；放款主体方面，全国性大型银行仍然是贷款投放增加的主力，但全国性中小型银行市场份额增长明显，新增贷款占比为 38.2%，同比提高 6.8 个百分点。深圳市地方法人金融机构全年新增人民币贷款 499.5 亿元，同比多增 12.9 亿元；贷款投向方面，新增贷款主要集中在制造业、租赁业、商务服务业、交通运输、仓储和邮政业等六大行业，占所有行业新增贷款的九成以上。此外，银行业对深圳市战略新兴产业，尤其是文化创意产业的创新服务日臻完善（专栏1）。小型企业贷款余额同比增长22.3%，分别高于同期大型和中型企业2.7个和12.0个百分点。票据融资稳步回升，年末余额为519.7亿元，较年初增长125.2亿元。

受境外投资项目融资需求旺盛的带动，外币贷款保持较快增长，年末余额458.5亿美元，同比增长19.9%；全年新增76.2亿美元，其中新增境外贷款占68.9%。

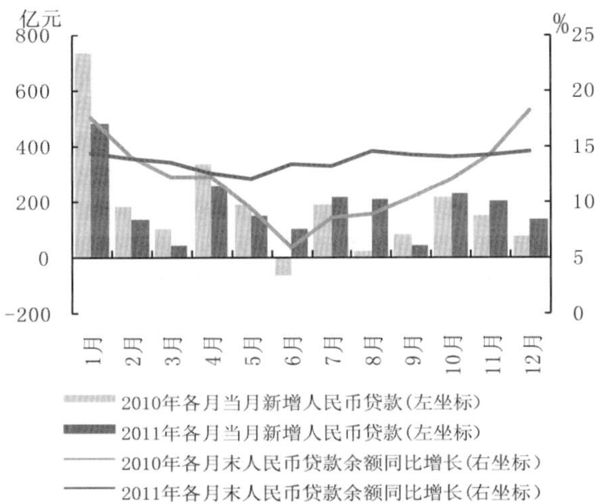

数据来源：中国人民银行深圳市中心支行。

图2　2011年深圳市金融机构人民币贷款增长变化化

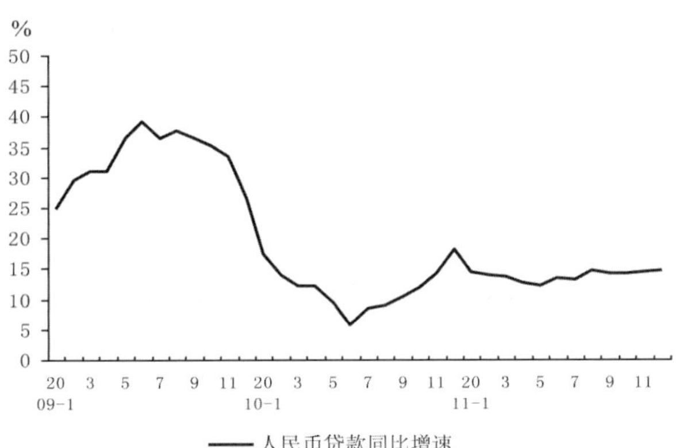

数据来源：中国人民银行深圳市中心支行。

图3　2009—2011年深圳市人民币贷款增速变化

3. 利率水平呈上升态势，市场化程度增强。随着市场资金面逐渐趋紧，贷款利率水平呈逐季上升态势。金融机构利率定价能力提升，新发放人民币贷款中，执行上浮利率的贷款占比62.3%，同比提高40.1个百分点（见表2）。个人住房贷款利率受调控政策影响，年末执行上浮占比75.5%，比年初增加59.1个百分点。外币利率方面，受国际金融市场利率和境内资金供求关系变动的影响，美元存款利率振荡上升（见图5）。第四季度美元贷款加权平均利率3.81%，较上年上升1.1个百分点。

利率定价能力方面，实力雄厚的大型中资法人银行拥有较为完善的利率制度和管理系统，利率定价能力较强。外资及小型银行由于业务规模相对较小，往往按照市场行情灵活定价，利率自主定价尚处起步阶段。

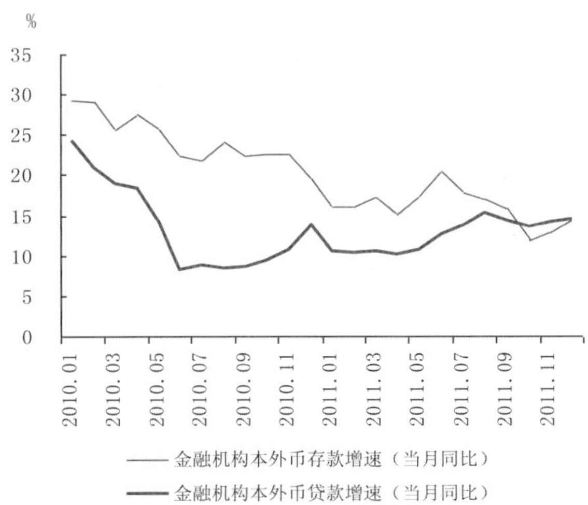

数据来源：中国人民银行深圳市中心支行。

图4　2010—2011年深圳市金融机构本外币存、贷款增速变化

表2　2011年深圳市人民币贷款各利率区间占比表

单位：%

月份		1月	2月	3月	4月	5月	6月
合计		100	100	100	100	100	100
[0.9-1.0)		28.4	36.1	12.7	12.4	17.6	13.5
1.0		37.6	27.5	33.8	30.9	19.6	19.2
上浮水平	小计	34.0	36.4	53.5	56.7	62.9	67.3
	(1.0-1.1]	22.4	22.6	30.6	31.8	31.6	36.8
	(1.1-1.3]	9.4	11.3	18.2	21.8	27.3	26.0
	(1.3-1.5]	0.9	0.8	2.6	1.7	1.8	2.5
	(1.5-2.0]	0.8	1.5	1.4	0.9	1.2	1.1
	2.0以上	0.5	0.3	0.6	0.6	0.9	0.8
月份		7月	8月	9月	10月	11月	12月
合计		100	100	100	100	100	100
[0.9-1.0)		15.6	7.3	9.7	6.7	6.9	13.2
1.0		26.4	14.7	16.3	10.4	15.6	13.5
上浮水平	小计	58.0	78.0	74.1	82.9	77.5	73.3
	(1.0-1.1]	26.5	39.8	32.2	37.7	35.8	30.5
	(1.1-1.3]	27.3	32.5	37.1	40.8	35.1	37.6
	(1.3-1.5]	2.9	4.1	3.5	3.3	5.4	4.2
	(1.5-2.0]	0.8	1.0	0.9	0.8	0.9	0.6
	2.0以上	0.4	0.5	0.4	0.3	0.4	0.4

数据来源：中国人民银行深圳市中心支行。

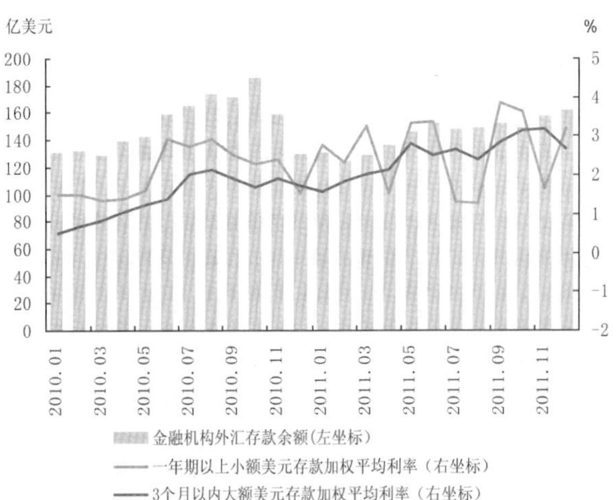

数据来源：中国人民银行深圳市中心支行。

图5　中国人民银行深圳市中心支行。

4. 银行类金融机构改革稳步推进。2011 年，深圳市银行业又添新成员：2 家村镇银行、1 家财务公司、2 家股份制银行分行和 2 家外资银行分行。深圳市银行业逐步形成层次多样、竞争充分、百家争鸣的局面，服务实体经济的能力进一步提高。深圳发展银行吸收、合并平安银行的主体工作基本完成。该合并是中国银行业资源优化重组的有益探索，将进一步提升深圳市银行业竞争力。辖内商业银行抓住"大运"契机改善服务质量，主营业务效益显著提升，并充分重视完善内部治理和业务流程，努力充实资本提升抵御风险能力。

5. 跨境人民币业务快速发展。截至 2011 年末，与深圳市发生跨境人民币实际收付业务往来的境外国家和地区已达 63 个，以结算为主的各类跨境人民币业务呈现稳健快速的发展态势。全年共有 47 家银行累计办理跨境人民币业务 20384 笔，金额合计 3288.9 亿元，同比增长 1.8 倍。其中，跨境贸易人民币结算业务 19976 笔，金额 3013.5 亿元；资本项目跨境人民币业务 408 笔，金额 275.4亿元，涉及直接投资、证券投资、跨境融资等多个业务种类。截止年末，已有累计 49 家境外参与银行开立了 93 个人民币同业往来账户，账户余额合计 521.6 亿元；已有累计 680 家境外机构开立了 765 个人民币银行结算账户，账户余额合计 123.8 亿元。

专栏 1：创新金融服务模式促进文化产业新业态发展

2011 年，深圳市金融机构不断加强产品和服务创新，加大对文化企业的支持力度，推动动漫游戏、互联网信息服务、数字内容等文化产业新业态健康快速发展。截至年底，深圳市共有 646 家动漫游戏、互联网信息服务、数字内容等文化产业新业态企业，贷款余额合计 128.6 亿元，增长 39.8%。深圳市金融机构根据文化产业新业态企业自身特点，量身定制服务模式，满足企业合理融资需求：

一是"著作权或股权质押 + 专业评估"贷款模式助推动漫企业发展。针对动漫企业普遍存在抵押品少的问题，深圳市金融机构借助内外部专业评估对项目进行考察，以企业自主著作权作为担保，面向中小文化创意企业发放贷款，用于满足企业融资项目的前期创作、后期制作、生产销售、衍生品开发、商业推广等经营过程中的正常资金需要。

二是"内保外贷 + 上市融资"模式支持互联网文化企业做大做强。通过与境外银行建立合作关系，深圳市金融机构以内保外贷的形式给予境内互联网文化企业在境外的子公司授信额度，为境内文化企业开拓海外市场提供了有力支持。此外，深圳市金融机构还先后推动 16 家互联网文化企业上市融资。其中，境内上市 10 家，境外上市 6 家，累计筹资额 78.9 亿元人民币。

三是"应收账款质押 + 保险"贷款模式优化数字内容类文化企业资源配置。为解决数字电视运营及服务公司融资难问题，深圳市金融机构以企业应收账款权益为融资基础，在企业投保信用保险并将赔款权益转让给融资银行的前提下，针对企业的真实销售行为和应收账款金额提供信用贷款。

四是"收费权质押 + 保证或抵押"贷款模式支持第四代文化主题公园建设。针对文化主题公园、电影拍摄基地、文化衍生品基地等项目建设周期长、投资金额大的特点，深圳市金融机构以门票收费为质押，以企业间连带责任保证为担保，以项目建成后的固定资产及土地使用权为抵押，向文化企业发放项目贷款。

（二）证券业行情遇冷，业绩有所下滑

2011 年，沪深股指震荡下跌，深圳市证券业金融机构资产规模、营业收入、利润水平等指标明显下降。在经营业绩受到较大冲击的不利条件下，深圳市证券机构通过提高资本实力、规范经营运作、改善内控管理等手段，进一步提升风险承受能力。

1. 深圳市证券业整体经营效益明显下滑。2011 年末，深圳市法人证券公司总资产合计 3740.5 亿元，同比下降 19.0%；全年营业收入 393.4 亿元，同比下降 23.5%；净利润 180.6 亿元，同比下降 38.6%。法人基金公司管理基金 8265.7亿份，同比增长 3.0%；基金资产净值6772.3亿元，同比下降 17.0%。期货公司代理交易额 20.5 万亿元，同比下降 12.8%；净利润 2.1 亿元，同比增长 11.8%。

2. 上市公司平稳增加，融资规模大幅下降。2011 年末，深圳市本地上市公司共计 172 家，包括中小板 65 家，创业板 33 家（见表 3）。上市公司总数较上年增加 23 家。全年各上市公司利用资本市场融资 555.9 亿元，同比下降 14.9%，其中 IPO 融资 159.6 亿元，同比下降 56.4%。

3. 证券业机构资本实力增长，经营规范性提高。2011 年末，深圳市法人证券公司净资本合计 1112.1 亿元，同比增长 9.3%；一至四季度净资本与净资产比率分别为 70%、67%、63% 和 68%，均显著高于 40% 的监管标准。期货公司净资本 30.9 亿元，同比增长 27%。深圳市证券公司治理和内控水平进一步提升，在行业分类评价中 A 类 AA 级公司数量居全国第一。

表 3　2011 年深圳市证券业基本情况

项　　目	数量
总部设在辖内的证券公司数（家）	17
总部设在辖内的基金公司数（家）	17
总部设在辖内的期货公司数（家）	13
年末国内上市公司数（家）	172
当年国内股票（A股）筹资（亿元）	555.9
当年发行H股筹资（亿元）	-
当年国内债券筹资（亿元）	45.0
其中：短期融资券筹资额（亿元）	-

数据来源：深圳市证监局。

（三）保险业务快速发展

2011 年，深圳市保险业克服诸多不利因素影响，继续保持平稳快速的发展势头。

1. 保险业规模稳步扩大。2011 年末，深圳市有法人保险机构 15 家，各类经营主体 61 家，专业中介法人机构 131 家。全年共有 3 家新法人保险公司成立，年度增加数为历年之最（见表 4）。全市法人保险机构总资产 1.2 万亿元，居全国第二。全市共有保险从业人员 5.3 万人，其中营销员 3.9 万人，同比增长 6.0%。

2. 保费收入增速领先全国，经营效益不断改善。2011 年，深圳市保险业实现保费收入 359.9 亿元，同比增长 21.0%，增速比全国水平高 10.6 个百分点。其中，财产险险实现保费收入 144.0 亿元，同比增长 16.1%；寿险实现保费收入 215.9 亿元，增长 24.5%。深圳市纳入监测的 12 家法人保险机构有 10 家实现盈利，净利润共计 392.4 亿元，同比增长 127.7%。其中，财产险市场承保利润 7.5 亿元，同比增长 16.2%，寿险盈利公司数量及险种也大幅增加。

3. 业务结构持续优化，保险功能进一步发挥。2011 年，深圳市保险市场结构不断优化。产险方面，非车险保费收入占比高于全国8个百分点。其中特殊风险、家财险等险种较上年增长163.4%、87.7%。寿险市场方面，10年及以上期限的新单期缴占比达47.4%。保险公司全年累计提供各类风险保障14万亿元，支付赔款和给付86亿元，同比增长19%。

表4　2011年深圳市保险业基本情况

项　目	数量
总部设在辖内的保险公司数(家)	15
其中：财产险经营主体(家)	7
人身险经营主体(家)	5
保险公司分支机构(家)	61
其中：财产险公司分支机构(家)	32
人身险公司分支机构(家)	29
保费收入(中外资，亿元)	359.9
其中：财产险保费收入(中外资，亿元)	139.8
人身险保费收入(中外资，亿元)	220.1
各类赔款给付(中外资，亿元)	85.8
保险密度(元/人)	3474.0
保险深度(%)	3.1

数据来源：深圳市保监局。

（四）金融市场总体运行平稳

1.融资结构显著优化。2011年，深圳市非金融机构融资总量为3550.9亿元，同比增长36.1%。其中，银行贷款新增2522.6亿元，在融资总量中占比71%，同比下降6.6个百分点；各类债券（含短期融资券、中期票据、公司债、企业债、可转债等）融资新增472.3亿元，在融资总量中占比13.3%，同比提高9.4个百分点；股票市场融资新增556.0亿元，在融资总量中占比15.7%，同比下降2.8个百分点。总体上看，直接融资比重同比提高6.6个百分点（见表5）。

表5　2008－2011年深圳市非金融机构贷款、债券和股票融资情况表

	融资合计(亿元人民币)	比重（%）		
		贷款	债券(含可转债)	股票
2008	1548.2	76.3	10.2	13.5
2009	4224.9	85.1	6.4	8.5
2010	2609.9	77.6	3.9	18.5
2011	3550.9	71.0	13.3	15.7

数据来源：中国人民银行深圳市中心支行、深圳市发改委、深圳市证监局、深圳证券交易所。

2.银行间货币市场交投活跃，利率水平维持高位。2011年，深圳市银行间货币市场成交18万亿元，同比增长20.9%。其中，信用拆借5.1万亿元，同比增长30.8%；质押回购12.4万亿元，同比增长24.4%；买断式回购0.4万亿元，同比下降56.5%。深圳市银行间债券市场现券买卖交易总量7.9万亿元，同比下降57.4%。货币市场利率大多数时段在高位运行，截至12月31日，隔夜拆借利率收于5.0165%，比年初大幅上升216.9个基点；7天质押回购利率收于6.3298%，比年初大幅上升213.6个基点。

3.票据贴现量大幅下降，贴现利率创历史新高。2011年末，深圳市银行承兑汇票承兑余额1561.0亿元，同比增长14.0%（见表6）。银行承兑汇票累计贴现额6411.7亿元，同比下降43.1%。2011年票据贴现利率大幅攀升，四季度银行承兑汇票加权平均贴现利率达11.96%，同比增长143.6%。

表6　2011年深圳市金融机构票据业务量统计表

单位：亿元

季度	银行承兑汇票承兑		贴　现			
			银行承兑汇票		商业承兑汇票	
	余额	累计发生额	余额	累计发生额	余额	累计发生额
1	1461.4	909.8	272.3	1410.4	49.5	245.3
2	1193.0	1495.9	259.2	4217.8	58.5	440.4
3	1417.1	2744.7	348.8	4678.2	63.3	568.9
4	1561.0	3604.5	479.7	6411.7	40.0	921.3

数据来源：中国人民银行深圳市中心支行。

表7　2011年深圳市金融机构票据贴现、转贴现利率表

单位：%

季度	贴　现		转贴现	
	银行承兑汇票	商业承兑汇票	票据买断	票据回购
1	6.78	7.41	5.30	5.32
2	6.54	6.87	5.69	5.78
3	9.37	9.38	7.08	6.19
4	11.96	12.43	8.06	6.60

数据来源：中国人民银行深圳市中心支行。

4.股票交易大幅下跌，交易所债券交易快速增长。2011年深证成指大幅下挫3540点，深圳市证券市场股票、基金累积成交额分别为18.4万亿元、3464.4亿元，较上年分别下跌23.7%、18.0%。深市股票总市值下降23.2%，平均市盈率下降近一半。其中，中小板成交额69026.5亿元，下跌19.6%；创业板成交额18879.1亿元，增长20.1%。受股市交易冷清影响，交易所债券交易大幅增长，全年累计成交额5634.7亿元，同比大增336.3%。

5.跨境收支顺收和结售汇顺差均创历史新高，外汇市场交易迅速增长。2011年，深圳市跨境收支总额4233.1亿美元，同比增长28.9%。其中，收入2457.1亿美元，同比增长26.0%；支出1776.0亿美元，同比增长33.2%。跨境收支顺收681.0亿美元，同比增长10.3%。全年深圳市结售汇总额1904.3亿美元，同比增长26.2%。其中，结汇1260.2亿美元，同比增长19.1%；售汇644.1亿美元，同比增长42.7%；结售汇顺差616.1亿美元，同比增长1.6%。

2011年，深圳市银行间外汇市场人民币外汇即期交易和外币对外币交易量下降，汇率衍生品交易量大幅增长，市场合计成交4858.0亿美元，同比增长34.9%。其中，人民币外汇即期市场交易量下降11.4%，外币对外币交易量下降33.6%，人民币外汇远期交易量增长5.4倍，人民币外汇掉期交易量增长3.8倍。

6.黄金市场交易迅猛增长。受全球黄金价格上涨的影响，2011年深圳市黄金市场交易十分活跃，交易量大幅增长。全年上海黄金交易所深圳会员累计交易量49570吨，同比增长328%，占上海黄金交易所交易量的19.5%，同比提高5.0个百分点；黄金夜市累计成交140011吨，同比增长254%，占上海黄金交易所交易量的55%，同比提高5.4个百分点。

（五）金融生态环境建设多方位推进

2011年深圳市抓住大运会契机，加大金融软、硬件建设，金融生态环境不断优化（专栏2）。中国人民银行深圳市中心

支行与中国银行间市场交易商协会、深圳市政府共同签署《借助银行间市场助推深圳市经济发展合作备忘录》,为企业利用银行间市场进行债务融资打下基础。逐步完善金融债权联席会议机制,加大对恶意逃债企业的曝光力度。开通同城外币票据电子交换业务,上线人民币银联借记卡及人民币账户深港跨境扣账系统,推动“刷卡无障碍”街区建设与大运商户入网。金融IC卡应用在多行业取得突破,各类银行卡受理环境得到明显改善。成功开发“跨境通”人民币跨境投融资管理系统。启动深莞惠中小企业融资一体化平台。率先将住房公积金缴存信息纳入人民银行征信系统,将黄金租赁业务信息纳入深圳市借款企业风险预警系统。进一步扩建深圳市金融城域网并覆盖银行、证券、保险机构,金融机构信息互通水平大幅提升。

专栏2:借大运会契机提升金融服务水平

2011年,深圳成功举办第二十六届世界大学生运动会。深圳市金融机构也获得了一次难得的“大练兵”机会,纷纷推出针对大运会的金融产品和贴心服务,不但为大运会顺利举行提供良好的金融服务保障,而且借此契机完善了金融基础设施建设、锻炼了从业人员队伍、推动金融综合服务水平大幅提高。

一是金融IC卡环境建设取得长足进步,银行卡交易质量大幅提高。深圳市全面完成接触式金融IC卡终端改造。大运会期间,全网发卡方交易承兑率为93.4%,受理方交易成功率为99.98%,达到历史最高水平。

二是银行卡受理环境得到改善。大运场馆及周边地区银行卡特约商户覆盖率分别达95%和90%以上。宾馆酒店、旅游景区人民币及外币卡受理覆盖率达95%和90%以上。此外,多家银行在全市范围合理增设及布放ATM机具。

三是银行营业网点数量增加。为迎接大运会,深圳市多家银行纷纷在大运场馆附近和人流量大的场所增设营业网点,在为运动员和游客提供便利的同时,也使市民可以在“后大运”时期继续享受便捷的金融服务。

四是涉外金融服务水平明显提升。大运场所周边银行外币兑换业务覆盖率达到100%。外币兑换公司、银行自助式机具进入酒店提供外币兑换服务。银行从业人员加强专业英语学习,一些银行还增设了24小时外语客服专线。

五是建立机制确保金融信息系统正常平稳运行。中国人民银行深圳市中心支行借大运会契机,建立深圳市金融业重要信息系统应急协调机制,并将此项工作长期化,为辖内金融信息系统运行的长治久安建立保障机制。

二、经济运行情况

2011年,面对错综复杂的国内外经济形势,深圳市以加快转变经济发展方式为主线,努力促转型、稳增长、提质量,完成了全年经济发展主要目标,实现了“十二五”良好开局。初步核算,全年实现地区生产总值11502.1亿元,同比增长10.0%(见图6)。其中,第一产业增加值5.7亿元,下降0.1%;第二产业增加值5343.3亿元,下降0.7%;第三产业增加值6153.0亿元,增长0.8%。三次产业比重为0:46.5:53.5。

(一)投资、消费拉动经济增长,外贸需求逐步走低

2011年,面对持续动荡的世界经济局势,深圳市加大了对投资和消费的引导力度,推动经济增长由“外需拉动”向“内需主导”转变。

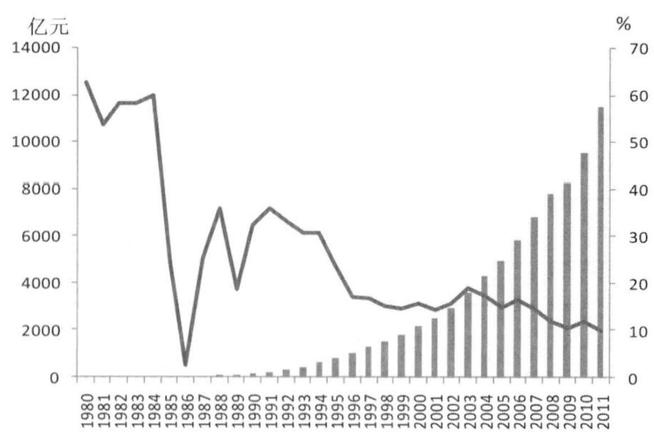

数据来源:深圳市统计局。

图6 1980—2011年深圳市地区生产总值及其增长率

1. 投资需求增长平稳。全年社会固定资产投资2136.4亿元,同比增长10.1%(见图7)。其中,房地产开发项目投资590.2亿元,同比增长28.7%;非房地产开发项目投资1546.2亿元,同比增长4.3%;改建和更新改造投资286.4亿元,同比增长10.4%。

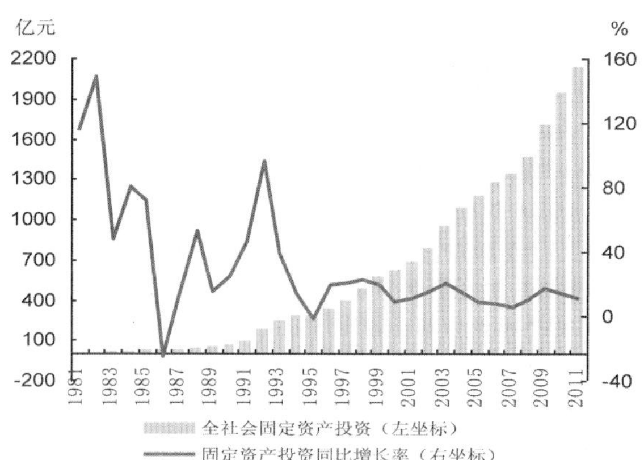

数据来源:深圳市统计局。

图7 1981—2011年深圳市固定资产投资及其增长率

2. 消费对经济增长贡献不断提高。2011年社会消费品零售总额3520.9亿元,居内地大中城市第四位,同比增长17.8%,增速较上年提高0.6个百分点(见图8)。居民人均可支配收入36505.0元,同比增长12.7%,较上年提高2.0个百分点。从商品销售种类看,金银珠宝类销售增长52.1%,食品饮料烟酒类增长21.5%,服装鞋帽针织类增长18.2%,日用品增长20.3%,文化办公用品类、通讯器材类分别增长45.9%和28.4%,家用电器和音响器材类增长7.2%,汽车类销售与上年持平。

3. 进出口走势前高后低,外商投资小幅增长。2011年,受欧洲债务危机影响,深圳市外贸进出口虽保持增长,但增速前高后低。全年进出口总额4141.0亿美元,同比增长19.4%,增速较上年下降9个百分点(见图9)。其中,出口额2455.3亿美元,增长20.2%;进口额1685.7亿美元,增长18.2%。在外部需求低迷的不利条件下,深圳市出口总额仍居全国内地大中城市第一位,保持出口十九连冠。在外贸结构方面,2011年深圳市一般贸易出口额在全部贸易出口额中占比31.8%,较上年提高0.6个百分点;服务贸易进出口继续保持快速发展态势(专栏3)。

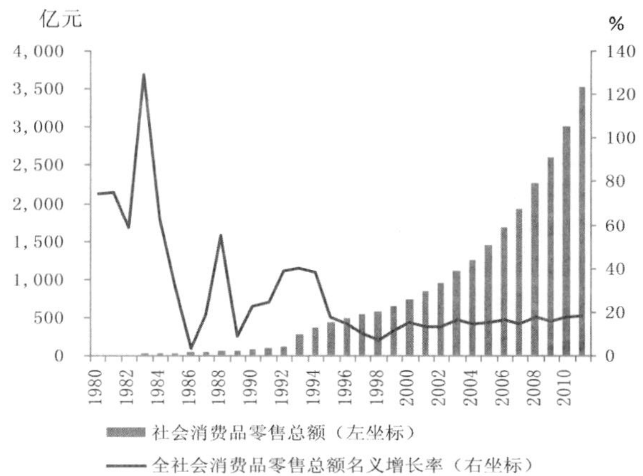

数据来源：深圳市统计局。

图 8　深圳市社会消费品零售总额及其增长率

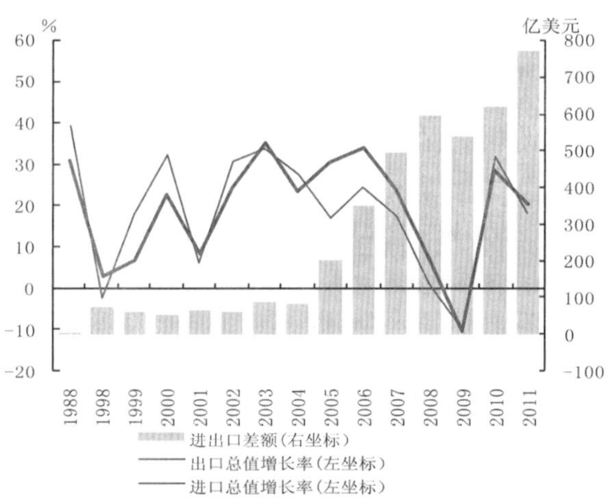

数据来源：深圳市统计局。

图 9　1988—2011 年深圳市外贸进出口变动情况

2011 年全市实际利用外资累计 46.0 亿美元，同比增长 7.0%（见图 10）。四大投资来源地中，香港仍然是最大的外商投资来源地，投资额增长 4.5%，占全部外商投资的 70.4%；日本外商投资大涨 287.3%；台湾外商投资增长 6.6%；美国外商投资下降 8.6%。

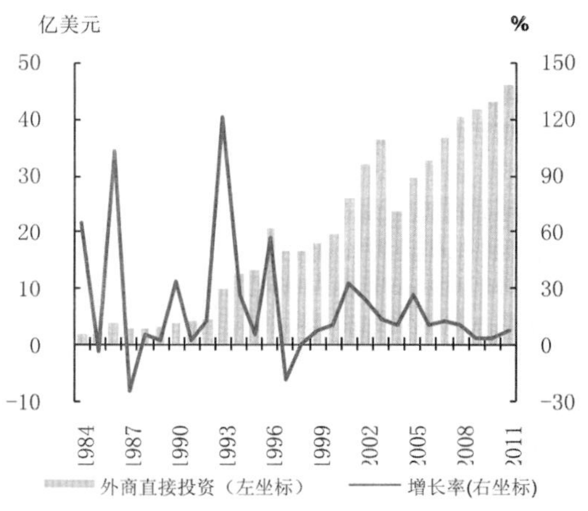

数据来源：深圳市统计局。

图 10　1984—2011 年深圳市外商直接投资情况

专栏 3：深圳市服务贸易进出口快速发展

2011 年，深圳市服务贸易进出口总额 526.3 亿美元，增长 43.6%。其中，出口额 258.4 亿美元，增长 37.4%；进口额 267.9 亿美元，增长 50.1%。近年来，深圳市服务贸易进出口呈现逐年增长态势（见下图）。

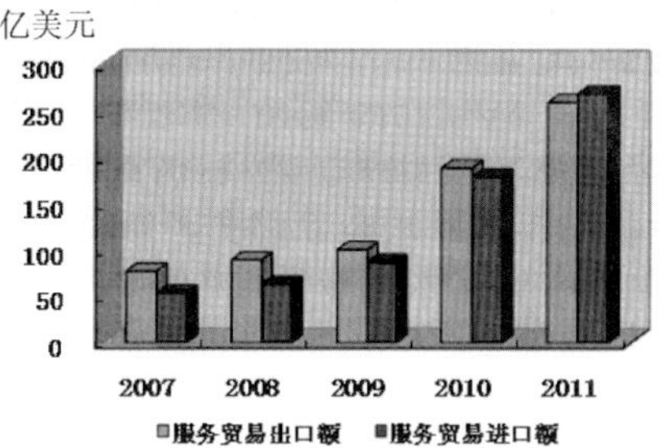

深圳市服务贸易进出口情况

一、传统服务贸易进出口增势不减

2011 年，深圳市其他商业服务、运输、旅游项目进出口总额合计 488.5 亿美元，占服务贸易进出口总额的 92.8%。其中，主要出口项目是其他商业服务、运输、计算机和信息服务，出口额合计 245.0 亿美元，占服务贸易出口额的 94.8%；主要进口项目是其他商业服务、运输及旅游，进口额合计 250.3 亿美元，占服务贸易进口额的 93.4%。计算机和信息服务全年顺差 7.4 亿美元，是服务贸易顺差的主要项目；旅游全年逆差 14.5 亿美元，是服务贸易逆差的主因。

二、新兴服务贸易进出口蓬勃发展

2011 年，深圳市新兴服务贸易进出口增长迅速，呈现全面开花态势。其中，通信、保险、计算机和信息服务贸易进出口额分别比上年同期增长 118%、73.2%、71.5%，增速创下历史新高。

三、转口贸易对服务贸易进出口增长贡献最大

2011 年，深圳市转口贸易进出口总额 336.4 亿美元，增长 64.5%。其中，出口额 161.0 亿美元，增长 55.9%；进口额 175.4 亿美元，增长 73.3%。转口贸易进出口总额在其他商业服务进出口总额中占比 83.3%，比上年提高 4.1 个百分点。

四、香港、新加坡、美国是深圳服务贸易的主要伙伴

深圳服务贸易进出口高度集中。2011 年，香港、新加坡、美国分别占深圳服务贸易进出口总额的 42.9%、24.9%、12.9%。其中，深圳服务贸易出口额占比最大的是香港（38.3%）、新加坡（25.7%）和美国（20.2%）；深圳服务贸易进口额占比最大是香港（47.3%）和新加坡（24.1%）。

（二）工业生产增长平稳，经济效益出现下滑

1. 工业增长前高后稳，产品内销份额扩大。2011 年，全市规模以上工业企业实现增加值 5228.8 亿元，同比增长 12.6%，增速较上年降低 1.2 个百分点（见图 11）。其中，受外部需求影响，外商及港澳台投资企业增速下半年持续回落，全年实现增加值 2781.2 亿元，同比增长3.3%；股份制企业实现增加值 2125.1 亿元，同比增长27.7%。全年工业产品销售产值 20062.6 亿元，其中内销产品产值占比 46.6%，较上年提高3.5 个百分点。

2. 工业企业经济效益有所回落。2011 年，全市工业经济效益综合指数为 191.7%。其中，总资产贡献率下降 2.2 个

百分点;产品销售率下降 0.7 个百分点;资产负债率增加 0.4 个百分点;主营业务收入增长10.2%,实现利税减少 3.5%,利润减少 13.3%。

3. 企业景气指数和企业家信心指数年末回落。由于欧洲债务危机形势恶化,世界经济发展不确定性增强,2011 年,深圳市企业景气指数由二季度的 149.0 下降至四季度的 144.4,企业家信心指数由二季度的 137.4 下降至四季度的 122.2。

4. 服务行业整体平稳增长。2011 年,深圳市服务行业整体平稳增长。其中,交通运输、仓储和邮政业增长较为迅速。其中,货运量增长 10.4%,货物周转量增长 18.2%。客运量增长 7.9%,旅客周转量增长 14.0%。机场货邮吞吐量增长 2.4%;机场旅客吞吐量增长 5.7%。港口货物吞吐量增长 1.0%,其中集装箱吞吐量增长 0.3%。

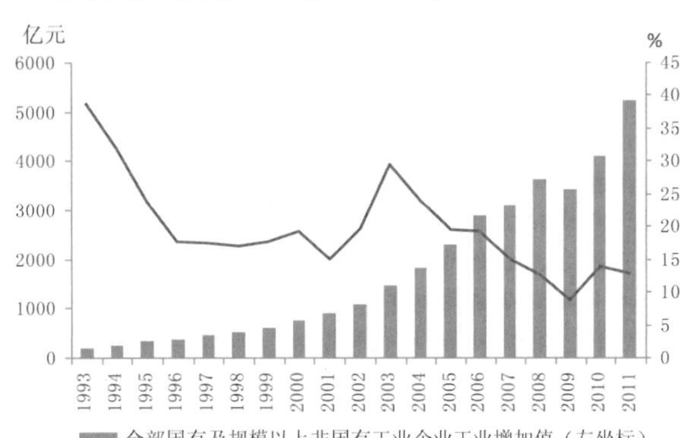

数据来源:深圳市统计局。

图 11　深圳市工业增加值及其增长率

(三)物价涨幅年末下行,工业价格指数高位回落

2011 年,深圳市居民消费价格水平前三季度明显升高,第四季度有所回落,全年累计上涨 5.4%(见图 12)。涨幅最大的前五类是:食品类上涨 11.9%、医疗保健及个人用品类上涨 5.0%、烟酒及用品类上涨 4.6%、居住类上涨 4.0%、衣着类价格上涨 2.1%。工业生产者购进价格指数涨幅 5 月达到7.4%,12 月回落至 3.1%,全年累计上涨 5.9%。工业生产者出厂价格指数涨幅 8 月达到 2.6%,11 月回落至 1.0%,全年累计上涨 1.8%。

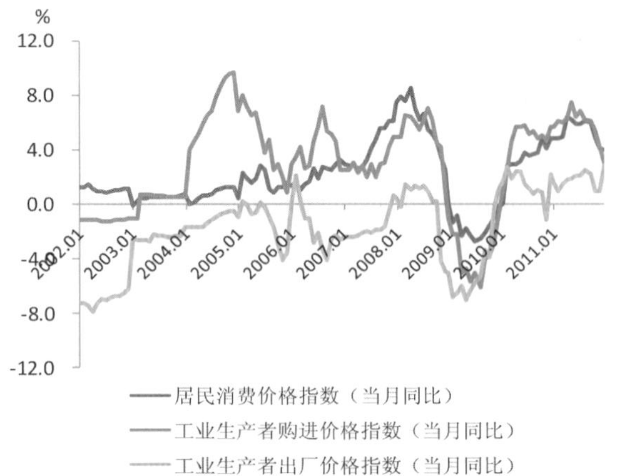

数据来源:深圳市统计局。

图 12　2003—2011 年深圳市居民消费价格和生产者价格变动趋势

(四)财政收入稳步增长,职工报酬有所提高

2011 年,深圳市地方财政一般预算收入累计 1339.6 亿元,增长 21.0%(见图 13);地方财政一般预算支出 1590.6 亿元,增长 25.6%。截至三季度末,深圳市在岗职工人数 254.7 万人,增长 13.4%;在岗职工工资总额 968.3 亿元,增长 21.2%,平均月工资 4261.0 元,增长 6.7%;城镇登记失业率 2.1%,下降 0.2 个百分点。

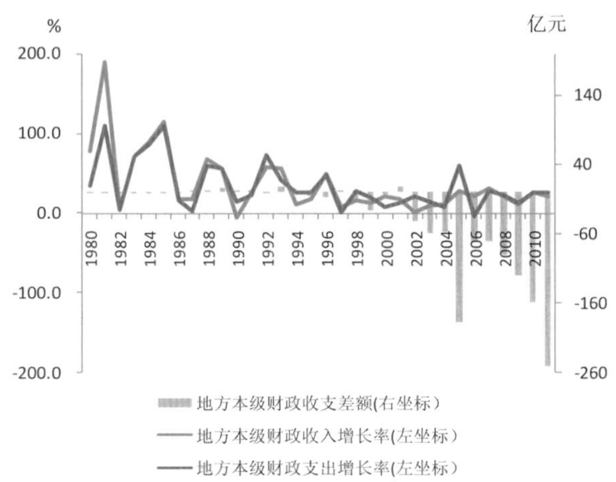

数据来源:深圳市统计局。

图 13　深圳市财政收支状况

(五)产业升级成效显著,节能降耗进展明显

作为首个国家创新型城市,深圳市基本形成以高新技术、金融、物流、文化为支柱的现代产业体系。2011 年,四大支柱产业增加值占深圳市地区生产总值的 60.7%。作为深圳经济亮点,战略新兴产业取得迅速发展。其中,生物产业增加值 175.0 亿元,同比增长 24.0%;全口径互联网产业增加值 1380.7 亿元,同比增长 18.9%;新能源产业增加值 254.1 亿元,同比增长 20.7%。产业转型升级带动节能降耗工作取得明显成效。全年每平方公里实现地区生产总值 5.8 亿元,万元 GDP 能耗和水耗分别为 0.47 吨标准煤和 18.7 立方米。

(六)房地产调控效果逐步显现

2011 年,深圳市房地产开发投资总额有所增长;土地及商品房供应量微幅波动;商品房销售量明显减少,销售均价小幅回调;房地产贷款增速放缓,保障房建设获得大力支持。

1. 房地产开发投资总额有所增长。2011 年,深圳市完成房地产开发投资 590.2 亿元,同比增长 28.7%。其中,住宅开发投资 393.4 亿元,增长 29.0%;新建商品住房新开工面积 417.5 万平方米,增长 17.6%;新建商品住房施工面积 2089.9 万平方米,增长 3.2%;新建商品住房竣工面积 247.3 万平方米,减少 1.5%。

2. 土地及商品房供应量微幅波动。2011 年,深圳市居住用地出让面积 58.7 万平方米,同比减少 3.1%,出让地块多为安居型商品房用地和政策扶持用地。同期商品房批准预售面积 440.3 万平方米,同比减少8.7%,其中新批准商品住房预售面积 380.5 万平方米,减少3.3%;年末可售商品房面积 391.2 万平方米,减少 1.3%,其中商品住房可售面积 265.2 万平方米,增加 8.5%。

3. 商品房销售量明显减少。随着房地产调控持续深化,市场观望情绪不断加重,商品房销售不断萎缩(见图 14)。全年商品房销售面积 987.3 万平方米,下降 33.4%,其中新建商品住房销售面积 270.8 万平方米,下降 13.5%,二手住房成交面积511.1万平方米，下降44.6%；商品住房空置面积148.5万平方米，增加179.5%。

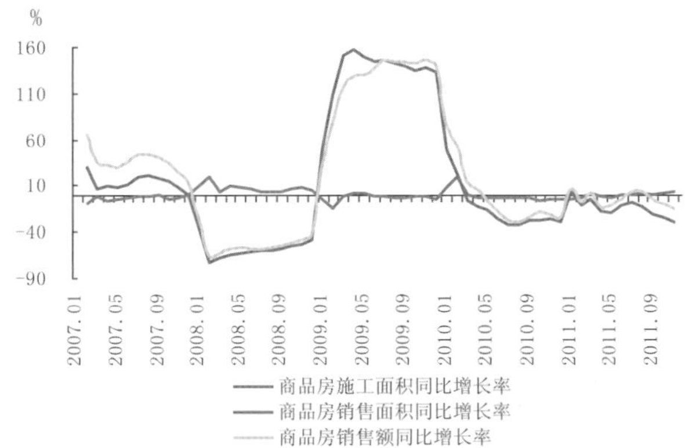

数据来源：深圳市统计局。

图14 2007—2011年深圳市商品房施工和销售变动趋势

4. 商品住房销售均价小幅回调受房地产调控持续深入影响，2011年深圳市新建商品住房成交均价19469元/平方米，较上年下降3.0%（见图15）。自6月开始，深圳市商品住房销售均价首现环比零增长，此后各月均为零增长甚至负增长。

5. 房地产贷款增速放缓，贷款质量良好。一是房地产贷款增速放缓。2011年末，深圳市房地产贷款余额5953.3亿元，增长9.0%，增速较上年下降6.2个百分点。其中，住房开发贷款余额1037.4亿元，增长10.9%，增速较上年下降9.4个百分点；个人住房贷款余额4155.7亿元，增长6.5%，增速较上年下降6.9个百分点。深圳市对保障房建设支持力度不断加强，保障房贷款余额由年初的2.2亿元大幅增长至年末的41.1亿元。二是房地产贷款质量良好。2011年末，房地产贷款不良率为0.4%，比年初下降0.3个百分点。其中房地产开发贷款不良率0.5%，比年初下降0.5个百分点，个人住房贷款不良率0.37%，比年初下降0.1个百分点。

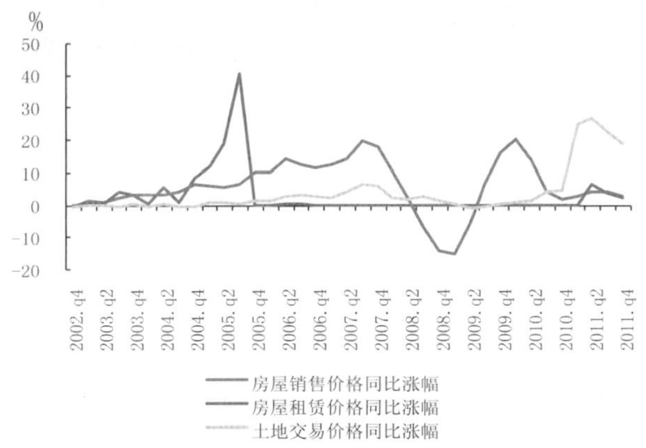

数据来源：深圳市统计局。

图15 深圳市房屋销售价格指数变动趋势

三、预测与展望

2012年是"十二五"时期承上启下的重要一年，改革发展任务繁重而艰巨，经济金融形势复杂而多变。深圳市作为改革开放的先锋城市，如何根据新形势新情况牢牢抓住发展契机、加快从"深圳速度"向"深圳质量"的转变至关重要，这就要求我们在这一年里统筹运作、不懈探索。展望2012年，深圳经济有望继续保持平稳增长，但仍将面临外贸依存度高、国际市场不确定性较大、劳动力成本攀升、本地消费市场有限等因素影响。为使深圳市在"后大运"时期继续健康快速发展，深圳市金融机构将以科学发展观为指导，切实贯彻落实稳健货币政策，合理适度投放贷款，不断优化信贷结构，以创新为推动力加强对小微企业、战略新兴产业、重点民生工程等的支持力度，为深圳经济发展、产业升级、民生幸福提供切实的金融保障。

附录：

深圳市经济金融大事记

1月1日和4月29日，中国人民银行深圳市中心支行分别与深圳市消防局、深圳市住房公积金中心签订了信息共享协议，将深圳市严重消防违法企业的不良信息和深圳市住房公积金缴存信息正式纳入全国企业信用信息基础数据库和深圳市借款企业风险预警系统，扩大了信用信息来源。

2月12日，中国人民银行深圳市中心支行制定发布了《深圳市金融机构重大事项报告管理办法》，该《办法》对加强金融机构重大事项报告的规范管理、进一步完善金融稳定制度建设将发挥积极的作用。

3月1日，中国人民银行深圳市中心支行制定发布《深圳市银行业机构综合评价管理办法(试行)》。该《办法》对规范银行业机构经营运作、加强金融监管、防范系统风险将发挥重要的作用。

3月30日，中国人民银行批准深圳中支为中银香港开立人民币托管账户并调低中银香港人民币清算账户存款利率。

5月26日，深圳银盛电子支付科技有限公司、深圳财付通科技有限公司、深圳市快付通金融网络科技服务有限公司以及深圳市壹卡会科技服务有限公司成为深圳首批获得《支付业务许可证》的4家企业。2011年全年，深圳共有9家企业获得《支付业务许可证》，这标志着深圳第三方支付行业进入高速发展时期。

7月13日，深莞惠中小企业融资一体化平台正式启动。该平台的启动对于缓解深莞惠三地中小企业难题，推进深莞惠经济金融一体化进程具有重要意义。

10月20日，深圳市成为地方政府自行发债试点城市之一，可以在国务院批准的发债规模限额内，自行组织发行本市政府债券。

11月8日，中国人民银行深圳市中心支行与中国银行间市场交易商协会、深圳市政府共同签署了《借助银行间市场助推深圳市经济发展合作备忘录》，为广大中小企业发行区域集优债提供了便利，深圳成为全国第五家签署该协议的城市。

2011年重庆市金融运行报告

中国人民银行重庆营业管理部
货币政策分析小组

内容摘要

2011年，重庆市认真贯彻科学发展观，调结构、转方式、稳物价、惠民生，统筹城乡和内陆开放战略带动效应逐步释放，经济增长由政策刺激向自主增长有序转变。民间投资力度加大，消费升级加快，结构调整推动进出口高速增长，三大需求更加协调，企业数量大幅增加，物价涨幅低于全国，经济发展活力和效益明显提升，实现了"十二五"良好开局。

金融业在宏观调控中继续保持稳健发展，积极对接实体经济需求，不断提升金融服务质量，金融改革创新取得新进展，金融生态环境持续向好。存贷款增长回归常态，直接融资发展较快。证券业、保险业在调整中总体保持平稳运行。

展望2012年，重庆经济内生增长动力依然较强，工业化、内陆开放和城乡统筹一体化加快发展，将促进消费、投资和外贸稳定增长。重庆金融系统将结合地区实际，改进对实体经济的金融服务，拓宽企业融资渠道，加强风险防范，切实推动产业升级和民生改善，促进全市经济持续快速健康发展。

一、金融运行情况

2011年，重庆金融业在宏观调控中继续保持稳健发展，金融改革创新取得新突破，金融生态环境进一步改善。

（一）银行业平稳较快发展，货币信贷增长回归常态

2011年，重庆银行业认真落实稳健的货币政策，贷款总量适度增长、结构持续优化，薄弱环节金融服务创新取得较大进展。

1. 银行业规模效益持续提升，机构体系日益完备。经济的较快发展为银行业创造了良好机遇，2011年重庆银行业资产规模继续保持较快增长；不良资产持续“双降”，拨备覆盖率大幅提高，风险防控和抵御能力进一步增强。由于净利息收入和中间业务收入增长较快，经营效益持续向好。新开业市分行级机构及法人机构14家，汽车金融公司、住房储蓄银行、贷款公司实现“零突破”，重庆已成为中西部银行业金融机构种类最为齐全的地区。

表1　2011年重庆市银行业金融机构情况

机构类别	营业网点			法人机构（个）
	机构个数（个）	从业人数（人）	资产总额（亿元）	
一、大型商业银行	1266	25899	8241	0
二、国家开发银行和政策性银行	39	1102	2241	0
三、股份制商业银行	209	6698	4885	0
四、城市商业银行	101	4004	2499	2
五、农村商业银行	1765	15220	3439	1
六、财务公司	1	22	41	1
七、信托公司	2	433	108	2
八、邮政储蓄	1680	3780	1155	0
九、外资银行	24	670	127	0
十、新型农村金融机构	23	727	72	22
十一、金融租赁公司	1	10	253	1
合　　计	5111	58565	23061	29

数据来源：中国人民银行重庆营业管理部。

2. 存款增长整体放缓，结构性变化突出。2011年，全市本外币存款增长18.4%（见图3），同比下降4.4个百分点。分币种看，人民币存款增速为近5年来最低（见图1）；外币存款受外币贷款快速增长以及四季度人民币升值预期减弱影响，大幅增长一倍。分部门看，由于贷款增长放缓导致派生存款减少、企业存货和应收账款占用资金增多、成本支出增加等原因，企业存款同比少增近四成。随着股票、房地产市场深度调整及通胀预期回落、加息效应显现，住户存款增速逐步回升。分产品看，定期存款、协定存款等收益较高的存款增长较快，理财、承兑、委托贷款等业务的快速增长带动结构性存款、保证金存款和委托存款大幅增加。

3. 贷款总量适度增长，稳健货币政策成效明显。2011年，重庆市本外币贷款增长20.0%（见图3），与辖区经济与物价增速相匹配，同比回落4.2个百分点，进一步回归常态。通过实施差别准备金动态调整机制，商业银行普遍加强了内部信贷规划管理，贷款增速保持平稳，均衡性明显增强，一至四季度增量占比分别为33%、36%、17%和14%（见图2）。外币贷款大幅增长82.3%，主要与外贸快速发展、本币调控以及人民币升值预期等有关。但第四季度受欧债危机、人民币升值预期变化及监管强化影响，外币贷款增长放缓。

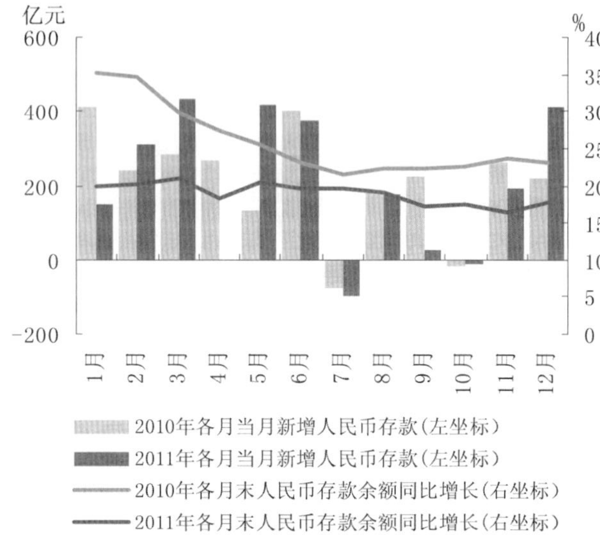

数据来源：中国人民银行重庆营业管理部。

图1　2011年重庆市金融机构人民币存款增长变化

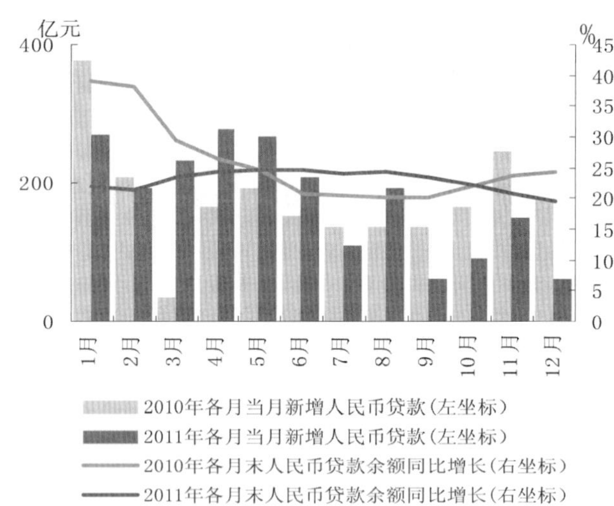

数据来源：中国人民银行重庆营业管理部。

图2　2011年重庆市金融机构人民币贷款增长变化

贷款期限结构明显优化。受基础设施投资和住房销售放缓、企业流动资金需求增多的需求结构及银行主动改善资产负债错配状况等影响，短期贷款增速达到上年的4倍，中长期与短期贷款余额之比由年初的5.2∶1降至3.8∶1。

信贷投向“有扶有控”。制造业贷款快速增长，供应链融资模式得到推广，有力支持了制造业集群化发展。中小企业贷款和涉农贷款增速分别高于全部贷款增速1和2.7个百分点，增量继续高于上年水平。民生金融加快发展，小额担保贷款担保基金放大倍数和个人贷款额度进一步提高，贷款发放额和支持人数同比增长50%和30%。创新金融服务，支持微型企业发展成效显著。积极开发与公租房建设特点相适应的

贷款品种,已授信300亿元、贷款余额92亿元,规模居全国前列。融资平台贷款清理有序推进,贷款增幅同比下降20个百分点。房地产和基础设施行业贷款得到合理控制,贷款增速低于全部贷款11和13个百分点,六大高耗能行业1贷款余额同比下降1%。

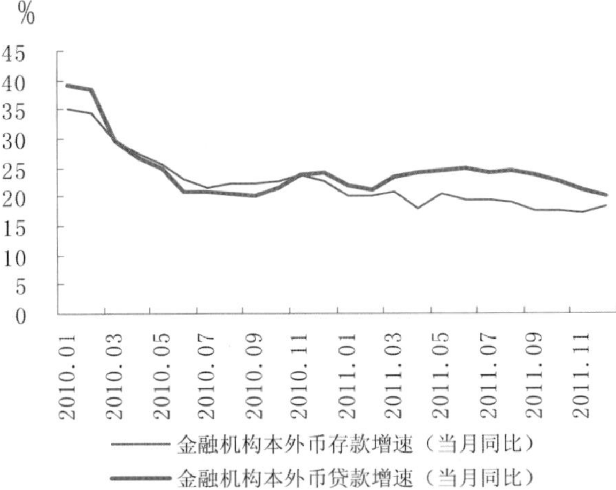

数据来源:中国人民银行重庆营业管理部。

图3　2011年重庆市金融机构本外币存、贷款增速

4.利率调控政策效应明显。在3次加息带动下,全市非金融企业人民币贷款加权平均利率逐步走高,9月达到年内高点7.64%,四季度受货币政策微调和经济放缓下信贷供需关系变化等影响,小幅回落至12月的7.41%,比年初上升1.42个百分点。由于资金成本上升、银行议价能力增强等原因,执行上浮利率的贷款占比上升(见表2)。各类银行上浮贷款占比均有所上升,股份制银行和城市商业银行升幅较大。受外币贷款需求增加和金融机构外币头寸趋紧影响,外币存贷款利率同比明显上升(见图4)。

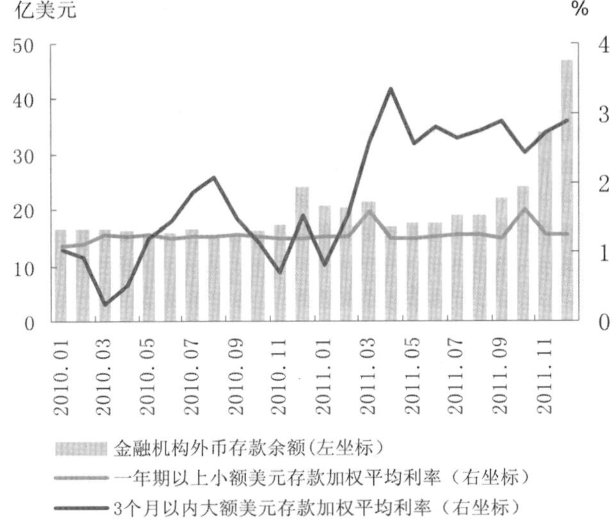

数据来源:中国人民银行重庆营业管理部。

图4　2010—2011年重庆市金融机构外币存款余额及外币存款利率

地方法人金融机构利率定价机制建设取得明显进展,均建立了与本行经营规模和业务复杂程度相适应的利率定价管理组织架构;初步建立了利率定价管理系统,将客户信用等级、抵押担保类型、贡献度等作为定价的重要因素,内部信用评级制度得到广泛采用。部分规模大的地方法人已建立内部资金转移定价系统,对利率定价的引导作用逐步强化。但是,利率定价职责分散、定价考核机制未能体现风险回报要求、管理信息系统建设滞后等问题仍较突出,需要进一步完善机制、提高定价能力。

表2　2011年重庆市人民币贷款各利率区间占比表

单位:%

月份		1月	2月	3月	4月	5月	6月
	合计	100	100	100	100	100	100
	[0.9-1.0)	27.2	17.2	14.4	8.6	7.4	8.1
	1.0	38.1	46.4	41.4	39.5	40.0	35.3
上浮水平	小计	34.7	36.4	44.2	51.9	52.6	56.6
	(1.0-1.1]	18.2	17.9	16.9	22.7	19.1	20.7
	(1.1-1.3]	11.4	12.9	18.4	17.7	20.5	23.1
	(1.3-1.5]	3.4	3.4	5.7	7.8	8.8	7.8
	(1.5-2.0]	1.2	1.8	2.7	3.0	3.5	4.4
	2.0以上	0.5	0.4	0.5	0.7	0.7	0.6
月份		7月	8月	9月	10月	11月	12月
	合计	100	100	100	100	100	100
	[0.9-1.0)	4.2	3.6	3.2	3.7	2.1	6.9
	1.0	30.0	38.6	30.8	38.9	36.7	34.8
上浮水平	小计	65.8	57.8	66.0	57.4	61.2	58.3
	(1.0-1.1]	23.5	20.7	27.0	22.9	25.7	24.7
	(1.1-1.3]	27.4	26.1	25.7	23.8	23.9	23.8
	(1.3-1.5]	9.1	7.5	8.7	6.7	7.6	6.4
	(1.5-2.0]	4.7	3.0	3.0	2.9	3.0	2.8
	2.0以上	1.1	0.5	1.6	1.1	1.0	0.6

数据来源:中国人民银行重庆营业管理部。

5.银行业改革继续深化。国家开发银行重庆市分行以商业化运作服务国家民生战略,安排新增贷款的三分之一用于保障性住房建设,建立同国银租赁、国开金融的协同机制,创新完成全国首笔保障性住房融资租赁业务。已上市国有控股银行强化改革转型,树立资本节约理念,初步建立业务发展与经济资本限额及利润计划的联动约束机制;全面风险管理更加细化。经评估,中国农业银行重庆市分行三农金融事业部改革成效获得国务院股改领导小组好评,2011年事业部贷款增速高于全行8.3个百分点,支农服务进一步加强。

农村金融体系不断完善。全市已开业新型农村金融机构22家、涉农区县覆盖率达到65%,小额贷款公司110家、实现区县全覆盖,贷款余额分别增长281%和125%。巫溪县、城口县首次设立结售汇网点,重庆在西部率先实现银行结售汇网点县域全覆盖。支农产品和服务创新加快,创新推出"三权"抵押贷款、以地票质押的农村建设用地复垦贷款和户籍制度改革退出宅基地复垦贷款等产品,有力支持了重庆推进统筹城乡改革的资金需求。银行卡POS助农取款服务覆盖面扩大到常住农户的52%,同时在全国首创助农存款试点,农村支付结算便利度和满意度进一步提高。积极发挥货币政策工具的正向激励作用,对支农力度大、考核达标的中国农业银行重庆市分行县级三农事业部和2家村镇银行执行较低的存款准备金率,对辖内11家村镇银行发放支农再贷款4.8亿元,引导金融机构扩大涉农信贷投放。

专栏1:重庆市推动农村“三权”抵押贷款的探索与实践

2011年,重庆市以中国人民银行、中国银行业监督管理委员会等联合出台的《关于全面推动农村金融产品和服务方式创新的通知》为指导,大力推进农村土地承包经营权、农村居民房屋及林权抵押贷款(以下简称“三权”抵押贷款),取得突破。全年银行累计发放“三权”抵押贷款2.2万笔、29亿元,有效助推了农民创业和涉农企业扩大生产规模,各区县特色农业呈现蓬勃发展势头。

一、完善制度办法和配套体系,为金融机构开展“三权”抵押贷款奠定基础。2010年底,重庆市出台了《关于加快推进农村金融服务改革创新的意见》、《重庆市农村土地承包经营权、农村居民房屋及林权抵押融资管理办法》,明确了“三权”融资不改变土地所有权性质、不改变土地用途的原则,要求“以农村居民房屋作抵押的,其所占用的农村土地使用权一并抵押,并提供抵押人拥有其他适当居住场所和稳定生活来源的书面证明”、“以依法经流转取得农村土地经营权作抵押的,须提供承包农户同意抵押的书面证明”,并对抵押评估、登记、抵押权实现等进行了具体规定,既提高了可操作性,又保护了农民权益。市农委、国土、林业等部门分别制定了土地承包经营权、农村居民房屋和林权抵押登记实施细则;重庆市高院专门为“三权”抵押贷款出台了司法保障意见;重庆市财政局出台了风险补偿办法,形成了较为完善的制度体系。提前完成“三权”确权和颁证到户,提高了抵押融资的便利性。加快评估流转等配套市场建设,以重庆市农村产权交易中心、区县农村产权交易所等为主的交易网络初步形成。

二、加强落实和创新,加快“三权”抵押贷款业务发展。涉农金融机构纷纷制定“三权”抵押贷款管理办法和操作规程,大力开展宣传活动,帮助农户了解政策和产品。探索建立差异化的激励机制,如实行较低内部资金成本计价、按贷款利息收入的20%调增支行考核利润等,调动基层行的积极性。推行打包抵押贷款,将林权、农房、土地承包经营权二合一或三合一作为抵押物进行综合评估认定价值,以此增加贷款额度,解决种养大户融资需求量大的问题。对贷款金额50万元以下的贷款,抵押物价值实行借贷双方协商认定。

三、多措并举,不断优化“三权”抵押贷款业务发展环境。石柱县对农户“三权”抵押贷款给予贴息;江津区探索将农村集体建设用地使用权、农村塘库堰承包经营权作为抵押物,丰富了抵押品种;合川区在土地流转合同中增加抵押物的让渡权,进一步简化了土地承包经营权抵押登记流程与操作手续;梁平县确定了专门的公司负责处置“三权”抵押贷款产生的不良资产。重庆农村土地交易所还制定了土地承包经营权和林权的交易规则,开展交易试点,促进发现和提升产权价值、建立估值参照。

四、建立风险补偿机制和预警线,有效防范和处置贷款风险。一是由市区两级财政共同建立“三权”抵押融资风险补偿基金,对“三权”抵押贷款损失,由市级补偿基金承担20%,区县补偿基金承担15%。二是设立注册资本金30亿元的重庆市兴农融资担保公司,主要从事“三权”抵押贷款担保业务。三是建立融资风险预警机制。对于触及风险控制指标的区县和银行,暂停业务,待符合条件再申请恢复。

6.跨境人民币业务快速发展。2011年,辖内银行累计办理跨境人民币结算149.8亿元,同比增长13.2倍。在IT企业出口人民币结算拉动下,货物贸易人民币结算规模不断扩大,占同期进出口额的比重由2010年下半年的1.2%提高到2011年的4.6%。参与银行和企业数量分别增加20%和346%,涉及国家和地区由9个扩展到45个,香港、巴哈马和缅甸是交易量前3位的地域。

(二)证券业稳健发展

1.市场交易量下降,证券期货机构稳健发展。受A股市场低迷及期货交易规则调整影响,2011年全市股票和期货交易额分别减少18.5%和7.5%。由于经纪业务收入和投资收益下滑,证券公司利润同比大幅减少,但机构运营保持平稳,风险和合规管理加强,融资融券和期货中间介绍(IB)等新业务稳步发展。期货公司综合实力增强,注册资本总额和营业部数量分别增长37.5%和31.5%。新华基金完成增资扩股,管理基金数量和规模稳步增长。西南证券监管分类评级首次晋升A类,吸收合并国都证券方案经双方股东会审议通过,成功控股银华基金,市场竞争力进一步提升。

2.资本市场融资较快增长,上市公司质量提升。9家非金融企业境内股票融资158亿元,与上年基本持平(见表3)。债券融资额同比增长35%。上市公司主营业务收入和利润总体稳定增长,独立性有所增强、关联交易减少,信息披露更加规范。原ST东源、ST威达等高风险上市公司通过重组化解风险,重啤事件调查处置稳步推进。

表3　2011年重庆市证券业基本情况表

项　　目	数量
总部设在辖内的证券公司数(家)	1
总部设在辖内的基金公司数(家)	1
总部设在辖内的期货公司数(家)	5
年末国内上市公司数(家)	36
当年国内股票(A股)筹资(亿元)	158
当年发行H股筹资(亿元)	1.6
当年国内债券筹资(亿元)	262
其中:短期融资券筹资额(亿元)	36

数据来源:重庆证监局、中国人民银行重庆营业管理部。

(三)保险业呈现结构调整,产、寿险发展明显分化

1.保险机构运营基本稳定,从业人员有所减少。2011年,重庆新增4家省级保险分公司(见表4),行业总资产较年初增长25.2%。产险公司盈利能力进一步提高,寿险公司盈利水平下降。法人保险机构异地扩张加快,新设5家省级分公司、总数达到18家,保险资金运用稳健,主要以定期存款和货币资金为主,偿付能力充足。保险从业人员8.6万人,比上年下降2.7%,主要由于个险营销人员有所减少。

2.保费增长明显放缓。若剔除新会计准则影响,按可比统计口径计算,全市原保费收入增长9.9%,同比下降21.3个百分点。财产险业务仍处于高增长周期,车险、农业保险、责任保险等险种的原保费收入增长较快。人身险原保费收入中人身意外伤害险和健康险保持较快增长,寿险增长大幅放缓。寿险增幅回落主要由于银行代理保险业务受到严格规范、寿险销售难度加大,利率和通胀率上升、银行理财产品竞争加剧导致寿险保单吸引力下降。

3.保险保障功能进一步发挥。保险赔付金额同比增长21.4%。出口信用保险保额提高38%。政策性农业保险保障金额和农村小额人身保险保障人数同比翻番。针对个人贷款难尤其是农村小额贷款难的实际,与银行合作发展借款人意外伤害保险,探索出“个人贷款+保险”的金融服务模式,为10万人近150亿元贷款提供风险保障。

表4　2011年重庆市保险业基本情况表

项　　目	数量
总部设在辖内的保险公司数(家)	3
其中：财产保险公司（家）	2
人寿保险公司（家）	1
保险公司分支机构（家）	38
其中：财产保险公司分支机构（家）	20
人寿保险公司分支机构（家）	18
保费收入（中外资，亿元）	311.8
其中：财产险保费收入（中外资，亿元）	81.6
人身险保费收入（中外资，亿元）	230.2
各类赔款给付（中外资，亿元）	74
保险密度（元/人）	1090
保险深度（%）	3.1

数据来源：重庆保监局。

（四）金融市场交易活跃，直接融资占比提高

2011年，重庆市继续深入推进长江上游金融中心建设，大力推动直接融资，金融市场持续快速发展。

1. 融资结构进一步优化。2011年，重庆市非金融企业通过贷款、债券、股票三种方式共计融资2616.9亿元，债券融资占比大幅上升3.4个百分点，带动直接融资占比达到16.1%，创直辖以来新高（见表5）。银行间市场直接债务融资加快发展。重庆市政府、中国银行间市场交易商协会和中国人民银行重庆营业管理部签署三方合作备忘录，搭建起制度化沟通合作平台。全年发行债务融资工具170.5亿元，同比增长170%，发行企业数量同比翻番。西南地区首支非公开定向票据成功发行。融资渠道不断拓宽，中央代发地方债50亿元、全国社保基金支持公租房项目45亿元、设立债权投资计划募集保险资金30亿元支持轨道交通建设。企业通过信用证、保理、委托贷款、银行承兑汇票等金融机构表外业务融资的规模有所扩大。

表5　2001～2011年重庆市非金融企业贷款、债券和股票融资情况表

	融资合计（亿元人民币）	比重（%）		
		贷款	债券（含可转债）	股票
2001	245.8	96.4	0.0	3.6
2002	325.6	94.4	4.6	1.0
2003	587.8	99.4	0.0	0.6
2004	564.2	94.2	3.1	2.8
2005	549.9	97.0	3.0	0.0
2006	678.9	92.9	7.1	0.0
2007	904.7	94.9	2.2	2.9
2008	1352.9	94.6	4.6	0.8
2009	2843.6	91.6	4.7	3.7
2010	2477.6	86.5	6.6	6.8
2011	2616.9	83.9	10.0	6.1

数据来源：重庆市发展与改革委员会、中国人民银行重庆营业管理部、重庆证监局。

2. 货币市场交易出现分化。由于拆借成本上升，全市银行间市场成员2011年同业拆借成交额和净融入额分别减少27.4%和34.5%。债券回购交易量平稳增长4.0%。为提高回购资产流动性，金融机构大幅增加了买断式回购交易。受通胀预期、宏观调控政策操作等因素影响，上半年辖区机构成交利率波动较大，月度加权平均利率最高值与最低值之间相差3个百分点，呈现1月大幅跃升、随后急剧回落、6月再次升高的走势；下半年随着调控政策力度调整、市场预期趋稳，利率保持基本稳定。

3. 票据市场交易活跃，贴现利率持续走高。2011年，全市票据交易保持活跃，承兑发生额和余额快速增长，贴现累计发生额达1.9万亿，同比基本持平。贴现余额先升后降，年末下降较多主要由于辖内新设的银行票据中心持有票据集中到期。直贴和转贴现利率受信贷结构调整、规模溢价、货币市场利率走势等因素影响持续上升（见表6、表7）。再贴现发放额创近年新高，调节流动性和引导信贷结构优化的作用有效发挥，季末、春节等资金紧张时点发放额占一半以上，中小企业和涉农票据占九成以上。

表6　2011年重庆市金融机构票据业务量统计表

单位：亿元

季度	银行承兑汇票承兑		贴现			
			银行承兑汇票		商业承兑汇票	
	余额	累计发生额	余额	累计发生额	余额	累计发生额
1	1223.5	656.7	430.9	4829.4	13.5	124.8
2	1464.0	1596.6	609.2	3906.1	10.8	62.2
3	1441.1	2368.3	580.8	4277.8	18.2	73.3
4	1413.4	3230.6	377.9	5690.7	9.9	172.5

数据来源：中国人民银行重庆营业管理部。

表7　2011年重庆市金融机构票据贴现、转贴现利率表

单位：%

季度	贴现		转贴现	
	银行承兑汇票	商业承兑汇票	票据买断	票据回购
1	6.80	7.86	5.45	5.44
2	6.64	7.18	5.70	5.65
3	8.42	9.99	7.31	7.21
4	9.26	9.73	7.81	7.60

数据来源：中国人民银行重庆营业管理部。

4. 外汇和黄金市场继续较快发展。2011年，随着重庆对外经济的快速发展，参与银行间外汇市场交易的成员类型增加，成交量同比增长3.2倍。黄金市场成员增加1家至15家，成交量同比增长2倍，纸黄金交易非常活跃。商业银行创新推出黄金租赁业务，累计交易额1.6亿元，促进黄金交易由单一投资功能向投资、融资双重功能发展。

5. 民间融资规模增加，利率水平逐步上升。2011年，在企业成本上升、流动资金紧张、贷款投放放缓的背景下，民间融资趋于活跃。中国人民银行重庆营业管理部监测数据显示，监测样本全年民间融资规模同比增长31.3%。下半年企业民间融资发生率较上半年上升，小企业尤为明显，融资期限向半年以内集中。第三季度以来，随着部分地区民间借贷风险暴露、资金融出意愿下降，民间借贷利率上升较多。

6. 长江上游金融中心初具雏形。2011年全市金融业增加值占地区生产总值的比重达到7%，支柱产业地位进一步巩固。重庆联合产权交易所、农村土地交易所等地方要素市场在规范中快速发展，累计交易额超过3000亿元。结算中心建设积极推进，惠普重庆结算中心运行顺利，宏碁、华硕具有结算功能的第二营运总部和贝宝、阿里巴巴等结算平台启动运营。其他融资性机构加快发展，备案股权投资类企业117家，股权融资额大幅增长；融资性担保公司增至133家，担保额增长1倍。

（五）金融生态环境建设取得新进展

2011年，重庆市出台加强民主法治建设的15条措施，进

一步夯实了金融业健康发展的法制基础。科学制定金融业“十二五”发展规划，进一步完善对金融业的激励与扶持政策。中国人民银行重庆营业管理部优化区县金融生态环境评价，开展金融机构稳健性现场评估，切实加强区域性、系统性风险的监测、评估与处置，启动金融消费者权益保护试点，建立市级金融业信息安全协调机制，促进辖区金融运行稳定有序。积极推进中小企业信用试验区建设，上线西部首个农村经济主体信用信息系统，农户信用档案覆盖面大幅提升，小贷公司、村镇银行接入征信系统数量居全国前列。银行贷款质量全国第3，不良率降至0.7%。

二、经济运行情况

2011年，重庆经济持续较快发展，地区生产总值增长16.4%(见图5)，人均地区生产总值突破5000美元，经济发展活力和质量继续提升。

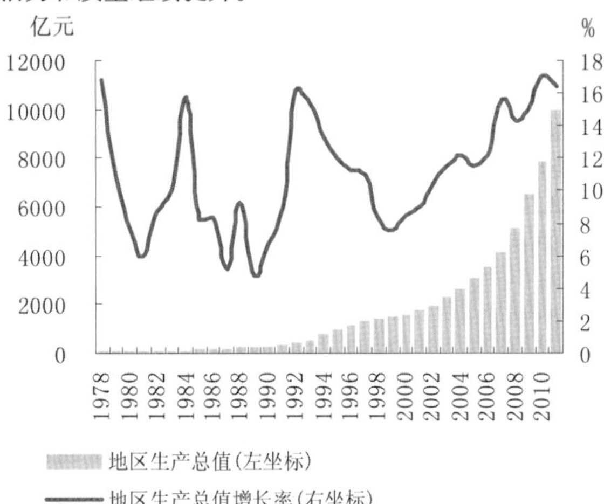

数据来源：重庆市统计局。

图5 1978—2011年重庆市地区生产总值及其增长率

(一)三大需求协调增长

2011年，重庆市消费、投资平稳较快增长，外贸增长加快，经济增长逐步向消费、投资、出口协调拉动转变，经济增长的稳定性和可持续性进一步提高。

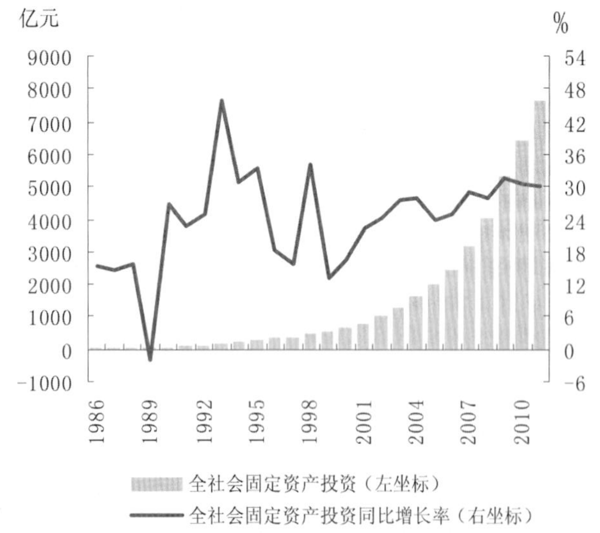

数据来源：重庆市统计局。

图6 1986—2011年重庆市全社会固定资产投资同比增长率

1.投资平稳增长，民间投资力度加大。2011年，重庆市固定资产投资增速与上年基本持平(见图6)。投资增长动力由中央投资、基础设施投资转变为民间投资和工业投资。由于投资创业环境改善，制造业、批发零售业等企业自主投资意愿较强，民间投资对全市投资的贡献率超过五成。工业升级转型加快，引进龙头企业的产业集聚效应发挥，带动新企业、新项目投资翻番，工业投资增速同比提高8.8个百分点。在大力发展农业特色产业促进农户万元增收等因素影响下，农林牧渔业投资大幅增长六成。文化娱乐、教育医疗等民生领域投资增长较快。投资资金来源中，预算资金和银行贷款占比下降，自筹资金成为主要来源。承接沿海、联动周边的产业转移和经济融合快速发展，利用内资近5000亿，同比翻番。成渝毗邻区县借助成渝经济区规划出台契机加强互动，产业、交通、生产要素等协同发展。

2.消费平稳较快增长，结构升级加快。2011年，重庆市城乡居民收入持续较快增长，增幅高于上年，加之“美食之都”、“万村千乡工程”等建设有效改善了消费环境，推动全市社会消费品零售总额增长18.7%(见图7)，高于全国增速1.6个百分点。城市消费提档升级，文化、健康和时尚、旅游类消费成为新热点。汽车类商品销售增幅放缓，家装消费受公租房入住等带动持续较快增长。随着汽摩家电下乡政策效应减弱，农村消费增长有所放缓，但农户的医疗保健和文化教育娱乐支出仍大幅增长。重庆参照家电下乡政策启动电脑下乡工程，有效促进了农村消费升级。

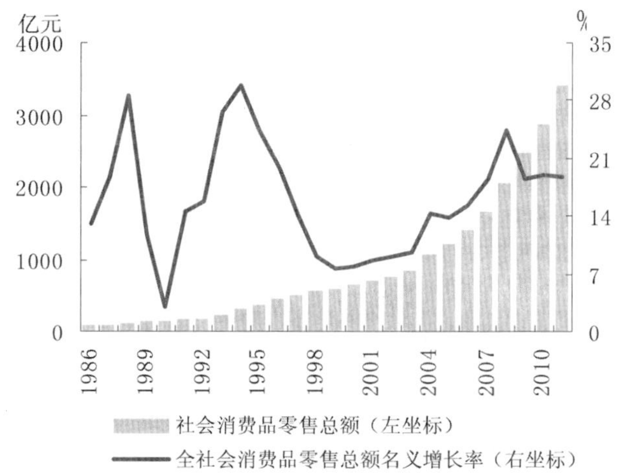

数据来源：重庆市统计局。

图7 1986—2011年重庆市社会消费品零售总额及其增长率

3.结构调整推动外贸、外资持续高速增长。2011年，重庆市出口和进口分别增长165%和90%，均创历史新高，进出口差额有所扩大(见图8)。笔记本电脑取代摩托车成为最主要的出口产品，带动加工贸易占比大幅上升、对东盟、印度等新兴市场出口强劲增长。IT产业快速发展也拉动集成电路等工业制品进口成倍增长。外商直接投资增长66%(见图9)，投资结构发生积极变化，制造业占比5年来首次超过房地产业，投资来源地更加多元化。企业“走出去”步伐加快，海外投资大幅增长，投向矿产开发、农产品种植加工、资产管理等多个领域。

(二)三次产业稳定发展

2011年，重庆市三次产业结构比例为8.4:55.4:36.2，与上年基本相同，均保持良好的发展势头。

1.农业农村经济稳定发展。出台十条扶持措施、开展万亩高产创建，稳定了农民种粮投入，但受气候影响，粮食总产量比上年减少2.5%。蔬菜、畜禽、林果、渔业等特色产业快速发展，种养殖基地规模扩大，主要产品产量提高，价格基本稳定。由于农民预期更加理性，生猪价格走高对养殖的带动效应不明显，生猪出栏数仅增长0.5%。农业基础设施建设进一步加强，水利投资增长60%。尽管遭受了与2006年相当的特大旱灾，由于气象服务和水利设施发挥功效，灾害损失仅为当年的1/10。随着"两翼"农户万元增收工程深入推进，加之农产品价格、工价上涨，农民纯收入增长22.8%，同比提高5个百分点，养老金和土地流转收益增加带动农民转移性和财产性收入增长32%和54%。

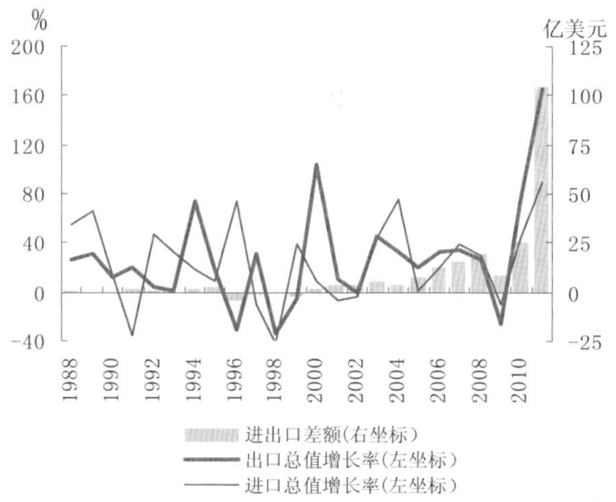

数据来源：重庆市统计局。

图8　1988—2011年重庆市外贸进出口变动情况

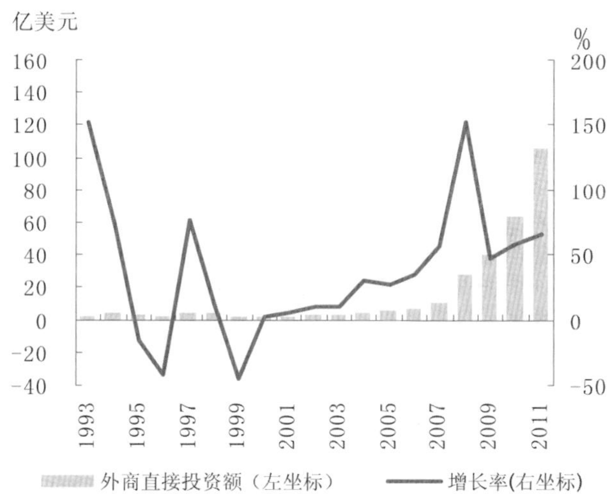

数据来源：重庆市统计局。

图9　1993—2011年重庆市外商直接投资情况

2. 支柱产业带动工业保持较快增长，但下半年企业盈利能力有所下滑。2011年重庆规模以上工业增加值增长22.7%，高于全国水平8.8个百分点（见图10）。电子信息产业高速增长，已形成品牌商、代工商、配套商产业集群，笔记本电脑产量达到2407万台，增长25倍，成为工业发展最大亮点。装备、化工、材料等支柱产业产值增幅均超过30%。汽摩产业受刺激政策退出、需求萎缩影响增长明显放缓。由于下半年产销率下降较快、而生产成本持续上升，1—11月工业企业利润增速比1—5月和上年同期分别回落5和22个百分点。

工业发展方式加快转变。企业技术创新力度加大，研发经费支出增长25%，专利授权量增长70%。启动工业研发千亿投入计划，科技风险投资基金规模超过65亿元。航天用特殊不锈钢等高技术项目实现重大突破，工业新产品产值增长三成。通过实施技术改造，工业装备水平显著提升，产品制造质量竞争力提高。传统产业改造加快推进，重钢环保搬迁项目投产、老厂区关闭转型，资源型企业兼并重组顺利实施，循环经济示范项目和清洁生产普及推广。

数据来源：重庆市统计局。

图10　1993—2011年重庆市工业增加值及其增长率

3. 服务业发展势头良好。物流业增加值增幅同比提高，铁路、机场、公路物流基地和寸滩港等四港区加快建设，渝新欧铁路联运正式开通。设立18个服务外包示范区，离岸服务外包合同金额增长377%。出台《关于促进中介服务业健康发展的意见》，会计评估法律咨询等中介市场主体持续增多。云计算、电子商务等新兴服务业发展势头迅猛，亚洲最大的云计算产业基地启动建设。文化产业蓬勃发展，电影、会展、创意业收入增幅均在三成以上。创新设立了宣传文化基金会、文化产业融资担保公司，文化企业发行债券融资实现突破。由于政策扶持有力，服务业微型企业数量快速增长，产业发展活力明显增强。

专栏2：重庆市财银税三方联手帮扶微型企业发展成效明显

2010年6月，重庆市政府出台《关于大力发展微型企业的若干意见》，在全国率先将微型企业单列为一类市场主体，从"财银税"三方面出台了专门的扶持政策，有效解决了微型企业资金短缺难题、提高了"存活率"，对激发创业、促进就业、转变经济发展方式发挥了积极作用。

一、合理确定扶持对象。重庆市微型企业特指雇员（含投资者）在20人以下、创业者投资金额10万元以下的个人独资企业、合伙企业或有限责任公司。帮扶创业对象主要包括高校毕业生、下岗失业人员、返乡农民工、"农转非"人员、三峡库区移民、残疾人、城乡退役士兵、文化创意人员、信息技术人员等九类人群。创业领域重点扶持第三产业投资项目，尤其是服务型、文化创意、软件开发及外包服务等行业，实现促进创业与产业升级并举。

二、建立财政补助机制。一是资本金补助。凡是登记注册的微型企业，均可享受注册资本金额30%—50%的补助。投资者将自筹资金先于或同步补助资金投入企业，以反映真实的创业意愿。资本金补助按照已审定投资计划书中明确的用途进行支付，主要用作房租费、机器设备购置费、加盟费等。二是培训费补贴。按照每人 1000 元的标准对创业培训给予补贴。三是贴息和风险补偿。对微型企业创业扶持贷款利率上浮部分给予贴息。对担保公司收取保费在 2.5% 以下的担保业务，给予不超过 1 个百分点的风险补助。对逾期无法收回的贷款本息，由市级财政、区县财政和银行各承担 1/3。

三、创新金融服务。一是创新微型企业账户管理流程。针对财政给予资本金补助的特殊情况，取消注册验资账户，开立筹备期临时存款账户，并增设资金撤回机制和申报支付机制配合财政监管。二是创新信贷产品和模式。将微型企业纳入小额担保贷款对象范围。专门设立微型企业创业扶持贷款，主要用于借款人生产经营所需的流动资金或固定资产购置，贷款额度不超过投资者投资金额的 50%，贷款期限 1—2 年，利率按基准利率上浮 3 个百分点执行。三是实施差异化信贷管理。采取“一表通”的简易贷款流程，全部授权到经营机构自行审批，实行贷后管理监控频率与贷款收息情况挂钩的弹性监控模式。四是通过安排专项工作经费、现金奖励等多种方式加大激励，适当提高风险容忍度。

四、给予税收优惠。微型企业实际缴付的所有税收地方留存部分，以获得的资本金补助金额为限，实行先征后返。

随着帮扶政策落实到位，微型企业快速发展。2011 年，重庆市新发展微型企业 40491 户，占新增中小企业户数的 80% 以上；电子商务、文化创意类微型企业占比比上年提高 8 个百分点，带动解决就业 31.65 万人，占新增城镇就业人员的 58%。微型企业注册资本 50.09 亿元，发放财政补助资金 14.92亿元，户均获得补助近 3 万元。金融机构开立各类微型企业账户 5 万个，为 4510 户发放贷款 3 亿元。2010 年先期成立的微型企业，开业和运行良好率达到 93.3%，其中近两成的企业扩大了原有经营规模发展壮大。

（三）价格快速上涨势头得到遏制

1. 居民消费价格冲高回落。年初以来，在劳动力等要素成本上涨、通胀预期较强、翘尾因素等共同作用下，CPI 涨幅逐步扩大（见图 11），9 月达到峰值 6.1%。此后随着稳健货币政策及其他物价调控政策效应逐步显现，猪肉价格下降、居住价格上涨放缓，CPI 涨幅回落至 12 月的 4.9%。全年 CPI 上涨 5.3%，比上年高 2.1 个百分点，其中翘尾因素影响 2.1 个百分点，新涨价因素影响 3.2 个百分点。食品和居住价格走高是 CPI 上涨的主要原因，服务价格涨幅同比有所扩大。

2. 生产价格前期涨幅较大，后期回落较快。受国际大宗商品价格上涨和国内需求较旺、能源短缺的影响，工业生产者购进价格指数与出厂价格指数涨幅持续扩大，四季度随着国际大宗商品价格走低和国内需求放缓明显回落。

3. 劳动报酬上涨较快。2011 年，重庆市上调最低工资标准 190 元，平均增幅 33%。企业退休职工基本养老金和农村居民最低生活保障金进一步提高。由于事业单位绩效工资改革启动、电子信息等企业大量进入导致用工需求增多、工价上涨，全市平均工资水平上涨较快。随着工资收入的提高、就业环境的改善、产业布局调整，劳动力回流态势明显，全年返乡就业人数首次超过外出打工人数。

（四）财政收入持续快速增长，支出的民生导向更加突出

2011 年，重庆市一般预算收入增幅居直辖以来次高，仅略低于上年水平（见图 12）。得益于工业和服务业的快速发展，企业所得税和营业税迅猛增长。一般预算支出增幅较上年提高 16 个百分点，医疗社保等民生领域支出占一般预算支出的 55.1%，同比提高 3 个百分点。公租房建设等住房保障支出增长 96.3%。由于支出增长加快，一般预算收支缺口明显扩大。

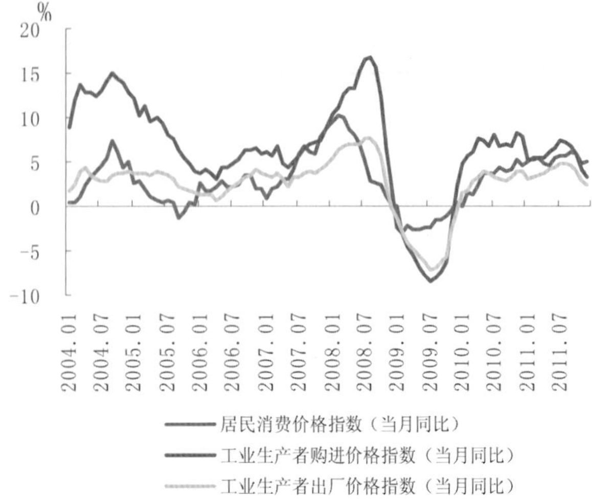

数据来源：重庆统计年鉴、重庆市统计局。

图 11　2004—2011 年重庆市居民消费价格和生产者价格变动趋势

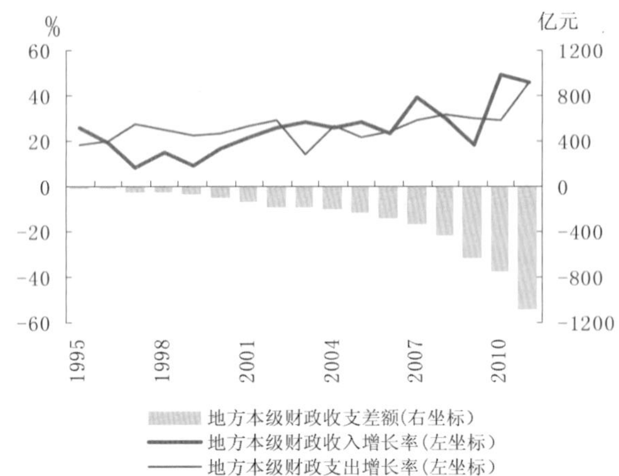

数据来源：重庆统计年鉴、重庆市统计局。

图 12　1995—2011 年重庆市财政收支状况

（五）节能减排和环境保护成效明显，排污权交易快速发展

2011 年，重庆市加快淘汰落后产能，实施节能技改项目，构建节能环保型产业体系，单位生产总值能耗下降 3.8%。开展“蓝天、碧水、宁静、绿地”等环境整治工程成效显著。全市空气质量优良天数和森林覆盖率继续提高，荣获生态中国城市奖。三峡库区水质在全国七大水系河流中处于最好水平。重庆积极创新主要污染物排污权交易机制，依托重庆联合产权交易所，建立了西部首家环境资源交易中心，对二氧化硫和化学需氧量的排污权指标进行网络电子竞价交易，并建立了一系列交易监管和配套服务措施，推动覆盖全市的排污权交易全面实行。2011 年共完成交易 182 次，成交金额 1616 万元，化学需氧量成交价最高达 3 万元/吨，促进企业治污积极性明显提高。商业银行跟进研究排污权抵押贷款，积极发放绿化长江贷款，绿色信贷余额持续快速增长。

（六）行业分析

1. 房地产业朝着政策预期方向发展。随着房地产宏观调

控的深入，开发企业资金状况趋紧、销售预期改变，购地、新开工项目趋于谨慎，房地产投资增速在年初冲高后逐步放缓，年末增速为近3年最低。商品住宅用地成交面积和商品住宅新开工面积同比下降。保障性住房建设成效显著，已开工52.2万套，完成目标任务的103.2%，其中公租房实际开工量居全国前列，完成配租11万套，惠及民众近30万人。

商品房销售逐渐回归理性，价格呈下行趋势。随着房地产调控坚持不动摇，居民房价上涨预期逐步转变，持币观望者增多，加之投机需求得到有效抑制，全市商品房销售面积增速逐月回落，4季度下降加快，全年销售面积仅增长5.1%（见图13）。商品房销售额增速在前3个月冲高后大幅回落，下半年开发商降价促销增多，新建住宅销售价格连续环比下降（见图14），调控成效较为明显。实施房产税效果显现。主城区高档住房成交面积同比明显下降，上市量逐月递减，住房供求结构有所优化。

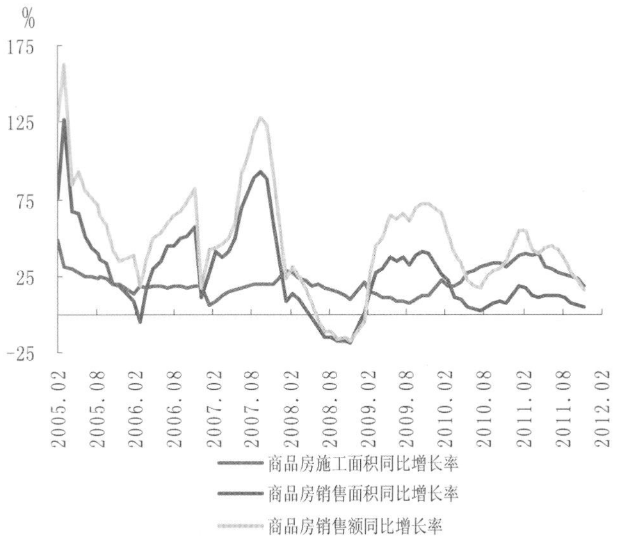

数据来源：重庆市统计局。

图13　2005—2011年重庆市商品房施工和销售变动趋势

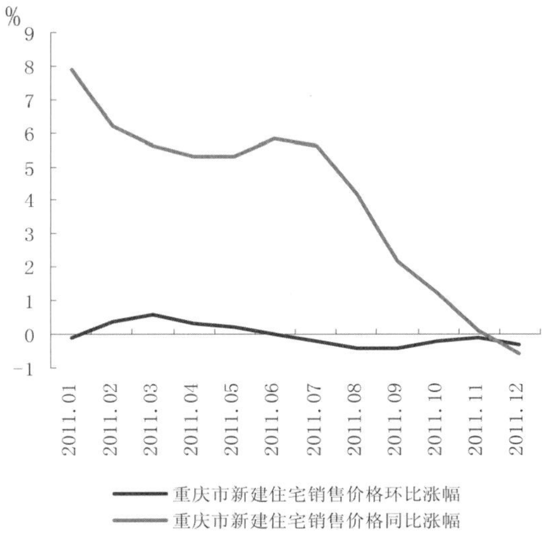

数据来源：重庆市统计局。

图14　2011年重庆市新建住宅销售价格变动趋势

商业银行从严执行房地产调控政策，对房地产业贷款实行行业限额和企业名单制管理，开发贷款增速回落。个人住房贷款受住房销售放缓、银行收缩低收益房贷业务等供、需两方面因素影响，增幅持续回落，年末增速同比下降24.3个百分点。差别化住房信贷政策执行到位，发放首套房贷款占比达93%，二套房首付和利率上浮规定得到严格执行，个人住房贷款加权平均利率比上年有所上升。

2.旅游业发展加快。2011年，得益于政策扶持和居民收入增长、消费升级，重庆旅游业快速发展。全年接待旅游者2.2亿人次，旅游总收入1268.6亿元，分别增长37%和38.2%，增幅创历史新高。据初步统计测算，全市旅游业增加值501亿元，占地区生产总值的比例达到5%，成为支柱产业和重要的现代服务业。重大旅游项目加快建设，长江三峡等六大精品景区提档升级，完成投资93亿元，接待游客数量同比增长40%；西部最大的旅游总部基地开工建设。温泉旅游、红色旅游、都市近郊休闲旅游持续火爆，假日旅游收入增长43%，农家乐有力带动农户增收。入境游人数和外汇收入同比增长近四成。产业结构升级发展，2艘大型游轮正式运营，游轮公司经营状况明显改善，新授牌五星级酒店4家，总量达到19家。旅行社产品研发和分销体系建设加快，营业收入大幅增长，海外旅业集团成为全国最大的组团机构之一。

金融支持旅游业力度加大。银行创新采取以项目特许经营权、门票收费权质押贷款等方式，积极支持景区基础设施建设和娱乐项目开发。中国银行重庆市分行推出“川渝旅游一卡通”、“我和我的重庆”主题卡，为持卡人旅游消费提供便利实惠的金融服务。旅游意外伤害险、包括医疗救援、航班延误等多种保障的自助游保险以及旅行社责任险等保险服务进一步改善。重庆新世纪游轮公司成为全国首家上市的游轮企业，融资4.5亿元用于扩大经营规模。

三、预测与展望

2012年，重庆将继续实施一系列民生导向的政策措施，推进城市化、工业化和城乡统筹一体化发展，促进消费、投资平稳增长。建设西部消费中心有助于改善消费环境、增加消费需求。固定资产投资在公租房建设、笔记本电脑基地建设和大型在建续建项目拉动下仍将保持较快增速。出口面临外需疲弱等挑战，但两江新区飞速发展、加工贸易模式转变和国际贸易大通道发挥更大作用，有利于稳定出口增长。总的来看，在需求结构转型和产业结构调整共同推动下，重庆经济有望继续保持平稳较快增长。但是，也应注意国内外需求减弱、劳动力成本上升、工业利润增速回落、资源环境约束加剧等可能对重庆经济造成的影响，预计经济增速将低于2011年。

从价格走势看，促进重庆物价下行的有利因素增多，需求、货币、输入性通胀等因素的拉动减弱，粮食、蔬菜生产规模扩大以及农超对接有利于减轻农产品价格上涨压力。但推动物价上涨的不利因素也仍然存在，劳动力结构性短缺带来劳动报酬上涨压力，节能减排等新要求和前期调整不足加大了资源性产品价格上调压力，企业经营成本上升向下游传导的可能性增大。综合考虑，预计2012年物价涨幅将平稳回落。

2012年，重庆金融业将继续认真贯彻稳健的货币政策，保持合理的信贷增长和社会融资规模，优化信贷结构、扩大直接融资，更好地满足实体经济发展的合理资金需要。深入推进金融改革和创新发展，着力改进对“三农”和小微企业的金融服务，进一步加强金融消费者权益保护，有效防范区域性、系统性金融风险，支持重庆经济平稳较快发展。

附录：

重庆市经济金融大事记

1 月，重庆与上海首批开展征收房产税试点。

7 月，重庆两江金融发展有限公司在重庆两江新区挂牌成立，注册资金 30 亿元，成为推动两江新区金融中心建设、集聚金融要素的重要平台。

10 月，国务院批复《重庆市城乡总体规划 2007—2020 年》，进一步明确了重庆作为国家中心城市的地位。

11 月，中国银行间市场交易商协会、中国人民银行重庆营业管理部、重庆市金融办（重庆市政府授权）共同签署《借助银行间市场助推重庆市经济发展合作备忘录》，重庆成为中西部首个与交易商协会开展战略合作的省市。

11 月，重庆在全国首发加载金融功能的社会保障卡。

2011 年，重庆至上海“五定”快班轮、渝深铁海联运、渝欧空中货运航线、渝新欧铁路货运班列相继运行，转口贸易达到 1/3，重庆建设内陆口岸成效显著。

2011 年，富滇银行、厦门银行、浙商银行、澳新银行、德意志银行、中德住房储蓄银行等 6 家银行重庆分行开业，7 家村镇银行和 1 家贷款公司开业。

2011 年，重庆在全国首批开展外资 PE 试点，惠普重庆结算中心顺利向长期模式过渡，国际电子商务交易健康发展，跨境人民币结算量增长 13 倍，重庆建设结算型金融中心步伐加快。

2011 年，重庆户籍制度改革取得重大进展，累计平稳转户 320 万人，户籍人口城镇化率提高 8 个百分点。

2011 年，重庆发展微型企业 4 万户，各类市场主体增加到 113 万户，增长 23%，全社会创业热情高涨，经济发展活力增强。

2011 年辽宁省金融运行报告

中国人民银行沈阳分行
货币政策分析小组

内容摘要

辽宁省“十二五”规划取得“开门红”。2011 年地区生产总值突破两万亿大关，增速较上年有所回落；“三农”发展势头良好；工业增加值占比提高；四大支柱产业中，装备制造业、农产品加工业的增长明显快于冶金、石化工业；固定资产投资保持高速增长；房地产业调整基本符合政策预期；生态环境建设取得重大进展。金融体系建设继续推进，金融管理和服务水平稳步提高。辽宁省存贷款增速继续稳步回落，贷款投向结构不断优化，利率水平总体呈上升趋势。银行业资产质量和效益有所提高，政券业盈利水平有所下降，保险业业务质量提升。

预计 2012 年辽宁经济将适度较快增长，经济结构调整加快，经济增长质量进一步提高。金融机构信贷投放将保持合理增长，贷款结构进一步优化。

一、金融运行情况

2011 年，货币政策取向由适度宽松转为稳健，辽宁省金融体系建设继续推进，金融管理和服务水平稳步提高，贷款投向结构得以优化，企业融资方式更加多元化，实体经济面临的金融环境进一步改善。银行业资产质量和效益均有所提高，证券业盈利水平有所下降，保险业业务质量持续提升。

（一）货币信贷条件继续向常态回归，银行业运行态势良好

随着货币政策转向稳健，2011 年辽宁省存贷款增速继续稳步回落，利率水平总体呈上升趋势。为应对政策环境、流动性状况的变化，银行机构加强风险管理，积极调整资产负债结构，资产质量和经营效益明显提高。

1. 银行机构经营状况良好。年末不良贷款余额比年初减少 142 亿元，不良贷款率比年初下降 1.14 个百分点，不良贷款余额和比例连续八年保持稳步“双降”态势。全年累计盈利 443.5 亿元，同比增加 101.8 亿元，同比增长 29.3%。

表 1　2011 年辽宁省银行业金融机构情况

机构类别	营业网点			法人机构（个）
	机构个数（个）	从业人数（人）	资产总额（亿元）	
一、大型商业银行	3120	73406	15190	0
二、国家开发银行和政策性银行	81	2361	4070	0
三、股份制商业银行	356	11416	6789	0
四、城市商业银行	963	21081	8067	15
五、农村合作机构	2474	27905	5505	87
六、财务公司	4	177	274	2
七、邮政储蓄	1621	16079	1819	0
八、外资银行	36	1298	397	0
九、新型农村金融机构	82	1411	210	56
合　计	8737	155134	42321	160

注：1、营业网点不包括总部。2、农村合作机构含农村信用社、农村合作银行及农村商业银行等。3、新型农村金融机构包括村镇银行、贷款公司和农村资金互助社三类机构。

数据来源：辽宁银监局、大连银监局。

2. 各项存款增速明显放缓（见图 1、图 3）。2011 年末，辽宁省金融机构本外币各项存款余额增速较上年同期下降了 10.2 个百分点。全年各项存款同比少增 1821 亿元，单位存款少增量占比达 96.2%。单位存款大幅少增主要是由于：贷款增速放缓及监管部门“实贷实付”的要求，导致派生存款减少；原材料价格不断攀升、经营成本增加等，导致企业各项支出加大；通胀预期增强背景下，企业大量增加存货；理财产品大量发行，分流了部分存款。央行准备金缴存范围的调整，也对存款增长产生明显影响，全年单位保证金存款同比少增了 164 亿元。同时，个人存款出现定期化趋势，个人活期存款增速仅为 7.4%，比个人存款平均增速低 5.5 个百分点。

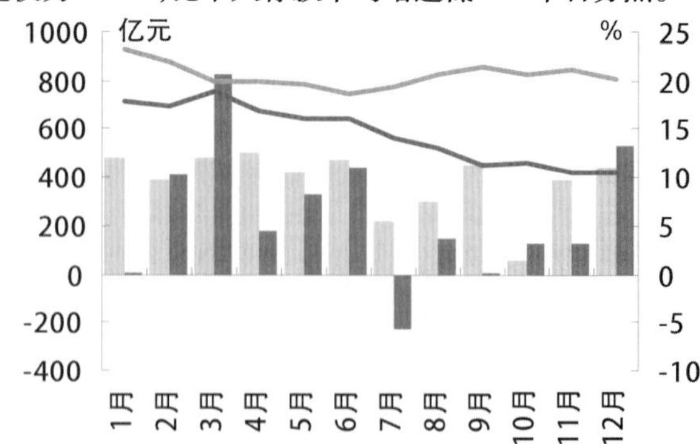

数据来源：中国人民银行沈阳分行。

图 1　2010—2011 年辽宁省金融机构人民币存款增长变化

3. 贷款增速稳步回落（见图2、图3），贷款结构变化显著。2011年末，全省本外币贷款余额22832亿元，同比增长17.2%；地方法人金融机构的贷款增速略高于全省平均水平。

2011年，全省新增中长期贷款占比下降30.8个百分点，新增短期贷款占比上升29.3个百分点，票据融资较年初净下降183亿元。中长期贷款占比下降、短期贷款占比上升，与清理规范地方政府融资平台贷款、加强房地产市场调控有关，同时也与金融机构为应对流动性紧缩政策、规避经济前景不明所致的风险而主动调整资产结构有关。票据融资出现净下降，则主要是为投放收益率更高的一般性贷款腾出空间。

贷款投向结构的变动，较好地体现了信贷政策导向。年末全省涉农贷款余额同比增长31.8%；全年小企业人民币贷款增量占全部企业贷款增量的33.5%，占比较上年同期提高5个百分点；新增本外币贷款较多的行业分别为制造业、批发和零售业以及交通运输、仓储和邮政业，增量占比分别为20.8%、18.4%和10.6%。国家助学贷款、小额担保贷款等支持弱势群体的信贷政策继续得以贯彻执行。辽宁省农村信用社联合社开展针对农村妇女的"小额信贷巾帼致富活动"，年末贷款余额2.5亿元，当年新增1.5亿元。

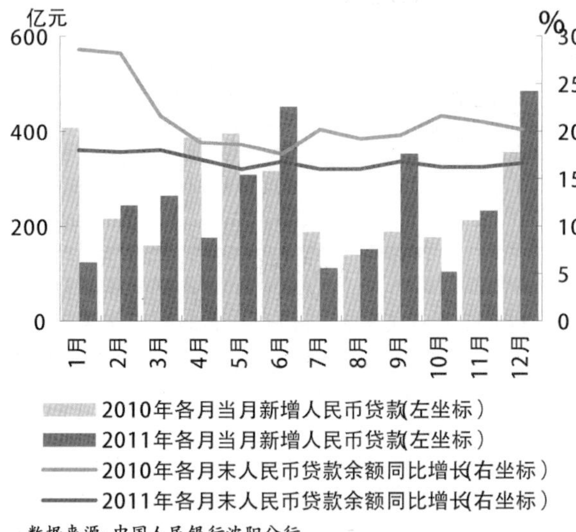

数据来源：中国人民银行沈阳分行。

图2　2010—2011年辽宁省金融机构人民币贷款增长变化

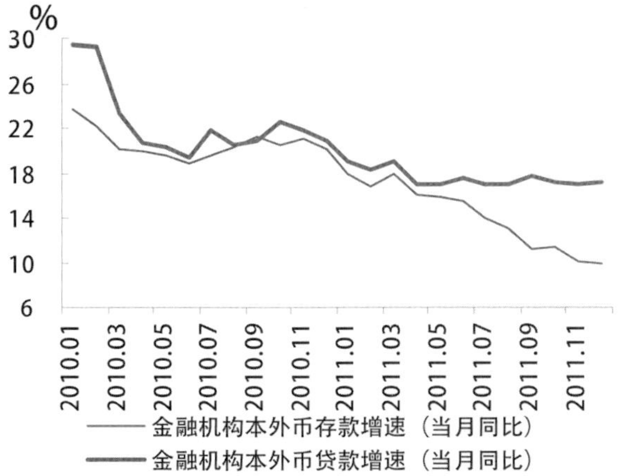

数据来源：中国人民银行沈阳分行。

图3　2010—2011年辽宁省金融机构本外币存、贷款增速变化

4. 贷款利率水平总体呈上升趋势。在中国人民银行连续6次上调准备金率、3次上调存贷款基准利率的影响下，12月份，人民币贷款加权平均利率为7.8939%，比上年同期上升0.7752个百分点。

表2　2011年辽宁省人民币贷款各利率区间占比表

	月份	1月	2月	3月	4月	5月	6月
	合计	100	100	100	100	100	100
	[0.9-1.0)	20.7	24.1	12.3	8.5	9.1	7.7
	1.0	27.8	29.6	29.3	30.2	28.6	28.3
上浮水平	小计	51.5	46.3	58.4	61.3	62.3	64.0
	(1.0-1.1]	13.9	17.2	20.1	17.5	19.4	20.6
	(1.1-1.3]	15.9	16.4	18.3	19.5	20.0	20.8
	(1.3-1.5]	5.4	4.0	7.0	8.5	9.4	9.0
	(1.5-2.0]	13.9	6.9	10.6	13.3	11.5	12.1
	2.0以上	2.4	1.8	2.3	2.6	2.1	1.6
	月份	7月	8月	9月	10月	11月	12月
	合计	100	100	100	100	100	100
	[0.9-1.0)	6.7	6.4	7.9	5.7	6.1	5.5
	1.0	26.8	26.4	25.8	27.2	29.4	29.7
上浮水平	小计	66.4	67.3	66.3	67.1	64.4	64.8
	(1.0-1.1]	17.2	18.7	19.6	18.6	20.6	19.0
	(1.1-1.3]	22.7	23.1	20.9	21.4	21.6	20.7
	(1.3-1.5]	10.3	9.2	9.0	10.7	8.8	10.6
	(1.5-2.0]	14.0	13.7	14.7	14.5	11.9	13.2
	2.0以上	2.2	2.5	2.1	1.9	1.5	1.2

数据来源：中国人民银行沈阳分行。

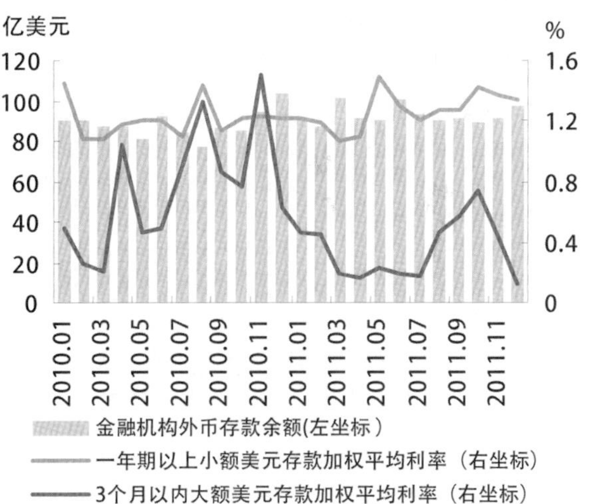

数据来源：中国人民银行沈阳分行。

图4　2010—2011年辽宁省金融机构外币存款余额及外币存款利率

5. 农村信用社改革继续向前推进。2011年，全省有3家农村信用社实现专项中央银行票据兑付，金额为20825万元。在4家农村信用社基础上改制成立的沈阳市农村商业银行于2011年12月正式开业。大连市农村信用联社改制为农村商业银行的工作顺利推进。全年农村信用社利润增长42.7%，支农服务水平也有所提高。

6.《辽宁省银行机构跨境人民币结算工作考评办法》、《辽宁省贸易进出口本外币交叉币种报关结算操作指引》、《辽宁省跨境人民币直接投资业务操作指引》的制定出台，推动了跨境人民币业务的发展。全省有33家银行的203家分支机构办理了跨境人民币结算业务，试点开始以来累计结算额达到371.2亿元，涉及企业619家，境外地域涉及55个国家和地区。其中,2011 年累计结算金额 322.6 亿元(含人民币投融资业务 143.8 亿元),是上年的 6.7 倍。

专栏 1:朝阳市创新农业贷款模式助力辽宁“百万亩设施农业”建设

朝阳市农村信用社创新开办农业设施抵押贷款业务,全力支持辽宁省政府提出的“百万亩设施农业”建设,取得了显著成效。

一、采取的有关措施

(一)提供“区别对待、方便快捷”的金融服务

对农业设施抵押贷款申请,视贷款额度不同采取不同的操作流程。首先由各县(市)区主管部门自主确定相应的金额(一般在 3 万元—5 万元之间),规定金额以上的,由具有评估资质的评估机构和人员对拟抵押的农业设施进行评估;规定金额以下的,可不委托评估机构评估,由农村信用社确定抵押物价值,最快 2 个工作日即可发放贷款(详见下图)。

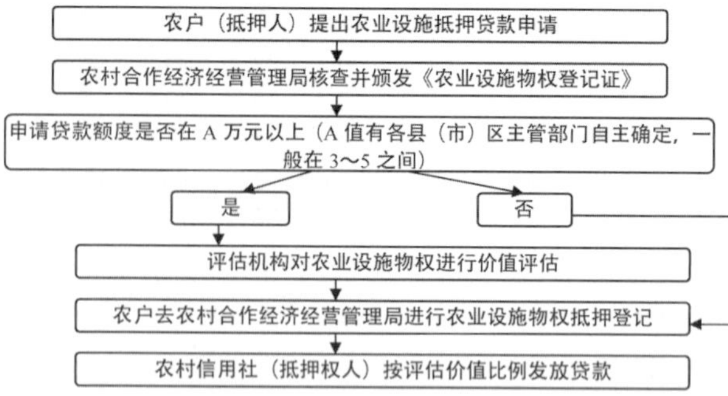

图 5:朝阳市农业设施抵押贷款操作流程图

(二)确定“科学合理、灵活机动”的贷款期限和结息方式

农业设施抵押贷款贷款期限为 1—3 年不等,原则上不超过 3 年。结息方式由借贷双方在合同中约定,可按照贷户实际情况实行按月或按季结息。

(三)采取“齐抓共管、多措并举”的风险控制模式

一是依据松动能力、经济实力、经营能力和自筹资金到位情况审查贷款人资格。二是视贷款金额大小、贷款人信用状况和经营承受能力,合枞确定贷款保敀方式。三是根据市场信息和经验,详细调查项目可行性,对重复经营、产品市场不明确、产品无订单、经营技术难掌握的项目及时建议调整或谨慎发放贷款。四是地方政府密切配合农村信用社了解项目工程进展、政府承诺配套设施及相关政策是否到位、生产技术指导与产品销售服务是否落实等信息,确保农民生产经营少走弯路。五是做好贷后检查,让设施农业发展一个、成熟一个、见效一个,确保农民增收、信用社增效。

(四)成立“上下联动、分工明确”的领导小组

朝阳市、县、乡三级农村信用社分别成立专门工作领导小组,实行“一把手”负责制。市级农村信用社帮助县级联社组织、协调资金,为县级联社提供政策支持;县级联社负责具体落实信贷资金,指导辖内基层信用社做好设施农业建设信贷投放和服务管枞工作;基层信用社负责设施农业贷款的立项、考察和发放工作。

二、取得的成效

一是缓解农户资金短缺问题。截至 2011 年末,枌计发放设施农业贷款 41.5 亿元,惠及农户 7.2 万户、牧民 1.2 万户。二是推进了农业产业化进程。农业设施抵押贷款额度占百万亩设施农业资金总额的 36.7%,涉及设施农业建设面积 69.2 万亩。三是促进了农业增产、农民增收。农业设施抵押贷款有效保敀了百万亩设施农业建设顺枏开展,极大地改善了农村、农民生活现状。2011 年全市实现农业总产值 105.9 亿元,增长 124.6%;实现增加值 75 亿元,同比增长 116.3%;农民人均纯收入达到 3060 元,同比增长 118.6%。

(二)证券业机构规模进一步扩张,盈利水平下降

2011 年,辽宁省证券经营机构加强合规建设,经纪业务逐步向专业化、服务化方向转变。地方法人证券公司通过增设营业部、设立分公司和开展新业务,建立立足辽宁、辐射全国的战略格局。期货经营机构经营规模有序扩大,服务实体经济能力逐步提高,实现了市场规模扩大和质量提升并举的较好发展局面。辽宁企业上市积极性提升,5 家公司(不含大连,下同)通过证监会审核,其中 2 家公司上市,另有 9 家企业发行上市申请进入证监会审核程序,还有 17 家公司在辽宁证监局辅导备案。受沪深股市低迷影响,证券业盈利水平普遍下降甚至亏损。

表 3　2011 年辽宁省证券业基本情况表

项　目	数量
总部设在辖内的证券公司数(家)	3
总部设在辖内的基金公司数(家)	0
总部设在辖内的期货公司数(家)	7
年末国内上市公司数(家)	65
当年国内股票(A股)筹资(亿元)	440.5
当年发行H股筹资(亿元)	0
当年国内债券筹资(亿元)	571.8
其中:短期融资券筹资额(亿元)	220

数据来源:中国人民银行沈阳分行、辽宁证监局、大连证监局。

(三)保险业整体实力不断增强,业务质量持续提升

2011 年,全省(如未注明“含大连”,均指不含大连的数据)保险业共实现保费收入 376.3 亿元;资产合计 1024.9 亿元,同比增长 13.6%。保险深度(含大连)为 2.4%,保险密度(含大连)为 1221 元。保险业保障功能不断发挥,全年累计为社会提供风险保障 7.8 万亿元,累计赔付支出 130.9 亿元。人身险业务萎缩,农险、责任险业务发展迅速。全省财产险公司综合赔付率降至 58.1%,同比下降 4.8 个百分点,低于全国同期 3.1 个百分点;全年累计实现承保利润 12.5 亿元,承保利润率为 10.6%,同比上升 4.8 个百分点,高于全国同期 5.9 个百分点。

表 4　2011 年辽宁省保险业基本情况表

项　目	数量
总部设在辖内的保险公司数(家)	4
其中:财产险经营主体(家)	1
人身险经营主体(家)	3
保险公司分支机构(家)	92
其中:财产险公司分支机构(家)	37
人身险公司分支机构(家)	55
保费收入(中外资,亿元)	525
其中:财产险保费收入(中外资,亿元)	187
人身险保费收入(中外资,亿元)	338
各类赔款给付(中外资,亿元)	153
保险密度(元/人)	1221
保险深度(%)	2.4

数据来源:辽宁保监局、大连保监局。

（四）企业融资方式进一步多元化，各类金融市场表现差异明显

1. 企业融资方式进一步多元化（见表3、表5）。2011年，辽宁省企业共发行短期融资券220亿元，同比增长5%；发行中期票据126亿元，同比增长26%。企业债券的发行额大幅增加。全省实际利用外资243亿美元，在全国继续名列前茅；实际利用国内资金超过5000亿元。盛京银行、大连银行获得非金融企业债务融资工具承销商资质，改变了辽宁省没有债务融资工具承销商的局面。

表5　2001—2011年辽宁省非金融机构部门贷款、债券和股票融资情况表

	融资合计（亿元人民币）	比重（%）		
		贷款	债券（含可转债）	股票
2001	381.9	96.1	0.0	3.9
2002	644.4	99.6	0.0	0.4
2003	1070.9	95.8	3.8	0.4
2004	761.5	99.1	0.9	0.0
2005	1079.2	99.3	0.7	0.0
2006	1242.0	95.5	3.5	1.0
2007	1678.6	77.8	3.9	18.3
2008	2340.7	89.2	7.9	2.9
2009	4353.5	89.9	9.4	0.7
2010	4200.8	80.9	11.9	7.2
2011	4371.0	76.8	13.1	10.1

数据来源：中国人民银行沈阳分行、辽宁证监局、大连证监局。

2. 同业拆借和债券回购交易活跃。在流动性趋紧的情况下，货币市场成为金融机构调节流动性的重要手段。辽宁省金融机构在全国银行间市场累计拆借资金3151.18亿元，增长29.94%，其中拆入资金占93.2%。全年债券回购成交39709.42亿元，增长11.54%，其中，质押式回购交易占99.25%。

3. 票据融资业务规模同比下降（见表6），但降幅有所回落，贴现余额季末放大特点较为明显。承兑规模有所增加，且增量集中于中小企业。票据贴现利率振荡上行（见表7）。12月份直贴利率达到全年最高水平，转贴现利率达到全年次高水平。

表6　2011年辽宁省金融机构票据业务量统计表

单位：亿元

季度	银行承兑汇票承兑		贴现			
			银行承兑汇票		商业承兑汇票	
	余额	累计发生额	余额	累计发生额	余额	累计发生额
1	2367	1147	641	2142	11	27
2	2609	2431	669	4536	7	102
3	2662	3698	729	7792	4	112
4	2788	5153	774	11363	5	169

数据来源：中国人民银行沈阳分行。

表7　2011年辽宁省金融机构票据贴现、转贴现利率表

单位：%

季度	贴现		转贴现	
	银行承兑汇票	商业承兑汇票	票据买断	票据回购
1	6.6875	6.5228	5.1172	5.2801
2	6.6759	6.4704	5.5011	5.2323
3	8.4325	9.1217	6.7072	6.1643
4	8.9646	10.0305	7.3933	6.7493

数据来源：中国人民银行沈阳分行。

4. 期货市场交易萎缩（见表8）。2011年国际市场初级产品价格普遍上涨，大连农产品期货价格也随之水涨船高，投机交易受到了抑制。受此影响，大连期货交易总量同比大幅减少了28.3%，平均成交价格则明显上升。但化工产品期货的市场表现与整个期货市场的走势差异巨大。聚乙烯延续了价格有所回落、成交量迅速增长的势头；聚氯乙烯期货则在价格保持相对平稳的情况下出现了恢复性增长。4月15日焦炭期货合约开始挂牌交易，交易所的交易品种进一步丰富。

表8　2011年大连商品交易所交易统计表

交易品种	累计成交金额（亿元）	同比增长（%）	累计成交量（万手）	同比增长（%）
豆一	22730.6	-26.3	5047.9	-32.5
豆二	10.2	-17.7	2.1	-27.5
玉米	12609.0	-18.0	5369.9	-25.4
聚乙烯	99327.1	44.6	19043.8	52.4
豆粕	32535.8	-57.9	10034.1	-60.1
棕榈油	40388.5	-35.4	4518.8	-46.0
聚氯乙烯	7499.2	11.6	1887.7	11.3
豆油	115551.5	-25.7	11602.5	-36.5
焦炭	6860.5	-	302.5	-
总计	337512.4	-19.1	57809.4	-28.3

数据来源：大连商品交易所。

5. 银行间外汇市场交易活跃。受市场交易主体结售汇同比大幅增加的影响，即期交易同比增加30.71%，达87.3亿美元，其中询价交易占99.63%。“外币对”交易同比增长1.05倍，达60.7亿美元。

6. 黄金投资交易十分活跃，用金单位交易有所萎缩。投资者购买黄金保值的愿望强烈。商业银行场外品牌金成交数量和金额分别增长72.5%和100.3%；本币账户金成交数量和金额分别增长61.4%和100.4%；美元账户金成交数量和金额分别增长114.5%和177.8%。由于国际黄金价格大幅攀升，用金单位黄金购入量减少，辽宁省参与上海黄金交易所各黄金品种交易的数量和金额分别减少35.6%和8.8%。

（五）中央银行着力提升金融服务水平，助力辽宁经济发展

制定出台《2011年辽宁省货币信贷工作指引》，有效引导全省贷款的合理增长和均衡投放，增强金融对地方实体经济发展的支持能力。征信系统建设继续向前推进，为全省32万户企业和2936万人建立了信用档案，开通查询用户19736个，系统月均查询量达到53万次。中小企业和农村信用体系建设深入开展，为53619户未与银行发生信贷关系的中小企业和453万户农户建立了信用档案，有效助推中小企业和三农发展。省内信用评级市场监管手段不断完善，评级业务质量稳步提高，担保机构信用评级长效机制已基本形成。

第二代支付系统建设工作顺利开展，大额支付系统、小额支付系统、支票影像交换系统、网上支付跨行清算系统运行稳定，业务量稳步增长。农村支付服务环境建设工作成效显著。农村地区银行机构建成内部清算网络，农信银清算系统在农村地区实现全覆盖，国家各项补贴全部通过银行账户和银行卡发放。每个县的农村地区均实现了ATM和POS机布放的零突破。农村地区人均持卡0.99张，持卡消费金额占社会消费品零售总额的比重达到21.67%。

稳步推进国库信息化建设，进一步扩大电子缴税覆盖面。与有关部门密切协作，开发建设国库集中支付业务联网，实现

财政支出业务电子化。充分利用国库的技术资源和优势，积极开展国库直接支付业务，实现了政府补助资金的"点对点"发放。全面实现进口核销制度改革，变逐笔核销为总量核查。以华晨宝马汽车有限公司作为试点企业，开展服务贸易提前购汇试点。开展中资企业境外担保境内放款试点、中资企业以外汇质押办理人民币贷款试点，拓宽企业的融资渠道。创新外商投资企业外汇年检方式，实施外汇年检代申报制度，减轻企业负担。开展人民币流通净化工程，流通中人民币券别结构、整洁度等逐步好转。

二、经济运行情况

2011 年辽宁省地区生产总值突破两万亿大关，达到 22025.9 亿元，按可比价格计算，比上年增长 12.1%，增速较上年有所回落（见图 6），但高于全国 2.9 个百分点。"三农"发展势头良好，经济结构调整优化效果显著，生态环境建设取得重大进展，"十二五"规划取得"开门红"。

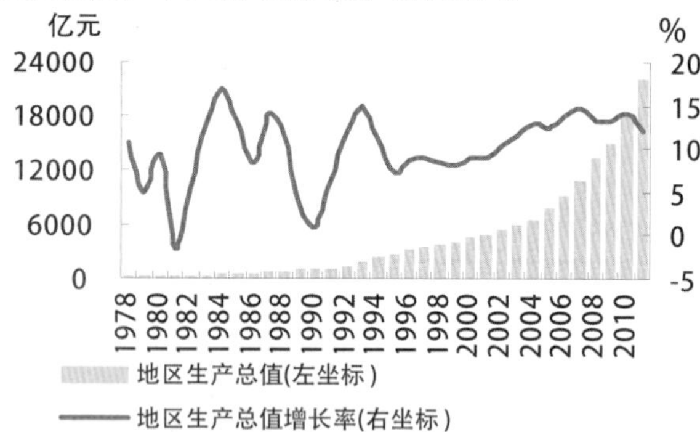

数据来源：辽宁省统计局。

图 6　1978—2011 年辽宁省地区生产总值及其增长率

（一）内需保持高速增长，外需增速回落

2011 年辽宁省固定资产投资保持了高速增长，城乡消费需求继续平稳较快增长，但对外贸易在多重因素影响下增长放缓。

1. 固定资产投资保持高速增长（见图 7）。全年固定资产投资（不含农户）完成 17431.5 亿元，同比增长 30.2%，增速高于全国 6.4 个百分点。其中，第三产业投资额增长 35.3%，高于上年同期 1 个百分点；投资额占比 54.5%，比上年提高 4.6 个百分点。

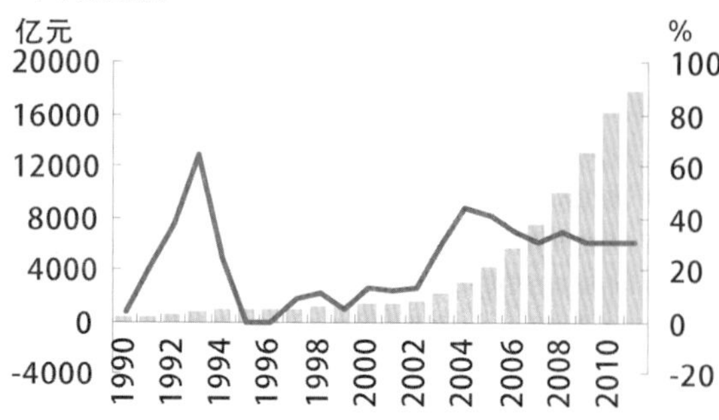

数据来源：辽宁省统计局。

图 7　1990—2011 年辽宁省固定资产投资及其增长率

2. 居民收入加速增长，城乡消费需求增长较快。2011 年辽宁省城镇居民人均可支配收入和农村居民人均纯收入的增速均明显高于上年及全国平均增速。全年社会消费品零售总额增长 17.5%，高于全国 0.4 个百分点。

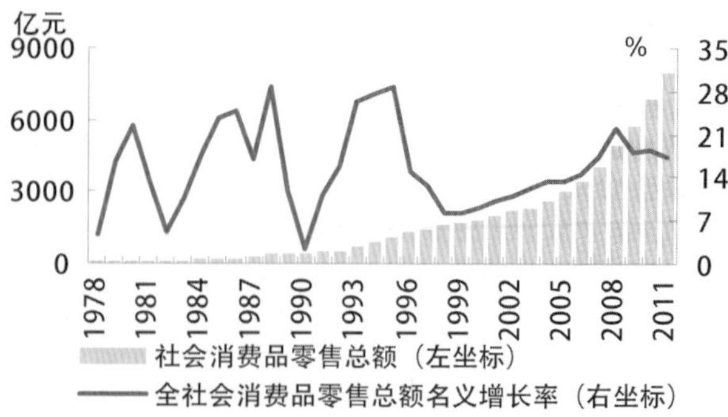

数据来源：辽宁省统计局。

图 8　1978—2011 年辽宁省社会消费品零售总额及其增长率

3. 对外贸易增速回落。全年辽宁省出口 510 亿美元，增长 18.4%，增速较上年低 10.5 个百分点；进口 449 亿美元，增长 19.6%，增速较上年低 7.8 个百分点（见图 8）；实际利用外资 243 亿美元，增长 17%，增速较上年低 17.4 个百分点（见图 9）。

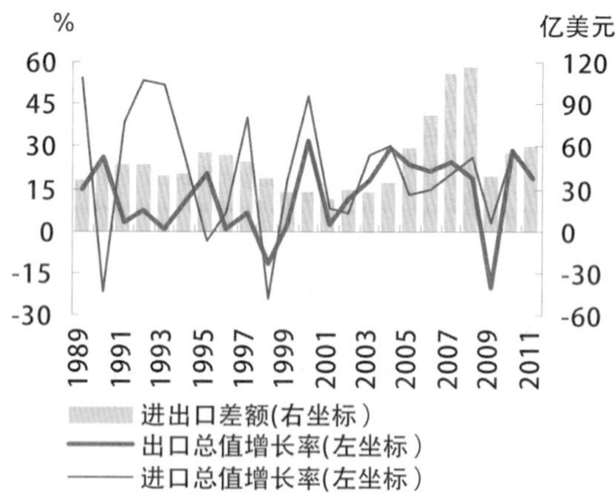

数据来源：辽宁省统计局。

图 9　1989—2011 年辽宁省外贸进出口变动情况

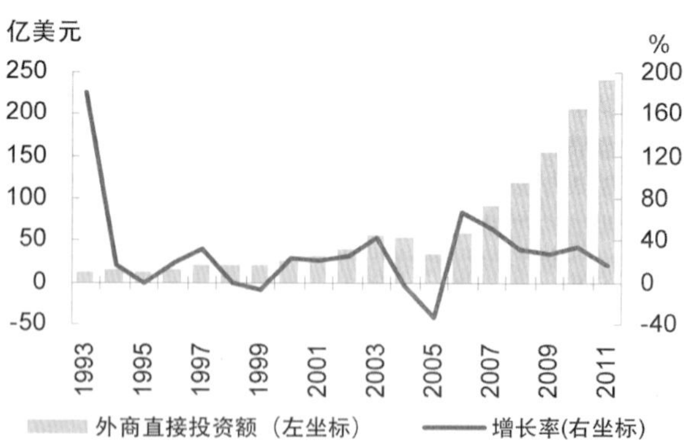

数据来源：辽宁省统计局。

图 10　1993—2011 年辽宁省外商直接投资情况

（二）社会供给稳定增长，经济增长质量提高

全年第一、二、三产业增加值分别增长 6.5%、14.1% 和 10.5%。其中，第一产业增加值增速高于上年 0.7 个百分点；第二产业增加值占比较上年提高 1.2 个百分点。

1. 农业生产形势良好，全年粮食产量增长 15.3%，蔬菜产量增长 6.2%，水果产量增长 10.7%。县域经济增幅大大高于全省平均水平，7 个县特色农产品规模居全国第一位，20

个县形成了超百亿元的工业产业集群。

2. 经济发展方式转变和结构调整政策在工业领域取得明显成效。全年规模以上工业增加值按可比价格计算比上年增长14.9%（见图10）。四大支柱产业中，装备制造业、农产品加工业的增加值和利润均实现了快速增长，且增速明显高于冶金、石化工业。全年六大高耗能行业增加值增速大大低于全省平均水平；高新技术产品增加值按现价计算比上年增长28%，占规模以上工业增加值的33.6%。全年规模以上工业企业产品销售率98.2%，与上年持平。形成了一批具有较高技术水平的产品，如高档数控机床、盾构机、大型曲轴等。

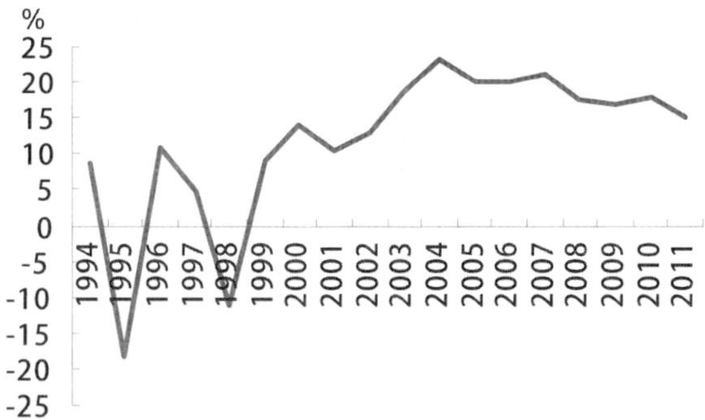

数据来源：辽宁省统计局。

图11　1994—2011年辽宁省工业增加值增长率

3. 服务业短板进一步补齐。沈阳金廊、大连钻石海湾、鞍山达道湾、锦州十里商街、铁岭东北物流城、辽阳佟二堡皮装裘皮市场等36个服务业聚集区建设步伐加快。服务业增加值增长11%。签约投资额10亿元以上的温泉旅游项目74个，总投资2600亿元；辽阳弓长岭等10个温泉旅游度假区、营口双台子等50个温泉旅游小镇初具规模。

（三）物价水平高位运行，四季度呈现回落走势

在全球货币条件极度宽松、前两年国内需求扩张较快的大环境下，2011年辽宁省居民消费价格水平同比上涨5.2%，涨幅高于上年2.2个百分点；工业生产者出厂价格上涨6.5%，工业生产者购进价格上涨8.3%（见图11）。

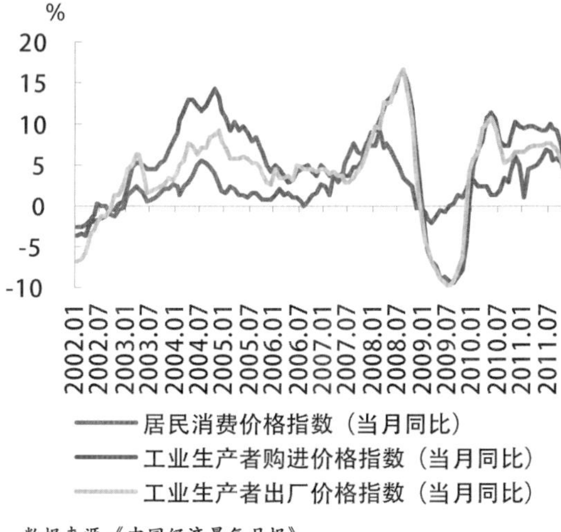

数据来源：《中国经济景气月报》。

图12　2002—2011年辽宁省居民消费价格和生产者价格变动趋势

（四）财政收入大幅增长，教育、科技支出增长较快

全年公共财政预算收入2640.5亿元，比上年增长31.7%，增速高于上年5.7个百分点（见图12）。其中，各项税收1974.5亿元，增长30.2%。公共财政预算支出3902.1亿元，比上年增长22.1%，增速高于上年3个百分点（见图13）。其中，教育支出524.4亿元，增长29.4%；科学技术支出86.6亿元，增长25.6%。

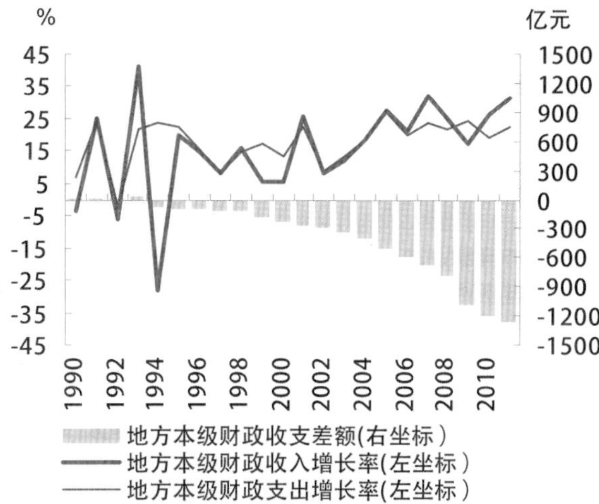

数据来源：辽宁省统计局。

图13　1990—2011年辽宁省财政收支状况

（五）生态环境建设取得重大进展

全年造林721万亩，绿化投资332亿元，超过了前五年的总和。阜新、朝阳64万亩坡地造林和300万亩草原沙化治理全面完成。历时三年，完成了朝阳528万亩荒山绿化。在全省开始实施青山工程，拟用4到5年的时间，恢复遭破坏山体的生态。全面开展辽河干流综合整治，辽河干流达到四类水质。全面整治农村面源污染，启动了100座乡镇生活垃圾处理场和100个乡镇污水处理设施建设。清理利用批而未用土地165平方公里、闲置土地21平方公里，耕地保护和土地执法工作均在全国名列前茅。

专栏2：金融支持保障性安居工程建设的"阜新模式"

金融支持保障性安居工程的"阜新模式"在侧重金融支持保障性住房建设的同时，也关注经济转型、居民安居枇业等问题，是集保障性住房建设贷款、土地开发贷款、按揭贷款、助业贷款及金融配套服务为一体的金融支持系统工程。2011年全省金融机构共向阜新市发放涉及保障性安居工程各枉贷款26亿元，有力地支持了阜新市以棚户区改造为主的270万平方米保障性安居工程建设，惠及居民近5万户。归结起来，"阜新模式"有以下几个特点。

一、中国人民银行大力推动，切实提高金融支持的效率和可持续性

在"阜新模式"的探索和建立过程中，中国人民银行充分发挥了指导和引导作用。协调9家省级金融机构和阜新市政府签订金融支持保障性住房建设战略合作协议，推动政府有关部门以及金融机构联合建立了金融支持保障性安居工程联席会议制度。推动金融机构发放3亿元搭桥贷款，以满足国家开发银行信贷资金未发放之前的棚户区改造建设的资金总求。在再贷款、再贴现业务的办枞上，对提供保障性安居工程信贷资金的金融机构予以倾斜，提高了金融机构支持保障性安居工程的资金能力。稳步推动商业银行根据阜新市实际总求进行保障性安居工程金融产品和服务方式创新。

二、金融机构广泛参与，全方位提供金融产品和金融服务

1. 以腾空土地为抵押提供棚户区改造开发贷款。按照政府性债务融资的监管要求，国家开发银行以经过规划、环评后动迁腾空土地为抵押，2011 年发放棚户区改造建设贷款 7.3 亿元。

2. 发放土地开发贷款确保保障性住房建设用地。农业发展银行以其他土地作为抵押，以开发地块土地出让金作为还款来源，发放土地开发贷款 18.5 亿元。

3. 创新担保方式发放保障性住房抵押贷款。针对借款人收入不高、贷款金额小的特点，金融机构在房产政尚未办᠁的情况下，以阜新市棚改办出具的"棚户区改造拆迁安置协议书"和"购房款收据"为抵押凭政，对回迁居民户发放按揭贷款。

4. 创新贷款方式，支持棚改居民创业。农业银行、阜新市农村信用社在抵押、质押的基础上，结合财产保险为棚改居民户提供了自主创业个人贷款，全年发放创业、助业贷款 2691 万元。

5. 提升保障性住房小区周边金融服务水平。城市商业银行及农村信用社设立了专门机构或指定经营网点，为保障性住房居民办᠁多种形式的小额贷款并提供专属金融服务。

三、创新信用增级方式，有效控制金融风险

阜新市政府成立了专门的债务管᠁部门，负责与银行办᠁贷款对接和相关手续，保政保障性住房建设信贷资金的合规运用，并积极规划对抵押腾空土地进行整᠁，负责土地升值出售后的贷款偿还，提升了棚户区改造资金的市场化运作能力。对棚改回迁居民户购买回迁小区网点给予价格和税费等优惠政策，配合金融机构提供的创业、助业贷款，提高回迁居民的创业积极性。

（六）房地产业调整基本符合政策预期，交通运输业保持较快发展

1. 房地产市场变化明显，调控政策取得成效。在国家房地产宏观调控的背景下，辽宁省房地产市场总体运行健康平稳，房地产开发投资增速回落，商品房消费稳定增长，房价上涨趋势得到了遏制。

（1）房地产开发投资增速小幅回落。2011 年，辽宁省完成房地产开发投资 4487.6 亿元，同比增长 29.5%，增速比全国水平高 1.6 个百分点，比上年高 1.8 个百分点。从资金来源看，国内贷款占比较上年提高 0.8 个百分点；利用外资占比提高 0.1 个百分点；自筹资金占比下降 4.6 个百分点。

（2）土地购置面积、新开工面积增速大幅回落，竣工面积增速大幅提高。在国家房地产调控政策持续加强的情况下，开发企业在拿地和开工新项目方面更为谨慎。2011 年，辽宁省土地购置面积同比增长 5.5%，增幅比上年同期下降 68.1 个百分点；本年新开工面积为 12425 万平方米，同比下降 1.8%，增幅比上年同期下降 53.9 个百分点。与此同时，竣工面积增长 41.4%，增速比上年同期提高 30.8 个百分点。

（3）住房需求总体保持稳定增长，部分城市住房消费萎缩。2011 年，辽宁省商品房销售额 3576.3 亿元，增长16.7%，增速较上年回落 24.4 个百分点；商品房销售面积 7561.4 万平方米，增长 11.2%，增速较上年回落 15.3 个百分点（见图 14）。大连、铁岭、葫芦岛商品房销售面积同比分别减少 25.1%、7.7% 和 45.7%。

（4）新建住宅价格呈下降趋势。2011 年以来，房地产宏观调控政策效果进一步显现。国家统计局发布的 70 个大中城市数据显示，沈阳、大连、丹东、锦州新建商品住宅价格同比涨幅大体呈高位回落态势，下半年部分月度出现环比价格下跌的现象（见图 15），其中 12 月份四城市房价环比分别下跌 0.2、0.1、0.2 和 0.1 个百分点。

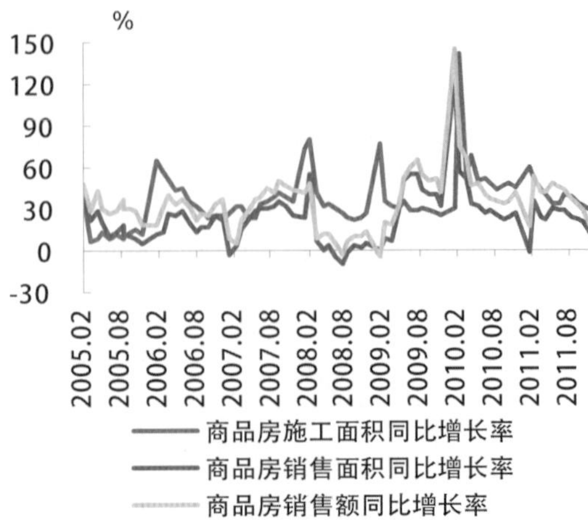

数据来源：《中国经济景气月报》。

图 14　2005—2011 年辽宁省商品房施工和销售变动趋势

（5）房地产贷款增速回落。年末各项房地产类贷款余额同比增长 19%，增幅比上年回落 14.6 个百分点。在政策引导下，金融机构加大对保障性住房建设的支持力度，并探索形成"阜新模式"（详见专栏 2）。年末辽宁省保障性住房开发贷款余额为 111.2 亿元，比年初增加 83.5 亿元。

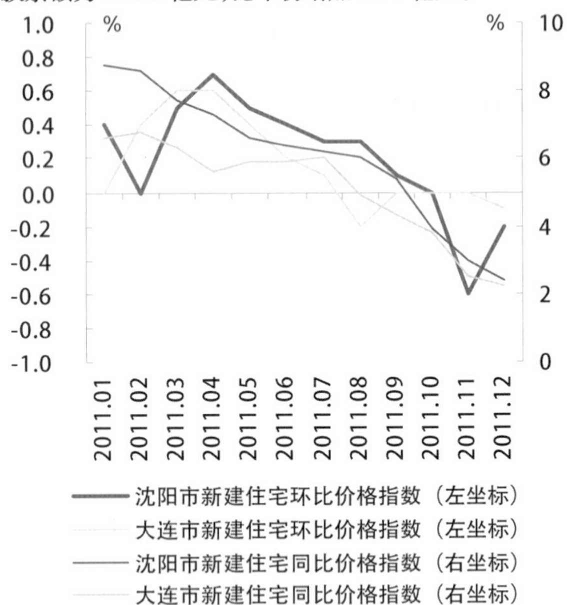

数据来源：《中国经济景气月报》。

图 15　2011 年辽宁省主要城市新建住宅价格指数

2. 交通运输业保持较快发展，公路建设以费还贷面临较大压力。近年来，辽宁省紧紧围绕东北老工业基地振兴的宏伟目标，坚持交通运输优先发展，全面推进交通运输业基础设施建设，着力调整交通运输结构，实现了交通运输业全面较快发展，有力地发挥了对全省经济和社会发展的支撑及拉动作用。2011 年，辽宁省交通运输、仓储及邮政业增加值 1086 亿元，按可比价格计算，比上年增长 10%。全省各类交通运输企业货物运输量完成 18.21 亿吨，比上年同期增长 16.8%；货物周转量完成 10400.1 亿吨公里，同比增长 15.2%。旅客

周转量完成 1064.4 亿人公里，增长 6%。港口货物吞吐量 78374 万吨，增长 15.3%。

近年来，随着交通运输建设步伐不断加快，辽宁省金融机构加大了对交通运输业的支持力度，在支持基础设施改造和重大项目建设上发挥了重要作用，贷款余额持续增加。截至 2011 年末，辽宁省交通运输、仓储及邮电通信业贷款余额为 2019.16 亿元，同比增长 22.67%，占各项贷款余额的 8.84%；当年新增贷款 372.9 万元，同比增加 24.66%，占各项贷款新增额的 11.1%。

公路在辽宁省运输体系中占据重要位置，其客、货运量在综合运输体系中的比重分别达到 86.6% 和 83.36%。由于以下原因，辽宁省公路建设以费还贷面临较大压力。一是公路建设成本上升。随着高速公路建设设计规范的逐渐完善，新材料、新工艺的推广应用，再加上受原材料、征地动迁价格上涨等因素影响，高速公路建设成本逐年增加。二是面临的风险加大。近年来，国家陆续推出多项涉及到公路行业的改革措施（如二级公路取消收费、费改税等），其对公路行业的影响逐步显现；由于油价波动、其他交通方式的竞争等，新建高速公路通车后并不会带来通行费收入成比例的增长；新建高速公路大多处于经济相对欠发达地区，未来交通量的增长存在较大不确定性。

三、预测与展望

2012，辽宁经济发展面临复杂多变的形势。首先，国际、国内环境较为严峻。世界经济复苏的不稳定性不确定性上升；国内通胀压力仍较大；全国经济增长预期下调，内需拉动辽宁经济增长的作用减弱。其次，从辽宁自身条件看，房地产调控对投资增长的影响值得关注，居民消费在短期内也难有较大幅度的提高。同时，也存在一些有利因素。辽宁经济外向度较低，受国际经济影响相对较小；调整经济结构、促进经济自主增长的政策措施已取得初步成效，为经济持续增长提供了内在动力。总体而言，2012 年辽宁经济将适度较快增长，经济结构调整加快，经济增长质量进一步提高。预计 2012 年辽宁省地区生产总值增长 11%，全社会固定资产投资增长 20%，社会消费品零售总额增长 16%。

辽宁省金融机构将继续贯彻落实稳健的货币政策，着力支持辽宁实体经济发展。预计 2012 年辽宁省信贷投放将保持合理增长；贷款结构进一步优化，贷款投放将向重点在建续建项目、保障性住房建设、符合产业政策的企业特别是小微企业以及企业技术改造倾斜。

附录：

辽宁省经济金融大事记

2 月 21 日，国家外汇管理局辽宁省分局成为全国首个直接投资系统应用门户整合试点单位，为全面推进各项核心系统应用门户整合工作提供了实践基础。

3 月 25 日，中国人民银行沈阳分行印发《2011 年辽宁省货币信贷工作指引》，提高执行货币政策的效率和水平，增强对地方经济发展的支持能力。

4 月 15 日，全球首个焦炭期货合约在大连商品交易所上市交易。

4 月 21 日，中国人民银行沈阳分行举办“加强银企合作，共促辽宁发展”活动启动仪式，搭建银企资金供总对接平台，促进银企共赢。

6 月 1 日，辽宁省财产保险单欧客户联影像留存系统正式上线运行，从源头上治理各类违法违规行为。

6 月 18 日，中国人民银行沈阳分行与阜新市人民政府共同召开金融支持阜新市保障性住房建设现场推进会。

9 月 16 日，共青团中央和中国人民银行联合在沈阳召开全国农村青年信用示范户工作推进会。

9 月 14 日 –16 日，第五届夏季达沃斯论坛在大连召开，来自 90 多个国家的 1600 多名政商精英围绕“关注增长质量，掌控经济格局”展开深入讨论。

10 月 9 日，中国人民银行沈阳分行召开“两管理、两综合”工作发布会，启动以“金融机构开业管理、营业管理及综合执法检查和综合评价”为主要内容的“两管理、两综合”工作。

10 月下旬，中国人民银行沈阳分行与辽宁省政府金融办联合组织召开“辽宁省非金融企业债务融资工具推进会”。

11 月 17 日，国家外汇管理局辽宁省分局获得中资企业外汇质押人民币贷款试点资格。

第二章　金融机构

第一节　银行业金融机构

中国工商银行

2011 年,中国工商银行股份有限公司(以下简称"工商银行")积极应对复杂严峻形势带来的各种困难和挑战,坚持支持和服务于实体经济,主动适应客户多元化金融服务需求,积极推进经营结构调整和发展方式转变,稳步拓展国际化、综合化经营,持续深化改革创新,不断完善公司治理和风险管理,继续保持了健康平稳的发展势头,市值、客户存款等多项指标均在全球上市银行中保持第一的位置。

业务概况

截至年末,工商银行拥有 408,859 名员工,通过 16,648 个境内机构、239 个境外机构和遍布全球的 1,669 个代理行以及网上银行、电话银行和自助银行等分销渠道,向 411 万公司客户和 2.82 亿个人客户提供广泛的金融产品和服务,基本形成了以商业银行为主体,跨市场、国际化的经营格局,在商业银行业务领域保持国内市场领先地位。

2011 年末,总资产 154,768.68 亿元,比上年末增加 20,182.46 亿元,增长 15.0%;2011 年末,总负债 145,190.45 亿元,比上年末增加 18,820.80 亿元,增长 14.9%。2011 年实现净利润 2,084.45 亿元,较上年增长 25.6%,继续稳居全球最盈利银行地位;平均总资产回报率和加权平均权益回报率分别为 1.44% 和 23.44%,处于全球银行业领先水平;基本每股收益为 0.6 元,较上年增加 0.12 元;不良贷款率降至 0.94%,较上年下降 0.14 个百分点,不良贷款余额及不良贷款率连续 12 年保持"双降";资本充足率和核心资本充足率分别提高至 13.17% 和 10.07%,资本实力和可持续发展能力进一步增强。

中小企业业务

积极落实国家支持中小企业发展的政策精神,致力于向中小企业客户提供专业、高效和便捷的金融服务。搭建独立的小企业信贷政策制度、业务流程和产品体系,采取优先配置资源、完善专营机构建设等措施,全方位服务中小企业客户。小企业金融服务专营机构超过 1,400 家,3.5 万人取得工商银行小企业信贷业务从业资格。加快产品创新,推出小企业周转贷款、网络循环贷款(网贷通)、标准厂房按揭贷款和设备按揭贷款等专属融资产品,满足小企业客户差异化融资需求。依托产品优势,多渠道拓展小企业融资业务,扩大小企业客户基础。工商银行荣获中国中小企业协会"优秀中小企业服务机构"称号,"网贷通"荣获中国银监会"全国银行业金融机构小企业金融服务特色产品"称号。2011 年末,有融资余额小企业客户 85,324 户,比上年末增加 22,243 户。

机构金融业务

加强公共财政、民生领域综合金融服务,量身定制综合金融服务方案,推进代理财政集中支付、中央预算单位公务卡、社会保障卡、住房公积金联名卡、代理社保及公积金资金归集发放等业务快速增长。推进与证券行业合作,构建资金快速安全划转通道,提供第三方存管、融资融券、理财产品销售、资产托管服务,第三方存管客户数及资金量继续保持双领先地位。全面提升银行间同业合作,积极开展人民币融资、支付结算代理、外汇清算、国际结算、贸易融资等业务,构建与中小银行代理业务合作平台,国内代理行数量增至 116 家。深化与保险公司合作,巩固银行保险业务,依托与保险业合作伙伴的资源互补,开展在代发工资、资产托管、现金管理等业务领域合作。开拓与期货公司、信托公司等金融机构合作,业务规模逐步扩大,市场影响力不断提升。

结算与现金管理业务

加快"工商验资 E 线通"推广应用,拓展客户发展源头,实施集群营销策略,巩固客户规模,优化客户结构。优化财智账户卡、对公自助机具等产品功能,拓宽产品应用领域,提升"财智账户"品牌影响力,扩大结算业务规模。2011 年实现对公人民币结算量 1,350 万亿元,比上年增长 55.2%,保持市场领先。依托全球现金管理系统,拓展境内大型企业集团和跨国公司客户,深化业务合作领域,巩固现金管理市场地位。加大产品创新力度,延伸现金管理服务范围,推广收款管家、票据池和资金池等高端现金管理服务,提升现金管理业务市场竞争能力。连续第五年被《财资》、《金融亚洲》授予"中国最佳现金管理银行"称号,并荣获《亚洲银行家》"中国最佳本地现金管理银行"称号,品牌影响力显著提升。2011 年末,现金管理客户 66.1 万户,比上年末增长 30.1%。

国际结算与贸易融资业务

丰富付汇融资、结售汇和存款产品组合,提升贸易进口项下金融服务水平。推出内外联动项下出口贸易融资、可收汇额度项下发票融资等新产品,提升对出口型企业服务能力。推进国际结算单证和贸易融资业务集约化运营体系建设,累计完成单证中心系统在 73 家境内外机构推广应用。延伸跨境人民币清算网络,构建以国际结算为基础,覆盖融资、理财和资金交易等业务的跨境人民币产品体系,提升"工银跨境通"品牌影响力。2011 年,境内分行国际贸易融资累计发放 960 亿美元,比上年增长 81.5%;国际结算量突破万亿美元大关达 10,728 亿美元,增长 37.1%。

投资银行业务

加强投资银行业务与商业银行业务协同营销,加快从信贷市场向债券、资本、并购、私募市场拓展。通过并购信托、并购理财、并购贷款、跨境银团等工具提升并购融资安排能力,打造"融资 + 顾问"综合重组并购服务模式。加快股权融资业务发展,形成包括股权投资基金主理银行、企业上市顾问、股权私募顾问、可认股安排权在内的股权融资产品体系,协助企业募集股权资金超过200亿元。丰富投资银行研究产品体系,加强投资银行业务电子化服务渠道建设。拓展债券承销业务,全年主承销各类债务融资工具2,901亿元,稳居境内市场第一。投资银行业务品牌影响力持续提升,连续三年获得《证券时报》"最佳银行投行"称号。2011年,投资银行业务收入225.92亿元,比上年增长45.7%。

资产管理业务

资产托管业务方面,加强对重点保险公司营销,托管保险资产规模快速增长,保持同业领先。全球托管业务发展稳健,托管QFII客户数居中资银行首位,托管QDII资产规模市场第一。把握市场形势,重点发展保本型基金和债券型基金托管。尽管受资本市场震荡下行影响,托管证券投资基金净值有所下降,但市场领先优势进一步巩固。推广证券公司客户资产管理计划和基金专户理财托管等新兴托管业务,优化托管业务结构。蝉联《全球托管人》、《环球金融》和《财资》等知名财经媒体中国最佳托管银行奖项,品牌影响力进一步提升。2011年末,托管资产总净值35,300亿元,比上年末增长22.8%,是境内唯一一家托管资产规模超过3万亿元的银行。

养老金业务方面,发挥综合竞争优势,完善营销机制,开展差别化营销和服务。制定个性化专属服务方案,提高大型客户营销服务效能。推广"如意养老"等企业年金集合计划产品,拓展中小企业年金业务市场。2011年末,工商银行共为29,424家企业提供养老金管理服务,比上年末增加6,634家;受托管理养老金446亿元,管理养老金个人账户990万户,托管养老金基金1,846亿元。其中,工商银行受托管理企业年金、管理企业年金个人账户和托管企业年金规模保持市场领先。

贵金属业务方面,2011年继续保持快速发展势头。结合市场需求,推出多款品牌贵金属产品,满足客户收藏和投资两方面需求。延伸账户贵金属业务范畴,覆盖金、银、铂、钯等多个品种,巩固市场优势。升级积存类产品交易系统,新增网上预约提金、异地提金、短信积存提醒、自动报价等新功能,继续引领同业。黄金租赁业务发展迅速,业务量位居市场第一。加快贵金属业务专属网点建设,完善渠道布局,推动业务量大幅增长。2011年,贵金属业务交易额1.78万亿元,比上年增长3.1倍。代理上海黄金交易所清算量1,846亿元,继续保持同业领先。

对公理财业务方面,加大产品创新力度,提升投资交易能力和风险管理水平,巩固同业领先地位。推出多款"共赢"系列固定收益类理财产品和"周周分红"七天理财产品,提升产品竞争力,满足客户不同期限理财需求。推出投资于艺术品和酒类的另类投资理财产品,延伸理财资金投资领域。推进理财产品电子银行销售,扩宽产品销售渠道。荣获《21世纪经济报道》"最佳银行理财品牌"称号和《上海证券报》"最佳债券类理财产品奖"。2011年,累计销售对公银行类理财产品19,861亿元,比上年增长39.9%。

中国农业发展银行

本行的前身最早可追溯至1951年成立的农业合作银行。上世纪70年代末以来,本行相继经历了国家专业银行、国有独资商业银行和国有控股商业银行等不同发展阶段。2009年1月,本行整体改制为股份有限公司。2010年7月,本行分别在上海证券交易所和香港联合交易所挂牌上市,完成了向公众持股银行的跨越。

作为中国主要的综合性金融服务提供商之一,本行致力于建设面向"三农"、城乡联动、融入国际、服务多元的一流商业银行。本行凭借全面的业务组合、庞大的分销网络和领先的技术平台,向最广大客户提供各种公司银行和零售银行产品和服务,同时开展自营及代客资金业务,业务范围还涵盖投资银行、基金管理、金融租赁等领域。截至2011年末,本行总资产116,775.77亿元,各项存款96,220.26亿元,各项贷款56,287.05亿元,资本充足率11.94%,不良贷款率1.55%,全年实现净利润1,219.56亿元。

本行境内分支机构共计23,461个,包括总行本部、32个一级分行、5个直属分行、316个二级分行、3,479个一级支行、19,573个基层营业机构以及55家其他机构。境外分支机构包括3家境外分行和4家境外代表处。主要控股子公司包括6家境内控股子公司和3家境外控股子公司。

2011年,在美国《财富》杂志全球500强排名中,本行位列第127位;在英国《银行家》杂志全球银行1,000强排名中,按2010年税前利润计,本行位列第7位。2011年,本行穆迪长期存款评级/前景展望为A1/稳定;惠誉长期主体评级/银行稳定评级为A/B+,前景展望为"稳定"。

中国建设银行

中国建设银行股份有限公司("本行")是一家在中国市场处于领先地位的股份制商业银行,为客户提供全面的商业银行产品与服务。主要经营领域包括公司银行业务、个人银行业务和资金业务,多种产品和服务(如基本建设贷款、住房按揭贷款和银行卡业务等)在中国银行业居于市场领先地位。

本行拥有广泛的客户基础,与多个大型企业集团及中国经济战略性行业的主导企业保持银行业务联系,营销网络覆盖全国的主要地区。于2011年末,本行市值为1,747亿美元,居全球上市银行第二位。于2011年末,本行在中国内地设有分支机构13,581家,在香港、新加坡、法兰克福、约翰内斯堡、东京、首尔、纽约、胡志明市及悉尼设有分行,在台北、莫斯科设有代表处,拥有建行亚洲、建信租赁、建银国际、建信信托、中德住房储蓄银行、建行伦敦、建信基金、建信人寿等多家子公司,为客户提供全面的金融服务。

本行的历史可以追溯到1954年,成立时的名称是中国人民建设银行,当时是财政部下属的一家国有独资银行,负责管理和分配根据国家经济计划拨给建设项目和基础建设相关项目的政府资金。1979年,中国人民建设银行成为一家国务院直属的金融机构,并逐渐承担了更多商业银行的职能。

随着国家开发银行在1994年成立,承接了中国人民建设银行的政策性贷款职能,中国人民建设银行逐渐成为一家综合性的商业银行。1996年,中国人民建设银行更名为中国建设银行。

本行由本行前身中国建设银行根据中国公司法规定的分立程序于2004年9月成立。在银监会于2004年9月14日批准之后,本行、中国建投与汇金公司于2004年9月15日签署分立协议,根据此份协议,中国建设银行分立为本行和中国建投。本行于2004年9月17日成立为一家股份制商业银行。

2005年10月27日本行H股在香港联合交易所挂牌上市(股票代码为939),2007年9月25本行A股在上海证券交易所挂牌上市(股票代码为601939)。

2011 年,本行秉承"努力成为服务大众的银行、促进民生的银行、低碳环保的银行、持续发展的银行"的社会责任战略,积极履行社会责任,展现了良好的企业公民形象。

进一步打造服务大众的银行,不断深化"以客户为中心"的理念,持续关注大众客户的体验和诉求,不断创新和改进业务流程,努力提升客户服务能力,客户满意度不断提高;

致力于建设促进民生改善的银行,大力支持国家基础设施、重点投资项目,加大对小企业、"三农"、保障房建设等民生领域的信贷投放,着力改进和提升对小微企业的金融服务;

努力建设低碳环保的银行,积极履行环境责任,支持新兴产业发展,拓展节能减排、低碳经济、清洁能源、绿色生态、循环经济等绿色信贷领域,为促进环境保护和生态建设付出不懈努力;

努力成为持续发展的银行,充分关注利益相关方的期望,始终兼顾当前与长远、局部与整体、速度与质量,各项业务持续健康发展,为国民经济和社会发展做出新贡献。

2011 年,本行实施重要公益项目 15 个,投入捐赠总额 4,625万元。

推进长期公益项目。持续推进建行希望小学、"情系西藏奖(助)学金"、"贫困高中生成长计划"、"少数民族地区大学生成才计划"以及"贫困英模母亲资助计划"等长期公益项目。于 2011 年末,本行累计援建和维护建行希望小学达到 38 所,建设体育园地和图书室 73 个,累计培训教师 118 名;"情系西藏——中国建设银行与中国建投奖(助)学金"累计拨发资助款 92 万元,累计资助西藏地区的贫困学生 440 人次;"贫困高中生成长计划"已累计发放助学金 8,900 万元,累计资助贫困高中生 6.4 万人次;"建设银行少数民族地区大学生成才计划"已累计发放奖(助)学金 2,200 万元,累计资助少数民族贫困大学生 7,833 名;累计发放资助款 2,017 万元,资助贫困英模母亲 7,238 人。

实施新型公益项目。启动实施"公益捐款你做主——建行邀你一起来行动"网络公益活动,向 5 家公益机构共捐赠 500 万元,用于开展农民工创业援助计划、支持百年职业学校教育教学费用、盲童孤儿救治、自闭症/孤独症儿童的帮助和救治以及青海玉树州灾区高原孤儿救助等。

积极支持抗灾救灾和灾后重建。在部分发生地震和严重旱灾、洪涝自然灾害地区,本行除全力提供各项金融服务外,全行员工还主动伸出援手,积极奉献爱心,支持云南、贵州等地应对地震和严重旱涝等灾害,各项捐款达 1,620 万元。

积极参加环境保护和节能减排。积极参与支持"绿化长江重庆行动"捐资造林公益活动,为长江流域和三峡库区生态环境建设和保护做出贡献。组织全辖所有分行参与 2011"地球一小时"环保公益活动,倡导低碳生活理念,持续强化员工的环保意识。

积极支持医疗卫生、政策研究、学术交流等公益事业。向中国妇女发展基金会捐赠 700 万元,实施"母亲健康快车建设银行资助计划"。向中国(海南)改革发展研究基金会捐赠 300 万元,设立"经济社会改革研究方向博士博士后专项基金"。

2011 年,本行先后荣获人民网"人民社会责任奖"、《中国新闻周刊》"最具责任感企业"奖、中国银行业协会"年度最佳社会责任机构奖"、《银行家》杂志"最佳企业社会责任奖"等多项荣誉,在《财富》杂志(中文版)发布的"中国企业社会责任 100 排行榜"上,位居银行业第一名。

中国银行

1912 年 2 月,经孙中山先生批准,中国银行正式成立。从 1912 年至 1949 年,中国银行先后行使中央银行、国际汇兑银行和外贸专业银行职能,坚持以服务大众、振兴民族金融业为己任,稳健经营,锐意进取,各项业务取得了长足发展。新中国成立后,中国银行成为国家外汇外贸专业银行,为国家对外经贸发展和国内经济建设作出了重大贡献。1994 年,中国银行改为国有独资商业银行。2003 年,中国银行开始股份制改造。2004 年 8 月,中国银行股份有限公司挂牌成立。2006 年 6 月、7 月,先后在香港联交所和上海证券交易所成功挂牌上市,成为首家在内地和香港发行上市的中国商业银行。

中国银行是中国国际化和多元化程度最高的银行,在中国内地、香港、澳门、台湾及 32 个国家为客户提供全面的金融服务。主要经营商业银行业务,包括公司金融业务、个人金融业务和金融市场业务,并通过全资附属机构中银国际控股集团开展投资银行业务,通过全资子公司中银集团保险有限公司及其附属和联营公司经营保险业务,通过控股中银基金管理有限公司从事基金管理业务,通过全资子公司中银集团投资有限公司从事直接投资和投资管理业务,通过中银航空租赁私人有限公司经营飞机租赁业务。按核心资本计算,2009 年中国银行在英国《银行家》杂志"世界 1000 家大银行"排名中列第十一位。2011 年,中国银行入选全球系统重要性银行,这是中国及新兴市场国家唯一入选的金融机构。

在一百年的发展历程中,中国银行始终秉承追求卓越的精神,将爱国爱民作为办行之魂,将诚信至上作为立行之本,将改革创新作为强行之路,将以人为本作为兴行之基,树立了卓越的品牌形象,得到了业界和客户的广泛认可和赞誉。面对新的历史机遇,中国银行将积极推进创新发展、转型发展、跨境发展,向着建设国际一流的大型跨国经营银行集团的战略目标不断迈进。

交通银行

交通银行(BANK OF COMMUNICATIONS,简称 BOCOM)是中国 2010 年上海世博会全球合作伙伴。2012 年财富世界 500 强排名第 326 位。

中华民国成立后,交通银行受中央银行委托,与中国银行共同承担国库收支与发行兑换国币业务。1928 年,国民政府立法院通过《交通银行条例》,交通银行成为扶助农矿工商的专责银行。

成立之初,总行设在北京。1919 年,第一次世界大战结束以后,交通银行上海分行接管了位于上海公共租界外滩 14 号的德华银行的文艺复兴风格的 4 层大楼。1928 年,随着全国政治中心从北京转移到南京,交通银行也将总行迁到上海外滩 14 号。1937 年,抗日战争爆发,交通银行将总行迁到重庆。战争结束以后,1946—1947 年,上海总行重建为艺术装饰主义风格的 6 层大楼。

交通银行总行于 1951 年迁回北京,上海外滩 14 号行址由上海市总工会进驻至今。1958 年除香港分行仍继续营业外,交通银行国内业务分别并入当地中国人民银行和在交通银行基础上组建起来的中国人民建设银行(现称中国建设银行(港交所 0939))。为适应中国经济体制改革和发展,1986 年 7 月 24 日,作为金融改革的试点,国务院批准重新组建交通银行。1987年4月1日,重新组建后的交通银行正式对外营业,成为中国第一家全国性的国有股份制商业银行,总行设在上海江西中路200号(原金城银行大楼);现时,交通银行总行已迁往上海浦东的银城中路188号。2004年,香港上海汇丰银行投资了近17亿美元,收购了交通银行19.9%股权。2005年6月23日,在香港联合交易所上市,股票代码港交所03328发行价为2.5港元。2007年4月25日,在上海证券交易所发行,发行价7.90元人民币,股票代码601328。2007年5月15日上市。2008年,交通银行迎来了百年华诞。"百年之交·相融相通",又一次站在新世纪潮头的交通银行,将继续前进!创办一流公众持股银行,打造最佳财富管理银行,开创综合经营新格局,锻造民族金融国际品牌,跻身全球经济舞台最前方!

交通银行自重新组建以来,就身肩双重历史使命,它既是百年民族金融品牌的继承者,又是中国金融体制改革的先行者。交通银行在中国金融业的改革发展中实现了六个"第一",即第一家资本来源和产权形式实行股份制;第一家按市场原则和成本-效益原则设置机构;第一家打破金融行业业务范围垄断,将竞争机制引入金融领域;第一家引进资产负债比例管理,并以此规范业务运作,防范经营风险;第一家建立双向选择的新型银企关系;第一家可以从事银行、保险、证券业务的综合性商业银行。交通银行改革发展的实践,为中国股份制商业银行的发展开辟了道路,对金融改革起到了催化、推动和示范作用。

完善的公司治理

在成功引进汇丰银行、全国社保基金理事会、中央汇金公司等境内外战略投资者后,交通银行股权结构更加多元化。同时,完善公司治理的基本制度已经确立,完善的公司治理架构基本建成,董事会的战略决策作用、高级管理层的经营管理职责和监事会的监督职责都得到充分发挥,股东大会、董事会、监事会和高级管理层之间各自发挥良好效能、又相互制衡的机制基本形成。

健全的机构网络

交通银行拥有辐射全国、面向海外的机构体系和业务网络。分支机构布局覆盖经济发达地区、经济中心城市和国际金融中心。目前,除西藏外,交通银行在中国内地各省、直辖市、自治区设有省级分行37家,在全国190多个城市设立了营业网点2600多个。海外机构方面,交通银行在美国(纽约、旧金山)、日本(东京)、中国香港、新加坡、韩国(首尔)、中国澳门、德国(法兰克福)、越南(胡志明市)、澳大利亚(悉尼)设有分行,在中国台湾(台北)设有代表处(即将升格为分行),另设有交行(英国)有限公司、交银国际控股有限公司、中国交银保险有限公司等全资子公司。与全球125个国家和地区的1000多家银行建立了代理行关系,全行员工将近8万人。

国内分支机构

一级分行:北京、天津、河北、山西、内蒙古、辽宁、大连、吉林、黑龙江、上海、江苏、苏州、无锡、浙江、宁波、安徽、江西、福建、厦门、山东、青岛、河南、湖北、湖南、广东、深圳、广西、海南、重庆、四川、贵州、云南、陕西、甘肃、宁夏、青海、新疆共37家。

二级分行:唐山、秦皇岛、邯郸、保定、沧州、邢台、晋城、临汾、大同、朔州、长治、包头、锡林郭勒、乌海、营口、鞍山、抚顺、本溪、锦州、丹东、吉林、延边州、齐齐哈尔、大庆、常州、镇江、扬州、泰州、南通、淮安、盐城、徐州、连云港、宿迁、嘉兴、湖州、绍兴、台州、金华、温州、衢州、舟山、宁德、芜湖、安庆、蚌埠、淮南、马鞍山、铜陵、六安、滁州、九江、景德镇、新余、赣州、上饶、枣庄、聊城、烟台、威海、潍坊、淄博、泰安、日照、济宁、东营、临沂、洛阳、安阳、焦作、许昌、平顶山、南阳、新乡、黄石、宜昌、襄阳、咸宁、岳阳、株洲、湘潭、常德、郴州、衡阳、佛山、东莞、惠州、中山、珠海、汕头、揭阳、江门、湛江、桂林、柳州、北海、梧州、自贡、攀枝花、德阳、泸州、乐山、遵义、曲靖、玉溪、楚雄、大理州、咸阳、宝鸡、榆林、延安、益阳、宣城、丽水、南充、清远、十堰、毕节、开封、阳泉、酒泉、阿克苏、鸡西、淮北、亳州共121家。

直属支行:沧州、鄂尔多斯、辽阳、盘锦、辽源、四平、松原、通化、黑河、孝感、钦州、三亚、文昌、绵阳、六盘水、红河州、天水、昌吉州、济源共19家。

村镇银行:湖州安吉县、成都大邑县、石河子共3家。

筹备:公司拟于本年内在河北省衡水市、承德市等20处地区设立分行,并授权高级管理层或其授权代表负责办理有关新设分行申报、筹建等各项工作。

先进的经营管理

交通银行秉承"发展是硬道理,是第一要务;质量是硬约束,是第一责任;效益是硬任务,是第一目标"的经营理念,始终坚持业务发展和风险控制并重,实施了以经济资本绩效考核为核心的激励约束机制;建立了全面的风险管理体制;推进了组织架构再造和业务管理的垂直化改造;建设了在国内处于领先水平的数据大集中工程。同时,按照"互谅互让、互惠互利、长期合作、共同发展"的要求,交通银行与汇丰银行的合作紧密而富有成效,先进的理念、技术、产品不断引进,对提升交通银行的经营管理水平产生了十分积极的影响。

优质的金融服务

交通银行充分发挥自身优势,在金融产品、金融工具和金融制度领域不断探索创新,形成了产品覆盖全面,科技手段先进的业务体系,通过传统网点"一对一"服务和全方位的现代化电子服务渠道相结合,为客户在公司金融、私人金融、国际金融和中间业务等领域提供全面周到的专业化服务。交通银行专注于为中高端客户提供优质的服务,以"沃德财富"和"交银理财"品牌分别为高端和中端客户提供高附加值的服务和产品。拥有以"外汇宝"、"沃德财富账户"、"交银理财账户"、"蕴通财富"、"太平洋卡"、"全国通"、"展业通"、"基金超市"为代表的一批品牌产品,在市场享有盛誉,市场份额在业内名列前茅。与战略合作伙伴汇丰银行合作推出的"中国人的环球卡"——太平洋双币信用卡,累计发卡量已突破1500万张。综合经营方面,交通银行2005年8月与全球顶尖资产管理公司施罗德集团合资设立交银施罗德基金管理公司,是国内首批银行系基金公司之一;2007年,交通银行并购重组了湖北国际信托投资有限公司,经监管机构批准发起设立交银金融租赁有限公司,并在香港成立了交银国际控股有限公司及其子公司交银国际亚洲有限公司、交银国际证券有限公司、交银国际资产管理有限公司,在综合经营领域迈出了坚实的步伐;2008年,交通银行成功入股常熟农商行,发起设立了大邑交银兴民村镇银行;2009年,交通银行获批成为国内第一家拥有境内保险牌照的商业银行,由其控股的保险公司——交银康联于2010年1月正式挂牌成立。2010年4月,发起设立了安吉交银村镇银行。2011年5月,发起设立了石河子交银村镇银行

良好的财务状况

抓住境外成功上市后品牌和市场形象提升的有利时机,交通银行加快业务拓展步伐,经营活力充分显现,各项业务实

现健康快速协调发展，综合实力日益增强，财务状况居于国内同业领先水平。截至 2009 年末，交通银行资产总额为 3.31 万亿元；资本充足率为 12%；平均资产回报率（ROAA）为 1.01%；加权平均净资产收益率（ROAE）为 19.49%；减值贷款率为 1.36%。根据英国《银行家》杂志公布的 2009 年全球 1000 家银行排名，交通银行总资产排名位列第 56 位，一级资本排名位列第 49 位。

中国光大银行

中国光大银行成立于 1992 年 8 月，总部设在北京，是经国务院批复并经人民银行批准设立的金融企业，为客户提供全面的商业银行产品与服务。

自成立以来，伴随着中国金融业的发展进程，中国光大银行不断开拓创新，锐意进取，在为社会提供优质金融服务的同时，取得了良好的经营业绩，在综合经营、公司业务、国际业务、理财业务、电子银行业务等方面培育了较强的比较竞争优势，基本形成了各主要业务条线均衡发展，零售业务贡献度不断提升，风险管理逐步完善，创新能力日益增强的经营格局。2010 年 8 月 18 日，中国光大银行 A 股成功上市，迎来又一个崭新发展阶段。

目前，中国光大银行在全国 28 个省、自治区、直辖市的 80 多个经济中心城市设有 36 家一级分行，分支机构 700 多家，员工 3 万余人。

截止 2012 年 12 月 31 日，中国光大银行资产总额 2.28 万亿元，全年实现营业收入 597.93 亿元，同比增长 29.78%；实现营业利润 315.47 亿元，同比增长 30.65%。在英国《银行家》杂志 2012 年发布的按总资产排名的“世界 1000 家大银行”中，中国光大银行位列第 80 位。

凭借卓越的创新能力和出色的业绩表现，中国光大银行连续三年被评为“年度最具创新银行”，荣膺“CCTV 中国年度品牌”。招牌业务“阳光理财”系列产品家喻户晓，是国内最具竞争优势的理财品牌之一，先后被评为“百姓最认可的理财品牌”、“最受欢迎的理财产品”；投行业务、企业年金、电子银行、资金结算等领域也创造了多项行业第一。在全球最大的综合性品牌资讯公司 Interbrand 发布的“2012 最佳中国品牌价值排行榜”上，中国光大银行排名 37 位，品牌价值 345 亿元。

在自身发展的同时，中国光大银行不忘履行社会责任，回报社会。连续八年捐助“大地之爱 · 母亲水窖”公益项目 2000 多万元，帮助解决了西北干旱地区 7 万多人的用水问题，彰显了企业的社会责任与员工的精神风貌。

强大的股东背景，全国性的经营网络，高素质的员工队伍，卓越的创新能力，中国光大银行以自身的经营优势，正按照“一年奋力起步，三年改变面貌，五年形成自身特色，十年勇争同业前列”的指导思想，落实“更有内涵的发展”，推进模式化经营，努力打造国内最具创新能力的银行。

招商银行

招商银行（以下简称“招行”）于 1987 年在中国改革开放的最前沿——深圳经济特区成立，是中国境内第一家完全由企业法人持股的股份制商业银行，也是国家从体制外推动银行业改革的第一家试点银行。

成立 25 年来，招行伴随着中国经济的快速增长，在广大客户和社会各界的支持下，从当初只有 1 亿元资本金、1 家营业网点、30 余名员工的小银行，发展成为了资本净额超过 2000 亿、资产总额超过 3 万亿、机构网点超过 900 家、员工近 5 万人的全国性股份制商业银行，并跻身全球前 100 家大银行之列。

凭借持续的金融创新、优质的客户服务、稳健的经营风格和良好的经营业绩，招行现已发展成为中国境内最具品牌影响力的商业银行之一。在银监会对商业银行的综合评级中，招行多年来一直名列前茅。同时荣膺《欧洲货币》、美国《环球金融》、英国《银行家》等权威媒体和机构授予的“中国最佳银行”、“中国最佳零售银行”、“中国最佳私人银行”、“中国最佳中小企业贷款银行”等多项殊荣。在英国《金融时报》发布的全球银行市净率排行榜中，招行在全球市值最大的 50 家银行中，市净率排名第一。在英国《银行家》（TheBanker）杂志发布的 2011 年“全球 1000 家大银行”排名中，位居第 60 位。并首次入围美国《财富》杂志发布的 2012 年度全球 500 强公司排行榜榜单。

目前，招行在中国大陆的 100 余个城市设有 94 家分行及 813 家支行，2 家分行级专营机构（信用卡中心和小企业信贷中心），1 家代表处，2,067 家自助银行，1 家全资子公司——招银金融租赁有限公司；在香港拥有永隆银行有限公司和招银国际金融有限公司等子公司，及一家分行（香港分行）；在美国设有纽约分行和代表处；在伦敦和台北设有代表处。2012 年上半年，本公司实现净利润 233.77 亿元，比去年同期增长 25.68%。

招行将“服务、创新、稳健”作为核心价值观，坚持效益、质量、规模、结构协调发展，在国内同业中逐渐脱颖而出。在公司治理上，一开始就将所有权和经营权分离，较早地建立了董事会、监事会和经营班子分工明确、相互制衡的现代企业治理结构。在人员管理上，率先打破当时国内企业普遍存在的“铁饭碗、铁交椅、铁工资”的“三铁”制度，实行“人员能进能出、干部能上能下、待遇能高能低”的了“六能”机制。在信息化上，领先同业构建了全行统一的 IT 平台，创建了国内第一个电话银行，较早实现了客户资金的通存通兑和零在途汇划。在产品开发上，招行不少创新业务产品具有比较明显的市场竞争优势。一卡通是是国内第一张基于客户号管理的银行借记卡，截至 2012 年 6 月末，一卡通累计发卡超过 6,363 万张，卡均存款 1.10 万元，远超全国平均水平，被誉为客户最喜爱的银行卡之一；一网通是国内第一家网上银行，网上银行和电话银行等电子银行渠道的持续完善有效分流了营业网点压力，零售电子渠道综合柜面替代率达到 88.91%，公司电子渠道综合柜面替代率达到 51.13%，网上企业银行交易替代率达到 87.68%。信用卡是国内第一张符合国际标准的双币信用卡，截至 2012 年 6 月 30 日，信用卡发卡量超过 4,218 万张，被哈佛大学编写成 MBA 教学案例；金葵花理财是国内首个面向高端客户的理财产品，在高端客户中享有很高的美誉度，目前拥有金葵花及以上客户数量 87.10 万户；私人银行服务在国内股份制银行中率先推出，被国内外权威媒体多次评为“中国最佳私人银行”；跨银行现金管理在国内同业首开先河，成为大型企业集团资金管理的首选。此外，个人储蓄存款、个人消费贷款、资产托管、企业年金、离岸金融等业务，在股份制银行中居于领先地位。招行的风险管理也一直为业界称道，资产质量始终保持良好水平。截至 2012 年 6 月，本公司不良贷款率为 0.56%，不良贷款拨备覆盖率为 404.03%。

步入世纪之交，招商银行在行长兼首席执行官马蔚华博士的率领下，在妥善处理了离岸资产业务被叫停、个别分行发生挤提的严重流动性风险，以及前期快速发展中累计的不良资产风险的基础上，抓住信息化、全球化的机遇，前瞻性地制定并成功地实施了科学的战略。首先是利用在互联网面前大小、新老银行都处于同一起跑线的有利时机，大力发展网上银行、电话银行、手机银行、自助银行等电子渠道，有效地弥补了物理网点不及大型银行的明显劣势，并锁定了大量高素质、高价值客户。其次是分别于2002年和2006年在上海、香港上市，不仅满足了快速发展的资本需求，而且推动了内部管理脱胎换骨式的转变。再次是积极稳妥地推进国际化发展，在我国政府的有力促进下，经过艰苦努力，打破了美国17年来对中资银行市场准入的封锁，率先在纽约设立了分行并在此次金融危机最严重的2008年10月正式开业，被纽约市长彭博先生比喻为"华尔街冬天里的春风"；同年，还斥资300余亿港币收购了当时具有75年历史的香港本土第四大银行永隆银行，整合后开始取得良好的协同效应，被英国《金融时报》评述为"不可复制的案例"。

2004年，招行在国内同业中率先实施经营战略调整，加快发展零售业务、中间业务和中小企业业务，逐步形成了有别于国内同业的业务结构与经营特色。当前，招行正迈入新的战略发展阶段。为有效应对来自内外部经营环境的各种变化，持续增强竞争优势，招行将在深入推进经营战略调整的基础上，全面实施以降低资本消耗、提高贷款定价、控制财务成本、增加价值客户、确保风险可控为主要目标的二次转型，着力推进经营方式向内涵集约型转变，真正走上集约化经营的道路。

招商银行，因您而变。在未来的岁月里，我们愿为广大客户和各界朋友提供更新更好的金融服务，为将招行打造成为具有国际竞争力、中国最好的商业银行而不懈努力。

恒丰银行

恒丰银行于2003年经中国人民银行批准，经过整体股份制改造，成为一家全国性股份制商业银行。英文名称为 EvergrowingBank Co.，Ltd.。总部设在山东省烟台市。目前，设有青岛分行、济南分行、南京分行、杭州分行、成都分行、重庆分行、烟台分行、福州分行、昆明分行、西安分行、宁波分行等11家一级分行，在苏州、温州、绍兴、东营、义乌、济宁、滨州、乐山、无锡、聊城、达州、南充等地设立17家二级分行，共132家分支机构。正在积极运作北京分行、上海分行等机构的设置，加快推进"全国布局、走向世界"战略目标。2008年6月成功引进新加坡大华银行为战略投资者。

拥有"中央银行公开市场业务一级交易商"、"国家财政部国债承销团成员"、"全国银行间债券市场首批双边报价商"、"国家政策性金融债券一级承销商"、"全国凭证式国债承销商"、"企业短期融资券主承销商"、"全国银行间债券市场结算代理行"、"全国国债协会理事级会员单位"、"全国银联卡会员·股东单位"等市场准入资格，为银行今后发展提供了宝贵的资源优势。

先后获得"中国企业500强"、"中国诚信企业"、"中国经济十大诚信示范单位"、"30年中国品牌创新奖"、"全国金融业扶持中小企业发展示范单位"、"中国十大最具竞争力银行"、"全国支持中小企业发展十佳商业银行"、"全国支持中小企业发展优秀金融机构"、"中国现代服务业十佳优质服务金融机构"、"中国优秀企业"、"最具影响力企业（全国）"、"全国巾帼文明岗"、"中国金融行业最具竞争力品牌"、"建设创新型国家十大杰出行业"、"中国金融企业慈善榜·银行业突出贡献奖"和"山东省文明单位"、"山东省思想政治工作优秀企业"、"山东省纳税先进企业"、"山东省内部审计先进单位"、"山东省重点服务业企业"、"山东省服务业先进单位"等100多项荣誉称号。

主营业务范围

公司主营业务范围主要包括：吸收人民币存款，发放短期，中期和长期贷款，办理结算，办理票据贴现，发行金融债券，代理发行，代理兑付，承销政府债券，买卖政府债券，同业拆借，提供信用证服务及担保，代理收付款项，提供保管箱服务，外汇存款，外汇贷款，外汇汇款，外币兑换，国际结算，结汇，售汇，同业外汇拆借，外汇票据的承兑和贴现，外汇借款，外汇担保，发行和代理发行股票以外的外币有价证券，买卖和代理买卖股票以外的外币有价证券，自营外汇买卖，代客外汇买卖，资信调查、咨询、见证业务，及经中国银行业监督管理委员会批准的其他业务。

主要经营状况

截至2012年末，全行资产总额6183亿元，各项存款余额4994亿元，各项贷款余额1694亿元，实现净利润57.17亿元。根据中国银监会统计资料显示，恒丰银行主要监管指标优良率在全国性股份制商业银行中一直名列前茅。2012年，继续保持良好发展态势，在8大主要监管指标中，资产利润率、资本利润率、成本收入比、贷款损失准备充足率、存贷比等5项指标排名第一，其他监管指标也保持良好，实现了跨越式发展。继续保持零案件发生。2012年被英国《银行家》杂志列入"世界1000家大银行"行列，排名为264位，较去年上升了41个位次。

发展战略目标

战略目标

致力于创建中国最佳管理、最高回报的全国性股份制商业银行，建立以股东大会、董事会、监事会、高级管理层等机构为主体的组织架构和保证各机构独立运作、有效制衡的制度，以及建立科学、高效的决策、激励和约束机制。确立以"不求最大、但求最好，努力打造一流现代股份制商业银行"为经营管理境界，坚持"以卓越的服务创卓越的品牌"，按照现代商业银行人力资源管理要求，不断提升全行的整体素质；按照市场发展需求，不断推出新的金融服务产品；按照追求利润最大化原则，充分借鉴先进商业银行的成功经验，进行有效的业务重组，再造银行的业务流程和运作方式，进一步完善银行的服务功能，提高市场竞争力，实现银行的永恒发展。

战略思想

不求规模最大，但求效益最好，加快业务结构调整步伐，努力追求资本、规模、质量、效益协调发展，全力打造"中国最佳管理、最高回报的一流股份制商业银行"。

战略重点

一是经营管理国际化向更高层次迈进，并在海内外上市，进行国际范围的筹资；二是建立以业务线、产品线为核心的扁平化的组织架构，为提高市场营销能力、管理质量和经营效率奠定基础；三是建立以客户为中心的银行核心业务系统和营销高度集约、管理高度集中的管理信息系统。

发展未来

加强电子化建设，实施科技兴行战略。按照"统一规划、统一标准、统一开发"的原则，紧跟IT业发展趋势，瞄准现代商业银行逐步从传统存、贷款业务向综合服务型转化的经营方向，采用较为先进成熟的技术，已经建立完成了起点较高、功能较强、具有较高金融电子化水准的计算机处理中心，并通过了中国人民银行总行科技司技改项目专家组评审。整个计算机系统实行集中式管理模式，以 DDN 数据网络连接所辖各经营网点，开通了以会计核算通存通兑为中心、集中管理的综合业务服务平台，全行网点电子化覆盖率达到了 100%，业务操作 100%实现了电算化。在结算手段方面已达到国内先进商业银行电子化结算同步水平，可以支持银行开办所有的商业银行业务，推动了我行追求“一流现代银行、服务大网络”战略目标的实现。银行现有的“数据大集中”电子化业务处理平台，将保证全天候 24 小时支持 ATM 站点、特约客户、电话银行、自助银行、网上银行等系统服务类型，保证总行对异地分支机构业务运营进行实时、远程监控和业务指导。

面对经济金融全球化带来的机遇与挑战，恒丰银行将以“坚持科学发展观打造中国最佳管理、最高回报和适中规模的一流现代银行”为目标，坚定不移地在“三个代表”重要思想指引下，与时俱进，致力于建立规范的法人治理结构、形成高效管理机制、采用先进的技术手段和培育不断创新的企业文化，形成自己的核心竞争力，以客户需求为导向，通过为客户提供全面的和个性化的银行服务，突出市场定位，不断满足客户的多层次需求，增加市场份额，提高市场竞争力，提高盈利能力，实现客户、社会、股东、员工长期利益的最大化。

发展重点

以长江经济带、珠江三角洲和环渤海经济圈为优先发展区域，向中西部经济中心城市渗透，同时以上海、香港为基点，衔接境内外，进行国际化经营，确立“建设一流全国性现代化商业银行”的目标定位，立足烟台，辐射山东，面向全国，推进“有形机构扩展与无形网络延伸、有形产品创新与无形体制改革”两个虚实结合，增强核心竞争力，明确业务策略，找准市场定位，保持业务持续快速健康发展，在业务发展中以客户需求为导向，利用规范的法人治理结构、高效的运营机制和先进的技术手段，提升产品服务功能，培育并发展目标客户群，藉此谋求风险有效控制下的规模快速扩张，实现股东回报的长期可持续性增长。把恒丰银行的事业不断推向前进，为促进我国金融改革发展做出更大贡献是历史赋予我们的光荣职责。面对新的发展机遇和挑战，我们将坚定不移地在" 三个代表"重要思想指引下，与时俱进，致力于建立规范的法人治理结构、形成高效管理机制、采用先进的技术手段和培育不断创新的企业文化，形成自己的核心竞争力，以客户需求为导向，通过为客户提供全面的和个性化的银行服务，突出市场定位，不断满足客户的多层次需求，增加市场份额，提高市场竞争力，提高盈利能力，努力把恒丰银行建设成为一流全国性现代化商业银行！

南京银行

南京银行成立于 1996 年 2 月 8 日，是一家由国有股份、中资法人股份、外资股份及众多个人股份共同组成的股份制商业银行，实行一级法人体制。南京银行历经两次更名，先后于 2001 年、2005 年引入国际金融公司和法国巴黎银行参股，在全国城商行中最先启动上市辅导程序并于 2007 年成为首家在上交所上市的城商行。南京银行目前注册资本为 29.69 亿元，下辖 8 家分行，80 余家营业网点，拥有员工约 3000 人。

成立十五年来，南京银行秉承“为社会铸诚信品质；为客户创卓越服务；为股东谋持久回报”的理念，坚持“差异化、特色化、精细化”的发展道路，对外抢抓市场机遇，对内不断提升管理水平，全行业务规模迅速壮大，内部管理逐步规范，资产质量不断改善，盈利能力持续增强，综合竞争力显著提升。在英国《银行家》杂志发布的 2011 年度全球 1000 家大银行排名中位居第 273 位，在其 2011 年“全球银行品牌 500 强排行榜”中，南京银行品牌价值为 2.19 亿美元，全球排名第 412 位。2010 年，中国《金融时报》和中国社科院金融研究所将南京银行评为“年度最佳中小银行”。

我们坚持以突出特色、做出品牌为目标，准确把握定位，积极推进创新，朝着业务转型和战略转型的方向不断迈进。在传统优势资金业务方面，我们不断巩固优势，保持在银行间市场和金融同业中享有的较高知名度，努力做成中小银行中的一流品牌。我们将中小企业和个人业务作为战略业务重点推进，丰富业务产品体系，满足中小企业与个人融资需求，业务品牌影响力不断扩大。

我们抓住发展机遇，推进机构建设，区域性布局已经初步形成。自 2007 年设立第一家异地分行以来，跨区域经营不断推进，先后设立了泰州、上海、无锡、北京、南通、杭州、扬州、苏州 8 家分行，机构战略布局持续深化。

我们致力于探索综合化经营之路，在全国率先尝试了城商行异地参股其他城商行的发展模式，于 2006 年成为日照市商业银行第一大股东。近两年我行还抓住时机，发起设立了宜兴阳羡、昆山鹿城两家村镇银行，入股江苏金融租赁有限公司、芜湖津盛农村合作银行，在探索综合化经营的道路上又迈进了一步。

南京银行在实现又好又快发展的同时，努力实践“均衡、普惠、共赢”的发展模式，高度重视自然、民生与社会协调发展，普惠员工、客户、股东、民众，与社会共进共赢，与我们的利益相关方做好伙伴，携手共创大未来。

中国民生银行

中国民生银行于 1996 年 1 月 12 日在北京正式成立，是中国首家主要由非公有制企业入股的全国性股份制商业银行，同时又是严格按照《公司法》和《商业银行法》建立的规范的股份制金融企业。多种经济成份在中国金融业的涉足和实现规范的现代企业制度，使中国民生银行有别于国有银行和其他商业银行，而为国内外经济界、金融界所关注。作为中国银行业改革的试验田，民生银行锐意改革、积极进取，业务不断地拓展，规模不断地扩大，效益逐年递增，保持了快速健康的发展势头，为推动中国银行业的改革创新做出了积极贡献。

2000 年 12 月 19 日，中国民生银行 A 股股票(600016)在上海证券交易所挂牌上市。2003 年 3 月 18 日，中国民生银行 40 亿可转换公司债券在上交所正式挂牌交易。2004 年 11 月 8 日，中国民生银行通过银行间债券市场成功发行了 58 亿元人民币次级债券，成为中国第一家在全国银行间债券市场成功私募发行次级债券的商业银行。2005 年 10 月 26 日，民生银行成功完成股权分置改革，成为国内首家完成股权分置改革的商业银行，为中国资本市场股权分置改革提供了成功范例。2009 年 11 月 26 日，中国民生银行在香港交易所挂牌上市。站在新的历史起点，中国民生银行确定了“做民营企业的银行、小微企业的银行、高端客户的银行”的市场定位，积极推动管理架构和组织体系的调整、业务结构的调整和科技平台的建设，努力实现二次腾飞，打造成特色银行和效益银行，为客户和投资者创造更大的价值和回报。

中国民生银行自上市以来，按照“团结奋进，开拓创新，培育人才；严格管理，规范行为，敬业守法；讲究质量，提高效益，健康发展”的经营发展方针，在改革发展与管理等方面进行了有益探索，先后推出了“大集中”科技平台、“两率”考核机制、“三卡”工程、独立评审制度、八大基础管理系统、集中处理商业模式及事业部改革等制度创新，实现了低风险、快增长、高效益的战略目标，树立了充满生机与活力的崭新的商业银行形象。

截至2011年12月31日，中国民生银行资产总额22,290.64亿元，存款总额16447.38亿元，贷款和垫款总额12052.21亿元，实现净利润279.20亿元，不良贷款率0.63%，保持国内领先水平。

截至2011年12月31日，中国民生银行在北京、上海、广州、深圳、武汉、大连、南京、杭州、太原、石家庄、重庆、西安、福州、济南、宁波、成都、天津、昆明、苏州、青岛、温州、厦门、泉州、郑州、长沙、长春、合肥、南昌、汕头、南宁、呼和浩特、沈阳设立了32家分行，在香港设立了1家代表处，机构总数量达到590家。

民生银行的高速发展在国内受到公众和业界的高度关注和认同。2004年在“中国最具生命力企业”评选中，民生银行排名第十八位，获得了“2004年中国最具生命力百强企业”称号；2005年度中国企业信息化500强中，民生银行排名第22位；在“2005年度财经风云榜”评选活动中，民生银行荣获“2005年度最佳网上银行”称号；在“2006民营上市公司100强”中位列第一名，并在市值、社会贡献两项分榜单中名列第一；2007年11月，民生银行获得2007第一财经金融品牌价值榜十佳中资银行称号，同时荣获《21世纪经济报道》等机构评选的“最佳贸易融资银行奖”；2007年12月，民生银行“非凡理财”产品业务获得“中国银行业卓越创新奖”和“中国银行业最佳个人理财品牌”；2008年4月，民生银行荣获第四届中国上市公司董事会“金圆桌奖”；2008年7月，民生银行荣获“2008年中国最具生命力百强企业”第三名；2009年民生银行荣获第一财经金融价值榜最佳小微企业服务奖；2009年5月，荣获《亚洲银行家》评选的“中国区贸易金融成就奖”；2009年11月，民生银行在21世纪亚洲金融年会上荣获“2009年亚洲最佳风险管理银行”和“2009年小微企业金融服务创新奖”；2009年12月，民生银行获得“最佳服务私人银行”、“2009年最佳零售银行”、“2009年度最佳营销与服务团队”奖以及“2009年最受尊敬银行”大奖；2011年荣获“2011年度最佳银行金融服务中心”、“民生U宝——2011年度最佳网上银行安全产品”、“2011年度用户满意十大电子金融品牌”。

此外，中国民生银行在国际上也正享受着越来越高的知名度。在美国著名财经杂志《福布斯》评选的“2006中国顶尖企业十强榜”上，民生银行位列第七名。2007年12月，民生银行荣获《福布斯》颁发的第三届“亚太地区最大规模上市企业50强”奖项。在《2008中国商业银行竞争力评价报告》中民生银行核心竞争力排名第6位，在公司治理和流程银行两个单项评价中位列第一。在英国《银行家》2009年7月公布的一级资本全球银行1000强排名中，民生银行全球排名第107位，在亚洲地区排名第20位，在内地排名第8位。荣获由英国《金融时报》颁发的“2011年最佳贸易金融创新银行奖”。

10多年来，中国民生银行全体员工怀揣着感恩之心，不断回报社会。尤其是近几年来，民生人更是加大了积极参与社会公益事业和承担社会责任的工作力度，获得了公众和媒体的广泛关注和高度赞誉。2005年10月，民生银行参加了中国扶贫基金会举办的“扶贫中国行大型公益活动”，同时捐助3100万元设立“民生教育扶贫基金”，这笔捐赠成为迄今为止民营企业中最大的一笔公益捐赠；2006年，民生银行出资1450万元，为全国贫困县在中央电视台免费播放电视广告，向全国观众展示其土特产品、自然及人文景观。2006年，民生银行荣获“扶贫中国行2005年度贡献奖”、“中国最受尊敬企业”称号和中国企业社会责任调查百家优秀企业奖；2007年3月，民生银行荣获2006年度“中华慈善奖”提名奖；2008年，民生银行先后荣获中国扶贫基金会颁发的“2007扶贫中国行年度特别奖”、“年度公益企业”及“最具社会责任感企业”奖。2007年10月，民生银行通过了SAI国际组织颁布的SA8000体系认证（即企业社会责任管理体系），成为中国金融界第一家通过该项认证的商业银行；2009年获我国公益慈善领域中的最高政府奖——2009“中华慈善奖”。2011年连续第三次荣获公益慈善领域的最高政府奖——“中华慈善奖”，成为今年国内唯一获奖的金融机构；在中国银行业协会首次举办的中国银行业社会责任评比表彰活动中获得“年度最佳公益慈善奖”。

2009年6月，民生银行凭借朴素的责任理念、崇高的责任梦想，特别是2008年在南方雪灾、汶川地震及其在扶贫、教育和文化艺术事业的持续公益投入，入围“2009年胡润企业社会责任50强”；2009年8月5日，民生银行入选上证社会责任指数，2009年9月入选“2009中国企业社会责任榜”，并荣获“2009中国企业社会责任特别大奖”和“2009中国企业社会责任优秀案例”。

2007年2月，中国民生银行董事会审议通过了《中国民生银行五年发展纲要》。发展纲要的出台是民生银行经过10多年快速发展后，重新进行市场定位和战略转型的重要标志，第一次系统、全面地规划未来3到5年的发展愿景、业务指标和实施方式。2009年，民生银行着力就现有管理体制进行了系统梳理和诊断，进一步理顺了影响总分支、事业部等经营管理的各种生产关系，完成管理支持体系优化设计，为全面的流程银行建设奠定了基础。历时四年的新核心系统开发也基本建成，部分项目已陆续上线，覆盖全行各业务层面的银行系统再造将全面展开。

中信银行

中信银行（601998.SH、0998.HK）成立于1987年，原名中信实业银行，是中国改革开放中最早成立的新兴商业银行之一，是中国最早参与国内外金融市场融资的商业银行，并以屡创中国现代金融史上多个第一而蜚声海内外。伴随中国经济的快速发展，中信实业银行在中国金融市场改革的大潮中逐渐成长壮大，于2005年8月，正式更名“中信银行”。2006年12月，以中国中信集团和中信国际金融控股有限公司为股东，正式成立中信银行股份有限公司。同年，成功引进战略投资者，与欧洲领先的西班牙对外银行（BBVA）建立了优势互补的战略合作关系。2007年4月27日，中信银行在上海交易所和香港联合交易所成功同步上市。2009年，中信银行成功收购中信国际金融控股有限公司（简称：中信国金）70.32%股权。经过20多年的发展，中信银行已成为国内资本实力最雄厚的商业银行之一，是一家快速增长并具有强大综合竞争力的全国性商业银行。

中信银行拥有一支业绩卓越、经验丰富的管理团队，他们在金融领域平均拥有超过20年的从业及管理经验，均为业内知名专家，具有创新的管理理念及全面的操作经验。近年来，在这支优秀管理团队的带领下，中信银行秉承“坚持效益、质量、规模协调发展”、“追求滤掉风险的利润”、“追求稳定增长的市值”和“努力走在中外银行竞争前列”经营管理理念，积极发展公司银行业务、零售银行业务、国际业务、资金资本市场业务、投资银行业务、汽车金融业务、托管业务、信用卡业务和私人银行业务等，并拥有一流的对公客户服务能力，领先同业的国际贸易结算业务、物流融资业务和资金资本市场业务，极具创新能力的投资银行业务以及特色鲜明的零售银行发展战略享誉业界。

中信银行的业务辐射全球近 130 个国家和地区，在全国设有 78 家分行和 622 家支行，主要分布在东部沿海地区以及中西部经济发达城市。全行拥有 33,000 余名员工，其中有 26000 多名业务人员以优质的服务向企业客户提供公司银行业务、国际业务、资金资本市场业务、投资银行业务等综合金融解决方案，同时向个人客户提供个人理财、信用卡、消费信贷、私人银行、出国金融等全方位金融产品。

中信银行已经建立了独立、全面、垂直、专业的风险管理体系，追求滤掉风险的效益，不断提升量化风险的技术能力，按照巴塞尔协议和风险管理要求，加强资本约束管理，不断提升资产管理和内部管理水平。近几年来，中信银行信贷资产不良率大大低于上市银行的平均水平，资产质量显著提高。

凭借业务的快速发展，优秀的管理能力、出色的财务表现和审慎的风险控制，中信银行近年来的成就广获业界认同，并深受国内外权威机构的肯定。在英国《金融时报》公布的“2010 年全球市值 500 强企业排行榜中，中信银行排名第 185 位。在英国《银行家》杂志 2010 年全球 1000 家银行排名中，中信银行一级资本和总资产排名分别位居第 67 位和第 72 位。在英国品牌顾问公司 Brand Finance 2010 年的评测中，中信银行品牌跻身全球最具价值品牌 500 强，位列第 480 位，品牌价值 23.42 亿美元。在中国《金融时报》和中国社会科学院 2008—2010 年度中国金融机构金牌榜“金龙奖”评选活动中，中信银行连续两年荣膺“最佳股份制商业银行”称号。

兴业银行

兴业银行成立于 1988 年 8 月，是经国务院、中国人民银行批准成立的首批股份制商业银行之一，总行设在福建省福州市，2007 年 2 月 5 日正式在上海证券交易所挂牌上市（股票代码：601166），注册资本 107.86 亿元。

兴业银行主要经营范围包括：吸收公众存款，发放短期、中期和长期贷款，办理国内外结算，办理票据承兑与贴现，发行金融债券，代理发行、代理兑付、承销政府债券，买卖政府债券、金融债券，代理发行股票以外的有价证券，买卖、代理买卖股票以外的有价证券，资产托管业务，从事同业拆借，买卖、代理买卖外汇，结汇、售汇业务，从事银行卡业务，提供信用证服务及担保，代理收付款项及代理保险业务，提供保管箱服务，财务顾问、资信调查、咨询、见证业务，经中国银行业监督管理机构批准的其他业务。

开业 20 多年来，兴业银行始终坚持“真诚服务，相伴成长”的经营理念，致力于为客户提供全面、优质、高效的金融服务。截至 2012 年三季度末，兴业银行资产总额达到 29646.86亿元，股东权益 1378.87 亿元，不良贷款比率为 0.45%，前三季度累计实现净利润 263.41 亿元。根据英国《银行家》杂志 2012 年发布的全球银行 1000 强排名，兴业银行按总资产排名列第 61 位，按一级资本排名列第 69 位。

目前，兴业银行已在北京、上海、广州、深圳、南京、杭州、天津、沈阳、郑州、济南、重庆、武汉、成都、西安、福州、厦门、太原、昆明、长沙、宁波、温州、义乌、台州、东莞、佛山、无锡、南昌、合肥、乌鲁木齐、大连、青岛、南宁、哈尔滨、石家庄、呼和浩特、长春等全国主要城市设立了 83 家分行、676 家分支机构；拥有全资子公司——兴业金融租赁有限责任公司和控股子公司——兴业国际信托有限公司；在上海、北京设有资金营运中心、信用卡中心、零售银行管理总部、私人银行部、资产托管部、银行合作服务中心、资产管理部、投资银行部、贸易金融部、可持续金融部等总行经营性机构；建立了网上银行“在线兴业”（www.cib.com.cn）、电话银行“95561”和手机银行“无线兴业”（wap.cib.com.cn），与全球 1000 多家银行建立了代理行关系。

截至 2012 年三季末，兴业银行前十大股东依次为：福建省财政厅、恒生银行有限公司、新政泰达投资有限公司、福建烟草海晟投资管理有限公司、福建省龙岩市财政局、湖南中烟工业有限责任公司、内蒙古西水创业股份有限公司、中国电子信息产业集团有限公司、国际金融公司、易方达 50 指数证券投资基金。

上海浦东发展银行

上海浦东发展银行股份有限公司（以下简称“浦发银行”）是 1992 年 8 月 28 日经中国人民银行批准设立、1993 年 1 月 9 日开业、1999 年在上海证券交易所挂牌上市（股票交易代码：600000）的全国性股份制商业银行，总行设在上海。目前，注册资本金 186.53 亿元。良好的业绩、诚信的声誉，使浦发银行成为中国证券市场中备受关注和尊敬的上市公司。

秉承“笃守诚信、创造卓越”的经营理念，浦发银行积极探索金融创新，资产规模持续扩大，经营实力不断增强。至 2012 年 9 月末，公司总资产规模达 31,422 亿元，本外币贷款余额 15,127 亿元，各项存款余额 21,132 亿元，实现税后利润 261.26 亿元。目前，在全国 160 多个城市，设立了 37 家分行（含香港分行）、760 家机构网点，架构起全国性商业银行的经营服务格局。

上市以来，浦发银行连续多年被《亚洲周刊》评为“中国上市公司 100 强”；2010 年 3 月，浦发银行荣膺《亚洲银行家》“2005—2009 亚洲地区最佳上市银行”，4 月荣膺“2010 年度中国最强银行”；在《财富》杂志推出的 2011 年中国上市公司 500 强排行中，浦发银行凭借优异的经营业绩排名第 72 位；2012 年 2 月，英国《银行家》杂志发布“全球金融品牌 500 强”榜单，浦发银行排名第 62 位，跳升 29 位，位列亚洲银行第 12 位，中资银行第 7 位，品牌资产 24.5 亿美元；2012 年 4 月，在《福布斯》杂志发布的全球企业 2000 强榜单中，浦发银行成功跻身全球企业 200 强之列，居第 153 位，居上榜中资企业第 11 位以及上榜中资银行第 6 位；2012 年 7 月，英国《银行家》杂志发布 2012 年世界银行 1000 强排名，浦发银行按核心资本计位居全球第 57 位（较上年上升 7 位，在上榜中资银行中排名第 8），按总资产计位居全球第 56 位，表现出良好的综合竞争优势和增长势头；2012 年 8 月，国际三大评级机构之一的穆迪投资者服务公司（穆迪）发布浦发银行信用评级报告，其中长期存款评级维持在 Baa3，外币存款评级维持在 Prime -3，财务实力评级维持在 D（对应的基础信用评估为 Ba2），所有评级的展望均为稳定，显示出其对浦发银行增长前景和抗风险能力的认可。

深耕金融服务的同时，浦发银行积极践行社会责任，致力于打造优秀企业公民。2008 年 6 月评级研究机构 RepuTex（崇德）公布"中国十佳可持续发展企业"，浦发银行作为中国金融业唯一企业入选；10 月浦发银行继 2006—2007 年蝉联上海美国商会"企业社会责任实践奖"，再度获评"2006—2008 年度 CSR 持续成就特别奖"；2009 年 12 月在"第六届中国最佳企业公民评选"活动中获得"2009 年度中国最佳企业公民"大奖；2010 年 6 月获得第五届"大众证券杯"中国上市公司竞争力公信力 TOP10 调查"最具社会责任上市公司"称号；2010 年 7 月，蝉联 A 股上市公司社会责任报告评级银行业第二位，入选恒生可持续发展企业指数系列；2010 年 8 月，获评"2010 年联合国全球契约 · 中国企业社会责任典范报告"奖；2010 年获得的奖项还包括"2010 中国上市公司最佳社会责任董事会十强"，"2010 第一财经 · 中国企业社会责任榜优秀实践奖"等；2011 年 9 月，RepuTex（崇德）发布香港和大陆内地上市公司可持续发展评级中，浦发银行被授予可持续发展评级 A 级；2011 年 11 月，获评 A 股上市公司社会责任报告评级 AA - 级，评级展望"积极"，居上市银行第 5 位，社会责任信息披露实践位居内地上市企业领先行列；2012 年 6 月，浦发银行获中国银行业协会颁发的"年度最具社会责任金融机构奖"以及"年度最佳社会责任实践案例奖"，同月被《WTO 经济导刊》评为社会责任"金蜜蜂"企业；2012 年 8 月，润灵环球责任评级（RKS）发布 A 股上市公司社会责任信息披露评级，浦发银行在 582 家 A 股上市公司中排名第 8 位，位居银行业第 3 位，评级展望"稳定"，社会责任信息披露位居领先行列。

浦发银行将继续推进金融创新，因时而变、顺势而为、乘势而上，以"新思维，心服务"为指引，努力建设成为具有核心竞争优势的现代金融服务企业。

广发银行

1988 年 9 月，经国务院和中国人民银行批准，广发银行作为中国金融体制改革的试点银行在美丽的珠江之畔成立，是国内最早组建的股份制商业银行之一。

20 多年来，广发银行栉风沐雨，艰苦创业，以自己不断壮大的发展历程，见证了中国经济腾飞和金融体制改革的每一个脚印。截至 2011 年末，全行总资产 9,189.82 亿元，总负债 8,662.76 亿元，所有者权益 527.06 亿元，分别比年初增长 12.84%、12.28% 和 22.91%。全年实现净利润 95.86 亿元，增幅 54.89%。

20 多年来，广发银行上下求索，奋发图强，由一家区域性银行成长为具有一定竞争优势和影响力的全国性股份制商业银行，业务拓展到了全国各主要区域和澳门地区。截至 2011 年末，广发银行已在北京、天津、辽宁、黑龙江、上海、江苏、浙江、河南、湖北、湖南、广东、云南等境内 12 个省（市）53 个地级及地级以上城市和澳门特别行政区设立了 30 家分行、564 家分支机构，743 家自助银行，3,890 台自助设备，在北京和香港设有代表处，在总行设有博士后科研工作站。本行建立了电子银行（www. cgbchina. com. cn）、电话银行"400 - 830 - 8003 和 95508"以及手机银行（wap. cgbchina. com. cn）等多种便捷、安全的服务渠道，与全球 131 个国家和地区的 1,588 家银行总部及其分支机构建立了代理行关系，为客户提供全面高效的金融服务。

二十多年来，广发银行勇于创新，敢为天下先，在业务快速发展的过程中，创下了多项同业第一，如：第一家办理按揭贷款的银行；首批开办离岸业务的股份制商业银行；在国内首家推出先消费、后还款的贷记卡，同时首家发行美元和港币信用卡，使广发信用卡走出了国门的银行；首家实施全国通存通兑的银行；第一家推出可置换动产质押业务的银行；第一家推出企业财务顾问业务的银行；首家推出出口退税贷款业务的银行等。

2006 年，广发银行成功重组，引入了花旗集团、中国人寿、国家电网、中信信托等世界一流的知名企业作为战略投资者。重组后，广发银行紧紧围绕"建设一流商业银行"的战略目标，注重战略规划的执行，坚持"调结构、打基础、抓创新、促发展"，强化风险控制，坚持又好又快可持续发展，取得了良好的经营业绩。

依靠改革开放起步的广发银行，也必将继续依靠改革实现新的起飞。面对复杂多变的经营环境，广发银行将坚持以科学发展观统领全局，着力改革，不断完善公司治理和内控机制，注重学习和借鉴先进的银行服务理念、管理经验以及产品研发技术，切实提高创新能力和经营管理水平，为建设成为一家具有核心竞争优势，能够为社会公众和国民经济发展提供一流金融服务的现代化商业银行而努力奋斗。

中国邮政储蓄银行

根据国务院金融体制改革的总体安排，在改革原有邮政储蓄管理体制基础上，2007 年 3 月中国邮政储蓄银行有限责任公司正式成立。2012 年 1 月 21 日，经国务院同意并经中国银行业监督管理委员会批准，中国邮政储蓄银行有限责任公司依法整体变更为中国邮政储蓄银行股份有限公司。

中国邮政储蓄银行经过改制前后 26 年的不懈努力，已成为全国网点规模最大、网点覆盖面最广、客户最多的金融服务机构。截至 2012 年 10 月底，中国邮政储蓄银行拥有营业网点 3.9 万多个，ATM 4 万多台，提供电话银行、网上银行、手机银行、电视银行等电子服务渠道，服务触角遍及广袤城乡；拥有本外币账户数逾 12 亿户，客户总数近 6 亿人，本外币存款余额超过 4.5 万亿元，居全国银行业第五位；资产总规模突破 4.7 万亿元，居全国银行业第六位，资产质量良好，资本回报率高。

在各级政府、金融监管部门以及社会各界的关心支持下，中国邮政储蓄银行充分依托覆盖城乡的网络优势，坚持服务"三农"、服务中小企业、服务社区的定位，自觉承担起"普之城乡，惠之于民"的社会责任，走出了一条"普惠金融"的发展道路。

中国邮政储蓄银行将继续依托网络优势，按照公司治理架构和商业银行管理要求，不断丰富业务品种，不断完善营销渠道，不断提升服务能力，为广大客户提供更全面、更便捷的金融服务，打造成为一家资本充足、内控严密、营运安全、功能齐全、竞争力强的大型零售商业银行。

平安银行

平安银行股份有限公司（简称"平安银行"，股票简称：平安银行，股票代码：000001）是原深圳发展银行股份有限公司（"原深圳发展银行"或"原深发展"）以吸收合并原平安银行股份有限公司（"原平安银行"）的方式完成两行整合并更名后的银行，是总部设在深圳的全国性股份制商业银行。中国平安保险(集团)股份有限公司(以下简称"中国平安")及其控股子公司持有平安银行股份共计约 26.84 亿股,占比约 52.38%,为平安银行的控股股东。

原深圳发展银行是中国内地第一家面向社会公众公开发行股票并上市的商业银行,于 1987 年 5 月首次公开发售人民币普通股,并于 1987 年 12 月 22 日正式成立,1991 年 4 月 3 日在深圳证券交易所上市。原平安银行的前身深圳市商业银行成立于 1995 年 6 月,是中国第一家城市商业银行。根据两行股东大会决议,并经相关监管机构批准,2012 年 6 月 12 日,原深圳发展银行以吸收合并平安银行的方式完成两行整合工作;2012 年 7 月 27 日,公司名称由深圳发展银行股份有限公司变更为平安银行股份有限公司。两行合并后,资产规模、网点覆盖和业务种类都得到显著提升,为更多客户提供更为优质、全面的综合产品与服务。

中国平安于 1988 年成立,是中国第一家股份制保险企业,已发展成为融保险、银行、投资等金融业务为一体的整合、紧密、多元的综合金融服务集团,为香港联合交易所主板及上海证券交易所两地上市公司,股票代码分别为 2318 和 601318。中国平安通过旗下各专业子公司及事业部,通过多渠道分销网络,以统一的品牌向超过 7,000 万客户提供保险、银行、投资等全方位、个性化的金融产品和服务。平安银行是中国平安在银行业务领域的重要支柱。

截至 2012 年 9 月底,平安银行总资产达 14,775 亿元,存款总额 9,354 亿元,贷款总额 7,051 亿元;2012 年前三季度,累计实现归属于母公司的净利润 102.4 亿元,同比增长 33.2%;非利息净收入 49.7 亿元,同比增长 64.6%。资本充足率和核心资本充足率分别为 11.30% 和 8.47%,符合监管标准。

平安银行拥有 28 家分行,400 多个营业网点,在北京、香港设立代表处,并与境外众多国家和地区的 600 多家银行建立了代理行关系。分行与营业网点覆盖了中国平安约 80% 的客户群。平安银行将依托中国平安强大的资源优势,包括约 7,000 万个人客户和 200 万个公司客户,提升交叉销售的广度与深度,并凭借中国平安强大的品牌、渠道、客户、产品、IT 等综合金融服务优势,探索一条银行业发展的创新路径。

面对纷繁多变的经营环境,平安银行制定了清晰、可持续的发展战略,扎实推进各项改革,稳步推动业务发展,在包括供应链金融、零售业务等核心业务领域方面继续加大投入,进一步夯实竞争优势。

在公司业务方面,平安银行确立了"面向中小企业,面向贸易融资"的发展战略,在全国率先推出围绕核心企业、开发上下游企业的全方位授信模式——"供应链金融",并保持在国内同业间的领先优势,品牌价值持续提升。同时,国际业务、离岸业务稳健发展,作为国内 4 家获得离岸网银业务资格的商业银行之一,为公司客户搭建起跨时空、全方位的银行服务体系。

零售业务方面,平安银行坚持以客户为中心、不断创新产品和服务,加强"一站式"综合金融服务能力。在信用卡方面,持续为客户提供专业贴心的服务,"安全、实惠、好用"的品牌形象深入人心,得到持卡人的广泛好评;不断提升中高端客户的专业产品和服务能力,持续为客户创造价值;个人贷款方面,以"新一贷"为代表的产品为客户提供更为便捷、简化和创新的服务;为响应国家经济转型的需求,大力拓展小企业为主的小微金融业务,本着高效、快速、灵活的服务理念,为小微企业提供贷款融资、结算、理财等服务。

资金同业业务在多领域展开与中小金融机构合作,获得多项业务资格,金融产品链进一步延伸。同时把握国内市场阶段性盈利机会,取得快速发展,同业市场份额稳步提升。

平安银行不断完善公司治理结构,提升科学决策能力,积极引进现代企业人力资源管理方法,在国内率先建立了财会、信贷、稽核垂直管理体系,全面加强风险控制,资产质量保持良好,资本实力显著增强。

平安银行通过业务和管理的发展不断提升企业品牌形象,并积极履行社会责任,多年来积极履行和实践企业社会责任的价值标准和行为准则,坚持诚信合规经营,维护客户利益,为社会提供优质金融产品和服务,保障员工合法权益,注重环保、热衷公益、回馈社会。

近两年,平安银行荣获了最佳供应链金融服务银行、最具成长性银行、最具创新意识银行、年度最佳银行网站、年度最佳银行电子商务应用奖、最佳企业社会责任奖等殊荣。

未来,平安银行将持续发扬专业和创新的精神,努力提高服务水平和盈利能力,锐意进取,不断创新,迎难而上,进一步打造核心竞争力,以专业经营与服务为客户、员工、股东和社会创造更大价值,为实现"最佳银行"战略目标而不懈努力。

华夏银行

沐浴着改革开放的春风,在总设计师邓小平的亲切关怀和指导下,1992 年 10 月,华夏银行在北京成立;1995 年 3 月,实行股份制改造;2003 年 9 月,首次公开发行股票并上市交易(股票代码:600015),成为全国第五家上市银行;2005 年 10 月,成功引进德意志银行为国际战略投资者;2008 年 10 月、2011 年 4 月,先后两次顺利完成非公开发行股票。

截至 2012 年 9 月末,华夏银行在 70 个中心城市设立了 34 家一级分行、24 家二级分行和 12 家异地支行,营业网点达到 455 家,形成了"立足经济发达城市,辐射全国"的机构体系,与境外 1 千多家银行建立了代理业务关系,代理行网络遍及五大洲 110 个国家和地区的 320 个城市,建成了覆盖全球主要贸易区的结算网络;总资产达到 14464.42 亿元,综合盈利能力快速提升,资产质量显著改善,业务结构明显优化,经营效率较快提高,保持了良好的发展势头。在 2012 年 7 月出版的英国《银行家》杂志世界 1000 家大银行评选中,华夏银行按资产规模排名第 97 名;在 2012 年中国企业 500 强中排名第 275 名、中国服务业企业 500 强排名第 89 名、中国企业效益 200 佳排名第 35 名。

华夏银行坚持服务实体经济的基本方针,全面打造"中小企业金融服务商"品牌,紧紧围绕国家经济发展目标,认真贯彻国家宏观经济政策,积极融入各地主流经济,切实支持民生工程,参与保障性住房建设和城乡一体化改造,努力满足广大客户的金融需求;加大对文化产业资金投放、创新"三农"金融服务模式,加快村镇银行和县域网点建设;加大对小微企业金融支持力度,持续推广以"小、快、灵"为特点的小微企业服务"龙舟计划",加快推进小微企业特色分行建设步伐,连续举办"华夏之星"系列活动,引导和帮助小微企业客户不断成长,小微企业业务增速继续高于全行业务平均增速。在亚洲银行竞争力排名评选活动中,荣获"2011 年中小企业扶持奖";在"2011 年度第一财经金融价值榜"评选活动中,被评为"最佳中小企业融资银行"。

华夏银行秉承"以客户为中心"的服务理念,不断提升服务功能,扩大服务群体,完善服务渠道,扩大服务范围,创新服务产品，提升服务品质，以高质量服务回馈客户。在全行范围内举办"感谢您的关爱，助力我们成长"系列客户座谈会，在改进和提升金融服务的同时，赢得了客户和社会各界的好评。在中国银行业协会开展的"百佳"、"千佳"文明规范服务示范单位评比中，华夏银行的优质服务得到了充分展现，2009年以来，先后有12家网点获得全国"百佳"文明规范示范单位的称号，36家网点夺得"千佳"称号，总行被中国银行业协会授予"突出贡献奖"；客户服务中心被中国银行业协会评为"金融业最佳客户服务中心"、荣获"优秀综合示范奖"。

华夏银行积极履行企业社会责任，坚持企业效益与社会责任的有机统一，并将其融入企业发展战略；坚持把实现人与自然的和谐共存作为发展的基本原则，积极构建绿色银行；坚决执行国家信贷政策，积极发展绿色信贷，通过信贷杠杆，促进经济结构调整，支持资源节约型、环境友好型社会的建设；积极参与公益事业，支持灾后重建，捐资助学，关注妇女儿童健康发展，推动银行和社会和谐发展；重视员工与企业共同发展，努力建设"诚信、规范、和谐"的企业文化。2011年，华夏银行荣获"中国银行业年度社会责任践行奖"、"最佳社会责任奖"、被评为"2011年度十大公益企业"。

面对新的发展机遇和挑战，华夏银行将继续坚持以科学发展为主题，以加快转变发展方式为主线，坚持全面协调可持续发展，稳中求进，努力创新发展方式和工作方法，扎实推进营销机制改革，强化精细管理，优化资源配置，不断提高为实体经济服务的能力和风险管控水平，努力建设资本充足、内控严密、运营安全、服务优质、效益良好、创新能力和国际竞争力强的现代化中型银行。

北京农商银行

北京农商银行成立于2005年10月19日，是国务院首家批准组建的省级股份制农村商业银行。成立以来，北京农商银行坚持改制不改向，全面贯彻落实科学发展观，坚持按规矩办事的治行理念，全方位开展体制机制的系统创新，致力于支持首都新农村建设和城乡一体化发展，为首都社会经济发展和社会主义新农村建设做出了积极贡献。截至2011年末，北京农商银行资产总额达3768.33亿元，存款余额3355.91亿元，贷款余额1690.96亿元，17项主要监管指标全部达标，均创改制成立以来最好水平。根据2011年7月英国《银行家》杂志对全球前1000家银行排名，本行资产规模位居全球第240位、国内第18位，跨进中等规模商业银行之列，综合经营实力实现新跨越。

——支持首都新农村建设的金融"主力军"。北京农商银行拥有近700家覆盖首都城乡的营业机构，已经成为首都金融支农不可替代的主渠道。截至2011年末，北京农商银行涉农贷款余额407.33亿元，在北京市占比24%（按新口径统计）。农户贷款余额24亿元，占北京市农户贷款总量的六成。推出"新农家"农户贷款金融服务，拥有较完善的金融支农信贷产品和服务；推出"城乡结合部重点村改造贷款"产品，支持了全市涉及4个区县、10个村的重点村改造项目，提供授信总额106.6亿元，资金提供量在北京同业中排名第二；建成"乡村便利店"20家、"乡村自助店"5家，积极参与北京市"农村基本金融服务村村通"工程，进一步提高农村金融服务覆盖面和便利度；推出"亲情速汇通"，发行"凤凰亲情卡"近10万张，为来京务工人员打造专属金融服务工具；连续开展六届"凤凰乡村游"活动，引领4000万人次、70亿元城市资金进入农村地区，推动京郊经济发展。

——独具特色的专业金融供应商。北京农商银行坚持以科技创新引领业务发展和管理提升，推出了全国农村合作金融系统首家网上银行——"金凤凰网银"和特色定位的银行卡产品——凤凰卡系列；推出同业首个专属银保品牌"凤凰随心保"，成功取得代理销售国债、基金资格；为市民提供多样化理财服务，创新自有品牌贵金属投资产品，针对贵宾客户定制凤凰金账户和金凤凰财富管理；打造"中小企业服务窗融资服务平台"、"金凤凰掌上交易宝"等特色金融产品，不断加大对中小企业的金融创新和服务力度；推出"金凤凰出国金融服务"品牌系列产品，实现本外币一体化经营。

——强化内控与风险管理。北京农商银行不断完善公司治理结构，坚持按规矩办事的治行理念，以建立和完善行政运行和业务运行两大机制为抓手，不断完善经营管理和内控体系，提高内部审计独立性，积极推进制度建设和流程优化，管理效能和内控水平有了新的提升。建立风险预警管理和贷后管理评价体系，健全全面风险管理体系，规范中介机构准入和运行管理，积极落实"三个办法一个指引"，全面贯彻监管意见和要求，强化风险管控，努力实现效益、质量、规模、结构、速度的协调发展。

——积极履行社会责任，品牌影响力快速提升。北京农商银行坚持助推公益事业，为建设和谐社会贡献力量。积极推进"绿色信贷"，加大力度支持低排放低污染、环保技术研发等企业发展。作为北京市首家"零碳"倡导银行，向"中国绿色碳基金北京专项"捐款60万元用于植树造林。并大力支持灾区重建，累计捐款约1350万余元。出色的市场表现和负责任的社会形象获得了社会各界一致好评和认同。2011年，本行中长期发展战略规划和"银政惠民账户"荣膺北京市管理创新一等奖，"凤凰亲情速汇通"获得优秀"三农"金融服务奖，并相继获得全国金融机构服务"三农"最佳社会责任奖、北京市城乡结合部重点村建设先进单位、储蓄国债承销优秀奖、城乡金融特别贡献奖、中国银行业百佳示范单位等荣誉称号。

渤海银行

渤海银行是1996年以来国务院批准设立的第一家全国性股份制商业银行，是第一家在发起设立阶段就引入境外战略投资者的中资商业银行，也是第一家总部设在天津的全国性股份制商业银行；是由天津泰达投资控股有限公司、渣打银行（香港）有限公司、中国远洋运输（集团）总公司、国家开发投资公司、宝钢集团有限公司、天津信托有限责任公司和天津商汇投资（控股）有限公司等7家股东发起设立的，注册资本总额达到85亿元人民币。2005年12月30日成立，2006年2月正式对外营业。截至2012年6月末，已在全国13个省市设立了13家一级分行、2家二级分行和50家支行。

截至2011年末，本行资产总额3,124.88亿元，比年初增长17.88%，负债总额2,959.80亿元，比年初增长15.77%，不良贷款率为0.14%，实现税后净利润18.38亿元，比上年增长136.24%。

在英国《银行家》杂志公布的2011年度全球银行1000强排名中，渤海银行成功跻身300强，综合排名299位，较2010年上升了138位；"渤乐·省利通"创服产品在第七届中国银行业年会及银行创新产品系列评奖中获得商业银行创新之星"民生授信奖"，该产品同时在第四届"中国最受尊敬暨最佳零售银行”评选中获得“2011 最佳小微企业金融服务品牌”奖；在《卓越理财》杂志社举办的卓越 2011 年度金融理财排行榜中，我行获颁“卓越股份制商业银行”、“卓越金融理财产品”、“卓越银行卡”和“卓越电子银行”称号；获《银行家》杂志联合多家媒体评选的“2010 中国金融营销奖 – 金融产品十佳奖”；获《亚洲银行家》评选的“2011 年度中国最佳网络银行”称号；“携手创富”品牌再次荣获“2011 中国中小企业金融服务客户满意十佳典范品牌”奖项；首次入围“2011 天津百强企业”；连续第五年蝉联中国中小商业企业协会评选“年度全国支持中小企业发展十佳商业银行”奖项；在《21 世纪经济报道》主办的“第六届 21 世纪亚洲金融年会暨 2011 年亚洲银行竞争力排名研究报告”发布仪式上获得“2011 年中资银行稳健成长奖”；在《每日经济新闻》主办的金鼎奖评选活动中获“最具潜力股份制商业银行奖”；在“渤海银行 · 2011 天津中小企业风云榜”活动中荣获“天津市中小企业特殊服务贡献奖”；获得天津市企业档案工作评估最高等级证书“AAA”级。此外，本行员工还在由中国银行业协会、香港银行学会和金融时报社联合举办的“第四届全国杰出财富管理师”评选活动中荣获“全国杰出财富管理师银奖”。

长沙银行

长沙银行成立于 1997 年 5 月，是湖南首家区域性股份制商业银行，总行位于湖南省省会、全国首批历史文化名城、优秀旅游城市和全国文明城市——美丽的“星城”长沙，拥有包括广州、株洲、常德在内的 31 家分支机构、73 个营业网点，控股发起湘西、祁阳、宜章三家长行村镇银行。截至 2011 年末，全行资产总额达到 1227.2 亿元，存款余额达到 1029.95 亿元，利润达到 17.1 亿元，不良率控制在 0.78% 以内，资本充足率达到 12.77%。综合实力稳居长沙同业前三，在全国 140 多家城商行中名列前茅，荣膺中国“最具成长力中小银行”，并连续四年被银监会评为当前中国银行业最高等级的二类行。在英国《银行家》杂志评选的 2010 年度全球 1000 大银行中，长沙银行名列第 673 位；在第六届“21 世纪亚洲金融年会”上荣膺“2011 亚洲银行竞争力排名（中小银行）”第五名；在中国《银行家》杂志评选的 2010 年度全国城市商业银行（资产规模 500—1000 亿元）竞争力榜单中排名第二。

立行以来，长沙银行始终坚持“服务地方、服务中小、服务市民”的办行宗旨和“为您所需、喜赢共享”的服务理念，以现代化、国际化的经营理念致力于构筑精品银行服务体系，初步形成了自身的经营特色和核心竞争能力，全力打造“最可靠”的湖南政务业务主要银行、“最给力”的湖南零售业务特色银行、“最贴心”的区域内中小企业品牌银行。

立行以来，长沙银行在长沙市场为中小企业授信占比达 40%，接近半壁江山，成为长沙地区中小企业的首选银行和服务“最贴心”的中小企业银行。迄今已累计支持小巨人企业、拟上市企业、园区企业 8000 余家。同时在地方经济发展中勇担金融先锋，十多年来累计支持政府重点建设项目 120 多个，对政府及相关部门直接投放信贷资金超过 400 亿元，成为“最可靠”的地方政务银行。长沙银行还依托全市众多的网点，不断创新的产品和服务，为市民的消费理财、创业投资等打造了全方位的金融服务，成为“最给力”的市民银行。累计发放个人创业贷款 29.97 亿元，户数达到 3039 户；壹站通数字社区累计安装自助设备 300 余台，极大方便了市民生活；转账支付信用卡和个人循环授信解决了数千家个体工商户和小微企业的资金难题。

面对国家“十二五规划”实施、湖南“四化两型”、长株潭“两型社会建设”和长沙“率先发展”等重大战略机遇，长沙银行将进一步深化特色定位，着力打造核心竞争力，重点推进区域化、股权多元化、上市的发展步伐，朝着打造“区域性精品上市（龙头）银行”的发展愿景不断迈进。

2011 年是长沙银行发展史上不同凡响的一年。面对错综复杂的经济形势、监管政策的相应调整、市场竞争的日趋激烈，全体长行人直面挑战、锐意进取，以业务转型和产品创新突破发展瓶颈，经营指标持续向好，发展特色亮点频现，区域战略再开新局，发展素质持续提升，综合实力更为彰显，取得了优异的发展成绩。截至 2011 年 12 月 31 日，我行资产总额达到 1200 亿元，存款 900 亿元，贷款 410 亿元，利润总额超过 17 亿元，纳税总额超过 6 亿元，规模效益等主要指标连续第八年以 25% 以上的增速强势增长。

回望 2011，我们感激的是：各级领导、各股东单位、广大客户和社会各界的支持与厚爱。省、市各级政府领导的正确指引、亲切关怀，让我们得以扎根长沙、布局湖南、走向全国，向着“银行湘军”旗舰的方向坚实迈进；监管部门的悉心指导、严格要求，让我们得以稳健发展、持续经营；股东单位和各位董事的风雨共济、正确决策，让我们得以披荆斩棘、一路向前；广大客户和社会各界的深切信任、不离不弃，让我们得以根深叶茂、风景独好。

回望 2011，我们感怀的是：那一次次面对挑战的不懈拼搏。

第一，抓创新凸显出长沙银行的领跑态势。2011 年作为我行的“创新发展年”，以创新思维引领业务发展和战略突破，立体化、多元化创新体系全面构建，长沙银行发展的内生动力正日益兴盛。

第二，做特色擦亮了长沙银行的“三最”品牌。从政务银行、市民银行、中小企业银行的粗略谋划到湖南政务业务的主要银行、湖南零售业务的特色银行、区域内中小企业的品牌银行的战略布局，再到“最可靠”的地方政务银行、“最贴心”的中小企业银行、“最给力”的市民银行的精准定位，层层递进式地勾勒出了长沙银行特色经营的纵深轨迹。

第三，争市场提升了长沙银行的竞争优势。在主要竞争对手以机构扩张为依托的复合增长面前，长沙银行依靠既有市场的深度挖掘和内涵价值的持续增长，依然实现了近 30% 的规模提升，阔步登上 1200 亿的资产大台阶，纵深迈入中等规模商业银行行列。

第四，跨区域打开了长沙银行的战略空间。在监管政策收紧态势下广州分行的盛大开业，迈出了二线城市进军一线热点城市的铿锵步伐，构筑了强大的战略增长极，长行发展模式在融合中彰显活力。

第五，强素质成就了长沙银行的声名鹊起。中国《银行家》杂志 2010 年度全国城商行竞争力榜单（资产规模 500—1000 亿元）第二位，第六届“21 世纪亚洲金融年会”发布的“2011 亚洲银行竞争力排名（中小银行）”第五位，英国《银行业》杂志评选的世界 1000 大银行第 673 位，2011 年长沙银行在全国、亚洲和全球范围内数个银行业权威榜单上的星光闪烁，标志着起于微末的长沙银行正成为我国中小银行队伍中一支日益领跑的力量。

面向 2012 年，我们在危机中满怀希望，在反思中寻求超越。长沙银行将贯彻“超越发展”主题，既求量的增长，也求质的提升，进而实现综合实力的全面超越；坚持“好上加快”方针，在结构优化、质量提升的基础上加快发展速度、推进战略突破；紧紧围绕“转方式，调结构”的工作主线，坚持走差异化、特色化的可持续增长之路，大力发展资本节约型业务，不断调整优化信贷结构、资产结构和盈利结构；切实做好“抓改革”、“促转型”、“强基础”、“求突破”四项重点工作，抓改革健全发展机制，增强内驱增长力；促转型塑造特色品牌，提升核心竞争力；强基础夯实发展基石，提升精细管理能力；求突破实现腾飞，加速区域化、上市战略进程。

站在2012年春天的门槛上，我们已收拾好心情、整装待发，朝着资产1500亿、存款1200亿、贷款600亿、利润22亿的崭新目标；朝着扎根长沙、服务湖南、辐射全国，做“长沙人自己的银行”，做“让长沙人自豪的银行”的庄严承诺；朝着打造区域性精品上市（龙头）银行的美好愿景，阔步向前！

成都银行

成都银行成立于1996年12月30日，系四川省首家城市商业银行。多年来我行依法稳健经营，严格规范管理，已发展成为一家初具规模、运行稳健的股份制商业银行。截至2012年6月末，总资产由成立时的48.2亿元增至2005.68亿元，增长近41倍；存款余额由39.7亿元增至1358.78亿元，增长33倍；贷款余额由26.3亿元增至875.62亿元，增长32倍，成为中西部首家总资产突破两千亿元大关的城市商业银行，经营规模和综合实力稳居中西部城市商业银行首位。目前，我行注册资金32.51亿元，实行一级法人体制，全行下辖重庆、西安、广安、资阳、眉山5家异地分行及32家直属支行（部）、98家网点，在岗员工4000余名。

自成立以来，我行秉承“服务区域经济，服务中小企业，服务城乡居民”的市场定位，并不断赋予“服务”二字新的内涵与深意。先后投入信贷资金，大力支持城乡基础设施建设、农村土地综合整治、一般场镇改造等，为成都经济的快速健康发展、城乡一体化的有序推进作出了积极贡献。同时，我行不断加大在成都郊区（市）县开设支行力度，目前我行机构网点已覆盖全域成都，为加快县域经济发展打下基础。此外，我行还进一步在成都重点城镇增设郊县支行下属网点，并涉足省内农村金融市场，发起设立名山村镇银行，全力助推城乡同发展、共繁荣。

作为“中小企业伙伴银行”，我行始终专注于服务广大最需要资金支持的中小企业客户。我行在全市率先成立中小企业部，并设立3家专营支行，通过流程优化、绿色通道等措施，为中小企业提供全方位、宽领域、多层次的专业服务；积极探索解决中小企业贷款难问题，为中小企业量身订制包括“速保贷”、“速抵贷”、“多融易”等10余种产品在内的“财富金翼”中小企业融资品牌；充分利用我市食品、制鞋、纺织服装、家具等产业集聚发展的优势，加大与专业市场、担保公司合作力度，不断支持中小企业发展壮大。截至2012年6月末，我行中小企业授信客户达2000余户，贷款余额约占贷款总额近60%，为我市社会经济的繁荣稳定作出了应有的贡献。

践行“市民银行”承诺，我行率先在全市推出“储蓄延时服务”，为市民在下班后办理银行业务提供便捷；芙蓉锦程系列金卡始终免收账户管理费、ATM跨行取款及查询费等，最大限度降低持卡人用卡成本；执行一浮到顶的储蓄存款利率，让利于民；在成都市首发金融IC卡并实现行业应用，方便市民出行、就医及公共支付等。与此同时，我行不断加快个人业务创新速度，先后推出了金康卡、钻石白金卡等系列卡种，个人循环、综合消费等个贷新产品和电子银行业务，满足市民不同需求。

用实际行动担负社会责任，是我行的不变使命。我行始终热心公益事业，常年坚持开展定点贫困村镇帮扶及“慈善一日捐”等公益活动，建立公益行动长效机制；发行全国首张建设领域农民工工资代发专用卡——锦程建设卡，促进农民工工资发放透明化、公开化，切实保障广大农民工合法权益；发行全国首张公益主题银行卡——芙蓉锦程·红标爱心卡，并将持卡人刷卡消费额的万分之五作为捐赠款，用于救助成都市城乡低收入困难家庭；响应监管部门号召，坚持开展公众教育服务活动，向群众宣传普及金融知识。

近年来，我行在成都市委、市政府的坚强领导下，在银行监管部门的正确指引下，努力开拓创新，不断深化改革，稳步推进包括增资扩股、更名、跨区域发展、多元化经营、公开上市等在内的多项战略举措，分别于2007年引进马来西亚丰隆银行等境内外投资者，一次性引资60亿元，顺利完成增资扩股；2008年由“成都市商业银行”正式更名“成都银行”，打破了原行名中的地域性色彩限制；2009年开设首家异地分行——广安分行，实现跨区域发展实质性突破；2010年与战略投资者丰隆银行共同发起设立国内首批、中西部第一家消费金融公司——四川锦程消费金融有限责任公司，实现多元化经营初步探索；2010年成功开设首家省外分行——重庆分行；2011年入股西藏银行，支持藏区发展，开设西安分行，初步搭建起覆盖川、陕、渝的分支机构布局，并按照“做精成都、做实四川、做强西部、辐射全国”跨区域发展规划，加快推进异地分支机构建设工作；2012年正式向中国证监会递交IPO申请，拉开向全国一流现代化商业银行迈进的帷幕。

在各项业务稳步发展、经营业绩持续增长的同时，我行的社会影响力也得以不断提升，连续跻身“全球商业银行1000强”、“亚洲银行300强”、“中国银行业100强”、“中国50大银行”等国内外商业银行综合实力排行榜。

在以转型为重点的“第三次创业”的号召指引下，一系列改革措施的落地推行，使我行向建设西部领先、全国一流综合金融集团的目标稳步迈进。

大连银行

大连银行前身大连市商业银行成立于1998年3月28日，是一家由大连市国有股份、中资法人股份及个人股份共同组成的地方性股份制商业银行。经中国银行业监督管理委员会批准，大连市商业银行于2007年2月17日更名为大连银行。2007年7月19日，大连银行在天津设立了第一家异地分行，迈出了从地方银行向全国性银行转型的第一步。2008年7月18日，大连银行第二家异地分行——北京分行正式开门纳客，标志着大连银行实现了自身发展的又一次重大跨越。2009年1月18日沈阳分行开门纳客，为大连银行东北地区战略布局落下了一颗重要的棋子。2009年9月成都分行、10月营口分行相继开业，大连银行全国性战略布局提速。2010年，成功设立了上海分行、丹东分行和重庆分行，异地分行已达8家，成为唯一在全部四个直辖市均设有分行的城商行，大连银行作为全国性股份制商业银行的架构初具雏形。

大连银行秉承“稳健经营、科学发展”的经营理念，以完善法人治理结构、增强风险控制能力和建立资本约束机制为手段，以支持东北老工业基地振兴和地方经济发展为己任，进一步明确了“服务地方、服务中小、服务市民”的市场定位，先后为大连市基础设施改造、区域经济发展提供了一揽子金融支持，实现了中小企业融资的一站式服务。

全行现有员工近 5000 人。总行下设 27 个管理部门，4 家中心支行，8 家分行，共 126 个营业网点。

近年来，大连银行资产质量不断提高，盈利能力持续增强，各项经营指标实现了历史性突破。截至 2012 年 4 月末，大连银行资产规模达到 2091 亿元，一般性存款余额 1433 亿元，贷款余额 932 亿元，实现净利润 11.34 亿元，不良贷款余额为 8.47 亿元，不良贷款比例为 0.91%，资本充足率为 11.59%，拨备覆盖率达到 294.51%。在 2011 年 7 月出版的英国《银行家》杂志全球前一千家大银行排名中，大连银行位列第 506 位，在中国内地的银行中排名第 46 位。在中国《银行家》杂志银行竞争力排名中，大连银行名列全国大型城市商业银行第 8 位。

作为一家志存高远的银行，未来的大连银行将实施积极稳妥的异地分支机构发展战略，争取用五年左右的时间，完成在沿海发达省份、东北地区中心城市、内陆省份中心城市分支机构布局，成为名副其实的全国性股份制商业银行。

为实现“打造百年老店，建设精品银行”的终极目标，大连银行制定了十年发展战略：自 2009 年至 2011 年，要用 3 年时间在经营管理水平上进入全国城商行第一集团的行列；到 2013 年，达到全国性股份制商业银行的一流水平；到 2018 年，在内在品质上接近或达到国际上好银行的标准。

东莞银行

东莞银行股份有限公司（以下简称本行）是经中国人民银行批准，在东莞市工商行政管理局登记注册的股份制商业银行，成立于 1999 年 9 月 8 日。截止 2012 年 6 月 30 日，本行下辖 1 个总行营业部、6 家分行（广州分行、深圳分行、惠州分行、长沙分行、佛山分行、合肥分行）、33 家直属支行、6 家一级支行、73 家二级支行，拥有 2 家子公司（开县泰业村镇银行股份有限公司、东源泰业村镇银行股份有限公司）。

成立以来，本行在各级政府及监管机构的正确领导和监管下，紧紧围绕价值最大化的核心目标，以市场为导向，以客户为中心，以提高人力资本和科技应用能力为基础，以“提升效率”为手段，以“保增长”为目标，强化风险管理、销售管理和服务管理，进一步推进产品和服务创新，优化资源配置和完善激励机制，经营管理水平不断提高，业务持续增长，一直以优异的业绩在全国同行业中名列前茅。截至 2012 年上半年，本行总资产达 1947.28 亿元，各项存款余额为 817.74 亿元，贷款总额为 522.56 亿元。2012 年上半年实现净利润 11.37 亿元。

本行是当地一家具有独立法人资格的银行，管理半径短，决策灵活，科技开发优势明显，软硬件设备先进，自主开发设计灵活性高，更贴近市场和客户，不断创新金融产品，致力于为客户提供全方位、特色化的金融业务。随着客户金融需求的多样化发展，本行在丰富齐全的个人业务品种基础上，推出了优质单位正式员工集体授信业务、“好易居”住房公积金组合贷款、“日日盈”、“月月盈”储蓄理财产品、“快汇通”自助汇款，“恒通”信用卡、代收房维基金等特色业务品种，为客户精心打造的“玉兰理财”品牌下属产品种类齐全，包括票据、债券、信托等系列理财产品，以及基金、黄金、保险、第三方存管等多种代理业务产品；竭诚为公司客户提供各项金融产品及独具匠心的贴心服务，包括传统公司融资产品：固定资产贷款、流动资金贷款、银团贷款、票据业务（银行承兑汇票、电子票据）等；中小企业特色融资产品：租金质押贷款、中标工程贷款、应收账款质押贷款、订单融资、股权质押、动产质押、机械设备按揭贷款等；特色代收代付业务及资产增值类产品：代理非税收缴业务及公司理财产品等；本行的资金业务发展迅速，投资领域不断拓宽，在业内享有较高的知名度，主要经营同业存放、债券投资、票据转贴现、同业存放等业务；业务办理快捷方便，除网点柜台外，还包括自助终端、网上银行、电话银行等多种服务渠道。

本行良好的信誉和业绩，得到了来自业界、客户和权威媒体的广泛认可。2006 年 7 月 28 日，本行被评为全国“十大最具竞争力城市商业银行”。2007 年首次入围全球银行类 1000 强，并在 2012 年公布的 2011 年度排名中，按一级资本排第 513 名，较上一年提升了 177 位，按资本回报率排第 205 名。2009 年中国《银行家》公布的 2008 中国商业银行竞争力评价报告，荣获“泛珠三角经济区域城市商业银行竞争力排名第一名”、“最佳品牌营销城市商业银行”。2010 年《理财周报》评选本行为“2010 中国十大最佳城市商业银行”。2011 年，荣获中国《银行家》杂志“最佳企业社会责任奖”。2012 年，在“2012 南方金融年度系列评选活动”中荣获“最佳金融营销创意奖”；荣获广东省人民政府颁发的“金融创新奖”一等奖，是唯一荣获创新一等奖的法人银行。

广州农村商业银行

广州农村商业银行的前身是始建于 1951 年、至今已有五十多年发展历史的广州市农村信用合作社。一直以来，我行立足南粤大地，秉持服务“三农”、服务中小企业、服务地方经济发展的经营宗旨，为促进农民增收、农业发展、农村社会的稳定和城乡经济建设做出了重要贡献。1998 年 9 月，广州市农村信用合作社联合社成立。2006 年 11 月，广州市农村信用合作联社开业，顺利完成统一法人体制改革。2009 年 11 月 18 日，中国银监会批准筹建广州农村商业银行股份有限公司。2009 年 12 月 7 日，中国银监会批复同意广州农村商业银行股份有限公司开业。2009 年 12 月 11 日，广州农村商业银行股份有限公司正式开业。

广州农村商业银行总行设在广州。目前，总行内设 21 个部门，下辖 373 个支行，263 个分理处，营业网点遍布广州城乡，网点数列广州地区银行同业机构首位。截至 2011 年 6 月末，总资产突破 2400 亿元，各项存款余额 1928 亿元，各项贷款余额 1157 亿元，上半年实现经营利润 24 亿元，业务规模位居全国农商行前三甲，在广州地区位列工、农、中、建四大国有商业银行之后居第五位。

经营业绩

至 2011 年 12 月末，我行主要经营指标如下：

存款、贷款余额分别为 2105.7 亿元、1188.9 亿元，分别比年初增长 18%、12.5%。

实现中间业务收入 10.4 亿元，同比增幅为 110.1%。

实现经营利润 50.3 亿元，同比增幅为 43.5%。

拨备覆盖率 315.4%，资本充足率 13.9%。

不良贷款率 0.67%。

市场定位

服务“三农”：涉农贷款余额 270 亿元，是广州地区涉农贷款余额最大、占比最高的商业银行。推出农户小额信用贷款、“村民经营贷”、“村社组织贷”、“三旧改造贷”、“农商三宝”组合贷款等数十项创新业务品种。全行近80%的营业网点分布在广州各村镇，成为国内首批加入发行“惠农卡”的银行机构，惠农卡发卡量居全国之首，为广州地区“三农”提供贴身、便利、优质的金融服务。积极开展“心系千村万户共建幸福广州”主题活动，普及金融知识，改善支农服务环境，提升支农服务水平。

服务中小企业：中小企业贷款532亿元，约占贷款总额的45%。与德国国际项目公司（IPC）合作，全面开展微小企业贷款业务。“微贷”为微小企业主提供免抵押贷款，最高额度50万元，“小贷”针对小企业（主）提供贷款，额度为50—500万元，可接受单一或多种抵押组合方式。目前累计发放微小企业贷款3200多笔（户），涉及80多个行业，贷款金额超10亿元。

服务社区：先后推出了“盈”系列理财产品、“智富账户通”、“存贷双盈账户通”、银证快线等社区零售产品。累计发行银行卡超750万张，特约商户6500多户，ATM机具2100多台。顺利开办代收水电费、电话费、代理非税收入等多种结算业务。发行“太阳”系列信用卡，丰富银行卡品种。2011年共发行151期理财产品，销售金额350多亿元，满足社区居民理财需求。

服务地方经济：积极参与城市基础设施建设，成功牵头广佛地铁、广州水投等项目银团贷款，与广州地铁、建投、水投等企业集团确立良好的战略合作关系，成功参与西塔、华南快速、花都汽车城等项目建设。同时，倾力支持广州地区布匹、皮具、花卉、菜叶、果蔬批发等覆盖全国的专业市场建设。

发展战略

人才立行：制定中长期人才发展战略规划，持续引进中高层管理人才，实现人才引进、培养、储备和激励等环节的统筹规划。坚持能上能下、精简高效、优胜劣汰的用人机制，开展内部岗位竞聘，有能力、有作为的年轻人走上管理岗位。通过外部公开招聘，引进具有银行工作经验的优秀管理人员和专业人才。定期招收应届毕业生，不断优化员工队伍结构。博士后科研工作站和珠江银行学院正式挂牌，为人才引进、人才培养提供新的平台和渠道。

科技兴行：坚持实施以科技为先导的创新发展战略，积极推进科技系统的现代化建设。一方面，加大对科技软硬件建设的投入力度，新一代核心业务、信贷管理、财务管理、网上银行、国际结算、人力资源管理、事后监督、手机银行等系统陆续上线；另一方面，加快对核心网络、新机房网络、网点交换机、无线网络等基础设施的优化和升级，为业务系统上线提供有力的系统支持。

跨区经营：积极探索并推进跨区经营发展战略，按照“科学规划、稳步推进；依法组建、市场运作；制度先行、风险可控；面向村镇、服务三农”的实施原则，拟投资组建30家村镇银行。目前在河南、广东、四川、山东、江苏、湖南、辽宁、江西等地发起设立的19家珠江村镇银行已正式开业，其中信阳珠江村镇银行为总分行制村镇银行。同时，积极推进异地分支机构的设立工作。

筹备上市：启动IPO前期准备工作，力争早日公开上市，努力打造成为一家治理完善、管理先进、经营稳健、实力雄厚、竞争力强的一流现代商业银行，为支持地方经济发展、建设广州区域金融中心和国家中心城市做出更大的贡献。

社会责任

在全行上下积极倡导绿色金融、绿色信贷的理念，加大对低碳、节能、环保等行业的金融支持。在机构网点布局方面，对于部分网点效益落后却又切实存在金融服务需求的农村地区，仍然留守当地，为广大村民提供贴身、便利的金融服务。全面开展免抵押微小贷业务，有效缓解中小企业尤其是农村地区中小企业融资难的困境。坚持依法合规纳税，连续多年荣获广州市“A级纳税人”荣誉称号，“2011年广东省纳税百强企业”。积极参与公益事业，回报社会，近年来累计捐款逾3000万元，用于社会慈善事业、抗震救灾、帮扶贫困村镇、孤寡老人和失学儿童等，以实际行动履行企业社会责任。

获得荣誉

2012中国服务业企业500强第172位

2012中国企业效益200佳第115位

2012年《The Banker》全球1000家大银行排名第256位

2012南方金融年度大奖（金榕奖）“最佳中小企业金融服务商”称号

2012年广东省“金融创新奖”二等奖

2011年广东省纳税百强企业

2011年1—9月债券交易量位居全国农商银行系统首位，位列全国银行间市场参与机构第28位

2011年《The Banker》全球1000家大银行排名第343位

2010年《The Banker》全球1000家大银行排名第377位

省联社2010年服务“三农”先进单位

2010年度银行卡安全运行优秀奖、受理市场业务进步奖、差错服务优秀奖

广东银行业亚运金融服务与保障先进单位

2010年度银联卡跨行交易突出贡献奖和系统运行质量奖

2010年度广东省“五四红旗团委”

2010年广东省“金融创新奖”三等奖

广东银行业2010年公众教育服务日活动先进单位

广东共青团“创先争优服务亚运、亚残运”五四红旗团委

2009年度银联卡清算服务优秀奖

2008、2009年度广州区域票据服务创新奖

2006年获广州市模范职工之家荣誉称号

广州银行

广州银行是由广州市政府控股的股份制商业银行，其前身为在46家城市信用合作社的基础上组建的广州城市合作银行，成立于1996年9月17日。后更名为广州市商业银行股份有限公司。2009年9月，获准更名为广州银行股份有限公司。

基本情况

总行新办公大楼位于珠江新城CBD中轴线花城广场核心区

84个机构网点，其中3家分行，81家支行

2100多名员工

资本金83亿元

历史沿革

成立于1996年9月17日，在46家城市信用合作社的基础上组建广州城市合作银行；

1998年7月，更名为广州市商业银行股份有限公司；

2001年12月，新增资本金7亿元；

2005年12月，增资扩股10亿元；

2007年5月，定向增资23亿元；

2008年9月，增资扩股30亿元，总资本金达到83亿元；

2009 年 9 月，获准更名为广州银行股份有限公司；

2010 年 3 月，首家异地分行——深圳分行正式成立；

2011 年 6 月，南京、佛山分行正式成立；

2012 年 12 月，中山分行获批筹建。

发展业绩

近年来，广州银行各项业务发展速度远高于广州地区同业平均水平，截至 2012 年底，资产总额 2518 亿元；资本充足率 12.53%，核心资本充足率 11.67%，不良贷款率 0.03%，不良资产率 0.01%，拨备覆盖率超过 300%，是国内资产质量最好的银行之一；2012 年实现利润 35.9 亿元，经营管理绩效不断提升。

市场定位

服务地方

支持市政重点工程：为广州开发区、科学城、大学城、天河软件园、广州地铁、新电视塔、内环路、广园快速路、新光快速路、南沙港快速路等项目提供资金支持；

支持地方经济：为城投集团、交投集团、广药集团、珠啤集团、发展集团、岭南集团、建筑集团、南方航空、深圳航空、省交通集团、广晟资产经营有限公司等提供信贷支持；

扶持民营企业：支持美晨集团、华新集团、德豪润达、江苏雨润、大连万达、苏宁电器、明和实业等民营企业的发展。

服务市民

医保卡三家发卡行之一，代理发行集多种功能于一体的社会保障市民卡；

代发广州市财政统发人员工资；

定期推出种类齐全、内容丰富、期限灵活的红棉理财系列产品，为广大市民投资理财提供帮助；

开办物业专项维修资金业务和存量房交易资金托管业务；

提供形式多样、办理便捷的个人贷款业务；

推出公务卡、一卡通、支付宝卡通、住房公积金归集业务、“银医通”结算业务、代理黄金交易业务等。

获得荣誉

改革开放 30 年广州企业管理十大成就奖

广州十大最具竞争力服务品牌

广州市文明单位

广州 2010 年亚洲残疾人运动会爱心企业

广东银行业亚运金融服务先进单位

2010 年度中国银行业社会责任践行奖

中国银行业文明规范服务示范单位

2010 年度金融类国有及国有控股企业绩效评价“AAA－优”评级

2010 年、2011 年连续两年荣膺《The Banker》全球银行排行榜 500 强

2011 年最佳服务中小企业银行

2011 年度广东百纳税百强企业

2012 年最值得期待金融品牌

2012 年中国服务企业 500 强

2012 年亚洲中小银行竞争力排名第一

2012 年亚洲城市商业银行竞争力排名第一

哈尔滨银行

哈尔滨银行是近年来崛起于中国东北地区的一家新兴股份制商业银行，总部位于哈尔滨市。现有哈尔滨、天津、成都、沈阳、大连、重庆等 13 家分行，在北京、深圳、吉林、甘肃、重庆及黑龙江等地设立了 24 家村镇银行，两百余家营业机构，在职员工逾 5000 人，遍布全国六大行政区，省内地市机构覆盖 50% 以上、哈尔滨市县市实现全覆盖，拥有分行、村镇银行数量在全国城商行中均名列第三位，并投资参股广东华兴银行，初步搭建了全国发展布局。截至 2011 年末，资产总额 2024.99亿元，存款余额 1416.38 亿元，不良率 0.67%，实现净利润 17.08 亿元，盈利能力在黑龙江省位居前列。据中国《银行家》杂志 2011 年统计，我行在全国资产规模 1000 亿元以上城商行中，竞争力排名第四位，在《21 世纪经济报道》“亚洲中小银行综合竞争力排名”评选中位列第六。

近年来，哈尔滨银行认真贯彻监管要求，不断加强公司治理建设，形成了“三会一层”独立运作、有效制衡的公司治理架构及科学有效的决策、执行、监督、激励和约束机制。通过十几年的发展，哈尔滨银行现已成为一家治理规范、资本充足、特色突出、定位清晰、效益良好的股份制商业银行。哈尔滨银行经营特色突出。在监管部门的指导下，大力发展小额信贷业务，并积极引进国际先进技术和理念，与我行实际相结合，形成了“本土化加国际化”的小额信贷模式，打造了“乾道嘉”系列品牌，在小额信贷领域形成了较强的核心竞争力。被中国银监会授予 2006、2007 和 2011 年度“全国小企业金融服务先进单位”称号，荣获《亚洲银行家》颁发的“中国最佳中小企业银行服务”国际大奖，是唯一获此殊荣的国内城商行。荣获“2011 中国十大最佳城市商业银行”、“2011 中国最具发展潜力零售银行”、21 世纪传媒金贝奖“最佳设计与创新城商行”等称号。在 2011 年度中小企业家年会上，喜获“2011 年度全国支持中小企业发展十佳商业银行”、“2011 全国中小企业最受欢迎金融特色产品”等荣誉，多名信贷员荣获“花旗银行微型创业奖”殊荣。农金业务品牌建设成效显著，分别获得“首届中国农村金融十大品牌创新机构”、“年度最佳三农服务中小银行”及“服务三农最佳社会责任奖”，“助农富”农户贷款产品进入全国“双十佳”金融特色产品 90 强。

我行历经十几年的创新发展和战略转型，在差异化发展、合规经营、风险管控、公司治理、综合效益、企业文化等方面取得突出成效，已成功跻身全国城市商业银行第一梯队，并加速向全国性股份制商业银行目标迈进。

规范的公司治理

2003 年以来，按照我国《商业银行法》、《公司法》以及监管部门有关要求，我行逐步建立起了现代企业制度的基本架构，形成了股东大会、董事会、监事会、经营管理层各负其责、相互制约、相互协调的法人治理结构。

全面的基础管理

在加快发展步伐、扩大经营规模、实现各项指标成倍增长的同时，我行狠抓管理基础建设，使发展的基础更加健康牢固，逐步步入规范化、标准化、科学化发展轨道。全面开展 ISO9000 认证工作，完善规章制度，建立了系统全面的管理制度和操作规程，搭建了科学的管理框架。

聘请国际著名咨询公司德勤、安信永、新鸿基公司进行会计尽职调查、资产评估及引进战略投资者评估，提高了财务资产管理能力，实现与国际接轨，在全国城商行处于领先水平。

聘请普华永道、德勤管理咨询公司开展管理会计、IT 建设、内控体系建设及全面风险管理三大咨询项目，借助先进的管理技术和科技手段，全面提升创新能力和治理水平。

树立“科技兴行”理念，加大科技投入，进行网络环境、硬件更新、软件开发、异地容灾建设，更新改造了核心业务系统，

开发并升级了信贷管理、资金交易、资产管理、国际业务、网上银行、行政办公、人力资源、稽核管理等20个信息管理系统。其中微贷管理系统还获得自主知识产权，聘请国际著名咨询公司普华永道、毕博公司进行了IT信息安全评价和科技发展规划，引进科技人才，充实加强了科技队伍，科技支撑能力不断加强。

引入经济资本和经济增加值理念，构建以经济资本为核心的风险和效益约束机制，将信用风险、操作风险和资本性占用纳入绩效考核范围。建立了以经济增加值为核心的考核体系，以风险调整后的健康利润考核管辖行经营成果，建立了资本对风险的约束机制，强化了风险管理导向，使我行发展更加健康。促进外埠分行及小额信贷业务发展，完善了绩效考核体系和激励机制，提高了员工积极性和创造性。

严密的风险控制

我行始终把风险防范放在首要位置，加强风险管理基础建设，创新手段和方法，采取多种措施强化风险管理，风险防范水平不断提高。加强流程管理，实施授信全过程流程化管理，将授信审查、审批、发放和贷后管理分离到不同部门管理，按业务操作流程实施全流程管理。在信贷管理上，建立"审贷分离、分级审查、集中审批、全面监督、差别授权、相互制约"的信贷管理模式。实行业务大集中管理模式，将业务监督、结算、银企对账及财务核算集中到各个管理中心，提高了管理科学化、专业化程度和工作效率。

构建全员参与的风险防范网络，在全行范围内开展了内控风险"定点清除"工作。加强了稽核组织体系建设，实行了稽核员派驻制，建立健全了我行稽核管理体制。加强业务操作风险控制，先后两次出台了30余条加强业务操作风险意见。完善了风险管理体制，成立风险管理委员会、风险管理部、授信审批部，实现了审贷分离。加强信贷管理，对贷款实行五级分类，规范了五级分类流程。

加强贷款发放监督，把贷款发放纳入监控中心实施监控，严格审查信贷档案，有效规避了信贷风险，及时堵塞了贷款发放过程中因手续不全而出现的漏洞。完善了信贷业务授权体系建设。对全行信贷业务进行等级评定，根据评级结果，结合信贷产品风险度，市场营销目标、客户需求特点，进行差别授权。推行问责制度。出台了专门认定信贷责任的办法。聘请国内知名会计师事务所，对我行内控体系进行全面的梳理和评价。

创新稽核方式，实行"整体移位"式稽核检查。加强安全防范工作，标本兼治、注重预防，全行上下联动，人防物防技防并举，创造了人人重视安全、时刻防范风险的良好氛围，全面提升了安全防范水平和能力，我行连续7年实现平安年，受到监管部门的好评和高度评价，并在同业推广。

突出的业务特色

自2004年起，我行大力实施中小战略，把资产业务重点转移到发展中小企业信贷业务，解决中小企业融资难题。我行在小额信贷领域做出了有益探索和积极贡献，被中国银监会确定为全国小额信贷标杆行。

我行的小额贷款划分为四大板块，即小企业类贷款、农户类贷款、微小企业类贷款和个人消费类贷款。截至2011年末，小额信贷余额360.88亿元，占全行信贷资产总额的61%。小额信贷业务实现总收益27.4亿元，占信贷资产收入的66.84%。现已累计投放小企业贷款1.6万户300多亿元、农户贷款107万户347亿元、小微企业贷款1.8万户47亿元、个人消费类贷款10万户177亿元。我行小额信贷专业技术日臻完善，总结提炼四项国内领先的小额信贷技术，编撰我行首部《小额信贷技术输出服务手册》及《小额信贷产品手册》，成功营销四川绵阳游仙农信联社、涪城农信联社以及江苏海门农商行的小额信贷技术输出项目。多次受邀为中国银监会、北京银行等多家金融机构做专题培训，受到业内广泛关注和一致好评。目前，我行已经建立了覆盖城市和农村市场，产品系列化，服务专业化，经营规模化，形象品牌化，技术国际化的小额信贷体系，形成了以哈尔滨为中心，向黑龙江省、东北地区和全国延伸的小额信贷发展格局。据亚洲开发银行统计，我行小额信贷规模已经位居世界前10位，走出了一条独具特色的小额信贷发展之路。

在开展小额信贷过程中，我行加强与法国沛丰、美国行动国际、孟加拉格莱珉银行等国际先进小额信贷交流，与国际金融公司(IFC)开展战略合作，推动小额信贷业务迈上了国际化发展平台，极大提升了我国小额信贷水平。2010"乾道嘉"小额信贷业务在世界著名的美国MIX市场(小额信贷信息交流市场)成功挂牌，标志我行小额信贷国际化战略迈出了重要一步。

我行小额信贷工作引起了社会各界的关注。中央电视台《新闻联播》节目3次播发了我行开办小额信贷业务的经验，《新华内参》等多家媒体多次报道小额信贷工作情况，我行被国内媒体喻为"中国的尤努斯"，我行先后受邀参加"纽约微型国际投资论坛"、"日内瓦国际小额信贷论坛"和中央电视台"破解中小企业融资难题国际论坛"，并做主旨演讲。作为城商行代表参加全国金融工作会议，作为中国小额信贷联盟代表参加美国福特基金会"国际小额信贷社会绩效基金项目启动工作研讨会"，在"国际小额信贷社会绩效工作组年会"上成功发布"中国小额信贷社会绩效管理——以哈尔滨银行为例"专项研究成果，接受世界著名通讯社汤森路透社专访，出席"全球金融基础设施发展大会"等国际重大活动，在《金融时报》等主流媒体上宣传，提高了我行在国内外小额信贷领域的地位。

不断的业务创新

近年来，我行积极开拓市场，不断深化业务创新，创造了同业的诸多"第一"，填补了地方金融服务领域的多项空白。在全国城商行中第一家收购城市信用社成立县域分支机构，第一家跨出行政区域成立异地分行；成立省内第一家票据贴现市场，首家开通全国统一客服号码95537，是东北地区拥有各种经营资格最全的银行，品牌度在全国城商行中排名前5位。

我行债券业务在同业中保持领先水平，票据贴现量在哈尔滨市金融机构中排名第一。创立"哈邦德"交易室，取得了全面债券市场业务资格，多次被评为最具市场影响力奖，被授予"2011年银行间市场交易量百强单位"及"交易活跃百强单位"称号。

在东北地区率先开办国际业务，是东北三省第一家获得外汇经营权的城市商业银行。2007年成立卢布现钞兑换中心，成为全国首家卢布兑换机构，2009年7月，成立个人外汇业务中心，我行成为国内首家开通卢布存款业务的银行，卢布兑换量多年位居全国首位。2010年获批成为人民币对卢布的首批做市商，成为中国外汇交易中心第二家城商行做市商。

积极发展个人理财业务，打造"丁香花理财"品牌，深受广大客户好评，在国内权威报刊《金融时报》2008年发布的"国内外银行理财产品竞争力"综合排名中，我行名列第25位，在城商行中排名第5位。在由中国《银行家》主办的

“2008 年中国金融营销奖”评选中，“丁香花理财”产品荣获 2008 年度中国金融营销奖“金融产品十佳奖”。荣获中国银联“2010 年度银联标准信用卡成长奖”。

我行积极争取市政府大项目，成功取得市财政国库集中支付业务、金保工程、金税工程、市政一卡通等项目，各项业务的市场占有率不断提高，在地方经济社会发展中起着越来越突出的作用。

精干的员工队伍

我行坚持以“四个一批和两个人才库”建设为主线，抓好“四个计划”的实施，即“地平线计划”、“接班人计划”、“学院培养计划”，以及为适应我行未来发展需要的“职业经理人培养计划”，打造了一支高素质的员工队伍，启动“090、091 人才培养计划”，培养一批熟悉现代商业银行新业务、新技术和新工具，具有丰富的业务实践经验、扎实的理论基础、领先的技能水平和领导者能力的专家型人才和管理型人才。特别是通过与国内外小额信贷组织的合作，培养了一支属于我行自己的小额信贷团队。

先进的企业文化

我行高度重视企业文化的建设工作，打造独具特色的企业文化，规范了企业形象识别系统、企业理念系统、企业行为规范系统，建立了以“普惠金融、和谐共富”为理念的企业文化体系，形成了具有我行特色的风险文化、用人文化、授信文化、营销文化、小额信贷文化、网点建设文化，形成了比较完整的品牌传播体系，并在行内开展了战略规划及企业文化学习宣讲工作，由行领导主讲进行战略解读，逐条线、逐单位分解落实，并组织考核验收，为做好新阶段各项工作发挥了战略导向作用。企业文化活跃开展。加强各级党工团组织建设，组织开展首届哈尔滨银行辩论赛、“创新哈行成就梦想”双语演讲比赛、第九届职工乒乓球赛、“紫丁香之约”集体婚礼，以及庆祝建党 90 周年先优模表彰大会等系列活动，在各条线涌现了一批先进典型，营造了和谐奋进的良好氛围。

良好的企业形象

作为一家黑土地上成长起来的本土银行、家乡银行、市民银行，在取得良好经济效益的同时，我行始终不忘一个企业的社会责任，把支持地方经济社会事业发展作为自己义不容辞的责任，用金融的雨露，滋润每一片渴望资金的土地。

我行出资 200 万元赞助了第 29 届中国哈尔滨之夏音乐会；出资 100 多万元，成立哈尔滨钱币博物馆，丰富了我市金融文化内涵；出资 60 万元，承办首届“发现哈尔滨”全国摄影大展；出资 20 多万元，成立我省抗联希望小学，弘扬了抗联革命精神；出资 30 万元成立弘毅助学基金，支持革命老区教育事业；出资 600 多万元，支持我市城市一卡通工程，为建设数字哈尔滨做出了积极贡献；2008 年 5 月，向四川汶川地震灾区捐款 159 万元，2010 年 4 月，向青海玉树地震灾区捐款 100 万元，表达了我行对灾区人民的一片深情。

我行先后被评为哈尔滨市第二十九届、三十届、三十一届劳模大会先进单位称号，第三十二届劳模大会模范单位称号，有三人次被评为全国劳动模范，获得全国“五一”劳动奖章。

董事长郭志文同志荣获 2005 全国城商行年度人物称号，荣获第二届市长特别奖及 2011 年度全球微型金融领军人物提名奖，行长高淑珍同志荣获 2010 中国小额信贷年度人物奖，荣获 2011 全国金融机构服务“三农”十大年度影响人物荣誉称号。

优质的文明服务

2005 年，我行引进国内知名的服务咨询机构，对服务状况进行评估，搭建了服务管理架构，建立了服务总监、督察中心、督察代表和客户投诉代表四级服务质量管理监督体系；成立优质服务工作领导小组，专职从事服务管理工作；建立服务规范，编制服务案例 1500 个；出台了营业网点文明规范服务管理办法，统一了服务礼仪、文明用语；开展文明示范单位、十佳服务明星评选活动；开展岗位练兵活动，提高了员工的服务技能。

优化网点布局，改造网点环境，投资 8000 多万元对网点进行标准化装修改造，改变了城信社时期的落后面貌，我行有两个营业网点被评为“全国百佳文明规范服务示范单位”。

面对日益激烈的市场竞争，哈尔滨银行将坚定不移地走特色化经营道路，秉承“普惠金融，和谐共富”的理念，“立足中小、服务市民、办本土化银行”的市场定位和“中小加特色”的经营模式，传承哈尔滨国际金融之都的历史文脉，努力建设“国内一流、国际知名小额信贷银行”，为我国金融事业发展做出更大贡献。

汉口银行

汉口银行成立于 1997 年 12 月，是一家总部位于武汉的区域性股份制商业银行。注册资本 35.18 亿元，前两大股东分别为联想控股有限公司和武汉钢铁（集团）公司。

汉口银行现有各类机构 92 个。除武汉市外，在重庆市、宜昌市、黄石市、鄂州市等地设立了分支机构，发起设立了枝江汉银村镇银行和阳新汉银村镇银行，在北京成立了研究发展中心，在北京、上海设有科技金融服务分中心。现有员工 2168 人。截至 2012 年上半年末，汉口银行资产总额 1981 亿元，各项存款余额 997 亿元，各项贷款余额 608 亿元。

汉口银行以“思想为您服务”为核心理念，以“服务地方经济、服务中小企业、服务城市市民”为市场定位，以科学发展、跨越发展为目标，坚持走“规模 + 特色”的发展道路，在抢抓市场机遇、壮大业务规模的同时，不断创新科技金融服务，努力打造“中国光谷银行”，建设有一定品牌影响力的现代商业银行。

根据英国《银行家》杂志“全球银行 1000 家”总资产排名，汉口银行 2011 年居第 436 位，比 2008 年上升 372 位；根据“中国商业银行竞争力评价报告”，汉口银行在全国大型城市商业银行中 2011 年综合排名第 11 位。在人行武汉分行对湖北省金融机构 2010 综合竞争力评定中，汉口银行雄居榜首。2012 年获评《亚洲银行家》杂志“湖北省最强银行”。

最近三年，汉口银行相继获得：“亚洲银行 300 强”十大资产增长最高银行荣誉奖，全国银行业金融机构小企业金融服务先进单位，全国金融系统思想政治工作先进单位，中国（湖北）理财总评榜“最佳科技金融服务银行”，中国《银行家》杂志“最佳金融服务创新奖”和“十佳金融产品创新奖”，湖北省经济建设领军企业、武汉市十佳和谐企业等荣誉。

杭州银行

杭州银行成立于 1996 年 9 月 26 日，经过 15 年的努力，现已发展成为一家资产质量良好、盈利能力较强、综合实力跻身全国城市商业银行前列的具有良好投资价值的股份制商业银行。2009 年，在由《银行家》杂志推出的“中国商业银行竞争力排名”中，成功摘取“2008 年度最佳城市商业银行”殊荣。在“2010 年亚洲银行竞争力排名”中列上榜城商行第一位，并获2010中国金融机构金牌榜“金龙奖”年度“最具竞争力中小银行”称号。

本行现有百余家分支机构，在北京、上海、深圳、南京、合肥、宁波、舟山、绍兴等地都设立了分行，温州分行也即将开业。今后几年，本行将在新发展战略指导下，继续稳步推进跨区经营，为发展成为一家立足浙江、在长三角地区具有竞争优势、在长三角以外的其他城市具有经营特色的区域性银行而努力。

截至2010年末，资产总额达2174亿元，存、贷款余额分别为1523和1065亿元，实现净利润19.1亿元，不良贷款率仅为0.65%，主要经营指标在国内同行中均处于较为领先的地位。

本行立足于“地方银行、市民银行、中小企业主办银行”的市场定位，在支持城市基础建设、中小企业发展、国企改制、实施再就业工程以及满足广大市民金融需求等方面做出了应有的努力。

2003年，本行制定了“三步走”发展战略：第一步，吸收国内民营资本入股，优化产权结构，在股权多元化基础上逐步完善公司治理结构和市场化经营机制；第二步，引进境外优秀战略投资者参股，以“引资”促“引智”，提高核心竞争力；第三步，实现跨区域经营，力争成为公众上市银行，成为一家总部位于杭州、具有竞争优势和价值领先的股份制商业银行。

本行于2002年一季度在全国城市商业银行中率先成功实施不良资产置换，从根本上改善了全行的资产质量状况，达到了全国先进水平。2003年，通过增资扩股，吸收民营资本，实现了产权多元化。2005年4月与2006年8月，先后与澳洲联邦银行、亚洲开发银行签署战略合作协议，从而成为全省第一家拥有外资股份的城市商业银行。本行已建立了比较完善的以股东大会、董事会、监事会、高级管理层组成的公司治理架构，形成了以权力机构、决策机构、监督机构和管理层为主体的治理机制。

目前，本行正通过“引资”实现“引智”，借鉴和引进吸收先进经营理念，致力于增强核心竞争力，打造成为中国价值领先银行。

河北银行

河北银行成立于1996年5月28日，是全国首批五家城市合作银行试点之一，也是全省成立最早的城市商业银行，现有在岗员工2800余人，网点77家。成立15年来，全行紧紧围绕“服务地方经济、服务中小企业、服务城市居民”的市场定位，一步步成长壮大为河北省乃至环渤海地区资本充足、内控严密、资产优良、效益良好、具有重要市场影响力的现代股份制商业银行。

抢抓机遇，加快发展。建行以来，河北银行经营规模不断扩大，经济效益大幅提升。截至2011年末，资产规模成功突破千亿元，是建行初期的15.4倍，规模已跻身全国大型城商行之列。存款余额、贷款余额分别是建行初期的14.8倍和13.3倍。

特色化经营，差异化发展。河北银行从自身实际出发，不断改革管理体制，完善经营机制，创新金融产品，丰富服务渠道，形成了鲜明的业务特色。一是立足地方。充分利用地方银行独有的人脉和地缘优势，紧紧围绕地方经济发展战略，支持能源、制药、纺织、教育、冶金及商贸等产业发展，助力市政公共基础设施等民生项目建设，取得了良好的经济社会效益。二是服务中小。从广大中小企业客户特点出发，着力为中小企业提供优质金融服务。成立了全国首批、河北省首家小企业信贷专营机构——小企业金融服务中心，推出了小企业“联保贷”、“信用贷”、“循环贷”、“房易贷”、“账易贷”等一系列特色产品和服务。三是方便市民。针对居民日益增长的多样化、个性化服务需求，不断完善业务品种，拓宽服务渠道，提高服务质量。目前，共有80万石家庄市城镇居民和灵活就业人员医疗保险费的交纳、10万城镇居民个体养老保险费的缴纳和6万职工退休工资的发放在河北银行办理。

夯实基础，健全机制，持续提高风险管理水平。河北银行一直把风险管控和案件防范当作发展的生命线，已建立起了覆盖信用风险、市场风险、操作风险、流动性风险、声誉风险等商业银行主要风险在内的全面风险管理组织架构和制度体系，风险管理水平不断提升。截至2011年末，河北银行各项监管指标均保持在国内城商行先进水平。

环渤海区域布局初现雏形。自从2009年6月成功设立唐山分行，迈出跨区域经营第一步以来，河北银行环渤海机构布局稳步推进，邯郸、天津、廊坊、沧州、保定等地分行相继设立。2011年，河北银行第7家分行——青岛分行正式开业。至此，环渤海区域战略布局初现雏形。各分行成立后，立足当地市场，坚持合规经营与稳健发展，抓发展、促转型、做特色、控风险，业务和规模已占到全行的五分之一，成为河北银行经营发展的重要推动力量。

走品牌化之路，不断升华服务内涵。河北银行秉持“合心合力共生共荣”的经营理念，创造性地提出“朋友金融”的理念，并针对小企业金融服务和个人理财服务，重点推出“惠友亨通”、“益友融通”两个核心子品牌。朋友关系是人类除了血缘关系外最重要的社会关系，河北银行希望通过“朋友金融”的概念向客户传递出去一种热情、友爱、温暖、关切的服务模式。“朋友金融”体现出的是河北银行对客户的郑重承诺，河北银行始终与客户并肩同行。

河北银行将一如既往地认真执行国家宏观经济金融政策，坚持科学发展，深入推动经营战略转型，立足地方，立足中小，不断改善和加强金融服务，努力践行企业社会责任，再谱新的发展篇章。

吉林银行

吉林银行成立于2007年10月，目前在吉林省内9个市州和大连、沈阳拥有10家分行、9家直属支行，有350多个营业网点。

成立5年来，吉林银行按照进入全国城商行最前列的战略目标，努力转变增长方式，走差异化、特色化发展道路，稳步推进跨区域发展，为上市经营创造条件，积极实施流程银行建设、IT发展战略、员工培训战略等“三大工程”，努力打造社区银行品牌、小企业金融服务专营品牌，大力发展村镇银行，参股一汽汽车金融公司，在做大做强的征程中迈着坚实的步伐。截至2012年9月末，吉林银行资产规模达到2221.50亿元，是成立时的4.3倍；存款规模达到1537.17亿元，是成立时的3.4倍；各项贷款余额1036.25亿元，是成立时的3.3倍；资本金从成立之初的34.22亿元，增加到70.67亿元；不良贷款率1.24%，拨备覆盖率271.82%。吉林银行资产规模和盈利能力已跻身全国城市商业银行前列，公司价值和品牌影响力大幅提升。2012年4月，吉林银行加入亚洲金融合作联盟，并被推选为亚洲金融合作联盟副主席单位；7月，吉林银行在英国《银行家》杂志全球1000强银行排名中列第372位，中国地区银行第 33 位;9 月,吉林银行以 960469 万元的营业收入荣登"2012 中国服务业企业 500 强"榜单第 204 位。

未来,吉林银行将按照吉林省委、省政府提出的"推动吉林进入全国城商行最前列"的要求,围绕打造一流股份制商业银行的目标,继续坚持创新发展、经营转型、管理提升,打造中国价值领先银行,把吉林银行建设成为使员工成长、让客户信赖、为股东增值、尽社会责任的现代商业银行。

徽商银行

徽商银行是全国首家由城市商业银行和城市信用社联合重组设立的区域性股份制银行。徽商银行重组按照"6 + 7"方案进行整体设计,即由原合肥、芜湖、安庆、马鞍山、淮北、蚌埠 6 家城市商业银行和六安、铜陵、淮南、阜阳的 7 家城市信用社合并组建。徽商银行的成立,创造了中国城市商业银行改革中独具特色的"徽商模式",掀起了中国城市商业银行群体新一轮改革的浪潮。

徽商银行于 2005 年 12 月 28 日正式挂牌成立,总部设在安徽合肥。截至 2012 年 12 月末,徽商银行拥有机构网点 190 个,在职员工 5500 多人,注册资本人民币 81.75 亿元。

徽商银行成立以来,始终坚持以科学发展观为指导,积极拓展业务市场,不断强化风险控制,稳步推进内部改革,探索出一条具有自身特色的发展之路,取得了良好的经营业绩,业务发展连续跨越新台阶,发展速度、发展质量居行业前列,主要监管指标达到国内上市银行中上水平,连续四年被中国银监会评为二级行。截至 2012 年 12 月末,徽商银行资产总额达到 3241.87 亿元,各项存款余额 2419.33 亿元,各项贷款余额(含贴现)1668.03 亿元,分别是成立之初的 6.7 倍、5.5 倍和 5.5 倍;不良贷款率 0.57%,较成立之初下降 5.43 个百分点;2012 年 1—12 月实现经营利润 61.23 亿元,同比增长 18.4%,净利润 43.14 亿元,同比增长 22.7%。

在经营业绩持续刷新的同时,徽商银行不断拓展新的发展空间。审时度势,超前谋划,于 2008 年 12 月成功完成了增资扩股,总股本增至 81.75 亿元,实收资本跃居全国城商行前列,奠定了发展的坚实基础,大大增强了整体抗风险能力;稳步推进跨区域发展战略,实现了经营网点在安徽全省 16 个中心城市的全面覆盖,并延伸至大部分县域经济,成为全国第一家率先完成省内中心城市网点全覆盖的城市商业银行;成功跨出安徽,在南京设立了首家省外分行,跨区域发展取得重要突破;持续推进经营转型,投资参股奇瑞徽银汽车金融公司,发起设立无为徽银村镇银行,积极开展投资银行业务、银行同业业务等,业务发展空间得到不断拓展。

徽商银行成绩的取得,受到了各级政府和社会各界的高度重视和充分肯定,先后获得省人民政府颁发的"2006 年度金融工作先进单位一等奖"、"2007、2011 年度突出贡献奖"、"2008 年度最佳贡献奖",2006、2007、2008 年度"安徽省支持小企业贷款工作先进单位"和中国银监会颁发的 2006、2011 年度"全国银行业金融机构小企业贷款工作先进单位"以及第五届中国金融年会颁发的"2008 中国最具影响力中小银行"、《经济观察报》评选的"2008 中国最佳中小企业银行"等荣誉称号,并 2009、2010、2011 年连续三年成功入选"中国服务企业 500 强"、"企业效益 200 佳"和"安徽企业 30 强"等。2012 年 6 月再次入选英国《银行家》杂志"全球 1000 家大银行",位列第 305 位,中国银行业第 27 位。

徽商银行将以国际先进银行为标杆,立足于"创一流品质,建百年徽银",把"成就客户梦想,创造股东价值,促进员工发展,承担公民责任"作为光荣的历史使命,向着"经营业绩一流、管理水平一流、服务质量一流、人才队伍一流、核心竞争力一流"的目标不断迈进。

江苏银行

江苏银行是在江苏省内无锡、苏州、南通等 10 家城市商业银行基础上,合并重组而成的现代股份制商业银行,开创了地方法人银行改革的新模式。江苏银行于 2007 年 1 月 24 日正式挂牌开业,是江苏省唯一一家省属地方法人银行。

至 2012 年末,全行资产总额达 6500 亿元,本外币各项存款余额达 5351 亿元,本外币各项贷款余额达 3512 亿元,2012 年全行实现税后净利润 70.8 亿元。在 2012 年英国《银行家》杂志评选出的全球前 1000 家银行中,江苏银行排名第 200 位,较上年提升 26 位,在国内商业银行中居第 17 位。

目前,江苏银行共有营业机构 480 多家,其中,省内下辖 12 家分行,在南京地区拥有 21 个营业网点,在省外先后开设了北京、上海、深圳、杭州 4 家分行。作为主发起人,设立了镇江丹阳保得村镇银行。全行现有员工 1.2 万余人。

"十二五"期间,江苏银行将继续深入贯彻落实科学发展观,全面提高发展质量和经营效益,力争到"十二五"期末,实现资产总额超 1 万亿元、税后净利润超 100 亿元的目标,把江苏银行建设成为全国一流的现代城市商业银行。

宁波银行

宁波银行股份有限公司(以下简称"宁波银行")成立于 1997 年 4 月 10 日,是一家具有独立法人资格的股份制商业银行。2006 年 5 月,宁波银行引进境外战略投资者——新加坡华侨银行。2007 年 7 月 19 日,宁波银行在深圳证券交易所挂牌上市(股票代码:002142),成为国内首批上市的城市商业银行之一。2007 年 5 月 18 日,上海分行正式开业。至此宁波银行顺利实现引进战略投资者、公开上市和跨区域经营三大发展战略。到 2012 年 9 月末,宁波银行已拥有 166 个营业机构,其中 8 家分行,分别为上海、杭州、南京、深圳、苏州、温州、北京、无锡分行,1 个总行营业部,157 家支行。

近年来,宁波银行积极推进管理创新和金融技术创新,努力打造公司银行、零售公司、个人银行、信用卡、金融市场五大利润中心,实现利润来源多元化。到 2012 年 9 月末,全行总资产 3389.13 亿元,各项存款 2114.25 亿元,各项贷款 1398.02亿元;资本充足率 14.66%,核心资本充足率11.89%;不良贷款率 0.75%,拨备覆盖率 236.87%。1—9 月实现净利润 33.35 亿元,每股净资产 7.42 元。宁波银行为中国银行业资产质量好、盈利能力强、资本充足率高、不良贷款率低的银行之一。在英国《银行家》杂志评选的 2012 年度"全球 1000 强银行"及"全球银行品牌 500 强排行榜"中,分别位居全球第 279 位和 263 位。

完善的公司治理架构

建立了以股东大会、董事会、监事会、高级管理层组成的公司治理结构,形成了良好的经营机制。作为公司治理的核心,宁波银行董事会是最高决策机构,下设六个专门委员会,并实质性地参与宁波银行战略和业务决策,由此提高了公司治理的质量和效率。这是宁波银行过去几年取得快速发展的重要制度保证,也将从管理体制上确保未来几年长治久安和高效运行，是核心竞争力的重要体现。全行在董事会的领导下，价值取向明确，以客户为中心，为股东创造最大的价值。

高效的业务管理流程

近年来，宁波银行实施了业务和管理流程的改革，不断致力于建立扁平化的管理体系和垂直条线管理模式，以加强管理、提高运营效率。而战略投资者新加坡华侨银行的引入，使宁波银行有了学习国外先进银行管理经验的直通窗口和交流平台。进一步整合业务和管理的运行体系，完善组织架构，加强条线管理，不断提升管理水平和市场竞争力。

明确的目标市场定位

多年的经营实践，使宁波银行在市场上逐步形成了自身的经营特色和竞争优势。以"了解的市场，熟悉的客户"为基本市场准入原则，坚持"门当户对"的经营策略，强化以中小企业为主体的公司业务市场定位，同时积极拓展中高端个人业务，着力推动中间业务、资金业务的发展。

慎密的风险控制体系

通过风险管理和内部控制流程再造，运用较为先进的风险控制工具，进一步完善风险管理的架构，建立了较为全面、独立和集中的风险管理和内部控制体系。从而确保宁波银行风险管理和内部控制的有效性。

专业的人力资源团队

贯彻以人为本的理念，通过制度建设和环境塑造，吸引、培养、留住优秀人才，实现银行与员工的目标协调和共同发展，为银行创造价值。形成了一支具有较高综合素质、专业门类齐全、有较强竞争能力的员工队伍，以及良好的人力资源管理文化和机制。不断拓宽招聘渠道，完善招聘程序，建立了招聘高端人才的特殊渠道。与新加坡华侨银行合作，实施了"五年百人计划"。与台湾金融研修院合作创办宁波银行大学，为银行发展目标的顺利实现提供人才保障和智力支持。健全的考核激励机制和薪酬体系，有效激发了员工的积极性与创造性。

先进的 IT 技术支撑

多年来，宁波银行牢固树立科技就是第一生产力的理念，在 IT 管理、应用架构、系统开发、生产运行、风险与安全管理等方面积累了宝贵的经验，形成了自己的核心科技优势。IT 体系架构不断优化，总体上划分为渠道应用层、客户信息及关系管理层、处理流程层、产品层、管理与风险控制层等五个层次。在渠道、产品、流程、风险管理和财务等业务领域建立了关键业务系统，为业务运营、对外服务和业务管理提供了有力的支撑。

以人为本的企业文化

宁波银行一直以来十分注重企业文化建设，在不断的经营管理实践中逐步确立了"诚信敬业、合规高效、融合创新"的企业文化，塑造全行统一的价值观和经营理念，规范全行的经营行为。作为一家中外合资银行，要保持良好的开放性，营造宽容的、和谐的、奋发进取的环境，善于调动各级员工的积极性和创造性，善于融合吸收各类优秀人才、先进文化和经营理念、管理技术，不断地进行变革和创新，努力提升自身的竞争力。

雄关漫道真如铁，而今迈步从头越。面对新的竞争形势，自强不息的宁波银行人将一如既往地秉承"诚信敬业、合规高效、融合创新"的理念，以改革的精神、开放的心态、坚定的信念，努力把宁波银行打造成一家令人尊敬、具有良好口碑和核心竞争力的现代商业银行。

齐鲁银行

齐鲁银行成立于 1996 年，是山东省成立的第一家城市商业银行，也是省内第一家实现中外合作、跨省经营的地方法人金融机构。1996 年 6 月 6 日，在济南市 16 家城市信用社和 1 家城信社联社的基础上组建济南城市合作银行；1998 年 6 月 6 日，更名为济南市商业银行；2004 年 9 月 8 日，成功与澳洲联邦银行(CBA)实现战略合作；2009 年 6 月 6 日，经中国银监会批准，正式更名为齐鲁银行，现辖有天津、青岛、聊城 3 家异地分行，济南辖内 68 家支行和 1 家营业部，在岗员工 2000 余人。

作为扎根济南的本土银行，成立 16 年来，齐鲁银行在各级党委、政府和社会各界的关心支持下，始终坚持以"服务地方经济、服务市民百姓、做中小企业的伙伴银行"为己任，先后进行了管理体制、运营机制、考核机制、用人机制等各项改革，客户规模不断扩大，综合实力稳步提升；公司治理持续完善，各治理主体组织健全，职责明确，运作有效；中外合作健康发展，开创了"引资、引智、引技，合心、合力、合作"的成功模式；创新和服务能力持续提升，全行 85% 以上的贷款投向了中小企业，"银企家园"、"齐鲁金万通"产品品牌先后荣获中国银行业协会评选的"首届中国地方金融十佳特色产品奖"和"服务中小企业及三农十佳特色产品奖"，创新推出的"担保池"授信模式，助力广大中小企业在济创业兴业、助力济南实体经济做大做强；综合理财能力位居全国城商行前十、名列省内城商行首位；科技支撑进一步增强，具有国内一流水准的核心业务系统全面上线，建立了以客户为中心，以市场为导向，以产品为主线的服务模式；渠道建设全面开花，网上银行、电话银行、自助银行功能完善、安全便捷、轻松无忧，同时，加大对手机银行、家居银行等新业务领域的拓展探索，服务功能不断完善；员工队伍素质持续提升，后备人才充足，核心竞争能力不断增强；积极践行社会责任，努力奉献社会事业，本行成立的"慈善工作站"被济南市慈善总会授予"先进慈善工作站"荣誉称号，品牌影响力和美誉度持续提升。

两度入选《金融时报》"中国最大的 50 家商业银行排行榜"；三度入选中国服务业企业 500 强；被中国银监会、山东银监局授予"中小企业贷款先进单位"；相继获得"山东省金融创新奖"、"山东省富民兴鲁劳动奖状"；总行营业部、聊城分行营业部获"中国银行业文明规范服务千佳示范单位"、中小企业金融服务"十佳特色支行"等荣誉称号。

愿景：成为中小企业、城镇居民的首选银行

使命：为客户提供满意服务

为股东创造理想价值

为员工提供发展平台

为社会创造更多财富

核心价值观：忠诚、责任、创新、效率

青岛银行

青岛银行成立于 1996 年 11 月，是我国首批设立的城市商业银行之一，也是青岛总行级法人银行。目前拥有 51 家分支行，网点遍及岛城各区市，在济南、东营各设有一家分行，淄博、威海分行正在筹建过程中。主要股东为海尔集团、意大利联合圣保罗银行(ISP)、青岛国信实业有限公司、罗斯柴尔德金融集团控股公司(RCH)等。

近年来，青岛银行呈现有史以来最快、最好的发展态势，其中 2010 年、2011 年连续两年存款新增超过 100 亿元。截至 2012 年 11 月末，青岛银行总资产超过 1000 亿元，总存款 757 亿元，总贷款 436 亿元。通过持续改革创新、加强管理，青岛银行经营实力不断提高，盈利能力持续增强，纳税额连续多年稳居岛城银行业首位，并进入全省纳税百强行列，监管评级自 2007 年以来一直保持我国银行业最好水平。

青岛银行在近年复杂严峻形势下的优异表现，赢得了社会各界的广泛赞誉，获得了金龙奖"年度最具创新力中小银行"、金蝉奖"最佳管理创新银行"、金钻奖"最佳城市商业银行"奖项、第十八届全国企业管理现代化创新成果二等奖等众多奖项，并荣膺世界银行 1000 强(549 位)、亚洲银行 300 强(239 位)、中国服务业企业 500 强。

"温馨加放心，我们更努力"。未来几年，青岛银行将以支撑山东半岛蓝色经济区发展的主要银行为发展方向，努力打造特色鲜明、服务领先、有影响力的公众银行。

上海农商银行

上海农商银行成立于 2005 年 8 月 25 日，是由上海国资控股、澳新银行参股、总部设在上海的法人银行，是在有着逾 50 年历史的上海农村信用社基础上整体改制而成的股份制商业银行。目前全行注册资本为 50 亿元人民币，营业网点近 350 家，员工总数约 5000 人。

近年来，围绕上海打造国际金融中心和加快城乡一体化建设的契机，上海农商银行确立了成为公司治理完善、机构布局合理、业务功能齐全，资本充足、管理精细、风险可控、业绩优良的区域性便民银行的发展战略；将培育一支求知奋进、务实创新的员工队伍和建设一家服务大众、贴心周到的便民银行作为全行愿景；明确了"做强郊区、拓展城区、立足上海、辐射周边"的市场定位。

自改制成立以来，上海农商银行不断健全现代商业银行经营管理体制和机制，完善内控和风险管理体系，各项业务平稳健康发展，资产质量不断改善，经营业绩逐年提升，服务功能持续完善，品牌知名度不断扩大，已经成为上海地区营业网点最多的银行之一，是上海地区小企业贷款客户和金额最多的银行，也是全国电子渠道最齐全的区域性银行之一，同时还是全国首家推出金融便利店和提供晚间人工服务的银行，成为了上海金融的重要组成部分。截至 2011 年底，全行总资产规模超 3100 亿元，本外币各项存款余额 2464 亿元，各项贷款余额 1665 亿元。据《银行家》杂志统计，按一级资本排序，在 2011 年度全球 1000 家大银行中，上海农商银行最新排名为 235 位，跻身全球银行 250 强；在国内所有入围银行中，排名第 19 名。2011 年，上海农商银行还被《金融时报》评为"年度最佳农商银行"。在农信社 60 周年历程暨农村金融产品博览会上，上海农商银行金融便利店荣获"最佳金融营销产品创新奖"，风险预警系统获得"最佳金融 IT 产品创新奖"。

上海银行

上海银行成立于 1995 年 12 月 29 日，是一家由国有股份、中资法人股份、外资股份及个人股份共同组成的股份制商业银行，总行设在上海。目前注册资本 42.34 亿元。

上海银行成立以来，以支持社会经济发展为己任，以"点滴用心、相伴成长"为服务理念，稳健经营，规范管理，积极发挥自身优势，在为社会各界提供优质金融服务过程中，逐步形成了自己的经营特色，获得了良好的社会效益和经营业绩，成为一家具有活力和生机，拥有良好品牌形象的新型股份制商业银行。

自 2005 年获批在城市商业银行系统中率先实现跨区域发展以来，上海银行已先后在宁波、南京、杭州、天津、成都、深圳、北京、苏州等地设立分行，分支机构延伸至长三角、珠三角、环渤海湾以及中西部地区，初步构建起区域性布局的战略框架。目前，上海银行拥有营业网点 270 余个，设有自助银行 170 余个，布放自助服务类终端设备(ATM、CDM、XDM、ASM 等)2000 余台，并与全球 70 个国家及地区近 600 家境内外银行的总行、分支机构建立了代理行网络关系。此外，上海银行还设立了信用卡中心和小企业金融服务中心等专营机构，发起设立了闵行上银村镇银行、衢江上银村镇银行。

近年来，上海银行市场竞争力和影响力不断提高。在英国《银行家》公布的 2011 年"全球前 1000 家银行"中，按一级资本排序，上海银行位列全球银行业第 194 位；多次被《亚洲银行家》杂志评为"中国最佳城市零售银行"；先后荣获"上海市著名商标"、"最具价值的上海服务商标"、"全国小企业贷款工作先进单位"、"小企业优秀客户服务银行"、"全国再就业先进单位"、"最佳企业形象奖"、"全国银行间市场优秀交易成员"等称号，"中国银行业世博金融服务组织奖"、"中国银行业世博金融服务创新奖"等荣誉。

截至 2011 年底，上海银行资产总额 6554.26 亿元；存款总额 4663.24 亿元，贷款总额 3341.30 亿元；资本充足率为 11.72%；拨备覆盖率 276.62%。

支持地方经济建设

上海银行依托并服务于地方经济，加强与各级政府部门的沟通协调、深化银政合作关系，共同推进区域经济发展。上海银行积极参与上海世博会、大虹桥建设、轨道交通建设、迪斯尼项目、宁波港口开发、天津滨海新区建设、成都灾后重建、保障性住房开发建设、医疗卫生改革等基础设施建设项目和改善民生项目，为相关项目提供融资、咨询、项目监管等各项服务。同时，根据国家产业振兴规划和相关调控政策的要求，积极支持先进制造业、现代服务业、其他战略新兴产业、文化产业等具有区域优势的行业和企业，为地方经济产业结构的调整和转型提供金融服务。此外，在服务手段上，除传统的融资和结算服务外，上海银行相继推出了应收账款融资、法人账户透支、信用保险融资、动产质押、中国电子口岸网上支付、大通关网上支付、现金管理平台、支票直通车、公务卡等特色服务品种，形成了服务手段多元化，服务品种多样化的特点。

扶持小企业发展

上海银行以"融智成金，相伴成长"为经营理念，通过打造小企业"成长金规划"品牌系列，提供包括开户结算、资金周转、购置房产、贸易融资、理财增值等在内的服务，为不同行业和成长阶段的小企业提供金融解决方案，特别针对具有高成长性、行业地位显著的优质小企业客户提供"小巨人"培育服务，满足高端小企业的差异化服务需求。

上海银行在深入研究各类细分客户群特征基础上，开发批量营销方案，搭建批量营销平台，推进小企业营销方式革新。近年来，除了巩固已有的政策性担保平台和科技型企业融资平台外，上海银行主动对接长三角、珠三角、京津、成渝等地区新兴产业发展的商机，积极搭建再担保及其他信用担保机构融资平台、投保贷联动融资平台和专业市场电子商务融资平台等。

此外，上海银行还依托国家综合经济部门和自身优势，把对小企业的金融服务延伸到多元的社会化服务领域，通过与原国家经贸委共同成立的上海中小企业服务中心，整合小企业金融服务和社会化服务，在理财融资、人才开发、信息咨询、技术支持、市场开拓、对外合作交流等方面为小企业提供专业服务。

支持港台资企业发展

上海银行聚焦三地日益紧密的经贸合作，在总行设立港台业务部，以专业的服务团队、专属的服务平台和不断创新的产品与服务，鼎立支持港台企业开拓内地事业，并致力于为港台企业跨越三地投资、经营及贸易提供专业化、个性化的综合金融服务。

上海银行与上海商业银行（香港）、上海商业储蓄银行（台湾）合作，"以客户为中心"，创建了三地联动服务模式，整合三地资源，为客户度身定制最佳金融服务方案。无论客户身处何地，都能享受"三地上银，一心为您"的贴心服务。

上海银行还先后与各地各级政府台湾事务办公室和台商协会搭建合作平台，为台资企业提供政策咨询、金融服务等支持，配备专门服务团队及业务受理"绿色通道"。

为城市居民提供优质金融

上海银行以"服务市民"为宗旨，不断开拓业务新品，完善服务体系，满足客户多样化需求，提高服务质量和科技含量，努力打造金融服务品牌。

秉承"智慧引领财富"、"尽心尽智，唯您专享"的服务理念，上海银行形成了高、中、低不同层面的个性化的理财服务，并通过慧通理财柜面、慧通理财中心、私人银行与财富管理中心为不同需求的客户提供专属理财团队服务、专属渠道服务、专享投融资理财产品服务、专享利率和费率优惠服务、专属综合资讯服务、专属贵宾礼遇及关怀服务。推出"慧金"个人贵金属业务，形成点滴成金、日新月溢、金鑫、易精灵等九大系列十四款"慧财"家族系列理财产品线，满足客户不同期限、不同币种、不同风险层次的资产配置需要。目前，上海银行拥有一支400余人的持金融理财师（AFP）、国际金融理财师（CFP）、注册财务策划师（RFP）等资质的专业理财队伍，为客户量身定制提供全面的投资需求分析与理财规划方案建议。持续丰富财富管理服务内涵及品质，开展客户沙龙活动和提供分层增值服务；携手上海商业银行（香港）、上海商业储蓄银行（台湾）共同推出沪港台三地"上海银行"贵宾客户共享"绿色通道"服务等。

上海银行推出包括个人购房、购车、助业、开业、教育、消费贷款等"好当家"个人信贷业务，满足客户置业、创业、消费等各种融资需求。目前，已开通了个人网上银行，客户在网上可实现理财、金融产品交易、网上支付、转账和查询等功能，并推出了支付宝卡通、ATM跨行转账、CDS上海地区跨行存款等新业务；另有962888客户服务热线，为客户提供安全便捷、全天候、一站式现代金融服务。

上海银行积极拓展银行卡业务，推出金融IC借记卡以及各种主题卡、联名卡、特色卡，不断丰富信用卡、借记卡产品线、功能线、服务线，针对不同客户特点，推出利生利、生肖存单、汇易宝、付费宝等特色业务，并与全国近百家证券、基金和保险公司建立长期合作关系，为个人客户提供全面服务。

作为一家根植上海的市民银行，上海银行努力延伸金融窗口服务，开展社区金融服务，积极承担上海市养老金代发工作，发行养老金客户专属"美好生活卡"，推出专属"养老无忧"理财产品，成功实施"百万老人刷卡无障碍三年行动计划"和"啄木鸟·导银科普计划"，获得社会广泛认可和高度信赖。

发展新兴金融市场业务

上海银行本着"诚实守信、平等互利"的原则，广泛涉足于银行间货币市场、债券市场、衍生品市场、票据市场、外汇市场和黄金市场等新兴金融市场领域，并以强大的资金实力、稳健的经营理念和科学的运作管理赢得了市场的认可。作为银行间债券市场的首批成员之一、公开市场一级交易商和财政部、国家开发银行等主要债券发行机构的承销团成员，上海银行债券交易量排名连续多年位居全国前列，并首批获得银行间债券市场做市商资格、上海银行间同业拆放利率（SHIBOR）报价团成员资格和全国银行间债券市场债券借贷业务资格。上海银行还具有非金融企业债务融资工具承销资格，并在城商行中首家获得衍生产品业务资格。上海银行是上海黄金交易所108家创始会员之一，拥有包括自营黄金交易、代理黄（铂）金交易、同业黄金拆借和黄金租赁等业务资格，连续多年获得上海黄金交易所优秀交易会员称号。上海银行还是国内拥有黄金进口业务资格的9家商业银行之一。同时，上海银行还开办了包括债券结算代理、投资理财方案设计和资产管理咨询等形式多样的理财服务，与客户分享市场信息和管理经验。

深圳农村商业银行

深圳农村商业银行（以下简称"我行"）成立于2005年12月9日，是经中国银监会批准，在深圳市农村信用社基础上改制组建而成的股份制农村商业银行。我行继承了深圳市农村信用社50多年的发展历史、服务特色和文化传统，在改革发展和经营管理的各个方面都取得了比较理想的成绩。

截至2011年底，我行总资产达到1008.62亿元，全年实现净利润15.72亿元，主要财务指标均位居国内中小商业银行前列。2011年，我行入选英国《银行家》杂志发布的"世界银行1000强"第555位。

在深圳，我行现有近200个营业网点遍布深圳全市，网点数量居深圳银行同业首位。现已发行银行卡"信通卡"超过1000万张，安装ATM、现金存取款机、自助终端等自助银行设备超过1500台，成为深圳地区服务网络和销售渠道最为广泛的银行之一。

2010年5月28日我行首家异地支行——广西临桂支行顺利开业，12月28日广西柳江支行开业，我行作为主发起人的宜州深通村镇银行、灵川深通村镇银行、扶绥深通村镇银行按计划相继开业，走出广东迈向全国，我行顺利实现了由地方性银行向区域性银行的转变，是我行发展史上又一次里程碑式的跨越。

我行始终坚持"科技兴行"战略，着力推动信息化建设，以"技术升级"推进"服务升级"和"管理升级"。2010年4月6日，我行与美国Fiserv公司、神州数码公司联合开发的新一代综合业务系统顺利上线运行，为我行提升服务能力和管理水平提供了国际化的技术平台，进一步巩固了我行在中小商业银行中"技术先进型银行"的市场形象。

我行确立了"社区零售银行"的市场定位，树立了"质量优先、适度规模、专注服务、保证效益"的零售银行发展观，以中小企业和社区居民为主要服务对象，追求质量、效益、规模全面协调可持续发展，致力于打造成为资本充足、服务优良、内控严密、效益良好、特色鲜明的的社区零售银行。

天津银行

天津银行股份有限公司(Bankof Tianjin CO., LTD.),简称天津银行(Bankof Tianjin),成立于1996年,目前设有6家分行、211个营业机构,注册资本为27.26亿元。多年来,我行始终坚持“服务地方经济、服务中小企业、服务市民百姓”的经营定位,以建设“好银行”为目标,以发展为主线,以防范金融风险为前提,以深化改革大胆创新为动力,稳健经营,规范管理,获得了良好的社会效益和经济效益,已经成为我国银行业极具成长性的股份制商业银行之一。

截止2011年12月末,全行资产总额达到2350亿元,各项存款1722亿元,各项贷款958亿元,实现净利润21.13亿元,不良贷款率0.93%,资产负债比例管理主要指标均在监管部门规定的安全区域运行,实现了效益、质量、规模的可持续发展,在英国《银行家》杂志最新公布的全球1000家大银行排名中,排在400位,已连续6年跻身全球大银行之列。

2006年,我行成功引进澳新银行作为国外战略合作者,成为全国首家单一外资持股比例最高的中资商业银行,并率先在改革开放的前沿阵地天津滨海新区组建一级分行。2007年正式更名为天津银行,并获准跨区域经营,先后在北京、唐山、上海、济南和成都设立了异地分行,2008年作为主要发起人投资设立了全国投资最大的蓟县村镇银行,2010年又参与设立了南阳村镇银行,服务三农触角进一步延伸。同年,实施天津市区机构改革,组建了6家中心支行,总分支三级管理架构逐步完善,核心竞争力进一步增强。

面对国际国内错综复杂的经济金融形势,天津银行按照科学发展观的要求,进一步提升公司治理水平,不断强化抵御风险能力,增强增长动力和活力,内强素质,外塑形象,努力为社会提供更加优质的金融服务,实现又好又快的发展!

浙商银行

浙商银行是经中国银监会批准设立的全国性股份制商业银行,全称为浙商银行股份有限公司,英文全称为CHINA ZHESHANG BANK CO., LTD.,英文简称CZB。浙商银行于2004年8月18日正式开业,总行设在杭州,办公地点位于美丽的西子湖畔(杭州市庆春路288号)。现有股东22家,注册资本100亿元,监管资本270亿元。

浙商银行前身为浙江商业银行,是一家于1993年在宁波成立的中外合资银行,2004年6月30日,经中国银监会批准,重组、更名、迁址,改制为现在的浙商银行。

浙商银行以“一体两翼”(即以公司业务为主体,小企业银行和投资银行业务为两翼)为市场和业务定位,沿着“在学习中发展,在发展中创新,在创新中领先,在领先中逐步做强做大”的路径,分步推进,逐步实现资本、规模、特色、质量和效益的协调与快速发展,逐步成为经营有方、富有特色、业绩优良、具有一定国际影响的国内一流商业银行。截至2011年末,浙商银行总资产3019亿元,各项存款2147亿元,各项贷款1490亿元,资本充足,资产质量上乘,经营效益优良。连续荣获银监会“全国小企业金融服务先进单位”和相关媒体2009年“中国中小企业金融服务十佳机构”、2011年“最佳中小企业信贷银行”等荣誉。中诚信国际于2011年将浙商银行主体信用等级上调为AA+,达到同类银行先进水平。在2011年英国《The Banker》“全球银行业1000强”排名第279位。

浙商银行按照“沿着浙商投资路径布局”的机构发展思路,目前已在北京、天津、上海、江苏、山东、广东、重庆、四川、陕西、甘肃10个省市和浙江省内全部省辖市设立(筹建)了近90家分支机构,全国性机构体系初步形成。同时重视发展网上银行业务弥补物理网点的不足,2011年成功投产了第三代网上银行和手机银行等电子银行业务系统,研发推广了电子银行汇票等新型电子银行结算产品,进一步增加了包括在线预约、第三方存管等在内的电子银行业务品种,持续提升服务品质,不断改善客户体验,全年电子银行渠道交易笔数已超过全部业务量的80%,先后荣获中国金融认证中心“2008年中国网上银行功能创新奖”、“2009年最佳网银安全奖”、“2010年中国网上银行最具发展潜力奖”、“2011年中国网上银行最佳客户服务奖”和网易“2010年度电子银行潜力奖”等奖项。

按照“一体两翼”的市场与业务定位,浙商银行潜心探索小企业银行业务和投资银行业务等特色业务。

按照“专业化经营、近距离设点、高效率审批、多方式服务”的小企业银行业务经营方针,加强小企业组织体系建设及制度与产品创新,特色竞争力初步显现:于2006年在业内设立了第一家小企业专营支行,目前已设立浙商银行小企业信贷中心和57家小企业专营机构,占全行机构总数的近70%;单独建立了一套适合小企业业务特点的制度体系和业务流程,创新开发了突破抵质押方式的“桥隧模式”、“联保贷款”、“村民保证贷”和“一日贷”、“三年贷”、“全额贷”、“便利贷”等适合小企业主需要的特色产品,2009—2011年连续三年荣获中国银行业协会“服务小企业及三农十佳特色产品”,成为国内唯一一家连年荣获上述殊荣的商业银行;2011年末,单户500万元及以下小企业贷款余额占各项贷款的23.57%,近三年小企业贷款复合增长率达104.77%。

按照“有效融合和发挥智力、渠道和资金优势,着力发展真正意义上的投行业务”的思路,突破发展了信贷资产证券化、非金融企业债务融资工具承销、保险资金投资基础设施独立监督人等投资银行业务;2008年,发行了国内第一单(目前也是唯一一单)中小企业信贷资产支持证券;2010年,作为国内首批单位,创新发行引入内部分层增信结构和第三方回购机制的中小企业集合票据;结合小企业信贷业务,浙商银行成为目前国内首家同时为中小企业提供直接、间接和混合三种融资模式的商业银行。近三年投行业务手续费类收入复合增长率达71.67%,荣获《证券时报》2010年“最具成长性银行投行”、2011年“最佳创新银行投行”等荣誉。

浙商银行实行“统一法人,授权经营,集约化管理”的制度。全行统一文化理念,统一形象标识,统一规章制度,统一业务系统,统一服务标准,统一财会核算。

风险管理上,建立了全面、统一的风险管理组织体系,信用风险以垂直管理为主,市场风险和流动性风险以集中管理为主,合规风险、操作风险以网状控制为主;实行风险监控官委派制度,风险监控官由总行委派,对总行负责,主管派驻分支行和部门的风险管理,行使授信否决权和风险监督权。

内控管理上,按照流程银行建设目标,建立了符合监管要求和经营管理需要的内控组织体系、制度体系、授权体系、岗位责任体系、业务流程和管理流程体系、监督检查体系、内控管理评价体系。

信息系统管理上,成功投产了基于企业级SOA架构的新一代柜面业务集中处理系统，在国内第一家实现基于企业级SOA构建信息系统和再造业务流程。

绩效管理上，从2006年开始，在同业中率先全面实施经济资本管理，建立了以经济增加值和经济资本回报率为核心内容的绩效考核体系。

浙商银行积极履行社会责任。2004年成立时，即以资助“雏鹰起飞——浙商银行千名贫困学子助学计划”替代开业仪式，并形成了节约分支行开业款项用于资助希望小学、贫困学生、敬老院等公益事业的良好传统；建立了浙商银行慈善基金，热心公益事业；“5·12”汶川大地震后，浙商银行以多种方式开展赈灾活动，专项援建并持续资助浙商银行（陕西）接官亭镇中心小学；五周年行庆之际，又将行庆专用款项捐赠给台湾地区“莫拉克”台风受灾同胞；通过捐赠款项积极支持第八届全国残疾人运动会等方式，率先垂范并积极号召更多社会有识之士关心关爱弱势群体；创建团中央青年就业创业见习基地；获评“劳动保障诚信单位”；积极支持体育事业，连续五年冠名浙商银行乒乓球俱乐部征战全国男子乒超联赛，并在2011赛季勇夺冠军。荣获2011年“中国银行业协会年度社会责任践行奖”。

重庆农村商业银行

重庆农村商业银行股份有限公司（以下简称“重庆农村商业银行”）的前身为重庆市农村信用社，成立于1951年，至今已有60年的历史。60年中，经历了两次主要的体制改革，都得到了国家的高度重视和大力支持，成立农商行时得到了温家宝总理“要加强指导，注意总结试点经验”的亲笔批示。2008年6月29日，重庆农村商业银行正式挂牌成立，成为继上海和北京之后全国第三家、中西部首家省级农村商业银行。

2010年12月16日，重庆农村商业银行成功在香港H股主板上市，成为全国首家上市农商行、首家境外上市地方银行、西部首家上市银行。同年，跨区域经营迈出坚实步伐，成功发起设立江苏张家港华信、四川大竹隆源、云南大理海东3家村镇银行，批量发起设立异地村镇银行的步伐全面加快。

目前，重庆农村商业银行下辖42家支行，1766个营业机构，从业人员1.3万余人，是重庆市资产规模最大、资金实力最强、服务网络最广的本土金融机构，也是重庆市最大的涉农贷款银行、中小企业融资银行和个人信贷银行。截至2011年末，重庆农村商业银行资产规模突破3400亿元，居全市银行业第一、全国第21位、全球第385位；存款余额突破2400亿元，居全市银行业第一；贷款余额突破1400亿元；不良贷款率降至1.5%以内；拨备覆盖率突破200%，拨备充足率突破400%，主要经营指标位居全国同类机构前列。

重庆农村商业银行始终坚持“根植地方、服务大众”，致力于服务“三农”、服务中小企业、服务县域经济，正驶入跨越式发展的快车道，倾力打造“具有良好价值创造力的商业银行”。

第二节　非银行金融机构

上海国际信托有限公司

上海国际信托有限公司（以下简称“上海国际信托”或“公司”）是上海国际集团有限公司控股的非银行金融机构。1981 年由上海市财政局出资发起成立，1983 年取得“经营金融业务许可证”。1992 年公司实行股权结构多元化改制，此后历经四次增资扩股，现有股东共计 13 家，注册资本金达到人民币 25 亿元。2007 年 7 月，按照信托新规的要求，经中国银监会批准由“上海国际信托投资有限公司”更名为“上海国际信托有限公司”，并换发了新的金融许可证。

长期以来，上海国际信托以江泽民同志的亲笔题词“勇于开拓、善于经营、严于管理，发展上海国际信托投资事业”为指导，规范经营，稳健发展，多年来取得了良好的经营业绩。公司 80 年代末被国务院指定为全国对外融资十大窗口之一，1995 年获地方金融机构最高信用评级（穆迪 Baa2、标普 BBB－），海外筹资累计约 45 亿美元，赢得了良好的国际声誉，在金融创新和国际化合作方面创下多个“第一”：1988 年发起成立我国第一家股份制证券公司——上海万国证券公司；1993 年发起并管理了上海第一个在境外注册和上市的共同基金——上海发展基金；1993 年发起并管理了上海第一批人民币共同基金之一——金龙基金（现合并为安瑞基金）；1998 年发起和控股了国内首批基金管理公司之一——华安基金管理有限公司；1995 年首创信托公司财务顾问业务，获得秦山核电三期项目的独家财务顾问委托业务；2004 年合资组建了上投摩根富林明基金管理有限公司，全力打造中国基金业的旗舰品牌；2005 年合资成立了全国首家货币经纪公司——上海国利货币经纪有限公司，开创了货币经纪业的先河。

公司的综合实力和经营管理水平始终在行业中名列前茅，品牌信誉卓著，创新意识敏锐，产品种类丰富，风控机制完备，投资回报丰厚。公司被指定为非银行业金融机构中首家合规试点单位；作为主要筹备单位，发起设立中国第一家信托登记机构——上海信托登记中心，并被推选为理事长单位；被推举为中国会计学会信托投资分会会长单位；被推选为中国信托业协会理事单位和副会长单位。在《上海证券报》、《证券时报》、《21 世纪经济报道》举办的信托机构评选中，多次获得最佳信托公司奖、最佳知名品牌、最佳风险控制奖、最佳单一信托计划、最佳证券信托计划以及最佳信托经理等奖项，获得行业内外的广泛好评。在业务开拓和产品创新方面，公司积极开拓创新业务，不断扩大市场影响力，在全国率先推出“优先劣后”受益权的结构化信托产品，在证券投资、房地产和基础设施领域，逐渐形成产品特色，打造了“蓝宝石”、“红宝石”、“白金”、“明珠”、“现金丰利”、“国瑞”等系列化、标准化产品品牌，成功推出私人股权投资信托计划，继续推进企业年金、QDII 等创新业务产品，积极拓展银信合作业务，业务模式得到进一步深化，产品投资领域更为深化，资金运用方式更为多样，现已获得资产证券化业务、代客境外理财（QDII）、企业年金业务受托人资格。与此同时，公司不断优化自有资金配置，将投资集中于金融类公司股权投资和金融产品投资，拥有浦发银行、上投摩根、华安基金、上海证券、申银万国等公司的优质金融股权资产，着力提高公司整体资产的安全性和流动性，强化自有资金与信托业务的联动效应，有力地支持了信托主业创新和发展。

2008 年，上海国际信托完成了董事会换届，在新一届领导班子的带领下，公司积极适应市场化运作的需要，聘请国际知名咨询公司，实施了公司发展战略规划和人力资源改革工作，进一步明确了公司的发展定位，为公司长远发展提供强有力的支撑。在今后的发展进程中，公司将继续坚持稳健经营、规范管理，严控风险，开拓创新，不断深化客户服务理念，进一步提高服务质量，逐步形成可持续发展的竞争优势，为社会提供更加优质的金融服务，为信托业发展努力实践，为上海国际金融中心建设做出更大贡献。

安徽国元信托有限责任公司

安徽国元信托有限责任公司是经中国银行业监督管理委员会批准设立的非银行金融机构，由安徽国元控股（集团）有限责任公司发起设立，创立于 2001 年 12 月 20 日。公司注册资本为 12 亿元人民币，法定代表人过仕刚，注册地为安徽省合肥市宿州路 20 号，为中国信托业协会理事单位。

公司现有股东 7 家，分别为：安徽国元控股（集团）有限责任公司、深圳中海投资管理有限公司、首都机场集团公司、安徽皖维高新材料股份有限公司、安徽巢东水泥股份有限公司、安徽国生电器有限公司和安徽省信用担保集团有限公司。

国元信托经营范围为以下本外币业务：资金信托，动产信托，不动产信托，有价证券信托，其他财产或财产权信托，作为投资基金或者基金管理公司的发起人从事投资基金业务，经营企业资产的重组、购并及项目融资、公司理财、财务顾问等业务，受托经营国务院有关部门批准的证券承销业务，办理居间、咨询、资信调查等业务，代保管及保管箱业务，以存放同业、拆放同业、贷款、租赁、投资方式运用固有财产，以固有财产为他人提供担保，从事同业拆借，法律法规规定或中国银行业监督管理委员会批准的其他业务。

2011 年，公司积极面对复杂多变的市场变化，坚持“依法合规、稳健经营、科学发展”的经营理念，抢抓市场机遇，实现了经营管理工作的全面进步。公司继续保持平稳较快发展，资产规模、经营效益再上新台阶；信托业务盈利水平进一步提升，信托主业地位得到进一步巩固；业务布局和收入结构更加合理，自主经营管理收益占比显著提高。截至 2011 年底，公司管理资产总规模 687.61 亿元。其中，信托财产规模 653.57 亿元；固有资产 34.04 亿元。净资产 32.87 亿元。全年共清算信托项目 238.35 亿元，没有发生一例兑付风险。2011 年，公司实现各项业务收入 4.29 亿元。利润总额 3.06 亿元，净利润 2.59 亿元。

经过多年发展，国元信托“立足地方服务全国”的金融版图已经基本形成；以“信政合作”、“银信合作”为主体、创新业务品种为开拓的产品格局正在加速构建；以确立信托主业地位的业务布局和自主经营管理收益不断提高的创利能力已基本确立。国元信托正以更加坚实的步伐，迈向“国内先进的财富管理机构”的征途！

公司将继续秉承“诚信、高效、规范、创新”的企业精神，充分发挥“受人之托，代人理财”的业务功能，以为客户谋取最大利益为目标，以种类齐全、布局合理、发展协调的业务体系为支撑，以强化业务创新、提高服务质量为手段，为客户提供多元化、个性化、系统化、专业化的高效服务，不断增强公司核心竞争力和可持续发展能力，努力将公司建设成为资产规模大、盈利能力强、产品丰富、机制完善，让广大投资者和监管部门信任和放心的一流专业财富管理机构。

安信信托投资股份有限公司

安信信托投资股份有限公司（以下简称“安信信托”或“公司”）是中国第一批股份制非银行业金融机构，成立于1987年，1992年转制为股份有限公司，1994年在上海证券交易所上市（股票代码：600816），是国内最早一批金融类上市公司，也是目前我国仅有的两家上市信托公司之一，接受中国证券监督管理委员会和中国银行业监督管理委员会监管。

成立20多年来，公司一贯秉承“诚信、进取、和谐、高效”的企业经营理念和“理财、生财、护财、传财”的资产管理宗旨，践行“为人光明磊落、做事竭尽全力、执业坚忍图成、担当责无旁贷”的公司司训，倡导和弘扬“协力、包容、担当、分享、学习”的价值观，时刻追求卓越，坚韧图成，以社会责任为导向，以信用建设为基础，以风险控制为前提，以创新服务为动力，以价值实现为目标，以差异化经营为特色，在促进公司可持续发展的同时，致力成为信托法律关系框架下，综合金融解决方案的提供商和多种金融功能服务的集成者。

20多年的风雨历程，安信信托走过了不平凡的发展之路；全体员工的辛勤耕耘与积累，安信信托取得了骄人的经营业绩，信托业务模式上实现了从纯融资业务向资产管理转型，从非主动管理向主动管理的转型，设计推出的信托产品涉及民生工程、矿产资源、运输、房地产开发等多个领域。在已经清算的近600亿信托资产中，全部实现了到期足额无风险兑付，确保了投资人的资金安全。2007年，公司获得中国企业协会授予的“2007年度中国最具创新力企业”称号；2008年，“安信・明珠系列”集合信托产品成功发行设立；“远程1号－船舶抵押贷款集合资金信托”被业界评为“2008年度最具亮点的信托计划”。2012年，公司董事会在《理财周报》发起的“2012（第五届）中国上市公司最佳董事会评选”中被评为“最佳董事会”。

作为一家公众型公司，安信信托始终奉行“回馈社会、履行一个上市公司义不容辞的社会责任”的道德准则。本着对社会特殊群体的关爱，公司于2010年底在全国首家研发并成功设立了准公益信托“安信・关爱系列1号信托计划”。该信托产品在由理财周刊主办的“2010年度理财产品评选”活动中荣获“年度最受关注产品奖”。2011年，携手宋庆龄基金会设立了“安信信托公益基金”，专门用于对特殊群体的精神抚慰。2012年，公司又成功研发并发行了以60岁以上老年人为投资群体的“安信・关爱系列2号银发颐养信托计划”，并携手上海市老年基金会成立“安信信托老年基金”，用于上海市“敬老爱老助老”公益事业。

新的历史发展时期，安信信托将与时俱进，继续秉承“服务民生，回报社会”的企业发展宗旨，坚持“专业化、差异化”的经营策略，充分发挥自身在投融资等金融服务、资产管理领域的优势，促进公司的可持续发展。

百瑞信托有限责任公司

百瑞信托有限责任公司是经中国银行业监督管理委员会批准设立的非银行金融机构。公司的前身，原百瑞信托投资有限责任公司由郑州信托投资公司改制而来，始建于1986年4月15日，注册资本为1,000万元人民币，注册地河南省郑州市；1988年7月，公司开始与郑州市财务开发公司合署办公；1990年11月，郑州市财政局将公司的注册资本补充为5,006.7万元人民币；1992年10月，公司与郑州市财务开发公司分设重组，1993年2月18日重组开业；2002年9月，经中国人民银行总行批准，公司完成重新登记后更名为百瑞信托投资有限责任公司，注册资本3.5亿元人民币；2007年11月，经中国银行业监督管理委员会批准，公司换领新的金融许可证并更名为百瑞信托有限责任公司；2008年4月，经中国银行业监督管理委员会河南监管局批准，公司注册资本增加至6.05亿元人民币；2010年12月，经中国银行业监督管理委员会批准，公司引入中电投财务有限公司成为第一大股东，注册资本增加至12亿元人民币。

自2002年完成重新登记以来，在监管部门的监管指导下，在各级政府部门的大力支持下，百瑞信托秉承“诚信、创新、务实、高效”的发展理念，围绕“规范经营、稳步发展、强化管理、防范风险”的经营原则，凭借一支以硕博士研究生为主体并拥有CFA、CFP、AFP等资格证书的专业理财管理团队，推出了“百瑞富诚（基础设施类）”、“百瑞宝盈（企业类）”、“百瑞恒益（证券投资类）”三大业务品牌，设立了百瑞信托有限责任公司博士后科研工作站，并不断根据监管导向完善治理结构、推动业务转型和强化风险控制，逐渐形成稳健的经营风格，在激烈的市场竞争中不但实现了持续稳健发展，而且赢得了投资者的良好口碑。截至目前，百瑞信托已累计发行信托计划300余支，信托规模超过500亿元，累计向投资者分配信托收益超过30亿元，且所有到期或部分到期信托计划均按时清算，信托本金、收益兑付率100%。

截至2011年底，百瑞信托已累计发行信托计划372支，信托规模680.91亿元，累计向投资者分配信托收益超过50亿元。

经营范围

（一）资金信托；

（二）动产信托；

（三）不动产信托；

（四）有价证券信托；

（五）其他财产或财产权信托；

（六）作为投资基金或者基金管理公司的发起人从事投资基金业务；

（七）经营企业资产的重组、购并及项目融资、公司理财、财务顾问等业务；

（八）受托经营国务院有关部门批准的证券承销业务；

（九）办理居间、咨询、资信调查等业务；

（十）代保管及保管箱业务；

（十一）以存放同业、拆放同业、贷款、租赁、投资方式运用固有财产；

（十二）以固有财产为他人提供担保；

（十三）从事同业拆借；

（十四）法律法规规定或中国银行业监督管理委员会批准的其他业务。

北方国际信托股份有限公司

北方国际信托股份有限公司前身为天津经济技术开发区信托投资公司，于1987年10月经中国人民银行天津分行批准成立，注册资本为2000万元。1994年更名为天津北方国际信托投资公司，其间经公积金转增股本、增资扩股各一次，使注册资本达到50,679万元。2002年6月，完成与天津滨海信托投资有限公司合并，同时增资扩股67,818万元，公司注册资本达到150,251万元，并改制为股份有限公司，公司名称变更为天津北方国际信托投资股份有限公司。2002年9月经中国人民银行批准重新登记。2003年10月，更名为北方国际信托投资股份有限公司。2005年12月，经天津市政府批准，完成公司分立，注册资本变更为1,000,998,873元。2008年10月，经中国银监会批准公司名称变更为北方国际信托股份有限公司。

经营范围

（一）资金信托；

（二）动产信托；

（三）不动产信托；

（四）有价证券信托；

（五）其他财产或财产权信托；

（六）作为投资基金或者基金管理公司的发起人从事投资基金业务；

（七）经营企业资产的重组、购并及项目融资、公司理财、财务顾问等业务；

（八）受托经营国务院有关部门批准的证券承销业务；

（九）办理居间、咨询、资信调查等业务；

（十）代保管及保管箱业务；

（十一）固有业务项下开展存放同业、拆放同业、贷款、租赁、投资等业务；

（十二）以固有资产为他人提供担保；

（十三）同业拆借；

（十四）法律法规规定或中国银行业监督管理委员会批准的其他业务。

北京国际信托有限公司

北京国际信托有限公司（简称北京信托，原名北京国际信托投资有限公司）是中国改革开放之初首批成立的信托公司之一。

1979年，北京市人民政府组建了北京市经济建设总公司，为从事投资、贸易的综合性企业。1984年10月，北京市人民政府决定撤销北京经济建设总公司，成立北京国际信托投资公司，成为专门从事投资和信托业务的非银行金融机构、国有独资的全民所有制企业，资本金为2亿元人民币。2000年3月，在全国第五次信托公司清理整顿中，北京国际信托投资公司按照建立现代企业制度的要求，率先改制成为北京市人民政府控股、多家企业参股的股份制金融企业，公司更名为北京国际信托投资有限公司，资本金增至12亿元人民币。2002年3月，经中国人民银行批准，北京信托首批完成重新登记，获得市场准入资格。2004年中国石油化工股份有限公司加盟北京国际信托投资有限公司，公司资本金增至14亿元人民币。2007年，北京信托实施股权重组，引进了境外战略投资人——英国安石投资管理公司，并更名为北京国际信托有限公司。

北京信托成立近30年来，在金融领域不断创新，始终处于行业领先地位：建立了北京第一家证券营业部；在金融机构中第一家为民营企业发行企业债券，参与投资组建了国内第一批风险投资公司，在信托业清理整顿中率先完成增资改制，首批完成信托公司重新登记，推出了国内第一个大型土地开发集合资金信托计划、第一个规范的财产权信托、第一个房地产投资信托等。近年来，北京信托通过开展规范的金融信托业务，不断完善法人治理结构，坚持防范风险、合规经营、持续创新、稳健发展的方针，积极参与经济建设，为社会提供了灵活多样的金融服务，赢得了各界的高度认同，确立了北京信托在行业内的领先地位。

据2008年末上海证券报公布的“信托公司理财能力年终大排名”，在六个单项排名中，公司在信托产品规模、风险控制、专业能力、信息透明度四项排列行业前10名之内，理财能力综合排名第二。

公司从增资改制到完成战略重组，依赖于科学的公司治理制度，严谨而顺畅的业务操作流程，坚持发展是硬道理的信念，遵循创新是企业的生命线的真谛，恪守股东、受益人利益最大化的承诺，抓信托创新，促业务发展，使公司不断壮大发展并连年取得新突破。特别是2006年以来，不断扩大的受托管理财产规模、投资项目无一例失误的业绩，为股东带来的丰厚收益，为委托人增加了60亿元的财富收益，为国家做出3亿多元税收贡献等等，无一不展示着公司的巨大活力和财产管理实力，更是北京信托对受托人神圣职责内涵的深刻理解和倾力实践的结果。

北京信托作为金融企业，存在的核心价值就是要为投资人理好财，科学运筹信托财产，努力促进财富增值。北京信托将永远恪守“受人之托、代人理财”承诺，通过清晰的战略规划，着眼于建成实力雄厚、管理严谨、人才济济、风控和融资能力卓越的一流信托公司，以强大的投资管理能力塑造盈利模式和核心竞争力，利用区域优势和充分发挥公司团队在财产管理方面的才智，尽责管理运用好受托财产，为股东和受益人的利益最大化服务，为国家经济建设发展做出更多更大的贡献。

长安国际信托股份有限公司

长安国际信托股份有限公司前身为“西安国际信托有限公司”，1986年经中国人民银行批准成立。1999年12月公司增资改制为有限责任公司，更名为“西安国际信托投资有限公司”。2002年4月，经中国人民银行总行批准重新登记申请，公司获准单独保留。2008年2月经中国银行业监督管理委员会批准，公司换领新的金融许可证，同时更名为“西安国际信托有限公司”。2011年11月经中国银行业监督管理委员会批准，并经工商登记，公司整体变更为股份有限公司，同时更名为“长安国际信托股份有限公司”。目前，公司注册资本为人民币12.5888亿元。

公司主要从事资金信托业务、投资银行业务、融资租赁业务和其他金融业务。公司业务涉及货币市场、资本市场和金融衍生品市场等领域。

信托业与银行业、证券业、保险业一起构成现代金融四大支柱。信托以“受人之托，代人理财”为核心，遵循诚实、信用、谨慎、有效的管理原则，在货币市场与资本市场、金融资本与产业资本、投资者与融资者之间发挥着重要的桥梁作用。

公司致力于成为卓越的专业资产管理和投资管理机构，成立20多年来，为国内外数百家企业和机构，数万余名自然人投资者提供了专业的信托金融服务。公司已建立了完善的法人治理机制，拥有健全的风险控制体系，有一支在金融、投资、资本运作等领域具有丰富经验和突出能力的专业团队，可以为委托人和投资客户提供全面的信托金融和理财服务。

大连华信信托股份有限公司

大连华信信托股份有限公司（以下简称“华信信托”）是经中国银监会批准开展营业性信托业务的非银行金融机构，是目前辽宁省唯一一家信托公司。注册资本金30亿元。

在中国银监会组织的全国信托业监管评级中，华信信托为北京、上海以外注册的唯一一家连续多年获评最高等级的信托公司。

成立30余年来，华信信托依法合规，恪守诚信，稳健经营，在服务经济的同时，自身也取得了长足发展。固有业务方面，积极投资金融领域，目前为大通证券第一大股东，与大通证券共同控股良运期货，并参股了大连银行、丹东银行等金融机构。2011年末，华信信托净资产36亿元，主要经营管理指标列地区和全国同业前列。

信托业务方面，以提升资产管理能力为核心，先后发起设立基础设施建设项目投资类、金融资产受让类、证券投资类、房地产投资类、工商企业投资类、私人股权投资等多种类型的信托计划。自2002年开办信托业务以来，管理的信托计划到期全部按期兑付，投资者实际获得的收益率均达到或者超过产品发行时的预期收益率。

东莞信托有限公司

东莞信托有限公司（下称“东莞信托”）前身为东莞市财务发展公司，成立于1987年3月13日，注册资本金人民币5亿元，是东莞市属国有控股的非银行金融机构。

历经全国信托行业五次整顿，为全国获准保留的少数几家地市级信托公司之一，2007年3月，中国银监会实施新《信托公司管理办法》后公司更名为“东莞信托有限公司”。

公司成立20多年来，坚持依法合规、稳健持续的经营理念，追求风险控制前提下的持续效益。

在服务东莞经济发展的同时，自身也取得长足的发展，公司实现持续盈利，主要经营管理指标处于全国同业的中上游水平。

公司以提升资产管理能力为公司战略立足点，先后发行房地产投资、收益权投资、银行信贷资产转让、证券投资、贷款、股权投资等多种类信托计划，为投资者实现较高的投资回报，2011年被格上理财网评级为五星级信托公司。

经营范围

（一）资金信托；

（二）动产信托；

（三）不动产信托；

（四）有价证券信托；

（五）其他财产或财产权信托；

（六）作为投资基金或者基金管理公司的发起人从事投资基金业务

（七）经营企业资产的重组、购并及项目融资、公司理财、财务顾问等业务；

（八）受托经营国务院有关部门批准的证券承销业务；

（九）办理居间、咨询、资信调查等业务；

（十）代保管及保管箱业务；

（十一）以存放同业、拆放同业、贷款、租赁、投资方式运用固有财产；

（十二）以固有财产为他人提供担保；

（十三）从事同业拆借；

（十四）法律法规规定或中国银行业监督管理委员会批准的其他业务。

方正东亚信托有限责任公司

方正东亚信托有限责任公司，系经中国银监会于2010年1月23日批准重组成立的非银行金融机构。公司股东为北大方正集团有限公司、东亚银行有限公司和武汉经济发展投资（集团）有限公司，注册资本为3亿元人民币。公司主要从事资金信托、动产信托、不动产信托、有价证券信托、其他财产或财产权信托等14项本外币业务。

控股股东北大方正集团作为IT、医疗医药、房地产和金融等多产业的投资控股集团，源于北大，是国内最具创新力和影响力的高科技企业之一；东亚银行是中国内地分行网络和信贷资产规模最为庞大的外资银行之一，拥有丰富的金融服务经验和风险管理理念，在财富管理上卓有成效；武汉经济发展投资集团为武汉市政府直属的四大国有投资公司之一，是武汉市唯一的产业型投资融资平台。股东资源的整合，可谓强强联手、实力雄厚，为方正东亚信托的发展奠定了坚实的基础。

中部崛起、武汉“1+8”城市圈、“两型社会”综合配套改革试点和武汉区域金融中心建设的大背景，为方正东亚信托立足武汉城市圈，辐射中部地区，并逐步拓展全国业务提供了良好的机遇。

资深的管理团队，精英型的产品设计队伍、作风严谨的风险管控队伍、充满朝气的营销团队，依托规范、稳健、创新的经营理念，和“方方正正做人，实实在在做事”的企业文化，为方正东亚信托注入了无限的活力。

方正东亚信托的发展目标是立足于高科技与高成长型产业孵化、国家基础设施和地方重点工程建设、房地产和资本市场投融资等领域，为机构客户和个人高端客户提供一流理财和资产管理的专业化服务。方正东亚信托努力在短时间内达到中部地区信托行业领先水平和全国信托行业中上游水平，成为具有专业特色和核心竞争力的信托公司。

方正东亚信托的口号是：受人之托，不负众望；代客理财，成就梦想。

甘肃省信托投资有限责任公司

甘肃省信托有限责任公司（原甘肃省投资信托公司），成立于一九八零年，是国内最早成立的信托投资机构之一，也是甘肃省首家省属金融机构。公司注册资本金10.18亿元人民币。

公司经营本外币业务范围包括：资金信托；动产信托；不动产信托；有价证券信托；其他财产或财产权信托；作为投资基金或者基金管理公司的发起人从事投资基金业务；经营企业资产的重组、购并及项目融资、公司理财、财务顾问等业务；受托经营国务院有关本部门批准的证券承销业务；办理居间、咨询、资信调查等业务；代保管及保管箱业务；以存放同业、拆放同业、贷款、租赁、投资方式运用固有财产；以固有资产为他人提供担保；同业拆借业务；中国银行业监督管理委员会批准的其他业务。

公司建立了日臻完善的公司法人治理结构和现代金融企业管理制度，拥有专业化的业务管理团队，具备雄厚的产品研发、创新实力，建立了涵盖各类业务操作流程、内控制度在内的较为完备的内部控制体系。公司积极开展金融创新，努力拓展信托理财业务，发展并完善了集合资金信托、单一资金信托、股权信托、权益并购等业务品种，在全力支持我省基础设施建设、能源交通运输、中小企业发展、服务"三农"的同时，为广大投资者提供了安全、稳定的投资回报，为甘肃经济社会发展发挥了积极作用。

广东粤财信托有限公司

广东粤财信托有限公司（以下简称"粤财信托"），1984年12月经广东省人民政府批准成立，并先后经中国人民银行和国家外汇管理局核准，领取了《经营金融业务许可证》和《经营外汇业务许可证》。2007年7月，按照新的《信托公司管理办法》的要求，经中国银监会核准，公司名称由"广东粤财信托投资有限公司"更名为"广东粤财信托有限公司"，目前是广东省唯一一家省级信托公司。

粤财信托股东为广东粤财投资控股有限公司（持股比例98.14%）与广东省科技创业投资公司（持股比例1.86%）。粤财信托控股股东广东粤财投资控股有限公司是经广东省人民政府批准成立的国有资产授权经营企业，以金融信托为主业，并涉足地产、工业、服务、酒店等行业，实力雄厚。

粤财信托始终奉行"诚信为本、稳健经营"的方针，经过二十多年的发展，各项业务蓬勃开展，经济实力逐步壮大。1998年虽然受到亚洲金融危机和国家宏观环境的影响，但粤财信托把握金融改革与行业发展的机遇，适时调整经营战略目标，持续优化经营资源配置，完善决策体系，强化风险控制能力，目前已经步入了持续、健康、稳定发展的轨道。

粤财信托将充分发挥专家理财优势，不断开拓创新，通过有效运用信托、信贷、租赁、投资等金融工具，研发并推出各类信托产品，构建专业的、综合性的金融服务平台，努力为客户提供全方位的金融需求解决方案，以优质的服务、稳健的投资收益来回报广大投资者的信任与厚望。

经营范围

（一）资金信托；

（二）动产信托；

（三）不动产信托；

（四）有价证券信托；

（五）其他财产或财产权信托；

（六）作为投资基金或者基金管理公司的发起人从事投资基金业务；

（七）经营企业资产的重组、购并及项目融资、公司理财、财务顾问等业务；

（八）受托经营国务院有关部门批准的证券承销业务；

（九）办理居间、咨询、资信调查等业务；

（十）代保管及保管箱业务；

（十一）以存放同业、拆放同业、贷款、租赁、投资方式运用固有财产；

（十二）以固有财产为他人提供担保；

（十三）从事同业拆借；

（十四）法律法规规定或中国银行业监督管理委员会批准的其他业务。

国联信托股份有限公司

国联信托股份有限公司的前身是无锡市投资信托公司，初创于1987年2月。2003年1月，无锡市信托投资公司获准重新登记，并更名为国联信托投资有限责任公司。2007年7月，更名为国联信托有限责任公司。2008年7月，国联信托有限责任公司变更为国联信托股份有限公司。公司目前注册资本为12.3亿元人民币，控股股东为无锡市国联发展（集团）有限公司。

国联信托以"诚信、稳健、规范、创新"为企业的经营宗旨，遵循"受人之托，代人理财"的信托理念，凭借"诚信为道"的价值观赢得了广大投资人的关注与信任；凭借创新与发展并重的业务拓展逐步成为具有竞争力的现代金融服务公司。

重新登记以来，国联信托不断开发新产品，拓展新领域，经营业绩保持快速发展，至2007年末，净资产达到207483万元，公司受托信托资产规模达到47亿元，2007年度共实现利润59494万元人民币。继2006年公司在《证券时报》举办的"优秀信托公司评选活动中"荣获最优秀理财机构奖和最佳房地产信托计划奖之后，2007年在《证券时报》举办的"第二届优秀信托公司评选活动"中，再获区域最佳理财机构奖。

2008年7月，国联信托有限责任公司整体变更设立股份有限公司，标志着公司迈入了一个新的发展阶段。国联信托将以此为契机，加快发展高端业务领域，提高公司核心竞争力和风险管理能力，最终发展成为在国内具有竞争力的资产管理型金融服务公司。

经营范围

（一）资金信托；

（二）动产信托；

（三）不动产信托；

（四）有价证券信托；

（五）其他财产或财产权信托；

（六）作为投资基金或者基金管理公司的发起人从事投资基金业务；

（七）经营企业资产的重组、购并及项目融资、公司理财、财务顾问等业务；

（八）受托经营国务院有关部门批准的证券的承销业务；

（九）办理居间、咨询、资信调查等业务；

（十）代保管及保管箱业务；

（十一）以存放同业、拆放同业、贷款、租赁、投资方式运用固有资产；

（十二）以固有财产为他人提供担保；

（十三）从事同业拆借

（十四）法律、法规规定或中国银行业监督管理委员会批准的其他业务。

国民信托有限公司

经营范围

国民信托有限公司成立于1987年1月,并于2004年1月经中国银行业监督管理委员会批准迁址北京并获重新登记。

国民信托是诚信可靠和专业稳健的金融机构。主要业务范围如下:

资金信托;

动产信托;

不动产信托;

有价证券信托;

其他财产或财产权信托;

作为投资基金或者基金管理公司的发起人从事投资基金业务;

经营企业资产的重组、购并及项目融资、公司理财、财务顾问等业务;

受托经营国务院有关部门批准的证券承销业务;

办理居间、咨询、资信调查等业务;

代保管及保管箱业务;

以存放同业、拆放同业、贷款、租赁、投资方式运用固有财产;

以固有财产为他人提供担保;

从事同业拆借;

法律法规规定或中国银行业监督管理委员会批准的其他业务。

国民信托立足北京、面向全国、开拓创新、稳健发展。我们凭着优秀的研究分析、投资管理和客户服务队伍,加上现代化的金融基建系统,为客户提供最优质、最专业的金融服务和投融资产品。

经营方针:以人为本、诚信敬业、专业稳健、创新共赢

为客户创造价值是我们的基本目标。要达到这个目标,有赖于优秀的员工。我们尊重和关爱每一位员工,重视员工培训,激励员工自发学习,在专业素养方面精益求精,在技术操作方面保持最高水准。

我们深信诚信是经营信托之源。我们以诚信作为立业之本,真诚服务客户,及时详尽地披露信托资讯和投资风险,以最高的诚意和诚信来经营国民信托的品牌。

我们坚持创新。因为创新是发展之道。只有锐意进取,不断创新,才能提供最符合客户需求的产品和服务。

我们的专业投资管理团队经验丰富、勤勉敬业和稳健尽责。我们以国际化的管理制度和系统,严格控制风险,保持稳健经营的作风。

经营策略

优化品牌:国民信托的品牌,代表着诚信、专业和稳健。无论在风险管理、创造价值或客户服务方面都要求员工最卓越的表现。

优质服务:我们以客为尊,提供最优质的专业技巧和服务态度。我们以客户需求为导向提供差异化、个性化和多样化的金融产品,为客户提供保值、增值的优质金融服务。

严格治理:我们实施严格而现代化的公司治理,透过不同的内部监察委员会,以及独立非执行董事,监察公司管理层的决策及员工的运作。确保客户和投资者的利益得到合法合规的应有保障。

创意进取:在不断转变的金融市场中,要保值,要创富,必须依赖创意。我们的专业投资人才,细心观察市场,谨慎分析数据,以富创意的思考方式,不断推出更新颖、更卓越的投资模式和产品。

合作共赢:我们积极开展国内外的交流与合作,引进和吸收国际间不断发展的先进金融企业管理系统和管理手法。在资产管理和投资银行方面开展国际化的业务合作,建立长期战略合作伙伴关系,以求公司整体业务水平时刻保持国际标准。

杭州工商信托股份有限公司

杭州工商信托股份有限公司是杭州市首家股份制金融企业,公司前身成立于1986年。公司历来秉承“诚实、信用、谨慎”的经营方针,以强大的业务创新能力和内控机制为依托,在激烈的市场竞争中树立了合规、信誉至上的良好形象。

2003年3月经中国人民银行核准,增资扩股后公司完成重新登记,目前注册资本为5亿元。

公司具备完善的法人治理结构,拥有一批实力雄厚的股东,其控股股东为杭州市投资控股公司,另有浙江新安化工集团股份有限公司、杭州市财开投资集团公司、浙江大学、西子电梯集团有限公司等优秀法人股东。2008年,公司引入国际战略投资者——摩根士丹利,成为合资信托机构,在合规风险管理、风险管理技术和项目资源等方面获得全球性资源支持。

公司建立了优秀的管理团队和完备的管理体制,通过切实有效的激励机制和富有弹性的制度安排推动业务创新,促进人才的竞争和流动,以创新来占据中国信托业的制高点。

根据《信托法》以及《信托公司管理办法》等有关法律法规,目前公司的本外币经营范围包括:

1. 资金信托;
2. 动产信托;
3. 不动产信托;
4. 有价证券信托;
5. 其他财产或财产权信托;
6. 作为投资基金或者基金管理公司的发起人从事投资基金业务;
7. 经营企业资产的重组、购并及项目融资、公司理财、财务顾问等业务;
8. 受托经营国务院有关部门批准的证券承销业务;
9. 办理居间、咨询、资信调查等业务;
10. 代保管及保管箱业务;
11. 以存放同业、拆放同业、贷款、租赁、投资方式运用固有资产;
12. 以固有财产为他人提供担保;
13. 从事同业拆借;
14. 法律法规规定或中国银行业监督管理委员会批准的其他业务。

公司的主要业务领域为:

个性化的专业购并金融服务

金融市场边缘衍生产品服务。

公司将在这两大领域向市场提供系列化的产品,为客户的金融服务需求提供全面的解决方案。通过制度化的业务推进流程,打造具有专业特色的综合性金融服务平台。

国投信托有限公司

国投信托有限公司是经中国人民银行批准设立、中国银监会监管的非银行金融机构，注册资本金 12.048 亿元人民币，国家开发投资公司全资子公司——国投资本控股有限公司和国投高科技投资有限公司分别持有 95.45%、4.55% 的股份。

公司目前主要开展信托、公司理财、固有财产投资等业务。公司以高端理财业务为核心，不断研发和创新信托产品，不仅在传统业务领域，如贷款及股权收益权类信托等具有成熟的产品体系和丰富的操作经验，还在如黄金信托、红酒信托、艺术品信托等另类投资领域硕果颇丰。自 2006 年迁址北京至今，公司累计管理信托资产规模逾 1200 亿元。公司已成为业内创新能力突出、品牌鲜明的信托公司。

公司于 2007 年 10 月推出的国内首只黄金信托产品"国投信托·金满堂 1 号"黄金投资集合资金信托计划，被中国信托业协会列为最具创新能力产品，并连续获得第二届"诚信托－中国最佳信托公司"评选活动之"最佳信托产品"奖、2007 年度"金融理财金贝奖"评选活动之"年度最佳设计创新信托产品奖"等殊荣。

2009 年，公司凭借"国投信托·君顶典藏葡萄酒单一财产信托"荣膺 2008 年度华夏理财总评榜金蝉奖之"理财产品创新大奖"、第三届"诚信托－最佳信托公司评选"之"另类投资信托计划奖"。

2011 年，公司推出的"飞龙艺术品基金"系列产品又屡获殊荣，先后荣获第五届"诚信托－中国最佳信托公司"评选活动之"诚信托·创新领先奖"；第四届中国优秀信托公司评选之"最佳艺术品投资信托计划"；"国投飞龙艺术品基金·保利 4 号集合资金信托计划"获"中国高端私人理财金鼎奖"之"年度优秀信托产品奖"。

公司与全球著名的资产管理机构瑞银集团（UBSAG）合资组建了国投瑞银基金管理有限公司，国投信托持有国投瑞银 51% 的股权。国投信托还参股了红塔证券、国投财务公司等金融机构。

国投信托拥有先进的管理经验和专业的投资团队，核心管理团队均具有 10 年以上金融投资经验，博士和硕士研究生占员工比例超过 60%。经过多年努力，公司目前已拥有众多高端个人投资者和机构投资者。

公司秉承"有道而正、信则人任"的核心价值观，坚持"以人为本"的基本理念，不断打造高信用级别的信托产品，为客户提供专业化、多元化、个性化的金融服务，以务实的精神、稳健的作风以及细致的服务树立良好的企业形象。

公司的发展目标是：打造"值得托付的理财顾问"。

湖南省信托有限责任公司

湖南省信托有限责任公司（简称"湖南信托"）1985 年经湖南省人民政府批准、中国人民银行总行批复正式成立，2002 年经中国人民银行总行核准重新登记，2008 年获得了中国银监会颁发的新的金融许可证，是目前湖南省唯一保留的信托机构，也是湖南省内唯一能够同时涉足资本市场、货币市场和产业市场的非银行金融机构。目前，公司注册资本为 7 亿元人民币。

自重新登记以来，湖南信托坚持"自立、感恩、和谐"的核心价值观，发挥"受人之托，代人理财"的专业优势，秉承"风控优先、合规经营、专业专注、创新发展"的经营理念，创新产品与服务，积极开拓具有自身特色的信托业务，形成了以基础设施建设、股权投资、房地产为主的三大主营业务。并通过大力拓展，在私募股权投资、证券投资、上市公司股权质押及银信合作等方面积累了丰富的经验。至 2011 年 6 月底，公司已成功推出 400 多个信托项目，累计发行和受托管理信托资产 500 多亿元，重点支持了省内园区经济、市政基础建设和新型工业的发展。同时也为广大投资者带来了安全、稳定和可观的回报。

面对日益激烈的市场竞争，湖南信托将立足湖南、面向全国、放眼世界，发挥信托的功能优势，切实加强全面风险管理能力，不断提升核心竞争力，创新发展业务，为经济建设服务，为客户创造财富，为股东创造价值，将湖南信托打造成为资本充足、信誉良好、经营稳健、勇于创新的专业理财机构。

华澳国际信托有限公司

华澳国际信托有限公司是由国家开发投资公司控股北京三吉利能源股份有限公司、北京融达投资有限公司和澳大利亚麦格理集团下属麦格理资本证券股份有限公司共同出资，在中国境内组建的一家中外合资非银行金融机构。秉承"团结、诚信、高效、创新"的企业理念，华澳信托不断开拓、持久创新，致力于整合中外资源，为客户提供优质的产品和高效的服务；致力于吸引一流专业人才，尊重每位员工，加强团队合作，提升核心能力；致力于通过创新产品及行业最佳实践为投资者及股东创造可观价值及回报。

受人之托、代人理财，我们郑重承诺：将为投资者提供最好的服务和最佳的理财方案，把投资者利益永远放在第一位。追求卓越、不断创新，我们将谨守这一标准，努力开创投资者、交易伙伴、信托公司三赢局面。华澳信托，您独具特色的金融伙伴，从这里，您将得到专家型理财投资团队的忠诚帮助，当然，还能从北京三吉利能源股份有限公司、北京融达投资有限公司、麦格理资本证券股份有限公司的共同优势和互补优势中获益。

华宝信托有限责任公司

华宝信托有限责任公司（以下简称"华宝信托"）成立于 1998 年，是宝钢集团有限公司旗下的金融板块成员公司，宝钢集团有限公司持股 98%，浙江省舟山市财政局持股 2%。2011 年 1 月，华宝信托注册资本金增加至 20 亿元（含 1500 万美元）。旗下控股华宝兴业基金管理有限公司（中法合资）。

华宝信托始终秉承"受益人利益最大化"的经营理念，以专业化和差异化发展为基本战略，重点以资产管理与信托服务为两大主业，立足资本市场，不断强化能力建设、渠道建设和品牌建设。

独特的优势

·雄厚的股东背景

宝钢集团有限公司信誉卓著，实力雄厚，从 2004 年开始连续七年进入《财富》世界 500 强，2010 年居世界 500 强第 276 位。

·卓越的品牌形象

2006 年起在沪深两地媒体《上海证券报》和《证券时报》分别举办的优秀信托公司评选中，先后荣获"最佳知名品牌”、“中国最佳信托公司”、“最优秀信托公司”、“最值得尊敬的信托业领袖”、“最佳创新公司”、“最佳信托经理”、“诚信托—TOP大奖”、“诚信托·卓越公司奖”、“中国优秀信托公司”、“中国优秀信托经理”、“最佳组合投资信托产品”、“最佳信托贷款产品”和“最具影响力品牌(产品)”等奖项。

·突出的创新能力

一直以来,华宝信托围绕资产管理和信托服务两个核心领域,努力推动业务创新,始终处于行业前列。

在资产管理方面,联合工商银行推出国有大型商业银行发行的第一支基金优选(FOF)产品,与兴业银行合作发行适合低风险偏好投资者的保本策略股票投资型信托产品,与交通银行合作发行随心打新股申购产品,与工商银行合作发行的“精·赢”系列证券投资产品。

在信托服务方面,通过竞标做成外企企业年金第一单,开创了外企企业年金计划在国家劳动和社会保障部联合备案的先河,在业内首推“写意人生”员工福利管理集合信托计划;成功发行了我国资产证券化扩大试点后的首单资产证券化产品——“浦发2007年第一期信贷资产证券化信托;结构化证券投资业务创新品种“千足金”为市场瞩目,并为高端客户提供差异化的私募基金资产管理服务;领先推动股指期货和公益信托产品开展,并受托于银监会、民政部等机构起草多份管理办法,如《信托公司参与股指期货交易试点办法》、《信托公司开展公益信托业务试点办法》。

·全面的业务资格

2005年1月,获得新股发行询价对象资格,是国内首批获得该资格的专业机构之一。

2005年,在由国家劳动和社会保障部联合银监会、证监会、保监会进行的首批企业年金基金管理人资格评审中,获得企业年金基金法人受托机构业务资格和账户管理人业务资格。

2006年,获得特定目的受托机构资格,能够担任资产证券化业务中特定目的信托受托机构、负责管理特定目的信托财产并发行资产支持证券。

2007年3月,第一家正式向中国银监会申请重新登记,2007年4月3日获得中国银监会批准,成为首家获准换发金融牌照的信托公司。

2008年6月,获得“大宗交易系统合格投资者”资格证书,上海本地信托公司中,仅两家获得首批资格。

·完备的风险控制体系

华宝信托形成了由董事会及管理层直接领导,以风险管理部门为依托,相关职能部门配合,与各个业务部门全面联系的三级风险管理组织体系。在2005年成立了合规和风险管理部,是最早引入合规机制的信托机构之一,同时引入国内先进风险管理系统,对风险进行实时监控。

·高素质的专业人才

华宝信托成立以来,积聚了一大批高学历专业人才,在信托业务创新、产品设计、市场营销等方面取得了突出的业绩;在资产管理方面,投研团队阵容整齐,实力强大,在业内有着较强影响力;在中后台支撑方面,法务、风险控制、信息技术、交易等人员配备完善。现有员工中研究生以上学历占49%,骨干员工具有特许金融分析师(CFA)、注册会计师(CPA)、金融风险管理师(FRM)、国际理财规划师(CFP)等从业资格,知识结构合理,具有创新、务实和开拓能力。

发展和成就

秉承宝钢集团一贯的严谨规范风格,华宝信托始终以“受益人利益最大化”为原则,谨慎经营,努力创造,业绩持续良好,在行业中处于领先地位,取得多项行业第一:2007年新两规颁布后,第一家重新登记的信托公司;第一家取得社保部颁发的年金受托人及账管人资格;第一家开展结构化信托业务;第一家在公开媒体开展信息披露;第一家引入独立董事;第一家成立合资基金公司。一直保持银监会最高行业评级水平。

2010年全年,华宝信托共实现收入总额超15亿元(合并口径,下同),利润总额超8亿元,总资产利润率约15.5%,资本利润率约19.7%,主营业务收益率约39.5%,年末管理的信托资产规模超900亿元(含年金),稳居行业前列。

自1998年成立以来,华宝信托连续13年盈利,所兑付的信托计划从未低于预期收益率,累计为各类客户实现信托收益181亿元。2006年起华宝信托进入快速发展阶段,2006年——2010年累计清算信托项目478个,成功兑付率100%。

华宝信托立足货币市场、资本市场、实业投资,依托强大的投资研究能力,同时充分发挥信托制度优势,通过设立单一资金信托或集合资金信托,为委托人提供灵活多样的、全面的资产管理服务。2009年继续担任着若干公益型基金如宝恒教育、中华环保等的投资管理人角色并取得良好投资业绩。2010年,充分利用信托的灵活特性,开拓了证券资产固定收益类优先收益权转让业务;产融结合效果明显,板块协同深化,为罗泾项目进行债权融资,累计规模超50亿元;为宁钢、湛江、宝钢金属提供信托方式融资,为其节省资金成本累计近9,000万元。

华宝信托具备广泛的客户资源和融资渠道优势,能够充分发挥信托制度优势,为客户提供灵活复杂的信托融资服务,同时也可满足投资者的多元化投资需求。2009年银信合作有突破性进展,继续保持与国内各大银行良好合作关系,承揽铁道部百亿信托贷款项目;与工行合作系列信贷资产转让业务,年内实施项目约百亿元;与建行合作开发多种开放期限的开放式理财产品;2010年与中信银行合作成立资产池项目;信托资产规模增长迅速,年超900亿元(含年金);与农业银行签订《战略合作协议》;为中国青年创业基金会设立的公益信托运作平稳;积极设立华宝公益信托参与“珍珠计划”等公益项目。

信托公司独特的功能优势奠定了华宝信托长远发展的基础,公司将持续坚持“客户第一”的经营理念,充分利用信托优势立足自身核心竞争力,发展专业化、主动化的核心资产管理能力,成为面向高端客户提供另类财富管理及综合金融解决方案的一流金融服务商。

华宸信托有限责任公司

华宸信托有限责任公司(原内蒙古信托投资有限责任公司)始创于1988年4月。2005年11月,公司实施增资扩股,成功引进湖南省最大国有企业——湖南华菱钢铁集团有限责任公司等作为战略投资者。2007年9月获得中国银行业监督管理委员会正式批准,成为全国第20家获准转型的信托公司,目前公司注册资本为5.72亿元人民币。

公司自创立以来,充分发挥非银行金融机构的投融资功能,积极为企业提供资金支持和多种金融服务。特别是实施增资扩股以来,公司不断开发新产品,拓展新领域,经营业绩保持快速增长,开启了跨越式发展的新纪元。2006年,公司各项主要经济指标均创历史最好水平,净利润增幅居全国信托行业第一，并荣获地方政府颁发的年度“金融创新奖”。2007 年，公司继续保持良好的发展态势，净利润增幅达到 37%，管理信托资产规模近 74 亿元，信托业务已向区外发展，延伸到北京、上海和湖南等地。

华宸信托将坚持“受人之托，代人理财”的信托业务本源，着力培养和形成矿业资源、钢铁、私人股权投资、基础设施、区域性房地产、证券投资等方面的投资管理能力，切实增强公司核心竞争力，向着国内一流、专业化和特色化方向发展。

华能贵诚信托有限公司

华能贵诚信托有限公司（以下简称华能信托），是中国华能集团旗下的专业从事信托业务的非银行金融机构，公司注册资本金 20 亿元。业务范围遍及全国，注册地为贵州省贵阳市。

2008 年 11 月，经中国银监会批准，华能资本服务有限公司对原贵州省黔隆国际信托投资有限责任公司增资扩股重组。2009 年 1 月正式更名为华能贵诚信托有限公司；2009 年 2 月，经中国银监会批准，公司换发新的金融许可证，按照“新两规”要求开展信托经营业务。

华能信托建立了权责制衡、界面清晰的公司法人治理结构；组建了高素质、专业化的业务管理团队；具备雄厚的产品研发、创新实力；构建了覆盖公司各类业务的操作流程、经营层级及四级镶嵌式风控体系；搭建了涵盖公司业务开展、财务管理、监管对接等需求的信息系统功能模块和信息管理系统。

华能信托除强化公司本部的功能建设外，分别在北京、上海、深圳、宁波等地建立业务联络处，现已形成以公司所在地市场为依托，以全国市场为支撑的业务发展格局。

自 2009 年公司实现高起点、稳起步之后，2010 年公司业务持续、快速发展。到 2010 年底，公司新增信托规模 431 亿元，到期清算兑付规模 245 亿元，存续规模由上年 226 亿元增至 412 亿元；公司恢复营业以来累计发行信托规模 659 亿元。

华融国际信托有限责任公司

华融国际信托有限责任公司是中国华融资产管理公司在重组新疆国际信托投资有限责任公司（以下简称新疆国投）基础上于 2008 年 5 月 19 日设立的。新疆国投创建于 1987 年 1 月，是国内最早经营信托投资业务的公司之一。华融信托注册地新疆乌鲁木齐市中山路 333 号。法定代表人隋运生。公司注册资本 151,777 万元，其中，中国华融资产管理公司持股 147,981 万元，占比 97.5%。

中国华融资产管理公司作为华融信托控股股东，为华融信托持续、稳健、快速发展注入了新的活力，全面提升了华融信托的形象与实力。公司股东还有新疆维吾尔自治区国有资产监督管理委员会、新疆恒合投资股份有限公司、新疆凯迪投资有限责任公司。

华融信托在现代企业制度基础上建立了日臻完善的公司法人治理结构；拥有高素质、专业化的业务管理团队；具备雄厚的产品研发、创新实力并已形成卓越品牌；建立了涵盖各类业务操作流程、内控制度在内的较为完备的风险管理体系。

华融信托将充分依托中国华融资产管理公司的品牌、资源、机构网络等优势，充分发挥信托制度优势，充分发挥自身的专业、客户和团队优势，依法合规、稳健经营，专心致力于信托主业，不断提高公司市场竞争能力、风险控制能力、业务创新能力和运营管理能力，面向全国，将华融信托发展成一家专业优势突出、经营创新特色明显、规范经营、业绩优良、具有较强核心竞争力和可持续发展能力的国内一流的专业化金融服务机构。

华润深国投信托有限公司

华润深国投信托有限公司（以下简称“华润信托”或“公司”）是一家历史悠久、业绩领先、实力雄厚、品牌卓越的综合金融服务机构。

公司前身是成立于 1982 年、有“信托行业常青树”之称的“深圳国际信托投资有限公司”（简称“深国投”）。历经 29 载风雨和信托业五次整顿，通过多次增资和公司的自身积累，华润信托注册资本由 5813 万元增加至人民币 26.3 亿元。截至 2010 年 12 月 31 日，公司净资产达人民币 83.01 亿元。目前公司股东分别为华润股份有限公司和深圳市国有资产监督管理局。

多年来，华润信托在“让资产更智慧”的品牌口号引领下，始终坚持以客户为导向、持续创新，在结构金融、证券信托、股权投资、风险管理等诸多领域形成了独特的专业专长，为遍布海内外的高净值客户、高效益企业和高成长机构投资（融）者提供了优异的、定制化和差异化的金融解决方案。在国内信托行业开创了多个第一——第一支开放式证券投资信托计划，第一支限制性股票激励计划，第一支企业现金流资产证券化信托计划，第一个组合基金信托产品系列托付宝 TOF 等。

公司自 2006 年加入卓越央企、《财富》全球 500 强企业之一华润集团后，成为了华润七大战略业务单元之一华润金融控股旗下的骨干企业。

截至 2010 年底，公司管理的信托资产规模达 652.97 亿元，公司净资产 83.01 亿元，净资本 66.73 亿元，2010 年全年实现营业收入 16.48 亿元，净利润 13.80 亿元，资本利润率 18.43%，人均净利润 1,227 万元。近 30 年来，未曾出现过一起不能如期兑付事件，公司的净利润和人均净利润等多项指标多年来稳居行业前三，荣获过如“中国优秀信托公司”等诸多荣誉。同时华润信托连续担任中国信托业协会第一届和第二届理事会的理事单位，公司董事长蒋伟先生荣誉当选第二届理事会的副会长。

华鑫国际信托有限公司

华鑫国际信托有限公司（简称“华鑫信托”）于 2010 年 2 月 9 日获得中国银行业监督管理委员会批准重新登记，注册地为北京，在业务上受中国银行业监督管理委员会的监督和管理，控股股东为中国华电集团公司，公司注册资本金 12 亿元人民币。

华鑫信托以“受人之托，代人理财”为根本，秉承“稳健经营，价值至上”的理念，坚持面向市场，为客户提供全面、专业、特色金融服务。结合自身优势，华鑫信托形成了具有鲜明特色的发展思路。公司以能源和基础产业信托业务为核心，坚持多领域经营；以提供多元化、专业化、特色化金融服务为手段，坚持业务创新；以全面风险管理为保障，坚持稳健经营，规范运作。主要经营的信托业务包括：资金信托；动产信托；不动产信托；有价证券信托；其他财产或财产权信托；作为投资基金或者基金管理公司的发起人从事投资基金业务；经营企业资产的重组、购并及项目融资、公司理财、财务顾问等业务；受托经营国务院有关部门批准的证券承销业务；办理居间、咨询、资信调查等业务；代保管及保管箱业务等。主要自营业务包括：存放同业、拆放同业、贷款业务、租赁业务、投资业务、以固有财产为他人提供担保、同业拆借、法律法规规定或中国银行业监督管理委员会批准的其他业务。

按照《公司法》、《信托公司治理指引》和现代企业制度建设的要求，公司确立了法人治理基本架构。制定了包括公司业务操作、财务管理、风险管理、信息化建设在内的制度，形成了一套较为科学合理的制度体系。坚持以客户为中心、以业务为主线，建立起各类风险的监测、评估、处置等工作机制，保证风险可控在控。按照精干、高效原则，引进和培养了一批年富力强、从业经验丰富、有较强管理水平和开拓能力的高素质、专业化人才。公司努力提升盈利能力、人才支撑能力、执企能力、科学发展能力、风险管控能力，打造核心竞争力，努力把公司建设成为业绩优良、管理先进、科学发展、质形俱佳、值得信赖，具有核心竞争力，同业领先的专业化国际化信托公司。

吉林省信托有限责任公司

吉林省信托有限责任公司是吉林省唯一一家专业从事金融信托业务的非银行金融机构。2009 年 3 月，按照信托新法规的要求，经中国银监会批准，公司重新换发了新的金融许可证，是吉林省发展信托产业宝贵的金融平台。公司注册资本 15.97 亿元，管理信托资产规模 320 亿元。

公司坚持"规范经营、注重效益、防范风险、稳健拓展"的方针，逐渐发展成为东北地区规模较大、资产质量最好的信托公司，所开发的信托产品涉及基础设施、能源、交通、房地产等诸多行业及产业。除信托业务外，吉林信托还控股天治基金公司、天富期货经纪公司，参股东北证券、亚泰集团、吉电股份、辽源得亨等多家上市公司，逐步形成以信托为主业，涵盖商业银行、证券、基金、期货等业务领域的金融控股公司。

最近两年，公司信托资产规模增幅和收益增幅在全国同行业中均名列前茅，公司业务结构发生了根本性转变。市场化的经营模式使吉林信托在全国同行业中成为具有相当影响力和竞争力的信托公司。

在国家"振兴东北老工业基地"的政策引导下，吉林省日益强大的发展后劲必将给吉林信托的超常规发展提供巨大的展业空间，公司将通过深度参与"振兴吉林"的各个领域和层面，在支持和服务地方经济建设的同时，实现自身的不断发展壮大，为社会和公众提供值得信赖的高质量的信托理财和财富管理服务。

江苏省国际信托有限责任公司

江苏省国际信托有限责任公司成立于 1981 年，是经江苏省人民政府和中国银行业监督管理委员会批准设立的非银行金融机构，注册资本 24.8 亿元人民币，控股股东为江苏省国信资产管理集团有限公司。

2007 年，按照银监会新"两规"要求，公司剥离实业投资资产，向银监会申请换发了新的金融许可证，实现业务转型。公司坚持"发展、创新、高效、稳健"的经营理念，发挥"受人之托、代人理财"的特点，立足本业，合规经营，经济效益稳步增长，切实维护受益人利益，成为我国信托业中资产质量优良、管理规范、经营合规、信息透明、风控能力较强的信托公司。自 2002 年重新登记以来，公司管理信托项目 246 个，管理信托资产 282 亿元，为信托客户创造收益逾 16 亿元。2008 年，公司实现总收入 3.1 亿元，实现利润 2.68 亿元，人均创利 538 万元，净资产约 29.75 亿元，净资产收益率为 8.7%。

江苏信托现有员工 53 人，其中拥有本科学历 31 人，占员工总数的 58.5%，拥有硕士、博士学历 16 人，占员工总数的 30.1%。培养了一支综合素质精良、业务经验丰富的理财专家队伍。

展望未来，江苏信托满怀豪情，坚持以发展为第一要务，完善治理结构，强化内控制度，提高人才素质，合规经营，创新发展，增强核心竞争力，把公司打造成一个以财富管理为主导，立足江苏、面向全国，管理规范，信息透明，健康和谐的现代化大型金融机构。

江西国际信托股份有限公司

江西国际信托股份有限公司（简称江信国际）成立于 1981 年 6 月，是经中国银监会批准、直属江西省人民政府的非银行金融机构，2003 年 3 月由原江西省国际信托投资公司、江西省发展信托投资股份有限公司、江西赣州地区信托投资公司以新设合并方式组建，具有政府背景的独特竞争优势和卓越的品牌信誉。注册资本 10.36 亿元。

江信国际坚持"发挥信托功能、服务地方经济"的经营宗旨，先后为江铃汽车、昌九公路、丰城电厂、江西地方铁路、新余 LDK 光伏产业、南昌市防洪工程等近百项重点工程和城市基础设施建设筹集了大量资金。

自 2004 年以来，江信国际先后推出了政信合作、银信合作、企信合作等业务模式，业务遍及全国 20 多个省市。截至 2010 年末，累计管理信托财产达 2222 亿元，累计交付信托财产 1562 亿元，全部实现了信托财产的保值、增值。

江信国际治理规范，建立了"五个两、十环节"的内部控制和风险决策体系，拥有一支具有信托、保险、证券、商业银行、投资银行、基金等资深从业背景的专业团队和以北京、上海、南部、中部、西部、东南、中南、西南、西北、华北、浙江等 10 余个金融研发中心为依托的业务布局和资源网络，可根据客户的资产状况、风险偏好，利用信托独特的制度优势和功能，为客户提供跨越多个金融市场、多个行业、多个地域的专业化金融服务。

江信国际致力于金融控股集团的构建，通过兼并重组和投资设立，发展成为一家集信托、保险、证券、基金、期货、房地产开发、矿业投资、物业租赁等为一体的综合性金融集团，至 2010 年末，集团总资产突破 200 亿元，净资产近 60 亿元。

江信国际作为"受人之托、代人理财"的专业化理财机构，以"共同利益观"（即国家、股东、企业、客户、员工利益一体，互利共赢）为核心价值观，以"忠诚拼搏、艰苦创业"为核心理念，以"热情细致快捷高效的服务"为核心竞争力，在支持政府融资、企业发展、不断满足投资者理财需求的过程中获得快乐，获得成长。

交银国际信托有限公司

交银国际信托有限公司（以下简称"公司"）成立于 1981 年 6 月，原名为湖北省国际信托投资公司，注册资本10,000万元人民币。2001 年 12 月，按照中国人民银行关于信托投资公司清理整顿和重新登记的有关要求，公司改制并更名为湖北省国际信托投资有限公司，并于 2003 年 1 月经中国人民银行核准重新登记。

2007 年 5 月，经中国银监会批准，公司引进交通银行股份有限公司实施战略重组。重组完成后，公司更名为“交银国际信托有限公司”，注册资本 120,000 万元人民币。交通银行股份有限公司持有 85% 的股份，湖北省财政厅持有 15% 的股份。公司是国内首家由国有股份制商业银行直接投资控股的信托公司，也是首家按照新“一法两规”重组设立的信托公司。

公司拥有一批具有商业银行、投资银行、信托、基金等资深从业背景的专业团队，并拥有交通银行强大的实力背景、完善的资源网络和卓越的品牌信誉支持。自成立以来，秉承“受人之托，代人理财”的经营宗旨和诚信服务的管理理念，根据客户的资产状况和风险偏好，利用信托制度及其独特的功能设计，竭诚提供跨市场、多领域、跨地区的财富管理、项目融资和受托托管等专业化信托服务，以优质周到的服务赢得赞誉。

昆仑信托有限责任公司

昆仑信托（原金港信托）成立于 1986 年 11 月，原为中国工商银行下属信托投资公司。2008 年，公司成功换发新的金融许可证。2009 年 6 月，公司进行增资扩股并更名为昆仑信托，注册资本增至30 亿元人民币，中国石油天然气集团公司的全资子公司中油资产管理有限公司为昆仑信托的控股股东。

昆仑信托具有完善的公司治理结构，经营合规、操作稳健、资产优良、业绩突出，成功投资于基础设施、开发区建设、房地产开发和证券市场，累计发行信托计划（基金）过百支，累计管理资产超过 1400 亿元。昆仑信托目前设有股权投资、房地产信托、机构融资和证券投资信托四个业务版块。公司拥有一批优秀的金融人才，一支富有朝气、勇于开拓、善于创新、投资管理能力强的信托基金经理人队伍，为投资者创造了良好收益。

平安信托有限责任公司

平安信托有限责任公司（以下简称“平安信托”）自 1996 年 4 月成为中国平安保险（集团）股份有限公司（以下简称“中国平安”）的控股子公司，是中国平安在香港联交所（2318. HK）和上海证券交易所（601318）整体上市的重要组成部分。

2002 年 2 月，平安信托经中国人民银行批准重新注册登记。注册资本经过了四次增资扩股，增加到目前的人民币 69.88 亿元，是国内注册资本最大的信托公司。

2010 年 5 月 24 日，平安信托完成了公司名称变更的工商变更登记，公司名称由“平安信托投资有限责任公司”变更为“平安信托有限责任公司”。

平安信托各项业务发展良好，资产质量优良，并拥有良好的公司治理架构、健全的风险管控体系、强大的信息支持系统和优秀的专业投资管理团队。

平安信托致力于为个人高端客户和机构客户提供综合而多样化的信托理财产品、高品质的投融资服务，并提供度身定制的全方位财富管理服务。包括资金信托；动产、不动产信托；有价证券及其他财产或财产权信托；作为投资基金或者基金管理公司的发起人从事投资基金业务；经营企业资产的重组、购并及项目融资、公司理财、财务顾问等业务，并积极拓展在物业投资、基建投资和私人股权投资等方面的业务。

平安信托凭借自身高水平投资研发能力，积极进行产品创新，在产品设计中综合运用了先进的金融工程学技术及科学的评价方法，提高了资产配置的灵活性及收益性。

2010 年平安信托的业务规模实现稳健增长，新发行信托计划 202 个，发行规模 645 亿元；截至年底，在保持利润、管理费收入、客户数业内较好水平的前提下，信托资产管理规模达到 1396 亿元。

平安信托的信用风险资产不良率为 1.12%，是全国资产质量最好的信托公司之一；也是首批取得推行外汇信托产品、资产证券化业务资格、境外理财业务资格的信托公司之一；凭借优良的资产质量、积极的创新精神、优秀的管理水平和良好的服务平台，平安信托屡获行业认可，先后荣获《证券时报》、《上海证券报》、《21 世纪经济报道》等权威机构评出的“中国商业地产最佳投融资机构”、“中国信托公司最佳创新奖”、“最优秀信托公司”、“最具社会责任信托公司”、“年度最佳服务团队”、“卓越信托公司”等众多荣誉奖项。

本着创新、专业、稳健、可靠的经营理念，平安信托将进一步强化投资能力和投资品牌的建设，增强资本市场的产品创新能力及开放式平台的建立，推动运营平台完善，对各项客户服务流程进行优化，有效发挥后援集中优势，全面提升客户体验，努力成为以客户为导向，为客户提供个性化财富管理服务的高端财富管理机构，逐步发展成为中国最大、最优秀、最具创新能力的第三方资产管理公司。

青岛海协信托投资有限公司

青岛海协信托投资有限公司是中国银行业监督管理委员会 2003 年 10 月 15 日正式批准成立（银监复[2003]66 号）并合法存续的金融信托机构。公司目前注册资本 3.15 亿元，注册地址青岛崂山区梅岭路 29 号 1 号楼 818 室。

2011 年 1 月 26 日，中国银监会批准上海陆家嘴金融发展有限公司作为合格投资人控股海协信托 71.606% 的股权（银监复[2011]27 号），并于 2011 年 5 月 5 日完成了股权变更的工商登记。

2011 年 9 月 20 日，中国银监会批准青岛国信发展（集团）有限公司受让山东海川集团控股公司和青岛联宇时装有限公司持有的海协信托共计 28.394% 的股权（银监复[2011]368 号）。

目前公司正积极进行重组后续工作，尽快完成规范换证、重新开业的各项准备工作。

山东省国际信托有限公司

山东省国际信托有限公司（以下简称山东信托）初创于 1987 年 3 月，时称山东省国际信托投资公司，是经中国人民银行和山东省人民政府批准设立的非银行金融机构，注册地为山东省济南市。2002 年 8 月，山东信托完成增资改制和重新登记工作，由国有独资公司转变为有限责任公司，名称变更为山东省国际信托投资有限公司。2007 年 6 月，获得中国银监会批复同意，名称变更为山东省国际信托有限公司。

山东信托自成立以来，在财富管理业务、证券投资基金业务、投资银行业务和国际金融业务等方面进行了卓有成效的开拓。特别是2007年中国银监会实施信托“新两规”以来，山东信托信托业务，特别是面向一般社会投资人的集合信托业务快速发展，产业信托、证券信托的规模和效益在全国信托行业中位居前列，享有良好的声誉。2010年山东信托发行信托产品1176.70亿元，投资领域涉及产业、证券、城市基础设施、房地产、服务业等，在公司自身发展的同时，也为国民经济和社会发展做出了自己的贡献。

1. 信托业务

信托业务是山东信托的主营业务。2002年重新登记以来，凭借良好的信誉和专业化的理财经验，山东信托积极开展业务创新，在财富管理方面取得了显著成绩。2007年6月获得中国银监会批准换发金融许可证后，山东信托用一年多的时间完成了业务转型，阳光私募证券投资信托、产业投资信托发展迅速，资产管理规模不断增长，房地产信托业务，包括保障房、廉租房、经济适用房信托业务稳步增加，外资银行结构化存款信托（类QDII产品）和公司金融投资信托业务也有所突破。截至2010年末，山东信托管理的以阳光私募为主的证券投资信托余额已近100亿元，相当于一家中小型基金管理公司的水平。2010年，与第一财经合作推出了“第一财经·山东信托阳光私募基金指数”，该指数为中国阳光私募证券基金市场提供了可比较的业绩基准和投资分析工具。在第二届中国阳光私募基金峰会上，山东信托获得2010年度中国阳光私募最佳创新信托公司“金樽奖”。山东信托的产业投资信托已形成恒富、恒鑫、尊享和绿色投资等多个系列品牌，分别投向重点支柱产业、新兴产业、节能环保企业以及优质上市公司等领域，契合国家“十二五”规划，为国民经济“转方式调结构”提供金融服务。2010年，山东信托共办理信托业务规模1176.70亿元。截至2010年末，山东信托管理的信托资产余额966.13亿元。

2. 自营业务

多年来，公司自有资本主要投资于电力、金融等基础产业和国民经济重要支柱行业，收益相对稳定。根据2007年《信托公司管理办法》要求，山东信托已对固有项下山东中华发电有限公司等实业投资项目进行了清理。目前，山东信托固有项下长期投资主要是控股泰信基金，参股富国基金、民生证券、泰山财产保险、德州商业银行、邹平浦发村镇银行等金融机构，同时也在积极研究入股金融租赁公司、汽车金融公司以及其他商业银行。

3. 政府基金管理业务

山东信托受山东省政府委托经营管理省基本建设基金。截至2010年末，省基建基金资产规模为136.71亿元，当年实现增值3.46亿元。该基金设立以来，有效发挥了资金杠杆作用，累计带动投资1000多亿元，先后支持重点工程、重大项目900多个。由该基金发起设立的山东华能发电股份有限公司于1994年在纽约证交所挂牌上市，山东国际电源股份有限公司于1999年在香港联交所挂牌上市，该基金参与投资的多个项目，在行业内均有较好的知名度和影响力。以该基金出资、由山东信托作为股东的山东航空公司、济南国际机场、海阳核电以及与中国石化合作的青岛炼化公司、与铁道部合作的胶济客运专线等，体现了山东信托卓越的项目管理能力，为山东信托赢得了良好的企业形象。

4. 国际业务

2002年重新登记之前，山东信托曾经作为山东省政府的对外融资窗口，积极开拓国际资本市场，与国际上多家金融机构建立了良好的业务合作关系，1992年在日本成功发行武士债券，1993年在新加坡成功发行小龙债券，于1999年底前对持有人全部按期偿还，山东信托成为全国第一家按期足额偿还全部外债的信托公司，展现了良好的国际信誉，中国人民银行总行对此给予了高度评价。多年来，山东信托累计融入中长期及短期外汇资金60多亿美元，支持全省1000多个建设项目。良好的国际业务合作积淀，为公司拓展国际间的信托业务合作，为境内外客户提供财富管理、咨询以及其他金融服务打下了良好基础。近年来，山东信托与外资银行合作，先后推出了多支外汇理财产品和人民币挂钩境外理财产品。

5. 其他业务

山东信托充分利用信托职能优势，重点依托山东省庞大的市场资源，逐渐向全国辐射，大力开展资产重组、财务顾问以及债券承销等投行业务，信托融资租赁也重新得到发展，为客户提供了全方位的金融服务。

随着国家“十二五”规划的实施，山东信托将在推动经济“转方式调结构”的同时，获得更多的业务机会。山东信托将立足信托业务，积极探索专业化的核心盈利模式，通过优质的专家理财、诚信的职业道德打造一流的金融品牌，创造一流的信托公司，为广大客户分享经济发展的成果做出更大的贡献。

山西信托有限责任公司

山西信托是由山西省信托投资公司改制而成，于2002年4月1日正式获准重新登记，是经中国人民银行和山西省人民政府批准保留的山西唯一一家信托机构。公司注册资本金人民币10亿元，其中美元2414万元。2007年8月公司经中国银行业监督管理委员会批复，公司名称由“山西信托投资有限责任公司”变更为“山西信托有限责任公司”。有3家股东单位组成，分别为：山西省国信投资（集团）公司、太原市海信资产管理有限公司、山西国际电力集团有限公司。

为了适应不断变化的市场环境，保持公司的良好发展态势，公司将坚持以科学发展观统领公司发展全过程，紧紧围绕公司战略发展目标，规范经营，稳健发展，执着追求，勇于创新，努力提高核心竞争力，加快业务调整步伐，实现合理盈利模式，构建学习型、效益型、和谐型公司，充分实现股东权益、社会效益和员工利益的最大化，逐步将公司发展成为全国一流的信托机构，成为具有一定影响力的专业理财机构。

陕西省国际信托股份有限公司

陕西省国际信托股份有限公司（简称陕国投）是国内首家上市的非银行金融企业，也是国内目前仅有的两家整体上市信托投资公司之一。公司设立于1985年元月，1992年增资扩股向社会发行股票，1994年元月陕国投A（股票代码“000563”）在深交所挂牌交易。2001年，公司在全国首批、西北首家完成重新登记。2006年7月完成股权分置改革，迈入全流通新时代。

陕国投系国有控股的金融企业，经营发展过程中一直得到省委、省政府、省国资委、监管部门和控股股东等的大力支持。22年来，公司积极发挥信托投资功能支持地方经济建设，为大批企业和项目提供了信托贷款、信托投资、融资租赁、信用担保、财务顾问、风险投资等优质金融服务，同时推动公司自身得到快速发展，诚信铸就了良好的“陕国投”品牌。

公司完成信托重新登记以来，潜心打造全新信托品牌，继在全国率先开办信托新业务后，已经和正在开展债券投资资金信托、央行票据信托、银行优质信贷资产（收购）资金信托、房地产资金信托、高速公路建设项目资金信托、高速公路大修项目资金信托、机场建设资金信托、旅游项目资金信托、MBO信托、外汇资金信托、企业财务顾问等业务，有效拓展了信托市场，赢得了客户的信赖。与此同时，公司不断发挥房地产开发业务优势，大力支持下属陕西省鸿业房地产开发公司继成功销售金桥美丽园、金桥四季花园后，以“市场化、规范化、专业化、精益化”理念，精心铸造金桥太阳岛、金桥国际广场两个极富美誉度和竞争力的品牌项目；倾心倾力支持上海佳信房地产开发公司建设好上海市政府配套商品房大型项目，力求实现预期良好的经济效益和社会效益。

公司20余年来虽历经坎坷，但始终在不断求索中谋发展，在不断发展中尽力回馈各方。截至2006年9月底，公司经营管理的各类资产达30多亿元。1992年至今累计实现净利润4亿多元，上缴各类税金约2亿元，历年分红累计1亿多元。

当前，陕国投新一届领导班子审时度势，以“十一五”发展为新起点，着眼公司持续发展和股东利益最大化目标，研究确定了发展思路。总体目标是：优化人力资源配置，激活内部运行机制，坚持产融结合方向，牢固树立风险控制意识，强化风险控制体系，紧紧围绕我省经济建设这一中心，发挥金融在经济发展中的核心作用，为省内交通、城市基础设施、能源、重化工、装备制造、房地产等优势产业提供金融服务，大力挖掘金融信托业务潜力，逐步强化信托业务的主营地位，发挥信托业务质量、规模和效益的联动效应，提升主营业务品质和效益。坚持科学发展观，以人为本，大力实施管理创新和业务创新，促进经营管理协调发展。“十一五”期末，力争把陕国投打造成在西部乃至全国有较大影响力的专业理财金融机构。为此，公司将继续大力深化内部改革，利用信托投资的广阔空间，发挥专业管理和理财专家之团队精神，秉持在长期金融服务中积淀、凝聚而成的“诚信、务实、创新、奉献”精神，积极投身资本市场、货币市场和产业市场拓展信托业务和自有资金投资业务，竭诚为广大客户提供全方位、多层面的金融信托服务，诚心谋求与客户共成长，竭力谋求全体股东权益最大化。

上海爱建信托投资有限责任公司

上海爱建信托投资有限责任公司（以下简称爱建信托）是由上海爱建股份有限公司投资组建，于1986年8月经中国人民银行及国家外汇管理局批准成立，系全国首家民营非银行金融机构，公司注册资本金10亿元。2001年12月获中国人民银行批准重新登记。

爱建信托发扬“爱国建设”精神，坚持“稳中求进”理念，诚信经营，开拓创新，为国家尤其是为上海的许多重大项目提供了大量的金融支持，取得了较好的社会效益和经营效益。连续多年被评为全国500家最大的服务性企业。1997年到2003年，连续三次被评为上海市级文明单位。被上海市外经贸委评为1998—2000年度上海市外经贸委系统先进集体。2000年被上海市财政局、税务局授予“纳税信用A类企业”。2003年被中共上海市委宣传部等10家单位联合授予第五届上海市“学知识、学科学、学技术”先进集体；被中国人民银行上海市分行评为银行信贷登记咨询系统建设先进集体。2000年1月，爱建信托顺利获得了香港品质保证局的认证，成为通过ISO9002质量保证体系认证的首家国内信托投资公司。2001年，爱建信托将原实行的ISO9002：1994提升为ISO9001：2000。2001年11月，通过了香港品质保证局升级转版的审查，这是国内金融行业中第一家通过ISO升级转版的公司。爱建信托总结出的企业流程管理模式，在2000年上海企业管理现代化创新成果评审中获得一等奖。2002年7月18日，成功推出了全国第一个规范的资金信托计划——上海外环隧道项目资金信托计划，被誉为“信托业立春”的标志性事件。

爱建信托以其丰富、全面、独特的金融服务在推动经济发展中发挥着积极作用。一是爱建信托利用理财功能，可充分发挥为财产所有者经营、管理、运作、处理各种资产的作用。如动产信托、不动产信托等。二是爱建信托利用融资功能，可受托有资金节余的中小企业的资金，由爱建信托研究分析各产业、行业的发展情况，为委托者提供投资方便，同时资金紧缺而得不到银行信贷支持的企业，可以从爱建信托获得融资支持，为资金余缺的企业提供服务。三是爱建信托利用投资功能，可通过信托投资的方式将信托资金加以运用，将其转化为资本市场上稳定的投资资金，还可通过设立集合资金信托，将吸收的企业、居民节余资金投资国家各项重大工程和基础设施建设项目，实现投资的社会化、全民化，不仅仅可以拓宽投资来源，发挥国家财政投资的引导作用，还可以将项目投资的风险向社会分散，减少政府、企业、银行信托和个人所负担的风险。四是爱建信托利用服务功能，可以为国有企业的改制提供经济咨询、财务顾问、资信调查、投资咨询等咨询服务，具有贷款、股权投资、产业基金投资、贷款担保、信用见证、融资租赁等融资便利，可以为国有企业的改革提供充足的资金支持。另外，为社会公益事业服务，可设立各项公益信托，支持我国的文化教育、科技体育、慈善、环保等事业。

爱建信托坚持合规运作，积极开拓信托本源业务，资金信托业务、投资银行业务、资产信托业务取得了快速的发展。爱建信托坚持以人为本，注重人才价值与公司发展的良好结合，凝聚了一大批优秀人才，为信托业的持续发展奠定了坚实的基础。

随着全球经济一体化的加快，爱建信托正以全新的机制、全新的理念、全新的经营战略以及现代化的管理方式走向信托市场。将努力使自己成为资产质量一流、盈利能力一流、服务质量一流的国内外著名信托投资公司。

四川信托有限公司

四川信托有限公司（英文名称：Sichuan Trust Co.，Ltd.）是在四川省信托投资公司、四川省建设信托投资公司历经11年整顿重组，最终吸收和兴证券股权、华西证券股权和川信红照壁大厦三项资产进行合并的基础上，引入战略投资者而设立的信托公司。公司经中国银监会批准，经四川省工商行政管理局正式登记注册，注册资本为13亿元人民币，注册地址为四川省成都市锦江区人民南路2段18号川信红照壁大厦。

公司共10家股东，均为国内、省内的大型企业，实力雄厚，知名度高。其中控股股东四川宏达（集团）有限公司系我国大型民营企业，拥有近300亿元总资产，位列中国民营企业500强第23位。第二大股东中海信托股份有限公司是首批获准更换金融许可证的六家信托公司之一，荣膺“2009年卓越公司奖"并连续两次获得"中国优秀信托公司"奖项，目前管理信托资产约1,370亿元。其余股东分别为：四川宏达股份有限公司、四川豪吉食品（集团）有限责任公司、汇源集团有限公司、成都铁路局、四川省投资集团有限责任公司、四川成渝高速公路股份有限公司、中铁八局集团有限公司、中国烟草总公司四川省公司。

苏州信托有限公司

苏州信托有限公司（以下简称"苏州信托"）是经中国银行业监督管理委员会批准设立的具有独立法人资格的非银行金融机构。其前身是苏州市信托投资公司，最早于1991年4月经中国人民银行批准设立。2002年重新注册登记，回归信托本源业务。

苏州信托秉承"受人之托，代人理财"的宗旨，紧紧抓住苏州经济高平台快速发展的良好机遇，立足于服务地方经济建设，开拓创新不断进取，创造了江苏乃至全国诸多"首次"和"第一"，探索出一条适合苏州区域经济环境的特色发展道路，获得了社会各界的认可。

2008年5月20日，苏州信托有限公司获中国银行业监督管理委员会批复，引进联想控股和苏格兰皇家银行（RBS）为其战略投资人，公司注册资本金增至5.9亿元人民币。此次增资扩股完成后，新的苏州信托股权结构为：苏州国际发展集团有限公司占股比例70.01%，苏格兰皇家银行公众有限公司占股比例19.99%，联想控股有限公司占股比例10%。

展望未来，苏州信托立志成为联系投资需求和资金需求的桥梁，为投资需求方提供一个综合型的资产管理平台，为资金需求方提供创新的资金来源渠道；用5－10年左右的时间，将苏州信托建设成为拥有国际先进水平的、在中国信托业首屈一指的企业。

天津信托有限责任公司

天津信托有限责任公司（原名天津信托投资有限责任公司）成立于1980年，是国内最早成立的信托投资机构之一。公司注册资本金15亿元，自有资产和受托管理的资产总规模为170亿元。

在中国银行业监督管理委员会天津监管局的监督管理下，公司秉承"诚实、信用、谨慎、有效"的经营理念，发挥"受人之托，代人理财"的基本职能，立足金融信托本业，积极开展金融创新，努力拓展信托理财业务。多年来，发展并完善了集合资金信托、单一资金信托、股权投资、权益收购、租赁业务、指定项目信托等业务品种。充分发挥信托优势，围绕重点工程项目、基础设施建设、能源交通运输、城市房地产开发、大型企业产品更新换代、教育和高新技术等产业发展，推出一系列信托产品，将民间资金转变为投资资本，在满足投资者资金保值增值需求的同时，服务城市经济发展。

经过20多年的不断创新与发展，公司与数百家企业机构建立了稳定的业务合作关系，形成了科学的经营管理机制，为投资者提供了高效的理财服务，树立了良好的公司形象。今后，公司严格按照《信托法》、《信托公司管理办法》和《信托公司集合资金信托计划管理办法》开展各项业务，继续秉承"对社会负责，对客户负责，对股东负责、对员工负责"的企业精神，始终如一地为投资者提供专业化的高水平信托理财服务。

五矿国际信托有限公司

五矿国际信托有限公司（以下简称"公司"），是中国五矿集团旗下的专业从事信托业务的非银行金融机构。

公司于2010年10月8日，经中国银行业监督管理委员会批准，在原庆泰信托投资有限责任公司完成司法重整的基础上，变更设立。注册资本金：12亿元人民币。注册地址：青海省西宁市。

公司股东：五矿投资发展有限责任公司（66%）；西宁城市投资管理有限公司（33.9%）；青海华鼎实业股份有限公司（0.1%）。

公司秉承中国五矿集团"珍惜有限，创造无限，服务为本，自强不息"的核心理念，坚持"至诚至信、稳健规范、专业服务、合作共赢"的经营方针，充分发挥"中国五矿"的品牌影响力和五矿集团的整体协同效应，依托青海省的资源优势，以专业化、差异化和精细化为战略取向，构建权责制衡、科学完善的法人治理结构，建立系统、全面的内控及风险管理体系，建立市场化的激励约束机制，打造高素质、职业化的业务运营团队，发挥专业的金融策划、资产管理、产品营销及风险管理能力，力争成为国内一流、具有核心竞争优势的综合型信托公司。

西部信托有限公司

基本情况

根据1999年国家对信托行业第五次整顿要求及中国人民银行同意，陕西省人民政府将原陕西信托投资有限公司（1981年成立）和陕西省西北信托投资有限公司（1987年成立）进行合并重组。经过清产核资、资产评估、增扩资本、申报登记等程序，2002年7月，经中国人民银行批准，西部信托投资有限公司登记成立。随着业务发展的需要，2008年8月，经中国银行业监督管理委员会核准批复，更名为西部信托有限公司。

西部信托公司为股份制地方金融企业，注册资本金6.2亿元人民币，由陕西省电力建设投资开发公司、陕西省产业投资公司、彩虹股份、宝钛股份、西飞公司等24家省内外知名企业共同出资组建。

公司具有完善的法人治理结构。股东会为最高权力机构，董事会、监事会各行其职，严格按照《公司法》、《公司章程》开展工作；独立董事制度健全，董事会下设五个专门委员会；为了加强业务监督管理，审慎开展业务，公司设立了固有业务、信托业务分析论证等专业委员会；内控机制到位，60多项规章制度有效地保障各项工作的运转畅行；公司党组织建设、工会组织完备，内部设7个业务部门、5个综合职能部门，业务工作能够有机协调，相互配合；公司现有员工98人，全员实行劳动合同聘用制，员工的录用按照公开招聘、平等竞争、择优录用的原则，并实行竞聘上岗。公司员工绝大多数都多年从事信托或金融业务，具备丰富的专业理论知识和较强的业务实践能力。

公司业务经营受中国银行业监督管理委员会陕西监管局的监管指导。重新登记以来，公司励精图治、一直致力于成为一个真正的"受人之托，代人理财"的规范信托机构。长期坚持稳健经营、持续发展和科学化、专业化管理，准确把握宏观经济运行的发展规律和市场形势，在资金信托、项目投、融资及资产重组等领域具有丰富的专业经验，信誉、服务和经营业绩深得社会各界赞誉。

经营范围

信托是指委托人基于对受托人的信任,将其财产权委托给受托人,由受托人按委托人的意愿以自己的名义,为受益人的利益或者特定目的,进行管理或者处分的行为。

西部信托主要经营以下业务:

1. 资金信托;
2. 动产信托;
3. 不动产信托;
4. 有价证券信托;
5. 其他财产或财产权信托;
6. 作为投资基金或基金管理公司的发起人从事投资基金业务;
7. 经营企业资产的重组、购并及项目融资、公司理财、财务顾问等业务;
8. 受托经营国务院有关部门批准的证券承销业务;
9. 办理居间、咨询、资信调查等业务;
10. 代保管及保管箱业务;
11. 存放同业、拆放同业、贷款、租赁、投资方式运用固有财产;
12. 以固有财产为他人提供担保;
13. 从事同业拆借;
14. 法律、法规规定或中国银行业监督管理委员会批准的其他业务。

经营业绩

公司自成立以来,经营管理水平不断提高,信托经营规模逐年扩大,利润等主要指标稳步增长,连年取得佳绩。

2007 年末,公司总资产 34.67 亿元,其中,自有资产总额 6.90 亿元,管理信托资产 27.77 亿元;各项收入 16473 万元,比上年增长 382%,实现利润 13070 万元,为上年利润的 7.57 倍。

2008 年末,公司总资产 48.4 亿元,比上年增加 13 亿元,其中自有资产 7.5 亿元,管理信托资产 40.9 亿元;各项收入 22,674 万元,比上年增长 37.6%,实现利润 19,982 万元,比上年增长 52.9%。

2009 年,受全球经济危机影响,公司收入和盈利减少。年末总资产总 56.4 亿元,其中:自有资产总额 8.6 亿元;信托资产 47.8 亿元。各项收入 8,413 万元,实现利润 4,807 万元。

经营情况

(一)信托业务取得了长足发展

2002 年公司重新登记以来,经过艰难的创业,已基本确立了以集合资金信托业务为主营业务的经营模式,成效显著。七年来,公司累计募集信托资金 120 多亿元,有力地支持了陕西的重点项目建设,为地方经济发展做出了突出贡献,累计支付委托人信托收益达 6 亿元。管理的信托计划均按期兑付,得到了广大投资者的认可和信任,为投资者取得了较为可观的回报。公司凭借优质、诚信的金融服务搭建起产业资本和金融资本有机结合的中介桥梁,铸就了“西部信托”的良好品牌。

(二)自有资产质量和效益不断提高

在信托业务发展壮大的同时,公司的自有资产质量不断得到改善,自有资金运作效益和投资项目收益稳步增长,公司的经营业绩显著。累计清收不良资产 1.5 亿元,如期完成了银监会规定的实业投资清理任务。

主要荣誉

2005 年,在陕西省工业经济联合会、商业联合会、社会科学界联合会、华商报社共同举办的“和谐陕西,管理力量—第二届陕西经济推动力总评榜”活动中,西部信托投资有限公司被评为“2005 年陕西十大优秀管理企业”。

2008 年 9 月,陕西省人民政府在《关于表彰支持陕西地方经济成绩显著的金融机构的通报》(陕政办发[2008]24 号)中,西部信托有限公司被列为受到表彰通报的金融机构之一。

近三年来,公司荣获多项荣誉:

2006 年度金融机构金融统计工作考核评比二等奖(中国人民银行西安分行);

2007 年省内金融机构统计工作考核评比二等奖并被通报表扬(中国人民银行西安分行);

2007 年度全省内部审计工作先进单位(陕西省审计厅、陕西省内部审计师协会);

2008 年度金融保险业财务统计先进工作单位(省统计局);

2009 年度金融统计工作一等奖(中国人民银行西安分行营管部);

2009 年度西安市地方性金融机构征信系统工作先进集体奖(中国人民银行西安分行营管部)。

西藏信托有限公司

西藏信托成立于 1991 年,是一家有近 20 年金融从业经验的国有独资非银行金融机构。公司先后经历 6 次信托业的清理整顿和重新登记,以稳健经营著称。

公司资产主要为现金或高流动性的证券形态,无银行负债,资产质量优良,过去 10 年保持了持续盈利。公司致力于资产管理,在债券交易、股票投资以及衍生品交易上有成熟团队和较长时间的运作经验。公司管理客户资产的信托产品涉及证券抵押融资、证券二级市场、结构化融资、PE 直接投资、QDII 海外市场交易等多个领域,以资本市场为主要方向,并拟逐渐介入房地产、资源等领域。

公司注册地在拉萨,并在北京、成都等地设立了联络处,组织机构完善、人员配置精干。

厦门国际信托有限公司

概况

厦门国际信托有限公司(以下简称“公司”)系经中国银行业监督管理委员会批准设立的具有法人资格的国有非银行金融机构,注册资本 10 亿元人民币(其中外汇资本金 1500 万美元),股东为厦门建发集团有限公司和厦门港务控股集团有限公司。公司是资产管理服务的专业化提供商。

公司前身厦门国际信托投资公司是由厦门市财政局下属的厦门经济特区财务公司组建而成,成立于 1985 年 1 月,已稳健成长了 25 年。多年来,公司一方面致力于与各级政府合作、与地方经济实体互动、与战略伙伴实现共赢、与全国市场对接,成功为厦门及周边地市的经济发展筹集到数百亿的资金。另一方面,公司通过资金信托、财产信托、受益权转让信托、财富管理信托、资产证券化信托等手段,以专业化的理财和资产管理能力为委托人提供完整的、个性化的资产管理解决方案,包括财产安全、财产保值增值、财产传承等各类重大资产管理需求。

历史沿革

2002 年 2 月，经中国人民银行批准，由原厦门国际信托投资公司和原厦门建发信托投资公司合并设立厦门国际信托投资有限公司，注册资本 4.7968 亿元人民币（其中外汇资本金 1500 万美元），股东为厦门建发集团有限公司（持股比例 51%）和厦门市财政局（持股比例 49%）。

2004 年 12 月，经厦门市政府和中国银监会批准，厦门市财政局将其 49% 的股权划转给厦门港务控股集团有限公司持有，本公司 2005 年 12 月，根据股东会决议，本公司注册资本增至人民币 8.7968 亿元。2007 年 8 月，经中国银行业监督管理委员会批准核发新的金融许可证，公司更名为厦门国际信托有限公司。

2009 年 6 月，根据股东会决议，本公司注册资本增至人民币 10 亿元，其中，厦门建发集团有限公司出资 5.1 亿元，持股比例 51%；厦门港务控股集团有限公司出资 4.9 亿元，持股比例 49%。

新华信托股份有限公司

新华信托股份有限公司（NEWCHINATRUSTCO.，LTD.）成立于 1979 年，是我国最早的信托公司之一，公司注册资本为人民币 5 亿元。公司自成立以来，经历了银信分离、证信分业、增资扩股、战略重组等历程，在公司治理、制度建设、人才结构和业务开拓等方面不断完善，发展成为一个资产质量较高、经营理念先进和风格稳健的全新金融服务机构。2001 年 10 月，公司完成重新登记，2007 年 9 月，经中国银行业监督管理委员会核准，公司重新换发金融许可证。

公司秉承“珍视所托，专业理财”的经营理念，积极进行金融服务创新，稳步实现管理机制更新，业务逐年稳定增长，形成了以信托业务为主的业务格局。截至 2008 年底，公司信托服务费收入及占比在信托行业内位列前茅，管理资产约 230 亿元人民币。迄今，公司累计实现融资约 800 亿元、外汇 5 亿美元，承销发行债券约 86 亿元，代理发行国债数亿元。

公司主动探索信托业务发展模式，建立了综合投行业务、资产管理业务、功能信托业务等三大业务架构。公司综合投行业务在债券承销及发行财务顾问业务领域具有核心竞争力，近年来参与了大部分企业债券的承销，在国内信托公司中位居前茅；公司资产管理业务逐步形成了基础设施建设项目融资、银信合作的房地产项目融资、银行信贷资产回购型转让等业务为主的核心业务模式，2003 年以来累计发行集合资金信托计划近 100 亿元，累计兑付集合资金信托计划近 60 亿元；公司功能信托业务在员工持股等领域为客户提供了多元化、个性化的金融服务。

公司积极实施大客户战略及渠道战略，致力于与国内金融机构合作构建金融服务联盟。分别与中国农业银行、国家开发银行等金融机构建立了战略合作关系，在房地产信托、资产证券化试点等领域全面合作，并拥有一批稳定的、在行业处于领先地位的客户群和战略合作伙伴。

新华信托立志成为以资产管理为核心业务的、在行业内位居前茅的资本市场综合服务机构。凭借专业化的管理队伍以及高素质的职业信托经理人的不懈努力，公司以灵活的管理机制、稳健的经营运作和优质的产品服务走出了一条追求卓越、不断进步的成长之路，树立了充满生机与活力的企业形象。良好的经营业绩和诚信为本的经营声誉已使其成为一家备受关注的金融服务机构。

新时代信托股份有限公司

新时代信托股份有限公司的前身是包头市信托投资公司，1987 年经中国人民银行批准正式成立，2003 年 12 月经中国银行业监督管理委员会核准重新登记并更名为新时代信托投资股份有限公司。2009 年 6 月，经中国银行业监督管理委员会批准，公司更名为新时代信托股份有限公司，并换领新的金融许可证。

公司具有较强的综合经营能力，是新时代证券有限责任公司的第一大股东。新时代证券有限责任公司是全国性综合类券商，注册资本 11.26 亿元，在全国共有 39 家证券营业部。同时，公司通过新时代证券有限责任公司间接控股融通基金管理有限公司，截至 2009 年 9 月，融通基金管理有限公司管理的基金规模逾 600 亿元。

公司自 1987 年成立以来先后为内蒙古自治区各级政府及大中型企业融资达 350 多亿元人民币，2004 年以来成功发行基础设施建设、证券投资、装备制造业、房地产、商业服务业、教育及医疗卫生事业等众多信托计划，形成“聚财”、“富贵”、“锦程”、“丰金”、“慧金”等系列品牌的信托产品体系。

公司业务不仅遍及内蒙古自治区辖内的的呼和浩特市、包头市、鄂尔多斯市、乌海市、赤峰市、通辽市，而且在北京、黑龙江、广东、山东、山西、上海、辽宁、宁夏等省（区）市均开展了业务。公司秉承“抱诚守拙，谨行致远”的核心理念，管理的信托财产规模迅速扩大，业务领域持续拓宽，运作模式不断创新。

兴业国际信托有限公司

兴业国际信托有限公司的前身系联华国际信托有限公司，成立于 2003 年 3 月，公司注册地为福建省福州市。2011 年 1 月，经国务院和中国银行业监督管理委员会批准，由兴业银行股份有限公司控股，成为经国务院特批的我国第三家由商业银行控股的信托公司；同时也是福建省属唯一一家信托公司以及我国第一批引进境外战略投资者的信托公司。

兴业国际信托有限公司按照《中华人民共和国信托法》、中国银行业监督管理委员会《信托公司管理办法》等有关法律法规要求，紧紧围绕“高起点、高标准、高品位，打造全国一流信托公司”的发展战略目标，坚持依法经营、稳健经营，不断夯实业务基础和客户基础，着力提升业务发展和创新能力，致力于成为国内优秀的综合信托服务提供商，成为综合化、有特色的全国一流信托公司。截至 2011 年 9 月末，兴业国际信托有限公司固有资产总额为 9.54 亿元，信托资产余额为 866.78 亿元，累计开展信托项目 791 个，已顺利结束信托项目 434 个，公司所有结束清算的信托计划全部如期或提前兑付，所有信托产品的收益都达到或超过预期收益率，存续的信托财产运营情况正常。

按照立足福建、面向全国的经营发展战略，目前兴业国际信托有限公司已设立了 9 个综合管理部门、11 个业务发展部门、1 个客户营销服务部门，在福州、北京、上海、深圳、重庆、西安、武汉、沈阳等全国主要经济中心城市设立业务和客户服务网络，并参股紫金矿业集团财务有限公司、华福证券有限责任公司。在全国优秀信托公司评选活动中，兴业国际信托有限公司先后荣获“‘诚信托’行业新秀奖”、“最具区域影响力信托公司”、“最佳高端客户投资渠道奖”、“最具成长性信托公司”、“最佳区域理财机构”等多项荣誉。

公司股东实力雄厚，可持续发展前景良好。公司现有股东中既有中资主流商业银行，又有国际知名外资银行及大型国有企业等实力强大的股东。兴业国际信托有限公司现有股东分别为：兴业银行股份有限公司、福建华投投资有限公司、澳大利亚国民银行、福建省南平市投资担保中心。

云南国际信托有限公司

云南国际信托有限公司（YUNNANINTERNATIONAL-TRUSTCO.，LTD. 以下简称“云南信托”）是2003年经中国人民银行“银复[2003]33号文”批准，由原云南省国际信托投资公司增资改制后重新登记的非银行金融机构。2007年，根据《信托公司管理办法》的有关规定，公司经中国银行业监督管理委员会批准同意，首批换领《中华人民共和国金融许可证》并变更公司名称和业务范围。公司注册资本为4亿元人民币，目前所管理的各类资产规模近200亿元人民币。

云南信托的股东与战略伙伴包含了各行业龙头企业，涵盖了上市公司、金融机构、高科技企业、国内外咨询中介机构中的卓越企业。公司吸引了一大批谙熟中国资本市场发展和运营的一流专业人才，培育了一支高素质、高学历、年轻化、专业化的人才队伍。公司员工中本科、研究生（硕士、博士）学历和中级职称以上人员占90%以上。

改制后的云南信托借鉴国外先进的信托管理经验，致力于开展以现代信托业为中枢的多元化金融服务，充分发挥公司在资本市场的专业优势，以不断创新的产品设计理念为高端客户量身定制专业理财方案，已经形成以中国龙资本市场集合资金信托计划、云信成长新股申购信托计划、云信领先私人股权投资（PE）信托计划为代表的全系列信托理财产品线，为高端客户提供一揽子金融理财服务，在业内获得了较高声誉。目前公司业务覆盖云南、北京、上海、重庆、深圳等省、市，基本形成了“立足云南、面向全国”的发展格局。

中诚信托有限责任公司

中诚信托有限责任公司（原中煤信托），成立于1995年11月，2010年10月完成增资扩股，注册资本金增加到24亿元人民币，是中国银行业监督管理委员会直接监管的信托公司。自成立以来，公司始终以市场为导向，公司资产的安全性、流动性和盈利性指标一直名列行业前茅。

1995年11月，完成登记注册，注册资本金4亿元人民币，其中外汇资本金1500万美元。

1999年2月，参与发起成立嘉实基金管理有限公司。

2001年9月，完成清产核资、业务清理整顿工作，成为全国第一家获准重新登记的信托投资公司。

2001年12月，发起成立国都证券有限责任公司，标志着信证分离工作的顺利完成。

2004年2月，完成增资扩股和名称变更，注册资本增加到12亿元人民币，现有股东14家。

2004年6月，收购龙电期货公司，更名设立中诚期货经纪有限责任公司。

2005年6月，实现对嘉实基金管理有限公司的控股，并将其重组为国内规模最大的中外（德）合资基金管理公司。

2005年8月，获得首批企业年金基金法人受托机构。

2005年12月，经银监会审批，成为国内首家获得特定目的信托受托机构资格的信托公司。

2007年7月，经银监会批准，成为国内首批换发金融许可证的信托公司，同年12月完成工商注册和公司名称变更。

2008年11月，经银监会批准（银监复[2008]480号），获得受托境外理财业务资格。

2009年1月，经中国银监会批准，筹建中诚宝捷思货币经纪有限公司。

2010年3月，经中国银监会批准，中诚宝捷思货币经纪有限公司开业。

中国对外经济贸易信托有限公司

中国对外经济贸易信托有限公司（简称外贸信托）是中化集团旗下从事信托业务的公司，经中国人民银行批准，1987年9月30日在北京成立，同年12月18日正式开业。1994年12月31日，国务院批准外贸信托加入中国化工进出口总公司（2003年11月更名为中国中化集团公司），与原中化财务公司合并。

2002年9月，外贸信托经中国人民银行批准重新登记，并获颁《信托机构法人许可证》，成为少数几家受中国银行业监督管理委员会直接监管的中央级信托公司之一。重新登记后的外贸信托股东为中国中化集团公司（持股比例90%）和中化化肥公司（持股比例10%），公司注册资本8.32亿元人民币（含3,400万美元）。

2005年6月1日，根据中国银行业监督管理委员会（银监复[2005]141号文）批复，远东国际租赁有限公司获准受让中化化肥公司所持外贸信托10%的股权。本次股东变更后，公司股东为中国中化集团公司（持股比例90%）和远东国际租赁有限公司（持股比例10%）。

2007年9月，《中国银监会关于中国对外经济贸易信托投资有限公司变更公司名称和业务范围的批复》（银监复[2007]391号）同意外贸信托变更业务范围，依据新办法开展业务，并同意外贸信托将公司名称变更为“中国对外经济贸易信托有限公司”。外贸信托换领新的金融许可证。根据中国银行业监督管理委员会（银监复[2008]8号文）批复，公司注册资本金增至12亿元人民币（含3,400万美元）。本次注册资本金变更后，公司股东中国中化集团公司持股比例为93.07%，远东国际租赁有限公司持股比例为6.93%。

2009年5月27日，经国务院国有资产监督管理委员会（国资改革[2009]358号文）批复，中国中化集团公司获准联合中国远洋运输（集团）总公司共同发起设立中国中化股份有限公司。2009年7月24日，根据中国银行业监督管理委员会（银监复[2009]262号文）批复，中国中化股份有限公司获准受让中国中化集团公司所持外贸信托93.07%的股权。此次变更后，公司股权结构变更为：中国中化股份有限公司持股93.07%，远东国际租赁有限公司持股6.93%。

2010年3月23日，根据中国银行业监督管理委员会（银监复[2010]127号文）批复，中化集团财务有限责任公司获准受让远东国际租赁有限公司所持有的外贸信托6.93%的股权。此次变更后，公司股权结构变更为：中国中化股份有限公司持股93.07%、中化集团财务有限责任公司持股6.93%。

2010年7月30日，根据中国银行业监督管理委员会（银监复[2010]360号文）批复，公司注册资本金增至22亿元人民币（含3,400万美元）。此次注册资本金变更后，中国中化股份有限公司持股96.22%、中化集团财务有限责任公司持股3.78%。

中国金谷国际信托有限责任公司

中国金谷国际信托有限责任公司(简称"金谷信托")成立于1993年,系经国务院同意、中国人民银行批准成立的非银行金融机构。2007年以来,经国务院同意、中国银监会和财政部批准,中国信达资产管理股份有限公司(简称"中国信达")对金谷信托资产、业务和治理结构进行了重组和重整,成功化解了各种风险因素,使金谷信托成为一个完全符合相关法律、法规规定和监管要求的信托机构。2009年9月1日,中国银监会批复同意金谷信托重新登记,并核发了新的金融许可证。

金谷信托注册资本为12亿元人民币,注册地址为北京市西城区金融大街33号通泰大厦C座10层,是中国银行业监督管理委员会直接监管的信托公司之一。公司股东为中国信达资产管理股份有限公司、中国妇女活动中心和中国海外工程有限责任公司,其中中国信达资产管理股份有限公司为公司控股股东,持股110,750万元,占比92.29%。信托公司所拥有的横跨货币市场、资本市场和实业市场的广泛金融服务功能,以及破产隔离的独特制度优势,使金谷信托在中国信达打造有核心竞争力的多功能金融服务集团的战略布局中具有重要的作用。

金谷信托具备健全的法人治理结构和完善的风险控制体系及制度,将坚持"胸怀服务社会理想、坚守诚信为本理念",恪守谨慎、稳健的经营方针,注重经济效益和社会效益的有机结合,以受益人的利益最大化为宗旨,专注于信托产品和业务的创新与推广,发展目标是成为在财产管理、资金融通、投资理财和社会公益等领域具有核心竞争力的专业理财服务机构,争取在不远的将来跻身国内最具创新潜力和持续盈利能力的信托公司之列。

中海信托股份有限公司

中海信托股份有限公司是由中国海洋石油总公司和中国中信集团公司共同投资设立的国有非银行金融机构。其前身为中海信托投资有限责任公司,2007年6月18日按照信托业"新两规"规定成为较早完成换牌的信托公司之一,公司更名为中海信托有限责任公司;2007年12月26日,公司完成股份制改造,中海信托股份有限公司正式成立。目前,公司注册资本为25亿元人民币,中国海洋石油总公司和中国中信集团公司各占95%和5%。

中海信托秉承"诚信稳健、忠人所托"的经营理念,坚持风控优先、坚持战略结盟、坚持"大项目、大客户"的双大策略,走"低风险、差异化"发展道路,为客户提供结构化融资业务、低风险理财业务、资产证券化业务、资本市场投资业务等金融服务,探索出了一条适合自身发展的道路,形成了以信托本源业务为主的阶段性盈利模式,实现了"将公司打造成国内一流能源、交通、基础设施行业专业化信托公司"的阶段性战略目标。

2009年是中海信托实施战略转型、全面打造公司发展软实力的关键年。一年来,中海信托在中国银监会、上海银监局的领导下,以科学发展观为指引,在受金融危机冲击、外部经营环境不确定的背景下,谋布局、谋转型、谋管理,可持续发展能力大幅度提升。

2009年,中海信托实现利润总额56,110万元,净利润43,374万元,净资产收益率达到21.40%;2009年底,公司管理信托资产余额1370.96亿元,同比增长80.63%,全年累计管理信托资产超过3000亿元。实现信托营业收入54.96亿元,为委托人创造收益36.88亿元。

在实现高效高速发展的同时,中海信托坚持"诚信稳健、忠人所托"的理念,把维护委托人的利益放在首位,不断优化风险控制体系,切实承担起国有金融企业维护金融稳定的社会责任。几年来,公司累计管理信托资产超过8000亿元,一直保持着"两个没有",即没有出现任何信托项目不能按期兑付或损害委托人利益的情况,没有产生新增的不良资产,成为委托人信得过的信托理财平台。在中国银监会的监管评级中,经公司治理、内部控制、合规管理、资产管理、盈利能力五个方面130项指标的综合测评,中海信托连续两年获得较高评级。

当前,复杂的宏观经济形势对中国信托业的发展带来了非常大的挑战,但同时也意味着机遇。2010年,中海信托将以战略转型为动力、以业务创新为手段、以严控风险为保障、以稳健发展为目标,全力推进向专业资产管理机构转型进程,为中国信托业健康可持续发展作出更加积极的贡献。

中航信托股份有限公司

中航信托股份有限公司(原江西江南信托股份有限公司)是经中国银监会批准设立的股份制非银行金融机构,是经中国商务部核准的外商投资企业。公司由国内大型国企中国航空工业集团公司及境外战略投资者新加坡华侨银行等单位共同发起组建,注册地在江西南昌市,是中航工业旗下重要的金融平台之一,具有强大的股东背景和"条块结合"的现实资源优势。

公司于2009年12月底完成重新登记开业,2010年12月底更名并乔迁新址。公司总部设有财富管理中心、信托业务中心、投资管理部、固定收益部、风险管理部、计划财务部、综合管理部、稽核审计部、信息技术部等业务和职能部门,目前在北京、上海、深圳、重庆、昆明、沈阳、杭州、成都等地设有业务团队。

公司作为中航工业投资公司成员单位,贯彻"高起点、高境界、可持续、快发展"经营方针;倡导先进的经营理念和高效的经营机制,聘任了卓越的独立董事,率先建立了首席风险控制官岗位设置,导入了适用的管理工具,建立了适应竞争环境的包括管理团队的人才队伍,构造了IT化的管理规范;坚持走专业化、差异化发展道路,专注于具有行业优势和区域优势、能可持续发展、形成核心能力的产品和业务,致力于打造"细分市场资产管理核心能力,成为专业化的一流金融服务商"的战略愿景。

公司坚持以人为本,积极投身社会公益事业。先后投入资金兴建希望小学,持续做好对弱势群体的关心扶助,努力践行社会责任,凭借守土有责的大爱情怀和追求发展的雄心壮志获得社会的广泛认可,先后荣获"江西省十大爱心企业"、"中国最具成长性信托公司"等称号。

中粮信托有限责任公司

2009年7月1日,中粮信托有限责任公司(英文名称:COFCOTRUSTCO.,LTD.)获中国银行业监督管理委员会批准开业。中粮信托注册地在北京,是由中国银监会直接监管的非银行金融机构。中粮信托注册资本12亿元人民币,中粮集团有限公司持股90%，中粮财务有限责任公司持股5%，中粮粮油有限公司持股5%。作为中粮集团旗下的金融机构，中粮信托将受益于中粮集团的品牌美誉、行业地位、强大实力和卓越表现。

中粮信托拥有雄厚的股东背景、突出的创新能力、完备的风险控制体系、高素质的专业人才，秉承客户至上的经营理念，坚持阳光、创新、稳健、务实的发展道路，注重信托资产的安全性、流动性和盈利性，逐步成为有产业特色的资产管理者。

中融国际信托有限公司

中融国际信托有限公司是经中国银监会批准设立的金融机构。

成立23年来，中融信托始终致力于提升综合资产管理能力，在货币资本市场、金融衍生产品、房地产投资、风险投资等领域积累了丰富经验。近年银信合作、政信合作、私募股权投资、证券投资、房地产投资等业务快速发展，为高端客户财富管理开拓了广泛的空间。公司2007—2009年资产管理规模分别为664亿元、708亿元、1323亿元，居同行业前列；2009年实现税后净利润3.2亿元，创造了良好的经济效益和社会效益。

公司拥有完善的治理结构、卓越的业务团队、良好的风控体系、广阔的投资领域、强大的盈利能力，致力于实现合作伙伴、高端客户、员工和公司的多方共赢。

中泰信托有限责任公司

中泰信托有限责任公司前身是中国农业银行厦门信托投资公司，成立于1988年。1999年，经中国人民银行总行办函[1999]466号文件批准，增资扩股，更名迁址。2002年2月，经中国人民银行总行银复[2002]35号文件批准进行重新登记，注册资本为51660万元人民币，注册地址由厦门市迁往上海市，是首批获准重新登记的信托公司。2009年4月，经中国银监会银监复[2009]102号文批准更名并换发新金融许可证，换证后公司更名为“中泰信托有限责任公司”。

目前主要股东构成为：中国华闻投资控股有限公司（以下简称中国华控）持有31.57%，上海新黄浦置业股份有限公司持有29.97%，广联（南宁）投资股份有限公司持有20%。

2008年6月，中国人民保险集团公司通过全资子公司人保投资控股有限公司完成对中泰信托大股东中国华控的股权重组，中国华控的股权结构发生根本改变：人保投资持有中国华控55%股权，人民日报社持有25%股权，深圳市中海投资管理有限公司持有20%股权。

中铁信托有限责任公司

中铁信托有限责任公司（简称中铁信托，原名为衡平信托有限责任公司）是经中国银行业监督管理委员会批准，以金融信托为主营业务的非银行金融机构，注册资本12亿元。2007年7月，公司按照中国银监会《信托公司管理办法》换发了新的金融许可证，公司名称由“衡平信托投资有限责任公司”正式变更为“衡平信托有限责任公司”，成为全国首批换发金融许可证的信托公司之一。2008年12月，经四川银监局批准，公司正式更名为“中铁信托有限责任公司”。

中铁信托的控股股东——中国中铁股份有限公司是由中国铁路工程总公司以整体重组、独家发起方式设立的股份有限公司，是集勘察设计、施工安装、工业制造、房地产开发、资源矿产、金融投资等为一体的多功能、特大型中央企业集团，总资产3118亿元，净资产663.6亿元，是全球第二大建筑工程承包商，连续七年进入世界企业500强，2011年排名第95位，在中国企业500强排名第6位，在中央企业排名第5位。

公司业务范围涵盖资金信托、动产信托、不动产信托、有价证券信托、投资基金、证券承销、投资银行业务等，办理居间、咨询、资信调查等业务，以存放同业、拆放同业、贷款、租赁、投资方式运用固有财产，以固有财产为他人提供担保，从事同业拆借以及法律法规规定或中国银行业监督管理委员会批准的其他业务。2008年9月，中国银监会核准我公司特定目的信托受托机构资格，成为目前业内为数不多的获得该业务资格的信托公司；2009年11月，经中国银行业监督管理委员会四川监管局批复，中铁信托获得以固有资产从事股权投资的创新业务资格。

公司从2002年12月重组成立以来，坚持“创新、服务、可持续”的核心经营理念，按照现代金融企业的要求，着力进行管理创新和业务创新，不断提高专业管理水平和综合理财能力。公司积极发挥信托优势，在支持地方经济建设、活跃地方金融市场、促进民间资金向民间资本转化等方面发挥了积极而独特的作用，共为数百家企业提供了全面金融服务，在信托业界享有良好声誉。

公司于2004年通过ISO9001国际质量管理体系认证，并荣幸入选中国信托业协会第一届理事会，成为西部地区唯一的理事单位，2011年4月入选中国信托业协会第一届监事会；2009年4月，中铁信托在第二届“金贝奖”评选活动中，从全国50多家信托公司中脱颖而出，荣获“年度优秀信托公司”“年度优秀信托品牌”两项大奖；2010年度最新的《信托公司理财能力排名报告》中，中铁信托理财能力综合排名位居全国第四位；2011年8月，在《证券时报》主办的第四届中国优秀信托公司评选活动中，公司蝉联“中国优秀信托公司”称号，成为中西部地区唯一获此殊荣的信托公司；2011年9月，公司在第七届中国（成都）金融理财节上，连续第四次荣获“年度最佳理财服务品牌”称号。

截至2011年10月，中铁信托累计发行信托产品近700个、管理信托财产规模1300多亿元，通过有效发挥自身专业理财能力和经营优势，让老百姓能够分享到改革开放和经济发展的成果。

信任源于专业，专业创造价值，中铁信托将始终铭记使命，珍惜托付，竭诚为广大投资者提供专业的理财服务。

中投信托有限责任公司

中投信托有限责任公司（以下简称“中投信托”）是经中国银行业监督管理委员会批准成立的专业信托金融机构。公司创建于1979年，前身为浙江省国际信托投资公司，是国内最早经营信托投资业务的公司之一。2007年10月，经中国银行业监督管理委员会批准换发新的金融许可证，注册资本金人民币5亿元。“中投信托”是中国建银投资有限责任公司（以下简称“中国建投”）的全资子公司。2010年3月，经批准同意，中国建投对公司进行增资，公司注册资本增至人民币15亿元。

中投信托自成立以来，一直坚持“诚实、信用、谨慎、有效”的信托理念，将“诚信为本、合规经营”作为企业的核心理念，立足于充分发挥信托制度优势，提升公司的整体资产管理能力和风险控制能力，在产业投资信托领域形成专业特色和核心竞争优势，成为资本充实、内控严密、管理规范、具有较强发展能力和竞争能力的金融信托机构。截至2010年三季度，公司总资产209,484万元，总负债6,634万元，净资产202,850万元，资产负债率3.17%，资产质量优良。

中投信托充分发挥信托制度综合理财优势，在有效防范风险的基础上，成功推出基础设施、证券投资、房地产、中小企业等系列信托理财产品，为投资者提供了稳健可靠的投资选择。截至2010年三季度，公司共累计发行资金信托产品441个；累计管理信托财产638.88亿元，管理信托财产余额206.85亿元；累计到期清算信托产品330个，按时足额交付信托财产257.9亿元，所有到期信托计划按时交付率100%，全部实现或超额实现信托计划预期收益率；所有存续信托计划运行正常。

中投信托将继续秉承“受人之托、代人理财”的信托宗旨，以有效的风险内控措施、高效的投资管理团队、全方位的金融理财服务、尽职的项目流程管理为投资者提供打造优质的金融信托产品，以回馈客户和社会的关爱。朝着“最值得信赖的专业受托人”的目标而努力。

中信信托有限责任公司

中信信托有限责任公司（以下简称“公司”）是中国银监会直接监管的以信托业务为主业的全国性非银行金融机构，是资产管理规模最大、综合经营实力稳居行业领先地位的信托公司，并于2009年被推举为中国信托业协会会长（理事长）单位。

公司是中信集团旗下的优质金融资产。中信集团的前身是前国家副主席荣毅仁先生于1979年创办的中国第一家信托公司中国国际信托投资公司，其信托业务由中信信托继承并发展壮大。

公司追求和谐、科学的价值文化，秉承“无边界服务、无障碍运行”的经营理念，把握市场规律，超前适变应变，持续学习创新，统筹价值实现，致力于成为信托法规范下“综合金融解决方案的提供商和多种金融功能的集成者”，以差异化竞争、持续性创新为标志，达成国内领先、综合优势明显、具有核心竞争力的智慧型信托公司。

2010年，公司在快速稳健发展中持续优化业务结构，信托业务从纯融资业务向资产管理和财富管理业务转型，从非主动管理向主动管理转型，发起推出涉及农牧产品生产、能源资源开发、民生工程建设、房地产开发等多个领域有影响力的信托产品，各项业务保持着良好发展势头，信托资产管理规模、信托业务收入、净利润等主要经营指标保持行业领先地位。

在中国社科院金融研究所和金融时报社联合举办的2009－2010中国金融机构金牌榜评选中，公司因其突出的综合实力和显著的经营业绩连续第三次摘取“年度最佳信托公司奖”；在由《北大商业评论》和中国管理案例联合中心的联合评选中，公司“无边界服务、无障碍运行”的创新经营管理模式受到专家评委的充分肯定，获得第四届中国管理学院奖专项金奖。

中信信托注册资本为人民币12亿元（其中，外汇2,300万美元），公司股东分别是中信集团和中信华东（集团）有限公司。

中原信托有限公司

中原信托成立于1985年，是中国银行业监督管理委员会核准的专业信托金融机构，注册资本12.02亿元，控股股东为河南省人民政府全资的河南投资集团有限公司。近年来，中原信托依托专业财富管理团队，成功开展了城市基础设施建设信托、交通能源建设信托、股权投资信托、银信合作信托、住宅和商业地产信托等系列信托理财产品，为高端机构和个人客户提供了安全、高收益的财富增值服务。中原信托2007年被《证券时报》评为最佳区域理财机构；2008年被《大河报》评为中原地区最具价值信托金融机构；2009年，中原信托外部网站荣获“最佳信息披露奖”；2010年，我公司获得“中国最具区域影响力信托公司”奖项。

截至2010年末，中原信托累计管理信托财产766亿元，按时足额交付到期信托财产413亿元，累计向客户交付信托收益38.6亿元，实现信托本金、收益足额交付率100%，全部到期信托项目均实现了信托目的。

中原信托将以高效的专业团队、超前的研发视野和完备的风险控制手段为客户打造优质金融产品，实现与客户的共同成长，为中国信托事业的发展做出新的贡献。

重庆国际信托有限公司

公司的前身是重庆国际信托投资公司，于1984年10月经中国人民银行批准成立，注册资本金3,500万元人民币，为国有独资的非银行金融机构；2002年1月，公司引入战略投资者，进行增资改制，并经中国人民银行总行《中国人民银行关于重庆国际信托投资有限公司重新登记有关事项的批复》（银复[2002]9号）批准，获准重新登记，注册资本金增至人民币10.3373亿元（含美元1565万元）；2004年底，公司进一步增资扩股，注册资本金增加到16.3373亿元，取得了重庆市工商行政管理局颁发的《企业法人营业执照》（注册号为5000001800019）和中国银行业监督管理委员会重庆监管局颁发的《中华人民共和国金融许可证》（编号为K10226530H002）。2007年10月19日，经中国银行业监督管理委员会银监复[2007]461号文《中国银监会关于重庆国际信托投资有限公司变更公司名称和业务范围的批复》获准变更公司名称、业务范围并已领取新的金融许可证（编号为K0051H250000001）。2010年11月，经中国银行业监督管理委员会银监复[2010]552号《关于批准重庆国际信托有限公司增加注册资本及调整股权结构等有关事项的批复》，本公司注册资本由人民币16.3373亿元增加至人民币24.3873亿元，公司股权结构由重庆国信投资控股有限公司100%持股，多家机构投资者共同持股，上述事项已于2010年12月22日完成工商变更登记（注册号为500000000005609）。

紫金信托有限责任公司

紫金信托前身为南京市信托投资公司，成立于1992年。2010年经中国银行业监督管理委员会批准，引入国际一流信托机构——日本住友信托银行及国内上市公司等多家战略投资者实施重组，注册资本增至5亿元人民币，并更名为“紫金信托有限责任公司”，于2010年11月开业。

紫金信托拥有独特的发展优势。公司股东实力雄厚、金融运作经验丰富。控股股东——南京紫金投资控股有限责任公司作为南京市政府着力打造的金融控股平台，是南京银行、南京证券、江苏紫金农商行、紫金信托、南京紫金担保的第一大股东，参股江苏紫金财险、利安人寿，并正在发起设立合资寿险公司。紫金控股将利用其完善的金融产业链、雄厚的国有资本、政府背景优势，为紫金信托未来业务开展提供有力支持；住友信托银行为日本第四大银行和最大的信托机构，以其丰富的信托业务经验和国际背景，为公司的信托产品设计、风险管控、业务流程等方面提供良好的借鉴；南京高新、三胞集团和金智科技的参股，优化了公司治理，促进公司提升经营活力。

公司拥有一支专业化、年轻化、国际化的团队。80%以上的员工来自于金融机构，全部具有本科以上学历，其中研究生占50%以上，23%员工具有海外学习工作经验。员工平均年龄33岁。扎实的知识基础、丰富的工作经验和国际化视野造就了一支充满活力的队伍，为充分贴近客户需求，提供定制服务，创造了良好条件。

紫金信托崇尚“更优的服务、更快的速度、更高的服务价值”，致力于为客户提供量身定制的理财服务和融资服务。对理财需求客户，可根据客户风险偏好、流动性要求、收益期望等提供不同类型产品。对融资需求客户，可根据企业不同发展阶段、业务特点、融资用途、资产状况等提供债权式、股权式、收益权式等多种灵活的融资方式。目前公司还在积极推进包括支持中小企业发展、创新性业务在内的产品研发，努力为客户提供灵活多样、个性化服务。

工银金融租赁有限公司

工银金融租赁有限公司，由中国工商银行股份有限公司全资设立，注册资本50亿元人民币，注册地在天津滨海新区。

工银金融租赁有限公司是国务院确定试点并首家获中国银监会批准开业的由商业银行设立的金融租赁公司，也是国家确定滨海新区发展战略后落户新区的最大法人金融机构之一。工银金融租赁有限公司的成立在工行迈向国际一流信用企业、打造业务多元化、经营综合化、服务专业化的中国最大银行的道路上再次写上浓墨重彩的一笔。公司依托中国工商银行的强大实力，以国际化的视野、市场化的机制、专业化的品质，提供各类租赁产品以及租金转让与证券化、资产管理、产业投资顾问等金融产业服务，致力于打造国内一流、国际知名的金融租赁公司。

工银金融租赁公司定位为大型、专业化的飞机、船舶和设备租赁公司，秉承工行在机、船、设备租赁融资方面的专业基础和优良的企业文化，建立了完备的公司治理结构和内部管理体制。依托工行的客户、网络优势和市场美誉度，在市场营销能力、风险控制基础，人力资源水平方面，都具有领先同业的优势，具有强大的发展潜力。

华融金融租赁股份有限公司

华融金融租赁股份有限公司，是经中国银行业监督管理委员会批准主营融资租赁业务的非银行金融机构。公司原名浙江金融租赁股份有限公司，前身为成立于1986年的浙江省租赁公司，是国内最早成立的融资租赁公司之一。公司总部位于浙江省杭州市，设有宁波、金华分公司。

公司成立20多年来，在各级政府和监管部门的大力支持下，立足浙江，面向全国，充分发挥融资租赁这一独特金融工具融资融物、加速技术进步、促进产业升级等显著优势，已在企业技术改造、公共交通、工程机械、环保能源、医疗、印刷、船舶等领域为4200多家企业提供融资租赁服务，累计租赁投资额达958亿元，业务覆盖全国30个省、自治区和直辖市，为促进经济发展作出了积极贡献。

2006年3月，大型国有独资金融企业中国华融资产管理公司成为公司控股股东，公司进入了稳健快速发展的新阶段。截至2010年末，公司注册资本25亿元，资产总额302亿元，净资产41.23亿元，是我国金融租赁行业领先企业之一。

公司将深入贯彻落实科学发展观，不断增强经营能力、市场竞争力和可持续发展的盈利能力，构建良好的公司治理和内部控制、风险管理机制，培育高素质的员工队伍，打造华融品牌和文化，为推动中国融资租赁业的发展作出新的更大的贡献！

建信金融租赁股份有限公司

建信金融租赁股份有限公司成立于2007年12月26日，是经中国银行业监督管理委员会批准成立的非银行金融机构，由中国建设银行股份有限公司和美国银行股份有限公司共同出资成立。公司注册资本45亿元人民币，注册地北京市。

公司承继发起人股东在国内外市场上的品牌优势、渠道优势、资金优势和人才优势，为境内外客户提供专业化的金融租赁服务，其经营范围包括：融资租赁业务、接受承租人的租赁保证金、向商业银行转让应收租赁款、发行金融债券、同业拆借、向金融机构借款、境外外汇借款、租赁物残值变卖及处理业务、经济咨询和经监管部门批准的其他业务。

公司将在整合自身优势的基础上，不断开拓市场，创新产品，加强与其他租赁公司和金融机构的合作，发展成为一家实力雄厚、管理规范、富于创新、充满活力的国际化金融租赁公司。

民生金融租赁股份有限公司

民生金融租赁股份有限公司成立于2008年4月，是经中国银行业监督管理委员会批准设立的首批5家拥有银行背景的金融租赁企业之一。公司由中国民生银行股份有限公司和天津保税区投资有限公司共同发起创建，注册资本32亿元人民币。截至2011年6月30日，公司总资产超过500亿元，累计实现业务投放700亿元，不良资产为零。公司目前已成为中国最大的公务机租赁公司和船舶租赁公司，拥有各类公务机逾60架，船舶120多艘，总运力超过400万载重吨。

民生金融租赁依托注册地——天津滨海新区金融改革试验区的良好投资环境，以国际化的视野、市场化的运作、全面的服务意识，为海内外大型企业和优质中小企业提供专业的金融租赁产品及服务。公司集合了融资租赁及相关行业的海内外人才，打造了一支专业高效的团队，专注于航空、航运和大型设备等领域的开拓。

成立3年来，公司治理结构和内部管理机制日益完善，业务特色逐步显现，在市场营销、风险控制、业务创新、人力资源等方面都处于同业领先水平，获得了经人民银行认可的专业信用评价机构的“AAA”债项和主体信用评级，并先后获得由21世纪亚洲金融年会颁发的“最具竞争力金融服务奖”，及《第一财经日报》金融价值榜（CFV）的“2010年度金融租赁公司”称号，得到社会各界认可。

公司以"专注金融租赁业发展"为使命，以"打造治理结构完善、业务特色非常鲜明、盈利水平最好的大型民营金融租赁公司"为愿景，培育有特色的市场竞争优势和可持续发展能力，实现客户、股东、公司和员工的共同成长。

江苏金融租赁有限公司

江苏金融租赁有限公司是中国银监会批准的非银行金融机构，专业从事融资租赁业务，是国内著名的金融租赁公司，具有二十多年的从业经验，为江苏交通控股有限公司的旗下企业。

公司概况

公司拥有一支知识层次高、业务素质强、充满朝气活力的优秀金融租赁人才队伍，员工业务知识覆盖金融、投资、财务、法律、设备管理等多个学科，具有硕士以上学位的员工占到50%。公司秉承"诚信、服务、创新、效率"的经营理念，凭借强大的资金实力和创新灵活的服务手段，多年来，在医疗、印刷、交通运输、教育、工程机械、石油化工、纺织、工业机械、电力、烟草等领域，开展了大量的租赁业务，现租赁业务地域已遍及全国，为很多大中小企业提供了金融租赁服务。

目前，公司在国内医疗印刷租赁行业中处于领先地位，特别是一批中小企业在公司的融资租赁支持下，迅速成长起来，产生了良好的经济效益和社会效益，公司在行业的知名度和美誉度不断提高，在市场上树立了良好的形象和资信度。公司稳健经营，严控风险，资产质量位居全国同行领先水平，资产规模与经营业绩持续高增长受到了监管机构较高评价。

组织机构

公司设有董事会、监事会，审计委员会（设稽核部）、风险管理委员会、项目审核委员会。

内设办公室/人力资源部、财务部、风险控制部、业务一部、业务二部、业务三部、业务四部、业务五部。

交银金融租赁有限责任公司

交银金融租赁有限责任公司由交通银行独资设立，注册资本20亿元人民币，于2007年12月28日在上海正式开业。作为银监会首批银行系金融租赁公司，交银租赁将积极开拓市场，开展金融创新。目前公司的目标客户包括三大类：一是有市场规模的运营服务商，如电力、通信、城市基础设施、铁路、航运、环保节能等企业；二是有知名品牌的大型设备制造商，交银租赁可与之共同开展厂商租赁业务；三是优质上市公司和盈利能力较强的企业，通过融资租赁，可帮助客户调节财务和税收状况。作为交银控股集团下的又一支生力军，交银租赁将积极携手与分支行、兄弟子公司进行业务合作，依托交银集团的保险、证券、基金、信托等金融业务的整合资源，满足客户多层次金融服务和财富管理需求，共同描绘交银集团综合化经营的美好蓝图。

业务管理

根据《金融租赁公司管理办法》，交银租赁将经营以下本外币业务：融资租赁业务，接受承租人的租赁保证金，向商业银行转让应收租赁款，经批准发行金融债券，同业拆借，向金融机构借款，境外外汇借款，租赁物品残值变卖及处理业务，经济咨询，中国银行业监督管理委员会批准的其他业务。

公司战略

在"1 + N"为核心业务的战略指导下，交银租赁将紧紧依托母体——交通银行的网络和客户资源优势，以具有竞争力的租金成本和租赁功能，通过银行信贷与租赁的优势互补，迅速渗透市场，抢占先机，建立和稳定一批高端、优质客户群，不断提升市场对"交银租赁"的认可度，从而在品牌、规模优势、产品创新和优质服务上出效益。

大事记

2007年11月9日，交银金融租赁有限责任公司（筹）召开第一届董事会第一次会议。

2007年11月9日，交银金融租赁有限责任公司（筹）召开第一届董事会第一次会议。

2008年3月7日，交银金融租赁有限责任公司召开第一届监事会第一次会议。

2008年3月7日，交银金融租赁有限责任公司召开第一届监事会第一次会议。

国银金融租赁有限公司

国银金融租赁有限公司是经中国银监会批准设立、国家开发银行控股经营的非银行金融机构，注册资本80亿元，是国内最大的金融租赁公司。公司现有员工130余人，资产总额超过600亿元。被2010中国融资租赁年会评为"2010中国最具影响力融资租赁公司"。

作为国家开发银行的租赁业务平台，公司充分发挥开发银行的各种资源优势，积极与各分行开展业务协同，共同为客户打造量身订做的"信贷 + 租赁"组合金融服务，形成了航空、船舶、商用车、基础设施、轨道交通、能源电力、工程机械、企业设备、商业房产等租赁业务并举的发展格局。

在未来发展中，公司将服务于国家开发银行总体发展战略，继续发挥开行的各种资源优势，与开行的总、分支机构紧密合作，共同为客户提供优质、灵活的"投、贷、债、租、证"综合金融服务；同时，将继续细分市场、优化服务、走专业化发展之路；借助开行率先布局国际业务的优势，积极贯彻国家"走出去"战略，为国产装备出口提供配套租赁服务，从资源、品牌、服务、管理、文化等多方面打造企业的核心竞争力，力争把公司建设成为"风险可控、资产优质、回报稳定、国内领先、世界知名"的金融租赁品牌企业，为支持经济社会发展做出应有的贡献！

招银金融租赁有限公司

招银金融租赁有限公司（以下简称招银租赁）是国务院批准试办的5家银行系金融租赁公司之一，于2008年3月26日获得中国银行业监督管理委员会批准成立，注册资本金20亿元人民币，注册地上海，由招商银行（600036）股份有限公司全资设立。

招银租赁的设立，是招商银行综合化经营战略的重要组成部分。各项租赁业务的全面开展，将更加丰富招商银行的金融产品种类，特别是优化公司业务的产品结构，从而充分满足客户多样化的金融服务需求。

招银租赁将以国家产业政策为导向，以招商银行遍布全国的分支机构网络为业务营销的重要渠道，以船舶运输、电力电信等大型设备和中小企业融资等行业客户作为主要的业务发展方向，有效利用招商银行系统平台上客户信息、风险管理等一系列资源，充分把握中国租赁市场的发展变化特点，紧紧围绕客户在融资购物、促进销售、盘活资产、均衡税负、改善财务结构等方面的个性化需求，向企业提供融资租赁、资产管理、投融资咨询等全新的金融服务。

招银租赁已经按照现代企业管理制度和国家的监管要求，建立了专业、高效、制衡和负责的董事会，并将持续完善公司治理结构，加强合规经营，扎实推进公司的科学化、信息化、流程化和系统化管理建设。

招银租赁作为招商银行的全资子公司，将秉承招商银行卓有成效的“因势而变、因您而变”的经营理念，坚持“服务、创新、稳健”的核心价值观，以“高起点、高标准、高水平”为创业宗旨，以“国际化、市场化、专业化”为管理目标，致力于将招银租赁打造成为优秀和卓越的金融租赁公司。

中国外贸金融租赁有限公司

中国外贸金融租赁有限公司成立于1985年，现由中国银行业监督管理委员会直接监管。2008年1月，经中国银行业监督管理委员会批准，公司进行了重组改制，目前注册资本为15.07亿元，中国五矿集团公司与中国东方资产管理公司各持50%股权。

公司具有优越的产融背景，中国五矿集团是以金属、矿产生产和流通为主的国有大型企业集团，中国东方资产管理公司是大型国有独资金融企业，实力雄厚。

20多年来，在监管部门和股东的指导和支持下，公司与电信、钢铁、有色、化工、工程、医疗等行业的多家企业建立了广泛深入的合作关系，业务范围覆盖全国，为促进客户和经济的发展起到了积极的作用。

公司将充分依托股东的品牌、资金、网络等资源，恪守诚信，发挥专业优势，不断开拓创新，提升服务品质，坚持对客户与伙伴的承诺，将公司打造为国内优秀的金融租赁公司。

新疆长城金融租赁有限公司

股东情况

中国长城资产管理公司是1999年经国务院批准、由财政部出资设立的具有独立法人资格的国有独资金融企业。公司通过综合运用债务追偿，资产置换、租赁、转让与销售，债务重组及企业重组，债权转股权，资产证券化等手段，收购、管理、经营和处置国有商业银行剥离的不良资产，防范和化解金融风险，实现不良资产的价值回收的最大化，最大限度地保全国有资产。

公司治理

根据市场化运作的客观要求，公司建立了以股东、董事会、监事会、经营层等为主体的组织架构，保证相互之间职责清晰、有效制衡，形成科学、高效的决策、激励和约束机制。

发展战略

重组复业两年以来，长城租赁按照现代企业管理的要求，制定了包括各项规范、程序和操作细则在内的制度体系，设计了融合在业务流程中的风险控制体系，与多家金融机构建立了业务联系，为今后的发展奠定了良好的基础。因此，在今后几年，长城租赁将加快发展、壮大实力，力争五年内租赁规模达到200亿元以上，成为具备一定规模和市场影响力的独立型租赁公司。

通过对自身特点和市场需求的认真研究，长城租赁确定了以中小企业为主的客户定位；在行业选择上，公司在起步发展阶段，不强求行业集中，待发展到一定规模后，逐步向医疗、机械、环保、物流、资源等行业集中；在发展策略上，积极与厂商合作，力争成为一流厂商的合作伙伴，共同拓展租赁业务。

发展状况

2009年按照公司大力开拓业务，完善制度建设，加强风险防范，持续稳健发展的经营指导思想，广大员工齐心协力，经过艰苦顽强的拼搏，全面完成各项任务目标。当年租赁业务投放规模21.82亿元，实现主营业务收入1.88亿元，比上年增长68.9%；实现净利润0.79亿元，同比增长168.05%；加权平均净资产收益率13.59%，总资产净回报率3.34%。

2009年末公司租赁资产余额29.77亿元，其中：正常租赁资产79笔，余额24.21亿元；不良租赁资产19笔，净值余额5.59亿元，均属重组前遗留不良资产。

山西金融租赁有限公司

山西金融租赁有限公司是1992年由山西省计划委员会、省工商银行和省建设银行合资组建，经中国人民银行批准设立的主营融资租赁业务的非银行金融机构。2002年经中国银行业监督管理委员会批准实施增资扩股，注册资本由5000万元增至5亿元，并由山西国际电力集团有限公司控股。

公司成立近20年来，秉承“诚信、勤勉、稳健、创新”的经营理念，充分发挥融资租赁这一独特金融工具融资融物、加速技术进步、促进产业升级等显著优势，已在企业技术改造、交通运输、能源环保、工程机械、医疗印刷等领域为众多企事业单位提供融资租赁服务，为促进经济发展做出了积极努力。与此同时，公司也在与企业的合作过程中取得了良好的经济效益和社会效益，公司自成立以来保持持续盈利，并精心打造了一个管理高效、服务一流、信誉卓著的金融租赁品牌。

河北省金融租赁有限公司

河北省金融租赁有限公司成立于1995年12月20日，注册资本金5亿元人民币，是经中国银行业监督管理委员会批准成立的以经营租赁业务为主的非银行金融机构，由河北建设投资集团有限责任公司、新奥集团股份有限公司等六家公司共同出资设立。

公司自成立以来，一直秉承“卓越、创新、专业、诚信”的经营理念，不断聚集金融、投资、财税、技术等各类英才，积极探索和实践融资租赁和经营性租赁的各种金融产品，稳步提高市场份额，审慎控制经营风险，保持了“持续、稳健、快速”的发展态势。截至2010年，公司业务领域涉及交通运输、通讯、基础建设、能源、医疗卫生等多个行业，为近15个省、自治区和直辖市的合作伙伴提供了高效的的金融综合服务，租赁业务规模累计超过200亿人民币。

公司以固定资产的租赁和投资服务为基本商业模式，为合作伙伴的发展提供专业化的投资、理财、融资和贸易平台。公司将在理财和专业化方面成为国内领先的集成商。

第三编
中国证券市场

第一章　中国证券市场概况

第一节　中国证券市场

2011年中国证券业发展现状

文章来源：中国证券业协会《中国证券业发展报告(2012)》

一、证券行业总体情况

(一)证券公司发展情况

截至2011年12月底，全国共有证券公司109家，与2010年相比，增加了3家。

1. 证券公司资产规模。2011年，证券公司总资产规模合计1.57万亿元，同比减少20.3%；平均每家证券公司总资产为144.04亿元。全部证券公司净资产规模合计为6303亿元，同比增加11.28%；平均每家证券公司净资产为57.83亿元(见表1)。

表1　2011年证券公司规模和经营业绩

指标	2011年	2010年	同比增长(%)
营业收入(亿元)	1360	1911	-28.83
代理买卖证券业务净收入(亿元)	689	1085	-36.50
证券承销与保荐及财务顾问业务净收入(亿元)	241	272	-11.40
受托客户资产管理业务净收入(亿元)	21	22	-4.55
证券投资收益(含量公允价值变动)(亿元)	50	207	-75.85
净利润(亿元)	394	776	-49.23
总资产(亿元)	15700	19700	-20.30
净资产(亿元)	6303	5664	11.28
净资本(亿元)	4634	4319	7.29

注：据中国证券业协会网站相关数据整理

2. 证券公司业务利润变动和收入结构情况。2011年证券公司实现营业收入1360亿元，同比下降28.83%；实现净利润394亿元，同比下降49.23%。在营业收入的细项数据方面，2011年证券行业代理买卖证券业务净收入达689亿元，证券承销与保荐及财务顾问业务净收入241亿元，受托客户资产管理业务净收入21亿元，证券投资收益(含公允价值变动)50亿元。经纪、承销保荐及财务顾问业务依然是证券公司主要收入来源，所占比重分别为51%和18%。从统计数据来看，证券行业收入结构正在逐步优化。传统上作为证券公司收入来源支柱的经纪业务占比逐步下降，而随着创业板的开启，投资银行业务收入占比继2010年大幅提高后继续提高了近4%。

3. 证券公司从业人员情况。2011年证券公司注册从业人员数达到261802人。其中，注册为一般从业人员的194241人，证券经纪业务营销人员9371人，证券经纪人37456人，证券投资咨询业务(分析师)1958人，证券投资咨询业务(投资顾问)18231人，证券投资咨询业务(其他)545人。

(二)证券投资咨询公司发展状况

截至到2011年底，通过中国证券监督管理委员会(简称"中国证监会")年检的证券投资咨询公司共有88家。分地区来看，排名前3位的分别是上海19家，北京18家，深圳9家。在中国证券业协会登记注册的执业总人数为1215人。

(三)证券市场资信评级机构发展状况

目前，我国经中国证监会批准的证券信用评级机构共有6家，包括大公国际资信评估有限公司、中诚信证券评估有限公司、联合信用评级有限公司、上海新世纪资信评估投资服务公司、鹏元资信评估有限公司和东方金诚国际信用评估有限公司。其中，东方金诚国际信用评估有限公司在2011年获准从事证券市场资信评级业务。据中国证券业协会专项调查统计，2011年6家资信评级机构总收入约32051万元，比2010年总收入增长70%。其中，证券资信评级业务总收入约为3876万元，占总收入的12%。截至2011年底，我国6家证券资信评级机构的员工总数达815人，其中评级分析师人员数量为458人。

二、证券公司各项业务开展情况

(一)经纪业务

2011年，受欧债危机持续扩散以及国内货币紧缩政策的影响，沪、深两市股指大幅下挫，市场交投活跃度明显下降。同时，受证券行业竞争加剧的影响，经纪业务佣金率进一步下滑，证券公司经纪业务收入大幅减少。

1. 市场规模情况。截至2011年底，境内上市公司数(A、B股)达到2342家，同比增加13.52%；股票发行股本36096亿股，同比增加8.77%，其中流通股28850亿股，增加12.51%；两市总市值21.48万亿元，同比下降19.09%；流通市值16.49万亿元，同比下降14.60%。2011年，市场成交额较2010年明显减少。股票成交42.16万亿元，基金成交0.64万亿元，权证成交3474亿元，分别较上年下降22.72%、29.24%和76.82%。交易所债券成交20.66万亿元，较2010年上升203.56%。

2. 股票账户情况。2011年，沪、深两市股票账户的增长数量和增长幅度都明显低于2010年。截至2011年底，两市股票账户净增1092.87万户(含三板账户合并数)，同比增长7.07%；两市基金账户总数为3712.30万户，同比增长308.05万户，增长幅度为9.05%，是近4年来净增户数最多的1年。截至2011年底，沪、深股票账户数合计为16546.90万户，有效股票账户14050.37万户。其中，A股有效账户13798.21万户，43.88%的账户近1年内参与了二级市场交易。2011年底，持仓的A股账户数5694.18万户，占全部A股有效账户的比重为41.27%。从A股账户结构来看，自然人账户占比达到99.6%。但从A股账户数的增长趋势来看，与2010年相比，2011年底证券投资基金、QFII、企业年金等机构投资者的增幅都远高于自然人的增幅(见表2)。

表 2　2011 年 A 股账户结构及变化数据

	2011 年底 A 股账户数（户）	2010 年底 A 股账户数（户）	增减变化（户）	幅度（%）	2011 年底 A 股账户数结构（%）
自然人	162.4232	151460366	10873866	7.18	99.6237
证券公司集合理财	566	372	194	52.15	0.0003
证券投资基金	1769	1400	369	26.36	0.0011
基金公司专户理财产品	1572	1196	376	31.44	0.0010
社保基金	180	168	12	7.14	0.0001
企业年金	4040	3315	725	21.87	0.0025
QFII	239	214	25	11.68	0.0001
保险	1051	998	53	5.31	0.0006
信托	11622	9284	2338	25.18	0.0074
一般机构	495869	465065	30804	6.62	0.3043

资料来源：中国证券登记结算有限责任公司

3. 经纪业务收入情况。受交易额下降和佣金率持续下滑的影响，证券经纪业务的收入明显下滑。全行业代理买卖证券业务净收入 688.87 亿元，较上年下降了 36.5%。2011 年行业平均佣金率为 0.081%，较上年下滑了 15.25%。

4. 市场集中度情况。2011 年，证券经纪业务市场集中度继续呈现下降趋势。排名前 20 位的证券公司合计股票、基金市场份额占比从 2010 年的 61.61%，下降到 2011 年底的 60.80%。

5. 营业部网点数量情况。证券公司营业部网点数量呈现稳步上升的趋势。2011 年达到了 5032 家，比 2010 年增加了 404 家。

（二）投资银行业务

与 2010 年相比，2011 年证券市场股权融资下降明显。A 股市场通过 IPO、增发、配股和权证行权累计境内融资 5073.07亿元，同比下降 43.35%。

1. 股权融资情况。

（1）首次公开发行。2011 年共完成首次公开发行项目 279 家，募集资金 2825.07 亿元，平均每家 10.13 亿元；募集资金同比减少 2057.56 亿元。其中，在深圳中小企业板上市的项目有 111 家，募集资金 976.85 亿元，占市场 IPO 融资量的 36.44%；在深圳创业板上市的项目有 123 家，募集资金 736.97亿元，占市场 IPO 融资量的 27.49%。

（2）公开增发。2011 年共完成公开发行增发项目 10 家，募集资金 132.05 亿元，平均每家募集资金 13.21 亿元；与 2010 年相比，发行家数相同，募集资金减少 245.09 亿元。2011 年公开发行增发最大的项目为河北钢铁，募集资金 160.15亿元。

（3）非公开发行。2011 年共完成非公开发行项目 173 家，共计募集资金 1664.50 亿元，平均每家融资 9.62 亿元；与 2010 年相比，发行家数增加 62 家，募集资金减少 429.65 亿元。融资量最大的前 5 家项目是：华夏银行（202.09 亿元）、广发证券（121.79 亿元）、上港集团（79.22 亿元）、大唐发电（67.40 亿元）和山煤国际（55.00 亿元）。

（4）配股。2011 年共有 14 家公司实施配股，总计募集资金 421.96 亿元，平均每家 30.14 亿元；与 2010 年相比，发行家数减少 6 家，募集资金减少 1065.66 亿元。募集资金量最大的前 5 家公司分别为中信银行（175.61 亿元）、武钢股份（83.46 亿元）、天威保变（24.48 亿元）、中孚实业（24.29 亿元）和中远航运（21.13 亿元）。

2011 年，共有 64 家证券公司完成 1 家以上的主承销项目。按承销金额排名，2011 年排名主承销商前 5 位的证券公司分别为中信证券、国信证券、平安证券、中金公司和安信证券，承销金额分别为 711.85 亿元、465.11 亿元、338.43 亿元、286.84 亿元和 271.74 亿元。按承销家数排名，2011 年排名前 5 位的主承销商分别为平安证券、国信证券、海通证券、招商证券和广发证券，项目数量分别为 42 家、41 家、22 家、19 家和 18 家。

2. 债券发行情况。2011 年，有 9 家公司发行可转换公司债券，募集资金 413.2 亿元，平均每家 45.91 亿元；与 2010 年相比，发行家数增加 1 家，募集资金减少 304.1 亿元。83 家公司发行公司债，发行总金额 1291.20 亿元，平均每家 15.56 亿元。企业债券共发行 3553.94 亿元。

3. 并购业务情况。2011 年，市场共有 57 个并购重组项目通过并购重组委员会的审核，交易金额达到 2140.64 亿元。最大 3 家分别是上海汽车定向增发、深发展定向增发、友谊股份定向增发和吸收合并项目，涉及金额分别为 291.19 亿元、290.80 亿元和 194.68 亿元。

（三）资产管理业务

截至 2011 年底，国内已有 60 家证券公司开展证券资产管理业务，合计管理产品数量 284 只，若剔除获批准尚未发行的产品，实际产品数量为 275 只，资产份额 1439.46 亿份，资产规模 1282.65 亿元。

1. 证券公司理财产品发行情况。2011 年，证券公司共新发行集合理财产品 108 只，其中，股票型 7 只，混合型 81 只，货币型 2 只，债券型 11 只，QDII2 只，其他型 5 只。

从新发行的产品数量上看，2011 年的新发行量为历年来最大，但从单只规模上看，规模持续下滑。按投资类型划分，275 只产品绝大多数为混合型产品（占比 76%）。虽然从总体上看，近几年证券公司资产管理规模持续增长，但 2011 年由于股市持续低迷，在每月基本上都有新发行产品的情况下，证券公司资产管理的规模仍逐渐下降。

2. 业绩情况。截至 2011 年底，已投资运营的各类型证券公司理财产品共 275 只，其中实现正收益的有 47 只，占 17.1%；有 7 只收益为 0，占 2.5%；其余亏损，占 80.4%。2010 年证券公司理财产品的亏损面为 30%，2011 年亏损面扩大的主要原因在于 A 股市场的持续低迷。在 2011 年实现正收益的 47 只产品中，超过一半以上的产品为混合型，股票型只占 4%。按投资类型进行分类分析，所有 275 只产品中，混合型产品共 208 只，其中 25 只在 2011 年实现了正收益，占比 12%；股票型产品共 10 只，其中有 3 只产品在 2011 年取得了正收益；债券型产品共 34 只，其中有 12 只在 2011 年取得了正收益；货币型产品共 7 只，2011 年有 6 只产品取得正收益，1 只收益率为 0；受欧债危机影响，4 只 QDII 产品 2011 年全部亏损；剩余 12 只其他类型的产品收益率绝大多数为负。

（四）投资咨询业务

2011 年 1 月 1 日正式实施的《证券投资顾问业务暂行规定》和《发布证券研究报告暂行规定》，明确将传统的证券投资咨询业务区分为证券投资顾问业务和发布研究报告这两种基本的服务形式，并分别对证券公司和证券投资咨询公司开展证券投资咨询业务的风险控制制度建设、利益冲突防范、流程规范、执业原则和禁止性行为等提出了相应的要求。上述两个基础性制度规范的颁布及实施，为我国证券投资咨询业务提供了操作规范和制度保障，为我国证券投资咨询业务的健康长远发展指明了方向。

1. 投资顾问业务情况。2011 年是投资顾问业务快速发展壮大的一年。中国证券业协会专项调查统计(为做好《中国证券业发展报告(2012)》的编写工作,中国证券业协会就投资顾问业务、发布研究报告业务开展情况做了专项调查。中国证券业协会关于发布研究报告业务的专项调查统计样本总数为92家证券公司。如无特别说明,本报告均以此为基础统计分析。)表明,目前业内有83家证券公司已开展投资顾问业务,其中55家设立了从事及管理投资顾问业务的独立部门(以下简称"投顾部门")。投顾部门普遍承担制定投资顾问管理制度与工作流程、公司投资顾问团队的日常管理、团队建设、考核督导和风险监控等业务管理工作,部分公司的该部门还具备投资顾问业务线的人事任免权与预算管理权。

调查表明,目前证券公司投资顾问业务的组织分工形式分为总部为主、分支机构为主和两者分工协作三种形式,其中两者分工协作占了半数以上。大部分证券公司总部设有投资顾问业务业务岗位,所有参与调查证券公司的分支机构均有从事投资顾问业务的团队。证券公司总部与分支机构中从事投资顾问业务的团队规模平均扩大五成左右(见表3)。

表3 证券公司投资顾问业务情况

总部设有投资顾问业务岗位的证券公司数量	83家
总部设有投资顾问业务业务岗位的证券公司调研占比	96.5
总部投资顾问平均团队规模	17人
分支机构设有投资顾问业务业务岗位的证券公司数量	86家
分支机构设有投资顾问业务业务岗位的证券公司调研占比	100%
证券公司分支机构平均团队规模	178人

2. 发布研究报告业务。

(1)证券公司发布研究报告的情况。根据中国证券业协会专项调查统计,2011年,设有研究部(所)的88家证券公司,总共发布研究报告数量为162357篇,比2010年增长23%。在这些报告当中,深度报告为15283篇,比2010年增长21%。从产品体系的拓展和完善上讲,衍生品研究、特别覆盖研究、理财产品研究、大宗商品研究、财富研究、中小市值研究、(金融)创新研究等新型研究层出不穷;从产品及服务的推广形式上来讲,联合调研、高端论坛、电话会议、新媒体互动、一对一会议、一对一调研、专题研讨会、上门一对一服务、分析师互动、销售经理交流、委托定制等新型推广形式不断涌现。

(2)证券公司对研究的支持及经费投入情况。据中国证券业协会专项调查统计,2011年,设有研究部(所)的88家证券公司中,57家进行了品牌推广,63家加强了对机构客户的研究推广和服务,82家加强了对分支机构的支持。而从经费投入上看,2011年,证券公司研究所(部)的研究经费增幅平均值为35%,仅有12家证券公司研究所(部)表示其年度研究经费增幅出现下降。尽管2011年市场形势不容乐观且研究收入有所下降,但证券公司对研究品牌、发布研究报告以服务机构客户及支持分支机构的重视程度有增无减。

(3)证券公司从事发布研究报告业务的人员情况。据中国证券业协会专项调查统计,2011年,88家证券公司研究部(所)的全部员工总数为4347人,比2010年增长19%。从人员的流入和流出来看,2011年,证券公司研究部(所)新进员工数为1580人,比2010年增长28%;离职员工数为840人,比2010年增长31%。证券业发布研究报告的研究人员数量增长显着,行业内的员工交流互动也较为频繁和活跃。从人员的知识及经验角度来看,2011年,行业从事发布证券研究报告业务的人员中,博士学历及其以上员工数为497人,比2010年增长20%;具有5年以上从业经验的员工数为1058人,比2010年增长15%。显然,具有高级知识学历及背景的从业人员增长速度较快,从事发布证券研究报告的证券公司研究人员从业经验更加丰富。

(五)融资融券业务

2010年3月,我国正式推出了融资融券业务,丰富了我国资本市场信用交易机制,提供了基础做空工具。一方面,改变了中国资本市场"单边市"的先天缺陷,为投资者提供了风险对冲和管理的对冲工具;另一方面,通过引入杠杆交易,增强了市场流动性,提高了投资者资金的使用效率。在经历了2010年的平稳运行后,融资融券业务于2011年正式转为证券公司的常规业务,并呈现出有序增长的态势,业务规模不断增加,市场影响力逐步增强。

2011年10月28日,中国证监会正式发布了《关于修改〈证券公司融资融券业务试点管理办法〉的决定》、《关于修改〈证券公司融资融券业务试点内部控制指引〉的决定》。随后,沪、深证券交易所于11月25日发布了《融资融券交易实施细则》,对《融资融券试点交易实施细则》中部分条款进行了修订,融资融券标的股票由此前的90只扩容至285只,融资融券业务由"试点"转为"常规"。2010年12月,安信证券、长城证券等14家证券公司获得第三批业务资格。截至2011年底共有25家证券公司启动了融资融券业务。

2011年10月,中国证券金融股份有限公司成立,注册资本为75亿元,其股东为沪、深证券交易所以及中国证券登记结算有限责任公司。中国证券金融股份有限公司不以营利为目的,其主要职责是开展转融通业务,以及担负起对证券公司融资融券、转融通业务进行统计、监测、分析等职责。2011年11月,中国证监会正式发布了《转融通业务监督管理试行办法》等3个关于融资融券业务和转融通业务的制度文件,提高了融出证券余额占上市可流通市值的比例,拓宽了融资融券业务发展的空间。

1. 交易规模。2011年,融资融券市场交易规模逐步扩大。融资融券累计交易金额为5855.97亿元,月均增长7.13%,其中融资交易金额为5331.09亿元,融券交易金额为524.88亿元,较2010年的1370.46亿元增长3.89倍。2011年融资融券市场交易金额占A股市场交易金额的1.39%。从月度数据来看,年初交易金额占比为1.34%,然后逐步增至10月的2.89%,11月标的证券扩容至278只股票,由于新的标的证券交易金额较小,因此比重下降较明显。融资融券余额为382.07亿元,相比2010年127.71亿元的余额增加了1.99倍,其中融资余额为375.48亿元,融券余额为6.59亿元(见图1)。

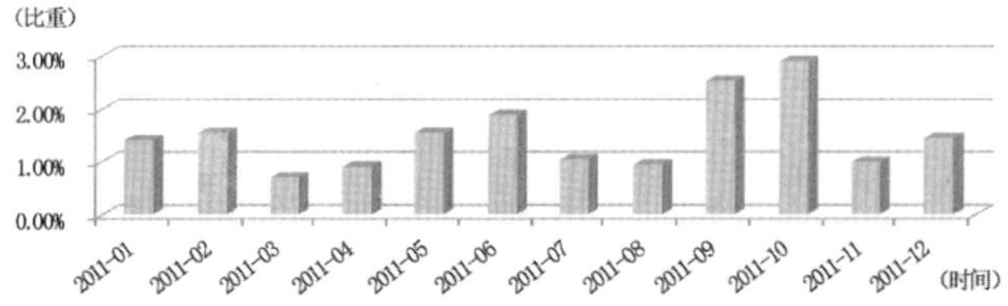

图1 融资融券交易金额占A股市场交易金额比重变化情况

2. 投资者情况。融资融券业务的参与者数量持续增加。2011年底,信用账户开户数为348610户。其中,个人客户为347507户,占总客户数的99.68%;机构客户为1103户。截止到2011年12月,参与融资融券业务客户量占A股市场参与者的比重为0.20%(根据中国证券登记结算有限责任公司

《统计月报》中信用账户和 A 股账户开户数计算得出）。2011 年，信用账户开户数月平均增长率为 19.84%，其中个人客户开户数月平均增长率为 19.87%，机构客户开户数月平均增长率为 13.48%。

（六）直接投资业务

我国证券公司直接投资业务于 2007 年 9 月正式启动。2011 年 7 月 8 日，中国证监会颁布《证券公司直接投资业务监管指引》，将证券公司直接投资业务纳入常规监管，允许证券公司直投公司设立直接投资基金，筹集并管理客户资金进行股权投资。截至 2011 年底，共有 34 家证券公司获准开展直接投资业务（中国证券业协会关于证券公司直接投资业务的专项调查统计样本总数为 33 家直投公司。如无特别说明，本报告均以此为基础进行统计分析）。

1. 总体情况。据中国证券业协会专项调查统计，截至 2011 年底，证券公司直投公司注册资本共计 256.6 亿元；共计管理产业基金 5 只，总规模 33.57 亿元；设立直投基金 2 只，募集资金 25.47 亿元。参加调查的 33 家证券公司直投公司自开展直投业务以来累计已投资项目 355 个，对应投资金额 170 亿元；已上市项目 41 个，对应投资金额 11.56 亿元；已实现完全退出项目 7 个。证券公司直投公司员工队伍达 511 人。

从盈利能力来看，自开展直接投资业务以来，证券公司直投公司累计实现净利润共计 19.97 亿元，其中累计实现净利润排名第 1 位的证券公司直投公司占合计净利润总额的 74%；累计实现净利润排名前 5 位的证券公司直投公司占合计净利润总额的 89%（见表 4）。

表 4　2007—2011 年证券公司直投公司累计投资、退出及盈利情况

		2007 年	2008 年	2009 年	2010 年	2011 年	2007－2011 年累计
投资情况	本年度新增投资项目数量（个）	1	5	57	141	151	355
	对应投资金额（亿元）	1.50	11.50	17.47	61.98	77.55	170
项目上市情况	本年度新增上市项目数量（个）			5	14	22	41
	对应投资金额（亿元）			0.96	4.30	6.29	11.55
项目退出情况	本年度新增的全部退出项目数量（个）					7	7
主要指标	注册资本（亿元）	8.81	47.50	136.60	205.10	256.60	
	净利润（亿元）	0.07	1.14	2.66	5.57	10.52	19.96
直投公司员工情况（人）		11	70	153	322	511	

资料来源：据中国证券业协会专项调查统计数据整理

2. 证券公司直投公司管理资金规模、投资、退出及盈利情况。经过 4 年的投资期，证券公司直接投资项目到 2011 年开始实现项目集中退出，2011 年证券公司直投公司不仅实现净利润 89% 的同比增幅，而且管理资金规模、投资、退出均实现大幅增长。据中国证券业协会专项调查统计，资金管理规模方面，2011 年证券公司直投公司总计管理资产规模 315.64 亿元，同比增长 48%，其中，注册资本金共计 256.6 亿元，同比增长 25%；管理产业基金规模共计 33.57 亿元，同比增长 320%；管理直接投资基金规模从无到有共计 25.47 亿元；投资方面，2011 年总计新增投资项目 151 个，同比增长 7%，涉及投资金额 77.55 亿元，同比增长 25%；实现项目上市方面，2011 年总计实现新增上市项目 22 个，同比增长 57%；项目退出方面，33 家公司 2011 年总计新增完全退出项目 7 个，2011 年之前尚未有完全退出项目；实现盈利方面，33 家公司 2011 年总计实现净利润 10.52 亿元，同比增长 89%。

（七）国际业务

目前我国证券公司的国际化发展尚处于以国内市场为依托的初级阶段，主要以投资银行业务为主，地域上则主要集中在我国香港地区。

2011 年，我国已有包括中金公司、中信证券、国泰君安、海通证券等在内的约 20 家内地证券公司在香港设立了分公司或子公司。除了香港市场外，我国证券公司也已在美国、欧洲、新加坡等发达资本市场设立分支机构，开始探索向巴西、日本、韩国、迪拜等市场拓展业务。

投资银行业务方面，在 2011 年香港市场 IPO 和再融资总额分别下滑 50.2% 和 61.3% 的情况下，中资证券公司香港市场 IPO 和再融资业务的市场份额分别为 12.5% 和 18.9%，同比下降 9.7 个百分点和上升 0.8 个百分点；除股票市场业务之外，我国证券公司在香港债券承销业务上取得了突破，2011 年有中金公司和中信证券两家证券公司完成了总额 1.84 亿美元的债券承销，占总市场份额的 1.32%。

资产管理业务方面，2011 年在原有 QDII 和 QFII 投资顾问等业务的基础上，年底增加了 RQFII 业务，使得中资证券公司资产管理国际业务产品线更为完善，获利手段更加多样：2011 年底，QDII、QFII 和 RQFII 三项业务已经分别获得 25 亿美元、245.5 亿美元和 100 亿元人民币的额度。

三、证券行业制度建设情况

（一）证券监管部门

2011 年，中国证监会加快各项工作的基础性制度建设，为行业稳健发展夯实基础。股票市场方面，全面落实新股发行体制改革措施，督促市场主体归位尽责；实施保荐项目问核制，加强对保荐机构执业行为的监管。债券市场方面，启动创业板公司非公开发行公司债券，拓展企业融资渠道；开通公司债“绿色通道”，分离债券融资审核与股权融资审核，优化债券审核机制和流程，缩短审核周期。上市公司监管方面，修改上市公司重大资产重组与配套融资相关规定，推动部分改制上市公司整体上市。证券中介机构监管方面，加强证券公司风险监控，组织开展全行业统一压力测试；开展债券质押式报价回购和现金管理等产品创新试点；推进融资融券业务试点转常规，成立证券金融公司；规范证券投资咨询机构投资顾问业务，明确财务顾问执业要求，实行问责机制和执业评价。市场法治及诚信建设方面，修改制定证券期货制度规则 42 件，在上市公司和证券期货监管系统全面实施内幕信息知情人登记管理制度，防范内幕交易违法犯罪行为。完善信息披露义务行政法律责任体系，发布《信息披露违法行为行政责任认定规则》，保护投资者合法权益。

对外开放方面,启动离岸人民币投资境内资本市场(RQFII)试点,研究修订合格境外机构投资者(QFII)办法及配套规则。

(二)中国证券业协会

2011 年,中国证券业协会继续秉承"自律、服务、传导"的职能定位,顺利完成换届工作,扎实推进行业自律规则、行业标准和业务规范的制定,充分发挥行业自律组织应有作用。建立健全专业委员会工作机制,在原有 8 个专业委员会基础上,增设创新发展战略、资产管理、国际合作、人力资源管理、证券纠纷调解、自律协调 6 个专业委员会,充分发挥专业委员会的作用。如组织行业积极参与重大政策法规的制定修改、组织行业开展《中华人民共和国证券法》实施效果评估;发布《关于落实〈证券公司直接投资业务监管指引〉有关要求的通知》,规范证券公司"直投 + 保荐"业务模式,防范利益冲突;修改完善《中国证券业协会自律管理措施和纪律处分办法》,完善自律监察工作制度等。强化对会员单位的自律管理,如深化证券公司压力测试工作,制定并发布《证券公司压力测试指引》,提高行业风险管理和内部控制水平;制定并下发《关于明确〈证券营业部信息技术指引〉第 63 条有关内容的通知》,明确"不提供现场交易服务的证券营业部"信息系统建设的具体要求和标准,提高行业信息安全保障水平。健全创新机制,充分发挥专业评价在促进行业创新中的作用。如启动转常规后融资融券业务方案专业评价工作,修订并发布《融资融券合同必备条款》和《融资融券交易风险揭示书必备条款》。改进从业人员自律管理,如健全从业人员管理制度,制定并发布《关于证券投资顾问和证券分析师注册登记有关事宜的补充通知》等。加强场外市场制度建设,如制定《挂牌公司定期报告审查重点指引》、《挂牌公司临时报告审查重点指引》及配套的 13 个临时报告内容与格式指引,提高挂牌公司信息披露质量;制定并发布《关于做好制作和报送推荐挂牌备案文件工作有关事项的通知》、《关于规范内核审核工作底稿内容与格式的通知》等文件,进一步完善挂牌备案制度等。

2011 年中国证券行业发展特点

文章来源:中国证券业协会《中国证券业发展报告(2012)》

2011 年我国证券行业创新意识不断增强,在服务实体经济、实现经营模式转变、提高合规与风险管理有效性等方面呈现出新的特点。

一、加大中小企业服务力度,加强对实体经济的服务

资本市场与实体经济之间存在着紧密的相互依存关系。资本市场对于引导社会储蓄转化为长期投资、促进科技创新和文化发展繁荣具有不可替代的重要作用。2011 年,我国证券行业加强对实体经济服务,主要表现在以下几个方面。

(一)加强对中小企业提供融资中介服务的力度,服务实体经济

积极推进和完善证券公司对中小企业的融资服务体系,有助于促进中小企业、民营经济快速发展,使之成为促进经济发展、增加社会就业、构建和谐社会、加快转变经济发展方式的重要力量和生力军。证券公司作为中小企业资本市场融资、并购等活动的中介和财务顾问,在中小企业的融资服务体系中扮演着重要的角色,有助于鼓励一批成长性好、发展潜力大的中小企业,通过上市或并购做优、做强、做大。

2011 年,通过中国证监会审核的中小企业(包括深圳中小板和创业板企业)318 家,占所有通过中国证监会审核 IPO 项目总数的 73.27%。2011 年全年发行上市的中小企业(包括深圳中小板和创业板企业)234 家,占所有发行上市企业的 86.35%;中小企业(包括深圳中小板和创业板企业)募集资金净额 1563.87 亿元,占全年所有发行上市企业融资金额的 65.39%。2011 年证券公司投资银行业务发挥了重要的作用。

2011 年发行的新股分布在 19 个不同的行业当中,其中融资规模排名前 4 位的行业分别为资本货物、材料、耐用消费品与服装、汽车与汽车零部件,融资规模分别超过 800 亿元、450 亿元、200 亿元和 100 亿元,占到了 2011 年证券市场 IPO 融资总额的 60% 以上。并购业务方面,案例数量占比排名前 3 位的行业分别为制造业 18%、能源及矿业 15% 和 IT 业 9%;交易金额排名第 1 位的能源及矿业占到了 2011 年全年并购交易总金额的 24%。证券公司投资银行业务服务于实体经济的作用十分明显。

(二)证券公司直接投资业务拓宽了国内企业特别是中小企业的融资渠道

证券公司直接投资业务的开展,使企业特别是融资更为艰难的中小企业可以便利地获取其发展所需资金、资本市场辅导和其他资源,不仅从量上,而且从质上解决企业的融资难问题。据统计,证券公司直投机构自开展直接投资业务以来,累计已为 355 个项目进行了规模达 170 亿元的投资,其中相当一部分被投企业为中小企业。对这些企业而言,证券公司直接投资业务不仅使其获取了发展急需的资金、增加了直接融资比重,而且对于企业顺利对接资本市场、实现产业结构升级起到促进作用。

2011 年 7 月 8 日,中国证监会颁布《证券公司直接投资业务监管指引》,将证券公司直接投资业务纳入常规监管,允许证券公司直投公司设立直投基金,筹集并管理客户资金进行股权投资。这不仅意味着更多证券公司有望开展直接投资业务,也意味着证券公司直投公司进行直接投资的资金来源将突破自有资金局限,拓展到向市场上合格投资者募集资金。因此,证券公司直接投资业务的常规化及持续推进,将凝聚更多证券公司的自有资金以及更大规模的社会资金,通过证券公司直接投资业务支持企业发展。

二、创新意识增强,初步构建以客户服务为中心的经营模式

2011 年是"十二五"规划的开局之年,该规划纲要对资本市场改革创新作出了明确部署。这对证券行业找准定位、实现创新发展提出了迫切要求。目前,证券行业内部管理、风险控制机制不断改善,行业总体保持了稳健经营,经受住了市场调整波动的考验。但与国际同业、国内金融同行相比,证券公司在资本规模、客户资源、盈利水平等方面仍处于相对弱势地位。面对国外同业及国内银行、保险、信托业的日益激烈的竞争和渗透,国内证券公司的创新意识显着增强,创新力度不断加大,在风险可测、可控、可承受的前提下,积极推出新产品、试办新业务,打破同质化的盈利模式。2011 年,经纪业务逐步由通道创收向服务创收转型;投资银行业务由以项目为主导向以客户为主导转变;资产管理业务注重针对不同客户需求、提供多样化的理财产品;证券公司直投公司管理第三方资金开闸,直投业务模式向"自有资金 + 第三方资金"转变等。此外,2011 年证券公司在客户分类分级方面加快了步伐。国内证券公司纷纷成立财富管理部或财富管理中心等机构,综合证券公司经纪、投资银行、资产管理等多方面的专业能力,进一步加强对客户尤其是高端客户的综合服务能力。证券公司通过逐步拓展业务空间、提高服务质量来提升自身核心竞争力，初步构建了以合规经营和控制风险为前提、以市场需求为导向、以客户为中心的经营模式。

三、业务范围扩大，融资融券、直接投资业务等成为新的利润增长点

（一）证券公司业务范围扩大

2011 年，证券公司的业务范围有所扩大，主要包括：融资融券业务由试点转为常规业务，中国证券业协会和沪、深证券交易所相继出台了融资融券业务由试点转为常规业务的相关配套文件；证券自营业务可投资品种范围扩大，中国证监会公布《关于证券公司证券自营业务投资范围及有关事项的规定》，采取制定《证券公司证券自营投资品种清单》的方式，规定了三类证券自营可投资品种；证券公司首次公开发行股票并上市（IPO）申请涉及业务范围从过去的 3 项业务拓宽至 6 项业务等。

（二）投资顾问业务跨入规范发展的新起点

2011 年 1 月 1 日起施行的《证券投资顾问业务暂行规定》，明确了证券投资顾问业务的界定，解决了业内对证券投资咨询服务内涵的困惑，回归专业顾问服务本源，使证券公司的投资顾问业务跨入规范发展的新起点。

据统计，2011 年有 25 家证券公司对投资顾问部门进行了如新设或重组等的较大调整，从事投资顾问业务人员数量增长了 50%。各个证券公司同时也在加强投资顾问业务辅助系统的投入。目前已投入使用的 53 家证券公司的投资顾问业务系统中，有 39 家证券公司是于 2011 年底新完成系统建设并投入使用的，另外还有 18 家证券公司正在建设投资顾问业务系统。

2011 年，投资顾问业务盈利模式实现了从无到有、从无序摸索到初具雏形的过程。目前业内从属于证券公司的投资顾问业务较为普适性的盈利模式主要有如下三种：差别佣金收费模式、投资顾问服务费用模式和服务产品定额收费等。

（三）融资融券业务为行业提供了新的收入来源

2011 年，证券行业融资融券总收入 31.91 亿元，占经纪业务总收入的 6.52%，是证券行业总收入的 2.34%。从月度数据来看，融资融券总收入从 1 月的 1.28 亿元增长至 12 月的 3.90 亿元，月均增长率为 10.63%。其中收入的增长主要来自融资融券利费收入，从 1 月的 0.96 亿元增长至 12 月的 3.09 亿元，月均增长 11.25%（见图 1）。

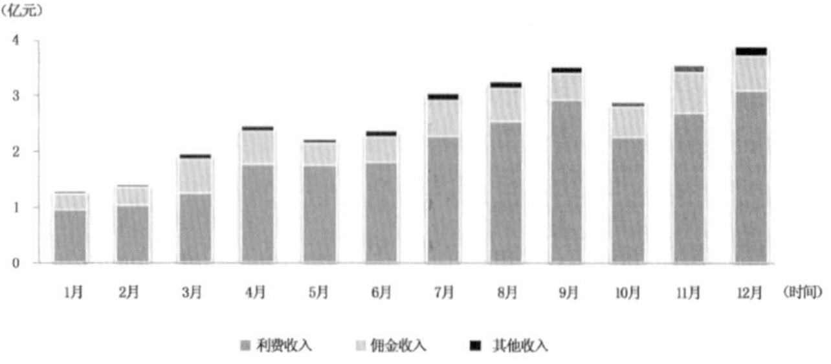

图 1　证券公司融资融券业务收入结构

资料来源：中国证券金融股份有限公司

融资融券的收入来自利费收入和交易佣金两个方面。在全行业融资融券总收入中，利息收入 24.38 亿元，占融资融券总收入的 76.40%；佣金收入 6.20 亿元，占 19.43%；其他收入 1.33 亿元，占 4.17%（见图 2）。

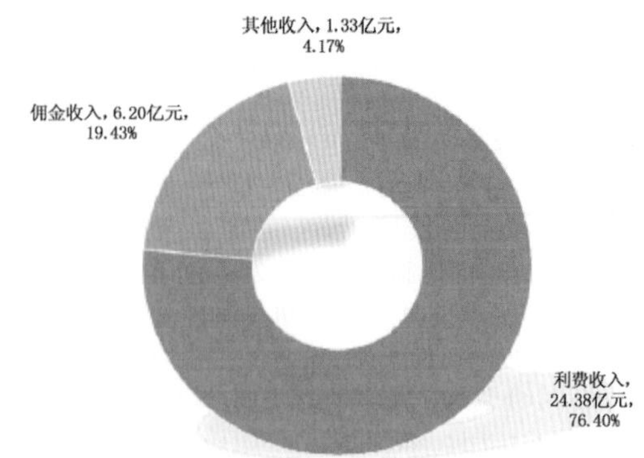

图 2　证券公司融资融券业务收入结构

资料来源：中国证券金融股份有限公司

此外，较高的融资融券的交易费率和换手率对证券公司佣金收入和缓解费率下降的压力作用明显。融资融券的利率原则上按照同期 6 个月贷款利率上浮 3 个百分点，各家证券公司根据自己的情况略有调整。目前，大部分证券公司的融资和融券利率在 9.1% 左右，比同期贷款利率 5.85% 高出 3.25个百分点。在加息周期和资金面偏紧的情况下，融资融券利率保持着溢价优势。根据中信证券的统计，信用账户交易者的月度换手率为 200% 左右，是普通投资者的 7 倍；信用账户交易的佣金费率在 1.5‰左右，远远高于普通的账户费率。因此，随着融资融券业务常规化和信用账户的增多，证券公司整体佣金率水平下降的压力也将有所缓解。

融资融券业务推出的同时，催生了新交易策略和产品的开发力度。融资融券交易策略方面，证券公司纷纷对市场中性策略、利用融资融券进行 ETF 套利、期现套利及期现反向套利等策略展开深入研究，并准备在标的证券范围扩大和转融通业务推出的背景下，更有效地应用这些研究成果。证券公司的资产管理业务以及其他买方业务一旦获准参与融资融券交易，可通过构造多样化的交易策略和对冲产品的销售扩大产品线和客户群，证券公司的业务发展空间将获得极大拓展。在信用产品研发方面，证券公司正在进行一系列产品创新的研发工作，例如按照不同固定期限、不同期限利率设计一系列信用产品；研发用信用交易工具为上市公司股东提供市值管理服务的定向理财产品；为特定客户设计一揽子转融券的反向期现套利产品，或提供定期转融资的正向套利产品；利用融资融券与权证、可转换债券的投资组合设计无风险套利产品等。

（四）直接投资业务成为证券公司新的利润增长点

2011 年，证券公司直接投资业务在证券公司净利润中占比为 2.7%。证券公司直接投资业务自 2007 年开始试点，2008—2011 年各年度全部证券公司直投公司的净利润合计，同比增幅分别达到 1527%、133%、109% 和 89%，而 2011 年全行业 109 家证券公司的净利润同比下降 49.23%。证券公司直接投资业务为证券公司走出一条实现业务创新和盈利方式转变的新路径，提供了现实可能性。

2011 年 7 月 8 日，《证券公司直接投资业务监管指引》发布，允许证券公司直投公司设立直投基金、筹集并管理客户资金进行股权投资，这不仅为证券公司直接投资业务拓宽资金来源、实现可持续发展提供了政策基础，而且将促使中国证券公司直接投资银行业逐步形成自有资金投资和第三方资产管理并行的业务格局，同时也为中国证券公司发展壮大带来了新的机遇。

(五)国际业务步伐加快

我国证券公司国际化经营进一步加快,近年来,中国证券公司通过设立境外机构,积极开展海外市场业务,拓展新的业务资源和空间,促使收入来源多样化,从而减少单一市场的系统性风险给公司业绩带来的不利影响。

2011 年,中国证券公司的国际网络建设加快进行。中信证券成功登陆香港交易所,成为首家 A + H 两地上市的证券公司,迈出了中国证券公司通过 IPO 走出国门的第一步。与此同时,各家证券公司在 2011 年国际国内市场环境多变的情况下积极扩展国际业务:超过 10 家证券公司通过新设、增资、收购、战略合作等方式在中国香港、美国、加拿大、英国、法国、巴西、韩国、日本、澳大利亚等国家和地区进行业务拓展。目前已有约 20 家证券公司在中国香港设立子公司,开展投资银行、经纪、咨询、资产管理、直投等各项业务(见表 1)。

表 1 已设立的中资香港证券公司

序号	公司名称	设立时间	注册/实收资本	2011 年净利润(人民币百万元)	母公司性质	经纪牌照	企业融资牌照
1	工银国际控股有限公司	2008 年	48 亿港元	86	银行	Y	Y
2	中银国际控股有限公司	1998 年	15 亿元人民币	1205	银行	Y	Y
3	交银国际控股有限公司	2007 年	20 亿元人民币	289	银行	Y	Y
4	招银国际金融有限公司	2010 年	2.5 亿元人民币	6	银行	Y	Y
5	建银国际(控股)有限公司	2005 年	6 亿美元	-1609	银行	Y	Y
6	农银国际证券有限公司	2009 年	29 亿元人民币	100	银行	Y	Y
7	中投证券(香港)金融控股有限公司	2011 年	0.5 亿元人民币		证券	Y	
8	中信证券国际有限公司	2005 年	37 亿港元	7	证券	Y	Y
9	中国光大证券香港有限公司	2003 年	6.5 亿港元	-3	证券 Y	Y	
10	中国国都(香港)金融控股有限公司	2008 年	1 亿港元		证券	Y	
11	中国国际金融(香港)有限公司	1997 年	0.39 亿港元		证券	YY	
12	中国银河国际金融控股有限公司	2011 年	1 亿港元		证券	Y	
13	申银万国证券(香港)有限公司	2003 年	1.3 亿港元	155	证券	Y	Y
14	安信国际金融控股有限公司	2009 年	5.9 亿元人民币		证券	Y	
15	招商证券(香港)有限公司	2005 年	20.6 亿港元		证券	Y	Y
16	东方金融控股(香港)有限公司	2009 年	2 亿港元		证券	Y	
17	海通国际控股有限公司	2007 年	2 亿港元	96	证券	Y	Y
18	国元证券(香港)有限公司	2006 年	6 亿港元	-73	证券	Y	
19	国信证券(香港)金融控股有限公司	2008 年	2 亿港元		证券	Y	Y
20	国泰君安国际控股有限公司	2010 年	10 亿港元	233	证券	Y	Y
21	兴证(香港)金融控股有限公司	2011 年	1 亿港元		证券	Y	
22	长江证券控股(香港)有限公司	2011 年	3 亿港元	-7	证券	Y	
23	华泰金融控股(香港)有限公司	2006 年	3 亿港元	9	证券	Y	
24	广发控股(香港)有限公司	2006 年	1.6 亿元人民币	-19	证券	Y	Y
25	中国平安证券(香港)有限公司	2009 年	20 亿港元		证券	Y	
26	太平证券(香港)有限公司	1980 年	NA		保险	Y	
27	信达国际控股有限公司	2008 年	NA		资管	Y	Y
28	粤海证券有限公司	1987 年	NA		综合机构	Y	Y
29	东航国际金融有限公司*	2010 年	NA	综合机构	Y		
30	越秀证券有限公司**	2010 年	NA		综合机构	Y	Y

注:母公司为粤海控股集团,是在原粤海企业(集团)有限公司、南粤(集团)有限公司和广东省东江—深圳供水工程管理局的基础上组建的投资控股公司。母公司为越秀集团,从事房地产建设等业务。

资料来源:SFC,香港中资证券业协会,截止至 2012 年 5 月

证券公司资产管理国际化发展从制度安排和业务方面逐渐完善和丰富,除 QDII、QFII 业务外,RQFII 业务试点启动,满足了客户资产全球配置的需求;投资银行业务在全球市场较为冷淡的情况下继续发展,我国证券公司在香港债券承销业务有所突破;直投国际业务进入操作阶段。2011 年,中信产业基金联合三一重工斥资 3.6 亿欧元收购德国工程机械企业普茨迈斯特的 100% 股权,该交易于 2012 年 1 月正式完成,跨出了中国证券公司直投业务国际发展的第一步。

四、加强合规与风险管理有效性,为创新服务,管理科学化程度逐步加深

2011 年底证券公司合规与风险管理突出强调了"有效性"的工作重点,合规管理有效性评估和压力测试等管理制度和机制建设逐步深入,合规经营的要求和风险管理的实践正在成为企业内在经营管理不可分割的部分。证券公司合规与风险管理部门积极参与和推动业务创新活动,通过开展合规审核、敏感性分析和压力测试等工作对创新项目进行可行性分析,参与创新项目业务流程和风险控制方案的前期设计,对业务实施过程实施事中监控和事后检查,确保业务创新在良好的内部控制框架下展开。证券公司合规与风险管理技术化、科学化程度也得到提高。信息管理系统在信息隔离、合规监测、净资本管理、风险计量和测算、风险指标监控等工作中应用的广度和深度加大。股指期货交

易逐渐成为证券公司对冲市场风险的重要工具,风险价值等量化风险管理工具在市场风险的评估和计量等方面的应用也在深入。针对逐步显露的投资银行业务包销风险,证券公司重点从总体财务情况、自有资金余额、长期资金占用等方面密切关注流动性状况,对项目可行性进行敏感性分析,通过项目和资金的严格管理控制风险。操作风险管理方面,证券公司通过强化各业务线条和管理职能领域的内部控制机制,规范业务操作流程,加强业务操作系统化和标准化,控制人为失误;构建信息隔离墙制度体系,规范从业人员执业行为,防止内幕交易和利益冲突;建立技术防范体系,完善实时监控系统,对业务风险进行实时监控和风险预警;加强业务检查稽核力度,保证各项制度、流程和风险管理措施的有效执行;加大对员工的培训,宣传推动合规文化,提高员工合规意识和风险意识,规范员工执业行为。

五、加强投资者教育和适当性管理,提高对投资者利益的保护力度

2011 年,行业内证券公司积极开展投资者教育和适当性管理工作,将其要求融入日常业务管理流程,在基金产品销售、投资建议提供、创业板市场证券交易等方面有针对性地向投资者提供产品和服务,通过客户分类管理,广泛开展投资者教育活动。证券公司通过投资者园地建设、专题报告会、讲座、宣传咨询等方式向投资者普及证券基础知识,介绍各种证券投资产品和各项证券业务,宣传金融证券方面的政策法规及市场规则,揭示证券投资风险。证券公司还通过多种形式加强企业文化和社会责任建设,积极妥善管理利益冲突,建立投诉举报受理和处理机制,为投资者参与公司管理提供畅通的沟通渠道,有力地保障投资者的合法权益。同时,各证券公司也根据相关自律规定,积极配合交易所做好自律监管工作,对投资者进行合规教育和风险揭示,引导理性投资;对违反交易所交易规则的账户采取有效措施,维护正常的交易秩序和市场的稳定。

2011 年中国证券发行市场情况

一、股票发行市场情况

2011 年国内新股 IPO 家数为 279 家,境内上市公司与 2010 年相比,增加了 13.52%,合计募集资金为 2825.07 亿元,与 2010 年 4882.63 亿元相比,同比下降了 42.14%。

2011 年,沪、深两市 A 股通过定向增发和公开增发累计募集资金 1796.55 亿元,与 2010 年增发筹资相比,下降了 29.55%。

2011 年沪、深两市 A 股通过配股融资累计的融资额为 421.96 亿元。其中规模较大的为:中信银行募集资金 175.61 亿元,武钢股份 83.46 亿元,天威保变 24.48 亿元。

2011 年,A 股市场通过 IPO、增发、配股和权证行权累计境内融资 5073.07 亿元,与 2010 年的累计融资额 8954.99 亿元相比,同比下降了 43.35%。

二、中国债券市场发行情况

2011 年,我国债券市场保持健康发展,债券市场发行规模稳步扩大,直接融资规模大幅增加。全年交易所发行债券筹资金额总计为 1707.40 亿元,比 2010 年同比增长 29.32%。其中,可转债筹资金额为 413.20 亿元,可分离债筹资金额为 32 亿元,公司债筹资金额为 1262.20 亿元。

三、权证市场发行情况

2011 年权证市场继续萎缩,退市权证 1 只,为长虹 CWB1,无新发权证。该只权证成为两市最后一只交易权证,并在 2011 年 8 月 22 日到期行权。随着长虹 CWB1 的退市,权证市场继续萎缩,这显示了管理层对权证市场的谨慎态度。

2011 年度我国股票市场交易情况

文章来源:全球分析网期货投资课题组

摘要:2011 年,股票市场成交量有所减少。1-12 月,沪、深股市累计成交 42.2 万亿元,同比下降 22.7%;日均成交 1728 亿元,同比少成交 527 亿元。年末,沪、深股市流通市值为 16.5 万亿元,比上年末下降 14.6%。

1. 股指震荡下行,股票成交量有所减少

2011 年,股票市场成交量有所减少。1-12 月,沪、深股市累计成交 42.2 万亿元,同比下降 22.7%;日均成交 1728 亿元,同比少成交 527 亿元。年末,沪、深股市流通市值为 16.5 万亿元,比上年末下降 14.6%。

2011 年 4 季度,股票市场指数震荡下行。年末上证综合指数和深证成份指数分别收于 2199 点和 8919 点,比上年末分别回落 21.7% 和 28.4%。沪、深两市 A 股平均市盈率分别从上年末的 21.6 倍和 45.3 倍回落到 2011 年年末的 13.4 倍和 23.5 倍。

4 季度股指下行的主要原因一是经济增速下降,4 季度 GDP 累计增速为 9.2%,分别较上年同期和上季度下降 1.2 个和 0.2 个百分点。在经济增速下降以及绝对通胀仍高的组合之下,股市难有大行情;二是风险溢价有上升趋势。从贴现率的角度来考虑股价,近期中长期债券品种收益率的上升,表明对风险的溢价要求上升,这将使股票的估值中枢下降,对股票市场产生负面影响;三是由于基金配置逐渐向防御型行业偏转,食品饮料、信息服务、商业贸易加仓比例较大,金融服务、家用电器和黑色金属遭到减持。减持大盘股,增持小盘股,指数层面会受到压制。另外,股指下行也是央行 12 月初下调存款准备金率的直接原因。

表 1　2011 年 1-12 月证券交易所交易指数

	上证综合指数(收盘)	深证综合指数(收盘)	平均市盈率(静态)	
			上海	深圳
2011-01	2790.69	1197.67	21.64	41.16
2011-02	2905.05	1295.81	22.57	43.72
2011-03	2928.11	1253.68	22.78	35.26
2011-04	2911.51	1200.62	22.75	31.45
2011-05	2743.47	1111.90	16.33	29.14
2011-06	2762.08	1155.89	16.48	30.14
2011-07	2701.73	1178.70	16.14	30.87
2011-08	2567.34	1143.34	15.41	30.07
2011-09	2359.22	1004.52	14.19	26.46
2011-10	2468.25	1040.93	14.96	27.47
2011-11	2333.41	994.02	14.17	26.30
2011-12	2199.42	866.65	13.40	23.11

资料来源:全球分析网(www.qqfx.com.cn)证券课题组整理

2. 股票市场筹资额大幅减少

2011 年,受央行采取紧缩性货币政策、年内六次上调存款准备金率的影响,股票市场筹资额大幅减少。1-12 月,各类企业和金融机构在境内外股票市场上通过发行、增发、配股等方式累计筹资 6799 亿元,同比少筹资 5520 亿元。12 月末,我国境内上市公司(包括 A、B 股)数量为 2342 家,总股本为 36095.52 亿股,市价总值为 21.48 万亿元。

表 2　2011 年 1－12 月股票市场规模

	境内上市公司数(家)	股票市价总值(亿元)	股票流通市值(亿元)	股票总发行股本(亿股)	股票投资者开户数(万户)	股票成交额(亿元)	股票成交量(亿股)
2011－01	2094	261289.85	192350.94	33320.5	12993.1	34699.28	2588.91
2011－02	2121	276857.72	204864.73	33396.66	13090.5	37574.41	2695.09
2011－03	2151	277662.18	207838.91	33551	13273.34	63298.89	4571.94
2011－04	2175	274637.37	207513.63	33900.56	13367.44	45925.31	3612.74
2011－05	2201	258191.37	196869.65	34390.65	13452.54	34072.92	2818.25
2011－06	2229	264214.34	200864.79	34860.06	13544.24	31386.25	2612.25
2011－07	2249	263380.69	200023.49	35289.68	13689.69	42172.59	3285.79
2011－08	2273	254617.2	193076.37	35512.24	13780.62	36973.02	3024.27
2011－09	2294	231596.27	176104.19	35644.57	13858.06	22316.34	1961.11
2011－10	2304	242982.92	184611.89	35811.19	13909.08	20683.26	1960.48
2011－11	2324	231715.41	176152.14	35951.28	13983.18	32556.65	2857.03
2011－12	2342	214758.10	164921.30	36095.52	14050.37	19990.80	1969.69

资料来源:全球分析网(www.qqfx.com.cn)证券课题组整理

2011 年融资融券业务发展概况

文章来源:中国证券金融股份有限公司

2011 年,融资融券业务从平稳起步期迈入有序增长的新阶段,业务规模显著扩大,市场影响力持续增强,业务运行安全平稳,风险管理恰当有效,为业务未来发展打下了良好的基础,前景十分广阔。

一、投资者

一是投资者数量大幅增加。2011 年,25 家证券公司秉承“将合适产品卖给合适的人”的适当性管理理念,在严格控制客户准入和强化客户融资融券风险教育的基础上,积极稳妥地拓展客户。截至 2011 年末,投资者共开立信用证券账户 34.86 万个,较 2010 年末增长 728.39%,2011 年月均增长 19.45%,其中个人账户占 99.68%,机构账户占 0.32%。

二是融资融券客户平均资产规模 300 万左右,平均融资融券余额 100 万元左右。截至 2011 年末,82.77% 的投资者负债在 100 万元以下,2.68% 的投资者负债在 500 万元以上;与之相适应,84.07% 的投资者资产在 300 万以下,4.26% 的投资者资产在 1000 万以上。

三是粤沪京苏浙 5 省市开户客户数量和资产规模占三分之二。2011 年末,25 家证券公司已有 2156 家营业部开展融资融券业务,其中近半数分布在广东、上海、北京、江苏和浙江等五个省市。这些地区的融资融券客户数量占全国总数的 62.77%,融资融券客户资产规模占全国总量的 66.58%。由于这些地区经济较发达,投资者参与证券市场交易的时间跨度、交易广度和深度普遍高于其他地区,融资融券投资者多为中产以上阶层,抗风险能力普遍较高。

四是融资融券潜在投资者数量较大。2011 年末,25 家证券公司拥有普通证券经纪业务客户近 5,500 万户。按资产规模超过 50 万、在开户证券公司交易超过 18 个月的准入条件,符合融资融券试点开户资格的客户累计近 130 万户,占经纪业务客户的 2.36%。目前已经开立信用账户的客户约 17 万户,仅占符合资格客户总量的 13.08%。

二、交易

一是融资融券交易规模快速增长。2011 年,沪深 300 指数下跌 23.75%,但融资融券交易规模整体呈上涨态势。全年融资融券累计交易金额达到 5855.96 亿元,占标的证券全年总交易金额的 6.63%,较 2010 年增长 389.28%,月均增长 7.13%。特别是 9 月份以来增长加快,11 月份交易金额达到全年最高,为 644.49 亿元,是全年月均交易额的 1.32 倍。2011 年末融资融券余额为 383.00 亿元,占标的证券流通总市值的 0.34%,较 2010 年末增长 199.80%,月均增长 9.29%。

二是融券交易规模显著扩大。2011 年,融券累计交易金额 524.88 亿元,占融资融券交易金额的 8.96%,该比重较 2010 年增加 6.92 个百分点,2011 年月均增长 1.78 个百分点,12 月份该比重已达 21.43%。年末融券余额为 6.59 亿元,占融资融券余额的 1.72%,该比重较 2010 年增加 1.63 个百分点,2011 年月均增长 0.14 个百分点。

三是新增标的证券交易活跃。2011 年 12 月 5 日,融资融券标的证券从原来的 90 只股票扩容至 278 只股票和 7 只 ETF。标的证券扩容首月(2011 年 12 月 5 日－2012 年 1 月 4 日),全部标的股票融资融券交易金额为 571.35 亿元,其中新增标的股票交易额为 177.90 亿元,后者占前者比重为 31.14%。7 只 ETF 首月的融资融券交易总额达到 14.3 亿元,占同期融资融券交易总额的 2.44%。

三、证券公司

一是证券公司融资融券业务收入大幅增长。2011 年,融资融券业务收入已成为证券公司业务收入和利润的新增长点。截至 2011 年末,25 家证券公司融资融券业务收入累计达 31.91 亿元,月均增长 10.63%。同时从全年来看,融资融券业务收入占证券公司经纪业务收入的比重为 6.52%,月均增长 13.29%,12 月份该比重已达 13.20%,部分证券公司达到近 20%。

二是证券公司融资融券收入结构日趋合理。一方面,融资融券息费收入日益增长,佣金收入在减少。2011 年,25 家证券公司的息费收入共 24.39 亿元,占融资融券总收入的 76.41%,较 2010 年增加 8.26 个百分点;佣金收入 6.20 亿元,占融资融券总收入的 19.43%,较 2010 年末减少 7.75 个百分点。另一方面,融资业务收入和融券业务收入的占比也在发生积极变化。以息费收入为例,2011 年 12 月证券公司融券费用收入 0.05 亿元，占息费总收入的 1.73%，较 1 月份增长 1.55 个百分点。

四、担保物与风险管理

一是投资者维持担保比例保持较高水平。2011 年，投资者维持担保比例全年平均 290.23%，其中 3 月份达到最高 312.64%，之后缓慢下降，年末为 261%。12 月，维持担保比例低于 150% 的投资者最多时达到 393 户，年末减少为 174 户，仅占全部融资融券投资者的 0.44%，最低维持担保比例为 131%。

二是投资者持有担保证券较为分散。2011 年，投资者持有的担保证券中 99.13% 为股票，基金和债券仅占 0.87%，股票又以大盘蓝筹股为主，总体市场风险较小、流动性较高。投资者信用账户持有的 2482 种担保证券中，市值占比超过 1% 的仅有 12 只，最高为 2.68%，表明担保证券集中度不高。全市场单只股票担保市值占该股总市值比例大于 5% 的只有 14 只，最高的为 14.51%，平均为 0.86%。

三是风险管理措施扎实有效。2011 年，融资融券业务在全年股票市场震荡下行的环境中仍然保持平稳运行，不仅未发生一起重大风险事件，而且还经受了“双汇事件”、“重庆啤酒事件”、股市大幅波动等外部多重因素的考验。2011 年，融资融券业务的组织领导工作审慎周密，探索了一条行政监管与自律监管相结合的监管新路子，严格投资者准入门槛，推动融资融券业务从试点转向常规，有序扩大标的证券范围，确保了业务安全平稳运行。同时，2011 年证券公司继续强化了风险管理体系建设。如严格客户征信授信流程，加强业务风险前端控制；高度重视风险监测监控，加大逐日盯市力度；通过监控指标的变化及时发现风险，细化风险防范措施；加强标的证券的跟踪和管理，提高应对突发事件的反应速度等。

总而言之，回顾 2011 年的融资融券业务，有四点是值得肯定的：

一是融资融券业务的制度安排适合我国市场发展需要。我国的融资融券业务制度安排具有三个方面的突出特点。首先是交易结算集中化，即交易集中在深圳、上海证券交易所进行，结算集中在中国登记结算公司进行，能够通过融资融券标识跟踪每一笔交易，而不是像欧美那样分散在场外柜台市场进行。其次是证券来源集中化，即证券公司未来在自有证券不足时，将集中通过中国证券金融公司借入证券，再出借给投资者，而不是像欧美那样通过分散的证券借贷平台借入证券。最后是充分借鉴境外融资融券业务的经验教训，补充完善制度建设。比如说严格禁止“裸卖空”，融券卖出的报价必须高于前一笔交易的成交价等等。从业务实践来看，这些制度安排有利于融资融券和转融券的迅速达成，交易信息公开透明、便于维护，既能有效控制业务风险，也能更好地进行信息统计和市场监管，是适应目前我国资本市场发展实际的合理安排。

二是融资融券业务给证券市场带来了积极影响。首先是为股票市场增加了一条制度化的资金融通渠道。在全年股市资金呈净流出趋势的同时，融资融券余额的不断增加有利于补充市场流动性，从余额来看，融资融券业务已为市场注入约 383 亿元的增量资金，平均每月递增 9% 左右。其次是为资本市场提供了一种双向的信用交易机制。2011 年，单只股票的做空功能逐渐被投资者熟悉和运用，初步适应了投资者多元化的投资需求和多样化管理风险的要求。最后是完善了市场套利机制。7 只 ETF 纳入标的证券以来，投资者运用 ETF 进行期现套利的活动更加活跃，上证 50ETF 等品种的交易量明显放大。

三是融资融券业务强化了证券公司综合管理能力和业务创新意识。2011 年，证券公司通过健全内控制度和风险防范措施，协调平衡信用交易部、经纪业务部、衍生品部和技术开发部等关系，统筹总部与营业部的业务往来与管理等，提升了综合服务能力，增强了核心竞争力。同时，证券公司纷纷对市场中性策略、利用融资融券进行 ETF 套利、期现套利等策略展开深入研究，并准备在标的证券范围扩大和转融通业务推出的背景下，将这些研究成果更有效的应用，极大地增强了自身的创新意识，拓展了创新领域。

四是融资融券业务为转融通业务的推出准备了条件。一方面，随着融资融券交易规模扩大，融资融券业务对市场的积极影响日益增加，市场对转融通机制的需求更加迫切。另一方面，证券公司经营模式和盈利模式的改善、风险防控工作的扎实推进、融资融券业务为资本市场带来的积极影响等，为转融通机制的推出及风险防范工作提供了良好的软硬件基础和宝贵的经验。可以预见，转融通业务推出后，证券公司融资渠道将进一步拓宽，融资融券业务也将步入一个全新的发展阶段。

当然，我国融资融券业务尚处于起步阶段，仍存在一些发展中的问题，比如投资者结构不尽合理，基金、保险等专业机构投资者尚不能开展该项业务，证券公司融券券源有限，融资融券息费率相对较高等等。这些问题尽管是基于业务发展初期稳妥起步、严控风险考虑的自然结果，但也决定了融资融券业务无论是规模还是市场影响力，尚不能完全满足和适应市场发展的需要。随着融资融券业务由试点转入常规以及转融通机制的推出，这些问题将会逐步妥善加以解决。

潮平两岸阔，风正一帆悬。展望未来，我们满怀希望，让我们为建设适合我国资本市场实际需要的融资融券制度而添砖加瓦、扬帆远航。

我国融资融券试点情况与发展展望

文章来源：中国证监会融资融券工作小组办公室

2010 年 3 月 31 日，经国务院同意，中国证监会推出证券公司融资融券业务试点。近期，中国证监会就《证券公司融资融券业务管理办法》和《转融通业务监督管理试行办法（草案）》公开征求意见，预示我国融资融券试点将逐步转为常规业务，适时推出转融通业务，进入一个新的发展阶段。

一、证券公司融资融券试点取得积极成果

试点以来，中国证监会先后批准 25 家证券公司开展融资融券业务试点资格。截至 2011 年 8 月 31 日，25 家试点证券公司共有 1980 家营业部可以办理融资融券业务服务，占 25 家试点证券公司 2364 家营业部的 84%。融资融券开户的客户超过 10 万人，合计开立信用证券账户 208,981 户，其中，沪市信用证券账户 104,365 户，深市信用证券账户 104,616 户。融资融券客户提供的可充抵保证金证券市值为 1072.8 亿元，其中，股票市值 1068.5 亿元，占 99.6%；债券和基金 4.2 亿元，占 0.4%。客户平均维持担保比例为 279%，最低为 145%。

截至 2011 年 8 月 31 日，融资融券累计交易金额 4903.9 亿元，其中，融资交易累计为 4672.9 亿元，占 95.3%，融券交易累计为 231 亿元，占 4.7%。按市场划分，沪市累计成交 2969.2 亿元，市场占比为 61%；深市累计成交 1934.7 亿元，市场占比为 39%。融资融券余额 343.6 亿元，其中，融资余额 340.5 亿元，融券余额 3.1 亿元。融资融券日均交易金额为13.9亿元。

总体看，我国证券公司融资融券业务试点运行规范，达到试点良好效果。一是融资融券业务量稳步增长，交易金额逐月递增，投资者信用账户开户数量持续增加，试点证券公司范围稳妥有序扩大，资本市场功能进一步完善。二是融资融券业务技术系统安全稳定，证券交易所、登记结算公司、试点证券公司和存管银行等相关参与者的交易结算系统和市场监控系统运行平稳正常，业务处理及时、准确、顺畅，未出现业务差错和技术故障。三是证券公司融资融券业务运作合规安全，业务操作流程逐步完善，投资者教育和适当性管理工作扎实细致，投资者合法权益得到有效维护。四是融资融券业务风险控制实现了"可测、可控、可承受"的预期目标，各项风险应对预案和风险控制指标经试点检验审慎合理，相关风险控制措施和业务统计监测制度有效实施，未发生强制平仓风险。五是市场反映和媒体报道客观平和，普遍认为融资融券业务试点"准备充分、低调务实、平稳有序、稳步发展"。

二、融资融券是完善资本市场功能的基础性制度建设

开展证券公司融资融券业务试点，建立证券市场信用交易机制，是我国资本市场发展的内在要求。在认真总结国际金融危机经验教训、充分研究比较利弊关系的基础上，推出融资融券试点对完善我国资本市场功能具有以下积极作用：

一是为资本市场提供了一种双向的信用交易机制。目前我国资本市场已成为全球最大的新兴市场，逐步完善我国资本市场功能，增加股票信用交易方式，是我国资本市场发展的客观需要。融资融券试点既可以为做多提供融资便利，也可以为做空提供融券来源，增加了资本市场对冲渠道与程度，促进市场内在价格稳定机制形成。融资融券试点一年半的情况表明，信用交易不仅为资本市场建立做空机制提供市场匹配工具，而且适应了投资者多元化的投资需求和多样化管理风险的要求。

二是为资本市场提供了一条制度化的资金融通渠道。我国证券市场建立以来，一直缺乏对投资者规范化监管的融资渠道，证券市场出现的市场风险和证券公司风险，往往与违规融资有密切关系。推出融资融券业务试点，形成规范合理和有监管的资金融通渠道，不仅有利于理顺证券市场的融资活动，保护投资者利益，防范市场风险，而且有利于从制度上改善证券市场的资金供应，促进证券市场活跃和健康发展。

三是为证券公司拓展业务和服务实现转型提供了途径。融资融券试点拓宽了证券公司业务范围，增加证券公司收入来源，改善了证券公司盈利模式。今年上半年，25家试点证券公司新增融资融券业务收入13亿元，融资融券业务收入平均占到经纪业务收入6.69%。部分融资融券业务发展较快的证券公司，其融资融券业务收入占经纪业务收入的比重超过10%，最高达到16.3%。与此同时，融资融券业务试点提高了证券公司业务综合管理能力，促进试点证券公司深化细化内部管理，改进客户服务和客户管理，提升核心竞争力。

三、融资融券试点平稳推出和稳步发展的主要经验

融资融券交易是有杠杆的股票信用交易，必须注重风险防范。在试点推出前，中国证监会高度重视业务试点可能出现的风险，扎实周密地做好风险防范工作。回过头来看，由于事先对各种风险状况都有比较充分的预估，并制定了相应的防范措施，对保证试点平稳健康发展起到了积极作用。

一是将风险防范工作关口前移，以证券公司为中心，加强内部管理，把风险控制要求落实到业务环节。融资融券试点推出时，中国证监会要求试点证券公司提高认识，明确责任，加强领导，认真梳理完善业务制度、流程和机制；加强内部管理，合理确定业务规模，做好客户资质管理和征信调查，强化业务风险监控和防范；确保合规运行，力保全程安全平稳，准备好应对预案；及时总结分析，不断完善试点方案，细化风险控制措施。试点实践证明，把风险控制措施提前落实到证券公司业务环节是正确的，不仅保证了试点平稳，而且摸索出了一套适合我国情况的融资融券业务风控机制和措施。

二是监管部门加强风险监控，及时进行统计监测、分析和防范风险。防范局部和系统性风险，始终是金融监管工作的第一要务。融资融券试点推出后，中国证监会相关部门和地方派出机构加强对试点的监控，及时汇总试点情况，做好日常监管；密切监测试点证券公司净资本等风险控制指标，督促检查试点证券公司认真执行各项业务管理制度、流程，防范业务风险。与此同时，证券交易所认真做好试点业务信息发布、风险监控和预警工作，加强前端控制，进行盘中实时监控和盘后分析，及时监测和提示风险。由于监管职责明确，措施到位，比较好地监测监控了融资融券业务试点风险。

三是高度重视做好投资者教育和投资者适当性管理工作。加强风险防范的宗旨是要保护中小投资者的利益。对于融资融券，尤其是高风险的金融衍生品，必须把投资者教育和适当性管理作为风险控制的重点来抓。融资融券试点推出后，中国证监会从提高风险教育水平入手，要求证券公司把好客户资质关，全面做好风险揭示工作。包括：及时督促检查试点证券公司投资者教育和投资者适当性管理工作的落实情况，严把"开户关"，防止风险承担能力和投资经验不足的客户介入融资融券业务；要求试点证券公司做好开户与签约环节的讲解工作，明确、客观地向客户告知权利、义务、责任和风险；要求试点证券公司持续维护管理客户资信资料库，对客户资信状况和风险承担能力及时进行监测、评估；要求试点证券公司继续深入扎实地开展投资者教育活动，分层次、多渠道对客户普及业务知识，宣传相关政策法规，提示业务风险；要求试点证券公司建立有效的客户纠纷处理机制，及时化解矛盾和纠纷。证券交易所、证券登记结算公司也加大在业务规则方面的宣传讲解力度，提示风险。

四是充分借鉴境外融资融券业务的经验教训，补充完善我国的融资融券制度建设。在设计我国融资融券制度时，我们注意借鉴和吸收境外成熟市场的经验，特别关注成熟市场在金融危机期间的调整与变化。比如说严格禁止"裸卖空"；融券交易实行提价交易规则，融券卖出的报价必须高于前一笔交易的成交价；实行融券交易的集中模式，在转融通业务推出前，试点证券公司只能用自有资金和证券开展融资融券业务；建立严格的风险控制制度，试点期间只选择部分蓝筹股作为标的证券，对单只股票规定比较严格的融资融券控制指标；加强融资融券业务的信息披露，证券交易所每日公布融资融券交易情况；强化对融资融券信用证券账户的管理，投资者卖出信用证券账户内证券所得价款，须先偿还其融资欠款；投资者在未了结融券交易前，融券卖出所得价款除买券还券外不得他用；除规定事项外，任何人不得动用信用账户内资金和证券等。这些安排，使得我国融资融券制度建设在高起点低风险上平稳起步，并且符合我国资本市场发展的实际需要。

四、我国融资融券制度发展展望

按照"试点先行、稳步推开"的既定工作安排，中国证监会根据融资融券业务试点积累的经验，从融资融券业务发展的内在要求和资本市场稳步发展创新的客观需要出发，积极稳妥地将该项试点转入常规业务，逐步扩大标的证券范围，适时推出转融通业务，以建立和健全完整的融资融券交易制度。

（一）融资融券从证券公司试点业务转为常规业务。在认真分析总结融资融券业务试点情况的基础上，中国证监会修改了《证券公司融资融券业务试点管理办法》，将融资融券业务纳入证券公司的常规业务。修改后的《证券公司融资融券业务管理办法》主要涉及优化行政许可程序，减少了在试点期间证券公司申请从事融资融券业务资格的硬性条件规定，增加了一些市场化约束条件。一方面融资融券试点转常规后，证券公司申请融资融券业务资格的"门槛"降低，不再要求证券公司"最近6个月净资本均在12亿元以上"，改为"注册资本和净资本符合增加融资融券业务后的规定"即可；另一方面则增加证券公司融资融券业务准备情况作为申请资格的前置条件，要求申请资格的证券公司信息系统安全稳定运行，最近1年未发生因公司管理问题导致的重大事故，融资融券业务技术系统已通过证券交易所、证券登记结算机构组织的测试；要求申请资格的证券公司有拟负责融资融券业务的高级管理人员和适当数量的专业人员，融资融券业务方案和内部管理制度已通过中国证券业协会组织的专业评价。

证券公司申请融资融券业务资格行政许可的修改，体现了中国证监会在深化行政许可改革方面的有益尝试，逐步减少行政审批，更加注重业务监管，充分体现了市场准入的公平、公正性。虽然融资融券业务资格准入的硬性门槛降低，但对证券公司融资融券业务、技术、人才和客户服务等方面的准备要求却更加细化和具体，并明确了证券交易所和证券业协会等相关各方的责任。可以预见，融资融券业务成为证券公司的常规业务后，开展融资融券业务的证券公司数量有望进一步扩大。

（二）逐步有序扩大融资融券业务标的证券范围。目前融资融券业务试点标的证券数量约90只，上海为上证50指数成份股，深圳为深证40指数成份股。随着证券公司参与范围的不断扩大，投资者数量持续增加，融资融券交易需求日益增长，需要增加可用于融资买入或融券卖空的标的证券数量，扩大融资融券业务市场覆盖面。

从境外成熟市场融资融券业务发展情况看，一般在证券交易所上市的证券都可以成为融资融券业务的标的证券。标的证券范围越广泛，融资融券做空机制的功能才能发挥得越充分，起到双边市的作用。根据目前的试点情况，我国融资融券标的证券适当扩大的条件和环境已经具备，市场也普遍反映需要扩大融资融券标的证券范围。为此，在融资融券业务转常规后，证券交易所将按照审慎分批的原则，在有效防控风险的前提下，有序扩大标的证券范围，以拓宽融资融券业务发展空间。

（三）适时推出转融通业务。2008年4月，国务院发布了《证券公司监督管理条例》，规定证券公司从事融资融券业务，自有资金或者证券不足的，可以向证券金融公司借入。我国的转融通业务将实行集中统一的运营模式。

欧美国家融券业务发端于场外市场，采取了证券公司对客户一对一的分散模式，在信息披露、清算交收与监管规范等方面存在缺陷。在2008年全球金融危机时期，欧美市场对卖空进行限制，并修改相关规则，就是看到了信息不对称下融券卖空分散监管的弊病，不得已只好采取"禁空令"的方式稳定市场，暴露了对市场卖空行为缺乏集中管理与监测带来的问题。1999年国际证监会组织技术委员会曾发布全球证券借贷市场研究报告，提出要对融券业务实行中央化和集中化，形成集中化的证券借贷交易平台。我国转融通业务一起步就采取集中模式，由证券金融公司向证券公司集中提供转融通服务，赋予证券金融公司融资融券统计监测职责，及时掌握融资融券整体运行情况，监测监控融资融券市场风险和信用风险，可以说是顺应了当前加强金融集中监管，保持金融创新和风险控制并重的发展趋势和要求。我国转融通业务集中模式主要包括如下内容：

一是转融通业务技术系统充分利用证券交易所和登记结算公司现有技术系统和通讯网络。证券金融公司建设的转融通业务管理平台与证券交易所和登记结算公司业务平台相连接，形成完整的转融资和转融券业务处理技术系统，建设针对证券公司融资融券业务进行统计监测的技术系统，确保转融通业务能够在现有的证券交易体系内简单起步、转融通技术平台能够安全运行、转融通资金和证券能够封闭运行。

二是证券金融公司以转融通批发业务与证券公司融资融券零售业务相区别。证券金融公司只对证券公司转融出资金和证券，提供融资融券的批发业务服务，不直接面对证券公司的融资融券客户，证券公司从证券金融公司融入资金和证券后，对其客户进行融资融券业务，投资者融资融券交易习惯不发生改变。也就是说，证券金融公司办理转融通业务和证券公司办理融资融券业务在流程上实现了完全分开，更便于融资融券业务风险分层控制和管理。

三是证券金融公司承担融资融券统计监测职责。证券金融公司是证券类金融机构，不以盈利为目的，主要业务职责是：为证券公司融资融券业务提供资金和证券转融通服务；对证券公司融资融券业务运行情况进行监控；对融资融券市场交易情况进行统计监测。为此，证券金融公司通过证券公司的数据报送，并与证券交易所和证券登记结算公司等机构建立融资融券信息共享机制，形成完整的融资融券业务统计监测体系，全方位监测监控融资融券交易和运行。

根据这样一种转融通制度设计理念，转融通业务的制度框架主要包括以下五个方面的安排。

第一，明确转融通业务资金与证券来源。转融通业务包括转融资和转融券业务。业务试点期间，证券金融公司主要运用资本金以及通过借入次级债、定向或公开发行债券等方式筹集资金开展转融资业务。与转融资业务不同的是，证券金融公司向证券公司转融券的证券来源，主要不是自有证券，而是从证券交易所业务平台向相关机构投资者融入的证券为主。

第二，确立转融通业务主要参与人。（1）上市公司机构持有人，包括证券投资基金、保险公司、证券公司以及其他一般机构投资者，它们是转融通业务资金或证券出借人；（2）具有融资融券业务资格的证券公司，它们是转融通业务资金和证券借入人；（3）证券金融公司，它是转融通业务的中间对手方，在转融通业务中具有独特地位，一方面向合格机构融入资金或证券，另一方面将资金或证券融出给证券公司，供其开展融资融券业务。

第三，建立转融通业务保证金制度。证券公司向证券金融公司申请转融资和转融券，需要向证券金融公司提交一定比例保证金，用以担保其向证券金融公司转融通所负债务。保证金由证券公司以自有资金和证券缴纳，现金部分占比不低于15%。证券金融公司可以根据证券市场供求状况、单一证券公司转融通业务规模、净资本与信誉、转融通业务履约情况等，对不同证券公司进行评估，确定不同的保证金比例。当证券公司出现转融通业务资金或证券交收违约时，证券金融公司可以按照约定处分证券公司交存的保证金。

第四，设立转融通业务风险控制指标。针对转融通业务试点设定了严格的风险管理指标体系。一是证券金融公司净资本与各项风险资本准备之和的比例不低于 100%；二是向单一证券公司提供转融通余额不得超过证券金融公司净资本的 50%；三是对单一证券的转融券余额不得超过该证券上市可流通市值的 10%；四是单只证券担保证券余额不得超过该证券总市值的 15%。

第五，健全转融通业务风险管理制度。证券金融公司将有针对性地建立一整套转融通业务风险管理制度：一是建立科学的征信与授信管理制度，公正合理确定对证券公司的授信额度；二是加强保证金盯市管理，做好事中风险控制；三是制定违约处置制度，证券公司出现违约时，可采取降低授信额度、提高保证金比例、收取违约金等处理措施；四是建立业务暂停机制，证券金融公司可以根据证券市场状况和风险管理需要，按照业务规则和合同约定，暂停部分或者全部证券的转融通业务；五是建立风险准备金制度，按税后利润的 10% 提取一般风险准备金，弥补证券金融公司可能出现的经营亏损。

总之，随着融资融券业务试点转入常规，融资融券业务标的证券范围逐步扩大，从事融资融券业务的证券公司数量不断增加和稳步推出转融通业务，我国的融资融券交易必将会稳步健康发展，成为我国资本市场一项重要的基础性制度，具有广阔的发展前景。

2011 年中国证券市场大事概览

文章来源：中国证券报

一月

6 日，中国人民银行工作会议将“稳物价”列为当前和今后一个时期的主要任务之首。

中国人民银行会同国家外汇管理局制定发布《境外直接投资人民币结算试点管理办法》。

证监会通报两起内幕交易案件的查处结果，分别为上海北孚集团及部分个人内幕交易“ST 兴业”股票案和张小坚内幕交易“SST 集琦”股票案。

7 日，国资委主任王勇在全国国有资产监督管理工作会议上表示，大力鼓励民间资本采用市场方式参与国有企业改革重组，继续推动和支持符合条件的大型企业整体上市或实现主营业务整体上市。

8 日，中国证监会主席尚福林表示，建立适应创业板特点、便捷、高效的融资机制，积极探索创业板公司退市制度，充分发挥市场优胜劣汰功能。

9 日，财政部日前发布《关于执行企业会计准则的上市公司和非上市企业做好 2010 年年报工作的通知》，强调关注 2010 年年报九大问题。

11 日，媒体报道，证监会正在酝酿给券商业务审核松绑，适时淡出监管。

13 日，中国人民银行发布《境外直接投资人民币结算试点管理办法》，以配合跨境贸易人民币结算试点，便利境内机构以人民币开展境外直接投资。

14 日，中国人民银行宣布，从 2011 年 1 月 20 日起，上调存款类金融机构人民币存款准备金率 0.5 个百分点。

16 日，深交所发布《交易规则》(2011 修订)，拟于 2 月 28 日实施。

19 日，国务院总理温家宝主持召开国务院常务会议，审议并原则通过《国有土地上房屋征收与补偿条例(草案)》。

26 日，国务院总理温家宝主持召开国务院常务会议，研究部署进一步做好房地产市场调控工作。对贷款购买第二套住房的家庭，首付款比例不低于 60%，贷款利率不低于基准利率的 1.1 倍。

《中关村国家自主创新示范区发展规划纲要(2011 - 2020 年)》获国务院批复同意。

27 日，国务院常务会议同意在部分城市进行对个人住房征收房产税改革试点，具体征收办法由试点省(自治区、直辖市)人民政府从实际出发制定。

银监会完成 2004 年颁布的《银行业金融机构衍生产品交易业务管理暂行办法》修订工作并发布。

31 日，媒体报道，1 月新增贷款在数日前已突破 1.2 万亿元，明显超过当月目标。

二月

8 日，中国人民银行宣布，自 9 日起，金融机构一年期存贷款基准利率分别上调 0.25 个百分点。

11 日，媒体报道，春节后，央行对部分中小商业银行实施了差别存款准备金率的调控措施。

中国证监会发布《期货公司期货投资咨询业务试行办法》(征求意见稿)规定，期货公司申请从事期货咨询业务，应当具备的条件包括，注册资本不低于 1 亿元、净资本不低于 8000 万元等。

14 日，国家外汇管理局发布《关于人民币对外汇期权交易有关问题的通知》，批准中国外汇交易中心在银行间外汇市场组织开展人民币对外汇期权交易。

媒体报道，中国证监会目前暂不考虑在香港创业板上市的内地公司发行 A 股申请。

16 日，国家统计局公布新的《住宅销售价格统计调查方案》。

17 日，中国人民银行对部分资本充足率较低、信贷增长较快的地方法人金融机构实施差别准备金要求。

18 日，中国人民银行宣布，从 2011 年 2 月 24 日起，上调存款类金融机构人民币存款准备金率 0.5 个百分点。

证监会近日批准上海期货交易所开展铅期货交易。

23 日，中国证监会有关部门负责人宣布，近日，证监会发布了 5 个并购重组法律适用意见。

人力资源和社会保障部、中国银行业监督管理委员会、中国证券监督管理委员会、中国保险监督管理委员会联合发布《企业年金基金管理办法》。

24 日，媒体报道，新三板扩容首批试点园区大约 15 - 20 家。

28 日，深交所发布《2010 年度自律监管工作报告》。

证监会日前制定证券机构行政许可工作调整方案，作为证监会行政审批制度改革的一部分，将分期分批授权 36 家派出机构审核五项行政许可事项。

沪深股市出现大幅反弹，上证综指再度站上 2900 点，深证成指也创下本轮反弹以来新高。

三月

3 日，有关部门负责人表示，银监会近日发布的《中国银行业实施新监管标准指导意见》要求，商业银行核心一级资本充足率、一级资本充足率和资本充足率最低要求分别为 5%、6% 和 8%。

《2011 年第一季度中国货币政策执行报告》发布。

4 日，上证综指和深证成指跌幅均超过 2%。其中，上证综指盘中创两个月以来新低。

6 日，证监会有关部门负责人表示，证监会日前公布《关于证券公司证券自营业务投资范围及有关事项的规定》。

中国证监会有关部门负责人表示，《合格境外机构投资者参与股指期货交易指引》日前已经下发，QFII 参与股指期货只能从事套期保值交易，不得利用股指期货在境外发行衍生产品。

12 日，中国人民银行宣布，从 5 月 18 日起，上调存款类金融机构人民币存款准备金率 0.5 个百分点。

13 日，中国证监会发布《关于修改上市公司重大资产重组与配套融资相关规定的决定（征求意见稿）》。

19 日，中国政府网公布的《国务院关于促进稀土行业持续健康发展的若干意见》指出，采取有效措施，切实加强稀土行业管理。

23 日，沪综指放量下跌，单日跌幅创今年 1 月 18 日以来之最，深成指也创出 4 个月以来最大单日跌幅。

26 日，证监会第十三届主板发行审核委员会成立。

27 日，中国证监会就《证券投资基金管理公司公平交易制度指导意见（修订稿）》向社会公开征求意见。

四月

1 日，深交所发布实施《创业板上市公司公开谴责标准》。

国家外汇管理局消息，银行间外汇市场开展人民币对外汇期权交易。

中国证监会有关部门负责人表示，《期货公司期货投资咨询业务试行办法》将从 2011 年 5 月 1 日起施行。

2 日，中国证监会宣布，批准大商所挂牌焦炭期货合约。

5 日，中国人民银行宣布，自 4 月 6 日起，金融机构一年期存贷款基准利率分别上调 0.25 个百分点。

6 日，中国证监会有关部门负责人宣布，证监会决定撤销胜景山河首次公开发行股票的核准决定，要求胜景山河按照发行价并加算银行同期存款利息返还证券持有人。

11 日，国土资源部宣布出台 20 项政策措施，用以支持海南国际旅游岛建设。

12 日，媒体报道，监管层将自 6 月起对商业银行的月度日均存贷比进行监测，要求存贷比日均不得高于 75% 的监管标准。

上海证券交易所披露，上交所国际板的建设已完成包括上市、交易等业务规则和技术方面的准备工作。

15 日，全球首个焦炭期货在大连商品交易所上市。

中国人民银行、财政部联合发布公告，就新发关键期限国债做市有关事宜提出具体要求。

17 日，中国人民银行宣布，自 4 月 21 日起上调存款类金融机构人民币存款准备金率 0.5 个百分点。

18 日，中国人民银行行长周小川表示，有关部门正积极研究市政债推出事宜。

19 日，因“瘦肉精”事件停牌一个月的双汇发展复牌。

针对日前媒体关于中国宝安石墨矿和宁波联合境外锑矿的报道，中国证监会有关部门负责人在接受记者采访时表示，已对相关上市公司和券商开展核查。

21 日，国内首家有色金属现货电子交易所——昆明泛亚有色金属交易所开市，白银和金属铟两个品种将首批挂牌上市。

26 日，银监会相关负责人表示，银监会对于五家大型商业银行最低资本充足率要求仍为 11.5%。

五月

1 日，中国银行拟在上海设立第二总部，已报请监管部门批准。

3 日，央行货币政策委员会 2011 年第二季度例会在北京召开。会议认为，当前通胀压力仍处在高位，要贯彻实施稳健货币政策。

4 日，国务院总理温家宝在辽宁调研表示，当前一些推动价格上涨的因素虽然得到一定程度的控制，但没有根本消除，稳定物价总水平仍然是宏观调控的首要任务。

5 日，澳大利亚央行在 7 月 5 日召开的月度货币政策会议后宣布，维持基准利率 4.75% 不变。

6 日，央行宣布，自 7 月 7 日起年内第三次上调金融机构人民币存贷款基准利率。金融机构一年期存贷款基准利率分别上调 0.25 个百分点，其他各档次存贷款基准利率及个人住房公积金贷款利率相应调整。

7 日，国家统计局公布自今年 7 月起对统计数据发布方式进行调整。

欧洲央行 7 日宣布，将基准利率由 1.25% 提高 25 个基点至 1.50%。

8 日，中国人民银行行长周小川表示，在控制通胀上货币政策显现效果仍需要时间。

证监会发布《证券公司直接投资业务监管指引》，决定将券商直投纳入常规监管。

9 日，6 月全国居民消费价格总水平（CPI）同比上涨 6.4%，创下 2008 年 7 月以来的新高。

11 日，年内首批地方政府债券发行，认购需求不足导致票面利率上行。其中，3 年期品种出现部分流标。

12 日，国务院总理温家宝 12 日主持召开国务院常务会议，分析当前房地产市场形势，指出房价上涨过快的二三线城市须限购。

13 日，国际评级机构穆迪投资者服务公司 13 日宣布将美国国债的 3A 评级列入观察名单。

14 日，商务部公布 2011 年第二批一般贸易稀土出口配额，共计 15738 吨。

18 日，招商银行发布的董事会决议公告称，将以 A + H 配股方式融资不超过 350 亿元人民币，募集资金将用于补充资本金。

19 日，美国众议院以 234 对 190 票通过削减 6 万亿美元财政开支法案。

21 日，7 月“中国制造业采购经理人指数（PMI）”初值为 48.9，降至 50 分界线以下。

25 日，沪深股市大幅下挫约 3%，沪指创半年来最大跌幅。

29 日，银监会主席刘明康表示，根据二季度进行的新一轮房地产贷款压力测试结果，即使未来房价下跌五成，银行业也可以承受。

31 日，美国国会两党谈判双方已就提高债务上限问题达成初步协议。

六月

1 日，财政部日前发布关于修改《中华人民共和国增值税暂行条例实施细则》和《中华人民共和国营业税暂行条例实施细则》的决定，上调增值税和营业税起征点。

9 日，中国证监会有关负责人表示，为进一步督促上市公司提升对股东的回报，证监会将要求所有上市公司完善分红政策及其决策机制。

11 日，中国人民银行有关负责人日前接受媒体采访时表示，民间借贷是正规金融有益和必要的补充，具有制度层面的合法性。

14 日，中证指数有限公司和中国证券报联合发布中证金牛基金指数系列。

15 日，地方政府试点自行发债，在银行间及交易所债券市场拉开大幕。

17 日，沪深交易所、中登公司日前发布相关通知指出，沪深交易所将停止受理保险机构直接持有交易单元（即保险公司自有证券席位）的申请，鼓励保险机构作为两所会员的特殊机构客户参与市场交易。

18 日，为促进中国资本市场健康发展，中国证监会将力推六项监管新举措。

25 日，国务院日前下发《国务院关于清理整顿各类交易场所切实防范金融风险的决定》。

沪深交易所分别发布《融资融券交易实施细则》，融资融券业务由试点转为常规。同时，沪深交易所还分别调整融资融券标的证券范围。

28 日，深圳证券交易所公布《关于完善创业板退市制度的方案（征求意见稿）》。

30 日，中国人民银行宣布，从 12 月 5 日起，下调存款类金融机构人民币存款准备金率 0.5 个百分点。

美国联邦储备委员会发表声明称，美联储决定与欧洲央行、英国央行、日本央行、加拿大央行和瑞士央行采取协调行动，向市场提供流动性，以支持全球金融体系。

七月

9 日，银监会日前发布《商业银行理财产品销售管理办法》。

10 日，中央汇金公司宣布，自 10 月 10 日起已在二级市场自主购入工、农、中、建四行股票，并继续进行相关市场操作。

13 日，证监会批准郑州商品交易所开展甲醇期货交易。

首家中止发行公司八菱科技再次上会。

17 日，证监会表示，正在起草《保荐机构持续督导责任业务规则》和《并购重组财务顾问业务实施细则》。

19 日，证监会主席尚福林表示，支持符合条件文化企业发行上市。

20 日，经国务院批准，2011 年上海市、浙江省、广东省、深圳市开展地方政府自行发债试点。

25 日，新华社全文播发《中共中央关于深化文化体制改革推动社会主义文化大发展大繁荣若干重大问题的决定》。

28 日，中国证监会发布《转融通业务监督管理试行办法》。

29 日，国务院任免国家工作人员。任命尚福林为中国银行业监督管理委员会主席；任命郭树清为中国证券监督管理委员会主席；任命项俊波为中国保险监督管理委员会主席。

八月

2 日，国家发改委下发关于适当调整电价有关问题的通知，上调了部分地区水电企业的上网电价。

3 日，国务院发布《国务院批转发展改革委关于 2011 年深化经济体制改革重点工作意见的通知》。

7 日，银监会印发《关于支持商业银行进一步改进小企业金融服务的通知》。

8 日，八菱科技发布公告称，由于提供有效申报的询价对象不足 20 家，决定中止发行。

9 日，上证 B 股指数收报 256.91 点，下跌 7.9%，创 2008 年 10 月 27 日以来最大单日跌幅。

12 日，国务院台办主任王毅宣布一系列惠台新举措。

13 日，央行公布 5 月金融统计数据报告，5 月份人民币贷款增加 5516 亿元，同比少增 1005 亿元。

14 日，央行宣布，从 6 月 20 日起，上调存款类金融机构人民币存款准备金率 0.5 个百分点。大型金融机构存款准备金率将升至 21.5%。

15 日，中国证监会发布《关于上市公司建立内幕信息知情人登记管理制度的规定（征求意见稿）》。

17 日，证监会发布规定，证券公司增资扩股和变更持有 5% 以上股权的股东，应当依法报中国证监会核准。境外投资者间接拥有证券公司股权权益的比例不得达到 5% 以上。

20 日，货币市场资金利率全线上扬，7 天回购利率突破 7%，创今年 2 月以来新高。

21 日，证监会发布《保荐业务内部控制指引（公开征求意见稿）》；证监会发布修订后的《证券投资基金销售管理办法》。

22 日，证监会明确，上市公司进行并购重组，如果需要与证监会上市公司监管部当面沟通的，应先予以停牌。

24 日，欧盟成员国领导人正式批准欧洲中央银行新行长人选，同意由现意大利央行行长马里奥？德拉吉接替让－克洛德？特里谢执掌欧洲央行。

27 日，审计署发布的 2011 年第 35 号审计结果公告显示，截至 2010 年底，全国地方政府性债务余额 107174.91 亿元。

30 日，十一届全国人大常委会第二十一次会议表决通过全国人大常委会关于修改个人所得税法的决定。根据决定，工薪所得减除费用标准由每月 2000 元提高至 3500 元。

九月

1 日，7 月中国制造业采购经理指数（PMI）为 50.7%，创 2009 年 3 月以来的新低。

5 日，国际评级机构标准普尔公司将美国 AAA 级长期主权债务评级下调至 AA+，评级前景展望为“负面”。

9 日，国务院总理温家宝主持召开国务院常务会议。会议指出，世界经济复苏的不确定性、不稳定性上升，要做好防范风险的准备。

10 日，7 月贸易顺差 314.9 亿美元，创 30 个月新高。

11 日，人民币对美元汇率中间价报 6.3391，创 2005 年汇改以来新高。

12 日，中国人民银行公布金融统计数据显示，7 月货币信贷增速继续回落，人民币存款则出现净减少。

15 日，新三板试点扩容方案经修订完善后，已再度上报。

17 日，国家财政部在港发行 200 亿元人民币国债。

18 日，中国保监会网站公布的《中国保险业发展“十二五”规划纲要》提出，加强保险资产战略配置，适时调整保险资金投资政策。

19 日，证监会发布融资融券业务试点规则的修改草案和《转融通业务监督管理试行办法（草案）》。

22 日，建行董事长郭树清表示，建行拟年内发行 800 亿元次级债。

26 日，第三届创业板发审委成立大会在京召开。

28 日，763 只基金上半年亏损 1254 亿元。

30 日，财政部公布《关于加快推进财政部门依法行政依法理财的意见》提出，加快修订资源税暂行条例、房产税暂行条例、印花税暂行条例、城市维护建设税暂行条例、船舶吨税条例等税收行政法规，研究制定环境税法等财税法律法规，推进国债市场化改革。

十月

1 日,中国证监会主席郭树清表示,下一步证监会将从六个方面推进资本市场改革创新。

2 日,证监会通报佛山照明内幕信息知情人内幕交易案件和佛塑股份多位中层干部内幕交易案件。

7 日,沪市成交缩至 397.7 亿元,创 2009 年 1 月以来新低。

8 日,重庆啤酒发布的《关于"治疗用(合成肽)乙型肝炎疫苗"研究进度暨复牌公告》

9 日,证监会通报广东中恒信传媒投资有限公司操纵证券市场案等六起违法违规案。

13 日,沪深股指"四连阴",双双探出本轮调整新低。上证综指跌破 2250 点,盘中最低跌至 2245.87 点,收盘创近 33 个月以来新低。

中央经济工作会议 12 月 12 日至 14 日在北京举行,会议明确明年经济和政策稳中求进总基调。

14 日,中国证监会主席郭树清表示,研究鼓励长期资金入市政策,尽快出台 RQFII 实施办法,逐步扩大港澳投资沪深股市规模。

15 日,中国证监会主席郭树清在第九届《财经》年会上建议,养老保险金和住房公积金可学习全国社保基金,投资股市获取收益。

16 日,中国证监会有关部门负责人宣布,《基金管理公司、证券公司人民币合格境外机构投资者(RQFII)境内证券投资试点办法》日前发布。

19 日,中国证监会主席郭树清在第十届中国公司治理论坛上表示,证监会将从六个方面促进完善公司治理。同时,应提高证券、基金和期货公司的治理水平,强化其专业能力。

21 日,重庆啤酒公告,公司董事会收到大成基金管理有限公司于 12 月 12 日出具的《关于提议重庆啤酒股份有限公司董事会召开临时股东大会的函》,大成基金提议公司董事会召开临时股东大会,审议免除黄明贵先生董事职务事项。公司将于 2012 年 2 月 7 日召开临时股东大会。

在连续九个跌停之后,重庆啤酒 21 日打开跌停板,当日成交 27.84 亿元,换手率高达 19.32%。

22 日,中国人民银行发布的问卷调查结果显示,居民对未来物价上涨预期大幅回落,购房意愿回落近历史低点。

沪深股指双双低开后震荡下挫,盘中再创 33 个月以来新低。重庆啤酒再次跌停。

23 日,中国证券报记者获悉,海富通、华安、博时、南方、易方达、华夏、嘉实、大成、汇添富 9 家基金管理公司已获得证监会核准批复人民币合格境外机构投资者(RQFII)业务资格,成为首批 RQFII 试点机构。

中国证监会有关部门负责人表示,国元证券(香港)有限公司等 12 家证券公司香港子公司已经获得人民币合格境外机构投资者(RQFII)试点资格。

26 日,人民币对美元即期汇价 12 月 26 日突破 6.32,创历史新高。

十一月

7 日,商务部公布《商务部实施外国投资者并购境内企业安全审查制度有关事项的暂行规定》。

8 日,上海证券交易所发布《上海证券交易所上市公司关联交易实施指引》。

长江证券发布公告称,公司增发最终发行数量为 2 亿股,募集资金总量为 25.34 亿元。

17 日,上海期货交易所发布铅期货标准合约及相关配套文件。

18 日,中国人民银行宣布,从 2011 年 3 月 25 日起,上调存款类金融机构人民币存款准备金率 0.5 个百分点。

21 日,中国证监会有关部门负责人证实,绿大地董事长何学葵因涉嫌欺诈发行股票罪,已被当地公安机关逮捕。

22 日,中国证监会宣布,已经批准大连商品交易所开展焦炭期货交易。

24 日,铅期货在上海期货交易所挂牌交易。

25 日,中国银监会发布《金融资产管理公司并表监管指引(试行)》。

30 日,商务部、发展改革委、供销总社组织编制印发《商贸物流发展专项规划》。

十二月

2 日,证监会有关部门负责人就创业板成长性、上市门槛、"三高"现象、落实定位和"PE 腐败"五大热点问题进行回应。

3 日,全国人大财经委副主任委员吴晓灵表示,《基金法》修改已经进入实质性阶段。

7 日,证监会披露上半年稽查执法情况。

9 日,8 月我国居民消费价格总水平(CPI)同比上涨 6.2%,工业品出厂价格(PPI)同比上涨 7.3%。

11 日,中国人民银行 8 月份金融运行统计数据显示,8 月末,广义货币(M2)余额 78.07 万亿元,同比增长 13.5%,

12 日,中国银监会向银行业机构发布"人人贷"风险提示。

13 日,深证成指收报 10775.30 点,创去年 8 月中旬以来收盘新低

14 日,第五届夏季达沃斯论坛在大连开幕。

16 日,沪市成交额今年以来首次跌破 500 亿元,创下 14 个多月以来的地量。

19 日,今年以来最大 IPO 启动,中国水电招股。

21 日,8 月新增外汇占款 3769.4 亿元,较 7 月增长逾七成。

26 日,中国平安 A 股接近跌停,H 股盘中最大跌幅超过 14%。

证监会就分级基金产品审核指引征求意见。

28 日,上证综指跌破 2400 点,盘中最低探至 2383.40 点,收盘和盘中均创出 14 个月以来新低。

2011 年中国证券市场十大新闻

文章来源:中国证券报

地方政府性债务问题引起关注

6 月 27 日,审计署发布 2011 年第 35 号审计结果公告显示,截至 2010 年底,全国地方政府性债务余额 107174.91 亿元。公告引起市场关于地方债风险的担忧,相关债券产品大跌。随后,发改委及银监会官员表示,银行对地方政府融资平台的贷款风险总体可控。10 月后,城投债市场企稳,多家城投债券相继发行上市。10 月 20 日,国务院批准 2011 年上海市、浙江省、广东省、深圳市开展地方政府自行发债试点。11 月 17 日起,试点四省市地方政府债券自行发行,受到市场热捧。

点评:

中国宏观经济学会秘书长王建:地方债问题目前还不大,

但在地方土地财政萎缩的背景下，如果允许地方债膨胀，迟早要酿成大患。

财政部科研所所长贾康：从实证分析来看，中国地方债务总体仍处在安全范围内；审计署的审计披露也有利于部分项目的风险防范，对局部风险过高的项目可重点监控，及时化解风险，同时还需看到部分负债率较高的地方政府如重庆，其产业支撑能力也很强，债务风险可较好控制；更重要的是，相关制度建设正在完善，如地方自行发债试点的开展，就有利于改善地方财政此前过度依赖土地的融资机制，开拓阳光融资渠道。

证监会“换帅”郭树清力推新政

10 月 29 日，国务院任免国家工作人员。任命尚福林为中国银行业监督管理委员会主席；任命郭树清为中国证券监督管理委员会主席；任命项俊波为中国保险监督管理委员会主席。12 月 1 日，郭树清在第九届中小企业融资论坛上首次公开阐述资本市场监管理念，提出要把中国资本市场建设成为自主创新的发动机、产业升级的推进器、国民经济的晴雨表、全球合作的粘合剂。同时，证监会推出六大举措促进市场健康发展，包括：推进债券市场制度规范统一和监管审核统一；多管齐下逐步改变高市盈率发行股票的局面；先在创业板探索试行退市制度改革；将启动创业板上市公司非公开发行债券工作；坚定不移地打击内幕交易行为；在国务院领导下，协调有关方面清理整顿各类交易场所。

点评：

北京大学经济学院院长孙祁祥：新官上任三把火。但愿“新帅”能通过制度创新保证股市繁荣之“香火”常烧常旺。

中国人民大学法学院教授刘俊海：郭主席提出将审批转为监管，更加贴近投资者权益保护工作，将投资者权益保护贯穿于证监会的各项工作，我认为符合市场化需求。审批制度本身是法律赋予的例外情形，原则上应当是市场调节、市场自治，鼓励市场创新。我认为有以下几点还需要强调：一是依法监管。证监会必须带头依法行政，包括所属派出机构、证券交易所和登记结算公司；第二，诚信监管，树立证监会的公信力，说到做到；第三，透明监管，监管程序和过程都应透明，包括在抓内幕交易的时候，要让对方心服口服；第四，公平监管，平等对待市场各个主体；第五，民本监管，一切以投资者是否满意作为检验证监会监管工作成败的试金石。

深交所完善创业板退市制度

11 月 28 日，深交所发布新版创业板退市制度（征求意见稿），在此前的 11 项退市条件基础上，创业板新增了两个退市制度，即连续受到交易所公开谴责以及股票成交价格连续低于面值，并且明确不支持通过“借壳”恢复上市。该意见稿将于 12 月 28 日完成意见征集并上报证监会批准。

点评：

燕京华侨大学校长华生：重要一步。

北京大学经济学院院长孙祁祥：该死的死不了，该活的就活不好。这是铁律，也是常识，但在中国就是难以“普适”，不仅仅在股市。这说明，改革之路仍任重道远。

中国人民银行研究生部部务委员会副主席焦瑾璞：意味着要真正实施退市政策了。

深圳交易所综合研究所所长金立扬：创业板的重大制度创新，板块先行先试的特点再次得到体现。

国务院清理整顿交易场所

11 月 24 日，《国务院关于清理整顿各类交易场所切实防范金融风险的决定》公布，要求高度重视各类交易场所违法交易活动蕴藏的风险，除依法设立的证券交易所或国务院批准的从事金融产品交易的交易场所外，任何交易场所均不得将任何权益拆分为均等份额公开发行，不得采取集中竞价、做市商等集中交易方式进行交易；不得将权益按照标准化交易单位持续挂牌交易，任何投资者买入后卖出或卖出后买入同一交易品种的时间间隔不得少于 5 个交易日；除法律、行政法规另有规定外，权益持有人累计不得超过 200 人。

点评：

中国人民大学法学院教授刘俊海：清理是大快人心的事，有利于降低投资者投资风险，避免投资者上当受骗。我认为要加深改革，建议在修改《证券法》时，要拓宽《证券法》的外延，凡是有投资收益和投资风险都不确定的投资品种，都视为证券。艺术品虽然所有权是物权，但是证券化以后，也有可能销售给不特定的购买者，我们就应该将其纳入证监会监管范围，纳入《证券法》调整轨道上来。现在我们不能因为《证券法》无力调整，就仅仅把这些交易所关掉，更应该将其引导到《证券法》的轨道上来。

人民币对美元即期汇价连续触及跌停水平

12 月 14 日，受热钱外流预期难改、离岸人民币远期汇价与当前汇率水平继续倒挂等因素影响，人民币对美元即期汇价盘中再度触及跌停。至当日，人民币即期汇价已连续 11 个交易日触及跌停水平。

点评：

中国人民银行研究生部部务委员会副主席焦瑾璞：人民币出现了一段时间的贬值是事实，但很难说未来人民币有贬值压力。人民币即期汇率基本处于升值趋势。

12 月初国内人民币即期汇率连续多个交易日触及跌停，可被解读为中间价停止或者缓慢贬值情况下的市场反应，并不能说明贬值加速；而美元对人民币 NDF 虽然仍处于升水状况但并未发生大幅波动，说明国际市场对中国稳定人民币汇率具有信心。

此外，在欧债危机前景不明朗、人民币出现贬值预期情况下，国内外机构增持外币资产的动机强烈，也增加了外汇市场压力。央行的国外净资产特别是较大规模的外汇储备，足以应付我国的外债敞口以及其他外汇需求。

中国宏观经济学会秘书长王建：说明国际热钱的流动规模已经足以影响人民币汇率和国内货币市场的变化。

CPI 涨幅高位回落货币政策预调微调

今年我国居民消费价格总水平始终高位运行，7 月 CPI 同比上涨 6.5%，成为全年高点。随后逐步回落，11 月 CPI 同比上涨 4.2%，创出年内新低。货币政策也开始出现转向迹象。中国人民银行 11 月 30 日宣布，从 12 月 5 日起，下调存款类金融机构存款准备金率 0.5 个百分点。这是央行近 3 年来首次下调存款准备金率。此前，大型金融机构存款准备金率已上升至 21.5% 的高位。

点评：

中国人民大学经济学院院长杨瑞龙：2010 年底以来我国货币政策操作趋于紧缩，再加上外部经济环境恶化，我国物价涨幅和经济增速双双逐步回落。由于 CPI 涨幅高位回落的态势较明显，未来货币政策的重点也由遏制通胀转向“稳增长”。对于政策转向的时机问题，如果仅仅从短期因素来看，货币政策的放松力度还可以再大一些。但目前我国并不仅仅是经济下滑的问题，还存在经济泡沫化和盈利反差的问题。货币政策的放松和“挤泡沫”问题存在一定冲突，因此货币政策不能全面转向，未来也没有必要出台新一轮刺激政策。

民生证券副总裁兼首席经济学家滕泰：当前物价回落趋势已经形成，但仍有部分人担心冬季物价难以继续下降，或者未来出现通胀反弹。我认为明年不应该再担心通胀，而要担心需求不足的风险。从中长期来看，我国货币政策调控的空间正在缩小。根据测算，国际原材料价格如果上涨 15%，将拉动我国 CPI 上涨 0.3 个百分点。国内劳动力成本价格如果上涨 15%，将拉动 CPI 上涨 1.94 个百分点。明年我国通胀水平一旦低于 3%，就有经济下滑和需求收缩的风险。

证监会首次解聘重组委委员

12 月 1 日，证监会公告，解聘第三届并购重组委委员吴建敏。这是证监会历史上首次解聘并购重组委员会委员。证监会有关部门负责人表示，吴建敏委员在借用他人账户持有 ST 圣方股票的情况下，未按规定申请回避，于 2010 年 3 月 3 日参与审核了 ST 圣方并购重组方案，违反了证监会的相关规定。

证监会有关部门负责人表示，下一步将修订并购重组委工作规程，禁止重组委委员持有上市公司股票，目前已持有股票的委员要登记申报，并在一定时间内清理完毕。

点评：

中国人民大学法学院教授刘俊海：现在社会上议论证监会发审委和重组委的声音比较多，证监会能够处罚吴建敏委员，是个好事。我建议证监会号召全体重组委委员，来一次自查自纠，写一份报告。

不管是发审委委员还是重组委委员，如果在审核中把关不严，损害了投资者利益，应该让他们承担民事赔偿责任，让这些委员切实负起把关的责任，从源头上遏制欺诈投资者的现象。

双汇“瘦肉精”事件重伤基金

双汇集团旗下公司被央视 3? 15 特别节目曝光。央视报道称，河南孟州等地添加“瘦肉精”养殖的生猪，顺利卖到双汇集团旗下公司。受此影响，当日下午，双汇集团旗下上市公司双汇发展(000895，股吧)跌停并自 3 月 16 日起停牌。双汇发展为基金重仓股，为此，多家基金公司发布公告，对旗下基金持有的双汇发展的估值方法进行调整。此次基金对双汇发展的估值方法调整，标志着基金估值方法进入灵活运用适当估值方法的新阶段。

点评：

北京大学经济学院院长孙祁祥：重伤基金是表象，诚信受挫对我国的经济才是致命伤。

中国人民银行研究生部部务委员会副主席焦瑾璞：此次估值方法调整标志着基金估值方法进入新阶段，“盯市原则”和公允会计原则等与国际接轨。

“国家队”汇金再度入市操作

中央汇金公司 10 月 10 日宣布，自当日起已在二级市场自主购入工、农、中、建四行股票，并继续进行相关市场操作。根据当日四大行的 A 股收盘价计算，汇金此次共耗资逾 1.97 亿元。

点评：

交通银行首席经济学家连平：汇金出手对市场而言是个重大信号，清楚地表明银行股下行空间已十分有限。此举是稳定市场的积极举措，并预示了市场未来的运行方向。

在股市持续低迷之际，汇金再次增持四大行股票意味深长。由于生息资产平稳增长、利差略有扩大、中间业务收入大幅增加以及信用成本稍有下降，今年商业银行盈利继续高速增长，每股收益将保持较高水平。

明年尽管中间业务收入可能增幅放缓和信用成本略有上升，但得益于生息资产增量扩大和利差稳定，商业银行盈利增长仍可能达到 20%。商业银行虽然存在一些风险隐患，但在宏观经济环境稳定下系统性风险依然可控，资产质量总体上会保持基本稳定。汇金增持是价值投资取向的具体体现。

作为“国家队”，汇金的资金是重要的战略性资源。在市场极度低迷和银行股价值与价格严重背离情况下，汇金出手对市场而言是个重大信号，清楚地表明银行股下行空间已十分有限。此举是稳定市场的积极举措，并预示了市场未来的运行方向。

民生证券副总裁兼首席经济学家滕泰：由于中央汇金公司的独特身份，使其在市场低迷、信心不稳的关键时刻增值银行股，既可以被解释为出于本身战略投资的要求，也可以被市场理解为政府有稳定市场的意图。独特的身份、模糊的动机、积极的影响，使汇金公司的增持备受市场关注。

A 股指数跌幅位列全球主要市场第一

今年以来，我国股市持续下跌，大多数投资者亏损。截至 12 月 29 日，上证综指收报 2173.56 点，与 2010 年 12 月 31 日收盘的 2808.08 点相比，下跌幅度达 22.6%。与全球主要市场相比，A 股市场今年跌幅第一。

点评：

天相投顾董事长林义相：2011 年中国 GDP 仍保持 9% 以上的增长，但作为经济晴雨表的股市下跌惨重，跌幅位列全球主要市场第一，根本原因是投资者对经济增长潜力和上市公司利润下降的担忧。

中国经济和股市结构存在失衡，目前 A 股总体估值很低，但这很大程度上是由于垄断企业的影响。16 家上市银行加上中石油、中石化，这 18 家公司在两千多家上市公司里面利润占了 60%，除去这 18 家公司，更多的上市企业估值并不低。由于外部经济冲击、信贷紧张等影响，这类上市企业利润增速下滑，估值下降是必然的。

2011 年证券行业社会形象建设情况报告

文章来源：中国证券报

近期，中国证券业协会对 2011 年度证券公司及从业人员社会形象建设情况进行了调查。从了解的情况看，相当一部分证券公司已经开始有意识地以实际行动重新塑造自身形象，立足金融服务的本职工作，积极开展和参与各项“创先争优”活动，并得到了国家及地方各级机关单位的肯定。统计显示，2011 年，47 家证券公司获得了省级直属机关(以上)颁发的各项表彰奖励 181 次；43 家证券公司的 214 人次获得了省级直属机关(以上)颁发的各项表彰奖励。从所获奖项的内容分布来看，金融服务类占 29%，五一劳动奖章、工人先锋号、精神文明类奖项合计占 31%，党建类占 13%，地方经济贡献类占 5%，扶贫公益类占 6%，其他类占 16%。

一、扎实开展金融服务努力探索业务创新

2011 年，证券公司获得各类金融服务及金融创新方面的表彰 52 次。如，中信证券、国泰君安证券、中银国际证券、平安证券、国海证券等 5 家公司获得财政部颁发的 2011 年度记账式国债承销优秀奖，安信证券获得进步奖；银河证券、华创证券、中信证券(浙江)、太平洋证券、恒泰证券、海通证券、渤海证券、恒泰长财证券等 8 家公司认真落实国家有关反洗钱工作要求，全面建立反洗钱制度和工作机制，有效维护了金融安全和稳定，被中国人民银行授予“全国反洗钱工作先进集体”称号。在做好金融服务工作的同时，证券公司不断摸索管理创新和服务创新，多家创新成果获得政府奖励。

二、促进地方经济发展积极参与社会公益事业

证券公司努力发挥自身优势，促进地方经济发展。华龙证券不断推进甘肃省资本市场建设与发展，为当地经济发展作出突出贡献，被甘肃省人民政府连续三年授予“金融支持地方发展突出贡献奖”；湖北省政府鉴于长江证券、天风证券、海通证券湖北分公司有力促进全省经济社会发展和民生改善，分别授予三家公司“2011 年度支持湖北经济发展突出贡献奖”；山西证券在扩大直接融资、开展金融创新、推广企业上市、提升金融服务水平方面做了大量工作，山西省人民政府特向山西证券颁发“2011 年山西地方金融突出贡献奖”；重庆市人民政府为表彰西南证券为重庆建设长江上游地区金融中心所发挥的重要推动作用和支持重庆经济发展所做出的重要贡献，自 2006 年起连续六年授予西南证券“金融贡献奖一等奖”。

证券公司积极参与、组织各类扶贫解困、支持三农、捐款捐物等活动，切实履行自身应尽的社会公益责任。

三、深入开展“创先争优”活动加强基层党组织建设

证券公司以邓小平理论和“三个代表”重要思想为指导，深入贯彻科学发展观，全面落实党的十七届四中、五中、六中全会精神和胡锦涛同志在庆祝建党 90 周年大会上的重要讲话精神，深入开展“创先争优”活动，在基层党组织建设方面取得了可喜的成绩，获得中组部、金融工委等各级党政机关的表彰 24 次。其中光大证券北京月坛营业部党支部被中组部授予“全国先进基层党组织”的荣誉称号，该营业部积极落实党建工作制度，不断加强支部建设，充分发挥支部战斗堡垒作用和党员先锋模范作用。

四、重视企业精神文明建设倡导良好的企业发展氛围

证券公司重视企业的精神文明建设，倡导良好的企业文化氛围，打造爱岗敬业的工作作风，树立积极向上的员工良好风尚，在 2011 年度共获得精神文明类表彰 33 次。南京证券、银河证券金融街营业部被中央精神文明建设指导委员会授予“全国精神文明单位”称号；民族证券、大同证券、中信建投证券、渤海证券、爱建证券、恒泰证券等公司的多家营业部获得省级以上五一劳动奖状、“工人先锋号”、“巾帼文明岗”等荣誉称号 23 次。

五、注重员工发展鼓励员工立足本职工作建功立业

2011 年度共有 43 家证券公司的 214 人次获得了省级直属机关（以上）颁发的各项表彰奖励，获中央部委及直属单位授奖 45 人次，省级人民政府及省级直属机关授奖 169 次。其中党建及优秀共产党员 89 人次，五一劳动奖章及劳动模范 21 人次，先进个人 29 人次，优秀金融服务工作 35 人次，优秀企业家 5 人次，其他奖励 34 人次。

六、证券从业人员积极参政议政

近年，证券公司从业人员责任感和使命感不断增强，积极参政议政，在各级人大、政协中发挥作用。据统计显示，证券公司从业人员中现有 172 人任各级人大代表、政协委员。其中，全国政协委员 1 人，省级人大代表 8 人，省级政协委员 16 人，地市级（及以下）人大代表 49 人，地市级（及以下）政协委员 98 人。这些代表中包括公司级领导 44 人，中层干部 121 人，普通员工 7 人。其中有 101 家营业部（占全部营业部的 2%）的负责人或职工担任地市级（及以下）的人大代表或政协委员。

2011 年十大牛股

文章来源：上海证券报

1. 新华联（000620）：全年涨幅 318.80%

上涨关键词：借壳上市

在隐匿了将近 6 年之后，*ST 圣方通过重组完成了华美蜕变，由一家亏损的石化企业变身房企，并幸运地成为 2010 年地产调控以来首例借壳上市成功的房企。7 月 8 日，公司更名为新华联重返 A 股市场，受到投资者的热烈欢迎。复牌当天，股价奋力飙升 799.18%，重演了“乌鸡变凤凰”的神话。虽然此后该股一路下跌，但瘦死的骆驼比马大，最终仍斩获“最牛股票”。

2. 国海证券（000750）：全年涨幅 205.60%

上涨关键词：借壳上市

历时 4 年之久，国海证券借壳 S*ST 集琦上市终于成功圆梦，成为 A 股市场中流通股本最小的券商股。相较于其他借壳上市的公司，国海证券的上市之路最为坎坷，因当时任职国海证券副总裁的张小坚为其弟弟“私买”了 S*ST 集琦股票，借壳差点夭折。不过，如今看来，持股投资者所受的挫折值得。国海证券上市时正逢 A 股暴跌，但其顶住压力，首日开盘即飙涨 232%，自此奠定了牛股基座。

3. 华夏幸福（600340）：全年涨幅 191.56%

上涨关键词：借壳上市

华夏幸福 2011 年走势确如其名，近 200% 的涨幅，让熊市中持股的投资者倍感幸福。追溯历史，该股亦是“变身”而来，其前身 ST 国祥苦熬三年，终于迎来新的东家，与新华联一样，主营业务转型为房地产开发。二级市场上，因受重组利好提振，2011 年以来，该股股价一直逆市走强，直至去年 11 月 2 日，公司更名为“华夏幸福”，并借此宣告重组已经结束之后，才停下了上涨的脚步。

4. ST 中源（600645）：全年涨幅 155.76%

上涨关键词：资产注入

ST 中源此前是一家非常不稳当的公司，生物医药、投资理财、纺织服装、国内贸易等，什么业务都做，不过都没挣到钱。于是，2011 年该公司终于开始正视自己的问题，先是剥离不盈利资产；接着又推出增发预案，明确表态加强主业。不管这些做法最后是否能为公司基本面带来实质变化，但在二级市场上，公司股价受到了强劲的推动，其主营业务具有的干细胞概念是上涨的助推器。

5. ST 金叶（000587）：全年涨幅 114.77%

上涨关键词：借壳上市

几番更迭，ST 金叶还是荣登牛股前五宝座。去年 8 月 18 日，公司前身 S*ST 光明完成股改并复牌，同时宣布转型为黄金珠宝为主业的上市公司。当日虽大跌 23%，但对于大部分享受“10 转 20”的流通股东来说，仍是大赚。很快，“珠光宝气”的该股吸引了越来越多投资者的目光，开始连续涨停。中途虽跟随大市一度下跌，但“摘星”、“更名”等利好力撑着股价保持相对坚挺。

6. 浙报传媒（600633）：全年涨幅 93.41%

上涨关键词：借壳上市

连续 3 年亏损，*ST 白猫于 2010 年 5 月 25 日起暂停上市。同年 10 月 22 日启动的与浙报传媒控股集团有限公司的重大资产重组，一举成为国内首个经营性资产整体上市的报业传媒集团。受益于政策利好，借壳上市的浙报传媒变成

2011 年最热门的传媒股,2011 年 9 月 29 日重组复牌暴涨 68.27%,年度最高涨幅曾高达 174.02%。

7. *ST 科健(000035):全年涨幅 83.38%%

上涨关键词:重组预期

中国科健曾经是知名国产手机厂商,由于主营业务停产,自 2004 年巨亏以来一直挣扎在退市边缘。截至去年三季度末,公司资不抵债额高达 12.27 亿元,每股净资产为 -8.18 元。

*ST 科健自 11 月 9 日起停牌,并进入破产重整程序。二级市场上 ST 科健因重组预期,本年度大涨 83.38%,"壳"价值让投资者充满想象空间。

8. 百事通(600637):全年涨幅 74.46%

上涨关键词:借壳上市

去年 1 月 11 日,停牌逾 4 个月的广电信息公布重大资产重组预案,拟出售大部分资产,同时注入约 43 亿元新媒体资产。消息公布后,公司股价连续 3 个涨停。借国家出台加大文化产业建设利好,去年 11 月 30 日广电信息重组获得证监会核准。公告披露,重组完成后公司将成为上海广播电视台、东方传媒从事 IPTV、手机电视、互联网视频等新媒体技术服务和市场营销业务的唯一平台。去年 12 月 29 日公司更名为"百视通"。

9. 安纳达(002136):全年涨幅 68.74%

上涨关键词:钛白粉涨价

去年,以安纳达为首的钛白粉企业一度在 A 股市场掀起热浪,功劳一切源于钛白粉价格的上涨。金红石型钛白粉价格自去年年初的 1.65 万元/吨,一路飙升至 7 月末的 2.25 万元/吨,短短半年多的时间涨幅即高达 36.4%,成为无机化工领域最炙手可热的品种之一。但此后由于国内钛白粉产能面临严重过剩,价格自 8 月份开始"高台跳水",但安纳达却大有无惧钛白粉价格暴跌的精神,股价依然不断创出新高。以全年涨幅统计,安纳达目前股价上涨 68.74%,位列 2011 年十大牛股第九。

10. ST 合臣(600490):全年涨幅 64.13%

上涨关键词:资产注入

受铜矿概念的刺激,ST 合臣股价一度连续 6 天涨停,由此即加大了鹏欣集团收购 ST 合臣控股股东合臣化学 30% 股权的成本。而通过这一"绕弯"的方案,鹏欣集团及其他相关方获得的 ST 合臣非公开发行的股票,未来即可以在二级市场转让获得利益。

虽然融资额提升 8 倍,但却凭借铜矿概念股价仍然大幅上涨,在两大股东获得利益的同时,买单者却是那些参与炒作跟风的小股民。

2011 年十大熊股

文章来源:上海证券报

1. 汉王科技(002362):全年跌幅 73.50%

下跌关键词:业绩变脸

汉王科技上市就屡遭诟病,其成长性受到质疑。去年一季报,刚刚上市一年的该公司公布大幅亏损,自此股价就如瀑布一样飞流直下。业绩嬗变加上亏损公布前公司高管及大股东的精准减持,投资者再也见不到希望。日前,汉王科技又公告称,涉嫌信披违法违规,遭到证监会立案稽查,由此看来,卖出的股民是对的。

2. 万邦达(300055):全年跌幅 71.91%

下跌关键词:业绩低于预期涉嫌内幕交易

万邦达曾被称作是基金的"大众情人",截至去年三季度末,共有 7 只基金重仓持有。它也是高价股的典型代表。前年 2 月底,以 66 元的高价发行,3 月中旬即冲进百元股之列。"拿多了迟早要还的",去年以来,该股直线下跌。去年年中时,坊间曾传言公司与神华宁煤涉嫌内幕交易,虽没有得到证实,但股价还是遭到打击。

3. 东山精密(002384):全年跌幅 69.52%

下跌关键词:题材泡沫破裂

东山精密前年 4 月登陆中小板,借助新材料的光芒,着实风光过一把,股价一度攀升至 82.41 元的高位。但在去年,公司股价表现急剧逆转,跌势难挡,甚至跌破股权激励价,使得股权激励计划告吹。值得一提的是,年初时,该股曾被某券商推荐为"2011 年十大金股",如今牛股变熊股,不知该券商是否汗颜?

4. 新中基(000972):全年跌幅 69.11%

下跌关键词:业绩大幅亏损

新中基属于农林牧渔行业,公司番茄制品年生产能力位同行业国内第一位、世界第二位。从经营业绩来看,去年前三季度公司净利润为亏损 3.03 亿元。公司表示,2010 年番茄酱成本大幅提高,2011 年前三季度国际市场大桶番茄酱价格仍处于低迷状态,加之公司大桶番茄酱业务较强的季节性影响,导致公司 2011 年前三季度净利润为负值。新中基去年股价累计下跌了 69.11%,股价从年初开盘时的 14.69 元跌至去年底的 4.58 元,期间最高股价仅为 16.16 元,最低股价仅为 4.37 元。

5. 彩虹股份(600707):全年跌幅 66.47%

下跌关键词:新业务低于预期

彩虹股份自 2010 年 11 月底股价便呈现出一路下滑的态势,接连创出市场新低。市场数据显示,公司去年前三季度亏损逾 9900 万元,传统业务快速萎缩,新业务却迟迟不能贡献利润,公司面临很大的经营压力,加之上新的玻璃基板生产线点火以后,在未产生收入的情况下,产生的成本费用也拉低了去年的业绩。

6. 大元股份(600146):全年跌幅 66.08%

下跌关键词:资产注入失败

大元股份资产注入一波三折。公司第一大股东上海泓泽世纪投资发展有限公司未能如期将收购阿拉善左旗珠拉黄金开发有限责任公司首笔股权转让价款 3 亿元支付给郭文军,导致双方此前签订的补充协议未能生效。此前由于上海泓泽无力一次性支付收购金矿的对价,其与郭文军达成协议,在珠拉黄金成功注入大元股份后 6 个月内,将股权转让款 9 亿元整支付给郭文军;而大元股份则通过非公开发行股份方式收购珠拉黄金股权。此次上海泓泽再度爽约,使得其先注入后付款的"赊购"也无法达成,其在 5 日内筹集到 26.5 亿元转让款的可能性微乎其微。大元股份的黄金梦在经历多次波折后恐难成真。

7. 世纪瑞尔(300150):全年跌幅 65.54%

下跌关键词:意外事故拖累

7.23 动车事故和上海地铁事故为铁路和地铁行业带来了很大影响,动车事故使普通民众第一次感受到了通信信号设备在铁路建设和铁路运营中的重要意义,未来的铁路建设将更大程度地重视通信信号和设备和安全设备的作用,将陆续加强、改造或升级现有铁路的相关设备,铁路建设将逐渐转向重设备轻土木的结构化发展过程。公司股价从去年 1 月 6 日起就显现单边下跌之势,期间鲜有上涨,去年年底股价跟随上证指数走势继续大幅下挫。

8. 莱宝高科(002106):全年跌幅65.36%

下跌关键词:主导产品大幅降价

受"苹果"市场需求的强劲拉动,"苹果"Iphone的主要供应商之一的莱宝高科一度成为市场关注的焦点,公司业绩也一度出现高速增长。但就在行业竞争愈加激烈的2011年,莱宝高科业绩却受到明显冲击,随着主导产品降价幅度较大,年内净利润预计增长小10%,这明显低于投资者预期。业绩的低迷虽是导致股价弱势的原因之一,而目前的传言"苹果"将采用incell的触控路线的传闻一旦成真,将对于TOL(TouchonLens)阵营的莱宝高科产生更大的负面影响。

9. 太工天成(600392):全年跌幅64.49%

下跌关键词:业绩变脸报亏

作为基金另一只"抱团"品种,太工天成去年前期一度抗跌,此后公司业绩变脸,三季度亏损4263.03万元。公司股价由此自去年9月份以来飞流直下,从8月底的25元左右跌到目前的不足10元,去年累计跌幅达到64.49%,一举跌进前十大熊股。

10. 建新股份(300107):全年跌幅64.44%

下跌关键词:毛利率下滑停产整顿

在化工行业景气度依旧的情况下,建新股份以64.44%的跌幅位居去年十大熊股第10位。作为一家以生产染料中间体为主的现代化工高新技术企业,销售毛利率的下滑、公司间氨基苯磺酸生产车间磺化工序操作工因操作失误遭停产整顿等等负面消息加剧了市场对其的悲观预期。

去年7月22日公司公告,由于氨基苯磺酸生产车间硫化工序操作失误,导致部分料液泄漏到地面引发燃烧,公司被责令停产整顿。8月17日才公告恢复生产,9月16日即再发公告,由于罐车破裂造成三氧化硫泄漏事故,又一次被勒令停产。一波未平,一波又来侵袭,建新股份可真是2011年最衰的公司。

2011年中国股市十大IPO之最

文章来源:证券日报

编者按:2011年由于投资者担心欧洲主权债务问题和标准普尔把美国信贷评级降低,全球IPO脚步趋缓,沪深证券交易所却是一枝独秀。中国内地股市与香港股市在2011年完成了410宗IPO,融资总额为793亿美元,较2010年下降了42%,但仍持续领先全球IPO活动,占全球IPO融资总额的40%。其中,截止到今年11月底,以IPO宗数计算,深圳证券交易所IPO宗数位列全球证券交易所第一,以融资额计算,深圳证券交易所全球第二、香港证券交易所全球第三、上海证券交易所全球第四。目前,深交所已经成为全球最活跃的IPO市场,创业板在逐步完善,平均筹资额及市盈率与去年相比有所下降,今年平均市盈率平均为53倍。回顾2011年,我们精心筛选出这些IPO之最,希望可以为投资者提供参考。

1. 中国水电:融资最多

10月18日,中国水电在上交所挂牌上市,融资额达135亿元,成为2011年A股最大IPO。

中国水电的发行之路颇为曲折,在IPO过程中,主动将发行规模从35亿股压缩到30亿股,同时确定发行价格为4.5元。但即便如此,中国水电网上中签率也高达9.7%,创下近三个月以来新股中签率新高。

此外,2011年中国前五大A股首发上市分别为中国水利水电、华锐风电、庞大汽贸集团、方正证券以及浙江森马服饰,其发行金额从139.4亿元人民币至47亿元人民币不等。

对于中国水电的上市,不少投资者预料其会"破发",但它不仅没有破发,还因早盘大涨38.22%而被临时停牌,虽午后出现回落走势,收盘仍上涨17.11%。相对于目前的低迷市况而言,作为一只大盘股,市场对中国水电上市首日的炒作堪称"疯狂"。

点评:中国水电以135亿元成为年内融资最大的IPO,其上市也成为今年A股市场最吸引眼球的事件。中国水电的首日走高被认为是弱市炒新的投机行为造成的,市场本来就没有热点,于是投机资金的眼光可能放在了新股上。目前水利水电建设行业处于黄金发展时期,从十一五有序开发到十二五积极开发,体现了中央对水利水电建设的支持力度空前,中国水利将进入黄金发展时期。

2. 东宝生物:融资最少

根据WIND数据统计,2011年发行上市的277家上市公司中,首发当日募集资金最少的公司为东宝生物,募集资金金额为1.71亿元。

东宝生物此次IPO发行1900万股A股,发行价格为9元/股,对应市盈率为33.48倍,募集资金将用于明胶4000吨/年增至6500吨/年扩建项目,年产1000吨可溶性胶原蛋白项目,以及其他与主营业务相关的营运资金。

机构最低报价5.5元——对于东宝生物的此次IPO,尽管承销商东兴证券的保荐人李民在网络路演时表示,公司在北京、上海和深圳获得机构的一致看好,但实际结果却并没有那么"好"。东宝生物的询价情况显示,61家参与询价的机构中,报价最低的只有5.5元,所有配售对象报价的中位数也只有8.5元,且就不同询价的申报数量来看,9元以下的申报股数在9025万股,9元及以上的申报总股数只有6935万股。

如此来看,即便东宝生物9元的个位数发行价已经创下了创业板诞生以来的最低记录,但就询价机构的态度而言,这个定价已经是机构能够接受的最好结果了。

点评:募集资金首次未足额,除了成为创业板首家个位数发行的新股,东宝生物募集资金的规模也打破了记录。东宝生物计划募集资金1.84亿元,但按9元发行价实际募集的资金只有1.71亿元,且这部分募资尚未扣除发行费用,公司实际到手的资金将不足1.5亿元,东宝生物也成为创业板第一家没有超额甚至没有足额募集资金的新股。

3. 华锐风电:最高发行价

1月5日,华锐风电以90元/股的发行价华丽登场。此后,这一价格一直遥遥领先,使华锐风电成为今年A股市场发行价最高的公司。这一价格也突破了主板市场20年来发行价最高纪录。

华锐风电当时确定的发行价格区间为人民币80.00元/股-90.00元/股,按该公司2009年摊薄后的每股收益计算,其发行价格对应的市盈率为43.41倍-48.83倍。华锐风电本次计划发行10.51亿股A股,占发行后总股本的10.46%,融资规模约84.08亿元-94.59亿元。

招股书显示,华锐风电的发行数量为1.05亿股。发行后,华锐风电总股本将达10.51亿股,总市值为945.9亿元,将挤进A股50强。

市场普遍预计,华锐风电开盘股价会直接站上百元。然而股价神话并没有出现,锣响之后,华锐风电就以3.3%的跌幅直接破发。收盘报81.37元,跌9.59%

点评:尽管华锐风电是行业龙头,但风电行业的竞争已非常激烈,企业盈利预期都呈下降趋势,从A股风电板块平均股指来看,华锐风电股价偏高。

每次新股高价发行后,除了能诞生一批新首富之外,市场和投资者更为关注的是这些高价发行的股票能否站住脚跟?其股价是否具备持续性?

目前我国风电设备制造企业超过80家,呈现风电产能过剩的苗头,若不及时调控和引导,产能过剩将不可避免。而这也是华锐风电需要面对的主要问题。

4. 方正证券:最低发行价

根据WIND数据统计,方正证券以3.9元/股的价格成为2011年发行价最低的公司。

方正证券8月3日公布公告显示,该公司发行价最终确定为每股3.9元,对应发行市盈率19.5倍,最终募集资金58.5亿元。

此外,方正证券网下最终发行数量为6.75亿股,占本次发行总量的45%;网上发行数量为8.25亿股,占比55%。69家网下配售对象的报价达到每股3.9元,对应有效申购总量为36.8亿股,认购倍数达到5.45倍,最终配售比例为18.35%。另外,近45万投资者参与了网上认购,中签率为2.24%。

方正证券是证监会核准的第一批综合类证券公司之一,2009年经纪业务市场占有率位列全国第15位,被证监会评为A类证券公司。本次发行募集资金拟全部用于补充公司资本金,扩展相关业务。

有分析师认为,方正证券与长江证券、宏源证券、兴业证券相类似,通过详细对比分析,整体估值约在240亿左右,其总股本为61亿股,折合每股价格约为3.93元。发行PE为19.5倍是由2010年数据得出,若按2011年数据估算PE在25倍左右,处于行业平均水平,3.9元的发行价应该基本符合其真实价值。

点评:目前,A股总股本超过50亿股的三家上市券商有中信证券,海通证券和华泰证券,其2010年的市盈率都在19倍以下,低于方正证券,方正证券在发行估值上并不具有特别大的优势,不过总市值相对其他券商有一定的增长空间。

从基本面来看,方正证券是中型地方券商,近几年投行业务发展迅猛,随着上市募集资金的到位,公司综合实力将大大增强,行业排名有望小幅上升。

5. 最失败IPO:胜景山河IPO最终被否

2010年10月27日,胜景山河IPO获证监会发审委通过,但在12月17日胜景山河即将登陆深交所的前夜,有媒体发文称其招股书披露不实、涉嫌虚增销售收入等情况,监管紧急叫停,公司申请暂缓上市。今年4月6日,证监会发出《关于撤销湖南胜景山河生物科技股份有限公司首次公开发行股票行政许可的决定》,该《决定》认为,胜景山河在招股说明书中未披露关联方及客户信息,构成信息披露的重大遗漏。经证监会发审委会议再次表决,胜景山河首发申请未获通过。至此,胜景山河成为继立立电子和苏州恒久之后,成为中国证券史上第三家"募集资金到位、但IPO最终被否"的拟上市公司。

并且,此次胜景山河的保荐机构平安证券除被证监会出具警示函外,2名保荐代表人更是遭到了撤销资格的处罚决定。证监会有关部门负责人称,胜景山河保荐机构平安证券及其保荐代表人的尽职调查工作不完善、不彻底,对胜景山河的销售及客户情况、关联方等事项核查不充分,未对胜景山河前五大客户进行任何函证或访谈;也没有对会计师工作进行审慎复核。证监会对平安证券采取出具警示函的监管措施,对保荐代表人林辉、周凌云采取撤销保荐代表人资格的监管措施。

点评:已经获发审委通过的胜景山河IPO最终被否,并"连累"平安证券两名保代被撤销保代资格,据悉,此前共有10名保荐代表人先后被撤销保代资格,其中8人未按时参加保代培训或未及时转会,2人存在注册材料虚假问题。尚无一人是因为项目原因被撤销保荐代表人资格。因保荐项目问题而受到处罚的保荐代表人最多就是被暂停保荐资格,而且暂停期限最长的也就是12个月。史上最严的保代罚单,无疑为保荐代表人和律师事务所、会计师事务所等中介机构再次敲响警钟:签字有风险,保荐当尽责。

6. 最波折IPO:八菱科技二度上市

今年4月首发申请获证监会批准通过的八菱科技,却于6月7日因询价机构不足20家而中止发行,成为A股首例因询价对象不足而暂停上市进程的公司。而后,好不容易过会,跟着就有了某老总泪洒现场,涉险过关的传言;一波未平一波又起,挂牌前夜八菱科技董事长被公安机关立案侦查的消息使其本就波折的上市路再添悬疑。

有分析认为,八菱科技在首次发行时中止发行,只是询价环节出了问题,是一次意外。

国庆节后首周证监会发审委IPO过会率骤然降低,6家公司上会4家公司折戟,33%的过会率成为了史上最低过会率。八菱科技虽然选择了这个时间重新闯关,但经过4个月时间"重考"的准备,10月17日,八菱科技二度上会并成功过会。

此外,关于董事长顾瑜被立案侦查一事,八菱科技发布公告称,南宁市公安局调查后发现没有证据证明顾瑜存在犯罪事实,并于11月1日撤销上述立案。一场风波终了于虚惊。

八菱科技最终于11月11日正式登陆深交所,并以上市首日62.48%涨幅和92.15%的换手率,继续着它的"传奇"。

点评:八菱科技的上市之路一波三折,作为A股市场破天荒地出现的历史上首只发行失败的新股,八菱科技无疑吸取了足够的教训。其二次成功过会明显经过了充分的准备。但正如华融证券首席策略分析师肖波所言,公司上市只是通过了一项'考试',在以后季报以及年报公布时更严峻的考验还在后面。前事不忘后事之师,只望八菱科技以后少些"传奇"故事,多些扎实业绩。

7. 天立环保:超募比例最高

天立环保于今年1月7日登陆创业板,发行价格为58元/股,收盘价为66.74元,全日涨幅达15.07%。

天立环保首次公开发行2005万股,公司的募集资金为11.629亿元,是计划募集资金1.3231亿元的8.7倍,超募资金9.7663亿元,相差幅度为738.14%。其中,天立环保董事长王利品持有股份2275.3万股,以此计算,王利品名下天立环保市值将超过13亿元。

天立环保主要提供提供大型节能环保密闭炉系统技术、高温炉气净化及综合利用技术两大系列产品,为"高耗能、高污染"的"两高"行业提供节能减排方案技术。公司凭借雄厚的技术实力,其市场份额迅速增长,2009年公司产品市场占有率达19.83%,居国内同行业第二。

目前,电石行业中已改造占比仅为20%左右,剩下的80%未改造的市场达百亿元以上,电石、铁合金和钢铁三个行业潜在改造产值约700亿元。

点评:至今年9月份,天立环保在手的订单约10个亿,足以支撑公司未来2年的发展,由此可见,公司的发展前景可观。

8. 蓝科高新:超募比例最低

于今年6月22日在主板上市的蓝科高新发行价格为11元/股,当日收盘价为13.53元/股,全日涨幅达23%,换手率高达90.36%。

上市以来,即使在A股持续下跌的情况下,蓝科高新的股价仍旧坚挺,截至12月26日,公司股票收盘价为13.60元/股。从上述来看,公司发行的股价较为合理。

不过,蓝科高新的募集资金情况不太理想。公司原本计划募集13.9亿元的资金,到最后却仅募集到了8.8亿元,与原计划少了5.62亿元的资金缺口。成为今年IPO中超募比例最低的一家公司。鉴于募集资金远远小于公司的预计,使得公司的资金极为紧缺。今年三季度,公司的经营活动现金净流量为负的9834.81万元,同时,公司投资活动的现金净流量则为负的9878.55万元。

蓝科高新目前是中石化静设备类主力供应商、中石油一级网络炼化非标设备类供应商、中海油一级库合格供应商、中国石化电子商务网和中国石油能源一号网供应商,是为数不多的几家同时获得国内三大石油公司一级供应商资格的供应商之一。

鉴于2010年上半年基数较低,蓝科高新2011年收入增长43%、净利润增长105%。2011年1-6月,公司新签合同4.93亿元,同比增长48.5%,上半年公司新增订单已达2010年营业收入的76%。

点评:蓝科高新已拥有一大批具备国内乃至国际先进水平的自主创新产品,部分产品达到国际领先水平,填补了国内空白。今年11月,公司高管集体增持,可见公司的管理层对公司未来发展的看好。

9. 东宝生物:首日涨幅最高

今年7月6日,东宝生物、冠昊生物、飞力达三新股上市,三新股盘中均因涨幅过高,被多次临时停牌。其中,东宝生物收盘涨198.89%,创今年以来新股首日上涨的最高纪录。

记者发现在今年的创业板中,除了明家科技与瑞丰光电的发行价在10元价位外,就属东宝生物9元/股的发行价最低。

首次发行当日,一开盘,东宝生物的涨幅即逾100%,一个小时后即逼近150%,因涨幅过高被实施临时停牌。复牌后,涨幅再度急速拉高,很快便冲至27元/股,较9元/股的发行价翻了3倍。最后,东宝生物收盘涨198.89%,报收26.90元/股。

银腾前瞻财讯分析师孙旭东表示,上市的三只新股估值、定价均较低,这是新股集体遭到爆炒的主要原因之一。另一方面,当下的市场有反弹的强烈诉求,无论是散户还是机构,都参与换手率高的新股炒作,也使得新股上市首日精彩异样。对投资者而言,当下参与打新胜过参与次新股的炒作。

发行当日,东宝生物已创下三项纪录:创业板首个发行价不足10元;首个未超募的个股;今年以来新股首日上涨最高的个股。

东宝生物表示,本次募集资金投资项目完成后,公司将形成1200吨/年小分子量胶原蛋白产品的生产能力。

点评:在经历了庞大集团的重创之后,“打新”不败的光环已经逐渐淡化,如今东宝生物等新股以低价发行的方式再次让投资者寻到了“打新”的新对象。

10. 庞大集团:首日涨幅最低

在瑞银证券的高估发行价的情形下,发行价45元的庞大集团上市引来了包括公募一哥王亚伟在内的机构追捧。但是,如此高的发行价另投资者却步,导致公司的首日开盘价格仅36元,最后以34.58元/股的价格收盘,跌幅达23.16%,成为今年首发日股价跌幅最高的公司。

首日发行股价大跌之后,庞大集团的股价也再无此高点,使得网上中签庞大集团的投资者集体亏损,为“打新”的投资者浇上了一盆冷水。

但是,随着股价的不断下降,中签的投资者陆续开始割肉卖股。据记者统计,庞大集团股价在上市后的10日,跌幅达25.13%;上市后3个月跌幅达32.62%;上市后6个月跌幅达40.01%;至今为止,跌幅更是高达65%左右。而同时,庞大集团的换手率也从发行当日的16.62%开始上涨到45.24%、92.68%、208.95%与314.38%。

庞大集团是目前国内最大的汽车经销商之一。两大主营业务是汽车经销和维修养护业务。招股说明书中披露的中冀斯巴鲁是斯巴鲁在中国三家总经销商之一。

国金证券分析,公司对于斯巴鲁销售的过于依赖,正是风险点所在。斯巴鲁合资公司的成立,对进口斯巴鲁的冲击是可见的。另外,庞大集团在北京的销售占到了整个公司网点8%左右,北京的限购冲击也将在2011年年报中有所体现。

日前,庞大集团收购萨博最后成为泡影,公司股价也因此大跌。庞大集团12月21日低开5.8%,开盘后一路下跌至9%,最低价6.35元,最后报收6.47元。

点评:庞大集团的股价大幅下跌令热衷于“打新”的投资者损失惨重,但这也体现出了“打新”的风险较大,如何理性选择绩优股票投资才是投资者今后的研究课题。

2011年证券公司投资者教育与服务工作报告

文章来源:中国证券报,2012年4月19日

根据证监会《关于加强证券经纪业务管理的规定》、协会《会员投资者教育工作指引(试行)》和《证券公司营业部投资者教育工作业务规范》,中国证券业协会结合近五年来开展证券行业年度投资者教育总结工作的经验,研究设计了证券公司投资者教育与服务专项评估的理论框架、评价指标体系和评分办法。并在具有经纪业务的99家证券公司的自评表及自评报告的基础上,对证券公司投资者教育与服务的投入与组织建设情况、投资者适当性实施情况、投资者教育活动与产品情况、投资者信息服务情况、客户回访与投诉处理情况等方面进行了综合评估。

一、证券公司投资者教育和服务投入与组织建设情况

证券公司在投资者教育与服务工作方面总体投入力度较大,工作组织与制度建设普遍比较健全。

1. 投资者教育与服务投入

投资者教育与服务投入包括证券公司用于直接面向广大投资者的各类教育与服务工作的经费,证券公司专职从事投资者教育与服务岗位的人员配置以及人员的考核、培训等情况。

(1)证券公司总体上重视在投资者教育与服务方面的投入。2011年,99家证券公司投资者教育与服务经费总计约9.21亿元,占同期代理买卖证券业务净收入的1.18%,平均每家证券公司投资者教育与服务经费为930.37万元。在人力投入方面,99家证券公司全部设有专岗人员,约95%的证券公司建立了相关人员的考核、培训机制等。另外,从事投资者教育与服务的人员平均从业年限为7.31年。

(2)2011年,各公司投资者教育与服务经费投入差异明

显。经费投入在3000万元以上的有9家公司,占比9.09%,最多的达到7154万元;1000万-3000万元的有20家,占比20.20%;500万-1000万元的有15家,占比15.15%;100万-500万元的有40家,占比40.40%;10万-100万元的有15家,占比15.15%;10万元以下的有0家,占比0%。

(3)证券公司投资者教育与服务专岗人员从业年限差异较大。99家证券公司中从事投资者教育与服务的专岗人员从业年限最长的为17年,最短的仅为1年。

2. 组织与制度建设

组织与制度建设指证券公司开展投资者教育与服务工作的领导、协调机制、客服中心等部门的建设、对营业部的督导以及相关制度建设等情况。证券公司在组织机制与制度建设方面普遍采取了有效措施,总体情况较好,各证券公司之间差异不大。在工作组织方面,99家证券公司全部建立有投资者教育领导小组及相应的工作组织体系,其中,约90%的证券公司建立有客服中心或呼叫中心,约94%的证券公司对营业部相关工作进行过专项检查。在相关制度建设方面,证券公司普遍建立了投资者教育工作类、客户服务类及投诉处理类制度。

二、证券公司投资者适当性实施情况

适当性的核心是“将合适的产品销售给合适的投资者”。证券公司在向客户提供投资建议、推荐投资产品时,应评估该产品或服务是否符合客户的风险承受能力和投资需求。投资者适当性主要包括客户分类、产品分类以及适配服务等环节的工作。

1. 客户分类

证券公司已普遍开展投资者风险承受能力测评工作。99家证券公司均开展了不同形式的投资者风险测评工作,对客户进行分类分级。证券公司的客户初次风险测评完成比例平均值高达66.13%,93.94%的证券公司根据测评结果对客户进行分类教育,91.92%的证券公司设有客户分类分级数据管理系统。

2. 产品分类

多数证券公司对产品进行初步或部分分类,产品分类工作有待进一步加强。99家证券公司中,90%以上的证券公司对投资品种进行了风险分类以及对所研究个股进行了投资评级或风险提示。在投资产品分类具体做法方面,各证券公司尚缺乏相对统一的参考,部分证券公司仅对基金品种或部分投资品种进行了风险分类。此外,78.79%的证券公司表示建立了投资产品信息管理系统,63.64%的证券公司投资产品信息管理系统是与客户分类相对应的。约87%的证券公司已经将投资服务产品化。

3. 适配服务

将合适的产品以合适的方式提供给合适的投资者是证券公司义不容辞的义务。99家证券公司中,约98%的证券公司根据客户风险分类推荐相应产品或服务,在客户选择超过自身风险承受能力或不能确定适当性的产品时进行提示,并以书面或电子形式留存。99家证券公司投资顾问比例(投资顾问人数/公司有效客户总数)平均值为3.6%。,中位数为0.27%。

三、投资者教育活动与产品情况

1. 投资者教育活动

投资者教育活动是证券公司开展投资者教育工作的基本形式,包括现场活动和非现场活动。现场活动较常见的形式有股民学校、知识讲座、专题报告会、投资者交流会等;非现场活动较常见的形式有视频讲座、在线交流、模拟炒股等。2011年,99家证券公司中有98家开展了投资者教育现场活动。全部证券营业部部均现场活动场数为33场,即每家营业部平均每月举办约3场活动;现场活动参加人覆盖率(参加人次/公司有效客户数量)平均值为18.72%;现场活动形式在3至4种的证券公司居多,共计56家。

2. 投资者教育产品

投资者教育产品包括纸质产品及电子产品。目前,纸质产品主要有折页、手册、海报等形式;电子产品主要有FLASH、游戏、网络社区等形式。99家证券公司中,约98%的证券公司制作了投资者教育纸质产品,约84%的证券公司制作了投资者教育电子产品。纸质产品中,证券营业部平均发放数量(发放数量/营业部数量)为6024件。此外,88家证券公司的投资者教育纸质产品中不仅包含了基础知识内容,还包含了风险揭示内容。

四、投资者信息服务情况

通过证券公司畅通、高效的信息服务渠道,投资者能快速、准确、完整地获取投资相关信息。投资者信息服务包括网站建设、营业部园地建设、通讯服务以及客户行权提示。证券公司在投资者信息服务方面做了大量工作,整体水平较高。

1. 网站建设

99家证券公司全部建立了投资者教育专门网站或网页,并在公司主页上设有链接标志。网站内容主要包括基础知识、产品介绍、法律法规、风险提示以及各类投资教育专项活动等。约90%的证券公司每月对网站内容进行更新。

2. 营业部投资者园地建设

99家证券公司均在每家营业部显著位置设置了投资者园地,其中约90%的证券公司对各营业部设计了统一的投资者教育园地模板,园地主要内容包括信息公示、收费标准、法律法规、投资知识、风险提示等。

3. 通讯服务

99家证券公司中,约96%的证券公司设有专门的客服热线,约84%的证券公司设有客户服务呼叫中心,约96%的证券公司设有统一号码的短信平台。2011年,证券公司客户人均短信发送数量平均为129条,其中,在60条以下的有25家,占比25.25%;60条到120条的有37家,占比37.37%;120条以上的有37家,占比37.37%。

4. 客户行权提示

证券公司充分重视投资者行权信息服务,实行一对一提醒。99家证券公司均有针对投资者行权的提醒服务,其中,98家证券公司有一对一的行权提醒服务,确保及时准确地向投资者提示信息。

五、客户回访与投诉处理情况

证券公司普遍重视客户回访以及投诉处理,工作基本实现了规范化、标准化。

1. 回访机制

证券公司及时对客户进行回访并将回访进行留痕保存。在回访时限方面,30家证券公司会在1周内对新开户客户进行回访;17家证券公司会在半月内对新开户客户进行回访;52家证券公司会在1月内对新开户客户进行回访。回访的内容包括客户身份核实、账户变动确认以及营业部人员是否违规代客户操作账户、是否向客户充分揭示风险、是否存在全权委托行为等。2011年,99家证券公司对原有客户回访比例平均值为17.44%,证券公司均对回访进行留痕并保存至少3年。

2. 投诉处理机制

证券公司普遍能及时、有效地处理客户投诉。99 家证券公司均在网站和营业场所显著位置公示投诉渠道,建立投诉处理档案并至少保留 3 年;98 家证券公司会定期汇总经纪业务投诉及处理情况,并分别报证券公司住所地及证券营业部所在地证监局备案。从投诉处理情况来看,2011 年全年有 5 家证券公司未收到投资者投诉;收到投诉的 94 家证券公司中有 91 家的投诉处理率为 100%,2 家的投诉处理率在 95% 左右,1 家的投诉处理率为 75%。

2012 年证券公司分类结果

(按公司名称拼音顺序排列)

序号	公司名称	2012 年级别
1	爱建证券	CCC
2	安信证券	AA
3	北京高华	A
4	渤海证券	BBB
5	财达证券	A
6	财富证券	BB
7	财通证券	BBB
8	长城证券	BBB
9	长江证券	A
10	诚浩证券	CCC
11	川财证券	BB
12	大通证券	BBB
13	大同证券	BB
14	德邦证券	CCC
15	第一创业	BBB
16	东北证券	BBB
17	东方证券	AA
18	东海证券	A
19	东莞证券	BBB
20	东吴证券	BBB
21	东兴证券	A
22	方正证券	A
23	光大证券	AA
24	广发证券	AA
25	广州证券	BB
26	国都证券	A
27	国海证券	B
28	国金证券	A
29	国开证券	BBB
30	国联证券	BBB
31	国盛证券	BB
32	国泰君安	AA
33	国信证券	AA
34	国元证券	BBB
35	海通证券	AA
36	航天证券	CCC
37	和兴证券	BBB
38	恒泰证券	BBB
39	红塔证券	BB
40	宏源证券	A
41	华安证券	BBB
42	华宝证券	BBB
43	华创证券	BB
44	华福证券	A
45	华林证券	CC
46	华龙证券	BB
47	华融证券	A
48	华泰证券	AA
49	华西证券	AA
50	华鑫证券	BBB
51	江海证券	BB
52	金元证券	B
53	开源证券	BBB
54	联讯证券	BBB
55	民生证券	BBB
56	民族证券	B
57	南京证券	A
58	平安证券	A
59	齐鲁证券	A
60	日信证券	CCC
61	瑞银证券	BBB
62	山西证券	BBB
63	上海证券	BBB
64	申银万国	AA
65	世纪证券	CCC
66	首创证券	BBB
67	太平洋	BBB
68	天风证券	B
69	天源证券	BB
70	万和证券	CC
71	万联证券	BB
72	五矿证券	BBB
73	西部证券	BBB
74	西藏同信	BB
75	西南证券	A
76	厦门证券	B
77	湘财证券	BBB
78	新时代	B
79	信达证券	A
80	兴业证券	A
81	银河证券	AA
82	银泰证券	B
83	英大证券	BB
84	招商证券	AA
85	浙商证券	BBB
86	中航证券	BB
87	中金公司	AA
88	中山证券	B
89	中天证券	C
90	中投证券	A
91	中信建投	AA
92	中信证券	AA
93	中银国际	A
94	中邮证券	B
95	中原证券	BBB
96	众成证券	BBB

注:今年 111 家公司中,有 15 家证券公司与其母公司合并评价,涉及华泰联合(母公司华泰证券)、恒泰长财(母公司恒泰证券)、高盛高华(母公司北京高华)、长江保荐(母公司长江证券)、财富里昂(母公司财富证券)、海际大和(母公司上海证券)、瑞信方正(母公司方正证券)、中德证券(母公司山西证券)、中信证券(浙江)和中信万通(母公司中信证券)、华英证券(母公司国联证券)、第一创业摩根大通证券(母公司第一创业证券)、摩根士丹利华鑫证券(母公司华鑫证券)、上海国泰君安证券资产管理有限公司(母公司国泰君安证券)和上海东方证券资产管理有限公司(母公司东方证券)。此外,2012 年 5 月开业的上海光大证券资产管理有限公司,按规定不参加 2012 年证券公司分类评价。

证券公司名录

（截至 2012 年 4 月 30 日）

序号	公司名称	注册资金（亿元）	注册地
1	爱建证券有限责任公司	11.00	上海
2	安信证券股份有限公司	28.25	深圳
3	北京高华证券有限责任公司	10.72	北京
4	渤海证券股份有限公司	32.27	天津
5	财富里昂证券有限责任公司	5.00	上海
6	财富证券有限责任公司	21.36	湖南
7	财通证券有限责任公司	14.00	浙江
8	长城证券有限责任公司	20.67	深圳
9	长江证券承销保荐有限公司	1.00	上海
10	长江证券股份有限公司	23.71	湖北
11	川财证券经纪有限公司	0.93	四川
12	大通证券股份有限公司	22.00	大连
13	大同证券经纪有限责任公司	1.00	山西
14	德邦证券有限责任公司	10.08	上海
15	第一创业证券股份有限公司	19.70	深圳
16	东北证券股份有限公司	6.39	吉林
17	东方证券股份有限公司	42.82	上海
18	东海证券有限责任公司	16.70	江苏
19	东莞证券有限责任公司	15.00	广东
20	东吴证券股份有限公司	20.00	江苏
21	东兴证券股份有限公司	20.04	北京
22	方正证券股份有限公司	61.00	湖南
23	高盛高华证券有限责任公司	8.00	北京
24	光大证券股份有限公司	34.18	上海
25	华福证券有限责任公司	5.50	福建
26	广发证券股份有限公司	29.60	广东
27	广州证券有限责任公司	14.34	广东
28	国都证券有限责任公司	26.23	北京
29	国海证券股份有限公司	7.17	广西
30	国金证券股份有限公司	10.00	四川
31	国开证券有限责任公司	58.70	北京
32	国联证券股份有限公司	15.00	江苏
33	国盛证券有限责任公司	5.93	江西
34	国泰君安证券股份有限公司	61.00	上海
35	国信证券股份有限公司	70.00	深圳
36	国元证券股份有限公司	19.64	安徽
37	海际大和证券有限责任公司	5.00	上海
38	海通证券股份有限公司	82.28	上海
39	航天证券有限责任公司	6.00	上海
40	和兴证券经纪有限责任公司	3.31	四川
41	财达证券有限责任公司	14.17	河北
42	恒泰长财证券有限责任公司	0.56	吉林
43	恒泰证券股份有限公司	21.95	内蒙古
44	红塔证券股份有限公司	13.87	云南
45	宏源证券股份有限公司	14.61	新疆
46	华安证券有限责任公司	24.05	安徽
47	华宝证券有限责任公司	15.00	上海
48	华创证券有限责任公司	5.00	贵州
49	华林证券有限责任公司	8.07	深圳
50	华龙证券有限责任公司	21.53	甘肃
51	华融证券股份有限公司	30.03	北京
52	华泰联合证券有限责任公司	10.00	深圳
53	华泰证券股份有限公司	56.00	江苏
54	华西证券有限责任公司	14.13	四川
55	华鑫证券有限责任公司	16.00	深圳
56	江海证券有限公司	13.63	黑龙江
57	金元证券股份有限公司	31.74	海南
58	联讯证券有限责任公司	1.16	广东
59	民生证券有限责任公司	21.77	北京
60	南京证券有限责任公司	18.79	江苏
61	平安证券有限责任公司	30.00	深圳
62	齐鲁证券有限公司	52.12	山东
63	日信证券有限责任公司	6.00	内蒙古
64	瑞信方正证券有限责任公司	8.00	北京
65	瑞银证券有限责任公司	14.90	北京
66	山西证券股份有限公司	24.00	山西
67	开源证券有限责任公司	5.00	陕西
68	上海证券有限责任公司	26.10	上海
69	申银万国证券股份有限公司	67.16	上海
70	诚浩证券有限责任公司	2.01	辽宁
71	世纪证券有限责任公司	7.00	深圳
72	首创证券有限责任公司	6.50	北京
73	太平洋证券股份有限公司	15.03	云南
74	天风证券股份有限公司	8.37	湖北
75	天源证券经纪有限公司	1.84	青海
76	万和证券经纪有限公司	1.25	海南
77	万联证券有限责任公司	11.50	广东
78	五矿证券有限责任公司	8.80	深圳
79	西部证券股份有限公司	12.00	陕西
80	西藏同信证券有限责任公司	6.00	西藏
81	西南证券股份有限公司	23.23	重庆
82	厦门证券有限公司	0.50	厦门
83	湘财证券有限责任公司	29.97	湖南
84	新时代证券有限责任公司	14.63	北京
85	信达证券股份有限公司	25.69	北京
86	兴业证券股份有限公司	22.00	福建
87	银泰证券有限责任公司	10.00	深圳
88	英大证券有限责任公司	12.00	深圳
89	招商证券股份有限公司	46.61	深圳
90	浙商证券有限责任公司	29.15	浙江
91	中德证券有限责任公司	10.00	北京
92	中航证券有限公司	13.26	江西
93	中国国际金融有限公司	10.37	北京
94	中国中投证券有限责任公司	50.00	深圳
95	中国民族证券有限责任公司	13.94	北京
96	中国银河证券股份有限公司	60.00	北京
97	中山证券有限责任公司	13.55	深圳
98	中天证券有限责任公司	10.38	辽宁
99	中信建投证券有限责任公司	61.00	北京
100	中信证券（浙江）有限责任公司	8.85	浙江
101	中信万通证券有限责任公司	8.00	青岛
102	中信证券股份有限公司	110.17	深圳
103	中银国际证券有限责任公司	15.00	上海
104	中邮证券有限责任公司	5.60	陕西
105	中原证券股份有限公司	20.34	河南
106	众成证券经纪有限公司	0.63	深圳
107	华英证券有限责任公司	8.00	江苏
108	第一创业摩根大通证券有限责任公司	8.00	北京
109	摩根士丹利华鑫证券有限责任公司	10.20	上海
110	上海国泰君安证券资产管理有限公司	8.00	上海
111	上海东方证券资产管理有限公司	3.00	上海

2011 年度证券公司净利润排名

单位:万元

序号	证券公司	净利润
1	中信证券	736,091
2	海通证券	305,079
3	国泰君安	231,871
4	广发证券	196,350
5	招商证券	184,114
6	国信证券	181,082
7	光大证券	170,970
8	申银万国	161,721
9	银河证券	158,976
10	华泰证券	139,244
11	中信建投	116,923
12	平安证券	97,138
13	东方证券	92,848
14	安信证券	81,786
15	国元证券	63,137
16	宏源证券	62,469
17	华西证券	60,027
18	中投证券	58,928
19	东兴证券	44,064
20	长江证券	42,121
21	兴业证券	41,587
22	齐鲁证券	40,359
23	中信证券(浙江)	38,119
24	中银国际	37,456
25	财达证券	34,106
26	华泰联合	32,033
27	上海证券	28,322
28	华鑫证券	26,843
29	西南证券	26,309
30	国都证券	23,811
31	东吴证券	23,365
32	国金证券	23,151
33	浙商证券	23,114
34	方正证券	23,079
35	西部证券	22,723
36	中信万通	21,202
37	第一创业	21,037
38	东海证券	20,114
39	山西证券	19,382
40	长城证券	19,203
41	南京证券	18,546
42	信达证券	17,933
43	太平洋证券	15,668
44	华福证券	14,352
45	首创证券	14,048
46	红塔证券	13,683
47	国联证券	13,579
48	国开证券	10,982
49	中原证券	10,358
50	华融证券	10,333
51	东莞证券	9,998
52	上海国泰君安证券资产	9,200
53	和兴证券	9,161
54	华龙证券	9,138
55	恒泰证券	8,272
56	民生证券	7,569
57	华安证券	7,569
58	财通证券	7,467
59	民族证券	7,248
60	国海证券	5,632
61	大同证券	5,312
62	华创证券	5,066
63	高盛高华	5,014
64	瑞银证券	4,695
65	国盛证券	4,366
66	德邦证券	3,770
67	长江保荐	3,683
68	中航证券	3,303
69	财富证券	3,015
70	万联证券	3,014
71	中金公司	2,604
72	渤海证券	2,592
73	金元证券	2,442
74	中山证券	2,349
75	湘财证券	2,083
76	西藏同信	2,069
77	华林证券	1,974
78	银泰证券	1,626
79	大通证券	1,607
80	川财证券	1,249
81	新时代证券	1,236
82	天风证券	1,019
83	五矿证券	658
84	开源证券	621
85	北京高华	594
86	恒泰长财	517
87	上海东方证券资产	502
88	瑞信方正	454
89	中德证券	346
90	厦门证券	227
91	联讯证券	210
92	爱建证券	154
93	众成证券	38
94	诚浩证券	-951
95	万和证券	-1,252
96	财富里昂	-1,345
97	海际大和	-2,193
98	华英证券	-2,458
99	天源证券	-2,787
100	世纪证券	-2,794
101	航天证券	-3,047
102	第一创业摩根大通证券	-3,759
103	中天证券	-4,567
104	中邮证券	-6,661
105	广州证券	-6,678
106	华宝证券	-9,473
107	日信证券	-11,859
108	江海证券	-13,827
109	英大证券	-13,902
110	摩根士丹利华鑫证券	-15,069
111	东北证券	-16,480

2011 年度证券公司营业收入排名

单位：万元

序号	证券公司	营业收入
1	中信证券	1,479,401
2	海通证券	733,892
3	国泰君安	604,428
4	国信证券	582,706
5	银河证券	558,742
6	广发证券	551,160
7	招商证券	474,470
8	申银万国	416,181
9	光大证券	411,219
10	中信建投	385,718
11	华泰证券	385,299
12	平安证券	302,649
13	安信证券	286,690
14	齐鲁证券	279,797
15	中投证券	237,765
16	东方证券	230,749
17	中金公司	225,696
18	宏源证券	224,869
19	华泰联合	195,564
20	国元证券	177,817
21	兴业证券	176,862
22	长江证券	161,119
23	华西证券	159,472
24	中银国际	138,091
25	方正证券	135,877
26	中信证券(浙江)	134,833
27	东吴证券	119,355
28	民生证券	115,089
29	信达证券	109,350
30	东兴证券	108,992
31	财达证券	107,720
32	浙商证券	106,439
33	东海证券	105,895
34	西南证券	103,435
35	国金证券	103,397
36	上海证券	102,678
37	西部证券	101,047
38	瑞银证券	95,932
39	国海证券	86,886
40	南京证券	85,530
41	长城证券	83,828
42	国都证券	81,782
43	第一创业	81,362
44	山西证券	80,835
45	中信万通	79,436
46	财通证券	77,894
47	民族证券	77,797
48	东北证券	72,035
49	东莞证券	68,550
50	中原证券	67,746
51	太平洋证券	66,562
52	渤海证券	66,514
53	国联证券	62,530
54	华龙证券	61,343
55	湘财证券	61,297
56	新时代证券	57,730
57	华安证券	56,605
58	中航证券	56,462
59	恒泰证券	55,958
60	华林证券	55,395
61	北京高华	53,376
62	高盛高华	52,668
63	华融证券	51,836
64	红塔证券	51,440
65	华福证券	50,543
66	华创证券	46,338
67	国开证券	38,827
68	华鑫证券	38,706
69	首创证券	38,365
70	广州证券	36,525
71	财富证券	36,165
72	金元证券	34,363
73	万联证券	34,228
74	上海国泰君安证券资产	33,919
75	国盛证券	33,013
76	大通证券	32,201
77	和兴证券	31,987
78	世纪证券	31,368
79	中山证券	31,177
80	德邦证券	30,941
81	大同证券	28,692
82	联讯证券	26,337
83	西藏同信	24,062
84	中德证券	23,230
85	江海证券	21,042
86	英大证券	19,736
87	爱建证券	17,958
88	瑞信方正	17,772
89	天风证券	16,948
90	银泰证券	16,535
91	长江保荐	16,133
92	厦门证券	14,016
93	中天证券	13,174
94	恒泰长财	11,751
95	上海东方证券资产	11,233
96	五矿证券	10,395
97	天源证券	9,951
98	华英证券	8,956
99	川财证券	8,363
100	众成证券	8,302
101	第一创业摩根大通证券	7,968
102	开源证券	6,887
103	万和证券	6,508
104	诚浩证券	6,228
105	华宝证券	6,032
106	日信证券	6,005
107	财富里昂	5,782
108	海际大和	4,384
109	摩根士丹利华鑫证券	1,814
110	航天证券	488
111	中邮证券	-781

2011年度证券公司净资本排名

单位：万元

序号	证券公司	净资本
1	中信证券	5,002,984
2	海通证券	3,134,260
3	广发证券	2,262,072
4	华泰证券	2,063,586
5	国泰君安	1,755,959
6	招商证券	1,449,008
7	光大证券	1,432,422
8	银河证券	1,238,166
9	申银万国	1,215,602
10	国信证券	1,178,223
11	国元证券	1,042,415
12	东方证券	887,888
13	长江证券	861,157
14	方正证券	859,643
15	中信建投	824,877
16	西南证券	772,637
17	齐鲁证券	772,039
18	中投证券	618,732
19	东吴证券	595,615
20	安信证券	592,894
21	兴业证券	589,550
22	国开证券	561,976
23	国都证券	533,843
24	华西证券	494,337
25	中银国际	478,407
26	宏源证券	470,329
27	平安证券	468,725
28	中金公司	467,850
29	东兴证券	458,543
30	长城证券	431,926
31	信达证券	426,864
32	山西证券	426,524
33	华泰联合	392,256
34	浙商证券	353,678
35	东海证券	346,379
36	恒泰证券	315,167
37	财通证券	304,321
38	红塔证券	304,258
39	南京证券	301,366
40	华融证券	298,977
41	上海证券	296,540
42	渤海证券	293,434
43	东北证券	291,439
44	国金证券	284,638
45	北京高华	282,983
46	中原证券	275,948
47	西部证券	267,320
48	民生证券	255,639
49	中信万通	237,643
50	高盛高华	237,569
51	财达证券	231,473
52	第一创业	229,295
53	湘财证券	227,768
54	大通证券	223,322
55	华安证券	216,249
56	华福证券	215,942
57	国联证券	211,970
58	国海证券	203,799
59	瑞银证券	197,938
60	华龙证券	195,281
61	东莞证券	195,240
62	中信证券(浙江)	194,677
63	太平洋证券	191,115
64	华鑫证券	171,223
65	广州证券	165,780
66	万联证券	159,926
67	新时代证券	159,488
68	财富证券	156,611
69	中航证券	147,273
70	中山证券	145,819
71	民族证券	139,964
72	中天证券	139,237
73	江海证券	137,745
74	华宝证券	134,494
75	金元证券	131,429
76	华创证券	124,190
77	国盛证券	121,309
78	银泰证券	113,887
79	英大证券	108,974
80	德邦证券	108,297
81	上海国泰君安证券资产	107,208
82	首创证券	104,353
83	中德证券	96,949
84	华林证券	88,558
85	上海东方证券资产	87,531
86	瑞信方正	81,428
87	天风证券	78,622
88	摩根士丹利华鑫证券	77,461
89	第一创业摩根大通证券	72,257
90	华英证券	71,594
91	爱建证券	67,994
92	世纪证券	63,889
93	和兴证券	60,904
94	联讯证券	56,575
95	中邮证券	49,629
96	大同证券	48,806
97	财富里昂	45,700
98	开源证券	43,379
99	航天证券	41,799
100	五矿证券	38,395
101	海际大和	38,183
102	长江保荐	37,606
103	西藏同信	34,070
104	日信证券	33,999
105	诚浩证券	25,941
106	众成证券	25,349
107	恒泰长财	24,939
108	天源证券	21,454
109	厦门证券	21,299
110	川财证券	18,033
111	万和证券	14,837

2011 年度证券公司净资产排名

单位:万元

序号	证券公司	净资产
1	中信证券	7,377,051
2	海通证券	4,468,691
3	广发证券	3,113,430
4	华泰证券	2,997,367
5	国泰君安	2,488,358
6	招商证券	2,405,606
7	光大证券	2,109,675
8	国信证券	1,753,572
9	银河证券	1,593,674
10	申银万国	1,549,580
11	国元证券	1,474,677
12	东方证券	1,430,121
13	方正证券	1,406,560
14	长江证券	1,136,056
15	齐鲁证券	1,094,630
16	中信建投	1,039,911
17	西南证券	989,988
18	安信证券	891,063
19	兴业证券	815,712
20	中投证券	770,256
21	东吴证券	736,997
22	平安证券	713,273
23	宏源证券	706,547
24	国都证券	614,009
25	华西证券	610,181
26	国开证券	600,113
27	山西证券	596,922
28	长城证券	560,786
29	信达证券	538,704
30	浙商证券	498,181
31	东海证券	473,987
32	东兴证券	473,441
33	中金公司	469,703
34	中银国际	455,003
35	华融证券	440,213
36	华泰联合	438,085
37	第一创业	426,079
38	上海证券	415,209
39	渤海证券	412,691
40	恒泰证券	408,982
41	财通证券	400,503
42	南京证券	370,758
43	中原证券	367,016
44	红塔证券	362,993
45	华安证券	336,170
46	国金证券	324,241
47	西部证券	317,553
48	大通证券	311,403
49	民生证券	309,756
50	财达证券	308,836
51	东北证券	306,160
52	湘财证券	292,233
53	国联证券	287,833
54	华龙证券	281,389
55	财富证券	267,731
56	中信万通	266,419
57	新时代证券	265,336
58	国海证券	256,669
59	东莞证券	254,999
60	广州证券	247,591
61	华福证券	240,412
62	中山证券	238,540
63	华鑫证券	221,578
64	中信证券(浙江)	214,865
65	江海证券	213,002
66	太平洋证券	211,558
67	民族证券	206,079
68	万联证券	185,779
69	金元证券	184,794
70	首创证券	166,042
71	中天证券	165,397
72	北京高华	164,792
73	华宝证券	158,359
74	华创证券	157,248
75	德邦证券	151,698
76	瑞银证券	146,830
77	国盛证券	143,938
78	中航证券	134,982
79	银泰证券	134,366
80	爱建证券	118,669
81	天风证券	109,974
82	英大证券	109,397
83	高盛高华	107,847
84	华林证券	104,992
85	中德证券	102,578
86	上海国泰君安证券资产	92,407
87	世纪证券	89,218
88	摩根士丹利华鑫证券	86,931
89	瑞信方正	85,819
90	和兴证券	79,747
91	华英证券	77,602
92	第一创业摩根大通证券	76,258
93	联讯证券	68,007
94	大同证券	60,865
95	西藏同信	60,571
96	中邮证券	59,548
97	日信证券	57,679
98	开源证券	53,869
99	航天证券	49,643
100	财富里昂	48,838
101	五矿证券	44,599
102	海际大和	40,270
103	恒泰长财	36,073
104	厦门证券	33,134
105	诚浩证券	32,663
106	上海东方证券资产	32,078
107	天源证券	27,737
108	众成证券	26,947
109	川财证券	21,451
110	万和证券	20,597
111	长江保荐	20,006

2011 年度证券公司总资产排名

单位：万元

序号	证券公司	总资产
1	中信证券	11,439,041
2	海通证券	8,489,643
3	国泰君安	7,809,348
4	华泰证券	7,469,954
5	广发证券	7,205,113
6	招商证券	6,201,920
7	银河证券	5,500,821
8	国信证券	5,423,753
9	申银万国	4,900,914
10	中信建投	4,750,853
11	光大证券	3,917,675
12	东方证券	3,793,488
13	齐鲁证券	3,122,211
14	安信证券	3,116,965
15	中金公司	2,809,918
16	平安证券	2,740,925
17	长江证券	2,676,025
18	中投证券	2,591,844
19	方正证券	2,452,704
20	国元证券	2,145,292
21	宏源证券	2,008,905
22	兴业证券	1,983,503
23	西南证券	1,776,384
24	华西证券	1,570,918
25	东吴证券	1,489,263
26	信达证券	1,451,191
27	中银国际	1,360,300
28	长城证券	1,266,066
29	中信证券(浙江)	1,245,152
30	广州证券	1,218,635
31	山西证券	1,191,056
32	东北证券	1,187,655
33	东海证券	1,145,149
34	东兴证券	1,134,784
35	财达证券	1,076,131
36	渤海证券	1,075,443
37	中原证券	1,072,980
38	国都证券	1,062,657
39	湘财证券	1,053,011
40	浙商证券	1,037,247
41	上海证券	1,028,756
42	民族证券	983,074
43	国海证券	978,763
44	国开证券	976,354
45	华安证券	971,535
46	西部证券	958,830
47	财通证券	948,713
48	第一创业	930,840
49	新时代证券	911,712
50	南京证券	900,478
51	东莞证券	863,045
52	恒泰证券	861,886
53	财富证券	834,984
54	国金证券	828,761
55	国联证券	811,761
56	中信万通	740,781
57	民生证券	715,699
58	华融证券	691,733
59	华泰联合	676,032
60	华福证券	652,245
61	天风证券	622,187
62	江海证券	602,582
63	大通证券	597,275
64	红塔证券	596,665
65	华鑫证券	560,853
66	中山证券	556,114
67	首创证券	532,714
68	中天证券	525,930
69	金元证券	507,085
70	万联证券	503,796
71	华林证券	494,429
72	太平洋证券	494,049
73	中航证券	484,109
74	华龙证券	477,536
75	联讯证券	464,618
76	英大证券	455,481
77	瑞银证券	443,542
78	华创证券	433,521
79	北京高华	415,264
80	德邦证券	397,087
81	国盛证券	388,848
82	银泰证券	383,294
83	爱建证券	358,705
84	华宝证券	348,409
85	世纪证券	341,142
86	高盛高华	293,170
87	和兴证券	277,917
88	大同证券	266,461
89	西藏同信	264,062
90	五矿证券	188,737
91	厦门证券	158,631
92	华英证券	126,482
93	恒泰长财	121,885
94	中德证券	116,543
95	日信证券	116,211
96	上海国泰君安证券资产	106,441
97	中邮证券	105,099
98	摩根士丹利华鑫证券	102,513
99	开源证券	100,961
100	天源证券	98,655
101	众成证券	93,533
102	瑞信方正	87,568
103	诚浩证券	80,966
104	第一创业摩根大通证券	80,558
105	航天证券	75,875
106	万和证券	74,279
107	川财证券	62,410
108	财富里昂	49,661
109	海际大和	41,654
110	上海东方证券资产	34,617
111	长江保荐	25,432

2011 年度证券公司股票主承销家数排名

序号	公司	股票主承销家数
1	平安证券	42
2	国信证券	41
3	海通证券	22
4	招商证券	19
5	广发证券	18
6	安信证券	17
7	中信证券	15
8	光大证券	15
9	民生证券	15
10	中信建投	14
11	华泰证券(华泰联合证券)	14
12	中金公司	13
13	国泰君安	11
14	西南证券	11
15	中投证券	9
16	兴业证券	9
17	东方证券	7
18	国金证券	7
19	宏源证券	7
20	齐鲁证券	7
21	国元证券	6
22	申银万国	6
23	瑞银证券	5
24	山西证券(中德证券)	5
25	中航证券	5
26	浙商证券	5
27	东吴证券	5
28	第一创业(第一创业摩根大通证券)	5
29	华龙证券	5
30	中银国际	4
31	银河证券	4
32	国联证券(华英证券)	4
33	东兴证券	4
34	东莞证券	4
35	太平洋证券	4
36	长江证券(长江保荐证券)	4
37	长城证券	4
38	广州证券	4
39	国都证券	3
40	红塔证券	3
41	财通证券	3
42	渤海证券	3
43	东海证券	3
44	民族证券	3
45	信达证券	3
46	国海证券	2
47	西部证券	2
48	世纪证券	2
49	南京证券	2
50	日信证券	2
51	新时代证券	2
52	万联证券	2
53	金元证券	2
54	方正证券(瑞信方正证券)	1
55	东北证券	1
56	华鑫证券(摩根士丹利华鑫证券)	1
57	恒泰证券	1
58	华融证券	1
59	首创证券	1
60	华西证券	1
61	国盛证券	1
62	中原证券	1
63	上海证券(海际大和证券)	1
64	中山证券	1

注:1. 股票主承销家数排名的中位数为 4 家,不低于中位数的为前 38 家公司,股票主承销家数相同时,按股票主承销金额从大到小排序;
2. 排名中华泰证券与华泰联合证券、山西证券与中德证券、第一创业证券与第一创业摩根大通证券、国联证券与华英证券、长江证券与长江承销保荐证券、方正证券与瑞信方正证券、华鑫证券与摩根士丹利华鑫证券、上海证券与海际大和证券合并计算。

2011 年度证券公司股票主承销金额排名

单位:万元

序号	公司	股票主承销金额
1	中信证券	7,118,492.83
2	国信证券	4,651,062.28
3	平安证券	3,384,285.44
4	中金公司	2,868,413.41
5	安信证券	2,717,445.85
6	中信建投	2,694,238.30
7	国泰君安	2,647,161.99
8	广发证券	2,404,235.89
9	招商证券	2,263,278.13
10	海通证券	1,842,433.64
11	中银国际	1,358,954.10
12	瑞银证券	1,205,527.75
13	光大证券	1,180,716.73
14	民生证券	1,171,919.89
15	银河证券	1,159,553.59
16	西南证券	1,072,984.37
17	华泰证券(华泰联合证券)	1,043,597.00
18	山西证券(中德证券)	935,570.00
19	东方证券	784,246.20
20	中投证券	674,374.70
21	国金证券	571,714.29
22	兴业证券	520,207.95
23	国元证券	500,867.00
24	宏源证券	461,872.75
25	国联证券(华英证券)	443,654.54
26	中航证券	437,271.00
27	浙商证券	426,450.27
28	东吴证券	418,117.00
29	第一创业(第一创业摩根大通证券)	403,707.92
30	齐鲁证券	390,025.68
31	申银万国	363,643.00
32	东兴证券	342,980.00
33	国都证券	330,026.44
34	广州证券	296,983.72
35	红塔证券	294,784.30
36	东莞证券	291,462.81
37	财通证券	288,350.00
38	太平洋证券	284,345.32
39	华龙证券	200,980.00
40	国海证券	196,900.00

序号	公司	股票主承销金额
41	渤海证券	192,160.00
42	长江证券(长江保荐证券)	156,355.00
43	东海证券	147,340.82
44	长城证券	145,549.70
45	民族证券	143,966.00
46	方正证券(瑞信方正证券)	140,000.00
47	西部证券	138,822.00
48	世纪证券	131,701.01
49	南京证券	124,600.00
50	信达证券	116,722.00
51	日信证券	104,574.00
52	新时代证券	96,927.00
53	东北证券	90,174.06
54	万联证券	84,478.40
55	华鑫证券(摩根士丹利华鑫证券)	82,920.00
56	恒泰证券	82,608.00
57	华融证券	68,499.74
58	首创证券	63,000.00
59	华西证券	49,950.00
60	国盛证券	45,708.40
61	金元证券	45,571.61
62	中原证券	43,940.00
63	上海证券(海际大和证券)	32,585.00
64	中山证券	29,000.00

注:排名中华泰证券与华泰联合证券、山西证券与中德证券、国联证券与华英证券、第一创业证券与第一创业摩根大通证券、长江证券与长江承销保荐证券、方正证券与瑞信方正证券、华鑫证券与摩根士丹利华鑫证券、上海证券与海际大和证券合并计算。

2011年度证券公司债券主承销金额排名

单位:万元

序号	公司	债券主承销金额
1	中信证券	5,678,724.00
2	国泰君安	5,269,550.00
3	银河证券	3,286,900.00
4	平安证券	2,969,333.33
5	瑞银证券	2,943,850.00
6	中信建投	2,612,100.00
7	中投证券	2,605,000.00
8	广发证券	2,251,300.00
9	宏源证券	1,994,000.00
10	中金公司	1,868,171.80
11	中银国际	1,655,000.00
12	招商证券	1,567,233.33
13	华林证券	1,565,000.00
14	申银万国	1,306,500.00
15	国开证券	1,013,900.00
16	方正证券(瑞信方正证券)	963,333.33
17	北京高华(高盛高华证券)	920,000.00
18	太平洋证券	810,000.00
19	西南证券	791,000.00
20	第一创业(第一创业摩根大通证券)	782,000.00
21	光大证券	779,900.00
22	安信证券	774,700.00
23	齐鲁证券	602,000.00
24	德邦证券	590,000.00
25	信达证券	560,000.00
26	兴业证券	513,333.33
27	国海证券	506,500.00
28	国信证券	493,000.00
29	海通证券	455,800.00
30	财富证券(财富里昂证券)	380,000.00
31	长江证券(海际大和证券)	357,520.00
32	华泰证券(华泰联合证券)	328,645.00
33	渤海证券	324,498.00
34	东方证券	321,000.00
35	华龙证券	315,000.00
36	西部证券	302,000.00
37	国都证券	209,000.00
38	东吴证券	200,000.00
39	民生证券	172,000.00
40	中航证券	153,000.00
41	浙商证券	150,000.00
42	万联证券	140,000.00
43	英大证券	128,000.00
44	广州证券	110,000.00
45	山西证券(中德证券)	105,000.00
46	红塔证券	100,000.00
47	恒泰证券	100,000.00
48	新时代证券	90,000.00
49	中原证券	80,000.00
50	财通证券	75,000.00
51	国联证券(华英证券)	70,000.00
52	民族证券	67,600.00
53	南京证券	60,000.00
54	东莞证券	55,000.00
55	国盛证券	40,000.00
56	国元证券	22,000.00

注:排名中方正证券与瑞信方正证券、北京高华证券与高盛高华证券、第一创业证券与第一创业摩根大通证券、财富证券与财富里昂证券、长江证券与长江承销保荐证券、华泰证券与华泰联合证券、山西证券与中德证券、国联证券与华英证券合并计算。

2011年度证券公司债券主承销家数排名

序号	公司	债券主承销家数
1	中信证券	35
2	国泰君安	27
3	银河证券	19
4	广发证券	19
5	平安证券	18
6	中信建投	18
7	宏源证券	17
8	华林证券	15
9	瑞银证券	12
10	中金公司	12
11	招商证券	12
12	中银国际	10
13	中投证券	7
14	太平洋证券	7
15	西南证券	7
16	第一创业(第一创业摩根大通证券)	7
17	齐鲁证券	7
18	海通证券	7
19	国开证券	6

序号	公司	债券主承销家数
20	光大证券	6
21	安信证券	6
22	国海证券	6
23	国信证券	6
24	华泰证券(华泰联合证券)	6
25	方正证券(瑞信方正证券)	5
26	德邦证券	5
27	兴业证券	5
28	申银万国	4
29	财富证券(财富里昂证券)	4
30	长江证券(长江保荐证券)	4
31	渤海证券	4
32	东方证券	4
33	信达证券	3
34	西部证券	3
35	民生证券	3
36	华龙证券	2
37	国都证券	2
38	东吴证券	2
39	中航证券	2
40	浙商证券	2
41	英大证券	2
42	广州证券	2
43	山西证券(中德证券)	2
44	国联证券(华英证券)	2
45	北京高华(高盛高华证券)	1
46	万联证券	1
47	红塔证券	1
48	恒泰证券	1
49	新时代证券	1
50	中原证券	1
51	财通证券	1
52	民族证券	1
53	南京证券	1
54	东莞证券	1
55	国盛证券	1
56	国元证券	1
57	东兴证券	1

注:1. 债券主承销家数排名的中位数为4家,不低于中位数的为前32家公司,债券主承销家数相同时,按债券主承销金额从大到小排序;
2. 排名中第一创业证券与第一创业摩根大通证券、华泰证券与华泰联合证券、方正证券与瑞信方正证券、财富证券与财富里昂证券、长江证券与长江承销保荐证券、山西证券与中德证券、国联证券与华英证券、北京高华证券与高盛高华证券合并计算。

2011年度证券公司股票及债券承销金额排名

单位:万元

序号	公司	股票及债券承销金额
1	中信证券	17,649,983.08
2	国泰君安	9,081,307.24
3	平安证券	7,287,580.29
4	国信证券	5,520,596.28
5	中信建投	5,455,663.95
6	广发证券	5,454,967.49
7	宏源证券	5,369,876.02
8	中金公司	5,286,653.51
9	中银国际	5,225,359.10
10	招商证券	5,200,461.46
11	银河证券	4,698,901.20
12	瑞银证券	4,430,377.75
13	安信证券	3,694,045.85
14	中投证券	3,634,282.83
15	海通证券	2,531,693.50
16	西南证券	2,391,509.37
17	光大证券	2,371,611.73
18	第一创业	2,169,632.92
19	申银万国	2,020,537.67
20	华林证券	1,565,000.00
21	民生证券	1,526,073.54
22	华泰联合	1,445,287.00
23	瑞信方正	1,337,783.33
24	国海证券	1,270,000.00
25	兴业证券	1,268,339.28
26	东方证券	1,262,682.20
27	太平洋证券	1,146,145.32
28	中德证券	1,137,570.00
29	东海证券	1,136,415.78
30	国开证券	1,013,900.00
31	齐鲁证券	1,006,450.68
32	高盛高华	920,000.00
33	东吴证券	751,980.42
34	信达证券	749,076.00
35	华泰证券	734,884.00
36	德邦证券	653,471.65
37	国金证券	620,391.69
38	浙商证券	612,965.27
39	中航证券	598,771.00
40	华龙证券	565,980.00
41	国都证券	547,926.44
42	渤海证券	538,583.00
43	国元证券	522,867.00
44	东兴证券	518,995.13
45	红塔证券	451,584.30
46	广州证券	447,423.72
47	西部证券	446,885.35
48	财通证券	428,471.00
49	长江保荐	418,582.50
50	华英证券	377,794.54
51	东莞证券	368,280.01
52	长江证券	341,000.00
53	财富证券	300,000.00
54	民族证券	278,289.60
55	南京证券	236,850.00
56	万联证券	234,478.40
57	新时代证券	229,927.00
58	恒泰证券	194,608.00
59	第一创业摩根大通	170,000.00
60	长城证券	168,549.70
61	华鑫证券	162,920.00
62	世纪证券	151,701.01
63	国联证券	151,101.47
64	中原证券	130,668.00
65	英大证券	130,000.00
66	华融证券	116,251.33

序号	公司	股票及债券承销金额
67	日信证券	111,574.00
68	东北证券	105,872.02
69	国盛证券	85,708.40
70	财富里昂	80,000.00
71	航天证券	73,679.01
72	首创证券	63,000.00
73	华西证券	57,414.00
74	金元证券	47,571.61
75	中山证券	46,000.00
76	海际大和	32,585.00
77	江海证券	20,192.33
78	上海证券	12,000.00
79	摩根士丹利华鑫	7,117.20
80	爱建证券	3,000.00
81	华安证券	100.00

注:股票及债券承销金额排名的中位数为547,926.44万元,不低于中位数的为排名前41家公司。

2011年度证券公司股票及债券主承销家数排名

序号	公司	股票及债券主承销家数
1	平安证券	60
2	中信证券	50
3	国信证券	47
4	国泰君安	38
5	广发证券	37
6	中信建投	32
7	招商证券	31
8	海通证券	29
9	中金公司	25
10	宏源证券	24
11	银河证券	23
12	安信证券	23
13	光大证券	21
14	西南证券	18
15	民生证券	18
16	瑞银证券	17
17	中投证券	16
18	华林证券	15
19	中银国际	14
20	兴业证券	14
21	齐鲁证券	14
22	华泰联合	13
23	东方证券	11
24	太平洋证券	11
25	第一创业	11
26	申银万国	10
27	国海证券	8
28	中德证券	7
29	东吴证券	7
30	中航证券	7
31	浙商证券	7
32	国金证券	7
33	华泰证券	7
34	国元证券	7
35	渤海证券	7
36	华龙证券	7
37	瑞信方正	6
38	国开证券	6
39	信达证券	6
40	广州证券	6
41	长江保荐	6
42	德邦证券	5
43	国都证券	5
44	西部证券	5
45	东兴证券	5
46	东莞证券	5
47	红塔证券	4
48	财通证券	4
49	民族证券	4
50	长城证券	4
51	华英证券	3
52	财富证券	3
53	万联证券	3
54	新时代证券	3
55	南京证券	3
56	东海证券	3
57	国联证券	3
58	恒泰证券	2
59	世纪证券	2
60	英大证券	2
61	中原证券	2
62	长江证券	2
63	日信证券	2
64	国盛证券	2
65	金元证券	2
66	高盛高华	1
67	第一创业摩根大通	1
68	东北证券	1
69	华鑫证券	1
70	财富里昂	1
71	华融证券	1
72	首创证券	1
73	华西证券	1
74	海际大和	1
75	中山证券	1

注:股票及债券主承销家数排名的中位数为6家,不低于中位数的为前41家公司;股票及债券主承销家数相同时,按股票及债券主承销金额从大到小排序。

2011年度证券公司客户交易结算资金余额排名

单位:万元

序号	证券公司	客户交易结算资金余额
1	银河证券	3,712,458
2	国泰君安	3,587,260
3	华泰证券	3,529,367
4	广发证券	3,143,013
5	申银万国	3,129,566
6	海通证券	2,828,923
7	国信证券	2,720,228
8	招商证券	2,670,137
9	中信建投	2,395,214
10	中投证券	1,778,652
11	光大证券	1,698,791

序号	证券公司	客户交易结算资金余额
12	中信证券	1,695,243
13	安信证券	1,567,443
14	齐鲁证券	1,541,350
15	长江证券	1,130,934
16	东方证券	1,039,516
17	中信证券(浙江)	983,208
18	方正证券	980,634
19	宏源证券	965,365
20	中金公司	925,010
21	平安证券	832,586
22	兴业证券	804,471
23	华西证券	777,474
24	湘财证券	741,332
25	中银国际	695,085
26	信达证券	689,148
27	财达证券	664,032
28	东北证券	655,072
29	东吴证券	650,931
30	民族证券	646,839
31	国元证券	628,817
32	西部证券	624,908
33	上海证券	596,338
34	山西证券	589,071
35	东兴证券	552,187
36	西南证券	546,841
37	财通证券	534,602
38	国海证券	522,863
39	长城证券	516,793
40	浙商证券	511,347
41	中原证券	498,441
42	南京证券	495,410
43	东海证券	493,817
44	渤海证券	490,599
45	东莞证券	482,059
46	国联证券	450,231
47	中信万通	447,820
48	国都证券	428,470
49	国金证券	425,884
50	华福证券	401,869
51	新时代证券	384,103
52	华安证券	377,568
53	民生证券	368,515
54	江海证券	352,618
55	恒泰证券	331,744
56	中航证券	293,905
57	万联证券	284,215
58	大通证券	283,505
59	华鑫证券	277,216
60	华林证券	275,859
61	广州证券	275,813
62	金元证券	261,744
63	财富证券	253,426
64	华融证券	230,698
65	国盛证券	225,613
66	首创证券	219,055
67	华创证券	214,150
68	英大证券	211,641
69	第一创业	206,176
70	红塔证券	195,715
71	世纪证券	195,104
72	和兴证券	193,399
73	爱建证券	193,078
74	大同证券	189,575
75	华龙证券	189,491
76	联讯证券	189,377
77	中山证券	170,751
78	太平洋证券	170,631
79	国开证券	164,716
80	德邦证券	157,816
81	中天证券	145,170
82	西藏同信	140,500
83	天风证券	128,666
84	华宝证券	124,270
85	厦门证券	123,298
86	银泰证券	109,904
87	恒泰长财	84,601
88	瑞银证券	70,849
89	天源证券	66,765
90	众成证券	65,111
91	日信证券	57,905
92	万和证券	52,904
93	五矿证券	51,306
94	诚浩证券	46,321
95	中邮证券	44,533
96	开源证券	41,680
97	川财证券	39,014
98	北京高华	34,147
99	航天证券	26,089

2011 年度证券公司并购重组财务顾问业务净收入排名

单位:万元

序号	证券公司	并购重组财务顾问业务净收入
1	中信证券	15,376
2	中金公司	13,720
3	中银国际	11,872
4	华泰证券(华泰联合)	9,208
5	海通证券	8,786
6	西南证券	8,229
7	国泰君安	6,087
8	国信证券	5,254
9	信达证券	4,053
10	中信建投	3,415
11	广发证券	2,630
12	长江证券(长江保荐)	2,345
13	平安证券	2,317
14	瑞银证券	2,279
15	安信证券	2,040
16	中原证券	1,941
17	招商证券	1,885
18	上海证券(海际大和)	1,804
19	湘财证券	1,802
20	东海证券	1,753

序号	证券公司	并购重组财务顾问业务净收入
21	山西证券(中德证券)	1,740
22	宏源证券	1,600
23	国金证券	1,474
24	银河证券	1,305
25	财富证券(财富里昂)	1,178
26	方正证券(瑞信方正)	994
27	国元证券	860
28	东方证券	839
29	长城证券	745
30	东兴证券	719
31	民生证券	656
32	太平洋证券	530
33	德邦证券	515
34	东北证券	510
35	中航证券	509
36	南京证券	450
37	世纪证券	435
38	申银万国	377
39	红塔证券	375
40	首创证券	370
41	英大证券	300
42	国都证券	250
43	华融证券	243
44	恒泰证券	144
45	国海证券	135
46	兴业证券	127
47	民族证券	120
48	华西证券	115
49	浙商证券	100
50	第一创业(第一创业摩根大通证券)	92
51	中投证券	78
52	中山证券	54
53	大通证券	50
54	国联证券(华英证券)	30
55	东吴证券	25
56	金元证券	25
57	西部证券	20
58	开源证券	16
59	华龙证券	15
60	财通证券	10

注:1. 排名中华泰证券和华泰联合、长江证券和长江保荐、上海证券和海际大和、山西证券和中德证券、财富证券和财富里昂、方正证券和瑞信方正、第一创业和第一创业摩根大通证券、国联证券和华英证券合并计算;
2. 本表数据依据证券公司年度审计报告。

2011年度证券公司财务顾问业务净收入中位数以上排名(合并口径)

单位:万元

序号	证券公司	财务顾问业务净收入
1	中信证券	38,571
2	中金公司	21,520
3	宏源证券	17,755
4	海通证券	14,697
5	中银国际	11,872
6	招商证券	9,845
7	华泰证券(华泰联合)	9,604
8	国信证券	9,524
9	西南证券	8,229
10	国泰君安	6,923
11	安信证券	6,482
12	中信建投	5,867
13	瑞银证券	5,626
14	华融证券	5,148
15	第一创业(第一创业摩根大通证券)	4,931
16	广发证券	4,897
17	银河证券	4,384
18	大通证券	4,351
19	信达证券	4,133
20	平安证券	3,816
21	国开证券	3,398
22	齐鲁证券	3,237
23	山西证券(中德证券)	3,149
24	东海证券	3,028
25	中投证券	2,948
26	申银万国	2,941
27	民生证券	2,934
28	国金证券	2,903
29	光大证券	2,790
30	南京证券	2,547
31	长江证券(长江保荐)	2,464
32	上海证券(海际大和)	2,341
33	中原证券	2,293
34	东吴证券	2,231
35	湘财证券	2,037
36	东北证券	1,646
37	财富证券(财富里昂)	1,631
38	华林证券	1,525
39	太平洋证券	1,435
40	国元证券	1,295

注:1. 中位数为1,260万元,不低于中位数的为排名前40位的公司;
2. 排名中华泰证券和华泰联合、第一创业和第一创业摩根大通证券、山西证券和中德证券、长江证券和长江保荐、上海证券和海际大和、财富证券和财富里昂合并计算。

2011年度证券公司成本管理能力前20位排名(合并口径)

序号	证券公司	成本管理能力
1	申银万国	2.06
2	华福证券	1.83
3	华西证券	1.75
4	光大证券	1.72
5	东兴证券	1.66
6	国信证券	1.65
7	西南证券	1.65
8	招商证券	1.64
9	财达证券	1.64
10	中信建投	1.62
11	银河证券	1.61
12	和兴证券	1.59
13	国泰君安(上海国泰君安证券资产)	1.59
14	广发证券	1.56
15	海通证券	1.56
16	国元证券	1.56
17	南京证券	1.55

序号	证券公司	成本管理能力
18	中投证券	1.54
19	华泰证券(华泰联合)	1.54
20	方正证券(瑞信方正)	1.51

注:1. 中位数为1.18,不低于中位数的为排名前48位的公司;
2. 排名中国泰君安与上海国泰君安证券资产,华泰证券和华泰联合,方正证券和瑞信方正合并计算;
3. 成本管理能力=(营业收入-投资收益-公允价值变动收益)/营业支出。

2011 年度证券公司承销与保荐、并购重组等财务顾问业务的净收入中位数以上排名(合并口径)

单位:万元

序号	证券公司	承销与保荐、并购重组等财务顾问业务净收入
1	平安证券	193,173
2	中信证券	177,805
3	国信证券	169,860
4	招商证券	115,712
5	中金公司	99,116
6	海通证券	97,576
7	广发证券	86,472
8	华泰证券(华泰联合)	84,910
9	国泰君安	79,806
10	安信证券	79,195
11	中信建投	77,310
12	光大证券	64,372
13	银河证券	62,773
14	民生证券	59,719
15	瑞银证券	59,673
16	宏源证券	57,490
17	西南证券	51,562
18	中银国际	50,826
19	第一创业(第一创业摩根大通证券)	48,785
20	东方证券	44,378
21	东吴证券	35,701
22	兴业证券	32,860
23	中投证券	31,808
24	国元证券	31,146
25	齐鲁证券	30,978
26	华林证券	29,288
27	国金证券	27,505
28	国海证券	21,617
29	申银万国	20,195
30	山西证券(中德证券)	19,520
31	太平洋证券	19,062
32	中航证券	19,002
33	长江证券(长江保荐)	18,231
34	国都证券	18,109
35	东海证券	17,506
36	国联证券(华英证券)	16,920
37	信达证券	15,871
38	东兴证券	15,388
39	华龙证券	15,315
40	方正证券(瑞信方正)	14,332
41	南京证券	14,097

注:1. 中位数为13,452万元,不低于中位数的为排名前41位的公司;
2. 排名中华泰证券和华泰联合、第一创业和第一创业摩根大通证券、山西证券和中德证券、长江证券和长江保荐、国联证券和华英证券、方正证券和瑞信方正合并计算。

2011 年度证券公司承销与保荐业务净收入增长率中位数以上排名(合并口径)

证券公司	承销与保荐业务净收入增长率名次
爱建证券	1
国开证券	2
航天证券	3
财通证券	4
华鑫证券(摩根士丹利华鑫证券)	5
英大证券	6
世纪证券	7
国联证券(华英证券)	8
日信证券	9
东兴证券	10
首创证券	11
国都证券	12
南京证券	13
广州证券	14
长城证券	15
中航证券	16
华龙证券	17
齐鲁证券	18
新时代证券	19
华西证券	20
大通证券	21
民生证券	22
东方证券	23
浙商证券	24
德邦证券	25
第一创业(第一创业摩根大通证券)	26
恒泰证券	27
兴业证券	28
东吴证券	29
光大证券	30
上海证券(海际大和)	31
太平洋证券	32
华林证券	33
民族证券	34
国泰君安	35
国海证券	36
西南证券	37
安信证券	38

注:1. 排名前38位公司的承销与保荐业务净收入增长率在中位数以上;
2. 排名中华鑫证券和摩根士丹利华鑫证券、国联证券和华英证券、第一创业和第一创业摩根大通证券、上海证券和海际大和合并计算。

2011 年度证券公司代理买卖证券业务净收入排名

单位:万元

序号	证券公司	代理买卖证券业务净收入
1	银河证券	356,758
2	华泰证券	328,191
3	国信证券	323,228
4	国泰君安	307,842
5	广发证券	304,397
6	海通证券	284,296

序号	证券公司	代理买卖证券业务净收入
7	申银万国	278,622
8	中信建投	227,486
9	齐鲁证券	214,069
10	招商证券	207,141
11	光大证券	169,713
12	安信证券	166,450
13	中投证券	162,259
14	中信证券	156,963
15	华西证券	116,203
16	长江证券	114,933
17	方正证券	112,983
18	宏源证券	108,950
19	东方证券	106,209
20	中信证券(浙江)	100,692
21	财达证券	81,974
22	中金公司	81,869
23	兴业证券	78,531
24	国元证券	75,067
25	东吴证券	71,447
26	国海证券	68,470
27	东北证券	68,165
28	平安证券	67,701
29	信达证券	65,271
30	西部证券	64,933
31	东兴证券	63,075
32	中银国际	62,421
33	浙商证券	61,568
34	中信万通	59,148
35	国金证券	57,841
36	华安证券	57,721
37	中原证券	57,047
38	东莞证券	57,000
39	南京证券	56,381
40	财通证券	56,143
41	湘财证券	55,888
42	东海证券	55,369
43	民族证券	55,050
44	上海证券	54,801
45	山西证券	54,745
46	西南证券	50,767
47	渤海证券	47,022
48	长城证券	46,470
49	国联证券	46,011
50	民生证券	43,622
51	新时代证券	42,288
52	华福证券	40,112
53	恒泰证券	37,640
54	华创证券	36,949
55	华龙证券	34,911
56	中航证券	30,587
57	江海证券	29,684
58	财富证券	28,183
59	广州证券	27,973
60	太平洋证券	27,953
61	万联证券	27,347
62	国盛证券	27,314
63	和兴证券	26,724
64	红塔证券	25,487
65	大通证券	24,717
66	华融证券	24,370
67	国都证券	23,634
68	大同证券	23,000
69	华林证券	22,661
70	金元证券	22,334
71	华鑫证券	22,321
72	世纪证券	21,411
73	中山证券	19,073
74	英大证券	18,181
75	联讯证券	18,025
76	西藏同信	17,587
77	首创证券	17,576
78	瑞银证券	16,993
79	第一创业	16,798
80	德邦证券	15,466
81	中天证券	12,914
82	北京高华	12,711
83	爱建证券	12,432
84	厦门证券	11,583
85	华宝证券	10,910
86	银泰证券	10,011
87	恒泰长财	9,712
88	天风证券	9,570
89	天源证券	7,452
90	五矿证券	7,369
91	国开证券	7,100
92	川财证券	6,999
93	日信证券	6,640
94	中邮证券	6,235
95	众成证券	6,107
96	万和证券	5,850
97	开源证券	5,115
98	诚浩证券	4,588
99	航天证券	2,003

注:1. 证券公司设立证券营业部主体资格条件指标计算,以本表数据准;
2. 中位数为43,622万元,不低于中位数的为排名前50位的公司;
3. 排名中华泰证券与华泰联合合并计算。

2011年度证券公司公益性支出前20位排名

单位:万元

序号	证券公司	公益性支出
1	华泰证券	685
2	招商证券	650
3	财通证券	556
4	兴业证券	540
5	湘财证券	411
6	国信证券	407
7	国泰君安	318
8	中信证券	310
9	上海东方证券资产	300
10	新时代证券	300
11	长江证券	242
12	银河证券	210
13	国金证券	207
14	申银万国	203
15	大通证券	202
16	厦门证券	200

序号	证券公司	公益性支出
17	广发证券	189
18	国元证券	185
19	南京证券	166
20	东海证券	163

2011 年度证券公司净资本收益率中位数以上排名（合并口径）

序号	证券公司	净资本收益率
1	平安证券	20.91%
2	和兴证券	15.90%
3	国信证券	14.92%
4	中信建投	14.79%
5	中信证券（中信证券浙江、中信万通）	14.71%
6	华西证券	14.68%
7	财达证券	14.55%
8	银河证券	13.64%
9	申银万国	13.34%
10	首创证券	13.13%
11	安信证券	13.09%
12	国泰君安（上海国泰君安证券资产）	13.03%
13	招商证券	12.90%
14	宏源证券	12.78%
15	广发证券	11.36%
16	东兴证券	11.29%
17	大同证券	11.18%
18	光大证券	10.70%
19	中投证券	9.76%
20	东方证券（上海东方证券资产）	9.66%
21	海通证券	9.56%
22	中银国际	9.52%
23	西部证券	8.78%
24	太平洋证券	8.50%
25	国金证券	8.23%
26	上海证券（海际大和）	7.92%
27	浙商证券	7.12%
28	第一创业（第一创业摩根大通证券）	6.99%
29	华泰证券（华泰联合）	6.90%
30	川财证券	6.82%
31	华福证券	6.81%
32	兴业证券	6.69%
33	华龙证券	6.31%
34	南京证券	6.06%
35	东海证券	5.91%
36	西藏同信	5.76%
37	华鑫证券（摩根士丹利华鑫证券）	5.70%
38	国元证券	5.69%
39	长江证券（长江保荐）	5.50%
40	齐鲁证券	5.29%
41	信达证券	5.28%
42	东吴证券	5.21%
43	民族证券	5.00%
44	东莞证券	4.96%
45	国联证券（华英证券）	4.58%
46	国都证券	4.49%
47	红塔证券	4.46%
48	长城证券	4.32%

注：1. 中位数为 4.17%，不低于中位数的为排名前 48 位的公司；
2. 排名中中信证券与中信证券（浙江）、中信万通，国泰君安与上海国泰君安证券资产，东方证券与上海东方证券资产，上海证券和海际大和，第一创业和第一创业摩根大通证券，华泰证券和华泰联合，华鑫证券和摩根士丹利华鑫证券，长江证券和长江保荐，国联证券和华英证券合并计算；
3. 净资本收益率 = 年度净利润/（期末净资本 + 期初净资本）/2。

2011 年度证券公司受托管理资金本金总额前 20 位排名

单位：万元

序号	证券公司	受托管理资金本金总额
1	中信证券	6,200,803
2	中金公司	2,142,588
3	申银万国	1,810,709
4	上海国泰君安证券资产	1,548,261
5	海通证券	1,369,159
6	上海东方证券资产	986,757
7	信达证券	958,221
8	光大证券	909,644
9	华融证券	886,972
10	广发证券	849,771
11	东海证券	845,490
12	华泰证券	829,375
13	招商证券	681,299
14	兴业证券	604,784
15	安信证券	602,273
16	长江证券	581,975
17	中银国际	528,736
18	东兴证券	465,243
19	国信证券	455,170
20	宏源证券	454,815

2011 年度证券公司受托客户资产管理业务净收入中位数以上排名（合并口径）

单位：万元

序号	证券公司	受托客户资产管理业务净收入
1	光大证券	24,797
2	中信证券	21,776
3	国泰君安（上海国泰君安证券资产）	18,895
4	华融证券	14,119
5	东海证券	13,242
6	广发证券	11,207
7	东方证券（上海东方证券资产）	9,667
8	华泰证券	9,287
9	招商证券	8,702
10	中金公司	8,519
11	长江证券	8,126
12	兴业证券	6,490
13	浙商证券	5,932
14	信达证券	5,621
15	申银万国	5,463
16	国信证券	5,446
17	东北证券	4,654
18	安信证券	4,194
19	东兴证券	3,975
20	西南证券	3,975
21	宏源证券	3,817

序号	证券公司	受托客户资产管理业务净收入
22	方正证券	3,561
23	国联证券	3,260
24	银河证券	2,714
25	海通证券	2,431
26	中银国际	2,204
27	南京证券	1,980
28	华西证券	1,969
29	第一创业	1,732
30	中投证券	1,659
31	中航证券	1,414
32	国都证券	1,413
33	国海证券	1,350

注:1. 中位数为1,325万元,不低于中位数的为排名前33位的公司;
2. 排名中国泰君安与上海国泰君安证券资产、东方证券与上海东方证券资产合并计算。

2011年度证券公司投资咨询业务综合收入中位数以上排名(合并口径)

单位:万元

序号	证券公司	投资咨询业务综合收入
1	华泰证券(华泰联合)	112,591
2	中信证券(中信证券浙江、中信万通)	59,965
3	中金公司	41,703
4	海通证券	34,841
5	申银万国	32,365
6	东方证券	27,907
7	中信建投	26,495
8	国泰君安	24,429
9	国信证券	24,238
10	财达证券	24,191
11	招商证券	22,586
12	长江证券	22,128
13	华西证券	20,430
14	广发证券	19,830
15	光大证券	19,144
16	西部证券	18,976
17	国金证券	18,799
18	银河证券	17,735
19	兴业证券	17,597
20	华创证券	16,147
21	瑞银证券	16,115
22	安信证券	16,094
23	齐鲁证券	14,562
24	中银国际	14,500
25	国海证券	14,030
26	华安证券	12,913
27	东北证券	11,580
28	和兴证券	11,114
29	平安证券	10,887
30	恒泰证券(恒泰长财)	10,848
31	华龙证券	10,307
32	宏源证券	9,885
33	北京高华	8,694
34	山西证券	8,214
35	渤海证券	8,037
36	中投证券	7,744
37	长城证券	6,919
38	东海证券	6,894
39	红塔证券	6,789
40	国元证券	6,707
41	太平洋证券	6,269
42	大同证券	6,056
43	华宝证券	5,111
44	中原证券	4,986
45	德邦证券	4,734
46	东兴证券	4,692
47	中航证券	4,612

注:1. 中位数为4,612万元,不低于中位数的为排名前47位的公司;
2. 排名中华泰证券与华泰联合,中信证券与中信证券(浙江)、中信万通,恒泰证券与恒泰长财合并计算。

2011年度证券公司营业部平均代理买卖证券业务净收入中位数以上排名

单位:万元

序号	证券公司	证券公司营业部平均代理买卖证券业务净收入
1	中金公司	5,117
2	国信证券	4,824
3	西藏同信	2,931
4	瑞银证券	2,832
5	中信证券	2,754
6	国金证券	2,629
7	五矿证券	2,456
8	招商证券	2,302
9	华西证券	2,193
10	中银国际	2,152
11	北京高华	2,118
12	中信证券(浙江)	2,055
13	申银万国	1,857
14	中信万通	1,848
15	中信建投	1,791
16	平安证券	1,782
17	华林证券	1,743
18	东方证券	1,713
19	华泰证券	1,683
20	齐鲁证券	1,659
21	国泰君安	1,612
22	银河证券	1,593
23	宏源证券	1,556
24	广发证券	1,530
25	中投证券	1,502
26	东吴证券	1,488
27	海通证券	1,488
28	光大证券	1,476
29	广州证券	1,472
30	安信证券	1,423
31	中原证券	1,391
32	西南证券	1,372
33	国海证券	1,369
34	中山证券	1,362
35	东莞证券	1,357
36	兴业证券	1,354
37	长江证券	1,352
38	财通证券	1,337
39	东兴证券	1,314

序号	证券公司	证券公司营业部平均代理买卖证券业务净收入
40	长城证券	1,291
41	德邦证券	1,289
42	开源证券	1,279
43	红塔证券	1,274
44	华创证券	1,274
45	东海证券	1,258
46	浙商证券	1,256
47	方正证券	1,242
48	财富证券	1,225
49	华宝证券	1,212
50	国联证券	1,211
全国营业部平均代理买卖证券业务净收入		1,370

注:1. 证券公司设立证券营业部主体资格条件指标计算,以本表数据为准;
2. 中位数为1,211万元,不低于中位数的为排名前50位的公司;
3. 排名中华泰证券与华泰联合合并计算。

2011年证券公司代理买卖证券业务净收入增长率中位数以上排名（合并口径）

证券公司	代理买卖证券业务净收入增长率名次
瑞银证券	1
五矿证券	2
开源证券	3
西藏同信	4
东方证券	5
日信证券	6
华创证券	7
北京高华	8
国金证券	9
平安证券	10
德邦证券	11
华宝证券	12
中信证券(中信证券浙江、中信万通)	13
广州证券	14
银泰证券	15
财富证券	16
中航证券	17
长江证券	18
财通证券	19
华鑫证券	20
中金公司	21
中邮证券	22
红塔证券	23
国海证券	24
东兴证券	25
万和证券	26
诚浩证券	27
世纪证券	28
浙商证券	29
厦门证券	30
国信证券	31
第一创业	32
和兴证券	33
光大证券	34
江海证券	35
兴业证券	36
国盛证券	37
华融证券	38
天风证券	39
东莞证券	40
中信建投	41
东吴证券	42
华西证券	43
西南证券	44
齐鲁证券	45
广发证券	46
新时代证券	47
联讯证券	48

注:1. 排名前48位公司的代理买卖证券业务净收入增长率在中位数以上;
2. 排名中中信证券与中信证券(浙江)、中信万通合并计算。

2011年证券公司受托客户资产管理业务净收入增长率中位数以上排名（合并口径）

证券公司	受托客户资产管理业务净收入增长率名次
恒泰证券	1
金元证券	2
长城证券	3
世纪证券	4
中天证券	5
英大证券	6
西南证券	7
华鑫证券	8
信达证券	9
瑞银证券	10
中航证券	11
方正证券	12
广州证券	13
国联证券	14
华安证券	15
财富证券	16
第一创业	17
国都证券	18
民族证券	19
南京证券	20
东方证券(上海东方证券资产)	21
红塔证券	22
国泰君安	23
申银万国	24
海通证券	25
财通证券	26
国海证券	27
广发证券	28
光大证券	29
中信证券	30

注:1. 排名前30位公司的受托客户资产管理业务净收入增长率在中位数以上;
2. 排名中东方证券与上海东方证券资产、国泰君安与上海国泰君安证券资产、华泰证券与华泰联合合并计算。

询价对象名录——证券公司

序号	询价对象单位名称	联系人	联系电话	传真	E－mail
1	爱建证券有限责任公司	侯晨杰	021－32229888－33261	021－68728951	houchenjie@ ajzq. com
2	安信证券股份有限公司	唐琨	0755－82558173	0755－82558007	tangkun@ essences. com. cn
3	北京高华证券有限责任公司	宋欣然	010－66273170	010－66273001	xinran. song@ ghsl. cn
4	渤海证券股份有限公司	李伟娟	022－28451859	022－28451612	
5	财达证券有限责任公司	白智永	0311－66006307	0311－66006379	13673184416@ 163. com
6	财富证券有限责任公司	蒋腾志	0731－84403384	0731－84403434	jiangtz@ cfzq. com
7	财通证券有限责任公司	朱斌	0571－87828002	0571－87828144	zhub@ ctsec. com
8	长城证券有限责任公司	汪文雁	0755－83516202	0755－83515147	wangwy@ cgws. com
9	长江证券股份有限公司	邹达	027－65799572	027－85481809	zouda@ cjsc. com. cn
10	大通证券股份有限公司	戚应冲	0411－39673236	0411－39673342	qiyingchong@ daton. com. cn
11	德邦证券有限责任公司	杜宇杰	021－68761616－8286	021－68768396	duyj@ tebon. com. cn
12	第一创业证券股份有限公司	刘峻	0755－25832449	0755－25832462	
13	东北证券股份有限公司	刘存	010－68573825	010－68573837，68573606	deity58@ 163. com
14	东方证券股份有限公司	姚翔	021－63325888－7037	021－63326126	xiang@ orientsec. com. cn
15	东海证券有限责任公司	黄胤	021－50586660－8864	021－58315292	huangyin@ longone. com. cn
16	东莞证券有限责任公司	梁维亮	021－50155031	021－50155039	dgzqzyb@ vip. sina. com
17	东吴证券股份有限公司	王晋	0512－62938682	0512－62938699	wangjin@ gsjq. com. cn
18	东兴证券股份有限公司	刘飞	010－66555299	010－66555345	liufei@ dxzq. net. cn
19	方正证券股份有限公司	李云环	010－57398021	010－57398005	liyuhuan@ foundersc. com
20	光大证券股份有限公司	沈晓春	021－22169999－9850	021－22169854	shenxc@ ebscn. com
21	广发证券股份有限公司	郑涛	020－87555888－749	020－87553577	zt3@ gf. com. cn
22	广州证券有限责任公司	梁启明	020－87322369	020－87324186	13512771888@ 139. com
23	国都证券有限责任公司	李时萌	010－84183196	010－84183311－3196	lishimeng@ guodu. com
24	国海证券股份有限公司	白云	0755－83716910	0755－83716751	baiy@ ghzq. com. cn
25	国金证券股份有限公司	蒋伟华	021－61038203	021－61032800	jiangwh@ gjzq. com. cn
26	国开证券有限责任公司	焦建明	010－85285243	010－85285229	
27	国联证券股份有限公司	华立辉	0510－82833990	0510－82830157	hualh@ glsc. com. cn
28	国盛证券有限责任公司	王青	010－62566836	010－62552853	wangqing@ gsstock. com
29	国泰君安证券股份有限公司	邱峰	021－38676228	021－38670228	qiufeng@ gtjas. com
30	国信证券股份有限公司	郝川	0755－82130579	0755－82130641	haochuan@ guosen. com
31	国元证券股份有限公司	夏汀	0551－2207593	0551－2615201	sharting@ gyzq. com. cn
32	海通证券股份有限公司	施彦琛	021－23219746	021－63608358	syc5558@ htsec. com
33	航天证券有限责任公司	代婷	021－62448020	021－62448020	daiting@ casstock. com
34	恒泰证券股份有限公司	李红	0755－82031794	0755－82033478	lihong@ cnht. com. cn
35	红塔证券股份有限公司	李婕	0871－3577066	0871－3578830	lijie@ hongtastock. com
36	宏源证券股份有限公司	张智红	010－62267799－6007	010－62294009	zhangzhihong@ ehongyuan. com. cn
37	华安证券有限责任公司	常硕永	0551－5161681	0551－5161689	
38	华宝证券有限责任公司	张玲玲	021－68778673	021－68778122	zhanglingling@ cnhbstock. com
39	华创证券有限责任公司	马玉	0851－8596243	0851－8596243	mayu@ hczq. com
40	华福证券有限责任公司	彭晨	0591－87856513	0591－87827078	pc@ hfzq. com. cn
41	华林证券有限责任公司	邓屹	0755－82707767	0755－82707956	dengy@ chinalions. cn
42	华龙证券有限责任公司	孙伟利	010－88086251	010－88087880	sunwl188@ 188. com
43	华融证券股份有限公司	王云峰	010－58568091	010－58568125	wangyunfeng@ hrsec. com. cn
44	华泰证券股份有限公司	徐轶凡	025－84457777－780	025－84579784	xyfyf888@ yahoo. com. cn
45	华西证券有限责任公司	许休明	0755－83025250	0755－83025467	xuxm@ mail. hx168. com. cn
46	华鑫证券有限责任公司	徐文	021－34638437	021－34638435	13816653618@ 139. com
47	江海证券有限公司	安永辉	0451—82269280—529	0451—82286711	ayh1872@ 163. com
48	金元证券股份有限公司	李晖	0755－83025066	0755－83025687	
49	民生证券有限责任公司	任琳琅	010－85120211	010－85120211	renlinlang@ mszq. com
50	南京证券有限责任公司	秦雁	025－83367867	025－83367888－3185	yjfb@ njzq. com. cn
51	平安证券有限责任公司	邵春霞	0755－22627476	0755－82402941	shaochunxia@ pasc. com. cn
52	齐鲁证券有限公司	吴凡	0531－68889270	0531－68889262	wufan23@ 126. com
53	日信证券有限责任公司	汪华春	010－88086830－671	010－88086637	luoyf@ rxzq. com. cn
54	瑞银证券有限责任公司	田文健	010－58328725	010－58328314	Wenjian. Tian@ ubssecurities. com

序号	询价对象单位名称	联系人	联系电话	传真	E - mail
55	山西证券股份有限公司	原登峰	0351 - 8686809	0351 - 8686807	sxzqzcjyb@ i618. com. cn
56	上海东方证券资产管理有限公司	蒋丹青	021 - 63325888 - 5006		jiangdanqing@ orientsec. com. cn
57	上海光大证券资产管理有限公司	李剑铭	021 - 22169640	021 - 22169634	lijm1@ ebscn. com
58	上海国泰君安证券资产管理有限公司	孙磊	021 - 38676631	021 - 68871190	sunlei@ gtjas. com
59	上海证券有限责任公司	张晓宇	021 - 33303802	021 - 33303868	dexecutor@ 163. com
60	申银万国证券股份有限公司	刘虎	021 - 54044593	021 - 54046478	
61	世纪证券有限责任公司	任世勇	0755 - 83195981	0755 - 83199535	rensy@ csco. com. cn
62	首创证券有限责任公司	赵光	010 - 59366119	010 - 59366121	zg@ sczq. com. cn
63	太平洋证券股份有限公司	李文	010 - 88321975	010 - 88321987	liwen@ tpyzq. com. cn
64	万联证券有限责任公司	汤丽	010 - 66020303	010 - 66061116	tangli@ wlzq. com. cn
65	西部证券股份有限公司	蔡云平	021 - 68864677	021 - 68865698	caiyp@ xbmail. com. cn
66	西藏同信证券有限责任公司	史海波	021 - 36532108	021 - 36531910	shihb@ mail. xzsec. com
67	西南证券股份有限公司	陈太妮	023 - 63786217	023 - 63786516	ctn@ swsc. com. cn
68	湘财证券有限责任公司	巢枫	021 - 68634510 - 8528	021 - 68865557	cf2255@ xcsc. com
69	新时代证券有限责任公司	王华	010 - 83561234	010 - 83561224	wanghua@ xsdzq. cn
70	信达证券股份有限公司	李泳	010 - 88656479	010 - 88656540	liyong@ cindasc. com
71	兴业证券股份有限公司	林晓枫	021 - 38565827	021 - 38565835	xyzqzy@ gmail. com
72	银泰证券有限责任公司	董元	0755 - 83708929	0755 - 83704195	dongy@ ytzq. net
73	英大证券有限责任公司	周景恩	0755 - 83007073	0755 - 83007040	zhouje@ vsun. com
74	招商证券股份有限公司	廖郁	0755 - 82960597	0755 - 82960124	
75	浙商证券有限责任公司	史海昇	021 - 64718888 - 1737	0571 - 64713795	shihaisheng@ stocke. com. cn
76	中国国际金融有限公司	王春雷	010 - 65051166 - 4886	010 - 65050103	chunlei. wang@ cicc. com. cn
77	中国民族证券有限责任公司	邹文昕	010 - 59355892	010 - 66553295	zouwx@ chinans. com. cn
78	中国银河证券股份有限公司	尹剑志	010 - 66568761	010 - 66568745	yinjianzhi@ chinastock. com. cn
79	中国中投证券有限责任公司	邢晓明	0755 - 82026757	0755 - 82026930	xingxiaoming@ cjis. cn
80	中航证券有限公司	舒蓓	0791 - 6794714	0791 - 6794714	qren@ scstock. com
81	中山证券有限责任公司	彭雯	0755 - 82792546	0755 - 82792521	pengw@ zszq. com
82	中天证券有限责任公司	肖阳	024 - 23262143	024 - 23265427	xy@ ztportal. com
83	中信建投证券股份有限公司	汪斌鑫	010 - 85130267	010 - 85156404	wangbinxin@ csc. com. cn
84	中信证券股份有限公司	郑淳	010 - 60833680	010 - 60833659	zhengc@ citics. com
85	中银国际证券有限责任公司	周红	021 - 20328969	021 - 50372359	hong. zhou@ bocigroup. com
86	中邮证券有限责任公司	徐琳	010 - 82293098	010 - 82292229 - 6658	xulin@ cnpsec. com
87	中原证券股份有限公司	王晗	021 - 50588666 - 8050	021 - 50585758	hanw@ ccnew. com

询价对象名录——保险机构投资者

序号	询价对象单位名称	联系人	联系电话	传真	E - mail
1	渤海财产保险股份有限公司	张炜	022 - 23202833	022 - 23202831	zhangwei@ bpic. com. cn
2	合众人寿保险股份有限公司	汪玲	010 - 59949999 - 88220	010 - 59949407	wangling@ ulic. com. cn
3	华泰资产管理有限公司	孙蓓蕾	021 - 61001668 - 7003	021 - 61001626	sunbeilei@ ehuatai. com
4	平安养老保险股份有限公司	张兴巧	021 - 38638261	021 - 58587480	zhangxingqiao001@ pingan. com. cn
5	平安资产管理有限责任公司	彭凌志	021 - 38636412	021 - 58587480	penglingzhi001@ pingan. com. cn
6	太平洋资产管理有限责任公司	潘奕青	021 - 68659999 - 5905	021 - 50106118	panyiqing@ cpic. com. cn
7	太平资产管理有限公司	郑琪	021 - 61605396	021 - 61605368	zhengqi@ tpasset. com
8	泰康资产管理有限责任公司	孙晓琳	010 - 66429988 - 7818	010 - 66428721	sunxiaolin@ taikanglife. com
9	新华资产管理股份有限公司	张大刚	010 - 65692222	010 - 65692227	zhangdg@ newchinalife. com
10	阳光财产保险股份有限公司	赵冬	010 - 58289649	010 - 58797078	zhaodong@ ygbx. com
11	中国人保资产管理股份有限公司	何海琨	021 - 38789922 - 963	021 - 68598960	hehk@ piccamc. com
12	中国人寿资产管理有限公司	邓倩磊	010 - 88088866 - 6801	010 - 88087798	dengql@ clamc. com
13	中再资产管理股份有限公司	徐蓓	010 - 66577332	010 - 66553729	xubei@ cramc. cn
1	渤海财产保险股份有限公司	张炜	022 - 23202833	022 - 23202831	zhangwei@ bpic. com. cn
2	合众人寿保险股份有限公司	汪玲	010 - 59949999 - 88220	010 - 59949407	wangling@ ulic. com. cn
3	华泰资产管理有限公司	孙蓓蕾	021 - 61001668 - 7003	021 - 61001626	sunbeilei@ ehuatai. com
4	平安养老保险股份有限公司	张兴巧	021 - 38638261	021 - 58587480	zhangxingqiao001@ pingan. com. cn
5	平安资产管理有限责任公司	彭凌志	021 - 38636412	021 - 58587480	penglingzhi001@ pingan. com. cn
6	太平洋资产管理有限责任公司	潘奕青	021 - 68659999 - 5905	021 - 50106118	panyiqing@ cpic. com. cn
7	太平资产管理有限公司	郑琪	021 - 61605396	021 - 61605368	zhengqi@ tpasset. com
8	泰康资产管理有限责任公司	孙晓琳	010 - 66429988 - 7818	010 - 66428721	sunxiaolin@ taikanglife. com

序号	询价对象单位名称	联系人	联系电话	传真	E-mail
9	新华资产管理股份有限公司	张大刚	010-65692222	010-65692227	zhangdg@newchinalife.com
10	阳光财产保险股份有限公司	赵冬	010-58289649	010-58797078	zhaodong@ygbx.com
11	中国人保资产管理股份有限公司	何海琨	021-38789922-963	021-68598960	hehk@piccamc.com
12	中国人寿资产管理有限公司	邓倩磊	010-88088866-6801	010-88087798	dengql@clamc.com
13	中再资产管理股份有限公司	徐蓓	010-66577332	010-66553729	xubei@cramc.cn

询价对象名录——信托投资公司

序号	询价对象单位名称	联系人	联系电话	传真	E-mail
1	安徽国元信托有限责任公司	方亚明	0551-5227078	0551-2633563	fangym@gyxt.com.cn
2	百瑞信托有限责任公司	宋中原	0371-69177571	0371-69177612	songzy@brxt.net
3	北方国际信托股份有限公司	姜波厚	022-28370688-6507	022-28373432	beifangxintuo@yahoo.cn
4	北京国际信托有限公司	田垣芳	010-59680960	010-59680962	
5	渤海国际信托有限公司	李小星	0311-89618016	0311-89618070	xxing_li@hnair.com
6	大连华信信托股份有限公司	王慧瑾	0411-83635093	0411-83638415	rubydog325@sina.com
7	东莞信托有限公司	刘汝球	0769-22366106	0769-22389630	
8	甘肃省信托有限责任公司	魏全球	0931-8841859	0931-8410739	wqqyb2000@126.com
9	广东粤财信托有限公司	李湛	020-83063126	020-83063298	lizhan@gdyctz.com
10	国联信托股份有限公司	曹霜	0510-82833019	0510-82833019	caos@gltic.com.cn
11	国民信托有限公司	李震	010-84268088—8119	010-84268000	zhangxs@natrust.cn
12	国投信托有限公司	张志辉	010-88006612	010-88006611	zhangzhihui@sdic.com.cn
13	杭州工商信托股份有限公司	黄永	0571-87217506	0571-87215866	huangyong@hztrust.com
14	湖南省信托投资有限责任公司	黄剑	0731-85196947	0731-85196953	huangj@huntic.com
15	华宝信托有限责任公司	季慧娟	021-38506666-866	021-68403802	ji_huijuan@huabaotrust.com
16	华宸信托有限责任公司	赵平举	010-66555939	010-66555949	zpj@hctrust.cn
17	华润深国投信托有限公司	陈晓芬	0755-33031623	0755-33380665	chenxf@crctrust.com
18	建信信托有限责任公司	潘曙光	0551-5295539	0551-2679542	pansg9684@sina.com
19	江苏省国际信托有限责任公司	吴军	025-84780483	025-84784610	wujun@jsitc.net
20	江西国际信托股份有限公司	郭保义	0791-6304561	0791-6304500	jiangxixintuo@sina.com
21	昆仑信托有限责任公司	汤锋	0574-87033102	0574-87031700	tfbox@cnpc.com.cn
22	平安信托有限责任公司	李文泉	021-38633980	021-58587480	liwenquan001@pingan.com.cn
23	山东省国际信托有限公司	刘晓琬	0531-86566876	0531-86566899	liuxiaowan@sitic.com.cn
24	山西信托有限责任公司	刘凌鹏	0351-8686576	0351-8686579	liulingpeng@i618.com.cn
25	上海国际信托有限公司	熊伟	021-63231111-6328	021-63239046	xiongwei@sigchina.com
26	苏州信托有限公司	许叶静	0512-65208706	0512-65208706	xuyj@trustsz.com
27	天津信托有限责任公司	刘颖宜	022-28408238	022-28408273	tjxttzb@vip.sina.com
28	西部信托有限公司	胡世宏	029-87396559	029-87406275	tzyhb@wti-xa.com
29	厦门国际信托有限公司	周伟	0592-5058322	0592-5311906	xmitic@126.com
30	新华信托股份有限公司	张良	023-63792460	023-63792460	zhangliang@nct-china.com
31	兴业国际信托有限公司	刘俊	021-38601895	021-38601999	liujun@uniontrust.cn
32	英大国际信托有限责任公司	陈健	0531-86035570	0531-86029898	ch5570@21cn.com
33	云南国际信托有限公司	邓国山	010-84538211	010-84538215	denggs@yntrust.com
34	中诚信托有限责任公司	于洋	010-84267027	010-84267100-7026	yy@cctic.com.cn
35	中国对外经济贸易信托有限公司	冀雪涛	010-59568925	010-59568906	jixuetao@sinochem.com
36	中海信托股份有限公司	孙驰	021-63555010	021-63551856	zhxt_zb@163.com
37	中泰信托有限责任公司	李忠帅	021-68861571	021-68861685	name.zsl@gmail.com
38	中铁信托有限责任公司	王大川	028-86029154	028-86029146	wdc2000@263.net
39	中投信托有限责任公司	戚国强	0571-85069243	0571-85069243	qqq1@hzcnc.com
40	中信信托有限责任公司	姜广成	010-84861300	010-64610807	
41	中原信托有限公司	魏冬	0371-66513089	0371-66516139	tz@zyxt.com.cn
42	重庆国际信托有限公司	邓枫	023-89035922	023-89035922	fengfengz@21cn.com

询价对象名录——财务公司

序号	询价对象单位名称	联系人	联系电话	传真	E-mail
1	宝钢集团财务有限责任公司	翁菁菁	021-38671321	021-68403616	wengjingjing@baosteel.com
2	兵器财务有限责任公司	范成龙	010-84118407	010-84111053	lizf@norfico.com.cn
3	兵器装备集团财务有限责任公司	解超朋	010-68966635	010-68966643	bzcwtzb@126.com

序号	询价对象单位名称	联系人	联系电话	传真	E－mail
4	东航集团财务有限责任公司	罗璇	021－64068992	021－64066522	bianming@ kiiik. com
5	葛洲坝集团财务有限责任公司	李云志	0717－6712409	0717－6771447	yicaiwu@ 126. com
6	国机财务有限责任公司	刘媚	010－82606832	010－82606828	liumei@ sinomf. com
7	海尔集团财务有限责任公司	袁舰	0532－88938309	0532－88938309	yuanjian@ haier. com
8	海马财务有限公司	刘卫	0898－66836166	0898－66836157	liuw02@ haima. com
9	航天科工财务有限责任公司	罗曼丽	010－58930279	010－58930255	luomanli@ asifc. com. cn
10	航天科技财务有限责任公司	叶剑锋	010－66498800－3105	010－66498855	
11	湖南华菱钢铁集团财务有限公司	邱焯	0731－82257107	0731－82257136	shmily_qz@ 163. com
12	江铃汽车集团财务有限公司	张毅	0791－6261971	0791－6224498	zxf@ jlcwgs. com
13	江西铜业集团财务有限公司	肖通	0701－3777583	0701－3777648	jondon8111@ yahoo. com. cn
14	潞安集团财务有限公司	李彦斌	0355－5966531	0355－5966500	liyanbin@ lacw. com. cn
15	三江航天集团财务有限责任公司	焦景化	027－59393598	027－59393596	jjh066@ 163. com
16	三峡财务有限责任公司	邱珂	0717－6767440	0717－6767511	qiu_ke@ ctgpc. com. cn
17	上海电气集团财务有限责任公司	李波	021－52895555－826	021－52895052	libo6@ shanghai－electric. com
18	上海浦东发展集团财务有限责任公司	钟声	021－58889596－240	021－58889737	
19	上海汽车集团财务有限责任公司	莫均	021－62311010－1035	021－62307388	junm@ sagfc. saic. com. cn
20	申能集团财务有限公司	刘意霞	021－68866393	021－68866561	liuyx@ sngfc. com. cn
21	深圳市有色金属财务有限公司	周祥华	0755－83474823	0755－83474848	outsky@ 139. com
22	万向财务有限公司	周菁	0571－87163209	0571－87163456	zjxn515@ 126. com
23	五矿集团财务有限责任公司	李魁	010－68495234	010－68495353	lik@ minmetals. com
24	武汉钢铁集团财务有限责任公司	张春生	027－86219178	027－86219187	zcs123@ gmail. com
25	一汽财务有限公司	敖红梅	0431－87608121	0431－87661638	ahm@ faf. com. cn
26	浙江省能源集团财务有限责任公司	余涛	0571－86669962	0571－85828681	tomyu8@ hotmail. com
27	中船财务有限责任公司	李茵溪	010－88573388	010－88573406	zcfc@ cssc. net. cn
28	中船重工财务有限责任公司	李彬	010－88475350	010－88475388	dl_lib@ csic. com. cn
29	中广核财务有限责任公司	钟咏红	0755－83671429	0755－83699359	zyh3ong1@ hotmail. com
30	中国电力财务有限公司	耿立勋	010－51960670	010－83555891	chen_yiming@ cpfc. sgcc. com. cn
31	中国电子财务有限责任公司	茹晔	010－62672080	010－62672007	ruye69@ 163. com
32	中国华电集团财务有限公司	巩越折	010－83568028	010－83568122	yuezhe－gong@ chdc. com. cn
33	中国华能财务有限责任公司	司大鹏	010－66217799－6508	010－66214303	sidp@ chnfcl. com. cn
34	中国南航集团财务有限公司	彭启明	020－86130190	020－86123064	pengqm@ cs－air. com
35	中国石化财务有限责任公司	刘耀	010－59966420	010－59760503	liuyao@ sinopec. com
36	中国一拖集团财务有限责任公司	尹振鸽	0379－64961631	0379－64961631	yzl1972@ sina. com
37	中海石油财务有限责任公司	管见礼	010－84521106	010－84521517	guanjl2@ cnooc. com. cn
38	中航工业集团财务有限责任公司	汤跃辉	010－65675034	010－65675004	xftyh@ vip. sina. com
39	中核财务有限责任公司	李轶	010－68555857	010－68032754	liyi_lp@ sohu. com
40	中粮财务有限责任公司	李德罡	010－85006235	010－85637100	lidg@ cofco. com
41	中油财务有限责任公司	王高伟	010－59983683	010－62096994	wanggaowei@ cnpc. com. cn
42	中远财务有限责任公司	李智	010－68081260	010－68081256	liz@ coscofinance. com

询价对象名录——证券投资基金公司

序号	询价对象单位名称	联系人	联系电话	传真	E－mail
1	宝盈基金管理有限公司	杨帆	0755－83276688－6728	0755－83515522	yangf@ byfunds. com
2	博时基金管理有限公司	周瑶	0755－83169999－1261	0755－83195230	zhouy@ bosera. com
3	长城基金管理有限公司	樊星	0755－23982070	0755－23982328	fanx@ ccfund. com. cn
4	长盛基金管理有限公司	陈新宇	010－82255818－616	010－82255967	chenxy@ csfunds. com. cn
5	长信基金管理有限责任公司	齐菲	021－61009931	021－61009800－9931	qifei@ cxfund. com. cn
6	大成基金管理有限公司	张付晓	0755－83183388－3317	0755－83195248	zhangfx@ dcfund. com. cn
7	东方基金管理有限责任公司	李文君	010－66295817	010－66578667	liwj@ orient－fund. com
8	东吴基金管理有限公司	邵笛	021－50509888－8619	021－50509888－8637	shaod@ scfund. com. cn
9	富国基金管理有限公司	程洁	021－68597661	021－68597667	chengjie@ fullgoal. com. cn
10	工银瑞信基金管理有限公司	肖阳	010－66583286	010－66583158	xiao. yang@ icbccs. com. cn
11	光大保德信基金管理有限公司	孙宇	021－33074700－8211	021－63351152	sunyu@ epf. com. cn
12	广发基金管理有限公司	杨逢利	020－83936666－8210	020－89899545	yfl@ gffunds. com. cn
13	国海富兰克林基金管理有限公司	吴贤	021－021－38555523	021－68880981	dept_trading@ ftsfund. com
14	国联安基金管理有限公司	杨虹	021－38992902	021－50151880	cynthia. yang@ gtja－allianz. com
15	国泰基金管理有限公司	倪婧	021－38561611	021－38561812	linh@ gtfund. com

序号	询价对象单位名称	联系人	联系电话	传真	E - mail
16	国投瑞银基金管理有限公司	刘大朋	0755 - 83575869	0755 - 82912703	peter. liu@ ubssdic. com
17	海富通基金管理有限公司	朱英杰	021 - 38650770	021 - 38780148	
18	华安基金管理有限公司	董良伟	021 - 38969873	021 - 68862770	dongliangwei@ huaan. com. cn
19	华宝兴业基金管理有限公司	吴蓓	021 - 38505866	021 - 38505777 - 866	wubei@ fsfund. com
20	华富基金管理有限公司	张惠	021 - 68886996 - 878	021 - 68887997	zhangh@ hffund. com
21	华商基金管理有限公司	肖丹	010 - 58553033	010 - 58553027	xiaod@ hsfund. com
22	华泰柏瑞基金管理有限公司	楼怡斐	021 - 38601721	021 - 50103017	louyf@ huatai - pb. com
23	华夏基金管理有限公司	霍晶	010 - 88066841	010 - 88066501	huoj@ chinaamc. com
24	汇丰晋信基金管理有限公司	方超	021 - 38789898 - 8812	021 - 68881921	alex. c. fang@ hsbcjt. cn
25	汇添富基金管理有限公司	周星辰	021 - 28932816	021 - 28932901	zhouxingchen@ htffund. com
26	嘉实基金管理有限公司	龚凌	010 - 65215195	010 - 65215423	gongling@ jsfund. cn
27	建信基金管理有限责任公司	周楠	010 - 66228862	010 - 66228878	zhounan@ ccbfund. cn
28	交银施罗德基金管理有限公司	晏青	021—61055095	021—61055044	yanqing@ jysld. com
29	金鹰基金管理有限公司	林华显	020 - 83282855	020 - 83282996	linhx@ gefund. com. cn
30	金元比联基金管理有限公司	王琳	021 - 68882831	021 - 68882936	wangl@ jykbc. com
31	景顺长城基金管理有限公司	赵春来	0755 - 22381858	0755 - 22381319	zhaocl@ invescogreatwall. com
32	民生加银基金管理有限公司	王嘉琳	0755 - 23999863	0755 - 23999800	wangjialin@ msjyfund. com. cn
33	摩根士丹利华鑫基金管理有限公司	廖京胜	0755 - 82993636 - 8207	0755 - 82990829	johnson. liao@ msfunds. com. cn
34	南方基金管理有限公司	容健铭	0755 - 82766551	0755 - 82763702	rongjianming@ southernfund. com
35	纽银梅隆西部基金管理有限公司	李冬	021 - 38572709	021 - 38572770	dong. li@ bnyfund. com
36	农银汇理基金管理有限公司	王晓辉	021 - 61095519	021 - 61095556 - 5519	wangxiaohui@ abc - ca. com
37	诺安基金管理有限公司	卢宝	0755 - 83026696	0755 - 83026677	lub@ lionfund. com. cn
38	诺德基金管理有限公司	王赟	021 - 68879999 - 8823	021 - 68877768	yun. wang@ lordabbettchina. com
39	鹏华基金管理有限公司	王莱	0755 - 82021296	0755 - 82081277	zhuym@ mail. phfund. com. cn
40	浦银安盛基金管理有限公司	罗雯	021 - 23212848	021 - 23212989	luow@ py - axa. com
41	融通基金管理有限公司	曹珊	0755 - 26948033	0755 - 26935139	caos@ mail. rtfund. com
42	上投摩根基金管理有限公司	龚文伟	021 - 38794999 - 1202	021 - 68889123	charles. gong@ jpmf - sitico. com
43	申万菱信基金管理有限公司	陈景新	021 - 23261121	021 - 23261321	chenjx@ swbnpp. com
44	泰达宏利基金管理有限公司	李晓彬	010 - 66577876	010 - 66577863	xiaobin. li@ mfcteda. com
45	泰信基金管理有限公司	张净	021 - 50372168 - 665	021 - 50372195	
46	天弘基金管理有限公司	刘晓彬	010 - 51626006 - 6182	010 - 82512681	liuxb@ thfund. com. cn
47	天治基金管理有限公司	许家涵	021 - 64371155 - 8509	021 - 64745275	
48	万家基金管理有限公司	高翰昆	021 - 38619907	021 - 38619825	
49	新华基金管理有限公司	张婷婷	010 - 68726666 - 333	010 - 88423345	zhangtt@ ncfund. com. cn
50	信诚基金管理有限公司	徐文卉	021 - 68649788 - 6339	021 - 50120882	claire. xu@ citicpru. com. cn
51	信达澳银基金管理有限公司	郭德惠	0755 - 83172666 - 811	0755 - 83196151	guodehui@ fscinda. com
52	兴业全球基金管理有限公司	王婷	021 - 58368998 - 8822	021 - 58368860	
53	易方达基金管理有限公司	陈伟芳	020 - 38797888 - 2782	020 - 38799488	chenwf@ efunds. com. cn
54	益民基金管理有限公司	张琳娜	010 - 63105556 - 568	010 - 63101108	zhangln@ ymfund. com
55	银河基金管理有限公司	孙振峰	021 - 38568609	021 - 38568607	sunzhenfeng@ galaxyasset. com
56	银华基金管理有限公司	沈正	010 - 58162855	010 - 58162814	shenz@ yhfund. com. cn
57	招商基金管理有限公司	胡军涛	0755 - 83076904	0755 - 83076989	hujt@ cmfchina. com
58	中海基金管理有限公司	江佳雯	021 - 38429808 - 509	021 - 50106786	jiangjw@ zhfund. com
59	中欧基金管理有限公司	于岚	021 - 68609600 - 6100	021 - 33830352	yulan@ lombardachina. com
60	中信基金管理有限责任公司	李峻	010 - 82028888 - 863	010 - 82253387	
61	中银基金管理有限公司	赵蓓青	021 - 38834999 - 8619	021 - 68872488	beiqing. zhao@ bocim. com
62	中邮创业基金管理有限公司	李远欣	010 - 82295160 - 126	010 - 82295160 - 121	liyx@ postfund. com. cn

询价对象名录——合格境外机构投资者

序号	询价对象单位名称	联系人	联系电话	传真	E - mail
1	AIG Global Investment Corp(NY)	朱文聪	010 - 66594945	010 - 66594930	
2	JF 资产管理有限公司	Francesca Li	852 - 28002948	852 - 25374661	Francesca. KC. Li@ jfam. com
3	安保资本投资有限公司	Karma Wilson	612 - 92573579	612 - 92571399	karma. wilson@ ampcapital. com
4	巴克莱银行	NICOLAS COHEN - ADDAD	(852)2903 2921	(65)63953129	Nicolas. Cohen - addad@ barclayscapital. com
5	比联金融产品英国有限公司	蔡宛玉	852 - 35128239	852 - 35128739	jessica. tsai@ kbcfp. com
6	大和证券资本市场株式会社	程章龙	81 - 3 - 63788458	81 - 3 - 55550816	shoryu. tei@ jp. daiwacm. com
7	淡马锡富敦投资公司	Grace LU	010 - 85221233	010 - 85221231	gracelu@ fullerton. com. sg
8	德意志银行	ED Peter	(852)22036005	(852)22036975	Stephen. harris@ db. com

序号	询价对象单位名称	联系人	联系电话	传真	E - mail
9	第一生命保险相互会社	Liu Rong	81 - 3 - 52528021		
10	法国巴黎银行	Emily Yu	852 - 21085116	852 - 21085810	
11	法国兴业银行	Marie Vergerolle	331 - 42133540	331 - 42134252	Marie. vergerolle@ sgcib. com
12	富通银行	Paul mestag	+32(0) 2 2748443	+32(0)2 2748213	Paul. mestag@ fortisinvestments. com
13	高盛公司	Christina Ma	852 - 29780645	852 - 29780317	Christina. Ma@ gs. com
14	高盛国际资产管理公司	Chee - Sing Lim	0065 - 68892825	0065 - 68894250	Chee - sing. Lim@ gs. com
15	韩华投资信托管理株式会社	Jay Rhee	822 - 37726120	822 - 37726035	lonehawk80@ hanwha. co. kr
16	荷兰银行有限责任公司	Rene Arian Mijne	(852)27005140	(852)27005998	rene. mijne@ hk. abnamro. com
17	恒生银行	李均胜	(852)21985183	(852)28400787	kslee@ hangseng. com
18	花旗环球金融有限公司	Kenneth Hon	852 - 2501 - 8302	852 - 2501 - 8126	kenneth. hon@ citigroup. com
19	加拿大鲍尔公司	全正	021 - 31352099	021 - 31352098	quan@ ppcl. com. cn
20	雷曼兄弟国际(欧洲)公司	Christopher Jackson	81 - 3 - 64401650		cjakson@ lehman. com
21	罗祖儒投资管理(香港)有限公司	曹颖婷	021 - 38882392	021 - 68411018	
22	美林国际	James DE CASTRO	(852)25363518	(852)25363029	james_decastro@ ml. com
23	摩根大通银行	刘勤华	852 - 28008804	852 - 25258298	Lewis. KW. Lau@ jpmorgan. com
24	摩根士丹利国际股份有限公司	Vincent Chui	852 2848 - 6641	852 3407 - 5628	Vincent. chui@ morganstanley. com
25	摩根士丹利投资管理公司	James Cheng	65 - 68346826		
26	日兴资产管理有限公司	Wang Chuang	81 - 3 - 51576550	81 - 3 - 51576839	wang_chuang@ nikko - am. co. jp
27	瑞士银行	袁淑琴	(852)29718912	(852)29718539	Nicole. yuan@ ubsw. com
28	瑞穗证券株式会社	小原笃次	81 - 3 - 52036181	81 +3 - 5203 - 1120	atsujiohara@ shinko - sec. co. jp
29	瑞银环球资产管理(新加坡)有限公司(UBS Global Asset Management (Singapore). ,Ltd)	Chua Jimmy	65 - 68365470	65 - 68365484	jimmy. chua@ ubs. com
30	施罗德投资管理有限公司	Robin Parbrook	852 - 28437688		
31	首域投资管理(英国)有限公司	Nicola Mclntyre	44 - 1314732211	44 - 1312722211	nicola. mclntyre@ firststate. com. uk
32	斯坦福大学	Karen Horn Welch	650 - 9260227	650 - 9260327	Karen. Welch@ stanford. edu
33	通用电气资产管理公司	周平	021 - 23071931	021 - 52131692	ping. zhou@ ge. com
34	香港上海汇丰银行有限公司	Kenneth K S Wan	852 - 29149203	852 - 28107673	kennethkswan@ hsbc. com. hk
35	新加坡政府投资有限公司	Richard Chan	65 - 68898527	021 - 58790148	richardchan@ gic. com. sg
36	耶鲁大学	Xiaoning Wu	203 - 4320120	203 - 4326314	lzhang2360@ comcast. net
37	野村证券株式会社	仲野	010 - 65908181	010 - 65908183	
38	英国保诚资产管理(香港)有限公司	李文	021 - 68649788 - 6312	021 - 50120888	wen. li@ citicpru. com. cn

从事证券期货业务会计师事务所目录

（截至 2011 年 1 月）

序号	事务所名称
1	立信大华会计师事务所有限公司
2	中准会计师事务所有限公司
3	中喜会计师事务所有限责任公司
4	中勤万信会计师事务所有限公司
5	中瑞岳华会计师事务所有限公司
6	中磊会计师事务所有限责任公司
7	天职国际会计师事务所有限公司
8	北京永拓会计师事务所有限责任公司
9	北京兴华会计师事务所有限责任公司
10	京都天华会计师事务所有限公司
11	华寅会计师事务所有限责任公司
12	安永华明会计师事务所
13	毕马威华振会计师事务所
14	利安达会计师事务所有限责任公司
15	信永中和会计师事务所有限责任公司
16	国富浩华会计师事务所有限公司
17	华普天健会计师事务所(北京)有限公司
18	北京天圆全会计师事务所有限公司
19	北京中证天通会计师事务所有限公司
20	中审亚太会计师事务所有限公司
21	中兴华富华会计师事务所有限责任公司
22	中审国际会计师事务所有限公司
23	天健正信会计师事务所有限公司
24	中天运会计师事务所有限公司
25	五洲松德联合会计师事务所
26	中兴财光华会计师事务所有限责任公司
27	希格玛会计师事务所有限公司
28	上海上会会计师事务所有限公司
29	上海东华会计师事务所有限公司
30	立信会计师事务所有限公司
31	上海众华沪银会计师事务所有限公司
32	德勤华永会计师事务所有限公司
33	普华永道中天会计师事务所有限公司
34	上海公信中南会计师事务所有限公司
35	江苏公证天业会计师事务所有限公司
36	江苏天衡会计师事务所有限公司
37	江苏天华大彭会计师事务所有限公司
38	江苏苏亚金诚会计师事务所有限公司
39	南京立信永华会计师事务所有限公司
40	天健会计师事务所有限公司

序号	事务所名称
41	中汇会计师事务所有限公司
42	立信中联闽都会计师事务所有限公司
43	福建华兴会计师事务所有限公司
44	山东天恒信有限责任会计师事务所
45	山东正源和信有限责任会计师事务所
46	山东汇德会计师事务所有限公司
47	亚太(集团)会计师事务所有限公司
48	大信会计师事务有限公司
49	众环会计师事务所有限责任公司
50	四川华信(集团)会计师事务所有限责任公司
51	广东正中珠江会计师事务所有限公司
52	立信羊城会计师事务所有限公司
53	深圳鹏城会计师事务所有限公司
54	深圳南方民和会计师事务所有限责任公司

从事证券期货业务资产评估机构目录

(截至2011年1月)

序号	机构名称
1	安徽国信资产评估有限责任公司
2	安徽致远资产评估有限公司
3	北京北方亚事资产评估有限责任公司
4	北京国友大正资产评估有限公司
5	北京恒信德律资产评估有限公司
6	北京京都中新资产评估有限责任公司
7	北京立信资产评估有限公司
8	北京六合正旭资产评估有限责任公司
9	北京龙源智博资产评估有限责任公司
10	北京市世纪智源资产评估有限责任公司
11	北京天健兴业资产评估有限公司
12	北京天圆开资产评估有限公司
13	北京湘资国际资产评估有限公司
14	北京亚超资产评估有限公司
15	北京中锋资产评估有限责任公司
16	北京中和谊资产评估有限公司
17	北京中科华资产评估有限公司
18	北京中企华资产评估有限责任公司
19	北京中天和资产评估有限责任公司
20	北京中天衡平国际评估有限公司
21	北京中天华资产评估有限责任公司
22	北京中同华资产评估有限公司
23	福建联合中和资产评估有限责任公司
24	福建中兴资产评估房地产土地估价有限责任公司
25	广东立信羊城资产评估与土地房地产估价有限公司
26	广东联信资产评估土地房地产估价有限公司
27	广东中广信资产评估有限公司
28	河南亚太联华资产评估有限公司
29	湖北万信资产评估有限公司
30	湖北众联资产评估有限公司
31	吉林经纬资产评估有限责任公司
32	江苏华辰资产评估有限公司
33	江苏华信资产评估有限公司
34	江苏立信永华资产评估房地产估价有限公司
35	江苏仁合资产评估有限公司
36	江苏中天资产评估事务所有限公司
37	开元资产评估有限公司
38	坤元资产评估有限公司
39	辽宁元正资产评估有限公司
40	辽宁众华资产评估有限公司
41	青岛天和资产评估有限责任公司
42	山东正源和信资产评估有限公司
43	上海财瑞资产评估有限公司
44	上海东洲资产评估有限公司
45	上海立信资产评估有限公司
46	上海申威资产评估有限公司
47	上海万隆资产评估有限公司
48	上海银信汇业资产评估有限公司
49	上海众华资产评估有限公司
50	深圳市德正信资产评估有限公司
51	深圳市全开中勤信资产评估有限公司
52	深圳天健国众联资产评估土地房地产估价有限公司
53	四川华衡资产评估有限公司
54	天津华夏金信资产评估有限公司
55	天津中联资产评估有限责任公司
56	沃克森(北京)国际资产评估有限公司
57	西安正衡资产评估有限责任公司
58	厦门市大学资产评估有限公司
59	亚洲(北京)资产评估有限公司
60	浙江天源资产评估有限责任公司
61	浙江万邦资产评估有限公司
62	中发国际资产评估有限公司
63	中和资产评估有限公司
64	中京民信(北京)资产评估有限公司
65	中联资产评估有限公司
66	中铭国际资产评估(北京)有限责任公司
67	中水资产评估有限公司
68	中通诚资产评估有限公司
69	中威正信(北京)资产评估有限公司
70	中宇资产评估有限责任公司
71	中资资产评估有限公司
72	重庆华康资产评估土地房地产估价有限责任公司

证券投资咨询机构名录

(截至2012年4月30日)

辖区	序号	公司名称
北京	1	北京首证投资顾问有限公司
北京	2	北京中富金石咨询有限公司
北京	3	北京盛世华商投资咨询有限公司
北京	4	北京金昌投资咨询有限公司
北京	5	北京金美林投资顾问有限责任公司
北京	6	和讯信息科技有限公司
北京	7	北京京放投资管理顾问有限责任公司
北京	8	北京君之创证券投资咨询有限公司
北京	9	北京中方信富投资管理咨询有限公司
北京	10	北京中和应泰财务顾问有限公司
北京	11	北京新兰德证券投资咨询有限责任公司
北京	12	天相投资顾问有限公司
北京	13	北京中资北方投资顾问有限公司
北京	14	北京博星投资顾问有限公司
北京	15	北京海问咨询有限公司
北京	16	北京和众汇富咨询有限公司
北京	17	北京东方高圣投资顾问有限公司
天津	18	天津证券投资咨询有限公司
天津	19	联合信用投资咨询有限公司
辽宁	20	沈阳麟龙投资顾问有限公司

辖区	序号	公司名称
江苏	21	江苏天鼎投资咨询有限公司
江苏	22	江苏金百临投资咨询有限公司
四川	23	成都倍新投资咨询有限责任公司
四川	24	四川大决策证券投资顾问有限公司
四川	25	成都汇阳投资顾问有限公司
河南	26	河南九鼎德盛投资顾问有限公司
大连	27	大连华讯投资咨询有限公司
大连	28	大连北部资产经营有限公司
黑龙江	29	黑龙江省容维投资顾问有限责任公司
安徽	30	安徽大时代投资咨询有限公司
安徽	31	安徽华安新兴证券投资咨询有限责任公司
福建	32	福建天信投资咨询顾问有限公司
福建	33	福建中讯证券研究有限责任公司
厦门	34	厦门市鑫鼎盛证券投资咨询服务有限公司
厦门	35	厦门高能投资咨询有限公司
厦门	36	厦门金相投资咨询有限公司
厦门	37	厦门市新汇通投资咨询有限公司
云南	38	云南产业投资管理有限公司
海南	39	海南港澳资讯产业股份有限公司
山东	40	山东神光咨询服务有限责任公司
山东	41	山东英大投资顾问有限责任公司
浙江	42	浙江同花顺投资咨询有限公司
浙江	43	杭州海能证券投资顾问有限公司
浙江	44	杭州顶点财经证券投资顾问有限公司
宁波	45	宁波海顺投资咨询有限公司
深圳	46	深圳市天生人和经济信息咨询有限公司
深圳	47	深圳市尊悦证券投资顾问有限公司
深圳	48	深圳市珞珈投资咨询有限公司
深圳	49	深圳市芙浪特证券投资顾问有限公司
深圳	50	深圳市怀新企业投资顾问有限公司
深圳	51	深圳市中证投资资讯有限公司
深圳	52	深圳市新兰德证券投资咨询有限公司
深圳	53	深圳市国诚投资咨询有限公司
深圳	54	深圳市智多盈投资顾问有限公司
陕西	55	陕西巨丰投资资讯有限责任公司
重庆	56	重庆东金管理顾问有限公司
上海	57	上海凯石证券投资咨询有限公司
上海	58	上海中广信息传播咨询有限公司
上海	59	上海益邦投资咨询有限公司
上海	60	上海新兰德证券投资咨询顾问有限公司
上海	61	上海森洋投资咨询有限公司
上海	62	上海亚商投资顾问有限公司
上海	63	上海世基投资顾问有限公司
上海	64	上海申银万国证券研究所有限公司
上海	65	上海东方财富证券研究所有限公司
上海	66	上海证券通投资资讯科技有限公司
上海	67	上海金汇信息系统有限公司
上海	68	上海荣正投资咨询有限公司
上海	69	上海证联投资咨询服务有限责任公司
上海	70	上海涌金理财顾问有限公司
上海	71	上海证券之星综合研究有限公司
上海	72	上海大智慧投资咨询有限公司
上海	73	上海新资源证券咨询有限公司
上海	74	上海益盟操盘手证券研究有限公
上海	75	上海迈步投资管理有限公司
河北	76	河北源达证券投资咨询有限公司
青岛	77	青岛市大摩投资咨询有限公司
湖南	78	湖南金证投资咨询顾问有限公司
广东	79	广东博众证券投资咨询有限公司
广东	80	广州越声理财咨询有限公司
广东	81	广州市万隆证券咨询顾问有限公司
广东	82	广东科德投资顾问有限公司
广东	83	广州汇正财经顾问有限公司
广东	84	深圳大德汇富咨询顾问有限公司
北京	85	北京禧达丰证券投资顾问有限公司 *
广东	86	广东百灵信投资管理有限公司 *
黑龙江	87	哈尔滨新思路投资咨询有限公司 *
黑龙江	88	哈尔滨大富证券投资顾问有限公司 *

备注:1. 公司名称以证券投资咨询业务资格许可证登记名单为准。

2. 带"*"的证券投资咨询机构已被立案稽查,暂停新增证券投资咨询业务,继续配合调查。

外国证券类机构驻华代表机构名录

（截至 2010 年 9 月 30 日）

序号	机构名称	辖区
1	野村证券株式会社上海代表处	上海
2	法国巴黎资本(亚洲)有限公司上海代表处	上海
3	美林国际有限公司上海代表处	上海
4	里昂证券有限公司上海代表处	上海
5	新鸿基投资服务有限公司(证券业务)上海代表处	上海
6	摩根士丹利亚洲有限公司上海代表处	上海
7	高盛(中国)有限责任公司上海代表处	上海
8	巴克莱证券有限公司上海代表处	上海
9	苏皇证券亚洲有限公司上海代表处	上海
10	友利投资证券公司上海代表处	上海
11	瑞银证券亚洲有限公司上海代表处	上海
12	群益国际控股有限公司上海代表处	上海
13	元大证券(香港)有限公司上海代表处	上海
14	韩国现代证券公司上海代表处	上海
15	元富证券(香港)有限公司上海代表处	上海
16	日盛嘉富证券国际有限公司上海代表处	上海
17	永丰金证券(亚洲)有限公司上海代表处	上海
18	星展唯高达香港有限公司上海代表处	上海
19	金鼎综合证券(维京)股份有限公司上海代表处	上海
20	星展亚洲融资有限公司上海代表处	上海
21	兆丰资本(亚洲)有限公司上海代表处	上海
22	花旗环球金融亚洲有限公司上海代表处	上海
23	凯基证券亚洲有限公司上海代表处	上海
24	洛希尔中国控股有限公司上海代表处	上海
25	大福证券有限公司上海代表处	上海
26	统一证券(香港)有限公司上海代表处	上海
27	韩国三星证券公司上海代表处	上海
28	大华证券(香港)有限公司上海代表处	上海
29	香港上海汇丰银行有限公司(证券业务)上海代表处	上海
30	韩华证券股份有限公司上海代表处	上海
31	内藤证券公司上海代表处	上海
32	摩根大通证券(亚太)有限公司上海代表处	上海
33	卓亚(企业融资)有限公司上海代表处	上海
34	法国兴业证券(香港)有限公司上海代表处	上海
35	宝来证券股份有限公司上海代表处	上海
36	瑞士信贷(香港)有限公司上海代表处	上海
37	瑞穗证券股份有限公司上海代表处	上海
38	德意志银行股份有限公司(证券业务)上海代表处	上海
39	富邦综合证券股份有限公司上海代表处	上海
40	渣打证券(香港)有限公司上海代表处	上海
41	杰富瑞投资银行上海代表处	上海

序号	机构名称	辖区
42	派杰公司上海代表处	上海
43	冈三证券股份有限公司上海代表处	上海
44	威廉－博莱有限责任公司上海代表处	上海
45	美国罗仕证券有限责任公司上海代表处	上海
46	麦格理证券(澳大利亚)股份有限公司上海代表处	上海
47	致富证券有限公司上海代表处	上海
48	东洋证券股份有限公司上海代表处	上海
49	大信证券股份有限公司上海代表处	上海
50	益华证券有限公司上海代表处	上海
51	新韩金融投资股份有限公司上海代表处	上海
52	蓝泽证券股份有限公司上海代表处	上海
53	韩国爱思开证券股份有限公司上海代表处	上海
54	联昌国际证券(香港)有限公司上海代表处	上海
55	盈透证券有限公司上海代表处	上海
56	华南永昌综合证券股份有限公司上海代表处	上海
57	韦仕投资银行集团有限合伙上海代表处	上海
58	明富环球新加坡私人有限公司(证券业务)上海代表处	上海
59	荷银投资管理(亚洲)有限公司上海代表处	上海
60	大和投资管理(香港)有限公司上海代表处	上海
61	三井住友资产管理股份有限公司上海代表处	上海
62	马丁可利投资管理有限公司上海代表处	上海
63	英国施罗德集团上海代表处	上海
64	英杰华投资集团全球服务有限公司上海代表处	上海
65	荷宝基金管理公司上海代表处	上海
66	未来资产迈普斯资产运用株式会社上海代表处	上海
67	新加坡东京海上国际资产管理有限公司上海代表处	上海
68	安本亚洲资产管理有限公司上海代表处	上海
69	科提比资产运用株式会社上海代表处	上海
70	大和住银投信投资顾问株式会社上海代表处	上海
71	道富环球投资管理亚洲有限公司上海代表处	上海
72	德盛安联资产管理香港有限公司上海代表处	上海
73	瑞意金融集团上海代表处	上海
74	野村证券株式会社北京代表处	北京
75	大和证券资本市场株式会社北京代表处	北京
76	三菱日联证券股份有限公司北京代表处	北京
77	瑞士信贷(香港)有限公司北京代表处	北京
78	高盛(中国)有限责任公司北京代表处	北京
79	美林国际有限公司北京代表处	北京
80	花旗环球金融中国有限公司北京代表处	北京
81	摩根士丹利亚洲有限公司北京代表处	北京
82	瑞银证券亚洲有限公司北京代表处	北京
83	宝来证券股份有限公司北京代表处	北京
84	里昂证券有限公司北京代表处	北京
85	苏皇融资亚洲有限公司北京代表处	北京
86	法国巴黎资本(亚洲)有限公司北京代表处	北京
87	汇富金融服务有限公司北京代表处	北京
88	渣打证券(香港)有限公司北京代表处	北京
89	洛希尔中国控股有限公司北京代表处	北京
90	金鼎综合证券(香港)有限公司北京代表处	北京
91	京华山一国际(香港)有限公司北京代表处	北京
92	香港上海汇丰银行有限公司(证券业务)北京代表处	北京
93	兆丰资本(亚洲)有限公司北京代表处	北京
94	香港国浩资本有限公司北京代表处	北京
95	新百利有限公司北京代表处	北京
96	摩根大通证券(亚太)有限公司北京代表处	北京
97	元大证券股份有限公司北京代表处	北京
98	德意志银行股份有限公司(证券业务)北京代表处	北京

序号	机构名称	辖区
99	瑞穗证券股份有限公司北京代表处	北京
100	星展亚洲融资有限公司北京代表处	北京
101	第一上海融资有限公司北京代表处	北京
102	中银国际控股有限公司北京代表处	北京
103	蒙特利尔银行利时证券公司北京代表处	北京
104	法国外贸银行(证券业务)北京代表处	北京
105	中央三井信托银行株式会社(证券业务)北京代表处	北京
106	韩国未来资产证券株式会社北京代表处	北京
107	加皇投资理财有限公司(证券业务)北京代表处	北京
108	交银国际控股有限公司(证券业务)北京代表处	北京
109	友利投资证券股份有限公司北京代表处	北京
110	城市信贷投资银行有限公司(证券业务)北京代表处	北京
111	大宇证券股份有限公司北京代表处	北京
112	现汽投资证券股份有限公司北京代表处	北京
113	布朗兄弟哈里曼(香港)有限公司北京代表处	北京
114	加拿大帝国商业银行世界市场公司(证券业务)北京代表处	北京
115	太平洋顶峰证券有限公司北京代表处	北京
116	摩乃科斯证券股份有限公司北京代表处	北京
117	施罗德集团北京代表处	北京
118	宏富投资管理有限公司北京代表处	北京
119	美国先锋投资管理公司北京代表处	北京
120	邓普顿国际股份有限公司北京代表处	北京
121	信安环球投资有限公司北京代表处	北京
122	标准人寿投资公司北京代表处	北京
123	法国巴黎资产管理有限公司北京代表处	北京
124	英国纽约银行梅隆资产管理国际有限公司北京代表处	北京
125	东方汇理基金管理公司北京代表处	北京
126	香港景顺投资管理有限公司北京代表处	北京
127	瑞银环球资产管理(香港)有限公司北京代表处	北京
128	香港摩根富林明资产管理有限公司北京代表处	北京
129	香港威灵顿环球投资管理有限公司北京代表处	北京
130	新加坡富敦资金管理公司北京代表处	北京
131	安智投资管理亚太(香港)有限公司北京代表处	北京
132	富达基金(香港)有限公司北京代表处	北京
133	香港贝莱德资产管理北亚有限公司北京代表处	北京
134	法盛全球资产管理公司法北京代表处	北京
135	新鸿基投资服务有限公司深圳代表处	深圳
136	苏皇融资亚洲有限公司深圳代表处	深圳
137	里昂证券有限公司深圳代表处	深圳
138	兆丰资本(亚洲)有限公司深圳代表处	深圳
139	凯基证券亚洲有限公司深圳代表处	深圳
140	元富证券(香港)有限公司深圳代表处	深圳
141	金鼎综合证券(香港)有限公司深圳代表处	深圳
142	致富证券有限公司深圳代表处	深圳
143	富昌证券有限公司深圳代表处	深圳
144	宝来证券(香港)有限公司深圳代表处	深圳
145	恒生投资管理有限公司深圳代表处	深圳
146	宝来证券股份有限公司广州代表处	广东
147	新鸿基投资服务有限公司(证券业务)广州代表处	广东
148	统一综合证券股份有限公司厦门代表处	厦门
149	富邦综合证券股份有限公司厦门代表处	厦门
150	新鸿基投资服务有限公司(证券业务)南京代表处	江苏
151	香港华富嘉洛证券有限责任公司沈阳代表处	辽宁
152	金鼎综合证券(香港)有限公司成都代表处	四川

2011 年中国证券市场概况统计表

	2010 年(底)	2011 年(底)	比 2010 年(底)
境内上市公司数(A、B 股)(家)	2063	2342	13.52%
境内上市外资股(B 股)(家)	108	108	0.00%
境外上市公司数(H 股)(家)	165	171	3.64%
股票总发行股本(亿股)(含在境内上市公司发的 H 股)	33184.35	36095.52	8.77%
其中:流通股本(亿股)	25642.03	28850.26	12.51%
股票市价总值(亿元)	265422.59	214758.10	-19.09%
其中:股票流通市值(亿元)	193110.41	164921.30	-14.60%
股票成交金额(亿元)	545633.54	421646.74	-22.72%
日均股票成交金额(亿元)	2254.68	1728.06	-23.36%
上证综合指数(收盘)	2808.08	2199.42	-21.68%
深证综合指数(收盘)	1290.87	866.65	-32.86%
股票有效账户数(万户)	13391.04	14050.37	4.92%
平均市盈率(静态)			
上海	21.61	13.40	-37.99%
深圳	44.69	23.11	-48.29%
证券投资基金只数(只)	704	915	29.97%
交易所上市证券投资基金成交金额(亿元)	8996.43	6365.80	-29.24%

2011 年中国证券市场筹资统计表

时间	境内外筹资合计(亿元)	境内筹资合计(亿元)	首次发行金额			再筹资金额						债券市场筹资金额		
			A 股(亿元)	B 股(亿美元)	H 股(亿美元)	A 股(亿元)				B 股(亿美元)	H 股(亿美元)	可转债(亿元)	可分离债(亿元)	公司债(亿元)
						公开增发	定向增发(现金)	配股	权证行权					
2008 年	3913.43	3596.16	1036.52	0.00	38.09	1063.29	361.13	151.57	7.20	0.00	7.54	55.60	632.85	288.00
2009 年累计	5682.72	4609.54	1879.00	0.00	147.11	255.86	1614.83	105.97	38.86	0.00	10.03	46.61	30.00	638.40
2010 年累计	12640.82	10275.20	4882.63	0.00	177.50	377.15	2172.68	1438.25	84.28	0.00	176.28	717.30	0.00	603.00
2011.01	778.78	778.78	454.05	0.00	0.00	35.08	141.72	99.73	0.00	0.00	0.00	7.20	0.00	41.00
2011.02	429.33	429.33	242.87	0.00	0.00	1.34	19.37	6.75	0.00	0.00	0.00	34.00	0.00	125.00
2011.03	841.66	841.66	342.60	0.00	0.00	25.34	208.65	6.07	0.00	0.00	0.00	254.00	0.00	5.00
2011.04	852.17	802.23	259.68	0.00	0.00	6.85	269.97	113.73	0.00	0.00	7.68	0.00	32.00	120.00
2011.05	535.42	391.29	222.87	0.00	22.52	0.00	128.42	0.00	0.00	0.00	0.00	0.00	0.00	40.00
2011.06	786.17	570.01	204.77	0.00	8.48	0.00	111.41	3.33	0.00	0.00	24.93	0.00	0.00	250.50
2011.07	644.08	561.45	113.57	0.00	0.00	14.59	145.28	175.61	0.00	0.00	12.75	0.00	0.00	112.40
2011.08	788.39	788.39	260.66	0.00	0.00	21.47	240.47	0.00	29.49	0.00	0.00	63.00	0.00	173.30
2011.09	417.73	417.73	182.23	0.00	0.00	0.00	53.50	0.00	0.00	0.00	0.00	55.00	0.00	127.00
2011.10	399.50	283.48	212.35	0.00	18.27	0.00	31.63	0.00	0.00	0.00	0.00	0.00	0.00	39.50
2011.11	361.34	361.34	162.95	0.00	0.00	27.38	68.49	9.02	0.00	0.00	0.00	0.00	0.00	93.50
2011.12	671.65	554.78	166.47	0.00	18.55	0.00	245.59	7.72	0.00	0.00	0.00	0.00	0.00	135.00
2011 年累计	7506.22	6780.47	2825.07	0.00	67.82	132.05	1664.50	421.96	29.49	0.00	45.36	413.20	32.00	1262.20

注:1. 本表首发筹资金额以 IPO 上市首日为基础统计;

2. 2010 年,共有 41 家公司定向增发,其中累计定向增发(资产)再筹资金额 656.87 亿元;2011 年,定向增发资产 2868.82 亿元。

2011 年中国证券市场股票交易情况统计表

日期	交易天数	股票成交金额(亿元)	日均成交金额(亿元)	股票成交数量(亿股)	日均成交数量(亿股)	交易印花税(亿元)
2010 年累计	242	545633.54	2254.68	42151.99	174.18	545.64
2011.01	20	34699.28	1734.96	2588.91	129.45	34.70
2011.02	15	37574.41	2504.96	2695.09	179.68	37.58
2011.03	23	63298.89	2752.13	4571.94	198.78	63.30
2011.04	19	45925.31	2417.12	3612.74	190.14	45.93

日期	交易天数	股票成交金额(亿元)	日均成交金额(亿元)	股票成交数量(亿股)	日均成交数量(亿股)	交易印花税(亿元)
2011.05	21	34072.92	1622.52	2818.25	134.20	34.07
2011.06	21	31386.25	1494.58	2612.25	124.39	31.38
2011.07	21	42172.59	2008.22	3285.79	156.46	42.18
2011.08	23	36973.02	1607.52	3024.27	131.49	36.98
2011.09	21	22316.34	1062.68	1961.11	93.39	22.32
2011.10	16	20683.26	1292.71	1960.48	122.53	20.68
2011.11	22	32556.65	1479.85	2857.03	129.87	32.56
2011.12	22	19990.80	908.67	1969.69	89.53	19.99
2011 年累计	244	421649.72	1728.07	33957.55	139.17	421.67

2012 年 1－6 月中国证券市场筹资统计表

时间	境内外筹资合计(亿元)	境内筹资合计(亿元)	首次发行金额			再筹资金额						债券市场筹资金额		
			A 股(亿元)	B 股(亿美元)	H 股(亿美元)	A 股(亿元)				B 股(亿美元)	H 股(亿美元)	可转债(亿元)	可分离债(亿元)	公司债(亿元)
						公开增发	定向增发(现金)	配股	权证行权					
2008 年	3913.43	3596.16	1036.52	0.00	38.09	1063.29	361.13	151.57	7.20	0.00	7.54	55.60	632.85	288.00
2009 年累计	5682.72	4609.54	1879.00	0.00	147.11	255.86	1614.83	105.97	38.86	0.00	10.03	46.61	30.00	638.40
2010 年累计	12640.82	10275.20	4882.63	0.00	177.50	377.15	2172.68	1438.25	84.28	0.00	176.28	717.30	0.00	603.00
2011.03	841.66	841.66	342.60	0.00	0.00	25.34	208.65	6.07	0.00	0.00	0.00	254.00	0.00	5.00
2011.04	852.17	802.23	259.68	0.00	0.00	6.85	269.97	113.73	0.00	0.00	7.68	0.00	32.00	120.00
2011.05	518.65	391.29	222.87	0.00	19.59	0.00	128.42	0.00	0.00	0.00	0.00	0.00	0.00	40.00
2011.06	786.17	570.01	204.77	0.00	8.48	0.00	111.41	3.33	0.00	0.00	24.93	0.00	0.00	250.50
2011.07	644.08	561.45	113.57	0.00	12.75	14.59	145.28	175.61	0.00	0.00	0.00	0.00	0.00	112.40
2011.08	788.39	788.39	260.66	0.00	0.00	21.47	240.47	0.00	29.49	0.00	0.00	63.00	0.00	173.30
2011.09	417.73	417.73	182.23	0.00	0.00	0.00	53.50	0.00	0.00	0.00	0.00	55.00	0.00	127.00
2011.10	399.50	283.48	212.35	0.00	18.27	0.00	31.63	0.00	0.00	0.00	0.00	0.00	0.00	39.50
2011.11	361.34	361.34	162.95	0.00	0.00	27.38	68.49	9.02	0.00	0.00	0.00	0.00	0.00	93.50
2011.12	671.65	554.78	166.47	0.00	18.55	0.00	245.59	7.72	0.00	0.00	0.00	0.00	0.00	135.00
2011 年累计	7506.22	6780.47	2825.07	0.00	67.82	132.05	1664.50	421.96	29.49	0.00	45.36	413.20	32.00	1262.20
2012.01	193.82	193.82	63.58	0.00	0.00	0.00	17.24	0.00	0.00	0.00	0.00	0.00	0.00	113.00
2012.02	283.32	263.27	73.63	0.00	0.00	84.82	48.71	22.11	0.00	0.00	3.19	0.00	0.00	34.00
2012.03	914.67	823.89	214.28	0.00	0.00	19.92	375.40	72.99	0.00	0.00	14.37	0.00	0.00	141.30
2012.04	497.68	392.78	112.15	0.00	16.71	0.00	98.83	0.00	0.00	0.00	0.00	4.50	0.00	177.30
2012.05	353.82	353.82	135.15	0.00	0.00	0.00	60.29	6.21	0.00	0.00	0.00	0.00	0.00	152.17
2012.06	747.19	727.01	127.17	0.00	3.19	0.00	214.64	0.00	0.00	0.00	0.00	80.50	0.00	304.70

注:1. 本表首发筹资金额以 IPO 上市首日为基础统计;
　2. 2011 年,共有 190 家公司定向增发,其中定向增发资产认购筹资 2868.82 亿元。

2012 年 1－6 月中国证券市场股票交易情况统计表

日期	交易天数	股票成交金额(亿元)	日均成交金额(亿元)	股票成交数量(亿股)	日均成交数量(亿股)	交易印花税(亿元)
2010 年累计	242	545633.54	2254.68	42151.99	174.18	545.64
2011.04	19	45925.31	2417.12	3612.74	190.14	45.93
2011.05	21	34072.92	1622.52	2818.25	134.20	34.07
2011.06	21	31386.25	1494.58	2612.25	124.39	31.38
2011.07	21	42172.59	2008.22	3285.79	156.46	42.18
2011.08	23	36973.02	1607.52	3024.27	131.49	36.98
2011.09	21	22316.34	1062.68	1961.11	93.39	22.32
2011.10	16	20683.26	1292.71	1960.48	122.53	20.68
2011.11	22	32556.65	1479.85	2857.03	129.87	32.56
2011.12	22	19990.80	908.67	1969.69	89.53	19.99

日期	交易天数	股票成交金额(亿元)	日均成交金额(亿元)	股票成交数量(亿股)	日均成交数量(亿股)	交易印花税(亿元)
2011 年累计	244	421649.72	1728.07	33957.55	139.17	421.67
2012.01	15	16627.03	1108.47	1740.85	116.06	16.63
2012.02	21	33661.98	1602.96	3373.17	160.63	33.66
2012.03	22	38630.64	1755.94	3585.24	162.97	38.63
2012.04	17	26838.92	1578.76	2756.61	162.15	26.84
2012.05	22	35140.16	1597.28	3357.86	152.63	35.14
2012.06	20	24031.77	1201.59	2310.58	115.53	24.03

2012 年上半年中国证券市场概况统计表

	2011 年底	2012 年 6 月	比 2011 年底
境内上市公司数(A、B 股)(家)	2342	2444	4.36%
境内上市外资股(B 股)(家)	108	108	0.00%
境外上市公司数(H 股)(家)	171	172	0.58%
股票总发行股本(A、B、H 股亿股)	36095.52	37596.75	4.16%
其中:流通股本(亿股)	28850.26	29957.04	3.84%
股票市价总值(A、B 股亿元)	214758.10	226209.28	5.33%
其中:股票流通市值(亿元)	164921.30	173101.33	4.96%
股票成交金额(亿元)	421646.74	24031.77	_
日均股票成交金额(亿元)	1728.06	1201.59	_
上证综合指数(收盘)	2199.42	2225.43	1.18%
深证综合指数(收盘)	866.65	921.40	6.32%
股票有效账户数(万户)	14050.37	13825.54	-1.60%
平均市盈率(静态)			
上海	13.40	11.90	-11.19%
深圳	23.11	22.56	-2.38%
证券投资基金只数(只)	915	1026	12.13%
交易所上市证券投资基金成交金额(亿元)	6365.80	564.18	_

2011 年增发情况统计

代码	名称	发行方式	发行价格	自发行日涨跌幅(%)	增发数量(万股)	募资合计(亿元)	发行费用(亿元)	实际募资(亿元)	申购上限(机构)	申购上限(个人)	发行日期
002249.SZ	大洋电机	公开发行	21.64	-39.38	4895.19	10.59	0.40	10.19	25,600,000.00	25,600,000.00	2011-7-12
000783.SZ	长江证券	公开发行	12.67	-34.30	20000	25.34	0.58	24.76	108,000.00	108,000.00	2011-3-4
002250.SZ	联化科技	公开发行	35.50	-26.07	1929.57	6.85	0.37	6.48	25,840,000.00	25,840,000.00	2011-4-11
000877.SZ	天山股份	公开发行	20.64	1.67	10000	20.64			40,000.00	40,000.00	2012-1-16
002307.SZ	北新路桥	公开发行	16.06	-25.41	2490.66	4.00	0.26	3.74	30,000.00	30,000.00	2011-7-11
600522.SH	中天科技	公开发行	23.80	-31.25	7058.8235	16.80	0.62	16.18	70,000.00	70,000.00	2011-7-15
600886.SH	国投电力	公开发行	6.23	-8.23	35000	21.81	0.66	21.15			2011-11-7
002253.SZ	川大智胜	公开发行	28.81	-32.36	1214.85	3.50	0.22	3.28	10,400,000.00	10,400,000.00	2011-11-7
000709.SZ	河北钢铁	公开发行	4.28	-21.75	374182.2429	160.15	0.82	159.33	120,000.00	120,000.00	2011-11-21
002111.SZ	威海广泰	公开发行	20.06	-33.61	2328.0159	4.67	0.29	4.38	16,960,000.00	16,960,000.00	2011-7-27
000625.SZ	长安汽车	公开发行	9.74	-22.09	36016.6022	35.08	0.62	34.46	83,000.00	83,000.00	2011-1-11
000651.SZ	格力电器	公开发行	17.16	4.56	18997.6689	32.60					2012-1-13
000401.SZ	冀东水泥	定向	14.21	-5.04	13475.23	19.15	0.36	18.79			2012-2-1
600499.SH	科达机电	定向	15.70	-21.69	2492.99	3.91			20,000.00	20,000.00	2011-12-13
002004.SZ	华邦制药	定向	23.86	-28.29	3549.3	8.47			22,000.00	22,000.00	2011-12-13
002065.SZ	东华软件	定向	19.63	-13.93	1630.1577	3.20			17,300,000.00	17,300,000.00	2011-2-17
002218.SZ	拓日新能	定向	21.00	-44.76	3850	8.09	0.21	7.88	32,000,000.00	32,000,000.00	2011-3-9
000527.SZ	美的电器	定向	16.51	-31.55	26408.2374	43.60	0.60	43.00			2011-2-28
002011.SZ	盾安环境	定向	11.30	-28.12	8550	9.66	0.23	9.44	28,000.00	28,000.00	2011-11-3
002069.SZ	獐子岛	定向	36.90	-12.70	2167.4796	8.00	0.24	7.76	22,640,000.00	22,640,000.00	2011-3-8

代码	名称	发行方式	发行价格	自发行日涨跌幅(%)	增发数量（万股）	募资合计（亿元）	发行费用（亿元）	实际募资（亿元）	申购上限（机构）	申购上限（个人）	发行日期
600710.SH	常林股份	定向	10.90	-40.65	4737	5.16	0.16	5.00	500,000.00	500,000.00	2011-6-2
600537.SH	亿晶光电	定向	8.31	-24.00	25583.7301	21.26			50,000.00	50,000.00	2011-11-22
002093.SZ	国脉科技	定向	15.50	-34.94	3200	4.96	0.20	4.76	13,360,000.00	13,360,000.00	2011-1-7
002060.SZ	粤水电	定向	9.59	-26.38	8598.7278	8.25	0.32	7.92	65,600,000.00	65,600,000.00	2011-8-9
600527.SH	江南高纤	定向	8.56	-27.92	4976.6355	4.26	0.10	4.16	30,000.00	30,000.00	2011-6-30
600461.SH	洪城水业	定向	14.50	-37.74	8000	11.60	0.46	11.14	50,000.00	50,000.00	2011-1-5
600749.SH	西藏旅游	定向	14.50	-34.92	2413.7931	3.50	0.20	3.30	13,000.00	13,000.00	2011-4-28
000523.SZ	广州浪奇	定向	10.40	-27.81	5000	5.20	0.21	4.99			2011-2-22
000019.SZ	深深宝A	定向	8.70	-23.99	6897.7066	6.00	0.28	5.72			2011-6-27
000809.SZ	铁岭新城	定向	10.23	-9.09	25200.3908	25.78					2011-11-11
000598.SZ	兴蓉投资	定向	17.20	-11.14	11475.5813	19.74	0.64	19.09	3,250,000.00	325,000.00	2011-4-12
000697.SZ	*ST偏转	定向	2.24	0.26	29448.183	6.60			3,700,000.00	370,000.00	2012-1-16
002259.SZ	升达林业	定向	5.67	-35.92	5640	3.20	0.13	3.07	44,000,000.00	44,000,000.00	2011-1-5
002237.SZ	恒邦股份	定向	35.64	-32.02	3600	12.83	0.30	12.53	19,200,000.00	19,200,000.00	2011-8-19
002234.SZ	民和股份	定向	19.30	2.80	4352.3316	8.40	0.28	8.12	21,600,000.00	21,600,000.00	2011-11-8
000982.SZ	中银绒业	定向	10.00	3.70	2900	2.90	0.16	2.74	30,000.00	30,000.00	2011-2-15
000830.SZ	鲁西化工	定向	5.10	-15.94	41862.745	21.35	0.36	20.99	45,000.00	45,000.00	2011-3-2
600869.SH	三普药业	定向	21.69	-28.46	6758.9	14.66	0.19	14.47	300,000.00	50,000.00	2011-11-24
000925.SZ	众合机电	定向	18.60	-62.44	2229	4.15	0.18	3.97	30,000.00	30,000.00	2011-3-1
002283.SZ	天润曲轴	定向	13.60	-36.12	7941.1764	10.80	0.37	10.43	40,000.00	40,000.00	2011-8-3
600298.SH	安琪酵母	定向	34.50	-29.18	2358.58	8.14	0.22	7.91	35,000.00	35,000.00	2011-8-22
002131.SZ	利欧股份	定向	14.58	2.66	1852.4353	2.70			15,200,000.00	15,200,000.00	2012-1-9
002220.SZ	天宝股份	定向	16.50	-12.62	3636.36	6.00	0.17	5.83	14,400,000.00	14,400,000.00	2011-7-18
600354.SH	敦煌种业	定向	25.00	-51.08	1758	4.40	0.30	4.10	75,000.00	75,000.00	2011-2-11
002190.SZ	成飞集成	定向	17.20	-36.98	5930.2325	10.20	0.17	10.03	21,600,000.00	21,600,000.00	2011-7-5
002199.SZ	东晶电子	定向	14.20	-47.52	2147.8873	3.05	0.16	2.89	12,800,000.00	12,800,000.00	2011-1-10
002135.SZ	东南网架	定向	8.23	-8.96	7430	6.11	0.15	5.97	40,000,000.00	40,000,000.00	2011-12-14
600321.SH	国栋建设	定向	6.30	-49.10	13492	8.50	0.35	8.15	70,000.00	70,000.00	2011-5-23
002205.SZ	国统股份	定向	27.00	-52.20	1615.2018	4.36	0.15	4.22	16,000,000.00	16,000,000.00	2011-1-4
600381.SH	ST贤成	定向	5.91	25.60	26226.73	15.50	0.46	15.04	35,000.00	35,000.00	2011-12-23
002161.SZ	远望谷	定向	19.26	-22.13	3603.87	6.94	0.26	6.68	12,880,000.00	12,880,000.00	2011-6-16
002165.SZ	红宝丽	定向	15.16	-38.95	1623.0844	2.46	0.14	2.33	15,200,000.00	15,200,000.00	2011-7-20
600063.SH	皖维高新	定向	9.16	-32.27	10000	9.16	0.27	8.89	46,000.00	46,000.00	2011-3-11
002229.SZ	鸿博股份	定向	13.60	-2.35	2094	2.85	0.22	2.63	16,000,000.00	16,000,000.00	2011-7-8
002126.SZ	银轮股份	定向	16.31	-34.89	2900	4.73	0.18	4.55	24,000,000.00	24,000,000.00	2011-11-4
002230.SZ	科大讯飞	定向	40.65	-33.03	1095.3751	4.45	0.22	4.23	21,440,000.00	21,440,000.00	2011-5-4
600187.SH	国中水务	定向	7.50	-30.99	10000	7.50	0.26	7.25	40,000.00	40,000.00	2011-2-14
600267.SH	海正药业	定向	33.28	-28.55	4103.8161	13.66	0.32	13.34	40,000.00	40,000.00	2011-3-15
002176.SZ	江特电机	定向	22.00	-39.02	1701	3.74	0.19	3.56	13,600,000.00	13,600,000.00	2011-7-13
000868.SZ	安凯客车	定向	10.18	-29.38	4500	4.58	0.16	4.42	7,000,000.00	700,000.00	2011-9-6
002187.SZ	广百股份	定向	24.50	-36.33	2135.1469	5.23	0.20	5.03	32,000,000.00	32,000,000.00	2011-3-3
600165.SH	新日恒力	定向	7.02	-29.61	8000	5.62	0.14	5.48	36,000.00	36,000.00	2011-7-7
600057.SH	象屿股份	定向	3.71	36.68	43000	15.95			36,000.00	36,000.00	2011-7-14
000596.SZ	古井贡酒	定向	75.00	-16.10	1680	12.60	0.33	12.27	11,750,000.00	1,175,000.00	2011-7-25
601000.SH	唐山港	定向	6.80	-10.80	12797.3058	8.70	0.10	8.60	160,000.00	160,000.00	2011-8-23
002231.SZ	奥维通信	定向	12.85	5.56	1790	2.30	0.16	2.14	21,600,000.00	21,600,000.00	2011-12-20
600017.SH	日照港	定向	3.94	-34.49	36547.86	14.40	0.30	14.10	184,000,000.00	99,999,000.00	2011-4-14
600096.SH	云天化	定向	17.93	-28.25	10351.3229	18.56	0.57	17.99	28,409,000.00	2,840,000.00	2011-5-20
000417.SZ	合肥百货	定向	17.55	-19.89	4020	7.06	0.24	6.81			2011-6-9
000802.SZ	北京旅游	定向	10.75	-37.77	5000	5.38	0.12	5.26	27,000.00	27,000.00	2011-4-18
002206.SZ	海利得	定向	18.60	-45.42	4838.7	9.00	0.17	8.83	25,600,000.00	25,600,000.00	2011-3-24
000776.SZ	广发证券	定向	26.91	-21.71	45260	121.79	1.80	120.00	4,000,000.00	400,000.00	2011-8-22

代码	名称	发行方式	发行价格	自发行日涨跌幅(%)	增发数量(万股)	募资合计(亿元)	发行费用(亿元)	实际募资(亿元)	申购上限(机构)	申购上限(个人)	发行日期
002216.SZ	三全食品	定向	35.50	-30.81	1405.4383	4.99	0.16	4.83	18,800,000.00	18,800,000.00	2011-9-2
002271.SZ	东方雨虹	定向	35.00	-44.18	1348	4.72	0.20	4.51	10,560,000.00	10,560,000.00	2011-1-11
600577.SH	精达股份	定向	9.20	-16.94	6608.69	6.08	0.19	5.89	20,000.00	20,000.00	2011-7-6
600546.SH	山煤国际	定向	22.80	-0.48	24122.807	55.00	1.10	53.90	40,000.00	40,000.00	2011-12-1
002299.SZ	圣农发展	定向	16.50	-16.19	9090	15.00	0.28	14.71	30,000.00	30,000.00	2011-5-30
002055.SZ	得润电子	定向	21.00	-37.87	2857.1428	6.00	0.21	5.79	13,440,000.00	13,440,000.00	2011-3-3
600633.SH	浙报传媒	定向	7.78	88.32	27768.2917	21.60	0.12	21.48			2011-9-6
600586.SH	金晶科技	定向	13.00	-42.29	12127	15.77	0.33	15.44	35,000.00	35,000.00	2011-3-15
600489.SH	中金黄金	定向	24.97	-27.41	11213.4561	28.00	0.58	27.42	100,000.00	100,000.00	2011-8-12
600410.SH	华胜天成	定向	12.94	-29.75	3903.4003	5.05	0.18	4.87	24,000.00	24,000.00	2011-9-5
600391.SH	成发科技	定向	20.15	-21.82	5210.9181	10.50	0.32	10.18	50,000.00	50,000.00	2011-4-27
600403.SH	大有能源	定向	11.64	-24.53	70618.2963	82.20			30,000.00	30,000.00	2011-9-29
002115.SZ	三维通信	定向	15.51	-22.63	1360	2.11	0.11	2.00	16,000,000.00	16,000,000.00	2011-12-2
002068.SZ	黑猫股份	定向	9.16	-2.77	4990	4.57	0.15	4.42	28,000,000.00	28,000,000.00	2011-1-31
002081.SZ	金螳螂	定向	36.00	-10.30	3684.38	13.26	0.30	12.97	19,200,000.00	19,200,000.00	2011-11-18
002006.SZ	精功科技	定向	60.10	-28.40	772	4.64	0.19	4.45	30,000.00	30,000.00	2011-5-17
002138.SZ	顺络电子	定向	23.80	-50.34	1806	4.30	0.18	4.12	19,200,000.00	19,200,000.00	2011-3-15
002340.SZ	格林美	定向	22.00	-25.95	4715.909	10.37	0.37	10.00	18,000.00	18,000.00	2011-11-29
000988.SZ	华工科技	定向	20.00	-28.80	3795.05	7.59	0.27	7.32	30,000.00	30,000.00	2011-5-26
600792.SH	云煤能源	定向	7.94	-9.34	27400	21.76			2,550,000.00	255,000.00	2011-9-9
002331.SZ	皖通科技	定向	13.67	-6.36	1251.0668	1.71			10,000.00	10,000.00	2011-9-28
002012.SZ	凯恩股份	定向	12.80	-23.93	3902.3437	4.99	0.22	4.78	30,000.00	30,000.00	2011-12-2
600712.SH	南宁百货	定向	8.32	-13.37	8000	6.66	0.23	6.43	400,000.00	400,000.00	2011-10-11
600401.SH	*ST 申龙	定向	3.00	0.00	77837.0375	23.35			30,000.00	30,000.00	2011-12-19
000750.SZ	国海证券	定向	3.72	188.11	50172.3229	18.66			40,000.00	40,000.00	2011-8-5
000007.SZ	ST 零七	定向	7.06	-26.45	4600	3.25	0.08	3.17			2011-5-12
000603.SZ	ST 盛达	定向	7.54	-34.23	36462.6167	27.49			2,940,000.00	290,000.00	2011-10-18
600567.SH	山鹰纸业	定向	4.80	-39.73	22000	10.56	0.31	10.25	60,000.00	60,000.00	2011-4-22
000876.SZ	新希望	定向	8.00	-9.04	90529.807	72.42			36,000.00	36,000.00	2011-10-14
600770.SH	综艺股份	定向	19.72	-41.62	6980	13.76	0.42	13.34	22,000.00	22,000.00	2011-4-12
600375.SH	星马汽车	定向	8.18	-43.73	21825.9347	17.85			30,000.00	30,000.00	2011-7-12
002020.SZ	京新药业	定向	18.30	-42.11	2478.142	4.53	0.12	4.41	17,000.00	17,000.00	2011-11-2
000863.SZ	*ST 商务	定向	3.00	0.00	56407.0661	16.92			11,000.00	11,000.00	2011-12-15
000703.SZ	恒逸石化	定向	9.78	-30.88	43288.3813	42.34					2011-5-10
000878.SZ	云南铜业	定向	18.64	-19.49	15971	29.77	0.60	29.17	108,000.00	108,000.00	2011-6-30
000415.SZ	渤海租赁	定向	9.00	-31.40	67601.2606	60.84			2,500,000.00	250,000.00	2011-6-15
600335.SH	*ST 盛工	定向	7.83	-11.94	28404.7407	22.24			35,000.00	35,000.00	2011-9-27
600073.SH	上海梅林	定向	10.60	-3.44	14222.7358	15.08	0.31	14.76	90,000.00	90,000.00	2011-12-15
002204.SZ	大连重工	定向	25.29	4.51	21519.3341	54.42			43,200,000.00	43,200,000.00	2011-12-19
000525.SZ	红太阳	定向	9.18	-21.37	22700.8007	20.84					2011-9-19
600723.SH	首商股份	定向	9.92	-25.90	24868.9516	24.67	0.10	24.57	40,000.00	40,000.00	2011-6-16
002033.SZ	丽江旅游	定向	16.69	1.24	1258.4909	2.10			25,000.00	25,000.00	2011-12-29
600803.SH	威远生化	定向	7.31	-18.93	7538.8977	5.51					2011-1-7
000560.SZ	昆百大 A	定向	10.47	-3.06	3012.8662	3.15					2011-12-16
600449.SH	宁夏建材	定向	22.13	7.17	11377.5543	25.18			48,000.00	48,000.00	2011-12-22
002226.SZ	江南化工	定向	14.18	-28.01	12380	17.55			10,800,000.00	10,800,000.00	2011-6-15
000935.SZ	四川双马	定向	7.61	-37.35	29645.2	22.56			52,000.00	52,000.00	2011-3-7
600176.SH	中国玻纤	定向	19.03	-55.82	15436.1	29.37			63,000.00	63,000.00	2011-8-4
600381.SH	ST 贤成	定向	3.41	6.97	14694.5796	5.01			35,000.00	35,000.00	2011-1-17
600487.SH	亨通光电	定向	14.62	-46.22	4096.2505	5.99			35,000.00	35,000.00	2011-1-21
600290.SH	华仪电气	定向	12.30	-27.02	7723.5772	9.50	0.42	9.08	30,000.00	30,000.00	2011-1-26
002136.SZ	安纳达	定向	13.20	76.30	2859	3.77	0.19	3.59	16,000,000.00	16,000,000.00	2011-2-24

代码	名称	发行方式	发行价格	自发行日涨跌幅(%)	增发数量（万股）	募资合计（亿元）	发行费用（亿元）	实际募资（亿元）	申购上限（机构）	申购上限（个人）	发行日期
002043.SZ	兔宝宝	定向	9.10	-32.39	5200.989	4.73	0.15	4.58	33,000.00	33,000.00	2011-8-15
002079.SZ	苏州固锝	定向	13.08	-31.05	3960	5.18	0.13	5.05	30,400,000.00	30,400,000.00	2011-11-17
002039.SZ	黔源电力	定向	17.05	-34.60	6334.3108	10.80	0.22	10.58	40,000.00	40,000.00	2011-1-5
600353.SH	旭光股份	定向	13.80	-23.08	2268.955	3.13	0.14	2.99	30,000.00	30,000.00	2011-3-31
002276.SZ	万马电缆	定向	13.32	-25.53	3160	4.21	0.14	4.07	40,000.00	40,000.00	2011-10-11
000547.SZ	闽福发A	定向	8.70	-32.75	6436.7816	5.60	0.13	5.47			2011-5-6
002185.SZ	华天科技	定向	11.12	-23.17	3290	3.66	0.15	3.51	35,200,000.00	35,200,000.00	2011-10-25
002263.SZ	大东南	定向	9.35	-51.44	13779.5966	12.88	0.27	12.61	51,200,000.00	51,200,000.00	2011-9-13
000762.SZ	西藏矿业	定向	29.18	-37.47	4161.5335	12.14	0.40	11.74	4,950,000.00	495,000.00	2011-4-28
000799.SZ	酒鬼酒	定向	20.10	15.00	2187.898	4.40	0.17	4.23	9,250,000.00	925,000.00	2011-10-26
002167.SZ	东方锆业	定向	30.06	-17.50	2727	8.20	0.26	7.94	10,000,000.00	10,000,000.00	2011-6-27
600256.SH	广汇股份	定向	24.00	-14.79	8916.6666	21.40	0.37	21.03	40,000.00	40,000.00	2011-5-25
601008.SH	连云港	定向	5.88	-40.52	8673.4693	5.10	0.16	4.94	120,000,000.00	99,999,000.00	2011-3-24
600973.SH	宝胜股份	定向	18.05	-41.86	4715.43	8.51	0.29	8.22	45,000.00	45,000.00	2011-3-9
600157.SH	永泰能源	定向	22.50	-11.06	8000	18.00	0.45	17.55			2011-3-25
600139.SH	西部资源	定向	19.58	-21.29	3575.0766	7.00	0.24	6.76			2011-9-29
600433.SH	冠豪高新	定向	8.45	-10.90	8190	6.92	0.22	6.70	60,000.00	60,000.00	2011-11-21
600087.SH	长航油运	定向	5.63	-42.57	27500	15.48	0.24	15.24	6,239,000.00	157,500.00	2011-3-3
600172.SH	黄河旋风	定向	14.21	-38.93	4574.2434	6.50	0.24	6.26	36,000.00	36,000.00	2011-4-27
600183.SH	生益科技	定向	9.24	-24.38	13760.6016	12.71	0.34	12.38	76,000.00	76,000.00	2011-5-13
600361.SH	华联综超	定向	7.18	-45.31	18100	13.00	0.19	12.80	50,000.00	50,000.00	2011-4-11
002125.SZ	湘潭电化	定向	19.53	-25.21	1155.6635	2.26	0.19	2.07	20,000,000.00	20,000,000.00	2011-5-27
600160.SH	巨化股份	定向	18.00	-18.09	8935	16.08	0.34	15.74	72,000.00	72,000.00	2011-9-23
600888.SH	新疆众和	定向	20.05	-39.42	5898.3541	11.83	0.31	11.51			2011-7-1
601991.SH	大唐发电	定向	6.74	-14.80	100000	67.40	0.69	66.71	212,000,000.00	99,999,000.00	2011-5-30
600866.SH	星湖科技	定向	13.13	-61.67	2929.0936	3.85	0.17	3.68			2011-4-22
600801.SH	华新水泥	定向	14.01	-26.79	12809.9928	17.95	0.52	17.43			2011-11-8
600859.SH	王府井	定向	41.21	-23.47	4512.6182	18.60	0.24	18.35			2011-10-26
000528.SZ	柳工	定向	30.00	-44.46	10000	30.00	0.33	29.67			2011-1-5
000566.SZ	海南海药	定向	23.50	-30.15	3474.5982	8.17	0.41	7.76			2011-8-22
000430.SZ	ST张家界	定向	6.36	-19.15	10079.9732	6.41			1,000.00	1,000.00	2011-4-11
601139.SH	深圳燃气	定向	10.90	-6.84	9030	9.84	0.34	9.51	100,000.00	100,000.00	2011-12-12
000422.SZ	湖北宜化	定向	19.30	2.17	8430	16.27	0.48	15.79	16,000.00	16,000.00	2012-1-10
600459.SH	贵研铂业	定向	22.74	-25.93	1280.7	2.91	0.18	2.73	40,000.00	40,000.00	2011-8-8
600467.SH	好当家	定向	11.45	-27.86	9689.7152	11.09	0.18	10.92	60,000.00	60,000.00	2011-11-28
600637.SH	百视通	定向	7.67	-21.74	40487.1522	31.05					2011-12-15
002067.SZ	景兴纸业	定向	6.13	-30.01	15497.55	9.50	0.19	9.31	64,000,000.00	64,000,000.00	2011-6-27
002273.SZ	水晶光电	定向	35.95	-16.37	920	3.31	0.21	3.10	13,360,000.00	13,360,000.00	2011-12-19
002085.SZ	万丰奥威	定向	7.85	-37.21	10574.8968	8.30			64,000,000.00	64,000,000.00	2011-7-14
000656.SZ	金科股份	定向	5.18	-25.00	90849.8204	47.06					2011-8-3
002264.SZ	新华都	定向	12.52	-7.49	3642.6517	4.56	0.16	4.40	21,440,000.00	21,440,000.00	2011-12-21
600077.SH	宋都股份	定向	8.63	7.23	37770.9359	32.60			2,500,000.00	250,000.00	2011-10-20
000531.SZ	穗恒运A	定向	15.53	-38.13	7602.015	11.81					2011-4-28
601989.SH	中国重工	定向	6.93	-36.40	251631.656	174.38			1,000,000.00	1,000,000.00	2011-2-15
000620.SZ	新华联	定向	2.27	206.52	128634.3609	29.20			26,000.00	26,000.00	2011-6-2
600094.SH	ST华源	定向	2.23	-7.03	103947.1959	23.18			36,000.00	36,000.00	2011-6-21
600015.SH	华夏银行	定向	10.87	-11.24	185919.746	202.09	1.03	201.07	450,000.00	450,000.00	2011-4-26
600662.SH	强生控股	定向	7.03	-37.03	23982.3174	16.86					2011-5-25
600699.SH	ST得亨	定向	4.30	2.10	20632.4766	8.87					2011-12-16
600780.SH	通宝能源	定向	5.63	4.78	27356.1545	15.40			25,000.00	25,000.00	2011-6-22
600104.SH	上汽集团	定向	16.33	11.09	178314.4938	291.19			270,000.00	270,000.00	2011-12-28
600409.SH	三友化工	定向	6.29	-15.15	12044.4325	7.58			100,000.00	100,000.00	2011-2-17

代码	名称	发行方式	发行价格	自发行日涨跌幅(%)	增发数量(万股)	募资合计(亿元)	发行费用(亿元)	实际募资(亿元)	申购上限(机构)	申购上限(个人)	发行日期
600372.SH	中航电子	定向	7.59	-41.91	33707.3801	25.58			110,000.00	110,000.00	2011-5-30
600350.SH	山东高速	定向	5.19	-15.88	144736.5857	75.12			505,000.00	505,000.00	2011-7-6
600346.SH	大橡塑	定向	9.63	-27.90	3100	2.99	0.10	2.89	38,000.00	38,000.00	2011-12-8
600757.SH	ST 源发	定向	5.20	-0.58	48751.2222	25.35			22,000.00	22,000.00	2012-1-18
600664.SH	哈药股份	定向	18.10	0.54	30287.6174	54.82					2012-1-10
600340.SH	华夏幸福	定向	3.95	-4.58	35542.706	14.04			40,000.00	40,000.00	2011-9-16
600170.SH	上海建工	定向	14.90	-34.32	11430.193	17.03			135,000.00	135,000.00	2011-8-1
600018.SH	上港集团	定向	4.49	-31.69	176437.9518	79.22					2011-4-8
600292.SH	九龙电力	定向	9.17	-39.77	17737.2636	16.27	0.19	16.07	60,000.00	60,000.00	2011-7-25
600278.SH	东方创业	定向	12.20	-30.48	8172.4414	9.97			40,000.00	40,000.00	2011-4-28
000788.SZ	西南合成	定向	10.26	-24.37	1320.257	1.35			8,750,000.00	875,000.00	2011-9-27
000719.SZ	大地传媒	定向	4.80	59.90	28526.2343	13.69					2011-6-29
000981.SZ	ST 兰光	定向	4.75	146.04	69800.52	33.16			25,000.00	25,000.00	2011-5-30
000932.SZ	华菱钢铁	定向	5.57	-28.57	27800	15.48	0.13	15.35	175,000.00	175,000.00	2011-2-24
000602.SZ	*ST 金马	定向	14.22	-13.50	35382.4149	50.31					2011-8-16
600855.SH	航天长峰	定向	9.02	6.70	3901.3425	3.52					2011-12-30
600827.SH	友谊股份	定向	15.57	-33.80	30239.481	47.08					2011-9-6
000534.SZ	万泽股份	定向	3.27	-3.00	23058.1	7.54					2012-1-18
000001.SZ	深发展 A	定向	17.75	-6.21	163833.6654	290.80					2011-7-20

数据来源:Wind 资讯

2011 年公开增发情况统计

代码	名称	增发价格	增发数量(万股)	募资合计(亿元)	向原股东配售数量(万股)	有效申购户数	有效申购数量(万股)	大股东认购比例(%)	网上发行数量(万股)	有效申购户数	有效申购数量(万股)	中签率(%)	超额认购倍数	网下发行数量(万股)	发售比例(%)	有效申购户数	有效申购数量(万股)	超额认购倍数	网上发行股份上市日
000625.SZ	长安汽车	9.74	36,016.60	35.08	0.00			27.96	4,049.66	3,051	4,049.66	100.00	1.00	21,700.00	100.00	8	21,700.00	1.00	2011-1-28
002249.SZ	大洋电机	21.64	4,895.19	10.59	711.48	8,609	711.48	2.15	1,526.01	11,935	3,127.25	33.72	2.97	3,369.02	33.72	18	9,990.00	2.97	2011-7-25
000709.SZ	河北钢铁	4.28	374,182.24	160.15	283,397.55	4,361	42,602.66	99.49	132,294.03	5,499	132,841.16	99.39	1.01	241,888.22	99.39	1	1,100.00	1.01	2011-12-2
002253.SZ	川大智胜	28.81	1,214.85	3.50	301.74	2,569	301.74	1.46	594.28	3,870	3,017.95	10.77	9.28	620.50	10.77	21	5,760.00	9.28	2011-11-22
600886.SH	国投电力	6.23	35,000.00	21.81	9,174.42	17,088	5,674.42	10.00	10,623.42	18,821	16,373.02	46.26	2.16	24,376.58	46.26	51	45,130.00	2.16	2011-11-22
002250.SZ	联化科技	35.50	1,929.57	6.85	0.00				1,118.77	486	1,145.32	97.68	1.02	810.77	97.68	10	830.00	1.02	2011-4-25
002111.SZ	威海广泰	20.06	2,328.02	4.67	209.15	2,683	209.15		502.34	3,709	502.34	100.00	1.00	750.00	100.00	2	750.00	1.00	2011-8-9
600522.SH	中天科技	23.80	7,058.82	16.80	2,001.99	15,340	2,001.99	5.39	2,742.99	16,035	2,742.99	100.00	1.00	200.00	100.00	2	200.00	1.00	2011-8-1
002307.SZ	北新路桥	16.06	2,490.66	4.00	450.60	10,087	450.60		736.28	14,456	7,541.41	4.03	24.82	1,754.16	4.03	111	43,495.00	24.80	2011-7-22
000783.SZ	长江证券	12.67	20,000.00	25.34	2,521.93	12,150	2,521.93		7,393.12	16,066	7,393.12	100.00	1.00	1,600.00	100.00	2	1,600.00	1.00	2011-3-21

数据来源:Wind 资讯

2011 年配股情况统计

代码	名称	配股价格	配股比例	计划配股数量(万股)	实际认购数量(万股)	认购比例(%)	募资合计(亿元)	配售费用(亿元)	实际募资(亿元)	配股上市日
002203.SZ	海亮股份	6.66	0.30	12,003.00	11,591.22	96.57	7.72	0.22	7.50	2011-12-30
000962.SZ	东方钽业	10.68	0.25	8,910.00	8,443.26	94.76	9.02	0.19	8.83	2011-11-10
601998.SH	中信银行	3.33	0.20	532,630.83	527,362.25	99.01	175.61	0.73	174.88	2011-7-13
002130.SZ	沃尔核材	7.18	0.20	4,891.50	4,631.13	94.68	3.33	0.15	3.17	2011-6-13
000419.SZ	通程控股	5.69	0.30	10,530.49	10,196.92	96.83	5.80	0.23	5.58	2011-4-28
600550.SH	天威保变	11.94	0.18	21,024.00	20,499.09	97.50	24.48	0.44	24.04	2011-4-21
600005.SH	武钢股份	3.70	0.30	235,144.57	225,562.75	95.93	83.46	0.73	82.73	2011-4-13
002015.SZ	霞客环保	5.88	0.20	4,021.76	3,885.44	96.61	2.28	0.17	2.12	2011-3-10
002003.SZ	伟星股份	7.33	0.25	5,185.28	5,157.70	99.47	3.78	0.12	3.66	2011-3-3
000816.SZ	江淮动力	2.78	0.30	25,380.00	24,280.33	95.67	6.75	0.32	6.43	2011-2-18
000589.SZ	黔轮胎 A	6.86	0.30	7,629.81	7,160.91	93.85	4.91	0.31	4.60	2011-1-31
600595.SH	中孚实业	7.32	0.30	35,491.80	33,181.37	93.49	24.29	0.66	23.63	2011-1-26
600428.SH	中远航运	5.56	0.30	39,312.71	38,002.28	96.67	21.13	0.15	20.98	2011-1-18

数据来源:Wind 资讯

2011 年定向增发情况统计

代码	名称	增发价格	预案价下限	增发数量（万股）	募集资金（亿元）	发行费用（亿元）	实际募资（亿元）	大股东认购比例(%)	大股东认购方式	实施价相对基准价格比例(%)	预案价相对基准价格比例(%)	定向增发股份上市日
000528.SZ	柳工	30.00	20.61	10,000.00	30.00	0.33	29.67	10.00	现金	131.00	90.00	
600015.SH	华夏银行	10.87		185,919.75	202.09	1.03	201.07	72.32	现金	90.00	90.00	2016-4-26
000527.SZ	美的电器	16.51	12.51	26,408.24	43.60	0.60	43.00			118.78	90.00	2012-3-12
600172.SH	黄河旋风	14.21	6.41	4,574.24	6.50	0.24	6.26	10.00	现金	199.52	90.00	2012-4-27
002039.SZ	黔源电力	17.05	16.75	6,334.31	10.80	0.22	10.58	26.84	现金	91.61	90.00	2012-1-12
600801.SH	华新水泥	14.01	9.41	12,809.99	17.95	0.52	17.43	39.88	现金	134.00	90.00	2012-11-8
002067.SZ	景兴纸业	6.13	6.13	15,497.55	9.50	0.19	9.31	3.23	现金	90.00	90.00	2012-7-4
002161.SZ	远望谷	19.26	18.95	3,603.87	6.94	0.26	6.68			91.47	90.00	2012-6-25
600361.SH	华联综超	7.18	7.18	18,100.00	13.00	0.19	12.80	29.71	现金	90.00	90.00	2014-4-11
600859.SH	王府井	41.21	41.21	4,512.62	18.60	0.24	18.35	66.52	现金	90.00	90.00	2014-10-27
600433.SH	冠豪高新	8.45	8.45	8,190.00	6.92	0.22	6.70	36.63	现金	90.00	90.00	2012-11-21
000982.SZ	中银绒业	10.00	7.76	2,900.00	2.90	0.16	2.74			115.98	90.00	2012-2-24
600710.SH	常林股份	10.90	10.41	4,737.00	5.16	0.16	5.00			94.24	90.00	2012-6-4
600546.SH	山煤国际	22.80	22.76	24,122.81	55.00	1.10	53.90			90.16	90.00	2012-12-3
601000.SH	唐山港	6.80	6.51	12,797.31	8.70	0.10	8.60			94.01	90.00	2012-8-24
600096.SH	云天化	17.93	16.34	10,351.32	18.56	0.57	17.99			98.76	90.00	2012-5-21
000868.SZ	安凯客车	10.18	10.18	4,500.00	4.58	0.16	4.42			90.04	90.00	2012-10-8
600353.SH	旭光股份	13.80	9.59	2,268.96	3.13	0.14	2.99	30.00	现金	129.51	90.00	2012-4-5
002263.SZ	大东南	9.35	8.77	13,779.60	12.88	0.27	12.61	10.74	现金	95.95	90.00	2012-9-20
600160.SH	巨化股份	18.00	15.14	8,935.00	16.08	0.34	15.74	10.46	现金	107.00	90.00	2012-9-24
002136.SZ	安纳达	13.20	11.33	2,859.00	3.77	0.19	3.59	23.05	现金	104.85	90.00	2012-3-8
000932.SZ	华菱钢铁	5.57		27,800.00	15.48	0.13	15.35	100.00	现金,资产	90.00	90.00	2014-3-17
002299.SZ	圣农发展	16.50	14.49	9,090.00	15.00	0.28	14.71			113.87	100.00	2012-6-4
601991.SH	大唐发电	6.74	6.74	100,000.00	67.40	0.69	66.71	19.90	现金	90.00	90.00	2012-5-30
600866.SH	星湖科技	13.13	9.45	2,929.09	3.85	0.17	3.68	20.00	现金	125.05	90.00	2012-4-23
600973.SH	宝胜股份	18.05	14.24	4,715.43	8.51	0.29	8.22	5.00	现金	114.08	90.00	2012-3-9
600577.SH	精达股份	9.20	8.99	6,608.69	6.08	0.19	5.89			92.10	90.00	2012-7-6
002273.SZ	水晶光电	35.95	35.95	920.00	3.31	0.21	3.10	21.74	现金	90.00	90.00	2012-12-24
002138.SZ	顺络电子	23.80	16.87	1,806.00	4.30	0.18	4.12			126.97	90.00	2012-3-23
600712.SH	南宁百货	8.32	8.26	8,000.00	6.66	0.23	6.43			90.65	90.00	2012-10-12
600770.SH	综艺股份	19.72	12.45	6,980.00	13.76	0.42	13.34			142.60	90.00	2012-4-12
000007.SZ	ST零七	7.06	7.06	4,600.00	3.25	0.08	3.17			90.00	90.00	2014-5-20
600381.SH	ST贤成	5.91	5.91	26,226.73	15.50	0.46	15.04			90.00	90.00	2012-12-24
600165.SH	新日恒力	7.02		8,000.00	5.62	0.14	5.48			90.00	90.00	2014-7-7
000547.SZ	闽福发A	8.70	7.11	6,436.78	5.60	0.13	5.47	54.38	现金	110.13	90.00	2014-5-16
002229.SZ	鸿博股份	13.60	13.43	2,094.00	2.85	0.22	2.63			91.14	90.00	2012-7-18
000925.SZ	众合机电	18.60	15.99	2,229.00	4.15	0.18	3.97			104.69	90.00	2012-3-19
600298.SH	安琪酵母	34.50	33.64	2,358.58	8.14	0.22	7.91			92.30	90.00	2012-8-22
600527.SH	江南高纤	8.56	8.38	4,976.64	4.26	0.10	4.16			91.93	90.00	2012-7-2
600346.SH	大橡塑	9.63		3,100.00	2.99	0.10	2.89	100.00	现金	90.00	90.00	2014-12-8
002043.SZ	兔宝宝	9.10	8.93	5,200.99	4.73	0.15	4.58	24.23	现金	91.71	90.00	2012-8-22
600489.SH	中金黄金	24.97	20.97	11,213.46	28.00	0.58	27.42			107.17	90.00	2012-8-13
002079.SZ	苏州固锝	13.08	13.08	3,960.00	5.18	0.13	5.05	5.80	现金	90.00	90.00	2012-11-26
002069.SZ	獐子岛	36.90	14.36	2,167.48	8.00	0.24	7.76			231.27	90.00	2012-3-14
002276.SZ	万马电缆	13.32	13.32	3,160.00	4.21	0.14	4.07	20.89	现金	90.00	90.00	2012-10-18
600187.SH	国中水务	7.50	6.51	10,000.00	7.50	0.26	7.25			103.69	90.00	2012-2-14
002165.SZ	红宝丽	15.16	15.11	1,623.08	2.46	0.14	2.33			90.30	90.00	2012-7-26
002081.SZ	金螳螂	36.00	33.41	3,684.38	13.26	0.30	12.97			96.98	90.00	2012-11-26
002011.SZ	盾安环境	11.30	11.27	8,550.00	9.66	0.23	9.44			90.24	90.00	2012-11-9
600567.SH	山鹰纸业	4.80	4.56	22,000.00	10.56	0.31	10.25			94.74	90.00	2012-4-23

代码	名称	增发价格	预案价下限	增发数量（万股）	募集资金（亿元）	发行费用（亿元）	实际募资（亿元）	大股东认购比例（%）	大股东认购方式	实施价相对基准价格比例（%）	预案价相对基准价格比例（%）	定向增发股份上市日
002271.SZ	东方雨虹	35.00	23.84	1,348.00	4.72	0.20	4.51			132.13	90.00	2012-1-30
000523.SZ	广州浪奇	10.40	8.77	5,000.00	5.20	0.21	4.99			106.73	90.00	2012-3-5
600087.SH	长航油运	5.63	5.63	27,500.00	15.48	0.24	15.24	81.82	现金	90.00	90.00	2012-3-5
000598.SZ	兴蓉投资	17.20	16.90	11,475.58	19.74	0.64	19.09			91.60	90.00	2012-4-19
600321.SH	国栋建设	6.30	5.20	13,492.00	8.50	0.35	8.15			109.04	90.00	2012-5-23
002231.SZ	奥维通信	12.85	12.85	1,790.00	2.30	0.16	2.14			90.00	90.00	2012-12-31
002125.SZ	湘潭电化	19.53	11.16	1,155.66	2.26	0.19	2.07	29.25	现金	157.50	90.00	2012-6-11
600869.SH	三普药业	21.69	21.69	6,758.90	14.66	0.19	14.47			90.00	90.00	2012-11-26
002237.SZ	恒邦股份	35.64	35.64	3,600.00	12.83	0.30	12.53			90.00	90.00	2012-8-27
002012.SZ	凯恩股份	12.80	12.30	3,902.34	4.99	0.22	4.78			93.66	90.00	2012-12-13
600139.SH	西部资源	19.58	15.47	3,575.08	7.00	0.24	6.76	50.00	现金	113.91	90.00	2012-10-8
600354.SH	敦煌种业	25.00	10.95	1,758.00	4.40	0.30	4.10			205.48	90.00	2012-2-13
002205.SZ	国统股份	27.00	20.98	1,615.20	4.36	0.15	4.22			115.82	90.00	2012-1-11
000988.SZ	华工科技	20.00	14.44	3,795.05	7.59	0.27	7.32			124.65	90.00	2012-6-8
002060.SZ	粤水电	9.59	6.93	8,598.73	8.25	0.32	7.92			124.55	90.00	2012-9-20
000799.SZ	酒鬼酒	20.10	11.55	2,187.90	4.40	0.17	4.23	15.00	现金	156.62	90.00	2012-11-2
000417.SZ	合肥百货	17.55	16.73	4,020.00	7.06	0.24	6.81			94.41	90.00	2012-6-25
002218.SZ	拓日新能	21.00	20.97	3,850.00	8.09	0.21	7.88			90.13	90.00	2012-3-16
600461.SH	洪城水业	14.50	14.03	8,000.00	11.60	0.46	11.14			93.02	90.00	2012-1-5
600292.SH	九龙电力	9.17		17,737.26	16.27	0.19	16.07	100.00	现金	100.00	100.00	2014-7-25
000802.SZ	北京旅游	10.75	10.75	5,000.00	5.38	0.12	5.26			90.00	90.00	2014-5-5
002055.SZ	得润电子	21.00	11.53	2,857.14	6.00	0.21	5.79			163.92	90.00	2012-3-12
002230.SZ	科大讯飞	40.65	29.25	1,095.38	4.45	0.22	4.23			125.08	90.00	2012-5-10
600063.SH	皖维高新	9.16	7.96	10,000.00	9.16	0.27	8.89			103.57	90.00	2012-3-12
002199.SZ	东晶电子	14.20	13.25	2,147.89	3.05	0.16	2.89			96.45	90.00	2012-1-18
002234.SZ	民和股份	19.30	19.26	4,352.33	8.40	0.28	8.12			90.19	90.00	2012-11-15
002185.SZ	华天科技	11.12	11.12	3,290.00	3.66	0.15	3.51	9.12	现金	90.00	90.00	2012-11-5
002340.SZ	格林美	22.00	20.75	4,715.91	10.37	0.37	10.00			95.40	90.00	2012-12-3
601139.SH	深圳燃气	10.90	10.45	9,030.00	9.84	0.34	9.51	56.01	现金	93.88	90.00	2012-12-12
002283.SZ	天润曲轴	13.60	12.64	7,941.18	10.80	0.37	10.43			96.84	90.00	2012-8-13
600290.SH	华仪电气	12.30	12.30	7,723.58	9.50	0.42	9.08	10.10	现金	90.00	90.00	2012-1-30
600256.SH	广汇股份	24.00	18.29	8,916.67	21.40	0.37	21.03	30.00	现金	118.10	90.00	2012-5-25
002216.SZ	三全食品	35.50	30.86	1,405.44	4.99	0.16	4.83			103.53	90.00	2012-9-10
000566.SZ	海南海药	23.50	16.31	3,474.60	8.17	0.41	7.76	30.00	现金	129.68	90.00	2012-8-31
000776.SZ	广发证券	26.91	26.91	45,260.00	121.79	1.80	120.00			90.00	90.00	2012-8-27
600391.SH	成发科技	20.15	15.35	5,210.92	10.50	0.32	10.18			118.14	90.00	2012-5-2
600018.SH	上港集团	4.49		176,437.95	79.22			100.00	资产	100.00	100.00	2014-4-8
002190.SZ	成飞集成	17.20	9.70	5,930.23	10.20	0.17	10.03			159.59	90.00	2012-7-13
600073.SH	上海梅林	10.60	10.60	14,222.74	15.08	0.31	14.76			90.00	90.00	2012-12-17
002068.SZ	黑猫股份	9.16	9.16	4,990.00	4.57	0.15	4.42			90.00	90.00	2012-2-16
002176.SZ	江特电机	22.00	16.22	1,701.00	3.74	0.19	3.56			122.07	90.00	2012-7-20
002006.SZ	精功科技	60.10	12.94	772.00	4.64	0.19	4.45			418.01	90.00	2012-5-24
002259.SZ	升达林业	5.67	5.58	5,640.00	3.20	0.13	3.07			91.45	90.00	2012-1-13
600467.SH	好当家	11.45	11.15	9,689.72	11.09	0.18	10.92	10.82	现金	92.42	90.00	2012-11-28
002167.SZ	东方锆业	30.06	15.95	2,727.00	8.20	0.26	7.94	10.01	现金	169.62	90.00	2012-7-2
002187.SZ	广百股份	24.50	23.65	2,135.15	5.23	0.20	5.03			93.23	90.00	2012-3-12
002206.SZ	海利得	18.60	14.18	4,838.70	9.00	0.17	8.83			118.05	90.00	2012-4-5
002220.SZ	天宝股份	16.50	15.94	3,636.36	6.00	0.17	5.83			93.16	90.00	2012-7-25
000596.SZ	古井贡酒	75.00	66.51	1,680.00	12.60	0.33	12.27			101.49	90.00	2012-8-3
600459.SH	贵研铂业	22.74	16.24	1,280.70	2.91	0.18	2.73	40.72	现金	126.02	90.00	2012-8-8
002093.SZ	国脉科技	15.50	11.78	3,200.00	4.96	0.20	4.76			118.42	90.00	2012-1-16
002115.SZ	三维通信	15.51	15.51	1,360.00	2.11	0.11	2.00			90.00	90.00	2012-12-10
002126.SZ	银轮股份	16.31	16.31	2,900.00	4.73	0.18	4.55			90.00	90.00	2012-11-12

代码	名称	增发价格	预案价下限	增发数量（万股）	募集资金（亿元）	发行费用（亿元）	实际募资（亿元）	大股东认购比例(%)	大股东认购方式	实施价相对基准价格比例（%）	预案价相对基准价格比例（%）	定向增发股份上市日
002135.SZ	东南网架	8.23	8.23	7,430.00	6.11	0.15	5.97			90.00	90.00	2012-12-24
600749.SH	西藏旅游	14.50	11.24	2,413.79	3.50	0.20	3.30			116.10	90.00	2012-5-2
000019.SZ	深深宝A	8.70	7.83	6,897.71	6.00	0.28	5.72			100.00	90.00	2012-7-4
600183.SH	生益科技	9.24	7.18	13,760.60	12.71	0.34	12.38	12.58	现金	115.82	90.00	2012-5-14
600888.SH	新疆众和	20.05	16.15	5,898.35	11.83	0.31	11.51	15.00	现金	111.73	90.00	2012-7-2
601008.SH	连云港	5.88	5.32	8,673.47	5.10	0.16	4.94	48.81	现金	99.47	90.00	2012-3-26
002020.SZ	京新药业	18.30	15.79	2,478.14	4.53	0.12	4.41			104.31	90.00	2012-11-8
600410.SH	华胜天成	12.94	11.44	3,903.40	5.05	0.18	4.87			101.80	90.00	2012-9-5
000878.SZ	云南铜业	18.64	18.64	15,971.00	29.77	0.60	29.17			90.00	90.00	2012-7-16
600017.SH	日照港	3.94	3.94	36,547.86	14.40	0.30	14.10			90.00	90.00	2012-4-16
000762.SZ	西藏矿业	29.18	21.89	4,161.53	12.14	0.40	11.74	17.69	现金	119.97	90.00	2012-5-14
000830.SZ	鲁西化工	5.10	5.00	41,862.75	21.35	0.36	20.99			96.96	95.06	2012-3-12
002264.SZ	新华都	12.52	10.32	3,642.65	4.56	0.16	4.40	30.00	现金	109.19	90.00	2012-12-28
600586.SH	金晶科技	13.00	11.19	12,127.00	15.77	0.33	15.44			104.56	90.00	2012-3-15
600267.SH	海正药业	33.28	22.53	4,103.82	13.66	0.32	13.34			132.94	90.00	2012-3-14
600157.SH	永泰能源	22.50	19.63	8,000.00	18.00	0.45	17.55	30.00	现金	103.16	90.00	2012-3-26
600449.SH	宁夏建材	22.13		11,377.55	25.18					100.00	100.00	2014-12-22
600855.SH	航天长峰	9.02	9.02	3,901.34	3.52			100.00	资产	100.00	100.00	2014-12-30
600499.SH	科达机电	15.70		2,492.99	3.91					100.00	100.00	2012-12-13
002033.SZ	丽江旅游	16.69	16.69	1,258.49	2.10					100.00	100.00	2015-1-16
600487.SH	亨通光电	14.62		4,096.25	5.99			72.37	资产	100.00	100.00	2014-1-20
000603.SZ	ST盛达	7.54	7.54	36,462.62	27.49					100.00	100.00	2012-11-9
600537.SH	亿晶光电	8.31		25,583.73	21.26					100.00	100.00	2014-11-24
002204.SZ	大连重工	25.29		21,519.33	54.42					100.00	100.00	2014-12-29
600401.SH	*ST申龙	3.00		77,837.04	23.35					100.00	100.00	2012-12-19
600104.SH	上汽集团	16.33		178,314.49	291.19			81.25	资产	100.00	100.00	2014-12-29
000809.SZ	铁岭新城	10.23		25,200.39	25.78					100.00	100.00	2013-1-7
600409.SH	三友化工	6.29		12,044.43	7.58			15.03	资产	100.00	100.00	2014-2-17
002065.SZ	东华软件	19.63		1,630.16	3.20					100.00	100.00	2014-2-24
600381.SH	ST贤成	3.41		14,694.58	5.01			95.89	资产	100.00	100.00	2014-1-17
002004.SZ	华邦制药	23.86		3,549.30	8.47					100.00	100.00	2012-12-21
600803.SH	威远生化	7.31		7,538.90	5.51					100.00	100.00	2014-1-6
000560.SZ	昆百大A	10.47		3,012.87	3.15					100.00	100.00	2014-12-29
000863.SZ	*ST商务	3.00	2.99	56,407.07	16.92					100.33	100.33	2014-12-15
601989.SH	中国重工	6.93	6.93	251,631.66	174.38			27.27	资产	100.00	100.00	2012-2-15
600637.SH	百视通	7.67		40,487.15	31.05			51.22	资产	100.00	100.00	2012-12-17
600699.SH	ST得亨	4.30		20,632.48	8.87			83.71	资产	100.00	100.00	2014-12-17
600057.SH	象屿股份	3.71		43,000.00	15.95					100.00	100.00	2014-7-15
000703.SZ	恒逸石化	9.78		43,288.38	42.34					100.00	100.00	2014-6-9
000981.SZ	ST兰光	4.75		69,800.52	33.16			100.00	资产	100.00	100.00	2014-8-26
000620.SZ	新华联	2.27		128,634.36	29.20			79.86	资产	204.50	204.50	2014-7-8
600372.SH	中航电子	7.59		33,707.38	25.58			37.06	资产	100.13	100.13	2014-5-30
000750.SZ	国海证券	3.72		50,172.32	18.66					100.00	100.00	2012-8-9
000001.SZ	深发展A	17.75		163,833.67	290.80			100.00	资产,现金	100.00	100.00	2014-8-5
600662.SH	强生控股	7.03		23,982.32	16.86			29.86	资产	100.00	100.00	2014-5-26
600170.SH	上海建工	14.90		11,430.19	17.03			100.00	资产	100.00	100.00	2014-8-4
000719.SZ	大地传媒	4.80		28,526.23	13.69			100.00	资产	100.00	100.00	2014-12-2
600094.SH	ST华源	2.23		103,947.20	23.18			72.14	资产	100.00	100.00	2014-10-13
600350.SH	山东高速	5.19		144,736.59	75.12			100.00	资产	100.00	100.00	2014-7-7
000415.SZ	渤海租赁	9.00		67,601.26	60.84					100.00	100.00	2012-7-16
600780.SH	通宝能源	5.63		27,356.15	15.40			99.00	资产	100.00	100.00	2014-6-23
002226.SZ	江南化工	14.18		12,380.00	17.55					100.00	100.00	2014-6-24
600723.SH	首商股份	9.92		24,868.95	24.67	0.10	24.57			100.00	100.00	2014-6-16

代码	名称	增发价格	预案价下限	增发数量（万股）	募集资金（亿元）	发行费用（亿元）	实际募资（亿元）	大股东认购比例(%)	大股东认购方式	实施价相对基准价格比例（%）	预案价相对基准价格比例（%）	定向增发股份上市日
002085.SZ	万丰奥威	7.85		10,574.90	8.30			93.98	资产	100.00	100.00	2014-7-22
600375.SH	星马汽车	8.18		21,825.93	17.85					100.00	100.00	2014-7-14
600403.SH	大有能源	11.64		70,618.30	82.20					100.00	100.00	2014-9-29
002331.SZ	皖通科技	13.67		1,251.07	1.71					100.00	100.00	2014-10-20
000525.SZ	红太阳	9.18		22,700.80	20.84					100.00	100.00	2014-9-30
000430.SZ	ST张家界	6.36	6.36	10,079.97	6.41			51.00	资产	100.00	100.00	2014-4-29
000788.SZ	西南合成	10.26		1,320.26	1.35			100.00	资产	100.00	100.00	2014-10-20
600077.SH	宋都股份	8.63	8.63	37,770.94	32.60			72.00	资产	100.00	100.00	2012-10-19
000876.SZ	新希望	8.00		90,529.81	72.42					100.00	100.00	2012-11-5
600792.SH	云煤能源	7.94		27,400.00	21.76					100.00	100.00	2014-9-9
000935.SZ	四川双马	7.61	7.61	29,645.20	22.56					100.00	100.00	2014-4-14
000656.SZ	金科股份	5.18		90,849.82	47.06			24.14	资产	100.00	100.00	2012-8-23
000602.SZ	*ST金马	14.22		35,382.41	50.31			100.00	资产	100.00	100.00	2014-9-1
000531.SZ	穗恒运A	15.53		7,602.02	11.81			3.80	资产	100.00	100.00	2012-5-28
600176.SH	中国玻纤	19.03		15,436.10	29.37			45.92	资产	100.00	100.00	2014-8-5
600827.SH	友谊股份	15.57		30,239.48	47.08			100.00	资产	100.00	100.00	2014-9-8
600340.SH	华夏幸福	3.95		35,542.71	14.04			100.00	资产	100.00	100.00	2014-9-15
600335.SH	*ST盛工	7.83		28,404.74	22.24					100.00	100.00	2014-9-29
600278.SH	东方创业	12.20		8,172.44	9.97			100.00	资产	100.00	100.00	2014-4-29
600633.SH	浙报传媒	7.78		27,768.29	21.60	0.12	21.48			100.00	100.00	2014-9-4

数据来源：Wind资讯

2012年上半年融资融券业务统计表

时间	标的证券数量（只）	融资融券交易(亿元)			融资融券余额(亿元)			开展融资融券业务证券公司		账户数(户)		担保物(亿元)					担保比例(%)	
												证券市值						
		融资买入金额	融券卖出金额	融资融券交易金额	融资余额	融券余额	合计	证券公司家数	营业部数量	期末账户数	本期新开账户数	股票	债券、基金及其他	小计	现金	合计	市场平均担保比例	投资者最低担保比例
2010年	90	700.88	12.77	1196.85	127.64	0.11	127.75	25	1223	42083	42211	425.32	2.69	428.01	9.35	437.36	304.00	161.00
2011年	285	2975.63	273.87	5855.96	376.41	6.59	383.00	25	2156	348610	309421	1125.23	9.83	1135.06	44.81	1179.86	260.66	131.00
2012.01	285	268.83	64.12	660.29	350.55	5.17	355.72	25	2164	360633	12331	1187.25	10.54	1197.79	59.70	1257.50	285.83	141.00
2012.02	285	548.58	92.94	1191.29	398.14	10.36	408.50	25	2182	384174	24095	1389.06	11.93	1400.99	73.60	1474.60	346.84	139.76
2012.03	285	656.77	104.91	1413.33	459.39	8.57	467.96	25	2202	429873	46371	1413.50	11.59	1425.08	70.70	1495.80	271.36	136.44
2012.04	285	480.35	96.23	1087.43	474.27	11.32	485.58	25	2233	456055	26725	1578.49	13.47	1592.00	69.40	1661.40	289.65	131.94
2012.05	285	706.12	117.71	1499.75	557.85	12.74	570.59	25	2256	508264	52936	1763.11	16.13	1779.24	74.60	1853.90	281.16	139.50
2012.06	287	494.21	107.03	1104.53	597.03	11.94	608.98	49	2703	581382	73837	1756.94	20.16	1777.10	71.63	1848.72	264.48	131.34

备注：1. 上述月度数据均为月度期间数或期末时点数；年度数据，除融资融券交易为年度累计数外，均属期末时点数。

2. 融资融券交易金额 = 融资交易金额 + 融券交易金额 = 融资买入金额 + 卖券还款金额 + 融资强制平仓金额 + 融券卖出金额 + 买券还券金额 + 融券强制平仓金额；

3. 融券余额 = 融券卖出数量 * 统计日收盘价格；

4. 信用证券账户数量。累计值是指自2010年3月31日开展融资融券交易以来的累计数。

第二节　上海证券交易所

2011 年上海证券市场大事纪要

1 月 14 日　央行宣布上调存款准备金率 25 个基点，达 19%，创历史新高。

25 日　证监会对外发布《合格境外机构投资者参与股指期货交易指引》（征求意见稿），拟允许 QFII 参与股指期货交易。

2 月 9 日　央行上调金融机构人民币存贷款基准利率 25 个基点。

9 日　本所首只证券公司债——2011 年国泰君安证券股份有限公司债券（品种 1）成功完成首批 6 年期 30 亿元额度定向发行。

21 日　第一届中国·巴西资本市场论坛在圣保罗成功举行。

21 日　本所与巴西交易所签署更紧密合作备忘录。

24 日　央行今年第二次上调存款准备金率至 19.5%，创新高。

26 日　顺利举行全市场交易与行情天地备份演练。

3 月 3 日　国务院原则通过提高个税起征点方案。

7 日　港交所实行延长交易时间第一阶段，港股与 A 股同步开市。

18 日　央行宣布上调存款类金融机构人民币存款准备金率 0.5 个百分点，达 20% 创历史新高。

4 月 6 日　央行上调人民币存贷利率 25 个基点。

11 日　本所再次召开“重点国有企业改制上市工作会议”。

15 日　举办“上海多层次蓝筹市场建设论坛——企业融资、机构投资与上证指数”。

15 日　证监会公布《期货公司分类监管规定》，自公布之日起施行。

21 日　央行上调存款准备金率 0.5 个百分点。

29 日　香港第一只以人民币计价的证券产品——汇贤房地产信托基金在港交所挂牌交易。

5 月 6 日　证监会发布《关于证券公司证券自营业务投资范围及有关事项的规定》，证券公司证券自营业务投资范围 6 月起将扩大。

11 日　交通银行通过租用券商交易单元模式，在本所集中竞价系统顺利实现债券报盘交易。

12 日　央行决定从 18 日起，年内第五次上调存款准备金率 0.5 个百分点。

首单公司债券回售业务在交易系统成功实施。

本所和香港交易及结算所有限公司联合举办“ETF 及其他指数产品发展研讨会”。

27 日　“证券信息技术研究发展中心（上海）”正式揭牌成立。

6 月 3 日　《国务院批转发展改革委关于 2011 年深化经济体制改革重点工作意见的通知》提出，推进场外交易市场建设，研究建立国际板市场，进一步完善多层次资本市场体系。

20 日　央行上调存款类金融机构人民币存款准备金率 0.5 个百分点，达到了 21.5% 的历史新高。

21 日　中国证监会发布《证券投资基金销售管理办法（修订稿）》，调整基金销售机构准入资格，增加基金销售“增值服务费”内容。

22 日　本所举办 2011 年度安全运行与技术发展研讨会。

25 日　圆满完成 2011 年度交易和通信系统应急演练。

30 日　人大常委会表决通过个税法修正案，将个税起征点由现行的 2000 元提高到 3500 元，并将超额累进第 1 级税率由 5% 修改为 3%。

7 月 7 日　央行上调基准利率 0.25 个百分点，称将贯彻实施稳健货币政策。

11 日　本所固定收益证券综合电子平台与竞价交易系统投资者债券持仓余额实现互通。

本所开始向市场公布债券质押式回购定盘利率。

8 月 5 日　证监会发布《关于修改上市公司重大资产重组与配套融资相关规定的决定》，首次明确了借壳上市的标准。

19 日　证监会发布融资融券业务试点规则的修改草案，拟将两融业务作为证券公司一项常规业务，取消试点阶段对该业务的刚性门槛。

29 日　央行下发通知，拟将商业银行的信用证保证金存款、保函保证金存款以及银行承兑汇票保证金存款等三类保证金存款纳入存款准备金的缴存范围。

30 日　优化调整本所债券和基金相关业务部门职能，将债券基金部更名为债券业务部、产品开发部更名为基金业务部。

10 月 10 日　本所与约翰内斯堡证券交易所签署合作备忘录。

11 日　完成沪市首例反向除权业务实施。

17 日　本所综合业务平台上线。

20 日　经国务院批准，上海市、浙江省、广东省、深圳市开展地方政府自行发债试点。

27 日　本所与巴西交易所集团在沪共同举办“第二届中国－巴西资本市场论坛”。

28 日　证监会正式发布《关于修改 <证券公司融资融券业务试点管理办法> 的决定》、《关于修改 <证券公司融资融券业务试点内部控制指引> 的决定》和《转融通业务监督管理试行办法》3 个关于融资融券业务和转融通业务的制度文件。

31 日　约定购回式证券交易业务试点正式启动。

11 月 8 日　1 年期央票发行利率下行 1 个基点，为 28 个月以来第一次下调，15 日再次下降了 8.58 个基点。

11 日　本所新大楼“上海国际金融中心”项目开工建设。

14 日　本所召开“全国重点企业改制上市工作会议”。

16 日　本所技术体系通过 ISO20000IT 服务管理认证。

19 日　证监会正式启动创业板上市公司非公开发行债券的工作。

25 日　发布实施《上海证券交易所融资融券交易实施细则》，融资融券转为证券公司常规业务。

28 日　本所债券质押式报价回购业务扩大试点。

28 日　本所举办“迈向成熟市场的证券法治与《证券法》完善”——第二届“上证法治论坛”。

30 日　央行宣布下调款准备金率 0.5 个百分点。

12 月 5 日　央行近 3 年来首次下调存款准备金率 50 个基点。

5 日　融资融券标的证券范围扩大至 180 只股票和 4 只 ETF。

12 日　本所投资者网络学院正式推出。

18 日　中国证监会党委书记、主席郭树清来本所视察。

19 日　成功举行“第十届中国公司治理论坛”。

19 日　上海证券交易所发展研究中心正式挂牌成立。

23 日　上证债券信息网正式上线。

24 日　正式发布《债券市场投资者适当性管理暂行办法》和《债券质押式回购交易风险控制指引》，2012 年 2 月 1 日起施行。

29 日　与境内 6 家证券期货交易所签署信息合作备忘录。

30 日　首批 RQFII 产品正式获得香港证监会批准。

2011 年上海证券市场回顾

交易概貌

2011 年上海证券交易所各类证券成交总额 454651.56 亿元，同比增加 14.12%。其中，股票成交总额 237560.45 亿元，占证券成交总额的 2.25%；债券成交 210714.87 亿元，占证券成交总额的 46.34%；基金成交 2901.41 亿元，占证券成交总额的 0.64%；权证成交 3474.82 亿元，占证券成交总额的 0.77%。日均股票成交 973.61 亿元，同比减少 22.58%；日均债券成交 863.59 亿元，同比增长 178.97%；日均基金成交 11.89 亿元，同比减少 39.70%；日均权证成交 14.24 亿元，同比减少 76.12%。

2011 年，上证 50 指数开盘 1994.36 点，最高 2214.84 点，最低 1571.51 点，年底收于 1617.61 点，跌幅 18.19%，振幅 40.94%。上证 180 指数开盘 6576.47 点，最高 7149.05 点，最低 4852.71 点，年底收于 5009.29 点，跌幅 23.14%，振幅 47.32%。上证综指开盘 2825.33 点，最高 067.46 点，最低 2134.02 点，年底收于 2199.42 点，跌幅 21.68%，振幅 43.74%。

截至 2011 年底，上海证券交易所投资者开户数 10539 万户。

证券发行与上市

截至 2011 年底，上海证券交易所共有上市公司 931 家，2011 年新上市 39 家（含整体上市 1 家）。上市股票数 975 只。股票市价总值 148376.22 亿元，跌幅 17.11%；流通市值 122851.36 亿元，涨幅 13.69%。上市公司总股本 23466.65 亿股，流通股本 17993.80 亿股，流通股本占总股本的 76.68%。

2011 年上海证券交易所市场筹资总额 5489.7 亿元，其中股票筹资 3199.69 亿元，债券筹资 2293.8 亿元。股票市价总值、筹资额、成交金额在全球主要交易所中均排名第 6 位。

市场概况

	2011 年	2010 年	2009 年
上市证券（年末）			
上市公司数	931	894	870
上市证券数	1691	1500	1351
上市股票数	975	938	914
新上市公司数	39	26	9
发行股本(亿股)	23466.65	21939.51	16659.97
流通股数(亿股)	17993.80	16031.30	11578.56
市价总值(亿元)	148376.22	179007.24	184655.21
流通市值(亿元)	122851.36	142337.44	114804.99
筹资总额			
A 股	3199.69	5532.14	3343.15
B 股	0	0	0
交易概况			
交易天数	244	242	244
全年成交金额(亿元)	454651.56	398395.73	441874.67
股票	237560.45	304312.01	346511.91
基金	2901.41	4771.71	6549.06
债券	210714.87	74914.43	39806.34
权证	3474.82	14397.58	49007.37
其他	0.00	0	0
日均成交金额(亿元)	1863.33	1646.26	1810.96
日均股票成交金额(亿元)	973.61	1257.49	1420.13
全年股票成交数量(亿股)	21193.87	25964.43	33679.64
日均股票成交数量(亿股)	86.86	107.29	138.03
全年股票成交笔数(万笔)	127327.64	166149.08	214261.01
日均股票成交股数(万笔)	521.84	686.57	878.12
股价指数			
上证 180 指数年度最高	7149.05	7835.96	8456.56
上证 180 指数年度最低	4852.71	5377.66	4098.26
上证 180 指数年末收盘	5009.29	6517.60	7762.92
上证综合指数年度最高	3067.46	3306.75	3478.01
上证综合指数年度最低	2134.02	2319.74	1844.09
上证综合指数年末收盘	2199.42	2808.08	3277.14
市场比率			
平均市盈率(倍)	21.61	28.73	14.85
平均市盈率(倍)	13.40	21.61	28.73
换手率 1(市值)%	93.72	135.40	212.10
换手率 2(流通市值)%	124.80	198.47	504.37

2011 年度上证指数走势

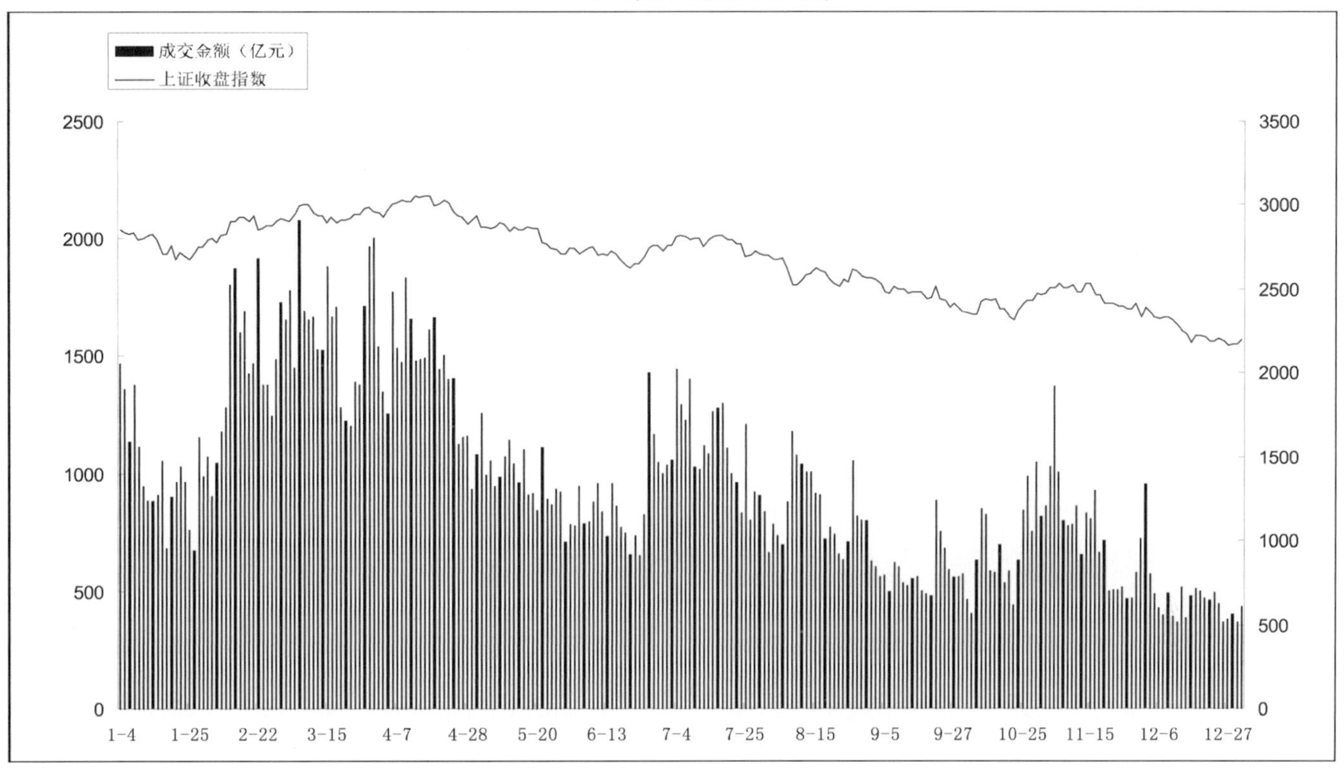

2011 年度上证 180 指数走势

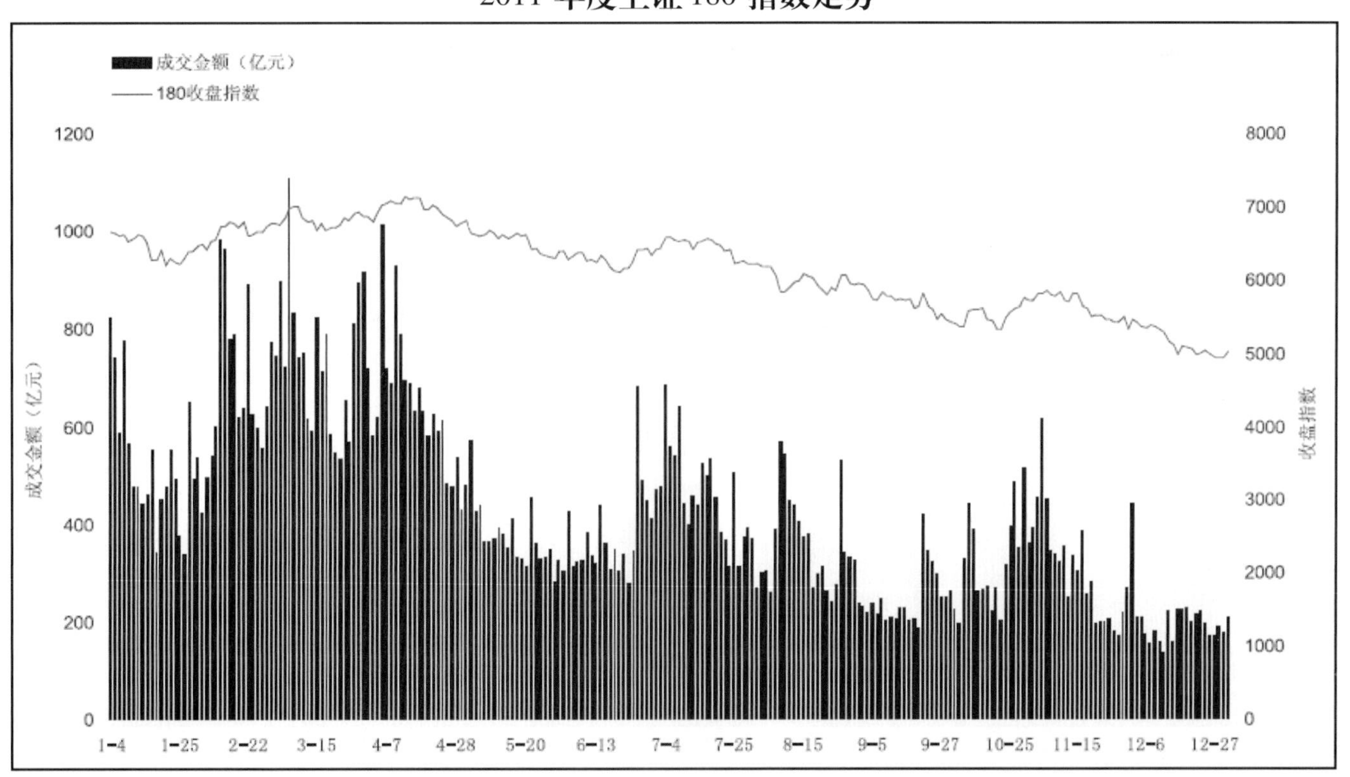

2011 年度上证 50 指数走势

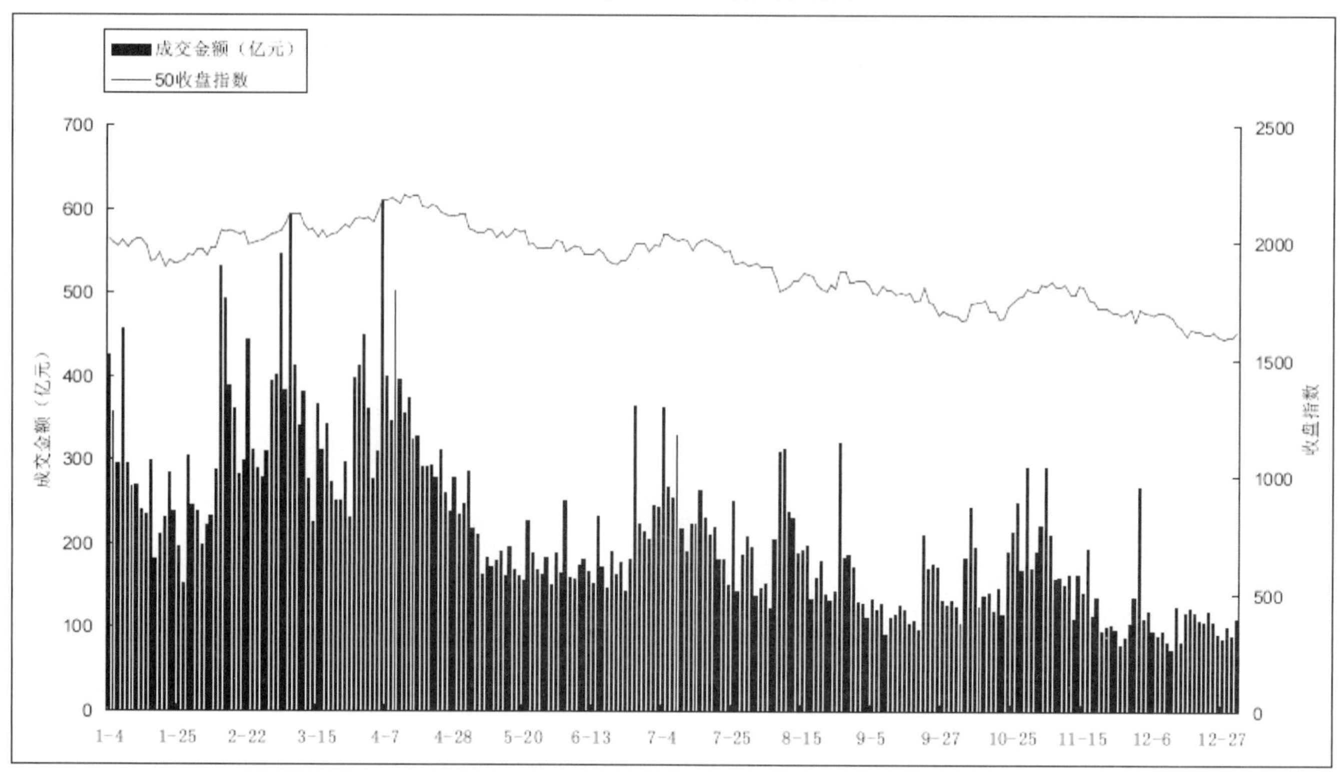

2011 年度上证 380 指数走势

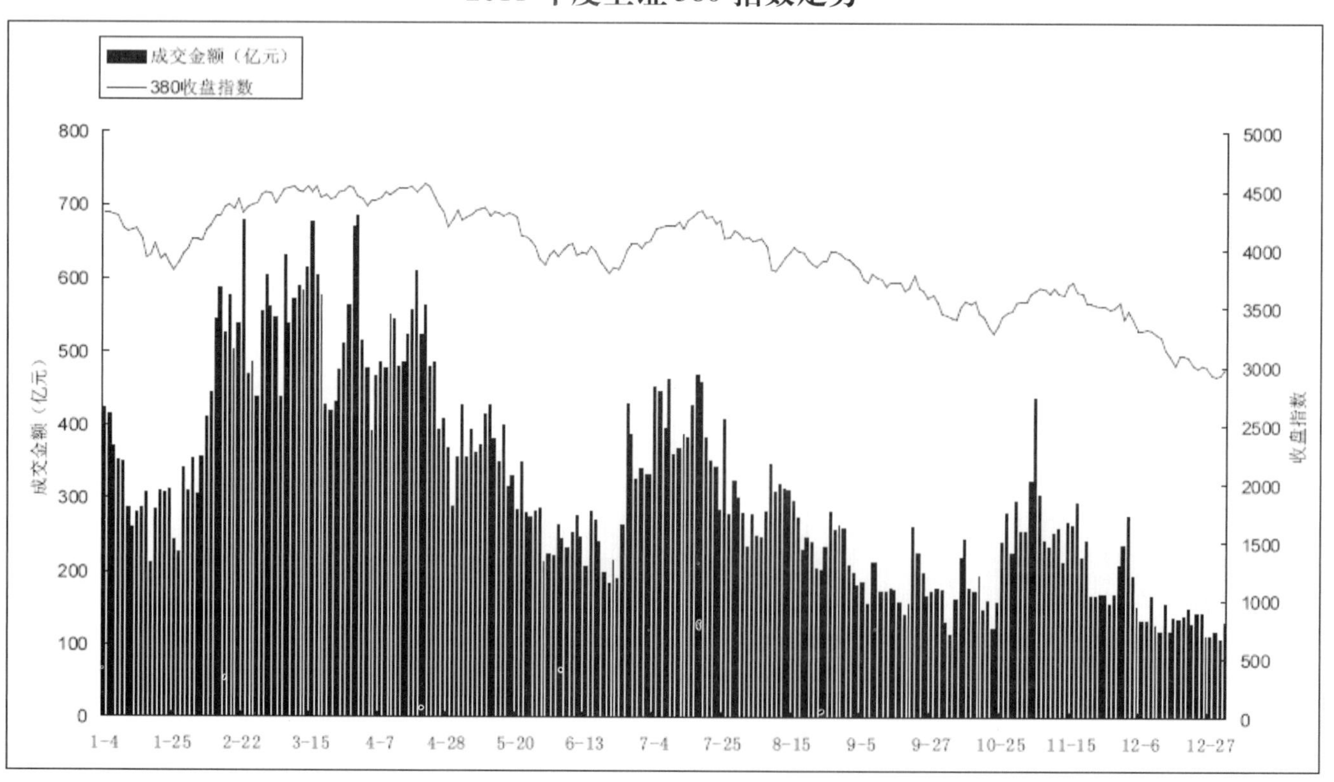

2011 年度上证 B 股指数走势

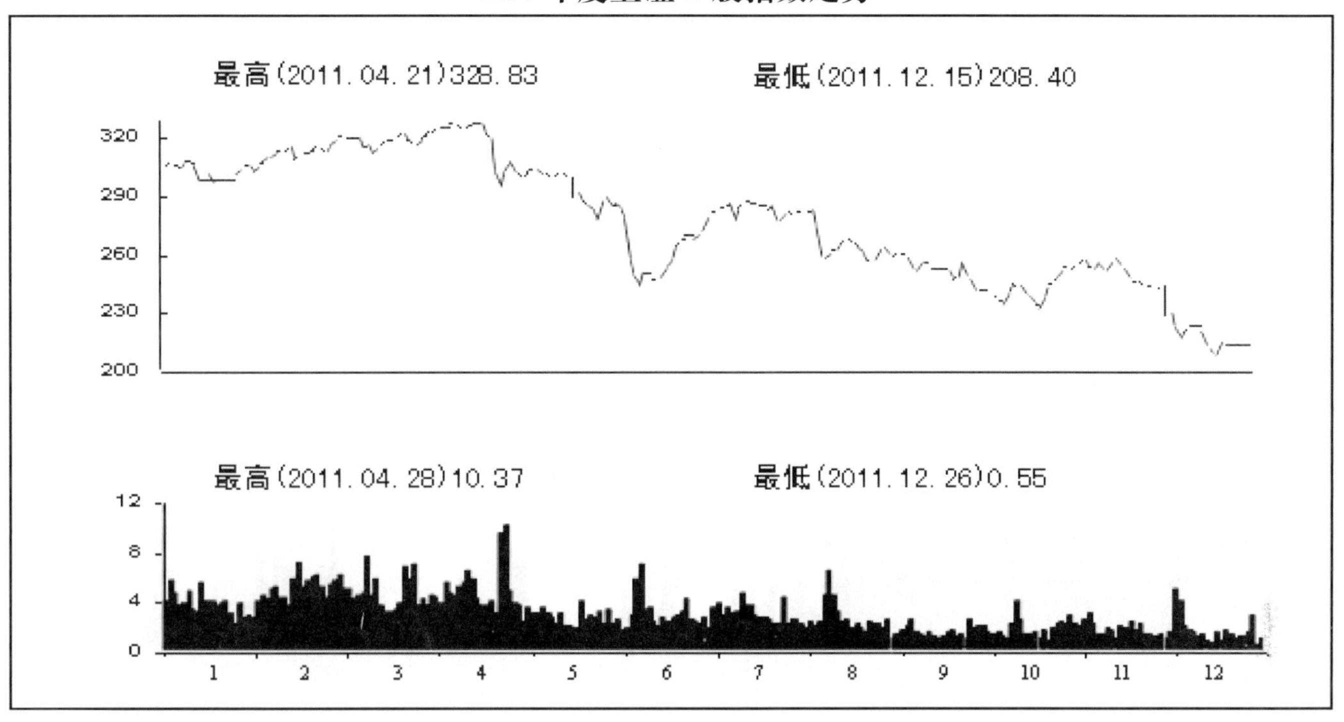

2011 年度上证国债指数走势

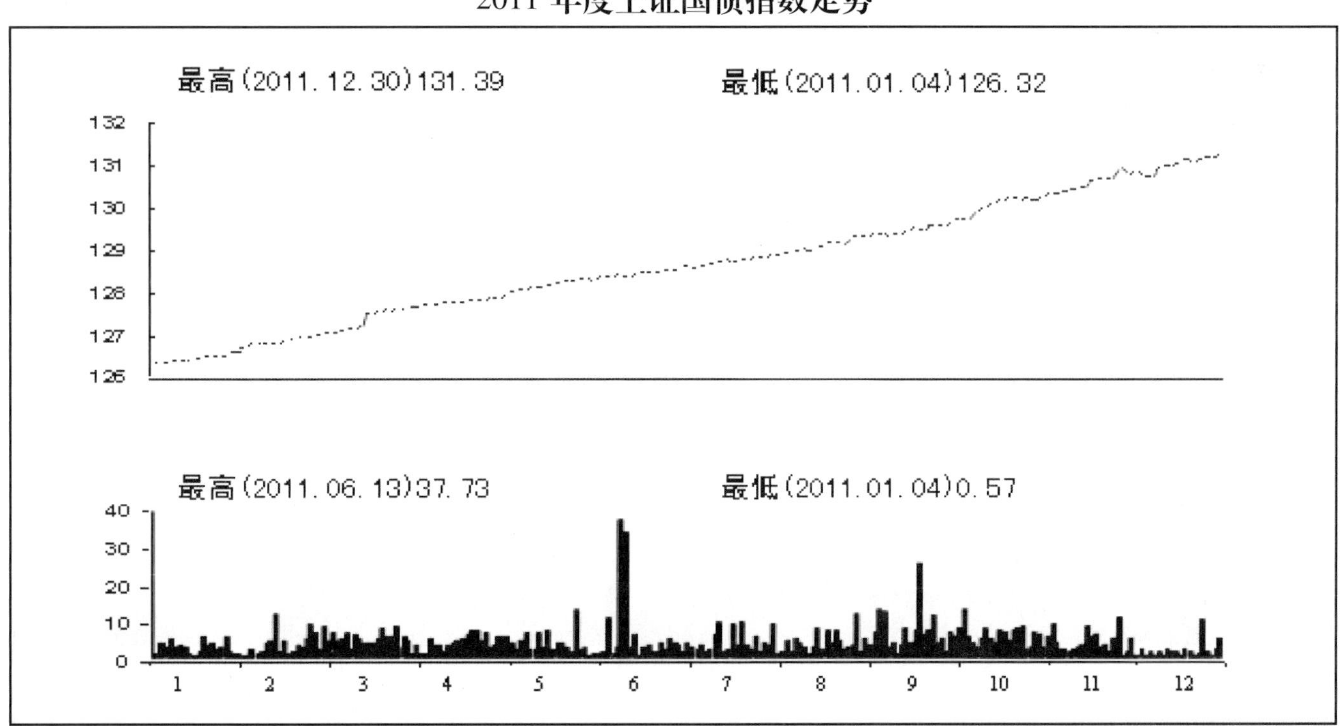

2011 年度上证基金指数走势

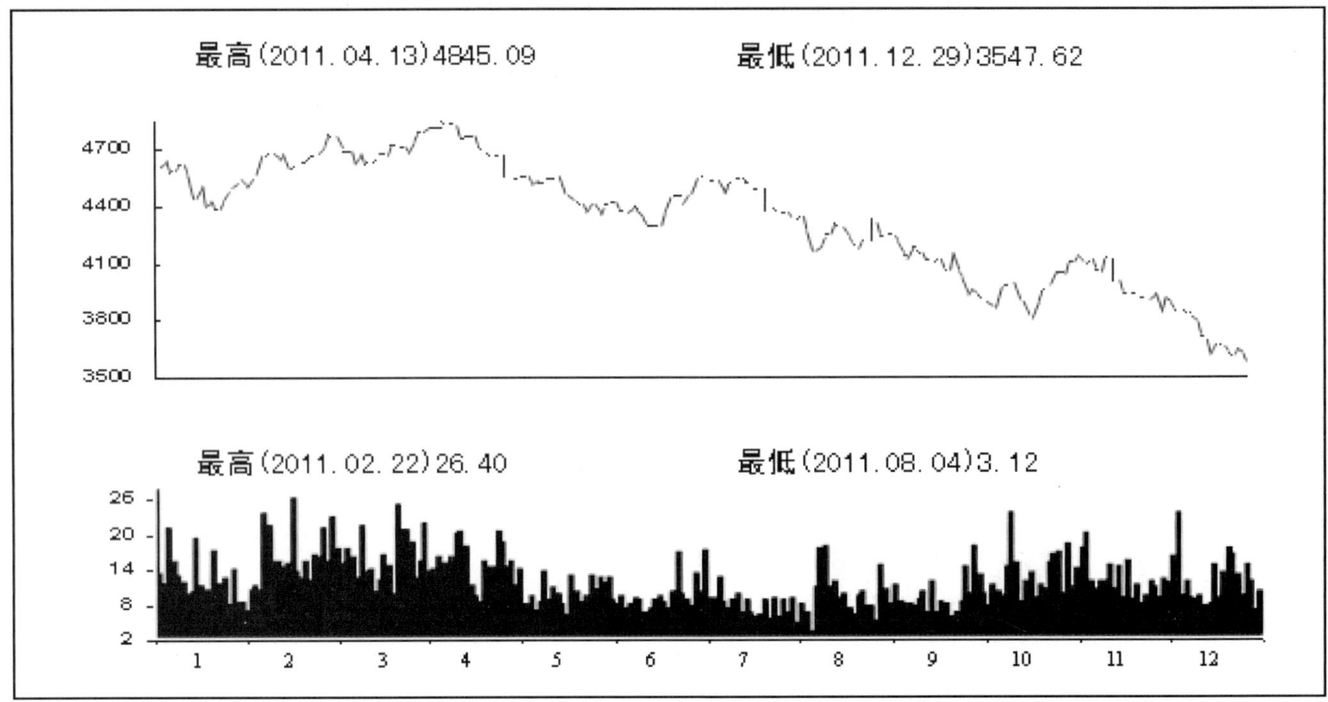

2011 年度上证企业债指数走势

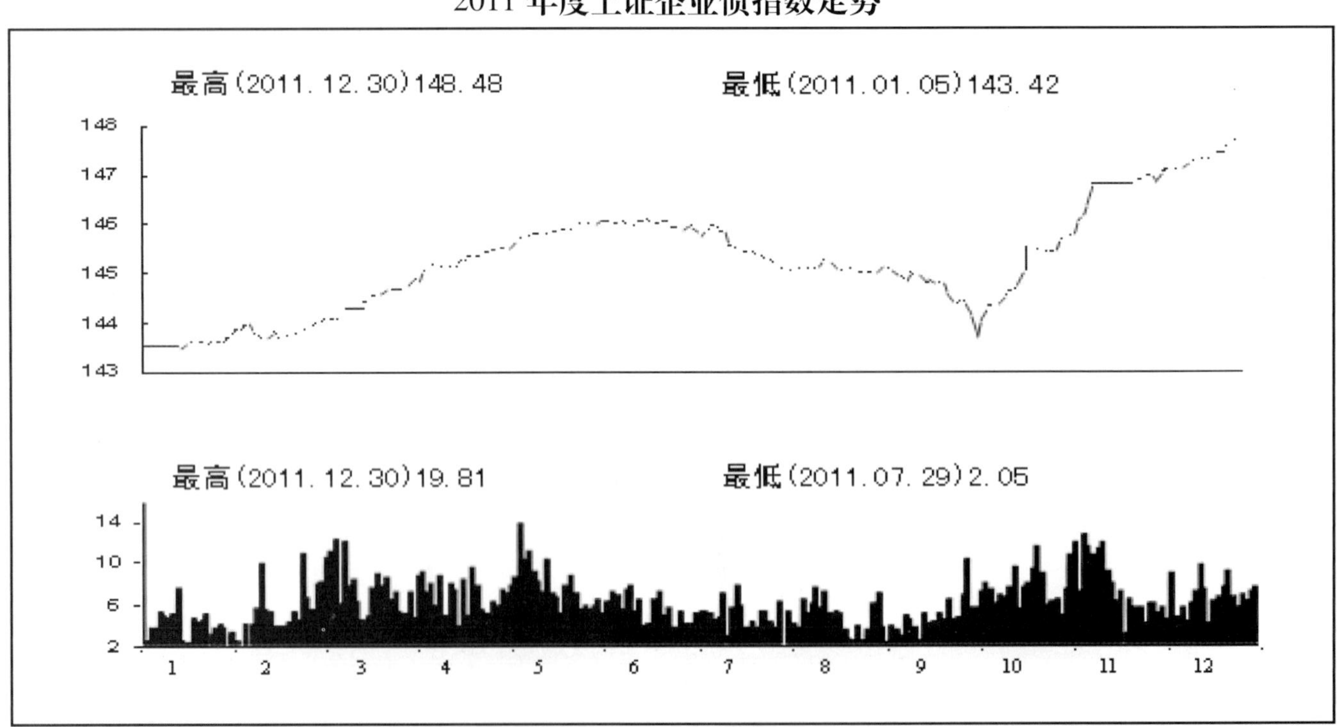

上海证券交易所分类指数的股票数目

指数代码	指数简称	样本个数
000001	上证指数	975
000002	A股指数	921
000003	B股指数	54
000004	工业指数	620
000005	商业指数	61
000006	地产指数	24
000007	公用指数	102
000008	综合指数	168
000009	上证380	380
000010	上证180	180
000011	基金指数	36
000012	国债指数	118
000013	企债指数	459
000015	红利指数	50
000016	上证50	50
000017	新综指	909
000300	沪深300	300
000901	小康指数	100
000902	中证流通	2303
000903	中证100	100

2011年上海证券交易所新上市股票

股票代码	股票简称	分类	发行价(元)	上市日期	开盘价(元)	收盘价(元)
601010	文峰股份	商业	20.000	2011-6-3	18.050	18.340
601011	宝泰隆	工业	18.000	2011-3-9	27.110	25.750
601028	玉龙股份	工业	10.800	2011-11-7	13.500	13.240
601058	赛轮股份	工业	6.880	2011-6-30	10.150	10.020
601100	恒立油缸	工业	23.000	2011-10-28	23.000	23.780
601113	华鼎锦纶	工业	14.000	2011-5-9	13.400	13.420
601116	三江购物	商业	11.800	2011-3-2	19.110	21.780
601118	海南橡胶	工业	5.990	2011-1-7	9.530	11.010
601137	博威合金	工业	27.000	2011-1-27	25.500	25.750
601199	江南水务	公用事业	18.800	2011-3-17	21.510	20.550
601208	东材科技	工业	20.000	2011-5-20	21.220	22.780
601216	内蒙君正	工业	25.000	2011-2-22	26.010	27.640
601218	吉鑫科技	工业	22.500	2011-5-6	19.260	19.970
601222	林洋电子	工业	18.000	2011-8-8	22.000	21.970
601233	桐昆股份	工业	27.000	2011-5-18	27.180	29.710
601258	庞大集团	综合	45.000	2011-4-28	36.000	34.580
601311	骆驼股份	工业	18.600	2011-6-2	17.600	17.550
601336	新华保险	综合	23.250	2011-12-16	25.000	26.440
601519	大智慧	综合	23.200	2011-1-28	24.910	25.380
601555	东吴证券	综合	6.500	2011-12-12	8.060	7.350
601558	华锐风电	工业	90.000	2011-1-13	87.000	81.370
601566	九牧王	工业	22.000	2011-5-30	21.300	19.130
601567	三星电气	工业	20.000	2011-6-15	19.98	18.910
601599	鹿港科技	工业	10.000	2011-5-27	14.220	16.790
601616	广电电气	工业	19.000	2011-2-1	19.000	17.900
601633	长城汽车	工业	13.000	2011-9-28	12.800	11.850
601636	旗滨集团	工业	9.000	2011-8-12	15.000	14.150
601669	中国水电	公用事业	4.500	2011-10-18	4.780	5.270
601677	明泰铝业	工业	20.000	2011-9-19	18.650	18.260
601700	风范股份	工业	35.000	2011-1-18	29.970	29.960
601789	宁波建工	工业	6.390	2011-8-16	11.310	11.230
601798	蓝科高新	工业	11.000	2011-6-22	14.780	13.530
601799	星宇股份	工业	21.240	2011-2-1	20.000	19.730
601886	江河幕墙	工业	20.000	2011-8-18	27.880	26.350
601901	方正证券	综合	3.900	2011-8-10	5.510	5.600
601908	京运通	工业	42.000	2011-9-8	49.100	46.630
601928	凤凰传媒	综合	8.800	2011-11-30	12.030	11.860
601992	金隅股份	工业	0.000	2011-3-1	15.000	15.050
601996	丰林集团	工业	14.000	2011-9-29	12.800	13.230

注:“601992 金隅股份”系换股暨吸收合并“600553 太行水泥”后上市,无发行价、无筹资。

2011 年上海证券交易所新上市公司发行概况

证券代码	证券简称	发行日期	发行股数（万股）	发行价格	筹资金额（万元）	发行市盈率（加权法/摊薄法）	发行方式	主承销商	中签率%	上市日
601010	文峰股份	2011/5/25	11000	20	220000	– / 31.45	网下询价、网上定价	安信证券股份有限公司	24.69	2011/6/3
601011	宝泰隆	2011/2/24	9700	18	174600	– / 39.08	网下询价、网上定价	第一创业证券有限责任公司	0.79	2011/3/9
601028	玉龙股份	2011/10/27	7950	10.8	85860	– / 19.29	网下询价、网上定价	平安证券有限责任公司	1.11	2011/11/7
601058	赛轮股份	2011/6/22	9800	6.88	67424	– / 23.97	网下询价、网上定价	西南证券股份有限公司	1.41	2011/6/30
601100	恒立油缸	2011/10/19	10500	23	241500	– / 42.59	网下询价、网上定价	平安证券有限责任公司	7.22	2011/10/28
601113	华鼎锦纶	2011/4/26	8000	14	112000	– / 40.58	网下询价、网上定价	安信证券股份有限公司	1.44	2011/5/9
601116	三江购物	2011/2/21	6000	11.8	70800	– / 56.19	网下询价、网上定价	海通证券股份有限公司	0.47	2011/3/2
601137	博威合金	2011/1/19	5500	27	148500	– / 71.05	网下询价、网上定价	国信证券股份有限公司	2.57	2011/1/27
601199	江南水务	2011/3/9	5880	18.8	110544	– / 58.08	网下询价、网上定价	兴业证券股份有限公司	0.48	2011/3/17
601208	东材科技	2011/5/12	8000	20	160000	– / 40.94	网下询价、网上定价	国海证券有限责任公司	8.33	2011/5/20
601216	内蒙君正	2011/2/10	12000	25	300000	– / 35.21	网下询价、网上定价	国信证券股份有限公司	6.16	2011/2/22
601218	吉鑫科技	2011/4/26	5080	22.5	114300	– / 32.61	网下询价、网上定价	宏源证券股份有限公司	5.55	2011/5/6
601222	林洋电子	2011/8/1	7500	18	135000	– / 31.82	网下询价、网上定价	广发证券股份有限公司	2.24	2011/8/8
601233	桐昆股份	2011/5/5	12000	27	324000	– / 12.22	网下询价、网上定价	国信证券股份有限公司	8.09	2011/5/18
601258	庞大集团	2011/4/18	14000	45	630000	– / 39.64	网下询价、网上定价	瑞银证券有限责任公司	21.57	2011/4/28
601311	骆驼股份	2011/5/25	8300	18.6	154380	– / 30	网下询价、网上定价	太平洋证券股份有限公司	9.58	2011/6/2
601336	新华保险	2011/12/5	15854	23.25	368605.5	– / 27.18	网下询价、网上定价	中国国际金融有限公司 瑞银证券有限责任公司	2.22	2011/12/16
601519	大智慧	2011/1/20	11000	23.2	255200	– / 88.89	网下询价、网上定价	西南证券股份有限公司	1.83	2011/1/28
601555	东吴证券	2011/12/2	50000	6.5	325000	– / 22.58	网下询价、网上定价	中信证券股份有限公司	0.83	2011/12/12
601558	华锐风电	2011/1/5	10510	90	945900	– / 48.83	网下询价、网上定价	安信证券股份有限公司 中德证券有限责任公司	2.98	2011/1/13
601566	九牧王	2011/5/19	12000	22	264000	– / 35.03	网下询价、网上定价	中信证券股份有限公司	9.64	2011/5/30
601567	三星电气	2011/6/2	6700	20	134000	– / 27.21	网下询价、网上定价	东方证券股份有限公司	12.05	2011/6/15
601599	鹿港科技	2011/5/18	5300	10	53000	– / 25	网下询价、网上定价	平安证券有限责任公司	0.78	2011/5/27
601616	广电电气	2011/1/25	10500	19	199500	– / 51.46	网下询价、网上定价	东吴证券股份有限公司	3.43	2011/2/1
601633	长城汽车	2011/9/19	30424.3	13	395515.9	– / 14.94	网下询价、网上定价	国泰君安证券股份有限公司	7.52	2011/9/28
601636	旗滨集团	2011/8/4	16800	9	151200	– / 18.75	网下询价、网上定价	中国建银投资证券有限责任公司	0.83	2011/8/12
601669	中国水电	2011/9/27	300000	4.5	1350000	– / 15	网下询价、网上定价	中信建投证券有限责任公司 中银国际证券有限责任公司	9.7	2011/10/18
601677	明泰铝业	2011/9/7	6000	20	120000	– / 33.33	网下询价、网上定价	平安证券有限责任公司	0.94	2011/9/19
601700	风范股份	2011/1/6	5490	35	192150	– / 59.22	网下询价、网上定价	申银万国证券股份有限公司	1.64	2011/1/18
601789	宁波建工	2011/8/5	10000	6.39	63900	– / 31.95	网下询价、网上定价	中国建银投资证券有限责任公司	0.78	2011/8/16
601798	蓝科高新	2011/6/10	8000	11	88000	– / 34.38	网下询价、网上定价	国信证券股份有限公司	1.08	2011/6/22
601799	星宇股份	2011/1/25	6000	21.24	127440	– / 66.38	网下询价、网上定价	国泰君安证券股份有限公司	5.77	2011/2/1
601886	江河幕墙	2011/8/9	11000	20	220000	– / 37.04	网下询价、网上定价	平安证券有限责任公司	1.66	2011/8/18
601901	方正证券	2011/8/1	150000	3.9	585000	– / 19.5	网下询价、网上定价	平安证券有限责任公司 中信证券股份有限公司	2.24	2011/8/10
601908	京运通	2011/8/29	6000	42	252000	– / 53.47	网下询价、网上定价	中信证券股份有限公司	0.97	2011/9/8
601928	凤凰传媒	2011/11/22	50900	8.8	447920	– / 63.4	网下询价、网上定价	中国国际金融有限公司	0.87	2011/11/30
601992	金隅股份	2011/2/10	31600.8	–	–	– / –	–	中银国际证券有限责任公司	–	2011/3/1
601996	丰林集团	2011/9/20	5862	14	82068	– / 29.17	网下询价、网上定价	恒泰证券股份有限公司	0.88	2011/9/29

2011 年上海证券交易所 A 股股票配股情况

股票简称	A 股股权登记日	A 股除权交易日	A 股配股价格	配股比例（10:?）	配股缴款起始日	配股缴款截止日	实际配股量（万股）	配股上市日
康美药业	2010/12/27	2011/1/6	6.88	3	2010/12/28	2011/1/4	50434.44	2011/1/12
中远航运	2011/1/4	2011/1/13	5.56	3	2011/1/5	2011/1/11	38002.28	2011/1/18
中孚实业	2011/1/10	2011/1/19	7.32	3	2011/1/11	2011/1/17	33181.37	2011/1/26
武钢股份	2011/3/25	2011/4/7	3.7	3	2011/3/28	2011/4/1	225562.75	2011/4/13
天威保变	2011/4/6	2011/4/15	11.94	1.8	2011/4/7	2011/4/13	20499.09	2011/4/21
中信银行	2011/6/28	2011/7/7	3.33	2	2011/6/29	2011/7/5	527362.25	2011 – 07 –

2011年上海证券交易所A股股票增发情况

证券简称	发行日期	发行股数（万股）	发行价格	筹资金额（万元）	发行市盈率（加权法/摊薄法）	发行方式	主承销商	中签率%	上市日	招股说明书	发行公告
航天长峰	2011－12－30至2011－12－30	3901.34	9.02	35190.11	－/－	定向募集	浙商证券有限责任公司	－	2012/1/10	－	2012/1/7
上汽集团	2011－12－28至2011－12－28	178314.49	16.53	2947538.58	－/－	定向募集	中信证券股份有限公司	－	2012/1/4	－	2011/12/30
贤成矿业	2011－12－23至2011－12－23	26226.73	5.91	154999.97	－/－	定向募集	西南证券股份有限公司	－	2011/12/28	－	2011/12/27
宁夏建材	2011－12－21至2011－12－21	11377.55	22.13	251785.28	－/－	定向募集	齐鲁证券有限公司	－	2011/12/26	－	2011/12/23
均胜电子	2011－12－16至2011－12－16	20632.48	4.3	88719.65	－/－	定向募集	上海申银证券有限公司	－	2011/12/20	－	2011/12/17
上海梅林	2011－12－15至2011－12－15	14222.74	10.6	150761	－/－	定向募集	海通证券股份有限公司	－	2011/12/20	－	2011/12/17
百视通	2011－12－15至2011－12－15	40487.15	7.67	310536.46	－/－	定向募集	君安证券有限责任公司	－	2011/12/20	－	2011/12/17
科达机电	2011－12－13至2011－12－13	2492.99	15.7	39139.94	－/－	定向募集	海通证券股份有限公司	－	2011/12/16	－	2011/12/15
深圳燃气	2011－12－12至2011－12－12	9030	10.9	98427	－/－	定向募集	国信证券股份有限公司	－	2011/12/15	－	2011/12/14
大橡塑	2011－12－08至2011－12－08	3100	9.63	29853	－/－	定向募集	国泰君安证券股份有限公司	－	2011/12/13	－	2011/12/10
山煤国际	2011－12－01至2011－12－01	24122.81	22.8	550000	－/－	定向募集	中国银河证券股份有限公司	－	2011/12/6	－	2011/12/3
好当家	2011－11－28至2011－11－28	9689.72	11.45	110947.24	－/－	定向募集	国都证券有限责任公司	－	2011/12/1	－	2011/11/30
三普药业	2011－11－24至2011－11－24	6758.9	21.69	146600.54	－/－	定向募集	华英证券有限责任公司	－	2011/11/29	－	2011/11/26
冠豪高新	2011－11－21至2011－11－21	8190	8.45	69205.5	－/－	定向募集	中信建投证券股份有限公司	－	2011/11/24	－	2011/11/23
华新水泥	2011－11－08至2011－11－08	12809.99	14.01	179468	－/－	定向募集	中信证券股份有限公司	－	2011/11/11	－	2011/11/10
国投电力	2011－11－07至2011－11－07	35000	6.23	218050	－/－	网下询价、网上定价	瑞银证券有限责任公司 中国国际金融有限公司	46.26	2011/11/22	40850	2011/11/3
亿晶光电	2011－10－27至2011－10－27	25583.73	8.31	212600.8	－/－	定向募集	广发证券股份有限公司	－	2011/12/1	－	2011/11/30
王府井	2011－10－26至2011－10－26	4512.62	41.21	185965	－/－	定向募集	中信建投证券有限责任公司	－	2011/10/31	－	2011/10/28
宋都股份	2011－10－19至2011－10－19	37770.94	8.63	325963.18	－/－	定向募集	海通证券股份有限公司	－	2011/10/24	－	2011/10/21
南宁百货	2011－10－11至2011－10－11	8000	8.32	66560	－/－	定向募集	西南证券股份有限公司	－	2011/10/14	－	2011/10/13
西部资源	2011－09－29至2011－09－29	3575.08	19.58	70000	－/－	定向募集	华泰证券股份有限公司	－	2011/10/11	－	2011/10/10
大有能源	2011－09－29至2011－09－29	70618.3	11.64	821996.97	－/－	定向募集	西南证券股份有限公司	－	2011/10/11	－	2011/10/10
国机汽车	2011－09－25至2011－09－25	28404.74	7.83	222409.12	－/－	定向募集	中信证券股份有限公司	－	2011/9/30	－	2011/9/29
巨化股份	2011－09－23至2011－09－23	8935	18	160830	－/－	定向募集	浙商证券有限责任公司	－	2011/9/28	－	2011/9/27
华夏幸福	2011－09－15至2011－09－15	35542.71	3.95	140393.69	－/－	定向募集	平安证券有限责任公司	－	2011/9/20	－	2011/9/17
云煤能源	2011－09－09至2011－09－09	27400	7.94	217556	－/－	定向募集	红塔证券股份有限公司	－	2011/10/21	－	2011/10/20
华胜天成	2011－09－05至2011－09－05	3903.4	12.94	50510	－/－	定向募集	渤海证券股份有限公司	－	2011/9/8	－	2011/9/7
友谊股份	2011－09－05至2011－09－05	30239.48	15.57	470828.72	－/－	定向募集	海通证券股份有限公司	－	2011/9/13	－	2011/9/9
唐山港	2011－08－23至2011－08－23	12797.31	6.8	87021.68	－/－	定向募集	中国银河证券股份有限公司	－	2011/8/26	－	2011/8/25
安琪酵母	2011－08－22至2011－08－22	2358.58	34.5	81371.01	－/－	定向募集	世纪证券有限责任公司	－	2011/8/26	－	2011/8/25
中金黄金	2011－08－12至2011－08－12	11213.46	24.97	280000	－/－	定向募集	瑞银证券有限责任公司 瑞信方正证券有限责任公司	－	2011/8/19	－	2011/8/18
贵研铂业	2011－08－08至2011－08－08	1280.7	22.74	29123.12	－/－	定向募集	广发证券股份有限公司	－	2011/8/11	－	2011/8/10
中国玻纤	2011－08－04至2011－08－04	15436.1	19.03	293748.98	－/－	定向募集	招商证券股份有限公司	－	2011/8/10	－	2011/8/9
上海建工	2011－08－01至2011－08－01	11430.19	14.9	170309.88	－/－	定向募集	海通证券股份有限公司	－	2011/8/4	－	2011/8/3
九龙电力	2011－07－25至2011－07－25	17737.26	9.17	162650.71	－/－	定向募集	海通证券股份有限公司	－	2011/7/28	－	2011/7/27
中天科技	2011－07－15至2011－07－15	7058.82	23.8	168000	－/－	网下询价、网上定价	海通证券股份有限公司	100	2011/8/1	2011/7/13	2011/7/13
华菱星马	2011－07－12至2011－07－12	21825.93	8.18	178536.15	－/－	定向募集	平安证券有限责任公司	－	2011/7/21	－	2011/7/20
山东高速	2011－07－11至2011－07－11	144736.59	5.19	751182.88	－/－	定向募集	中信证券股份有限公司	－	2011/7/13	－	2011/7/12
新日恒力	2011－07－07至2011－07－07	8000	7.02	56160	－/－	定向募集	西部证券股份有限公司	－	2011/7/12	－	2011/7/9
精达股份	2011－07－06至2011－07－06	6608.69	9.2	60799.95	－/－	定向募集	兴业证券股份有限公司	－	2011/7/11	－	2011/7/8
新疆众和	2011－07－01至2011－07－01	5898.35	20.05	118262	－/－	定向募集	东方证券股份有限公司	－	2011/7/6	－	2011/7/5
江南高纤	2011－06－30至2011－06－30	4976.64	8.56	42600	－/－	定向募集	申银万国证券股份有限公司	－	2011/7/5	－	2011/7/2
通宝能源	2011－06－22至2011－06－22	27356.15	5.63	154015.15	－/－	定向募集	西南证券股份有限公司	－	2011/6/27	－	2011/6/24
首商股份	2011－06－16至2011－06－16	24868.95	9.92	246700	－/－	定向募集	中信建投证券有限责任公司	－	2011/6/21	－	2011/6/18
常林股份	2011－06－02至2011－06－02	4737	10.9	51633.3	－/－	定向募集	中国建银投资证券有限责任公司	－	2011/6/8	－	2011/6/4
中航电子	2011－05－30至2011－05－30	33707.38	7.59	255839.01	－/－	定向募集	中国国际金融有限公司	－	2011/6/3	－	2011/6/2
大唐发电	2011－05－30至2011－05－30	100000	6.74	674000	－/－	定向募集	招商证券股份有限公司	－	2011/6/2	－	2011/6/1
广汇能源	2011－05－25至2011－05－25	8916.67	24	214000	－/－	定向募集	国信证券股份有限公司	－	2011/5/30	－	2011/5/27
强生控股	2011－05－25至2011－05－25	23982.32	7.03	168595.69	－/－	定向募集	海通证券股份有限公司	－	2011/6/3	－	2011/6/2
国栋建设	2011－05－23至2011－05－23	13492	6.3	84999.6	－/－	定向募集	民生证券有限责任公司	－	2011/5/26	－	2011/5/25

证券简称	发行日期	发行股数（万股）	发行价格	筹资金额（万元）	发行市盈率（加权法/摊薄法）	发行方式	主承销商	中签率%	上市日	招股说明书	发行公告
云天化	2011－05－20 至 2011－05－20	10351.32	17.93	185599.22	－/－	定向募集	中国国际金融有限公司	－	2011/5/25	－	2011/5/24
生益科技	2011－05－13 至 2011－05－13	13760.6	9.24	127147.96	－/－	定向募集	东莞证券有限责任公司	－	2011/5/18	－	2011/5/17
东方创业	2011－04－28 至 2011－04－28	8172.44	12.2	99703.79	－/－	定向募集	海通证券股份有限公司	－	2011/5/5	－	2011/5/4
西藏旅游	2011－04－28 至 2011－04－28	2413.79	14.5	35000	－/－	定向募集	东吴证券股份有限公司	－	2011/5/4	－	2011/4/30
黄河旋风	2011－04－27 至 2011－04－27	4574.24	14.21	65000	－/－	定向募集	中信证券股份有限公司	－	2011/5/3	－	2011/4/29
成发科技	2011－04－27 至 2011－04－27	5210.92	20.15	105000	－/－	定向募集	国泰君安证券股份有限公司 中航证券有限公司	－	2011/5/3	－	2011/4/29
华夏银行	2011－04－26 至 2011－04－26	185919.75	10.87	2020947.64	－/－	定向募集	中信证券股份有限公司 中德证券有限责任公司	－	2011/4/29	－	2011/4/28
山鹰纸业	2011－04－22 至 2011－04－22	22000	4.8	105600	－/－	定向募集	平安证券有限责任公司	－	2011/5/9	－	2011/5/6
星湖科技	2011－04－22 至 2011－04－22	2929.09	13.13	38459	－/－	定向募集	招商证券股份有限公司	－	2011/4/27	－	2011/4/26
日照港	2011－04－14 至 2011－04－14	36547.86	3.94	143998.57	－/－	定向募集	安信证券股份有限公司	－	2011/4/19	－	2011/4/16
综艺股份	2011－04－12 至 2011－04－12	6980	19.72	137645.6	－/－	定向募集	西南证券股份有限公司	－	2011/4/15	－	2011/4/14
华联综超	2011－04－11 至 2011－04－11	18100	7.18	129958	－/－	定向募集	中信建投证券有限责任公司	－	2011/4/14	－	2011/4/13
上港集团	2011－04－08 至 2011－04－08	176437.95	4.49	792206.4	－/－	定向募集	国泰君安证券股份有限公司	－	2011/4/12	－	2011/4/9
旭光股份	2011－03－31 至 2011－03－31	2268.96	13.8	31311.58	－/－	定向募集	浙商证券有限责任公司	－	2011/4/7	－	2011/4/6
永泰能源	2011－03－25 至 2011－03－25	8000	22.5	180000	－/－	定向募集	安信证券股份有限公司	－	2011/3/30	－	2011/3/29
连云港	2011－03－24 至 2011－03－24	8673.47	5.88	51000	－/－	定向募集	财通证券有限责任公司	－	2011/3/29	－	2011/3/26
海正药业	2011－03－15 至 2011－03－15	4103.82	33.28	136575	－/－	定向募集	安信证券股份有限公司	－	2011/3/18	－	2011/3/17
金晶科技	2011－03－15 至 2011－03－15	12127	13	157651	－/－	定向募集	安信证券股份有限公司	－	2011/3/18	－	2011/3/17
皖维高新	2011－03－11 至 2011－03－11	10000	9.16	91600	－/－	定向募集	国元证券股份有限公司	－	2011/3/16	－	2011/3/15
宝胜股份	2011－03－09 至 2011－03－09	4715.43	18.05	85113.51	－/－	定向募集	招商证券股份有限公司	－	2011/3/14	－	2011/3/11
*ST 长油	2011－03－03 至 2011－03－03	27500	5.63	154825	－/－	定向募集	民生证券有限责任公司	－	2011/3/8	－	2011/3/5
三友化工	2011－02－17 至 2011－02－17	12044.43	6.29	75759.48	－/－	定向募集	民生证券有限责任公司	－	2011/2/22	－	2011/2/19
中国重工	2011－02－15 至 2011－02－15	251631.66	6.93	1743807.38	－/－	定向募集	中国国际金融有限公司	－	2011/2/21	－	2011/2/18
国中水务	2011－02－14 至 2011－02－14	10000	7.5	75000	－/－	定向募集	平安证券有限责任公司	－	2011/2/17	－	2011/2/16
敦煌种业	2011－02－11 至 2011－02－11	1758	25	43950	－/－	定向募集	华龙证券有限责任公司	－	2011/2/16	－	2011/2/15
华仪电气	2011－01－26 至 2011－01－26	7723.58	12.3	95000	－/－	定向募集	国信证券股份有限公司	－	2011/1/31	－	2011/1/28
亨通光电	2011－01－21 至 2011－01－21	4096.25	14.62	59887.18	－/－	定向募集	平安证券有限责任公司	－	2011/2/1	－	2011/1/29
贤成矿业	2011－01－17 至 2011－01－17	14694.58	3.41	50108.52	－/－	定向募集	西南证券股份有限公司	－	2011/1/19	－	2011/1/18
威远生化	2011－01－07 至 2011－01－07	7538.9	7.31	55109.34	－/－	定向募集	国信证券股份有限公司	－	2011/1/12	－	2011/1/11
洪城水业	2011－01－05 至 2011－01－05	8000	14.5	116000	－/－	定向募集	海通证券股份有限公司	－	2011/1/10	－	2011/1/7

2011 年上海证券交易所 1－12 月 A 股成交概况

月份	成交股数（万股）	成交金额（万元）	市盈率
1	17315829.65	202757888.09	21.64
2	17586789.91	216678026.33	22.57
3	29485755.68	370341232.47	22.78
4	23264297.70	273692333.42	22.75
5	18024318.43	204915343.46	16.33
6	16304922.54	185434803.25	16.48
7	19761534.49	230576969.25	16.14
8	18081248.12	191850420.65	15.41
9	11929112.02	121316775.86	14.19
10	12048809.03	111826844.74	14.96
11	16513955.36	163285949.24	14.17
12	11622137.40	102927939.01	13.40

2011 年末上证所上市公司股权结构分布

股份名称	发行总额（亿元）	比例（%）	市价总值（亿元）	比例（%）
1. 发起人股份	4403.55	14.798	18836.55	12.695
国家拥有股份	4157.27	13.971	16559.54	11.161
境内法人持有股份	191.30	0.643	1670.43	1.126
外资法人持有股份	27.85	0.094	260.06	0.175

股份名称	发行总额(亿元)	比例(%)	市价总值(亿元)	比例(%)
个人发起人股	27.13	0.091	346.52	0.234
2. 募集法人股	3.23	0.011	27.97	0.019
3. 内部职工股	0.00	0.000	0.00	0.000
4. 机构配售	101.98	0.343	580.46	0.391
5. 其他	964.08	3.240	6079.89	4.098
尚未流通股份合计	5472.85	18.392	25524.86	17.203
1. 境内上市的人民币普通股	17859.52	60.018	122167.89	82.337
2. 境内上市外资股	134.28	0.451	683.47	0.460
3. 境外上市外资股	6290.21	21.139	0.00	0.000
4. 其他	0.00	0.000	0.00	0.000
已流通股份合计	24284.01	81.608	122851.36	82.800
股份总数	29756.86	100.000	148376.22	100.000

上证50指数样本股的市值和比重

股票代码	股票简称	流通股数(万股)	流通市值(万元)	收盘价	占50指数权重(%)
600000	浦发银行	1492278	12669438	8.49	4.63
600015	华夏银行	499053	5604363	11.23	1.48
600016	民生银行	2258760	13304098	5.89	6.51
600019	宝钢股份	1751205	8493343	4.85	1.26
600028	中国石化	6992206	50204043	7.18	1.47
600030	中信证券	981466	9530037	9.71	3.27
600031	三一重工	703080	8816623	12.54	1.86
600036	招商银行	1766613	20969697	11.87	7.14
600048	保利地产	584323	5843229	10.00	1.72
600050	中国联通	2119660	11107017	5.24	2.19
600089	特变电工	263556	2024110	7.68	0.99
600104	上海汽车	917032	12966838	14.14	1.27
600111	包钢稀土	73973	2783623	37.63	1.30
600188	兖州煤业	36000	806040	22.39	0.63
600348	阳泉煤业	240500	3650790	15.18	0.90
600362	江西铜业	207525	4551018	21.93	0.88
600383	金地集团	447151	2213397	4.95	1.06
600489	中金黄金	185002	3239381	17.51	0.84
600519	贵州茅台	103818	20068019	193.30	3.95
600547	山东黄金	76347	2167498	28.39	0.99
600585	海螺水泥	399970	6259535	15.65	1.52
600837	海通证券	822782	6096815	7.41	2.99
600900	长江电力	736407	4683548	6.36	1.56
601006	大秦铁路	1486679	11090626	7.46	2.16
601088	中国神华	1631104	41315859	25.33	4.07
601111	中国国航	819974	5223233	6.37	0.52
601118	海南橡胶	78600	534480	6.80	0.26
601166	兴业银行	1078641	13504587	12.52	4.61
601168	西部矿业	238300	2232871	9.37	0.86
601169	北京银行	622756	5779177	9.28	1.98
601288	农业银行	2045647	5359595	2.62	1.97
601318	中国平安	478641	16484395	34.44	5.63
601328	交通银行	3270905	14653656	4.48	5.06
601390	中国中铁	1662501	4189503	2.52	0.64
601398	工商银行	26222550	111183611	4.24	3.17
601600	中国铝业	958052	6150695	6.42	0.90
601601	中国太保	620829	11926120	19.21	2.92
601628	中国人寿	2082353	36732707	17.64	1.28
601668	中国建筑	1308000	3806280	2.91	2.15
601688	华泰证券	177153	1385333	7.82	0.64
601699	潞安环能	230108	4869094	21.16	0.95
601766	中国南车	951600	4120428	4.33	0.84
601818	光大银行	1521689	4382464	2.88	0.56

股票代码	股票简称	流通股数(万股)	流通市值(万元)	收盘价	占50指数权重(%)
601857	中国石油	16152208	157322504	9.74	1.82
601898	中煤能源	900698	8115286	9.01	0.81
601899	紫金矿业	1580380	6037053	3.82	1.47
601919	中国远洋	747595	3498745	4.68	0.53
601939	建设银行	959366	4355521	4.54	2.14
601958	金钼股份	322596	3671141	11.38	0.53
601989	中国重工	340000	1737400	5.11	1.10

2011年末上证所50家流通市值最大的上市公司

序号	股票简称	股票代码	流通市场(万元)	占全体上市公司流通市值比重(%)
1	中国石油	601857	157322503.79	12.81
2	工商银行	601398	111183611.13	9.05
3	中国银行	601988	57093313.77	4.65
4	中国石化	600028	50204042.60	4.09
5	中国神华	601088	41315859.14	3.36
6	中国人寿	601628	36732706.92	2.99
7	招商银行	600036	20969697.36	1.71
8	贵州茅台	600519	20068019.40	1.63
9	中国平安	601318	16484394.79	1.34
10	交通银行	601328	14653655.90	1.19
11	兴业银行	601166	13504586.74	1.10
12	民生银行	600016	13304097.81	1.08
13	上海汽车	600104	12966837.62	1.06
14	中信银行	601998	12803296.80	1.04
15	浦发银行	600000	12669437.79	1.03
16	中国太保	601601	11926119.85	0.97
17	中国联通	600050	11107016.51	0.90
18	大秦铁路	601006	11090626.45	0.90
19	中信证券	600030	9530036.51	0.78
20	三一重工	600031	8816623.20	0.72
21	宝钢股份	600019	8493343.32	0.69
22	中煤能源	601898	8115286.43	0.66
23	海螺水泥	600585	6259534.54	0.51
24	中国铝业	601600	6150695.08	0.50
25	海通证券	600837	6096815.49	0.50
26	紫金矿业	601899	6037052.99	0.49
27	保利地产	600048	5843229.16	0.48
28	北京银行	601169	5779177.43	0.47
29	华夏银行	600015	5604363.30	0.46
30	上港集团	600018	5436617.23	0.44
31	农业银行	601288	5359595.27	0.44
32	华能国际	600011	5350000.00	0.44
33	中国国航	601111	5223232.87	0.43
34	上海电气	601727	5023864.48	0.41
35	潞安环能	601699	4869093.74	0.40
36	长江电力	600900	4683548.31	0.38
37	大唐发电	601991	4641089.76	0.38
38	江西铜业	600362	4551017.56	0.37
39	光大银行	601818	4382464.32	0.36
40	建设银行	601939	4355520.55	0.35
41	中海油服	601808	4217268.13	0.34
42	中国中铁	601390	4189502.52	0.34
43	中国南车	601766	4120428.00	0.34
44	国电电力	600795	3893244.61	0.32
45	中国建筑	601668	3806280.00	0.31
46	中国铁建	601186	3796157.04	0.31
47	金钼股份	601958	3671141.13	0.30

序号	股票简称	股票代码	流通市场(万元)	占全体上市公司流通市值比重(%)
48	阳泉煤业	600348	3650790.00	0.30
49	东方电气	600875	3568022.23	0.29
50	中国远洋	601919	3498744.74	0.28

2011年末上证所50家市价总值最大的上市公司

序号	股票	简称股票	代码市价总值(万元)	占全体上市公司市价总值比重(%)
1	中国石油	601857	157712103.79	10.63
2	工商银行	601398	111183611.13	7.49
3	农业银行	601288	77042487.00	5.19
4	中国银行	601988	57093313.77	3.85
5	中国石化	600028	50204042.60	3.38
6	中国神华	601088	41771799.14	2.82
7	中国人寿	601628	36732706.92	2.48
8	招商银行	600036	20969697.36	1.41
9	贵州茅台	600519	20068019.40	1.35
10	中国平安	601318	16484394.79	1.11
11	浦发银行	600000	15836797.23	1.07
12	交通银行	601328	14653655.90	0.99
13	兴业银行	601166	13504586.74	0.91
14	民生银行	600016	13304097.81	0.90
15	上海汽车	600104	13068784.27	0.88
16	中信银行	601998	12889686.28	0.87
17	中国太保	601601	12076750.70	0.81
18	光大银行	601818	11645219.52	0.78
19	中国联通	600050	11107016.51	0.75
20	大秦铁路	601006	11090626.45	0.75
21	长江电力	600900	10494000.00	0.71
22	中信证券	600030	9553261.86	0.64
23	三一重工	600031	9522507.50	0.64
24	中国建筑	601668	8730000.00	0.59
25	宝钢股份	600019	8493343.32	0.57
26	中煤能源	601898	8245952.36	0.56
27	华夏银行	600015	7692242.05	0.52
28	中国重工	601989	7495198.02	0.51
29	兖州煤业	600188	6627440.00	0.45
30	海螺水泥	600585	6259534.54	0.42
31	中国铝业	601600	6150695.08	0.41
32	海通证券	600837	6096815.49	0.41
33	紫金矿业	601899	6037052.99	0.41
34	保利地产	600048	5948328.66	0.40
35	上港集团	600018	5893591.53	0.40
36	新华保险	601336	5812840.33	0.39
37	北京银行	601169	5779177.43	0.39
38	华能国际	600011	5617500.00	0.38
39	中国国航	601111	5305745.82	0.36
40	大唐发电	601991	5157089.76	0.35
41	上海电气	601727	5023864.48	0.34
42	潞安环能	601699	4869093.74	0.33
43	招商证券	600999	4744999.63	0.32
44	包钢稀土	600111	4557075.79	0.31
45	江西铜业	600362	4551017.56	0.31
46	华泰证券	601688	4379200.00	0.30
47	建设银行	601939	4355520.55	0.29
48	中国中铁	601390	4307312.52	0.29
49	国电电力	600795	4295085.19	0.29
50	中海油服	601808	4289718.13	0.29

2011 年上证所 A 股成交股数最多的前 20 种股票

序号	股票代码	股票简称	成交股数(万股)	占总成交股数的比例(%)
1	601288	农业银行	3304876.71	1.56
2	600016	民生银行	3066886.90	1.45
3	600010	包钢股份	2528757.36	1.19
4	601668	中国建筑	2258589.12	1.07
5	601899	紫金矿业	2211801.13	1.04
6	600050	中国联通	2045757.32	0.97
7	600795	国电电力	1821753.10	0.86
8	601818	光大银行	1812659.80	0.86
9	600030	中信证券	1694103.13	0.80
10	601766	中国南车	1678570.70	0.79
11	600383	金地集团	1601556.91	0.76
12	601299	中国北车	1554756.94	0.73
13	600000	浦发银行	1544217.56	0.73
14	600036	招商银行	1490731.78	0.70
15	601901	方正证券	1357584.92	0.64
16	601166	兴业银行	1286727.37	0.61
17	601398	工商银行	1263767.27	0.60
18	601328	交通银行	1259855.73	0.59
19	600837	海通证券	1243135.52	0.59
20	601106	中国一重	1232966.90	0.58

2011 年上证所 A 股成交金额最多的前 20 种股票

序号	股票代码	股票简称	成交金额(万元)	占总成交金额的比例(%)
1	600111	包钢稀土	35594084.53	1.50
2	601318	中国平安	25556652.34	1.08
3	601166	兴业银行	23982338.33	1.01
4	600030	中信证券	21939216.80	0.92
5	600036	招商银行	19402598.54	0.82
6	600010	包钢股份	18247611.84	0.77
7	600031	三一重工	18129919.27	0.76
8	600000	浦发银行	17624734.39	0.74
9	600016	民生银行	17482639.78	0.74
10	600585	海螺水泥	16594256.67	0.70
11	600362	江西铜业	15477439.15	0.65
12	600348	阳泉煤业	15019271.52	0.63
13	601088	中国神华	14386789.68	0.61
14	600058	五矿发展	14144249.95	0.60
15	600547	山东黄金	13883134.15	0.58
16	600519	贵州茅台	13861326.45	0.58
17	601899	紫金矿业	13838025.36	0.58
18	600636	三爱富	13093467.09	0.55
19	600068	葛洲坝	11961976.05	0.50
20	600516	方大炭素	11758893.68	0.49

2011 年上证所 A 股前 20 种跌幅最大股票

序号	股票代码	股票简称	上年度收盘价(元)	本年度收盘价(元)	跌幅(%)
1	600707	彩虹股份	19.120	6.410	-66.47
2	600146	大元股份	27.150	9.450	-65.19
3	600392	太工天成	27.370	10.160	-62.88
4	600737	中粮屯河	15.850	6.010	-62.08
5	600458	时代新材	63.820	11.020	-61.93
6	600499	科达机电	23.840	9.160	-61.38
7	600460	士兰微	22.890	8.860	-61.16

序号	股票代码	股票简称	上年度收盘价(元)	本年度收盘价(元)	跌幅(%)
8	600866	星湖科技	14.140	5.580	-60.54
9	600281	*ST 太化	11.690	4.680	-59.97
10	600673	东阳光铝	18.330	7.350	-59.90
11	600487	亨通光电	40.600	16.200	-59.78
12	600576	万好万家	19.060	7.760	-59.29
13	600523	贵航股份	23.920	9.770	-58.88
14	600812	华北制药	15.710	6.480	-58.75
15	600213	亚星客车	17.170	7.090	-58.71
16	600311	荣华实业	18.580	7.930	-57.32
17	600198	大唐电信	19.630	8.400	-57.21
18	600061	中纺投资	13.250	5.680	-57.13
19	600596	新安股份	15.220	6.500	-56.93
20	600330	天通股份	17.290	7.460	-56.85

2011 年上证所 A 股前 20 种涨幅最大股票

序号	股票代码	股票简称	上年度收盘价(元)	本年度收盘价(元)	涨幅(%)
1	600340	华夏幸福	8.720	16.050	194.35
2	600645	ST 中源	9.380	22.790	142.96
3	600633	浙报传媒	7.280	14.420	98.08
4	600637	百视通	8.380	15.050	79.59
5	600490	ST 合臣	15.750	25.850	64.13
6	600466	迪康药业	9.760	6.170	58.08
7	600568	中珠控股	11.790	18.030	52.93
8	600502	安徽水利	13.500	13.430	49.82
9	600793	ST 宜纸	10.850	15.530	43.13
10	600636	三爱富	14.670	20.440	39.33
11	600603	ST 兴 业	6.790	9.330	37.41
12	600200	江苏吴中	6.740	9.100	35.22
13	600687	刚泰控股	10.580	14.150	33.74
14	600371	万向德农	14.510	18.430	29.01
15	600714	金瑞矿业	11.720	15.040	28.33
16	600759	正和股份	5.230	6.690	27.92
17	600057	象屿股份	3.980	5.060	27.14
18	600056	中国医药	16.320	20.240	24.29
19	900933	华新 B 股	2.830	1.739	23.75
20	600021	上海电力	3.980	4.730	19.89

2011 年上海证券交易所融券交易前 10 种股票

序号	股票代码	股票简称	融券卖出额(万元)	买卖还券额(万元)	合计(万元)
1	600030	中信证券	116987.25	113478.33	230465.58
2	601318	中国平安	93221.96	85906.75	179128.71
3	600048	保利地产	74473.98	71818.37	146292.35
4	601088	中国神华	74647.29	71013.55	145660.84
5	600036	招商银行	69525.91	64518.52	134044.43
6	600519	贵州茅台	62171.58	59105.36	121276.94
7	600362	江西铜业	61718.97	57180.41	118899.38
8	601699	潞安环能	56395.31	49632.16	106027.47
9	600104	上海汽车	52447.27	48780.66	101227.93
10	601601	中国太保	51062.40	46904.81	97967.21

2011 年上海证券交易所融资交易前 10 种股票

序号	股票代码	股票简称	融资买入额(万元)	卖券还款额(万元)	合计(万元)
1	601318	中国平安	1086763.17	621101.70	1707864.87
2	601166	兴业银行	1016138.59	553754.42	1569893.01
3	600030	中信证券	913680.66	485190.90	1398871.56

序号	股票代码	股票简称	融资买入额(万元)	卖券还款额(万元)	合计(万元)
4	600016	民生银行	654532.23	358231.13	1012763.36
5	600089	特变电工	618237.13	321769.74	940006.87
6	601088	中国神华	607763.18	330265.58	938028.76
7	600000	浦发银行	562876.51	305134.02	868010.53
8	600362	江西铜业	594055.51	263359.97	857415.48
9	600519	贵州茅台	503364.15	311537.54	814901.69
10	601168	西部矿业	590035.90	215063.98	805099.88

2011 年度上证所股票特殊事件首日表现

公司代码	公司名称	日期	事件	开盘价	最高价	最低价	收盘价	成交量(万股)	成交额(万元)	日换手率
600381	青海贤成矿业股份有限公司	2011/12/28	A股增发上市	5.3	5.43	5.13	5.36	428.64	2273.34	0.93
600449	宁夏建材集团股份有限公司	2011/12/26	A股增发上市	20	20.25	19.52	19.57	371.4	7419.83	2.96
600073	上海梅林正广和股份有限公司	2011/12/20	A股增发上市	8.57	8.79	8.51	8.75	269.78	2346.69	0.76
600637	百视通新媒体股份有限公司	2011/12/20	A股增发上市	15.65	15.85	15.28	15.47	582.24	9060.81	0.82
600699	辽源均胜电子股份有限公司	2011/12/20	A股增发上市	8.37	8.37	7.92	8.15	51.63	422.56	0.28
600499	广东科达机电股份有限公司	2011/12/16	A股增发上市	10.52	10.96	10.4	10.91	441.13	4719.28	0.73
601336	新华人寿保险股份有限公司	2011/12/16	A股新上市	25	26.8	24.9	26.44	11717.73	301397.83	92.39
601139	深圳市燃气集团股份有限公司	2011/12/15	A股增发上市	11.21	11.35	10.93	11.2	126.73	1412.94	0.22
600346	大连橡胶塑料机械股份有限公司	2011/12/13	A股增发上市	8.88	8.89	8.28	8.32	256.01	2167.89	1.22
601555	东吴证券股份有限公司	2011/12/12	A股新上市	8.06	8.18	7.23	7.35	22966.2	174665.37	83.51
600546	山煤国际能源集团股份有限公司	2011/12/6	A股增发上市	0	0	0	24.9	0	0	0
600467	山东好当家海洋发展股份有限公司	2011/12/1	A股增发上市	12.22	12.33	11.97	12.02	719.91	8741.65	1.14
600537	亿晶光电科技股份有限公司	2011/12/1	A股增发上市	22.59	23.07	22.3	22.58	441.57	9991.02	1.92
601928	江苏凤凰出版传媒股份有限公司	2011/11/30	A股新上市	12.03	12.97	11.72	11.86	25759.27	311751.62	92.01
600869	三普药业股份有限公司	2011/11/29	A股增发上市	23.11	23.27	22.81	23.21	154.92	3578.88	1.29
600433	广东冠豪高新技术股份有限公司	2011/11/24	A股增发上市	9.95	9.95	9.62	9.87	465.59	4550.08	1.87
600886	国投电力控股股份有限公司	2011/11/22	A股增发上市	6.09	6.22	6.06	6.19	1414.43	8703.42	1.01
600801	华新水泥股份有限公司	2011/11/11	A股增发上市	18.53	18.63	18.22	18.34	417.74	7717.43	0.87
601028	江苏玉龙钢管股份有限公司	2011/11/7	A股新上市	13.5	13.77	13.06	13.24	5331.14	71216.39	83.82
600859	北京王府井百货(集团)股份有限公司	2011/10/31	A股增发上市	40.4	41.2	39.5	40.77	163.37	6664.03	0.39
601100	江苏恒立高压油缸股份有限公司	2011/10/28	A股新上市	23	24.1	22.2	23.78	6634.78	154635.13	78.99
600077	宋都基业投资股份有限公司	2011/10/24	A股增发上市	7.7	7.78	7.45	7.61	344.81	2624.6	2.63
600792	云南煤业能源股份有限公司	2011/10/21	A股增发上市	13.19	13.34	13.05	13.13	35.41	466.26	0.28
601669	中国水利水电建设股份有限公司	2011/10/18	A股新上市	4.78	6.23	4.72	5.27	140933.9	704978.51	93.96
600712	南宁百货大楼股份有限公司	2011/10/14	A股增发上市	9.95	10.12	9.93	9.98	1542.86	15439.15	6.03
600139	四川西部资源控股股份有限公司	2011/10/11	A股增发上市	18.9	19	17.55	17.82	392.03	7146.34	2.39
600403	河南大有能源股份有限公司	2011/10/11	A股增发上市	29.5	29.5	26.03	28.33	163.76	4467.76	1.28
600335	国机汽车股份有限公司	2011/9/30	A股增发上市	15.18	15.6	14.95	15.56	48.31	735.18	0.18
601996	广西丰林木业集团股份有限公司	2011/9/29	A股新上市	12.8	13.91	12.6	13.23	1434.25	18976.76	30.57
600160	浙江巨化股份有限公司	2011/9/28	A股增发上市	24.9	24.97	22.49	22.51	2227.99	52433.53	2.8
601633	长城汽车股份有限公司	2011/9/28	A股新上市	12.8	12.8	11.81	11.85	6826.09	83602.07	27.95
600340	华夏幸福基业投资开发股份有限公司	2011/9/20	A股增发上市	19.95	20.18	18.96	19.13	684.31	13272.4	2.94
601677	河南明泰铝业股份有限公司	2011/9/19	A股新上市	18.65	19.48	18.25	18.26	1964.99	36878.78	40.94
600827	上海友谊集团股份有限公司	2011/9/13	A股增发上市	16.09	16.37	16.09	16.2	232.59	3769.48	0.19
600410	北京华胜天成科技股份有限公司	2011/9/8	A股增发上市	13.17	13.27	13	13.11	286.03	3757.98	0.59
601908	北京京运通科技股份有限公司	2011/9/8	A股新上市	49.1	49.99	44.88	46.63	3910.78	184292	81.47
600298	安琪酵母股份有限公司	2011/8/26	A股增发上市	36.49	36.68	35.9	36.07	101.57	3681.23	0.37
601000	唐山港集团股份有限公司	2011/8/26	A股增发上市	7.42	7.45	7.34	7.39	239.84	1774.21	0.53
600489	中金黄金股份有限公司	2011/8/19	A股增发上市	29.11	29.38	28.85	29.04	2031.17	59172.86	1.1
601886	北京江河幕墙股份有限公司	2011/8/18	A股新上市	27.88	29.3	25.9	26.35	7503.31	205073.5	85.26
601789	宁波建工股份有限公司	2011/8/16	A股新上市	11.31	11.6	10.36	11.23	7223.04	79383.63	90.29
601636	株洲旗滨集团股份有限公司	2011/8/12	A股新上市	15	15.58	14	14.15	11591.88	168974.42	86.25
600459	贵研铂业股份有限公司	2011/8/11	A股增发上市	22.22	23.3	22.22	23.23	264.58	6041.42	1.82
600176	中国玻纤股份有限公司	2011/8/10	A股增发上市	29.75	30.2	28.6	29.35	281.17	8324.6	0.66

公司代码	公司名称	日期	事件	开盘价	最高价	最低价	收盘价	成交量（万股）	成交额（万元）	日换手率
601901	方正证券股份有限公司	2011/8/10	A股新上市	5.51	6.04	5.51	5.6	73764.88	422157.15	89.41
601222	江苏林洋电子股份有限公司	2011/8/8	A股新上市	22	23.77	20.96	21.97	5195.43	114364.76	86.59
600170	上海建工集团股份有限公司	2011/8/4	A股增发上市	14	14.09	13.91	13.99	310.41	4344.88	0.88
600522	江苏中天科技股份有限公司	2011/8/1	A股增发上市	22.66	22.94	22.18	22.78	491.17	11091.58	1.25
600292	重庆九龙电力股份有限公司	2011/7/28	A股增发上市	15.06	15.19	14.81	15	116.93	1761.17	0.35
600375	华菱星马汽车(集团)股份有限公司	2011/7/21	A股增发上市	21.08	21.17	20.32	20.33	117.86	2436.99	0.63
600350	山东高速公路股份有限公司	2011/7/13	A股增发上市	4.18	4.22	4.18	4.21	329.03	1383.94	0.24
600165	宁夏新日恒力钢丝绳股份有限公司	2011/7/12	A股增发上市	9.39	9.39	9.1	9.2	309.08	2840.82	1.59
600577	铜陵精达特种电磁线股份有限公司	2011/7/11	A股增发上市	11.06	11.15	10.82	11.12	415.99	4566.77	1.41
600888	新疆众和股份有限公司	2011/7/6	A股增发上市	25.81	26.25	25.73	26	265.01	6872.6	0.75
600527	江苏江南高纤股份有限公司	2011/7/5	A股增发上市	9.79	9.85	9.7	9.76	825.42	8057.34	2.35
601058	赛轮股份有限公司	2011/6/30	A股新上市	10.15	10.58	9.4	10.02	7338.2	72940.49	93.6
600780	山西通宝能源股份有限公司	2011/6/27	A股增发上市	6.65	6.88	6.6	6.79	1379.99	9297.19	1.58
601798	甘肃蓝科石化高新装备股份有限公司	2011/6/22	A股新上市	14.78	15.5	13.24	13.53	5783.08	80869.14	90.36
600723	北京首商集团股份有限公司	2011/6/21	A股增发上市	11.81	12.07	11.81	12.01	250.35	2997.76	0.79
601567	宁波三星电气股份有限公司	2011/6/15	A股新上市	19.98	19.98	18.88	18.91	1140.9	22082.64	21.29
600710	常林股份有限公司	2011/6/8	A股增发上市	11.01	11.16	10.92	11.09	502.39	5552.26	1.03
600372	中航航空电子设备股份有限公司	2011/6/3	A股增发上市	43.7	46.1	42.81	45.4	799.49	36088.91	1.95
600662	上海强生控股股份有限公司	2011/6/3	A股增发上市	6.73	6.94	6.73	6.92	591.32	4043.34	1.08
601010	文峰大世界连锁发展股份有限公司	2011/6/3	A股新上市	18.05	18.83	18.05	18.34	1770.84	32595.33	20.12
601311	骆驼集团股份有限公司	2011/6/2	A股新上市	17.6	18.19	17.23	17.55	1417.2	25069.85	21.34
601991	大唐国际发电股份有限公司	2011/6/2	A股增发上市	6.2	6.2	6.06	6.09	1022.01	6252.8	0.11
600256	广汇能源股份有限公司	2011/5/30	A股增发上市	23.89	24.32	23.89	24.17	1245.62	30057.61	1.15
601566	九牧王股份有限公司	2011/5/30	A股新上市	21.3	21.55	19.06	19.13	2239.45	45634.36	23.33
601599	江苏鹿港科技股份有限公司	2011/5/27	A股新上市	14.22	18.68	13.21	16.79	3990.33	58030.25	94.11
600321	四川国栋建设股份有限公司	2011/5/26	A股增发上市	7.18	7.25	7.08	7.1	512.92	3662.88	1.13
600096	云南云天化股份有限公司	2011/5/25	A股增发上市	19.14	19.21	18.86	19	279.81	5326.06	0.47
601208	四川东材科技集团股份有限公司	2011/5/20	A股新上市	21.22	23.3	20.5	22.78	5297.19	117129.61	82.77
600183	广东生益科技股份有限公司	2011/5/18	A股增发上市	10.21	10.27	10.12	10.21	809.25	8267.39	0.85
601233	桐昆集团股份有限公司	2011/5/18	A股新上市	27.18	30.7	27.18	29.71	7643.71	219134.21	79.62
600567	安徽山鹰纸业股份有限公司	2011/5/9	A股增发上市	5.57	5.6	5.52	5.55	764.38	4251.74	1.47
601113	义乌华鼎锦纶股份有限公司	2011/5/9	A股新上市	13.4	13.96	13.03	13.42	2214.82	29832.94	34.61
601218	江苏吉鑫风能科技股份有限公司	2011/5/6	A股新上市	19.26	21.4	19.22	19.97	708.73	14363.49	17.44
600278	东方国际创业股份有限公司	2011/5/5	A股增发上市	11.88	11.88	11.38	11.39	1114.21	12981.41	3.48
600749	西藏旅游股份有限公司	2011/5/4	A股增发上市	15.22	15.23	14.77	14.83	264.23	3934.36	1.6
600172	河南黄河旋风股份有限公司	2011/5/3	A股增发上市	17.7	19.47	17.58	18.98	4669.04	88415.12	18.6
600391	四川成发航空科技股份有限公司	2011/5/3	A股增发上市	21.3	22	21.3	21.87	88.43	1927.18	1.23
600015	华夏银行股份有限公司	2011/4/29	A股增发上市	13	13.06	12.43	12.52	4241.85	53520.35	1.12
601258	庞大汽贸集团股份有限公司	2011/4/28	A股新上市	36	38.6	33.88	34.58	1861.13	66970.67	16.62
600866	广东肇庆星湖生物科技股份有限公司	2011/4/27	A股增发上市	13	13.5	12.82	13.19	1143.29	15063.84	2.19
600017	日照港股份有限公司	2011/4/19	A股增发上市	0	0	0	4.45	0	0	0
600770	江苏综艺股份有限公司	2011/4/15	A股增发上市	24.5	24.56	23.74	23.96	906.9	21831.57	1.36
600361	北京华联综合超市股份有限公司	2011/4/14	A股增发上市	10.39	10.58	10.32	10.37	413.08	4320.56	0.85
600018	上海国际港务(集团)股份有限公司	2011/4/12	A股增发上市	4.25	4.35	4.14	4.28	5657.66	24031.6	0.27
600353	成都旭光电子股份有限公司	2011/4/7	A股增发上市	15.9	15.9	15.1	15.21	369.08	5657.49	3.26
600157	永泰能源股份有限公司	2011/3/30	A股增发上市	27.08	27.29	26.25	26.32	247.45	6621.11	0.97
601008	江苏连云港港口股份有限公司	2011/3/29	A股增发上市	8.4	8.9	8.16	8.39	1794.55	15174.7	3.34
600267	浙江海正药业股份有限公司	2011/3/18	A股增发上市	37.03	37.53	36.9	37.01	357.48	13283.25	0.74
600586	山东金晶科技股份有限公司	2011/3/18	A股增发上市	16.31	16.85	15.99	16.63	2816.24	46158.21	7.77
601199	江苏江南水务股份有限公司	2011/3/17	A股新上市	21.51	21.98	20.37	20.55	3317.65	70342.15	70.53
600063	安徽皖维高新材料股份有限公司	2011/3/16	A股增发上市	12.3	12.53	12.2	12.32	1061.54	13113.07	2.88
600973	宝胜科技创新股份有限公司	2011/3/14	A股增发上市	21.35	21.9	21.33	21.8	599.2	12994.08	3.84
601011	七台河宝泰隆煤化工股份有限公司	2011/3/9	A股新上市	27.11	28.5	25.01	25.75	6591.28	170623.52	84.94
600087	中国长江航运集团南京油运股份有限公司	2011/3/8	A股增发上市	6.09	6.09	6.02	6.05	2078.24	12561.39	1.29
601116	三江购物俱乐部股份有限公司	2011/3/2	A股新上市	19.11	22.8	19.11	21.78	4500.29	92769.45	93.76

公司代码	公司名称	日期	事件	开盘价	最高价	最低价	收盘价	成交量（万股）	成交额（万元）	日换手率
601992	北京金隅股份有限公司	2011/3/1	A股新上市	15	16.27	14.55	15.05	10268.67	156389.74	32.5
600409	唐山三友化工股份有限公司	2011/2/22	A股增发上市	8.98	9.35	8.9	8.99	2604.25	23760.22	2.77
601216	内蒙古君正能源化工股份有限公司	2011/2/22	A股新上市	26.01	28	26	27.64	7470.19	201732.68	77.81
601989	中国船舶重工股份有限公司	2011/2/21	A股增发上市	14	14.38	13.93	14.13	4613.31	65168.05	2.17
600187	黑龙江国中水务股份有限公司	2011/2/17	A股增发上市	13.8	14.1	13.66	13.92	679.22	9405.67	6.97
600354	甘肃省敦煌种业股份有限公司	2011/2/16	A股增发上市	35.48	36.35	34.8	36.03	404.89	14472.25	2.18
600487	江苏亨通光电股份有限公司	2011/2/1	A股增发上市	32.69	32.85	32.26	32.47	102.28	3316.96	0.62
601616	上海广电电气(集团)股份有限公司	2011/2/1	A股新上市	19	19	17.52	17.9	1016.99	18356.03	12.11
601799	常州星宇车灯股份有限公司	2011/2/1	A股新上市	20	20.5	19.31	19.73	636.21	12645.31	13.25
600290	华仪电气股份有限公司	2011/1/31	A股增发上市	15.37	15.99	15.02	15.86	598.48	9303.64	3.72
601519	上海大智慧股份有限公司	2011/1/28	A股新上市	24.91	25.58	23.2	25.38	6837.46	168720.74	77.7
601137	宁波博威合金材料股份有限公司	2011/1/27	A股新上市	25.5	26.8	24.8	25.75	767.82	19733.27	17.45
600381	青海贤成矿业股份有限公司	2011/1/19	A股增发上市	8.55	8.73	8.45	8.67	353.94	3054.35	1.16
601700	常熟风范电力设备股份有限公司	2011/1/18	A股新上市	29.97	32.66	28.27	29.96	1074.44	32851.1	23.93
601558	华锐风电科技(集团)股份有限公司	2011/1/13	A股新上市	87	88.8	81.01	81.37	2406.85	202549.04	28.62
600803	河北威远生物化工股份有限公司	2011/1/12	A股增发上市	12.8	13.17	12.61	13.14	205.67	2641.45	1.09
600461	江西洪城水业股份有限公司	2011/1/10	A股增发上市	17.9	18.22	17.21	17.42	186.47	3296.6	1.33
601118	海南天然橡胶产业集团股份有限公司	2011/1/7	A股新上市	9.53	12.36	9.5	11.01	39365.85	403525.05	91.06
600873	梅花生物科技集团股份有限公司	2011/1/6	A股增发上市	32.12	33.57	32.12	33.01	333.71	10969.24	3.08
600578	北京京能热电股份有限公司	2011/1/4	A股增发上市	10.95	11.1	10.84	11.04	409.11	4491.66	0.71
600729	重庆百货大楼股份有限公司	2011/1/4	A股增发上市	44.96	45.08	43.9	45.01	242.48	10800.78	1.79
600750	江中药业股份有限公司	2011/1/4	A股增发上市	36.5	37.85	36.06	37.37	277.92	10354.78	0.94

2011 年上海证券交易所恢复上市的公司

序号	A股代码	A股简称	B股代码	B股简称	恢复上市公告刊登日	上市日期	恢复上市A股简称
1	600057	*ST夏新			2011-8-23	2011-8-29	象屿股份
2	600681	S*ST万鸿			2011-9-1	2011-9-8	ST万鸿
3	600313	*ST中农			2011-10-13	2011-10-19	ST中农
4	600633	*ST白猫			2011-9-23	2011-9-29	浙报传媒
5	600094	*ST华源	900940	*ST华源B	2011-9-28	2011-10-11	ST华源
6	600898	*ST三联			2011-7-18	2011-7-25	ST三联
7	600727	*ST鲁北			2011-8-12	2011-8-18	ST鲁北

2011 年上海证券交易所取消特别处理的公司

序号	公司代码	公司简称	B股代码	B股简称	取消特别处理股票简称	取消特别处理实施起始日	公告日期
1	600711	ST雄震			雄震矿业	2011-3-4	2011-3-3
2	600891	ST秋林			秋林集团	2011-9-1	2011-8-31
3	600077	ST百科			百科集团	2011-11-1	2011-10-31
4	600721	ST百花			百花村	2011-6-3	2011-6-2
5	600898	ST三联			三联商社	2011-11-14	2011-11-11
6	600242	ST华龙			中昌海运	2011-4-7	2011-4-6
7	600714	ST金瑞			金瑞矿业	2011-4-29	2011-4-28
8	600728	ST新太			新太科技	2011-8-8	2011-8-5
9	600340	ST国祥			华夏幸福	2011-11-2	2011-11-1
10	600876	ST洛玻			洛阳玻璃	2011-4-19	2011-4-18
11	600372	ST昌河			中航电子	2011-6-3	2011-6-2
12	600740	*ST山焦			山西焦化	2011-5-3	2011-4-29
13	600792	*ST马龙			云煤能源	2011-11-1	2011-10-31
14	600373	*ST鑫新			中文传媒	2011-4-14	2011-4-13
15	600131	*ST岷电			岷江水电	2011-4-14	2011-4-13

2011 年上海证券交易所退市风险警示的公司

序号	A 股代码	A 股简称	B 股代码	B 股简称	公告日期	停牌日期	实施起始日	A 股实施退市风险警示后简称	B 股实施退市风险警示后简称
1	600604	ST 二纺	900902	ST 二纺 B	2011－3－14	2011－3－14	2011－3－15	*ST 二纺	*ST 二纺 B
2	600698	ST 轻骑	900946	ST 轻骑 B	2011－4－1	2011－4－1	2011－4－6	*ST 轻骑	*ST 轻骑 B
3	600074	中达股份			2011－4－25	2011－4－25	2011－4－26	*ST 中达	
4	600365	通葡股份			2011－2－15	2011－2－15	2011－2－16	*ST 通葡	
5	600671	天目药业			2011－5－3	2011－5－3	2011－5－4	*ST 天目	
6	900951	大化 B 股			2011－4－25	2011－4－25	2011－4－26	*ST 大化 B	
7	600792	ST 马龙			2011－3－28	2011－3－28	2011－3－29	*ST 马龙	
8	600228	昌九生化			2011－4－25	2011－4－25	2011－4－26	*ST 昌九	
9	600715	ST 松辽			2011－4－28	2011－4－28	2011－4－29	*ST 松辽	
10	600892	ST 宝诚			2011－2－25	2011－2－25	2011－2－28	*ST 宝诚	
11	600203	福日电子			2011－1－26	2011－1－26	2011－1－27	*ST 福日	
12	600083	ST 博信			2011－3－1	2011－3－1	2011－3－2	*ST 博信	
13	600281	太化股份			2011－4－26	2011－4－26	2011－4－27	*ST 太化	
14	600678	ST 金顶			2011－1－31	2011－1－31	2011－2－1	*ST 金顶	
15	600335	鼎盛天工			2011－2－22	2011－2－22	2011－2－23	*ST 盛工	

2011 年上证所上市公司简称更改一览表

股票代码	更名日期	新股票简称	原股票简称
600077	2011－5－6	ST 百科	*ST 百科
600077	2011－12－30	宋都股份	百科集团
600080	2011－7－6	ST 金花	*ST 金花
600083	2011－3－2	*ST 博信	ST 博信
600084	2011－12－22	ST 中葡	*ST 中葡
600091	2011－8－4	ST 明科	*ST 明科
600094	2011－10－11	ST 华源	*ST 华源
600145	2011－7－20	*ST 国创	*ST 四维
600145	2011－10－28	ST 国创	*ST 国创
600165	2011－9－13	新日恒力	宁夏恒力
600179	2011－5－24	ST 黑化	*ST 黑化
600180	2011－12－15	ST 九发	*ST 九发
600193	2011－6－8	创兴资源	创兴置业
600209	2011－11－1	ST 罗顿	*ST 罗顿
600217	2011－7－22	ST 秦岭	*ST 秦岭
600261	2011－1－11	阳光照明	浙江阳光
600299	2011－7－8	ST 新材	*ST 新材
600301	2011－12－19	ST 南化	*ST 南化
600313	2011－10－19	ST 中农	*ST 中农
600327	2011－4－26	大东方	大厦股份
600348	2011－7－12	阳泉煤业	国阳新能
600355	2011－6－24	ST 精伦	*ST 精伦
600403	2011－2－24	大有能源	欣网视讯
600444	2011－7－6	ST 国通	*ST 国通
600449	2011－12－30	宁夏建材	赛马实业
600490	2011－8－8	ST 合臣	*ST 合臣
600515	2011－5－6	ST 筑信	*ST 筑信
600515	2011－12－16	ST 海建	ST 筑信
600520	2011－6－10	中发科技	三佳科技
600537	2011－12－30	亿晶光电	海通集团
600538	2011－8－22	ST 国发	*ST 国发
600562	2011－8－25	ST 高陶	*ST 高陶
600604	2011－3－15	*ST 二纺	ST 二纺
600608	2011－9－6	ST 沪科	*ST 沪科

股票代码	更名日期	新股票简称	原股票简称
600609	2011-6-24	ST 金杯	*ST 金杯
600617	2011-12-22	ST 联华	*ST 联华
600637	2011-12-29	百视通	广电信息
600656	2011-9-16	ST 博元	ST 方源
600678	2011-2-1	*ST 金顶	ST 金顶
600681	2011-9-8	ST 万鸿	S*ST 万鸿
600698	2011-4-6	*ST 轻骑	ST 轻骑
600699	2011-8-25	ST 得亨	*ST 得亨
600702	2011-7-8	沱牌舍得	沱牌曲酒
600704	2011-5-3	物产中大	中大股份
600711	2011-7-6	盛屯矿业	雄震矿业
600715	2011-4-29	*ST 松辽	ST 松辽
600722	2011-5-6	ST 金化	*ST 金化
600723	2011-7-25	首商股份	西单商场
600727	2011-8-18	ST 鲁北	*ST 鲁北
600757	2011-8-22	ST 源发	*ST 源发
600760	2011-1-24	中航黑豹	东安黑豹
600769	2011-6-24	ST 祥龙	*ST 祥龙
600783	2011-3-21	鲁信创投	鲁信高新
600792	2011-3-29	*ST 马龙	ST 马龙
600860	2011-5-30	ST 北人	*ST 北人
600873	2011-3-11	梅花集团	五洲明珠
600885	2011-12-22	ST 力阳	*ST 力阳
600892	2011-2-28	*ST 宝诚	ST 宝诚
600898	2011-7-25	ST 三联	*ST 三联
600960	2011-4-27	渤海活塞	滨州活塞
600963	2011-6-15	岳阳林纸	岳阳纸业
600984	2011-11-15	ST 建机	*ST 建机
600988	2011-9-6	ST 宝龙	*ST 宝龙
900902	2011-3-15	*ST 二纺 B	ST 二纺 B
900913	2011-12-22	ST 联华 B	*ST 联华 B
900936	2011-6-15	鄂资 B 股	鄂绒 B 股
900939	2011-7-22	ST 汇丽 B	*ST 汇丽 B
900940	2011-10-11	ST 华源 B	*ST 华源 B
900946	2011-4-6	*ST 轻骑 B	ST 轻骑 B

2011 年上证所上市公司名称更改一览

序号	A 股代码	原 A 股简称	新 A 股简称	B 股代码	原 B 股简称	新 B 股简称	更名日期	公告日期
1	600783	鲁信高新	鲁信创投				2011-3-21	2011-3-16
2	600537	海通集团	亿晶光电				2011-12-30	2011-12-28
3	600449	赛马实业	宁夏建材				2011-12-30	2011-12-27
4	600515	ST 筑信	ST 海建				2011-12-16	2011-12-13
5	600348	国阳新能	阳泉煤业				2011-7-12	2011-7-8
6	600656	ST 方源	ST 博元				2011-9-16	2011-9-14
7	600637	广电信息	百视通				2011-12-29	2011-12-27
8	600403	欣网视讯	大有能源				2011-2-24	2011-2-16
9	600295	鄂尔多斯		900936	鄂绒 B 股	鄂资 B 股	2011-6-15	2011-6-10
10	600873	五洲明珠	梅花集团				2011-3-11	2011-3-8
11	600193	创兴置业	创兴资源				2011-6-8	2011-6-3
12	600963	岳阳纸业	岳阳林纸				2011-6-15	2011-6-10
13	600704	中大股份	物产中大				2011-5-3	2011-4-26
14	600104	上海汽车	上汽集团				2012-1-9	2011-12-30
15	600711	雄震矿业	盛屯矿业				2011-7-6	2011-7-2
16	600702	沱牌曲酒	沱牌舍得				2011-7-8	2011-7-2
17	600261	浙江阳光	阳光照明				2011-1-11	2011-1-6
18	600960	滨州活塞	渤海活塞				2011-4-27	2011-4-21

序号	A股代码	原A股简称	新A股简称	B股代码	原B股简称	新B股简称	更名日期	公告日期
19	600165	宁夏恒力	新日恒力				2011-9-13	2011-9-7
20	600520	三佳科技	中发科技				2011-6-10	2011-6-8
21	600145	*ST四维	*ST国创				2011-7-20	2011-7-15
22	600723	西单商场	首商股份				2011-7-25	2011-7-21
23	600760	东安黑豹	中航黑豹				2011-1-24	2011-1-20
24	600327	大厦股份	大东方				2011-4-26	2011-4-21
25	600077	百科集团	宋都股份				2011-12-30	2011-12-26

2011年上证所B股十大发行股本股票

代码	股票名称	公司名称	发行股数	占比重(%)
900947	振华B股	上海振华重工(集团)股份有限公司	858.00	6.39
900949	东电B股	浙江东南发电股份有限公司	690.00	5.14
900948	伊泰B股	内蒙古伊泰煤炭股份有限公司	664.00	4.95
900950	新城B股	江苏新城地产股份有限公司	642.79	4.79
900903	大众B股	大众交通(集团)股份有限公司	533.87	3.98
900932	陆家B股	上海陆家嘴金融贸易区开发股份有限公司	509.60	3.80
900917	海欣B股	上海海欣集团股份有限公司	468.85	3.49
900937	华电B股	华电能源股份有限公司	432.00	3.22
900936	鄂资B股	内蒙古鄂尔多斯资源股份有限公司	420.00	3.13
900908	氯碱B股	上海氯碱化工股份有限公司	406.56	3.03
	总计		5625.67	41.90
	市场总计		13427.87	100.00

2011年上证所B股十大市价总值股票

代码	股票名称	公司名称	市价总值	占比重(%)
900948	伊泰B股	内蒙古伊泰煤炭股份有限公司	20872.07	30.54
900933	华新B股	华新水泥股份有限公司	3605.39	5.28
900936	鄂资B股	内蒙古鄂尔多斯资源股份有限公司	2859.20	4.18
900932	陆家B股	上海陆家嘴金融贸易区开发股份有限公司	2625.22	3.84
900947	振华B股	上海振华重工(集团)股份有限公司	2380.84	3.48
900905	老凤祥B	老凤祥股份有限公司	2074.77	3.04
900950	新城B股	江苏新城地产股份有限公司	2035.56	2.98
900949	东电B股	浙江东南发电股份有限公司	1892.86	2.77
900903	大众B股	大众交通(集团)股份有限公司	1616.41	2.37
900923	友谊B股	上海友谊集团股份有限公司	1451.78	2.12
	总计		41414.09	60.59
	市场总计		68346.60	100.00

注：股票排名中，发行股数、流通股数、成交股数单位为百万股(M)，成交金额、市价总值、流通市值为百万元(M Yuan)，收盘价格为美元(Dollar)。

2011年上证所B股十大成交金额股票

代码	股票名称	公司名称	成交金额	占比重(%)
900948	伊泰B股	内蒙古伊泰煤炭股份有限公司	17874.11	23.95
900936	鄂资B股	内蒙古鄂尔多斯资源股份有限公司	4533.74	6.08
900917	海欣B股	上海海欣集团股份有限公司	3491.03	4.68
900950	新城B股	江苏新城地产股份有限公司	3292.18	4.41
900933	华新B股	华新水泥股份有限公司	2946.26	3.95
900908	氯碱B股	上海氯碱化工股份有限公司	2923.14	3.92
900905	老凤祥B	老凤祥股份有限公司	2911.87	3.90
900907	鼎立B股	上海鼎立科技发展(集团)股份有限公司	2130.37	2.86
900947	振华B股	上海振华重工(集团)股份有限公司	2111.44	2.83
900925	机电B股	上海机电股份有限公司	1993.06	2.67
	总计		44207.20	59.24
	市场总计		74618.61	100.00

2011 年上证所 B 股十大成交股数股票

代码	股票名称	公司名称	成交股数	占比重(%)
900917	海欣 B 股	上海海欣集团股份有限公司	856.13	7.50
900950	新城 B 股	江苏新城地产股份有限公司	762.67	6.68
900908	氯碱 B 股	上海氯碱化工股份有限公司	732.70	6.42
900947	振华 B 股	上海振华重工(集团)股份有限公司	548.69	4.81
900919	大江 B 股	上海大江(集团)股份有限公司	467.96	4.10
900948	伊泰 B 股	内蒙古伊泰煤炭股份有限公司	451.38	3.95
900907	鼎立 B 股	上海鼎立科技发展(集团)股份有限公司	451.32	3.95
900936	鄂资 B 股	内蒙古鄂尔多斯资源股份有限公司	419.29	3.67
900941	东信 B 股	东方通信股份有限公司	416.33	3.65
900949	东电 B 股	浙江东南发电股份有限公司	284.99	2.50
	总计		5391.48	47.22
	市场总计		11418.87	100.00

2011 年上证所 B 股十大跌幅股票

代码	股票名称	公司名称	上年收盘	本年收盘	跌幅(%)
900926	宝信 B 股	上海宝信软件股份有限公司	2.15	1.01	-52.97
900932	陆家 B 股	上海陆家嘴金融贸易区开发股份有限公司	1.60	0.82	-49.06
900928	自仪 B 股	上海自动化仪表股份有限公司	0.89	0.48	-45.78
900924	上工 B 股	上工申贝(集团)股份有限公司	0.71	0.39	-45.43
900929	锦旅 B 股	上海锦江国际旅游股份有限公司	1.79	0.98	-45.19
900922	三毛 B 股	上海三毛企业(集团)股份有限公司	0.84	0.47	-44.55
900953	凯马 B	恒天凯马股份有限公司	0.72	0.41	-43.36
900957	凌云 B 股	上海凌云实业发展股份有限公司	0.67	0.38	-43.28
900938	ST 天海 B	天津市海运股份有限公司	0.52	0.30	-43.21
900945	海航 B 股	海南航空股份有限公司	1.15	0.66	-42.78

2011 年上证所 B 股十大换手率股票

代码	股票名称	公司名称	成交股数	流通股数	换手率(%)
900907	鼎立 B 股	上海鼎立科技发展(集团)股份有限公司	451.32	120.64	374.09
900917	海欣 B 股	上海海欣集团股份有限公司	856.13	468.85	182.60
900908	氯碱 B 股	上海氯碱化工股份有限公司	732.70	406.56	180.22
900950	新城 B 股	江苏新城地产股份有限公司	762.67	642.79	148.09
900935	阳晨 B 股	上海阳晨投资股份有限公司	150.13	105.60	142.16
900941	东信 B 股	东方通信股份有限公司	416.33	300.00	138.78
900921	丹科 B 股	丹化化工科技股份有限公司	265.18	193.79	136.84
900919	大江 B 股	上海大江(集团)股份有限公司	467.96	346.73	134.96
900951	*ST 大化 B	大化集团大连化工股份有限公司	120.22	100.00	120.22
900939	ST 汇丽 B	上海汇丽建材股份有限公司	105.23	88.00	119.58

2011 年末上证所分行业持股信息

行业代码	行业名称	自然人		专业机构		一般法人	
		持股市值	比例(%)	持股市值	比例(%)	持有股数	比例(%)
A	农、林、牧、渔业	300.17	46.60	277.82	43.20	61.37	9.50
B	采掘业	2291.13	7.50	27569.50	89.70	797.24	2.60
C01	食品加工业	266.56	44.30	273.04	45.40	57.77	9.60
C03	食品制造业	139.16	28.20	124.62	25.20	227.23	46.00
C05	饮料制造业	444.56	14.20	2051.33	65.30	620.91	19.80
C11	纺织业	221.30	62.00	128.65	36.10	4.23	1.20
C13	服装及其他纤维制品制造业	216.45	45.70	200.82	42.40	51.69	10.90
C14	皮革、毛皮、羽绒及制品制造业	60.80	61.20	33.77	34.00	3.94	4.00
C21	木材加工及竹、藤、棕、草制品业	15.59	64.90	7.62	31.70	0.73	3.00

行业代码	行业名称	自然人		专业机构		一般法人	
		持股市值	比例(%)	持股市值	比例(%)	持有股数	比例(%)
C25	家具制造业	26.70	62.60	12.47	29.20	3.23	7.60
C31	造纸及纸制品业	203.51	62.10	114.69	35.00	6.89	2.10
C35	印刷业	15.06	71.90	5.73	27.40	0.09	0.40
C41	石油加工及炼焦业	159.94	79.60	30.73	15.30	8.71	4.30
C43	化学原料及化学制品制造业	843.81	42.50	918.47	46.20	211.27	10.60
C47	化学纤维制造业	113.18	57.30	63.67	32.20	19.37	9.80
C48	橡胶制造业	65.68	39.10	91.61	54.60	10.09	6.00
C49	塑料制造业	211.22	66.50	63.51	20.00	41.64	13.10
C51	电子元器件制造业	477.84	54.20	355.70	40.30	40.93	4.60
C55	日用电子器具制造业	234.71	48.60	190.83	39.50	52.12	10.80
C57	其他电子设备制造业	26.62	96.50	0.50	1.80	0.20	0.70
C61	非金属矿物制品业	604.44	36.20	837.12	50.10	220.37	13.20
C65	黑色金属冶炼及压延加工业	599.38	26.30	1575.99	69.10	93.65	4.10
C67	有色金属冶炼及压延加工业	774.35	35.30	1268.50	57.80	130.13	5.90
C69	金属制品业	42.03	36.30	72.46	62.60	0.75	0.60
C71	普通机械制造业	262.67	41.20	296.60	46.50	72.26	11.30
C73	专用设备制造业	801.68	42.10	826.34	43.40	264.05	13.90
C75	交通运输设备制造业	1145.38	25.50	2771.39	61.80	546.95	12.20
C76	电器机械及器材制造业	701.23	30.70	1323.60	57.90	240.42	10.50
C78	仪器仪表及文化、办公用机械制造	32.09	60.00	19.85	37.10	1.29	2.40
C81	医药制造业	1077.94	32.50	1562.87	47.10	652.02	19.70
C85	生物制品业	82.33	35.70	126.09	54.60	21.34	9.20
C99	其他制造业	127.84	60.90	59.10	28.20	21.81	10.40
D	电力、煤气及水的生产和供应业	1055.23	28.10	2420.86	64.50	259.42	6.90
E	建筑业	939.18	40.10	1137.31	48.60	236.45	10.10
F	交通运输、仓储业	1342.45	24.30	3717.24	67.20	439.87	8.00
G	信息技术业	1008.22	30.50	1676.65	50.80	570.66	17.30
H	批发和零售贸易	1046.91	37.70	1239.89	44.60	466.25	16.80
I	金融、保险业	3822.15	10.10	30622.32	81.30	3011.31	8.00
J	房地产业	1113.41	34.10	1628.54	49.90	486.76	14.90
K	社会服务业	321.16	38.20	355.73	42.30	159.47	18.90
L	传播与文化产业	228.83	48.70	186.24	39.60	51.31	10.90
M	综合类	901.84	55.80	578.12	35.80	121.24	7.50

2011 年度投资者开户逐月信息

日期	总数	A 股	B 股	基金
2011.01	49.37	39.63	0.17	9.57
2011.02	59.20	48.81	0.17	10.22
2011.03	113.24	93.37	0.23	19.63
2011.04	58.73	47.56	0.16	11.02
2011.05	55.66	43.62	0.12	11.92
2011.06	59.75	48.25	0.11	11.39
2011.07	50.10	40.33	0.08	9.69
2011.08	58.69	46.83	0.08	11.79
2011.09	51.29	40.31	0.07	10.92
2011.10	33.41	26.59	0.06	6.76
2011.11	51.54	38.46	0.07	13.00
2011.12	47.39	35.65	0.06	11.68
2011 年合计	688.38	549.41	1.38	137.58
累计总户数	10539.12	8550.85	154.17	1834.10

2011 年度各类投资者盈利情况

投资者分类	盈利金额(亿)
自然人投资者	-8759.77
一般法人	-16797.52

投资者分类	盈利金额(亿)
专业机构	-4777.62
合计	-30334.90

2012 年上半年沪市活跃股成交量前 20 名

名次	股票代码	股票简称	开盘价	收盘价	平均价	累计成交量(万股)	累计成交金额(万元)	累计涨跌幅(%)	期间振幅(%)	累计换手率
1	601901	方正证券	4.2	5.08	4.81	1363187.43	6734453.36	25.22	4.98	908.79
2	600016	民生银行	5.95	5.99	6.38	1327931.45	8481326.79	7.53	1.48	58.79
3	600010	包钢股份	4.15	4.88	5.65	1154428.43	6824016.9	23.19	7.45	179.72
4	600050	中国联通	5.24	3.72	4.49	1032671.89	4741627.18	-33.15	1.7	48.72
5	601288	农业银行	2.62	2.59	2.68	947527.65	2540846.19	4.18	1.47	37.76
6	600030	中信证券	9.79	12.63	12.13	943706.66	11683654.84	28.99	1.6	96.15
7	601668	中国建筑	2.93	3.34	3.21	866061.55	2791834.98	17.44	2.06	66.21
8	600837	海通证券	7.51	9.63	9.35	834638.98	7948286.5	29.3	3.35	101.99
9	601899	紫金矿业	3.88	3.88	4.27	814545.79	3544433.23	3.39	2.97	51.54
10	600000	浦发银行	8.54	8.13	9.04	782893.67	7063482.17	0.17	1.77	52.46
11	601669	中国水电	4.12	4.37	4.35	734967.79	3215697.83	8.71	4.51	260.96
12	601555	东吴证券	6.6	8.84	8.2	720671.55	6158045.66	37.06	5.84	1781.01
13	600300	维维股份	3.86	9.48	6.57	718259.61	5647703.03	99.38	3.71	429.58
14	600036	招商银行	11.95	10.92	12.09	612112.62	7431163.74	-3.86	1.79	34.65
15	601328	交通银行	4.5	4.54	4.77	609820.82	2926380.21	4.04	1.59	18.64
16	600383	金地集团	4.95	6.48	6.07	601282.89	3670506.37	31.12	2.5	134.47
17	600795	国电电力	2.79	2.7	2.65	599250.5	1596667.26	1.33	2.51	42.94
18	601166	兴业银行	12.65	12.98	13.55	590653	8041656.46	7.23	1.66	54.76
19	601398	工商银行	4.24	3.95	4.29	561950.52	2419906.66	-1.87	1.59	2.14
20	600111	包钢稀土	37.9	39.46	52.07	540860.75	27720097.29	81.2	2.44	548.77

2012 年上半年沪市活跃股成交金额前 20 名

名次	股票代码	股票简称	开盘价	收盘价	平均价	累计成交量(万股)	累计成交金额(万元)	累计涨跌幅(%)	期间振幅(%)	累计换手率
1	600111	包钢稀土	37.9	39.46	52.07	540860.75	27720097.29	81.2	2.44	548.77
2	600030	中信证券	9.79	12.63	12.13	943706.66	11683654.84	28.99	1.6	96.15
3	601318	中国平安	34.89	45.74	40.2	285869.74	11566365.83	30.54	1.63	59.73
4	600132	重庆啤酒	0	21.59	27.22	310707.91	8970330.95	-17.98	10.49	642
5	600016	民生银行	5.95	5.99	6.38	1327931.45	8481326.79	7.53	1.48	58.79
6	601166	兴业银行	12.65	12.98	13.55	590653	8041656.46	7.23	1.66	54.76
7	600837	海通证券	7.51	9.63	9.35	834638.98	7948286.5	29.3	3.35	101.99
8	600036	招商银行	11.95	10.92	12.09	612112.62	7431163.74	-3.86	1.79	34.65
9	600585	海螺水泥	15.81	14.82	16.7	430241.64	7282147.56	-0.08	3.08	107.57
10	600000	浦发银行	8.54	8.13	9.04	782893.67	7063482.17	0.17	1.77	52.46
11	600519	贵州茅台	191.5	239.15	209.94	32808.51	6867820.71	23.26	2.01	31.6
12	600010	包钢股份	4.15	4.88	5.65	1154428.43	6824016.9	23.19	7.45	179.72
13	601901	方正证券	4.2	5.08	4.81	1363187.43	6734453.36	25.22	4.98	908.79
14	601555	东吴证券	6.6	8.84	8.2	720671.55	6158045.66	37.06	5.84	1781.01
15	600739	辽宁成大	12.54	15.6	15.98	353879.17	5880906.5	27.63	4.22	259.31
16	600300	维维股份	3.86	9.48	6.57	718259.61	5647703.03	99.38	3.71	429.58
17	600259	广晟有色	38	65.93	62.76	83368.95	5202058.57	61.97	8.24	392.25
18	600549	厦门钨业	30	43.91	41.24	119000.51	5064634.61	44.75	5.26	174.49
19	600252	中恒集团	10.79	10.96	10.07	480330.79	4890841.75	10.44	3.54	439.97
20	600048	保利地产	10.01	11.34	11.68	419374.01	4854096.06	35.04	2.19	70.9

2012 年上半年沪市活跃股涨幅前 20 名

名次	股票代码	股票简称	开盘价	收盘价	平均价	累计成交量(万股)	累计成交金额(万元)	累计涨跌幅(%)	期间振幅(%)	累计换手率
1	600401	海润光伏	-	9.14	8.97	128529.55	1216574.1	278.26	19.26	520.05
2	600113	浙江东日	4.66	11.62	9.06	238601.24	3014515.26	104.01	11.1	748.91
3	600300	维维股份	3.86	9.48	6.57	718259.61	5647703.03	99.38	3.71	429.58

名次	股票代码	股票简称	开盘价	收盘价	平均价	累计成交量(万股)	累计成交金额(万元)	累计涨跌幅(%)	期间振幅(%)	累计换手率
4	600613	永生投资	8.2	17.34	11.2	22167.34	305528.32	84.18	14.46	216.74
5	600702	沱牌舍得	16.8	36.25	26.58	88731.8	2434874.98	84.04	11.31	263.07
6	600228	ST 昌九	6.9	14.47	11.39	89019.31	1012793.56	83.86	5.81	368.88
7	600260	凯乐科技	5.54	11.66	8.84	354945.24	3459632.98	82.55	4.59	672.7
8	600111	包钢稀土	37.9	39.46	52.07	540860.75	27720097.29	81.2	2.44	548.77
9	600988	ST 宝龙	8.54	17.1	14.98	19989.4	321620.84	74.8	3.87	282.52
10	600745	中茵股份	6	10.35	8.83	100973.91	994627.62	64.5	8.94	308.43
11	600606	金丰投资	4.6	7.88	6.42	248142.9	2027367.37	62.55	13.2	502.68
12	600332	广州药业	0	22.92	18.49	130522.66	2651776.2	62.17	6.03	220.85
13	600259	广晟有色	38	65.93	62.76	83368.95	5202058.57	61.97	8.24	392.25
14	600679	金山开发	6.03	9.81	8.04	69006.46	680602.15	59.24	11.57	379.12
15	600543	莫高股份	9.06	15.4	10.81	107039.55	1353647.96	59.19	3.68	333.33
16	600340	华夏幸福	0	18.09	20.66	98628.01	2139853.2	59.08	9.74	387.41
17	600478	科力远	16.2	27.67	20.38	48800.87	1116580.86	58.59	4.46	185.87
18	600199	金种子酒	15.03	24.98	19.9	104290.88	2177481.9	56.94	4.35	187.65
19	600365	*ST 通葡	5.97	9.88	7.88	44784.45	365423.86	55.18	6.64	319.89
20	600170	上海建工	8.95	7.22	9.97	202361.66	2027835.08	54.76	10.29	420.66

2012 年上半年沪市活跃股跌幅前 20 名

名次	股票代码	股票简称	开盘价	收盘价	平均价	累计成交量(万股)	累计成交金额(万元)	累计涨跌幅(%)	期间振幅(%)	累计换手率
1	600793	ST 宜纸	15.52	9.23	10.76	11723.84	126926.6	-48.87	5.76	111.34
2	600273	华芳纺织	8.89	5.42	7.75	106566.1	905490.9	-45.69	4.94	338.31
3	600603	*ST 兴业	0	5.87	6.48	20287.27	118839.26	-44.31	0	104.23
4	600354	敦煌种业	21.12	5.87	14.57	105854.28	1472477.29	-43.78	3.94	427.23
5	600184	光电股份	27.3	17.22	25.82	17974.96	432174.2	-42.28	2.38	193.91
6	601929	吉视传媒	-	8.46	9.62	250860.13	2640693.49	-39.5	15.97	1085.49
7	600503	华丽家族	7.25	4.6	6.74	329679.28	2323502.32	-38.74	7.29	299.85
8	600050	中国联通	5.24	3.72	4.49	1032671.89	4741627.18	-33.15	1.7	48.72
9	603123	翠微股份	-	10.01	11.07	35949.12	420361.53	-32.44	11.68	583.59
10	600819	耀皮玻璃	9.6	6.66	8.51	22779.97	194187.29	-32.27	5.77	41.89
11	601800	中国交建	-	4.81	5.62	433315.96	2557497.23	-31.2	10.61	503.69
12	600337	美克股份	8.68	6	7.66	92236.42	712914.44	-30.58	3.84	157.3
13	600537	亿晶光电	20.3	14.2	17.26	71477.23	1290114.85	-29.02	4.54	310.72
14	600022	山东钢铁	3.46	2.57	3.12	243343.96	780129.22	-28.92	4.11	55.36
15	600770	综艺股份	15.95	11.48	14.35	98526.8	1437196.68	-28.71	5.15	142.88
16	600877	中国嘉陵	4.23	3.02	4.35	102096.55	458155.35	-28.62	3.93	148.55
17	601616	广电电气	11.39	4.53	9.05	98919.19	900843.22	-26.72	4.22	289.27
18	601233	桐昆股份	11.98	8.74	11.84	114305.16	1410720.71	-25.58	6.29	433.74
19	601908	京运通	21.8	7.83	20.73	36170.74	775047.17	-25.28	6.61	566.76
20	603333	明星电缆	-	9.04	10.09	26904.82	286318.55	-24.64	6.87	387.85

2012 年上半年沪市活跃股振幅前 20 名

名次	股票代码	股票简称	开盘价	收盘价	平均价	累计成交量(万股)	累计成交金额(万元)	累计涨跌幅(%)	期间振幅(%)	累计换手率
1	600401	海润光伏	-	9.14	8.97	128529.55	1216574.1	278.26	19.26	520.05
2	600052	浙江广厦	3.43	4.14	4.31	197999.91	957261.81	26.62	16.43	227.12
3	601929	吉视传媒	-	8.46	9.62	250860.13	2640693.49	-39.5	15.97	1085.49
4	601238	广汽集团	-	7.7	8.18	77982.39	671417.09	-16.35	15.81	271.75
5	600613	永生投资	8.2	17.34	11.2	22167.34	305528.32	84.18	14.46	216.74
6	600573	惠泉啤酒	6.78	7.28	7.62	51273.84	411227.22	13.44	13.29	308.64
7	600606	金丰投资	4.6	7.88	6.42	248142.9	2027367.37	62.55	13.2	502.68
8	600095	哈高科	5.14	5.76	6.31	172115.81	1202125.92	18.86	13.1	476.43
9	600120	浙江东方	7.2	9.14	8.86	184853.22	1958966.34	33.89	12.58	365.7
10	600285	羚锐制药	9.25	11.31	9.22	36402.84	344054.5	25.53	12.51	181.36
11	601113	华鼎锦纶	9.98	4.53	10.09	45656.3	488358.49	-3.02	11.84	483.52
12	600732	上海新梅	4.76	7.43	6.03	101842.49	696925.08	54.3	11.71	410.67

名次	股票代码	股票简称	开盘价	收盘价	平均价	累计成交量(万股)	累计成交金额(万元)	累计涨跌幅(%)	期间振幅(%)	累计换手率
13	603123	翠微股份	–	10.01	11.07	35949.12	420361.53	–32.44	11.68	583.59
14	600713	南京医药	3.91	4.74	4.51	189666.21	887306.79	24.83	11.61	346.15
15	600568	中珠控股	18.25	15.35	20.68	100166.03	2167504.14	–7.67	11.6	1171.99
16	600679	金山开发	6.03	9.81	8.04	69006.46	680602.15	59.24	11.57	379.12
17	600495	晋西车轴	11.15	10.65	11.99	89239.49	1120250.34	0.13	11.51	298.21
18	600821	津劝业	3.96	4.68	4.51	57052.67	267387.95	21.4	11.35	137.06
19	600702	沱牌舍得	16.8	36.25	26.58	88731.8	2434874.98	84.04	11.31	263.07
20	600350	山东高速	3.22	3.56	3.67	112956.83	423118.17	12.35	11.2	81.54

2012年上半年沪市活跃股换手率前20名

名次	股票代码	股票简称	开盘价	收盘价	平均价	累计成交量(万股)	累计成交金额(万元)	累计涨跌幅(%)	期间振幅(%)	累计换手率
1	601555	东吴证券	6.6	8.84	8.2	720671.55	6158045.66	37.06	5.84	1781.01
2	601231	环旭电子	–	12.64	13.35	134504.36	1870338.3	15.42	8.19	1503.5
3	600568	中珠控股	18.25	15.35	20.68	100166.03	2167504.14	–7.67	11.6	1171.99
4	601388	怡球资源	–	16.81	15.64	94862.58	1497763.21	13.92	7.84	1129.32
5	601929	吉视传媒	–	8.46	9.62	250860.13	2640693.49	–39.5	15.97	1085.49
6	601928	凤凰传媒	8.2	8.6	8.84	405540.57	3686872.22	7.18	3.66	1035.67
7	601996	丰林集团	8.99	6.45	9.23	65854.52	607536.33	43.75	4.53	953.79
8	601901	方正证券	4.2	5.08	4.81	1363187.43	6734453.36	25.22	4.98	908.79
9	601028	玉龙股份	8.48	8.51	9.55	69548.87	688696.16	7.74	5.73	899.08
10	601515	东风股份	–	13.04	14.69	40910.38	619846.1	–16.38	3.32	874.01
11	601789	宁波建工	0	6.93	8.06	87356.57	753024.46	21.1	7.72	873.57
12	600696	多伦股份	5.95	7.91	8.05	294258.74	2553764.31	37.73	7.56	864.03
13	600520	中发科技	8.89	13.2	11.13	96674.41	1149084.11	47.62	6.32	855.22
14	603000	人民网	–	41.03	41.62	47202.59	1936886.87	19.26	5.33	853.5
15	600114	东睦股份	9.31	10.16	10.65	91521.56	1023652.08	18.1	9.55	849.96
16	600470	六国化工	8.2	9.5	10.07	437393.14	4528408.64	23.47	6.66	838.56
17	600146	大元股份	9.49	9.58	11.56	153649.55	1865393.62	10	7.09	768.25
18	601798	蓝科高新	13.88	13.45	14.96	61835.53	947379.74	4.7	5.57	767.7
19	601311	骆驼股份	18.54	9.29	18.28	78426.53	1387714.85	8.04	3.5	757.7
20	600193	创兴资源	11.18	9.88	12.83	188630.85	2433379.56	38.73	6.02	749.35

2012年上半年上证所股票市价总值前十名

名次	股票代码	股票简称	市价总值(万元)	所占总市值的比例(%)
1	601857	中国石油	146539480.4	9.57
2	601398	工商银行	103695160.4	6.77
3	601288	农业银行	76160321.12	4.97
4	601988	中国银行	55138066.99	3.6
5	600028	中国石化	44125040.04	2.88
6	601628	中国人寿	38107059.9	2.49
7	601088	中国神华	37071853.32	2.42
8	600519	贵州茅台	24828074.7	1.62
9	601318	中国平安	21893037.68	1.43
10	600036	招商银行	19291414.93	1.26
所占总市值的比例总计:37.01%				

2012年上半年上证所股票流通市值前十名

名次	股票代码	股票简称	流通市值总值(万元)	所占总市值的比例(%)
1	601857	中国石油	146177480.4	11.57
2	601398	工商银行	103695160.4	8.2
3	601988	中国银行	55138066.99	4.36
4	600028	中国石化	44125040.04	3.49
5	601628	中国人寿	38107059.9	3.01

名次	股票代码	股票简称	流通市值总值(万元)	所占总市值的比例(%)
6	601088	中国神华	36667213.32	2.9
7	600519	贵州茅台	24828074.7	1.96
8	601318	中国平安	21893037.68	1.73
9	600036	招商银行	19291414.93	1.53
10	601328	交通银行	14849910.22	1.17
所占总市值的比例总计:39.92%				

2011 年度上海证券交易所大事记

2 月 22 日　本所与巴西证券期货交易所联合举办的首届“中国－巴西资本市场论坛”在圣保罗召开。

3 月 7 日　本所首只证券公司债——6 年期 30 亿元 2011 年国泰君安证券股份有限公司债券在本所挂牌转让。

3 月 8 日　本所发布《上海证券交易所上市公司关联交易实施指引》。

10 月 11 日　上海大名城企业股份有限公司股票恢复上市首日,沪市首例反向除权平稳完成。

10 月 24 日　本所综合业务平台上线。

10 月 26 日　本所与巴西证券期货交易所联合举办的第二届“中国－巴西资本市场论坛”在上海召开。

10 月 31 日　约定购回式证券交易业务正式上线。

11 月 22 日　首只地方政府自行发债——11 上海债在本所集中竞价系统和固定收益平台上市。

11 月 25 日　发布《上海证券交易所融资融券交易实施细则》,融资融券业务转为证券公司常规业务。

12 月 12 日　本所投资者网络学院在本所投教网站正式推出,为投资者分级认证管理体系的建立与实施奠定了重要基础。

12 月 19 日　第十届中国公司治理论坛召开。

12 月 23 日　上证债券信息网上线。

第三节 深圳证券交易所

2011 年深圳证券市场概况

截至 2011.12.30

指标名称	数值	比年初±	增减(%)
上市公司数	1411	242	20.70
上市证券数	1938	348	21.89
总股本(亿股)	6278.46	1233.48	24.45
流通股本(亿股)	4506.06	1095.21	32.11
总市值(亿元)	66381.87	-20033.48	-23.18
流通市值(亿元)	42069.94	-8703.03	-17.14
总市值占 GDP 比重	16.68	-8.70	-34.28
深证成份指数	8918.82	-3539.73	-28.41
深证综合指数	866.65	-424.22	-32.86
深证 B 股指数	567.04	-257.78	-31.25
加权平均股价(元/股)	10.57	-6.56	-38.30
平均市盈率	23.11	-21.58	-48.29
投资者开户总数(万)	10122.78	691.99	7.34
其中:机构开户总数	33.38	2.51	8.13
指标名称	数值	同比±	增减(%)
本年累计股票成交金额(亿元)	184089.28	-57232.25	-23.72
本年累计基金成交金额(亿元)	3464.40	-760.33	-18.00
本年累计债券成交金额(亿元)	5634.65	4343.06	336.26
本年累计权证成交金额(亿元)			
本年累计股票筹资额(亿元)	-4483.49	-399.70	-9.79
其中:IPO 公司数(家)	243	-78.00	-24.30
IPO 筹资额(亿元)	1810.42	-1180.65	-39.47
本年累计股票交易印花税(亿元)	184.09	-57.24	-23.72
本年累计新增投资者开户数(万)	713.09	-177.46	-19.93
其中:机构开户总数	2.85	-0.29	-9.24

2011 年中小企业板市场概况

截至 2011.12.30

指标名称	数值	比年初±	增减(%)
上市公司数	646	115	21.66
总股本(亿股)	1943.50	576.50	42.17
流通股本(亿股)	1124.65	419.65	59.52
总市值(亿元)	27429.32	-7935.68	-22.44
流通市值(亿元)	14343.52	-1806.48	-11.19
中小板指数 P	4295.86	-2533.12	-37.09
加权平均股价(元/股)	14.11	-11.77	-45.48
平均市盈率	28.26	-28.67	-50.36
指标名称	数值	同比±	增减(%)
本年累计成交金额(亿元)	69026.46	-16805.54	-19.58
本年累计筹资额(亿元)	1482.15	-867.85	-36.93
其中:IPO 公司数(家)	115	-89	-43.63
IPO 筹资额(亿元)	1018.95	-1009.05	-49.76
本年累计交易印花税(亿元)	69.03	-16.97	-19.73

2011 年创业板市场概况

截至 2011.12.30

指标名称	数值	比年初±	增减(%)
上市公司数	281	128	83.66
总股本(亿股)	399.53	224.53	128.30
流通股本(亿股)	142.22	92.22	184.44
总市值(亿元)	7433.79	68.79	0.93
流通市值(亿元)	2504.08	498.08	24.83
创业板指数 P	729.50	-408.16	-35.88
加权平均股价(元/股)	18.61	-23.46	-55.76
平均市盈率	37.62	-40.91	-52.09
指标名称	数值	同比±	增减(%)
本年累计成交金额(亿元)	18879.12	3161.12	20.11
本年累计筹资额(亿元)	793.38	-169.62	-17.61
其中:IPO 公司数(家)	128	11	9.40
IPO 筹资额(亿元)	791.47	-171.53	-17.81
本年累计交易印花税(亿元)	18.88	2.88	18.00

2011 年度深市成交概况

2011 年 1 月 -12 月份	交易日数	成交金额		成交数量		成交笔数	
		人民币元	占总计%	数量	单位	笔	占总计%
股票	244	18,408,928,014,953	95.29	1,276,365,605,912	股	1,030,326,870	98.4
主板 A 股	244	9,562,448,573,057	49.5	817,856,953,028	股	535,966,013	51.19
中小板	244	6,902,646,252,805	35.73	372,974,076,904	股	392,376,599	37.48
创业板	244	1,887,912,138,029	9.77	76,168,821,382	股	97,762,469	9.34
主板 B 股	244	55,921,051,062	0.29	9,365,754,598	股	4,221,789	0.4
基金	244	346,439,589,733	1.79	375,506,114,283	基金单位	10,834,096	1.03
封闭式	244	173,611,640,911	0.9	176,013,583,290	基金单位	7,402,755	0.71
开放式	244	21,415,728,450	0.11	23,833,601,894	基金单位	1,028,488	0.1
ETFs	244	151,412,220,371	0.78	175,658,929,099	基金单位	2,402,853	0.23
企业债券	244	544,781,396,327	2.82	5,446,714,554	张	5,633,980	0.54
现券	244	55,947,886,327	0.29	558,379,454	张	576,110	0.06
回购	244	488,833,510,000	2.53	4,888,335,100	张	5,057,870	0.48
可转换债券	244	17,681,397,711	0.09	137,129,711	张	211,674	0.02
国债	244	1,002,273,945	0.01	10,141,092	张	22,448	0
现货	244	1,002,269,945	0.01	10,141,052	张	22,444	0
回购	244	4,000	0	40	张	4	0
权证		0	0	0	份	0	0
合计	244	19,318,832,672,669	100	1,657,465,705,552		1,047,029,068	100

2011 年度深市股票行业统计

2011 年 1 - 12 月份	交易天数	成交金额		成交股数		成交笔数	
		人民币元	占总计%	股数	占总计%	笔	占总计%
合计	244	18,408,928,014,953	100	1,276,365,605,912	100	1,030,326,870	100
农林牧渔	244	447,327,988,945	2.43	24,460,108,526	1.92	25,865,101	2.51
采掘业	244	809,233,254,064	4.4	31,274,529,157	2.45	35,826,053	3.48
制造业	244	12,324,965,703,332	66.95	827,812,073,764	64.86	691,662,508	67.13
食品饮料	244	930,040,798,102	5.05	42,849,487,499	3.36	41,691,014	4.05
纺织服装	244	352,466,498,332	1.91	29,189,215,708	2.29	21,162,503	2.05
木材家具	244	79,925,392,329	0.43	7,409,352,561	0.58	5,215,428	0.51
造纸印刷	244	241,097,604,812	1.31	21,922,781,942	1.72	15,636,381	1.52
石化塑胶	244	2,082,554,479,174	11.31	155,842,847,664	12.21	120,689,666	11.71
电子	244	1,431,013,982,310	7.77	121,515,434,805	9.52	82,201,563	7.98
金属非金属	244	2,329,688,803,048	12.66	165,259,575,285	12.95	133,246,763	12.93
机械设备	244	3,540,858,520,849	19.23	213,690,351,737	16.74	198,729,016	19.29
医药生物	244	1,031,696,953,754	5.6	54,340,303,254	4.26	55,528,892	5.39

2011 年 1 - 12 月份	交易天数	成交金额		成交股数		成交笔数	
		人民币元	占总计%	股数	占总计%	笔	占总计%
其他制造业	244	305,622,670,622	1.66	15,792,723,309	1.24	17,561,282	1.7
水电煤气	244	333,622,742,506	1.81	36,220,847,725	2.84	22,281,920	2.16
建筑业	244	266,394,674,054	1.45	15,006,266,824	1.18	14,564,738	1.41
运输仓储	244	174,646,387,210	0.95	17,943,629,395	1.41	12,297,670	1.19
信息技术	244	1,110,785,180,024	6.03	62,249,585,690	4.88	60,948,527	5.92
批发零售	244	654,734,504,781	3.56	53,591,733,929	4.2	36,562,451	3.55
金融保险	244	401,608,431,773	2.18	27,368,775,260	2.14	19,401,553	1.88
房地产业	244	730,661,675,587	3.97	94,682,236,089	7.42	47,929,453	4.65
社会服务	244	527,822,965,880	2.87	38,305,752,560	3	30,578,136	2.97
传播文化	244	177,794,970,640	0.97	9,097,037,759	0.71	8,146,708	0.79
综合类	244	449,329,536,156	2.44	38,353,029,234	3	24,262,052	2.35

2011 年度深市上市证券

2011 年 12 月底	上市数目	总发行股本	总流通股本	市价总值	流通市值
股票	1,453	627,846,305,578	450,605,559,190	6,638,187,213,304	4,206,994,101,609
主板 A 股	472	377,318,713,961	307,815,071,822	3,075,396,864,800	2,446,357,026,570
中小板	646	194,350,293,156	112,464,577,701	2,742,932,133,679	1,434,351,880,211
创业板	281	39,953,339,492	14,222,025,827	743,379,219,595	250,408,151,282
主板 B 股	54	16,223,958,969	16,103,883,840	76,478,995,231	75,877,043,546
基金	151	144,224,662,557	143,926,012,179	109,169,912,287	108,946,346,373
封闭式	59	80,646,212,290	80,396,212,290	62,309,220,672	62,125,205,672
开放式	78	21,052,323,914	21,003,673,536	17,686,458,998	17,646,908,084
ETFs	14	42,526,126,353	42,526,126,353	29,174,232,617	29,174,232,617
企业债券	106	135,188,000,000	89,733,515,000	133,456,302,500	88,725,213,963
现券	102	135,188,000,000	89,733,515,000	133,456,302,500	88,725,213,963
回购	4	0	0	0	0
可转换债券	6	7,411,635,600	7,411,635,600	7,482,283,861	7,482,283,861
国债	222	4,865,360,000,000	5,202,000,000	4,866,595,893,000	5,168,330,576
现货	213	4,865,360,000,000	5,202,000,000	4,866,595,893,000	5,168,330,576
回购	9	0	0	0	0
权证	0	0	0	0	0
合计	1,938	5,780,030,603,735	696,878,721,969	11,754,891,604,952	4,417,316,276,382

2011 年度深市股票行业分布

2011 年 12 月底	上市数目	总发行股本	总流通股本	市价总值	流通市值
合计	1453	627,846,305,578	450,605,559,190	6,638,187,213,304	4,206,994,101,609
农林牧渔	26	7,964,067,427	5,703,951,313	111,500,826,653	75,898,290,669
采掘业	23	14,801,027,473	10,830,371,258	226,642,578,320	155,100,864,032
制造业	969	380,975,475,863	269,077,717,254	4,220,056,119,541	2,638,146,172,312
食品饮料	56	22,508,847,377	15,240,460,477	621,806,243,565	425,276,942,218
纺织服装	48	13,457,394,063	10,235,991,455	128,883,011,204	84,145,576,812
木材家具	9	3,054,168,624	1,916,149,941	25,207,201,219	11,935,971,679
造纸印刷	30	9,555,007,032	6,349,050,837	86,404,976,924	48,300,299,857
石化塑胶	174	56,700,787,037	40,851,987,463	572,369,287,798	328,009,417,023
电子	112	52,756,179,241	39,071,752,156	446,872,838,139	256,992,924,654
金属非金属	118	83,396,598,692	59,456,769,753	620,865,768,967	445,532,550,963
机械设备	315	107,975,428,215	76,501,707,862	1,181,640,510,572	729,901,541,813
医药生物	86	25,872,535,936	17,180,437,416	452,018,313,496	280,789,523,133
其他制造业	21	5,698,529,646	2,273,409,894	83,987,967,656	27,261,424,160
水电煤气	27	21,790,819,838	18,177,428,691	120,942,812,885	96,891,986,321
建筑业	23	7,840,520,708	4,279,956,411	120,205,309,630	63,712,514,331
运输仓储	26	13,165,677,244	11,478,456,194	74,420,394,019	62,472,865,609
信息技术	138	32,439,216,409	20,408,283,160	454,086,260,737	252,526,671,988
批发零售	62	30,240,410,123	21,586,534,899	338,048,518,585	212,679,721,162
金融保险	10	20,877,660,785	14,756,455,094	252,838,846,594	159,306,038,915

2011年12月底	上市数目	总发行股本	总流通股本	市价总值	流通市值
房地产业	63	60,351,170,208	47,559,742,421	349,975,597,325	262,148,597,797
社会服务	50	19,606,418,356	11,979,310,914	217,367,679,866	118,442,821,284
传播文化	16	4,972,501,076	3,066,266,484	76,311,808,636	40,556,692,088
综合类	20	12,821,340,068	11,701,085,097	75,790,460,514	69,110,865,101

2011年度深市证券成交统计

成交金额单位:万元

代码	证券名称	发行量	流通量	2011年1月－12月				市盈率
				最高价	最低价	成交数量	成交金额	
000001	深发展A	512,335	310,247	19	14.86	571,495	9,573,989	
000002	万科A	968,025	965,813	9.34	6.88	1,429,101	11,756,481	
000004	国农科技	8,398	8,382	15.46	7.86	50,545	648,918	
000005	世纪星源	91,433	91,232	4.46	3.39	80,665	326,867	
000006	深振业A	98,901	96,690	8.75	4.03	243,054	1,718,528	
000007	ST零七	23,097	18,478	10.08	5.69	45,377	387,475	
000008	ST宝利来	7,365	7,360	13.37	6.54	16,277	190,317	
000009	中国宝安	109,075	107,880	25.45	10.67	692,789	13,143,523	
000010	S ST华新	14,702	6,760	14.63	14.63	0	0	
000011	深物业A	52,837	14,512	14.16	5.98	240,781	2,403,550	
000012	南玻A	131,325	128,982	23.3	8.51	626,525	10,635,511	
000014	沙河股份	20,171	20,170	11.12	4.68	59,280	528,191	
000016	深康佳A	79,830	59,942	5.53	3.05	263,325	1,202,372	
000017	*ST中华A	30,298	19,376	6.74	2.57	84,270	424,513	
000018	ST中冠A	9,972	9,958	9.5	4.35	21,576	173,319	
000019	深深宝A	22,476	14,108	14.41	7.41	68,556	779,023	
000020	深华发A	18,117	6,466	10.96	5.03	37,794	333,320	
000021	长城开发	131,928	131,789	12.5	4.95	180,231	1,615,261	
000022	深赤湾A	46,487	46,479	19.6	9	53,910	823,780	
000023	深天地A	13,876	10,572	10.09	5.43	40,863	355,464	
000024	招商地产	137,796	68,429	20.5	15.5	249,448	4,396,841	
000025	特力A	19,388	17,929	13.08	5.4	51,272	535,210	
000026	飞亚达A	31,112	11,137	20.1	12.08	49,284	789,977	
000027	深圳能源	264,299	264,299	11.47	5.92	146,579	1,316,369	
000028	一致药业	23,326	23,326	33	20.21	29,263	837,968	
000029	深深房A	89,166	89,166	6.45	3.15	168,302	869,979	
000030	*ST盛润A	24,882	9,532	21.85	7.5	55,681	740,249	
000031	中粮地产	181,373	181,372	6.89	3.71	181,197	1,061,458	
000032	深桑达A	23,286	23,282	10.7	5.35	47,957	435,485	
000033	新都酒店	32,940	32,940	8.45	3.46	203,188	1,346,538	
000034	深信泰丰	35,797	34,006	11	3.66	111,599	939,457	
000035	*ST科健	15,001	8,539	12.45	6.6	44,256	436,538	
000036	华联控股	112,389	112,388	4.95	2.43	204,642	822,801	
000037	深南电A	33,891	33,889	6.72	3.43	88,537	496,015	
000038	*ST大通	9,623	2,488	12.33	12.33	0	0	
000039	中集集团	123,192	123,154	29.62	11.84	401,804	8,308,750	
000040	宝安地产	46,959	46,413	6.46	3.36	92,358	491,768	
000042	深长城	23,946	23,940	24.52	13.25	45,743	833,214	
000043	中航地产	33,348	33,348	15.94	5.81	54,807	657,532	
000045	深纺织A	28,702	23,326	16.74	7.5	39,045	413,995	
000046	泛海建设	455,731	454,612	10.27	3.17	137,618	982,272	
000048	ST康达尔	39,077	37,986	11.68	4.98	131,229	1,071,633	
000049	德赛电池	13,683	13,679	29	19.63	78,785	1,977,585	
000050	深天马A	57,424	57,422	15.4	5.48	187,724	2,155,992	
000055	方大集团	42,096	42,085	11.99	3.74	151,933	1,086,303	
000056	深国商	11,921	11,921	28.98	9.36	67,516	1,289,710	
000058	深赛格	53,834	53,830	5.56	4.77	13,324	69,603	
000059	辽通化工	120,051	120,050	14.79	7.3	309,183	3,777,627	
000060	中金岭南	206,294	206,106	23.66	7.85	402,456	6,652,022	

代码	证券名称	发行量	流通量	2011 年 1 月 - 12 月				市盈率
				最高价	最低价	成交数量	成交金额	
000061	农产品	76,851	76,080	19.65	10.44	182,212	3,032,958	
000062	深圳华强	66,695	16,693	10.92	5.61	46,271	401,841	
000063	中兴通讯	281,049	279,304	34.16	15.46	422,084	10,007,062	
000065	北方国际	16,244	16,244	23.33	12	34,724	694,440	
000066	长城电脑	132,359	57,416	9.98	4.81	250,628	1,953,668	
000068	ST 三星	89,667	89,667	6.9	5.66	12,789	79,399	
000069	华侨城 A	559,346	246,299	16	5.82	599,554	5,713,565	
000070	特发信息	25,000	23,769	12.35	6.58	69,943	738,534	
000078	海王生物	65,251	65,156	13.5	6.17	211,239	2,240,449	
000088	盐田港	149,400	149,389	8.95	4.61	133,408	930,672	
000089	深圳机场	169,024	143,964	6.28	4.03	120,505	674,130	
000090	深天健	45,664	45,663	13.95	6.37	191,762	2,138,973	
000096	广聚能源	52,800	51,085	7.41	4.08	69,344	449,238	
000099	中信海直	51,360	51,360	15.22	6.91	225,244	2,624,465	
000100	TCL 集团	847,622	794,643	6.86	1.71	3,345,474	10,647,914	
000150	宜华地产	32,400	32,400	6.18	3.23	61,191	325,428	
000151	中成股份	29,598	26,654	14.55	8.3	140,406	1,582,204	
000153	丰原药业	26,001	23,105	12.65	5.76	123,201	1,223,139	
000155	川化股份	47,000	47,000	9.59	4.21	152,418	1,142,007	
000156	*ST 嘉瑞	11,894	6,394	1.25	1.25	0	0	
000157	中联重科	627,593	627,406	17.64	7.03	1,159,180	15,522,450	
000158	常山股份	71,886	71,886	8.22	3.88	130,938	864,902	
000159	国际实业	48,114	48,114	18.2	7.7	196,891	2,864,213	
000301	东方市场	121,824	121,824	5.28	2.71	216,301	937,260	
000338	潍柴动力	126,129	69,111	61.95	29.6	225,321	11,068,601	
000400	许继电气	37,827	26,502	39.19	18.88	82,275	2,493,155	
000401	冀东水泥	121,277	121,225	30.35	14.86	260,743	5,790,183	
000402	金融街	302,708	302,639	7.92	5.81	595,312	4,092,285	
000403	S*ST 生化	21,168	10,149	5.06	5.06	0	0	
000404	华意压缩	32,458	22,747	9.49	4.31	96,865	758,511	
000407	胜利股份	64,923	64,489	9.4	3.57	196,034	1,368,360	
000408	ST 金谷源	25,230	25,230	15.02	6.2	124,967	1,399,065	
000409	*ST 泰复	17,137	16,884	9.05	4.39	48,440	362,746	
000410	沈阳机床	54,547	53,847	14.62	6.64	134,969	1,618,767	
000411	英特集团	20,745	20,363	16.95	8.81	142,485	1,901,213	
000413	宝石 A	28,300	28,282	16.32	10.22	63,227	905,002	
000415	渤海租赁	97,635	30,028	15.09	8.01	97,963	1,284,475	
000416	民生投资	53,187	53,168	9.4	4.84	91,903	715,114	
000417	合肥百货	51,992	47,867	23.11	13.2	85,752	1,593,582	
000418	小天鹅 A	44,145	35,052	21.87	7.92	55,031	808,406	
000419	通程控股	45,299	45,268	10.75	5.12	77,276	658,138	
000420	吉林化纤	37,826	31,824	9.37	3.55	204,277	1,440,950	
000421	南京中北	35,168	35,164	7.4	4.18	91,104	572,022	
000422	湖北宜化	54,238	54,209	24.44	16.22	334,197	6,980,102	
000423	东阿阿胶	65,402	65,378	61.27	36.6	140,360	6,484,379	
000425	徐工机械	206,276	103,386	64.7	12.38	335,372	9,316,919	
000426	兴业矿业	38,068	38,046	25.54	9.15	174,027	3,056,070	
000428	华天酒店	71,893	71,893	10.75	3.92	109,567	778,555	
000429	粤高速 A	90,837	46,766	5.07	3.09	53,782	227,031	
000430	ST 张家界	32,084	16,735	11.34	7.21	96,708	924,388	
000488	晨鸣纸业	111,328	81,107	9.13	4.55	346,026	2,568,237	
000498	*ST 丹化	44,070	43,787	3.64	3.64	0	0	
000501	鄂武商 A	50,725	50,720	21.16	14.09	49,975	920,090	
000502	绿景控股	18,482	18,301	9.93	4.7	92,225	749,757	
000503	海虹控股	89,882	68,278	15.55	5.7	358,682	3,916,003	
000504	ST 传媒	31,157	30,988	11.57	4.54	63,631	590,938	
000505	ST 珠江	36,177	36,037	6.98	2.83	136,415	744,357	
000506	中润投资	77,418	27,732	18.07	6.73	178,531	2,390,403	

代码	证券名称	发行量	流通量	2011年1月－12月				市盈率
				最高价	最低价	成交数量	成交金额	
000507	珠海港	34,500	30,321	16.34	7.7	149,730	1,979,550	
000509	SST 华塑	25,001	15,080	15.66	9.16	67,470	835,085	
000510	金路集团	60,918	60,908	9.99	4.76	413,563	3,484,665	
000511	银基发展	115,483	115,482	3.9	2.44	238,297	825,848	
000513	丽珠集团	18,373	17,762	43.66	18.9	43,040	1,253,338	
000514	渝 开 发	69,733	69,733	9.79	4.46	80,985	637,920	
000516	开元投资	71,342	71,279	6.45	4.28	205,432	1,167,142	
000517	荣安地产	106,131	15,471	10.21	4.99	160,716	1,162,258	
000518	四环生物	102,956	102,911	10	3.63	880,007	6,777,895	
000519	江南红箭	19,115	15,787	17.66	6.77	47,549	666,901	
000520	长航凤凰	67,472	66,914	6.09	3.27	136,033	705,225	
000521	美菱电器	50,073	35,135	13.05	4.34	78,657	759,033	
000522	白云山 A	46,905	46,880	20.59	10.3	159,971	2,635,835	
000523	广州浪奇	44,516	34,506	16.69	4.45	87,165	1,049,073	
000524	东方宾馆	26,967	26,967	13.2	5.72	68,759	737,011	
000525	红 太 阳	50,725	27,642	19.75	13	63,862	1,038,239	
000526	旭飞投资	9,620	9,620	14.99	6.23	36,274	434,367	
000527	美的电器	338,435	312,027	21.4	11	426,131	7,187,858	
000528	柳 工	112,524	97,523	44.23	10.84	239,341	6,312,761	
000529	广弘控股	58,379	25,589	8.75	5.96	168,661	1,234,935	
000530	大冷股份	23,501	21,571	16.57	7.38	100,184	1,302,094	
000531	穗恒运 A	34,254	26,651	14.09	6.46	43,430	479,380	
000532	力合股份	34,471	34,204	13.85	7.3	278,307	3,127,211	
000533	万 家 乐	69,082	67,869	10.45	4.4	144,999	1,141,101	
000534	万泽股份	25,511	20,746	9.5	3.9	227,534	1,670,589	
000536	华映科技	70,049	10,975	29.8	12.68	36,829	849,088	
000537	广宇发展	51,272	51,245	10.68	4.43	192,419	1,509,855	
000538	云南白药	69,427	62,925	66.07	51.2	51,808	3,027,740	
000539	粤电力 A	213,211	198,865	6.95	4.56	108,861	633,469	
000540	中天城投	127,881	127,813	18.98	6.07	421,956	5,303,200	
000541	佛山照明	75,334	61,615	16.98	9.57	221,636	3,136,495	
000543	皖能电力	77,301	77,300	11.45	4.72	197,902	1,639,888	
000544	中原环保	26,946	26,946	13.4	8.89	92,447	1,041,116	
000545	*ST 吉药	15,824	11,601	11.28	5.37	63,990	571,798	
000546	光华控股	16,951	14,624	15.16	6.42	31,012	361,522	
000547	闽福发 A	61,843	48,967	14.96	3.85	92,184	964,488	
000548	湖南投资	49,922	39,779	7.94	3.7	88,281	570,264	
000550	江铃汽车	51,921	51,643	35.72	18.63	42,962	1,134,002	
000551	创元科技	26,672	25,824	18.45	8.35	67,851	1,036,115	
000552	靖远煤电	17,787	17,703	22.24	11.53	43,050	796,467	
000553	沙隆达 A	36,392	36,388	10.54	4.83	119,208	1,017,419	
000554	泰山石油	48,079	36,259	13.63	6.41	219,776	2,317,952	
000555	ST 太 光	9,063	9,063	11.35	5.43	23,522	225,723	
000557	*ST 广夏	68,613	65,960	7	7	0	0	
000558	莱茵置业	63,027	62,827	11.38	3.16	180,341	1,196,990	
000559	万向钱潮	159,326	159,013	15.14	5.39	275,166	2,852,028	
000560	昆百大 A	16,453	13,439	11.87	7.23	39,200	405,235	
000561	烽火电子	59,584	26,484	10.44	5.15	123,292	1,049,174	
000562	宏源证券	146,120	146,117	19.51	10.27	178,978	2,911,087	
000563	陕国投 A	35,841	35,841	14.98	9.11	167,228	2,076,771	
000564	西安民生	30,431	26,659	9.2	4.98	77,653	603,322	
000565	渝三峡 A	17,344	17,344	16.4	5.93	57,891	775,567	
000566	海南海药	24,759	21,125	30.74	18.6	62,421	1,594,664	
000567	海德股份	15,120	13,165	10.3	4.85	63,881	525,177	
000568	泸州老窖	139,424	71,534	50.08	35.9	162,276	7,102,258	
000570	苏常柴 A	41,137	41,137	10.24	4.68	99,968	853,185	
000571	新大洲 A	73,606	73,542	8.28	4.95	364,341	2,569,327	
000572	海马汽车	164,464	164,130	6.72	3.02	154,746	816,960	

代码	证券名称	发行量	流通量	2011年1月-12月				市盈率
				最高价	最低价	成交数量	成交金额	
000573	粤宏远A	62,276	62,229	5.48	3.6	140,856	667,434	
000576	ST甘化	32,286	25,553	14.49	6.45	105,248	1,260,561	
000581	威孚高科	45,236	38,065	49.8	26.12	89,153	3,395,999	
000582	北海港	14,212	8,370	14.09	7.14	22,137	262,859	
000584	友利控股	40,888	40,305	10.28	5.05	74,339	617,582	
000585	东北电气	61,542	60,827	5.19	2.54	154,939	695,169	
000586	汇源通信	19,344	19,330	12.05	4.64	128,135	1,082,656	
000587	ST金叶	55,713	25,043	15.9	8.48	157,831	1,938,718	
000589	黔轮胎A	48,890	48,885	12.96	4.53	117,269	987,567	
000590	紫光古汉	20,303	20,294	16.79	8.53	60,860	844,197	
000591	桐君阁	27,463	27,463	13.63	5.25	68,992	667,449	
000592	中福实业	65,185	64,312	9.5	4.76	176,658	1,375,595	
000593	大通燃气	22,334	22,309	9.85	5.4	117,965	966,823	
000594	国恒铁路	149,377	128,749	4.93	1.98	718,340	2,757,140	
000595	*ST西轴	21,683	21,681	16.9	6.58	126,168	1,537,794	
000596	古井贡酒	19,180	17,500	108.5	69	9,746	819,906	
000597	东北制药	33,381	33,043	23.77	7.1	103,762	1,615,437	
000598	兴蓉投资	115,357	44,110	23.37	7.73	224,068	2,900,036	
000599	青岛双星	52,483	52,481	7.37	3.7	197,996	1,211,746	
000600	建投能源	91,366	91,358	6.71	3.85	96,073	527,123	
000601	韶能股份	92,555	83,916	6.49	3.15	296,283	1,537,108	
000602	*ST金马	50,457	10,442	35	21.75	27,400	798,821	
000603	ST盛达	50,499	5,698	39.6	15.08	22,534	671,826	
000605	ST四环	9,323	4,125	13.44	7.51	11,391	136,216	
000606	青海明胶	40,596	39,336	11.19	5.58	225,016	1,972,728	
000607	*ST华控	48,773	48,773	8.12	3.19	128,718	800,313	
000608	阳光股份	74,991	74,991	7.84	3.7	164,389	979,793	
000609	绵世股份	29,810	29,092	13.5	6.29	90,466	921,398	
000610	西安旅游	19,675	19,425	15.9	5.95	146,164	1,710,181	
000611	时代科技	32,182	31,906	8.71	4.05	225,403	1,528,170	
000612	焦作万方	48,018	48,017	24.18	9.96	179,062	3,372,473	
000613	ST东海A	27,610	25,879	6.92	3.05	69,251	375,124	
000615	湖北金环	21,168	21,166	9.09	3.63	68,425	505,145	
000616	亿城股份	119,186	119,186	6	3.15	278,179	1,314,533	
000617	石油济柴	28,754	28,754	26.77	8.55	60,781	1,161,125	
000619	海螺型材	36,000	36,000	12.19	5.39	77,224	757,607	
000620	新华联	159,797	21,067	12.15	1.17	200,254	1,477,197	
000622	S*ST恒立	14,174	6,599	1.12	1.12	0	0	
000623	吉林敖东	68,803	63,547	42.16	19.96	181,458	5,909,345	
000625	长安汽车	376,090	338,752	10.59	3.34	282,404	2,222,444	
000626	如意集团	20,250	20,188	15.4	7.14	117,413	1,377,928	
000627	天茂集团	135,359	135,359	5.85	2.7	282,924	1,315,537	
000628	高新发展	21,948	18,760	12.82	6.2	8,983	76,549	
000629	攀钢钒钛	572,650	317,783	14.61	5.04	1,298,207	13,898,425	
000630	铜陵有色	142,161	142,158	36.69	15.7	561,190	14,550,706	
000631	顺发恒业	104,551	24,188	8.99	3.67	114,704	801,764	
000632	三木集团	46,552	46,506	6.1	3	187,371	1,009,666	
000633	ST合金	38,511	18,319	12.2	5.52	51,945	542,200	
000635	英力特	17,706	17,705	23.4	11.21	96,881	1,763,775	
000636	风华高科	67,097	67,094	13.55	5.95	216,512	2,403,633	
000637	茂化实华	51,988	36,646	11	4.7	81,750	716,375	
000638	万方地产	15,470	8,814	9.85	5.68	31,741	279,333	
000639	西王食品	12,555	5,763	41	26	19,189	659,296	
000650	仁和药业	63,025	47,905	24.35	11.46	77,328	1,260,498	
000651	格力电器	281,789	277,936	24.61	15.9	449,882	9,345,041	
000652	泰达股份	147,557	146,225	8.39	4.1	147,430	879,525	
000655	金岭矿业	59,534	41,481	25.3	14.6	114,352	2,440,900	
000656	金科股份	115,854	21,648	15.94	8.66	71,921	890,143	

代码	证券名称	发行量	流通量	2011年1月－12月				市盈率
				最高价	最低价	成交数量	成交金额	
000657	＊ST 中钨	22,257	14,405	9.9	9.9	0	0	
000659	珠海中富	128,570	128,439	13.55	3.24	432,920	3,748,516	
000661	长春高新	13,133	13,131	62	34	27,101	1,325,041	
000662	索芙特	28,799	28,790	9.47	4.24	117,968	917,299	
000663	永安林业	20,276	16,692	10.93	5.11	75,654	664,438	
000665	武汉塑料	17,749	13,717	16.85	9.8	45,309	609,354	
000666	经纬纺机	42,300	22,734	16.75	8.72	186,447	2,482,921	
000667	名流置业	255,959	255,955	3.58	2.11	621,238	1,888,482	
000668	荣丰控股	14,684	8,900	13.18	7.41	33,094	378,745	
000669	领先科技	9,251	7,588	39.5	16.63	25,795	718,971	
000670	S＊ST 天发	27,221	15,451	4.72	4.72	0	0	
000671	阳光城	53,601	30,158	10.66	5.52	125,651	1,071,699	
000672	＊ST 铜城	21,547	13,390	5.21	5.21	0	0	
000673	ST 当代	20,808	20,808	11.98	5.79	39,789	368,132	
000676	ST 思达	31,459	31,401	6.31	2.88	72,207	381,825	
000677	ST 海龙	86,398	80,399	6.99	4.18	144,130	819,017	
000678	襄阳轴承	30,108	30,108	9.68	3.6	129,846	981,219	
000679	大连友谊	35,640	35,634	15.58	5.75	137,632	1,351,258	
000680	山推股份	75,916	63,558	25.57	8.41	400,199	7,162,266	
000681	＊ST 远东	19,875	16,248	3.3	3.3	0	0	
000682	东方电子	97,816	97,801	6.85	3.03	404,406	2,250,371	
000683	远兴能源	76,781	76,781	11.49	5.46	271,455	2,438,882	
000685	中山公用	59,899	15,760	19.85	13.13	76,533	1,302,150	
000686	东北证券	63,931	63,923	24.61	11.91	83,440	1,685,688	
000687	保定天鹅	64,160	64,159	7.41	4.2	136,629	850,289	
000688	＊ST 朝华	40,191	25,260	3.78	3.78	0	0	
000690	宝新能源	172,661	170,502	6.35	2.85	241,817	1,251,742	
000691	＊ST 亚太	32,327	29,049	9.26	3.61	183,232	1,218,526	
000692	惠天热电	26,642	26,638	8.77	4.4	67,607	484,373	
000693	S＊ST 聚友	19,269	5,849	7.37	7.37	0	0	
000695	滨海能源	22,215	22,150	17.87	5.49	41,044	484,585	
000697	＊ST 偏转	18,661	13,243	24.54	9.97	89,457	1,506,051	
000698	沈阳化工	66,093	62,708	12.77	5.22	280,081	2,716,961	
000700	模塑科技	30,904	30,891	9.52	5.1	111,279	870,722	
000701	厦门信达	24,025	23,959	14.54	8.43	170,141	1,962,355	
000702	正虹科技	26,663	26,663	8.28	3.99	172,084	1,160,577	
000703	恒逸石化	57,679	13,074	54.5	28.4	25,584	1,103,934	
000705	浙江震元	12,533	9,929	16.85	9.1	76,817	1,043,676	
000707	双环科技	46,415	46,414	12.19	6.96	538,597	5,416,811	
000708	大冶特钢	44,941	44,713	19.26	9.31	66,664	1,032,899	
000709	河北钢铁	1,061,860	508,936	5.54	2.8	1,527,716	6,615,834	
000710	天兴仪表	15,120	15,120	18	7.88	68,705	921,184	
000711	天伦置业	10,727	10,727	18.79	10.02	39,067	583,057	
000712	锦龙股份	30,462	19,103	18.76	9.98	53,588	814,154	
000713	丰乐种业	29,888	29,887	21.51	12.08	152,537	2,566,945	
000715	中兴商业	27,901	27,810	15.5	6.79	57,177	644,693	
000716	南方食品	17,826	17,110	13.5	8.79	54,570	589,122	
000717	韶钢松山	166,952	112,803	4.91	2.62	311,297	1,228,931	
000718	苏宁环球	204,319	146,602	10.79	5.22	218,563	1,781,504	
000719	大地传媒	43,972	7,421	17.7	9.27	45,120	698,871	
000720	ST 能山	86,346	86,345	5.25	2.28	129,503	558,433	
000721	西安饮食	19,953	16,712	13.59	6.77	88,414	964,242	
000722	＊ST 金果	26,813	26,692	7.72	7.72	0	0	
000723	美锦能源	13,960	9,743	20.96	13.91	55,497	962,237	
000725	京东方 A	1,218,288	1,008,870	3.56	1.66	1,895,644	5,232,147	
000726	鲁泰 A	56,624	55,153	12.5	7.34	315,524	3,395,894	
000727	华东科技	35,916	35,814	14.18	5.23	266,587	2,920,204	
000728	国元证券	196,410	196,410	13.5	8.31	228,355	2,589,299	

代码	证券名称	发行量	流通量	2011 年 1 月 – 12 月				市盈率
				最高价	最低价	成交数量	成交金额	
000729	燕京啤酒	121,027	105,566	20.68	13.04	149,274	2,692,225	
000731	四川美丰	50,232	50,219	8.39	6.01	249,517	1,833,628	
000732	泰禾集团	101,718	18,679	11.25	4.49	207,048	1,729,707	
000733	振华科技	35,812	35,812	12.43	6	89,625	895,751	
000735	罗 牛 山	88,013	87,998	8.38	3.72	308,926	2,160,613	
000736	重庆实业	29,719	12,823	12.98	6.52	37,458	374,074	
000737	*ST 南风	54,876	54,872	8.37	3.39	237,820	1,516,562	
000738	中航动控	94,284	18,360	17.28	9.55	96,530	1,282,206	
000739	普洛股份	25,674	25,670	11.56	7.06	150,765	1,449,226	
000748	长城信息	37,556	37,556	11.23	4.97	144,553	1,252,320	
000750	国海证券	71,678	14,652	19.55	4.39	151,592	2,295,982	
000751	锌业股份	111,013	111,008	11.49	3.82	384,161	3,273,489	
000752	西藏发展	26,376	26,373	38.59	8.62	426,572	10,465,102	
000753	漳州发展	31,630	31,630	9.12	5.07	104,998	781,918	
000755	山西三维	46,926	46,922	15.25	6.61	241,469	2,830,207	
000756	新华制药	30,731	30,731	8.86	5.1	58,262	442,149	
000757	*ST 方向	36,633	17,895	3.82	3.82	0	0	
000758	中色股份	76,666	70,271	40.48	15.08	461,874	14,543,150	
000759	中百集团	68,102	68,055	14.56	8.09	134,326	1,535,202	
000760	博盈投资	23,685	23,684	9.14	3.76	87,344	662,738	
000761	本钢板材	273,600	273,600	9.38	4.49	75,753	524,834	
000762	西藏矿业	31,732	27,564	40.38	18.88	139,829	4,624,948	
000766	通化金马	44,902	44,901	9.73	4.31	165,444	1,335,297	
000767	漳泽电力	132,373	132,251	6.07	3.38	175,124	884,656	
000768	西飞国际	247,762	233,965	13.17	7.08	281,283	3,078,795	
000776	广发证券	295,965	77,494	56.05	19.8	178,390	6,539,337	
000777	中核科技	21,301	21,297	42.44	17.81	116,370	3,627,955	
000778	新兴铸管	191,687	135,221	12.39	6.06	404,889	3,977,483	
000779	三毛派神	18,644	16,012	17.35	8.28	114,390	1,516,408	
000780	平庄能源	101,431	101,431	17.2	9.8	248,991	3,707,949	
000782	美达股份	40,451	40,451	9.1	3.81	271,876	1,897,561	
000783	长江证券	237,123	237,118	13.92	6.96	416,281	4,479,616	
000785	武汉中商	25,122	25,109	12.08	5.87	60,031	604,122	
000786	北新建材	57,515	57,509	17.32	10.29	103,975	1,524,448	
000787	*ST 创智	37,861	26,991	4.68	4.68	0	0	
000788	西南合成	59,599	48,675	17.2	6.56	102,780	1,133,893	
000789	江西水泥	39,591	39,589	20.94	8.89	273,279	4,210,070	
000790	华神集团	34,991	34,123	23.13	8.27	194,188	3,217,521	
000791	西北化工	18,900	18,899	9.99	4.85	69,193	551,664	
000792	盐湖股份	159,051	57,709	68.9	30.33	109,353	5,737,321	
000793	华闻传媒	136,013	109,217	7.69	5.14	173,488	1,129,771	
000795	太原刚玉	27,680	27,679	24.7	10.5	260,101	4,949,974	
000796	易食股份	24,654	24,652	9.77	5.57	173,206	1,397,973	
000797	中国武夷	38,945	33,434	6.98	3.7	57,857	335,820	
000798	中水渔业	31,946	31,945	14.37	5.56	119,956	1,323,850	
000799	酒 鬼 酒	32,493	20,560	29.42	16.65	117,353	2,585,081	
000800	一汽轿车	162,750	141,175	18.95	7.74	218,419	3,013,186	
000801	四川九洲	37,999	26,407	25.73	6.33	132,500	1,817,535	
000802	北京旅游	18,749	13,629	15.19	8.31	42,176	551,124	
000803	金宇车城	12,773	9,027	12.51	5.72	85,396	838,713	
000805	*ST 炎黄	6,365	2,085	1.88	1.88	0	0	
000806	银河科技	69,921	69,691	6.19	2.95	167,926	834,183	
000807	云铝股份	153,917	145,430	14.8	4.61	336,443	3,490,887	
000809	中汇医药	11,457	11,457	30	14.29	20,864	468,564	
000810	华润锦华	12,967	12,967	17.49	13.31	13,153	201,863	
000811	烟台冰轮	39,460	39,455	22.5	10.84	78,112	1,196,352	
000812	陕西金叶	44,738	44,731	8.94	4.08	256,827	1,631,388	
000813	天山纺织	36,346	36,346	17.65	7.39	128,118	1,759,234	

代码	证券名称	发行量	流通量	2011年1月－12月				市盈率
				最高价	最低价	成交数量	成交金额	
000815	美利纸业	31,680	31,559	9.2	4	210,682	1,446,598	
000816	江淮动力	108,880	108,876	9.86	5.75	680,761	5,268,440	
000818	ST化工	68,000	41,382	8.16	3.49	183,026	1,182,765	
000819	岳阳兴长	21,308	21,307	22.41	11.09	67,927	1,221,125	
000820	*ST金城	28,783	28,752	6.99	4.43	74,142	418,191	
000821	京山轻机	34,524	34,522	8.98	3.98	154,890	1,144,485	
000822	山东海化	89,509	89,508	11.88	5.28	435,050	4,070,258	
000823	超声电子	44,044	28,830	17.88	7.62	227,155	3,223,698	
000825	太钢不锈	569,625	569,587	6.86	3.67	545,684	3,025,071	
000826	桑德环境	41,336	40,049	37.58	21.9	116,869	3,275,520	
000828	东莞控股	103,952	103,952	7.36	4.32	58,319	360,985	
000829	天音控股	94,690	94,682	14.99	5.69	217,969	2,323,236	
000830	鲁西化工	146,486	104,548	8.44	5.29	415,955	2,947,945	
000831	*ST关铝	65,340	65,335	10.02	5.75	48,277	380,735	
000833	贵糖股份	29,607	29,606	13.09	7.25	127,374	1,379,698	
000835	四川圣达	30,537	30,537	12.29	5.12	224,345	2,254,609	
000836	鑫茂科技	29,250	25,532	10.49	4.24	93,041	725,073	
000837	秦川发展	34,872	34,865	17.44	6.9	108,280	1,460,610	
000838	国兴地产	18,100	18,096	12.48	5.23	58,473	550,974	
000839	中信国安	156,793	156,741	13.66	6.44	326,082	3,627,861	
000848	承德露露	36,497	36,482	27.3	13.75	76,702	1,592,699	
000850	华茂股份	94,367	94,339	13.25	5.15	271,076	2,458,268	
000851	高鸿股份	33,290	32,079	13.47	5.96	192,051	2,058,910	
000852	江钻股份	40,040	13,010	19.6	8.87	170,065	2,496,646	
000856	ST唐陶	22,700	13,207	11.88	6.67	45,567	452,863	
000858	五粮液	379,597	379,549	40.8	30	485,069	17,064,803	
000859	国风塑业	42,048	42,048	10.7	4.03	169,331	1,426,364	
000860	顺鑫农业	43,854	43,851	24	12.99	152,369	2,782,849	
000861	海印股份	49,219	14,914	24.48	12.53	90,923	1,714,329	
000862	银星能源	23,589	23,589	17.57	7.51	72,309	986,908	
000863	*ST商务	17,462	7,800	3.5	3.5	0	0	
000868	安凯客车	35,201	26,715	12.49	6.36	113,525	1,208,381	
000869	张裕A	34,882	34,882	121.92	83.88	18,686	1,847,176	
000875	吉电股份	83,910	66,000	5.64	2.79	224,065	1,079,263	
000876	新希望	173,767	81,468	22.9	15.55	157,230	3,110,379	
000877	天山股份	38,895	33,566	45.18	18.88	160,404	5,224,807	
000878	云南铜业	141,640	125,667	29.52	15.4	237,709	5,667,506	
000880	潍柴重机	27,610	13,514	25.98	9.32	83,348	1,650,751	
000881	大连国际	30,892	30,795	13.18	7.18	129,532	1,505,443	
000882	华联股份	89,330	29,903	9.09	3.78	42,469	315,772	
000883	湖北能源	206,780	41,478	10.97	4.6	106,437	921,438	
000885	同力水泥	25,254	8,511	18.36	9.01	100,011	1,471,464	
000886	海南高速	98,883	95,113	6.51	3	172,605	921,087	
000887	中鼎股份	59,578	59,556	27.48	9.77	85,410	1,390,797	
000888	峨眉山A	23,519	16,381	21.8	14.83	35,951	678,996	
000889	渤海物流	33,871	33,846	12.98	5.05	122,859	1,178,828	
000890	法尔胜	37,964	37,954	7.95	3.95	164,501	1,094,397	
000892	*ST星美	41,388	30,694	6.77	3.43	100,434	586,535	
000893	东凌粮油	22,200	22,076	29.2	11.83	46,602	1,057,406	
000895	双汇发展	60,599	60,590	88.69	55.6	56,577	3,852,185	
000897	津滨发展	161,727	161,704	6.14	2.26	315,572	1,577,563	
000898	鞍钢股份	614,901	614,899	9.05	4.39	429,618	3,094,797	
000899	赣能股份	64,668	30,498	9.09	3.95	326,150	2,310,316	
000900	现代投资	39,917	39,913	22.96	12.48	66,540	1,224,923	
000901	航天科技	25,036	22,176	18.4	11.32	135,167	2,126,565	
000902	中国服装	25,800	25,799	15.64	5.67	125,290	1,425,121	
000903	云内动力	68,076	42,561	18.8	3.87	192,405	2,125,572	
000905	厦门港务	53,100	53,100	8.75	5.04	87,315	656,468	

代码	证券名称	发行量	流通量	2011 年 1 月 - 12 月				市盈率
				最高价	最低价	成交数量	成交金额	
000906	南方建材	33,061	13,156	11.95	6.07	57,447	563,595	
000908	ST 天一	28,000	28,000	11.07	4.33	48,429	443,594	
000909	数源科技	19,600	19,600	12.55	6.05	71,460	734,294	
000910	大亚科技	52,750	52,750	9.42	4.75	75,736	589,881	
000911	南宁糖业	28,664	28,664	24.5	11.37	90,555	1,747,934	
000912	泸 天 化	58,500	26,715	8.58	5.7	137,572	1,010,068	
000913	钱江摩托	45,354	45,344	9.71	4.24	93,680	728,452	
000915	山大华特	18,025	17,921	19.88	11.32	49,926	835,496	
000916	华北高速	109,000	92,032	4.63	3.13	69,408	279,497	
000917	电广传媒	40,638	31,876	32.25	23	95,214	2,675,660	
000918	嘉凯城	180,419	61,269	9.58	3.65	87,503	632,255	
000919	金陵药业	50,400	25,529	11.3	7.3	87,611	838,353	
000920	南方汇通	42,200	42,200	14.89	5.81	254,177	2,976,850	
000921	ST 科 龙	89,446	28,224	8.81	3.54	74,306	503,406	
000922	ST 阿继	29,844	17,190	12.1	6.17	29,868	307,462	
000923	河北宣工	19,800	19,800	13.29	5.17	75,967	771,852	
000925	众合机电	30,134	10,876	28.75	8.92	40,270	745,325	
000926	福星股份	71,236	52,836	14.57	6.59	278,512	3,127,876	
000927	一汽夏利	159,517	159,517	9.1	5.09	138,162	1,068,267	
000928	中钢吉炭	28,290	28,290	19.98	10.92	291,859	4,444,100	
000929	兰州黄河	18,577	18,559	13.43	5.36	68,419	741,703	
000930	中粮生化	96,441	96,440	10.18	5.7	312,460	2,640,801	
000931	中 关 村	67,485	50,648	10	4.59	359,269	2,881,355	
000932	华菱钢铁	301,565	112,129	5.43	2.64	306,640	1,207,862	
000933	神火股份	168,000	167,995	30.12	8.34	313,966	5,957,509	
000935	四川双马	61,586	13,795	15.24	6.2	162,706	1,962,732	
000936	华 西 村	74,801	74,801	9.58	4.56	184,537	1,488,558	
000937	冀中能源	231,288	157,591	52.29	15	363,832	10,211,884	
000938	紫光股份	20,608	20,607	18.84	9.9	92,696	1,423,243	
000939	凯迪电力	94,331	94,080	25.25	10.02	355,960	5,679,208	
000948	南天信息	21,055	21,054	16.82	7.71	62,455	786,537	
000949	新乡化纤	82,922	82,905	9.9	3.09	286,720	2,009,093	
000950	建峰化工	59,880	53,055	8.56	4.07	47,693	314,399	
000951	中国重汽	41,943	41,943	29.46	11.85	75,349	1,663,930	
000952	广济药业	25,171	25,167	14.28	6.54	144,427	1,689,134	
000953	ST 河化	29,406	29,400	10.14	3.79	74,849	574,227	
000955	ST 欣龙	29,315	24,670	6.89	3.93	86,520	499,829	
000957	中通客车	23,850	23,848	10.56	7	82,161	714,705	
000958	ST 东热	29,949	19,671	6.71	2.92	86,156	463,207	
000959	首钢股份	296,653	120,615	4.42	2.6	41,299	131,783	
000960	锡业股份	90,652	90,652	39.79	16.38	297,699	9,204,238	
000961	中南建设	116,784	31,580	13.8	6.49	183,040	1,910,332	
000962	东方钽业	44,083	44,083	29.49	13.2	170,943	4,085,765	
000963	华东医药	43,406	27,994	36	22.33	29,817	820,534	
000965	天保基建	46,156	11,550	11.5	6.95	60,942	599,723	
000966	长源电力	55,414	55,414	7.19	3.17	108,741	628,615	
000967	上风高科	20,518	20,480	10.84	6.24	67,785	623,858	
000968	煤 气 化	51,375	51,375	30.98	13.75	167,054	4,013,428	
000969	安泰科技	85,889	85,744	25.8	15.9	342,847	7,286,015	
000970	中科三环	50,760	50,760	31.2	16.96	304,101	7,722,766	
000971	ST 迈亚	24,310	18,138	7.76	3.04	66,018	411,557	
000972	新 中 基	48,205	43,285	16.16	4.37	229,554	2,349,166	
000973	佛塑科技	61,255	51,492	17.37	6.5	215,297	2,922,962	
000975	科 学 城	62,293	62,293	11.85	4.63	242,518	2,087,691	
000976	春晖股份	58,664	58,659	7.7	3.55	310,694	1,916,236	
000977	浪潮信息	21,500	21,500	27.3	14.31	101,649	2,163,601	
000978	桂林旅游	36,010	36,010	15.38	7.38	116,836	1,367,929	
000979	中弘股份	101,209	29,599	19.89	4.92	192,211	1,841,729	

代码	证券名称	发行量	流通量	2011年1月-12月				市盈率
				最高价	最低价	成交数量	成交金额	
000980	金马股份	31,700	31,700	8.17	4.53	102,449	713,632	
000981	ST兰光	85,901	6,497	15.3	5.55	33,719	369,792	
000982	中银绒业	55,600	49,800	16.7	6.04	70,342	794,566	
000983	西山煤电	315,120	147,217	29.19	14.08	591,104	14,569,980	
000985	大庆华科	12,964	12,964	17.97	10.8	21,771	332,518	
000987	广州友谊	35,896	35,863	27.42	15.3	39,864	899,818	
000988	华工科技	44,556	40,760	24.28	12.32	118,474	2,283,613	
000989	九芝堂	29,761	29,761	15.89	9.52	69,627	888,165	
000990	诚志股份	29,703	28,333	14.9	7.18	79,689	949,053	
000993	闽东电力	37,300	37,300	14.15	6.22	85,115	887,269	
000995	ST皇台	17,741	17,741	24.05	11.4	42,480	731,401	
000996	中国中期	23,000	23,000	27.78	12.28	68,372	1,398,255	
000997	新大陆	51,027	50,868	20.44	10.29	256,304	3,914,474	
000998	隆平高科	27,720	27,720	36.48	22.5	152,763	4,558,312	
000999	华润三九	97,890	35,524	25.5	16.3	90,709	1,905,608	
001696	宗申动力	102,105	76,811	10.9	5.16	195,487	1,625,300	
001896	豫能控股	62,335	42,999	10.98	4.37	178,120	1,450,212	
002001	新和成	72,595	71,328	34.5	18.13	131,742	3,663,336	
002002	ST琼花	16,689	13,641	8.42	6.06	51,208	377,117	
002003	伟星股份	25,899	22,338	27.48	11.31	43,260	823,865	
002004	华邦制药	16,749	9,783	52.8	32.04	8,435	367,891	
002005	德豪润达	48,320	32,235	19.99	14.3	80,126	1,390,757	
002006	精功科技	30,344	26,508	79.95	18.56	158,581	6,942,277	
002007	华兰生物	57,620	57,612	48.69	20.21	131,275	4,175,306	
002008	大族激光	104,440	94,620	25.98	6.01	405,557	6,166,190	
002009	天奇股份	22,101	16,991	18.97	6.91	77,900	1,160,600	
002010	传化股份	48,798	38,283	27.35	5.82	106,353	1,503,372	
002011	盾安环境	83,794	74,789	35.6	8.48	121,071	2,195,509	
002012	凯恩股份	23,381	19,479	17.86	11.89	93,297	1,440,370	
002013	中航精机	21,720	16,105	37.69	14.27	95,461	2,338,167	
002014	永新股份	18,302	18,166	26.95	13.03	61,886	1,148,596	
002015	霞客环保	23,994	18,054	13	7.96	141,428	1,501,635	
002016	世荣兆业	46,150	46,149	9.99	4.86	68,678	563,507	
002017	东信和平	21,842	21,692	25.6	10.5	88,364	1,555,966	
002018	华星化工	29,386	27,040	8.76	4.23	129,841	959,966	
002019	鑫富药业	22,042	20,266	23.46	7.11	89,524	1,430,313	
002020	京新药业	12,633	7,695	25.4	15.75	17,322	352,758	
002021	中捷股份	43,678	43,678	8.58	4.13	198,583	1,319,912	
002022	科华生物	49,228	43,746	18.95	9.7	142,970	2,078,841	
002023	海特高新	29,518	28,391	18.16	9	83,228	1,277,628	
002024	苏宁电器	699,621	543,713	14.65	8.08	812,142	9,656,330	
002025	航天电器	33,000	32,979	15.85	10.45	134,625	1,787,224	
002026	山东威达	17,550	12,833	15.4	7.18	47,443	513,021	
002027	七喜控股	30,234	19,468	7.79	4.1	69,624	445,251	
002028	思源电气	43,968	33,315	27.29	12	128,005	2,297,683	
002029	七匹狼	28,290	28,289	42	27.49	24,444	826,670	
002030	达安基因	34,671	33,210	16.25	7.9	151,283	1,787,777	
002031	巨轮股份	39,791	29,922	14.67	5.8	65,712	668,209	
002032	苏泊尔	57,725	42,943	29.04	16.2	21,335	490,943	
002033	丽江旅游	15,122	12,652	35	17.82	38,483	949,985	
002034	美欣达	8,112	5,907	29.5	11.26	85,400	1,857,670	
002035	华帝股份	22,330	21,008	16.49	8.05	88,277	1,163,691	
002036	宜科科技	20,225	19,488	19.88	11.3	73,279	1,139,301	
002037	久联发展	17,303	17,303	27.75	18	31,182	743,812	
002038	双鹭药业	38,070	31,252	59.8	30.81	41,283	1,722,991	
002039	黔源电力	20,360	12,340	24.18	12.6	23,673	474,548	
002040	南京港	24,587	24,587	9.68	4.99	37,506	309,828	
002041	登海种业	35,200	32,842	73.24	18.42	131,250	4,405,149	

代码	证券名称	发行量	流通量	2011 年 1 月 - 12 月				市盈率
				最高价	最低价	成交数量	成交金额	
002042	华孚色纺	55,533	23,395	31.5	7.18	70,200	1,303,162	
002043	兔宝宝	23,501	17,507	12.91	6.48	73,976	807,151	
002044	江苏三友	22,425	15,596	19	9.21	43,179	629,935	
002045	广州国光	41,690	33,973	18.65	5.41	115,642	1,105,666	
002046	轴研科技	10,809	6,435	33.46	12.84	45,032	1,121,319	
002047	成霖股份	45,366	45,366	6.64	2.79	170,519	882,503	
002048	宁波华翔	55,320	48,279	15.66	6.96	154,180	1,925,253	
002049	晶源电子	13,500	8,956	29.45	16.83	48,801	1,132,953	
002050	三花股份	29,737	9,879	37.39	23	15,494	503,943	
002051	中工国际	44,070	37,011	41.65	24.02	22,057	720,721	
002052	同洲电子	34,148	26,113	14.8	7.2	120,832	1,353,871	
002053	云南盐化	18,585	18,585	15.55	8.83	63,006	827,157	
002054	德美化工	31,759	23,622	15.32	8.4	68,130	797,412	
002055	得润电子	20,522	17,226	27.98	16.5	41,129	893,726	
002056	横店东磁	42,590	41,090	41.18	14.5	134,021	4,091,032	
002057	中钢天源	8,400	8,400	28.69	15.01	55,731	1,228,884	
002058	威尔泰	12,474	12,360	26.41	6.77	68,203	900,214	
002059	云南旅游	21,500	8,056	15.27	8.2	95,861	1,150,103	
002060	粤水电	41,839	32,679	16.25	7.47	238,442	3,001,920	
002061	江山化工	13,998	13,998	18.15	6.66	86,008	1,151,009	
002062	宏润建设	45,000	36,409	16.75	5.88	54,694	646,005	
002063	远光软件	33,738	28,683	32.01	16.3	47,851	1,073,909	
002064	华峰氨纶	73,840	66,236	14.09	4.59	139,755	1,466,358	
002065	东华软件	53,074	44,772	31.2	17.91	36,987	880,652	
002066	瑞泰科技	11,550	11,496	19.48	11.22	26,698	435,510	
002067	景兴纸业	54,698	32,904	8.49	4.85	176,902	1,296,828	
002068	黑猫股份	47,970	39,985	16.04	5.14	166,642	1,992,038	
002069	獐子岛	71,111	64,030	43.63	22.2	90,562	2,729,074	
002070	众和股份	37,589	25,393	9.98	4.94	69,560	470,286	
002071	江苏宏宝	18,402	18,016	17.56	6.76	117,711	1,477,443	
002072	ST 德棉	17,600	17,600	11.94	5.64	37,044	361,883	
002073	软控股份	74,237	60,296	27.94	13.74	135,971	2,952,418	
002074	东源电器	25,337	21,502	23.05	7.4	110,107	1,403,385	
002075	沙钢股份	157,627	39,600	12.49	3.92	90,998	803,084	
002076	雪莱特	18,427	11,169	12.99	6.4	87,608	898,728	
002077	大港股份	25,200	24,398	16.05	6.21	91,954	1,120,743	
002078	太阳纸业	100,481	32,642	14.39	7.5	138,709	1,590,477	
002079	苏州固锝	40,170	36,077	25.2	10.13	69,004	1,217,487	
002080	中材科技	40,000	15,699	47.03	10.45	114,963	2,206,031	
002081	金螳螂	51,825	43,930	77	34	30,854	1,465,483	
002082	栋梁新材	23,800	15,810	17.1	8.29	83,771	1,156,810	
002083	孚日股份	93,848	73,805	11.27	4.78	198,785	1,780,758	
002084	海鸥卫浴	33,558	33,558	10.41	3.96	57,188	422,569	
002085	万丰奥威	39,010	11,333	16.9	7.5	52,467	700,584	
002086	东方海洋	24,385	23,623	18.47	11.6	117,732	1,857,860	
002087	新野纺织	51,976	33,467	6.69	3.31	142,817	733,510	
002088	鲁阳股份	23,398	20,081	18.95	9.32	32,728	514,567	
002089	新海宜	35,289	25,756	25.55	8.71	58,538	902,117	
002090	金智科技	20,400	18,483	14.69	8.38	52,760	584,456	
002091	江苏国泰	36,000	34,654	30.5	11.64	86,062	1,796,808	
002092	中泰化学	115,434	96,090	15.99	6.77	283,627	3,499,680	
002093	国脉科技	86,500	79,000	18.47	5.38	102,236	1,102,554	
002094	青岛金王	32,192	32,192	18.08	7.81	102,728	1,588,564	
002095	生意宝	16,200	16,060	27.17	11.38	30,849	535,401	
002096	南岭民爆	13,220	13,193	38.8	25.45	14,235	476,514	
002097	山河智能	42,145	29,662	17.78	8.13	104,858	1,474,995	
002098	浔兴股份	15,500	15,500	19.1	8.22	36,290	530,797	
002099	海翔药业	16,146	12,695	27.4	17.92	30,304	704,939	

代码	证券名称	发行量	流通量	2011年1月-12月				市盈率
				最高价	最低价	成交数量	成交金额	
002100	天康生物	29,476	26,594	24.6	9.9	55,865	850,048	
002101	广东鸿图	16,400	16,400	40.39	8.65	29,662	636,609	
002102	冠福家用	40,926	23,698	18.38	5.71	365,872	3,961,451	
002103	广博股份	21,843	16,911	9.59	5.49	30,252	244,789	
002104	恒宝股份	44,064	30,727	17.86	8.94	177,482	2,391,511	
002105	信隆实业	26,800	26,800	8.59	4.21	61,063	446,807	
002106	莱宝高科	60,040	57,769	66.49	14.91	187,563	6,428,129	
002107	沃华医药	16,398	7,395	14.65	9.42	26,359	345,400	
002108	沧州明珠	30,165	29,673	24.8	7.07	86,970	1,181,036	
002109	兴化股份	35,840	35,840	14.1	7.25	192,627	2,151,671	
002110	三钢闽光	53,470	53,470	12.98	6.6	86,099	869,224	
002111	威海广泰	30,727	18,040	27.81	7.95	75,077	1,002,083	
002112	三变科技	11,200	10,173	17.5	7.44	36,357	487,760	
002113	*ST天润	11,840	8,942	9.66	5.33	29,190	246,283	
002114	罗平锌电	18,385	18,385	19.88	6.5	48,075	729,944	
002115	三维通信	22,816	16,683	19.86	11.72	52,826	881,810	
002116	中国海诚	11,400	11,063	25.09	16.1	11,471	239,377	
002117	东港股份	12,641	12,412	28.92	16.33	24,641	517,116	
002118	紫鑫药业	51,299	16,177	40.6	8	135,103	2,950,578	
002119	康强电子	19,420	18,815	14.49	6.53	88,605	948,987	
002120	新海股份	15,028	9,447	14.77	6.22	39,215	435,507	
002121	科陆电子	39,669	26,764	30.89	8.47	79,642	1,369,126	
002122	天马股份	118,800	105,781	19.2	5.98	341,558	4,948,006	
002123	荣信股份	50,400	45,027	47.98	15.34	82,649	2,109,868	
002124	天邦股份	20,550	13,425	15.1	6.64	104,581	1,149,555	
002125	湘潭电化	8,696	7,540	28.88	14.53	26,658	611,483	
002126	银轮股份	15,900	11,420	38.25	13	31,068	806,779	
002127	新民科技	44,646	29,932	16.78	4.63	87,149	885,996	
002128	露天煤业	132,669	132,669	26.73	12.58	95,664	1,987,019	
002129	中环股份	72,424	72,291	36.36	10	121,754	2,256,243	
002130	沃尔核材	29,089	17,653	27.5	11.18	134,680	2,509,695	
002131	利欧股份	30,112	18,141	24.44	11.45	84,200	1,581,799	
002132	恒星科技	53,987	32,611	34	5.98	179,278	2,472,542	
002133	广宇集团	49,860	34,219	7.13	4.34	105,696	619,286	
002134	天津普林	24,585	24,585	12.36	5.62	112,444	1,093,623	
002135	东南网架	37,430	25,346	19.87	7.4	72,131	873,571	
002136	安纳达	21,502	15,315	39.95	13	167,832	3,935,547	
002137	实益达	31,216	30,838	12.45	5.8	91,525	896,504	
002138	顺络电子	21,234	16,922	28.65	12.97	40,472	909,974	
002139	拓邦股份	16,800	11,346	22.96	8.06	53,227	873,987	
002140	东华科技	44,603	43,205	48.54	20.79	40,710	1,264,773	
002141	蓉胜超微	18,189	18,189	14.88	5.23	42,220	393,284	
002142	宁波银行	288,382	248,049	13.97	8.86	329,350	3,878,930	
002143	高金食品	16,050	7,996	12.3	7.08	47,604	476,549	
002144	宏达高科	15,134	8,950	18.45	11.7	27,468	419,665	
002145	*ST钛白	19,000	18,910	15.17	6.43	112,839	1,122,933	
002146	荣盛发展	186,368	162,498	15.69	6.53	232,710	2,570,731	
002147	方圆支承	25,852	19,701	19	8	65,674	1,015,737	
002148	北纬通信	11,340	8,159	45.1	13.16	46,865	972,658	
002149	西部材料	17,463	13,713	28.47	10.93	58,616	1,207,910	
002150	江苏通润	25,020	8,921	17.92	5.81	79,421	905,424	
002151	北斗星通	15,125	7,781	46.8	21.85	39,441	1,193,164	
002152	广电运通	44,478	42,654	54.38	21.45	29,847	999,636	
002153	石基信息	30,912	16,147	57	24.7	9,039	345,137	
002154	报喜鸟	58,750	50,052	33.05	10.9	49,844	898,704	
002155	辰州矿业	54,740	54,727	44.35	18.77	321,599	10,793,617	
002156	通富微电	64,987	64,987	18.65	4.47	155,226	1,547,639	
002157	正邦科技	43,106	26,810	17.18	7.92	114,015	1,318,784	

代码	证券名称	发行量	流通量	2011 年 1 月 - 12 月				市盈率
				最高价	最低价	成交数量	成交金额	
002158	汉钟精机	21,807	21,807	36.85	11.06	23,679	578,134	
002159	三特索道	12,000	11,987	20	12.33	28,212	459,653	
002160	常铝股份	34,000	32,470	32.25	8.07	187,832	3,226,455	
002161	远 望 谷	36,988	21,997	36.98	15	113,393	2,555,298	
002162	斯 米 克	41,800	41,800	15.54	5.2	153,169	1,763,522	
002163	中航三鑫	80,355	41,315	21	4.26	145,552	1,445,866	
002164	东力传动	44,563	40,513	27.6	5.11	131,880	1,213,575	
002165	红 宝 丽	26,823	24,692	17.4	9.06	67,765	1,026,322	
002166	莱茵生物	12,953	8,072	28.6	14.05	79,344	1,719,127	
002167	东方锆业	20,698	13,792	47.65	26	96,915	3,563,425	
002168	深圳惠程	63,092	32,418	46.75	9.05	109,600	2,304,233	
002169	智光电气	26,647	23,441	21.88	6.18	110,840	1,276,358	
002170	芭田股份	39,593	25,267	19.98	7.22	112,998	1,435,088	
002171	精诚铜业	32,604	32,225	34.4	10.85	232,672	4,883,415	
002172	澳洋科技	55,622	49,860	9.98	3.41	82,105	616,432	
002173	山 下 湖	20,100	9,981	28.58	7.93	113,373	1,684,833	
002174	梅 花 伞	8,294	8,294	17.75	9.91	33,885	501,640	
002175	广陆数测	8,540	6,835	16.6	9.51	25,912	367,135	
002176	江特电机	21,221	19,508	40.25	16.09	117,242	2,932,703	
002177	御银股份	34,443	20,510	21.99	10.52	106,149	1,581,229	
002178	延华智能	13,440	11,050	20.25	7.55	51,518	663,485	
002179	中航光电	40,163	20,927	25.88	14.85	58,721	1,257,395	
002180	万 力 达	12,498	8,298	47.1	10.63	57,703	1,505,816	
002181	粤 传 媒	35,016	21,358	14.21	9.16	95,110	1,166,730	
002182	云海金属	28,800	21,322	28.18	9.52	274,559	4,672,730	
002183	怡 亚 通	83,413	83,413	13.66	4.37	131,669	1,104,233	
002184	海得控制	22,000	13,106	18.09	6.25	51,984	633,058	
002185	华天科技	40,613	37,323	15.27	7	109,892	1,354,137	
002186	全 聚 德	14,156	13,939	34.21	25.82	12,805	382,628	
002187	广百股份	28,535	9,600	28.99	11.07	18,337	369,360	
002188	新 嘉 联	15,600	11,917	12.41	7.35	39,971	412,797	
002189	利达光电	19,924	19,424	18.44	8.61	37,572	568,388	
002190	成飞集成	26,553	20,623	38.8	19.2	65,009	1,943,047	
002191	劲嘉股份	64,200	64,200	12.11	8.11	136,718	1,397,975	
002192	路翔股份	12,140	9,325	31.48	12.85	57,205	1,349,034	
002193	山东如意	16,000	15,991	18.13	8.62	28,808	408,899	
002194	武汉凡谷	55,588	24,922	15.1	7.75	58,865	705,997	
002195	海隆软件	11,193	8,662	35.48	14.93	48,175	1,017,875	
002196	方正电机	11,573	8,379	32.99	11.52	29,667	650,611	
002197	证通电子	20,983	13,884	22.69	9.65	56,851	912,095	
002198	嘉应制药	20,500	10,716	18.5	7.62	34,917	460,181	
002199	东晶电子	12,626	5,814	24.7	9.57	36,945	679,374	
002200	*ST 大地	15,109	10,783	29.18	10.08	107,429	1,902,931	
002201	九鼎新材	17,576	16,700	15.38	6.65	72,362	814,249	
002202	金风科技	219,454	212,141	23.38	7.32	496,399	8,035,806	
002203	海亮股份	51,601	47,232	19.54	9.88	72,138	1,123,815	
002204	大连重工	42,919	21,400	48.92	22.21	36,804	1,226,577	
002205	国统股份	11,615	9,919	35.8	13.11	43,601	1,149,517	
002206	海 利 得	44,758	24,663	25.1	7.82	44,991	775,201	
002207	准油股份	9,946	8,219	22.88	12.37	53,241	934,229	
002208	合肥城建	32,010	31,664	12.58	5.3	78,508	749,218	
002209	达 意 隆	19,524	12,413	15.3	6.98	55,001	596,654	
002210	飞马国际	30,600	29,084	10.96	5.43	47,261	434,840	
002211	宏达新材	43,248	21,682	18.65	5.9	76,757	890,668	
002212	南洋股份	51,026	27,071	24.3	5.78	110,863	1,241,560	
002213	特 尔 佳	20,600	12,594	19.99	7.2	49,721	683,625	
002214	大立科技	10,000	7,098	51.54	30.51	17,021	708,490	
002215	诺 普 信	35,408	24,940	34.98	8.06	68,155	1,097,933	

代码	证券名称	发行量	流通量	2011年1月－12月				市盈率
				最高价	最低价	成交数量	成交金额	
002216	三全食品	20,105	12,336	39.78	29.31	10,691	375,015	
002217	联合化工	22,298	16,819	15.33	7.56	130,664	1,586,729	
002218	拓日新能	48,975	42,184	29.2	8.63	91,474	1,471,105	
002219	独一味	37,360	37,062	22.06	11.48	65,811	1,102,993	
002220	天宝股份	23,236	16,014	21.67	15.81	19,160	357,359	
002221	东华能源	22,490	22,171	12.77	7.4	71,346	759,930	
002222	福晶科技	28,500	27,482	20.14	6.18	87,518	1,047,950	
002223	鱼跃医疗	40,893	14,994	50.33	18.81	45,473	1,320,264	
002224	三力士	15,984	7,175	19.95	6.94	37,897	521,580	
002225	濮耐股份	73,047	14,757	19.45	8.1	306,051	4,219,330	
002226	江南化工	39,564	12,266	31.5	11.01	24,535	539,559	
002227	奥特迅	10,858	10,858	36.99	20.43	25,766	706,191	
002228	合兴包装	34,750	34,750	16.35	5.6	39,757	355,536	
002229	鸿博股份	15,694	7,558	19.58	11.41	19,522	305,251	
002230	科大讯飞	25,208	20,723	83.55	29.5	47,213	2,021,030	
002231	奥维通信	17,840	7,050	15.5	10.8	29,705	401,921	
002232	启明信息	40,855	38,605	25.38	7.51	90,436	1,276,893	
002233	塔牌集团	89,466	45,366	22.78	7.8	485,160	6,653,385	
002234	民和股份	15,102	6,403	33.8	17.74	56,565	1,478,682	
002235	安妮股份	19,500	9,860	16.2	9.28	27,516	362,983	
002236	大华股份	27,908	14,733	86.6	37.51	29,660	1,579,113	
002237	恒邦股份	22,760	16,407	55.5	29.11	50,566	2,324,516	
002238	天威视讯	32,040	32,039	27.6	15.88	41,208	880,018	
002239	金飞达	20,100	20,100	11.09	6.64	39,058	369,662	
002240	威华股份	49,070	29,899	12.95	3.75	176,916	1,439,821	
002241	歌尔声学	75,158	54,476	56.79	20.3	45,395	1,387,658	
002242	九阳股份	76,095	76,095	17.33	7.2	71,066	880,098	
002243	通产丽星	25,807	25,159	17.98	7.58	40,802	581,740	
002244	滨江集团	135,200	112,268	13.3	6.55	156,076	1,636,234	
002245	澳洋顺昌	36,480	33,469	21.48	4.85	88,332	1,034,895	
002246	北化股份	19,789	19,789	25.49	8.4	43,787	807,175	
002247	帝龙新材	10,020	8,146	27.83	10.45	24,978	492,957	
002248	华东数控	25,750	18,476	28.3	10.32	115,603	1,936,389	
002249	大洋电机	47,735	23,954	32.37	14.2	55,740	1,282,737	
002250	联化科技	39,699	22,882	41.5	17.84	21,570	639,197	
002251	步步高	27,036	8,651	28.6	19.7	21,960	554,803	
002252	上海莱士	27,200	27,200	35.95	20.85	28,447	807,589	
002253	川大智胜	8,703	7,747	49	21.54	15,145	554,948	
002254	泰和新材	39,156	39,139	37.7	10.8	53,072	1,197,394	
002255	海陆重工	12,910	9,729	44.59	26.04	21,448	727,529	
002256	彩虹精化	20,880	12,706	26.37	7.21	123,961	1,699,594	
002258	利尔化学	20,244	19,137	19.5	9.36	24,968	388,757	
002259	升达林业	64,332	50,016	10.95	2.89	179,413	1,246,584	
002260	伊立浦	15,600	15,600	15.69	5.24	54,897	616,594	
002261	拓维信息	21,803	13,982	43.23	13.75	66,025	1,322,652	
002262	恩华药业	23,400	19,593	24.09	17	18,449	384,427	
002263	大东南	60,351	26,182	13.4	5.59	136,488	1,393,706	
002264	新华都	35,707	11,458	29.4	10.19	89,808	1,587,084	
002265	西仪股份	29,103	28,373	15.22	5.5	52,308	613,630	
002266	浙富股份	29,928	14,013	48.65	15.17	31,550	821,126	
002267	陕天然气	50,842	49,855	22.24	15.36	41,576	808,150	
002268	卫士通	17,271	16,288	28.79	14.61	34,547	690,993	
002269	美邦服饰	100,500	100,500	36.18	24	27,245	840,124	
002270	法因数控	14,550	6,555	17.54	7.28	37,756	490,561	
002271	东方雨虹	34,352	17,271	42.48	10.18	55,336	1,120,556	
002272	川润股份	17,055	9,323	28.95	8.28	27,525	434,868	
002273	水晶光电	12,485	10,248	50.9	30.88	20,330	802,990	
002274	华昌化工	26,147	25,529	13.73	8	104,249	1,214,972	

代码	证券名称	发行量	流通量	2011 年 1 月 – 12 月				市盈率
				最高价	最低价	成交数量	成交金额	
002275	桂林三金	59,020	13,484	25.25	12.37	20,719	365,741	
002276	万马电缆	43,160	14,122	15.98	8.08	58,687	790,451	
002277	友阿股份	34,920	20,614	25.24	14.11	62,733	1,399,700	
002278	神开股份	26,152	11,728	19.15	8.68	46,375	628,802	
002279	久其软件	10,987	3,888	31	16.05	37,869	906,121	
002280	新世纪	10,700	3,565	24.37	11.18	15,596	294,878	
002281	光迅科技	16,000	8,200	49.09	29.42	16,693	642,591	
002282	博深工具	22,542	7,681	28.88	8.8	82,692	1,491,242	
002283	天润曲轴	55,941	23,284	37.9	10.22	110,857	2,355,899	
002284	亚太股份	28,704	9,994	25.6	6.4	36,431	574,683	
002285	世联地产	32,640	10,319	33.99	10.5	33,173	678,005	
002286	保龄宝	10,400	5,253	27.2	14.4	19,236	414,710	
002287	奇正藏药	40,600	4,100	26.44	15.93	22,304	492,574	
002288	超华科技	16,499	4,800	19.9	11.68	51,195	817,997	
002289	宇顺电子	7,350	4,161	35.89	16.7	31,710	879,960	
002290	禾盛新材	15,048	6,286	37.18	14.3	45,284	1,139,127	
002291	星期六	36,335	12,134	19.26	7.88	47,238	507,762	
002292	奥飞动漫	40,960	10,240	35.3	16	105,200	2,546,697	
002293	罗莱家纺	14,036	4,036	92.63	58.97	7,282	551,162	
002294	信立泰	36,320	9,120	72.49	23.52	20,231	866,804	
002295	精艺股份	21,180	10,609	20.59	6.91	82,021	1,070,870	
002296	辉煌科技	17,774	5,340	71.28	14.22	15,883	492,830	
002297	博云新材	21,400	13,441	24.5	12.11	57,818	1,127,452	
002298	鑫龙电器	16,500	7,816	17.36	10.86	37,307	551,453	
002299	圣农发展	91,090	28,244	39.89	13.8	173,102	3,476,581	
002300	太阳电缆	30,150	11,759	21.99	9	43,108	590,147	
002301	齐心文具	19,169	7,530	17.5	10.51	21,049	314,321	
002302	西部建设	21,000	9,745	26.16	12	35,739	743,684	
002303	美盈森	17,880	4,478	43.41	19	16,162	560,828	
002304	洋河股份	90,000	40,856	239.98	102.58	26,017	3,979,704	
002305	南国置业	96,000	24,291	17.49	4.5	68,894	517,242	
002306	湘鄂情	20,000	8,956	28.85	14.6	30,875	646,140	
002307	北新路桥	42,871	20,601	22.8	5.75	91,735	1,417,612	
002308	威创股份	64,140	19,402	20.06	9.81	68,912	947,421	
002309	中利科技	24,030	10,137	32.98	18.45	51,367	1,349,939	
002310	东方园林	15,024	4,878	137.49	76.48	18,581	1,925,426	
002311	海大集团	58,240	14,560	31.3	13.68	31,909	628,985	
002312	三泰电子	17,745	9,880	27.19	8.29	24,161	398,823	
002313	日海通讯	10,000	2,500	61.58	37.39	8,000	392,582	
002314	雅致股份	29,000	11,443	20.29	9.5	33,863	535,225	
002315	焦点科技	11,750	3,032	80	40	15,630	868,926	
002316	键桥通讯	21,840	11,848	20.19	8.52	46,060	598,759	
002317	众生药业	18,000	4,500	46.7	20.88	14,179	417,157	
002318	久立特材	20,800	10,566	21.35	15.11	22,808	419,926	
002319	乐通股份	10,000	5,470	23.38	9.42	30,117	519,870	
002320	海峡股份	32,760	14,220	40.49	13.1	41,487	873,534	
002321	华英农业	14,700	10,300	28.95	12.9	55,445	1,195,986	
002322	理工监测	6,670	3,569	83.6	35.82	10,150	553,693	
002323	中联电气	8,276	2,351	30.33	17.79	7,899	201,293	
002324	普利特	27,000	10,380	42.36	9.91	37,251	845,561	
002325	洪涛股份	23,025	8,046	42.13	18.58	16,287	448,492	
002326	永太科技	24,030	7,821	61.45	13.81	32,934	1,012,253	
002327	富安娜	13,390	3,380	54.49	32	10,115	426,901	
002328	新朋股份	30,000	10,100	20.8	10.15	30,118	490,905	
002329	皇氏乳业	21,400	7,627	55.25	12.79	15,489	345,949	
002330	得利斯	25,100	6,300	17.96	9.88	32,218	471,194	
002331	皖通科技	13,391	5,227	32.47	11.11	27,391	490,657	
002332	仙琚制药	34,140	20,557	21.02	11	56,218	846,507	

代码	证券名称	发行量	流通量	2011年1月－12月				市盈率
				最高价	最低价	成交数量	成交金额	
002333	罗普斯金	25,237	6,563	16.15	8.52	30,138	404,856	
002334	英威腾	12,160	3,040	67.6	23.6	14,232	692,367	
002335	科华恒盛	15,997	4,595	65.46	15.29	21,537	641,935	
002336	人人乐	40,000	10,000	24.9	14.26	31,296	639,833	
002337	赛象科技	19,200	4,832	29.76	9.36	14,054	241,086	
002338	奥普光电	8,000	4,043	54.5	33	7,565	327,505	
002339	积成电子	8,600	5,056	39	20.03	16,485	466,459	
002340	格林美	28,979	18,725	66.3	18.25	52,012	1,440,547	
002341	新纶科技	14,640	5,665	43.45	14.68	29,445	713,315	
002342	巨力索具	96,000	20,739	24.6	5.13	90,335	1,373,006	
002343	禾欣股份	19,812	7,905	37.26	11.68	52,400	917,561	
002344	海宁皮城	56,000	15,513	55.3	19.71	46,239	1,501,319	
002345	潮宏基	18,000	11,652	34.99	23.4	20,625	601,659	
002346	柘中建设	13,500	3,500	26	10.96	26,588	533,627	
002347	泰尔重工	10,400	3,256	28.2	13.5	22,117	512,905	
002348	高乐股份	23,680	6,080	22.18	9.63	20,916	305,347	
002349	精华制药	10,000	5,404	46.4	21.1	19,076	575,694	
002350	北京科锐	12,840	6,744	25.4	16.61	26,014	539,158	
002351	漫步者	29,400	8,060	32	8.99	26,806	402,947	
002352	鼎泰新材	7,783	1,950	31.94	19.55	12,868	330,679	
002353	杰瑞股份	22,964	7,707	147.2	56.12	13,553	1,135,197	
002354	科冕木业	9,350	3,600	22.49	9.24	28,223	469,923	
002355	兴民钢圈	21,040	8,398	19.77	9.67	47,634	758,792	
002356	浩宁达	8,000	2,000	33.48	17.02	7,736	203,674	
002357	富临运业	19,593	7,126	26.65	8.28	45,748	630,539	
002358	森源电气	17,200	5,105	48.3	17.18	19,758	529,235	
002359	齐星铁塔	16,350	4,125	22.55	8.08	20,078	283,473	
002360	同德化工	12,000	6,263	41.25	10.71	25,041	456,620	
002361	神剑股份	16,000	7,290	24.59	7.32	20,779	293,606	
002362	汉王科技	21,410	11,820	87.9	11.13	95,711	2,407,070	
002363	隆基机械	12,000	5,250	21.6	11.81	14,477	255,649	
002364	中恒电气	10,020	3,783	34.49	12.02	22,138	406,900	
002365	永安药业	18,700	7,744	35.8	11.12	54,335	896,866	
002366	丹甫股份	13,350	8,022	20.52	9.1	32,996	474,523	
002367	康力电梯	25,248	11,384	32.78	12.44	25,401	509,409	
002368	太极股份	19,758	9,625	56.3	16.82	21,410	604,174	
002369	卓翼科技	20,000	6,421	46.33	14.5	20,189	454,693	
002370	亚太药业	20,400	7,808	22.86	7.75	31,382	474,468	
002371	七星电子	8,450	2,433	111	45.45	6,713	494,039	
002372	伟星新材	25,340	6,340	23.58	15.01	28,788	566,693	
002373	联信永益	6,853	4,832	28.56	12.85	27,042	504,761	
002374	丽鹏股份	8,560	3,880	38.47	9.87	13,963	274,904	
002375	亚厦股份	42,200	14,600	96.3	20.8	28,941	1,127,330	
002376	新北洋	30,000	14,849	47.9	15.55	23,889	618,645	
002377	国创高新	21,400	8,520	21.97	7.67	61,599	662,696	
002378	章源钨业	42,821	7,923	41.66	20.4	49,942	1,561,771	
002379	鲁丰股份	15,500	5,900	40.89	10.14	34,308	553,347	
002380	科远股份	6,800	1,700	51.5	26.5	6,762	269,673	
002381	双箭股份	11,700	4,200	34.28	11.82	14,685	285,309	
002382	蓝帆股份	12,000	3,000	38.2	17.03	9,234	231,336	
002383	合众思壮	14,400	3,600	53.7	24.02	16,769	596,821	
002384	东山精密	19,200	6,775	74.68	18.6	48,609	1,680,970	
002385	大北农	40,080	17,805	42.6	29	41,608	1,496,554	
002386	天原集团	47,977	38,904	18.05	8.48	92,449	1,306,890	
002387	黑牛食品	24,030	6,030	39.99	13.65	53,875	1,027,056	
002388	新亚制程	19,980	5,040	29.39	8.62	30,215	462,746	
002389	南洋科技	13,400	3,400	63.9	20.91	19,945	678,045	
002390	信邦制药	17,360	9,317	46.45	9.97	16,955	350,060	

代码	证券名称	发行量	流通量	2011 年 1 月 - 12 月				市盈率
				最高价	最低价	成交数量	成交金额	
002391	长青股份	20,575	5,200	35.97	12.88	20,093	460,290	
002392	北京利尔	54,000	15,483	47.15	8.19	59,056	1,285,752	
002393	力生制药	18,245	8,267	55.98	30.17	34,490	1,500,693	
002394	联发股份	21,580	12,851	49.25	14.02	19,474	484,835	
002395	双象股份	8,940	3,153	35.43	16.66	17,032	450,932	
002396	星网锐捷	35,106	24,321	45.48	12	39,171	899,604	
002397	梦洁家纺	15,120	4,645	47.38	24.07	9,686	335,511	
002398	建研集团	15,600	3,900	33.5	15.52	22,098	522,359	
002399	海普瑞	80,020	17,020	141.88	24.2	45,424	2,103,983	
002400	省广股份	14,827	8,161	54.29	17.1	32,978	827,452	
002401	中海科技	10,640	4,087	59.35	13	16,284	507,297	
002402	和而泰	10,005	5,015	42.78	13.62	33,779	646,130	
002403	爱仕达	24,000	9,668	17.44	8.71	32,254	446,145	
002404	嘉欣丝绸	17,355	7,128	21.96	9.36	30,176	441,406	
002405	四维图新	48,028	30,965	55.6	17.73	58,813	1,702,495	
002406	远东传动	28,050	11,406	32.48	9.4	23,388	450,620	
002407	多氟多	22,256	15,800	84.88	16.1	53,198	2,272,666	
002408	齐翔腾达	46,721	16,020	78.88	16.25	111,285	4,112,071	
002409	雅克科技	11,088	3,288	43.63	21	9,434	338,645	
002410	广联达	27,000	6,571	71.5	28.65	20,093	826,698	
002411	九九久	23,220	12,057	41.44	8.85	54,233	899,716	
002412	汉森制药	14,800	3,800	54	15.48	34,025	908,200	
002413	常发股份	22,050	7,870	28.19	8.9	30,360	587,530	
002414	高德红外	30,000	7,950	32.99	15.6	52,718	1,235,626	
002415	海康威视	100,000	24,974	95	32.8	33,940	1,691,148	
002416	爱施德	99,910	13,193	45.59	11.71	24,008	649,877	
002417	三元达	18,000	7,881	34.09	12.11	59,992	1,134,743	
002418	康盛股份	22,880	14,978	22.7	5.95	32,277	409,757	
002419	天虹商场	80,020	16,384	50.3	16.9	25,382	728,290	
002420	毅昌股份	40,100	10,383	13.65	6.11	27,737	277,450	
002421	达实智能	10,140	6,058	38.48	16	18,884	434,135	
002422	科伦药业	48,000	22,296	165.2	41.15	33,921	2,823,973	
002423	中原特钢	46,551	7,900	13.81	7.4	135,926	1,490,199	
002424	贵州百灵	47,040	11,840	43.49	12.84	53,811	1,421,471	
002425	凯撒股份	21,400	5,560	44.48	7.74	28,516	502,405	
002426	胜利精密	40,041	11,874	15.2	6.82	36,736	419,949	
002427	尤夫股份	23,820	7,395	21.85	6.6	32,068	426,027	
002428	云南锗业	16,328	8,393	91.95	29.6	33,782	1,883,455	
002429	兆驰股份	70,881	23,345	27.59	7	55,374	675,153	
002430	杭氧股份	60,150	22,166	37.11	17.8	35,686	973,453	
002431	棕榈园林	38,400	17,544	90.99	22.89	37,178	1,462,716	
002432	九安医疗	24,800	8,298	36.6	8.52	93,089	1,299,939	
002433	太安堂	10,000	3,999	33.11	19.1	10,619	279,549	
002434	万里扬	34,000	10,258	32.94	7.96	19,669	434,136	
002435	长江润发	13,200	8,003	17.15	9.68	23,225	330,276	
002436	兴森科技	22,340	13,777	71.49	14.92	28,562	823,770	
002437	誉衡药业	28,000	9,520	79.87	15.71	32,448	1,072,296	
002438	江苏神通	10,400	2,795	40.4	19.65	33,169	925,183	
002439	启明星辰	19,752	9,973	46.6	15.05	10,413	266,858	
002440	闰土股份	38,350	14,156	35.09	15.75	41,603	1,102,217	
002441	众业达	23,200	7,737	57.45	14	36,258	930,575	
002442	龙星化工	32,000	9,670	17.69	6.51	122,751	1,424,490	
002443	金洲管道	17,355	8,469	25.24	8.58	30,483	471,067	
002444	巨星科技	50,700	13,808	42.59	9.03	64,002	1,295,373	
002445	中南重工	25,215	11,070	35.79	9.3	52,251	916,060	
002446	盛路通信	13,280	3,380	30.1	10.14	26,100	499,754	
002447	壹桥苗业	13,400	5,108	81.28	27.3	28,073	1,149,467	
002448	中原内配	9,251	5,617	47.32	21.55	16,986	582,057	

代码	证券名称	发行量	流通量	2011年1月－12月				市盈率
				最高价	最低价	成交数量	成交金额	
002449	国星光电	21,500	11,466	45.99	15.34	51,903	1,321,277	
002450	康得新	32,320	21,283	43.5	18.51	70,811	1,802,577	
002451	摩恩电气	14,640	3,660	19.56	11.27	25,102	391,381	
002452	长高集团	10,000	3,380	30.8	14.45	15,735	358,784	
002453	天马精化	12,000	5,849	47	19	16,767	540,409	
002454	松芝股份	31,200	11,640	31.85	10.11	30,707	657,883	
002455	百川股份	13,170	4,470	36.89	8.63	22,156	431,837	
002456	欧菲光	19,200	8,269	70.07	16.7	45,791	1,172,590	
002457	青龙管业	22,333	12,313	46.08	12.31	54,022	1,251,086	
002458	益生股份	14,040	3,510	39.45	20.1	33,721	1,010,863	
002459	天业通联	22,230	13,573	33.13	8.51	55,146	1,060,947	
002460	赣锋锂业	15,000	7,733	53	19.34	51,335	1,634,950	
002461	珠江啤酒	68,016	13,982	22.27	9.15	45,147	754,770	
002462	嘉事堂	24,000	19,330	22.85	7.49	28,530	429,859	
002463	沪电股份	83,044	53,666	17.2	6.35	58,407	608,076	
002464	金利科技	13,500	3,650	30.5	16.33	21,802	472,606	
002465	海格通信	33,251	8,500	41.4	22.6	27,089	860,059	
002466	天齐锂业	14,700	3,860	61.36	25.5	46,361	1,898,300	
002467	二六三	12,000	6,624	32.49	20.05	11,798	319,247	
002468	艾迪西	19,200	7,219	26.46	9.68	46,547	764,550	
002469	三维工程	11,261	3,502	81.5	23	30,648	1,191,838	
002470	金正大	70,000	25,000	20.25	12.06	68,163	1,222,846	
002471	中超电缆	20,800	6,998	28.7	11.61	60,199	1,058,101	
002472	双环传动	21,384	8,299	46.2	11.61	14,745	414,210	
002473	圣莱达	16,000	5,280	32.27	7.35	31,053	514,436	
002474	榕基软件	10,370	4,124	50.6	34.8	19,182	794,394	
002475	立讯精密	26,070	6,570	58.08	29.02	22,769	979,833	
002476	宝莫股份	18,000	8,850	30.28	12.38	25,198	488,644	
002477	雏鹰农牧	26,700	11,426	60.63	21.65	54,780	1,782,680	
002478	常宝股份	40,010	6,947	19.1	11.16	61,766	932,809	
002479	富春环保	42,800	26,160	48.01	15.11	123,844	3,143,432	
002480	新筑股份	28,000	15,133	85.47	11.7	35,380	1,053,337	
002481	双塔食品	12,000	5,819	64.38	19.27	23,383	798,919	
002482	广田股份	32,000	10,160	88.1	20.83	31,058	1,251,137	
002483	润邦股份	36,000	9,000	35.93	9.59	46,555	894,564	
002484	江海股份	16,000	4,000	33.69	15.97	28,207	731,337	
002485	希努尔	20,000	6,275	28.38	19.22	25,899	602,399	
002486	嘉麟杰	20,800	13,475	16.5	7.97	31,443	412,441	
002487	大金重工	12,000	5,861	40.39	16.77	14,067	412,204	
002488	金固股份	18,000	6,329	25.86	7.97	24,185	368,807	
002489	浙江永强	24,000	6,900	38.57	18.22	27,136	825,126	
002490	山东墨龙	27,086	7,262	25.95	9.46	53,766	1,024,651	
002491	通鼎光电	26,780	9,618	21.58	11.12	30,949	529,484	
002492	恒基达鑫	12,000	5,970	21.98	11.48	21,985	388,503	
002493	荣盛石化	111,200	11,200	79.6	16.38	62,335	2,686,660	
002494	华斯股份	11,350	6,258	31.87	13.65	15,796	361,599	
002495	佳隆股份	18,720	6,120	32.15	8.3	23,291	385,506	
002496	辉丰股份	16,000	6,698	56.58	14.07	46,786	1,260,943	
002497	雅化集团	32,000	8,000	44.9	11.96	48,622	1,144,406	
002498	汉缆股份	70,500	9,522	45.6	14.65	37,696	1,068,900	
002499	科林环保	7,500	2,303	43.98	24.01	17,870	570,015	
002500	山西证券	239,980	145,794	12.48	6.01	431,768	4,130,144	
002501	利源铝业	18,720	11,136	57.75	15.5	56,496	1,703,308	
002502	骅威股份	8,800	4,868	30.85	19.5	24,725	647,882	
002503	搜于特	16,000	4,000	95.65	28.1	15,112	749,789	
002504	东光微电	10,700	6,415	29	12.32	30,813	678,678	
002505	大康牧业	16,448	9,415	28.79	10.38	67,645	1,167,352	
002506	超日太阳	52,720	26,591	52.8	12.3	126,143	3,171,029	

代码	证券名称	发行量	流通量	2011 年 1 月 - 12 月				市盈率
				最高价	最低价	成交数量	成交金额	
002507	涪陵榨菜	15,500	7,998	27.88	13.92	30,051	632,417	
002508	老板电器	25,600	9,280	38.36	14.35	40,704	927,141	
002509	天广消防	10,000	3,278	31.97	16.41	18,519	469,744	
002510	天汽模	20,576	7,386	22.2	10	28,387	520,421	
002511	中顺洁柔	16,000	7,272	40.67	21.25	23,348	683,478	
002512	达华智能	21,239	5,400	36.45	13.11	56,045	1,107,688	
002513	蓝丰生化	13,320	3,420	54.32	16.06	21,263	679,175	
002514	宝馨科技	6,800	2,400	43.58	16.01	11,360	350,086	
002515	金字火腿	9,555	2,405	48.76	20.7	11,311	401,655	
002516	江苏旷达	25,000	11,284	22.86	8.7	27,078	453,403	
002517	泰亚股份	8,840	2,210	30.28	15.28	27,379	611,168	
002518	科士达	11,500	2,900	39.28	19.43	26,984	829,269	
002519	银河电子	14,080	3,520	53.18	13.55	21,947	558,213	
002520	日发数码	9,600	3,588	50.98	22.1	29,014	1,008,736	
002521	齐峰股份	20,615	12,774	41.77	11.16	25,731	579,755	
002522	浙江众成	17,067	5,131	47.34	16.07	26,683	725,306	
002523	天桥起重	16,000	9,361	22.8	9.95	23,160	408,495	
002524	光正钢构	18,076	4,520	38	7.97	68,217	1,248,775	
002526	山东矿机	26,700	16,315	28.44	12.22	60,941	1,380,841	
002527	新时达	20,000	8,213	28.98	12.31	32,838	762,636	
002528	英飞拓	23,606	5,920	54.25	14.45	25,612	798,595	
002529	海源机械	16,000	7,890	26.28	11.63	31,945	637,966	
002530	丰东股份	13,400	3,400	20.95	12.61	35,786	613,000	
002531	天顺风能	20,575	5,200	26.3	13.04	27,230	579,307	
002532	新界泵业	16,000	4,000	49.28	16.41	86,443	2,171,705	
002533	金杯电工	28,000	7,000	36	8.45	30,701	606,238	
002534	杭锅股份	40,052	4,100	34.29	17.14	35,533	981,755	
002535	林州重机	41,418	10,240	39	10.15	72,633	1,568,733	
002536	西泵股份	9,600	2,400	43	20.04	19,273	590,206	
002537	海立美达	10,000	2,500	41.58	19.01	9,916	311,583	
002538	司尔特	14,800	3,800	26.87	19.7	26,135	628,851	
002539	新都化工	33,104	8,329	36.68	10	39,792	1,016,528	
002540	亚太科技	20,800	5,200	38	13.45	22,934	554,862	
002541	鸿路钢构	13,400	3,400	47.52	28.5	19,803	805,028	
002542	中化岩土	10,020	2,520	46.5	15.11	29,391	849,154	
002543	万和电气	20,000	5,000	29.53	17.65	14,186	363,800	
002544	杰赛科技	17,192	4,400	37.4	10.35	38,511	784,441	
002545	东方铁塔	26,025	6,525	44.25	13.51	30,574	1,005,884	
002546	新联电子	16,800	4,200	48	16.46	33,559	1,053,886	
002547	春兴精工	14,200	3,600	23.56	14.81	31,951	616,258	
002548	金新农	9,400	2,400	29	15.88	19,719	454,179	
002549	凯美特气	12,000	3,000	49.33	23.5	19,986	721,864	
002550	千红制药	16,000	4,000	42.48	24.11	37,376	1,273,282	
002551	尚荣医疗	12,300	3,075	70.97	20.17	22,255	893,666	
002552	宝鼎重工	15,000	3,750	29.84	9.7	30,022	594,602	
002553	南方轴承	8,700	2,200	38.2	13.71	37,984	985,257	
002554	惠博普	20,250	5,250	40	11.36	34,144	860,103	
002555	顺荣股份	13,400	3,400	38.8	10.71	15,361	309,667	
002556	辉隆股份	23,920	6,000	42.5	16.45	25,638	700,517	
002557	洽洽食品	26,000	6,500	40	20.91	15,153	485,180	
002558	世纪游轮	5,950	1,500	40.98	21.88	11,767	377,090	
002559	亚威股份	8,800	2,200	40.09	24.73	11,063	367,179	
002560	通达股份	10,333	2,620	35.3	13.64	24,049	549,266	
002561	徐家汇	41,576	7,000	22.87	11.1	49,454	876,037	
002562	兄弟科技	10,670	2,670	37.05	18.88	44,151	1,227,026	
002563	森马服饰	67,000	7,000	64.58	37	11,771	643,951	
002564	张化机	30,386	7,680	38.58	11.04	49,506	1,172,286	
002565	上海绿新	21,360	5,360	31.5	14.81	14,925	364,089	

代码	证券名称	发行量	流通量	2011年1月－12月				市盈率
				最高价	最低价	成交数量	成交金额	
002566	益盛药业	11,032	2,760	41.99	26.62	13,942	498,381	
002567	唐人神	13,800	3,500	29.97	18.8	20,176	494,362	
002568	百润股份	8,000	2,000	34.64	18.08	22,947	602,624	
002569	步森股份	9,334	2,334	30.6	13.25	26,596	529,821	
002570	贝因美	42,605	4,300	50.88	22.2	34,726	1,263,448	
002571	德力股份	8,510	2,200	29.98	16.7	11,524	298,178	
002572	索菲亚	10,700	2,700	96.4	35.81	5,506	343,225	
002573	国电清新	29,600	7,600	44.8	17.33	47,261	1,174,603	
002574	明牌珠宝	24,000	6,000	39.36	21.8	58,278	1,756,390	
002575	群兴玩具	13,380	3,380	20.86	11.9	14,701	248,430	
002576	通达动力	12,700	3,200	21.45	12.13	30,102	545,894	
002577	雷柏科技	12,800	3,200	35	21	6,941	197,443	
002578	闽发铝业	17,180	4,300	19.95	9.68	45,682	690,813	
002579	中京电子	9,735	2,435	19.99	12.35	25,988	449,444	
002580	圣阳股份	7,510	1,880	31.21	19.38	24,410	630,053	
002581	万昌科技	10,828	2,708	25.38	15.3	31,971	662,546	
002582	好想你	7,380	1,860	62.88	45.6	13,742	733,009	
002583	海能达	27,800	7,000	29.2	15.25	37,734	827,284	
002584	西陇化工	20,000	5,000	16.2	9.92	69,958	984,470	
002585	双星新材	20,800	5,200	55.58	32.38	28,256	1,315,818	
002586	围海股份	10,700	2,700	34.2	19.5	39,444	1,028,991	
002587	奥拓电子	8,400	2,100	23.23	15.32	32,255	614,176	
002588	史丹利	13,000	3,250	46.44	26.91	31,943	1,233,158	
002589	瑞康医药	9,380	2,380	32.2	21.01	19,050	498,010	
002590	万安科技	9,334	2,334	23.69	13	23,679	449,454	
002591	恒大高新	8,000	2,000	25.23	14.95	17,155	362,040	
002592	八菱科技	7,552	1,514	30.28	16.41	9,168	232,108	
002593	日上集团	21,200	5,300	16.4	10.01	50,727	711,927	
002594	比亚迪	156,100	7,900	35.55	17.4	106,861	2,813,212	
002595	豪迈科技	20,000	5,000	31.63	21.2	28,007	734,075	
002596	海南瑞泽	13,400	3,400	28.25	11.05	40,107	713,701	
002597	金禾实业	13,350	3,350	40.1	24.78	38,512	1,257,180	
002598	山东章鼓	15,600	4,000	26.28	10.64	48,883	875,717	
002599	盛通股份	13,200	3,300	18.35	10.2	43,331	633,606	
002600	江粉磁材	31,780	7,950	25.13	11.4	127,596	2,623,229	
002601	佰利联	9,400	2,400	133.3	71.6	30,642	3,169,739	
002602	世纪华通	17,500	4,500	27.5	13.71	30,964	671,100	
002603	以岭药业	42,500	6,500	48.5	34.4	32,368	1,361,887	
002604	龙力生物	18,640	4,660	36.88	19.3	65,166	1,814,185	
002605	姚记扑克	9,350	2,350	38.5	15.38	20,510	548,446	
002606	大连电瓷	10,000	2,500	35.58	18.01	45,501	1,233,029	
002607	亚夏汽车	8,800	2,200	35.49	26.5	14,339	459,864	
002608	舜天船舶	14,700	3,700	38.5	20.18	31,516	984,443	
002609	捷顺科技	11,865	3,000	23.22	12.57	28,741	543,838	
002610	爱康科技	20,000	5,000	29.98	15.62	51,382	1,176,884	
002611	东方精工	13,600	3,400	23.96	14.73	36,898	724,801	
002612	朗姿股份	20,000	5,000	47.7	27.41	27,195	1,101,298	
002613	北玻股份	26,700	6,700	19.87	9.26	48,807	747,728	
002614	蒙发利	12,000	3,000	49.51	25.51	10,785	420,235	
002615	哈尔斯	9,120	2,280	26.07	14.4	29,364	585,372	
002616	长青集团	14,800	3,700	24.56	15.26	45,808	902,750	
002617	露笑科技	12,000	3,000	23.99	12.83	34,147	689,163	
002618	丹邦科技	16,000	4,000	20.29	11.22	39,452	661,241	
002619	巨龙管业	9,350	2,350	20.88	12.76	23,829	426,206	
002620	瑞和股份	8,000	2,000	33	21.22	9,619	280,719	
002621	大连三垒	10,000	2,500	29	19.13	20,883	534,472	
002622	永大集团	15,000	3,040	30.43	14.55	29,590	702,589	
002623	亚玛顿	16,000	3,200	39.3	25	15,319	525,989	

代码	证券名称	发行量	流通量	2011 年 1 月 - 12 月				市盈率
				最高价	最低价	成交数量	成交金额	
002624	金磊股份	10,000	2,000	27.28	14.14	24,194	565,213	
002625	龙生股份	7,734	1,553	23.29	13	16,647	333,837	
002626	金达威	9,000	1,840	50.51	32.69	13,153	599,587	
002627	宜昌交运	13,350	2,690	20.88	12.7	15,722	277,291	
002628	成都路桥	16,700	3,400	26.13	16.18	16,408	368,659	
002629	仁智油服	11,443	2,291	25.78	14.29	21,298	464,595	
002630	华西能源	16,700	3,360	25.17	14.75	22,576	494,766	
002631	德尔家居	16,000	3,200	24.5	13.73	16,199	332,109	
002632	道明光学	10,667	2,135	29.34	21.02	18,751	504,730	
002633	申科股份	10,000	2,000	19.29	12.66	10,670	175,532	
002634	棒杰股份	6,670	1,340	24.6	18.08	10,061	219,031	
002635	安洁科技	12,000	2,400	34.5	25.13	13,788	414,004	
002636	金安国纪	28,000	5,600	13.5	8.41	28,021	329,947	
002637	赞宇科技	8,000	1,600	43.83	29.6	7,704	309,092	
002638	勤上光电	18,734	3,753	30.68	24.05	18,728	497,173	
002639	雪人股份	16,000	3,200	19.8	12.98	5,130	89,028	
002640	百圆裤业	6,667	1,337	30	20.02	5,340	138,085	
002641	永高股份	20,000	4,000	19.8	13.07	13,475	225,157	
002642	荣之联	10,000	2,000	30.44	21.19	5,197	139,026	
002643	烟台万润	13,782	2,766	27.8	22.21	8,080	200,789	
002644	佛慈制药	8,078	1,630	19.98	14.92	4,420	76,664	
002645	华宏科技	6,667	1,337	27	20.88	2,465	60,274	
002646	青青稞酒	45,000	4,800	22.15	16.52	13,947	270,520	
002647	宏磊股份	16,891	3,383	12.25	11.26	2,780	32,515	
002648	卫星石化	20,000	4,000	37.5	34	2,858	102,124	
125089	深机转债	2,000	2,000	105.8	92.01	2,455	246,934	
125709	唐钢转债	3,000	3,000	112.4	105.9	4,524	490,927	
125731	美丰转债	632	632	127.5	103	815	95,967	
125887	中鼎转债	300	300	133	102.999	683	82,101	
126729	燕京转债	1,130	1,130	136.6	99.191	632	71,958	
129031	巨轮转2	350	350	116	92.07	403	44,249	
150001	瑞福进取	300,050	300,050	0.749	0.419	644,533	415,235	
150002	大成优选	398,962	398,962	1.07	0.673	500,280	472,241	
150003	建信优势	235,342	235,342	0.909	0.74	128,044	108,797	
150006	同庆A	577,426	577,426	1.123	1.071	924,629	1,016,380	
150007	同庆B	866,471	866,471	0.99	0.555	2,742,045	2,394,802	
150008	瑞和小康	26,936	26,936	1.008	0.74	41,688	38,694	
150009	瑞和远见	26,936	26,936	1.098	0.84	55,630	55,829	
150010	国泰优先	35,654	35,654	1.069	1.021	36,810	38,548	
150011	国泰进取	35,723	35,723	1.188	0.649	260,131	258,234	
150012	双禧A	172,485	172,485	0.979	0.758	526,600	473,063	
150013	双禧B	258,727	258,727	1.378	0.785	2,458,621	2,725,651	
150016	合润A	4,803	4,803	1.07	0.873	24,580	23,488	
150017	合润B	7,204	7,204	1.165	0.812	15,714	16,635	
150018	银华稳进	381,163	381,163	0.974	0.731	687,760	602,281	
150019	银华锐进	381,163	381,163	1.641	0.733	3,012,541	3,702,882	
150020	汇利A	173,287	173,287	1.002	0.955	149,344	146,148	
150021	汇利B	77,906	77,906	1.104	0.78	72,201	72,194	
150022	申万收益	116,632	116,632	0.906	0.729	298,464	251,885	
150023	申万进取	116,632	116,632	1.04	0.454	987,031	781,301	
150025	景丰A	187,814	187,814	1	0.95	156,011	152,107	
150026	景丰B	76,704	76,704	1.007	0.535	183,194	136,220	
150027	添利B	99,339	99,339	0.988	0.631	165,821	143,357	
150028	信诚500A	8,952	8,952	1.003	0.72	31,030	26,917	
150029	信诚500B	13,429	13,429	1.111	0.525	72,385	61,552	
150030	银华金利	92,956	92,956	0.961	0.791	181,002	164,339	
150031	银华鑫利	92,956	92,956	1.071	0.428	496,411	398,908	
150032	多利优先	1,451	1,451	0.98	0.861	2,113	2,019	

代码	证券名称	发行量	流通量	2011 年 1 月 – 12 月				市盈率
				最高价	最低价	成交数量	成交金额	
150033	多利进取	363	363	1.354	1	910	1,044	
150034	聚利 A	53,925	53,925	0.98	0.83	40,938	35,775	
150035	聚利 B	26,261	26,261	0.979	0.66	38,356	33,262	
150036	建信稳健	1,271	1,271	0.995	0.761	4,562	4,233	
150037	建信进取	1,906	1,906	1.142	0.731	8,375	8,562	
150038	万家利 B	48,209	48,209	0.998	0.645	19,076	15,570	
150039	鼎利 A	8,033	8,033	1.01	0.89	1,135	1,059	
150040	鼎利 B	3,443	3,443	1.025	0.792	543	491	
150041	天盈 B	68,227	68,227	1.007	0.836	31,918	29,201	
150042	利鑫 B	12,017	12,017	1.01	0.838	6,708	6,500	
150043	裕祥 B	31,269	31,269	0.986	0.681	41,644	36,371	
150044	增利 A	10,055	10,055	1.006	0.89	684	626	
150045	增利 B	2,517	2,517	1.076	0.901	195	188	
150047	银华瑞吉	583	583	1.018	0.914	1,102	1,079	
150048	银华瑞祥	2,333	2,333	1.054	0.857	3,934	3,884	
150053	泰达稳健	2,680	2,680	0.98	0.846	2,680	2,503	
150054	泰达进取	4,020	4,020	1.085	0.999	4,017	4,074	
150059	银华金瑞	1,437	1,437	0.985	0.862	2,293	2,234	
150060	银华鑫瑞	2,155	2,155	1.048	0.995	6,022	6,075	
150061	丰泽 B	16,814	16,814	1.03	0.911	57	56	
159901	深 100ETF	3,103,283	3,103,283	0.869	0.544	15,571,879	11,495,942	
159902	中 小 板	140,883	140,883	3.218	1.913	938,763	2,498,155	
159903	深成 ETF	306,265	306,265	1.338	0.869	533,848	621,013	
159905	深红利	136,244	136,244	1.065	0.66	95,675	92,812	
159906	深成长	210,464	210,464	1.035	0.69	67,667	65,263	
159907	中小 300	100,060	100,060	1.095	0.759	71,442	71,708	
159908	深 F200	29,523	29,523	1.022	0.685	38,376	37,494	
159909	深 TMT	17,302	17,302	3.031	2.187	4,277	12,163	
159910	深 F120	58,591	58,591	0.976	0.78	30,059	27,927	
159911	民营 ETF	16,377	16,377	3.248	2.437	10,620	32,005	
159912	深 300ETF	47,035	47,035	0.978	0.802	31,984	29,914	
159913	深价值	10,533	10,533	1.085	0.879	32,616	33,313	
159915	创业板	53,345	53,345	0.814	0.703	121,573	92,507	
159916	深 F60	22,707	22,707	1.923	1.509	17,115	31,004	
160105	南方积配	10,998	10,998	1.294	0.901	2,221	2,497	
160106	南方高增	15,970	15,970	1.778	1.193	3,447	5,282	
160119	南方 500	15,093	15,093	1.288	0.8	30,590	34,744	
160123	南方 50 债	1,257	1,257	1.104	1	8,688	8,738	
160125	南方中国	387	387	1.074	0.931	831	823	
160211	国泰小盘	10,997	10,752	1.203	0.805	12,870	13,385	
160215	国泰价值	2,445	2,445	1.046	0.727	2,279	2,225	
160311	华夏蓝筹	37,168	36,995	0.955	0.661	13,117	11,555	
160314	华夏行业	57,533	56,115	0.99	0.769	17,715	16,613	
160415	华安 S300	6,558	6,558	1.011	0.763	6,841	6,757	
160505	博时主题	29,012	29,012	1.912	1.513	11,671	20,932	
160512	博时卓越	24,883	24,628	1.036	0.81	9,750	9,699	
160607	鹏华价值	55,899	55,899	0.907	0.697	16,503	13,851	
160610	鹏华动力	15,010	15,010	1.29	0.94	5,327	6,271	
160611	鹏华治理	24,054	22,809	1.076	0.742	3,862	3,881	
160613	鹏华创新	614	614	1.64	1.033	732	1,083	
160615	鹏华 300	6,160	6,160	1.222	0.839	4,311	4,629	
160616	鹏华 500	7,645	7,645	1.08	0.678	9,946	10,090	
160617	鹏华丰润	65,917	65,917	0.991	0.872	60,295	57,647	
160706	嘉实 300	390,576	390,576	0.862	0.599	913,585	693,356	
160716	嘉实 50	13,325	13,325	0.829	0.58	10,201	7,558	
160717	恒生 H 股	8,427	8,427	0.95	0.63	10,849	8,748	
160805	长盛同智	16,846	16,158	1.022	0.732	1,964	1,826	
160807	长盛 300	1,347	1,347	1.124	0.713	824	838	

代码	证券名称	发行量	流通量	2011 年 1 月 - 12 月				市盈率
				最高价	最低价	成交数量	成交金额	
160910	大成创新	13,175	13,175	0.995	0.668	3,207	2,902	
161005	富国天惠	7,363	7,363	1.797	1.202	7,977	12,522	
161010	富国天丰	73,694	73,694	1.079	0.926	231,187	229,797	
161017	富国 500	2,734	2,734	1.08	0.916	491	490	
161115	易基岁丰	175,037	175,037	1.009	0.878	168,341	158,909	
161116	易基黄金	2,241	2,241	1.041	0.914	963	980	
161210	国投新兴	188	188	1.148	0.792	556	590	
161211	国投金融	22,545	22,545	0.92	0.69	13,892	11,511	
161213	国投消费	3,216	3,216	1.032	0.75	8,018	7,852	
161216	双债 A	22,217	22,217	0.992	0.815	18,954	17,473	
161217	国投资源	5,363	5,363	0.995	0.75	5,667	5,374	
161607	融通巨潮	6,839	6,839	1	0.703	2,262	2,020	
161610	融通领先	23,549	23,490	1.044	0.71	3,419	3,187	
161706	招商成长	7,204	7,204	1.425	0.988	2,208	2,779	
161713	招商信用	160,675	160,675	1.008	0.846	88,577	83,922	
161714	招商金砖	153	153	1.21	0.703	1,637	1,492	
161810	银华内需	25,395	25,365	1.15	0.637	6,726	6,783	
161811	银华 300	2,005	2,005	1.01	0.67	2,104	1,933	
161813	银华信用	90,852	90,852	1.046	0.873	110,699	106,066	
161815	银华通胀	892	892	1.1	0.811	2,017	2,016	
161903	万家公用	3,696	3,696	0.82	0.554	1,648	1,183	
161907	万家红利	5,995	5,995	1.049	0.781	18,901	18,948	
162006	长城久富	10,398	9,645	1.471	0.95	2,705	3,299	
162207	泰达效率	24,614	24,614	0.931	0.668	3,984	3,278	
162307	海富 100	2,147	2,147	0.92	0.651	935	784	
162605	景顺鼎益	10,455	10,455	1.047	0.721	2,400	2,341	
162607	景顺资源	25,129	25,129	0.883	0.632	5,363	4,404	
162703	广发小盘	16,487	16,487	2.325	1.536	15,799	33,411	
162711	广发 500	16,898	16,898	1.145	0.728	27,707	28,803	
162712	广发聚利	4,429	4,429	1	0.911	1,596	1,536	
163001	长信 100	1,282	1,282	1.08	0.766	2,119	2,131	
163110	申万量化	692	692	1.042	0.786	4,552	4,546	
163302	大摩资源	6,865	6,865	2.349	1.768	7,955	17,124	
163402	兴全趋势	37,283	37,283	1.073	0.807	22,948	23,403	
163407	兴全 300	2,810	2,810	1.052	0.74	7,332	7,119	
163409	兴全绿色	19,768	19,768	1.035	0.871	26,251	26,373	
163503	天治核心	50,117	50,117	0.624	0.434	16,070	9,179	
163801	中银中国	4,606	4,606	1.908	1.06	5,043	7,443	
164105	华富强债	107,728	107,728	0.994	0.772	180,132	161,916	
164205	天弘深成	91	91	1.078	0.627	410	385	
164606	信用增利	9,761	9,761	0.93	0.859	1,224	1,072	
164808	工银四季	58,908	58,908	1.11	0.873	23,197	22,290	
164902	交银添利	40,068	40,068	1.011	0.771	31,554	29,248	
165309	建信 300	2,051	2,051	0.95	0.629	1,163	1,007	
165311	建信信用	16,413	16,413	1.01	0.863	6,044	5,531	
165508	信诚深度	456	456	1.078	0.785	341	324	
165509	信诚增强	116,785	116,785	0.955	0.801	33,946	30,907	
165510	信诚四国	155	155	1.139	0.684	1,139	1,071	
165512	信诚机遇	2,041	2,041	1.095	0.858	1,410	1,391	
166001	中欧趋势	11,179	11,179	0.9	0.552	2,190	1,722	
166006	中欧小盘	627	627	1.04	0.714	1,069	982	
166007	中欧 300	562	562	1.126	0.751	679	660	
166008	中欧强债	30,308	30,308	1.003	0.9	85,380	83,349	
166009	中欧动力	968	968	1.054	0.763	2,856	2,789	
184688	基金开元	200,000	197,000	1.154	0.718	219,478	229,555	
184689	基金普惠	200,000	197,000	1.342	0.8	97,412	108,445	
184690	基金同益	200,000	197,000	1.16	0.716	129,567	125,725	
184691	基金景宏	200,000	197,000	1.35	0.74	95,117	106,501	

代码	证券名称	发行量	流通量	2011年1月－12月				市盈率
				最高价	最低价	成交数量	成交金额	
184692	基金裕隆	300,000	298,500	1.147	0.766	178,875	179,850	
184693	基金普丰	300,000	298,500	1.095	0.72	180,043	177,248	
184698	基金天元	300,000	298,500	1.017	0.701	160,371	143,197	
184699	基金同盛	300,000	298,500	1.268	0.851	307,394	347,045	
184701	基金景福	300,000	298,500	1.455	0.7	251,528	290,746	
184721	基金丰和	300,000	298,500	1.166	0.708	310,673	298,314	
184722	基金久嘉	200,000	198,000	0.955	0.649	243,720	215,585	
184728	基金鸿阳	200,000	198,000	0.788	0.544	328,349	235,207	
200002	万科B	131,496	131,496	11.55	6.01	62,461	472,632	
200011	深物业B	6,761	6,761	7.15	3.28	21,329	97,404	
200012	南玻B	76,258	76,258	11.99	5.02	81,572	643,225	
200016	深康佳B	40,568	40,568	3.23	1.67	24,961	54,522	
200017	*ST中华B	24,836	24,836	2.98	0.96	27,410	50,443	
200018	ST中冠B	6,942	6,942	4.22	2.01	3,767	10,950	
200019	深深宝B	2,614	2,614	6.85	4.25	3,262	16,445	
200020	深华发B	10,200	10,200	4.45	2.11	5,541	16,983	
200022	深赤湾B	17,990	17,981	15.59	7.59	5,701	58,276	
200024	招商局B	33,934	33,817	15.95	9	15,746	167,629	
200025	特力B	2,640	2,640	5.34	3.3	3,000	12,400	
200026	飞亚达B	8,165	8,165	13.68	7.5	10,411	93,630	
200028	一致B	5,489	5,489	24.4	12.75	3,041	48,348	
200029	深深房B	12,000	12,000	3.49	1.73	8,945	22,868	
200030	*ST盛润B	3,960	3,960	8.6	3.58	7,554	34,509	
200037	深南电B	26,385	26,385	3.81	1.96	8,555	23,129	
200039	中集B	143,048	143,048	18.94	7.6	54,117	579,650	
200045	深纺织B	4,950	4,949	8.83	4.26	3,359	19,066	
200053	深基地B	11,118	11,116	12.53	6.65	4,316	36,500	
200054	建摩B	12,000	12,000	4.04	1.82	4,492	12,434	
200055	方大B	33,595	33,595	5.76	1.91	29,303	95,082	
200056	深国商B	10,169	10,135	17.28	5.8	11,344	95,386	
200058	深赛格B	24,646	24,646	3.06	2.84	2,086	5,255	
200152	山航B	14,000	14,000	16.79	9.55	24,784	263,390	
200160	ST大路B	46,152	46,152	2.3	0.94	35,553	52,249	
200168	ST雷伊B	15,458	15,458	2.48	1.25	8,637	15,242	
200413	宝石B	10,000	10,000	8.4	4.49	11,593	65,652	
200418	小天鹅B	19,104	19,104	17.28	7.51	2,735	31,776	
200429	粤高速B	34,875	34,873	3.97	2.2	11,014	28,068	
200468	宁通信B	10,000	10,000	5.24	2.69	5,388	19,402	
200488	晨鸣B	55,750	55,750	6.99	3.41	31,274	141,572	
200505	ST珠江B	6,498	6,498	4.14	1.61	7,081	20,780	
200512	闽灿坤B	111,235	111,235	2.33	0.95	38,708	56,688	
200513	丽珠B	11,199	11,199	28.26	12.68	3,664	62,915	
200521	皖美菱B	13,572	13,572	9.4	2.81	7,582	43,792	
200530	大冷B	11,500	11,500	9.2	4.23	7,846	50,881	
200539	粤电力B	66,534	66,534	4.49	2.72	23,969	72,824	
200541	粤照明B	22,523	22,522	9.64	5.4	12,418	81,413	
200550	江铃B	34,400	34,400	25.95	11.55	4,140	66,516	
200553	沙隆达B	23,000	23,000	4.17	2.16	15,697	47,475	
200570	苏常柴B	15,000	15,000	5.99	2.59	8,914	34,991	
200581	苏威孚B	11,492	11,492	35.35	13.67	10,503	219,756	
200596	古井贡B	6,000	6,000	78.39	43	3,945	187,968	
200613	ST东海B	8,800	8,800	3.66	1.42	8,899	21,674	
200625	长安B	107,358	107,358	7.06	2.06	62,739	251,650	
200706	瓦轴B	15,860	15,860	10.57	4.45	7,125	49,531	
200725	京东方B	133,866	133,866	2.19	0.98	69,719	96,863	
200726	鲁泰B	44,271	32,436	8.1	5.82	24,971	152,590	
200761	本钢板B	40,000	40,000	4.89	2.33	37,661	109,855	
200770	*ST武锅B	12,500	12,500	6.17	6.17	0	0	

代码	证券名称	发行量	流通量	2011 年 1 月 - 12 月				市盈率
				最高价	最低价	成交数量	成交金额	
200771	杭汽轮 B	22,849	22,843	17.98	7.6	15,873	170,256	
200869	张 裕 B	17,846	17,846	98.28	71.23	5,734	411,752	
200986	粤华包 B	17,193	17,193	5.78	2.75	9,678	37,313	
200992	中 鲁 B	13,800	13,800	5.5	2.63	16,456	60,507	
300001	特锐德	20,040	6,117	48.35	13.3	24,429	700,384	
300002	神州泰岳	37,920	10,328	57.95	17.54	61,485	2,007,898	
300003	乐普医疗	81,200	28,139	28.71	12.56	51,624	1,082,662	
300004	南风股份	18,800	7,428	58.7	21.72	21,564	758,924	
300005	探路者	26,800	11,635	36	13.27	35,692	734,919	
300006	莱美药业	18,300	9,180	45.6	17.15	27,117	726,812	
300007	汉威电子	11,800	6,115	24.95	12.83	23,051	417,693	
300008	上海佳豪	14,566	6,135	39.2	12.02	31,867	695,134	
300009	安科生物	18,900	9,657	22.65	10.8	48,137	706,158	
300010	立思辰	23,659	12,916	27.19	9.2	21,473	351,094	
300011	鼎汉技术	10,563	3,072	45.99	17.06	20,581	625,975	
300012	华测检测	18,398	5,464	38.49	14	17,487	373,959	
300013	新宁物流	9,000	3,546	15.74	8.32	19,435	238,745	
300014	亿纬锂能	19,800	8,187	27.67	12.59	65,973	1,187,387	
300015	爱尔眼科	42,720	11,968	44.92	20.95	30,451	931,064	
300016	北陆药业	15,275	8,070	20.05	8.4	16,558	209,947	
300017	网宿科技	15,421	7,132	18.45	11.8	50,261	740,624	
300018	中元华电	13,000	6,065	22.19	9.95	38,715	604,106	
300019	硅宝科技	10,200	3,361	22.61	11.21	16,887	293,832	
300020	银江股份	24,000	13,978	29.3	11	56,872	941,143	
300021	大禹节水	27,860	12,374	24.68	9	191,237	2,664,392	
300022	吉峰农机	35,740	18,055	39.29	10.15	112,365	1,964,074	
300023	宝德股份	9,000	2,250	17.7	9.49	18,362	263,013	
300024	机器人	29,766	18,430	72.49	16.39	65,215	2,130,236	
300025	华星创业	12,000	5,701	36.11	11.12	20,409	381,392	
300026	红日药业	15,103	5,440	45.5	22.62	14,251	470,252	
300027	华谊兄弟	60,480	34,887	29.91	13.62	143,101	2,552,685	
300028	金亚科技	26,460	16,164	16.31	6.11	73,375	745,398	
300029	天龙光电	20,000	10,880	38.49	12.11	89,163	2,246,742	
300030	阳普医疗	14,800	8,452	36.3	9.8	39,923	597,717	
300031	宝通带业	10,000	3,659	22.98	13.18	16,272	281,758	
300032	金龙机电	14,270	3,570	29.26	13	21,288	484,976	
300033	同花顺	13,440	4,670	36.2	15.64	19,458	505,086	
300034	钢研高纳	21,199	9,934	35.5	11.42	42,272	790,219	
300035	中科电气	11,993	5,818	23.98	9	17,565	290,601	
300036	超图软件	12,000	6,801	35.8	15.9	18,103	424,323	
300037	新宙邦	10,700	2,700	46.53	32.01	11,545	471,206	
300038	梅泰诺	9,157	4,341	22.76	12.57	14,704	247,634	
300039	上海凯宝	26,304	13,601	48.99	20.1	18,751	574,808	
300040	九洲电气	13,890	7,200	20.79	8.51	18,621	273,057	
300041	回天胶业	10,560	4,964	65.18	17.64	15,081	562,108	
300042	朗科科技	6,680	3,339	31.29	18.92	19,109	460,205	
300043	星辉车模	15,840	6,010	39.49	14.17	13,211	260,462	
300044	赛为智能	10,000	4,358	31.6	11.78	29,613	554,748	
300045	华力创通	13,400	3,400	51.78	18.01	13,676	402,630	
300046	台基股份	14,208	7,152	56.89	14.83	12,022	339,456	
300047	天源迪科	15,690	5,550	30.1	11.35	27,523	452,824	
300048	合康变频	24,613	7,780	62	16	31,724	971,196	
300049	福瑞股份	12,506	5,222	30.3	10.15	14,874	271,352	
300050	世纪鼎利	21,600	7,920	79.53	12.75	30,244	1,002,923	
300051	三五互联	16,050	6,510	27.88	9.01	76,819	1,053,951	
300052	中青宝	13,000	7,223	21.91	11.88	44,077	721,705	
300053	欧比特	20,000	13,013	26.84	7.73	38,823	495,744	
300054	鼎龙股份	9,000	4,347	64.92	26.42	10,959	481,908	

代码	证券名称	发行量	流通量	2011 年 1 月 - 12 月				市盈率
				最高价	最低价	成交数量	成交金额	
300055	万邦达	22,880	5,720	136.4	18.81	11,318	529,671	
300056	三维丝	5,250	2,443	39.69	20.05	10,838	303,963	
300057	万顺股份	42,200	15,050	30.5	7.5	38,274	652,781	
300058	蓝色光标	18,000	8,723	42	23.26	18,655	578,598	
300059	东方财富	21,000	11,990	54.45	18	35,855	983,100	
300061	康耐特	6,000	2,062	25	14.78	5,815	108,614	
300062	中能电气	15,400	4,408	38.97	8.9	19,914	314,809	
300063	天龙集团	6,700	1,833	27.34	15.25	14,895	312,462	
300064	豫金刚石	30,400	13,398	42.47	14.23	48,286	1,070,214	
300065	海兰信	5,540	2,941	56	22.8	6,018	226,467	
300066	三川股份	10,400	3,893	57.6	12.55	11,993	292,846	
300067	安诺其	16,050	5,453	20.82	7.52	16,708	206,741	
300068	南都电源	29,760	13,937	29.88	12.74	66,061	1,234,017	
300069	金利华电	7,800	2,694	33.7	12.83	8,778	182,434	
300070	碧水源	32,340	11,903	128.45	34.9	34,364	1,886,746	
300071	华谊嘉信	10,351	2,600	35.51	11.06	38,694	660,359	
300072	三聚环保	19,454	8,995	45.57	12.02	54,510	1,030,543	
300073	当升科技	16,000	9,521	48.16	10.12	51,990	877,069	
300074	华平股份	10,000	4,488	128.5	20.01	32,036	1,224,443	
300075	数字政通	8,400	2,966	55.47	20.12	11,300	328,578	
300076	宁波 GQY	10,600	4,091	28.36	12.74	24,650	448,093	
300077	国民技术	27,200	15,921	133.38	20.14	94,500	3,094,048	
300078	中瑞思创	16,750	5,781	104.08	15.8	47,613	1,569,641	
300079	数码视讯	22,400	12,061	73.97	18.68	36,620	1,168,026	
300080	新大新材	28,000	13,154	61.2	11.31	58,032	1,500,814	
300081	恒信移动	6,700	3,183	31.39	15.7	18,894	390,792	
300082	奥克股份	25,920	9,180	58.68	14.78	38,068	1,116,333	
300083	劲胜股份	20,000	5,122	50.28	10.9	19,049	400,344	
300084	海默科技	12,800	7,478	40.96	7.32	41,923	590,182	
300085	银之杰	12,000	3,787	37.3	9.18	33,503	520,564	
300086	康芝药业	20,000	7,069	81.81	13.95	44,036	1,227,118	
300087	荃银高科	10,560	4,788	71.48	13.93	60,388	1,366,017	
300088	长信科技	25,100	13,270	54.73	12.67	54,099	1,349,501	
300089	长城集团	10,000	4,819	24.39	13.6	28,112	503,632	
300090	盛运股份	25,527	13,508	37.52	8.82	63,818	871,422	
300091	金通灵	20,900	9,386	63.84	10.51	53,174	1,090,380	
300092	科新机电	9,100	2,394	33.99	13.29	24,193	472,488	
300093	金刚玻璃	21,600	13,337	35.58	6.99	44,582	725,663	
300094	国联水产	35,200	12,573	15.46	6.24	67,278	729,047	
300095	华伍股份	7,700	2,700	27.33	12.5	12,597	241,439	
300096	易联众	17,200	9,168	43.97	11.81	45,584	777,359	
300097	智云股份	6,000	2,231	28.15	14.66	12,477	259,466	
300098	高新兴	8,892	3,105	36.35	20.3	8,267	232,051	
300099	尤洛卡	10,335	3,124	128.29	25.67	10,362	510,123	
300100	双林股份	14,025	5,025	40.15	12.58	18,945	415,623	
300101	国腾电子	13,900	8,187	114	24.95	19,543	724,507	
300102	乾照光电	29,500	14,010	92.77	12.3	41,682	1,196,125	
300103	达刚路机	11,763	3,516	45	13.57	9,136	204,946	
300104	乐视网	22,000	8,547	72.6	18.7	65,428	2,166,935	
300105	龙源技术	15,840	3,960	129.5	42.02	8,730	600,255	
300106	西部牧业	11,700	6,142	23	12.38	22,196	384,334	
300107	建新股份	13,380	3,930	68.8	10.14	13,905	361,991	
300108	双龙股份	6,760	4,054	43.88	15.25	18,187	500,225	
300109	新开源	7,200	4,058	65.45	16.08	23,131	570,398	
300110	华仁药业	21,360	8,828	18.99	10.33	22,481	339,548	
300111	向日葵	50,900	5,100	28.88	12	47,502	1,012,641	
300112	万讯自控	10,745	2,700	26.12	9.25	15,344	227,239	
300113	顺网科技	13,200	4,958	75.98	19.1	14,305	461,504	

代码	证券名称	发行量	流通量	2011 年 1 月 – 12 月				市盈率
				最高价	最低价	成交数量	成交金额	
300114	中航电测	12,000	3,336	36.9	14.36	12,911	305,771	
300115	长盈精密	17,200	6,071	67.39	21.88	22,633	840,394	
300116	坚瑞消防	8,000	3,967	32.56	13.21	13,505	286,832	
300117	嘉寓股份	21,720	7,140	32.97	7.52	37,482	641,458	
300118	东方日升	35,000	17,313	81.99	12.03	79,879	2,387,013	
300119	瑞普生物	14,830	5,669	72.59	18.79	25,268	766,674	
300120	经纬电材	11,310	3,881	29.25	10.12	20,424	366,388	
300121	阳谷华泰	10,800	2,700	34.48	11.5	14,274	276,135	
300122	智飞生物	40,000	6,790	37.69	24.04	15,937	510,502	
300123	太阳鸟	13,911	6,301	44.94	11.81	19,542	429,325	
300124	汇川技术	21,600	6,457	156.5	52.15	12,101	1,095,033	
300125	易世达	11,800	3,563	85.5	16.51	16,636	563,124	
300126	锐奇股份	15,156	4,707	39.2	10.5	22,956	429,061	
300127	银河磁体	16,157	4,100	36.43	16.2	83,852	2,203,176	
300128	锦富新材	20,000	9,425	51.87	10.9	24,562	583,668	
300129	泰胜风能	21,600	10,238	42.42	8.02	73,947	1,107,711	
300130	新国都	11,430	4,775	46.23	17.7	14,846	381,414	
300131	英唐智控	10,120	4,550	59.78	14.35	12,683	379,872	
300132	青松股份	12,060	3,782	38.09	13.1	13,782	301,595	
300133	华策影视	19,203	5,037	119.7	31.01	20,220	921,717	
300134	大富科技	32,000	8,000	75.5	15.8	33,822	1,447,883	
300135	宝利沥青	16,000	6,229	51.93	11.2	34,466	730,799	
300136	信维通信	13,334	7,503	76.13	16.62	16,407	497,966	
300137	先河环保	15,600	8,356	39.19	13.5	94,135	1,888,543	
300138	晨光生物	8,979	2,300	34.98	22.9	12,213	365,152	
300139	福星晓程	5,480	2,078	74.25	42.68	11,174	665,646	
300140	启源装备	12,200	6,451	47.56	12.92	32,379	689,208	
300141	和顺电气	5,520	1,722	48.85	21.8	9,893	333,698	
300142	沃森生物	15,000	5,173	136.25	43.18	15,230	1,071,622	
300143	星河生物	14,740	8,364	80	12.84	45,522	1,461,029	
300144	宋城股份	36,960	14,702	58.38	18.45	42,865	1,262,990	
300145	南方泵业	14,400	5,719	39.98	15.75	21,789	493,037	
300146	汤臣倍健	10,936	3,254	153.75	45.01	11,833	993,697	
300147	香雪制药	24,600	13,121	38.98	9.28	29,545	554,248	
300148	天舟文化	9,750	3,247	31.21	12.18	63,715	1,516,757	
300149	量子高科	13,400	3,960	36.49	9	32,290	541,433	
300150	世纪瑞尔	13,500	5,764	54.6	15.42	30,411	932,695	
300151	昌红科技	10,050	3,848	38.38	10.3	16,514	332,752	
300152	燃控科技	10,800	6,800	56.16	20.12	26,180	884,956	
300153	科泰电源	16,000	7,566	40.2	11.08	35,234	606,187	
300154	瑞凌股份	22,350	5,713	46.21	10.56	29,786	675,303	
300155	安居宝	18,000	4,500	50.87	11.08	55,714	936,589	
300156	天立环保	16,040	4,010	72.17	20.8	29,748	1,121,832	
300157	恒泰艾普	17,776	4,444	72.5	24	15,117	756,640	
300158	振东制药	14,400	3,600	42	26.55	14,131	478,681	
300159	新研股份	9,020	2,332	118.8	25.5	13,205	715,385	
300160	秀强股份	9,340	2,340	36.35	23.88	22,913	719,601	
300161	华中数控	10,783	2,700	35.8	13.4	22,240	601,335	
300162	雷曼光电	13,400	3,360	48	10.87	63,389	1,466,152	
300163	先锋新材	7,900	2,000	36.8	15.5	18,226	435,899	
300164	通源石油	7,920	2,040	59.53	25.18	11,094	479,418	
300165	天瑞仪器	11,840	2,960	59.92	20.03	13,353	428,840	
300166	东方国信	4,050	1,018	63.28	40.7	9,470	488,966	
300167	迪威视讯	6,672	1,668	51.77	16.8	6,871	216,685	
300168	万达信息	12,000	3,000	28.48	19.06	16,597	405,222	
300169	天晟新材	14,025	3,525	45.8	19.8	32,490	1,041,911	
300170	汉得信息	16,801	4,200	29.5	14.8	21,534	470,687	
300171	东富龙	16,000	4,000	98.66	36.88	13,263	812,842	

代码	证券名称	发行量	流通量	2011年1月－12月				市盈率
				最高价	最低价	成交数量	成交金额	
300172	中电环保	10,000	2,500	34.34	16.7	48,630	1,255,083	
300173	松德股份	8,710	2,210	26.28	11.55	21,080	376,517	
300174	元力股份	6,800	1,700	34.77	21.66	11,613	322,067	
300175	朗源股份	23,540	5,940	32.34	7.68	97,603	1,544,336	
300176	鸿特精密	8,940	2,240	22.59	10.94	16,873	297,677	
300177	中海达	10,000	2,500	65	18.81	11,058	437,986	
300178	腾邦国际	11,940	3,000	35.56	15.52	26,478	628,962	
300179	四方达	8,000	2,000	37.19	18.18	18,249	530,327	
300180	华峰超纤	15,800	4,000	23.97	11.41	30,230	561,830	
300181	佐力药业	8,000	2,000	31.22	17.7	13,697	334,549	
300182	捷成股份	11,200	2,800	79.97	26.3	10,945	518,716	
300183	东软载波	10,000	2,500	69.18	40.12	28,961	1,473,623	
300184	力源信息	6,670	1,670	28.3	15.1	12,639	281,956	
300185	通裕重工	36,000	9,000	26.28	12.08	54,069	1,077,697	
300186	大华农	26,700	6,700	23.97	14.2	25,700	485,813	
300187	永清环保	6,678	1,670	62.99	44.1	10,666	553,885	
300188	美亚柏科	5,350	1,350	57.95	31	7,617	338,100	
300189	神农大丰	16,000	4,000	28	16.6	47,247	1,021,952	
300190	维尔利	5,300	1,330	75	41.23	11,902	673,187	
300191	潜能恒信	8,000	2,000	46.88	23.78	13,421	499,106	
300192	科斯伍德	7,350	1,850	29.8	13.3	15,679	318,804	
300193	佳士科技	22,150	5,550	26.18	13.02	15,685	316,107	
300194	福安药业	13,340	3,340	40.84	21.5	7,191	236,078	
300195	长荣股份	14,000	3,500	48.86	24.42	17,830	663,664	
300196	长海股份	12,000	3,000	23.2	13.9	20,915	406,606	
300197	铁汉生态	11,697	2,945	127.3	41.2	11,919	869,194	
300198	纳川股份	13,800	3,450	38.88	15.64	14,447	396,611	
300199	翰宇药业	10,000	2,500	46.09	28.1	19,088	691,516	
300200	高盟新材	10,680	2,680	22.08	12.6	9,268	169,815	
300201	海伦哲	8,000	2,000	23.5	14.72	8,744	176,257	
300202	聚龙股份	8,480	2,120	36	21.78	12,154	335,027	
300203	聚光科技	44,500	4,500	24.8	13.82	30,214	551,321	
300204	舒泰神	6,670	1,670	70.29	36.18	12,474	667,538	
300205	天喻信息	7,964	1,991	38.57	22.56	9,290	300,684	
300206	理邦仪器	10,000	2,500	38	19.52	8,486	247,477	
300207	欣旺达	18,800	4,700	24.36	14.9	35,950	681,806	
300208	恒顺电气	7,000	1,750	25.49	17.27	11,401	249,234	
300209	天泽信息	8,000	2,000	32.2	20.33	7,737	208,567	
300210	森远股份	7,485	1,900	32.56	19.04	16,902	436,958	
300211	亿通科技	4,886	1,250	31.8	18.8	11,040	288,103	
300212	易华录	6,700	1,700	45.82	24.82	10,318	357,779	
300213	佳讯飞鸿	8,400	2,100	21	15.38	9,026	168,993	
300214	日科化学	13,500	3,500	25.6	17.01	22,289	476,112	
300215	电科院	9,000	2,300	118.75	29.77	12,053	855,025	
300216	千山药机	6,700	1,700	44.48	30	9,888	354,756	
300217	东方电热	8,988	2,300	44.97	23.52	21,443	711,719	
300218	安利股份	10,560	2,640	22.97	15.48	21,501	398,288	
300219	鸿利光电	12,273	3,100	23.75	15.3	33,852	651,536	
300220	金运激光	3,500	900	37.68	24.33	11,679	373,104	
300221	银禧科技	10,000	2,500	20.25	12.59	20,004	343,501	
300222	科大智能	6,000	1,500	35.7	25.48	7,721	240,217	
300223	北京君正	8,000	2,000	51.3	30.51	12,188	506,285	
300224	正海磁材	16,000	4,000	42.85	20.5	82,759	2,704,693	
300225	金力泰	6,700	1,700	31.78	16.8	12,192	321,233	
300226	上海钢联	4,000	1,000	35.5	23.71	10,467	306,987	
300227	光韵达	6,700	1,700	23.78	14.55	21,443	384,292	
300228	富瑞特装	6,700	1,700	48.3	26.58	13,684	505,179	
300229	拓尔思	12,000	3,000	31.95	15.11	25,987	565,894	

代码	证券名称	发行量	流通量	2011 年 1 月 - 12 月				市盈率
				最高价	最低价	成交数量	成交金额	
300230	永利带业	8,974	2,250	20.39	13.75	15,496	254,079	
300231	银信科技	4,000	1,000	40.56	22.67	12,540	376,822	
300232	洲明科技	7,772	2,000	23.74	15.42	23,077	452,822	
300233	金城医药	12,100	3,100	24.74	12.3	33,358	681,801	
300234	开尔新材	8,000	2,000	25.88	14.62	35,382	726,918	
300235	方直科技	4,400	1,100	35	20.52	14,557	426,186	
300236	上海新阳	8,518	2,150	21.28	13.23	25,079	429,011	
300237	美晨科技	5,700	1,430	40.1	19.33	14,856	465,998	
300238	冠昊生物	6,110	1,530	84.9	32.28	29,526	1,669,013	
300239	东宝生物	7,598	1,900	34.29	15.61	41,634	1,021,747	
300240	飞力达	10,700	2,700	35.82	15.68	26,896	677,275	
300241	瑞丰光电	10,700	2,700	22.71	12.95	39,375	709,527	
300242	明家科技	7,500	1,900	19	11.12	23,996	386,193	
300243	瑞丰高材	5,350	1,350	37.48	20.21	23,922	682,012	
300244	迪安诊断	5,110	1,280	59.82	34.67	18,091	848,434	
300245	天玑科技	6,700	1,700	35.45	24.24	17,474	512,562	
300246	宝莱特	4,058	1,050	51.3	26.62	15,692	627,651	
300247	桑乐金	8,175	2,050	31.66	13.23	23,088	511,992	
300248	新开普	4,460	1,120	49.1	25.5	10,759	399,747	
300249	依米康	7,840	1,960	35.9	16.24	29,335	765,210	
300250	初灵信息	4,000	1,000	57.88	27.08	14,432	614,122	
300251	光线传媒	10,960	2,740	83.86	56.51	21,095	1,507,286	
300252	金信诺	10,800	2,700	28.65	12.65	22,543	465,141	
300253	卫宁软件	5,350	1,350	48.8	28.2	12,080	474,506	
300254	仟源制药	13,380	3,380	23.8	10.43	40,147	712,528	
300255	常山药业	10,785	2,700	35.97	17.4	22,280	631,900	
300256	星星科技	10,000	2,500	30.98	17.29	23,901	605,996	
300257	开山股份	14,300	3,600	84.5	53.98	14,559	1,047,240	
300258	精锻科技	10,000	2,500	39.88	19.12	22,678	673,152	
300259	新天科技	7,568	1,900	31.65	16.52	15,069	365,419	
300260	新莱应材	6,670	1,670	43.2	23.37	17,925	617,999	
300261	雅本化学	9,070	2,270	32.88	14.5	18,953	499,305	
300262	巴安水务	6,670	1,670	35	22.52	21,838	615,792	
300263	隆华传热	8,000	2,000	34.95	22.71	11,232	337,857	
300264	佳创视讯	10,200	2,600	22.5	12.7	32,197	586,062	
300265	通光线缆	13,500	3,500	18.35	9.94	24,139	363,895	
300266	兴源过滤	5,600	1,400	39.59	23.77	17,033	536,467	
300267	尔康制药	18,400	4,600	25.28	16.85	36,991	813,953	
300268	万福生科	6,700	1,700	34.89	23.71	16,753	497,790	
300269	联建光电	7,358	1,480	27.55	16.9	18,525	424,535	
300270	中威电子	4,000	800	58.88	38.51	8,579	403,272	
300271	紫光华宇	7,400	1,490	41.87	27.78	11,845	448,349	
300272	开能环保	11,000	2,200	26.86	14.7	20,132	456,139	
300273	和佳股份	13,335	2,705	38.97	23.5	24,334	795,848	
300274	阳光电源	17,920	3,584	37.66	26.06	23,733	803,292	
300275	梅安森	5,867	1,177	45.78	32.42	7,364	299,673	
300276	三丰智能	6,000	1,200	37.5	21.89	5,990	196,807	
300277	海联讯	6,700	1,360	31.48	21.4	6,482	180,439	
300278	华昌达	8,670	1,738	17.99	13.21	5,967	96,658	
300279	和晶科技	6,000	1,250	17.7	15.61	1,729	28,643	
300280	南通锻压	12,800	2,560	10.79	9.73	2,104	21,378	
300281	金明精机	6,000	1,200	22.77	20.2	895	19,139	
300282	汇冠股份	4,603	921	24.4	20.5	1,419	31,643	

2011年深圳证券市场现金分红统计

(一)现金分红公司占比

板块	2009年			2010年			2011年		
	分红公司家数	样本公司家数	占比(%)	分红公司家数	样本公司家数	占比(%)	分红公司家数	样本公司家数	占比(%)
主板	195	485	40.21	201	485	41.44	214	484	44.21
中小板	215	327	65.75	304	531	57.25	456	646	70.59
创业板	–	36	–	61	153	39.87	165	281	58.72
深市合计	410	848	48.35	566	1169	48.42	835	1411	59.18

注:现金分红公司占比 = 派发现金红利公司家数/样本公司家数。

(二)现金分红比率

板块	2009年			2010年			2011年		
	现金分红额(亿元)	平均每百股现金分红(元)	现金分红比率(%)	现金分红额(亿元)	平均每百股现金分红(元)	现金分红比率(%)	现金分红额(亿元)	平均每百股现金分红(元)	现金分红比率(%)
主板	213.68	6.85	21.46	329.80	9.41	21.83	346.40	8.80	21.02
中小板	81.36	10.24	21.73	136.52	9.99	17.62	270.78	13.93	26.59
创业板	–	–	–	14.23	8.13	12.74	54.19	13.56	26.16
深市合计	295.03	7.48	21.19	480.55	9.53	20.05	671.37	10.69	23.36

注:平均每百股现金分红 = 当年分红公司现金分红总额/年末样本公司总股本×100。
　现金分红比率 = 当年分红公司现金分红总额/样本公司上年净利润总额。

(三)股息率

板块	2009年(%)	2010年(%)	2011年(%)
主板	0.52	0.75	1.10
中小板	0.48	0.39	0.99
创业板	–	0.19	0.73
深市合计	0.50	0.56	1.01

注:股息率 = 当年分红公司现金分红总额/样本公司该年度末总市值。

2011年深市主板上市公司年报主要财务指标

截至日期:2012-04-28

股票代码	股票简称	净利润(万元)	每股收益(元)	每股净资产(元)	每股经营性现金流量(元)	分配预案
000001	深发展A	1027863.10	2.47	14.31	-2.82	不分配不转增
000002	万科A	962487.53	0.88	4.82	0.308	10派1.3元(含税)
000004	国农科技	298.99	0.0356	0.8971	0.2306	不分配不转增
000005	世纪星源	1141.47	0.0125	0.722	0.038	不分配不转增
000006	深振业A	43396.79	0.4388	2.83	1.21	10送3股派0.4元(含税)
000007	ST零七	570.17	0.0269	1.21	-0.07	不分配不转增
000008	ST宝利来	-53.95	-0.0073	1.0028	-0.014	不分配不转增
000009	中国宝安	26992.33	0.25	2.43	-0.76	不分配不转增
000010	S ST华新	501.48	0.03	0.35	0.044	不分配不转增
000011	深物业A	25746.11	0.432	1.8964	-0.6065	不分配不转增
000012	南玻A	117822.92	0.57	3.33	0.81	10派1.8元(含税)
000014	沙河股份	5429.94	0.2692	2.78	-1.3	10派0.2元(含税)
000016	深康佳A	2497.28	0.0207	3.3304	-1.14	10派0.1元(含税)
000017	*ST中华A	3972.09	0.072	-3.0522	0.0006	不分配不转增
000018	ST中冠A	-1736.16	-0.1	0.7	0.025	不分配不转增
000019	深深宝A	698.02	0.0323	3.55	-0.075	不分配不转增
000020	深华发A	1037.45	0.0366	0.98	0.17	不分配不转增
000021	长城开发	25150.90	0.1906	3.0759	0.1289	10派1元(含税)
000022	深赤湾A	50564.51	0.784	5.378	1.157	10派4元(含税)
000023	深天地A	927.58	0.0668	2.36	0.28	10派0.3元(含税)
000024	招商地产	259178.10	1.5092	11.89	-1.23	10派2元(含税)
000025	特力A	215.77	0.0098	0.81	-0.07	不分配不转增
000026	飞亚达A	15945.78	0.406	3.54	-1.04	10派1元(含税)
000027	深圳能源	112461.09	0.43	5.49	1.2	10派1元(含税)
000028	国药一致	33030.75	1.15	4.69	0.79	10派1.3元(含税)
000029	深深房A	10120.01	0.1	1.51	0.114	不分配不转增

股票代码	股票简称	净利润(万元)	每股收益(元)	每股净资产(元)	每股经营性现金流量(元)	分配预案
000030	*ST 盛润 A	145606.42	5.0484	0.007	0.004	不分配不转增
000031	中粮地产	42199.57	0.23	2.46	-1.33	10 派 0.3 元(含税)
000032	深桑达 A	2721.86	0.117	3.14	0.15	不分配不转增
000033	新都酒店	281.57	0.0085	0.8921	0.095	不分配不转增
000034	深信泰丰	1660.22	0.05	0.24	0.025	不分配不转增
000035	*ST 科健	-2181.83	-0.15	-8.15	-0.002	不分配不转增
000036	华联控股	6940.86	0.0618	1.55	-0.39	不分配不转增
000037	深南电 A	1752.91	0.03	2.91	0.45	不分配不转增
000038	*ST 大通	209.12	0.0217	1.6057	-0.9312	不分配不转增
000039	中集集团	369092.60	1.39	7	0.85	10 派 4.6 元(含税)
000040	宝安地产	14008.07	0.3	2.12	-0.9	10 派 0.3 元(含税)
000042	深长城	31909.39	1.3325	10.55	-0.49	10 派 4 元(含税)
000043	中航地产	51733.49	1.5513	7.78	-1.91	10 转增 10 股派 2 元(含税)
000045	深纺织 A	4891.56	0.15	4.07	0.08	不分配不转增
000046	泛海建设	25778.72	0.0566	1.76	-0.29	10 派 0.6 元(含税)
000048	ST 康达尔	48304.81	1.2361	0.9185	0.0766	不分配不转增
000049	德赛电池	11932.04	0.872	2.2978	-0.0684	10 派 2.5 元(含税)
000050	深天马 A	10113.33	0.1761	2.3	0.9281	不分配不转增
000055	方大集团	6550.39	0.09	1.42	-0.08	不分配不转增
000056	*ST 国商	-12377.46	-0.56	-0.38	-0.69	不分配不转增
000058	深赛格	6899.57	0.0879	1.4688	0.0886	不分配不转增
000059	辽通化工	84200.21	0.7014	6.2319	2.66	10 派 1 元(含税)
000060	中金岭南	95074.90	0.46	2.57	0.52	10 派 0.72 元(含税)
000061	农产品	20681.92	0.2691	4.18	-0.36	10 送 2 转增 6 股派 1 元(含税)
000062	深圳华强	4941.47	0.074	2.58	-0.44	不分配不转增
000063	中兴通讯	206016.60	0.61	7.06	-0.53	10 派 2 元(含税)
000065	北方国际	7333.59	0.45	3.35	0.7	10 派 0.6 元(含税)
000066	长城电脑	10125.00	0.076	2.38	0.48	10 派 0.23 元(含税)
000068	ST 三星	-4086.43	-0.0456	0.253	-0.0395	不分配不转增
000069	华侨城 A	317716.28	0.568	2.912	-0.311	10 送 3 股派 0.6 元(含税)
000070	特发信息	3676.88	0.1471	3.2	-0.1934	不分配不转增
000078	海王生物	5252.84	0.0805	1.2134	-0.2917	不分配不转增
000088	盐田港	42636.32	0.2854	3.1335	0.0866	10 转增 3 股派 3.5 元(含税)
000089	深圳机场	65730.95	0.3889	4.045	0.444	10 派 0.56 元(含税)
000090	深天健	20321.95	0.445	6.7227	0.3167	10 送 1 股派 0.35 元(含税)
000096	广聚能源	9351.82	0.18	3.43	-0.0798	10 派 0.6 元(含税)
000099	中信海直	13893.35	0.2705	3.3147	0.3872	10 派 0.5 元(含税)
000100	TCL 集团	101317.11	0.1195	1.3338	0.1966	10 派 0.5 元(含税)
000150	宜华地产	787.98	0.0243	2.1676	0.2678	不分配不转增
000151	中成股份	-1100.37	-0.037	2.885	0.526	不分配不转增
000153	丰原药业	991.31	0.0381	2.7824	0.2118	不分配不转增
000155	*ST 川化	-20743.45	-0.44	2.9	0.34	不分配不转增
000156	*ST 嘉瑞	10449.10	0.8785	-1.71	-0.1768	不分配不转增
000157	中联重科	806564.06	1.05	4.5999	0.27	10 派 2.5 元(含税)
000158	常山股份	5728.40	0.08	3.36	-0.25	不分配不转增
000159	国际实业	32809.14	0.68	4.2	0.082	10 派 0.4 元(含税)
000301	东方市场	11342.46	0.09	2.098	0.2429	不分配不转增
000338	潍柴动力	559692.72	3.36	13.75	3.57	10 送 2 股派 1 元(含税)
000400	许继电气	15650.29	0.4137	6.6734	1.2493	10 派 1 元(含税)
000401	冀东水泥	152541.04	1.235	8.51	1.05	不分配不转增
000402	金融街	201751.23	0.67	5.98	-0.74	10 派 1 元(含税)
000403	S*ST 生化	4070.65	0.19	0.93	0.61	不分配不转增
000404	华意压缩	3060.40	0.0943	1.78	0.49	不分配不转增
000407	胜利股份	727.34	0.01	1.9	0.1859	不分配不转增
000408	ST 金谷源	734.85	0.0291	0.6625	0.0668	不分配不转增
000409	*ST 泰复	560.58	0.0327	0.24	-0.125	不分配不转增
000410	沈阳机床	10477.17	0.19	2.853	0.3334	10 派 0.6 元(含税)
000411	英特集团	18727.25	0.9	1.95	-0.39	不分配不转增
000413	宝石 A	1185.04	0.031	0.61	-0.005	不分配不转增

股票代码	股票简称	净利润(万元)	每股收益(元)	每股净资产(元)	每股经营性现金流量(元)	分配预案
000415	渤海租赁	36693.08	0.4311	7.2435	0.822	10 转增 3 股
000416	民生投资	3189.80	0.06	1.41	0.1092	不分配不转增
000417	合肥百货	50465.15	1.0029	4.45	1.59	10 转增 5 股派 1.2 元(含税)
000418	小天鹅 A	45332.80	0.72	5.44	0.38	10 派 2 元(含税)
000419	通程控股	21629.82	0.5018	3.56	0.636	10 转增 2 股派 2 元(含税)
000420	*ST 吉纤	-29397.46	-0.7772	1.3558	0.0139	不分配不转增
000421	南京中北	8864.20	0.252	2.32	0.45	10 派 0.5 元(含税)
000422	湖北宜化	81771.73	1.508	9.653	3.643	10 转增 5 股派 0.5 元(含税)
000423	东阿阿胶	85616.62	1.3091	5.24	1.09	10 派 3 元(含税)
000425	徐工机械	337862.85	1.64	7.34	-0.98	10 派 2.5 元(含税)
000426	兴业矿业	18739.85	0.4904	3.94	0.25	10 送 1 股派 0.6 元(含税)
000428	华天酒店	11786.17	0.16	2.1	0.7	不分配不转增
000429	粤高速 A	21678.62	0.17	3.27	0.49	10 派 0.5 元(含税)
000430	张家界	8964.80	0.2794	0.87	0.4197	不分配不转增
000488	晨鸣纸业	60827.13	0.29	6.56	-0.21	10 派 1.5 元(含税)
000498	*ST 丹化	46.72	0.0011	0.023	-0.078	不分配不转增
000501	鄂武商 A	33129.04	0.65	4.02	3.63	不分配不转增
000502	绿景控股	2556.22	0.14	1.11	0.16	不分配不转增
000503	海虹控股	1800.07	0.02	1.3717	0.0805	不分配不转增
000504	ST 传媒	-2990.31	-0.1	0.41	-0.01	不分配不转增
000505	ST 珠江	-4947.82	-0.12	0.87	-0.18	不分配不转增
000506	中润资源	22321.11	0.2883	1.5498	-0.919	不分配不转增
000507	珠海港	29199.42	0.8464	4.9846	0.7028	10 转增 8 股派 1 元(含税)
000509	SST 华塑	-11287.05	-0.4515	-0.4579	-0.023	不分配不转增
000510	金路集团	-11587.85	-0.1902	1.7002	-0.0097	不分配不转增
000511	银基发展	3296.20	0.03	1.37	-0.05	不分配不转增
000513	丽珠集团	35936.99	1.22	9.61	2.39	10 派 5 元(含税)
000514	渝 开 发	16016.83	0.2297	3.58	-1.0043	10 送 1 股派 0.2 元(含税)
000516	开元投资	12725.33	0.18	1.57	0.66	10 派 0.5 元(含税)
000517	荣安地产	40475.05	0.3814	2.1769	-0.4999	不分配不转增
000518	四环生物	-596.26	-0.0058	0.69	0.0195	不分配不转增
000519	江南红箭	-1106.53	-0.0579	1.78	-0.098	不分配不转增
000520	长航凤凰	-88284.96	-1.3085	0.1936	0.084	不分配不转增
000521	美菱电器	10661.47	0.1675	4.39	-0.65	10 转增 2 股派 0.5 元(含税)
000522	白云山 A	26108.56	0.5566	2.87	0.58	10 派 0.55 元(含税)
000523	广州浪奇	2271.10	0.056	2.24	-0.2	不分配不转增
000524	东方宾馆	2047.63	0.08	2.19	0.3	不分配不转增
000525	红 太 阳	6869.35	0.204	5.422	0.2166	10 派 0.2 元(含税)
000526	银润投资	445.13	0.0463	1.64	-0.0004	不分配不转增
000527	美的电器	369879.73	1.11	5.91	0.87	10 派 4.5 元(含税)
000528	柳 工	132142.81	1.17	8.28	-1.79	10 派 3 元(含税)
000529	广弘控股	6756.16	0.12	1.32	0.2	不分配不转增
000530	大冷股份	8162.11	0.23	5	0.48	10 派 1.5 元(含税)
000531	穗恒运 A	7058.85	0.2225	5.78	2.33	不分配不转增
000532	力合股份	2751.24	0.0798	1.85	0.0168	10 派 0.6 元(含税)
000533	万 家 乐	7025.10	0.1017	1.46	-0.08	不分配不转增
000534	万泽股份	1218.45	0.05	2.21	-0.0054	10 派 0.5 元(含税)
000536	华映科技	34672.92	0.495	3.7644	1.1527	10 派 5.2 元(含税)
000537	广宇发展	28040.83	0.55	1.73	0.71	不分配不转增
000538	云南白药	121090.87	1.7442	8	-0.64	10 派 1.6 元(含税)
000539	粤电力 A	35632.19	0.13	3.65	0.73	10 派 0.6 元(含税)
000540	中天城投	52509.39	0.4106	1.68	-1.28	10 派 1 元(含税)
000541	佛山照明	29166.01	0.3	2.85	0.28	10 派 2.5 元(含税)
000543	皖能电力	1926.76	0.02	4.63	0.25	10 派 0.1 元(含税)
000544	中原环保	8169.62	0.3	2.486	0.148	不分配不转增
000545	*ST 吉药	-556.03	-0.0351	-0.28	0.08	不分配不转增
000546	光华控股	1965.03	0.1159	0.85	0.1721	不分配不转增
000547	闽福发 A	10713.70	0.19	2.47	0.09	10 送 1 转增 2.5 股派 0.12 元(含税)
000548	湖南投资	5246.76	0.11	2.92	0.23	不分配不转增

股票代码	股票简称	净利润(万元)	每股收益(元)	每股净资产(元)	每股经营性现金流量(元)	分配预案
000550	江铃汽车	187091.83	2.17	8.47	1.33	10 派 8.6 元(含税)
000551	创元科技	3725.98	0.14	4.69	0.29	10 转增 5 股派 1 元(含税)
000552	靖远煤电	7081.34	0.3981	2.81	-0.07	10 派 0.3 元(含税)
000553	沙隆达 A	5286.40	0.089	1.95	0.2954	不分配不转增
000554	泰山石油	920.73	0.0192	1.833	0.104	10 派 0.2 元(含税)
000555	ST 太 光	61.84	0.007	-1.43	0.09	不分配不转增
000557	*ST 广夏	-23063.63	-0.336	-0.74	0.0058	不分配不转增
000558	莱茵置业	6162.42	0.1	1.26	-0.7	不分配不转增
000559	万向钱潮	46539.36	0.292	2.427	0.26	10 派 3 元(含税)
000560	昆百大 A	8293.74	0.5041	5.956	-0.0154	不分配不转增
000561	烽火电子	11052.11	0.19	1.35	0.09	不分配不转增
000562	宏源证券	64559.11	0.44	4.873	-3.361	不分配不转增
000563	陕国投 A	15435.43	0.4307	2.37	-0.0521	10 派 0.6 元(含税)
000564	西安民生	6144.96	0.2019	2.7917	0.832	不分配不转增
000565	渝三峡 A	-15877.48	-0.92	2.95	-0.49	不分配不转增
000566	海南海药	9826.18	0.4378	5.31	0.23	10 派 1 元(含税)
000567	海德股份	132.99	0.0088	1.32	-0.59	不分配不转增
000568	泸州老窖	290502.72	2.0836	5.14	2.85	10 派 14 元(含税)
000570	苏常柴 A	5285.69	0.09	3.1	-0.35	10 派 0.2 元(含税)
000571	新大洲 A	14928.58	0.2028	1.7402	0.2374	10 派 0.6 元(含税)
000572	海马汽车	33530.88	0.2039	3.95	-0.5271	不分配不转增
000573	粤宏远 A	5695.41	0.0915	2.288	0.4971	10 派 0.4 元(含税)
000576	*ST 甘化	-19568.73	-0.61	0.39	-0.11	不分配不转增
000581	威孚高科	120461.71	2.12	8.93	0.58	10 派 3 元(含税)
000582	北 海 港	3925.06	0.276	2.625	0.877	不分配不转增
000584	友利控股	1051.65	0.0257	4.04	0.881	10 派 1 元(含税)
000585	*ST 东电	-3219.72	-0.04	0.3	-0.0387	不分配不转增
000586	汇源通信	1858.66	0.1	0.96	0.11	不分配不转增
000587	ST 金叶	54641.82	0.98	1.56	-0.4	不分配不转增
000589	黔轮胎 A	9538.40	0.2	4.37	-0.83	10 派 0.6 元(含税)
000590	紫光古汉	7213.44	0.3553	1.73	0.152	不分配不转增
000591	桐 君 阁	1047.79	0.0382	1.3951	0.3435	不分配不转增
000592	中福实业	1009.33	0.0155	1.548	-0.0702	10 转增 3 股
000593	大通燃气	5122.27	0.229	1.492	0.412	不分配不转增
000594	国恒铁路	-1858.44	-0.012	2.06	-0.209	不分配不转增
000595	*ST 西轴	716.64	0.03	1	-0.13	不分配不转增
000596	古井贡酒	56639.03	2.34	10.97	2.49	10 转增 10 股派 4.5 元(含税)
000597	东北制药	-39172.33	-1.17	4.98	-0.7	不分配不转增
000598	兴蓉投资	58774.95	0.51	3.23	0.81	10 派 1 元(含税)
000599	青岛双星	3610.69	0.07	2.88	0.37	不分配不转增
000600	建投能源	1439.66	0.016	3.14	0.18	10 派 0.2 元(含税)
000601	韶能股份	8596.19	0.09	3.25	0.57	10 派 0.2 元(含税)
000602	金马集团	47608.78	0.9435	6.56	3.08	不分配不转增
000603	ST 盛达	35121.62	0.88	1.15	1.11	10 派 4.8 元(含税)
000605	*ST 四环	-183.36	-0.0197	0.56	-0.01	不分配不转增
000606	青海明胶	-1522.41	-0.0375	1.46	-0.0076	不分配不转增
000607	*ST 华控	2454.77	0.05	0.7	0.31	不分配不转增
000608	阳光股份	17305.20	0.23	3.38	-0.11	不分配不转增
000609	绵世股份	16521.29	0.5542	3.3183	1.3194	不分配不转增
000610	西安旅游	2753.58	0.14	2.2183	0.4142	不分配不转增
000611	时代科技	584.87	0.02	1.96	-0.12	不分配不转增
000612	焦作万方	38128.38	0.794	5.104	0.564	不分配不转增
000613	ST 东海 A	-528.12	-0.0145	0.23	0.0262	不分配不转增
000615	湖北金环	-7306.32	-0.35	2.94	-0.09	不分配不转增
000616	亿城股份	36241.24	0.3	3.02	-1.07	10 派 0.1 元(含税)
000617	石油济柴	-9656.49	-0.34	2.58	0.43	不分配不转增
000619	海螺型材	8933.07	0.2481	5.57	-0.6569	10 派 0.5 元(含税)
000620	新华联	60670.34	0.41	1.54	-0.88	10 派 1 元(含税)
000622	S*ST 恒立	-3435.06	-0.24	-1.28	-0.08	不分配不转增

股票代码	股票简称	净利润(万元)	每股收益(元)	每股净资产(元)	每股经营性现金流量(元)	分配预案
000623	吉林敖东	198204.92	2.88	13.1034	0.1574	10送3股派2元(含税)
000625	长安汽车	96794.06	0.2	3.05	0.04	10派0.4元(含税)
000626	如意集团	3034.81	0.1499	1.8874	1.4696	不分配不转增
000627	天茂集团	-10168.39	-0.075	1.02	0.0495	不分配不转增
000628	高新发展	602.72	0.027	0.79	0.63	不分配不转增
000629	攀钢钒钛	168.60	0.0003	2.54	1.03	10转增5股
000630	铜陵有色	143208.41	1.02	7.02	3.04	10派1元(含税)
000631	顺发恒业	52237.32	0.5	2.17	0.41	10派0.4元(含税)
000632	三木集团	1137.94	0.0244	1.2096	-0.5486	不分配不转增
000633	ST合金	687.19	0.0178	0.57	-0.21	不分配不转增
000635	英力特	10441.80	0.59	5.68	0.882	不分配不转增
000636	风华高科	16456.93	0.25	3.36	0.38	10派0.8元(含税)
000637	茂化实华	739.13	0.01	1.39	-0.19	不分配不转增
000638	万方地产	471.99	0.03	1.33	-0.24	不分配不转增
000639	西王食品	11409.64	0.91	7.32	-0.67	10转增5股派3元(含税)
000650	仁和药业	30035.34	0.48	1.77	0.26	10送5股派0.556元(含税)
000651	格力电器	523693.86	1.86	6.25	1.19	10派5元(含税)
000652	泰达股份	356.16	0.0024	1.48	-0.15	不分配不转增
000655	金岭矿业	49780.56	0.836	4.35	0.78	不分配不转增
000656	金科股份	106907.94	0.92	4.48	-2.9	10派1元(含税)
000657	*ST中钨	462.22	0.0208	1.496	-0.236	不分配不转增
000659	珠海中富	4540.53	0.04	1.8	0.33	10派0.1元(含税)
000661	长春高新	10954.86	0.83	4.79	1.29	不分配不转增
000662	*ST索芙	-19318.50	-0.6708	2.3357	-0.212	不分配不转增
000663	永安林业	-4717.37	-0.23	1.72	0.004	不分配不转增
000665	武汉塑料	1709.57	0.096	0.9548	0.6952	不分配不转增
000666	经纬纺机	49079.34	0.81	5.63	2.74	10派0.6元(含税)
000667	名流置业	16647.21	0.07	2.04	-0.18	不分配不转增
000668	荣丰控股	334.71	0.02	4.56	0.2	10派0.1元(含税)
000669	*ST领先	-104.06	-0.0112	1.6	0.004	不分配不转增
000670	S*ST天发	214.80	0.0079	0.7624	-0.0449	不分配不转增
000671	阳光城	31232.46	0.58	3.75	-4.4	10派0.25元(含税)
000672	*ST铜城	312.12	0.0145	0.1177	0.0223	不分配不转增
000673	ST当代	-2397.01	-0.115	0.028	-0.18	不分配不转增
000676	ST思达	-7941.29	-0.2524	0.98	0.03	不分配不转增
000677	*ST海龙	-101255.84	-1.172	-0.99	-0.6	不分配不转增
000678	襄阳轴承	2562.56	0.09	1.74	0.05	不分配不转增
000679	大连友谊	17551.67	0.492	3.594	-2.63	10派0.8元(含税)
000680	山推股份	47933.96	0.63	5.69	-2.34	10送5股派2元(含税)
000681	*ST远东	562.93	0.03	0.7	-0.08	不分配不转增
000682	东方电子	2175.69	0.0222	1.4	-0.1143	不分配不转增
000683	远兴能源	17276.78	0.23	3.09	0.29	10派1元(含税)
000685	中山公用	109413.91	1.83	9.45	0.32	10送3股派1元(含税)
000686	东北证券	-15155.40	-0.24	4.83	-8.59	不分配不转增
000687	保定天鹅	7363.36	0.115	1.612	-0.132	不分配不转增
000688	*ST朝华	188.56	0.0047	-0.1787	-0.0216	不分配不转增
000690	宝新能源	17002.25	0.1	1.92	-0.02	10派0.55元(含税)
000691	*ST亚太	416.66	0.0129	0.4501	0.0044	不分配不转增
000692	惠天热电	4418.32	0.1658	4.56	-0.41	不分配不转增
000693	S*ST聚友	-6065.85	-0.315	-0.66	-0.06	不分配不转增
000695	滨海能源	490.55	0.02	1.3774	0.03	不分配不转增
000697	*ST炼石	-4747.50	-0.254	1.68	-0.33	不分配不转增
000698	沈阳化工	20965.30	0.32	4.875	0.29	不分配不转增
000700	模塑科技	7587.23	0.246	3.341	1.021	不分配不转增
000701	厦门信达	7063.02	0.294	3.2054	0.4412	10派0.6元(含税)
000702	正虹科技	502.50	0.02	1.67	-0.05	不分配不转增
000703	恒逸石化	191955.52	3.71	9.42	4.9	10送3转增7股派10元(含税)
000705	浙江震元	3153.61	0.2516	4.31	-0.0327	不分配不转增
000707	双环科技	35385.25	0.762	4.45	1.49	10派1元(含税)

股票代码	股票简称	净利润(万元)	每股收益(元)	每股净资产(元)	每股经营性现金流量(元)	分配预案
000708	大冶特钢	58493.14	1.302	6.451	1.252	10派4元(含税)
000709	河北钢铁	138301.65	0.13	4.02	1.7	10派0.3元(含税)
000710	天兴仪表	50.08	0.0033	0.7718	-0.1419	不分配不转增
000711	天伦置业	1863.22	0.17	3.39	0.77	10转增5股
000712	锦龙股份	2183.25	0.07	2.85	0.13	不分配不转增
000713	丰乐种业	5476.13	0.1832	3.821	-0.355	10派0.3元(含税)
000715	中兴商业	12422.03	0.4452	3.96	1.38	10派0.7元(含税)
000716	南方食品	1232.16	0.069	1.72	0.144	不分配不转增
000717	韶钢松山	-113821.56	-0.6818	2.8025	2.3811	不分配不转增
000718	苏宁环球	78700.30	0.39	2.03	-0.43	不分配不转增
000719	大地传媒	14360.43	0.33	3.48	0.56	不分配不转增
000720	*ST能山	-17693.43	-0.2049	0.8257	0.32	不分配不转增
000721	西安饮食	3576.21	0.1792	2.2544	0.3216	10派0.3元(含税)
000722	*ST金果	8289.58	0.1786	4.1813	0.2804	不分配不转增
000723	美锦能源	1897.23	0.14	3.38	0.25	不分配不转增
000725	京东方A	56086.65	0.041	1.89	-0.058	不分配不转增
000726	鲁泰A	84852.81	0.85	5.04	0.99	10派2.8元(含税)
000727	华东科技	925.26	0.0258	1.476	0.1865	不分配不转增
000728	国元证券	56271.38	0.29	7.53	-0.94	10派1元(含税)
000729	燕京啤酒	81721.73	0.675	7.23	0.68	10转增10股派2.1元(含税)
000731	四川美丰	28413.25	0.5663	4.21	0.6434	10派2元(含税)
000732	泰禾集团	36690.03	0.3607	1.998	-1.566	不分配不转增
000733	振华科技	4225.02	0.12	5.81	-0.01	10派0.4元(含税)
000735	罗牛山	5995.58	0.068	1.95	0.13	不分配不转增
000736	重庆实业	7229.23	0.24	4.82	-0.38	不分配不转增
000737	*ST南风	5342.55	0.0974	0.62	0.44	不分配不转增
000738	中航动控	18122.44	0.19	2.63	0.04	不分配不转增
000739	普洛股份	824.94	0.0321	3.09	0.71	不分配不转增
000748	长城信息	4332.78	0.12	3.14	0.4	10派0.5元(含税)
000750	国海证券	7552.87	0.12	3.74	-4.99	10送13转增2股派1.5元(含税)
000751	*ST锌业	-108515.36	-0.98	0.11	0.21	不分配不转增
000752	西藏发展	3737.94	0.1417	2.347	1.012	10派0.1元(含税)
000753	漳州发展	7679.27	0.243	2	0.12	不分配不转增
000755	山西三维	3211.99	0.068	4.7227	-0.155	不分配不转增
000756	新华制药	7602.37	0.17	3.74	0.21	10派0.3元(含税)
000757	*ST方向	40908.86	1.28	0.0217	0.077	不分配不转增
000758	中色股份	38364.07	0.5	3.09	-0.41	10派1元(含税)
000759	中百集团	26678.24	0.39	3.93	1.22	不分配不转增
000760	博盈投资	369.64	0.02	0.77	-0.2	不分配不转增
000761	本钢板材	79582.52	0.254	4.95	0.43	10派1元(含税)
000762	西藏矿业	3433.08	0.1131	5.92	-0.49	10转增5股派1元(含税)
000766	通化金马	1124.14	0.03	1.35	-0.02	不分配不转增
000767	*ST漳电	-78087.99	-0.59	0.55	-0.05	不分配不转增
000768	西飞国际	10787.76	0.04	3.8	0.04	不分配不转增
000776	广发证券	206367.85	0.78	10.69	-11.05	10转增10股派5元(含税)
000777	中核科技	5781.61	0.2714	4.4534	-0.2081	10派1.2元(含税)
000778	新兴铸管	146494.87	0.7642	6.0822	0.4649	10派5元(含税)
000779	三毛派神	749.78	0.0402	1.721	0.008	不分配不转增
000780	平庄能源	90235.75	0.89	4.45	0.77	10派1元(含税)
000782	美达股份	13011.34	0.32	2.52	0.52	10派0.4元(含税)
000783	长江证券	43498.28	0.19	4.85	-4.72	10派1元(含税)
000785	武汉中商	8146.45	0.32	2.9	1.1	不分配不转增
000786	北新建材	52266.48	0.909	5.243	1.935	10派2.9元(含税)
000787	*ST创智	178.48	0.0047	0.2305	0.0145	不分配不转增
000788	西南合成	11519.81	0.19	1.68	0.13	10派0.25元(含税)
000789	江西水泥	50555.50	1.2769	3.86	2.87	10派2.6元(含税)
000790	华神集团	2084.15	0.0595	1.4068	0.1714	不分配不转增
000791	西北化工	-752.82	-0.0398	1.6623	0.0595	不分配不转增
000792	盐湖股份	248113.11	1.7917	8.6	0.75	10派1.6元(含税)

股票代码	股票简称	净利润(万元)	每股收益(元)	每股净资产(元)	每股经营性现金流量(元)	分配预案
000793	华闻传媒	25577.54	0.1881	1.96	0.47	10派0.2元(含税)
000795	太原刚玉	11260.01	0.41	1.29	0.1	不分配不转增
000796	易食股份	1633.47	0.0663	1.85	0.17	不分配不转增
000797	中国武夷	7760.01	0.2	3.02	0.79	10派0.6元(含税)
000798	中水渔业	6179.25	0.19	2.25	0.1	10派0.5元(含税)
000799	酒鬼酒	19261.87	0.628	4.222	1.8688	不分配不转增
000800	一汽轿车	21683.48	0.1332	5.14	-0.34	不分配不转增
000801	四川九洲	5430.18	0.1429	2.0865	-0.3419	不分配不转增
000802	北京旅游	872.83	0.0511	4.2648	0.0594	10派0.2元(含税)
000803	金宇车城	335.33	0.0263	0.93	-0.109	不分配不转增
000805	*ST炎黄	1956.20	0.307	-0.38	-0.16	不分配不转增
000806	*ST银河	-17837.50	-0.2551	1.1562	0.3674	不分配不转增
000807	云铝股份	9672.19	0.063	2.6	0.57	10派0.3元(含税)
000809	铁岭新城	60704.70	2.32	5.75	0.63	10转增5股
000810	华润锦华	5583.36	0.4306	3.94	0.64	10派1.5元(含税)
000811	烟台冰轮	15766.23	0.4	2.71	0.18	10派1元(含税)
000812	陕西金叶	6745.55	0.162	1.514	0.181	10派0.35元(含税)
000813	天山纺织	347.18	0.0096	1.14	-0.05	不分配不转增
000815	*ST美利	-18974.43	-0.6	2.02	0.25	不分配不转增
000816	江淮动力	6010.01	0.0561	1.91	0.15	10派0.1元(含税)
000818	方大化工	11854.30	0.1743	2.88	0.3	不分配不转增
000819	岳阳兴长	3827.08	0.18	2.523	0.336	10派1元(含税)
000820	*ST金城	3250.34	0.11	-2.35	0.01	不分配不转增
000821	京山轻机	314.04	0.01	3.33	-0.28	不分配不转增
000822	山东海化	38891.43	0.43	4.19	0.57	10派1元(含税)
000823	超声电子	18194.09	0.4131	4.038	0.475	10派1.2元(含税)
000825	太钢不锈	180509.24	0.317	4.091	1.033	10派0.5元(含税)
000826	桑德环境	30091.53	0.73	3.81	0.42	10转增2股派1元(含税)
000828	东莞控股	35489.87	0.3414	3.0566	0.5272	10派1.5元(含税)
000829	天音控股	5066.43	0.05	2.31	-0.07	不分配不转增
000830	鲁西化工	42339.45	0.303	3.48	0.53	10派1元(含税)
000831	*ST关铝	632.67	0.01	0.03	-0.09	不分配不转增
000833	贵糖股份	10622.02	0.36	3.05	0.25	10派1元(含税)
000835	四川圣达	342.23	0.0112	1.48	-0.1258	不分配不转增
000836	鑫茂科技	-6500.29	-0.2222	2.52	-0.53	不分配不转增
000837	秦川发展	13237.78	0.3796	3.22	-0.15	10派0.97元(含税)
000838	*ST国兴	-2756.45	-0.1523	1.6648	-1.4458	不分配不转增
000839	中信国安	14625.47	0.0933	3.7	0.17	10派1元(含税)
000848	承德露露	19341.35	0.53	2.08	0.91	10转增1股派5元(含税)
000850	华茂股份	30479.73	0.323	2.51	0.0069	10派0.5元(含税)
000851	高鸿股份	2347.32	0.0705	3.06	-1.08	不分配不转增
000852	江钻股份	10442.54	0.26	2.65	0.46	10派2元(含税)
000856	ST唐陶	6973.64	0.31	1.92	-0.5	不分配不转增
000858	五粮液	615746.52	1.622	6.091	2.511	10派5元(含税)
000859	国风塑业	2239.96	0.0533	2.1995	0.189	不分配不转增
000860	顺鑫农业	30683.83	0.6997	6.51	0.06	10派2元(含税)
000861	海印股份	38717.27	0.79	2.62	1.33	10派1元(含税)
000862	银星能源	4904.15	0.2079	1.38	1.6	10转增2股
000863	*ST商务	23469.53	0.42	1.26	-0.43	不分配不转增
000868	安凯客车	9813.89	0.3	3.6	0.87	10转增10股派1元(含税)
000869	张裕A	190720.87	3.62	9.51	2.86	10送3股派15.2元(含税)
000875	吉电股份	1352.98	0.0161	2.8563	0.1196	不分配不转增
000876	新希望	264281.45	1.52	5.52	1.22	10派1.7元(含税)
000877	天山股份	113022.22	2.91	11.6332	2.922	10转增8股派7元(含税)
000878	云南铜业	62193.87	0.44	4.87	1.47	不分配不转增
000880	潍柴重机	18979.48	0.69	4	0.91	10派0.5元(含税)
000881	大连国际	23002.61	0.745	4.47	0.16	10派1元(含税)
000882	华联股份	6547.17	0.07	3.26	0.23	10转增2股派0.7元(含税)
000883	湖北能源	59981.38	0.29	4.42	0.92	10派0.4元(含税)

股票代码	股票简称	净利润(万元)	每股收益(元)	每股净资产(元)	每股经营性现金流量(元)	分配预案
000885	同力水泥	24074.04	0.9533	5.81	3.13	10 转增 3 股
000886	海南高速	15655.65	0.158	2.532	0.177	不分配不转增
000887	中鼎股份	29594.42	0.5	2.321	0.188	不分配不转增
000888	峨眉山 A	14509.96	0.617	3.84	1.19	10 派 1.5 元(含税)
000889	渤海物流	7020.61	0.2073	2.156	0.1185	10 派 0.22 元(含税)
000890	法 尔 胜	1343.35	0.0354	2.74	-0.95	不分配不转增
000892	*ST 星美	63.08	0.0015	0.0112	0.0137	不分配不转增
000893	东凌粮油	-18804.81	-0.85	1.39	4.53	不分配不转增
000895	双汇发展	56489.30	0.9322	6.08	1.65	10 派 5.5 元(含税)
000897	津滨发展	-29799.76	-0.1843	1.09	-0.32	不分配不转增
000898	鞍钢股份	-214600.00	-0.297	7.01	0.645	不分配不转增
000899	*ST 赣能	-27153.97	-0.4199	1.81	0.09	不分配不转增
000900	现代投资	82208.07	2.0595	12.86	2.38	10 转增 5 股
000901	航天科技	5996.47	0.24	3.28	0.03	10 派 0.5 元(含税)
000902	中国服装	292.87	0.01	0.9993	0.0786	不分配不转增
000903	云内动力	3992.11	0.059	3.78	0.17	10 派 0.5 元(含税)
000905	厦门港务	14535.98	0.27	3.3	0.09	10 派 0.2 元(含税)
000906	南方建材	7419.38	0.22	2.96	0.05	不分配不转增
000908	ST 天一	-5697.09	-0.2035	0.001	-0.02	不分配不转增
000909	数源科技	4769.64	0.24	3.16	-0.77	10 派 1 元(含税)
000910	大亚科技	14013.88	0.27	4.27	0.38	不分配不转增
000911	南宁糖业	8608.15	0.3	4.94	1.18	10 派 1 元(含税)
000912	泸 天 化	1533.69	0.026	3.88	1.22	不分配不转增
000913	钱江摩托	-1759.30	-0.04	3.11	-0.51	不分配不转增
000915	山大华特	9375.06	0.52	2.84	0.77	不分配不转增
000916	华北高速	24802.57	0.23	3.52	0.301	10 派 0.8 元(含税)
000917	电广传媒	50844.27	1.25	6.76	-2.79	10 转增 12 股派 1.39 元(含税)
000918	嘉凯城	20608.50	0.11	2.28	-1.91	不分配不转增
000919	金陵药业	16520.19	0.3278	4.08	0.34	10 派 1.5 元(含税)
000920	南方汇通	5806.40	0.1376	2.125	0.679	不分配不转增
000921	ST 科 龙	22701.51	0.1677	0.5946	0.2705	不分配不转增
000922	ST 阿继	-4662.26	-0.16	0.098	0.024	不分配不转增
000923	河北宣工	1031.09	0.0521	2.93	0.04	不分配不转增
000925	众合机电	2978.11	0.1	3.4	-0.37	不分配不转增
000926	福星股份	52252.17	0.73	7.91	-2.45	10 派 1 元(含税)
000927	一汽夏利	10937.63	0.0686	2.3	-0.51	10 派 0.2 元(含税)
000928	中钢吉炭	160.94	0.0057	3.313	-0.4905	不分配不转增
000929	兰州黄河	-1459.28	-0.0786	2.94	0.845	不分配不转增
000930	中粮生化	35507.43	0.3682	2.876	0.719	10 派 0.5 元(含税)
000931	中 关 村	4163.76	0.0617	1.0856	0.36	不分配不转增
000932	华菱钢铁	7013.62	0.0237	4.4	1.4237	不分配不转增
000933	神火股份	115058.42	0.685	3.251	1.93	10 派 0.8 元(含税)
000935	四川双马	16265.07	0.26	3.14	0.32	不分配不转增
000936	华西股份	15201.54	0.2	2.36	0.04	10 派 0.5 元(含税)
000937	冀中能源	304934.10	1.3184	6.1713	1.3176	10 派 2.5 元(含税)
000938	紫光股份	4303.12	0.209	3.89	0.746	10 派 0.6 元(含税)
000939	凯迪电力	75452.94	0.8	2.67	0.82	10 派 1 元(含税)
000948	南天信息	9430.88	0.4479	6.1627	0.6373	10 转增 1 股派 0.8 元(含税)
000949	新乡化纤	618.14	0.0075	2.22	-0.2048	不分配不转增
000950	建峰化工	9089.14	0.15	4	0.27	不分配不转增
000951	中国重汽	36235.57	0.86	8.93	0.81	10 派 1.7 元(含税)
000952	广济药业	484.55	0.019	3.24	0.33	不分配不转增
000953	ST 河化	-1949.52	-0.0663	1.0867	0.63	不分配不转增
000955	ST 欣龙	-2871.33	-0.0979	0.694	0.14	不分配不转增
000957	中通客车	5065.49	0.21	2.62	0.97	不分配不转增
000958	ST 东热	-27689.85	-0.92	-2.29	0.12	不分配不转增
000959	首钢股份	1178.28	0.004	2.56	-0.25	不分配不转增
000960	锡业股份	70320.60	0.7757	5.7763	0.2078	10 派 1.3 元(含税)
000961	中南建设	93228.33	0.8	4.65	-2.32	不分配不转增

股票代码	股票简称	净利润(万元)	每股收益(元)	每股净资产(元)	每股经营性现金流量(元)	分配预案
000962	东方钽业	23621.24	0.6499	5.3697	-0.4342	10派0.6元(含税)
000963	华东医药	38148.50	0.88	3.52	0.04	不分配不转增
000965	天保基建	25194.20	0.55	5.05	-0.28	10转增5股
000966	长源电力	9844.64	0.1777	2.3324	1.0374	不分配不转增
000967	上风高科	9015.01	0.44	2.91	-1.33	不分配不转增
000968	煤气化	20664.54	0.4022	6.1513	0.152	10派1元(含税)
000969	安泰科技	31453.96	0.3671	3.84	0.1601	10派1.2元(含税)
000970	中科三环	76730.70	1.51	4.26	0.05	不分配不转增
000971	ST迈亚	-7403.62	-0.3	0.01	-0.27	不分配不转增
000972	新中基	-117055.12	-2.4283	0.43	-1.88	不分配不转增
000973	佛塑科技	50310.39	0.821	2.98	-0.1588	10转增5股派0.3元(含税)
000975	科学城	2997.09	0.0481	1.51	0.142	10派0.15元(含税)
000976	春晖股份	-17867.43	-0.3	0.89	0.041	不分配不转增
000977	浪潮信息	7556.06	0.3514	5.18	1.1793	10派1元(含税)
000978	桂林旅游	6829.03	0.19	4.057	0.324	10派1元(含税)
000979	中弘股份	55935.83	0.55	2.2	-0.32	10派1元(含税)
000980	金马股份	3635.24	0.11	3.77	0.27	不分配不转增
000981	银亿股份	62925.44	0.79	3.51	-3.13	不分配不转增
000982	中银绒业	16709.83	0.31	1.48	-1.1	10派0.33元(含税)
000983	西山煤电	281541.64	0.8934	4.43	1.2319	10派2元(含税)
000985	大庆华科	2503.63	0.1931	3.77	0.55	10派1元(含税)
000987	广州友谊	36709.96	1.02	4.9	2.03	10派5元(含税)
000988	华工科技	21095.98	0.49	5.68	-0.13	10转增10股派1.5元(含税)
000989	九芝堂	20177.92	0.68	4.87	0.47	10派4元(含税)
000990	诚志股份	3166.23	0.107	5.37	1.3	10派0.4元(含税)
000993	闽东电力	1854.70	0.05	4.06	0.27	10派0.27元(含税)
000995	ST皇台	483.33	0.03	0.99	-0.11	不分配不转增
000996	中国中期	3172.18	0.1379	2.15	-0.22	不分配不转增
000997	新大陆	7678.00	0.15	2.68	-0.38	不分配不转增
000998	隆平高科	13338.01	0.481	3.872	0.703	10转增5股派1元(含税)
000999	华润三九	76044.76	0.78	4.64	0.98	10派2.4元(含税)
001696	宗申动力	34208.20	0.335	1.91	0.033	10派2元(含税)
001896	豫能控股	1635.30	0.0262	0.93	0.89	不分配不转增
200002	万科B	962487.53	0.88	4.82	0.308	10派1.3元(含税)
200011	深物业B	25746.11	0.432	1.8964	-0.6065	不分配不转增
200012	南玻B	117822.92	0.57	3.33	0.81	10派1.8元(含税)
200016	深康佳B	2497.28	0.0207	3.3304	-1.14	10派0.1元(含税)
200017	*ST中华B	3972.09	0.072	-3.0522	0.0006	不分配不转增
200018	ST中冠B	-1736.16	-0.1	0.7	0.025	不分配不转增
200019	深深宝B	698.02	0.0323	3.55	-0.075	不分配不转增
200020	深华发B	1037.45	0.0366	0.98	0.17	不分配不转增
200022	深赤湾B	50564.51	0.784	5.378	1.157	10派4元(含税)
200024	招商局B	259178.10	1.5092	11.89	-1.23	10派2元(含税)
200025	特力B	215.77	0.0098	0.81	-0.07	不分配不转增
200026	飞亚达B	15945.78	0.406	3.54	-1.04	10派1元(含税)
200028	一致B	33030.75	1.15	4.69	0.79	10派1.3元(含税)
200029	深深房B	10120.01	0.1	1.51	0.114	不分配不转增
200030	*ST盛润B	145606.42	5.0484	0.007	0.004	不分配不转增
200037	深南电B	1752.91	0.03	2.91	0.45	不分配不转增
200039	中集B	369092.60	1.39	7	0.85	10派4.6元(含税)
200045	深纺织B	4891.56	0.15	4.07	0.08	不分配不转增
200053	深基地B	12927.44	0.56	5.03	1.16	10派1.58元(含税)
200054	建摩B	-18844.25	-0.395	0.6	-0.1	不分配不转增
200055	方大B	6550.39	0.09	1.42	-0.08	不分配不转增
200056	*ST国商B	-12377.46	-0.56	-0.38	-0.69	不分配不转增
200058	深赛格B	6899.57	0.0879	1.4688	0.0886	不分配不转增
200152	山航B	77122.55	1.93	5.12	5.61	10派4元(含税)
200160	ST大路B	364.32	0.0052	-0.034	-0.001	不分配不转增
200168	ST雷伊B	2138.50	0.0671	1.03	0.01	不分配不转增

股票代码	股票简称	净利润(万元)	每股收益(元)	每股净资产(元)	每股经营性现金流量(元)	分配预案
200413	宝 石 B	1185.04	0.031	0.61	-0.005	不分配不转增
200418	小天鹅 B	45332.80	0.72	5.44	0.38	10 派 2 元(含税)
200429	粤高速 B	21678.62	0.17	3.27	0.49	10 派 0.5 元(含税)
200468	宁通信 B	1082.41	0.05	1.73	0.08	不分配不转增
200488	晨 鸣 B	60827.13	0.29	6.56	-0.21	10 派 1.5 元(含税)
200505	ST 珠江 B	-4947.82	-0.12	0.87	-0.18	不分配不转增
200512	闽灿坤 B	975.84	0.01	0.4233	0.0845	不分配不转增
200513	丽 珠 B	35936.99	1.22	9.61	2.39	10 派 5 元(含税)
200521	皖美菱 B	10661.47	0.1675	4.39	-0.65	10 转增 2 股派 0.5 元(含税)
200530	大 冷 B	8162.11	0.23	5	0.48	10 派 1.5 元(含税)
200539	粤电力 B	35632.19	0.13	3.65	0.73	10 派 0.6 元(含税)
200541	粤照明 B	29166.01	0.3	2.85	0.28	10 派 2.5 元(含税)
200550	江 铃 B	187091.83	2.17	8.47	1.33	10 派 8.6 元(含税)
200553	沙隆达 B	5286.40	0.089	1.95	0.2954	不分配不转增
200570	苏常柴 B	5285.69	0.09	3.1	-0.35	10 派 0.2 元(含税)
200581	苏威孚 B	120461.71	2.12	8.93	0.58	10 派 3 元(含税)
200596	古井贡 B	56639.03	2.34	10.97	2.49	10 转增 10 股派 4.5 元(含税)
200613	ST 东海 B	-528.12	-0.0145	0.23	0.0262	不分配不转增
200625	长 安 B	96794.06	0.2	3.05	0.04	10 派 0.4 元(含税)
200706	瓦 轴 B	6052.63	0.15	3.7	0.47	10 派 0.4 元(含税)
200725	京东方 B	56086.65	0.041	1.89	-0.058	不分配不转增
200726	鲁 泰 B	84852.81	0.85	5.04	0.99	10 派 2.8 元(含税)
200761	本钢板 B	79582.52	0.254	4.95	0.43	10 派 1 元(含税)
200770	*ST 武锅 B	-26345.27	-0.89	-3.87	-1.05	不分配不转增
200771	杭汽轮 B	64038.77	1.02	5.28	0.82	10 送 2 股派 3 元(含税)
200869	张 裕 B	190720.87	3.62	9.51	2.86	10 送 3 股派 15.2 元(含税)
200986	粤华包 B	11193.37	0.22	3.04	-0.41	10 派 2 元(含税)
200992	中 鲁 B	4621.02	0.17	1.64	0.2	不分配不转增

2011 年深市中小企业板上市公司年报主要财务指标

截至日期:2012-04-28

股票代码	股票简称	净利润(万元)	每股收益(元)	每股净资产(元)	每股经营性现金流量(元)	分配预案
002001	新 和 成	116439.26	1.6	7.76	1.75	10 派 6 元(含税)
002002	ST 金材	325.09	0.0195	0.5719	0.0989	不分配不转增
002003	伟星股份	19617.03	0.78	6.42	0.87	10 派 7 元(含税)
002004	华邦制药	30527.85	2.31	14.29	0.81	10 转增 10 股派 5 元(含税)
002005	德豪润达	39230.60	0.81	5.58	-0.06	10 转增 10 股派 1 元(含税)
002006	精功科技	40167.89	1.35	4.11	0.01	10 转增 5 股派 1 元(含税)
002007	华兰生物	37071.93	0.6434	4.108	0.583	10 派 1.2 元(含税)
002008	大族激光	57851.46	0.5539	2.69	0.11	10 派 2 元(含税)
002009	天奇股份	3709.05	0.17	2.41	0.04	10 派 0.3 元(含税)
002010	传化股份	15065.81	0.31	3	-0.33	10 派 0.5 元(含税)
002011	盾安环境	29300.60	0.3857	3.53	0.53	10 派 2 元(含税)
002012	凯恩股份	11813.83	0.6	4.57	0.58	10 派 2 元(含税)
002013	中航精机	3976.90	0.18	2.31	0.4	10 转增 3 股派 0.2 元(含税)
002014	永新股份	14784.42	0.81	4.61	1.08	10 派 3 元(含税)
002015	霞客环保	2319.09	0.1	3.07	0.27	不分配不转增
002016	世荣兆业	8487.40	0.18	2.04	-1.06	不分配不转增
002017	东信和平	3550.19	0.1625	2.9331	0.4933	不分配不转增
002018	华星化工	385.92	0.01	2.07	0.68	不分配不转增
002019	*ST 鑫富	-23029.13	-1.0448	2.12	-0.24	不分配不转增
002020	京新药业	2911.95	0.276	6.065	0.549	10 派 2 元(含税)
002021	中捷股份	7068.46	0.16	2.17	-0.18	10 转增 3 股派 0.3 元(含税)
002022	科华生物	22674.90	0.4606	1.9881	0.4465	10 派 4 元(含税)
002023	海特高新	6107.87	0.21	3.44	0.26	10 派 1.5 元(含税)
002024	苏宁电器	482059.40	0.689	3.19	0.94	10 派 1.5 元(含税)
002025	航天电器	13623.44	0.41	4.2	-0.06	10 派 1 元(含税)
002026	山东威达	6410.69	0.37	3.49	0.03	10 派 0.5 元(含税)

股票代码	股票简称	净利润(万元)	每股收益(元)	每股净资产(元)	每股经营性现金流量(元)	分配预案
002027	七喜控股	-5476.74	-0.18	2	-0.04	不分配不转增
002028	思源电气	15381.66	0.35	6.06	-0.22	10派1元(含税)
002029	七匹狼	41230.80	1.46	6.97	0.89	10转增5股派2元(含税)
002030	达安基因	6801.05	0.2	1.42	0.2	10送2股派0.24元(含税)
002031	巨轮股份	14194.60	0.3567	3.03	0.29	10派0.4元(含税)
002032	苏泊尔	47564.02	0.82	4.8	0.38	10转增1股派3元(含税)
002033	丽江旅游	11701.84	0.714	4.67	1.51	10派1.5元(含税)
002034	美欣达	7991.71	0.99	6.12	0.93	10派3元(含税)
002035	华帝股份	13883.06	0.62	2.43	0.45	10送1股派2元(含税)
002036	宜科科技	1750.91	0.09	1.62	0.27	10派0.5元(含税)
002037	久联发展	20046.00	1.16	4.75	0.47	10派2元(含税)
002038	双鹭药业	52334.50	1.3765	4.27	0.6013	10派2元(含税)
002039	黔源电力	-8433.73	-0.4142	7.769	4.648	不分配不转增
002040	南京港	3690.61	0.1501	2.35	0.1	10派0.3元(含税)
002041	登海种业	23222.10	0.6597	3.21	0.34	10派1元(含税)
002042	华孚色纺	40696.76	0.73	5.38	-2.04	10转增5股派1元(含税)
002043	兔宝宝	2764.71	0.14	3.17	0.44	10转增10股派0.8元(含税)
002044	江苏三友	5892.02	0.26	1.69	0.28	10派1元(含税)
002045	广州国光	8793.66	0.21	3.37	0.4	10派0.8元(含税)
002046	轴研科技	6354.15	0.59	5.49	0.51	10转增10股派1元(含税)
002047	成霖股份	-10735.14	-0.24	1.53	-0.09	不分配不转增
002048	宁波华翔	28417.37	0.5	4.86	0.56	10派0.8元(含税)
002049	晶源电子	3073.27	0.2276	3.33	0.6263	10派1元(含税)
002050	三花股份	36588.39	1.23	9.16	1.63	10转增10股派5元(含税)
002051	中工国际	46312.89	1.05	5.71	11.63	10送3股派3.5元(含税)
002052	同洲电子	2243.84	0.07	3.3	-0.12	不分配不转增
002053	云南盐化	2201.90	0.118	5.317	1.24	10派0.5元(含税)
002054	德美化工	14316.75	0.46	4.07	-0.05	10派1.1元(含税)
002055	得润电子	11648.22	0.5861	5.2664	-0.1893	10转增10股派1元(含税)
002056	横店东磁	7487.35	0.18	7.12	0.57	10派0.2元(含税)
002057	中钢天源	1063.59	0.13	3.05	0.25	不分配不转增
002058	威尔泰	1329.21	0.11	1.55	0.06	10派0.5元(含税)
002059	云南旅游	1677.91	0.078	2.66	-0.07	10派0.5元(含税)
002060	粤水电	7096.19	0.2005	5.57	0.26	10转增2股派0.3元(含税)
002061	江山化工	762.75	0.05	3.7985	1.7825	不分配不转增
002062	宏润建设	14163.06	0.31	4.13	1.02	10转增2.5股派1元(含税)
002063	远光软件	21176.08	0.6282	2.87	0.33	10送3股派2.2元(含税)
002064	华峰氨纶	5078.62	0.07	2.22	0.36	不分配不转增
002065	东华软件	42095.53	0.7972	4.27	0.14	10送3股派2元(含税)
002066	瑞泰科技	5725.86	0.4957	5.25	-0.13	10转增10股派1.5元(含税)
002067	景兴纸业	12528.22	0.27	5.22	0.21	10转增10股
002068	黑猫股份	12897.31	0.27	2.53	0.13	不分配不转增
002069	獐子岛	49797.63	0.71	3.82	0.12	10派4元(含税)
002070	众和股份	6871.52	0.1828	3.03	0.2	10转增3股派0.2元(含税)
002071	江苏宏宝	1563.01	0.0849	1.96	0.11	10派0.3元(含税)
002072	ST德棉	-9894.93	-0.562	1.22	0.5	不分配不转增
002073	软控股份	45542.82	0.61	3.93	-0.87	10派0.2元(含税)
002074	东源电器	3647.26	0.14	1.7	0.15	10派1元(含税)
002075	沙钢股份	27766.03	0.18	1.45	0.07	不分配不转增
002076	雪莱特	2145.38	0.1164	2.18	-0.1	10派1元(含税)
002077	大港股份	6492.49	0.26	3.13	-2.66	不分配不转增
002078	太阳纸业	49932.80	0.5	3.86	1.06	10派1元(含税)
002079	苏州固锝	6905.24	0.191	2.98	0.209	10转增8股派0.8元(含税)
002080	中材科技	12147.11	0.3037	5.67	0.22	10派1元(含税)
002081	金螳螂	73278.42	1.52	6	1.07	10转增5股派2元(含税)
002082	栋梁新材	15864.41	0.67	4.4	-0.01	10派2元(含税)
002083	孚日股份	13489.36	0.14	3.04	0.5	10派0.6元(含税)
002084	海鸥卫浴	856.68	0.0255	2.2833	0.3123	10转增1股派1元(含税)
002085	万丰奥威	22391.61	0.57	3.78	0.76	不分配不转增

股票代码	股票简称	净利润(万元)	每股收益(元)	每股净资产(元)	每股经营性现金流量(元)	分配预案
002086	东方海洋	9550.05	0.3916	5.15	0.17	10 派 2 元(含税)
002087	新野纺织	10256.34	0.1973	3.34	1	10 派 0.4 元(含税)
002088	鲁阳股份	10816.98	0.46	5.94	0.23	10 派 1 元(含税)
002089	新 海 宜	18091.41	0.51	2.8	-0.1255	10 转增 2 股派 1 元(含税)
002090	金智科技	4032.73	0.1977	2.5422	0.0567	10 派 0.5 元(含税)
002091	江苏国泰	19651.82	0.55	3	0.48	10 派 1.5 元(含税)
002092	中泰化学	48995.89	0.424	6.2	1.42	10 派 1 元(含税)
002093	国脉科技	11540.94	0.1334	1.2508	0.0975	不分配不转增
002094	青岛金王	5030.44	0.16	1.56	0.15	不分配不转增
002095	生 意 宝	3234.01	0.2	2.77	0.23	10 派 1 元(含税)
002096	南岭民爆	9451.12	0.71	4.13	0.4	10 送 10 股派 1.5 元(含税)
002097	山河智能	20320.20	0.4833	4.13	0.2895	10 派 0.4 元(含税)
002098	浔兴股份	6471.83	0.42	3.99	0.36	10 派 3 元(含税)
002099	海翔药业	10506.44	0.65	4.51	0.57	10 转增 10 股派 3 元(含税)
002100	天康生物	7688.74	0.26	3.83	1.18	10 派 1 元(含税)
002101	广东鸿图	8833.65	0.54	5.56	0.75	不分配不转增
002102	*ST 冠福	-12025.46	-0.29	1.06	-0.32	不分配不转增
002103	广博股份	4361.28	0.1997	3.3	0.33	10 派 1 元(含税)
002104	恒宝股份	11519.71	0.26	1.6	0.23	不分配不转增
002105	信隆实业	1706.88	0.06	1.99	0.18	10 派 1 元(含税)
002106	莱宝高科	45946.82	0.77	4.01	0.98	10 派 1.5 元(含税)
002107	沃华医药	628.02	0.04	3.64	0.01	不分配不转增
002108	沧州明珠	10059.80	0.33	2.32	0.19	10 派 1 元(含税)
002109	兴化股份	17289.22	0.48	3.42	0.33	10 派 2 元(含税)
002110	三钢闽光	25325.86	0.474	5.53	0.96	10 派 0.1 元(含税)
002111	威海广泰	7548.21	0.27	3.35	0.21	10 派 0.6 元(含税)
002112	三变科技	-3208.69	-0.29	3.92	-0.99	不分配不转增
002113	*ST 天润	507.11	0.043	0.703	0.18	不分配不转增
002114	*ST 锌电	-28269.45	-1.54	0.97	-0.1	不分配不转增
002115	三维通信	10829.19	0.5021	4.4391	0.095	10 转增 5 股派 1.5 元(含税)
002116	中国海诚	9059.54	0.795	4.736	1.02	10 转增 8 股派 3.5 元(含税)
002117	东港股份	8696.44	0.7	8.3	1.41	10 转增 10 股派 4 元(含税)
002118	紫鑫药业	21729.00	0.42	3.53	-1.09	不分配不转增
002119	康强电子	1124.32	0.06	3.19	0.49	不分配不转增
002120	新海股份	2098.19	0.14	2.66	0.28	10 派 0.5 元(含税)
002121	科陆电子	7500.13	0.1891	3	-0.94	10 派 0.2 元(含税)
002122	天马股份	41798.73	0.35	3.96	0.24	10 派 1 元(含税)
002123	荣信股份	28378.08	0.56	3.87	-0.31	不分配不转增
002124	天邦股份	3001.64	0.15	1.96	0.29	10 派 1 元(含税)
002125	湘潭电化	2969.65	0.3615	4.22	-0.22	10 转增 6 股派 0.4 元(含税)
002126	银轮股份	10473.06	0.78	7.48	0.38	10 转增 10 股派 0.5 元(含税)
002127	新民科技	7105.23	0.16	2.56	0.09	10 派 0.2 元(含税)
002128	露天煤业	160035.45	1.21	3.57	0.93	10 派 5 元(含税)
002129	中环股份	18258.73	0.2521	2.3515	-0.2555	不分配不转增
002130	沃尔核材	8315.85	0.3	3.01	0.09	10 转增 5 股派 0.5 元(含税)
002131	利欧股份	11649.06	0.39	3.19	0.26	不分配不转增
002132	恒星科技	7131.24	0.13	2.06	-0.44	不分配不转增
002133	广宇集团	28823.87	0.58	3.24	-0.53	10 转增 2 股派 1 元(含税)
002134	天津普林	279.11	0.01	2.84	0.24	不分配不转增
002135	东南网架	9021.83	0.3	4.5	-0.41	10 送 2 转增 8 股派 0.25 元(含税)
002136	安 纳 达	5663.94	0.28	2.96	-0.02	10 派 1 元(含税)
002137	实 益 达	3634.94	0.1164	1.7	0.61	10 派 0.8 元(含税)
002138	顺络电子	8011.49	0.39	5.28	0.16	10 转增 5 股派 1.5 元(含税)
002139	拓邦股份	6955.73	0.41	2.94	0.37	10 送 2 转增 1 股派 2 元(含税)
002140	东华科技	27730.15	0.62	2.48	1.06	10 派 1.2 元(含税)
002141	蓉胜超微	311.24	0.0171	1.6787	-0.1333	不分配不转增
002142	宁波银行	325351.00	1.13	6.49	-8.4	10 派 2 元(含税)
002143	高金食品	6408.83	0.3993	3.12	0.41	10 转增 3 股派 1 元(含税)
002144	宏达高科	6999.47	0.46	7.27	-0.06	10 派 2 元(含税)

股票代码	股票简称	净利润(万元)	每股收益(元)	每股净资产(元)	每股经营性现金流量(元)	分配预案
002145	*ST 钛白	-19766.86	-1.0404	0.44	0.05	不分配不转增
002146	荣盛发展	153222.71	0.82	3.29	-0.27	10 派 1.2 元(含税)
002147	方圆支承	9442.58	0.3653	3.54	-0.15	10 派 1.5 元(含税)
002148	北纬通信	1165.83	0.1	4.01	0.25	10 派 0.3 元(含税)
002149	西部材料	-2355.63	-0.13	4.76	0.167	不分配不转增
002150	江苏通润	4471.98	0.18	2	0.24	10 派 1 元(含税)
002151	北斗星通	3816.65	0.25	4.24	-0.07	10 转增 2 股派 1 元(含税)
002152	广电运通	50653.38	1.14	5.48	1.12	10 转增 4 股派 1 元(含税)
002153	石基信息	26411.37	0.85	3.54	0.89	10 派 3 元(含税)
002154	报喜鸟	36831.61	0.63	3.68	-0.01	10 派 1.5 元(含税)
002155	辰州矿业	54052.45	0.99	4.49	0.51	10 转增 4 股派 1.5 元(含税)
002156	通富微电	4902.82	0.08	3.36	0.01	不分配不转增
002157	正邦科技	11908.71	0.28	2.4	0.73	10 派 1 元(含税)
002158	汉钟精机	14401.06	0.6604	3.46	0.4496	10 派 4 元(含税)
002159	三特索道	4015.30	0.33	3.9	1.06	不分配不转增
002160	常铝股份	596.95	0.018	1.94	0.09	10 派 0.1 元(含税)
002161	远望谷	11324.30	0.32	3.58	-0.01	10 转增 10 股派 1 元(含税)
002162	斯米克	-18152.58	-0.4343	1.6594	0.164	不分配不转增
002163	中航三鑫	5888.26	0.07	1.89	0.07	10 派 0.5 元(含税)
002164	东力传动	2654.09	0.06	2.6	0.23	10 派 0.3 元(含税)
002165	红宝丽	7667.25	0.3	3.35	0.19	10 送 2 转增 8 股派 1 元(含税)
002166	莱茵生物	252.62	0.02	1.77	-1.49	不分配不转增
002167	东方锆业	9211.88	0.48	7.15	0.14	10 转增 10 股派 1 元(含税)
002168	深圳惠程	7059.08	0.1119	1.69	0.17	10 送 0.3 转增 1.7 股派 0.035 元(含税)
002169	智光电气	2656.54	0.0997	2.1984	-0.3198	不分配不转增
002170	芭田股份	6319.42	0.16	1.9	-0.096	不分配不转增
002171	精诚铜业	2390.05	0.07	2.05	0.27	10 派 0.2 元(含税)
002172	澳洋科技	-69578.83	-1.25	0.98	-0.57	不分配不转增
002173	山下湖	3003.73	0.15	2.11	-0.05	不分配不转增
002174	梅花伞	192.83	0.023	2.75	-0.15	不分配不转增
002175	广陆数测	791.74	0.0927	3.12	0.41	10 派 1.1 元(含税)
002176	江特电机	5660.98	0.28	3.73	0.199	10 转增 10 股派 0.3 元(含税)
002177	御银股份	17880.96	0.5191	3.82	0.15	10 转增 7 股派 0.5 元(含税)
002178	延华智能	-939.60	-0.07	2.24	0.27	不分配不转增
002179	中航光电	19804.66	0.49	3.45	-0.16	10 派 1 元(含税)
002180	万力达	2748.51	0.22	2.98	0.02	10 派 1 元(含税)
002181	粤传媒	1097.16	0.0313	3.45	-0.02	不分配不转增
002182	云海金属	378.21	0.0131	3.1	0.64	不分配不转增
002183	怡亚通	13501.45	0.16	1.61	-0.21	10 派 0.8 元(含税)
002184	海得控制	2047.59	0.0931	3.29	-0.709	10 派 0.5 元(含税)
002185	华天科技	7895.61	0.2085	3.5536	0.5379	10 转增 6 股派 1 元(含税)
002186	全聚德	12917.56	0.9125	5.6952	2.1002	10 派 6 元(含税)
002187	广百股份	21362.11	0.77	6.88	1.83	10 转增 2 股派 2 元(含税)
002188	新嘉联	202.54	0.01	2.06	0.06	不分配不转增
002189	利达光电	632.54	0.03	2.42	0.26	不分配不转增
002190	成飞集成	6754.16	0.25	5.88	-0.41	10 转增 3 股派 1.5 元(含税)
002191	劲嘉股份	38899.31	0.61	3.2	1.01	不分配不转增
002192	路翔股份	424.86	0.03	2.15	0.63	不分配不转增
002193	山东如意	1120.89	0.07	4.18	0.43	不分配不转增
002194	武汉凡谷	16046.50	0.2887	3.7351	0.303	10 派 2.5 元(含税)
002195	海隆软件	6497.02	0.5805	3.2807	0.7253	10 派 1 元(含税)
002196	方正电机	3950.22	0.34	2.56	0.38	10 派 1.5 元(含税)
002197	证通电子	7150.81	0.34	2.5	0.15	10 派 1 元(含税)
002198	嘉应制药	2023.86	0.0987	1.32	0.0038	不分配不转增
002199	东晶电子	561.93	0.045	4.34	0.286	10 转增 5 股派 1 元(含税)
002200	*ST 大地	-4467.61	-0.3	1.81	-0.04	不分配不转增
002201	九鼎新材	1807.47	0.1	2.27	0.29	不分配不转增
002202	金风科技	60670.83	0.2252	4.78	-1.53	10 派 0.5 元(含税)
002203	海亮股份	22937.48	0.5154	4.88	0.12	10 转增 5 股派 1.2 元(含税)

股票代码	股票简称	净利润(万元)	每股收益(元)	每股净资产(元)	每股经营性现金流量(元)	分配预案
002204	大连重工	91088.48	2.12	13.8	0.34	10 转增 5 股派 1.6 元(含税)
002205	国统股份	2848.46	0.2452	7.4026	0.3086	10 派 0.75 元(含税)
002206	海利得	19970.03	0.47	4.59	0.52	10 派 4 元(含税)
002207	准油股份	1062.05	0.11	3.66	1.32	10 派 0.5 元(含税)
002208	合肥城建	16096.42	0.5	3.39	0.31	10 派 1 元(含税)
002209	达意隆	5226.52	0.27	3.1	0.35	10 派 0.5 元(含税)
002210	飞马国际	7675.80	0.2508	1.77	2.72	10 送 3 股派 1 元(含税)
002211	宏达新材	-1925.75	-0.04	3.89	-0.4	不分配不转增
002212	南洋股份	13184.36	0.26	3.21	0.32	10 派 0.5 元(含税)
002213	特尔佳	3382.02	0.16	1.46	-0.03	10 派 0.5 元(含税)
002214	大立科技	3093.83	0.31	4.34	-0.11	不分配不转增
002215	诺普信	8134.31	0.23	3.44	0.23	10 派 1.3 元(含税)
002216	三全食品	13780.96	0.72	7.98	0.5	10 派 1 元(含税)
002217	联合化工	12192.27	0.55	4.21	0.6	10 转增 5 股派 1 元(含税)
002218	拓日新能	-13969.15	-0.29	2.9	-0.58	不分配不转增
002219	独一味	7134.57	0.191	1.2772	0.2538	10 送 1.5 股派 0.17 元(含税)
002220	天宝股份	17075.61	0.81	6.19	0.18	10 转增 10 股派 1.5 元(含税)
002221	东华能源	7892.82	0.353	3.2	-1.15	10 派 0.4 元(含税)
002222	福晶科技	6411.57	0.225	2.15	0.22	10 派 1.2 元(含税)
002223	鱼跃医疗	22641.18	0.55	2.69	0.24	10 转增 3 股派 1 元(含税)
002224	三力士	4449.75	0.28	3.31	-0.46	10 派 1 元(含税)
002225	濮耐股份	11606.29	0.16	1.73	0.03	10 派 0.5 元(含税)
002226	江南化工	17650.66	0.5829	5.55	0.8	10 派 2 元(含税)
002227	奥特迅	1650.29	0.152	5.59	0.12	10 派 1 元(含税)
002228	合兴包装	7414.52	0.21	2.52	-0.05	10 派 1 元(含税)
002229	鸿博股份	5804.55	0.4011	5.12	0.23	10 转增 9 股派 2.65 元(含税)
002230	科大讯飞	13262.89	0.53	4.67	0.47	10 转增 5 股派 1.5 元(含税)
002231	奥维通信	5845.07	0.3642	3.74	-0.0224	10 转增 10 股派 1.5 元(含税)
002232	启明信息	6405.67	0.1568	2.33	0.21	不分配不转增
002233	塔牌集团	60883.13	0.6944	3.82	0.98	10 派 2.2 元(含税)
002234	民和股份	18705.98	1.68	10.63	1.51	10 转增 10 股派 10 元(含税)
002235	安妮股份	417.07	0.02	2.43	0.42	不分配不转增
002236	大华股份	37798.31	1.35	5.4	0.27	10 转增 10 股派 2.5 元(含税)
002237	恒邦股份	21789.04	1.07	12.41	-1.04	10 转增 10 股派 3 元(含税)
002238	天威视讯	11776.10	0.37	4.25	1.08	10 派 1 元(含税)
002239	金飞达	1054.84	0.05	2.67	0.12	10 派 0.2 元(含税)
002240	威华股份	938.40	0.02	3.42	0.67	不分配不转增
002241	歌尔声学	52801.80	0.7	2.78	0.74	不分配不转增
002242	九阳股份	50131.96	0.66	3.28	0.54	10 派 1.3 元(含税)
002243	通产丽星	10275.06	0.3982	2.68	0.23	10 派 1 元(含税)
002244	滨江集团	78398.73	0.58	3.63	-3.63	10 派 0.58 元(含税)
002245	澳洋顺昌	9999.31	0.2741	1.59	-0.42	10 派 0.2 元(含税)
002246	北化股份	3249.08	0.1642	2.95	0.09	10 派 0.5 元(含税)
002247	帝龙新材	4059.37	0.41	4.64	0.13	10 派 1 元(含税)
002248	华东数控	2089.70	0.08	4	-0.23	10 派 0.5 元(含税)
002249	大洋电机	22980.28	0.51	5.2	0.27	10 转增 5 股派 3.9 元(含税)
002250	联化科技	29433.50	0.75	4.47	0.51	10 转增 3 股派 1 元(含税)
002251	步步高	26009.18	0.962	6.45	2.21	10 派 5 元(含税)
002252	上海莱士	20035.46	0.74	3.36	0.65	10 转增 8 股派 5 元(含税)
002253	川大智胜	5098.90	0.67	8.6	0.42	10 转增 6 股派 3 元(含税)
002254	泰和新材	13934.25	0.36	4.21	-0.03	10 派 2.5 元(含税)
002255	海陆重工	13970.67	1.08	9.8	-0.49	10 转增 10 股派 1 元(含税)
002256	彩虹精化	2119.17	0.1	2.19	-0.01	10 送 3 转增 2 股派 0.6 元(含税)
002258	利尔化学	6962.19	0.34	4.53	0.2	不分配不转增
002259	升达林业	-1607.97	-0.025	1.25	0.0082	不分配不转增
002260	伊立浦	1673.46	0.1073	2.12	0.19	10 派 1 元(含税)
002261	拓维信息	6620.96	0.3	3.61	0.12	10 转增 3 股派 0.3 元(含税)
002262	恩华药业	10564.71	0.4515	2.36	0.3465	10 派 0.5 元(含税)
002263	大东南	7922.85	0.16	4.49	-0.0016	10 派 1 元(含税)

股票代码	股票简称	净利润(万元)	每股收益(元)	每股净资产(元)	每股经营性现金流量(元)	分配预案
002264	新华都	14617.85	0.46	3.24	1.36	10转增5股派0.8元(含税)
002265	西仪股份	-1430.68	-0.05	1.9	-0.07	不分配不转增
002266	浙富股份	18144.48	0.61	4.22	0.23	10转增10股派1.3元(含税)
002267	陕天然气	40838.57	0.8032	5.46	1.07	10转增10股派2.4元(含税)
002268	卫士通	8649.62	0.5008	2.98	0.08	10派0.5元(含税)
002269	美邦服饰	120600.74	1.2	4.11	0.97	10派8.4元(含税)
002270	法因数控	2681.16	0.18	3.85	0.13	10转增3股派0.5元(含税)
002271	东方雨虹	10453.02	0.3	3.17	-0.55	10派1元(含税)
002272	川润股份	5756.22	0.3375	4.51	-0.32	10转增10股派1元(含税)
002273	水晶光电	12211.04	1.06	7.68	1.1	10转增10股派5元(含税)
002274	华昌化工	8013.26	0.31	5.32	0.73	不分配不转增
002275	桂林三金	29195.38	0.49	3.36	0.58	10派4元(含税)
002276	万马电缆	10364.76	0.2541	3.66	-0.26	10转增8股派1元(含税)
002277	友阿股份	29048.10	0.832	5.47	1.7	10派1.5元(含税)
002278	神开股份	8002.02	0.31	4.42	0.09	10派2元(含税)
002279	久其软件	6139.17	0.5588	5.9843	0.3519	10转增6股派2元(含税)
002280	新世纪	4279.91	0.4	4.61	0.52	10派1.2元(含税)
002281	光迅科技	11167.99	0.7	6.97	0.47	10派2.5元(含税)
002282	博深工具	6751.81	0.3	3.58	0.04	10派1元(含税)
002283	天润曲轴	20271.25	0.4	5.24	0.07	10派0.3元(含税)
002284	亚太股份	7980.95	0.28	3.63	0.06	10派1元(含税)
002285	世联地产	15731.68	0.48	4.2	0.003	10派2.4元(含税)
002286	保龄宝	5572.16	0.54	7.31	1.65	10转增3股派1元(含税)
002287	奇正藏药	17071.84	0.42	3.07	-0.03	10派2.8元(含税)
002288	超华科技	3307.46	0.2005	3.082	-0.014	10转增6股派0.2元(含税)
002289	宇顺电子	2080.19	0.28	6.54	-1.88	10派0.5元(含税)
002290	禾盛新材	6169.46	0.41	6.34	-1.02	10转增4股派1元(含税)
002291	星期六	9944.48	0.27	4.31	-0.44	10派1元(含税)
002292	奥飞动漫	13219.04	0.32	3.37	0.03	10派2元(含税)
002293	罗莱家纺	37401.01	2.66	11.76	2.18	10派10元(含税)
002294	信立泰	40524.94	1.12	5.87	0.75	10转增2股派4.5元(含税)
002295	精艺股份	2149.46	0.1015	3.93	-0.4	不分配不转增
002296	辉煌科技	9557.00	0.5377	3.86	-0.0357	10派1.5元(含税)
002297	博云新材	3636.69	0.1699	2.78	0.22	不分配不转增
002298	鑫龙电器	7270.29	0.4406	3.34	0.0649	10送2转增8股派0.25元(含税)
002299	圣农发展	46845.48	0.54	3.98	0.51	10派3.3元(含税)
002300	太阳电缆	12477.46	0.4138	3.64	-0.16	10派3.3元(含税)
002301	齐心文具	6615.87	0.35	5.58	0.36	10转增10股派1元(含税)
002302	西部建设	11117.54	0.53	5.23	0.38	10派1元(含税)
002303	美盈森	10592.16	0.5924	9.5156	0.197	不分配不转增
002304	洋河股份	402099.21	4.47	10.99	6.17	10转增2股派15元(含税)
002305	南国置业	29397.26	0.31	1.8	-0.87	10派0.8元(含税)
002306	湘鄂情	9312.87	0.47	6.14	1.44	10转增10股派5元(含税)
002307	北新路桥	5276.11	0.13	2.73	-0.06	不分配不转增
002308	威创股份	25838.52	0.4	2.9	0.38	10派2.5元(含税)
002309	中利科技	20776.09	0.86	9.55	-3.01	10转增10股派1元(含税)
002310	东方园林	44973.49	2.99	12.46	-2.64	10转增10股
002311	海大集团	34410.61	0.59	4.28	0.93	10转增3股派1.5元(含税)
002312	三泰电子	5364.71	0.3	3.89	-0.2	10派1元(含税)
002313	日海通讯	14546.66	1.45	10.42	-0.92	10转增10股派3元(含税)
002314	雅致股份	10426.03	0.36	6.79	0.26	10派2元(含税)
002315	焦点科技	16309.86	1.39	13.782	1.604	10派8元(含税)
002316	键桥通讯	3954.09	0.18	3.84	-0.49	10转增5股派0.5元(含税)
002317	众生药业	15053.75	0.84	8.21	0.39	10派4元(含税)
002318	久立特材	11197.69	0.54	7.08	-0.4	10转增5股派1元(含税)
002319	乐通股份	1827.34	0.18	5.22	-0.36	10派0.5元(含税)
002320	海峡股份	20605.43	0.63	5.7	0.7	10转增3股派4元(含税)
002321	华英农业	8520.66	0.58	6.791	1.789	10转增10股派1元(含税)
002322	理工监测	8053.08	1.21	14.12	0.68	10转增10股派2元(含税)

股票代码	股票简称	净利润(万元)	每股收益(元)	每股净资产(元)	每股经营性现金流量(元)	分配预案
002323	中联电气	5229.33	0.6319	10.49	0.29	10派6元(含税)
002324	普利特	8803.82	0.33	4.19	-0.27	10派1元(含税)
002325	洪涛股份	13610.01	0.6	5.66	-0.13	10转增10股派1.5元(含税)
002326	永太科技	6370.94	0.27	3.93	-0.03	不分配不转增
002327	富安娜	20693.88	1.55	9.25	1.58	10转增2股
002328	新朋股份	6381.19	0.21	7.02	0.51	10转增5股派1.5元(含税)
002329	皇氏乳业	5893.24	0.2754	3.7	0.02	10派1元(含税)
002330	得利斯	4617.83	0.184	5.162	0.2331	10派2元(含税)
002331	皖通科技	5148.16	0.4134	4.89	0.61	10派1.5元(含税)
002332	仙琚制药	13286.96	0.39	3.28	0.43	10派2.2元(含税)
002333	罗普斯金	8699.47	0.35	4.99	0.35	10派1.5元(含税)
002334	英威腾	7798.39	0.64	9.16	0.03	10转增8股派2.5元(含税)
002335	科华恒盛	10870.93	0.69	5.62	0.03	10转增4股派1.5元(含税)
002336	人人乐	16940.72	0.4235	8.9	0.63	10派5元(含税)
002337	赛象科技	3544.03	0.18	6.61	-0.12	10派1元(含税)
002338	奥普光电	5357.70	0.67	7.87	0.17	10转增5股派5.5元(含税)
002339	积成电子	6324.17	0.74	9.91	0.12	10转增10股派2元(含税)
002340	格林美	12054.04	0.49	7.46	0.41	10转增10股派2元(含税)
002341	新纶科技	7971.74	0.5445	4.54	-0.82	10转增10股派1.5元(含税)
002342	巨力索具	16806.97	0.18	2.34	0.14	10派0.5元(含税)
002343	禾欣股份	8044.07	0.406	5.86	0.19	10派2.5元(含税)
002344	海宁皮城	52701.86	0.94	4.19	0.89	10派2.5元(含税)
002345	潮宏基	15081.99	0.84	7.75	-1.37	10派3.5元(含税)
002346	柘中建设	6058.93	0.45	7.14	0.28	10派1.5元(含税)
002347	泰尔重工	6707.23	0.64	8.11	0.3	10派3元(含税)
002348	高乐股份	8878.21	0.3749	4.76	0.567	10派3元(含税)
002349	精华制药	4810.18	0.481	5.8514	0.4144	10转增10股派1元(含税)
002350	北京科锐	8623.38	0.6716	7.4044	0.7647	10转增7股派3元(含税)
002351	漫步者	9830.04	0.33	5.32	0.64	10派2元(含税)
002352	鼎泰新材	4142.32	0.53	9.23	0.21	10派4.5元(含税)
002353	杰瑞股份	42435.66	1.85	11.22	-0.61	10转增10股派3元(含税)
002354	科冕木业	2650.53	0.28	4.91	0.28	10派1元(含税)
002355	兴民钢圈	11782.18	0.56	5.92	0.1	10派2.5元(含税)
002356	浩宁达	2069.63	0.26	11.63	-0.36	10派2元(含税)
002357	富临运业	8872.00	0.4528	3.02	0.69	10派1.5元(含税)
002358	森源电气	13055.90	0.76	5.67	0.36	10送2转增8股派2元(含税)
002359	齐星铁塔	2566.03	0.16	4	-0.1	不分配不转增
002360	同德化工	5888.25	0.4907	5.08	0.46	10派1元(含税)
002361	神剑股份	4770.59	0.3	3.31	-0.13	不分配不转增
002362	汉王科技	-49669.57	-2.32	4.31	-0.59	不分配不转增
002363	隆基机械	5412.32	0.45	7.3	0.56	10派1元(含税)
002364	中恒电气	4781.17	0.48	5.95	0.46	10派1.5元(含税)
002365	永安药业	6976.82	0.37	5.65	0.49	10派2元(含税)
002366	丹甫股份	5967.60	0.447	5.47	0.29	10派3元(含税)
002367	康力电梯	15110.24	0.6235	5.93	0.43	10转增5股派3元(含税)
002368	太极股份	11211.82	0.57	5.32	-0.54	10转增2股派1.5元(含税)
002369	卓翼科技	9849.57	0.49	3.84	0.46	10派2元(含税)
002370	亚太药业	4379.48	0.21	3.65	0.24	10派0.8元(含税)
002371	七星电子	13292.85	1.57	11.85	-0.33	10转增8股派1元(含税)
002372	伟星新材	21925.25	0.87	6.78	0.67	10派8元(含税)
002373	联信永益	1230.41	0.18	9.61	0.61	不分配不转增
002374	丽鹏股份	1332.75	0.16	6.04	0.21	10派1元(含税)
002375	亚厦股份	44899.42	1.06	6.72	0.32	10转增5股派1.3元(含税)
002376	新北洋	16388.57	0.55	4.22	0.33	10派2元(含税)
002377	国创高新	3812.54	0.18	3.31	-0.79	不分配不转增
002378	章源钨业	28690.98	0.67	3.34	0.26	10派4元(含税)
002379	鲁丰股份	1181.70	0.08	5.62	-0.73	不分配不转增
002380	科远股份	4183.05	0.62	12.84	0.32	10派2元(含税)
002381	双箭股份	3794.65	0.32	7.59	0.33	10派2元(含税)

股票代码	股票简称	净利润(万元)	每股收益(元)	每股净资产(元)	每股经营性现金流量(元)	分配预案
002382	蓝帆股份	2906.18	0.24	7.64	-0.55	10转增10股派0.5元(含税)
002383	合众思壮	4450.92	0.3091	10.26	-0.47	10转增3股派2元(含税)
002384	东山精密	6772.58	0.3527	7.57	0.08	10送2转增8股派1元(含税)
002385	大北农	50376.31	1.26	8.68	1.66	10转增10股派3元(含税)
002386	天原集团	2072.58	0.0432	8.11	0.43	10派0.5元(含税)
002387	黑牛食品	10282.27	0.43	5.47	0.22	10转增3股派1元(含税)
002388	新亚制程	2520.03	0.13	2.85	-0.04	10派1元(含税)
002389	南洋科技	10135.44	0.76	6	0.32	10转增5股派2元(含税)
002390	信邦制药	4607.88	0.27	5.65	-0.23	10派0.6元(含税)
002391	长青股份	11344.46	0.55	8.01	0.02	10派3元(含税)
002392	北京利尔	12024.48	0.223	3.5	-0.07	10派0.5元(含税)
002393	力生制药	32476.92	1.78	15.28	0.74	10派9元(含税)
002394	联发股份	29650.01	1.37	9.67	1.62	10派2元(含税)
002395	双象股份	3994.39	0.45	8.83	-0.44	不分配不转增
002396	星网锐捷	17866.95	0.5089	4.9049	0.5132	10派3元(含税)
002397	梦洁家纺	11183.87	0.74	7.2	0.59	10派2元(含税)
002398	建研集团	13680.15	0.88	7.97	0.17	10转增3股派1元(含税)
002399	海普瑞	62208.26	0.78	9.77	1.76	10派6元(含税)
002400	省广股份	9904.30	0.67	7.42	-0.3569	10转增3股派2元(含税)
002401	中海科技	4207.22	0.3954	5.1403	0.4291	10转增9股派1元(含税)
002402	和而泰	2328.54	0.23	7.48	0.12	10派1.5元(含税)
002403	爱仕达	6015.50	0.25	6.47	-0.41	不分配不转增
002404	嘉欣丝绸	8720.49	0.5	6.66	0.75	10转增5股派3元(含税)
002405	四维图新	28143.54	0.59	4.81	0.8	10转增2股派1.7元(含税)
002406	远东传动	19724.26	0.7	7.02	-0.09	10派2元(含税)
002407	多氟多	8027.00	0.36	6.45	-0.67	10派1元(含税)
002408	齐翔腾达	50642.72	1.08	6.27	-0.04	10转增2股派3元(含税)
002409	雅克科技	7267.17	0.6554	10.1914	0.8005	10转增5股派2元(含税)
002410	广联达	27873.38	1.03	7.03	1.18	10转增5股派5元(含税)
002411	九九久	6257.45	0.27	3.33	0.15	10派0.5元(含税)
002412	汉森制药	5882.70	0.4	5.97	0.36	不分配不转增
002413	常发股份	9592.79	0.44	5.27	-0.62	10派1元(含税)
002414	高德红外	10335.43	0.3445	8.11	-0.0024	10派4.8元(含税)
002415	海康威视	148101.30	1.48	6.81	1.17	10转增10股派4元(含税)
002416	爱施德	35926.36	0.36	4.33	-0.88	10派2.5元(含税)
002417	三元达	6416.85	0.36	4.78	-0.66	10转增5股派1元(含税)
002418	康盛股份	7836.25	0.34	4.88	0.003	10派1元(含税)
002419	天虹商场	57390.54	0.72	4.55	2.14	10派3.3元(含税)
002420	毅昌股份	3571.42	0.09	3.95	-0.25	10派0.3元(含税)
002421	达实智能	4496.26	0.4434	5.99	0.08	10派2元(含税)
002422	科伦药业	96612.61	2.01	16.33	0.71	10派2.5元(含税)
002423	中原特钢	9074.36	0.19	3.94	-0.23	10派0.58元(含税)
002424	贵州百灵	20838.10	0.44	4.07	0.43	10派2元(含税)
002425	凯撒股份	5726.89	0.268	4.25	-0.18	10派0.5元(含税)
002426	胜利精密	7043.32	0.1759	3.2371	-0.0347	10派1元(含税)
002427	尤夫股份	3604.80	0.15	4.05	-0.49	10派0.25元(含税)
002428	云南锗业	9389.58	0.58	8	0.42	10转增10股派1元(含税)
002429	兆驰股份	40760.44	0.58	4.13	-0.19	10派2元(含税)
002430	杭氧股份	49735.30	0.83	4.66	-0.54	10转增3.5股派2元(含税)
002431	棕榈园林	27645.57	0.72	5	-1.06	10派0.5元(含税)
002432	九安医疗	2080.67	0.08	3.13	-0.13	10派1元(含税)
002433	太安堂	7415.26	0.74	9.96	-1.12	不分配不转增
002434	万里扬	11133.11	0.33	5.48	-0.09	10派1元(含税)
002435	长江润发	4604.00	0.35	5.77	-0.68	10派1元(含税)
002436	兴森科技	13056.80	0.58	6.68	0.71	10派3元(含税)
002437	誉衡药业	11684.83	0.42	7.74	0.46	不分配不转增
002438	江苏神通	5086.67	0.49	7.54	0.33	10转增10股派1元(含税)
002439	启明星辰	6100.56	0.31	5.26	0.23	10派1元(含税)
002440	闰土股份	46933.39	1.22	10.21	0.28	10派4元(含税)

股票代码	股票简称	净利润(万元)	每股收益(元)	每股净资产(元)	每股经营性现金流量(元)	分配预案
002441	众业达	18396.35	0.79	7.84	-1.97	10派2.5元(含税)
002442	龙星化工	12222.97	0.38	3.57	0.15	10转增5股派2元(含税)
002443	金洲管道	6202.09	0.36	7.3	-0.08	10转增7股派1.5元(含税)
002444	巨星科技	27491.44	0.54	5.19	0.09	不分配不转增
002445	中南重工	6976.02	0.28	3.62	-0.31	10派1元(含税)
002446	盛路通信	1209.35	0.0911	4.87	-0.4	不分配不转增
002447	壹桥苗业	10031.53	0.75	5.92	-0.8	10派0.5元(含税)
002448	中原内配	12593.52	1.361	10.77	0.73	10派3元(含税)
002449	国星光电	12050.78	0.5605	9.84	0.71	10转增10股派2.5元(含税)
002450	康得新	13076.67	0.4046	3.1789	0.4976	10转增6股派0.4元(含税)
002451	摩恩电气	581.75	0.04	4.27	-0.37	10转增5股
002452	长高集团	4975.66	0.498	9.97	-0.028	10转增3股派1.5元(含税)
002453	天马精化	7578.13	0.63	6.25	-0.19	10派2元(含税)
002454	松芝股份	23164.91	0.7425	5.9054	0.0765	10派3元(含税)
002455	百川股份	4648.46	0.35	5.54	0.38	10派1元(含税)
002456	欧菲光	2070.87	0.11	5.07	-1.08	不分配不转增
002457	青龙管业	11976.95	0.54	6.88	-0.26	10转增5股派1元(含税)
002458	益生股份	23406.09	1.67	7.73	1.75	10转增10股派10元(含税)
002459	天业通联	753.03	0.03	5.59	-2.24	不分配不转增
002460	赣锋锂业	5428.85	0.36	4.83	0.23	10派2元(含税)
002461	珠江啤酒	5018.40	0.07	4.69	0.29	不分配不转增
002462	嘉事堂	6368.25	0.2653	4.41	0.2	10派1.5元(含税)
002463	沪电股份	32789.28	0.39	3.88	0.51	10转增4股派1元(含税)
002464	金利科技	4940.73	0.37	5.38	0.44	10派2.2元(含税)
002465	海格通信	23320.74	0.7	12.86	-0.0003	10派6元(含税)
002466	天齐锂业	4022.60	0.27	6.7	0.06	10派1元(含税)
002467	二六三	7124.94	0.59	8.93	0.83	10转增10股派4元(含税)
002468	艾迪西	1070.32	0.06	3.95	-0.77	10转增2股派2.5元(含税)
002469	三维工程	6874.06	0.61	6.68	0.66	10转增5股派1元(含税)
002470	金正大	43645.98	0.62	4.41	-0.39	10派1.5元(含税)
002471	中超电缆	8038.00	0.39	4.22	-1.21	10派1.5元(含税)
002472	双环传动	15793.95	0.74	6.31	0.74	10转增3股派3元(含税)
002473	圣莱达	1968.20	0.12	2.73	0.02	10派1元(含税)
002474	榕基软件	11947.67	1.1521	11.82	0.8083	10转增10股派3元(含税)
002475	立讯精密	25718.17	0.99	7.06	1.18	10转增4股派2元(含税)
002476	宝莫股份	6780.33	0.38	5.14	-0.05	10转增10股派0.5元(含税)
002477	雏鹰农牧	42863.54	1.6054	7.28	0.56	10转增10股派4.5元(含税)
002478	常宝股份	22968.68	0.57	5.92	-0.9	10派1.25元(含税)
002479	富春环保	19026.50	0.4445	4.46	0.14	10派4元(含税)
002480	新筑股份	15812.73	0.56	7.09	0.11	10派2元(含税)
002481	双塔食品	7026.48	0.5855	6.68	-0.1754	10转增8股派0.5元(含税)
002482	广田股份	28099.38	0.88	8.64	-1.51	10转增6股派1元(含税)
002483	润邦股份	19939.64	0.55	5.62	0.02	10派1.2元(含税)
002484	江海股份	10448.26	0.653	7.94	0.22	10转增3股
002485	希努尔	19907.07	1	9.79	0.42	10转增6股派5元(含税)
002486	嘉麟杰	7348.90	0.35	4.54	0.31	10派1.2元(含税)
002487	大金重工	5327.38	0.44	12.19	0.39	10转增5股派1元(含税)
002488	金固股份	7072.09	0.39	5	-0.41	10派3元(含税)
002489	浙江永强	26615.06	1.11	12.85	-0.75	10转增10股派10元(含税)
002490	山东墨龙	16833.03	0.42	7.01	0.22	10转增10股派1元(含税)
002491	通鼎光电	15932.33	0.5949	5.77	0.1363	10派2元(含税)
002492	恒基达鑫	5556.33	0.463	6.3827	0.8252	10派1元(含税)
002493	荣盛石化	162008.04	1.46	6.39	0.15	10派5元(含税)
002494	华斯股份	6202.26	0.55	7.99	0.95	10派1元(含税)
002495	佳隆股份	5832.35	0.31	5.65	0.22	10转增5股派2.5元(含税)
002496	辉丰股份	6234.55	0.39	10.07	-0.65	不分配不转增
002497	雅化集团	18999.97	0.59	5.68	0.49	10派3元(含税)
002498	汉缆股份	28584.80	0.41	4.94	-0.38	不分配不转增
002499	科林环保	4203.42	0.56	8.5	-0.67	10转增5股派1元(含税)

股票代码	股票简称	净利润(万元)	每股收益(元)	每股净资产(元)	每股经营性现金流量(元)	分配预案
002500	山西证券	19305.70	0.08	2.48	-1.95	10派0.5元(含税)
002501	利源铝业	14170.42	0.76	6.69	-0.47	10派2元(含税)
002502	骅威股份	4802.72	0.55	9.59	0.4	10转增6股派1元(含税)
002503	搜于特	17318.64	1.08	11.15	0.07	10转增8股派5元(含税)
002504	东光微电	2334.45	0.22	6.32	-0.2	10派1元(含税)
002505	大康牧业	5697.27	0.346	5.14	1.789	10转增5股派1元(含税)
002506	超日太阳	-5478.88	-0.1	5.51	-2.03	10转增6股派1元(含税)
002507	涪陵榨菜	8840.45	0.57	5.68	0.76	10派3.5元(含税)
002508	老板电器	18699.21	0.73	5.9	0.53	10派2元(含税)
002509	天广消防	5902.88	0.59	7.06	-0.08	10转增10股派2元(含税)
002510	天汽模	11387.52	0.55	6.7	0.48	10派1.5元(含税)
002511	中顺洁柔	8053.81	0.5	12.96	-0.23	10转增3股派2元(含税)
002512	达华智能	5913.96	0.2784	4.3497	0.1541	10转增5股派1元(含税)
002513	蓝丰生化	8346.48	0.63	8.56	0.15	10转增6股派2元(含税)
002514	宝馨科技	3808.14	0.56	7.31	0.3	10转增6股
002515	金字火腿	4927.77	0.52	8.59	-0.56	10转增5股派1.5元(含税)
002516	江苏旷达	12170.21	0.49	6.29	0.16	10派2元(含税)
002517	泰亚股份	3968.38	0.45	6.79	-0.38	10转增10股派2元(含税)
002518	科士达	8413.94	0.73	10.68	-0.08	10转增8股派3元(含税)
002519	银河电子	7977.05	0.57	7.38	-1.04	10派4元(含税)
002520	日发数码	9801.98	1.02	7.86	0.35	10转增5股派10元(含税)
002521	齐峰股份	7819.58	0.38	9.86	-0.73	10派3元(含税)
002522	浙江众成	10318.80	0.6	6.3	0.75	10派3元(含税)
002523	天桥起重	6334.37	0.4	6.67	-0.58	10转增6股派1元(含税)
002524	光正钢构	2434.36	0.13	2.71	-0.07	10转增2股派0.2元(含税)
002526	山东矿机	13829.81	0.518	7.11	-0.97	10送2转增8股派0.25元(含税)
002527	新时达	11226.73	0.56	6.21	-0.06	10派1.7元(含税)
002528	英飞拓	4275.43	0.18	9.49	-0.14	10转增5股派2元(含税)
002529	海源机械	4499.49	0.28	6.34	-0.03	10派1.875元(含税)
002530	丰东股份	4854.87	0.3623	4.399	0.088	10转增10股派1.2元(含税)
002531	天顺风能	10513.04	0.51	8.02	-0.7	10派2元(含税)
002532	新界泵业	6019.27	0.38	5.17	0.16	10派1元(含税)
002533	金杯电工	11605.94	0.414	5.93	-1.78	10转增2股派1元(含税)
002534	杭锅股份	32859.58	0.83	6	-0.71	10派3元(含税)
002535	林州重机	18245.56	0.45	4.46	-0.15	10转增3股派1元(含税)
002536	西泵股份	6788.98	0.72	11.9	-0.17	10派2元(含税)
002537	海立美达	7800.89	0.8	12.7	-2.67	10转增5股
002538	司尔特	16194.23	1.12	9.66	-2.87	10转增10股派2元(含税)
002539	新都化工	22100.42	0.682	6.68	0.59	10派2.5元(含税)
002540	亚太科技	12357.63	0.6	10.44	-0.37	10派2.5元(含税)
002541	鸿路钢构	21234.87	1.62	14.76	-1.49	10转增10股派3.7元(含税)
002542	中化岩土	5028.86	0.51	7.37	0.48	10转增10股派1元(含税)
002543	万和电气	20428.74	1.04	10.77	-1	10派3元(含税)
002544	杰赛科技	7708.84	0.45	5.52	0.63	10派1.25元(含税)
002545	东方铁塔	26288.25	1.0317	9.8549	-1.332	10派2元(含税)
002546	新联电子	13109.62	0.8	6.07	0.16	10派2.5元(含税)
002547	春兴精工	4639.59	0.34	6.17	-1.36	10转增10股
002548	金新农	5728.36	0.64	8.3	0.72	10转增5股派3元(含税)
002549	凯美特气	7470.80	0.64	6.06	0.3977	10转增5股派1.2元(含税)
002550	千红制药	15224.81	0.99	10.76	0.92	10派3.5元(含税)
002551	尚荣医疗	4415.78	0.37	9.59	-0.46	10转增5股派2元(含税)
002552	宝鼎重工	7229.95	0.5	5.27	0.07	10派2元(含税)
002553	南方轴承	3792.04	0.455	6.09	0.42	10派1元(含税)
002554	惠博普	9189.10	0.47	5.74	-0.04	10转增5股派1.5元(含税)
002555	顺荣股份	4069.20	0.32	5.71	0.29	10派0.3元(含税)
002556	辉隆股份	9824.35	0.44	7.86	-6.36	10转增10股派2元(含税)
002557	洽洽食品	21284.00	0.87	9.56	0.82	10转增3股派7元(含税)
002558	世纪游轮	4344.32	0.78	9.92	0.75	10派4元(含税)
002559	亚威股份	9521.74	1.13	12.99	0.38	10派3.5元(含税)

股票代码	股票简称	净利润(万元)	每股收益(元)	每股净资产(元)	每股经营性现金流量(元)	分配预案
002560	通达股份	5441.38	0.54	8.21	-0.83	10派1.5元(含税)
002561	徐家汇	25469.07	0.63	3.85	0.73	10派3.6元(含税)
002562	兄弟科技	5109.74	0.51	7.82	-0.9	10转增10股派1元(含税)
002563	森马服饰	122342.07	1.87	11.58	0.56	10派10元(含税)
002564	张化机	14426.36	0.49	6.73	-1.41	10派0.2元(含税)
002565	上海绿新	13675.40	0.68	6.99	0.69	10转增6股派1.3元(含税)
002566	益盛药业	9648.41	0.93	13.55	-1.02	10转增10股派2元(含税)
002567	唐人神	12037.96	0.93	10.78	0.3	10转增10股派3.5元(含税)
002568	百润股份	4648.17	0.62	7.61	0.46	不分配不转增
002569	步森股份	5283.36	0.62	6.24	-0.39	10派1元(含税)
002570	贝因美	43693.91	1.06	7.48	0.99	不分配不转增
002571	德力股份	5344.63	0.69	10.6	-0.03	10转增10股
002572	索菲亚	13473.18	1.3145	12.74	1.3	10转增10股派5元(含税)
002573	国电清新	10271.84	0.44	6.92	0.02	10派1.5元(含税)
002574	明牌珠宝	25077.62	1.14	11.65	-3.44	10派2.5元(含税)
002575	群兴玩具	5237.27	0.4274	6.38	-0.2	10派1元(含税)
002576	通达动力	5865.34	0.5	6.87	-0.88	10转增3股派2.6元(含税)
002577	雷柏科技	10236.13	0.87	11.37	0.51	10转增7股派7元(含税)
002578	闽发铝业	5766.28	0.37	5.29	-0.03	10派2.5元(含税)
002579	中京电子	3399.32	0.38	6.11	0.24	10转增6股派0.5元(含税)
002580	圣阳股份	4860.53	0.71	9.65	-1.39	10转增4股派1.5元(含税)
002581	万昌科技	6697.63	0.69	6.21	0.69	10派5元(含税)
002582	好想你	11251.26	1.7	16.2	0.7	10转增10股派3元(含税)
002583	海能达	14601.97	0.59	6.54	-0.42	10派0.6元(含税)
002584	西陇化工	8227.86	0.46	5.01	-0.17	10派1.5元(含税)
002585	双星新材	38290.17	2.1039	17.82	0.25	10转增10股派10元(含税)
002586	围海股份	7479.05	0.78	7.37	-0.28	10转增9股派1元(含税)
002587	奥拓电子	3356.48	0.46	5.9	0.09	10转增3股派3元(含税)
002588	史丹利	24548.46	2.16	15.67	0.1	10转增3股派2元(含税)
002589	瑞康医药	8405.73	1.03	8.69	-5.06	10派1元(含税)
002590	万安科技	4376.38	0.54	6.84	-0.6	10转增3股派1元(含税)
002591	恒大高新	5245.28	0.75	8.77	-0.73	10送1转增1.5股派1元(含税)
002592	八菱科技	7870.61	1.35	7.81	0.38	10转增3股派3元(含税)
002593	日上集团	8874.30	0.48	5.5	-0.92	10派1.5元(含税)
002594	比亚迪	138462.50	0.6	8.97	2.54	不分配不转增
002595	豪迈科技	21289.36	1.22	9.85	0.43	10派6元(含税)
002596	海南瑞泽	6121.14	0.52	6.23	-0.27	10派2元(含税)
002597	金禾实业	18597.45	1.63	12.01	-0.53	10转增6股派3元(含税)
002598	山东章鼓	9593.43	0.7231	4.32	0.3314	10转增10股派4元(含税)
002599	盛通股份	3542.41	0.31	4.22	0.57	10派1.6元(含税)
002600	江粉磁材	4966.71	0.18	4.01	-0.12	10派1元(含税)
002601	佰利联	35947.50	4.49	21.46	-0.31	10转增10股派7元(含税)
002602	世纪华通	14144.74	0.95	8.82	0.29	10转增5股派3元(含税)
002603	以岭药业	45407.11	1.17	8.71	-0.96	10转增3股派1元(含税)
002604	龙力生物	8566.89	0.54	8.85	1.06	10派0.5元(含税)
002605	姚记扑克	7254.44	0.91	8.09	1.08	10派6.6元(含税)
002606	大连电瓷	5398.79	0.65	6.93	0.07	10转增10股派2元(含税)
002607	亚夏汽车	9062.22	1.24	9.1	-0.31	10转增10股派3元(含税)
002608	舜天船舶	18460.03	1.51	13.46	-1.12	10派1.5元(含税)
002609	捷顺科技	4260.56	0.4319	5.2145	0.0484	10派3元(含税)
002610	爱康科技	19726.39	1.18	6.94	-1.27	10转增5股派5元(含税)
002611	东方精工	7633.71	0.67	5.23	0.43	10转增3股派1元(含税)
002612	朗姿股份	20866.08	1.25	10.69	0.32	10派6元(含税)
002613	北玻股份	10033.88	0.451	5.42	0.23	10送5股派3元(含税)
002614	蒙发利	13844.09	1.42	16.76	-0.58	10转增10股派4元(含税)
002615	哈尔斯	5023.11	0.68	6.09	0.67	10派4元(含税)
002616	长青集团	8002.30	0.665	7.02	0.52	10派1元(含税)
002617	露笑科技	5292.93	0.54	7.12	-0.5753	10派1元(含税)
002618	丹邦科技	5458.69	0.42	5.21	0.481	10派0.35元(含税)

股票代码	股票简称	净利润(万元)	每股收益(元)	每股净资产(元)	每股经营性现金流量(元)	分配预案
002619	巨龙管业	5071.23	0.67	6.45	-0.33	10转增3股派2.5元(含税)
002620	瑞和股份	6831.81	1.05	10.36	0.33	10转增5股派1.2元(含税)
002621	大连三垒	8805.68	1.08	9.5	0.65	10转增5股派1.5元(含税)
002622	永大集团	9168.63	0.77	7.52	0.49	10派3元(含税)
002623	亚玛顿	21347.87	1.64	12.47	0.72	10派3元(含税)
002624	金磊股份	5417.11	0.68	4.86	0.16	10转增10股派2.5元(含税)
002625	龙生股份	4274.62	0.7	4.99	0.14	10转增5股派1元(含税)
002626	金达威	13212.48	1.87	13.57	0.82	10转增10股派6元(含税)
002627	宜昌交运	10419.49	0.9868	5.91	0.8	10派3元(含税)
002628	成都路桥	19163.40	1.45	8.24	-1.14	10转增10股派1.2元(含税)
002629	仁智油服	7239.48	0.8	6.1	0.13	10派3.2元(含税)
002630	华西能源	10245.97	0.7974	9.32	-0.18	10派1元(含税)
002631	德尔家居	8652.82	0.7	7.42	0.68	10派3元(含税)
002632	道明光学	7450.55	0.91	8.22	0.38	10派2元(含税)
002633	申科股份	3917.82	0.51	5.78	0.17	10转增5股派2元(含税)
002634	棒杰股份	4611.39	0.9	6.97	1.08	10转增5股派3元(含税)
002635	安洁科技	10104.40	1.09	7.9	0.37	10派3元(含税)
002636	金安国纪	7672.42	0.36	4.52	0.31	不分配不转增
002637	赞宇科技	10412.22	1.69	12.58	-0.1	10转增10股派4元(含税)
002638	勤上光电	12462.32	0.86	10.71	0.62	10转增10股派1元(含税)
002639	雪人股份	8760.52	0.71	6.89	0.57	10派1.3元(含税)
002640	百圆裤业	6870.73	1.37	9.34	0.75	10转增10股派1元(含税)
002641	永高股份	17062.10	1.14	7.88	0.66	10派1.1元(含税)
002642	荣之联	7140.56	0.9521	8.27	0.3	10转增10股派3元(含税)
002643	烟台万润	12024.11	1.16	8.74	1.37	10派5元(含税)
002644	佛慈制药	3206.07	0.53	8.02	0.03	10送1股派0.36元(含税)
002645	华宏科技	6024.15	1.2048	9.44	1.04	10转增8股派2元(含税)
002646	青青稞酒	21163.21	0.5426	3.488	0.2194	10派2元(含税)
002647	宏磊股份	8479.21	0.67	5.7	1.37	10派1元(含税)
002648	卫星石化	62972.48	4.2	15.16	-0.46	10转增10股派10元(含税)
002649	博彦科技	7164.24	0.96	8.66	0.55	10转增5股派3.2元(含税)
002650	加加食品	15772.04	1.31	10.12	0.7	10转增2股派6元(含税)
002651	利君股份	42458.56	1.18	4.74	0.24	10派3.2元(含税)
002652	扬子新材	5864.35	0.73	3.36	0.2	10派1元(含税)
002653	海思科	31229.61	0.87	2.13	0.72	10派6元(含税)
002654	万润科技	5406.91	0.82	3.76	0.86	10派1.2元(含税)
002655	共达电声	5347.56	0.59	2.83	0.63	10派1元(含税)
002656	卡奴迪路	10935.21	1.46	4.09	1.45	
002657	中科金财	5630.68	1.08	5	1.23	不分配不转增
002658	雪迪龙	8147.50	0.79	3.29	0.37	
002659	中泰桥梁	7242.98	0.62	2.3	-0.31	10派1.15元(含税)
002660	茂硕电源	5372.55	0.74	3.08	0.49	
002661	克明面业	6572.02	1.05	3.63	1.23	10派5元(含税)
002662	京威股份	30734.15	1.37	4.34	1.32	
002663	普邦园林	16813.57	1.28	3.44	0.29	
002664	信质电机	7772.73	0.78	4.51	0.49	10派0.51元(含税)
002665	首航节能	11025.06	1.1	4.98	-0.1	
002666	德联集团	11794.26	0.98	5.3556	0.75	
002667	鞍重股份	6073.09	1.19	4.42	0.39	10派1元(含税)
002668	奥马电器	14569.11	1.17	4.78	2.44	
002669	康达新材	5936.48	0.79	3.4	0.31	
002670	华声股份	7198.57	0.48	2.61	-0.42	
002671	龙泉股份	7227.01	1.02	2.96	0.63	
002672	东江环保	20372.53	1.62	7.54	3.19	
002673	西部证券	22323.71	0.22	3.18	-2.6488	
002674	兴业科技	12299.30	0.68	3.27	0.51	

2011 年深市创业板上市公司年报主要财务指标

截至日期:2012-04-28

股票代码	股票简称	净利润(万元)	每股收益(元)	每股净资产(元)	每股经营性现金流量(元)	分配预案
300001	特锐德	10488.30	0.52	5.71	-0.1	10派2元(含税)
300002	神州泰岳	35569.13	0.94	7.48	0.57	10派3元(含税)
300003	乐普医疗	47315.77	0.5827	2.88	0.36	10派1.8元(含税)
300004	南风股份	8161.89	0.43	4.38	-0.46	10派1元(含税)
300005	探路者	10715.18	0.3998	2.26	0.48	10转增3股派1元(含税)
300006	莱美药业	7309.05	0.4	3.41	0.06	10派1元(含税)
300007	汉威电子	6464.14	0.55	4.85	0.2	10派1元(含税)
300008	上海佳豪	7668.97	0.527	3.64	-0.072	10转增5股派1.7元(含税)
300009	安科生物	6332.27	0.335	2.8777	0.038	10派2元(含税)
300010	立思辰	7510.26	0.3174	2.85	0.1	10派1元(含税)
300011	鼎汉技术	7074.52	0.6759	7.49	-0.64	10转增5股派2.8元(含税)
300012	华测检测	9583.03	0.52	4.25	0.73	10派2元(含税)
300013	新宁物流	905.48	0.1	3.61	0.35	不分配不转增
300014	亿纬锂能	8578.36	0.43	3.27	0.14	10派1元(含税)
300015	爱尔眼科	17192.78	0.4	3.2	0.6	10派1.5元(含税)
300016	北陆药业	4421.18	0.29	3.22	0.3	10派2元(含税)
300017	网宿科技	5472.17	0.35	5.05	0.64	10派1.5元(含税)
300018	中元华电	3831.74	0.29	5.2	0.11	10派1.5元(含税)
300019	硅宝科技	5028.65	0.49	4.46	0.11	10派2元(含税)
300020	银江股份	8255.01	0.34	2.88	-0.21	10派0.5元(含税)
300021	大禹节水	2994.34	0.11	1.53	-0.17	不分配不转增
300022	吉峰农机	7038.46	0.1969	1.74	-0.97	10派0.5元(含税)
300023	宝德股份	810.27	0.09	3.86	-0.18	不分配不转增
300024	机器人	15966.62	0.5364	3.99	-0.07	不分配不转增
300025	华星创业	3793.09	0.32	2.63	-0.81	10转增3股
300026	红日药业	12216.50	0.81	6.41	0.24	10转增5股派1.7元(含税)
300027	华谊兄弟	20289.85	0.34	2.79	-0.38	10派1.5元(含税)
300028	金亚科技	4727.06	0.18	2.69	0.36	不分配不转增
300029	天龙光电	6225.95	0.311	6.12	-0.46	10派1元(含税)
300030	阳普医疗	3567.49	0.24	4.19	0.26	10派0.6元(含税)
300031	宝通带业	3611.99	0.36	6.76	-0.3	10转增5股派2元(含税)
300032	金龙机电	4100.77	0.2874	5.83	-0.0024	10派2.5元(含税)
300033	同花顺	6173.16	0.46	8.32	0.21	10派1.4元(含税)
300034	钢研高纳	6439.05	0.3037	4.2492	-0.0372	10派0.8元(含税)
300035	中科电气	4074.00	0.34	6.26	0.02	10派2元(含税)
300036	超图软件	4676.11	0.39	4.55	0.01	不分配不转增
300037	新宙邦	12371.88	1.16	10.12	0.4	10转增6股派4元(含税)
300038	梅泰诺	2772.30	0.3	8.24	-0.57	10转增5股派1元(含税)
300039	上海凯宝	16756.33	0.64	5.07	0.37	10派6元(含税)
300040	九洲电气	3987.80	0.29	6.43	-1.26	10派1元(含税)
300041	回天胶业	7202.48	0.6821	8.3	0.08	10派3元(含税)
300042	朗科科技	1631.04	0.2442	12.13	0.64	10转增10股派1元(含税)
300043	星辉车模	8111.77	0.51	4.82	0.64	10派1元(含税)
300044	赛为智能	2592.23	0.26	5.51	-0.42	10派1元(含税)
300045	华力创通	6105.73	0.46	5.34	0.25	10转增10股派1.5元(含税)
300046	台基股份	9003.91	0.6337	6.15	0.16	10派6元(含税)
300047	天源迪科	8125.21	0.52	6.64	-0.19	10派3元(含税)
300048	合康变频	12868.05	0.52	5.94	-0.63	10转增4股派2元(含税)
300049	福瑞股份	5249.07	0.42	5.63	0.61	10派3元(含税)
300050	世纪鼎利	8840.68	0.41	7.31	0.28	10派1.5元(含税)
300051	三五互联	2465.27	0.15	3.21	0.23	10派0.8元(含税)
300052	中青宝	1854.27	0.14	6.84	0.08	10派0.5元(含税)
300053	欧比特	3251.17	0.163	2.983	-0.076	10派0.5元(含税)
300054	鼎龙股份	5247.71	0.58	6.82	0.36	10转增5股派4元(含税)
300055	万邦达	7557.51	0.3303	7.259	0.34	10派1元(含税)

股票代码	股票简称	净利润(万元)	每股收益(元)	每股净资产(元)	每股经营性现金流量(元)	分配预案
300056	三维丝	2796.32	0.54	7.14	-1.46	10 转增 8 股派 1 元(含税)
300057	万顺股份	8234.01	0.1951	3.19	0.1	10 派 0.5 元(含税)
300058	蓝色光标	12107.56	0.67	5.42	0.64	10 转增 10 股派 2 元(含税)
300059	东方财富	10652.82	0.51	8.1	0.74	10 转增 6 股派 1 元(含税)
300061	康耐特	955.76	0.16	6.32	-0.99	10 转增 6 股
300062	中能电气	5505.30	0.36	4.48	0.16	10 派 1.3 元(含税)
300063	天龙集团	1903.70	0.28	9.49	-0.32	10 转增 5 股派 1.5 元(含税)
300064	豫金刚石	14162.81	0.47	4.08	0.43	10 转增 10 股派 1 元(含税)
300065	海兰信	2451.11	0.44	10.72	-2.65	10 转增 9 股派 0.8 元(含税)
300066	三川股份	6259.40	0.6	8.42	0.19	10 转增 5 股派 2 元(含税)
300067	安诺其	3197.91	0.2	4.53	-0.14	10 派 1 元(含税)
300068	南都电源	7129.84	0.24	8.76	-0.74	10 派 1 元(含税)
300069	金利华电	2129.79	0.27	5.96	-0.17	不分配不转增
300070	碧水源	34450.51	1.07	10.09	1.11	10 转增 7 股派 1 元(含税)
300071	华谊嘉信	3750.71	0.36	4.38	-0.49	10 转增 5 股派 1 元(含税)
300072	三聚环保	9506.30	0.49	5.87	-1.04	10 转增 10 股派 1 元(含税)
300073	当升科技	-73.90	-0.0046	5.18	-0.14	不分配不转增
300074	华平股份	5061.31	0.506	8.29	-0.11	不分配不转增
300075	数字政通	5193.10	0.62	10.7	0.17	10 派 2 元(含税)
300076	宁波 GQY	3122.57	0.29	9.97	0.27	10 派 3 元(含税)
300077	国民技术	10771.46	0.4	10.13	0.09	10 派 3 元(含税)
300078	中瑞思创	9310.04	0.56	6.92	0.35	10 派 4 元(含税)
300079	数码视讯	20422.23	0.9117	10.2092	0.0584	10 转增 5 股派 2 元(含税)
300080	新大新材	12497.43	0.4463	7.04	-1.55	10 转增 3 股
300081	恒信移动	1553.93	0.23	12.05	-1.04	不分配不转增
300082	奥克股份	16865.32	0.65	10.75	-1.33	10 派 3.3 元(含税)
300083	劲胜股份	6509.67	0.33	6.07	-0.26	10 派 0.5 元(含税)
300084	海默科技	1878.90	0.1468	4.85	-0.28	10 派 0.6 元(含税)
300085	银之杰	2083.09	0.1736	4.2973	0.0415	10 派 1.5 元(含税)
300086	康芝药业	281.60	0.0141	8.86	-0.5	不分配不转增
300087	荃银高科	2153.64	0.2	5.29	-0.72	10 派 1 元(含税)
300088	长信科技	15253.01	0.61	5.1	0.28	10 转增 3 股派 1.5 元(含税)
300089	长城集团	3774.14	0.38	7.69	0.2	10 转增 5 股派 1.2 元(含税)
300090	盛运股份	7219.98	0.28	3.69	0.45	10 派 0.5 元(含税)
300091	金通灵	6043.59	0.2892	4	-0.32	10 派 1 元(含税)
300092	科新机电	2659.42	0.29	6	-0.43	10 派 1.2 元(含税)
300093	金刚玻璃	4447.35	0.21	3.83	0.22	10 派 0.2 元(含税)
300094	国联水产	1172.03	0.033	4.68	-0.73	不分配不转增
300095	华伍股份	1274.16	0.1655	8.61	-0.07	10 派 0.5 元(含税)
300096	易联众	8635.33	0.5	3.44	0.5	10 派 1 元(含税)
300097	智云股份	1381.19	0.2302	6.77	-0.28	10 派 0.5 元(含税)
300098	高新兴	3049.04	0.34	9.23	0.04	10 转增 10 股派 1.5 元(含税)
300099	尤洛卡	8625.24	0.83	6.77	0.41	10 派 5 元(含税)
300100	双林股份	13604.83	0.97	6.32	0.79	10 派 3 元(含税)
300101	国腾电子	4778.09	0.344	5.32	0.01	10 转增 10 股派 1.5 元(含税)
300102	乾照光电	17784.10	0.6	5.93	-0.07	10 派 4 元(含税)
300103	达刚路机	6562.35	0.56	5.9	-0.25	10 转增 8 股派 2 元(含税)
300104	乐视网	13112.11	0.6	4.8	0.67	10 转增 9 股派 0.73 元(含税)
300105	龙源技术	17433.90	1.1	10.5	-0.86	10 转增 8 股派 1 元(含税)
300106	西部牧业	3826.11	0.33	4.77	-0.19	10 派 0.65 元(含税)
300107	建新股份	2085.31	0.16	5.88	0.2	10 派 0.3 元(含税)
300108	双龙股份	2733.27	0.4	5.34	0.39	10 转增 10 股派 1 元(含税)
300109	新开源	2492.11	0.35	4.87	0.05	10 送 1 转增 5 股派 1 元(含税)
300110	华仁药业	8756.09	0.41	5.58	0.28	10 派 2 元(含税)
300111	向日葵	3484.02	0.07	2.93	0.23	不分配不转增
300112	万讯自控	2458.36	0.23	3.98	0.13	10 转增 5 股派 0.7 元(含税)
300113	顺网科技	6369.01	0.48	5.63	0.55	10 派 2 元(含税)
300114	中航电测	6148.91	0.51	6.22	0.39	10 派 0.8 元(含税)
300115	长盈精密	15895.76	0.92	7.68	0.28	10 转增 5 股派 1 元(含税)

股票代码	股票简称	净利润(万元)	每股收益(元)	每股净资产(元)	每股经营性现金流量(元)	分配预案
300116	坚瑞消防	1157.88	0.14	6.08	-0.43	不分配不转增
300117	嘉寓股份	5767.25	0.27	5.32	-0.58	不分配不转增
300118	东方日升	5412.18	0.1546	7	-0.85	10 转增 6 股派 0.8 元(含税)
300119	瑞普生物	11409.47	0.77	9.39	0.61	10 转增 3 股派 3 元(含税)
300120	经纬电材	4058.18	0.3588	5.2152	0.1734	10 转增 5 股派 1.6 元(含税)
300121	阳谷华泰	1545.17	0.1431	4.03	-0.03	10 派 1 元(含税)
300122	智飞生物	19638.36	0.49	5.65	0.55	10 派 2.5 元(含税)
300123	太阳鸟	4402.52	0.32	5.89	0.23	10 派 1 元(含税)
300124	汇川技术	34006.61	1.57	11.59	0.03	10 转增 8 股派 6 元(含税)
300125	易世达	5179.06	0.44	9	-0.55	10 派 1 元(含税)
300126	锐奇股份	7425.07	0.4899	6.3338	0.1636	10 派 5 元(含税)
300127	银河磁体	14400.02	0.89	6.28	0.74	10 派 6 元(含税)
300128	锦富新材	10012.97	0.5	5.87	0.19	10 派 2 元(含税)
300129	泰胜风能	5328.80	0.25	6.18	-0.1	10 转增 5 股派 0.5 元(含税)
300130	新国都	7574.19	0.66	8.18	0.34	10 派 1 元(含税)
300131	英唐智控	2046.99	0.2	5.12	-0.13	10 派 1 元(含税)
300132	青松股份	2240.69	0.1858	4.4	0.04	10 派 1 元(含税)
300133	华策影视	15398.81	0.8	6.64	-0.26	10 转增 10 股派 2 元(含税)
300134	大富科技	18720.82	0.59	7.29	0.37	不分配不转增
300135	宝利沥青	5726.61	0.36	6.24	-2.13	10 转增 10 股派 2 元(含税)
300136	信维通信	7544.87	0.5658	5.0601	0.2781	10 派 1.5 元(含税)
300137	先河环保	4021.00	0.26	5.57	-0.25	10 派 0.5 元(含税)
300138	晨光生物	7503.11	0.8357	10.64	0.92	10 转增 10 股派 2 元(含税)
300139	福星晓程	7931.23	1.45	20.04	-0.69	10 转增 10 股派 5 元(含税)
300140	启源装备	3967.19	0.33	6.46	-0.17	10 派 1.5 元(含税)
300141	和顺电气	3764.85	0.68	9.85	1.8	10 转增 10 股派 2 元(含税)
300142	沃森生物	20753.76	1.38	18.09	0.61	10 转增 2 股派 3 元(含税)
300143	星河生物	5884.96	0.4	5.33	0.62	10 派 2 元(含税)
300144	宋城股份	22221.86	0.6	7.32	0.8	10 转增 5 股派 2 元(含税)
300145	南方泵业	9729.95	0.68	6.85	0.77	10 派 1.5 元(含税)
300146	汤臣倍健	18643.51	1.7	16.06	1.59	10 转增 10 股派 10 元(含税)
300147	香雪制药	8349.69	0.34	5.67	0.12	10 转增 2 股派 2 元(含税)
300148	天舟文化	3318.22	0.34	5.35	0.23	10 转增 3 股派 1.5 元(含税)
300149	量子高科	2750.13	0.21	4.4	0.09	10 转增 5 股派 0.6 元(含税)
300150	世纪瑞尔	9592.83	0.71	10.34	-0.45	10 派 6 元(含税)
300151	昌红科技	3372.51	0.34	7.03	0.06	10 派 2 元(含税)
300152	燃控科技	6957.24	0.64	12.58	0.51	10 转增 12 股派 5 元(含税)
300153	科泰电源	4011.13	0.25	5.81	-0.28	10 派 1.5 元(含税)
300154	瑞凌股份	11245.45	0.5	5.9	0.19	10 派 1 元(含税)
300155	安居宝	5918.58	0.33	5.65	0.26	10 派 2.8 元(含税)
300156	天立环保	7611.39	0.47	9.3201	-1.27	10 转增 8 股
300157	恒泰艾普	8217.24	0.46	9	0.05	10 派 1.6 元(含税)
300158	振东制药	11976.88	0.83	12.72	-0.62	10 转增 10 股派 3 元(含税)
300159	新研股份	7919.68	0.88	9.88	-0.75	10 转增 10 股派 2 元(含税)
300160	秀强股份	9765.56	1.0679	10.88	0.47	10 转增 10 股派 4 元(含税)
300161	华中数控	2834.26	0.27	8.62	-0.73	10 派 2 元(含税)
300162	雷曼光电	3310.92	0.25	5.49	-0.13	10 派 1 元(含税)
300163	先锋新材	3682.09	0.48	8.13	0.24	10 派 3 元(含税)
300164	通源石油	7708.80	0.99	14.4	-0.36	10 转增 10 股派 3 元(含税)
300165	天瑞仪器	8391.60	0.72	11.76	0.28	10 转增 3 股派 4 元(含税)
300166	东方国信	5757.06	1.45	16.56	0.39	10 转增 10 股派 2 元(含税)
300167	迪威视讯	2836.07	0.43	10.54	-0.15	10 转增 5 股派 2 元(含税)
300168	万达信息	8181.50	0.6963	9.34	0.13	10 派 1 元(含税)
300169	天晟新材	5481.76	0.4	6.78	-0.99	10 转增 10 股派 2.5 元(含税)
300170	汉得信息	9377.05	0.58	6.29	0.27	10 派 2 元(含税)
300171	东富龙	21740.25	1.39	12.83	0.71	10 转增 3 股派 6 元(含税)
300172	中电环保	4622.03	0.48	7.71	-0.19	10 转增 3 股派 1 元(含税)
300173	松德股份	3944.66	0.46	6.46	-0.74	10 转增 3 股派 2 元(含税)
300174	元力股份	3518.03	0.5284	7.2963	-0.1493	10 转增 10 股派 2 元(含税)

股票代码	股票简称	净利润(万元)	每股收益(元)	每股净资产(元)	每股经营性现金流量(元)	分配预案
300175	朗源股份	5838.06	0.26	2.92	-0.4	不分配不转增
300176	鸿特精密	3144.82	0.3671	5.8	0.31	10派2元(含税)
300177	中海达	6229.41	0.65	7.4	-0.3	10转增10股派1元(含税)
300178	腾邦国际	5755.51	0.5	8.23	0.36	10派2元(含税)
300179	四方达	3558.99	0.46	8.1	0.11	10转增5股派1元(含税)
300180	华峰超纤	7894.14	0.52	7.49	0.35	10派1.5元(含税)
300181	佐力药业	5092.79	0.66	8.55	0.17	10转增8股派5元(含税)
300182	捷成股份	10333.82	0.94	8.83	0.75	10转增5股派4元(含税)
300183	东软载波	20409.10	2.13	13.63	2.27	10转增12股派10元(含税)
300184	力源信息	2419.79	0.38	6.78	-0.43	10转增5股派3元(含税)
300185	通裕重工	18467.93	0.55	9.69	-0.59	10转增15股派3元(含税)
300186	大华农	16686.67	0.67	7.69	0.53	10派6元(含税)
300187	永清环保	3544.53	0.57	11.35	0.03	10转增10股派2元(含税)
300188	美亚柏科	6150.50	1.23	12.59	0.0738	10转增10股派2元(含税)
300189	神农大丰	5907.20	0.3938	7.97	0.03	10送2转增4股派1元(含税)
300190	维尔利	4773.54	0.92	16.31	-1.38	10转增8股派3元(含税)
300191	潜能恒信	7714.55	1.03	13.35	0.46	10转增10股派4元(含税)
300192	科斯伍德	3864.81	0.56	7.68	0.17	10转增5股派2元(含税)
300193	佳士科技	10893.36	0.5247	8.49	-0.17	10派5元(含税)
300194	福安药业	9523.36	0.76	12.41	0.49	10派3元(含税)
300195	长荣股份	15800.68	1.28	8.73	0.38	10派7元(含税)
300196	长海股份	5833.28	0.52	6.71	0.87	10派2元(含税)
300197	铁汉生态	14025.28	1.28	11.71	-1.91	10转增8股派3元(含税)
300198	纳川股份	7417.06	0.561	6.58	-0.44	不分配不转增
300199	翰宇药业	8047.44	0.86	9.76	0.72	10转增10股派5元(含税)
300200	高盟新材	4388.30	0.44	6.71	-0.14	10派3元(含税)
300201	海伦哲	2471.75	0.33	7.86	0.03	10转增12股派1元(含税)
300202	聚龙股份	6977.95	0.9	7.92	0.49	10转增10股派2元(含税)
300203	聚光科技	17454.41	0.41	3.64	-0.02	10派0.4元(含税)
300204	舒泰神	10425.79	1.71	16.52	1.3	10转增10股派5元(含税)
300205	天喻信息	2934.36	0.4	12.41	-1.54	10转增8股派3元(含税)
300206	理邦仪器	5918.58	0.65	11.37	0.44	10派2元(含税)
300207	欣旺达	8267.28	0.48	6.2	-0.33	10转增3股派1元(含税)
300208	恒顺电气	4989.10	0.78	8.98	0.3	10转增10股派2元(含税)
300209	天泽信息	5395.26	0.74	10.52	0.92	10转增10股派1元(含税)
300210	森远股份	6557.24	0.96	8.02	0.06	10转增8股派2元(含税)
300211	亿通科技	2614.15	0.58	9.22	-0.76	10转增1股派1元(含税)
300212	易华录	6551.52	1.068	10.08	-1.89	10转增10股派0.3元(含税)
300213	佳讯飞鸿	5031.52	0.65	8.19	-0.28	10转增5股派1元(含税)
300214	日科化学	10144.73	0.84	7.94	-0.34	10转增5股派1.5元(含税)
300215	电科院	8771.41	1.09	12.1	1.11	10转增10股派6元(含税)
300216	千山药机	5155.10	0.86	10.28	-1.04	10转增10股派3元(含税)
300217	东方电热	10900.45	1.36	10.43	-0.62	10转增12股派2元(含税)
300218	安利股份	5743.51	0.6071	7.1	0.09	10转增10股派1元(含税)
300219	鸿利光电	7303.46	0.6651	5.93	0.23	10送5转增5股派1元(含税)
300220	金运激光	1612.26	0.5159	7.7883	0.1019	不分配不转增
300221	银禧科技	5215.14	0.58	6.69	-1.23	10转增10股派2元(含税)
300222	科大智能	5422.83	1.01	10.01	-0.13	10转增8股派4元(含税)
300223	北京君正	6426.51	0.8967	13.55	0.51	10转增3股派6元(含税)
300224	正海磁材	21008.08	1.47	7.99	0.58	10转增5股派5元(含税)
300225	金力泰	4947.75	0.83	10.21	0.19	10转增5股派5元(含税)
300226	上海钢联	3864.05	1.08	8.26	-2.82	10送5转增5股派1元(含税)
300227	光韵达	2114.47	0.36	4.58	0.41	不分配不转增
300228	富瑞特装	7017.28	1.2	9.37	-3.44	10转增10股
300229	拓尔思	7339.05	0.7	6.21	0.32	10转增7股派3元(含税)
300230	永利带业	5154.19	0.6567	5.23	0.38	10转增8股派1.6元(含税)
300231	银信科技	3459.17	0.9883	7.18	-0.07	10转增10股派2元(含税)
300232	洲明科技	4570.09	0.67	7.05	0.69	10转增3股派1元(含税)
300233	金城医药	5599.11	0.53	7.92	0.52	10派2元(含税)

股票代码	股票简称	净利润(万元)	每股收益(元)	每股净资产(元)	每股经营性现金流量(元)	分配预案
300234	开尔新材	4371.27	0.62	4.65	0.41	10 转 5 股派 2 元(含税)
300235	方直科技	2494.77	0.65	6.44	0.21	10 转增 10 股派 2 元(含税)
300236	上海新阳	3902.51	0.52	4.18	0.24	10 派 2.7 元(含税)
300237	美晨科技	5032.94	1.01	9.98	-1.92	10 派 6 元(含税)
300238	冠昊生物	4042.25	0.76	7.08	0.58	10 转增 10 股派 2.5 元(含税)
300239	东宝生物	2467.15	0.3711	3.9	0.35	10 转增 10 股派 1 元(含税)
300240	飞力达	8256.35	0.88	7.44	-1.53	10 转增 5 股派 2 元(含税)
300241	瑞丰光电	3314.77	0.36	4.62	0.08	10 派 1 元(含税)
300242	明家科技	2496.44	0.39	3.94	-0.03	10 派 2 元(含税)
300243	瑞丰高材	3906.73	0.86	6.31	-0.78	10 转增 6 股派 1.5 元(含税)
300244	迪安诊断	4220.83	0.97	9.09	0.4	10 转增 8 股派 3 元(含税)
300245	天玑科技	5346.48	0.94	7.24	0.44	10 转增 10 股派 2 元(含税)
300246	宝莱特	3377.53	0.98	8.73	0.72	10 转增 8 股派 5 元(含税)
300247	桑乐金	4647.75	0.67	6.98	0.36	10 派 3 元(含税)
300248	新开普	4185.93	1.1	10.27	0.02	10 转增 10 股派 2 元(含税)
300249	依米康	3639.09	0.54	5.83	-0.26	10 派 1 元(含税)
300250	初灵信息	3508.26	1.03	8.48	0.39	10 转增 10 股派 2.5 元(含税)
300251	光线传媒	17579.66	1.88	16.32	-1.71	10 转增 12 股派 10 元(含税)
300252	金信诺	3312.88	0.37	5.9	-1.3	10 派 0.5 元(含税)
300253	卫宁软件	4429.29	1	8.94	0.09	10 转增 10 股派 1 元(含税)
300254	仟源制药	3534.40	0.32	4.34	0.04	10 派 0.8 元(含税)
300255	常山药业	7079.97	0.79	9.16	0.16	10 转增 7 股派 2 元(含税)
300256	星星科技	5747.81	0.6897	7.84	0.45	10 转增 5 股派 3 元(含税)
300257	开山股份	29364.75	2.47	23.88	0.77	10 转增 10 股派 10 元(含税)
300258	精锻科技	8604.62	1.0326	8.94	0.5244	10 转增 5 股派 2.46 元(含税)
300259	新天科技	5640.64	0.9	7.43	0.55	10 转增 10 股派 2.2 元(含税)
300260	新莱应材	5103.03	0.918	9.369	-0.779	10 转增 5 股派 3 元(含税)
300261	雅本化学	4438.09	0.6024	6.6	0.12	10 转增 6 股派 3 元(含税)
300262	巴安水务	2286.03	0.422	6.36	-0.49	10 转增 10 股
300263	隆华传热	7900.22	1.22	10.89	-0.33	10 转增 10 股派 3 元(含税)
300264	佳创视讯	4218.55	0.51	5.85	0.02	10 转增 5 股派 1 元(含税)
300265	通光线缆	4426.69	0.41	5.03	-0.63	10 派 0.5 元(含税)
300266	兴源过滤	4633.67	1.02	8.9	0.71	10 转增 6 股派 1.2 元(含税)
300267	尔康制药	11781.19	0.79	5.76	0.41	10 转增 3 股派 3 元(含税)
300268	万福生科	6026.86	1.12	10	0.5	10 转增 10 股派 3 元(含税)
300269	联建光电	5210.27	0.87	7.66	0.65	10 派 3 元(含税)
300270	中威电子	3652.47	1.15	10.78	0.097	10 转增 5 股派 1 元(含税)
300271	紫光华宇	8117.24	1.39	11.71	-0.54	10 转增 10 股派 15 元(含税)
300272	开能环保	3973.47	0.46	4.14	0.35	10 转增 3 股派 3 元(含税)
300273	和佳股份	7905.24	0.75	6.47	0.37	10 转增 5 股派 5 元(含税)
300274	阳光电源	17254.81	1.22	10.1	-0.81	10 转增 8 股派 2 元(含税)
300275	梅安森	6108.02	1.32	8.54	0.2	10 转增 4 股派 4 元(含税)
300276	三丰智能	5453.34	1.18	8.2	0.6175	10 转增 3 股派 1.2 元(含税)
300277	海联讯	6273.23	1.22	8.69	-0.02	10 转增 10 股派 3 元(含税)
300278	华昌达	4682.18	0.72	6.08	-0.4	10 转增 10 股派 2 元(含税)
300279	和晶科技	3555.96	0.8	5.71	0.31	10 转增 10 股派 2 元(含税)
300280	南通锻压	5262.24	0.5482	4.8	0.25	10 派 1 元(含税)
300281	金明精机	5111.48	1.14	8.78	0.99	10 派 0.9 元(含税)
300282	汇冠股份	2264.19	0.66	6.31	0.47	10 转增 2 股派 1.5 元(含税)
300283	温州宏丰	8129.79	1.53	4.53	-1.47	10 派 8 元(含税)
300284	苏交科	13181.50	0.73	5.45	-0.02	10 派 2 元(含税)
300285	国瓷材料	4406.61	0.94	2.73	0.88	10 派 1 元(含税)
300286	安科瑞	4039.42	1.55	5.55	0.58	10 转增 10 股派 8 元(含税)
300287	飞利信	4397.65	0.7	2.63	0.22	10 派 1.1 元(含税)
300288	朗玛信息	5814.25	1.45	3.45	1.02	10 派 3 元(含税)
300288	朗玛信息	5856.52	1.46	3.46		10 派 3 元(含税)
300289	利德曼	7185.08	0.62	1.92	0.25	10 派 1 元(含税)
300290	荣科科技	4481.85	0.8788	2.84	0.9034	10 派 2 元(含税)
300290	荣科科技	4486.90	0.8798	2.8372	0.9688	10 派 2 元(含税)

股票代码	股票简称	净利润(万元)	每股收益(元)	每股净资产(元)	每股经营性现金流量(元)	分配预案
300291	华录百纳	8440.20	1.876	4.75	0.42	10派2元(含税)
300292	吴通通讯	3759.09	0.75	2.85	0.39	
300293	蓝英装备	6602.46	1.47	4.42	0.95	
300294	博雅生物	6523.41	1.15	4.63	1.44	10派2.5元(含税)
300295	三六五网	7233.39	1.81	4.81	1.58	10派5元(含税)
300296	利亚德	5615.55	0.75	3.35	0.16	10派0.65元(含税)
300297	蓝盾股份	5232.04	0.71	3.39	0.96	
300298	三诺生物	8816.14	1.34	2.72	1.3	10派5元(含税)
300299	富春通信	3502.41	0.7	2.71	-0.08	10派1.5元(含税)
300299	富春通信	3502.41	0.7	2.71	-0.08	10派1.5元(含税)
300300	汉鼎股份	5236.63	0.81	2.89	-0.28	
300301	长方照明	6583.97	0.8128	2.42	0.61	
300302	同有科技	4151.75	0.92	3.66		10派1元(含税)
300302	同有科技	4151.75	0.92	3.66	0.96	10派1元(含税)
300303	聚飞光电	8018.15	1.35	4.42	0.87	
300304	云意电气	8129.57	1.08	3.56	0.92	
300305	裕兴股份	11137.39	1.86	5.04	1.77	10派3.35元(含税)
300306	远方光电	9672.41	2.15	4.39	1.72	
300307	慈星股份	91832.93	2.7	5.12	0.93	
300308	中际装备	5121.04	1.02	4.14	0.66	10派2元(含税)
300309	吉艾科技	9907.05	1.23	3.69	0.27	
300310	宜通世纪	6438.20	0.98	3.23	0.49	
300311	任子行	3856.61	0.73	2.69	0.77	
300312	邦讯技术	8158.45	1.0198	3.52	0.29	
300313	天山生物	2702.50	0.3964	1.736	0.565	
300314	戴维医疗	5396.87	0.9	2.74	1.12	
300315	掌趣科技	5568.67	0.4537	1.82	0.44	
300317	珈伟股份	5731.55	0.55	2.1	-0.44	
300318	博晖创新	4477.61	0.58	3.14	0.61	不分配不转增
300318	博晖创新	4351.42	0.58	3.1442	0.6106	不分配不转增
300320	海达股份	5180.32	1.04	5.13	0.76	

2011 年度深市成交金额前 20 名股票

序号	证券代码	证券简称	前收	收盘	成交金额(元)	成交量(股)
1	000858	五 粮 液	34.63	32.8	170,648,031,664.13	4,850,689,530
2	000157	中联重科	14.14	7.69	155,224,502,649.98	11,591,801,648
3	000983	西山煤电	26.69	14.6	145,699,803,480.98	5,911,037,750
4	000630	铜陵有色	35.05	16.81	145,507,059,874.26	5,611,903,685
5	000758	中色股份	31.54	17.23	145,431,500,558.75	4,618,736,558
6	000629	攀钢钒钛	11.54	6.28	138,984,249,718.12	12,982,072,562
7	000009	中国宝安	16.77	10.9	131,435,228,864.69	6,927,886,555
8	000002	万 科 A	8.22	7.47	117,564,807,962.39	14,291,006,457
9	000338	潍柴动力	52.37	31.5	110,686,011,704.68	2,253,209,650
10	002155	辰州矿业	35.92	20.07	107,936,165,263.47	3,215,988,816
11	000100	TCL 集团	3.43	1.84	106,479,136,477.90	33,454,735,176
12	000012	南 玻 A	19.75	9.06	106,355,114,654.14	6,265,247,489
13	000752	西藏发展	11.47	12.96	104,651,017,521.06	4,265,720,720
14	000937	冀中能源	40.05	16.86	102,118,836,820.08	3,638,318,503
15	000063	中兴通讯	27.3	16.9	100,070,617,030.43	4,220,837,463
16	002024	苏宁电器	13.1	8.44	96,563,304,061.72	8,121,420,606
17	000001	深发展 A	15.79	15.59	95,739,891,656.49	5,714,947,128
18	000651	格力电器	18.13	17.29	93,450,410,370.37	4,498,819,756
19	000425	徐工机械	57.2	14.22	93,169,193,873.77	3,353,717,580
20	000960	锡业股份	32.7	17.81	92,042,378,318.29	2,976,994,937

2011 年度深市成交量前 20 名股票

序号	证券代码	证券简称	前收	收盘	成交金额(元)	成交量(股)
1	000100	TCL 集团	3.43	1.84	106,479,136,477.90	33,454,735,176
2	000725	京东方 A	3.16	1.71	52,321,466,143.03	18,956,444,880
3	000709	河北钢铁	3.73	2.86	66,158,341,317.80	15,277,163,782
4	000002	万 科 A	8.22	7.47	117,564,807,962.39	14,291,006,457
5	000629	攀钢钒钛	11.54	6.28	138,984,249,718.12	12,982,072,562
6	000157	中联重科	14.14	7.69	155,224,502,649.98	11,591,801,648
7	000518	四环生物	7	3.87	67,778,953,787.90	8,800,071,299
8	002024	苏宁电器	13.1	8.44	96,563,304,061.72	8,121,420,606
9	000594	国恒铁路	3.62	2.07	27,571,398,257.77	7,183,397,158
10	000009	中国宝安	16.77	10.9	131,435,228,864.69	6,927,886,555
11	000816	江淮动力	7.77	7.04	52,684,403,445.64	6,807,613,726
12	000012	南 玻 A	19.75	9.06	106,355,114,654.14	6,265,247,489
13	000667	名流置业	3.01	2.18	18,884,821,380.44	6,212,376,194
14	000069	华侨城 A	12.15	7.14	57,135,650,710.59	5,995,542,334
15	000402	金 融 街	6.61	6.05	40,922,846,558.37	5,953,123,627
16	000983	西山煤电	26.69	14.6	145,699,803,480.98	5,911,037,750
17	000001	深发展 A	15.79	15.59	95,739,891,656.49	5,714,947,128
18	000630	铜陵有色	35.05	16.81	145,507,059,874.26	5,611,903,685
19	000825	太钢不锈	5.34	3.73	30,250,713,812.02	5,456,836,152
20	000707	双环科技	7.39	7.61	54,168,113,362.75	5,385,970,453

2011 年度深市成交笔数前 20 名股票

序号	证券代码	证券简称	前收	收盘	成交金额(元)	成交量(股)	成交笔数
1	000100	TCL 集团	3.43	1.84	106,479,136,477.90	33,454,735,176	9,535,844
2	000157	中联重科	14.14	7.69	155,224,502,649.98	11,591,801,648	8,858,092
3	000758	中色股份	31.54	17.23	145,431,500,558.75	4,618,736,558	6,530,542
4	000630	铜陵有色	35.05	16.81	145,507,059,874.26	5,611,903,685	6,033,219
5	000983	西山煤电	26.69	14.6	145,699,803,480.98	5,911,037,750	5,759,930
6	000002	万 科 A	8.22	7.47	117,564,807,962.39	14,291,006,457	5,695,669
7	000012	南 玻 A	19.75	9.06	106,355,114,654.14	6,265,247,489	5,653,434
8	000858	五 粮 液	34.63	32.8	170,648,031,664.13	4,850,689,530	5,351,881
9	000518	四环生物	7	3.87	67,778,953,787.90	8,800,071,299	4,990,981
10	000009	中国宝安	16.77	10.9	131,435,228,864.69	6,927,886,555	4,881,772
11	002202	金风科技	22.3	7.75	80,358,057,965.71	4,963,989,895	4,737,158
12	000752	西藏发展	11.47	12.96	104,651,017,521.06	4,265,720,720	4,646,624
13	000629	攀钢钒钛	11.54	6.28	138,984,249,718.12	12,982,072,562	4,631,553
14	000725	京东方 A	3.16	1.71	52,321,466,143.03	18,956,444,880	4,547,124
15	002155	辰州矿业	35.92	20.07	107,936,165,263.47	3,215,988,816	4,468,517
16	000709	河北钢铁	3.73	2.86	66,158,341,317.80	15,277,163,782	4,444,281
17	002024	苏宁电器	13.1	8.44	96,563,304,061.72	8,121,420,606	4,380,238
18	002233	塔牌集团	16.25	9.4	66,533,850,122.69	4,851,596,480	4,233,748
19	000425	徐工机械	57.2	14.22	93,169,193,873.77	3,353,717,580	4,102,358
20	000060	中金岭南	22.5	8.23	66,520,220,082.92	4,024,555,742	3,861,818

2011 年度深市跌幅前 20 名股票

序号	证券代码	证券简称	前收	收盘	成交金额(元)	成交量(股)	跌幅
1	000972	新 中 基	14.6	4.58	23,491,664,040.00	2,295,536,162	68.63
2	000695	滨海能源	16.39	5.97	4,845,848,597.86	410,440,118	63.58
3	000776	广发证券	53.14	21	65,393,374,798.33	1,783,903,739	59.91
4	200521	皖美菱 B	8.95	2.99	437,554,631.59	75,569,085	59.46
5	000925	众合机电	24.37	10.08	7,453,252,930.38	402,704,591	58.64
6	000050	深天马 A	14.96	6.22	21,559,920,737.80	1,877,237,927	58.42
7	000903	云内动力	17.6	4.04	21,255,720,370.67	1,924,049,804	58.13

序号	证券代码	证券简称	前收	收盘	成交金额(元)	成交量(股)	跌幅
8	000597	东北制药	17.14	7.33	16,154,369,572.84	1,037,622,038	57.23
9	000420	吉林化纤	8.41	3.67	14,409,497,342.63	2,042,769,695	56.36
10	000418	小天鹅A	19.75	8.57	8,084,058,700.58	550,307,038	56.34
11	000751	锌业股份	9.2	4.04	32,734,892,221.51	3,841,611,665	56.09
12	000836	鑫茂科技	10.17	4.5	7,250,726,627.61	930,414,240	55.75
13	000519	江南红箭	15.91	7.08	6,669,008,970.84	475,485,485	55.5
14	000021	长城开发	11.74	5.13	16,152,605,326.58	1,802,312,608	55.5
15	200505	ST珠江B	3.83	1.71	207,055,674.12	70,380,436	55.35
16	000951	中国重汽	27.66	12.31	16,639,302,529.53	753,487,325	54.84
17	000973	佛塑科技	15.21	6.92	29,229,622,412.53	2,152,965,879	54.5
18	000897	津滨发展	5.21	2.36	15,775,629,357.77	3,155,722,854	54.5
19	000835	四川圣达	11.69	5.34	22,546,091,271.90	2,243,454,044	54.32
20	200512	闽灿坤B	2.29	1.05	565,170,543.76	385,299,430	54.15

2011年度深市涨幅前20名股票

序号	证券代码	证券简称	前收	收盘	成交金额(元)	成交量(股)	涨幅
1	000750	国海证券	4.39	11.15	22,959,818,374.08	1,515,922,572	153.99
2	000620	新华联	2.27	5.02	14,771,972,452.56	2,002,536,735	121.15
3	000035	*ST科健	6.68	12.25	4,365,382,814.01	442,560,865	83.38
4	000981	ST兰光	4.75	7.99	3,697,922,290.12	337,192,290	68.21
5	000048	ST康达尔	5.36	8.07	10,716,327,582.05	1,312,286,091	50.56
6	000719	大地传媒	9.27	13.47	6,988,706,414.44	451,199,818	45.31
7	200056	深国商B	6.45	8.84	941,908,763.79	112,362,641	37.05
8	000809	中汇医药	15.54	20.69	4,685,642,157.74	208,639,884	33.14
9	000820	*ST金城	4.69	6.16	4,181,907,508.69	741,416,013	31.34
10	000656	金科股份	9.25	11.8	8,901,426,844.73	719,209,247	27.57
11	000831	*ST关铝	7.37	9.15	3,807,346,137.49	482,767,501	24.15
12	000430	ST张家界	7.86	9.55	9,243,876,648.70	967,084,083	21.5
13	000056	深国商	11.59	13.98	12,897,104,039.12	675,160,214	20.62
14	200030	*ST盛润B	3.58	4.23	345,086,553.87	75,542,651	18.16
15	200026	飞亚达B	11.78	9.64	927,266,472.67	103,033,806	15.57
16	200596	古井贡B	47.91	54.89	1,875,443,055.41	39,348,667	15.43
17	000869	张裕A	95.96	107.9	18,471,755,776.78	186,855,147	14.11
18	000024	招商地产	15.95	18	43,968,411,247.74	2,494,479,947	13.69
19	000509	SST华塑	10.81	12.27	8,350,847,244.19	674,704,372	13.51
20	000068	ST三星	6	6.81	793,988,846.79	127,892,423	13.5

2011年度深市换手率前20名股票

序号	证券代码	证券简称	前收	收盘	成交金额(元)	成交量(股)	换手率%
1	002532	新界泵业	37	20.95	21,717,048,402.90	864,430,343	2762.23
2	300148	天舟文化	27.39	24.25	15,159,736,560.40	636,579,148	2596.39
3	300239	东宝生物	9	16.32	10,130,216,341.31	412,250,638	2508.7
4	002225	濮耐股份	10.47	9.36	42,193,304,234.63	3,060,505,346	2500.67
5	300162	雷曼光电	38	15.4	14,642,742,039.99	633,183,921	2500.37
6	002102	冠福家用	10.01	6.11	39,614,506,287.55	3,658,719,637	2448.9
7	300175	朗源股份	17.1	8.2	15,046,161,427.83	960,950,270	2440.24
8	300224	正海磁材	21.09	29.92	26,807,604,829.69	820,310,874	2303.31
9	300238	冠昊生物	18.2	45.78	16,537,905,749.65	291,758,191	2158.27
10	002606	大连电瓷	17	19.89	12,330,293,018.90	455,007,625	2138.2
11	300172	中电环保	25.16	22.94	12,522,927,402.80	484,999,079	2047.56
12	300234	开尔新材	12	19.05	7,228,350,327.38	351,609,223	2045.86
13	300127	银河磁体	27.9	24.16	21,972,554,747.86	835,715,826	2041.54
14	300243	瑞丰高材	16	23.02	6,776,868,262.60	237,487,154	2007.78
15	002524	光正钢构	31.01	9.99	12,487,749,017.85	682,170,711	1979.18
16	002553	南方轴承	17	14.72	9,852,565,649.24	379,840,776	1967.13
17	002600	江粉磁材	8	13.18	26,232,294,995.17	1,275,955,481	1841.18

序号	证券代码	证券简称	前收	收盘	成交金额(元)	成交量(股)	换手率%
18	002562	兄弟科技	21	22.07	12,270,257,522.00	441,507,729	1804.63
19	300249	依米康	17.5	17.57	7,652,098,656.17	293,349,770	1776.94
20	002587	奥拓电子	16	18.72	6,141,759,891.07	322,547,607	1759.9

2011 年度深市 ETF 证券成交统计

成交金额单位:万元

代码	基金名称	当前规模	单位净值	目标指数	2011 年 1 月 - 12 月				
					最高价	最低价	成交量	成交金额	拟合误差
159901	深 100ETF	31032833170	0.558	399330	0.869	0.544	1.55719E+11	11495942.22	0.31
159902	中小板	1408827333	1.972	399005	3.218	1.913	9387629682	2498155.14	0.19
159903	深成 ETF	3062654507	0.8923	399001	1.338	0.869	5338476520	621013.14	0.04
159905	深红利	1362443951	0.6819	399324	1.065	0.66	956745326	92812.22	0.34
159906	深成长	2104639725	0.715	399326	1.035	0.69	676669306	65263.35	0.09
159907	中小 300	1000598847	0.7811	399008	1.095	0.759	714420336	71708.11	-0.09
159908	深 F200	295229029	0.7014	399703	1.022	0.685	383764905	37494.38	-0.38
159909	深 TMT	173021449	2.292	399610	3.031	2.187	42771771	12162.81	-0.94
159910	深 F120	585906143	0.7956	399702	0.976	0.78	300588319	27926.91	-0.75
159911	民营 ETF	163772540	2.5016	399337	3.248	2.437	106199123	32005.38	-0.96
159912	深 300ETF	470348991	0	399007	0.978	0.802	319837847	29914.14	0.04
159913	深价值	105329693	0.897	399348	1.085	0.879	326157978	33312.53	0.71
159915	创业板	533454936	0.7188	399006	0.814	0.703	1215725388	92507.46	-0.13
159916	深 F60	227066039	1.567	399701	1.923	1.509	171150433	31004.23	-0.18

2011 年度深市地区交易金额分布

单位:元

省/市	总交易金额(元)	占市场	股票交易金额	基金交易金额	债券交易金额	权证交易金额
上海	5677835804264.65	14.70	5226697294372.69	139376480289.84	311762029602.13	
浙江	4032421019362.81	10.44	3962045744453.39	41002788163.56	29372486745.87	
深圳	3918835995348.14	10.14	3582205964831.47	63942419098.79	272687611417.88	
北京	3645788091019.14	9.44	3366356782859.05	107291746957.29	172139561202.80	
江苏	2913536103015.50	7.54	2776773637098.06	44104799846.06	92657666071.38	
广东	2096511964191.92	5.43	2047753063509.79	20546573228.78	28212327453.35	
福建	1841825757571.78	4.77	1753987188137.64	54958365490.60	32880203943.55	
广州	1805467441578.98	4.67	1740178778272.59	32016381690.26	33272281616.13	
山东	1475188619670.70	3.82	1387941645895.51	73630154690.15	13616819085.04	
四川	1315315425528.26	3.40	1280816366906.56	9925414534.24	24573644087.45	
湖北	1110732142327.03	2.88	1081574636799.13	10349256468.09	18808249059.81	
辽宁	971137824143.14	2.51	947791746043.18	11437014459.26	11909063640.70	
湖南	964863953794.58	2.50	949050490915.28	8674473326.47	7138989552.84	
河南	865037719570.19	2.24	852578622215.07	7845416656.79	4613680698.34	
江西	647405369553.13	1.68	637096464120.80	4795080503.89	5513824928.45	
安徽	549898334175.04	1.42	538824379909.53	7024804260.82	4049150004.70	
天津	544075194612.34	1.41	529153674237.49	10009397040.65	4912123334.20	
陕西	513678555794.82	1.33	503000068634.15	4241924782.91	6436562377.75	
重庆	477298851166.23	1.24	468517196789.45	5503033961.44	3278620415.35	
河北	470562294814.86	1.22	455826287525.51	9706115774.80	5029891514.55	
黑龙江	457664365655.46	1.19	449622318847.83	3772603982.18	4269442825.45	
广西	417718345929.16	1.08	412243397415.00	2586398482.54	2888550031.63	
山西	368560615647.39	0.95	358801278718.88	3277144476.36	6482192452.15	
云南	302557958311.61	0.78	296363883146.14	4080055782.00	2114019383.47	
吉林	273031409869.72	0.71	268176191936.58	2590962861.49	2264255071.66	
新疆	255695911104.78	0.66	250226371747.60	4054046718.35	1415492638.83	
甘肃	178068029897.26	0.46	169297680198.95	815432370.30	7954917328.01	
贵州	164133836232.28	0.43	156599752119.28	1007212954.93	6526871158.07	
海南	149503877909.46	0.39	145413862746.24	3231540125.15	858475038.08	
内蒙古	129580922643.84	0.34	125718499714.54	803761198.65	3058661730.64	

省/市	总交易金额(元)	占市场	股票交易金额	基金交易金额	债券交易金额	权证交易金额
宁夏	46401163561.99	0.12	46172801469.00	112115395.48	116246697.52	
青海	24979694994.64	0.07	24908330237.82	60388094.54	10976662.28	
西藏	19612764701.50	0.05	13401640705.56	105875798.77	6105248197.17	
境外地区	12739987618.65	0.03	12739987618.65			

2011 年度深市会员交易金额

单位:百万元

2011 年 1-12 月	总计	本地会员	异地会员	其他
总交易金额(百万元)	38,637,665.35	8,732,574.52	29,620,096.06	284,994.77
股票	36,817,856.03	8,242,616.08	28,364,412.17	210,827.78
主板 A 股	19,124,897.15	4,426,848.51	14,576,114.05	121,934.58
中小板	13,805,292.51	2,977,830.48	10,751,393.92	76,068.10
创业板	3,775,824.28	805,042.64	2,970,765.50	16.13
主板 B 股	111,842.10	32,894.44	66,138.70	12,808.96
基金	692,879.18	142,358.36	508,503.56	42,017.26
封闭式	347,223.28	78,687.97	241,940.96	26,594.35
开放式	42,831.46	12,540.71	28,007.99	2,282.75
ETFs	302,824.44	51,129.68	238,554.60	13,140.16
企业债券	1,089,562.79	337,282.73	720,367.44	31,912.63
现券	111,895.77	43,216.45	63,113.94	5,565.38
回购	977,667.02	294,066.28	657,253.50	26,347.25
可转换债券	35,362.80	8,757.91	26,367.98	236.91
国债	2,004.55	1,559.45	444.92	0.18
现货	2,004.54	1,559.45	444.91	0.18
回购	0.01		0.01	
权证				

2011 年度深市债券回购成交统计

成交金额单位:万元

代码	债券回购	2011 年 1 月 - 12 月			
		最高价	最低价	成交张数	成交金额
131800	R-003				
131801	R-007	2.2	2.19	20	0
131802	R-014				
131803	R-028				
131805	R-091				
131806	R-182				
131809	R-004				
131810	R-001	2	2	20	0
131811	R-002				
131900	RC-003	11	0.005	68,917,040	689,170
131901	RC-007	11.2	0.1	783,280,870	7,832,809
131910	RC-001	14.1	0.001	3,878,775,180	38,787,752
131911	RC-002	10.001	0.1	157,362,010	1,573,620

2011 年度深市债券现货成交统计

成交金额单位:万元

代码	债券现货	到期日期	票面利率	2011 年 1 月 - 12 月			
				最高价	最低价	成交张数	成交金额
100203	国债 0203	20120418	2.54	110.00	93.80	41415.00	413.00
100213	国债 0213	20170920	2.60	98.00	85.00	184377.00	1727.00
100303	国债 0303	20230417	3.40	99.60	90.05	539848.00	5165.00
100308	国债 0308	20130917	3.02	102.44	90.50	26849.00	266.00
100501	国债 0501	20150228	4.44	109.99	93.28	24445.00	251.00
100504	国债 0504	20250515	4.11	100.00	100.00	0.00	0.00

代码	债券现货	到期日期	票面利率	2011 年 1 月 - 12 月			
				最高价	最低价	成交张数	成交金额
100505	国债 0505	20120525	3.37	103.89	93.88	2176.00	22.00
100509	国债 0509	20120825	2.83	100.00	100.00	0.00	0.00
100512	国债 0512	20201115	3.65	100.00	100.00	0.00	0.00
100513	国债 0513	20121125	3.01	100.00	100.00	0.00	0.00
100601	国债 0601	20130227	2.51	100.00	100.00	0.00	0.00
100603	国债 0603	20160327	2.80	100.00	100.00	0.00	0.00
100606	国债 0606	20130525	2.62	100.00	100.00	0.00	0.00
100609	国债 0609	20260626	3.70	100.00	100.00	0.00	0.00
100613	国债 0613	20130831	2.89	100.00	100.00	0.00	0.00
100616	国债 0616	20160926	2.92	100.00	100.00	0.00	0.00
100619	国债 0619	20211115	3.27	100.00	100.00	0.00	0.00
100620	国债 0620	20131127	2.91	100.00	100.00	0.00	0.00
100701	国债 0701	20140206	2.93	100.00	100.00	0.00	0.00
100703	国债 0703	20170322	3.40	100.00	100.00	0.00	0.00
100705	国债 0705	20120423	3.18	100.00	100.00	0.00	0.00
100706	国债 0706	20370517	4.27	100.00	100.00	0.00	0.00
100707	国债 0707	20140524	3.74	100.00	100.00	0.00	0.00
100710	国债 0710	20170625	4.40	100.00	100.00	0.00	0.00
100713	国债 0713	20270816	4.52	100.00	100.00	0.00	0.00
100714	国债 0714	20140823	3.90	100.00	100.00	0.00	0.00
100717	国债 0717	20121022	4.00	100.00	100.00	0.00	0.00
100718	国债 0718	20141126	4.35	100.00	100.00	0.00	0.00
100801	国债 0801	20150213	3.95	100.00	100.00	0.00	0.00
100802	国债 0802	20230228	4.16	100.00	100.00	0.00	0.00
100803	国债 0803	20180320	4.07	100.00	100.00	0.00	0.00
100805	国债 0805	20130421	3.69	100.00	100.00	0.00	0.00
100806	国债 0806	20380508	4.50	100.00	100.00	0.00	0.00
100807	国债 0807	20150519	4.01	100.00	100.00	0.00	0.00
100810	国债 0810	20180623	4.41	100.00	100.00	0.00	0.00
100813	国债 0813	20280811	4.94	100.00	100.00	0.00	0.00
100814	国债 0814	20150818	4.23	100.00	100.00	0.00	0.00
100817	国债 0817	20130916	3.69	100.00	100.00	0.00	0.00
100818	国债 0818	20180922	3.68	100.00	100.00	0.00	0.00
100820	国债 0820	20381023	3.91	100.00	100.00	0.00	0.00
100822	国债 0822	20151124	2.71	100.00	100.00	0.00	0.00
100823	国债 0823	20231127	3.62	100.00	100.00	0.00	0.00
100825	国债 0825	20181215	2.90	100.00	100.00	0.00	0.00
100826	国债 0826	20131218	1.77	100.00	100.00	0.00	0.00
100901	国债 0901	20160212	2.76	100.00	100.00	0.00	0.00
100902	国债 0902	20290219	3.86	100.00	100.00	0.00	0.00
100903	国债 0903	20190312	3.05	100.00	100.00	0.00	0.00
100904	国债 0904	20140402	2.29	100.00	100.00	0.00	0.00
100905	国债 0905	20390409	4.02	100.00	100.00	0.00	0.00
100906	国债 0906	20160416	2.82	100.00	100.00	0.00	0.00
100907	国债 0907	20190507	3.02	100.00	100.00	0.00	0.00
100909	国债 0909	20120521	1.55	100.00	100.00	0.00	0.00
100910	国债 0910	20140604	2.26	100.00	100.00	0.00	0.00
100911	国债 0911	20240611	3.69	100.00	100.00	0.00	0.00
100912	国债 0912	20190618	3.09	100.00	100.00	0.00	0.00
100913	国债 0913	20160625	2.82	100.00	100.00	0.00	0.00
100915	国债 0915	20120716	2.22	100.00	100.00	0.00	0.00
100916	国债 0916	20190723	3.48	100.00	100.00	0.00	0.00
100917	国债 0917	20160730	3.15	100.00	100.00	0.00	0.00
100918	国债 0918	20140806	2.97	100.00	100.00	0.00	0.00
100919	国债 0919	20160820	3.17	100.00	100.00	0.00	0.00
100920	国债 0920	20290827	4.00	100.00	100.00	0.00	0.00
100922	国债 0922	20120910	2.18	100.00	100.00	0.00	0.00
100923	国债 0923	20190917	3.44	100.00	100.00	0.00	0.00

代码	债券现货	到期日期	票面利率	2011 年 1 月 - 12 月			
				最高价	最低价	成交张数	成交金额
100924	国债 0924	20140924	2.90	100.00	100.00	0.00	0.00
100925	国债 0925	20391015	4.18	100.00	100.00	0.00	0.00
100926	国债 0926	20161022	3.40	100.00	100.00	0.00	0.00
100927	国债 0927	20191105	3.68	100.00	100.00	0.00	0.00
100929	国债 0929	20121119	2.42	100.00	100.00	0.00	0.00
100930	国债 0930	20591130	4.30	100.00	100.00	0.00	0.00
100931	国债 0931	20141203	2.90	100.00	100.00	0.00	0.00
100932	国债 0932	20161217	3.22	100.00	100.00	0.00	0.00
101001	国债 1001	20120128	2.01	99.60	99.60	0.00	0.00
101002	国债 1002	20200204	3.43	101.39	101.39	0.00	0.00
101003	国债 1003	20400301	4.08	100.00	100.00	0.00	0.00
101005	国债 1005	20170311	2.92	100.00	100.00	0.00	0.00
101006	国债 1006	20130318	2.23	100.00	100.00	0.00	0.00
101007	国债 1007	20200325	3.36	100.58	100.58	0.00	0.00
101008	国债 1008	20150408	2.70	100.00	100.00	0.00	0.00
101009	国债 1009	20300415	3.96	100.00	100.00	0.00	0.00
101010	国债 1010	20170422	3.01	100.00	100.00	0.00	0.00
101012	国债 1012	20200513	3.25	100.00	100.00	0.00	0.00
101013	国债 1013	20150520	2.38	100.00	100.00	0.00	0.00
101014	国债 1014	20600524	4.03	100.00	100.00	624000.00	6270.00
101015	国债 1015	20170527	2.83	100.00	100.00	0.00	0.00
101016	国债 1016	20130603	2.33	100.00	100.00	0.00	0.00
101017	国债 1017	20150610	2.53	100.00	100.00	0.00	0.00
101018	国债 1018	20400621	4.03	100.00	100.00	0.00	0.00
101019	国债 1019	20200624	3.41	100.00	100.00	500000.00	4821.00
101020	国债 1020	20150708	2.52	100.00	100.00	0.00	0.00
101022	国债 1022	20170722	2.76	100.00	100.00	0.00	0.00
101023	国债 1023	20400729	3.96	100.00	100.00	0.00	0.00
101024	国债 1024	20200805	3.28	100.00	100.00	500000.00	4782.00
101025	国债 1025	20130812	2.30	100.00	100.00	0.00	0.00
101026	国债 1026	20400816	3.96	100.00	100.00	0.00	0.00
101027	国债 1027	20170819	2.81	100.00	100.00	0.00	0.00
101028	国债 1028	20150826	2.58	100.00	100.00	0.00	0.00
101029	国债 1029	20300902	3.82	100.00	100.00	0.00	0.00
101031	国债 1031	20200916	3.29	100.00	100.00	0.00	0.00
101032	国债 1032	20171014	3.10	100.00	100.00	0.00	0.00
101033	国债 1033	20151021	2.91	100.00	100.00	0.00	0.00
101034	国债 1034	20201028	3.67	100.00	100.00	0.00	0.00
101035	国债 1035	20131104	2.68	100.00	100.00	0.00	0.00
101037	国债 1037	20601118	4.40	100.00	100.00	0.00	0.00
101038	国债 1038	20171125	3.83	100.00	100.00	0.00	0.00
101039	国债 1039	20151202	3.64	100.00	100.00	0.00	0.00
101040	国债 1040	20401209	4.23	100.00	100.00	0.00	0.00
101041	国债 1041	20201216	3.77	100.00	100.00	0.00	0.00
101101	国债 1101	20120113	2.81	100.00	100.00	750000.00	7495.00
101102	国债 1102	20210120	3.94	100.00	100.00	0.00	0.00
101103	国债 1103	20180127	3.83	100.00	100.00	0.00	0.00
101104	国债 1104	20160217	3.60	100.00	100.00	0.00	0.00
101105	国债 1105	20410224	4.31	100.00	100.00	0.00	0.00
101106	国债 1106	20180303	3.75	100.00	100.00	0.00	0.00
101107	国债 1107	20140310	3.22	100.00	100.00	1200000.00	11884.00
101108	国债 1108	20210317	3.83	100.00	100.00	0.00	0.00
101109	国债 1109	20120324	2.80	100.00	100.00	0.00	0.00
101110	国债 1110	20310427	4.15	100.00	100.00	0.00	0.00
101111	国债 1111	20120505	2.77	100.00	100.00	0.00	0.00
101112	国债 1112	20610526	4.48	100.00	100.00	0.00	0.00
101113	国债 1113	20140602	3.26	100.00	100.00	0.00	0.00
101114	国债 1114	20160609	3.44	100.00	100.00	0.00	0.00

代码	债券现货	到期日期	票面利率	2011 年 1 月 - 12 月			
				最高价	最低价	成交张数	成交金额
101115	国债 1115	20210616	3.99	100.00	100.00	0.00	0.00
101116	国债 1116	20410623	4.50	100.00	100.00	0.00	0.00
101117	国债 1117	20180707	3.70	100.00	100.00	0.00	0.00
101118	国债 1118	20120714	3.48	100.00	100.00	0.00	0.00
101119	国债 1119	20210818	3.93	100.00	100.00	0.00	0.00
101120	国债 1120	20120915	3.90	100.00	100.00	0.00	0.00
101121	国债 1121	20181013	3.65	100.00	100.00	0.00	0.00
101122	国债 1122	20161020	3.55	100.00	100.00	0.00	0.00
101123	国债 1123	20611110	4.33	100.00	100.00	0.00	0.00
101124	国债 1124	20211117	3.57	100.00	100.00	0.00	0.00
101125	国债 1125	20141208	2.82	100.00	100.00	0.00	0.00
101917	国债 917	20210731	4.26	108.00	95.18	26888.00	278.00
108048	贴债 1103	20120109		98.21	98.21	0.00	0.00
108049	贴债 1104	20120507		97.20	97.20	1000000.00	9747.00
108050	贴债 1105	20120319		98.10	98.10	0.00	0.00
109001	新疆 0901	20120330	1.61	100.00	100.00	0.00	0.00
109002	安徽 0901	20120401	1.60	100.00	100.00	0.00	0.00
109003	河南 0901	20120407	1.63	100.00	100.00	0.00	0.00
109004	四川 0901	20120408	1.65	100.00	100.00	0.00	0.00
109005	重庆 0901	20120413	1.70	100.00	100.00	0.00	0.00
109006	辽宁 0901	20120414	1.75	100.00	100.00	0.00	0.00
109007	天津 0901	20120414	1.78	100.00	100.00	0.00	0.00
109008	山东 0901	20120416	1.80	100.00	100.00	0.00	0.00
109009	江苏 0901	20120420	1.82	100.00	100.00	0.00	0.00
109010	吉林 0901	20120423	1.82	100.00	100.00	0.00	0.00
109011	青岛 0901	20120423	1.82	100.00	100.00	0.00	0.00
109012	湖北 0901	20120423	1.82	100.00	100.00	0.00	0.00
109013	青海 0901	20120423	1.82	100.00	100.00	0.00	0.00
109014	河北 0901	20120430	1.80	100.00	100.00	0.00	0.00
109015	内蒙 0901	20120430	1.80	100.00	100.00	0.00	0.00
109016	陕西 0901	20120430	1.80	100.00	100.00	0.00	0.00
109017	龙江 0901	20120511	1.77	100.00	100.00	0.00	0.00
109018	云南 0901	20120511	1.77	100.00	100.00	0.00	0.00
109019	浙江 0901	20120511	1.77	100.00	100.00	0.00	0.00
109020	大连 0901	20120514	1.71	100.00	100.00	0.00	0.00
109021	四川 0902	20120514	1.71	100.00	100.00	0.00	0.00
109022	湖北 0902	20120514	1.71	100.00	100.00	0.00	0.00
109023	广西 0901	20120525	1.67	100.00	100.00	0.00	0.00
109024	北京 0901	20120525	1.67	100.00	100.00	0.00	0.00
109025	上海 0901	20120525	1.67	100.00	100.00	0.00	0.00
109026	河南 0902	20120525	1.67	100.00	100.00	0.00	0.00
109027	湖南 0901	20120609	1.71	100.00	100.00	0.00	0.00
109028	福建 0901	20120609	1.70	100.00	100.00	0.00	0.00
109029	宁夏 0901	20120609	1.70	100.00	100.00	0.00	0.00
109030	江西 0901	20120615	1.72	100.00	100.00	0.00	0.00
109031	贵州 0901	20120615	1.72	100.00	100.00	0.00	0.00
109032	安徽 0902	20120615	1.72	100.00	100.00	0.00	0.00
109033	广东 0901	20120623	1.75	100.00	100.00	0.00	0.00
109034	厦门 0901	20120623	1.75	100.00	100.00	0.00	0.00
109035	海南 0901	20120623	1.75	100.00	100.00	0.00	0.00
109036	山西 0901	20120629	1.76	100.00	100.00	0.00	0.00
109037	甘肃 0901	20120629	1.76	100.00	100.00	0.00	0.00
109038	宁波 0901	20120707	1.79	100.00	100.00	0.00	0.00
109039	深圳 0901	20120707	1.79	100.00	100.00	0.00	0.00
109040	新疆 0902	20120707	1.79	100.00	100.00	0.00	0.00
109041	山东 0902	20120707	1.79	100.00	100.00	0.00	0.00
109042	辽宁 0902	20120707	1.79	100.00	100.00	0.00	0.00
109043	吉林 0902	20120831	2.36	100.00	100.00	0.00	0.00

代码	债券现货	到期日期	票面利率	2011年1月－12月			
				最高价	最低价	成交张数	成交金额
109044	广西0902	20120831	2.36	100.00	100.00	0.00	0.00
109045	龙江0902	20120831	2.36	100.00	100.00	0.00	0.00
109046	内蒙0902	20120831	2.36	100.00	100.00	0.00	0.00
109047	河北0902	20120907	2.24	100.00	100.00	0.00	0.00
109048	上海0902	20120907	2.24	100.00	100.00	0.00	0.00
109049	浙江0902	20120907	2.24	100.00	100.00	0.00	0.00
109050	陕西0902	20120907	2.24	100.00	100.00	0.00	0.00
109051	地债1001	20130621	2.77	100.00	100.00	0.00	0.00
109052	地债1002	20150621	2.90	100.00	100.00	0.00	0.00
109053	地债1003	20130719	2.33	100.00	100.00	0.00	0.00
109054	地债1004	20130810	2.37	100.00	100.00	0.00	0.00
109055	地债1005	20150810	2.67	100.00	100.00	0.00	0.00
109056	地债1006	20130824	2.37	100.00	100.00	0.00	0.00
109057	地债1007	20130907	2.36	100.00	100.00	0.00	0.00
109058	地债1008	20150907	2.67	100.00	100.00	0.00	0.00
109059	地债1009	20131115	3.23	100.00	100.00	0.00	0.00
109060	地债1010	20151115	3.70	100.00	100.00	0.00	0.00
109061	地债1101	20160712	3.84	100.00	100.00	0.00	0.00
109062	地债1102	20140712	3.93	100.00	100.00	0.00	0.00
109063	地债1103	20140802	4.07	100.00	100.00	0.00	0.00
109064	地债1104	20160809	4.12	100.00	100.00	0.00	0.00
109065	地债1105	20140823	4.01	100.00	100.00	0.00	0.00
109066	地债1106	20160830	4.30	100.00	100.00	0.00	0.00
109067	地债1107	20141018	3.67	100.00	100.00	0.00	0.00
109068	地债1108	20161025	3.70	100.00	100.00	0.00	0.00
109069	上海1101	20141116	3.10	100.00	100.00	0.00	0.00
109070	上海1102	20161116	3.30	100.00	100.00	0.00	0.00
109071	广东1101	20141121	3.08	100.00	100.00	0.00	0.00
109072	广东1102	20161121	3.29	100.00	100.00	0.00	0.00
109073	浙江1101	20141122	3.01	100.00	100.00	0.00	0.00
109074	浙江1102	20161122	3.24	100.00	100.00	0.00	0.00
109075	深圳1101	20141128	3.03	100.00	100.00	0.00	0.00
109076	深圳1102	20161128	3.25	100.00	100.00	0.00	0.00
111018	02电网15	20170619	4.86	101.00	90.18	292062.00	2908.00
111019	02广核债	20171111	4.50	98.80	90.00	594465.00	5833.00
111020	03华能1	20131209	4.60	107.00	95.01	826162.00	8384.00
111021	03华能2	20131209	5.30	100.50	90.21	1110982.00	11117.00
111022	04首旅债	20140219	4.75	101.10	96.00	8760.00	88.00
111023	03中铁债	20210825	4.63	103.20	91.02	22704.00	220.00
111024	04华电1	20140929	5.40	128.00	89.55	22616.00	226.00
111025	04华电2	20140929	5.80	101.60	98.50	5250.00	53.00
111026	05粤交通	20200629	5.30	110.00	90.50	16890.00	171.00
111027	03石油债	20131028	4.11	104.00	90.00	135115.00	1335.00
111028	05神华债	20120121	5.30	110.00	91.00	42441.00	427.00
111029	06豫投债	20160119	4.30	95.77	86.66	50.00	0.00
111030	05泰达债	20151219	4.65	115.00	90.25	5162.00	51.00
111031	06鄂能债	20160522	4.05	122.01	122.01	0.00	0.00
111032	06鲁能债	20210731	4.40	109.69	89.11	10491.00	100.00
111033	06铁道01	20131016	4.00	99.50	92.82	2380.00	23.00
111034	06铁道07			101.00	90.30	2018272.00	20202.00
111035	06节能债	20160403	4.05	100.20	87.50	37325.00	352.00
111037	08昆建债	20130402	6.12	104.80	90.10	6105101.00	61929.00
111038	08西基投	20130402	6.70	110.00	93.61	527780.00	5456.00
111039	08奈伦债	20150520	8.00	107.60	92.01	6613453.00	68813.00
111040	08甬交投	20130722	6.90	103.00	98.00	494430.00	5084.00
111041	08铁岭债	20150821	8.35	108.96	92.02	8631825.00	88311.00
111042	08嘉城投	20150827	7.05	106.00	89.01	609354.00	6263.00
111044	08吉高速	20131024	5.65	108.00	90.50	3652961.00	37083.00

代码	债券现货	到期日期	票面利率	2011 年 1 月 - 12 月			
				最高价	最低价	成交张数	成交金额
111045	08 西城投	20151216	6.38	106.88	91.33	687166.00	6756.00
111046	08 东特债	20151225	7.10	105.50	96.66	5410159.00	54298.00
111047	08 长兴债	20160106	8.13	108.00	90.02	31066956.00	318493.00
111048	09 渝水投	20160209	5.92	100.80	91.78	273833.00	2716.00
111049	09 绍水务	20160209	5.78	104.85	104.17	1484880.00	15481.00
111050	09 华菱债	20190217	5.20	100.00	89.00	1040712.00	10365.00
111051	09 怀化债	20190218	8.10	109.00	89.99	41923417.00	434050.00
111052	09 哈城投	20190312	7.08	104.50	90.86	2154719.00	21971.00
111053	09 许继债	20150325	4.60	100.99	90.09	3020462.00	30165.00
111054	09 连中小·	20150428	6.53	102.87	93.33	7013668.00	70383.00
111055	09 华西债	20160515	6.05	100.50	88.23	9756198.00	96655.00
111056	09 湖交投	20160521	5.48	103.00	93.01	4634379.00	45892.00
111057	09 兖城投	20160923	6.80	105.00	88.89	11217803.00	112152.00
111058	09 黄城投	20171231	6.98	102.77	86.00	663961.00	6555.00
111059	09 宿建投	20161203	7.48	104.60	86.13	11017542.00	110653.00
111060	10 佳城投	20170309	7.88	107.72	91.00	4094855.00	40996.00
111061	10 中关村	20160826	5.18	98.90	95.19	2058841.00	20080.00
111062	10 并高铁	20200906	5.18	95.30	78.45	1099684.00	9849.00
111063	11 富阳债	20180303	7.33	104.20	83.00	5660635.00	54834.00
111064	11 长交债	20180310	7.20	103.18	83.23	2648657.00	25367.00
111065	11 豫中小	20170216	7.80	100.00	100.00	0.00	0.00
111066	11 蓉中小	20170415	6.78	100.00	100.00	0.00	0.00
112001	08 粤电债	20150310	5.50	109.05	92.10	79140.00	805.00
112002	08 中联债	20160421	6.50	104.99	97.10	12289348.00	126529.00
112003	08 泰达债	20130812	7.10	108.00	92.00	11303296.00	118339.00
112004	08 中粮债	20180825	6.06	113.00	100.09	3205031.00	33494.00
112005	08 万科 G1	20130905	5.50	103.80	92.02	11059984.00	111974.00
112006	08 万科 G2	20130905	7.00	108.99	99.10	34993034.00	360639.00
112007	09 金街 01	20120901	4.70	102.00	97.00	12521102.00	124891.00
112008	09 金街 02	20140901	5.70	104.50	98.49	9362530.00	94745.00
112009	09 粤高债	20140921	5.10	100.10	100.10	0.00	0.00
112010	09 西煤债	20141019	5.38	102.05	96.80	3917300.00	39511.00
112011	09 东药债	20141102	7.05	107.50	93.80	6069501.00	61176.00
112012	09 名流债	20141103	7.05	102.40	91.50	57882407.00	571858.00
112013	09 亿城债	20141104	8.50	105.38	90.00	10013400.00	100776.00
112014	09 银基债	20151106	8.00	105.57	92.00	18786328.00	189568.00
112015	09 泛海债	20141113	7.20	104.20	91.00	43460742.00	430761.00
112016	09 宏润债	20141113	7.80	105.58	91.50	9145189.00	91403.00
112017	09 希望债	20141125	6.10	102.18	90.47	7197600.00	71421.00
112018	09 津滨债	20141126	7.20	100.12	99.12	3500000.00	34951.00
112019	09 宜化债	20191217	5.75	103.65	90.01	9009397.00	90745.00
112020	10 大亚债	20150129	5.50	101.50	90.20	8735581.00	86411.00
112021	10 南玻 01	20151020	5.33	99.67	88.00	3578956.00	34692.00
112022	10 南玻 02	20171020	5.33	101.00	89.80	5917859.00	56987.00
112023	10 煤气 01	20151103	5.35	100.05	90.00	276850.00	2750.00
112024	10 煤气 02	20171103	5.50	100.66	100.66	0.00	0.00
112025	11 珠海债	20190301	6.80	105.00	95.21	4396353.00	44519.00
112026	11 新兴 01	20160318	5.25	100.96	91.01	10541519.00	105552.00
112027	11 新兴 02	20210318	5.39	102.00	98.00	2650.00	26.00
112028	11 冀能债	20160504	4.90	100.50	94.50	7755341.00	76703.00
112029	11 软控债	20160602	5.48	98.50	92.19	427470.00	4189.00
112030	11 鲁西债	20180706	6.18	99.40	89.94	5620630.00	55199.00
112031	11 晨鸣债	20160706	5.95	99.89	90.10	822307.00	8061.00
112032	11 柳工 01	20160720	5.40	100.10	92.82	723443.00	7141.00
112033	11 柳工 02	20180720	5.85	106.00	91.50	161043.00	1650.00
112034	11 陕气债	20190722	6.20	103.42	91.26	646280.00	6449.00
112035	11 国脉债	20180726	6.80	100.00	86.50	2110344.00	21079.00
112036	11 三钢 01	20180801	6.70	99.89	90.00	2415347.00	23891.00

代码	债券现货	到期日期	票面利率	2011 年 1 月 – 12 月			
				最高价	最低价	成交张数	成交金额
112037	11 万方债	20160812	6.70	100.00	98.50	2088100.00	20733.00
112038	11 锡业债	20180817	6.60	100.50	97.80	1292520.00	12822.00
112039	11 黔轮债	20170822	6.80	99.88	91.50	851012.00	8280.00
112040	11 建能债	20170829	6.20	101.98	100.00	300000.00	3036.00
112041	11 冀东 01	20180830	6.28	101.00	90.00	230000.00	2298.00
112042	11 东控 01	20140922	7.25	101.50	99.50	869963.00	8729.00
112043	11 东控 02	20160922	7.40	102.70	92.00	1303920.00	13052.00
112044	11 中泰 01	20181103	7.30	102.80	93.00	2841549.00	28446.00
112045	11 宗申债	20171114	7.45	98.98	96.50	1437845.00	14305.00
112046	11 华孚 01	20161118	7.80	99.88	97.39	1738181.00	17326.00
112047	11 海大债	20161118	7.00	100.48	100.00	3244600.00	32448.00
112048	11 凯迪债	20181121	8.50	101.30	99.19	2832983.00	28229.00
112049	11 安泰 01	20161122	6.40	100.90	90.09	24140.00	240.00
112050	11 报喜 01	20161124	7.00	100.49	99.98	909170.00	9094.00
112051	11 报喜 02	20181124	7.40	100.50	96.70	714510.00	7149.00
112052	11 许继债	20181130	6.75	101.00	100.00	700010.00	7000.00
112053	11 新筑债	20161207	8.50	100.58	100.00	988055.00	9955.00
115001	钒钛债 1	20121127	1.60	96.76	94.00	6606713.00	63052.00
115002	国安债 1	20130913	1.20	92.77	89.30	14380337.00	131469.00
115003	中兴债 1	20130130	0.80	99.02	92.52	13517135.00	127362.00
125089	深机转债	20170715	0.60	105.80	92.01	24553033.00	246934.00
125709	唐钢转债	20121214	2.00	112.40	105.90	45244192.00	490927.00
125731	美丰转债	20150602	1.00	127.50	103.00	8145764.00	95967.00
125887	中鼎转债	20160211	0.80	133.00	103.00	6828836.00	82101.00
126729	燕京转债	20151015	0.70	136.60	99.19	6320843.00	71958.00
129031	巨轮转 2	20160719	0.80	116.00	92.07	4026710.00	44249.00

2011 年度深圳证券市场各省股票集资情况一览表(2011.01 – 2011.12)

单位:百万元

省份	总集资		主板						中小板						创业板					
			首次发行		增发		配股集资		首次发行		增发		配股集资		首次发行		增发		配股集资	
	只数	集资金额	只数	集资金额	只数	集资金额	只数	集资金额	只数	集资金额	只数	集资金额	只数	集资金额	只数	集资金额	只数	集资金额	只数	集资金额
广东	71	92617.79			8	53276.77			19	15378.59	15	7534.34	1	332.52	28	16095.57				
青海	2	78443.75			1	77483.75			1	960										
浙江	52	37901.86			1	414.59			22	20101.13	17	10048.3	2	1150.03	10	6187.8				
江苏	45	32665.09			1	2083.93	1	674.99	15	15461.96	7	2521.84	1	228.46	20	11693.9				
北京	31	22780.31			4	5149.4			6	5946.6	4	797.15			15	10763.41	2	123.75		
山东	26	21651.99			2	2205.8			10	8794.28	5	3692.32			9	6959.59				
四川	12	19489.08			4	14050.18			4	3406.11	3	1689.79			1	343				
河北	3	19017.4			1	16015			1	2246.4					1	756				
安徽	19	16771.17			4	3623.61			8	8228.8	4	2749.16			3	2169.6				
重庆	8	14175.85			4	11098.78			1	450	1	846.86			2	1780.21				
上海	19	11178							5	3962.7					13	7157.16	1	58.14		
河南	13	9607.91			1	1369.26			6	5800.1	2	531.45			4	1907.1				
福建	15	9502.94			1	560			5	4492.38	5	2779.99			3	1661	1	9.57		
广西	4	9423.39			3	9100.01			1	323.38										
辽宁	8	8989.51							2	1025	4	7072.05			2	892.46				
湖南	13	8095.94			4	3410.61	1	580.2	2	1454.6	2	232.8			4	2417.72				
新疆	4	7662.01			1	6084.11					2	836.1			1	741.79				
湖北	9	6513			2	3293.01			1	435.5					6	2784.49				
甘肃	3	4004.57			1	3315.52			1	323.2	1	365.85								
云南	2	3292.44			2	3292.44														
吉林	3	2861.24							2	1861.24	1	1000								
山西	3	2266.29							1	430.09					2	1836.2				
海南	3	2189.63			1	816.53			1	413.1					1	960				
贵州	2	1571.24					1	491.24			1	1080								
江西	3	1231.3							1	400	2	831.3								
西藏	1	1214.34			1	1214.34														
宁夏	2	1191.74			1	290	1	901.74												

省份	总集资		主板						中小板						创业板					
			首次发行		增发		配股集资		首次发行		增发		配股集资		首次发行		增发		配股集资	
	只数	集资金额	只数	集资金额	只数	集资金额	只数	集资金额	只数	集资金额	只数	集资金额	只数	集资金额	只数	集资金额	只数	集资金额	只数	集资金额
天津	1	1000													1	1000				
陕西	1	868.7													1	868.7				
内蒙古	1	171													1	171				
合计	379	448349.47			48	218147.66	4	2648.18	115	101895.15	76	44609.31	4	1711.01	128	79146.68	4	191.47		

注：发行集资以上市日为准，配股集资以配股上市日为准。

2011 年深交所会员公司营业部交易排名(前 100 名)

排序	营业部名称	交易金额(百万)
1	国信证券股份有限公司深圳泰然九路证券营业部	195,952.821
2	国信证券股份有限公司上海北京东路证券营业部	141,327.690
3	国信证券股份有限公司广州东风中路证券营业部	129,014.770
4	国信证券股份有限公司北京平安大街证券营业部	115,210.273
5	国信证券股份有限公司杭州体育场路证券营业部	93,494.209
6	国信证券股份有限公司深圳红岭中路证券营业部	74,279.667
7	招商证券股份有限公司深圳益田路免税商务大厦证券营业部	70,693.026
8	国泰君安证券股份有限公司上海江苏路证券营业部	68,957.627
9	兴业证券股份有限公司福州湖东路证券营业部	64,177.446
10	华西证券有限责任公司北京紫竹院路证券营业部	63,046.731
11	中国国际金融有限公司上海淮海中路证券营业部	60,728.512
12	国信证券股份有限公司义乌稠州北路证券营业部	58,186.156
13	招商证券股份有限公司深圳南山南油大道证券营业部	56,453.683
14	华泰证券股份有限公司深圳深南大道证券营业部	54,791.260
15	华泰证券股份有限公司江阴福泰路证券营业部	53,589.042
16	齐鲁证券有限公司青岛香港中路证券营业部	52,765.654
17	中国国际金融有限公司北京建国门外大街证券营业部	51,878.219
18	中信金通证券有限责任公司温岭东辉北路证券营业部	50,861.607
19	财通证券有限责任公司绍兴人民中路证券营业部	50,024.883
20	中国银河证券股份有限公司北京金融街证券营业部	48,267.069
21	国信证券股份有限公司南京洪武路证券营业部	48,084.655
22	华泰证券股份有限公司上海武定路证券营业部	47,715.228
23	中信金通证券有限责任公司义乌城中中路证券营业部	47,460.119
24	光大证券股份有限公司上海淮海中路证券营业部	46,116.295
25	招商证券股份有限公司广州天河北路证券营业部	45,931.353
26	申银万国证券股份有限公司温州车站大道证券营业部	45,569.401
27	招商证券股份有限公司深圳建安路证券营业部	44,999.653
28	招商证券股份有限公司深圳常兴路证券营业部	44,865.102
29	华泰证券股份有限公司无锡解放西路证券营业部	44,355.425
30	平安证券有限责任公司北京东花市证券营业部	42,298.701
31	中信证券股份有限公司上海淮海中路证券营业部	41,680.997
32	国信证券股份有限公司福州五一中路证券营业部	41,239.265
33	华西证券有限责任公司深圳民田路证券营业部	40,928.749
34	招商证券股份有限公司上海世纪大道证券营业部	40,835.068
35	招商证券股份有限公司北京建国路证券营业部	40,694.788
36	招商证券股份有限公司杭州文三路证券营业部	40,495.835
37	国泰君安证券股份有限公司北京知春路证券营业部	39,952.521
38	国信证券股份有限公司南海大沥证券营业部	39,186.695
39	招商证券股份有限公司南京中山南路证券营业部	39,139.314
40	华泰证券股份有限公司常州和平北路证券营业部	38,986.277
41	华西证券有限责任公司成都高升桥路证券营业部	38,333.144
42	国泰君安证券股份有限公司石家庄建华南大街证券营业部	38,281.392
43	海通证券股份有限公司杭州解放路证券营业部	38,248.119
44	光大证券股份有限公司东莞运河东一路证券营业部	38,133.705
45	国泰君安证券股份有限公司郑州花园路证券营业部	37,594.750
46	中信万通证券有限责任公司青岛南京路证券营业部	37,444.132
47	东莞证券有限责任公司东莞莞太路证券营业部	36,956.649
48	方正证券股份有限公司台州解放路证券营业部	36,636.471
49	国金证券股份有限公司北京金融街证券营业部	36,018.480
50	招商证券股份有限公司武汉中北路证券营业部	35,943.066
51	国信证券股份有限公司珠海翠香路证券营业部	35,570.614
52	国信证券股份有限公司佛山体育路证券营业部	35,292.783
53	财通证券有限责任公司杭州解放路证券营业部	35,190.808
54	浙商证券有限责任公司义乌江滨北路证券营业部	34,797.585
55	上海证券有限责任公司温州谢池商城证券营业部	34,538.848
56	中信建投证券股份有限公司北京东直门南大街证券营业部	34,495.822
57	海通证券股份有限公司绍兴劳动路证券营业部	34,453.843
58	民生证券有限责任公司郑州西太康路证券营业部	34,231.487
59	招商证券股份有限公司深圳福民路证券营业部	34,049.909
60	光大证券股份有限公司深圳深南大道证券营业部	33,885.195
61	中国银河证券股份有限公司绍兴证券营业部	33,777.752
62	中信证券股份有限公司北京复外大街证券营业部	33,654.581
63	中信金通证券有限责任公司诸暨永兴路证券营业部	33,626.582
64	华泰证券股份有限公司深圳益田路荣超商务中心证券营业部	33,552.591
65	中信金通证券有限责任公司杭州市心南路证券营业部	33,392.720
66	国信证券股份有限公司杭州萧然东路证券营业部	33,222.255
67	国联证券股份有限公司宜兴人民南路证券营业部	33,077.476
68	华泰证券股份有限公司北京西三环北路证券营业部	32,829.771
69	安信证券股份有限公司嘉兴中山东路证券营业部	32,664.590
70	五矿证券有限公司深圳金田路证券营业部	32,477.262
71	中信金通证券有限责任公司余姚南雷路证券营业部	32,371.466
72	英大证券有限责任公司深圳华侨城证券营业部	31,837.001
73	国信证券股份有限公司武汉沿江大道证券营业部	31,793.687
74	招商证券股份有限公司上海肇嘉浜路证券营业部	31,654.396
75	招商证券股份有限公司深圳东门南路证券营业部	31,636.490
76	平安证券有限责任公司深圳蛇口招商路招商大厦证券营业部	31,375.416
77	中信建投证券股份有限公司北京海淀南路证券营业部	31,282.234
78	中信金通证券有限责任公司杭州延安路证券营业部	31,270.301
79	中国银河证券股份有限公司北京阜成路证券营业部	31,253.298
80	兴业证券股份有限公司厦门兴隆路证券营业部	30,866.707
81	中信金通证券有限责任公司金华中山路证券营业部	30,823.812
82	东吴证券股份有限公司苏州狮山路营业部	30,683.566
83	中信建投证券股份有限公司揭阳站前路证券营业部	30,545.642
84	国联证券股份有限公司无锡中山路证券营业部	30,519.549
85	招商证券股份有限公司深圳笋岗路证券营业部	30,516.456
86	中国银河证券股份有限公司温州大南路证券营业部	30,512.811
87	华林证券有限责任公司北京北三环东路证券营业部	30,391.928
88	中银国际证券有限责任公司深圳中心四路证券营业部	30,390.131
89	中国国际金融有限公司深圳福华一路证券营业部	30,155.002
90	海通证券股份有限公司新余劳动南路证券营业部	29,985.059

排序	营业部名称	交易金额(百万)
91	招商证券股份有限公司北京车公庄西路证券营业部	29,943.969
92	广发证券股份有限公司 广州中山三路中华广场证券营业部	29,941.244
93	国泰君安证券股份有限公司南京太平南路证券营业部	29,883.013
94	华泰证券股份有限公司苏州人民路证券营业部	29,838.074
95	中信建投证券股份有限公司北京安立路证券营业部	29,738.416
96	上海证券有限责任公司瑞安罗阳大道证券营业部	29,728.839
97	中国银河证券股份有限公司 北京中关村大街证券营业部	29,529.213
98	招商证券股份有限公司成都西一环路证券营业部	29,486.478
99	国信证券股份有限公司西安友谊东路证券营业部	29,436.801
100	光大证券股份有限公司慈溪三北西大街证券营业部	29,402.277

2011年深交所会员公司交易排名

排名	会员名称	交易金额(百万)
1	中信证券股份有限公司	118,231.362
2	招商证券股份有限公司	86,074.870
3	华泰证券股份有限公司	65,763.532
4	中国银河证券股份有限公司	56,064.588
5	中信建投证券股份有限公司	51,917.059
6	国泰君安证券股份有限公司	50,390.195
7	申银万国证券股份有限公司	45,365.120
8	广发证券股份有限公司	44,355.503
9	东方证券股份有限公司	43,506.464
10	海通证券股份有限公司	34,493.622
11	中国国际金融有限公司	33,382.107
12	平安证券有限责任公司	33,229.604
13	安信证券股份有限公司	33,004.919
14	国信证券股份有限公司	32,466.045
15	中银国际证券有限责任公司	21,595.725
16	光大证券股份有限公司	21,539.050
17	华泰联合证券有限责任公司	17,826.173
18	长江证券股份有限公司	16,112.120
19	国金证券股份有限公司	15,303.195
20	北京高华证券有限责任公司	14,520.946
21	齐鲁证券有限公司	13,691.850
22	国联证券股份有限公司	12,569.174
23	兴业证券股份有限公司	12,502.460
24	东吴证券股份有限公司	10,060.910
25	华创证券有限责任公司	7,968.249
26	中国中投证券有限责任公司	7,734.366
27	西藏同信证券有限责任公司	7,305.709
28	方正证券股份有限公司	7,068.911
29	华龙证券有限责任公司	6,697.584
30	华福证券有限责任公司	6,054.854
31	上海证券有限责任公司	5,772.366
32	长城证券有限责任公司	5,384.338
33	恒泰证券股份有限公司	5,275.320
34	东兴证券股份有限公司	5,053.787
35	中国民族证券有限责任公司	4,920.468
36	国都证券有限责任公司	4,732.903
37	中天证券有限责任公司	4,596.483
38	财通证券有限责任公司	4,562.129
39	国海证券股份有限公司	4,289.610
40	东北证券股份有限公司	4,263.258
41	浙商证券有限责任公司	4,200.414
42	东莞证券有限责任公司	4,149.567
43	大通证券股份有限公司	4,007.605
44	宏源证券股份有限公司	3,983.489
45	湘财证券有限责任公司	3,971.489
46	中信金通证券有限责任公司	3,966.020
47	国元证券股份有限公司	3,908.197
48	南京证券有限责任公司	3,906.960
49	东海证券有限责任公司	3,746.700
50	华融证券股份有限公司	3,647.128
51	首创证券有限责任公司	3,597.945
52	渤海证券股份有限公司	3,448.052
53	中信万通证券有限责任公司	3,244.022
54	西南证券股份有限公司	3,117.590
55	华西证券有限责任公司	2,984.604
56	英大证券有限责任公司	2,982.633
57	江海证券有限公司	2,978.376
58	信达证券股份有限公司	2,972.952
59	华安证券有限责任公司	2,727.664
60	山西证券股份有限公司	2,710.244
61	中原证券股份有限公司	2,673.130
62	民生证券有限责任公司	2,460.810
63	国开证券有限责任公司	2,331.928
64	爱建证券有限责任公司	2,281.711
65	金元证券股份有限公司	2,245.933
66	世纪证券有限责任公司	2,235.248
67	德邦证券有限责任公司	2,095.849
68	银泰证券有限责任公司	1,798.036
69	第一创业证券有限责任公司	1,777.106
70	西部证券股份有限公司	1,769.049
71	中山证券有限责任公司	1,755.073
72	瑞银证券有限责任公司	1,754.094
73	厦门证券有限公司	1,744.430
74	财富证券有限责任公司	1,718.243
75	和兴证券经纪有限责任公司	1,552.785
76	国盛证券有限责任公司	1,476.702
77	万联证券有限责任公司	1,421.563
78	大同证券经纪有限责任公司	1,391.363
79	红塔证券股份有限公司	1,359.966
80	华林证券有限责任公司	1,310.634
81	新时代证券有限责任公司	1,283.821
82	华鑫证券有限责任公司	1,258.178
83	华宝证券有限责任公司	1,095.194
84	财达证券有限责任公司	1,083.198
85	中航证券有限公司	1,081.245
86	中邮证券有限责任公司	957.153
87	广州证券有限责任公司	847.212
88	日信证券有限责任公司	679.721
89	联讯证券有限责任公司	565.125
90	众成证券经纪有限公司	528.018
91	万和证券有限责任公司	436.443
92	开源证券有限责任公司	397.082
93	诚浩证券有限责任公司	368.574
94	航天证券有限责任公司	342.659
95	天风证券有限责任公司	223.772
96	天源证券经纪有限公司	203.310
97	太平洋证券股份有限公司	179.443
98	川财证券经纪有限责任公司	87.150
99	恒泰长财证券有限责任公司	80.141
100	海际大和证券有限责任公司	27.266
101	五矿证券有限公司	3.478

2012 年深市主板上市公司一季报主要财务指标

截至日期:2012－04－28

股票代码	股票简称	净利润(万元)	每股收益(元)	每股净资产(元)	每股经营性现金流量(元)	分配预案
000001	深发展 A	342894.50	0.67	14.99	15	
000002	万 科 A	139593.68	0.13	4.94	0.12	
000004	国农科技	0.84	0.0001	0.8972	－0.0135	
000005	世纪星源	－1222.56	－0.013	0.708	0.003	
000006	深振业 A	7912.00	0.08	2.94	0.09	
000007	ST 零七	49.26	0.0021	1.2119	－0.3203	
000008	ST 宝利来	－2.88	－0.0004	1.0024	0.03	
000009	中国宝安	3275.31	0.03	2.45	－0.1	
000010	S ST 华新	－199.87	－0.01	0.34	－0.029	
000011	深物业 A	546.06	0.0092	1.9056	0.4173	
000012	南 玻 A	12123.10	0.06	3.39	0.12	
000014	沙河股份	－252.19	－0.0125	2.77	－0.24	
000016	深康佳 A	1037.08	0.0086	3.3338	0.3802	
000017	＊ST 中华 A	－1577.83	－0.0286	－3.07	－0.0021	
000018	ST 中冠 A	－23.31	0	0.7	0	
000019	深深宝 A	－365.26	－0.0146	3.53	0.0234	
000020	深华发 A	472.88	0.0167	0.9947	－0.3184	
000021	长城开发	4566.29	0.0346	3.1049	0.0191	
000022	深赤湾 A	11337.27	0.176	5.554	0.205	
000023	深天地 A	－897.64	－0.06	2.29	－0.13	
000024	招商地产	42942.53	0.25	12.14	－0.14	
000025	特 力 A	－221.51	－0.0101	0.7951	－0.0692	
000026	飞亚达 A	3518.93	0.09	3.58	－0.17	
000027	深圳能源	22630.71	0.09	5.57	0.15	
000028	国药一致	12182.21	0.423	5.093	－0.942	
000029	深深房 A	2203.95	0.022	1.533	－0.016	
000030	＊ST 盛润 A	－67.67	－0.0023	0.0047	－0.0016	
000031	中粮地产	5271.74	0.03	2.48	－0.04	
000032	深桑达 A	－1008.01	－0.04	3.09	－0.12	
000033	新都酒店	－348.25	－0.0106	0.882	0.008	
000034	深信泰丰	－90.11	－0.003	0.236	－0.025	
000035	＊ST 科健	937.79	0.06	－8.08	－2.18	
000036	华联控股	3580.22	0.0319	1.58	－0.04	
000037	深南电 A	－6840.12	－0.11	2.8	0.5	
000038	＊ST 大通	－234.90	－0.024	1.58	－0.019	
000039	中集集团	37530.50	0.141	7.11	0.1975	
000040	宝安地产	5419.84	0.12	2.24	0.15	
000042	深 长 城	20994.48	0.8767	11.58	－1.17	
000043	中航地产	－639.79	－0.0192	7.7607	－1.4244	
000045	深纺织 A	860.40	0.03	4.14	0.02	
000046	泛海建设	－1678.10	－0.0037	1.75	－0.0801	
000048	ST 康达尔	335.75	0.0086	0.9271	－0.0842	
000049	德赛电池	3612.26	0.264	2.5618	1.6028	
000050	深天马 A	－722.68	－0.013	2.29	0.502	
000055	方大集团	916.09	0.01	1.43	－0.06	
000056	＊ST 国商	－564.64	－0.03	－0.41	0.1	
000058	深 赛 格	1661.33	0.0212	1.49	0.0148	
000059	辽通化工	17176.42	0.14	6.383	1.51	
000060	中金岭南	9038.34	0.044	2.63	－0.05	
000061	农 产 品	4352.07	0.06	4.24	－0.11	
000062	深圳华强	202.39	0.003	2.59	0.26	
000063	中兴通讯	15087.40	0.04	7.09	－1.85	
000065	北方国际	－5.13	0	3.35	0.03	
000066	长城电脑	371.51	0.003	2.38	0.01	
000068	ST 三星	708.05	0.0079	0.26	－0.006	

股票代码	股票简称	净利润(万元)	每股收益(元)	每股净资产(元)	每股经营性现金流量(元)	分配预案
000069	华侨城A	29103.40	0.052	2.965	-0.155	
000070	特发信息	1114.31	0.0446	3.24	-0.32	
000078	海王生物	2419.66	0.0371	1.2527	-0.1603	
000088	盐田港	8117.78	0.0543	3.1879	0.0309	
000089	深圳机场	18342.81	0.1085	4.153	0.078	
000090	深天健	10016.67	0.2194	6.6987	-0.1645	
000096	广聚能源	-981.37	-0.0186	3.4079	-0.16	
000099	中信海直	3663.12	0.0713	3.386	0.0649	
000100	TCL集团	3842.08	0.0045	1.3438	0.0137	
000150	宜华地产	57.20	0.0018	2.1694	0.0005	
000151	中成股份	1237.63	0.042	2.93	-0.38	
000153	丰原药业	262.59	0.0101	2.7925	0.0672	
000155	*ST川化	-11177.27	-0.24	2.67	-0.26	
000156	*ST嘉瑞	6.48	0.0005	-2.3	-0.05	
000157	中联重科	208874.02	0.27	4.87	-0.19	
000158	常山股份	-1949.21	-0.027	3.33	-0.05	
000159	国际实业	2737.97	0.06	4.27	-0.02	
000301	东方市场	3065.75	0.0252	2.123	0.0464	
000338	潍柴动力	102507.68	0.62	14.34	-1.71	
000400	许继电气	1345.10	0.0356	6.709	-0.4596	
000401	冀东水泥	-23734.90	-0.176	8.33	-0.57	
000402	金融街	87158.07	0.29	6.27	-0.13	
000403	S*ST生化	1742.38	0.08	1.02	0.05	
000404	华意压缩	520.52	0.016	1.8	-0.44	
000407	胜利股份	282.51	0.0044	1.9	-0.14	
000408	ST金谷源	111.46	0.004	0.6669	-0.0015	
000409	*ST泰复	25.85	0.0015	0.24	0.026	
000410	沈阳机床	2511.44	0.05	2.9	-0.01	
000411	英特集团	1536.49	0.0741	2.01	-2.31	
000413	宝石A	1904.39	0.0497	0.66	-0.076	
000415	渤海租赁	5074.67	0.052	7.2954	0.0836	
000416	民生投资	-166.37	-0.0031	1.41	-0.0033	
000417	合肥百货	14675.18	0.2823	4.73	0.09	
000418	小天鹅A	11858.10	0.19	5.63	0	
000419	通程控股	3527.81	0.0779	3.63	-0.368	
000420	*ST吉纤	-1725.99	-0.0456	1.312	0.121	
000421	南京中北	2726.68	0.0775	2.41	-0.13	
000422	湖北宜化	19089.96	0.305	8.68	0.81	
000423	东阿阿胶	33317.08	0.5094	5.743	-0.0092	
000425	徐工机械	74075.33	0.36	7.7	-0.7	
000426	兴业矿业	1163.97	0.03	3.98	-0.008	
000428	华天酒店	1788.39	0.025	2.13	0.023	
000429	粤高速A	5965.91	0.05	3.32	0.13	
000430	张家界	-738.29	-0.023	0.85	-0.05	
000488	晨鸣纸业	1536.96	0.0075	6.57	-0.14	
000498	*ST丹化	-104.32	-0.0024	0.021	-0.0027	
000501	鄂武商A	14287.38	0.28	4.28	0.66	
000502	绿景控股	-203.71	-0.011	1.1	-0.14	
000503	海虹控股	326.17	0.0036	1.3845	-0.03	
000504	ST传媒	-6.97	-0.0002	0.41	-0.0104	
000505	ST珠江	-2733.00	-0.06	0.81	-0.2	
000506	中润资源	3173.00	0.041	1.5953	-0.01	
000507	珠海港	-931.77	-0.027	4.9576	-0.0604	
000509	SST华塑	227.48	0.0091	-0.4483	0.026	
000510	金路集团	-5982.37	-0.0982	1.6013	-0.0167	
000511	银基发展	415.36	0.004	1.37	0.018	
000513	丽珠集团	11729.12	0.4	10.01	0.45	
000514	渝开发	1685.45	0.0242	3.6	-0.2	
000516	开元投资	5362.55	0.075	1.64	0.07	

股票代码	股票简称	净利润(万元)	每股收益(元)	每股净资产(元)	每股经营性现金流量(元)	分配预案
000517	荣安地产	6175.79	0.0582	2.2351	0.4478	
000518	四环生物	19.88	0.0002	0.6902	-0.0134	
000519	江南红箭	-294.95	-0.015	1.76	-0.018	
000520	长航凤凰	-25027.56	-0.3709	-0.1781	-0.1071	
000521	美菱电器	3460.70	0.0544	4.45	-0.21	
000522	白云山A	9459.54	0.2017	3.07	0.13	
000523	广州浪奇	310.51	0.01	2.24	-0.1	
000524	东方宾馆	827.97	0.031	2.22	0.06	
000525	红太阳	6226.80	0.1228	5.558	-0.37	
000526	银润投资	-99.23	-0.0103	1.63	-0.0444	
000527	美的电器	87081.20	0.26	6.14	-0.69	
000528	柳工	14758.69	0.13	8.43	0.29	
000529	广弘控股	1763.93	0.03	1.35	-0.13	
000530	大冷股份	1851.09	0.05	4.9	-0.29	
000531	穗恒运A	6758.19	0.1973	6	1.04	
000532	力合股份	458.66	0.013	1.87	0.07	
000533	万家乐	1503.39	0.0218	1.48	-0.19	
000534	万泽股份	1354.66	0.0279	2.11	-0.5164	
000536	华映科技	8333.80	0.119	3.361	0.2239	
000537	广宇发展	9686.93	0.19	1.92	0.3764	
000538	云南白药	29051.32	0.42	8.42	-0.2	
000539	粤电力A	5878.41	0.021	3.67	0.28	
000540	中天城投	14358.77	0.1123	1.8	-0.21	
000541	佛山照明	5692.55	0.06	2.91	0.16	
000543	皖能电力	4842.43	0.06	4.85	0.06	
000544	中原环保	2041.08	0.08	2.56	-0.31	
000545	*ST吉药	51.05	0	-0.28	0.01	
000546	光华控股	1586.44	0.0936	0.95	-0.0471	
000547	闽福发A	6228.26	0.1	2.54	0.01	
000548	湖南投资	781.31	0.016	2.93	0.083	
000550	江铃汽车	47596.32	0.55	9.02	0.87	
000551	创元科技	1054.17	0.04	4.73	-0.18	
000552	靖远煤电	2051.20	0.12	3.03	0.75	
000553	沙隆达A	1403.03	0.0236	1.97	-0.02	
000554	泰山石油	506.36	0.0105	1.84	0.11	
000555	ST太光	-215.12	-0.0237	-1.45	-0.0471	
000557	*ST广夏	-164.64	-0.002	-0.75	-0.0005	
000558	莱茵置业	962.39	0.0153	1.2777	0.1158	
000559	万向钱潮	9177.91	0.058	2.484	0.005	
000560	昆百大A	1132.10	0.0688	6.0216	-0.4518	
000561	烽火电子	184.64	0.0031	1.36	-0.21	
000562	宏源证券	27619.00	0.189	5.09	-0.14	
000563	陕国投A	3360.66	0.0938	2.47	0.23	
000564	西安民生	2445.07	0.0803	2.8721	0.3389	
000565	渝三峡A	1165.74	0.07	3.01	-0.26	
000566	海南海药	2806.23	0.1133	5.42	0.08	
000567	海德股份	-60.56	-0.004	1.318	0.048	
000568	泸州老窖	129329.99	0.928	6.08	0.43	
000570	苏常柴A	1347.54	0.02	3.24	0.14	
000571	新大洲A	2653.87	0.0361	1.7787	-0.0582	
000572	海马汽车	2166.07	0.0132	3.97	0.17	
000573	粤宏远A	755.34	0.0121	2.3	0.0148	
000576	*ST甘化	6095.47	0.19	0.58	-0.33	
000581	威孚高科	24711.24	0.41	12.1	0.2	
000582	北海港	984.10	0.069	2.694	0.047	
000584	友利控股	-1975.16	-0.0483	4	0.0739	
000585	*ST东电	-819.03	-0.0094	0.289	0.0146	
000586	汇源通信	-73.16	-0.004	0.95	-0.15	
000587	ST金叶	3826.50	0.07	1.63	-0.13	

股票代码	股票简称	净利润(万元)	每股收益(元)	每股净资产(元)	每股经营性现金流量(元)	分配预案
000589	黔轮胎A	2927.26	0.06	4.44	0.32	
000590	紫光古汉	1695.02	0.0835	1.81	0.062	
000591	桐君阁	689.79	0.0251	1.421	-0.167	
000592	中福实业	-1612.77	-0.0247	1.5232	0.0257	
000593	大通燃气	101.18	0.005	1.496	-0.065	
000594	国恒铁路	1584.84	0.011	2.0698	-0.0193	
000595	*ST西轴	-954.04	-0.044	0.95	0.101	
000596	古井贡酒	25609.17	1.02	11.98	-0.17	
000597	东北制药	-7698.14	-0.23	4.75	-0.08	
000598	兴蓉投资	19493.60	0.17	3.3	0.1	
000599	青岛双星	405.05	0.008	2.89	-0.19	
000600	建投能源	-1454.55	-0.016	3.13	0.01	
000601	韶能股份	1666.85	0.018	3.27	0.1237	
000602	金马集团	40215.03	0.797	7.39	0.92	
000603	ST盛达	5531.66	0.11	1.26	0.25	
000605	*ST四环	12.07	0.001	0.56	-0.01	
000606	青海明胶	-561.02	-0.0138	1.44	-0.0072	
000607	*ST华控	266.42	0.0055	0.7024	-0.2977	
000608	阳光股份	-914.20	-0.012	3.37	-0.18	
000609	绵世股份	1302.18	0.0437	3.3305	0.2349	
000610	西安旅游	2898.80	0.1473	2.36	0.67	
000611	时代科技	-115.17	-0.004	1.96	0.036	
000612	焦作万方	2728.77	0.057	5.181	0.044	
000613	ST东海A	98.64	0.0027	0.23	0.0006	
000615	湖北金环	358.87	0.02	3.01	-0.33	
000616	亿城股份	10264.83	0.09	3.09	0.32	
000617	石油济柴	-2310.70	-0.08	2.5	-0.24	
000619	海螺型材	2833.62	0.0787	5.65	-0.219	
000620	新华联	5627.94	0.04	1.58	-0.19	
000622	S*ST恒立	-207.08	-0.015	-1.295	-0.035	
000623	吉林敖东	18325.95	0.27	13.46	-0.03	
000625	长安汽车	14639.21	0.03	3.09	-0.05	
000626	如意集团	1186.69	0.0586	1.9604	-0.9725	
000627	天茂集团	-3902.77	-0.029	1	0.017	
000628	高新发展	-500.13	-0.023	0.77	0.03	
000629	攀钢钒钛	52611.11	0.09	2.65	-0.06	
000630	铜陵有色	28378.72	0.2	7.23	-1.45	
000631	顺发恒业	16365.56	0.16	2.33	0.09	
000632	三木集团	318.49	0.0068	1.2165	-0.1663	
000633	ST合金	-53.38	-0.0014	0.5663	-0.0121	
000635	英力特	-2635.93	-0.149	8.84	0.11	
000636	风华高科	202.88	0	3.32	0.01	
000637	茂化实华	142.99	0.003	1.4	-0.14	
000638	万方地产	-350.72	-0.0225	1.31	-0.2185	
000639	西王食品	2175.12	0.17	7.5	0.23	
000650	仁和药业	10292.68	0.16	1.94	0.12	
000651	格力电器	117364.29	0.3902	7.32	6.19	
000652	泰达股份	-8098.85	-0.0549	1.4612	0.3187	
000655	金岭矿业	3691.37	0.06	4.42	0.47	
000656	金科股份	32188.94	0.28	4.76	-0.53	
000657	*ST中钨	8.34	0.0004	1.4962	0.092	
000659	珠海中富	-1507.42	-0.01	1.79	0.03	
000661	长春高新	2430.27	0.19	4.98	0.42	
000662	*ST索芙	-721.05	-0.025	2.4798	0.0852	
000663	永安林业	-662.47	-0.0327	1.72	0.05	
000665	武汉塑料	895.54	0.05	1.01	0.31	
000666	经纬纺机	18769.65	0.31	5.96	0.69	
000667	名流置业	2813.75	0.01	2.05	-0.39	
000668	荣丰控股	-389.97	-0.03	4.53	-0.97	

股票代码	股票简称	净利润(万元)	每股收益(元)	每股净资产(元)	每股经营性现金流量(元)	分配预案
000669	*ST 领先	-106.98	-0.0116	1.59	0.55	
000670	S*ST 天发	57.59	0.0021	0.7645	-0.2687	
000671	阳光城	992.74	0.02	3.47	0.29	
000672	*ST 铜城	-197.24	-0.0092	0.1085	-0.0002	
000673	ST 当代	-314.07	-0.015	0.013	0.0005	
000676	ST 思达	-1507.78	-0.0479	0.966	0.341	
000677	*ST 海龙	-14927.04	-0.17	-1.162	-0.079	
000678	襄阳轴承	-897.28	-0.03	1.71	-0.14	
000679	大连友谊	2260.08	0.063	3.66	-0.357	
000680	山推股份	5015.42	0.07	5.75	0.29	
000681	*ST 远东	-118.19	-0.006	0.69	0.04	
000682	东方电子	295.27	0.003	1.41	-0.12	
000683	远兴能源	2777.27	0.04	3.13	0.35	
000685	中山公用	7788.28	0.13	9.63	0.06	
000686	东北证券	4902.74	0.0767	4.9	1.26	
000687	保定天鹅	-1370.99	-0.021	1.63	0.026	
000688	*ST 朝华	-78.30	-0.0019	-0.1806	-0.0189	
000690	宝新能源	3297.43	0.02	1.93	0.09	
000691	*ST 亚太	-362.54	-0.0112	0.4389	-0.0025	
000692	惠天热电	585.60	0.022	4.59	-1.16	
000693	S*ST 聚友	-1354.93	-0.07	-0.74	-0.36	
000695	滨海能源	459.25	0.021	1.4	-0.11	
000697	*ST 炼石	49.80	0.001	0.94	-0.07	
000698	沈阳化工	-4403.15	-0.067	4.82	-0.21	
000700	模塑科技	1738.15	0.0562	3.398	0.509	
000701	厦门信达	2477.77	0.1031	3.31	-2.02	
000702	正虹科技	342.20	0.013	1.7	0.31	
000703	恒逸石化	44865.66	0.78	4.59	0.3	
000705	浙江震元	1128.54	0.09	4.39	0.1377	
000707	双环科技	2840.06	0.061	4.51	0.49	
000708	大冶特钢	8199.68	0.182	6.634	-0.051	
000709	河北钢铁	35957.70	0.034	4.06	-0.13	
000710	天兴仪表	28.45	0.0019	0.7737	0.1259	
000711	天伦置业	141.11	0.01	3.4	0.07	
000712	锦龙股份	908.35	0.0298	2.87	0.019	
000713	丰乐种业	1975.79	0.0661	3.88	-0.34	
000715	中兴商业	2483.69	0.089	4.05	0.26	
000716	南方食品	292.81	0.016	1.73	-0.15	
000717	韶钢松山	-33196.92	-0.1988	2.604	-0.0508	
000718	苏宁环球	21703.73	0.1062	2.13	0.2	
000719	大地传媒	4335.24	0.1	3.57	0.02	
000720	*ST 能山	-3554.28	-0.0412	0.7848	0.1642	
000721	西安饮食	357.47	0.0179	2.2724	-0.0145	
000722	*ST 金果	3299.93	0.071	4.25	0.095	
000723	美锦能源	-965.74	-0.07	3.31	-0.15	
000725	京东方 A	-49456.28	-0.037	1.85	-0.003	
000726	鲁泰 A	11519.44	0.11	5.17	0.1	
000727	华东科技	-2816.86	-0.0784	1.3975	0.171	
000728	国元证券	15535.56	0.08	7.63	0.05	
000729	燕京啤酒	3785.87	0.0306	7.45	0.16	
000731	四川美丰	2864.65	0.057	4.2728	0.1352	
000732	泰禾集团	1302.86	0.0128	2.004	-0.09	
000733	振华科技	1453.62	0.04	5.86	-0.19	
000735	罗牛山	466.84	0.0053	1.949	-0.0519	
000736	重庆实业	8576.43	0.29	5.1	-0.02	
000737	*ST 南风	373.09	0.0068	0.6222	0.14	
000738	中航动控	2161.24	0.02	2.65	-0.08	
000739	普洛股份	208.38	0.0081	3.1	-0.06	
000748	长城信息	-466.03	-0.0124	3.12	-0.61	

股票代码	股票简称	净利润(万元)	每股收益(元)	每股净资产(元)	每股经营性现金流量(元)	分配预案
000750	国海证券	6511.00	0.09	3.84	1.11	
000751	*ST 锌业	-11261.75	-0.1	0.01	0.42	
000752	西藏发展	504.36	0.019	2.366	0.067	
000753	漳州发展	1523.93	0.05	2.05	-0.04	
000755	山西三维	936.97	0.02	4.74	0.15	
000756	新华制药	1478.61	0.03	3.78	-0.15	
000757	*ST 方向	903.35	0.0247	0.0463	0.0134	
000758	中色股份	4070.61	0.053	3.16	-0.644	
000759	中百集团	9377.90	0.14	4.07	0.39	
000760	博盈投资	182.27	0.01	0.78	-0.01	
000761	本钢板材	8809.48	0.03	4.98	0.18	
000762	西藏矿业	320.97	0.01	5.83	-0.1	
000766	通化金马	683.59	0.0152	1.37	-0.03	
000767	* ST 漳电	-20770.32	-0.16	0.39	0.09	
000768	西飞国际	927.88	0.0037	3.8	-0.56	
000776	广发证券	65142.18	0.22	11.01	1.25	
000777	中核科技	333.43	0.0157	4.469	-0.24	
000778	新兴铸管	36015.55	0.1879	6.2743	-0.5042	
000779	三毛派神	-288.92	-0.015	1.71	-0.018	
000780	平庄能源	19583.41	0.19	4.63	-0.27	
000782	美达股份	2193.28	0.054	2.57	0.07	
000783	长江证券	17920.66	0.08	4.94	1.04	
000785	武汉中商	3551.15	0.14	3.04	0.43	
000786	北新建材	4682.64	0.081	5.325	-0.274	
000787	*ST 创智	-153.37	-0.0041	0.2265	-0.0045	
000788	西南合成	3122.24	0.05	1.73	0.03	
000789	江西水泥	5278.27	0.13	3.99	0.1726	
000790	华神集团	314.81	0.009	1.4617	-0.1487	
000791	西北化工	-492.23	-0.026	1.6204	-0.0662	
000792	盐湖股份	49251.20	0.3097	8.93	0.17	
000793	华闻传媒	2667.03	0.0196	1.98	-0.39	
000795	太原刚玉	390.14	0.014	1.31	-0.32	
000796	易食股份	648.33	0.0263	1.89	-0.0144	
000797	中国武夷	1874.22	0.05	3.09	-0.11	
000798	中水渔业	-2847.84	-0.0891	2.16	-0.13	
000799	酒鬼酒	11906.64	0.3664	4.5884	0.447	
000800	一汽轿车	-1086.16	-0.0067	5.13	0.37	
000801	四川九洲	1339.95	0.0353	2.1274	-0.4382	
000802	北京旅游	160.29	0.0085	4.27	0.03	
000803	金宇车城	-420.61	-0.0329	0.9	-0.1	
000805	*ST 炎黄	-43.55	-0.007	-0.39	-0.04	
000806	*ST 银河	-1259.70	-0.018	1.2059	0.0877	
000807	云铝股份	-2427.70	-0.016	2.59	0.21	
000809	铁岭新城	-2450.87	-0.0669	5.68	-0.23	
000810	华润锦华	-239.30	-0.0185	3.92	0.27	
000811	烟台冰轮	4068.36	0.1	2.82	-0.004	
000812	陕西金叶	833.21	0.0186	1.53	-0.12	
000813	天山纺织	-242.70	-0.0067	1.14	0.02	
000815	*ST 美利	-1904.55	-0.06	1.96	-0.04	
000816	江淮动力	2260.17	0.0208	1.93	-0.03	
000818	方大化工	1823.27	0.0268	2.9105	-0.03	
000819	岳阳兴长	1153.65	0.054	2.577	-0.018	
000820	*ST 金城	-4180.25	-0.15	-2.49	0.016	
000821	京山轻机	-1689.10	-0.049	3.28	0.03	
000822	山东海化	-6568.08	-0.07	4.11	0.14	
000823	超声电子	6703.95	0.1522	4.197	0.0078	
000825	太钢不锈	18486.13	0.032	4.124	0.408	
000826	桑德环境	6709.45	0.162	4.06	-0.32	
000828	东莞控股	8747.08	0.0841	3.1407	0.1254	

股票代码	股票简称	净利润(万元)	每股收益(元)	每股净资产(元)	每股经营性现金流量(元)	分配预案
000829	天音控股	3309.81	0.035	2.34	-1.408	
000830	鲁西化工	9082.53	0.062	3.55	0.25	
000831	*ST 关铝	-7116.23	-0.11	-0.08	0.01	
000833	贵糖股份	954.74	0.03	3.08	-0.59	
000835	四川圣达	-1323.64	-0.0433	1.44	0.13	
000836	鑫茂科技	-1366.86	-0.0467	2.47	0.062	
000837	秦川发展	268.15	0.0077	3.23	-0.31	
000838	*ST 国兴	-430.87	-0.0238	1.64	0.22	
000839	中信国安	4496.10	0.0287	3.73	-0.18	
000848	承德露露	10551.36	0.29	2.36	-0.005	
000850	华茂股份	7723.20	0.082	3.2	0.23	
000851	高鸿股份	-752.47	-0.0226	3.04	-0.5	
000852	江钻股份	2217.96	0.06	2.7	-0.08	
000856	ST 唐陶	543.96	0.02	1.95	-0.08	
000858	五粮液	305012.11	0.804	6.885	0.443	
000859	国风塑业	501.86	0.0119	2.21	0.03	
000860	顺鑫农业	8238.81	0.19	6.7	-0.06	
000861	海印股份	8928.64	0.18	2.8	-0.02	
000862	银星能源	1297.61	0.055	1.43	-0.09	
000863	*ST 商务	-1614.20	-0.02	1.24	-0.28	
000868	安凯客车	1310.04	0.04	3.63	-1.01	
000869	张裕 A	60428.54	1.15	10.65	0.94	
000875	吉电股份	-14583.04	-0.1738	2.6825	0.1785	
000876	新希望	55599.78	0.32	5.84	0.37	
000877	天山股份	-13302.98	-0.292	12.2842	-1.2359	
000878	云南铜业	27621.46	0.2	5.09	0.67	
000880	潍柴重机	2881.10	0.1	4.1	-0.23	
000881	大连国际	3504.42	0.113	4.58	-0.03	
000882	华联股份	308.07	0.0034	3.27	0.13	
000883	湖北能源	10724.50	0.05	4.47	0.29	
000885	同力水泥	2598.94	0.1029	5.92	0.79	
000886	海南高速	4394.21	0.044	2.576	0.329	
000887	中鼎股份	9894.99	0.17	2.5	0.015	
000888	峨眉山 A	981.23	0.0417	3.73	-0.11	
000889	渤海物流	2900.32	0.0856	2.242	0.14	
000890	法尔胜	265.02	0.007	2.7436	0.2414	
000892	*ST 星美	23.27	0.0006	0.0117	-0.0042	
000893	东凌粮油	-1818.36	-0.08	1.3	0.98	
000895	双汇发展	18869.87	0.3114	6.39	-0.24	
000897	津滨发展	-7089.82	-0.0438	1.05	-0.29	
000898	鞍钢股份	-188800.00	-0.261	6.75	0.374	
000899	*ST 赣能	1115.89	0.0173	1.83	0.4	
000900	现代投资	17002.86	0.43	13.29	0.08	
000901	航天科技	787.60	0.031	3.31	-0.41	
000902	中国服装	-826.25	-0.032	0.9671	-0.078	
000903	云内动力	2138.03	0.031	3.81	-0.08	
000905	厦门港务	3185.75	0.06	3.36	-0.11	
000906	南方建材	1236.86	0.04	3	-0.46	
000908	ST 天一	-1055.20	-0.038	-0.04	-0.02	
000909	数源科技	328.64	0.02	3.18	0.06	
000910	大亚科技	2576.53	0.05	4.31	-0.19	
000911	南宁糖业	-5159.74	-0.18	4.76	-1.98	
000912	泸天化	2231.72	0.04	3.92	-0.06	
000913	钱江摩托	1258.07	0.03	3.13	-0.27	
000915	山大华特	2976.37	0.1651	3	0.1895	
000916	华北高速	4629.88	0.04	3.57	0.065	
000917	电广传媒	11280.87	0.28	6.92	-0.01	
000918	嘉凯城	-18923.64	-0.1	2.18	-0.09	
000919	金陵药业	2896.60	0.0575	4.13	0.04	

股票代码	股票简称	净利润(万元)	每股收益(元)	每股净资产(元)	每股经营性现金流量(元)	分配预案
000920	南方汇通	2889.61	0.0685	2.25	-0.34	
000921	ST 科龙	12658.10	0.0935	0.6902	-0.1235	
000922	ST 阿继	-2544.29	-0.09	0.013	-0.014	
000923	河北宣工	207.52	0.0105	2.92	-0.26	
000925	众合机电	652.07	0.02	3.42	0.03	
000926	福星股份	11716.25	0.16	8.08	0.52	
000927	一汽夏利	5485.76	0.03	2.33	-0.12	
000928	中钢吉炭	-947.94	-0.0335	3.302	0.102	
000929	兰州黄河	568.15	0.0306	2.98	0.21	
000930	中粮生化	5523.42	0.057	2.938	-0.254	
000931	中关村	-1109.08	-0.0164	1.07	0.02	
000932	华菱钢铁	-71323.90	-0.2365	4.17	0.358	
000933	神火股份	27925.18	0.17	3.36	0.35	
000935	四川双马	-3257.90	-0.05	3.09	-0.06	
000936	华西股份	158.79	0.002	2.41	-0.09	
000937	冀中能源	80620.63	0.3486	6.6036	0.3136	
000938	紫光股份	1177.98	0.057	3.915	-1.752	
000939	凯迪电力	3187.34	0.03	2.72	0.03	
000948	南天信息	-1855.87	-0.09	6.08	-1.52	
000949	新乡化纤	-5812.73	-0.0701	2.1509	0.2604	
000950	建峰化工	3864.91	0.0645	4.07	0.09	
000951	中国重汽	1315.99	0.03	8.96	-2.48	
000952	广济药业	-1140.64	-0.045	3.2	0.1	
000953	ST 河化	767.37	0.0261	1.5	-0.13	
000955	ST 欣龙	-301.47	-0.008	1.74	-0.01	
000957	中通客车	1380.17	0.06	2.67	-0.07	
000958	ST 东热	-161.81	-0.005	-2.3	0.08	
000959	首钢股份	-15069.29	-0.0508	2.51	-0.06	
000960	锡业股份	4015.68	0.0431	5.8213	0.1838	
000961	中南建设	14088.97	0.12	4.77	0.18	
000962	东方钽业	1754.32	0.0398	5.4095	-0.2639	
000963	华东医药	12162.69	0.2802	3.8	-0.64	
000965	天保基建	2310.92	0.05	5.1	-0.16	
000966	长源电力	-1872.91	-0.0338	2.2986	0.5356	
000967	上风高科	2789.76	0.136	3.14	0.35	
000968	煤气化	3939.22	0.0767	6.2553	-0.122	
000969	安泰科技	4126.23	0.048	3.89	-0.14	
000970	中科三环	24558.07	0.48	4.75	1.2	
000971	ST 迈亚	-902.28	-0.037	0.043	-0.234	
000972	新中基	-8552.61	-0.1774	0.25	-0.17	
000973	佛塑科技	1068.26	0.017	3	0.017	
000975	科学城	234.12	0.0038	1.51	0.0084	
000976	春晖股份	-1892.04	-0.0323	0.85	-0.18	
000977	浪潮信息	383.66	0.0178	5.2	-0.38	
000978	桂林旅游	-1489.10	-0.041	4.02	-0.086	
000979	中弘股份	13096.44	0.13	2.23	0.05	
000980	金马股份	1767.65	0.06	3.82	0.27	
000981	银亿股份	4835.01	0.06	3.57	-0.28	
000982	中银绒业	5705.33	0.1	1.55	-0.03	
000983	西山煤电	101694.91	0.3227	4.86	0.1904	
000985	大庆华科	877.96	0.068	3.84	-0.15	
000987	广州友谊	10909.70	0.3	5.2	-0.35	
000988	华工科技	10600.36	0.24	5.92	-0.05	
000989	九芝堂	2812.78	0.09	4.94	-0.04	
000990	诚志股份	308.48	0.01	5.38	0.065	
000993	闽东电力	893.24	0.0239	4.09	-0.058	
000995	ST 皇台	252.65	0.01	1.01	0.03	
000996	中国中期	645.08	0.028	2.1746	0.01	
000997	新大陆	2206.88	0.04	2.72	-0.31	

股票代码	股票简称	净利润(万元)	每股收益(元)	每股净资产(元)	每股经营性现金流量(元)	分配预案
000998	隆平高科	7768.79	0.28	4.171	0.58	
000999	华润三九	30685.09	0.31	4.96	0.06	
001696	宗申动力	6633.38	0.0559	2.44	0.166	
001896	豫能控股	-6382.94	-0.1	0.83	0.41	
200002	万 科 B	139593.68	0.13	4.94	0.12	
200011	深物业 B	546.06	0.0092	1.9056	0.4173	
200012	南 玻 B	12123.10	0.06	3.39	0.12	
200016	深康佳 B	1037.08	0.0086	3.3338	0.3802	
200017	*ST 中华 B	-1577.83	-0.0286	-3.07	-0.0021	
200018	ST 中冠 B	-23.31	0	0.7	0	
200019	深深宝 B	-365.26	-0.0146	3.53	0.0234	
200020	深华发 B	472.88	0.0167	0.9947	-0.3184	
200022	深赤湾 B	11337.27	0.176	5.554	0.205	
200024	招商局 B	42942.53	0.25	12.14	-0.14	
200025	特 力 B	-221.51	-0.0101	0.7951	-0.0692	
200026	飞亚达 B	3518.93	0.09	3.58	-0.17	
200028	一 致 B	12182.21	0.423	5.093	-0.942	
200029	深深房 B	2203.95	0.022	1.533	-0.016	
200030	*ST 盛润 B	-67.67	-0.0023	0.0047	-0.0016	
200037	深南电 B	-6840.12	-0.11	2.8	0.5	
200039	中 集 B	37530.50	0.141	7.11	0.1975	
200045	深纺织 B	860.40	0.03	4.14	0.02	
200053	深基地 B	2768.28	0.12	5.15	0.25	
200054	建 摩 B	51.32	0.001	0.6	-0.004	
200055	方 大 B	916.09	0.01	1.43	-0.06	
200056	*ST 国商 B	-564.64	-0.03	-0.41	0.1	
200058	深赛格 B	1661.33	0.0212	1.49	0.0148	
200152	山 航 B	6285.40	0.16	5.28	0.44	
200160	ST 大路 B	-304.71	-0.0043	-0.038	0.004	
200168	ST 雷伊 B	-694.01	-0.02	1.01	0.02	
200413	宝 石 B	1904.39	0.0497	0.66	-0.076	
200418	小天鹅 B	11858.10	0.19	5.63	0	
200429	粤高速 B	5965.91	0.05	3.32	0.13	
200468	宁通信 B	41.14	0.002	1.733	-0.545	
200488	晨 鸣 B	1536.96	0.0075	6.57	-0.14	
200505	ST 珠江 B	-2733.00	-0.06	0.81	-0.2	
200512	闽灿坤 B	-1077.30	-0.01	0.41	-0.0527	
200513	丽 珠 B	11729.12	0.4	10.01	0.45	
200521	皖美菱 B	3460.70	0.0544	4.45	-0.21	
200530	大 冷 B	1851.09	0.05	4.9	-0.29	
200539	粤电力 B	5878.41	0.021	3.67	0.28	
200541	粤照明 B	5692.55	0.06	2.91	0.16	
200550	江 铃 B	47596.32	0.55	9.02	0.87	
200553	沙隆达 B	1403.03	0.0236	1.97	-0.02	
200570	苏常柴 B	1347.54	0.02	3.24	0.14	
200581	苏威孚 B	24711.24	0.41	12.1	0.2	
200596	古井贡 B	25609.17	1.02	11.98	-0.17	
200613	ST 东海 B	98.64	0.0027	0.23	0.0006	
200625	长 安 B	14639.21	0.03	3.09	-0.05	
200706	瓦 轴 B	1834.01	0.05	3.75	0.29	
200725	京东方 B	-49456.28	-0.037	1.85	-0.003	
200726	鲁 泰 B	11519.44	0.11	5.17	0.1	
200761	本钢板 B	8809.48	0.03	4.98	0.18	
200770	*ST 武锅 B	5.60	0	-3.87	-0.19	
200771	杭汽轮 B	7360.97	0.12	5.39	0.26	
200869	张 裕 B	60428.54	1.15	10.65	0.94	
200986	粤华包 B	-1871.33	-0.037	3.01	-0.76	
200992	中 鲁 B	876.62	0.03	1.68	0.07	

2012年深市中小企业板上市公司一季报主要财务指标

截至日期:2012-04-28

股票代码	股票简称	净利润(万元)	每股收益(元)	每股净资产(元)	每股经营性现金流量(元)	分配预案
002001	新和成	26240.30	0.36	8.12	0.3	
002002	ST金材	-678.36	-0.0406	0.5313	0.0228	
002003	伟星股份	-636.06	-0.02	6.4	-0.18	
002004	华邦制药	5114.12	0.31	14.59	1.04	
002005	德豪润达	6142.43	0.11	7.34	0.05	
002006	精功科技	1075.38	0.04	4.15	-0.1	
002007	华兰生物	13038.30	0.2263	4.3343	0.2709	
002008	大族激光	5518.91	0.0528	2.85	-0.08	
002009	天奇股份	1162.91	0.05	2.46	-0.42	
002010	传化股份	2721.19	0.06	3.06	-0.16	
002011	盾安环境	7273.69	0.0868	3.65	0.0989	
002012	凯恩股份	2227.53	0.1	4.66	0.01	
002013	中航精机	1223.38	0.0563	2.36	0.063	
002014	永新股份	3808.22	0.21	4.49	-0.26	
002015	霞客环保	940.29	0.04	3.11	0.49	
002016	世荣兆业	417.22	0.01	2.05	-0.07	
002017	东信和平	970.97	0.0445	2.99	-0.1411	
002018	华星化工	-349.08	-0.01	2.07	-0.1	
002019	*ST鑫富	1454.46	0.07	2.19	-0.07	
002020	京新药业	736.31	0.0583	6.123	0.081	
002021	中捷股份	1083.32	0.02	2.2	-0.01	
002022	科华生物	4907.52	0.0997	2.0878	0.0363	
002023	海特高新	1346.40	0.046	3.48	-0.005	
002024	苏宁电器	95103.20	0.14	3.32	-0.11	
002025	航天电器	3680.13	0.11	4.31	-0.1	
002026	山东威达	1212.89	0.0691	3.56	0.08	
002027	七喜控股	-889.68	-0.0294	1.97	-0.17	
002028	思源电气	428.72	0.01	6.05	-0.81	
002029	七匹狼	17351.69	0.61	7.58	0.84	
002030	达安基因	1391.27	0.04	1.46	-0.03	
002031	巨轮股份	2273.91	0.06	3.12	0.01	
002032	苏泊尔	12876.65	0.22	5.017	0.18	
002033	丽江旅游	1914.37	0.117	4.78	0.02	
002034	美欣达	-463.61	-0.06	6.06	-0.14	
002035	华帝股份	1639.09	0.07	2.5	-0.2	
002036	宜科科技	162.21	0.01	1.63	0.05	
002037	久联发展	1550.05	0.09	4.85	-0.19	
002038	双鹭药业	9825.41	0.2581	4.53	0.1709	
002039	黔源电力	-8360.90	-0.4107	7.3583	0.2783	
002040	南京港	1041.82	0.0424	2.41	0.04	
002041	登海种业	3102.93	0.0882	3.299	0.1074	
002042	华孚色纺	3539.03	0.06	5.44	-0.46	
002043	兔宝宝	-150.52	-0.01	3.16	-0.03	
002044	江苏三友	536.57	0.024	1.71	0.05	
002045	广州国光	1361.47	0.03	3.4	0	
002046	轴研科技	1557.61	0.13	7	-0.28	
002047	成霖股份	-535.09	-0.01	1.52	0.01	
002048	宁波华翔	6211.69	0.11	4.99	-0.3	
002049	晶源电子	579.44	0.0429	3.37	0.1852	
002050	三花股份	8150.93	0.27	9.48	0.1046	
002051	中工国际	11389.68	0.26	5.98	-0.86	
002052	同洲电子	193.81	0.006	3.31	0.033	
002053	云南盐化	-1092.43	-0.059	5.264	0.149	
002054	德美化工	1042.02	0.03	4.14	0.18	
002055	得润电子	2026.38	0.0987	5.3639	0.2624	

股票代码	股票简称	净利润(万元)	每股收益(元)	每股净资产(元)	每股经营性现金流量(元)	分配预案
002056	横店东磁	2092.11	0.05	7.11	0.12	
002057	中钢天源	242.09	0.03	3.08	-0.21	
002058	威尔泰	-259.47	-0.021	1.48	-0.021	
002059	云南旅游	-85.76	-0.004	2.6076	0.3101	
002060	粤水电	1268.20	0.03	5.61	-1.36	
002061	江山化工	-1043.10	-0.075	3.698	-0.135	
002062	宏润建设	4021.88	0.09	4.22	-1.14	
002063	远光软件	3697.51	0.1088	3.02	-0.23	
002064	华峰氨纶	-2735.81	-0.04	2.18	0.07	
002065	东华软件	9129.79	0.172	4.42	-0.31	
002066	瑞泰科技	902.40	0.0781	5.33	-1.0143	
002067	景兴纸业	3081.98	0.06	5.28	-0.23	
002068	黑猫股份	3496.63	0.07	2.6	0.13	
002069	獐子岛	8035.08	0.11	3.94	-0.47	
002070	众和股份	1518.93	0.0311	2.35	0	
002071	江苏宏宝	197.83	0.011	1.97	0.01	
002072	ST 德棉	-864.94	-0.049	1.17	0.06	
002073	软控股份	5392.26	0.07	4.03	-0.04	
002074	东源电器	1157.33	0.05	1.75	-0.04	
002075	沙钢股份	1791.55	0.01	1.46	0.06	
002076	雪莱特	468.15	0.0254	2.21	0.0931	
002077	大港股份	217.69	0.01	3.14	-0.91	
002078	太阳纸业	2533.04	0.03	3.89	0.31	
002079	苏州固锝	1676.34	0.042	3.03	0.003	
002080	中材科技	402.53	0.01	5.68	-0.42	
002081	金螳螂	20033.71	0.3866	6.39	-0.94	
002082	栋梁新材	1686.31	0.07	4.47	-0.03	
002083	孚日股份	4998.61	0.05	3.09	0.03	
002084	海鸥卫浴	141.78	0.004	2.19	0.0518	
002085	万丰奥威	5588.54	0.14	3.93	0.2	
002086	东方海洋	698.68	0.0287	5.18	0.0866	
002087	新野纺织	2475.48	0.0475	3.39	0.22	
002088	鲁阳股份	1208.96	0.05	5.99	0.05	
002089	新海宜	2220.74	0.0629	2.8653	0.0135	
002090	金智科技	938.62	0.046	2.5919	-0.1319	
002091	江苏国泰	3173.50	0.09	3.09	0.11	
002092	中泰化学	4627.86	0.04	6.25	-0.24	
002093	国脉科技	3547.33	0.041	1.2918	0.0237	
002094	青岛金王	583.58	0.018	1.58	-0.21	
002095	生意宝	1055.69	0.07	2.84	0.09	
002096	南岭民爆	1066.37	0.08	4.21	-0.02	
002097	山河智能	1421.28	0.0337	4.17	-0.22	
002098	浔兴股份	-342.02	-0.022	3.96	0.02	
002099	海翔药业	4198.89	0.26	4.78	0.27	
002100	天康生物	3975.75	0.13	3.97	0.04	
002101	广东鸿图	2745.22	0.17	5.73	0.05	
002102	*ST 冠福	181.44	0.004	1.06	0.04	
002103	广博股份	455.79	0.02	3.32	-0.02	
002104	恒宝股份	2114.10	0.05	1.64	0.01	
002105	信隆实业	-237.13	-0.01	1.98	-0.02	
002106	莱宝高科	3540.12	0.059	4.0591	0.0071	
002107	沃华医药	278.74	0.02	3.66	0.06	
002108	沧州明珠	1701.24	0.06	2.27	-0.19	
002109	兴化股份	3525.37	0.1	3.32	0.02	
002110	三钢闽光	337.96	0.006	5.54	-1.32	
002111	威海广泰	1705.42	0.06	3.4	-0.12	
002112	三变科技	-1067.72	-0.1	3.82	-0.01	
002113	*ST 天润	195.80	0.017	0.719	0.0045	
002114	*ST 锌电	332.63	0.02	0.99	1.29	

股票代码	股票简称	净利润(万元)	每股收益(元)	每股净资产(元)	每股经营性现金流量(元)	分配预案
002115	三维通信	1863.74	0.0817	4.5208	-0.6257	
002116	中国海诚	2251.39	0.2	4.935	-1.524	
002117	东港股份	2678.31	0.21	8.51	-0.1	
002118	紫鑫药业	832.08	0.02	3.54	-0.11	
002119	康强电子	318.44	0.02	3.14	0.06	
002120	新海股份	3746.20	0.25	2.91	-0.2	
002121	科陆电子	643.07	0.0162	3.02	-0.4	
002122	天马股份	6442.98	0.05	4.02	0.06	
002123	荣信股份	4016.54	0.08	3.98	-0.31	
002124	天邦股份	-280.52	-0.014	1.94	-0.1	
002125	湘潭电化	-1314.70	-0.1512	4.07	0.1573	
002126	银轮股份	1685.66	0.11	7.58	-0.12	
002127	新民科技	617.16	0.01	2.57	0.38	
002128	露天煤业	51580.45	0.39	4	-0.07	
002129	中环股份	482.13	0.0067	2.3581	-0.0627	
002130	沃尔核材	1052.07	0.04	3.08	-0.22	
002131	利欧股份	2656.94	0.08	3.27	-0.1	
002132	恒星科技	-1079.48	-0.02	2.04	0.03	
002133	广宇集团	9452.62	0.19	3.43	-0.11	
002134	天津普林	-466.97	-0.02	2.82	0.01	
002135	东南网架	2490.31	0.07	4.57	-0.34	
002136	安纳达	1191.85	0.06	3.02	-0.03	
002137	实益达	1065.53	0.0341	1.65	0.08	
002138	顺络电子	1818.24	0.09	5.36	0.27	
002139	拓邦股份	1011.09	0.06	3.03	-0.06	
002140	东华科技	1745.12	0.04	2.52	-0.05	
002141	蓉胜超微	-621.88	-0.0342	1.64	0.0254	
002142	宁波银行	103363.90	0.36	6.84	-3.09	
002143	高金食品	-838.73	-0.0523	3.07	-0.43	
002144	宏达高科	1861.93	0.12	7.49	0.21	
002145	*ST钛白	-1118.35	-0.06	0.38	-0.01	
002146	荣盛发展	22366.18	0.12	3.42	-0.61	
002147	方圆支承	630.67	0.024	3.57	0.025	
002148	北纬通信	749.23	0.07	4.07	0.04	
002149	西部材料	-1740.38	-0.1	4.656	0.06	
002150	江苏通润	995.11	0.04	2.04	0.002	
002151	北斗星通	-1434.11	-0.09	4.15	-0.32	
002152	广电运通	13321.51	0.3	5.78	-0.57	
002153	石基信息	3991.75	0.13	3.67	0.09	
002154	报喜鸟	5299.93	0.09	3.8	-0.06	
002155	辰州矿业	13460.30	0.2459	4.74	0.3457	
002156	通富微电	321.70	0.005	3.36	0.02	
002157	正邦科技	3824.75	0.09	2.49	-0.01	
002158	汉钟精机	1678.28	0.077	3.54	0.0947	
002159	三特索道	-3264.32	-0.27	3.63	-0.07	
002160	常铝股份	249.37	0.007	1.947	-0.15	
002161	远望谷	2154.69	0.06	3.64	-0.04	
002162	斯米克	-5307.55	-0.127	1.5324	-0.177	
002163	中航三鑫	-2503.42	-0.03	1.86	-0.16	
002164	东力传动	155.57	0.003	2.61	0.13	
002165	红宝丽	1985.68	0.07	3.42	0.34	
002166	莱茵生物	-1252.75	-0.1	1.67	0.33	
002167	东方锆业	1202.22	0.06	7.22	0.01	
002168	深圳惠程	507.25	0.0081	1.7	-0.0722	
002169	智光电气	316.90	0.0119	2.2102	-0.0576	
002170	芭田股份	3072.72	0.078	1.99	-0.11	
002171	精诚铜业	-116.91	-0.003586	2.05	-0.33	
002172	澳洋科技	-1942.23	-0.03	0.94	0.75	
002173	山下湖	909.59	0.05	2.16	-0.02	

股票代码	股票简称	净利润(万元)	每股收益(元)	每股净资产(元)	每股经营性现金流量(元)	分配预案
002174	梅花伞	-285.21	-0.034	2.73	-0.07	
002175	广陆数测	85.93	0.01	3.13	-0.05	
002176	江特电机	1062.38	0.0501	3.78	-0.259	
002177	御银股份	4589.01	0.13	3.92	-0.1	
002178	延华智能	278.94	0.02	2.24	-0.44	
002179	中航光电	3111.75	0.08	3.53	-0.19	
002180	万力达	11.88	0.001	2.98	-0.09	
002181	粤传媒	-300.75	-0.0086	3.44	0.02	
002182	云海金属	-836.17	-0.03	3.07	0.22	
002183	怡亚通	4724.26	0.06	1.8	-0.27	
002184	海得控制	-1729.17	-0.0786	3.21	0.0078	
002185	华天科技	2499.56	0.0615	3.6151	0.0109	
002186	全聚德	4223.28	0.2983	5.9935	0.3903	
002187	广百股份	6039.67	0.21	7.1	-0.24	
002188	新嘉联	83.22	0.01	2.07	0.09	
002189	利达光电	89.22	0.004	2.42	0.041	
002190	成飞集成	76.07	0.003	5.88	-0.34	
002191	劲嘉股份	14634.87	0.23	3.43	0.3	
002192	路翔股份	-776.42	-0.064	2.08	0.01	
002193	山东如意	837.61	0.05	4.23	0.02	
002194	武汉凡谷	565.90	0.0102	3.7453	-0.3083	
002195	海隆软件	1755.85	0.1541	3.5234	0.1428	
002196	方正电机	1036.29	0.0895	2.65	-0.003	
002197	证通电子	1292.06	0.06	2.56	-0.3	
002198	嘉应制药	-210.51	-0.0103	1.3172	-0.0068	
002199	东晶电子	217.23	0.0172	4.3535	0.061	
002200	*ST 大地	-133.21	-0.01	2.27	0.13	
002201	九鼎新材	287.34	0.02	2.29	-0.0462	
002202	金风科技	617.70	0.0023	4.8	-0.59	
002203	海亮股份	5507.93	0.1067	4.98	-0.52	
002204	大连重工	10959.73	0.26	14.05	0.52	
002205	国统股份	-1333.41	-0.1148	7.29	-0.37	
002206	海利得	3992.61	0.09	4.68	-0.06	
002207	准油股份	-1405.37	-0.14	3.52	-0.33	
002208	合肥城建	1523.79	0.05	3.44	-0.35	
002209	达意隆	927.87	0.0475	3.14	0.17	
002210	飞马国际	2762.05	0.09	1.86	-0.91	
002211	宏达新材	-1123.60	-0.03	3.86	0.06	
002212	南洋股份	1695.57	0.03	3.24	0.22	
002213	特尔佳	353.58	0.02	1.47	0.06	
002214	大立科技	-397.43	-0.04	4.3	0.05	
002215	诺普信	4231.73	0.12	3.56	-0.28	
002216	三全食品	4046.07	0.2	8.16	-0.56	
002217	联合化工	662.66	0.03	4.23	0.09	
002218	拓日新能	694.02	0.0142	2.92	0.03	
002219	独一味	1761.53	0.0472	1.3243	0.024	
002220	天宝股份	2098.58	0.09	6.27	0.62	
002221	东华能源	469.64	0.021	3.22	0.46	
002222	福晶科技	1375.97	0.05	2.19	0.02	
002223	鱼跃医疗	6627.55	0.16	2.85	-0.09	
002224	三力士	545.97	0.03	3.24	-0.36	
002225	濮耐股份	2265.70	0.03	1.76	-0.01	
002226	江南化工	2126.59	0.05	5.61	-0.07	
002227	奥特迅	208.96	0.0192	5.6	-0.18	
002228	合兴包装	942.64	0.03	2.54	0.05	
002229	鸿博股份	1129.91	0.07	4.92	-0.36	
002230	科大讯飞	1985.97	0.08	4.81	-0.12	
002231	奥维通信	379.22	0.0213	3.76	-0.2823	
002232	启明信息	193.26	0.0047	2.34	-0.12	

股票代码	股票简称	净利润(万元)	每股收益(元)	每股净资产(元)	每股经营性现金流量(元)	分配预案
002233	塔牌集团	5940.39	0.07	3.89	0.05	
002234	民和股份	1184.09	0.0784	10.71	-0.13	
002235	安妮股份	301.34	0.02	2.45	-0.11	
002236	大华股份	6696.77	0.24	5.64	-0.82	
002237	恒邦股份	5251.54	0.23	12.66	-0.31	
002238	天威视讯	2788.13	0.09	4.33	0.22	
002239	金飞达	187.17	0.01	2.68	0.07	
002240	威华股份	-3243.62	-0.07	3.36	0.24	
002241	歌尔声学	11472.43	0.15	5.33	0.06	
002242	九阳股份	12603.76	0.17	3.45	0.12	
002243	通产丽星	1922.43	0.07	2.76	-0.02	
002244	滨江集团	10232.87	0.08	3.71	0.09	
002245	澳洋顺昌	2214.11	0.0607	1.65	0.21	
002246	北化股份	12.87	0.0007	2.95	-0.12	
002247	帝龙新材	608.68	0.06	4.7	-0.26	
002248	华东数控	-298.50	-0.01	3.99	-0.26	
002249	大洋电机	3054.14	0.06	5.27	0.04	
002250	联化科技	8438.03	0.21	4.71	0.23	
002251	步步高	13725.46	0.5077	6.46	1.1	
002252	上海莱士	2131.45	0.078	3.44	-0.07	
002253	川大智胜	307.34	0.04	8.64	-0.1	
002254	泰和新材	511.68	0.01	4.22	0.11	
002255	海陆重工	2399.96	0.19	9.99	0.2	
002256	彩虹精化	-202.38	-0.01	2.18	-0.004	
002258	利尔化学	1945.25	0.1	4.63	-0.06	
002259	升达林业	-987.93	-0.02	1.24	0.05	
002260	伊立浦	-475.15	-0.03	2.09	-0.03	
002261	拓维信息	1651.37	0.08	3.68	-0.1	
002262	恩华药业	2964.09	0.1267	2.49	0.088	
002263	大东南	1004.00	0.017	4.51	-0.008	
002264	新华都	6084.08	0.1704	3.42	0.2	
002265	西仪股份	-627.23	-0.02	1.88	-0.07	
002266	浙富股份	1791.69	0.06	4.29	0.15	
002267	陕天然气	16061.84	0.3159	5.78	0.4	
002268	卫士通	-2033.68	-0.1177	2.86	-0.33	
002269	美邦服饰	23728.12	0.24	4.35	0.98	
002270	法因数控	583.31	0.03	2.96	-0.05	
002271	东方雨虹	-765.30	-0.022	3.15	-0.63	
002272	川润股份	1327.38	0.04	3	-0.1	
002273	水晶光电	1002.99	0.08	7.78	0.02	
002274	华昌化工	661.71	0.025	5.35	-0.26	
002275	桂林三金	6337.74	0.1074	3.47	0.08	
002276	万马电缆	1246.92	0.0161	1.99	-0.15	
002277	友阿股份	17894.69	0.5124	5.98	-0.05	
002278	神开股份	669.30	0.03	4.45	0	
002279	久其软件	-3376.73	-0.3073	5.677	-0.4596	
002280	新世纪	473.16	0.04	4.61	-0.4	
002281	光迅科技	1370.29	0.09	7.06	0.23	
002282	博深工具	743.88	0.03	3.62	-0.04	
002283	天润曲轴	3529.62	0.06	5.3	0.05	
002284	亚太股份	1748.97	0.06	3.69	-0.246	
002285	世联地产	-1290.48	-0.04	4.16	-0.32	
002286	保龄宝	1328.96	0.13	7.44	0.37	
002287	奇正藏药	2698.97	0.07	3.13	0.04	
002288	超华科技	1307.14	0.05	1.96	0	
002289	宇顺电子	-660.08	-0.09	6.45	-0.36	
002290	禾盛新材	1543.89	0.1	6.44	0.43	
002291	星期六	2516.67	0.07	4.38	0.07	
002292	奥飞动漫	3321.58	0.08	3.45	-0.17	

股票代码	股票简称	净利润(万元)	每股收益(元)	每股净资产(元)	每股经营性现金流量(元)	分配预案
002293	罗莱家纺	10634.38	0.76	12.52	0.3	
002294	信立泰	12601.68	0.35	6.22	0.32	
002295	精艺股份	1004.30	0.0474	3.9768	1.3641	
002296	辉煌科技	-468.23	-0.0263	3.83	-0.3079	
002297	博云新材	1227.32	0.06	2.84	-0.09	
002298	鑫龙电器	1308.59	0.0793	3.41	0.2735	
002299	圣农发展	7746.68	0.085	3.73	0.19	
002300	太阳电缆	2257.32	0.0749	3.71	-0.35	
002301	齐心文具	894.44	0.05	5.63	-0.31	
002302	西部建设	-5193.45	-0.25	4.99	-0.18	
002303	美盈森	1829.73	0.1023	9.6179	0.209	
002304	洋河股份	221204.82	2.46	13.45	3.27	
002305	南国置业	1041.83	0.0109	1.815	-0.26	
002306	湘鄂情	4623.63	0.23	6.39	0.16	
002307	北新路桥	254.52	0.01	2.74	-0.06	
002308	威创股份	5570.77	0.09	2.98	-0.04	
002309	中利科技	4356.53	0.18	9.74	-1.34	
002310	东方园林	-3042.59	-0.2	12.37	-2.56	
002311	海大集团	351.36	0.006	4.31	0.65	
002312	三泰电子	-1154.99	-0.07	3.83	-0.7	
002313	日海通讯	1976.71	0.1977	10.61	-0.81	
002314	雅致股份	492.92	0.02	6.8	-0.03	
002315	焦点科技	2516.63	0.21	14	-0.08	
002316	键桥通讯	169.97	0.01	3.84	-0.06	
002317	众生药业	3644.95	0.2	8.41	0.24	
002318	久立特材	2978.34	0.14	7.22	-0.48	
002319	乐通股份	223.21	0.02	5.23	0.09	
002320	海峡股份	3714.66	0.11	5.82	0.09	
002321	华英农业	1724.25	0.117	6.908	-0.304	
002322	理工监测	488.72	0.07	14.19	0.01	
002323	中联电气	1135.48	0.1372	10.63	-0.05	
002324	普利特	3091.89	0.11	4.3	-0.25	
002325	洪涛股份	4319.84	0.19	5.87	-0.54	
002326	永太科技	2007.90	0.08	4.02	0.21	
002327	富安娜	7691.91	0.57	9.83	0.13	
002328	新朋股份	117.87	0.0039	7.03	0.14	
002329	皇氏乳业	903.87	0.04	3.74	-0.12	
002330	得利斯	2434.40	0.097	5.26	0.08	
002331	皖通科技	727.20	0.0543	4.94	-0.51	
002332	仙琚制药	2176.53	0.06	3.34	-0.07	
002333	罗普斯金	1593.38	0.06	5.05	-0.01	
002334	英威腾	1386.03	0.09	9.27	-0.14	
002335	科华恒盛	1266.35	0.08	5.71	-0.44	
002336	人人乐	1990.06	0.0498	8.95	0.54	
002337	赛象科技	664.53	0.03	6.65	0.06	
002338	奥普光电	1211.48	0.15	8.03	-0.53	
002339	积成电子	185.57	0.02	9.93	-1.18	
002340	格林美	1845.77	0.06	7.53	-0.93	
002341	新纶科技	1551.50	0.106	4.66	0.022	
002342	巨力索具	3203.16	0.03	2.37	-0.02	
002343	禾欣股份	1759.33	0.0888	5.96	0.1	
002344	海宁皮城	10496.18	0.19	4.37	0.26	
002345	潮宏基	4839.30	0.27	8.02	0.3	
002346	柘中建设	275.08	0.02	7.18	-0.09	
002347	泰尔重工	1724.43	0.17	7.97	0.08	
002348	高乐股份	1628.65	0.0688	4.83	0.02	
002349	精华制药	2539.91	0.25	6.11	0.57	
002350	北京科锐	618.40	0.0482	7.4596	-0.4099	
002351	漫步者	2209.61	0.08	5.4	-0.05	

股票代码	股票简称	净利润(万元)	每股收益(元)	每股净资产(元)	每股经营性现金流量(元)	分配预案
002352	鼎泰新材	1215.93	0.16	9.39	0.01	
002353	杰瑞股份	6071.59	0.26	11.49	-0.49	
002354	科冕木业	229.79	0.02	4.94	-0.29	
002355	兴民钢圈	2418.79	0.11	5.79	0	
002356	浩宁达	79.43	0.01	11.64	-0.52	
002357	富临运业	2588.52	0.13	3.12	0.26	
002358	森源电气	2764.99	0.16	5.84	-0.57	
002359	齐星铁塔	720.94	0.04	4.05	-0.14	
002360	同德化工	858.47	0.07	5.17	0.14	
002361	神剑股份	1258.08	0.08	3.39	0.02	
002362	汉王科技	-1955.29	-0.09	4.23	-0.05	
002363	隆基机械	1299.39	0.11	7.41	0.06	
002364	中恒电气	1002.97	0.1	5.97	-0.17	
002365	永安药业	1443.66	0.08	5.73	0.17	
002366	丹甫股份	835.55	0.06	5.53	-0.027	
002367	康力电梯	3384.14	0.0894	3.85	-0.31	
002368	太极股份	1654.17	0.08	5.4	-0.49	
002369	卓翼科技	1413.27	0.07	3.91	-0.16	
002370	亚太药业	446.47	0.02	3.68	0.04	
002371	七星电子	2662.93	0.18	6.71	-0.7	
002372	伟星新材	2805.76	0.11	6.91	-0.04	
002373	联信永益	-2382.39	-0.35	9.26	-1.34	
002374	丽鹏股份	1041.53	0.12	6.06	0.16	
002375	亚厦股份	10058.35	0.24	6.98	-0.88	
002376	新北洋	2488.71	0.08	4.3	-0.12	
002377	国创高新	-582.61	-0.027	3.28	-0.9	
002378	章源钨业	4426.16	0.1	3.44	-0.08	
002379	鲁丰股份	-1398.53	-0.09	5.53	0.87	
002380	科远股份	627.55	0.09	12.93	0.13	
002381	双箭股份	1652.41	0.14	7.73	-0.14	
002382	蓝帆股份	1080.37	0.09	7.73	-0.05	
002383	合众思壮	-1716.09	-0.1192	10.14	-0.13	
002384	东山精密	1009.03	0.05	7.63	-0.22	
002385	大北农	17884.90	0.45	9.15	-0.46	
002386	天原集团	-8296.15	-0.17	7.94	0.06	
002387	黑牛食品	2056.49	0.085	5.58	-0.39	
002388	新亚制程	242.13	0.01	2.87	0.17	
002389	南洋科技	2413.86	0.12	3.99	0.08	
002390	信邦制药	707.34	0.04	5.69	-0.09	
002391	长青股份	3500.04	0.17	8.19	0.08	
002392	北京利尔	3016.12	0.056	3.56	0.01	
002393	力生制药	10023.70	0.55	15.83	0.05	
002394	联发股份	3402.78	0.16	9.83	0.23	
002395	双象股份	745.80	0.08	8.92	-0.06	
002396	星网锐捷	689.98	0.0197	4.9246	-0.538	
002397	梦洁家纺	2349.68	0.16	7.36	-0.61	
002398	建研集团	3740.22	0.24	8.21	-0.1	
002399	海普瑞	17354.94	0.22	9.98	0.61	
002400	省广股份	2518.81	0.17	7.59	-0.2	
002401	中海科技	1161.49	0.1092	5.2495	-0.1927	
002402	和而泰	441.87	0.04	7.53	-0.25	
002403	爱仕达	1653.99	0.07	6.54	0.35	
002404	嘉欣丝绸	1344.62	0.08	6.74	0.18	
002405	四维图新	6000.35	0.12	4.77	0.06	
002406	远东传动	5112.69	0.18	7.2	0.07	
002407	多氟多	1857.54	0.08	6.53	0.11	
002408	齐翔腾达	7292.55	0.16	6.42	-0.11	
002409	雅克科技	2239.82	0.202	10.4236	-0.1255	
002410	广联达	3571.69	0.13	7.16	-0.27	

股票代码	股票简称	净利润(万元)	每股收益(元)	每股净资产(元)	每股经营性现金流量(元)	分配预案
002411	九九久	1955.49	0.08	3.42	0.13	
002412	汉森制药	2021.20	0.14	6.11	0.08	
002413	常发股份	1388.00	0.06	5.35	-0.24	
002414	高德红外	469.55	0.0157	8.12	-0.18	
002415	海康威视	34751.93	0.35	7.16	-0.52	
002416	爱施德	-7895.51	-0.08	4.25	-0.39	
002417	三元达	1088.27	0.06	4.85	-0.23	
002418	康盛股份	1726.06	0.08	4.96	-0.2	
002419	天虹商场	16446.40	0.21	4.76	-0.81	
002420	毅昌股份	571.84	0.0143	3.96	0.26	
002421	达实智能	649.53	0.0641	5.86	-0.219	
002422	科伦药业	16962.07	0.35	16.68	0.25	
002423	中原特钢	772.47	0.017	3.93	0.03	
002424	贵州百灵	5805.54	0.12	4.19	-0.25	
002425	凯撒股份	1508.58	0.07	4.32	-0.03	
002426	胜利精密	1942.65	0.0485	3.32	0.2167	
002427	尤夫股份	516.98	0.02	4.07	-0.07	
002428	云南锗业	1500.11	0.09	8.09	-0.06	
002429	兆驰股份	10477.49	0.15	4.27	0.18	
002430	杭氧股份	10142.90	0.17	4.83	-0.13	
002431	棕榈园林	754.24	0.02	5.03	-0.44	
002432	九安医疗	150.87	0.0061	3.13	-0.0011	
002433	太安堂	1589.82	0.16	10.12	0.31	
002434	万里扬	3046.13	0.09	5.57	-0.004	
002435	长江润发	727.48	0.06	5.82	-1	
002436	兴森科技	2788.15	0.12	6.81	0.01	
002437	誉衡药业	1722.71	0.06	7.8	0.09	
002438	江苏神通	836.39	0.08	7.62	-0.34	
002439	启明星辰	-2762.63	-0.14	5.12	-0.35	
002440	闰土股份	7096.52	0.19	10.4	0.2	
002441	众业达	5326.39	0.23	8.07	0.24	
002442	龙星化工	1576.93	0.049	3.62	-0.054	
002443	金洲管道	1637.66	0.09	7.39	-0.88	
002444	巨星科技	5262.11	0.1	5.29	0.32	
002445	中南重工	1882.21	0.07	3.7	-0.04	
002446	盛路通信	-88.21	-0.01	4.87	-0.01	
002447	壹桥苗业	195.00	0.01	5.94	-0.14	
002448	中原内配	4077.54	0.44	11.21	0.0038	
002449	国星光电	2081.77	0.097	9.94	0.13	
002450	康得新	4453.08	0.0861	2.06	0.1	
002451	摩恩电气	217.74	0.01	4.29	0.2	
002452	长高集团	833.64	0.083	10.05	-0.35	
002453	天马精化	1906.96	0.16	6.21	-0.02	
002454	松芝股份	4328.96	0.14	6.0441	-0.0037	
002455	百川股份	1169.03	0.09	5.63	-0.38	
002456	欧菲光	2061.85	0.11	5.17	-0.8	
002457	青龙管业	836.51	0.04	6.92	-0.19	
002458	益生股份	2638.06	0.19	6.92	0.24	
002459	天业通联	-944.58	-0.04	5.55	-0.25	
002460	赣锋锂业	1719.41	0.115	4.94	-0.08	
002461	珠江啤酒	525.67	0.0077	4.69	-0.03	
002462	嘉事堂	1430.84	0.06	4.5	-0.17	
002463	沪电股份	6525.20	0.06	3.96	0.07	
002464	金利科技	1365.35	0.1	5.54	0.19	
002465	海格通信	1487.84	0.04	12.9	-0.26	
002466	天齐锂业	814.80	0.06	6.75	-0.1	
002467	二六三	2121.12	0.18	9.11	0.06	
002468	艾迪西	105.72	0.0046	3.96	-0.071	
002469	三维工程	867.59	0.05	4.44	-0.45	

股票代码	股票简称	净利润(万元)	每股收益(元)	每股净资产(元)	每股经营性现金流量(元)	分配预案
002470	金正大	16893.73	0.24	4.5	0.28	
002471	中超电缆	1406.49	0.07	4.29	-1.23	
002472	双环传动	3083.73	0.14	6.45	0.04	
002473	圣莱达	401.19	0.03	2.75	0.04	
002474	榕基软件	3612.04	0.3483	12.17	0.2065	
002475	立讯精密	3300.55	0.13	7.28	0.34	
002476	宝莫股份	1646.69	0.09	5.23	-0.11	
002477	雏鹰农牧	10484.23	0.39	7.67	-0.35	
002478	常宝股份	4529.12	0.11	6.02	-0.17	
002479	富春环保	5331.53	0.1246	4.18	0.26	
002480	新筑股份	-5916.46	-0.21	6.88	0.39	
002481	双塔食品	2179.49	0.1816	6.87	0.37	
002482	广田股份	4646.66	0.15	8.78	-0.02	
002483	润邦股份	2456.09	0.07	5.69	-0.22	
002484	江海股份	1502.56	0.0939	8.03	0.095	
002485	希努尔	4119.98	0.21	10	0.03	
002486	嘉麟杰	856.25	0.0412	4.5719	0.13	
002487	大金重工	403.88	0.03	12.12	-0.28	
002488	金固股份	1464.28	0.08	5.08	-0.16	
002489	浙江永强	15204.15	0.63	13.43	2.81	
002490	山东墨龙	2291.77	0.06	7.08	-0.13	
002491	通鼎光电	2446.32	0.0913	5.86	-1.12	
002492	恒基达鑫	1547.12	0.1289	6.5116	0.1991	
002493	荣盛石化	40138.22	0.36	6.75	0.25	
002494	华斯股份	959.60	0.08	8.07	-0.29	
002495	佳隆股份	1302.92	0.07	5.71	-0.05	
002496	辉丰股份	1645.60	0.1028	10.17	0.24	
002497	雅化集团	2859.71	0.09	5.8	0.02	
002498	汉缆股份	4404.07	0.06	5.01	-0.04	
002499	科林环保	704.24	0.09	8.58	0.14	
002500	山西证券	5364.69	0.02	2.52	-0.16	
002501	利源铝业	3948.77	0.21	6.9	1.53	
002502	骅威股份	635.51	0.07	9.66	-0.16	
002503	搜于特	4376.58	0.27	11.43	-1.1	
002504	东光微电	529.55	0.05	6.37	-0.17	
002505	大康牧业	1744.03	0.106	5.25	0.12	
002506	超日太阳	3621.12	0.07	5.58	-1.16	
002507	涪陵榨菜	2424.37	0.16	5.83	0.04	
002508	老板电器	4239.97	0.17	6.06	0.24	
002509	天广消防	1807.90	0.18	7.24	-0.15	
002510	天汽模	1837.14	0.09	6.79	0.05	
002511	中顺洁柔	2579.73	0.16	13.12	-0.03	
002512	达华智能	1339.57	0.0631	4.41	-0.11	
002513	蓝丰生化	2608.56	0.2	8.77	0.12	
002514	宝馨科技	1042.89	0.15	7.47	0.22	
002515	金字火腿	1382.53	0.14	8.74	0.25	
002516	江苏旷达	2445.09	0.1	6.39	0.18	
002517	泰亚股份	650.40	0.07	6.86	0.2	
002518	科士达	2122.69	0.18	10.87	-0.67	
002519	银河电子	2066.08	0.15	7.54	-0.21	
002520	日发数码	3397.40	0.35	8.22	-0.04	
002521	齐峰股份	2934.79	0.14	10.01	-0.14	
002522	浙江众成	2542.50	0.15	6.45	0.08	
002523	天桥起重	910.72	0.06	6.73	-0.14	
002524	光正钢构	-389.10	-0.02	2.68	-0.16	
002526	山东矿机	2403.62	0.09	7.2	-0.02	
002527	新时达	1072.40	0.054	6.26	0.017	
002528	英飞拓	-1893.06	-0.08	9.42	-0.11	
002529	海源机械	227.07	0.01	6.36	-0.4	

股票代码	股票简称	净利润(万元)	每股收益(元)	每股净资产(元)	每股经营性现金流量(元)	分配预案
002530	丰东股份	1208.19	0.045	2.18	0.03	
002531	天顺风能	3770.77	0.18	8.18	0.72	
002532	新界泵业	1434.45	0.09	5.16	-0.06	
002533	金杯电工	2603.70	0.09	6.11	0.01	
002534	杭锅股份	8197.55	0.2	6.2	-1.08	
002535	林州重机	3662.28	0.09	4.55	0.09	
002536	西泵股份	1106.61	0.1153	12.02	-0.0006	
002537	海立美达	1513.25	0.15	12.86	0.32	
002538	司尔特	5001.72	0.338	9.79	-0.47	
002539	新都化工	5397.27	0.16	6.6	0.31	
002540	亚太科技	2257.31	0.11	10.55	-0.18	
002541	鸿路钢构	2895.19	0.2161	14.6	-0.34	
002542	中化岩土	1101.26	0.11	7.48	0.03	
002543	万和电气	5927.22	0.3	11.06	0.23	
002544	杰赛科技	1182.03	0.07	5.59	-1.14	
002545	东方铁塔	4932.22	0.1895	10.05	0.55	
002546	新联电子	1813.80	0.11	5.93	0.04	
002547	春兴精工	294.75	0.02	6.19	-0.14	
002548	金新农	1335.91	0.14	8.44	-0.39	
002549	凯美特气	642.64	0.04	5.99	-0.01	
002550	千红制药	2844.33	0.18	10.94	0.39	
002551	尚荣医疗	1522.04	0.12	9.68	-0.17	
002552	宝鼎重工	1585.92	0.11	5.38	0.05	
002553	南方轴承	1062.46	0.12	6.21	0.25	
002554	惠博普	501.67	0.02	5.76	-0.4	
002555	顺荣股份	322.22	0.024	5.73	-0.1	
002556	辉隆股份	1378.89	0.06	7.9	-0.15	
002557	洽洽食品	5573.67	0.21	9.77	-0.13	
002558	世纪游轮	-991.01	-0.17	9.75	-0.03	
002559	亚威股份	2436.68	0.28	13.26	-0.75	
002560	通达股份	1056.43	0.1	8.31	-1.25	
002561	徐家汇	7165.40	0.17	3.67	-0.01	
002562	兄弟科技	1138.36	0.11	7.93	-0.03	
002563	森马服饰	15967.69	0.24	11.82	-0.03	
002564	张化机	2097.45	0.07	6.8	-0.55	
002565	上海绿新	2586.06	0.12	7.09	0.14	
002566	益盛药业	1450.58	0.07	6.74	0.23	
002567	唐人神	3124.92	0.23	11.01	0.23	
002568	百润股份	1181.51	0.15	7.76	0.15	
002569	步森股份	753.45	0.08	6.32	-1.02	
002570	贝因美	7683.96	0.18	7.66	0.84	
002571	德力股份	1140.38	0.13	10.73	0.21	
002572	索菲亚	1383.23	0.13	12.87	-0.12	
002573	国电清新	1543.91	0.05	6.976	0.433	
002574	明牌珠宝	3045.47	0.13	11.78	1.54	
002575	群兴玩具	1394.94	0.1	6.49	-0.1	
002576	通达动力	824.32	0.06	6.94	0.08	
002577	雷柏科技	2362.49	0.18	11.56	-0.01	
002578	闽发铝业	1034.56	0.06	5.35	-0.06	
002579	中京电子	74.33	0.01	6.12	0.01	
002580	圣阳股份	953.50	0.13	9.77	-1.54	
002581	万昌科技	2395.98	0.22	5.93	0.05	
002582	好想你	3215.08	0.44	16.64	0.51	
002583	海能达	-407.11	-0.01	6.52	-0.29	
002584	西陇化工	1531.24	0.08	5.09	0.01	
002585	双星新材	6020.02	0.2894	18.11	-0.2	
002586	围海股份	1299.52	0.12	7.5	-0.9	
002587	奥拓电子	386.55	0.05	5.95	-0.13	
002588	史丹利	5360.36	0.41	16.09	4.17	

股票代码	股票简称	净利润(万元)	每股收益(元)	每股净资产(元)	每股经营性现金流量(元)	分配预案
002589	瑞康医药	2355.48	0.25	8.94	-1.27	
002590	万安科技	697.39	0.07	6.92	-0.17	
002591	恒大高新	501.46	0.06	8.83	-0.1	
002592	八菱科技	2115.98	0.28	8.09	-0.003	
002593	日上集团	2528.50	0.12	5.62	-0.38	
002594	比亚迪	2704.00	0.01	8.987	1.34	
002595	豪迈科技	4184.01	0.21	10.0589	0.1733	
002596	海南瑞泽	820.25	0.06	6.29	-0.18	
002597	金禾实业	4036.54	0.3	12.3	0.2	
002598	山东章鼓	1699.90	0.109	4.43	0.2223	
002599	盛通股份	717.00	0.05	4.28	0.01	
002600	江粉磁材	91.56	0.003	4.02	-0.08	
002601	佰利联	10006.66	1.06	22.52	1.4	
002602	世纪华通	2884.82	0.1648	8.98	0.0084	
002603	以岭药业	8160.01	0.19	8.9	-0.2	
002604	龙力生物	2179.80	0.12	8.98	0.22	
002605	姚记扑克	2978.72	0.32	8.41	0.65	
002606	大连电瓷	-630.67	-0.06	6.86	0.01	
002607	亚夏汽车	2026.34	0.23	9.33	-1.89	
002608	舜天船舶	734.02	0.05	13.51	0.49	
002609	捷顺科技	-591.43	-0.0498	5.16	-0.52	
002610	爱康科技	-3982.01	-0.2	6.74	-2.26	
002611	东方精工	1612.04	0.12	5.35	-0.05	
002612	朗姿股份	7845.23	0.39	11.08	0.21	
002613	北玻股份	220.54	0.01	5.42	-0.03	
002614	蒙发利	-1513.11	-0.06	8.12	-0.22	
002615	哈尔斯	853.30	0.09	6.18	-0.45	
002616	长青集团	977.67	0.0661	7.09	-0.58	
002617	露笑科技	530.35	0.04	7.16	0.18	
002618	丹邦科技	725.49	0.0453	5.2513	0.0591	
002619	巨龙管业	370.62	0.04	6.49	-0.39	
002620	瑞和股份	1382.14	0.17	10.51	-0.78	
002621	大连三垒	1874.86	0.19	9.69	0.41	
002622	永大集团	531.66	0.04	7.56	0.08	
002623	亚玛顿	3586.22	0.22	12.7	0.26	
002624	金磊股份	1090.93	0.11	4.97	0.18	
002625	龙生股份	387.73	0.05	5.04	0.04	
002626	金达威	3816.05	0.42	14	0.28	
002627	宜昌交运	2679.77	0.2007	6.1171	0.1526	
002628	成都路桥	2983.51	0.09	4.15	-0.48	
002629	仁智油服	473.66	0.04	6.14	-0.04	
002630	华西能源	2170.62	0.13	9.47	-2.21	
002631	德尔家居	1787.45	0.11	7.53	-0.19	
002632	道明光学	945.00	0.09	8.31	-0.1	
002633	申科股份	226.59	0.02	5.81	0.015	
002634	棒杰股份	622.03	0.09	7.06	-0.07	
002635	安洁科技	2658.08	0.22	8.12	0.51	
002636	金安国纪	1869.16	0.07	4.59	0.23	
002637	赞宇科技	1179.88	0.15	12.73	-0.85	
002638	勤上光电	2156.79	0.12	10.82	-0.3	
002639	雪人股份	675.95	0.042	6.94	-0.13	
002640	百圆裤业	1194.00	0.18	9.52	-1.56	
002641	永高股份	3314.58	0.17	8.04	-0.42	
002642	荣之联	1070.74	0.1061	8.37	-0.58	
002643	烟台万润	2785.14	0.2	8.44	0.0004	
002644	佛慈制药	465.91	0.06	8.08	-0.28	
002645	华宏科技	868.97	0.1303	9.57	-0.57	
002646	青青稞酒	12092.12	0.2687	3.7564	0.4712	
002647	宏磊股份	1704.40	0.1	5.8	-2.33	

股票代码	股票简称	净利润(万元)	每股收益(元)	每股净资产(元)	每股经营性现金流量(元)	分配预案
002648	卫星石化	11002.89	0.55	15.71	0.05	
002649	博彦科技	1526.07	0.15	8.8	-0.17	
002650	加加食品	3983.69	0.25	10.37	-0.73	
002651	利君股份	7915.30	0.2	4.94	-0.05	
002652	扬子新材	1080.83	0.1	4.92	-2.1	
002653	海思科	8112.86	0.2	3.36	0.19	
002654	万润科技	1210.65	0.17	5.45	-0.4	
002655	共达电声	802.06	0.07	4.6	-0.02	
002656	卡奴迪路	5436.40	0.65	10.1	-0.37	
002657	中科金财	569.59	0.1	8.61	-0.61	
002658	雪迪龙	897.20	0.07	7.29	-0.2	
002659	中泰桥梁	1426.94	0.12	4.14	-0.34	
002660	茂硕电源	811.59	0.11	6.66	-0.19	
002661	克明面业	2123.72	0.31	7.81	0.2	
002662	京威股份	7318.92	0.33	7.77	0.35	
002663	普邦园林	3106.73	0.24	9.76	-0.81	
002664	信质电机	2503.62	0.25	7.28	-0.1	
002665	首航节能	-371.40	-0.04	11.05	0.1	
002666	德联集团	2700.38	0.23	8.17	-0.19	
002667	鞍重股份	1291.75	0.25	9.2	-0.09	
002668	奥马电器	2883.61	0.23	5.05	-1.07	
002669	康达新材	725.78	0.1	3.5	-0.26	
002670	华声股份	1616.99	0.11	2.71	-0.39	
002671	龙泉股份	831.00	0.12	3.08	0.16	
002672	东江环保	7049.76	0.56	8.103	0.74	

2012 年深市创业板上市公司一季报主要财务指标

截至日期:2012 - 04 - 28

股票代码	股票简称	净利润(万元)	每股收益(元)	每股净资产(元)	每股经营性现金流量(元)	分配预案
300001	特锐德	1460.85	0.07	5.78	-0.16	
300002	神州泰岳	5624.47	0.15	7.62	-0.33	
300003	乐普医疗	14559.79	0.1793	2.9	0.1	
300004	南风股份	1331.02	0.07	4.45	0.09	
300005	探路者	4064.81	0.1517	2.43	-0.22	
300006	莱美药业	1749.00	0.1	3.51	-0.24	
300007	汉威电子	753.68	0.06	4.92	-0.19	
300008	上海佳豪	1552.84	0.107	3.74	-0.275	
300009	安科生物	659.32	0.0349	2.9126	0.04	
300010	立思辰	850.94	0.036	2.88	-0.25	
300011	鼎汉技术	-118.25	-0.0075	7.16	-0.23	
300012	华测检测	1497.89	0.08	4.33	0.06	
300013	新宁物流	158.69	0.02	3.62	0.02	
300014	亿纬锂能	1773.75	0.09	3.36	-0.03	
300015	爱尔眼科	4759.09	0.11	3.32	0.12	
300016	北陆药业	1094.18	0.0716	3.29	-0.11	
300017	网宿科技	1450.86	0.09	5.16	-0.07	
300018	中元华电	843.70	0.065	5.26	-0.19	
300019	硅宝科技	685.58	0.07	4.53	-0.15	
300020	银江股份	1455.83	0.06	2.94	-0.24	
300021	大禹节水	530.06	0.02	1.55	-0.24	
300022	吉峰农机	675.08	0.0174	1.7578	-0.23	
300023	宝德股份	-66.22	-0.01	3.85	-0.16	
300024	机器人	2645.33	0.09	4.08	-0.27	
300025	华星创业	888.94	0.07	2.71	-0.59	
300026	红日药业	3801.12	0.25	6.67	0.51	
300027	华谊兄弟	2874.57	0.05	2.84	-0.23	
300028	金亚科技	902.00	0.034	2.73	0.1	
300029	天龙光电	-1417.81	-0.07	6.07	-0.2	

股票代码	股票简称	净利润(万元)	每股收益(元)	每股净资产(元)	每股经营性现金流量(元)	分配预案
300030	阳普医疗	745.78	0.05	4.25	-0.13	
300031	宝通带业	1603.64	0.16	6.72	0.07	
300032	金龙机电	838.88	0.0588	5.89	-0.0251	
300033	同花顺	1124.55	0.08	8.4	-0.13	
300034	钢研高纳	1959.14	0.0924	4.3417	-0.2447	
300035	中科电气	801.51	0.09	6.32	0.07	
300036	超图软件	-620.71	-0.052	4.5	-0.47	
300037	新宙邦	2558.87	0.24	10.36	0.3	
300038	梅泰诺	538.79	0.06	8.31	-0.44	
300039	上海凯宝	5080.36	0.19	5.27	0.29	
300040	九洲电气	267.99	0.02	6.45	0.07	
300041	回天胶业	1932.97	0.1831	8.48	0.2647	
300042	朗科科技	262.25	0.04	12.17	0.32	
300043	星辉车模	1612.94	0.1	4.94	0.04	
300044	赛为智能	363.41	0.04	5.55	0.08	
300045	华力创通	748.20	0.06	5.41	-0.12	
300046	台基股份	1501.04	0.1056	6.25	0.26	
300047	天源迪科	362.15	0.023	6.67	0.08	
300048	合康变频	2153.40	0.063	5.94	-0.14	
300049	福瑞股份	1094.08	0.09	5.73	0.19	
300050	世纪鼎利	737.45	0.03	7.34	-0.212	
300051	三五互联	16.68	0.001	3.21	-0.1	
300052	中青宝	182.12	0.01	6.85	-0.01	
300053	欧比特	1172.63	0.059	3.04	-0.012	
300054	鼎龙股份	1175.78	0.13	6.95	0.18	
300055	万邦达	1490.82	0.0652	7.324	0.01	
300056	三维丝	478.40	0.0911	7.13	-0.64	
300057	万顺股份	1931.83	0.0458	3.2347	0.0937	
300058	蓝色光标	3771.11	0.21	5.65	0.09	
300059	东方财富	2415.03	0.0719	8.2139	0.02	
300061	康耐特	95.21	0.02	6.34	-0.17	
300062	中能电气	435.94	0.03	4.51	-0.04	
300063	天龙集团	369.25	0.04	9.55	-0.04	
300064	豫金刚石	3353.87	0.11	4.21	0.18	
300065	海兰信	480.10	0.09	10.79	-1.51	
300066	三川股份	904.94	0.09	8.51	-0.21	
300067	安诺其	459.16	0.03	4.55	-0.04	
300068	南都电源	2167.38	0.07	8.83	-0.05	
300069	金利华电	518.11	0.07	6.03	-0.11	
300070	碧水源	971.65	0.03	10.14	-0.56	
300071	华谊嘉信	862.20	0.08	4.46	-0.16	
300072	三聚环保	421.79	0.022	5.89	-0.65	
300073	当升科技	-302.95	-0.0189	5.16	0.04	
300074	华平股份	404.10	0.0404	8.33	-0.18	
300075	数字政通	219.44	0.03	10.73	-0.27	
300076	宁波GQY	313.73	0.03	10	-0.24	
300077	国民技术	2211.32	0.0813	10.21	-0.29	
300078	中瑞思创	1771.09	0.11	7.03	0.12	
300079	数码视讯	3300.99	0.1474	10.36	-0.08	
300080	新大新材	-1295.26	-0.0463	6.99	-0.15	
300081	恒信移动	383.07	0.06	12.1	-1.49	
300082	奥克股份	2120.01	0.08	10.5	-0.32	
300083	劲胜股份	1149.39	0.06	6.12	0.04	
300084	海默科技	302.10	0.0236	4.87	-0.08	
300085	银之杰	406.22	0.0339	4.3312	-0.2339	
300086	康芝药业	255.68	0.013	8.87	0.06	
300087	荃银高科	548.21	0.05	5.34	0.24	
300088	长信科技	3364.29	0.13	5.23	0.09	
300089	长城集团	1277.18	0.13	7.82	0.27	

股票代码	股票简称	净利润(万元)	每股收益(元)	每股净资产(元)	每股经营性现金流量(元)	分配预案
300090	盛运股份	1407.52	0.0551	3.74	0.008	
300091	金通灵	1145.16	0.05	4.06	-0.27	
300092	科新机电	523.29	0.06	6.06	-0.1	
300093	金刚玻璃	945.17	0.04	3.84	0.19	
300094	国联水产	-2952.88	-0.08	4.6	0.19	
300095	华伍股份	1017.14	0.13	8.74	-0.19	
300096	易联众	2061.83	0.12	3.56	-0.24	
300097	智云股份	-377.58	-0.06	6.71	0.44	
300098	高新兴	382.52	0.04	9.27	-0.58	
300099	尤洛卡	2013.78	0.19	6.97	0.06	
300100	双林股份	2704.27	0.19	6.51	0.72	
300101	国腾电子	1060.45	0.08	5.4	-0.23	
300102	乾照光电	3273.34	0.11	5.65	-0.04	
300103	达刚路机	512.52	0.04	5.94	0.09	
300104	乐视网	5118.92	0.23	5.04	0.44	
300105	龙源技术	396.45	0.03	10.53	-0.2	
300106	西部牧业	376.30	0.03	4.81	0.0039	
300107	建新股份	407.13	0.03	5.92	0.02	
300108	双龙股份	792.95	0.12	5.46	0.07	
300109	新开源	554.39	0.08	4.95	0.01	
300110	华仁药业	1940.90	0.09	5.7	0.06	
300111	向日葵	586.38	0.01	2.93	0.05	
300112	万讯自控	479.83	0.04	4.02	0.01	
300113	顺网科技	1354.19	0.1	5.73	0.06	
300114	中航电测	1027.84	0.086	6.3	-0.15	
300115	长盈精密	4259.94	0.25	7.93	0.08	
300116	坚瑞消防	-266.87	-0.03	6.05	-0.44	
300117	嘉寓股份	684.62	0.03	5.35	-0.43	
300118	东方日升	35.29	0.001	6.99	-0.31	
300119	瑞普生物	2472.22	0.17	9.57	-0.13	
300120	经纬电材	827.90	0.0732	5.2855	-0.0403	
300121	阳谷华泰	171.86	0.02	3.95	-0.26	
300122	智飞生物	3594.29	0.09	5.74	-0.03	
300123	太阳鸟	976.97	0.07	5.96	0.05	
300124	汇川技术	5948.84	0.28	11.87	0.0008	
300125	易世达	974.58	0.08	9.09	0.15	
300126	锐奇股份	1234.55	0.0815	6.41	-0.26	
300127	银河磁体	1506.63	0.09	5.77	0.25	
300128	锦富新材	3257.71	0.16	6.03	-0.23	
300129	泰胜风能	1013.23	0.05	6.23	-0.45	
300130	新国都	1497.69	0.13	8.31	-0.84	
300131	英唐智控	339.88	0.03	5.15	-0.32	
300132	青松股份	1414.99	0.1173	4.52	0.44	
300133	华策影视	3336.06	0.17	6.85	-0.48	
300134	大富科技	172.00	0.01	7.3	0.1	
300135	宝利沥青	592.92	0.0371	6.279	-2.8	
300136	信维通信	845.33	0.0634	5.1235	-0.073	
300137	先河环保	221.19	0.01	5.58	-0.15	
300138	晨光生物	2209.31	0.25	10.92	-0.34	
300139	福星晓程	1616.05	0.29	20.3	-0.36	
300140	启源装备	-566.25	-0.05	6.41	0.04	
300141	和顺电气	1019.03	0.0923	4.92	-0.49	
300142	沃森生物	2336.20	0.16	18.25	-0.03	
300143	星河生物	740.97	0.05	5.18	0.07	
300144	宋城股份	4090.21	0.11	7.43	0.19	
300145	南方泵业	1970.33	0.14	7.11	-0.11	
300146	汤臣倍健	10694.54	0.49	8.02	0.06	
300147	香雪制药	1486.46	0.06	5.53	-0.04	
300148	天舟文化	349.52	0.04	5.39	-0.38	

股票代码	股票简称	净利润(万元)	每股收益(元)	每股净资产(元)	每股经营性现金流量(元)	分配预案
300149	量子高科	732.86	0.05	4.46	0.0864	
300150	世纪瑞尔	2247.40	0.17	10.5	0.16	
300151	昌红科技	855.93	0.09	7.11	-0.01	
300152	燃控科技	789.15	0.07	12.66	-0.08	
300153	科泰电源	320.43	0.02	5.83	-0.52	
300154	瑞凌股份	2484.31	0.11	6.01	-0.16	
300155	安居宝	373.36	0.02	5.67	-0.12	
300156	天立环保	1416.89	0.09	9.52	-0.07	
300157	恒泰艾普	1407.62	0.08	9.08	-0.02	
300158	振东制药	2788.50	0.19	12.91	-0.29	
300159	新研股份	97.55	0.01	9.89	-0.23	
300160	秀强股份	2498.71	0.27	11.15	0.48	
300161	华中数控	339.32	0.03	8.65	-0.21	
300162	雷曼光电	527.54	0.04	5.53	0.02	
300163	先锋新材	532.81	0.07	8.19	-0.15	
300164	通源石油	-718.33	-0.09	14.31	-0.18	
300165	天瑞仪器	1361.62	0.12	11.88	-0.04	
300166	东方国信	1567.40	0.29	8.37	-0.13	
300167	迪威视讯	251.05	0.04	10.57	-0.75	
300168	万达信息	108.93	0.0091	9.36	-0.78	
300169	天晟新材	1091.23	0.08	6.86	-0.25	
300170	汉得信息	1990.59	0.12	6.41	-0.26	
300171	东富龙	5328.00	0.33	13.16	0.45	
300172	中电环保	395.39	0.04	7.75	-0.35	
300173	松德股份	698.30	0.08	6.54	-0.3	
300174	元力股份	440.99	0.0649	7.3611	-0.2983	
300175	朗源股份	881.77	0.037	2.95	0.29	
300176	鸿特精密	845.62	0.0946	5.89	0.19	
300177	中海达	944.56	0.05	7.51	-0.25	
300178	腾邦国际	1480.96	0.12	8.35	0.21	
300179	四方达	901.51	0.11	8.21	0.048	
300180	华峰超纤	841.22	0.05	7.56	0.1	
300181	佐力药业	1158.76	0.14	8.69	-0.4	
300182	捷成股份	2203.55	0.1312	5.75	-0.32	
300183	东软载波	5248.74	0.52	14.16	0.33	
300184	力源信息	314.56	0.05	6.83	-0.03	
300185	通裕重工	6161.79	0.17	9.86	-0.04	
300186	大华农	3794.25	0.14	7.83	-0.3	
300187	永清环保	2041.58	0.31	11.66	-0.21	
300188	美亚柏科	88.25	0.016	12.61	-0.58	
300189	神农大丰	3400.66	0.2125	8.1858	0.003	
300190	维尔利	1005.47	0.19	16.5	-0.66	
300191	潜能恒信	2134.35	0.27	13.61	-0.0047	
300192	科斯伍德	947.11	0.13	7.81	-0.09	
300193	佳士科技	1994.78	0.09	8.58	-0.04	
300194	福安药业	2655.52	0.2	12.55	0.07	
300195	长荣股份	4535.82	0.32	9.05	-0.2569	
300196	长海股份	1439.25	0.1199	6.83	0.1432	
300197	铁汉生态	2902.39	0.25	11.96	-0.42	
300198	纳川股份	1346.11	0.098	6.67	-0.03	
300199	翰宇药业	1564.43	0.16	9.92	0.04	
300200	高盟新材	1434.06	0.1343	6.85	-0.18	
300201	海伦哲	180.43	0.0226	7.89	-0.68	
300202	聚龙股份	695.81	0.08	8	-0.61	
300203	聚光科技	1031.18	0.02	3.66	-0.17	
300204	舒泰神	3704.00	0.56	17.1	0.37	
300205	天喻信息	-1113.06	-0.14	12.27	-1.33	
300206	理邦仪器	1408.70	0.14	11.5	0.29	
300207	欣旺达	648.89	0.03	6.24	0.17	

股票代码	股票简称	净利润(万元)	每股收益(元)	每股净资产(元)	每股经营性现金流量(元)	分配预案
300208	恒顺电气	763.46	0.11	9.09	0.32	
300209	天泽信息	420.73	0.03	10.57	-0.12	
300210	森远股份	1908.82	0.26	8.27	0.04	
300211	亿通科技	436.23	0.09	9.31	-0.24	
300212	易华录	1195.55	0.178	10.28	-0.65	
300213	佳讯飞鸿	-909.55	-0.11	8.08	-0.43	
300214	日科化学	2669.37	0.2	8.14	-0.34	
300215	电科院	2946.06	0.33	12.43	0.59	
300216	千山药机	741.97	0.11	10.39	-1.04	
300217	东方电热	3279.17	0.36	10.8	0.82	
300218	安利股份	826.78	0.0783	7.18	-0.3	
300219	鸿利光电	1237.92	0.1009	6.03	0.13	
300220	金运激光	574.33	0.1641	7.95	0.01	
300221	银禧科技	1410.06	0.14	6.83	-0.05	
300222	科大智能	479.38	0.04	5.38	-0.3	
300223	北京君正	1345.74	0.1682	13.71	0.16	
300224	正海磁材	4324.24	0.27	8.26	0.8	
300225	金力泰	1258.88	0.19	10.4	0.6	
300226	上海钢联	784.43	0.2	8.46	0.11	
300227	光韵达	376.76	0.06	4.64	0.04	
300228	富瑞特装	2075.74	0.31	9.72	-0.96	
300229	拓尔思	69.22	0.003	6.24	-0.01	
300230	永利带业	819.68	0.0913	5.33	0.08	
300231	银信科技	758.19	0.1895	7.37	-0.09	
300232	洲明科技	170.72	0.02	7.07	-0.16	
300233	金城医药	130.87	0.01	7.93	0.08	
300234	开尔新材	1229.92	0.15	4.8	0.13	
300235	方直科技	874.67	0.2	6.64	0.14	
300236	上海新阳	749.70	0.09	4.27	0.04	
300237	美晨科技	1263.50	0.22	10.21	-0.54	
300238	冠昊生物	1236.03	0.2	7.29	0.35	
300239	东宝生物	582.02	0.0766	3.97	-0.0386	
300240	飞力达	960.14	0.09	7.67	0.14	
300241	瑞丰光电	497.85	0.05	4.67	0.15	
300242	明家科技	21.82	0.0029	3.94	-0.13	
300243	瑞丰高材	780.11	0.15	6.43	-0.14	
300244	迪安诊断	1211.09	0.24	9.32	-1.37	
300245	天玑科技	650.85	0.1	7.33	-0.39	
300246	宝莱特	370.77	0.09	8.82	0.07	
300247	桑乐金	615.60	0.08	7.06	-0.14	
300248	新开普	208.34	0.05	10.32	-0.39	
300249	依米康	491.36	0.06	5.89	-0.3	
300250	初灵信息	586.97	0.15	8.6	-0.75	
300251	光线传媒	1971.52	0.18	16.5	-0.75	
300252	金信诺	1438.81	0.1332	6.04	-0.33	
300253	卫宁软件	636.90	0.12	9.06	-0.52	
300254	仟源制药	550.19	0.04	4.38	0.05	
300255	常山药业	1915.63	0.18	9.33	-0.33	
300256	星星科技	1713.93	0.1714	8.0158	0.4942	
300257	开山股份	8430.43	0.59	20.46	0.57	
300258	精锻科技	2877.60	0.2878	9.2313	0.3358	
300259	新天科技	2001.80	0.26	7.7	-0.05	
300260	新莱应材	999.56	0.16	9.54	-0.418	
300261	雅本化学	1266.26	0.1396	6.74	0.26	
300262	巴安水务	201.47	0.0302	6.39	-0.56	
300263	隆华传热	1016.50	0.13	11.0174	-0.3	
300264	佳创视讯	-327.44	-0.03	5.81	-0.34	
300265	通光线缆	1268.14	0.09	5.12	-0.55	
300266	兴源过滤	1140.10	0.2	9.11	0.03	

股票代码	股票简称	净利润(万元)	每股收益(元)	每股净资产(元)	每股经营性现金流量(元)	分配预案
300267	尔康制药	3568.14	0.19	5.65	0.08	
300268	万福生科	816.43	0.12	10.12	-0.73	
300269	联建光电	396.40	0.05	7.71	-0.62	
300270	中威电子	426.62	0.11	10.89	-0.49	
300271	紫光华宇	769.50	0.05	5.16	-0.22	
300272	开能环保	585.95	0.05	4.2	-0.01	
300273	和佳股份	1421.04	0.11	6.58	-0.3	
300274	阳光电源	2033.25	0.06	10.01	-0.4	
300275	梅安森	1275.17	0.16	8.76	-0.01	
300276	三丰智能	1324.40	0.22	8.42	-0.07	
300277	海联讯	-483.71	-0.0722	8.62	-0.86	
300278	华昌达	480.97	0.06	6.14	-0.58	
300279	和晶科技	567.68	0.09	5.8	-0.24	
300280	南通锻压	777.66	0.06	4.86	0.15	
300281	金明精机	230.61	0.04	8.82	-0.78	
300282	汇冠股份	454.87	0.1	6.4	-0.38	
300283	温州宏丰	462.54	0.07	7.9	-0.41	
300284	苏交科	2016.97	0.08	5.53	-0.66	
300285	国瓷材料	1223.90	0.21	8.11	0.01	
300286	安科瑞	768.52	0.22	11.06	0.09	
300287	飞利信	418.51	0.05	5.33	-1.12	
300288	朗玛信息	1520.55	0.33	8.03	0.13	
300289	利德曼	1782.18	0.14	4.53	0.12	
300290	荣科科技	373.26	0.07	4.57	-1.08	
300291	华录百纳	1943.19	0.389	14.4	-0.95	
300292	吴通通讯	486.45	0.07	4.72	-0.64	
300293	蓝英装备	1258.92	0.26	9.22	-0.41	
300294	博雅生物	1638.93	0.22	9.39	0.16	
300295	三六五网	1415.75	0.35	11.5	0.27	
300296	利亚德	1365.67	0.18	6.27	-0.62	
300297	蓝盾股份	1734.80	0.24	6.32	-0.2	
300298	三诺生物	3287.09	0.37	9.01	0.19	
300299	富春通信	120.11	0.02	5.64	-0.45	
300300	汉鼎股份	838.97	0.13	6.28	-0.22	
300301	长方照明	1454.89	0.1796	6.53	-0.19	
300302	同有科技	192.49	0.04	7.43	-0.44	
300303	聚飞光电	2437.40	0.41	9.53	0.08	
300304	云意电气	2124.47	0.28	7.95	0.02	
300305	裕兴股份	2693.92	0.45	13.84	0.07	
300306	远方光电	1932.90	0.43	14.14	0.02	
300307	慈星股份	24081.62	0.71	10.2	1.04	
300308	中际装备	1521.52	0.3	7.8	-0.21	
300309	吉艾科技	1515.83	0.14	10.08	-0.29	
300310	宜通世纪	2398.88	0.36	3.59	-1.03	
300311	任子行	286.09	0.054	2.74	-0.2	
300313	天山生物	10.02	0.0015	1.74	-0.0692	

2012年深市主板上市公司中期主要财务指标

截至日期:2012-08-31

股票代码	股票简称	净利润(万元)	每股收益(元)	每股净资产(元)	每股经营性现金流量(元)	分配预案
000001	平安银行	676148.50	1.32	15.58	28.11	10派1元(含税)
000002	万科A	372508.51	0.34	5.01	0.26	不分配不转增
000004	国农科技	-78.80	-0.0094	0.8877	-0.0477	不分配不转增
000005	世纪星源	-2925.82	-0.03	0.69	0.166	不分配不转增
000006	深振业A	26374.13	0.2051	3.16	0.72	不分配不转增
000007	零七股份	638.53	0.0276	1.2374	-0.3077	不分配不转增
000008	ST宝利来	5.31	0.0007	1.0035	0.018	不分配不转增
000009	中国宝安	5223.20	0.05	2.57	0.11	不分配不转增

股票代码	股票简称	净利润(万元)	每股收益(元)	每股净资产(元)	每股经营性现金流量(元)	分配预案
000010	S ST 华新	-231.94	-0.016	0.336	-0.361	不分配不转增
000011	深物业 A	9832.23	0.165	2.057	0.564	不分配不转增
000012	南 玻 A	24609.32	0.12	3.27	0.41	不分配不转增
000014	沙河股份	-1074.82	-0.0533	2.71	-0.28	不分配不转增
000016	深康佳 A	1146.73	0.0095	3.3248	0.9266	不分配不转增
000017	*ST 中华 A	-3334.45	-0.0605	-3.0829	-0.0045	不分配不转增
000018	ST 中冠 A	-418.71	-0.02	0.67	0.001	不分配不转增
000019	深深宝 A	8886.74	0.3542	3.9	0.013	不分配不转增
000020	深华发 A	642.62	0.0227	1	0.26	不分配不转增
000021	长城开发	6616.02	0.0501	2.9973	0.0507	不分配不转增
000022	深赤湾 A	22203.52	0.344	5.323	0.541	不分配不转增
000023	深天地 A	-948.27	-0.0683	2.26	0.11	不分配不转增
000024	招商地产	122052.59	0.7107	12.4	1.41	不分配不转增
000025	特 力 A	-863.73	-0.0392	0.765	-0.023	不分配不转增
000026	飞亚达 A	6528.94	0.166	3.55	-0.24	不分配不转增
000027	深圳能源	55999.22	0.21	5.58	0.52	不分配不转增
000028	国药一致	24003.40	0.833	5.374	0.482	不分配不转增
000029	深深房 A	4008.41	0.0396	1.551	-0.115	不分配不转增
000030	*ST 盛润 A	-146.25	-0.0051	0.002	-0.0045	不分配不转增
000031	中粮地产	6083.34	0.03	2.42	0.15	不分配不转增
000032	深桑达 A	-1085.29	-0.05	3.09	-0.18	不分配不转增
000033	新都酒店	-680.57	-0.0207	0.8714	0.019	不分配不转增
000034	深信泰丰	-252.32	-0.007	0.231	-0.046	不分配不转增
000035	*ST 科健	-11997.25	-0.8	-8.95	-2.18	不分配不转增
000036	华联控股	4080.69	0.0363	1.58	-0.08	不分配不转增
000037	深南电 A	-10573.94	-0.18	2.73	0.2	不分配不转增
000038	*ST 大通	-479.70	-0.05	1.556	-0.039	不分配不转增
000039	中集集团	93371.00	0.3507	6.9169	-0.7914	不分配不转增
000040	宝安地产	12753.53	0.27	2.37	0.06	不分配不转增
000042	深 长 城	23127.14	0.9658	11.286	-0.11	不分配不转增
000043	中航地产	355.17	0.0053	3.8183	-0.8022	不分配不转增
000045	深纺织 A	-1873.62	-0.06	4.04	-0.05	不分配不转增
000046	泛海建设	3013.09	0.007	1.702	-0.038	不分配不转增
000048	康达尔	2826.36	0.0723	0.9905	-0.0091	不分配不转增
000049	德赛电池	4796.97	0.3506	2.4	2.31	10 派 4 元(含税)
000050	深天马 A	1084.91	0.019	2.3146	0.34	不分配不转增
000055	方大集团	1264.33	0.02	1.44	-0.09	不分配不转增
000056	*ST 国商	6766.38	0.306	-0.0809	-0.416	不分配不转增
000058	深 赛 格	3162.12	0.0403	1.5091	-0.0647	不分配不转增
000059	辽通化工	-7734.49	-0.0644	6.07	0.46	不分配不转增
000060	中金岭南	20861.09	0.1	2.66	0.09	不分配不转增
000061	农 产 品	9118.31	0.0659	2.3396	0.0447	不分配不转增
000062	深圳华强	2984.36	0.0447	2.64	-0.4574	不分配不转增
000063	中兴通讯	24487.50	0.07	7.14	-1.06	不分配不转增
000065	北方国际	2975.24	0.18	3.47	-2.44	不分配不转增
000066	长城电脑	322.87	0.002	2.35	2.02	不分配不转增
000068	ST 三星	-211.76	-0.0024	0.2506	-0.0292	不分配不转增
000069	华侨城 A	104473.36	0.1437	2.339	-0.086	不分配不转增
000070	特发信息	2385.03	0.0954	3.2917	-0.3031	不分配不转增
000078	海王生物	5083.82	0.0779	1.2939	-0.1723	不分配不转增
000088	盐 田 港	17979.49	0.0926	2.2337	0.0371	不分配不转增
000089	深圳机场	28111.63	0.1663	4.163	0.2149	不分配不转增
000090	深 天 健	14745.64	0.2936	6.7487	0.1534	不分配不转增
000096	广聚能源	3195.11	0.0605	3.425	0.0644	不分配不转增
000099	中信海直	6816.61	0.1327	3.3974	0.1341	不分配不转增
000100	TCL 集团	28269.59	0.0334	1.3186	0.1773	不分配不转增
000150	宜华地产	282.59	0.0087	2.1763	0.0817	不分配不转增
000151	中成股份	771.94	0.0261	2.913	0.475	不分配不转增
000153	丰原药业	1070.30	0.0412	2.79	0.07	不分配不转增

股票代码	股票简称	净利润(万元)	每股收益(元)	每股净资产(元)	每股经营性现金流量(元)	分配预案
000155	*ST 川化	-14315.84	-0.3	2.61	0.01	不分配不转增
000156	*ST 嘉瑞	2900.98	0.2439	-1.19	0.03	不分配不转增
000157	中联重科	562176.37	0.7295	5.07	0.08	不分配不转增
000158	常山股份	-3968.49	-0.055	3.3	-0.21	不分配不转增
000159	国际实业	4462.17	0.0927	4.3	-0.09	10 派 1 元(含税)
000301	东方市场	8378.08	0.0688	2.167	0.2393	10 派 0.2 元(含税)
000338	潍柴动力	189725.26	1.14	14.76	-0.66	10 派 1 元(含税)
000400	许继电气	10798.95	0.2855	6.8586	-0.547	不分配不转增
000401	冀东水泥	11184.16	0.083	8.59	0.04	不分配不转增
000402	金融街	110209.01	0.36	6.15	-0.29	不分配不转增
000403	S*ST 生化	3481.12	0.16	1.1	0.17	不分配不转增
000404	华意压缩	4551.66	0.1402	1.9238	0.1063	不分配不转增
000407	胜利股份	217.87	0.0034	1.9	0.1	不分配不转增
000408	ST 金谷源	784.16	0.0311	0.6936	0.0257	不分配不转增
000409	ST 泰复	9.80	0.0006	0.24	0.014	不分配不转增
000410	沈阳机床	5326.84	0.0977	2.89	-0.83	不分配不转增
000411	英特集团	3154.43	0.1521	2.0907	-0.5219	不分配不转增
000413	宝石A	4117.58	0.11	0.71	-0.125	不分配不转增
000415	渤海租赁	19603.32	0.1544	5.7264	0.3254	不分配不转增
000416	民生投资	-493.42	-0.0093	1.4	0.0232	不分配不转增
000417	合肥百货	24207.51	0.4656	4.92	-0.19	不分配不转增
000418	小天鹅A	21622.81	0.34	5.58	1.44	不分配不转增
000419	通程控股	7937.16	0.1752	3.73	-0.0473	不分配不转增
000420	*ST 吉纤	-3236.11	-0.0856	1.25	0.5797	不分配不转增
000421	南京中北	7593.77	0.2159	2.48	0.2	不分配不转增
000422	湖北宜化	47447.65	0.528	6.37	1.369	不分配不转增
000423	东阿阿胶	46596.38	0.7125	5.9236	-0.06	不分配不转增
000425	徐工机械	158997.80	0.77	7.86	-1.62	不分配不转增
000426	兴业矿业	9474.31	0.22	3.77	0.13	不分配不转增
000428	华天酒店	3884.97	0.054	2.156	0.156	不分配不转增
000429	粤高速A	15748.36	0.13	3.34	0.26	不分配不转增
000430	张家界	3240.51	0.101	0.9779	0.0994	不分配不转增
000488	晨鸣纸业	9424.50	0.05	6.46	0.32	不分配不转增
000498	*ST 丹化	-576.70	-0.0131	0.01	-0.014	不分配不转增
000501	鄂武商A	24114.39	0.48	4.47	1.17	不分配不转增
000502	绿景控股	-454.08	-0.0246	1.08	-0.2878	不分配不转增
000503	海虹控股	1031.40	0.0115	1.3614	-0.0038	不分配不转增
000504	ST 传媒	-83.27	-0.0027	0.4	-0.0107	不分配不转增
000505	ST 珠江	-3773.48	-0.0884	0.9076	-0.0834	不分配不转增
000506	中润资源	6171.86	0.0797	1.6336	0.1609	不分配不转增
000507	珠海港	16884.41	0.2719	2.9856	0.0656	不分配不转增
000509	SST 华塑	713.73	0.0285	-0.4297	0.019	不分配不转增
000510	金路集团	-8622.55	-0.1415	1.5587	0.1499	不分配不转增
000511	银基发展	1615.12	0.01	1.38	0.18	不分配不转增
000513	丽珠集团	22870.50	0.77	9.89	1.13	不分配不转增
000514	渝开发	4304.67	0.0561	3.304	-0.135	不分配不转增
000516	开元投资	9314.01	0.131	1.65	0.14	不分配不转增
000517	荣安地产	8208.77	0.0773	2.2543	1.2398	不分配不转增
000518	四环生物	151.28	0.0015	0.6915	-0.0066	不分配不转增
000519	江南红箭	338.54	0.018	1.7937	0.067	不分配不转增
000520	长航凤凰	-44647.31	-0.6617	-0.4655	-0.1736	不分配不转增
000521	美菱电器	11085.50	0.1742	4.57	-0.41	不分配不转增
000522	白云山A	21799.01	0.4647	3.27	0.5768	不分配不转增
000523	广州浪奇	1099.49	0.025	2.26	-0.005	不分配不转增
000524	东方宾馆	1706.51	0.06	2.25	0.12	不分配不转增
000525	红太阳	14106.69	0.2781	5.6875	0.1465	不分配不转增
000526	银润投资	-18.66	-0.0019	1.636	-0.045	不分配不转增
000527	美的电器	208860.10	0.62	6.04	0.16	不分配不转增
000528	柳工	31003.19	0.28	8.25	1.18	不分配不转增

股票代码	股票简称	净利润(万元)	每股收益(元)	每股净资产(元)	每股经营性现金流量(元)	分配预案
000529	广弘控股	3766.17	0.065	1.38	-0.04	不分配不转增
000530	大冷股份	6639.24	0.19	5.03	-0.36	不分配不转增
000531	穗恒运A	15502.89	0.4526	6.3	2.46	不分配不转增
000532	力合股份	1170.19	0.034	1.8	0.006	不分配不转增
000533	万家乐	3811.25	0.055	1.52	-0.106	10派0.5元(含税)
000534	万泽股份	2976.87	0.0666	2.1	-0.2784	不分配不转增
000536	华映科技	13549.85	0.1934	3.4378	0.2887	不分配不转增
000537	广宇发展	17565.95	0.34	2.08	0.74	不分配不转增
000538	云南白药	72453.37	1.04	8.89	0.66	不分配不转增
000539	粤电力A	29216.82	0.1	3.69	0.7	不分配不转增
000540	中天城投	32037.25	0.2505	1.84	-0.57	不分配不转增
000541	佛山照明	13452.29	0.14	2.99	0.24	不分配不转增
000543	皖能电力	10168.50	0.13	4.98	0.42	不分配不转增
000544	中原环保	8143.93	0.3	2.79	-0.197	不分配不转增
000545	*ST吉药	430.39	0.03	-0.25	0.001	不分配不转增
000546	光华控股	1309.82	0.0773	0.93	0.1537	不分配不转增
000547	闽福发A	8472.12	0.14	2.59	0.01	不分配不转增
000548	湖南投资	2586.95	0.052	2.97	-0.15	不分配不转增
000550	江铃汽车	84132.81	0.97	8.59	1.13	不分配不转增
000551	创元科技	1424.16	0.04	3.15	-0.04	不分配不转增
000552	靖远煤电	4078.65	0.2293	3.19	0.96	不分配不转增
000553	沙隆达A	2398.64	0.0404	1.99	0.223	不分配不转增
000554	泰山石油	1092.15	0.0227	1.84	0.09	不分配不转增
000555	ST太光	-416.57	-0.046	-1.47	-0.1041	不分配不转增
000557	*ST广夏	2874.75	0.042	-0.4	-0.0265	不分配不转增
000558	莱茵置业	3449.49	0.0547	1.3346	0.4173	不分配不转增
000559	万向钱潮	16281.57	0.102	2.23	0.076	不分配不转增
000560	昆百大A	2759.21	0.1677	6.0005	-0.8725	不分配不转增
000561	烽火电子	1520.09	0.0255	1.379	-0.33	不分配不转增
000562	宏源证券	64402.52	0.4407	7.3491	-1.647	10派1元(含税)
000563	陕国投A	10299.91	0.2386	5.39	-1.1	不分配不转增
000564	西安民生	3792.85	0.1246	2.9164	0.3162	不分配不转增
000565	渝三峡A	1406.37	0.08	2.54	0.01	不分配不转增
000566	海南海药	5973.43	0.2413	5.5529	0.0184	10转增10股
000567	海德股份	-100.29	-0.0066	1.32	-0.043	不分配不转增
000568	泸州老窖	200872.53	1.4366	5.23	1.63	不分配不转增
000570	苏常柴A	2980.24	0.05	3.3	0.37	不分配不转增
000571	新大洲A	7743.96	0.1052	1.8001	0.1051	不分配不转增
000572	海马汽车	5884.53	0.0358	3.99	-0.206	不分配不转增
000573	粤宏远A	2887.32	0.0464	2.295	0.11	不分配不转增
000576	*ST甘化	6526.96	0.2	0.6	-0.44	不分配不转增
000581	威孚高科	44628.12	0.69	12.11	0.64	不分配不转增
000582	北海港	1879.64	0.132	2.757	0.356	不分配不转增
000584	友利控股	-3347.79	-0.0819	3.96	0.106	不分配不转增
000585	*ST东电	-1801.52	-0.0206	0.28	-0.0157	不分配不转增
000586	汇源通信	-78.06	-0.004	0.95	-0.18	不分配不转增
000587	ST金叶	7189.77	0.13	1.69	-0.12	不分配不转增
000589	黔轮胎A	4565.96	0.09	4.47	0.71	不分配不转增
000590	紫光古汉	5006.75	0.2466	1.97	0.1322	10送1股派1元(含税)
000591	桐君阁	1839.20	0.067	1.46	-0.06	不分配不转增
000592	中福实业	-1819.54	-0.0215	1.1693	0.0905	不分配不转增
000593	大通燃气	386.06	0.017	1.509	-0.111	10派0.6元(含税)
000594	国恒铁路	606.49	0.0041	2.06	-0.02	不分配不转增
000595	*ST西轴	2803.67	0.129	1.12	0.05	不分配不转增
000596	古井贡酒	41372.41	0.82	6.08	0.29	不分配不转增
000597	东北制药	-12107.67	-0.363	4.62	0.045	不分配不转增
000598	兴蓉投资	36612.38	0.32	3.44	0.4	不分配不转增
000599	青岛双星	933.89	0.018	2.9	0.15	不分配不转增
000600	建投能源	5759.80	0.063	3.18	0.38	不分配不转增

股票代码	股票简称	净利润(万元)	每股收益(元)	每股净资产(元)	每股经营性现金流量(元)	分配预案
000601	韶能股份	12514.22	0.1352	3.36	0.3974	不分配不转增
000602	金马集团	42463.63	0.8416	7.44	1.43	10 转增 10 股派 10 元(含税)
000603	盛达矿业	14929.87	0.296	0.97	0.6	不分配不转增
000605	*ST 四环	97.78	0.0105	0.566	-0.0001	不分配不转增
000606	青海明胶	-821.58	-0.0202	1.44	0.037	不分配不转增
000607	华智控股	725.82	0.015	0.7118	-0.5447	不分配不转增
000608	阳光股份	5290.80	0.07	3.45	0.16	不分配不转增
000609	绵世股份	2370.22	0.0795	3.37	0.33	不分配不转增
000610	西安旅游	2519.85	0.1281	2.35	0.4227	不分配不转增
000611	四海股份	55.67	0.002	1.96	-0.066	不分配不转增
000612	焦作万方	4365.27	0.091	5.227	0.142	不分配不转增
000613	ST 东海 A	58.94	0.0016	0.23	-0.0008	不分配不转增
000615	湖北金环	576.38	0.03	3.03	-0.06	不分配不转增
000616	亿城股份	21019.31	0.18	3.18	0.8	不分配不转增
000617	石油济柴	-2222.96	-0.08	2.5	-0.74	不分配不转增
000619	海螺型材	9064.56	0.2518	5.8228	0.1179	不分配不转增
000620	新华联	9704.72	0.06	1.5	-0.35	不分配不转增
000622	S*ST 恒立	-525.53	-0.037	-1.317	0.039	不分配不转增
000623	吉林敖东	43010.63	0.48	10.5181	0.1061	不分配不转增
000625	长安汽车	57002.94	0.12	3.19	0.14	不分配不转增
000626	如意集团	1566.66	0.0774	1.96	-1.75	不分配不转增
000627	天茂集团	-7600.30	-0.056	1.05	0.017	不分配不转增
000628	高新发展	-470.54	-0.021	0.77	-0.14	不分配不转增
000629	攀钢钒钛	72865.06	0.08	2.67	0.01	不分配不转增
000630	铜陵有色	49764.24	0.35	7.29	-0.25	不分配不转增
000631	顺发恒业	28132.72	0.27	2.4	0.7	不分配不转增
000632	三木集团	321.86	0.0069	1.2165	-0.1635	不分配不转增
000633	ST 合金	-846.61	-0.022	0.5457	-0.069	不分配不转增
000635	英 力 特	-3852.40	-0.16	8.62	0.2	不分配不转增
000636	风华高科	5425.36	0.08	3.3	0.03	不分配不转增
000637	茂化实华	361.24	0.007	1.4	-0.08	不分配不转增
000638	万方地产	-924.46	-0.0598	1.27	0.24	不分配不转增
000639	西王食品	3912.02	0.2077	4.89	0.22	不分配不转增
000650	仁和药业	16329.41	0.1727	1.22	0.19	不分配不转增
000651	格力电器	287113.97	0.96	7.38	5.21	不分配不转增
000652	泰达股份	-14949.14	-0.1013	1.3817	0.3227	不分配不转增
000655	金岭矿业	13123.46	0.226	4.58	0.34	不分配不转增
000656	金科股份	64728.75	0.5587	5.4977	-0.801	不分配不转增
000657	*ST 中钨	-781.51	-0.0351	1.46	0.131	不分配不转增
000659	珠海中富	149.17	0.001	1.79	0.001	不分配不转增
000661	长春高新	9377.99	0.71	5.51	1.02	不分配不转增
000662	*ST 索芙	-5706.77	-0.1982	2.725	0.019	不分配不转增
000663	永安林业	-1302.83	-0.0643	1.67	0.18	不分配不转增
000665	武汉塑料	1687.95	0.095	1.05	0.4826	不分配不转增
000666	经纬纺机	27828.98	0.46	6.05	1.14	不分配不转增
000667	名流置业	6583.67	0.03	2.07	-0.5	不分配不转增
000668	荣丰控股	219.30	0.01	4.57	-0.93	不分配不转增
000669	*ST 领先	-423.64	-0.0458	1.56	0.38	不分配不转增
000670	S*ST 天发	129.99	0.0048	0.7671	0.0505	不分配不转增
000671	阳 光 城	9569.59	0.18	3.23	1.72	不分配不转增
000672	*ST 铜城	-290.18	-0.0135	0.1042	0.0001	不分配不转增
000673	ST 当代	-160.13	-0.008	0.021	0.048	不分配不转增
000676	ST 思达	-2224.64	-0.0707	0.91	0.21	不分配不转增
000677	*ST 海龙	-33510.85	-0.3879	-1.38	-0.1	不分配不转增
000678	襄阳轴承	-724.45	-0.0241	1.71	-0.17	不分配不转增
000679	大连友谊	5864.30	0.165	3.76	-0.312	不分配不转增
000680	山推股份	6242.01	0.05	3.71	0.34	不分配不转增
000681	*ST 远东	291.89	0.01	0.71	0.05	不分配不转增
000682	东方电子	845.64	0.0086	1.41	-0.1162	不分配不转增

股票代码	股票简称	净利润(万元)	每股收益(元)	每股净资产(元)	每股经营性现金流量(元)	分配预案
000683	远兴能源	4270.83	0.06	2.98	0.29	不分配不转增
000685	中山公用	21089.92	0.27	7.53	0.12	不分配不转增
000686	东北证券	12312.45	0.19	5.04	-0.73	不分配不转增
000687	保定天鹅	423.06	0.006	2.144	0.005	不分配不转增
000688	*ST 朝华	-251.17	-0.0062	-0.1849	-0.0148	不分配不转增
000690	宝新能源	15664.55	0.09	1.95	0.39	不分配不转增
000691	亚太实业	45.10	0.0014	0.4515	0.0039	不分配不转增
000692	惠天热电	1483.84	0.0557	4.62	-1.31	不分配不转增
000693	S*ST 聚友	-3038.41	-0.158	-0.82	-0.02	不分配不转增
000695	滨海能源	-1244.26	-0.056	1.32	0.062	不分配不转增
000697	炼石有色	1901.09	0.044	0.98	-0.05	不分配不转增
000698	沈阳化工	-9109.49	-0.138	4.745	-0.462	不分配不转增
000700	模塑科技	2491.61	0.0806	3.44	0.423	不分配不转增
000701	厦门信达	5081.15	0.2115	3.3546	-3.5182	不分配不转增
000702	正虹科技	457.40	0.02	1.73	0.4291	不分配不转增
000703	恒逸石化	31234.83	0.27	4.47	0.42	不分配不转增
000705	浙江震元	2397.10	0.1913	4.52	0.326	不分配不转增
000707	双环科技	6490.02	0.14	4.49	1.46	不分配不转增
000708	大冶特钢	18875.11	0.42	6.471	-0.17	不分配不转增
000709	河北钢铁	39343.10	0.04	4.03	0.04	不分配不转增
000710	天兴仪表	19.92	0.0013	0.7731	0.1836	不分配不转增
000711	天伦置业	252.50	0.02	2.27	-0.13	不分配不转增
000712	锦龙股份	4161.83	0.137	2.98	0.03	不分配不转增
000713	丰乐种业	2625.33	0.0878	3.88	-0.064	不分配不转增
000715	中兴商业	4589.48	0.164	4.12	0.22	不分配不转增
000716	南方食品	1214.03	0.068	1.77	-0.25	不分配不转增
000717	韶钢松山	-78307.51	-0.469	2.3335	0.7384	不分配不转增
000718	苏宁环球	41277.64	0.202	2.23	0.5688	不分配不转增
000719	大地传媒	7530.94	0.17	3.65	0.23	不分配不转增
000720	*ST 能山	-7607.72	-0.0881	0.7386	0.27	不分配不转增
000721	西安饮食	824.64	0.0413	2.3	-0.0332	不分配不转增
000722	湖南发展	8107.78	0.175	4.356	0.2153	不分配不转增
000723	美锦能源	-1217.48	-0.09	3.3	-0.35	不分配不转增
000725	京东方 A	-78688.22	-0.058	1.84	0.01	不分配不转增
000726	鲁 泰 A	30150.33	0.3	5.09	0.41	不分配不转增
000727	华东科技	-3642.60	-0.1014	1.315	0.3195	不分配不转增
000728	国元证券	29669.96	0.15	7.59	-0.76	不分配不转增
000729	燕京啤酒	45100.02	0.1806	3.8	0.48	不分配不转增
000731	四川美丰	11916.07	0.2372	4.2682	0.5071	不分配不转增
000732	泰禾集团	4208.87	0.0414	2.0324	0.0321	不分配不转增
000733	振华科技	3189.57	0.09	5.87	-0.11	不分配不转增
000735	罗 牛 山	759.86	0.0086	1.955	0.005	不分配不转增
000736	重庆实业	9411.46	0.32	5.13	0.03	不分配不转增
000737	南风化工	736.64	0.0134	0.63	0.19	不分配不转增
000738	中航动控	8119.92	0.0861	2.71	0.06	不分配不转增
000739	普洛股份	768.40	0.03	3.12	0.3652	不分配不转增
000748	长城信息	2106.14	0.056	3.138	-0.73	不分配不转增
000750	国海证券	14921.80	0.08	1.53	0.22	不分配不转增
000751	*ST 锌业	-29976.81	-0.27	-0.16	0.41	不分配不转增
000752	西藏发展	945.65	0.036	2.383	0.509	不分配不转增
000753	漳州发展	3005.39	0.095	2.1	-0.05	不分配不转增
000755	山西三维	890.94	0.019	4.7424	0.302	不分配不转增
000756	新华制药	3119.52	0.07	3.81	-0.09	不分配不转增
000757	*ST 方向	1846.79	0.05	0.07	0.035	不分配不转增
000758	中色股份	6956.78	0.091	3.1	-1.04	不分配不转增
000759	中百集团	14296.96	0.21	4.14	0.84	不分配不转增
000760	博盈投资	-149.02	-0.01	0.76	-0.16	不分配不转增
000761	本钢板材	14518.13	0.05	4.9	0.06	不分配不转增
000762	西藏矿业	1450.00	0.0305	3.912	0.0405	不分配不转增

股票代码	股票简称	净利润(万元)	每股收益(元)	每股净资产(元)	每股经营性现金流量(元)	分配预案
000766	通化金马	901.09	0.0201	1.37	-0.05	不分配不转增
000767	*ST漳电	-37129.22	-0.28	0.27	0.12	不分配不转增
000768	西飞国际	5220.44	0.0211	3.82	-0.59	不分配不转增
000776	广发证券	146981.81	0.25	5.42	-0.32	不分配不转增
000777	中核科技	2935.31	0.1378	4.4712	-0.0547	不分配不转增
000778	新兴铸管	68243.91	0.356	5.9354	-0.1626	不分配不转增
000779	三毛派神	-282.81	-0.015	1.71	0.0227	不分配不转增
000780	平庄能源	40870.16	0.4	4.79	-0.15	不分配不转增
000782	美达股份	1981.58	0.049	2.53	0.02	不分配不转增
000783	长江证券	40528.40	0.17	5	-0.49	不分配不转增
000785	武汉中商	5234.16	0.21	3.11	0.18	不分配不转增
000786	北新建材	23270.72	0.405	5.358	0.303	不分配不转增
000787	*ST创智	-492.38	-0.013	0.22	-0.0149	不分配不转增
000788	西南合成	5336.92	0.09	1.75	0.01	不分配不转增
000789	江西水泥	5788.02	0.1462	3.74	0.33	不分配不转增
000790	华神集团	1034.55	0.0296	1.4822	-0.2209	不分配不转增
000791	西北化工	1072.54	0.0567	1.719	-0.0354	不分配不转增
000792	盐湖股份	131142.82	0.8245	9.2897	0.5726	不分配不转增
000793	华闻传媒	12737.34	0.0936	2.05	-0.2	不分配不转增
000795	太原刚玉	2000.62	0.07	1.36	-0.06	不分配不转增
000796	易食股份	773.50	0.0314	1.89	0.1177	不分配不转增
000797	中国武夷	3820.83	0.1	3.08	0.33	不分配不转增
000798	中水渔业	1864.77	0.0584	2.27	-0.03	不分配不转增
000799	酒鬼酒	26121.45	0.8039	5.0259	0.9289	不分配不转增
000800	一汽轿车	-6142.22	-0.0377	5.1	0.987	不分配不转增
000801	四川九洲	3349.19	0.0881	2.1748	-0.7287	不分配不转增
000802	北京旅游	932.51	0.0497	4.29	0.03	不分配不转增
000803	金宇车城	-893.22	-0.0699	0.86	-0.09	不分配不转增
000805	*ST炎黄	2669.35	0.419	0.03	-0.12	不分配不转增
000806	*ST银河	697.64	0.01	1.21	0.3287	不分配不转增
000807	云铝股份	-2506.78	-0.016	2.56	0.52	不分配不转增
000809	铁岭新城	33.61	0.0009	3.83	-0.54	不分配不转增
000810	华润锦华	-287.40	-0.0222	3.76	0.42	不分配不转增
000811	烟台冰轮	9523.75	0.24	2.89	0.16	不分配不转增
000812	陕西金叶	2278.56	0.0509	1.53	-0.2349	不分配不转增
000813	天山纺织	-1593.70	-0.0438	1.1	-0.0311	不分配不转增
000815	*ST美利	-7901.98	-0.25	1.77	-0.32	不分配不转增
000816	江淮动力	4900.09	0.045	1.94	0.04	不分配不转增
000818	方大化工	1719.73	0.0253	2.91	-0.0848	不分配不转增
000819	岳阳兴长	2693.32	0.126	2.55	0.015	不分配不转增
000820	*ST金城	2512.86	0.09	-2.27	0.01	不分配不转增
000821	京山轻机	-2602.97	-0.075	3.25	0.16	不分配不转增
000822	山东海化	-16028.99	-0.18	3.91	0.35	不分配不转增
000823	超声电子	12538.58	0.2847	4.324	0.208	不分配不转增
000825	太钢不锈	36560.12	0.0642	4.105	0.62	不分配不转增
000826	桑德环境	17091.59	0.343	3.52	0.2	不分配不转增
000828	东莞控股	19393.48	0.1866	3.0929	0.2589	不分配不转增
000829	天音控股	4703.81	0.05	2.36	-0.91	不分配不转增
000830	鲁西化工	19155.15	0.131	3.52	0.56	不分配不转增
000831	*ST关铝	-16923.14	-0.26	-0.23	-0.002	不分配不转增
000833	贵糖股份	1249.29	0.04	2.99	-0.73	不分配不转增
000835	四川圣达	-613.08	-0.0201	1.47	0.16	不分配不转增
000836	鑫茂科技	-3070.67	-0.105	2.41	0.25	不分配不转增
000837	秦川发展	823.42	0.0236	3.14	-0.31	不分配不转增
000838	*ST国兴	-1649.43	-0.0911	1.57	-0.3467	不分配不转增
000839	中信国安	7987.37	0.0509	3.66	-0.2014	不分配不转增
000848	承德露露	12653.32	0.315	1.92	-0.4	不分配不转增
000850	华茂股份	29909.48	0.317	3.25	0.192	不分配不转增
000851	高鸿股份	764.57	0.023	3.08	-0.4	不分配不转增

股票代码	股票简称	净利润(万元)	每股收益(元)	每股净资产(元)	每股经营性现金流量(元)	分配预案
000852	江钻股份	5831.24	0.15	2.6	-0.0271	不分配不转增
000856	冀东装备	237.21	0.01	1.93	0.17	不分配不转增
000858	五粮液	504625.51	1.329	6.909	1.04	不分配不转增
000859	国风塑业	1247.14	0.0297	2.2291	0.07	不分配不转增
000860	顺鑫农业	10936.46	0.2494	6.56	-0.63	不分配不转增
000861	海印股份	19280.29	0.39	2.91	0.15	不分配不转增
000862	银星能源	2231.72	0.0788	1.23	0.4113	不分配不转增
000863	三湘股份	10935.90	0.15	1.41	-0.17	不分配不转增
000868	安凯客车	1555.49	0.044	3.6396	-0.73	不分配不转增
000869	张裕A	92114.35	1.34	7.49	0.85	不分配不转增
000875	吉电股份	-24181.40	-0.2882	2.5681	0.4	不分配不转增
000876	新希望	99665.24	0.57	6.26	0.29	不分配不转增
000877	天山股份	12314.49	0.1426	7.1	-0.1887	不分配不转增
000878	云南铜业	26780.11	0.189	5.08	1.99	不分配不转增
000880	潍柴重机	5351.64	0.19	4.14	0.2	不分配不转增
000881	大连国际	11954.10	0.387	4.76	0.361	不分配不转增
000882	华联股份	2820.56	0.0316	3.22	0.21	不分配不转增
000883	湖北能源	35779.14	0.17	4.56	0.7027	不分配不转增
000885	同力水泥	9700.14	0.2955	4.77	1.25	不分配不转增
000886	海南高速	7404.11	0.075	2.609	0.339	不分配不转增
000887	中鼎股份	20658.60	0.35	2.67	0.11	不分配不转增
000888	峨眉山A	5144.32	0.2187	3.9	0.25	不分配不转增
000889	渤海物流	4884.53	0.1442	2.279	0.05	不分配不转增
000890	法尔胜	429.66	0.0113	2.7479	0.4296	10派0.2元(含税)
000892	*ST星美	90.80	0.0022	0.0134	-0.0008	不分配不转增
000893	东凌粮油	330.36	0.01	1.4	4.08	不分配不转增
000895	双汇发展	40485.45	0.6681	6.19	-0.27	不分配不转增
000897	津滨发展	-4743.66	-0.0293	1.065	0.16	不分配不转增
000898	鞍钢股份	-197600.00	-0.273	6.74	0.238	不分配不转增
000899	*ST赣能	7455.51	0.1153	1.91	0.53	不分配不转增
000900	现代投资	30757.70	0.7705	13.65	0.83	10派3元(含税)
000901	航天科技	1397.32	0.0558	3.29	-0.49	不分配不转增
000902	中国服装	-1890.54	-0.073	0.926	0.223	不分配不转增
000903	云内动力	4242.98	0.062	3.79	0.001	不分配不转增
000905	厦门港务	8297.26	0.16	3.44	0.17	不分配不转增
000906	物产中拓	2720.33	0.08	3.05	-0.38	不分配不转增
000908	ST天一	-1729.98	-0.062	-0.061	-0.016	不分配不转增
000909	数源科技	2037.74	0.1	3.17	-0.28	不分配不转增
000910	大亚科技	4179.92	0.08	4.35	0.75	10派0.2元(含税)
000911	南宁糖业	-3246.07	-0.11	4.72	-0.8915	不分配不转增
000912	泸天化	8031.29	0.14	3.9646	2.4026	不分配不转增
000913	钱江摩托	1721.24	0.04	3.14	-0.28	不分配不转增
000915	山大华特	5353.72	0.3	3.14	0.4	不分配不转增
000916	华北高速	13670.11	0.125	3.61	0.17	不分配不转增
000917	电广传媒	25112.77	0.28	3.36	0.26	不分配不转增
000918	嘉凯城	-32809.87	-0.18	2.1	-0.1	不分配不转增
000919	金陵药业	8659.35	0.1718	4.25	0.2318	不分配不转增
000920	南方汇通	3920.20	0.0929	2.3	-0.2201	不分配不转增
000921	ST科龙	37987.06	0.2805	0.8768	0.0233	不分配不转增
000922	ST阿继	10800.55	0.21	2.57	0.06	不分配不转增
000923	河北宣工	247.90	0.0125	3.1	-0.14	不分配不转增
000925	众合机电	2408.70	0.08	3.48	-0.17	不分配不转增
000926	福星股份	24378.15	0.34	8.16	0.82	不分配不转增
000927	一汽夏利	9024.59	0.0566	2.34	-0.42	不分配不转增
000928	中钢吉炭	-4518.84	-0.1597	3.203	0.003	不分配不转增
000929	兰州黄河	1132.98	0.061	3.01	0.65	不分配不转增
000930	中粮生化	8284.31	0.086	2.91	-0.068	不分配不转增
000931	中关村	5580.11	0.0827	1.1702	0.0532	不分配不转增
000932	华菱钢铁	-130464.35	-0.4326	3.96	1.0581	不分配不转增

股票代码	股票简称	净利润(万元)	每股收益(元)	每股净资产(元)	每股经营性现金流量(元)	分配预案
000933	神火股份	52490.66	0.312	3.528	0.593	不分配不转增
000935	四川双马	-1164.18	-0.02	3.12	0.15	不分配不转增
000936	华西股份	8470.38	0.11	2.46	-0.28	不分配不转增
000937	冀中能源	143811.45	0.6218	6.626	0.2829	不分配不转增
000938	紫光股份	1806.94	0.088	4.33	-1.511	不分配不转增
000939	凯迪电力	4080.66	0.04	2.6	-0.31	不分配不转增
000948	南天信息	417.26	0.018	5.5612	-1.24	不分配不转增
000949	新乡化纤	-9738.37	-0.1174	2.1	0.37	不分配不转增
000950	建峰化工	5350.17	0.0893	4.1	0.329	10派1.5元(含税)
000951	中国重汽	3930.05	0.09	8.85	1.08	不分配不转增
000952	广济药业	-2349.05	-0.093	3.15	0.01	不分配不转增
000953	ST河化	1468.38	0.0499	2.4904	-0.33	不分配不转增
000955	ST欣龙	-434.94	-0.0123	1.74	0.0157	不分配不转增
000957	中通客车	2628.19	0.11	2.73	-0.41	不分配不转增
000958	ST东热	-5282.77	-0.18	-2.47	0.156	不分配不转增
000959	首钢股份	-34942.66	-0.1178	2.44	-0.06	不分配不转增
000960	锡业股份	7710.37	0.0851	5.73	0.107	不分配不转增
000961	中南建设	46792.34	0.4	5.05	0.218	不分配不转增
000962	东方钽业	5172.84	0.1173	5.427	-0.1597	不分配不转增
000963	华东医药	25373.39	0.5846	4.1068	1.1576	不分配不转增
000965	天保基建	7338.90	0.11	3.42	-0.02	不分配不转增
000966	长源电力	-10663.72	-0.1924	2.14	2.6933	不分配不转增
000967	上风高科	2930.08	0.143	3.31	0.79	不分配不转增
000968	煤气化	-4991.96	-0.0972	6.032	0.2963	不分配不转增
000969	安泰科技	9189.61	0.1068	3.86	-0.18	不分配不转增
000970	中科三环	46091.90	0.9	6.02	2.15	10派2元(含税)
000971	ST迈亚	-2070.24	-0.085	0.009	-0.333	不分配不转增
000972	*ST中基	-18972.68	-0.3936	0.02	-0.21	不分配不转增
000973	佛塑科技	2002.78	0.0218	1.98	0.22	不分配不转增
000975	科学城	851.07	0.0137	1.5	0.01	不分配不转增
000976	春晖股份	-5580.40	-0.0951	0.79	-0.16	不分配不转增
000977	浪潮信息	2375.70	0.1105	5.19	-1	不分配不转增
000978	桂林旅游	1080.04	0.03	3.99	-0.03	不分配不转增
000979	中弘股份	42066.33	0.42	2.32	1.06	不分配不转增
000980	金马股份	2010.78	0.064	3.83	0.91	不分配不转增
000981	银亿股份	17784.02	0.21	3.72	-0.37	不分配不转增
000982	中银绒业	13575.18	0.24	1.68	-0.39	不分配不转增
000983	西山煤电	165620.59	0.5256	4.97	0.4462	不分配不转增
000985	大庆华科	-1231.06	-0.095	3.58	0.03	不分配不转增
000987	广州友谊	19156.45	0.53	4.93	-0.56	不分配不转增
000988	华工科技	12806.65	0.14	5.82	-0.1391	不分配不转增
000989	九芝堂	5473.71	0.18	4.67	0.15	不分配不转增
000990	诚志股份	1113.16	0.037	5.37	0.201	不分配不转增
000993	闽东电力	3835.76	0.1	4.14	-0.1	不分配不转增
000995	ST皇台	687.67	0.04	1.03	0.014	不分配不转增
000996	中国中期	1338.89	0.0582	2.2	-0.04	不分配不转增
000997	新大陆	4627.26	0.09	2.77	-0.3	不分配不转增
000998	隆平高科	7806.65	0.188	2.713	0.4	不分配不转增
000999	华润三九	51562.31	0.53	4.93	0.39	不分配不转增
001696	宗申动力	15464.16	0.1401	2.31	0.1501	不分配不转增
001896	豫能控股	-8854.07	-0.14	0.79	0.88	不分配不转增
200002	万科B	372508.51	0.34	5.01	0.26	不分配不转增
200011	深物业B	9832.23	0.165	2.057	0.564	不分配不转增
200012	南玻B	24609.32	0.12	3.27	0.41	不分配不转增
200016	深康佳B	1146.73	0.0095	3.3248	0.9266	不分配不转增
200017	*ST中华B	-3334.45	-0.0605	-3.0829	-0.0045	不分配不转增
200018	ST中冠B	-418.71	-0.02	0.67	0.001	不分配不转增
200019	深深宝B	8886.74	0.3542	3.9	0.013	不分配不转增
200020	深华发B	642.62	0.0227	1	0.26	不分配不转增

股票代码	股票简称	净利润(万元)	每股收益(元)	每股净资产(元)	每股经营性现金流量(元)	分配预案
200022	深赤湾 B	22203.52	0.344	5.323	0.541	不分配不转增
200024	招商局 B	122052.59	0.7107	12.4	1.41	不分配不转增
200025	特 力 B	-863.73	-0.0392	0.765	-0.023	不分配不转增
200026	飞亚达 B	6528.94	0.166	3.55	-0.24	不分配不转增
200028	一 致 B	24003.40	0.833	5.374	0.482	不分配不转增
200029	深深房 B	4008.41	0.0396	1.551	-0.115	不分配不转增
200030	*ST 盛润 B	-146.25	-0.0051	0.002	-0.0045	不分配不转增
200037	深南电 B	-10573.94	-0.18	2.73	0.2	不分配不转增
200039	中 集 B	93371.00	0.3507	6.9169	-0.7914	不分配不转增
200045	深纺织 B	-1873.62	-0.06	4.04	-0.05	不分配不转增
200053	深基地 B	6860.47	0.3	5.33	0.45	不分配不转增
200054	建 摩 B	-3370.77	-0.0706	0.53	-0.09	不分配不转增
200055	方 大 B	1264.33	0.02	1.44	-0.09	不分配不转增
200056	*ST 国商 B	6766.38	0.306	-0.0809	-0.416	不分配不转增
200058	深赛格 B	3162.12	0.0403	1.5091	-0.0647	不分配不转增
200152	山 航 B	19102.24	0.48	5.2	1.6	不分配不转增
200160	ST 大路 B	-1570.50	-0.022	-0.056	0.003	不分配不转增
200168	ST 雷伊 B	-1357.02	-0.04	0.99	0.0398	不分配不转增
200413	宝 石 B	4117.58	0.11	0.71	-0.125	不分配不转增
200418	小天鹅 B	21622.81	0.34	5.58	1.44	不分配不转增
200429	粤高速 B	15748.36	0.13	3.34	0.26	不分配不转增
200468	宁通信 B	603.82	0.028	1.759	-0.131	不分配不转增
200488	晨 鸣 B	9424.50	0.05	6.46	0.32	不分配不转增
200505	ST 珠江 B	-3773.48	-0.0884	0.9076	-0.0834	不分配不转增
200512	闽灿坤 B	-1937.89	-0.02	0.4	-0.04	不分配不转增
200513	丽 珠 B	22870.50	0.77	9.89	1.13	不分配不转增
200521	皖美菱 B	11085.50	0.1742	4.57	-0.41	不分配不转增
200530	大 冷 B	6639.24	0.19	5.03	-0.36	不分配不转增
200539	粤电力 B	29216.82	0.1	3.69	0.7	不分配不转增
200541	粤照明 B	13452.29	0.14	2.99	0.24	不分配不转增
200550	江 铃 B	84132.81	0.97	8.59	1.13	不分配不转增
200553	沙隆达 B	2398.64	0.0404	1.99	0.223	不分配不转增
200570	苏常柴 B	2980.24	0.05	3.3	0.37	不分配不转增
200581	苏威孚 B	44628.12	0.69	12.11	0.64	不分配不转增
200596	古井贡 B	41372.41	0.82	6.08	0.29	不分配不转增
200613	ST 东海 B	58.94	0.0016	0.23	-0.0008	不分配不转增
200625	长 安 B	57002.94	0.12	3.19	0.14	不分配不转增
200706	瓦 轴 B	3037.73	0.08	3.78	0.37	不分配不转增
200725	京东方 B	-78688.22	-0.058	1.84	0.01	不分配不转增
200726	鲁 泰 B	30150.33	0.3	5.09	0.41	不分配不转增
200761	本钢板 B	14518.13	0.05	4.9	0.06	不分配不转增
200770	*ST 武锅 B	-2438.36	-0.08	-3.95	0.09	不分配不转增
200771	杭汽轮 B	33727.59	0.4473	4.59	0.2035	不分配不转增
200869	张 裕 B	92114.35	1.34	7.49	0.85	不分配不转增
200986	粤华包 B	-723.28	-0.0143	2.75	-0.656	不分配不转增
200992	中 鲁 B	2640.92	0.1	1.74	0.16	不分配不转增

2012 年深市中小企业板上市公司中期主要财务指标

截至日期:2012-08-31

股票代码	股票简称	净利润(万元)	每股收益(元)	每股净资产(元)	每股经营性现金流量(元)	分配预案
002001	新 和 成	52938.07	0.73	7.89	0.47	不分配不转增
002002	ST 金材	-1039.82	-0.0623	0.5096	0.027	不分配不转增
002003	伟星股份	8276.29	0.32	6.04	0.31	不分配不转增
002004	华邦制药	22971.30	0.69	7.59	0.03	10 转增 5 股
002005	德豪润达	12431.03	0.11	3.67	-0.09	不分配不转增
002006	精功科技	-740.15	-0.02	2.66	-0.27	不分配不转增
002007	华兰生物	17462.38	0.3031	4.41	0.2554	不分配不转增
002008	大族激光	16665.58	0.1596	2.69	-0.059	不分配不转增

股票代码	股票简称	净利润(万元)	每股收益(元)	每股净资产(元)	每股经营性现金流量(元)	分配预案
002009	天奇股份	3222.62	0.15	2.55	-0.53	不分配不转增
002010	传化股份	7402.99	0.15	3.16	0.14	不分配不转增
002011	盾安环境	20103.67	0.2399	3.62	0.2	不分配不转增
002012	凯恩股份	4621.36	0.2	4.62	0.06	10转增10股
002013	中航精机	2068.98	0.073	1.86	0.124	不分配不转增
002014	永新股份	8112.29	0.44	4.72	0.11	10转增5股
002015	霞客环保	1866.76	0.08	3.15	0.05	不分配不转增
002016	世荣兆业	1938.37	0.04	2.08	-0.26	不分配不转增
002017	东信和平	1797.29	0.0823	3.03	-0.065	不分配不转增
002018	华星化工	-541.75	-0.02	2.07	0.23	不分配不转增
002019	*ST鑫富	2820.54	0.13	2.26	0.04	不分配不转增
002020	京新药业	1724.17	0.1365	6.2012	0.1935	不分配不转增
002021	中捷股份	1213.89	0.021	1.66	0.02	不分配不转增
002022	科华生物	11647.11	0.2366	1.8247	0.1833	不分配不转增
002023	海特高新	3283.89	0.11	3.4	0.1	不分配不转增
002024	苏宁电器	175405.50	0.2507	3.29	-0.26	不分配不转增
002025	航天电器	8067.30	0.24	4.34	0.05	不分配不转增
002026	山东威达	2967.05	0.1691	3.61	0.06	不分配不转增
002027	七喜控股	-909.89	-0.0301	1.969	-0.1682	不分配不转增
002028	思源电气	7336.14	0.17	6.09	-0.96	不分配不转增
002029	七匹狼	24591.61	0.58	7.81	0.27	不分配不转增
002030	达安基因	3809.68	0.09	1.3	-0.04	不分配不转增
002031	巨轮股份	4314.44	0.1052	3.13	0.09	不分配不转增
002032	苏泊尔	22003.74	0.35	4.43	0.55	不分配不转增
002033	丽江旅游	6526.37	0.4	4.92	0.54	不分配不转增
002034	美欣达	213.12	0.03	5.85	0.58	不分配不转增
002035	华帝股份	6293.15	0.256	2.28	0.768	不分配不转增
002036	宜科科技	812.25	0.04	1.66	0.04	不分配不转增
002037	久联发展	8099.61	0.47	7.19	-0.54	不分配不转增
002038	双鹭药业	22296.93	0.5857	4.88	0.49	不分配不转增
002039	黔源电力	-2549.83	-0.1252	7.6437	1.2547	不分配不转增
002040	南京港	2216.65	0.0902	2.41	0.12	不分配不转增
002041	登海种业	6911.32	0.1963	3.31	0.2229	不分配不转增
002042	华孚色纺	5117.84	0.06	3.58	0.13	不分配不转增
002043	兔宝宝	1149.86	0.02	1.57	0.1	不分配不转增
002044	江苏三友	958.64	0.043	1.63	-0.2	不分配不转增
002045	国光电器	-13625.37	-0.33	2.97	0.1	不分配不转增
002046	轴研科技	3031.63	0.12	3.5	-0.09	不分配不转增
002047	成霖股份	-1283.55	-0.03	1.5	-0.05	不分配不转增
002048	宁波华翔	13061.14	0.24	4.89	-0.17	不分配不转增
002049	同方国芯	4895.58	0.2025	4.4146	0.0965	不分配不转增
002050	三花股份	18706.99	0.31	4.68	0.05	不分配不转增
002051	中工国际	26849.62	0.47	4.54	1.04	不分配不转增
002052	同洲电子	1559.30	0.05	3.33	0.34	不分配不转增
002053	云南盐化	-8153.74	-0.439	4.825	0.425	不分配不转增
002054	德美化工	3631.82	0.12	4.27	0.33	不分配不转增
002055	得润电子	4372.72	0.1065	2.6901	0.1483	不分配不转增
002056	横店东磁	6627.73	0.16	7.2	0.46	不分配不转增
002057	中钢天源	107.93	0.01	4.95	-0.14	不分配不转增
002058	威尔泰	-93.05	-0.007	1.49	-0.06	不分配不转增
002059	云南旅游	349.42	0.0163	2.6278	0.1991	不分配不转增
002060	粤水电	3540.44	0.07	4.69	-0.84	不分配不转增
002061	江山化工	4603.00	0.329	4.12	0.233	不分配不转增
002062	宏润建设	6301.80	0.11	3.32	-1.12	不分配不转增
002063	远光软件	11279.04	0.2552	2.34	-0.2443	不分配不转增
002064	华峰氨纶	-3072.24	-0.04	2.18	0.07	不分配不转增
002065	东华软件	22562.59	0.4251	4.6972	-0.3516	不分配不转增
002066	瑞泰科技	632.94	0.0274	2.58	-1.02	不分配不转增
002067	景兴纸业	3490.94	0.03	5.28	-0.21	不分配不转增

股票代码	股票简称	净利润(万元)	每股收益(元)	每股净资产(元)	每股经营性现金流量(元)	分配预案
002068	黑猫股份	7764.39	0.16	2.69	0.42	不分配不转增
002069	獐子岛	15607.35	0.22	3.64	-0.58	不分配不转增
002070	众和股份	3330.52	0.0682	2.39	0.02	不分配不转增
002071	江苏宏宝	341.02	0.0185	1.94	0.08	不分配不转增
002072	ST 德棉	-1112.80	-0.0632	1.15	-0.053	不分配不转增
002073	软控股份	9563.10	0.13	4.07	0.21	不分配不转增
002074	东源电器	3977.87	0.16	1.76	0.01	不分配不转增
002075	沙钢股份	3417.31	0.02	1.48	0.29	不分配不转增
002076	雪莱特	527.26	0.0286	2.11	0.06	不分配不转增
002077	大港股份	3097.90	0.12	3.26	-1.34	10 派 0.3 元(含税)
002078	太阳纸业	10556.65	0.11	3.97	0.28	不分配不转增
002079	苏州固锝	2771.12	0.038	1.66	-0.01	不分配不转增
002080	中材科技	6119.68	0.153	5.72	-0.08	不分配不转增
002081	金螳螂	41504.86	0.5339	4.4	-0.27	不分配不转增
002082	栋梁新材	4376.20	0.18	4.38	0.53	不分配不转增
002083	孚日股份	8410.68	0.09	3.13	0.35	不分配不转增
002084	海鸥卫浴	1405.91	0.0381	2.0231	0.18	不分配不转增
002085	万丰奥威	10733.67	0.28	4.06	0.56	10 派 5 元(含税)
002086	东方海洋	3757.65	0.1541	5.101	0.2269	不分配不转增
002087	新野纺织	4128.90	0.0794	3.38	0.3	不分配不转增
002088	鲁阳股份	3274.04	0.14	5.98	0.22	不分配不转增
002089	新海宜	6428.50	0.1518	2.4	-0.0671	不分配不转增
002090	金智科技	2022.10	0.0991	2.5884	-0.1361	不分配不转增
002091	江苏国泰	8958.03	0.25	3.1	0.42	不分配不转增
002092	中泰化学	8627.15	0.075	6.18	-0.05	不分配不转增
002093	国脉科技	5876.88	0.0679	1.3189	-0.0331	不分配不转增
002094	青岛金王	2065.08	0.064	1.63	-0.13	不分配不转增
002095	生意宝	2134.57	0.13	2.8	0.14	不分配不转增
002096	南岭民爆	4156.37	0.16	2.14	0.14	不分配不转增
002097	山河智能	3282.16	0.0782	4.1	-0.457	不分配不转增
002098	浔兴股份	2019.59	0.13	3.82	0.05	不分配不转增
002099	海翔药业	6889.06	0.21	2.33	0.25	不分配不转增
002100	天康生物	6004.48	0.2	3.93	0.54	不分配不转增
002101	广东鸿图	4599.95	0.28	5.8	0.396	不分配不转增
002102	*ST 冠福	-3951.23	-0.1	0.97	-0.05	不分配不转增
002103	广博股份	1139.86	0.0522	3.25	0.028	不分配不转增
002104	恒宝股份	5179.91	0.12	1.71	0.08	10 派 0.5 元(含税)
002105	信隆实业	442.08	0.02	1.91	0.22	不分配不转增
002106	莱宝高科	8090.47	0.1348	3.98	-0.0767	不分配不转增
002107	沃华医药	203.23	0.01	3.59	0.13	不分配不转增
002108	沧州明珠	5268.74	0.17	2.98	-0.24	不分配不转增
002109	兴化股份	9530.35	0.27	3.5	0.43	不分配不转增
002110	三钢闽光	1532.63	0.029	5.55	-1.95	不分配不转增
002111	威海广泰	3601.65	0.12	3.4	-0.04	不分配不转增
002112	三变科技	-474.06	-0.04	3.88	-0.45	不分配不转增
002113	ST 天润	347.98	0.029	0.732	0.01	不分配不转增
002114	*ST 锌电	-6877.00	-0.37	0.59	0.75	不分配不转增
002115	三维通信	4260.01	0.1245	2.9848	-0.5795	不分配不转增
002116	中国海诚	5883.46	0.287	2.732	0.56	不分配不转增
002117	东港股份	5546.04	0.22	4.18	0.06	不分配不转增
002118	紫鑫药业	5615.98	0.11	3.64	-0.19	不分配不转增
002119	康强电子	1071.25	0.06	3.18	0.07	不分配不转增
002120	新海股份	4768.89	0.32	2.93	-0.01	不分配不转增
002121	科陆电子	6218.65	0.1568	3.14	-0.21	不分配不转增
002122	天马股份	15321.34	0.13	3.99	0.114	不分配不转增
002123	荣信股份	11005.60	0.22	4.15	-0.31	不分配不转增
002124	天邦股份	853.82	0.042	1.9	0.066	不分配不转增
002125	湘潭电化	-1511.03	-0.1086	2.51	0.1766	不分配不转增
002126	银轮股份	3451.27	0.11	3.82	0.41	不分配不转增

股票代码	股票简称	净利润(万元)	每股收益(元)	每股净资产(元)	每股经营性现金流量(元)	分配预案
002127	新民科技	-7024.52	-0.16	2.4	-0.31	不分配不转增
002128	露天煤业	73276.55	0.55	3.64	0.21	不分配不转增
002129	中环股份	1012.05	0.014	2.3654	-0.243	10派0.12元(含税)
002130	沃尔核材	2458.23	0.06	2.05	-0.09	不分配不转增
002131	利欧股份	4081.71	0.13	3.31	0.04	不分配不转增
002132	恒星科技	-429.47	-0.01	2.05	-0.01	不分配不转增
002133	广宇集团	11229.90	0.19	2.8	-0.35	不分配不转增
002134	天津普林	-2841.56	-0.12	2.72	-0.069	不分配不转增
002135	东南网架	5364.50	0.07	2.31	-0.25	不分配不转增
002136	安纳达	2217.85	0.1031	2.97	-0.0875	不分配不转增
002137	实益达	2161.48	0.0692	1.6873	0.096	不分配不转增
002138	顺络电子	4710.85	0.15	3.56	0.29	不分配不转增
002139	拓邦股份	2255.84	0.1	2.25	0.12	不分配不转增
002140	东华科技	12529.27	0.28	2.64	0.06	不分配不转增
002141	蓉胜超微	-120.86	-0.0066	1.6721	0.06	不分配不转增
002142	宁波银行	215789.40	0.75	7.06	-2.12	不分配不转增
002143	高金食品	733.12	0.0351	2.36	-0.99	不分配不转增
002144	宏达高科	5174.26	0.34	7.81	0.29	不分配不转增
002145	*ST钛白	-2386.82	-0.1347	0.31	0.02	不分配不转增
002146	荣盛发展	83783.50	0.45	3.66	-0.24	不分配不转增
002147	方圆支承	1490.44	0.06	3.44	0.031	不分配不转增
002148	北纬通信	1753.05	0.15	4.13	0.11	不分配不转增
002149	西部材料	-1516.06	-0.09	4.67	-0.1	不分配不转增
002150	江苏通润	2107.27	0.08	1.99	0.11	不分配不转增
002151	北斗星通	177.56	0.01	3.46	-0.12	不分配不转增
002152	广电运通	25639.13	0.41	4.25	-0.17	不分配不转增
002153	石基信息	14023.17	0.45	3.69	0.17	不分配不转增
002154	报喜鸟	12582.36	0.21	3.77	0.17	不分配不转增
002155	辰州矿业	31356.72	0.4092	3.52	0.18	不分配不转增
002156	通富微电	1703.45	0.026	3.38	0.1	10派0.15元(含税)
002157	正邦科技	8570.51	0.2	2.5	0.1062	不分配不转增
002158	汉钟精机	4487.14	0.2058	3.2697	0.4373	不分配不转增
002159	三特索道	-2314.46	-0.19	3.71	0.13	不分配不转增
002160	常铝股份	564.65	0.017	1.947	-0.12	不分配不转增
002161	远望谷	6179.40	0.084	1.82	-0.07	不分配不转增
002162	斯米克	-9573.03	-0.229	1.4303	-0.1409	不分配不转增
002163	中航三鑫	-4780.52	-0.06	1.78	-0.2	不分配不转增
002164	东力传动	858.76	0.02	2.59	0.27	不分配不转增
002165	红宝丽	4998.78	0.09	1.72	0.27	不分配不转增
002166	莱茵生物	-1780.17	-0.14	1.63	-0.41	不分配不转增
002167	东方锆业	4479.69	0.11	3.63	0.12	不分配不转增
002168	深圳惠程	2587.80	0.0342	1.44	-0.0791	不分配不转增
002169	智光电气	947.76	0.0356	2.2564	-0.2051	不分配不转增
002170	芭田股份	6128.17	0.154	2.141	0.178	10派0.6元(含税)
002171	精诚铜业	-2366.22	-0.07	1.96	-0.35	不分配不转增
002172	澳洋科技	-7964.89	-0.14	0.83	1.1	不分配不转增
002173	千足珍珠	2159.21	0.11	2.22	0.04	10派0.5元(含税)
002174	梅花伞	140.60	0.017	2.79	0.21	不分配不转增
002175	广陆数测	555.55	0.0651	3.08	0.04	不分配不转增
002176	江特电机	2699.18	0.064	1.913	-0.0951	不分配不转增
002177	御银股份	12620.14	0.2155	2.41	-0.06	不分配不转增
002178	延华智能	1099.94	0.08	2.32	-0.47	不分配不转增
002179	中航光电	9910.03	0.25	3.6	-0.38	不分配不转增
002180	万力达	427.39	0.034	2.91	-0.07	不分配不转增
002181	粤传媒	12488.53	0.1805	4.99	-0.02	不分配不转增
002182	云海金属	543.63	0.02	3.12	0.35	10派0.5元(含税)
002183	怡亚通	8612.03	0.1	1.7	-0.83	不分配不转增
002184	海得控制	-1688.90	-0.0768	3.22	-0.1336	不分配不转增
002185	华天科技	7338.72	0.1807	3.6343	0.0794	不分配不转增

股票代码	股票简称	净利润(万元)	每股收益(元)	每股净资产(元)	每股经营性现金流量(元)	分配预案
002186	全聚德	8983.35	0.6346	5.7298	0.8344	不分配不转增
002187	广百股份	10064.17	0.29	5.86	-0.26	不分配不转增
002188	新嘉联	275.99	0.02	2.08	0.14	不分配不转增
002189	利达光电	856.32	0.04	2.46	0.09	不分配不转增
002190	成飞集成	2049.35	0.06	4.47	-0.33	不分配不转增
002191	劲嘉股份	23560.66	0.367	3.57	0.53	10派2元(含税)
002192	路翔股份	101.22	0.008	2.18	0.63	不分配不转增
002193	山东如意	782.41	0.05	4.23	0.42	不分配不转增
002194	武汉凡谷	2136.77	0.0384	3.5235	-0.5259	不分配不转增
002195	海隆软件	3596.75	0.3175	3.59	0.15	不分配不转增
002196	方正电机	1774.79	0.15	2.57	0.19	不分配不转增
002197	证通电子	2803.69	0.13	2.64	-0.44	不分配不转增
002198	嘉应制药	-261.35	-0.0127	1.31	-0.0026	不分配不转增
002199	东晶电子	321.07	0.017	2.84	0.1464	不分配不转增
002200	*ST 大地	-649.82	-0.043	2.24	-0.11	不分配不转增
002201	九鼎新材	811.55	0.05	2.32	0.18	10派0.1元(含税)
002202	金风科技	7206.89	0.0267	4.74	-0.0521	不分配不转增
002203	海亮股份	8381.39	0.1083	3.29	0.48	不分配不转增
002204	大连重工	32191.32	0.5	9.59	0.88	不分配不转增
002205	国统股份	-1060.89	-0.0913	7.24	-0.23	不分配不转增
002206	海利得	5329.23	0.12	4.31	0.12	不分配不转增
002207	准油股份	-1377.52	-0.14	3.47	-0.76	不分配不转增
002208	合肥城建	5253.06	0.16	3.45	-0.33	不分配不转增
002209	达意隆	2835.52	0.1452	3.19	0.03	不分配不转增
002210	飞马国际	4801.63	0.1207	1.41	0.28	不分配不转增
002211	宏达新材	-761.96	-0.018	3.88	0.34	不分配不转增
002212	南洋股份	4395.98	0.09	3.25	0.07	不分配不转增
002213	特尔佳	1297.44	0.06	1.47	0.2	不分配不转增
002214	大立科技	838.24	0.08	4.42	0.12	10派1元(含税)
002215	诺普信	11649.91	0.33	3.66	0.12	不分配不转增
002216	三全食品	8521.34	0.42	8.29	0.02	不分配不转增
002217	联合化工	582.79	0.02	2.72	0.14	不分配不转增
002218	拓日新能	1279.16	0.026	2.93	0.07	不分配不转增
002219	独一味	3445.52	0.0802	1.176	0.0408	不分配不转增
002220	天宝股份	6726.61	0.14	3.16	0.4	10派1元(含税)
002221	东华能源	2104.30	0.0936	3.25	6.87	不分配不转增
002222	福晶科技	2356.72	0.0827	2.11	0.03	不分配不转增
002223	鱼跃医疗	13676.14	0.26	2.25	0.03	不分配不转增
002224	三力士	2919.52	0.18	3.39	0.23	不分配不转增
002225	濮耐股份	4934.02	0.07	1.75	0.08	不分配不转增
002226	江南化工	10533.93	0.27	5.64	0.24	不分配不转增
002227	奥特迅	414.54	0.0382	5.5214	-0.31	不分配不转增
002228	合兴包装	2442.72	0.07	2.48	0.1	不分配不转增
002229	鸿博股份	2323.71	0.0779	2.63	-0.05	不分配不转增
002230	科大讯飞	5841.72	0.15	3.2	-0.01	不分配不转增
002231	奥维通信	2061.32	0.0578	1.85	-0.2412	不分配不转增
002232	启明信息	3258.44	0.0798	2.41	-0.11	不分配不转增
002233	塔牌集团	10645.74	0.12	3.72	0.19	不分配不转增
002234	民和股份	1378.16	0.05	4.86	-0.04	不分配不转增
002235	安妮股份	1009.96	0.05	2.48	0.1	不分配不转增
002236	大华股份	22580.96	0.4	2.98	-0.26	不分配不转增
002237	恒邦股份	14184.81	0.63	12.86	-1.96	不分配不转增
002238	天威视讯	5951.18	0.19	4.33	0.54	不分配不转增
002239	金飞达	659.92	0.0328	2.6802	0.13	不分配不转增
002240	威华股份	-5258.13	-0.11	3.31	0.17	不分配不转增
002241	歌尔声学	31459.24	0.39	5.57	0.19	10派2元(含税)
002242	九阳股份	26331.79	0.35	3.5	0.1	不分配不转增
002243	通产丽星	3308.78	0.13	2.71	0.06	不分配不转增
002244	滨江集团	8513.47	0.06	3.64	1.66	不分配不转增

股票代码	股票简称	净利润(万元)	每股收益(元)	每股净资产(元)	每股经营性现金流量(元)	分配预案
002245	澳洋顺昌	5443.28	0.1492	1.72	0.67	不分配不转增
002246	北化股份	468.35	0.0237	2.92	-0.02	不分配不转增
002247	帝龙新材	2287.98	0.23	4.76	0.06	不分配不转增
002248	华东数控	-764.89	-0.03	3.92	-0.27	不分配不转增
002249	大洋电机	8309.84	0.12	3.32	0.39	不分配不转增
002250	联化科技	16334.99	0.32	3.66	0.45	不分配不转增
002251	步 步 高	20131.83	0.7446	6.7	1.6457	不分配不转增
002252	上海莱士	6741.60	0.138	1.73	0.2	不分配不转增
002253	川大智胜	1500.15	0.11	5.3	-0.16	不分配不转增
002254	泰和新材	3104.79	0.08	4.04	0.28	不分配不转增
002255	海陆重工	7708.78	0.2999	5.19	0.114	不分配不转增
002256	彩虹精化	76.29	0.002	1.42	0.08	不分配不转增
002258	利尔化学	4481.48	0.2214	4.76	-0.04	不分配不转增
002259	升达林业	227.46	0.0035	1.26	0.0272	不分配不转增
002260	伊 立 浦	-578.11	-0.0371	1.99	-0.21	不分配不转增
002261	拓维信息	2325.15	0.08	2.83	-0.17	不分配不转增
002262	恩华药业	7682.24	0.3283	2.64	0.1919	不分配不转增
002263	大 东 南	3176.08	0.053	4.44	0.017	不分配不转增
002264	新 华 都	9059.19	0.17	2.29	-0.16	不分配不转增
002265	西仪股份	-1692.92	-0.058	1.84	-0.12	不分配不转增
002266	浙富股份	7878.91	0.13	2.18	0.04	不分配不转增
002267	陕天然气	17807.13	0.1751	2.79	0.39	不分配不转增
002268	卫 士 通	-215.74	-0.0125	2.92	-0.4	不分配不转增
002269	美邦服饰	43219.05	0.43	3.71	1.71	不分配不转增
002270	法因数控	1279.45	0.07	2.99	0.01	不分配不转增
002271	东方雨虹	5713.78	0.1663	3.23	0.02	不分配不转增
002272	川润股份	2409.54	0.06	2.99	-0.11	不分配不转增
002273	水晶光电	4342.76	0.17	3.78	0.15	不分配不转增
002274	华昌化工	1083.99	0.041	5.36	-0.43	10派0.5元(含税)
002275	桂林三金	18981.41	0.322	3.28	0.17	不分配不转增
002276	万马电缆	5831.76	0.0751	2.05	-0.29	不分配不转增
002277	友阿股份	27074.42	0.7753	6.09	0.11	10转增6股
002278	神开股份	3639.26	0.14	4.36	0.14	不分配不转增
002279	久其软件	-5574.26	-0.3171	3.303	-0.3848	不分配不转增
002280	新世纪	980.86	0.09	4.53	-0.55	不分配不转增
002281	光迅科技	4930.39	0.31	7.03	0.27	不分配不转增
002282	博深工具	2479.23	0.11	3.58	-0.18	不分配不转增
002283	天润曲轴	4604.44	0.08	5.29	0.06	不分配不转增
002284	亚太股份	4619.33	0.161	3.69	0.11	不分配不转增
002285	世联地产	4253.98	0.13	4.04	-0.24	不分配不转增
002286	保龄宝	3434.02	0.25	5.8	0.18	不分配不转增
002287	奇正藏药	8968.06	0.22	3.01	0.39	不分配不转增
002288	超华科技	2413.96	0.088	3.35	-0.07	不分配不转增
002289	宇顺电子	-3862.68	-0.53	5.96	-1.11	不分配不转增
002290	禾盛新材	2752.33	0.13	4.59	0.63	不分配不转增
002291	星期六	4760.08	0.131	4.34	-0.03	不分配不转增
002292	奥飞动漫	6311.35	0.15	3.32	-0.05	不分配不转增
002293	罗莱家纺	13368.61	0.95	11.71	-1.12	不分配不转增
002294	信立泰	25207.95	0.58	5.1	0.54	不分配不转增
002295	精艺股份	2069.97	0.0977	4.0271	1.4719	不分配不转增
002296	辉煌科技	-469.98	-0.0264	3.68	-0.06	不分配不转增
002297	博云新材	2182.32	0.1	2.88	-0.01	不分配不转增
002298	鑫龙电器	4720.69	0.1431	2.72	0.0444	不分配不转增
002299	圣农发展	12917.29	0.1418	3.79	0.11	不分配不转增
002300	太阳电缆	5512.76	0.1828	3.49	-0.14	不分配不转增
002301	齐心文具	3968.69	0.21	5.79	-0.19	不分配不转增
002302	西部建设	1880.02	0.09	5.32	-0.15	不分配不转增
002303	美盈森	4105.67	0.2296	9.746	0.2696	不分配不转增
002304	洋河股份	317388.65	2.94	10.85	2.64	不分配不转增

股票代码	股票简称	净利润(万元)	每股收益(元)	每股净资产(元)	每股经营性现金流量(元)	分配预案
002305	南国置业	1135.66	0.0118	1.74	0.24	不分配不转增
002306	湘鄂情	7648.07	0.29	3.01	0.22	不分配不转增
002307	北新路桥	2124.99	0.05	2.78	-0.34	不分配不转增
002308	威创股份	12790.30	0.2	2.85	0.06	不分配不转增
002309	中利科技	11124.82	0.23	4.87	-0.63	不分配不转增
002310	东方园林	24271.52	0.81	7.32	-1.77	不分配不转增
002311	海大集团	16756.53	0.22	3.43	0.16	不分配不转增
002312	三泰电子	861.51	0.05	3.99	-0.76	不分配不转增
002313	日海通讯	9145.13	0.46	7.8104	-0.1248	不分配不转增
002314	雅致股份	-913.19	-0.03	6.56	-0.07	不分配不转增
002315	焦点科技	5921.75	0.5	13.5	0.32	不分配不转增
002316	键桥通讯	1685.29	0.0514	3.86	0.11	不分配不转增
002317	众生药业	8395.27	0.47	8.27	0.26	不分配不转增
002318	久立特材	7356.63	0.24	4.87	0.07	不分配不转增
002319	乐通股份	869.95	0.09	5.3	0.72	不分配不转增
002320	海峡股份	10281.56	0.24	4.32	0.26	不分配不转增
002321	华英农业	2157.87	0.126	3.42	0.023	不分配不转增
002322	理工监测	2378.28	0.18	7.23	-0.12	不分配不转增
002323	中联电气	2281.96	0.2757	10.17	0.06	不分配不转增
002324	普利特	6511.84	0.24	4.33	-0.0831	不分配不转增
002325	洪涛股份	7779.09	0.17	2.94	-0.38	不分配不转增
002326	永太科技	3924.46	0.16	4.1	0.09	不分配不转增
002327	富安娜	10932.45	0.68	8.41	0.12	不分配不转增
002328	新朋股份	2037.47	0.05	4.63	0.2	不分配不转增
002329	皇氏乳业	1877.22	0.09	3.68	-0.13	不分配不转增
002330	得利斯	2846.99	0.1134	5.075	0.0967	不分配不转增
002331	皖通科技	2135.32	0.1595	4.9	-0.56	不分配不转增
002332	仙琚制药	6864.21	0.2	3.26	-0.04	不分配不转增
002333	罗普斯金	3845.64	0.15	4.99	0.15	不分配不转增
002334	英威腾	4107.45	0.19	5.14	-0.16	不分配不转增
002335	科华恒盛	3401.91	0.15	4.07	-0.22	不分配不转增
002336	人人乐	-5776.51	-0.1444	8.26	0.74	不分配不转增
002337	赛象科技	1651.86	0.09	6.6	0.02	不分配不转增
002338	奥普光电	2877.96	0.24	5.12	-0.43	不分配不转增
002339	积成电子	1651.67	0.1	4.95	-0.75	不分配不转增
002340	格林美	6394.52	0.11	3.74	-0.43	不分配不转增
002341	新纶科技	5941.83	0.2029	2.4	-0.163	不分配不转增
002342	巨力索具	8419.03	0.088	2.37	-0.03	不分配不转增
002343	禾欣股份	3188.17	0.1609	5.8	0.38	不分配不转增
002344	海宁皮城	29767.61	0.53	4.47	1.89	不分配不转增
002345	潮宏基	8152.09	0.45	7.87	0.51	不分配不转增
002346	柘中建设	1016.98	0.08	7.22	-0.07	不分配不转增
002347	泰尔重工	3591.19	0.35	8.15	0.11	不分配不转增
002348	高乐股份	3973.77	0.1678	4.63	0.1057	不分配不转增
002349	精华制药	3664.31	0.1832	3.06	0.28	不分配不转增
002350	北京科锐	3157.19	0.1446	4.3319	-0.5234	不分配不转增
002351	漫步者	4793.38	0.16	5.29	0.01	不分配不转增
002352	鼎泰新材	2415.20	0.31	9.09	0.46	10 派 2.5 元(含税)
002353	杰瑞股份	21814.43	0.47	5.94	-0.22	不分配不转增
002354	科冕木业	1284.16	0.14	4.95	0.21	不分配不转增
002355	兴民钢圈	4257.00	0.19	7.11	0.01	不分配不转增
002356	浩宁达	352.48	0.04	11.47	-1.5	不分配不转增
002357	富临运业	6188.96	0.32	3.15	0.54	不分配不转增
002358	森源电气	7981.90	0.23	2.97	-0.3	不分配不转增
002359	齐星铁塔	1507.63	0.0922	4.09	-0.43	不分配不转增
002360	同德化工	3154.32	0.2629	5.26	0.48	不分配不转增
002361	神剑股份	2737.48	0.1711	3.48	0.09	不分配不转增
002362	汉王科技	-1856.93	-0.09	4.23	-0.18	不分配不转增
002363	隆基机械	1819.60	0.15	7.35	0.35	不分配不转增

股票代码	股票简称	净利润(万元)	每股收益(元)	每股净资产(元)	每股经营性现金流量(元)	分配预案
002364	中恒电气	2141.89	0.21	6.08	-0.38	不分配不转增
002365	永安药业	3950.80	0.21	5.66	0.26	不分配不转增
002366	丹甫股份	2102.54	0.1575	5.33	-0.04	不分配不转增
002367	康力电梯	7920.96	0.2092	3.98	0.0035	不分配不转增
002368	太极股份	6126.86	0.26	4.56	-0.32	不分配不转增
002369	卓翼科技	2200.01	0.11	3.75	0.147	不分配不转增
002370	亚太药业	-584.18	-0.03	3.55	-0.03	不分配不转增
002371	七星电子	7539.87	0.5	7.03	-0.6	不分配不转增
002372	伟星新材	10919.02	0.43	6.45	0.48	不分配不转增
002373	联信永益	-4301.19	-0.63	8.98	-1.18	不分配不转增
002374	丽鹏股份	2086.06	0.24	6.19	0.19	不分配不转增
002375	亚厦股份	25745.81	0.41	4.82	-0.78	不分配不转增
002376	新北洋	6825.74	0.23	4.24	0.02	不分配不转增
002377	国创高新	304.66	0.0142	3.32	-0.38	不分配不转增
002378	章源钨业	9049.44	0.21	3.15	0.4687	不分配不转增
002379	鲁丰股份	-347.48	-0.02	5.6	1.28	不分配不转增
002380	科远股份	1539.38	0.23	12.87	0.48	不分配不转增
002381	双箭股份	3653.93	0.31	7.7	-0.25	不分配不转增
002382	蓝帆股份	2545.57	0.11	3.9	0.26	不分配不转增
002383	合众思壮	-2239.11	-0.1196	7.63	-0.14	不分配不转增
002384	东山精密	3357.81	0.09	3.82	0.01	不分配不转增
002385	大北农	31165.40	0.39	4.6	-0.28	不分配不转增
002386	天原集团	-16119.20	-0.34	7.72	0.06	不分配不转增
002387	黑牛食品	4176.72	0.13	4.28	-0.25	不分配不转增
002388	新亚制程	847.80	0.04	2.8	0.28	不分配不转增
002389	南洋科技	4467.39	0.21	6.11	0.34	不分配不转增
002390	信邦制药	2403.12	0.14	5.73	-0.11	不分配不转增
002391	长青股份	7849.73	0.38	8.09	0.5	不分配不转增
002392	北京利尔	6048.79	0.112	3.57	0.12	不分配不转增
002393	力生制药	18544.01	1.02	14.66	0.38	不分配不转增
002394	联发股份	8293.11	0.38	9.86	0.56	10派1.5元(含税)
002395	双象股份	1866.64	0.21	9.04	-0.04	10派3元(含税)
002396	星网锐捷	7110.70	0.2025	4.8075	-0.6263	不分配不转增
002397	梦洁家纺	4633.78	0.31	7.31	-0.72	不分配不转增
002398	建研集团	8689.61	0.43	8.51	0.14	不分配不转增
002399	海普瑞	32967.68	0.41	9.58	0.51	不分配不转增
002400	省广股份	5897.03	0.31	5.86	1.14	不分配不转增
002401	中海科技	2363.42	0.2221	5.3625	-0.368	不分配不转增
002402	和而泰	1556.84	0.16	7.49	-0.35	不分配不转增
002403	爱仕达	1655.86	0.07	6.54	0.37	不分配不转增
002404	嘉欣丝绸	4255.15	0.16	4.4	0.04	不分配不转增
002405	四维图新	11828.52	0.21	4.07	0.02	不分配不转增
002406	远东传动	8546.62	0.3	7.12	0.16	不分配不转增
002407	多氟多	4239.20	0.19	6.54	0.45	不分配不转增
002408	齐翔腾达	15124.57	0.27	5.24	-0.75	不分配不转增
002409	雅克科技	3650.83	0.3039	6.88	-0.0357	不分配不转增
002410	广联达	9738.17	0.24	4.59	-0.06	不分配不转增
002411	九九久	4523.03	0.19	3.48	0.06	不分配不转增
002412	汉森制药	3691.53	0.25	6.22	0.36	不分配不转增
002413	常发股份	3246.01	0.15	5.33	-0.05	不分配不转增
002414	高德红外	5095.21	0.1698	7.8	-0.3781	不分配不转增
002415	海康威视	72988.86	0.36	3.56	-0.083	不分配不转增
002416	爱施德	-26790.21	-0.27	3.83	0.22	不分配不转增
002417	三元达	1955.88	0.07	3.2	-0.44	不分配不转增
002418	康盛股份	4609.69	0.201	4.99	-0.38	不分配不转增
002419	天虹商场	28395.92	0.35	4.58	-0.88	不分配不转增
002420	毅昌股份	2911.60	0.0726	3.99	0.26	不分配不转增
002421	达实智能	1789.63	0.1761	6.05	-0.244	10转增10股
002422	科伦药业	46186.94	0.96	17.03	0.9	不分配不转增

股票代码	股票简称	净利润(万元)	每股收益(元)	每股净资产(元)	每股经营性现金流量(元)	分配预案
002423	中原特钢	499.38	0.011	3.84	0.08	不分配不转增
002424	贵州百灵	10990.19	0.23	4.3	-0.36	不分配不转增
002425	凯撒股份	2983.57	0.139	4.34	0.001	不分配不转增
002426	胜利精密	4450.12	0.1111	3.2573	0.22	不分配不转增
002427	尤夫股份	539.34	0.02	4.05	0.13	不分配不转增
002428	云南锗业	4421.21	0.14	4.08	-0.45	不分配不转增
002429	兆驰股份	22793.19	0.32	4.25	0.28	不分配不转增
002430	杭氧股份	23465.95	0.29	3.6	0.21	不分配不转增
002431	棕榈园林	11710.16	0.3	5.26	-0.78	不分配不转增
002432	九安医疗	668.63	0.03	3.06	0.04	不分配不转增
002433	太安堂	2820.92	0.28	10.24	0.49	不分配不转增
002434	万里扬	5217.89	0.15	5.53	0.04	不分配不转增
002435	长江润发	1928.33	0.15	5.81	-0.05	不分配不转增
002436	兴森科技	7402.95	0.33	6.73	0.33	不分配不转增
002437	誉衡药业	7785.34	0.28	8.02	0.38	不分配不转增
002438	江苏神通	2950.65	0.14	3.86	-0.3	不分配不转增
002439	启明星辰	-2772.70	-0.14	5.02	-0.44	不分配不转增
002440	闰土股份	13835.57	0.37	10.57	0.52	不分配不转增
002441	众业达	10984.68	0.47	8.07	0.39	不分配不转增
002442	龙星化工	3316.62	0.069	2.315	-0.006	不分配不转增
002443	金洲管道	4891.11	0.17	4.37	-0.41	不分配不转增
002444	巨星科技	11147.23	0.22	5.41	0.31	不分配不转增
002445	中南重工	4854.74	0.19	3.72	0.14	不分配不转增
002446	盛路通信	305.99	0.02	4.9	-0.1	不分配不转增
002447	壹桥苗业	7273.81	0.54	6.41	0.15	10转增10股派0.2元(含税)
002448	中原内配	7968.58	0.861	11.33	0.735	不分配不转增
002449	国星光电	4208.63	0.098	4.89	0.074	不分配不转增
002450	康得新	18006.71	0.3371	4.5117	0.1227	不分配不转增
002451	摩恩电气	636.74	0.03	2.88	0.17	不分配不转增
002452	长高集团	3227.75	0.248	7.8	-0.47	不分配不转增
002453	天马精化	4011.28	0.33	5.81	0.28	10转增10股
002454	松芝股份	9907.86	0.3176	5.9229	0.3511	不分配不转增
002455	百川股份	2569.88	0.2	5.63	-0.32	不分配不转增
002456	欧菲光	8594.48	0.45	5.52	0.03	不分配不转增
002457	青龙管业	4442.21	0.13	4.66	-0.015	不分配不转增
002458	益生股份	7988.33	0.28	3.65	0.38	不分配不转增
002459	天业通联	-8491.61	-0.38	5.21	-0.79	不分配不转增
002460	赣锋锂业	3260.95	0.22	4.85	-0.03	不分配不转增
002461	珠江啤酒	4422.07	0.07	4.75	0.26	不分配不转增
002462	嘉事堂	4011.58	0.17	4.52	-0.05	不分配不转增
002463	沪电股份	14921.25	0.13	2.83	0.09	不分配不转增
002464	金利科技	2973.64	0.22	5.44	0.23	不分配不转增
002465	海格通信	10032.45	0.3	12.56	-0.23	不分配不转增
002466	天齐锂业	2175.69	0.15	6.74	0.14	不分配不转增
002467	二六三	3699.24	0.15	4.41	0.14	不分配不转增
002468	艾迪西	824.98	0.036	3.122	-0.166	不分配不转增
002469	三维工程	3126.94	0.19	4.57	-0.6	不分配不转增
002470	金正大	30279.19	0.43	4.69	-0.07	不分配不转增
002471	中超电缆	3264.41	0.16	4.23	-1.33	不分配不转增
002472	双环传动	6209.92	0.22	4.85	0.19	不分配不转增
002473	圣莱达	835.54	0.05	2.68	0.12	不分配不转增
002474	榕基软件	5779.01	0.2786	6.04	0.1376	不分配不转增
002475	立讯精密	10364.20	0.28	5.19	0.7	不分配不转增
002476	宝莫股份	3021.50	0.08	2.63	0.002	不分配不转增
002477	雏鹰农牧	18990.13	0.3556	3.77	-0.04	不分配不转增
002478	常宝股份	9181.93	0.23	6.03	0.17	不分配不转增
002479	富春环保	12177.87	0.2845	4.34	0.2515	不分配不转增
002480	新筑股份	-7202.29	-0.26	6.63	-0.02	不分配不转增
002481	双塔食品	4392.94	0.2034	3.8895	0.3586	不分配不转增

股票代码	股票简称	净利润(万元)	每股收益(元)	每股净资产(元)	每股经营性现金流量(元)	分配预案
002482	广田股份	13785.07	0.27	5.62	-0.77	不分配不转增
002483	润邦股份	3749.70	0.1	5.6	-0.06	不分配不转增
002484	江海股份	4496.70	0.2161	6.32	0.2815	10派0.5元(含税)
002485	希努尔	7545.05	0.24	6.04	0.03	不分配不转增
002486	嘉麟杰	2088.75	0.1004	4.5142	0.1153	不分配不转增
002487	大金重工	1068.83	0.06	8.12	0.3	不分配不转增
002488	金固股份	3973.29	0.22	4.92	0.15	不分配不转增
002489	浙江永强	21243.45	0.44	6.32	2.69	不分配不转增
002490	山东墨龙	7570.50	0.19	7.19	0.18	不分配不转增
002491	通鼎光电	6657.23	0.2486	5.82	-1.01	不分配不转增
002492	恒基达鑫	3725.76	0.3105	6.5932	0.3768	不分配不转增
002493	荣盛石化	23829.57	0.21	6.11	0.48	不分配不转增
002494	华斯股份	3204.82	0.28	8.17	-0.34	不分配不转增
002495	佳隆股份	3208.04	0.1137	3.71	0.14	不分配不转增
002496	辉丰股份	4924.47	0.31	10.32	0.57	10派1元(含税)
002497	雅化集团	10809.81	0.34	5.74	0.26	10转增5股
002498	汉缆股份	8825.17	0.12	5.25	-0.24	10派1.5元(含税)
002499	科林环保	1440.40	0.13	5.72	-0.16	不分配不转增
002500	山西证券	8566.27	0.04	2.49	-0.39	不分配不转增
002501	利源铝业	10741.92	0.57	7.07	1.15	不分配不转增
002502	骅威股份	1938.33	0.14	6.07	-0.12	不分配不转增
002503	搜于特	9588.48	0.33	6.25	-0.06	不分配不转增
002504	东光微电	1255.39	0.12	6.44	-0.29	10派1元(含税)
002505	大康牧业	2765.70	0.11	5.31	0.25	不分配不转增
002506	超日太阳	-14224.33	-0.27	5.14	-1.41	不分配不转增
002507	涪陵榨菜	5808.59	0.37	5.7	0.45	不分配不转增
002508	老板电器	10648.91	0.42	6.11	0.73	不分配不转增
002509	天广消防	3341.49	0.17	3.6	-0.06	不分配不转增
002510	天汽模	4438.27	0.22	6.77	0.33	不分配不转增
002511	中顺洁柔	6572.97	0.32	10.13	0.53	不分配不转增
002512	达华智能	2892.88	0.0908	2.9239	-0.0129	不分配不转增
002513	蓝丰生化	3861.04	0.18	5.41	0.23	不分配不转增
002514	宝馨科技	1875.26	0.17	4.75	0.24	10派1元(含税)
002515	金字火腿	2029.87	0.14	5.77	0.07	不分配不转增
002516	江苏旷达	6163.98	0.25	6.34	0.28	不分配不转增
002517	泰亚股份	5760.15	0.33	3.62	0.4	不分配不转增
002518	科士达	3970.93	0.19	5.96	-0.47	不分配不转增
002519	银河电子	4634.68	0.33	7.33	0.5	不分配不转增
002520	日发数码	5851.94	0.41	4.98	0.17	不分配不转增
002521	齐峰股份	6100.64	0.3	9.86	-1.26	不分配不转增
002522	浙江众成	4872.32	0.29	6.28	0.33	不分配不转增
002523	天桥起重	2573.63	0.1	4.21	-0.04	不分配不转增
002524	光正钢构	1002.79	0.05	2.29	-0.03	不分配不转增
002526	山东矿机	7644.53	0.1432	3.68	0.13	不分配不转增
002527	新时达	5435.00	0.27	6.33	0.21	不分配不转增
002528	英飞拓	-1385.77	-0.04	9.45	-0.13	不分配不转增
002529	海源机械	366.20	0.02	6.18	-0.41	不分配不转增
002530	丰东股份	3078.44	0.115	2.25	0.023	不分配不转增
002531	天顺风能	9177.74	0.45	8.24	0.23	不分配不转增
002532	新界泵业	4394.48	0.27	5.35	0.48	不分配不转增
002533	金杯电工	6065.49	0.181	5.04	0.38	不分配不转增
002534	杭锅股份	16510.96	0.41	6.11	-1.55	不分配不转增
002535	林州重机	9378.51	0.17	3.54	0.06	不分配不转增
002536	西泵股份	2991.55	0.3116	12.01	0.63	不分配不转增
002537	海立美达	3790.00	0.25	8.73	-0.39	不分配不转增
002538	司尔特	9388.25	0.32	5.05	0.28	不分配不转增
002539	新都化工	9954.37	0.301	6.74	-0.3	不分配不转增
002540	亚太科技	5540.07	0.27	10.46	-0.56	不分配不转增
002541	鸿路钢构	9297.97	0.3469	7.54	-0.15	不分配不转增

股票代码	股票简称	净利润(万元)	每股收益(元)	每股净资产(元)	每股经营性现金流量(元)	分配预案
002542	中化岩土	2503.49	0.12	3.76	-0.12	不分配不转增
002543	万和电气	12665.63	0.63	11.1	0.44	不分配不转增
002544	杰赛科技	2897.60	0.17	5.56	-1.02	不分配不转增
002545	东方铁塔	9098.18	0.3496	10.01	-0.18	不分配不转增
002546	新联电子	5333.47	0.317	6.14	0.41	不分配不转增
002547	春兴精工	826.34	0.03	3.11	0.1	10 派 1 元(含税)
002548	金新农	3247.68	0.23	5.56	0.06	不分配不转增
002549	凯美特气	1816.40	0.1	4.06	0.07	不分配不转增
002550	千红制药	7436.64	0.46	10.87	0.46	不分配不转增
002551	尚荣医疗	3227.72	0.17	6.44	-0.2	不分配不转增
002552	宝鼎重工	3167.81	0.21	5.28	0.29	不分配不转增
002553	南方轴承	2035.42	0.234	6.22	0.1963	不分配不转增
002554	惠博普	3120.24	0.1	3.83	-0.2	不分配不转增
002555	顺荣股份	785.72	0.06	5.74	-0.04	不分配不转增
002556	辉隆股份	5227.89	0.11	3.94	0.58	不分配不转增
002557	洽洽食品	10694.72	0.32	7.13	0.41	不分配不转增
002558	世纪游轮	882.37	0.15	9.66	0.12	不分配不转增
002559	亚威股份	5305.10	0.6	13.24	-0.23	10 转增 10 股
002560	通达股份	3020.55	0.29	8.34	-1.33	不分配不转增
002561	徐家汇	11958.72	0.288	3.7	0.09	不分配不转增
002562	兄弟科技	2002.42	0.09	3.95	0.17	不分配不转增
002563	森马服饰	24839.28	0.37	10.95	-0.17	不分配不转增
002564	张化机	5375.16	0.18	6.88	-0.95	不分配不转增
002565	上海绿新	5864.94	0.17	4.44	-0.13	不分配不转增
002566	益盛药业	4526.85	0.21	6.88	0.25	不分配不转增
002567	唐人神	6267.14	0.23	5.44	0.53	不分配不转增
002568	百润股份	3874.17	0.48	8.1	0.39	10 转增 10 股派 6 元(含税)
002569	步森股份	1883.96	0.2	6.34	-0.5195	不分配不转增
002570	贝因美	19890.01	0.47	7.94	1.35	10 派 7 元(含税)
002571	德力股份	2874.88	0.17	5.47	-0.19	10 派 0.6 元(含税)
002572	索菲亚	5103.16	0.2385	6.34	0.19	不分配不转增
002573	国电清新	5029.83	0.17	6.943	0.524	不分配不转增
002574	明牌珠宝	4659.61	0.19	11.6	2.69	不分配不转增
002575	群兴玩具	3451.28	0.26	6.54	0.19	不分配不转增
002576	通达动力	1689.43	0.1	5.19	0.22	不分配不转增
002577	雷柏科技	4535.73	0.21	6.49	-0.08	不分配不转增
002578	闽发铝业	2072.81	0.12	5.16	0.11	不分配不转增
002579	中京电子	450.44	0.03	3.82	0.05	不分配不转增
002580	圣阳股份	2340.72	0.22	7.01	-0.86	不分配不转增
002581	万昌科技	4986.18	0.46	6.17	0.12	不分配不转增
002582	好想你	5100.74	0.35	8.3	0.91	不分配不转增
002583	海能达	-967.94	-0.03	6.44	-0.44	不分配不转增
002584	西陇化工	3535.57	0.18	5.05	0.01	不分配不转增
002585	双星新材	7872.85	0.19	8.6	0.23	不分配不转增
002586	围海股份	2553.67	0.13	3.95	-0.53	不分配不转增
002587	奥拓电子	2671.84	0.24	4.56	0.05	不分配不转增
002588	史丹利	15405.84	0.91	12.82	3.68	不分配不转增
002589	瑞康医药	4673.51	0.498	9.09	-1.4	不分配不转增
002590	万安科技	951.97	0.08	5.27	-0.19	不分配不转增
002591	恒大高新	1863.32	0.19	7.12	-0.12	不分配不转增
002592	八菱科技	4403.88	0.45	6.22	0.38	不分配不转增
002593	日上集团	4616.12	0.22	5.57	-0.35	不分配不转增
002594	比亚迪	1626.90	0.01	8.97	1.88	不分配不转增
002595	豪迈科技	10680.82	0.534	9.78	0.3298	不分配不转增
002596	海南瑞泽	3071.57	0.23	6.26	-0.31	不分配不转增
002597	金禾实业	10384.70	0.49	7.79	0.22	不分配不转增
002598	山东章鼓	4116.96	0.132	2.09	0.2335	不分配不转增
002599	盛通股份	1497.24	0.11	4.18	0.23	不分配不转增
002600	江粉磁材	4140.74	0.13	4.04	-0.17	不分配不转增

股票代码	股票简称	净利润(万元)	每股收益(元)	每股净资产(元)	每股经营性现金流量(元)	分配预案
002601	佰利联	15377.99	0.82	22.39	0.06	不分配不转增
002602	世纪华通	6363.75	0.24	5.92	0.0558	不分配不转增
002603	以岭药业	14178.68	0.26	6.88	-0.09	不分配不转增
002604	龙力生物	4345.90	0.23	9.04	0.4	不分配不转增
002605	姚记扑克	4606.47	0.49	7.93	0.96	不分配不转增
002606	大连电瓷	-16.98	-0.0014	3.41	-0.12	不分配不转增
002607	亚夏汽车	5352.10	0.3	4.7	-0.95	不分配不转增
002608	舜天船舶	3717.81	0.25	13.71	-0.33	不分配不转增
002609	捷顺科技	1937.49	0.1633	5.08	-0.27	不分配不转增
002610	爱康科技	-3637.80	-0.12	4.16	-1.3	不分配不转增
002611	东方精工	3805.09	0.22	4.16	-0.01	不分配不转增
002612	朗姿股份	14239.37	0.71	10.81	0.03	不分配不转增
002613	北玻股份	2627.68	0.07	3.48	0.18	不分配不转增
002614	蒙发利	472.00	0.02	8.2	-0.29	不分配不转增
002615	哈尔斯	2342.75	0.26	5.95	-0.14	不分配不转增
002616	长青集团	1793.35	0.12	7	-0.68	不分配不转增
002617	露笑科技	1982.24	0.17	7.18	0.9097	不分配不转增
002618	丹邦科技	2199.73	0.14	5.31	0.29	不分配不转增
002619	巨龙管业	1095.01	0.09	4.96	-0.58	不分配不转增
002620	瑞和股份	4527.50	0.57	10.88	-0.4	不分配不转增
002621	大连三垒	3161.11	0.29	6.44	0.31	不分配不转增
002622	永大集团	2687.80	0.18	7.4	0.23	不分配不转增
002623	亚玛顿	6884.77	0.43	12.9	0.19	不分配不转增
002624	金磊股份	1989.76	0.1	2.41	0.08	不分配不转增
002625	龙生股份	1934.66	0.25	3.43	0.12	不分配不转增
002626	金达威	6387.44	0.35	6.84	0.21	不分配不转增
002627	宜昌交运	5247.57	0.3931	6.01	0.2	不分配不转增
002628	成都路桥	8454.19	0.25	4.32	-0.8	不分配不转增
002629	仁智油服	1666.59	0.15	5.93	-0.74	不分配不转增
002630	华西能源	5900.71	0.3533	9.59	-1.1	不分配不转增
002631	德尔家居	4555.82	0.28	7.41	0.15	不分配不转增
002632	道明光学	2196.27	0.21	8.22	-0.18	不分配不转增
002633	申科股份	830.76	0.06	3.78	-0.33	不分配不转增
002634	棒杰股份	1963.88	0.2	4.64	0.16	不分配不转增
002635	安洁科技	8191.43	0.68	8.28	0.62	不分配不转增
002636	金安国纪	3016.69	0.11	4.63	0.36	不分配不转增
002637	赞宇科技	2409.59	0.15	6.24	0.07	不分配不转增
002638	勤上光电	4548.37	0.12	5.43	0.05	不分配不转增
002639	雪人股份	3340.49	0.21	6.96	0.14	不分配不转增
002640	百圆裤业	2822.91	0.42	9.67	-1.4	不分配不转增
002641	永高股份	10523.25	0.53	8.29	0.24	不分配不转增
002642	荣之联	3830.16	0.1915	4.18	-0.65	不分配不转增
002643	烟台万润	6943.96	0.5	8.74	0.23	不分配不转增
002644	佛慈制药	1279.98	0.1585	7.4	-0.6	不分配不转增
002645	华宏科技	2819.93	0.235	5.37	-0.33	不分配不转增
002646	青青稞酒	16047.87	0.3566	3.64	0.479	不分配不转增
002647	宏磊股份	3137.82	0.1858	5.88	-2.46	不分配不转增
002648	卫星石化	18712.56	0.47	7.55	0.36	不分配不转增
002649	博彦科技	4299.13	0.29	5.83	-0.04	不分配不转增
002650	加加食品	7453.81	0.39	8.32	-0.29	不分配不转增
002651	利君股份	20090.10	0.5	4.92	0.05	不分配不转增
002652	扬子新材	2387.83	0.22	4.94	-1.97	不分配不转增
002653	海思科	18913.02	0.48	3.63	0.42	不分配不转增
002654	万润科技	2568.27	0.32	5.48	-0.06	不分配不转增
002655	共达电声	2199.70	0.2	4.62	-0.05	不分配不转增
002656	卡奴迪路	7692.02	0.84	10.32	-0.56	不分配不转增
002657	中科金财	2312.36	0.36	8.86	-1.04	不分配不转增
002658	雪迪龙	2884.98	0.24	7.4	-0.14	10派1.5元(含税)
002659	中泰桥梁	3501.41	0.26	4.21	-0.35	不分配不转增

股票代码	股票简称	净利润(万元)	每股收益(元)	每股净资产(元)	每股经营性现金流量(元)	分配预案
002660	茂硕电源	2960.90	0.35	6.88	-0.12	不分配不转增
002661	克明面业	3807.76	0.52	7.51	0.19	不分配不转增
002662	京威股份	18529.24	0.71	8.15	0.61	10 转增 10 股派 4 元(含税)
002663	普邦园林	12308.11	0.81	10.29	-0.92	10 转增 6 股派 0.5 元(含税)
002664	信质电机	4895.53	0.42	7.4	-0.33	不分配不转增
002665	首航节能	6081.30	0.52	11.53	-0.68	不分配不转增
002666	德联集团	5721.33	0.41	8.32	0.0028	10 派 1.9 元(含税)
002667	鞍重股份	4082.99	0.686	9.42	-0.14	不分配不转增
002668	奥马电器	8273.57	0.6	6.6	-1.46	不分配不转增
002669	康达新材	1566.69	0.19	5.36	-0.18	不分配不转增
002670	华声股份	3772.67	0.23	3.62	-0.43	不分配不转增
002671	龙泉股份	4271.62	0.54	7.62	-0.73	不分配不转增
002672	东江环保	14112.83	1.05	13.95	1.07	10 派 5 元(含税)
002673	西部证券	10220.77	0.1	4.15	-0.72	不分配不转增
002674	兴业科技	6696.08	0.3524	5.5298	-0.0413	不分配不转增
002675	东诚生化	6500.54	0.76	9.03	-0.02	不分配不转增
002676	顺威股份	4761.04	0.38	6.38	0.08	10 派 2 元(含税)
002677	浙江美大	3764.61	0.24	4.06	-0.25	不分配不转增
002678	珠江钢琴	8628.54	0.2	3.26	0.06	不分配不转增
002679	福建金森	1295.76	0.12	4.2544	-0.82	不分配不转增
002680	黄海机械	4969.21	0.78	8.31	0.44	不分配不转增
002681	奋达科技	3659.77	0.31	5.69	0.21	不分配不转增
002682	龙洲股份	3725.43	0.3	6.02	0.25	不分配不转增
002683	宏大爆破	6208.24	0.36	5.41	-0.18	不分配不转增
002684	猛狮科技	2382.46	0.6	9.76	-0.11	不分配不转增
002685	华东重机	1280.05	0.09	3.76	-0.37	不分配不转增
002686	亿利达	3172.62	0.47	6.69	0.03	不分配不转增
002687	乔治白	4802.97	0.65	4.97	-0.39	不分配不转增
002688	金河生物	5118.95	0.47	3.39	0.3	不分配不转增
002689	博林特	4710.84	0.2	2.53	-0.15	不分配不转增
002690	美亚光电	6348.67	0.42	3.08	0.33	
002691	石煤装备	3500.97	0.23	2.53	0.03	
002692	远程电缆	7353.80	0.54	3.26	-1.11	
002693	双成药业	3206.85	0.36	2.89	0.43	
002694	顾地科技	5769.85	0.53	4.87	0.48	
002695	煌上煌	4706.55	0.51	4.53	0.87	
002696	百洋股份	2770.62	0.42	5.18	-0.12	
002697	红旗连锁	10145.94	0.68	4.84	0.43	
002698	博实股份	9584.12	0.27	2.03	-0.06	
002699	美盛文化	923.75	0.13	2.63	-0.08	
002700	新疆浩源	2880.81	0.524	3.24	0.48	

2012 年深市创业板上市公司中期主要财务指标

截至日期:2012-08-31

股票代码	股票简称	净利润(万元)	每股收益(元)	每股净资产(元)	每股经营性现金流量(元)	分配预案
300001	特锐德	3546.57	0.177	5.69	-0.27	不分配不转增
300002	神州泰岳	22090.33	0.58	7.75	0.02	不分配不转增
300003	乐普医疗	23679.86	0.2916	3.01	0.13	不分配不转增
300004	南风股份	2506.42	0.13	4.47	0.53	不分配不转增
300005	探路者	5923.25	0.17	1.88	-0.09	不分配不转增
300006	莱美药业	3373.52	0.18	3.5	0.05	不分配不转增
300007	汉威电子	2090.79	0.18	4.93	-0.14	不分配不转增
300008	上海佳豪	3567.37	0.163	2.471	-0.107	不分配不转增
300009	安科生物	2866.59	0.1517	2.83	0.1066	不分配不转增
300010	立思辰	1165.47	0.0493	2.79	-0.09	不分配不转增
300011	鼎汉技术	-154.79	-0.0099	4.5993	-0.0946	不分配不转增
300012	华测检测	4611.10	0.25	4.31	0.26	10 派 1 元(含税)
300013	新宁物流	570.03	0.06	3.66	-0.02	10 派 0.1 元(含税)

股票代码	股票简称	净利润(万元)	每股收益(元)	每股净资产(元)	每股经营性现金流量(元)	分配预案
300014	亿纬锂能	3776.14	0.19	3.36	-0.05	不分配不转增
300015	爱尔眼科	9158.90	0.21	3.28	0.26	不分配不转增
300016	北陆药业	3007.55	0.2	3.22	-0.11	不分配不转增
300017	网宿科技	3546.02	0.23	5.15	0.24	不分配不转增
300018	中元华电	1918.39	0.15	5.2	-0.19	不分配不转增
300019	硅宝科技	2392.63	0.23	4.49	0.01	不分配不转增
300020	银江股份	4329.50	0.18	3.02	-0.25	不分配不转增
300021	大禹节水	903.04	0.03	1.56	-0.17	不分配不转增
300022	吉峰农机	2909.19	0.0814	1.76	-0.29	不分配不转增
300023	宝德股份	146.84	0.02	3.87	-0.15	不分配不转增
300024	机器人	8421.65	0.28	4.27	-0.29	不分配不转增
300025	华星创业	1382.40	0.09	2.12	-0.62	不分配不转增
300026	红日药业	10774.74	0.48	4.64	0.6	不分配不转增
300027	华谊兄弟	10549.85	0.17	2.81	-0.37	不分配不转增
300028	金亚科技	2585.35	0.1	2.79	0.19	不分配不转增
300029	天龙光电	-5265.96	-0.263	5.78	-0.47	不分配不转增
300030	阳普医疗	1778.40	0.12	4.26	-0.06	不分配不转增
300031	宝通带业	3880.09	0.26	4.63	-0.05	不分配不转增
300032	金龙机电	1772.44	0.1242	5.704	0.0206	不分配不转增
300033	同花顺	1911.96	0.14	8.32	-0.07	不分配不转增
300034	钢研高纳	3569.40	0.1684	4.3376	-0.156	不分配不转增
300035	中科电气	1738.21	0.14	6.2	0.25	不分配不转增
300036	超图软件	119.55	0.01	4.58	-0.61	不分配不转增
300037	新宙邦	5968.43	0.35	6.42	0.46	不分配不转增
300038	梅泰诺	1246.40	0.09	5.52	-0.22	不分配不转增
300039	上海凯宝	12217.84	0.46	4.94	0.57	不分配不转增
300040	九洲电气	1122.66	0.08	6.45	0.23	不分配不转增
300041	回天胶业	3824.94	0.3622	8.36	0.3129	不分配不转增
300042	朗科科技	787.05	0.0589	6.07	0.06	不分配不转增
300043	星辉车模	3911.24	0.25	4.99	0.13	不分配不转增
300044	赛为智能	1396.98	0.14	5.55	0.06	不分配不转增
300045	华力创通	2517.86	0.09	2.71	-0.08	不分配不转增
300046	台基股份	3879.37	0.27	5.82	0.3046	不分配不转增
300047	天源迪科	2040.14	0.13	6.48	0.02	不分配不转增
300048	合康变频	5659.86	0.17	4.21	-0.08	不分配不转增
300049	福瑞股份	2830.92	0.23	5.53	0.5	不分配不转增
300050	世纪鼎利	1071.79	0.05	7.14	-0.39	不分配不转增
300051	三五互联	-544.92	-0.03	3.1	-0.16	不分配不转增
300052	中青宝	1051.86	0.08	6.87	0.18	不分配不转增
300053	欧比特	1792.69	0.09	3.02	0.001	不分配不转增
300054	鼎龙股份	2473.50	0.18	4.47	0.05	不分配不转增
300055	万邦达	3939.22	0.17	7.331	0.08	不分配不转增
300056	三维丝	83.65	0.0089	4.02	-0.14	不分配不转增
300057	万顺股份	5585.07	0.1323	3.27	0.23	不分配不转增
300058	蓝色光标	10893.68	0.29	3.14	0.06	不分配不转增
300059	东方财富	4260.04	0.13	5.13	-0.02	不分配不转增
300061	康耐特	132.19	0.01	3.97	-0.07	不分配不转增
300062	中能电气	2018.70	0.13	4.48	-0.17	不分配不转增
300063	天龙集团	799.91	0.07	6.31	-0.13	不分配不转增
300064	豫金刚石	7195.28	0.12	2.12	0.18	不分配不转增
300065	海兰信	940.51	0.09	5.68	-0.34	不分配不转增
300066	三川股份	3025.34	0.19	5.68	0.16	不分配不转增
300067	安诺其	1136.73	0.0708	4.5	0.01	不分配不转增
300068	南都电源	5051.41	0.17	8.83	-0.28	不分配不转增
300069	金利华电	1265.54	0.16	6.12	-0.48	不分配不转增
300070	碧水源	8066.74	0.15	6.05	-0.37	不分配不转增
300071	华谊嘉信	1505.05	0.1	2.91	-0.18	不分配不转增
300072	三聚环保	5213.24	0.13	3.02	-0.4	不分配不转增
300073	当升科技	214.29	0.0134	5.19	0.54	不分配不转增

股票代码	股票简称	净利润(万元)	每股收益(元)	每股净资产(元)	每股经营性现金流量(元)	分配预案
300074	华平股份	1780.42	0.178	8.47	-0.36	不分配不转增
300075	数字政通	1457.11	0.17	10.88	-0.45	不分配不转增
300076	宁波 GQY	1331.99	0.13	10.09	-0.08	不分配不转增
300077	国民技术	3092.48	0.11	9.95	-0.03	不分配不转增
300078	中瑞思创	3507.38	0.21	6.72	0.1	不分配不转增
300079	数码视讯	9225.27	0.2746	6.95	0.13	不分配不转增
300080	新大新材	675.34	0.0186	5.46	0.01	不分配不转增
300081	恒信移动	-1440.91	-0.22	11.83	-1.6	不分配不转增
300082	奥克股份	6114.72	0.24	10.67	-0.34	不分配不转增
300083	劲胜股份	2152.91	0.11	6.14	0.35	不分配不转增
300084	海默科技	195.33	0.0153	4.81	-0.08	不分配不转增
300085	银之杰	937.68	0.0781	4.2255	-0.2901	不分配不转增
300086	康芝药业	549.45	0.0275	8.88	0.16	不分配不转增
300087	荃银高科	494.34	0.05	5.23	0.08	不分配不转增
300088	长信科技	9524.08	0.29	4.1	0.29	不分配不转增
300089	长城集团	2150.54	0.14	5.19	0.22	不分配不转增
300090	盛运股份	4114.47	0.1612	3.8	0.07	不分配不转增
300091	金通灵	2643.01	0.13	4.03	-0.25	不分配不转增
300092	科新机电	662.55	0.07	5.95	-0.02	不分配不转增
300093	金刚玻璃	2459.47	0.11	3.92	0.23	不分配不转增
300094	国联水产	-6944.81	-0.2	4.49	0.53	不分配不转增
300095	华伍股份	1753.10	0.2277	8.83	0.07	不分配不转增
300096	易联众	2924.54	0.17	3.51	-0.05	不分配不转增
300097	智云股份	169.01	0.0282	6.75	0.66	不分配不转增
300098	高新兴	-946.66	-0.05	4.49	-0.42	不分配不转增
300099	尤洛卡	3829.91	0.37	6.64	0.21	不分配不转增
300100	双林股份	5733.17	0.41	6.43	0.78	不分配不转增
300101	国腾电子	2412.36	0.09	2.67	-0.15	不分配不转增
300102	乾照光电	6376.96	0.22	5.75	0.07	不分配不转增
300103	达刚路机	2397.40	0.11	3.28	0.33	不分配不转增
300104	乐视网	9067.63	0.22	2.71	0.22	不分配不转增
300105	龙源技术	7248.44	0.25	6.03	0.22	不分配不转增
300106	西部牧业	1559.73	0.13	4.91	0.09	不分配不转增
300107	建新股份	929.03	0.07	5.93	0.08	不分配不转增
300108	双龙股份	2216.80	0.16	2.78	0.1	不分配不转增
300109	新开源	1172.06	0.1	3.09	0.0232	不分配不转增
300110	华仁药业	4431.88	0.2	5.62	0.09	不分配不转增
300111	向日葵	-16819.95	-0.33	2.59	-0.07	不分配不转增
300112	万讯自控	1160.99	0.07	2.68	0.002	不分配不转增
300113	顺网科技	3474.58	0.26	5.69	0.25	不分配不转增
300114	中航电测	2597.42	0.22	6.35	-0.1	不分配不转增
300115	长盈精密	8364.46	0.32	5.38	0.21	不分配不转增
300116	坚瑞消防	-823.80	-0.1	5.98	-0.62	不分配不转增
300117	嘉寓股份	2401.06	0.11	5.43	-0.36	不分配不转增
300118	东方日升	151.28	0.0027	4.33	0.03	不分配不转增
300119	瑞普生物	6658.07	0.3454	7.2638	-0.072	不分配不转增
300120	经纬电材	1350.49	0.0796	3.4498	-0.1831	不分配不转增
300121	阳谷华泰	744.17	0.0689	4	-0.13	不分配不转增
300122	智飞生物	10853.75	0.27	5.67	0.06	不分配不转增
300123	太阳鸟	2685.39	0.19	5.98	-0.25	不分配不转增
300124	汇川技术	14202.00	0.37	6.47	0.29	不分配不转增
300125	易世达	1846.89	0.16	9.06	0.36	不分配不转增
300126	锐奇股份	2747.79	0.1813	6.01	-0.1279	不分配不转增
300127	银河磁体	4786.78	0.3	5.98	0.49	不分配不转增
300128	锦富新材	6874.43	0.34	6.01	-0.05	不分配不转增
300129	泰胜风能	3771.62	0.12	4.2	-0.09	不分配不转增
300130	新国都	3535.15	0.31	8.39	-1.06	不分配不转增
300131	英唐智控	1029.02	0.1	5.2	-0.41	不分配不转增
300132	青松股份	3173.69	0.2632	4.56	-0.1	不分配不转增

股票代码	股票简称	净利润(万元)	每股收益(元)	每股净资产(元)	每股经营性现金流量(元)	分配预案
300133	华策影视	10639.24	0.28	3.54	-0.25	不分配不转增
300134	大富科技	4808.09	0.15	7.44	0.07	不分配不转增
300135	宝利沥青	4440.80	0.14	3.16	-1.01	不分配不转增
300136	信维通信	1514.95	0.1136	5.0241	0.0152	不分配不转增
300137	先河环保	1872.64	0.12	5.64	-0.18	不分配不转增
300138	晨光生物	3927.05	0.22	5.44	-0.53	不分配不转增
300139	福星晓程	4850.19	0.44	10.15	-0.27	不分配不转增
300140	启源装备	266.67	0.02	6.33	0.06	不分配不转增
300141	和顺电气	2085.45	0.19	5.02	-0.82	不分配不转增
300142	沃森生物	10779.86	0.6	15.42	0.35	不分配不转增
300143	菇木真	-674.06	-0.05	5.09	-0.01	不分配不转增
300144	宋城股份	12734.00	0.23	4.97	0.35	不分配不转增
300145	南方泵业	4845.49	0.34	7.16	0.08	不分配不转增
300146	汤臣倍健	17979.17	0.82	8.35	0.41	不分配不转增
300147	香雪制药	4263.98	0.14	4.7	0.05	不分配不转增
300148	天舟文化	1616.60	0.13	4.13	-0.26	不分配不转增
300149	量子高科	1885.05	0.09	2.99	0.14	不分配不转增
300150	世纪瑞尔	4112.95	0.3	10.04	0.27	不分配不转增
300151	昌红科技	1808.86	0.18	7.01	0.22	不分配不转增
300152	燃控科技	3859.88	0.16	5.64	-0.13	不分配不转增
300153	科泰电源	834.73	0.05	5.71	-0.71	不分配不转增
300154	瑞凌股份	4582.32	0.21	6	-0.01	不分配不转增
300155	安居宝	2249.18	0.12	5.49	0.003	不分配不转增
300156	天立环保	7128.27	0.25	5.43	-0.43	不分配不转增
300157	恒泰艾普	4398.87	0.25	9.09	-0.04	不分配不转增
300158	振东制药	3979.93	0.28	12.7	0.42	不分配不转增
300159	新研股份	1180.69	0.07	4.91	-0.1	不分配不转增
300160	秀强股份	3675.25	0.2	5.43	0.2	不分配不转增
300161	华中数控	1093.42	0.1	8.72	-0.4	不分配不转增
300162	雷曼光电	2011.51	0.15	5.54	0.1	不分配不转增
300163	先锋新材	1354.23	0.17	8	-0.24	不分配不转增
300164	通源石油	1440.09	0.09	7.14	-0.47	不分配不转增
300165	天瑞仪器	2483.58	0.16	8.9	0.01	不分配不转增
300166	东方国信	2619.01	0.32	8.5	-0.39	10转增5股
300167	迪威视讯	880.26	0.09	6.98	-0.85	不分配不转增
300168	万达信息	1126.01	0.0938	9.37	-1.03	10转增10股
300169	天晟新材	3948.71	0.14	3.41	-0.24	不分配不转增
300170	汉得信息	5280.63	0.31	6.41	-0.19	不分配不转增
300171	东富龙	11959.55	0.57	9.98	0.65	不分配不转增
300172	中电环保	2166.11	0.21	6.02	-0.33	不分配不转增
300173	松德股份	2041.77	0.18	5	-0.25	不分配不转增
300174	元力股份	2475.86	0.182	3.73	-0.1187	不分配不转增
300175	朗源股份	2804.45	0.12	3.04	0.66	10转增10股
300176	鸿特精密	2281.01	0.2551	5.85	0.7341	不分配不转增
300177	中海达	2957.78	0.15	3.81	-0.08	不分配不转增
300178	腾邦国际	3011.88	0.25	8.48	0.66	不分配不转增
300179	四方达	1719.19	0.2	5.48	0.06	不分配不转增
300180	华峰超纤	3949.25	0.25	7.61	0.21	不分配不转增
300181	佐力药业	3052.16	0.21	8.93	-0.23	不分配不转增
300182	捷成股份	5444.26	0.32	5.95	-0.39	不分配不转增
300183	东软载波	10269.08	0.47	6.21	0.29	不分配不转增
300184	力源信息	806.38	0.08	4.41	0.07	不分配不转增
300185	通裕重工	10071.97	0.11	3.87	-0.02	不分配不转增
300186	大华农	6054.53	0.23	7.32	-0.22	不分配不转增
300187	永清环保	3308.17	0.25	5.82	-0.03	不分配不转增
300188	美亚柏科	724.71	0.068	6.26	-0.23	不分配不转增
300189	神农大丰	4923.12	0.3077	8.28	0.0659	不分配不转增
300190	维尔利	2793.86	0.29	9.23	-0.94	不分配不转增
300191	潜能恒信	3445.51	0.22	6.69	-0.0475	不分配不转增

股票代码	股票简称	净利润(万元)	每股收益(元)	每股净资产(元)	每股经营性现金流量(元)	分配预案
300192	科斯伍德	1915.64	0.17	5.16	-0.04	不分配不转增
300193	佳士科技	5430.34	0.25	8.24	0.04	不分配不转增
300194	福安药业	5472.50	0.41	12.51	0.34	不分配不转增
300195	长荣股份	9635.02	0.69	8.7	-0.05	不分配不转增
300196	长海股份	3915.85	0.33	6.84	0.6	不分配不转增
300197	铁汉生态	7463.60	0.35	6.69	-0.38	不分配不转增
300198	纳川股份	4284.47	0.31	6.9	-0.01	10 转增 5 股
300199	翰宇药业	3810.37	0.1905	4.82	0.13	不分配不转增
300200	高盟新材	3277.68	0.3069	6.73	-0.09	不分配不转增
300201	海伦哲	1018.52	0.058	3.59	-0.26	不分配不转增
300202	聚龙股份	2713.38	0.32	4.02	-0.42	不分配不转增
300203	聚光科技	5421.96	0.12	3.72	-0.16	不分配不转增
300204	舒泰神	9062.38	0.68	8.7	0.51	不分配不转增
300205	天喻信息	379.10	0.03	6.75	-1.18	不分配不转增
300206	理邦仪器	3292.27	0.33	11.48	0.3	不分配不转增
300207	欣旺达	2206.28	0.09	4.78	0.03	不分配不转增
300208	恒顺电气	2854.69	0.2	4.59	0.4	不分配不转增
300209	天泽信息	368.93	0.02	5.23	-0.01	不分配不转增
300210	森远股份	4292.72	0.32	4.66	0.15	不分配不转增
300211	亿通科技	819.52	0.16	8.45	-0.22	不分配不转增
300212	易华录	2012.45	0.15	5.18	-0.69	不分配不转增
300213	佳讯飞鸿	933.25	0.07	5.48	-0.42	不分配不转增
300214	日科化学	6509.33	0.32	5.5	0.21	不分配不转增
300215	电科院	6697.07	0.37	6.12	0.7	不分配不转增
300216	千山药机	2844.37	0.21	5.2	0.0057	不分配不转增
300217	东方电热	6055.15	0.31	4.96	0.28	不分配不转增
300218	安利股份	2637.44	0.1249	3.63	-0.05	不分配不转增
300219	鸿利光电	3127.98	0.1274	3.04	0.2404	不分配不转增
300220	金运激光	1141.09	0.326	8.11	-0.0854	不分配不转增
300221	银禧科技	2744.24	0.14	3.38	0.05	不分配不转增
300222	科大智能	1230.08	0.11	5.45	-0.35	不分配不转增
300223	北京君正	2426.68	0.2333	10.19	0.16	不分配不转增
300224	正海磁材	9422.47	0.54	5.39	0.97	不分配不转增
300225	金力泰	2823.73	0.28	6.76	0.82	不分配不转增
300226	上海钢联	1803.65	0.23	4.31	-0.1	不分配不转增
300227	光韵达	1109.33	0.17	4.65	0.22	10 派 1 元(含税)
300228	富瑞特装	4893.48	0.37	4.97	-0.36	10 派 0.4 元(含税)
300229	拓尔思	1844.10	0.09	3.6	0.12	不分配不转增
300230	永利带业	2103.42	0.1302	2.94	0.13	不分配不转增
300231	银信科技	1895.40	0.2369	3.7276	0.0054	不分配不转增
300232	洲明科技	1634.26	0.2	5.51	-0.18	不分配不转增
300233	金城医药	1288.64	0.11	7.83	0.19	不分配不转增
300234	开尔新材	1647.66	0.14	3.1	0.04	不分配不转增
300235	方直科技	814.32	0.09	3.31	0.07	不分配不转增
300236	上海新阳	1776.79	0.21	4.12	0.12	不分配不转增
300237	美晨科技	1818.80	0.32	9.7	0.56	不分配不转增
300238	冠昊生物	2050.52	0.17	3.58	0.2	不分配不转增
300239	东宝生物	1462.79	0.0963	1.99	0.0364	不分配不转增
300240	飞力达	4330.15	0.26	5.21	0.29	不分配不转增
300241	瑞丰光电	1989.34	0.19	4.71	0.42	不分配不转增
300242	明家科技	498.01	0.0664	3.8078	-0.0489	不分配不转增
300243	瑞丰高材	2353.53	0.44	6.75	-0.51	不分配不转增
300244	迪安诊断	3069.90	0.33	5.21	-0.55	不分配不转增
300245	天玑科技	1807.66	0.2698	7.32	-0.29	不分配不转增
300246	宝莱特	1385.97	0.19	4.76	0.15	不分配不转增
300247	桑乐金	1243.37	0.15	6.79	-0.42	不分配不转增
300248	新开普	641.98	0.07	5.11	-0.28	不分配不转增
300249	依米康	1787.32	0.23	5.95	-0.36	不分配不转增
300250	初灵信息	1379.05	0.17	4.29	-0.41	不分配不转增

股票代码	股票简称	净利润(万元)	每股收益(元)	每股净资产(元)	每股经营性现金流量(元)	分配预案
300251	光线传媒	8145.55	0.34	7.3	-0.7	不分配不转增
300252	金信诺	2229.68	0.2065	6.0597	-0.2887	不分配不转增
300253	卫宁软件	1873.52	0.18	4.59	-0.28	不分配不转增
300254	仟源制药	1267.87	0.09	4.36	-0.1	不分配不转增
300255	常山药业	4588.54	0.25	9.58	-0.56	不分配不转增
300256	星星科技	1089.62	0.0726	5.1022	0.3183	不分配不转增
300257	开山股份	17854.42	0.62	10.07	0.36	不分配不转增
300258	精锻科技	5666.18	0.523	6.18	0.5418	不分配不转增
300259	新天科技	3597.66	0.24	3.84	0.11	不分配不转增
300260	新莱应材	1990.40	0.275	6.245	-0.14	不分配不转增
300261	雅本化学	2554.25	0.176	4.11	0.01	不分配不转增
300262	巴安水务	1192.83	0.0894	3.27	-0.57	不分配不转增
300263	隆华传热	3006.02	0.19	5.48	-0.22	不分配不转增
300264	佳创视讯	1390.26	0.09	3.92	-0.19	不分配不转增
300265	通光线缆	3176.63	0.24	5.21	-0.7	不分配不转增
300266	兴源过滤	2261.07	0.25	5.74	0.04	不分配不转增
300267	尔康制药	8400.34	0.35	4.56	0.09	不分配不转增
300268	万福生科	2655.32	0.198	5.05	-0.21	不分配不转增
300269	联建光电	1507.63	0.2	7.56	-0.7	不分配不转增
300270	中威电子	2510.31	0.42	7.54	-0.18	不分配不转增
300271	紫光华宇	4287.18	0.29	5.4	-0.42	不分配不转增
300272	开能环保	2010.21	0.14	3.1	0.04	不分配不转增
300273	和佳股份	5044.96	0.25	4.23	-0.22	不分配不转增
300274	阳光电源	4510.35	0.14	5.64	-0.49	不分配不转增
300275	梅安森	3842.44	0.47	6.28	0.12	不分配不转增
300276	三丰智能	2482.17	0.32	6.54	-0.33	不分配不转增
300277	海联讯	1149.44	0.0858	4.28	-0.32	不分配不转增
300278	华昌达	1737.01	0.1	6.29	-1.11	不分配不转增
300279	和晶科技	1501.31	0.13	2.88	-0.09	不分配不转增
300280	南通锻压	1869.89	0.1461	4.84	0.12	不分配不转增
300281	金明精机	2174.01	0.36	9.05	-0.55	不分配不转增
300282	汇冠股份	875.63	0.16	5.29	-0.36	不分配不转增
300283	温州宏丰	1021.07	0.15	7.18	-0.77	不分配不转增
300284	苏交科	4624.16	0.19	5.45	-0.99	不分配不转增
300285	国瓷材料	2895.51	0.48	8.28	0.46	不分配不转增
300286	安科瑞	1927.66	0.28	5.28	0.29	不分配不转增
300287	飞利信	1165.10	0.14	5.3	-1.24	不分配不转增
300288	朗玛信息	3725.88	0.76	8.14	0.43	不分配不转增
300289	利德曼	4919.78	0.35	4.63	0.28	不分配不转增
300290	荣科科技	1871.41	0.3002	4.59	-1.25	不分配不转增
300291	华录百纳	4313.00	0.78	14.59	-2.79	不分配不转增
300292	吴通通讯	1136.34	0.19	4.82	-0.77	不分配不转增
300293	蓝英装备	3601.07	0.66	9.41	0.05	不分配不转增
300294	博雅生物	3383.66	0.51	9.37	0.46	不分配不转增
300295	三六五网	4165.01	0.89	11.52	0.85	不分配不转增
300296	利亚德	2734.09	0.31	6.34	-1.24	不分配不转增
300297	蓝盾股份	2465.84	0.29	6.39	-0.34	10派0.5元(含税)
300298	三诺生物	6001.50	0.78	8.82	0.48	不分配不转增
300299	富春通信	968.48	0.17	5.62	-0.3	不分配不转增
300300	汉鼎股份	2621.44	0.34	6.49	-0.36	10派1元(含税)
300301	长方照明	3143.46	0.3326	6.69	-0.2643	10转增15股派2元(含税)
300302	同有科技	1271.59	0.24	7.51	-0.39	不分配不转增
300303	聚飞光电	4564.95	0.65	9.79	0.15	10转增7股派3元(含税)
300304	云意电气	4901.08	0.56	8.22	0.33	10派3元(含税)
300305	裕兴股份	7713.33	1.1	14.13	0.59	不分配不转增
300306	远方光电	3708.59	0.71	14.45	0.32	10转增10股派3元(含税)
300307	慈星股份	32032.93	0.86	10.27	0.69	10转增10股派5元(含税)
300308	中际装备	2288.40	0.39	7.71	-0.43	不分配不转增
300309	吉艾科技	1537.04	0.17	10.08	-0.4	10转增10股

股票代码	股票简称	净利润(万元)	每股收益(元)	每股净资产(元)	每股经营性现金流量(元)	分配预案
300310	宜通世纪	3320.05	0.44	6.63	-1.04	10 转增 10 股派 2.5 元(含税)
300311	任子行	1323.21	0.22	5.47	-0.02	10 派 1 元(含税)
300312	邦讯技术	2964.60	0.3511	7.616	-1.75	不分配不转增
300313	天山生物	630.20	0.0832	4.24	0.036	10 派 1 元(含税)
300314	戴维医疗	3467.91	0.52	7.06	0.3	10 派 1.5 元(含税)
300315	掌趣科技	3191.30	0.25	5.23	0.12	10 派 0.5 元(含税)
300316	晶盛机电	12001.71	1.08	12.69	-0.22	10 派 5 元(含税)
300317	珈伟股份	334.91	0.02	4.14	-0.2	10 派 0.65 元(含税)
300318	博晖创新	2523.39	0.31	6.12	0.14	不分配不转增
300319	麦捷科技	1316.57	0.31	5.67	0.03	10 派 5 元(含税)
300320	海达股份	3104.53	0.59	8.72	0.05	10 派 2 元(含税)
300321	同大股份	2137.57	0.6081	11	-0.4	10 派 2.15 元(含税)
300322	硕贝德	1767.70	0.24	5.07	-0.03	不分配不转增
300323	华灿光电	3709.04	0.23	8.28	0.24	不分配不转增
300324	旋极信息	1754.90	0.4	9.19	-0.71	不分配不转增
300325	德威新材	2643.03	0.42	8.05	-0.06	10 派 1 元(含税)
300326	凯利泰	2477.50	0.6477	8.6814	0.2498	10 派 6 元(含税)
300327	中颖电子	2099.19	0.2187	4.86	-0.0773	10 派 4 元(含税)
300328	宜安科技	2535.83	0.3019	5.1593	0.03	不分配不转增
300329	海伦钢琴	1668.52	0.33	7.38	-0.11	不分配不转增
300330	华虹计通	1585.79	0.26	5.21	-0.76	10 派 1.5 元(含税)
300331	苏大维格	1969.20	0.42	7.55	0.07	10 派 2 元(含税)
300332	天壕节能	2539.59	0.11	3.44	0.04	不分配不转增
300333	兆日科技	5025.03	0.6	7.68	0.41	10 派 7.5 元(含税)
300334	津膜科技	1586.15	0.14	5.76	-0.4	不分配不转增
300335	迪森股份	3121.80	0.2984	2.726	0.2092	不分配不转增
300336	新文化	4037.57	0.56	3.53	-0.9	不分配不转增
300337	银邦股份	7072.66	0.51	5.07	-0.17	
300338	开元仪器	3047.88	0.68	7.34	-1.02	
300339	润和软件	2370.57	0.31	4.75	0.12	10 派 1.5 元(含税)
300340	科恒股份	4148.96	1.11	9.9	-2.05	不分配不转增
300341	麦迪电气	1557.60	0.23	2.87	0.32	
300342	天银机电	4001.94	0.53	3.6	0.68	
300345	红宇新材	2984.92	0.41	3.27	-0.34	
300346	南大光电	5472.94	1.45	8.81	-0.86	10 派 10 元(含税)
300347	泰格医药	3220.50	0.81	4.33	0.2	
300348	长亮科技	2001.78	0.52	4.31	-1.06	
300349	金卡股份	3835.10	0.85	3.52	0.5	
300350	华鹏飞	1940.97	0.3	2.8	0.07	
300351	永贵电器	2989.49	0.51	4.93	0.09	
300352	北信源	1200.98	0.24	3.34	-0.42	
300353	东土科技	1137.86	0.2837	2.93	0.29	
300354	东华测试	801.40	0.241	3.38	-0.12	
300355	蒙草抗旱	5186.99	0.51	3.57	-0.82	

2012 年上半年深市成交金额前 20 名股票

序号	证券代码	证券简称	前收	收盘	成交金额(元)	成交量(股)
1	000970	中科三环	19.99	39.68	85,446,726,374.22	2,580,529,640
2	000858	五 粮 液	32.8	32.76	72,216,022,521.82	2,139,094,420
3	002024	苏宁电器	8.44	8.39	64,239,133,989.83	6,638,466,829
4	000002	万 科 A	7.47	8.91	57,410,077,160.46	6,847,767,901
5	000750	国海证券	11.15	12.38	56,053,024,520.12	3,124,078,239
6	000157	中联重科	7.69	10.03	55,766,836,545.05	5,705,201,306
7	000629	攀钢钒钛	6.28	6.58	52,075,665,953.68	6,974,635,751
8	000630	铜陵有色	16.81	19.3	47,735,957,149.95	2,273,945,962
9	000009	中国宝安	10.9	10	44,934,453,161.15	3,679,074,294
10	000758	中色股份	17.23	18.97	44,389,033,000.39	1,992,129,374

序号	证券代码	证券简称	前收	收盘	成交金额(元)	成交量(股)
11	000983	西山煤电	14.6	15.6	44,164,063,855.82	2,608,490,619
12	000752	西藏发展	12.96	17.41	37,828,251,307.01	1,926,218,556
13	002155	辰州矿业	20.07	19.36	37,056,355,691.47	1,461,136,633
14	000001	深发展A	15.59	15.16	36,959,923,671.63	2,277,990,989
15	000100	TCL 集团	1.84	2.03	36,182,444,657.79	16,504,595,199
16	000063	中兴通讯	16.9	13.96	36,050,741,703.93	2,229,736,750
17	000651	格力电器	17.29	20.85	36,047,846,051.80	1,762,262,963
18	000917	电广传媒	25.39	24.73	35,958,831,525.81	1,188,014,770
19	000527	美的电器	12.24	11.05	34,989,477,519.28	2,667,217,436
20	000012	南玻A	9.06	9	33,671,539,681.09	3,350,214,210

2012年上半年深市成交量前20名股票

序号	证券代码	证券简称	前收	收盘	成交金额(元)	成交量(股)
1	000100	TCL 集团	1.84	2.03	36,182,444,657.79	16,504,595,199
2	000725	京东方A	1.71	1.91	15,971,611,649.48	8,593,881,827
3	000629	攀钢钒钛	6.28	6.58	52,075,665,953.68	6,974,635,751
4	000002	万科A	7.47	8.91	57,410,077,160.46	6,847,767,901
5	002024	苏宁电器	8.44	8.39	64,239,133,989.83	6,638,466,829
6	000157	中联重科	7.69	10.03	55,766,836,545.05	5,705,201,306
7	000594	国恒铁路	2.07	2.45	10,633,459,477.29	4,126,359,706
8	000009	中国宝安	10.9	10	44,934,453,161.15	3,679,074,294
9	000709	河北钢铁	2.86	2.73	10,888,776,103.87	3,558,543,536
10	000069	华侨城A	7.14	6.38	25,073,783,483.60	3,542,711,623
11	000012	南玻A	9.06	9	33,671,539,681.09	3,350,214,210
12	000402	金融街	6.05	6.53	20,732,509,348.22	3,169,217,628
13	000750	国海证券	11.15	12.38	56,053,024,520.12	3,124,078,239
14	000036	华联控股	2.47	3.93	10,913,088,317.23	2,870,743,166
15	000518	四环生物	3.87	4.46	14,475,312,814.57	2,848,185,300
16	000659	珠海中富	3.45	3.38	10,328,907,131.65	2,742,661,989
17	002259	升达林业	3.04	3.28	9,636,923,966.48	2,720,697,972
18	000046	泛海建设	4.32	4.47	13,137,469,896.81	2,720,447,635
19	002500	山西证券	6.47	8.19	20,093,921,107.58	2,669,346,027
20	000527	美的电器	12.24	11.05	34,989,477,519.28	2,667,217,436

2012年上半年深市成交笔数前20名股票

序号	证券代码	证券简称	前收	收盘	成交金额(元)	成交量(股)	成交笔数
1	000100	TCL 集团	1.84	2.03	36,182,444,657.79	16,504,595,199	3,511,277
2	000970	中科三环	19.99	39.68	85,446,726,374.22	2,580,529,640	3,210,598
3	000157	中联重科	7.69	10.03	55,766,836,545.05	5,705,201,306	3,019,043
4	000750	国海证券	11.15	12.38	56,053,024,520.12	3,124,078,239	2,700,203
5	002024	苏宁电器	8.44	8.39	64,239,133,989.83	6,638,466,829	2,636,580
6	000758	中色股份	17.23	18.97	44,389,033,000.39	1,992,129,374	2,486,330
7	000752	西藏发展	12.96	17.41	37,828,251,307.01	1,926,218,556	2,236,713
8	000009	中国宝安	10.9	10	44,934,453,161.15	3,679,074,294	2,170,024
9	000630	铜陵有色	16.81	19.3	47,735,957,149.95	2,273,945,962	2,115,396
10	000002	万科A	7.47	8.91	57,410,077,160.46	6,847,767,901	2,091,140
11	000858	五粮液	32.8	32.76	72,216,022,521.82	2,139,094,420	2,063,522
12	000012	南玻A	9.06	9	33,671,539,681.09	3,350,214,210	2,053,323
13	000983	西山煤电	14.6	15.6	44,164,063,855.82	2,608,490,619	2,009,724
14	000629	攀钢钒钛	6.28	6.58	52,075,665,953.68	6,974,635,751	2,005,181
15	000823	超声电子	7.94	13.95	30,591,027,027.19	2,553,969,076	1,915,900
16	002155	辰州矿业	20.07	19.36	37,056,355,691.47	1,461,136,633	1,766,256
17	002118	紫鑫药业	8.22	9.28	23,165,164,332.99	2,050,341,239	1,683,842
18	002106	莱宝高科	16.76	20.07	31,871,263,676.11	1,776,010,544	1,682,876
19	002272	川润股份	9.06	8.37	20,391,946,680.47	1,869,748,522	1,595,730
20	000063	中兴通讯	16.9	13.96	36,050,741,703.93	2,229,736,750	1,538,211

2012 年上半年深市涨幅前 20 名股票

序号	证券代码	证券简称	前收	收盘	成交金额(元)	成交量(股)	涨幅
1	000338	潍柴动力	31.5	29.69	25,223,388,735.82	755,582,996	198.97
2	000750	国海证券	11.15	12.38	56,053,024,520.12	3,124,078,239	178.97
3	000007	零七股份	6.58	14.84	7,341,766,596.95	579,964,209	125.53
4	000799	酒鬼酒	23.51	52.4	28,875,837,950.47	886,241,702	122.88
5	000732	泰禾集团	5.14	6.45	2,285,270,869.10	367,687,371	104.71
6	000531	穗恒运 A	6.57	13.07	4,249,170,740.70	391,613,136	98.93
7	000970	中科三环	19.99	39.68	85,446,726,374.22	2,580,529,640	98.5
8	000014	沙河股份	4.9	9.7	9,521,066,717.61	1,188,618,386	98.5
9	000736	重庆实业	7.05	12.85	5,586,939,852.54	546,739,270	82.27
10	000852	江钻股份	9.55	16.95	25,875,741,056.54	1,596,568,555	79.16
11	000823	超声电子	7.94	13.95	30,591,027,027.19	2,553,969,076	75.69
12	000691	亚太实业	3.67	6.33	2,609,523,384.97	503,758,412	72.48
13	000049	德赛电池	20.81	35.3	11,631,650,340.59	400,826,224	69.63
14	000975	科学城	4.94	8.3	9,304,237,550.02	1,041,356,425	68.19
15	000719	大地传媒	13.47	10.1	12,691,732,401.28	980,501,978	68.03
16	000522	白云山 A	12.16	20.34	27,432,021,270.56	1,612,496,392	67.74
17	000989	九芝堂	10.08	16.2	7,213,324,837.19	516,309,080	65.03
18	000908	ST 天一	4.65	7.64	943,568,077.87	127,026,688	64.3
19	000008	ST 宝利来	6.97	11.43	806,213,332.75	88,871,463	63.99
20	000605	*ST 四环	7.97	13.01	465,315,689.47	42,669,427	63.24

2012 年上半年深市跌幅前 20 名股票

序号	证券代码	证券简称	前收	收盘	成交金额(元)	成交量(股)	跌幅
1	000677	*ST 海龙	4.82	2.94	4,211,619,449.86	1,381,223,978	39
2	000809	铁岭新城	20.69	9.17	5,802,563,074.64	328,499,840	33.5
3	000723	美锦能源	17.53	12.01	5,938,766,390.20	339,934,542	31.49
4	000972	*ST 中基	4.58	3.25	5,385,702,996.51	1,211,103,887	29.04
5	000639	西王食品	28.8	13.62	3,458,973,797.87	144,356,316	28.1
6	000673	ST 当代	6.1	4.47	901,432,327.07	175,933,348	26.72
7	000810	华润锦华	13.8	9.98	1,739,953,632.08	143,502,366	26.59
8	000969	安泰科技	16.56	12.23	14,812,788,516.40	906,771,008	25.59
9	000887	中鼎股份	11.28	8.49	3,309,974,955.83	310,681,513	24.73
10	000509	SST 华塑	12.27	9.31	4,343,904,801.31	393,949,014	24.12
11	000655	金岭矿业	14.8	11.23	7,668,996,490.05	493,025,465	24.12
12	000811	烟台冰轮	11.55	8.67	5,594,589,688.15	568,824,216	24.1
13	000713	丰乐种业	13.61	10.31	7,999,952,460.62	621,150,508	24.05
14	000816	江淮动力	7.04	5.35	9,756,934,873.93	1,514,795,537	23.89
15	000581	威孚高科	35.89	27.4	8,624,724,835.49	267,666,768	23.66
16	000585	*ST 东电	2.64	2.04	1,556,881,856.80	585,057,390	22.73
17	200026	飞亚达 B	9.64	7.36	277,118,708.09	41,268,370	22.43
18	000830	鲁西化工	5.95	4.54	7,519,835,250.19	1,326,430,685	22.17
19	000635	英力特	12.65	9.86	4,043,976,582.71	301,337,122	22.06
20	000005	世纪星源	3.86	3.01	1,918,027,401.69	504,201,584	22.02

2012 年上半年深市换手率前 20 名股票

序号	证券代码	证券简称	前收	收盘	成交金额(元)	成交量(股)	换手率%
1	300262	巴安水务	23.36	19.45	8,800,528,204.73	401,607,008	1973.68
2	002646	青青稞酒	17.78	31.67	25,273,940,453.71	1,052,548,077	1956.45
3	300239	东宝生物	16.32	18.68	10,385,210,583.46	508,067,361	1863.78
4	300272	开能环保	15.24	16.2	9,486,626,855.72	581,455,116	1845.22
5	300283	温州宏丰	20	17.6	6,821,260,740.45	290,380,594	1841.25
6	300148	天舟文化	24.25	15.73	13,883,757,127.43	651,774,855	1827.41
7	002642	荣之联	21.89	15.6	12,385,905,467.60	553,700,838	1788.15

序号	证券代码	证券简称	前收	收盘	成交金额(元)	成交量(股)	换手率%
8	000750	国海证券	11.15	12.38	56,053,024,520.12	3,124,078,239	1736.05
9	300282	汇冠股份	23.35	16.68	3,481,639,841.91	183,291,893	1698.4
10	002615	哈尔斯	14.89	14.9	5,981,518,016.25	357,605,326	1568.49
11	002624	金磊股份	16.1	8.29	6,460,173,019.67	426,808,430	1525.46
12	300292	吴通通讯	12	16.77	4,246,330,898.82	213,677,161	1518.66
13	002625	龙生股份	13.69	9.31	4,500,908,309.86	282,664,849	1486.69
14	002655	共达电声	11	18.48	6,365,454,068.67	365,198,624	1462.57
15	300279	和晶科技	17.7	9.1	3,379,361,918.51	236,803,935	1461.71
16	300051	三五互联	11.62	10.24	12,655,859,082.09	1,007,699,990	1456.55
17	002652	扬子新材	10.1	12.08	4,244,742,710.44	311,710,722	1398.39
18	300166	东方国信	61.29	23.08	8,436,200,885.05	230,960,911	1392.78
19	300162	雷曼光电	15.4	14.18	7,526,696,187.53	462,731,237	1377.17
20	000719	大地传媒	13.47	10.1	12,691,732,401.28	980,501,978	1321.28

2012 年上半年深市成交概况

2012 年 1 月 –6 月份	交易日数	成交金额		成交数量		成交笔数	
		人民币元	占总计%	数量	单位	笔	占总计%
股票	117	8,142,543,009,987	88.48	709,449,276,348	股	499,047,872	96.55
主板 A 股	117	3,663,068,884,334	39.8	393,306,631,441	股	218,021,918	42.18
中小板	117	3,308,093,620,902	35.95	246,344,349,217	股	212,263,244	41.07
创业板	117	1,147,285,166,081	12.47	64,442,081,070	股	66,722,014	12.91
主板 B 股	117	24,095,338,669	0.26	5,356,214,620	股	2,040,696	0.39
基金	117	214,750,493,897	2.33	276,001,723,324	基金单位	6,737,974	1.3
封闭式	117	113,035,471,691	1.23	142,144,692,959	基金单位	4,674,939	0.9
开放式	117	9,575,737,493	0.1	11,436,713,413	基金单位	387,084	0.07
ETFs	117	92,139,284,713	1	122,420,316,952	基金单位	1,675,951	0.32
企业债券	117	839,923,986,478	9.13	8,397,483,365	张	11,026,864	2.13
现券	117	49,758,445,478	0.54	495,827,955	张	517,279	0.1
回购	117	790,165,541,000	8.59	7,901,655,410	张	10,509,585	2.03
可转换债券	117	4,977,884,658	0.05	46,839,075	张	39,374	0.01
国债	117	588,672,073	0.01	5,930,191	张	7,358	0
现货	117	588,670,073	0.01	5,930,171	张	7,356	0
回购	117	2,000	0	20	张	2	0
权证		0	0	0	份	0	0
合计	117	9,202,784,047,093	100	993,901,252,303		516,859,442	100

2012 年上半年深市上市证券

2012 年 6 月底	上市数目	总发行股本	总流通股本	市价总值	流通市值
股票	1,541	693,735,147,239	494,125,625,652	7,301,996,920,497	4,670,658,800,458
主板 A 股	472	390,551,354,882	323,705,471,960	3,363,728,717,866	2,702,178,026,313
中小板	683	230,886,443,586	133,077,801,809	3,002,467,210,383	1,580,586,925,936
创业板	332	56,085,749,440	21,250,869,774	853,267,012,812	306,010,538,566
主板 B 股	54	16,211,599,331	16,091,482,109	82,533,979,437	81,883,309,643
基金	192	165,692,592,434	165,394,167,566	135,168,255,316	134,929,619,798
封闭式	87	83,536,595,915	83,286,595,915	68,708,360,484	68,510,845,484
开放式	88	20,708,837,281	20,660,412,413	18,698,663,724	18,657,543,206
ETFs	17	61,447,159,238	61,447,159,238	47,761,231,108	47,761,231,108
企业债券	138	164,523,000,000	121,396,483,000	167,219,451,310	123,818,771,434
现券	134	164,523,000,000	121,396,483,000	167,219,451,310	123,818,771,434
回购	4	0	0	0	0
可转换债券	6	6,364,862,400	6,364,862,400	6,788,170,127	6,788,170,127
国债	189	4,960,890,000,000	4,505,763,000	4,962,600,660,000	4,484,225,262
现货	180	4,960,890,000,000	4,505,763,000	4,962,600,660,000	4,484,225,262
回购	9	0	0	0	0
权证	0	0	0	0	0
合计	2,066	5,991,205,602,073	791,786,901,618	12,573,773,457,249	4,940,679,587,079

2012 年上半年深市股票行业分布

2012 年 6 月底	上市数目	总发行股本	总流通股本	市价总值	流通市值
合计	1541	693,735,147,239	494,125,625,652	7,301,996,920,497	4,670,658,800,458
农林牧渔	28	9,233,236,212	6,637,172,016	115,527,481,377	79,038,612,587
采掘业	26	16,824,480,794	11,966,917,881	258,463,458,601	172,214,104,757
制造业	1023	422,554,474,059	297,388,735,413	4,547,676,886,946	2,884,104,474,783
食品饮料	58	26,624,389,538	18,749,468,941	680,352,277,444	478,381,214,103
纺织服装	49	14,790,101,254	11,403,404,652	140,061,529,867	94,238,770,092
木材家具	9	3,638,008,513	2,303,925,902	27,876,700,718	13,737,751,051
造纸印刷	32	10,468,457,204	6,721,644,451	87,850,903,972	47,283,839,582
石化塑胶	182	63,338,692,806	45,138,342,080	598,100,959,959	350,755,587,772
电子	122	58,207,987,653	43,384,144,005	519,285,096,399	303,757,796,083
金属非金属	121	86,981,702,691	63,023,367,153	633,657,901,858	456,466,070,618
机械设备	340	123,702,014,637	85,222,356,130	1,270,576,763,813	793,947,036,025
医药生物	89	28,699,101,445	18,923,092,891	511,727,387,581	318,337,472,068
其他制造业	21	6,104,018,318	2,518,989,208	78,187,365,335	27,198,937,388
水电煤气	28	22,254,978,120	18,930,343,768	141,514,802,522	118,631,382,473
建筑业	25	10,323,546,898	5,555,172,851	165,531,496,568	84,530,869,377
运输仓储	27	13,932,268,424	12,340,692,473	80,226,451,058	68,668,285,252
信息技术	156	38,042,694,491	23,168,713,065	465,945,517,327	253,743,880,760
批发零售	63	31,726,420,089	23,391,266,345	330,940,153,669	224,395,270,533
金融保险	11	23,897,831,728	15,139,413,991	351,493,277,879	197,151,974,949
房地产业	64	61,543,717,176	49,891,913,947	425,721,206,878	329,544,393,370
社会服务	54	24,338,670,615	14,349,707,492	259,593,430,412	145,704,133,695
传播文化	17	6,233,621,365	3,688,140,686	82,706,067,674	43,953,162,149
综合类	19	12,829,207,268	11,677,435,724	76,656,689,585	68,978,255,773

2012 年上半年深市证券成交统计

成交金额单位:万元

代码	证券名称	发行量	流通量	2012 年 1 月 - 6 月				市盈率
				最高价	最低价	成交数量	成交金额	
000001	深发展 A	512,335	310,247	17.78	14.45	227,799	3,695,992	
000002	万 科 A	968,025	965,834	9.49	7.06	684,777	5,741,008	
000004	国农科技	8,398	8,382	10.17	7.24	20,329	181,552	
000005	世纪星源	91,433	91,232	4.62	2.88	50,420	191,803	
000006	深振业 A	98,901	97,241	6.92	3.92	149,165	850,318	
000007	零七股份	23,097	18,478	16.95	6.23	57,996	734,177	
000008	ST 宝利来	7,365	7,360	12.09	6.11	8,887	80,621	
000009	中国宝安	109,075	107,880	14.77	9.45	367,907	4,493,445	
000010	S ST 华新	14,702	6,760	14.73	9.78	13,865	166,400	
000011	深物业 A	52,837	14,512	9.58	5.32	130,090	1,008,756	
000012	南 玻 A	131,275	130,178	11.53	7.94	335,021	3,367,154	
000014	沙河股份	20,171	20,170	10.53	4.44	118,862	952,107	
000016	深康佳 A	79,830	59,943	4.28	2.91	111,980	411,782	
000017	*ST 中华 A	30,298	26,543	3.73	2.6	44,586	144,269	
000018	ST 中冠 A	9,972	9,958	7.32	4.16	7,754	47,699	
000019	深深宝 A	22,476	14,108	11.99	6.97	26,432	266,556	
000020	深华发 A	18,117	6,466	8.67	4.79	44,614	328,233	
000021	长城开发	131,928	131,789	6.67	4.89	85,084	508,893	
000022	深赤湾 A	46,487	46,479	11.22	8.88	19,615	203,432	
000023	深天地 A	13,876	10,572	8.43	5.04	29,322	208,566	
000024	招商地产	137,796	68,428	26.6	17.2	104,902	2,245,680	
000025	特 力 A	19,388	17,929	8.55	5	23,680	170,682	
000026	飞亚达 A	31,112	14,809	13.59	10.02	42,075	503,791	
000027	深圳能源	264,299	264,299	7.02	5.91	74,468	480,412	

代码	证券名称	发行量	流通量	2012年1月－6月				市盈率
				最高价	最低价	成交数量	成交金额	
000028	国药一致	23,326	23,326	29.94	17.46	26,523	594,318	
000029	深深房A	89,166	89,166	4.7	3.04	73,391	295,305	
000030	*ST盛润A	24,882	13,498	15.18	6.75	60,271	681,523	
000031	中粮地产	181,373	181,372	5.19	3.58	125,159	569,287	
000032	深桑达A	23,286	23,282	7.82	5.15	28,511	188,711	
000033	新都酒店	32,940	32,940	5.66	3.29	60,953	283,316	
000034	深信泰丰	35,797	34,006	6.58	3.41	102,461	553,743	
000035	*ST科健	15,001	8,539	12.25	12.25	0	0	
000036	华联控股	112,389	112,388	4.76	2.27	287,074	1,091,309	
000037	深南电A	33,891	33,889	4.91	3.43	23,932	102,757	
000038	*ST大通	9,623	2,488	12.33	12.33	0	0	
000039	中集集团	123,192	123,154	16.59	11.87	152,782	2,239,212	
000040	宝安地产	46,959	46,416	5.44	3.21	100,743	460,362	
000042	深长城	23,946	23,940	22.5	13.07	18,307	339,859	
000043	中航地产	66,696	66,695	15.1	4.45	106,041	1,044,931	
000045	深纺织A	28,702	23,326	10.9	7.7	48,604	460,291	
000046	泛海建设	455,731	454,612	5.69	3.96	272,045	1,313,747	
000048	康达尔	39,077	37,986	8.81	6.84	22,374	176,011	
000049	德赛电池	13,683	13,679	38.05	18	40,083	1,163,165	
000050	深天马A	57,424	57,422	9.23	5.17	130,990	1,027,085	
000055	方大集团	42,096	42,085	5.74	3.56	62,363	296,342	
000056	*ST国商	11,921	11,921	20.68	12.07	24,670	396,654	
000058	深赛格	53,834	53,830	5.51	5.51	0	0	
000059	辽通化工	120,051	120,050	10.68	7.15	110,983	1,022,686	
000060	中金岭南	206,294	206,126	10.98	7.81	180,763	1,755,618	
000061	农产品	138,331	136,979	12.89	5.62	90,438	945,148	
000062	深圳华强	66,695	16,692	7.92	5	43,675	283,322	
000063	中兴通讯	281,049	279,317	18.28	13.88	222,974	3,605,074	
000065	北方国际	16,244	16,244	15.47	11.06	11,441	156,011	
000066	长城电脑	132,359	57,416	5.83	3.82	68,618	346,308	
000068	ST三星	89,667	89,667	6.81	6.81	0	0	
000069	华侨城A	727,150	320,222	7.92	5.48	354,271	2,507,378	
000070	特发信息	25,000	23,771	8.5	6.18	22,009	168,203	
000078	海王生物	65,251	65,156	7.95	5.9	99,621	710,969	
000088	盐田港	194,220	194,203	5.53	3.97	42,070	183,396	
000089	深圳机场	169,025	169,021	4.67	4.02	46,686	206,838	
000090	深天健	50,230	50,230	10.27	6.25	111,391	930,124	
000096	广聚能源	52,800	51,085	5.18	4.02	28,110	131,626	
000099	中信海直	51,360	51,360	10.24	6.79	121,525	1,061,519	
000100	TCL集团	847,622	793,908	2.53	1.8	1,650,460	3,618,244	
000150	宜华地产	32,400	32,400	4.75	2.96	28,993	116,654	
000151	中成股份	29,598	26,654	8.97	6.8	38,213	304,531	
000153	丰原药业	26,001	23,105	8.29	5.23	41,682	291,179	
000155	*ST川化	47,000	47,000	5.3	3.55	32,481	145,841	
000156	*ST嘉瑞	11,894	6,394	1.25	1.25	0	0	
000157	中联重科	627,593	627,406	11.28	7.15	570,520	5,576,684	
000158	常山股份	71,886	71,886	4.78	3.43	52,843	226,773	
000159	国际实业	48,114	48,114	10.79	7.36	66,023	634,893	
000301	东方市场	121,824	121,824	3.56	2.67	76,326	243,617	
000338	潍柴动力	126,129	69,111	36.66	29.62	75,558	2,522,339	
000400	许继电气	37,827	26,502	20.49	14.78	45,254	809,575	
000401	冀东水泥	134,752	121,224	20.55	13.5	125,619	2,233,377	
000402	金融街	302,708	302,657	7.21	5.58	316,922	2,073,251	
000403	S*ST生化	21,168	10,149	5.06	5.06	0	0	
000404	华意压缩	32,458	22,747	5.99	3.93	56,653	289,669	
000407	胜利股份	64,923	64,490	7.09	3.3	140,742	781,655	

代码	证券名称	发行量	流通量	2012 年 1 月 – 6 月				市盈率
				最高价	最低价	成交数量	成交金额	
000408	ST 金谷源	25,230	25,230	9.18	5.98	53,269	427,348	
000409	ST 泰复	17,137	16,906	7.15	4.35	16,645	102,277	
000410	沈阳机床	54,547	53,847	9.26	6.01	54,224	434,109	
000411	英特集团	20,745	20,363	11.93	8.16	32,255	331,750	
000413	宝 石 A	28,300	28,282	14	9.77	19,704	251,432	
000415	渤海租赁	126,925	39,044	12.5	7.43	103,187	1,054,731	
000416	民生投资	53,187	53,168	8.11	4.6	44,410	292,982	
000417	合肥百货	51,992	51,887	17.11	12.01	54,944	808,392	
000418	小天鹅 A	44,145	35,052	11.87	7.65	87,457	904,852	
000419	通程控股	45,299	45,265	7.38	5.06	70,392	447,947	
000420	*ST 吉纤	37,826	31,825	4.56	3.09	72,450	276,436	
000421	南京中北	35,168	35,164	6.1	3.98	41,263	219,850	
000422	湖北宜化	89,787	77,666	21.35	11.77	128,615	2,395,219	
000423	东阿阿胶	65,402	65,378	46.05	37.3	64,447	2,644,154	
000425	徐工机械	206,276	103,386	16.78	12.95	160,941	2,450,773	
000426	兴业矿业	43,794	41,873	17.22	8.55	108,795	1,535,076	
000428	华天酒店	71,893	71,893	5.64	3.91	53,537	261,502	
000429	粤高速 A	90,837	46,775	3.66	3.04	23,471	78,784	
000430	张家界	32,084	16,735	10.44	8.04	47,327	444,999	
000488	晨鸣纸业	111,328	81,118	5.68	4.27	84,907	428,172	
000498	*ST 丹化	44,070	43,787	3.64	3.64	0	0	
000501	鄂武商 A	50,725	50,720	17.7	12.5	26,789	396,297	
000502	绿景控股	18,482	18,301	8.28	4.42	48,726	340,424	
000503	海虹控股	89,882	68,278	7.5	5.46	135,325	873,876	
000504	ST 传媒	31,157	30,988	6.82	4.61	36,008	213,037	
000505	ST 珠江	36,177	36,037	3.76	2.74	40,964	135,476	
000506	中润资源	77,418	28,041	11.9	7.94	76,135	816,171	
000507	珠海港	62,100	54,577	12.41	5.23	50,888	527,898	
000509	SST 华塑	25,001	15,076	14.15	7.86	39,395	434,390	
000510	金路集团	60,918	60,908	8.28	4.61	152,977	1,021,129	
000511	银基发展	115,483	115,482	3.98	2.28	151,151	481,248	
000513	丽珠集团	18,373	17,762	27.89	18.21	24,456	555,917	
000514	渝 开 发	76,706	76,706	6.91	4.31	70,119	394,551	
000516	开元投资	71,342	71,279	5.76	4.33	93,686	484,061	
000517	荣安地产	106,131	15,471	9.58	4.54	107,258	744,945	
000518	四环生物	102,956	102,911	5.98	3.62	284,819	1,447,531	
000519	江南红箭	19,115	19,040	13.74	6.34	73,177	820,461	
000520	长航凤凰	67,472	66,914	3.49	2.52	72,437	215,815	
000521	美菱电器	50,073	44,534	5.97	4.04	113,460	572,931	
000522	白云山 A	46,905	46,880	21.3	11.35	161,250	2,743,202	
000523	广州浪奇	44,516	44,506	7.05	4.8	95,850	592,952	
000524	东方宾馆	26,967	26,967	9.7	5.39	42,513	327,890	
000525	红 太 阳	50,725	27,642	15.97	11.9	28,402	393,394	
000526	银润投资	9,620	9,620	9.86	5.91	15,441	128,370	
000527	美的电器	338,435	338,435	14.86	10.78	266,722	3,498,948	
000528	柳 工	112,524	111,023	15.04	10.85	181,348	2,414,792	
000529	广弘控股	58,379	26,710	8.74	5.97	63,000	470,208	
000530	大冷股份	23,501	21,571	8.85	6.5	28,166	221,269	
000531	穗恒运 A	34,254	33,820	14.5	6	39,161	424,917	
000532	力合股份	34,471	34,244	10.6	6.76	56,696	491,182	
000533	万 家 乐	69,082	67,869	5.52	4.11	70,750	343,973	
000534	万泽股份	48,569	20,746	7.36	3.57	91,175	509,724	
000536	华映科技	70,049	14,343	19.8	12.02	15,369	257,928	
000537	广宇发展	51,272	51,245	8.48	5.09	130,396	879,815	
000538	云南白药	69,427	69,424	59.83	45.58	30,423	1,578,406	
000539	粤电力 A	213,211	198,865	6.74	4.8	60,220	336,234	

代码	证券名称	发行量	流通量	2012年1月－6月				市盈率
				最高价	最低价	成交数量	成交金额	
000540	中天城投	127,881	127,826	9.3	5.98	183,482	1,486,884	
000541	佛山照明	75,334	61,615	11	8.37	71,893	711,933	
000543	皖能电力	77,301	77,300	7.28	4.65	81,613	480,152	
000544	中原环保	26,946	26,946	11.71	8.8	74,198	772,623	
000545	*ST吉药	15,824	11,601	7.7	5.61	15,975	106,967	
000546	光华控股	16,951	14,624	9.26	5.55	43,381	344,836	
000547	闽福发A	61,843	48,967	6.44	3.73	103,724	569,825	
000548	湖南投资	49,922	39,779	5.66	3.58	65,890	308,304	
000550	江铃汽车	51,921	51,643	25.3	19.1	11,635	261,892	
000551	创元科技	40,008	38,735	11.04	5.09	72,439	657,022	
000552	靖远煤电	17,787	17,703	20.2	10.25	70,378	1,235,730	
000553	沙隆达A	36,392	36,388	7.67	4.68	19,979	122,148	
000554	泰山石油	48,079	36,259	8.49	5.5	73,331	534,203	
000555	ST太光	9,063	9,063	7.91	5.21	10,395	71,318	
000557	*ST广夏	68,613	65,960	7	7	0	0	
000558	莱茵置业	63,027	62,803	6.03	2.83	214,813	1,060,503	
000559	万向钱潮	159,326	159,013	6.95	4.87	188,322	1,178,892	
000560	昆百大A	16,453	9,256	9.14	7.34	14,001	117,299	
000561	烽火电子	59,584	26,484	8.43	5.54	73,426	532,547	
000562	宏源证券	198,620	146,117	18.55	9.91	133,678	2,054,982	
000563	陕国投A	57,841	35,840	17.39	9.1	131,288	1,833,842	
000564	西安民生	30,431	26,666	6.38	4.76	30,109	175,508	
000565	渝三峡A	17,344	17,344	9.2	5.63	27,454	212,347	
000566	海南海药	24,759	21,145	22.2	17.11	22,974	449,139	
000567	海德股份	15,120	13,165	6.87	4.69	20,652	124,861	
000568	泸州老窖	139,827	139,423	46.63	33.97	81,455	3,335,723	
000570	苏常柴A	41,137	41,137	7.11	4.54	45,464	280,626	
000571	新大洲A	73,606	73,542	6.04	4.2	112,159	610,499	
000572	海马汽车	164,464	164,130	3.98	3.03	95,037	333,748	
000573	粤宏远A	62,276	62,229	4.86	3.57	32,937	140,056	
000576	*ST甘化	32,286	25,555	8.07	5.67	37,984	268,135	
000581	威孚高科	56,521	40,900	35.88	26.71	26,767	862,472	
000582	北海港	14,212	14,167	7.88	7	456	3,441	
000584	友利控股	40,888	40,305	7.36	4.69	33,150	199,921	
000585	*ST东电	61,542	60,827	3.33	1.99	58,506	155,688	
000586	汇源通信	19,344	19,330	7.76	4.97	52,869	332,554	
000587	ST金叶	55,713	25,043	14.71	8.41	140,397	1,760,356	
000589	黔轮胎A	48,890	48,885	6.11	4.57	63,309	345,415	
000590	紫光古汉	20,303	20,294	14.9	7.6	44,519	500,784	
000591	桐君阁	27,463	27,463	7.81	5.18	29,169	196,290	
000592	中福实业	84,741	83,634	8.09	4.11	213,950	1,333,864	
000593	大通燃气	22,334	22,309	7.85	5.74	54,139	376,662	
000594	国恒铁路	149,377	128,749	3.18	1.97	412,636	1,063,346	
000595	*ST西轴	21,683	21,681	8.18	5.91	15,790	109,700	
000596	古井贡酒	38,360	35,000	103.05	43.79	9,389	560,965	
000597	东北制药	33,381	33,043	9.51	6.08	65,999	529,515	
000598	兴蓉投资	115,357	67,061	9.39	7.49	178,262	1,516,272	
000599	青岛双星	52,483	52,481	5	3.65	73,092	315,588	
000600	建投能源	91,366	91,358	4.71	3.88	27,778	119,467	
000601	韶能股份	92,555	83,916	3.99	3.05	82,210	299,034	
000602	金马集团	50,457	10,442	29.03	20.15	10,541	260,422	
000603	盛达矿业	50,499	6,058	31.48	14.15	18,928	457,811	
000605	*ST四环	9,323	4,125	13.49	7.32	4,267	46,532	
000606	青海明胶	40,596	39,336	9.56	4.98	158,793	1,146,845	
000607	华智控股	48,773	48,773	5.16	3.22	53,330	241,580	
000608	阳光股份	74,991	74,991	5.41	3.52	62,203	297,021	

代码	证券名称	发行量	流通量	2012 年 1 月 - 6 月				市盈率
				最高价	最低价	成交数量	成交金额	
000609	绵世股份	29,810	29,092	8.78	6	54,251	423,606	
000610	西安旅游	19,675	19,470	9.58	5.74	76,897	631,858	
000611	时代科技	32,182	31,906	6.06	3.6	66,391	337,431	
000612	焦作万方	48,018	48,017	14.97	9.95	81,761	1,092,585	
000613	ST 东海 A	27,610	25,892	4.3	3.03	20,958	77,149	
000615	湖北金环	21,168	21,166	6.14	3.48	40,352	202,795	
000616	亿城股份	119,186	119,186	4.45	3.03	188,580	714,467	
000617	石油济柴	28,754	28,754	12.68	8.64	26,328	291,077	
000619	海螺型材	36,000	36,000	7.77	5.01	44,619	299,724	
000620	新华联	159,797	21,067	6.73	4.23	89,966	518,264	
000622	S＊ST 恒立	14,174	6,599	1.12	1.12	0	0	
000623	吉林敖东	89,444	82,611	27.24	16.81	98,058	2,362,116	
000625	长安汽车	376,090	338,752	5.74	3.72	186,714	899,389	
000626	如意集团	20,250	20,188	12.89	7.65	41,815	442,300	
000627	天茂集团	135,359	135,359	3.56	2.73	123,775	396,524	
000628	高新发展	21,948	18,760	9.48	6.23	51,653	398,148	
000629	攀钢钒钛	572,650	317,784	9.06	5.85	697,464	5,207,567	
000630	铜陵有色	142,161	142,158	23.7	16.01	227,395	4,773,596	
000631	顺发恒业	104,551	104,547	6.4	3.33	63,392	333,553	
000632	三木集团	46,552	46,506	4.35	2.92	70,327	264,959	
000633	ST 合金	38,511	18,319	8.5	5.47	16,443	120,019	
000635	英 力 特	30,309	17,705	15.96	9.55	30,134	404,398	
000636	风华高科	67,097	67,094	9.17	5.7	100,062	801,293	
000637	茂化实华	51,988	36,646	5.75	3.92	47,072	236,996	
000638	万方地产	15,470	8,814	7.62	5.51	12,349	85,957	
000639	西王食品	18,832	8,644	29.89	13	14,436	345,897	
000650	仁和药业	94,537	71,832	13.8	7.35	73,338	766,673	
000651	格力电器	300,787	296,395	22.94	17.07	176,226	3,604,785	
000652	泰达股份	147,557	146,251	5.19	3.82	113,869	515,354	
000655	金岭矿业	59,534	41,481	17.74	10.92	49,303	766,900	
000656	金科股份	115,854	21,648	15.15	10.41	50,614	663,940	
000657	＊ST 中钨	22,257	14,405	9.9	9.9	0	0	
000659	珠海中富	128,570	128,439	4.68	3.03	274,266	1,032,891	
000661	长春高新	13,133	13,131	49.03	29.66	13,914	543,957	
000662	＊ST 索芙	28,799	28,790	6.55	4.05	44,265	244,056	
000663	永安林业	20,276	16,692	10.5	4.45	64,465	508,792	
000665	武汉塑料	17,749	13,717	16.6	10.44	30,371	446,393	
000666	经纬纺机	42,300	22,734	15.15	8.52	123,537	1,489,070	
000667	名流置业	255,959	255,955	2.63	2.09	218,884	516,100	
000668	荣丰控股	14,684	14,668	9.38	6.61	16,451	139,951	
000669	＊ST 领先	9,251	7,588	30.2	14.66	16,551	379,484	
000670	S＊ST 天发	27,221	15,456	4.72	4.72	0	0	
000671	阳 光 城	53,601	53,272	9.72	5.7	33,006	270,719	
000672	＊ST 铜城	21,547	13,390	5.21	5.21	0	0	
000673	ST 当代	20,808	20,808	6.03	4.25	17,593	90,143	
000676	ST 思达	31,459	31,401	3.69	2.7	26,790	88,574	
000677	＊ST 海龙	86,398	80,399	4.82	2.42	138,122	421,162	
000678	襄阳轴承	30,108	30,108	5.62	3.53	42,266	199,056	
000679	大连友谊	35,640	35,634	7.67	5.87	64,737	448,277	
000680	山推股份	113,875	95,338	11.5	5.66	193,011	1,929,570	
000681	＊ST 远东	19,875	16,248	3.3	3.3	0	0	
000682	东方电子	97,816	97,801	4.44	3.02	100,063	388,299	
000683	远兴能源	76,781	76,781	7.75	5.4	84,112	576,536	
000685	中山公用	59,899	50,356	17.26	13.58	42,563	667,236	
000686	东北证券	63,931	63,923	19.5	11.5	46,484	758,306	
000687	保定天鹅	75,737	64,159	6.24	3.72	52,813	277,448	

代码	证券名称	发行量	流通量	2012年1月－6月				市盈率
				最高价	最低价	成交数量	成交金额	
000688	*ST朝华	40,191	25,260	3.78	3.78	0	0	
000690	宝新能源	172,661	170,234	4.44	2.86	130,627	479,659	
000691	亚太实业	32,327	29,049	6.33	3.7	50,376	260,952	
000692	惠天热电	26,642	26,638	5.5	4.17	18,688	94,451	
000693	S*ST聚友	19,269	5,849	7.37	7.37	0	0	
000695	滨海能源	22,215	22,150	10.32	5.27	36,274	307,319	
000697	*ST炼石	48,109	13,243	16.47	10.13	31,591	444,609	
000698	沈阳化工	66,093	62,708	7.14	4.91	91,871	555,799	
000700	模塑科技	30,904	30,891	6.69	5.09	20,509	125,167	
000701	厦门信达	24,025	23,959	11.74	8.52	75,353	777,406	
000702	正虹科技	26,663	26,663	5.23	3.74	45,159	213,337	
000703	恒逸石化	115,359	26,184	48.46	16.35	42,862	1,187,319	
000705	浙江震元	12,533	9,929	13.78	9.24	24,477	293,563	
000707	双环科技	46,415	46,414	10.45	6.46	162,891	1,424,074	
000708	大冶特钢	44,941	44,713	12.26	8.7	35,002	380,050	
000709	河北钢铁	1,061,861	508,937	3.35	2.71	355,854	1,088,878	
000710	天兴仪表	15,120	15,120	11.9	8.2	15,444	162,186	
000711	天伦置业	16,090	16,090	14.86	9.01	17,452	205,753	
000712	锦龙股份	30,462	19,103	14.5	9.01	25,593	317,236	
000713	丰乐种业	29,888	29,887	14.85	10.15	62,115	799,995	
000715	中兴商业	27,901	27,810	9.04	6.31	63,917	492,891	
000716	南方食品	17,826	17,110	11.03	6.29	58,239	468,930	
000717	韶钢松山	166,952	112,802	3.12	2.39	98,088	277,674	
000718	苏宁环球	204,319	146,608	9.05	4.9	117,658	788,694	
000719	大地传媒	43,972	7,421	15.49	9.61	98,050	1,269,173	
000720	*ST能山	86,346	86,345	2.85	2.07	69,090	170,917	
000721	西安饮食	19,953	16,712	8.81	6.22	29,146	222,792	
000722	湖南发展	46,416	26,692	11.7	7.72	26,512	264,454	
000723	美锦能源	13,960	9,743	21.21	11.58	33,993	593,877	
000725	京东方A	1,218,288	1,158,863	2.05	1.61	859,388	1,597,161	
000726	鲁泰A	56,624	55,163	9.61	7.04	67,438	574,456	
000727	华东科技	35,916	35,814	7.98	4.63	144,553	955,972	
000728	国元证券	196,410	196,410	12.25	8.28	144,736	1,546,853	
000729	燕京啤酒	252,259	221,336	16.52	7.07	85,030	1,142,484	
000731	四川美丰	50,233	50,216	8.2	5.79	122,427	911,318	
000732	泰禾集团	101,718	18,679	7.28	4.86	36,769	228,527	
000733	振华科技	35,812	35,812	7.8	5.62	37,926	268,880	
000735	罗牛山	88,013	88,000	6.63	3.88	202,043	1,051,510	
000736	重庆实业	29,719	12,823	13.55	6.25	54,674	558,694	
000737	南风化工	54,876	54,872	6.28	3.08	67,898	330,379	
000738	中航动控	94,284	18,360	12.37	9.02	43,966	477,152	
000739	普洛股份	25,674	25,670	9.05	7.12	40,326	331,479	
000748	长城信息	37,556	37,556	7.08	4.54	56,097	337,030	
000750	国海证券	179,195	36,648	31.62	9.89	312,408	5,605,302	
000751	*ST锌业	111,013	111,011	6.5	3.23	202,997	1,026,573	
000752	西藏发展	26,376	26,373	24.57	11.87	192,622	3,782,825	
000753	漳州发展	31,630	31,630	6.9	4.95	81,989	485,990	
000755	山西三维	46,926	46,922	9.47	6.46	116,195	976,048	
000756	新华制药	30,731	30,731	6.45	4.76	17,786	102,006	
000757	*ST方向	36,633	17,895	3.82	3.82	0	0	
000758	中色股份	76,666	70,271	26.95	15.51	199,213	4,438,903	
000759	中百集团	68,102	68,055	9.76	7.22	75,413	647,293	
000760	博盈投资	23,685	23,684	6.79	3.67	50,965	291,767	
000761	本钢板材	273,600	273,600	5.47	4.16	19,600	94,887	
000762	西藏矿业	47,597	46,484	28.63	13.8	73,476	1,565,120	
000766	通化金马	44,902	44,901	5.75	4.03	88,565	433,731	

代码	证券名称	发行量	流通量	2012 年 1 月 – 6 月				市盈率
				最高价	最低价	成交数量	成交金额	
000767	*ST 漳电	132,373	132,251	4.3	3.21	51,743	201,291	
000768	西飞国际	247,762	233,970	9.87	6.94	140,963	1,190,833	
000776	广发证券	295,965	77,494	33.36	19.62	115,636	3,358,695	
000777	中核科技	21,301	21,297	26.21	16.92	46,952	1,067,569	
000778	新兴铸管	191,687	135,211	8.65	6.14	185,220	1,406,437	
000779	三毛派神	18,644	16,012	12.98	7.18	63,813	685,753	
000780	平庄能源	101,431	101,431	14.22	9.72	71,293	892,958	
000782	美达股份	40,451	40,451	5.14	3.69	71,238	330,887	
000783	长江证券	237,123	237,118	10.6	6.93	193,733	1,789,232	
000785	武汉中商	25,122	25,109	8.08	5.6	36,657	265,671	
000786	北新建材	57,515	57,509	14.7	9.35	37,245	473,235	
000787	*ST 创智	37,861	26,991	4.68	4.68	0	0	
000788	西南合成	59,599	48,675	8.49	5.58	45,886	334,966	
000789	江西水泥	39,591	39,589	15.65	9.61	162,738	2,078,056	
000790	华神集团	34,991	34,127	11.9	7.58	79,757	809,836	
000791	西北化工	18,900	18,899	8.75	4.68	82,768	623,738	
000792	盐湖股份	159,051	57,709	40.9	29.89	91,599	3,183,155	
000793	华闻传媒	136,013	135,937	7.17	5.4	90,160	566,817	
000795	太原刚玉	27,680	27,679	16.86	11.31	105,224	1,542,627	
000796	易食股份	24,654	24,652	7.44	5	34,469	219,180	
000797	中国武夷	38,945	33,434	5.85	3.66	26,759	132,336	
000798	中水渔业	31,946	31,945	8.5	5.2	45,973	322,874	
000799	酒 鬼 酒	32,493	20,560	53	20.45	88,624	2,887,584	
000800	一汽轿车	162,750	141,175	12.53	8.57	116,495	1,229,896	
000801	四川九洲	37,999	26,407	9.15	6.16	21,007	166,279	
000802	北京旅游	18,749	13,589	11.46	8.75	17,486	180,284	
000803	金宇车城	12,773	9,027	8.36	5.25	21,434	154,520	
000805	*ST 炎黄	6,365	2,085	1.88	1.88	0	0	
000806	*ST 银河	69,921	69,691	3.64	2.33	71,655	221,134	
000807	云铝股份	153,917	145,430	7.17	4.53	168,707	1,053,680	
000809	铁岭新城	54,986	17,185	28.77	8.86	32,850	580,256	
000810	华润锦华	12,967	12,967	15.15	9.4	14,350	173,995	
000811	烟台冰轮	39,460	39,455	11.7	8.41	56,882	559,459	
000812	陕西金叶	44,738	44,662	5.41	3.79	66,117	314,309	
000813	天山纺织	36,346	36,346	11.65	7.2	30,168	306,413	
000815	*ST 美利	31,680	31,559	5.94	4.91	1,745	10,304	
000816	江淮动力	108,880	108,876	7.54	5.04	151,480	975,693	
000818	方大化工	68,000	41,382	6.18	3.65	89,986	438,698	
000819	岳阳兴长	21,308	21,306	17.09	11.11	29,403	417,841	
000820	*ST 金城	28,783	28,752	6.16	6.16	0	0	
000821	京山轻机	34,524	34,522	5.67	3.8	30,403	150,264	
000822	山东海化	89,509	89,508	7.32	4.66	131,669	807,358	
000823	超声电子	44,044	44,032	14.78	6.91	255,397	3,059,103	
000825	太钢不锈	569,625	569,594	4.2	3.47	133,167	515,155	
000826	桑德环境	49,812	48,131	27.08	19.78	49,576	1,135,714	
000828	东莞控股	103,952	103,952	6.25	4.25	55,810	293,404	
000829	天音控股	94,690	94,690	7.43	5.54	91,494	616,792	
000830	鲁西化工	146,486	146,410	6.37	4.4	132,643	751,984	
000831	*ST 关铝	65,340	65,335	9.15	9.15	0	0	
000833	贵糖股份	29,607	29,606	9.25	7.2	38,167	321,869	
000835	四川圣达	30,537	30,537	8.13	4.73	99,032	678,487	
000836	鑫茂科技	29,250	25,532	5.65	4	36,862	185,017	
000837	秦川发展	34,872	34,865	9.75	6.5	39,511	338,166	
000838	*ST 国兴	18,100	18,096	7.36	4.62	15,092	95,377	
000839	中信国安	156,793	156,732	8.89	6.2	145,473	1,132,808	
000848	承德露露	36,497	36,483	18.49	12.05	47,735	723,324	

代码	证券名称	发行量	流通量	2012年1月－6月				市盈率
				最高价	最低价	成交数量	成交金额	
000850	华茂股份	94,367	94,339	7.23	4.95	105,648	673,816	
000851	高鸿股份	33,290	32,070	9.11	6	82,230	641,728	
000852	江钻股份	40,040	13,011	21.56	9.07	159,657	2,587,574	
000856	ST唐陶	22,700	13,207	10.13	6.49	25,866	234,224	
000858	五粮液	379,597	379,562	37.81	29.82	213,909	7,221,602	
000859	国风塑业	42,048	42,048	6.08	3.72	41,822	212,841	
000860	顺鑫农业	43,854	43,852	18.98	12.25	79,283	1,269,149	
000861	海印股份	49,219	19,988	19.64	13.52	19,473	329,385	
000862	银星能源	28,307	28,307	10.5	6.88	21,254	194,229	
000863	*ST商务	17,462	7,800	3.5	3.5	0	0	
000868	安凯客车	35,201	26,715	11.29	6.18	52,899	496,842	
000869	张裕A	45,346	45,346	107.8	66.3	11,189	1,054,992	
000875	吉电股份	83,910	66,003	3.97	2.68	110,402	367,235	
000876	新希望	173,767	83,185	18.65	14.01	71,352	1,205,799	
000877	天山股份	88,010	78,413	26.47	9.36	159,202	3,127,419	
000878	云南铜业	141,640	125,667	20.69	15.28	112,850	2,103,756	
000880	潍柴重机	27,610	13,514	13.19	8.66	40,401	462,250	
000881	大连国际	30,892	30,796	10.59	7.14	61,587	549,209	
000882	华联股份	89,330	59,972	4.85	3.58	65,419	281,233	
000883	湖北能源	206,780	41,519	7.97	4.25	58,789	384,018	
000885	同力水泥	32,831	11,064	13	8.61	64,243	727,146	
000886	海南高速	98,883	95,113	4.15	2.97	95,415	340,111	
000887	中鼎股份	59,578	59,547	13.2	7.99	31,068	330,997	
000888	峨眉山A	23,519	16,381	21.65	15.4	14,788	277,999	
000889	渤海物流	33,871	33,846	8.88	4.6	72,347	544,943	
000890	法尔胜	37,964	37,954	5.14	3.81	37,662	172,031	
000892	*ST星美	41,388	30,694	5.53	3.6	23,363	107,422	
000893	东凌粮油	22,200	22,076	16.28	11.4	21,597	302,542	
000895	双汇发展	60,599	60,590	75.01	58.02	24,323	1,603,671	
000897	津滨发展	161,727	161,704	3.89	2.1	242,107	753,999	
000898	鞍钢股份	614,901	614,900	5.07	3.85	129,427	589,551	
000899	*ST赣能	64,668	32,922	4.87	3.6	62,040	260,460	
000900	现代投资	39,917	39,895	16.11	11.74	41,337	599,167	
000901	航天科技	25,036	22,176	13.52	10.2	57,805	701,422	
000902	中国服装	25,800	25,800	9.6	5.37	35,134	273,912	
000903	云内动力	68,076	42,561	5.5	3.71	76,660	370,254	
000905	厦门港务	53,100	53,100	7.17	5.01	55,322	352,761	
000906	南方建材	33,061	13,156	9.35	6.01	20,615	160,559	
000908	ST天一	28,000	28,000	9.58	4.37	12,703	94,357	
000909	数源科技	19,600	19,600	8.46	6.21	22,955	173,012	
000910	大亚科技	52,750	52,750	6.13	4.61	34,191	189,614	
000911	南宁糖业	28,664	28,664	14.67	9.54	40,877	521,205	
000912	泸天化	58,500	26,715	7.98	4.98	79,929	545,685	
000913	钱江摩托	45,354	45,344	5.86	3.99	37,375	187,887	
000915	山大华特	18,025	17,928	15.63	10.5	34,779	472,984	
000916	华北高速	109,000	92,032	3.51	3.03	23,709	77,893	
000917	电广传媒	40,638	31,876	35.49	24.6	118,801	3,595,883	
000918	嘉凯城	180,419	61,269	5.51	3.45	87,123	401,301	
000919	金陵药业	50,400	25,539	10.63	7.11	33,903	309,128	
000920	南方汇通	42,200	42,200	9.49	5.68	69,552	543,458	
000921	ST科龙	89,446	28,224	4.67	3.53	40,202	171,022	
000922	ST阿继	29,844	17,190	9.61	5.59	10,710	90,108	
000923	河北宣工	19,800	19,800	7.85	4.8	29,177	192,550	
000925	众合机电	30,134	30,134	12.06	8.6	27,939	295,670	
000926	福星股份	71,236	52,854	10.6	6.78	112,695	1,000,243	
000927	一汽夏利	159,517	159,517	8.46	5.79	49,638	357,620	

代码	证券名称	发行量	流通量	2012 年 1 月 - 6 月				市盈率
				最高价	最低价	成交数量	成交金额	
000928	中钢吉炭	28,290	28,290	15.96	9.94	106,722	1,389,211	
000929	兰州黄河	18,577	18,559	8.78	5.1	45,630	343,556	
000930	中粮生化	96,441	96,440	6.95	4.7	91,376	570,688	
000931	中关村	67,485	50,648	7.72	4.5	191,132	1,232,174	
000932	华菱钢铁	301,565	247,073	3.14	2.39	95,145	269,380	
000933	神火股份	168,000	167,995	12.22	8.6	171,766	1,851,127	
000935	四川双马	61,586	13,795	10.19	7.15	63,708	559,697	
000936	华西股份	74,801	74,801	5.95	4.33	80,119	422,272	
000937	冀中能源	231,288	157,591	21.55	14.53	156,322	2,969,314	
000938	紫光股份	20,608	20,607	15.06	9.61	61,848	794,582	
000939	凯迪电力	94,331	94,080	12.42	8.22	144,759	1,549,400	
000948	南天信息	23,161	23,112	10.99	7.22	42,655	400,893	
000949	新乡化纤	82,922	82,905	4.62	2.93	87,805	338,419	
000950	建峰化工	59,880	53,055	6.52	3.98	51,061	285,472	
000951	中国重汽	41,943	41,943	14.92	11.7	25,489	340,742	
000952	广济药业	25,171	25,168	8.98	6.16	45,083	353,488	
000953	ST 河化	29,406	29,400	5.64	3.72	22,700	113,574	
000955	ST 欣龙	41,415	29,315	5.79	3.73	30,613	154,243	
000957	中通客车	23,850	23,848	9.66	7.05	44,991	378,245	
000958	ST 东热	29,949	19,671	3.78	2.83	24,711	83,353	
000959	首钢股份	296,653	120,615	3.27	2.51	112,770	333,828	
000960	锡业股份	90,652	90,652	26.36	16.71	118,750	2,685,426	
000961	中南建设	116,784	31,580	14.2	7.34	57,249	620,182	
000962	东方钽业	44,083	44,083	20.98	12.57	98,757	1,705,013	
000963	华东医药	43,406	27,994	30.4	21.78	11,565	296,611	
000965	天保基建	69,234	69,234	8.78	4.4	36,234	272,969	
000966	长源电力	55,414	55,414	4.46	3.08	30,617	120,653	
000967	上风高科	20,518	20,480	8.1	6.22	17,548	129,297	
000968	煤气化	51,375	51,375	21.99	12.76	93,917	1,651,310	
000969	安泰科技	86,280	86,071	18.96	11.49	90,677	1,481,279	
000970	中科三环	53,260	50,760	44.95	18.45	258,053	8,544,673	
000971	ST 迈亚	24,310	18,138	4.82	3	20,441	80,535	
000972	*ST 中基	48,205	43,285	5.57	3.17	121,110	538,570	
000973	佛塑科技	91,883	77,238	9.88	4.51	131,291	1,075,313	
000975	科学城	62,293	62,293	11.11	4.19	104,136	930,424	
000976	春晖股份	58,664	58,663	4.73	3.71	67,504	283,502	
000977	浪潮信息	21,500	21,500	18.93	13.7	29,986	501,837	
000978	桂林旅游	36,010	36,010	9.25	7.1	60,853	505,598	
000979	中弘股份	101,209	29,599	9.66	4.92	103,114	764,692	
000980	金马股份	31,700	31,700	5.75	4.11	46,118	233,532	
000981	银亿股份	85,901	6,500	12.41	7.74	15,883	166,516	
000982	中银绒业	55,600	55,600	10.3	6.25	86,027	749,253	
000983	西山煤电	315,120	147,217	19.26	13.58	260,849	4,416,406	
000985	大庆华科	12,964	12,964	14.5	10.03	4,595	57,899	
000987	广州友谊	35,896	35,858	18.21	12.9	31,886	508,927	
000988	华工科技	44,556	44,556	18.3	11.61	52,773	836,171	
000989	九芝堂	29,761	29,761	16.26	9.3	51,631	721,332	
000990	诚志股份	29,703	28,333	8.74	6.35	23,032	177,261	
000993	闽东电力	37,300	37,300	11.51	5.4	52,670	493,332	
000995	ST 皇台	17,741	17,741	14.96	8.68	56,578	697,303	
000996	中国中期	23,000	23,000	17.33	13.02	14,606	236,199	
000997	新大陆	51,027	50,871	12.99	9.88	106,384	1,226,402	
000998	隆平高科	41,580	41,580	29.5	16.01	73,794	1,735,652	
000999	华润三九	97,890	35,524	22.3	14.27	45,280	814,923	
001696	宗申动力	118,650	76,809	8.06	5.64	103,382	731,062	
001896	豫能控股	62,335	42,999	6.11	4.04	54,669	293,160	

代码	证券名称	发行量	流通量	2012年1月－6月				市盈率
				最高价	最低价	成交数量	成交金额	
002001	新和成	72,595	71,205	23.15	17.25	43,466	913,045	
002002	ST金材	16,689	13,641	9.96	7.09	15,099	127,631	
002003	伟星股份	25,899	22,338	14.14	9.6	30,572	371,684	
002004	华邦制药	33,499	20,789	44.2	18.83	9,866	282,310	
002005	德豪润达	116,640	64,471	20.48	7.51	82,817	1,245,002	
002006	精功科技	45,516	42,078	29.4	10.01	96,086	2,159,180	
002007	华兰生物	57,620	57,612	27.46	21.56	61,789	1,509,762	
002008	大族激光	104,440	94,598	8.93	6.1	242,095	1,832,017	
002009	天奇股份	22,101	16,991	10.15	6.52	64,930	551,836	
002010	传化股份	48,798	41,283	8.1	5.72	57,333	407,762	
002011	盾安环境	83,794	74,936	11.67	8.43	67,432	699,113	
002012	凯恩股份	23,381	19,479	14.28	9.65	42,517	516,930	
002013	中航精机	28,236	20,929	19.49	11.42	48,379	724,575	
002014	永新股份	18,576	18,305	16.48	12.05	22,082	322,594	
002015	霞客环保	23,994	18,190	9.74	7.31	38,268	335,735	
002016	世荣兆业	46,150	46,150	8.78	5.14	44,878	336,293	
002017	东信和平	21,842	21,697	14.68	10.29	42,035	542,315	
002018	华星化工	29,386	27,142	6.34	3.99	37,263	207,048	
002019	*ST鑫富	22,042	20,357	12.98	6.3	106,466	1,063,741	
002020	京新药业	12,633	7,696	17.15	11.29	20,448	286,137	
002021	中捷股份	56,782	56,782	7.5	3.9	140,174	759,069	
002022	科华生物	49,228	43,746	11.9	9.25	68,978	744,506	
002023	海特高新	29,518	28,652	11.73	7.14	64,742	640,180	
002024	苏宁电器	699,621	543,428	11.35	7.98	663,847	6,423,913	
002025	航天电器	33,000	32,981	15.94	11.21	89,672	1,241,146	
002026	山东威达	17,550	12,833	10.45	7.77	27,823	258,358	
002027	七喜控股	30,234	19,469	5.1	3.78	27,753	126,574	
002028	思源电气	43,968	33,249	15.23	10.53	29,245	378,346	
002029	七匹狼	50,255	42,434	40.5	24.51	11,710	355,113	
002030	达安基因	41,605	39,851	10.1	7.43	73,530	663,343	
002031	巨轮股份	41,262	34,857	7.76	5.16	24,754	166,432	
002032	苏泊尔	63,498	47,330	17.99	12.22	13,232	203,415	
002033	丽江旅游	16,380	12,652	23.8	17.3	17,287	361,659	
002034	美欣达	8,112	5,919	18.19	11.52	23,795	366,537	
002035	华帝股份	24,563	23,285	10.09	7.12	50,170	425,130	
002036	宜科科技	20,225	19,464	17.73	8.88	41,303	579,963	
002037	久联发展	17,303	17,303	23.8	16.25	16,609	349,068	
002038	双鹭药业	38,070	31,199	32.81	25.01	41,955	1,175,920	
002039	黔源电力	20,360	16,974	16.77	12.62	15,103	225,622	
002040	南京港	24,587	24,587	6.89	4.79	15,206	91,998	
002041	登海种业	35,200	32,842	30.85	19.89	64,216	1,621,186	
002042	华孚色纺	83,299	83,055	10.46	4.62	72,215	595,356	
002043	兔宝宝	47,002	35,655	8.6	3.44	23,826	156,847	
002044	江苏三友	22,425	21,740	11.38	7.5	17,553	167,622	
002045	国光电器	41,690	33,962	6.5	4.49	61,377	348,461	
002046	轴研科技	27,860	16,488	18.22	7.53	17,067	273,959	
002047	成霖股份	45,366	45,366	4.19	2.63	67,592	238,927	
002048	宁波华翔	55,320	48,279	8.89	6.81	46,826	372,897	
002049	晶源电子	24,175	8,808	22.55	15.9	9,684	189,259	
002050	三花股份	59,474	57,696	27.98	10.73	20,414	356,810	
002051	中工国际	57,291	48,108	35.33	24.76	9,348	281,683	
002052	同洲电子	34,148	26,038	11.36	6.9	40,513	386,264	
002053	云南盐化	18,585	18,585	12.08	8.31	16,523	168,621	
002054	德美化工	32,293	24,006	9.75	7	18,163	158,778	
002055	得润电子	41,044	40,201	20.6	6.53	39,477	566,650	
002056	横店东磁	41,090	41,090	22.22	14.55	79,932	1,487,529	

代码	证券名称	发行量	流通量	2012 年 1 月 - 6 月				市盈率
				最高价	最低价	成交数量	成交金额	
002057	中钢天源	9,969	8,400	19.99	13.1	33,740	581,672	
002058	威尔泰	12,474	12,365	10	6.48	21,948	190,885	
002059	云南旅游	21,500	8,056	12.03	8.5	28,664	307,753	
002060	粤水电	50,206	39,215	9.36	6.06	57,566	474,507	
002061	江山化工	13,998	13,998	10.29	6.15	46,989	406,746	
002062	宏润建设	56,250	45,840	7.84	4.6	27,725	189,599	
002063	远光软件	44,190	33,225	19.69	13.1	54,961	847,412	
002064	华峰氨纶	73,840	66,183	7.26	4.4	77,639	465,587	
002065	东华软件	53,074	45,435	22.77	17.8	16,401	341,769	
002066	瑞泰科技	23,100	22,992	14.51	5.73	12,069	138,442	
002067	景兴纸业	54,698	33,029	8.05	4.85	112,945	772,407	
002068	黑猫股份	47,970	47,970	8.38	4.95	126,084	902,738	
002069	獐子岛	71,111	68,235	27.58	20.44	43,254	988,088	
002070	众和股份	48,866	34,674	7.5	4.91	31,621	189,649	
002071	江苏宏宝	18,402	18,016	9.68	6.26	34,787	294,776	
002072	ST 德棉	17,600	13,095	7.61	5.49	15,295	101,564	
002073	软控股份	74,237	60,296	16.29	8.12	117,969	1,551,776	
002074	东源电器	25,337	21,502	9.2	6.04	96,958	698,096	
002075	沙钢股份	157,627	39,600	5.54	3.91	45,708	224,322	
002076	雪莱特	18,427	11,544	8.34	6.18	22,886	174,872	
002077	大港股份	25,200	24,398	8.12	5.79	24,813	175,631	
002078	太阳纸业	100,481	32,642	8.57	5.74	42,304	315,087	
002079	苏州固锝	72,306	64,989	14.09	5.11	48,871	445,780	
002080	中材科技	40,000	15,699	13.36	9.9	59,958	711,573	
002081	金螳螂	77,737	66,781	46.17	29.75	22,379	868,919	
002082	栋梁新材	23,800	16,834	10.88	7.61	25,205	237,847	
002083	孚日股份	93,848	74,579	6.17	4.37	73,134	396,462	
002084	海鸥卫浴	36,914	36,914	6	3.82	34,440	178,221	
002085	万丰奥威	39,010	11,390	10.97	7.01	25,184	237,671	
002086	东方海洋	24,385	23,622	14.9	11.15	63,184	827,700	
002087	新野纺织	51,976	33,467	4.42	3.24	60,927	237,774	
002088	鲁阳股份	23,398	20,081	12.77	8.72	29,329	332,008	
002089	新海宜	42,347	30,907	12.73	7.06	56,649	604,848	
002090	金智科技	20,400	18,519	10.19	7.19	25,955	230,846	
002091	江苏国泰	36,000	34,654	14.65	10.06	56,210	723,566	
002092	中泰化学	115,434	96,090	11.28	7.03	192,711	1,799,488	
002093	国脉科技	86,500	85,400	7.95	5.3	130,738	863,827	
002094	青岛金王	32,192	32,192	11.79	7.82	120,436	1,192,032	
002095	生意宝	16,200	16,074	15.91	10.27	27,730	385,849	
002096	南岭民爆	26,440	26,386	32.01	12.6	12,540	299,923	
002097	山河智能	41,145	29,806	10.48	7.68	59,106	553,540	
002098	浔兴股份	15,500	15,500	10.8	6.95	15,274	137,973	
002099	海翔药业	32,293	25,627	22.1	9.72	31,157	480,419	
002100	天康生物	29,476	26,594	10.73	8.42	28,891	283,114	
002101	广东鸿图	16,400	16,400	12.98	8.15	20,151	228,529	
002102	*ST 冠福	40,926	23,698	7.37	3.38	169,049	962,402	
002103	广博股份	21,843	16,932	6.67	5.2	7,420	45,443	
002104	恒宝股份	44,064	34,032	10.18	7.83	75,155	686,307	
002105	信隆实业	26,800	26,800	5.66	3.92	14,919	74,818	
002106	莱宝高科	60,040	57,841	21.17	14.2	177,601	3,187,126	
002107	沃华医药	16,398	7,510	11.46	8.15	12,329	125,329	
002108	沧州明珠	34,015	30,165	9.38	6.35	34,657	288,580	
002109	兴化股份	35,840	35,840	10.02	7.07	58,875	512,691	
002110	三钢闽光	53,470	53,470	8.45	5.58	18,189	135,819	
002111	威海广泰	30,727	18,270	11.12	6.86	87,150	808,770	
002112	三变科技	11,200	10,393	10.08	6.77	11,750	101,987	

代码	证券名称	发行量	流通量	2012年1月-6月				市盈率
				最高价	最低价	成交数量	成交金额	
002113	ST天润	11,840	8,945	8.65	5.42	7,036	51,764	
002114	*ST锌电	18,385	18,385	16.8	6.01	103,029	1,165,382	
002115	三维通信	34,224	25,027	14.85	7.49	27,853	335,682	
002116	中国海诚	20,520	19,923	24.98	11.51	7,002	142,604	
002117	东港股份	25,283	24,825	22.5	7.35	16,366	261,717	
002118	紫鑫药业	51,299	26,110	13.99	6.79	205,034	2,316,516	
002119	康强电子	19,420	18,815	8.97	6.89	38,463	310,968	
002120	新海股份	15,028	9,374	10.99	5.9	45,838	431,798	
002121	科陆电子	39,669	26,762	11.58	8	41,832	411,397	
002122	天马股份	118,800	105,715	8.18	6.12	78,025	569,532	
002123	荣信股份	50,400	45,303	19.06	10.71	71,986	1,042,594	
002124	天邦股份	20,550	13,838	7.87	6.32	18,463	131,429	
002125	湘潭电化	13,913	13,372	17.73	8.58	11,090	167,125	
002126	银轮股份	31,800	23,273	15.52	6.09	10,346	131,904	
002127	新民科技	44,646	29,932	6.33	4.56	62,963	347,706	
002128	露天煤业	132,669	132,669	17.96	12.7	53,324	834,949	
002129	中环股份	72,424	72,291	15.39	8.6	68,849	895,715	
002130	沃尔核材	44,018	26,535	17.58	9.91	86,464	1,255,515	
002131	利欧股份	31,964	18,141	14.26	10.38	36,002	464,171	
002132	恒星科技	53,987	33,011	8.62	5.5	105,006	767,225	
002133	广宇集团	59,832	43,407	6.96	4.19	108,586	625,100	
002134	天津普林	24,585	24,585	9.49	5.1	41,647	309,180	
002135	东南网架	74,860	50,600	11.6	5.25	29,286	226,942	
002136	安纳达	21,502	19,831	18.45	11.02	89,951	1,385,449	
002137	实益达	31,216	30,847	10.45	5.42	55,316	456,970	
002138	顺络电子	31,851	28,092	16.95	9.4	21,281	285,862	
002139	拓邦股份	21,840	15,210	13.31	6.22	45,711	481,842	
002140	东华科技	44,603	43,333	24.19	17.88	13,567	281,838	
002141	蓉胜超微	18,189	18,189	7.6	5.36	38,776	254,860	
002142	宁波银行	288,382	248,349	11.03	8.88	204,046	2,033,117	
002143	高金食品	20,865	10,396	10.29	6.08	13,246	117,193	
002144	宏达高科	15,134	8,745	14.75	10.51	17,835	230,667	
002145	*ST钛白	19,000	18,910	8.14	8.14	0	0	
002146	荣盛发展	186,368	162,533	12.82	7.47	92,560	927,853	
002147	方圆支承	25,852	19,693	9.98	6.92	33,735	287,711	
002148	北纬通信	11,340	8,239	25.08	15.33	77,000	1,558,241	
002149	西部材料	17,463	17,463	17.96	9.73	35,474	512,777	
002150	江苏通润	25,020	8,921	8.22	5.4	24,038	169,870	
002151	北斗星通	18,150	9,859	29.26	15.91	25,525	659,359	
002152	广电运通	62,270	59,723	24.47	15.1	30,795	625,591	
002153	石基信息	30,912	16,305	31.98	23	6,005	161,756	
002154	报喜鸟	59,382	52,717	14.25	9.82	26,857	335,672	
002155	辰州矿业	76,636	76,617	29.96	18.2	146,114	3,705,636	
002156	通富微电	64,987	64,987	6.47	4.36	58,110	334,168	
002157	正邦科技	43,106	26,810	12.75	7.2	58,656	582,052	
002158	汉钟精机	21,807	21,807	15.55	9.43	27,034	346,660	
002159	三特索道	12,000	11,987	17	12.13	11,741	173,612	
002160	常铝股份	34,000	32,470	10.78	7.7	55,831	518,824	
002161	远望谷	73,976	52,083	20.42	7.52	72,944	1,000,989	
002162	斯米克	41,800	41,800	12.73	4.96	134,383	1,228,976	
002163	中航三鑫	80,355	41,343	5.95	4.08	81,631	415,149	
002164	东力传动	44,563	40,513	8.06	4.82	129,224	885,848	
002165	红宝丽	53,646	49,397	12.5	4.98	23,418	254,176	
002166	莱茵生物	12,953	9,510	17.52	13.4	39,453	621,894	
002167	东方锆业	41,396	26,559	43	17.53	30,392	951,418	
002168	深圳惠程	75,710	40,000	13.98	8.47	84,885	965,911	

代码	证券名称	发行量	流通量	2012 年 1 月 - 6 月				市盈率
				最高价	最低价	成交数量	成交金额	
002169	智光电气	26,647	24,100	7.74	5.62	52,630	356,160	
002170	芭田股份	40,096	25,781	10	7	50,056	432,464	
002171	精诚铜业	32,604	32,225	13.99	10.2	38,992	479,488	
002172	澳洋科技	55,622	53,357	5.5	2.91	112,926	523,730	
002173	山 下 湖	20,100	10,499	10.56	7.52	25,550	239,594	
002174	梅 花 伞	8,294	8,294	17.2	10.34	26,457	355,589	
002175	广陆数测	8,540	7,142	11.75	9.3	7,593	80,794	
002176	江特电机	42,443	39,016	21.88	9.36	66,332	1,008,558	
002177	御银股份	58,553	36,948	14.07	6.3	87,658	858,820	
002178	延华智能	13,440	11,050	11.26	8.19	32,813	313,009	
002179	中航光电	40,163	20,927	18.56	13.57	20,430	329,091	
002180	万 力 达	12,498	8,325	17.4	9.75	36,969	514,923	
002181	粤 传 媒	69,200	21,363	12.46	9.08	35,487	386,028	
002182	云海金属	28,800	21,632	13.05	9.04	106,604	1,196,473	
002183	怡 亚 通	83,413	83,413	7.33	4.11	97,154	596,105	
002184	海得控制	22,000	13,273	8.95	5.85	24,596	186,937	
002185	华天科技	40,613	37,300	9.51	5.68	76,754	633,502	
002186	全 聚 德	14,156	13,940	33.5	25.23	7,957	245,674	
002187	广百股份	34,242	15,363	13.79	9.13	20,503	244,817	
002188	新 嘉 联	15,600	11,396	10.03	6.99	11,753	99,407	
002189	利达光电	19,924	19,424	11.24	8.04	23,679	228,488	
002190	成飞集成	34,519	26,810	25.86	14.51	22,272	500,117	
002191	劲嘉股份	64,200	64,200	11.32	8.7	57,856	601,680	
002192	路翔股份	12,140	9,836	20.37	13.16	22,713	387,781	
002193	山东如意	16,000	15,992	11.49	8.65	25,552	259,185	
002194	武汉凡谷	55,588	24,289	9.29	6.66	40,414	327,264	
002195	海隆软件	11,396	8,671	18.85	14.65	19,791	337,317	
002196	方正电机	11,573	8,379	16.3	10.6	12,654	171,735	
002197	证通电子	20,983	14,054	11.77	8.92	43,270	453,778	
002198	嘉应制药	20,500	13,930	10.66	7.59	10,118	89,996	
002199	东晶电子	18,939	12,082	14.2	6.49	25,434	276,245	
002200	*ST 大地	15,109	10,783	13.38	10.08	24,182	283,215	
002201	九鼎新材	17,576	16,731	8.92	6.59	21,852	173,774	
002202	金风科技	219,454	211,413	9.18	6.24	186,991	1,501,571	
002203	海亮股份	77,402	71,510	13.69	7.84	47,728	517,293	
002204	大连重工	64,379	32,100	30.2	15.26	10,715	284,172	
002205	国统股份	11,615	11,535	21.54	11.78	35,327	591,734	
002206	海 利 得	44,758	33,034	10.25	6.55	49,591	421,373	
002207	准油股份	9,946	8,464	17.16	12.77	31,947	480,148	
002208	合肥城建	32,010	31,659	8.28	5.13	56,821	403,386	
002209	达 意 隆	19,524	12,600	8.95	6.72	12,267	99,802	
002210	飞马国际	39,780	37,810	8.18	5.24	24,795	167,372	
002211	宏达新材	43,248	27,271	8.87	5.82	128,145	1,004,895	
002212	南洋股份	51,026	27,091	6.93	5.02	37,056	228,164	
002213	特 尔 佳	20,600	14,722	10.03	7.22	21,371	188,047	
002214	大立科技	10,000	7,121	37.9	17.82	27,694	708,980	
002215	诺 普 信	36,236	25,523	10.22	7.55	53,535	481,483	
002216	三全食品	20,105	12,336	31.76	22.5	8,682	230,380	
002217	联合化工	33,448	24,625	10.67	4.92	31,609	268,260	
002218	拓日新能	48,975	47,959	13	8.02	82,997	865,760	
002219	独 一 味	42,964	42,687	19.02	11.28	16,917	265,714	
002220	天宝股份	46,473	32,028	19.68	7.75	9,782	165,990	
002221	东华能源	22,490	22,265	11.95	6.51	25,379	249,657	
002222	福晶科技	28,500	27,489	8.41	5.77	33,392	248,058	
002223	鱼跃医疗	53,161	20,068	21.89	13.86	36,024	660,177	
002224	三 力 士	15,984	7,452	9.72	6.83	14,747	129,366	

代码	证券名称	发行量	流通量	2012年1月－6月				市盈率
				最高价	最低价	成交数量	成交金额	
002225	濮耐股份	73,047	26,625	11.77	7.31	96,034	972,601	
002226	江南化工	39,564	12,209	14.75	11.22	36,765	489,365	
002227	奥特迅	10,858	10,858	29.7	17.82	14,413	332,825	
002228	合兴包装	34,750	34,750	6.88	5.03	19,409	115,846	
002229	鸿博股份	29,819	13,902	22.6	6.22	63,410	815,665	
002230	科大讯飞	37,812	32,712	43.27	18.78	31,543	1,030,158	
002231	奥维通信	35,680	14,100	24.22	7.9	78,339	1,017,332	
002232	启明信息	40,855	38,605	11.36	6.98	66,678	609,739	
002233	塔牌集团	89,466	45,366	11.84	8.24	185,526	1,900,844	
002234	民和股份	30,205	12,806	36.84	10.52	23,756	662,151	
002235	安妮股份	19,500	10,535	12.45	7.9	12,424	133,925	
002236	大华股份	55,816	29,697	56.98	27.7	17,435	724,574	
002237	恒邦股份	22,760	16,407	42.2	29.17	19,815	740,046	
002238	天威视讯	32,040	32,039	18.38	13.64	18,946	302,880	
002239	金飞达	20,100	20,100	11.29	6.38	54,155	471,696	
002240	威华股份	49,070	29,929	6.17	3.76	88,486	441,231	
002241	歌尔声学	84,802	54,994	37.04	19.89	38,235	1,067,501	
002242	九阳股份	76,095	76,095	9.45	7.12	35,378	294,707	
002243	通产丽星	25,807	25,159	11.2	7.35	30,654	282,887	
002244	滨江集团	135,200	113,521	10.5	6.23	53,399	454,081	
002245	澳洋顺昌	36,480	33,469	8.46	4.77	61,089	442,810	
002246	北化股份	19,789	19,789	13.29	7.8	19,235	212,114	
002247	帝龙新材	10,020	8,147	14.72	10	6,785	88,948	
002248	华东数控	25,750	20,292	12.55	8.51	37,250	412,657	
002249	大洋电机	71,603	35,931	17.08	9.02	38,271	546,468	
002250	联化科技	51,609	31,970	21.05	15.2	14,156	255,532	
002251	步步高	27,036	24,130	26.29	19.61	11,128	259,210	
002252	上海莱士	48,960	48,960	29.17	12.77	18,214	412,554	
002253	川大智胜	13,925	12,401	27.38	13.52	11,087	256,287	
002254	泰和新材	39,156	39,139	13.81	10.25	29,901	358,550	
002255	海陆重工	25,820	19,649	31.59	12.89	10,007	226,372	
002256	彩虹精化	31,320	31,320	10.5	5.15	76,440	641,188	
002258	利尔化学	20,244	19,634	11.77	9	14,957	157,177	
002259	升达林业	64,332	60,155	4.19	2.73	272,070	963,692	
002260	伊立浦	15,600	15,600	8	4.99	40,703	274,108	
002261	拓维信息	28,344	18,176	23.4	10.61	87,766	1,702,971	
002262	恩华药业	23,400	19,593	23.8	16.8	8,465	168,259	
002263	大东南	60,351	26,182	7.67	4.81	92,298	607,293	
002264	新华都	53,560	17,879	12.79	6.95	66,316	648,728	
002265	西仪股份	29,103	28,373	9.1	5.2	28,151	215,511	
002266	浙富股份	59,856	28,074	18.59	7.19	27,615	432,486	
002267	陕天然气	50,842	49,855	18.8	14.29	16,283	273,965	
002268	卫士通	17,271	16,234	17.29	11.13	30,543	464,267	
002269	美邦服饰	100,500	100,500	27.48	21.51	12,784	302,547	
002270	法因数控	18,915	10,627	10.64	5.9	50,403	401,476	
002271	东方雨虹	34,352	20,052	14.65	10.45	51,819	647,631	
002272	川润股份	41,970	18,646	21.62	7.82	186,975	2,039,195	
002273	水晶光电	24,971	20,642	36.16	13.45	21,815	509,419	
002274	华昌化工	26,147	25,529	11.4	7.39	37,725	364,040	
002275	桂林三金	59,020	14,006	14.5	11.31	10,416	138,926	
002276	万马电缆	77,688	25,149	14.89	5.11	70,470	603,150	
002277	友阿股份	34,920	20,614	19	14.22	47,125	792,172	
002278	神开股份	26,152	11,728	14.32	8.63	57,126	697,813	
002279	久其软件	17,580	6,271	22.1	10.21	30,527	538,532	
002280	新世纪	10,700	3,585	15.5	10.61	13,137	177,975	
002281	光迅科技	16,000	8,200	32.65	21.9	14,507	402,668	

代码	证券名称	发行量	流通量	2012年1月-6月				市盈率
				最高价	最低价	成交数量	成交金额	
002282	博深工具	22,542	7,826	11.6	8.8	19,282	200,446	
002283	天润曲轴	55,941	26,400	11.56	7.98	55,688	544,907	
002284	亚太股份	28,704	9,907	8.53	6.19	14,477	107,807	
002285	世联地产	32,640	10,319	16.97	9.9	27,401	374,082	
002286	保龄宝	13,520	6,829	18.66	12.1	11,382	178,396	
002287	奇正藏药	40,600	4,100	20	14.15	10,985	190,118	
002288	超华科技	32,985	7,680	26.48	10.9	82,678	1,249,093	
002289	宇顺电子	7,350	4,354	34.49	13.8	32,572	837,325	
002290	禾盛新材	21,067	8,821	19.2	10.61	26,910	404,171	
002291	星期六	36,335	12,134	10.67	6.63	34,291	287,572	
002292	奥飞动漫	40,960	10,240	29.58	19.85	99,442	2,517,137	
002293	罗莱家纺	14,036	4,036	78.99	62	4,086	288,075	
002294	信立泰	43,584	10,944	31.28	22.58	11,527	309,011	
002295	精艺股份	21,180	10,690	9.75	6.96	42,423	359,760	
002296	辉煌科技	17,774	5,366	24.83	14.06	32,125	664,105	
002297	博云新材	21,400	13,441	16	11.23	25,085	354,741	
002298	鑫龙电器	33,000	15,694	25.48	7.93	79,573	1,119,311	
002299	圣农发展	91,090	37,359	16.07	13.25	45,259	672,562	
002300	太阳电缆	30,150	11,759	11.66	8.25	18,105	189,681	
002301	齐心文具	19,169	7,530	15.65	10.1	27,162	357,152	
002302	西部建设	21,000	9,745	17.78	11.15	9,006	136,126	
002303	美盈森	17,880	4,500	23.36	16.83	13,955	279,148	
002304	洋河股份	108,000	48,876	172.77	118.51	13,582	2,010,285	
002305	南国置业	96,000	25,716	6.65	5	46,606	276,267	
002306	湘鄂情	40,000	17,912	23.3	9.98	29,030	436,311	
002307	北新路桥	42,871	20,601	9.75	5.55	82,179	647,952	
002308	威创股份	64,140	19,402	10.74	8.3	25,543	250,378	
002309	中利科技	48,060	20,225	23.87	9.01	38,764	649,073	
002310	东方园林	30,135	9,953	105	49.6	9,712	775,622	
002311	海大集团	75,712	18,928	22.55	15.11	14,758	279,336	
002312	三泰电子	18,592	10,088	14.74	8.51	21,225	254,970	
002313	日海通讯	20,000	5,000	48.15	22	7,934	247,574	
002314	雅致股份	29,000	11,443	11.78	8.45	25,185	258,985	
002315	焦点科技	11,750	3,034	44.95	33.79	6,965	276,230	
002316	键桥通讯	21,840	11,848	12.45	8.1	25,402	277,146	
002317	众生药业	18,000	4,500	24	18.9	6,642	145,289	
002318	久立特材	31,200	16,056	18.59	10.88	22,415	316,775	
002319	乐通股份	10,000	5,476	12.83	8.81	14,480	163,165	
002320	海峡股份	42,588	18,486	17.47	10.05	30,238	423,190	
002321	华英农业	29,400	20,600	18.87	6.83	30,478	382,355	
002322	理工监测	14,066	7,585	45.66	17.5	11,269	323,340	
002323	中联电气	8,276	2,541	21.59	16.65	3,928	76,476	
002324	普利特	27,000	10,580	13.55	9.21	16,061	191,461	
002325	洪涛股份	46,050	16,399	25.08	11.11	28,446	484,244	
002326	永太科技	24,030	7,866	19.05	11.98	43,868	692,299	
002327	富安娜	16,068	4,056	50.47	35	4,103	175,828	
002328	新朋股份	45,000	15,040	11.83	6	29,225	281,382	
002329	皇氏乳业	21,400	7,898	17.88	11.8	27,522	397,088	
002330	得利斯	25,100	6,300	14.7	8.66	23,984	284,809	
002331	皖通科技	13,391	5,657	13.65	10.26	11,102	137,901	
002332	仙琚制药	34,140	21,120	12.99	10.78	21,403	257,724	
002333	罗普斯金	25,237	6,566	13.76	8.02	30,063	359,593	
002334	英威腾	21,888	5,472	29.85	12.89	20,029	402,266	
002335	科华恒盛	22,395	6,437	20.48	10.06	8,911	137,474	
002336	人人乐	40,000	10,000	15.78	12.63	14,077	203,600	
002337	赛象科技	19,200	4,864	14.88	8.25	25,538	323,224	

代码	证券名称	发行量	流通量	2012年1月－6月				市盈率
				最高价	最低价	成交数量	成交金额	
002338	奥普光电	12,000	6,065	39.19	19.52	2,275	70,566	
002339	积成电子	17,200	10,112	29.51	11.5	13,798	249,932	
002340	格林美	57,958	37,450	24.7	11.01	85,477	1,411,524	
002341	新纶科技	29,280	12,845	20	8.1	22,503	332,478	
002342	巨力索具	96,000	20,795	8.82	5.19	86,353	608,161	
002343	禾欣股份	19,812	7,905	13.54	9.09	16,193	191,984	
002344	海宁皮城	56,000	15,800	28.66	19.86	23,698	593,012	
002345	潮宏基	18,000	11,646	27.7	21.88	9,965	247,071	
002346	柘中建设	13,500	3,500	16.2	11.11	18,195	248,557	
002347	泰尔重工	10,400	3,264	19.55	13.97	10,400	175,102	
002348	高乐股份	23,680	6,080	13.35	9.61	7,963	95,642	
002349	精华制药	20,000	10,961	22.8	9.44	24,055	340,546	
002350	北京科锐	21,828	11,465	22.35	11	9,526	170,633	
002351	漫步者	29,400	8,052	12.32	8.5	19,558	196,998	
002352	鼎泰新材	7,783	1,950	24.48	17.81	5,698	125,436	
002353	杰瑞股份	45,927	16,420	87.72	38	18,210	1,021,502	
002354	科冕木业	9,350	3,713	13.5	10.01	14,621	170,694	
002355	兴民钢圈	25,760	8,409	14.25	10.81	26,275	323,670	
002356	浩宁达	8,000	2,000	21.26	16.3	3,989	75,152	
002357	富临运业	19,593	7,153	10.15	8.06	13,890	129,054	
002358	森源电气	34,400	10,211	28.86	11.48	18,138	365,666	
002359	齐星铁塔	16,350	4,125	10.88	8.18	8,685	84,243	
002360	同德化工	12,000	6,437	14.26	10.62	12,784	161,823	
002361	神剑股份	16,000	7,715	9.53	7.1	11,793	101,752	
002362	汉王科技	21,410	11,652	15.29	10.67	37,443	494,650	
002363	隆基机械	12,000	5,250	15.6	11.3	13,593	195,395	
002364	中恒电气	10,314	3,797	19.2	12.45	11,012	169,975	
002365	永安药业	18,700	7,813	12.76	8.82	42,289	471,486	
002366	丹甫股份	13,350	8,021	12.47	8.61	17,254	183,033	
002367	康力电梯	37,872	17,130	15.1	7.88	16,764	183,275	
002368	太极股份	23,709	11,561	23.3	15.24	16,531	319,352	
002369	卓翼科技	20,000	7,243	18.3	12.4	19,013	286,445	
002370	亚太药业	20,400	7,808	10.74	7.24	19,858	178,881	
002371	七星电子	15,210	4,466	60.5	25	5,933	248,818	
002372	伟星新材	25,340	6,340	18.22	13.8	10,118	163,981	
002373	联信永益	6,853	4,917	16.09	12	13,722	192,396	
002374	丽鹏股份	8,560	3,880	14.99	9.07	10,735	138,252	
002375	亚厦股份	63,300	21,900	38.97	19.11	18,579	527,045	
002376	新北洋	30,000	15,201	19.62	15.6	10,016	180,518	
002377	国创高新	21,400	8,600	10.63	7.66	43,453	408,537	
002378	章源钨业	42,821	7,923	36.27	20.3	64,474	1,971,411	
002379	鲁丰股份	15,500	5,900	17.3	9.96	38,508	564,302	
002380	科远股份	6,800	1,700	28.5	21.75	2,832	70,418	
002381	双箭股份	11,700	4,200	17.5	10.3	21,925	326,930	
002382	蓝帆股份	24,000	6,000	19.91	8.5	27,088	356,201	
002383	合众思壮	18,720	4,680	29.34	16.14	6,883	175,079	
002384	东山精密	38,400	13,708	23.7	9.81	42,646	758,500	
002385	大北农	80,160	36,432	37.66	16.64	30,996	773,075	
002386	天原集团	47,977	38,904	10.72	7.5	28,263	262,385	
002387	黑牛食品	31,458	7,839	19.11	11.9	30,627	482,034	
002388	新亚制程	19,980	5,040	11.42	8.28	12,709	130,249	
002389	南洋科技	24,918	5,100	27.5	16.3	34,293	689,663	
002390	信邦制药	17,360	9,328	19.19	9.12	21,822	333,000	
002391	长青股份	20,575	5,200	16.4	12.3	10,661	158,667	
002392	北京利尔	54,000	16,680	12.38	7.18	28,942	295,675	
002393	力生制药	18,245	8,280	35.55	28.73	9,466	305,080	

代码	证券名称	发行量	流通量	2012 年 1 月 - 6 月				市盈率
				最高价	最低价	成交数量	成交金额	
002394	联发股份	21,580	12,851	19.29	12.21	13,579	217,429	
002395	双象股份	8,940	3,153	19.59	14.65	5,240	89,880	
002396	星网锐捷	35,106	24,321	18.8	10.21	61,033	962,527	
002397	梦洁家纺	15,120	4,645	26.2	18.71	13,833	296,377	
002398	建研集团	15,600	3,900	25.27	13.35	13,790	276,962	
002399	海普瑞	80,020	17,020	27.93	20.54	19,142	459,562	
002400	省广股份	19,275	10,610	25.2	16.18	18,510	392,603	
002401	中海科技	10,640	4,118	19.66	13.2	15,285	258,778	
002402	和而泰	10,005	5,116	16.82	11.17	13,410	182,587	
002403	爱仕达	24,000	10,118	12.5	8	34,070	336,536	
002404	嘉欣丝绸	26,033	12,117	15.55	6.66	42,525	497,002	
002405	四维图新	57,633	37,480	24.84	11.44	92,097	1,576,852	
002406	远东传动	28,050	12,420	12.3	8.26	33,413	356,524	
002407	多氟多	22,256	15,910	23.89	14.71	82,263	1,632,333	
002408	齐翔腾达	56,065	19,224	26.15	14.83	45,024	983,171	
002409	雅克科技	16,632	5,232	26.45	14.95	4,015	82,012	
002410	广联达	40,500	9,857	33.88	18.98	11,842	307,410	
002411	九九久	23,220	12,257	13.61	8.36	52,742	623,821	
002412	汉森制药	14,800	3,800	20.55	14.2	21,793	373,104	
002413	常发股份	22,050	7,870	12.55	8.08	47,339	489,866	
002414	高德红外	30,000	7,950	23.15	16.18	20,811	407,067	
002415	海康威视	200,000	53,712	52.25	25.5	25,991	1,041,158	
002416	爱施德	99,910	13,345	14.08	6.77	47,153	496,387	
002417	三元达	27,000	11,847	15.56	7.1	28,036	359,158	
002418	康盛股份	22,880	15,035	9.13	5.62	56,602	432,527	
002419	天虹商场	80,020	16,384	19.8	12.98	24,632	402,960	
002420	毅昌股份	40,100	10,383	8.3	5.83	23,398	172,296	
002421	达实智能	10,440	6,058	20.93	13.33	14,750	252,920	
002422	科伦药业	48,000	22,296	51.43	35.05	17,407	765,634	
002423	中原特钢	46,551	7,900	9.22	6.66	34,962	289,609	
002424	贵州百灵	47,040	11,840	17.57	13.01	25,576	397,428	
002425	凯撒股份	21,400	5,560	11.85	7.35	25,358	246,765	
002426	胜利精密	40,041	12,259	8.97	6.31	15,913	121,157	
002427	尤夫股份	23,820	7,395	9.45	6.17	27,897	230,233	
002428	云南锗业	32,656	17,057	46.38	19.88	45,231	1,384,205	
002429	兆驰股份	70,881	23,854	13.57	6.95	84,942	920,836	
002430	杭氧股份	81,203	29,924	23.57	11.5	20,552	372,278	
002431	棕榈园林	38,400	18,134	29.1	18.8	27,224	664,861	
002432	九安医疗	24,800	8,298	11.38	7.5	46,514	452,459	
002433	太安堂	10,000	3,999	25.25	19.65	6,642	149,589	
002434	万里扬	34,000	10,258	11.27	7.43	22,633	211,175	
002435	长江润发	13,200	8,003	10.86	9.02	9,770	98,162	
002436	兴森科技	22,340	14,215	20.2	14.4	12,465	216,463	
002437	誉衡药业	28,000	9,520	20.6	15.03	19,401	352,409	
002438	江苏神通	20,800	5,755	32.8	14.03	32,121	698,243	
002439	启明星辰	19,752	9,998	20	13.7	12,239	200,486	
002440	闰土股份	38,350	14,254	19.5	14.3	21,154	357,050	
002441	众业达	23,200	7,753	18.4	14.19	13,227	208,553	
002442	龙星化工	48,000	15,180	10.35	4.8	44,204	337,826	
002443	金洲管道	29,504	14,513	13.2	6.13	23,153	230,856	
002444	巨星科技	50,700	13,845	12.18	8.32	30,232	313,268	
002445	中南重工	25,215	10,920	15.96	9.9	53,063	703,419	
002446	盛路通信	13,280	3,380	13.64	8.31	15,671	183,395	
002447	壹桥苗业	13,400	5,103	39.25	26.96	15,987	532,885	
002448	中原内配	9,251	5,703	28.08	20.14	8,993	228,566	
002449	国星光电	43,000	22,978	19.06	7.75	32,631	427,247	

代码	证券名称	发行量	流通量	2012年1月－6月				市盈率
				最高价	最低价	成交数量	成交金额	
002450	康得新	61,962	34,052	28.14	14.95	66,826	1,231,244	
002451	摩恩电气	21,960	5,490	14.1	7.12	11,946	148,458	
002452	长高集团	13,000	4,394	19.15	11.68	11,248	178,391	
002453	天马精化	12,000	5,887	24.87	17.5	10,220	224,511	
002454	松芝股份	31,200	11,640	13.33	9.64	24,458	286,368	
002455	百川股份	13,170	4,470	13.47	8.08	22,284	254,307	
002456	欧菲光	19,200	8,269	29.98	13.2	44,604	1,032,337	
002457	青龙管业	33,499	18,484	17.84	8.44	59,976	823,378	
002458	益生股份	28,080	7,020	35.38	13.58	24,674	620,059	
002459	天业通联	22,230	13,393	12.76	7.27	59,328	586,513	
002460	赣锋锂业	15,000	7,843	27.66	18.03	37,584	924,541	
002461	珠江啤酒	68,016	13,982	12.98	8.84	37,678	428,813	
002462	嘉事堂	24,000	19,330	9.9	7.11	13,988	124,713	
002463	沪电股份	116,261	75,133	8.39	4.26	41,323	271,723	
002464	金利科技	13,500	3,650	24.14	13.4	25,703	477,868	
002465	海格通信	33,251	8,500	27.9	19.99	11,859	291,148	
002466	天齐锂业	14,700	3,860	36.56	24.02	25,178	789,764	
002467	二六三	24,000	13,291	30.6	11.3	10,892	203,403	
002468	艾迪西	23,040	8,663	12.28	7.61	28,757	287,806	
002469	三维工程	16,892	5,253	33.8	17.2	10,536	253,857	
002470	金正大	70,000	25,000	16.03	12.15	23,810	349,657	
002471	中超电缆	20,800	6,998	14.5	10	16,769	220,261	
002472	双环传动	27,799	10,789	15.27	8.13	12,682	162,168	
002473	圣莱达	16,000	5,280	9.85	7.04	14,813	125,698	
002474	榕基软件	20,740	8,566	42.78	16.6	18,831	477,678	
002475	立讯精密	36,498	9,198	37.82	24.38	12,677	408,081	
002476	宝莫股份	36,000	17,696	15.33	6.39	30,613	325,814	
002477	雏鹰农牧	53,400	22,870	37.37	15.64	57,483	1,350,206	
002478	常宝股份	40,010	6,947	14.14	8.5	35,584	424,461	
002479	富春环保	42,800	26,160	17.35	14.59	38,101	610,872	
002480	新筑股份	28,000	15,433	15.64	9.77	70,500	910,394	
002481	双塔食品	21,600	10,474	26.78	13	18,670	346,536	
002482	广田股份	51,200	16,256	28.3	15.82	29,138	634,672	
002483	润邦股份	36,000	9,000	14.2	9.08	21,307	263,274	
002484	江海股份	20,800	5,200	20.8	10.7	11,725	199,674	
002485	希努尔	32,000	10,040	22.76	10.99	11,352	198,873	
002486	嘉麟杰	20,800	13,475	9.88	7.59	22,438	198,951	
002487	大金重工	18,000	8,792	20.18	9.9	8,756	128,465	
002488	金固股份	18,000	6,329	10.85	7.56	16,249	156,640	
002489	浙江永强	48,183	13,748	27.68	10.1	32,039	582,105	
002490	山东墨龙	27,086	7,262	18.1	8.64	54,948	797,731	
002491	通鼎光电	26,780	9,407	14.68	10.7	12,344	161,201	
002492	恒基达鑫	12,000	5,970	14.38	10.71	15,007	184,655	
002493	荣盛石化	111,200	11,200	22.81	14.84	28,234	547,937	
002494	华斯股份	11,350	6,258	17.69	12.79	14,367	215,543	
002495	佳隆股份	28,310	10,530	11.4	5.89	13,316	130,880	
002496	辉丰股份	16,342	6,901	17.99	13	22,094	354,002	
002497	雅化集团	32,000	8,000	17.3	11.97	18,920	278,469	
002498	汉缆股份	71,544	9,522	16.59	10.3	17,938	250,984	
002499	科林环保	11,250	3,454	26.14	14	23,026	474,182	
002500	山西证券	239,980	145,794	9.12	5.78	266,935	2,009,392	
002501	利源铝业	18,720	11,244	21.75	14.91	71,204	1,363,385	
002502	骅威股份	14,080	7,788	24.6	10.6	14,760	291,084	
002503	搜于特	28,800	7,200	36.57	18.48	8,824	249,923	
002504	东光微电	10,700	6,335	16.79	11.06	12,643	177,519	
002505	大康牧业	16,448	9,464	13.85	9.32	30,809	377,845	

代码	证券名称	发行量	流通量	2012 年 1 月 - 6 月				市盈率
				最高价	最低价	成交数量	成交金额	
002506	超日太阳	52,720	27,173	15.56	10.57	144,960	1,852,107	
002507	涪陵榨菜	15,500	8,187	20.35	13.27	9,214	158,777	
002508	老板电器	25,600	9,280	18.78	14.8	26,278	449,612	
002509	天广消防	20,000	6,555	22.5	9.93	11,525	191,215	
002510	天汽模	20,576	7,386	13.95	9.62	10,023	115,187	
002511	中顺洁柔	20,800	9,454	25.25	15.18	7,802	173,400	
002512	达华智能	31,858	8,100	18.51	9.01	40,537	621,420	
002513	蓝丰生化	21,312	5,472	20.86	10.3	16,487	250,545	
002514	宝馨科技	10,880	3,840	21.36	10.94	5,655	99,023	
002515	金字火腿	14,333	3,608	24.6	13.2	5,815	108,212	
002516	江苏旷达	25,000	11,284	10.3	7.86	18,681	169,361	
002517	泰亚股份	17,680	4,420	21.09	9.81	32,912	455,013	
002518	科士达	20,700	5,220	24.9	10.3	11,940	214,337	
002519	银河电子	14,080	3,520	16.69	13.3	9,936	148,867	
002520	日发数码	14,400	5,382	29.4	14.51	11,830	266,217	
002521	齐峰股份	20,615	12,774	14.84	10.8	21,938	284,192	
002522	浙江众成	17,067	5,131	22.06	15.66	21,487	401,921	
002523	天桥起重	25,600	14,873	11.45	5.56	43,215	337,435	
002524	光正钢构	21,691	11,204	11.53	6.66	53,839	504,754	
002526	山东矿机	53,400	33,165	17.97	5.55	60,615	842,352	
002527	新时达	20,681	6,324	17.78	12.37	19,281	285,662	
002528	英飞拓	23,606	5,920	17.82	12.16	32,049	469,378	
002529	海源机械	16,000	7,890	13.93	9.47	18,771	220,409	
002530	丰东股份	26,800	8,990	18.5	5.92	30,698	304,261	
002531	天顺风能	20,575	6,175	17.94	12.14	19,382	304,969	
002532	新界泵业	16,000	4,514	21.66	16.4	30,952	582,304	
002533	金杯电工	33,600	20,294	9.55	6.35	44,870	363,430	
002534	杭锅股份	40,052	11,187	21.25	15.95	15,290	290,521	
002535	林州重机	53,843	20,660	14.55	7.57	21,678	266,979	
002536	西泵股份	9,600	3,973	21.33	15.73	10,921	195,557	
002537	海立美达	15,000	6,788	23.49	12.21	9,272	148,571	
002538	司尔特	29,600	14,002	30.32	11.4	40,933	772,518	
002539	新都化工	33,104	10,379	15.88	9.62	39,579	520,890	
002540	亚太科技	20,800	7,201	16.5	12.5	20,577	297,046	
002541	鸿路钢构	26,800	6,960	35.38	11.6	18,117	356,447	
002542	中化岩土	20,040	5,790	27.12	11.61	55,156	959,265	
002543	万和电气	20,000	5,000	20.55	16.63	7,326	138,017	
002544	杰赛科技	17,192	10,200	15.65	10.41	31,807	436,015	
002545	东方铁塔	26,025	6,525	18.93	13.59	13,860	232,752	
002546	新联电子	16,800	5,178	20.7	15.51	18,187	333,139	
002547	春兴精工	28,400	11,027	25.23	8.66	52,560	777,764	
002548	金新农	14,100	4,026	18.76	11.31	11,959	170,950	
002549	凯美特气	18,000	4,500	26.4	12.52	14,141	248,531	
002550	千红制药	16,000	8,754	28.9	20.11	14,517	354,383	
002551	尚荣医疗	18,450	8,371	27.89	14.8	21,890	512,412	
002552	宝鼎重工	15,000	3,975	13.33	8.67	17,038	192,150	
002553	南方轴承	8,700	3,175	18.37	12.93	11,897	192,778	
002554	惠博普	30,375	11,763	16.75	8.28	36,312	457,724	
002555	顺荣股份	13,400	3,400	13.05	9.96	8,455	97,052	
002556	辉隆股份	47,840	26,102	18.45	6.32	52,239	783,281	
002557	洽洽食品	33,800	8,450	29.25	18.38	6,920	163,636	
002558	世纪游轮	5,950	1,509	29.8	20.35	3,652	90,330	
002559	亚威股份	8,800	4,191	30.7	23.45	4,636	122,145	
002560	通达股份	10,333	3,353	19.12	13.03	11,922	191,541	
002561	徐家汇	41,576	24,712	13.5	10.13	30,408	355,284	
002562	兄弟科技	21,340	5,340	34	12.31	16,299	354,177	

代码	证券名称	发行量	流通量	2012年1月-6月				市盈率
				最高价	最低价	成交数量	成交金额	
002563	森马服饰	67,000	7,000	39.69	26.12	8,918	297,964	
002564	张化机	30,386	13,900	14.83	9.67	51,759	657,432	
002565	上海绿新	21,360	11,440	16.89	12.52	12,814	181,568	
002566	益盛药业	22,063	11,098	30.98	12.61	19,099	354,293	
002567	唐人神	27,600	15,147	26.35	11.55	21,441	408,226	
002568	百润股份	8,000	3,390	22.7	16.3	7,459	146,685	
002569	步森股份	9,334	2,929	15.6	12.22	7,678	108,526	
002570	贝因美	42,605	26,106	29.2	19.29	42,809	959,181	
002571	德力股份	17,020	7,280	24.92	11.79	11,611	222,100	
002572	索菲亚	21,400	5,400	42.98	17.75	4,737	142,661	
002573	国电清新	29,600	14,627	23.21	16.42	46,248	900,167	
002574	明牌珠宝	24,000	7,462	26.7	17	19,975	450,703	
002575	群兴玩具	13,380	3,380	15	11.1	9,072	124,766	
002576	通达动力	16,510	8,882	16.27	7.73	14,438	177,465	
002577	雷柏科技	21,760	5,440	27.2	12.21	6,692	122,761	
002578	闽发铝业	17,180	4,300	15.9	8.86	38,711	499,078	
002579	中京电子	15,576	6,802	17.54	7.02	16,836	229,450	
002580	圣阳股份	10,514	3,892	23.18	12.38	9,892	173,022	
002581	万昌科技	10,828	6,347	19.3	14.6	8,959	156,828	
002582	好想你	14,760	5,228	52	15.88	17,003	496,633	
002583	海能达	27,800	9,951	20.97	13.49	27,465	467,356	
002584	西陇化工	20,000	7,243	13.45	9.06	35,761	403,026	
002585	双星新材	41,600	10,400	42.5	12.29	14,854	449,863	
002586	围海股份	20,330	6,455	28.72	12.7	26,409	532,399	
002587	奥拓电子	10,920	5,842	19.04	10.11	13,758	216,747	
002588	史丹利	16,900	5,481	43.2	25.5	13,772	496,668	
002589	瑞康医药	9,380	4,112	33.1	19.96	6,667	175,787	
002590	万安科技	12,134	3,381	15.86	9.11	10,736	144,943	
002591	恒大高新	10,000	2,500	18.47	12.38	8,737	133,545	
002592	八菱科技	9,817	2,457	24.5	13.02	12,653	248,792	
002593	日上集团	21,200	5,300	12.5	9.3	25,238	287,091	
002594	比亚迪	156,100	7,900	32.7	18.65	55,185	1,439,796	
002595	豪迈科技	20,000	6,481	24	17.6	12,216	247,136	
002596	海南瑞泽	13,400	3,400	16.54	10.25	25,015	323,255	
002597	金禾实业	21,360	5,360	30.74	13.12	15,225	380,453	
002598	山东章鼓	31,200	8,000	18.09	7.33	52,969	606,585	
002599	盛通股份	13,200	3,300	11.6	8.81	15,328	157,613	
002600	江粉磁材	31,780	7,950	18.45	12.43	101,812	1,584,681	
002601	佰利联	9,400	2,400	111.11	76.01	14,720	1,386,999	
002602	世纪华通	26,250	6,750	17.18	8.39	17,551	260,737	
002603	以岭药业	55,250	8,450	38.87	25.21	15,239	490,248	
002604	龙力生物	18,640	4,660	25.5	15.61	30,473	626,981	
002605	姚记扑克	9,350	2,350	27.87	14.2	16,886	356,877	
002606	大连电瓷	20,000	5,000	24.28	8.88	25,354	424,113	
002607	亚夏汽车	17,600	4,400	30.38	10.9	5,846	122,941	
002608	舜天船舶	14,700	3,700	27.68	18.01	22,914	507,089	
002609	捷顺科技	11,865	3,000	14.1	10.35	20,641	252,230	
002610	爱康科技	30,000	7,500	22.4	7.12	37,938	616,612	
002611	东方精工	17,680	4,420	17.44	9.61	16,561	250,469	
002612	朗姿股份	20,000	5,000	41.28	24.85	14,857	510,773	
002613	北玻股份	40,050	10,050	12.27	5.5	34,985	363,544	
002614	蒙发利	24,000	5,990	36.16	10.82	18,164	383,487	
002615	哈尔斯	9,120	2,280	20.75	12.2	35,761	598,152	
002616	长青集团	14,800	3,700	19	13.44	40,934	663,286	
002617	露笑科技	12,000	3,000	16.21	11.6	28,294	398,796	
002618	丹邦科技	16,000	4,000	18.47	10.08	40,443	592,360	

代码	证券名称	发行量	流通量	2012 年 1 月 - 6 月				市盈率
				最高价	最低价	成交数量	成交金额	
002619	巨龙管业	12,155	3,055	19.35	11.22	26,222	389,746	
002620	瑞和股份	8,000	2,000	27.77	18.5	9,902	236,704	
002621	大连三垒	15,000	3,750	25.15	12.42	24,734	426,679	
002622	永大集团	15,000	3,800	19.68	13.83	30,257	487,535	
002623	亚玛顿	16,000	4,000	30.06	20.5	13,640	341,400	
002624	金磊股份	20,000	5,000	21.29	7.85	42,681	646,017	
002625	龙生股份	11,601	2,901	22.47	8.98	28,266	450,091	
002626	金达威	18,000	4,600	41.53	15.86	17,525	548,256	
002627	宜昌交运	13,350	3,350	16.14	12.11	22,757	327,162	
002628	成都路桥	33,400	8,400	28.98	9.92	56,328	911,984	
002629	仁智油服	11,443	2,861	20.55	14.15	27,032	470,611	
002630	华西能源	16,700	4,200	19.07	13.77	30,090	494,901	
002631	德尔家居	16,000	4,000	18.29	12.55	34,042	524,149	
002632	道明光学	10,667	2,667	24.6	16.8	23,819	491,875	
002633	申科股份	15,000	3,750	15.88	8.28	18,472	244,027	
002634	棒杰股份	10,005	2,505	21	10.4	20,207	353,995	
002635	安洁科技	12,000	3,000	48.48	23.55	21,546	729,177	
002636	金安国纪	28,000	7,000	10.37	7.77	34,160	311,471	
002637	赞宇科技	16,000	4,000	48.66	12.25	30,294	755,616	
002638	勤上光电	37,467	9,366	33.8	14.9	41,374	1,021,812	
002639	雪人股份	16,000	4,000	15.55	12.1	11,617	162,108	
002640	百圆裤业	6,667	1,667	26.78	17.8	10,061	231,446	
002641	永高股份	20,000	5,000	17.27	12.13	28,116	414,487	
002642	荣之联	20,000	5,000	39.36	13.39	55,370	1,238,591	
002643	烟台万润	13,782	3,446	27.39	18.71	29,147	660,067	
002644	佛慈制药	8,886	2,222	21	13.73	23,420	401,189	
002645	华宏科技	12,001	3,001	26.33	10.7	23,446	406,919	
002646	青青稞酒	45,000	6,000	33.44	14.31	105,255	2,527,394	
002647	宏磊股份	16,891	4,223	13.35	10.02	23,290	264,819	
002648	卫星石化	40,000	10,000	61.37	16.95	58,705	2,366,101	
002649	博彦科技	15,000	3,750	26.75	12.61	23,913	472,786	
002650	加加食品	19,200	4,800	24.39	17.08	22,266	473,983	
002651	利君股份	40,100	4,100	25.05	15.5	19,864	414,084	
002652	扬子新材	10,668	2,668	16.27	11.27	31,171	424,474	
002653	海思科	40,010	4,010	29.68	16.6	25,469	518,950	
002654	万润科技	8,800	2,200	20.44	14.6	20,219	352,896	
002655	共达电声	12,000	3,000	21.43	14.25	36,520	636,545	
002656	卡奴迪路	10,000	2,500	48.6	31.5	19,174	735,323	
002657	中科金财	6,980	1,745	44.77	27.02	15,298	536,537	
002658	雪迪龙	13,747	3,438	28.6	18.2	26,035	592,961	
002659	中泰桥梁	15,550	3,900	18.98	11.7	41,778	624,466	
002660	茂硕电源	9,708	2,428	31.49	19.27	20,632	461,586	
002661	克明面业	8,308	2,077	34.5	21.5	16,575	461,161	
002662	京威股份	30,000	7,499	23.87	17.2	37,504	781,955	
002663	普邦园林	17,468	4,368	47.94	37.03	24,619	1,040,391	
002664	信质电机	13,334	3,334	29	16.3	31,305	657,345	
002665	首航节能	13,335	3,335	35.44	25.55	13,356	390,864	
002666	德联集团	16,000	4,000	19.2	14.3	22,539	379,848	
002667	鞍重股份	6,798	1,700	28.52	21.7	8,281	210,256	
002668	奥马电器	16,535	3,310	15.97	12.22	23,231	327,194	
002669	康达新材	10,000	2,000	14.28	12.1	11,883	158,054	
002670	华声股份	20,000	4,000	9.81	7.65	22,974	203,892	
002671	龙泉股份	9,437	1,892	28.3	19.1	7,646	179,947	
002672	东江环保	11,490	2,000	60	39.67	11,261	553,539	
002673	西部证券	120,000	16,000	19.47	13.5	158,430	2,668,427	
002674	兴业科技	24,000	4,800	12.99	10.8	16,245	196,792	

代码	证券名称	发行量	流通量	2012年1月－6月				市盈率
				最高价	最低价	成交数量	成交金额	
002675	东诚生化	10,800	2,700	30.5	24.55	14,881	408,856	
002676	顺威股份	16,000	4,000	15.83	12.56	6,831	96,645	
002677	浙江美大	20,000	5,000	11.58	9.15	20,285	212,396	
002678	珠江钢琴	47,800	4,800	17.89	14	21,827	347,131	
002679	福建金森	13,868	3,468	13.99	11.22	11,633	141,780	
002680	黄海机械	8,000	2,000	39.23	30.5	9,848	335,149	
002681	奋达科技	15,000	3,750	12.47	11.03	6,951	81,015	
002682	龙洲股份	16,000	4,000	10.9	9.59	8,436	85,575	
002683	宏大爆破	21,896	5,476	17.47	15.03	17,404	280,587	
002684	猛狮科技	5,308	1,330	37.6	20.18	6,937	198,442	
002685	华东重机	20,000	5,000	9.63	8.61	5,758	52,998	
125089	深机转债	2,000	2,000	100.4	92.34	645	61,673	
125709	唐钢转债	3,000	3,000	109.99	106.16	2,180	236,833	
125731	美丰转债	632	632	121.6	102.2	671	75,061	
125887	中鼎转债	300	300	116	105.088	268	29,711	
126729	燕京转债	83	83	115.85	100.17	674	69,397	
129031	巨轮转2	350	350	110.79	92.62	246	25,114	
150001	瑞福进取	300,050	300,050	0.496	0.41	268,521	122,903	
150002	大成优选	399,493	399,493	0.836	0.673	177,396	135,628	
150003	建信优势	237,670	237,670	0.878	0.729	29,421	23,969	
150008	瑞和小康	22,691	22,691	0.962	0.799	12,874	11,574	
150009	瑞和远见	22,691	22,691	1.091	0.915	8,013	8,259	
150010	国泰优先	35,688	35,688	1.162	1.063	28,756	31,746	
150011	国泰进取	35,757	35,757	0.721	0.561	86,227	56,472	
150012	双禧A	134,088	134,088	0.999	0.854	139,634	130,460	
150013	双禧B	201,133	201,133	1.005	0.788	656,545	599,139	
150016	合润A	4,292	4,292	0.973	0.897	4,430	4,137	
150017	合润B	6,438	6,438	0.915	0.75	6,531	5,535	
150018	银华稳进	472,379	472,379	0.901	0.769	526,699	433,727	
150019	银华锐进	472,379	472,379	1.031	0.72	2,287,510	2,100,918	
150020	汇利A	177,886	177,886	1.057	0.993	83,420	85,545	
150021	汇利B	78,768	78,768	1.245	0.931	58,490	64,880	
150022	申万收益	220,867	220,867	0.901	0.729	353,125	271,176	
150023	申万进取	220,867	220,867	0.691	0.437	1,262,706	772,698	
150025	景丰A	192,245	192,245	1.065	0.988	89,667	91,880	
150026	景丰B	78,724	78,724	0.849	0.668	65,944	49,937	
150027	添利B	94,792	94,792	1.085	0.848	116,354	112,666	
150028	信诚500A	33,215	33,215	0.904	0.809	99,708	85,007	
150029	信诚500B	49,822	49,822	0.809	0.485	456,908	312,553	
150030	银华金利	491,358	491,358	0.94	0.837	620,617	549,221	
150031	银华鑫利	491,358	491,358	0.706	0.431	2,969,847	1,865,025	
150032	多利优先	1,302	1,302	1.057	0.888	506	479	
150033	多利进取	325	325	1.229	0.993	202	227	
150034	聚利A	64,332	64,332	0.959	0.873	50,803	45,762	
150035	聚利B	35,261	35,261	1.322	0.861	102,696	114,344	
150036	建信稳健	1,262	1,262	0.985	0.82	1,482	1,299	
150037	建信进取	1,893	1,893	0.981	0.743	1,547	1,337	
150038	万家利B	59,255	59,255	1.151	0.835	78,642	83,450	
150039	鼎利A	6,403	6,403	1.024	0.935	2,990	2,977	
150040	鼎利B	2,744	2,744	1.063	0.97	1,751	1,781	
150041	天盈B	69,122	69,122	1.18	0.871	42,870	46,817	
150042	利鑫B	19,046	19,046	1.164	0.895	36,203	38,009	
150043	裕祥B	55,361	55,361	1.149	0.885	94,777	97,479	
150044	增利A	12,277	12,277	1.029	0.908	5,536	5,486	
150045	增利B	3,072	3,072	1.78	0.848	11,049	15,411	
150046	丰利B	16,868	16,868	1.307	0.91	28,626	31,479	

代码	证券名称	发行量	流通量	2012 年 1 月 - 6 月				市盈率
				最高价	最低价	成交数量	成交金额	
150047	银华瑞吉	843	843	1.078	0.9	7,723	7,748	
150048	银华瑞祥	3,371	3,371	1.119	0.826	22,114	21,056	
150049	消费收益	8,709	8,709	0.972	0.904	26,839	24,893	
150050	消费进取	8,709	8,709	1.082	0.995	29,637	31,320	
150051	信诚 300A	6,062	6,062	0.923	0.798	31,091	25,848	
150052	信诚 300B	6,062	6,062	1.288	1.039	22,373	26,779	
150053	泰达稳健	1,158	1,158	0.947	0.822	9,760	8,498	
150054	泰达进取	1,737	1,737	1.359	0.915	12,978	15,307	
150055	工银 500A	234	234	1.075	0.888	589	544	
150056	工银 500B	351	351	1.138	0.98	2,260	2,387	
150057	久兆稳健	994	994	0.97	0.813	5,986	5,045	
150058	久兆积极	1,491	1,491	1.222	0.951	13,659	15,133	
150059	银华金瑞	14,488	14,488	0.98	0.83	67,176	58,566	
150060	银华鑫瑞	21,732	21,732	1.574	0.968	223,697	266,669	
150061	丰泽 B	32,520	32,520	1.188	0.881	11,736	13,074	
150062	浦银增 A	12,475	12,475	1.008	0.914	13,351	13,045	
150063	浦银增 B	5,451	5,451	1.256	0.93	11,777	13,117	
150064	同瑞 A	1,016	1,016	1.1	0.813	14,240	12,572	
150065	同瑞 B	1,523	1,523	1.577	1.033	18,132	21,989	
150066	互利 A	3,482	3,482	1.08	0.881	249	234	
150067	互利 B	1,492	1,492	1.419	1.078	163	201	
150068	双翼 B	1,965	1,965	1.2	0.89	6,845	7,231	
150069	双力 A	7,373	7,373	1.09	0.973	13,393	13,526	
150070	双力 B	7,373	7,373	1.049	0.852	24,366	23,472	
150071	盛世 A	2,462	2,462	1.114	0.992	1,619	1,626	
150072	盛世 B	2,462	2,462	1.06	0.97	1,442	1,443	
150073	诺安稳健	640	640	0.937	0.873	2,034	1,806	
150075	诺安进取	961	961	1.12	1	2,414	2,564	
150078	回报 B	8,998	8,998	1.167	0.975	23,160	24,716	
150079	通利债 B	5,513	5,513	1.08	1	758	797	
150083	广发 100A	7,443	7,443	0.93	0.885	3,499	3,198	
150084	广发 100B	7,443	7,443	1.068	0.961	5,731	5,939	
150085	中小板 A	4,782	4,782	1.057	1.005	6,004	6,159	
150086	中小板 B	4,782	4,782	1	0.862	10,182	9,522	
150098	同庆 800A	133,755	133,755	1.057	1.016	80,780	83,591	
150099	同庆 800B	200,632	200,632	0.99	0.882	121,457	114,947	
159901	深 100ETF	3,395,783	3,395,783	0.674	0.537	9,277,734	5,776,873	
159902	中 小 板	145,436	145,436	2.342	1.843	666,298	1,417,423	
159903	深成 ETF	357,445	357,445	1.078	0.863	326,714	327,615	
159905	深红利	129,694	129,694	0.846	0.655	17,394	13,285	
159906	深成长	196,764	196,764	0.816	0.678	6,696	4,885	
159907	中小 300	90,060	90,060	0.93	0.726	71,782	60,726	
159908	深 F200	27,123	27,123	0.835	0.655	8,361	6,451	
159909	深 TMT	13,402	13,402	2.772	2.16	5,021	12,490	
159910	深 F120	55,891	55,891	0.978	0.77	16,301	13,848	
159911	民营 ETF	13,427	13,427	2.988	2.34	11,496	31,329	
159912	深 300ETF	29,755	29,755	0.992	0.783	151,827	134,096	
159913	深价值	10,933	10,933	1.096	0.868	3,130	3,099	
159915	创业板	61,145	61,145	0.802	0.615	895,110	641,050	
159916	深 F60	21,457	21,457	1.88	1.5	10,089	17,651	
159917	中小成长	5,513	5,513	1.06	0.924	41,461	42,066	
159918	中创 400	27,756	27,756	1.03	0.889	26,196	26,351	
159919	300ETF	1,563,131	1,563,131	0.999	0.921	706,420	684,691	
160105	南方积配	10,925	10,925	0.998	0.831	424	396	
160106	南方高增	12,708	12,708	1.327	1.123	919	1,150	
160119	南方 500	14,377	14,377	0.964	0.766	9,563	8,476	

代码	证券名称	发行量	流通量	2012年1月-6月				市盈率
				最高价	最低价	成交数量	成交金额	
160123	南方50债	1,077	1,077	1.085	0.99	1,413	1,482	
160125	南方中国	237	237	1.111	0.838	169	168	
160211	国泰小盘	10,386	10,142	0.912	0.775	691	583	
160215	国泰价值	2,323	2,323	0.87	0.73	184	147	
160311	华夏蓝筹	36,456	36,283	0.768	0.66	3,618	2,655	
160314	华夏行业	56,644	55,241	0.848	0.737	2,197	1,794	
160415	华安S300	3,519	3,519	1	0.752	3,391	3,142	
160416	华安石油	520	520	1	0.923	1,145	1,111	
160505	博时主题	28,232	28,232	1.628	1.5	4,352	6,877	
160512	博时卓越	14,155	13,899	0.989	0.811	7,864	7,318	
160607	鹏华价值	50,672	50,672	0.804	0.703	4,639	3,563	
160610	鹏华动力	14,411	14,411	1.029	0.91	1,509	1,494	
160611	鹏华治理	23,658	22,413	0.879	0.745	889	730	
160613	鹏华创新	557	557	1.309	1.006	120	138	
160615	鹏华300	4,085	4,085	0.985	0.805	686	628	
160616	鹏华500	7,259	7,259	0.815	0.65	1,502	1,130	
160617	鹏华丰润	68,122	68,122	1.14	0.909	28,867	28,755	
160706	嘉实300	350,973	350,973	0.711	0.599	490,126	327,779	
160716	嘉实50	10,418	10,418	0.7	0.62	2,254	1,498	
160717	恒生H股	5,530	5,530	0.808	0.667	6,902	4,933	
160719	嘉实黄金	447	447	1.041	0.892	304	294	
160805	长盛同智	16,636	15,951	0.826	0.708	334	261	
160807	长盛300	800	800	0.899	0.737	130	108	
160910	大成创新	12,665	12,665	0.806	0.635	741	541	
161005	富国天惠	7,027	7,027	1.365	1.111	1,828	2,345	
161010	富国天丰	54,473	54,473	1.04	0.982	46,911	47,176	
161017	富国500	772	772	1.058	0.821	201	197	
161019	富国天锋	6,583	6,583	1.03	0.972	152	152	
161115	易基岁丰	199,147	199,147	1.04	0.939	66,656	65,614	
161116	易基黄金	1,661	1,661	1.03	0.876	1,113	1,088	
161210	国投新兴	231	231	1.141	0.783	180	179	
161211	国投金融	11,697	11,697	0.818	0.694	11,308	8,911	
161213	国投消费	2,388	2,388	0.931	0.718	875	710	
161216	双债A	30,246	30,246	1.025	0.9	18,549	17,894	
161217	国投资源	3,831	3,831	0.98	0.742	2,337	2,111	
161219	国投产业	515	515	1.156	0.98	12,647	12,697	
161607	融通巨潮	6,614	6,614	0.815	0.704	515	400	
161610	融通领先	23,033	22,973	0.779	0.68	880	646	
161614	融通添利	2,154	2,154	1.019	0.87	1,422	1,367	
161706	招商成长	6,911	6,911	1.15	0.985	731	773	
161713	招商信用	154,227	154,227	1.059	0.936	97,587	96,247	
161714	招商金砖	234	234	0.89	0.7	384	294	
161810	银华内需	24,771	24,740	0.719	0.586	1,395	951	
161811	银华300	1,664	1,664	0.91	0.695	327	254	
161813	银华信用	93,699	93,699	1.06	0.928	48,084	47,307	
161815	银华通胀	739	739	0.954	0.766	128	112	
161903	万家公用	3,523	3,523	0.639	0.543	511	308	
161907	万家红利	5,545	5,545	0.937	0.757	558	481	
162006	长城久富	10,176	9,429	1.037	0.849	1,014	998	
162207	泰达效率	23,640	23,640	0.785	0.646	1,597	1,159	
162307	海富100	2,014	2,014	0.811	0.651	240	175	
162411	华宝油气	421	421	0.888	0.81	49	42	
162605	景顺鼎益	10,076	10,076	0.857	0.73	491	401	
162607	景顺资源	24,324	24,324	0.736	0.632	1,481	1,044	
162703	广发小盘	15,336	15,336	1.88	1.53	2,963	5,253	
162711	广发500	15,881	15,881	0.869	0.698	6,263	5,001	

代码	证券名称	发行量	流通量	2012年1月-6月				市盈率
				最高价	最低价	成交数量	成交金额	
162712	广发聚利	5,535	5,535	1.18	0.885	7,037	7,078	
163001	长信100	1,225	1,225	0.915	0.761	152	126	
163110	申万量化	624	624	0.975	0.72	243	209	
163302	大摩资源	6,412	6,412	1.9	1.711	1,256	2,286	
163402	兴全趋势	35,742	35,742	0.869	0.801	3,833	3,227	
163407	兴全300	2,868	2,868	0.906	0.73	446	371	
163409	兴全绿色	16,924	16,924	0.968	0.848	3,372	3,091	
163412	兴全轻资	8,269	8,269	1.05	0.97	5,383	5,322	
163503	天治核心	48,250	48,250	0.502	0.431	5,801	2,754	
163801	中银中国	4,700	4,700	1.18	1.008	1,221	1,342	
164105	华富强债	115,207	115,207	1.019	0.867	60,538	57,118	
164205	天弘深成	100	100	0.93	0.675	143	113	
164606	信用增利	10,760	10,760	0.979	0.86	10,370	9,219	
164701	添富贵金	857	857	1.067	0.791	662	585	
164808	工银四季	71,541	71,541	1.045	0.931	31,253	30,849	
164902	交银添利	50,370	50,370	1.061	0.875	38,314	37,790	
165309	建信300	1,949	1,949	0.847	0.633	442	323	
165311	建信信用	18,529	18,529	1.04	0.928	10,030	9,941	
165508	信诚深度	390	390	0.944	0.755	239	197	
165509	信诚增强	147,707	147,707	1.019	0.89	50,269	48,313	
165510	信诚四国	169	169	0.96	0.689	107	84	
165512	信诚机遇	873	873	0.998	0.755	234	211	
165513	信诚商品	70	70	1.1	0.81	674	676	
165806	东吴100	475	475	1.002	0.922	1,118	1,107	
166001	中欧趋势	10,766	10,766	0.739	0.591	736	504	
166006	中欧小盘	604	604	0.968	0.714	783	662	
166007	中欧300	542	542	0.972	0.682	48	42	
166008	中欧强债	7,163	7,163	1.098	0.98	4,514	4,466	
166009	中欧动力	919	919	0.998	0.743	143	131	
184688	基金开元	200,000	197,000	0.895	0.719	68,784	56,502	
184689	基金普惠	200,000	197,000	0.871	0.784	67,911	56,414	
184690	基金同益	200,000	197,000	0.835	0.717	49,328	38,532	
184691	基金景宏	200,000	197,000	0.875	0.74	50,223	41,403	
184692	基金裕隆	300,000	298,500	0.897	0.769	49,410	41,374	
184693	基金普丰	300,000	298,500	0.794	0.72	83,779	63,520	
184698	基金天元	300,000	298,500	0.773	0.709	119,126	87,879	
184699	基金同盛	300,000	298,500	0.977	0.828	84,326	77,474	
184701	基金景福	300,000	298,500	0.844	0.713	124,195	98,926	
184721	基金丰和	300,000	298,500	0.79	0.692	134,446	100,513	
184722	基金久嘉	200,000	198,000	0.74	0.641	57,507	40,273	
184728	基金鸿阳	200,000	198,000	0.594	0.522	112,102	62,360	
200002	万科B	131,496	131,496	10.47	7.15	34,840	261,796	
200011	深物业B	6,761	6,761	5.37	3.33	9,060	33,933	
200012	南玻B	76,258	76,258	7.07	4.89	31,797	156,444	
200016	深康佳B	40,568	40,568	2.62	1.68	18,914	33,461	
200017	*ST中华B	24,836	24,836	1.51	1.06	16,141	17,075	
200018	ST中冠B	6,942	6,942	3.2	2.1	1,880	4,306	
200019	深深宝B	2,614	2,614	6.52	4.41	2,023	9,479	
200020	深华发B	10,200	10,200	3.77	2.18	6,087	15,574	
200022	深赤湾B	17,990	17,981	10.74	8.21	1,103	8,659	
200024	招商局B	33,934	33,818	15.59	10.08	13,458	147,702	
200025	特力B	2,640	2,640	4.39	3.18	1,511	4,724	
200026	飞亚达B	8,165	8,165	9.64	7.1	4,127	27,712	
200028	一致B	5,489	5,489	18.8	13.42	3,286	44,541	
200029	深深房B	12,000	12,000	2.66	1.82	4,404	8,416	
200030	*ST盛润B	3,960	3,960	7.05	3.94	7,031	32,381	

代码	证券名称	发行量	流通量	2012年1月-6月				市盈率
				最高价	最低价	成交数量	成交金额	
200037	深南电B	26,385	26,385	2.68	1.97	3,562	7,058	
200039	中集B	143,048	143,048	12.3	8.55	21,010	179,060	
200045	深纺织B	4,950	4,949	5.95	4.5	1,918	8,392	
200053	深基地B	11,118	11,113	10.62	7.02	2,270	16,554	
200054	建摩B	12,000	12,000	2.8	1.79	3,691	7,348	
200055	方大B	33,595	33,595	2.94	2.01	13,270	28,049	
200056	*ST国商B	10,169	10,135	13.2	8.3	2,794	23,616	
200058	深赛格B	24,646	24,646	3.03	3.03	0	0	
200152	山航B	14,000	14,000	14.09	9.18	11,496	108,984	
200160	ST大路B	46,152	46,152	1.82	1	17,694	21,577	
200168	ST雷伊B	15,458	15,458	2.22	1.36	5,784	8,574	
200413	宝石B	10,000	10,000	6.55	4.16	2,943	13,685	
200418	小天鹅B	19,104	19,104	11.08	7.7	1,852	14,177	
200429	粤高速B	34,875	34,873	2.69	2.26	6,153	12,740	
200468	宁通信B	10,000	10,000	4.04	2.79	3,578	9,876	
200488	晨鸣B	55,750	55,750	4.37	3.33	26,503	83,706	
200505	ST珠江B	6,498	6,498	2.37	1.6	3,037	5,115	
200512	闽灿坤B	111,235	111,235	1.36	1	17,708	17,684	
200513	丽珠B	11,199	11,199	20.29	14.51	1,627	24,499	
200521	皖美菱B	13,572	13,572	4.3	2.93	3,838	12,037	
200530	大冷B	11,500	11,500	5.45	4.3	5,884	23,105	
200539	粤电力B	66,534	66,534	3.96	2.99	18,902	53,439	
200541	粤照明B	22,523	22,522	6.63	5.4	4,743	23,699	
200550	江铃B	34,400	34,400	19.16	14.02	1,448	20,845	
200553	沙隆达B	23,000	23,000	3.36	2.21	3,549	8,417	
200570	苏常柴B	15,000	15,000	3.75	2.66	5,237	14,410	
200581	苏威孚B	11,492	11,492	24.98	16.38	4,049	69,935	
200596	古井贡B	12,000	12,000	67.92	25.8	3,076	107,269	
200613	ST东海B	8,800	8,800	1.95	1.5	4,712	6,751	
200625	长安B	90,199	90,199	3.69	2.52	79,341	210,214	
200706	瓦轴B	15,860	15,860	6.3	4.82	2,034	9,243	
200725	京东方B	133,866	133,866	1.24	0.99	33,472	31,466	
200726	鲁泰B	44,271	32,436	7.3	5.94	9,663	53,711	
200761	本钢板B	40,000	40,000	2.97	2.35	24,454	54,141	
200770	*ST武锅B	12,500	12,500	6.17	6.17	0	0	
200771	杭汽轮B	27,419	27,412	11.44	7.71	10,970	90,797	
200869	张裕B	23,200	23,200	89.5	51.02	2,816	178,828	
200986	粤华包B	17,193	17,193	4.07	2.83	7,302	21,560	
200992	中鲁B	13,800	13,800	4.43	2.79	7,579	22,772	
300001	特锐德	20,040	6,992	16.22	12.64	13,266	192,993	
300002	神州泰岳	37,920	10,328	22.8	16.49	35,217	689,032	
300003	乐普医疗	81,200	29,264	15.6	12.56	38,753	545,880	
300004	南风股份	18,800	7,898	27	20.02	9,676	229,721	
300005	探路者	34,840	15,131	22.5	15.6	18,612	353,150	
300006	莱美药业	18,300	9,681	17.52	12.9	16,460	255,470	
300007	汉威电子	11,800	6,115	18.5	11.43	10,770	165,154	
300008	上海佳豪	21,848	9,241	14.55	7.7	25,886	276,924	
300009	安科生物	18,900	9,657	12	9.7	19,928	217,513	
300010	立思辰	23,659	13,145	11.26	8	19,405	182,705	
300011	鼎汉技术	15,413	4,613	20.65	10.9	19,254	282,157	
300012	华测检测	18,398	5,494	23.26	14.63	6,433	126,661	
300013	新宁物流	9,000	3,546	12.6	7.51	13,836	143,739	
300014	亿纬锂能	19,800	8,390	16.36	11.2	39,057	554,243	
300015	爱尔眼科	42,720	12,005	25.16	19.13	21,792	470,813	
300016	北陆药业	15,275	8,070	11.12	7.7	8,011	75,571	
300017	网宿科技	15,421	7,165	18.1	11	35,701	543,009	

代码	证券名称	发行量	流通量	2012 年 1 月 - 6 月				市盈率
				最高价	最低价	成交数量	成交金额	
300018	中元华电	13,000	7,024	12.08	9.04	13,305	138,146	
300019	硅宝科技	10,200	3,410	14.59	11.35	9,027	117,487	
300020	银江股份	24,000	14,001	11.99	8.41	47,970	500,481	
300021	大禹节水	27,860	12,392	12.27	8.98	80,185	831,372	
300022	吉峰农机	35,740	19,771	12.08	7.52	70,979	700,383	
300023	宝德股份	9,000	2,250	13.86	8.85	13,528	147,573	
300024	机器人	29,766	18,279	22.8	16.4	32,787	644,449	
300025	华星创业	15,600	7,508	12.65	7.19	19,694	196,963	
300026	红日药业	22,654	8,161	32.65	19.76	11,653	300,453	
300027	华谊兄弟	60,480	36,099	16.35	12.93	58,794	864,955	
300028	金亚科技	26,460	17,784	8.16	5.72	53,974	380,372	
300029	天龙光电	20,000	10,841	15.97	8.72	57,707	743,095	
300030	阳普医疗	14,800	9,637	11.45	8.98	21,089	216,620	
300031	宝通带业	15,000	6,469	15.9	8.58	19,791	227,719	
300032	金龙机电	14,270	4,270	20.61	11.81	12,826	210,065	
300033	同花顺	13,440	4,792	20	14.1	10,135	176,167	
300034	钢研高纳	21,199	10,564	17.1	11.17	26,738	393,188	
300035	中科电气	11,993	5,821	13.66	8.78	14,703	160,694	
300036	超图软件	12,000	6,801	20.47	13.11	9,165	146,081	
300037	新宙邦	17,120	4,320	34.38	17.04	7,074	191,352	
300038	梅泰诺	13,736	7,935	14.42	8.21	7,134	87,427	
300039	上海凯宝	26,304	14,366	22.88	16.5	14,155	285,894	
300040	九洲电气	13,890	7,200	10.45	7.88	11,117	100,746	
300041	回天胶业	10,560	4,964	20.88	14.83	20,569	370,301	
300042	朗科科技	13,360	6,761	23.57	9.26	8,209	127,424	
300043	星辉车模	15,840	6,010	17.85	11.62	8,746	128,024	
300044	赛为智能	10,000	4,561	14.95	9.98	12,195	154,803	
300045	华力创通	26,800	6,800	24.4	10.35	13,883	224,943	
300046	台基股份	14,208	7,152	16.18	11.29	10,921	147,092	
300047	天源迪科	15,690	5,550	14.34	10.33	16,258	201,548	
300048	合康变频	33,814	16,889	17.95	8.8	24,899	328,324	
300049	福瑞股份	12,506	5,222	13.49	9.2	9,658	113,859	
300050	世纪鼎利	21,600	8,308	15.99	10.38	22,753	290,762	
300051	三五互联	16,050	6,984	15.25	9.57	100,770	1,265,586	
300052	中青宝	13,000	7,223	15.79	10	55,787	720,029	
300053	欧比特	20,000	13,013	9.12	7.07	19,707	160,709	
300054	鼎龙股份	13,500	6,520	35	21.25	3,939	113,809	
300055	万邦达	22,880	5,720	27.36	15.44	62,157	1,308,301	
300056	三维丝	9,449	4,397	26.9	11.05	19,777	318,130	
300057	万顺股份	42,200	15,110	8.71	6.85	14,281	112,218	
300058	蓝色光标	39,672	18,797	32.59	14.01	19,683	475,882	
300059	东方财富	33,600	19,786	25.54	11.5	53,388	970,825	
300061	康耐特	9,600	3,299	16.14	7.58	3,593	43,457	
300062	中能电气	15,400	4,408	11.74	8.21	11,423	113,773	
300063	天龙集团	10,050	2,776	18.56	8.92	4,938	65,512	
300064	豫金刚石	60,800	26,795	17.7	7.3	36,773	466,456	
300065	海兰信	10,525	7,022	25.9	10.76	6,784	118,153	
300066	三川股份	15,600	5,840	16.8	8.51	5,888	72,749	
300067	安诺其	16,050	5,667	15	7.01	37,444	401,746	
300068	南都电源	29,760	14,127	15.1	11.38	39,898	525,384	
300069	金利华电	7,800	2,715	14.98	11.4	4,085	53,929	
300070	碧水源	54,978	25,162	47.98	26.28	33,474	1,147,827	
300071	华谊嘉信	15,527	5,988	17	8.01	36,055	481,330	
300072	三聚环保	38,908	20,366	20.46	8.9	27,952	385,139	
300073	当升科技	16,000	9,474	13.34	8.22	39,347	405,422	
300074	华平股份	10,000	4,547	24.02	15.75	8,815	185,021	

代码	证券名称	发行量	流通量	2012年1月－6月				市盈率
				最高价	最低价	成交数量	成交金额	
300075	数字政通	8,400	3,176	23.49	16.21	6,232	125,511	
300076	宁波GQY	10,600	4,182	14.95	11.9	9,553	127,029	
300077	国民技术	27,200	16,153	32.6	19.9	80,613	2,107,601	
300078	中瑞思创	16,750	6,270	20.27	13.58	16,381	267,534	
300079	数码视讯	33,600	18,213	30.79	14.9	23,324	555,724	
300080	新大新材	36,400	17,440	14.18	6.16	49,843	546,493	
300081	恒信移动	6,700	3,566	26.4	16.8	36,744	803,359	
300082	奥克股份	25,920	10,620	18.45	12.3	22,955	350,370	
300083	劲胜股份	20,000	7,340	15.89	9.2	11,998	161,294	
300084	海默科技	12,800	7,479	14.99	7.34	71,509	759,339	
300085	银之杰	12,000	3,809	10.58	7.84	20,259	185,722	
300086	康芝药业	20,000	7,069	17.96	11.45	30,855	455,366	
300087	荃银高科	10,560	4,788	19.85	13.01	39,136	636,431	
300088	长信科技	32,630	17,251	16.99	9.97	74,680	1,055,270	
300089	长城集团	15,000	7,454	16.29	8.39	13,276	187,302	
300090	盛运股份	25,527	13,508	15.2	7.52	31,549	354,804	
300091	金通灵	20,900	9,388	11.22	7.88	18,810	175,204	
300092	科新机电	9,100	2,409	15.47	11.43	10,369	138,208	
300093	金刚玻璃	21,600	13,337	8.56	6.23	36,519	274,279	
300094	国联水产	35,200	12,573	7.47	5.7	40,258	264,577	
300095	华伍股份	7,700	2,700	14.26	11.38	5,563	71,394	
300096	易联众	17,200	9,212	15.6	10.2	34,424	443,676	
300097	智云股份	6,000	2,424	15.76	11.58	4,873	66,467	
300098	高新兴	17,784	6,211	24.9	8.53	7,059	122,962	
300099	尤洛卡	10,335	3,444	27.81	20.37	4,961	119,008	
300100	双林股份	14,025	5,025	15.63	11.72	8,338	116,704	
300101	国腾电子	27,800	16,376	31.97	13.01	23,318	468,272	
300102	乾照光电	29,500	14,310	18.42	11.5	60,110	882,232	
300103	达刚路机	21,173	6,385	18.12	8.31	5,083	68,206	
300104	乐视网	41,800	16,239	48.88	22	87,532	3,047,377	
300105	龙源技术	28,512	7,128	52.7	22	9,239	331,696	
300106	西部牧业	11,700	6,005	15.27	11.9	8,649	114,375	
300107	建新股份	13,380	3,930	13.9	9.4	15,746	179,123	
300108	双龙股份	13,520	8,109	21.4	9.29	21,395	261,370	
300109	新开源	11,520	6,535	19.3	9.21	9,482	146,080	
300110	华仁药业	21,836	8,828	12.18	9.23	13,109	142,669	
300111	向日葵	50,900	8,911	14.2	7.64	24,827	272,617	
300112	万讯自控	16,117	4,050	11.79	6.69	16,577	148,578	
300113	顺网科技	13,200	5,428	28.35	16.33	19,908	462,135	
300114	中航电测	12,000	3,336	16.69	13	8,064	120,609	
300115	长盈精密	25,800	9,459	39.28	20.98	11,086	331,614	
300116	坚瑞消防	8,000	4,166	15.15	10.65	7,939	98,777	
300117	嘉寓股份	21,720	8,970	8.99	6.4	28,151	220,982	
300118	东方日升	56,000	27,885	16.15	5.5	71,927	867,413	
300119	瑞普生物	19,278	7,369	23.98	15.35	8,366	168,268	
300120	经纬电材	16,965	5,957	12.95	6.64	15,771	153,979	
300121	阳谷华泰	10,800	2,700	14	9.05	6,255	72,398	
300122	智飞生物	40,000	6,873	27.62	20	8,289	201,501	
300123	太阳鸟	13,911	6,301	14.72	10.83	18,809	245,466	
300124	汇川技术	38,880	11,623	57.79	22.03	9,077	385,245	
300125	易世达	11,800	3,554	17.63	11.9	16,215	245,281	
300126	锐奇股份	15,156	4,875	12.95	9.7	7,759	87,268	
300127	银河磁体	16,157	4,100	32.32	20.48	44,307	1,216,255	
300128	锦富新材	20,000	9,425	16.6	10.2	22,129	297,283	
300129	泰胜风能	32,400	15,893	9.75	5.2	52,930	399,128	
300130	新国都	11,430	4,775	20.4	14.61	11,434	189,641	

代码	证券名称	发行量	流通量	2012 年 1 月 - 6 月				市盈率
				最高价	最低价	成交数量	成交金额	
300131	英唐智控	10,303	4,545	15.09	11.58	9,301	127,059	
300132	青松股份	12,060	3,761	15.28	12	2,838	39,279	
300133	华策影视	38,406	10,160	36.41	12.22	24,666	666,299	
300134	大富科技	32,000	8,000	16.86	11.12	43,845	618,654	
300135	宝利沥青	32,000	12,477	17.41	7.1	39,788	517,529	
300136	信维通信	13,334	7,825	23.3	13.6	19,945	381,846	
300137	先河环保	15,600	9,618	20.16	13.6	75,450	1,242,808	
300138	晨光生物	17,957	4,600	28.18	11.22	9,058	145,103	
300139	福星晓程	10,960	4,161	65.77	26.83	5,370	273,845	
300140	启源装备	12,200	6,483	15.38	9.09	22,093	276,218	
300141	和顺电气	11,040	3,766	34.23	10.85	10,305	217,708	
300142	沃森生物	18,000	6,229	48.2	34.75	9,471	382,984	
300143	茹木真	14,740	8,381	15.93	10.6	28,798	377,624	
300144	宋城股份	55,440	17,618	25.63	13.6	19,509	366,061	
300145	南方泵业	14,400	5,719	18.77	15.3	8,158	139,072	
300146	汤臣倍健	21,872	6,508	89.86	42.75	26,624	1,548,484	
300147	香雪制药	29,520	15,745	12.56	7.43	49,086	512,672	
300148	天舟文化	12,675	4,240	28.85	14.61	65,177	1,388,376	
300149	量子高科	20,100	5,939	13.68	7.11	30,734	316,049	
300150	世纪瑞尔	13,500	5,764	20.45	14.53	21,497	387,078	
300151	昌红科技	10,050	3,833	13.7	9.63	8,451	101,362	
300152	燃控科技	23,760	14,960	25.04	8.32	29,916	438,778	
300153	科泰电源	16,000	7,572	12.98	8.7	20,224	214,433	
300154	瑞凌股份	22,350	5,713	11.94	9.63	9,910	106,667	
300155	安居宝	18,000	4,500	16.28	11.26	40,015	559,241	
300156	天立环保	28,872	14,097	24.29	12	53,267	919,760	
300157	恒泰艾普	17,776	9,058	29.14	17.67	24,308	550,915	
300158	振东制药	14,400	4,077	30.99	20.85	7,705	192,962	
300159	新研股份	18,040	4,664	33.5	11.67	12,039	288,517	
300160	秀强股份	18,680	6,780	28.75	10.46	9,225	198,325	
300161	华中数控	10,783	6,316	18.75	12.58	18,201	288,165	
300162	雷曼光电	13,400	3,360	20.36	12.36	46,273	752,670	
300163	先锋新材	7,900	3,775	18.18	14.01	3,655	58,103	
300164	通源石油	15,840	7,773	33.78	13.74	8,698	225,205	
300165	天瑞仪器	15,392	5,499	23	13.95	9,075	184,771	
300166	东方国信	8,100	2,035	70.4	21.83	23,096	843,620	
300167	迪威视讯	10,008	4,841	24.19	10.49	23,482	442,269	
300168	万达信息	12,000	8,470	25	18.21	6,031	131,260	
300169	天晟新材	28,050	13,297	21.5	7.52	19,115	314,321	
300170	汉得信息	16,781	10,120	18.7	13.65	17,828	287,256	
300171	东富龙	20,800	6,760	38.58	24.02	9,198	286,272	
300172	中电环保	13,000	5,955	23.64	13.5	46,288	857,068	
300173	松德股份	11,323	3,447	13	8.5	9,375	104,045	
300174	元力股份	13,600	3,630	25.95	9.78	9,035	177,530	
300175	朗源股份	23,540	13,246	11.17	6.95	44,353	411,322	
300176	鸿特精密	8,940	2,567	12.99	10.08	4,288	49,381	
300177	中海达	20,000	8,816	25.1	9.31	35,177	535,519	
300178	腾邦国际	11,940	6,940	19.15	13.43	16,645	266,273	
300179	四方达	12,000	4,740	24.92	11.58	7,046	121,920	
300180	华峰超纤	15,800	7,035	13.57	9.91	11,238	129,478	
300181	佐力药业	8,000	4,891	33.73	18.38	11,826	319,957	
300182	捷成股份	16,800	4,200	39.93	19.85	7,596	215,845	
300183	东软载波	22,000	5,500	77.5	25.41	27,930	1,284,485	
300184	力源信息	10,005	6,618	15.99	7.7	7,525	88,432	
300185	通裕重工	90,000	47,526	18.88	5.1	96,934	1,031,412	
300186	大华农	26,700	6,700	15.65	12.6	6,714	97,255	

代码	证券名称	发行量	流通量	2012年1月－6月				市盈率
				最高价	最低价	成交数量	成交金额	
300187	永清环保	13,356	3,640	55	23.82	17,811	620,332	
300188	美亚柏科	10,700	2,700	46.85	21.6	5,041	177,141	
300189	神农大丰	16,000	6,640	19.88	14.66	26,316	447,325	
300190	维尔利	9,784	3,223	46.37	16.78	11,375	309,294	
300191	潜能恒信	16,000	4,588	34.37	13.6	8,096	190,327	
300192	科斯伍德	11,025	3,900	16.83	9.18	5,100	74,032	
300193	佳士科技	22,150	9,562	14.99	11.5	5,871	78,518	
300194	福安药业	13,340	3,690	25.29	19.5	5,972	131,324	
300195	长荣股份	14,000	3,589	28.8	21.96	8,066	204,827	
300196	长海股份	12,000	5,067	16.4	11.01	9,513	133,861	
300197	铁汉生态	21,054	5,452	49.93	23.21	13,978	478,649	
300198	纳川股份	13,922	8,587	19.22	13.54	12,267	200,337	
300199	翰宇药业	20,000	9,257	38.06	14.22	10,127	244,646	
300200	高盟新材	10,680	4,014	16.19	11.31	4,201	58,464	
300201	海伦哲	17,600	11,358	22.41	6.3	11,991	160,799	
300202	聚龙股份	16,960	4,240	39.95	18.7	4,101	123,843	
300203	聚光科技	44,500	4,500	17.95	12.85	16,943	265,288	
300204	舒泰神	13,340	3,340	102	44.3	18,116	1,089,871	
300205	天喻信息	14,335	5,326	25.15	9.67	16,723	251,804	
300206	理邦仪器	10,000	4,219	23.26	18.08	4,331	89,300	
300207	欣旺达	24,440	7,527	17.98	10.53	25,805	366,622	
300208	恒顺电气	14,000	6,759	23.03	9.42	8,329	129,834	
300209	天泽信息	16,000	4,000	27.67	8.96	21,487	313,645	
300210	森远股份	13,473	3,546	30.4	13.34	5,445	121,377	
300211	亿通科技	5,375	1,915	22.02	14.2	5,531	95,905	
300212	易华录	13,400	6,988	37.91	16.44	5,236	156,571	
300213	佳讯飞鸿	12,600	3,496	19.43	9.4	7,982	123,753	
300214	日科化学	20,250	7,960	20.95	10.5	8,919	158,883	
300215	电科院	18,000	10,000	46	16.78	9,488	300,191	
300216	千山药机	13,400	5,675	37.77	10.4	15,184	288,615	
300217	东方电热	19,774	6,090	38.26	11.15	16,284	446,829	
300218	安利股份	21,120	5,914	17.93	6.16	17,543	236,241	
300219	鸿利光电	24,547	7,163	20.35	8.18	19,985	260,284	
300220	金运激光	3,500	1,047	29.65	20.8	3,543	85,051	
300221	银禧科技	20,000	8,000	20.77	6.67	22,174	302,269	
300222	科大智能	10,800	3,965	31.69	13.51	4,447	102,318	
300223	北京君正	10,400	4,575	32.82	15.36	10,523	262,917	
300224	正海磁材	24,000	6,368	38.88	21.11	44,508	1,301,202	
300225	金力泰	10,050	3,990	20.19	10.88	6,116	99,288	
300226	上海钢联	8,000	2,886	41.98	13.15	7,290	184,064	
300227	光韵达	6,700	1,930	17.49	11.66	7,753	110,823	
300228	富瑞特装	13,400	6,922	49.77	22.42	10,234	338,037	
300229	拓尔思	20,400	6,849	33.43	12.01	10,850	240,580	
300230	永利带业	16,152	5,289	18.1	7.07	5,669	82,713	
300231	银信科技	8,000	2,540	33.9	13.2	7,420	170,407	
300232	洲明科技	10,104	2,889	18.82	10.02	9,147	134,291	
300233	金城医药	12,100	5,898	14.66	10	16,741	205,482	
300234	开尔新材	12,000	3,000	19.88	9.92	12,093	185,516	
300235	方直科技	4,400	1,406	29.59	16.88	10,016	234,321	
300236	上海新阳	8,518	2,150	15.84	11.72	4,936	67,480	
300237	美晨科技	5,700	1,650	24.9	16.81	6,332	127,750	
300238	冠昊生物	12,220	3,060	73.59	34.52	25,273	1,107,136	
300239	东宝生物	15,196	3,800	46.95	13.32	50,807	1,038,521	
300240	飞力达	16,710	4,050	20.46	9.14	14,908	230,564	
300241	瑞丰光电	10,700	2,700	17.2	11.88	16,105	235,819	
300242	明家科技	7,500	1,900	13.59	9.83	8,669	98,863	

代码	证券名称	发行量	流通量	2012 年 1 月 – 6 月				市盈率
				最高价	最低价	成交数量	成交金额	
300243	瑞丰高材	5,350	1,350	24.3	17.5	9,372	193,301	
300244	迪安诊断	9,198	2,304	47.5	21.3	8,342	303,488	
300245	天玑科技	6,700	1,700	30.38	21	9,426	242,848	
300246	宝莱特	7,304	1,890	34.1	15.03	6,191	176,544	
300247	桑乐金	8,175	2,050	16.45	11.33	10,453	139,903	
300248	新开普	8,920	2,240	37.25	11.77	9,228	222,968	
300249	依米康	7,840	1,960	19.67	12.96	16,369	261,645	
300250	初灵信息	8,000	2,000	40.2	13.08	17,071	387,635	
300251	光线传媒	24,112	6,028	71.3	22.3	17,342	765,721	
300252	金信诺	10,800	2,700	16.57	11.16	21,965	307,887	
300253	卫宁软件	10,700	2,700	42.92	18.5	5,796	185,610	
300254	仟源制药	13,380	3,380	13.27	9.51	26,882	300,278	
300255	常山药业	10,785	2,647	23.25	15.55	15,423	304,331	
300256	星星科技	15,000	3,750	21.37	9.7	18,973	316,277	
300257	开山股份	28,600	7,200	67.3	27.28	7,630	420,698	
300258	精锻科技	15,000	3,750	24.9	13.33	12,906	263,571	
300259	新天科技	15,136	3,800	30.1	10.49	23,750	495,754	
300260	新莱应材	10,005	2,505	28.09	13	10,346	234,812	
300261	雅本化学	14,512	3,632	21.8	11.58	28,715	477,256	
300262	巴安水务	13,340	3,340	34.18	15.18	40,161	880,053	
300263	隆华传热	16,000	4,000	34.95	10.66	14,555	332,733	
300264	佳创视讯	15,300	3,900	16.9	7.7	29,557	390,342	
300265	通光线缆	13,500	3,500	12.98	9.36	19,272	217,521	
300266	兴源过滤	8,960	2,240	31.6	14.98	22,965	515,760	
300267	尔康制药	23,920	5,980	22.89	14.58	32,359	609,629	
300268	万福生科	13,400	3,400	27.68	10.62	17,009	363,114	
300269	联建光电	7,358	1,840	20.79	14.51	14,731	253,770	
300270	中威电子	6,000	1,500	45.27	17.2	10,198	314,530	
300271	紫光华宇	14,800	3,700	44.4	12.85	32,052	794,647	
300272	开能环保	14,300	3,572	19.88	12	58,146	948,663	
300273	和佳股份	20,003	5,003	26.15	16.18	21,708	476,699	
300274	阳光电源	32,256	8,064	29.17	10.7	38,386	728,014	
300275	梅安森	8,214	2,054	41.74	24	7,482	244,308	
300276	三丰智能	7,800	1,950	27.84	14.23	9,453	208,507	
300277	海联讯	13,400	3,400	29.16	10.28	11,515	271,841	
300278	华昌达	8,670	2,170	21.88	12.4	15,218	236,630	
300279	和晶科技	12,000	3,100	18.88	8.6	23,680	337,936	
300280	南通锻压	12,800	3,200	11.38	8.78	17,329	170,120	
300281	金明精机	6,000	1,500	24.88	17.15	8,919	179,983	
300282	汇冠股份	5,524	1,381	25.49	13.8	18,329	348,164	
300283	温州宏丰	7,083	1,771	30.65	17.01	29,038	682,126	
300284	苏交科	24,000	6,000	13.27	10.28	32,751	380,324	
300285	国瓷材料	6,240	1,560	34.89	21.5	16,673	463,414	
300286	安科瑞	6,934	1,734	46.25	14.85	9,625	321,845	
300287	飞利信	8,400	2,100	17.93	12.86	20,785	326,111	
300288	朗玛信息	5,340	1,340	56.5	36.5	14,685	653,581	
300289	利德曼	15,360	3,840	18.77	13.8	33,776	552,289	
300290	荣科科技	6,800	1,700	20.2	13.52	17,415	297,053	
300291	华录百纳	6,000	1,500	62.98	51	12,287	699,180	
300292	吴通通讯	6,670	1,670	26.4	15.3	21,368	424,633	
300293	蓝英装备	6,000	1,500	34.99	22.9	9,355	265,544	
300294	博雅生物	7,580	1,902	45.84	28.7	15,380	558,965	
300295	三六五网	5,335	1,335	59.8	38.01	7,359	347,307	
300296	利亚德	10,000	2,500	24.98	15.56	16,562	305,921	
300297	蓝盾股份	9,800	2,450	31	19.05	18,417	418,027	
300298	三诺生物	8,800	2,200	50.5	32.1	20,010	799,979	

代码	证券名称	发行量	流通量	2012年1月－6月				市盈率
				最高价	最低价	成交数量	成交金额	
300299	富春通信	6,700	1,700	23.97	15.31	11,448	206,299	
300300	汉鼎股份	8,700	2,200	25.79	18.03	13,747	296,067	
300301	长方照明	10,800	2,700	25.31	19	14,817	327,130	
300302	同有科技	6,000	1,500	29.87	22.56	9,601	254,884	
300303	聚飞光电	8,000	2,046	29	23.21	9,093	235,496	
300304	云意电气	10,000	2,500	23.68	17.38	6,412	128,880	
300305	裕兴股份	8,000	2,000	36.54	32.34	3,973	136,803	
300306	远方光电	6,000	1,500	45.64	38.28	4,842	204,147	
300307	慈星股份	40,100	6,100	33.2	26.75	14,426	447,480	
300308	中际装备	6,667	1,339	21.8	18.2	7,740	155,408	
300309	吉艾科技	10,864	2,240	31.64	27.35	8,677	256,435	
300310	宜通世纪	8,800	1,760	23.48	19	12,491	261,636	
300311	任子行	7,070	1,416	18.12	15.42	8,507	139,909	
300312	邦讯技术	10,668	2,137	24.18	20.37	10,231	231,576	
300313	天山生物	9,091	1,821	17.25	13.88	14,473	226,493	
300314	戴维医疗	8,000	1,600	34.1	23.73	12,750	359,788	
300315	掌趣科技	16,366	3,276	27.45	19.65	21,182	502,910	
300316	晶盛机电	13,335	2,675	40.48	32.5	14,308	517,726	
300317	珈伟股份	14,000	2,800	13.67	11.21	12,988	157,893	
300318	博晖创新	10,240	2,050	19.7	15.35	11,293	194,489	
300319	麦捷科技	5,334	1,070	20.18	15.3	5,958	99,745	
300320	海达股份	6,667	1,667	21.78	17.76	4,085	77,187	
300321	同大股份	4,440	890	26.97	22.22	4,080	97,790	
300322	硕贝德	9,335	2,335	17.29	13.52	7,538	112,614	
300323	华灿光电	20,000	5,000	21.64	17.3	12,892	258,717	
300324	旋极信息	5,600	1,400	27.58	24.18	3,238	83,330	
300325	德威新材	8,000	2,000	18	15	4,622	73,950	
300326	凯利泰	5,125	1,300	55.2	43.83	4,597	223,249	
300327	中颖电子	12,800	3,200	12.23	11.12	4,742	55,953	
300328	宜安科技	11,200	2,800	16.99	14.02	9,598	147,215	
300329	海伦钢琴	6,699	1,677	20.95	17.93	1,789	34,812	
300330	华虹计通	8,000	2,000	16.3	14.26	5,199	79,554	
300331	苏大维格	6,200	1,550	22.45	20.03	1,185	24,987	
300332	天壕节能	32,000	8,000	11.3	9.99	9,144	96,931	
300333	兆日科技	11,200	2,800	26.98	24.36	2,549	65,208	

2012年上半年深市股票行业成交数据统计

2012年1－6月份	交易天数	成交金额		成交股数		成交笔数	
		人民币元	占总计	股数	占总计%	笔	占总计%
合计	117	8,142,543,009,987	100	709,449,276,348	100	499,047,872	100
农林牧渔	117	180,800,420,596	2.22	13,928,136,514	1.96	11,492,397	2.3
采掘业	117	326,151,669,407	4.01	18,252,137,227	2.57	17,305,051	3.47
制造业	117	5,183,416,305,988	63.66	443,671,825,966	62.54	323,255,476	64.77
食品饮料	117	455,724,631,375	5.6	22,589,649,221	3.18	21,830,794	4.37
纺织服装	117	136,980,883,244	1.68	14,279,382,085	2.01	9,412,868	1.89
木材家具	117	49,313,480,671	0.61	6,444,078,411	0.91	3,526,671	0.71
造纸印刷	117	102,742,017,328	1.26	9,080,772,594	1.28	6,821,514	1.37
石化塑胶	117	807,932,407,355	9.92	78,205,620,435	11.02	52,314,155	10.48
电子	117	724,449,427,836	8.9	71,290,414,318	10.05	44,749,503	8.97
金属非金属	117	851,770,233,266	10.46	78,179,981,586	11.02	54,683,034	10.96
机械设备	117	1,498,487,062,529	18.4	126,055,708,975	17.77	96,511,327	19.34
医药生物	117	460,568,827,509	5.66	30,222,522,962	4.26	26,867,952	5.38
其他制造业	117	95,447,334,876	1.17	7,323,695,379	1.03	6,537,658	1.31
水电煤气	117	94,681,055,523	1.16	14,210,802,003	2	7,082,515	1.42
建筑业	117	136,158,257,790	1.67	9,469,954,942	1.33	8,087,778	1.62

2012 年 1 － 6 月份	交易天数	成交金额		成交股数		成交笔数	
		人民币元	占总计	股数	占总计%	笔	占总计%
运输仓储	117	70,335,572,260	0.86	9,781,111,570	1.38	5,373,485	1.08
信息技术	117	641,824,284,079	7.88	43,624,847,498	6.15	39,540,456	7.92
批发零售	117	296,287,191,783	3.64	31,302,509,090	4.41	17,629,023	3.53
金融保险	117	273,541,406,771	3.36	19,351,719,432	2.73	12,906,395	2.59
房地产业	117	376,600,355,169	4.63	57,461,354,907	8.1	23,983,668	4.81
社会服务	117	277,947,125,986	3.41	24,243,481,029	3.42	16,701,326	3.35
传播文化	117	151,413,225,982	1.86	7,362,933,862	1.04	6,975,991	1.4
综合类	117	133,386,138,651	1.64	16,788,462,308	2.37	8,714,311	1.75

2012 年上半年深市地区交易金额分布

单位：元

省/市	总交易金额(元)	占市场	股票交易金额	基金交易金额	债券交易金额	权证交易金额
上海	2950988055215.40	16.03	2344055208524.95	89992978319.86	516939868370.59	
北京	1855821779605.99	10.08	1517879185666.95	64270461020.13	273672132918.91	
深圳	1836968335868.56	9.98	1539105262588.21	40506383380.68	257356689899.67	
浙江	1778622876788.88	9.66	1693812553348.64	27367069259.37	57443254180.86	
江苏	1391645309749.73	7.56	1214823317523.64	29288041278.82	147533950947.27	
广东	962859903162.10	5.23	900438552945.98	13822370690.69	48598979525.43	
福建	861847717300.47	4.68	778083696870.21	32410135868.38	51353884561.88	
广州	824338318332.76	4.48	756914047002.17	18860424515.17	48563846815.41	
山东	672825514377.22	3.66	610113316107.56	37983883796.66	24728314472.99	
四川	614364259329.19	3.34	571089525729.92	6494777017.99	36779956581.27	
湖北	544583211006.11	2.96	502558061334.48	8808273833.03	33216875838.59	
湖南	470568280046.96	2.56	451225508592.04	4694658257.42	14648113197.49	
辽宁	436343803609.74	2.37	404899399139.12	8178027124.80	23266377345.82	
河南	386899233783.03	2.10	374376549313.15	5249171931.16	7273512538.72	
江西	292185846497.31	1.59	275926409270.26	4270655631.61	11988781595.44	
安徽	265572418297.05	1.44	254065119639.53	4368104545.18	7139194112.34	
天津	251930815348.27	1.37	227283195622.19	5760726945.60	18886892780.48	
陕西	238446236519.11	1.30	221750833370.55	3203989250.34	13491413898.22	
重庆	229804261084.08	1.25	220498425875.09	1915896093.95	7389939115.04	
河北	212177562229.34	1.15	201796841390.13	3318554751.02	7062166088.18	
黑龙江	208581912929.70	1.13	196030963257.25	2787464325.41	9763485347.04	
广西	204696181853.52	1.11	194098199528.86	2061574207.96	8536408116.71	
山西	163641433220.23	0.89	155395798316.28	2174547341.66	6071087562.29	
云南	142896847460.93	0.78	134479645122.71	3387003551.94	5030198786.28	
吉林	131337962299.52	0.71	124317107573.46	1421901469.94	5598953256.13	
新疆	110876916369.85	0.60	105785024156.93	2157100438.90	2934791774.02	
甘肃	83781119463.21	0.46	75550314436.46	764762291.84	7466042734.92	
贵州	83565589254.42	0.45	70119189950.55	1019992147.82	12426407156.05	
海南	71137240413.51	0.39	66272557104.24	2090079599.16	2774603710.11	
内蒙古	60617375815.46	0.33	57894101557.58	604159835.94	2119114421.94	
西藏	24205816638.24	0.13	3543954366.37	65601148.00	20596261123.86	
宁夏	21716655235.04	0.12	21297544398.74	168829963.68	250280872.62	
青海	14287501352.93	0.08	14174806622.13	33387959.90	79306770.91	
境外地区	5431803781.08	0.03	5431803781.08			

2012 年上半年深市会员交易金额

单位：百万元

2012 年 1－6 月	总计	本地会员	异地会员	其他
总交易金额(百万元)	18,405,568.09	3,817,696.35	14,450,654.04	137,217.70
股票	16,285,086.02	3,360,374.24	12,827,049.89	97,661.89
主板 A 股	7,326,137.77	1,562,915.22	5,705,078.60	58,143.94
中小板	6,616,187.24	1,324,992.19	5,257,110.28	34,084.78
创业板	2,294,570.33	459,165.06	1,835,404.62	0.65

2012年1-6月	总计	本地会员	异地会员	其他
主板B股	48,190.68	13,301.77	29,456.39	5,432.52
基金	429,500.99	89,811.40	320,352.83	19,336.76
封闭式	226,070.94	48,463.34	168,223.80	9,383.80
开放式	19,151.47	4,571.11	13,372.90	1,207.46
ETFs	184,278.57	36,776.95	138,756.13	8,745.50
企业债券	1,679,847.97	363,920.61	1,295,961.26	19,966.10
现券	99,516.89	32,271.17	63,675.78	3,569.95
回购	1,580,331.08	331,649.44	1,232,285.48	16,396.16
可转换债券	9,955.77	2,467.96	7,235.02	252.79
国债	1,177.34	1,122.14	55.04	0.16
现货	1,177.34	1,122.14	55.04	0.16
回购	0		0	
权证				

2012年上半年深圳证券市场各省股票集资情况一览表

单位：百万元

省份	总集资		主板						中小板						创业板					
			首次发行		增发		配股集资		首次发行		增发		配股集资		首次发行		增发		配股集资	
	只数	集资金额	只数	集资金额	只数	集资金额	只数	集资金额	只数	集资金额	只数	集资金额	只数	集资金额	只数	集资金额	只数	集资金额	只数	集资金额
广东	71	92617.79			8	53276.77			19	15378.59	15	7534.34	1	332.52	28	16095.57				
青海	2	78443.75			1	77483.75			1	960										
浙江	52	37901.86			1	414.59			22	20101.13	17	10048.3	2	1150.03	10	6187.8				
江苏	45	32665.09			1	2083.93	1	674.99	15	15461.96	7	2521.84	1	228.46	20	11693.9				
北京	31	22780.31			4	5149.4			6	5946.6	4	797.15			15	10763.41	2	123.75		
山东	26	21651.99			2	2205.8			10	8794.28	5	3692.32			9	6959.59				
四川	12	19489.08			4	14050.18			4	3406.11	3	1689.79			1	343				
河北	3	19017.4			1	16015			1	2246.4					1	756				
安徽	19	16771.17			4	3623.61			8	8228.8	4	2749.16			3	2169.6				
重庆	8	14175.85			4	11098.78			1	450	1	846.86			2	1780.21				
上海	19	11178							5	3962.7					13	7157.16	1	58.14		
河南	13	9607.91			1	1369.26			6	5800.1	2	531.45			4	1907.1				
福建	15	9502.94			1	560			5	4492.38	5	2779.99			3	1661	1	9.57		
广西	4	9423.39			3	9100.01			1	323.38										
辽宁	8	8989.51							2	1025	4	7072.05			2	892.46				
湖南	13	8095.94			4	3410.61	1	580.2	2	1454.6	2	232.8			4	2417.72				
新疆	4	7662.01			1	6084.11					2	836.1			1	741.79				
湖北	9	6513			2	3293.01			1	435.5					6	2784.49				
甘肃	3	4004.57			1	3315.52			1	323.2	1	365.85								
云南	2	3292.44			2	3292.44														
吉林	3	2861.24							2	1861.24	1	1000								
山西	3	2266.29							1	430.09					2	1836.2				
海南	3	2189.63			1	816.53			1	413.1					1	960				
贵州	2	1571.24					1	491.24			1	1080								
江西	3	1231.3							1	400	2	831.3								
西藏	1	1214.34			1	1214.34														
宁夏	2	1191.74			1	290	1	901.74												
天津	1	1000													1	1000				
陕西	1	868.7													1	868.7				
内蒙古	1	171													1	171				
合计	379	448349.47			48	218147.66	4	2648.18	115	101895.15	76	44609.31	4	1711.01	128	79146.68	4	191.47		

注：发行集资以上市日为准，配股集资以配股上市日为准。

深圳证券交易所指数列表

指数代码	指数简称	基日	基日指数	起始计算日
399001	深证成份指数	1994/7/20	1000	1995/1/23
399002	成份A股指数	1994/7/20	1000	1995/1/23

指数代码	指数简称	基日	基日指数	起始计算日
399003	成份 B 股指数	1994/7/20	1000	1995/1/23
399004	深证 100 指数	2002/12/31	1000	2003/1/2
399005	中小板指数 P	2005/6/7	1000	2006/1/24
399006	创业板指数 P	2010/5/31	1000	2010/6/1
399007	深证 300 价格	2004/12/31	1000	2009/11/4
399008	中小板 300P	2010/3/19	1000	2010/3/22
399009	深证 200 指数	2004/12/31	1000	2011/9/1
399010	深证 700 指数	2004/12/31	1000	2011/9/1
399011	深证 1000 指数	2004/12/31	1000	2011/9/1
399100	深证新指数	2005/12/30	1107	2006/2/16
399101	中小板综指	2005/6/7	1000	2005/12/1
399102	创业板综指	2010/5/31	1000	2010/8/20
399103	乐富基金指数	2004/12/31	1000	2011/12/2
399106	深证综合指数	1991/4/3	100	1991/4/4
399107	深证 A 股指数	1991/4/3	100	1992/10/4
399108	深证 B 股指数	1992/2/28	100	1992/10/6
399110	农林牧渔指数	1991/4/3	100	2001/7/2
399120	采掘业指数	1991/4/3	100	2001/7/2
399130	制造业指数	1991/4/3	100	2001/7/2
399131	食品饮料指数	1991/4/3	100	2001/7/2
399132	纺织服装指数	1991/4/3	100	2001/7/2
399133	木材家具指数	1991/4/3	100	2001/7/2
399134	造纸印刷指数	1991/4/3	100	2001/7/2
399135	石化塑胶指数	1991/4/3	100	2001/7/2
399136	电子指数	1991/4/3	100	2001/7/2
399137	金属非金属指	1991/4/3	100	2001/7/2
399138	机械设备指数	1991/4/3	100	2001/7/2
399139	医药生物指数	1991/4/3	100	2001/7/2
399140	水电煤气指数	1991/4/3	100	2001/7/2
399150	建筑业指数	1991/4/3	100	2001/7/2
399160	运输仓储指数	1991/4/3	100	2001/7/2
399170	信息技术指数	1991/4/3	100	2001/7/2
399180	批发零售指数	1991/4/3	100	2001/7/2
399190	金融保险指数	1991/4/3	100	2001/7/2
399200	房地产业指数	1991/4/3	100	2001/7/2
399210	社会服务指数	1991/4/3	100	2001/7/2
399220	传播文化指数	1991/4/3	100	2001/7/2
399230	综合类指数	1991/4/3	100	2001/7/2
399300	沪深 300 指数	2004/12/31	1000	2005/4/8
399305	深市基金指数	2000/6/30	1000	2000/7/3
399306	深证 ETF 指数	2010/12/31	1000	2011/12/2
399323	深证红利指数	2002/12/31	1000	2006/1/24
399324	深证红利 P	2002/12/31	1000	2006/1/24
399325	深证成长 40	2002/12/31	1000	2006/1/24
399326	深证成长 40P	2002/12/31	1000	2006/1/24
399327	深证治理指数	2002/12/31	1000	2006/1/24
399328	深证治理 P	2002/12/31	1000	2006/1/24
399330	深证 100 指数 P	2002/12/31	1000	2006/1/24
399331	深证创新指数	2002/12/31	1000	2006/2/27
399332	深证创新 P	2002/12/31	1000	2006/2/27
399333	中小板指数 R	2005/6/7	1000	2006/12/27
399334	深证央企指数	2004/12/31	1000	2009/8/3
399335	深证央企 P	2004/12/31	1000	2009/8/3
399336	深证民营指数	2004/12/31	1000	2009/8/3
399337	深证民营 P	2004/12/31	1000	2009/8/3
399338	深证科技指数	2004/12/31	1000	2009/8/3
399339	深证科技 P	2004/12/31	1000	2009/8/3

指数代码	指数简称	基日	基日指数	起始计算日
399340	深证社会责任	2009/6/30	1000	2009/8/3
399341	深证责任 P	2009/6/30	1000	2009/8/3
399344	深证 300 指数	2004/12/31	1000	2009/11/4
399345	深证 300 成长	2004/12/31	1000	2009/11/4
399346	深证 300 成长 P	2004/12/31	1000	2009/11/4
399347	深证 300 价值	2004/12/31	1000	2009/11/4
399348	深证 300 价值 P	2004/12/31	1000	2009/11/4
399481	巨潮企债指数	2002/12/31	100	2003/2/17
399601	中小板 300R	2010/3/19	1000	2010/3/22
399602	中小 300 成长 P	2010/3/19	957	2010/5/24
399603	中小 300 成长 R	2010/3/19	963	2010/5/24
399604	中小 300 价值 P	2010/3/19	862	2010/5/24
399605	中小 300 价值 R	2010/3/19	868	2010/5/24
399606	创业板指数 R	2010/5/31	1000	2010/6/1
399607	深证科技 100R	2007/6/29	1000	2010/10/18
399608	深证科技 100P	2007/6/29	1000	2010/10/18
399609	深证 TMT50R	2004/12/31	1000	2010/11/8
399610	深证 TMT50P	2004/12/31	1000	2010/11/8
399611	中小创业 100R	2007/6/29	1000	2011/2/28
399612	中小创业 100P	2007/6/29	1000	2011/2/28
399613	深证能源指数	2004/12/31	1000	2011/6/15
399614	深证材料指数	2004/12/31	1000	2011/6/15
399615	深证工业指数	2004/12/31	1000	2011/6/15
399616	深证可选消费	2004/12/31	1000	2011/6/15
399617	深证主要消费	2004/12/31	1000	2011/6/15
399618	深证医药卫生	2004/12/31	1000	2011/6/15
399619	深证金融地产	2004/12/31	1000	2011/6/15
399620	深证信息技术	2004/12/31	1000	2011/6/15
399621	深证电信指数	2004/12/31	1000	2011/6/15
399622	深证公用事业	2004/12/31	1000	2011/6/15
399623	中小基础指数	2005/12/30	1000	2011/7/25
399624	中创 400 指数	2010/6/30	1267	2011/8/15
399625	中创 500 指数	2010/6/30	1240	2011/8/15
399626	中创 500 成长	2010/6/30	1187	2011/8/15
399627	中创 500 价值	2010/6/30	1236	2011/8/15
399628	深证 700 成长	2010/6/30	1000	2011/9/1
399629	深证 700 价值	2010/6/30	1000	2011/9/1
399630	深证 1000 成长	2010/6/30	1000	2011/9/1
399631	深证 1000 价值	2010/6/30	1000	2011/9/1
399632	深证 100 等权	2002/12/31	1000	2011/10/28
399633	深证 300 等权	2004/12/31	1000	2011/10/28
399634	中小板等权	2006/12/29	1000	2011/10/28
399635	创业板等权	2010/9/30	1000	2011/10/28
399636	深证装备指数	2004/12/31	1000	2011/11/15
399637	深证地产指数	2004/12/31	1000	2011/11/15
399638	深证环保指数	2004/12/31	1000	2011/11/15
399639	深证大宗商品	2004/12/31	1000	2011/11/15
399640	创业基础指数	2010/12/31	1000	2012/1/16
399641	深证新兴产业	2010/6/30	1000	2012/2/1
399642	中小新兴产业	2010/6/30	1000	2012/2/1
399643	创业新兴产业	2010/6/30	1000	2012/2/1
399644	深证投资时钟	2006/12/29	1000	2012/3/26
399645	深证 100 低波	2004/12/31	1000	2012/6/12
399646	深证消费 50	2004/12/31	1000	2012/8/6
399647	深证医药 50	2004/12/31	1000	2012/8/6
399648	深证 GDP100	2005/6/30	1000	2012/8/8
399649	中小红利指数	2009/6/30	1000	2012/8/20

指数代码	指数简称	基日	基日指数	起始计算日
399650	中小治理指数	2009/6/30	1000	2012/8/20
399651	中小责任指数	2009/6/30	1000	2012/8/20
399652	中创高新指数	2011/6/30	1000	2012/9/17
399653	深证龙头指数	2010/6/30	1000	2012/9/25
399654	深证文化指数	2009/6/30	1000	2012/11/9
399655	深证绩效指数	2002/12/31	1000	2012/11/19
399656	深证 100 绩效	2002/12/31	1000	2012/11/19
399657	深证 300 绩效	2004/12/31	1000	2012/11/19
399658	中小板指绩效	2006/12/29	1000	2012/11/19
399659	深证成份等权	2002/12/31	1000	2012/11/23
399660	中创 100 等权	2007/6/29	1000	2012/11/23
399701	深证 F60	2002/12/31	1000	2010/5/10
399702	深证 F120	2002/12/31	1000	2010/5/10
399703	深证 F200	2002/12/31	1000	2010/5/10
399704	深证上游产业	2002/12/31	1000	2011/10/17
399705	深证中游产业	2002/12/31	1000	2011/10/17
399706	深证下游产业	2002/12/31	1000	2011/10/17

2011 年深圳证券交易所大事记

一月

1 月 7 日，广东安居宝数码科技股份有限公司、天立环保工程股份有限公司、恒泰艾普石油天然气技术服务股份有限公司、山西振东制药股份有限公司、新疆机械研究院股份有限公司在创业板上市。

1 月 10 日，杭州锅炉集团股份有限公司、青岛海立美达股份有限公司在中小板上市。

1 月 11 日，林州重机集团股份有限公司、河南省西峡汽车水泵股份有限公司在中小板上市。

1 月 13 日，江苏秀强玻璃工艺股份有限公司、武汉华中数控股份有限公司、深圳雷曼光电科技股份有限公司、宁波先锋新材料股份有限公司、西安通源石油科技股份有限公司在创业板上市。

1 月 18 日，安徽省司尔特肥业股份有限公司、成都市新都化工股份有限公司、江苏亚太轻合金科技股份有限公司、安徽鸿路钢结构（集团）股份有限公司在中小板上市。

1 月 18 日，北京君德同创农牧科技股份有限公司在代办股份转让系统挂牌。

1 月 21 日，北京环拓科技股份有限公司在代办股份转让系统挂牌。

1 月 25 日，江苏天瑞仪器股份有限公司、北京东方国信科技股份有限公司、深圳市迪威视讯股份有限公司、万达信息股份有限公司、常州天晟新材料股份有限公司在创业板上市。

1 月 28 日，中化岩土工程股份有限公司、广东万和新电气股份有限公司、广州杰赛科技股份有限公司在中小板上市。

二月

2 月 1 日，上海汉得信息技术股份有限公司、上海东富龙科技股份有限公司、南京中电联环保股份有限公司、中山市松德包装机械股份有限公司、福建元力活性炭股份有限公司在创业板上市。

2 月 11 日，青岛东方铁塔股份有限公司、南京新联电子股份有限公司在中小板上市。

2 月 15 日，朗源股份有限公司、广东鸿特精密技术股份有限公司、广州中海达卫星导航技术股份有限公司、深圳市腾邦国际票务股份有限公司、河南四方达超硬材料股份有限公司在创业板上市。

2 月 18 日，苏州春兴精工股份有限公司、深圳市金新农饲料股份有限公司、湖南凯美特气体股份有限公司、常州千红生化制药股份有限公司在中小板上市。

2 月 22 日，上海华峰超纤材料股份有限公司、浙江佐力药业股份有限公司、北京捷成世纪科技股份有限公司、青岛东软载波科技股份有限公司、武汉力源信息技术股份有限公司在创业板上市。

2 月 25 日，我所发起设立的“阿拉善生态基金会”正式成立。

2 月 25 日，深圳市尚荣医疗股份有限公司、宝鼎重工股份有限公司、江苏南方轴承股份有限公司、华油惠博普科技股份有限公司在中小板上市。

2 月 25 日，我所发布《2010 年度股票市场绩效报告》。

2 月 28 日，我所发布《2010 年度自律监管工作报告》。

三月

3 月 2 日，芜湖顺荣汽车部件股份有限公司、安徽辉隆农资集团股份有限公司、洽洽食品股份有限公司、重庆新世纪游轮股份有限公司在中小板上市。

3 月 3 日，江苏亚威机床股份有限公司、河南通达电缆股份有限公司、上海徐家汇商城股份有限公司在中小板上市。

3 月 8 日，通裕重工股份有限公司、广东大华农动物保健品股份有限公司、湖南永清环保股份有限公司在创业板上市。

3 月 10 日，兄弟科技股份有限公司、张家港化工机械股份有限公司在中小板上市。

3 月 11 日，浙江森马服饰股份有限公司在中小板上市。

3 月 15 日，我所发布《2010 年个人投资者状况调查报告》。

3 月 16 日，厦门市美亚柏科信息股份有限公司、海南神农大丰种业科技股份有限公司、江苏维尔利环保科技股份有限公司、潜能恒信能源技术股份有限公司在创业板上市。

3 月 18 日，上海绿新包装材料科技股份有限公司、吉林省集安益盛药业股份有限公司在中小板上市。

3月22日，苏州科斯伍德油墨股份有限公司、深圳市佳士科技股份有限公司、重庆福安药业（集团）股份有限公司在创业板上市。

3月25日，唐人神集团股份有限公司、上海百润香精香料股份有限公司在中小板上市。

3月29日，天津长荣印刷设备股份有限公司、江苏长海复合材料股份有限公司、深圳市铁汉生态环境股份有限公司在创业板上市。

四月

4月7日，福建纳川管材科技股份有限公司、深圳翰宇药业股份有限公司、北京高盟新材料股份有限公司、徐州海伦哲专用车辆股份有限公司在创业板上市。

4月8日，江苏沙钢股份有限公司股票恢复上市。

4月12日，浙江步森服饰股份有限公司、浙江贝因美科工贸股份有限公司、安徽德力日用玻璃股份有限公司、广州市宁基装饰实业股份有限公司在中小板上市。

4月15日，辽宁聚龙金融设备股份有限公司、聚光科技（杭州）股份有限公司、舒泰神（北京）生物制药股份有限公司在创业板上市。

4月21日，武汉天喻信息产业股份有限公司、深圳市理邦精密仪器股份有限公司、欣旺达电子股份有限公司在创业板上市。

4月22日，北京国电清新环保技术股份有限公司、浙江明牌珠宝股份有限公司、广东群兴玩具股份有限公司在中小板上市。

4月26日，青岛市恒顺电气股份有限公司、江苏天泽信息产业股份有限公司、鞍山森远路桥股份有限公司在创业板上市。

4月28日，江苏通达动力科技股份有限公司、深圳雷柏科技股份有限公司、福建省闽发铝业股份有限公司在中小板上市。

五月

5月5日，江苏亿通高科技股份有限公司、北京易华录信息技术股份有限公司、北京佳讯飞鸿电气股份有限公司在创业板上市。

5月5日，发布《深交所多层次资本上市公司2010年报实证分析报告》。

5月6日起至7月8日，中央第二企业金融巡视组对我所进行巡视。

5月6日，惠州中京电子科技股份有限公司、山东圣阳电源股份有限公司在中小板上市。

5月11日，山东日科化学股份有限公司、苏州电器科学研究院股份有限公司、湖南千山制药机械股份有限公司在创业板上市。

5月18日，镇江东方电热科技股份有限公司、安徽安利合成革股份有限公司、广州市鸿利光电股份有限公司在创业板上市。

5月20日，淄博万昌科技股份有限公司、好想你枣业股份有限公司在中小板上市。

5月25日，武汉金运激光股份有限公司、广东银禧科技股份有限公司、上海科大智能科技股份有限公司在创业板上市。

5月31日，北京君正集成电路股份有限公司、烟台正海磁性材料股份有限公司、上海金力泰化工股份有限公司在创业板上市。

5月31日，威力恒、七维航测、天一众合在代办股份转让系统挂牌。

六月

6月2日，西陇化工股份有限公司、江苏双星彩塑新材料股份有限公司、浙江省围海建设集团股份有限公司在中小板上市。

6月8日，上海钢联电子商务股份有限公司、深圳光韵达光电科技股份有限公司、张家港富瑞特种装备股份有限公司在创业板上市。

6月10日，深圳市奥拓电子股份有限公司、史丹利化肥股份有限公司、山东瑞康医药股份有限公司、浙江万安科技股份有限公司在中小板上市。

6月15日，北京拓尔思信息技术股份有限公司、上海永利带业股份有限公司、北京银信长远科技股份有限公司在创业板上市。

6月17日，同辉佳视（北京）信息技术股份有限公司在代办股份转让系统挂牌。

6月21日，江西恒大高新技术股份有限公司在中小板上市。

6月21日，北京易生创新科技股份有限公司在代办股份转让系统挂牌。

6月22日，深圳市洲明科技股份有限公司、山东金城医药化工股份有限公司、浙江开尔新材料股份有限公司在创业板上市。

6月23日，北京东方互联生态科技股份有限公司在代办股份转让系统挂牌。

七月

7月6日，广东冠昊生物科技股份有限公司、包头东宝生物技术股份有限公司、江苏飞力达国际物流股份有限公司在创业板上市。

7月7日，海南瑞泽新型建材股份有限公司、安徽金禾实业股份有限公司、山东省章丘鼓风机股份有限公司在中小板上市。

7月8日，北京掌上通网络技术股份有限公司在代办股份转让系统挂牌。

7月12日，深圳市瑞丰光电子股份有限公司、广东明家科技股份有限公司、山东瑞丰高分子材料股份有限公司在创业板上市。

7月15日，北京盛通印刷股份有限公司、广东江粉磁材股份有限公司、河南佰利联化学股份有限公司在中小板上市。

7月19日，浙江迪安诊断技术股份有限公司、上海天玑科技股份有限公司、广东宝莱特医用科技股份有限公司在创业板上市。

7月28日，浙江世纪华通车业股份有限公司、石家庄以岭药业股份有限公司、山东龙力生物科技股份有限公司在中小板上市。

7月28日，北京确安科技股份有限公司在代办股份转让系统挂牌。

7月29日，安徽桑乐金股份有限公司、郑州新开普电子股份有限公司在创业板上市。

八月

8月3日，四川依米康环境科技股份有限公司、杭州初灵信息技术股份有限公司、北京光线传媒股份有限公司在创业板上市。

8 月 5 日，上海姚记扑克股份有限公司、大连电瓷集团股份有限公司在中小板上市。

8 月 6 日，我所召开 2011 年中总结暨工作务虚会。

8 月 10 日，芜湖亚夏汽车股份有限公司、江苏舜天船舶股份有限公司在中小板上市。

8 月 18 日，深圳金信诺高新技术股份有限公司上海金仕达卫宁软件股份有限公司在创业板上市。

8 月 19 日，山西仟源制药股份有限公司、河北常山生化药业股份有限公司、浙江星星瑞金科技股份有限公司、浙江开山压缩机股份有限公司在创业板上市。

8 月 19 日，北京航星网讯技术股份有限公司在代办股份转让系统挂牌。

8 月 23 日，金科地产集团股份有限公司在主板上市。

8 月 26 日，江苏太平洋精锻科技股份有限公司在创业板上市。

8 月 26 日，甘肃兰光科技股份有限公司恢复上市。

8 月 30 日，我所与郑州商品交易所签订《异地灾备协作框架协议》。

8 月 30 日，广东东方精工科技股份有限公司、朗姿股份有限公司、洛阳北方玻璃技术股份有限公司在中小板上市。

8 月 30 日，北京航天宏达光电技术股份有限公司在代办股份转让系统挂牌。

8 月 31 日，河南新天科技股份有限公司在创业板上市。

九月

9 月 6 日，昆山新莱洁净应用材料股份有限公司、苏州雅本化学股份有限公司在创业板上市。

9 月 9 日，厦门蒙发利科技（集团）股份有限公司、浙江哈尔斯真空器皿股份有限公司在中小板上市。

9 月 16 日，上海巴安水务股份有限公司、上海巴安水务股份有限公司、深圳市佳创视讯技术股份有限公司、江苏通光电子线缆股份有限公司在创业板上市。

9 月 20 日，广东长青（集团）股份有限公司、露笑科技股份有限公司、深圳丹邦科技股份有限公司在创业板上市。

9 月 27 日，杭州兴源过滤科技股份有限公司、湖南尔康制药股份有限公司、万福生科（湖南）农业开发股份有限公司在创业板上市。

9 月 29 日，浙江巨龙管业股份有限公司、深圳瑞和建筑装饰股份有限公司、大连三垒机器股份有限公司在中小板上市。

十月

10 月 12 日，深圳市联建光电股份有限公司、杭州中威电子股份有限公司在创业板上市。

10 月 13 日，常州亚玛顿股份有限公司在中小板上市。

10 月 18 日，发布《关于在部分保荐机构试行持续督导专员制度的通知》，在部分保荐机构试行持续督导专员制度。

10 月 18 日，吉林永大集团股份有限公司在中小板上市。

10 月 26 日，北京紫光华宇软件股份有限公司、珠海和佳医疗设备股份有限公司在创业板上市。

10 月 28 日，浙江金磊高温材料股份有限公司、厦门金达威集团股份有限公司在中小板上市。

10 月 30 日，深交所中文网站与英文网站全面改版上线。

十一月

11 月 2 日，上海开能环保设备股份有限公司、阳光电源股份有限公司、重庆梅安森科技股份有限公司在创业板上市。

11 月 3 日，浙江龙生汽车部件股份有限公司、湖北宜昌交运集团股份有限公司、成都市路桥工程股份有限公司、四川仁智油田技术服务股份有限公司在中小板上市。

11 月 11 日，我所举办第四版交易系统上线十周年纪念暨第五版交易系统建设启动仪式。

11 月 11 日，南宁八菱科技股份有限公司、华西能源工业股份有限公司、德尔国际家居股份有限公司在中小板上市。

11 月 12 日，我所推出上市公司投资者关系互动平台“互动易”。

11 月 15 日，湖北三丰智能输送装备股份有限公司在创业板上市。

11 月 25 日，我所发布《深圳证券交易所融资融券交易实施细则》。

11 月 22 日，浙江道明光学股份有限公司、申科滑动轴承股份有限公司在中小板上市。

11 月 23 日，深圳海联讯科技股份有限公司在创业板上市。

11 月 25 日，苏州安洁科技股份有限公司、金安国纪科技股份有限公司、浙江赞宇科技股份有限公司、东莞勤上光电股份有限公司在中小板上市。

11 月 28 日，我所发布《关于完善创业板退市制度的方案》（征求意见稿）。

十二月

12 月 1 日，我所与深圳市人民政府、工业和信息化部及科技部共同举办第九届中小企业融资论坛。

12 月 2 日，我所与深圳市人民政府、资本市场研究会共同举办第十届中国证券投资基金国际论坛。

12 月 2 日，焦作鑫安科技股份有限公司恢复上市。

12 月 3 日，我所与中国期货业协会、深圳市人民政府共同举办第七届中国（深圳）国际期会大会。

12 月 5 日，浙江棒杰数码针织品股份有限公司、福建雪人股份有限公司在中小板上市。

12 月 8 日，山西百圆裤业连锁经营股份有限公司、永高股份有限公司在中小板上市。

12 月 16 日，湖北华昌达智能装备股份有限公司在创业板上市。

12 月 20 日，北京荣之联科技股份有限公司、烟台万润精细化工股份有限公司、江苏华宏科技股份有限公司

12 月 22 日，兰州佛慈制药股份有限公司、青海互助青稞酒股份有限公司在中小板上市。

12 月 27 日，北京科若思技术开发股份有限公司在代办股份转让系统挂牌。

12 月 28 日，浙江宏磊铜业股份有限公司、浙江卫星石化股份有限公司在中小板上市。

12 月 29 日，无锡和晶科技股份有限公司、南通锻压设备股份有限公司、广东金明精机股份有限公司、北京汇冠新技术股份有限公司在创业板上市。

第二章　证券监管与经营机构

第一节　证券监管机构

中国证券监督管理委员会

中国证监会为国务院直属正部级事业单位，依照法律、法规和国务院授权，统一监督管理全国证券期货市场，维护证券期货市场秩序，保障其合法运行。

中国证监会设在北京，现设主席 1 名，副主席 4 名，纪委书记 1 名（副部级），主席助理 3 名；会机关内设 18 个职能部门，1 个稽查总队，3 个中心；根据《证券法》第 14 条规定，中国证监会还设有股票发行审核委员会，委员由中国证监会专业人员和所聘请的会外有关专家担任。中国证监会在省、自治区、直辖市和计划单列市设立 36 个证券监管局，以及上海、深圳证券监管专员办事处。

依据有关法律法规，中国证监会在对证券市场实施监督管理中履行下列职责：

（1）研究和拟订证券期货市场的方针政策、发展规划；起草证券期货市场的有关法律、法规，提出制定和修改的建议；制定有关证券期货市场监管的规章、规则和办法。

（2）垂直领导全国证券期货监管机构，对证券期货市场实行集中统一监管；管理有关证券公司的领导班子和领导成员。

（3）监管股票、可转换债券、证券公司债券和国务院确定由证监会负责的债券及其他证券的发行、上市、交易、托管和结算；监管证券投资基金活动；批准企业债券的上市；监管上市国债和企业债券的交易活动。

（4）监管上市公司及其按法律法规必须履行有关义务的股东的证券市场行为。

（5）监管境内期货合约的上市、交易和结算；按规定监管境内机构从事境外期货业务。

（6）管理证券期货交易所；按规定管理证券期货交易所的高级管理人员；归口管理证券业、期货业协会。

（7）监管证券期货经营机构、证券投资基金管理公司、证券登记结算公司、期货结算机构、证券期货投资咨询机构、证券资信评级机构；审批基金托管机构的资格并监管其基金托管业务；制定有关机构高级管理人员任职资格的管理办法并组织实施；指导中国证券业、期货业协会开展证券期货从业人员资格管理工作。

（8）监管境内企业直接或间接到境外发行股票、上市以及在境外上市的公司到境外发行可转换债券；监管境内证券、期货经营机构到境外设立证券、期货机构；监管境外机构到境内设立证券、期货机构、从事证券、期货业务。

（9）监管证券期货信息传播活动，负责证券期货市场的统计与信息资源管理。

（10）会同有关部门审批会计师事务所、资产评估机构及其成员从事证券期货中介业务的资格，并监管律师事务所、律师及有资格的会计师事务所、资产评估机构及其成员从事证券期货相关业务的活动。

（11）依法对证券期货违法违规行为进行调查、处罚。

（12）归口管理证券期货行业的对外交往和国际合作事务。

（13）承办国务院交办的其他事项。

领导介绍：

主席：郭树清

郭树清同志，1956 年 8 月出生，汉族，内蒙古察右后旗人，法学博士。

现任中国证券监督管理委员会主席、党委书记。

郭树清同志 1988 年 9 月任国家计委经研中心综合组副组长（副司级）。1993 年 4 月起先后担任国家经济体制改革委员会综合规划和试点司司长、宏观调控体制司司长。1996 年 2 月任国家经济体制改革委员会党组成员、秘书长兼机关党委副书记。1998 年 3 月任国务院经济体制改革办公室党组成员兼机关党委副书记。1998 年 7 月任贵州省副省长。2001 年 3 月任中国人民银行副行长、党委委员，国家外汇管理局局长、党组书记。2005 年 3 月任中国建设银行董事长、党委书记，中国信达资产管理公司党委书记，中国建银投资有限责任公司党委书记。2011 年 10 月任中国证券监督管理委员会主席、党委书记。

郭树清同志是第十七届中央候补委员、第十届全国政协委员。

副主席：庄心一

庄心一同志，1955 年 4 月出生，汉族，上海人，经济学博士。

现任中国证券监督管理委员会副主席、党委委员。

庄心一同志 1992 年 1 月任中国人民建设银行信贷部副主任；1992 年 10 月任国务院证券委员会办公室副主任；1993 年 8 月任中国人民建设银行信托投资公司副总经理；1995 年 10 月任深圳证券交易所总经理、党委书记；1997 年 10 月任国务院证券委员会办公室巡视员兼中国证券监督管理委员会培训中心主任；1998 年 10 月任深圳市副市长；2002 年 7 月任中国证券业协会会长、党委书记；2003 年 11 月任中国证券监督管理委员会主席助理、党委委员；2005 年 2 月任中国证券监督管理委员会副主席、党委委员。

副主席：姚刚

姚刚同志，1962 年 5 月出生，汉族，山西文水人，经济学博士。

现任中国证券监督管理委员会副主席、党委委员。

姚刚同志 1993 年起任中国证券监督管理委员会期货监管部副主任、主任;1999 年任国泰君安证券有限公司总经理、党委副书记、副董事长;2002 年任中国证券监督管理委员会发行监管部主任;2004 年 7 月任中国证券监督管理委员会主席助理、党委委员兼发行监管部主任。2008 年任中国证券监督管理委员会副主席、党委委员。

副主席:刘新华

刘新华同志,1955 年 9 月出生,回族,河北人,经济学博士。

现任中国证券监督管理委员会副主席、党委委员。

刘新华同志 1975 年起在宁夏银川市电信局工作;1982 年起任宁夏回族自治区党委宣传部部务秘书、办公室副主任;1989 年起任深圳市委政策研究室秘书处处长、深圳证券管理办公室副主任、主任、党组书记、深圳证券交易所理事;1999 年 1 月任中国证券监督管理委员会办公厅主任、党委办公室主任兼机关党委常务副书记;2006 年 7 月任中国证券监督管理委员会主席助理、党委委员兼办公厅主任、党委办公室主任;2009 年 4 月任中国证券监督管理委员会副主席、党委委员。

纪委书记:黎晓宏

黎晓宏同志,1953 年 3 月出生,汉族,籍贯湖北,工学硕士。

现任中国证券监督管理委员会纪委书记、党委委员。

黎晓宏同志 1969 年参加工作。1992 年 10 月起先后担任北京市第一轻工业总公司党委副书记、党委常委、副总经理、副董事长,京泰(集团)有限公司董事、副总经理,华夏证券股份有限公司党委书记、董事长,中信建投证券有限责任公司党委书记、董事长。2006 年 5 月任北京市政府副秘书长。2007 年 2 月任北京市政府党组成员,市政府办公厅主任、党组书记,北京市政府秘书长。2010 年 1 月任北京市政协副主席。2011 年 10 月任中国证券监督管理委员会纪委书记、党委委员。

主席助理:姜洋

姜洋同志,1956 年 9 月出生,汉族,四川泸州人,经济学博士。

现任中国证券监督管理委员会副主席、党委委员。

姜洋同志 1982 年起任经济日报社编辑、记者;1989 年任金融时报经济部负责人;1990 年起任中国人民银行办公厅新闻处副处长、处长、办公厅秘书处处长、办公厅副主任、非银行金融机构监管司副司长;1998 年任中国证券监督管理委员会机构监管部主任;2001 年 7 月任上海期货交易所总经理、党委书记;2006 年 7 月任中国证券监督管理委员会主席助理、党委委员;2006 年 8 月至 2009 年 4 月兼任期货监管部主任;2012 年 9 月任中国证券监督管理委员会副主席、党委委员。

主席助理:吴利军

吴利军同志,1964 年 8 月出生,汉族,山西朔州人,经济学博士。

现任中国证券监督管理委员会主席助理、党委委员。

吴利军同志 1988 年起先后在国家物资部、国内贸易部人事劳动司、办公厅工作;1997 年 4 月任国内贸易部国家物资储备调节中心副主任;1997 年 10 月任中国证券监督管理委员会信息中心负责人;1998 年 10 月任中国证券监督管理委员会培训中心副主任(主持工作);2000 年 11 月任中国证券监督管理委员会人事教育部副主任、党委组织部副部长(主持工作);2001 年 4 月任中国证券监督管理委员会人事教育部主任、党委组织部部长;2009 年 4 月任中国证券监督管理委员会主席助理、党委委员。

主席助理:张育军

张育军同志,1963 年 5 月出生,汉族,四川什邡人,经济学博士、法学博士。

现任中国证券监督管理委员会主席助理、党委委员。

张育军同志 1995 年 5 月任中国证券监督管理委员会办公室副主任。1995 年 10 月任深圳证券交易所副总经理。1997 年 11 月任中国证券监督管理委员会副秘书长,1998 年 6 月兼任外事部主任,1998 年 10 月任政策研究室副主任(主持工作)。1999 年 6 月任深圳证券监管办公室党委书记、主任(正厅局级),2000 年 8 月兼任深圳证券交易所总经理。2000 年 10 月任深圳证券交易所党委书记、总经理。2001 年 9 月任深圳证券交易所党委副书记、总经理。2008 年 2 月任上海证券交易所党委副书记、总经理。2012 年 8 月任中国证券监督管理委员会党委委员。2012 年 9 月任中国证券监督管理委员会主席助理。

上海证券交易所

上海证券交易所成立于 1990 年 11 月 26 日,同年 12 月 19 日开业,归属中国证监会直接管理。秉承"法制、监管、自律、规范"的八字方针,上海证券交易所致力于创造透明、开放、安全、高效的市场环境,切实保护投资者权益,其主要职能包括:提供证券交易的场所和设施;制定证券交易所的业务规则;接受上市申请,安排证券上市;组织、监督证券交易;对会员、上市公司进行监管;管理和公布市场信息。

上证所下设办公室、人事部(组织部)、党办(宣传部)纪检办、交易管理部、发行上市部、上市公司监管一部、上市公司监管二部、会员部、债券业务部、国际发展部、基金与衍生品部、市场监察部、法律部、投资者教育部、系统运行部、技术开发部、技术规划与服务部、信息中心、北京中心、财务部、风控与内审部、行政服务中心(保卫部)、基建工作小组等二十三个部门,以及三个下属机构上海证券交易所发展研究中心、上海证券通信有限责任公司、上证所信息网络有限公司,通过它们的合理分工和协调运作,有效地担当起证券市场组织者的角色。

上证所市场交易采用电子竞价交易方式,所有上市交易证券的买卖均须通过电脑主机进行公开申报竞价,由主机按照价格优先、时间优先的原则自动撮合成交。上交所新一代交易系统峰值订单处理能力达到 80000 笔/秒,系统日双边成交容量不低于 1.2 亿笔,相当于单市场 1.2 万亿元的日成交规模,并且具备平行扩展能力。

经过多年的持续发展,上海证券市场已成为中国内地首屈一指的市场。截至 2011 年年底,上证所拥有 931 家上市公司,上市股票数 975 个,股票市价总值 14.84 万亿元。2011 年股票筹资总额 3199.69 亿元。一大批国民经济支柱企业、重点企业、基础行业企业和高新科技企业通过上市,既筹集了发展资金,又转换了经营机制。

迈入新世纪后,上证所肩负着规范发展市场的艰巨任务,也面临着进一步推进市场各项建设的良好机遇。凭借一流的硬件设施和浦东优越的区位优势与强大辐射力,凭借上海经济良好发展势头和特有的龙头效应,凭借国企改革和金融中心建设对上海资本市场的积极推动,上证所将按照坚定信心、加强监管、保持稳定、规范发展的思路,在技术、监管、人才、服务等方面多管齐下,为建设一个规范透明、高效开放、充满生机活力的世界一流交易所开启新的篇章。

深圳证券交易所

深圳证券交易所(以下简称"深交所")成立于1990年12月1日,是为证券集中交易提供场所和设施,组织和监督证券交易,履行国家有关法律、法规、规章、政策规定的职责,实行自律管理的法人,由中国证券监督管理委员会(以下简称"中国证监会")监督管理。深交所的主要职能包括:提供证券交易的场所和设施;制定业务规则;接受上市申请、安排证券上市;组织、监督证券交易;对会员进行监管;对上市公司进行监管;管理和公布市场信息;中国证监会许可的其他职能。

深交所以建设中国多层次资本市场体系为使命,全力支持中国中小企业发展,推进自主创新国家战略实施。2004年5月,中小企业板正式推出;2006年1月,中关村科技园区非上市公司股份报价转让开始试点;2009年10月,创业板正式启动,深交所主板、中小企业板、创业板以及非上市公司股份报价转让系统协调发展的多层次资本市场体系架构基本确立。深交所坚持从严监管根本理念,贯彻"监管、创新、培育、服务"八字方针,努力营造公开、公平、公正的市场环境。

截至2011年底,深交所共有上市公司1411家,市值6.6万亿元,上市基金产品151只,挂牌债券品种321只。多层次资本市场规模稳步增长,质量逐步提高,合理配置资源、服务经济转型的功能进一步发挥。

中国证券登记结算有限公司

中国证券登记结算有限公司依据《中华人民共和国证券法》和《中华人民共和国公司法》组建。公司总资本为人民币12亿元,上海、深圳证券交易所是公司的两个股东,各持50%的股份。公司总部设在北京,下设上海、深圳两个分公司。中国证监会是公司的主管部门。

一、公司的历史沿革

2001年3月30日,按照《证券法》关于证券登记结算集中统一运营的要求,经国务院同意,中国证监会批准,中国结算组建成立。同年9月,中国结算上海、深圳分公司正式成立。从2001年10月1日起,中国结算承接了原来隶属于上海和深圳证券交易所的全部登记结算业务,标志着全国集中统一的证券登记结算体制的组织架构已经基本形成。

二、公司的宗旨

公司的宗旨是,建立一个符合规范化、市场化和国际化要求,具有开放性、拓展性特点,有效防范市场风险和提高市场效率,能够更好地为中国证券市场未来发展服务的集中统一的证券登记结算体系。

三、公司的基本职能

按照《证券法》和《证券登记结算管理办法》的相关规定,中国结算履行下列职能:

●证券账户、结算账户的设立和管理;

●证券的存管和过户;

●证券持有人名册登记及权益登记;

●证券和资金的清算交收及相关管理;

●受发行人的委托派发证券权益;

●依法提供与证券登记结算业务有关的查询、信息、咨询和培训服务;

●中国证监会批准的其他业务。

截至2011年底,公司管理的股票账户达1.65亿户,登记存管的证券3304只,登记存管的证券总市值达22.53万亿元,日均处理过户笔数达1954.81万笔,日均处理过户金额达6902.13亿元,日均结算总额达10816.26亿元,日均结算净额达366.30亿元。

中国证券登记结算有限公司上海分公司

一、公司概况

中国证券登记结算有限公司上海分公司(以下简称公司),是一个为证券交易提供集中的登记、托管与结算服务,不以营利为目的的证券登记结算机构。

公司的业务职能包括:证券账户、结算账户的设立;证券的托管和过户;证券持有人名册登记;证券交易所上市证券交易的清算和交收;受发行人的委托派发证券权益;办理与上述业务有关的查询;国务院证券监督管理机构批准的其他业务。

公司的前身上海证券中央登记结算公司于1993年3月8日成立,在8年多时间内为证券交易市场的快速发展提供了优质的后台支持服务。随着中国证券登记结算体系的改革,公司于2001年9月20日改组为中国证券登记结算有限公司上海分公司。目前公司设有综合管理部、财务部、法律部、投资人登记部、发行人登记部、结算管理部、交收部、技术开发部、系统运行部等部门,并设立了相对独立的风险管理委员会和技术委员会。

公司一直致力于证券登记结算制度的研究和完善。自1997年开始,在充分总结和科学设想的基础上,比较国际证券结算业的不同做法,借助现代电子技术手段,率先建立了法人证券集中托管制度和中央交收体制下的法人结算制度。"法人托管"和"法人结算"两项制度的实施,为最终实现银货对(DVP)的证券结算制度奠定了基础。

公司也始终重视具体业务和技术手段的改进和完善,创建了独立的完整的登记结算技术系统,开发了国内第一个证券结算电子商务平台——PROP2000,建设了国内证券业第一个大型数据仓库,建立了以DVP为目标的电子交收模式,依照《证券法》建立了包括结算风险基金、清算交收备付金制度、待交收机制和交收风险监控制度在内的风险管理体系。

在参与建立全国集中统一的登记结算体系的同时,公司将继续在总部的领导下,与市场参与各方进行紧密的合作,正确处理发展与规范、改革创新与风险控制的关系,充分保障登记结算业务的稳定性、高效性与安全性,向证券市场提供安全、公平、高效的服务。

二、登记结算技术系统

公司已经建立了具有强大的业务处理能力、高效快捷的通信能力、智能化存储和数据查询分析能力的技术系统。这是我国惟一的独立于交易系统之外的功能完整的证券登记结算技术系统,主要包括以下三个组成部分:

(一)登记结算系统

公司于1998年4月1日推出的登记结算业务处理系统,是一个独立的、可支持完整意义上的登记结算业务的技术系统,可以将全部的登记结算业务集中到一个统一的技术平台上处理。这一系统采用了当时世界上领先的技术配置,经过最新的升级和优化后,可在180分钟内完成4000万笔成交记录和 20 个证券品种权益(送股、配股、红利、上市挂牌等)的数据处理,而且具有安全可靠、操作简单的优点。

(二)信息服务系统(数据仓库)

公司以数据仓库为核心创建了信息服务系统。数据仓库的作用是通过建立一个高效实用的、存储庞大的历史数据仓库,将大量的业务数据经过加工和精炼,从中提取与主题相关的有价值的信息,满足市场监管和市场服务的需要,为加强风险防范、完善决策支持、提高服务质量提供技术手段。

公司建设的数据仓库一期项目于 2001 年 11 月 2 日通过验收并投入使用,这是国内证券业第一个 TB 级(1TB = 1000G)数据仓库,目前的主要用户包括上海证券交易所监察部,同时为中国证监会的监管工作随时提供服务。随着市场发展的需要,公司将向包括证券公司、上市公司在内的市场参与主体提供优质的数据增值服务。

(三)登记结算互联网络(PROP2000)

PROP 系统是公司开发建立的实现证券登记、存管、结算数据实时通信的登记结算互联网络,目前已升级到 PROP2000。ROP2000 将证券电子商务概念引入了证券登记结算系统,在提高市场运作效率、降低市场运作风险、为新业务开发开展提供技术基础等方面取得了突破性的进步,标志着中国证券结算进行了电子网络时代。

PROP 系统是一个基于光缆和电话线双备份的数据通信网络,与卫星广播的数据通信方式比较,具有安全、稳定、可靠的优势,并且具有双向交流的功能。PROP 网络系统又是一个综合的业务平台,采用了模块化的设计模式,可以同时实现开户、账户管理、查询、电子资金划拨、挂失转户等各项业务功能,又可以根据市场发展的需要随时扩展功能。

目前 PROP2000 的联网用户有 1000 多家,几乎涉及市场的所有参与者:证券公司、证券公司营业部、结算代理银行、基金托管人、上市公司、B 股结算会员等,以及监管机构和业务代理单位。用户不仅遍布全国,还有 63 家 B 股会员分布在世界各地。

中国证券登记结算有限公司深圳分公司

中国证券登记结算有限公司(以下简称"中国结算")深圳分公司的前身深圳证券登记有限公司成立于 1991 年 1 月 24 日,1995 年 9 月 16 日并入深圳证券交易所,2001 年 9 月 21 日改组为中国结算深圳分公司,现有员工 175 人。中国结算深圳分公司十几年来一直致力于为中国证券市场的快速发展提供安全、高效的证券登记结算服务。

中国结算深圳分公司依法对在深圳证券交易所上市的证券进行登记结算,主要业务范围包括:证券账户的设立和管理;证券登记和托管;证券、资金的清算与交收;证券权益分派等代理服务;提供与登记结算业务有关的信息服务、咨询服务和培训服务;中国证券监督管理委员会批准的其他业务。

中国作为一个经济发展和改革开放的发展中国家,经济增长潜力巨大,证券市场发展的空间极其广阔。中国结算深圳分公司将在社会各界的关心和支持下,继续励精图治,开拓创新,进一步完善登记结算运作体系和服务体系,为中国证券市场和国民经济的发展作出新的贡献。

【联系我们】

服务热线:4008 - 058 - 058

公司总部

地址:北京市西城区太平桥大街 17 号

邮编:100033

值班室电话:010 - 59378888

北京数据技术分公司

电话:010 - 58598980

传真:010 - 58598977

上海分公司

地址:上海市浦东新区陆家嘴东路 166 号
中国保险大厦 36 楼

邮编:200120

值班室电话:021 - 68870587

深圳分公司

地址:广东省深圳市深南中路 1093 号中信大厦 18 楼

邮编:518031

值班室电话:0755 - 25938000

投诉电话:0755 - 25988133

中国证券业协会

中国证券业协会是依据《中华人民共和国证券法》和《社会团体登记管理条例》的有关规定设立的证券业自律性组织,属于非营利性社会团体法人,接受中国证监会和国家民政部的业务指导和监督管理。

中国证券业协会成立于 1991 年 8 月 28 日。2011 年 6 月 23 日至 24 日,协会召开了第五次会员大会,陈共炎同志当选为会长。20 年来,协会认真贯彻执行"法制、监管、自律、规范"的八字方针和《中国证券业协会章程》,在中国证监会的监督指导下,团结和依靠全体会员,切实履行"自律、服务、传导"三大职能,在推进行业自律管理、反映行业意见建议、改善行业发展环境等方面做了一些工作,发挥了行业自律组织的应有作用。

中国证券业协会的最高权力机构是由全体会员组成的会员大会,理事会为其执行机构。中国证券业协会实行会长负责制。截至 2011 年 6 月,协会共有会员 239 家,其中,证券公司 107 家,证券投资咨询公司 86 家,金融资产管理公司 2 家,资信评估机构 5 家,特别会员 39 家(其中地方证券业协会 36 家,证券交易所 2 家,证券登记结算公司 1 家)。

协会的宗旨是:在国家对证券业实行集中统一监督管理的前提下,进行证券业自律管理;发挥政府与证券行业间的桥梁和纽带作用;为会员服务,维护会员的合法权益;维持证券业的正当竞争秩序,促进证券市场的公开、公平、公正,推动证券市场的健康稳定发展。

会员大会通过的章程明确了协会在以下三方面的主要职责:

依据《证券法》的有关规定,行使下列职责:教育和组织会员遵守证券法律、行政法规;依法维护会员的合法权益,向中国证监会反映会员的建议和要求;收集整理证券信息,为会员提供服务;制定会员应遵守的规则,组织会员单位的从业人员的业务培训,开展会员间的业务交流;对会员之间、会员与客户之间发生的证券业务纠纷进行调解;组织会员就证券业的发展、运作及有关内容进行研究;监督、检查会员行为,对违反法律、行政法规或者协会章程的,按照规定给予纪律处分。

依据行政法规、中国证监会规范性文件规定,行使下列职责:制定自律规则、执业标准和业务规范,对会员及其从业人员进行自律管理;负责证券业从业人员资格考试、认定和执业注册管理;负责组织证券公司高级管理人员资质测试和保荐代表人胜任能力考试,并对其进行持续教育和培训;负责做好证券信息技术的交流和培训工作，组织、协调会员做好信息安全保障工作，对证券公司重要信息系统进行信息安全风险评估，组织对交易系统事故的调查和鉴定；行政法规、中国证监会规范性文件规定的其他职责。

依据行业规范发展的需要，行使其他涉及自律、服务、传导的自律管理职责：推动行业诚信建设，督促会员依法履行公告义务，对会员信息披露的诚信状况进行评估和检查；制定证券从业人员职业标准，组织证券从业人员水平考试和水平认证；组织开展证券业国际交流与合作，代表中国证券业加入相关国际组织，推动相关资质互认；其他自律、服务、传导职责。

中国证券业协会连续被国家社团管理机关民政部评为全国先进社会组织，并在国家改革开放30年系列活动中被评为中国改革开放30年120家优秀集体之一。

中国期货业协会

中国期货业协会（以下简称协会）成立于2000年12月29日，是根据《社会团体登记管理条例》设立的全国期货行业自律性组织，为非营利性的社会团体法人。协会的注册地和常设机构设在北京。协会接受中国证监会和国家社会团体登记管理机关的业务指导和管理。

协会由期货公司等从事期货业务的会员、期货交易所特别会员和地方期货业协会联系会员组成。会员大会是协会的最高权力机构，每四年举行一次。理事会是会员大会闭会期间的协会常设权力机构，对会员大会负责，理事会每年至少召开一次会议。理事会由会员理事、特别会员理事和非会员理事组成。理事任期四年，可连选连任。理事会根据工作需要下设专业委员会，专业委员会为理事会议事机构，对理事会负责。

协会设会长一名，专职副会长若干名，兼职副会长若干名，秘书长一名，副秘书长若干名。会长、副会长和秘书长任期四年，可连选连任。协会实行会长负责制，会长为协会法定代表人。协会设会长办公会，由会长、专职副会长、秘书长、副秘书长以及会长指定的其他人员组成，在理事会闭会期间行使理事会授权的职责。目前协会常设办事机构设办公室、党委办公室（纪检办）、会员部、培训部、投资者教育部、研究部、合规调查部、资格考试与认证部、信息技术部等九个部门。

协会宗旨是：在国家对期货业实行集中统一监督管理的前提下，进行期货业自律管理；发挥政府与期货行业间的桥梁和纽带作用，为会员服务，维护会员的合法权益；坚持期货市场的公开、公平、公正，维护期货业的正当竞争秩序，保护投资者利益，推动期货市场的健康稳定发展。

协会主要职能有：

（1）教育和组织会员及期货从业人员遵守期货法律法规和政策，制定行业自律性规则，建立健全期货业诚信评价制度，进行诚信监督。

（2）负责期货从业人员资格的认定、管理以及撤销工作，负责组织期货从业资格考试、期货公司高级管理人员资质测试及行政法规、中国证监会规范性文件授权的其他专业资格胜任能力考试。

（3）监督、检查会员和期货从业人员的执业行为，受理对会员和期货从业人员的举报、投诉并进行调查处理，对违反本章程及自律规则的会员和期货从业人员给予纪律惩戒；向中国证监会反映和报告会员和期货从业人员执业状况，为期货监管工作提供意见和建议。

（4）制定期货业行为准则、业务规范，参与开展行业资信评级，参与拟订与期货相关的行业和技术标准。

（5）受理客户与期货业务有关的投诉，对会员之间、会员与客户之间发生的纠纷进行调解。

（6）为会员服务，依法维护会员的合法权益，积极向中国证监会及国家有关部门反映会员在经营活动中的问题、建议和要求。

（7）制定并实施期货业人才发展战略，加强期货业人才队伍建设，对期货从业人员进行持续教育和业务培训，提高期货从业人员的业务技能和职业道德水平。

（8）设立专项基金，为期货业人才培养、投资者教育或其他特定事业提供资金支持。

（9）负责行业信息安全保障工作的自律性组织协调，提高行业信息安全保障和信息技术水平。

（10）收集、整理期货信息，开展会员间的业务交流，推动会员按现代金融企业要求完善法人治理结构和内控机制，促进业务创新，为会员创造更大市场空间和发展机会。

（11）组织会员对期货业的发展进行研究，参与有关期货业规范、发展的政策论证，对相关方针政策、法律法规提出建议。

（12）加强与新闻媒体的沟通与联系，广泛开展期货市场宣传和投资者教育，为行业发展创造良好的环境。

（13）表彰、奖励行业内有突出贡献的会员和个人，组织开展业务竞赛和文化活动，加强会员间沟通与交流，培育健康向上的行业文化。

（14）开展期货业的国际交流与合作，代表中国期货业加入国际组织，推动相关资质互认，对期货涉外业务进行自律性规范与管理。

（15）法律、行政法规规定以及中国证监会赋予的其他职责。

地址：北京市西城区金融大街33号通泰大厦C座八层

邮编：100140

电话：010－88087239

传真：010－88087060

邮箱：cfa@ cfachina. org

第二节 证券经营机构

爱建证券有限责任公司

爱建证券有限责任公司于2002年经中国证券监督管理委员会批准成立，并于2006年10月完成增资扩股，目前注册资本为11亿元人民币。公司总部所在地为上海市，并在上海、深圳、厦门、宁波、嘉兴、重庆、北京、广西等大中城市设立了16家证券营业部，员工总数500余人。

公司形成了包括证券经纪、投资银行、证券投资、资产管理、固定收益等业务体系以及风险管理、研究咨询、信息技术等业务支持体系。2005年，公司通过了客户交易结算资金独立存管的验收，实现了交易集中、清算集中和数据集中；2007年，公司全面实施了客户交易结算资金第三方存管，通过了证券公司综合治理及重组达标验收；2008年，历时三年的账户规范工作取得突破，全面达到规定的标准……。几年来，公司的风险控制水平不断提升，经营管理基础不断夯实。

"诚信、稳健、开拓"是公司经营管理的核心理念。公司推行全面风险控制，倡导和推进合规文化建设，在实施严格管理、稳健经营和规范运作基础上，积极稳步开展各项业务的开拓与创新，不断做优做强，实现跨越式发展。公司已具备一支专业素质良好的员工队伍，力求以良好的专业技能和高度的敬业精神，为客户提供专业化、多元化、个性化的服务。

经纪业务

公司拥有行业较高水准的交易平台和信息通道，交易手段齐全，包括现场委托、电话委托、远程终端委托、网上交易和手机炒股等，证券投资方便快捷，沪、深A股、B股、债券、基金、权证等交易品种齐。营业网点分布在上海、深圳、厦门、宁波、嘉兴、重庆等地。

秉持"诚信、稳健、开拓"的经营理念，公司经纪业务从业务管理、风险监控、客户服务、营销创新等方面不断完善管理体系。公司实行了覆盖全部营业网点的大集中交易，实现了交易集中、清算集中、数据集中。全面实施了客户交易结算资金第三方存管，做到客户资金和自有资金的完全分离，确保客户保证金安全。集中化管理、前后台业务的分离、制定并执行严格的规章制度和对经纪业务进行集中监控进一步有效控制了经纪业务的风险。

公司逐步建立一支专业进取的营销团队，通过营销服务平台，以客户为中心，力求为客户提供专业化、多元化、个性化的服务，全方位满足客户理财需求，实现公司与客户的共同成长。

投行业务

爱建证券投资银行系统现有专业人员30余名，拥有一支由金融、管理、会计、法律、工程技术等方面的硕士、博士专业人员组成的诚信、高效的专业团队。

爱建证券投行系统人员精诚团结，富有创新精神和工作热情，严谨而不刻板，创新而不随意，精通证券市场的各种专业技能，可为企业参与资本市场运作提供全方位的专业化服务。

爱建证券投行系统以重组为契机，将采取极富竞争力的激励机制和以人为本的管理理念吸收更多优秀的投行专业人士加盟，为客户提供专业化、多元化、个性化服务。

固定收益业务

公司固定收益业务始于2004年6月，其业务范围主要包括企业债券、公司债券承销，固定收益证券投资业务等。

公司拥有中央国债登记结算有限责任公司结算会员（乙类）资格、全国银行间同业拆借中心债券市场交易成员资格、上海交易所固定收益证券综合电子平台交易商资格。

2005年以来，公司承销、分销了全国银行间债券市场和上海证券交易所上市的多家公司企业债券、公司债券，客户资源不断丰富。

目前，公司正大力加强业务团队建设，逐步建立与相关政府机构、各大商业银行及非银行金融机构等的合作，不断加强业务开拓，以促进公司固定收益业务的长足发展。

研究咨询

公司研究发展总部拥有20多名高质量专业研究和咨询服务团队，近半数研究员为博士和海归金融精英，硕士以上学历占82%。

公司研发总部研究涉及中国证券投资的经济、行业、公司策略、股票、基金和衍生品等领域，以重点上市公司为核心，覆盖近20个主要行业（重点为农业、食品饮料、医药、化工、通讯、煤炭、电力、工程机械、交通运输、有色金属、钢铁等行业）及专题研究。

公司研发总部致力于为各类投资者提供独立、特色、前瞻、务实的研究咨询服务，帮助客户发现新机会、拓展新价值。

证券投资业务

证券投资总部在公司投资决策委员会授权及领导下，具体负责股票、债券、基金及权证等投资品种的日常自营工作，同时接受公司风险控制委员会的监督。证券投资奉行价值投资理念，通过风险控制等对部门的投资行为进行事前监督、事中监控及事后评估，防范及控制部门投资风险，在研究、决策、投资、交易等各个环节均建立并实施较为完备的投资管理与风险控制制度，同时依托先进的电子交易平台对投资流程进行技术控制，在合规操作的前提下确保具体投资策略的有效实施。

【联系我们】

地址：上海市世纪大道1600号32层
总机：021－32229888
传真：021－68728700
服务与投诉热线：021－63340678
邮编：200122
E－mail：ajzq@ajzq.com

安信证券股份有限公司

【公司概况】

安信证券股份有限公司（以下简称"安信证券"）成立于2006年8月18日，并先后于2006年9月、12月以市场化方式收购了原广东证券、中国科技证券和中关村证券的证券类资产。截至目前，安信证券拥有中国证券投资者保护基金有限责任公司和深圳市远致投资有限公司等13家股东，注册资本为319,999万元。

安信证券总部设于深圳，在北京、上海、广州、汕头和佛山设立5家分公司，在25个省级行政区设有122家证券营业部，全资拥有安信国际金融控股有限公司、安信期货有限公司、安信乾宏投资有限公司，参股安信基金管理公司。经过多年发展，公司建立形成了综合金融理财服务平台，可为广大投资者提供证券代理买卖、证券承销与保荐、证券资产管理、证券投资咨询、融资融券、基金代销、股指期货中间介绍以及与证券交易、证券投资活动有关的财务顾问等服务。

安信证券自成立以来，始终坚持"为客户提供高效服务、为股东持续创造价值、为员工搭建广阔发展平台"的经营理念，稳健经营，合规运作，不断提升专业能力，重视履行社会责任，力争成为中国证券行业诚信经营、管理卓越的典范，为促进国内资本市场的发展作出自己的贡献。

【公司业务】

零售经纪业务

服务　创造价值

安信证券代销股票、基金、债券、权证、集合理财等基础及衍生金融产品，提供交易通道、业务办理、投资咨询、理财规划等系列服务，有效满足您的不同需求。

平台　安全快捷

安信证券倾力打造公司网站、网上交易系统、客户服务中心、手机证券等专业服务平台，让您尽享行情、交易、资讯等安全、便利的服务。

渠道　高效专业

安信证券在全国拥有117家营业网点，与多家商业银行开通第三方存管业务，形成了一个覆盖全国主要区域的服务网络。

由遍布营业网点的营销人员及咨询分析师组成的专业团队，已经为200多万的投资者提供了高效、快速的专业服务。

管理　引领前行

经纪业务管理团队均为拥有丰富行业经验的管理者和实践者，面临风起云涌的资本市场，能够有效把握稳健发展与创新开拓等关键环节，引领业务不断前行。

伴随资本市场的发展，我们关注到您可能已经不满足单纯或品种单一的投资渠道，因此我们对自己提出了更加专业的服务要求，我们营销服务团队将会把公司更新、更适合您的服务产品及时送达，在您成就宏愿与梦想的每段道路上，我们愿时刻相伴。

投资银行业务

全面多元化的服务内容

全面多元化的服务内容提供主板及中小板IPO、主板及中小板上市公司再融资（包括公开增发、配股、非公开发行股票、可转债、分离交易可转债等）的保荐及承销服务；提供创业板IPO、创业板上市公司再融资的保荐及承销服务；提供企业债券、公司债券、上市公司股东可交换债券的推（保）荐及承销服务；提供上市公司收购兼并及重大资产重组的财务顾问服务；提供面向政府的财务顾问服务，以及面向企业的改制辅导及管理咨询、战略规划等全方位深层次服务。

高素质的专业团队

截至2011年底，投资银行业务拥有专业人员超过260人，其中保荐代表人58人，团队规模居国内投行前列。

快速便捷的业务联系渠道

在北京、上海、深圳、香港等地设有投资银行部门，并针对金融、有色金属、零售连锁等行业设立专业服务团队，在全国二十多个省市设有业务联络机构，随时随地响应客户的需求。

丰富优质的客户资源

公司成立以来，已经为有色金属、零售贸易、港口运输、机械制造、房地产、金融服务及信息技术等众多行业的优质客户提供了资本服务。

核心客户服务

销售交易部坚持以客户为中心、以市场为导向的服务理念，通过股票销售、研究报告推荐、基金销售，为核心客户提供研究咨询、投资顾问和交易代理服务；整合公司内外部业务资源服务于机构和个人高端客户，建立、维护、发展并经营核心客户网络，为核心客户提供专业、高效的"一站式"投资理财服务。

公募基金销售业务

重点依托公司研究中心、投资银行、资产管理、固定收益等专业资源，为高端客户提供"专业化、个性化、品质化"的综合服务，努力打造业内一流基金销售服务机构。

非公募基金销售业务

2008年安信证券在北京、上海、深圳相继成立了三家旗舰营业部。通过专属销售经理的个性化服务，享有核心研究资讯和专业化的交易支持，为核心客户量身订做投资理财方案，力争成为中国私募机构的最佳合作伙伴。

QFII& 交易业务

QFII业务专注于为境外机构客户提供高质量的研究及销售交易服务，满足国际客户对交易和清算的各种定制化需求；交易业务通过专业化的交易系统为核心客户提供准确无误的交易代理服务，进行大宗交易撮合。

资产管理业务

2008年9月，经中国证监会批准，安信证券获得集合资产管理业务和定向资产管理业务资格。至2011年底，公司受托管理资产市值达到60亿元。安信证券以稳健投资风格、高水平投研能力、良好投资业绩、专业化服务获得市场与客户的认可。资产管理团队致力于为客户提供全面的资产管理服务，产品线已涵盖债券、股票等证券品种，产品投资风格及风险收益特征丰富多样，可满足客户多层次投资管理需求，并为高净值客户提供"量体裁衣"式的个性化投资管理服务。依照相关法规及规定，安信证券已建立了严格的内控体系和运作流程，形成了事前、事中、事后的全面风险管理能力，力争在可承受风险范围内为客户实现稳健持续的绝对回报。

投资理念

以创造绝对回报为目标，以深入的宏观研究为支持，以严格的风险预算和严密的投资流程管理为保障，在承担有限风险的前提下，为投资者创造稳健投资收益。

安信证券的独特优势

宏观经济与市场策略研究处于行业领先地位；业务资源丰富，具有股票、债券等证券承销资格；综合服务模式，为客户提供投资银行、交易、资产管理、投资顾问等服务。

债券业务

业务范围

国债、政策性银行债、信用类债券等固定收益类证券的承分销；固定收益类证券及相关产品的销售交易、产品研发和投资顾问。

经营理念

秉承“创造价值，追求双赢”的理念，奉行“研究主导、团队协作”的文化，持续为客户提供优质高效服务，树立“亲和、信任、专业、迅速”的业内形象。

业务团队

由拥有优秀业绩、丰富债券业务经验的资深专业人员、研究人员以及风险管理专业人士构成。

业务优势

拥有一流的债券销售交易队伍，目前为国债、国开债、农发债和进出口债的承销团成员，多次取得单期债券承销量券商排名前列的好成绩。

拥有高素质的研究团队，立足全球视野，对国内外宏观经济走势、货币政策、利率、汇率、债券市场等广泛领域进行深入分析，并坚持“数量化、精细化”的研究风格，强调运用量化模型为各项业务提供专业支持和决策依据。

拥有广泛的客户网络，已与国内各大政策性银行、国有商业银行、保险公司等大型金融机构和大型企业建立了长期、良好的业务合作关系。

创新业务

以高收益债等新型债券的发展为切入点，围绕新的债券品种整合承销、投资、销售交易、投资顾问等业务条线，并大力发展固定收益资本中介业务，通过创新发展，形成多品种、多策略的业务模式。

证券投资业务

投资目标

在严格控制风险的基础上，充分权衡、匹配风险与收益的关系，确保公司资本金获得持续稳定的收益。

投资理念

坚持价值投资，以深入的研究挖掘企业内在价值，寻找安全边际较高的股票，中长期持有、充分享受上市公司成长带来的投资收益。

研究咨询业务

研究理念

强调基本面研究，追求大概率事件。

研究队伍

在深圳、上海和北京设立研究机构，广聚研究精英人才；研究队伍具有规模化、专业化、高学历、实战经验丰富等特点，对资本市场各个领域进行全方位的跟踪、研究。

研究特色

强调客观独立、洞察敏锐、逻辑清晰、论证翔实、观点鲜明、具有前瞻性和原创性的研究风格，在竞争中保持差异化。强调宏观、策略与重点行业研究之间的互相印证和互相补充。

全面覆盖与重点突出，在研究覆盖齐整的基础上，重点突出宏观、策略以及能源、有色金属、化工、交通运输、钢铁、公用事业、传媒、旅游、医药、银行、保险等重点行业的研究。强调创新研究，对权证和股指期货、资产证券化、结构性产品、股票期权等金融衍生产品进行前瞻性研究。

研究产品

研究产品包括宏观经济研究报告、投资策略报告、行业研究报告、公司研究报告、债券研究报告、基金研究报告、证券市场研究报告、重点课题研究报告、财务顾问报告等，并开展研究产品推介和研究服务工作。

【公司荣誉】

2013 年 1 月 14 日，安信国际连续三年获得腾讯网“最受欢迎港股券商”称号。

2012 年 12 月 27 日，安信证券荣获“年度客服大奖”及“最佳 CRM 系统”奖项。

2012 年 12 月 10 日，安信证券荣获“2012 年最佳资产管理券商奖”。

2012 年 8 月 8 日，安信证券荣获“券商最佳投顾团队”等五项大奖。

2012 年 5 月 22 日，安信证券获首届“第一财经最佳分析师评选”多项殊荣。

2012 年 3 月 22 日，安信证券获 2011 年度“优秀保荐机构”称号。

2012 年 2 月 22 日，安信证券荣获“年度最佳理财产品”和“长期优胜管理人奖”。

2011 年 12 月 21 日，商品股指齐发力，安信期货喜获多个奖项。

2011 年 12 月 13 日，安信证券荣获“最佳 IB 业务”和“最佳 IT 服务券商”奖项。

2011 年 11 月 21 日，安信证券荣获第五届“卖方分析师水晶球奖”多项殊荣。

2011 年 11 月 15 日，安信证券荣获第二届“中国证券分析师金牛奖”多项大奖。

2011 年 8 月 5 日，安信证券荣获中国明星证券营业部评选两项大奖。

2011 年 1 月 31 日，安信国际在“2010 腾讯网络盛典年度最佳港股券商”评选中获殊荣。

2011 年 1 月 27 日，安信期货荣获中金所“2010 年度优秀会员金奖”。

【部门介绍】

投资银行部

安信证券投资银行业务部门成立以来，凭借公司优良的资产质量、雄厚的股东实力、强大的人才优势、广泛的市场资源，已经为有色金属、零售贸易、港口运输、机械制造、房地产、金融服务及信息技术等众多行业的优质客户提供过 IPO、再融资、债券融资、并购重组、财务顾问及其他投资银行业务的服务。

公司在北京、上海、深圳、香港等地设有投资银行部门，并针对金融、有色金属、零售连锁等行业设立专业服务团队，在全国二十多个省市设有业务联络机构，随时随地响应客户的需求。

截至 2011 年底，投资银行业务拥有专业人员超过 260 人，其中保荐代表人 58 人，团队规模居国内投行前列。业务人员专业范围涵盖了金融、投资、经济、贸易、财务、会计、法律和管理等多学科和领域，大都具有注册会计师、会计师、经济师、律师等专业技术职称，拥有一支经验丰富、充满激情、团结协作、追求卓越的专业团队。

安信证券投资银行业务部门提供如下全面多元化的服务内容：

提供主板及中小板 IPO、主板及中小板上市公司再融资(包括公开增发、配股、非公开发行股票、可转债、分离交易可转债等)的保荐及承销服务；

提供创业板 IPO、创业板上市公司再融资的保荐及承销服务；

提供企业债券、公司债券、上市公司股东可交换债券的推(保)荐及承销服务；

提供上市公司收购兼并及重大资产重组的财务顾问服务；

提供面向政府的财务顾问服务，以及面向企业的改制辅导及管理咨询、战略规划等全方位深层次服务。

【联系方式】

客服电话：4008－001－001

行政总机：0755－82825551

联系地址：深圳市福田区金田路4018号安联大厦35楼

邮政编码：518026

渤海证券股份有限公司

【公司概况】

渤海证券股份有限公司是唯一一家注册在天津滨海新区的综合类证券公司。前身为渤海证券有限责任公司，是在原天津证券有限责任公司、天津市国际信托投资公司、天津信托投资公司、天津北方国际信托投资公司、天津滨海信托投资有限公司等四家信托机构的证券营业部合并重组的基础上，吸收国内多家有影响、有实力的企业共同参股组建的大型证券公司。于2001年6月8日正式开业。

2007年8月，经中国证券业协会评审，公司获得规范类券商资格。2008年5月，经中国证监会核准，公司改制为股份有限公司，2012年的券商分类监管年度评级中，公司获得B类BBB级。目前公司实际控制人为天津泰达投资控股有限公司，股东24家。目前注册资本为4,037,194,486元。

公司总部座落于天津，设有上海分公司和北京办事处。截至2012年12月31日，公司在全国重要省市和地区共有49个证券营业部。

【公司经营范围】

公司经营范围包括：证券经纪；证券投资咨询；与证券交易、证券投资活动有关的财务顾问；证券承销与保荐；证券自营；证券资产管理；证券投资基金代销；为期货公司提供中间介绍业务；中国证监会批准的其他业务。

【公司部门及人员】

截止2011年12月31日，公司在天津、北京、上海、深圳、苏州、福州、广州、重庆、西安、郑州、济南、太原、略阳、沈阳、烟台、汕头等地区共设有48家证券营业网点，其中46家正常经营的证券营业部、2家正在筹建中的营业部。

公司总部设有投资银行总部、证券投资总部、固定收益总部、营销中心、资产管理总部等业务经营部门及信息技术总部、结算托管总部、人力资源总部、财务总部、风险控制总部、稽核监察总部等管理控制和业务支持部门。

截止到2011年12月31日，公司在岗员工1672人，内退员工71人，高级管理人员8人。

财达证券有限责任公司

【公司概况】

财达证券公司于2002年4月正式设立，是经中国证监会审核批准的一家证券专营机构，目前是河北省内唯一的法人证券公司。现注册资本14.169亿元，拥有102家证券营业部，其中省内91家，省外11家，分布于上海、深圳、北京、天津、福建、河南、佳木斯等地；公司共有员工1633人。业务经营范围为：证券经纪、证券投资咨询、证券自营、证券投资基金代销；注册地为石家庄市自强路35号，公司董事长王义芳，总经理、法定代表人翟建强。

多年发展公司获得了社会各界的广泛赞誉：2007年、2009年、2010年、2011四度荣获“河北省金融贡献奖”；石家庄市地税局、国税局联合授予公司2007、2008年度“诚信纳税A级企业”；2009年，公司因经济效益突出，省国资委授予公司二〇〇九年度经济效益特别贡献奖；2010年河北省纳税百强企业；2009、2010分获“2009年中国券商势力榜第18位、2010中国最具发展潜力证券公司”殊荣；公司总经理翟建强当选2010年度“河北十大经济风云人物”。特别是，2010年7月，在中国证监会对证券公司分类评价中，公司以良好的经营业绩和较高的合规管理水平，成功晋级“A”类券商行列，2011年保持良好佳绩，再次被评为“A”类券商；净利润最佳排名在全国107家证券公司中位居第21位。

【发展历程】

2002年4月，经中国证监会审核批准，以原河北财达证券公司为主体并吸收整合保定、秦皇岛信托公司及省内财政部门所属证券机构，转制重组设立了河北财达证券经纪有限责任公司。

2004年4月，在对佳木斯证券公司所属3家营业部进行托管的基础上，收购其证券类资产，并按照有关政策，原址新设了三家营业部。

2006年6月，经专家评审，获得规范类证券公司资格。

2006年11月，实施增资扩股工作，注册资本增至66955万元，唐钢集团成为公司控股股东。

2007年3月，经专家评审并依法公证，公司受让河北证券有限责任公司（以下简称“河北证券”）证券类资产。

2007年11月，中国证监会批准公司新设29家证券营业部及26家证券服务部；截至2007年底，公司拥有45家证券营业部、51家证券服务部，基本形成了以省内为基础、辐射北京、上海、天津、深圳、佳木斯等大中城市的营业网络格局，为今后进一步创新、发展奠定了坚实的基础。

2008年12月，公司增资扩股方案获得中国证监会批准，2009年1月8日完成工商变更手续，注册资本由66955万元增至141690万元。

2009年11月，经中国证监会批复（证监许可〔2009〕1206号），核准公司增加证券投资咨询和证券自营业务；2009年12月，经中国证监会批复（证监许可〔2009〕1469号），核准公司增加证券投资基金销售业务；2010年1月，通过中国证监会现场验收，并完成营业执照及经营许可证的变更工作，公司经营范围由证券经纪，变更为：证券经纪；证券投资咨询；证券自营；证券投资基金代销。

2010年1月，经中国证监会批复（证监许可〔2010〕87号），同意公司名称由“河北财达证券经纪有限责任公司”变更为“财达证券有限责任公司”，并于2010年2月8日完成工商变更。

2010年7月，在证券公司分类监管评价中由B类BBB级晋升为A类A级证券公司。

2010年8月，完成51家证券服务部规范升级为证券营业部工作；9月，经中国证监会核准，沧州、衡水两家新设证券营业部开业，至此公司营业网点增至98家。

2011年2月18日，中国证监会核准公司在福建省莆田市秀屿区、河南省商丘市睢阳区及河北省宽城满族自治县、保定市北市区各设立1家证券营业部，至此，公司营业网点增至102家。

2011年7月14日，中国证监会公布2011年证券公司分类评价结果，公司再次被评为A类券商。

2012年1月11日，中国证监会核准公司在江苏省沭阳县、黑龙江省富锦市、河北正定县、秦皇岛市北戴河区各设立1家证券营业部,至此,公司营业网点增至106家。

2012年7月,中国证监会公布2012年证券公司分类评价结果,公司连续三年被评为A类券商。

2012年9月,经中国证监会批准,公司经营范围由证券经纪、证券投资咨询、证券自营、证券投资基金代销增加为证券经纪、证券投资咨询、证券承销、证券自营、证券资产管理、融资融券、证券投资基金代销。

【联系我们】

办公地址:石家庄市桥西区自强路35号庄家金融大厦24层

邮政编码:050000

互联网网址:www. s10000. com

电子信箱:cdzq@ cdzq. com

长城证券有限责任公司

【公司概况】

长城证券有限责任公司(以下简称"长城证券")是1995年11月经中国人民银行总行批准、在原深圳长城证券部和海南汇通国际信托投资公司所属证券机构合并基础上,设立的一家全国性专业证券公司,是我国最早成立的证券公司之一。长城证券的战略定位是"专长于以资源为核心的基础产业领域的国内一流投资银行"。

长城证券凭借规范稳健的经营作风,已经成长为一家资质齐全、业务覆盖全国的综合类证券公司。长城证券的战略定位是"专长于以资源为核心的基础产业领域的国内一流投资银行"。目前长城证券已在经纪业务、投资银行、固定收益、证券投资、证券研究、融资融券、资产管理、销售交易、量化投资等业务方面,形成了多功能协调发展的金融业务体系,业务能力不断得到加强。

长城证券不断完善金融产业平台,目前控参股长城基金管理有限公司、景顺长城基金管理有限公司、宝城期货有限责任公司、长城长富投资管理有限公司,为客户提供全方位金融服务。近几年来,在各股东单位及社会各界的大力支持下,公司广大干部员工奋发努力,紧紧抓住市场机遇,实现了快速发展。

2005—2012年,公司连续8年实现盈利,各项业务蒸蒸日上,企业面貌焕然一新。长城证券目前在北京、深圳、上海、武汉、广州、杭州、大连等全国主要城市共设有48家营业部,还有一批营业部正加紧筹建,公司拥有先进的证券交易系统,为客户提供综合性增值服务。

长城证券将继续秉承"资源整合、团队作战、为客户提供综合性增值服务"的经营理念,以证券为核心,通过完善的金融多功能协调发展的业务体系,以深厚的专业背景、勤奋的敬业精神、全面的专家解决方案、个性化的产品和综合性服务,为我们的客户创造价值。

【主要业务】

1. 经纪业务

服务优势

长城证券在深圳、北京、上海、武汉、广州、杭州、大连等地共设有50家营业部,为客户提供股票、基金、权证、债券等品种齐全、方式多样的代理交易买卖业务。长城证券拥有先进的证券交易系统,为广大客户提供快捷高效的交易通道。

依托长城证券强大的研发力量,每天为客户及时提供各类资讯,通过交易系统、网站、彩信、短信、客户热线等多种途径为客户提供极具价值的投资建议。

长城证券每周定期在全国营业部举办投资大讲堂活动,公司研究专家和投资顾问为广大客户分析市场走势、点评热点板块、进行账户诊断等,受到投资者的热烈追捧。

2010年,公司营业部部均净收入国内券商排名第10,居行业前列。2010年,公司咨询服务体系进入证券时报"金融机构十大创新案例",被评为"中国最佳成长性证券经纪商"、"中国最佳经纪业务服务品牌烽火台"。2011年,证券时报第四届中国最佳证券经纪商暨中国明星证券营业部评选中被评选为"中国最具特色证券经纪商"。2011和讯财经风云榜评选中被评为"最佳证券研究机构"

服务及产品体系

长城证券不断完善和建设以客户为中心具有核心竞争力的服务体系。在提升公司客户服务综合能力和加强公司市场竞争优势的同时,建立起围绕客户为中心的客户管理、MOT管理(关键服务点)、服务和销售、产品和业务、服务流程规范、支持系统的基础服务体系,同时组织开展投资顾问服务业务,并在此基础上,逐步开展理财规划、财富管理等业务。

长城证券投资顾问服务涵盖了一站式资讯、实用的决策参考、丰富的金融理财产品等,通过行业领先的终端平台,及时便捷的向客户提供个性化投资顾问服务,四个大类产品满足多层次、多元化的客户需求。

四个大类产品

基础服务:所有客户均可免费使用的基础服务产品,内容包括公共财经信息、市场资讯及大众化投资工具。

特色服务:加入"财富长城"服务体系的客户即可享有实用的特色服务产品。特色服务共分为7级,高级别的服务涵盖低级别的服务内容。

理财服务:为长城证券客户量身定做有特色的投顾服务产品套餐,通过详实的资讯内容、可操作性强的决策参考和丰富的金融理财产品帮助客户实现资产配置和财富管理的目标,并最终提升客户价值。目前理财服务产品包含"烽火理财"套餐和"烽火乐享"套餐。

"烽火乐享"套餐——乐在其中,畅享成长。

"烽火乐享"服务套餐是基于长城证券自主研发与外部资讯的基础上打造的一款理财服务产品,汇聚海量高端信息,一站式资讯服务轻松获取,照亮您投资之路。

"烽火理财"套餐——闻风而动,捷足先登。

"烽火理财"套餐通过多途径整合市场内高端资源,提供前瞻性、实战性、指导性较强的服务产品,帮助客户在控制风险的同时发掘市场投资机会,提升客户价值。

高端服务:面向高端客户提供的个性化服务,提供全面的投顾服务、理财服务和财富管理服务。服务内容包括,研究员直通热线、联合调研、定向增发、股权投资、投行项目、资产配置等一系列高端服务。

其他增值服务

财富长城是长城证券投资顾问业务的专业品牌。

多样化的服务产品:为不同风险偏好、交易习惯、投资风格的投资者提供各种交易服务系统、高附加值的资讯内容、投资组合、模拟盘等优质服务产品。

个性化投资顾问业务:以多元化的交易和风险管理策略为基础,对期货IB、融资融券、套利交易等特定交易偏好类型的客户提供支持和投顾服务;以多元化的交易系统、金融产品、广义投资品、综合性理财服务等为基础,逐步开展理财规划和财富管理业务。

多元化金融产品和理财工具

长城证券根据公司客户需求，整合公司业务资源，与公司资产管理部、固定收益部、量化投资部及研究所等合作开发合适的金融产品，同时遵循严谨的评估和评审机制，积极引进外部优秀的基金、券商集合理财产品、信托产品、商业银行理财产品、保险产品等各类金融产品，建立并丰富公司产品池，以多元化的金融产品为客户提供多样化和个性化的资产配置服务。

在创新时代下，长城证券还将为客户提供 ETF 套利、股指期货期现套利、分级基金套利、债券质押式报价回购、证券信用交易（融资融券、约定式购回）等创新理财工具，实现不同类型客户的多元化投资需求，为促使通道向理财服务转型奠定更加坚实的基础。

核心客户服务

核心客户服务是长城证券投融资综合服务，拓展与维护保险、券商、私募基金等机构投资者、企业、集团公司及高净值私人客户群体，作为公司核心客户的维护与服务工作的运营中心，公司电商零售产品部整合公司业务资源，为客户提供广泛的高端综合服务，主要承担投资咨询、受限流通股服务、资产管理产品发行、大宗交易、市值管理、债务管理、资金管理、融资或再融资等业务。

信息系统支持

长城证券不仅为客户提供尊享的场内行情交易及服务系统和场外互联网交易及服务系统，而且为了满足客户快速交易需求，公司还特为客户提供交易专线业务，配置专线供客户进行委托交易的业务活动。

财富长城 VIP 终端是长城证券专为 VIP 客户精心打造的高端资讯与行情综合平台，提供海量且具有深度的证券相关资讯，及时充分地把全面的研究报告和服务提供给客户，满足客户的个性化需求，使客户体验到轻松、高效的一对一专属投资顾问服务。

长城证券随身股：利用手机上网技术实现行情、交易、资讯、转帐等特色功能的移动证券交易平台，投资者可通过手机登录 wap. cgws. com 下载适合的随身股软件，安装后即可实现随时随地轻松投资。

全国统一客户服务电话：400—6666—888

2. 投行业务

核心优势

长城投行长期立足于基础产业，专长于以资源为核心的基础产业领域的价值再发现，在电力、煤炭、金融、房地产、军工、金属等基础行业具备丰富的资本运作经验。

管理模式及风险控制机制与国际接轨，项目成功率远高于同行业平均水平。

强调项目全过程质量控制和风险管理，积极推动金融创新，与客户长期共同发展。

良好的政府沟通关系，与国家各大部委、行业协会有密切合作背景。

掌握富有市场经验的估值方法与技术，得到市场的高度认同，可为大型企业集团收购兼并、股票发行等资本运作提供一流的估值服务。

核心服务

证券发行上市保荐及相关的承销业务：企业 IPO 的上市保荐与证券承销，上市公司再融资的上市保荐和承销，以及以上市为目的的企业重组改制财务顾问与上市前辅导。

企业兼并收购与资产重组财务顾问业务：上市公司兼并收购、资产重组，非上市公司兼并收购、非改制类重大资产重组以及企业估值等业务。

管理咨询与投资顾问业务：公司治理顾问，上市公司信息披露及投资者关系维护，政府及其下属重点企业的财务顾问，管理层持股、股权激励方案设计与咨询，企业战略规划、区域产业整合及行业规划与重组顾问。

投资银行创新业务：资产证券化设计与发行，风险投资以及企业海外上市相关顾问业务。

引入战略投资者：介绍企业与国际风险投资或国内私募投资者对接。

推荐企业在代办股份转让系统（新三板）挂牌上市。

历史业绩

·2004 年股票主承销家数全国排名第 3。

·2004 年 IPO 主承销金额全国排名第 2。

·2005 年股权分置改革项目全部通过，企业债承销业务名列前茅。

·2006 年主承销金额在全国券商排名第 14 位。

·2006 年成功完成 6 家股改项目和泛海建设非公开发行项目。

·2007 年成功完成大龙地产非公开发行项目。

·2008 年成功完成诚志股份再融资项目。

·2009 年成功完成航天科工等 7 个财务顾问项目。

·2010 年成功完成主承销 4 家（含债券），其中以超额认购、大幅超出底价的理想价格完成桂东电力非公开发行主承销工作。

·2011 年成功完成天一众合、拓尔思、巨龙管业、汇冠股份、河北钢铁等一批“新三板”、创业板、中小板 IPO、非公开发行项目。

·2012 年成功完成康辰亚奥、环旭电子、华北制药、内蒙华电、国电电力、华能新能源、青松建化、武进广投、春秋淹城等“新三板”、主板、非公开发行、公司债、企业债及中小企业私募债项目。

·2012 年 3 月 20 日荣获深圳证券交易所授予的 2011 年保荐工作最佳进步奖。

·2012 年 3 月 21 日长城证券与招商证券联合主承销的内蒙华电非公开发行项目圆满完成发行工作。

·2012 年 5 月，环旭电子 IPO 项目被证券时报评为“2012 中国区优秀投行最佳 IPO 项目”。

·2012 年 6 月，在第六届新财富中国最佳投行评选中拓尔思项目与河北钢铁项目分别荣获最佳创业板 IPO 项目奖，最佳增发项目奖。

2012 年 9 月，被《理财周报》评为中国券商最具发展潜力投资银行。

3. 证券研究

长城证券金融研究所在以资源为核心的基础产业领域的研究实力优势明显，宏观策略、能源、金融、地产、金属、军工、TMT 和消费等几大主要领域的研究员在业内具有较高知名度和影响力。

核心优势

长城证券金融研究所在以资源为核心的基础产业领域的研究实力优势明显，宏观策略、能源、金融、地产、化工、TMT 和消费等几大主要领域的研究员在业内具有较高知名度和影响力。

金融研究所建立了以关键价值驱动因素为核心，涵盖宏观、策略以及行业公司研究在内的完整的研究体系。能够把握宏观经济与产业变动的内在规律，为投资者持续提供大类资产配置、行业资产配置以及个股选择三个层级的资产配置服务，帮助投资者在市场上系统性地筛选投资机会。

金融研究所在全行业创新性地建立了全面的质量控制体系，对研究流程进行了科学的分解，并在流程的每一个环节上建立了相应的质量控制标准，确保研究输出的质量稳定可靠。

2007 年 1 月 8 日，长城证券金融研究所正式推出了“长城 30 股票池”，2007 年，长城 30 股票池累计涨幅 214.1%，同期上证指数累计涨幅 91.5%，“长城 30 股票池”超越上证指数 122.6%。

2007 年，长城证券金融研究所被和讯网评为全国券商荐股成功率第一名。

2008 年，在朝阳永续、上海证券报和腾迅网等机构举办的“行业研究领先奖”评比中，医药研究员获行业研究王冠奖，电力研究员和新能源研究员分别获行业研究领先奖，长城证券研究所获团队领先奖。

2009 年，长城证券研究所被《新财富》评为最具潜力研究机构第一名。

2010 年，在今日投资与中央电视台、中国证券报及证券市场周刊等权威媒体“中国最佳证券分析师”评选中，长城证券食品饮料、房地产、电子、电力、煤炭、家电和电力设备等行业研究员被评为最佳分析师；在汤森路透 2010 年度全球最佳卖方分析师评选中长城证券食品饮料、房地产、家电和传媒等行业研究员分别获得大中华地区和亚太地区明星分析师；金属、传媒和轻工行业研究员也分别荣获开来咨询中国金牌证券分析师。在中国证券业协会 2010 年度科研课题研究成果评比中，长城证券研究所的《股指期货标的指数选择与定价机制研究》荣获二等奖。

2011 年，在国内著名财经网站金融界、今日投资与经济观察报与新浪财经等媒体主办的中国证券分析师评比排名中，长城证券研究所策略研究、钢铁行业、食品饮料、有色金属、文化传媒房、商业零售、地产行业、轻工制造和建筑建材等行业荣获多个第一名，长城证券研究所名列券商第五名。

2012 年 11 月，长城证券中标中金所“股指期权市场做市商”联合研究计划机构。

4. 证券投资

遵循价值投资理念是长城证券证券投资业务的基本思路。近年来，长城证券坚持把深入研究和价值发现作为投资决策的主要依据，成功地抓住了市场机会，取得了优良的投资业绩。

卓越业绩

2005 年全年，长城证券的证券投资收益率为 20.22%。同期上证综指由 1266.49 点下跌到 1161.06 点，下跌幅度为 8.32%。长城证券投资业绩超越了大盘 28.54%，同时也超越了绝大部分股票型基金同期收益。

2006 年，长城证券投资回报率为 155.75%，在国内股票型基金与券商中排名前十。

2007 年，长城证券投资业务投资回报率为 198.49%，同期上证综指涨幅为 96.66%，与国内全部 138 家股票型开放式基金相比，回报率名列第二。

2008 年在股市单边下跌的情况下，长城证券投资业务及时调整压缩自营持仓，有效规避了市场风险。与 189 家股票型开放式基金同期收益率相比，长城证券 2008 年投资业务回报率排名第一。

2010 年投资决策严防风险，股票自营谨慎控制仓位，长城证券投资业务投资回报率为 -0.07%。同期上证指数下跌幅 14.31%，深成指下跌幅 9.06%，沪深 300 指数跌幅 12.51%，在大盘深度调整的情况下，长城证券投资业务回报率大幅超越市场，同时债券自营业务收入大幅增长，收入排名业内领先。

2011 年，优化持仓结构，取得明显成效。

5. 资产管理

截至 2012 年底，长城证券资产管理业务规模已经突破百亿元大关，达到近 300 亿元，跻身行业“百亿俱乐部”。

在符合相关法律法规及监管部门的要求下，长城证券资产管理部正在积极发展的服务产品有：

集合资产管理业务

为多个客户办理集合资产管理业务，设立集合资产管理计划，与客户签订集合资产管理合同，将客户资产交由具有客户交易结算资金法人存管业务资格的商业银行或者中国证监会认可的其他机构进行托管，通过专门账户为客户提供资产管理服务，产品种类涵盖权益类、固定收益类、量化对冲类等。

定向资产管理业务

为单一客户办理定向资产管理业务，与客户签订定向资产管理合同，通过该客户的账户为客户提供资产管理服务。定向资产管理计划可依据客户对风险性、收益性、流动性等需求量身定做个性化的产品，且具有灵活的投资策略，同时，委托人将会享受到资产管理人动态的沟通服务。

【参控股公司】

长城基金

长城基金管理有限公司成立于 2001 年 12 月 27 日，是经中国证监会批准设立的第 15 家基金管理公司，长城证券持股比例 47.059%，是长城基金第一大股东。

目前，长城基金管理有限公司管理着长城久富核心成长股票型证券投资基金（LOF）、久嘉证券投资基金、长城久恒平衡型证券投资基金、长城久泰中信标普 300 指数证券投资基金、长城货币市场证券投资基金、长城消费增值股票型证券投资基金、长城安心回报混合型证券投资基金、长城品牌优选证券投资基金、长城双动力股票型证券投资基金共 20 只基金。截至 2012 年底，长城基金基金总资产 319 亿元。

景顺长城基金

景顺长城基金管理有限公司是经中国证监会批准设立的国内首家中美合资的基金管理公司，由全球五大独立资产管理公司之一的美国景顺集团与长城证券有限责任公司联合开滦（集团）有限责任公司和大连实德集团有限公司共同发起设立，其中长城证券和美国景顺集团各持有 49% 的公司股份。公司注册资本 1.3 亿元人民币。

目前，景顺长城旗下已管理了 21 只开放式基金，建立了覆盖高中低风险等级的较为完善的产品线，截至 2011 年 12 月底，基金总资产 400 亿元。

宝城期货

2007 年 11 月，长城证券有限责任公司联合华能资本服务有限公司完成了对宝城期货有限责任公司（原浙江金达期货经纪有限公司）的收购和增资，目前宝城期货注册资本为 1.2 亿人民币，并已取得中国金融交易所结算会员资格。

宝城期货积极探索股指期货业务，目前正在全力推进期货营业网点的建设，在深圳、大连、临海、南昌、南宁、昆明、郑州、青岛、沈阳、长沙等城市设立了 12 家营业部，为广大客户提供便捷、专业的股指期货、商品期货交易服务。

长城长富

深圳市长城长富投资管理有限公司于2012年6月20日正式成立，注册地为深圳市，注册资本3亿元人民币，是长城证券旗下专门从事直接股权投资业务的全资子公司。

长城长富秉承“科学决策、积极投资、稳健经营、规范管理”的投资理念，以专业化经营、规范化管理为原则，通过深入研究和专业判断，选择优质项目，帮助企业成长，实现资本的长期增值。

【联系我们】

地址：深圳市福田区深南大道6008号
　　　特区报业大厦14、16、17楼
邮编：518034
总机：0755－83516222
传真：0755－83516189

长江证券股份有限公司

【公司概况】

长江证券股份有限公司是总部设在武汉的全国性综合类上市证券公司。公司秉承以“追求卓越”为核心价值观的企业文化，致力于成为提供全面理财和融资服务的一流金融企业。

公司前身为湖北证券公司，成立于1991年3月18日。2000年，公司增资扩股至10.29亿元并更名为“长江证券有限责任公司”。2001年，公司增资扩股至20亿元。2007年，公司更名为“长江证券股份有限公司”，并在深圳证券交易所挂牌上市，股票代码为000783。公司资产质量优良，资产规模在业内的排名始终保持较前位置，截至2011年底，公司总资产260多亿元，净资产110多亿元，净资本86亿元。

公司以“汇聚财智，共享成长”为使命，通过服务客户、成就员工、回报股东、反哺社会，实现多方共赢。公司自成立以来，逐步形成了“诚信经营，规范运作，创新发展”的经营理念和“客户导向，研究驱动，技术领先，内控先行”的业务发展策略，为公司的持续发展奠定了坚实的基础。

公司已初步形成集团公司架构，旗下拥有长江证券承销保荐有限公司、长江期货有限公司、长江成长资本投资有限公司、长江证券控股（香港）有限公司和长信基金管理有限责任公司等多家全资和控参股子公司。目前，公司已在全国23个省、自治区、直辖市，70多个城市设立了100多家证券营业部，逐步形成覆盖全国的业务网络。

近年来，公司不断深化零售客户业务体系改革，形成了清晰的发展思路和高效的运行体系，致力于为客户提供优质的财富管理服务。公司经纪业务市场占有率稳步上升，“长网”（www.95579.com）、“95579”、“长江e号”等已成为市场知名的客户服务品牌。公司资产管理业务以“追求绝对收益，真诚回报客户”为目标，各类产品业绩稳健，深获客户认同。截至目前，公司“超越理财”品牌旗下共有13只集合理财产品，总规模位居行业前列，已形成涵盖股票型、债券型及FOF型等主流理财品种的完备的产品线，满足了不同风险偏好客户的需求。公司的研究团队进入行业前10，并有多个行业的研究员进入前3名。公司还在业内较早获得直接投资业务、新三板业务和融资融券业务资格，新业务规模稳步提升。

公司努力践行作为企业公民的社会责任，2008年，发起成立了以“扶危济困，回报社会”为宗旨的“长江证券公益慈善基金会”。这是国内第一家由证券公司发起成立的公益慈善基金会。

公司近年来获得“中国证券行业十大影响力品牌”、“最具发展力券商”、“中国上市公司价值百强”、“中国证券市场20年最具影响力证券公司”、“中国最佳证券经纪商”等多项殊荣，在行业和市场上建立了良好的品牌形象。

【主营业务】

1. 经纪业务

公司经纪业务已形成了清晰的发展战略和完备的组织管理体系，在市场上树立了良好的品牌形象，业务能力和市场地位稳步提升。

2008年起，公司实施并不断深化零售客户业务体系改革，坚持和完善“三基”业务模式，按照“营运集中、销售分散、服务集中＋分散”的模式完善经纪业务组织管理，服务体系日趋成熟，为零售客户提供越来越全面的财富管理服务。

公司集中营运体系实行标准化、流程化管理，为客户提供安全、便捷的投资理财环境。公司通过连锁模式积极推进外延式发展，建立了一支专业化的金融销售服务队伍，大力发展基础客户，扩大客户规模。同时，不断创新客户服务手段和内容，按照“将合适的产品，提供给合适的客户”的投资者适当性管理原则，依托零售客户服务平台，为客户提供精细化、高水平的金融理财服务，通过提升销售服务能力推动业务内涵式发展。

公司“长网”（www.95579.com）、全国统一客户服务热线“95579”和手机证券“长江e号”等已成为市场知名的客户服务品牌。2011年，在“科技引领未来——第十二届金融IT创新暨中国优秀财经网站评选”活动中，公司荣获“最佳IT服务券商”、“最佳券商网站”、“最佳客服热线”、“最具特色手机证券”奖。

公司于2006年初开始筹备融资融券业务，是国内较早获得融资融券业务资格的证券公司之一。目前，公司配备了知识结构完备的专业化融资融券团队，资券准备充裕，致力于为有需求的高端客户提供快捷、高效、专业、全面的融资融券服务。

公司已在全国70多个城市设立了5家分公司和100多家营业部，逐步形成了覆盖全国的证券经纪业务网络。

公司股票基金交易量逐年提升。2011年，公司股票基金交易量市场份额连续第3年增幅位居行业前列。

2011年，在“第四届中国最佳证券经纪商暨明星营业部评选”中，公司荣获“2011年中国最佳证券经纪商”奖。

2. 投行业务

公司全资子公司长江证券承销保荐有限公司（简称“长江保荐”）是国内首家专门从事投资银行业务的专业子公司。

在成立专业投资银行子公司之前，公司共担任了国内100多家上市公司的A、B股主承销商、副主承销商和上市推荐人。1997年至1999年，按主承销家数排名，公司连续3年进入业内前10位。

长江保荐融合国际投资银行先进管理理念和国内本土投资银行的资源优势，坚持“特色投行，精品投行”战略和“资源共享，合作共赢”合作机制，拥有一支深得客户信赖的专业团队。

2010年，长江保荐担任财务顾问的原“东北高速”分立成为“龙江发展”和“吉林高速”两个独立上市公司项目，是我国资本市场上分立重组上市第一案例。由长江保荐担任主承销商及保荐机构的“中青宝”是资本市场第一家境外上市公司分拆国内上市项目，也是国内上市的第一家网游公司。

2011 年,按 IPO 家数,长江保荐市场排名第 12 位。

2011 年,在第五届新财富中国最佳投行评选中,长江保荐的“武汉中百”配股项目获得“最佳配股项目奖”,两位保荐代表人荣获“百佳保荐代表人奖”;在第五届“中国最佳投行”评选中,长江保荐荣获“最佳创新团队”大奖。

3. 资产管理业务

公司资产管理业务以“追求绝对收益,真诚回报客户”为目标,强化风险管理和合规运作,业绩稳健,深获客户认同。

2001 年,公司在业内首推银证合作理财。

2005 年 4 月,公司推出了“超越理财 1 号”产品,是《证券公司客户资产管理业务试行办法》正式实施以来,首批获准发行的 3 只券商集合理财产品之一。

截至 2011 年底,公司“超越理财”品牌旗下共有 12 只集合理财产品,总规模行业排名前 10,已形成较完备的产品线,涵盖股票型、债券型及 FOF 型等主要理财品种,充分满足不同风险偏好客户的需求。

2011 年,资产管理总部在“2011 中国券商金方向奖”评选活动中再次荣获“中国证券公司最佳资产管理部门”奖。

4. 固定收益业务

自 1991 年起,公司作为财政部国债承销团成员,国债承销规模稳居全国证券公司前列。

从 2000 年起,公司进入全国银行间债券市场,作为中国人民银行公开市场业务一级交易商、国家开发银行金融债承销团成员、中国农业发展银行金融债承销团成员及短期融资券和中期票据承销团成员,承销规模位居证券公司前 5 位,是连续数年荣获全国银行间债券市场“金融债优秀承销团成员”、“非银行类优秀自营结算成员”称号的证券公司之一。

公司企业债券业务发展迅速,凭借专注的服务精神和强大的债券销售能力为广大企业客户提供“方案优、速度快、成本低”的专业服务,公司所有主承销的企业债券发行利率均低于同期同类债券。

2007 年至今,公司主承销企业债券 18 只,承销金额 200 多亿元。公司担任了 20 余只企业债券的副主承销商,80 余只企业债券的分销商。

2008 年,公司主承销的 45 亿元中国兵器工业集团公司企业债券,是截至当时国内发行规模最大的无担保企业债券。

2011 年,公司债券发行取得突破,公司债主承销金额排名行业前 15 位。

【主要创新业务】

(1)融资融券业务

融资融券部初步形成了业务人才梯队,狠抓业务拓展,建立了“督导 + 服务 + 培训”的业务工作模式,通过形式多样的营销活动实现了业务规模的迅速增长。报告期内,融资融券新开户 3722 户,实现利息收入 0.43 亿元,融资融券余额达到 7.57 亿元,市场份额 1.97%,行业排名第 16 位。

(2)直接投资业务

直接投资业务初步建立了项目投资决策和“以投资为核心,风控为关键,运营为保障”的项目执行体系,员工队伍得到扩充,保持较快发展步伐。截至报告期末,完成 10 个直接投资项目,投资金额 3.05 亿元。

(3)场外市场业务

场外市场业务通过实施“建队伍、扩市场、争项目、抓管理”的业务发展策略,实现挂牌上市项目“零”的突破。报告期内,完成挂牌上市项目 1 个,累计签约推荐挂牌企业 34 家,与全国近 30 个国家级高新技术开发区建立了业务联系。

(4)金融衍生产品业务

深入跟踪研究新业务、研发新产品,针对 ETF、分级基金、融资融券、股票约定式回购等多个领域开展研究,研究开发了多因子模型等阿尔法策略,开发了股指期货套利套保二期、分级基金套利等系统,积极利用创新业务提供更多的产品和服务。

【联系我们】

地址:武汉市新华路特 8 号长江证券大厦

邮编:430015

总机:027 - 65799999

传真:027 - 85481900

公司网址:http://www.95579.com

统一客户服务热线:95579

统一客户服务邮箱:service@95579.com

大通证券股份有限公司

【公司概况】

大通证券股份有限公司是总部设在大连的唯一一家证券公司,注册资本 22 亿元,经营范围包括:证券经纪;证券投资咨询;与证券交易、证券投资活动有关的财务顾问;证券承销与保荐;证券自营;证券资产管理;为期货公司提供中间介绍业务;证券投资基金销售业务;融资融券业务;中国证监会批准的其他业务。公司目前拥有 37 家分支机构,分布于大连、上海、北京、天津、广州、深圳等全国 20 余个城市。

2007 年 8 月,公司通过中国证券业协会组织的规范类证券公司评审,取得规范类证券公司资格。

历史沿革

公司是经中国证监会《关于同意大通证券股份有限公司开业的批复》(证监机构字[2001]90 号)批准,于 2001 年 7 月 18 日领取了《中华人民共和国经营证券业务许可证》,同年 7 月 28 日正式注册登记成立,注册资本 11.188 亿元。

2006 年 12 月,在中国证监会及国家相关部委的关心帮助下,在大连市人民政府的主导下,公司进行了重整,重新变更登记,注册资本 5 亿元。2007 年 10 月,公司增资扩股获得中国证监会批准,注册资本增至 12 亿元,2010 年 11 月,公司增资扩股至 22 亿元。

发展战略

立足大连,面向全国,积极培育国际视野,在资本实力、资产规模、业务开拓、管理水平、技术手段、市场占有率等方面实现跨越式发展,最终成为具有较强核心竞争力和综合实力的证券公司。

【业务资格】

证券经纪;证券投资咨询;与证券交易、证券投资活动有关的财务顾问;证券承销与保荐;证券自营;证券资产管理;为期货公司提供中间介绍业务;证券投资基金代销;全国银行间同业拆借市场融资资格;网上交易资格;融资融券业务资格。

【业务部门介绍】

经纪业务:

大通证券目前在全国拥有 37 家证券服务机构,分布于大连、北京、上海、深圳、广州等全国主要中心城市和经济发达地区。网点覆盖面较广,布局均衡合理,为近 30 多万投资者提供证券经纪业务服务。为更好地服务投资者,公司还对呼叫中心系统进行了升级和扩容,推出了客户自助服务和语音留言服务功能。总部客服中心产品部推出的智通管家系列产品，受到广大客户好评，强大的投资顾问团队为客户进行一对一高品质服务。短信服务平台建立起了总公司和营业部上下统一互补的短信服务机制，将公司丰富的资讯和研究成果及时传递到客户手中。公司投资者教育工作依据适当性管理原则服务客户，更好地保障客户利益。2012 年，公司根据市场发展趋势大胆改革创新，以实现通道业务和渠道业务并重发展为目标，推动经纪业务转型，将营业部从传统交易中心模式逐步升级为营销中心模式，实现服务、营销、理财的一体化发展。

经纪业务特色：

集中交易、通买通卖大通证券所有营业部全面实现集中交易，客户可以在各营业部网点通买通卖。

保证金第三方存管，保证客户资产安全大通证券与工行、农行、中行、建行、光大银行、浦发银行、广发银行、交通银行、民生银行、招商银行、兴业银行、中信银行、华夏银行、深圳发展银行开通了第三方存管业务，使您真正做到足不出户，运筹千里。

业务范围齐全，交易品种多元化，深沪 A 股、B 股、基金、债券、权证、股指期货 IB 业务、融资融券、开放式基金和集合理财业务等，将更大程度地满足客户全方位的金融服务需求。

交易手段先进，服务品质优良具有完善的网络平台和交易平台，各分支机构交易手段齐全，包括现场自助委托、网上委托、电话委托、手机炒股等多种方式，使投资者能够便捷、快速地完成交易、查询、转帐等业务。

手机炒股，为满足"上班族"和商务人士的需要，公司及时推出了包括"智信通"、"智慧通"两款手机炒股软件。通过这些平台，方便地利用手机查看行情、资讯并进行交易。

全方位的信息资讯服务除提供公告信息之外，公司已组建优秀的投资顾问团队配合目前已经推出"智通管家"系列服务产品，为广大投资者提供产品化特色服务。

高效、快捷的呼叫中心服务，公司以客户为中心，呼叫中心同时提供普通坐席服务和专家在线服务，及时为客户提供一对一、贴身化的投资理财咨询服务，及时满足客户"一站式"的服务需求。同时，营业部配有专职的咨询人员和咨询专线，实时为你解答业务及投资方面的困惑。

投资者教育工作，建立风险能力测评体系，为了在合适的时机，向合适的客户推荐合适的产品，公司对风险投资意向的客户进行风险承受能力测评，根据测评结果推荐相应等级的证券产品。

多年来，公司秉承立正气、讲诚信、求卓越的企业精神，围绕以人为本、规范发展、诚信服务、稳健进取的经营理念，立足长远，稳健经营，走可持续发展之路，实现客户与公司的双赢。路遥知马力，日久见人心，相信我们，大通证券是您更好的选择！

投资银行业务：

投资银行总部作为公司主要的业务部门，秉承"立正气、讲诚信、求卓越"的企业精神，围绕以"人为本、规范发展、诚信服务、稳健进取"的经营理念，立足大连，面向全国，积极培育国际视野，争取较短时间内在资本实力、业务开拓、人员管理、市场占有率等方面实现跨越式发展，实现"大投行"的战略目标。

【联系我们】

公司地址：辽宁省大连市沙河口区会展路 129 号
邮政编码：116021
客服电话：4008169169
公司电话：(0411)39673333
公司传真：(0411)82826601
网站电话：(0411)39673355
网站邮箱：admin@ Daton. com. cn

德邦证券有限责任公司

【公司概况】

德邦证券有限责任公司成立于 2003 年 5 月，是经中国证监会批准设立的全国性综合类证券公司。目前公司注册资本 13 亿元人民币，净资产 19. 90 亿元人民币，公司已连续九年实现盈利，同时旗下拥有德邦基金管理有限公司及中州期货有限公司。公司在投资银行、固定收益、资产管理、量化投资、证券经纪与财富管理、公募基金服务、私募及 PE 基金评价等方面不断创新，秉承"心连心、手拉手"的服务理念，为广大客户提供全面的投资、融资等全面、专业的金融服务。

德邦证券坚持创新，秉承差异化发展战略，建立了"7 + 4"运营模式，全面推动公司逐步成为一流的金融服务公司。创新推动各项业务的迅猛发展，公司创立"财富玖功"服务品牌，推动首家广告公司在 A 股挂牌上市，管理中国青年创业就业基金会的创业基金。2012 年，公司开创性地提出面对 PE 机构的全方位特色服务，并与 ChinaVenture 投中集团联合编写、出版了《中国私募股权投资(PE)年度报告 2012》，作为国内首本私募股权投资行业的断代史，把对中国私募股权投资市场的研究推到了更高境界。数年来公司赢得了投资者、合作伙伴等的广泛肯定和充分信任，获得了"2010 年度中国最佳创新证券公司奖"、"2011 中国区优秀投行——最具创新奖"等多项荣誉。

德邦证券是中国财富管理领域的先行者，率先为机构客户与高端私人客户提供全面财富管理服务。公司曾与交通银行、上海证券报社等发起主办了"中国阳光私募高峰论坛"及"中国财富管理高峰论坛"，并与上海证券报社联合组织了三届中国私募基金"金阳光奖"的评选，共同推进中国财富管理事业的蓬勃发展。公司研究实力卓越，连续两年编写、出版了《中国财富管理年度报告》，并与上海证券报社合作连续三年编写、出版了《中国阳光私募年度报告》，成为国内首创的全景式行业年度报告，深受各界好评。

【主要业务】

证券经纪

证券经纪是德邦证券的核心业务之一。2011 年代理买卖证券业务净收入增长率(合并口径)在 109 家券商中排名第 11 位，2011 年证券公司营业部平均代理买卖证券业务净收入(合并口径)排名第 39 位。

公司大力发展传统经纪业务的同时，创立了"财富玖功管理中心"。"财富玖功"倡导客户风险承受能力、专业化水平与自身预期收益相匹配的理性投资理念，秉承"策略先行、重点投资、持续跟踪"的核心服务策略，采取量身定制的方式，为每位客户提供最适合的投资咨询服务。"财富玖功"获得投资者的广泛好评，曾获得"21 世纪中国券商奖之最具创意奖"和"中国杰出营销奖——金融类优秀奖"。

直接融资

直接融资业务是德邦证券的品牌业务，主要包括投资银行和固定收益业务，为企业客户提供股权融资、债券融资、并购重组以及财务顾问等服务。同时为客户提供股权投资、私募融资等各项服务，得到企业客户和机构投资者的广泛认可，并获得众多荣誉。

资产管理

资产管理业务是德邦证券未来最具成长潜力的业务之一。德邦证券开发 2 大系列资产管理产品："心连心"系列和"手拉手"系列。

"心连心"系列是不断寻找市场各类投资机会，为投资者提供的收益风险水平特征显著的股票型、债券型、套利型及另类投资的标准产品，力争在不同的市场阶段，都有符合市场特征和客户需求的产品可供投资者选择。已经发行的混合型产品德邦心连心 1 号自成立以来，始终坚持稳健的运作策略，超越市场近十个百分点。

"手拉手"系列是为机构和高端个人投资者量身定制的特色服务产品，包括静态与动态的股权管理、债权和受益权投资、现金及现金流匹配管理等。其中为中国青年创业就业基金会的创业基金所定制的产品，自 2011 年 5 月 10 日至 2012 年 5 月 11 日运作期间，实现累计收益 15.13%，同期上证综指下跌 17.15%，沪深 300 指数下跌 16.37%。

机构客户与财富管理服务

德邦证券是中国证券业最早提出"财富管理"概念的证券公司之一，也是最为积极倡导和实施"机构客户与财富管理服务"的证券公司之一。作为公司重点发展的业务，机构客户部不仅汇聚了中国证券业第一批开展"机构客户与财富管理服务"的探索者们，而且还吸纳了"私募基金的基金"信托计划（TOT）以及量化投资信托计划的最早设计者们。通过不断研发和创新金融服务的工具、方式和手段，为机构客户以及高端私人客户提供全方位、专业化、个性化的财富管理服务。

证券投资

证券投资业务是德邦证券传统业务之一。自 2003 年成立至今，证券投资业务业绩优异，累计投资收益率近 300%，超越上证指数的 113%，并连续八年实现盈利，成为公司稳定的利润来源。2011 年上半年，证券投资业务收益率超越同期偏股型基金的平均收益率 11%，业绩相当于公募偏股型基金第 4 位。

证券研究

德邦证券研究所负责对宏观经济、上市公司等进行全面、深入的研究，公司同时还在经纪业务管理总部、固定收益部、资产管理部、证券投资部、量化投资部、债券投资与交易部、机构客户部设立研究岗位，从不同的视角、不同的品种以及不同的策略出发，开展全方位、多视角的研究与分析。

研究团队依托大股东复星集团及相关上市公司丰富的产业经验与研究资源，将研究力量重点配置在医药、有色、钢铁、零售、纺织、农业及泛消费业、金融服务、投资策略等重点领域。复星集团在行业发展周期研究、上下游相关产业研究、行业发展信息等方面给予研究团队以强大的支持。另外，公司研究团队在国际化视野、绝对估值模型研究及数量化分析等方面具备一定的竞争力。

【联系我们】

地址：上海市福山路 500 号城建国际中心 26

电话：021－68761616

传真：021－68767880

邮箱：webmaster@ tebon. com. cn

网址：http://www. tebon. com. cn

第一创业证券股份有限公司

【公司概况】

第一创业证券股份有限公司是经中国证监会批准，由华熙昕宇投资有限公司，北京首都创业集团等多家实力雄厚的股东投资设立的综合类证券公司。公司注册地为深圳市，注册资本金为人民币 19.7 亿元。截止到 2011 年 12 月 31 日，公司总资产达 97.39 亿元，净资产 42.23 亿元。

第一创业及控股子公司具备创新试点类证券公司资格，拥有种类齐全的证券业务牌照，包括主承销资格、保荐人资格、投资咨询资格、受托资产管理资格、B 股经营资格、网上交易资格、证券自营资格、全国银行间同业拆借资格和基金代销资格等。公司还取得了全国统一纳税资格。

第一创业实行董事会领导下的总裁负责制，构造了扁平化、高效的组织架构，建立了良好的经营机制，构建了完备的风险控制体系。

第一创业拥有高素质、经验丰富、业绩卓著的人才团队，秉持以客户为中心、以创新为动力的经营方针，按照让客户感动的服务标准，以国际化的视野、娴熟的专业技能以及高度的职业精神，致力于为企业和投资者提供全方位的投资银行服务。

随着中国对外开放力度加大、宏观经济持续高速增长和繁荣，中国证券市场亦在开放中逐步迈向成熟。第一创业将始终遵循"市场化、规范化、国际化"的经营原则，满怀着责任感和使命感，努力为客户创造价值，回报股东，为促进中国资本市场发展和繁荣而贡献力量。

【主营业务】

1. 投行业务

第一创业是国内首批证券发行上市保荐机构、首批股权分置改革试点保荐机构及首批 IPO 询价对象，拥有一支专业的，具有丰富从业经验的投资银行队伍，富有创新活力和高效的融资能力，重点为国有大中型企业、高成长性的大型民营企业、中外合资企业提供多品种的融资服务，并致力于通过专业服务使客户成为行业龙头。自 2006 年以来，公司主承销股票债券家数、承销金额等业务排名多年进入业内前 20 名。

第一创业自 1997 年就设立收购兼并总部，始终把打造中国投资银行并购品牌作为自己的奋斗目标，秉承对客户高度负责的敬业精神，着眼于客户的长远发展及关心的现实问题，为客户提供创新的、具有专业水准和全局眼光的、个性化的并购服务，致力推动优势客户利用资本平台逐步实现行业龙头地位。公司在企业并购及资产重组业务上拥有雄厚的实力，积累了丰富的客户资源，享有良好的市场声誉。2008 年、2009 年，公司财务顾问收入在全国券商中分别排名第 17 位、第 21 位。

2010 年 12 月 31 日，第一创业与摩根大通共同出资组建合资证券公司——第一创业摩根大通证券有限责任公司的申请获中国证监会批准。2011 年 6 月，一创摩根筹建完毕正式开业，注册资本 8 亿元人民币，总部设在北京，公司持股 67%，摩根大通持股 33%。公司原收购兼并业务、投资银行业务、债券承销业务全部平移至合资公司。

一创摩根在中国内地开展证券承销和保荐业务，借助公司长期根植本土市场的丰富经验和摩根大通全球领先的国际视野和平台，致力于成为备受尊敬的一流中国投资银行。

2. 经纪业务

第一创业证券拥有先进的交易支持系统，为客户提供完备的交易手段、快速安全的交易通道和及时、周到、优质的服务。

公司以分设在北京、上海、深圳等沿海及中部经济发展最活跃地区的营业网点为平台，与网络系统相结合，借助“易富人生”财富品牌，为客户提供A股、B股、债券、基金、回购等丰富的投资交易品种，并完善咨询建议、投资分析、理财策划、服务定制等服务功能，全面满足客户“一站式”服务的需求，把营业部打造成为公司金融产品和服务的营销中心，使营业部成为公司向客户提供全面金融服务的终端，公司联系客户的纽带和触角。

公司率先在业界开展投资顾问的业务模式，率先在服务中引入理财策划概念，为客户提供个人理财策划服务，有效满足客户理财需求。

业绩摘要

·2002—2009年，公司股票基金市场占有率由1.413‰提高到3.11‰，保持了近20%的年均增长速度。

·近几年营业部部均收入连续排名业内前20名，2009年为第7名，目前管理客户资产近500亿元。

·2006—2010年，公司在中国证监会广东监管局辖区内佛山地区的营业部全部被评为A类（最高级别）营业部。

·2007年，公司佛山季华路营业部被中国证券业协会授予“做明明白白的投资者”教育活动证券知识竞赛优秀组织奖。

·2008—2010年，佛山季华路营业部连续三年获评《证券时报》中国明星营业部评选之“最佳区域明星证券营业部”称号。

·2009年，公司北京营业部获评《证券时报》中国明星营业部评选之“最具市场开拓力证券营业部”称号。

·2010年，在《理财周报》2010中国券商「金方向」奖评选中，公司荣获“2010中国最佳客户服务证券公司”称号；北京营业部获“2010年中国证券营业部100强”称号。

·2010年，公司荣获《上海证券报》“优秀投资者教育工作组织单位”称号；北京、季华、上海及深圳营业部荣膺“优秀投资者教育工作网点”称号。

·2011年，公司杭州金城路证券营业部在《证券时报》主办的“第四届中国最佳证券经纪商暨明星营业部评选”中荣获“营业部新星”奖。

3. 固定收益业务

第一创业证券在固定收益业务领域拥有具备良好专业技能和丰富经验的人才团队，积累了包括银行、基金、保险公司、投资公司和企业等大量高端客户，形成了覆盖全国的客户网络，已成为中国优秀的债券交易商之一。

业绩摘要

·从2004年至2011年，固定收益部在全国银行间债券市场现券交易量连续六年在业内排名前五位，其中，2010年业内排名跻身前三，2011年跃升至行业第二，并连续多年荣获全国银行间债券市场“优秀交易成员”、“交易量100强”，“交易活跃前100强”等称号。

4. 资产管理业务

第一创业证券资产管理业务秉承“专业、创新、卓越”的经营理念，积极探索“以产品为驱动、以客户为中心、以投研能力为核心”三位一体的综合业务体系，致力于建立以“集合理财、定向理财、专项理财、投资顾问服务多平台”方式全面满足客户个性化理财需求的业务体系，以经验丰富、业绩优异的专家团队为客户提供长期稳定的投资回报，打造富有第一创业特色的一流资产管理业务品牌。

经中国证券监督管理委员会批准，第一创业证券目前拥有开展受托投资管理业务、集合资产管理业务等资格。

产品简介

·集合资产管理计划产品——“创业1号安心回报”。

·集合资产管理计划产品——“创业2号稳健回报”。

·投资顾问产品——“薪加薪1号”人民币理财产品。

·投资顾问产品——“一创基金宝”结构式信托计划。

·集合资产管理计划产品——“创金避险增值”。

·集合资产管理计划产品——“金益求金”。

·集合资产管理计划产品——“创金价值成长”。

·集合资产管理计划产品——“创金灵活成长1期”。

·集合资产管理计划产品——“创策略尊享”。

·集合资产管理计划产品——“创金灵活成长2期”。

5. 证券投资业务

在严格控制风险的基础上，坚持深入研究，遵循价值投资理念，依托较为科学的投资决策体系及完善的投资管理制度，积极灵活的投资策略与仓位控制，对股票及其衍生品、基金进行投资，确保公司资本金获得持续稳定的收益。

·2007年，在投资规模平均保持60%的情况下，公司证券投资收益率为152%，超过同期上海综合指数涨幅近50个百分点。

·2008年，公司证券投资收益率超过同期上证综合指数45个百分点。

·2009年，公司证券投资收益在全国券商中排名第17位。

东北证券股份有限公司

【公司概况】

东北证券股份有限公司（以下简称“公司”）前身为吉林省证券有限责任公司。2000年6月经中国证监会批准，经过增资扩股成立东北证券有限责任公司。2007年8月，锦州经济技术开发区六陆实业股份有限公司定向回购股份，以新增股份换股吸收合并东北证券有限责任公司，并更名为“东北证券股份有限公司”。2007年8月27日，公司在深圳证券交易所挂牌上市，股票简称为“东北证券”，股票代码为000686。公司注册地为吉林省长春市，注册资本为9.78亿元。

经过二十多年、几代人的努力，公司规范经营，不断进取，无论经营规模还是综合实力都取得了翻天覆地的变化。截至目前，公司已经开展全面证券及与证券相关的业务，包括证券经纪、证券承销与保荐、证券自营、证券资产管理、证券研究咨询、IB、直接投资、融资融券、中小企业私募债、债券质押式报价回购、约定购回证券交易等业务，形成了较为完整的业务体系。同时公司积极开展对外投资业务，控股东证融通、渤海期货、东方基金，参股银华基金，已经初步建立起集证券、基金、期货、直接投资为一体的开展综合金融服务的控股集团雏形。公司已在全国19个省、自治区、直辖市的32个大中城市设立75家证券营业部，并在北京、上海设立了4家分公司，分别经营证券承销与保荐业务、证券资产管理业务、证券自营业务、证券研究咨询业务，公司全国战略布局趋于合理并形成了一定的规模优势和品牌优势。

公司肩负“关爱资本、富足社会”的使命，坚持“一切以客户收益为重，一切以股东权益为重，一切以员工利益为重，一切以社会效益为重”的理念，在竞争中成长、在创新中收获、在服务中共赢。公司致力于建立和谐的经营管理团队，通过充分调动全体员工的积极性,从根本上提高公司的创利能力,回报股东,回报社会。

【总体经营情况】

2011 年,我国国内证券市场表现低迷,股票指数持续下跌,交易量不断萎缩,佣金率下滑。在多重因素的叠加影响下,公司经营情况不理想,上市后首次出现亏损。

报告期内,公司实现营业收入 809,643,896.26 元,同比下降 52.37%;实现利润总额 -168,001,422.31 元,同比下降 124.49%;实现净利润 -151,004,596.13 元,同比下降 128.62%;基本每股收益 -0.24 元,每股净资产 4.83 元,加权平均净资产收益率 -4.64%。截至 2011 年 12 月 31 日,公司资产总额 12,533,966,630.49 元,同比下降 35.97%;净资产 3,093,175,442.65 元,同比下降 10.83%。

【主营业务情况】

1. 证券经纪业务

2011 年,公司进一步优化营业网点战略布局,新建抚松、双辽 2 家营业网点,使公司营业网点数量增加到 70 家,营业网点覆盖全国 19 个省、自治区、直辖市的 32 个大中城市。同时,公司大力开展投资顾问业务;搭建统一的经纪业务客户服务支持体系,通过技术手段不断提升公司客户服务水平和服务质量;创新营销模式,对公司营销资源进行了有效整合。但是,受市场交易量萎缩及证券行业佣金率持续下滑影响,公司全年实现 A、B 股基金交易量 6,072 亿元,同比减少 26.30%。

2. 证券承销与保荐业务

2011 年,公司进一步优化调整了投行运营架构,精干前台、充实完善后台、补充优化岗位设置,提升了投行业务整体运营效率。同时,公司进一步强化了投行团队建设,加大了市场开发力度,项目申报与储备数量增加。由于项目周期比较集中,使公司投行业务 2011 年经营业绩不理想,全年仅完成 1 个保荐项目。

3. 证券自营业务

2011 年,公司证券自营业务主要受股票市场行情下跌影响,投资出现亏损。

公司证券自营业务情况

单位:元

项目名称	2011 年	2010 年
交易性金融资产及可供出售金融资产投资收益	-112,440,922.86	164,863,927.11
交易性金融资产公允价值变动收益	-77,543,193.78	-65,894,375.68
合计	-189,984,116.64	98,969,551.43

4. 证券资产管理业务

2011 年,公司证券资产管理业务实现稳步成长,成功发行东证 5 号和东证融通一期 2 只集合理财产品,使公司理财产品管理数量达到 5 只,资产管理总份额增长至 36.84 亿份。但是,受市场持续震荡下行影响,公司各只理财产品净值也出现不同程度下降。

【创新业务情况】

报告期内,公司稳步开展为期货公司提供中间介绍业务和直接投资业务,并积极筹备开展融资融券业务、固定收益业务等各项创新业务。

1. 为期货公司提供中间介绍业务(IB 业务)

2011 年,公司 IB 业务实现稳步发展,目前公司已有 27 家营业部获得开展 IB 业务资格,为公司控股子公司渤海期货有限公司介绍了一定数量的客户。同时,公司控股子公司渤海期货有限公司也在不断完善期货营业网点布局,营业网点数量已增长至 10 家,在做好商品期货业务的同时,进一步加强了股指期货业务拓展力度。

2. 直接投资业务

根据直投子公司东证融通的业务开展情况,公司在 2011 年对其进行了增资,使其注册资本增长至 2 亿元,及时满足了其业务开展的资金需求。目前,直投子公司东证融通运行有序,在管理和项目拓展上均有较大突破,已完成多个项目的立项和投资工作,项目储备充足,为下一步创收打下了基础。

3. 融资融券业务

报告期内,公司按照融资融券业务资格申报的相关要求,积极有序地推进业务的各项筹备工作。目前,公司已全部完成融资融券业务筹备工作:完成了融资融券业务制度体系建设,搭建完成了包括融资融券交易系统、统一账户系统等相关技术系统,参加并顺利通过了由证券交易所和证券登记结算机构组织的技术系统测试。公司取得业务资格后,将正式开展融资融券业务,进一步拓宽公司创收渠道。

4. 固定收益业务

2011 年,公司积极筹备开展固定收益业务。目前,公司已初步组建完成固定收益团队,并完成业务开展前的相关筹备工作。固定收益业务的正式开展将对提升公司收益的稳定性发挥积极推动作用。

【参、控股公司的经营情况】

1. 东证融通投资管理有限公司注册资本为 200,000,000 元。公司持有其 100% 的股份。截至 2011 年 12 月 31 日,东证融通总资产 200,600,191.25 元,净资产 200,016,787.44 元;2011 年,实现营业收入 778,977.93 元,利润总额 528,412.34元,净利润 58,458.69 元。

2. 渤海期货有限公司注册资本为 150,000,000 元。公司持有其 96% 的股份。截至 2011 年 12 月 31 日,渤海期货总资产 795,317,213.46 元,净资产 170,058,936.76 元;2011 年,实现营业收入 91,186,744.38 元,利润总额 18,461,553.90 元,净利润 13,734,208.92 元。

3. 东方基金管理有限责任公司注册资本为 100,000,000 元。公司持有其 46% 的股份。截至 2011 年 12 月 31 日,东方基金总资产 172,429,567.44 元,净资产 131,169,473.52 元;2011 年,实现营业收入 126,245,206.11 元,利润总额 -12,153,405.02 元,净利润 -11,845,488.99 元。

4. 银华基金管理有限公司注册资本 200,000,000 元。公司持有其 21% 的股份。截至 2011 年 12 月 31 日,银华基金总资产 1,090,582,391.97 元,净资产 930,501,114.40 元;2011 年,实现营业收入 972,353,569.35 元,利润总额 298,765,633.79元,净利润 221,687,689.05 元。

【联系我们】

地址:长春市自由大路 1138 号

邮编:130021

电话:0431 - 85096806

传真:0431 - 85096816

网址:www.nesc.cn

邮箱:dbzq@nesc.cn

东方证券股份有限公司

【公司概况】

东方证券股份有限公司(以下简称公司)是一家经中国证券监督管理委员会批准的综合类证券公司,其前身是成立于1998年3月的东方证券有限责任公司。公司现有注册资本金为42.82亿元人民币，员工3100余人(含全资子公司)。公司资产质量优良，业务品种齐全，涵盖了证券承销、自营买卖、交易代理、投资咨询、财务顾问、企业并购、基金和资产管理等众多领域。

公司以上海为总部所在地，在上海、北京、天津、长春、沈阳、抚顺、成都、武汉、长沙、南京、苏州、杭州、广州、深圳、汕头、南宁、桂林、北海、济南、福州、合肥等22个城市设有66个分支机构，形成了依托上海、立足中心城市、辐射全国的大型证券公司的经营网络。

公司控股东证期货、东证资本、东证资产管理、东方(香港)、汇添富基金、东方花旗六家子公司。

2012年上半年度，公司实现营业收入12.48亿元，完成利润总额5.59亿元，取得净利润5.51亿元。总资产459.72亿元，净资产147.95亿元。

【经营理念】

稳健经营、专业服务、以人为本、开拓创新。

"稳健经营"即合规是立身之本，稳健是经营之道，着眼于公司的长期可持续发展；"专业服务"即致力于提供真诚、优质、高效的专业服务，满足和超越客户的期望；"以人为本"即尊重人才、人尽其才，敬业、专业的人才是公司的最宝贵资源；"开拓创新"即勇于面对机遇、挑战和激烈竞争，开拓进取，勇于创新，追求卓越。

公司着力打造具有向心力和凝聚力的企业文化，提炼出和谐、创新、进取、竞争等企业文化的核心价值观，为公司发展提供强大的精神动力。

公司将以创新促发展，迈向一流券商行列，发展成为一家真正的现代金融服务企业。

【股东背景】

公司股东实力雄厚。

既有申能(集团)有限公司、文汇新民联合报业集团、上海海烟投资管理有限公司、上海电气(集团)总公司、上海邮政等大型国有企业。

也有上海金桥出口加工开发股份公司、长城信息产业股份有限公司、上海建工股份有限公司等上市公司。

还有上海致达科技(集团)股份有限公司、上海绿地(集团)有限公司、高远控股有限公司等民营企业。

【旗下公司】

公司将以创建具有一流综合竞争力的证券公司为目标，致力于成为一家公开上市的由资产管理公司、基金管理公司、投资银行公司、经纪业务公司、期货公司、研究所等分支机构组成的金融控股集团。

上海东证期货有限公司

上海东证期货有限公司(简称：东证期货)是东方证券股份有限公司全资子公司，注册资本5亿元。其前身系上海久联期货经纪有限公司，2007年9月我司与久联期货股东签署股权转让协议，2007年11月该项股权转让获得中国证监会批准，2007年12月正式更名。东证期货是国内四家期货交易所的全权结算会员，可以代理股指期货、黄金期货、钢材期货和其他商品期货交易。公司拥有一支具有多年期货、证券市场从业经验的优秀团队，以规范管理、诚信创新的经营理念为广大投资者提供专业期货服务。

公司致力于打造国内期货界最优秀的期货公司之一，尤其专注股指期货、钢材期货、有色金属、黄金期货以及能源化工期货等领域的代理和研究服务。

上海东方证券资本投资有限公司

上海东方证券资本投资有限公司(简称：东证资本)成立于2010年2月8日，是东方证券股份有限公司的全资子公司，注册资本7亿元。东证资本具有优秀的直投投资业务团队，在企业的投融资、业务重组及上市、并购方面拥有丰富的经验。

东证资本将依托母公司东方证券强大的业务平台，依靠自身优秀的业务团队，致力于创建拥有一流管理团队、雄厚资本实力、强大投资和管理能力、广阔国际化视野的国内领先的投资管理公司，投资具有高成长性的国内企业，为企业的成长提供优质的资本服务，成为企业成长的助推器。

东方证券资产管理有限公司

上海东方证券资产管理有限公司(简称：东证资产管理)成立于2010年7月，是在原东方证券股份有限公司资产管理总部基础上组建而成。资产管理总部从事客户资产管理业务已有12年历史，并于2002年首批获得中国证监会的批准从事客户资产管理业务资格，具有丰富的实践经验和管理经验。2005年首批获准开展集合资产管理业务。

东方红资产管理团队成立12年来，经历了中国证券市场多次牛市熊市的考验，已经积累了丰富的投资经验和风险管理经验。陆续推出了多只东方红系列集合理财产品和定向理财产品，投资收益率长期在券商同类产品中名列前茅。

东方金融控股(香港)有限公司

东方金融控股(香港)有限公司(简称：东方(香港))为东方证券股份有限公司全资附属公司，是于2009年9月经中国证监会批准于香港设立的中资证券公司。

东方金融控股(香港)有限公司注册资本金为1亿元港币，下设东方证券(香港)有限公司、东方期货(香港)有限公司和东方资产管理(香港)有限公司，三家各子公司将分别持有香港证监会颁发的证券经纪业务、期货经纪业务及等业务牌照。

汇添富基金管理有限公司

汇添富基金管理有限公司(简称：汇添富)成立于2005年1月，是一家高起点、国际化、充满活力的基金公司，由东方证券股份有限公司、文汇新民联合报业集团、东方航空集团三家实力雄厚、声誉卓越的集团联合发起设立，注册资本1亿元。三家股东分别在各自行业中处于引领地位，东方证券是中国证监会认定的具"创新试点"资格的券商之一，是中国证券业资产质量最优、盈利能力最强的证券公司之一；文汇新民联合报业集团为中国最大的报业集团之一，拥有巨大的辐射力和影响力；中国东方航空集团是中国三大航空运输集团之一，拥有强大的品牌影响力和庞大的客户群。

汇添富以一流的企业文化汇聚中外精英，开发受市场欢迎的产品系列，建立高效的销售渠道，提供优质的客户服务，实施一流的投资风险管理，以长期稳定的优秀投资业绩回报投资人，并有志发展成为中国业内管理国际资产和投资国际市场的专家，经过中长期的努力发展成为中国最佳的资产管理公司之一。

东方花旗证券有限公司

东方花旗证券有限公司(简称"东方花旗")成立于2012年6月，是一家由东方证券与花旗环球金融(亚洲)有限公司基于战略投资合作关系共同投资组建的中外合资证券公司。东方花旗总部位于上海，并于北京、深圳、新疆等地设立办公机构。

东方花旗注册资本为8亿人民币，员工人数约200名。

东方花旗根系本土市场，致力于为政府和企业提供优质的投资银行服务，同时积极开拓海外市场，旨在成为连接国内外资本市场的桥梁。

【联系我们】

地址：上海市黄浦区中山南路 318 号东方国际金融广场 21 – 29 层
邮编：200010
全国统一客服热线：95503
总机：021 – 63325888
传真：021 – 63327888

东莞证券有限责任公司

【公司概况】

东莞证券有限责任公司成立于 1988 年 6 月，注册资本 15 亿元，是国有控股的全国性综合类证券公司，也是全国首批承销保荐机构之一。公司业务范围涵盖了经纪、投资咨询、财务顾问、承销与保荐、证券自营、资产管理、基金代销、期货 IB、直接投资、融资融券等领域。

截止到 2012 年 6 月 30 日，公司有分支机构 52 家（其中营业网点 49 家，上海分公司 1 家，深圳分公司 1 家，北京办事处 1 家），营业网点遍布珠三角、长三角及环渤海经济圈，“立足东莞、面向华南、走向全国”的格局基本形成。公司全资拥有东证锦信投资管理有限公司，并参股华联期货有限公司。

公司紧跟国家政策和行业发展动态，不断丰富公司业务品种，大力优化收入来源结构。当前，公司以经纪业务为基础，资产管理业务、投资银行业务为核心，多项业务协调发展的局面已经形成。截至 2012 年 6 月 30 日，公司市场排名有较大提升，公司总资产全国排名第 46，较去年上升了 5 位；营业收入排名第 45，较去年上升了 4 位；净利润排名第 39，较去年上升了 12 位。

企业文化：开放、包容、分享

经营理念：规范、诚信、专业、创新

核心价值观：智慧创造财富、专业成就价值

【业务资格】

证券经纪；证券投资咨询；与证券交易、证券投资咨询活动有关的财务顾问；证券承销与保荐；证券自营；证券资产管理；证券投资基金代销；为期货公司提供中间介绍业务；融资融券；中国证监会批准的其他业务。

【业务介绍】

经纪业务：

具备核心竞争力的经纪业务

经纪业务历来是东莞证券具备核心竞争力的重要业务，提供深沪 AB 股、权证、债券、回购、基金等齐全的证券品种的投资交易服务。近年来，公司经纪业务规模迅速发展，统计至 2012 年，公司已分别在广东、福建、江苏、浙江、河北、辽宁等多个省份地区设立近 50 家营业部。

随着业务规模的不断发展，公司经纪业务成绩也得到了稳固和提升。截至 2012 年上半年，公司的托管客户资产已近 700 亿元，代理交易量近 2400 亿元人民币，保持行业内中上游水平；公司上半年在东莞地区市场份额持续稳定近 60% 的比例，东莞证券在业内以及全国的经纪业务品牌知名度、美誉度正在稳步提升。

公司营业网点现分布在全国各地，公司经过近几年努力，目前已建立较完善的现代化交易和服务网络，经纪业务已形成“财富通”品牌专业服务、理财产品精细代销、多渠道营销等核心业务特色。

资产管理业务：

保值增值的资产管理业务

·历久弥新

东莞证券资产管理业务始于 2003 年，为更加贴近证券投资市场，适应资产管理业务发展需要，2011 年成立深圳分公司，专司资产管理业务。分公司 80% 以上员工具有研究生及以上学历，均来自各大券商、基金、私募等金融机构，大都具备多年大规模资金投资经验，对市场有较好把握，是一支专业知识丰富，操作水平较高，配合默契的团队。

·励精图治

作为公司三大核心业务之一，资产管理业务致力于为客户提供各种低风险、高收益的投资品种，以打造“旗峰理财”这一品牌做为长远的目标。2009 年 12 月 22 日，我司首只集合计划——旗峰 1 号策略精选等三只结合资产理财产品。截止到 2011 年 12 月 30 日，我部资产管理规模近 7 亿元。

·成长为王

深入挖掘价值的内涵，严控风险，实现资产稳健增长。强调价值投资、成长性挖掘和市场时机的选择，寻找长期经营能力强、成长性好、资产质量高的上市公司。注重风险控制，通过量化策略进行有效的风险规避。

具体介绍：

·全力打造的专业投研体系

系统的行业投资标准严格锁定投资范围

·系统的行业估值评价体系

参照海内外行业估值范围确定股价安全边际与收益目标

·多维量化标准建立的时机抉择系统

精确时机选择、精确仓位控制，确保低风险、高收益区介入最佳目标

·风险构成体系和严格的风险执行制度

风险构成体系不断完善，确保投资风险可控且投资损失最小

投资银行业务：

蓬勃发展的投资银行业务

公司分别成立投资银行部、债券融资部、资本市场创新业务部为企业提供 IPO 上市和再融资、债券发行与承销、“新三板”挂牌等场内外市场融资服务，范围覆盖企业改制辅导、并购重组及其他财务顾问业务。

投资银行部拥有超过 60 人、经验丰富、优秀专业的投行项目团队，其中 90% 以上人员具有硕士以上学历，70% 以上拥有律师、注册会计师、注册评估师等专业技术资格。截止 2012 年 6 月，已完成了银禧科技、天龙集团、沪电股份、瑞普生物等多个 IPO 项目和生益科技、宁波华翔、深深宝等多家非公开发行股票项目以及众多全国范围内的企业改制辅导、并购重组等财务顾问项目。2011 年 4 月，东莞证券被深圳证券交易所评为“2010 年度保荐工作最佳进步奖”，保荐的 IPO 项目沪电股份（002463）、银禧科技（300221）在分别在证券时报“2011 中国区优秀投行评选”和“2012 中国区优秀投行评选”活动中评为“最具创新项目奖”。

债券融资部汇集了优秀的债券专家，拥有多年丰富的债券承销经验和良好的承销业绩，具备卓越的市场定价能力，为企业债券融资发行提供个性化的最优解决方案，配备最精干的项目执行人员、最强大的公关营销网络，力求始终以为发行人降低融资成本为己任，紧贴市场发行债券，力求最大限度降

低债券发行溢价且在最短的时间内以最高的质量达成发行人的各类需求。

资本市场创新业务部拥有优秀的团队和专业的人才，将竭诚为创新型、成长型中小企业提供最优质的“新三板”挂牌辅导、股份转让、价值发现、定向融资、转板上市等服务。截至2012年8月，已签约“新三板”挂牌辅导企业近10家，同时储备了一批后备挂牌企业。先后与东莞、珠海、江门、惠州、大连等省内外国家高新技术产业开发区建立了业务联系。

融资融券业务：

东证两融业务启航——我司融资融券业务简介

卓越的管理团队

我司融资融券业务从2009年开始筹备，经过3年多的历练，融资融券部已建成以业务管理、风险控制、业务拓展为一体的专业、创新、充满激情的团队。融资融券部共设有授信部、业务部、风控部、综合部四个二级部门，部门员工均具有本科以上学历，且具备理财策划师、金融理财师、中级经济师、律师等专业职称。各营业部融资融券专员和推荐人队伍也不断成长壮大，累计通过推荐人考试的人数已达240多人。这将是我司融资融券客户能得到专业、优质、贴心的服务的最基本保障。

广泛的营业网点

公司依托珠三角经济圈、环渤海经济圈、沿海经济圈已经率先建立了49家证券营业部，可实现客户需求的快速响应。经纪业务在东莞地区的市场份额一直雄居首位，其他地区的市场也在积极拓展中。

特色的客户服务

秉承“人有我有，人有我特”的客户服务理念，我司通过精准定位不同类别融资融券的客户，通过持续深入的客户服务来满足客户多角度、多层次的需求，搭建起与客户长期交流的平台。

良好的业务开局

在公司领导的亲切关怀和各部门的积极配合下，2012年6月11日我司融资融券正式闪亮登场，首笔交易同日顺利诞生。凭借我司良好的品牌效应，业务一经推出，就得到了客户热烈反应，客户开户呈现出几何级跳跃式增长。

公司将继续加强对资本市场和多元证券产品的深入理解和研究，并致力于为客户提供全面、专业、细致、严谨的融资融券交易服务。

研究咨讯业务

实力雄厚的研究资讯业务

东莞证券研究所十多年来奋勇进取，经历了两轮牛熊循环的考验，目前已经成长为覆盖有色金属、钢铁、煤炭、化工、能源、机械设备、电力设备、食品饮料、农业、零售等主要行业，拥有金融工程、宏观策略、行业等近30名分析师的中型券商研究机构。按照“以市场为导向、以客户为中心”的服务理念，东莞证券研究所围绕东莞证券独具特色的财富通服务体系打造了一系列宏观、行业、公司、基金、策略等专业性研究报告产品。

一路走来，东莞证券研究所始终秉承“智慧创造财富、专业成就价值”的核心价值观，以“提升客户价值”为宗旨，以“客观分析、独立判断”为原则，坚持创新不人云亦云，在2005年底市场还笼罩在熊市气氛之中时，东莞证券研究所就发布了《从熊市步入牛市、由防御转入进攻》年度策略报告，在2010年上半年市场抛弃周期性行业的时候，东莞证券研究所持续推荐小金属以及有色金属等资源性行业。无论是在牛市还是在熊市，东莞证券研究所都能够通过深入研究基本面挖掘出长期投资回报可观的品种。根据《中国经营报》独立研究结果，2010年东莞证券研究所以排名靠后的规模取得了在券商研究机构当中研究报告准确率排名第31名的成绩。2010、2011年连续两年东莞证券研究所都有分析师入选经济观察报和今日投资联合举办的天眼分析师最佳排名。

【联系我们】

地址：莞城区可园南路1号金源中心30楼

总机：0769－22119341

传真：0769－22116999

委托、服务电话：961130（省内直拨，省外请在前加拨区号0769）

邮编：523000

电邮：service@ dgzq. com. cn

东吴证券股份有限公司

【公司概况】

东吴证券股份有限公司（以下简称“东吴证券”或“公司”），前身为组建于1992年的苏州证券，历经三次增资扩股。2010年5月28日，东吴证券有限责任公司改制并更名为东吴证券股份有限公司。2011年11月23日，经中国证券监督管理委员会核准，东吴证券向社会公开发行5亿股普通A股股票，并于2011年12月12日在上海证券交易所挂牌上市交易，股票简称“东吴证券”，股票代码“601555”。通过登陆资本市场，东吴证券不仅将进一步完善公司治理机构，更有望通过IPO实现新的质的成长。

公司总部及注册地在苏州，注册资本金20亿元。目前公司下属北京、上海、苏州、昆山、常熟、张家港、吴江、太仓、南京9个分公司，拥有48家证券营业网点，并参股东吴基金管理有限公司，控股东吴期货有限公司，下设全资子公司东吴创业投资有限公司从事直接投资业务。

2011年公司继续秉承“让客户满意、让股东满意、让员工满意、让监管部门放心”的企业价值观和“待人忠、办事诚、以德兴业”的企业精神，积极推进传统经纪业务转型，加快发展投资银行业务，稳健开展自营投资业务、大力发展资产管理业务与固定收益业务，并积极准备创新业务的开展，全年实现营业收入12.98亿元，利润总额3.2亿元，归属于母公司的净利润2.32亿元。截至2011年末，公司总资产158.60亿元，归属母公司的股东权益73.90亿元，净资本59.56亿元。

在巩固公司在苏州地区的龙头地位同时，公司经纪业务将加快向全国重点城市的扩张，按照“立足苏州，面向全国”经纪业务战略布局，当前及未来一个阶段新设营业部的重点区域将会是省外地区，增强区域外的业务实力。

展望未来，机遇与挑战并存。公司将在继续业务转型的同时，把客户服务放在首位，锐意改革，不断创新，努力提升东吴证券的综合实力和品牌形象，实现公司平稳健康的可持续发展。

【主营业务及其经营情况】

1. 经纪业务

2011年，公司经纪业务在行业竞争加剧、收佣率下滑以及市场交易量萎缩的困难形势下，持续完善以客户标准化服务及投资顾问服务为中心的客户服务体系，提高客户服务水平；加强客户营销队伍建设，加大客户资源开发力度；继续推进经纪业务前后台分离综合管理体系；加强风险合规管理工作；有序开展经纪创新业务，丰富经纪业务产品线；全年共实现业务收入 81378.75 万元。同时，公司积极加快苏州区域外营业部建设，构建全国性战略网点布局，全年共完成 5 家证券营业部的设立工作，并积极筹备另外 5 家营业部的设立工作；成立南京分公司，对江苏省内除苏州大市范围外的证券营业部加强管理。至此，公司共有 48 家证券营业部，分属 9 家分公司管理。

2. 投行业务

2011 年公司投行业务坚持"做熟、做透、做深、做细"区域市场经营方针，深化区域优势，积极主动开拓全国市场，专注中小企业股权融资服务，加强员工队伍建设，加大项目开发承揽、销售交易力度，提高项目承做质量和能力。全年共实现业务收入 3.57 亿元，同比增长 39%，投行业务收入在公司总收入中占比大幅提高，达到近 30%，进一步优化了公司的收入结构。同时，公司投行及员工还获得"中国资本市场 20 年——十佳保荐机构"、"最具成长性投行"、"最具创新项目"、"优秀保荐代表人"等诸多荣誉，进一步树立了良好的投行品牌形象。

2011 年全年共完成 4 单 IPO 主承销项目，1 单再融资主承销项目，2 单债券主承销项目，共实现保荐及主承销业务收入 3.2 亿元。

3. 自营投资业务

公司自营业务坚持"追求绝对收益，兼顾相对收益"的投资理念，面对持续下跌的市场，加强上市公司基本面研究，严控仓位，稳健投资，注重防范市场风险，灵活调整投资结构，并合理运用股指期货套期保值工具，积极探索数量化投资手段。权益类投资全年虽未实现正盈利，但跌幅远小于市场平均跌幅。债券投资业绩优于市场平均水平。

4. 资产管理业务

2011 年股票二级市场走势低迷，投资于股票二级市场的理财产品净值及托管规模均出现了较大幅度下滑，多只券商集合计划产品清盘，券商资产管理业务整体运作较为艰难，业务发展较慢。公司报告期内主要做好东吴财富 1 号、东吴财富 2 号的投资管理工作，完成东吴财富 3 号产品的设计及材料报批工作，并将择机发行。同时健全研究机制，加强对外交流，提升团队投研能力，加大资管产品设计和创新开发力度。

【创新业务开展情况】

创新是证券公司发展的持续动力，公司高度重视创新业务的研究和开展。报告期内，公司进一步加大对直接投资、融资融券、场外市场、财富管理等创新业务的资源投入，以满足投资者的需求，同时增加公司收入来源，提高买方业务能力，增强市场竞争能力及抗风险能力。

1. 直接投资业务

公司设立了直投子公司东吴创业投资有限公司（以下简称"东吴创投"），注册资本为 3 亿元。2011 年国内资本市场低迷，直投行业投资理念和投资策略出现调整，企业估值回归理性。东吴创投亦及时调整投资策略，严格筛选项目，审慎防范投资风险，稳步推进项目投资。东吴创投在资金募集、项目调研、项目投资、财务顾问及内部制度完善、人才队伍建设等方面都取得了很好的发展。苏州民营经济发达，高新技术产业在很多领域也拥有较大优势，东吴创投将充分利用这些得天独厚的条件，积极募资、稳步投资、做好财务顾问工作。

2. 融资融券业务

公司早在 2006 年就开始组织对融资融券业务进行跟踪研究，并对交易及管理系统进行多轮升级与测试，但受制于净资本水平，该项业务一直未得开展。2011 年融资融券业务转为证券公司常规业务，公司顺利完成融资融券业务资格的申报工作，并在业务学习交流、制度流程建设、交易系统测试、投资者交易等方面取得实质性进展。2012 年 2 月公司融资融券业务实施方案经证券业协会专业评价小组评审通过，中国证监会已于 2012 年 4 月 1 日正式受理了公司申请融资融券业务资格的行政许可。

3. 场外市场业务

公司于 2011 年 4 月份正式成立场外市场总部，负责开展场外市场业务，苏州拥有苏州高新技术产业开发区、苏州工业园区及昆山高新技术产业开发区三大国家级高新技术开发区，园区内高新技术及新兴产业优质企业众多，给公司场外市场业务带来了天然的资源优势。目前场外市场总部运作良好，已建立一支专业知识扎实、业务能力强劲的员工团队，部门加强对国内外场外市场业务发展路径、政策走势以及做市商制度的深入研究，内部管理制度完善，业务流程规范，已在北京、苏州等地有多个项目储备。

4. 其他创新业务

在行业加速创新发展的大背景下，公司亦加快了创新业务的步伐，着眼传统业务转型升级，追踪行业创新趋势，推进盈利模式、服务模式以及管理模式的创新发展。

公司于 2011 年 3 月份成立财富管理中心，成为国内首批成立财富管理中心的证券公司。财富管理中心成立以来，积极为公司客户提供综合金融服务，在制度建设、业务推进、产品设计、人员培训等方面做了大量基础工作，为今后各项业务的开展打下了坚实的基础。

公司投资业务方面加强与内外部机构的讨论交流，积极准备数量化研究投资平台建设，积极运用量化投资、期现套利和 ETF 套利等新型交易策略，丰富投资手段，拓展投资思路，稳定投资收益。

顺应客户对产品的要求，公司以丰富产品为重点做好创新业务工作，如债券质押式报价回购、客户间约定购回式证券交易、跨市场 ETF 等新业务品种的设计工作。2012 年 3 月公司收到上海证券交易所《关于东吴证券股份有限公司债券质押式报价回购业务方案专业评价意见的函》，该函认为公司满足业务开展要求。公司将进一步细化完善业务方案，确保业务顺利开展。

【主要子公司、参股公司经营情况】

（1）东吴创业投资有限公司，注册资本为 3 亿元人民币，为公司全资子公司，成立于 2010 年 1 月，其经营范围包括：创业投资业务；代理其他创业投资企业等机构或个人的创业投资业务；创业投资咨询业务；为创业企业提供创业管理服务业务；参与设立创业投资企业与创业投资管理顾问机构。

报告期内，东吴创业投资有限公司完成 7 个项目的股权投资，实现营业收入 1,173 万元，净利润 70.20 万元。截至 2011 年 12 月 31 日，东吴创投总资产 3.01 亿元，净资产 2.99 亿元。

（2）东吴期货有限公司，注册资本为 2 亿元人民币，本公司持有 74.5% 的股权，其经营范围包括：商品期货经纪，金融期货经纪，期货投资咨询（涉及行政许可的凭许可证经营）。

报告期内，东吴期货以机构投资者、产业客户为中心，加强整体营销策划和市场开拓能力，并抓住期货新品种上市机遇，积极推动业务发展，全年共实现收入 10,282.45 万元，净利润 1,623.78 万元,截至 2011 年末,东吴期货总资产117,001.95万元,净资产 22,739.5 万元。

2011 年,东吴期货获评期货公司 B 类 BB 级,并成功取得期货投资咨询业务资格;同时,还获得中国金融交易所"2011年度优秀会员金奖",2011 年上海期货交易所"优胜会员提名奖"、郑州商品交易所"产业客户开发服务奖"和"行业成长奖"等诸多荣誉。

(3)东吴基金管理有限公司,注册资本为 1 亿元人民币,公司持有 49% 的股权,经营范围为:基金募集、基金销售、资产管理、中国证监会许可得其他业务((涉及许可经营的凭许可证经营))。截至 2011 年 12 月 31 日,东吴基金共管理 11只基金,管理资产规模117.97亿元。

报告期内东吴基金强化基础调研能力,深化自身特色优势,持续提高投资能力;加强全渠道营销建设,顺利完成 3 只基金的发行工作,注重提高自身品牌价值,全年共实现营业收入 15,316 万元,净利润 2,516.3 万元。截至报告期末,东吴基金管理有限公司总资产 21,036.9 万元,净资产 17,153.6万元。

【联系我们】

地址:苏州市工业园区翠园路 181 号

邮编:215028

全国委托及咨询热线:4008 - 601555

投诉受理电话:4008 - 601555

传真电话:0512 - 62938833

邮箱:dwzq601555@ gsjq. com. cn

东兴证券股份有限公司

【公司概况】

东兴证券股份有限公司是经财政部和中国证监会批准,由中国东方资产管理公司作为主要发起人设立的全国性综合类证券公司,注册资本 20.04 亿元,是国内规模较大的资产管理公司系证券公司之一。公司业务涵盖证券经纪;证券投资咨询;与证券交易、证券投资活动有关的财务顾问;证券承销与保荐;证券自营与证券资产管理业务;证券投资基金销售;为期货公司提供中间介绍业务;融资融券业务。公司总部设在北京,在全国拥有 48 家证券营业部;在上海、福建设有分公司;在上海设有全资子公司——东兴期货有限责任公司;福建设有另类投资公司——东兴证券投资有限公司。

公司主要发起人中国东方资产管理公司是经国务院批准设立,拥有证券、信托、保险、金融租赁、信用评级等多种业务的国有独资金融企业。注册资本 100 亿元人民币,在全国 26个中心城市设有分支机构以及多个平台子公司。中国东方资产管理公司以其深厚的金融背景和雄厚实力为东兴证券的发展提供强有力的支持。

凭借雄厚的股东实力、优良的资产质量、众多的网点分布、广泛的市场资源,秉承"诚信引领业务、专业赢得信赖、创新成就价值"的经营理念,东兴证券自从 2008 年 5 月成立以来,各项业务蓬勃发展,经营业绩稳步攀升,根据中国证监会公布的《2012 年证券公司分类结果》,我公司获得 A 类证券公司评级;2011 年行业净利润排名,东兴证券位于第 19 名(全国目前112 家证券公司);公司研究团队的实力和品牌不断提升,2011 年获得第 9 届新财富评选的"最佳中小市值研究机构"和"最具潜力研究机构"之一;公司近年来在股票承销与保荐方面业绩突出,获深圳证券交易所授予"2011 年保荐工作最佳进步奖"。

【主要业务介绍】

1. 证券经纪

东兴证券经纪业务形成了实体经纪业务和虚拟经纪业务双轨发展、有效互动的模式,是公司重要的基础业务之一,业务范围包括证券代理买卖、代理还本付息、分红派息、证券代保管、鉴证、代理登记开户、证券投资咨询及中国证监会批准的其他业务等。

公司在北京、上海、天津、深圳、福州、武汉、杭州、成都、南京、南昌、南宁等中心城市设立了 48 家证券营业部,形成了市场范围与服务辐射全国的经纪业务网络,为客户提供多种安全、方便、快捷的委托方式,包括柜台委托、磁卡委托、电话委托、自助委托、网上交易和手机炒股等。

公司从规章制度建设、业务操作流程、信息技术系统、后台体系监督和预警等方面全方位对经纪业务进行风险控制,形成一套完整的风险内部控制体系,确保客户交易安全,也为公司经纪业务在制度化、规范化、严格化轨道上运行提供了有力保证。

2. 投资银行

东兴证券是经中国证监会核准的保荐机构,同时具有企业债券主承销商资格和代办系统主办券商资格。东兴证券投资银行业务以打造"精品投行"为战略目标,面向国内成长性好的优秀企业,为其提供高质量、全方位的金融服务,形成了立足北京、上海两地,服务全国的战略格局。

东兴证券投资银行业务包括为客户提供股票、债券和衍生产品等有价证券的发行与承销、企业重组改制、兼并收购财务顾问等服务。此外,对于因条件限制不能在证券交易所上市的企业,东兴证券可以推荐其在代办系统(即三板市场)挂牌并融资。

东兴证券良好的投行文化和市场化激励机制吸引业内优秀人才不断加入。目前,东兴证券拥有一支 60 多人的投行团队,其中保荐代表人和准保荐代表人 16 名,团队成员拥有丰富的专业知识和业务经验,可根据客户需求提供个性化的专业服务。在东兴证券的尽职推荐下,探路者(300005)作为创业板首批上市公司成功发行上市,东宝生物(300239)顺利登陆创业板,亚太科技(002540)、露笑科技(002617)在中小板上市,这些案例充分体现了东兴投行过硬的业务素质和定价销售能力。2011 年,东兴证券被深圳证券交易所评为保荐工作最佳进步奖。

3. 资产管理

东兴证券于 2009 年 7 月获得中国证监会批准从事受托资产管理业务资格,可以从事集合资产管理业务、定向资产管理业务和专项资产管理业务。

公司已构建完善的资产管理业务组织架构,形成了科学严谨的投资决策体系和业务运作流程,拥有一支专业的投研团队,核心成员均具有丰富的投资实践经验和管理经验。已建成覆盖债券市场、基金市场、股票市场的较为完整的资产管理产品线,以满足低、中、高不同风险收益特征的投资者的理财需求。

东兴证券资产管理业务坚持秉承"以客户为中心,与客户共成长"的经营理念,坚持价值投资,依托专业化的投资和管理团队,致力于为客户提供全方位、个性化的理财服务。

4. 固定收益

东兴证券固定收益业务涉及的品种包括国债、央行票据、政策性金融债、一般金融债、次级债、企业债、公司债、短期融资券、中期票据、资产证券化产品等。依托公司的雄厚实力，能够为客户提供企业债券融资、债券交易销售、业务咨询等全方位的专业服务，及时满足客户个性化的需求。

固定收益部门下设项目承揽、投资和研究、交易销售、风险管理和后台等多个业务团队，均由拥有优良业绩和丰富经验的专业人士构成，为公司固定收益业务在高起点上稳步、快速发展奠定了基础。

固定收益业务坚持稳健发展的经营理念，严格遵守中国债券市场的相关政策和公司的规章制度。已取得开展银行间债券市场和交易所债券市场各项主要债券交易业务的资质，具有债券主承销业务资质。近年来各项业务快速发展，债券交易量及排名不断上升，债券承销领域也取得较好的业绩。

5. 研究资讯

东兴证券研究团队专注于中小市值公司和二线公司研究，追求研究方法的体系化和研究资源的倾斜化，形成中小市值研究三大利器：第一，集中配置。集中力量倾斜配置，在TMT、医药、化工、新能源和食品饮料等新兴产业和中小市值公司研究领域建立局部竞争优势。第二，专业模型。建立了以计算机、化工、医药等行业的中小企业六维评价模型，全面评估中小市值公司基本价值，构建“东兴八骏”、“月度金股”等投资组合，组合收益率表现优异。第三，覆盖二线。强调对二线品种进行高覆盖率调研，全面比较好公司和差公司，挖掘市场忽视的二线成长品种，在食品饮料、纺织服装、零售等传统行业发现了许多成长的奇迹。

东兴证券研究所拥有一支富有创新精神且专业功底扎实、年富力强的研究队伍，50余名研究人员大多毕业于国内外名牌大学，普遍具有细分行业和经济方面的双重专业背景，研究范围覆盖宏观经济、投资策略、行业与上市公司等主流卖方业务领域。经过两年多的研究沉淀和内部培训，研究所于2009年正式进入卖方研究服务市场，目前已通过机构业务部在基金公司开设研究席位45家，并在2011年荣获第九届《新财富》“最佳中小市值研究团队”第五名和“最具潜力研究机构”第三名，特色化的研究风格获得了机构投资者的广泛认可。

【旗下公司】

1. 东兴证券投资有限公司

东兴证券投资有限公司是东兴证券股份有限公司的全资子公司，首期注册资本3亿元。作为全国首批券商另类投资公司，公司全面依靠股东东兴证券的资源优势，发挥中国东方资产管理公司及旗下多个金融平台的协同服务能力，专门从事非传统证券类的投融资业务。

公司充分利用市场的非有效性和低流动性，挖掘超越市场的超额收益机会，设计并运用结构化的金融产品，规避市场的波动风险，获取稳定的固定收益。公司一方面首先实现自有资金的绝对收益，同时也积极开展成熟业务条线的另类投资管理业务，形成以金融产品为核心的投融资业务模式。

公司拥有一支专业的投研团队，团队成员掌握成熟的投资模式，具备突出的研究能力和多年的业务积累。投研团队对于矿业、能源、房地产开发，低流动性股权投融资等当前主要的另类投资领域有深刻理解和成功实践，在项目承揽、承做和投资管理方面拥有丰富经验。

公司励志于开拓全面的金融产品投资业务，旨在开辟东兴证券的战略性发展空间，丰富东兴证券的收入渠道，增强东兴证券多品种、多策略、跨市场的买方业务模式，同时实现与东兴证券的全面风险隔离。公司以“绝对收益，固定收益”为核心理念，致力发展成为一家在全国范围内有品牌影响的，具备资本金支持的非牌照投资银行。

2. 东兴期货有限责任公司

东兴期货有限责任公司是东兴证券股份有限公司的全资子公司，注册资本2.88亿元。公司拥有中国金融期货交易所、上海期货交易所、大连商品交易所和郑州商品交易所的会员资格，可以为客户代理国内所有期货品种的交易。

公司拥有国内一流的软硬件设施，主机房设于上海期货交易所张江数据中心内，一流的网上综合交易平台，先进的期货交易管理和结算系统，通过多条不同运营商的百兆宽带接入，确保交易的安全、快捷。

公司总部落户上海，在山东烟台、山西太原、福建福州设有期货营业部，依托股东遍及全国的分支机构网络，东兴期货的金融衍生品服务范围已经辐射至国内所有中心城市。

东兴期货有限责任公司依靠强大的股东背景优势，秉承“诚信、专业、创新”的经营理念，高度重视对内部管理体制和风险防范机制的健全和完善，形成了一套稳健、规范的制度化管理体系。公司以风险控制为前提、以市场为导向、以客户为中心，力争发展成为“资本充足、运作安全、内控严密、服务优质、效益良好、有核心竞争力”的现代金融服务企业。

方正证券股份有限公司

方正证券股份有限公司(股票代码:601901)系中国证监会核准的第一批综合类证券公司，为上海证券交易所、深圳证券交易所首批会员。公司成立于1988年，其前身为浙江省证券公司，2008年5月经中国证监会批准吸收合并泰阳证券(原为湖南省证券公司)，2010年9月改制为股份有限公司，2011年8月10日公司在上海证券交易所成功实现A股主板上市，成为国内证券市场第7家IPO上市券商。公司目前注册在湖南长沙市，总股本61亿股，现有员工5000余人，有效客户数超过200万户，管理的客户资产规模超过2000亿元。公司为我国中西部最大证券公司，市值规模、综合财务指标和业务指标位居上市券商前列。

公司是业务资格“全牌照”的证券公司，系全国25家融资融券业务试点券商之一，同时还拥有新三板代办股份转让等多项新业务资格，公司业务范围涵盖证券经纪、投资银行、证券自营、资产管理、研究咨询、期货经纪、直接投资、基金管理、融资融券、期货中间介绍业务、代办系统主办券商业务、基金代销、QFII业务及证监会核准的其他业务资格。公司在浙江地区设立浙江分公司，在全国18个省(市)拥有99家营业网点(含4家筹建)，并控股拥有瑞信方正(中外合资)、方正期货、方正和生投资、方正富邦基金(与台湾合资)等多家专业子公司，目前公司正筹备设立香港子公司，并与瑞士信贷等国际投行在诸多业务领域展开深层次的战略合作。公司的综合金融业务管理架构初步成型。

作为全国首批6家合规试点券商，公司法人治理结构健全，股东会、董事会、监事会及经营层架构明晰、运作规范，并建立了总部垂直管理的三级合规管理体系及以净资本为核心的风险控制体系。公司拥有行业领先的多功能电子商务平台www.foundersc.com，按照CCCS标准建立了95571全国呼叫中心，公司还推出“富、贵、雅”客户分类分级体系，在全国中心城市建立了区域财富管理中心，形成了包括“泉友通”(交易类)、“泉友会”(客服类)、“金泉友”(理财产品类)、“金泉涌”(互动咨询类)、“泉搜”(信息搜索类)等在内的“泉家福”

系列产品及服务品牌并获商标注册,公司在客户财富管理方面拥有"金泉友"系列理财产品并树立了优势品牌,市场影响力及美誉度不断提升。

秉承"稳健经营,持续创新"的理念,经过二十多年的积淀与发展,公司目前已经成为具有湘浙"双区域"集中优势、高成长的全国性上市证券公司,连续多年在证监会分类监管评级中获评全国A类,"方正证券网"连续多届获得"中国优秀证券网站奖"、"最佳行情服务特别奖"、"最佳客户服务奖"等奖项,公司还先后获得"年度进步最快证券经纪商"、"中国最具特色证券经纪商"和"中国最佳业务创新证券经纪商"等多种荣誉称号。凭借良好的企业文化和和承担较多的社会责任,公司获得了市场与社会的广泛认可。

着眼未来,公司以成为"21世纪中国最具竞争力的财富管理服务商"为发展愿景,以"一体两翼、双轮驱动"为公司发展战略,致力于为广大投资者提供全面的财富管理与增值服务,为我国资本市场的改革发展作出更大贡献!

【联系我们】

公司地址:湖南省长沙市芙蓉中路二段200号
华侨国际大厦22-24层

邮政编码:410015

全国统一客服热线:95571

公司网站:www.foundersc.com

光大证券股份有限公司

【公司概况】

光大证券股份有限公司(以下简称"公司")创建于1996年,系由中国光大(集团)总公司投资控股的全国性综合类股份制证券公司,是中国证监会批准的首批三家创新试点公司之一。2009年8月4日公司成功发行A股股票,共计募集资金109.62亿元,并于8月18日在上海证券交易所挂牌上市。

公司成立十七年来,秉承"诚信卓越专业共享"的核心价值观和"合规稳健,创新发展"的经营理念,资本充足、内控严密、运营安全、服务优质、效益良好、创新能力和市场竞争能力突出。公司积极投身于国内外资本市场,各项业务迅速发展,业务规模及主要营业指标居国内证券公司前列,综合实力排名位居业内前十。

展望未来,公司拟通过经营综合化、展业国际化、收入多元化、业务优质化、管理精细化、机制市场化等战略的实施,逐渐增强营销能力、定价能力、风控能力、研发创新能力以及企业文化等核心竞争能力,进一步完善公司治理机制,提高股东回报,努力将光大证券打造成为一家具备全能型金融服务能力、在市场上有重要影响力的优质、大型、蓝筹上市证券公司。

【总体经营情况】

2011年,在复杂多变的外部经济金融环境和严重下滑的市场形势下,公司合并口径全年实现营业收入45亿元,同比减少11%;实现归属于上市公司股东的净利润15亿元,同比减少30%;年末资产总额433亿元,较年初下降27%;母公司年末净资本143亿元,较年初减少33亿元。

报告期内,公司经纪业务完成股基权债总交易量2.3万亿元,在稳固传统业务行业地位的同时,业务转型和创新能力得到进一步提升;投资银行业务全年完成15个股票主承销项目和6个债券承销项目;资产管理业务保持"阳光"品牌的良好业绩,新增6个集合理财计划,年末管理资产规模继续保持行业领先地位;证券及衍生品投资业务加大对创新业务开发和研究的力度,优化资源配置,在股指期货等创新业务方面取得突破;融资融券业务经过一年的稳步开展,已成为公司稳定的收入来源之一;机构销售业务布局更趋合理,新业务拓展进步显著;直投业务新增8个股权投资项目;旗下基金业务继续保持稳健发展;期货子公司市场份额和营业利润实现了跨越式发展;香港子公司完成对光证国际的股权收购,公司的国际化建设步入新阶段。

【主营业务经营情况】

经纪业务

报告期内,经纪业务在市场交易量萎缩、行业竞争加剧、佣金费率下滑的困难局面下,以提升净收入行业排名为核心,不断提升营销展业能力、综合服务能力、资源整合能力和差异化经营能力,迈出了从传统通道服务向财富管理服务战略转型的坚实步伐。一是大力推进投资顾问和理财经理队伍建设,有效提升了营业部的客户服务技能和客服满意度,新增开户数和客户签约量有所提高,佣金下滑趋势也得到有效遏制。二是继续完善营销服务一体化工程,通过整合营销、服务资源,优化营销人员的管理与考核机制,从制度和机制上为经纪业务的转型发展提供有力保障;通过锻造和提升营销展业能力及综合服务能力,切实提高了经纪业务的竞争力。报告期内,"阳光极速"3期和"阳光畅行"多银行辅助资金账户系统顺利上线,实现了客户服务中心由"基础服务"向"客户关系管理"的转型。

报告期内,经纪业务完成股基权债总交易量23,074亿元,居行业第10;实现净收入181,398万元。根据证券业协会统计数据,公司经纪业务净收入行业排名较上年提升2名。经纪业务总交易量及市场份额如下:

单位:亿元

证券种类	2011年度		2010年度	
	金额	市场份额(%)	金额	市场份额(%)
A股(含基金)	22,650.75	2.67	30,689.81	2.78
B股	65.77	2.52	122.91	2.84
股票基金小计	22,716.52	2.67	30,812.72	2.78
权证	281.22	1.86	1,084.30	3.62
股票基金权证小计	22,997.74	2.66	31,897.02	2.80
国债	3.39	0.14	5.97	0.34
企业债券和可转债	73.48	0.66	26.30	1.14
合计	23,074.61	2.62	31,929.29	2.79

公司已于2008年4月30日全面完成了小额休眠账户的另库存放、不合格账户规范和剩余

不合格账户中止交易工作。除司法冻结账户外,公司参与交易的证券账户、资金账户均为合格账户且已建立第三方存管关系,全部新开资金账户已同时建立第三方存管关系。全部小额休眠账户、不合格资金及证券账户均已按规定单独管理,相应资金按有关规定在指定商业银行分别集中存放。

截止2011年12月31日,公司剩余不合格资金账户数为17,017户;纯资金不合格资金账户数为16,130户;小额休眠资金账户数为496,024户;司法冻结资金账户数为109户,证券账户数为41户;不合格证券账户数为1,866户;小额休眠证券账户数为390,390户;风险处置休眠证券账户数为15,182户。

投资银行业务

2011年,公司投资银行系统紧紧围绕质量控制体系建设、定价销售市场化及系统化建设、人才队伍建设等三个方

面，加强投行团队及保荐代表人管理，提高项目周转率，努力提升项目质量，各项工作取得了积极成效。

报告期内，公司投资银行业务取得恢复性增长，完成15个股票主承销项目和6个债券承销项目。据Wind资讯统计，公司股票主承销家数行业排名第7，较上年提升11名；股票主承销金额120.73亿元，行业排名第14，较上年提升4名。

2011年，投资银行业务累计实现收入6.4亿元，同比增长54%。

资产管理业务

报告期内，公司资产管理业务发展势头良好，总资产规模保持稳定。根据证券业协会数据，公司资产管理业务收入行业排名第一。在理财产品整体销售低迷的情况下，公司顺利完成了"阳光新兴产业"、"阳光避险增值"、"阳光稳健添利"、"光大阳光集结号收益型三期"、"光大阳光集结号混合型三期"和公司QDII产品"全球灵活配置"等6支产品的发行，募集资金总额27亿元。截至12月末，公司旗下共有14支集合理财产品及10支定向集合理财产品，管理资产份额共计90.96亿份。

报告期内，公司已获中国证监会批准成立资产管理子公司，目前正在紧张筹备中。

2011年，资产管理业务共实现收入27,355万元，同比减少5%，主要是受管理资产日均规模低于上年影响；实现利润20,231万元，同比减少13%。截至2011年12月31日，公司集合理财产品净值增长率情况如下：

证券投资业务

报告期内，A股市场持续下跌，沪深300指数跌幅达25%。受此影响，证券投资业务实现收入同比下降，全年实现9,377万元。2012年，公司将根据经济周期和市场周期的波动变化，适时把握宏观经济和金融市场走势，加强精细化管理，有效防御市场系统性风险。

销售交易业务报告期内，销售交易业务加大对各类客户的开发力度和针对性营销服务力度，实现了公募和非公募基金客户业务拓展的双突破。截至12月末，已实现基金管理公司的全面覆盖，代销63家基金公司旗下基金产品800余支。

基金管理业务

公司分别持有光大保德信基金管理有限公司和大成基金管理有限公司55%和25%股权。截至报告期末，上述两家基金管理公司管理基金规模分别为230亿元和729亿元，公司按持股比例享有的基金管理规模合计308亿元，占公募基金市场份额的1.42%。

广发证券股份有限公司

【公司概况】

广发证券的前身是1991年9月8日成立的广东发展银行证券部，1993年末成立公司，1996年改制为广发证券有限责任公司，2001年整体变更为股份有限公司，是国内首批综合类证券公司，2004年12月获得创新试点资格。2010年2月12日，公司在深圳证券交易所成功上市，股票代码：000776.SZ；2011年被评为A类AA级证券公司。

截至2011年12月31日，公司注册资本29.60亿元，合并报表资产总额768.11亿元，归属于母公司股东的所有者权益316.35亿元；2011年合并报表实现营业收入59.46亿元，实现利润总额25.04亿元，实现归属于母公司所有者的净利润为20.64亿元。资本实力及盈利能力在国内证券行业持续领先，总市值居国内上市证券公司前列。

公司营业网点遍布全国主要经济区域，现有证券营业部199个，数量位列全国前三。

广发证券旗下拥有四家全资子公司，分别是广发期货有限公司、广发控股（香港）有限公司、广发信德投资管理有限公司和广发乾和投资有限公司，并持股广发基金管理有限公司和易方达基金管理有限公司，初步形成了跨越证券、基金、期货、股权投资领域的金融控股集团架构。

公司被誉为资本市场上的"博士军团"，以人为本的管理理念，专业的人才团队，支撑了公司的持续发展。

"知识图强、求实奉献"是公司的核心理念，"稳健经营、规范管理"是公司的经营原则。公司高度重视健全内部管理体制，完善风险防范机制，初步形成了具有自身特色的合规管理体系，经受住了多次市场重大变化的考验。

公司成长过程中，通过自身积累发展和多次市场化收购兼并行动，规模不断壮大，主要经营指标多年名列行业前茅，是中国市场最具影响力的证券公司之一。

【联系我们】

地址：广州市天河北路183号大都会广场43楼

邮编：510075

电话：020－87550265　87550565

传真：020－87553600

电子邮件：dshb@gf.com.cn

网址：www.gf.com.cn

广州证券有限责任公司

【公司简介】

广州证券有限责任公司前身为广州证券公司，1988年经中国人民银行批准成立，是全国最早成立的证券公司之一。1997年增资改制为广州证券有限责任公司，2001年经中国证监会核准为全国性综合类券商。2012年8月3日，获得广东局批复核准增资扩股10亿元，增资后注册资本金达197,776万元，现在由广州越秀金融投资集团有限公司控股，其为越秀集团的三大支柱产业之一，广州证券为金融集团的核心主体。

【业务范围】

广州证券有限责任公司业务范围包含证券经纪、证券投资咨询（仅限于证券投资顾问业务）、与证券交易、证券投资活动有关的财务顾问、证券承销与保荐、证券自营、证券资产管理、融资融券业务、以及中国证监会批准的其他业务等所有综合性业务，拥有保荐机构资格、债券主承销资格、外资股经营资格、网上交易资格、投资咨询资格、资产管理业务资格、银行间同业拆借市场及债券市场准入资格、开放式证券投资基金代销业务资格、代办股份转让、融资融券资格。

【发展战略】

愿景和使命

在公司股东的战略架构范围内，将广州证券打造成最具活力，最受客户信赖，对员工最具凝聚力，对股东最具价值，对社会最具责任，最具成长性的，与广州城市地位相匹配的现代证券企业集团。

发展战略

立足广东、走向全国、横跨穗港、放眼全球，成为广州市发展金融业务和建设区域性金融中心的生力军。

战略定位

综合发展、特色经营、区域领先。

业务策略

买卖结合、发展创新、股债并举、综合服务。

品牌新生

核心价值观——精诚笃行共济日新。

精诚：

取自汉.王充《论衡·感虚篇》“精诚所至，金石为开”，代表诚信精业，做事精、做人诚。

笃行：

取自《礼记·中庸》“博学之，审问之，慎思之，明辨之，笃行之”，代表坚持不懈并身体力行。

共济：

取自“同舟共济”、“和衷共济”，代表齐心协力，合伙干，实现共赢。

日新：

取自“富有之谓大业，日新之谓盛德”、“进取也故日新”、“日日新，日新又新”，代表开放进取，持续创新。

【股权结构】

公司股东

广州越秀企业集团有限公司，持股比例37.05%。

广州恒运企业集团股份有限公司，持股比例21.82%。

广州市城市建设开发集团有限公司，持股比例19.58%。

广州越鹏信息有限公司，持股比例5.58%。

广州城启集团有限公司，持股比例4.99%。

广州富力地产股份有限公司，持股比例4.88%。

广州市广永经贸有限公司，持股比例2.45%。

广州市白云汽车出租有限公司，持股比例2.34%。

广州邮政发展总公司，持股比例1.31%。

子公司

广州期货有限公司，持股比例100%。

金鹰基金管理有限公司，持股比例49%。

广州广证恒生证券投资咨询有限公司持股比例67%。

越秀金融平台

公司控股股东——越秀集团于1985年在香港成立，是广州市资产规模最大的国有企业，拥有以越秀地产（00123.HK）、越秀交通基建（01052.HK）和越秀金融为核心的“3+X”现代产业体系。截至2011年底，越秀集团总资产规模约1284亿元，利润总额约100亿元，是广州市首个资产规模超千亿元和第二个利润总额超百亿元的大型国有企业。

除地产、交通板块外，以广州证券为核心主体的越秀金融板块拥有证券、期货、基金、信托、PE等业态及穗港两地金融平台，营业和服务网点遍及广州、香港、深圳、佛山、东莞、珠海、惠州等珠三角区域以及杭州、北京、湖南等地。

十二五期间，越秀金融将投入超过50亿元以上的资金，全方位布局金融业务，成为服务体系完善、穗港良效互动、金融品牌突出，以银行、证券、信托、金融租赁为核心，基金、期货、保险、担保、资产管理等为补充，具有较强核心竞争力的金融控股平台，成为广州市发展金融业务和建设区域性金融中心的重要支撑。

【经纪业务】

交易品种齐全

代理国内流通A股、B股、国债、企业债券等买卖，代理国债、企业债的还本付息业务，代理上市公司办理投资者的分红派息业务，未上市证券的代保管、鉴证业务，代理开放式基金销售业务、国债回购业务。

创新的产品和服务

在传统的代理股票、基金等证券交易业务的基础上，推进投资顾问业务、融资融券业务、期货IB代理业务等相关新业务，为机构及个人投资者提供专业化、个性化、全方位的服务。

重视投资者教育，倡导客户理性投资

公司致力于培育成熟的证券市场投资者、普及投资理财知识、提升投资者理财水平、强化投资者风险意识。

每年举办数百场投资者教育活动，开办股民学校，不定期进行股市沙龙、投资讲座、理财知识讲座等，多家营业部获得“中国最佳投资者教育证券营业部”。

安全便捷的交易通道

“顺”股票机

精心打造的一款自有品牌的证券移动终端，提供丰富的专业资讯、及时的全球市场信息、证券买卖等一站式专业证券服务，运行稳定高效、操作便捷，尽享受投资先机。

岭南创富VIP客户端

集看行情、做交易、读资讯、获支持、找专家等多种功能于一体，拥有简洁易懂的操作界面，海量权威机构高价值资讯，以及人性化的功能设置，并具有个股智能诊断、聚合资讯、在线答疑等特色。

岭南创富服务专线

全国统一客服热线961303，实现电话自助交易和人工服务。只需一个电话，专业的客服团队、一流的理财服务就在您身边，给客户最便捷和贴心的帮助！

“岭南创富”综合理财服务

“岭南创富”是广州证券经纪业务理财服务品牌，创建于2008年，以“顺势有为开心理财”为品牌理念，以“总部级服务”为服务特色，以“可信、亲切、简单”为服务标准，以客户资产保值增值为宗旨，提供更具自身投资偏好及风险承受能力的投资建议、综合金融理财服务以及为客户设计综合投资配置等。

2011年8月，岭南创富服务品牌全面升级。选择签约“岭南创富”服务产品的客户，可使用广州证券精心打造的“岭南创富”VIP客户端，指定专属投资顾问“一对一”理财咨询服务，同时可以享受投资顾问精英团队提供的全方位资讯产品。

核心财富产品：创富进取先锋产品、创富行业精选产品、创富中线成长产品、创富新股策略产品、创富随基应变产品、创富稳健增利产品、创富融资融券产品、创富量化投资产品、创富ETF套利产品等。金融工程部向高端客户提供“ETF套利”和“量化投资”核心产品。

全方位增值服务：签约投顾服务的VIP客户可享受快速交易委托通道、优先接入专用客户服务热线，可获邀参加顶级、大、中型报告会及主题沙龙、生日及节日献礼、积分换礼等众多尊贵、贴心的VIP礼遇。

【投行业务】

广州证券投资银行业务，致力于为国内各类企业的重组改制、股票发行融资活动提供专业服务，主要开展股票、权证等权益性证券的发行、承销与上市推荐；以及企业兼并收购、资产重组、股权激励方案设计等各类业务。

卓越的投行团队

拥有经济、金融、法律、财务、管理等多种投行专才，硕士以上学历者占90%以上。

丰富的资本运作经验

多年投行运作经验，在IPO、企业改制及辅导、股票承销、股权分置、资产重组和企业私募等方面取得丰硕成果，建立系统、高效、高质的服务体系,贯穿企业选择培育、辅导规范、内核报批、发行定价、持续督导、后续服务等各个环节,为业务的持续发展奠定基础。

强大的销售能力

与基金、保险、证券、信托、财务公司、企业集团等机构投资者建立良好关系,拥有强大的承销能力和雄厚的客户基础。

致力于与客户长期战略合作

秉承"与客户共发展"的宗旨与理念,为客户提供全面的咨询顾问及个性化的专业策划服务,协助客户实现战略发展目标的同时,与客户在资本市场共同成长。

经典案例

由广州证券担任主承销商的"广州控股(600098)"首发项目,开创了控股公司境内资本运作先河。

策划国内首家报业集团"广州日报报业集团"重组上市,实现了多方共赢。

担任历史遗留问题企业"东华实业(600393)"的财务顾问及上市推荐人,助其成功登陆 A 股市场。

作为"珠江啤酒(002461)"的保荐机构及主承销商,协助其成功二次过会,登陆资本市场,该项目在《证券时报》举办的"2011 中国区优秀投行评选"活动中获得"最佳 IPO 项目"奖项。

作为"广百股份(002187)"IPO、再融资的保荐机构及主承销商和重大资产重组的独立财务顾问机构,助其利用资本市场实现快速发展。

在二级市场价格低于发行底价的情况下,成功完成湖北宜化(000422)非公开发行股票项目的承做及发行工作,在 2011 年下半年的市场环境中赢得同行业好评。

广州证券投行团队珍惜与客户的每一次合作机会,致力于实现"客户、员工和公司共成长"。

广州证券保荐发行的部分企业

IPO 主承销项目

广百股份(002187)珠江啤酒(002461)东方宾馆(000524)珠江实业(600684)。

中油化建(600546)两面针(600249)中远航运(600428)白云山 A(000522)。

广州浪奇(000523)穗恒运 A(000531)。

再融资主承销项目

广百股份(002187)东方锆业(002167)湖北宜化(000422)武汉中百(000759)。

用心和"债券"对话!

专注固定收益类证券产品;

专注降低客户债券融资成本;

专注于提高客户的资金管理收益率。

【固定收益业务】

广州证券固定收益业务是公司"股债并举"的大投行策略结出的硕果。起点高,发展快,涵盖了目前国内各类固定收益类产品的发行承销、销售交易、投资研究、理财投顾等整个业务线。

发行承销

固定收益总部债券承销业务以"立足本地、专注债券融资和侧重解决疑难债券融资项目"为突破口,全面带动各类固定收益产品业务线的拓展。

已成功主承销了多个具有突破和创新意义的债券项目,而且融资成本受到发行人的一致认可,广州证券的债券承销业务已成为我国债券市场一支生机勃勃的新力量。

和中国证监会、国家发改委、中国人民银行等债券业务主管部门建立有效沟通渠道,拥有强大的客户基础和良好的市场形象。

投资研究

投资研究业务涵盖银行间市场和交易所市场的全部固定收益类品种的投资交易深度研究,包括国债、金融债、企业债、公司债、中期票据、短期融资券、次级债、私募债等各类债券品种。

销售交易

广州证券债券销售交易累计交割量历年来一直位居同行业前列,多次荣获"全国银行间债券市场优秀自营结算成员"和"全国银行间市场优秀交易成员"等荣誉称号,展示了优秀的交易销售能力。

理财投顾

理财投资顾问业务是指担任固定收益类资产管理产品及其他资本中介类融资的投资顾问,这项新业务正在逐渐成为广州证券债券承销业务和投资交易业务综合价值的延伸。

【投资管理业务】

坚持价值挖掘和组合投资,操作手法稳健,投资风格成熟,形成并保持了自身特色。

坚持价值投资理念

广州证券自营投资业务坚持价值投资理念,投资风格稳健,善于挖掘潜力股,严格的全方位风控体系、进取的创新业务模式是该项业务的最大特点。

推行投资经理负责制,确立向低风险、可控风险领域发展的方向,探索具有证券公司特点的投资模式,基本形成一套吸纳证券公司专长的投资管理体系和运作机制,"具有较强的专业投资能力。"

优异的投资业绩

2010 年,市场下降 14%,广州证券自营业绩获得 31% 的正投资收益率,于市场同期运作的股票型基金中排名第二。

2011 年,市场下降 22%,广州证券自主投资跑赢大盘,业绩保持市场前列水平。

【资产管理业务】

广州证券资产管理总部拥有一批以博士、硕士为主力的投资研究、产品开发、市场营销、合规运营人才,采用券商创新盈利模式,将金融工程技术引入资产管理业务平台,针对客户在投资风险、收益、流动性等方面的不同需求提供各类量身定制的理财产品,形成了一条包括股票、基金、债券、权证、套利产品、货币类产品等多个系列的完整产品线。其服务对象涵盖了个人、企业、金融机构等客户群体。

投资理念:以绝对收益为目标,强调基本面研究,严格控制风险,追求稳健增值。

业务特点:产品设计灵活,量身定制理财产品,满足客户的个性化需求。

风险控制:科学、系统的风险防范与控制机制,最大限度地实现受托资产的保值增值。

业务种类

集合产品规划

2011 年 12 月 5 日,广州证券首只集合理财产品"红棉 1 号"以 6.85 亿元规模成立,标志着广州证券集合资产管理业务的正式起航。

定向理财服务

低风险固定收益投资服务是指以固定收益类及现金类资产等低风险品种为主要投资标的,凭借专业团队对宏观经济基本面、政策面、资金面的分析，积极把握市场投资机会，为投资者提供高流动性的稳定增值投资工具，服务对象涵盖个人、企业以及各大金融机构。

多策略权益资产投资服务是指根据客户需求度身定制与其风险收益匹配的投资盈利策略，满足客户投资需求，包括传统的主动型股票投资策略，基金投资策略，行业动量轮动策略，绝对回报策略等。

【研究业务】

高层次的研究队伍

专职研究人员三十余人，形成了以业内知名专业人士领军，以博士、硕士为主体的高层次研究力量。

多层次合作的研究网络

以CEPA框架下国内首家合资咨询公司广州广证恒生证券投资咨询公司为依托，与多所著名高校、国内专业资讯机构、海外券商及相关上市公司等机构和企业建立了长期合作关系，研究网络覆盖面广、专业程度高、知识结构新颖；形成了相对完善的产品体系和服务体系，能够为企业、各类机构、政府部门和个人投资者提供全面高效的信息咨询。

专注珠三角研究

致力于珠三角上市公司的调研和研究，打造“珠三角研究品牌”，在房地产和电子信息行业研究方面具有业内相当高的知名度。

专业、开放的交流平台

不定期举办大型的研讨会，邀请国内外知名市场和专业人士与投资者沟通。

研究成果：

《中国境内外股市联动性规律和影响机制的实证分析》——中国证券业协会2010年科研课题研究成果三等奖。

《中国私募股权投资基金发展研究》——中国证券业协会2009年科研课题研究成果二等奖。

《上市公司高管薪酬体系的实证分析》——中国证券业协会2009年科研课题研究成果三等奖。

《我国基金业绩持续性影响因素分析及长效评价体系的构建》——中国证券业协会2008年科研课题研究成果二等奖。

《从美国金融危机看中国证券公司核心竞争力的培育》——中国证券业协会2008年科研课题研究成果三等奖。

《我国股市泡沫的衡量及预警监管体系建设》——2007年中国证券业协会科研课题成果一等奖。

《整体上市路径及其评价研究》——2007年中国证券业协会科研课题成果二等奖。

《我国开放式基金的业绩评价——基于复VaR－Sharpe指数的分析》——中国证券业协会2006年科研课题成果二等奖。

《证券公司资本运作绩效评估：EVA指标的应用》2002年中国证券业协会三等奖。

《我国QFII制度实施环境与框架设计的探讨》获“深交所第四届会员研究成果评选”证券市场类三等奖。

《论中国上市公司股权结构的合理安排》获“深交所第三届会员研究成果评选”市场类二等奖。

《股权结构与公司治理——对我国上市公司的实证分析》获“广东金融学会第二届优秀金融科研成果”二等奖。

《我国风险投资机制的构成与问题、解决思路》获“广东金融学会第二届优秀金融科研成果”三等奖。

《全国七市通过证券市场融资的对比分析》获“广东金融学会第二届优秀金融科研成果”三等奖。

【创新业务】

期货IB业务

期货IB业务，是指证券公司接收期货公司委托，为期货公司介绍客户参与期货交易并提供其他相关服务的业务活动。

期货IB业务服务包括：协助办理开户、合同变更及销户手续；提供期货行情信息、交易设施；中国证监会规定的其他服务。

公司积极推进期货IB业务工作，从业务规范和技术系统两方面入手，包括信息技术系统、风控制度、业务培训与对接、人员配备、硬件设施、现场演练、全景测试等，在公司证券营业网点内协助期货公司办理客户开户手续。

融资融券业务

融资融券业务，又称证券信用业务，是指证券公司向客户出借资金供其买入上市证券或者出借上市证券供其卖出，并收取担保物的经营活动。

融资融券业务通过一定的杠杆作用，帮助投资者实现做多做空机制，同时也成为一种新的对冲、套利的投资工具。

广州证券已搭建完备的融资融券业务架构和专业服务团队，为客户提供充足的资金及券源，充分满足投资者需求。

直投业务

又称券商直投业务，是指对非公开发行公司的股权进行投资，即对拟上市公司进行股权投资及相关经营管理顾问服务，投资收益通过企业上市或购并时出售股权兑现。

广州证券通过准确、清晰的直投业务策略定位，以及完备的业务体系内部建设，致力于帮助有理想的企业家发现价值并创造企业价值，使企业成为受广大投资者欢迎的公众上市公司，为基业常青打下根基。

服务内容包括：

1. 通过参股方式对企业进行投资，为企业发展提供资本支持。

2. 在直接投资参股的同时，为企业提供发展战略规划和经营管理规范化等软实力的服务和支持。

新三板业务

新三板市场是由中国证监会、国家科技部批准设立，专门为国家级高新技术园区的创新型高成长企业服务的股份交易平台，包括公司股份制改造、公司规范运作；股权转让；引入战略投资者进行股权融资等。

凭借专业优势，广州证券在创新企业的发展进程中发挥积极作用，助力创新企业腾飞！

广州证券具体服务措施（系统解决企业投融资问题）

转板前定向融资

发行中小企业集合债

辅导上市及上市后再融资

融资服务新三板挂牌企业投资服务

提供多种理财产品选择

股份登记托管服务

二级市场交易转让服务

【子公司业务】

广州广证恒生证券投资咨询有限公司

“国内首家合资证券咨询公司获准成立”；

与恒生证券根据CEPA协议联合组建的国内首家合资证券咨询公司，于2012年3月9日获中国证监会核准设立；

广证恒生作为全国第一家合资证券投资咨询公司，是广州证券制度创新和国际化的重要举措，是广州证券发展战略向深度和广度推进、实施客户多元化和高端化的重要突破口；

公司充分利用 CEPA 补充协议条款与珠三角发展规划先行先试的契机，以“专业化、市场化、国际化”为宗旨构建业务新构架，建立市场化运行机制和机构客户服务销售团队；

广证恒生的经营范围是：证券投资咨询业务（仅限于发布证券研究报告业务）。

广州期货有限公司

广州期货为广州证券有限责任公司全资子公司，注册资本金 1.2792 亿元；

具备上海期货交易所、大连商品交易所、郑州商品交易所、中国金融期货交易所四大期货交易所的会员资格，可代理国内所有商品期货、金融期货品种交易；以服务产业客户为经营特色，为产业客户提供全方位的期货风险管理咨询服务，产业客户权益占总权益的 60% 以上，除广州总部外，在广东佛山、清远（筹）、成都设有营业网点；

2011 年，获中国财经风云榜“最具成长性期货公司”奖；

2011 年，荣获上海证券报“第三届中国期货市场品牌价值榜暨最佳分析师评选”最佳能源化工品分析师奖项；

2010 年，获大商所、和讯网“农产品期货十大研发团队”奖和“化工品最具潜力研发团队”奖。

金鹰基金管理有限公司

为广州证券控股公司，金鹰基金 2002 年成立，注册资本 2.5 亿元人民币，为广州证券参股公司（占股 49%）。业务涉及基金募集、基金销售、资产管理、特定客户资产管理等范围；

秉承“以客为本，用心服务”的核心理念，金鹰基金为客户提供高质量、全方位、专业化和个性化的服务；

2008—2009—2010 年，金鹰基金中小盘精选混合基金在同类可比基金中排名前三（数据来源：银河证券基金评价报告）；

2011 年 4 月 14 日，获《中国证券报》第八届中国基金业金牛奖评选“三年期混合型金牛基金”奖、《证券时报》2010 年度“中国基金业明星奖”评选的“三年持续回报平衡混合型明星基金奖”；

2011 年，金鹰基金保本混合基金在 12 只同类基金中排名第二（数据来源：wind 资讯）；

2011 年，获《上海证券报》第八届中国“金基金”“成长公司奖”；

2011 年 4 月 11 日，在《证券时报》举办的 2010 年度“中国基金业明星奖”评选活动中，金鹰基金中小盘精选混合荣获“三年持续回报平衡混合型明星基金奖”。

【企业公民践行者】

作为资金供应量的中间环节，广州证券承担着推动上下游企业可持续发展的重要作用，立志将广证打造成为一家具有竞争力和高度社会责任感的金融企业。

2000 年广州证券以捐资助学、扶贫助困、捐款赈灾、义卖等多种形式参与社会公益活动，长期帮扶开发茂名市七迳镇山岚村。

2009 年公司将践行企业社会责任纳入整体战略目标，以公司战略、金融手段在运营、业务、公益三个层面推动实施企业社会责任的可持续发展。

2011 年公司引进第三方机构搭建管理工具和评估体系。

2012 年聘请第三方机构进行企业文化、品牌价值、客户满意度调研，建立、完善企业社会责任框架体系，本着尊重利益相关者及对股东、员工、环境、客户负责任的态度，进一步推动、落实客服服务、员工薪酬、管理制度的改进方案。

【公司大事记】

1992 年

设立番禺、增城分公司。

1993 年

加入深圳、上海证券交易所；

设立驻深圳代表处、花县分公司；

广东湛塘营业部开业，原中共中央政治局委员、中共广东省委书记谢非、原中共广州市委副书记、广州市市长黎子流到我司视察；

开展人民币特种股票（即 B 股）业务，成为广州地区首家开通深圳 B 股业务的券商；

广州龙津东营业部、越秀南营业部开业。

1994 年

吸收、合并广州越银财务发展公司，原越银公司下属的金鹰证券交易营业部改名为广州证券金鹰大厦营业部。

1996 年

广州芳村营业部开业。

1999 年

公司总部迁址至广州先烈中路 69 号东山广场主楼五楼；

广州先烈中路证券营业部开业。

2001 年

公司注册资本金增至 8.17 亿元人民币（含 800 万美元外币资本），为准综合类券商；

五家证券服务部开业。

2002 年

成为全国银行间债券市场和同业拆借市场成员；

北京、杭州、广州西湖路营业部开业；

全国统一客户服务热线 961303 正式启用；

控股子公司“金鹰基金管理有限公司”开业。

2006 年

获中国证券业协会规范类证券公司资格；

公司旗下营业部银证通业务全面上线；

客户交易结算资金第三方存管全面上线。

2009 年

完成总裁全球招聘；

公司注册资本增至 143,428 万元人民币；

通过《广州证券发展战略规划》，明确了公司未来发展方向和目标；

惠州、南海营业部开业。

2010 年

获取中国证券业协会代办股份转让业务资格；

控股公司金鹰基金管理有限公司完成总经理招聘及股权重组，年内成功发行两个基金；

全资控股子公司广州期货有限公司正式开业；

东莞证券营业部开业。

2011 年

确定以“精诚笃行共济日新”为核心的企业文化，启动 VI 改版暨品牌提升项目；

启动 MD 管理体制变革项目；

经纪业务投顾系统“岭南创富服务品牌“全面升级；

获上海证券交易所投资者教育工作活力奖；

首只集合理财产品“红棉 1 号”成功募集资金 6.56 亿元；

金鹰基金管理有限公司增资至 2.5 亿人民币；

经纪业务部均收入达到辖区平均水平，为新设营业部创造了条件；

花都狮岭、大岗证券营业部迁址；

珠海营业部开业。

2012 年

公司新 VI 标识正式亮相启用；

国内首家合资证券投资咨询公司——广州广证恒生证券咨询有限公司获准成立；

公司首家机构客户旗舰营业部——广州珠江西路营业部开业；

中国证监会党委书记、主席郭树清到我司珠江西路营业部视察，与投资者进行亲切交谈。

【公司荣誉】

2012 年，2011 年度中国最具成长性投行证券公司——《21 世纪经济报道》

2012 年，最佳再融资项目"东方锆业非公开增发"——《证券时报》

2012 年，年度最佳中小企业金融服务商、年度最具竞争力金融创新产品（国际类）——《南方日报》

2012 年，"2012 年度最佳投顾业务证券公司"——东方财富网

2012 年，番禺富华西路营业部获"百佳营业部"称号——深圳证券信息有限公司、全景网、证券时报

2012 年，番禺富华西路营业部获"中国最佳投资者教育营业部"称号——《证券时报》

2012 年，花都建设路营业部获"2011 全景百佳证券营业部暨明星投资顾问评选大赛百佳证券营业部"称号——深圳市全景网络有限公司、深圳证券信息有限公司、证券时报

2012 年，花都建设路营业部获"2011 年中国最佳财富管理机构暨第五届中国最佳证券经纪商（通道交易类）中国百强证券营业部"称号——《证券时报》、《新财富》

2012 年，增城营业部获"百佳营业部"称号——深圳证券信息有限公司、全景网、证券时报

2012 年，增城营业部获"引导理性投资年度优秀营业部"称号——上海证券交易交易所

2012 年，增城营业部获"增城辖区金融机构 2011 年度反洗钱工作绩效评估第一名"荣誉——中国人民银行增城分行

2012 年，十佳投资顾问服务券商——全景网

2012 年，2011 年度证券公司投资者教育与服务优秀单位——中国证券业协会

2011 年，投资者教育工作活力奖——上海证券交易所

2011 年，2010 年度中国最具成长性证券公司——《21 世纪经济报道》

2011 年，最佳 IPO 项目——《证券时报》

2011 年，最佳创新业务券商——和讯网

【营业网点】

广州珠江西路证券营业部

地址：广东省广州市珠江新城珠江西路 5 号
广州国际金融中心 19 楼

电话：020－88836699

广州先烈中路证券营业部

地址：广东省广州市越秀区先烈中路 69 号
东山广场主楼 5 楼

电话：020－87323230

广州丰乐中路证券营业部

地址：广东省广州市黄埔区丰乐中路信达大厦 89 号二楼

电话：020－82393951

广州江南大道证券营业部

地址：广东省广州市海珠区江南大道中 348 号
珀丽酒店 B 座二楼

电话：020－84482610

广州中山八路证券营业部

地址：广东省广州市荔湾区中山八路 23 号
富力商贸中心 4 层

电话：020－81358392

广州西湖路证券营业部

地址：广东省广州市西湖路 18－28 号广百新翼首层、14 楼

电话：020－83390190

广州番禺大石证券营业部

地址：广东省广州市番禺区大石镇 105 国道
大石段豪景楼二层

电话：020－34783607

广州番禺富华西路证券营业部

地址：广东省广州市番禺区市桥街富华西路 35 号华南大厦

电话：020－84875602 020－84875671

广州番禺大岗证券营业部

地址：广东省广州市番禺区大岗镇繁荣路 101 号
翡翠阳光大厦首、二层

电话：020－39279168

广州增城新塘证券营业部

地址：广东省增城市新塘镇荔新公路东坑三横路口
汇创商务中心 3 楼

电话：020－82688222

广州增城荔城镇证券营业部

地址：广东省增城市荔城街夏街大道 47 号

电话：020－82742288

广州花都建设路证券营业部

地址：广东省广州市花都区新华镇建设北路 60 号华美大厦

电话：020－86802677 020－86812280

广州花都狮岭证券营业部

地址：广东省广州市花都区狮岭镇合成南路 5 号
狮峰花园 C1、C2、D 座二楼

电话：020－36922368

佛山南海大道证券营业部

地址：广东省佛山市南海区桂城南海大道北路 61 号之一
经委大厦副楼首层和二层

电话：0757－86399266

惠州麦地路证券营业部

地址：广东省惠州市麦地路 60 号隆生商业大厦 10 楼

电话：0752－2569870

东莞东城中路证券营业部

地址：广东省东莞市东城区东城中路君豪商业中心 802

电话：0769－23393380

珠海银桦路证券营业部

地址：广东省珠海市香洲区五洲世派街 39 号 90#商铺
广发银行楼上

电话：0756－2681700

北京三里河东路证券营业部

地址：北京市西城区三里河东路 39 号燕京大厦二层

电话：010－68521889

杭州建国北路证券营业部

地址:浙江省杭州市下城区建国北路 658 号
海华国贸大厦 16 楼 B 座 1602

电话:0571 - 85803419　0571 - 85803411

【联系我们】

总部地址:广东省广州市珠江新城珠江西路 5 号
广州国际金融中心 19 - 20 楼

邮政编码:510623

联系电话:020 - 88836999

公司网站:www. gzs. com. cn

电子邮箱: zcb@ gzs. com. cn

创富专线:961303

公司官方微博:http://e. weibo. com/gzsecurities

国都证券有限责任公司

国都证券有限责任公司是经中国证监会批准,于 2001 年 12 月 28 日在中诚信托有限责任公司和北京国际信托有限公司原有证券业务整合的基础上,吸收其他股东出资成立的综合性证券公司。公司注册地为北京。

2005 年,公司经中国证券业协会评审取得创新试点证券公司资格。2011 年,公司在中国证监会组织的证券公司分类评级中再次取得 A 类 A 级的评级。截至 2011 年末,公司注册资本 262,298 万元、净资产 61.65 亿元。

国都证券前身早在 1990 年开始从事证券经纪业务、1992 年开始从事承销业务,并于 1992 年在北京设立了第一家证券营业部——工体营业部。多年的业务积淀使公司在金融服务领域拥有丰富的成功经验和众多的资深专业人士。

国都证券成立以来,始终秉承“关注客户需求,与客户共成长”的服务理念,在坚持合规经营的基础上,努力为客户提供便捷、多样化、个性化的金融服务,深得客户认可与信赖,并在业内赢得了良好的声誉。为拓展业务发展空间,公司通过设立香港子公司、控股期货公司、参股基金公司,整合股东、银行等金融机构的资源,搭建起一个多元化的金融服务平台。公司发展至今,已形成了门类齐全、服务模式多样化的业务体系,可针对客户的个性化需求,提供一揽子金融解决方案。

在管理方面,公司构建了完善的法人治理结构、科学严密的内部控制机制和风险管理体系,形成了以人为本、和谐发展的企业文化,打造了一支独具特色、精诚团结、锐意进取的精英团队,为公司健康稳步的发展奠定了坚实的基础。

“互信、共赢、美好生活”是国都证券的发展愿景,也是国都人的责任所在。国都证券全体同仁愿凭借自身的专业优势,携手广大客户及各界伙伴,把握经济发展的契机,共同开创我们健康丰盛的财富人生。

国海证券股份有限公司

【公司概况】

国海证券股份有限公司前身为广西证券公司,1988 年经中国人民银行批准正式设立,是国内首批设立并在广西区内注册的唯一一家全国性证券公司。2001 年,公司增资扩股并更名为国海证券有限责任公司。2011 年 8 月,公司借壳桂林集琦药业股份有限公司在国内 A 股市场上市,更名为国海证券股份有限公司。

国海证券目前拥有 5 家分公司、58 家营业部,营业网点覆盖全国 14 个省级区域,并控股国海富兰克林基金管理有限公司和国海良时期货有限公司,全资设立国海创新资本投资管理有限公司,成为融证券、基金、期货、直投等多元业务为一体的金融服务企业。截至 2011 年 12 月 31 日,公司总资产 111.75 亿元,净资产 29.32 亿元。

站在新的起点,国海证券获得了前所未有的发展机遇,同时也将承担着更大的责任。国海证券将紧紧抓住上市带来的发展机遇,乘势而上,把公司建设成为资本充足、特色鲜明、专业精湛、服务优良,持续盈利能力强的现代企业,努力创造优异的业绩回报投资者、回报社会。

【经营范围】

证券经纪;证券投资咨询;与证券交易、证券投资活动有关的财务顾问;证券承销与保荐;证券自营;证券资产管理;证券投资基金代销;为期货公司提供中间介绍业务;融资融券。

【业务资格】

证券业务外汇经营资格、网上证券委托业务资格、全国银行间同业拆借市场成员资格、国债承销业务资格、中国证券登记结算有限责任公司结算参与人资格、代办系统主办券商业务资格。

【经营情况】

2011 年度公司实现营业收入 127,054 万元,较上年同比减少 32.95%;利润总额 16,667 万元,较上年同比减少 74.82%;归属于上市公司股东的净利润 7,553 万元,较上年同比减少 83.46%。

【主营业务及其经营状况】

1. 证券经纪业务

2011 年,公司继续推进经纪业务转型,大力打造特色投顾业务,积极构建综合营销平台。一是以打造特色投顾业务为重点,深化客户服务专业水平,积极推动财富中心向效益中心转型,以此减缓佣金率下滑影响,增强了客户的认可度和跟随度。在证券时报主办的“第十二届金融 IT 创新暨中国优秀财经网站”评选活动中获得“最佳财富管理中心”奖及“最佳投顾服务券商”奖;二是加强产品营销和渠道合作,推动综合营销平台建设,不断提高渠道产能,全年实现份额化产品销售 24.21 亿元;三是稳步推进营业网点优化布局工作,公司网点规模已达 55 家,覆盖面由 7 个省级区域扩展至 14 个,网点布局进一步优化。但由于 2011 年市场交易量萎缩及证券行业佣金率持续下滑,公司证券经纪业务全年实现营业收入 78,598万元,较上年同比减少 28.99%。

2. 投资银行业务

2011 年,公司投行业务顺应市场发展趋势,在股票及债券承销方面保持良好发展态势,进一步巩固了固定收益品牌优势,并扩大了团队规模,为未来的业务发展奠定了坚实基础。股票及债券承销业务方面,公司全年累计完成股票及债券主承销项目 8 家,在全行业承销业务收入同比负增长约 15% 的不利市场环境下,公司全年实现承销业务收入 19,990 万元,较 2010 年增长 51.5%,大幅高于行业增长水平,收入排名较去年提升 6 位,达到第 29 位;固定收益业务方面,全年国债承销排名券商第 3 位,进出口银行金融债、农发行金融债、国开行金融债承销金额排名分别列券商第 2、3、4 位,连续 6 年稳居券商排名前 5 位。现券交易量市场排名第 9 位,业务品牌优势进一步得到巩固。(数据来源:万得资讯)投资银行业务全年实现营业收入 21,622 万元,较上年同比增长 12.46%。

3. 资产管理业务

2011 年,公司资产管理业务成功设立 2 只集合资产管理计划和 3 个定向理财项目,年末管理资产净值总计 12.10 亿元,比去年末增加 32.5%,资产管理业务品牌影响力进一步提升。公司资产管理业务全年实现营业收入 1,381 万元,较上年同比增长 33.86%。

4. 证券自营业务

2011 年,股市债市持续低迷,市场形势严峻,公司自营投资业务亏损。全年实现收入 -14,682 万元,较上年同比减少 184.07%。

【创新业务开展情况】

2011 年,在不利的市场形势下,公司密切关注监管政策导向,跟踪分析同业动态及行业趋势,全面布局创新业务:一是年内获直接投资业务资格,直接投资子公司筹备成立;二是融资融券业务资格申报工作稳步推进,并已通过沪深交易所组织的融资融券技术系统测试,2012 年 3 月,公司通过了中国证券业协会融资融券业务方案专业评价;三是 IB 业务迅速拓展,开始为公司贡献收入;四是以广西为重点,大力开拓新三板业务,广西区内签约项目市场占有率不断提升;五是通过了中国保险监督管理委员会关于向保险机构投资者提供交易单元的审核。上述创新业务布局的完成,有望进一步拓展公司盈利渠道,优化公司收入结构,平滑收入波动。

【联系我们】

地址:广西南宁市滨湖路 46 号国海大厦
邮编:530028
电话:0771-5539300
传真:0771-5539100
客户服务电话:95563

国金证券股份有限公司

国金证券股份有限公司(以下简称"国金证券"或"公司")前身为成都证券,于 1990 年 12 月经中国人民银行批准成立,注册地在四川省成都市,是国内第一批专业证券公司之一。2008 年 2 月 5 日,经中国证券监督管理委员会核准,公司在上海证券交易所挂牌上市交易,股票简称"国金证券",股票代码"600109",是沪深 300 指数、上证 180 指数、上证 180 金融股指数和上证中型企业指数成份股。公司控股国金期货有限责任公司、国金鼎兴投资有限公司,参股国金通用基金管理有限责任公司。

公司愿景是成为"受人尊重的公众公司",并以"差异化增值服务商"为经营理念。公司形成"以研究咨询为驱动,以经纪业务为基础,以投资银行业务为重点突破,以自营业务和创新业务为重要补充"的"一体两翼"业务发展模式。

公司秉承"规范管理、稳健经营、深化服务、科学创新"的经营理念及"专业创造价值,诚信铸就未来"的服务理念,取得了良好的经营业绩。成立至今连续保持 20 年年终税前盈利,成为证券行业仅有的 2 家连续盈利的证券公司之一。在中国证券报、上海证券报、证券时报、证券日报联合主办的"1990-2010:走向资本强国——中国证券市场 20 年回顾与展望暨第四届中国上市公司市值管理高峰论坛"活动中,荣获"中国 20 家最具影响力证券公司奖"。

公司成立以来,尊崇"责任、和谐、共赢"的企业精神。在 5.12 汶川特大地震中,为保全客户资产,作为受灾较为严重的企业,搭起帐篷营业部,坚持营业,并向灾区捐款 167 万元。

国开证券有限责任公司

国开证券成立于 2003 年 12 月 29 日,2009 年 11 月公司原股东与国家开发银行签订股权转让协议转让公司 100% 股权,2010 年 2 月 10 日获中国证监会批准,2010 年 2 月 23 日完成股权变更的工商登记,成为国家开发银行的全资子公司。2010 年 6 月 17 日完成工商变更登记,公司正式更名为国开证券有限责任公司。

公司唯一股东国家开发银行成立于 1994 年 3 月,是直属国务院领导的政策性金融机构,经过 16 年的发展已形成"两基一支"、基层金融和国际合作"三位一体"的业务发展格局,业务功能覆盖贷款、债券、投资、投行、租赁、担保等多个领域,成为我国对外投融资合作和中长期投融资主力银行,是我国金融体系中不可或缺的重要力量。截止 2009 年底,开行资产余额 4.5 万亿元,其中人民币贷款余额 3 万亿元,外币贷款余额 979 亿美元,税后利润 302 亿元。人均管理资产额、人均创利等指标均在国内外居于领先地位。2008 年 12 月根据国务院部署开发银行正式转型为商业银行,主要从事中长期业务,服务于国民经济重大中长期发展战略,并按"一拖二"的组织架构设立投资公司和投资银行公司(证券公司),分别从事投资业务和相关证券业务经营。

公司更换股东后综合实力得到极大提升,资本金已由原来的 5.2 亿元增至 23.7 亿元,并将进一步增加至 73.7 亿元,同时公司的业务范围和服务质量都得到巨大提升。目前公司的经营范围包括证券经纪;证券投资咨询;证券交易、证券投资活动有关的财务咨询;证券承销;证券的自营买卖和中国证监会批准的其他业务,下一步将进一步扩充为客户提供更全面更优质的专业服务。

公司在北京、上海、深圳和保定等地设有五家证券营业部,正在筹建北京和天津的三家营业部,并计划在全国各省会和重要城市新设多家营业部,构建为客户服务的全国网络。

发展成为国内领先、国际先进的证券公司是我们的目标,为客户提供最优质服务是我们的宗旨。感谢您的光临和支持!

【联系我们】

地址:北京市东城区东直门南大街 1 号来福士中心
　　办公楼 21、23、25 层
邮编:100007
电话:010-51789000　010-51789100

国联证券股份有限公司

【公司概况】

国联证券股份有限公司创立于 1992 年 9 月,前身为无锡市证券公司,2008 年 5 月通过改制更名为国联证券股份有限公司,注册资本 15 亿元人民币。作为一家国有控股的现代金融服务企业,公司多年来秉承"诚信、稳健、开放、创新"的经营理念,现控股国联期货有限责任公司和华英证券有限责任公司、参股中海基金管理有限公司,设立国联通宝资本投资有限责任公司,证券金融控股集团构架初具。

作为综合类、创新类券商,国联证券现已形成包括经纪业务、资产管理、证券投资、融资融券业务、代办股份转让和股份报价等在内较为完善的业务体系。在江苏、上海、北京、浙江、广东、广西、重庆、山东、江西和湖南等省市重要区域拥有证券营业部 38 家。在行业内较早推出全国呼叫中心 95570，净资本收益率和成本管理能力等指标位表现突出。

伴随着中国资本市场进入了一个崭新的发展阶段，国联证券将积极把握这难得的历史性机遇，不断提升企业的核心竞争力，用国联人的智慧和努力，去迎接挑战、创造价值，续写更加精彩的篇章！

【企业文化】

自 1992 年成立以来，国联证券以“诚信、稳健、创新、超越”的理念为指导，以专业控制风险，以智慧创造价值，一步一个脚印，实现了有序的发展和提升，连续十余年的盈利，更是在行业写就了自己的精彩。

现在，国联证券已成为中国证券行业的优秀企业之一，国联人将立足江南，辐射全国，把我们专业和创新的服务，推荐给更多的企业和普通投资人。

面对机遇和挑战，公司通过调研和论证，规划了未来的发展战略，用通过有战略的企业整体行动，抓住机遇，实现企业又快又好的发展。

未来，公司将不断提高投资定价能力，这是公司最核心的竞争力。公司将打造一支具有价值发现能力、定价议价能力、市场资源广泛的核心骨干队伍，为各类企业、机构和个人投资者提供量身定造的投资顾问、并购融资、专业咨询以及理财服务。

同时，公司将以大投行为触角，转换经营思路，由金融贵族向金融服务转变，由被动适应市场向主动寻找市场机会转变，由粗放式经营向集约化、精细化发展转变。

公司将不断建立和完善管理制度体系、风险控制体系和业务流程，以丰富的企业文化和灵活的激励制度为纽带，加强团队建设，提高企业向心力，强化各部门的联系和合作，打造综合理财业务平台，进一步加强企业整体服务能力，提高金融企业的服务水准，丰富金融服务内涵。

【主要业务部门介绍】

1. 经纪业务管理总部

负责证券经纪、金融衍生品、产品销售等业务，下辖 38 家证券营业部，多家新设营业部的筹建也正在紧锣密鼓的进行中。

经纪业务部恪守“重团队、亲客户、立长远、争领先！”的信念，以加强集中管理、推进业务市场化发展和转换经营机制为策略；以丰富产品资源、优化渠道资源、巩固和开拓客户资源为发展核心，实现“打造金融产品销售中心”的目标。

公司经纪业务连续多年保持盈利，利润指标、盈利能力和人均创利在行业内名列前茅。截至目前，国联证券已经与中国银行、农业银行、工商银行、建设银行、交通银行、招商银行、兴业银行、浦发银行、中信银行、广发银行、民生银行、华夏银行和上海银行等建立了客户资金第三方存管关系，充分保障客户资金安全和存取便利。

我们将始终遵循“热心、耐心、贴心、细心、尽心”的五星级标准，竭诚为广大投资者提供全面理财服务！

主要优势

立足江苏，辐射全国

经纪业务立足江南、辐射全国，连续多年保持盈利，利润指标、盈利能力、人均创利在行业内名列前茅，无锡地区经纪业务市场占有率接近 50%，目前下辖 38 家证券营业部，分布于无锡、南通、常州、上海、南京、杭州、广州、北京等地。

敬业奉献，倡导团队合作

国联证券经纪业务管理总部下设发展规划部、运营管理部、客服管理部、营销管理部、市场拓展部等 5 个二级部门，负责证券经纪、金融衍生品业务、产品销售等业务，团队间专业分工、精诚合作，共同致力于业务发展。

关注行业动态，不断开拓创新

手机资讯交易平台和在 CRM 基础上开发的经纪业务零售支持服务系统业内领先。

业绩、荣誉

·2011 年 3 月，正式启动公司代办股份转让业务。

·2011 年 7 月，正式开展单客户多银行服务业务。

·2011 年 10 月，开通国联证券统一客服热线 95570。

·2012 年 4 月，获得“2011 年度证券公司投资者教育与服务优秀单位”。

截至目前，与中国银行、农业银行、工商银行、建设银行、交通银行、招商银行、兴业银行、浦发银行、中信银行、广发银行、民生银行、华夏银行和上海银行等建立了第三方存管业务合作关系。

2. 三板业务部

是公司开展代办股份转让业务的专业部门，由原并购融资部变更而来。公司于 2011 年 1 月 27 日获得代办系统主办券商业务资格，新成立的三板业务部主要负责与三板业务相关的规章制度建设、辅导与推荐挂牌、信息披露、尽职调查、信息报备等主办券商业务。在对企业代办股份转让系统的辅导与推荐挂牌中涉及的具体业务包括：企业改制、定向增发、股份置换、资产重组等。

3. 资产管理部

负责客户理财业务的产品设计、推广销售和投资运作，为客户提供股票、债券、基金等多种金融工具的组合投资管理服务。经过几年的努力开拓，资产管理业务已成为公司核心业务之一，并在资本市场上拥有良好的口碑。

主要优势

专项资产管理服务

此项业务针对某些特定投资目的而定，一般为委托资金额在 1000 万元以上的客户而设，投资目的如专门参与定向增发投资、专门参与并购套利、专门参与封闭式基金折价率回复套利、专门参与上市前的股权风险投资业务、为上市公司大股东提供市值管理服务等。

定向资产管理服务

此项业务针对委托资金额在 100 万元以上的个人或机构客户而设，投资方向与比例可双方协商。

集合资产管理服务

通过银行等销售渠道募集大众零散资金，组成规模庞大的资金集合，投资于国债、企业债、可转债、分离交易债、各类基金、股票或其他创新金融工具。

投资顾问服务

面向银行、信托等同业机构，为他们发行的理财产品提供投资管理服务，充当第三方投资顾问。

全面的资源

国联证券是中国证券业协会评审的全国 29 家创新类券商之一，是中国证监会评审的 A 类 A 级券商，拥有专门负责产业公司调研的研究团队和对企业运作有深入理解的投资银行，可为客户理财业务提供强力的研究支持。

专业的团队

秉承理性控制风险、专业发现价值的投资风格，选派具备多年证券投资经历、业绩优异的资深投资经理负责投资操作。

理性的策略

证券市场的财富在长期内来自于优质企业的价值创造。优质企业在实业领域创造的财富可在证券市场体现为金融财富的放大效应，从而为其长期投资人提供回报。在此理念基础上我们确立策略为与产业竞争的胜利者为伍。

贴心的服务

注重专业化的增值服务，提供资产管理报告和核心研究报告；与客户保持随时的沟通和交流。

个性化方案

根据客户的投资偏好、风险承受能力及特殊需求，制订个性化的投资方案，并根据情况进行动态调整。

透明的运作

证券在客户专用资管账户中运作，资金存放于独立的第三方银行，客户可随时动态监测账户投资运作细节。

合理的费用

多种收费方式供客户选择，费用合理；通常固定费用低于基金，而主要采取低固定费率加局部受益分成的收费方式；免收申购费、赎回费。

荣誉、成绩

2003 年 4 月，江苏首家推出个人受托理财计划产品，募集资金 3.3 亿元。

2009 年 2 月，获准开展定向资产管理业务和集合资产管理业务，同年 6 月，公司第一个定向账户设立。

2009 年 11 月，公司第一只集合理财产品"金如意 1 号集合资产管理计划"获批通过。

2010 年 2 月，"国联金如意 1 号——债券增强集合资产管理计划"正式成立，首发规模 4.6 亿。

2010 年 7 月，公司第二只集合理财产品"金如意 2 号集合资产管理计划"获批通过。

2010 年 9 月，"国联金如意 2 号集合资产管理计划"正式成立，首发规模 2.81 亿。截至目前，公司资产管理业务规模为 7.10 亿元。其中定向账户资产管理业务规模为 3.49 亿元；集合资产管理计划规模为 2.79 亿元；担任投资顾问的业务规模为 0.82 亿元。由我司担任投资顾问的招行"荣惠一号"债券增强型产品到期收益率达到 10.22%，得到客户的高度肯定。

4. 研究所

拥有无锡、上海等多地研究服务团队，覆盖金融研究、机构销售、理财服务等领域，具有完整的研究与销售服务产业链。研究所拥有超过 50 名员工，70% 以上拥有硕士及以上学位。研究业务突出专业定价能力，以坚实的宏观经济研究为基础，依托区域及行业资源，重点覆盖新兴产业，包括物联网、节能前排及现代制造、新兴能源、文化及动漫、新型消费等领域；销售业务突出专业渠道资源，构建银行、基金、产业资本等客户为主体的多层次销售渠道，形成立体销售服务体系。

研究所与科研院所、行业专家等建立了良好的合作关系，并与海外知名机构，以及国内外投资专家、行业专家建立长效联动机制，积极发挥长三角区位优势，为客户提供着眼全球、立足本土、前瞻性的研究及财富管理服务。

【联系我们】

地址：无锡市太湖新城金融一街 8 号国联金融大厦

邮箱：glsc@ glsc. com. cn

网址：http://www. glsc. com. cn

客户服务或投诉电话：95570

国泰君安证券股份有限公司

【公司概况】

国泰君安证券股份有限公司前身为国泰证券（1992 年 9 月 10 日成立）和君安证券（1992 年 8 月 25 日成立），1999 年 8 月 18 日两公司合并新设为国泰君安证券股份有限公司（"国泰君安"），目前注册资本为 61 亿元人民币。

自成立之日起，国泰君安秉持以客户为中心的服务理念，扎根于国内资本市场，是国内规模最大、经营范围最广、机构分布最广、服务客户最多的证券公司之一，旗下设国泰君安金融控股有限公司（注册地香港）、国泰君安期货有限公司、上海国泰君安证券资产管理有限公司、国泰君安创新投资有限公司、国联安基金管理有限公司 5 家子公司，在全国 30 个省、市、自治区设有 26 家分公司、193 个证券营业部。

国泰君安是国内最早开展各类创新业务的券商之一。1993 年首开资产管理业务，1995 年最早在香港开办业务，1996 年在券商中首设研究所，2001 年获得首批代办股份转让主办报价券商资格，2003 年获准首批开展 QFII 业务，2004 年成为央行公开市场一级交易商、银行间债市做市商，2007 年首批获得 QDII 资格和金融期货业务资格，2008 年率先获得直投资格与期货 IB 业务资格，2010 年获融资融券业务资格。2010 年，国泰君安金融控股有限公司旗下的国泰君安国际控股有限公司（HK.1788）在香港联交所上市，实现了内地券商旗下公司在港 IPO 零的突破，2011 年 3 月国泰君安国际控股入选香港恒生综合指数金融成分股，成为唯一一支中资券商成分股。

凭借全方位的业务创新、服务创新和管理创新，国泰君安证券成就了一系列市场第一。首创大 A 套小 A 模式完成近年国内最大并购案——上汽集团整体上市；主承销首个 A + H 同步发行项目；首创保底浮动债券品种，设计发行首个资产证券化项目、首支无担保地方企业债券等；首倡量化投资理念和交易策略，推出国内首个对冲型集合理财产品，积累出衍生产品研究开发的明显领先优势；率先开展跨境业务，首家获批 RQFII 产品；首创行业财富管理第一品牌——君弘俱乐部，深度融合 IT 优势、研究资源、专业团队、丰富产品等综合金融服务资源。

2004 - 2011 年，国泰君安在《世界品牌实验室》中国 500 最具价值品牌评比中连年位居"中国券商品牌价值"榜首。2008 - 2012 年，连续五年获得中国证监会券商分类 A 类 AA 级评价。

【主要业务】

1. 投资银行业务

国泰君安拥有一支经验丰富的专业投资银行团队，其中 90% 的员工拥有三年以上投资银行业务工作经验，95% 的员工具有硕士以上学位。投资银行团队凭借一流的业务能力与创新精神，完成了多个中国投资银行历史上的开创式项目。

专业服务领域涵盖股票、债券、混合金融产品及其他衍生品、资产证券化及其他债务融资工具，并可在股权激励、收购兼并、资产重组、私募服务、股权直接投资、市值管理等各领域，为客户提供全面财务顾问服务。

股权融资服务

股权融资服务致力于为大中型企业股权、可转债和公司债等融资业务的开发、执行、保荐及相关财务顾问业务提供服务。迄今已为中国银行、工商银行、农业银行、浦发银行、中国石化、中交股份、宝钢股份、河北钢铁、上海汽车、上港集团、冀中能源等约200家企业提供了股票承销发行保荐服务，融资额逾3000亿元，位居行业前列；同时，先后受聘担任上海、深圳等5省市财务顾问，并为近100家企业提供了资产重组财务顾问服务，还为众多企业提供了交易形式丰富、创新的各类财务顾问服务。

债务融资服务

债务融资服务致力于为企业，政府，金融机构等提供债务融资服务及相关创新服务。业务范围涵盖所有固定收益类产品融资业务。作为国内拥有固定收益证券业务专业资格最多的券商之一，国泰君安在多次主承销铁道部、国家电网、中石油、中石化、国家开发投资公司等特大型债务融资项目之外，还成功主承销了大批优质中小企业债券。固定收益创新能力居行业领先水平，债券总承销量及承销家数始终排名同业前列。连续多年被权威媒体机构评为业内“最佳固定收益团队”。

并购融资服务

债务融资服务致力于为企业，政府，金融机构等提供债务融资服务及相关创新服务。业务范围涵盖所有固定收益类产品融资业务。作为国内拥有固定收益证券业务专业资格最多的券商之一，国泰君安在多次主承销铁道部、国家电网、中石油、中石化、国家开发投资公司等特大型债务融资项目之外，还成功主承销了大批优质中小企业债券。固定收益创新能力居行业领先水平，债券总承销量及承销家数始终排名同业前列。连续多年被权威媒体机构评为业内“最佳固定收益团队”。

中小企业金融服务

中小企业融资部致力于为中小企业融资需求提供更有针对性的服务，适应建立、健全中小企业金融服务多层次体系的新形势。服务包含中小型企业股权、可转债、公司债等融资业务的开发、执行、保荐及相关财务顾问等。

证券承销与发行服务

证券承销与发行业务主要涵盖股票、可转债及各类债务融资等证券产品的承销和发行，对上市公司再融资发行窗口的准确把握，以及对利率的精准定价，形成了公司投行证券承销与发行业务的核心竞争力，赢得了客户和业内广泛认可，多次荣膺“最具定价能力投行”和“最佳债券销售奖”等荣誉。

2. 零售业务

国泰君安在全国30个省市自治区设有26家分公司和193个证券营业部，是国内规模最大、经营范围最宽、机构分布最广、服务客户最多的券商之一。业内首创的客户互联网综合服务平台——智博汇理财大厅，能为客户提供一体化的互联网服务。连续三届蝉联中国最佳手机证券大奖的“易阳指”，为客户提供安全、稳定、快捷的综合手机理财服务。全国统一客户服务热线95521，集预约开户、交易、服务定制与咨询响应等多项功能于一体，通过多种通讯手段为客户提供7X24小时不间断证券信息服务。

投资顾问

国泰君安建立了百余名专业人员组成的研究分析师团队，并在各营业网点配备了上千名的投资顾问及优秀客户经理，为客户提供权威数据、账户贴身指导及资产配置等投资顾问服务。业内独家打造的客户服务支持平台“君弘百事通”，更是深度融合了IT和研究资源，为客户服务提供强有力支持。咨询团队专职从事分支机构投资顾问的服务支撑，以及经纪业务线咨询产品和各类组合产品的生产推送，跟踪覆盖了股票、债券、基金、衍生品、银行理财、新三板等几乎所有金融市场和产品领域；在各种类别和风格的专属组合产品开发、量化分析、交易策略、大类资产配置等方面均走在同行前列。

创新服务

2010年5月，国泰君安正式成立了中国证券行业第一家客户俱乐部－君弘财富俱乐部，致力于为中高端客户打造领先服务品牌，提供风险适配、分级分类适配及MOT动态匹配三级服务适配；创新推出“君行天下”业务，解决了投资者跨网点跨区域业务办理的行业性难题；推出“君联天下”业务，有效提升了投资者资金调拨的灵活性和效率；架设“VIP交易中心”，为专业投资者提供高频策略化交易一揽子解决方案，提供极速行情、专线交易通道；量身定制股指期货、ETF等衍生品套利软件接口，全面满足超高频投资者对速度和个性化策略的极致要求。

3. 资产管理业务

国泰君安自1993年开展客户资产管理业务，是国内最早从事此项业务的证券公司。2010年上海国泰君安证券资产管理有限公司成立，注册资本8亿元，是目前国内最大的证券资产管理公司。

针对客户在投资风险、收益、流动性等方面的不同需求，国泰君安依托历经磨炼的主动投资团队和声誉卓越的数量化管理团队，竭力为客户提供各类量身定制的理财产品，以及全方位、个性化的理财服务。目前已经形成了一条包括股票、基金、债券、货币，量化、市值管理、海外投资等多个系列的完整产品线，旗下集合产品数量和种类均在全行业处于第一名；2011年首发产品数量和规模管理位居行业第一名；管理的客户资产规模目前超过400亿元。

国泰君安率先将数量化投资策略引入资产管理业务平台，在管理低风险套利产品的实践中开创了新的盈利模式。2011年发行国内首只对冲型集合理财产品“君享量化”，一日售罄；此后更创一月连发5只对冲型集合理财产品的发行纪录；2012年又发行国内首只高频统计套利产品“君享成长”。2011年，国泰君安量化对冲产品全部取得正收益，有效规避市场风险。2011年低迷行情下，268只券商集合理财产品收益排名前20位的产品中，国泰君安包揽10席。“君享稳健”以5.97%的收益率位居所有券商产品的业绩首位。

4. 销售交易

销售交易团队分布在上海、北京、深圳三地，为机构客户提供量身定制的专业研究、投资咨询、产品销售渠道支持，以及融资融券、大宗交易、买断式回购、股指期货IB、配售高息债、新发行股票等所有适合机构投资者的创新业务。

国泰君安在公募基金分仓市场的排名一直稳居行业前三，全国社保分仓、阳光私募等机构客户市场占有率也名列前茅。销售交易团队历年来多次荣获“新财富最佳销售服务团队”、“水晶球奖”全国区域金牌销售服务团队等荣誉。

5. 融资融券业务

中国证券业协会融资融券专业评价第一名，首批获得融资融券业务资格，成功开通国内首单融资融券交易。试点以来，秉承“诚信、亲和、专业、创新”的精神竭诚为客户提供优质、专业的融资融券服务。业务发展势头良好，截至2010年底，融资融券交易量在券商中排名第二，融资融券业务规模在券商中排名第三，行业地位领先。

公司净资本实力雄厚，可向客户提供充足的资金和证券进行融资融券交易；融资融券业务组织架构完备，总部配备多名有信贷、财务、法律、信息技术等背景的专业人才、分公司及营业部配备专业融资融券推荐人；风险控制严密，客户资金全面实施三方存管；交易管理系统运行安全，客户交易软件方便快捷。

6. 直接投资业务

国泰君安创新投资有限公司成立于2009年5月，注册资本10亿元，是首批券商直接投资公司之一。主要业务为对优质企业进行股权投资，重点投资于国家战略性新兴产业和确定性较强的大众消费和服务领域；进行战略性投资和收购；设立并管理包括产业基金和并购基金在内的各类股权投资基金，通过杠杆投资介入实体产业的资本运作；对具有爆发式成长潜力的中小企业进行风险投资，审慎开展另类投资业务；开展投资管理咨询及财务顾问等业务。

我们的愿景：秉承诚信、亲和、专业、创新的企业文化，兼具积极的态度、稳健的风格，争做行业的领先标杆公司。

我们的目标：致力于帮助有理想的企业家发现价值并创造企业价值，使企业成为受广大投资者欢迎的公众上市公司，为基业常青打下根基。

我们的团队：专业、规范、学习型组织。经验丰富，均为硕士以上，在投资、法律、财务等领域具有专长，在新能源、医药及消费品、电气设备、生物科技、新闻传媒等行业具丰富经验，熟悉并购、资本运作及上市筹备等业务，能熟练运用各类财务估值模型对项目进行专业分析和判断。

我们的策略：在中国经济转型的大背景下，顺应国家产业政策和十二五规划的导向，重点关注医药及消费品行业、进口替代相关行业、七大新兴产业等领域，以期获得良好的社会效益和经济效益。

我们的业绩：我们已在消费电子、低压电器、日常消费品、医药保健、新闻媒体、电子化学、新型材料、建筑智能化、环保机械等行业拥有多个投资成功案例。我们的责任：关注环境保护，积极履行企业社会责任，为社会发现价值、创造价值。

7. 研究服务

1996年，国泰君安成立了我国业内第一家证券研究所，开创了券商行业研究先河，是目前国内规模最大、实力最强、最具影响力的券商研究机构之一，为客户提供量身定制、高质量的研究分析、投资咨询和投资品种推荐服务。研究人员85%具有硕士学位，15%具有博士学位，90%以上来自国内外名牌院校。研究范围覆盖海内外上市的30个行业，涉及策略、宏观债券、大金融、房地产、电子及计算机、电信运营及设备、电力及电力设备、家电、机械、建筑建材、纺织服装、有色、化工、造纸等多个行业或研究领域。

国泰君安坚持专业创新和价值投资理念；坚持以客户为中心，贴近市场、贴近客户、贴近业务；坚持独立、客观与公正原则。方法上注重基本面研究，强调逻辑推理，坚持数据分析，突出定量化财务模型支持；并注重以宏观研究带动的自上而下及以公司研究带动的自下而上相结合的研究方法。

自成立以来，国泰君安研究所以一流的研究水平、卓越的创新能力、执着的诚信理念屡获市场殊荣和客户盛誉。在《中国证券报》"金牛分析师"、《证券市场周刊》"水晶球奖"分析师评选中，研究所始终名列前茅。2003年至今，研究所连年荣获《新财富》"本土最佳研究团队"、"最具影响力研究机构"；其中荣获《新财富》最佳分析师第一名的研究方向曾占据整个榜单半壁江山，成为引领国内券商研究名副其实的标杆；并赢得"证券分析师黄埔军校"、"证券分析师摇篮"等美誉。

8. 基金管理

2003年4月，国泰君安与德国安联集团(AllianzAG)共同发起设立了由国泰君安控股、国内第一家中外合资基金管理公司——国联安基金管理有限公司。

截至2011年12月底，国联安基金管理有限公司共管理14只基金，总资产规模约128亿元，基金类型涵盖了股票型基金、指数型基金、混合型基金、债券型基金、ETF基金以及货币市场基金。依托产品、渠道创新以及投研业绩的稳步上升，国联安基金管理有限公司近年来取得了较快发展，多次荣誉各权威媒体基金创新类奖项。公司旗下双禧中证100指数分级基金、大宗商品股票ETF等系列创新产品也颇受市场好评，成为市场同类产品中的标杆。

9. 跨境金融

1995年6月，国泰君安在香港设立全资子公司，为投资者提供证券及期货经纪业务、企业融资、资产及基金管理、融资融券、证券投资顾问和外汇业务等全方位服务，各项业务处于香港中资券商前列。2010年，子公司国泰君安金融控股有限公司旗下的国泰君安国际控股有限公司在香港联交所上市交易(HK.1788)，实现了内地券商旗下公司在港IPO零的突破，并于2011年3月正式进入香港恒生综合指数金融成分股，成为唯一一支中资券商成分股。

国泰君安金融控股有限公司的全球"一站式"网上交易平台现可支持9个国际证券市场(包括香港、美国、日本、伦敦、加拿大、新加坡、台湾、澳大利亚、上海B股及深圳B股)、18个全球期货市场及外汇买卖。成立至今成功完成了多个标志性保荐项目，包括首家在港上市的A股公司(中兴通讯)，首家在港上市的A股及B股上市公司(晨鸣纸业)，首家在港上市的德国公司(星亮控股股份公司)。作为最早在港提供资产管理服务的中资券商，2007年首只公募基金"国泰君安大中华增长基金"成功于香港成立，并被列入香港政府"资本投资者入境计划"的获许投资资产名单；2011年12月获RQFII试点资格，并成为首家获批RQFII产品的中资证券公司。

国泰君安国际业务部凭借先进的交易清算平台、强有力的研究支持、中国及海外市场丰富经验的团队成员，以及自身对市场的深刻认识，可根据客户需求，度身定制，为其提供包括各类金融产品的经纪、投行、研究、资产管理等全方位的服务；服务的客户涵盖美国、欧洲、日本、韩t国、台湾各地的资产管理公司、投资银行和商业银行。QFII客户市值已近300亿元人民币，各项业务指标名列国内前茅。

【联系我们】

地址：上海市银城中路168号上海银行大厦29楼

电话：021-38676666

网址：www.gtja.com

国信证券股份有限公司

【公司概况】

国信证券股份有限公司是全国性大型综合类证券公司，注册资本70亿元，在全国50个城市拥有74家营业网点，法定代表人为何如，现有员工9411人，其中本部员工1385人，本部本科以上学历人员占95%以上。公司的经营范围为：证券经纪、证券投资咨询；与证券交易、证券投资活动相关的财务顾问；证券承销与保荐；证券自营；证券资产管理；融资融券；证券投资基金代销；为期货公司提供中间业务。截止 2011 年 12 月 31 日，公司总资产 542.38 亿元，净资产 175.36 亿元，净资本 117.82 亿元。公司的企业精神是“务实、专业、和谐、自律”，核心理念是“创造价值，成就你我”。2004 年 12 月 1 日，国信证券获得创新试点券商资格。2011 年，公司全年实现营业收入 58.27 亿元，利润总额 23.30 亿元，净利润 18.11 亿元，净资产收益率 10.24%。2007 - 2011 年五年间，累计实现营业收入 389.99 亿元，利润总额 230.08 亿元，净利润 179.86 亿元。2012 年 1 - 3 月，公司实现净利润 5.50 亿元。

【股东情况】

国信证券共有 5 家股东，股东单位名称和股权结构如下：

深圳市投资控股有限公司，持股 40%；

华润深国投信托有限公司，持股 30%；

云南红塔集团有限公司，持股 20%；

中国第一汽车集团公司，持股 5.1%；

北京城建投资发展股份有限公司，持股 4.9%。

【市场地位】

国信证券各项业务市场地位和竞争优势突出。经纪业务自 2008 年以来，股票基金交易额连续四年稳居行业第三，2011 年代理买卖证券业务净收入排名行业第二；投资银行业务主承销家数 2006 - 2009 年连续四年排名行业第一，2010 年排名行业第二，是当年主承销家数、主承销金额同时进入行业前十的两家券商之一，2011 年项目主承销家数排名行业前二、主承销金额排名行业第一（联合保荐按平均数计算）；研究业务 2005 - 2011 年连续在《新财富》“最佳分析师”评选中获得“最具影响力研究机构”称号，共 90 多人次获得“最佳分析师”奖项。在中国证券业协会主持的全国证券公司经营业绩排名中，国信证券近三年的总资产、净资产、净资本、营业收入、净利润、代理买卖证券业务净收入、承销保荐业务项目发行家数等主要指标均进入行业前十。公司各项业务的市场地位如下：

投资银行业务：行业内唯一连续五年（2006 - 2010）被深交所评为“最佳保荐机构”，2006 - 2009 年主承销家数连续四年排名行业第一。2010 年，是主承销家数、主承销金额同时进入行业前十的两家券商之一，是当年融资品种最齐全的证券公司，其中股票发行家数 41 家，排名行业第二；通过并购重组委审核项目 4 家，排名行业第二。2011 年，项目主承销家数 41 家，市场占有率为 9.7%，排名行业前二，主承销金额 477 亿元，市场占有率为 8.8%，排名行业第一（联合保荐按平均数计算）。2012 年 1 - 4 月，项目主承销家数 14 家，主承销金额 120 亿元，均排名行业第一。国信投行目前拥有 500 人的专业团队，其中注册保荐代表人 147 人，专业队伍人数居行业第一。

证券经纪业务：行业内首家实行员工制营销管理模式，建立了一支训练有素、纪律严明的正规化客户经理队伍，同时在行业内率先推行服务产品化以及全面客户关系管理，形成了独具特色的营销模式和服务模式。2008 年以来，股票基金交易额连续四年稳居行业第三；2012 年 1 - 4 月，公司股票基金交易量市场份额 4.18%，排名行业第六，业务净收入排名行业第三。从 2007 年开始，国信证券在行业内率先自主开发、推广手机证券，并被苹果公司 iPhone、iPad 产品选为中国落地宣传的唯一证券应用，成为市场领先品牌。截至 2012 年 5 月 20 日，国信“金太阳”手机证券注册用户数达到 439 万。

资产管理业务：致力于为客户提供全方位优质的理财服务，实现客户资产长期稳定增值。在国内券商中率先规范资产管理业务，以国际化标准模式管理客户资产，运作规范稳健，投资回报良好，在市场形成了良好声誉。目前，拥有 8 只集合资产管理计划和 2 只定向资产管理项目。2008 年，在行业内首创集合理财产品合同电子化，并被证监会确定为行业标准；2010 年初，设立了业内首创的国信“金理财”收益互换集合资产管理计划，此外还设立了国信“金理财”6 号、国信“金理财 - 泰然 1 号”和国信“金理财”限额特定 1 号集合资产管理计划，当年全部理财产品均跑赢上证指数。2011 年推出国信“金理财”内需升级集合资产管理计划，首次募集规模达到 16 亿元，当年大多数理财产品跑赢同期上证指数。

自营投资业务：国信证券确立向低风险、可控风险领域发展的战略后，对自营业务规模进行了适度控制。在此前提下，积极探索具有证券公司特点的投资模式，推行投资经理负责制，已基本形成一套有别于基金公司、吸纳证券公司专长的投资管理体系和运行机制，具有较强的投资能力。国信证券还积极探索另类投资业务，在衍生产品业务上形成了较强的专业能力。

研究业务：国信证券在业内率先推行行业首席分析师制，创新卖方研究业务，确立了研究的制度优势。公司目前拥有一支由 100 多名精英分析师组成的研究服务团队，研究力量覆盖市场全部主要行业以及宏观经济、策略、金融工程、固定收益等领域，重点跟踪公司超过 500 家，在国内证券市场上拥有广泛的知名度和影响力。2005 - 2011 年连续在《新财富》“最佳分析师”评比中被评为“最具影响力研究机构”，共 90 多人次获得“最佳分析师”奖项。2011 年获《新财富》“本土最佳研究团队”第四名，其中金融工程研究团队连续两年在三大权威评比中获得第一。

固定收益证券业务：国信证券建立了固定收益证券发行承销和销售交易一体化运作模式，2008 年以来先后担任 50 余只企业债主承销商。2011 年，国信证券企业债承销量 80.33 亿元，国债承销量 154.5 亿元，在证券公司中具有较强的综合竞争力。国信证券是上海证券交易所固定收益证券综合电子平台首批做市商，2007 - 2011 年连续五年综合排名第一。2012 年 1 - 4 月，国信固定收益业务主承销项目 12.5 家，排名行业第一；主承销金额 144 亿元，排名行业第六。

信息技术：具备行业一流的信息技术系统和 IT 研发实力，满足业务发展和行业创新的系列技术需求，拥有行业领先的核心交易系统和网上交易系统，系统运行稳定、安全、通畅、可靠，深受监管机关和广大投资者的好评；拥有专业的 IT 工作团队、先进的软硬件设施、完备的运营保障体系和突出的 IT 创新能力，近年来先后开发完成企业级证券电子商务平台、创新型一体化智能经纪业务平台、CRM 客户服务平台、金太阳手机证券、95536 多层次电话理财中心等多项行业领先的信息应用系统。2008 年，企业级证券电子商务平台荣获“证券期货业科学技术二等奖”，在网上交易和网站类系统中排列第一；2009 年，入选国家信息化测评中心“中国企业信息化 500 强”；2010 年，信息安全等级保护达标工程获公安部评测机构最高等级“符合”评价；2011 年，“金天盾”非现场客户端安全产品获中国证券业协会组织的“网上交易双因素身份认证”专业评审总评分第一。

其他业务：国信证券是首批获得融资融券业务试点资格的券商，目前旗下 62 家营业网点可满足客户该项业务需求，截至 2012 年 4 月底，累计开户数居行业第三。国信证券是首批获得股指期货 IB 业务资格的券商，拥有全资子公司国信期货有限责任公司开展股指期货和商品期货经纪业务，国信期货具有中国金融期货交易所交易结算会员资格和上海期货交易所、大连商品交易所、郑州商品交易所会员资格，共设有11家营业部，并有国信证券旗下证券营业部进行IB业务支持。2010－2011年，国信期货凭借突出的业绩连续两年获得中国金融期货交易所颁发的"优秀会员金奖"。国信证券拥有全资子公司国信弘盛投资有限公司开展直接投资业务，累计投资53个项目，其中自有资金投资项目29个，已有12个自有资金投资项目成功上市。国信证券拥有全资子公司国信证券（香港）金融控股有限公司开展国际业务，是目前香港中资证券公司中唯一一家具有全面无限制业务牌照的证券公司。此外，国信证券还是首家在彭博系统中推出A股市场算法交易服务的本土券商，ETF活跃交易、私募信托基金（TOT）产品、QFII等业务开展良好。

【主要荣誉】

2011年，国信证券共获得权威机构和媒体评选的30多项荣誉，包括："中国最佳证券公司"，"最令投资者满意证券公司"，"最佳证券经纪公司"，"中国最佳投行"，"最佳券商集合理财品牌"、"最受欢迎港股券商"等。此外，公司还在2009－2010连续两年被《证券时报》评为"中国最佳证券经纪业务服务品牌"，2006－2010连续五年被深交所评为"最佳保荐机构"，2008年获民政部颁发的"中华慈善奖"。

【联系我们】

地址：中国深圳市红岭中路国信证券大厦

电话：0755－82130833

传真：0755－82130570

邮编：518001

电子邮件：xzyxzb@guosen.com.cn

网址：www.guosen.com.cn

国元证券股份有限公司

【公司概况】

国元证券（以下简称"公司"）是为顺应信证分业、行业重组的发展趋势，由原安徽省国际信托投资公司和原安国元证券徽省信托投资公司作为主发起人，于2001年8月设立。2007年10月30日以股权分置改革为契机，借壳北京化二股份有限公司成功在深圳证券交易所上市。公司是经中国证监会批准、安徽省工商行政管理局注册登记的综合类证券公司，公司注册资本1,964,100,000元人民币。

公司长期以来遵循"法制、监管、自律、规范"的八字方针，弘扬"团结、敬业、求实、创新"的企业精神，秉承"诚信为本、规范运作、客户至上、优质高效"的经营理念，努力打造让投资者放心的证券公司，致力建设"百年老店"，使公司努力跻身国内一流券商行列。

【总体经营情况概述】

2011年，公司经营管理层紧紧围绕年初确定的经营思路，努力做优做强传统业务，狠抓各项创新业务，总体取得较好业绩。具体来说，经纪业务出现明显下滑，自营业务成功规避市场风险，投行业务继续保持快速发展势头，资产管理业务压力增大，融资融券、股指期货IB业务等创新业务已成为新的利润增长点，对公司营业收入和净利润的贡献有所增加，各控股子公司发展不平衡。公司整体财务状况良好，资产质量较高，以净资本为核心的风险控制指标远高于监管层规定的各项监管标准和行业平均水平。2011年，公司实现营业收入17.75亿元，营业支出10.78亿元，利润总额7.04亿元，归属于母公司股东的净利润5.63亿元，基本每股收益0.29元，加权平均净资产收益率3.80%。截至2011年末，公司总资产225.97亿元，归属于母公司股东权益147.99亿元，净资本104.24亿元。

【主营业务情况】

1.经纪业务

2011年，公司继续以营业部分类评价和"标准化、流程化、规范化"建设为抓手，全面深入推进公司精品营业部建设；狠抓经纪人和投资顾问两个团队建设，努力提升证券营业部营销、服务和运营三大能力，推动经纪业务升级转型；坚持"一切以客户为中心"的指导思想，完善统一营销服务平台建设，逐步完善客户服务体系，努力提升客户服务质量和服务水平。报告期内，公司实现经纪业务收入91,397.23万元，比上年同期减少32.89%；经纪业务成本53,783.86万元，比上年同期增长17.75%；经纪业务利润37,613.37万元，比上年同期减少58.45%。其中：母公司实现经纪业务收入86,290.27万元，比上年同期减少33.04%；经纪业务成本49,587.79万元，比上年同期增长18.40%；经纪业务利润36,702.48万元，比上年同期减少57.80%。国元证券（香港）有限公司实现经纪业务收入2,779.75万元，比上年同期减少42.12%；经纪业务成本1,234.89万元，比上年同期增长12.85%；经纪业务利润1,544.86万元，比上年同期减少58.34%。国元海勤期货有限公司实现经纪业务收入2,327.21万元，经纪业务利润－633.97万元。

2.证券承销、保荐及财务顾问业务

2011年，是公司投行业务发展最快、业绩最好的一年，证券承销、保荐及财务顾问业务收入突破3亿元，在公司收入结构中的比重逐年增加；项目储备丰富，在会审核及后续申报项目较多，为业务持续发展提供了保障；组织架构进一步优化，制度流程更加完善，投行业务的合规经营和风险控制能力持续增强；行业排名实现争先进位，品牌影响力在行业内继续扩大。报告期内，公司实现承销业务净收入27,731.41万元，保荐业务收入2,120.00万元，财务顾问收入1,295.00万元，证券承销、保荐及顾问业务共实现营业收入31,146.41万元，比上年同期增长10.91%；证券承销、保荐及财务顾问业务发生营业成本14,522.27万元，比上年同期增长12.88%；证券承销、保荐及财务顾问业务实现营业利润16,624.14万元，比上年同期增长9.24%。

3.自营投资业务

2011年，股市持续低迷，自营投资难度加大，公司一方面及时调整投资策略，在逐步减少二级市场股票投资的情况下，谨慎参与定向增发、开放式基金等投资；加大债券资产在自营规模中的比重，动态调整债券投资组合，努力提高固定收益类投资收益；积极研究探索基金定投、股指期货套期保值等业务；始终强调风控理念，把市场系统性风险防控放在首位，较好地规避了二级市场风险。报告期内，公司实现自营业务收入5,845.46万元，比上年同期减少77.69%；自营业务成本2,794.94万元，比去年同期增长44.84%；自营业务利润

3,050.52万元，比去年同期减少87.43%。其中，母公司实现自营业务利润12,639.52万元，国元证券（香港）有限公司实现自营业务利润－9,589.00万元。

4.资产管理业务

2011年，是公司资产管理业务较为困难的一年。随着集合理财产品上线数量的增加，券商理财市场的竞争越来越激

烈;股市持续低迷,公司集合理财产品的投资业绩均有不同程度的下降,资产管理规模也有所缩水;公司完成了国元定增1号产品设计工作,持续跟踪客户保证金管理产品的政策变化和市场动态,做好客户保证金管理类资产管理计划产品设计发行的前期准备工作。报告期内,公司实现资产管理业务收入1,416.03万元,比上年同期减少45.45%;资产管理业务成本898.39万元,比上年同期增长19.78%;资产管理业务利润517.64万元,比上年同期减少71.95%。其中:母公司实现资产管理业务利润-37.49万元,国元证券(香港)有限公司实现资产管理业务利润555.13万元。

【主要创新业务情况】

1.股权直接投资业务

2011年,国元股权投资有限公司(以下简称"国元直投")坚持以股权投资业务为核心,狠抓项目储备,不断强化对已投资项目的跟踪管理;始终坚持合规经营,规范运作,切实强化项目风险控制,严把项目质量关;及时掌握监管政策动态,不断强化公司内控管理,切实提高公司的风险控制能力。截至2011年末,国元直投累计投资项目9个,投资额3.65亿元,储备项目7个。已投资企业中,上市1家,在会审核2家,待报5家。2011年国元直投实现营业收入1,602万元,占公司营业收入的0.90%。

2.融资融券业务

2011年,公司融资融券业务基本步入有序、稳健发展的轨道,业务发展呈现逐步上升趋势;公司高度重视融资融券业务风险控制和合规管理工作,不断强化风险动态监控能力,进一步完善业务制度流程,有效控制业务风险。截至本报告披露日,公司共有56家证券营业部可以开展融资融券业务。报告期内,公司实现融资融券业务收入4,702.00万元,融资融券业务成本359.98万元,融资融券业务利润4,342.02万元。其中,母公司实现融资融券业务利润2,949.83万元,国元证券(香港)有限公司实现融资融券业务利润1,392.19万元。

3.股指期货IB业务

2011年,为切实做好股指期货IB业务准备工作,公司对准备开展IB业务的证券营业部,从IB业务基本要求、信息技术管理、风险控制、投资者教育等方面进行全面检查,申请当地证监局进行现场检查验收,指导和协助营业部尽快开展IB业务。股指期货IB业务拓宽了公司经纪业务渠道,将促进公司经纪业务的发展。截至本报告披露日,公司共有25家证券营业部取得IB业务资格。

4.金融衍生产品业务

2011年,公司根据业务需要,依据相关制度的要求向中金所申请了套期保值额度,并进行了小规模实盘交易,有效地测试了交易系统,积累了套期保值的业务经验。报告期内,公司套期投资收益为7.64万元,报告期末,公司没有衍生品持仓。公司按照《股指期货套期保值业务管理试行办法》等相关制度的要求,通过完善和严格执行业务流程,有效地控制了套期保值业务的投资风险。

【主要控股公司及参股公司的经营情况】

1.国元证券(香港)有限公司(以下简称"国元(香港)公司")

国元(香港)公司于2006年7月19日在香港注册成立,目前注册资本60,000万港币,公司持有国元(香港)公司100%的股权。

国元(香港)公司的主营业务:证券买卖、期货交易、财务顾问、证券投资、资产管理(包括RQFII业务)、放债服务以及海外证券市场买卖业务。受欧债危机等影响,香港证券市场发生一定幅度的下调,导致国元(香港)公司投资业务发生亏损。截至2011年12月31日,国元(香港)公司总资产130,154.65万元人民币,净资产54,359.30万元人民币,报告期内,实现营业收入-4,265.95万元人民币,营业利润-6,992.50万元人民币,净利润-7,304.27万元人民币。

2.国元股权投资有限公司(以下简称"国元直投")

国元直投于2009年8月18日注册成立,初始注册资本50,000万元。根据公司第六届董事会第四次会议决议,公司向国元直投增资50,000万元,2011年6月24日,国元直投换领了新的营业执照,注册资本变更为10亿元,公司持有国元直投100%的股权。

国元直投的主营业务:股权投资。

截至2011年12月31日,国元直投总资产106,765.28万元,净资产104,821.42万元,报告期内,实现营业收入1,601.91万元,同比增长110.49%,营业利润408.15万元,比去年同期增长556.55万元,净利润719.20万元,同比增长137.82%。

3.国元海勤期货有限公司(以下简称"国元海勤期货")

国元海勤期货成立于1996年4月17日。根据公司第六届董事会第七次会议决议,公司向国元海勤期货增资10,000万元,2011年9月7日,国元海勤期货换领了新的营业执照,注册资本变更为2亿元,法定代表人变更为杨念新。公司持有国元海勤期货100%的股权。

国元海勤期货的主营业务:商品期货经纪业务,金融期货经纪业务。

截至2011年12月31日,国元海勤期货总资产51,677.39万元,净资产19,233.69万元,报告期内,实现营业收入3,153.16万元,营业利润-602.53万元,净利润-280.55万元。

4.长盛基金管理有限公司(以下简称"长盛基金")

长盛基金成立于1999年3月26日,注册资本为15,000万元人民币,是国内最早成立的十家基金管理公司之一,也是首批获得全国社保基金管理资格的六家基金管理公司之一,公司持有长盛基金41%的股权。

长盛基金的主营业务:基金募集、基金销售、资产管理及中国证监会许可的其他业务。截至2011年12月31日,长盛基金总资产99,004.61万元,净资产79,181.37万元,报告期内,实现营业收入66,650.49万元,同比增长0.18%,营业利润31,259.79万元,同比减少11.20%;净利润24,089.45万元,同比减少15.13%。

海通证券股份有限公司

【公司概况】

海通证券股份有限公司(以下简称海通证券)是国内成立最早、综合实力最强的证券公司之一,拥有一体化的业务平台、庞大的营销网络以及雄厚的客户基础,经纪、投行和资产管理等传统业务位居行业前茅,融资融券、股指期货和PE投资等创新业务领先行业。海通证券成立于1988年,是国内二十世纪八十年代成立的证券公司中唯一一家至今仍在营运并且未更名、未接受政府注资的大型证券公司,公司的前身是上海海通证券公司,于1994年改制为有限责任公司,并发展成全国性的证券公司。2001年底,公司整体改制为股份有限公司。2002年,公司完成增资扩股,注册资本金增至87.34亿元，成为当时国内证券行业中资本规模最大的综合性证券公司。2005年，公司成功托管甘肃证券和兴安证券，实现低成本快速扩张，同年公司成为创新试点券商。海通证券A股于2007年在上海证券交易所挂牌上市并完成定向增发，H股于2012年4月在香港联合交易所挂牌上市，公司总资产和净资产居国内证券行业第二位。公司拥有遍布境内外近220家营业部，拥有400万零售客户和超过1万个机构客户及高端客户，客户资产规模近万亿元。公司创新业务位居行业领先地位，作为融资融券第一批试点券商，市场排名始终保持第一位；公司股指期货业务发展迅速，位居行业第一；公司首批获得约定购回式证券交易资格、债券质押式报价回购资格、转融通业务资格。在多年的发展中，海通证券始终遵循"务实、开拓、稳健、卓越"的经营理念和"规范管理、积极开拓、稳健经营、提高效益"的经营方针，坚持"稳健乃至保守"的风控品牌，追求"管理一流、人才一流、服务一流、效益一流"的经营管理目标，取得了显著的经济效益和社会效益。

海通证券的投资银行业务在发展中打造了具有公司特色的行业品牌，尤其在金融和高科技企业的发行承销，以及文化传媒企业的并购重组方面享有盛誉。公司在服务中小型和民营企业方面经验丰富，积累了雄厚的客户基础。海通证券的PE投资业务起步早，发展快，项目经验丰富，为投资人创造了丰厚的回报。目前控股海富产业、海通开元、海通吉禾、海通创新资本和海通创意资本等五家PE投资子公司，已占据国内证券行业PE投资领域的领先地位，打造了国内PE投资领域的知名品牌。2012年11月开业的海通创意资本管理有限公司（"海通创意资本"）受托管理的上海文化产业股权投资基金，是由海通证券联合上海东方传媒集团、上海新华传媒股份有限公司等共同发起设立，基金总规模为100亿元，首期基金规模30亿元。

按照国际化战略的指引，海通证券国际业务稳步发展，重点推进QFII、跨境并购、人民币基金和跨境ETF等业务。公司QFII客户数和资产规模位于市场前列，QFII交易金额位居行业前三；公司成功收购了香港本地老牌券商大福证券，更名为海通国际证券，积极推动境内外业务联动，着力打造海外发展的业务平台，海通国际始终在香港人民币产品领域保持领先地位，2010年8月，成功推出中国大陆以外的首只以人民币计价及结算的公募基金产品，并于2012年1月成为首批获得人民币境外合格机构投资者（RQFII）资格的机构，率先为离岸人民币提供境内投资管道，并于2012年9月成为首批获得合格境外机构投资者（QFII）资格的香港中资证券商。2012年4月27日，海通证券H股成功在香港联合交易所挂牌上市，募集资金143.8亿港元，成为香港历史上最大一宗证券公司上市案例，并成功引进PAG，阿曼主权基金、CapitalWorld和富达基金等国际重量级的长线投资机构，进一步完善了公司的治理结构，提高了公司的国际知名度和品牌影响力，为公司未来以香港为桥头堡，进一步拓展海外证券业务、加速国际化发展奠定了坚实的基础。

海通证券长期致力于走国际化金融控股集团的发展道路，先后发起设立了海富通基金公司、海富产业基金公司、海通开元投资有限公司、海通国际控股有限公司等子公司，控股了海通期货有限公司。

展望未来，海通证券将进一步加快创新转型，整合资源，完善战略布局，搭建统一高效的中后台支撑体系，构建丰富的产品服务体系，建立以客户需求为导向的业务模式，保持传统业务的竞争优势，巩固创新业务的领先地位，不断优化收入结构，集聚行业高端人才，增强抵御市场波动风险的能力。在中国证券市场的春天中，海通证券将继续谱写更加波澜壮阔的发展新篇章！

【主要业务】

一、经纪业务

1.零售经纪业务

销售交易总部是负责海通证券经纪业务营销管理、市场推广及交易管理等业务的职能部门，以"四大团队八项服务"为推手，旨在提升经纪业务核心竞争力。四大销售服务团队管理：营销团队、客户服务团队、投资顾问团队、交易管理团队。八项核心服务模式推送：投资咨询产品研发、创新交易产品研发、交易产品定制、彩虹俱乐部服务、客户分级分类管理、投资者适当性管理、交易及电子商务平台构建、客户服务中心管理。

主要业务

营销管理中心

推进各分支机构因地制宜开展营销团队建设，打造营销团队的市场竞争力。当前营销团队的规模居行业前列，其中注册经纪人人数稳居行业首位。构建完善的营销团队培训体系，建立高效的展业支持平台，持续提升营销团队的专业能力及服务水平，不断加强营销团队的职业化和规范化管理。

拓展及维护营销渠道，推动公司与银行、保险等其他金融机构的纵深合作，策划、组织与其他金融服务机构的共同营销活动，深入挖掘业务合作项目，推进各分支机构渠道业务的发展。

投资理财中心

提供各类实战性投资咨询产品：为客户提供A股及港股的市场信息及投资理财建议，涵盖投资策略日报、周报、月报、手机短信、融资融券产品、量化投资组合、港股投资策略及组合、基金及债券投资报告及组合等。

以《彩虹俱乐部》形式，制定了专为投资顾问客户提供的彩虹理财计划，通过邮件、手机短信以及一对一投资指导等方式，为机构及个人核心客户提供包括标准化及个性化的投资咨询产品和服务，可根据客户的投资偏好和风险偏好，提供针对性投资建议，可对核心客户的证券投资账户进行动态跟踪管理、账户诊断等服务，及时提示风险及投资机会。

投资顾问业务开展、管理与指导：为分支机构投资顾问提供产品及服务支撑，指导分机构开展投资顾问业务，对投顾业务进行日常管理、负责投资顾问培训与展业资格认证、投顾业务考核制度及指标的制定等。

电子商务

负责经纪业务电子平台业务需求管理。

非现场交易系统（包括网上交易系统、手机证券等）的功能设计与维护。

非现场服务系统（网站、短信平台等）的功能设计与维护。

积极使用微博、微信等新媒体推广经纪业务服务和品牌建设。

客户服务及管理部

基于业务模式、产品特征以及客户风险偏好，做好投资者适当性管理工作。

集交易、查询、语音及人工咨询等服务为一体的95553电话覆盖全国，获得证券行业总部级客户服务中心CCCS五星级认证。

营业部、网站、客户服务中心共同协作，为客户提供多渠道、全方位、方便、快捷的交易手段。

交易管理部

提供全方位的主经纪商服务，构建和执行对冲基金服务体系。

基于第三方部署的算法交易引擎，为买方机构客户提供程序化交易管理服务和算法交易服务。

以账户管理、数据管理、交易接入及交易执行、风险控制、托管估值以及模拟交易等六大功能为主，构建程序化及算法交易平台。

机构和高净值客户

主要业务

产品销售部

负责金融同业机构客户的营销和服务，推进与基金、银行、保险、信托及私募基金的合作，做好产品销售工作；积极开拓新的业务模式，提高海通证券的市场竞争力和业务创新能力。

组织开展产品代销业务，策划营销活动，指导分支机构有序地开展销售工作，从而扩大市场占有率，提升服务水平。

建立多元化的产品销售服务网络，通过庞大的营业部网点和电子商务平台，为投资者搭建安全、便捷、全方位的销售通道，提供专业化的产品销售服务。

高端客户部

推进与银行、信托、基金、私募等各类金融同业和投资机构的业务合作，加强对全国社保、企业、阳光私募及高净值个人等机构客户的服务。提供全面、完整、专业的证券托管、证券交易、企业融资、股权盘活、税务筹划、现金管理及资本运作等专业化服务，并根据客户的具体需求提供量身定做的个性化金融服务方案，涵盖从业务需求分析到业务服务方案设计，再到方案实施以及后续的服务反馈等一系列持续服务的全过程。

研究销售部

针对基金公司、保险公司、私募基金、财务公司、信托公司、QFII、券商资管、自营等各类目标机构客户提供“一站式”综合研究服务、并基于目标客户不同的投资决策需求提供专属研究销售服务：具备举办紧贴市场热点的大型投资策略会、专题会议、行业会议、投资沙龙、全国上市公司调研、专家交流、电话会议、定制化路演、专项课题委托等数十项个性化定制能力，提供全方位研究服务支持。

针对各类机构投资者提供除研究支持之外的多项高端产业链增值服务：借助公司强大的综合平台，灵活引导机构投资者与公司投行、PE公司、资产管理、固定收益、创新业务等多项尖端业务窗口之间实现平台式的无缝对接。

针对各类机构投资者提供市场资源的最佳撮合匹配服务：实现不同类型机构之间需求的相互匹配，为各类机构投资者实现多方撮合，充分发挥券商的资源媒介作用，促进市场资源的最优化配置。

2. 期货经纪业务

海通期货有限公司是经中国证监会批准，国家工商局核准登记注册的专业期货公司，是海通证券股份有限公司控股的子公司。公司2012年分类监管评级为A类A级，拥有上海期货交易所、大连商品交易所、郑州商品交易所全权会员资格，是中国金融期货交易所交易结算会员，并首批获得期货投资咨询业务资格。

作为券商控股期货公司，海通期货长期以来深入贯彻落实中国证监会“期货市场服务产业经济和国民经济”的精神，着力打造技术领先平台、业务创新平台、人才集聚平台和科学管理平台，构建核心竞争力。公司投入数千万元打造IT平台，达到三类信息技术标准，并在大型期货公司中首家上线代表国内领先技术水平的新一代综合交易系统，为客户提供快捷、安全、个性化的交易平台，在金融行业中首家构建多中心多活交易集群系统，打造永不中断的核心交易体系；公司注册资本10亿元，是目前国内注册资本最大的期货公司之一；在全国主要城市开设了29家营业部，并依托海通证券近220家营业网点，可以为客户提供覆盖全国的服务；公司在业内首家通过ISO9001:2008质量管理体系认证，具备了为客户提供符合国际标准服务的能力；与海通证券联合成立了业内首个“证期联合研究中心”，集合期货、证券的尖端研究人才。

海通期货健康快速的发展和良好的企业形象受到监管部门和社会各界的充分肯定，获得了多项荣誉。公司是中国期货业协会理事单位，先后荣获上海期货交易所“年度交易进步奖”、“优胜会员奖”，大连商品交易所“最具成长性会员”、“市场服务成就奖”，郑州商品交易所“市场进步奖”、“市场服务奖”、“产业服务奖”、“企业服务奖”，中国金融期货交易所“优秀会员金奖”等荣誉；先后被CCTV、证券时报、金融界、搜狐等媒体评为“最具成长性期货公司”、“最佳战略定位奖”、“中国期货市场最佳公司品牌大奖”；连续两年被中国社会工作协会评为“中国优秀企业公民”，是唯一获此殊获的期货公司；荣获第五届中国资本市场年会“金钥匙奖”，是唯一获此殊荣的期货公司。在上海市委宣传部、市文明办等单位联合组织的评选中，公司被评为“诚信企业”。

展望未来，海通期货将用3－5年时间建成具有较高行业影响力、品牌卓越、服务领先、拥有国际竞争力的一流期货公司。

3. 融资融券业务

融资融券部负责海通证券融资融券业务、约定购回业务的运作和管理，致力于为投资者提供融资、融券等综合金融服务。2010年3月，公司取得融资融券业务试点资格，成为全国首批六家试点券商之一。2011年10月公司顺利获得约定购回式证券交易业务首批试点券商资格。2012年8月公司获得首批转融通业务试点资格。

近三年的业务运作中，融资融券业务从快速发展向内涵式增长不断收获竞争优势，继陆续取得首批约定购回业务及转融通业务试点资格后，公司为高净值客户提供综合交易服务、多元化投资的证券金融服务理念不断得到提升。

目前，海通证券在全国已有近190家营业部获准开展融资融券业务。2012年，公司融资融券业务及约定购回业务排名均名列市场前茅。

融资融券业务优势

率先取得试点资格，具备先发优势。融资融券业务开展后，海通证券融资融券规模、交易量等指标均位列同行前列。

净资本规模排名靠前，具备资金优势和券源优势。海通证券雄厚的资金实力奠定了为客户提供融资融券服务的基础。目前，公司融出券源是试点券商中可融出券源品种最多的券商。随着融资融券标的范围放宽，公司也将适时扩充券源。

业务流程灵活、简便。采用预授信模式，即授信时不要求客户提交担保品，主要依据客户的信用等级、普通资金账户的资产总值以及客户提供的其他金融资产等因素确定其授信额度。

手续便利。客户普通资金账户具备一定开户年限及资产规模。申请时,历史交易表现良好的客户只需提供基本情况、财务状况等相关信息。

约定购回业务优势

融资效率高:平均而言,可获资金约为证券市值的50%。

融资成本低:融资成本较市场常见的融资方式更低。

交易灵活:客户可根据实际资金使用安排,随时提前或延期购回证券。

资金用途灵活:用途无明确限制,可提取资金用于生产经营,也可进行证券投资。

4. 国际业务

近年来,海通证券的国际业务取得了全面发展。在公司"国际化、集团化"两大发展战略的指引下,海通证券的国际业务重点推进了QFII、海外机构B股经纪业务和各项跨境业务,并着力搭建公司的国际化网络。

海通证券国际业务部由近30位经验丰富的专业人士组成,团队成员拥有丰富的中国及海外市场经验。公司已被欧美、亚太等众多资产管理公司、投资银行、保险公司和商业银行的海外机构投资者及主权基金选为中国经纪商,为其提供中国市场多种金融产品的交易执行、研究资讯服务。截至2012年12月,海通证券QFII客户的市值超过400亿元人民币,QFII业务在客户数量、资产规模和交易金额等业务指标上都名列国内前茅,形成了以先进的交易清算平台、丰富的研究资讯服务为特色的专业化服务品牌。

海通证券国际业务部作为公司的对外窗口,不断扩大海外客户网络,充分利用公司固定收益、投资银行、资产管理、并购、另类投资、财富管理等各项业务平台和客户网络优势,发挥公司在证券、期货、产业投资方面的综合竞争力,与海外机构客户和战略合作伙伴共同推进跨国财务顾问业务、跨国并购、QDII、直接投资等方面的业务合作,积极寻求国内企业海外上市的业务机会。

二、投资银行业务

海通证券为机构客户提供企业融资服务,包括股权承销、债券承销以及财务顾问服务。海通证券致力于通过一体化的投资银行平台,为客户提供个性化的企业融资服务,并增加各个业务领域的交叉销售机会。

海通证券在中国的投资银行业已建立领先地位并致力不断提升该地位。公司的投资银行业务在发展中打造了具有公司特色的行业品牌,尤其在金融和高科技企业的发行承销,以及文化传媒企业的并购重组方面享有盛誉。公司在服务中小型和民营企业方面经验丰富,积累了雄厚的客户基础。根据中国证监会公布的信息,按照担任A股上市公司重大资产重组交易顾问的数目计,海通证券于过去连续三年在中国证券公司中排名前两位。

良好的服务质量、精湛的技术水平、孜孜以求的创新精神,使海通证券的投资银行业务得到了客户的广泛认可。2006年4月,公司投资银行荣获"2005年度投行最佳团队"、"2005年最佳股改团队"。2007年1月,公司被著名财经网站"和讯网"评选为"2006年度中国最佳投行金牌团队"。2008年1月,公司被《证券时报》评选为"2007年中小企业优秀保荐机构"。2008年3月,被《新财富》评为"最受尊敬的投行"之一。2008年,被浙江省人民政府金融工作办公室评为"优秀证券中介机构"。2009年公司荣获第三届《新财富》杂志"新财富最佳投行奖"。海通证券荣获"2010年中国最佳证券公司"、"2010年最令投资者满意证券公司"、"第三届新财富最受尊敬的投行",在证券时报主办的2011年度"CBIB中国区优秀投行"评选活动中公司荣获"最佳再融资投行"、"中小板最佳投行"称号,华泰证券IPO被评为最佳IPO项目。在2011年度第五届新财富最佳投行评选活动中公司荣获"最受尊敬投行"、"本土最佳投行"称号,建设银行配股被评为"最佳配股项目"、华东数控增发被评为"最佳增发项目"。在上海证券报举办的2011年第五届最佳投资银行评选活动中,并购融资部荣获"最佳并购团队",连续四年获得该奖项。

1. 股权融资业务

与中国资本市场一同成长起来的海通证券投资银行部,在过去的十几年里,创下了很多个国内"最早"和业内"第一"。海通证券的投资银行业务在近10年的不断探索过程中打造出了具有海通特色的知名行业品牌,尤其在金融类企业和高科技企业的发行承销方面享有较高声誉。公司先后担任了浦东发展银行、民生银行、深圳发展银行、交通银行、建设银行、华泰证券等金融企业的首次公开发行,并上市或再融资项目的主承销商和保荐人;海通证券投资银行还担任了我国第一家赴海外上市银行——交通银行上市的财务顾问;我国第一家私募发行商业银行次级债券——民生银行次级债券的主承销商;我国第一家保险公司次级债券——泰康人寿保险次级债券的财务顾问以及新华人寿上市、发行次级债的工作。同时,用友软件、上海贝岭、中国海诚、海兰信、新天科技、高盟新材、三丰智能的成功发行也为海通投资银行在高科技领域的承销业绩写下了浓重的一笔;2007年,金风科技首次公开发行并上市是中小板最具影响力的项目之一,并成为清洁新能源领域的里程碑事件。海通投资银行长期注重为创业型、成长型企业提供服务,2009年推荐的中元华电、银江股份等公司成功跻身国内创业板首批28家上市公司之列。截至2012年12月,公司作为主承销商已经为264家企业提供了融资服务,共筹集资金3169亿元,其中IPO项目152家,募集资金1027亿,配股49家,募集资金352亿,增发39家,募集资金1235亿,可转债36家(含民生银行可转债125亿过会待发),募集资金619亿,权证1家,募集资金60亿。2005年股权分置改革以来,投资银行部共计完成股权分置改革项目135家,业务市场排名第一,市场占有率达到约10%,在业内遥遥领先。

拥有一支超过260人的高素质投资银行团队,投行从业人员中硕士及博士占到78%,平均年龄31岁,平均投资银行从业时间4年。保荐代表人人数达74人,此外还有13人已通过保荐代表人考试,正在申请保荐代表人资格,届时保荐代表人将达到近87人,在国内证券公司保荐代表人数量上首屈一指。

2. 债券融资业务

海通证券债券融资部是从事企业债券、公司债券、金融债券、中小企业私募债券及企业资产证券化等固定收益类产品的一级承销业务部门。自2005年成立至今,已在企业债券承销、短期融资券、中期票据、金融债券分销等方面取得了长足的发展。

截至2012年,海通证券债券融资部已成功主承销企业债券、公司债券项目39个,融资总金额达450多亿元;次级债券项目2个,融资金额40亿元;企业债券、短期融资券、中期票据副主及分销项目近350个,融资金额达280亿元。

海通证券债券融资部的业务团队由一批业务精湛、勤勉尽责的资深专业人士组成。84%以上的人员具有国内外名校硕士以上学历,三分之一的人员拥有法律、CPA、CFA、ACCA等职业资格。随着资本市场的不断深化发展,部门搭建起了集债券承揽、债券承做、债券销售、风险控制为一体的业务团队。业务精湛、分工明确、配合高效的团队，是海通证券债券融资部为客户提供优质服务的重要保证。

海通证券债券融资部具有卓越的债券定价能力和创新能力，产品设计创造了债券市场上的若干个第一次，并多次在困难的市场环境下通过创新发行方案的设计为客户实现了较低成本的融资，得到了市场的认可和好评。

基于丰富业务品种的支撑，债券融资部销售体系也更为健全，形成了以大型商业银行、保险公司、基金公司及农村信用联社为基础的固定收益类金融产品销售网络，对市场上的各类机构已实现全面覆盖。

专业的服务团队，卓越的创新能力、完善的销售网络保证了海通证券债券融资部业务的迅速发展，债券融资部将继续以客户为导向、以制度为支撑、以创新为动力，努力发展成为覆盖全国范围，承做企业债券、公司债券、金融债券及结构性产品等多种债券融资品种的投行业务部门。

3. 并购融资业务

海通证券并购融资部是专业从事并购融资业务的投资银行部门，业务范围主要包括上市公司的收购与反收购、上市公司重大资产重组及配套融资（行业并购、整体上市、借壳上市等）、合并与分立、回购以及跨境并购、上市公司股权激励、公司改制及私募融资、行业并购咨询等财务顾问业务。

多年来，海通证券并购融资部遵循"客户利益至上"的原则，采取差异化竞争策略，打造海通并购品牌，在激烈的并购市场中练就了一支专业、诚信、富有战斗力的并购团队。团队成员均毕业于知名院校，且具有博士、硕士以上学历。团队云集了管理、金融、法律、财务等方面的专业人才，既有扎实的理论功底，又有丰富的实战经验。由并购融资部承办的并购项目获得了客户和有关部门的高度认可。

海通证券并购融资部以创新精神主导了数十余家上市公司的收购兼并、重大资产重组项目，其中包括友谊股份吸收合并百联股份、上海汽车集团零部件业务整体借壳巴士股份（现更名为"华域汽车"）、安徽出版集团重组科大创新（现更名为"时代出版"）、新华传媒两次重大并购重组、上海远洋渔业重组华立科技（现更名为"开创国际"）、国电集团收购 ST 平能、鄂武商 A 要约收购、南方建材要约收购、陕西烽火集团重组 ST 长岭（现更名为"烽火电子"）、上海久事公司重组强生控股、东方创业重组等一批具有市场影响力的项目。此外，并购融资部还承做了多家海外并购项目。

2008 年 6 月，海通证券并购融资部完成的新华传媒并购项目在全国工商联举办的中国并购年会"第二届中国并购专项奖"评选中，获得"最佳并购方案设计"奖。

2009 年 3 月，安徽出版集团借壳科大创新（现更名为"时代出版"）项目在第三届新财富中国最佳投行项目评选中荣获最佳财务顾问项目奖。

2009 年 5 月，中国上市公司市值管理研究中心和《经济观察报》主办的"2009 中国资本市场最佳创富奖"系列评选中，并购融资部荣获"2009 中国资本市场最佳创富服务奖"。

2010 年 5 月，海通证券并购融资部连续三年被评为上海市劳动模范先进集体（2007 年 - 2009 年）。

2008 年 - 2012 年，在《上海证券报》举办的第二届至第六届最佳投资银行评选活动中，海通证券并购融资部连续五年荣获了"最佳并购团队奖"。

4. 三板业务

海通证券三板业务部专门为我国中小企业提供场外市场（OTC）（俗称"新三板"）推荐挂牌、股份登记托管、信息披露、融资、股份交易、并购重组及转板等专业化资本市场服务，全面助力中小企业快速发展。海通证券是 2006 年首批取得新三板主办券商资格的六家券商之一，也是国内最早开展新三板业务的券商之一，在 2007 年成功推荐了"星昊医药"（430017）等进入中关村新三板市场挂牌。海通证券三板业务部聚集了数十名具有丰富投资银行实战经验的专业人才，项目人员均具备硕士以上学位，且拥有注册会计师、律师或行业分析师资格或资历。目前，海通证券三板业务部凭借海通证券广阔的资源和资本运作能力，已帮助全国数十家国家级高新技术产业园区的企业开展新三板推荐挂牌工作，并具有丰富的成功操作案例。

三、资产管理业务

海通证券通过公司子公司上海海通证券资产管理有限公司、海富通基金管理以及联属公司富国基金管理提供传统资产管理产品和服务。此外，海通证券通过海富产业投资基金管理、海通吉禾管理和海通创新管理经营私募股权资产管理业务。

1. 海通资产管理有限公司

海通证券资产管理有限公司（海通资产管理）是在原海通证券客户资产管理部基础上组建起来的、由海通证券股份有限公司全额出资的子公司，于 2012 年 7 月开业，注册资本为人民币 10 亿元，是目前国内注册资本金最大的券商系资产管理公司。

海通资产管理经营范围为证券资产管理业务，包括：定向业务、集合业务、专项业务、QDII 业务和创新业务。2006 年发行首只集合理财产品，2008 年获得合格境内机构投资者从事境外证券投资管理业务资格。2012 年 9 月，首批获得保险资金投资管理人资格。

秉承"务实、开拓、稳健、卓越"的经营理念，海通资产管理一直以"规范运作、合理回报、优质服务、开拓创新"作为开展业务的基本准则，逐步形成了鲜明的投资风格、科学的投资管理模式、完备的风险控制体系以及高效的客户服务方式。经过多年积淀，在权益类投资、固定收益、量化投资、市值管理、资产证券化、融资业务等方面形成了全产品链。海通资产管理凭籍成立专业资产管理公司的契机，坚持"决策民主、管理规范、操作精细、文化多元"的管理理念，倾心打造高素质的资产管理专业团队，矢志成为国内一流、受人尊敬的资产管理公司。

人才是企业最宝贵的资产。海通资产管理目前已基本建成一支高素质的权益类、固定收益、量化投资和资产证券化队伍，聚集了一批优秀的专业人才。海通资产管理公司将继续加大产品创设团队和投研团队的建设力度，以市场化的机制完善团队建设和激励机制，以人文精神塑造公司文化，藉此吸引人才、留住人才，打造一支兼具国际视野和本土经验的优秀团队，实现以市场需求引导产品研发，以研究驱动价值创造，以良好的投资表现回报客户，更好地满足客户多样化、个性化的需求，为母公司财富管理平台的建设打造产品平台和投资管理平台，实现客户利益、员工利益和股东利益的共赢发展。

按业务种类，海通资产管理为机构和个人投资者提供以下服务：

定向资产管理业务

根据个性化需求，为高净值（1000 万元以上）的机构和个人客户提供高端专属的定制服务。投资范围在符合国家法律法规要求的基础上由双方协商确定。

海通资产管理具有通过定向资产管理业务为高净值客户提供定制化服务的丰富经验，包括市值管理、量化对冲投资等定向业务模式均独具特色，公司市值管理规模、交易金额都在业内名列前茅。

集合资产管理业务

为中等净值（5万元以上）的机构和个人客户，根据群体性特征，提供优质的理财服务。其中，对于净值在100万元以上的客户提供“小众化”专属的限额特定集合资产管理计划（又名“小集合”）。

包括大集合、小集合等业务模式在内，海通资产管理已形成了涵盖货币型、量化对冲型、债券型、FOF型、混合型、股票型等多种多样的产品序列，覆盖了风险收益水平由低至高的各类投资业务。

公司还面向不同风险偏好的投资者推出了分级型的集合计划，既能满足较低风险偏好投资者的投资确定性需求，也能为较高风险偏好的投资者提供获取高收益的机会。

作为证券公司的客户资产管理业务条线，海通资产管理还结合自身业务特点为证券公司经纪业务客户打造了现金管理产品，该产品面向持有高流动性资金的客户，每个工作日可为客户提供参与退出服务，产品投资收益远高于银行活期存款，在盘活客户保证金的同时也增强了券商自身在金融机构中的竞争力。

专项资产管理业务

针对特定目的的客户提供资产管理服务。相比普通的集合资产管理业务，专项资产管理业务具备更灵活的投资范围和业务模式，是发展创新类业务的一大突破口。

QDII业务

通过集合计划、定向计划、专项计划受托投资于全球市场。海通证券于2008年即获得了中国证监会批准的QDII业务资格。海通国际证券集团有限公司作为公司QDII业务的境外交易券商，充分体现了海通证券的集团化优势。

资产证券化业务

是将能够产生稳定现金流的企业或金融机构优质的资产独立出来作为基础资产，通过证券公司设立专项计划向机构投资者发售受益凭证并在证券交易所公开发行和流通。专项计划通过基础资产所产生的现金收入向投资者偿付本息。

基础资产范围：

（1）公路、桥梁、隧道的过路（桥）收费

（2）港口、机场的泊位收费

（3）铁路、地铁的客货运费

（4）电站、电网的电费收入

（5）石油、天然气管道费用收入

（6）供气、燃气系统使用费

（7）供水、污水处理系统的水费/排污费

（8）物业租赁收入

（9）BT回购债权

（10）企业应收账款、存货、设备租赁收入

（11）银行的信贷资产等bankloans

按客户种类，海通资产管理为渠道客户和专业机构投资者提供以下服务：

银证合作业务

（1）银行代销业务

①分级产品

通过在银行渠道销售分级产品的优先端，为银行客户提供低风险、确定收益的理财产品。

公司的分级产品包括债券分级产品、指数挂钩分级产品等。

②量化对冲产品

通过开展股指期货交易对冲现货市场的系统性风险，实现较低风险水平下的稳健收益。

公司旗下的实战账户通过量化对冲策略已取得了稳健的净值增长率以及较小的单日/累计回撤幅度。

③其他传统投资型产品

（2）银行委托业务

银行以理财资金委托投资于分级型集合计划（可以是大集合或小集合）的优先端；同时，公司还可以通过管理人自有资金/自由客户参与劣后端的形式为分级产品的投资收益提供保障，增强优先级份额的投资安全性。

（3）信贷资产证券化

银行理财资金通过券商专项（定向）资管计划购买存量信贷合同债权，同时银行持续为该信贷合同的到期履行提供服务。

保险资金受托投资管理

深刻把握保险资金的负债和成本特点，通过定向资产管理计划、专项资产管理计划，为保险资金进行专户或专项投资管理。

2. 海富通基金管理有限公司

海富通基金管理有限公司（以下简称海富通）是中国首批获准成立的中外合资基金管理公司，于2003年4月开业，注册资本为人民币1.5亿元。

从2003年8月开始，海富通先后募集成立了近21只开放式基金。截至2012年第三季度，海富通作为国家人力资源和社会保障部首批企业年金基金投资管理人，其管理的境内开放式基金（包括QDII）、企业年金、社保基金和专户理财、提供投资咨询和海外业务的资产规模近760亿元。2012年2月，海富通资产管理（香港）有限公司已募集发行了首只RQFII产品。2012年9月，中国保监会公告确认海富通基金为首批保险资金投资管理人之一。

2011年3月31日，海富通在由《证券时报》举办的2010年度“中国基金业明星奖”评选中，获“2010年度十大明星基金公司奖”。2011年4月8日，在《上海证券报》主办的第八届中国“金基金奖”评选中，海富通基金获得“2010年度金基金公司奖——海外投资回报公司”奖。2011年4月10日，在《中国证券报》主办的“第八届中国基金业金牛奖”评选中，海富通基金获得“2010年度金牛基金管理公司”奖。2012年3月，国内权威财经媒体《中国证券报》等授予海富通基金管理有限公司“中国基金业金牛基金管理公司”大奖，同期，海富通精选混合基金也获国内权威财经媒体《证券时报》授予“2011年中国基金业明星奖—五年持续回报平衡混合型明星基金”荣誉。

3. 海富产业投资基金管理有限公司

海富产业投资基金管理有限公司（以下简称“海富公司”）是由海通证券股份有限公司和法国巴黎投资管理BE控股公司（原比利时富通基金管理公司）合资组建报经国家主管部门批准设立的，是我国第一家产业投资基金管理公司。公司注册地在上海，注册资金为2000万元。海富公司的经营范围为产业投资基金管理、投资咨询、发起设立投资基金。

海富公司现受托管理中国—比利时直接股权投资基金（以下简称“中比基金”）。海富公司在有效控制风险的前提下，通过高质量项目选择、高附加值跟踪管理、高回报退出机

制实现中比基金收益的最大化。

海富公司管理中比基金六年多来，秉承“安全、稳健”的投资理念，主要投资于中国境内具有高科技内涵、处于成长期的中小企业，尤其是拟上市中小企业。截至 2012 年 10 月底，中比基金共投资了 38 家企业，累计投资金额近 14.21 亿元人民币，其中辰州矿业（SZ002155）、云海金属（SZ002182）、金风科技（SZ002202）、海利得（SZ002206）、中元华电（SZ300018）、百川化工（SZ002455）、赣锋锂业（SZ002460）、浙江双箭（SZ002381）、芜湖长信（SZ300088）、东光微电（SZ002504）、海源机械（SZ002529）、鞍重股份（SZ002667）等 12 家企业已在深圳交易所成功上市。

中比基金及其管理人海富公司，作为中国境内第一支规范化、市场化运作的私募股权投资基金及其管理人，以规范运行和良好业绩在国内树立起卓越的品牌形象，赢得了较高的市场美誉度。2008 年，中比基金被中国国际私募股权投资论坛评为“1998－2008 中国风险投资十年杰出投资机构”之一。海富公司 2008 年－2010 年三次入选《福布斯》中文版“中国最佳创业投资人”，2007 年—2010 年连续四次荣膺“China Venture”年度中国最佳私募股权投资机构 Top10 大奖，2010 年荣获清科集团评选的“2010 年中国最佳退出私募股权机构”。2011 年荣获《福布斯》中文版“中国最佳投资机构”。

4. 海通吉禾股权投资基金管理有限责任公司

海通吉禾股权投资基金管理有限责任公司（“海通吉禾”）是经中国证监会批准，由海通证券股份有限公司（“海通证券”）控股的股权投资基金管理公司，是海通证券重要的产业投资基金管理平台之一。公司 2010 年成立于上海，注册资本为人民币 5000 万元，目前管理的基金为吉林省现代农业和新兴产业投资基金，该基金总规模为 50 亿元。

海通吉禾凭借海通证券强大的业务平台，积极实践“行业导向＋价值创造”的投资理念，寻求政府政策与市场需求相适应的投资机会，有效整合各方资源，全方位、多层次地为成长中的企业提供战略规划、融资支持、财务咨询、公司治理提升、品牌建立和营销渠道建设等增值服务。

公司核心投资团队成员均在海通证券等大型投资银行或股权投资业务领域工作多年，具有丰富的投资业务经验和娴熟的资本市场运作能力，帮助企业发展壮大。投资经理和风险控制经理团队都具有优秀的工作背景：投资经理多数来自券商投行、研究所、并购部、信托等国内外知名机构，专业能力突出，工作经验丰富；风险控制经理均在全球四大会计师事务所工作多年，具备中国注册会计师资格，精通各类企业财务。除了公司投资团队，参与投资流程的还包括政府、高校、研究所、会计师、律师等外部专家团队，系统化的智囊支持可以有效提升项目甄别能力。

作为券商控股 PE 基金管理公司，公司熟悉资本市场运作规则，可以为被投企业提供后续私募融资、实现资本市场上市以及发行企业债券等各个方面支持和咨询服务，帮助企业更快适应资本市场，实现价值增值。

5. 海通创新资本管理有限公司

海通创新资本管理有限公司（“海通创新”）是海通证券旗下从事私募股权投资业务（PE）的专业投资管理公司，目前受托管理西安航天新能源产业基金（“西安航天基金”），基金总规模为 50 亿元人民币，首期基金规模 10 亿元人民币。

海通创新秉承“创新引领未来、资本创造价值”的投资理念，依据对中国本土资本市场的深刻理解，积极践行多元化的投资策略，凭借成熟有效的项目开发渠道，努力挖掘中国经济增长的各种机会，为基金投资者以及所投企业创造良好的社会和经济效益。

公司重点跟踪和关注由良好诚信记录的团队所创造的企业，也会潜心挖掘培育有可能成为所属细分行业领导者的公司的投资机会。公司重点关注的领域：新能源、新材料、航空航天、先进制造、新一代信息技术、节能环保等国家十二五规划中的重点扶持行业。

海通创新坚信，在中国经济稳健持续发展过程中，必将出现一批世界上最优秀的投资机会，这将为 PE 业务创造良好的市场和机遇。公司依托强大的股东资源支持和遍布全国的网络渠道，积极打造大量的高成长的项目组合，并通过丰富而全面的增值服务，与所投企业实现长期的战略互信，从而创造良好的业绩。

6. 海通创意资本管理有限公司

海通创意资本管理有限公司（以下简称“海通创意”）是由海通证券全资子公司海通开元投资有限公司联合其他投资人设立并绝对控股的有限责任公司，注册资本为 1.2 亿元人民币。

公司为上海文化产业股权投资基金合伙企业（有限合伙）（以下简称“上海文化基金”）的管理人，负责基金运营管理和投资决策。公司将本着规范管理、稳健经营的原则，为上海文化基金提供市场化和专业化的投资管理服务。

上海文化产业基金是上海市人民政府批准成立的一家全国性大型文化类股权投资基金。该基金也是国内首家得到证监会行政许可、首家正式成立的证券公司直投基金。基金总规模 100 亿元，首期基金规模 30 亿元。

上海文化产业基金重点投资于文化及相关产业，包括但不限于广播影视业、新闻出版业、网络文化产业、数字内容产业、动漫产业、旅游广告业、休闲娱乐业、创意设计产业、文化用品及设备产业等，并适当配置其他产业。投资对象为有着良好信用记录、成熟清晰商业模式和独特核心竞争力的高附加值企业。

海通创意拥有一批兼具金融、投资、管理、科技等各方面的复合型专业人才，具有资本运营、项目投资、企业管理、会计审计和法律咨询等各方面的丰富经验。公司管理成员拥有丰富的投资经验，对国内外宏观经济和产业发展有深刻的理解，能敏锐发现潜在投资机会，真正实现对企业的价值再造与价值实现。

海通创意以“价值发现与价值实现”为投资理念，积极参与文化及相关领域企业的重组、改制、上市及并购，通过整合资源推进中国文化产业发展。

7. 富国基金管理有限公司

富国基金于 1999 年在北京成立，是经中国证监会批准设立的首批十家基金管理公司之一。公司注册资本为 1.8 亿元人民币，总部设于上海，在北京、广州、成都设有分公司，在香港成立了子公司。在《中国证券报》主办的“中国基金业金牛奖”评选中，荣获 2011 年度“金牛基金公司”称号。

2003 年加拿大蒙特利尔银行参股，富国基金成为国内首批十家基金公司中第一家实现外资参股的基金公司。经过十年多的发展，富国基金不仅在中国资本市场的演进中积累了丰富的投资管理经验，而且不断将外方股东的先进理念和管理技术融入到公司经营管理的各项实践中，为投资者提供专业化的基金投资理财服务。

目前，富国基金的主要业务包括共同基金（含 QDII）管理业务、企业年金、全国社保基金和特定客户资产管理等。

截至2012年底，富国基金共管理运作近30只共同基金、多个特定客户资产管理计划及企业年金、社保基金专户，资产规模超过880亿，为遍布全国的500多万个人和机构客户提供资产管理服务。其中，公募基金管理规模在全国73家基金公司中，名列第九位。富国基金成立至今，仅共同基金产品，已累计向投资者分红逾300亿元。

四、海外业务

海通国际控股有限公司

海通国际控股有限公司（以下简称海通国际控股）于2007年7月在香港成立，是海通证券的全资子公司，为海通证券的海外窗口及实施国际化发展的投资战略平台。

2010年1月，海通国际控股成功收购香港本地最大券商之一大福证券集团有限公司"（00665. HK，现更名为海通国际证券集团有限公司，以下简称"海通国际证券"），迈出了海通证券国际化发展战略的重要一步。海通国际证券成立于1973年，并于1996年8月在香港联交所上市，致力为环球及香港机构客户、企业客户及个人投资者提供全面优质的企业融资、资产管理及经纪服务，成为一家国际金融服务机构，并在大中华区建立领导地位。

海通国际拥有庞大的零售客户基础及广泛的分行网络，现在港澳两地拥有十多间分行。在中国内地，集团先后于北京、上海设立2个代表处及于北京、上海、广州、深圳及杭州等主要城市设立了5个投资咨询中心，未来会积极在中国其他城市建立策略性据点。主要业务包括企业融资、资产管理、经纪、研究、私募股权投资及外汇等。

凭借海通证券于国内的强大网络及雄厚实力，海通国际以研究、机构销售、企业融资和资产管理为重点，全面提升各项业务，着力打造为海通证券拓展海外业务和推进国际化发展战略的重要旗舰。集团在香港人民币产品领域保持领先地位，2010年成功于本港推出首只以人民币计价及结算的公募基金产品；2012年首批获得人民币境外合格机构投资者（RQFII）资格，并于同年成为首家获得QFII资格的香港中资证券商。

海通国际的全面优质服务获得业界一致认同。早于1999年，集团荣获ISO9002质量管理体系认证，成为本港及内地首家获得此证书的证券公司。此外，自2000年至今，海通国际连续13年荣获多家国际、中国及香港专业机构，包括《金融亚洲》（FinanceAsia）、《亚洲货币》（Asiamoney）、《欧洲货币》（Euromoney）、《资本杂志》、《腾讯网》和《都市盛世杂志》评为「香港最佳证券商」。

五、投资业务

1. 固定收益业务

海通证券固定收益部主要从事国债、企业（公司）债券、短期融资券、中期票据、资产证券化等固定收益类产品的投资交易及产品创新套利交易。部门业务具体分为三部分：销售交易、组合投资及产品设计创新。

固定收益部拥有专业的交易投资团队，固定收益投资平均从业年限5年以上，投研人员均为国内外名校硕士以上学历，并拥有CFA、CPA、FRM等相关执业证书。

销售交易方面：部门在多年的业务拓展中，拥有丰富的客户资源，与各大商业银行及非银行金融机构等市场主要的投资者建立了全面的合作关系。组合投资管理方面：各类固定收益产品交投活跃，组合投资规模和交易量居同行业前列，是银行间市场和交易所市场最为活跃的交易商之一，近年来组合投资收益远超同行业平均水平。

产品设计创新方面：部门在固定收益产品的设计创新及无风险套利方面市场领先，近年来基于固定收益产品套利开发出多款产品，包括债券质押式报价回购交易、结构化理财产品等，并在上海证券交易所发行或者部门作为投资顾问通过信托及商业银行实现发行管理。

2. 权益类证券投资业务

海通证券投资部是根据公司总经理室的授权，进行权益类证券（现货和衍生品）的自营投资、风险管理和流动性管理，实现公司资产的保值增值，同时在法规政策许可的范围内，通过自有资本的运营为客户提供流动性管理、风险管理、交易对手、风险对冲等多样化服务的业务部门。

海通证券证券投资部追求风险可控下的合理收益。多年来证券投资部坚持稳健原则，遵循研究创造价值的理念，从证券的价值出发寻找和发掘市场机会。即使是在发生金融危机的2008年，证券投资部亦获得了正收益。2012年海通证券整合了权益类证券的现货及衍生品自营投资，使得证券投资部可以利用自己在时机选择、价值选择上的丰富经验，开发了以量化模型为基础、以绝对收益为目标的多种投资策略，在低风险的以绝对回报为目标的金融衍生品投资上又取得了斐然成绩，并占据了股指期货套期保值、ETF套利交易业务的市场领先地位。

目前，海通证券证券投资部已经搭建了高效的量化策略分析平台和具有核心竞争力的快速自动化电子交易平台，建成了先进的交易、做市和风险管理系统，拥有一支毕业于国内外名校的具有深厚经济金融、数理功底和良好金融工程专业背景的博士、硕士，同时又历经市场实战检验的优秀投研团队，作风扎实稳健，积极向上。

3. 海通创新证券投资有限公司

海通创新证券投资有限公司于2012年4月24日成立，注册资本30亿元，海通创新证券投资有限公司是依据《关于证券公司自营业务投资范围及有关事项的规定》等相关规定依法设立的券商另类投资子公司。公司的经营范围是：金融产品等投资业务，证券投资、投资咨询、投资管理。公司坚持"创新、进取、效率、卓越"的经营理念和"积极创新、稳健经营、促进效率、追求卓越"的经营方针，努力实现股东利益最大化。

海通创新证券有限公司业务分为两大类，一是量化投资，主要从事衍生产品套利、投机以及宏观对冲，多空策略等，以统计套利、因子模型、事件驱动为工具，追求绝对收益、稳定的套利收益和alpha收益等。突破了现有证券公司只能从事以套保为目的的衍生产品交易限制，并将投资范围拓宽到商品、能源、风险管理等领域，极大地丰富券商的盈利手段。二是另类投资，以创新型金融产品为核心，自有资金为纽带，金融投资和产业投资为两翼，一站式服务为手段，实现公司与客户的共同成长。主要包括信托产品、不动产、基础建设、公用事业、股权或者债权投资，并面向企业和个人提供股票质押融资、结构性融资、夹层融资、过桥融资等资本中介业务，通过另类投资拓展券商现有业务的边界，为公司客户提供更为多元化的金融服务，同时也为股东获得收益更高、更稳定的回报。

海通创新证券投资有限公司未来的发展目标是在提升集团公司的整体收益率的同时打造成为创新产品的发行平台，做市商和投资平台，为母公司的经纪、投行、资管等业务以及创新产品提供临时资金支持、流动性支持，信用增级支持等。

4. 海通开元投资有限公司

海通开元投资有限公司是经中国证监会批准试点，由海通证券股份有限公司设立的专业从事直接股权投资业务的全资子公司，注册资本 55 亿元人民币。

海通开元依托海通证券辐射全国的多方位证券业务平台，努力将公司打造成券商直投行业的“卓越投资者”。海通开元以帮助优秀的快速成长的企业的健康发展为己任，不断提高投资业务能力、增值服务水平和风险管理能力，积极实践“价值发现、价值提升、价值实现”的投资理念。

基于对国内资本市场运作规则的深刻理解和对股权投资业务价值实现规律的把握，海通开元始终坚持“成长 + 价值”的投资原则，力争建立一个由高价值的、高成长企业组成的广泛而相对多元化的投资组合。海通开元重点关注和跟踪那些有着良好诚信记录、商业模式成熟清晰并有着独特的核心竞争力的成长中的中小型公司。专注于新能源行业、新材料行业、消费品行业、生物医疗行业、信息技术行业、先进制造行业以及处于景气度上升阶段国家支持行业的投资机会。

海通开元投资团队成员拥有交叉学科的教育和投资背景，在私募股权、投资银行、收购兼并、财务管理等领域有着丰富的经验，具有宽阔的视野和优秀的服务能力，能够为所投企业提供全方位资本及管理咨询服务。海通开元秉承“合作、分享、共同成长”的经营理念，致力于与所投企业形成长期的战略性合作伙伴关系。

近年来，海通开元的投资业绩已获得了市场的认可并荣获了多项荣誉。2010 年，在上海证券报主办的首届“金融资”评选中，海通开元获得“卓越投资机构奖”；2010 年，在 21 世纪经济报举办的创新资本领袖评选中，海通开元获得“2010 年券商最佳直投奖”；2011 年，在证券时报评选的年度中国区优秀投行获奖榜单中，海通开元获得“优秀券商直投奖”。公司投资的项目中已先后有多个项目登陆国内资本市场，分别是银江股份（SZ. 300020）、东方财富（SZ. 300059）、新天科技（SZ. 300259）和闽发铝业（SZ. 002578）。

目前，海通开元已获准开展并管理直投基金业务，公司旗下已设立并管理了吉林省现代农业和新兴产业投资基金、西安航天新能源产业基金、上海文化产业股权投资基金等多只基金，并控股了上述基金的基金管理公司即海通吉禾股权投资基金管理有限责任公司、海通创新资本管理有限公司、海通创意资本管理有限公司。

六、证券研究

海通证券研究所成立于 1993 年，是国内较早成立的证券专业研究与咨询机构。经过历年积累，已成为业内认可的中国本土最具影响力和竞争力的证券研究团队之一。海通证券研究所现有员工 120 余名，下设宏观研究部（含固定收益）、策略研究部、行业公司部、金融工程部、金融产品研究中心、政策研究部和综合管理部等专业部门。

海通证券研究所坚持以市场为导向，以客户为中心，秉承“诚信、进取、敬业、团结”的团队精神；在研究工作中，践行“务实、理性、前瞻、精进”的研究理念，努力向客户提供高质量的研究产品和全方位的有效服务，为客户创造价值。

宏观经济研究团队观点独特、视野前瞻。对中国经济和资本市场的重大问题有深入的研究和判断；

策略研究颇具特色。专题研究紧贴市场，产业链比较研究根植数据、逻辑严密、揭示行业景气趋势。

多个行业研究跻身国内领先行列。批发零售、石化、农业、社会服务、公用事业、金融业、非银行金融、机械、计算机、传媒与互联网、电子元器件等行业由一批有市场影响力的分析师领衔研究；

金融工程别具特色。从大类资产配置到具体投资组合构建等各个层面的定量模式、衍生品等的创新性研究，可操作性强；

金融产品研究中心保持市场的领先优势。获得中国证券业协会颁发的首批基金评价机构资格，是“金牛奖”的双料评委，市场影响力大。

金融理论和政策研究也是一大特长。2000 年以来，海通证券研究所连续多年获得深交所会员及基金管理公司研究成果评比第一名，对中国资本市场重大理论、政策和实践问题的研究在业内处于领先地位。

【联系我们】

地址：上海市广东路 689 号

邮编：200001

邮件：web@ htsec. com

网址：www. htsec. com

客服电话：95553、4008888001

航天证券有限责任公司

航天证券有限责任公司是 2005 年 3 月经中国证监会批准，由中国航天科工集团公司控股，在重组原上海久联证券经纪有限责任公司的基础上设立（上海久联证券经纪有限责任公司设立于 2000 年 9 月）。2010 年 1 月，经中国证监会批准，公司注册资本从 2 亿元变更为 6 亿元，其中，中国航天科工集团公司及所属单位占 90%。

公司设总裁办公室、党群工作部、人力资源部、财务部、合规稽查部、风险管理部、资金结算部、信息技术部、研究发展部、经纪业务部、投资银行部、证券投资部等 12 个部门。公司现有员工 120 余人，本科以上学历占 78.1% 以上。

公司经营范围：证券经纪，证券投资咨询，与证券交易、证券投资活动有关的财务顾问、证券自营、证券承销。

随着我国资本市场的日益规范和发展，国内资本和国际资本的逐渐接轨，证券行业的竞争将更加激烈，航天证券将秉承“诚、严、专、实”的企业作风，坚持“稳健、规范、创新、卓越”的经营理念，着力提高核心竞争力和持续发展能力，开拓创新，追求卓越，力争把公司建设成为“品牌鲜明、服务优质、管理一流、效益显著”的证券公司。

【联系我们】

地址：上海市普陀区曹杨路 430 号

电话：021 - 62446688

网址：www. casstock. com

E - mail：webmaster@ casstock. com

恒泰长财证券有限责任公司

恒泰长财证券有限责任公司前身为长财证券经纪有限责任公司，成立于 2002 年 1 月 10 日。是经中国证券监督管理委员会批准（证监机构字[2001]327 号文件），在原长春市财政证券公司和长春信托投资公司证券部的基础上组建的一家经纪类证券公司，注册资本为人民币 5615 万元。2009 年 3 月 10 日，证监许可[2009]223 号文件，恒泰证券股份有限公司收购长财证券经纪有限责任公司，长财证券成为恒泰证券全资子公司，并更名为“恒泰长财证券有限责任公司”。

公司现为上海证券交易所、深圳证券交易所、中国证券业协会、吉林省证券业协会、中国国债协会会员，在沪、深证券交易所共拥有 17 个独立的交易席位。

证券经纪业务是恒泰长财证券最基础、最重要的业务之一。经营范围包括 A 股、基金、国债、企业债等代理业务。

公司成立以来，伴随着中国证券市场迅速发展。在吉林省长春市政府、各级证券监管部门、业内同仁的大力支持下，公司秉承“诚信、稳健、求实、创新”的经营理念，抓住机遇、稳健经营、积极开拓进取、不断发展壮大，逐步发展成为颇具有一定实力的券商。

经过多年的完善，公司建立了较为健全的公司治理结构和内部控制机制。公司设执行董事一名、监事一名，聘请了总经理、副总经理、财务负责人和合规负责人，形成了执行董事、监事和经理层相互分离、相互制衡、依法各行其权的公司治理结构；各项业务运作能够严格履行授权及决策程序；同时还建立了合规管理制度、风险控制指标监控体系，确保各项业务合规运作，有效防范经营风险，满足监管要求。

面对快速发展、日益开放且充满机遇与挑战的中国证券市场，恒泰长财证券将满怀与时俱进、追求卓越、创造辉煌的信念和勇气，抓住机遇，迎接挑战，实现与中国证券市场同发展、共繁荣的奋斗目标，以优良的业绩和丰厚的收益回报社会。公司感谢广大投资者对于恒泰长财证券始终如一的厚爱和支持，并期望与大家在今后的岁月中风雨同舟，同舟共济。

【联系我们】

地址：长春市珠江路 439 号长财大厦

邮编：130051

网址：www.cczq.net

客户电话：0431－82951765

红塔证券股份有限公司

红塔证券股份有限公司是在对云南省三家信托投资公司（云南省国际信托投资公司、云南金旅信托投资有限公司、昆明国际信托投资公司）以及两家证券经营机构（云南证券交易中心、云南证券登记有限责任公司）证券业务重组的基础上，由红塔集团等 13 家国内知名企业共同发起，并经中国证监会批准设立的比照综合类证券公司。注册资本为人民币 138,651.04 万元，注册地为云南省昆明市。2002 年 1 月 31 日，公司在云南省工商行政管理局领取了《企业法人营业执照》。2002 年 3 月 23 日，公司正式开业。

公司成立以来，秉承“稳健·创新·多元”的经营理念，在规范运作的基础上，不断开拓进取，成为西南地区第一家创新试点类证券公司，也是业内屈指可数的连续九年实现盈利的券商之一。经过十年的发展壮大，公司分支机构由设立时的 11 家证券营业部增至现有的 1 家分公司和 23 家证券营业部，并设有 2 家全资子公司和 1 家控股子公司，业务资格由设立时的 4 个增至涵盖各业务门类的 23 个，员工人数由设立时的不到 300 人增至 950 余人，逐渐成为股东背景强大、治理结构完善、业务门类齐全、风险管理严密、资产质量优良、盈利能力较强的特色证券经营机构。

全资子公司：红塔期货有限责任公司

红塔期货有限责任公司是经中国证监会批准，在工商行政管理部门注册的专业性期货公司，注册地为云南省昆明市；期货业务许可证号：32010000；营业执照注册号：530000000005545。公司注册资本 10100 万元，红塔证券股份有限公司 100% 控股。

公司成立于 1993 年 4 月，是云南省第一批介入期货行业，且唯一连续经营至今的期货公司。经过多年的积累沉淀，公司现拥有一支在期货行业执业时间长，熟悉期货市场、熟悉相关法规政策，有较强专业素质的优秀核心团队。公司已在昆明、郑州、上海、杭州、大理、曲靖设立了营业部。公司将积极创新和拓展业务，努力打造红塔品牌，积极创建企业文化，以服务促营销，以营销促管理，实现公司业务的进一步发展。

控股子公司：红塔红土基金管理有限公司

红塔红土基金管理有限公司（Hongta Hotland Asset Management Co.,LTD）于 2012 年 5 月 10 日获中国证监会批复成立。红塔红土基金管理有限公司由红塔证券股份有限公司、深圳市创新投资集团有限公司和北京市华远集团有限公司共同出资设立。公司注册资本 2 亿元人民币，主要股东红塔证券出资 9800 万，占公司注册资本的 49%；另外 2 家股东深创投出资 5200 万，占公司注册资本的 26%；华远集团出资 5000 万，占公司注册资本的 25%。公司注册地址为深圳市南山区粤兴二道 6 号武汉大学深圳产学研大楼 B815 房（隶属于深圳前海深港现代服务业合作区），为注册于深圳前海深港现代服务业合作区的第一家基金管理公司。主要办公地点在深圳市南山区侨香路 4068 号智慧广场 A 座 801。公司经营范围为基金募集、基金销售、特定客户资产管理、资产管理和中国证监会许可的其他业务。

公司以为客户创造财富、与员工共谋发展、为股东创造回报、为社会创造价值为己任，倡导以人为本、开放进取、务实创新、团结和谐的企业文化，秉承基金持有人利益优先、坚持长期价值投资、坚守合规稳健发展的经营理念，打造一个学习型组织，不断提升专业金融服务水准，致力于成为追求卓越、受人尊敬的一流资产管理公司。

全资子公司：红证利德资本管理有限公司

红证利德资本管理有限公司是红塔证券股份有限公司设立的专门从事股权投资的全资子公司。2012 年 5 月 31 日，红证利德在北京市海淀区工商局完成设立登记，成为落户海淀区的首家券商直投公司，注册资本 20000 万元。

红证利德作为券商直投公司，凭借红塔证券股东雄厚的背景，有着丰富的资本市场运作经验和资源整合优势。公司将以国家产业政策为导向，主要投资于成长性好有投资价值的企业、所处领域中具有突出行业地位的企业，或新兴产业中的代表性企业。未来，红证利德将结合地缘优势建立高水平专业化管理团队，以资本为纽带，为企业提供高品质的专业服务，贡献实体经济，打造精品直投！

公司近两年所获荣誉

2012 年 5 月，公司经纪业务部江涛同志荣获全国总工会颁发的全国五一劳动奖章。

2012 年 4 月，公司荣获云南红塔集团有限公司颁发的“2010－2011 年度党风廉政建设先进集体”称号。

2012 年 3 月，公司工会荣获 2011 年云南省财贸工会重点工作目标考核先进单位一等奖。

2012 年 3 月，公司荣获云南省财政厅颁发的 2011 年云南省地方金融企业资产财务管理工作一等奖。

2012 年 1 月，经云南经济日报评选，公司楚雄鹿城北路证券营业部在云南板块十大牛股荐股活动中取得第一名的优异成绩，并荣获“最牛营业部”称号。

2011 年 12 月，公司上海田林东路证券营业部荣获上海市徐汇区 2010－2011 年度“双服务”先进集体奖。

2011 年 12 月，在苏州证券同业公会组织的评选中，公司苏州人民路证券营业部荣获“2011 年度优质服务奖”。

2011 年 7 月，公司广州冼村路证券营业部荣获第四届“大智慧”杯中国明星证券营业部评选的“中国最具成长性证券营业部”称号。

2011 年 4 月，古韬同志荣获云南省十一五扶贫开发工作“先进个人”称号。

2011 年 4 月，江涛同志荣获第二十届“云南省劳动模范”荣誉称号。

2011 年 3 月，公司工会获2010 年度财贸工会重点目标考核先进单位一等奖。

宏信证券有限责任公司

宏信证券有限责任公司前身为和兴证券经纪有限责任公司，于 2001 年 8 月经中国证监会批准由四川省的 6 家信托投资机构剥离证券资产合并成立。2012 年 11 月，经四川省工商行政管理局核准，公司名称更名为宏信证券有限责任公司。

公司现有股东 12 家。公司前五大股东分别为：四川信托有限公司（占总股本的 57.09%）、四川省国际信托投资公司（占 9.21%）、凉山州国有投资发展有限责任公司（占 9.07%）、南充市国有资产投资经营有限责任公司(6.34%)、德阳市国有资产经营有限公司(5.51%)。

公司实际控制人四川宏达（集团）有限公司系我国大型民营企业，拥有近 300 亿元总资产，位列中国民营企业 500 强第 23 位。其全力支持公司做大做强，灵活的用人、分配、决策机制为公司高效决策、打造核心竞争力、提高市场战略定位、提升职工个人发展空间，提供了广阔的平台。公司第一大股东四川信托的资产规模和盈利能力短期内已在行业具有较为领先地位。宏信证券与四川信托积极开展信证合作，形成跨业强强联合的业务态势。

公司所属证券营业部 27 家，员工 800 余人。营业网点分布在北京、上海、成都及四川省内其他市州。公司所属证券营业部大部分系西南地区证券业先驱，从 1988 年起作为信托机构的证券营业部就为四川省股份制改造和证券市场的发展做出积极的贡献，公司现已成为西南地区历史悠久、发展稳定、占重要地位的专业券商。

公司法人治理结构健全，经营管理规范，资产质量优良，经营业绩良好，自 2006 年以来实现连续盈利，各项经营指标持续符合中国证监会风险监控的要求。

公司总体战略定位为“财富增值服务商”。宏信证券作为西南地区的资深券商，在中国市场经济转型、行业深化改革创新发展中，将继续秉承“专业、高效、务实、创新”的经营理念，“以客户为中心、以市场为导向”，竭诚为广大客户提供规范化、个性化、多元化的优质服务，全面推进公司战略发展规划，实现“与客户一起成长，为股东创造价值，携员工共享未来”的公司愿景。

【联系我们】

法定代表人：刘晓亚

注册资本：伍亿元人民币

经营范围：证券经纪、证券投资咨询、证券资产管理、证券自营

注册地：四川省成都市人民南路二段 18 号川信大厦 10 楼

联系电话：028－86199665

传真：028－86199079

全国统一服务热线：4008－366－366

网址：www.hx818.com

宏源证券股份有限公司

【公司概况】

宏源证券股份有限公司（证券代码：000562）是中国第一家上市证券公司，是经中国证监会批准的全国性、综合类、创新类券商，全国首批保荐机构之一。

公司拥有全面的证券类业务资格，主要经营范围包括：证券经纪，证券投资咨询，与证券交易、证券投资活动有关的财务顾问，证券承销与保荐，证券自营，证券资产管理，融资融券，证券投资基金代销，为期货公司提供中间介绍业务，代销金融产品。

公司在全国拥有 89 家证券营业部，下辖北京承销保荐分公司、北京资产管理分公司两家分公司，全资拥有宏源期货有限公司、宏源汇富创业投资有限公司和宏源汇智投资有限公司三家子公司。

2011 年，公司实现营业收入 23.52 亿元，实现净利润 6.46 亿元，每股收益 0.44 元。截至 2012 年 6 月 30 日，公司总资产 290 亿元，净资产 146 亿元。

2011 年，公司再次获得 A 类评级，再融资工作顺利推进并获中国证监会审核通过；各项业务稳步推进，固定收益承销及债券销售交易业务亮点突出，融资融券等创新业务快速成长；市场化机制不断健全，经营管理和内控基础更为扎实。

公司始终履行“为客户创造价值、为员工提升价值、为股东实现价值、为社会奉献价值”的使命，坚持“客户至上、人才为本、诚信协作、进取卓越”的核心价值观，践行“专业、高效、创新、发展”的经营管理理念，努力成为持续创造价值的一流金融服务公司。

【经营情况】

2011 年度，公司实现营业收入 23.54 亿元，较上年同期减少 9.51 亿元，减幅为 28.78%；实现利润总额 8.79 亿元，净利润 6.46 亿元，较上年同期减少 6.61 亿元，减幅为 50.58%。公司收入结构渐趋合理，创新业务开始发力，融资融券的收入贡献逐步显现。

【主营业务情况】

1. 经纪业务：受市场交易量和行业佣金率下降拖累，业务收入有所下滑。公司通过加大营销服务力度，努力开拓市场，行业排名保持稳定。其中，累计股基市场份额与 2010 年相比有所增长；规范客户总数稳步增加；公司网点数量不断增长，网点布局日趋合理。报告期内，公司代理成交金额 15,417 亿元，市场份额 1.25%，其中网上交易金额 8,568.2 亿元，占公司交易总量的 83.3%。

2. 承销保荐业务：股票承销业务稳步进展。公司共完成股票主承销 7 家，主承销金额 46.19 亿元；完成并购业务 1 家。固定收益承销业务表现突出，完成债券主承销 17 家，主承销金额 214.5 亿元；战略性承销项目持续取得进展，先后主承销了龙源电力、铁道债等大型项目，并取得了中石油债券联合主承销资格。

3. 资产管理业务：管理规模迅速扩大，行业排名进一步提升。截至 2011 年底，客户资产管理总数为 45.53 亿份，同比增长了 95.49%。公司审时度势，成功发行了宏源三、四号两只产品，募集资金 35.41 亿元，其中宏源三号发行规模 31.85 亿份，在当年新发产品中名列前茅。同时，定向资产管理业务也保持良好的发展势头。

4. 研究业务：通过高端研究人才引进和员工内部培养，逐

步建立了较为完备的研究团队，同时加大路演和推介力度，研究分仓业务保持了较好的增长态势。

5. 期货业务：营业收入同比继续增长。市场份额达0.96%，同比增长7.87%；客户保证金日均余额13.6亿元，同比增长13.6%。首批首家取得期货投资咨询业务资格。

6. 融资融券业务：进展迅速。融资融券日均余额达4.67亿元，年末余额6.59亿元。直接投资业务：平稳运行。全年完成投资项目3个，并确定了数个储备项目。

【创新业务情况】

2011年是公司开展融资融券业务的第一年。公司根据监管要求及市场情况不断完善业务流程，强化风险控制，有序开展客户服务和投资者教育等工作，取得了良好的效果。截至2011年12月31日，公司信用账户开户数累计758户；融资融券余额6.59亿元，占市场份额的1.72%，；报告期内融资融券日均余额4.67亿元；实现营业收入6217万元，占公司全年总收入的2.64%。

【主要控股公司的经营情况及业绩】

宏源期货有限公司，注册资本2亿元人民币，注册地：北京市西城区太平桥大街19号4层4B。主要经营商品期货经纪，期货咨询。公司持有100%的股权。截至2011年12月31日，该公司资产总额13.90亿元，净资产2.50亿元；2011年度实现营业收入9,883万元，净利润2,087万元。

宏源汇富创业投资有限公司，注册资本20000万元人民币，注册地：北京市西城区太平桥大街19号2层201，主要经营创业投资业务；创业投资咨询业务；为创业企业提供创业管理服务业务；参与设立创业投资企业与创业投资管理顾问机构。公司持有100%的股权。截至2011年12月31日，该公司资产总额2.07亿元，净资产2.04亿元，2011年度实现营业收入618万元，净利润3万元。

【联系我们】

办公地址：北京市西城区太平桥大街19号

咨询电话：4008－000－562

邮政编码：100033

投诉电话：4008－000－562

电子邮箱：4008000562@hysec.com

华安证券股份有限公司

【公司概况】

华安证券股份有限公司（以下简称“公司”）前身是1991年5月经中国人民银行总行批准设立的安徽省证券公司，2000年12月28日中国证监会核准公司增资改制并更名为华安证券有限责任公司，同时核准公司为综合类证券公司。2010年底，公司完成增资扩股工作，注册资本增至24.05亿元。2012年7月末，公司再次增资，注册资本由24.05亿元增加至28.21亿元，股东16家，多为国有或国有控股的上市公司和大型企业。2012年12月，公司整体变更为“华安证券股份有限公司”。公司现有营业部81家，在全国100多家证券公司中位居前列。华安证券是华富基金管理有限公司的主发起人和第一大股东，控股华安期货公司，全资拥有华富嘉业投资管理有限公司和安徽华安新兴证券投资咨询公司，初步建立起集团化发展框架。公司最新行业分类评级为B类BBB级。

公司经营范围包括：证券经纪；证券投资咨询；与证券交易、证券投资咨询活动有关的财务顾问；证券承销与保荐；证券自营；证券资产管理；融资融券；证券投资基金代销；为期货公司提供中间介绍业务。

公司董事会设战略发展委员会、提名委员会、薪酬与考核委员会、风险控制委员会、审计委员会等五个专门委员会，公司经营管理层根据工作需要设置若干专业委员会，并按照专业分工、精简高效、风险隔离的原则，设置了十六个内设部门及上海分公司。公司业务主要立足安徽，辐射全国，营业网点遍布安徽省各地级市以及70%以上县城，并在北京、上海、深圳和广州等主要城市设有21家营业部以及投资银行、证券投资、资产管理、固定收益等业务部门。先后承销证券50多只，其中担任A股和B股主承销的26次，担任企业财务顾问50多次，其中担任H股财务顾问1次。

近年来，华安证券抢抓市场机遇，坚持规范经营，深化内部改革和管理创新，做实传统业务和布局创新领域并重，在保持各项传统业务良好发展势头基础上，先后还取得直接投资业务资格、融资融券业务和中小企业私募债业务等资格。截至2012年末，公司净资产40.85亿元，净资本27.08亿元。资本状况和财务结构不断改善，风险控制指标持续符合中国证监会的监管要求。

【业务资格】

综合类证券公司经营范围内的业务资格，以及外资股业务、国债承销及回购业务、受托资产管理业务、网上证券经纪业务、权证代理买卖业务、买断式国债回购业务、开放式基金交易所场内申购赎回业务等。

【产品业务介绍】

证券经纪业务

证券经纪是公司的基础业务。公司是上海证券交易所、深圳证券交易所首批会员单位，拥有A、B股交易席位72个，是全国首批取得网上证券经纪业务资格的证券公司之一。2008年8月，经中国证监会核准，公司在省内首家获得期货中间介绍业务资格。公司目前在各地设有证券营业部71个，分布在北京、上海、深圳、广州等大中城市和安徽省境内市、县，主要从事沪深市A、B股、基金和国债交易的代理业务。公司多年来致力于交易手段现代化，开拓网上证券经纪、柜台交易等新型业务，为广大客户提供规范、安全、便捷和专业化的证券投资服务。

投资银行业务

公司自1991年起开展投资银行业务，是国内最早从事投资银行业务的证券公司之一，目前主要从事企业改制与上市辅导、证券发行承销与上市保荐、企业重组与收购兼并、投资和融资咨询、财务顾问、投资银行创新业务研究等业务。先后成功主承销IPO股票16只，配股7只，增发2只，副主承销和分销70多只。公司着力打造一支知识结构全面、资力经验丰富的投资银行专业队伍，在农业、水泥、旅游、家电等领域形成自身业务特色，研发水平和证券发行在业内保持领先水平，提升在中小企业重组、创业板、三板和境外上市等方面的业务竞争力。

证券投资业务

公司设置了董事会、投资决策委员会、自营部门三级投资管理体系，建立了科学的投资决策机制和严密的投资执行体系，建立了前、中，后台风险监控体系，实现证券投资业务集中领导、分级授权、科学决策和相互制约。证券投资部拥有一支具有长期投资经验的从业人员，专门从事股票、基金、国债和企业债券等自营交易业务，随着市场的发展，业务品种将拓展至柜台交易、非流通股转让、股票期权期指及并购业务中的证券自营交易等。

资产管理业务

2002 年 5 月,经中国证监会核准,公司成为首批具有从事受托资产管理业务资格的全国性综合类券商之一。公司目前具有从事面向公众投资者的集合资产管理和面向高端客户与机构客户的定向资产管理等业务。公司秉承客户至上的理念,依托专业的研究力量与科学的投资决策体系,强化风险控制确保客户资产安全,为客户提供全方位、专业化、个性化的财富管理服务,满足客户资产保值、增值的需求。公司首只集合理财产品——华安理财 1 号稳定收益集合资产管理计划成立于 2010 年 6 月,投资业绩在同期同类理财产品中排名居于前列。

固定收益业务

固定收益部是专门从事固定收益证券以及相关衍生产品的业务部门,主要业务范围包括固定收益证券的承销、投资、产品研发与理财服务,业务品种包括国债、金融债、企业债、短期融资债、中期票据、可转换债券等。公司拥有一支具有丰富市场经验和良好客户资源的业务团队,硕士学位的占 40%,为追求低风险和稳定收益的客户群体提供稳健的、高品质的专业化服务。公司是财政部国债理事会成员,具有企业债券的主承销资格。近几年来,先后参与了国家电网、广州汽车、北京基础设施、合肥城投等数十家企业债的副主承销和分销工作,树立了良好的行业品牌形象。债券主承销业务获得突破性进展,担任滁州交通开发公司、池州城投公司的债券主承销商,为企业的发展搭建了一个更广阔的融资平台。

【大事记】

2012 年 1 月 -2012 年 12 月

1 月 4 日,华安证券铜陵淮河路营业部大楼重新装潢后投入运营。

1 月 7-8 日,华安证券召开 2012 年工作会议、迎春联欢会等系列会议。

2 月 7 日,省国资委派驻华安证券新一届监事会主席李永江到公司召开见面会。

2 月 9 日,华安证券公司召开“华安理财 2 号”营销推介工作组动员会,对第一阶段营业部培训推介工作做出具体动员部署。

2 月 10 日,华安证券公司团委召开 2012 年第一次工作会议。

2 月 13 日,华安证券公司召开党委中心组学习扩大会议,深入学习贯彻中纪委十七届七次全会和省纪委九届二次全会精神。

2 月 29 日,华安证券公司召开“华安理财 2 号”银行渠道营销推动工作动员会,对即将展开的银行渠道营销推动工作做动员和具体部署。

2 月 27 日,华安证券风险管理部被中国人民银行总行评为 2007-2011 年度全国反洗钱工作先进集体,安徽省内金融机构仅有两家获此殊荣。

3 月 2 日,华安证券公司召开 2011 年度领导班子和领导人员述职述廉暨考核工作会议,省国资委检查考核组到会进行监督和指导。

3 月 5 日,中共华安证券厦门党支部成立

3 月 9 日,安徽省政协副主席王鹤龄在李工董事长的陪同下莅临华安证券大连营业部视察指导。

3 月 15 日,安徽证监局纪委书记李兵莅临华安证券马鞍山江东大道营业部调研指导工作。

3 月 21 日,中共华安证券合肥第四党支部成立。

3 月 22 日,中共华安证券上海党总支成立。

3 月 27 日,上午,团省委副书记王琦一行 4 人莅临华安证券公司调研指导共青团工作。

3 月 26 日,华安证券公司在合肥合作化南路营业部召开合肥市场整体宣传启动暨经纪业务转型研讨会。

3 月 30 日,华安理财 2 号产品营销发行工作圆满完成。

3 月 30 日,安徽证监局局长方向瑜、纪委书记李兵率领机构处一行 10 人来华安证券,就公司业务转型和盈利模式创新进行现场调研。

3 月,华安证券荣获省属企业精神文明工作先进集体。

4 月 10 日至 14 日,华安证券 2012 年股东会年度会议及四届七次董事会会议在广西南宁市顺利召开并完成各项议程。

5 月 2 日,华安证券公司财智中心新机房成功切换运行。

5 月 5 日,华安证券公司在合肥召开庆建团 90 周年五四青年座谈会和精神文明建设工作座谈会。

5 月 9 日,华安证券安庆人民路营业部获市人民银行“反洗钱工作先进集体”荣誉称号。

5 月 14 日,华安证券池州东湖南路营业部荣获“2011 年度池州市证券业先进单位”荣誉称号,该营业部负责人同时被评为“2011 年度池州市证券业先进个人”。

5 月 16 日,中国证监会核准华安证券有限责任公司融资融券业务资格。

5 月 24 日,中共华安证券太原党支部成立。

6 月 20 日,华安证券公司召开党委中心组学习(扩大)会议。

6 月 20 日,华安证券公司获批中小企业私募债券试点业务资格。

6 月 27 日,华安证券公司荣获“安徽省定点扶贫工作先进单位”称号。

6 月 26 日,公司创先争优先进党支部和优秀共产党员受到省国资委表彰。

6 月 30 日,华安证券公司召开中期工作会议。

6 月,公司员工在安徽省证券期货业协会举办的“安徽辖区投资者保护宣传征文”评比中荣获两个一等奖,四个二等奖及六个三等奖。

6 月,华安证券在 2011 年度反洗钱非现场监管评价中再度被中国人民银行合肥中心支行评为 A 类金融机构,并受到通报表扬。

7 月 5 日,华安证券首批投顾订单顺利签约,开启投资顾问工作新篇。

7 月 19 日,中共华安证券重庆党支部成立。

7 日 23 日,省委第四巡视组来华安证券公司开展巡视工作。

7 月 25 日,华安证券营销管理总部呼叫中心正式推出华安网上在线客户服务。

7 月,华安证券在中国证券报·中证网主办、腾讯财经联合主办的全国首届金牛投顾大赛中,荣获金牛投顾大赛优胜券商奖。

7 月,华安证券荣获省属企业纪检监察宣传教育工作先进集体。

7 月 28 日至 8 月 4 日,在合肥皖通高速体育馆举办的“安徽证券业协会杯”篮球邀请赛中华安证券勇夺桂冠。

8 月 1 日,省国资委党委副书记、副主任高伟,来华安证

券公司督导检查“保持党的纯洁性迎接党的十八大”主题教育实践活动开展情况。

8 月 15 日，华安证券公司与徽商银行签订全面战略合作协议。

9 月 6 日，华安证券与合肥高新区管委会签署战略合作协议。

9 月 6 日，中共华安证券杭州党支部成立。

10 月 8 日，华安证券合肥润安大厦营业部正式迁址并开始营业。

10 月 11 日中共华安证券铜陵第一支部成立。

10 月 27 日 –28 日，华安证券公司第八届职工运动会在安徽省体育馆和安徽省体育局训练基地管理中心田径场成功举行。

10 月 31 日，华安证券公司首笔约定购回式证券交易业务在合肥金寨路营业部正式上线。

11 月 8 日上午，公司组织党员群众认真收看收听十八大开幕会现场直播。

12 月 4 日，倪发科副省长一行参观华安证券高新区营业部。

12 月 10 日，华安证券债券质押式报价回购业务正式上线运营。

12 月 15 日—16 日，公司团委在合肥举办了为期两天的 2012 年团支部书记培训班并圆满结课。

12 月 18 日，华安证券股份有限公司创立大会暨首次股东大会、第一届董事会第一次会议和第一届监事会第一次会议在公司会议室顺利召开并完成各项议程。

12 月 20 日，华安证券公司荣获 2011 年度在肥省属企业党内统计工作先进单位称号，党群工作部杨军同志荣获全优报表填报员称号。

12 月 26 日前，华安证券网站入选全省首届文明网站。

【联系我们】

地址：安徽省合肥市政务文化新区天鹅湖路 198 号

邮编：230081

电话：0551 –65161666

传真：0551 –65161600

邮箱：bgs@ hazq. com

网址：www. hazq. com

华创证券有限责任公司

华创证券有限责任公司于 2002 年 1 月经中国证监会证监机构字[2002]6 号文批准成立，注册资本 5 亿元，经营范围为证券经纪；证券投资咨询；证券投资基金销售；证券自营；与证券交易、证券投资活动有关的财务顾问；证券资产管理；证券承销与保荐；为期货公司提供中间介绍业务；融资融券。

华创证券成立以来，抓住机遇低成本扩张，业务规模和机构数量快速增长，形成了立足贵州，网点分布北京、上海、深圳、四川、江苏等地的业务发展格局。公司不断强化基础管理，严格规范经营，资产质量和财务状况良好，2005 年成为全国第一批规范类证券公司，2009 年、2010、2011 年在中国证监会券商分类监管年度评级中被评为 A 类 A 级。

继往开来，华创证券将以客户需求为导向，通过提升技术支持和研究开发能力，以更高的服务质量、更好的服务设施、更新的服务理念、更丰富的服务品种为广大客户提供更及时、高效、专业的服务。

【联系我们】

公司地址：贵州省贵阳市中华北路 216 号华创大厦

深圳 A 股席位号：217600

深圳 B 股席位号：214500

公司总机：0851 –6820115

省内统一委托电话：960871

省内统一客服电话：960872

华福证券有限责任公司

华福证券前身为福建省华福证券公司，成立于 1988 年 6 月，是我国首批成立的证券公司之一。2003 年 4 月，引进广发证券为控股股东，经中国证监会批准，增资改制并更名为广发华福证券有限责任公司。2010 年 12 月，广发证券将其所持公司股权，依法转让给福建省能源集团有限责任公司、福建省交通运输集团有限责任公司和联华国际信托有限公司（现更名为兴业国际信托有限公司）。2011 年 8 月，经批准更名为华福证券有限责任公司，为省属全资国有金融机构。现公司注册资本 5.5 亿元人民币，总部设在福建省福州市，在福建省及上海等地拥有 56 家证券营业部，董事长兼总裁黄金琳，员工 1500 多人。

公司自成立以来，始终秉承“诚信专业，创造价值”的经营宗旨，坚持“规范经营，稳健发展”的经营理念，在各级政府、各股东和广大投资者大力支持下，盈利能力逐步增强，经营业绩持续提升，经济实力日益雄厚。公司自成立以来，公司财务合规稳健，从成立至今每年均取得“标准无保留”的审计评价。自 2010 年获得福州市 2008 至 2009 年度纳税信用 A 级称号并保留至今；2003—2011 年累计向国家缴纳各类税费 16 多亿元。2011 年度为国家贡献各类税费达 2.22 亿元并再次荣膺“福建省纳税百强企业”光荣称号，树立了良好的社会形象。

公司 2012 年顺利获批融资融券和资产管理业务资格，目前已取得实质性进展，并再次被中国证监会评为 A 类 A 级券商，跻身先进券商行列。当前公司正努力突破投资银行、固定收益、基金公司业务等资格瓶颈，充分利用行业创新的难得机会谋划实现全国业务布局，打造全牌照全国性优秀券商！

【联系我们】

地址：福州五四路新天地大厦 7 至 10 层

邮编：350003

客服电话：96326

传真：0591 –87841150

网址：www. hfzq. com. cn

华林证券有限责任公司

【公司概况】

华林证券有限责任公司成立于 1988 年 7 月，是国内最早成立的综合类证券公司之一。公司总部设在深圳，目前在北京、上海、广州等大中城市设有分支机构，业务覆盖全国。经过多年的稳步发展，公司的法人治理结构和合规风险控制体系日趋完善，建立了适应市场发展趋势，满足客户需求的灵活运营管理机制和决策机制。目前，公司以投行业务为引擎，加快向现代财富管理机构转型的步伐，提供综合金融服务。

公司成立以来，始终坚持以客户为中心，以客户需求为导向，现已拥有数千家机构客户，五十多万个人客户。未来，公司将继续专注服务于中国资本市场,服务于实体经济,服务于具有成长性的企业和个人投资者,依托集中的销售服务和集中的资产管理配置两大平台,为客户提供优质的综合金融服务。

目前,公司以"协作 · 创造服务中国成长"为使命,坚持"进取、信义、专业、责任"的核心价值观,立足券商的本源业务,走专业化、特色化、一体化的发展道路,致力于打造成中国最具特色的一流证券公司。

【经营范围】

目前,公司的经营范围涵盖证券经纪,证券投资咨询,与证券交易、证券投资活动有关的财务顾问,证券承销与保荐,证券自营,证券投资基金代销、证券资产管理等,业务品种齐全。

【主要业务】

投资银行业务

公司拥有300多人的投行业务专业团队,专业队伍和保荐代表人数居行业前列。投行团队项目经验丰富,融资品种齐全,创新能力卓越,曾经缔造(2007 - 2011年)连续5年共完成超过150个IPO和再融资项目,市场占有率超过10%的辉煌业绩。凭借专业的客户服务能力和高效的管理机制,团队承做项目成功率和周转率均达到行业领先水平。目前,投行团队项目储备充足,管理规范,机制灵活,业务发展态势良好。

固定收益业务

2008年以来,公司固定收益业务获得长足的发展,承销企业债数目和规模均居行业前列。2009年、2010年、2011公司固定收益业务团队凭借优异的经营业绩,连续三年被评为"中国区债券最佳投行",2011年更是勇夺中国企业债承销家数的桂冠。在行业内树立了高效率、专业化的品牌形象。目前,固收业务团队经过优化整合,注入新的发展动力,确保在该业务领域的行业领先水平。

证券经纪业务

证券经纪业务实行覆盖全部营业网点的大集中交易与集中清算,并在此基础上建立起经纪业务实时集中监控系统,为客户提供安全、高效的交易平台。多年来,经纪业务部均交易量和交易佣金一直居市场前列。目前,公司拥有一支理论基础扎实、以策略见长、富于实战的财富管理团队。财富管理为客户提供以"华林智造"为主品牌的多元化专享金融理财产品,为高净值客户和企业投资者提供包括市值管理在内的全面的资本市场解决方案。

投资管理业务

投资管理业务奉行价值投资、理性投资的理念。建立了纪律严明,科学严谨,制度完善的投资决策流程,初步形成以绝对收益为目标的投资管理模式。团队成员稳健规范运作,实现良好的投资回报。

【联系我们】

地址:深圳市福田区民田路178号华融大厦6楼

邮编:518048

电话:0755 - 82707888

传真:0755 - 82707700

网址:www. chinalions. com

华龙证券有限责任公司

华龙证券有限责任公司是由甘肃省人民政府组织筹建,经中国证监会批准,于2001年5月18日成立的综合类证券经营机构。2011年度,公司实施了增资扩股,注册资本达到215339万元。主要股东有甘肃省人民政府国有资产监督管理委员会、广西远辰投资集团有限公司、酒泉钢铁(集团)有限责任公司、甘肃省电力投资集团公司、江苏阳光集团有限公司、晶龙实业集团有限公司、正邦集团有限公司等。

华龙证券有限责任公司主要业务范围包括证券经纪、投资银行、证券投资咨询、财务顾问以及中国证监会批准的其他业务。公司拥有广泛的客户资源和良好的社会形象,在北京、上海、深圳、重庆、杭州、无锡、乌鲁木齐、合肥、西安和兰州等主要城市设有36家经营机构,并在北京设立了投资银行专业分公司,发起设立了华商基金管理公司,控股华龙期货公司。公司项目遍布全国,先后成功保荐一汽集团启明信息、北大荒、浙江龙盛、祁连山等十多家大型企业的上市与融资。经国家科技部、教育部批准,公司设有博士后流动工作站,拥有一大批高学历、高素质的专业人才,大学本科以上人员85%,硕士以上人员26%,拥有一批经验丰富、业务精湛的保荐代表人和专业分析师队伍。

公司坚持"借力西部,放眼全国"的发展战略,凭借专业化的优质服务,诚信、务实、高效、敬业的团队精神,在竞争激烈的中国证券服务业中稳步提升份额。2009年成功保荐首批创业板上市企业发行上市,成为首批保荐企业在创业板上市的全国17家证券公司之一。公司2008、2009、2010、2011连续四年荣获"省长金融奖"。

【主要业务】

经纪业务

(一)业务范围

公司经纪业务服务通道高效畅通,金融产品丰富,服务手段完备,为客户提供代理登记开户、代理证券还本付息和分红派息、投资咨询服务,提供A股、B股、债券、基金、权证、创业板等齐全的交易品种,提供现场委托、电话委托、网上交易、手机委托等多种交易方式。

(二)特色产品

公司经纪业务不断充实和丰富营销及服务产品,目前已成功推行的产品有:华龙e智汇、华龙点金、华龙e通、华龙e键通、华龙e话通、华龙e教室等,这些产品已在投资者群体中成为了知名品牌,得到了市场的高度评价

(三)竞争优势

公司交易信息系统先进、安全、快捷、稳定,多年来从未发生过一起重大交易中断事故,多次受到深、沪交易所的好评和表彰。

公司拥有一大批专业素质优良、敬业爱岗的证券咨询、研究、服务人员,以客户资产的保值增值为目标,根据客户风险承受能力、风险偏好、财务状况、资信能力进行客户分类,并依分类结果努力为客户提供个性化、差异化的适当性服务。

公司已经与工、农、中、建、交、招商、浦发、中信、民生等多家银行和中国电信、中国移动、中国联通等通信商的当地机构达成了战略合作协议,实现互利共赢,共同开发客户,并为客户提供综合化、一站式的理财服务,形成了独具特色的服务模式。

(四)主要业绩

公司经纪业务成长明显,根据中国证券业协会统计,公司2008年度经纪业务收入增长率在全国107家券商中名列第12名。2009年在中国国际金融论坛上,荣获"中国最佳金融创新奖"。2010年6月,在证券时报社主办的"第三届中国最佳证券经纪商暨中国明星证券营业部评选颁奖典礼"上,公

司兰州东岗西路证券营业部荣获“中国最佳区域营业部”奖项、兰州民主西路证券营业部荣获“中国最佳投资者教育营业部”奖项。

投资银行业务

(一)业务范围

主要业务包括

1. 股权融资服务:主板、中小板、创业板 IPO 及再融资业务。

2. 债权融资服务:公司债、企业债业务。

3. 并购财务顾问:企业并购重组。

4. 改制辅导:拟上市公司改制、辅导。

5. 咨询、财务顾问:企业管理咨询、财务顾问。

6. 中国证监会许可的其他业务,如股权分置改革等。

(二)特色服务

选派合适的项目团队,提供专业化、高品质的服务,完成客户的价值发现和价值实现,帮助客户实现业务目标。为此,投资银行部确定了八项客户服务标准:

1. 了解和掌握客户期望。

2. 分析客户的需要和对专业服务的要求。

3. 商定客户服务目标,制定客户服务计划。

4. 实施客户服务计划以确保实现我们的承诺。

5. 向管理层提出建设性的改进意见。

6. 加强与客户管理层高层人员的沟通与联系,并取得客户的持续信任。

7. 获得客户对我们工作的评估意见,不断改进和提升我们的服务水准。

8. 公平合理地收取体现我们服务价值的费用。

固定收益业务

(一)业务范围

固定收益证券总部旨在为政府、企业、金融机构及个人投资者提供全方位、系统性的债权融资及投资服务,开展所有与固定收益产品相关的业务,业务领域包括债权融资工具的发行与承销,债权产品的销售、交易、投资以及宏观经济、市场策略、产品定价及创新业务等方面的研究。

(二)特色产品

1. 宏观经济年度、季度及月度报告。

2. 供求因素研究。

3. 债券市场周评、月报、季报、年报及投资策略。

4. 债券发行定价报告、创新研究报告、重大事件专题报告。

5. 核心客户个性化服务。

6. 固定收益证券理财产品设计、业务创新研究。

(三)竞争优势

公司的债权融资业务团队拥有丰富的项目操作经验和扎实的专业能力,具有的竞争优势为:专业的财务整合策划建议、贴身的债权发行方案设计、高效的债权申报组织保障工作、雄厚的公共关系资源、良好的发行时机选择能力、精准的定价能力。

公司的销售交易团队有着丰富的业务经验和扎实的专业功底,坚持诚信、共赢的经营理念,凭借优质的服务和敏锐的市场洞察力,在固定收益证券产品的销售交易领域保持着领先优势,树立了良好的形象。具有的竞争优势为:完善的销售网络、优质的客户服务、卓越的交易能力、强大的推介能力。

(四)主要业绩

公司的债权融资业务团队拥有丰富的项目操作经验和扎实的专业能力,曾经成功操作过广西投资、河南建设、山西潞安矿业、湘投控股、柳州城投、柳州投控、冀东水泥、南钢联合、重庆地产、南京交通、汾湖投资、北大荒、浙江龙盛等公司债券主承销项目,截止 2009 年底累计为企业融资 200 余亿元。

资产管理业务

(一)业务范围

资产管理总部是华龙证券设立的负责对客户委托的资产进行投资管理、实现客户资产保值和增值的专门业务部门。下设投资部、研究部、交易部、市场部、运营部五个二级部门。资产管理总部以客户需求为导向,为客户提供具有华龙特色的全面、多样的投资理财服务。业务范围包括汇集多个客户资金的集合资产管理业务、为单一客户服务的定向资产管理业务、针对特定目标的专项资产管理业务以及资产管理咨询等业务。

(二)投资理念

华龙资产管理业务坚持“稳健、规范、创新、价值”的投资理念,通过宏观、策略、行业和公司等全方位的研究对投资提供有力支持,依靠团队协作,有效控制风险,致力于为客户实现资产的长期稳定增值。

· 稳健投资

· 规范投资

· 创新投资

· 价值投资

(三)竞争优势

1. 长期价值投资,实现绝对收益

资产管理业务以长期价值投资,实现绝对收益为目标导向,面对不同的市场状况,灵活运用多种策略,通过对宏观、市场的准确分析,发现价值,挖掘投资机会,在有效控制风险的前提下,使资产长期稳定增值。

2. 专业的投资队伍

资产管理业务具有专业化的投资管理团队,从事投资管理工作的员工均具有较长的从业经历、良好的过往业绩和道德记录。团队硕士以上学历人员占 73%,投研人员占比 66%,投研人员还将继续扩充,投资业绩得到有效保证。

3. 健全的投资决策体系

资产管理团队借鉴国外同行的先进经验,考虑中国资本市场特点,结合自身业务需要,兼顾监管层的风险管理要求,明确投资决策体系中各个层级的决策权限和责任。部门投资决策体系不断丰富和完善,最终形成了科学、高效的投资决策体系,建立起分级授权、分层决策、控制严密、灵活高效的投资决策机制。

4. 雄厚的研究实力

资产管理业务拥有一支优秀的研究团队作支持,研究人员经验丰富,研究领域包括宏观经济、行业和上市公司,在深入调研的基础上出具研究报告,确保投资管理的资产配置建立在坚实研究的基础上。

5. 广泛的客户资源

华龙证券的业务网络立足于西北地区,始终把客户利益放在首位,在提供长期服务的过程中,建立了相互信任、相互理解的伙伴关系。近年来随着西北地区的发展,居民收入普遍提高,理财需求急剧扩张,公司资产管理业务具有广阔的客户资源基础。

6. 优质的客户服务

资产管理业务以客户需求为中心,整合公司资源,为客户建立完善的资产管理服务平台,以客户资产的保值增值为目标，根据客户风险承受能力、风险偏好、财务状况、资信能力设计先进的资产管理产品，努力为客户提供个性化、差异化服务。

7. 有效的风险控制

资产管理业务实行集中领导、统一管理下的授权制，实施分级管理、明确授权、规范操作，并进行严格监管和风险控制。建立和完善了资产管理业务的风险事前防范、事中控制、事后稽查的管理机制。

8. 华龙证券与华商基金品牌优势明显

华龙证券作为西北地区综合实力最强的券商之一，凭借专业化的优质服务，诚信、务实、高效、敬业的团队精神，在竞争激烈的中国证券服务业中树立了华龙品牌。旗下华商基金投资业绩卓绝，市场影响力迅速提升，综合实力快速提高。资产管理业务作为公司战略发展方向之一，未来将适时成立资产管理子公司。资产管理团队将坚持稳健的投资风格，打造华龙特色资产管理品牌，以优异的投资业绩回馈客户。

研究咨询业务

一、业务范围

华龙证券研究中心研究范围涉及宏观经济研究、市场策略研究、行业与公司研究以及金融工程研究。

宏观经济研究主要包含宏观经济形势和政策研究及宏观经济运行趋势判断；市场策略研究旨在通过分析和判断，对市场运行趋势进行预测，并在此基础上提出相应的投资策略；行业与公司研究覆盖22个主要行业，对每个行业所属重点上市公司进行研究，提示个股与行业投资机会；金融工程研究包含基金研究、股指期货研究、大宗商品研究、量化投资研究。

二、特色服务

华龙证券研究中心研发四个大类30余种研究报告与产品，为客户提供研究成果与即时资讯；针对重点客户的特定需求，研究中心提供灵活的专属服务，将“客户至上”的理念始终贯穿在日常的工作中；研究中心通过投资策略报告会、投资沙龙等活活动，为投资者传递先进的投资理念和及时的投资策略，为客户提供终身受益的证券研究支持将成为华龙证券研究中心最具特色的服务。

华龙证券研究地处西北，研究中心对西北部区域上市公司的研究具有独特的区域优势，2010年研究中心公开发布的甘肃省上市公司研究专题系列报告在业界和投资者中产生了良好反响，成为投资者和相关机构了解甘肃省上市公司的重要参考。

三、竞争优势

华龙证券研究中心近30位具有硕士、博士学历的研究员，是华龙证券研究实力的保障，良好的学术素养和资深从业背景使得华龙证券研究中心成为我国西部地区最具实力的研究机构。同时，华龙证券研究中心在北京、上海等金融中心城市设立窗口，及时把握市场信息，立足西北深耕细作打造中心特色研究的同时，亦紧跟前沿动态，准备把握市场趋势，研究成果在业内的影响力逐日提升。

四、主要业绩

华龙证券研究中心定期发布的年度、半年度及季度投资策略报告是华龙证券研究中心研究实力的综合反映，其核心观点和推荐的股票投资组合得到了市场的应证：2010年中期，华龙证券研究中心准确预见到战略性新兴产业的投资机会，在中期报告中重点提出的相关投资主线已经为市场所验证；2010年四季度，研究中心提出“把握升值与通胀预期下的结构性机遇”的核心观点，本观点与四季度的市场走势高度吻合，为投资者提供了可靠的策略支持。

华龙证券研究中心于2010年开展的“七大战略性新兴产业投资机会分析”主题研究，具备相当的前瞻性和深度性，其研究成果通过大型报告会传递给广大投资者，其中核心推荐的股票组合在市场上取得了远超沪深300的良好收益，获得了投资者的一致好评。

华龙证券研究中心日常产品包含四个大类20多个品种，通过全方位紧密跟踪经济动向与市场热点，为投资者及时揭示投资机会，其产品已经成为华龙证券客户必不可少的投资指南。

【联系我们】

地址：兰州市城关区东岗西路638号兰州财富中心
邮编：730000
电话：0931－8888088
传真：0931－4890515
邮箱：hlzq@ hlzqgs. com
网址：www. hlzqgs. com

华融证券股份有限公司

【公司概况】

华融证券股份有限公司（以下简称“公司”）是经中国证监会批准，由中国华融资产管理公司（以下简称“中国华融”）作为主发起人，联合中国葛洲坝集团公司共同发起设立的全国性证券公司。2007年9月，公司在北京正式挂牌成立。目前，公司注册资本30.03亿元，其中：中国华融出资23.91亿元，北京纽森特投资有限公司、中国葛洲坝集团股份有限公司、九江和汇进出口有限公司、江阴市振新毛纺织厂、星星集团有限公司、浙江金财控股集团有限公司、广州南雅房地产开发有限公司、吉林昊融有色金属集团有限公司、中南成长（天津市）股权投资基金合伙企业（有限合伙）、北京双融福泰投资有限公司、中国葛洲坝集团公司等11家股东共出资6.12亿元。公司的注册地址：北京市西城区金融大街8号。

公司下设31家营业部、上海和深圳2家投行业务部和1家投行业务办事处（重庆），控股一家子公司——华融期货有限责任公司，直投子公司——华融天泽投资有限公司正在筹建之中。公司可为客户提供证券经纪、融资融券、证券承销与保荐、与证券交易及证券投资活动有关的财务顾问、证券投资咨询、证券自营、证券资产管理、投资顾问等多种服务。公司紧紧依托中国华融在资产管理、银行、信托和金融租赁等方面的综合优势，努力为客户提供全方位的证券投资和增值服务。公司2011年、2012年连续两年被中国证监会评为A类A级券商，2009年、2011年两次获评为“首都文明单位”。

投资银行业务承接中国华融（国内首批保荐机构）原有的承销和投资咨询业务，可为广大客户提供IPO承销保荐、再融资、财务顾问、债券承销等业务服务。公司于2008年取得保荐人资格后，成功完成了杭氧股份的首次公开发行，先后完成了中航三鑫、特变电工、金隅股份、太行水泥、苏宁环球、联化科技、亚泰集团、欧亚集团、华微电子等多家上市公司的增发及财务顾问业务，作为副主承销商完成了工商银行可转债发行项目，并与国内外多家著名企业保持着良好的合作关系，致力于为客户提供专业优质的服务。2012年，公司在中国中小企业协会主办的中国企业IPO高端峰会上荣获“中国企业上市优秀服务机构金手指奖”，在证券时报社主办的中国区优秀投行评选中荣获“最具成长性投行”奖。

经纪业务可为投资者提供交易所上市交易的包括股票(A股和B股)、债券(国债和企业债券)、封闭式基金、ETF和权证等多元化的交易品种,并凭借支持现场委托、电话委托、手机炒股、网上交易委托等多种交易方式和强大的信息技术力量,为客户提供国内最先进的交易平台服务。

资产管理业务可为投资者提供专业化的集合、定向及专项资产管理业务。公司具有一支高素质的资产管理业务团队,员工全部具有硕士及以上学历,50%以上员工具有海外学习或海外金融从业经历。2010年,公司资产管理部被《理财周刊》评为"2010年中国证券公司最佳资产管理部门"。公司2010年成功发行第一支集合资产管理计划,目前受托管理资产规模接近150亿元。根据中国证券业协会排名,2009年公司资产管理业务净利润行业排名第9,2010年排名第5,2011年排名第4。

研究咨询业务致力于为广大投资者提供值得信赖的专业信息咨询服务。公司拥有一支由经济学、管理学、金融工程、工程机械等多学科博士、硕士组成的高素质专业研究团队,拥有注册会计师(CPA)、特许金融分析师(CFA)、金融风险管理师(FRM)等各类优秀专业资质人才,逐步建立了涵盖宏观、策略、行业、公司、基金、债券、金融工程在内的完整的研究体系。目前,行业研究已覆盖房地产、煤炭、有色金属、银行、电子元器件、计算机软件、通讯、重工机械、环保等多个行业。

公司坚持高标准、高起点,以诚信、专业、稳健、共赢为经营宗旨,在社会各界和投资者的大力支持下,将努力向着有尊严、有价值、有内涵、有实力、有责任的"五有"现代金融企业目标前进。

【联系我们】

地址:北京市西城区金融大街8号A座3层

邮编:100033

电话:010-58568139　58568199

业务投诉:010-58568118

华泰联合证券有限责任公司

华泰联合证券有限责任公司成立于1997年,总部在深圳,公司定位于一流专业投行公司,在北京、上海等一线城市设有业务部门。公司目前拥有的投资银行,研究咨询、并购业务、债券业务等几大核心业务排名均进入业内前列。公司投行业务多年保持业界前列,累计完成IPO、配股、增发、可转债等各类主承销(保荐)项目80多家,主承销家数总体排名居前十位,募集资金总量排名居前十五,并购业务一直保持行业前列,公司具有了一支500人的投行专业队伍,其中保荐代表人93名,准保荐代表人61名,保荐人数量位居业内第三名,先后2010年"优秀投行奖"、2010年"最具区域影响力投行(华东)奖"等诸多荣誉称号;公司研究业务在行业名列前茅,现有中高端研究人员150名,研究范围覆盖所有领域,在行业中具有较大的影响力。在2011年新财富最佳分析师评选中,公司有20个研究方向(52人)入围,15个研究方向(41人)上榜;3个销售区域(5人)入围,1个销售区域(1人)上榜,公司整体荣获本土最佳研究团队第5名、最具影响力研究机构第6名、最佳销售服务团队第4名;公司债券业务具有较好的市场投资能力和债券承销能力。公司是国开行、农发行、进出口银行、铁道部和中石油的承销团成员,先后获得了2009年、2010年农发行优秀承销团、2010年进出口银行优秀承销团等奖项。

公司荣誉

2011年

2011年由中国证券报主办的"2011中国证券业金牛分析师"评选中,荣获9个研究方向获奖,2个研究方向入围,整体排名第六。

2011年第五届新财富中国最佳投行"评选结果揭晓,公司荣获"最佳本土团队"第八名、"中小项目业务能力最佳投行"第五名、"最佳创业板IPO项目——万邦达。

2011年在理财周报主办的"2011中国券商「金方向」奖"评选活动中,获"2011中国最具发展潜力证券公司"、"2011中国最佳券商研究所"、"2011中国最佳投行"、"2011中国券商新锐证券公司总裁盛希泰"、"2011中国券商年度最佳首席经济学家陆磊"、"2011中国券商最佳投资银行家滕建华"六项大奖。

2011年,在第五届新财富中国最佳投行评选活动中,获"本土最佳投行团队"、"中小项目业务能力最佳投行"奖,万邦达获"最佳创业板IPO项目"奖,王刑天等四人"百佳保荐代表人"奖。

华泰联合证券荣获《证券时报》"最佳经纪业务服务品牌奖"。

2010年

2010年12月,在理财周报主办的"中国券商「金方向」奖"评选活动中,获"2010中国最佳业务创新证券公司"、"2010中国最佳客户服务证券公司"、"2010年中国十大最佳投行"等三项综合大奖;公司总裁盛希泰荣获"2010中国最受尊敬证券公司总裁"。

2010年,在上海证券报主办的"第四届中国最佳投资银行"评选活动中,获"2009年度最具潜力团队奖"。

2010年,在证券时报主办的"2010中国区优秀投行"评选活动中,获"最佳再融资投行"奖。

2010年,在第四届新财富中国最佳投行评选活动中,安泰转债和厦工转债获"最佳可转债项目奖"。

2010年,在理财周报主办的"2009中国券商实力榜"评选活动中,获"2009年中国证券公司之中小企业最佳服务投行"奖。

2010年,在证券时报主办的"2010中国区优秀投行"评选活动中,获"最佳并购投行"奖,一人获"最佳并购项目主办人"奖。

在2010年《新财富最佳分析师》评选中,共有12个研究方向入围,8个研究方向上榜。荣获进步最快研究机构第3名、本土最佳研究团队第8名、最佳销售服务团队第6名、最具影响力研究机构第6名四个综合大奖。另获有色金属第1名、金融工程第2名、汽车和汽车零部件第2名、非银行金融第3名、批发和零售贸易第4名、非金属类建材(水泥、玻璃等)第4名、房地产第5名、银行第5名等。

华泰联合证券"金掌柜"平台荣获2010年度深圳市金融创新奖三等奖。

华泰联合证券荣获《理财周报》"中国最佳客户服务证券公司"。

华泰联合证券荣获《证券时报》"最佳经纪业务服务品牌新星奖"。

华泰联合证券在上交所投资者教育优秀单位排列荣获第一(20家)。

华泰联合证券工会被深圳财贸金融工会授予"重点工作考核先进单位"称号。

华泰证券股份有限公司

【公司概况】

华泰证券股份有限公司1991年5月在南京正式开业。华泰证券(股票代码:601688)是中国证监会首批批准的综合类券商,是全国最早获得创新试点资格的券商之一。

华泰证券旗下拥有南方基金、华泰柏瑞基金、华泰联合证券、华泰长城期货有限公司、华泰金融控股(香港)有限公司和华泰紫金投资有限责任公司,是江苏银行的第二大股东,已基本形成集证券、基金、期货、直接投资和海外业务等为一体的、国际化的证券控股集团构架。

华泰证券自成立以来,始终秉承"高效、诚信、稳健、创新"的核心价值观,以规范科学的经营管理、持续增长的经营业绩、人才荟萃的专业团队、独具特色的华泰文化形成了自己的品牌优势,成为国内知名、具有较大规模、较强实力和影响力的全国性证券公司。

【服务理念】

"以客户服务为中心、以客户需求为导向、以客户满意为目的"是华泰证券坚持的服务理念。华泰证券拥有证券经纪服务、资产管理服务、投资银行服务、固定收益服务和直接投资服务为基本架构的完善的专业证券服务体系,以及研究咨询、信息技术和风险管理等强有力的服务支持体系。2007年,华泰证券在"高效、诚信、稳健、创新"核心价值观的基础上,明确提出了"做最具责任感的理财专家"的品牌精神,得到了市场和社会各界的广泛认同。华泰证券于2010年2月26日在上海证券交易所成功上市,市场地位和品牌影响力稳步提升,已成长为具有核心服务优势和较强市场竞争能力的综合金融服务提供商。

【主要业务】

1. 经纪业务

遍布全国的营业网点。华泰证券在全国28个省、市、自治区拥有逾200家营业网点,形成了分布广泛、布局合理的有形服务网络,能够为不同地域的客户提供便捷的综合理财服务。2007年以来,华泰证券陆续对分布全国的营业网点进行了改造和升级,为客户提供更舒适优雅的投资理财环境及金融理财新体验。

专业的理财服务队伍。华泰证券拥有一批经验丰富、责任心强的标准化服务队伍,及时响应客户需求,为客户提供周到、贴心的服务;公司和各营业网点建立了具有咨询执业资格、职业素养高、从业经验丰富的理财师队伍,能针对客户的个性化理财需求提供专业的投资理财解决方案。

安全、快捷的理财服务平台。华泰证券在证券行业素有"技术先锋"之称,在业内率先推出了无形席位、电话委托、网上交易、银证转账等多种创新交易方式。强大的信息技术研发和应用能力为华泰证券高效、安全的交易服务提供了可靠保证。客户可以通过网上交易、电话理财、手机理财和现场等多层次的立体化服务方式进行交易,必要时还能享受紫金快车道、紫金高速通道等更加高效的交易服务,满足其个性化交易需求。2010年以来,华泰证券顺应移动互联网的发展趋势,结合3G技术和智能手机的应用,推出"涨乐"移动理财客户端,满足了客户的移动理财需求。伴随微博在国内蓬勃发展,华泰证券整合理财服务资源,在全国率先自主开发了第一个垂直类股票微博——"涨乐"微博,让公司的投研专家和投资者们一起适时地交流和分享。

专业化、个性化的理财服务体系。华泰证券以"财富永续之道"为内涵的"紫金理财"服务品牌已得到了广大客户的高度认可。菜单式的"紫金大管家"服务,能满足客户的综合交易服务需求;尊贵的"紫金私人顾问"服务,能满足高端客户的个性化理财需求。公司在业内率先实行"同类客户、同等服务、同等收费"的服务模式,不断满足客户的差异化需求。华泰证券的"紫金理财大讲堂",不仅得到了广大客户的喜爱,也得到了中国证券业协会的高度肯定,称其"将投资者教育工作与品牌文化相结合,推动了投资者教育工作的创新发展"。

持续发展的创新业务。华泰证券作为创新试点券商,融资融券、投资顾问、IB业务、套利业务等创新业务发展迅速,为客户提供多元化的投资方式,进一步满足不同类型的客户需求,为实现通道向理财服务转型奠定更加坚实的基础。

2. 投资银行业务

华泰联合证券是华泰证券专业的投资银行子公司,整合了原华泰联合证券和华泰证券两家投行之所长,在投资银行领域具有经验丰富、团队强大、资源充沛等特色优势,持续为客户"发现价值、挖掘价值、提升价值"。作为国内首批保荐机构,累计完成各类主承销项目120余家,总承销家数排名行业前十,尤其在中小企业保荐领域业绩突出,在行业中享有盛誉。

高素质的专业团队。同华泰证券业务整合完成以后,华泰联合证券拥有一支高学历、高素质、实战经验丰富的近500人的投资银行专业团队,其中保荐代表人百余名,是国内团队最庞大、保荐通道最多的投行之一,可提供股票发行承销、债券发行承销、私募并购、财务顾问、金融业务创新等综合金融服务。

广泛的优质客户群和特色服务。华泰联合证券在煤炭、汽车、机械、地产、精细化工、电子、纺织、冶炼等行业及福建、山东、江苏、广东等地区具有独特优势,拥有一大批优质客户群。在并购业务方面,公司长期处于行业的领先地位,按交易数量排名在行业中名列前茅。并购部门核心人员从事并购业务十余年,行业涉及IT、地产、医药等多个领域,业务类型囊括收购、重组、私募融资、破产重整、行业整合等众多题材。华泰联合并购团队先后参与了《收购办法》《重组办法》等多部政策、法规的起草与修订。

持续凸显的整合优势。华泰证券在业内较早坚持以优势行业为中心的特色化投资银行服务,在机械设备制造、基础化工、有色金属、煤炭电力、信息技术、医药等行业形成了一定的竞争优势。集两家公司投行之所长,发挥长期积累的客户资源和业务经验优势,依托华泰证券遍布全国的营业网点,华泰联合证券的市场竞争能力将进一步增强,成为集成集团服务资源向客户提供全方位金融服务的重要平台。

具有长期工作经验的直接投资服务。华泰紫金投资有限公司是华泰证券专门从事直接投资服务的全资子公司,以自有资金参与优秀成长企业股权投资,依托集团实力雄厚的投资银行,为企业提供上市、重组和并购等增值服务,提高企业融资效率,加速企业走向资本市场,提升企业的市场地位和核心竞争力。

3. 研究咨询业务

华泰证券研究所是首批经中国证监会核准的具有证券投资咨询资格的研究机构。

独具特色的研究咨询服务体系。华泰证券紧紧围绕客户需求,建立了以研究所为研究基础平台、各专业服务部门联动的研究咨询服务体系。根据宏观经济、行业、市场交易品种和客户需求类别等进行研究细分，形成了多个专业研究团队，密切跟踪，点面结合，深入调研，实时为客户提供研究成果。多名研究员在相关媒体的评选中，获得“明星分析师”、“独立见解分析师”、“行业最佳分析师”等荣誉称号，多项研究成果在中国证券业协会等单位的评比中获得奖项。

行业领先的资讯服务套餐。华泰证券高度重视发挥研究对专业服务的先导和核心支持作用。在整合优势资源的基础上，建立跨业务的产品研发平台，精心研发多种风格的投资组合，形成特色服务套餐。不同类型的投资者都能选择到适合自己的服务套餐，也可根据自己的偏好自由选择搭配，理财服务充分个性化。

智能化的资讯交易服务平台。华泰证券研发的资讯交易服务平台在业内具有领先性。通过该平台，客户可获得专业实时的金融资讯，更有价值的是与客户持仓相关的个性化资讯信息。核心客户可独享华泰证券研究所最新、最全、最及时的精选研究报告。客户可实时了解华泰证券投资理财品牌产品，还可根据个人喜好自主选择数据指标，挖掘符合自己定义的股票、基金、债券等品种。这一市场领先的、智能化的资讯交易服务平台为投资者提供了把握市场机会的利器，已经受到越来越多高端客户的推崇。

4. 固定收益业务

华泰证券提供限国债、非金融企业债务融资工具的证券承销服务，华泰联合证券提供除国债、非金融企业债务融资工具以外的承销与保荐服务。

公司的固定收益服务在业内具有传统优势。经过多年的发展，公司已经形成了集债券发行与承销、债券交易和债券研究为一体的综合服务能力，主承销了中国资本市场第一单公司债券——07 长电债，在中国债券市场树立了良好的品牌形象。

全面的服务范围和广泛的销售网络。公司拥有全面的固定收益业务范围，涵盖国债、央票、金融债、企业债、公司债、短期融资券、中期票据和资产证券化等各类产品的承销、投资和研究咨询。机构客户销售网络遍及国内主要的商业银行、保险机构、基金公司、证券公司和财务公司，为各类债券产品的承销提供了有效的保证。

突出的研究和创新能力。公司在债券融资策划、方案设计、发行时机选择、发行定价等方面具有较高的研究水平；在公司债券和城投企业债券融资方面具有比较优势；在债券产品创新方面能力突出，设计并承销了我国第一单公司债券，在国内率先推出了企业资产证券化产品。

5. 资产管理业务

华泰证券自提供客户资产管理服务以来，一直秉承稳健的投资理念，以良好的投资业绩和专业的理财服务回报客户。

全面的服务范围和领先的产品研发能力。华泰证券拥有包括集合资产管理、定向资产管理和专项资产管理在内的全面的服务范围。理财产品的研发创新能力在业内具有领先性，陆续推出了华泰紫金 1 号（债券型）、华泰紫金 2 号（基金精选型）、华泰紫金 3 号（股票型）、华泰紫金鼎（创新伞型）、华泰紫金优债精选（债券型）、华泰紫金现金管家（现金管理型）和华泰紫金策略优选（混合型）、华泰紫金智富（高端专属股票型）、华泰紫金周期轮动（主题股票型）、华泰紫金龙大中华（股票型 QDII）、华泰紫金新兴产业（主题股票型）集合资产管理计划，其中，华泰紫金鼎是国内券商的首只伞型集合理财产品。

完备的理财产品线和专业的投研体系。华泰证券逐渐形成了覆盖债券市场、基金市场、股票市场的较为完整的集合资产管理产品线，满足了低、中、高不同风险收益特征的投资者的理财需求。华泰证券拥有完备的产品投资研究体系，各类产品的投资业绩表现优异，为客户创造了良好的投资收益。目前，华泰证券正积极研发更多类型的集合资产管理计划，以满足投资者日益多元化的投资需求。

【联系我们】

地址：南京市中山东路 90 号华泰证券大厦

邮编：210002

电话：95597

传真：025－84579778

电子邮件：95597@ mail. htsc. com. cn

网址：www. htsc. com. cn

华西证券有限责任公司

华西证券有限责任公司于 2000 年 6 月 26 日经中国证券监督管理委员会证监机构字［2000］133 号文批准，由原四川省证券股份有限公司与原四川证券交易中心合并重组、增资扩股成立，注册资本 14. 13 亿元，注册地为四川省成都市。泸州老窖为第一大股东和实际控制人。

目前公司出资人总数为 37 家，其中上市公司 5 家，非上市国有企业 20 家，民营企业 17 家；其中，泸州老窖股份有限公司持股比例为 24. 99%，是公司的第一大股东。其他大股东还包括泸州老窖集团有限责任公司、四川华能太平驿水电有限责任公司、都江堰蜀电投资有限责任公司、四川剑南春（集团）有限责任公司等。

公司拥有证券营业部近 60 家，遍布四川、北京、上海、天津、重庆、南京、广州、深圳、大连和杭州等地。目前，公司有多家营业部在当地市场占有率排名靠前，其中，成都高升桥营业部市场占有率排名稳居四川省第一，北京营业部在北京地区市场占有率排名前五，深圳营业部在深圳的市场占有率中排名前十。公司投资银行总部的主要办公地点在北京，证券研究业务和自营投资业务的办公地点在深圳；公司还拥有两家全资子公司，专注期货业务的华西期货有限责任公司及开展直投业务的华西金智投资有限责任公司。

公司倡导“助你成功，共享成果”的核心价值观，秉承专业化、市场化的经营理念规范运作。多年来，无论市场变幻如何起伏跌宕，华西证券凭着其强大的市场适应能力，一直保持强劲盈利发展势头，是全国少有的连续 7 年持续盈利的证券公司，并已成为中国证券行业具有相当竞争力的生力军队伍。

【联系我们】

地址：四川省成都市陕西街 239 号

邮编：610041

网址：www. hx168. com. cn

电话：028－86150061

传真：028－86150615

华鑫证券有限责任公司

华鑫证券有限责任公司是经中国证券监督管理委员会批准，于 2001 年 3 月在深圳市注册成立的全国性综合类证券经营机构，注册资本 16 亿元人民币。华鑫证券的前身是成立于 1988 年 5 月的西安证券，西安证券是我国西部地区最早成立的证券公司。

华鑫证券共有四家股东,均为实力雄厚、信誉卓著的大型国有企业集团或上市公司。其中控股股东是上海仪电控股(集团)公司,该公司是上海市国资委授权国有资产经营单位。

华鑫证券经营范围横跨证券、基金、期货三大领域,形成了较为完备的金融控股架构。公司是摩根士丹利华鑫基金管理有限公司第一大股东,是摩根士丹利华鑫证券有限责任公司、华鑫期货有限公司的控股股东。

华鑫证券的业务范围包括证券经纪、证券自营、资产管理、投资咨询及财务顾问业务。此外,公司还拥有开放式基金代销业务资格、上证 50ETF 一级交易商资格、股指期货 IB 业务资格、全国银行间拆借业务资格、沪,深证券交易所大宗交易、融资融券等业务资格,可以为广大投资者提供优质的综合化金融服务。

华鑫证券在全国各地设有分支机构,其中公司下设 3 家分公司:上海分公司、自营分公司、西安分公司,并在北京、上海、西安、深圳、江苏等地拥有 21 家证券营业部。

华鑫证券成立以来,秉承"规范、专业、创新"的企业文化,倡导"以不断提升客户价值增长为导向,持续创造健康财富"的核心价值观。公司以人为本,求真务实,关爱员工,和谐发展,努力打造一个人才培育、成长、创新的良好平台,吸引了各方优秀人才的加入。

华鑫证券立足中高端市场,全力打造"鑫智汇"证券理财品牌,为投资者提供差异化、特色化的专业服务。公司构建了立体化投资咨询服务体系,借助金融资讯专用平台,为客户提供证券研究、投资评级、智能化数据分析和选股决策等精准服务,引领价值投资,全方位满足客户多元化理财需求。

华鑫证券偕同摩根士丹利华鑫基金、摩根士丹利华鑫证券、华鑫期货,致力于为客户提供优质的金融服务,为中国资本市场发展做出卓越贡献,为股东带来持续回报,为员工创造发挥才能、实现价值的机会。公司将紧紧抓住中国资本市场改革开放带来的机遇,从容应对挑战,推动公司建设成为勇于创新、特色服务、品牌卓越的专业化金融机构。

【联系我们】

地址:深圳市福田区金田路 4018 号安联大厦 28 层
A01、B01(b)单元
邮编:518026
电话:0755-82083788
网址:www.cfsc.com.cn

华英证券有限责任公司

【成立背景】

2010 年 11 月,第三次中英经济财金对话在北京顺利召开,中国国务院副总理王岐山和英国财政大臣乔治-奥斯本(George Osborne)就多项商业协定达成一致,其中包括国联证券股份有限公司和苏格兰皇家银行建立合资证券公司的协定。

2010 年 11 月 8 日,中国证券监督管理委员会以证监许可【2010】1564 号文核准设立该合资证券公司,新公司取名"华英证券有限责任公司"。

2011 年 4 月 20 日,华英证券有限责任公司正式成立,注册资本人民币 8 亿元,其中:国联证券股份有限公司出资比例为 66.7%,苏格兰皇家银行出资比例为 33.3%。

【中外股东】

国联证券股份有限公司

国联证券股份有限公司(下称"国联证券")成立于 1992 年 9 月,前身为无锡市证券公司,2008 年 5 月通过改制更名为国联证券股份有限公司。如今,国联证券已经发展成为员工超过 1.200 人,在全国拥有 38 家证券营业部。

在近 20 年的发展历程中,公司秉承"诚信、稳健、创新、超越"的企业理念,坚持"以人为本、科学发展"的企业文化,始终保持着对管理体制、经营方式、业务创新和文化培育等方面的建设和革新,成为国内最具活力的新锐券商之一。

2004 年,获得全国首批保荐机构资格。

2005 年,获得规范类证券公司资格。

2007 年,获得创新类证券公司资格。

2008 年至 2010 年,连续三年被评为 A 类 A 级券商。

苏格兰皇家银行(RBS)

苏格兰皇家银行(RBS)始建于 1727 年,总部设在英国爱丁堡,是世界领先的金融服务集团,也是英国最大的银行,其业务遍及全球 40 多个国家,能够向全球所有客户提供本地知识和全球网络服务。

在中国,RBS 已有 100 多年的经营历史。一直以来,RBS 都将中国视为亚洲的核心市场,并向政府机构、金融机构、大型企业以及机构客户提供全面的银行服务,包括融资产品、风险管理及交易、交易类服务以及电子银行平台。

如今,为了一如既往地满足中国客户开展国际业务及国际客户拓展中国业务的需要,RBS 将大力拓展中国的批发银行业务和投资银行业务。华英证券的成立将使 RBS 成为第一家涉足不断扩大的中国证券发行市场的英国银行,进一步健全和完善 RBS 的中国业务平台,提升为客户提供一揽子融资解决方案的能力,增强 RBS 作为领先投资银行的市场地位。品牌,带动其他地市场项目资源的开拓和储备,并最终将华英证券发展成为全国知名和行业领先的现代投资银行。

【公司战略】

华英证券将坚持"以市场为导向、以客户为中心"的经营理念,建立有竞争力和吸引力的薪酬体制和激励机制,构筑人才体系,提升专业能力,提高核心竞争力,打造专业化的现代投资银行。

在业务条线上,华英证券将建立完整的投资银行业务流程和制度,实现股票融资业务和债券业务全面发展。以成长型中小企业为切入点,培育项目资源,积极开展 IPO 业务、再融资业务、债券业务和并购重组业务;同时以国际板为契机,借助 RBS 的优势,介入大型项目市场,实现多层次经营与发展,切实提升公司效益水平。

在业务区域上,华英证券将以区域经济发达的无锡市场作为根据地和大本营,聚焦江苏、山东、浙江等重点市场,积极开拓和储备项目资源,扩大市场份额,提升品牌知名度,并通过人才引进以及其他项目的以点带面,在其他地区及全国范围内不断传播华英证券的品牌,带动其他地区市场项目资源的开拓和储备,并最终将华英证券发展成为全国知名和行业领先的国际化的现代投资银行。

【大事记】

2011 年 11 月 26 日,公司保荐的三普药业非公开发行股票项目成功在上交所上市。

2011 年 11 月 18 日,公司北京办事处正式入驻北京金融街。

2011 年 10 月 14 日—15 日,公司举办首届全员培训活动。

2011 年 8 月 26 日，公司保荐的恒邦股份非公开发行股票项目在深交所上市。

2011 年 7 月 28 日，首单 IPO 项目山东龙力生物正式在深交所挂牌上市。

2011 年 7 月 25 日，华英证券公司网站正式上线。

2011 年 7 月 12 日，华英证券 OA 系统正式上线运营。

2011 年 6 月 30 日，华英证券保荐机构资格获证监会审批通过。

2011 年 5 月 30 日，华英证券正式开业。

2011 年 4 月 20 日，华英证券有限责任公司正式注册成立。

【联系我们】

地址：江苏省无锡市新区高浪东路 19 号 15 层

电话：0510 - 85200510（无锡）

010 - 56321800（北京）

021 - 38991668（上海）

0755 - 23901683（深圳）

邮编：214028

邮箱：office@ huayingsc. com

网址：www. huayingsc. com

金元证券股份有限公司

金元证券股份有限公司成立于 2002 年 8 月，是经中国证监会批准，由首都机场集团公司作为核心股东出资成立的综合类证券公司，是首都机场集团金融板块的核心企业。公司注册资本 31.74 亿元，开业以来年年盈利，净资本率达 80%以上。公司总部位于深圳，在全国各大中心城市设有 29 家证券营业部，并参股设立金元期货经纪有限公司和金元惠理基金管理公司。

金元证券坚持“诚信、亲和、创新、志成”的企业精神和“稳健经营、规范管理、风险控制”的经营理念，并将其贯穿于经营管理和客户服务的每个环节。公司全体同仁以使命感、事业心和专业追求致力于为客户提供优质、高效的全方位服务。并努力为繁荣和发展中国证券市场，推动中国资本市场建设进程贡献力量。

【主要业务】

1. 经纪业务

伴随着金元证券的稳步发展，金元证券经纪业务得到快速提升。

营业网点规模从成立伊始的 9 家发展到目前分布在 13 个省市的 29 家，客户资产规模和员工规模均实现了跨越式的增长。

业务特色

业务覆盖面广交易品种丰富

金元证券经纪业务牌照齐全，可满足不同投资者的投资需求。金元证券已具有为期货公司提供中间介绍业务资格、融资融券业务资格以及代办股份转让及股份报价转让业务资格等。

开放式基金代销品种丰富

金元证券代销二十几家基金公司的三百多只基金，涵盖了保本型基金、股票型基金、债券型基金、货币型基金、混合型基金等所有基金品种。

投顾服务产品创新务实

“金元宝”投顾服务产品：专门针对客户细分需求，由公司投顾团队精心研发的个性化、差异化收费服务产品。

市场策略：集市场观点、操作策略为一体的每日投资参考。

金缘智讯：从每日公开交易数据、每日公司公告中筛选出对股价有重大影响的信息，第一时间发送给客户，以满足客户个股及资讯需求。

智用双赢：研究团队根据市场动态，精心打造进取型、稳健型等极具操作性的市场投资策略，为客户搏击股海提供参考。

客户服务周到细致

金元证券在业内率先设立了全国统一的客户服务中心，通过网络系统、移动通讯、电话终端等先进技术，以及邮件寄送等多种方式，为客户提供全面、细致、周到的专业化服务。

定期举办投资者教育讲座、股民学校、股市沙龙、投资者报告会，为客户提供理财知识、投资技巧及投资资讯等，与客户共同成长。

快速交易通道“金通道”为客户提供高速行情，实现快速委托。

2. 投资银行业务

金元证券具有证券发行上市保荐机构资格、股票发行主承销资格、债券发行主承销资格、财务顾问业务资格、代办系统主办券商业务资格、上市公司股权分置改革保荐机构资格等全部投资银行业务资质。

金元证券投资银行团队熟悉国内外资本市场运作，具有丰富的项目运作经验，在证券发行承销、上市保荐、资产重组、收购兼并、改制辅导等多项业务领域成绩斐然。

金元证券投资银行服务客户遍布全国经济发展地区，分布在电子及信息技术、基础设施建设、能源、交通、有色金属、医药等产业领域，绝大部分客户属于所在地区优势企业和所在行业领先企业。

业务种类

首次公开发行股票保荐及承销业务

金元证券充分了解客户行业特征、竞争环境，洞悉发展诉求，精心设计发行上市计划，帮助客户通过上市融资实现跨越式发展，达成长远战略目标。

再融资保荐及承销业务

金元证券协助客户合理设计财务结构及融资计划，发挥自身资源优势为客户安排最适当的投资者，帮助客户以最低成本达成融资目标，实现既定发展规划。

资产重组财务顾问业务

金元证券洞悉产业发展规律及资本市场运作方式，为重组双方安排合适对象，精心设计完美方案，协调各项工作关系，主导促进重组工作顺利进行，帮助客户实现资源整合和战略配置。

收购兼并财务顾问业务

金元证券熟悉企业跨越式发展要素及资本交易手段，为并购双方利益充分考虑，设计最优并购安排和策略，主导促成交易成功，实现客户组织再造、规模扩张、发展升级目标。

企业改制辅导财务顾问业务

金元证券协助客户设立长远发展规划，制定股份制改造计划，辅导建立现代企业治理结构及规范化运作，使客户符合进入资本市场之条件要求，并最终促成发行上市既定目标。

债券发行承销业务

金元证券熟悉债权融资及固定收益业务运作，结合客户资产负债结构、资金运用计划、发展规划，精心安排设计融资方案，协助客户从企业债、公司债、非公开发行债券、中小企业私募债、可转换债等多业务品种中以最低成本获得发展所需资金,优化财务结构,实现快速发展。

场外市场业务

金元证券洞悉中小企业发展诉求,致力于多层次资本市场体系建设,为中小企业量身定做资本发展路径,提供新三板等广阔的资本展示平台,提升企业价值。

团队介绍

金元证券汇五洲睿智、集四海精英拥有一个锐意创新的投行团队主要业务骨干为来自国内外名牌大学的博士、硕士,具有扎实的理论基础,丰富的经营管理经验,对证券市场和公司管理具有极强的研究能力和实践能力。

目前投行业务在深圳、北京、上海、广州等城市都设有分支机构,拥有一只上百人的投行业务团队,其中保荐代表人达数十名,绝大多数投行从业人员具有硕士及以上学位,多人具有注册会计师或律师专业资格,从业经历丰富,团队专业结构合理。

业务发展

自成立来,金元证券投资银行队伍积极参与国内资本市场的发展,并伴随这个全球近十年来发展最快的资本市场一同壮大。

为华东重机、台基股份、中联电气、奥维通信、川投能源、新疆城建、湘潭电化等多家上市公司提供了股票 IPO 及再融资保荐及主承销商服务;

作为主承销商组织实施了首都机场集团公司、山东高速、宝泰隆等数家大型企业的债券发行工作;

担任南方航空、千金药业、金证科技、兴业聚酯等数十家企业融资副主承销商及上市推荐人;

担任长江电力、莱茵置业、正和股份、世纪光华、珠江国际、大厦股份等数十家企业资产收购、重组财务顾问;

担任国电电力、丽江旅游、北方国际等数十家上市公司股权分置改革保荐机构,项目数在全国券商中排名第 19 位,在同等规模券商中排名第一。

3. 证券研究所

金元证券研究所拥有一支具有较强专业素养和研发实力的研究团队研究人员全部具有硕士以上学位,在各自领域都经历过实业和资本市场的千锤百炼,积累了广泛的资源,并对所覆盖的领域拥有丰富的知识和深刻的理解,因此在洞悉行业大势和挖掘潜在投资标的上能够做到及时而深入。

遵循"专业铸就价值,创新引领研究"的理念

证券研究所在探索和实践中逐渐走出一条有金元特色的研究之路。一直以来,研究所始终秉承"研究创造价值"的理念,对分析师的思想性、实践性和独立性始终提出高要求,凭此为投资者提供有价值的决策依据。证券研究所始终保持研究的独立精神,不人云亦云,独立地挖掘公司价值,为投资者提供具备独特观点的研究报告。

2010 年末,《投资者报》对当年所有券商研究所的公开报告的统计分析,金元证券研究报告准确度雄踞业内第二。

2011 年,在证券市场一片低迷之时,国内证券四大报之一的《证券日报》针对券商研报进行了一项研究,结果表明金元证券研究所以 33.3% 的荐股成功率位居榜首。

2011 年,金元证券研究所的研究课题获深交所三等奖。"代办股份转让系统引入做市商制度的模式设计"专题研究,对我国经济转型中的多层次资本市场建设的基础性、前瞻性、综合性及政策性研究做出了积极贡献。

2012 年,在著名财经网站金融界 2012 券商金股排行榜中,金元证券研究所以涨幅 25.40% 雄居第四名。

4. 投资业务

金元证券股票投资业务保持着长期稳定创利的良好势头,2003 年下半年至 2011 年底,股票投资收益率年均复合增长率为 19.41%,高于同期上证综合指数 4.61% 的增长幅度,并持续处于同期股票型证券投资基金前 20% 的水平。其中在 2011 年,金元证券股票投资收益率处于整个市场前 5% 的水平。

固定收益业务是金元证券自有资金运营的安全垫,主要投资品种包括:央票、国债、金融债、企业债、公司债、短期融资券、可转换债券和分离式可转换债券等各类品种。投资市场为交易所债券市场和银行间债券市场。交易业务包括现券交易、质押式回购交易和远期债券交易。通过资金面、基本面、债券估值来把握合理的建仓时点和买卖交易时点,选择合适的投资品种,良好运营公司部分自有资金。

5. 资产管理业务

金元证券于 2011 年成立资产管理分公司,成功开发了多个定向资产管理客户,并于 2011 年 12 月顺利发行金元 1 号核心主题集合理财产品。同时,资产管理分公司还积极开展了通道、投资顾问、专项资产管理等业务。根据客户的实际情况,从委托期限、收益预期、风险承受能力、投资限制等多角度出发,为客户度身定制投资方案,从而满足客户对资金的安全性、流动性、收益性的综合要求。

资产管理分公司拥有一支经验丰富的证券研究和投资管理团队,研究范围涵盖宏观策略、行业公司、债券、衍生品和金融工程,通过积极灵活的操作策略,敏锐地捕捉市场机会,为客户创造稳健的收益。同时资产管理分公司拥有一批对客户开发和服务有丰富经验且勤勉尽职的专业理财人士,以团队经验和智慧为客户财富增长提供量身定做的理财产品。

管理理念:专业投资、稳健增值、持续创新、客户至上

投资策略:把握市场变化趋势,发现价格和价值偏差,结合定量的品种筛选和基本面分析,组建有效的组合投资策略,实现资产保值增值。

6. 融资融券业务

金元证券融资融券业务于 2012 年 5 月 7 日取得中国证监会行政许可批复,6 月 11 日正式开展业务。金元证券融资融券业务为客户提供融资和融券交易手段。2012 年公司董事会批准的融资融券业务规模为 10 亿元,公司自有资金充裕,审批流程简洁,交易手段先进,可以满足各类投资者的融资和融券需求。

【联系我们】

地址:深圳市深南大道 4001 号时代金融中心 17 层

邮编:518048

邮箱:jyzq@ jyzq. cn

全国统一客服电话:400 - 8888 - 228

网址:www. jyzq. cn

开源证券有限责任公司

【公司概况】

开源证券有限责任公司是经中国证监会批准设立的证券经营机构,注册资本 13 亿元。公司的经营范围为:证券经纪;证券投资咨询;与证券交易、证券投资活动有关的财务顾问;证券自营;证券资产管理;融资融券;证券承销。

公司下设西安西大街证券营业部、长安路证券营业部、纺

织城证券营业部、锦业三路证券营业部、榆林航宇路证券营业部、榆林神木证券营业部、商洛名人街证券营业部、安康石泉证券营业部、铜川正阳路证券营业部、渭南朝阳大街证券营业部、咸阳兴平证券营业部、咸阳世纪大道证券营业部共12家证券营业部。拥有宽敞现代的交易大厅、安静舒适的中大户专区，为投资者提供安全、便捷的交易通道，丰富、专业的咨询信息及细致周到的服务。先进的集中交易系统可满足投资者通买通卖的交易需求。公司目前已与建设银行、工商银行、招商银行、兴业银行、农业银行、浦发银行、交通银行等多家银行开通客户资金第三方存管业务，确保投资者资金安全流转，随时随地轻松理财。

【业务资格】

证券经纪业务；网上证券委托业务资格；证券投资咨询业务；证券自营业务；与证券交易、证券投资活动有关的财务顾问业务；证券资产管理、融资融券、证券承销

【联系我们】

地址：西安市雁塔区高新区锦业路1号都市之门B座5层

邮编：710065

邮箱：kyzqbgsmj1@126.com

网址：www.sxkyzq.com

客户服务或投诉电话：029－88365850

联讯证券有限责任公司

【公司概况】

联讯证券有限责任公司（下称“公司”）成立于1988年6月。公司注册资本为5亿元，经营范围为：证券经纪；证券投资基金代销；证券投资咨询；与证券交易、证券投资活动有关的财务顾问；证券资产管理。

公司股东实力雄厚，在董事会的领导下，联讯证券实施“稳健发展、特色经营”的发展战略，迈入快速发展通道，网点规模和业务范围正在不断扩大。公司现有25家营业部，分布在北京、上海、沈阳、成都、南通、惠州、佛山、揭阳、梅州、潮州、清远、韶关、河源、茂名、湛江、中山、东莞等地区。公司以规范经营为前提，致力于在传统业务中创新，推行“营销、咨询、客服、IT”四位一体的服务模式，组建专业化的投资顾问团队和营销团队，为客户提供差异化、个性化的专业服务，实现财富增值，让客户感受“财富联讯，服务贴心”。

通过创新服务，公司取得良好的经营业绩，历年净资产收益率在全国100多家证券公司中排名靠前。联讯证券的经营特色，以客户利益为中心的服务模式在业内和监管机构均受佳评，经营管理经验和体会在《证券时报》、《证券日报》、《中国证券报》、《上海证券报》、《中国证券》等媒体均有报道和转载。

联讯证券将坚持“诚信、规范、创新、和谐”企业文化，坚守“四个诚信：公司对客户的诚信；公司对员工的诚信；公司对股东的诚信；员工对公司的诚信”。用心服务客户，不断提高服务能力，增加公司信誉和美誉度，创建“联讯证券”百年老店。

【业务资格】

证券经纪；证券投资咨询；与证券交易、证券投资活动有关的财务顾问；证券资产管理；证券投资基金代销。

【业务部门】

资产管理部

联讯证券资产管理部是公司实施业务转型的重要平台。资产管理部通过吸收优秀人才，打造了一支具有丰富经验和高素质的专业投资团队，注重产品设计创新，快速响应客户需求，为客户量身制作合适的理财产品并提供专业化、全方位的资产管理服务。

资产管理部目前的业务包括集合资产管理业务、定向资产管理业务和专项资产管理业务。其中，集合资产管理业务可以为多个客户提供现金类、固定收益类、权益类和定向增发类等财富管理服务；定向资产管理业务可以为单个客户提供证券投资、股权融资、市值管理、融资融券、限售股增值等服务；专项资产管理业务可以为机构投资者提供资产证券化服务。

目前，资产管理团队成员共九人，其中有五人具备三年以上从事资产管理、自营业务或证券投资基金管理业务的从业经历。

其中，资产管理部总经理邓建，从业经历近20年，曾担任多家券商各业务部门负责人，具有丰富的证券从业和团队管理经验。资产管理部副总经理吴明，历任多家券商研究员、资产管理部负责人等职务，曾担任过多个集合资产管理计划的投资主办人，并取得了优异的成绩，有着丰富的投资研究经验。

联 系 人：张耀

联系邮箱：zcglb@lxzq.com.cn

联系电话：0752－2119692

投资研究中心

投资研究中心成立于2005年6月，为公司授权对发布证券研究报告行为及相关人员实行集中统一管理的部门。

投资研究中心（以下简称“投研中心”）是公司开展证券投资咨询业务的专业部门，配备具备证券投资咨询从业资格的专职人员，以公司网站为主要发布平台，以发布证券研究报告为主要服务手段，以制作、播出视频节目为辅助支持方式，从事面向客户的证券投资咨询服务工作。

投资研究中心涉及到的研究领域包括：

宏观经济、固定收益、市场策略、采掘行业、化工行业、有色金属行业、机械设备行业、电子元器件行业、交运设备行业、证券行业、房地产行业、农林牧渔行业、餐饮旅游行业、信息设备行业、零售行业、食品饮料行业、医药生物行业、信息服务行业、传媒行业、证券投资基金、融资融券。

联 系 人：边枫、曹宝文

联系邮箱：touyan@lxzq.com.cn

联系电话：010－64408703

金融产品零售部

为适应证券行业创新发展，公司于2012年4月正式成立金融产品零售部，负责公司金融产品代销业务。联讯证券金融产品零售部是公司适应金融产品创新，实施业务转型而成立的部门。金融产品零售部与各合作金融机构充分沟通，结合营销部门及客户需求，为各类客户提供适当的金融产品。金融产品零售部作为公司金融产品提供部门，通过与公司投资研究中心合作，结合市场情况，为公司各营业部及各级营销部门提供金融产品信息，协助组织金融产品知识培训和相关业务培训，逐步提高营业部及营销人员的金融产品服务意识，为客户提供全面财富管理的金融服务。

金融产品服务是现代金融企业服务客户的重要功能，为投资者提供个性化和综合性金融产品服务以满足投资者多样化需求。在金融产品代销业务中，联讯证券构建的“四位一体”的营销服务模式，以适当性管理和客户分类分级为基础，

以丰富的产品和标准化的服务为依托，搭建贯穿客户营销和服务全过程为一体的工作流程体系，以适应市场竞争，满足广大投资者的金融服务需求。

联 系 人：丁宁　13910989081

叶进　18930636231

联系邮箱：jrcplsb@ lxzq. com. cn

财务顾问部

联讯证券财务顾问部成立于 2011 年，立志为企业高效率地利用资本市场提供专业化的咨询服务。联讯财务顾问部汇集了来自各方面的专才，从收购兼并、企业重组、战略规划、投资者关系、股权激励和管理层收购、私募和常年财务顾问等方面为企业提供多方面多层次的服务。

股权激励服务

我们是专业的上市公司股权激励方案设计的本土机构之一，部门及成员曾为包括伊利股份、泰达股份、宝石 A、瑞普生物、科士达、嘉寓股份等 10 多家上市公司和货通达、蒙太因、一鸣电力、盛夏阳光等 10 余家非上市公司提供服务。

我们可提供包括薪酬激励行业调查、绩效单元贡献分析、激励方式选择、费用摊销预算、额度分配以及全流程申报服务，并对激励效果做持续性的跟踪分析和调查。

市值管理业务

我们不是股评家和经济学家，只是根据近二十余年数据分析的结论，判断各个行业市盈率的未来表现，以此作为上市公司规划增发、收购、回购以及资产重组等资本运营政策的依据。

我们可为客户量身定做面向市值管理的《资本运营规划报告》。目的是为了协助公司构建符合资本市场的管理逻辑，使公司市值能够通过该逻辑，传达给主流人群，理顺公司价值实现的路径。

并购财务顾问服务

我们的团队出身自国内知名证券公司和投资银行，常年从事上市公司兼并收购、资产重组和非公开发行组织业务：

协助公司制定并购规划并寻找、筛选、确定目标公司，拟定初步收购方案；

协助甲方与目标公司或其股东会面，搭建公司与目标公司的良好关系；

组织、协调并与各专业中介机构（如有）对目标公司进行尽职调查并出具尽职调查报告；

协助甲方设计本合同约定收购方案和收购工作所需的其他文件；

应甲方要求，协助甲方对目标公司进行整合。

另外，我们正和国内两家实力雄厚的基金合谋成立并购基金，为以后的并购重组业务扩展渠道。

融资业务

我们利用与境内投资机构的联系和本身拥有的专业人士，为企业在资本市场运营提供咨询、媒介、策划服务。提供企业融资过程中政策、财务、法律等方面的咨询以及必要的尽职调查服务；协助编制融资方案，帮助企业合理配置资源；选择合理的资本运营方式，包括企业内部资产剥离和整合、企业间资产重组等；提供全方位的中介服务，包括资产评估、项目论证以及落实资金等事项。

联 系 人：刘夏、李军、谢孟霖

联系电话：64408701

联系邮箱：liuxia@ lxzq. com. cn

lijun@ lxzq. com. cn

xiemenglin@ lxzq. com. cn

固定收益部

固定收益部是公司重点发展的业务部门，主要开展销售交易等业务。业务开展一年半时间以来，在银行间市场取得了一定知名度，得到了市场成员的认可，已在市场上建立起了广泛的交易对手网络。

部门拥有一支精通业务、敬业奉献、精干高效的业务团队。部门注重不断提升专业化程度和研究创新能力，致力于为客户提供多层次的固定收益类证券服务。在与客户保持长期良好合作关系的同时，积极拓宽业务渠道、维护业务网络，为后续业务的继续发展打开了良好的局面。

联 系 人：居娴

联系电话：010 - 64408619

【联系我们】

地址：广东省惠州市惠城区江北东江三路惠州广播电视新闻中心三、四楼

邮编：516003

电话：0752 - 2119391

邮箱：lxzqkfzx@ lxzq. com. cn

民生证券股份有限公司

【公司概况】

民生证券股份有限公司成立于 1986 年，注册资本为 21.77 亿元，注册地为北京。公司具备中国证监会批准的证券经纪；证券投资咨询；与证券交易、证券投资活动有关的财务顾问；证券承销与保荐；证券自营；证券资产管理；证券投资基金代销；IB 业务；代办系统主办券商；实施证券经纪人制度；融资融券业务；中小企业私募债券承销等各项业务资格。

公司及其控股的民生期货有限公司在北京、上海、广州、深圳、郑州等地设立了 62 家分支机构。2012 年公司全资子公司民生通海投资有限公司在北京成立。

公司坚持“守正创新”的经营理念，积极进取，全面开拓各项业务，不断进行业务和机制创新，为各类客户提供优质、规范、高效的投融资工具和专业化、个性化的投资理财服务。

公司具有完善的法人治理结构，科学构建公司法人治理组织体系。公司合规建设和内控机制不断完善，建立了前中后台相结合、相互制衡的内控架构，以及系统配套、促控有力的制度体系和较为完备的风险控制技术支持系统，确保各项业务健康发展。

公司坚持以人为本，建立以绩效为导向的激励机制和以促进员工发展、人力资本增值为核心的人力资源开发体系，倡导员工与企业同成长，使公司文化、人力资本真正成为企业的核心竞争力。

【资产管理业务】

民生证券具有经中国证监会批准的客户资产管理业务资格。公司重视客户资产管理业务的发展，已按照有关法律、法规建立起运作规范、风控严密的管理制度和运作机制。

民生资产管理业务，充分发挥公司在投资研究和投行业务等方面的优势，致力于为客户提供一站式投资理财服务。根据客户对风险和收益的不同偏好、不同的投资规模和不同的要求，为客户量身定制最适合的资产管理计划。

业务领域

集合资产管理：为多个客户办理集合客户资产管理业务，设立集合资产管理计划，与客户签订集合资产管理合同，将客户资产交由具有客户交易结算资金法人存管业务资格的商业

银行或者中国证监会认可的其他机构进行托管，通过专门账户为客户提供资产管理服务。

定向资产管理：为单一客户办理定向资产管理业务，与客户签订定向资产管理合同，通过该客户的账户为客户提供资产管理服务。

一站式投资理财服务

民生证券资产管理业务致力于为客户提供一站式投资理财服务，一方面完善传统投资理财产品线架构，通过整合货币市场、债券市场和股票市场的投资机会，演绎出适合不同风险偏好投资者的理财产品；另一方面，着眼于产品创新，致力于前瞻性产品设计思路，引领财富另类升级。

量身定制理财产品与服务

民生证券资产管理业务推出系列投资者互动流程，量身定制各项理财产品与服务。

严谨的投资决策和风险管理机制

民生证券客户资产管理在严格遵循以价值为基础的投资理念的前提下，主要通过严格授权、规范流程及集中研究来控制投资决策风险。公司资产管理投资决策控制委员会、资产管理总部、风险管理总部、合规管理总部各司其职，各尽其责，力争在可承受的风险区间为客户追求长期、稳定、合理的的投资回报。

丰富的投资管理经验

民生证券的客户资产管理团队具有投资经验丰富、实际操作能力强、专业背景突出的特点。部门核心投研团队成员平均拥有11年以上的专业投资经验，85%的成员拥有硕士以上学历。此外，民生证券完善的业务体系也为客户资产管理业务提供了强有力的支持。

【联系我们】

地址：北京市东城区建国门内大街28号民生金融中心
A座16－18层

电话：010－85127999

客服热线：400－619－8888

邮箱：zcglzb@ mszq. com

网址：www. mszq. com

平安证券有限责任公司

【公司概况】

平安证券有限责任公司是中国平安（601318. SH；2318. HK）综合金融服务集团旗下的重要成员，前身为1991年8月创立的平安保险证券业务部。2006年，经中国证券业协会评审，成为证券行业创新试点类券商，2008年成立全资子公司平安财智进行直接投资业务，2009年在香港设立子公司平安证券（香港）。

凭借中国平安集团雄厚的资金、品牌和客户优势，秉承“稳中思变，务实创新”的经营理念，公司建立了完善的合规和风险控制体系，各项业务均保持强劲的增长态势，成为全国综合性主流券商之一。在2011年券商分类评级中，首次被评为A类AA级证券公司，跻身国内证券行业最高评级券商行列。截至2011年12月31日，公司注册资本为人民币30亿元，净资产人民币71.33亿元，总资产人民币274.09亿元。

【经营范围】

公司拥有齐全的证券业务牌照，经营范围涵盖：证券经纪；证券投资咨询；证券交易；证券投资活动有关的财务顾问；证券承销与保荐；证券自营；证券资产管理；融资融券；证券投资基金代销；为期货公司提供中间介绍业务。

【主要业务介绍】

近年来，公司投资银行业务在股票承销与保荐、收购兼并等方面成绩卓越，2006年－2010年，连续四年荣获深圳证券交易所授予“中小企业板最佳保荐机构”称号；凭借项目承销的优秀业绩，在《证券时报》主办的2011年中国区优秀投行评选中，一举囊括“中小板最佳投行”、“创业板最佳投行”、“最具定价能力投行”等七项大奖。2011年，投行业务继续发挥在中小企业板、创业板的领先优势，完成34家IPO以及7家再融资项目的主承销发行，发行家数和IPO承销收入均位居行业第一。中小企业板、创业板IPO累计突破100家，成为业内首家中小项目IPO保荐过百的券商，再次彰显在保荐承销业务领域的雄厚实力。

公司固定收益业务发展迅速，凭借全面的业务资质、丰富的承销经验、卓越的销售交易能力取得了优良的业绩，各项业绩均位于国内券商前列。2008—2011年，连续四年荣膺中国财政部颁发“记账式国债承销优秀奖”。曾为铁道部、中铝公司、海螺水泥、赣粤高速、营口港、宁夏交通、柳钢、西钢、杭钢等数十家大型企业提供长期、优质的债券融资服务，具备丰富的债券承销经验。2011年，平安证券债券主承销家数达17家，市场排名第五；公司债业绩大幅提升，承销金额排名跃升至市场第二。银行间债券交割量达13,095亿元，券商排名第四；国债承销金额为264亿元，在记账式国债承销团成员综合排名中位列券商类成员第四名。在上海证券交易所公布的一级交易商做市综合排名中，平安证券在全部16家一级交易商中连续两年位列第二名，做市定价能力和市场地位得到行业广泛认可。

公司经纪业务在全国33个城市拥有43家营业部，未来营业网点将覆盖国内各大中城市。致力打造高素质的销售团队、专业化的投资顾问团队及客户服务团队，满足客户多元化产品、投资、服务需求。拥有超2500名证券专业素质的经纪业务销售团队，是业内建立最早、培训体系最完善、服务最专业的证券专属营销员队伍。遵循“客户至上”的服务宗旨，积极探索证券产品、技术和服务的改良创新，2011年，研发推出安e理财终端通道类产品及服务，涵盖金融终端、程序化交易、平安Pad，为广大客户提供高效、全面的服务和产品。

公司资产管理业务团队秉承“忠于信托责任、恪守契约承诺、做客户信赖的资产管理人”的执业理念，致力提供满足客户需求的产品，运用科学的投资目标管理体系为客户提供专业的资产管理服务。2011年，客户资产管理规模稳中有升，产品投资业绩优良，其中“平安优质成长中小盘股票集合资产管理计划”在第四届私募基金评选中荣获两年优胜奖（2010－2011）。

公司研究团队靠扎实的基本面分析、严谨的工作作风、良好的团队氛围跻身同行前列，为客户提供专业、客观、前瞻的研究服务。新兴产业、中小市值、汽车、电力设备等研究方向具有较高的市场影响力。未来将在新兴产业、大金融、大消费三个领域强化优势和树立特色。

保险、银行、投资是中国平安集团的三大支柱产业，平安证券是投资支柱产业的重要部分。公司客户除享受专业完善的证券服务外，还可以享有中国平安“VIP俱乐部”的尊贵礼遇，并通过平安集团网站PINGAN. COM等多种渠道获得保险、银行、信托、期货、资产管理、企业年金等综合金融产品的资讯及服务，真正体验一站式金融理财的便捷。

未来，平安证券将继续依托集团综合金融优势，秉承差异化、独特的增值服务理念,以满足多元金融需求为宗旨,致力成为国内最专业的证券服务商。

【资格荣誉】

2012 年,分获财政部颁发的"2011 年记账式国债承销优秀奖";平安中小盘获评国金证券、《上海证券报》颁发的"券商类长期优胜奖(两年产品)";平安证券资产管理事业部获评国金证券颁发的"综合五星级管理人";《证券时报》颁发的"最佳主板(中小板)投行"、"最佳创业板投行"、"最具区域影响力投行"、"最佳 IPO 项目——浙江迪安诊断技术股份有限公司 IPO"、"最佳债券承销项目——海螺水泥公司债"、"最佳保荐代表人——刘禹";"优秀券商直投奖——平安财智投资管理有限公司";《证券时报》颁发的"最佳公司债承销团队"、"最佳债券承销项目——海螺水泥公司债";《21 世纪经济报道》颁发的"最佳投行证券公司";新浪网、中国改革报、搜狐网、东方财富网颁发的"2012 中国持续高成长投行五强";《新财富杂志》颁发的"本土最佳投行团队"、"大项目业务能力最佳投行"、"中小项目业务能力最佳投行"、"最佳主板 IPO 项目"、"最佳中小板 IPO 项目";平安中小盘获得《上海证券报》颁发的"最佳股票型券商集合理财计划";平安中小盘获得《证券时报》颁发的"中国最佳权益资管产品"。

2011 年,分获《证券时报》颁发的"中小板最佳投行"、"创业板最佳投行"、"最具定价能力投行"、"最具区域影响力投行(华东区域)"、"最佳生物医药行业投行"、"最佳再融资项目——南方航空定向增发"、"最具投资价值奖——东山精密 IPO"、"2011 年度投资银行家——薛荣年""最佳并购重组主办人——李鹏程"、"优秀券商直投奖——平安财智投资管理有限公司";《上海证券报》颁发的"2010 年度中国最具潜力证券经纪商";《证券时报》颁发的"中国最具成长性证券经纪商"、"安 e 理财"产品获"中国最佳经纪业务服务品牌"称号;《证券日报社》颁发的"金钥匙奖"。

2010 年,分获《证券时报》颁发"中国最具特色券商奖"、"中小板最佳投行"、"创业板最佳投行"、"最佳 IPO 投行"、"最佳并购投行"、"最佳创新投行"、"最具投资价值保荐项目 - 爱尔眼科"、"最佳并购项目 - 广发证券借壳"、"债券市场最具影响力销售精英"、"最佳 IPO 项目保荐人"、"最佳并购项目主办人";《上海证券报》颁发"最佳创业板保荐团队";《新财富》颁发"本土最佳投行团队"、"最受尊敬投行"、"中小项目业务能力最佳投行"、"最具创新能力投行"、"最佳 IPO 项目"万马电缆、"最佳创业板 IPO 项目"爱尔眼科、"最佳增发项目"国元证券、"最佳保荐代表人"。

【联系我们】

地址:深圳市福田区金田路大中华国际交易广场 8 层

邮箱:pazq@ pasc. com. cn

网址:www. stock. pingan. com

客户服务或投诉电话:95511 - 8

齐鲁证券有限公司

齐鲁证券有限公司(以下简称"齐鲁证券"或"公司")是全国大型综合类券商,注册资本 52.12 亿元,员工 6000 余人,在全国 27 个省、市、自治区设有 165 家证券营业部、10 家证券分公司,控股鲁证期货有限公司、万家基金管理有限公司、鲁证创业投资有限公司、齐鲁国际控股有限公司,形成了集证券、基金、期货、直投为一体的综合性证券控股集团。多年来,公司积极致力于为广大投资者提供证券代理买卖、投资咨询、财务顾问、证券发行与承销、收购兼并、资产重组、资产管理、融资融券、证券投资基金代销、股指期货中间介绍、向保险机构投资者提供综合服务等全方位的专业化证券投、融资服务。截至 2011 年 12 月底,公司总资产 335 亿元,净资产 111 亿元。

公司按照"各种专业化证券业务协同发展"的战略目标,全力推进包括经纪、投行、固定收益、场外市场、资产管理、金融创新等在内的全牌照业务体系建设。经纪业务,创新性地提出 CSM(客户服务管理)理论,开发出了智能化综合金融服务终端——"融易汇",借鉴中国传统医学文化"望、闻、问、切"的理念,构建起了投资者全服务链,向客户提供多功能、专属化服务,帮助客户提高自我认知能力、风险控制能力和投资能力。投资银行业务,拥有一支 230 余人的专业团队,其中保荐代表人 58 名、准保荐代表人 23 名,能够为企业量身打造高质量、个性化的证券承销和财务顾问等服务。固定收益业务,具备集债券发行与承销、债券交易和债券研究为一体的综合服务能力,并与众多机构投资者建立了良好的合作关系。场外市场业务,拥有一支高素质专业团队,能够为企业在新三板挂牌、定向增资、转板上市等业务提供优质高效服务,已成功推荐"北京航峰"、"百拓科技"等 7 家企业在股份报价转让系统挂牌。资产管理业务,已成功发行了多只集合理财产品,为投资者提供专业理财服务。研究业务,公司在煤炭、钢铁、农林牧渔、电力设备与新能源等领域处于业内领先水平,在 2011 年(第九届)新财富最佳分析师评选中,公司荣获进步最快研究机构第一名。创新业务,公司具有融资融券、期货 IB 和直接投资等业务资格,并已实现了各项业务的协同发展。

凭借良好的专业能力和业绩表现,齐鲁证券得到了社会各界的广泛认可。2007 年以来,公司多次被山东省政府授予"山东省金融创新奖"、"山东省金融发展贡献奖";公司先后荣获"金钥匙奖"、"中国最具成长性证券经纪商"、"中国最佳证券经纪商"、"最具成长性投行"、"最佳套利服务券商"、"最具创新力证券公司"、"优秀保荐机构"、"金牛投行进步奖"等称号;在 2011 年中国证监会证券行业分类评价中,公司成为 16 家 A 类 AA 级券商之一。

公司积极履行社会责任。向汶川和青海玉树地震灾区捐款 1500 万元;向第十一届全国运动会组委会赞助 2000 万元;向山东省见义勇为基金会、关心下一代委员会、残疾人福利基金会、青少年基金会等捐款 80 多万元。公司先后荣获"2008 中国民生行动先锋"、"中国金融企业慈善榜卓越贡献奖"、"山东最具爱心慈善捐赠企业"、"十一运特别贡献奖"等荣誉称号。

当前,中国资本市场正在发生深刻变局。齐鲁证券将坚持创新发展和内涵提升,强力推进客户服务体系转型建设,加快产品和服务创新,积极参与多层次资本市场体系建设,进一步提高服务实体经济的能力和水平,努力为转变经济发展方式和资本市场发展做出新贡献。

【联系我们】

地址:山东省济南市经七路 86 号

邮编:250001

融易热线:95538

客服邮箱:95538@ qlzq. com. cn

传真:0531 - 68889357

业务邮箱:bgs@ qlzq. com. cn

网址:www. easysino. com

瑞信方正证券有限责任公司

【公司概况】

瑞信方正证券有限责任公司(英文名称:Credit Suisse Founder Securities Limited,英文简称:CSFS)是由方正证券有限责任公司与瑞士信贷共同出资设立的中外合资证券公司,注册资金八亿元人民币,其中方正证券出资比例为66.7%,瑞士信贷出资比例为33.3%。

2008年6月13日,中国证监会向方正证券有限责任公司下发证监许可[2008]793号《关于批准设立瑞信方正证券有限责任公司的批复》,批准方正证券与瑞士信贷(CreditSuisse)共同出资设立瑞信方正证券。公司经商务部批准后,于2008年10月24日取得营业执照正式设立。2008年12月29日,中国证监会颁发了公司的《经营证券业务许可证》(编号:Z15911000),公司经批准的经营范围包括:股票(包括人民币普通股、外资股)和债券(包括政府债券、公司债券)的承销与保荐;中国证监会批准的其他业务。

瑞信方正证券的法定代表人为雷杰董事长,主要负责人为马勇总经理。

瑞信方正证券是2007年12月28日中国证监会修订《外商参股证券公司设立规则》后,首家获批设立的证券公司。

公司注册地设在北京,办公地址设在金融大街金融街中心大厦12-15层。

【股东情况】

方正证券股份有限公司

方正证券股份有限公司(以下简称“方正证券”),注册成立于1994年10月26日,公司住所位于湖南省长沙市芙蓉中路二段华侨国际大厦22-24层,注册资本61亿元,法定代表人为董事长雷杰,主要负责人为总裁王红舟。方正证券的经营范围包括:证券经纪,证券投资咨询,证券自营业务,证券资产管理业务,与证券交易、证券投资活动有关的财务顾问,直接投资业务,中国证监会批准的其他业务。方正证券首次公开发行A股股票并于2011年8月10日在上海证券交易所上市交易,股票代码为601901。

欲取得更多有关方正证券的资料,请浏览 www.foundersc.com 网站。

Credit Suisse AG

Credit Suisse AG(中文译名为瑞士信贷银行股份有限公司,以下简称“瑞信”)作为一家领先国际的银行,瑞信为其全球客户提供私人银行、投资银行及资产管理服务。瑞信为全球各类企业、机构性客户和高净值个人客户,以及瑞士的个人客户,提供顾问服务、全面的解决方案及创新的金融产品。瑞信业务遍布全球超过50个国家,并有大概47,400名员工。其母公司瑞士信贷集团是一家国际领先的金融服务公司,总部设于瑞士苏黎世,集团于瑞士上市,股票登记代号为CSGN,并以美国预托证券的方式在纽约买卖(CS)。在投资银行业务方面,瑞信在全球30个国家57个地区为融资双方提供全面的证券产品及金融咨询服务,包括债务与资本承保、销售与买卖、合并与收购、投资研究、中介及主要经纪服务等。

【业务范围】

根据中国证监会2008年12月29日颁发的《经营证券业务许可证》,瑞信方正的业务范围是:股票(包括人民币普通股、外资股)和债券(包括政府债券、公司债券)的承销与保荐;中国证监会批准的其他业务。投资银行是瑞信方正的核心业务。

秉承瑞士信贷以客为本的投资银行理念和经验,瑞信方正的投资银行业务部门按照国际化、规范化的操作标准,致力于为客户提供优质的投资银行服务,包括中国国内的股本和债券资本市场的证券融资顾问,承销和保荐服务,以及收购兼并等财务顾问服务。同时,瑞信方正在投资银行业务、咨询、研究等多方面也与瑞士信贷有着紧密的合作,通过瑞士信贷的全球资源和网络,使客户得到更便捷、周到、专业的全方位投资银行服务。

投资银行特别重视与客户建立长期的信任与合作关系,为客户提供高质量的个性化服务。针对每个客户的具体需求,投资银行在充分了解客户自身情况、需求以及所处行业竞争环境的基础上,为客户设计和提出最佳解决方案,帮助客户实现战略或业务发展目标。投资银行帮助客户通过重组改制、上市融资来建立现代企业制度及规范的公司治理结构,协助客户应对全球化竞争,实现长足发展。

【主要业务介绍】

1.股本资本市场融资

瑞信方正的股本市场部为企业客户提供贴身和全方位的股权融资服务,主要产品包括首次公开股票发行并上市,上市公司的股权相关再融资如配股、公开增发、非公开股票发行、可转换公司债券和分离交易的可转换公司债券等。在提供股权融资服务过程中,我们会根据客户的情况和需要,为客户就业务重组、募集资金投向和投资故事定位等各方面设计和执行最合适的方案。在股本证券推介和销售方面,我们的销售网络覆盖了全国的大型投资基金,保险公司,金融机构和知名的企业投资者。另外,通过瑞士信贷的强大海外投资者平台,我们也和大型的QFII有着紧密的联系。

2.债券资本市场融资

瑞信方正的债券资本市场部为企业提供一系列的债券融资服务,针对客户的不同需要,我们为客户研究和设计合适和创新的固定收益产品和方案,我们的主要业务覆盖了国债、金融债、次级债、企业债和公司债等多种产品,以及相关产品的销售、研究和产品开发。我们拥有广泛而有效的销售渠道和客户网络。债券资本市场部拥有一支高素质的团队,并以国际水准的服务,与各商业银行、保险公司、基金公司、社保基金、农信社、邮政储蓄、财务公司和大型企业等专业债券投资者建立了长期的业务合作关系,在迅速成长的中国债券市场上,赢得企业客户和投资者的信赖和市场的尊重。

3.收购兼并和财务顾问

瑞信方正的企业融资部拥有丰富的收购兼并和财务顾问服务经验,为客户提供全面的收购兼并服务,包括为客户寻找合适的国内和海外的收购兼并项目机会,也为有意出售业务的企业设计方案和寻找合适的买家等。同时,我们也为客户提供其他的财务顾问服务,包括收购上市公司,业务和资产重组,定向增发和业务价值评估等。我们也和瑞士信贷的投资银行部在全球的不同行业组和收购兼并组有着紧密的合作,以求满足客户在收购兼并方面的不同需要。

【联系我们】

地址:北京市西城区金融大街甲9号金融街中心南楼15层

邮编:100033

电话:010-66538666

传真:010-66538566

邮箱:csfs@csfounder.com

网址:www.csfounder.com

瑞银证券有限责任公司

历史沿革

瑞银证券有限责任公司("瑞银证券")是由北京国翔资产管理有限公司、瑞士银行有限公司(又称瑞银集团、UBSAG)、中国建银投资有限责任公司、国家开发投资公司、中粮集团有限公司(原中国粮油食品(集团)有限公司)、国际金融公司("IFC")对原北京证券有限责任公司重组后共同出资组建的新证券有限责任公司。公司注册资本为14.9亿元人民币,总部设于北京,瑞银证券主要业务部门包括投资银行部、证券部、固定收益部、财富管理部以及资产管理部。

经营证券业务许可证编号:Z39911000

经营范围

证券经纪(含境内上市外资股);证券投资咨询;与证券交易、证券投资活动有关的财务顾问;证券承销与保荐(含境内上市外资股);证券自营;证券资产管理。

注册地址

北京市西城区金融大街7号英蓝国际金融中心12、15层

邮编:100033

股东情况

股东名称	股份份额(人民币元)	占注册资本总额的百分比
北京国翔资产管理有限公司	491,700,000	33%
瑞士银行有限公司(UBSAG)	298,000,000	20%
中央汇金投资有限责任公司	208,749,000	14.01%
国电资本控股有限公司	208,600,000	14%
中粮集团有限公司	208,600,000	14%
国际金融公司(IFC)	74,351,000	4.99%
合计	1,490,000,000	100%

法定代表人

刘　弘

高管人员

董事长:李一

总经理:刘弘

副总经理:方婷

副总经理兼临时首席财务官:王勤

合规负责人:黄赪

董事会秘书:杜朋

营业部

瑞银证券有限责任公司北京金融大街证券营业部

注册地址:北京市西城区金融大街7号英蓝国际金融中心15层

邮政编码:100033

瑞银证券有限责任公司上海南京西路证券营业部

注册地址:上海市南京西路1168号中信泰富广场24层2401－2404室

邮政编码:200041

瑞银证券有限责任公司上海花园石桥路证券营业部

注册地址:上海市浦东新区陆家嘴花园石桥路33号花旗集团大厦37,38层

邮政编码:200120

瑞银证券有限责任公司杭州教工路证券营业部

注册地址:杭州市西湖区教工路18号世贸丽晶城欧美中心1号楼A区1201、1202室

邮政编码:310012

瑞银证券有限责任公司广州林和西路证券营业部

注册地址:广州市天河区林和西路161号中泰国际广场35层3506室

邮政编码:510620

瑞银证券有限责任公司深圳深南东路证券营业部

注册地址:深圳市罗湖区深南东路5001号华润大厦第26层2602室

邮政编码:518001

分公司

瑞银证券有限责任公司上海分公司

注册地址:上海市浦东新区陆家嘴花园石桥路33号37楼3702A室

邮政编码:200120

瑞银证券有限责任公司证券承销保荐上海分公司

注册地址:上海市浦东新区陆家嘴花园石桥路33号37楼3702B室

邮政编码:200120

山西证券股份有限公司

【公司概况】

山西证券股份有限公司最早成立于1988年,为全国首批证券公司之一。经过二十多年的发展,山西证券已发展成为作风稳健、经营稳定、管理规范、业绩良好的创新类证券公司。2010年9月20日,公司上市首发申请获中国证监会发审委审核通过,11月15日正式在深圳证券交易所挂牌上市,股票代码002500。

公司现有证券营业网点69家,期货营业网点15家,分别分布在山西各地市、主要县区及北京、上海、天津、深圳、重庆、西安、宁波、大连、济南、福州等地,形成了以国内主要城市为前沿,重点城市为中心,覆盖山西、面向全国的业务发展框架,为八十多万客户提供全面、优质的专业服务。

未来的山西证券将继续秉承诚信为本、以义制利、专业服务的经营理念,坚持让投资更明白的服务理念,持续丰富公司发展历程中专业化、规模化、品牌化、集团化和国际化的内涵,努力把公司建设成为有特色、有品牌、有竞争力的一流券商。

【经营范围】

公司经营范围为:证券经纪;证券自营;证券资产管理;证券投资咨询;与证券交易、证券投资活动有关的财务顾问;证券投资基金代销;为期货公司提供中间介绍业务;融资融券。

【股东背景】

公司注册资本23.998亿元。发起人股东包括:山西省国信投资(集团)公司、太原钢铁(集团)有限公司、山西国际电力集团有限公司、山西海鑫实业股份有限公司、中信国安集团公司、山西焦化集团有限公司、山西杏花村汾酒集团有限责任公司、山西省科技基金发展总公司、山西信托有限责任公司、吕梁市投资管理公司、长治市行政事业单位国有资产管理中心、山西省经贸资产经营有限责任公司。公司股东资金实力雄厚,经营风格稳健,资产质量优良,盈利能力良好,其构成集中体现了多种优质资源、多家优势企业的强强联合。

【业务资格】

公司各单项业务资格为:网上证券委托业务资格、经营外汇业务资格、开放式基金代理销售资格、全国银行间债券市场成员、全国银行间同业拆借市场成员、中国证券登记结算有限

责任公司结算参与人资格、代办股份转让主办券商业务资格、报价转让业务资格和大宗交易系统专场业务资格。

【控、参股公司】

公司与全球知名投资银行——德意志银行合资设立中德证券有限责任公司，其从事的主要业务为股票（包括人民币普通股、外资股）和债券（包括政府债券、公司债券）的承销与保荐；公司全资控股大华期货有限公司，其从事的主要业务为商品期货经纪与金融期货经纪；公司设立直投业务子公司—龙华启富投资有限责任公司，其主要从事的业务为投资管理、项目投资、财务顾问、经济信息咨询等。

【企业文化】

山西证券多年来一直坚持“诚信、稳健、规范、创新、高效”的经营宗旨，培育务实高效、恪尽职守的工作作风，营造和谐宽松、风清气正的公司氛围，打造公司与客户共同发展的平台。公司始终把谋求股东权益最大化，客户收益最优化和员工价值实现最大化作为企业发展的基本目标，以向客户提供优质高效的金融多元化服务为己任，以自觉维护广大投资者的正当权益作为己责，将制度、技术、管理创新作为企业发展的源动力，不断优化和提升公司核心竞争能力，实现了公司业务的持续快速健康发展，形成了公司自身的经营特色。

【公司荣誉】

公司先后获得山西省政府颁发的“优秀中介机构”、深交所颁发的“中小企业板优秀保荐机构”、中国证监会颁发的“账户规范先进集体”、中国管理科学研究院颁发的“改革开放30年中国信用建设特别贡献单位”、中国产品质量协会颁发的“全国第一批国家级征信企业”、新财富评选的“2009年最具潜力研究机构第二名”及上海证券报评选的“最快进步证券经纪商奖”等荣誉称号；2010年荣获《证券时报》颁发的“中国最佳区域证券经纪商”称号、“汇通启富”客服品牌荣获“中国最佳经纪业务服务品牌新星”称号、三网分离工作荣获《证券时报》颁发的“金融机构十大IT创新案例”称号；2007年至2010年，公司连续四届荣获中国证券市场年会颁发的“中国高成长证券公司”金钥匙奖；《理财周报》2010年、2011年主办的“中国券商金方向”评比活动中，公司荣获“2010年中国最具发展潜力证券公司”奖项和“2011中国最佳客户服务证券公司”奖励”；新财富评选中，公司荣获“2010年第八届新财富进步最快研究机构”第五名和“2011年第九届新财富最具潜力研究机构第一名“项奖”；公司汇通启富1号集合理财产品荣获“2010年度中国私募基金风云榜最受欢迎的理财产品新秀奖”、研究所荣获“2010年度中国证券行业最佳伯乐奖－－行业研究领先团体奖”；2011年，公司荣获山西省人民政府授予的“2011年支持地方经济发展突出贡献奖”和中国证券业协会颁发的“2011年度证券公司投资者教育与服务优秀单位”荣誉称号、并在上海证券报“第五届中国最佳证券经纪商”评选中，荣获“2011年度最具成长性证券经纪商”奖项；2012年，公司荣获华夏时报举办的“第五届中国机构投资者年会暨金蝉奖——2011最稳健证券公司奖”、在当地证监局主办的山西资本市场评优表彰大会中，公司荣获“山西资本市场优秀证券公司”奖项、在证券时报举办的“中国最佳财富管理机构暨第五届最佳证券经纪商”评选活动中，公司荣获“中国最具特色证券经纪商”和“最佳投顾服务品牌”两项奖项。

【经营业绩】

2011年报告期内，公司实现营业收入10.98亿元，实现利润总额2.73亿元；实现归属于母公司股东的净利润1.93亿元。截至2011年12月31日，公司总资产131.01亿元，净资产62.97亿元，母公司净资本42.65亿元。

【主营业务及其经营状况】

2011年，公司稳健开展传统业务，积极布局新业务，虽因市场弱势影响公司证券经纪业务、证券自营业务、投行业务收入降幅较大，但各项业务基础进一步夯实，创新元素不断积蓄，转型思路逐步清晰。

1. 证券经纪业务

2011年，公司证券经纪业务实现营业收入6.76亿元；代理买卖股票基金交易额4,639.29亿元，同比下降23.58%，与市场总交易额降幅基本持平；公司证券经纪业务市场份额为0.5436%，与上一年度基本持平。主要完成以下工作：（1）持续推进网点扩张，年内新设4家营业部、筹建2家营业部，公司网点总数达到65家；（2）全面推进销售交易业务。全年新增代销基金101只，基金保有量达11.90亿份，获得10只ETF品种的一级交易商资格；（3）持续提升营销管理能力，营销渠道得到进一步拓展，营销团队得到进一步扩充；（4）进一步深化客服工作，持续完善客服平台系统和产品线，努力提升“汇通启富”统一客服品牌的内涵和品质，全力推进投顾团队的建设和展业能力。

2. 自营业务

2011年，公司坚持稳健投资原则，面对新股破发和二级市场风险加大等不利因素，公司适时控制投资规模，及时加大对固定收益类产品配置，同时积极开展以套期保值为目的的股指期货交易。在市场大幅下挫的情况下，相对较好控制了投资风险。年内公司自营业务实现营业收入11,348.14万元，主要包括投资收益－1,446.66万元，公允价值变动收益490.23万元，利息净收入12,307.28万元。

3. 资产管理业务

2011年，公司继续加快理财产品的设计推广，提升渠道开发、持续营销和客户维护能力，成功发行“汇通启富2号”集合资产管理计划。截至2011年12月31日止，公司资产管理总规模为7.78亿份，产品业绩相对稳定。

4. 投资银行业务

公司投资银行业务分两个板块：一是由控股子公司中德证券开展的证券发行与承销业务、财务顾问业务；二是由公司本部创新业务部从事的代办股份和财务顾问业务。

2011年，中德证券实现营业收入2.32亿元，利润总额1,048.87万元，净利润346.5万元。公司经营趋于稳定，营业收入和项目储备基本形成连续性，业务管理的系统性得到提升，全年完成股本发行和财务顾问项目共9个，其中IPO项目3个、定向增发项目3个、财务顾问项目3个；完成债券发行项目共9个。截至12月31日，根据万得资讯数据，中德证券股本承销规模排名第12位，股本承销收入排名第28位，债券承销规模排名第13位。

公司代办股份和财务顾问业务保持较快发展态势。2011年代办股份业务实现收入124万元，财务顾问业务实现收入580万元，完成威力恒、航天宏达项目的推荐挂牌，公司三板业务优势得到进一步巩固；相继参与部分上市公司收购及重组项目，积极拓展跨境并购项目和私募融资及改制项目。

5. 期货经纪业务

公司期货经纪业务由全资子公司大华期货开展。2011年，期货市场活跃程度明显降低，成交规模大幅萎缩。大华期货努力克服市场整体黯淡等不利因素，坚持以业务发展为中心，夯实运营基础，不断拓宽营销思路，新设北京和合肥两家营业部,网点总数达到 14 家。全年实现交易额 15,196.82 亿元,同比下降 7.24%,市场份额为 0.55%;大华期货实现营业收入 5,770.21 万元,同比增长 16.90%,实现利润总额 -845.56 万元、净利润 -726.08 万元。

6. 研究业务

2011 年,公司研究业务在基础研究、媒体宣传、课题研究、业务支持、研究销售拓展、投研平台建设等方面取得长足进步。巩固提高能源行业研究优势,树立权威地位;持续提升其他研究领域的市场影响力,获得 2011 年"第九届新财富最具潜力研究机构第一名"奖项;创新服务模式,丰富服务产品序列,提升业务服务品质;积极拓展销售能力,努力向卖方研究转型。

7. 创新业务推进情况

(1)直投业务

公司于 2011 年 2 月取得中国证监会同意开展直接投资业务试点的批复,直投子公司龙华启富于 7 月正式成立并投入运营,目前正在积极筛选投资项目,着手筹备和申请设立直投基金。

(2)融资融券业务

公司设立信用交易管理部专门负责融资融券业务的筹备及具体管理,按照相关法律法规及监管要求,结合实际情况,制定了《融资融券业务管理制度》、《融资融券业务实施方案》等 23 项内部管理制度流程,并对《业务信息隔离墙管理办法》等 4 项制度进行了完善,制定了客户选择标准,完成了系统搭建,通过上海证券交易所、深圳证券交易所与中国证券登记结算有限责任公司联合组织的融资融券技术系统测试;2012 年 3 月,公司通过中国证券业协会融资融券业务方案专业评价;目前,公司已向中国证监会申请开展融资融券业务。

【联系我们】

地址:太原市府西街 69 号山西国际贸易中心东塔楼

邮编:030002

传真:0351 - 8686667

邮箱:sxzq@ i618. com. cn

网址:www. sxzq. net;www. i618. com. cn

投资者热线:0351 - 8686668

上海证券有限责任公司

上海证券有限责任公司(以下简称"公司")成立于 2001 年 5 月,是由原上海财政证券公司和上海国际信托有限公司证券总部新设合并成立的全国性综合类证券公司。公司注册资本金 26.1 亿元人民币,股东单位为上海国际集团有限公司和上海国际信托有限公司。2005 年 12 月,公司成为全国创新试点证券公司之一。同时,公司也是上海国际集团核心成员企业之一。

公司现拥有各类专业人员 1000 余人,营业网点 52 家,已形成以上海为中心,北京、深圳、重庆、温州、南京、杭州等发达城市为主体的经营网络,是国内业务资格最齐备的证券公司之一。公司下属现有海际大和证券有限责任公司和海证期货有限公司两家子公司。公司于 2007 年正式受让中富证券有限责任公司证券类资产,实现了经纪业务的快速扩张,进一步推动了公司的战略发展。

公司成立以来,一贯秉承"诚信、专业"的核心价值观,以诚信经营为根本,以专业服务为中心;规范运作、稳健务实、开拓进取、和谐创新;立足上海,服务全国,在市场上树立了良好的企业形象。公司将致力于打造自身经营品牌,走现代金融企业的可持续发展道路,不断做强做大,努力成为国内一流的券商。

经营范围:

证券的代理买卖,代理证券的还本付息和分红派息,证券的代保管、鉴证,代理证券登记开户,证券的自营买卖,证券的承销和上市推荐,证券投资咨询,资产管理,发起设立证券投资基金和基金管理公司,中国证监会批准的其他业务。

历史沿革:

上海证券有限责任公司于 2001 年 5 月 8 日由原上海国际信托投资公司证券部和原上海财政证券公司以新设合并方式成立,注册资本为人民币 15 亿元。2008 年 9 月 17 日,经中国证券监督管理委员会核准,公司以利润分配方式增加注册资本,增资后注册资本为人民币 26.1 亿元。公司住所为上海市西藏中路 336 号。目前公司在全国拥有 52 家营业网点。

2005 年 12 月 31 日,经中国证券业协会从事相关创新活动证券公司评审委员会评审,公司获得全国第 15 家从事相关创新活动证券公司资格。

2004 年 9 月,公司与日本大和证券 SMBC 株式会社合资组建成立海际大和证券有限责任公司。2007 年 6 月,公司收购上海实友期货经纪有限公司 100% 股权,现更名为海证期货有限公司。

【联系我们】

地址:上海市西藏中路 336 号

邮编:200001

电话:021 - 53519888

网址:www. shzq. com

邮箱:962518web@ 163. com

客服电话:021 - 962518

申银万国证券股份有限公司

【公司概况】

申银万国证券股份有限公司(简称:申银万国),由原上海申银证券公司和原上海万国证券公司于 1996 年 9 月 16 日合并设立,是国内最早的一家股份制证券公司。申银万国现有 197 家股东,其中中央汇金公司是第一大股东。创业二十余年至今,申银万国已经发展成为一家拥有 4000 多名员工,资本金 67.1576 亿元的大型综合类证券公司。除各直属总部外,申银万国在全国各地共设有 9 个分公司、2 个代表处、150 家营业网点(另有 5 家营业网点正在筹建中)。

申银万国拥有控股子公司——上海申银万国证券研究所有限公司、申银万国期货有限公司、申银万国投资有限公司和申万菱信基金管理有限公司,并在香港特别行政区设有申银万国(香港)集团公司和控股的上市公司——申银万国(香港)有限公司。申银万国还参股富国基金管理有限公司。

【经营范围】

申银万国经营范围包括:证券经纪;证券投资咨询;与证券交易、证券投资活动有关的财务顾问;证券自营;证券承销与保荐;证券资产管理;证券投资基金代销;为期货公司提供中间介绍业务;融资融券业务;国家有关管理机关批准的其他业务。

【主要业务】

1. 经纪业务

经纪业务是申银万国的基础业务和优势业务,长期以来在营业网点、客户数量、资产规模、市场份额等方面一直雄踞行业前列；在客户服务方面具有专业化、系统化、精细化的突出优势。申银万国经纪业务一贯秉持“依法、合规、规范”的经营方针，坚持“诚信、专业、领先”的服务理念，倡导合规文化，坚持合规经营，保持业务的稳健发展。以维护投资者合法权益为己任，体现出对社会、对市场、对股东的高度责任感。

申银万国从1986年9月26日创建新中国第一个股票交易柜台至今，在经纪业务领域内不断推陈出新，一直保持经纪业务领先的优势。1991年，率先开通深圳市场交易和电话委托服务；1996年全面推行无形席位；1998年，围绕“以客户需求为中心”的指导思想，引领行业推动经纪业务第一次转型，将经纪业务推上“智能化、咨询化”的发展轨道；2000年，全面支持网上交易并开通手机委托；2001年，公司确定“依法、合规、规范”的经营方针；2002年起实施“低成本经营，跨越式发展”的经营战略；2003年起实施“集中生产，连锁经营，标准服务，专业发展”的品牌管理策略；2006年起根据市场发展趋势，以“转换业态、提升能级、变革布局、整合岗位”为核心，以实现通道业务和渠道业务并重发展为目标，推动经纪业务第二次转型，将营业部从交易中心模式逐步升级为营销中心模式，实现服务、营销、理财的一体化发展；2007年7月，公司全面完成技术系统大集中项目；2007年8月，公司全面实现客户资金的第三方存管；2008年起实施客户分类服务和适当性管理；同时根据公司合规文化建设的要求，经纪业务配套确立了“规范管理，执行制度，遵循流程，恪守权限”的合规经营原则。

申银万国经纪业务拥有200多万合格账户的客户，客户资产规模在高峰时超过4300亿元，交易份额始终名列行业前十强。

2. 投资银行

二十多年来，申银万国投资银行一贯致力于为企业提供优质、全面的融资服务，通过对企业的改制、辅导、推荐上市等服务，还帮助“上海石化”、“青岛啤酒”、“上海汽车”、“广州造船”等众多知名国有大中型企业驶上了资本市场的快车道。沪深两地交易所中有一成以上A股上市公司和三成以上B股上市公司是申银万国作为主承销机构推荐上市的。近年来，申银万国还专注于中小企业的培育和保荐工作，并取得了优秀成绩。2006年12月获得了由深圳证券交易所颁发的“2006年度中小企业板保荐项目创新奖”、“2006年度中小企业最佳保荐机构”，2009年2月获得了由深圳证券交易所颁发的“2008年度中小企业板保荐项目创新奖”。

通过多年的实践和发展，申银万国投资银行在为企业资本运作的产品设计方面、专业协调和专业沟通方面，证券承销与配售和专业化的市场定价方面，形成了突出的核心竞争力，并在银行、证券、汽车、能源、有色金属、基础建设等行业领域确立了品牌优势。

3. 研究咨询业务

申银万国从事研究咨询业务的机构主要是控股子公司上海申银万国证券研究所有限公司(简称“申万研究”)。

申万研究创建于1992年，是中国大陆成立最早、规模最大、具有独立法人资格的综合性证券研究咨询机构。申万研究倾力培育“中国资本市场最优秀的百年研究咨询团队”，目前拥有200多人的证券研究服务团队，以500家中国上市公司为重点，对涉及中国经济、制度、金融市场、各类行业、上市公司和股票、债券、基金、衍生品、金融产品设计和投资策略等领域实行全覆盖、成体系的证券研究和咨询服务。

申万研究致力于成为全球机构投资中国的首选合作伙伴，致力于成为中国快速成长企业的首选财务顾问。投资顾问业务客户包括了中国大陆几乎所有的基金管理公司、主要的保险公司与保险资产管理公司、商业银行、信托以及以信托为平台的各类资产管理机构、财务公司、私募资产管理机构，以及其他包括QFII在内的海外投资机构。财务顾问业务的内容包括以提升上市公司市值为主线的公司治理、战略规划、绩效提升、资本结构和收购兼并等特色财务顾问服务，客户包括主流的央企集团，业务高速发展、急切需要改进资本运作的企业，也包括战略转型中的企业和一些拟上市的企业。

申万研究以“独立、全面、严谨、前瞻”的研究特色和“以增值为目的，以务实为风格”的服务特色在中国证券研究咨询行业树立了卓越品牌。始终名列基金公司服务市场佣金总量前茅，连续多年名列全国社保基金理事会证券综合服务评价第一名。在由《新财富》、《证券市场周刊》等独立媒体组织、由国内机构投资者参与评比的活动中，申万研究连续多年获得“最具影响力研究机构”、“最具独立性研究机构”和“本土最佳(金牌)研究团队”等诸多荣誉。

4. 固定收益业务

申银万国证券股份有限公司是国内最早从事固定收益业务的证券公司之一，申银万国固定收益业务总部是公司旗下从事固定收益业务的专业部门，拥有一大批专业领域覆盖法律、金融、财会、管理、经济、投资等诸多方面的专业人才。秉承“诚信、专业、周到”的服务理念，固定收益总部开展以债券为主的固定收益产品相关业务，业务领域包括以固定收益产品为工具的融资策划、承销销售、投资交易以及定价和创新研究等。

通过多年的积累，申银万国在固定收益业务领域拥有较为全面的业务资格和丰富的业务经验。目前，申银万国所拥有的业务资格包括企业(公司)债券主承销资格、记账式国债和政策性银行金融债承销团成员资格、上海证券交易所固定收益证券综合电子平台首批一级交易商、全国银行间同业拆借市场成员、中央国债登记结算有限公司中债收益率曲线估值特邀成员、中国国债协会常任理事会员以及中国银行间市场交易商协会理事单位等。

【联系我们】

地址：上海市常熟路171号

邮编：200031

客户服务和投诉电话：95523　400－889－5523

公司网址：www.sywg.com

世纪证券有限责任公司

【公司概况】

世纪证券有限责任公司前身为成立于1990年的江西省证券公司。2001年7月，经中国证监会批准，公司增资扩股并更名为“世纪证券有限责任公司”，注册地址迁至广东省深圳市。多年来，公司逐步发展成为以深圳为总部、以江西为重点业务区域，业务网络覆盖北京、上海、广东、江苏、湖南、云南等地的全国性专业证券公司，目前注册资本为7亿元人民币，在全国15个大中城市拥有23家证券营业部，在江西设有分公司，在北京设有办事处。

公司的经营范围包括：证券经纪；证券投资咨询；与证券交易、证券投资活动有关的财务顾问；证券承销与保荐；证券自营;证券资产管理;证券投资基金代销。公司以雄厚的资金实力、一流的人才队伍、丰富的专业经验、稳健的经营作风为广大投资者和机构客户提供全方位的专业证券服务。

历经多年的发展,公司培养和造就了一支高素质的骨干员工队伍,公司现有员工近 2000 人。

面对全球化背景下资本市场的机遇与挑战,公司坚持"合规经营、稳健发展"的经营思想,不断改革创新,努力提升公司的核心竞争力,为建设和谐社会、促进证券市场健康发展贡献新的力量。

【业务资格】

(1)经纪业务资格;(2)证券投资咨询资格;(3)网上交易资格;(4)基金代销资格;(5)银行间同业拆借资格;(6)经营外汇业务资格;(7)经营股票承销业务资格;(8)保荐机构资格;(9)证券自营业务资格;(10)证券资产管理业务资格;(11)代办系统主办券商业务资格。

【联系我们】

地址:深圳市福田区深南大道招商银行大厦 40 - 42 层

邮编:518040

邮箱:sjsc@ csco. com. cn

客户服务或投诉电话:0755 - 83199509

网址:www. csco. com. cn

首创证券有限责任公司

【公司概况】

首创证券有限责任公司成立于 2000 年,是北京市国资委所属首创集团控股的综合类证券公司。公司注册资本65,000 万元人民币,现有股东包括北京首都创业集团有限公司、北京能源投资(集团)有限公司、中国石化财务有限责任公司等多家大型企业。

经过十多年快速发展,首创证券由成立时仅一家营业部的证券经纪公司逐步发展成为业务种类基本齐全、下辖 15 家营业部的综合类证券公司。公司经营范围包括证券经纪、承销、自营、投资咨询、资产管理、融资融券等多项金融业务。公司先后参股中邮创业基金管理有限公司,控股京都期货有限公司,可进一步为客户提供多元化金融服务。

自成立以来,公司一直坚持"稳健经营、规范管理"的经营原则,高度重视健全内部管理体制和完善风险防范机制,严格按照中国证监会要求以及自律组织指引,合法合规开展各项经营管理工作,逐步形成了一套具有自身特色、合乎证券业规范运作要求的制度化管理体系。

根据证券市场发展趋势,公司不断优化自身业务结构,逐渐形成了以证券经纪业务为基础,投资银行、固定收益业务等中高端中介业务为重点的业务架构。近年来,随着证券市场金融创新趋势日益加快,公司加大了创新业务研究力量与投入力度,为资产管理、融资融券、代办股份转让、中小企业私募债券等创新业务搭建起良好的发展平台。

面对波动日益频繁的证券市场,公司以提升专业中介服务能力为目标,大力拓展作为证券公司本质的各项中介业务,有效地抵御了市场风险,取得了较好收益。

【经营业绩】

2011 年度,公司实现营业收入 3.84 亿元,净利润 1.40 亿元,净资本收益率位居行业排名第 10 位。截至 2011 年底,公司总资产 53.27 亿元,净资产 19.32 亿元,资产质量良好,抗风险能力较强。

【联系我们】

地址:北京市西城区德胜门外大街 115 号德胜尚城 E 座

邮编:100088

电话:010 - 59366000

传真:010 - 59366281

客户服务/投诉热线:4006200620

客户服务/投诉邮箱:tousu@ sczq. com. cn

网址:www. sczq. com. cn

太平洋证券股份有限公司

【公司概况】

太平洋证券股份有限公司是一家全国性综合类证券公司,其前身为太平洋证券有限责任公司。

公司于 2004 年 1 月 6 日在云南省昆明市注册成立,注册资本 6.65 亿元;2007 年 2 月,注册资本增至 13.98 亿元;2007 年 4 月,公司整体变更为股份有限公司,再次增资扩股至 15.03亿元,并获得规范类券商资格。2007 年 12 月 28 日,太平洋证券 A 股(601099)在上海证券交易所成功上市,成为证券行业第七家上市的证券公司。

公司以"守正、出奇"为行为准则,追求"宁静、致远"的精神境界,坚持企业的社会责任,以促进中国资本市场的健康发展为己任。

站在新的历史起点,面对当前产业资本国际化、中国经济转型之际,公司正迎来全面发展的历史机遇。公司在保持传统业务稳定增长的基础上,为了增加公司新的利润增长点,一直在按照监管部门制定的各项新业务资格的核准要求,不断规范公司经营管理,努力提升公司的各项指标,积极争取各项新业务资格;公司已经获得的新业务资格、以及公司正在努力推动取得的新业务资格将会成为优化公司盈利模式、提升公司综合竞争力开辟新的途径。

太平洋证券将以证券转型和市场的健康稳定发展为契机,继续坚持规范发展,实现持续高速增长。以组织创新、机制创新和业务创新为基础,进一步提升研发能力,培育核心竞争力,力争成为资产质量良好、收入结构合理、综合业务水平位居全国前列,在某些细分市场具有强大品牌和影响力的证券公司。

【公司资质和荣誉】

1. 在第六、七届中国证券市场年会金钥匙奖。

2. 深圳证券交易所 2010 年保荐工作最佳进步奖。

3. "2011 中国区优秀投行评选颁奖"活动中,获得"最具成长性投行"称号。

4. 2008—2010 年云南省委省直机关工委党建工作责任制考核优秀单位。

5. 云南省 2010 年度社会扶贫工作先进集体。

6. 2011 年云南省财贸工会重点工作目标责任制考核一等奖。

【业务资质】

证券经纪;证券投资咨询;与证券交易、证券投资活动有关的财务顾问;证券自营;证券承销与保荐;中国证监会批准的其他业务。

【总体经营情况】

公司 2011 年度实现营业收入 66,562.32 万元,同比降低了 1.38%;实现营业利润 20,141.12 万元,同比降低了 17.50%;实现净利润 15,668.08 万元,同比降低了 23.11%。

【主营业务】

本公司主营业务包括证券经纪业务、投资银行业务、固定收益业务、证券投资业务、研究咨询服务。

1. 证券经纪业务

公司目前共有营业部 29 家,经纪业务营业网点遍布 10 个省、直辖市。初步形成以云南省为依托,以北京、上海、深圳为中心,辐射东部重要沿海城市的网点布局。

最近三年,公司经纪业务积极扩展建设营销渠道、改善提升客服质量,市场排名和份额稳步提高。公司拥有先进的证券交易系统,依靠集中交易平台,为数十万计的客户提供快捷高效的交易通道;公司大力发展非现场交易,2011 年末网上交易占比达 85.64%,为广大投资者提供了便利;公司于 2010 年上线手机证券,为投资者提供了更多交易方式选择;于 2011 年 8 月 5 日实现账户系统上线,为公司提供一套全面的账户、档案、资料管理方案;公司每个交易日通过短信平台、交易系统、网站、客户经理等多种途径为客户提供各类资讯,为客户揭示投资风险;公司自主研发的"红珊瑚"系列咨询产品已在投资者之间形成了品牌效应,成为客户重要的投资参考。公司根据不同地区的情况区别地实行客户经理或证券经纪人制度,多个营业部已建立专业营销团队,而且规模逐渐扩大。

2. 投资银行业务

公司秉承研究先行、注重销售、为客户提供全方位的金融服务、培育核心客户的业务理念,建立了统一领导、分工明确的专业化投资银行队伍,形成了多个以保荐代表人为核心的业务团队,成立了专门的质量控制部门控制风险,推出了适当的激励机制。2010 年,公司在股票、债券主承销领域取得了突破,投行业务进入"发行一批、上报一批、在审一批、承做一批、储备一批"的良性循环。

(1)股票发行承销和保荐业务基本情况

2008 年,在证券市场持续下跌的情况下,公司克服困难,成功完成鑫科材料的非公开发行项目和新赛股份的配股项目,为公司投行业务拓展模式、投行团队建设方式的确立打下了坚实基础。

2010 年,公司 IPO 承销与保荐业务厚积薄发,完成了福建三元达、安徽盛运、富春环保、经纬电材四个首次公开发行 A 股项目的保荐与发行,并完成德豪润达非公开发行项目,实现了 100% 的高过会率。三元达是本公司保荐上市的第一个项目,该公司成功上市实现了本公司 IPO 业务零的突破;盛运股份是本公司保荐上市的第一个创业板项目,该公司集节能环保与高科技概念于一身,集中体现了创业板对上市企业的甄选标准;富春环保发行市盈率超过 73 倍,大大超过中小板 IPO 平均市盈率,体现了本公司的定价能力。

2011 年,公司投行业务再创佳绩,作为主承销商,成功完成了骆驼股份、瑞和股份的首次公开发行项目(IPO);完成了众合机电、久联发展的非公开发行项目(已过会待发行);完成了伟星股份的配股项目。2012 年 1 月,公司保荐的龙泉管道 IPO 项目顺利过会,公司投行业务发展势头良好。

公司因投行业务优异的成长性,在深圳证券交易所评比中荣获"2010 年度保荐机构最佳进步奖",在 2010 年、2011 年分别举办的第六届、第七届中国证券市场年会上,公司连续两年获得了金钥匙奖。

(2)财务顾问业务基本情况

并购及财务顾问业务,是本公司长期推动和培育的业务。本公司设有专门的并购业务部门,拥有数支专业素质高、经验丰富的并购业务团队,为各类企业提供战略性并购、财务性并购、企业重组、借壳上市等资本运作业务,提供专业化、规范化的服务。最近三年,公司完成了安徽华孚色纺借壳上市、天津松江股份借壳上市、北京电子城控股借壳上市、甘肃亚盛集团整体上市等并购重组的财务顾问项目。

3. 固定收益业务

固定收益部主要从事各类固定收益证券的承销发行、交易、兑付、融资策划、上市推荐、债券顾问以及固定收益证券新品种的开发设计等业务。

固定收益部拥有强大的技术实力,深谙债券市场的运行方式和程序,并拥有专业出众的债券研究队伍,对中国宏观经济和固定收益证券市场具有较深入的研究,在债券定价方面具有准确的定价能力。

公司固定收益业务发展迅速。2008 年,公司完成三个副主承销商项目后取得企业债主承销资格,并抓住国家鼓励地方政府发行债券的机遇,大力拓展城投债业务。公司将城投债作为固定收益业务的重点,即支持了地方经济建设,又拓展了公司的业务范围,经过不懈努力,取得了良好的业绩。2010 年太平洋证券承销了辽源债、楚雄债和红河债。2011 年太平洋证券还成功承销了临汾、绥化、景德镇、汉中、辽阳、通化、双鸭山 7 只债券,取得了 2011 年企业债承销额排进前十名的佳绩,跻身一线券商行列。

4. 研究咨询服务

太平洋研究院专门从事与证券业务相关的宏观、行业和策略研究,致力于发现证券市场投资机会,力争为投资者提供专业、及时和公允的投资建议,以帮助投资者取得更好的投资回报为己任,同时为公司经纪、投行、自营、资产管理等业务提供研究支持。

太平洋研究院总部设在北京,下设宏观、行业和策略三个研究组,汇集了一批专业素质高、市场经验丰富的研究人才,形成了一支精干、高效、实力较强的专业化研究团队。研究范围覆盖宏观、行业、公司及策略研究,形成了较为完善的研究产品序列,能够满足投资者对研究服务的需求。在《投资者报》2010 年券商研究报告准确度排名中,公司研究院荣获第一名。研究院通过腾讯开展了"太平洋证券分析师微博访谈周"活动,对推动公司品牌和提升影响力起到了积极的作用。

【联系我们】

昆明

地址:云南省昆明市青年路 389 号志远大厦 18 层

电话:0871 - 68885858

传真:0871 - 68898100

邮编:650021

北京

地址:北京市西城区北展北街九号华远企业号 D 座三单元

电话:010 - 88321818

传真:0871 - 68898100

邮编:100044

上海

地址:上海市浦东南路 500 号国开行大厦 17 楼

委托交易电话:0871 - 68889988,0871 - 63139999

天风证券股份有限公司

【公司概况】

天风证券股份有限公司,简称天风证券,总部设于武汉,注册资本 15.7 亿元。

天风证券的前身为成立于 1995 年的成都联合期货交易所。2000 年成都联合期货交易所改组为四川省天风证券经纪有限责任公司。2007 年更名为天风证券经纪有限责任公司。2008 年天风证券成功控股北方期货经纪有限责任公司。2008 年 2 月将注册地迁至湖北省武汉市,是总部设于武汉的两家全国性证券公司之一。2009 年更名为天风证券有限责任公司。2012 年更名为天风证券股份有限公司。

天风证券是一家全国性的证券公司,在全国多个省市设有 12 家证券营业部,在北京、上海和四川设有三家分公司,为全国广大投资者提供专业细致的咨询与服务。

【经营范围】

证券经纪;证券投资咨询;与证券交易、证券投资活动有关的财务顾问;证券投资基金代销;证券承销与保荐;证券自营;证券资产管理;融资融券。

【业务范围】

天风证券经营范围包括:证券经纪;证券投资咨询;与证券交易、证券投资活动有关的财务顾问;证券投资基金代销;证券承销与保荐;证券自营;证券资产管理;融资融券。

在证券经纪业务方面,天风证券规范、安全、严格遵守法律法规和监管部门制定的各项规章制度。自成立以来,天风证券一直坚持公司"赚取阳光下的利润"的原则,分类评级不断上升。

天风证券具有完整的证券投资咨询体系,拥有证券投资咨询资格。除自身网点外,天风证券还积极利用网站、电话、短信、电子邮件、专家面对面、场内实时股评等多种渠道为客户提供咨询服务。

天风证券在财务顾问业务方面主要从事企业改制、公司治理、并购重组、企业融资、公司上市、政府顾问等财务顾问业务。自成立财务顾问部以来,在较短的时间内,完成了多个改制及增资扩股、私募融资等项目,并与多个律师事务所、会计师事务所、资产评估机构、上市保荐机构建立了良好的长期、稳定的战略合作关系。

天风证券股份有限公司经证监会核准,在上海市设立证券资产管理分公司,专门经营证券资产管理业务。在北京市设立证券承销分公司,经营全国范围内的证券承销与保荐业务。

【文化与发展】

天风证券在证券金融市场服务客户十四年,了解证券市场,并拥有训练有素的员工,配合跨区域性的优势坚持向客户提供高水平的金融服务。经过多年的发展,天风证券在获得广大客户认可的同时,保持了市场占有率稳步上升,品牌影响力日渐增强。

【公司优势】

公司自成立起始终坚持"诚信、稳健、创新、效率"经营理念,倡导"勤奋、团结、真诚、坚毅"的企业文化,坚持客户利益至上的原则,积极探索客户、员工、社会、公司协调发展模式,努力为客户创造优质高效的投资理财平台。

公司于 2012 年初完成了新一轮的增资扩股,武汉国有资产经营公司成为公司第一大股东。雄厚的资本实力对公司提高抗风险能力和实现业务体系扩充提供了保障。

公司控股的北方期货经纪有限责任公司,在期货市场研究方面有突出的优势。

公司建有完善的经纪业务营销、监管体系,对客户信息严格保密,分类评级不断上升。

公司建有完整的证券投资咨询体系,具有证券投资咨询资格,公司研发团队有着丰富的市场实战经验,并多次受邀在媒体发表评论。公司目前开设了网站、电话、短信、电子邮件、专家面对面、场内实时股评等多种渠道的咨询服务,创办了内部资讯刊物《天风投资》,努力帮助投资者树立正确的投资理念,享受投资带来的乐趣。

公司的财务顾问部有着丰富的市场经验,与多个会计师事务所、律师事务所建立了良好的长期、稳定的战略合作关系。

证券公司信息系统的建设是保证客户正常投资交易的核心,公司信息系统按照现有交易规模峰值的 3 倍进行配置,有效地保障了客户交易畅通、稳定。

天风证券的目标不仅是满足客户的需要,而是要比客户预期的做得更好。

【联系我们】

地址:湖北省武汉市江汉区唐家墩路 32 号
国资大厦 B 座 4 楼
邮编:430024
电话:027-87618889
传真:027-87618863

万和证券有限责任公司

万和证券有限责任公司成立于 2002 年 1 月 18 日,是经中国证监会批准设立的证券公司。公司目前在海口、成都、深圳、广州、福州等地共设有 8 家证券营业部,拥有员工逾三百人。公司具备证券经纪、证券投资基金销售、证券自营、证券投资咨询业务资格。

公司现有 8 家证券营业部,分别为深圳 1 家、成都 3 家、海口 1 家、三亚 1 家、广州 1 家、福州 1 家,其中:福州江滨西大道证券营业部和三亚解放二路证券营业部分别于 2011 年 5 月和 2011 年 8 月正式开业。截至 2011 年 12 月 31 日,公司正式员工总人数为 330 人。

2011 年在国内外复杂的经济环境下,受市场行情持续低迷、成交量极度萎缩以及佣金下降的多重影响,公司经纪业务成交量实现 629.7 亿元,同比下降 21.68%,低于市场下降水平(市场总体下降幅度为 25%),市场份额为 1.4366‰,同比增长 2.87%。公司 2011 年实现营业收入 8122 万元,同比下降 30%。在收入大幅减少的同时,由于公司新设营业部及新增业务成本的增加,导致经营出现亏损,公司全年净利润为 -1252万元。

公司 2011 年营业费用 7594 万元,为全年预算的 89.34%,同比增长 13.37%。剔除新增营业部发生的费用外,按同口径计算,实际费用同比增长 2.18%。公司总体费用控制情况较好。

【联系我们】

地址:海口市南沙路 49 号通信广场二楼
邮编:570206
地址:深圳市福田区深南大道 7028 号时代科技大厦
20 层西厅
邮编:518040
网址:www.wanhesec.com.cn
邮箱:office@wanhesec.com

万联证券有限责任公司

【公司概况】

万联证券有限责任公司于 2001 年 8 月 23 日经中国证监

会证监机构字[2001]148号文批准设立，是由实力雄厚的国有资产经营公司和投资公司出资组建的全资国有企业，是广东省首家规范类证券公司。

公司经营范围包括：证券经纪；证券投资咨询；与证券交易、证券投资活动有关的财务顾问；证券承销与保荐；证券自营；证券资产管理；证券投资基金代销；为期货公司提供中间介绍业务。

公司总部设在广州市，在广州、北京、上海、湖南、湖北、四川、浙江等省市设立了近30家营业网点，初步形成了以华南为中心、辐射全国的营业网点布局。

自成立以来，公司秉承"诚信、务实、创新、高效"的经营理念，以人为本，稳健进取，深入研究客户需求，致力于将客户利益放在第一位，以高超的专业技能和至诚的服务精神赢得客户信任；深入推进业务的开拓创新，在产品设计、项目运作上追求高质量、低风险；奉行以严格的风险控制为前提、以合理的投资收益为目标的稳健投资策略，建立科学、严谨、高效的业务流程和风险管控体系，追求稳步增长的经营效益。多年来，公司坚持合规、守法经营，构建稳健的业务组合，促使公司长期健康、稳定持续地发展。公司已逐步发展成为运作规范、资产优质、抗风险能力强的全国性综合类证券公司。

展望未来，在广州市政府领导、相关主管部门的关心和支持下，在证券监管部门的指导和帮助下，在董事会及经营班子的正确带领下，公司上下团结一致，齐心协力，认真贯彻中国证监会关于证券公司综合治理的有关文件精神，紧紧围绕广州市区域金融中心建设的战略构想，抓住机遇，凭借"团结、敬业、创新、发展"的企业精神和规范类券商的品牌优势，不断提升营销能力、风控能力、研发创新能力以及企业文化等核心竞争能力，进一步完善公司治理机制，管理能力、服务水平，强化风险管理，逐步扩展业务规模和业务种类，进一步优化盈利模式。把万联建设成一个业务上有特色、行业中有影响、经营管理规范、对股东有较好回报、为广大客户提供优质服务的证券公司。

【业务资格】

证券经纪；证券投资咨询；与证券交易、证券投资活动有关的财务顾问；证券承销与保荐；证券自营；证券资产管理；证券投资基金代销；为广永期货提供中间介绍业务。

【业务介绍】

一、投资银行部业务介绍：

发行与代理业务

股票发行与上市（包括主板、中小板和明年推出的创业版、IPO、配股、增发、可转债）；各种企业债券的发行、推介、销售等

创新业务

作为广州市申办高新区非上市股份公司股份转让试点工作小组成员，为广州市高新区高新技术企业提供企业改制和申报试点服务

收购兼并业务

选择购并目标；策划、制订购并或反收购方案；参与购并谈判或谈判代理等。

财务顾问业务

境外发行与上市的策划；企业改制与上市辅导；重大资产收购、出售或置换；管理层收购、雇员收购与员工持股计划；资产证券化顾问；融资方案策划等顾问服务。

咨询服务

企业战略规划、区域产业整合及行业规划；财务分析、股权结构优化方案设计等咨询服务。

团队业绩

股权分置改革财务顾问业务

广州浪奇（股票代码:000523）

广州友谊（股票代码:000987）

珠江实业（股票代码:600684）

广船国际（股票代码:600685）

广钢股份（股票代码:600894）

广州冷机（股票代码:600893）

科学城（股票代码:000975）

凌云股份（股票代码:600480）

股权分置改革保荐业务

欧亚集团（股票代码:600697）

东方宝龙（股票代码:600988）

上海科技（股票代码:600608）

改制上市业务

广州市夜空彩虹光电科技有限公司

广州市三学苑网络科技有限公司

广州中望龙腾科技发展有限公司

广州康瑞德生物技术有限公司

广州高新兴通信设备有限公司

广州市蓝科信息信息技术有限公司

广州市粤首实业有限公司

龙马铝业集团有限公司

债券业务

中国华润总公司2006年企业债；

上海张江（集团）有限公司2006年公司债；

南山集团公司2006年公司债；

上海水务资产经营发展有限公司2006年公司债。

股票承销业务

日照港（股票代码:600017）股票首次发行分销商

孚日股份（股票代码:002083）股票首次发行分销商

交通银行（股票代码:601328）股票首次公开发行分销商

其他财务顾问业务

东方宝龙（股票代码:600988）重组财务顾问；

上海科技（股票代码:600608）以资抵债财务顾问；

深圳淞江收购大庆联谊财务顾问；

广东有线广播电视网络股份有限公司增资扩股财务顾问；

广东南方制碱有限公司改制财务顾问；

四川川润（集团）有限公司改制财务顾问；

广东德联化工集团有限公司改制财务顾问；

广州科韵信息股份有限公司股份代办转让系统挂牌转让规范辅导服务之财务顾问；

广州创想科技股份有限公司股份代办转让系统挂牌转让规范辅导服务之财务顾问。

二、经纪业务介绍

万联证券经纪业务部现有员工三百余人，在全国各地拥有26家证券营业部。营业网点遍布广州、上海、北京等经济发达地区，以及湖南、湖北、四川、浙江省等主要城市，形成了以华南为中心、辐射全国的营业网点布局。

经过多年的辛勤努力与耕耘，万联证券形成了独具特色的经纪业务服务体系。我们将一贯秉承"诚信、务实、创新、高效"的经营理念，为广大投资者提供规范、便捷和专业化的证券投资服务。

1. 丰富齐全的交易品种

万联证券具备深、沪交易所主板、中小企业板的会员资格，可为您提供 A 股、B 股、权证、国债、企业债、可转债、开放式基金（包括 ETF、LOF）等不同收益类型的金融产品，并提供人民币、港币、美元多币种的证券交易平台。

2. 稳定快捷的交易系统

万联证券已经建立集中交易系统，实现了数据的集中处理，行情系统和委托系统并发数分别达 200000 人次和 70000 人次以上，系统的稳定性和速度在国内券商中一直保持领先地位。

万联证券可以为客户提供多样化的委托方式，主要包括网上交易委托、电话委托、场内自助委托和手机移动证券委托等，客户可以随时随地进行快速委托。

3. 安全方便的资金存管

万联证券已与多家银行合作开展客户结算资金第三方存管业务。客户可自由选择适合自身的便捷的银行服务，合作银行包括有中国工商银行、中国建设银行、中国银行、中国农业银行、兴业银行、光大银行、交通银行、中信银行和民生银行等。

4. 贴心高效的客服体系

万联证券已经建立了以强大的技术平台为支持、以客户价值链为纽带的客户服务体系，致力于为客户提供规范、便捷和专业化的服务。您可以通过公司总部客服电话、各营业网点客服电话以及营业网点现场进行咨询，我们随时倾听您的声音。

5. 专业资深的研发团队

万联证券的研发团队是一支以博士、硕士为主体的研究队伍，以宏观经济政策分析、证券业务创新研究、行业与上市公司研究、投资咨询服务以及投资策略研究为重点研究方向，目前已经形成完整的研究报告体系。专业资深的研发团队可为您提供全面的证券投资咨询服务。

6. 经纪业务产品介绍

万联证券经纪业务具备深、沪交易所主板、中小企业板的会员资格，可为您提供 A 股、B 股、权证、国债、企业债、可转债、开放式基金（包括 ETF、LOF）、封闭式基金等不同风险收益类型的金融产品，人民币、港币、美元多币种的证券交易平台。通过期货居间业务，万联证券可为广大投资者间接提供黄金期货、股指期货及各类商品期货投资服务。

三、研究咨询业务

目前，研究所已形成高度专业化的人才队伍，研究所秉承“研究发现价值，服务创造价值”的研究理念，通过对估值驱动因素的挖掘和验证信号的跟踪，强化案头深度分析和实地调研，深度挖掘重点品种，向公司客户及时、持续推荐，形成研究所服务的特色。

目前已有资讯产品包括：晨会纪要、每周策略等；宏观及行业季度/半年度/年度投资策略报告；以及各类公司深度研究报告、公司调研/点评报告、宏观点评报告等；以及大型策略会、专题报告等产品。每日通过电邮、网络、短信以及三大证券报、中央电视台、凤凰卫视等专业财经媒体等形式为公司内外客户提供专业服务。

四、固定收益业务

固定收益总部简介

固定收益总部主要从事各类固定收益以及相关产品的研究、开发、销售和交易等工作，主要业务覆盖了国债、央行票据、金融债、中期票据、短期融资券、企业债、公司债、可转债、分离交易债、资产证券化等多种产品，具有企业债主承销业务资格。

固定收益业务介绍

固定收益总部主要依据中国人民银行和中国证监会等政府主管部门及银行间交易商协会、同业拆借中心和交易所等部门的有关规定，依法开展以下业务：

（1）为企业客户提供债务融资及资产证券化的财务顾问服务；

（2）担任企业债、公司债及资产支持证券等产品的承销商，负责固定收益产品的销售和交易；

（3）为商业银行、保险公司、基金公司、信用社等金融机构客户提供代理债券买卖业务，协助寻找交易对手方；

（4）提供固定收益产品的投资咨询服务。

【联系我们】

地址：广州市天河区珠江东路 11 号高德置地广场
F 座 18、19 楼

电话：4008881333

邮箱：wlzqxf@ wlzq. com. cn

五矿证券有限公司

【公司概况】

五矿证券有限公司成立于 2000 年，是深圳首批荣获规范类券商资格的证券公司，总部位于深圳福田 CBD，在北京、深圳、杭州等金融产业核心城市均设有营业网点。

五矿证券控股股东中国五矿集团公司是中央管理的 44 家国有重要骨干企业之一，位列世界 500 强第 228 位。在强大的股东支持下，五矿证券迅速壮大，注册资本增至 8.8 亿，并将进一步引入战略投资者，使公司持续发展能力、核心竞争能力以及抗风险能力均得到显著提升，为今后发展奠定基础。

五矿证券将继续秉承“珍惜有限、创造无限”的价值理念，依托股东优势，力争将公司打造成规模适中、业务牌照齐全、经营特色明显、合规文化突出的市场化专业化券商。

【公司荣誉】

五矿证券始终秉承“规范运作、稳健经营、务实创新”的经营宗旨，在规范中保生存，在稳健中谋进步，在创新中求发展。2011 年，公司凭借业界最先进的系统为客户抢占交易先机，凭借富有活力的市场化机制为员工打造以价值创造为核心的企业文化，并在全体同仁的努力下获得了“最佳创新业务券商”、“2010 年度代理买卖证券净收入增长率全行业第一”、“最具成长性的营业部”、“证券公司 BB 类评级”等一系列荣誉。2012 年，五矿证券再创佳绩，一是在 2011 年全国证券公司代理买卖证券业务净收入增长率排行榜中，排名全国第二；二是在证券公司营业部平均代理买卖证券业务净收入中排名第 6 名（合并口径），较 2010 年排名大幅度上升 27 位；三是在证券时报主办的“2012 中国最佳财富管理机构暨第五届中国最佳经纪商评选”大赛中，一举拿下“中国最具成长性证券经纪商”和“中国百强证券营业部”两项大奖。在今年的证券公司分类评级中荣获 B 类 B 类 BBB 级，比去年的 BB 级再次上升一个级别。

【公司优势】

1. 强大的股东背景

国内少数央企背景券商之一，中国五矿集团绝对控股；

全国最大的钢铁、有色产业集团；位居世界 500 强企业第 228 位；

全国央企排名第 6 位；

连续三年在央企业绩考核中列 A 级。

2. 丰富的集团资源

有效整合并利用集团各板块间的资源；

强大的金融板块，拥有多家期货、银行、保险公司；

掌握国内外最新、最全面、最丰富的有色、钢铁行业信息。

3. 先进的交易系统

最快速的证券交易系统，委托成交速度最快 300 毫秒；

多种网上交易系统，满足不同客户的操作习惯；

强大的系统功能，包括预先埋单，夜市委托、多种特色交易手段及证券分析等功能；

为核心客户量身订做 VIP 通道，专线连接交易所，更快速、更便捷。

4. 专业的投资咨询

专业、深度的有色金属、钢铁行业的研究；

先进的数量化选股模型，领先市场。

5. 贴心的客户服务

位处深圳市金融 CBD，为客户提供一流的投资环境；

最先进的硬件设施，管家式的软件服务；

充分利用集团丰富的金融板块资源，为客户提供一揽子的综合理财方案服务；

规范、灵活的客户服务机制，最有效的实现个性化客户服务。

【联系我们】

地址：深圳市福田区金田路 4028 号荣超经贸中心 47 层

邮编：51803

公司总机：0755 - 82545555

客服热线：400 - 184 - 0028

网址：www. wkzq. com. cn

西部证券股份有限公司

西部证券股份有限公司（股票代码：002673）前身为陕西省证券公司，于 1988 年 9 月经中国人民银行批准设立。2001 年元月，经中国证监会核准，在陕西证券合并重组宝鸡证券、陕西信托和西北信托所属证券营业部的基础上设立西部证券股份有限公司，公司注册资本金 12 亿元人民币，是全国首批规范类证券公司和第 19 家创新类证券公司。

西部证券股份有限公司现有员工 2000 余名，在陕西、北京、上海、深圳、山东、江苏、河南、河北、广西、甘肃、宁夏等地区共设有 62 家证券营业部，在上海设有从事自营业务、客户资产管理业务的第一、二分公司和研究发展中心。2008 年 5 月，公司控股子公司——西部期货有限公司正式挂牌成立，与公司主营业务协同运作，独立经营（公司持股 87.5%）。公司与纽约银行梅隆资产管理国际有限公司于 2010 年 7 月合资设立的纽银梅隆西部基金管理有限公司致力于在公募和私募基金管理业务领域为客户提供一流服务（公司持股 51%）。目前，公司经营范围为：证券经纪；证券投资咨询；与证券交易、证券投资活动有关的财务顾问；证券承销与保荐；证券自营；证券资产管理；融资融券业务；证券投资基金代销；为期货公司提供中间介绍业务。

公司成立以来，建立了完善的法人治理结构和严密科学的内部控制体系，合规守法经营，造就了一支具有共同使命感和价值观的员工队伍，形成了“和衷共济，共谋发展，风控至上，稳中求先”的企业文化，走出了一条规范管理、稳中求先、注重效益的渐进式发展之路，取得了连续十一年盈利的历史经营业绩。在 2001 至 2005 年市场持续低迷的环境中，公司的投资业务形成了与价值投资、长线投资理念相匹配的管理体制、运营模式和操作手法，在为股东和客户创造超越市场基准价值的过程中奠定了其应有的市场地位。

近年来，公司业务实现了从投资业务一枝独秀到经纪业务、投资业务、投行业务、研发业务、客户资产管理业务、基金业务、期货业务的全面发展，不仅在各项业务的经营效率方面继续保持了良好的业绩，而且开始形成了各项业务适应市场竞争环境要求的良性运行格局，市场影响力日益扩大，从而使公司始终沿着最具盈利价值和最具增值潜力券商的轨道前行。投资银行业务经过多年积累，目前在“新三板”业务、创业板保荐与承销业务、县级地方债发行业务等业务领域走在行业前列。2009 年 1 月，公司完成了全国首家县级企业债券——“08 长兴债券”的主承销工作，该项目作为企业债市场的首次县级企业发行，拓展了发行人范围，改变了企业债券发行市场中央、省市大型企业“一统天下”的局面，开创了全国企业债发行市场的首次县级企业发行和创新抵押担保模式两个“第一”，此后该模式被其他券商广泛采用，也被市场充分接受；2009 年 10 月，完成全国首批创业板挂牌企业之一、陕西首家创业板上市公司西安宝德自动化股份有限公司的发行上市工作，实现了陕西省创业板保荐项目零的突破。“新三板”业务目前已发展成为国内场外市场和新三板市场建设发展的龙头企业，对新三板市场的理论探索和制度建设取得了丰硕成果，对市场发展产生了巨大的引领作用，连续四年（2009 - 2012）位列推荐挂牌企业家数全国三甲，是全国首家上报中关村以外园区项目的主办券商，现已与北京、天津、西安、武汉、成都、重庆、深圳、广州、苏州等 30 多家国家高新技术产业园区建立了战略合作关系，储备项目百余家，无论是挂牌家数还是项目储备在业内都处于领先地位，市场覆盖面遥遥领先于其他券商，为未来的竞争奠定了雄厚的项目基础。

公司始终致力于改善和加强风险管理水平，坚持“风控至上”的指导思想和“稳健经营，规范发展”的发展原则，逐步建立了业务风险识别、评估和控制的完整体系，建立并践行了“统一领导、分级负责、专业监督与全员参与”相结合的风险管理和内部控制制度，实施了风控集中、财务集中、交易集中、账户集中和清算集中的五大集中管理模式，引进了以净资本为核心的风险控制指标实时动态监控机制，建立健全了合规管理体系。2008 年，公司被证监会评为“账户规范工作先进集体”，并先后被国家审计署评为 2002 - 2004 年度、2005 - 2007 年度和 2008 - 2010 年度“全国内部审计先进单位”称号，成为全国唯一一家连续三次获此殊荣的证券公司。

在自身发展壮大的过程中，公司多次获得陕西省、西安市“支持地方经济发展成绩显著金融企业”称号，连年被评为陕西省、西安市纳税先进单位，近五年来（2007—2011 年），公司累计上缴国家税金 18.25 亿元，累计向股东现金分红 17.21 亿元，在服务地方经济的过程中发挥了行业龙头作用，有力地支持了地方经济社会发展。公司被中国主流媒体理财联盟评为“2007 年度理财总评陕西地区最佳服务证券公司”、“2008 - 2009 年度暨第二届中国理财总评榜陕西分榜最佳服务证券公司”和“2009 年度陕西地区最佳服务证券公司”，被深交所评为“2010 年度保荐工作最佳进步奖”，被中国证券投资者保护基金公司评为“2011 年度中国证券投资者调查十佳证券公司”，并先后在各项救灾捐款和社会慈善事业中捐款 2000 余万元，始终坚持以高度的社会责任感积极回报社会。

2007 年以来,公司全面导入 ISO9000 质量管理体系,使用国际化标准全面规范公司的运营体制、管理模式和操作流程,在实现由业务为中心向以客户为中心转变的过程中迈出了坚实的一步,公司已逐渐发展成为一个经营稳健、制度完善、业务完整、内控良好的中型券商。2012 年 5 月 3 日,公司在深圳证券交易所正式挂牌上市,西部证券迎来了一个崭新的发展机遇期。伴随着公司资本规模的迅速扩张,公司各项业务的发展空间将大幅扩展,公司将在继承和巩固之前发展成果的前提下,继续以建设最具盈利价值和增值潜力的证券公司为总目标,借力资本市场,在新的平台上持续稳健经营,着力改善公司业务结构,创新业务发展模式,不断提高核心竞争力,有效提升创新能力,进一步提高公司整体盈利能力和抗风险能力,使公司发展成为运营能力领先、内控水平一流、服务品质上乘、各项业务协调发展的国内一流证券经营机构。

【联系我们】

地址:西安市东新街 232 号陕西信托大厦 16 - 17 层

邮编:710004

客服电话:95582

网址:www. westsecu. com

西藏同信证券有限责任公司

【公司概况】

西藏同信证券有限责任公司原名西藏证券经纪有限责任公司,前身为西藏自治区信托投资公司(以下简称“西藏信托”)证券部。2000 年 3 月,根据国务院关于信托与证券分业经营管理的要求,公司经中国证监会核准成立,注册资本人民币 6000 万元,由西藏信托全资控股,实际控制人为西藏自治区财政厅。2006 年底,公司进行改制并通过增资扩股引入郑州宇通集团成为公司第一大股东,注册资本增至人民币 2 亿元。2010 年,西藏自治区投资有限公司(以下简称“西藏投资”)承接公司原股东西藏信托的全部股权划转,至此宇通集团持有公司 70% 股权,西藏投资持有 30% 股权。

公司改制后规模及综合实力实现了跨越式发展,经纪业务的市场占有率逐年提升,复合增长率位居行业前茅;2012 年 2 月,经过中国证监会的批准,公司完成了新一轮增资扩股,注册资本由 2 亿增加到 6 亿,资本实力得到进一步提升;2012 年 3 月,公司收购了上海久恒期货经纪有限公司 95.5% 股权,为进一步拓展业务范围奠定了基础。

截至 2012 年 8 月,公司营业网点由 2007 年的 5 家营业部发展到遍及全国 13 个省、自治区、直辖市的 31 家营业部和 3 个分公司;公司的业务资格由原来单一的经纪业务发展为包括经纪业务、证券投资基金代销、证券自营、财务顾问、证券投资咨询、证券资产管理、证券承销等综合业务类型。

【业务资格】

证券经纪;证券投资基金代销;证券自营;与证券交易、证券投资活动有关的财务顾问;证券投资咨询;证券资产管理;证券承销业务。

【发展历程】

2000 年 3 月,根据国务院关于信托与证券分业经营的原则,公司经中国证监会核准成立,注册资本人民币 6000 万元。

2006 年 12 月,根据公司的发展战略规划和监管部门的要求,公司完成了改制并进行了增资扩股,引入民营资本郑州宇通集团有限公司作为战略投资者,以现金方式向我公司增资 1.4 亿元人民币,增资后,公司注册资本增至人民币 2 亿元。

2008 年 1 月,公司全面完成客户账户的规范工作,并通过西藏证监局的验收,为全国第一家通过验收的证券公司。

2008 年 10 月,中国证监会发文,对在账户规范工作中表现突出、做出优异成绩的先进集体和先进个人进行了表彰,我司被评为证券市场账户规范工作先进集体,我司成都营业部的柜台主管陈莉同志被评为先进个人。

2009 年 12 月,公司由“西藏证券经纪有限责任公司”更名为“西藏同信证券有限责任公司”。

2010 年 3 月,上海分公司完成筹建工作,并正式开业。

2010 年 11 月,根据中国证监会批复,批准西藏自治区投资有限公司承接公司原股东西藏自治区信托投资公司的全部股权划转,折合公司 30% 股权,6000 万元资本,股东西藏自治区信托投资公司变更为西藏自治区投资有限公司。

2008 年、2009 年以及 2010 年,公司连续三年在证券公司分类评级中获得 A 类 A 级。

2012 年 2 月,经过中国证监会的批准,公司完成了增资扩股的工作,将公司注册资本由 2 亿增加到 6 亿,增强了公司的资本实力。

2012 年 3 月,公司完成了收购上海久恒期货经纪有限公司 95.5% 股权的相关工作,为进一步拓展业务范围奠定了基础。

2012 年 9 月,河南分公司完成筹建工作,并正式开业。

【特色业务介绍】

1. 投资顾问服务:

投顾业务定位:

同信证券投资顾问业务体系依托“证券投资分析平台”,以量化数据分析为基础,以研究所研发资源为支持,将媒体作为投顾业务的突破口,由投顾团队和大客服团队通过“锦绣前程 8848 财富管理终端”和 24 小时多渠道一对一的贴身服务,以准资产管理为理念,以提升客户自身证券投资能力为目的,为客户提供个性化、精细化的投资顾问服务。

同信证券投资顾问业务由“同信证券投顾委员会”全面负责管理,携手全国各地营业部,分设华东、华北、华中、华南四大片区,基于投顾团队与媒体、销售、研究所、产品及大客服的紧密结合,通过业务开展中灵活和有效的相互支持,彰显同信证券投顾业务的核心竞争力。

投顾业务介绍

《吉祥管家》

《吉祥管家》是同信证券顶级投资理财和财富管理服务品牌,下设《绝对收益》、《策略配置》、《事件驱动》、《趋势博弈》等实战投资组合核心产品子品牌,面向高净值私人投资和财富管理客户。专享的 VIP 理财经理一对一服务,专属的财富管理平台,汇聚公司定向理财、财务顾问、投融资业务。尊享投资理财风险评估、资产配置、投资组合再平衡、账户诊断、专题报告等多项专家服务。用专业、信赖、温馨的财富管理服务,助客户实现财富梦想,尊享财富人生。

《如意顾问》

《如意顾问》是同信证券高端客户投资理财服务品牌,下设《价值发现》、《复利成长》、《事件驱动 2》、《五维精选》等实战投资组合核心产品子品牌,是面向社会工薪富裕阶层、中小企业家提供投资理财的专业服务。专业、专心、个性化的账户资产配置、投资组合咨询建议,量身定制的投资理财资讯服务,适时、温馨的业务提醒和风险揭示;专享的投资理财资讯指导,理财顾问贴身一对一的服务,助客户轻松把握财富机遇,实现财富成长。

《永缘助理》

《永缘助理》是同信证券大众投资服务品牌，主要面向中、小投资规模的自主型投资者。全面、标准化的财经资讯，专业、准确的咨询服务，个性化的“高级客服经理一对一”服务；短信定制增值服务，助客户自主、愉快地享受投资理财生活。

《同信掌股》

《同信掌股》是同信证券基础投顾服务品牌，主要面向中、小投资规模的自主型投资者。提供专业交易通道及量化投资工具，助客户自主、愉快地享受投资理财生活。

2. 私人业务银行：

私人银行业务简介

私人银行业务立足于整合金融市场资源，向拥有高净值资产人士及其家庭、企业提供专业的金融产品和金融服务。

同时，私人银行业务提供个人财产投资与管理的服务，规划投资；优化客户资产、收入结构，根据客户需要提供订制化专属金融服务；为高端客户提供专业化一揽子资产管理、投资信托、保险规划、税务筹划、理财咨询等业务。

私人银行业务主要面向国有、民营企业和改制后企业提供贴身式和一体化的财务顾问服务和资本服务，为企业寻找、创造投融资机会，助推企业迅速突破现有瓶颈快速发展。为企业提供项目融资、资金管理、公司理财等综合性金融服务与金融咨询。

我们的目标：整合金融全产业链资源，为高净值客户及企业建立专属服务金融平台。

【联系我们】

地址：上海市闸北区永和路 118 弄 24 号

邮编：200072

邮箱：xzsec@ mail. xzsec. com

网址：www. xzsec. com

客户服务或投诉电话：400 - 881 - 1177

西南证券股份有限公司

【公司概况】

西南证券成立于 1999 年，注册资本 23. 23 亿元，是唯一一家注册地在重庆的全国综合性证券公司，经营范围包括：证券经纪、证券承销保荐及财务顾问、证券自营、资产管理、融资融券、证券投资基金代销。2009 年 2 月 26 日，西南证券在上海证券交易所挂牌上市，成为中国第九家上市证券公司，是重庆第一家 A 股上市金融机构。公司现有员工近 3000 名，41 家营业网点遍布国内 19 个经济中心城市，在北京、上海、深圳、成都、重庆 5 地设有投资银行业务部，并于 2010 年设立了从事直接投资业务的全资控股子公司——西证股权投资有限公司，注册资本 4 亿元。

【发展沿革】

1999 年 12 月 28 日，经中国证监会批准，以原重庆信托证券部、原重庆市证券公司、原重庆有价证券公司和原重庆证券登记有限责任公司的全部净资产为基础，联合其他股东共同发起设立西南证券有限责任公司，注册资本 112，820. 99 万元；

2006 年 10 月 23 日，经中国证监会批准，中国建银投资有限责任公司、重庆渝富资产经营管理有限公司、云南冶金集团总公司等对西南证券有限责任公司进行了增资，注册资本增至 233，661. 56 万元；

2008 年 7 月 22 日，经中国证监会批准，中国建银投资有限责任公司将其持有的西南证券有限责任公司 958，713，372 元股权转让给重庆渝富资产经营管理有限公司。转让完成后，重庆渝富资产经营管理有限公司成为西南证券有限责任公司第一大股东；

2009 年 1 月 20 日，* ST 长运重大资产出售暨新增股份吸收合并西南证券有限责任公司获中国证监会批准。同年 2 月 17 日，“西南证券股份有限公司”正式成立，注册资本 190，385. 46万元；

2009 年 2 月 26 日，西南证券股份有限公司在上海证券交易所挂牌上市，股票简称“西南证券”，股票代码“600369”；

2010 年 8 月 30 日，经中国证监会批准，西南证券股份有限公司向特定对象非公开发行人民币普通股 41，870 万股，共募集资金净额 599，997. 10 万元。公司注册资本变更为 232，255. 46万元。

【经营情况】

2011 年，公司全年累计实现营业收入 10. 40 亿元，利润总额 3. 35 亿元，同比减少 67. 94%；实现净利润 2. 63 亿元；截止 2011 年 12 月 31 日，公司资产总额为 177. 68 亿元，净资产 98. 99 亿元，母公司净资本 77. 26 亿元；每股收益 0. 11 元，每股净资产 4. 26 元，加权净资产收益率为 2. 38% 。

【主营业务】

1. 证券经纪业务

2011 年，在市场持续低迷、佣金水平连续下滑的背景下，公司经纪业务顺应市场发展趋势，推动经营思路、营销服务和网点模式的转型，做好存量客户的维护和增量客户的开发，市场份额及行业排名保持连续增长的良好态势，基金销售取得历史最好水平，并获得“最佳投顾服务券商”等荣誉称号，提升了公司的社会认同度和行业影响力，树立了良好的公司品牌。2011 年，在市场交易量明显下降的背景下，公司经纪业务实现手续费及佣金净收入 5. 11 亿元，年末客户资产 873 亿元，累计实现股票基金交易量 6，691. 70 亿元，同比下滑 18. 49%，好于市场下滑 22. 83% 的表现；市场份额达到 0. 7817%，同比增长 5. 62%；行业排名较 2010 年提升 5 位，较 2009 年提升 13 位，保持了三年连续增长的成绩，份额增长和行业排名提高幅度位列上市券商第一名。在公司网点数量并无显著变化的情况下，行业地位的快速提高体现了公司经营能力和管理效率的稳步提升。

2. 投资银行业务

2011 年，在市场融资规模和承销费率同步大幅下降的背景下，公司投行业务坚持推行核心客户战略，加强高端人才培养，整合业务资源，丰富收入渠道，实现股权、债券、并购、场外等业务全面、均衡、稳健发展，相互协同的“大投行”运作体系更趋成熟，有效提高了投行的综合实力和抵御市场风险的能力。2011 年，公司投行共完成 6 家 IPO 项目、5 家再融资项目、9 家债券融资项目，并有 7 家重大资产重组项目过会，累计实现营业收入 5. 16 亿元，同比增长 17. 58%；融资金额 186. 8 亿元，取得了股权稳中有升、债券均衡发展、并购行业领先的优异成绩，融资家数、金额、收入、利润等指标均取得历史最好水平，投行在业务规模、业务结构、项目储备、业务能力、保荐人数量等方面获得了进一步提升。此外，公司投行还有多个项目处于实施或者审核阶段。凭借优良的业绩和市场口碑，公司投行及员工取得“优秀保荐机构奖”、“最佳再融资投行”、“最佳并购投行”、“年度最具潜力保荐团队”、“最佳并购项目主办人”、“百佳保荐人”等荣誉称号，进一步提升了公司投行的市场形象。

3. 证券自营业务

2011 年，中国 A 股市场受多种因素影响震荡下跌，上证综指累计下挫 21.68%。2011 年，公司自营业务收入 -2.92 亿元，其中：投资收益 1.11 亿元，公允价值变动收益 -4.84 亿元，营业利润 -3.26 亿元。

4. 证券资产管理业务

2011 年，公司资产管理业务平稳运作、势头良好。公司首只集合计划珠峰 1 号围绕“控制风险，稳健增值”的投资目标，扎实推进投资运作、制度完善、风控强化、渠道搭建、团队建设、投研体系、客户服务等工作，奠定了未来发展基础，并向中国证监会申报了珠峰 2 号。截至 2011 年 12 月 31 日，珠峰 1 号单位净值 0.8219 元，保有规模为 14.46 亿份，累计赎回率低于同期成立的产品，当年累计收益率在同期成立的 16 只非限定性集合资产管理计划中排名第 5 位，全年实现营业收入 3,883.52 万元，显示了公司资产管理业务的较大潜力。

【公司主要创新业务分析】

在公司分类评级逐年提升、资本实力迅速提高、经营业绩稳步提升的基础上，公司积极把握行业发展机遇，全力打造全牌照“金融超市”的经营格局，满足投资者多样化的投资需求，增加公司收入来源。2011 年，公司各项创新业务快速崛起，不仅成为公司的利润增长点，而且有望成为新的业务亮点，正在逐步优化公司的盈利模式，增强可持续发展的能力。

1. 直接投资业务

2011 年，直投子公司高效开展项目的遴选与维护工作，同时持续优化人员配置、建立健全各项制度。一方面，直投子公司考察了多个项目，其中部分项目已达成投资意向；另一方面，直投子公司完成投资的华泽镍钴项目按计划予以推进。直投业务的开展，对于公司提高资本运作效率、分散二级市场投资风险具有重要意义，有望为公司业绩的持续稳定增长贡献力量。

2. 融资融券业务

2011 年，公司融资融券业务从零开始、迅速发展，通过组织营业部上线、制度建设、业务推广、培训教育等措施，夯实基础、奋起直追，已初步形成业务规模，且公司所有符合条件的营业部均已开通融资融券业务，为 2012 年标的证券扩容后的业务创新和发展打下了坚实基础。截至报告期末，公司信用资金账户开户 2,803 户，总授信金额 24.37 亿元，融资融券余额峰值达 3.76 亿元，市场排名第 24 位，实现业务收入 2,456.94万元。

3. 代办系统主办券商业务

2011 年，公司与各地国家级高新技术园区深入合作，代办系统主办券商业务巩固提升，快速拓展。报告期内，公司“代办系统主办券商业务”新增签约企业 13 家，同时完成改制 3 家，等待申报 4 家，并为 3 家企业提供财务顾问服务，市场影响力逐步提升，全年实现营业收入 224 万元，比上年同期增长 540%。凭借良好的业务储备及未来市场扩容的契机，场外市场业务将进入快速发展期。

4. 其他创新业务

2011 年，公司通过技术创新和业务创新，积极整合资源优势，提升综合竞争力。公司通过期现套利、ETF 套利等方式，提升经纪业务的交易量和市场份额；通过技术进步和科技创新，提升公司竞争力，并获得“最佳券商网站”等荣誉称号。特别是，借助现代信息技术实施的“生产系统同城双中心解决模式”，公司获得了监管部门的肯定和行业推广，该成果凭借其实用性和独创性，还荣获第十八届全国企业管理现代化创新成果最高奖项一等奖，开创了国内证券期货行业在这一国家级奖项中获得一等奖的先河。

【主要控股公司及参股公司】

1. 西证股权投资有限公司

2011 年，西证股权投资有限公司（以下简称西证投资）稳步推进开展直接投资业务，在当年内考察了多个项目，且与部分项目达成投资意向，正在积极推进后续的投资工作；在拓展新增项目的同时，亦注重对既有项目的维护，2010 年投资的华泽镍钴项目按计划予以推进，有望在未来实现收益；另一方面，西证投资重视自身治理及制度建设，在报告期内，结合内外部环境及自身发展的实际，持续优化人员配置，修订、完善相关规章制度，以保障自身的持续健康发展。直投业务的持续发展，将有利于提升资本运作效率、分散二级市场投资风险，有助于公司业绩的稳定增长。

2012 年，西证投资将继续加强队伍建设，强化对已经投资项目的管理，加快实现项目收益；同时加大项目考察和储备规模，择机投资其中的优质项目，以扩大投资规模，在降低投资成本的同时提高投资收益，有效拓展市场空间。

2. 银华基金管理有限公司

银华基金成立于 2001 年 5 月 28 日，注册资本 2 亿元人民币，公司持有其 29% 的股份。

目前公司另行收购 20% 银华基金股份事宜已获得中国证监会核准，待办理完毕相关手续后，公司将持有银华基金 49% 股份，成为其第一大股东。

截至 2011 年 12 月 31 日，银华基金管理的基金产品 23 只，规模 646.47 亿元，持续位列行业前 10 名；2011 年实现营业收入 97,235 万元，净利润 22,169 万元。报告期内，银华基金共完成 5 只公募基金和 11 只专户产品的募集，募集新产品数量在行业内名列前茅；旗下社保基金组合已开始投资运作。在 2011 年内，银华基金的产品结构得到了进一步完善、类型更加丰富，抵御系统风险的能力得以进一步增强。

【联系我们】

地址：重庆市江北区桥北苑 8 号西南证券大厦

邮编：400023

网址：www.swsc.com.cn

邮箱：dshb@swsc.com.cn

全国统一客服热线：4008096096

湘财证券有限责任公司

【公司概况】

湘财证券有限责任公司注册资本为 31.97 亿元人民币，法定代表人：林俊波。

经营范围：证券经纪；证券投资咨询；与证券交易、证券投资活动有关的财务顾问；证券承销与保荐；证券自营；证券资产管理；证券投资基金代销；融资融券业务及中国证监会批准的其他证券业务。

【公司沿革】

1992 年，设立湖南省湘财证券营业部（公司前身）。

1996 年，成立湘财证券有限责任公司。

1999 年，首家获准为全国性综合类证券公司。

1999 年，首批获准进入全国银行间同业拆借市场。

2002 年，第一家获准设立中外合资证券公司。

2004 年，唯一获准成立国家级证券博物馆。

2008 年，公司股权结构发生重大改变，新湖控股有限公司成为公司的控股股东。

2009 年，公司调整了治理结构，各项业务平稳发展、市场份额稳步提升。

2010 年，公司金诺信服务体系荣获 2010 年度“中国最佳经纪业务服务品牌”；公司金禾金融终端、金穗金融终端和金谷 VIP 快速交易系统荣获 2010 年度“最佳网上交易平台”；公司投资者教育工作荣获 2010 年度“投资者教育创新奖”。

2011 年，公司荣获“最受投资者欢迎的专业金融机构”称号，“最具特色手机证券商”奖项，2011 年度证券公司投资者教育与服务优秀单位；公司研究所获“2011 年度中国最佳证券公司研究所”大奖；研究所信息服务团队在分类行业排名中高居第一名。

2012 年，公司荣获中国资本市场季度研讨会十年最高奖“丰硕奖”。

【经营范围】

证券经纪业务；证券投资咨询；与证券交易、证券投资活动有关的财务顾问；证券自营；定向资产管理；证券承销与保荐；证券投资基金代销；中间介绍业务资格；外汇业务经营许可；银行间债券市场交易和结算成员资格。

【专业服务】

1. 证券经纪业务：

公司在 32 个大中城市设有 52 家证券营业部，服务全国 100 多万投资者，经纪业务客户托管资产 1200 余亿元。

公司确立了向投资者提供财富管理服务及综合金融产品服务的经纪业务经营理念，倡导发展多元化业务和全面客户关系管理，构建了高效、专业的金融产品服务体系。

公司秉承“让投资成为一种享受，让专业成为一种习惯”的服务理念。

2010 年：荣获“中国最佳经纪业务服务品牌奖”。

2010 年：荣获上交所“我服务、我先知”投资者教育优秀组织奖。

2011 年：首创“湘财历道行”，以“历道证券博物馆”百年馆藏深化投资者教育内涵，荣获上交所“投资者教育创新奖”。

2011 年：荣获“最具特色手机证券商奖”。

2012 年：荣获上交所“3.15 投资者教育优秀案例”活动优秀组织奖。

运用最先进的技术手段打造业内领先的交易工具和资讯服务平台。

首家金融工程实验室：

强大的硬件设备；全面的决策工具；灵活的金融模型。

金禾金融终端：

新行情，全新体验；新资讯，面面俱到；新交易，功能强大；新服务，体贴周到。

金穗金融终端：

新导航—全球视野，运筹帷幄；新资讯—权威报告，深度剖析；新行情—环球股指，快速行情；新方法—有效选股，洞察先机。

金谷 VIP 快速交易系统：

尊享独立 VIP 席位，0.4 秒极速交易，Level2 行情，72 项策略功能、程序化套利。

账户信息一体布局，多账户同时交易，无冻结理单；金谷投融资信息平台，实现专业化财富管理。

金诺信移动证券：

便捷投资工具，随身理财服务，全天候财富管理。

股指期货套利系统：

创新交易模式，有效规避风险，享受交易乐趣。

全国统一呼叫中心：

400－888－1551 每交易日 8:00 至 20:00 提供连续 12 小时的业务支持服务。

持续推出与客户风险承受能力相匹配的各类金融服务产品。

将客户按激进、成长、稳健、安稳、保守五类风险等级进行划分，提供不同风险等级的金融服务产品，把适当的服务提供给适当的客户。

金诺信财富管理业务

提供金诺信财富管理系列产品，涵盖专享资讯、投资策略、固定收益、金融衍生品、财富俱乐部、创新理财等，以满足客户全方位的理财需求，引领专业投资。

提供可灵活定制的投融资方案、理财规划、财税咨询等中小微企业服务，扶持企业做大做强。

融资融券业务

公司净资本实力雄厚，构建了融资融券业务征信、信用评级、授信等环节的完整业务流程，可及时满足客户融资融券业务需求，可方便、快捷、安全地为投资者提供融资融券服务。

QFII 业务

公司作为首批获得 QFII 经纪业务牌照的 13 家券商之一，受托管理资产规模从最初的 6 亿元人民币增加至 31 亿元人民币。

开放式基金销售

公司于 2003 年取得开放式基金代销业务资格，已与全国各主要基金管理公司建立了业务合作关系，可为投资者提供各类基金产品的认购、申购、赎回、转托管、基金转换及场内交易等业务，具备沪、深交易所多只 ETF 产品的一级交易商资格，开通了开放式基金网上申购费率优惠业务和定期定额业务，可根据特定客户需求量身定做灵活配置、定向增发、结构化、债券、固定收益等管理方向的一对多专户特定资产管理产品。

期货 IB 业务

公司于 2010 年 11 月取得为新湖期货提供中间介绍业务资格（IB 业务），目前已有 15 家营业部可开展 IB 业务，可为投资者提供协助办理开户手续、提供期货行情信息、交易设施及中国证监会规定的其他服务。

大小非客户服务

公司积极整合行业内外资源，为大小非投资者线搭桥，寻找合适的交易对手，通过大宗交易平台撮合交易，实现多方共赢。

为未解禁且急需资金周转或已解禁且想保留公司股权的大小非客户提供股权质押融资的投资顾问服务。

公司与信托、银行等金融机构建立了深入的合作关系，借助自身和外部的力量，组成了强大的专业管理团队，可为大小非业务提供一对一的市值管理方案。

依托营业网点优势在全国范围内为大小非投资者寻找税收奖励和优惠方案。

机构客户业务

通过整合公司研究、投行、资产管理等各项资源，积极寻求新三板、定向增发、财务顾问、股权投资、伞型信托、结构化信托、债券回购套做、量化投资及程序化交易等热点投资机会，致力于为商业银行、信托公司、保险公司、企业年金、大型国企、拟上市公司和上市公司、财务公司、投资公司、私募基金等机构投资者和高端私人客户提供高层次、全方位、多元化的综合金融服务，努力以专业化销售和服务为手段，促进公司客户收益最大化。

2. 投资银行业务

湘财证券有限责任公司（以下简称公司）于 1999 年经中国证监会批准成为全国首家综合类券商，开始大力发展投行业务。2003 年公司与法国里昂证券合资成立全国第一家中合资的专业投资银行公司——华欧国际证券有限责任公司。2010 年，公司为进一步拓展投资银行业务，经中国证监会批准设立了北京承销与保荐分公司（以下简称投行分公司），专职为客户提供包括股权融资（IPO、增发、配股等）、债券融资（企业债、金融债、可转债等）、财务顾问（改制、并购、重组、股权激励计划等）等服务。

自成立以来，公司已先后为近百家企业提供了各类投资银行业务服务，服务对象包括三一重工、时代新材、酒鬼酒、嘉瑞新材、株冶火炬、华帝股份、威尔科技、通程控股、隆平高科、豫光金铅、特变电工、振华港机、云铝股份、长城信息等。2012 年 1 月，投行分公司获得由和讯网、中国证券市场研究设计中心（SEEC）等机构联合主办的“2011 年度第九届财经风云榜”证券行业的“2011 年度最佳投行”称号。

投行分公司确立了大投行运作的模式，坚持与客户共同创造价值的理念，为客户提供各类增值服务。目前设有多个业务部门与质量控制部、综合管理部、资本市场部等中后台支持部门。各业务部门分工协作，中后台部门提供全方位支持。

投行分公司的管理团队大多具有多年的投行业务管理经验，熟悉国家相关法律、法规及政策，对宏观经济、监管政策有着充分的把握。业务团队核心骨干人员具有多年从事投行业务的经验，80% 以上具有硕士及以上学位，多人具有律师、注册会计师等专业资格，执业经验丰富、专业能力强，能够针对每一位客户的具体情况和需求，为客户量身设计解决问题的最佳方案。

未来，投行分公司将继续坚持与客户共同创造价值的理念，致力于满足客户在不同发展阶段的不同资本市场需求，全方位、多层次的为客户实现战略愿景提供一站式金融服务，打造最具有专业特色的精品投行。

3. 资产管理业务

理念目标：

在风险管理的前提下，坚持客户利益优先，在专业化管理和科学运作的基础上，为客户寻求最佳的投资回报。

机构设置：

按照监管要求，参照国际经验设置了业务组织架构，岗位设置遵循相互独立、职责分明、互相检查、互相制约的原则。

业务范围：

以标准化集合资产管理为业务基础，以定制化定向资产管理、专项资产管理业务为特色，业务范围全面。

产品服务：

以固定收益、量化投资、基本面股票投资为三大产品主线，提供恰当的投资策略、多样的产品结构以及细致的客户服务。

4. 自营业务

投资理念：

坚持价值投资，以深入的研究挖掘企业内在价值，寻找安全边际较高的股票，中长期持有、充分享受上市公司成长带来的投资收益。

投资目标：

在严格控制风险的基础上，充分权衡、匹配风险与收益的关系，确保公司资本金获得持续稳定的收益。

5. 研究咨询业务

湘财证券研究所创立于 2009 年 5 月，秉承“湘财崛起，研究先行”的发展目标，坚持“研究创造价值、质量确立品牌、服务带来增值”的发展理念，以积极支持公司内部业务发展、市场化服务外部投资机构为发展导向，正在以“走新路、创优异”的姿态向国内一流的证券研究机构迈进。

湘财证券研究所现已构建了宏观策略研究、行业研究、金融工程与固定收益研究、销售交易等一系列专业研究服务部门，产品线囊括了公司报告、行业报告、宏观经济报告、投资策略报告、金融工程报告、基金债券报告、每日晨会纪要和新股研究等 8 大类，38 项细分研究产品，基本实现了行业研究的全覆盖。

近年来，湘财证券研究所广聚各界研究精英，研究实力得到了长足的发展，屡获业内殊荣。在《2011 年证券研究所十强榜》中，湘财证券研究所以总积分 14257.4 分的骄人成绩，在全部 73 家证券公司研究所中位列第四名，遥遥领先于多家国内老牌知名证券研究所；在“2011 年证券分析师百强榜”中，湘财证券研究所有 6 位研究员入围，其中前 5 名入围 2 位；同年，在搜狐开展的“金罗盘券商研究能力评测”中，湘财证券研究所获“金罗盘最佳券商研究团队”，短线收益全国排名第 3，中长线收益全国排名第 7；在证券市场周刊和腾讯网联合举办的“2011 年卖方分析师水晶球奖”评选中，首席金融工程分析师张银旗获得“卖方分析师网络人气评选”的第 6 名。

湘财证券研究所通过近几年的发展，正在不断形成和完善它精辟、独到的研究风格。在宏观经济研究方面，以首席经济学家为代表的湘财证券研究观点通过中央电视台二套、上海第一财经等财经媒体对政府各项经济政策和市场监管信息等保持较为紧密的跟踪和分析判断，已成为证券市场中的主流声音。在策略研究方面，坚定湘财证券研究所的逻辑判断，客观研判市场并发出的明确结论逐渐被市场关注和认同。在行业研究方面，低碳经济研究较早纳入业内主流研究梯队，策划的各类低碳经济和新能源研究专题及其成果已向众多机构推荐，并与中国可再生能源研究会、北京产权及环境交易所向机构和客户联合发布重要研究成果等。在公司和基金机构等客户服务方面，研究所销售交易部已开辟客户服务畅通渠道，以蓝海策略为精要的客户服务模式正在展开，并得到外部机构客户的认同。

在单项研究成果方面，湘财证券研究所同样硕果累累。2011 年 5 月，《货币政策规则和拐点的分析：基于泰勒规则框架》和《数量化投资在 A 股市场的应用：基于 ALPHA 策略的应用研究》两篇课题，分别获得中国证券业协会 2010 年度科研课题宏观环境类课题一等奖和金融产品创新类课题三等奖。2011 年 10 月，《多层次资本市场融资、经济增长与产业结构升级——基于中国省际面板数据的再检验》一文，获深交所《证券市场导报》首届论坛征文活动二等奖。

湘财证券研究所将不断努力，打造一支规模化、专业化、高学历、实战经验丰富的研究团队，不断推出研究精品，完善内部业务支持和外部机构服务的高效模式，为公司、客户、市场奉献丰富的市场投资智慧和财富。

“长风破浪会有时，直挂云帆济沧海”，湘财证券研究所的明天将更加灿烂。

6. 场外市场部业务

湘财证券一直积极参与中国多层次资本市场的建设。公司于2003年6月5日取得代办股份转让主办券商资格，获准从事股份代办转让业务。2012年1月17日，经中国证券业协会核准，公司正式取得从事代办系统股份报价业务资格。

公司设立了场外市场部，专职负责开展代办股份转让和报价转让业务。部门现有员工20余名，设置了业务拓展、信息披露、业务管理等多个岗位，同时配备了多名注册会计师、律师、行业分析师等专业人士，负责各项具体工作。健全的内部管理制度和风险防范机制，符合业务要求的系统技术规范，为代办股份转让和报价转让业务的拓展提供了保障，可为申请挂牌的非上市公司提供改制、挂牌辅导、推荐挂牌、股份托管服务、重组等系列服务；接受投资者委托，提供代理报价、成交确认等服务。

现在场外市场部已经具备了成熟的发展理念、高效的经营作风、良好的敬业精神、严格的内控制度、及时的过程控制、规范的技术支持以及成熟的后援服务，随着国内场外市场的日趋成熟与完善，场外市场部将以崇高的使命感、强烈的事业心和专业化的追求为有股权流通需求的客户进入资本市场提供专业的规范化改制、推荐挂牌及持续督导等优质、高效的全方位服务，在场外市场大发展的环境中与客户实现共同成长。

【联系我们】

地址：湖南省长沙市天心区湘府中路198号
新南城商务中心A栋11楼
邮编：410004
电话：0731－84451488
全国统一客服：400－888－1551
网址：www. xcsc. com
邮箱：kfzx@ xcsc. com

新时代证券有限责任公司

【公司概况】

新时代证券有限责任公司是一家专业化、全国性的综合类证券公司。公司由资产质量优良、资金实力雄厚的股东出资而成。注册地为北京市，注册资本金为人民币146327. 201306万元。公司下属2家分公司，45家证券营业部，遍及北京、上海、天津、重庆、内蒙古、河南、河北、山东、江苏、浙江、湖南、湖北、福建、四川、广东等全国15个省、自治区和直辖市，形成辐射全国、布局合理的客户服务和经营网络。

经过多年运作，公司秉承稳健与创新相结合、个人绩效与团队精神相统一的宗旨，以先进的组织结构、完备的治理模式、一流的人才队伍、丰富的业务经验，构建了崭新的组织体系、业务运行模式和内控机制，促使各项业务不断取得经营佳绩。

【业务资格】

保荐机构资格、经营外汇业务资格、外币有价证券经纪和投资咨询业务资格、基金代销业务资格、权证交易代理业务资格、网上交易委托业务资格、B股交易资格、证券投资咨询业务资格、同业拆借和债券交易资格、银行间同业拆借市场成员资格、合并纳税资格、公开发行股票询价对象资格、证券资产管理业务资格、融资融券业务资格等。

【大事记】

2012年9月，新时代宏图资本管理有限公司成立。

2012年6月，经北京证监局审批公司迁址至北京市海淀区北三环西路99号院1号楼15层1501，成为海淀区人民政府引入第一家公司级券商。

2012年6月，公司正式开展融资融券业务。

2012年2月，北京兴华大街营业部、北京永安路营业部正式开业。

2011年9月，公司主承销的浙江棒杰数码针织品股份有限公司（首发）项目获中国证券监督管理委员会审核通过。

2011年7月，公司主承销的珠海和佳医疗设备股份有限公司（首发）项目获中国证监会发审委审核通过。

2010年12月，北京鲁谷路证券营业部、北京马家堡西路证券营业部开业。

2010年12月，上海证券资产管理分公司成立。

2010年11月，取得证券资产管理业务资格。

2010年8月，公司注册资本变更为146327. 201306万元。

2010年4月，担任浙江金利华电气股份有限公司首次公开发行股票的主承销商。

2010年3月，担任湖北国创高新材料股份有限公司首次公开发行股票的主承销商。

2010年3月，公司主承销的天津九安医疗电子股份有限公司（首发）项目获中国证监会发审委审核通过。

【投资银行部】

新时代证券投资银行总部以服务于成长型企业为目标，坚持“与客户共同成长”的理念，选择“精耕细作”的差异化发展战略，积极树立以品牌、专业服务和创新为核心竞争力的市场形象，致力于实现股权、债权和结构性融资平衡发展，形成全方位的融资和顾问服务平台。

服务内容

首次公开发行、上市公司增发、上市公司配股、公司债券、资产重组、收购兼并、股权激励计划、其他财务顾问服务

近年保荐承销业绩

登云汽配IPO

国内国内最早从事汽车发动机气门专业生产的领先企业

国创高新公司债

（002377）交通道路新材料领域屈指可数的品牌企业

棒杰股份IPO

（002634）国内无缝针织行业龙头企业获浙江省人民政府金融办公室2011年度优秀保荐机构及优秀IPO团队

和佳医疗创业板IPO

（300273）国内医疗器械行业领先企业

九安医疗IPO

（002432）家用医疗健康电子产品领先企业

金利华电创业板IPO

（300069）分享电网投资盛宴的细分行业龙头

国创高新IPO

（002377）交通道路新材料领域屈指可数的品牌企业

路翔股份IPO

（002192）拥有国际领先沥青改性技术的专业沥青生产企业

美罗药业定向增发

（600297）以药品制造和流通为核心业务的专业化知名品牌企业

高鸿股份定向增发

（000851）大唐电信旗下数据网络技术高新技术企业

格力地产（借壳上市）

（600185）格力集团下属极具实力和影响力的房地产企业

海星科技重大资产重组及定向增发

(600185)

路翔股份重大资产重组

(002192)拥有国际领先沥青改性技术的专业沥青生产企业

重庆港九重大资产重组

(600279)

*ST 天桥重大资产重组

(600657)

【联系我们】

地址:北京市海淀区北三环西路99号院1号楼
15层1501

邮编:100086

电话:010-83561000

传真:010-83561001

网址:www.xsdzq.cn

邮箱:office@xsdzq.cn

信达证券股份有限公司

【公司概况】

信达证券股份有限公司是经中国证监会批准,在收购原汉唐证券、辽宁证券的证券类资产基础上,由中国信达资产管理股份有限公司、中海信托股份有限公司、中国中材集团公司作为发起人,于2007年9月设立的证券公司。公司注册地在北京市,现注册资本为25.687亿元人民币,拥有68家营业部,全资控股信达期货有限公司。

雄厚的金融集团背景

公司的主要出资人及控股股东中国信达资产管理股份有限公司是经国务院和人民银行批准,由财政部出资于1999年4月设立的国有独资非银行金融机构,注册资本金251亿人民币,是国内第一家金融资产管理公司。经过多年的发展,信达资产管理股份有限公司取得了良好的业绩,各项指标居行业领先水平。在完成不良资产处置的同时,信达资产管理股份有限公司依据国家相关政策积极探索商业化转型之路,陆续搭建了证券、基金、保险、信托等金融服务平台,综合服务金融集团的框架初步形成。

现代企业组织架构及日趋完善的网点布局

信达证券按照现代企业制度建设的要求,建立了完善的组织架构和精简高效、权责明晰的组织管理体系,在北京、上海、深圳、广州、沈阳、成都等30个城市设立了证券服务机构。随着业务的发展,信达证券将进一步完善网点布局,构建更加科学高效的机构网络,使得公司能够在多个层面及时、准确的了解资本市场的信息,把握好市场发展的脉动,为投资者提供更加专业和针对性的服务,实现公司与客户的共同发展。

【经营范围】

公司业务范围包括证券经纪;证券投资咨询;与证券交易、证券投资活动有关的财务顾问;证券承销与保荐;证券自营;证券资产管理等项业务资格。

【主营业务】

投行业务

依托信达资产管理公司的良好业务平台,公司投资银行业务业务品种不断丰富,业务链条进一步延伸,通过强化内核和项目过程控制,保荐业务保持了较高的项目过会率。2010年承销保荐业务方面,先后完成了杭州齿轮主板IPO、江海电容器中小板IPO、山东阳谷华泰创业板IPO项目的主承销项目。与信达国际一起完成了中国大唐集团新能源公司H股上市项目。债券业务方面,全年共完成7个主承销项目的发行(含5个企业债、1个公司债、1个次级债),开拓新的承销品种,加入国开行和农发行的金融债。2010年第四届《新财富》中国最佳投行评选中乐普医疗IPO项目获得"最佳创业板IPO项目"殊荣。2010年《证券时报》主板的2010中国区优秀投行评选中乐普医疗IPO项目获得"最佳创新项目奖"。

经纪业务

公司经纪业务以技术领先的电子化交易为特色,拥有技术先进、安全高效的证券交易平台和完善的客户服务渠道。公司不断强化网上交易业务,整合投资咨询力量,加大新业务品种的开发力度,经纪业务竞争力进一步提高。公司坚持以客户需求为导向,按客户的不同服务需求重构客户服务体系,客户服务的专业化不断提高,个性化优势日渐突出。

研究实力

公司研发中心是一支由经济学、管理学、理学、工学、法学等多学科博士、硕士组成的具有深厚的理论功底和丰富的实战经验的高素质专业研究团队,是中国证券研究行列中一支朝气蓬勃的生力军。研发中心每日推出的"信达看盘"、"组合专刊"、"股指早报"等日报产品,定期推出的月度、季度策略报告以其丰富的内容以及对市场的敏锐判断被多家媒体和相关报刊广泛采用,行业公司研究也受到广大投资者的一致好评。研发中心亦以自身雄厚的研究实力,为公司各方面业务的开展提供强大的智力支持。2010年,研发中心被《新财富》杂志评为最具潜力研究机构奖,显示信达证券研发中心正处于快速发展的轨道上,具备广阔的成长空间。

【企业文化】

公司秉承"崇德精业,诚信为本,规范经营,创新发展"的经营思想,以"客户至上"为经营原则,以"专业创造价值"为核心价值观,通过服务创新、产品创新、技术创新,为客户提供专业、优质高效的服务,坚持与客户共同成长,为社会创造更多的经济和社会价值。

公司以"激情工作、快乐生活"为企业文化的核心理念,积极推进企业文化建设。

【联系我们】

地址:北京市西城区闹市口大街9号院1号
楼信达金融中心

邮编:100031

网址:www.cindasc.com

客服电话:400-800-8899

兴业证券股份有限公司

兴业证券股份有限公司(601377SH)是中国证监会核准的全国创新类证券公司和A类A级1证券公司,经营范围包括证券经纪、证券投资咨询、证券承销与保荐、证券自营、证券资产管理、代办非上市股份公司股份转让、与证券交易、证券投资活动有关的财务顾问、融资融券、证券投资基金代销和为期货公司提供中间介绍业务等。

兴业证券前身可追溯至1991年设立的兴业银行证券业务部,1994年在证券业务部基础上改组设立福建兴业证券公司,1999年根据国家关于金融业"分业经营和分业管理"的政策要求,改制增资并与兴业银行脱钩,更名为兴业证券股份有限公司。

经过20年坚持不懈的努力，兴业证券今天已发展成为拥有26个总部部门、5家分公司、1家派出机构、60家证券营业部、4家控股金融子公司的中大型证券公司，基本搭建起涵盖证券、基金、期货、直接投资和跨境业务等专业领域的证券金融控股集团模型。尤其是近年来，兴业证券抓住市场机遇，取得优良的经营业绩，主要业务和经营指标进入行业20强，综合竞争实力、抗风险能力、行业地位和市场影响力进一步提升，公司发展跃上了一个又快又好的新时期。

在长期的证券市场运作中，兴业证券始终坚持"市场化、规范化、专业化"的经营方针，逐步形成特色鲜明的稳健经营风格。公司坚持证券主业经营，自觉遵守各项法律、法规和行业公约，把合规管理、加强自律、防范风险放在十分突出的位置上，依靠完善的管理体制和风险控制机制防范经营风险，资产质量良好，连续三年获得A类A级1分类监管评级，风险管理和市场应变能力处于证券业先进行列。

兴业证券注册地设在福州市，注册资本22亿元，第一大股东为福建省财政厅。公司始终把建立健全法人治理放在首要位置，按照《公司法》和《证券公司治理准则》等法律法规制定公司章程，设立股东大会、董事会和监事会并规范运作，发挥其职能作用，形成与经营层相互促进和相互制约的制衡机制。

兴业证券十分重视队伍建设，持续推进队伍转型，通过多种方式改善队伍结构，提升队伍专业素质，本科以上人员占比达到80%。公司认真履行企业公民对于股东、员工和社会的责任，让员工享受企业发展的成果，激发员工工作积极性，积极支持社会公益事业，"十一五"公司及职员公益捐赠总额2800万元，曾被评为中国金融企业慈善榜证券业突出贡献奖；公司设有兴业证券慈善基金会，用于持续开展社会公益事业。

兴业证券秉承"艰苦创业、勤勉敬业、廉洁自律、励精图治"16字兴业精神，坚持"专业化、规范化、市场化"的战略指导思想，坚持"稳健规范、长远发展"的经营原则，坚持"业务必须增长、管理必须领先"的内在经营要求，坚持"提升员工价值，创造客户价值"的核心价值观，率先在证券业内倡导产业升级和推行变革转型，并取得明显成效。

在我国资本市场持续繁荣发展，证券行业加快产业升级的环境下，兴业证券确立以提升专业投资服务为核心内容的转型战略，即要把以"交易通道服务"为主的业务模式，提升为以"交易通道服务"为基础、以"专业投资服务"为核心的业务模式，争取用10年左右的时间，建立起以客户价值为导向的投资服务业务模式，使公司综合实力进入行业10强，利用上市平台进一步提升综合实力和竞争地位，基本实现将兴业证券打造为一家优质的综合性金融服务公司的愿景与理想。

银泰证券有限责任公司

【公司概况】

银泰证券有限责任公司是中国证监会于2006年7月批准成立，于证券行业综合治理期间首家新批准设立的证券公司。公司注册地为深圳市，注册资本10亿元，主要股东为北京嘉鑫世纪投资有限公司、国银金融租赁有限公司和武汉致远投资有限公司。

银泰证券所辖营业部分布在珠三角、长三角和环渤海经济区的10个中心城市。公司目前的经营范围为：证券经纪；证券投资基金代销；证券自营；证券资产管理；证券投资咨询；与证券交易、证券投资活动有关的财务顾问；融资融券。

【业务资格】

证券经纪；证券自营；证券资产管理；证券投资基金代销；证券投资咨询；与证券交易、证券投资活动有关的财务顾问。

【大事记】

2006年7月，中国证监会批准成立银泰证券经纪有限责任公司。银泰证券经纪有限责任公司于2006年9月5日注册成立，注册资本为1.2亿元，同年12月3日正式开业。主要股东为国银金融租赁有限公司（原深圳金融租赁有限公司）和江西银泰投资有限公司。

2007年3月，银泰证券经纪有限责任公司完成对原中创公司所属证券营业部的收购，公司所辖11家营业部分布在珠三角、长三角和环渤海经济区的9个中心城市。

2008年7月14日，经中国证监会核准银泰证券经纪有限责任公司变更注册资本，资本金由1.2亿元增加到5亿元。股东为北京嘉鑫世纪投资有限公司、国银金融租赁有限公司和江西银泰投资有限公司。

2008年12月4日，中国证监会核准公司增加证券投资基金代销业务。

2009年4月2日，公司名称正式变更为"银泰证券有限责任公司"。

2009年7月8日，公司增加证券自营业务、证券资产管理业务。

2010年6月23日，经中国证监会核准，银泰证券有限责任公司注册资本由5亿元变更为10亿元。

2010年7月27日，中国证券监督管理委员会深圳监管局同意银泰证券有限责任公司实施证券经纪人制度。

2010年8月24日，经中国证券监督管理委员会河北监管局核准同意银泰证券有限责任公司唐山北新西道证券营业部开业。

2010年12月10日，公司股东变更为北京嘉鑫世纪投资有限公司、国银金融租赁有限公司和武汉致远投资有限公司。

2010年12月24日，公司增加证券投资咨询业务，与证券交易、证券投资活动有关的财务顾问业务。

2011年11月，银泰证券成功发行首只集合理财产品——"银泰1号"。

2012年3月14日，银泰证券融资融券业务顺利通过中国证券业协会专业评价评审。同年6月4日，公司获得《关于核准银泰证券有限责任公司融资融券业务资格的批复》。

【联系我们】

地址：深圳市福田区竹子林四路紫竹七道18号
光大银行18楼
客服热线：0755－83710885

英大证券有限责任公司

【公司概况】

英大证券有限责任公司是一家全国性的证券经营机构，注册资本22亿元，注册地在深圳。公司拥有大批金融、经济、法律、财务和计算机等专业的高素质人才，业务范围涵盖证券经纪、证券自营、证券承销与保荐、基金代销、资产管理、投资咨询、财务顾问、期货IB等领域。

公司股东实力雄厚，目前控股股东为国网英大国际控股集团有限公司，是在原国网资产管理有限公司基础上组建，以"英大"品牌为标志，涵盖7家控股金融单位、19家参股金融机构的金融控股集团。公司实际控制人为国家电网公司。

公司在深圳、北京、上海、天津、沈阳、南京、武汉、南昌、长沙、兰州、重庆、福州等国内经济发达地区和省会所在地设有16家证券营业部,构建了面向全国的营销服务网络,能够及时满足客户的各类投资需求。

公司拥有一支实力强大的研究咨询团队,创建推广"金点"系列研究咨询产品,同时,在北京设立能源研究中心,通过发挥股东单位的行业和资源优势,重点推动电力及其设备配套行业、能源行业的研究,全力打造英大特色研究品牌,逐渐形成了公司战略发展的核心竞争力。

英大证券将坚持向国内外投资者提供一流专业服务、努力推动中国资本市场繁荣发展为己任,秉承"客户至上、回报股东、奉献社会"的企业宗旨,发扬"努力超越、追求卓越"的企业精神,信守"以人为本、诚信立业、合规经营、创新发展"的经营理念,建设成为富有英大经营特色、"一强三优"、国际化经营的现代上市金融企业。

【发展历程】

经中国人民银行"银复[1995]374号"文、中国人民银行深圳经济特区分行"深人银复(1995)302号"文批准,公司在深圳蔚深投资财务管理有限公司原有证券机构和证券业务基础上成立。1996年4月15日,公司在深圳市工商行政管理局领取了企业法人营业执照。公司注册资本1亿元。

2002年1月22日,经中国证监会"证监机构字[2002]30号"文批准,公司发生了股权变更,并办理了工商变更登记。

2006年8月10日,经中国证监会"证监机构字[2006]188号"文批准,由国家电网公司等单位向公司增资11亿元,增资扩股后,公司注册资本为12亿元,同时公司名称由蔚深证券有限责任公司变更为英大证券有限责任公司,并办理了工商变更登记。

2008年12月25日,经中国证监会核准,国网资产管理有限公司受让公司股东国家电网公司所持有的全部股权(占公司出资总额的55%)。由此,公司第一大股东由国家电网公司变更为国网资产管理有限公司。

2010年12月,公司股东国网资产管理有限公司更名为"英大国际控股集团有限公司",各股东持股比例未发生变化。

2012年3月22日,公司第一大股东英大国际控股集团有限公司更名为"国网英大国际控股集团有限公司",各股东持股比例未发生变化。

2013年1月16日,经中国证监会"证监许可〔2013〕43号"文核准,国网英大国际控股集团有限公司等三家股东对公司共同注资10亿元,公司注册资本由人民币12亿元变更为22亿元。同年1月30日,公司完成了注册资本工商变更登记手续。

【联系我们】

地址:深圳市深南中路华能大厦30楼

咨询服务热线:0755-26982993

电子信箱:jgbts@ ydzq. sgcc. com. cn

网址:www. ydsc. com. cn

招商证券股份有限公司

【公司概况】

招商证券股份有限公司(以下简称招商证券)是百年招商局旗下金融企业,经过二十年创业发展,已成为拥有证券市场业务全牌照的一流券商。2009年11月,招商证券在上海证券交易所上市(代码600999),截止目前,招商证券成为中证100、上证180、沪深300、新华富时中国A50等多个指数的成分股。招商证券具有稳定持续的盈利能力、科学合理的风险管理架构、全面专业的服务能力。拥有多层次客户服务渠道,在国内设有96家营业部,同时在香港设有分支机构;全资拥有招商证券国际有限公司、招商期货有限公司、招商资本投资有限公司,参股博时基金管理公司、招商基金管理公司,构建起国内国际业务一体化的综合证券服务平台。招商证券致力于"全面提升核心竞争力,打造中国最佳投资银行"。我们将以卓越的金融服务实现客户价值增长,推动证券行业进步,立志打造产品丰富、服务一流、能力突出、品牌卓越的国际化金融机构,成为客户信赖、社会尊重、股东满意、员工自豪的优秀企业。

【业务资格】

证券经纪;证券投资咨询;与证券交易,证券投资活动有关的财务顾问;证券承销与保荐;证券自营;证券资产管理;融资融券;证券投资基金代销;为期货公司提供中间介绍业务。

【企业文化】

招商证券价值观

经营理念:珍惜声誉,诚信经营;稳健务实,协调发展

客户理念:服务至上,客户为先;至专至精,成就价值

人文理念:以人为本,任人唯贤;公开公正,和谐舒畅

行为取向:崇尚进取,鼓励创新;全局为重,团结协作

责任理念:忠诚尽责,勤勉奉献;回报股东,服务社会

【联系我们】

总部地址:深圳市福田区益田路江苏大厦38-45层

电子邮件:sbox@ cmschina. com. cn

拨打电话:95565转"人工服务"

人工代填单电话委托:40088-95565

境外热线:0755-26951111

网上在线:进入专家在线

现场服务:招商证券营业网点

浙商证券股份有限公司

浙商证券股份有限公司是中国证监会批准成立的综合性证券公司,成立于2002年5月9日,2012年9月12日整体变更为股份公司。总部位于浙江省杭州市,注册资本30亿元人民币。现有股东15家,实际控制人为浙江省交通投资集团。

公司已形成"证券+期货+基金+创投"的金融产业布局,全资控股浙商期货有限公司和浙商资本管理有限公司,主发起设立浙商基金管理有限公司,为广大客户提供综合性投融资服务。公司主要业务包括证券经纪、投资银行、资产管理、财务顾问、投资咨询、证券自营、期货IB、直接投资、融资融券等。截至2012年9月底,公司在全国范围内设有64家证券营业部,覆盖浙江所有地市,并拓展至北京、上海、天津、深圳、重庆、广州等沿海省市及内陆经济发达地区。

近年来,公司综合实力显著提升,服务能力不断加强,赢得市场良好口碑,先后获得优秀证券中介机构、中国最具发展潜力证券公司、中国最佳资产管理证券公司、中国最具成长性投行、中国最具成长性经纪券商等荣誉。浙商证券以"同创同享同成长"为核心企业文化,努力打造最具浙商特色的财富增值服务商,致力于撮合投融资需求,管理居民财富,积极服务于实体经济发展。

【联系我们】
地址:浙江省杭州市杭大路 1 号黄龙世纪广场 A 座
邮编:310007
电话:0571 - 87901963
传真:0571 - 87901955
公司邮箱:webmaster@ stocke. com. cn

中德证券有限责任公司

【公司概况】

中德证券有限责任公司是一家中外合资证券公司,由全球领先的综合金融机构德意志银行和具有丰富本土经验的山西证券股份有限公司共同出资设立。公司向客户提供广泛的投资银行服务,包括各类证券承销以及与资本市场相关的顾问服务等。公司董事长为侯巍先生,总经理为姜培兴先生。

2008 年 12 月,中国证监会下发《关于批准设立中德证券有限责任公司的批复》,批准山西证券与德意志银行共同出资设立中德证券有限责任公司。2009 年 4 月,公司取得营业执照正式设立。2009 年 7 月中国证监会向公司颁发了《经营证券业务许可证》。经批准的经营范围包括:股票(包括人民币普通股、外资股)和债券(包括政府债券、公司债券)的承销与保荐以及中国证监会批准的其他业务。2009 年 8 月,公司取得了保荐机构资格。

公司总部设在北京,办公地址为北京市朝阳区建国路 81 号华贸中心德意志银行大厦 22 层。

【产品与服务】

中德证券以满足客户需求、提升企业价值为宗旨,致力于为客户提供全方位的企业融资服务,其中包括股本融资、债券融资及与资本市场相关的财务顾问服务等。

股本融资与保荐业务

中德证券股本融资产品包括首次公开发行股票并上市、上市公司公开发行股票/非公开发行股票/配股、上市公司发行可转债及分离交易可转债等。

依照中德证券为客户提供量身打造的全方位股本融资服务的宗旨,我们将在对股票资本市场动态进行深入分析的基础上,结合企业的实际情况及具体需求为客户提供最佳股本融资方案。中德证券强大的股票资本市场销售网络覆盖了全国的大型投资基金、金融机构和知名的企业投资者,为股票资本市场产品的成功发行提供了有力保障。

债务融资业务

中德证券债务融资产品主要包括企业债、公司债和金融债(含次级债)等多种债券的公开发行承销及其他非公开的债务融资,同时我们也会根据客户的需求,提供债券市场分析与研究报告。

中德证券根据需求为客户提供从方案设计、材料准备与申报、定价、发行到销售的全过程专业债务融资服务。依托稳定的产品销售渠道及与各大机构债券投资者良好的业务合作关系,债券资本市场团队已赢得企业客户的信赖以及市场的尊重与认可。

与资本市场相关的其他业务

中德证券投资银行团队在私募、企业重组、融资顾问等各领域均具有丰富的专业经验,我们将在证监会批准的业务范围内及合法、合规的前提下不断致力于新业务的探索与新产品的开发,为您提供创新、优质、卓越的金融服务。

【联系我们】
地址:北京市朝阳区建国路 81 号华贸中心
德意志大厦 22 层
邮编:100025
电话:010 - 59026600
传真:010 - 59026670

中国国际金融有限公司

【公司概况】

作为中国第一家中外合资投资银行,中国国际金融有限公司(“中金公司”)致力于为国内外机构及个人客户提供高品质的投资银行服务,业务范围覆盖证券研究、股本与债务发行与承销、兼并收购财务顾问、证券销售交易、固定收益、资产管理、个人财富管理、直接投资等诸多领域。

中金公司成立于 1995 年 7 月,是由国内外著名金融机构和公司基于战略合作关系共同投资组建的中国第一家中外合资投资银行,注册资本 2.25 亿美元。

中金公司总部设在中国北京,在中国内地上海和深圳设有分公司,在北京、上海、深圳等 16 个城市设有证券营业部。随着业务范围的不断拓展,中金公司亦积极开拓海外市场,在香港、纽约、伦敦和新加坡设有子公司,初步建立了全球化的业务平台。

【公司优势】

深厚的中国市场经验

中金公司植根于中国本土市场,在中国的法律、法规、监管、经济、文化、商业和经营环境等方面积累了全面和深入的知识与经验。中金公司通过与国家政策制定和行业监管部门的密切沟通,得以深入理解和把握宏观经济、金融市场和国民经济主导行业的发展趋势,在符合国家经济政策和市场经济规律、顺应国民经济发展整体需要的基础上,为客户提供全面的金融服务和资本市场解决方案。经过多年的实践和研究,中金公司在中国的电信、电力、交通运输、石油天然气、石化、金属、采矿和金融等重要领域积累了丰富和深入的行业知识,并针对中国市场的特点开发出了一系列金融创新产品与服务。深厚的中国市场经验是中金公司为客户提供全方位国内资本市场服务的根基。

独特的国际视角

中金公司拥有丰富的国际资本市场经验和广泛的国际支持网络。中金公司根据国内外客户的不同需求,在深入分析行业和市场的基础上,为客户提供高质量的、先进的金融产品和服务,协助客户借助中金公司这一连接国内和国际资本市场的桥梁,实现战略发展目标。

丰富的项目执行经验

自成立以来,中金公司成功完成了数十个大型国内和国际融资项目,为客户进入国内外资本市场提供了强有力的支持;同时也积极拓展服务高成长型客户的平台业务。在这些项目的执行过程中,中金公司与海内外优秀的投资者及各类专业中介机构开展了广泛的合作,提高了协调和管理各类型项目,特别是跨境项目的能力。这也使得中金公司成功完成了众多具有创新意义的、里程碑式的资本市场运作项目。

卓越的专业人员团队

中金公司汇聚了一批国内外专业人士,在与中国资本市场共同发展的过程中培养出了一支具有高水准的职业操守、卓越的创新精神、出众的业务能力以及成熟的项目执行经验的职业团队。我们的团队十分重视与客户建立相互信任的长期合作关系，致力于提供全面的金融服务和技术支持，协助客户实现投资与发展的战略目标。

【主要业务部门】

1. 投资银行部

投资银行部致力于与包括企业、政府机构、国际金融机构在内的一流客户建立合作、信任、共赢的长期伙伴关系，通过为客户提供国际一流水准的全方位的融资、顾问服务，为客户创造价值。

投资银行部自成立以来，始终处在中国经济变化和挑战的最前沿，电信、金融、能源、交通、制造……，经过十余年的发展，目前客户已经涵盖中国经济几乎每一个重要行业，占到中国经济的半壁江山。此外，随着民营经济近年来逐步成为推动中国经济增长的重要力量，中金公司投资银行部正式成立了成长型企业组，专门为民营企业及成长型企业提供全方位和综合性的资本市场服务，并已在民营经济领域和相关新兴产业积累了丰富的境内外项目执行经验。

投资银行部为客户提供包括股本融资、债务融资以及财务顾问等全方位的投资银行服务：

股本融资业务包括境内外资本市场主板及创业板的首次公开发行、再融资以及私募融资等。

债务融资业务包括企业债券、公司债券、可转换债券、可分离交易的可转换债券、短期融资券、中期票据、金融债券、资产证券化产品和结构化产品等。

财务顾问业务包括为企业间的兼并、收购提供财务顾问服务，帮助企业进行内部的资产重组、改制等操作。

全业务、境内外市场兼顾的优势使得中金公司能够从客户需求出发，设计出最适合客户的一揽子服务方案，并协助客户有效实施。秉持客户至上的理念以及凭借对中国国情的深刻理解与国际一流水准的专业能力，中金公司获得了客户的广泛赞誉，并成为很多客户的首选投行。

自成立以来至 2012 年 6 月 30 日，中金公司共协助企业完成逾 2,656 亿美元的股本融资、逾 2,214 亿美元的债务融资以及 2,411 亿美元的兼并收购交易，在股本融资、债务融资及兼并收购业务上均处于领先地位。

资本市场部负责中金公司股本和固定收益项目的承销业务，通过中金投资者客户的需求，完成投行客户的融资目标，是境内外资本市场融资产品专业部门和资本市场执行部门。资本市场部由股本组和债务组组成，分别承担股本和固定收益项目的开发和执行、跨部门业务协调、资本市场状况分析以及产品创新等职能。

融资项目开发与执行

凭借对资本市场的深入理解和透彻分析，资本市场部为投资银行部及其客户提供资本市场动态监测、市场融资供求状况判断和投资者参与意向分析，为客户在不同市场情况下的融资方案选择提供涵盖多种产品的专业建议。通过位于北京和香港的专业团队，资本市场部以跨市场、跨产品的资本市场专业技能协助客户实现短期和长期融资目标。

股本组产品经验涵盖中国大陆、香港、美国、伦敦、德国、新加坡等全球主要资本市场的 IPO 和各类股本再融资产品。债券组产品经验涵盖目前国内外市场全部固定收益产品，横跨银行间及交易所两大债券市场，不仅立足本土、保持领先地位，在香港等海外债券市场也颇有建树，在新兴的香港人民币债券市场上，中金公司勇于开拓创新，已协助多家国内外知名企业完成融资，承销规模名列前茅，在本土券商中排名第一。

2. 资本市场部

资本市场部在中金公司投资银行业务的核心产品——股票与债券发行的资本市场项目承销和执行中承担主要责任，包括：评估并控制承销风险、设计发行结构、组建承销团、协调市场推介活动、管理簿记建档、主导定价和配售以及管理项目收入等。

跨部门业务

资本市场部协调中金公司各部门合作开发和完成各类跨部门业务和产品，包括境内外大宗交易、可交换债券、信托产品、年报路演安排等。

资本市场状况分析

资本市场部紧密跟踪并深入研究全球资本市场，进行资本市场状况分析。资本市场部持续为监管机构、公司其他业务部门和客户提供资本市场跟踪产品，产品范围涵盖全球股票和债券市场融资状况、资本市场动态和投资者需求变化等多个方面，对境内外资本市场发展前景做出判断。

产品创新

资本市场部将国际资本市场的先进经验引入国内，在发行方式、产品设计、定价与配售机制以及新产品开发方面不断创新，积极推动国内证券融资的市场化进程：

借鉴国际惯例，将预路演、路演、簿记的市场化发行方式及定价机制引入国内资本市场，为 A 股 IPO 发行机制的改革做出重要贡献。

开创 A + H 同步 IPO 发行的先河，主承销了迄今为止全部四家 A + H 项目——2006 年工商银行 IPO、2007 年中信银行 IPO、2010 年农业银行 IPO 以及 2011 年新华保险 IPO。

中金公司资本市场部首次在 A 股成功引入海外市场后市稳定机制“绿鞋”，在全部三例带“绿鞋”机制的 A 股 IPO 项目工商银行、农业银行和光大银行发行中，中金公司均担任唯一后市稳定商。

凭借丰厚的市场阅历和敏锐的市场触觉，在产品创新和新业务开发中起到了先发和领导的作用，为资产支持证券、结构化融资产品等新产品的开发提供重要支持，极大地丰富了中金公司客户的投融资渠道。

农业银行 IPO 案例分析

中国农业银行 A、H 同步发行于 2010 年 7 月 15、16 日分别在上交所和香港联交所上市，两地融资规模合计达 221 亿美元，成为有史以来全球最大规模 IPO。中金公司资本市场部充分利用丰富的 A + H 项目执行经验，克服了时间表紧凑以及境内外资本市场波动等不利条件，高效完成发行。

3. 销售交易部

机构证券销售和交易

销售交易部成立于 1997 年，主要向中国国内和香港地区以及部分海外机构投资者提供证券交易代理和投资顾问服务。作为上海证券交易所、深圳证券交易所、香港联合交易所和伦敦证券交易所的会员，以及中国政府银行间和交易所国债市场的承销团成员，中金公司为客户提供全面的销售和交易服务，并可根据客户需求，为其设计和提供最佳执行方案。

覆盖全球的销售网络

中金公司拥有一支从业经验丰富的机构销售和交易执行团队。凭借对中国企业和资本市场的深入理解和研究，为客户提供高水准的交易代理服务。

销售交易部在国内外建立并发展了具有相当规模的销售网络。自 2009 年以来，销售交易部先后在新加坡、纽约、伦敦设立了办公室。目前，机构销售交易网络已覆盖北京、上海、深圳、香港、新加坡、伦敦和纽约，其他海外市场也在积极拓展中。

出色的一级市场销售业绩

销售交易部作为国内首支专业机构销售团队，在中国资本市场协助完成超过20个首次发行项目以及10个增发项目，并成功销售了数个里程碑式的超大规模股票融资和企业债券项目。其中，中国石油A股首次公开发行，融资668亿元人民币；中国工商银行A股首次公开发行，融资超过466亿元人民币；中国人寿A股首次公开发行，融资283.2亿元人民币；中国建筑A股首次公开发行，融资501.6亿元人民币；中国光大银行A股首次公开发行，融资217亿元人民币等。

凭借丰富的销售经验和强大的销售实力，中金公司先后帮助20多家大型国有企业海外上市，为项目成功发行做出了重大贡献。销售交易部在香港和海外市场也成功销售了数个里程碑式的超大规模股票融资项目，包括中信银行A股、H股同时发行，共融资59.5亿美元；民生银行H股首次公开发行，融资312.3亿港元；泰和诚医疗纽交所首次公开发行，融资1.32亿美元；太平洋保险H股首次公开发行，融资277亿港元；中国农业银行A股、H股同步发行，融资221亿美元等。

广泛的二级市场机构客户分布

销售交易部的主要服务对象为专业机构投资者，包括共同基金、对冲基金、保险公司、企业年金、社保基金、主权财富基金、大型企业、QFII、QDII等。在国内市场，中金公司在基金、QFII、保险等领域的市场份额均名列前茅。在海外市场，我们与数百家一流的机构投资者建立了密切的业务联系，获得了充分认可和信赖。

严谨的风险控制

公司具有符合国际投行惯例的前后台分工制度。销售交易部在盘中有即时的风险提示和控制功能，风险管理部独立的监督交易执行和资金清算，保证风险可识别、可承担和可控制。

得到业界充分认可的专业销售团队

中金公司拥有一支从业经验丰富的机构销售和交易执行团队，可根据客户需求，为其设计和提供最佳执行方案，为客户提供高水准的交易代理服务。2003年，中金公司成为第一批QFII合作券商，并一直在服务QFII家数和资产规模方面保持领先。2005年，中金公司获得保监会批准，成为首批具有向保险机构投资者出租专用席位资格的合格券商。经过多年的不懈努力，中金公司销售交易团队获得了业界的充分认可，2012年被《机构投资者》评为大中华地区最佳销售团队、最佳交易团队；连续六年被《亚洲货币》评为中国最佳本地券商、最佳销售服务、最佳交易执行、最佳销售交易；连续三年被《新财富》评为中国最佳销售团队第一名；连续两年被《证券市场周刊》评为金牌销售服务团队第一名。

农业银行案例分析

中国农业银行全球IPO项目是A+H同步发行，共募集资金221亿美元。中金公司创造的机构销售需求达到198亿美元，占所有机构销售需求的90%，相当于国际配售部分规模的3倍，推动农行全球最大IPO发行取得了圆满的成功。

4. 财富管理部

中金公司财富管理部致力于为中国大陆市场的高端个人及企业投资者提供具有国际水准的财富管理服务，通过设在北京、上海、深圳、杭州、南京、广州、成都、厦门、重庆、武汉、青岛、大连、天津、佛山、长沙及宁波等国内主要城市的十六个证券营业部，为国内投资者提供投资顾问和证券交易代理服务，力求为客户提供全面的资本市场综合解决方案。

中金公司财富管理通过中金香港公司为客户提供香港证券市场及其他金融产品和服务。在证券服务方面，我们重点关注基于中金研究的H股、中概股及海外中国企业债。强大的IPO配售实力可最大程度上保证我们大客户对IPO的需求量。同时，我们还为客户提供融资安排及衍生工具交易、通过精选海外基金，为客户实现配置海外投资；以及介绍大额保险及信托安排以作为财富保护及传承的手段等服务。

全面资本市场解决方案高端投资融资需求平台

中金公司在中国经济的各个重要领域积累了丰富和深入的行业知识，并针对中国市场的特点开发出了一系列金融创新产品与服务。中金公司拥有丰富的国内外资本市场经验和广泛的业务支持网络，而中金公司财富管理部依托中金公司在研究及资本市场方面的实力，为客户提供包括股权投资、投资银行、资产管理及债券发行等全面的资本市场综合解决方案。我们还拥有一个高端的投资融资需求平台，通过对客户需求的整合，努力为客户提供个性化的增值服务。

卓越的投资顾问团队专业的证券交易服务

财富管理部的投资顾问团队由具有高水准职业操守、优良从业背景及专业知识的投资顾问组成，为投资者及时呈送中金公司最新的研究成果。根据客户的需求和偏好，量身定做专业投资建议，忠实执行客户已确定的投资方案，及时跟踪投资计划，并与客户进行有效地交流，适时调整投资策略。财富管理部拥有强大交易平台，能够安全高效地完成交易执行，向客户提供包括网上交易、专用客户端、电话委托及手机证券等多种委托方式。另外，财富管理团队还有丰富的大宗交易网络及市值管理业务的实战经验，能够为该类别客户提供有效的交易支持及方案策划。

丰富独特的产品服务全市场资产配置建议

财富管理部拥有强大的产品业务支持网络、持续创新的产品研发团队以及严谨完善的产品上线审核流程。通过开放式的产品平台，财富管理部为客户提供涵盖不同资产类别和行业领域的产品，包括固定收益信托计划、中金资产管理产品、开放式基金、阳光私募产品、股权另类投资产品以及其他监管机构允许销售的产品，努力为客户提供"一站式"的产品服务。为客户配置产品的过程，也是为客户设计投资组合和完成资产配置的过程。投资经理在充分了解客户需求的基础上，为客户提供恰当的、个性化的投资建议。

持续深入的客户服务家族财富的顾问服务

财富管理部依托中金公司强大的投资研究实力，一向注重对客户投资理念、技巧的教育和培养，定期为投资者举办宏观经济研讨会、股票投资策略会，为客户提供全面的宏观、行业及策略分析，与客户分享中金公司最新的研究成果，帮助客户在瞬息万变的资本市场中寻找投资机会。我们将以持续深入的客户服务来满足客户多角度、多层次的需求，搭建起与客户长期交流的平台。随着经济的高速增长，富裕家族对于财富保值增值、达到较高税务效益的需求不断增加，中金财富与全国各地的富裕家族拥有丰富的合作经验，以客户需求为中心，为客户及其家族洞察投资先机。中金公司家族财富顾问服务以独立的取向，与客户现有的顾问及其他财务机构合作，提供适当的家族财富管理解决方案。

5. 固定收益

固定收益业务致力于为客户提供具有国际水准的固定收益产品销售、交易、研究、咨询、产品开发等一体化服务。通过庞大有效的销售渠道和客户网络，固定收益业务为中金公司承销的各类固定收益产品提供销售支持，同时还为为客户提供高质量的交易机会和研究信息，重视创新产品的开发。

雄厚的一级承销发行实力

固定收益业务的销售团队具有多年固定收益产品销售经验，敏感的市场洞察力和国际水准的专业客户服务能力，与各专业债券投资者均保持着长期的业务关系。中金公司具有国债、国家开发银行债和农业发展银行债的承销团成员资格，以及企业债、公司债、短期融资债、中期票据、金融债、资产证券化等各种信用产品的主承销商资格，为客户提供多丰富的投资品种。

卓越的交易能力

固定收益业务拥有专业的交易团队和先进的交易理念，擅长运用量化分析，具备对多种固定收益产品进行双边报价的能力，与市场主要的投资机构均建立了良好的市场关系，为客户提供高质量的交易机会。

固定收益交易团队对各类产品的交易均非常活跃：国债、政策性银行债和央行票据的交易量屡创新高；对企业债、公司债、短期融资债、中期票据等信用产品的投资力度和交易量均位居市场前列，是银行间市场最活跃的交易商之一。

出色的市场研究水平

固定收益业务拥有一支成熟的研究队伍，具备较强的债券市场研究和分析能力，研究覆盖各类债券、可转债、证券化产品及固定收益衍生品等国内所有的固定收益产品。研究人员在产品研究上坚持强调基本面和数量分析相结合的方式，关注宏观经济和货币政策对债券市场的影响，同时深入运用量化模型来指导投资建议，为客户提供日报、周报、月报、年报以及不定期的专题研究产品，并不定期举行推介会，与客户保持良好的沟通，协助客户把握交易盈利的机会。固定收益研究团队在国内外投资者中具有广泛的市场影响和良好的市场反馈，在媒体主办的各种研究分析员评比中屡获殊荣。

独具创新的产品开发能力

固定收益业务重视新产品的开发和设计，密切关注客户需求、市场环境及监管条件的变化，努力为客户增加收益、降低风险、拓展投资品种。

固定收益业务团队通过自身的研究力量与强大的客户关系，以金融产品创新为重点，建立金融创新的长期机制。

不断拓展的香港业务平台

基于中金公司发展国际业务和发展二级市场业务的战略，固定收益业务于 2007 年正式搭建香港业务平台 ，并已取得长足发展。目前香港已建立起产品开发和交易系统平台，拥有广泛的客户关系和同业交易对手关系，可在利率、汇率、信用及商品等各个资产类别进行交易并为客户提供产品。香港业务平台在中资金融机构中已处于领先地位。

发展和成就

2006 年 11 月，中金公司成为首批银行间市场进行做市业务尝试的机构。

2007 年 3 月，中金公司成为公开市场业务一级交易商，这是中国人民银行对中金公司固定收益业务的肯定。

2007 年 7 月，中金公司成为首批上海证券交易所固定收益电子平台的一级交易商之一。

2007 年 12 月，中金公司取得人民币利率互换业务资格，是首批取得该项业务资格的证券公司，为我国利率市场化进程和衍生品市场的发展进行了有益的探索。

2009 年 6 月，中金公司通过光大银行发售的“光大阳光理财同升 22 号”结构化理财产品触发提前终止条件，产品圆满结束。该产品是第一单国内券商自主研发、挂钩 A 股多资产、条件触发式自动赎回产品。

2010 年 5 月，中金公司获得中国人民银行批准，成为全国银行间市场做市商。

2011 年，中金公司成为多家境外央行的认可交易对手，并与多家境外人民币清算行、结算参与行开展债券交易

6. 资产管理部

资产管理部成立于 2002 年，参照国际行业标准与国内监管要求，构建了面向境内外市场统一的资产管理业务平台，致力于为境内外客户提供全方位优质服务，实现客户资产的长期稳步增值。

全面的业务类型

中金公司资产管理业务牌照齐全、产品丰富。拥有全国社保基金管理人、企业年金投资管理人、境内集合/定向资产管理（定向专户）、QDII 集合/定向资产管理、人民币境外合格机构投资者（RQFII）等多项业务资格，并在香港设立了独立的资产管理子公司，获得香港资产管理牌照。作为内地和香港地区的专业投资管理机构，资产管理部已建立了包括集合理财业务、定向专户业务、养老金业务（社保与企业年金）和跨境业务（QDII、RQFII、离岸）在内的四大业务线，产品线涵盖股票、债券、FOF、指数、对冲基金、衍生品、海外市场等全系列。

优质的客户

中金公司资产管理部主要服务于国内最大型的机构投资、银行和企业，包括全国社会保障基金理事会、中国电信集团公司、中国工商银行、中国建设银行、中国农业银行等。为了抓住中国资产管理行业快速发展的机遇，资产管理部正积极开发新的客户群，例如保险公司、地方养老以及高净值个人。资产管理部专注于对客户需求的深刻理解，致力于与客户建立长期稳定的合作关系。

定制化的金融服务

中金公司资产管理部通过“定向专户”的形式为单一客户量身定制境内、境外或跨境的资产管理业务，包括定制化的投资策略和产品方案、开设独立账户、配备专属投资团队、提供个性化客户服务等全方位金融服务。中金公司资产管理部的 QDII 专户业务，可以为客户提供全方位多样化的海外投资管理服务，包括海外新股认购（锚定或基石投资）、上市公司增持、上市公司市值管理，投资境外对冲基金、PE 基金等。

领先的跨境业务优势

中金公司是国内最早提供海外投资管理服务的机构之一，投资范围包括股票、债券、衍生品等，投资市场涵盖香港等亚太地区市场。中金公司是首家获得 QDII 资格、首家发行 QDII 产品、首批获得 RQFII 资格、首批全额募集 RQFII 产品的证券公司。中金公司在香港的全资资产管理子公司拥有香港 Type4 证券咨询牌照和 Type9 资产管理牌照。

专业的体系

中金公司资产管理部拥有一支具备国际化背景和丰富投资经验的专业团队。成立以来，资产管理部已建立了严谨的投资流程、完善的内控制度以及领先的风险控制和运营体系。

成就 2007 年，中金公司资产管理部获得新浪财经评选的“五星级管理人”奖项。

“中金精选”同时荣获“五星级理财产品”称号。

2008 年，“中金短债”获得第一财经金融价值榜颁发的“年度券商理财产品（债券）”。

2010 年，中金公司资产管理部荣获中国券商“金方向”年

度最佳券商资产管理公司(部门)评选第二名。

"中金基金优选"荣获国金证券2010年券商集合理财五星级评价。

在中国私募基金风云榜评选中,"中金强债"和"中金一号"分获券商集合理财组(限定型)第三名和最受欢迎的理财产品新秀奖。

2011年,"中金安心回报"被《The Asset》(《财资》)评为"强力推荐的集合资产管理计划"。

2012年,在《证券时报》举办的2012中国最佳财富管理机构评选中,"中金一号"和"中金公司期现套利专户系列"分获中国最佳固收资管产品奖和中国最佳资管创新产品奖。

【联系我们】

中国国际金融有限公司

地址:中国北京建国门外大街1号国贸写字楼2座

邮编:100004

电话:010-65051166

传真:010-65051156

邮箱:info@cicc.com.cn

中国国际金融香港证券有限公司

地址:香港中环港景街1号国际金融中心第一期29楼

电话:0852-28722000

传真:0852-28722100

邮箱:info@cicc.com.cn

中国国际金融有限公司上海分公司

地址:上海浦东新区陆家嘴环路1233号汇亚大厦32层

邮编:200120

电话:021-58796226

传真:021-58888976

邮箱:info@cicc.com.cn

中国国际金融有限公司深圳分公司

地址:深圳市福田区深南大道7088号招商银行大厦25楼2503室

电话:0755-83195000

传真:0755-83199229

邮箱:info@cicc.com.cn

中国民族证券有限责任公司

【公司概况】

中国民族证券有限责任公司(以下简称"中国民族证券公司"或"公司")成立于2002年4月,是经中国证监会批准的综合类证券公司,注册地北京市,现注册资本13.9亿元人民币。总部位于北京市西城区金融大街,是上海证券交易所、深圳证券交易所的会员单位,拥有上交所席位30个、深交所席位19个。

公司始终坚持依法稳健的经营理念,内部管理严格,运作规范,业务资质齐全,目前已取得的业务资格有:受托投资管理业务资格、证券投资咨询业务资格、银行间债券市场成员、交易所债券市场成员、证券业务外汇经营资格、经营股票主承销商资格、网上证券委托业务资格、保险兼业代理资格、经营证券业务资格、企业债券主承销商资格、IPO询价对象资格、证券投资基金代销业务资格、LOF基金申购、赎回代理销售业务资格、上证基金通业务资格、定向资产管理业务资格。

公司坚持合规经营,近几年来公司整体实力显著增强,各项业务排名逐年上升。以专业合规管理部门为主体、一线业务合规管理岗位为依托的合规管理体系不断健全,合规基础制度、管理流程建设不断完善。建立公司内控部门联席会议制度,合规、风险监控、稽核三个风险管理部门信息共享、协同作战的风险管控格局基本形成。大力建设公司合规文化,合规人人有责、合规创造价值的理念得到强化。

公司实行全面预算管理,通过预算目标、预算监控、预算考评,实现资源的整合和经营目标的实现。公司与IBM公司合作开发了ORACLE-ERP财务管理系统居国内同行业领先水平。

截至2010年末,公司资产总额116.06亿元,净资本14.98亿元,未分配利润4.20亿元。全年累计实现营业收入12.33亿元,营业支出8.16亿元,净利润3.13亿元,连续五年盈利。

公司坚持推进品牌建设,树立良好形象。随着法人治理结构的逐步完善,逐渐培育和形成了以"诚信、和谐、进取、规范"为核心的民族证券企业文化,各项业务发展呈现良好态势,在部分领域取得了新的突破,得到了监管部门和业内的好评,先后有22个单位和部门、42人次获得省部级以上"五一劳动奖状"、"工人先锋号"、"青年文明号"等荣誉称号73个,其中获得全国级先进集体有11个,先进个人6个。

【业务资格】

证券经纪;证券投资咨询;与证券交易、证券投资活动有关的财务顾问;证券承销与保荐;证券自营;证券资产管理;证券投资基金代销;网上证券委托业务;证券业务外汇经营许可证;保险兼业代理;银行间债券市场成员;交易所债券市场成员;企业债券主承销商资格;IPO询价对象资格;LOF基金申购赎回代理销售业务资格;上证基金通业务资格;代办系统主办券商业务资格;融资融券。

【主要业务发展情况】

1. 证券经纪业务

经纪业务是公司主要业务之一,目前,公司在北京、上海、深圳、天津、广州、南京、杭州、苏州、宁波、沈阳、大连、哈尔滨、长春、济南、长沙、成都、西安、昆明、鞍山、石家庄、乌鲁木齐、呼和浩特、通化、吉首、延吉、乐山、江门、漳州等全国主要中心城市和经济发达地区设立了50家分支机构。

经纪业务拥有齐全的经营品种,包括A股、B股、基金、权证、国债、企业债等,并代理上市公司办理投资者的分红派息、代理上海、深圳证券登记公司办理登记开户等多种业务;交易方式涵盖了柜台委托、自助委托、电话委托、网上委托、手机炒股、网页委托等多种查询和委托方式,交易快捷、便利。在国内率先打造了稳定、强大的"集中交易"平台,为股民提供证券经纪业务服务。

"民富齐实"是公司旗下核心经纪业务服务品牌,专注于为客户提供专业化增值服务的全新概念经纪业务服务产品。"民富齐实"品牌旗下设立三级服务产品,分别为"民富保和"、"民富中和"及"民富太和"。产品设计以客户需求为导向,满足了不同投资偏好客户的多样化需求。2010年荣获首届国家理财规划师年会"中国理财行业突出贡献奖"。

客户呼叫中心400-889-5618于2009年1月1日全面开通,为客户提供业务咨询和投诉建议等优质、便利服务。

"点金手"手机炒股系统为投资者提供全方位的行情查询、证券交易、投资资讯等服务,真正做到了股市行情,一手掌握。

民证"股信通"短信平台依托港澳资讯强大的信息库和公司专业的研发队伍最新研究成果,向客户提供及时、贴心的资讯服务。

“股网”真正实现了投资者提供实时行情查询、证券交易和投资咨询等服务。曾荣获“首届中国金融机构 CIO 年会暨第九届中国优秀财经证券网站”最佳营销推广奖和最具创新奖两项大奖,2010 年获得“可信网站示范单位”荣誉称号,2011 年“股网”交易系统进行了全面升级,系统安全可靠,功能强大,使用方便。

全新的营销服务管理平台——CRM 系统本着竞争、精准打击、多平台高效整合、界面操作友好便捷、实时高效等理念进行开发,形成了集营销管理、投资顾问业务、薪酬管理、产品管理、资讯管理、客户服务等功能为一体的经纪业务全过程控制的管理系统。该系统是我公司自主研发、拥有自主知识产权,在多项功能点中处于业内领先地位,为广大投资者提供多样化投资服务,更为公司的核心客户提供专业化的投资理财服务。

2. 投资银行业务

公司为全国首批注册登记的保荐机构之一,投行团队共 80 余人,其中保荐代表人 14 人,准保荐代表人 9 人;员工分别拥有法律、会计、金融等专业的博士、硕士学位,以及注册会计师、律师资格,在股权融资、债权融资及并购重组、改制上市财务顾问等方面,拥有丰富的投行实务操作经验,具备国内外著名院校金融、会计、法律等专业的硕士、博士学位,多人具有注册会计师(CPA)、特许金融分析师(CFA)资格,是一支专业结构合理、勤勉务实、高效精干的团队。

业务包括:首次公开发行上市和上市公司再融资业务的保荐、发行、承销与上市推荐;企业债等债权融资业务的发行、承销与上市推荐;改制上市、股权融资、债权融资、兼并收购、资产重组、股权激励等业务的方案设计。自 2004 年以来,投资银行部门先后完成了 19 个保荐、主承销及独立财务顾问项目。其中,IPO 项目 7 个、再融资项目 6 个、债券项目 5 个、并购重组项目 1 个,累计实现主承销金额 114.12 亿元。

2008 年公司成功发行了国内证券市场首单无银行担保公司债券“08 钒钛债”项目,荣膺《证券时报》社主办的 2009 年中国区优秀投行“最具创新项目奖”,当年债券主承销家数排名第 20 位,债券主承销金额排名第 21 位,股票及债券承销金额排名第 29 位。2009 年成功发行的“09 亿城债”,为首单在深交所综合协议交易平台上市交易的公司债券,是证券市场又一创新。2010 年公司主承销的首单创业板 IPO 项目——金刚玻璃,在深交所举办的创业板周年庆祝活动中,荣膺 5 家“创业板优秀企业”之一。

3. 证券投资业务

公司证券投资业务形成了符合市场发展规律的投资理念,建立了集中领导、科学决策、分级管理、严格监督的投资决策体系和风险管理制度,并建设了一只具有雄厚的理论基础、丰富的市场经验及敏锐洞察力的投资队伍,以高效、严密的内部专业分工体系为依托,建立事前分析论证,事中捕捉战机,事后有效监督的投资体系,借助现代投资分析手段,力求以高超的投资策略,构造出科学、高效的投资组合,努力实现公司投资收益最大化。

4. 资产管理业务

资产管理业务坚持“成就客户所托,与客户共同成长”的经营理念,始终将客户利益放在首位,以规范的经营管理、严谨的投资策略和严格的风险控制,进行业务开拓与创新,给客户带来稳定、持续的回报。现有三大系列共八个产品,包括股票型、债券型、基金型等多种投资风格,可满足不同投资者的资产管理需求。

资产管理业务团队专业背景覆盖经济、金融、法律、信息技术,核心业务人员大多具有在证券公司、大型国有银行、大型企业的工作经验,现已发展为一个能够覆盖投资研究、产品设计、数量分析、市场营销、风险控制、运营支持和客户服务等环节的业务团队。

5. 研发业务

研究发展中心秉承“研究创造价值、专业铸就成功”的理念,保持“公正、客观、专业、严谨”的研风,广纳贤才,硕士以上学历占 95% 以上,组成了一支具备多个行业优势和 CFA、数量经济、金融工程以及海外背景的研发团队。

中心下设 7 个研究小组,涵盖策略研究、行业研究、金融创新三大研究领域,重点推出系列产品,满足不同风险偏好和投资期限的客户需求。与三大报、中央电视台、北京电视台、中证网、和讯网、《央视数字频道》等主流媒体建立了长期合作关系。

研究成果多次在中国证券业协会课题评选、深交所课题评选中荣获前三名;在“顶级券商年报预测”活动中取得优异成绩;获得 2010 年“证券通 - 中国行业研究员业绩预测与股价影响力榜”研究所综合排名第一;多名研究员获得今日投资主办的天眼中国证券分析师行业最佳分析师排名;2010 年 11 月 26 日,中国民族证券在“第八届新财富最佳分析师”颁奖典礼上,荣获“2010 年新财富最具潜力研究机构第一名”,获得了资本市场顶级机构投资者的广泛认可。

【联系我们】

地址:北京市西城区金融大街 5 号新盛大厦 A 座 6 - 9 层
邮编:100033
客服电话:400 - 889 - 5618
网址:www.e5618.com

中国银河证券股份有限公司

【公司概况】

中国银河证券股份有限公司(以下简称“中国银河证券”或“公司”)是经中国证监会批准,由中国银河金融控股有限责任公司作为主发起人,联合 4 家国内投资者共同发起设立,于 2007 年 1 月 26 日正式成立的全国性综合类证券公司。中央汇金投资有限责任公司为公司实际控制人。公司本部设在北京,注册资本为 60 亿元人民币。截至 2011 年底,公司共有员工 11500 余人。

【经营范围】

证券经纪,证券投资咨询,与证券交易、证券投资活动有关的财务顾问,证券承销与保荐,证券自营,证券资产管理,融资融券,以及中国证监会批准的其他业务。

公司旗下拥有银河创新资本管理有限公司、中国银河国际金融控股有限公司和银河期货有限公司。

股东单位	持股比例
中国银河金融控股有限责任公司	99.89%
首钢总公司	0.03%
重庆水务集团股份有限公司	0.03%
浙江天朗投资管理有限公司	0.03%
中国建材股份有限公司	0.02%

【发展历程】

2007 年 1 月 26 日,经中国证监会批准,以中国银河金融控股有限责任公司作为主发起人，联合四家国内投资者，共同发起设立中国银河证券股份有限公司（以下简称“公司”）。公司收购了原中国银河证券有限责任公司的证券经纪业务、投行业务及相关资产，注册资本金为60亿元人民币。旗下拥有银河期货经纪有限公司。

2009年10月21日，公司设立银河创新资本管理有限公司。

2011年2月，中国银河国际金融控股有限公司于香港注册成立。

【公司荣誉】

2011年度

在和讯网主办的“2010年度第八届中国财经风云榜”评选活动中，荣获“最令投资者满意证券公司”和“十大公益企业”两项大奖。

在中国企业联合会主办的中国企业十大新闻评选中，获得“2010年度最具影响力企业”称号。

在《理财周报》主办2010中国券商“金方向”奖评选活动，获“2010年中国十大最佳证券公司”、“2010年中国最佳投资者教育证券公司”和“2010年中国最佳客户服务证券公司”三项大奖，公司首席经济学家左晓蕾获“2010年中国券商年度最佳首席经济学家”称号。

在由《21世纪经济报道》主办的“2010年度中国券商奖”评选中，获“2010年度中国最佳经纪证券公司”奖。

在由《证券时报》主办的“第四届中国最佳证券经纪商暨明星营业部颁奖”活动中，获“中国最佳证券经纪商”奖项。

在由中国主流媒体理财联盟主办的“2010－2011第四届中国理财总评榜”活动中荣获“2010－2011年度最佳财富管理品牌奖”、“2010－2011年度金融营销奖”和“2010－2011年度金融营销创新奖”三项大奖。

在“2011中国券商领袖峰会”暨第三届中国券商“金方向”奖评选中，获得“中国最佳证券公司”奖，顾伟国总裁获“2011中国最受尊敬证券公司总裁”奖，夏中轩获得“最佳资本市场部总经理”奖。

在中国企业联合会、中国企业家协会联合推出的“2011中国服务业企业500强”和“2011中国企业效益200佳”活动中，跻身“2011中国服务业企业500强”第206位，“2011中国企业效益200佳”第132位。

在《新财富》杂志举办的第五届“新财富最佳投行”和“第七届新财富金牌董秘”评比中，获得其中六项大奖，分别为：“大项目业务能力最佳投行奖”（我司排名第三）、“最佳主板IPO项目奖”（我司排名第三）、“最佳配股项目奖”（我司排名第三）、“最佳增发项目奖”（我司排名第三）、“最佳财务顾问项目奖”（我司排名第三）、“本土最佳投行团队奖”（我司排名第十）。

在《新财富》举办“第九届新财富最佳分析师”评选活动中，获得团体奖项：“最具影响力研究机构第五名”，“进步最快研究机构第五名”（取前五名）；我公司获得个人奖项：“石油化工行业（裘孝锋）获得第一名”，“机械行业（邱世梁邹润芳鞠厚林）获得第三名”，“宏观研究（潘向东张新法周世一）获得第五名”，“食品饮料（董俊峰周颖）获得第五名”。另外，深圳销售人员陈春丽和北京销售人员齐玲玲获得地区销售入围奖。

12月9日，由东方财富网主办的年度大型评选活动——“2011东方财富风云榜”正式揭晓，荣获“2011年度最佳证券公司”年度大奖。

在《证券时报》组织的“第十二届金融IT创新暨优秀财经网站评选”活动中，获得“2011年度金融服务创新机构”、“最佳移动业务券商”、“最佳投顾服务券商”、“最佳财富管理中心”四个奖项。

【业务介绍】

证券经纪业务

公司设有6家分公司、23家代表处、224个营业网点，直接为超过500万客户服务，客户资产达1.6万亿元，在国内20个大、中城市建立了25个网上交易镜像站点，网上交易占比超过80%。通过双子星、海王星两套网上交易系统，网站FLASH快速交易以及玖乐移动证券，搭建起多通道、多方式的非现场交易体系。

股权融资业务

秉承为客户提供全方位投资银行服务的理念，为大、中、小型客户提供包括首次公开发行、公开增发、定向增发、配股、可转债、公司债券、私募融资、并购重组和代办系统报价转让在内的全产品线股权融资服务，以满足各类客户在不同发展阶段的需求。自公司成立以来，业绩辉煌，累计主承销股票金额超过3,600亿元，居于行业领先地位。凭借一流的业务团队、丰富的投行经验、出色的定价能力和强大的销售网络在业内享有盛誉。

先后完成了南方航空、中国银行、中国国航、中国人寿、中国平安、交通银行、中国神华、中煤能源、农业银行保荐承销，招商地产转债、浦发银行增发、山煤国际定向增发等一批超大型和大型项目；以及中材科技、海格通信、宋城股份、森马服饰等具有市场影响力的中小型、创新型项目的发行上市工作。

逐步形成了业内领先并独具特色的并购重组财务顾问业务。完成了米塔尔收购华菱管线，中国铝业吸收合并山铝、兰铝和包铝，国元证券等四家券商借壳上市，西航集团收购重组吉林华润生化等项目，在设计产品方案、把握市场机会、创新交易方式、开展估值定价及控制项目风险等方面具备丰富经验。

成功推荐九尊能源在“新三板”挂牌，实现了推荐非上市公司股份进入代办系统报价转让业务上的突破。在股份报价转让业务试点范围扩大的情况下占据了市场先机，充分发挥专业投行的优势，为广大非上市公司提供超值的服务，同时也为投资银行业务的进一步发展拓宽了业务渠道。

债券融资业务

自公司成立以来，债券融资业务形成了以企业债券业务为主导，以上市公司债券、商业银行次级债券、债权投资计划、资产证券化、与债券融资业务有关的企业并购重组及融资安排等财务顾问业务为补充的业务体系，并为客户提供债券发行及相关资讯服务。

自成功主承销重庆城投债以来，企业债券累计主承销规模达到1904亿元，企业债券主承销规模多年均排名业内第一。长期服务于铁道部、国家电网、南方电网、中国石油、中国石化、中国银行、交通银行、首都机场、国电集团、华电集团、中电投集团、中水电集团、保利集团、联想控股、清华控股、北京地铁、河北建投、上海国盛、大连港等大型高端客户。

在业务创新领域一直走在行业前列，首创企业债券认购额度簿记建档发行方式、投资者回售选择权条款、双向回拨发售机制、七天回购利率作基准的浮动债券等创新融资方案；推出国内首单不良资产证券化产品；首推券商担任财务顾问的保险公司债权投资计划；推出国内首只市政项目建设债券——金阳城投债等。

资产管理业务

公司秉承“诚信、专业、创造价值”的核心理念，为客户提供多样化、专业化和个性化的资产管理服务。目前，公司已经全部获得管理集合产品、定向产品和专项产品的资格。

为创造价值，同时降低风险，中国银河证券力争在不同的市场周期，都能够为各种风险偏好的投资者提供可投资产品，投资策略灵活，投资产品多样化。公司已经开发了权益类、固定收益类和现金类等产品，还可根据高端客户的需求，量身定制产品，专人专户管理，最大限度满足客户的需求。

投资咨询业务

公司研究部是国内影响力最大、综合实力最强、运作最规范的专业证券研究机构之一，下设宏观研究线、策略研究线、行业与上市公司研究线、基金研究线、专题研究线（博管办）和运营线。

中国银河证券基金研究中心是国内第一家专业基金研究评价机构，在基金研究与基金评价上居国内领先地位，所独立开发的基金研究业务规则、基金评价指标、基金分类体系已经成为国内基金行业的标准。2010 年成为首批具备中国证券业协会基金评价会员资格的基金评价机构。

2011 年 3 月，公司博士后科研工作站正式运营，对于开展和深化资本市场改革发展相关课题研究，提高课题研究质量，获取理想研究成果将起到积极作用。

机构客户业务

公司面向公募基金、保险公司、银行、信托公司、私募基金、QFII、财务公司等专业投资机构提供专业化的销售服务（包括产品推送、研究销售、项目对接、营销策划等）和专业化的交易服务（包括不断优化交易系统、实现客户交易策略、为客户寻找交易对手等）。

近两年来，中国银河证券基金销售业务发展迅速。截至 2011 年底，公司共与 60 多家基金公司搭建了业务合作平台，提供专业的研究咨询、产品代理销售、创新业务合作等配套服务。

在 QFII 销售及交易方面，公司自为第一批 QFII 客户提供委托交易服务以来，逐步积累经验和引进境外的先进交易技术，现已发展成为提供专业和多元化的交易、研究、咨询等服务于一身的 QFII 经纪商。

2012 年 3 月，公司获得中国保监会批复的“向保险机构投资者提供综合服务”业务资质，标志着中国银河证券的保险业务迈出了坚实的一步。

投资顾问业务

公司在行业内率先建立专业的投资顾问团队，提供一流的投资顾问产品和专属的投资顾问服务。公司投资顾问业务通过实行资讯产品线、投资建议线和理财产品配置线的三线并行，全面满足客户对深度资讯、个性化投资、财富管理等方面的投资需求。

公司投资顾问业务秉持客户利益至上原则，恪尽规范性、独立性和客观性的职业操守，利用前沿的投资模型，依托先进的投顾系统，遵照严谨的工作流程，以“专业、权威、高端”的业务标准服务于国内最大的经纪业务客户群。

融资融券业务

公司自 2010 年 7 月正式开展融资融券业务以来，始终坚持“以客户需求为导向，以专业服务为依托”的经营理念，打造了一支涵盖融资融券业务全流程的专业团队，通过在全国各营业部建立专注于服务融资融券客户的推荐人队伍，为客户提供高效、便捷和专业的“一对一”全程陪护式融资融券服务，满足客户的个性化和差异化需求，帮助客户完善风险控制手段，开创全新盈利模式，实现客户财富的稳步增长。

金融创新业务

公司积极参与金融创新业务，致力于创新业务模式和开发新产品，以客户需求为中心，为客户提供专业、卓越、贴心的金融服务。紧密跟随国内外金融市场的发展趋势，积极开发研究各种创新产品，强调前瞻性、实用性和风险可控性。在 ETF、股指期货、期权等方面进行了大量的创新探索和成功的业务实践，为投、融资双方提供高质量的增值服务。

近年来，公司在自主创新产品的设计和开发上取得较大进展。2011 年，公司作为约定购回式证券交易首批试点券商，所开发的“金时雨”产品顺利完成了首日交易，成为全市场第一单。同年，公司作为债券质押式报价回购业务试点券商，成功开发“天天利”产品，目前，交易余额已突破 20 亿元。公司还开发了“金券源”产品，为客户提供定制化融券交易的高端服务。

【联系我们】

地址：北京西城区金融大街 35 号国际企业大厦 C 座

邮编：100033

电话：400－888－8888（客服电话）

传真：010－66568532

邮箱：webmaster@ chinastock. com. cn

中国中投证券有限责任公司

【公司概况】

中国中投证券有限责任公司（简称“中投证券”）于 2005 年 9 月 28 日在深圳注册成立，是一家全国性综合类的证券公司，由中央汇金投资有限责任公司全资控股，注册资本金 50 亿人民币。目前设有北京分公司、上海设有分公司，在全国拥有 110 家营业网点，控股天琪期货公司、瑞石投资公司、中投证券（香港）金融控股有限公司。

公司成立以来，经纪业务市场份额稳步上升，2009 年托管资产总规模一举突破万亿元，列同业第四名。企业融资业务已累计完成债权主承销金额 698.61 亿元，完成股权主承销金额 376.56 亿元，被深圳交易所评为 2009 年度最佳保荐机构。资产管理业务已成功发行四只理财产品，净值排名稳居行业前茅。证券投资业务在证券业协会统计的 2008 年证券公司自营业务实现收益率排名中位于第二名。创新业务、结构融资业务、金融衍生品业务、期货 IB 业务等创新业务均取得可喜成绩。新一代集中交易系统、多银行存管系统、“一柜通”前台营业管理系统等多个金融创新项目获得行业协会和政府颁发的多重奖项。

秉承“以专业精神和卓越服务，提升客户价值”的理念，以“服务、人本、创新”为核心价值观，规范运作、稳健经营，公司致力于成为最具竞争力最具价值创造力的一流现代投资银行。

【业务资格】

证券经纪；证券投资咨询；与证券交易、证券投资活动有关的财务顾问；证券承销与保荐；证券自营；证券资产管理；融资融券；证券投资基金代销；为期货公司提供中间介绍业务；代办系统主办券商业务资格等。

【业务介绍】

证券经纪业务

一、托管资产超万亿，市场份额呈上升趋势

自公司成立以来，经纪业务保持了持续、稳步增长的势头。通过做好核心客户开发、加强渠道营销、完善专业化服务体系建设、优化营业网点布局,公司股票+基金市场份额从2005年末1.39%稳步爬升到2010年2.484%,总体呈不断上升趋势,市场排名由成立初22名逐步上升到行业第14名。托管客户资产从2005年成立之初的285亿元增加到2010年10523亿元,客户资产规模连续2年突破万亿,列同业第四名。2010年公司累计完成股票+基金交易额2.73万亿元,股票+基金+权证+债券交易额3.09万亿元。

二、多渠道、多产品、多层次,营销服务网络日趋成熟

1. 分布于全国主要中心城市的110家营业部,实行标准化的营销和服务,配备了先进、高效的信息通讯设备,建立了优雅、整洁的交易环境,结成了一个覆盖面广泛的营销服务网络,客户可在其中任一家营业部得到通买通卖、通存通兑的"一站式"服务。

2. 作为首家全面实现保证金第三方存管和双币种银行存管的券商,中投证券已与建行、农行、工行、中行、招行、交行、兴业银行、华夏银行、民生银行、浦发银行、上海银行、广发银行、深圳发展银行等多家银行建立起银证合作关系,3000多名派驻银行网点的客户经理将为客户提供便捷、周到的贴身服务。

3. 改版后的中投证券网站将提供更为全面、更为及时、更为权威的财经资讯,强大的技术支持使得网上交易更为稳定、快捷、安全,大客户专用交易通道使客户在瞬息万变的市场中抢占先机。

4. 交易品种涵盖A股、B股、封闭式基金、开放式基金、国债、企业债、权证以及其他有价证券,投资者可任意选择热键自助、电话自助、远程自助、网上自助等多种委托方式。

5. 中投证券具有代办股份转让资格,可以满足客户投资三板市场的需求。

三、专业化、差异性、集中式,客户服务平台日臻完善

1. 分析师团队精心打造的《中投金理财》系列咨询产品,紧紧把握市场运行脉络,以其客观务实、专业前瞻的特色受到了投资者的广泛好评,树立起中投证券的咨询服务品牌。

2. 分析师团队通过RTX广播系统为现场客户提供实时的市场评论,使咨询服务更接近实战,更具备操作性。

3. 分析师团队通过中投证券网站的专家在线栏目为非现场客户提供一对一的疑问解答,投资者足不出户就可以享受到贴身理财服务的便利和快捷。

4. 分析师团队定期为全国营业网点的客户举行大型现场投资报告会,并针对大客户的特殊需求专门提供咨询服务套餐。

5. 总公司设立客户呼叫中心,通过4006008008的全国统一电话和短信平台随时为客户的证券交易、投资提供帮助或指导。

6. 在客户细分的基础上,推出客户品牌账户、大客户交易服务产品等创新品种,使不同层次的客户得到差异而又完善的服务。

7. 建立了高端客户营销服务平台,可以根据客户需求提供从经纪、投行、研究到资产管理的一揽子专业服务,通过建立战略联盟等多种形式提升客户价值和回报。

8. 研究所与经纪业务联系紧密,资深研究员涵盖宏观、行业、公司及基金、固定收益类产品的调研、策略报告,将通过多种渠道第一时间送到客户手中,使客户及时获得有价值、有分量的信息。

四、经纪业务优势逐步显现

1. 首家开始并全面实现保证金第三方存管,存管合作银行最多。

2. 首家推行保证金双币种存管。

3. 首家与建行合作推出银证名片——中投龙卡。

4. 首家通过新一代集中交易系统成果鉴定,并获得了"国际先进,国内领先"的高度评价。

企业融资业务

厚积薄发,取得长足进步。

企业融资业务经过公司成立之初的项目贮备,目前已经获得跳跃式增长,在股权融资,债权融资,结构融资等众多业务领域开花结果。2010年完成12家股权融资项目和7家债权融资项目,收入占比超过18%,项目储备进入良性循环。目前拥有保荐代表人32人,准保荐人11人。

一、股权融资业务

公司股权融资业务经过几年来的不断开拓,行业排名快速提升。公司成立至今累计完成发行21家主承销项目,其中2010年IPO主承销项目家数排名第8位,IPO主承销项目金额排名第9位。公司在挖掘企业独特竞争优势和增长潜力方面形成自己的独到之处,培育和发现了一批具有突出的行业地位和高成长性的优质客户群体,所完成项目覆盖不同行业、项目类型和所有制形式,并在某些行业、地域逐步形成了一定的竞争优势。

二、债权融资业务

公司债权融资业务起步快、起点高,公司成立当年即完成5单主承销项目,承销家数排名位居行业第六。几年来债权融资业务明确发展战略,不断开拓新品种和融资方式,竞争优势不断增强,品牌形象逐步建立,市场影响力进一步巩固,在行业排名中连年处于领先地位。

三、结构融资业务

结构融资业务建立于2007年,三年来不断成长,在产品设计及盈利能力方面均取得了突出成果,专业能力不断加强,2009年结构融资业务即完成5单结构融资项目,其产品创新能力及盈利能力均居国内领先水平。

资产管理业务

产品持续推出,收入稳步增长。

资产管理业务从2007年起步,已经逐渐形成了有一定影响力的品牌、完善的产品线、成熟的投研体系以及专业的服务团队,并进入快速发展期。迄今已发行四只集合理财计划—中投汇盈核心优选,中投汇盈债券优选,中投汇盈产业优选,中投汇盈基金优选。截至2010年12月末,公司集合理财计划规模合计11.54亿份。

投资顾问业务也获得长足进步,顺利中标建行100亿资产处置项目。定向理财业务取得一定进展,2010年最高定向资产管理业务规模4.65亿元,2007年曾达46亿。

证券研究业务

覆盖多层次研究领域,年创收近亿元。

公司研究所总部设在深圳,在北京、上海设有办事处。研究所下设宏观策略、公司行业、金融工程、固定收益、机构销售、数据中心等部门。

目前研究所共有人员近80名,已拥有一支具备优秀专业技能、扎实理论功底和丰富市场经验的核心研究团队。自2007年以来陆续在非金属类建材、建筑与工程、有色金属、医药生物、传播与文化、社会服务业(旅游)、家电、电子、电力设备与新能源、食品饮料、石油化工、房地产等行业,以及固定收益研究领域树立起市场品牌和影响力。

【联系我们】

地址：深圳福田区益田路 6003 号荣超商务中心
A 座 18－21 层
电话：0755－82026688
传真：0755－82026590
邮编：518048
网址：www. china－invs. cn

中山证券有限责任公司

【公司概况】

中山证券有限责任公司（英文名称：Zhongshan Securities Co.，Ltd.），成立于 1992 年 11 月，是中国早期的证券公司之一。公司一贯秉承“诚信、稳健、创新、和谐”的经营理念，为客户提供完善、有效的服务。

公司经营范围：证券经纪；证券投资咨询；与证券交易、证券投资活动有关的财务顾问；证券承销与保荐；证券自营；证券资产管理；融资融券；证券投资基金代销；为期货公司提供中间介绍业务。

公司现有 14 家证券营业部，分布在从东北到华南的东部沿海经济发达地区，充分发挥中央振兴东北的政策优势，依托环渤海经济圈、长江三角洲与珠江三角洲等经济发达地区，拥有广泛的具有雄厚经济基础的客户群体。

【业务资格】

证券经纪；证券投资咨询；与证券交易、证券投资活动有关的财务顾问；证券承销与保荐；证券自营；证券资产管理；融资融券；证券投资基金代销；为期货公司提供中间介绍业务。

【联系我们】

地址：深圳市福田区益田路 6009 号新世界中心 29 层
电话：0755－82943755
邮编：518026
E－mail：jjywb@ zszq. com

中信建投证券股份有限公司

【公司概况】

中信建投证券成立于 2005 年 11 月 2 日，是经中国证监会批准设立的全国性大型综合证券公司。公司注册地为北京，注册资本为 61 亿元，在全国 28 个省、市、自治区设有 135 家证券营业部，并设有中信建投资本管理有限公司、中信建投期货经纪有限公司两家子公司。公司拥有近 340 万客户，客户资产规模达 4000 多亿元。在为政府、企业、机构和个人投资者提供优质专业的金融服务过程中，公司建立了良好的声誉，成为目前行业最高级别的 A 类 AA 级证券公司。

中信建投证券拥有实力强大的股东背景，北京国有资本经营管理中心、中央汇金投资有限责任公司、世纪金源投资集团有限公司与中信证券股份有限公司均为拥有雄厚资本实力、成熟资本运作经验与较高社会知名度的大型企业。

经相关监管部门批准，中信建投证券的主要业务范围包括：证券承销与保荐、证券经纪、与证券交易和证券投资活动有关的财务顾问、证券投资咨询、证券自营、证券资产管理、证券投资基金代销、融资融券、为期货公司提供中间介绍业务以及中国证监会批准的其他业务。

自成立以来，中信建投证券各项业务不断发展，在企业融资、固定收益、收购兼并、经纪业务、基金业务等领域形成了自身特色和核心业务优势，并搭建了研究咨询、信息技术、运营管理、风险控制、合规管理等高效的业务支持体系。凭借高度的敬业精神与突出的专业能力，中信建投证券主要经营指标一直稳居行业前列。

【业务资格】

证券经纪；证券投资咨询；与证券交易、证券投资活动有关的财务顾问；证券承销与保荐；证券自营；证券资产管理；证券投资基金代销；为期货公司提供中间介绍业务；融资融券业务；中国证监会批准的其他业务。

【主要部门介绍】

1. 投资银行部

中信建投证券股票承销及财务顾问业务，致力于为国内各类企业的改制、并购重组及权益类融资活动提供从方案设计到发行定价与承销的全过程专业化服务。目前主要开展首次公开发行并上市、上市公司再融资的保荐承销及上市推荐业务，并为包括上市公司在内的各类企业提供改制、并购重组、股权激励等财务顾问服务。

近年来，公司股票承销及财务顾问业务发展迅速，专业水平和社会影响力不断提升，公司连续多次获得由上海证券交易所颁发的“优秀投资银行”奖，由深圳证券交易所颁发的“中小企业板优秀保荐机构”奖，在《投资者报》、《经济观察报》等新闻单位主办的“中国最佳投资银行十年英雄谱”评比中荣膺“中国最佳新锐投行”称号。近年来，由公司担任主承销商与保荐机构的北京银行、华谊兄弟、中国化学、中国国旅、东方园林等项目均取得良好市场表现，从而逐渐确立了中信建投证券在金融、文化传媒、医药、能源、原材料、机械制造等行业的优势地位。

2010 年，公司完成和顺电气（300141）、奥克股份（300082）、四维图新（002405）、中航电测（300114）、国腾电子（300101）、超日太阳（002506）、七星电子（002371）、乾照光电（300102）、香雪制药（300147）等 9 单首次公开发行并上市项目；完成西南证券（600369）、京东方 A（000725）、三峡水利（600116）、福田汽车（600166）4 单非公开发行项目，以及方正科技（600601）配股、葛洲坝（600068）权证行权等股权再融资项目。

根据中国证券业协会统计，中信建投证券 2010 年股票主承销家数与主承销金额均位居同业第 9 名。公司成立五年来，累计完成 40 单股票主承销项目及 116 单财务顾问项目，股票主承销金额达 703.05 亿元。

2. 资本市场部

中信建投证券资本市场部，负责组织协调公司投资银行部、债券承销部、债券销售交易部、机构业务部等部门共同参与完成股票、债券融资项目的发行承销，承担制定发行方案、评估企业价值、控制承销风险、组建承销团、路演推介、询价定价、簿记配售等功能，促进公司证券承销业务进一步提升专业化、精细化水平。

近年来，资本市场部着力加强对国际国内资本市场数据统计、形势分析和新融资工具与新金融产品的全面深入研究，不断提高询价定价的专业化程度，努力为广大客户提供专业化金融服务。

2010 年，资本市场部成功组织实施了公司承做的全部 15 单股票主承销项目和 23 单债券主承销项目的发行工作，独立完成了 15 单股票副主承销和分销项目与 38 单债券副主承销和分销项目。

资本市场部自成立以来累计组织实施了35单股票主承销项目的发行工作；组织实施了52单债券主承销项目的发行工作。此外，还承做股票副主承销和分销项目64单，承做债券副主承销和分销项目180单。

3. 融资融券业务部

中信建投证券融资融券业务，负责向符合规定条件的投资者提供融资、融券的金融服务，以满足客户多样化的投资需求。

2010年是中信建投证券融资融券业务的开局之年。2010年11月24日，经中国证监会核准，公司获得融资融券业务资格，并于2010年12月13日正式开启融资融券交易。截至2011年3月底，公司融资融券业务余额达到近6亿元。

中信建投证券融资融券业务已经构建了征信、信用评级、授信等环节的完备流程，对交易结算、业务操作、风险防范和控制进行严格管理，在业务风险可测、可控、可承受的前提下为广大投资者提供安全、高效、专业的金融服务。

4. 资产管理部

中信建投证券资产管理业务，负责为客户提供集合资产管理、定向资产管理、投资顾问等专业化资产管理服务，通过满足不同风险偏好客户的差异化需求，达到客户资产保值增值的目的。

目前，中信建投证券资产管理业务构建了从货币型、债券型、全面配置型等固定收益类到股票型、市值管理型、期限套利型等权益类、创新类的完整产品线，以满足不同客户的个性化投资需求。公司依靠完善的投资体系、严密的风险控制体系、专业化的服务等优势，加强产品开发与设计，为客户创造良好的投资回报，努力推进资产管理业务快速发展。

2010年，公司资产管理业务稳步发展。首只集合资产管理计划"中信建投精彩理财灵活配置集合资产管理计划"的最高单位净值达到1.1418元，收益率超过市场同类产品平均收益和上证指数涨幅；公司还积极开展定向资产管理业务，全年销售26个定向资产管理计划。

5. 固定收益部

中信建投证券固定收益部，主要从事国债、央行票据、政策性金融债、中期票据、企业债、公司债、次级债、可转换公司债、短期融资券、债券型投资基金等固定收益类产品及衍生产品的销售、交易服务，开展银行间市场和交易所市场的债券现券和回购交易，并负责公司固定收益类产品的自营投资。

近年来，公司债券销售交易业务的市场排名持续位居同业前列。销售交易团队具备专业的研究能力与敏锐的市场洞察力和判断力，多角度、多层次开拓销售市场，团队实力、客户网络、业务规模与市场影响力不断壮大；内部管理不断完善，在业内较早引进电子化业务管理系统，极大地提高了效率、降低了业务风险。目前，公司债券销售交易业务已在业内树立起突出的品牌形象。

2010年，公司完成124只国债、金融债等利率产品销售，销售规模达473.10亿元，完成37只企业债、公司债、次级债等信用产品销售，销售规模达778.22亿元；完成债券交易总量14,476.19亿元，完成现券交易量9,589.67亿元，分别位居同业第3名与第4名。债券等固定收益类产品投资保持较好收益水平，投资收益率明显高于同期可比收益率水平。公司成立五年来，累计完成债券交易总量31,700亿元，完成债券现券交易量22,531亿元。

【联系我们】

地址：北京市东城区朝内大街188号

邮编：100010

邮箱：sc@ csc. com. cn

网址：ww. csc108. com

客户服务或投诉电话：008888108

中信万通证券有限责任公司

【公司概况】

中信万通证券有限责任公司是中信证券股份有限公司的控股子公司。

公司的前身是1988年设立的青岛证券公司。1992年改制为有限责任公司，更名为青岛万通证券有限公司。2000年增资扩股后更名为万通证券有限责任公司。2003年12月完成由中信证券股份有限公司出资控股的增资重组并更名为中信万通证券有限责任公司。截止2012年4月底，中信证券股份有限公司的持股比例为96%，为公司控股股东。

公司是山东地区两家法人证券公司之一，注册地为青岛市崂山区。

公司的主营业务范围为：证券经纪（限山东省、河南省）；开放式证券投资基金代销业务；证券投资咨询业务（限山东省、河南省的证券投资顾问业务）；为期货有限公司提供中间介绍业务；融资融券业务。

公司在山东、河南设有42家分支机构。从总部到各网点搭建了以营销、财富管理、投资顾问和运营为骨架的四大体系，形成了以总部集中统一交易、服务和管理平台为枢纽，以各地市网点为支撑，以发达县区和乡镇为辐射点的营销服务网络。

公司控股股东中信证券长期以来秉承"稳健经营、勇于创新"的原则，在若干业务领域保持或取得领先地位。2011年底，经纪业务（交易所代理买卖证券）合并市场份额排名第一；公司受托资产市场占有率（不含华夏基金），位居行业第一位。

中信集团及中信证券的的业务支持和品牌影响，成为公司业务开拓中极具感召力和吸引力的因素。中信证券与包括本公司在内的各控股公司间各自独立、相互支持的协同合作机制，可以低成本、高效率地完成各项业务。

公司为山东省、青岛市政府命名的"山东省服务业先进单位"、"山东省纳税先进单位"和"青岛市文明单位"。连续四年入围青岛市企业100强和服务业50强。在2011年度证券公司分类评级中，跻身16家AA级证券公司之列。

【业务资格】

证券经纪（限山东省、河南省）；证券投资咨询（限山东省、河南省的投资顾问业务）；证券投资基金代销；为期货公司提供中间介绍业务；融资融券业务

【联系我们】

地址：青岛市崂山区深圳路222号青岛国际金融广场1号楼第20层

邮编：266061

统一客服电话：95548

中信证券（浙江）有限责任公司

【公司概况】

中信证券（浙江）有限责任公司［CITIC SECURITIES (ZHEJIANG) Co., Ltd.，简称"中信证券（浙江）"］是中信证券股份有限公司的全资子公司。公司前身是中信金通证券有

限责任公司，于2011年12月更名为中信证券（浙江）有限责任公司。公司注册资本为8.85亿元人民币。

中信证券（浙江）的经营区域为浙江省、江西省、福建省，截至2011年12月底设有52家营业网点。公司2011年代理买卖证券业务净收入在行业排名第20位；股票基金交易量市场份额1.95%，全国排名第15位；区域市场（浙江省）交易量市场份额连续6年排名第一。

中信证券（浙江）根植区域市场，长期以来坚持客户至上，真诚服务的理念，以专业服务不断为客户创造价值。公司致力于为客户提供"高效证券经纪整合服务"，打造客户服务品牌——"金翼"（KINGING）。"金翼"品牌包含"金翼至尊"、"金翼天骄"、"金翼赢家"三大子品牌，涵盖综合平台、资讯咨询、行情交易、投资理财、培训沙龙、亲情关怀等六大类产品，建立了包括营业网点、呼叫中心、综合服务平台、手机证券等立体化的服务网络。

公司致力于为客户提供专业高质咨询增值服务的中信证券投资顾问品牌，凝聚公司一线最为精英的专业人才，以本土最佳的中信证券研究所团队与专注于服务投资顾问团队的强大买方研究团队为依托，与客户共成长、共成就。

展望未来，中信证券（浙江）将秉持"创造财富人生"的企业使命，积极进取，努力开拓，致力于成为客户满意、员工满意、股东满意、社会满意的最佳证券经纪商。

【业务资格】

证券经纪（限浙江省、福建省、江西省）；证券投资咨询（限浙江省、福建省、江西省的证券投资顾问业务）；证券投资基金代销；融资融券；全国银行间同业拆借市场融资资格、开放式证券投资基金代销业务资格、经营外资股业务资格、网上交易资格、经营外汇业务许可、为期货公司提供中间介绍业务。

【联系我们】

地址：浙江省杭州市滨江区江南大道588号
恒鑫大厦主楼19层、20层
邮编：310052
电话：0571－85783737
邮箱：96598@ bigsun. com. cn

中信证券股份有限公司

中信证券股份有限公司（以下简称"中信证券"或"公司"），于1995年10月25日在北京成立。2002年12月13日，经中国证券监督管理委员会核准，中信证券向社会公开发行4亿股普通A股股票，2003年1月6日在上海证券交易所挂牌上市交易，股票简称"中信证券"，股票代码"600030"。2011年10月6日在香港联合交易所上市交易，股票代码为"6030"。

中信证券主营业务范围为：证券经纪（限山东省、河南省、浙江省、福建省、江西省以外区域）；证券投资咨询；与证券交易、证券投资活动有关的财务顾问；证券承销与保荐；证券自营；证券资产管理；融资融券；证券投资基金代销；为期货公司提供中间介绍业务。

中信证券长期以来秉承"稳健经营、勇于创新"的原则，在若干业务领域保持或取得领先地位。2011年底，经纪业务股票、基金交易总额为人民币4.67万亿元，市场排名第一；股票及债券承销市场份额（中国证券业协会数据）13.62%，排名市场第一位。公司受托管理资产总规模为人民币620亿元（不含华夏基金），位居行业第一位。

截至2011年12月31日，中信证券持股5%以上的股东为中国中信集团公司（持股比例为20.30%）。公司依托第一大股东——中国中信集团公司，与中信银行、中信信托、信诚人寿保险等公司共同组成中信控股之综合经营模式，并与中信国际金融控股共同为客户提供境内外全面金融服务。

中信证券下属中信证券（浙江）有限责任公司、中信万通证券有限责任公司、中信证券国际有限公司、中证期货有限公司、金石投资有限公司等5家控股子公司，下属华夏基金管理有限公司、中信产业投资基金管理有限公司、建投中信资产管理有限公司、中信标普指数信息服务（北京）有限公司等4家参股子公司。

上市以来，中信证券进行了两次增资扩股，2006年非公开发行5亿股，募集资金约46亿元；2007年公开发行3.34亿股，募集资金约250亿元。2008年4月，公司实施资本公积转增。转增完成后，公司总股本达6,630,467,600股。2010年6月，公司实施资本公积转增。转增完成后，公司总股本达9,945,701,400股。截至2011年12月31日，公司总资产1482.80亿元，净资产865.87亿元，净资本500.30亿元，是国内规模最大的证券公司。

【联系我们】

地址：深圳市福田区中心三路8号中信证券大厦
邮编：518048
地址：北京市朝阳区亮马桥路48号中信证券大厦
邮编：100125
电话：0755－23835383、010－60836030
传真：0755－23835525、010－60836031
邮箱：ir@ citics. com
传真：0755－83078098、010－84865560
统一客户联络中心电话：400－889－5548
客户联络邮箱：95548@ citics. com

中银国际证券有限责任公司

【公司概况】

中银国际证券有限责任公司（以下简称"中银国际证券"）经中国证监会批准于2002年2月28日在上海成立，注册资本15亿元人民币。中银国际证券由中银国际控股有限公司、中国石油天然气集团公司、北京联想科技投资有限公司、云南省投资控股集团有限公司、中国通用技术（集团）控股有限责任公司共同投资。

中银国际证券的经营范围包括：证券经纪、证券投资咨询、与证券交易、证券投资活动有关的财务顾问、证券承销与保荐、证券自营、证券资产管理、证券投资基金代销、融资融券。中银国际证券还通过全资子公司中银国际期货有限责任公司和中银国际投资有限责任公司分别从事期货业务和直接投资业务。

中银国际证券注册地在上海，并在北京、深圳、广州、成都、哈尔滨等28个主要城市设有1家分公司和33家证券营业部。自成立以来，中银国际证券积极发挥"深厚中行背景、跨境金融服务"业务优势，依托中国银行全方位的金融服务平台、借鉴中银国际控股丰富的境外资本市场运作经验，努力为客户提供高品质、专业化、个性化的投资银行和证券服务，迅速成长为具备较强市场竞争力的投资银行。公司在投资银行和固定收益业务领域保持了行业优势地位，经纪业务部均收入排名行业前列。

中银国际证券在多项评比中获得荣誉。近年来，公司先后获得财政部"记账式国债承销团成员优秀奖"、国家开发银行"金融债券优秀承销商"等荣誉称号；《证券时报》"最佳创新投行"、"最佳合资投行"、"最具区域影响力投行"、"最具定价能力投行"、"最佳债券承销投行"、"最佳 IPO 项目"、"最佳并购重组项目"、"最具创新项目"、"最佳再融资项目"、"最佳债券承销项目"奖；《21 世纪经济报道》"中国最佳投行证券公司"奖、"最佳债券奖"；《上海证券报》"最具潜力证券经纪商"奖；和讯网"最令投资者满意的证券公司"、"最具成长性投资银行奖"、"中国最佳研究机构"奖；在《证券市场周刊》卖方分析师"水晶球"奖评选活动中，名列"本土金牌研究团队"综合排名第三，并获"进步最快研究机构"、"最具创新能力研究机构"、"最具独立性研究机构"、"金牌销售服务团队"、"进步最快销售服务团队"、"金牌路演和客户访问人"等多项评比第一。在《理财周报》中国券商"金方向"奖评选活动中，获"中国最佳证券公司"、"中国最佳投资银行"、"中国最佳债权再融资投行"奖。公司中国红 1 号集合资产管理计划荣获《理财周报》"中国证券公司最佳理财产品"奖和"朝阳永续中国私募基金风云榜最受欢迎理财产品券商集合理财组冠军"；公司中国红货币宝集合资产管理计划还荣获"朝阳永续中国私募基金风云榜最受欢迎理财产品券商集合理财组冠军"。

在未来的发展中，中银国际证券将牢牢把握中国经济增长与资本市场发展的机遇，积极发挥业务优势，努力为客户提供高质量、专业化、多元化的投资银行服务，协助客户实现战略发展目标，为促进证券市场的发展作出贡献。

【业务资格】

证券（含境内上市外资股、短期融资券）发行上市的保荐与承销（含主承销）、证券经纪、证券投资咨询、与证券交易、证券投资活动有关的财务顾问、证券自营交易、证券资产管理、证券投资基金代销、代办股份转让主办券商业务和报价转让业务、银行间市场利率互换业务、直接投资业务、为期货公司提供中间介绍业务资格。

【公司优势及特色】

深厚的商业银行背景：

依托中国银行雄厚的实力、遍布全球的分支机构、成熟的产品和丰富的经验，中银国际证券具备协调中国银行的资源、为客户提供全方位、一站式金融服务的条件，同时，中国银行广泛而多层次的客户资源和销售网络也为中银国际证券进一步拓展业务空间提供了有力的支持。

独到的跨境服务能力：

中银国际证券与中银国际控股共享中银国际的品牌价值和网络资源，在市场营销、项目开发、风险管理等方面精密携手，为客户提供境内外专业投行服务。中银国际证券可根据国内外客户不同需求，为客户量身设计最佳融资项目实施方案，协助客户在境内外资本市场上实现战略发展目标。

丰富的项目运作经验：

中银国际证券拥有丰富的海内外资本市场融资运作经验，自成立以来，已成功为数十家企业在海内外资本市场上提供专业、优质的投行服务，并在运作多种不同行业、不同类型的企业融资业务中积累了大量经验。中银国际证券还与中银国际控股携手合作，成功完成多个中国企业赴海外上市融资项目，树立了卓越的品牌形象与口碑。

强大的团队运作实力：

中银国际证券采用与国际接轨的先进投行运作模式，强调行业分工与板块协作，在中外资本市场中携手中银国际控股，充分调动销售、研发、资本市场和投行的资源，进行整体营销和整体运作，并在众多项目的成功执行中体现了强大的团队运作实力。

【联系我们】

中银国际证券有限责任公司（上海）

地址：上海市浦东新区银城中路 200 号中银大厦 39F

邮编：200120

电话：021 - 20328000

传真：021 - 58883554

电邮：webmaster@ bocichina. com

中银国际证券有限责任公司（北京）

地址：北京市西城区金融大街 28 号盈泰中心 2 号楼 15 层

邮编：100033

电话：010 - 66229000

传真：010 - 66578950

电邮：webmaster@ bocichina. com

中原证券股份有限公司

【公司概况】

中原证券股份有限公司是河南省内和中原经济区内注册的唯一法人证券公司，注册资本 20.33 亿元，总部位于郑州市郑东新区。公司内设 11 个业务职能部门和 11 个管理职能部门，在上海设有证券投资分公司和证券研究所，在北京设有分公司和办事处，公司控股中原期货公司和中原英石基金公司，全资拥有中原鼎盛直投公司。公司现有 54 家证券营业部，其中河南省内 43 家，分布在省内各地级市及部分发达的县级市，河南省外 11 家，分布在上海、北京、深圳、天津、杭州、青岛、西安、长沙、石家庄、济南等全国 10 余个大中城市，服务客户数量 130 多万户。公司拥有一支年轻化、专业化、综合素质高的员工团队，现有员工 2100 多人，其中包括上市保荐代表人、投资分析师、投资顾问和海外留学人员等在内的高端人才 500 余人。

公司致力于打造全国一流证券公司，自成立以来，始终秉承"诚信、稳健、创新、高效"的经营理念，在省委省政府、证券监管部门和各有关方面的大力指导和支持下，快速发展壮大，架构体系逐步健全，制度体系逐步完善，业务范围不断拓宽，形成了包括经纪业务、投资银行、固定收益、资产管理、直接投资、融资融券、期货业务、证券投资、基金等在内的多元化、系统化业务发展格局。截至 2012 年底，公司的总资产规模达 108 亿、净资产达 38.5 亿、净资本达 29 亿元。公司管理资产达 1500 亿元，资本实力和抗风险能力极大增强，行业排名不断提升，核心竞争力持续增强。

【业务范围】

公司业务范围包括：证券经纪；证券投资咨询；与证券交易、证券投资活动有关的财务顾问；证券承销与保荐；证券自营；证券资产管理；融资融券；证券投资基金代销；为期货公司提供中间介绍业务；代销金融产品。

【业务资格】

公司主要业务资格有：受托投资管理业务资格、股票主承销商资格、网上证券委托业务资格、证券发行上市保荐机构、开放式证券投资基金代销业务资格、"上证 50ETF"参与券商业务资格、上海证券交易所国债买断式回购交易资格、IPO 询价对象、股权分置改革保荐机构、权证交易资格、经营外汇业务资格、全国银行间同业拆借业务资格、上交所固定收益证券综合电子平台一级交易商资格、代办系统主办券商业务资格、直接投资业务资格

【领导关怀】

2011 年 1 月 25 日，史济春副省长莅临公司总部视察工作，对公司近年来的工作成绩给予了高度评价。

2011 年 4 月 20 日，陈雪枫副省长莅临公司调研指导工作。

2011 年 5 月 26 日，郭庚茂省长对公司投行业务发展做出重要批示并给予高度肯定。

2012 年 2 月 21 日，深圳交易所宋丽萍总经理莅临公司调研。

2012 年 4 月，河南省政府制定了《关于进一步加强金融工作加快金融业发展的意见》，其中明确提出要“提高中原证券公司资本实力和核心竞争力，加快上市步伐和业务转型，发展成为具有较强影响力的证券控股集团”。

2012 年 7 月 12 日，河南证监局刘青松局长、刘晓健副局长，证监会机构部田向阳处长一行，莅临公司总部调研。

2012 年 8 月 29 日，郑东新区管委会主任吴福民、副主任杨光、经济发展局负责人一行到公司调研。

2012 年 10 月 22 日，河南省省委副书记邓凯对公司发展专门作出批示：“地位重要，成绩可喜。希望能在推动中原经济区建设中发挥更大的作用。”

2012 年 10 月 15 日，河南省政府常务副省长李克作出批示：“近年来中原证券成绩显著。特别是今年以来在经济和市场形势比较困难的情况下，公司广大干部员工迎难而上，拼搏进取，取得了经济效益和社会效益双丰收，全年通过资本市场为我省企业融资将超过 200 亿元，为中原经济区建设做出了突出贡献，特提出表扬！今年适逢公司成立 10 周年，特予以祝贺！希望中原证券坚持采用符合市场经济规则的新理念，严格按照现代企业制度规范运作，抓住上市机遇，进一步做大做强，为中原经济区建设做出更大贡献。”

2012 年 11 月 9 日，中国证监会深圳专员办杨志华专员一行莅临公司总部调研。

2012 年 11 月 29 日，河南省委常委、宣传部部长赵素萍等领导莅临公司调研指导。

2012 年 12 月 11 日，河南省政府副省长陈雪枫对公司工作作出批示：“中原证券今年工作在市场困难、不景气时，解放思想、开拓市场，取得了很好成绩。可喜可贺！”

2013 年 1 月 10 日，河南省委常委、副省长刘满仓对公司工作做出批示：“向你们取得的成绩表示祝贺！希望再接再厉，再上台阶。特别是为河南三农再作新贡献。”

2013 年 1 月 11 日，上海证券交易所黄红元总经理一行莅临公司调研，听取了公司发展情况汇报，并对公司今后的发展提出了宝贵意见。河南证监局副局长牛雪峰，机构处处长王瑞红陪同调研。

【联系我们】

地址：河南省郑州市郑东新区商务外环路 10 号
中原广发金融大厦 19 楼

邮编：450018

部门联系电话

公司办公室：0371－65585018

营销管理总部：0371－65585017

客户服务总部：0371－65585015

投资银行总部：0371－65585033

资产管理总部：0371－65585681

固定收益总部：0371－65585129

融资融券总部：0371－65585052

财富管理中心：0371－65585578

研究所：021－50588666－8113